日本女性史大辞典

金子幸子・黒田弘子・菅野則子・義江明子［編］

吉川弘文館

日本の女性は何を着てきたか
—日本女性の装い—

古墳時代以前

縄文時代の人々は麻・葛(くず)・苧麻(ちょま)などの植物繊維を糸のように縒(よ)ること、これを布状に「編む」ことを発見する。この編み物を用いて、服や貯蔵や運搬のための袋物などを作った。

縄文時代晩期から弥生時代になると、中国大陸などから稲作とともに、同幅(どうはば)でまとまった量の布地を作り出せる機織の技術が輸入された。これにより服が人々に広く浸透するようになった。なお、室町時代末期に至るまで一般庶民層の服の材料は、この植物繊維を織り出した布であった。

古墳時代は弥生時代の延長といえる服装文化が展開したが、人物埴輪に表現された服装には中国風の丸い襟元の服を着た男女の像などがあり、近隣の国々との交流をうかがわせる。なお、絹製品は大陸・朝鮮半島から輸入された技術であり、在地首長層など、一部の富裕な人々の使用にとどまった。

縄文～古墳時代の装いで興味深いのは、たとえば男女兼用であった首飾り・指輪・ブレスレット・イヤリングなどのアクセサリーの問題である。縄文時代は貝や骨、玉などを材料とするものが多数出土するが弥生時代には一度衰微し、中国・朝鮮半島の影響で、古墳時代に再び現れる。そして飛鳥時代に再び姿を消し、次に出現したのは近現代なのである。なぜ、飛鳥以降、消えてしまったのだろうか。

(右) 1　**坏を持ち椅子に腰掛ける巫女**　6世紀前半　群馬県太田市塚廻り3号墓出土
(左) 2　**盛装する女性**　6世紀前半　埼玉県ふじみ野市権現山古墳出土

(右) 3　**琴を弾く男**　6～7世紀　前橋市朝倉出土
(左) 4　**椅子にすわる男**　5世紀後半　奈良県三宅町石見遺跡出土

古　代

推古朝、冠位十二階により男性官人の服の色が定められた。男性官人の位を冠の色で示すこの制度は、女性に関する記述はない。天寿国繡帳などに描かれた人物像を見ると、男女ともに丸い襟の中国風の上着に、女性は身丈ほどの裳(ロングスカート)、男性は袴を着ている。いずれも中国・朝鮮半島の国々で用いられていた官人の服装と似ており、推古朝当時の東アジア諸国との交流をよく示しているといえよう。また、部分的ではありながらも次代の奈良時代宮廷の服装へと引き継がれていく。こうした服装は公服とみられるが、私服については不明な点が多く、古墳時代末期の服装を継承していたと推測されている。

5　推古朝の人物像　(右)女性像　(左)男性像
天寿国繡帳　7世紀

7　奈良朝の男性朝服姿か
(伝)聖徳太子像　8世紀

6　奈良朝の女性朝服姿か　高松塚古墳壁画　7世紀末～8世紀初

8　奈良朝の女性礼服姿か
吉祥天像　8世紀末

大化の改新などを経て、天武天皇のころから服装に関する諸制度が細かく定められる。当時の朝廷は唐律令の継受とともに服装とその制度を導入した。そして『大宝律令』、『養老律令』を経て、奈良時代に入り、もっとも公的な場での着用である礼装「礼服(らいふく)」、通常の出仕に着用する「朝服(ちょうふく)」、無位官人の着用する「制服」が定められ、前近代における朝廷の服制の基礎ができあがった。ただし、その詳細には不明な点が多く高松塚古墳壁画などにより推測するにとどまる。

飛鳥・奈良時代の服装における重要な点は、朝廷貴族社会の服飾の主たる素材である絹の染織技術が中国・朝鮮半島から輸入されたことであろう。正倉院伝存の遺品類にも見られるように、絹製の生地は、光沢があり、あざやかな染め色や織り色を実現した。

10世紀ごろ、律令制に制定された礼服は、男女ともに、天皇・皇后のごく限られた儀式での所用にとどまった。朝服は遣唐使などにより随時もたらされる唐の最新の流行を取り入れつつも、当時の朝廷の風俗・習慣や制度、嗜好に合わせたものになる。

10世紀末〜11世紀、朝廷の組織改変等により、女性官人が公の場で活動することは少なくなる。このことを反映してか、女性の朝服は位を示す袍(ほう、上着)がなくなり、下に着重ねていた垂領(すいりょう)以下の間着(あいぎ)が最上衣となり「女房装束」として形成される。以後の朝廷・貴族社会の女性の服装はすべてこの女房装束が基本となる。女房装束は、鎌倉時代ごろまでは平安朝の様式を維持しつつ、漸次変化し、前近代まで続く。なお、男性の朝服は「束帯(そくたい)」となる。

鎌倉時代以降、こうした男女の正装は略式になり始める。また、この時期、朝廷・貴族社会の男女の服装は全体的にゆったりとした仕立てになり、袖口や襟元、裾から着衣の趣向を凝らした色彩の配彩美を見せる襲(かさ)ね色目(いろめ)を創出した。

惜しむらくは、当時の遺品がなく、院政・鎌倉期以降の絵画史料や各地の神社に伝わる古神宝にその面影を探る以外にないことだろう。

9　女房装束姿(貴族女性の正装)『紫式部日記絵巻』断簡　13世紀

10　袿姿(貴族女性の家居のくつろいだ装い)『源氏物語絵巻』12世紀

12　冠直衣姿(貴族男性の準正装)『紫式部日記絵巻』13世紀

11　束帯姿(貴族男性の正装)『伴大納言絵巻』12世紀

（右）13　筒袖の小袖姿
『病草子』　12世紀
（中）14　筒袖の小袖に褶（湯巻）姿　『春日権現験記絵』　14世紀初
（左）15　被衣姿　『一遍上人絵伝』　13世紀末

中　世

平安時代中期から室町時代末期に至るまで庶民層の服装は大きな変化はない。庶民層の基本となる服装は「小袖（こそで）」で、当初は袂（たもと）のない筒袖（つつそで）で男女兼用だった（男性の場合はこれに袴を加えるなどした）。平安時代末期から鎌倉・南北朝時代、女性の小袖姿では、上着を加えて重ね着をしたり、褶（しびら）や湯巻（ゆまき）を加えたり、貴族社会の被衣（かずき）のように小袖を頭から被ってみたりした。また小袖の素材である布地も単色で染めたり、草木や幾何学的な文様などを染め出すなどの例が見られる。

地方の庶民出身の武士やその子女たちも小袖を着た。鎌倉時代以降、裕福な武家、有位の武士の子女は、貴族女性の袿（うちき）姿をまねる者もいた。男性の場合は、小袖に貴族社会の服装の装飾を移植し「直垂（ひたたれ）」という服を創出する。室町時代以降、直垂を起源とする、街着としての胴服（どうふく、のちの羽織）や公服としての肩衣（かたぎぬ、のちの裃（かみしも））を生み出す。

室町時代の末期ごろから近世の初頭にかけて小袖は飛躍的に変化をとげる。庶民や武家、男女を問わず、人々の趣向を取り入れつつ自由にデザインされ華やかなものになった。

16　筒袖の小袖の上に広袖の袿を加えた姿　『信貴山縁起絵巻』　12世紀

18　折烏帽子に直垂姿の武士
『一遍上人絵伝』　13世紀末

17　袖細の小袖を着流した姿
『粉河寺縁起絵巻』　12～13世紀

(右)19　小袖に前垂れ姿　洛中洛外図屏風(上杉本)　16世紀後半
(中)20　小袖姿　東山遊楽図屏風　17世紀初
(左)21　小袖襲ね姿の武家婦人　婦人像　17世紀

22　小袖被衣姿　花下遊楽図　17世紀初

23　塗笠を被り小袖の上に胴服を着た武士たち　洛中洛外図屏風(舟木本)　17世紀前半

(右)24　立烏帽子に直垂姿の武士　『足利将軍若宮八幡宮参詣絵巻』　16世紀中
(左)25　小袖に肩衣上・下姿(右)と胴服姿の男性(左)　高雄観楓図屏風　16～17世紀

40　戦時下の普段着モンペ（1937年）

39 和服姿の職業婦人と背広姿のサラリーマン 東京丸の内付近の通勤風景（1931年）

38　モダンガール（1924年）

42　デパートのファッションショー（1952年） 会場には女性たちが押し寄せた。

41　戦後の家族（1951年）　母は着物、乳母車を押す父と娘は洋服。

44　服装の多様化（1974年）　ロングスカート、パンタロン、ミニスカート。

45　ジーンズの普及と服装のユニセックス化　1970年代「ニューファミリー」と呼ばれた団塊世代の家族。

43　ミニスカート 1967～68年に流行。

（金子　幸子）

木簡からみえてくる古代の女性

木の板に文字を記した木簡は、1961年（昭和36）に奈良の平城宮ではじめて出土して以来、各地で出土があいつぎ、現在では史料の乏しい古代史の世界を塗り替えつつある。木簡は、女性史研究においてはとりわけ重要な意味を持つ。律令官僚制や租税制などの表向きの規定、朝廷・地方行政組織で作成された公式文書などにはほとんど記されることのない女性の実際の活動が、日常的なやりとりの中で使われた木簡からは、生き生きと、目をみはるほどに多様で大量な情報を伴ってみえてくるからである。新たに出現した木簡の史料としての性格を見極め、女性の隠れた働き・公的役割を明らかにする女性史研究の進展によって、旧来の女性不在の歴史叙述は克服されつつある。このことは、「史料に女性が記録されていないこと」がそのまま「歴史上で女性が活躍しなかったこと」を意味するのではない、というごく当たり前のことを私たちに気づかせてもくれる。

1　女性の「佃」請負を示す荘園決算簿（藤原宮跡出土木簡）部分

・「弘仁元年十月廿日収納稲事
合壹千五百□□〔玖束ヵ〕
（刻線）山田女佃二町六段千二百卌三束又有収納帳（刻線）　同日下廿束　使石川魚主
凡海福万呂佃四段地子六段二百五十二束　葛木寺進者　上三月丸第□建丸
□□収納帳　定残千四百八十玖束　浄丸福丸等

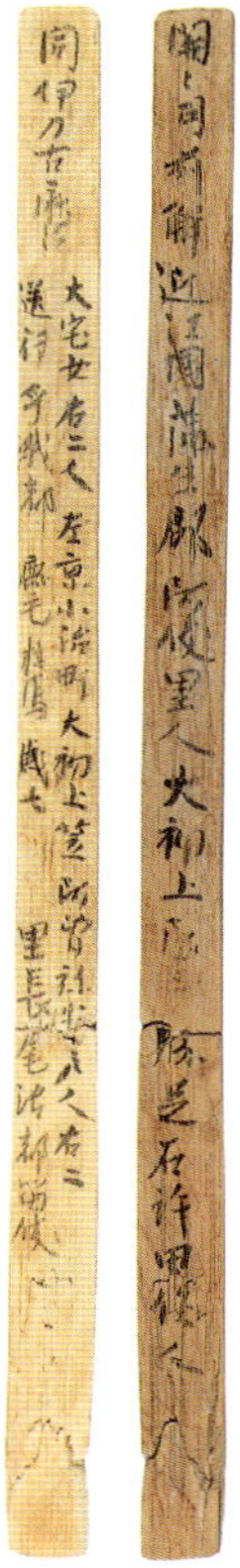

2　「田作人」男女の通行許可証（平城宮跡出土木簡）

・「関々司前解　近江国蒲生郡阿伎里人大初上阿□〔伎ヵ〕勝足石許田作人」
・「同伊刀古麻呂　大宅女右二人左京小治町大初上笠阿曾弥安戸人右二
送行乎我都　鹿毛牡馬歳七　里長尾治都留伎」

3　女性名の「春米」荷札（平城宮跡出土木簡）

・「∨和銅三年四月十日阿刀」
・「∨部志祁太女春米」

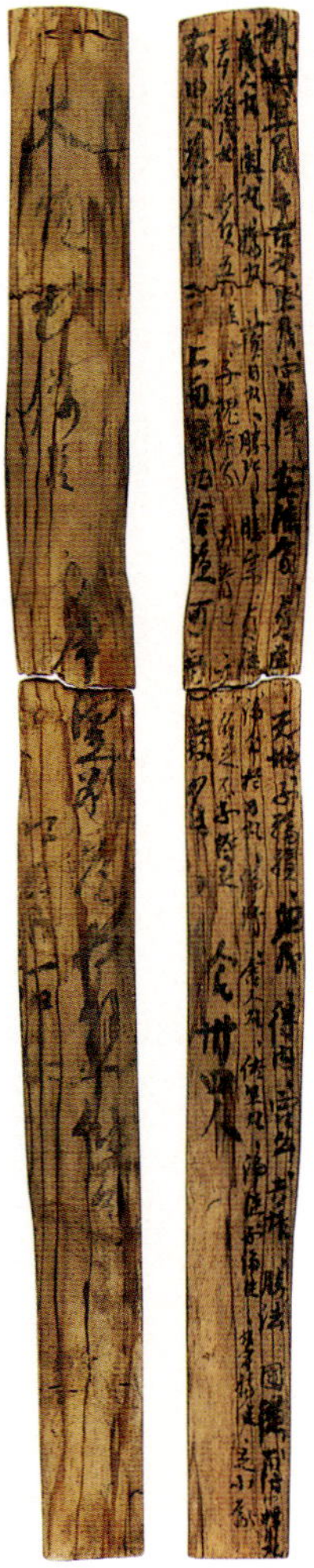

4　「里刀自」宛の郡からの呼出命令書（荒田目条里遺跡出土木簡）

・「郡符　里刀自、手古丸、黒成、宮沢、安継家、貞馬、天地、子福積、真人丸、奥丸、福丸、蘇日丸、勝野、勝宗、貞継、浄人部於日丸、壬部福成女、於保五百継、子槐本家、太青女、真名足『不』子於足＝
右田人為以今月三日上面職田令殖可扈発如件
＝奥成、得内、宮公、吉惟、勝法、圓隠、百済部於用丸、浄野、舎人丸、佐里丸、浄継、子浄継、丸子部福継『不』足小家
『合卅四人』」
・「大領於保臣　奉宣別為如任件□〔宣ヵ〕
以五月一日」

村における女性

古代の村では、農作業の現場でも農業経営でも、女性の働きは大きかった。図１は藤原宮跡地の荘園で作成された、弘仁元年（810）の収支決算簿。男女の耕作請負者の中で「山田女」は格段に広い面積を請負っている。図２は農繁期の手伝いに遠方に出向いた男女二人の「田作人」の通行証。春米はおもに女性の労働だが、租税制の建前では男性名で貢納される。図３は女性名を記す荷札の例。図４は「里刀自」という律令行政組織にはない半公的立場の女性が、郡からの正式命令を受けて男女の「田人」を率いて田植えに赴いたことを示す。

5 「王母」字を記す断簡（難波宮跡出土木簡）
・「∨王母前〔立カ〕□□□□」

6 「皇太妃」（のちの元明天皇）の宮の差出文書（藤原宮跡出土木簡）
・「皇太妃宮職解　卿等給布廿端〔日下カ〕□□
□
・「　　慶雲元年〔十カ〕□

7 「大伯皇子」（天武皇女）の宮に関する断簡（飛鳥池遺跡出土木簡）
大伯皇子宮物　大伴□

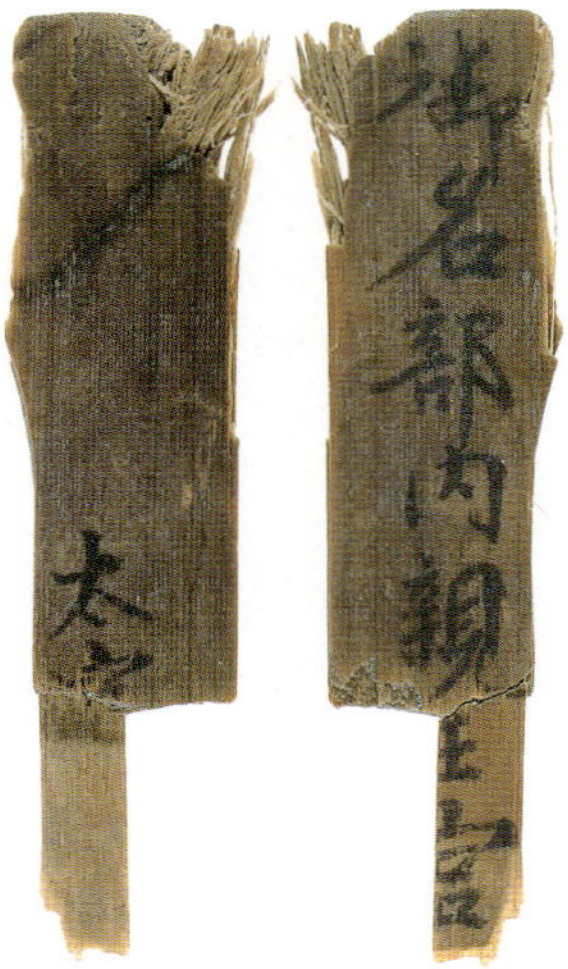

8 「御名部内親王」（天智皇女、長屋王母）の宮に関する断簡（藤原宮跡出土木簡）
・御名部内親王宮
・太寶□

9 「皇后宮」（光明皇后のための役所）の差出文書（平城京跡出土木簡）
皇后宮職解申請
舎人事

10 「□（犬か）養宿禰道代」（県犬養三千代）への支給文書（藤原宮跡出土木簡）
・□養宿禰道代給〔紐カ〕□五
・太寶元年十一月□□

11 「竹波命婦」（壬生県小家主）による請求文書（平城宮跡出土木簡）
・「寺請　小豆一斗　醬一斗五升大床所　酢　末醬等」
・「右四種物竹波命婦御所　　三月六日　」

12 「三千代」（県犬養三千代か）への支給文書（藤原宮跡出土木簡）
「三千代給煮□×

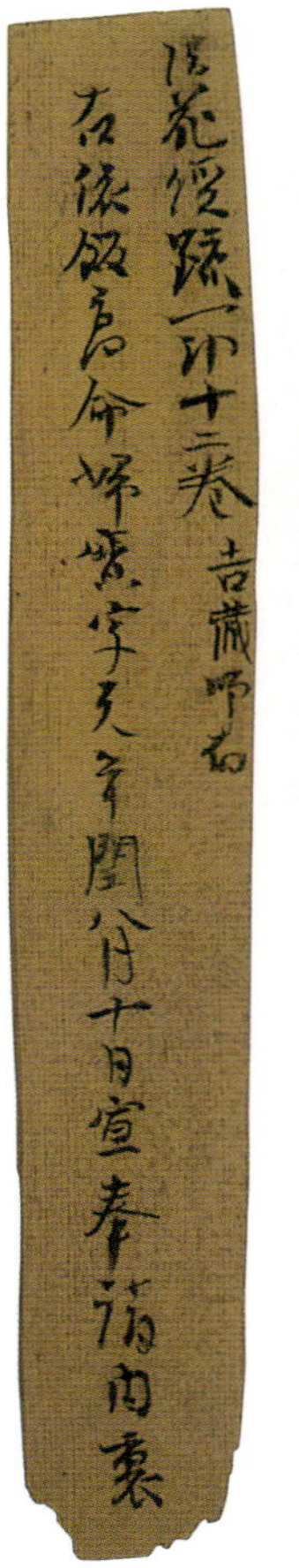

13 「飯高命婦」（飯高笠目＝諸高）の宣（正倉院伝世木簡）
・「法花経疏一部十二巻吉蔵師者
右依飯高命婦宣宝字元年閏八月十日宣奉請内裏」

宮廷における女性

古代の王族・貴族の女性は、自分独自の宮をもつ経営主だった。宮の組織を通じて彼女たちは命令を出し、政治的手腕をもふるった。図５の「王母」は退位後に「皇祖母(すめみおや)」の尊号を得た皇極天皇に関わるものだろうか。図11・13は地方豪族の女性。「竹波命婦(つくばのみょうぶ)」(常陸国筑波郡出身)は称徳天皇に近侍して郷里の国造となり、「飯高命婦(いいたかのみょうぶ)」(伊勢国飯高郡出身)は四代の天皇に仕えて従三位典侍にまでなった。図10・12は橘氏の実質的創始者である県犬養橘宿禰三千代(あがたいぬかいのたちばなのすくねみちよ)の、改賜姓前の動向と名前表記を示す貴重な木簡。

14 「吉備内親王」（長屋王妻）の命令を伝える文書（長屋王家木簡）
・○吉備内親王大命以符　婢筥入女進出□
・○　五月八日少書吏国足　家令　家扶

15 「竹野王」（竹野女王）つき「女医」への支給文書（長屋王家木簡）
・竹野王子女医二口
・一升半受真木女

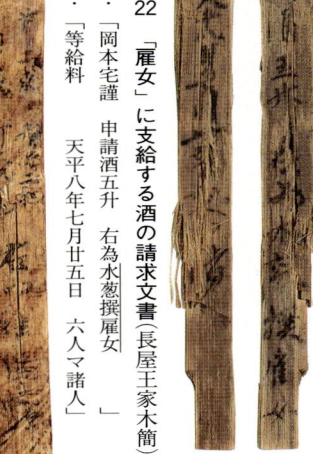

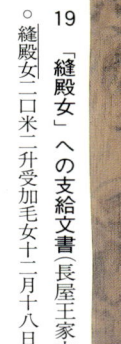

16 「海上采女」に伝える文書（長屋王家木簡）
「∨宣海上采女」

17 「紀若翁」（紀女王）つきの「乳母」に関する文書（長屋王家木簡）
・○移　務所　紀若翁乳母不給□〔命ヵ〕

18 「尼」への米支給文書（長屋王家木簡）
・尼二坐米二升半廣女
・廿八日万呂

19 「縫殿女」への支給文書（長屋王家木簡）
○縫殿女二口米二升受加毛女十二月十八日君万呂○

20 「染女」への支給文書（長屋王家木簡）
○染女三口米一升半　受多々女　□日□□

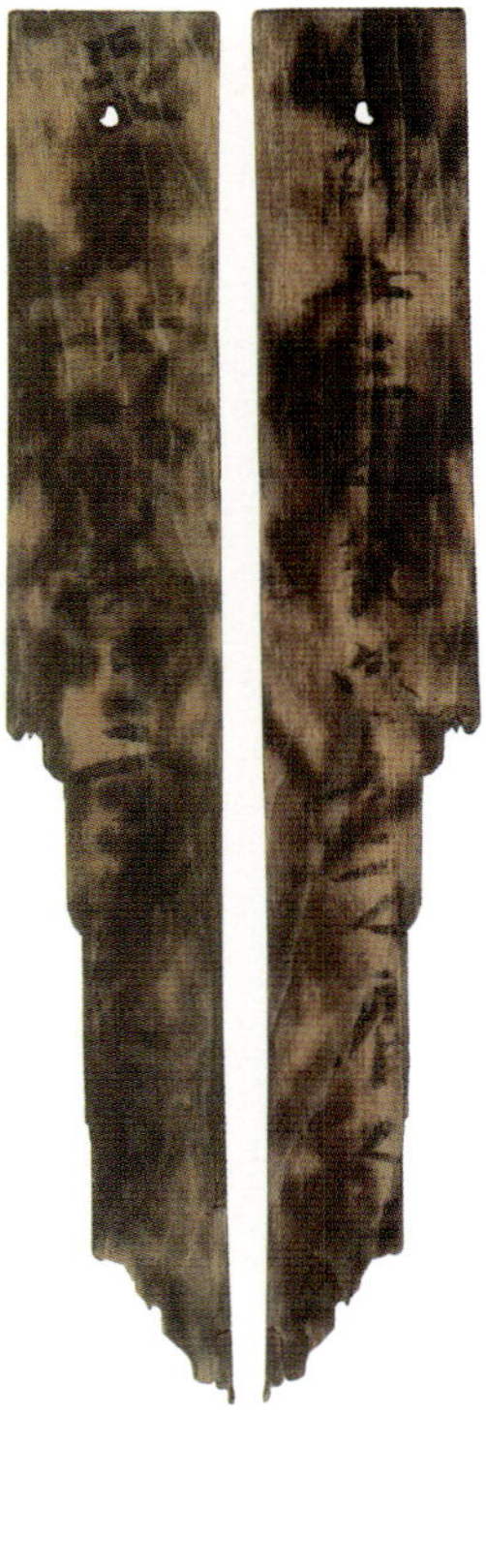

21 「土師女」「瓮造女」への支給文書（長屋王家木簡）
・○土師女三人瓮造女二人雇人二□
・○受曾女九月六日三事　□□

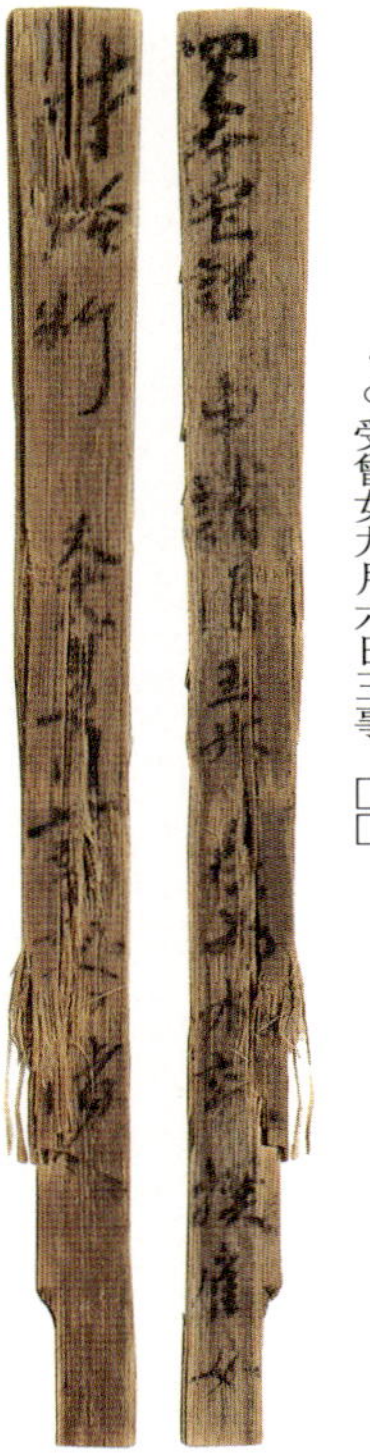

22 「雇女」に支給する酒の請求文書（長屋王家木簡）
・「岡本宅謹　申請酒五升　右為水葱撰雇女　」
・「等給料　天平八年七月廿五日　六人マ諸人」

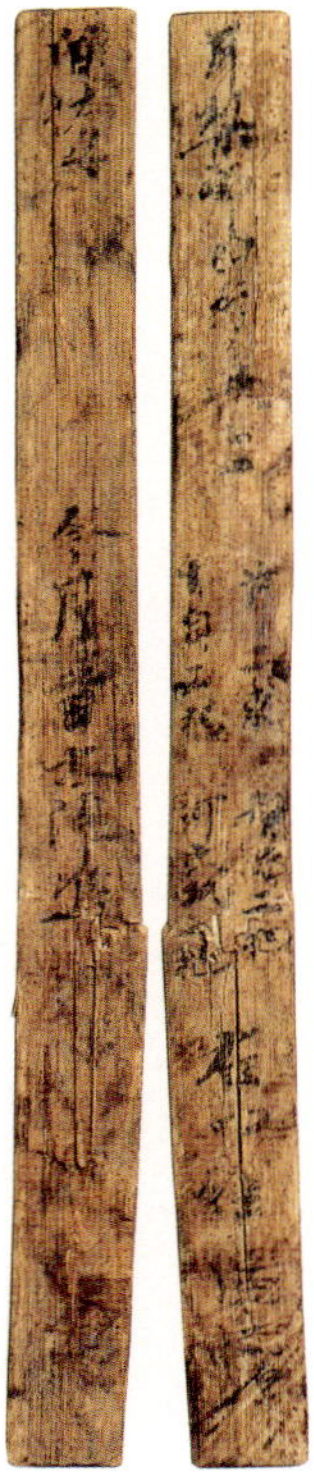

23 「婢」による野菜運搬を伝える文書（長屋王家木簡）
・「耳梨御田司進上　芹二束　智佐二把　古自二把　阿夫毗一把　右四種進上婢」
・「間佐女　今月五日太津嶋　」

貴族の邸宅における女性

上級王族・貴族の屋敷では、さまざまな職種の女性が働いていた。長屋王・吉備内親王夫妻の邸宅では、「女医」（図15）・「采女」（図16）・「乳母」（図17）・「尼」（図18）・「縫殿女」（図19）・「染女」（図20）・「土師女・瓮造女」（図21、土器製作）の存在がしられる。これらの中には、宮廷から派遣された者もいたかもしれない。「雇女」（図22）や「婢」（図23）もいた。前頁図７と図15・17は、女性王族も男性王族と同じく「皇子」「王（子）」「若翁」などとよばれていたことを示す。

24 銅を運ぶ男女「馬丁」の名簿（長登銅山跡出土木簡）

・「　凡海部□□　黒毛草馬口額田マ赤人　日置部廣足驪□口安曇マ赤人　額田マ□麻呂赤毛草馬口日置□□□

銅駄馬丁　大神マ徳麿　赤毛草馬口額田マ石□　矢田マ□□身黒毛草馬日置□　□□　驪草馬口□□

矢田マ千依鹿毛口秦人マ足国　□□　黒毛草馬口□□

矢田部縄麻呂　鹿毛草馬口額田マ少人　矢田マ少縫売驪草馬口若桜部□麻呂□□□□□嶋青毛草馬口□□」

・「〔人カ〕□員十駄十〔部カ〕□領□□　大野□

天平二年壬月〔閏六月〕廿一日　」

25 銅山で働く女性への支給文書（長登銅山跡出土木簡）

・「∨官布直□〔九カ〕十二斤枚一」

・「∨□□廣玉女上束　」

26「婢」（の絵姿）を捧げた呪符（藤原宮跡出土木簡）

・「∨　四方卌□大神龍王　七里□□内□送々打々急々如律令　」

・「∨東方木神王　南方火神王　中央土神王（人物像）　婢麻佐女生年廿九黒色　□□　□□（人物像）　婢□□女生年□□□□〔色カ〕　」

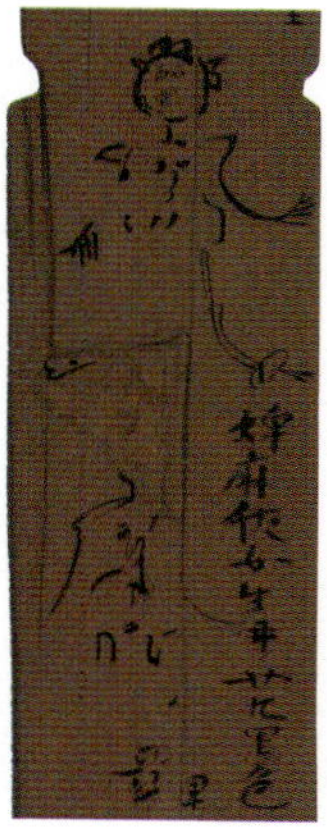

レプリカ（裏、人物像部分）

さまざまな場での働き

女性は男性と並んで、社会的な労働にも従事していた。長門国長登銅山（山口県美東町）では、男女の「馬丁」が馬をひいて銅を運ぶ仕事に雇われている。奈良時代ごろまでは男女の名前のタイプには違いがみられず、女性名の末尾の「売」「女」は戸籍記載を除くとしばしば省略されたので、図24では「矢田マ（部）少縫売」以外にも女性の馬丁が含まれている可能性がある。図26は婢の名前と絵姿を記して神に捧げたものか。

（義江　明子）

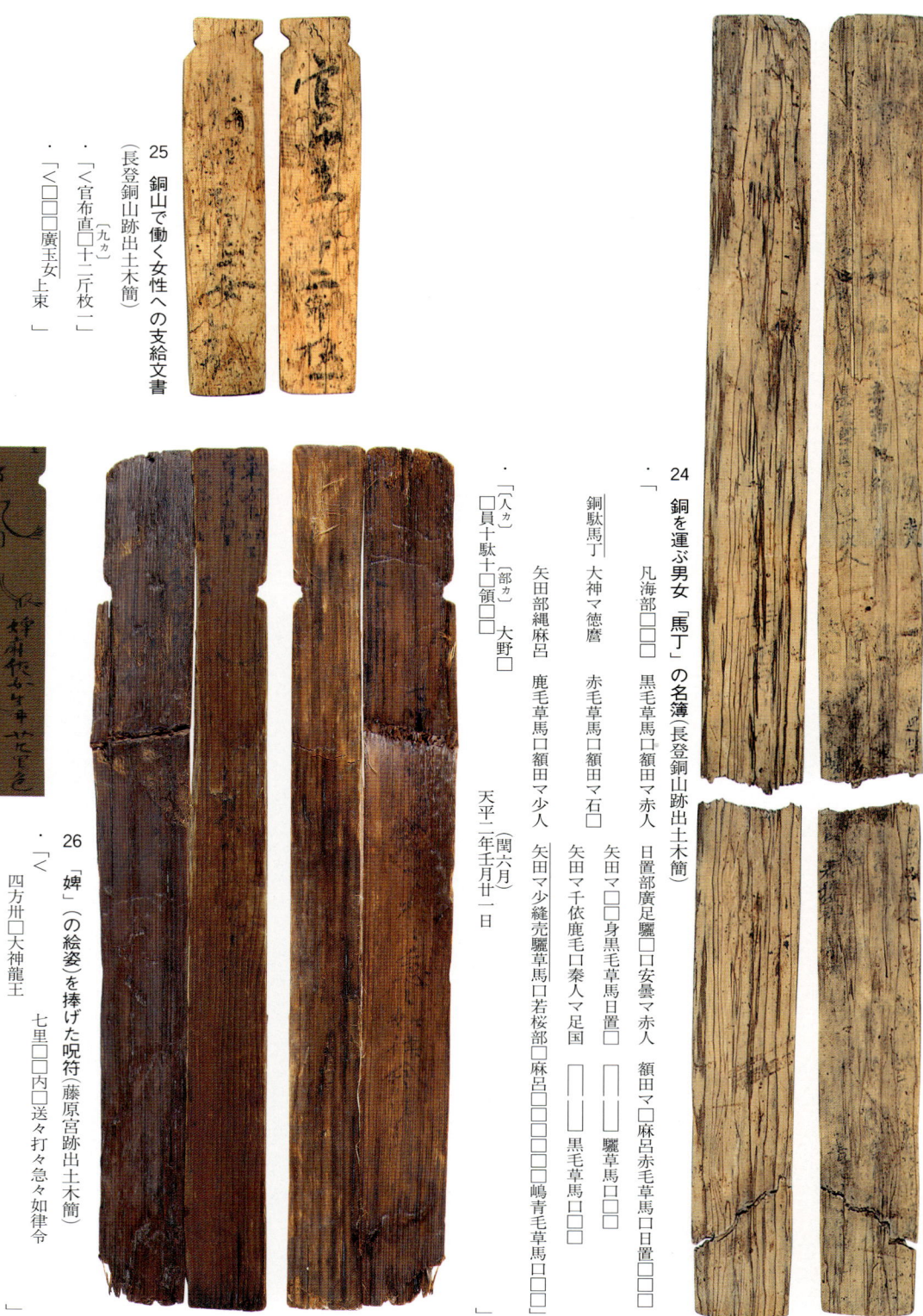

中世の働く女性たち

古代から中世への変革の原動力は、古代共同体のカラを破って生まれ出た、妻夫(めおと)を中心とする新しい結合体、すなわち「家」の成立であった。こうしたことから中世女性史研究は「家」とのかかわりで女性をとらえることが多かった。だが特に庶民女性をみる場合、さまざまな集団や村・町共同体の視点が不可欠である。『扇面法華経冊子』は、女たちが集まって働いている様子を伝えるし、「月次風俗図屛風」は稲作のなかで最も重視された田植えにおいて、女性たちがなによりも村共同体の一員として働いていることを明示する。また『扇面法華経冊子』や「洛中洛外図屛風」にみるように、平安時代以来、商いをする女たちの場は市や町であったし、『職人歌合』などに描かれるさまざまな女性職人も、その所属集団や町共同体の一員として生き生きと活動していた。そうしたことを絵画史料は伝えてくれるのである。

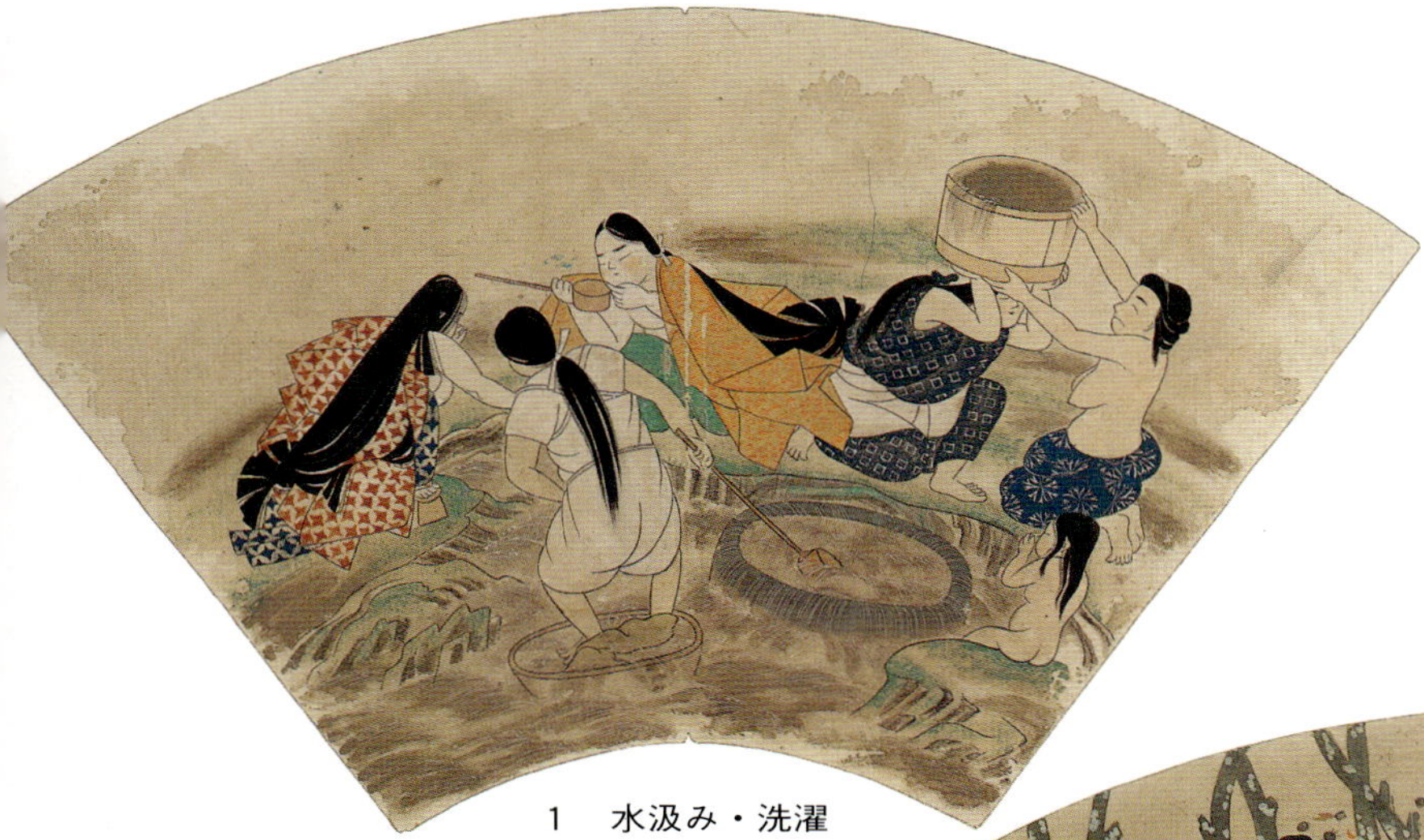

1　水汲み・洗濯

3　栗拾い

2　物干し

4　市女

『扇面法華経冊子』　12世紀

美しく装飾された写経。『扇面古写経』の名でも知られている。下絵に描かれているのは、経文とは直接かかわりのない花鳥画や風景、そして貴賤男女の風俗などであるが、なかでも平安時代の庶民クラスの女性の暮らしぶりや仕事ぶりが、このように生き生きと描かれている点は貴重だ。なお、掲載図は下絵を明治時代に復原模写したものである。

5　田 植 え 「月次風俗図屛風」 16世紀

中世の村の一大行事、田植えの光景がひろがっている。苗を植えつけているのは早乙女たち。田のほとりでは田楽一団が太鼓や鼓を打ち、笛を吹き、それを囃し立てている。苗を運ぶ腰蓑(こしみの)をつけた男たち、そして食事を運ぶ女や男。子供たちも手伝っている。村人総出の田植えだが、中心は、やはり前垂れをかけた華やかな29人もの女性たちだ。

8　トイレに向かう

7　水 汲 み

6　頭上運搬

10　魚 売 り

9　扇 売 り

11　農 作 業

「洛中洛外図屛風」(歴博甲本)　16世紀

戦国時代から江戸時代にかけて、京都の町や郊外の光景、さまざまな職種の人々、名所や生活風俗などを描く、このような屛風が作られ続けた。16世紀の屛風は4点残されているが、掲載したのはそのうちの最古の作品。この屛風には、表通りだけでなく、ふだん描かれることの少ない町屋の裏側が活写されている。この裏庭にこそ、庶民の女の生活ぶりがある。

（黒田　弘子）

女訓書にみる女性とその働く姿

女訓書には多彩な挿絵が施されている。戒めを綴った本文部分を易しくかつ親しみが持てるように、時には補足説明のために図が用いられているのである。それらからは、女訓書作成者が現実社会の中から女性の姿をどう捉え、それをどう観念化して「模範像」として提示しようとしたのか、当時の社会の現実と理想との絡みが垣間見える。書物によって絵図の描き方には巧拙が見られるが、化粧をする姿、遊びに夢中になっている姿、年中行事などの対処の仕方等々多様であり、女性たちの日常もまた多彩であったことを知ることができる。それらの中から、ここには、身分などを特徴づけている女性の姿(図１～８)、多様な仕事の中で主として女性が深く携わっている労働作業の様子(図９～24)、そして家庭内での日々の仕事をこなす女性の姿(図25～29)などを抄出してみた。また、図30～32では、家族の健康管理なども女性の大切な仕事とされていたことを確認することもできる。

1　公家『(女四季用文章)女小学教草』嘉永５年(1852)

2　武家『(女四季用文章)女小学教草』嘉永５年(1852)

3　民(百姓)『(女四季用文章)女小学教草』嘉永５年(1852)

4　工家(職人)『(女四季用文章)女小学教草』嘉永５年(1852)

5　商人『(女四季用文章)女小学教草』嘉永５年(1852)

6　妾『(女四季用文章)女小学教草』嘉永５年(1852)

7　契情(遊女)『(女四季用文章)女小学教草』嘉永５年(1852)

8　未通女(未婚者)『(女四季用文章)女小学教草』嘉永５年(1852)

9　農 業　『(新板)女用文色紙染』　江戸時代

10　商 業　『(童女専用)女寺子調宝記』　文化３年(1806)

11　海 人　『(新板)女用文色紙染』　江戸時代

12　塩汲み　『女大学教草』　文化11年(1814)

13　塩焼き　『女大学教草』　文化11年(1814)

14　女師匠　『(女四季用文章)女小学教草』　嘉永５年(1852)

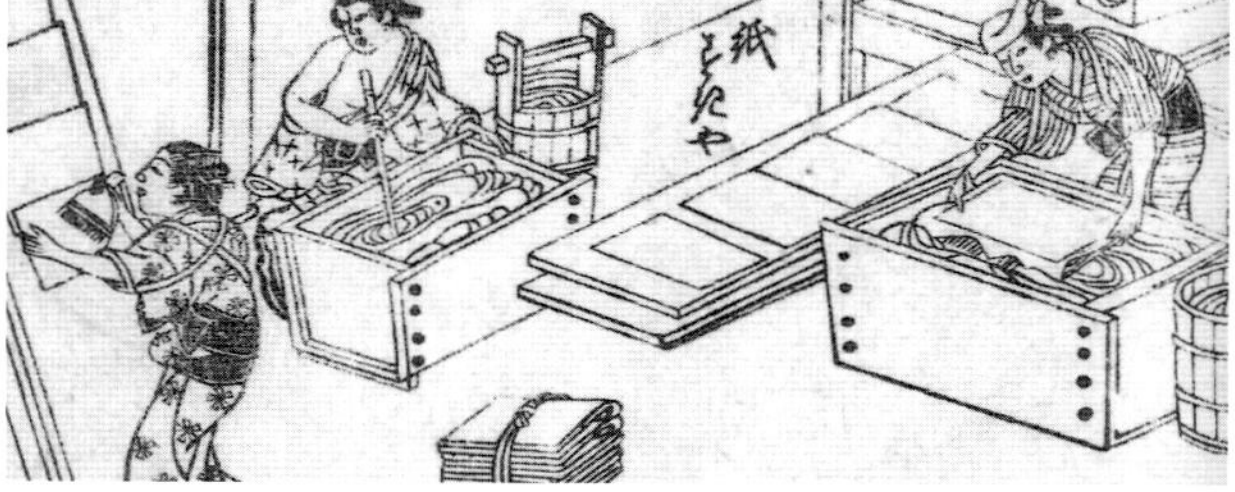

15　紙漉屋　『女大学教草』　文化11年(1814)

16　そうめん屋　『女大学教草』　文化11年(1814)

18　水引屋　『女大学教草』　文化11年（1814）

20　茶摘み　『女大学教草』　文化11年（1814）

22　養 蚕　『女大学教草』　文化11年（1814）

24　臼ひき　『娘教訓和哥百首』　天明８年（1788）

17　扇 屋　『女大学教草』　文化11年（1814）

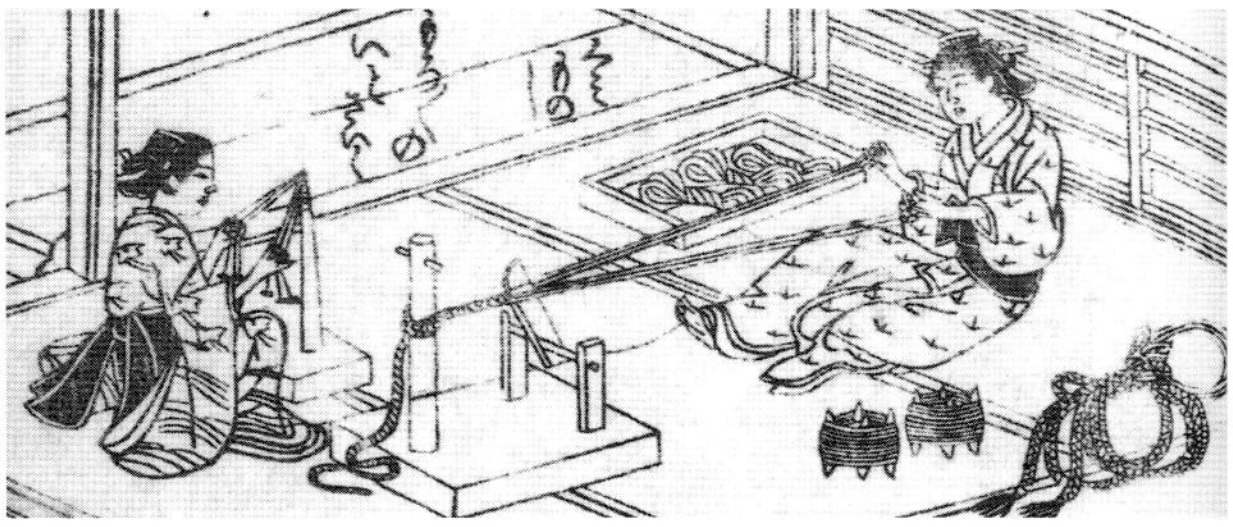

19　組み紐作り　『女大学教草』　文化11年（1814）

21　茶もみ　『女大学教草』　文化11年（1814）

23　糸とり　『女大学教草』　文化11年（1814）

26　火のし　『(嘉永訂正)女大学操鑑　全』　嘉永４年(1851)

25　針仕事　『女庭訓躾種　全』　天保11年(1840)

28　物干し　『女大学教草』　文化11年(1814)

27　洗濯・しみ落とし　『女大学教草』　文化11年(1814)

30　薬研　『(女四季用文章)女小学教草』　嘉永５年(1852)

29　機織り　『(嘉永訂正)女大学操鑑　全』　嘉永４年(1851)

32　灸　『女実語教操種　全』　嘉永４年(1851)

31　肩たたき　『(廿四孝入)女庭訓宝文庫』　江戸時代

(菅野　則子)

近現代の働く女性たち

近現代の働く女性たちの姿は写真に記録される。近代において女性たちの大多数は農漁村に暮らし農作業や漁業に従事していたが、資本主義経済の発展に伴い、主幹産業となる繊維業を女工として支えたり、あるいは女坑夫として男たちとともに炭坑で働きエネルギー産業を担ったりした。大正期には産業化・都市化が進行し、サラリーマン家庭では主婦が家事育児にいそしみ、会社やデパートで働く事務員や店員たちは職業婦人と呼ばれた。戦時下に女性たちは戦場に赴いた男性に代わって農業を担い、工場にも動員され、戦地に赴く従軍看護婦もいた。戦後は高度経済成長期にOLやパートタイマーとして働き始めた女性たちはM字型の労働形態をとることになり、1970年代前半に専業主婦の率はピークに達した。政府は第二波フェミニズム以降の国際的な影響の下で女子差別撤廃条約批准をひかえて、1985年男女雇用機会均等法を制定、総合職が誕生し、女性の職場進出は進んだ。保育士として働く男性も現われ、「男はソト、女はウチ」という性別役割分業意識は確実に変化している。（口絵「日本の女性は何を着てきたか（近現代）」参照）

1　**炭坑で働く**　明治時代中期の三井炭坑。「さきやま」（男・夫）が石炭を掘り、「あとやま」（女・妻）が運んだ。

3　**繊維産業の女工たち**（1920年）

2　**女教師と子守をしながら学ぶ娘たち**　北海道岩見沢尋常小学校での授業（1906年）。

6　**メーデーに参加した女性たち**（1930年）

5　**職業婦人　タイピスト**（1930年）

4　**職業婦人　バスガール（車掌）**　大正末から昭和初期の大阪市営乗合自動車。

7　**主婦と家事**　結婚して割烹着姿で主婦業に専念する前畑秀子(1937年、名古屋市)。

8　**漁村の女性**　陸揚げされた魚を運ぶ(1943年、静岡県御前崎村)。

9　**農村の女性**(1944年)
戦時下、食糧増産に励む。

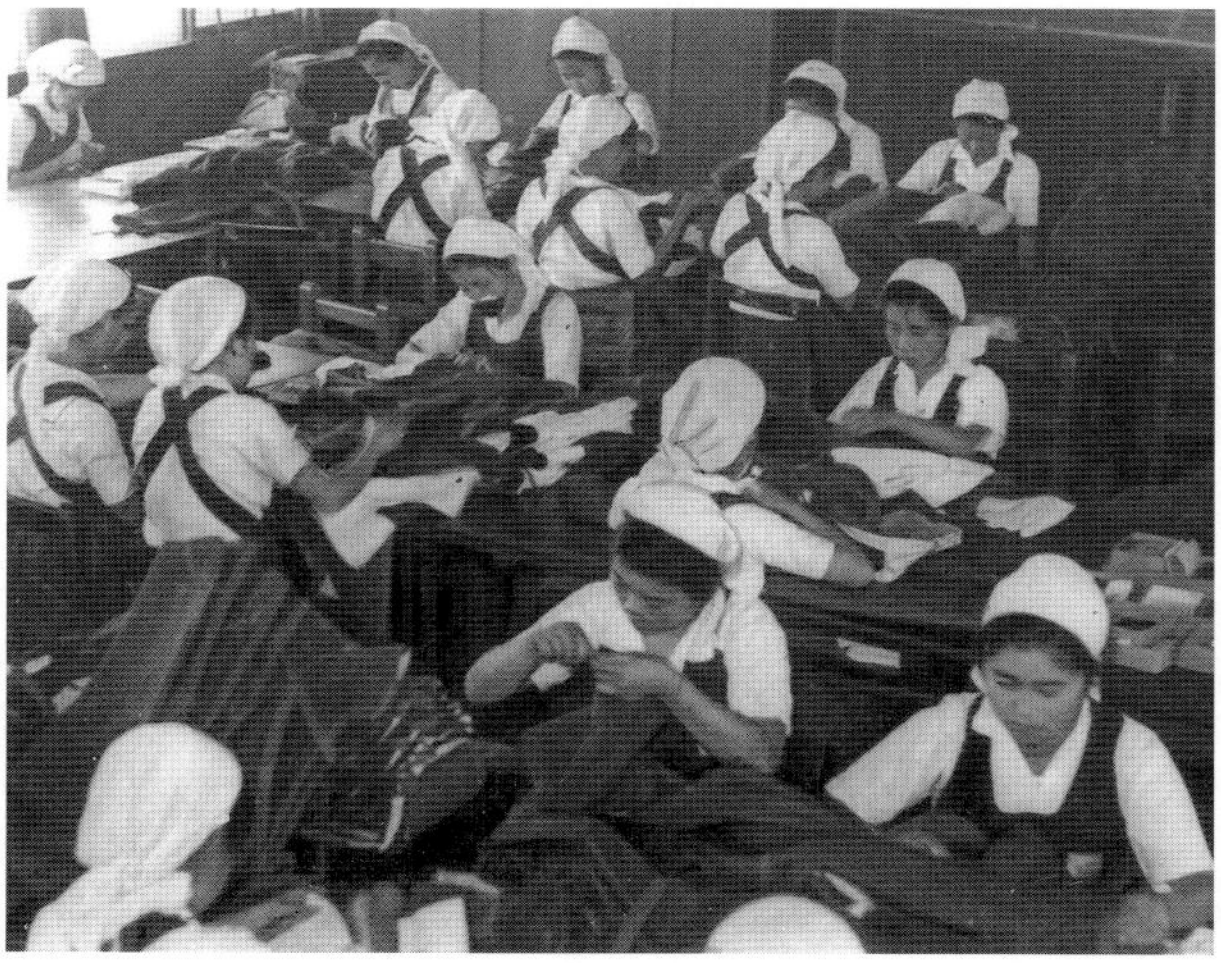

10　**女子挺身隊**　1944年から動員された。

11　**通勤する女性(OL)たち**
1950年代後半の東京有楽町。

13　**キイパンチャー**(1970年)
1960年代金融業界の花形職種だったが、頸肩腕症候群が多発。

14　**保母と保父**　男女雇用機会均等法の改正(1997年)で保育士に。

12　**高度経済成長期のカラーテレビ工場で働く組立工**(1966年)

(金子　幸子)

映像にみる女性たち —映画からテレビへ—

映画は近代の代表的な娯楽として人々に親しまれた。映画に描かれた女性像はその時代を反映している。戦前メロドラマの代表作としては「愛染かつら」（ヒロインは看護婦）があげられ、1940年代前半には李香蘭（図２）が日本人男性に心を寄せる可憐な中国娘を演じて人気を呼んだ。図３は現地の開拓移民が出演、「満州」開拓に励む妻と夫の姿をドキュメンタリータッチで描いた。戦後は民主改革の若々しい息吹を生き生きと伝えた作品（図４）や平和を願う作品（図６）が生まれた。メロドラマの系譜は戦後へと続き（図５）、難病の女性と彼女を支えた恋人との純愛を描いた「愛と死をみつめて」は女性たちの熱い支持を受けた。

1　「愛染かつら」（監督／野村浩将　出演／田中絹代　1938年　松竹）

2　「蘇州夜曲」（監督／伏水修　出演／李香蘭（山口淑子）　1940年　東宝）

3　「開拓の花嫁」（監督／坂根田鶴子　1943年　満州映画協会）

4　「青い山脈」（監督／今井正　出演／原節子　1949年　東宝）

5　「君の名は」（監督／大庭秀雄　出演／岸恵子　1953年　松竹）

6　「二十四の瞳」（監督／木下恵介　出演／高峰秀子　1954年　松竹）

7　「愛と死をみつめて」（監督／斎藤武市　出演／吉永小百合　1964年　日活）

1960年代半ばには家電製品が普及し始め、テレビが三種の神器ともてはやされて映画に取って代わった。戦後1950年代まで映画で三益愛子が演じた自己犠牲的な母親像は、朗らかで頼りになる母親像（図８）へと転換した（本文「ホームドラマ」参照）。1980年代初頭に、戦前から戦後を生きぬいた「おしん」の姿に人々は共感を寄せ、団塊世代の妻と夫を描いた「金妻」（図９）は流行語となった。21世紀初めには韓国の純愛ドラマ（図11）が放映されて韓流ブームを生み、他方、男女雇用機会均等法の改正を経て新しい男性像（主夫、図12）も描かれるようになった。

9　**「金曜日の妻たちへ」**（出演／いしだあゆみ　1983年　TBS）

8　**「肝っ玉母さん」**（出演／京塚昌子　第一部1968年、第二部1969～70年、第三部1971～72年　TBS）

11　**「冬のソナタ」**（出演／ペ＝ヨンジュン、チェ＝ジウ　2003年　NHK衛星）

10　**「おしん」**（出演／小林綾子・田中裕子・乙羽信子　1983～84年　NHK）

12　**「アットホーム・ダッド」**（出演／阿部寛　2004年　関西テレビ）

（金子　幸子）

序

近年の日本女性史研究は、これまで見過ごされてきた多くの女性たちの姿を掘り起こし、新しい女性像を次ぎつぎと明らかにしてきた。政治・経済・社会の仕組みや、生活・文化などのさまざまな分野で、女性に視点を据えた歴史叙述を数多く生み出し、さらには国際的な比較研究も、積極的に推し進められている。これらは、歴史学界をはじめ多くの分野に少なくない刺激や影響を与え、従来の歴史像を着実に塗り替えつつある。女性史研究が切り拓き光をあてたテーマが、各国・各時代の歴史像をより豊かに描出していく上での不可欠の環となり、広く深い取り組みもみられるようになってきている。

しかし、これらの成果は、必ずしも充分に歴史学界全体に共有されるまでには至っていない。また、女性学・ジェンダー論といった、女性史と密接に関わり重なり合う分野においても、歴史分析の方法・用語などの相互理解の困難さもあってか、日本女性史研究がこれまでに蓄積してきた成果が充分に活かされているとはいえない。それぞれの研究のより一層の発展と深化、進むべき方向を見定めるためには、共通の基盤となる本格的な辞典が、今こそ必要とされているといえよう。

このような状況のもとで、日本女性史の現段階における成果をまとめ、次への飛躍を目指して、また、関連諸分野との交流を深め、新たなページの開かれることを希って、本辞典を刊行する。

本辞典は、政治・経済・社会はもちろんのこと、生活・宗教・教育・性・文化・思想・運動、歴史概念および理論など、あらゆる分野に目配りしながら項目を選定し、歴史を動かし支えた女性たちの姿を、時代の動きの中で浮き彫りにすることを目指した。その結果、三〇〇〇項目余におよぶ大辞典となった。そして、それらの項目について、女性史研究者のみならず、それぞれに専門に研究されている幅広い分野の方々に、各自の研究成果をふまえ、思い切った見解を示していただいた。したがって、項目相互の間での見解や評価の相違も少なからずある。そうした違いも含めて、それこそが現段階における女性史研究の多彩で豊かな到達点を示すものともいえよう。本辞典を出発点として、新たな発展の途が切り拓かれることを期待したい。

本辞典の特色の一つは、原則として各項目の末尾に関連する適切な著書・論文や史料を付記したことである。個々の項目について、読者自身がより深く追求し主体的に調べをすすめ、さらにステップアップできることを期した。また、各時代・分野にまたがるいくつかの重要な事柄については、古代、中世、近世、近現代、あるいはアイヌ、琉球・沖縄等に分けて併記する共通項目を設けた。これらを通覧することによって、歴史的変化や地域による特色を明確につかみとることができるだろう。

なお、項目編成・執筆者選定にあたって、近現代の一部の分野について石崎昇子、永原和子、早川紀代、民俗について中込睦子、アイヌについて児島恭子の諸氏に専門の立場からご協力いただいた。

女性史・日本史研究はもちろん、関連の諸分野において新たな研究を進めていこうとされる方々、また、自らの生き方に女性史研究の成果を活かそうとされる方々をはじめ多くの方々に、本辞典を活用していただければ望外の幸せである。

二〇〇七年十二月

金子幸子
黒田弘子
菅野則子
義江明子

編集

金子幸子
黒田弘子
菅野則子
義江明子

専門協力

石崎昇子（近現代）
永原和子（近現代）
早川紀代（近現代）
中込睦子（民俗）
児島恭子（アイヌ）

執筆者

青木美智男
青木美智子
赤澤春彦
明石一紀
赤嶺政信
秋池洋美
秋山喜代子
浅尾弘子
浅倉むつ子
浅倉有子
浅野久枝
浅野富美枝
浅野美和子
阿部浩一
阿部恒久
阿部泰郎
天野寛子
天野正子
荒井英子
荒井秀規
新井淑子
荒木敏夫
有富由紀子
飯島吉晴
飯沼賢司
飯野朋美
池川玲子
池田忍
石崎昇子

石月静恵
磯貝富士男
板垣邦子
板橋春夫
伊藤康子
稲川やよい
稲本万里子
井上恵美子
井上和枝
井上輝子
井上治代
井上摩耶子
今井小の実
今井堯
今谷明
井山温子
岩井サチコ
岩田重則
岩田ななつ
岩田みゆき
上杉妙子
アン゠ウォルソール
宇佐美ミサ子
牛山佳幸
内田順子
宇野勝子
梅村佳代
梅村恵子

江上幸子
江刺昭子
海老澤衷
海老澤美基
榎村寛之
遠藤織枝
遠藤ゆり子
大門泰子
大木基子
大口勇次郎
大島志津子
大島道子
大関邦男
太田素子
大藤修
大友昌子
大日向雅美
大山由美子
岡佳子
尾形明子
岡田孝子
岡野幸江
岡村幸子
小川幸代
荻美津夫
荻野美穂
荻原千鶴
奥田暁子
奥田統己

奥田和美
尾崎陽美
長田直子
小澤智子
小平美香
小田部雄次
落合恵美子
小野沢あかね
大日方純夫
折井美耶子
小和田哲男
小和田美智子
加賀山亜希
角谷英子
影山礼子
片倉比佐子
勝浦令子
勝田至
加藤千香子
加藤美恵子
金澤七友実
金子幸子
上村正名
亀井若菜
川上順子
川口恵美子
川崎愛
川崎智之
川島茂裕

河原彩
川村邦光
神田秀雄
神田裕理
神田より子
岸伸子
北康宏
北脇実千代
木名瀬高嗣
金眞琡
金富子
木村洋子
木本喜美子
京樂真帆子
国武雅子
國見薫
久保公子
久保貴子
久保貴子
久保田昌希
倉石あつ子
倉石忠彦
蔵澄裕子
倉田あゆ子
倉本一宏
栗原健一
栗原弘
栗山圭子
黒川みどり

黒澤亜里子
黒瀬之恵
黒田智
黒田日出男
黒田弘子
黒田基樹
桑原恵
小泉吉永
香内信子
河内春人
児島恭子
小嶋菜温子
古庄ゆき子
後藤みち子
小林茂文
小林昌二
小林敏男
小檜山ルイ
駒野陽子
小峯和明
小山伊基子
小山静子
斉藤研一
酒井紀美
坂井孝一
酒井順子
坂井博美
坂田聡
坂本佳鶴恵

桜井由幾
佐々木裕子
佐多芳彦
佐藤厚子
佐藤健治
佐藤康太
佐藤直子
佐野ちひろ
沢山美果子
志賀節子
設楽薫
篠川賢
柴桂子
渋谷和宏
島川雅史
清水克行
清水聡
清水眞澄
清水美知子
下重清
白石玲子
白根靖大
菅野則子
菅原征子
菅原正子
椙山聖子
鈴木織恵
鈴木国弘
鈴木哲雄

鈴木則子
鈴木裕子
須藤八千代
関和彦
関周一
関民子
関礼子
関本悟
瀬野精一郎
曾根ひろみ
宋連玉
平雅行
平舘英子
髙木侃
高島英之
高田知波
高梨一美
髙橋和子
高橋圭子
髙橋敏子
高橋菜奈子
高橋伸拓
髙橋典幸
高橋秀樹
髙橋裕子
高松百香
田口亜紗
竹下修子
舘かおる
蓼沼康子

田中貴子
田中真砂子
田中禎昭
田邊悟
谷合伸介
谷岡理恵
谷口由希子
玉野井麻利子
知野愛
塚田良道
築島裕
辻ミチ子
辻垣晃一
土谷恵
寺沢知子
藤堂かほる
所京子
土橋誠
富田裕子
友野清文
鳥居フミ子
内藤和美
内藤寿子
中井良子
中込睦子
長島淳子
中嶌邦
永島朋子
中嶋みさき
長野ひろ子

中林隆之
永原和子
永原紀子
中村節子
中村ひろ子
中村文
中村雅子
七海雅人
並木和子
波平恵美子
成清弘和
成田龍一
成松佐恵子
西光三
西洋子
西尾和美
西川祐子
錦昭江
西口順子
西澤直子
西野悠紀子
西村汎子
仁藤敦史
仁藤智子
丹羽雅代
野口剛
野口華世
野田有紀子
野村育世
野本京子

橋本紀子
橋本宏子
長谷川寿美
長谷川良子
畑尚子
花井信
早川紀代
林薫
林香奈
林千代
林マリヤ
林由紀子
早田リツ子
伴瀬明美
樋口恵子
平井和子
平尾真智子
平間充子
廣瀬志芽子
広瀬玲子
パトリシア＝フィスター
深沢恵子
福田アジオ
服藤早苗
藤野泰子
藤野豊
藤本由香里
船橋邦子
古河史江

古久保さくら
古瀬奈津子
朴木佳緒留
外間米子
星倭文子
星野澄子
細川涼一
保立道久
堀サチ子
本田優子
本間重子
前山加奈子
牧田りゑ子
増田淑美
松尾美恵子
松木裕美
松原弘宣
松村洋
松本純子
間宮尚子
三上喜孝
三﨑裕子
水野僚子
溝口睦子
三橋正
峰岸純夫
宮内淳子
宮城晴美
三宅和朗
三宅義子

宮﨑肇
宮﨑ふみ子
宮瀧交二
牟田和恵
村井早苗
村岡嘉子
村﨑恭子
茂木輝順
森公章
森ます美
森栗茂一
森田喜久男
盛本昌広
文珠正子
八木透
柳谷慶子
藪田貫
山﨑美和恵
山﨑祐子
山澤和子
山下英愛
山田厳子
山田美津子
山田よし恵
山辺恵巳子
山村淑子
山本博子
湯川敏治
ゆのまえ知子
横澤清子

横山文野
横山百合子
義江明子
吉川敏子
吉沢千恵子
吉田一彦
吉田ゆり子
吉成直樹
吉松幸子
吉見義明
米田佐代子
若尾典子
若尾政希
脇田晴子
和田律子
渡邊澄子
渡辺典子
渡辺雅子
渡邊洋子
渡邊欣雄

凡例

項目

一　本辞典は、日本史の中で女性史と深く関連する項目を、あらゆる分野に目配りして網羅した。

二　一つの項目で、別の呼称や読みのある場合は、適宜その一つを選んで見出しを立て、他は必要に応じてカラ見出しとし、その項目を指示した。

三　関連項目は、適宜その一つを選んで見出しを立て、まとめて記述した場合もある。

四　各時代・分野にまたがる重要な事項については、古代、中世、近世、近現代、民俗、アイヌ、琉球・沖縄などに分けて併記する共通項目とした。

五　人名項目は、原則として二〇〇三年(平成十五)までの物故者とした。

六　見出しは、かな見出し、本見出しの順に示した。

1　かな見出し

イ　現代かなづかいによるひらがな書きとした。

ロ　外国語・外来語はカタカナ書きとし、原語の読みに近いように表記した。長音は長音符号(ー)を用いた。

ハ　欧米人名は、ファミリー＝ネーム、パーソナル＝ネームの順のカタカナ書きとした。

ニ　近現代の中国・朝鮮・韓国の人名は、原則としてカタカナ書きとし、原語の読みに近いように表記した。長音は長音符号(ー)を用いた。

ホ　北海道・沖縄関係の項目は、原則として北海道・沖縄での一般的な発音表記に従った。

2　本見出し

イ　日本読みのものは、漢字とひらがなおよびカタカナを用いた。

ロ　外国語・外来語はカタカナ書きとし、原語の読みに近いように表記した。

ハ　欧米人名は、パーソナル＝ネーム、ファミリー＝ネームの順の欧文表記とした。

ニ　近現代の中国・朝鮮・韓国の人名は、本見出しの後に、必要に応じ原語音のローマ字綴りを付記した。

配列

一　かな見出しの五十音順とした。清音・濁音・半濁音の順とし、また、促音・拗音も音順に加えた。長音符号(ー)はその前のカタカナの母音をくり返すものとみなして配列した。

二　かな見出しが同じ場合は、本見出しの字数・画数の順とした。

三　かな見出し・本見出しが同じ場合は、㈠㈡㈢を冠して一項目にまとめた。

四　共通項目は、原則として古代、中世、近世、近現代、民俗、アイヌ、琉球・沖縄の順とした。

記　述

一　文体・用字

1　記述は、平易簡潔な文章を心がけ、敬語・敬称の使用は避けた。

2　漢字まじりのひらがな書き口語文とし、かなづかいは引用文をのぞき、現代かなづかいを用いた。

3　漢字は、歴史用語・引用史料などのほかは、なるべく常用漢字・新字体を用いて記述した。また、必要に応じて適宜ふりがなを付けた。

4　数字は、漢数字を使用し、十・百・千・万などの単位語を付けた。ただし、西暦、西洋の度量衡、百分比、文献の編・巻・号などは、単位語を省略し、桁数が多い時は、万以上の単位語を付けた。壱・弐・参・拾・廿などの数字は、引用文などのほかには使用しなかった。横書きの場合は、アラビア数字を用いた。

二　年次・年号

1　年次表記は、明治五年(一八七二)十二月二日以前は、原則として和暦を用い、(　)内に西暦を付け加え、一八七三年(明治六)以後は、原則として西暦を用い、(　)内に和暦を付け加えた。

2　改元の年は、明治以前は原則として新年号を用い、大正以後は改元の日を以て変更した。

3　沖縄に関する年号は、廃藩置県以前は西暦を用いた。

4　時代の呼称は、古代・中世・近世・近代・現代、もしくは奈良・平安・鎌倉・室町・戦国・江戸・明治・大正・昭和時代などとし、上代・上世・上古・中古・近古などは用いないこととした。

三　記述の最後に、基本的な参考文献となる著書・論文・史料集をあげ、発行年、発行所を示し、研究の便を図った。

四　項目の最後に、執筆者名を(　)内に記した。

五　記号

〔　〕　共通項目の各時代・分野をかこむ。

『　』　書名・雑誌名などをかこむ。

「　」　引用文または引用語句、特に強調する語句、および論文名などをかこむ。

(　)　注をかこむ。角書・割注も一行にして、(　)でかこむ。

⇨　カラ見出し項目について、参照すべき項目を示す。

→　参考となる関連項目を示す。

・　並列点および小数点に用いる。

＝　原語の二語連形をカタカナ書きにする時に用いる。ただし、日本語として熟し切っていると思われるものは省略する。

例　セクシュアル＝ハラスメント、ソーシャルワーカー

＊　本文中の語句で項目となっているものを示す。

函　写真
四季農耕図屏風　国立歴史民俗博物館所蔵

あ

あゝのむぎとうげ―あるせいしこうじょあいし― あゝ野麦峠―ある製糸工女哀史― 山本茂実《やまもとしげみ》(一九一七―九八)が何足ものズック靴がボロボロになるほど歩き回り、飛《ひ》騨《だ》の老女たち約三百八十人に取材して、その*聞き書きをもとに、諏訪《すわ》の製糸工女の実態を描き出したノンフィクション作品。一九六八年(昭和四十三)に出版された。明治初年以来「文明開化」「富国強兵」を合言葉に、先進国入りをめざした日本が、短年月のうちに軍艦・兵器を外国から輸入するための外貨は、*生糸輸出によって生み出された。一八八〇年代から著しい発展をとげた日本の製糸業は、長野県諏訪地方岡谷《おかや》に集中した。県内、近県から募集された製糸工女たちは、十一、二歳の少女もまじえた若い娘たちで、岐阜県北部飛驒から来る工女たちは、まだ雪深い峠をいくつも越えてキカヤ(製糸工場)に向かい、年末に吹雪の中を飛驒に帰る一年契約であった。一日十四、五時間の長時間労働、粗末な食事、寄宿舎生活で、低賃金のうえに検査で罰点をつけられて引かれる給料、そうした生活で病におかされる工女が増え、社会問題となった。腹膜炎で重態となり工場から帰され、兄に背負われて、野麦峠の頂上で「あゝ飛驒が見える」とつぶやいて息を引き取った二十歳の工女の哀話《あいわ》が鮮烈である。一九二七年八月、製糸労働運動史上最大といわれた岡谷の*山一林組争議《やまいちはやしぐみそうぎ》に立ち上がった千二百十三人の工女たちの闘いぶりと敗北も生々しく記述されている。取材に応じてくれた七十歳から九十歳の老工女たちからは、つらかったという言葉はあまり出ず、よろこびをもっていきいきと語ってくれたという。中学・高校の教科書にも採録され、演劇・映画にもなり、版を重ね多くの読者を持った本書は、近代蚕糸《さんし》業研究者にも大きな衝撃を投げかけ、近年のオーラル＝ヒストリー研究にも多くの示《し》唆《さ》を与えている。『あゝ野麦峠―ある製糸工女哀史―』(角川文庫、一九七七年、角川書店)、『続あゝ野麦峠』(角川文庫、一九八二年、角川書店)がある。

参考文献 滝沢秀樹『繭と生糸の近代史』(教育社歴史新書)、一九七九、教育社。『歴史学研究』五六八(特集オーラル・ヒストリー―その意味と方法と現在―)、一九八七。中村政則『労働者と農民』(小学館ライブラリー)、一九九六、小学館。玉川寛治『製糸工女と富国強兵の時代』、二〇〇三、新日本出版社。

(堀 サチ子)

アール＝エー＝エー RAA 第二次世界大戦敗戦直後の一九四五年(昭和二十)八月十八日、内務省が警察に通達をだして*貸座敷《かしざしき》業者らに設立させた占領軍用の株式会社の性的慰安《いあん》施設。Recreation and Amusement Association(特殊慰安施設協会)の略称。大蔵省も融資した。「一般婦女子」の貞操《ていそう》を守るため「性の防波堤《ぼうはてい》」を築くという名目であったが、真の目的は「慰安」に携わる女性を「人柱」(「RAA声明書」)にして社会秩序を保ち国体を護持することにあった。銀座のRAA本部前には「女事務員募集(中略)新日本女性に告ぐ！」の募集の張り紙がだされ、新聞にも求人広告が掲載された。生活難から多くの女性が応募し、占領軍先遣隊《せんけんたい》が到着した八月二十八日には東京大森で営業を開始。施設は地方にもつくられた。公娼《こうしょう》廃止令を出したGHQはRAAを黙認したが、占領軍内に性病が蔓延《まんえん》したため一九四六年三月十日、兵士たちの施設内へのオフリミット(立ち入り禁止)令をだし事実上閉鎖された。組織としてのRAAは一九四九年四月解散。

参考文献 市川房枝編『日本婦人問題資料集成』一、一九七八、ドメス出版。杉山章子「敗戦とR・A・A」(『女性学年報』九)、一九八八。ドウス昌代『敗者の贈物』(講談社文庫)、一九九五、講談社。

(ゆのまえ知子)

あいこくちょちくうんどう 愛国貯蓄運動 日中戦争後に政府主導で広がった全国的な貯蓄奨励運動。一九三八年(昭和十三)四月、政府は、戦線拡大に伴う軍需強化のための資金調達と戦時下のインフレ防止のために、以後一年間で八十億円の貯蓄達成を目標とした国民運動の実施を閣議で申合わせた。貯蓄運動は、*愛国婦人会が三三年以来一定の成果をあげてきたが、三八年「貯蓄奨励には婦人の力を」の方針のもと、*大江《おおえ》スミと*羽仁《はに》もと子が大蔵省国民貯蓄委員会委員に任命され、六月に貯蓄報国強調週間を設定して東京で三千人の女性を集めて講演会が催された。翌年三月、*大妻《おおつま》コタカ・*市川房枝《いちかわふさえ》ら三十一名を大蔵省嘱託に任じて全国の家庭婦人に貯蓄奨励を説かせた。六月には「一億一心 百億貯蓄」を掲げて全国一斉に百億貯蓄強調週間を実施する。貯蓄奨励・公債の購入を唄った貯蓄報国運動は、地方の末端まで浸透した。国民は何らかの貯蓄組合に属することになり、徹底した節約や労働の成果を貯蓄した。半ば強制的に組合に貯蓄させた資金によって膨張する軍事費を補充し戦争を支援する社会構図ができあがった。

参考文献 吉田裕・吉見義明編『日中戦争期の国民動員』一(資料日本現代史一〇)、一九八四、大月書店。鈴木裕子編『日本女性運動資料集成』一〇、一九九五、不二出版。

(宇野 勝子)

あいこくふじんかい 愛国婦人会 わが国初の全国的な女性軍事援護団体。「北清事変《ほくしんじへん》」を直接の契機に一九〇一年(明治三十四)、*奥村五百子《おくむらいおこ》の提唱による軍人遺家族救済目的の「上流婦人」の組織として出発。貴族院議長近《この》衛篤麿《えあつまろ》ら対外強硬《きようこう》論者の協力を得て、一九〇一年三月二日発会式をあげる。趣意書《しゆいしよ》の起草《きそう》は*下田歌子《しもだうたこ》、会長は岩《いわ》倉久子《くらひさこ》(公爵《こうしやく》夫人)。内務省や陸軍の積極的支援を受けながら、奥村五百子は「半襟《はんえり》一かけを節約して愛国婦人会に」と全国遊説を精力的に行なって組織の基礎固めを行う。実際に会を維持拡大するのは内務省直結の行政機構であり、官製婦人会としての強固な地位を築いていく。一九〇二年三月に機関誌『愛国婦人』を中央の意向徹底のため刊行。政治的に無権利な女性が戦争政策に盲従《もうじゅう》する矛盾を社会主義者が指摘したが、会員数は創立年の一万三千人から、一九〇五年の日露戦争時には四十六万三千人と飛躍的に増加し、戦後の一九〇七年には七十万七千人に達した。しかし、次第に世論が「愛婦平和時不要論」に傾き、一九一七年(大正六)に定款《ていかん》を改定して社会事業にも着手。一九二〇年に会長となった下田歌子は、授産所《じゅさんじょ》や託児所《たくじしょ》など救済事業に力を入れるが、行政補完の色合い濃く、*農繁期《のうはんき》託児所は女性の要求に合致する反面、小作争議《こさくそうぎ》対策でもあった。この時期台頭する市民的婦人運動を意識して、下田は各地を講演し、女性の「思想善導《ぜんどう》」にあたった。一九三一年(昭和六)「満州事変」勃発《ぼっぱつ》を機に、活発な軍事援護活動を再開する。翌年には*大日本国防《こくぼう》婦人会(国婦)の躍進《やくしん》に対抗して、「婦人報国」をスローガンに教化活動、軍事後援に集中し、会員の大衆化をめざす。一九三八年には「兵隊さんは命がけ私達は襷《たすき》がけ」で銃後《じゅうご》強化をはかる。一九四〇年には会員数六百万を数え、拮抗《きっこう》する国婦との対立が顕著《けんちょ》となって、一九四二年二月二日、政府により*大日本婦人会に統合される。半世紀近く戦争遂行《すいこう》システムを支え続け、心情的に女性を戦争支援に駆り立てていく上で大きな役割を果たした。

参考文献 永原和子「愛国婦人会の活動」(『思想の科学』五一)、一九七五。石月静恵「愛国婦人会小史」(津田秀夫先生古稀記念会編『封建社会と近代』一九八九、同朋舎出版)。伊藤康子「愛国婦人会と女性の社会的活動」(早川紀代編『軍国の女たち』二〇〇五、吉川弘文館)。

(永原 紀子)

あいごのわか 愛護若 説経節《せっきょうぶし》『愛護若』の主人公。二条《にじょう》蔵人《くろうど》前左大臣《さきのさだいじん》清平《きよひら》の子愛護若は継母《けいぼ》雲井《くもい》の前《まえ》の恋慕を拒絶して讒言《ざんげん》により館を追放される。細工《さいく》夫婦に助けられ、比叡山《ひえいざん》の叔父の阿闍梨《あじゃり》を訪ねるが天狗と誤られて拒絶される。田畑之介《たはたのすけ》兄弟に情けをかけられるが穴太《あのう》の里では姥《うば》・尼に冷たくされ、失意のあまり霧降滝《きりゅうがたき》で投身自殺する。清平に処刑された雲井の前は大蛇となって滝で思いを遂げ、清平以下百八人は滝に身を投げた。

参考文献 『説経節』(東洋文庫)、一九七三、平凡社。『説経集』(新潮日本古典集成)、一九七七、新潮社。

(菅原 正子)

あいさいでん 愛妻田 一九五五年(昭和三十)ごろ、*全国農協婦人団体連絡協議会によって進められた生産面への積極的参加を通して女性の個人の確立を促すことを目指した運動。一九五三年新潟県で農地改良普及員のよびかけで設置されたことを嚆矢《こうし》とする。男性の指示通り働くだけでなく、農業経営知識や技術をもち主体的に農業に参加できるように、また生活改善資金を獲得するために共同育苗《いくびょう》・共同田植・共同防除等の協同活動を行なった。ここから、*共同炊事《すいじ》・作業衣の改善の協同研究・*家計簿記帳・計画貯金等の生活活動が生まれていった。

参考文献 JA全国女性組織協議会編『輝くあゆみそして未来へ—JA全国女性協50年史—』、二〇〇二。

(天野 寛子)

あいしんかくらひろ 愛新覚羅浩 一九一四—八七 清朝最後の皇帝(宣統帝《せんとうてい》)・「満州国」皇帝溥儀《ふぎ》の弟溥傑《ふけつ》の夫人。一九一四年(大正三)三月十六日、侯爵嵯峨実勝《さがさねとう》・尚子《ひさこ》の長女嵯峨浩として東京に生まれる。女子学習院高等科を卒業。嵯峨家が天皇家に縁の深い公家であったことから、軍部主導にて「日満親善」の象徴として、一九三七年(昭和十二)愛新覚羅溥傑と結婚し、二人の娘慧生《えいせい》・嫮生《こせい》をもうける。戦後の混乱期に中国各地を逃避行した後、一九四七年娘とともに日本に引き揚げ、その後嵯峨家に寄宿した。一九五七年娘の慧生は天城《あまぎ》山中にて、学習院大学での同級生とともに死亡。交際を反対されての「天城山心中」として大きく報道された。溥傑は戦後ソ連での抑留の後、中国の戦犯管理所で暮らすが、中国政府により一九六〇年に特赦《とくしゃ》がおりたため、一九六一年浩は北京に移住、夫と再会を果たし、晩年は夫とともに北京にて暮らした。著書に『流転の王妃』(一九五九年、文芸春秋新社)、『「流転の王妃」の昭和史』(一九八四年、主婦と生活社)があり、その生涯は何度かドラマや映画に描かれている。

(古久保さくら)

あいぜんかつら 愛染かつら 川口松太郎《かわぐちまつたろう》の小説で、戦前の代表作。『*婦人倶楽部《クラブ》』連載。一九三八年(昭和十三)、松竹が野村浩将《のむらひろまさ》監督で映画化した。子持ちで*未亡人の看護婦が大病院の跡取り息子に求愛されるが、肝心のところでは常にすれ違ってしまう。しかし才能あるヒロインは歌手としてデビューし、恋も仕事も成就させる、というストーリーを、*田中絹代《たなかきぬよ》・上原謙《うえはらけん》のコンビが演じて、記録的な興行《こうぎょう》収入をあげた。松竹は続いて「続愛染かつら」「愛染かつら完結編」(一九三九年)の製作を行い、いずれも大ヒットした。「花も嵐も踏み越えて(下略)」で始まる主題歌「旅の夜風」(作詞西条八十《さいじょうやそ》・作曲万城目正《まんじょうめただし》)も百万枚を超える売り上げを記録。映画法の制定時期と重なっており、戦時体制にこの種のメロドラマはふさわしくないとする映画評論家たちと、「大衆に明朗《めいろう》な娯楽と慰《い》安《あん》を与えるべき」とする松竹大船撮影所所長城戸四郎《きどしろう》との間に論争が交わされた。戦後、幾度かリメイクされている。

参考文献 鈴木和年『「愛染かつら」とニッポン人』、一九八四、情報センター出版局。古川隆久『戦時下の日本映画』、二〇〇三、吉川弘文館。

(池川 玲子)

あいたいじに 相対死 男女の*情死を指す語。十七世紀末から十八世紀前期にかけて、特に上方において男女の情死が頻発《ひんぱつ》した。それは、誠意のあかしとして遊里《ゆうり》で使われていた*心中《しんじゅう》ということばで呼ばれ、文芸化されて、広く世間に流布した。心中の当事者は、子や奉公人など従属的立場の人々が多かった。*家長《かちょう》が実質的力を持っていたこの時期、親や主人の意思に背いた*恋愛関係は、勘《かん》当《どう》や追放などの制裁を加えられて生計を立てられず、死に追い込まれたのである。*近松門左衛門《ちかまつもんざえもん》は、これらの事件を素材にした多くの心中ものを書き、人間的誇りと愛のあかしをうたいあげて熱狂的な歓迎を受けた。江戸幕府は、享保《きょうほう》七年(一七二二)心中の文芸化を禁止し、翌年には心中そのものを禁止した。そして誠意のあかしという意味を持つ心中ということばを相対死ということばに変えて、相対死した者は弔《とむら》い禁止・死骸取り捨て、失敗した者は三日間人前にさらしたあと、農工商以下の身分である非人《ひにん》の手下にすると定めた。

参考文献 諏訪春雄『江戸―その芸能と文学―』、一九七六、毎日新聞社。関民子『恋愛かわらばん―江戸の男女の人生模様―』、一九九六、はまの出版。（関　民子）

あいづのうしょ・あいづうたのうしょ　会津農書・会津歌農書　陸奥国《むつのくに》会津郡幕内村《まくうちむら》(福島県会津若松市)肝煎《きもいり》佐瀬与次右衛門《ざよじえもん》の著書。前者は上・中・下の三巻からなる。貞享《じょうきょう》元年(一六八四)成立。この地域の農業の実態をもとに農業技術の集成を図る。本書の主題は、稲作を中心に諸作物を耕作するために必要な土・水などの知識と耕作法についての叙述と農作業を遂行していく際の作業内容・必要労働力についての見積りなどが記されているが、女性労働の扱われ方に特色が見られる。多様な農作業とそれぞれに必要な労働力量とが計上されている中で、女性が関わる農作業についての記述は、稲作における「五月《さ》乙女《おとめ》」のみである。後者の『会津歌農書』は宝永元年(一七〇四)に著わされ、同様に上・中・下の三部構成で『会津農書』の解説版に相当する。農家経営内の日常の様子や人間関係を歌に詠み込んだ作品が収載されている。日々の生活を律するようなものが多く、経営主である当主が、生活を順調にかつ安穏《あんのん》に推し進めていくために必要な事柄をかつ覚えやすく歌に託したものであろう。テキストは『日本農書全集』一九・二〇(一九八二年、農山漁村文化協会)。

参考文献 菅野則子「農村女性の労働と生活」(『村と改革』一九八二、三省堂)。（菅野　則子）

あいづふどき・ふうぞくちょう　会津風土記・風俗帳　江戸時代の会津地方(福島県)の風土記と風俗帳を集成したもの。庄司吉之助《しょうじきちのすけ》編。一九七九年(昭和五十四)・八〇年、吉川弘文館および歴史春秋社より発行。巻一―三の三冊あり、巻一は「寛文《かんぶん》風土記」、巻二は「貞享《じょうきょう》風俗帳」、巻三は「文化風俗帳」と称す。会津藩が風土記を編纂《へんさん》したもので、収録文書の表題は一定ではない。菅野則子が江戸時代後期の農業面における女性の進出について引用した史料は、巻三所収の「文化四年、風俗帳、耶麻《やま》郡熊倉組《ぐんくまぐらぐみ》」で、「此三拾年以来段々女とも、鍬《くわ》を取付畠作くるめ物杯致《など》候か、追々一体のならはしになり、近年は婦人の儀男子と同様に罷《まかり》成り、田打などは女子としてゆひなど致し、凡《すべ》て農業男子と一同仕業、丈夫成る生れの女は男まさりに働き候者何程も御座候」とある。

参考文献 菅野則子「農村女性の労働と生活」(女性史総合研究会編『日本女性史』三、一九八二、東京大学出版会)。（小川　幸代）

アイヌこうしょうぶんげい　アイヌ口承文芸　口承文芸はアイヌの文学史のなかの主要な位置を占めており、アイヌの女性史を考えるうえでのさまざまな視点や材料を提供する。現在知られているアイヌ口承文芸テキストのほとんどは二十世紀に記録されたものだが、そこで描写されているのは明治以前のアイヌの社会と生活の像であり、その表現形式も明治以前から受け継がれてきたと考えられる。それらのうち物語性のあるものは、口演の形態からみて英雄叙事詩《じょじし》・神謡《しんよう》・散文説話という三つのジャンルに分類できる。これまでは、一部地域での英雄叙事詩のアイヌ語呼称に由来する「ユーカラ」という用語が広く知られてきた。そして歴史学がアイヌ口承文芸を利用するときも、しばしば英雄叙事詩を視野の中心に置いてきた。しかし実際は、アイヌ史の資料として英雄叙事詩を特に重視する根拠はない。今後は「ユーカラ」という用語に引きずられずに、アイヌ口承文芸全体を見渡した歴史研究を進めなければならない。語り手が特定の職業・性別・年齢の人間に限られることは一般にない。たとえば女性が英雄叙事詩をメロディーに乗せて語ってはならないというタブーの報告があるが、現実にはそれに反する記録が多く存在する。一人の語り手が数十話のレパートリーを持つことは珍しくなく、地域や語り手個人によるレパートリーの差異も大きいようである。物語のなかでは、たとえば夫は狩猟をして妻は農耕・採集をするといった、固定的な性役割の像が繰り返し語られる。その一方で、妻の視点からみた夫婦の人間関係が描かれる物語や、男性の登場人物が解決できない危機を、女性の登場人物が知恵や勇気を発揮して解決する物語なども存在する。こうした物語は語り手たちの歴史観や伝統観のよりどころであると同時に、その表現手段となってきた。特にアイヌ自身の記憶や証言にもとづくアイヌ史叙述を試みるとき、口承文芸への幅広い理解は不可欠である。（奥田　統己）

アイヌしんようしゅう　アイヌ神謡集　⇩知里幸恵《ちりゆきえ》

アイヌのいふく・ふくしょく　アイヌの衣服・服飾　十六世紀以前のアイヌの衣服については、信頼にたる記録はほとんど存在せず不明な点が多い。十七から十九世紀にかけての衣服には、他の社会からもたらされた外来衣と、みずからが製作した自製衣とがある。外来衣は主として、和人《わじん》社会から移入した*小袖《こそで》や陣羽織《じんばおり》、中国大陸から樺太《からふと》経由で入ってきた絹織物の衣服などをさし、礼服として着用した。自製衣は、次の三種類に大別できる。㈠動物の皮を素材とした衣服。(a)シカ・キツネ・アザラシなど陸海獣の皮を用いた獣皮衣。(b)カモ・エトピリカなどの羽毛のついた皮を用いた鳥羽衣。主に千島《ちしま》アイヌが着用。(c)サケ・マスなどのなめし皮を用いた魚皮衣。

レタラペ

アットゥシ

主に樺太アイヌが着用。㈡植物の内皮を素材とした衣服。(a)オヒョウ・シナノキ・ハルニレなどの靭皮《じんぴ》(内皮)繊維で織られた樹皮衣。アイヌ語で*アットゥシと呼び、北海道および樺太アイヌが着用。(b)イラクサの繊維で織られた草皮衣。主に樺太アイヌが着用し、繊維の白さからレタラペ(白いもの)と呼ばれる。㈢外来の布を素材とした衣服。主として木綿《もめん》衣。柔らかな*木綿をふんだんに利用できる時代になると、各地で特徴的な美しい文様が発達した。重要な儀式の際には、男性は独特の冠をつけた。ブドウヅルなどの皮を編んで本体を作り、そこにイナウルと呼ばれる削りかけをつけ、さらにクマの彫刻や鳥の頭蓋骨などで装飾したものである。また、鞘《さや》に精緻《せいち》な彫刻を施した儀礼用の刀を、専用の刀帯に通して身につけた。日常の労働では、男性は脚絆《きゃはん》や手甲《てっこう》をつけることが多かった。女性も儀式の際には、首飾りや耳飾りをつけて正装した。タマサイと呼ばれる首飾りは、中国大陸や和人社会から入手したガラス玉で作られ、黒と青の玉が特に好まれ基本色となっている。耳飾りは金属製の環状ピアスであり、男性も用いた。女性は普段は、*モウルと呼ばれる部屋着を着ていた。二十世紀に入り、日常の衣服は和人と大差ないものへと移行したが、伝統的儀式の際には、今なおこれらのような晴れ着が着用される。

参考文献 佐々木利和『アイヌの工芸』(日本の美術)、一九九五、至文堂。同『アイヌ文化誌ノート』(歴史文化ライブラリー)、二〇〇一、吉川弘文館。児島恭子「アイヌ女性の生活」(菊池勇夫編『蝦夷島と北方世界』二〇〇三、吉川弘文館)。
(本田 優子)

アイヌのじょせい　アイヌの女性　現在、アイヌは民族集団としては日本国内にのみ存在し、約三万人である。誰がアイヌであるかは血の濃さとは関係なく、自己と社会とが認定する。独自の言語であるアイヌ語を話し、十三世紀ごろに始まったアイヌ文化を発展させてきた人々は明治二年(一八六九)、蝦夷地《えぞち》が北海道となったこと、同四年戸籍法が制定されたことにより日本人となった。蝦夷地幕領期に始まった日本人への同化政策は近代に徹底されていったが、そのなかでアイヌ民族の変化に*ジェンダーが見て取れる。アイヌという民族の実在が無視され文化が否定される体制のなかで、アイヌは民族意識を消滅させはしなかった。民族意識は男性が日本人と同様のアイヌとして社会に向けて主張することで高揚《こうよう》するのに対し、母親と娘たちは*家庭のなかで文化を継承し保持せざるをえない状況でアイヌであり続けるという差異があったのである。しかし二十世紀に入ると家庭内のアイヌ語使用さえ行われなくなり、アイヌ文化の継承は途切れた。一八九九年に制定された北海道旧土人保護法に対して改正を求める運動をはじめとするアイヌ民族の社会運動では、女性は生活を支える立場で貢献した。永年の努力の結果、一九九七年(平成九)、アイヌ文化振興法が成立し、先住民族として自文化を享有《きょうゆう》する権利が認められた。一九七〇年代から女性ははじめは自分の楽しみのために古式舞踊の継承や伝統的な衣食文化を再現し広めていく活動をしていた。伝統文化復興に貢献している女性たちは、母親や祖母から伝えられなかった女性の伝統的な手芸や芸能をあらためて学び、復興させることでアイヌ女性としての自分を構築している。むろん、そのような人々ばかりではない。強制移住や和人との混血が進むことにより地縁的にも血縁的にもアイヌ社会というよりどころが崩壊し、経済的には子供のころから家を離れて働かざるを得ないなかで、自己とアイヌであることとを結びつけ得なかったり、積極的に否定する女性も男性もいる。一方で、生活のために、日本における異民族というエキゾチシズムの視線に自己をさらす場合もある。したがって、アイヌ女性のアイヌとしてのアイデンティティや経験は個人差が大きい。自身は差別や貧困を直接経験していない若い世代には、アイヌというアイデンティティをほかの日本人より豊かな属性として身につけている人々もある。歴史上に名を残したアイヌ女性はわずかであり、特異な存在とみなされたゆえと思われるが、彼女たちのことも含め、アイヌ(女性)の歴史は表面的にしかわかっていない。また、アイヌはかつて北海道だけでなく樺太《からふと》・千島《ちしま》列島にも住んでおり、それぞれの文化をもち、日本との関わりも違っていた。北海道のなかでも地域によって異なる状況があるが、部分的にしかわかっていないことも多い。

参考文献 アイヌ文化保存対策協議会編『アイヌ民族誌』、一九七〇、第一法規出版。 (児島 恭子)

あいやけ 相舅 ⇩舅《しゅうと》

あおいさんみゃく 青い山脈 石坂洋次郎《いしざかようじろう》の長編小説。一九四七年(昭和二十二)に戦後初の新聞連載小説として『朝日新聞』に掲載された。一見民主化された北国の町に残る封建《ほうけん》制度と新しいイデオロギーの対立を、学生の*恋愛問題を通じて描いている。各映画会社が競った結果、東宝が映画化の権利を獲得したが争議で撮影中断、プロデューサー藤本真澄《ふじもとさねずみ》が自分のプロダクションで一九四九年に完成させた。ヒロイン役の杉葉子《すぎようこ》、その友人役の若山セツコはいずれも東宝ニュー＝フェイス出身の新人。啓蒙《けいもう》的な女性教師役は原節子《はらせつこ》が演じた。製作藤本、監督今井正《いまいただし》、俳優原節子という組合せは「望楼《ぼうろう》の決死隊」(一九四三年、東宝)などの翼賛《よくさん》映画でも馴染《なじ》み深いものだったが、この時期、それを問題視できる映画関係者はいなかった。前・後編で公開された作品は、「若く明るい歌声に雪崩《なだれ》は消える花も咲く」と始まる主題歌(作詞西条八十《さいじょうやそ》・作曲服部良一《はっとりりょういち》)の先行人気もあって大ヒット、「戦後民主主義映画」の代名詞となった。

参考文献 尾崎秀樹編『プロデューサー人生―藤本真澄映画に賭ける―』、一九八一、東宝出版事業室。四方田犬彦『日本の女優』(日本の50年日本の200年)、二〇〇〇、岩波書店。 (池川 玲子)

あおいのうえ 葵の上 『*源氏物語』の主人公*光源氏の最初の正妻。左大臣家の娘で、母は皇女大宮《おうじょおおみや》(桐壺帝《きりつぼてい》の妹)。その血統の由緒《ゆいしょ》正しさにおいて、桐壺帝の第一皇子(朱雀《すざく》帝《てい》)の妃となる資格をもちながら、父大臣の意向により*更衣《こうい》腹ながら帝寵《ていちょう》厚い第二皇子光源氏を夫に迎えた。葵の上はその出自からくる気位の高さゆえに、光源氏との間には打ち解けがたい隔《へだ》たりがあった。十年後にようやく長男(夕霧《ゆうぎり》)を出産したものの、産後の肥立《ひだ》ちが悪く急《きゅう》逝《せい》する。女性の生き方としては、平安朝の宮廷社会における階級制度と*一夫多妻の*婚姻制度がもたらした悲劇的な側面をもつ話である。光源氏は正妻の葵の上のほかに、こっそりと私邸に連れてきた少女若紫《わかむらさき》(*紫の上、式部卿の娘、母を亡くした)や、故前坊妃《ぜんぼうのきさき》である六条御息所《ろくじょうのみやすどころ》、朝顔姫君《あさがおのひめぎみ》(式部卿の娘)、花散里《はなちるさと》といった上流階級の女性たちをはじめ、夕顔・空蟬《うつせみ》といった中流階級の女性たちなど、多くの女性たちと交わる。葵の上は形式上の正妻としての風格を与えられながら、夫婦関係においては女性性の希薄《きはく》な存在として描かれ、光源氏との細やかな情愛に光が当てられることは少ない。むしろ光源氏は、葵の上の兄である頭中将《とうのちゅうじょう》と親密であり、よきライバルとして交わる。葵の上亡き後も頭中将との親交は続き、源氏家と左大臣家との関係は、夕霧と柏木《かしわぎ》というそれぞれの第二世代にまで受け継がれていく。しかし、柏木は光源氏が晩年に迎えた朱雀帝の皇女女三の宮と密通し、子供(薫《かおる》)をなしたあげく早逝《そうせい》する。一方の夕霧は、母葵の上亡き後、祖母大宮のもとで育てられた。そこには頭中将の娘雲居《くもい》の雁《かり》も引き取られており、夕霧と雲居の雁は筒井筒《つついづつ》の間柄で相思相愛《そうしそうあい》となる。二人の結婚は頭中将が反対し続けるが、最後には認められる。夕霧と雲居の雁はおおむね睦《むつ》まじい結婚生活を営み、かつての葵の上と光源氏の関係とは対照的に描かれる。

参考文献 小嶋菜温子『源氏物語の性と生誕―王朝文化史論―』、二〇〇四、立教大学出版会。 (小嶋菜温子)

あおいめのにんぎょう 青い目の人形 一九二七年(昭和二)同志社大学などで神学を教えたギューリック博士が、アメリカにおける排日運動の克服のため「日米親善大使」として全米の子どもたちに呼びかけ、日本の子どもたちへプレゼントをした人形。人形にはそれぞれ名前がつけられ、手紙を携えて、全国の小学校に一万二千七百三十九体が送られた。日中戦争当時も、対日和平に積極的なグルー駐日大使のもと人形外交や羽子板《はごいた》外交などが続いた。しかしアジア・太平洋戦争開始後、「敵性人形」として焼かれたり踏みつけられたりして銃剣の的となった。

参考文献 静岡県近代史研究会編『史跡が語る静岡の十五年戦争』、一九九四、青木書店。 (小和田美智子)

あおせんちく 青線地区 ⇩赤線地区《あかせんちく》

あおばか 青墓 東山道の宿で、*遊女・*傀儡《くぐつ》の集住地。岐阜県大垣《おおがき》市。平安時代末期から鎌倉時代初期には長者大炊《おおい》が遊女・傀儡を統括していたと考えられ、姉は源《みなもとの》為義《ためよし》、大炊自身は源義朝《よしとも》の寵愛《ちょうあい》を受け、兄弟の内記氏《ないきし》は源氏の従者であった。平治の乱後、義朝の子朝長《ともなが》は青墓で自害したが、『平治物語』によれば平頼盛《たいらのよりもり》の郎従宗清《ろうじゅうむねきよ》が大炊の家に宿泊し、朝長の首を掘り出している。また、源頼朝は建久元年(一一九〇)の上洛の際に大炊と娘を召し出し、纏頭《てんとう》を与えるなど、源氏と密接な関係があった。『*梁塵秘抄《りょうじんひしょう》』には青墓の傀儡*乙前《おとまえ》・目井《めい》・佐以《さい》の阿古麻呂《あこまろ》・延寿の*今様《いまよう》が集められ、乙前は後白河《ごしらかわ》法皇の今様の師でもあった。室町時代成立の*説経《せっきょう》『小栗判官《おぐりはんがん》』における照手姫《てるてひめ》が人買いにより、青墓の君の長に売られた話は青墓宿が遊女の集住地であったことの反映であろう。

参考文献 佐竹昭広他編『梁塵秘抄・閑吟集・狂言歌謡』(新日本古典文学大系五六)、一九九三、岩波書店。 (盛本 昌広)

あおみのおおとじまがりこ 青海夫人勾子 欽明《きんめい》天皇の*夫人《ぶにん》か。欽明天皇元年の難波《なにわ》行幸に際し、大伴大連金村《おおとものおおむらじかなむら》は継体《けいたい》天皇六年の任那《みまな》四県割譲《かつじょう》を契機とした対新羅《しらぎ》関係悪化の責を負うと称して出仕しなかった。勾子はこのとき天皇が金村を慰問《いもん》するために派遣した使者である。金村から鞍馬《かざりうま》を送られるなど接待を受けたが、事実をありのままに奏上《そうじょう》した。夫人とは、律令《りつりょう》(後宮職員令《こうきゅうしきいんりょう》)によれば三位以上の天皇のキサキを指すが、青海氏は他史料にみえないことから、勾子を令制下の夫人に相当すると考えることは疑問である。

参考文献 『日本書紀』欽明天皇元年九月己卯条。

(黒瀬　之恵)

あおやまなを　青山なを　一九〇〇—八五　昭和時代の日本文学・日本女性史の研究者。東京市生まれ。東京*女子高等師範学校付属*高等女学校をへて*東京女子大学国文科入学、*安井てつの薫陶を受ける。一九二一八年(昭和三)東北帝国大学法文学部に入学、村岡典嗣《むらおかつねつぐ》に師事、『*源氏物語』など文学に見る日本女性精神史を研究する。一九三二年より母校東京女子大学講師、一時離職したが四六年復帰。五〇年教授となり日本思想史を担当、六六年定年退職。その間に『安井てつ伝』『東京女子大学三十年史』の編纂《へんさん》著述にたずさわり、女性史・教育史への関心を深める。一九五七年より『*女学雑誌』の蒐集《しゅうしゅう》や*木村熊二《くまじ》・鐙子《とうこ》文書の整理・保存に尽力、『木村文書分類目録』『明治女学校の研究』『女学雑誌諸索引』(共著)を刊行、緻密《ちみつ》で思想性の深いこれらの研究は女性史・女子教育史の基礎的研究として評価が高い。著作等に『青山なを著作集』全四巻・別巻一(一九八二—八四年、慶応通信)、『追想青山なを』(青山嶺次他編、一九八六年、慶応通信)がある。

(永原　和子)

あかいこい　赤い恋　ソ連の女性解放思想家・政治家アレクサンドラ＝コロンタイの作品。原題は『ヴァシリーサ＝マルイギナ』で『働き蜂の恋』第一編(一九二三年)にあたる。コロンタイについては一九二四年(大正十三)*山川菊栄《やまかわきくえ》が『*女性』十月号で紹介、本書は一九二七年(昭和二)に松尾四郎《まつおしろう》により訳出され評判となった。革命後に自由結婚をした主人公ヴァシリーサと夫ヴァロージャの愛と性、思想的葛藤《かっとう》が描かれたこの作品は、共産国では性的放縦《ほうじゅう》を許すかのようにセンセーショナルに取り上げられ、論議を呼んだ。

参考文献 杉山秀子『コロンタイと日本』、二〇〇一、新樹社。

(金子　幸子)

あかいのあま　赤井尼　一五一四—九四　戦国時代東国武将の*後家尼。妙印尼ともいう。上野《こうずけ》国館林城《たてばやしじょう》(群馬県館林市)城主赤井氏の娘で、新田金山《にったかなやま》城(同太田市)城主由《ゆ》良成繁《らなりしげ》に嫁ぎ由良国繁《くにしげ》と長尾顕長《ながおあきなが》(館林城主長尾氏の養子)を生む。天正六年(一五七八)夫が没して国繁が*家督《かとく》を継承し、天正十二年の小牧長久手《こまきながくて》の戦いに連動して、徳川家康と結ぶ北条氏直《うじなお》と豊臣秀吉と結ぶ佐竹義重《さたけよししげ》が下野《しもつけ》国沼尻《ぬまじり》(栃木県藤岡町)に対陣したとき、由良国繁・長尾顕長は北条方の小泉城(群馬県大泉町)城主富岡重朝《とみおかしげとも》を攻めて、北条氏の沼尻撤退の要因を作った。これに憤懣《ふんまん》を抱いた北条氏直は、上野厩橋《うまやばし》(前橋市)に由良国繁・長尾顕長兄弟を招いて拘束し、天正十二年から十三年にかけて金山城を攻撃した。赤井尼は一族・家臣を糾合《きゅうごう》してよく城を守ったがついに開城し桐生《きりゅう》城(同桐生市)に退去した。天正十六年豊臣秀吉の関東進攻の際、国繁・顕長が小田原籠城《ろうじょう》で留守中の桐生城に豊臣方の前田利家を迎え撃ったがまもなく開城した。その際、以前の北条氏に対する赤井尼の抵抗が評価され、前田の取次で常陸《ひたち》国牛久《うしく》(茨城県牛久市)の五千余石の領地を与えられて、赤井尼と国繁はこの地に移って没した。

参考文献 館林市史編さん委員会編『佐貫荘と戦国の館林』(館林市史資料編二)、二〇〇七。

(峰岸　純夫)

あかごよういくせいど　赤子養育制度　*堕胎《だたい》・*間引《まび》きを禁止し、出生児の養育を奨励する政策。人口停滞がみられた特に江戸時代中後期に、幕府・諸藩が人口増加政策の一環として実施した。主に㈠教諭活動、㈡妊娠出産調査・取締り、㈢養育料支給からなる。役人の廻村《かいそん》による教諭活動では、代官や村役人、宗教者等が著わした『久世条教《くせじょうきょう》』『赤子養草《せきしやしないぐさ》』等の教諭書が用いられた。出産管理政策としての妊娠・出産届や改めは親類・五人組・村役人等の連帯責任のもと徹底が図られ、出産時の立会いや死産・早産・流産等の異常出産児の検分も行われた。間引き等が露顕《ろけん》した場合は厳罰が科せられている。また、困窮世帯や三子以上等の世帯には養育料として金銭・扶《ふ》持《ち》米・衣類等を支給・貸付けることもあった。なお、藩による制度化以前に村役人や豪農商により赤子養育制度実施が献策されたり、献金等をもとに独自に赤子養育料を支給・貸付けている例が、仙台藩・守山《もりやま》藩等で確認される。下総国匝瑳郡《しもうさのくにそうさぐん》の豪商平山仁兵衛《ひらやまじんべえ》による陰徳講《いんとくこう》の育児事業は国域を超える広がりをもった。

参考文献 谷田部真理子「赤子養育仕法について」(渡辺信夫編『宮城の研究』四、一九八三、清文堂出版)。太田素子『近世日本マビキ慣行史料集成』、一九九七、刀水書房。沢山美果子『出産と身体の近世』、一九九八、勁草書房。

(松本　純子)

あかししずえ　明石静栄　⇩燈台社《とうだいしゃ》の女性《じょせい》たち

あかせんちく　赤線地区　戦前の集娼地域を特殊飲食店街として警察の地図上で赤線で囲んだ地区。「赤線地帯」とも称した。GHQの公娼《こうしょう》廃止令と*RAA閉鎖は街娼《がいしょう》(街頭で客を誘う女性)を大量出現させた。街娼は「闇《やみ》の女」「*パンパン」とよばれた。政府が一九四六年(昭和二十一)十一月に決定した「私娼《ししょう》の取締並びに発生の防止及び保護対策に関する次官会議決定」の基本は、「特殊飲食店等を指定して警察の特別の取締につかせ、かつ風致《ふうち》上支障のない地域に限定して集団的に認めるように措置《そち》すること」である。GHQの一九四六年一月の公娼廃止令発令の直前、政府は業者らに対策を指示し、*貸座敷《かしざしき》・*娼妓《しょうぎ》は自発的に廃業させ、元の貸座敷地域は私娼黙認地域として認める、つまり「公認でない公認の私娼」という集娼政策をとった。さらに元の貸座敷である特殊飲食店とよぶ売春業が政府に公認されたことは事実上の公娼復活となった。一九四七年六月現在、全国の「赤線従業婦」は約十五万五千人。赤線周囲の*私娼の集まる指定外区域は青線で囲み「青線地区」と称した。

参考文献 ゆのまえ知子「現代の公娼制と性の自由化」(総合女性史研究会編『日本女性の歴史—性・愛・家族—』一九九二、角川書店)。 (ゆのまえ知子)

あかぞめえもん 赤染衛門 生没年不詳 平安時代中期を代表する女性歌人。天徳《てんとく》—長久《ちょうきゅう》年間(九五七—一〇四四)の人。父赤染時用《あかぞめのときもち》。ただし母が平兼盛《たいらのかねもり》の妻であった時、子を宿したまま時用に嫁し赤染を生んだので、実父は平兼盛といわれている。早くから源雅信《みなもとのまさのぶ》の娘倫子《ともこ》に仕え、倫子が藤原道長と結婚してからは、長く道長家に仕えた。天元《てんげん》三年(九八〇)ころ漢学者大江匡衡《おおえのまさひら》と結婚、子に挙周《たかちか》、江侍従《ごうのじじゅう》、ほかに娘がいる。挙周は『匡衡集《まさひらしゅう》』によれば匡衡と中将尼《ちゅうじょうのあま》との間の子ではないかと思われる。匡衡没後出家、寺社詣でをするかたわら歌合《うたあわせ》に出詠し活躍した。年代順に編した自撰歌集『赤染衛門集』によって赤染の史的な行動を示してみる。赤染は文章博士《もんじょうはかせ》の匡衡が上表《じょうひょう》文《ぶん》を頼まれた際に助言して功を奏したり、*和泉式部《いずみしきぶ》が夫と別れて帥宮《そちのみや》邸へ移るのを諫《いさ》めたりして社会的常識にすぐれていたばかりでなく、一方で受領《ずりょう》でもあった夫の片腕となって、国守の妻としての仕事を立派に果たしている。長保《ちょうほう》三年(一〇〇一)尾張守《おわりのかみ》となって赴任した際、百姓が「田も作らず種も取りあげて干してしまおう」というのを聞き、心を痛め尾張一の宮の真清田《ますみだ》神社に事が治まるよう歌を奉納している。陸奥守《みちのくのかみ》に任ぜられた橘道《たちばなのみち》貞《さだ》や三河守《みかわのかみ》藤原輔公《すけきみ》らが赴任の途次尾張に立ち寄るのを手厚くもてなし、使用人たちの家族にもこまかい心遣いを示している。匡衡の二度の尾張守赴任に同行したばかりでなく、越前に住んだという詞書《ことばがき》のある歌や丹波での歌が勅撰集《ちょくせんしゅう》にみられることから、夫の任地には常に一緒に行ったらしい。田舎生活を嫌い都に残る受領の妻が多い当時、赤染の行動は注目される。挙周の栄達のため猛運動したり、病気に際してわが身に代えて平癒《へいゆ》を神に祈っていることについては、赤染の*母性愛ばかりが従来賞讃されてきたが、漢学者大江家の、天皇侍読《じどく》・東宮学士などを務めてきた誇りある家柄を、絶えることなく続けなければならないという、彼女の「家職」意識が強かったからでもあろう。曾孫が生まれた時「家の風」が絶えないことを喜んでいる。歌集に年代順編の『赤染衛門集』(六百十四首)、部類別編の『赤染衛門集』(四百十六首)がある。『*栄花《えいが》物語』正編(一—三〇)の総括編集者ともいわれている。

参考文献 上村悦子『赤染衛門—王朝の秀歌人—』(日本の作家)、一九八四、新典社。関根慶子他『赤染衛門集全釈』(私家集全釈叢書)、一九八六、風間書房。斎藤熙子『赤染衛門とその周辺』(笠間叢書)、一九九九、笠間書院。林マリヤ『匡衡集全釈』(私家集全釈叢書)、二〇〇〇、風間書房。 (林 マリヤ)

あがたいぬかいのあねめ 県犬養姉女 生没年不詳 奈良時代の*女官。天平宝字《てんぴょうほうじ》七年(七六三)正月に従五位下《じゅごいのげ》、翌年恵美押勝《えみのおしかつ》の乱直後に内麻呂《うちまろ》らとともに大宿禰《おおすくね》を賜わる。神護景雲《じんごけいうん》三年(七六九)五月*不破《ふわ》内親王の子氷上志計《ひかみのしけ》志麻呂《しまろ》を皇位につけようと企て、忍坂《おしさか》女王や石田《いわた》女王を率いて称徳《しょうとく》天皇の髪を盗み巫蠱《ふこ》したとして、犬部《いぬべ》と改姓され、遠流《おんる》にされた。のち、宝亀《ほうき》二年(七七一)八月に丹《たじ》比乙女《ひのおとめ》の誣告《ぶこく》とわかり、九月に本姓に復し、翌年無位より従五位下に回復した。

参考文献 林陸朗「奈良朝後期宮廷への暗雲—県犬養家の姉妹を中心として—」(『上代政治社会の研究』一九六九、吉川弘文館)。 (仁藤 智子)

あがたいぬかいのたちばなのすくねみちよ 県犬養橘宿禰三千代 ?—七三三 奈良時代の宮人《くにん》。内命婦《ないみょうぶ》正三位《しょうさんみ》、贈正一位。父は県犬養東人《あがたいぬかいのあずまひと》。美努王《みぬおう》の妻として葛城《かつらぎ》王・佐為《さい》王・*牟漏《むろ》女王を生んだのち、藤原不比等《ふじわらのふひと》の妻となり、安宿媛《あすかべひめ》(のちの*光明《こうみょう》皇后)を生む。葛城王は軽皇子《かるのみこ》(文武天皇)誕生の翌天武天皇十三年(六八四)ごろ、安宿媛は首《おびと》皇子(聖武天皇)と同じ大宝元年(七〇一)の生まれで、三千代は*乳母として*元明《げんめい》天皇の信任を得たらしい。不比等の娘である宮子《みやこ》が文武の*夫人《ぶにん》に、安宿媛(光明子)が聖武の夫人、ついで*皇后となるについても、三千代の働きが大きかったとみられる。和銅元年(七〇八)、元明即位の大嘗《おおなめ》の宴で歴代天皇への忠誠を賞して「橘宿禰」姓を賜わった。三千代の*後宮出仕は壬申《じんしん》の乱の功臣である県犬養大伴《おおとも》との関係か*氏女《うじめ》の制度によると思われるが、県犬養氏は国政中枢に参与するランクの氏《うじ》ではなく、宮人としての卓越した地位は三千代本人の働きによる。藤原宮跡出土*木簡に「□養宿禰道代《みちよ》(中略)大宝元年」と書かれたものがあり、「三千代」の名も、永年の奉仕を讃《たた》える意味での改名らしい。天平八年(七三六)、葛城王と佐為王は、「親母」三千代の功績を継ぎ、「橘氏」の名を永く伝えるため、皇族の籍を離れて橘宿禰諸兄《もろえ》・佐為となった。*律令制の父姓継承原則によれば、三千代が賜わった姓は彼女一代で終ってしまうからである。橘氏の実質的始祖《しそ》は三千代であり、律令制施行以前には母方の氏継承や女性族長の存在が慣習としてあったことが推測できる。神亀《じんき》四年(七二七)、三千代は、県犬養連五百依《あがたいぬかいのむらじいおえ》たちの宿禰への改姓を申請した。氏人《うじびと》の認定と改姓申請は*氏上《うじのかみ》(族長)の重要な権能であり、三千代は県犬養氏の族長的立場にあったことがわかる。不比等の死後も、三千代は藤原氏・橘氏・聖武王統をまとめる立場で重きをなした。三千代の死後もその食封《じきふ》・資人《しじん》は収公されず子孫にうけつがれ、諸兄による橘氏創始の経済基盤ともなったと推定される。彼女の政治的勢威は、娘の光明皇后、牟漏女王(宮人、従三位、藤原房前《ふささき》妻)によっても引き継がれた。天平勝宝《しょうほう》元年(七四九)、聖武天皇は、「県犬養橘夫人」の歴代天皇への奉仕と不比等死後もその一門を守り抜いたことを賞し、「孫」である藤原氏・橘氏の男女数名に叙位《じょい》した。天平宝字四年(七六〇)、「皇家の外戚《がいせき》」として、不比等に「淡海公《たんかいこう》」、三千代に「正一位大夫人《だいぶにん》」が追贈された。奈良時代には「大夫人」は天皇の母となった臣下出身女性に贈る尊称であり、三千代を王権構成員に準じる意図がうかがえる。三千代は夫不比等とともに、王権と藤原氏・橘氏をつなぐ権力核を形成したのである。石山《いしやま》寺《でら》蔵『如意輪陀羅尼経《にょいりんだらにきょう》』跋語《ばつご》および『正倉院文書』の光明発願《ほつがん》写経目録(『大日本古文書』七、五頁)にみえる「西宅」「西宅大刀自《にしたくのおおとじ》」は三千代をさし、平城宮東院《とういん》の東に隣接する不比等邸の西半に三千代の居宅と*家政機関があった可能性が高い。近年、「県犬甘門《あがたいぬかいもん》」と書かれた木簡が、平城宮東院跡付近から出土した。法隆寺所蔵の国宝橘夫《たちばなぶ》人《にん》厨子《ずし》は三千代の*念持仏《ねんじぶつ》を安置したものという。法隆寺東院の造営や興福寺の諸堂建立にも、三千代追善《ついぜん》を契機とする彼女の子・孫の関与が指摘されていて、奈良時代の宮廷仏教の起点となった女性としても注目される。

参考文献 胡口靖夫「軽皇子の命名と県犬養橘宿禰三千代」(『続日本紀研究』一八五、一九七六)。岸俊男「県犬養宿禰三千代をめぐる臆説」(『宮都と木簡』一九七七、吉川弘文館)。加藤優「「如意輪陀羅尼経」の跋語について」(石山寺文化財綜合調査団編『石山寺の研究』深密蔵聖教篇下、一九九二、宝蔵館)。中川収「県犬養橘宿禰三千代」(佐伯有清先生古稀記念会編『日本古代の社会と政治』一九九五、吉川弘文館)。東野治之「橘夫人厨子と橘三千代の浄土信仰」(『MUSEUM』五六五、二〇〇〇)。義江明子「橘三千代—権力核の基点となった大刀自」(『帝京史学』二三、二〇〇八)。

(義江　明子)

あがたいぬかいのひろとじ　県犬養広刀自　?—七六二　奈良時代の聖武《しょうむ》天皇の*夫人《ぶにん》。天平宝字《てんぴょうほうじ》六年(七六二)十月に夫人正三位《しょうさんみ》で死去。その薨伝《こうでん》によれば、父は讃岐守《さぬきのかみ》県《あがた》犬養唐《いぬかいのもろこし》で、春宮《とうぐう》時代の聖武に遇《ぐう》し安積《あさか》親王と井上《いのうえ》(「いのえ」とも読む)・不破《ふわ》の二内親王を設けた。安積親王は天平十六年(七四四)閏《うるう》正月に聖武の難波《なにわ》行幸中に十七歳で没した。井上は白壁《しらかべ》王(光仁《こうにん》天皇)と、不破は塩焼《しおやき》王と婚姻。天平宝字五年十月淳仁《じゅんにん》天皇の保良宮《ほらのみや》(遷都《せんと》)行幸の際には稲四万束を賜与《しよ》されている。

参考文献 林陸朗「奈良朝後期宮廷への暗雲—県犬養家の姉妹を中心として—」(『上代政治社会の研究』一九六九、吉川弘文館)。仁藤敦史「聖武朝の政治と王族—安積親王を中心として—」(高岡市万葉歴史館編『家持の争点』二、二〇〇二)。

(仁藤　智子)

あがたいぬかいのやえ　県犬養八重　?—七六〇　奈良時代の*女官。夫は葛井広成《ふじいのひろなり》。天平十四年(七四二)二月の恭仁宮《くにのみや》での聖武《しょうむ》天皇の*皇后宮《こうごうぐう》への行幸で外従五位下《げじゅごいのげ》に叙《じょ》される。同二十年八月には自邸に聖武天皇の行幸を受け、その賞として正五位上に叙位。近江《おうみ》国犬上郡《いぬかみのこおり》に東大寺領と接する墾田《こんでん》を有していたことが知られる(『寧楽遺文《ならいぶん》』中、六六〇頁)。『正倉院《しょうそういん》文書』に散見する犬養夫人・犬《いぬ》甘《かい》八重・犬甘命婦《みょうぶ》・県犬甘命婦も同一人物と考えられ、女官として聖武朝前後に写経事業や業務に携わっていた軌跡《きせき》を知ることができる。天平宝字《てんぴょうほうじ》四年(七六〇)五月に命婦従四位下で死去。

(仁藤　智子)

あがたのみやつこなにもめ　県造奈爾毛売　六五二—?　大宝二年(七〇二)に作成された御野国加毛郡半布里《みののくにかもぐんはふり》の*戸籍にみえる当時五十一歳の女性。奈爾毛売は戸主吉事《よごと》の母親であるが、里内で最多の奴婢《ぬひ》十四名を所有しており、実質的な*家長であったと思われる。娘の都牟自売《つむじめ》が県造紫のもとに嫁ぐ際には婢の多倍売《たべめ》を同行させるなどの*母性愛を示しており、女性家長としての心配りを示している。

参考文献 関和彦『日本古代社会生活史の研究』(歴史科学叢書)、一九九四、校倉書房。

(関　和彦)

あかふじょう　赤不浄　〔近世〕成人女性特有の生理現象である月経や、*出産時の出血が不浄とされた。特に赤不浄とされた出産についての*産屋《うぶや》や、*別火の記録は見当らない。同じく*家族の継承存続で、初潮《しょちょう》に関しての記録もない。出産の*穢《けが》れは家族全体に及ぶ触穢《しょくえ》の忌《いみ》とされ、夫は一定期間出仕を控える。産屋の産婦は家族とは別の別火で煮焚《にた》きし、一ヵ月のちの宮参りまでは神棚にも近付かなかった。『桑名日記』『柏崎日記』(天保十年(一八三九)—嘉永元年(一八四八))によれば、出産当日の奉行所へ出生届けを出すのに産穢(赤不浄)のために父は行かずに、朋輩が届けた。二日後に書面で産穢御免が届き、父は衣服を替えて、出産見舞の返礼に廻われた。わが国における血穢の観念は生物学的意味を離れた文化的な意味づけによって女性そのものまでをも穢れた存在としていた。

参考文献 皆川美恵子「『桑柏日記』にあらわれた子どもの病」(本田和子他『わたしたちの「江戸」』、一九八五、新曜社)。

(増田　淑美)

〔民俗〕女性の生殖現象に関わることがらを不浄とする観念であり、それに加えて赤子の出生や男女の性関係、怪《け》我《が》による出血もまた不浄性を帯びるとする観念でもある。「赤」は、死を「黒」にたとえた「黒不浄」に対置する生殖や誕生に関わるものを示すとも、赤い血液を意味するとの解釈もある。不浄のうちでも黒不浄より赤不浄の方が強く事故や怪我を招きやすいとか、漁師の守護神である船霊《ふなだま》、猟師や杣人《そまびと》の守護神である*山の神は特に赤不浄を嫌うという信仰が広く見出され、一九八〇年代に入ってもトンネル工事の現場へ女性が立ち入ることを拒否されることがあり、近世における血穢《けちえ》の観念とともに、女性差別の指標とされた。しかし同時に、男性と女性の身体機能・分業・生活空間における性別など広範な男女役割の相互補完性を強調する観念としても解釈できる。

参考文献 波平恵美子『ケガレ』(民俗宗教シリーズ)、一九八五、東京堂出版。

(波平恵美子)

あかまつあきこ　赤松明子　一九〇二—九一　大正・昭和時代初期の社会運動家。父は吉野作造《よしのさくぞう》で、一九二三年(大正十二)、その弟子の赤松克麿《かつまろ》と結婚。一九二七年(昭和二)、義妹の*赤松常子《つねこ》らと社会民衆党の婦人部ともいうべき社会婦人同盟(翌年社会民衆婦人同盟と改称)を結成し、以後中心的役割を果たす。十五年戦争中は日本国家社会に転じ、一九三二年婦人同盟を脱退して、同年結成の日本国家社会婦人同盟役員を一時的に務めるが、戦後は運動から退く。著書に、『婦人解放論』(一九二九年、クララ社)がある。

参考文献 渡辺悦次・鈴木裕子編『運動にかけた女たち』、一九八〇、ドメス出版。

(黒川みどり)

あかまつつねこ 赤松常子 一八九七―一九六五 大正・昭和時代の社会運動家。父は京都府徳山《とくやま》町の僧侶として町内の部落解放運動を担い、常子が十八歳のときから被差別部落に一家で居を移す。京都女子専門学校入学後、賀川豊彦《かがわとよひこ》の事務所で働き貧民救済活動に従事。女子専門学校を中退して*女工となるが、一九二三年(大正十二)東京に出る。賀川の下で関東大震災の救済活動に従事するが、過労で結核に罹《かか》って療養生活をおくる。一九二五年、日本労働総同盟婦人部書記となり、争議を支援。一九二七年(昭和二)、労働婦人連盟を結成するとともに、社会婦人同盟の設立にも参画。同年の岡谷《おかや》*山一林組《やまいちばやしぐみ》争議・野《の》田醤油《だしょうゆ》争議を支援するかたわら、婦選運動、消費組合運動をも担う。一九四〇年の総同盟解散後は大日本産業報国会に入って活動する。戦後は日本労働総同盟婦人部長となり、一九四七年日本社会党から参議院議員に当選。一九六〇年民主社会党の結成に参加して、翌年日本婦人教室の会会長となるが、一九六四年病に倒れ、翌年死去。

参考文献 赤松常子編集委員会編『雑草のようにたくましく―赤松常子の足あと―』、一九七七、赤松常子顕彰会。

(黒川みどり)

あかまつまさのりのつま 赤松政則の妻 ⇩洞松院尼《とうしょういんに》

あきかぜのき 秋かぜの記 江戸時代中期の俳人*有井諸《ありいしょ》九《きゅう》が明和八年(一七七一)、五十七歳のとき、京都から東海道、奥州街道を経て奥の細道の旅に出た折の紀行文。仙台で体調を崩し、四十日ほど静養した後、松島・塩釜《しおがま》・宮城野《みやぎの》など歌枕の地を訪ねて松尾芭蕉《まつおばしょう》を偲ぶ。帰途は日光、善光寺などに参詣《さんけい》し、中山道《なかせんどう》を経て石山寺で頭陀袋《ずだぶくろ》をほどき五ヵ月にわたる大行脚《だいあんぎゃ》を終える。『おくの細道』後続作品中の白眉《はくび》」とも称えられる諸九尼の代表作。下巻は各地の俳人の発句《ほっく》集。『湖白庵諸九尼全集』(大内初夫・飯野松子・阿倍王樹編、一九八六年、和泉書院)に所収。

(柴 桂子)

あきないとおんな 商いと女 〔古代〕日本古代の女性の商業活動に関しては、手掛かりは決して多くはないが、いくつかの断片的な史料からその実態の一齣《いっすう》を垣間見ることができる。まず、『正倉院文書《しょうそういんもんじょ》』の中に遺された奉写《ほうしゃ》一切経司《いっさいきょうし》の食口帳《しょっこうちょう》には、宝亀《ほうき》二年(七七一)三月十八日に「菜売女」三人に間食《かんしょく》を支給したとの記録があり(『大日本古文書』一七)、平城京内に蔬菜《そさい》を売り歩く女性が存在していたことがうかがわれる。また、平安京でも、芥川竜《あくたがわりゅう》之介《のすけ》の小説『羅生門《らしょうもん》』でも広く知られている魚売りの女(『*今昔物語集』三一「太刀帯《たちはき》の陣に魚を売るおうなの語第三十一」)や、鮓鮎《すしあゆ》売りの女(同「人、酒に酔ひたる販婦《ひさぎめ》の所行を見し語第三十二」)など、さまざまな商いに女性が活躍していたようである。一方、地方でも、尾張《おわり》国愛《え》智《ち》郡片輪《かたわ》里には船に蛤《はまぐり》を乗せて三野《みの》国片県《かたがた》郡の小《お》(少)川《がわ》市《いち》まで商いに行く女がおり、この蛤を奪った当国の女を懲《こ》らしめたという(『*日本霊異記《にほんりょういき》』中「力ある女の、力くらべを試みし縁第四」)。今後の史料の増加が待たれるところであるが、中世の段階で確認される女性の商業活動は、ほぼ古代にもさかのぼらせて考えることが可能であろう。

参考文献 服藤早苗「古代の女性労働」(女性史総合研究会編『日本女性史』一、一九八二、東京大学出版会)。

(宮瀧 交二)

〔中世〕中世においては、商品経済の進展が、京都・奈良などの中央都市の商業、荘園内の市、都市と農村を結ぶ港湾都市の中継貿易を発展させた。特に京都は、荘園の貢納物の集散地であり、日本最大の消費都市として商品流通の中心にあった。十四世紀後半に十万人であった人口は、十六世紀には二十万人に達したという。この人口の増加が京都における消費を増大させ商いを盛んにし、*市女《いちめ》や*販女《ひさぎめ》等女商人たちの活躍を生んだ。平安時代には「市町ニ売ル物モ販女ノ売ル物モ極テ穢キ也」(『今昔物《こんじゃくもの》語集《がたりしゅう》』三一第三十二話)と商いの評判は悪かったが、中世に入ると、もはや商人を信用し売買をしなければ生活全体の分業が成り立たなくなっていく。『直幹申文絵詞《なおもともうしぶみえことば》』『*福《ふく》富草紙《とみぞうし》』には商いをする女商人たちの姿が描かれている。『*七十一番職人歌合』には百四十二の職種で*職人の姿が描かれているが、そのうち三十五人が女性である。その職種は、食料品や繊維製品の製造・販売、宗教者や芸能者など多岐にわたっている。そのなかの魚売りは女性で描かれているが、京都に最初に姿を現す魚売りは琵琶湖南岸の粟津橋本供御人《あわづはしもとくごにん》の女性たちであり、鎌倉から室町時代末期に京都六角町《ろっかくまち》に店棚《みせだな》を構えた四軒の魚売りも全員女性であった。また*酒造りも女性で描かれている。女性による商いは、市女や販女にとどまらず、座権利を持ち、手広く商売をする女性たちをも生み出した。室町時代の京中には、塩座《しおざ》六人百姓中の六分の一の座権利を持った*木村五位女《きむらごいめ》、*帯座《おびざ》の座頭職《ざとうしき》と公用代官職を所持した*亀屋《かめや》五位女、扇本座《おうぎほんざ》の座権利の半分を押さえる商いをしていた玄了尼《げんりょうに》などがいた。

魚売り(『七十一番職人歌合』より)

また、紺《こん》染めの触媒《しょくばい》に使う紺灰《こんばい》の京中での独占販売をしていた長坂口《ながさかぐち》紺灰座中の一座には、加賀女流《かがめりゅう》を開拓した加賀女がおり、のちにその権利を娘のねねに譲っている。中世は、販女、市女、そして座権利を持つ女商人たちの活躍する時代であった。それらのうちにはすでに平安時代にみられた*桂女《かつらめ》や*大原女《おはらめ》から、京都の消費都市としての拡大のなかから生まれてきた餅売《もちうり》、素麵売《そうめんうり》、心太売《ところぶとうり》、そして遠く奈良から来た豆腐売りや綿本座に対し綿新座を結成した*振売《ふりう》りの女性たちなど、多くの女商人の活躍を見出すことができる。しかし一方で中世は、商いの主力が男性に掌握《しょうあく》されていく時代でもあった。実際には女性が働いていても公的文書には、男性名が記され、徐々にではあるが、女性商工業者の労働は家内労働として「家」に包括されていく。室町時代、酒屋交名《さかやきょうみょう》に記された三百四十七軒の酒屋のうち女性名は数軒のみであり、紺灰座の加賀女の座権利は、戦国時代には南女《なんめ》に伝えられていたが、公的文書の署判は夫の浦井新右衛門尉友義《うらいしんうえもんのじょうともよし》名で行われている。また、商いが広域化し市場が広がると、その独占権を保持するために座は一層強力な権力と結び付く。そこには少数の問屋による座支配、中小問屋の没落などによる商業の再編成が見られ、女性座商人もその渦中のなかで姿を消していく。紺灰座の加賀女の座権利は、佐野又三郎重隆《さのまたさぶろうしげたか》のものとなり佐野（灰屋）紹益《しょうえき》へと渡っており、亀屋五位女所有の「洛中帯座座頭職同公用代官職」は相論ののち、吉田（角倉《すみのくら》）宗忠《むねただ》に譲渡されている。さらに技術の進歩や女性を不浄視する思想の浸透は、女性の製造・販売への従事を低下させあるいは締め出していく。土器造りや近世に入り酒蔵に入ると酒が腐るといわれた酒造りはその典型といえよう。

参考文献　豊田武『中世日本商業史の研究（増訂版）』、一九五二、岩波書店。脇田晴子『日本中世商業発達史の研究（改装版）』、一九七七、御茶の水書房。豊田武『座の研究』（豊田武著作集一）、一九八二、吉川弘文館。脇田晴子『日本中世女性史の研究』、一九九二、東京大学出版会。鈴木敦子「女商人の活動と女性の地位―中世後期を軸に―」（岡野治子編『女と男の時空』三、一九九六、藤原書店）。田端泰子「中世京都の商業と女商人」（『日本中世の社会と女性』一九九六、吉川弘文館）。

（加藤美恵子）

〔近世〕江戸を中心として中央集権化した近世社会では、さまざまなレベルでの商業活動が活発化した。海路による全国的流通の担い手は男性であった。陸路・海路を問わず遠隔地《えんかくち》間商業に従事《じゅうじ》する問屋《とんや》においても、経営が組織化され、仲間の統制が強化されるに伴い、男性に独占されていった。営業の基礎を築いた三井《みつい》家の珠法《しゅほう》も、三井家内においては「商いの元祖」と仰がれるが、本家・連家《れんけ》すべて男性による継承であり、女性が経営の表に立つことはなかった。男性の継承者を得られず、女性が*家督《かとく》を相続する場合も、中継ぎとみなされ、男性の後見者が経営にあたり、対外的にもその役割を果たした。娘に婿《むこ》をとって、婿を家督相続人とする家憲《かけん》を定めている例もあるが、娘が経営の責任を負うのではない。他の分野と同様、男性優先の世界であるが、経営の維持・発展のために果たした女性の役割は少なくない。奉公人《ほうこうにん》の処遇、親類や出入先《でいりさき》との付き合い、後継者の教育など、「表」に対する「奥」の管理は、営業の盛衰《せいすい》を左右する重要な部分である。夫とともに経営を支え、地方文化の担い手となった女性も多い。江戸木綿呉服問屋佐野屋の妻菊地民子、和歌山質商の妻みねなど女性自身の日記も発掘され、商家女性の暮らしぶりが明らかになってきている。一方、都市下層を構成するその日暮らしの家族にとって、女性の商業活動は重要な生活手段であった。市場で仕入れたものを店先で売り、また担《かつ》いで市中を回り、武家屋敷に出入する。商品の種類は当時の生活様式を反映して、日常生活用品のすべてにわたっている。煮しめ、漬物、団子など作って売りに出るものも多々ある。江戸などの大都市では、広小路《ひろこうじ》や橋のたもとなどの床見世《とこみせ》や屋台などで湯茶《ゆちゃ》やうなぎ、天ぷらなどを夜遅くまで商っていた。都市の経済活動において、女性の商業活動を無視することはできない。農村においても商品流通の浸透に伴い、菓子・たばこ、煮売《にうり》・茶飯《ちゃめし》売りなどに女性が従事していた。

参考文献　菅原雪枝「菊地民子日記」（『江戸期おんな考』六）、一九九五。林玲子『江戸・上方の大店と町家女性』、二〇〇一、吉川弘文館。横山百合子「近世後期江戸における町人の家とジェンダー」（『ジェンダーで読み解く江戸時代』二〇〇一、三省堂）。

（片倉比佐子）

あきみち　あきみち　*御伽草子《おとぎぞうし》の一つ。作者不詳。一冊。*奈良絵本の形でのこっており、江戸時代に広まった渋川《しぶかわ》版《ばん》の『御伽文庫』には収められていない。鎌倉時代初期の話として書かれているが、内容から見て室町時代後期から、『あきみち』の翻案《ほんあん》小説である『大倭二十四孝《おおやまとにじゅうしこう》』の「山口秋道」が現われた寛文年間（一六六一―七三）までの作と思われる。御伽草子にはしばしば行動的で自立的な女性が登場するが、『あきみち』もその一つで、女主人公を「自我を没却した弱さ」を持つ（市古貞次《いちこていじ》）、「人間的・女性的意志に反して、泣く泣く屈従的に行動した」女性（西沢正二）と見る従来の見解には従えない。物語の展開を見ると、寿永《じゅえい》元年（一一八二）のころ、鎌倉の近在に住む山口秋広《やまぐちあきひろ》という裕福な武士が、*嫡子《ちゃくし》の秋道上洛の留守に名うての夜盗《やとう》、金山八左衛門《かなやまはちざえもん》に襲われ、多くの家の者とともに殺された。秋道はこの強敵を討って無念を晴らすため、二十一歳の妻に金山に身を売って敵討ちの手引きをするように頼む。妻は、女は*五障三従《ごしょうさんじゅう》の身で二人の男に肌を許すなど思いも寄らないとことわるが、夫の説く封建倫理と彼への愛情からやむなく引き受ける。金山との間には男の子も生まれた。心を許した金山に隠れ家の岩穴を案内させた*北の方は、その留守に夫を呼び寄せて岩穴に待機させ、まんまと敵を討たせる。今後仲むつまじく暮らそうと喜ぶ夫の予期に反して北の方は、息子の義父の後生《ごしょう》をとむらいたい、今さら夫と暮らすのは恥ずかしい、夫への愛情から女の身で恐ろしいことを企《たくら》んで人を殺したことを思うと後生が恐ろしい、今は何といわれても夫には従わないと述べ、このやるかたない思いを菩提《ぼだい》の種として出家し善知識《ぜんちしき》のもとで修行したいと山にこもった。作者は北の方の人間像を、計画性や行動力を持ち、封建的束縛の中から敵討ちのモラルの矛盾とヒューマニズムに目覚めて自立する女性として描いた。その彼女を作者が「頼もしい女性」「見るもの聞くもの、すべてが感動した」と評価しているように、この時代の人々の中に、このような女性観、人間観に共鳴する意識があったことは驚かされる。『あきみち』の伝本は国立国会図書館蔵の奈良絵本のみである。『室町時代物語大成』一(横山重・松本隆信編、一九七三年、角川書店)所収。『あきみち』の翻案《ほんあん》小説『大倭二十四孝』「山口秋道」は『大倭二十四孝』下(吉田幸一校、古典文庫)所収。また、『あきみち』に類似した狐の恩返し譚《たん》に『義残後覚《ぎざんこうかく》』四「八《や》彦《ひこ》盗賊を討事《うつこと》」がある。『続史籍集覧』七(一九六七年、臨川書店)所収。

参考文献 市古貞次『中世小説の研究』、一九五五、東京大学出版会。笹川祥生「あきみち―中世復讐譚の開花―」(『国文学解釈と教材の研究』二三ノ一六)、一九七七。西沢正二「あきみちの世界」(『中世小説の世界』一九八二、三弥井書店)。バーバラ＝ルーシュ『もう一つの中世像』、一九九一、思文閣出版。西村汎子「中世小説に見る女性観―『あきみち』の場合―」(『古代・中世の家族と女性』二〇〇二、吉川弘文館)。(西村 汎子)

あきもとまつよ　秋元松代　一九一一―二〇〇一　昭和時代の劇作家。神奈川県の生まれ。幼時に父母を亡くし、貧窮《ひんきゅう》と肺疾《はいしつ》により小学校卒業後は孤独な病床を読書で過ごす。敗戦直後、三好十郎《みよしじゅうろう》に出会い「戯曲《ぎきょく》研究会」に参加。独立の覚悟を固めて、自立する女を描いた『軽塵《けいじん》』(一九四七年)を第一作として、疎開者《そかい》と*戦災孤児を扱った『芦《あし》の花』、日本の*家族制度にメスをいれた『礼服《れいふく》』で地歩《ちほ》を固める。三好から離れ、売春婦を生み出す社会の問題の剔抉《てっけつ》に立ち向かい、社会性、とりわけ女性のひずみや、明治時代の国策に準じた*女衒《ぜげん》の国家的犯罪性を『もの云《い》わぬ女たち』や『村岡伊平治伝《むらおかいへいじでん》』(芸術祭奨励賞)などに描く。その後貴種流離譚《きしゅりゅうりたん》の『常陸坊海尊《ひたちぼうかいそん》』(*田村俊子賞・芸術祭賞)、『かさぶた式部考《しきぶこう》』などで他の追随《ついずい》を許さぬ文学世界を確立する。『七人みさき』『近松心中物《ちかまつしんじゅうもの》語《がたり》』『心中宵庚申《よいのこうしん》』などの舞台も大ヒットした。弱者への視線が優しいスケールの大きい作家である。舞台が物言う戯曲であることを超えて屹立《きつりつ》した文学作品として高い価値を持つ。

参考文献 秋元松代『常陸坊海尊・かさぶた式部考』一九六九、河出書房新社。相馬庸郎『秋元松代―希有な怨念の劇作家―』、二〇〇四、勉誠出版。(渡邊 澄子)

あくしょ　悪所　遊里《ゆうり》と芝居(町)のこと。悪所という言葉は、元禄期前後の浮世草子《うきよぞうし》に多くみられ、町人社会が生み出したものである。当初は、遊里のみを指す言葉として成立したが、のちに芝居(町)をも含むようになった。本来は仏教語で、現世の悪行の報《むく》いによって死後赴く場所のことを意味したが、近世以降、放蕩《ほうとう》や酒色《しゅしょく》にふける意味が付加された。元禄期前後の町人社会における「家」の成立を背景に、遊里のもつ奢侈《しゃし》性・非日常性・享楽《きょうらく》性への自戒・警戒感が、こうした意識を生み出したと考えられる。

参考文献 廣末保『辺界の悪所』(平凡社選書)、一九七三、平凡社。守屋毅『元禄文化―遊芸・悪所・芝居―』(シリーズ・にっぽん草子)、一九八七、弘文堂。(曾根ひろみ)

あくじょ　悪女　江戸時代後期になると、家にあって*家《か》長《ちょう》に従順であるべき女性像と異なり、秩序を解体し破壊する方向をもつ「悪女」が、*歌舞伎・小説・随筆《ずいひつ》などの作品に現れ、この時期の一つの特徴をなしている。十八世紀末の歌舞伎には、美貌《びぼう》で伝法な(粋《いき》がってわざと乱暴な言動をする)年増《としま》の女性が登場する。このタイプは「悪《あく》婆《ば》」と呼ばれ、情の深さゆえ、ゆすりや殺しを辞さない女性として以後の歌舞伎を賑《にぎ》わす。小説では、十九世紀初頭から始まった曲亭馬琴《きょくていばきん》の『南総里見八犬伝《なんそうさとみはっけんでん》』の登場人物、玉梓《たまずさ》や船虫《ふなむし》が、家長への従順と引き替えの女の無責任性を逆手にとって自己の欲望の充足を図り、善人を苦しめる。また、随筆にも、策略を用いて親と夫を一挙に葬ろうとした女の風聞《ふうぶん》が書き留められている。こうした女性が描かれる背景には、この時期の、一人暮らしの女性や、親の意思を無視して馴合夫婦《なれあいふうふ》になる女性たちの広がりがある。歌舞伎や小説の作者はこのような動きを敏感に受け止め、それを極端化することによって「悪女」を造形していったのだといえよう。

参考文献 野口武彦『「悪」と江戸文学』(朝日選書)、一九八〇、朝日新聞社。関民子『江戸後期の女性たち』、一九八〇、亜紀書房。(関 民子)

あくため　飽田女　『日本書紀』仁賢《にんけん》天皇六年是秋条《このあきじょう》にみえる住道《すみち》の人山杵《やまき》の娘。夫が日鷹吉士《ひたかのきし》に従い高麗《こま》に発った際、難波の御津《みつ》で「母《おも》にも兄《せ》、吾《あれ》にも兄《せ》、(中略)吾《あ》が夫《つま》」と泣き慕う姿は、周囲に悲哀《ひあい》の念をもたらした。夫鹿寸《あらき》は母方祖母と父山杵の子であり、飽田女とはおじ姪であり異母きょうだいの関係にある。近親間の*婚姻は古代天皇一族・豪族に数多く見られるが、飽田女の記述は階層の別なく行われた父系*近親婚の実態を示唆《しさ》する一例である。

参考文献 西野悠紀子「律令体制下の氏族と近親婚」(女性史総合研究会編『日本女性史』一、一九八二、東京大学出版会)。洞富雄『日本母権制社会の成立(訂正増補版)』(「家族・婚姻」研究文献選集戦後篇一九)、一九九一、クレス出版。(角谷 英子)

アグネスろんそう　アグネス論争　⇩子連《こづ》れ出勤論争《しゅっきんろんそう》

あぐら　胡坐　坐法(座り方)の一種で、両足を組んで楽に座ること。日本には実にさまざまな坐法がある。坐法研究の先駆者入澤達吉《いりさわたつきち》は十種類に分けているが、これを参考にして初期*洛中洛外図屏風《らくちゅうらくがいずびょうぶ》に描かれた人々の坐法を分析した黒田日出男は、(一)正坐《せいざ》、(二)胡座《あぐら》・趺坐、(三)片膝立て、(四)腰掛《こしかけ》、(五)蹲踞《そんきょ》、(六)両膝付《りょうひざつき》、(七)足投げ出し、(八)うずくまり、の八つの座り方に分類している。そして、十六世紀の人々の基本的な坐法は、(一)—(三)の三つであったことを確認している。初期洛中洛外図屏風で坐って描かれている人々を坐法別に見ると、胡座をかいている人は、三〇%近い。正坐が二〇%強、片膝立てが約一五%であるから、中世末期の人々の坐法の基本は胡座であったことになろう。女性の基本的な坐法は、片膝立てであったが、時には胡坐をかいていたと考えられる。他の*絵画史料で実例を示すと、国宝「高雄観楓図《たかおかんぷうず》」に描かれている女性たちのなかには、胡坐をかいている者がいる。正坐が重視されるようになる近世初頭以前の日本では、片膝立てと並んで、胡坐をかくことは女性にとってごく普通の坐法の一つであった可能性がたかいであろう。

胡坐姿の女性(「高雄観楓図」より)

参考文献 入澤達吉「日本人の坐り方に就て」(『史学雑誌』三一ノ八)、一九二〇。山折哲雄『「坐」の文化論』(講談社学術文庫)、一九八四、講談社。田村憲美「中世肖像画における「坐」の問題」(黒田日出男編『肖像画を読む』一九九八、角川書店)。黒田日出男「坐法の文化—初期洛中洛外図屏風—」(『絵画史料で歴史を読む』二〇〇四、筑摩書房)。

(黒田日出男)

あげだい 揚代 *遊女の買揚げ代金のこと。玉代(ぎょくだい・たまだい)ともいう。元和《げんな》三年(一六一七)、公娼《こうしょう》制《せい》の確立に伴って、それまでは遊客に相応の値段を自由に決めることができたが、遊女の揚代はほぼ一定に定められた。『*吉原細見』には、揚代が記されている。三都(江戸・京・大坂)の中でも、江戸*吉原の大夫《たゆう》がもっとも高額といわれる。揚代はぴんからきりまであって格差が大きい。ちなみに享保二十年(一七三五)には大夫の揚代は、江戸八十二匁、京五十一匁、大坂四十五匁である。

参考文献 西山松之助編『遊女(新装版)』(日本史小百科)、一九九四、東京堂出版。宇佐美ミサ子『宿場と飯盛女』(同成社江戸時代史叢書)、二〇〇〇、同成社。

(宇佐美ミサ子)

あけぼのかい あけぼの会 一九七八年(昭和五十三)十月一日に発足した乳がんの患者会。乳がんを経験したワット隆子《たかこ》が同年五月に『毎日新聞』紙上で定期検診の慣習化を目的に「乳がん体験者の集い」を呼びかけて発会した。機関誌『曙《あけぼの》』刊行で会員が増え、患者同士の経験交流、自己検診、早期発見をうながす諸活動を行なっている。会長はワット隆子、全国十数支部会員約四千人(二〇〇五(平成十七)年現在)。専門医・医療関係者、関連企業がサポートし、『ニュースレター』も発刊している。

参考文献 ワット隆子『けっしてあきらめないで—ガンと生きる—』、一九八三、文化出版局。

(石崎 昇子)

あげまき 揚巻 江戸*新吉原京町一丁目三浦四郎左衛門《みうらしろうざえもん》に抱えられていた*遊女。*歌舞伎狂言の『助六《すけろく》』の揚巻は有名。『洞房語園考異《どうぼうごえんこうい》』によると、*高尾《たかお》・薄雲《うすぐも》・濃紫《こむらさき》などと同様に名の知れた遊女であることがわかる。同書には揚巻という*源氏名《げんじな》は、島原・江戸・京にもあるが、浅草花川戸《はなかわど》にいた侠客《きょうかく》の助六なる人物との情事は、揚巻という名を有名にさせたとある。京都島原の遊女揚巻は千両で請け出されたという逸話がある。

参考文献 庄司勝富『異本洞房語園』(日本随筆大成三ノ二)。西山松之助編『遊女(新装版)』(日本史小百科)、一九九四、東京堂出版。

(宇佐美ミサ子)

あげや 揚屋 近世の*遊廓《ゆうかく》で客が、*太夫《たゆう》・格子《こうし》などの高級*遊女を呼んで遊ぶ場所。客は廓《くるわ》に行くと、まず揚屋に入って遊女を指名し、*芸者・幇間《ほうかん》を相手に酒宴を催して遊女の到着を待った。遊女が揚屋へ行くことを道中《どうちゅう》といった。揚屋遊びは、十七世紀後半に最も繁栄を誇《ほこ》ったが、費用がきわめて高くついたために、享保《きょうほう》年間(一七一六—三六)以降*吉原の遊客が大衆化するのに伴って衰退し、十八世紀後半には太夫・格子とともに消滅する。

参考文献 西山松之助編『遊女(新装版)』(日本史小百科)、一九九四、東京堂出版。

(曾根ひろみ)

あごら あごら 戦後日本の各地のフェミニストグループの全国組織であるあごらが発行している会報名。あごらとはギリシャ語で広場の意味。ギリシャ市民が誰でも自由に発言できる場として名付けた語を組織の名とした。都市や地方を問わず女性問題に関心のある人たちなら、誰でもがあごらと名乗って活動できる。一九七二年(昭和四十七)斉藤千代《さいとうちよ》が設立したが、女も男も伸びやかに生きられる社会を目標として、会報発行、集会・デモ・研究会・バザーなど多様な活動を行う。湾岸戦争の時には数人の会員が現地訪問をするなど、活動には全く制限はないが、反戦平和が全会員の共通の願いである。会報の編集ははじめは本部のあるあごら新宿事務所で担当していたが、各地で大きな活動があればその地を拠点として持ち廻りで発行する。国内外の女性会議の報道なども参加した会員がその地で編集し報告。一九九九年(平成十一)から毎年、会の趣旨に即して優れた貢献をした女性を「地の塩賞」で表彰している。　(駒野　陽子)

あさ　麻　⇩苧績《おうみ》

あさいさく　浅井柞　一八四三―一九〇六　明治時代の女性運動家。水戸の学者浅井佐一郎の長女として出生。安政二年(一八五五)婿《むこ》養子元識《もとしき》との間に一子元光《もとみつ》をもうける。夫と死別後上京。一八七六年(明治九)から桜井女学校で習字・漢文の教師となる。一八八四年女子に漢文を教える長栄女塾《ちょうえいじょじゅく》(のち長栄女学校)を設立。一八八六年東京婦人矯風会《きょうふうかい》の創設に関わり、一八九〇年矯風会会頭に選任される(翌年辞任)。大阪梅花《ばいか》女学校舎監・宮城女学校舎監兼教師を務める。一八九六年宮城婦人矯風会を設立した。

参考文献　『東京婦人矯風雑誌』一、一八八八。片野真佐子「浅井柞覚書」(富坂キリスト教センター編『近代日本のキリスト教と女性たち』一九九五、新教出版社)。　(奥田　暁子)

あさいタケ　浅井タケ　⇩樺太《からふと》アイヌの女性《じょせい》　⇩藤山《ふじやま》ハル

あさかふさ　浅賀ふさ　一八九四―一九八六　日本の医療*ソーシャルワーカー(MSW、Medical Social Worker)の先駆《せんく》者。*日本女子大学校卒業後、アメリカで社会事業教育を受け、帰国後一九二九年(昭和四)から聖ルカ病院(現在の聖路加《せいろか》国際病院)のMSWに就任。第二次世界大戦前の医療社会事業の普及が困難ななか、結核患者の相談業務など患者の生活環境改善に関わった。戦後は日本社会事業短期大学、日本福祉大学などで社会福祉教育に携わり、また人権擁護《ようご》の社会運動にも参画した。

参考文献　児島美都子『医療ソーシャルワークの現代性と国際性―MSW45年の歩みより―』(勁草―医療・福祉シリーズ)、一九九八、勁草書房。　(大友　昌子)

あさはらないしんのう　朝原内親王　⇩酒人内親王《さかひとないしんのう》

あさひひめ　旭姫　一五四三―九〇　徳川家康の継室。豊臣秀吉の妹。旭、朝日姫、南明院《なんみょういん》ともいう。はじめ尾《お》張《わり》の武士佐治日向守《さじひゅうがのかみ》(副田甚兵衛《そえだじんべえ》とする説もある)に嫁いだが、兄秀吉の家康を臣従《しんじゅう》させる政略のため、前夫と離別させられ、天正十四年(一五八六)五月十四日、三河岡崎城の家康に嫁いだ。その直後、家康が居城を駿府《すんぷ》に移したので、駿河御前《するがごぜん》とよばれた。同十六年、生母大政所《おおまんどころ》の病気見舞いに上洛したあと、聚楽第《じゅらくてい》にとどまり、同十八年正月十四日没した。

旭姫画像

参考文献　渡辺世祐『秀吉の生涯』、一九七一、新人物往来社。　(小和田哲男)

アジアからきたはなよめ―むかえるがわのろんり―　アジアから来た花嫁―迎える側の論理―　一九八〇年代後半から急増したアジアからの花嫁の生活の実態を描いたルポ。宿谷京子《しゅくやきょうこ》著。一九八八年(昭和六十三)出版。アジアからの花嫁の背景には結婚難の日本人男性と、よりよい暮らしを求めるアジア人女性が存在し、両者を結びつけるのは日本とアジアの経済格差であると指摘する。過《か》疎《そ》対策・後継者対策としての行政主導による「*国際結婚」であり、ほとんどは斡旋《あっせん》業者が仲介している。自治体が業者と提携して海外に集団見合いツアーに出向き、短期間のうちに花嫁を連れて帰るというパターンが存在する。著者はこの組み合わせの国際結婚に「　」(カッコ)を付けざるをえない理由として、家・ムラ社会・男性優位の社会を維持するうえで都合のよい女性が求められていることをあげている。さらにそこから生じる諸問題の解決策として、花嫁を送り出すアジアの国々および花嫁候補者たちへの日本社会の実情などの情報提供、花嫁たちのための相談機関や救済機関の充実、国際結婚斡旋業者の許《きょ》認《にん》可《か》制度の確立を提唱《ていしょう》している。

参考文献　桑山紀彦『国際結婚とストレス―アジアからの花嫁と変容するニッポンの家族―』、一九九五、明石書店。　(竹下　修子)

アジアじょせいききん　アジア女性基金　⇩女性《じょせい》のためのアジア平和国民基金《へいわこくみんききん》

アジアじょせいしこくさいシンポジウム　アジア女性史国際シンポジウム　一九九六年(平成八)三月十六・十七日に東京において開催された、アジア地域ではじめての、中近東地域をのぞくアジア地域、インド、ビルマ、タイ、マレーシア、ベトナム、フィリピン、台湾、中国、朝鮮・韓国、日本を対象にした女性史国際シンポジウム。アジア女性史国際シンポジウム実行委員会(委員長林玲子)によって開催。工業化と女性、政治と女性、思想・宗教、*家父長制、性の歴史と売買春(各二セッション)をテーマにした会議はアジア地域女性史の多様性と類似性を明らかにした。

参考文献　早川紀代「アジア女性史の全体像を求めて」(『歴史学研究』六八九)、一九九六。アジア女性史国際シン

ポジウム実行委員会編『アジア女性史比較史の試み』、一九九七、明石書店。 （早川 紀代）

アジアふじんかいぎ アジア婦人会議 一九四九年(昭和二十四)十二月国際民主婦人連盟の呼びかけで北京《ペキン》で開催された婦人会議。日本にも招聘状《しょうへいじょう》が来て準備を進めたが出国許可が下りず、翌五〇年一月北京会議に応じて日本で婦人会議を開催した(東京下谷公会堂)。*羽仁説子《はにせつこ》・*櫛田《くしだ》ふきら三百五十名余りが参加。生活・児童の問題を討議し、平和・婦人の権利・子どもの幸福など十二項目を決議した。なお、一九七〇年結成の「*侵略=差別と斗うアジア婦人会議」の略称としても使われる。

参考文献 三井礼子編『現代婦人運動史年表』(日本現代史年表)、一九八三、三一書房。『宮本百合子全集(新版)』一五、二〇〇一、新日本出版社。 （金子 幸子）

アシイレ アシイレ 基本的に、*婚姻が正式に決定する以前の嫁や婿《むこ》の移動に関する儀礼を指す。しかしアシイレという語彙《ごい》は各地でさまざまな意味で使用されており、定まった定義を示すことはむずかしい。たとえば伊豆諸島では、嫁がはじめて夫家を訪問して夫の母親と正式に対面する儀礼をアシイレという。大阪府南部の農村では、正式な*祝言《しゅうげん》以前に夫が妻の家へ通うことをアシイレという。また岐阜県では、婚姻前に嫁がしばらくの期間婚家で生活することをアシイレという。普通の場合、嫁は一旦生家へ戻って改めて嫁いでくるのだが、中にはアシイレの間に夫婦の相性が悪いということで婚約を破棄してしまうこともあったという。このようにアシイレは、伊豆諸島のように正式な婚姻開始を意味する儀礼に用いられる場合もあるが、一方で夫婦の相性を試す試験婚、あるいは仮祝言、また夫の妻問《つまど》いを意味する場合もあり、その内容は地域によって非常に多様である。

参考文献 大間知篤三『大間知篤三著作集』二、一九七五、未来社。八木透『婚姻と家族の民俗的構造』(日本歴史民俗叢書)、二〇〇一、吉川弘文館。 （八木 透）

あしおこうどくじけんとじょせいたち 足尾鉱毒事件と女性たち ⇨女押《おんなお》し出《だ》し

あしかがよしうじのむすめ 足利義氏の娘 一五七四—一六二〇 戦国時代古河公方《こがくぼう》足利義氏の娘。母は北条氏《うじ》康《やす》娘浄光院《じょうこういん》。義氏は嫡男《ちゃくなん》がなく天正十年(一五八二)閏《うるう》十二月二十一日(三島暦《みしまごよみ》、京暦では天正十一年正月)に没したので、九歳で七人の連判衆《れんばんしゅう》(有力家臣)に擁《よう》せられ「姫君様」「古河氏姫」と称され北条氏滅亡の天正十八年までの八年間、北条氏の後楯《うしろだて》によって古河公方家の女当主となった。この間の伝達文書には古河公方家の印判《いんばん》(義氏使用)や連判衆の連署《れんしょ》が用いられた。豊臣秀吉の関東進攻で北条氏が滅亡すると、天正十八年九月に秀吉は古河姫君に古河周辺三百余石の知行地《ちぎょうち》を与えて古河鴻巣館《こうのすやかた》(茨城県古河市)に居住させ、小弓公方《おゆみくぼう》足利国朝《くにとも》と結婚させた。国朝の没後、その弟頼氏《よりうじ》と再婚し、元和《げんな》六年(一六二〇)鴻巣館で没した。四十六歳。法号徳源院殿。頼氏は国朝の養子となり、下野《しもつけ》国喜連川《きつれがわ》(栃木県さくら市)で喜連川公方(関東足利氏)となった。

参考文献 佐藤博信「古河氏姫に関する考察」(『古河公方足利氏の研究』一九八九、校倉書房)。 （峰岸 純夫）

あしかがよしのりのつま 足利義教の妻 ⇨三条尹子《さんじょうただこ》

あしかがよしはるのつま 足利義晴の妻 ⇨慶寿院《けいじゅいん》

あすかがわ 飛鳥川 文化七年(一八一〇)成立。『日本随筆大成』第二期一〇(一九七四年、吉川弘文館、新装版一九九四年)および『新燕石十種《しんえんせきじっしゅ》』一(一九八〇年、中央公論社)所収。著者は幕臣柴村盛方《しばむらもりみち》。表右筆《おもてゆうひつ》・奥《おく》右筆・御腰《おこし》物奉行《ものぶぎょう》を歴任。本書の執筆は八十九歳でなされている。内容は、男女の頭髪、服装、物売り、縁日、祭礼など、長い人生を生きた体験から見える世相風俗の変化を記述したものである。同時期の随筆『*世事見聞録《せじけんぶんろく》』が、当時の世相を支配階級の一員としての立場から批判的に詳述しているのに対して、そうした視点はあまり表面に出さず、事実を淡々と短く記している。女性の変化としては、男のからかいに悪態をついて言い返す若い女や、夜道の一人歩き、*後家の一人暮らしの増加などを挙げている。また*女髪結《おんなかみゆ》いが増えたことが、自分で髪を結わなくなった*町家女性の変化に呼応し、*女筆指南《にょひつしなん》が後家の一人暮らしを支えていると見て、女の職業と民衆の生活との関連を指摘するなど、解体期の社会の中に女性の変化を位置づけている。

参考文献 関民子『江戸後期の女性たち』、一九八〇、亜紀書房。 （関 民子）

あずかりどころ・あずかりどころしき 預所・預所職 預所職とは荘園の所職の一つである。荘園の所職は、これまで一般的には、寄進《きしん》の連鎖によって「本家—領家—預所—下司《げし》(*地頭《じとう》)」という関係が成立するとされていたが、近年、荘園成立期の基本型は「本家(本所)—預所(領家)—下司」とすべきことが主張されている。これは従来の「寄進地系荘園」論を見直し、上からの「立荘《りっしょう》」という契機を重視するためで、それによれば平安時代末期、王家領・摂関家領は、もとは免田《めんでん》などの小規模の私領を、立荘によってその周辺を囲い込み、ときには郡規模に及んで成立した。立荘は、私領の本主による寄進をもとにしながらも、院・*女院《にょいん》・摂関とその近臣がそれを積極的に主導することにより実現した。そして立荘に深く関与した人物が預所となり、院などの本家から荘務を委《ゆだ》ねられて荘園を知行《ちぎょう》した。なお、「領家」は公卿《くぎょう》層の有する預所職の美称としてその後出現したものと考えられる。また、承久《じょうきゅう》の乱後鎌倉幕府によって一旦没収された王家領においては、返還後幕府も預所職に関する口入権《くにゅうけん》を行使していたことがわかる。荘園は、院・女院・摂関家の主導によって成立し、彼らが本家となって預所を指名し荘務を任せて「本所—預所」関係を創出したので、一般には本家が預所に対して優位な立場に立つという上位者優位の構造として捉《とら》えられている。しかしその後の荘園の継続・維持ということを考えたとき、王家の*女院領においては、本家である女院の系譜は断絶しているにもかかわらず、預所である女院領知行者の系譜は荘園成立期以降、およそ百年を経過した鎌倉時代まで代々つながっており、彼らはまた次世代の女院にも人的に奉仕する女院司《にょいんじ》でもあったことがわかる。これは女院が、女院領の預所であり女院に奉仕するものでもあった彼らを一方的に改替《かいたい》できなかったことを意味する。このような女院領の特質は、補任《ぶにん》と改替が顕著《けんちょ》に見られる摂関家領とは明らかに質を異にしたものといえるが、これは特に*内親王女院が、王家において父や母またその他の王家の父祖の菩提《ぼだい》を弔《とむら》う役割を担っており、女院領は女院が所持する御願寺領《ごがんじりょう》として、王家の追善仏事《ついぜんぶつじ》の必要経費という側面もあったためといえる。すなわち、預所であった女院司は女院が主催する仏事に奉仕するものでもあり、女院領が伝領されることによって、このような女院の仏事集団ともいうべき機能も引き継がれたためと考えられる。預所・預所職を所持したものには、藤原定家《ていか》のような貴族たちにならんで、女院女房や、その他の*女房などの女性も当然存在した。また*湯浅尼住心《ゆあさのあまじゅうしん》のように、湯浅党という武士団の惣領《そうりょう》をおさえ盟主となった保田宗光《やすだむねみつ》の妻であるが、宗光が存命中であるにもかかわらず、本所桜井宮《さくらいのみや》によって、紀伊《きい》国阿弖河庄《あてがわのしょう》の預所職に任命されている。

参考文献 川端新『荘園制成立史の研究』(思文閣史学叢書)、二〇〇〇、思文閣出版。野口華世「安嘉門院と女院領荘園―平安末・鎌倉期の女院領の特質―」(『日本史研究』四五六、二〇〇〇。黒田弘子「湯浅尼―武士団と阿弖河庄―」(峰岸純夫編『日本中世史の再発見』二〇〇三、吉川弘文館)。高橋一樹『中世荘園制と鎌倉幕府』、二〇〇四、塙書房。西谷正浩『日本中世の所有構造』、二〇〇六、塙書房。野口華世「中世前期の王家と安楽寿院―「女院領」と女院の本質―」(『ヒストリア』一九八、二〇〇六。

(野口　華世)

あずさみこ　梓巫女　⇩巫女《みこ》

あずまうた　東歌　『*万葉集』一四に載せる東国地方(東歌の場合は遠江《とおとうみ》・信濃《しなの》以東)の歌をさす。編纂《へんさん》時期は不明。奈良時代初頭の作を含むか。全体を勘国歌《かんこくか》(国土判明歌出、みられる国は令制における東海・東山道の中・遠国に相当し、西から東へという順に並ぶ)と未勘国歌(国土不明歌)に分け、雑歌《ぞうか》・相聞《そうもん》・譬喩歌《ひゆか》(未勘国歌には*防人歌《さきもりうた》・挽歌《ばんか》を含む)の部立《ぶだ》てを持つが、*相聞歌が全体の八割以上を占める。作者名はない。東国方言を多用し、農民生活に密着した素材を扱って、心情《しんじょう》を率直に表明する。大胆な性愛表現もみられ、東国の男女の生活を髣髴《ほうふつ》とさせる。短歌定型であることからも、東国民衆の歌謡そのものとは考えられず、その成立には在地創作説、集団的歌謡説が考えられている。

参考文献 土橋寛『万葉集の文学と歴史』(土橋寛論文集)、一九六八、塙書房。品田悦一「東歌・防人歌論」(神野志隆光・坂本信幸編『セミナー万葉の歌人と作品』一一、二〇〇五、和泉書院)。

(平舘　英子)

あずまかがみ　吾妻鏡　治承《じしょう》四年(一一八〇)の以仁王《もちひとおう》の挙兵から文永《ぶんえい》三年(一二六六)の六代将軍宗尊《むねたか》親王の京都送還までを描いた鎌倉幕府の歴史書。途中九年分の欠巻を含む。編者は明らかではないが、北条氏一族の金沢《かねさわ》氏や問注所執事太田《もんちゅうじょしつじおおた》氏の周辺で十四世紀初頭には製作されていたと考えられている。現在に伝わるテキストは宗尊親王までの歴代将軍記により構成されているが、その後の将軍記も編纂《へんさん》が進められたか否かは不明であり、欠巻の問題も含めて未完成の可能性も指摘されている。幕府の政所《まんどころ》や問注所に残された記録、*御家人の家や寺社に伝来した文書、貴族の日記などを材料に、将軍周辺の出来事が吾妻鏡体と呼ばれる和風漢文で日記風に叙述されている。鎌倉幕府や鎌倉時代史研究の基本史料であるが、編纂に伴う記事の錯簡《さっかん》や執権《しっけん》北条氏寄りの政治的立場よりする曲筆《きょくひつ》がままみられ、その利用にあたっては史料批判が不可欠である。『(新訂増補)国史大系』所収。

参考文献 五味文彦『(増補)吾妻鏡の方法―事実と神話にみる中世―』、二〇〇〇、吉川弘文館。五味文彦・井上聡「吾妻鏡」(皆川完一・山本信吉編『国史大系書目解題』下、二〇〇一、吉川弘文館)。

(髙橋　典幸)

あぜちのつぼね　按察使局　生没年不詳　江戸時代の宮中の*女房。権大納言高辻豊長《ごんだいなごんたかつじとよなが》の娘。後西院《ごさいいん》の*後宮に勤めて、延宝《えんぽう》三年(一六七五)十二月十二日道尊《どうそん》入道親王を生む。落飾《らくしょく》後は梅盛院長空尼と称する。子の道尊入道親王は円満院《えんまんいん》で得度《とくど》したのち、元禄《げんろく》四年(一六九一)聖護院《しょうごいん》に移った。

(久保　貴子)

あそびめ　遊女　宴《うたげ》の場で、*和歌・歌・舞などで座を楽しませることを仕事とした女性。『和名類聚抄《わみょうるいじゅしょう》』によると、「あそびめ」「うかれめ」の二つの訓があり、*夜発《やほつ》とも呼ばれた。『養老令《ようろうりょう》』喪葬令《そうそうりょう》には遊部の規定があり、葬儀の場で死者の魂を鎮《しず》めるという役割を負っていた。このように遊びには本来神や荒ぶる魂を鎮めるという働きがあり、遊女という語もこれと何らかの関係がある。遊女の前身と考えられるものに、八世紀の遊行女婦《あそびめ》がある。遊行女婦は国司が催《もよお》す宴に加わり、歌を詠み座の雰囲気を盛り上げた。『*万葉集』には大宰府《だざいふ》で活躍した児島《こじま》ら数人の名がみえ、朝廷での宴の例から見て*女官に準じた存在ではないかとされている。遊行女婦と*買売春の関係も不明であるが、この時代の*婚姻形態はまだ*対偶婚《たいぐうこん》的な段階にあり、一般的に買売春は未成立であったと考えられる。遊女の存在が明確になるのは摂関期以後であるが、山崎《やまざき》・*江口《えぐち》・神崎《かんざき》・室津《むろつ》などの津、足柄《あしがら》など交通の要所に住み、旅人の要望に応じて歌・舞を披露し、客と性交渉を持つようにもなった。院や*女院《にょいん》、上級貴族が物詣《ものもうで》の際に遊女を呼ぶことも多く、貴族の日記には男女の貴族が競って着衣を脱ぎ遊女に与える姿が記されている。また大江匡房《おおえのまさふさ》の『*遊女記《ゆうじょき》』や藤原明衡《ふじわらのあきひら》の『*新猿楽記《しんさるがくき》』には、十一世紀半ばの遊女の実態がリアルに描かれている。

それによると遊女は夫婿《ふせい》を持つ女性長者に統率されて家を形成し、家は歌舞を財産とし女系により継承された。『*更級日記《さらしな》』の作者が少女の日に足柄山麓で見た遊女は、歌の上手な若い女を中心に女二人と男一人で構成されている。彼女たちが歌舞等によって得た報酬は折半《せっぱん》され、集団内にはある種の平等が存在した。優れた遊女の名は世間にひろまり、*今様《いまよう》や*白拍子《しらびょうし》など平安時代末期の芸能の発展をリードして院や貴族の文化に影響を与え、貴族の妻妾《さいしょう》となる例もあった。しかし一方では、主に性を売ることで生活を支え、容色《ようしょく》の衰えとともに零落《れいらく》する遊女が多く出現するようになったことも事実である。

参考文献 関口裕子『日本古代婚姻史の研究』下、一九九三、塙書房。『古代政治社会思想』(日本思想大系新装版)、一九九四、岩波書店。服藤早苗「遊行女婦から遊女へ」(『平安王朝社会のジェンダー—家・王権・性愛—』二〇〇五、校倉書房)。

(西野悠紀子)

あたひめ　吾田媛　『日本書紀』崇神《すうじん》天皇十年条の伝承にみえる女性。夫の武埴安彦《たけはにやすびこ》とともに反逆を図《はか》る。ひそかに天香山《あめのかぐやま》の土をとって「これは倭国《やまとのくに》の物実《ものしろ》(実体)」(原漢文)と呪言《じゅげん》し、夫と二手《ふたて》に分かれて都に攻め入ろうとした。吾田媛の率いる軍は、河内《かわち》から倭に入る要衝《ようしょう》の地である大坂を攻めたが、大敗して吾田媛は殺され、軍卒もみな斬《き》られたという。みずから軍の先頭に立って戦う巫女王《ふじょおう》的な*女性首長の姿を彷彿《ほうふつ》とさせる伝承である。

参考文献 溝口睦子「記紀に見える女性像—巫女・女酋・冶工・戦士—」(前近代女性史研究会編『家族と女性の歴史—古代・中世—』一九八九、吉川弘文館)。関口裕子「日本古代の戦争と女性」(前近代女性史研究会編『家・社会・女性—古代から中世へ—』一九九七、吉川弘文館)。

(溝口　睦子)

あたらしいおんな　新しい女　十九世紀末から二十世紀初めに欧米や日本・朝鮮・中国などアジア諸国の国民国家形成・成立期に現われた一群の女性たちをさす。彼女たちは従来よりも高い教育を受け、*家庭の枠組みを越えて職業・社会活動に従事し、あるいは既存の性道徳に異を唱え社会から糾弾《きゅうだん》された。一八八〇—九〇年代にイギリスで小説家セアラ＝グラント(Sarah Grant)がヴィクトリア朝の性規範を批判、「解放された女」「放縦《ほうじゅう》な女」と描出された女性たちを「新しい女」(new woman)と命名して論争を生み、アメリカでは大学教育を受けた新しい女たちが高等教育機関や*セツルメントハウスで働き、女同士の絆《きずな》を強めていった。新しい女は西洋からアジアへと広がり、日本では一九一〇年(明治四十三)坪内逍遥《つぼうちしょうよう》が講演「近世劇に見えたる新しい女」でイプセン作『*人形の家』のノラやズーデルマン作『故郷』のマグダなどを挙げて新しい女を紹介。これらは文芸協会で上演され、前者は*松井須磨子《まついすまこ》主演で反響を呼び、後者は家庭秩序を破壊するという理由で一時上演が禁止された。『*青鞜《せいとう》』はノラやマグダについて積極的に論じ、メディアは青鞜社を新しい女の代表的団体として取り上げ、五色《ごしき》の酒・吉原登楼《よしわらとうろう》事件をスキャンダラスに報じ批難した。これに対し一九一三年(大正二)*平塚《ひらつか》らいてうはみずから「新しい女」を宣言、旧来の男性中心の道徳・法律を否定し*恋愛の自由を実践、良妻賢母《りょうさいけんぼ》批判に向かう。同年婦人問題は注目を浴び『太陽』『中央公論』『六合《りくごう》雑誌』は特集号を出し、他方、当局は新しい女を危険視し『青鞜』三ノ二の*福田英子《ふくだひでこ》の文を安寧《あんねい》秩序紊乱《びんらん》、らいてう著『円窓《まるまど》より』を*家族制度破壊などの理由で発禁処分とした。この年『*新真婦人《しんしんふじん》』が創刊、『青鞜』に対抗するものと揶《や》揄《ゆ》され「新しい女」の論議を活発化させた。主宰の*西川《にしかわ》文子《ふみこ》は性別役割分業を非とし、経済的自立、社会・政治参加、恋愛の自由などを説いており、最近の研究では新しい女の一人とされている。新しい女の余波は*母性保護論争、*新婦人協会の結成(一九二〇—二二年)へと続き、一九二三年関東大震災を機に『新真婦人』は終刊、以後、次世代の「*モダンガール」の時代が到来する。

参考文献 山田敬子「新しい女」(女性学研究会編『女のイメージ』一九八四、勁草書房)。堀場清子『青鞜の時代—平塚らいてうと新しい女たち—』(岩波新書)、一九八八、岩波書店。牟田和恵・慎芝苑「近代のセクシュアリティの創造と「新しい女」—比較分析の試み—」(『思想』八八六)、一九九八。ウルリケ＝ヴェール「もう一つの『青鞜』—女たちの連帯をめざした雑誌『新真婦人』—」(奥田暁子編『女と男の時空』五、二〇〇〇、藤原書店)。金子幸子「西川文子と『新真婦人』—「新しい女」比較研究に向けて—」(『名古屋短期大学紀要』四〇・四一・四三)、二〇〇二・〇三・〇五。武田美保子『〈新しい女〉の系譜』、二〇〇三、彩流社。

(金子　幸子)

あたらしいじょせいのそうぞう　新しい女性の創造　アメリカの女性運動家ベティ＝フリーダンが一九六三年に発表し、*ウーマン＝リブ運動の引き金になったThe Feminine Mystique(『女らしさの神話』)の邦訳版の書名。一九六五年(昭和四十)刊行。フリーダンは、「女性問題は存在しない」といわれた一九五〇年代アメリカの快適な郊外住宅に暮らす*主婦だったが、なぜか閉塞感《へいそくかん》に悩んだ。この悩みが郊外主婦に共通することを突きとめたフリーダンは、「女らしさの神話」構築の過程を解明し、罠《わな》にはまった女性の問題を社会問題化した。この期の女らしさイデオロギーはフロイト理論を援用《えんよう》して鼓吹《こすい》されたが、なぜ、このような反動が起ったのかとの疑問を提起し、理由として、終戦とともに結婚ブームが起ったこと、復員した男たちの職場復帰で銃後の生産を担った女たちの失業問題が顕在化《けんざいか》しないよう、女を*家庭に帰す必要があったこと、さらに「消費の女王」として主婦に買物役割を担わせるという大衆消費社会を迎えた経済の至上《しじょう》命令があったことなどを挙げている。テキストは『新しい女性の創造(改訂版)』(二〇〇四年、大和書房)。

参考文献 三宅義子「一九五〇年代アメリカと一九九〇年代日本—山口地域におけるグローバリゼーション

の一局面―」(『女性学の再創造』二〇〇二、ドメス出版)。 (三宅　義子)

あちゃのつぼね　阿茶局　一五五五―一六三七　徳川家康の*側室。甲斐《かい》国武田氏の家臣飯田直政《いいだなおまさ》の娘。名は須和《すわ》。天正《てんしょう》元年(一五七三)今川氏の家臣神尾忠重《かんおただしげ》の妻となるが、五年後に忠重が死没。天正七年家康に仕えて阿茶局と称した。家康の信任が厚く、陣中にも従った。小牧《こまき》・長久《ながく》手《て》の戦いの陣中で流産し、以後子には恵まれなかった。天正十七年秀忠《ひでただ》・忠吉《ただよし》の生母西郷局《さいごうのつぼね》(宝台院《ほうだいいん》)が死去し、以後二人の養育にあたる。大坂冬の陣では和睦《わぼく》の使者を勤めるなど、*大奥の統率だけではなく、政治的な役割も果たした。元和《げんな》二年(一六一六)家康没後も家康の遺命により髪を下ろさず、秀忠を助けた。元和六年秀忠の五女和子《まさこ》(*東福門院《とうふくもんいん》)の*入内《じゅだい》の際には、和子の母儀代《ぼぎだい》として上洛。同九年の皇女(*明正《めいしょう》天皇)出産の際にも上洛して和子の世話を行なった。後水尾《ごみずのお》天皇から従一位の位を与えられ、これにより神尾一位局とも称された。秀忠没後に落飾《らくしょく》して雲光院《うんこういん》と号した。

参考文献　『徳川諸家系譜』一、一九七〇、続群書類従完成会。二木謙一『徳川家康』(ちくま新書)、一九九八、筑摩書房。 (久保　貴子)

あっけしばば　厚岸婆　⇩オッケニ

アットゥシ　アットゥシ　植物靭皮《じんぴ》(内皮)繊維から作るアイヌの伝統的な織物および衣服。広義にはイラクサ製の草皮衣も含むが、一般的にはオヒョウ・シナノキ・ハルニレ等を素材とする樹皮衣をさす。かつての基本的日常着。華やかな文様を施したものは、今なお晴れ着として用いられている。樹皮採取から縫製《ほうせい》・刺繍《ししゅう》に至るまでの一連の作業は、アイヌ女性の労働の中で重要な位置を占めた。十八世紀後半以降、和人の船乗りにも重用され、日本海沿岸、江戸、大阪にまで広く流通した。　↓アイヌの衣服《いふく》・服飾《ふくしょく》

参考文献　佐々木利和『アイヌ文化誌ノート』(歴史文化ライブラリー)、二〇〇一、吉川弘文館。本田優子「アットゥシの歴史を紡ぐ―アイヌ文化を歴史的にとらえるための試みとして―」(『歴史評論』六三九)、二〇〇三。 (本田　優子)

あとざん　後産　⇩埋甕《うめがめ》　⇩えな

あとしきそうぞく　跡式相続　*家督《かとく》と家屋敷などの財産を合わせた相続の対象を跡式といい、その相続、および相続人をいう。室町時代以降、分割相続《ぶんかつそうぞく》から単独相続《たんどくそうぞく》への移行に伴い、家督と所領を一体化した相続をいう語として使われるようになった。この流れのなかで、単独相続が主流となった江戸時代の武家の相続では、一般的に家督と家禄《かろく》の総体を指して用いられるようになり、跡式相続により家督としての地位、領地支配や家禄管理の権限、家内統括の権限を行使することになった。一方、町人の家業《かぎょう》*家産《かさん》の相続では、家屋敷などの財産の相続が重視され、また分割相続が少なからずあったことで、財産の相続のみを指して跡式相続と呼ぶ場合もあった。さらに、江戸時代後期の江戸の町人の相続では、養子慣行のもとで、家督＝家業は養子の夫が担当し、家屋敷は家付き娘である妻の名義とするという、夫婦による跡式の分割相続の形態が確認されている。これは町人の家の構造として、経営と生活が未分離の状態にあり、女性の管轄する「奥」が家業の維持に不可欠な存在であったことに規定されたものと考えられている。

参考文献　石井良助『日本法制史概説』、一九六〇、創文社。横山百合子「近世後期江戸における町人の家とジェンダー」(桜井由幾他編『ジェンダーで読み解く江戸時代』二〇〇一、三省堂)。 (柳谷　慶子)

あとみかけい　跡見花蹊　一八四〇―一九二六　明治・大正時代の教育者、画家。本名は瀧野《たきの》。摂津国《せっつのくに》(大阪府)の郷士《ごうし》の子。幼少より漢学、絵画、書、詩文の才を磨き京都や東京で開塾、宮中の*女官教育にもあたる。一八七五年(明治八)東京神田に跡見(女)学校創立。同校は近代黎明《れいめい》期における女子中等教育機関の草分けで、日本女性の伝統的な芸事や運動踊りと称した体育によって優美な女性の育成を目指した。代表作に「四季花卉図《しきかきず》」がある。

参考文献　藤井瑞枝編『花の下みち―跡見花蹊先生実伝―』、一九九〇、跡見学園。 (影山　礼子)

あなほべのはしひとのひめみこ　穴穂部間人皇女　?―六二一　欽明《きんめい》天皇の娘。母は蘇我大臣稲目《そがのおおおみいなめ》の娘小姉君《おあねぎみ》。用明《ようめい》天皇元年正月に異母兄用明(母は稲目の娘堅塩媛《きたしひめ》)の*皇后に立てられる。厩戸《うまやど》皇子(聖徳太子《しょうとくたいし》)・来目《くめ》皇子・殖《え》栗《くり》皇子・茨田《まんた》皇子の母。『聖徳太子平氏伝雑勘文《しょうとくたいしへいしでんざっかんもん》』所引『上宮記《じょうぐうき》』には用明没後、多米《ため》王(用明の皇子、母は稲目の娘石寸名《いしきな》)との間に佐富《さほ》女王を産むとある。*中宮寺《ちゅうぐうじ》(奈良県斑鳩《いかるが》町)は皇女の宮の跡に建立されたとの伝承があり、上宮王家《じょうぐうおうけ》は厩戸皇子の斑鳩宮《いかるがのみや》周辺に宮を構えたと考えられている。墓は厩戸皇子とともに埋葬されたとの伝承があり、叡福寺《えいふくじ》(大阪府太子町)境内にある叡福寺北古墳《えいふくじきたこふん》(聖《しょう》徳太子廟《とくたいしびょう》)の横穴式石室《よこあなしきせきしつ》内にある三基の石棺の一基をこれにあてる説がある。

参考文献　仁藤敦史「上宮王家と斑鳩」(『古代王権と都城』一九九八、吉川弘文館)。 (黒瀬　之恵)

アナボルろんそう　アナボル論争　一般には、一九二〇年代に対立が表面化した、社会主義陣営のなかにおけるアナーキズム(無政府主義の立場)とボルシェビズム(共産主義・マルクス主義の立場)の主導権争いをめぐる論争を指す。日本の戦前フェミニズムにおけるアナボル論争は、一九二八年(昭和三)から一九三〇年にかけて、新聞雑誌の紙上において繰り広げられた。一九二八年の『*婦人公論』誌上では、アナを名乗る*高群逸枝《たかむれいつえ》がボルとみなす*山川菊栄《やまかわきくえ》に対して「恋愛論争」をいどみ、論争の向こうに革命後のソヴィエト社会にも*性別分業や知的労働と身体労働のあいだの分業が残ることを批判しようとした。高群はさらに『東京朝日新聞』や『婦人運動』誌上で

＊神近市子《かみちかいちこ》を相手にえらんで「婦選論争」をしかけている。翌一九二九年には、論争の舞台は『＊女人芸術《にょにんげいじゅつ》』誌に移った。同誌は、両陣営の論者に発言の機会を与えていたが、アナーキスト＊八木秋子《やぎあきこ》が、当時マルクス主義の立場を鮮明にしはじめた藤森成吉《ふじもりせいきち》を相手に、芸術の創作にも、生活にも、自発的創造的意志が必要であるという主張を行なったことから論争が発生した。藤森が八木の主張を階級意識の欠如した小ブルジョワ的危険な傾向と決めつけたところに、高群逸枝が介入、プロレタリア階級独裁と国家権力を否定してアナーキストとしての自治と自由を主張したところから、本格的なイデオロギー論争に発展した。一九三〇年に『女人芸術』誌上の論争がうちきられると、同年、高群逸枝はアナーキストとしてアナボル論争に加わった八木秋子・松本正枝《まつもとまさえ》・＊望月百合子《もちづきゆりこ》さらに＊平塚《ひらつか》らいてうを誘って無産婦人芸術連盟の機関誌としての『＊婦人戦線《ふじんせんせん》』を発行、生命生産の立場からする生活資料生産至上主義に対する批判を行なった。アナボル論争は、一九八〇年代のフェミニズム論争における平等派と差異派の対立にひきつがれる要素をすでに含んでいた。現在、アナボル論争に舞台を提供した『女人芸術』の復刻版が出版(一九八一年、龍渓書舎)されているが、論争の要《かなめ》にいた高群逸枝の文章が掲載されていた頁は著作権継承者の了承が得られないまま白紙となっており、国立国会図書館ほかで原本を参照する必要がある。

参考文献 西川祐子『高群逸枝―森の家の巫女―』(レグルス文庫)、一九九〇、第三文明社。秋山清『自由おんな論争―高群逸枝のアナキズム―』(秋山清著作集七)、二〇〇六、ぱる出版。　(西川 祐子)

あね 姉　一般に「いもうと」と対称の呼び名、また「兄《あに》」の対語ともされる。しかし、古代において兄も「あね」とも読み、姉と同意であった。平安時代末撰の『類聚名《るいじゅうみょう》義抄《ぎしょう》』では「姉」を「このかみ」と訓《よ》ませており、『日本書紀』舒明《じょめい》天皇即位前紀には「首」ともみえ、本来的には「氏上《このかみ》」で、地域の＊女性首長の呼称の可能性もある。　(関 和彦)

あねかとく 姉家督　男女を問わず最初に生まれた子に家を継がせる相続方式。初生子《しょせいし》相続《そうぞく》ともいう。初生の子が女子の場合、のちに男子が生まれてもそれに優先して姉である女子が跡取りの地位を得たので、この名で呼ばれる。東北、関東、北陸、東海の東日本に慣行《かんこう》として分布しており、近世後期にさかのぼって慣行を確認することができる。江戸時代、この慣行があった地域の宗門人《しゅうもんにん》別帳《べっちょう》には、初生の女子に対して、誕生直後から「＊嫡女《ちゃくじょ》」「＊嫡子《ちゃくし》」「惣領《そうりょう》」と記しているケースが少なくない。これは初生の女子が幼少のころから家の跡取りにふさわしい待遇で育てられ、地域社会もその地位を認めていたことを示唆《しさ》している。実際に＊家督を継ぐのは＊婿養子縁組《むこようしえんぐみ》をした女子の配偶者であり、相続方式は男系相続に擬制《ぎせい》されている。だが、潜在的には家付き娘である女子に家を継がせていると観念されており、親の死亡、＊隠居《いんきょ》により相続が行われる際、婿養子の能力を見極めるまでの間、家付き娘である女子が家督を継いでいた例もみられる。姉家督の発祥については、家族労働力を早期に補充する必要から性別にかかわりなく初生の子に家を継がせ、嫁や婿養子を迎えたとする説が一般的である。ただし、傍《ぼう》系《けい》＊親族や＊下人《げにん》を抱えていた段階では、家族労働力の早期の補充の必要に迫られることはなく、直系家族制が成立した段階で生まれた慣行であると考えられる。一方、初生子であれば男女を相続者として区別しない点は、血縁的に双系的《そうけいてき》な継承原理として特徴づけられ、女性に相続の権利を認める相続形態として注目される。地域の家族観念や民俗慣行と関わらせて、江戸時代の慣行のひろがりを検討してみる必要がある。一八九八年(明治三十一)に施行された＊明治民法が長男子を最優先する相続原則をとったため、この原則に抵触《ていしょく》する姉家督は、明治後半からしだいに廃れていった。

参考文献 中川善之助・塩田定一「姉家督」(穂積重遠・中川善之助編『家族制度全集』史論篇五、一九三六、河出書房)。前田卓『姉家督』、一九七六、関西大学出版・広報部。柳谷慶子『近世の女性相続と介護』、二〇〇七、吉川弘文館。　(柳谷 慶子)

あのひとはかえってこなかった あの人は帰ってこなかった　菊池敬一《きくちけいいち》(教師)・大牟羅良《おおむらりょう》(古着行商後編集者)編。＊戦争未亡人の「二十カ年の歩み」を＊聞き書きした記録。岩波書店、一九六四年(昭和三十九)出版。岩手県の＊生活記録運動は十五年戦争への認識、反省を深めるために、沈黙する戦没者遺族の声を収録。山襞《やまひだ》の農村部落(九十三戸)は百二十五名が出征《しゅっせい》し三十二名が戦死、十一名の妻が＊未亡人となった。第一部は、幼い遺児を抱えた未亡人九人の「何度死ぬべェと思ったったか」という生活苦のなかで、「国のために立派に命を捧げた家族の名誉を、傷つけねェように」と周囲の視線を意識した悲惨《ひさん》で複雑な体験が語られる。第二部は、編者が戦争未亡人から広範に見聞きして、戦争未亡人の特殊性(戦死が信じられない、夫の名誉と監視の眼、再婚・扶助料《ふじょりょう》への偏見など)を見出し、遺族への理解がいかに乏《とぼ》しいかを問題にする。戦争未亡人の実態を記して公刊された草分け的書。

参考文献 北河賢三『戦後の出発―文化運動・青年団・戦争未亡人―』、二〇〇〇、青木書店。一ノ瀬俊也『銃後の社会史―戦死者と遺族―』(歴史文化ライブラリー)、二〇〇五、吉川弘文館。　(川口恵美子)

あのれんし 阿野廉子　一三〇一―五九　後醍醐《ごだいご》天皇の妃。恒良《つねよし》親王・成良《なりよし》親王・義良《のりよし》親王(後村上天皇)・＊祥子《しょうし》内親王・惟子《いし》内親王の母。父は阿野公廉《きんかど》。洞院公賢《とういんきんかた》の養女となり、元応《げんおう》元年(一三一九)後醍醐天皇の中宮＊礼成門《れいせいもん》院《いん》の＊上臈《じょうろう》として参入。後醍醐天皇の寵愛《ちょうあい》をうけ、元亨《げんこう》元年(一三二一)には従三位《じゅさんみ》に叙せられて三位局《さんみのつぼね》と号する。天皇が京都に帰還し、後醍醐天皇が隠岐《おき》に配流された際には同行をする。建武《けんむ》政権が発足すると、建武元年(一三三四)、廉子の第一子恒良親王が皇太子にたてられ、建武二年に康子は准三后《じゅさんごう》の宣下《せんげ》をうける。第二子の成良親王は鎌倉、第三子義良親王は奥州へと配置された。建武政権では、権勢を誇り、しばしば政治に介入したと『太平記』では語られる。さらに、護良《もりよし》親王を讒言《ざんげん》し失脚させる要因をつくったとされ、『太平記』では、「継母《けいぼ》其子を讒する時は、国を傾け家を失う事、古より其類多し」と評され、「牝鶏晨《ひんけいあした》するは家の尽る相なり」という中国の故事になぞらえ女性が政治に介入する国は亡びるたとえとされた。建武三年後醍醐天皇が吉野に遷《うつ》ると、廉子も同行する。延元《えんげん》二年(建武四、一三三七)恒良親王が越前《えちぜん》金《かね》ヶ崎城《がさきじょう》で捕縛《ほばく》され足利方に毒殺され、また、鎌倉にあった成良親王は、足利尊氏《たかうじ》に奉じられ一時光明《こうみょう》天皇の皇太子となるが、後醍醐天皇が吉野に脱出すると廃位となり、興国《こうこく》五年(康永《こうえい》三、一三四四)病死する。延元四年(暦応《りゃくおう》二、一三三九)義良親王が皇太子となり、後醍醐天皇が同年死去すると、後村上天皇として即位した。正平《しょうへい》六年(観応《かんのう》二、一三五一)、新待賢門院《しんたいけんもんいん》の*女院《にょいん》号を受ける。吉野で詠んだ歌は、『新葉《しんよう》和歌集』に二十首収録されている。正平十四年(延文《えんぶん》四、一三五九)没、五十九歳。伝阿野廉子墓は、大阪府河内長野市観心寺《かんしんじ》に所在。

参考文献　『大日本史料』六ノ二二、正平十四年四月二十九日条。『太平記』(角川文庫)、田端泰子『日本中世の社会と女性』、一九九八、吉川弘文館。（錦　昭江）

あぶつに　阿仏尼　?—一二八三　鎌倉時代中期の歌人。実父母は未詳。幼くして平度繁《のりしげ》の養女となり、十代半ばで*安嘉門院《あんかもんいん》に仕える。この*宮仕え中、ある貴族と恋におちるが、やがて破局に終ったことは『*うたたね』に追想されている。その後養父に伴われてその任地遠江国《とおとうみのくに》に下ったが、まもなく単身上京した。奈良の*法華寺《ほっけじ》や松尾の慶政《けいせい》上人のもとにいたが、建長五年(一二五三)三十一歳位の時に、当時歌壇の巨匠として名声を馳せていた藤原定家の子為家の*側室となり、為相《ためすけ》・為守《ためもり》・女子を生む。

阿仏尼画像

為家には正妻(宇都宮頼綱女《うつのみやよりつなのむすめ》)との間にも為氏《ためうじ》・源承《げんしょう》・為《ため》教《のり》ほか数人の子がいた。為家は正元元年(一二五九)に為氏に譲っていた細川庄《ほそかわのしょう》を悔返《くいかえ》して、文永十年(一二七三)、阿仏尼との間に生まれた為相に譲り与える。為家が建治元年(一二七五)に没すると、為氏は細川庄の悔返しと為相への譲与を不当として押妨《おうぼう》行為にでる。この行為を不服として為相側は朝廷と六波羅探題《ろくはらたんだい》に提訴するが、不利な判決が下されたので、弘安二年(一二七九)阿仏尼が関東に下向し、鎌倉幕府に訴えることになる。この時書かれたのが『*十六夜日記《いざよいにっき》』である。この相論《そうろん》に対する裁許《さいきょ》を得ないまま阿仏尼、ついで為氏も死去するが、最終的には為相に安堵《あんど》される。最近、子孫の冷泉家《れいぜいけ》伝来の中世文書が『冷泉家古文書』(一九九三年、朝日新聞社)として刊行された。このなかに藤原為家自筆譲状《ゆずりじょう》四通があり、一通は為相宛、三通は阿仏尼宛となっている。この譲状が新しく「発見」されたことにより、阿仏尼の役割が具体的に明らかになってきた。まず細川庄については、為家から阿仏尼宛の譲状があり、為氏に譲った細川庄を悔返し阿仏尼に譲ること、この譲状は後判のものであるから、もし問題が起った時には、この状を持って公家にも武家にも申し開きをするようにとある。もう一通の阿仏尼宛譲状には、細川庄は為相に譲るとし、管理を阿仏尼に託している。この二通から為家は十一歳の為相に細川庄を譲るが、子が幼少のため譲状は阿仏尼宛とし、所領の管理を阿仏尼に託している。*後家の権限の中に幼い子が成人するまで所領を管理する権限があるが、阿仏尼のこの所領管理も後家の権限によるものであった。またこの阿仏尼宛の譲状から阿仏尼の関東下向は夫為家の意志であり、後家の権限の行使だということがはっきりする。さらに*和歌・文書については為家から為相に譲るが、阿仏尼宛の譲状には為相の教育、日記・文書の管理を阿仏尼に託している。子の教育は妻の権限であり、その延長上の後家の権限であったが、為相の教育は阿仏尼の後家としての権限であったのである。また日記や和歌・文書は歌道の「家」にとって正統性を主張するためには重要なものであるが、為相が幼少のため阿仏尼が管理したのである。阿仏尼は「家」継承の要の役割を担っていたことになる。著書には『うたたね』『十六夜日記』のほか歌論書『*夜の鶴』『阿仏仮名諷誦《あぶつかなふじゅ》』および勅撰集(計四十八首)などがある。女子に宮仕えの心得を説いた『庭《にわ》の訓《おしえ》』はその著と伝えるが、疑問があるとされている。

参考文献　福田秀一『中世和歌史の研究』、一九七二、角川書店。佐藤恒雄「『十六夜日記』—訴訟のための東下り—」(『国文学解釈と鑑賞』五〇ノ八)、一九八五。田端泰子「後家の力—その成立と役割をめぐって—」(峰岸純夫編『家族と女性』一九九二、吉川弘文館)。高橋秀樹「中世的「家」の成立と嫡子」(『日本中世の家と親族』一九九六、吉川弘文館)。後藤みち子「阿仏尼にみる後家の役割」(『中世公家の家と女性』二〇〇二、吉川弘文館)。（後藤みち子）

あべいそお　安部磯雄　一八六五—一九四九　明治から昭和時代にかけての社会運動家、キリスト教社会主義者。慶応元年(一八六五)、福岡藩士岡本権之丞《おかもとごんのじょう》の次男に生まれる。一八八二年(明治十五)京都の同志社に学び、ここで*男女共学を体験。新島襄《にいじまじょう》から受洗する。卒業後アメリカのハートフォード神学校を卒業し、ついでベルリン大学に学び一八九五年帰国する。やがて同志社に迎えられたが、中学の教頭をしていたとき宣教師と意見が衝突して同志社を辞め、一八九九年より東京専門学校教授となる。これより先ユニテリアン協会に属し、『六合雑誌《りくごう》』の主筆《しゅひつ》としてキリスト教的人道主義の立場より社会主義を唱え、一八九八年幸徳秋水《こうとくしゅうすい》・木下尚江《きのしたなおえ》らと社会主義研究会を組織。一九〇〇年社会主義協会と改称し、その会長となり社会主義の宣伝・普及に努める。一九〇一年には社会民主党を結成したが、即日禁止となる。早くから*婦人問題に関心を寄せ、男女同権論から婦人のあるべき姿を示した。*公娼《こうしょう》制度の根本原因を家父長《かふちょう》的*家族制度と*男尊女卑《だんそんじょひ》にあるとして、公娼制度廃止と*娼妓《しょうぎ》救済を唱え、一九一一年結成された*廓清会《かくせいかい》に参加し活発な言論活動を行なった。また新マルサス主義に立って、人口増加抑制、母と産児の健康上から産児制限論を主張し、一九二二年(大正十一)石本恵吉《いしもとえいきち》らと日本産児調節研究会を設立して、運動化を試みた。著書に『婦人の理想』(一九一〇年、北文館、『近代婦人問題名著選集』三として復刻、一九八二年、日本図書センター)などがある。

参考文献 阿部恒久「安部磯雄と婦人問題」(安部磯雄研究部会編『安部磯雄の研究』一九九〇、早稲田大学社会科学研究所)。片山哲『安部磯雄伝』(伝記叢書)、一九九一、大空社。 (広瀬 玲子)

あべさだじけん 阿部定事件 一九三六年(昭和十一)東京中野区新井町の割烹《かっぽう》業吉田屋の女中阿部定が、主人石田吉蔵を絞殺した事件。一九〇五年(明治三十八)生まれの定は東京神田区多町の畳屋の娘で、小学校在学中から踊りや*三味線《しゃみせん》を仕込まれ、高等科一年で退学し、十五歳ごろ芸妓《げいぎ》にされた。このころ*情死事件が多発して心中防止相談所が開設され、東北地方では大凶作で娘の*身売りも続出していた。定は横浜・富山・大阪・名古屋などを転々とし、*芸者・カフェーの*女給などをしたのち、東京吉田屋に住み込みで働くようになる。その内主人と愛人関係になり、様子・態度・心もちがよいと吉蔵を愛するようになり、家人に気づかれたため独占したくなった。荒川区尾久の待合「満佐喜」に吉蔵と五月十三日から泊まり込み、永遠に独占するために凶行に及び、牛刀で局所を切り取り所持して逃走。死体には「定」「定吉二人」などの血文字を書いた。二・二六事件後の戒厳令下で起った事件で、新聞は猟奇的事件としてセンセーショナルに報道。明治の*毒婦物《どくふもの》の再来ともいわれ、大島渚《おおしまなぎさ》監督の映画「愛のコリーダ」によって西洋でも有名になった。

参考文献 江刺昭子編『愛と性の自由』、一九八九、社会評論社。ミリアム＝シルバーバーグ「日本の女給はブルースを歌った」(脇田晴子・S・B・ハンレー編『ジェンダーの日本史』下、一九九五、東京大学出版会)。 (小和田美智子)

あべないしんのう 阿倍内親王 ⇩孝謙天皇《こうけんてんのう》

あべのこみな 阿倍古美奈 ?—七八四 八世紀の宮人《くにん》。中務大輔《なかつかさたいふ》従五位上阿倍糠虫《ぬかむし》の娘で、藤原朝臣良継《ふじわらのあそんよしつぐ》に嫁して、桓武《かんむ》天皇の皇后乙牟漏《おとむろ》を生む。宝亀《ほうき》六年(七七五)従五位上から従四位下に進み、桓武天皇が即位《そくい》した天応《てんおう》元年(七八一)には、二度にわたる叙位《じょい》によって従三位にまで至り、桓武朝成立期の*後宮《こうきゅう》で重職を占める。延暦《えんりゃく》三年(七八四)宮人最上位官である*尚蔵《くらのかみ》兼*尚侍《ないしのかみ》従三位で死去した。大同《だいどう》元年(八〇六)平城《へいぜい》天皇の外祖母《がいそぼ》として、正一位を追贈《ついぞう》される。

参考文献 玉井力「光仁朝における女官の動向について」(『名古屋大学文学部研究論集』史学一七)、一九七〇。西野悠紀子「母后と皇后」(前近代女性史研究会編『家・社会・女性—古代から中世へ—』一九九七、吉川弘文館)。 (尾崎 陽美)

アペフチカムイ アペフチカムイ アイヌが尊崇《そんすう》する火の神。直訳すると「火の媼神《おうながみ》」。名称はほかにも多数あり、地方によっても違いがある。老婆もしくは中年以上の*女神とみなされ、家の神(チセコロカムイ)と夫婦であるともいわれる。アペフチカムイは火そのものの神格化であり、人間の祈り言葉を諸神へ仲立ちしてくれる人間の守り神である。イレスフチ(育てのおばあさん)とも唱えられ祖先神(特に女系の)的な性格があるともいわれる。住居には必ず炉があり火を絶やさないが、その火の管理は妻(夫の母とは同居しない)が行うことなどから、火と女性の関係は家屋と女性の関係の深さを示しているとも考えられる。女性は自分や*家族が危難にあったときはこの神に助けを求める。火の女神への信仰は、女性においては炉の火をともにする同居の家族の安全を保障するという側面をもっているといえるかもしれない。神々に対するアイヌの信仰のなかでも日常の生活において最も重要な神で、男女ともに日々何かにつけこの神に祈る習慣を現在まで守っている人々もいる。

参考文献 知里真志保「樺太アイヌの説話」一(『知里真志保著作集』一、一九七三、平凡社)。 (児島 恭子)

あま 尼 〔古代〕仏教に帰依《きえ》し出家した女性。尼には三修行階梯《かいてい》があり、*沙弥尼《しゃみに》は十戒《じっかい》受戒の見習い出家者、式叉摩那《しきしゃまな》(学法女)は具足戒《ぐそくかい》受戒前の尼で女性のみの階梯、*比丘尼《びくに》は具足戒受戒者。日本では六世紀後半に僧の成立に先んじて司馬達等《しめだちと》の娘*善信尼《ぜんしんに》らが尼となり、正式受戒のために百済《くだら》留学し帰国後尼の指導者となったとする伝承や、七世紀前半に僧八百十六名に対し尼五百六十九名の存在が記録されている。八世紀でも内裏《だいり》などの宮廷や中央の*尼寺で活躍する尼、地方の*国分尼寺の尼が公的な仏事に重要な役割を果たした。しかし*僧尼令《そうにりょう》では僧と区別なく規定されたが、僧綱《そうごう》メンバーにはなれず僧と平等な関係ではなかった。さらに九世紀以降に僧を中心とした官僧体制が再編されるなかで、官尼《かんに》の地位が低下し尼数や尼の公的法会への参加例も減少した。一方で庵《いおり》や院、また邸宅内の仏教施設で修行する尼が増加した。この中には*家尼《いえあま》という在俗出家した女性たちの例が多かっ

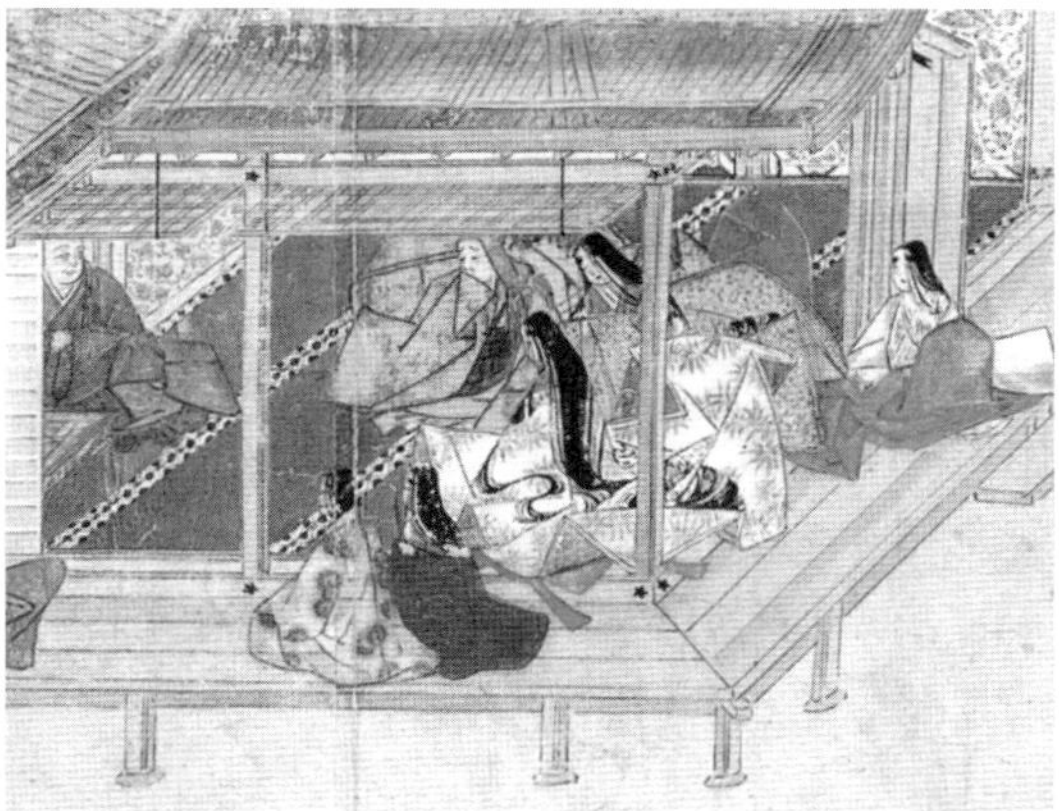

尼　法然の尼・女房への釈義(『法然上人絵伝』巻十八第三段より)

た。

参考文献　大隅和雄・西口順子編『尼と尼寺』(シリーズ女性と仏教)、一九八九、平凡社。牛山佳幸『古代中世寺院組織の研究』、一九九〇、吉川弘文館。勝浦令子『女の信心』(平凡社選書)、一九九五、平凡社。西口順子編『(中世を考える)仏と女』、一九九七、吉川弘文館。勝浦令子『日本古代の僧尼と社会』、二〇〇〇、吉川弘文館。

(勝浦　令子)

〔中世・近世〕中世の尼の中で多数を占めるのは、夫や子どもの死後に出家して寺辺や邸宅内に住んで仏道修行する尼や、在俗生活のままで、勧めに応じて仏に供養し、信心を深めた法名や阿弥号をもつ在家尼たちである。鎌倉時代以降は顕密《けんみつ》寺院・鎌倉仏教諸教団に属する尼が増加する。西大寺流の律宗《りつしゅう》においては、叡尊《えいそん》・忍性《にんしょう》の指導のもとに如法《にょほう》の尼の育成が盛んとなった。*法華寺中興の*慈善《じぜん》や*中宮寺を復興した*信如《しんにょ》のほか京都や河内《かわち》、鎌倉で尼寺を開いた尼たちがおり、中には師主《ししゅ》として在俗の人々に結縁灌頂《けちえんかんじょう》を授けたり、寺院の復興のための勧進《かんじん》の先頭にたった例もある。禅宗は、*道元のもとに参禅した了然《りょうねん》・懐義《かいぎ》ら尼が集まり、その仏道修行は高く評価されている。臨済《りんざい》宗は五山禅林・大徳寺など僧寺への尼衆の参禅が広範囲に受け入れられた。室町幕府の手厚い保護のもと、*尼五山・*比丘尼《びくに》御所は将軍家や天皇家の女子を入寺させて代々法燈《ほうとう》を継いだ。公家や武家も家の尼寺をもち、代々一族の女性が入寺して家の仏事を行なったが、実家の家格によって比丘尼御所で*上臈《じょうろう》の尼として仕えた。いずれも幼少から尼寺に入って修行し、専門的宗教者となっている。浄土教系では*法然に帰依《きえ》した在家尼や、一遍《いっぺん》に同行する尼の存在が知られる。時宗教団の拠点となった道場には尼衆がおり、臨終《りんじゅう》の際に善知識《ぜんちしき》として最後を看取った尼もいた。浄土真宗では*親鸞《しんらん》以降歴代の門主・道場主が妻帯しており、尼・尼寺をもたなかった。在俗のままで「尼」を称するが正式の尼ではなく在家尼として道場の経営や布教活動を行なった。一方で諸国を遍歴して勧進活動を行なった尼に熊野・信濃善光寺《ぜんこうじ》・伊勢慶光院《けいこういん》の*勧進比丘尼がいる。勧進比丘尼は本願所を拠点に活動し、拠点をもたない比丘尼は転落を余儀なくされ、のち*歌比丘尼と呼ばれて売色を職業とするものもあった。その他八百《やお》比丘尼の伝説を語り、見世物となっていた芸能者の尼も存在した。江戸時代になると、幕府の宗教統制策のもと、寺社奉行支配となり、尼・尼寺は教団の管轄下におかれた。しかし、民間では村落内の寺庵に尼を居住させ、宗教活動を行なっていた事例もある。一八七三年(明治六)の太政官布告《だじょうかんふこく》により、尼の畜髪《ちくはつ》・肉《にく》食《じき》・縁付《えんつき》は勝手とされ、七四年に本籍を定め届け出が義務づけられた。

参考文献　細川涼一『中世の律宗寺院と民衆』(中世史研究選書)、一九八七、吉川弘文館。原田正俊「女人と禅宗」(西口順子編『(中世を考える)仏と女』一九九七、吉川弘文館)。西口順子「女性と亡者忌日供養」(同)。勝浦令子『古代・中世の女性と仏教』(日本史リブレット)、二〇〇三、山川出版社。

(西口　順子)

〔近現代〕所定の修行を終了し住職になれる教師資格を持つ女性僧侶。尼僧。修行内容は宗派により異なるが、現在どの宗派も教師資格を取るのに男女差はなく、教師総数約六万四千人のうち尼僧は約七千人で、十人に一人である。しかし女性住職寺院の割合はどの宗派もさらに小さく平均約二・七%。また現在の尼僧は住職の妻や娘など寺院出身者が多く、浄土真宗《じょうどしんしゅう》二派や天台宗《てんだいしゅう》などでは女性住職の割合は増加傾向にある。しかし中世から尼僧専門道場があり、すでに戦前に尼僧団を結成していた曹洞宗《そうとうしゅう》では尼僧(四・五%)の八割近くが住職になっているが、剃《てい》髪《はつ》・非婚が多く尼寺は高齢化と後継者問題が深刻である。

参考文献　熊本英人「近代仏教教団と女性」二(『駒沢大学仏教学部論集』三五)、二〇〇四。『寺門興隆』六ノ三、二〇〇四。女性と仏教東海関東ネットワーク編『ジェンダーイコールな仏教をめざして』、二〇〇四、朱鷺書房。

(菅原　征子)

あま　海女　〔古代〕女性の海人《あま》のこと。海子《あま》ともいう。海人の表記には、海女のほかに、白水郎《あま》・海士《あま》などがあるが、これは男性の海人のことを指す。*律令制国家成立以前の段階においては、男性の白水郎と同様、海女はヤマト王権によって編成され、海部《あまべ》と呼ばれ、律令制国家成立以降は、公民として再編された。男性の海人である白水郎が、梶取《かじとり》や水主《かこ》など航海技術者としての職務に従事したのに対し、女性の海女や海子は魚貝類の捕獲、海藻の採取、*塩焼きなどの生業に従事した。『*万葉集』には、筑後守《ちくごのかみ》であった葛井連大成《ふじいのむらじおおなり》の作歌として、「海人娘子《おとめ》玉求むらし沖つ波恐《かしこ》き海に船出せり見ゆ」(原万葉仮名、巻六、一〇〇三)と詠《えい》じられ、沖合に船出して鮑《あわび》を果敢《かかん》に捕ろうとする海女の姿が描かれている。また、『万葉集』には、「淡路島松帆《まつほ》の浦に朝《あさ》なぎに玉藻刈《たまもか》りつつ夕《ゆう》なぎに藻塩焼《もしおや》きつつ海娘子《あまおとめ》」(原万葉仮名、巻六、九三五)と詠じられていることから、海女は早朝に海藻を採集し、夕方に塩を焼いたことがわかる。海女が採集した海藻の種類は多岐にわたったと考えられるが、『万葉集』によれば、「敏馬《みぬめ》の浦の沖辺《おきへ》には深海松《ふかみる》採り浦廻にはなのりそ刈る」(原万葉仮名、巻六、九四六)と記されていることから、フカミルとナノリソ(ホンダワラ)などが中心であった可能性が高い。このような海藻は、海の彼方の異郷からもたらされるものと認識されていた。『万葉集』には「沖つ波辺つ藻巻き持ち寄せ来とも」(原万葉仮名、巻七、一二〇六)、「神風の伊勢の海の朝なぎに来寄る深海松夕なぎに来寄る俣海松《またみる》」(原万葉仮名、巻一三、三三〇一)と記されている。海藻が、海の彼方からもたらされるべきものと考えられていたことがわかる。そのため、海女は、神と交わる存在として認識された可能性が高い。海女が、『万葉集』の白文に「海未通女」と表記されていることも、海女の「聖性」を示すものといえよう。

参考文献 渡辺則文・近藤義郎「海部と製塩」(近藤義郎・上田正昭編『古代の日本』四、一九七〇、角川書店)。古橋信孝編『ことばの古代生活誌』、一九八九、河出書房新社。

(森田喜久男)

〔近世〕 裸潜水漁《はだかせんすいりょう》によってアワビ・トコブシ・イガイ・天草《てんぐさ》・ワカメ・コンブ・イセエビ・ナマコなど海藻や魚介類を採って生計の主要な部分をたてる漁労・採取者のうち女性を海女、男性を海士《あま》という。蜑人《あま》・蜑《あま》・潜女《あま》・海人女子《あま》・蜑夫《あま》・白水郎《あま》などさまざまな表記がみられる。その歴史は古いが、江戸時代には幕府の主要な輸出品目である俵物《たわらもの》の生産に大きなかかわりをもつこともあり、古文献や史料に比較的多く記録が残されるようになる。『*人倫訓蒙図彙《じんりんきんもうずい》』(元禄《げんろく》三年(一六九〇))、『和漢三才図会』(正徳《しょうとく》三年(一七一三))、『日本山海名産図会』(寛政《かんせい》十一年(一七九九))などには海女の働く姿が描かれている。また、鳥羽《とば》藩答志《とうし》郡・英虞《あご》郡(三重県)や唐津《からつ》藩(佐賀県)の海女など各地域における海女の記録も残されている。ちなみに喜多川歌麿《きたがわうたまろ》・歌川豊国《うたがわとよくに》らによって*浮世絵のモチーフとしても描かれているが、これらは女性の裸体を合法的に描く目的のものもみられ、海女の生業の実態を描こうとしたものとはいいがたい。

参考文献 田辺悟『近世日本蜑人伝統の研究』、一九九八、慶友社。同『海女』(ものと人間の文化史七三)、一九九三、法政大学出版局。

(岩田みゆき)

海女(『人倫訓蒙図彙』より)

〔民俗〕 裸潜水漁撈《はだかせんすいぎょろう》(業)により、魚貝藻(魚介)類の捕採を行い、生計の主要な部分をたてる男女を一般にあまというが、近世以後、特に女性の裸潜水漁撈者を「海女」、男性を「海士」と表記するようになった。あまの歴史は古く、『*古事記』や『日本書紀』にも散見され、「海人《あま》」と表記されている。ただし、古文献に登場するあまは、特定の裸潜水漁撈者だけをさすのではなく、海と関わりをもった人々一般をさしていた。したがって、釣漁・網漁をする人々はもとより雑漁撈《ざつぎょろう》(業)に従事する人、製塩や船住まいをしながら漁撈にたずさわる人々から航海活動に従事する人々までも含まれていた。あまの村には女性が中心に裸潜水漁を行う母系的な村、男性が中心の父系的な村、男女ともに裸潜水漁に従事する双系的な村がある。しかし、このような伝統は固定的なものではなく、男あまだけの村が男女ともに稼動する村になることなどもある。神奈川県の真鶴《まなづる》や、千葉県の御宿《おんじゅく》などでは、近代まで男あまだけであったが、その後、女あまも稼動するようになった。その理由は、男あまはより深い場所を潜ることができ、潜水時間も長いのでアワビ採取をするのに有利であるが、御宿のように、海藻採取を専門に、浅い場所で潜っていた「フグロ海女」が、次第に訓練して深い場所でのアワビ採取をも行うことができるようになった。女あまは耐寒性にすぐれている。真鶴は志摩《しま》の女あまが定住した。あまの歴史は古いが、元禄《げんろく》時代になると、伊勢《いせ》・志摩方面のあまが関東地方に出稼ぎに進出するようになる。そのため、元禄十二年(一六九九)に下田や浦賀《うらが》などの番所(海関)では、帰りの「出女《でおんな》」が海女であるか厳重に確かめるように「定《ふれ》」を出している(『浦賀史料』一)。今日、海女が多く稼働しているのは、日本海側で石川・福井・山口の各県、太平洋側では千葉・静岡・三重の各県に集中している。

参考文献 田辺悟『日本蜑人伝統の研究』、一九九〇、法政大学出版局。同『海女』(ものと人間の文化史)、一九九三、法政大学出版局。同『近世日本蜑人伝統の研究』、一九九八、慶友社。

(田邊 悟)

あまござん 尼五山 室町幕府が定めた禅宗の*尼寺の格付け。「にござん」とも読む。制定の時期は不明であるが、『蔭凉軒日録《いんりょうけんにちろく》』によれば永享《えいきょう》八年(一四三六)七月には存在。京都の尼五山は*景愛寺《けいあいじ》・通玄寺《つうげんじ》・檀林寺《だんりんじ》・護念寺《ごねんじ》・恵林寺《えりんじ》、鎌倉の尼五山は太平寺《たいへいじ》・*東慶寺《とうけいじ》・国恩寺《こくおんじ》・護法寺《ごほうじ》・禅明寺《ぜんみょうじ》。住持《じゅうじ》には、相国寺《しょうこくじ》蔭凉軒主らが協議して候補者を将軍に提出し爪点《そうてん》を受けた者が就任、住持の入院の際には将軍の御成《おなり》、尼寺からの献物があった。

参考文献 荒川玲子「景愛寺の沿革―尼五山研究の一齣―」(『書陵部紀要』二八)、一九七六。原田正俊「女人と

禅宗」(西口順子編『(中世を考える)仏と女』一九九七、吉川弘文館)。　　（菅原　正子）

あまそぎ　尼削ぎ　尼の髪型の一つ。出家者は男女ともに頭髪を剃り落とす完全剃髪《ていはつ》を原則としたが、そのほかに形式的な剃髪儀式をして、髪は肩や腰までの長さに切るだけの有髪の者もいた。中国宋代にも有髪の尼は存在し、具足戒《ぐそくかい》受戒前の式叉摩那《しきしやまな》(学法女《がくほうにょ》)の髪型とされた例もある。平安時代の日本ではこの有髪の尼の髪型は尼削ぎと称され、この髪型の尼を垂尼《たれあま》・さげ尼とも称した。婚姻生活を経た在家女性が出家した場合、まずこの髪型で活動する例が多い。ただし本格的に修行する場合や、臨終《りんじゅう》などに完全剃髪する場合がある。これを「僧」「法師《ほうし》」となるといい、この背景にはいったん男性に変身した上でなければ成仏できないとする「*変成男子《へんじょうなんし》」に代表される仏教の女性観が存在したと考えられる。*絵画史料の代表例は『*源氏物語絵巻』や『当麻寺《たいまでら》縁起絵巻』。制裁などで髪を切られた髪切りとは受戒の有無で宗教的な区別があったが、外見上は類似していた。

参考文献　勝浦令子「尼削ぎ攷」(『女の信心』一九九五、平凡社)。　　（勝浦　令子）

あまでら　尼寺　〔古代〕尼が居住し、活動する寺院。仏教の戒律《かいりつ》では、出家者は性行為や結婚が禁止されており、それを予防するため、僧と尼の同居は禁止されていた。そのため僧と尼はそれぞれ別の寺に居住して活動した。今日では尼は数少なく、尼寺の数も多くない。今の日本の寺の圧倒的多数は僧の寺で、彼らは多くが結婚して家族を持っている。しかし古代では*僧尼は戒律《かいりつ》を守るのが一般的であり、僧も尼もほとんど結婚しなかった。また女性の出家者は今日よりずっと多く、尼寺もたくさんあった。わが国最初の出家者は、『日本書紀』によれば、司《し》馬達等《まのたつと》の娘の島《しま》という少女で、彼女は出家して*善信尼《ぜんしんに》となった。この善信尼ら三人の尼は桜井寺《さくらいでら》に住んだと同書は伝える。これは尼寺であった。ただこの桜井寺がどこにあったどのような寺かは未詳。七世紀成立の尼寺としては*豊浦寺《とゆらでら》、*中宮寺《ちゅうぐうじ》、橘寺《たちばなでら》、坂田寺《さかたでら》、池後寺《いけじりでら》などが知られている。豊浦寺(建興寺《けんこうじ》)は飛鳥寺《あすかでら》(元興寺《がんこうじ》)と、中宮寺は斑鳩寺《いかるがでら》(法隆寺)と、橘寺は川原寺《かわらでら》(弘福寺《ぐふくじ》)とペアになる尼寺であった。九州には、観世音寺《かんぜおんじ》とペアになる筑紫尼寺《つくしのあまでら》があった。八世紀、聖武《しょうむ》天皇は*光明《こうみょう》皇后の意をうけて全国に国分寺《こくぶんじ》・*国分尼寺《こくぶんにじ》を建立した。これは中国の制度を模倣したものだが、唐《とう》には国分尼寺に該当するものはなく、前代の隋《ずい》の制度を取り入れて国分尼寺が構想された。その正式名称は「法華滅罪之寺《ほっけめつざいのてら》」といい、『法華経』の力で国家の罪を滅ぼすことが目的とされた。またこの時代、行基《ぎょうき》が民衆布教を展開して各地に多くの寺院を建立したが、その中には多数の尼寺が含まれていた。諸国の『*風土記《ふどき》』には地方の尼寺がみえ、たとえば「尾張国《おわりのくに》風土記」逸文《いつぶん》に葉栗郡《はぐりのこおり》の葉栗尼寺が、「豊後《ぶんごの》国《くに》風土記」「出雲国《いずものくに》風土記」にも尼寺がみえる。また『*日《に》本霊異記《ほんりょういき》』にも平群山寺《へぐりのやまでら》(上巻第三十五)、紀伊国《きいのくに》伊刀郡《いとのこおり》の狭屋寺《さやでら》(中巻第十一)といった地方の尼寺がみえる。

参考文献　牛山佳幸『古代中世寺院組織の研究』、一九九〇、吉川弘文館。勝浦令子『日本古代の僧尼と社会』、二〇〇〇、吉川弘文館。同『古代・中世の女性と仏教』(日本史リブレット)、二〇〇三、山川出版社。吉田一彦『古代仏教をよみなおす』、二〇〇六、吉川弘文館。　　（吉田　一彦）

〔中世〕律令国家の時期に造られた尼寺は、国分尼寺《こくぶんにじ》の廃絶に象徴されるように平安時代には衰微《すいび》し、尼の出家も制限されるようになった。鎌倉時代に、この衰微した尼寺を復興したのは西大寺叡尊《さいだいじえいそん》・唐招提寺《とうしょうだいじ》覚盛《かくじょう》を中心とする律宗《りっしゅう》であった。大和《やまと》の国分尼寺であった*法華寺《ほっけじ》は、鎌倉時代初期には衰微していたが、もと*春華門院《しゅんかもんいん》の女房であった*慈善《じぜん》らが入寺し、寛元《かんげん》元年(一二四三)には門・築《つい》垣《がき》を修理して復興の基礎を築いた。続いて慈善らは叡尊の弟子となり、建長《けんちょう》元年(一二四九)二月六日、叡尊から比丘尼戒《びくにかい》を受けることによって法華寺を西大寺末寺の尼寺として復興した。以後、法華寺は宮中に*宮仕えした女房はもとより、法華寺中興第二世長老如円《にょえん》に見られる東大寺僧の妻、良照房真源《りょうしょうぼうしんげん》(鎌倉幕府政所執事《まんどころしつじ》二階堂行藤《にかいどうゆきふじ》の娘)に見られる武家社会の女性、近江国《おうみ》鏡宿《かがみしゅく》の*遊女の長者の娘など多様な階層の女性が入寺する尼寺となった。さらに、法華寺で学んだ了祥《りょうしょう》が河内道明寺《かわちどうみょうじ》を復興し、行《ぎょう》円房円智《えんぼうえんち》(金沢実時《かねざわさねとき》の舅、天野景村《あまのかげむら》の娘)が鎌倉の大仏《だいぶつ》知《ち》足寺《そくじ》の長老となったように、法華寺で学んだ尼たちが各地に散って、尼寺を全国的に展開するようになった。一方、覚盛の弟子として出家した尼*信如《しんにょ》は、当時行方不明となっていた中宮寺《ちゅうぐうじ》の寺宝天寿国繡帳《てんじゅこくしゅうちょう》を再発見し、天寿国繡帳を掲げて勧進《かんじん》を行うことで中宮寺を復興した。以上の律宗が古代尼寺の復興を中心として尼寺を展開したのに対して、新たに尼寺を草創したのが禅宗《ぜんしゅう》である。その嚆矢《こうし》となったのは、北条時宗《ときむね》の妻(安達義景《あだちよしかげ》の娘)が弘《こう》安《あん》七年(一二八四)の夫時宗の死と、翌弘安八年の兄安達泰盛《やすもり》の滅亡を契機として無学祖元《むがくそげん》を師として出家し、出家名を覚山志道《かくざんしどう》と名乗って*東慶寺《とうけいじ》を開いたことである。室町時代には京都・鎌倉に禅宗の*尼五山《あまござん》の制度が整うとともに、足利義満《あしかがよしみつ》の娘聖久《しょうきゅう》(南御所)が*景愛寺《けいあいじ》の塔頭大慈《たっちゅうだいじ》院《いん》に入ったように、足利将軍家の娘が禅宗の尼寺に入寺して*比丘尼御所《びくにごしょ》と呼ばれた。

参考文献　井上禅定『駆込寺東慶寺史』、一九八〇、春秋社。牛山佳幸「中世の尼寺ノート」(『日本の女性と仏教会報』三)、一九八六。細川涼一『中世の律宗寺院と民衆』(中世史研究選書)、一九八七、吉川弘文館。バーバラ＝ルーシュ「無外如大の場合」(『もう一つの中世像』一九九一、思文閣出版)。大石雅章『日本中世社会と寺院』、二〇〇四、清文堂出版。　　（細川　涼一）

〔近世〕尼僧(*比丘尼《びくに》)が住する寺。あまとは梵語《ぼんご》で母という意味である。古代、百済《くだら》に留学し受戒《じゅかい》して比丘尼となった善信《ぜんしん》とその弟子たちが住した桜井寺《さくらいでら》を日本における最初の尼寺とする。中世までは尼寺五山《ござん》・五ヵ寺があった。現在は鎌倉の東慶寺《とうけいじ》が男僧寺院として、京都の景受寺《けいじゅじ》・通玄寺《つうげんじ》の塔頭《たっちゅう》・末寺が*尼門跡《にもんぜき》(「あまもんぜき」とも読む)として残っている。近世になると、徳川幕府は寺院諸法度《じいんしょはっと》を制定し、尼寺もその規則のもと、寺院制度の本末関係の中に位置づけられることとなった。男僧の寺に所属している尼寺を公庵《くあん》と呼び、各宗門に所属しない無本末の尼寺を私庵《しあん》といった。私庵の中には、皇室の*内親王・公卿《くぎょう》貴族の息女が出家して一家をもった尼寺があり、これを比丘尼御所として特権的な扱いがなされた。鎌倉の東慶寺は特権的な尼寺の一つであり、「縁切寺《えんきりでら》」「駈込寺《かけこみでら》」「鎌倉比丘尼御所」と呼ばれ女性の側からの離縁《りえん》に救済的役割を果たした。近世ではさまざまな階層の女性が尼となり、幕末の*野村望東尼《のむらぼうとうに》など政治情況に関わる者も出現する一方、売春宿となるような尼寺も存在した。

参考文献 上田芳江『長門尼僧物語』、一九七九、国書刊行会。

(中村 文)

〔近現代〕女性住職の寺院。全国六万を超える寺院のうち尼寺は二千ヵ寺にも満たず、その多くは檀家《だんか》の少ない小さな寺である。明治五年(一八七二)の僧侶の肉食妻帯蓄《さいたいちく》髪《はつ》許可により、男性住職の多くは妻帯し僧寺は世襲化した結果、後継者をどうやら確保したのに対し、尼寺の住職の多くはその後も戒律《かいりつ》を守り剃髪《ていはつ》し非婚であった。曹《そう》洞宗《とうしゅう》の場合、現在尼寺四百七十五ヵ寺に対し尼僧は五百人ほど存在するが、高齢化し後継者不足に陥っている。一方最近は、主に浄土真宗《じょうどしんしゅう》二派や天台宗《てんだいしゅう》・日蓮宗《にちれんしゅう》などで住職の娘が、修行をして教師資格を取得し、僧寺の後継者となることもある。またさらにわずかだが問題意識を持って尼僧となり活動の成果として僧寺を継承する現象もある。こうした尼寺は小寺ではないし、尼僧も結婚したり子供がいたりして、尼寺のイメージは今変貌《へんぼう》しつつある。

参考文献 『曹洞宗尼僧史』、一九五五、曹洞宗尼僧史編纂会。『(日蓮宗)尼僧法団四十年のあゆみ』、一九六四、ニチレン出版。『寺門興隆』六ノ二・三、二〇〇四。

(菅原 征子)

あまてらすおおみかみ 天照大神 『*古事記』『日本書紀』などの古文献にみえる太陽女神。七世紀末天武朝のころ皇祖神《こうそしん》(天皇家の祖先神)の地位に就く。以来この神をまつる*伊勢《いせ》神宮(三重県伊勢市)は皇室の特別な尊崇《そんすう》を受けて今日に至る。旧名はオオヒルメ。『日本書紀』はこの神を「大日孁貴《おおひるめのむち》」「天照大日孁尊《あまてらすおおひるめのみこと》」と書き、『*万葉集』では柿本人麿《かきのもとのひとまろ》が「天照日女之命《あまてらすひるめのみこと》」と歌っている。旧名のヒルメ(日女)は日を擬人化《ぎじんか》して女性とみた呼称。ウカノメ(食物神)・ミツハノメ(水神)などと同じ類型の神名である。太陽は中国など高文明の国では多く男性とされるが、中国南部の少数民族や南北アメリカの先住民族、オーストラリアのアボリジニなどの間には女性太陽神がある。紀元前十四世紀ころ黒海南辺で栄えたヒッタイトにも太陽女神があり、他の古代文明の中にも太陽を女性とみた痕《こん》跡《せき》がある。古層の文化の中では太陽女神は世界的に広く分布していたと推測される。日本の日女《ひるめ》も古層の文化が生んだ弥生時代にさかのぼる南方系の太陽女神と考えられるが、歴史の変遷《へんせん》の中で古代国家の成立期に皇祖神の地位につくことになり現代まで生き残った。七世紀以前の大王政権時代には、王権守護神は天照大神ではなくタカミムスヒという北方系の天の至高神《しこうしん》だった。そのことを示す徴証《ちょうしょう》は数多くある。大王は天降《あまくだ》った天帝=太陽神の子であるという思想は北方民族や朝鮮半島の諸王国の王たちが当時こぞってもっていたいわば普遍思想であり、日本の大王もそれを共有していた。この思想と結びついた天帝=太陽神がタカミムスヒである。しかし七世紀末律令国家の成立に向けて諸改革が断行され神話や宗教の統合・再編が行われた時、広い支持基盤をもつ古い太陽神を皇祖神に昇格する政策がとられた。このような経緯でヒルメは天照大神として最高神の地位につく。日本の古代国家はなぜ*女神が最高神なのか、女性の地位がそんなに高かったのかという問いには、したがってそうだとストレートに答えることはできない。ヒルメは女神だから最高神になったのではなく、古い伝統をもつ日神を皇祖神にしたところそれがたまたま女神だったということである。天皇=日の御子《みこ》思想の枠組みに古い日神を嵌《は》め込んだ結果である。だが、推古以降の百年間で六代の*女帝を輩出した時代背景が女性最高神の存在を不思議としない空気を作り出していたということはいえるだろう。この神をめぐる神話に目を向けると、この神は万物を生んだ創造神イザナキ・イザナミから生まれて(『日本書紀』)天上界へ送られ、そこで弟神スサノヲとの間に気宇壮大《きうそうだい》なドラマが繰り広げられる。誓約《うけい》神話と*天岩屋戸《あめのいわやど》神話がそれである。この神話は古代の人びとの自由奔放《ほんぽう》な想像力が如何なく発輝された宇宙論的な神話で、古代の世界観や風俗習慣を知る宝庫でもある。また海外のさまざまな地域との文化交流を神話の比較を通して実感できる点でもきわめて魅力的な神話である。

参考文献 松本信広『日本の神話』(日本歴史新書)、一九五六、至文堂。岡正雄他『日本民族の起源―対談と討論―』、一九五六、平凡社。直木孝次郎『日本古代の氏族と天皇』、一九六四、塙書房。岡田精司『古代王権の祭祀と神話』、一九七〇、塙書房。松前健『古代伝承と宮廷祭祀』、一九七四、塙書房。溝口睦子『王権神話の二元構造―タカミムスヒとアマテラス―』、二〇〇〇、吉川弘文館。

(溝口 睦子)

あまのふじお 天野藤男 一八八七―一九二一 大正時代の社会教育指導者。静岡県庵原《いはら》村(静岡市清水区)で青年指導に携わる中、内務省地方局嘱託《しょくたく》に抜擢《ばってき》され、都市農村問題や青年団を担当した。一九一八年(大正七)、*山《やま》脇房子《わきふさこ》など女子教育家を理事とする地方青年女子団体の連絡機関*処女会《しょじょかい》中央部の設立・運営に尽力。機関誌『処女の友』編集や著書『農村処女会の組織及指導』『処女会の組織と其事業』で独自の処女会構想と指導論を展開し、普及発展に貢献した。

参考文献　野田久美子「天野藤男の処女会構想」(『歴史評論』四一九、一九九五)。渡邊洋子『近代日本女子社会教育成立史―処女会の全国組織化と指導思想―』、一九九七、明石書店。　(渡邊　洋子)

あまもんぜき　尼門跡　近世の*比丘尼御所《びくにごしょ》を前身に持つ*尼寺《あまでら》の近代以後の総称。中世後期の比丘尼御所は特定の尼寺を指したわけでなかったが近世には十数ヵ寺に限られた。元和《げんな》九年(一六二三)の徳川家光《いえみつ》の将軍宣下《せんげ》の折、京都の大聖寺《だいしょうじ》・曇華院《どんげいん》・光照院《こうしょういん》・三時知恩寺《さんじちおんじ》・*宝鏡寺《ほうきょうじ》・慈受院《じじゅいん》・総持院《そうじいん》・本光院《ほんこういん》、近江の禅智院《ぜんちいん》とその末寺が伏《ふし》見城《みじょう》で拝謁《はいえつ》しており(『徳川実紀』)、寛永《かんえい》十一年(一六三四)には上記に宝慈院《ほうじいん》・瑞龍寺《ずいりゅうじ》、奈良の*法華寺《ほっけじ》を加えた諸尼寺の由緒書《ゆいしょがき》が触頭《ふれがしら》であった大聖寺から幕府に提出されている(大聖寺蔵「比丘尼御所出自等書上控《びくにごしょしゅつじとうかきあげひかえ》」)。当時の住持《じゅうじ》は後陽成院《ごようぜいいん》皇女、伏見宮《ふしみのみや》家・九条《くじょう》家・鷹司《たかつかさ》家・日野《ひの》家・花山院《かざんいん》家の息女で、大半が元和初年に朱印状《しゅいんじょう》による寺領安堵《あんど》をうけていた。江戸時代初期、幕府の公家統制が強まるなか、皇女や宮家・五摂家《ごせっけ》・清華《せいが》家の息女が住職であったこれら中世以来の尼寺に対し、寺領安堵とともに支配の網がかけられ近世の比丘尼御所が成立したと考えられる。この後後水尾院《ごみずのおいん》息女のため霊鑑寺《れいがんじ》・円照寺《えんしょうじ》・林《りん》丘寺《きゅうじ》が創建され、宝永《ほうえい》四年(一七〇七)に後西院《ごさいいん》皇女が奈良*中宮寺《ちゅうぐうじ》に入寺し、それぞれ朱印地を与えられ比丘尼御所に加えられた。寺院といっても比丘尼御所は寺社奉行《じしゃぶぎょう》の管轄外にあり、長橋局《ながはしのつぼね》や武家伝奏《ぶけてんそう》を通じて禁裏《きんり》や幕府に支配される尼寺であった。公家方の女性が入寺の際に持ち込んだ人形・*小袖《こそで》・遊戯具などが残り公家文化を今に伝える。多量の中・近世・近代文書も残るが、これらは女性の手になる一括文書として貴重で、尼僧の社会活動も明確になる。明治四年(一八七一)、門跡号とともに比丘尼御所の呼称も廃止されたが、一八八八年(明治二十一)十二月、江戸時代中期に寺基が曇華院預かりとなった慈受院を除く十五ヵ寺に「門跡」の名称と宮中への年頭《ねんとう》参賀《さんが》が許可され(光照院蔵「門跡ト名称スルニ至リシ書類」)、以降尼門跡と呼ばれた。

参考文献　岡佳子「近世の比丘尼御所―宝鏡寺を中心に―」、二〇〇〇・〇三(『仏教史学研究』四二ノ二・四四ノ二)。　(岡　佳子)

あめのいわやどしんわ　天岩屋戸神話　*天照大神《あまてらすおおみかみ》の岩屋《いわや》隠《がく》れの神話。『*古事記』『日本書紀』などの古文献に載《の》っている。天上界を治めていた太陽女神の天照大神が弟神であるスサノヲの暴行に恐れをなして岩屋に隠れてしまったため世界は真暗闇《まくらやみ》になってあらゆる禍《わざわい》が起る。そこで八百万神《やおよろずのかみ》が集まって策を講じ彼女を見事岩屋の外に連れ出す。すると世界はまた元通り光り輝きスサノヲは天上界から追放される。日蝕《にっしょく》神話・冬至祭《とうじまつり》・*鎮魂祭《ちんこんさい》・大祓《おおはらい》など種々の要素が盛り込まれた神話といわれている。中心は冬に衰えた太陽を活気づける冬至祭と、同時に日の御子《みこ》である天皇の生命力回復の祭＝鎮魂祭の神話化にあるだろう。圧巻はアメノウズメが神懸《かみがかり》して、伏せた桶の上で足音を轟《とどろ》かせ胸乳をかき出し陰部を露出して踊る太陽呪術《じゅじゅつ》の踊りである。ほかにも文字以前の古代の祭の様子が具体的に語られ、八咫鏡《やたかがみ》を女性の鍛冶師《かじし》*石凝姥《いしこりどめ》が造るとあるなど貴重な伝承が記されている。

参考文献　松村武雄『日本神話の研究』三、一九五五、培風館。石田英一郎「隠された太陽―太平洋をめぐる天岩戸神話―」(『石田英一郎全集』六、一九七七、筑摩書房)。大林太良『日本神話の起源』(徳間文庫)、一九九〇、徳間書店。　(溝口　睦子)

あめのうずめのみこと　天鈿女命　奈良時代初期に編纂《へんさん》された『*古事記《こじき》』『日本書紀《にほんしょき》』などの神話にみえる*女神《めがみ》。『古事記』では「天宇受売命」という漢字を充《あ》てる。高天《たかまが》原《はら》で*天照大神《あまてらすおおみかみ》が天石窟《あまのいわやど》に身を隠した際には、天石窟の前で神がかりして舞踏《ぶとう》を行い、周りの神々を楽しませ大笑いさせた。また、火瓊瓊杵尊《ほのににぎのみこと》が天上《てんじょう》の高天原から地上にある豊葦原中国《とよあしわらなかつくに》に降臨《こうりん》する際には、その境にいて眼光が鋭く男神《おがみ》たちが恐れをなして勝てなかった猿田彦大神《さるたひこおおかみ》に向って、半裸の姿で笑って対峙《たいじ》し、笑いを引き出し、場を和ませた。こうしたモチーフは、笑いを引き出し、場を和ませることによって秩序を回復させる女性の*巫女《みこ》の活動から作られたと考えられる。平安時代初期に書かれた『古語拾遺《しゅうい》』には、強い女を「於須志《おずし》」というとあり、この神名はそれに関係していると説くが、むしろ女性が髪や冠り物《もの》にさした花や飾りを髻華《うず》と呼び、それに由来する神名とする説が有力である。

参考文献　田中日佐夫「天宇受売命をめぐって―記紀神話の存在感―」(『季刊歴史と文学』八)、一九七四。大林太良『日本神話の起源』(徳間文庫)、一九九〇、徳間書店。　(野口　剛)

あめみやせいしじょこうそうぎ　雨宮製糸女工争議　一八八六年(明治十九)六月、山梨県甲府の雨宮製糸工場の製糸工女百余名が、実働十四時間半に及ぶ長時間労働や大幅な賃金引下げ、「子持ち」や遅刻早退者の賃金カットなどに抗議して近くの寺院に立てこもり、出勤時間の緩和《わ》などの譲歩《じょうほ》を獲得した争議。日本近代史上工場労働者による「最初のストライキ」として知られる。当時日本の資本主義は未成熟で労働組合もなく、自然発生的であったところから「女性の感情的反発」とみなされがちであったが、近郊農村からの「通勤工女」が多かった甲府では、工女が年期で縛られることなく条件のよい工場に移動する傾向があり、労働力確保を求める雇い主側が移動の自由を規制しようとしたためこれに反発して「同盟罷工《ひこう》」に至ったもので、賃金労働者としての女性による近代的労働運動のさきがけであった。甲府ではこの後も争議が起こり、一八九二年の矢島《やじま》製糸争議では工女側が敗北、資本と賃労働の対立が鮮明になる。

参考文献　楫西光速他『製糸労働者の歴史』、一九五五、岩波書店。米田佐代子「明治一九年の甲府製糸女工争議について」(『歴史評論』一〇五)、一九五九。　(米田佐代子)

あめゆきさん　あめゆきさん　一八八〇年代から一九〇〇年代に単身で渡米した日本人女性のことで、特に売春業に就いた女性を指す。「*からゆきさん」より派生した言葉である。貧しい農家の出身で、売春周旋《しゅうせん》業者に言葉巧みに騙《だま》されて渡米した者が多かった。米国では借金を背負わされるなど劣悪な環境に陥る場合がほとんどであったが、キリスト教団体の救済施設に保護される者もいた。写真結婚などを通して移民社会に日本人女性が増加するに従い、その数は減少した。

参考文献　山崎朋子『あめゆきさんの歌―山田わかの数奇なる生涯―』(文春文庫)、一九八一、文芸春秋。ユウジ＝イチオカ『一世―黎明期アメリカ移民の物語り―』(富田虎男・粂井輝子・篠田左多江訳、刀水歴史全書)、一九九二、刀水書房。　(北脇実千代)

あめゆきさんのうた―やまだわかのさっきなるしょうがい―　あめゆきさんの歌―山田わかの数奇なる生涯―　山《やま》崎朋子《ざきともこ》による*山田わかの前半生についての評伝。一九七八年(昭和五十三)、文芸春秋刊行。山崎朋子は一九三二年生まれの女性史研究家で、『*サンダカン八番娼館《はちばんしょうかん》』(一九七二年)、『サンダカンの墓』(一九七四年)と東南アジアに流れ出た海外売春婦「*からゆきさん」についての著作を刊行後、サンフランシスコで講演をした時、わかは*苦界《くがい》にいた人と知らされ、その前半生に光をあてた。「*あめゆきさん」は山崎の造語で、アメリカの暗黒街へ身を沈めた日本女性という意。浅葉《あさば》わかは一八九七年(明治三十)渡米、シアトルの売春宿でアラビヤお八重《やえ》の*源氏名《げんじな》で客をとらされた。娼館脱出を助けたのは新世界新聞の記者立井信三郎《たちいしんざぶろう》で、二人でサンフランシスコに着くと、わかは立井からも逃れてキリスト教娼婦救済施設キャメロンハウスに保護を求めた。立井は自殺。わかは*山田嘉吉《かきち》と結婚、一九〇六年帰国。その後翻訳・評論で名を知られた。文春文庫所収。　(間宮　尚子)

アメラジアン　アメラジアン　アメリカ人とアジア人の間に生まれた子どものこと。在日米軍基地の七五%が集中する沖縄では、米国人の父親と日本国籍の母親を持つアメラジアンが圧倒的に多い。「混血児」「ハーフ」「国際児」ともいう。一九九八年(平成十)、アメリカと日本の二つの言語、二つの文化を学ぶ「ダブルの教育」を理念に掲げた「アメラジアン・スクール・イン・オキナワ」の開校をきっかけに、「アメラジアン」の名称が定着。アメラジアンの中には地域で差別されるだけでなく、父親に遺棄《いき》されたことで米軍人・軍属の扶養《ふよう》家族としての恩《おん》典《てん》や、日本の社会保障制度から除外された人たちも多かった。その最たるものが「無国籍児」問題だった。日本の*国籍法が「父系血統主義」のため、妊娠中に夫が行方不明になるなど子どもの父親の証明ができない場合、生まれた子どもは「無国籍児」となった。一九八五年(昭和六十)、日本の国籍法が「父母両系主義」に改正されたことで、母親が日本人であれば、子どもは日本人としての国籍が得られることになった。

参考文献　照本祥敬「アメラジアンの教育権運動」一(『琉球大学教育学部紀要』五六)、二〇〇〇。与那嶺政江他『アメラジアンスクール―共生の地平を沖縄から―』、二〇〇一、蕗薹書房。　(宮城　晴美)

アヤツコ　アヤツコ　生まれて間もない*子どもが初宮参《はつみやまい》りなどの外出をする際に、子どもの額に「大」「小」「犬」・×・十などの印を書いたり、あるいはただ点じて、魔除《まよ》けのまじないとする慣習。歴史的には、少なくとも平安時代末期にまでさかのぼることが、*乳母《めのと》によって宗仁親《むねひと》王(鳥羽《とば》天皇)の額に「犬」字が書かれた事例によって確認できる(『為房卿記《ためふさきょうき》』)ほか、『*春日権現験記絵《かすがごんげんげんきえ》』には、額に「犬」字が書かれた庶民の子どもの姿がみえる。

参考文献　斉藤研一「アヤツコ考」(『子どもの中世史』二〇〇三、吉川弘文館)。　(斉藤　研二)

アヤツコ　犬字が書かれた子ども(『春日権現験記絵』巻九第一段より)

あらきいく　荒木郁　一八九〇―一九四三　明治・大正時代の作家。東京生まれ。女子美術学校造花選科卒。一九一一年九月、『*青鞜《せいとう》』に社員として参加し、戯曲《ぎきょく》・小説を執筆。一九一二年(明治四十五)四月、結婚制度を批判し、恋人に*密会を求める人妻を描いた短編小説「手紙」が、*姦通罪《かんつうざい》に抵触し『青鞜』最初の発禁になった。著書に『火の娘』(一九一四年、尚文堂書店)がある。

参考文献　井手文子『火の娘』解説(叢書『青鞜』の女たち)、一九八六、不二出版。岩田ななつ「荒木郁」(『文学としての『青鞜』』二〇〇三、不二出版)。　(岩田ななつ)

あらきだれい　荒木田麗　一七三二―一八〇六　江戸時代後期の文学者。麗女《れいじょ》ともいう。はじめの名は隆、のちに麗と改めた。伊勢内宮《いせないくう》の神職荒木田武遠《たけとお》の娘。十三歳で外宮《げくう》の御師《おし》の叔父荒木田武遇《たけとも》(慶徳藤右衛門《けいとく》)の養女となる。幼時から学問を好み、兄や養父から古典や漢学の指導を受けた。十七歳で連歌《れんが》の師に、のちには儒者にも入門して学識を深めた。二十二歳ころ婿養子を迎え、夫は養家慶徳家を継いで、慶徳家雅《いえただ》を名乗る。麗は結婚後も和漢にわたる書物を読破。四十歳前後から十年あまりの間に、和文で書いた歴史書(歴史物語『池の藻屑《もくず》』等)、物語(『藤のいわ屋』等)、紀行文(『初午《はつうま》の日記』等)など四百巻にも上る作品を著わした。古典の文体を自己薬籠《じこやくろう》中《ちゅう》のものとして流麗《りゅうれい》に書かれた歴史物語を評価する者が多いが、その和漢の書物を咀嚼《そしゃく》した学殖《がくしょく》と多作は驚くべきものである。自著『野中《のなか》の清水《しみず》』に関して*本居宣長《もとおりのりなが》と再三論争したことは有名。また、夫は彼女の著書の浄書《じょうしょ》など、その文筆活動を積極的に援助した。この時代の夫婦としては稀《まれ》な例であったといえる。

参考文献 伊豆野タツ「荒木田麗女」(吉田精一編『日本女流文学史』近世近代篇、一九六六、同文書院)。桑原恵「近世的教養文化と女性」(女性史総合研究会編『日本女性生活史』三、一九九〇、東京大学出版会)。門玲子『江戸女流文学の発見―光ある身こそくるしき思ひなれ―(新装版)』、二〇〇六、藤原書店。 (関　民子)

ありいしょきゅう　有井諸九　一七一四―八一　江戸時代中期の俳人。筑後《ちくご》国竹野《たけの》郡唐島《からしま》村(福岡県久留米《くるめ》市)の庄屋永松十五郎の娘。名はなみ。一族の庄屋永松万右衛門と結婚。三十歳のころ、近村に滞在中の志田野坡《しだやば》門の俳人有井浮風《ふふう》に入門。まもなく、浮風となさぬ仲となり二人は上方に出奔《しゅっぽん》し、ともに俳諧《はいかい》を修行。四十九歳で浮風に死別後は、髪を剃り尼となり、俳諧修行と伝播に励む。夫の追善《ついぜん》集『その行脚《あんぎゃ》』を上梓《じょうし》。西国や奥羽に行脚し『*秋かぜの記』を著わす。ほかに『諸九尼句集』などがある。作品は『湖白庵諸九尼全集』(大内初夫・飯野松子・阿倍王樹編、一九八六年、和泉書院)に収められている。

参考文献 金森敦子『江戸の女俳諧師「奥の細道」を行く―諸九尼の生涯―』、一九九八、晶文社。 (柴　桂子)

ありのまちのマリア　蟻の街のマリア　一九五〇年(昭和二十五)、ゼノ神父の導きで東京隅田公園内の「蟻の街」(廃品回収業者の自治組織「蟻の会」の集落)を訪れた二十一歳の北原怜子《さとこ》は、以来カトリックの信仰に支えられながら「街」の子どもたちの教育、生活指導等を中心に住民の生活向上のために献身《けんしん》した。一九五三年「街」に移住、「蟻の街のマリア」と慕われた。「街」は都政により消滅の危機に瀕《ひん》したが、江東区の新造成地への移転決定。怜子は移転を待たずに一九五八年二十九歳で病気のため死去。

参考文献 松居桃楼『蟻の街のマリア』、一九五八、知性社。北原怜子『蟻の街の子供たち』(聖母文庫)、一九九九、聖母の騎士社。 (今井小の実)

ありよしさわこ　有吉佐和子　一九三一―八四　昭和時代の小説家。母の実家、和歌山市で生まれたが銀行員の父の勤務地に従って一九三七年(昭和十二)から四一年までバタビヤ・スラバヤで暮らす。東京女子大英文科に入学した翌年、病気で休学。二年後短大に復学。芝居好きで在学時に『演劇界』の懸賞論文に入賞し、訪問記なども寄稿《きこう》していた縁から、一九五四年、吾妻徳穂《あずまとくほ》の渡米に同行し、帰国後、吾妻歌舞伎で助手を経験する。一方、文学同人誌『白痴群《はくちぐん》』、第十五次『新思潮《しんしちょう》』にも参加。以後、「才女」の名をほしいままにした快進撃《かいしんげき》を展開することになるがそれは「地唄《じうた》」(一九五六年)から始まった。無形文化財の菊沢寿久と娘邦枝《くにえ》の確執《かくしつ》を伝統芸能地唄の世界に描いたもので芥川賞候補になった。以後、『キリクビ』『まっしろけのけ』など邦楽界の家元や古典芸能の世界に生きる人の悲哀《ひあい》を相ついで発表。舞踊劇『綾《あや》の鼓《つづみ》』が新橋演舞場で、人形浄瑠璃《じょうるり》『雪狐々姿湖《ゆきはこんこんすがたのみずうみ》』が大阪文楽座で上演されたのもこのころである。一九五七年に「白い扇」が直木賞候補、テレビドラマ「石の庭」で芸術祭奨励賞、「ほむら」はテレビ部門芸術祭賞とその活躍ぶりで脚光を浴びた。活躍領域は広いが有吉文学の本領は年代記ものだろう。『紀ノ川』『香華《こうげ》』『助左衛門四代記《すけざえもんよんだいき》』『有《あり》田川《たがわ》』『日高川《ひだかがわ》』などすべて母の故郷紀州を舞台に、何代にもわたる家系のなかで気丈に生きる女の物語はストーリー＝テラー性が遺憾《いかん》なく発揮されていて、「端倪《たんげい》すべからざる」の評語に尽きる。とはいえ、*杉村春子《すぎむらはるこ》出演の劇化が話題を呼んだ『華岡青洲《はなおかせいしゅう》の妻』が麻酔薬《ますいやく》効果を知るために母と妻が検体になることを争う、男への献身を女の美徳とした古さを有吉文学が抱え持っていたことを顕《けん》示《じ》する。そこが華麗な名声の一要素でもあったろう。『有吉佐和子の中国レポート』も注目され、時代を先取る炯眼《けいがん》による*高齢者問題や公害・環境問題を扱った『*恍《こう》惚《こつ》の人』『複合汚染』は鋭い。だが、文学的結晶度はいまひとつである。書き急ぎの早世が惜しまれる。自伝に『有吉佐和子』(作家の自伝一〇九、二〇〇〇年、日本図書センター)がある。

参考文献 丸山賀世子『有吉佐和子とわたし』、一九九三、文芸春秋。井上謙・半田美永・宮内淳子編『有吉佐和子の世界』、二〇〇四、翰林書房。 (渡邊　澄子)

有吉佐和子

ありわらのなりひら　在原業平　八二五―八〇　平安時代の歌人。六歌仙《ろっかせん》・三十六歌仙の一人。天長《てんちょう》二年(八二五)五月二十八日生まれ。父は平城《へいぜい》天皇の皇子阿保《あぼ》親王。母は桓武《かんむ》天皇の皇女*伊都《いと》内親王。兄に歌人として名高い在《あり》原行平《わらのゆきひら》がいる。生まれた翌年の天長三年に、行平らとともに臣籍《しんせき》に降下し、在原姓を賜わる。阿保親王の五男で在原氏、のちに右近衛権中将《うこんえのごんのちゅうじょう》になったため、「在五《ざいご》」「在五中将」と呼ばれた。『*伊勢物語』の主人公「昔男」のモデルとされ、そのイメージが強いが、業平の実像を伝える資料は少ない。承和《じょうわ》八年(八四一)十七歳で右近衛将《うこんえのしょう》監《げん》、以後、蔵人《くろうど》・右馬頭《うまのかみ》・右近衛権中将・相模権守《さがみのごんのかみ》等を歴任し、元慶《がんぎょう》三年(八七九)蔵人頭《くろうどのとう》となる。『三代実録』元慶四年五月二十八日条(業平死去当日)に「業平は体貌閑《たいぼうかん》麗《れい》、放縦にして不拘《かかわらず》、略才学無し、善く倭歌を作る」(原漢文)とある。この、美男で風雅を好み、奔放《ほんぽう》な性格で情熱的な*和歌を詠むという業平像が、のちに『伊勢物語』

の主人公に擬《ぎ》せられたのであろう。しかし「昔男」と業平の実像とのあいだには大きな隔たりがあることが、現在諸家により指摘されている。たとえば、清和《せいわ》天皇の女御《にょうご》二条后高子《にじょうのきさきたかいこ》との恋物語が『伊勢物語』にあり、この事件がきっかけで「昔男」はいわゆる「東下《あずまくだ》り」をすることになるが、事実ではなかったようである。また、女流歌人の*小野小町や伊勢御《いせのご》との恋物語も事実ではなかった。『古今和歌集』仮名序(紀貫之《きのつらゆき》作)に、「その心あまりて言葉足らず、しぼめる花の色なくて、匂い残れるがごとし」とあり、業平の和歌は情熱的でおおらかで、心情があふれ出るようだと賞賛される。平安時代前期を代表する歌人である。業平といえば色ごのみという認識が古くからあるが、実像とは一致しない。だが、そのようなイメージを抱かせるほどに、情熱的で抒情《じょじょう》性に富み、美しい歌を詠む歌人として、業平が認識されていたことは見逃せないであろう。

参考文献　目崎徳衛『在原業平・小野小町』(日本詩人選)、一九七〇、筑摩書房。王朝物語研究会編『研究講座伊勢物語の視界』、一九九五、新典社。　（和田　律子）

ありんすことば　ありんす言葉　*吉原遊廓《よしわらゆうかく》の人造方言。里訛《さとなまり》・里言葉という。「ありんす」「きなんし」「ざんす」などがあり、京の*遊女の言い廻しに、駿府《すんぷ》の*遊廓の言葉、江戸の六方《ろっぽう》言葉などを取り入れて作られた。多く地方の貧困家庭出身である女性たちを、生活感のない擬似《ぎじ》恋愛の相手に仕立て上げ、逃亡を妨げる手段ともなり、遊興の一環としての符丁《ふちょう》的意味も持った。『誹風柳多留《はいふうやなぎだる》』に「岡場所のありんすなどは図横柄」とあり、高級な遊所である吉原のステイタスを示している。吉原通の洒落《しゃれ》本《ぼん》作家、山東京伝《さんとうきょうでん》が天明八年(一七八八)に著わした『傾城觿《けいせいけい》』は、人気の遊女たちの紹介であるが、付録に「松丁玉扇四家言語解」として、第一級妓楼《ぎろう》である松葉屋《まつばや》・丁字屋《ちょうじや》・玉屋《たまや》・扇屋《おうぎや》それぞれ独自の廓言葉が載せてあり、遊客たちはカルト的知識を楽しんだであろう。

参考文献　三好一光編『江戸語事典』、一九七一、青蛙房。喜多川守貞『守貞漫稿』三(朝倉治彦編、一九七三、東京堂出版)。『三田村鳶魚全集』一〇、一九七五、中央公論社。西山松之助編『遊女(新装版)』(日本史小百科)、一九九四、東京堂出版。　（藤野　泰子）

あるおんな　或る女　一九一九年(大正八)に、『或る女』前・後篇として叢文閣より刊行された有島武郎《ありしまたけお》の長編小説。美貌《びぼう》と聡明《そうめい》さに恵まれた早月葉子《さつきようこ》が生きる場所を求めて、かえって破滅してゆく過程を描く。日清戦争の従軍記者として名をあげた木部《きべ》との間に娘をもうけながら彼のもとを去り、許嫁《いいなずけ》の住むアメリカへ行く航海の途中で事務長倉地《くらち》に魅かれて日本へ戻る。こうして葉子は自分が属する中流階級の非難を浴びた。社会の偽善に反発した葉子だったが、運命を切り開くために男性の力に拠《よ》らねばならないことから、結局その人間関係に囚われて自分を見失った。病を得て死ぬ間際まで、葉子は後悔と、やるだけのことはしたという自足の思いの間に揺れる。国木田独歩《くにきだどっぽ》の先妻で有島の親友の森広《もりひろし》の婚約者であった佐々城信子《ささきのぶこ》がモデルとされるが、自分らしく生きたいと願いつつ女性にはめられた枠組に遮《さえぎ》られて苦闘する葉子を描くことは、女性全般の問題として広げて考えることができるし、また有島自身の、どうしたら自我を生かしきれるかという悩みに結びつくものでもあった。

参考文献　中山和子・江種満子『(総力討論)ジェンダーで読む『或る女』』、一九九七、翰林書房。　（宮内　淳子）

あるきみこ　歩き巫女　⇩巫女《みこ》

あわ　粟　五穀《ごこく》の一つ。記紀《きき》には三種の穀物創生神話があり、『*古事記』神代は大気津比売《おほげつひめ》が須佐之男命《すさのおのみこと》に、『日本書紀』神代四神出生章第十一の一書は保食神《うけもちのかみ》が月夜見《つくよみ》に殺され、粟が、前者は耳から、後者は額《ひたい》から生まれたことを記し、*女神の死体が穀物を化成させる点で共通している。粟の栽培は『*風土記《ふどき》』『*万葉集《まんようしゅう》』などからもわかり、賦役令義倉条《ぶやくりょうぎそう》は一位以下百姓雑色人《ひゃくせいぞうしきにん》を九等戸に分けて粟の徴収を義務付け、救荒《きゅうこう》の糧食《りょうしょく》とされ、その実際は、天平《てんぴょう》二年(七三〇)の安房《あわ》国と越前《えちぜん》国の義倉帳の存在によってわかる。また、「常陸国風土記《ひたちのくにふどき》」筑波郡《つくばぐん》条には、家で物忌《ものい》みする福慈《ふじ》神(富士神)の新嘗《にいなめ》が「新粟初嘗《わせにいなへ》」と記され、この新嘗は粟の新嘗と考えられ、粟に表象された畠作《はたさく》の収穫儀礼であろう。「備後国風土記《びんごのくにふどき》」逸文《いつぶん》には、粟が神への神饌《しんせん》として供されている例もある。仁和《にんな》元年(八八五)の『年中行事御障子文《ねんじゅうぎょうじみしょうじぶみ》』十月二日条や『延喜式《えんぎしき》』宮内省を参看《さんかん》すると、このころ、粟の新嘗は宮廷祭祀《さいし》に取り込まれ、新嘗祭で天皇は新稲と新粟を神と共食していた。これは稲と粟が水田と畠の代表的穀物であることを示し、古代国家の大地に対する支配の儀礼的表現とみなせるものである。

参考文献　荒木敏夫「古代国家と民間祭祀」(『歴史学研究』五六〇)、一九八六。木村茂光『ハタケと日本人―もう一つの農耕文化―』(中公新書)、一九九六、中央公論社。　（荒木　敏夫）

あわたのもろね　粟田諸姉　生没年不詳　奈良時代の淳仁《じゅんにん》天皇の*きさき。はじめ藤原仲麻呂《なかまろ》の子の真従《まより》の妻となり、夫の没後、大炊王《おおいおう》(淳仁天皇)と結婚し、ともに仲麻呂の田村第《たむらのてい》で扶養《ふよう》された。天平宝字《てんぴょうほうじ》二年(七五八)八月、淳仁即位に伴い無位より従五位下に叙《じょ》されたが、このほかには記録が残されていない。粟田氏には仲麻呂政権期に急速に昇進し、その後官位を剝奪《はくだつ》された者がみられ、諸姉の一族と仲麻呂との良好な関係が推測される。

参考文献　薗田香融「恵美家子女伝考」(『日本古代の貴族と地方豪族』一九九二、塙書房)。　（吉川　敏子）

あわのおおしのわくご　粟凡若子　奈良時代、阿波《あわ》国板野《いたの》郡から貢進《こうしん》された*采女《うねめ》。「板野采女国造粟直若子」「板野命婦」とも記される。阿波国の*国造《こくぞう》家出身で自身も国造と称された。天平《てんぴょう》十七年(七四五)正月に正六位下から外従五位下に昇進し、*命婦《みょうぶ》となり、経典の奉請宣伝《ほうせいせんでん》に従事した。天平勝宝《しょうほう》四年(七五二)八月に出家し、尼となった後も「板野命婦」として従前の働きをしている。なお、『*尊卑分脈《そんぴぶんみゃく》』『公卿補任《くぎょうぶにん》』に藤《ふじ》原楓麻呂《わらのかえでまろ》の母として記載される「阿波采女」を若子と同一人とする見解(角田文衛《つのだぶんえい》)がある。

参考文献 角田文衛「板野命婦」(『律令国家の展開』一九六五、塙書房)。須田春子『律令制女性史研究』一九七六、千代田書房。 (文珠 正子)

あわのつぼね 阿波局 ?—一二二七 鎌倉時代前期の幕府御所*女房。父は北条時政《ほうじょうときまさ》、母は未詳。大半の系図は*北条政子《ほうじょうまさこ》の妹とするが、姉と記すものもある。源頼朝《みなもとのよりとも》異母弟義経《よしつね》の同母兄にあたる阿野全成《あのぜんじょう》の妻。阿野時元《あのときもと》(一説に隆元《たかもと》)の母。結婚の時期は、全成が兄頼朝のもとへ参じた治承《じしょう》四年(一一八〇)以降と考えられる。この時、政子はすでに頼朝と結婚しており、さらに彼女が全成の妻となることにより、北条氏と頼朝との結びつきはより強固なものとなった。それゆえ、頼朝にとって全成・阿波局夫妻は頼れる存在であり、建久《けんきゅう》三年(一一九二)、彼女は頼朝と政子との間に生まれた実朝《さねとも》の*乳母《めのと》となる。幕府内部の政治的な立場については、実朝の兄頼家《よりいえ》の乳母が比企能員《ひきよしかず》の妻であったこともあり、常に政子と行動をともにした。建仁《けんにん》三年(一二〇三)、夫全成が謀叛《むほん》により捕縛《ほばく》された際、彼女にも累《るい》が及ぼうとしたが、政子により庇護《ひご》されている。また同年、将軍擁立《ようりつ》のため実朝が政子のもとから時政邸へ移された時、乳母として実朝に同道し、時政後妻牧方《まきのかた》が実朝に危害を加える可能性があると政子へ通報することにより、政子が実朝を取り返すという、実朝・政子を援護《えんご》する役割を果たした。御所女房としては、正治《しょうじ》元年(一一九九)、梶原景時《かじわらかげとき》が将軍頼家に対して結城朝光《ゆうきともみつ》を讒訴《ざんそ》していることを朝光自身へ告げ、有力御家人が連名で景時を弾劾《だんがい》するきっかけをつくりだしたことが注目される。この背景に、反景時派の有力御家人集団に連なる北条氏一族としての彼女の姿が見出せるだろう。このように彼女は、頼朝弟全成の妻、実朝の乳母、幕府御所女房という三つの属性を備え、前半期鎌倉幕府政治史の重要な局面に関与した。その死に際して、大叔母《おおおば》である彼女のために執権北条泰時《しっけんほうじょうやすとき》が軽服《きょうぶく》三十日の喪《も》に服している。なお彼女の所生かは未詳だが、全成の女子が藤原公佐《ふじわらのきんすけ》の妻となり、その子孫が阿野氏を名のった。後醍醐天皇《ごだいごてんのう》の妾《しょう》*阿野廉子《あのれんし》は、この家の出身である。

参考文献 田端泰子「鎌倉期の武士の女房」(『日本中世の社会と女性』一九九八、吉川弘文館)。同『乳母の力—歴史を支えた女たち—』(歴史文化ライブラリー)、二〇〇五、吉川弘文館。 (七海 雅人)

あわのないし 阿波内侍 『*平家物語』の灌頂巻《かんじょうのまき》の登場人物。覚一本《かくいっぽん》によって述べるならば、後白河院《ごしらかわいん》が大原に蟄居《ちっきょ》する*建礼門院徳子《けんれいもんいんとくこ》(平清盛女《たいらのきよもりのむすめ》、高倉院中宮、安徳《あんとく》天皇母)を訪ねた折、応対した尼が、かつて院に近侍《きんじ》した阿波内侍であったとされる。さらに阿波内侍は大納言典侍《だいなごんのすけ》とともに建礼門院の往生《おうじょう》を見届け、その後、自身も往生を遂げ物語が結ばれる。その出自は諸本で差違があり、後白河院の乳母《めのと》であった紀二位朝子《きのにいあさこ》(藤原通憲《みちのり》、法名信西《しんぜい》の妻)、あるいはその女《むすめ》とされる。これに対して、吉田資経《すけつね》の『自暦記《じれきき》』に着目し、藤原隆重女《たかしげのむすめ》が本来の女房であって、伝承の過程で紀二位朝子に変容したとの考え方が提出された。一方では、後白河院阿波内侍(藤原資隆女《すけたかのむすめ》)の存在に着目して、その変容を考える立場もある。また、真言圏の醍醐寺《だいごじ》周辺に関係する女性たちの伝承圏があったと推測される。阿波内侍像が一言寺《いちごん》(醍醐寺子院金剛王院《こんごうおういん》)に伝わり、清浄光院《せいじょうこういん》では、藤原通憲の孫であった醍醐寺の成賢《せいげん》(桜町中納言成範《さくらまちちゅうなごんしげのり》男)が祖母である紀二位朝子を唯一供養しており、さらに勝倶胝院《しょうぐてい》が、村上源氏の久我《こが》家の姫たちに相承されていた。これに対して仁和寺《にんなじ》の系図(南北朝時代成立か)に、阿波内侍が藤原通憲女《むすめ》とみえ、その兄弟の澄憲《ちょうけん》ら天台圏の安居院流唱導《あぐいりゅうしょうどう》との関連性を重視する指摘もある。ただしこの系図は、仁和寺の真光院《しんこういん》に伝来した点を考慮する必要がある。十四世紀の同院は久我家と縁戚の中院家《なかのいんけ》と関係が深く、『平家物語』の重要な生成圏であったと推定されている。また阿波内侍の墓なども含め、これらが物語の産物であった可能性を否めない。とすれば阿波内侍の実像は、物語と史実、さらに伝承者を厳密に区別して、より客観的に検討する必要がある。なお後世には、内侍を*大原女《おはらめ》のモデルとする俗説も流布した。

参考文献 武久堅「平家物語と資経の『自暦記』—延慶本第二次編者考—」(『平家物語成立過程考』一九八六、桜楓社)。清水眞澄「『平家物語』と醍醐寺—灌頂巻の阿波内侍像の形成をめぐって—」(『軍記と語り物』二七)、一九九一。木村真美子「少納言入道信西の孫女たち—阿波内侍を中心として—」(『史論』五四)、二〇〇一。同「少納言入道信西の室、紀伊二位朝子」(大隅和雄編『仏法の文化史』二〇〇三、吉川弘文館)。 (清水 眞澄)

あわやのりこ 淡谷のり子 一九〇七—九九 昭和・平成時代の歌手。一九〇七年(明治四十)八月十二日、青森市生まれ。青森大火が原因で呉服商の実家が人手に渡り、母と妹と三人で一九二三年(大正十二)に上京、母の内職で東洋音楽学校に入学するものの、学費が続かず霧島《きりしま》のぶ子名でモデルになるなど苦学して一九二九年(昭和四)首席で卒業。クラシック歌手としてデビューするが、年を追うごとにジャズへ、シャンソンへ、ポピュラーへと大衆性を帯びていった。モガ＝スタイルで時代の先端をいき、一九三〇年、ピアノ奏者の和田肇《わだはじめ》との間に子を成す。一九三七年に「別れのブルース」が大ヒットし、優しさとやるせなさを含んだヴィヴラートヴォイスで「ブルースの女王」と称される。戦時中も*モンペをはかず、ドレスで好きな歌を歌った反骨《はんこつ》の人。戦後は男たちとの恋を栄養に歌い続け、八十歳記念バースディ＝リサイタルを開いて「引退しない歌手」といわれる。現役歌手のまま一九九九年(平成十一)九月二十二日死去。著書に『私のいいふりこき人生』(一九八四年、海竜社)がある。

参考文献 吉武輝子『ブルースの女王淡谷のり子』、一九八九、文芸春秋。

(江刺 昭子)

アン＝アン an・an 一九七〇年(昭和四十五)三月平凡出版(一九八三年マガジンハウス社と改名)から創刊された女性誌。この後一九八〇年代にかけて続々と発行されるビジュアルな女性誌発行の先駆《さきが》けとなる。ファッション情報が中心。『平凡パンチ女性版』の発行(一九六六年)が前身。絵コンテを使用し、レイアウトを先行させるなど、大判誌面に視角効果を重視する構成をもつ。若い女性の心をつかみ、後続に『non-no』(一九七一年、集英社)も出た。旅行ブームと相まって、同誌も旅行を特集。この雑誌を小脇にかかえ、最新ファッションで旅する女性が登場、「アンノン族」との流行語を生んだ。雑誌の半分以上を広告や商品紹介記事が占め、これらには本文との統一感が求められた。高い広告効果に服飾、化粧品のほか、旅行、飲食、家電、自動車など諸産業から広告投稿が殺到し、カラー誌面にモノがあふれた。読む雑誌ではなく「見る雑誌」の登場であり、また消費の大衆化現象の表われでもあった。

『an・an』創刊号

参考文献 井上輝子・女性雑誌研究会『女性雑誌を解読する』、一九八九、垣内出版。浜崎廣『雑誌の死に方』、一九九八、出版ニュース社。

(古河 史江)

あんかもんいん 安嘉門院 一二〇九―八三 鎌倉時代の内親王女院《にょいん》。名は邦子《ほうし》。父は承久の乱後天皇位を経ずに治天となった後高倉院《ごたかくらいん》。母は北白河院藤原陳子《きたしらかわいんふじわらのちんし》。同母姉弟に乱後幕府によって擁立《ようりつ》された後堀河《ごほりかわ》天皇とその*斎宮《さいぐう》として卜定《ぼくじょう》された式乾門院利子《しきけんもんいんりし》がいる。承久の乱後の承久三年(一二二一)十一月に*内親王となるが、これが史料上の初出。その直後、弟後堀河天皇の即位の日に母陳子に代わって登壇するため立后し、*皇后となった。承久の乱以前、後鳥羽院《ごとばいん》が実質的に所持していた八条院《はちじょういん》系女院領は一旦幕府に没収されるが、すぐに後高倉院へ返還され、貞応《じょうおう》二年(一二二三)に後高倉院が没すると、娘で当時皇后宮の安嘉門院に伝領された。その翌年院号宣下《いんごうせんげ》を受け、安嘉門院と称する。その後、弟後堀河院が文暦《ぶんりゃく》元年(一二三四)に没すると、その翌年の父の忌日に二十七歳で出家して尼となり、法名を正如覚《しょうじょかく》と号した。仁治三年(一二四二)には甥《おい》の四条天皇も早世し、血縁関係の遠い後嵯峨《ごさが》天皇が即位するが、その後も長く尼として生涯独身のまま、王家における追善仏事《ついぜんぶつじ》を担い続けた。安嘉門院は鎌倉時代に最も長く八条院系女院領を所持した*女院である。前代女院の*八条院とは血縁的に断絶があったが、八条院に奉仕した女院司《にょいんじ》で、かつ*八条院領知行者《ちぎょうしゃ》でもあった者と系譜的につながりのある人物が、安嘉門院にも人的に奉仕し、また安嘉門院領＝八条院系女院領の知行者になっていた。この意味において安嘉門院は、前代の女院司であった貴族たちに奉仕を頼み、知行を安堵《あんど》するという枠にはめられていたといえる。文永六年(一二六九)をはじめとして、三通の安嘉門院譲状《ゆずりじょう》が残っているが、その内容は、おおよそ遺領について、姪《めい》である室町院《むろまちいんいち》一期《ご》の後は亀山院《かめやまいん》に譲与するというものであった。これは兄後深草院《ごふかくさいん》と対抗関係にあった亀山院が、積極的に遺領獲得に動いたためと考えられる。弘安六年(一二八三)九月、安嘉門院は七十五歳で没する。その直後、亀山院は幕府との交渉を行い、のちに室町院側の運動により一部を分進することになるものの、室町院の一期分を否定し、直接遺領全てを手に入れることに成功する。

参考文献 伴瀬明美「鎌倉時代の女院領に関する新史料―『東寺観智院金剛蔵聖教』第二八〇箱二一号文書について―」(『史学雑誌』一〇九ノ一)、二〇〇〇。野口華世「安嘉門院と女院領荘園―平安末・鎌倉期の女院領の特質―」(『日本史研究』四五六)、二〇〇〇。野村育世『家族史としての女院論』、二〇〇六、校倉書房。

(野口 華世)

あんかもんいんのさえもんのかみのつぼね 安嘉門院左衛門督局 生没年不詳 鎌倉時代前期の女院《にょいん》*安嘉門院の*女房。*八条院《はちじょういん》・安嘉門院両女院に奉仕した女院司平光盛《にょいんじたいらのみつもり》の六女。祖父は池大納言平頼盛《いけのだいなごんよりもり》。光盛の七人の娘のうち久我通忠《こがみちただ》と婚姻関係にあった人物と考えられる。寛喜《かんぎ》元年(一二二九)光盛は娘それぞれに所領を譲与した。この時処分された池大納言家領の多くがのちに久我家に流入したが、これには通忠後室であった彼女の存在が大きく、当時経済的危機に瀕《ひん》していた久我家を救った。

参考文献 岡野友彦『中世久我家と久我家領荘園』、二〇〇二、続群書類従完成会。

(野口 華世)

あんかもんいんのせんじのつぼね 安嘉門院宣旨局 生没年不詳 鎌倉時代前期の女院《にょいん》*安嘉門院の*女房。*八条《はちじょう》院《いん》・安嘉門院両女院に奉仕した女院司平光盛《にょいんじたいらのみつもり》の嫡女《ちゃくじょ》。祖父は池大納言平頼盛《いけのだいなごんよりもり》。寛喜《かんぎ》元年(一二二九)に、かつて頼盛が源頼朝から安堵《あんど》された池大納言領のうち、尾張《おわり》国真清田庄《ますみだのしょう》・播磨《はりま》国石作庄《いしつくりのしょう》・美濃《みの》国三村庄《みむらのしょう》・河内《かわち》国大和田庄《おおわだのしょう》・伊勢《いせ》国木造庄《こづくりのしょう》・美濃国弓削田庄《ゆげたのしょう》を父光盛から処分された。うち三ヵ庄は八条院系女院領、すなわち安嘉門院領で、八条院院司であった頼盛から三代にわたり、代々の女院への奉仕とともに女院領を知行《ちぎょう》した。

参考文献 岡野友彦『中世久我家と久我家領荘園』、二〇〇二、続群書類従完成会。野口華世「安嘉門院と女院領荘園—平安末・鎌倉期の女院領の特質—」(『日本史研究』四五六)、二〇〇〇。　(野口　華世)

あんかもんいんのないしのつぼね　安嘉門院内侍局　生没年不詳　鎌倉時代前期の女院《にょいん》*安嘉門院《いん》の*女房。*八条《はちじょう》院・安嘉門院両女院に奉仕した女院司《にょいんじ》平光盛《たいらのみつもり》の七女。祖父は池大納言《いけのだいなごん》平頼盛《よりもり》。寛喜《かんぎ》元年(一二二九)の光盛の処分状《じょう》によれば、河内《かわち》国大和田庄《おおわだのしょう》内田地七丁と美濃《みの》国弓削田《ゆげたの》庄の加納半分《かのうはんぶん》を譲与《じょうよ》された。光盛の娘の多くが安嘉門院女房であるのは、当家が「女院司家《にょいんじけ》」であったことに加え、光盛の姉妹が、北白河院《きたしらかわいん》藤原陳子《ふじわらのちんし》の母、つまり安嘉門院の祖母であるという血縁関係にもよるものと考えられる。

参考文献　日下力『平家物語の誕生』、二〇〇一、岩波書店。　(野口　華世)

あんきもんいん　安喜門院　一二〇七—八六　鎌倉時代の後堀河《ごほりかわ》天皇最初の后《きさき》。名は藤原有子《ゆうし》。浄土寺《じょうどじ》相国三条《しょうこくさんじょう》公房《きんふさ》の娘。貞応《じょうおう》元年(一二二二)十月大嘗会御禊《だいじょうえのごけい》の際に*女御代《にょうごだい》となり、二ヵ月後に女御、翌年*中宮となる。嘉禄《かろく》二年(一二二六)関白近衛家実《このえいえざね》の娘長子《ちょうし》の立后《りっこう》とともに*皇后宮に転じ、追われるように宮中を退出した。翌年院号宣下《せんげ》され、安喜門院と号する。院号後は父の住まい浄土寺を主な居所としたらしく、甥《おい》である九条忠教《くじょうただのり》の幼いころの教育にも携わった。経済面では仁治《にんじ》年間(一二四〇—四三)に若狭《わかさ》国が分国であったとわかる。兵庫県福崎町神積寺《しんしゃくじ》に没後百日供養の板碑《いたび》が残されている。

参考文献　『大日本史料』五。『徒然草』。『福崎町史』三、一九九〇、福崎町。　(野口　華世)

あんざんきがん　安産祈願　〔中世〕*出産に際し母子の安全を神仏に願う呪術《じゅじゅつ》的行為または習俗。祈願対象となるのは主に塩釜様《しおがまさま》や水天宮《すいてんぐう》などの著名な神仏をはじめ各地の産土神《うぶすながみ》や箒神《ほうきがみ》が多いが、基本的にあらゆる神々に祈願がなされた。中世では元寇《げんこう》以降、神功皇后《じんぐうこうごう》が代表的な安産の神としてまつられるようになり、現在でも全国各地に神功皇后を祭神とする民間の産育習俗が伝わっている。祈願の形態や作法はさまざまだが、一般に*腹帯《はらおび》・護符・蠟燭《ろうそく》等を呪具として用い、*巫女が祈禱《きとう》を行うことが多い。また「水が抜ける」「流れる」といった安産を想起させる底抜け柄杓《ひしゃく》などの日用品を祈禱に用いる例もあるほか、中世公家の記録(『公衡公記《きんひらこうき》』)には安産祈願のために双六《すごろく》を打ったとの記述もみられる。概して物事に「あやかる」行為をとって安産を祈る場合が多く、こうした習俗が広く行われた背景としては、出産が非常に危険を伴う行為であったことが窺える。

参考文献　鎌田久子・宮里和子・菅沼ひろ子・古川裕子・坂倉啓夫『日本人の子産み・子育て—いま・むかし—』(勁草医療・福祉シリーズ)、一九九〇、勁草書房。奥野義雄『まじない習俗の文化史』、一九九七、岩田書院。　(佐藤　康太)

〔近世〕近世中期までの平均寿命(宗門帳《しゅうもんちょう》記載初めの平均余命)は、今日とは逆に男性が女性より数年長い。出産にまつわる危険のためで、逆産《ぎゃくざん》や横産《よこざん》(足や手から出る出産)、血暈《けつうん》(産後にふるえる病気)が大きな脅威《きょうい》だった。一方家《いえ》の後嗣《こうし》確保は至上課題で、「七去《しちきょ》」(『*女大学』)に象徴されるように子産みは女性の勤めだった。懐妊と安産への祈りは、ご利益の評判にのって子安《こやす》(子育・子守)地蔵・観音・神社など新興宗教を活性化させた。男女産み分けへの関心が顕著なことも近世の安産祈願の特徴であった。

参考文献　恩賜財団母子愛育会編『日本産育習俗資料集成』、一九七五、第一法規出版。藤井正雄編『浄土宗の諸問題』、一九七八、雄山閣。大藤ゆき『子育ての民俗』、一九九九、岩田書院。　(太田　素子)

あんじゅとずしおう　安寿と厨子王　古来説経節《せっきょうぶし》で五説経として重んぜられた作品の一つ、『さんせう太夫』の主人公(さんせうに漢字の山椒をあてたのは森鷗外《もりおうがい》)。説経節は中世から始まり、中世末期・近世初期に盛行した語り物で、庶民に仏教の教義を説くために譬喩《ひゆ》・因縁《いんねん》などの説話をとり入れ文学に成長した。語り手たちは高野聖《こうやひじり》や山伏《やまぶし》、盲僧《もうそう》、絵解き法師、*熊野比丘尼《くまのびくに》をはじめとする*巫女といった下級宗教者であり、その語りはほとんど例外なく虐《しいた》げられた者や弱者の側から語られている。聞く人も語る人も主人公たちの身の上に共感し同情した。安寿と厨子王は母とともに、筑紫《つくし》へ流された父、岩城判官《いわきほうがん》正氏《まさうじ》を尋ねてゆく途中、越後の直井《なおい》の浦で人売りにだまされ、母と別れて越後の国、由良《ゆら》の港で大勢の*下人を召し使う山椒大夫《さんしょうだゆう》に譜代《ふだい》下人として売られた。二人は山と海の過酷な労働に苦しみ、ある時は折檻《せっかん》をうけて殺されそうになる。安寿は、女には「氏《うじ》」がないからと弟の厨子王に家再興の望みを託して逃亡させる。弟は姉から授かった地蔵菩薩と国分寺の聖《ひじり》の助けによって追っ手をのがれ、京で稚児《ちご》となり、身分の高い貴族の養子に迎えられて、身分を明かすことで帝から父の所領を返された。その後父母を救い出し、山椒大夫らに復讐《ふくしゅう》を遂げる。説経節には身を犠牲にして思いを貫く意志の強い女性がよく登場する。安寿は森鷗外の翻案《ほんあん》小説のように、あっさり身投げしたりしない。冷静に計画を立てて弟を説得し、日暮れまで働いて追っ手の時間を遅らせ、問いつめられても口を割らずにあぶり殺される。厨子王も鷗外のように山椒太夫を下人に賃金を払わせていっそう栄えさせることなく、太夫を地に埋めて息子に竹のこぎりで首を切らせるといった徹底ぶりで、弱者の怨念《おんねん》をはらしている。『説経正本集』(横山重編、一九六八年、角川書店)、荒木繁・『説経節』(山本左右吉編、東洋文庫、一九七三年、平凡社)所収。

参考文献　黒木勘蔵『近世日本芸能記』、一九四三、青磁社。室木弥太郎『語り物(舞・説経・古浄瑠璃)の研究(増訂版)』、一九八一、風間書房。荒木繁『語り物と近世の劇文学』、一九九三、桜楓社。　(西村　汎子)

あんしょういん　安祥院　一七二一—八九　江戸幕府九

代将軍徳川家重《いえしげ》の*側室。お遊《ゆう》の方、お逸《いつ》の方ともいう。浪人三浦義如《みうらよしゆき》の娘で、松平親春《まつだいらちかはる》の養女。元文《げんぶん》元年(一七三六)西の丸*大奥にお次として出仕。家重の目にとまり*中﨟《ちゅうろう》となる。延享《えんきょう》二年(一七四五)二月万次郎《まんじろう》(のちの清水重好《しみずしげよし》)を生み、御内証様《ごないしょうさま》と称される。同年九月、家重が将軍となるのに伴い本丸へ移る。宝暦《ほうれき》十年(一七六〇)家重の隠居後、二の丸へ移居。家重没後、落飾《らくしょく》して安祥院と号した。歌集『心の月』がある。

参考文献 『徳川諸家系譜』二、一九七四、続群書類従完成会。

(久保　貴子)

あんぜんじのみやほうえんえしゅん　安禅寺宮芳苑恵春　一四三四—九〇　後花園《ごはなぞの》天皇の第一皇女。母は、宮中医師和気郷成《わけさとふさ》の親類にあたり、従四位藤原孝長《たかなが》の娘の伊与局《いよのつぼね》で、大炊御門信宗《おおいのみかどのぶむね》の猶子《ゆうし》として信子《しんし》と称し、女院号は嘉楽門院《からくもんいん》。後土御門《ごつちみかど》天皇の同母の姉。安禅寺住持。名は『(諸寺院上申)皇親事蹟《こうしんじせき》』では観心《かんしん》としている。芳苑恵春の名は『*実隆公記《さねたかこうき》』延徳《えんとく》二年(一四九〇)十二月十一日条による。永享《えいきょう》六年(一四三四)十月二十八日に生まれ、十二月十五日に父の実家伏見宮《ふしみのみや》家に預けられて養育された。嘉吉《かきつ》元年(一四四一)に室町幕府将軍足利家の決定により安禅寺に入寺し、のちに住持となる。天皇の姉として公家・僧侶らと天皇との仲介役に威力を発揮。『石清水文書』には、延徳元年(一四八九)に田中奏清《たなかかなきよ》の社務職任官の仲介をしたときの書状がある。同二年十二月十一日に五十七歳で没したときには、三条西実隆《さんじょうにしさねたか》は深い悲しみを『実隆公記』に記している。葬儀は千本《せんぼん》の寂浄院《じゃくじょういん》で行われた。

参考文献 菅原正子「中世後期—天皇家と比丘尼御所—」(服藤早苗編著『歴史のなかの皇女たち』二〇〇二、小学館)。

(菅原　正子)

あんどうしょうえきのじょせいかん　安藤昌益の女性観　江戸時代中期の医者・思想家である安藤昌益は、主著の稿本《こうほん》『自然真営道《しぜんしんえいどう》』において、「男女《ひと》は万万人《ばんばんじん》にして只《ただ》一人」「人に於《お》て上下貴賤《きせん》の二別《にべつ》無し」(原漢文)などと、*男女平等・万人平等を説いた。こうした思想は、身分上下の差別関係、*男尊女卑《だんそんじょひ》の観念が社会通念化していた状況において、それを批判したという点で画期的な意義を有するといえる。だが、昌益の著作を詳細に検討すると、男と女が「互性《ごせい》」、相互依存的関係にあるとして、その平等を説く一方で、女性への差別的な言辞も散見される。たとえば、「女至愚《しぐ》にして心を転ぜざること石の如し」(原漢文)と女がきわめて愚かだと論じたり、男は「賢才工知《けんさいこうち》」であるのに女は「魯鈍玩愚《ろどんがんぐ》」であり、男は善であるのに女は悪だと決めつけている。「女は男に随《したが》」うべきだと、男性による女性支配を正当化してもいる。*天照大神《あまてらすおおみかみ》(転照太神)も、昌益によれば、「転(天)の主、人物の父神、壮男《そうだん》の神」であり、*女神ではありえないという。こうした女性差別と男女平等の思想が昌益の思想体系のなかでどのような位置を占めているのか、今後、問われなければならない。なお、昌益は元禄十六年(一七〇三)秋田藩領秋田郡二井田村《にいだむら》(秋田県大館《おおだて》市)の上層農民の子として生まれた。その後の経歴は未詳であるが、延享《えんきょう》元年(一七四四)には八戸藩の城下町八戸町で町医を開業中で、一七五〇年代前半に稿本・刊本の『自然真営道』や『統道真伝《とうどうしんでん》』を執筆、晩年故郷の二井田村に帰り、同地で没した。宝暦《ほうれき》三年(一七五三)に三巻本の『自然真営道』(刊本)を出版しているが、昌益の名は江戸時代にはほとんど知られず、狩野亨吉《かのうこうきち》が一八九九年(明治三十二)ごろ、稿本『自然真営道』を発見し紹介するまで長く埋もれていた。

参考文献 三宅正彦『安藤昌益と地域文化の伝統』、一九九六、雄山閣。同編『安藤昌益の思想史的研究』、二〇〇一、岩田書院。若尾政希『安藤昌益からみえる日本近世』、二〇〇四、東京大学出版会。

(若尾　政希)

あんどうてる　安藤照　一八八〇—一九四八　明治時代の名妓《めいぎ》。東京生まれ。一八九三年(明治二十六)新橋近江《おうみ》屋《や》の*半玉《はんぎょく》となり、そののち照近江のお鯉《こい》と名のる。一八九九年歌舞伎役者市村羽左衛門《いちむらうざえもん》と結婚。離婚後、再び芸妓となり、一九〇五年桂太郎《かつらたろう》に*身請けされ、愛妾《あいしょう》お鯉として知られる。自伝に『お鯉物語』『続お鯉物語』(一九二七・二八年、福永書店)がある。

参考文献 長谷川時雨『(新編)近代美人伝』上(岩波文庫)、一九九五、岩波書店。

(岩田　なつ)

アンネナプキン　アンネナプキン　⇩生理用品《せいりようひん》

アンノンぞく　アンノン族　⇩an《アン》・an《アン》

あんように　安養尼　⇩願証尼《がんしょうに》

い

いあんふ　慰安婦　⇩日本軍《にほんぐん》「慰安婦《いあんふ》」

いいじろうほっしなおとら　井伊次郎法師直虎　?―一五八二　戦国時代の永禄《えいろく》年間(一五五八―七〇)に遠江《とおとうみ》国井伊谷《いいのや》(静岡県浜松市引佐《いなさ》町井伊谷)を中心に活躍した女性の国人領主。いわゆる「女地頭《おんなじとう》」として知られる。次郎ともいう。父は直盛《なおもり》。永禄期の井伊家は、同三年に当主直盛、同五年に直親《なおちか》(直盛の従弟で養子)が戦死し、同六年には直盛の祖父直平《なおひら》が亡くなるなど、その地位は不安定であり、直虎は直親の没後に*家督《かとく》を継いだようである。『*寛政重修諸家譜《かんせいちょうしゅうしょかふ》』所収「井伊氏系図」などによると、直虎は直盛の女《むすめ》で、直親(幼名亀之丞《かめのじょう》)と婚姻を約していたが、直親の父直満《なおみつ》が天文十三年(一五四四)に讒言《ざんげん》によって今川氏真《いまがわうじざね》に害せられた際に幼少の直親は信濃《しなの》国に逃れ、数年経っても戻らなかったことから、この女は尼となり、次郎法師と号したという。『井伊家伝記』では竜潭寺《りょうたんじ》の南渓《なんけい》(直盛の弟)の弟子となって剃髪《ていはつ》し、「女にこそあれ井伊家惣領《そうりょう》に生候間《うまれそうろうあいだ》」という理由で、僧俗の名を兼ねて次郎法師と名づけられたと記されている。永禄八年に「次郎法師」が竜潭寺を父直盛の菩提所《ぼだいしょ》として寺領を寄進《きしん》し、諸役を免除する旨の黒印状《こくいんじょう》を出しているのが初見である。同九年には直平の菩提を弔《とむら》うためか、大檀那《おおだんな》として福満寺に鐘を寄進している。同年には今川氏による遠州《えんしゅう》井伊谷《いいのや》徳政《とくせい》が発布されながら、銭主《せんしゅ》と結託《けったく》した一族の主水佑《もんどのすけ》によって実施を阻まれ、また有力銭主の瀬《せ》戸《と》方久《ほうきゅう》が井伊氏に買地安堵《かいちあんど》を求めた際にも、次郎法師のみならず年寄衆《としよりしゅう》や主水佑が保証を与えているなど、その政権基盤は弱く、家老を中心とした一族・家臣団の強い後見に支えられていたことがうかがえる。この徳政令《とくせいれい》をめぐっては、同十年末から十一年にかけて、駿府《すんぷ》を舞台に実現に向けての下交渉が行われているが、その最終局面においては、やはり井伊家当主である次郎の意思確認が不可欠とされ、今川家家老関口氏経《せきぐちうじつね》に対し次郎が書状を送ることを求められている。結局、十一年八月に徳政令実施を催促《さいそく》する関口からの書状が次郎ならびに井伊谷親類衆・被官衆《ひかんしゅう》にあてて発せられ、有力銭主の瀬戸方久らへの買地安堵が今川氏真によってなされたのち、関口と「次郎直虎」の連署《れんしょ》によって百姓らへの徳政令の施行命令が出された。ここから、次郎法師が直虎の実名を名乗っていたことがわかる。その後まもなくして徳川家康が遠江に進攻したこともあり、井伊家および次郎法師直虎らの動向は詳《つまび》らかではない。ただ、「井伊氏系図」などによれば、直親の子直政《なおまさ》(母は奥山親朝女《おくやまちかともむすめ》という)が天正三年(一五七五)に遠江国浜松城下で徳川家康に目をかけられて取り立てられ、旧領井伊谷を賜わったとみえるので、このころには家督を直政に譲ったものと思われる。『井伊家伝記』によれば、次郎法師は直政の叔母《おば》・養母として世話にあたり、家康への拝謁《はいえつ》の際に衣装を仕立てたとされる。同伝記によれば、天正十年八月二十六日に没し、法名は妙雲院殿月船祐円大姉《みょううんいんでんげっせんゆうえんだいし》という。

参考文献　『静岡県史』資料編七、一九九四。小和田哲男『争乱の地域史―西遠江を中心に―』(小和田哲男著作集四)、二〇〇一、清文堂出版。阿部浩一『戦国期の徳政と地域社会』、二〇〇二、吉川弘文館。

(阿部　浩二)

いいたかのすくねもろたか　飯高宿禰諸高　六九八―七七七　奈良時代の伊勢《いせ》国飯高郡出身の*采女《うねめ》。飯高君笠目《いいだかのきみかさめ》と飯高宿禰諸高とを同一人物とする説がある。はじめに現われるのが笠目、のちに諸高に代わる。天平《てんぴょう》十四年(七四二)四月、笠目の親族、県造《あがたぬし》らに飯高君の氏姓を賜《たま》わる。時に笠目は正八位下。天平十七年笠目は正六位下から外従《げじゅ》五位下に昇叙《しょうじょ》。天平勝宝《てんぴょうしょうほう》三年(七五一)から天平宝字《ほうじ》二年(七五八)まで飯高命婦《みょうぶ》、飯高内侍《ないし》、飯高笠目の名で『花厳経《けごんきょう》』『最勝王経《さいしょうおうきょう》』『仁王経《にんのうきょう》』『梵網経《ぼんもうきょう》』などの写経のことを宣《せん》している。天平宝字四年正月従五位上より正五位下、天平宝字五年六月には光明皇太后の周忌御斎《しゅうきごさい》に供奉《ぐぶ》した功によって、正五位上に叙せられた。神護景雲《じんごけいうん》三年(七六九)二月、飯高氏は公姓を改めて宿禰姓を賜わった。笠目の名が諸高に代わったのもこのころであろう。宝亀《ほうき》元年(七七〇)十月正五位上より従四位下に叙せられ、これ以降、諸高の名が現われる。同年十一月正四位下、宝亀七年四月従三位に昇叙し、翌宝亀八年正月、年《とし》も八十に達したので絁《あしぎぬ》八十疋《ひき》、絲《いと》八十絇《く》、調布《ちょうのぬの》八十端《たん》、庸布《ようのぬの》八十段《たん》を賜わったが、同年五月死去した。時に*典侍《ないしのすけ》、従三位であった。薨伝《こうでん》によれば、性甚《はなは》だ廉謹《れんきん》にして志《こころ》に貞潔《ていけつ》を慕《ねが》う、元正《げんしょう》天皇の代に内教坊《ないきょうぼう》に出仕し、ついに本郡采女に補《ふ》せられた。飯高氏の采女を貢上するのはここに始まり、以後四代に歴仕して失がなかった、とある。諸高が*後宮に勤めた元正朝から光仁《こうにん》朝までの六十年間は、皇位をめぐって政変が相つぎ、権力の交替がつぎつぎと起った時代であったが、そうした中で実務官僚としての勤勉かつ有能な仕事ぶりによって、歴代天皇の信頼を勝ち得、着実に昇進を重ね、典侍、従三位という上級貴族の地位にまで上りつめた。そうした彼女の働きが、采女を出す家柄でもなかった地方の弱小豪族にすぎなかった一族の地位をも高めていった。

参考文献　門脇禎二『采女―献上された豪族の娘たち―』(中公新書)、一九六五、中央公論社。野村忠夫『後宮と女官』(教育社歴史新書)、一九七八、教育社。磯貝正義『郡司及び采女制度の研究』、一九七八、吉川弘文館。

(佐藤　直子)

いいとよのあお　飯豊青　古代の伝承上の女性執政者。飯豊王・飯豊青尊《いいとよのあおのみこと》・青海郎女《あうみのいらつめ》・忍海部《おしみべ》女王ともいう。履《り》中《ちゅう》天皇の皇女で、母は葦田宿禰《あしだのすくね》の女黒媛《むすめくろひめ》。市辺押磐皇子《いちべのおしわのみこ》の妹(女《むすめ》ともいう)で、清寧《せいねい》天皇の死後、「葛城忍海高木角刺宮《かつらぎのおしみのたかぎのつのさしのみや》」で「臨朝秉政《みかどまつりごと》」(正式即位しない臨時執政)し、みずから「忍海飯豊青尊《おしみのいいとよあおのみこと》」と称したという。市辺押磐皇子の遺児である億計《おけ》王(のちの仁賢《にんけん》天皇)・弘計《をけ》王(のちの顕宗《けんそう》天皇)を「日嗣《ひつぎ》知らす王」として告知したとして、彼女を巫女《ふじょ》王の典型とみる説もある。「陵」や「崩」等の『日本書紀』の用語からも天皇に準じる存在だったとみられ、後世の『扶桑略記《ふそうりゃくき》』では「飯豊天皇」として歴代に数える。『日本書紀』は「与夫初交《まぐわい》す」として夫がいたことを伝えており、イイトヨ(=フクロウ)という、四・五世紀ごろの男王の実名(サザキ・ハヤブサなど)とも共通する鳥獣名を名前として持つことなど、*推古天皇以前の女性統治者の存在を考える上で貴重である。

参考文献 折口信夫「女帝考」(『折口信夫全集』二〇、一九七六、中央公論社)。義江明子『つくられた卑弥呼』(ちくま新書)、二〇〇五、筑摩書房。
(義江　明子)

いえ 家 〔古代・中世〕 建造物としての家とそこに居住する血縁・非血縁からなる人間集団によって構成される組織体。社会的な存在として史料上にあらわれる「家」はこうした家が主として父系的に結合した集合体であることが多い。かつては*家父長制《かふちょうせい》や永続性といった性格をもつものとして家を定義し、これをイエと表記することも多かったが、最近ではこうした性格は次第に備わったものと見て、家そのものの定義からは除き、古代の家、中世的な家などとして家の歴史的な変化を捉えようとする研究者が多い。婿取婚《むことりこん》から嫁取《よめとり》婚への移行による家父長制家族の成立をもって中世的な家の成立とみなす説や、経営体としての世帯・家族の自立に中世的な家の成立を見出す説もあるが、十一世紀末から十二世紀ごろに父から*嫡子《ちゃくし》への継承が希求されるようになることをもって中世的な家の成立と捉える説が今日では主流となっている。古代社会においても家は存在しており、夫婦それぞれが持ち寄った財産をもとに経営・生産が行われていた。親王や貴族の場合には、国家から任命された家令《かれい》以下の家政職員が国家給与物を中心とする財産の管理運営などの「家事」にあたる公的家も存在していた。しかし、*親族集団としての社会的・政治的機能は氏《うじ》が担っており、一部の財産は父子間で相続されたが、経営体としての家は一代限りの性格が強く、家継承者としての嫡子も実体としては存在していなかった。ところが、十一世紀末から十二世紀ごろになると、氏の分節として生まれた父系的親族集団である一門のさらなる分節で、氏や一門同様に始祖《しそ》が建立した寺院・堂舎での祖先祭祀を精神的な核として結合し、構成員中の最高官位者による首長位の継承を基本原理とする家が再生産される一方で、一組の夫婦とその子どもの結びつきの強化、家格の成立と政務の儀式化、職の体系化などを社会的背景として、先祖の日記・文書の原本、儀式用の道具類や、不分割性をもつ職《しき》などを家の象徴的財産(*家産《かさん》)とする家、とりわけ父から嫡子への継承が希求される中世的な家が成立し、社会は家の集合体であるとの認識も生まれた。この中世的な家は、*庶子《しょし》が家相応の政治的地位を獲得して家を分立させることを否定するものではなく、庶子は祖先の日記の複本や自身の日記、新恩地や分割譲与された所領の地頭職などを獲得してそれを象徴とする家を新たに興《おこ》し、再びそれを伝えた。ところが十四世紀ごろになると、嫡継承に対する希求は強まり、嫡子単独相続制への移行によって家の分立は否定されるようになる。貴族層に祖先をさかのぼってまつる形式の祖先祭祀や*家名が成立するのもそのころである。中世的な家の継承ラインは父系的であるが、ある時点では夫婦とその子どもを中心とする組織体で、それをとりまく双方的親族関係や*姻族《いんぞく》によって支えられた存在であったこと、婚出した女子や外孫も家成員に取り込んでいる場合があったことなどにも目を向ける必要があろう。

参考文献 服藤早苗『家成立史の研究—祖先祭祀・女・子ども—』(歴史科学叢書)、一九九一、校倉書房。高橋秀樹『日本中世の家と親族』、一九九六、吉川弘文館。坂田聡『日本中世の氏・家・村』、一九九七、校倉書房。後藤みち子『中世公家の家と女性』、二〇〇二、吉川弘文館。中村英重『古代氏族と宗教祭祀』、二〇〇四、吉川弘文館。
(高橋　秀樹)

〔近世〕 近世の武士は統一的な知行《ちぎょう》制を軸に将軍《しょうぐん》を頂点とした重層的な主従《しゅじゅう》制に編成されており、主従の関係は家と家の関係として世代を超えて固定された。そして、知行・俸禄《ほうろく》の相続をはじめ*婚姻、養子縁組《ようしえんぐみ》や*隠居《いんきょ》などは主君の許可を要することになり、家臣の家の自律性は著しく弱められた。武家の運営は性別に対応した表《おもて》と奥《おく》の役割分担のシステムによって成り立っており、表の領域の政治・軍事は男性の当主《とうしゅ》と家臣によって担《にな》われ、女性は奥の領域で跡継《あとつ》ぎを産み育てて家を再生産することを任とし、当主の座につくことはできなかった。泰平《たいへい》の世となった近世においては、庶民の間でも家業《かぎょう》、家産《かさん》、家《か》名《めい》(当主襲名《しゅうめい》の通名《とおりな》)、家号《やごう》、祖先祭祀権《そせんさいしけん》などを一体として代々承継する永続的な家の形成が広く進んだ。その大部分は当主夫婦と直系親族によって構成される小経営体としての家であった。庶民では女性当主も認められていたが、社会的には一人前の家の代表者としては扱われなかった。

参考文献 大藤修『近世農民と家・村・国家—生活史・社会史の視座から—』、一九九六、吉川弘文館。長野ひろ子『日本近世ジェンダー論』、二〇〇三、吉川弘文館。
(大藤　修)

いえあま 家尼 家の仏教施設などを拠点として活動した尼。家室《かしつ》が出家した尼をさす場合もある。*僧尼は寺止《てらし》居《じゅう》が原則であるが、古代では仏事だけでなく、天皇や貴族の政治・文化・治病《ちびょう》の顧問として、また本主一族の子女や*家政機関構成員の教育を担う役割を持って、高僧

(尼)が宮や家に招請《しょうせい》され、具体的には写経指導・家伝(誄《るい》)作成・法会・治病・教育などを行う場合があった。これは中国貴族仏教の「家僧」の影響があった。尼の例では八世紀の内裏《だいり》や*皇后宮《こうごうぐう》に関与した尼公《あまぎみ》、長屋王《ながやおう》家の尼公、大伴安麻呂《おおとものやすまろ》家に寄宿した新羅尼《しらぎに》*理願《りがん》などがある。また沙《しゃ》弥《み》・尼などが家中の僧尼として日常的に居住し、家に扶養され家に奉仕した人々もいた。これらは「家僧」の従者的役割や日常的仏事を担う存在であり、その中には家の本主、妻、子女など一族出身者や、家政機関の下に出仕していた者が出家した例も存在した。ただし八世紀には、家室《かしつ》が「家尼」として「家」の仏殿などで日常の奉仕を行う慣習はまだ発達していなかった。しかし九世紀以降それまでは「家僧」としての官尼《かんに》が担っていた「家」と尼の関係は、次第に家室出家などによる「家尼」によって担われるようになっていった。この時期には官尼は減少し、一方で家室が老年に病気や来世のための仏道修行出家する例が増加していった。家室が出家した尼は*女人禁制《にょにんきんせい》や仏教における女性の地位の低下の影響、また*尼寺の衰退など、活動上の制約によって、寺を拠点として活動するのではなく、家に留まる形態が多かった。家室が出家した尼は、原則としては婚姻関係が解消され、また家政など俗事に携《たずさ》わらずに仏道修行した。しかし夫死去後に菩提供養《ぼだいくよう》のために剃髪《ていはつ》すること、*後家として夫の家に留まり、子の養育後などに出家する*後家尼《ごけあま》となることも増加し、この場合は出家が婚家との関係を継続させる役割を果たした。なお戒律の面では在俗者の戒律である五戒《ごかい》を受けただけの*優婆夷《うばい》の例もある。

参考文献 西口順子『女の力』(平凡社選書)、一九八七、平凡社。勝浦令子『女の信心』(平凡社選書)、一九九五、平凡社。同『日本古代の僧尼と社会』、二〇〇〇、吉川弘文館。

(勝浦 令子)

いえぎみ 家長 一般的名称としての「かちょう」とは区別して、八世紀後半から九・十世紀ごろにみられる、富豪層の「家」の男性経営者をさす。「いえのきみ」「いえのおさ」とも訓《よ》む。「きみ」は豪族に対する古くからの称号で、彼らは、*律令制地方行政機構のもとでも地域支配者としての公的地位(郡司・里長《さとおさ》等)と、旧来からの共同体首長としての経済的・宗教的機能をよりどころに、新たに私的経営体としての「家」を形成しつつあった。『*日本霊異記《にほんりょういき》』には、「富める家長の公《きみ》」が漢神《からかみ》の祭を主導し、のちに自分の家を寺に転じて村堂とした話(中巻第五話)、伝統的豪族の*氏名《うじな》をもつ「長《おさ》の公《きみ》」が妻である「家室《いえのとじ》」の提案をいれて、貧しい隣人を扶養《ふよう》する話(中巻第十六話)などがある。家長と家室の経営権限をめぐっては、独立した経営者の寄り合いとみる説、家長の経営責任のもとでの家室の分担とみる説、家長が経営者で家室は補助とみる説などがある。

参考文献 関口裕子「日本古代の家族形態と女性の地位」(『家族史研究』二)、一九八〇。吉田孝『律令国家と古代の社会』、一九八三、岩波書店。河音能平「生活の変化と女性の社会的地位」(女性史総合研究会編『日本女性生活史』二、一九九〇、東京大学出版会)。

(義江 明子)

イエスのはこぶね イエスの方舟 千石《せんごく》イエスと呼ばれた千石剛賢《たけよし》(一九二三—二〇〇一)が主宰する聖書研究グループ。家出した若い女性らが東京にあるプレハブの教会で共同生活をしていたが、「娘を返せ」と迫る家族から逃れるため総勢二十六名が各地を転々とし、一九八〇年(昭和五十五)には集団失踪《しっそう》事件として騒がれ、警察まで介入する「事件」となった。この「事件」をとおして、マスコミの報道姿勢とともに、親とは何か、家族とは何かという問いが提起された。

参考文献 芹沢俊介『「イエスの方舟」論』(シリーズ家族二)、一九八五、春秋社。萩原修子「イエスの方舟—徹底した思想と実践の共同体—」(清水雅人編『新宗教時代』四、一九九五、大蔵出版)。

(渡辺 雅子)

いえせいど 家制度 家を国家の基礎単位とし、すべての国民を家に編成することによって統治をはかろうとする、明治政府の政策。明治四年(一八七一)明治政府は*戸籍制度を定め翌五年より実施した(壬申《じんしん》戸籍)。ここでは人々は戸主との関係において戸(家)に編成され、戸主は*家族の居所・職業・結婚・教育・兵役について届出の権限と義務を負い、また家族を扶養・保護する義務を負った。戸主は国家支配の最末端の役割を担うものであり、この家の維持・存続のために前近代の武士の家の慣習がとりいれられた。戸主を筆頭に尊属《そんぞく》・直系・男子優先の戸籍の記載順位はこれを象徴するものである。これはこの時点では現実の家族生活に合致し、庶民の家の再生産・家族経営に適合的なものであったが、産業化の進展に伴う人口の移動、職業の多様化などによって戸籍と現実の家族の生活は乖離《かいり》をきたした。民法制定の作業の過程では資本主義の発展に適合的な法を志向する立場と家制度を重視する立場の激しい対立がおこった(*民法典論争)。その結果成立・施行された民法では、「家」については明記せず、*家産を廃し戸主の個人財産とする、家族間の権利義務関係を認めるなど、資本主義経済に適合した構成がとられた。しかしその一方で戸籍制度を基礎に戸主権と*家督《かとく》相続がみとめられ事実上家制度が存続した。長男単独相続の家制度のもとでは、女性は結婚により夫の家に入り夫の家の姓を名乗ること、妻は法的に無能力であることなど、夫婦の不平等は大きかった。しかし戸主の権限の強化によって国家は資本の集中・集積が容易になり、またその子女を低廉《ていれん》な労働力として雇用することが可能になり、家の制度は資本主義の成立・展開に寄与した。また民法に明記されなかった家の観念を補強するものとして儒教的道徳を説く*教育勅語が発布され、これに基づく国民教育が行われた。明治後期になると家の観念はさらに拡大されて、国を挙げて一大家族であり、天皇は父、*皇后は母であるという*家族国家観がうまれた。それは企業主と被雇用者、地主と小作など社会のさまざまな関係を親子に擬《ぎ》し、その矛盾《むじゅん》を隠蔽《いんぺい》する役割を果たした。大正期に入ると資本主義の急激な発展、デモクラシー思想の高揚《こうよう》のもとで家族の実態や家族意識も変化し、家制度の危機が叫ばれるようになった。一九一七年(大正六)に*臨時教育会議、一九年には臨時法制審議会が設けられ、教育においても国家観念・淳風美俗《じゅんぷうびぞく》を強調するとともに、法制度においても家制度強化の改正が論議された。その結果一九二五年・一九二七年(昭和二)提出の*民法改正要綱《ようこう》では、戸主権強化の面もあったが、その一方で私生児の呼称の廃止、母の*親権制限の緩和《かんわ》、夫の姦通《かんつう》を*離婚理由にあげるなど、戸主権を制限し現実の家族の実態に近づける案が考えられた。しかしこれに基づく法改正はこの後の戦時体制のため中断され、戦後*日本国憲法の実施により家制度は廃止が実現した。

参考文献 青山道夫他編『家族観の系譜・総索引』(講座家族八)、一九七四、弘文堂。鹿野政直『戦前・「家」の思想』(叢書身体の思想九)、一九八三、創文社。福島正夫編『近代日本の家族政策と法』(家族―政策と法―六)、一九八四、東京大学出版会。依田精一『家族思想と家族法の歴史』、二〇〇四、吉川弘文館。

(永原 和子)

いえづま 家妻 ⇨主婦《しゅふ》・主婦権《しゅふけん》

いえで 家出 家の束縛から逃れるために、密かに家を抜け出ること。ここでは近代天皇制国家体制の*家制度の枠組みから逃れ出ようとした女性たちについて言及する。男性の場合は*石川武美《いしかわたけよし》(『*主婦之友』創刊者)のように立身出世を夢見て家出をする例が多かったが、女性の場合は戸主権《こしゅけん》の強い家制度の下で父親や夫の支配が重くのしかかり、それに逆らって家出をする傾向が強かった。青鞜《せいとう》社員の中には各地から東京へと出奔《しゅっぽん》した女性たちがいる。山田《やまだ》(今井《いまい》)邦子《くにこ》は下諏訪《しもすわ》から、*伊藤野枝《いとうのえ》は福岡から親の強いる結婚に抵抗して上京、『*青鞜』主宰の*平塚《ひらつか》らいてうも両親の家を出て奥村博《おくむらひろし》との共同生活を実践した。『*婦女新聞』にも強制的結婚を逃れて家出した*梅津《うめつ》はぎ、丸山《まるやま》ハナらの例が報道されている。また、高井《たかい》としをのように岐阜から東京に出て労働運動に参加した女性もいる。大正時代には工業化・都市化が進行し女性の職域も広がり*女子教育も普及、家からの解放と自立を求めて女たちの「『家出』の季節」(米田佐代子)が到来したのである。

参考文献 『平塚らいてう著作集』一、一九八三、大月書店。石崎昇子「愛と性の自由を求めて」(総合女性史研究会編『日本女性の歴史―性・愛・家族―』一九九二、角川書店)。らいてう研究会編『『青鞜』人物事典』、二〇〇一、大修館書店。尾形勇編『身分と共同体』(歴史学事典一〇)、二〇〇三、弘文堂。

(金子 幸子)

いえとじ 家刀自 ⇨刀自《とじ》

いえのにょうぼう 家女房 ⇨召人《めしうど》

いえのひかり 家の光 一九二五年(大正十四)五月、産業組合中央会により一般組合員を対象として創刊された農村向け家庭雑誌。一九四四年(昭和十九)から社団法人家の光協会が発行を引き継いでいる。創刊号は二万五千部を印刷した。しばらく低迷した後、編集内容の改善、組合組織を通じての宣伝・普及運動が相まって急伸し、一九三五年(昭和十)九月号以降、普及部数が百万部を超えた。一時期、市街地信用組合向けの都市版も発行された。戦時下の用紙統制に頁数減少を強いられたが、一九四三年までは百二十万～百四十万部を保っていた。読者の大半を農村に有し、農家四～五戸に一冊の割合で普及した。鉄道便で各地の産業組合宛に直送され、組合から購読者に配布されたため、書店のない村にも行き渡った。敗戦前後に激減した部数は一九五四年に百万部台を回復、一九六一年一月号で百八十万部を記録した。以後、農業・農村の構造変化をうけて漸減に転じた。戦前の定価は二十銭。他誌より安いが薄く地味な体裁であった。組合の機関誌として「共存同栄《きょうぞんどうえい》」理念を説くが、『キング』と『*主婦之友』を合わせたような商業誌という性格が強かった。易しい文字と文章、振り仮名で農村読者に配慮し、「こども欄」を巻末に付け(戦後は児童雑誌として独立)、「一家一冊万能主義」をうたって家族全員を対象とした。読物記事など娯楽を提供する一方、実用を重視し、農業記事・家庭記事は実生活に役立つよう工夫された。さらに記事の活用を勧めて、近代化の遅れた農村生活の改善を促した。ことに主婦層の啓蒙《けいもう》を図り、この方針は戦後も継承された。ただし、戦前の読者の中心は、生活向上を強く志向していた青壮年男性であった。主婦層に浸透するのは、農村女性の読書環境が改善され、主婦自身が*家事・育児役割の担い手であるという自覚が生じた高度経済成長期であった。創刊から一九四九年までと、一九三五―四一年の都市版が復刻され(一九九三―二〇〇一年、不二出版)、その『『家の光』目次総覧』全二巻・別巻一(一九九一年、大空社)がある。

『家の光』創刊号

参考文献 『家の光の四十年』、一九六八、家の光協会。『家の光六十年史』、一九八六、家の光協会。板垣邦子『昭和戦前・戦中期の農村生活―雑誌『家の光』にみる―』、一九九二、三嶺書房。

(板垣 邦子)

いおいのじょおう 五百井女王 ?―八一七 奈良・平安時代の*女官。天智天皇の後裔《こうえい》市原王《いちはらおう》と光仁《こうにん》皇女能登《のと》内親王との女《むすめ》で、弟に五百枝王《いおえのおう》がいる。天応《てんおう》元年(七八一)八月、無位から従《じゅ》四位下へ叙位《じょい》、のち尚縫《ぬいのかみ》に、弘仁《こうにん》八年(八一七)十月、*尚侍《ないしのかみ》従二位で死去した。延暦《えんりゃく》六年(七八七)には越中《えっちゅう》国須加荘《すかのしょう》(富山県高岡市)の墾田《こんでん》を宇治華厳院《うじけごんいん》に寄進、桓武天皇のための薬師仏《やくしぶつ》造像、『法華経《ほけきょう》』の写経や亡母に続き東大寺へ地子を奉入するなど、作善《さぜん》に努めた。東大寺、東南院文書には「五百井内親王」と記すものもあり(『大日本古文書』家わけ第一八―一二)、その尊貴性も窺《うかが》える。

参考文献 『続日本紀』天応元年八月条。『日本後紀』大同元年二月条。『日本紀略』弘仁八年十月条。『類聚国史』延暦十三年七月条。竹内理三編『平安遺文』古文書篇一、一頁・二頁・二六頁・二七頁。吉川敏子「越中国射水郡東大寺領荘園図―須加(村)・鳴戸(村)・榡田・鹿田村―」(金田章裕・石上英一・鎌田元一・栄原永遠男編『日本古代荘園図』一九九六、東京大学出版会)。石田実洋「五百井「内親王」小考」(西洋子・石上英一編『正倉院文書論集』二〇〇五、青史出版)。

(稲川やよい)

いおえのいらつめ　五百重娘　生没年不詳　天武《てんむ》天皇の*夫人、万葉歌人。藤原夫人《ふじわらのぶにん》・大原大刀自《おおはらのおおとじ》ともいう。藤原鎌足《かまたり》の女《むすめ》。氷上娘《ひかみのいらつめ》(天武夫人)の妹。天武天皇二年(六七三)二月、天武の即位に伴い夫人となる。天武との間に新《にい》田部皇子《たべのみこ》を儲《もう》け、天武の没後、持統《じとう》天皇九年(六九五)には異母兄の藤原不比等《ふひと》との間に藤原麿《ふじわらのまろ》を儲ける。『*万葉集』には作歌二首が採録《さいろく》されている。天武との*相聞歌《そうもんか》からは、天武と婚してのちも大原(奈良県明日香村大字小原《おはら》)の藤原第《ふじわらのてい》に住んでいたことが知れ、天皇の妻となっても、自身の経営基盤を有する大刀自として精神的にも自立した存在であり得た、当時の有力豪族女性の姿が窺《うかが》える。

参考文献 義江明子「「刀自」考―首・刀自から家長・家室へ―」(総合女性史研究会編『日本女性史論集』三、一九九七、吉川弘文館)。

(藤堂かほる)

いおきべのとこたりひめ　伊福吉部徳足比売　?―七〇八　八世紀初頭の*女官。安永三年(一七七四)に因幡《いなば》国法《ほう》美《み》郡宮《みや》ノ下《した》村(鳥取市国府《こくふ》町宮下《みやした》)で発見された蔵骨器(青銅製壺、東京国立博物館蔵)に墓誌銘がある。それによれば、慶雲《けいうん》四年(七〇七)に従七位下《じゅしちいげ》に叙《じょ》せられ、和銅《わどう》元年(七〇八)に没し、同三年に火葬されたという。因幡国の伊福部臣《いおきべのおみ》氏は法美郡の郡領《ぐんりょう》氏族であり(『因幡国伊福部臣《いおきべのおみ》古志《こし》』)、徳足比売はその一族の女性で、*采女《うねめ》として宮廷に出仕したと推定される。

参考文献 佐伯有清「伊福部臣氏の系図」(『古代氏族の系図』一九七五、学生社)。斎藤忠「因幡国伊福吉部徳足比売の墓について」(『仏教史研究』九)、一九七五。

(篠川　賢)

いかいはなこ　猪飼華子　一七一五―八一　江戸時代中期の大名の妻、歌人。宝泉《ほうせん》夫人・お薫《くん》ともいう。近江《おうみ》国の下級武士の娘で、十七歳から尾張《おわり》藩主徳川宗春《むねはる》に仕え、のち夫人となる。親の身分が低いため*正室にはなれなかったが、宗春に正室はなかった。夫とともに*和歌をたしなみ、冷泉為村《れいぜいためむら》らの指導を受け、四千二百首の作品を残した。没後『阿薫《おくん》和歌集』にまとめられた。

参考文献 浅野美和子「近世女人文人風土記―尾張国の巻―」(『江戸期おんな考』四)、一九九三。

(浅野美和子)

いがし　伊賀氏　生没年不詳　鎌倉時代前期の女性。鎌倉幕府執権北条義時《しっけんほうじょうよしとき》の妻。父は伊賀朝光《いがともみつ》、母は二階堂行《にかいどうゆき》政《まさ》女子か(『秀郷流系図《ひでさとりゅうけいず》』佐伯《さえき》)。北条政村《まさむら》・実泰《さねやす》・時尚《ときひさ》・西園寺実有《さいおんじさねあり》妻・一条実雅《いちじょうさねまさ》妻(のち唐橋通時《からはしみちとき》妻)の母。義時との婚姻により彼女の兄弟の地位は幕府内で上昇し、伊《い》賀光季《がみつすえ》は京都守護《きょうとしゅご》、光宗《みつむね》は政所執事《まんどころしつじ》に列した。父朝光の追福塔婆供養《ついふくとうばくよう》には、兄弟とともに施主となる。承久《じょうきゅう》の乱《らん》に際して夢想《むそう》を得、京方についた日吉社禰宜《ひえしゃねぎ》の厚免《こうめん》を実現するなど、政治への一定の関与も見られる。元仁《げんにん》元年(一二二四)夫義時が没すると、*後家として義時の大倉《おおくら》邸を継承した。義時の死因については、彼女による毒殺説が流れたらしい。またこの時鎌倉では、彼女が婿実雅を将軍に、実子政村を執権に擁立し、光宗ら兄弟が幕府の実権を握る画策をしていると噂され、騒動が発生する。これにより*北条政子《ほうじょうまさこ》は伊賀氏一族を処分し、彼女は伊豆国北条(静岡県伊豆の国市)へ移された。その四ヵ月後、彼女の危篤《きとく》を伝える飛脚《ひきゃく》が鎌倉へ届いている。

参考文献 永井晋『鎌倉幕府の転換点―吾妻鏡を読みなおす―』(NHKブックス)、二〇〇〇、日本放送出版協会。

(七海　雅人)

いがらしはまも　五十嵐波間藻　一七七二―一八四八　江戸時代後期の俳人。浜藻とも書く。相模《さがみ》国大谷《おおや》(東京都町田市)の名主五十嵐伝兵衛(号梅夫)の娘。名はもよ。祖父・父ともに俳諧《はいかい》をよくし、浜藻も少女時代から俳諧に親しむ。若いころから小林一茶《こばやしいっさ》や江戸俳壇の大家夏目成《なつめせい》美《び》や鈴木道彦《すずきみちひこ》らと交わって連句の座に着く。夫を迎え、家を夫に頼み、文化三年(一八〇六)から四年間、父梅夫と九州・四国・山陽路の各地を旅し、歌仙《かせん》興行をした。その成果を女性ばかりの歌仙十八巻の『八重山吹《やえやまぶき》』として編集した。

参考文献 別所真紀子『「言葉」を手にした市井の女たち―俳諧にみる女性史―』、一九九三、オリジン出版センター。

(柴　桂子)

いぎのみょうぶ　威儀命婦　⇩御前命婦《ごぜんのみょうぶ》・威儀命婦《いぎのみょうぶ》・褰《けん》帳命婦《ちょうのみょうぶ》

いくえのいえみちめ　生江家道女　生没年不詳　奈良時代末の女性仏教信者。在野《ざいや》の宗教者として活動し、越優《こしのう》婆夷《ばい》と呼ばれた。越前国足羽郡《あすわぐん》の郡司を輩出する有力豪族生江臣《いくえのおみ》氏の出身で、天平宝字元年(七五七)五月、同郡江下郷《えしもごう》の人として母生江臣大田女《おおため》とともに『法華経《ほけきょう》』八百巻、『喩伽論《ゆがろん》』百巻、翌月には単独で『灌頂経《かんじょうきょう》』十二巻を東大寺に貢進《こうしん》。母の名よりも先に家道女の名があることは、この貢進が彼女の主導で行われたことを、合計九百十二巻もの貢進は、信仰心の深さとともに有力豪族という富裕な背景を窺わせる。その後、京に上り市井で宗教活動したことが、『日本後紀』延暦十五年(七九六)七月の家道女の本国越前への強制送還記事から知られる。市において妄《みだ》りに罪福を説き、百姓を惑わしたとして、正規の尼ではないが、*僧尼令《そうにりょう》非寺院条《ひじいんじょう》・観玄象条《かんげんしょう》に基づく罪で罰せられた。越優婆夷と出身国名を冠して通称されていたことは宗教者として民衆の支持を得ていたことにほかならず、その影響力は政府が危惧《きぐ》するほどのものであったのであろう。

参考文献 須田春子『律令制女性史研究』、一九七六、千代田書房。根本誠二『奈良時代の僧侶と社会』、一九九九、雄山閣出版。吉田一彦『古代仏教をよみなおす』、二〇〇六、吉川弘文館。

（有富由紀子）

いくじ・かいごきゅうぎょうほう　育児・介護休業法　子を養育する労働者および、介護が必要な家族のいる労働者から休業の申し出に対して事業主が講じるべき措置を規定した法律。一九九一年(平成三)「育児休業法」として成立(九二年施行)したが、九五年「介護休業」(九九年施行)が加わり現在の「育児休業、介護休業等育児又は家族介護を行う労働者の福祉に関する法律」(以下「育児・介護休業法」という)に改正された。「育児又は介護を理由として雇用関係が終了することを防ぎ、その継続を図ることを目的とする制度」である。同法には第二七条「再雇用特別措置《そち》」を「*男女雇用機会均等法」から移して挿入。一九九七年、*労働基準法改正によって女子深夜業の禁止規定が廃止されたので、育児・介護休業法第一九条に「深夜業の制限」(就学前の子を養育する男女労働者が請求した場合)が設けられた(一九九九年施行)。二〇〇一年、休業することによる「不利益取り扱いの禁止」(公布と同時施行)、代替《だいたい》要員・職場復帰のための教育・訓練は努力義務、翌年の年次有給休暇には影響しない、時間外労働の制限・勤務時間の短縮の措置義務となる子の年齢の引き上げ(一歳から三歳へ)、子の看護のための休暇等が加わった(二〇〇二年施行)。*育児休業中の賃金は労使間で決めるが、休業前賃金の四割が雇用保険から給付され(介護休業も同じ)、社会保険料も免除、給付額は期間中も支払ったものとされる(二〇〇一年から)。さらに二〇〇四年改正で、㈠休業の取得によって雇用の継続が見込まれる一定の範囲の期間雇用者も育児・介護休業がとれる、㈡子が一歳を超えても、休業が必要と認められる一定の場合には一歳六ヵ月に達するまで休業できる、㈢要介護状態にある対象家族一人につき、常時介護を必要とする状態に至るごとに一回、通算九十三日まで介護休業をすることができる、㈣就学前の子を養育する労働者は一年に五日まで、病気・けがをした子の看護のため休暇を取得できるとなった(二〇〇五年施行)。これら法改正は少子・高齢社会政策の一環であった。

参考文献 林弘子『育児休業法のすべて』(有斐閣ビジネス)、一九九二、有斐閣。『婦人と年少者』一一一・一二一、一九九五・九七。橋本宏子『女性福祉を学ぶ―自立と共生のために―』、一九九六、ミネルヴァ書房。『Women&Work』一三九・一五〇、二〇〇三・〇四。

（橋本　宏子）

いくじきゅうぎょう　育児休業　雇用されて働く労働者が、育児のために雇用関係を維持したまま一定期間休業する制度。日本で最初に社会的話題になったのは、全電気通信労働組合が婦人部を中心に要求した「育児休職」である。当初は、両親の責任であるのに「育児は女の天職」という旧来の思想を肯定することになる、零《れい》歳児保育要求に反する、合理化攻撃の一環として退職させられる不安、女性解放に逆行するのではないかなどの反対論もあった。討議の末、自由選択・原職復帰・有給の三原則で合意して交渉し、一九六五年(昭和四十)に電電公社と協約化(生後二年まで・無給で)、三年間の試行期間・一九六八年本格実施。日本教職員組合婦人部も一九六三年以来三年間の討議を経て一九六六年決議、「育児休暇」要求運動を開始し、国会に上程《じょうてい》されたが廃案となり、九年後成立。一九七二年成立した「*勤労婦人福祉法」に「育児休業」が入ったが、この法律は企業主に対して罰則がなく「努力義務」であった(一九七三年には九十七事業所の実施)。専売公社は一九七二年実施。一九七五年「義務教育諸学校等の女子教育職員及び医療施設、社会福祉施設等の看護婦、保母の育児休業に関する法律」が成立した。一部の自治体・企業などでも個別に実施し始めた。当時、女性労働者は大幅に増加し全雇用者の四割に近く、一・五七ショックの*少子化、ＩＬＯ一二三号勧告《かんこく》、一九八九年「児童の権利に関する条約」など国内・国際的な情勢を背景に、男性にも適用される制度として一九九一年(平成三)「育児休業法」が制定された。厚生労働省『女性雇用管理基本調査(平成十七年度)』によると、育児休業制度規定のある事業所は六一・六%、出産者・配偶者が出産した者の取得率は女性七二・三%・男性〇・五%、取得期間は漸次《ぜんじ》増加し女性は十~十二ヵ月が最多で三五・〇%。また、「育児のための勤務時間短縮等の措置」の制度のある事業所は四一・一八%となっている。

参考文献 日本労働組合総評議会婦人対策部編『総評婦人二十五年の歴史』、一九七六、日本労働組合総評議会。日本教職員組合婦人部編『日教組婦人部三十年史』、一九七七、労働教育センター。川口和子・中嶋晴代監修『育児休業・看護休暇』、一九八〇、学習の友社。坂本福子『解説育児休業法』、一九九一、学習の友社。岡尾昌子他『はたらく女性のための育児休職』(戦後女性労働基本文献集一三)、二〇〇六、日本図書センター。

（橋本　宏子）

いくじにっき　育児日記　親による子どもの成長発育の日誌のこと。育児の語は近代になって登場する。日本最初の体系的育児書、医師の香月牛山《かつきぎゅうざん》が著わした『小児必要養育草《しょうにひつようそだてぐさ》』に代表されるように、近世には子どもを育てる営みは子育ての語で表わされていた。また近世の子育て書の読者は父親であった。しかし、近代国家の成立は、国家にとっての子どもという観点から近代学校制度と「児童」を創出し、子育ては「育児」の語で表わされるようになる。明治期の終りには、近代医学にもとづく子どもの衛生管理を重視する「育児」の名を冠した育児書が刊行され始める。育児日記は、育児書の読者である親たちによる子どもの発育の記録として登場するが、当初は「児童養育日誌」(『児童研究』、一八九九年(明治三十二))など、「児童」と「養育」をあわせた表題を持っていた。また、その最初の執筆者は父親であった。しかし、学校教育の下請けとして「家庭教育」が位置づけられ、母親が、その担い手とされる中で、育児日記の執筆者も母親となっていく。

参考文献 沢山美果子「子育てにおける男と女」(女性史総合研究会編『日本女性生活史』四、一九九〇、東京大学出版会)。太田素子『江戸の親子』(中公新書)、一九九四、中央公論社。

(沢山美果子)

いくたちょうこう 生田長江 一八八二―一九三六 明治から昭和時代にかけての評論家、翻訳家、小説家。鳥取県生まれ。東京帝国大学哲学科卒。『明星《みょうじょう》』『芸苑《げいえん》』に評論や翻訳を掲載。一九〇七年(明治四十)閨秀《けいしゅう》文学会で平塚明《はる》(のちのらいてう)に出会う。一九一一年の『*青鞜《せいとう》』創刊にあたって、その発刊をすすめ、誌名の名付け親になるなど、重要な役割を果たした。翻訳に『ツアラトウストラ』(一九一一年、新潮社)、評論集に『最近の小説家』(一九一二年、春陽堂)などがある。

参考文献 池川玲子「生田長江と『青鞜』」(日本文学協会新・フェミニズム批評の会編『『青鞜』を読む』一九九八、学芸書林)。米田佐代子「『青鞜』と「社会」の接点」(『平塚らいてう』二〇〇三、吉川弘文館)。

(岩田ななつ)

いくたはなよ 生田花世 一八八八―一九七〇 明治から昭和時代にかけての作家。旧姓西崎。徳島県生まれ。徳島高等女学校卒。小学校の教員をしながら、長曾我部《ちょうそかべ》菊子《きくこ》の筆名で『*女子文壇《じょしぶんだん》』に執筆。上京後、一九一三年(大正二)『*青鞜《せいとう》』社員となり、大胆な告白文を掲載。一四年『反響《はんきょう》』に載せた「食べることと貞操《ていそう》と」は、*貞操論争の発端となった。『ビアトリス』『*女人芸術《にょにんげいじゅつ》』など、女性文学雑誌の編集に協力、尽力する。著書に『燃ゆる頭』(一九二九年、中西書房)、『近代日本婦人文芸女流作家群像』(一九二九年、行人社)などがある。

参考文献 戸田房子『詩人の妻生田花世』、一九八六、新潮社。岩田ななつ『ビアトリス(復刻版)』解説、二〇〇三、不二出版。

(岩田ななつ)

いくほうもんいん 郁芳門院 一〇七六―九六 白河《しらかわ》天皇の第一皇女、媞子《ていし》内親王。母は関白藤原師実《もろざね》の養女、中宮*藤原賢子《けんし》(実父は源顕房《みなもとのあきふさ》)。承保《じょうほう》三年(一〇七六)四月五日誕生。同年八月に親王宣下《せんげ》、承暦《じょうりゃく》二年(一〇七八)に早くも*准三宮《じゅさんぐう》の宣下を受ける。同年八月に*斎宮《さいぐう》に卜《ぼく》定《じょう》され、承暦四年九月十五日に群行。応徳《おうとく》元年(一〇八四)九月、生母中宮の死去により退下《たいげ》、帰京した。寛治《かんじ》元年(一〇八七)十二月、同母弟堀河《ほりかわ》天皇の母代わりとして*入《じゅ》内《だい》。寛治五年正月二十二日、天皇の母に准じて立后《りっこう》され、*中宮となった。天皇の養母の立后については先例があったが、天皇と婚姻関係にない女性の立后は未曾有《みぞう》のことであった。この立后は白河院の主導のもとに行われたが、この異例の立后には宮廷社会の強い批判があり、のちに媞子が重病に罹《かか》った際、院は大神宮に陳謝《ちんしゃ》したとされる。しかし、天皇の尊属《そんぞく》にあたる内親王を「母に准じて」(准《じゅん》母《ぼ》)立后することは、こののち中世前期を通じて盛行することになった。寛治七年、院号宣下を受け、未婚の内親王が准母立后の後に*女院《にょいん》となる初例ともなった。「進退美麗、風容甚盛、性本寛仁、接心好施」ゆえに白河院の多くの子の中で最も鍾愛《しょうあい》を受け、常に院の傍らにおかれて「天下の盛権、ただこの人にあり」と評された媞子だが、体が弱く、京洛が「*永長《えいちょう》の大田楽《おおでんがく》」の絶頂にあった永長元年(一〇九六)八月七日、二十一歳で没した。その早世は、大田楽の熱狂を冷ます一要因となったともいわれる。白河院は悲嘆のあまり出家し、媞子とともに住んだ御所六条殿を仏堂(六条院)に改めて、彼女に仕えていた女房・従者達を生前同様に仕えさせ、彼女の封戸《ふこ》・荘園を施入《せにゅう》して、仏供《ぶっく》や女房・従者等の給料に充《あ》てた。六条院に施入された所領群は「六条院領」とよばれ、女院領の先駆《せんく》的形態とみなされている。

参考文献 伴瀬明美「専制君主の最愛の娘―媞子内親王―」(服藤早苗編著『歴史のなかの皇女たち』二〇〇二、小学館)。

(伴瀬 明美)

いけつひめ 池津媛 百済《くだら》の王女か。『日本書紀』雄略《ゆうりゃく》天皇二年七月条などに、百済王が雄略天皇に媛を貢じたが、石川楯《いしかわのたて》と婬《いん》して天皇に焼き殺されたとある。『日本書紀』の注は「百済の慕尼《むに》夫人娘、適稽女郎《ちゃくけいえはしと》」とするが、これは応神紀の新斎都媛《しせつひめ》に関するものであろう。五世紀後半、高句麗南下の影響を受けた百済は倭国との関係を深め、池津媛の記事はその状況で理解される。またこの後渡来の多数の今来漢人《いまきのあやひと》と同様、王族女性の渡来は文化的にも重要な意味を持っていた。

参考文献 井上秀雄『任那日本府と倭(二版)』、一九七八、東出版寧楽社。寺沢知子「渡来系集団墓にみられる女性像」(伊達先生古稀記念論集編集委員会編『古文化論叢』一九九七)。

(三﨑 裕子)

いけのぎょくらん 池玉瀾 一七二七―八四 江戸時代中期の女流文人画家。南画の大家池大雅《いけのたいが》の妻。本名は町《まち》。祇園町子《ぎおんまちこ》ともいう。京都に生まれる。父は江戸の武士徳《とく》山《やま》氏。母は祇園の茶亭松屋の主で歌人の百合《ゆり》。祖母も歌人として名高く、祇園社前で茶店を営んでいたお梶《かじ》。母の百合が祇園下で道行く人に画を売っていた大雅の画才を知り、娘の婿になってほしいと頼み込む。宝暦元年(一七五一)に婚儀をあげた。玉瀾は夫とともに柳沢淇園《やなぎさわきえん》に学び、淇園の別号玉桂《ぎょくけい》の一字をもらい玉瀾と号した。玉瀾の絵は大雅に似ていたので、「大雅風」といわれた。山水花卉《さんすいかき》を好んで描いた。和歌は冷泉門《れいぜいもん》に学び、遊可《ゆうか》の名をもらった。玉瀾と大雅夫婦の飄逸《ひょういつ》な暮らしぶりは有名で、大雅の忘れ物を玉瀾が追いかけて手渡すと、彼は妻とは気付かず礼をいい、妻も黙って礼を受けた、というような逸話が残されている。終日夫婦仲良く絵を描いていたという。天明四年(一七八四)九月二十八日没。

参考文献 古筆了仲編『扶桑画人伝』(芳賀登他編『日本人物情報大系』六一、二〇〇二、皓星社)。伴蒿蹊『近世畸人伝』(中公クラシックス)、二〇〇五、中央公論社。

(牧田りゑ子)

いけのぜんに 池禅尼 生没年不詳 平安時代末期の女性。名は藤原宗子《ふじわらのむねこ》。平忠盛《たいらのただもり》の後妻。崇徳天皇《すとくてんのう》皇子重仁親王《しげひとしんのう》の*乳母《めのと》。父は藤原宗兼《ふじわらのむねかね》、母は未詳。平家盛《いえもり》・頼盛《よりもり》の母。夫忠盛の死により出家し、*後家として京都六波羅第《ろくはらてい》の池《いけ》殿《どの》に住する。保元《ほうげん》の乱に際して頼盛を反崇徳方の平清盛《たいらのきよもり》に従わせ、平治《へいじ》の乱《らん》では源頼朝《みなもとのよりとも》の死罪を免じ流罪にするよう清盛を説得した。この頼朝の処置については、彼女の孫や叔母の親族・人脈を通じた働きかけがあったのではないかと想定されている。

参考文献 角田文衛「池禅尼」(『王朝の明暗』一九七七、東京堂出版)。保立道久『義経の登場―王権論の視座から―』(NHKブックス)、二〇〇四、日本放送出版協会。

(七海 雅人)

いけぶくろかいしゅんだんせいしぼうじけん 池袋買春男性死亡事件 一九八七年(昭和六十二)四月十五日、東京都池袋のホテルで、ホテトル嬢をナイフで傷つけるなどサディスティックな性行為を強要した男性が、命の危険を感じた女性にそのナイフで刺され死亡した事件。「買春」は「ばいしゅん」とも読む。池袋事件ともいう。女性は殺人罪で起訴され、同年十二月の東京地裁判決は懲役《ちょうえき》三年、被告側は控訴《こうそ》。地裁判決を傍聴《ぼうちょう》した女性たちは性暴力事件として、新聞が書いた「ホテトル嬢の殺人事件」ではなく「池袋買春男性死亡事件」といいかえ、同考える会を発足させ正当防衛・無罪の裁判支援運動に取り組んだ。翌年六月の東京高裁判決は、情状酌量《じょうじょうしゃくりょう》により懲役二年・執行猶予《しっこうゆうよ》三年と逆転に近かった。考える会は検察論告や判決文にみられる、売春のみ責め買春には言及しない性規範の不平等性、「売春する女」の性的自由は「一般女性」のそれとは同列ではないとする女性の分断・差別性を告発し、その後の反性暴力運動の一起点となった。

参考文献 ゆのまえ知子「買売春問題とフェミニズム」(『買売春問題資料集成』解説・総目次・索引、二〇〇二、不二出版)。

(ゆのまえ知子)

いご 忌子 古代の女性神職名。*物忌《ものいみ》・斎子《いみご》・はふりこ・斎祝子《いみはふりこ》ともいう。古代の賀茂《かも》社には賀茂県主《かものあがたぬし》一族の男女が禰宜《ねぎ》・祝《はふり》・忌子として奉仕していた(『延喜式《えんぎしき》』斎院司《さいいんし》など)。禰宜・祝が男性、忌子が女性神職である。下鴨《しもがも》社の古系図(内閣文庫蔵)には、七世紀後半から八世紀後半にかけて奉仕した祝・斎祝子の人名と在職期間の記載があり、長期にわたって在職した既婚*巫女《みこ》の存在や、男性の祝との続柄関係、男女がセットで交替してはいないことなど、古代の神社巫女の実態を知る貴重な事例である。女性神職「物忌」は、*伊勢神宮・鹿島《かしま》社・香取《かとり》社等、ほかにも多数みられる。『*風土記《ふどき》』逸文《いつぶん》が伝える賀茂社の御祖神《みおやがみ》「*玉依日売《たまよりひめ》」の物語は、祝と忌子(斎祝子)がアレヲトコ・アレヲトメとして毎年行なった御阿礼《みあれ》神事の祭儀神話の要素が強い。平安遷都《せんと》後、皇女がアレヲトメとして派遣される*斎院《さいいん》の制度が始まるが、賀茂県主氏の忌子は斎院のもとで、また斎院廃絶後も、男性神職とともに日常の神事を担い、明治四年(一八七一)の全国的な女性神職廃止まで存続した。

参考文献 座田司氏「御阿礼神事」(三隅治雄・坪井洋文編『日本祭祀研究集成』四、一九七七、名著出版)。井上光貞「カモ県主の研究」(『日本古代国家の研究』一九六五、岩波書店)。義江明子『日本古代の祭祀と女性』(古代史研究選書)、一九九六、吉川弘文館。

(義江 明子)

イザイホー イザイホー 沖縄県久高島《くだかじま》で十二年ごとの午《うま》年に行われる祭事。旧暦十一月十五日から六日間が本祭。ウドゥンミャー(御殿庭)と呼ばれる村落はずれにある祭場を中心に行われる。久高島は三十歳以上の全女性が加入する村落祭祀《さいし》組織を有し、イザイホーはその祭祀組織に加入するためのイニシエーション儀礼である。御殿庭の一角にある神アサギの前に横たえられた「七つ橋」と呼ばれる橋を、イニシエーションを受ける女性たちが渡るところから祭は始まる。以後女性たちは、神アサギの背後に臨時に設えられた「七《なな》つ家《や》」と呼ばれる小屋に四日三晩籠《こも》り、その間、御殿庭に登場してはティルルと呼ばれる歌謡の歌唱を伴うさまざまなパフォーマンスを繰り広げる。イザイホーを経た女性はナンチュと呼ばれ、以後年齢を経る順にヤジク、ウンサク、タムトゥという階梯《かいてい》を昇格していき、七十歳になるとテイヤクと称して組織から抜ける。ナンチュからタムトゥに至る階梯の村落祭祀における役割は位階的に定まっている。ナンチュになると、タマガエーヌウプティシジと呼ばれる御嶽《うたき》

イザイホー

（七あるいは九つあるとされる）に滞留する神霊（シジ）を、家のトゥパシリと呼ばれる場所でまつるようになり、その神霊に対して家族の健康祈願などを行う。タマガエーヌウプティシジは長男の長女へ（父方祖母から孫へ）継承されるのを原則とし、次女など継承すべき対象のない女性は、神籤《かみくじ》によって戴《いただ》くべき御嶽の神を決定する。「籠り」「セジ（シジ）付け」など沖縄の他の神女《しんじょ》就任儀礼との共通要素があり、一定年齢に達したすべての女性が神女になるという沖縄の村落祭祀組織の原初形態を示すものとする見解があるが、以下の問題がある。「神女」にほぼ該当する久高島のハミンチュ（神人）という民俗概念は、ノロやニガン（*根神）など特定の神職者を指すもので、ナンチュからタムトゥまでの女性は含まれておらず、その点で神女就任儀礼という解釈との間に齟齬《そご》が生じている。また、七つ橋を渡る際に、*不倫を犯している女性は神罰によって橋から落ちるとされるが、女性の貞操《ていそう》をことさら強調するのも、沖縄の神女就任儀礼一般のなかでは特異である。神女就任の認定式とされる「朱付《しゅっ》け」の儀礼を、なぜ男性神職であるニーチュ（根人）が行うのかという点も、宗教的場面において女性の霊的優位が卓越している沖縄にあって不可解である。最終場面で兄弟との対面式があるなど、オナリ神就任儀礼とみなせる側面があるが、従来の研究ではオナリ神は生得的資質で一定年齢に達してから就任するものではないとされる点も検討を要する。久高島は王朝神話における麦の発祥地であり、*聞得大君《きこえおおきみ》による国家的儀礼の行われた島であること、イザイホーで歌われる歌で、ニライカナイから来訪した神々がニライカナイではなく王都の首里《しゅり》にある聞得大君御殿《どぅん》に向かうこと、祭場となる御殿庭はかつて国王が久高島に行幸したときに使用した「御殿」の庭であることなどを勘案《かんあん》しつつ、王府権力の島への関与という事実を考慮に入れてイザイホーは再検討されるべきである。一九七八年（昭和五十三）の午年を最後に、イザイホーは行われていない。イザイホーが行われる午年の八月には、男性主体のナーリィキ（名付け）という行事も行われた。

参考文献　鳥越憲三郎『琉球宗教史の研究』、一九六五、角川書店。赤嶺政信「歴史のなかの沖縄―イザイホー再考―」（宮田登編『民俗の思想』一九九八、朝倉書店）。同「王権にまなざされた島―沖縄・久高島―」（赤坂憲雄編『現代民俗誌の地平』二、二〇〇四、朝倉書店）。

（赤嶺　政信）

いざなぎのみこと・いざなみのみこと　伊佐奈伎命・伊佐奈美命　日本神話における創造神。男女一対の神で夫婦神とも兄妹神ともいわれている。『*古事記』『日本書紀』など最古の歴史書の冒頭部分に物語が載っている。これらの書によると、開闢《かいびゃく》のはじめ世界にはまだ何もなくただ青海原《あおうなばら》だけが広がっていた時誕生したイザナキ・イザナミの二神は、天浮橋《あめのうきはし》に立って美しい矛《ほこ》で海中をコロコロと音を立てながらかき廻した。矛を引きあげると潮《しお》の滴《しずく》がしたたり落ちて島になった。二神はその島に降りたちそこで結婚して大八嶋国《おおやしまぐに》（日本列島）を生み、さらに山川草木や食物神・火神など多くの神々を生んだ。火神を生んだ時*女神は陰部を火傷して死んでしまう。女神が死ぬ間際に嘔吐《おうと》したものは鉱山になり、排出した屎《くそ》は土器を作る粘土質の土になり、尿は植物を育てる水になったという（『古事記』）。『日本書紀』の伝えでは二神は最後に日神（*天照大神《あまてらすおおみかみ》）・月神（月読命《つくよみのみこと》）・素戔嗚尊《すさのをのみこと》の三神を生んだことになっている。原始古代の人びとはこのように私たちをとり巻くあらゆる自然を一人の女神が生んだ血の通った子どもと考えていた。このような世界観はしかしけっして日本だけの特殊なものではなく世界の多くの民族の間に類似する神話がある。一例をあげるとギリシャ神話の大地母神ガイアは混沌の中から最初に生まれた神であるが、最初一人で海神や天神、愛の神などを生み、さらに子どもの一人である天神と結婚して多くの神を生む。そしてまたその子どもたちが互いに結婚して全世界の川や泉、日や月などを生み出したという。自然を女神が生んだ子どもとみる点でイザナキ・イザナミ神話とよく似ている。インドネシアや、また部分的には中国南部・台湾・東南アジアにも類似する神話がある。神話は文明以前に人類が抱いた世界観の結晶であるが、自然を生命《いのち》あるものとみる思想や、女性の役割をきわめて大きいものとみる点では地域を超えた共通性がある。

参考文献　松村武雄『日本神話の研究』二、一九五五、培風館。君島久子編『東アジアの創世神話』、一九八九、弘文堂。大林太良『日本神話の起源』（徳間文庫）、一九九〇、徳間書店。

（溝口　睦子）

いざよいにっき　十六夜日記　歌道の大家、藤原為家《ためいえ》の*側室で歌人である*阿仏尼《あぶつに》の日記紀行文学。弘安二年（一二七九）・三年ごろに成立。為家は正妻の子為氏《ためうじ》に譲った播磨国《はりまのくに》の細川庄《ほそかわのしょう》を悔返《くいかえ》して阿仏尼の子為相《ためすけ》に譲った。為家の没後為氏が手放さなかったため、為相の幼少の間所領の管理を託されていた阿仏尼は、為家の意志に従って幕府に訴えることにし、弘安二年十月に鎌倉に下る。この時書かれたのが『十六夜日記』である。東海道紀行文を第一部とし、鎌倉での生活（翌年八月まで記されている）を第二部、それに鶴岡八幡宮に勝訴を祈った同年春の長《ちょう》歌《か》が付されている。第一部は都に残してきた二児為相・為守《ためもり》へ歌枕詠作の手本として記されたとも見られ、第二部においても二児から送られてきた和歌を批評し、よいものには合点《がってん》を付けて送り返している。この日記は、歌道の「家」継承のために阿仏尼が為家の意志に従って、子供の教育をするための教科書として記した面も持っていたといえる。刊本に森本元子全訳注『十六夜日記・夜の鶴』（講談社学術文庫、一九七九年、講談社）がある。

参考文献　後藤みち子「阿仏尼にみる後家の役割」（『中世公家の家と女性』二〇〇二、吉川弘文館）。

（後藤みち子）

いざりばた　居座機　江戸時代の農村にひろく普及《ふきゅう》した自家用の衣料織り機。竪機《たてばた》に次いで古い形の手織り機《ばた》で、

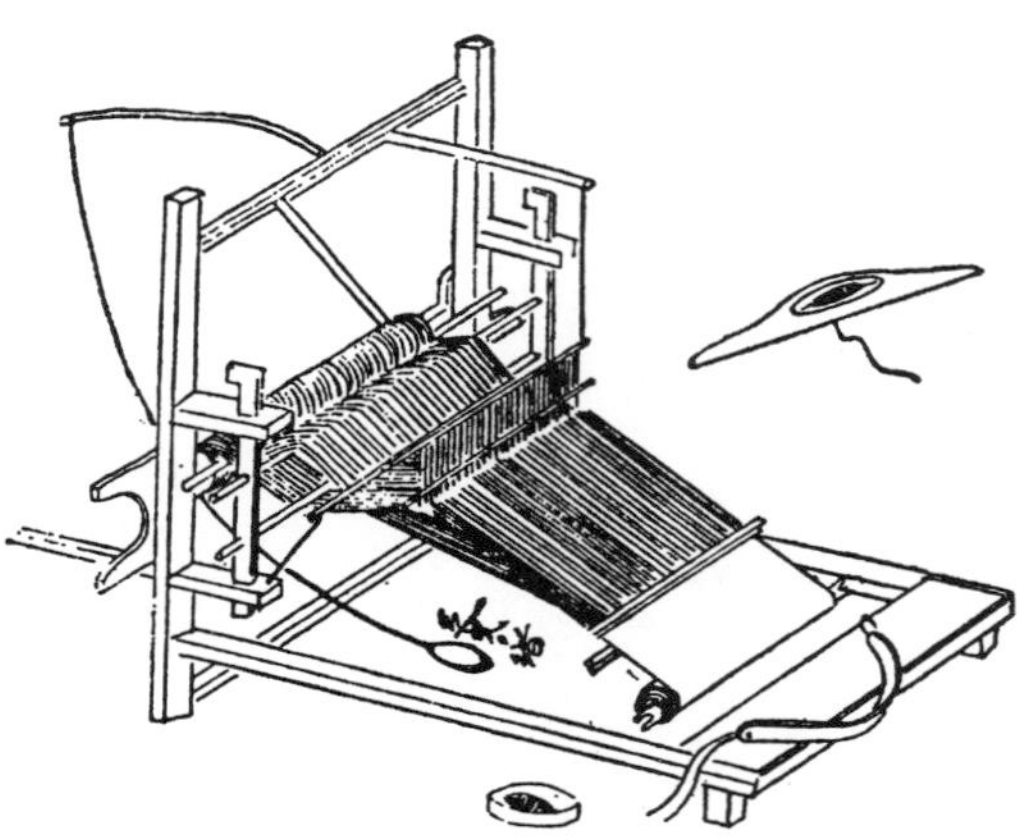

居座機(『機織彙編』より)

地機《じばた》・腰機《こしばた》ともいう。庶民の衣料であった麻や*木綿《もめん》の生産に多く用いられ、麻機《あさばた》・木綿機《もめんばた》の名もあるが、絹織りにも用いられた。構造は簡単で、縦糸《たていと》の一端を織り手の腰当てに結び付けて腰で縦糸の張り具合を調節し、前に伸ばした足指に巻き付けたひもを引くことで綜絖《そうこう》(横糸を通すために縦糸を上下させる道具)を操作しながら、杼《ひ》で横糸を織り込んだ。織り手みずからが機《はた》の一部として作用するため、織り手によって生地の感じは微妙に異なる。江戸時代の農村では家族が用いる衣料の生産は、*家事の一部として女性固有の仕事とされ、居座機の技術は家内で祖母・母から娘たちに伝えられた。江戸時代後期以降、高機《たかばた》が普及するようになっても自家用に使用された。独特の風合いが好まれて、結城紬《ゆうきつむぎ》や小千谷縮《おぢやちぢみ》、越後上布《えちごじょうふ》などの伝統工芸には現在でも居座機が用いられている。

参考文献 永原慶二他編『(講座)日本技術の社会史』三、一九八三、日本評論社。NHKデータ情報部編『ヴィジュアル百科江戸事情』二、一九九二、雄山閣出版。

(青木美智子)

いし 闈司 *後宮十二司《こうきゅうじゅうにし》の一つ。「みかどのつかさ」とも読む。「闈《い》」は宮中の門の意で、宮城以内の諸門の鍵《かぎ》の保管と出納を掌《つかさど》る。職員は尚闈《みかどのかみ》一人・典闈《みかどのすけ》四人・*女孺《にょじゅ》十人(後宮職員令《こうきゅうしきいんりょう》)。尚闈は正七位《しょうしちい》、典闈は従八位《じゅはちい》に准じて禄《ろく》が与えられた(禄令《ろくりょう》)。奈良時代における闈司の具体的な活動は不明だが、平安時代になると元日・白馬《あおうま》・*踏歌《とうか》・豊明《とよのあかり》といった節会《せちえ》で、儀式開始時に近衛府《このえふ》の将曹《しょうそう》が番長と近衛とを率いて内裏《だいり》正面の承明門《しょうめいもん》および左右腋《えき》門《もん》を開け、兵衛《ひょうえ》がその外郭の建礼門《けんれいもん》を開けると、闈司二人が清涼殿《せいりょうでん》の弓場《ゆば》から出て斜めに進み、承明門内左右に置かれた草墩《そうとん》(腰掛け)上に分居し、王卿以下の参入を待った。また官人が閤門《こうもん》(内裏の延政門《えんせいもん》や承明門など)を入る際、闈司がその旨を伝送して勅許《ちょっきょ》を得ることを「闈司《いしの》奏《そう》」と呼ぶが、中務《なかつかさ》省による請進鎰《かぎをうけたまわる》(鑰《やく》)奏・御暦《ごりゃく》奏、宮《く》内《ない》省による氷様《ひのためし》奏、兵部《ひょうぶ》省による御弓《みたらし》奏、神祇官《じんぎかん》による御麻《みぬさ》奏・御体御卜《ごたいのみうら》奏、六衛府による番奏、少納言《しょうなごん》による庭立《にわだち》奏・請進鈴《れいをうけたまわる》奏、弾正台《だんじょうだい》による弾奏といった諸儀式で行われた。たとえば請進鎰奏では、毎朝早く中務省所属の監物《けんもつ》と典鑰《てんやく》とが延政門外に伺候《しこう》。近衛が門を開くと、大舎人《おおとねり》が闈司のもとに向かい、「闈司《みかどのつかさ》」と二声呼ぶ(叫門《みかどごい》)。門司が「誰ぞ」と問うと、大舎人はみずからの姓名を名乗り、「鑰、給はらむと、監物何某、典鑰何某ら、門に候ふと申す」と伝える。闈司は版位《へんい》に進んで「鑰、給はらむと、監物何某、典鑰何某ら、叫門《みかどこ》ふ故に申す」と奏上する。「奏さしめよ」と勅答があると、闈司は称唯《いしょう》(「おお」と返事をする)して本座に復し、「何某らをして奏さしめよ」と宣《の》る。このあと監物・典鑰・大舎人が入って奏上し、勅答ののち櫃《ひつ》から管鑰《かんやく》を取り出して退出した(監物式)。夕方に鑰を返納する儀もほぼ同様である。なお国忌《こき》・伊《い》勢奉幣《せほうべい》日・諸斎日には大舎人は声を挙げて奏さず、鑰を請うことを闈司に告げ、闈司は内侍《ないし》に申し、内侍が微声で奏したのち、闈司が「直入《まい》れ」と宣った。

参考文献 須田春子『律令制女性史研究』、一九七八、千代田書房。『律令』(日本思想大系新装版)、一九九四、岩波書店。吉川真司「律令国家の女官」(『律令官僚制の研究』一九九八、塙書房)。

(野田有紀子)

いしいはなこ 石井花子 一九一一—二〇〇〇 旧ソ連のスパイ、ゾルゲの愛人。別名三宅華子《みやけはなこ》。倉敷《くらしき》生まれ。産婆《さんば》看護婦養成所卒業後に上京。銀座のドイツ料理店に勤めていた時にゾルゲと知り合い、半同棲生活に入る。一九四一年(昭和十六)、ゾルゲは尾崎秀実《おざきほつみ》らとともに、治安維持法違反等に問われ検挙、死刑となる。遺体を捜し出し墓所を作るなど、花子は生涯「夫ゾルゲの死」にこだわり続けた。ソ連でのゾルゲ復権(一九六四年)とともに、花子の活動への評価も高まった。著書に『人間ゾルゲ—愛人三宅華子の手記—』(一九四九年、日新書店)がある。

参考文献 川合貞吉「リヒアルト・ゾルゲとその妻石井花子」(『伝統と現代』四九)、一九七七。

(内藤 寿子)

いしがきあやこ 石垣綾子 一九〇三—九六 昭和時代の評論家。典型的な山の手であった東京早稲田南町に育つ。厳格なしつけを受けつつも幼児期・青春期を通して女の性や人生を縛《しば》る*家族制度に疑問をもつ。府立第一高等女学校に続いて自由学園に進むが、学外で盛んだった左翼《さよく》思想に関心をもち*赤瀾会《せきらんかい》のメンバー矢部初子《やべはつこ》らとの交流を深める。卒業後は早稲田大学の聴講生《ちょうこうせい》となり大山《おおやま》郁夫《いくお》や鈴木茂三郎《すずきもさぶろう》らに教えを受けた。また男女の共同生

石垣綾子

活を実践する*平塚らいてうや、*職業婦人社を経営する*奥むめおに感銘《かんめい》を受け活動を手伝った。一九二六年(大正十五)二十三歳の時、姉夫婦の誘いでアメリカに渡る。一九二九年(昭和四)画家石垣栄太郎《えいたろう》と結婚。恐慌《きょうこう》下のアメリカで貧困生活を送る中で一人を流産、二人目の子供を出産後まもなく喪《うしな》う。その後、満州事変やスペイン内戦で高まる反ファシズムの気運の中で反戦・反軍国主義の講演や文筆活動を行い、注目を浴びる。中国不干渉を主張する「中国友の会」に参加。ニューヨークを中心に活動する一方、西海岸最大の邦人《ほうじん》新聞『羅府新報《らふしんぽう》』にもコラムをもった。アメリカ生活では夫栄太郎と親しかった画家国吉康夫《くによしやすお》、イサム＝ノグチや片山潜《かたやません》ら在米の社会主義者に加え、親中派のハーバート＝ノーマン、パール＝バック、エドガー＝スノーなど多くの知遇を得た。特に中国革命を支持したアグネス＝スメドレーとは深い交情で結ばれた。四二年からは政府機関の対外情報部に勤務し、日本向けの反戦ビラ作成などを担当した。戦後のマッカーシズムの中で再び生活は不安定となり、FBIの監視下におかれる。五一年激動の二十五年を過ごしたアメリカを去って帰国。日本の言論界では女性の自立などを主張して評論活動を行い、特に「*主婦論争」の口火役として名を馳《は》せた。長きにわたって執筆・翻訳・講演などに活躍。『私の爪あと』(一九六〇年、東都書房、のち一九九八年、日本図書センター)、『回想のスメドレー』(みすず叢書、一九六七年、みすず書房)、『我が愛─流れと足跡─』(一九八二年、新潮社)、『美しき出会い─回想の十八人─』(一九八三年、ドメス出版)、『スペインで戦った日本人』(朝日文庫、一九八九年、朝日新聞社)など著作多数。

(古河　史江)

いしかわたき　石川たき　生没年不詳　幕末・明治時代の農民の妻。備後《びんご》国福山の石川駒吉《こまきち》の三女。嘉永《かえい》四年(一八五一)佐藤連作《れんさく》と結婚、蝦夷《えぞ》地に移住、一八七八年(明治十一)夫と死別。姑《しゅうとめ》は目や耳が不自由となり、介護に尽した。一八八一年一月、姑の部屋の裏手から出火した時、炎の中に飛び込み姑を助けた。同年二月、開拓《かいたく》使《し》からその行為を称揚《しょうよう》され、金九円を下賜《かし》された。

参考文献　河野常吉編『北海道史人名字彙』、一九七九、北海道出版企画センター。

(浅野美和子)

いしかわたけよし　石川武美　一八八七─一九六一　大正・昭和時代の婦人雑誌出版者。一八八七年(明治二十)十月十三日大分県宇佐郡《うさぐん》(宇佐市)の農家の次男として誕生。一九〇三年宇佐中学を中退し上京、書店に勤務。二宮尊徳《にのみやそんとく》の教えに自主独立・勤勉努力の精神を見出だし、これを媒介にキリスト教に接し〇七年受洗。一九一四年(大正三)長谷川《はせがわ》かつと結婚。『婦人之友』などの編集を経て一七年『*主婦之友』を創刊。大衆とともに歩むことを信念とし、女性に家庭経営の責任者(*主婦)としての地位を与え、生活に役立つ実用的な記事を満載し成功。だが、これは性別役割意識を助長させる働きをした。昭和初期には皇室を国民の模範と称え、第二次世界大戦下に主婦之友社は積極的な国家体制協力に進む。一九四四年(昭和十九)日本出版配給株式会社社長。四七年御茶の水図書館を設立。四八─五〇年公職追放。五八年菊池寛賞受賞。一九六一年一月五日没。著書に『わが愛する家庭』(一九四二年、主婦之友社)など。一九八〇年『石川武美全集』全六巻(石川文化事業財団)が刊行された。

参考文献　『主婦の友社の五十年』、一九六七、主婦の友社。金子幸子「主婦としての自立─『主婦之友』と石川武美の思想─」(『近代日本女性論の系譜』一九九八、不二出版)。

(金子　幸子)

いしかわのいらつめ　石川郎女　複数の同名異人がおり、すべて生没年不詳の万葉歌人。(一)天智朝の人。久米禅師《くめぜんじ》と求愛歌を交わした(『*万葉集』二、九六─一〇〇)。(二)持統《じとう》朝の人。以下aからdは全員同一人物とする説もある。a大津《おおつ》皇子と歌を交わし、その求愛を受け入れた(『万葉集』二、一〇七─一〇九)。b日並《ひなみし》(草壁《くさかべ》)皇子から求愛歌を贈られた(『万葉集』二、一一〇)。字は「大名児《おおなご》」。c大伴田主《おおとものたぬし》と歌を交わした(『万葉集』二、一二六─一二八)。d大津皇子の侍女《じじょ》で大伴宿奈麻呂《すくなまろ》と歌を交わした(『万葉集』二、一二九)。字は「山田郎女」。(三)『万葉集』四(五一八)の石川郎女。ただし、この歌の題詞《だいし》に『万葉集』元暦本は「即佐保大伴大家也」と註《ちゅう》すので、大伴安《やす》麻呂《まろ》の妻、坂上郎女《さかのうえのいらつめ》の母で*女官の、同じく万葉歌人の*石川邑婆《いしかわのおおば》と同一人物の可能性が高い。(四)藤原宿奈麻呂《すくなまろ》(良継《よしつぐ》、七一六─七七)の妻。夫との離別の際の悲歌が残る(『万葉集』二〇、四四九一)。

参考文献　須田春子「命婦・女孺・采女」(『律令制女性史研究』一九七八、千代田書房)。

(稲川やよい)

いしかわのおおば　石川邑婆　生没年不詳　八世紀の*女官、万葉歌人。*石川郎女《いしかわのいらつめ》、石川内命婦《ないのみょうぶ》、石川朝臣《あそん》、大家《おおとじ》石川命婦とも表記され、邑婆は諱《いみな》。大伴安麻呂《おおとものやすまろ》の妻、坂《さかの》上郎女《うえのいらつめ》の母。内命婦とあるから、五位以上の位を帯していたことになる。天平《てんぴょう》七年(七三五)、有間《ありま》温泉(神戸市)で療養中だったので、長年大伴家に寄寓《きぐう》した新羅尼《しらぎのあま》*理願《りがん》の死去に立ち会えなかった歌を残す(『*万葉集』三、四六〇・四六一)。天平九年に死去した天智皇女水主《みぬし》内親王が病の時には、詔《みことのり》を受け慰問《いもんか》歌を一人献じた(『万葉集』二〇、四四三九)。『万葉集』の歌からは、娘の坂上郎女以外にも安倍朝臣虫満《あべのあそんむしまろ》の母安曇外命婦《あずみのげみょうぶ》(異父妹か)との同居(同四、六六七)も考えられ、大伴家を取り仕切り、女官として優れて役職をこなしゆく姿が窺《うかが》える。なお、『万葉集』四(五一八)にみえる万葉歌人石川郎女の題詞《だいし》に、『万葉集』元暦本は「即佐保大伴大家也」と註《ちゅう》し、この両者は同一人物の可能性がある。

参考文献　須田春子「命婦・女孺・采女」(『律令制女性史研究』一九七八、千代田書房)。

(稲川やよい)

いしこりどめ　石凝姥　*天岩屋戸《あめのいわやど》神話《しんわ》にみえる*女神。祭祀《さいし》用の八咫鏡《やたかがみ》を作ったとされる。石凝戸辺《いしこりとべ》(『日本書紀』)ともいう。石コリのコリは木コリ(樵《きこり》)のコリと同じで伐《うつ》・

切《きる》の意。トベ・トメは女性神・人名の語尾。石切りの女神の意味である。石で鋳型《いがた》を作って鏡を鋳造したのだろうといわれている。あるいは祭祀用の石器の製作から祭祀用の鏡の製作へと移行したのかもしれない。鏡の製作・祭祀にあたった鏡作《かがみつくり》氏の先祖とされている。労働の*性別分業について世界的に土器の製作は女性、石器・金属器は男性であったといわれているが、日本古代にはこのように女性鍛冶師《かじし》の伝承があり注目される。同時に天津麻《あまつま》羅《ら》・天目一箇神《あめのまひとつのかみ》など男性鍛冶神もあり、後者について『古語拾遺《こごしゅうい》』は「雑刀《くさぐさのたち》・斧《おの》及鉄鐸《くろがねのさなぎ》」を作ったとしている。このような金属器全般の製作にあたった男性鍛冶集団とは別に、特殊な祭祀用鏡の製作に携《たずさ》わる女性を擁《よう》した鍛冶集団が日本古代にはあったと考えられる。

参考文献 西宮一民「神名の釈義」(同校注『古事記』一九七六、新潮社)。溝口睦子「記紀に見える女性像―巫女・女酋・冶工・戦士―」(前近代女性史研究会編『家族と女性の歴史―古代・中世―』一九八九、吉川弘文館)。

(溝口 睦子)

いしざかみなこ　石阪美那子　一八六五―一九四二　明治から昭和時代にかけての教育者。慶応元年(一八六五)十月十八日、武蔵国多摩郡(東京都町田市)の豪農《ごうのう》で自由民権運動の指導者石阪昌孝《まさたか》を父に出生、民権期に自己形成した。東京の日尾塾《ひおじゆく》で和漢学を学び、二十歳で横浜共《きょう》立《りつ》女学校に転学。キリスト教徒になり卒業式では、「自由を張るに女子も亦《また》責任あり」と女の民権を主張。このころ、政治運動に失望して苦しんでいた北村透谷《きたむらとうこく》を知り恋愛の主体となって相手をキリスト教に導き、周囲の反対をおして結婚。一八九四年に透谷が二十五歳で自殺後はバイブルウーマンとして働き、一八九九年アメリカに留学し八年後学士になって帰国。七十一歳まで師範学校や女学校の英語教師を続け、自立したキリスト者として社会に奉仕した。自宅をサロンとして解放し、活動家や芸術家が出入りしたが、太平洋戦争開始後は生きる気力を失い、一九四二年(昭和十七)四月十日死去。

参考文献 色川大吉『北村透谷』、一九九四、東京大学出版会。江刺昭子『透谷の妻―石阪美那子の生涯―』、一九九五、日本エディタースクール出版部。

(江刺 昭子)

いしざきナカ　石崎ナカ　一八一九―八四　幕末・明治時代初期の教育者。伊予《いよ》国和気《わけ》郡三津藤井《みつふじい》(松山市)の木綿問屋三津屋の長女に生まれ、*和歌・茶道・生花・三弦《さんげん》(箏曲で*三味線のこと)を修める。松山の酒造業和田又四郎《またしろう》と結婚するが、家業は破産、京都に出る。国学所を開き尊攘運動《そんじょううんどう》に参加、安政六年(一八五九)夫の死により実家に戻る。三津屋に*寺子屋を開き子弟を教え、明治五年(一八七二)*学制発布後も存続を許され、小学女児校二等教諭となる。

参考文献 近代史文庫編『郷土に生きた人びと―愛媛県―』、一九八三、静山社。

(浅野 美和子)

いしのそう　闈司奏　⇩闈司《いし》

いしはらおさむ　石原修　⇩女工《じょこう》と結核《けっかく》

いしはらき　石原記　常陸《ひたち》国下館《しもだて》藩主黒田直邦《くろだなおくに》の妻土佐《とさ》子《こ》が、享保《きょうほう》二年(一七一七)正月、小石川辺から出火した江戸の大火の際、常盤橋《ときわばし》の上屋敷が焼失したため本所石原の別邸に移住し、翌年十一月の本邸完成まで二十二ヵ月間に及んだ仮住中の日々の生活を記録したもの。寺社参詣・近郊遊覧《ゆうらん》・他家訪問などの外出の多さや家族揃っての遊覧、娘の出産に泊りがけで駆けつけるなど庶民と変わらない大名妻の生活を垣間見ることができる。和歌も随所に読みこまれている。写本は内閣文庫(国立公文書館)蔵。

参考文献 柴桂子「『石原記』に見る大名夫人の日常生活」(『江戸時代の女たちその生と愛』二〇〇〇、桂文庫)。

(柴 桂子)

いしひめのひめみこ　石姫皇女　生没年不詳　欽明《きんめい》天皇の「*皇后」。宣化《せんか》天皇の皇女。母は仁賢《にんけん》天皇の娘で宣化の皇后とされる橘仲《たちばなのなかつ》皇女。「石姫皇女」は『日本書紀』の表記であり、『*古事記』は「石比売命」、『上宮聖徳法《じょうぐうしょうとくほう》王帝説《おうていせつ》』では「伊斯比女命」とする。欽明との間に箭田《やたの》珠勝大兄皇子《たまかつのおおえのみこ》・譯語田渟中倉太珠敷尊《おさだぬなくらふとたましき》(敏達《びだつ》天皇)・笠縫《かさぬいの》皇女を儲《もう》ける。欽明との婚姻はオジ・メイ婚であり王統の純血性を維持する目的でなされたものであろう。欽明の死後も存命しており、敏達即位によって「*皇太后」になったと記されている。河内《かわち》国石川郡の磯長《しなが》陵に葬られる。のちに敏達が追葬されており、母子合葬の一例である。

(河内 春人)

いしやまでらえんぎえまき　石山寺縁起絵巻　石山寺(大津市)草創の由来と本尊の観世音菩薩《かんぜおんぼさつ》の利生《りしょう》を説いた絵巻物。全七巻。巻一―三は原本で、詞書《ことばがき》は石山寺座主杲守《ざすこうしゅ》、絵は高階隆兼《たかしなたかかね》である。巻四は室町時代の補写、巻五の絵は粟田口隆光《あわたぐちたかみつ》、巻六・七は江戸時代のもので、詞書は飛《あ》鳥井雅道《すかいまさみち》・絵は谷文晁《たにぶんちょう》と伝えられる。序により正中《しょうちゅう》年間

『石山寺縁起絵巻』巻五第一段　藤原國能邸内の女性

（一三二四―一二六）成立とわかる。石山寺所蔵。重要文化財。貴族や庶民ら中世女性の身なりや日常の様子、女性が思い描いていた願望などを読み取ることができる。『（新修）日本絵巻物全集』二二（一九七九年、角川書店）に所収。また、オールカラー版が『日本絵巻大成』一八（一九七六年、中央公論社）に収められている。

参考文献　保立道久『中世の愛と従属―絵巻の中の肉体―』（イメージ・リーディング叢書）、一九八六、平凡社。同『中世の女の一生』、一九九九、洋泉社。酒井紀美「日本中世における女の夢・男の夢」（黒田弘子・長野ひろ子編『エスニシティ・ジェンダーからみる日本の歴史』二〇〇三、吉川弘文館）。

（高橋　伸拓）

いしろくのつま　石六の妻　生没年不詳　江戸時代前期の江戸小舟町《こぶねちょう》の豪商石川屋六兵衛《いしかわやろくべえ》の妻。有名な伊達者《だてしゃ》で、京の豪商難波屋《なにわや》の女房との衣裳競べで、黒羽二重《くろはぶたえ》に南天《なんてん》の立木模様の地味な着物、しかしよく見ると南天の実は悉《ことごと》く舶来《はくらい》の珊瑚玉《さんごだま》という、趣味と贅《ぜい》を凝らした装いで臨《のぞ》み、京雀《きょうすずめ》の評判を凌《さら》った。彼女の伊達競べはついに将軍徳川綱吉まで及び、将軍が上野《うえの》へ社参の折、上野下の町家を借り切って金屏風を立て廻し、御乗物が通り過ぎざまに、着飾った女中に金の扇子で大量の伽羅《きゃら》の煙を煽《あお》ぎかけさせた。これがきっかけとなり、天和元年（一六八一）、石川屋は奢侈《しゃし》を理由に、闕所《けっしょ》・追放となった。

参考文献　戸田茂睡『御当代記―将軍綱吉の時代―』（東洋文庫）、一九九八、平凡社。三田村鳶魚『江戸の生活と風俗』（鳶魚江戸文庫二三）、一九九八、中央公論社。

（藤野　泰子）

いずみしきぶ　和泉式部　生没年不詳　平安時代の女流歌人。生年は貞元《じょうげん》ころから天元《てんげん》初めころかといわれる。万寿《まんじゅ》四年（一〇二七）までの生存は確認されており、七十歳くらいまで生きたかといわれるが、晩年の様子は不明である。越前守大江雅致《えちぜんのかみおおえのまさむね》の娘。母は越中守平保衡《えっちゅうのかみたいらのやすひら》の娘。父母とともに太皇太后宮昌子《しょうし》に仕えたことから、和泉式部も少女時代、昌子内親王に仕えたかともいわれる。大江氏は学問の家で、大江匡衡《まさひら》は一族といわれる。匡衡の妻*赤染衛門《あかぞめえもん》は、当代を代表する歌人で良妻賢母《りょうさいけんぼ》として知られ、和泉式部とは親しく交際した。橘道貞《たちばなのみちさだ》と結婚し、娘*小式部内侍《こしきぶのないし》を生む。女房名和泉式部は、夫が和泉守だったことによる。長保《ちょうほ》二年（一〇〇〇）・三年ごろにかけて、冷泉《れいぜい》天皇皇子為尊親王《ためたかしんのう》と恋愛関係をもつが、為尊親王は長保四年に死去する。その後、弟の敦道親王《あつみちしんのう》と親密になり、宮邸に招かれる。その経緯を贈答歌《ぞうとうか》を中心に描いたのが『*和泉式部日記』である。やがて敦道親王も亡くなり、和泉式部は一条天皇中宮彰子《しょうし》に仕え、同じく彰子に出仕していた赤染衛門や*紫式部と交流した。紫式部は、和泉式部の*和歌には当意即妙《とういそくみょう》の「才《ざえ》」（才能）があると評価している。*宮仕えが縁で藤原保昌《やすまさ》と再婚し、夫の任地丹後に下る。娘で女流歌人の小式部内侍が、母が近くにいなくて歌が詠めないだろうと貴公子にからかわれたのは、このころのことである。小式部内侍は若くして世を去るが、そのときに和泉式部が詠んだ「とどめおきて誰をあはれと思ふらむ子はまさるらむ子はまさりけり」は、子を思う母の情が吐露《とろ》された絶唱。家集に『和泉式部集』がある。恋人敦道親王の死に際して詠まれた挽歌《ばんか》も含まれ、恋人を偲《しの》ぶ純情でひたむきな、哀切きわまりない女性の心が表出される。その一方で、深い迷いの闇に入りこんでしまいそうなわが身の救済を仏に訴える歌もある。家集をとおして、和泉式部が、恋多き情熱的な側面と、人生や人間の根源を深くみつめる内省《ないせい》的な側面をあわせもつ、当代を代表する女流歌人であったことが知れる。

参考文献　藤岡忠美「和泉式部伝の虚実―歴史と課題―（付略年譜）」（『国文学解釈と教材の研究』二三ノ九）、一九七八。和歌文学会編『論集和泉式部』（和歌文学の世界一二）、一九八八、笠間書院。森田兼吉『和泉式部日記論攷』二（笠間叢書）、一九八八、笠間書院。小松登美『和泉式部の研究―日記・家集を中心に―』（笠間叢書）、一九九五、笠間書院。

（和田　律子）

いずみしきぶにっき　和泉式部日記　平安時代の女流日記文学。一巻。作者と成立については、諸説が行われてきたが、現在は、作者は*和泉式部、成立は寛弘《かんこう》七年（一〇一〇）以降の数年間あたりで定着している。こうした問題が生じる要因として、『和泉式部日記』が『和泉式部物語』としても伝えられてきたこと、作品内で主人公がしばしば「女」と三人称で記されていること、後人が編集したものも含まれる家集の歌が日記にも多く入っていることなどがあげられる。内容は、冷泉《れいぜい》天皇皇子敦道親王《あつみちしんのう》と和泉式部の「忍びの恋」を、出会いから宮邸に引き取られるまでの十ヵ月に限定して、恋の様相を二人の贈答《ぞうとう》歌《か》を中心に克明《こくめい》に記したもの。全体を貫くのは、「女」と宮の二人だけの幸せな「今」の世界（石坂妙子）を描こうとする作者の意識である。主題を二人の愛の世界に限定し、物語的手法を用いて自己の内面を表白した点が新しく、日記文学史上、高い評価を得ている。テキストは、『和泉式部日記』（近藤みゆき訳注、角川ソフィア文庫）。

参考文献　石原昭平・津本信博・西沢正史編『和泉式部日記・紫式部日記』（女流日記文学講座三）、一九九一、勉誠社。

（和田　律子）

いずものおくに　出雲阿国　生没年不詳　安土桃山・江戸時代前期の芸能者。歌舞伎踊りの創始者。天下一《てんかいち》対馬守《つしまのかみ》を称す。慶長八年（一六〇三）三月二十五日、徳川家康が征夷大将軍《せいいだいしょうぐん》に就任したころ、北野天神社の社頭《しゃとう》で躍《おど》ったのが「阿国歌舞伎《おくにかぶき》」の最初といわれる（出典不詳、小笠原恭子は北野初演天正十九年（一五九一）とする）。『当代《とうだい》記《き》』慶長八年四月十六日の記事のあとに、このころとして、出雲国神子女《みこあ》、名は国が、「かぶき躍」というものを仕出して京都に上ると書いている。それは阿国が「異風な男のまねをして、刀脇差衣装《かたなわきざしいしょう》以下殊《こと》に異相」で、茶屋の女と戯《たわむ》れる体をして、京中の上下が賞翫《しょうがん》し、伏見城へ

出雲阿国(『国女歌舞妓絵詞』より)

も参上して躍ったという。その前身の幼女時代として、出雲大社所属のあるき巫女説、天正十六年に「ややこ躍り」を禁中で躍ったという『お湯殿の上の日記』(天正十六年二月一日)、天正十年に『多聞院日記』の、加賀国の八歳・十一歳の「ややこ躍り」の姉妹などが挙げられるが不詳である。「ややこ躍り」を踊っていた阿国が「かぶきおどり」を始めたのは、慶長五年五月四日女院御所《にょいんのごしょ》で、女御近衛前子《にょうごこのえさきこ》の目にかけたという「出雲の女楽《おんながく》」(『時慶卿記《ときよしきょうき》』)は『お湯殿の上の日記』には「ややこおどり」、『慶長日件録《けいちょうにっけんろく》』には「かぶきをどり」と記されていて、両者が阿国の一座で舞われたことは明らかである。しかし、すべてのややこおどりが阿国であるかどうかは問題であるが、天正九年から慶長八年まで宮廷・徳川家康居城・徳川秀忠居城などで散見するのは阿国であろう。「かぶき踊り」は、慶長八年当時は『当代記』の記事のごとく、*男装の女、阿国が、これまた女装の男の茶屋女に戯れるというものであったが、慶長十七、八年に、再び京都に登場した阿国は、京大本『国女歌舞妓絵詞《くにめかぶきえことば》』などの歌舞伎の草子に現われてくるものを事実とみれば、ワキの阿国の念仏踊りに対して、シテにあたる名古屋山三郎《なごやさんざぶろう》の亡霊の登場、阿国と山三の問答、昔のかぶき踊り、めずらしきかぶき踊りというものである。これは読物で阿国歌舞伎の舞台ではないという説もあるが、十七、八年ころの阿国の再度の上京の歌舞伎踊りを描いたとする説も強い。阿国の一座は十七～十八人、狂言師＝道化は猿若《さるわか》で、今に継承されている。囃子《はやし》は能楽《のうがく》とおなじく四拍子であった(京都国立博物館蔵『阿国歌舞伎図』)。夫は三九郎《さんくろう》という鼓打《つづみうち》とか三十郎《さんじゅうろう》とか、父の名は三右衛門《さんえもん》とかいわれるが明らかではない。恋人といわれ、「かぶき踊り」の中に夢幻的な姿を現わす、一世の美男剣士の名古屋山三郎との関わりも、現在では芝居の虚構とされている。

参考文献　小笠原恭子『出雲のおくに』(中公新書)、一九八四、中央公論社。　(脇田　晴子)

いせ　伊勢　生没年不詳　九世紀後半から十世紀前半ころの女流歌人。十代半ばころに、宇多《うだ》天皇の女御温子《にょうごおんし》のもとに出仕。父藤原継蔭《つぐかげ》が伊勢守であったことから、「伊勢」と呼ばれた。女御温子の異母弟藤原仲平《なかひら》と恋愛関係にあったが、寛平《かんぴょう》四年(八九二)に破綻し、傷心のうちに温子のもとを去る。翌年、再出仕し、宇多天皇の寵《ちょう》を受け皇子《みこ》を生む。その後、宇多天皇の皇子敦慶《あつよし》親王の寵も受け、*中務《なかつかさ》を生む。*小野小町とともに『古今和歌集』時代を代表する女流歌人で、優美繊細《ゆうびせんさい》で洗練された詠風が特徴である。屏風歌《びょうぶうた》・歌合《うたあわせ》といった晴れの場で、男性歌人と肩を並べて活躍した。家集に『伊勢集』がある。冒頭部の三十首は、長い詞書《ことばがき》をもち、『伊勢日記』とも称された。伊勢自身と考えられる主人公を「女」などと三人称で記し、仲平との悲恋をはじめ、恋を中心にしたみずからの悲しい半生を歌で綴《つづ》る。こうした手法は、自分の内面や人生を深くみつめることを主題とする王朝女流日記文学に大きな影響を与えたと考えられ、その史的価値は大きい。

参考文献　片桐洋一『伊勢―恋に生き歌に生き―』(日本の作家)、一九八五、新典社。秋山虔『伊勢』(ちくま学芸文庫)、一九八四、筑摩書房。金井利浩編『伊勢日記―校本・本文・総索引―』、一九九八、武蔵野書院。　(和田　律子)

いせきたかこ　井関隆子　一七八五―一八四四　江戸時代後期の旗本《はたもと》の女性で、晩年、天保の改革の期間をふくむ五年間の日記を著わした。日記は全十二冊。『井関隆子日記』として刊行されている(上中下三巻、深沢秋男校注、一九七八―八一年、勉誠社)。旗本庄田安僚《しょうだやすとも》の娘に生まれ、同じく旗本井関親興《ちかおき》の後妻となる。実子はいなかったが、義子親経《ちかつね》をはじめ井関家の家族とは良好な関係にあった。夫没後の四十歳ころから本格的に古典・国学などを学ぶ。関心は、政治・社会・風俗など広範囲に及び、家族を含め、それらに応えてくれる人間関係をもち、実力を認められた。彼女は日記にそれらを綴《つづ》り、特に天保の改革に関しては、その開始から、水野忠邦《みずのただくに》の失脚に至るまでの政策・政局を、井関家が受けた影響をも交えつつ詳しく書き記している。日記からは、女性のあり方へのひそかな不満を読みとることができるが、みずからの関心を抑圧されることのなかった彼女は、旗本の女として家の存在意義を肯定し、その不満を表面化することはなかった。

参考文献　関民子「天保改革期の一旗本女性の肖像」(林玲子編『女性の近世』一九九三、中央公論社)。深沢秋男『井関隆子の研究』、二〇〇四、和泉書院。　(関　民子)

いせさいぐう　伊勢斎宮　⇨斎宮《さいぐう》

いせしゅう　伊勢集　⇨伊勢《いせ》

いせじんぐう　伊勢神宮　三重県伊勢市にある神社。皇《こう》太神宮《たいじんぐう》(内宮《ないくう》)と豊受太神宮《とようけだいじんぐう》(外宮《げくう》)を中心とした神社群の総称で、正式名称は「神宮」。内宮は*天照大神《あまてらすおおみかみ》、外宮は豊受大神《とようけのおおみかみ》をまつる。成立時期については諸説あるが、大和勢力の東国進出過程で、太陽信仰の聖地であった伊勢南部に宗教的拠点を置いたとする説が大勢を占める。律令国家段階では、斎王《さいおう》派遣をはじめ国家的な崇敬《すうけい》政策がとられた。*女性史の立場から注目すべきは、*物忌《ものいみ》と呼ばれる少女(山向《やまむけ》物忌だけは少年)である。物忌は荒木田《あらきだ》氏、度会《わたらい》氏など禰宜《ねぎ》を勤める在地神職集団から選抜され、九月神嘗祭《かんなめさい》、六月・十二月月次祭《つきなみさい》(三節祭《さんせつさい》)の一日目に、両宮正殿の床下で神饌《しんせん》(食事)を捧げ、二日目には斎王から太玉串《ふとたまぐし》と呼ばれる榊《さかき》を受け、正殿前の門前に立てることを主務とする大物忌《おおものいみ》以下、神宮の主要な祭祀《さいし》を執行する。後世の記録によると初潮《しょちょう》により交替するといい、幼少であることに意義があり、実務は物忌父と呼ばれる成人男性が介添《かいぞえ》していた。少女の祭祀への奉仕は、古代においても珍しい事例であるが、その起源については、記紀には一切記述がない。神宮の伝承では、大物忌は斎王の代理とされるが、斎王には年齢規定すらなく、物忌の起源は、別に求めるべきであろう。伊勢神宮は律令体制下では、私幣《しへい》禁断をはじめ国家的な統制が厳しく行われたが、平安時代後期以降、御厨《みくりや》・御薗《みその》と呼ばれる荘園の領主として自立性を強め、伊勢神道のように独自の教学を持つようになる。その中核を担ったのは、禰宜・権禰《ごんね》宜《ぎ》・全国を巡回する御師《おんし》など在地氏族の男性神職であり、物忌は次第に衰退し、江戸時代には、「子良《こら》」と称された大物忌以外ほぼ姿を消す。しかし戦国時代の衰微《すいび》からの復興に尼寺である慶光院《けいこういん》が深くかかわることは注目に値する。子良は明治時代の国家神道化により廃されたが、遷宮《せんぐう》に関する儀礼が行われる時にのみ神宮神官の娘などから選抜されている。神宮の最高責任者である祭主は、平安時代以来大中臣《おおなかとみ》氏の遷代職《せんたいしょく》だったが、明治以降は皇族男性、戦後は皇族籍を離れた女性皇族が勤める慣習になっている。

参考文献 岡田精司『古代王権の祭祀と神話』、一九七〇、塙書房。直木孝次郎・藤谷俊雄『伊勢神宮』(新日本新書)、一九九一、新日本出版社。岡田精司『古代祭祀の史的研究』、一九九二、塙書房。義江明子『日本古代の祭祀と女性』(古代史研究選書)、一九九六、吉川弘文館。同『古代女性史への招待―〈妹の力〉を超えて―』、二〇〇四、吉川弘文館。同『つくられた卑弥呼―「女」の創出と国家―』(ちくま新書)、二〇〇五、筑摩書房。

（榎村 寛之）

いせのおおすけ 伊勢大輔 生没年不詳 平安時代中期の女流歌人。「いせのたいふ」とも読む。平安時代中期の女流歌人。伊勢斎主《さいしゅ》(神祇伯《じんぎはく》)大中臣輔親《おおなかとみのすけちか》の女《むすめ》。寛弘《かんこう》五年(一〇〇八)ころ、一条天皇の中宮藤原彰子《しょうし》の*女房となる。*宮仕え当初に詠んだ「いにしえの奈良の都の八重桜《やえざくら》(下略)」で歌人としての評価を獲得。以後、五十余年にわたり宮廷歌壇に君臨し、生涯の作歌は百七十八首を数える。歌風は流麗《りゅうれい》にして豊かな情感にあふれ、機知《きち》に富み、即詠にも長じていた。中古三十六歌仙《ちゅうこさんじゅうろっかせん》・梨壺五歌仙《なしつぼのごかせん》に選ばれる。彰子から深く信頼され、多くの行啓《ぎょうけい》に供奉《ぐぶ》し、そこで詠んだ祝歌が多く残されている。幾多の歌合《うたあわせ》に参加し、また自身でも「伊勢大輔家歌合」を主催した。筑前守高階成順《たかしなのなりのぶ》の妻となり、大姫君《おおいひめぎみ》、康資王母《やすすけおうのはは》、筑前乳母《ちくぜんのめのと》、源兼俊母《みなもとのかねとしのはは》、少将内侍《しょうしょうのないし》を儲ける。晩年は、輔仁《すけひと》親王(白河天皇)の養育係を務めた。父、夫の相次ぐ死去をきっかけに出家し、康平《こうへい》五年(一〇六二)ころ七十余歳で没したとされる。自選歌集『伊勢大輔集』がある。本文・奥書《おくがき》・歌数・編集などの違いから、雑纂《ざっさん》本と分類本に大別されるが、伊勢大輔が生前備忘録《びぼうろく》として作ったのが雑纂本、分類整理したものが分類本と伝えられている。

参考文献 保坂都『大中臣家の歌人群』、一九七二、武蔵野書院。

（高松 百香）

いせまいり 伊勢参り *伊勢神宮に参拝すること。伊勢詣・伊勢参宮ともいう。伊勢神宮は元来地方神であったが、のち天皇家とつながり、古代においては天皇・后・皇太子以外の私人による幣帛《へいはく》を供えての直接の参拝は禁じられていた。その禁は平安時代末期からゆるみ、地方武士層に信仰が拡大、中世には「御師《おし》」が地方をまわり活動し、農民や商人にも伊勢信仰が広まった。近世になって交通や宿泊施設が発達、経済的余裕も相まって、観光的な参拝がされるようになった。村々では伊勢講や神《しん》明講《めいこう》などの講が組織され、積立金を集めて代表者(くじや順番で決めたりした)が参拝した。女性の比率は少なく(参宮者のうち四～五%といわれる)、一般に家族や従者とともに参詣した。『伊勢参宮細見大全』といった市販の案内書もあったが、伊勢参りをした人みずからが道中の記録を残した例も多い。『伊勢詣《いせもうで》の日記《にっき》』など女性の手による記録もある。それらによると、旅行の機会が少なかったためか、伊勢参りが目的ではあっても伊勢だけにとどまらず各地に足をのばしている。東国からの場合、東海道で途中各所に立ち寄りながら伊勢に逗留《とうりゅう》、外宮《げくう》・内《ない》宮《くう》・古市《ふるいち》・天《あま》の岩戸《いわと》などを巡り、その後飛鳥や吉野、高《こう》野山《やさん》、大坂から四国にわたり金毘羅山《こんぴらさん》へ、京都に戻って寺社をまわり、帰路は中山道で信州善光寺《ぜんこうじ》に立ち寄るコースが通例であった。日程は二ヵ月以上に及ぶこともあり、出発の多くは正月から三月の農閑期《のうかんき》であった。こうした通常の伊勢参り(年間七十万人ほど)とは区別して、二百万人から五百万人にものぼった集団的参拝をお蔭参《かげまい》りという。慶安三年(一六五〇)、宝永二年(一七〇五)、明和八年(一七七一)、天保元年(一八三〇)が特に流行した(慶応三年(一八六七)五回目の流行は「*ええじゃないか」)。主として都市や近郊農村から奉公人や農民が参加、明和八年には南山城地域の女性や子どもばかり二、三十人が連れ立ち抜け出たのが最初であった。沿道の人々の施行や喜捨《きしゃ》が行われ、お札降りなどの神異がおきたとされる。女性が*男装したり、華美な服装をしたりする者もあった。阿波の参宮者から始まったひしゃくの持参が一般に広まり、お蔭参りの風俗となった。

参考文献 西垣晴次『お伊勢まいり』(岩波新書)、一九八三、岩波書店。藤谷俊雄『「おかげまいり」と「ええじゃないか」』(岩波新書の江戸時代)、一九九三、岩波書店。金森敦子『関所抜け江戸の女たちの冒険』、二〇〇一、晶文社。

（椙山 聖子）

いせものがたり 伊勢物語 平安時代の歌物語。作者・成立年代ともに未詳。九世紀末から十世紀中ごろにかけて、複数の作者により増補を重ねて成立したとされる。

長短の章段から成り、その数は諸本により異なるが、一般には百二十五段本が知られる。各章段の基本的な形式は、「男」の独詠歌・贈答歌を中心に、それぞれの歌が詠まれた事情を語るというものである。初段に初冠《ういこうぶり》(男性の成人儀礼)を終えたばかりの男を登場させ最終段を辞世《じせい》の歌で結ぶというように、全体が主人公である「男」の一代記を思わせる構成になっており、全段にわたって*在原業平《ありわらのなりひら》作の歌が多数を占めることから、江戸時代初期までは業平の行跡を記した実録として享受《きょうじゅ》された。章段の多くは「男」の恋歌をめぐる物語で、恋の相手として多くの「女」が登場し、多様な恋愛が描かれる。女の階層は、后《きさき》・*斎宮《さいぐう》のような最上層から、宮廷*女房《にょうぼう》・受領《ずりょう》の妻、あるいはその仕え人などの中・下層まで多岐《たき》にわたる。相手を「つれなき(冷淡な)人」「色好みなる(多情な)女」などとして恋の情況を端的に表し、その一場面を切り取るような段もあるが、通い婚または同居の形で一定期間夫婦の関係を保った後に男の訪れが絶え、あるいは一方が去り、さらに復縁しあるいは絶縁するというように、恋の経緯を追う長段も多い。また、女を盗み出す話や、親子兄弟や親族が恋の仲立ちをしたり妨げたりする話などもみえる。各章段の筋立ては、あくまでも歌の背景説明のために設定されたものであり、虚構の要素をも多く含むと考えられるが、その点に留意《りゅうい》すれば、当時の恋愛・*婚姻の諸相を知るための資料として大いに活用し得る。このほか、幼なじみの恋を語る「筒井筒《つついづつ》」の贈答歌は、女性の成人儀礼である「髪上《かみあ》げ」を題材にした歌として知られるが、これとは別に「うひ裳《も》着ける(裳着《もぎ》の成女儀礼を終えた)」女に恋する男が、釵子《さいし》(髪上げ姿に用いる髪飾り)を贈ったという話を載せる本もある。テキストに『新日本古典文学大系』(岩波書店)、『新編日本古典文学全集』(小学館)などがある。

参考文献 片桐洋一『伊勢物語の研究』、一九六八・六九、明治書院。竹岡正夫『伊勢物語全評釈―古注釈十一種集成―』、一九六七、右文書院。

(佐藤 厚子)

いせものがたりえまき　伊勢物語絵巻　『*伊勢物語』を題材とした絵巻。現存最古の作品は鎌倉時代の成立とされ、『*源氏物語絵巻』や『紫式部日記絵詞《えことば》』と同様に引目《ひき》鉤鼻《めかぎはな》・吹抜屋台《ふきぬきやたい》などの技法を用いて描かれている。現存するのは一巻。詞書《ことばがき》が二段、絵は不完存のものも含めて七段分が残る。特に第九段には、都落ちの貴人に思いを寄せた鄙《ひな》の女性の素朴で憂《うれ》いを含む心情が、戸口に蹲《うずくま》る姿で描かれ印象的である。和泉市久保惣記念美術館収蔵。重要文化財。『日本絵巻大成』一三(小松茂美編、一九七九年、中央公論社)、『(新修)日本絵巻物全集』一七(白畑よし編、一九八〇年、角川書店)に所収。

(谷岡 理恵)

『伊勢物語絵巻』第一段　春日里の乙女を垣間見る

いせりゅう　伊勢流　武家礼法の流派の一つ。足利将軍の側近であり、政所執事《まんどころしつじ》を世襲《せしゅう》した伊勢氏が、室町時代中期以降、自家の職掌がら詳しかった殿中の諸儀礼のほか、他家から書札礼《しょさつれい》や装束・弓馬《きゅうば》などの故実を積極的に学び、武家殿中における諸儀礼から、起居動作にわたる礼式、弓馬故実《きゅうばこじつ》などまでを体系化して、伊勢流故実の基盤を形成した。特に八代将軍義政《よしまさ》に仕えた貞親《さだちか》(一四一七―一七三)とその子貞宗《さだむね》(一四四四―一五〇九)は、故実家としての地位の確立に尽力した。室町時代末期には、諸大名に故実を相伝するとともに、故実を格式化し秘伝として子孫に相承した。江戸時代には、寛永十四年(一六三七)に三代将軍家光に貞衡《さだひら》が召し出されて、稟米《りんまい》千俵を与えられ、家伝の書百十八巻を書写して献上するなど、以後代々故実家として幕府に仕えた。

参考文献 二木謙一『中世武家儀礼の研究』、一九八五、吉川弘文館。

(浅倉 有子)

いそざき　磯崎　⇩御伽草子《おとぎぞうし》

いそのかみつゆこ　石上露子　一八八二―一九五九　明治から昭和時代の歌人。本名杉山孝子《すぎやまたかこ》(戸籍はタカ)。大阪富田林《とんだばやし》の有数な大地主杉山家の跡取り娘として生まれる。母親は十三歳の時に離縁となり、継母に育てられるが、孤独ななかで短歌・詩文に心を託す。二十歳ごろから『*婦女新聞』などに投稿を始め、一九〇三年(明治三十六)に新詩社《しんししゃ》に入社。石上露子の名で『明星《みょうじょう》』の女流歌人の一人として、いちやく名を知られるようになる。情感あふれる短歌、美貌《びぼう》によって「白菊」にたとえられ*長谷川時雨《はせがわしぐれ》の『美人伝』に登場。また、唯一の詩「小板橋《こいたばし》」は『日本近代名詩集』に収録された。しかし、家を継ぐために恋人長田正平《おさだしょうへい》をあきらめ、結婚。夫の強要で筆を断つ。長い空白を経て一九三一年(昭和六)*与謝野晶子《よさのあきこ》の『冬柏《とうはく》』に投稿。幻の歌人として埋もれていたが、

石上露子

松村緑《まつむらみどり》によって自伝「落葉のくに」を収めた『石上露子集』が一九五九年に編まれた。『平民新聞』の読者だったことや、永遠の恋人長田正平についても、近年研究が進んでいる。

参考文献　碓田のぼる『夕ちどり』、一九九八、ルック。松本和男『評伝石上露子』、二〇〇〇、中央公論新社。　（岡田　孝子）

いそのぜんじ　**磯禅師**　生没年不詳　源義経の愛妾静《あいしょうしずか》の母。*白拍子《しらびょうし》集団の長であり舞の名手。『徒然草《つれづれぐさ》』に藤原通憲《ふじわらのみちのり》（信西《しんぜい》）が舞楽《ぶがく》の手ほどきをしたとあり、娘の静に白拍子の芸を伝授している。吉野で捕われ、源頼朝のもとに送られた静とともに鎌倉に同道している。『*義経記《ぎけいき》』には鶴岡八幡宮での頼朝・政子の前での舞では、静の舞の介添《かいぞ》えをしていることが、また『*吾妻鏡《あずまかがみ》』にも文治《ぶんじ》二年（一一八六）九月に静とともに鎌倉から帰洛《きらく》したことが記されている。帰京後のことは不明である。→静御前《しずかごぜん》

参考文献　細川涼一「女性芸能者と僧の「家」」（田端泰子・細川涼一『女人、老人、子ども』二〇〇二、中央公論新社）。　（星　倭文子）

いそむらはるこ　**磯村春子**　一八七七―一九一八　明治・大正時代の新聞記者。一八七七年（明治十）三月十六日、福島県生まれ。旧姓小泉。仙台の宮城女学校に学び、上京して結婚。一九〇五年報知《ほうち》新聞社に入社し、外国からの賓客《ひんきゃく》の訪問に英会話力を生かし、飛行船試乗体験記を書くなど好奇心が旺盛《おうせい》であった。子連れで取材に行くのでルビつき記者と呼ばれた。一九一三年（大正二）二月から七月まで、活躍中の女の訪問記「今の女」を連載後、文明堂から出版。女性誌にも盛んに寄稿《きこう》して不真面目な女性記者に苦言を呈《てい》し女の記者職の確立に努力した。一九一八年一月三十一日没。

参考文献　磯村英一『実録はね駒』、一九八六、開隆堂出版。江刺昭子『女のくせに―草分けの女性新聞記者たち―（増補新版）』、一九九七、インパクト出版会。　（江刺　昭子）

いそめつな　**居初津奈**　生没年不詳　江戸時代中期の女《にょ》筆工《ひっこう》、女絵師。寛永十七年（一六四〇）ごろの生まれか。三十歳ごろ京都へ出て書画を学ぶ。*女筆指南《にょひつしなん》をし、手本の執筆を求められ、四十代後半から五十代にかけて女子往来物の編集・著作・挿絵《さしえ》活動を行う。書はのびやかな流れるような癖のない達筆で、絵は簡素な線で描かれ清《せい》楚《そ》な趣《おもむき》を与える。画系は京都の浮世絵師吉田半兵衛《よしだはんべえ》風。のちの長谷川妙躰《みょうたい》と女筆時代を築き後代に影響を及ぼす。『女百人一首』『女文章鏡《おんなぶんしょうかがみ》』『*女実語教《おんなじつごきょう》・女童子教《おんなどうじきょう》』など十三点の作品がある。

参考文献　柴桂子「女性たちの書いた江戸前期の女子教訓書」（『江戸期おんな考』一二）、一九九一。　（柴　桂子）

イタコ・くちよせ　**イタコ・口寄せ**　東北地方北部に分布する巫女《ふじょ》の呼称。多くは盲巫女《もうふじょ》をいうが、岩手県陸中沿岸地方では巫女を総称してイタコと称し、この場合は盲巫女とは限らない。これ以外ではほぼ盲巫女をいうが、その呼称はさまざまで、青森県・岩手県北部と中部・秋田県北部ではイタコ、秋田県南部ではエチコ、山形県庄《しょう》内《ない》地方ではミコ、山形県最上《もがみ》・村山地方ではオナカマ、山形県置賜《おきたま》地方・福島県・栃木県北部・茨城県北部ではワカ、宮城県・岩手県南部ではオカミン・オガミサマと称している。イタコを代表とする盲巫女たちの職能の主なものは、祈禱《きとう》・卜占《ぼくせん》・オシラ遊ばせ・口寄せなどの呪《じゅ》術《つ》宗教活動である。中でも死者の霊を降ろしての口寄せが職能の多くを占めていた。口寄せは、一般には死者の霊を降ろしてその心境を語り、生きている人たちの運勢、家の盛衰興亡《せいすいこうぼう》などの預言を指す。不慮《ふりょ》の死を遂げた者、夭折《ようせつ》した者に対しては手厚い供養と、怨霊慰撫《おんりょういぶ》のための特別な口寄せ（秋田県ではナナクラオロシ・ハナヨセなどという）が行われる場合もある。イタコは自宅に祭壇を設けて客の依頼に答えたり、客の家に呼ばれて巫業を行う。また青森県下北半島の恐山《おそれざん》の地蔵祭《じぞうまつり》、津軽の川倉地蔵講《かわくらじぞうこう》会《え》などの寺社の縁日では、その地域周辺のイタコが参集するイタコマチが開かれ、大勢の客の依頼に答えて口寄せをする。彼女たちは幼いころから師匠に弟子入りして修行を積むが、その間には擬制《ぎせい》的な親子関係を結び、数年後に神憑《かみつ》けと称する成巫式《せいふしき》を行なって一人前となり、巫業を営むようになる。盲巫女は近世中期以降、「宗門改《しゅうもんあらため》帳《ちょう》」や「人別《にんべつ》改帳」には百姓や町人とは別の枠組みで記録され、特殊な宗教職能者として遇されていたことが『南部藩雑書』などからうかがえる。しかし明治以降になると盲巫女は淫祠邪教《いんしじゃきょう》、迷信などとされて、取り締まりの対象となる。そうした中で第二次世界大戦後にはボサマと称された盲僧とオガミサマが岩手県川崎《かわさき》村（一関市《いちのせき》）に宗教法人大和宗《だいわしゅう》を設立し、自立への道を歩み始めた。

参考文献　桜井徳太郎『日本シャマニズムの研究』上、一九六八、吉川弘文館。柳田国男「巫女考」（『柳田国男全集』二四、一九九九、筑摩書房）。　（神田より子）

いたさかりゅう　**板坂流**　近世初期の産科の流派。「板阪流」とも書く。医家板坂氏の名は室町時代から見られ、十六世紀後半には板坂釣閑《こうかん》が『家伝小児方《かでんしょうにほう》』を著わして小児科医として一家をなしたという。江戸時代に入って、板坂大膳助《だいぜんのすけ》が元和《げんな》二年（一六一六）『板坂流産前後秘伝集』を著わし、産科の流派として記憶されるようになった。前掲書には家伝秘方、産前後極意を残らず相伝するとあり、不妊治療、妊娠中、産後の異常に対する処方が記さ

れている。処方はすべて薬方で、医師は産婦の脈を見、容態を観察して投薬するのみである。産婦の身体に触れて胎児《たいじ》や子宮を直接治療するのは*賀川流《かがわりゅう》の出現を待たねばならない。薬方は多種の薬物と複雑な処方であるが、一八九五年(明治二十八)の『産科叢書』の編者呉秀三《くれしゅうぞう》は中国の『産経《さんきょう》』『産宝《さんぽう》』などの敷衍《ふえん》に過ぎないと厳しい評価を下している。

参考文献 増田知正・呉秀三・富士川游選集校定『日本産科叢書』、一九七一、思文閣。　（桜井　由幾）

いたびとじょせい　板碑と女性　板碑とは、関東地方を中心として全国に造立された中世の供養石塔《くようせきとう》の一種である。十三世紀前半に関東地方の在地領主《ざいちりょうしゅ》層から始まり、後半になると全国へ普及、南北朝・室町時代にかけて盛んに製作された。関東地方の板碑は、秩父《ちちぶ》産青石《あおいし》(緑泥片《りょくでいへん》岩《がん》)を薄い板状に加工し、頂部を三角形に整え頭部に二本の溝状の線を刻む。その他の地域では、柱状の石材や自然石を部分的に加工した形態が多く、地域によって特色が見られる。大半は碑面の上部に梵字《ぼんじ》や画像で主尊仏《しゅそんぶつ》を表し、下部に紀年銘《きねんめい》や偈頌《げじゅ》、願文《がんもん》などを配置する。願文は死者の追善供養《ついぜんくよう》と自身の後生善処《ごしょうぜんじょ》を願う逆修供養《ぎゃくしゅうくよう》の二種類に分かれるが、板碑を立て主尊を祈願することにより、被供養者の極楽往生《ごくらくおうじょう》・衆生利益《しゅうじょうりやく》が実現すると信じられた。十四世紀後半以降は、次第に個人の墓標《ぼひょう》的かつ民衆的な性格が強くなっていく。板碑の造立や供養における女性の関わり方を見ると、男性との相違点はとくに認められない。被供養者・供養者ともに俗人・尼の場合があり、追善供養における被供養者の多くは母(「悲母」)・妻(「女房」「妻女」)の立場である。ただし中世の仏教信仰における女人不成仏《にょにんふじょうぶつ》文言の常套《じょうとう》的・観念的な通用は板碑の銘文《めいぶん》にも確認され、宮城県松島町の「建武《けんむ》五年」(暦応《りゃくおう》元、一三三八)逆修碑銘「伏願氏女五障雲散」(女性は梵天《ぼんてん》・帝釈《たいしゃく》・魔王・転輪聖王《てんりんじょうおう》・仏になれないとする五つの障害が消え去ることを願う意味)や、竜女《りゅうにょ》が男性に変成《へんじょう》し成仏《じょうぶつ》した『法華経《ほけきょう》』の一節を偈とする埼玉県富士見市の「福《ふく》徳《とく》二年」(私年号《しねんごう》、一四九一年にあたる)逆修碑などの事例が存在する。また夫婦がともに供養される際は、同一様式の板碑が二基並べて立てられたり、一つの石材に二基の碑面が彫刻された双式板碑《そうしきいたび》が製作された。たとえば、岩松氏《いわまつし》一族尼妙蓮《みょうれん》とその夫と推測される円仏《えんぶつ》を逆修供養する二基の正和《しょうわ》四年(一三一五)碑(群馬県太田市)などが知られる。講などの結衆碑《けつしゅうひ》にも女性は登場し、松島町の貞和《じょうわ》五年(一三四九)仏舎利結縁《ぶつしゃりけちえん》逆修碑には、「安藤太郎《あんどうたろう》妻」など多数の海民の妻や尼の名が記されている。このように板碑からは、在地社会における中世の女性の動向に関して、信仰の側面にとどまらず、さまざまな情報を得ることができる。

建武5年「伏願氏女五障雲散」銘逆修碑

参考文献 服部清道『板碑概説』、一九七二、角川書店。千々和到『板碑とその時代―てぢかな文化財・みぢかな中世―』(平凡社選書)、一九八八、平凡社。西口順子「女性と亡者忌日供養」(同編『(中世を考える)仏と女』一九九七、吉川弘文館)。佐藤正人「陸奥国府中における板碑造立と信仰の世界」(大石直正・川崎利夫編『中世奥羽と板碑の世界』二〇〇一、高志書院)。峰岸純夫「中世東国社会と板碑」(『中世東国の荘園公領と宗教』二〇〇六、吉川弘文館)。　（七海　雅人）

いちかわげんぞう　市川源三　一八七四―一九四〇　明治から昭和時代戦前期にかけての女子教育家。*高等女学校の場で四十年間にわたり女子教育界の指導的立場にあり続けた。長野県北佐久《きたさく》郡に生まれ長野県尋常師範《じんじょうしはん》学校を卒業後小学校訓導《くんどう》となるが、翌年東京高等師範学校に入学、一九〇一年(明治三十四)に同校研究科を卒業。在学中に雑誌『女子教育』を発刊した。東京府立第一高等女学校(現都立白鷗《はくおう》高校)教諭となり、一九一八年(大正七)から校長を兼務。一九三四年(昭和九)に市川の良妻賢母《りょうさいけんぼ》論が東京府会で問題とされ翌一九三五年退職。退職後は、同校の同窓会によって設立された鷗友《おうゆう》学園高等女学校長となり、亡くなるまでの五年間を務めた。自立した女性の育成を目指し「全人主義」を掲げた市川は、宗教教育や*性教育・体育を強調した。また女子高等教育推進運動にも携わった。鷗友学園の校訓「慈悲《あい》と誠実《まこと》と創造」は彼の思想を象徴している。著書に『現代女性読本』(一九三四年)、『母の書』(一九三七年)がある。

参考文献 薄井喜美子『女子教育をになった教育者・市川源三』、一九九〇。　（友野　清文）

いちかわふさえ　市川房枝　一八九三―一九八一　大正・昭和時代の女性運動家、政治家。一八九三年(明治二十六)五月十五日、愛知県中島郡明地《めいち》村(一宮《いちのみや》市)の農家に父市川藤九郎《とうくろう》、母たつの三女として生まれる。父の暴力を我慢する母の「女に生まれたのが因果《いんが》だから」という嘆きが女性解放運動に進む原点となったという。愛知県立女子師範学校卒業後、小学校教師、名古屋新聞記者を経て上京、一時期大日本労働総同盟*友愛会《ゆうあいかい》婦人部書記をつとめる。一九一九年(大正八)十一月、*平塚らいてうと*新婦人協会を創立、女性の政治活動を禁じた*治安警察法第五条の改正運動などに取り組む。一九二一年七月、新婦人協会理事を辞任し、渡米。全米女性党や婦人有権者同盟の活動に接し影響を受ける。一九二四年一月帰国、ILOの東京支局職員となる。同年十二月、婦人参政権獲得期成同盟会(翌年*婦選獲得同盟と改称)の結成に参加、会務理事、のちに総務理事として*婦人参政権運動の中核を担う。婦人参政権獲得の目的としては女性・子供に不利な法律の改廃、政治と台所の直結、選挙と政治の浄化、国際平和の四つをあげた。一九三一年「満州事変」が勃《ぼっ》発《ぱつ》すると、軍部を批判し、平和のための婦人参政権を主

市川房枝

張したが、対議会運動は困難になり、地方自治政治に関する運動、母子保護運動、選挙粛正《しゅくせい》運動などに力を入れた。一九三七年の日中戦争の開始に際しては、非常時に対応するため日本婦人団体連盟を組織。一九四〇年には婦選獲得同盟を解消。婦人時局研究会・婦人問題研究所を活動拠点に、婦人団体一元化や*女子勤労動員など戦時下の女性政策を提言するとともに*大日本婦人会審議員、大日本言論報国会《ほうこくかい》理事などに就任。戦時体制下において女性の生活防衛と政治参加を求めたことが結果として戦争協力につながった。一九四五年八月、敗戦の十日後に*戦後対策婦人委員会を結成し、政府・政党に婦人参政権を要求。同年十一月には新日本婦人同盟を結成、女性の政治教育などに取り組む。しかし一九四七年三月、大日本言論報国会理事であったことを理由に公職追放となり、新日本婦人同盟会長を辞任。一九五〇年追放解除、新日本婦人同盟を*日本婦人有権者同盟と改称し、会長に復帰。一九五三年には無所属で参議院議員選挙に立候補し当選。以後五期(一九五三年—七一年、一九七四—八一年)参議院議員を務める。この間、超党派で衆参婦人議員団を組織して*売春防止法の制定に尽力。一九七五年には*国際婦人年日本大会実行委員長を務め、一九八〇年には国連*女子差別撤廃《てっぱい》条約の署名を日本政府に要請するなど終始女性運動の先頭に立ち、連帯の要《かなめ》としての役割を果たした。またみずから「理想選挙」を実践し、政治資金規正協議会などを結成して選挙と政治の浄化に努めた。一九八一年二月十一日、八十七歳で死去。「婦選は鍵なり」を信条とし、戦前は婦人参政権の実現のために、戦後はその有効な行使を通しての女性の地位向上と民主主義の確立のために尽くした。著書に『市川房枝自伝戦前編』(一九七四年、新宿書房)など、また『市川房枝集』全八巻・別巻一(一九九四年、日本図書センター)がある。

参考文献 『市川房枝というひと』、一九八二、新宿書房。児玉勝子『覚書・戦後の市川房枝』、一九八五、新宿書房。菅原和子『市川房枝と婦人参政権獲得運動—模索と葛藤の政治史—』、二〇〇二、世織書房。 (国武 雅子)

いちかわふさえききん 市川房枝基金 一九八三年(昭和五十八)発足の女性たちの活動への援助金。*市川房枝は参議院議員の歳費値上がり分を女性団体・グループに寄付していたが、選挙区の有権者への寄付を禁じた一九七五年の公職選挙法改正後は財団法人*婦選会館《ふせんかいかん》(現市川房枝記念会)に寄託《きたく》。没後、財団は原資二千万円の基金利子から、女性の地位向上、政治の浄化、国際交流の活動に取り組む女性に毎年援助してきた。二〇〇六年(平成十八)までの援助件数は沖縄婦人運動史研究会(沖縄)、国際女性の地位協会(東京)、ワーキング＝ウィメンズ＝ネットワーク(大阪)など三十六件、援助金総額は千五百八十五万円。

参考文献 『創立四〇周年記念財団法人市川房枝記念会事業報告』、二〇〇三、市川房枝記念会。 (久保 公子)

いちごそうぞく 一期相続 中世における*財産相続形態の一つで、相続人の財産に対する権利がその人の一生(一期)に限定され、その死後の財産権者(未来領主)があらかじめ定められているものをいう。一期相続そのものは寺院社会などで平安時代から見られるが、顕著《けんちょ》に現われるようになるのは鎌倉時代後期から南北朝時代にかけてのことである。鎌倉時代までは*庶子《しょし》にも相続権を認める分割相続《ぶんかつそうぞく》が一般的であったが、当時の武士や貴族などの主要な財産形態は所領であり、分割相続の繰り返しは所領の細分化を招くこととなった。武士や貴族層においては、すでに代々継承されるべきイエが確立しており、所領はそうしたイエの存続を支える有力な経済基盤(*家産《かさん》)となっていた。家産の細分化はイエの存立基盤を危うくするものであったため、鎌倉時代後半から南北朝時代にかけて、特に武士の家では惣領《そうりょう》以外に所領の相続権を認めない単独相続《たんどくそうぞく》へ切り替えられていくようになるが、その過程でとられるようになったのが一期相続であった。すなわち、庶子などにもいったん所領を相続させながらも、未来領主に惣領もしくはその子孫を指定して、最終的には惣領のもとに所領が回収される仕組みがとられたのである。これは惣領によるイエ支配権の強化とみられる現象で、庶子の権利は大きく制約されていくことになるが、特に女子の場合、相続した財産は婚家の方へ流れてしまい、一族の統制を離れる傾向が強かったため、その相続権は制約を受け、はやくから一期相続に切り替えられていった。ただし従来は、一期相続は分割相続から単独相続に至る過渡的形態と捉《とら》えられ、女子は次第に惣領のイエ支配権に組み込まれていくと考えられることが多かったが、江戸時代に至るまで「*化粧料《けしょうりょう》」などの名目で女子への一期相続は認められており、女子の財産権が全面的に否定されていたわけではないことにも注意しておかなければならない。

参考文献 中田薫『法制史論集』一、一九二六、岩波書店。五味文彦「女性所領と家」(女性史総合研究会編『日本女性史』二、一九八二、東京大学出版会)。 (髙橋 典幸)

いちじょうかねよしのつま 一条兼良の妻 ⇩東御方《ひがしのおんかた》 ⇩南御方《みなみのおんかた》

いちじょうふゆよしのつま 一条冬良の妻 ⇩二条姫君《にじょうひめぎみ》

いちのいしずこ 一井倭文子 一七八五—一八五一 江戸時代後期の歌人。父の一井伊忠《これただ》は京都御所付の武士であったと推察され、歌や書もよくした。倭文子は享和元年(一八〇一)但馬《たじま》国出石《いずし》藩士仙石久長《せんごくひさなが》の子久朝《ひさとも》を婿養子に迎えたが、夫は文化十二年(一八一五)四十五歳で死去した。そのころ上賀茂《かみがも》神社の祠官で歌人の賀茂季鷹《かものすえたか》に入門、文政十二年(一八二九)ごろ同居。*側室だったとの説もある。季鷹は天保十三年(一八四二)九十一歳で死去、倭文子はすでに歌人として評価されていた。家集に『もしほ草』がある。

(小川　幸代)

いちはらたよ　市原多代　一七七六—一八六五　江戸時代後期の俳人。号晴霞庵《せいかあん》。陸奥《むつ》国須賀川《すかがわ》(福島県須賀川市)の庄屋市原寿綱・多嘉《たか》の娘。分家を継いだ次兄の養女となり松崎有綱を婿《むこ》に迎え三人の子に恵まれるが、三十一歳で夫に死別。家業と子供の養育のかたわら、同郷の俳人石井雨考《いしいうこう》に入門し、のち江戸の鈴木道彦《すずきみちひこ》や松窓乙二《しょうそうおつに》に師事した。四十二歳で句集『浅香市《あさかいち》集』を上梓《じょうし》。四十八歳のとき、念願の江戸行きを果たし、句吟集『すか丶さ日記』や江戸滞在記『江戸案内』を著わす。八十寿に芭《ば》蕉《しょう》の句碑を菩提寺十念寺《ぼだいじじゅうねんじ》に建立した。作品は『たよ女全集』(矢部榾郎編、一九五九年、小宮山書店)に収められている。

参考文献　大井多津子「市原多代女の『江戸案内』について」(『江戸期おんな考』一五)、二〇〇四。

(柴　桂子)

いちひめ　市姫　市場の祭神(市神《いちがみ》)である*女神。数ある市場の祭神(市神)の中でも、素戔嗚尊《すさのおのみこと》の十握剣《とつかのつるぎ》から三女神の一神として生まれた後、筑紫の胸肩君《むなかたのきみ》の祭神となり(『日本書紀』神代)、福岡県宗像《むなかた》市の宗像神社辺津宮《へつみや》にまつられた市杵島姫命《いちきしまひめのみこと》はその代表的存在である。市杵島姫命のほかに大市比売命《おおいちひめのみこと》がまつられることもあるが、市神となったこれらの女神こそ市姫である。現在、平安京東《ひがしの》市《いち》跡である京都市下京区河原町《かわらまち》六条には市比売《いちひめ》神社があるが、延暦《えんりゃく》十四年(七九五)に藤原冬嗣《ふゆつぐ》が宗像より市杵島姫命を東市に勧請《かんじょう》したと伝承されている。なぜ市杵島姫命が市神となったのかは判然としないが、*宗像三女神が交易・商業活動の神として迎えられていたことに加えて、市杵島姫命や大市比売命がその名に「市」字を含むことがその理由と考えられ、その成立はあまりさかのぼらないとみる見解が多い。また、市神の多くが市姫すなわち女性神である理由も定かではないが、古くから女性が商業活動に従事していたこと(『*日本霊異記《にほんりょういき》』ほか)と無関係ではないであろう。なお、現在、市神は円形の自然石を御神体とする事例が多いが、これは市の立つ場が共同体の境界にあたり、その境界石に由来する可能性が指摘されている。

参考文献　西郷信綱「市と歌垣」(『古代の声—うた・踊り・市・ことば・神話—(増補版)』一九九五、朝日新聞社)。岡田芳幸「商の神」(皇学館大学神道博物館編『続日本の神々』二〇〇四、皇学館出版部)。

(宮瀧　交二)

市女(『扇面法華経冊子』下絵より)

いちめ　市女　市で商いをする販売座席(市座権)を持つ女商人。『うつぼ物語』(藤原君)に「とくまちという、いちめの富めるあなり」とあり、また『*源氏物語』玉鬘《たまかずら》には「あやしき市女」とある。身分は低いが富裕であった有り様がうかがえる。その呼称は平安時代の物語や公家の日記等に多く確認できるが、中世の旅日記『なぐさめ草』にも「市女商人の物さわがしき」と現在の滋賀県守山あたりの市での様子が記されており、畿内周辺の村里の市での活躍が確認できる。

参考文献　脇田晴子『日本中世女性史の研究』、一九九二、東京大学出版会。

(加藤美恵子)

いちめがさ　市女笠　平安時代中・末期からみられる笠。菅《すげ》製で頭頂部が冠の巾子《こじ》のように突出しているのが特徴。市井の女性が多用したことからこの名称がある。男女兼用だが女性の使用がもっぱらであった。男性は雨笠として使ったが、女性では*被衣《かずき》姿に用いられ、*壺装束《つぼしょうぞく》では市女笠の周縁部に*虫《むしの》(枲)垂衣《たれぎぬ》とよばれる薄地の布帛《ふはく》をめぐらして顔を他人の視線から遮蔽《しゃだん》した。

市女笠(『信貴山縁起絵巻』より)

参考文献　宮本馨太郎『かぶりもの・きもの・はきもの』(民俗民芸叢書二四)、一九六八、岩崎美術社。

(佐多　芳彦)

いっか　一家　血縁集団のレベルをこえた*親族(血族プラス*姻族《いんぞく》)集団。同一の先祖をいただく血族集団の性格が強い一族とは異なる。一門も一家とほぼ同じとみてよい。鎌倉幕府の三代執権《しっけん》北条泰時《やすとき》が三浦氏の当主泰村《やすむら》を女婿《じょせい》とし、これを自己の「一家の門葉」と位置づけていた『弘長記《こうちょうき》』の記事はその間の事情を物語る。鎌倉時代の在地文書の中に「一家一族縁者境界」という表現があるが、このうち「一家」が血族・姻族を包み込むもっとも広い概念であることが『弘長記』の記事に明らかな以上、この表現は、一家というのが、一族だけでなく、広く縁者を包み込み得る概念であることを証明している。その他、一家の語は俗にいうファミリーにあたる派閥集団の意味でも用いられた。鎌倉幕府は、その統括範囲に可変性をもつこうした一家をもって武士団統制の土台としていたのである。

参考文献 大饗亮『封建的主従制成立史研究』、一九六七、風間書房。鈴木国弘『日本中世の私戦世界と親族』、二〇〇三、吉川弘文館。

(鈴木 国弘)

いつくしまのないし 厳島内侍 安芸《あき》国厳島神社に仕える*巫女《みこ》。院政期《いんせいき》、平氏の篤《あつ》い信仰のもと都からの往来《おうらい》が頻繁《ひんぱん》になると、神主佐伯景弘《さえきかげひろ》とともに京や福原《ふくはら》に上り、平清盛《きよもり》邸や院御所《いんのごしょ》において舞楽《ぶがく》を披露《ひろう》する機会が多くなった。藤原信西《しんぜい》の子成範《なりのり》兄弟は、「容皃《ようぼう》といい才芸《さいげい》といい、すでに辺土《へんど》の義《ぎ》にあらず、もっとも神力《しんりき》と謂《い》うべし」と、彼女たちが容姿端麗《ようしたんれい》で才芸にも秀でている神聖な巫女であるとその印象を述べている。彼女たちは、厳島神社を中心に瀬戸内支配を企図《きと》する平氏と貴族を、また領主的発展を目指す神主景弘と都とを結びつける紐帯者《ちゅうたいしゃ》的な役割を果たしていたといえよう。内侍たちの名は仏教にちなんだものであった。もともと黒と呼ばれ釈王《しゃくおう》と改名していた内侍は、さきの成範兄弟にさらに世親《せしん》という仏教説に登場する大士の名に改称するよう求められた。また、当時厳島は神聖であるがゆえに島への居住は認められていなかったが、『高倉院厳島御幸記《たかくらいんいつくしまごこうき》』によると神社には宿泊施設である内侍の館が存在していたことがわかる。内侍の中には清盛の寵愛を受けた「厳島内侍」と呼ばれる者もおり、清盛との間に生まれた娘は十八歳で後白河院に*入内《じゅだい》、「厳島内侍」はのち平氏家人《けにん》の平盛俊《もりとし》に嫁《か》したが、盛俊の死後は鎌倉幕府御家人《ごけにん》土肥《どい》実平《さねひら》の妻となった。

参考文献 松岡久人「国風文化」(『広島県史』原始古代、一九八〇)。同「中世の文化」(『広島県史』中世、一九八四)。林薫「平氏家人の存在形態—厳島神社神主佐伯景弘を事例として—」(『中央史学』二八、二〇〇五)。元木泰雄「福原遷都と平氏政権」(『古代文化』五七ノ四)、二〇〇五。

(林 薫)

いつひめ 厳媛 『日本書紀』神武《じんむ》天皇即位前紀だけにみえる祭祀《さいし》に関わる女性を厳媛という。厳媛は格の高い巫《ふ》女《じょ》であり、大和平定を諸神に祈願する神事である顕斎《うつしいわい》の斎主《いわいのうし》を務めたと記される。この神事は高皇産霊尊《たかみむすひのみこと》を降ろして天皇に憑依《ひょうい》させ、大伴道臣命《おおとものみちのおみのみこと》を斎主として厳媛の名を与える。厳《いつ》の字を冠した聖なる火と水で作られた粮《おもの》を厳瓮《いつへ》に入れ、それを食した天皇は敵をことごとく制覇し大和の王者となったという内容である。顕斎は戦時下に執り行われ、厳媛も男性であったとされるが、古代の戦争には女性の従軍もあり、厳媛は当初から女性であっても不思議はない。しかし祭式の型は明確ではなく、したがって顕斎の斎主である厳媛の具体的な姿も不透明である。

参考文献 真弓常忠「顕斎」(『日本古代祭祀の研究』一九七八、学生社)。義江明子「玉依ヒメの実像」(『日本古代の祭祀と女性』一九九六、吉川弘文館)。

(川上 順子)

いっぷいっぷせい 一夫一婦制 〔古代〕一人の夫と一人の妻とによって成立する*婚姻形態。*単婚《たんこん》(monogamy)ともいい、現代日本や欧米社会において典型的にみられる婚姻形態であり、複数の配偶者をもつことが認められる婚姻形態である複婚《ふくこん》(polygamy)に対する語。キリスト教社会では、婚姻は秘跡《ひせき》の一つとされ、婚姻とみなしうる性関係は一夫一婦でなければならず、生涯の共同生活と互いの貞操《ていそう》の義務を伴うものとなった。婚姻は教会の祝福を受けて公認され、*離婚は認められない。しかし、現実には売春や蓄妾《ちくしょう》が黙認され、*近親婚や性関係の不存在を理由に婚姻の解消を申請できた。その後、イギリス国教会の出現やフランス革命後の民事婚《みんじこん》の普及によって、婚姻は教会の権威から離れ離婚も容易になったが、欧米社会においても一夫一婦制の原則は崩れていない。また、中国社会においても、古代のある時期から一夫一婦制が守られ、社会生活の基盤となる「礼《れい》」の中でも婚礼は大《たい》礼《れい》の一つであり、六礼《りくれい》の儀式を経て花嫁は婿《むこ》の家に入った。こうして社会に認知された正妻は、宗廟祭祀《そうびょうさいし》を担い、家政を切盛りし、死後は夫とともに夫家の廟にまつられる存在となる。支配階級では妾《めかけ》の存在は公認されているものの、妻妾《さいしょう》の別は明らかにされ、妾は時に売買の対象となり「宗」の中に位置づけられることはなかった。これに対して、古代日本では婚姻規制がきわめて緩やかであり、婚姻の開始、終結の時期もあいまいであった。第一子の誕生の前後から夫婦は同居を始めることが一般であったから、婚姻の定義として同居を考慮に入れれば、八世紀段階でも同居の間は一夫一婦婚といえる。ただ、婚姻の開始と同様に、解消もきわめて簡単であったため、複数の相手と性関係を結ぶことは容易で、一夫一婦が守られない期間が婚姻期間の前後に存在したと考えられる。また、貴族社会においても、従者的妾は別として、妻妾同居の習慣はなかったといえよう。

参考文献 滋賀秀三『中国家族法の原理』、一九六七、創文社。鷲見等曜『前近代日本家族の構造—高群逸枝批判—』、一九八三、弘文堂。村武精一編『家族と親族(新装版)』、一九九二、未来社。梅村恵子『家族の古代史—恋愛・結婚・子育て—』(歴史文化ライブラリー)、二〇〇七、吉川弘文館。

(梅村 恵子)

〔近世〕近世には武士も庶民も妻は一人と決まっており、

重婚《じゅうこん》は禁じられていたので、形式的には一夫一婦制であった。しかし、家の跡継《あとつぎ》を確保するという名目で妾《めかけ》を抱えることは認められていた。近世中期以降、下級武士や一般庶民の間では複数の者が一人の妾を囲う風も広がったが、一人で妾を抱えて性関係を独占できたのは財力のある中上級の武士や富裕《ふゆう》な百姓《ひゃくしょう》・町人に限られ、大多数の下級武士や一般庶民にあっては実質的にも一夫一婦であった。武家の婚姻の成立には、男女両家より主君に縁《えん》組願《ぐみねがい》を出し、許可を得ることを要した。妾を抱えるのに支配領域を異にする者との婚姻には領主や幕府代官の許可が必要であったが、領内婚では不要で、村・町の役人に届け出て宗門《しゅうもん》人別帳《にんべつちょう》に登録することにより、公認された夫婦となった。

（大藤　修）

参考文献　石井良助『日本婚姻法史』、一九七七、創文社。大竹秀男『「家」と女性の歴史』、一九七七、弘文堂。

〔近現代〕一人の妻と一人の夫からなる婚姻形態。幕末に西洋諸国とむすんだ、不平等な修好通商条約を改正して西洋諸国と対等な国際関係を築くことは、明治政府の至上命令であった。そのためには万国と共通な文明をもつことが必要であり、社会における文明化の中心は一夫一婦の婚姻制度であった。江戸時代の幕藩体制が*側室を公認したことによって、妾《めかけ》をもつことが常識になっていた武士層が主として維新政府の官僚になった日本近代では、明治三年(一八七〇)制定の*新律綱領《しんりつこうりょう》は妻妾《さいしょう》二等親の規定をもち、*戸籍に妾を記載する民部省指令があり、また一八七三年の私生子にかんする太政官布告《だじょうかんふこく》二一号「妻妾ニ非サル婦女(下略)」の規定など、妻と妾を同等の身分におく法や布告が多数存在した。実際にも男性が妾をもつことは慣習であった。天皇もまた一妻多妾であった。このため*森有礼《もりありのり》や*福沢諭吉《ふくざわゆきち》などの啓蒙《けいもう》思想家のみならず、士族など民衆も新聞の投稿欄などで一夫一婦の婚姻を主張するものが少なからずいた。一八七六年には元老院で議官細川潤次郎《ほそかわじゅんじろう》提案の「有妻更娶律条《ゆうさいこうしゅりつじょう》ヲ設クルノ件」が否決されている。一夫一婦制の反対論は「家」の維持や天皇の侍妃《じひ》制を理由にあげている。一八八〇年に元老院では*庶子《しょし》タームは存在したが妾の名称を削除し、重婚禁止条項をもつ刑法草案が激しい賛否の議論の末成立した。その際、政府委員は妾名称を削除するが妾そのものを廃止するのではない、民法制定時にもちこすと説明したが、一八九八年制定・公布の民法親族編八二七条・八二九条は夫と妻以外の女性との間に誕生した子を夫は妻と女性の承諾なしに認知入籍でき、相続編九七〇条はこの庶男子に摘出《ちゃくしゅつ》女子に優先する*家督相続権を与えている。日本近代では一夫一婦制度はたてまえにすぎなかったといえる。さらに一八八九年成立の*皇室典範《こうしつてんぱん》は男系男子による皇位継承を規定したが、嫡子孫に男子がいない場合に庶男子に皇位継承資格を与えている。↓妾《めかけ》

参考文献　早川紀代『近代天皇制国家とジェンダー』、一九九八、青木書店。同『近代天皇制と国民国家』、二〇〇五、青木書店。

（早川　紀代）

いっぷいっぷのけんぱく　一夫一婦の建白　⇩日本基督《にほんキリスト》教婦人矯風会《きょうふじんきょうふうかい》

いっぷたさい　一夫多妻　〔古代〕一人の夫が、同時期に複数の女性を妻にもつ*婚姻形態。一夫一婦の*単婚《たんこん》(monogamy)に対して、一人が複数の異性配偶者をもつ複婚《ふくこん》(polygamy)には、一夫多妻婚(polygamy)と一妻多夫婚《いっさいたふこん》(polyandry)がある。一妻多夫婚の例はきわめてまれであるのに対して、一夫多妻婚は多くの社会で容認された婚姻形式の一つ。ある社会で一夫多妻制が認められているといっても、多妻をもつ男はごく少数の限られた階層に属す場合が大半である。また、イスラム社会のように複数の妻たちが平等に扱われる純粋な形態のほか、複数の妻たちが正妻と妾《めかけ》のように地位や待遇に差別がある形態も*一夫一妻多妾制《いっぷいっさいたしょうせい》と呼ぶべきか一夫一婦制の範疇《はんちゅう》に入れるか、については説が分かれる。日本の古代社会の婚姻形態を一夫多妻制と呼ぶことは一般化しているが、時代によって婚姻形態は大きく異なる。九世紀以前では、婚姻規制がゆるやかで、婚姻の開始時期は明確ではない。このため、複婚的様相を示す例も、複数の恋愛関係にすぎないともいえる。天皇(大王)の后妃《こうひ》については記紀の伝承から一夫多妻の状況が明らかになる。中国の*後宮のように、后妃が一ヵ所に集められて生活する習慣が生じるのは、桓武《かんむ》朝ころから始まった。また、有力中央氏族や地方豪族でも一夫多妻制がとられていた。九世紀に入ると、複数の妻の中から正妻が立てられ他の妻たちとの間に差別が生じる。前近代社会では*出産にまつわる死亡事例が多く、一見大勢の妻を持つかにみえる上流貴族層でも、その婚姻期間を仔細《しさい》にみると、妻死亡による再婚も多くみうけられる。また、貴族層では正妻と同居してその子どもが優遇される傾向が次第に顕著《けんちょ》になり、正妻と出自の変わらない妾は、独立の屋敷を構え夫が通う形式をとる。さらに、夫ないし家族の召使《めしつかい》であった女性を妾とした場合は、正妻や家族の家で*召人《めしうど》と呼ばれて同居するという、三段階の多妻群が存在した。平安貴族の婚姻形態は、一夫一婦多妾制というべきである。

参考文献　村武精一編『家族と親族(新装版)』、一九九二、未来社。

（梅村　恵子）

〔近世〕近世には武士も庶民も妻は一人と決まっていたが、家の跡継《あとつぎ》を確保するという名目で妾《めかけ》を抱えることは認められていた。ことに上級の武家では数名、ときには十名以上の妾を抱え、子女の数も多数にのぼることもめずらしくなかった。妾は身分的には奉公人《ほうこうにん》とされ、武家では妻を娶《めと》る際には主君の許可を要したが、妾を抱えるのに願い出は不要であった。幕府制定の『*服忌令《ぶっきりょう》』でも妻は夫との間に服忌関係を有する「親類」(*親族)とされたが、妾は主人と服忌関係にはなかった。しかし、貞享《じょうきょう》三年(一六八六)の服忌令改定以後は子を産んだ妾は主人に対し遠慮《えんりょ》三日と定まり、配偶者《はいぐうしゃ》に準ずる扱いを受けること

になった。素姓《すじょう》の正しい妾であれば、生子の親類書《しんるいがき》に生母およびその親類を記載《きさい》することが認められた。ことに生子が*家督《かとく》を継ぎでもすれば生母たる妾の地位も高まった。法制上は一夫一婦制が建前であるが、子持ちの妾を抱えている場合は実質的には一夫多妻であったとみてよかろう。

参考文献 大竹秀男『「家」と女性の歴史』、一九七七、弘文堂。大藤修『近世農民と家・村・国家―生活史・社会史の視座から―』、一九九六、吉川弘文館。 （大藤　修）

いっぷたさいしょう　一夫多妻妾　妻妾制が大手を振っていた近世においても、法制的には*一夫一婦制である。武士の場合、*婚姻や離縁《りえん》は、幕府または領主の許可を必要とした。大名家などの再婚率は高かったが、この場合離縁の上での婚姻であって、重婚は認められない。百姓《ひゃくしょう》・町人の場合も、離縁状なしに再婚はできなかった。離縁状が再婚許可状といわれる由縁《ゆえん》である。重婚は処罰の対象であった。妻を奉公に出して、別の女性を妻にしていたもの(江戸追放)、江戸に妻を置いたまま国許《くにもと》で再婚したもの(牢舎《ろうしゃ》)など処罰されている。しかし妾を置くことは認められていた。特に、後継者がいない場合御家断絶《おいえだんぜつ》の可能性があった武士階級では、養子という手段もあったが、血筋をひく後継者を得るというねらいから妾を置いた。「腹は借り物」であった。将軍家が典型で、*正室(妻)から生まれた将軍は三代家光《いえみつ》だけ、十一代家斉《いえなり》の妾は通算四十人といわれる。大名には上・中・下の屋敷が与えられていたにもかかわらず、妻妾同居もめずらしくなかった。妾の身分は奉公人とされた。服忌において、夫の死にあたり妻は忌三十日、服十三月に対し、妾は遠慮三日であった。百姓・町人にあっては、経営の安定のため、主人には「身を慎《つつし》む」ことが求められたが、「囲妾《いしょう》」が取り締まりの対象となり、「妾奉公人請状《めかけほうこうにんうけじょう》」の雛型《ひながた》が出回るなど、婚姻外の性的関係は横行した。*女訓書《じょくんしょ》は、夫の浮気に対しいたずらに嫉妬《しっと》せず、寛容《かんよう》をもって接することを妻に求めている。一方妻の婚姻外の性関係はきびしく処罰された。

参考文献 総合女性史研究会編『日本女性の歴史―性・愛・家族―』(角川選書)、一九九二、角川書店。 （片倉比佐子）

いっぺんひじりえ　一遍聖絵　一遍の弟子で、異母弟の聖戒《しょうかい》が詞書《ことばがき》を作り、絵は法眼円伊とその工房が描いた。正安《しょうあん》元年(一二九九)完成。全十二巻。国宝指定名称は『一遍上人絵伝』。一遍が生家を離れて修行に旅立つ場面から始まり、正応《しょうおう》二年(一二八九)の入滅《にゅうめつ》まで四十八段にわたって遊行《ゆぎょう》の生涯を描く。一遍は九州から東北地方まで人々に融通《ゆうずう》念仏を勧めて歩いたので、絵巻には各地の風景と人々の生き生きとした姿が描かれており、*絵画史料として活用されている。『日本絵巻大成』別巻(一九七八年、中央公論社)、『日本の絵巻』二〇(一九八八年、中央公論社)などに収める。

『一遍聖絵』巻四

参考文献 砂川博『一遍聖絵研究』、二〇〇三、岩田書院。 （渋谷　和宏）

いでふみこ　井手文子　一九二〇―九九　昭和時代の女性史研究家。東京に育ち、一九四〇年(昭和十五)自由学園高等部卒。戦時中産業報国会《さんぎょうほうこくかい》に勤務。その間に*ＹＷＣＡ(日本キリスト教女子青年会)で行われた文化講座に参加したことから一九四四年末治安維持法《ちあんいじほう》に問われ四五年三月まで拘留《こうりゅう》される(これは講師であった羽仁五郎《はにごろう》を逮捕するために仕組まれた事件で世界文化史グループ事件といわれた)。戦後、自由で民主的な学習組織を求め、四六年民主主義科学者協会の婦人問題研究会(のちに独立して女性史研究会となる)に参加、*三井礼子《みついれいこ》らとその中心的存在として活動し、『戦後婦人運動史』『*現代婦人運動史年表』などの編纂《へんさん》執筆に参加する。また婦人参政権運動史の研究、『*青鞜《せいとう》』や*平塚らいてう、*伊藤野枝《のえ》についての著述、『伊藤野枝全集』の編纂など大正デモクラシー期の女性史研究に先駆的役割を果たした。また、母方の祖父で西洋史家の箕作元八《みつくりげんぱち》の『箙梅日記《ふくばい》』を翻刻した。著作等に『青鞜』(弘文堂、一九六一年、のち『『青鞜』の女たち』、一九七五年、海燕書房に改定)、「戦争と敗戦」一・二(『銃後史ノート』復刊六・七、一九八四・八五年)、『平塚らいてう―近代と神秘―』(一九八七年、新潮社)などがある。

参考文献 『自由、それは私自身―井手文子さんの仕事と生涯資料集―』、二〇〇〇、『自由、それは私自身―井手文子さんの仕事と生涯―』実行委員会。 （永原　和子）

いとうあさこ　伊藤朝子　一八八一―一九五六　大正・昭和時代の宗教家、女性運動家。一八八一年(明治十四)八月一日、山口県都濃《つの》郡(周南市)の医師竹内虎之進《たけうちとらのしん》・マチの長女に生まれる。本名あさ。六歳で突然髪の毛が抜け落ち、思春期には悲観するが、新宗教無我愛《むがあい》の信奉で自信を取り戻す。その創始者伊藤証信《しょうしん》と出会い、みずから申込んで結婚。雑誌『無我の愛』発行など無我愛運動の傍《かたわ》ら、新真婦人会《しんしんふじんかい》・*新婦人協会に参加。一九二五年

(大正十四)愛知県に無我苑《むがえん》を開設。戦後は世界連邦建設同盟に参加。一九五六年(昭和三十一)十月十二日七十五歳で死去。

参考文献 柏木隆法『伊藤証信とその周辺』、一九六六、不二出版。永原紀子「伊藤朝子」(女性の歴史研究会『新婦人協会の研究』一、一九九八)。 (永原 紀子)

いとうのえ　伊藤野枝　一八九五―一九二三　大正時代の女性運動家。福岡県糸島郡今宿《いまじゅく》に伊藤亀吉《かめきち》・ムメの長女として生まれる。戸籍名「ノヱ」。祖父の代から家業である海産物問屋・諸国回漕《かいそう》問屋は没落し始め、野枝の幼いころに家屋敷を手放して、父は瓦職人になった。一時三瀦郡《みずまぐん》や長崎の叔母のもとで暮らすが、一九〇九年(明治四十二)に周船寺《すせんじ》高等小学校卒業後今宿郵便局に勤務。その後東京の叔父代準助《だいじゅんすけ》を頼って上京し、上野高等女学校四年に編入学。一九一一年郷里で末松福太郎《すえまつふくたろう》と仮祝言をあげ、翌年卒業後帰郷するが結婚を嫌い*家出して上京、上野高女の英語教師辻潤《つじじゅん》と同棲、辻は上野高女を辞職する。辻のすすめで*平塚らいてうを訪問、『*青鞜《せいとう》』十月号に社員としてはじめて名前が載る。以後、『青鞜』の編集を手伝いながら多くの文章を発表。一九一三年(大正二)二月、末松福太郎と協議離婚成立。一九一三年八月、木村荘太《むらそうた》との一連のやりとりを書いた「動揺」を『青鞜』に発表。九月、辻との間に長男一《まこと》を出産。一九一四年、アメリカのアナーキストエマ＝ゴールドマンの『婦人解放の悲劇』を訳出、『近代思想』で大杉栄《おおすぎさかえ》に賞賛《しょうさん》される。一九一五年、らいてうから『青鞜』を引き継ぎ編集兼発行人となる。同年七月、辻との婚姻届を出し、十一月、次男流二《りゅうじ》を出産。一九一六年、大杉と恋愛関係に入り、『青鞜』は第六巻二号で無期休刊となる。四月、流二とともに辻の家を出る。大杉を中心に*堀保子《ほりやすこ》、*神近市子《かみちかいちこ》と四角関係となる。十一月、「*日蔭茶屋《ひかげちゃや》事件」後、野枝と大杉は世間の批判をあびて孤立した。一九一七年九月、辻との協議離婚成立。九月、大杉との間に長女魔子《まこ》を出産。一九一八年一月、亀戸で大杉と『文明批評』創刊、印刷人となる。一九一九年十月、第一次『労働運動』創刊、婦人欄を担当する。十二月、次女エマ(のち幸子と改名)を出産。一九二〇年、大杉との共著『乞食《こじき》の名誉』刊行。一九二一年一月、第二次『労働運動』創刊。三月、三女エマを出産。四月、社会主義婦人団体*赤瀾会《せきらんかい》が発会し、顧問格として参加。十二月、第三次『労働運動』創刊、同人となる。一九二二年六月、大杉との共著『二人の革命家』刊行、四女ルイズを出産。一九二三年七月、フランスを国外追放となった大杉の帰国を神戸に出迎える。八月、長男ネストルを出産。九月一日関東大震災が起る。十六日、大杉と、大杉の妹の子橘宗一《たちばなむねかず》を連れて帰宅途中、自宅近くで憲兵大尉甘粕正彦《あまかすまさひこ》らに拘引《こういん》され、その夜、麴町《こうじまち》憲兵分隊で大杉、宗一とともに虐殺された。著作は『(定本)伊藤野枝全集』全四巻(二〇〇〇年、学芸書林)に収められている。 (河原 彩)

伊藤野枝

いとうルイ　伊藤ルイ　一九二二―九六　昭和時代の市民運動家。一九二二年(大正十一)六月七日、無政府主義者大杉栄《おおすぎさかえ》・*伊藤野枝《のえ》の四女として神奈川県逗子《ずし》市に生まれる。一九二三年九月十六日、憲兵隊により両親が甥とともに虐殺された後、野枝の実家のある福岡県今宿《いまじゅく》に移り、そこで祖父母によって養育される。一九三八年(昭和十三)に糸島《いとしま》高等女学校を卒業、同年から東邦《とうほう》電力(九州電力の前身)に勤務。翌年王丸和吉《おうまるかずきち》と結婚。一九四〇―四二年、満州国牡丹江《ぼたんこう》市に居住。戦後は夫の借金の返済に苦しみながらも四人の子を育てる。一九五九年博多人形の彩色職人となり、以後二十六年間つとめる。朝鮮人被爆者の支援運動、在日韓国・朝鮮人の人権保障運動、福岡市の「聖戦の碑《そし》」撤去運動、豊前火力発電所撤去運動、核燃サイクル阻止運動など多くの市民運動に関わり、差入《さしいれ》交通権訴訟の原告をつとめる。著書に、自身の生立ちや思い出、活動について記した『海の歌う日』『虹を翔《か》ける』『必然の出会い』『海を翔ける』などがある。

参考文献 松下竜一『ルイズ―父に貰いし名は―』(松下竜一その仕事一七)、二〇〇〇、河出書房新社。 (河原 彩)

いとかせぎ　糸稼　農家の副業として*生糸《きいと》を挽《ひ》いたり綿糸を紡《つむ》ぐこと。近世中期になると各地の村明細帳《むらめいさいちょう》に「女《おんな》稼《かせぎ》」として「養蚕仕り糸織稼」「絹木綿糸ヲ挽」「蚕を飼糸を取木綿ばたを織」「蚕を造り糸をとり絹太織り」「木綿糸取木綿縞少々織出し」「賃糸賃機を織」などと記載されるようになる。蚕の飼育《かいこ》や機織《はたおり》が並列して記述されることもあることから、糸稼ぎとは*養蚕《ようさん》・綿業の中でも特に製糸・紡績《ぼうせき》のことを指すと考えられる。繭《まゆ》から糸をとる製糸は、律令時代から記録に残っているが、国内での生産が一般化するのは中国からの白糸《しらいと》が制限され、京都西陣《にしじん》や上州桐生《きりゅう》などの絹織物生産の発展に伴って生糸需要の高まった十七世紀末以降である。初期には一軒の農家で蚕の飼育から糸取り機織までが一貫して行われる自給生産であったが、次第に絹糸や蚕種《さんしゅ》が商品として流通するようになり、製糸地帯と養蚕地帯・織業地帯は分化していく。繰糸技術は胴取《どうとり》・手挽《てびき》・座繰《ざくり》と種々存在するが、いずれも農家の妻や娘たちが指で撚《よ》りをかけながら繭から糸を挽くものであった。近世後期には、糸繭商《いとまゆしょう》が小資本を元手に繭を農家に貸し与えて生糸に引かせる賃《ちん》挽《び》き製糸も展開し、女性たちの糸稼ぎによる絹糸は安政の開港以後、海外移出の主力商品となる。一方、*木綿《もめん》から糸を紡ぐ紡績は、綿作―綿繰《わたくり》―糸繰《いとくり》―織布という工程の一部として行われていた。木綿は日本では十五世紀ごろから各地で自給的に生産されていたが、次第に商品としての性格を持つようになり、主産地は畿内に集中しはじめる。十七世紀末ごろから江戸・大阪を中心とした全国市場が成立し、中間商品としての繰綿《くりわた》と綿布が流通した。十九世紀になると全国各地で晒《さらし》・縞《しま》・絣《かすり》・縮《ちぢみ》などの加工を加えた木綿織物が生産されるようになり、その原糸としての綛糸《かせいと》を綛糸仲買商《なかがいしょう》が集荷し、機屋《はたや》・染屋《そめや》に売却する構造が成立した。一八七三年(明治六)にガラ紡が創製され全国に普及する以前は手紡車で糸を紡ぐ方法が主流で、畿内では女性だけでなく男性も綿糸を紡いだことが知られている。

参考文献 永原慶二・山口啓二編『紡織』(講座)日本技術の社会史三)、一九八三、日本評論社。脇田晴子・林玲子・永原和子編『日本女性史』、一九八七、吉川弘文館。深谷克己・川鍋定男『江戸時代の諸稼ぎ―地域経済と農家経営―』(人間選書)、一九八八、農山漁村文化協会。

(高橋菜奈子)

いとないしんのう　伊都内親王　?―八六一　桓武天皇の皇女。母は中納言従三位《じゅさんみ》藤原乙叡《ふじわらのおとえい》の女平子《むすめへいし》。伊都(『続日本後紀』)は伊登(『三代実録』)・伊豆(『本朝皇胤紹運録《ほんちょうこういんじょううんろく》』)ともみえる。平城《へいぜい》天皇の皇子阿保親王《あぼしんのう》と結婚し、天長二年(八二五)に*在原業平《ありわらのなりひら》を産む。現在皇室の御物《ぎょぶつ》である、天長十年九月二十一日付の「伊都内親王願文《がんもん》」には、母平子の遺言に基づき、山階寺《やましなでら》(現在の興福寺)東院西堂の香燈《こうとう》読《ど》経料《きょうりょう》に充てるため、墾田十六町余・荘一処・畠一町を施入したことが記されるとともに、内親王の自署「伊都」、および二十数ヵ所に朱の手印がみえる。『古今和歌集』一七には「なりひらの朝臣の母のみこ」が長岡(山城国乙訓郡《おとくにぐん》長岡)に居住していた折の、業平との贈答歌が収められている。貞観三年(八六一)九月十九日に死去。無品。

参考文献 角田文衛「伊都内親王」(『王朝の映像―平安時代史の研究―』一九七〇、東京堂出版)。

(岡村　幸子)

いとひきおんな　糸ひき女　繭《まゆ》から*生糸《きいと》をとる製糸生産に携わる女性。近世の繰糸《くりいと》技術には、左手で撚《よ》りをかけながら繰枠《くりわく》を手で叩く胴取《どうとり》・繰枠のハンドルを手回しする手挽《てび》きや、歯車を利用した座繰器《ざぐりき》で糸を取る方法などがあった。上垣守国《うえがきもりくに》が享和《きょうわ》三年(一八〇三)に刊行した『養蚕秘録《ようさんひろく》』にはこれらの技法で繭から糸をとる女性が図示されている。糸ひき女たちの手で挽かれた生糸が、近世に発展した高級絹織物業を支え、開港後には輸出の花形となる。

糸ひき女(『養蚕秘録』より)

参考文献 深谷克己・川鍋定男『江戸時代の諸稼ぎ―地域経済と農村経営―』(人間選書)、一九八八、農山漁村文化協会。総合女性史研究会編『日本女性の歴史―女のはたらき―』(角川選書)、一九九三、角川書店。

(高橋菜奈子)

いながきつるじょ　稲垣つる女　生没年不詳　江戸時代中期の浮世絵師。字は千齢《せんれい》。十八世紀後半大坂で活躍した。月岡雪鼎《つきおかせってい》(一七一〇―八六)の影響のある肉筆美人画を残す。*遊廓《ゆうかく》の美しい女性を題材にして、柔らかい顔の輪郭や華麗な衣装を細密に描いた。また人形遣いの女性を描いた作品も多く、技能をもつ女性の魅力を伝える。代表作に「美人虚無僧《こむそう》人形を遣《つか》ふ図」(東京国立博物館蔵)がある。

参考文献 『江戸の閨秀画家』(特別展図録)、一九九一、板橋区立美術館。パトリシア＝フィスター『近世の女性画家たち―美術とジェンダー―』、一九九四、思文閣。

(浅野美和子)

いなきをみな　稲置丁女　『*万葉集』の歌にみえる女性。『万葉集』一六の三七九一番は平安時代の『*竹取物語』と関連するとみられている「竹取の翁」が詠んだ長歌であり、奈良時代以前の「妻問《つまどい》」(男女それぞれからの異性に対する求愛の意思表示)に基づく*婚姻形態を考察するうえでの一史料である。同歌の中には「屋に経る稲置丁女が妻問ふとわれに遣せしをちかたの二綾下沓《ふたあやしたくつ》」とあり、稲置丁女が竹取の翁に求婚のしるしである「二綾下沓」すなわち二色の綾織りの靴下を贈ったと記されている。稲置丁女は、姓《かばね》に由来する「稲置」姓の成人女性か。

参考文献 義江明子「婚姻と氏族」(都出比呂志・佐原真編『古代史の論点』二、二〇〇〇、小学館)。

(宮瀧　交二)

いなぐやななばち　いなぐやななばち　女性は成長し生理が始まり、妊娠、*出産などさまざまな肉体的負担を背負っていることに加え、家庭内ではおおくの仕事をこなしていかなければならない苦しみを表現している。「いなぐ」は女性のこと。「なな」はたくさんの意味。「ばち」は苦しみのこと。一八七九年(明治十二)、琉球王国から沖縄県へと移行したのちも、旧慣温存の政策がとられ沖縄の近代化は遅れた。*女子教育も普及し、県外や国外からの情報を得る機会が増えるなかで沖縄の女たちの生活慣習のあり方も女たちの話題になっていった。戦前の国家が提唱した*生活改善運動は*大日本婦人会が推し進めていて各地で運動がすすめられていた。その一つとして洗骨があった。戦前から*婦人会が火葬場設置運動を推し進めていたが、実現したのは戦後である。一九九〇年刊行の『イナグヤナナバチ—沖縄女性史を探る—』(堀場清子著)に沖縄本島北部にある大宜味村の*洗骨廃止など、生活改善に至るまでの女性たちのあゆみがていねいに描かれている。　(深沢　惠子)

いなつきめ　**稲舂女**　稲を臼《うす》でついて籾《もみ》にし、さらに黒米(玄米)・白米(精白米)にする一連の作業を舂《しょう》といい、舂の作業を担う女性のことを稲舂女という。「稲舂女」とは表記されないが、舂米《しょうまい》労働に従事した女性を八・九世紀の史料から多く見出すことができる。たとえば、八世紀に成立した地誌である「播磨国風土記《はりまのくにふどき》」揖保郡萩原里《いぼぐんはぎわらのさと》条には、神まつりのための酒を醸《かも》す酒殿の労働に従事する「米舂女《よねつきめ》」が、弘仁《こうにん》元年(八一〇)の某荘における収支報告書(藤原宮跡出土木簡《もっかん》)では、義倉籾《ぎそうもみ》や租穀《そこく》を舂く「籾《もみ》女《め》」「糙女《つきめ》」へ功食《こうじょく》の支給が、九世紀初頭前後に成立した『*日本霊異記《にほんりょういき》』上巻第二には、ある家において年料舂米《ねんりょうしょうまい》を舂く「稲舂女」への食料の支給と、家室《いえとじ》による管理が記されている。これらの史料から、舂米労働は性差による分業のうち女性労働に属すること、そして食料の支給を通じて有力者の家や庄家《しょうけ》に従属したことがいえるだろう。しかし、舂米の貢進《こうしん》木簡から稲舂女や管理者である家室の女性名を見出すことは稀《まれ》であり、貢納者として納税に責任を持つことで国家との関わりを持つことはない。このことから、当該期の社会においては性差による分業は存在したが、労働および生産物の管理については男性が主として担っているような家父長《かふちょう》的支配原理が規定的な社会であったと見る向きもある。しかしながら、十世紀初頭に成立した施行細目集である『延喜式《えんぎしき》』から*女丁《にょちょう》の労働を復元すると、官田《かんでん》の稲を舂いて供御《くご》に供し、また新嘗祭《にいなめのまつり》の酒用の米を舂くなど「稲舂女丁」として労働に従事していることがわかる。これら女丁は、天皇を頂点とした国家的儀礼空間において、共同体内の性差による分業の象徴として女孺《にょじゅ》などでは代用の効かない役割を負っていた。男女の分業が典型的な社会構造であるという国家側の認識の反映である。このように稲舂女丁の研究を通じて、当該期の社会を*家父長制的な社会と理解する研究に再考を迫っているのである。

参考文献　義江明子「古代の村の生活と女性」(女性史総合研究会編『日本女性生活史』一、一九九〇、東京大学出版会)。同「女丁の意義」(阿部猛編『日本社会における王権と封建』一九九七、東京堂出版)。鬼頭清明「稲舂女考—日本霊異記上巻第二を素材に—」(総合女性史研究会編『日本女性史論集』六、一九九八、吉川弘文館)。　(黒瀬　之恵)

いなばのくにのみやつこきよなりめ　**因幡国造浄成女**　?—七九六　八世紀後半の*采女《うねめ》。因幡《いなば》国高草郡《たかくさぐん》より貢上《こうじょう》される。宝亀《ほうき》二年(七七一)正月に正六位下から従五位下となり、同年二月に浄成女ら七人に因幡国造《くにのみやつこ》の氏姓《しせい》を賜《たま》ったことがみえる。同年十一月に従五位上、十二月には因幡国国造に任ぜられる。その後も昇進を続け、延暦《えんりゃく》十五年(七九六)の没時には、正四位上であった。地方豪族出身にもかかわらず、外階《げかい》コースを経ることなく高位に至った理由を、卒伝《そつでん》では、桓武天皇の寵愛《ちょうあい》によると記す。

参考文献　野村忠夫『後宮と女官』(教育社歴史新書)、一九七八、教育社。　(尾崎　陽美)

いなばのやがみのうねめ　**因幡八上采女**　生没年不詳　奈良時代、因幡国八上郡(鳥取県八頭《やず》郡)より貢上された*采女。『*万葉集』四(五三五)によると、安貴《あき》王との恋愛により不敬罪に断ぜられ、故郷に還されたというが、安貴王が追放されたとも解釈できる。また『*尊卑分脈』にみえる神亀《じんき》元年(七二四)に藤原麻呂《ふじわらのまろ》との間に浜成《はまなり》を生んだ因幡八上采女(稲葉国造気豆之女《いなばのくにのみやつこきつのめ》)は、年代上不合理ではないが同一人かどうかは不明である。　(菅原　征子)

いぬがしらのいと　**犬頭糸**　三河《みかわ》国で生産された上等な絹糸のこと。『延喜式《えんぎしき》』主計上には三河国からの夏調《なつのみつぎ》として犬頭白糸が貢献される規定がみえる。『*今昔《こんじゃく》物語集』の由来譚《ゆらいたん》では、*養蚕の失敗から夫の愛情を失った女が困《こん》窮《きゅう》する。大切に育てられた蚕の生き残り一匹が白犬に食われ、犬の鼻から上等な絹糸を産した。そこから犬頭糸といわれる。犬の死骸を埋めた桑の木の葉を食べた蚕も雪のような上質の糸を吐いたという。岡崎にある犬頭明《いぬかみみょう》神《じん》の縁起ともなっている。　(仁藤　智子)

いぬめ　**犬女**　生没年不詳　鎌倉時代に小早川《こばやかわ》氏が領有した安芸《あき》国豊田郡梨子羽郷《なしばごう》(広島県三原市)の一期領主《いちごりょうしゅ》。小早川茂平《しげひら》を父とし、法名は浄蓮《じょうれん》であった。弘安十一年(正応《しょうおう》元、一二八八)四月十二日関東下知状《かんとうげちじょう》(『*鎌倉遺文』一六五六六号)では地頭門田《じとうかどた》の拡大を図り、地頭氏寺である楽音寺《がくおんじ》に数町の田を籠《こ》め置こうとしている。さらに正応三年には本門田の一町を割《さ》いて、三重塔を建立しようとしている。鎌倉時代後期の女地頭《おんなじとう》の一典型。

参考文献　田端泰子『日本中世の社会と女性』、一九九八、吉川弘文館。　(海老澤　衷)

いねかり　**稲刈り**　⇨落穂拾《おちぼひろ》い

いのうえきよし　**井上清**　⇨日本女性史《にほんじょせいし》

いのうえちゅういふじんじじんじけん　**井上中尉夫人自刃事件**　一九三一年(昭和六)十二月十二日、大阪で、井上清一中尉の出征を前に二十一歳の妻千代子が短刀で右咽喉部を突いて自宅で自害した事件。前年十月に結婚した二十九歳の夫は、翌十三日に衛生隊として出征することが決定していた。大阪発九時十三分の列車で井上中尉を含む第四師団三十七連隊が予定通り出発した後、十時に連隊長が事件を公表するや、午後一時には市内に号外が広がった。翌十四日『大阪朝日新聞』朝刊は、「渡満の井上中尉夫人紋服姿で端然自刃す〈死んで皆様をお守りします〉と健げな遺書を残して」として、千代子の顔写真入りで大々的に取り上げ、「頭が下る出征美談だ」と語る連隊長の談話や渡満途中の井上中尉談、千代子の遺書などを掲載した。日活「ああ井上中尉夫人」、新興《しんこう》キネマ「死の餞別」の映画もでき、この悲劇は戦意高揚のための美談として語られていく。千代子の郷里、大阪府泉佐野市清福寺には「殉国烈婦《じゅんこくれっぷ》井上千代子夫人之碑」が現存する。

参考文献　澤地久枝『昭和史のおんな』、一九八〇、文芸春秋。「女と男の時空」編纂委員会編『年表・女と男の日本史』、一九九八、藤原書店。（宇野　勝子）

いのうえつうじょ　井上通女　一六六〇—一七三八　江戸時代前期の歌人。讃岐《さぬき》国丸亀《まるがめ》藩の儒者井上本固《もとかた》と栄の娘。幼少より和漢の書に親しみ、十六歳で詩文「処女賦《しょじょふ》」を作り、中国の古典から学んだ儒教的な女の生き方を思索する。天和《てんな》元年（一六八一）、二十二歳のとき、丸亀藩主京極高豊《きょうごくたかとよ》の母養性院《ようせいいん》に召され、瀬戸内海を船で上る。大坂より東海道を経て江戸へ向かう旅日記『東海紀行』、江戸での藩邸勤めの日記『江戸日記』、元禄二年（一六八九）、三十歳のとき、養性院の死去により任を辞して丸亀へ帰郷する折の紀行文『帰家《きか》日記』の三部作は、通女の代表作であり、江戸時代前期の女性紀行文の白眉《はくび》でもある。それらの中に*和歌や漢詩も詠みこまれ、通女の豊かな文学的才能を見ることができる。また、関所での*女手形《おんなてがた》不備の苦労や江戸での大名家との交流や帰郷の折の庶民との触れ合いなど、さまざまな様子が読み取れる。帰郷後は藩士三田宗寿《むねひさ》と結婚。*寡婦《かふ》となってからは文芸に親しむ。歌集『往事集《おうじしゅう》』六巻が編まれている。

参考文献　古谷知新編『江戸時代女流文学全集（増補新装版）』一、一九七九、日本図書センター。（柴　桂子）

いのうえでん　井上伝　一七八八—一八六九　江戸時代後期の*久留米絣《くるめがすり》の創始者。久留米城下の通外町《とうりそとまち》に生まれた。幼少から機織の稽古《けいこ》を始めた。十二、三歳のころ、白糸《しらいと》を括《くく》って藍汁《あいじる》に浸した後、括りを解いたところ白点が現われ、これを織機で織ったところ雪やあられが舞うように白点が現われ、人々はこれを「お伝絣《でんがすり》」「加寿利《かすり》」「雪ふり」などと呼んだ。伝の技工は藍で染める際の糸の括り方とその糸を織機にかける際の手際にあるものであり、伝の技工はますます高まっていった。その技の伝授を願う者が、伝十五歳の時すでに伝の家に二十数名おり、その技は広がりをみせた。技を受けて絣の織り出しをする者は、文政十一年（一八二八）には四百人にも及んだといわれる。明治二年（一八六九）八十二歳で没した。地域の偉人であり、筑前・筑後では、一定年代の人々には井上伝の名前は広がっている。

参考文献　『久留米絣』、一九六九、久留米絣技術保存会。（中村　文）

いのうえないしんのう　井上内親王　?—七七五　光仁《こうにん》天皇の*皇后。聖武《しょうむ》天皇の皇女。母は県犬養宿禰広刀自《あがたいぬかいのすくねひろとじ》。養老《ようろう》五年（七二一）九月*不破《ふわ》内親王・安積《あさか》親王の同母姉。神亀《じんき》四年（七二七）九月に伊勢群行。斎内親王《いつきのひめみこ》に卜定《ぼくじょう》され、神亀四年（七二七）九月に伊勢群行。天平十六年（七四四）弟安積親王の喪《も》により退下《たいげ》。光仁天皇が即位した宝亀《ほうき》元年（七七〇）十一月立后《りっこう》。翌宝亀二年正月、その所生子である他戸《おさべ》親王が立太子。おそらく聖武天皇の皇女である井上内親王の立后と他戸立太子が白壁王《しらかべおう》即位の条件であったのであろう。しかし、宝亀三年三月巫蠱大逆《ふこたいぎゃく》の罪に坐《ざ》し廃后《はいこう》され、同年五月には他戸親王も廃太子された。翌宝亀四年十月、難波《なにわ》内親王を厭魅《えんみ》したとして、他戸王とともに大和国宇智《うち》郡没官《もっかん》の宅《いへ》に幽《ゆう》閉《へい》された。宝亀六年四月二十七日、母子は同日に没したとあるが、藤原百川《ふじわらのももかわ》の手により殺害されたと考えられる。しかし、その後皇太子となった山部《やまべ》親王の病はその祟《たた》りとされ、宝亀八年十二月、井上内親王の墓を改葬し、さらに延暦《えんりゃく》十九年（八〇〇）七月皇后の称号を復され、その墓を山陵《さんりょう》と称した。『太平記』二七「雲景未来記の事」によれば、淳仁《じゅんにん》天皇・崇徳院《すとくいん》・後鳥羽院《ごとばいん》らとともに悪魔王の棟梁《とうりょう》となって、天下を乱すことを評定していた、とあり、中世になってもなお怨霊《おんりょう》として描かれている。

参考文献　角田文衛「宝亀三年の廃后廃太子事件」（『律令国家の展開』一九六五、塙書房）。林陸朗「奈良朝後期宮廷の暗雲—県犬養家の姉妹を中心として—」（『上代政治社会の研究』一九六九、吉川弘文館）。服藤早苗編『歴史のなかの皇女たち』、二〇〇二、小学館。（佐藤　直子）

いのうえひで　井上秀　一八七五—一九六三　大正・昭和時代の家政学者、教育者。兵庫県の豪農の子。*日本女子大学家政学部第一回卒業。コロンビア大学で家政学、シカゴ大学にて社会学・経済学を学び、家庭管理を社会科学として位置づけた。日本女子大学校長ほか要職に就くが、戦時下に大日本青少年団副団長を務め戦後公職追放となる。解除後に小田原女子短大学長などを務めた。著書に『家庭管理法』（復刻家政学叢書、一九八二年、第一書房）ほかがある。

参考文献　井上秀先生記念出版委員会編『井上秀先生』、一九七三、桜楓会出版。（影山　礼子）

いのうえやちよ　井上八千代　一七六七—一八五四　江戸時代後期の日本舞踊の京舞井上流創始者。家元。初世井上八千代。明和四年（一七六七）京都の儒者井上敬助《けいすけ》の妹として生まれる。名はサト。幼時から舞にすぐれ、十六歳で近衛家《このえけ》の*老女南大路鶴江《みなみおおじつるえ》方に奉公、公家の子女に教え始める。仙洞御所《せんとうごしょ》へも出入りを許され近衛家から八千代の芸名と井菱《いびし》の紋所を与えられる。錦小路《にしきこうじ》の魚問屋に嫁したが離縁。御幸町《ごこまち》四条下ルに稽古場を開く。井上流は御所風の座敷舞と町方《まちかた》の地唄舞《じうたまい》を元にした上品な艶《つや》っぽさを特色とし、上流社会を中心に広まる。安政元年（一八五四）十二月五日没。

参考文献　日本経済新聞社編『私の履歴書』一一、一九六〇。（松村　洋）

いのちのおんなたちへ―とりみだしウーマン・リブろん ―いのちの女たちへ―とり乱しウーマン・リブ論―　一九七二年(昭和五十二)に出版された田中美津《たなかみつ》の著作。*女性学の隆盛《りゅうせい》とともにリブの原点として読み返されている。田中は一九六〇年代の後半をヴェトナム反戦、全共闘運動など新左翼《さよく》運動に参加したが、運動内部においても女が男の性的対象として扱われている現実に直面し、みずからの身体に刷り込まれた女性《おんなせい》の凝視により女の解放問題を考察する。階級社会では子宮はモノとみなされ、メスとしての女は、いのちを育むゆえの痛みを女の原点として認識しないまま、男の規範に従って拡散《かくさん》的に生きさせられている。この規範を「生産性の論理」「効率性」という言葉で糾弾《きゅうだん》する田中は、いのちを創造する女の本音によって男のたてまえで構築された階級社会と歪《ゆが》んだ文化の再建を、と呼びかける。「とり乱し」という言葉にも、大所高所からの女性解放論ではなく、個的な状況から女の生を紡ぎだそうとする著者の思いが表われている。テキストは田中美津『いのちの女たちへ―とり乱しウーマンリブ論―』(増補新装版、二〇〇四年、パンドラ社)。

(三宅　義子)

いはいわけ　位牌分け　親の死後、既婚の子の数だけ内位牌(家内において祭祀《さいし》の対象となる位牌)をつくって分牌し、嗣子《しし》はもちろんのこと、長幼・性別を問わずすべての他出子女が、それぞれの婚家・分家等で亡親を供養・祭祀する民俗慣行。この慣行は、福島・群馬・栃木・茨城・埼玉・東京・神奈川・長野・山梨・静岡等の東北・関東・中部の一部地域に加え、伊豆諸島利島《としま》にも存在することが報告されている。「位牌分け」慣行の成立は江戸時代にさかのぼると見られている。「位牌分け」は、他出子女にも亡親の供養を行う権利義務があるとする考えにもとづいて行われている。この慣行により、各家では家の成員のほか、分家初代の二親と代々の婚入者の二親の位牌がまつられ、婚入者方は一代限りであるものの、双方的位牌祭祀が成立する。ただし、分牌される位牌の材質やその処遇、付随する慣行等については地域によりかなりの差異が見られる。たとえば、伊豆諸島利島では、婚入者が死去するとその亡親の位牌は処分され、祭祀が終了する。したがって、利島では婚入者の亡親の位牌祭祀が婚入者個人の権利義務にとどまっていると考えられる。一方、長野・群馬・山梨等では婚入者が死去した後も祭祀が続けられ、年数の経過とともに、婚入者の二親の位牌と家の先祖の位牌の区別が不明瞭なものとなっていくことがある。また、分家や婚家に祭祀を行なってもらうからという名目で、本家や婚入者の実家からいくばくかの金品が渡されたり、婚家により婚入者の二親の位牌を同族や近隣の家々に披露《ひろう》する行事が行われたりすることもある。この場合、他出子女の祭祀義務はその分家・婚家にまで拡大されるのであり、分家初代や婚入者の二親の位牌祭祀が本分家関係・姻戚関係に伴って生ずる権利義務となっているといえよう。いずれにせよ、「位牌分け」は日本人の先祖観が家の単系的な*系譜によってのみ規定されるものではないことを如実に示しているといえよう。

参考文献　『長野県民俗の会会報』一五、一九九二。上杉妙子『位牌分け―長野県佐久地方における祖先祭祀の変動―』、二〇〇一、第一書房。中込睦子『位牌祭祀と祖先観』、二〇〇五、吉川弘文館。

(上杉　妙子)

いはふゆう　伊波普猷　一八七六―一九四七　大正・昭和時代、沖縄の言語・民俗・歴史・文学など、沖縄に関する研究を行い、「沖縄学の父」といわれている人物。那《な》覇西村《はにしむら》に、父普済《ふせい》・母マツルの長男として出生、一九〇〇年(明治三十三)第三高等学校入学、一九〇三年東京帝国大学文学科言語学専修入学。卒業後は沖縄で、沖縄県立図書館に嘱託《しょくたく》として勤務する傍《かたわ》ら、沖縄の資料の発掘・収集や、講演・著作といった啓蒙《けいもう》活動を積極的に行う。またキリスト教者として、沖縄組合教会や「子供の会」を組織し、特に女性・子どもに対する啓蒙活動に力を入れる。その成果の一つに『*沖縄女性史』(一九一九年)がある。一九二五年(大正十四)、五十歳のとき、仕事も家庭も捨てて上京。沖縄研究に打ち込む。在野研究者の厳しい生活を支えたのは、歌人真栄田《まえだ》忍冬《にんとう》こと冬子《ふゆこ》である。『校訂おもろさうし』『をなり神の島』などを執筆した。敗戦後の沖縄の将来を憂《うれ》いつつ死去。東恩納《ひがしおんな》寛惇《かんじゅん》による銘文には「彼ほど沖縄を識った人はいない／彼ほど沖縄を愛した人はいない／彼ほど沖縄を憂いた人はいない」とある。『伊波普猷全集』全十一巻(一九七四―七六年、平凡社)が刊行されている。

参考文献　比屋根照夫『近代日本と伊波普猷』、一九八一、三一書房。金城正篤・高良倉吉『「沖縄学」の父・伊波普猷』(清水新書)、一九八四、清水書院。外間守善『伊波普猷論(増補新版)』、一九九三、平凡社。鹿野政直『沖縄の淵―伊波普猷とその時代―』、一九九三、岩波書店。比嘉美津子『素顔の伊波普猷』、一九九七、ニライ社。

(若尾　典子)

イパンジャ　李方子　一九〇一―八九　朝鮮王朝最後の皇太子李垠《イウン》の妃。「りまさこ」とも読む。一九〇一年(明治三十四)十一月四日生まれ。皇族の梨本宮守正《なしもとのみやもりまさ》と伊都子《いつこ》の長女。女子学習院に入学。韓国が併合された六年後の一九一六年(大正五)に朝鮮皇太子李垠との婚約が決まり、婚儀の準備が進められた。しかし、一九一九年、垠の父である高宗《コジョン》の急死により無期延期となり、翌年、改めて東京六本木鳥居坂《とりいざか》の李王邸にて婚儀が行われた。一九二一年、長男晋《チン》が生まれ、挨拶のため朝鮮に渡るが、朝鮮から戻る途中で晋は容体が悪化して死去した。方子の結婚は日韓融和《ゆうわ》のための*政略結婚といわれるが、垠との結婚生活は円満であり、垠や垠の実妹の徳恵《トケ》とテニスなどに興じる日々もあった。一九二三年の関東大震災の時は、垠とともに渋谷の梨本宮邸内に避難した。一九三一年(昭和六)、数度の流産を経験した後に、男子を出産、玖《ク》(きゅう)と名づけた。第二次世界大戦中は、皇族妃たちとともに*皇后の名代《みょうだい》として全国の視察や慰問《いもん》などを行なった。一九四五年の敗戦後は、財産税の適用を受け、皇族の身分を剝奪《はくだつ》され、耐乏《たいぼう》生活を余儀なくされた。一九四八年に大韓民国政府が樹立され、初代大統領となった李承晩《イスンマン》に韓国帰国の意志を表明したが受け入れられず、玖のアメリカ留学も困難が伴った。一九五七年、垠と方子は、アメリカのマサチューセッツ工科大学を卒業して中国系建設会社に入った玖のもとで暮らすためにニューヨークへ渡った。しかし、垠が発病して、数年で日本に帰った。その間、韓国では李政権から朴正熙《パクチョンヒ》政権に代わり、垠の療養費と生活費が保障されるようになり、方子は病気の垠とともに韓国の土を踏んだが、排日政策のため、精神的苦悩は続いた。垠亡き後、知的障害児のための教育施設建設に尽力、明暉園《ミョンヒイウオン》と慈恵《チャヘ》学校《ハッキョ》の基礎を築いた。一九八九年(平成元)四月三十日、ソウル特別市の昌《チャン》徳宮《ドククン》内の楽善斎《ナクソンジエ》にて死去。八十七歳であった。著書に『動乱の中の王妃』(一九六八年、講談社)などがある。

参考文献 本田節子『朝鮮王朝最後の皇太子妃』、一九八八、文芸春秋。

(小田部雄次)

いぶかやえ 井深八重 一八九七―一九八九 大正・昭和時代の看護婦。井深彦三郎・テイの長女として台湾に生まれる。一九一八年(大正七)同志社女学校専門学部英文科を卒業、長崎高等女学校の英語科教師となるが、翌年二十二歳のときハンセン病と診断され、御殿場《ごてんば》の神山復生病院に入院。のちに誤診と判明するが、あえてハンセン病看護の道を選び、一九二三年より一九七八年(昭和五十三)までの五十五年間、同病院で看護婦として働いた。一九六一年ナイチンゲール記賞、七七年朝日社会福祉賞を受賞。

参考文献 百年史編集委員会編『神山復生病院の一〇〇年』、一九八九、春秋社。「人間の碑」刊行会編『人間の碑―井深八重への誘い―』、二〇〇二、井深八重顕彰記念会。

(荒井 英子)

いほりもり 廬守 日本古代の神祇官《じんぎかん》に所属した*巫女《みこ》(*御巫《みかんなぎ》とも呼ばれた)が、精進潔斎《しょうじんけっさい》する場であった「廬」にあって、その生活を介助した神職。『養老令《ようろうりょう》』(天平宝字《てんぴょうほうじ》元年(七五七)施行)の注釈書である『*令集解《りょうのしゅうげ》』(貞観《じょうがん》年間(八五九―七七)成立)の同条部分には『大宝令《たいほうりょう》』(大宝元年(七〇一)施行)の別式と推定されている「別記」も引用されているが、これによれば、神祇官の御巫五人には、それぞれに「廬守」一人が給せられたようである。この「廬」とは、『延喜式《えんぎしき》』臨時祭(康保《こうほう》四年(九六七)施行)の供神装束条《きょうしんしょうぞくじょう》が新任の御巫に給うと規定している「屋」一宇に該当するとみられている。

参考文献 新井喜久夫「官員令別記について」(『日本歴史』一六五、一九六二)。岡田精司「宮廷巫女の実態」(女性史総合研究会編『日本女性史』一、一九八二、東京大学出版会)。

(宮瀧 交二)

いまいうたこ 今井歌子 一八七七―一九六八 明治時代後期の女性運動家。一八七七年(明治十)北海道に生まれ、*日本女子大学校中退。一九〇四年同郷の川村春子《かわむらはるこ》とともに北海道婦人同志会を組織し、『二十世紀の婦人』を主宰するが一年余で廃刊。この間、平民社《へいみんしゃ》に出入りし、一九〇五年一月川村や平民社の西川《にしかわ》(当時松岡)文子《ふみこ》らと*治安警察法第五条改正請願運動の最初の発起人《ほっきにん》となる。数年で運動から身を引きその後は関わらなかった。一九六八年(昭和四十三)九月十五日没。

参考文献 鈴木裕子編『資料平民社の女たち』、一九八六、不二出版。

(大木 基子)

いまかがみ 今鏡 平安時代の歴史物語。寂超《じゃくちょう》(藤原為経《ためつね》)作。十巻。嘉応《かおう》二年(一一七〇)成立か。『*大鏡《おおかがみ》』の後を受け、世継《よつぎ》(『大鏡』の語り手)の孫と称する老嫗《ろうおう》からの聞書《ききがき》という設定で、後一条天皇の代の万寿《まんじゅ》二年(一〇二五)から高倉天皇の代の嘉応二年までの歴史を綴《つづ》る。構成は、天皇紀三巻、藤原氏・源氏・皇子の各列伝五巻、説話・評論編二巻。詩歌《しいか》等の宮廷文化を賛美《さんび》しつつ、詳細な*系譜と挿話《そうわ》によって人物を紹介してゆく。母方の出自を重視することから、公的史料には残りにくい女性の存在も記録され、*婚姻や恋愛をめぐる逸話も多い。なお最終巻には、*紫式部堕地獄説話《だじごくせつわ》を踏まえた物語論がある。テキストに『(新訂増補)国史大系』(吉川弘文館)などがある。

参考文献 海野泰男『今鏡全釈』、一九八二・八三、福武書店。

(佐藤 厚子)

いまがわうじちかのつま 今川氏親の妻 ⇩寿桂尼《じゅけいに》

いまがわおおぞうし 今川大双紙 室町時代の武家故実《こじつ》書《しょ》。著者は未詳。一巻。なお『群書解題』によれば、著者は今川貞世《さだよ》(了俊《りょうしゅん》)ともいわれるというが、本書の内容からは貞世に仮託した形跡はみられない。そしてその内容は『京極大双紙』と同じであることから、同内容の『大双紙』に伝来した家の名を冠したものがそれぞれの書名になったと思われる。弓・鷹《たか》・酒・鞠《まり》・歌道など十一項目にわたり礼儀作法が細かく説かれている。特に躾式《しつけしき》法《ほう》では「よめ執《とり》」の時の火会《ひあわ》せや「娶取《めとり》」の松明役《たいまつやく》の作法、輿《こし》式法では「むこ取よめ執」に際しての折紙《おりがみ》の引合せや「よめ入」の時の迎人《むかえびと》への輿の渡し方、食物之式法では「むこ取よめ執」の食事に一年魚である鮎《あゆ》を出さない、などの内容がみえる。『群書類従』二二一に所収。

参考文献 『群書解題』一六上、一九六二、続群書類従完成会。

(阿部 浩一)

いまがわかなもくろく 今川仮名目録 駿河《するが》・遠江《とおとうみ》国の戦国大名今川氏の制定した*分国法《ぶんこくほう》。大永《だいえい》六年(一五二六)今川氏親《うじちか》が制定し、今川記本は三十三ヵ条、黒川本は三十一ヵ条。のち天文二十二年(一五五三)に氏親の子義元《よしもと》が「仮名目録追加」二十一ヵ条を定める。戦国時代という新しい時代の中で新たな裁判基準を作成することを主眼に、家臣統制や領国統治に関する多岐《たき》にわたる内容を有する。第七条には*下女《げじょ》と*婚姻《こんいん》関係を結んだ他者の*下人が、夜中に主人に断りなく屋敷に入ってきた時の処遇がみえる。第八条の喧嘩《けんか》両成敗法《りょうせいばいほう》では、喧嘩人の妻子などにまで罪科の適用は及ばないとし、喧嘩人が逃亡した場合は代わりに罪を負うものの、死罪は免れるとする。第三十条では私的に他国より嫁《よめ》を取ったり、婿《むこ》を取って娘を遣わすことを禁じる。また追加第二十一条では、主人の異なる奴婢《ぬひ》・雑人《ぞうにん》の夫婦の間に生まれた子は、幼少より扶助《ふじょ》した主人の側に帰属するものの、それがない場合には親の決定に基づくと定めている。

参考文献 佐藤進一・池内義資・百瀬今朝雄編『中世法制史料集』三、一九六五、岩波書店。『中世政治社会思想』上(日本思想大系新装版)、一九九四、岩波書店。

(阿部　浩一)

いまでがすり　今出絣　享和《きょうわ》年間(一八〇一—〇四)伊予《いよ》国伊予郡垣生《はぶ》村今出(愛媛県松山市)の*鍵谷《かぎや》カナが考案し、織り出した絣。中予《ちゅうよ》(松山市周辺)で生産された。「伊予絣」と通称されている。母体となった伊予絣《いよがすり》は文化十年(一八一三)松下城下の商人が京都の織機を*木綿《もめん》の製機に便利な高機《たかはた》に改良し、文政五年(一八二二)から松山藩の国産として生産販売が行われた。鍵谷カナの今出絣の生産は諸規制がはずれた明治に入って急速に伸張し、一八八七年(明治二十)には伊予縞にとって変わり、生産を伸ばし、第一次世界大戦後には国内絣生産の五割を超した。

参考文献 川崎三郎「伊予絣の研究」(賀川英夫編『日本特殊産業の展望—伊予経済の研究—』一九四三、ダイヤモンド社)。

(中村　文)

いまでがわいんのこのえ　今出川院近衛　生没年不詳鎌倉時代の歌人。父は鷹司伊平《たかつかさこれひら》。兄弟の伊頼《これより》・実伊《さねただ》と同じく儒者である日野資実女《ひのすけざねのむすめ》を母とするか。亀山院《かめやまいん》后今出川院嬉子《きし》に出仕し、当初は権大納言《ごんだいなごん》の*女房名で呼ばれた。勅撰集《ちょくせんしゅう》入集は『続古今和歌集』が最初で、『続拾遺集《ぞくしゅういしゅう》』『玉《ぎょく》葉《よう》和歌集』など十の勅撰集に二十六首採られ、私撰集にも入集。『徒然草』『井蛙抄《せいあしょう》』の逸話から和漢の才に優れていたことがわかり、『和漢兼作集《わかんけんさくしゅう》』には、漢詩・和歌ともに入集している。

参考文献 久保田淳「今出川院の近衛とて」(『国文学解釈と教材の研究』三五ノ一三)、一九九〇。井上宗雄「今出川院近衛について」(『いずみ通信』二〇)、一九九七。

(栗山　圭子)

いままいりのつぼね　今参局　?—一四五九　室町幕府八代将軍足利義政《あしかがよしまさ》の*乳母《めのと》。歴代将軍に近仕し、奉公衆《ほうこうしゅう》の番頭《ばんがしら》を勤めた大館《おおだち》氏の一族で、満冬《みつふゆ》の娘。嘉吉《かきつ》元年(一四四一)六月将軍義教《よしのり》が赤松満祐《あかまつみつすけ》に殺害されると、側室*日《ひ》野重子《のしげこ》所生の嫡子義勝《よしかつ》が諸大名に擁立《ようりつ》され七代将軍となるが、同三年七月に十歳で急死する。そこで本来将軍の嗣子《しし》でなかった義教の五男、義勝の同母弟義政が嗣立《しりつ》され、宝徳《ほうとく》元年(一四四九)四月十五歳で元服《げんぷく》し、将軍となった。乳母として幼少より義政の養育にあたった今参局は義政が将軍に就任すると、側近中の側近として幕政に介入して権勢をふるい、義政の*乳父《めのと》で誕生以来自邸で彼を養った烏丸資任《からすますけとう》や寵臣有馬元家《ちょうしんありまもといえ》とともにいわゆる「三《さん》魔《ま》」に数えられた。今参局と権勢を争ったのは将軍生母として政治に容喙《ようかい》した重子で、その軋轢《あつれき》が最も顕著なのは宝徳三年の尾張守護代《おわりしゅごだい》更迭《こうてつ》問題であり、局が義政や管《かん》領畠山持国《れいはたけやまもちくに》を動かして重子の干渉を退けたことに抗議し、重子が嵯峨《さが》に退隠する事態に発展した。康正《こうしょう》元年(一四五五)八月重子の姪富子《とみこ》が義政の*正室になったが、長禄《ちょうろく》三年(一四五九)正月に富子が男児を死産したことで今参局の呪詛《じゅそ》が疑われ、これを口実に重子は局の処断を強行した。義政も同意したため、局はたちまち失脚して逮捕され、琵琶湖沖島《びわこおきのしま》へ配流《はいる》となり、配所への途上死罪の宣告をうけ、同月十九日近江甲良荘《おうみこうらのしょう》で自刃《じじん》して果てた。同時に今参局の与党として義政との間に子を儲けた側室の多くが追放されており、事件が二人の対立にとどまるものでなく、義政が世嗣に擁立される以前より形成されてきた今参局を中心とする養育・後見の体制および*後宮組織とそれに連なる旧来の側近勢力を排除しようとするものであったことを窺わせる。同事件は外戚《がいせき》日野氏とこれと提携する政所執事《まんどころしつじ》伊勢《いせ》氏(代々将軍世嗣を乳父として養育・後見するを任とした)を中心とする勢力が、成人に達し親政の姿勢を明確にしつつあった義政の側近を固めてゆく過程で起ったものであった。

参考文献 三浦周行「足利義政の政治と女性」(『日本史の研究』二、一九三〇、岩波書店)。同「足利時代に於ける上流武士の公私生活—大館持房行状の研究—」(『日本史の研究』新輯三、一九八二、岩波書店)。家永遵嗣「「三魔」—足利義政初期における将軍近臣の動向—」(『日本歴史』六一六)、一九九九。

(設楽　薫)

いまよう　今様　今様とは「当世風・現代風」という意味で、平安時代後期、十一世紀後半から二百年ほど歌われたと見られる新様式の流行歌謡「今様歌」の略称。宮廷歌謡である神楽歌《かぐらうた》・催馬楽《さいばら》・風俗《ふぞく》などに対して、「今めかしさ」を追求する新興の流行歌を総称している。法文《ほうもん》歌《うた》・神歌《かみうた》・長歌《ちょうか》・古柳《こやなぎ》・足柄《あしがら》・黒鳥子《くろとりこ》など種々のものがあり、『*紫式部日記』『*枕草子』などにも「今様歌」が記されている。*遊女・*白拍子《しらびょうし》・*傀儡子《くぐつ》たちが今様の担い手として普及させ、後白河院《ごしらかわいん》をはじめとして貴族との交流があった院政期にもっとも盛んとなる。後白河院は遊女*乙前《おとまえ》を今様の師とし、今様を集大成した『*梁塵秘《りょうじんひ》抄《しょう》』と、後世への伝承を意図した『梁塵秘抄口伝集《りょうじんひしょうくでんしゅう》』を編纂《へんさん》している。演奏形式は無伴奏の場合と、鼓《つづみ》を主とし、笛・笙《しょう》などを用いる場合もある。承安《じょうあん》四年(一一七四)には院の御所の法住寺殿《ほうじゅうじどの》で十五夜連続の「今様合《あわせ》」を開催した記録もある。

参考文献 棚橋光男『後白河法皇』(講談社選書メチエ)、一九九五、講談社。植木朝子「今様起源譚考」(『文学』八ノ四)、一九九七。

(星　倭文子)

いみだち　斎館　神官が神に仕えるために*別火《べっか》として忌《いみ》火《び》で調理したものを食し、潔斎《けっさい》するための館。*伊勢神宮内宮《ないくう》について記した『*皇太神宮儀式帳《こうたいじんぐうぎしきちょう》』では禰宜《ねぎ》の斎館のほか、宇治大内人《おおうちんど》、童女が務める大物忌《おおものいみ》、宮守《みやもり》物忌、地祭《とこまつり》物忌、荒祭《あらまつり》物忌の斎館があり、そこは忌火炊屋《かしきや》・厨《くりや》を備えており、常に別火として忌火で調理したものを食した。外宮《げくう》について記す『止由気宮儀式帳《とゆけぐうぎしきちょう》』にも「斎館壹院」として大内人、*物忌、物忌の父、小内人《こうちんど》らの住居と、斎火炊屋が記されている。

参考文献 中川経雅『大神宮儀式解』(増補大神宮叢書)。岡田精司「宮廷巫女の実態」(女性史総合研究会編『日本女性史』一、一九八二、東京大学出版会)。

(内田　順子)

いみはふりこ 斎祝子 ⇩忌子《いご》

いみび 忌火 ⇩斎館《いみだち》

いみんじょせい 移民女性 時代の状況や政策に多大な影響を受けながら、さまざまな理由や目的で海外に移住した日本人女性。また自発的あるいは強制的に日本に移住した外国人女性。十九世紀半ば、日本の海外移民が始まった。開始当初は独身男性の「出稼ぎ」労働者がほとんどだったハワイ・北米・南太平洋諸島の日系社会に、二十世紀初頭になって「呼び寄せ」という形で渡航する日本人女性、いわゆる「*写真花嫁」が増加した。アメリカ合衆国の場合、一九〇七年(明治四十)・〇八年の「日米紳士協約」によって日本からの労働者の入国が制限されたが、その後も「写真花嫁」としての女性の入国は続いた。しかし排日論者によって厳しく批判されたため、一九二〇年(大正九)、日本政府は「写真花嫁」への旅券発行を取りやめた。そして北米で排日運動が高まると、南米が移民のおもな目的地となる。さらに、日本では、一九三〇年代中ごろから政府が移民政策を植民地発展と結びつけ、特に満州が農業開拓民の受け入れ先となった。移住の要因はさまざまだが、一般的には経済的な動機、政府による積極的な働きかけ、移民会社の宣伝活動や出版物の影響、言論界での海外移民促進論、個人的な動機(強い好奇心、両親の希望に沿うためなど)が挙げられる。移民先での経験も多様であるが、共通しているのは、ほとんどの日本人女性が働き手として重要な役割を果たしたことである。アメリカの場合、職業の選択肢はほとんどなく、女性の大多数は重労働を伴う農業に従事し、*家政婦が次に一般的な職業だった。さらに女性の多くは、子ども(二世)を産み育てた。第二次世界大戦や強制収容所体験により、戦前に彼女らが築き上げたもののほとんどは奪われてしまうが、それでも*家庭やコミュニティの結束への女性の貢献は大きかったとされる。第二次世界大戦直後の日本では、「*戦争花嫁」などの例外的な渡航以外は制限されたが、一九五二年(昭和二十七)、海外移民は再開された。戦前の移民を「一世」と呼ぶことに対して、戦後の移民を「新一世」と呼ぶことがあり、その多くは女性である。たとえば、カナダにおける近年の「新一世」の大多数は高学歴・専門職の若い女性であると指摘される。一方で、日本は外国人の移民先でもある。朝鮮半島などの植民地地域から国内への強制連行を含む大量の外国人労働者の流入があり、日本における外国人女性の生活や仕事の経験も多様である。ここ数十年間に顕著《けんちょ》となった現象として、おもに中南米諸国から日本人移民の子孫(二世・三世)が「出稼ぎ」労働者として日本に短期滞在・定住するようになったことが挙げられる。いわゆる「*ジャパゆきさん」(接客業で働くおもにアジア諸国出身の女性)の増加もみられる。国内外の複雑な経済的・社会的な要因の影響を受け、時に一時的中断をはさみながらも、日本からまたは日本へ移民する女性たちの長い歴史は今なお続いている。

参考文献 ユウジ＝イチオカ『一世―黎明期アメリカ移民の物語り―』(富田虎男他訳)、一九九二、刀水書房。移民研究会編『日本の移民研究―動向と目録―』、一九九四、日外アソシエーツ。飯野正子『もう一つの日米関係史―紛争と強調のなかの日系アメリカ人―』、二〇〇〇、有斐閣。戸上宗賢編著『交錯する国家・民族・宗教―移民の社会適応―』(龍谷大学社会科学研究所叢書)、二〇〇一、不二出版。ハルミ＝ベフ編『日系アメリカ人の歩みと現在』、二〇〇二、人文書院。藤田文子・草間照子編『アメリカに生きる日本女性たち―在米津田塾同窓生の軌跡―』、二〇〇五、ドメス出版。

(小澤　智子)

イム イム 特定のアイヌ女性にみられる心理作用。まれに男性にもあったという。驚きなどの刺激によって引き起こされる反響症状・命令自動・反対動作のようなヒステリー的反応を指す。多くは中年以降にあらわれ、*トゥス(巫術《ふじゅつ》)と同様に神憑依《かみひょうい》によって起る現象として説明される。異文化接触など民族集団が経験した軋轢《あつれき》に起因する文化結合症候群の一種とする見解があり、和人《わじん》社会が及ぼした影響との関連にも留意すべきである。

参考文献 知里真志保「呪師とカワウソ―アイヌの創造神コタンカルカムイの起原的考察―」(『知里真志保著作集』二、一九七三、平凡社)。高畑直彦・七田博文・内潟一郎『憑依と精神病―精神病理学的・文化精神医学的検討―』、一九九四、北海道大学図書刊行会。

(木名瀬高嗣)

イモガイ イモガイ 南海産の大形巻貝。弥生時代中期前半から北部九州を中心に女性専用の貝輪の材料として使用され、二十四個も着装した例もある。左腕か両腕にしか着装されていない。男性専用のゴホウラ製腕輪はほとんど右腕着装であり、性差が特徴的である。幼・小児の着装例もあり、幼少時から特別な職能を期待されて着装していたようである。古墳時代前期の権威の象徴の一つであった腕輪形石製品の石釧《いしくしろ》は、イモガイ製貝輪の形態を模したものである。

参考文献 木下尚子『南島貝文化の研究―貝の道の考古学―』、一九九六、法政大学出版局。春成秀爾『古代の装い』(歴史発掘四)、一九九七、講談社。木下尚子「装身具と権力・男女」(都出比呂志・佐原真編『古代史の論点』二、二〇〇〇、小学館)。

(寺沢　知子)

イモ・セ イモ・セ 古代における兄弟と姉妹の間での

名称で、さらには夫婦の間にも用いられた。異性のきょうだいは、年上か年下かに関係なく男子からみて女性のきょうだいをイモ(妹)と呼び、女子からみて男性のきょうだいをセ(背)と呼んだ。エ・オトという区別は、同性のきょうだいのみに区別された。これは、兄弟姉妹において役割・立場・秩序が性別によって大きく分かれていたことを示唆《しさ》する名称法である。これと同様の名称法は、ポリネシアから沖縄にかけて広がっていて、オナリ神のような信仰と結びついており、古代にも類似の信仰が認められている。イモ(姉妹)は兄弟に対して、霊的・呪術的・宗教的に優位に立ち、彼らの生命を守護する役割を備えている。一方、セ(兄弟)は姉妹に対して、経済的・世俗的な力を発揮して、彼女らを敬慕《けいぼ》し庇護《ひご》する役割を担っている。このような性別原理に基づく社会規範の存在を前提として、イモ・セの*親族名称は成り立っていた、と考えられる。さて、夫婦・愛人の間でも互いにこの呼称を使っていたことは『*万葉集』にも広く認められ、また類似の呼称法はアイヌ・琉球・フィリピン・マレー・ジャワといったアジアの東端地域に分布していて、その意味が問われている。かつて兄弟と姉妹との間で*婚姻《こんいん》慣行があったことの名残、という古典的な説は否定されている。肉親である兄弟と姉妹との間に強烈な思慕《しぼ》・庇護の結びつきが存在したということは、裏を返せば非血縁の男女である配偶者間の結びつきが弱かったということであり、まだ*対偶婚《たいぐうこん》(ルーズな一夫一婦婚)の歴史段階の脆弱《ぜいじゃく》な夫婦関係にイモ・セの呼称の適用がなされていた、という事実である。このことから、*離婚再婚の多い不安定な婚姻関係を、親密で濃厚な信頼関係にある兄弟と姉妹の間の呼称(イモ・セ)を用いることによって、心理的に擬制的《ぎせいてき》な兄妹関係をつくりだして、脆弱な婚姻を補強しようとしたものであった。

参考文献　品川滋子「イモ・セの用語からみた家族・婚姻制度」(『文学』二七ノ七)、一九五九。倉塚曄子『巫女の文化』(平凡社選書)、一九七九、平凡社。明石一紀『日本古代の親族構造』(戊午叢書)、一九九〇、吉川弘文館。

(明石　一紀)

いものちから　妹の力　〔古代〕女性の霊的能力ないしそれに対する信仰。*柳田国男《やなぎたくにお》が『妹の力』(一九四〇年)で、古代の*玉依日売《たまよりひめ》伝承や沖縄の*おなり神信仰にもとづいて「兄弟や甥《おい》を霊的に守護する女性の力」として概念化したことに始まる。以後、民俗学のみならず歴史学・文学等の諸分野における女性像の構築に大きな影響力を持った。基本には女の生殖能力の重視があり、「妹の力」とは「女の力」「母の力」である。これによって、それまでの歴史ではほとんど取り上げられなかった女性の姿に光をあてた功績は大きい。しかし、その後の*女性史研究の進展によって各時代の女性の多様な働きが明らかになり、「妻」「母」役割の歴史的形成過程の解明がすすむにつれて、歴史の中の女を一つの型にあてはめてしまいがちな「妹の力」論のマイナス面も強く指摘されるようになった。また、「家」を支える女性の役割の称揚《しょうよう》と『妹の力』が書かれた時代背景との関連にも注意が向けられている。

参考文献　宮田登『女の霊力と家の神』、一九八三、人文書院。福田アジオ「働く女と神を祀る女」(『柳田国男の民俗学』一九九二、吉川弘文館)。義江明子「玉依ヒメの実像」(『日本古代の祭祀と女性』一九九六、吉川弘文館)。同「女性史と民俗学」(『古代女性史への招待』二〇〇四、吉川弘文館)。

(義江　明子)

〔民俗〕女性の持つ宗教的霊的な力。産む性としての女性は、生理的にもより自然に近く、神霊が憑依《ひょうい》しやすいことから古来*巫女《みこ》としての役割も担ってきた。柳田国男《やなぎたくにお》は、一九二五年(大正十四)十月に『*婦人公論』に発表した「妹の力」のなかで、「祭祀祈禱《さいしきとう》の宗教上の行為は、もと肝要《かんよう》なる部分が悉く婦人の管轄《かんかつ》であった。巫《みこ》は此民族に在っては原則として女性であった」と述べて、わが国の政治の主権者は妹の巫女の言葉を指針としていたと論じた。邪馬台国《やまたいこく》の*卑弥呼《ひみこ》をはじめ、*倭姫命《やまとひめのみこと》に連なる伊勢《いせ》の*斎宮《さいぐう》などは、祖先神の神意を伝えて兄帝の政治を宗教的に支えた古代の祭政一致を示すものであり、幕末の民間宗教の教祖である*中山みきや*出口なおなども偶然の存在ではなかった。この所論は、二年後に『民族』二ノ二に発表された*伊波普猷《いわふゆう》の「をなり神考」で展開されることになるが、伊勢の斎宮の本来の役割を説明する琉球《りゅうきゅう》王国の*聞得大君《きこえおおきみ》や祝女(ノロ)などの女性神役をはじめ、姉妹や父方の叔母《おば》が兄弟(エケリ)や甥《おい》を霊的に守護するオナリ神信仰は生きた妹の力の事例であった。沖縄では、姉妹(オナリ)は旅や航海に出かける兄弟にお守りとして自分の髪や手拭《てぬぐ》いを与える風があったが、「おもろ」の中でも姉妹が白鳥になって航海中の兄弟を守ると歌われている。日本本土では、オナリは主に西日本で冠婚葬祭や*田植など大勢の集う機会での炊事《すいじ》役をいう言葉で、特に田植に際しての飯炊きや昼飯持ちをオナリということは日本各地の田植唄でも歌われている。田植は単なる農作業ではなく、御田植神事《おたうえしんじ》や大田植行事《おたうえぎょうじ》にみるようにかつては田の神を勧請《かんじょう》して行う盛大な神事であり、その際のオナリはまさに神へ食膳《しょくぜん》を奉《たてまつ》り相饗《あいにえ》する役割の巫女であった。田植に際してオナリや*早乙女《さおとめ》はハレの装いをすべきものとされ、分娩《ぶんべん》の所作や妊婦の扮装《ふんそう》をしたりする事例がみられるのは、神の嫁として奉仕した巫女の名残といえる。しかし、時代の推移につれて神事や造酒など他の多くの仕事と同様に、水田農耕の作業の中心が男子の側に移ってくると、田の神(サンバイ)の降神から昇神までの田植の司祭者としての権限も男子のサゲに多く握られて女性のオナリや早乙女は主役からその指揮下に動く端役《はやく》にすぎなくなった。オナリは本来は早乙女の最も重責を担う者であり、神の食事を調え、神をまつり、神の妻として仕えた存在と考えられる。田植の日に昼飯持のオナリが死んだとか殺されたという伝承は少なくないが、巫女としての妹の力の衰退が生み出した伝承といえるだろう。オナリは、中国地方では田植ばかりでなく、砂鉄製錬《せいれん》の鑪《たたら》作業にも登場する。鑪では、女性の月経や*出産を強く忌《い》み、どこでも*女人禁制《にょにんきんせい》とされ、鑪の守護神である金屋子神《かなやごしん》は*山の神と同様に*女神で人間の女性が嫌いであると伝承されている。その一方で、死忌はいとわず、むしろ鉄がよく湧かないときには死体を柱にくくりつけたという。鑪作業は一種の出産に喩《たと》えられているが、男性は産む性である女性が自然に行う行為を、女性的要素をすべて排除した上で注意深い手順に従って自然に秘められた力を取り出すほかないのである。神をまつる者が、わが国で男性の神人《しんじん》以前には女性であったことは、異国の神たる仏教の最初の信者が尼僧であったことにも示されている。船乗りが女性を排除しながら一方で女性の髪の毛を舟玉《ふなだま》にまつる伝承も、かつての巫女としての妹の力の名残の一つといえる。

参考文献　石塚尊俊「をなりのこと」(『鑪と鍛冶』、一九七三、岩崎美術社)。伊波普猷『をなり神の島』一(東洋文庫)、一九七三、平凡社。柳田国男『妹の力』(『柳田国男全集』一一、一九六八、筑摩書房)。　(飯島　吉晴)

いもんぶくろ　**慰問袋**　日本国内から戦地の兵士を激励するために送られた布袋。石けんなどの日用品や慰問文、雑誌、人形などが入れられた。一九〇四年(明治三十七)二月、日露《にちろ》戦争開戦とともに結成された出征軍人家族慰問婦人会が慰問袋を送り、四月に矯風会《きょうふうかい》が大量に発送したことに始まる。慰問袋の名称は同年十一月の『官報』付録に登場している。満州事変《まんしゅうじへん》以降急速に広がった。一九三一年(昭和六)、*愛国婦人会は、十月に慰問袋の募集に着手し翌月四日には東京府支部から四千四百個を第一便として送る。慰問袋を送る活動は、婦人団体、職場、学校、さらに地域の組織を通して大きく広がり、国民の意識を戦場の兵士に向けさせて戦争協力と戦意高揚につながった。*従軍看護婦にも贈られている。慰問袋を送る運動では学童たちも活躍した。『アサヒグラフ』に掲載された「決戦イロハかるた」には絵入りで「㊮ ゐもん袋にコドモの絵」がある。

慰　問　袋

参考文献　『アサヒグラフ』昭和十七年十二月三十日・昭和十八年一月六日合併号、一九四三。加藤秀俊他『明治・大正・昭和世相史(追補版)』、一九七三、社会思想社。丸岡秀子・山口美代子編『近代日本婦人問題年表』(日本婦人問題資料集成一〇)、一九八〇、ドメス出版。　(宇野　勝子)

いよがすり　伊予絣　⇩今出絣《いまでがすり》

いりでっぽうでおんな　**入鉄砲出女**　江戸時代、江戸に鉄砲が運びこまれること(入鉄砲)と、*人質として江戸に居住している諸藩の大名の妻女が国元へ逃亡すること(出女)を恐れた幕府が関所改めで、もっとも厳しく取り締ったことを表現したもの。幕府は、江戸防衛の拠点として、江戸を囲繞《いにょう》する主なる地域に関所を設置し、通関する旅人や、荷物の改めを実施したが、特に鉄砲の江戸流入と、大名の妻女の帰国に神経を配った。鉄砲改めについては鉄砲手形を関所に提出させて、老中印鑑と関所備付の判鑑と照合するなど、細部にわたって徹底的に調べた。江戸を出る女については「女手形可書載覚《おんなてがたかきのせべきおぼえ》」にみられるように、女性であるということだけで、徹底して調べた。しかも別室において*人見女《ひとみおんな》(改め女)と称する年配の女性が、着衣・帯・*肌着まで取らせ調べるので、大名の妻女で「身を切る思い」をした者もあったという。とくに禅尼・尼・*比丘尼《びくに》・小女・乱心の女などは人権を無視するかのごとく、調べられた。幕末には緩和された。

参考文献　小暮紀久子「近世における女性の関所通行について」(近世女性史研究会編『論集近世女性史』一九八六、吉川弘文館)。丸山雍成『日本近世交通史の研究』、一九七九、吉川弘文館。渡辺和敏『近世交通制度の研究』、一九九一、吉川弘文館。　(宇佐美ミサ子)

いれずみ　**入れ墨**　〔アイヌ〕入れ墨をすることをアイヌ語でシヌイェという。かつてアイヌ女性は、口の周りと前腕部に入れ墨を施したが、これは成熟した女性であることを表象する意味を持っていた。熟練した老女に頼んで施術してもらい、早いところでは七、八歳ころから開始され、おおむね婚期を迎えるころまでには完成させるものとされていた。明治四年(一八七一)、開拓使《かいたくし》によってこれを禁止する布告が発せられたものの、実際には明治三十年代ころまで行われていた。

参考文献　アイヌ文化保存対策協議会編『アイヌ民族誌』、一九六九、第一法規出版。瀬川清子『アイヌの婚姻(新装版)』、一九九八、未来社。　(木名瀬高嗣)

〔琉球・沖縄〕近代まで、奄美《あまみ》・沖縄諸島の南島の女性たちは手の甲に入れ墨を施していた。針突(ハジチ)と呼ばれ、泡盛で墨をすり、針を束ねて紋様を施した。針突を施す人をハジチャーと呼び、おもに女性であった。紋様は指には矢型が多く、甲には四角や丸、三角などを組み合わせている。十歳前後から突きはじめ、結婚をするころまでに完成させた。針突は女性の身を守ると信じられていて、憧れであった。沖縄では入れ墨をしないまま死んだ女性には、墨で紋様を描いてから野辺におくった。あの世まで女性の身を守るといわれ、成女儀礼であった。一八九九年(明治三十二)、「入れ墨は野蛮な風俗」として禁止令が出され、罰則が設けられた。しかし、明治期の新聞は伝えている。女性たちは入れ墨に対する憧れが強いことを、当時の新聞は伝えている。大正から昭和になると、入れ墨に対して意識に変化がみえる。移民した女性のなかには、入れ墨を理由に還された人もいた。 (深沢 惠子)

いわいお 祝緒 生没年不詳 平安時代院政期の*女房。父は賀茂《かも》神社神主の賀茂重助《しげすけ》。姉の「うれしき」とともに白河法皇の女房となり、法皇の愛人となって二人そろって賀茂女御《かものにょうご》と称せられた。大治《たいじ》四年(一一二九)、法皇が発病し死に臨《のぞ》んだ際には藤原為忠《ためただ》妻の「なつとも」とともに側近くで看病した。死後の入棺《にゅうかん》の際にも、平生《へいせい》のように諸事取り計らいながら泣き、人々の涙を誘った。おそらくこの時に出家したであろう。いわいおの尽力により、法皇の愛人の祇園女御《ぎおんにょうご》以下の人々も、ともに遺族として素服《そうふく》を賜わった。

参考文献 角田文衛『待賢門院璋子の生涯—椒庭秘抄—』(朝日選書)、一九八五、朝日新聞社。 (野村 育世)

いわくまのひめみこ 磐隈皇女 欽明《きんめい》天皇の皇女。実在したとすれば、六世紀中ごろの人。母は蘇我稲目《そがのいなめ》の女《むすめ》、堅塩媛《きたしひめ》。別名を夢皇女《いめのひめみこ》ともいう。皇女は最初伊勢大神《いせのおおかみ》に仕えたが、茨城皇子《うまらきのみこ》(欽明天皇の皇子で、母は堅塩媛の同母妹の小姉君《おあねのきみ》)に「姧《おか》」されたために、解任されたという(『日本書紀《にほんしょき》』欽明天皇二年三月条)。『日本書紀』に数例みえる、伊勢斎宮《さいぐう》にまつわる*密通譚《みっつうたん》の一つで、禁断の男女関係が「姧」で表現されている。

参考文献 関口裕子『日本古代婚姻史の研究』、一九九三、塙書房。 (荻原 千鶴)

いわくらひさこ 岩倉久子 一八六二—一九四三 明治時代の*婦人運動家。宮内《くない》大臣・公爵《こうしゃく》岩倉具定《ともさだ》の妻。具定は具視《ともみ》の三男。久子は民部大輔《みんぶだいふ》沢為量《さわためかず》の七女。一九〇一年(明治三十四)*奥村五百子《おくむらいおこ》の*愛国婦人会結成に尽力し、評議員となる。ついで近衛篤麿《このえあつまろ》の斡旋《あっせん》と関係者の薦めにより、初代会長を一九〇九年まで務め、再び評議員となる。日露戦争では銃後慰問《じゅうごいもん》事業に力を注いだ。

参考文献 三井光三郎『愛国婦人会史』(千野陽一監修『愛国・国防婦人運動資料集』一、一九九六、日本図書センター)。 (広瀬 玲子)

いわさきえいこ 岩崎盈子 一九〇六—三五 昭和時代初期の思想家、運動家。大阪市で出生。私立金襴会《きんらんかい》高等学校四年を終え、*日本女子大学家政学部に入学、一九二七年(昭和二)卒業。それと同時に大阪府の採用試験に合格、社会課書記として方面委員担当となった。同課主事であった川上貫一《かわかみかんいち》との出会いは、社会事業が戦争政策に協力していく状況を批判し思想活動に入るときっかけとなる。三三年治安維持法による大阪共産党大検挙で逮捕、投獄。半年後、肺結核悪化により保釈された。以後、薬代にもこと欠く療養生活を送り、三十歳の若さで死去。精力的な文筆活動は、社会事業の欺瞞満性を衝き、とりわけ社会事業と婦人(問題)の関連を鋭く指摘した。それは、現在も続いている社会福祉における性差別解消上欠かせない視点である。著書に『婦人と児童の問題』(一九三五年、ナニハ書房)、論文は「反動期の社会事業における婦人の利用」(『社会事業研究』、一九三〇年、中央社会事業協会)などがある。『近代婦人問題名著選集』一〇(中嶌邦監修、一九八二年、日本図書センター)として『婦人と児童の問題』の複製が刊行されている。

参考文献 林千代「岩崎盈子—女の目で社会事業を洗い直す—」(『女子教育もんだい』一五)、一九八三。 (林 千代)

いわさきちひろ いわさきちひろ 一九一八—七四 昭和時代の童画家、絵本作家。本名松本知弘《まつもとちひろ》。福井県武生《たけふ》市生まれ。東京府立第六高等女学校卒。岡田三郎助《おかださぶろうすけ》に洋画の基礎を学び、のち赤松《あかまつ》(丸木《まるき》)俊子《としこ》にも師事した。一九三九年(昭和十四)結婚し旧満州に渡るが、夫の死で帰国。四六年、再び戦争を起こしてはならないと日本共産党に入党、『人民新聞』の記者となり挿絵《さしえ》・カットなどを描く。アンデルセンの『お母さんの話』を紙芝居にし文部大臣賞を受賞、画家として立つ決意をする。五〇年松本善明《ぜんめい》(のち衆議院議員)とお互いの立場を尊重しあうことを約束し結婚、翌年長男猛《たけし》を出産。子どものあどけない表情やしぐさなどを的確なデッサン力と独特の色彩によって表現し、新しい絵本を生み出した。七三年『ことりのくるひ』でボローニア国際絵本展グラフィック賞を受賞。絵筆によって戦争への怒りと悲しみを表現し続けた。代表作『戦火のなかの子どもたち』など。膨大な作品は東京都練馬《ねりま》区と長野の「いわさきちひろ美術館」に収蔵・展示されている。

いわさきちひろ

参考文献 いわさきちひろ・松本猛『いわさきちひろの絵と心』(講談社文庫)、一九七八、講談社。滝いく子『ちひろ愛の絵筆—いわさきちひろの生涯—』、一九八三、労働旬報社。松本善明『妻ちひろの素顔』(講談社＋α文庫)、

二〇〇〇、講談社。同『ちひろ―絵に秘められたもの―』、二〇〇七、新日本出版社。　（折井美耶子）

いわさよしこ　岩佐由子　一八一四―九四　幕末期の中山道《なかせんどう》柏原《かしわばら》宿の女主、歌人。宿場役人岩佐忠五郎《いわさちゅうごろう》と幾の娘。幼名久《ひさ》、のち由子《よしこ》。婿《むこ》養子の父は生まれる前に離縁。祖父母と母に育てられる。養子に迎えた木田源吉《きだげんきち》と二十歳のとき結婚したが、家内不和で一年十ヵ月で離婚。以後生涯独身を通す。二十二歳で母に死別し祖母と二人家族となり、二年後に本家から四歳の養子を迎える。その後、名を由衛《よしえ》と改め、一家の事実上の当主となる。二十九歳で祖母に死別後は養子と二人家族となる。御用宿の主としての教養を身につけるため、国学者長野主膳義言《ながのしゅぜんよしとき》に入門し*和歌を学ぶ。以後義言夫妻と頻繁《ひんぱん》に行き来する。囲碁も身につけ、義言や宿役人たちとしばしば対局する。三十九歳のとき、母屋を改築して薩摩《さつま》・大垣《おおがき》・彦根《ひこね》・大和郡山《やまとこおりやま》諸藩の御用宿となる。隠居後は和歌や*裁縫を教える。しばしば旅に出て『西国道の記』ほか旅日記を著わす。また、文政十年（一八二七）から没年の一八九四年（明治二十七）までの日記三十六冊を書き残している。

参考文献　柴桂子「近世女性の西国三十三カ所巡礼―岩佐由衛の『西国道の記』―」（『交通史研究』五五）、二〇〇四。　（柴　桂子）

いわたつひめのみこと　石竜比売命　八世紀前半にまとめられた「播磨国風土記《はりまのくにふどき》」の伝承にみえる*女神《めがみ》。石竜比古命《いわたつひこのみこと》と水争いをし、櫛《くし》で川の流れを堰《せ》き止め、用水溝を開き下樋《したび》（地下水路）を通して、自分の村の田へ水を導いた（揖保《いぼ》郡美奈志《みなし》川条）。また、土地占《し》めのために放った矢は、地面にめり込むほどの強さだったという（同郡広山《ひろやまの》里《さと》条）。『*風土記』の中でも同風土記には女神が多く登場する。男神《おがみ》と同様に、土地を占拠《せんきょ》し、水争いをし、戦った、*女性首長たちのおもかげを伝える物語である。

参考文献　倉塚曄子「女神に関する覚書―播磨風土記の世界―」（『都大論究』二〇、一九六三）。義江明子「〝卑弥呼たち〟の物語」（赤坂憲雄他編『女の領域・男の領域』二〇〇三、岩波書店）。　（義江　明子）

いわのきよこ　岩野清子　一八八二―一九二〇　明治・大正時代の*婦人運動家。東京芝区（東京都港区）生まれ。旧久留里《くるり》藩士木村信義の長女だが、のちに遠藤家を継いだ。高等小学校・小学校教員伝習所で学び、小学校教員を経て、人民新聞社等に記者として勤務。*治安警察法第五条改正請願運動に携わったが、一九〇九年（明治四十二）に妻子ある男性との*恋愛に悩み自殺未遂。同年、作家岩野泡鳴《ほうめい》と知り合い同棲開始。『*青鞜《せいとう》』には一九一一年の創刊時から参加し、婦人論や泡鳴との相剋《そうこく》を主題にした小説等を発表した。一九一五年（大正四）泡鳴の新たな恋愛の発覚により別居するが、間もなく泡鳴を相手取って同居請求の訴を起こし、勝訴。しかし、形式的な妻の地位に固執《こしつ》した行為とみなされ、「*新しい女」にあるまじき不徹底な行動として批判を浴びた。この裁判は、妻側が起こした同居請求事件としてはきわめて初期に位置する。一九一六年には、自身と長男の扶養料《ふようりょう》請求訴訟を提起し争うが、翌年、離婚が成立。花屋を開店するが立ち行かず、生活の逼迫《ひっぱく》のなかで、一九二〇年、画家志望の遠藤達之助《えんどうたつのすけ》との子を出産。同年、胆石《たんせき》で死去した。

参考文献　尾形明子『自らを欺かず―泡鳴と清子の愛―』、二〇〇一、筑摩書房。坂井博美「「なぜ私は離婚しないか」―一九一五年、岩野清の同居請求訴訟―」（『総合女性史研究』二二）、二〇〇五。　（坂井　博美）

いわのひめ　磐之媛　仁徳《にんとく》天皇の皇后《きさき》。『*古事記』は大后《おおきさき》とする。石之日売《いわのひめ》とも記す。対外関係で活躍した葛城《かつらぎの》襲津彦《そつびこ》の女《むすめ》。誇り高い女性として有名である。『日本書紀』によれば、桑田《くわた》*玖賀媛《くがひめ》は長年*女官として天皇の寵愛《ちょうあい》をうけていたが、皇后の*嫉妬《しっと》によって結婚できないため、播磨国造《はりまのくにのみやつこ》の祖速待《おやはやまち》に与えられたが、媛はこれを拒否、故郷に送り帰される途中死去したとある。『古事記』では吉備海部直《きびのあまのあたえ》の女黒日売《むすめくろひめ》が大后の嫉妬で本国に逃げ帰ったとする。また、八田皇女《やたのひめみこ》を妃《みめ》として宮中に納《い》れようとしたが、皇后は許さず、天皇は窃《ひそ》かに皇后の紀伊への遊行中、その不在を伺《うかが》い皇女を引き入れた。これをもれ聞いた皇后は難波《なにわ》宮に戻らず、山背《やましろ》の筒城《つつき》に行き、再々の天皇の説得にも応せず、ついにその地で死去した（『古事記』も筋は同じ）。なお、後世、藤原不比等《ふひと》の女《むすめ》の光明子《こうみょうし》の立后《りっこう》の宣命《せんみょう》に、磐之媛は臣下の立后の初例として引用されている（『続日本紀《しょくにほんぎ》』天平元年（七二九）八月二十四日条）。

参考文献　川副武胤『古事記の研究（改訂増補版）』、一九八一、至文堂。土橋寛「記紀万葉の女性」（森浩一編『日本の古代』一二、一九八七、中央公論社）。　（小林　敏男）

いわもとぜんじ　巌本善治　一八六三―一九四二　明治時代の雑誌記者、*女子教育家、思想家。文久三年（一八六三）六月十五日、但馬国出石《いずし》郡出石（兵庫県豊岡市）で商人井上藤兵衛《いのうえとうべえ》と律の次男として生まれ、のち母方の伯父巌本範治《はんじ》の養子となる。一八七六年（明治九）上京、*中村正直《なかむらまさなお》の同人社《どうじんしゃ》に、一八八〇年より津田仙《つだせん》の学農社《がくのうしゃ》農学校に入学、一八八二年より*木村熊二《きむらくまじ》の塾で英語・農学・キリスト教を学び、翌年受洗《じゅせん》した。『農学雑誌』（一八七六年創刊）・『小学雑誌』（一八八二年創刊）・『女学新誌』（一八八四年創刊）の編集にたずさわり、啓蒙《けいもう》主義的論説を多数書き上げた。一八八五年に『基督《キリスト》教新聞』の主筆として活躍し、さらに同年近藤賢三とともに『*女学雑誌』を創刊、キリスト教的な立場から女子の地位と教養を高めることをめざした。この『女学雑誌』が明治期・大正期・昭和期の文学界や思想界に与えた影響は大きいとされる。『女学雑誌』で主唱する「女学」とは「其の心身に付て、其過去に付て、其将来に付て、其の権理、地位に付て、及び其の現今《げんこん》に必要する雑多の事物に付て、凡《およ》そ女性に関係する凡百《ぼんぴゃく》の道理を研究する所の学問」であり、一言でいうと「婦女子に関する一科の学問」を意味する。巌本は『女学雑誌』で女性の地位向上や権利拡張に多くの論を張るが、伝統的*家父長制的な*家族の形態から脱皮し、夫婦中心の「和楽団欒《わらくだんらん》」「相思相愛」の新しい「ホーム」なる*家庭構築をも説き続けた。創立メンバーとして経営に参加していた*明治女学校では、教頭と校長をつとめ、進歩的な女子教育を実践する。明治女学校からは社会的進出を果たした開明的な女性たちが数多く輩出された。一夫一妻制の確立をとなえ*廃娼《はいしょう》運動を展開した東京婦人矯風会《きょうふうかい》(*日本基督教婦人矯風会の前身)の発足(一八八六年)に積極的な援助活動をした。妻は『小公子』の訳者で知られる*若松賤子《わかまつしずこ》で(一八八九年結婚)、バイオリニスト*巌本真理《まり》は孫である。一九四二年(昭和十七)十月五日、八十歳にて没した。

参考文献　青山なを『明治女学校の研究』、一九七〇、慶応通信。磯崎嘉治『巌本善治』、一九七四、共栄社出版。野辺地清江『女性解放思想の源流―巌本善治と『女学雑誌』―』、一九八四、校倉書房。（金　眞琡）

いわもとまり　巌本真理　一九二六―七九　昭和時代のバイオリニスト。*巌本善治《ぜんじ》と*若松賤子《わかまつしずこ》夫妻の長男である巌本荘民《まさひと》の長女。母はアメリカ人のマーグリート。東京生まれ。一九四二年(昭和十七)にメリーエステルを真理と改名。五歳の時から小野アンナに習い、一九三八年日本音楽コンクールで一位。一九四六年から五年間東京音楽学校の教授。一九六六年、日本初の国際的な室内楽団として自分の名前を冠した弦楽四重奏団を結成し、定期演奏会を九十四回も開いた。芸術選奨など受賞多数。生涯独身であった。

参考文献　竹西寛子「巌本真理」(佐藤愛子他編『近代日本の女性史』三、一九八〇、集英社)。山口玲子『巌本真理生きる意味』、一九八四、新潮社。（金　眞琡）

いんきょ・いんきょぶん　隠居・隠居分　隠居は*家長《かちょう》が生前にその地位と役割・権限・財産を承継者《しょうけいしゃ》に譲《ゆず》って隠退する行為で、その際に留保《りゅうほ》した財産を隠居分という。隠居はもとは隠棲《いんせい》の意味しかもっていなかったが、室町時代から戦国時代にかけて、*家督《かとく》を譲って世代交代をすることを意味するようになり、武家や農民の間に広まった。中世前期は*親権《しんけん》が強く、親は死の直前まで所職《しょしき》・財産の処分権を持ち続けるのが一般的であったが、中世後期には家の成熟に伴って家長権が確立し、親権に優越《ゆうえつ》するようになった。そして、戦乱の世にあって家長の軍事能力が重視されたため、その地位の生前譲渡《じょうと》がなされるようになったのである。近世の武家の隠居には病気隠居(病免《びょうめん》)と老衰《ろうすい》隠居(老免《ろうめん》)とがあった。幕臣の場合、病気隠居は四十歳以上でなくては請願《せいがん》できず、老衰隠居も幕末までは七十歳以上になってはじめて認められた。諸藩でも隠居許可年齢は概して高齢であり、隠居を認めない藩さえあった。泰平《たいへい》の世となった近世においては、軍事能力よりも役人としての熟練が重視されたことが背景をなしているが、隠居料の支給を抑える意図もあった。規定の年齢まで勤め上げれば主君より隠居料が恩賜《おんし》され、上級の武家では知行《ちぎょう》の一部を隠居分として留保することも多かった。庶民では隠居するか否かは地域によって異なっており、東北・北陸地方では隠居慣行《かんこう》は形成されていない。隠居慣行が形成されていても、その形態は時代や地域によって異なる。大竹秀男《おおたけひでお》によれば、摂津国《せっつのくに》(兵庫県)の農村では、近世前期には長男に家督を譲ったあと他の子女《しじょ》を連れて隠居分家して養育し、次三男に分家《ぶんけ》を継がせる形態が支配的であったが、中期以降、*家産の単独相続に伴い家内隠居に転化している。家内隠居にも、新家長夫婦と同居する形態と隠居屋に移り住み、隠居分の田畑を耕作して自活《じかつ》する形態とがある。また、隠居料を新家長から米や金銭等で支給される例もある。

参考文献　竹田旦『民俗慣行としての隠居の研究』、一九六四、未来社。大竹秀男『封建社会の農民家族(改訂版)』、一九八二、創文社。利谷信義他編『老いの比較家族史』(シリーズ家族史五)、一九九〇、三省堂。（大藤　修）

インスタントしょくひん　インスタント食品　誰でも簡単につくれる即席《そくせき》食品をさす。第二次世界大戦前のインスタント食品の代表は、一九〇八年(明治四十一)に開発された「味の素」。戦後のインスタント食品ブームの先駆《さきが》けは、一九五八年(昭和三十三)に日清《にっしん》食品から発売の「チキンラーメン」であり、味噌汁や漬物にもインスタント化が進む。当時の*性別分業型家族のもとで、その普及は女性の社会進出の促進要因となった。一九七五年、インスタントラーメンの「わたし作る人、ぼく食べる人」というCMが女性団体の抗議で放映中止となった事件は、現実の性別分業の根強さを表す。

参考文献　天野正子『働く女性を助けた「モノ」のあゆみ』(女性と仕事の未来館ブックレット)、二〇〇三、女性労働協会女性と仕事の未来館。高度経済成長を考える会編『高度成長と日本人(新装版)』二、二〇〇五、日本エディタースクール出版部。（天野　正子）

インセストタブー　インセストタブー　⇩近親婚《きんしんこん》

いんぞく　姻族　ある血族集団から見て、その構成員それぞれの配偶者を介して結ばれた人々、ないしはその一族のこと。鎌倉幕府法の追加法百四十条によると、裁判の時、原告または被告から見て一定の*親族関係にある奉《ぶ》行人《ぎょうにん》(裁判官)は、依怙贔屓《えこひいき》を避けるため、その場を退くべしとの規定がある。その親族の範囲とは、「祖父母・父母・子孫・兄弟姉妹・聟《むこ》・舅《しゅうと》・相舅《あいやけ》・伯叔父・甥・小舅《こじゅうと》・従父兄弟《いとこ》・夫・烏帽子子《えぼしご》」であるが、このうち、「聟・舅・相舅・小舅」が姻族、その他の人々が血族にあたる(夫と烏帽子子は例外)。もちろん、実際には、もっと多くの人々が社会人類学上にいう血族・姻族となり得るわけであるが、ここでは、鎌倉時代の社会的現実の中で、何らかの連帯責任ないしは相互扶助《そうごふじょ》の義務を負わされた血族・姻族の範囲だけが上げられているわけである。だが、この場合、ぜひ注意しなければならないことは、この親族世界が、ある人物を中心として血族・姻族双方に拡がる視野的世界としても機能していたことである。なぜなら、そうした視野的世界は当然、その他の人物を中心としても拡がっていたわけであるから、鎌倉武士団の親族世界のうちには、特定の人物を中心としてその血族・姻族双方に拡がる視野的世界の複合として現われてくる原理が内在していたことになるからである。ここにいう視野的世界を、社会人類学ではキンドレッドとよぶが、中世武士団世界の動態を考えるとき、このキンドレッドの役割は重大である。なぜなら、血族間に抗争・合戦が生じた場合、両者の間を取り持ってそこに一定の和平をもたらし得るのは、両血族に関わりをもち、いわば「口きき」の資格を果たすこうしたキンドレッドであるからである。いままでの、武士団・合戦研究は、こうしたキンドレッドの役割を軽視してきた。キンドレッドの研究には、血族・姻族双方にわたる親族ネットワークへの注目が前提となる。姻族の役割もまた、こうした見通しの中で究明される必要があろう。

参考文献 青山道夫他編『講座家族』六、一九七四、弘文堂。ルイ゠デュモン『社会人類学の二つの理論』(渡辺公三訳、人類学ゼミナール)、一九七七、弘文堂。鈴木国弘『日本中世の私戦世界と親族』、二〇〇三、吉川弘文館。

(鈴木　国弘)

いんぷもんいん　殷富門院　一一四七―一二一六　後白河院皇女。名は亮子《りょうし》。母は藤原成子《せいし》(高倉三位)で、以仁《もちひと》王《おう》・*式子《しきし》内親王とは同母。保元《ほうげん》元年(一一五六)四月*内親王宣下《せんげ》、同日伊勢*斎宮《さいぐう》に卜定《ぼくじょう》。保元三年八月退下。寿《じゅ》永《えい》元年(一一八二)八月、安徳天皇准母《じゅんぼ》として*皇后となる。のち後鳥羽天皇・順徳天皇の准母ともなる。文治三年(一一八七)六月院号宣下(殷富門院)。建久三年(一一九二)十一月出家、法名真如観《しんにょかん》。建保《けんぽう》四年(一二一六)四月没。

参考文献 栗山圭子「准母立后制にみる中世前期の王家」(『日本史研究』四六五)、二〇〇一。

(栗山　圭子)

いんぷもんいんのおおすけ　殷富門院大輔　生没年不詳　平安・鎌倉時代前期の歌人。父は藤原信成《のぶなり》、母は菅原在《すがわらのあり》良女《よしのむすめ》。後白河院皇女*殷富門院亮子《りょうし》に出仕。多作であり、現存歌数は約四百首。『清輔朝臣家歌合《きよすけあそんけうたあわせ》』『住吉社歌合《すみよししやうたあわせ》』『民部卿家歌合《みんぶきょうけうたあわせ》』等に出詠し、『千載《せんざい》和歌集』『新古今和歌集』以下の勅撰集に六十三首入集、また『続詞花《ぞくしか》和歌集』『夫木和歌抄《ふぼくわかしょう》』などの私撰集にも多数入集。家集に『殷富門院大輔集』がある。正治《しょうじ》二年(一二〇〇)ごろ没。

参考文献 森本元子「殷富門院大輔考」(『私家集の研究』一九六六、明治書院)。

(栗山　圭子)

いんようわごう　陰陽和合　近世の民衆思想史における重要なキーワードの一つ。近世農民の意識には、豊穣《ほうじょう》を女性の生殖力と結びつける発想がもともと広く含まれており、夫婦の素朴な情愛が肯定的に捉えられていた。その一方、*女訓書《じょくんしょ》に代表される教化思想では、女性が守るべき徳目と関連して天地・陰陽・男女の和合が説かれていた。そうした中で、十八世紀前半に京都で活躍した神道家*増穂残口《ますほざんこう》は、神道祭祀《しんとうさいし》の本質を陰陽(男女)和合を祝《こと》ぶく民俗的豊穣儀礼に求め、「男女一双にして、高下尊卑《こうげそんび》なし」と説いた。また同世紀中ごろの東北地方で活動した安藤昌益《あんどうしょうえき》は、天地陰陽の尊卑貴賤《きせん》を否定する立場から、陰陽という概念自体を否定し、男女の一対性・相補性を主張した。男女の交合を不可欠のもの、人間にとって自然の働きであると捉え、情愛の交流こそ男女の和合であるとした昌益は、*一夫多妻・姦淫《かんいん》・売春などへの批判を展開したが、そうした彼の性意識は、民俗的な小農倫理の一到達点を示している。さらに、十八世紀前半の江戸で活躍した*富士講《ふじこう》の行者*食行身禄《じきぎょうみろく》が、元禄《げんろく》元年(一六八八)六月十五日に「おふりかわり」がおこり、それまでの「影願《かげねがい》」の世が「御直願《おじきねがい》」の世に転換したことを宣言し、それが以後の富士講行者たちにも受け継がれていったことは、陰陽和合という観念の深化・転回の一つの筋道として知られている。その際「御直願」とは、人々が職業的な宗教者の活動に依存することを止め、みずからの労働そのものに救いを見出すようになることを指すが、実は「おふりかわり」には、男女をアナロジーした一対の神格による原初の対等な協働《きょうどう》の再現という意味が込められており、身禄の後継者たちは、その再現をめぐって新たな思想を展開していった。なお、男女の一対性よりも「家」の継続を志向する方向をたどったその筋道に対して、十九世紀初頭に開教した如来教《にょらいきょう》の宗教思想は、輪廻転生《りんねてんしょう》説を前提とする立場から、性差を仮の姿とする世界観を表明したものとして注目される。

参考文献 宮田登『神の民俗誌』(岩波新書)、一九七九、岩波書店。倉地克直『性と身体の近世史』、一九九八、東京大学出版会。

(神田　秀雄)

う

ウィード、エセル＝ビー Ethel B. Weed 一九〇六―七五 アメリカ陸軍中尉《ちゅうい》。一九四五年（昭和二十）十月、GHQに着任し、日本女性の権利、特に参政権を奨励する活動を行う。民間情報教育局婦人課長として、十一月、戦前からの*婦人参政権運動の活動家であった*市川房枝《いちかわふさえ》・*羽仁説子《はにせつこ》らに、運動の流れや大衆に働きかける方法について意見をもとめ、翌月から女性向けラジオ番組の放送を開始させた。一九四六年二月、「婦人を投票させるための情報プラン」を策定し、女性参政権関連の記事やコラムの奨励など、主に新聞とラジオを通じての啓蒙《けいもう》活動を活発化させる一方、みずからも関西・東北地方を回り、「女性参政権は戦前からの女性たちの積み重ねがあって勝ち取ったもの」と強調する「行脚《あんぎゃ》」を実施した。これらの活動は、同年四月の総選挙における女性の投票率六七％、三十九名の女性議員誕生に少なくない影響を与えたと考えられる。一九四七年七月除隊。

参考文献 進藤久美子『ジェンダーで読む日本政治―歴史と政策―』（有斐閣選書）、二〇〇四、有斐閣。

（浅尾 弘子）

ウィメンズブックストアしょうかどう ウィメンズブックストア松香堂 中西豊子《なかにしとよこ》が一九八二年（昭和五十七）に京都市に開いた、日本ではじめての女性問題の専門書店。中西は、一九七二年に一般書店を開いたが、フェミニストたちとのつながりや*フェミニズムに関する数々の本との出会いを通して、専門書店の必要性を認識し、「女の本屋」を開店した。そして開店と同時に、「ウィメンズブックストア友の会」を設立して年に四回『ウィメンズブックス』誌を発行し、本の通信販売も行なった。『ウィメンズブックス』では本やミニコミの情報をはじめ、女性たちの活動レポート、海外の情報などを紹介し、これを核として女たちのネットワークづくりが進められていった。また出版事業も行い、『からだ・私たち自身』や『資料日本ウーマン・リブ史』全三巻などのような、他の出版社が出さない大部の本の出版も行なっている。現在は、「ウィメンズブックストア松香堂」ではなく、大阪で「ウィメンズブックストアゆう」として活動を続けている。

参考文献 中西豊子『女の本屋の物語』、二〇〇六、ウィメンズブックストアゆう。

（小山 静子）

ウーマン＝リブ ウーマン＝リブ 一九六〇年代後半より七〇年代初めにかけて欧米諸国に台頭したwomen's liberation movementと呼ばれる女性解放運動を指す言葉で、同時期の日本の運動も含む。女性解放を意味する類語「*フェミニズム」を用いてこの期の運動を指す場合は、「第二波フェミニズム」と呼ばれるが、これは、婦人参政権獲得（アメリカは一九二〇年）を頂点とする運動の高まりを「第一波フェミニズム」と呼ぶのに対応する。第二波フェミニズムの特徴は、第一波フェミニズムに「女権《じょけん》拡張」の訳語が当てられたように政治的、法律的平等を獲得する中で見えてきた社会的、経済的な実質的不平等の撤廃《てっぱい》に主力が注がれている点である。また「個人的なことは政治的である」というスローガンが象徴するように第二波フェミニズムは、社会的、文化的差別を支える個人の意識変革を重視する。たとえば、*ドメスティック＝バイオレンスを社会問題として認識し、さらに異性愛中心主義批判をもたらしたのは、第一波フェミニズムが依《い》拠《きょ》する公私二分法を越えて、家族領域における夫婦の力関係を社会全体の男女の権力関係の延長線上にとらえているためだ。このような特徴をもつウーマン＝リブは一枚岩的集団ではなく、担い手の階層・階級によって問題把握《はあく》の力点が異なる。『*新しい女性の創造』（一九六三年、邦訳一九六五年）で白人中産階級の女性の抑圧を問題化して運動の口火を切ったのはベティ＝フリーダンである。フリーダンの問題把握の仕方を「リベラル＝フェミニズム」と特徴づけるなら、一九六〇年代の公民権運動、ヴェトナム反戦、大学闘争の運動内部の性差別を告発したのが「ラディカル＝フェミニズム」である。ケート＝ミレット『性の政治学』（一九七〇年、邦訳《ほうやく》一九七三年）、シュラミス＝ファイアストーン『性の弁証法』（一九七〇年、邦訳一九七二年）がこの潮流の代表的理論書で、従来の社会運動が階級支配を一義的に問題にしたのに比べて、男女の力関係の視点で歴史を見ることで、これらは性差別再生産の制度として「*家父長制《かふちょうせい》」を発見する。イギリスの新左翼《さよく》運動の中から生み出された性差別批判の書は、ジュリエット＝ミッチェル『女性論』（一九六六年、邦訳一九七三年）、『精神分析と女の解放』（一九七四年、邦訳一九七七年）で、資本と家父長制の同盟という視点から問題を把握する。シーラ＝ローバトム『女の意識・男の世界』（一九七三年、邦訳一九七七年）も女性解放と階級問題との接点を問い、このような性差別の把握は「マルクス主義フェミニズム」の潮流に引きつがれる。日本のウーマン＝リブは、これら欧米の理論書に影響を受ける一方で『*青鞜《せいとう》』以来の日本のフェミニズムの歴史を掘り起こしながら、性差別の体験を社会問題化していった。「*ぐるーぷ・闘うおんな」誕生の一九七〇年（昭和四十五）が「リブ元年」と呼ばれるが、ウーマン＝リブは、全国に広がった無数の小グループで差別にめざめた女たちが女同士の連帯をはぐくむ運動でもあった。

参考文献 秋山洋子『リブ私史ノート』、一九九三、インパクト出版会。女たちの現在を問う会編『全共闘からリブへ』（銃後史ノート戦後編八）、一九九六、インパクト出版会。江原由美子・金井淑子編『フェミニズムの名著50』、

二〇〇二、平凡社。 （三宅　義子）

うえきえもり　植木枝盛　一八五七―九二　明治時代の自由民権運動の理論家。安政四年(一八五七)土佐《とさ》国井口《いぐち》村(高知市)に出生。一八七四年(明治七)郷里で板垣退助《いたがきたいすけ》の演説を聴き政治を志す。翌年再上京し、図書館等での読書、明六社《めいろくしゃ》や三田《みた》の演説会の聴講などで近代民主主義思想を身につける。この時期に*福沢諭吉《ふくざわゆきち》ら啓蒙《けいもう》思想家の近代的女性観・家庭論も吸収、一八七七年高知に戻り立志社《りっししゃ》に入社、立志社建白《けんぱく》を起草する。一八七九年*男女同権を主張した最初の論文「男女同権ニ就キテノ事」を発表。一八八〇年「女子に代るの演説」と題して大阪で演説。一八八一年『高知新聞』主幹となり、前年上街《うえまち》・小高坂《こだかさ》両町村会規則が*女戸主の選挙権と女性の被選挙権を認めたことを紹介する「男女同権ハ海南ノ某一隅ヨリ始ル」という社説を書く。この年抵抗権や革命権を保障し男女を問わぬ参政権を規定した「東洋大日本国国憲案」を起草。一八八三年『自由新聞』社説に「今日ハ務メテ婦人ノ能力ヲ発用セシムベキ時ニハアラザル乎」を書く。これは自由党の機関紙に登場した唯一の女性論である。植木は女性の参政権や*男女平等を早い段階から主張していたが、それらは知識上のことで、このころまだ彼の行動は男性の*遊廓《ゆうかく》通いや買春《ばいしゅん》を当然のこととする古い習俗のままだった。一八八四年十月自由党が解党し全国的な民権運動ができなくなり、翌年高知に戻る。同年九月『土陽《どよう》新聞』補助員となり、十一月から八八年にかけて「廃娼論《はいしょうろん》」を書いたのをはじめとして、女性の地位向上や意識改革の必要、民法草案や刑法上での夫婦の不同権などについて多くの社説を書く。一八八六年高知県会議員に当選、県会に*高等女学校創設と公娼《こうしょう》廃止の建議を提出、可決された。同時期高知の民権派女性組織「女子興風会」を援助。一八九〇年衆議院議員に当選するや女性の政治活動を禁止した*集会及政社法改正を求めて議会と第二次『自由新聞』で論陣を張る。一八九二年病気が急変し東京で没した。一九〇〇・〇一年『植木枝盛集』全十巻(岩波書店)刊行。

参考文献　家永三郎『革命思想の先駆者―植木枝盛の人と思想―』(岩波新書)、一九五五、岩波書店。同『植木枝盛研究』、一九六〇、岩波書店。外崎光広『植木枝盛と女たち』、一九七六、ドメス出版。 （大木　基子）

うえすぎけんしんのはは　上杉謙信の母　⇨虎御前《とらごぜん》(二)

うえだかいこ　上田甲斐子　一八〇九―四三　江戸時代後期の歌人。本姓千村《ちむら》。美濃《みの》国久々利《くくり》の千村重頼《しげより》の娘。従兄弟《いとこ》の千村仲雄《なかお》の*養女となる。幼少から*和歌に優れ、二十歳で結婚した尾張《おわり》藩士上田仲敏《なかさと》とともに本居大平《もとおりおおひら》に入門。歌会の席では夫よりうまいと定評があった。一男を生むが早世、夫がほかの女に生ませた子供を育てる。江戸に赴任《ふにん》した夫との贈答歌、*嫉妬《しっと》と憂愁《ゆうしゅう》に満ちた夫との問答歌など優れた作品が多い。作品に『源大家《たいこ》和歌集』がある。

参考文献　浅野美和子「上田甲斐子―和歌作品にみるその生涯―」(『江戸期おんな考』七)、一九九六。 （浅野美和子）

うえだきんぷう　上田琴風　一七八八―一八四三　江戸後期の文人画家。本名菊子《きくこ》、字は瓊芝《けいし》。周防《すおう》国吉敷《よしき》郡大道《だいどう》村(山口県防府《ほうふ》市)の大庄屋上田光陳《みつのぶ》(堂山《どうざん》)の長女。上田光逸の妻。漢学・書・国学を学ぶ。画は菅紅嶺《かんこうれい》・矢野筈山《かつざん》らとともに学び、山水花鳥を好んで描いた。画風は関西の文人画の伝統的様式に縛られず、大胆で角張った筆遣いで自然の風景を描いた。頼山陽《らいさんよう》や僧雲華《うんげ》らと交際し、『古今南画要覧《ここんなんがようらん》』の閨秀《けいしゅう》の部に名前が収録されている。

参考文献　『江戸の閨秀画家』(特別展図録)、一九九一、板橋区立美術館。パトリシア＝フィスター『近世の女性画家たち―美術とジェンダー―』、一九九四、思文閣。 （浅野美和子）

うえだこれん　上田瑚璉　一七四〇―九七　江戸時代中期の読本作者上田秋成《あきなり》の妻。元文五年(一七四〇)京都九条の農家に生まれる。名はたま。大坂植山氏《うえやまし》の*養女になる。二十一歳で大坂曾根崎《そねざき》の紙油商嶋屋《しまや》の養子だった秋成の妻となる。火災に遭い貧しい暮らしの中で、癇癪《かんしゃく》が強く狷介《けんかい》といわれた夫をよく助け、秋成の『葛籠冊子《つづらぶみ》』に「かかるものぐるひを見つぎて(中略)我為《わがため》のまもり神にておはしけり」とある。晩年は尼となり夫が瑚璉と名づけた。「これこれと呼ぶのに都合がよいからじゃ」と語ったという。寛政九年(一七九七)十二月十五日没。のち紀行文『露分衣《つゆわけごろも》』と『夏野の露』を夫が見つけ、清書して寺に納めた。

参考文献　『上田秋成全集』一〇、一九九一、中央公論社。 （松村　洋）

うえだていこ　上田貞子　⇨女子留学生《じょしりゅうがくせい》

うえのこうとうじょがっこうストライキ　上野高等女学校ストライキ　一九四五年(昭和二十)十月八日、私立上野高等女学校四年生百五十名による同盟休校のこと。敗戦後も、生徒に学校農園での勤労奉仕を強要し、農作物は教職員が私《わたくし》したことに抗議し、校長・副校長の排斥《はいせき》、不正な教員の罷免《ひめん》を求めたもの。高等学校を中心に、軍隊式教育の継続、学校農園作物の分配不公平に抗議し、新教育への刷新《さっしん》を求めた同盟休校の一つである。

参考文献　米田佐代子『近代日本女性史』下(新日本新書)、一九七二、新日本出版社。 （中嶋みさき）

うえむらしょうえん　上村松園　一八七五―一九四九　明治から昭和時代にかけての日本画家。本名津禰《つね》。京都四条御幸町《しじょうごこまち》の茶葉を扱う商家に生まれ、幼いころより帳場で絵を描きながら育つ。一八八七年(明治二十)京都画学校入学、四条派の鈴木松年《すずきしょうねん》に師事し松園の号を受ける。翌年画学校を退学し松年塾《しょうねんじゅく》に入門。一八九〇年第三回内国勧業博覧会に出品した「四季美人図」が一等褒状《ほうじょう》となる。以後、幸野楳嶺《こうのばいれい》・竹内栖鳳《たけうちせいほう》にも師事し四条派を学び、美人画を描き続ける。文展でも受賞を重ね、のちに文展永久無鑑査となる。一九〇〇年第九回日本絵画協会・日

上村松園

本美術院連合共進会に「花ざかり」を出品し銀牌《ぎんはい》、画壇での地位を確立した。帝展にも「母子」(一九三四年(昭和九))など多数出品、帝展審査委員・参与等の役職も務めた。一九四八年、女性初の文化勲章を授章。古典や故事を題材とした美人画だけでなく、仕舞《しまい》を題材にした「序の舞」(一九三六年)や、障子の破れを繕《つくろ》う女性を描いた「晩秋」(一九四三年)など、多彩な女性の姿を終生描き続けた。著書に『青眉抄《せいびしょう》』(一九九五年、求竜堂)がある。

参考文献　若桑みどり『女性画家列伝』(岩波新書)、一九八五、岩波書店。

(内藤　寿子)

うえむらすえの　植村季野　一八五八―一九三〇　明治・大正時代の牧師・神学者植村正久の妻。山内繁憲《やまのうちしげのり》・三千《みち》代《よ》の次女として和歌山県に生まれる。学問を好み漢学を修め、書画では秋華《しゅうか》の雅号《がごう》を持つ。一八七七年(明治十)横浜に出て、フェリス女学校で漢学を教えながら、同時に英語を学ぶ。同年五月二十七日、横浜海岸教会でE・R・ミラーより受洗。一八八二年結婚し、四女をもうける。夫が外遊中の一時期、*明治女学校で教鞭《きょうべん》をとったほかは、牧師の妻として内助に徹する生涯を送った。

参考文献　佐波亘編『植村正久夫人季野がことども』、一九六七、教文館。

(荒井　英子)

植村環

うえむらたまき　植村環　一八九〇―一九八二　昭和時代の牧師。植村正久・季野《すえの》の三女として東京に生まれる。長い間、日本最初の女性牧師と見なされていたが、一九三四年(昭和九)に日本基督《キリスト》教会東京中会において任職された、日本で二人目の女性牧師。一九〇五年(明治三十八)、富士見町教会で父正久から受洗した後、一一年には医師を志してアメリカのウェルズリー大学に留学。しかし専攻を哲学に変えて、一九一五年(大正四)に帰国。二五年まで女子英学塾や女子学院の教師、自由学園の学監《がくかん》などを務める。この間、一九一七年に川戸洲三《かわとしゅうぞう》と結婚し、二子をもうけるが、夫は一九年、長男は二三年に相ついで病死。さらに、伝道師《でんどうし》を目指していた妹の早世(一九二〇年)と父の死(一九二五年)が決定的影響を与え、みずから牧師になる決心をして一九二五年に渡英し、エディンバラ大学神学部での研鑽《けんさん》を経て、一九二九年(昭和四)帰国。翌三〇年から開拓伝道を始め、三一年柏木《かしわぎ》伝道教会(のち柏木教会)を設立、以来一九七三年に牧師を引退するまで牧会生活は四十三年間に及ぶ。同時に、一九三七年には台湾台南《たいなん》長老教女学校長を務め、四一年から四六年にかけて、戦時体制下の日本基督教団で婦人事業局長として、錬成会《れんせいかい》など時局対策に奔走《ほんそう》し、女性信徒・教職・神学生の銃後《じゅうご》動員を推進した。第二次世界大戦後は、初の民間人として四六年に米国長老教会婦人会の招請《しょうせい》を受け渡米し、ほぼ一年間「極東平和使節団」の一員として中国・フィリピン代表とともに全米を巡回講演した。四七年帰国後、五一年まで*皇后と三内親王に聖書講義。四八―五四年、国家公安委員。他方、三八年から六〇年まで日本キリスト教女子青年会(*YWCA)会長を、また三八―四一年および四八―五一年、世界YWCA副会長を務め、内外のYWCA運動の発展に尽力した。五五年には湯川《ゆかわ》秀樹《ひでき》らと世界平和アピール七人委員会を結成、一貫して平和への積極的発言を続けた。著書に、説教や自伝をまとめた『植村環著作集』全三巻(一九八五年)がある。

参考文献　今村武雄編『植村環先生の時代』、一九六七、新教出版社。山本菊子編『豊かな恵みへ―女性教職の歴史―』、一九九五、日本基督教団出版局。荒井英子「植村環―時代と説教―」(富坂キリスト教センター編『女性キリスト者と戦争』二〇〇二、行路社)。

(荒井　英子)

うえめ　殖女　⇩早乙女《さおとめ》

うかい　鵜飼　鵜を使って鮎《あゆ》などの魚を獲る漁法またはそれを生業《なりわい》とする人。文献上の初見は『隋書《ずいしょ》』倭国伝《わこくでん》。奈良時代から広く諸国に分布していた。平安京への遷都後、新たに御厨子所《みずしどころ》に属し桂川《かつらがわ》・保津《ほっ》川・宇治《うじ》川全域での漁業権を持つ鵜飼集団が姿を現す。平安時代末期には桂供御人《かつらくごにん》と呼ばれ、さらに鎌倉時代中期には上桂・下桂供御人に分化する。しかし、生業としての漁労は仏教の殺生《せっしょう》禁断の広がりなどとともに、次第に衰微《すいび》する。この鵜飼集団の女性たちは、*桂女《かつらめ》と呼ばれ、女商人として活躍した。

参考文献　網野善彦「中世における鵜飼の存在形態」(『日本中世の非農業民と天皇』一九八四、岩波書店)。

(加藤美恵子)

うかれめ　遊行女婦　⇩遊女《あそびめ》

うきふね　浮舟　『*源氏物語』最後の女主人公で宇治十《うじじゅう》帖《じょう》に登場する。*光源氏の弟八の宮と侍女の中将《ちゅうじょう》の君《きみ》との間に生まれた。八の宮には北の方との間に二人の娘がおり、大君《おおいぎみ》は源氏の息、薫大将《かおるだいしょう》に慕われたが早世し、中の君は今上帝の皇子、匂宮《におうみや》の邸に迎えられた。浮舟の母は八の宮に顧みられず、陸奥《むつ》の守の後妻となるが、浮舟は義父にも見放された。薫は大君に生き写しの浮舟を折々の慰めにしようと宇治に引き取り、京に迎えようとした。薫のライバルの匂宮もひそかに浮舟を奪ってその美しさに夢中になり、京の家に迎えると言う。薫が周囲の警戒を強めるなかで、浮舟はどちらに決めてもよくないことが起り、自分は生き恥をさらして世間をさすらうことになると考え、自殺しようとしたところを横川《よかわ》の僧都《そうず》に救われ、その妹尼の保護を受けることとなった。浮舟は色事に懲《こ》り誰にも知られずに生きようと出家した。浮舟の消息を知った薫は、彼女を還俗《げんぞく》させ再び囲おうとして、浮舟の弟に手紙を届けさせる。浮舟は懐かしさに泣きながらもかたくなに薫の申し込みを拒絶し、弟も会わずに帰した。作者は物語の最後に自分と同じ中流貴族のしかも不遇な女性を登場させ、身勝手にふるまう上流貴族男性と、孤独に耐えて自分の道を生きる女性を対照的に描いた。

参考文献 西村汎子「さまざまな恋愛と結婚—源氏物語—」(西村汎子他編『文学にみる日本女性の歴史』二〇〇〇、吉川弘文館)。同「源氏物語の女たちの自我」(『古代・中世の家族と女性』二〇〇二、吉川弘文館)。

(西村 汎子)

うきょうのだいぶ　右京大夫　一四二二—一五〇九　室町時代後期から戦国時代の公家、文化人である三条西実隆《さんじょうにしさねたか》家の仕女《しじょ》。実隆の父公保《きんやす》の時代に十八歳で三条西家に仕えて以来、七十年間にわたり仕えた。三条西家には男女の使用人がおり、男女ともいくつかの身分に分かれていた。右京大夫は位のある「官女《かんじょ》」で*女房の身分であった。死に際しての待遇にもその身分差は影響する。実隆は小庵に移し、葬料を送るなど厚遇している。中世においては、死者の葬式・法要を行うか、行わないかの差異は大きい。

参考文献 細川涼一「家族を構成しない女性」(峰岸純夫編『家族と女性』一九九二、吉川弘文館)。後藤みち子「家業と「主婦権」—三条西家の場合—」(『中世公家の家と女性』二〇〇二、吉川弘文館)。

(後藤みち子)

うきよえ　浮世絵　江戸時代が生み出した、庶民を対象にした商業的な絵画であり、風俗画の一種。「浮世絵」という言葉は一六八〇年代ころに誕生した。浮世絵は主に版画をさすが、肉筆画も制作されていたことに留意しなければならない。ただし、ここでは版画を中心に記述する。菱川師宣《ひしかわもろのぶ》に始まる浮世絵版画は、当初は墨刷りのモノクロームであったが、中国の色刷り手法に学んでカラー版へと進化していく。すなわち鳥居清倍《とりいきよます》らの手彩色による丹絵《たんえ》に始まり、奥村政信《おくむらまさのぶ》らによる漆絵《うるしえ》、紅摺絵《べにずりえ》へと発展し、明和年間(一七六四—七二)には、鈴木春信《はるのぶ》らによって多色摺の錦絵《にしきえ》が誕生した。このように発展していった浮世絵は、あくまで商業的な美術品であり、主な購買者層は庶民であった。したがって大衆性こそが、その本質的な特徴なのであった。浮世絵師たちは、庶民の求める画題は何でも描いたし、版元と浮世絵師たちは、庶民の欲求を引き出すために、さまざまな斬新な工夫を積み重ねていった。その結果として第一に、浮世絵版画は、美人画・役者絵・名所絵・風景画・武者絵・花鳥画・物語絵・子ども絵・遊び絵・角力絵《すもうえ》など、ありとあらゆるジャンルの膨大な量の浮世絵を生み出した。第二に、主として江戸で発展した浮世絵は、町の様子や祭礼や年中行事など、近世都市江戸の情報を満載している絵画群となった。特に、江戸の「*悪所《あくしょ》」としての*吉原《よしわら》や芝居小屋などがふんだんに描かれた。そして第三に、浮世絵には、美人や娘・母親など女性の多種多様な姿が表現されており、また、近世的な男女関係や親子関係などについても多面的な描写がなされている。したがって浮世絵版画は、近世社会史・都市史・交通史などはもちろんのこと、近世女性史・*ジェンダー史の研究にとっても最良の*絵画史料群であるといわなければならない。しかし、浮世絵版画の*女性史的・ジェンダー史的分析はまだ未展開であり、今後の研究の進展が求められている。

鈴木春信「座敷八景　行燈の夕照」

歌川国貞「紅毛油画名所尽錦帯橋」

浮　世　絵

参考文献 日本浮世絵協会原色浮世絵大百科事典編集委員会編『原色浮世絵大百科事典』一九八〇—八二、大修館書店。稲垣進一編『図説浮世絵入門』一九九〇、河出書房新社。小林忠・大久保純一『浮世絵の鑑賞基礎知識』一九九四、至文堂。小林忠監修『浮世絵の歴史』一九九八、美術出版社。藤原千恵子編『図説浮世絵に見る江戸吉原』

（ふくろうの本）、一九九八、河出書房新社。小林忠『江戸浮世絵を読む』（ちくま新書）、二〇〇二、筑摩書房。辻惟雄『日本美術の歴史』、二〇〇五、東京大学出版会。（黒田日出男）

うきよのありさま　浮世の有様　幕末の見聞録《けんぶんろく》。全十三巻十七冊。著者は未詳だが大坂の町医者と推定される。全十三記事は文化《ぶんか》三年（一八〇六）から弘化《こうか》三年（一八四六）に及び、内容は御陰参《おかげまいり》、百姓一揆《ひゃくしょういっき》、大塩平八郎《おおしおへいはちろう》の乱、天保《てんぽう》の改革、天災など多岐《たき》にわたる。幕末の事件を詳細に伝える史料としても重要だが、公開を前提とせずに記録されたために批判的なまなざしを含む記述も随所にみられ、庶民の視点からの歴史記述としても貴重である。『日本庶民生活史料集成』一一（一九七〇年、三一書房）に翻刻《ほんこく》されている。（鈴木　則子）

うきよぶろ　浮世風呂　江戸時代後期の滑稽本《こっけいぼん》。式亭三《しきていさん》馬《ば》作。四編九冊。文化六年（一八〇九）―十年に刊行。江戸庶民の社交場だった銭湯での世間話を会話形式で描いた作品。この内二・三編が女湯の巻で、女性向けの最初の小説といわれる。会話は芝居や*化粧・食事のほか*子どもの教育などにも及び、全巻の中でもっとも人気があり、読者の大半は女性であったと思われる。姉妹編に『浮世床《うきよどこ》』があるが女性は登場しない。『新日本古典文学大系』八六（岩波書店）に所収。

参考文献　本田康雄『式亭三馬の文芸』、一九七三、笠間書院。青木美智男『深読み浮世風呂』、二〇〇三、小学館。（青木美智男）

『浮世風呂』二編巻上

うじ　氏　〔古代〕一定の職務をもって朝廷に奉仕した古代豪族層の政治組織で、共通の始祖《しそ》をいただく擬制的《ぎせいてき》*同族組織。個々の分節の中核部分は*親族グループとしての性格を持つが、分節相互は政治的契機で分割・再編・統合を繰り返す、全体としてはフレキシブルな組織である。藤原朝臣不比等《ふじわらのあそんふひと》のように、*氏名《うじな》（藤原）＋姓《かばね》（朝臣）＋個人名（不比等）を個人の名乗りとする。五世紀ごろに形成されはじめ、「始祖〇〇が〇〇大王の世に〇〇として奉仕し、〇〇の姓を賜わった」という奉事《ほうじ》伝承を掲げて、政治・軍事・祭祀《さいし》などの職務に関わる朝廷の政治的地位を世襲した。それ以前に何らかの原始的氏族組織があったか否かは不明である。始祖伝承には、女性始祖の例もいくつかみられる。一般民衆は氏組織を持たず、豪族の氏に所有される奴婢《ぬひ》・部民《べみん》等として存在していた。万葉仮名では「宇治」と記され、訓《よ》みはウヂである。朝鮮語のulなど、父系親族をさす語に由来するとの説や、古くは母系の組織だったとの説もあるが、成立期の氏は父系でも母系でもなく、単系出自集団としての性格は乏しかったと考えられる。個々の成員は父方・母方双方の氏に潜在的帰属権をもち、政治的・経済的状況に応じてどちらかへの帰属が顕在化《けんざいか》する。族長位の継承は広範囲の傍《ぼう》系《けい》間でなされ、母系の介在も許容された。物部弓削守屋《もののべのゆげのもりや》のように、父方と母方の双方の族長を兼ね、二つの氏名を重ねて呼ばれた例もある。*律令制官僚組織と父系継承原則が樹立される七世紀末から八世紀初めに、*氏上《うじのかみ》と氏人名を公的に登録する制度が整う。その後、十数人前後の現実的親族グループを単位として改賜姓（氏の分立）が繰り返され、九世紀以降、外延部の明確な父系親族組織としての実態が備わる。転換点である九世紀には、「遠い昔に間違って母方の氏に属してしまったので、父姓に改姓したい」という冒母姓《ぼうぼせい》改姓記事が正史《せいし》に多くみられる。氏社《うじしゃ》（氏神《うじがみ》）・氏寺《うじでら》・氏院《うじいん》（学校）などの諸機能も、奈良から平安時代にかけて整えられた。中世以降、自然発生的な通称としての苗字《みょうじ》が*家名として一般化。明治初年まで、朝廷では古代的氏名が正式名称として必要とされたが、苗字を「氏」として記載する戸籍制度が整う。

参考文献　津田左右吉『日本上代史の研究（改版）』、一九七二、岩波書店。高群逸枝『母系制の研究』（講談社文庫）、一九七九、講談社。吉田孝『律令国家と古代の社会』、一九八三、岩波書店。義江明子『日本古代の氏の構造』、一九八六、吉川弘文館。（義江　明子）

〔近代〕江戸時代に庶民には禁じられていた苗字《みょうじ》を、明治政府は明治三年（一八七〇）公称を認め、さらに一八七五年には称することを強制した。これは*戸籍を作製し徴兵《ちょうへい》を行うために必要であったからである。一八九八年の*明治民法までは、妻は生家の氏を称すべし、と夫婦別氏であったが、明治民法第七四六条は「戸主及ヒ家族ハ其家ノ氏ヲ称ス」と規定したので氏は家を表わすものとなり、妻もその家の氏を称することになったため、夫婦同氏となった。

参考文献　黒木三郎他編『家の名・族の名・人の名』、一九八八、三省堂。久武綾子『氏と戸籍の女性史』、一九八八、世界思想社。（白石　玲子）

〔現代〕姓ないし*名字（苗字）の法律用語。親子同氏は当然としても、日本では夫婦同氏を法律上強制する。特定個人の代表表象として、名のみを用いる国（ミャンマー）、名と父称(父の名)を用いる国(アイスランド)もあるが、国際社会では名と姓氏をもって個人のフルネームとする国が多い。姓氏は国家の公簿《こうぼ》である身分証書に記載され、公的な性格を持つ。特に日本の氏は*戸籍制度上、戸籍編製の基準の要素も持ち本籍と併《あわ》せて戸籍の索引機能を担う。なお、外国人の姓は氏ではないと解されている。

参考文献 星野澄子「民法・戸籍法における氏と呼称」(黒木三郎他編『家の名・族の名・人の名—氏—』一九八八、三省堂)。久武綾子『氏と戸籍の女性史』一九八八、世界思想社。増本敏子・井戸田博史・久武綾子『氏と家族—氏(姓)とは何か—』一九九九、大蔵省印刷局。

(星野　澄子)

うしおだちせこ　潮田千勢子　一八四四—一九〇三　明治時代の社会運動家、伝道者。飯田藩医丸山竜眠《まるやまりゅうみん》の次女として生まれる。慶応元年(一八六五)同藩士潮田健次郎《けんじろう》と結婚。夫病没後、一八八四年(明治十七)に五人の子どもを伴って上京し、桜井女学校保母科に入学。一八八六年東京婦人矯風会《きょうふうかい》の創設に関わる。一八八七年横浜聖経《せいきょう》女学校に入学、卒業後伝道者になる。一八八八年自活できる女子を育てるために*佐々城豊寿《ささきとよじゅ》らと修身職業英和女学校を開く。一八八九年矯風会の活動に飽きたらず佐々城・巌本嘉志《いわもとかし》らと社会的、政治的運動を目指して白標倶楽部《はくひょうクラブ》を設立。一八九七年東京婦人矯風会会頭。一九〇一年足尾銅山の鉱毒被害農民を救援するために*鉱毒地救済婦人会を設立し、会長に。寄付金や物資を集め、各地で演説会を開催するなど東奔西走《とうほんせいそう》の活動をした。一九〇三年四月*日本基督《キリスト》教婦人矯風会会頭に選出されたが、七月胃癌《いがん》のため死去。翌年栃木県藤岡町で営まれた追悼会には被害地農民男女数千人が参列し、別れを惜しんだ。

参考文献 阿部玲子「潮田千勢子」(円地文子監修『近代日本の女性史』八、一九八一、集英社)。宇津恭子『才藻より、より深き魂に』一九八三、日本ＹＭＣＡ同盟出版部。

(奥田　暁子)

うしくぼふみこ　牛窪ふみ子　一九一三—六九　昭和時代の村会議員。埼玉県川越市の薬問屋《くすりどんや》に生まれる。旧姓桑島。一九三五年(昭和十)農民組合埼玉連合会の活動家牛窪宗吉《そうきち》と結婚。三八年、転向策の一環として北安省通《ぺいあんしょうつう》化県老街基《かけんろうがいき》埼玉開拓団に加えられた宗吉を追って渡満。左翼《さよく》前歴者である宗吉、石川道彦《いしかわみちひこ》、千野虎三《ちのとらぞう》・君子《きみこ》らとともに反戦運動・開拓団改革運動に努めたが、団長出井《でい》菊太郎《きくたろう》らとの確執によって四一年春、夫婦ともに強制送還された。四五年日本共産党に入党し、五一年埼玉県入《いる》間《ま》郡福岡村(上福岡市)村会議員に当選。六七年まで在任。政治活動と*家庭生活の両立に苦しんだが、「その二重三重の苦しみこそ女を革命に目覚めさせる」と女性党員間で「女房同盟」を結んだ。旧火工廠《かこうしょう》跡地の平和活用を村ぐるみで推進し、公団住宅建設などの成果を挙げた。議会内では総務・厚生常任委員長を歴任。著書に『二本煙突のみた話』(一九五九年、新日本出版社)がある。

参考文献 石川道彦『永遠にさよならハルピン—満州移民救援記—』一九八二、まつやま書房。

(池川　玲子)

うじしゅういものがたり　宇治拾遺物語　十三世紀中ごろに成立した説話集。写本二冊(版本十五巻)。二百話近くを集めるが、編者・成立事情ともに未詳。十一世紀後半の源隆国《みなもとのたかくに》編『宇治大納言物語《うじだいなごんものがたり》』(散逸《さんいつ》)をひきつぐ仮名文字系の作で、『*今昔物語集《こんじゃくものがたりしゅう》』『古本説話集《こほんせつわしゅう》』などと共通する説話が多い。インド・中国の話題もあり、昔話に相当する民間伝承も吸収し、バラエティに富んだ世界が洒《しゃ》脱《だつ》な表現で叙述され、芥川竜之介《あくたがわりゅうのすけ》をはじめ、近代の作家にも影響を与えている。女性を中心とする話題は必ずしも多くはないが、昔話「腰折れ雀《こしおれすずめ》」にかさなる話では報《ほう》恩《おん》・孝養《きょうよう》の主題の影に棄老《きろう》への傾斜をはらんだ老婆の位地がうかがえ、恋愛好色譚《こうしょくたん》のパロディや相撲《すもう》の妹の怪力《かいりき》譚《たん》、薄幸《はっこう》の受領の娘をめぐる葬送と社の縁起《えんぎ》、地蔵《じぞう》信心深き尼の話、長谷《はせ》観音《かんのん》に救われる新羅后《しらぎのきさき》、雲林院《うりんいん》菩提講《ぼだいこう》の聴聞《ちょうもん》をめぐる*女人救済譚《にょにんきゅうさいたん》等々、俗世を生きる女性たちの生態を伝える。中世における説話世界の女性の姿がよくうかがえる作品の一つである。『新日本古典文学大系』(岩波書店)、『新日本古典文学全集』(小学館)に所収。

参考文献 小峯和明『宇治拾遺物語の表現時空』(中世文学研究叢書)、一九九九、若草書房。

(小峯　和明)

うじな　氏名　源氏・平氏・藤原氏・橘氏《たちばな》(いわゆる「源《げん》平藤橘《ぺいとうきつ》」)に代表される貴族的な姓のこと。鎌倉時代においては貴族のみならず、武士や庶民までもが氏名を有した。氏名は*名字をはじめとする*家名《かめい》、すなわち家の名前とは異なり、本来は氏《うじ》と呼ばれる族集団の名前にあたる。藤原氏女《ふじわらのうじのにょ》・源氏女《みなもとのうじのじょ》といったように、女性も氏名を名のっており、たまたま同一の氏に属しているケースを除くと、夫婦は結婚後も別々の氏名を用い続けた(*夫婦別姓)。鎌倉時代から室町時代にかけて、次第に家名としての名字が私的に使われるようになると、氏名の果たす役割は相対的に低下するが、室町時代においても重要な書類へ署名する際や、公の儀式の場で名のる際などには、私的な名字ではなく、公的な意味合いを持った名前である氏名を用いることが多かった。近世以降、氏名(姓)と名字は徐々に混同されはじめ、今日では両者の違いはほとんど忘れ去られている。

参考文献 加藤晃「日本の姓氏」(井上光貞他編『東アジアにおける社会と習俗』一九八四、学生社)。坂田聡『苗字と名前の歴史』(歴史文化ライブラリー)、二〇〇六、吉川弘文館。

(坂田　聡)

うじのかみ　氏上　日本古代の氏の首長。氏長《うじのおさ》・氏宗《しそう》とも記す。初見は『日本書紀《にほんしょき》』天智《てんじ》天皇三年(六六四)二月、大氏の氏上には大刀を、小氏の氏上には小刀を、伴造《とものみやつこ》等の氏上には干楯《たて》・弓矢を授けたことがみえ、氏の区分を定めて序列《じょれつ》化するとともに、その統率《とうそつ》者として氏上を制度化したことがわかる。律令《りつりょう》では、継嗣令《けいしりょう》に氏上は勅《ちょく》によって定めるとし、喪葬令《そうそうりょう》に三位以上と氏上は墓を営むことを許すとしている。*戸令《こりょう》では氏賤《うじのせん》を相続財産から除外しているが、これは氏上に氏賤を継承させるためのものである。そのほか諸史料によると、氏上は氏神《うじがみ》の祭祀《さいし》を掌《つかさど》り、氏寺《うじでら》を管理し、氏人《うじびと》を集めて公事《くじ》に奉仕したことがみえる。氏上の地位は、朝廷《ちょうてい》における地位によって定まり、氏人の中で官位第一の者をあてるのが通例であった。平安時代になると、氏上は氏長者《うじのちょうじゃ》と呼ばれるようになるが、両者は任命手続き上に違いがあり、氏から家が分立する状況の中での変化であることから、同質のものとは見られない。

参考文献　阿部武彦「古代族長継承の問題について」(『北大史学』二)、一九五四。竹内理三「氏長者」(『史淵』六三)、一九五四。　(尾崎　陽美)

うじのにょ　氏女　中世、特に鎌倉時代において、貴族から庶民に至るまで幅広い階層で用いられた女性の人名呼称。藤原氏女《ふじわらのうじのにょ》・源氏女《みなもとのうじのにょ》といった具合に、「源平藤橘《げんぺいとうきつ》」に代表される姓(*氏名《うじな》)の下に「女」をつけるが、結婚後も既婚女性はそれまでの姓(多くは父親と同一の姓)を変えることなく、源氏女は源氏女のままであり、*家名《かめい》としての*名字が広まる一方で、氏女の呼称が減少する室町時代になるまでは、*夫婦別姓が一般的だった。

参考文献　飯沼賢司「女性名から見た中世の女性の社会的位置」(『歴史評論』四四三)、一九八七。坂田聡『苗字と名前の歴史』(歴史文化ライブラリー)、二〇〇六、吉川弘文館。　(坂田　聡)

うじめ　氏女　古代において、下級宮人《くにん》の候補者として、氏ごとに貢進《こうしん》された女性。郡司《ぐんじ》の姉妹・子女より貢進された*采女《うねめ》とともに、十二女司《にょし》の女孺《めのわらわ》や采女などに配属《はいぞく》され、それぞれの司《つかさ》の雑務を担当した。氏女の制の起源は、天武《てんむ》天皇二年(六七三)に大舎人《おおとねり》制を定めた際に、女性に対しては*宮仕《みやづか》え希望者を許可したことに求められる。天武天皇八年には、諸氏が女性を貢進する制度として定まる。*律令《りつりょう》制では*後宮職員令《ごくうしきいんりょう》に「凡諸氏、氏別貢レ女、皆限二年卅以下十三以上一、雖レ非二氏名一欲二自進仕者一聴」とあり、年十三歳から三十歳の女性を、氏ごとに貢進することとされていた。氏女の制は、ほどなく停廃《ていはい》して遵行《じゅんこう》されなかったと見られるが、大同《だいどう》元年(八〇六)に復活し、氏の長者が氏中の容姿端正《ようしたんせい》の女で、年三十歳から四十歳の夫のいない者を貢進することとされた。同内容の条文が『延喜式《えんぎしき》』中務省《なかつかさしょう》にもみえる。

参考文献　磯貝正義「氏女制度の研究」(『郡司及び采女制度の研究』一九七八、吉川弘文館)。　(尾崎　陽美)

うたがき　歌垣　古代の若者の集団行事。春の*田植え、秋の収穫時の山野遊びを起源とした農耕予祝《よしゅく》儀礼であり、共同飲酒・性の解放を伴い、求婚の場でもあった。筑波《つくば》の歌垣では*結納《ゆいのう》のしるしを貰《もら》えない娘は一人前として扱われなかったという。歌垣は「嬥歌《かがひ》」とも呼ばれ、「うたがき」は「歌掛け」、「かがひ」は歌を「かけあふ」の訛《か》称《しょう》と考えられる。『*風土記《ふどき》』によれば常陸《ひたち》の筑波、童子《うな》女松原《いのまつばら》、摂津《せっつ》の歌垣山《うたがきやま》、肥前《ひぜん》の杵島岳《きじまだけ》などの事例が知られ、『*万葉集』にもその片鱗がうかがえ、「出雲国《いずものくに》風土記」には不定期に行われた類似行事もみられる。歌垣はのちに中国の*踏歌《とうか》と結びつき、宮廷にも取り入れられ、天平六年(七三四)二月に朱雀門《すざくもん》前、宝亀《ほうき》元年(七七〇)三月には河内《かわち》の由義宮《ゆぎのみや》で行われているが、芸能儀礼へと変質している。なお、歌垣習俗は中国南部の少数民族にもみられ、現在は芸能と化しているが、二世代前までは結婚相手を見いだす場として生きていた。

参考文献　土橋寛『古代歌謡と儀礼の研究』、一九六五、岩波書店。関和彦『風土記と古代社会』(塙選書)、一九八四、塙書房。　(関　和彦)

うたがわよしじょ　歌川芳女　生没年不詳　江戸時代後期の浮世絵師。本名井草《いぐさ》よし。浮世絵師歌川国芳《くによし》の次女。絵を父に学び、号の一勇斎は父の号の一つ。父の没後は朝桜楼《ちょうおうろう》を襲名した。父の様式を受けついだが、独自に制作を依頼された三枚続きの版画「五節句の内三節の見立」がある。新年に城中で催される三節会《さんせちえ》(元日の節会・白馬《あおうま》の節会・*踏歌《とうかの》節会)の見立てで、宮廷貴族の代りに新材木《しんざいもく》町《ちょう》・新乗物町《しんのりものちょう》の*芸者や街の人々が登場する。婿《むこ》養子田口其英《きえい》と結婚、江戸から横浜に移住した。

参考文献　『江戸の閨秀画家』(特別展図録)、一九九一、板橋区立美術館。パトリシア＝フィスター『近世の女性画家たち―美術とジェンダー―』、一九九四、思文閣。　(浅野美和子)

うたがわよしたま　歌川芳玉　一八三六―七〇　江戸時代後期の浮世絵師。本名清水玉《しみずたま》。江戸杉の森の床屋の娘。歌川国芳《くによし》に浮世絵を学び一耀斎《いちようさい》と号した。河鍋暁斎《かわなべきょうさい》『暁斎画談』に国芳の工房が描かれ、師国芳の後で紙を広げている芳玉がみえる。国芳の版下の挿絵《さしえ》を手伝った。嘉《か》永《えい》・安政のころ合巻本《ごうかんぼん》の挿絵などを描き、美人画をよくした。狂歌《きょうか》本『月能登面垣《つきのともがき》』に彩色画を描く。のち柴田是真《ぜしん》に入門、扇面画の版下などを描く。晩年は剃髪《ていはつ》して諸国を遍歴《へんれき》した。

参考文献　『江戸の閨秀画家』(特別展図録)、一九九一、板橋区立美術館。パトリシア＝フィスター『近世の女性画家たち―美術とジェンダー―』、一九九四、思文閣。　(浅野美和子)

うたがわよしとり　歌川芳鳥　生没年不詳　江戸時代後期の浮世絵師。歌川国芳《くによし》の長女。名はとり、一燕斎《いちえんさい》と号す。父に絵を学び、父との合作が多い。錦絵《にしきえ》「山海愛度《せんがいめでたき》図会《ずえ》」(一八五二年)・「誠忠義臣名々鏡《せいちゅうぎしんめいめいかがみ》」(一八五七年)の両シリーズで、父は主な人物を、芳鳥はその上部に小間絵《こまえ》を描いている。国芳の錦絵「幼童諸芸教草《ようどうしょげいおしえぐさ》」(米国の美術館蔵)には、息子に絵の描き方を指導する芳鳥の姿が描かれている。魚商茶屋伊之助《ちゃやいのすけ》と結婚したが、早世した。

参考文献　パトリシア＝フィスター『近世の女性画家たち―美術とジェンダー―』、一九九四、思文閣。　(浅野美和子)

うたき　御嶽　沖縄の森・山のかかわる聖地の総称。具体的には、オガミ山・ムイ(森)・オボツ山・神山《かみやま》・イビ(奄美《あまみ》諸島)、ムイ・ウガン(沖縄諸島)、スク(宮古《みやこ》諸島)、オン・ワー・スク(八重山《やえやま》諸島)などと呼ばれる聖地を指す。ウタキ(御嶽)という言葉は、さまざまな起源を持ち、性格も異なる聖地に対して首里《しゅり》王府が与えた法制用語的な名称である。ウタキには、村を守護する祖先神、島建《しまだ》て神のほか、航海守護の神、ニライ・カナイの神などがまつられる。村の守護神をまつるウタキは、どこの村にもみられ、村の背後にある宗家に隣接しているのが普通である。村を守護するウタキからは人骨が出土する場合が多い。こうしたウタキの性格を考えるにあたって、二体分、あるいは一体分の人骨をまつっている場合があることを考える必要がある。たとえば、沖縄諸島の津堅島《つけんじま》のウタキには、兄妹にして夫婦である喜舎場子《きしゃばし》と真志良《ましら》代《よ》が葬られているとする伝承がある(『遺老説伝』第百二十八話)。また、一体分の場合にはノロをまつったとされるものが多い。男女二神をまつるとする伝承の背後にあるのは、兄妹が、国土を創世し、原夫婦になったという「兄妹始祖《けいまいしそ》神話」である。この兄妹神のうち、やがて兄神は抹消《まっしょう》され、妹神のみがまつられるようになる。これは、琉球王国の第二尚氏《しょうし》以降、兄妹のうち妹の霊力のみが強調されるようになったことによる。ウタキにまつられる*女神が「島建ての神」「開拓祖先神」とされる場合があるのは、本来、国土を創世した兄妹のうち妹のみが強調された結果である。ウタキの骨がノロのものであるという伝承は、ノロが、残された妹神と祭事において一体化する存在だからである。村を守護するウタキにまつられている神は「兄妹始祖神話」によって意味づけされたものに限られるわけではないが、実際に血縁関係にある祖先ではなく、あくまで観念的な始祖とみなされている存在である。ウタキと総称されるものは、さまざまな性格を持つ聖地が複合することによって形成された場合が多く、どのような聖地が複合しているかを仕分けし、その聖地ごとに説明していく必要がある。

参考文献 酒井卯作『琉球列島における死霊祭祀の構造』、一九六七、第一書房。仲松弥秀『神と村』、一九九〇、梟社。吉成直樹『琉球民俗の底流―古歌謡は何を語るか―』、二〇〇三、古今書院。

(吉成 直樹)

うたげ 宴 酒宴・宴会のこと。古代以来現在に至るまで、さまざまな契機に宴は行われてきたが、公的な宴では男性中心であり、女性はその場から排除されていたという印象がある。しかし、室町幕府の年中行事では、各行事で食される物を*美女《びじょ》と呼ばれる下級の*女房《にょうぼう》が調進したり、*女中衆が酌《しゃく》をするなど、重要な役割を果たしていた。また、鎌倉府の場合は正月三が日に行われる椀飯《おうばん》は守護が椀飯を献上して宴が行われる公的なもののほかに、鎌倉公方《くぼう》の家内に属す女性も参加する内向の椀飯も存在し、宴は外向・内向の二重構造であり、内向の宴は女性が中心となっていたと思われる。平安時代後期から鎌倉時代にかけて、*遊女・*白拍子《しらびょうし》・*傀儡《くぐつ》などが武士や公家の宴に招かれ、歌舞などの芸を披露し、男性の酒宴相手を務めていた。ちなみに『一遍上人絵伝《いっぺんしょうにんえでん》』では筑前《ちくぜんの》国《くに》の武士の館で、酒を飲む武士の脇に鼓《つづみ》を持った遊女が描かれている。遊女や傀儡は街道の宿を根拠地とし、宿泊者に酒宴の席で芸を披露して、旅人の心をなぐさめていた。また、*桂女《かつらめ》と呼ばれる女性が大名や武士・公家の宴に招かれて、祝儀の品である勝栗《かちぐり》・昆布・鰹《かつお》・鮎鮨《あゆずし》・鮒《ふな》などを献上している事例が多く見られ、彼女自身が体現する祝儀性が期待されていたことを示している。このように、遊女・桂女などの芸能者はその祝儀性により、男性主催の宴に招かれていたが、その場で性交渉を要求されることもあった。*静御前《しずかごぜん》が鎌倉に召喚《しょうかん》された際に*御家人の宴に招かれて芸を披露したが、その際に武士の一人から性交渉を誘う発言をされ、源義経の妻としての誇りを述べて断った話はこうしたことが多かったことを示している。一方、室町時代の惣村《そうそん》では祭の場で宴(直会《なおらい》)が行われたが、そこには女房座もあり、女性たちも参加して、神仏に捧げた酒の下ろしを受けて、神仏と共同飲食を行なっていた。また、室町時代には社寺参詣が盛んになり、途中で駄餉《だこう》(弁当)を食したり、帰って来た者を村境で歓迎して宴を開く坂迎《さかむかえ》が行われたが、その食事の差配は女性が行なっていた。*出産や*婚姻の際には式三《しきさん》献《こん》の宴が行われ、いわゆる三三九度《さんさんくど》の源泉となった。宴において女性の果たした役割は時代・女性の身分・宴の性格により異なり、個別のケースに則して位置づけていく必要がある。

参考文献 網野善彦『日本中世の非農業民と天皇』、一九八四、岩波書店。黒田弘子「中世後期の村の女たち」(女性史総合研究会編『日本女性生活史』二、一九九〇、東京大学出版会)。

(盛本 昌広)

うたごえうんどう うたごえ運動 第二次世界大戦後おこった大衆的音楽運動。一九四八年(昭和二十三)二月十日、東京共立《きょうりつ》講堂で開かれた青年共産同盟創立二周年記念集会に出演したコーラス隊が、正式名称を「青共《せいきょう》中央合唱団」として発足したのが中央合唱団の創立である。初代団長は清宮正光《せいみやまさみつ》、書記長は土方与平《ひじかたよへい》、合唱の指導者は一貫して関鑑子《せきあきこ》であった。各地での公演や民主団体の中で「みんなうたう会」が全国に広まり、五三年「うたごえは平和の力」をスローガンに、第一回日本のうたごえ祭典が開かれ、以後毎年開催されている。五一年に建設された音楽センター会館は、うたごえ運動推進の拠点となっている。運動のなかで「原爆を許すまじ」「しあわせの歌」「がんばろう」など人々に歌い継がれた名曲が生まれ、鑑子が編んだ『青年歌集』は版を重ねて隠れたベストセラーといわれた。全国に数千のうたう会や合唱団が組織されて、専門家との協力で暮らしに結びついた平和を求める国民的音楽の創造をめざしている。

参考文献 関鑑子『歌ごえに魅せられて』、一九七一、音楽センター。藤本洋『うたは闘いとともに―うたごえの歩み―』、一九八〇、音楽センター。関鑑子追想集編集委員会編『大きな紅ばら』(伝記叢書)、一九九六、大空社。

（折井美耶子）

うたごえよ、おこれ　歌声よ、おこれ　＊宮本百合子《みやもとゆりこ》の文学評論。一九四六年(昭和二十一)一月『新日本文学』創刊準備号に発表。副題は「新日本文学会の由来」。「今日、日本は全面的な再出発の時機《じき》に到達している」と書きだし、戦争という未曾有《みぞう》の惨禍《さんか》をくぐり抜け、平和・独立・民主の新しい夜明けを迎えようとしている今、真摯《しんし》な情熱で「世界歴史の必然な働きをごまかすことなく映しかへして生きていくその歌声」をと力づよく訴える評論である。新日本文学会は、戦後の民主主義文学運動の推進体となった。『宮本百合子全集(新版)』一六(二〇〇二年、新日本出版社)に収録。

（折井美耶子）

うたたね　うたたね　鎌倉時代の日記。作者は安嘉門院《あんかもんいん》四条(法名＊阿仏尼《あぶつに》)。一冊。成立については、作者が十八、九歳ころとする説と、中年期とする説に大別される。内容は、作者が十七歳ころ(一二三九―四〇)、＊安嘉門院のもとに出仕して＊女房勤めをする中で、失恋をするまで(前段)と、養父の所領のあった遠江国《とおとうみのくに》に下り、傷心の日日を送った末、京に戻るまで(後段)の二部構成。テキストは『(全訳注)うたたね』(次田香澄訳注、講談社学術文庫、一九七八年、講談社)、『中世日記紀行集』(福田秀一他校注、新日本古典文学大系五一、一九九〇年、岩波書店)。

参考文献　石原昭平他編『女流日記文学講座』六、一九九〇、勉誠社。大倉比呂志・村田紀子・祐野隆三『中世日記紀行文学全評釈集成』二、二〇〇四、勉誠出版。

（清水　眞澄）

うたびくに　歌比丘尼　中世後期から近世にかけて、各地を遍歴して＊絵解《えと》きを行なった尼(＊比丘尼)。「＊熊野観《くまのかん》心十界曼陀羅《じんじっかいまんだら》」「熊野那智《なち》参詣曼陀羅」を用いて、主に女性を対象に地獄など六道《りくどう》を語り、勧進《かんじん》を行なった。＊熊野比丘尼がその代表的存在で、＊頭巾《ずきん》をかぶり、棒を使って絵を指しながら語りを行い、傍らの小比丘尼が柄杓《ひしゃく》を持って銭を集めていた。しかし、次第に歌を歌うのが中心となり、歌比丘尼と呼ばれるようになり、さらに＊遊女同様に歌を芸とし、宴席に侍《はべ》り性を売る存在となった。

歌比丘尼(『人倫訓蒙図彙』七より)

参考文献　萩原龍夫「人生行路のかけ橋」(小松和彦他『絵画の発見』一九八六、平凡社)。林雅彦「絵解きする熊野比丘尼」(同)。柳田国男「女性と民間伝承」(柳田国男全集』六、一九九八、筑摩書房)。

（盛本　昌広）

うため　歌女　令制下、治部省雅楽寮《じぶしょうががくりょう》に配置された女性の音声人《おんじょうびと》。令の規定では定員は百名。長上考《ちょうじょうこう》を得、校定は雅楽寮で行われ、その後中務省《なかつかさ》に送られた。大化前代には特殊技芸集団の品部《しなべ》であったと推測され、天武期には特殊な技能を持つ者として貢上され、その技能が子孫伝習のものであったことが『日本書紀』の記事から知られる。『浄御原令《きよみはらりょう》』制下では他の職業部と同様に令制品部として律令国家組織の末端に位置したが、品部としての歌女はむしろ短命で、やがて『大宝令《たいほうりょう》』制下では品部を解かれ、その任用規定も「国の遠近に限らず、能《よ》く歌ふ人を取れ」(原漢文)に改められ、さらに、『延喜式《えんぎしき》』では「庶女容姿端正《しょじょようしたんせい》にして声音《せいおん》有る者」(原漢文)と記され、もはや品部としての要素は完全に失われている。一方、女《おんな》踏歌《とうか》を統轄《とうかつ》する機関としての内教坊《ないきょうぼう》が遅くとも＊孝謙《こうけん》天皇期では一個の官司《かんし》として独立しており、平安時代に入ると女楽《にょがく》をも執るようになり、人員も増加する。こうした内教坊の成立、発展とは対照的に雅楽寮本体は縮小され、歌女の定数も『延喜式』では三十名に減少している。しかしながら、歌女はあくまで男性官司である雅楽寮所属の職員として、践祚大嘗祭《せんそだいじょうさい》をはじめとする日本古来の伝統的な祭祀に臨《のぞ》み、その職務を遂行した。

参考文献　須田春子『律令制女性史研究』、一九七八、千代田書房。文珠正子「歌女とその周辺」(薗田香融編『日本古代社会の史的展開』一九九九、塙書房)。

（文珠　正子）

うちかけ　打掛　中世末から近世の女子の＊小袖《こそで》による上着(最上衣)の一種、もしくはその着装姿。淵源《えんげん》は鎌倉時代にかけて宮廷女性のもっとも略装である＊袿《うちき》姿(袿を最上衣とする)。これを＊武家女性がまね、最上衣の小袖を打掛として羽織り、間着《あいぎ》の小袖に帯を結ぶもので、次第に正装となった。中世末期には最上衣として着用する小袖は丈を長くしたり、豪華な素材を用いたりしたものも現われ「打掛」の呼称が定着した。ときに両袖を通さずに腰にまとうこともあった(打掛腰巻《こしまき》姿)。近世になると公家の子女の褻《け》の服装ともなり、武家の婦人や御殿女中などの準正装として普及した。

参考文献　鈴木敬三『有職故実―国語・国文資料図集―』、一九六七、全国教育図書。

（佐多　芳彦）

うちき　袿　＊肌着となる単《ひとえ》と表着《うわぎ》との間に着る衣。「内《うち》着《ぎ》の衣」の意で、「うちぎ」ともいわれる。特に、男装や幼童用に裾を短く仕立てたものを袙《あこめ》といったのに対して、女装用の裾長のものを袿といった。また、禄《ろく》や＊被物《かずけもの》用として大ぶりに仕立てたものを大袿と称した。肌小袖《はだこそで》が登場する以前は、袿の着用枚数で寒暖の調節を行なった。唐衣《からぎぬ》・裳《も》を省いた重ね袿姿が日常の料とされたが、過差《かさ》

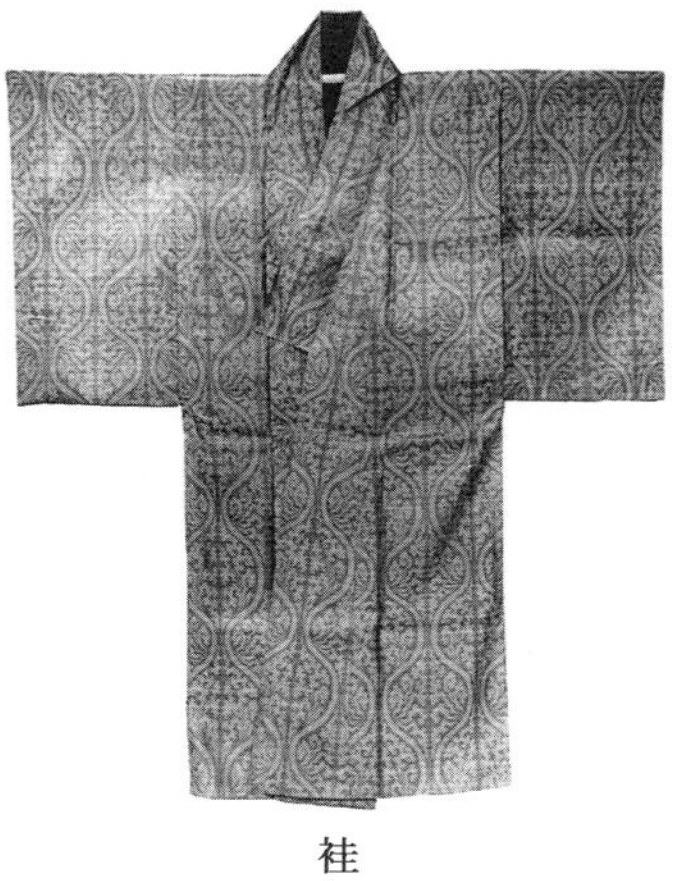
袿

の禁令によって五領を限度とし、五衣《いつつぎぬ》の名称が生まれた。（永島　朋子）

うちこないしんのう　**有智子内親王**　八〇七―四七　嵯《さ》峨《が》天皇第二皇女。女流漢詩人。母は舎人《とねり》親王孫山口王《やまぐちおう》の女《むすめ》、*交野《かたの》女王《にょおう》。大同《だいどう》二年（八〇七）生まれ。弘仁《こうにん》元年（八一〇）四歳で、初代賀茂斎院《かもさいいん》となる。父嵯峨帝が即位のはじめ「薬子《くすこ》の変」を克服するため、*蔵人所《くろうどどころ》の設置とともに王城鎮護《おうじょうちんご》の賀茂大神に皇女を奉仕させる*斎院制度を創め、その九年後、斎院事務を扱う「斎院司《さいいんず》」を置く。有智子は薨伝《こうでん》（『続日本後紀《しょくにほんこうき》』）に「頗《すこぶ》る史漢《しかん》に渉《わた》り、兼ねて属文《しょくぶん》を善くす」（原漢文）とみえるごとく、『史記《しき》』や『漢《かん》書《じょ》』に精通し、作文も巧みであった。その漢詩は『経国《けいこく》集《しゅう》』に八首、『雑言奉和《ぞうごんほうわ》』に一首、『続日本後紀』に一首みえる。弘仁十一年十四歳の有智子は、父帝の御製「江上落花詞」に奉和。同十四年には、父帝が斎院御所に行幸、「春日山荘詩」（七言律詩《りっし》）を賦《ふ》さしめられたところ、十七歳の有智子は「林に栖《す》む孤鳥《こちょう》も、春の沢を識《し》り、澗《たに》に隠るる寒花《かんか》も日の光に見《あらわ》る」（原漢文）と詠み、みずからを「孤鳥」「寒花」になぞらえ、父を「春の沢」「日の光」に比している。この詩に父帝は嘆賞して七言絶句《ぜっく》を賜わり三品《さんぼん》を授けた。それには「忝《かたじけな》くも文章を以ちて邦家を著はす、栄楽を将《も》ちて煙霞《えんか》に負《そむ》くことなかれ、即ち今、永《とこしえ》に幽貞《ゆうてい》の意を抱き、事も無く終《つい》に歳華を遺《や》るべし」（原漢文、薨伝）とあり、詩人召料として封百戸を賜わった。しかし天長八年（八三一）三十五歳の有智子は、二代二十二年間奉仕した斎院を退下《たいげ》。嵯峨《さが》西荘《せいそう》に隠棲《いんせい》したが、承和十四年（八四七）十月、二品有智子は四十一歳の生涯を閉じた。ちなみに、明治天皇の美子《はるこ》皇后（*昭憲《しょうけん》皇太后）は「賀茂川のはやせの波のうちこえしことばのしらべ世にひびきけり」と、有智子内親王の「ことばのしらべ」が後世にまで及んでいることを詠んでいる。

参考文献　大曾根章介「平安初期の女流漢詩人—有智子内親王を中心にして—」（久松潜一編『日本女流文学史』古代・中世編、一九六六、同文書院）。小島憲之『国風暗黒時代の文学』中ノ下ノ一、一九八五、塙書房。所京子「初代斎院有智子の漢詩」（『斎王和歌文学の史的研究』一九八九、国書刊行会）。
（所　京子）

うちだこてる　**内田こてる**　一九一三―九七　昭和時代の社会運動家。三重県飯南郡松阪町《いいなんぐんまつさかまち》（松阪市）の伊勢表《いせおもて》（高級草履表《ぞうりおもて》、伊勢地方の部落産業）職人の家庭に生まれる。旧姓島岡。農民運動、自由労働組合の活動家であった兄島岡二三男の影響を受け、高等小学校卒業後、鼻緒《はなお》製造に従事、多くの女性活動家を生んだ三重合同労働組合で活動、日本赤色救援会《せきしょくきゅうえんかい》で印刷物配布活動などを行う。一九三一年（昭和六）、全国農民組合三重県連合会常任書記の内田勝三と結婚。戦後は、全日本自由労働組合、全国生活と健康を守る連合会で活躍した。

参考文献　三重県厚生会編『三重県部落史料集』近代編、一九七四、三一書房。鈴木裕子『水平線をめざす女たち（増補新版）』、二〇〇二、ドメス出版。
（堀　サチ子）

うつほものがたり　**うつほ物語**　平安時代の物語。作者未詳。二十巻。十世紀後半の成立とされる。書名の「うつほ」は空洞の意で、主人公の藤原仲忠《なかただ》が幼少時、母とともに大杉の洞に住んだことに由来する。一般に知られる「宇津保」の表記は、万葉がなによる表記のなごりであろう。秘琴《ひきん》を伝える仲忠一族の物語が全編の軸となるが、特に前半は源正頼《まさより》の第九女貴宮《あてみや》をめぐる求婚譚《たん》が主たる筋立てを担い、後半は次期東宮候補をめぐる政争など種々の挿話《そうわ》が絡み合う中で、正頼の外孫《がいそん》である帝の女《にょ》一宮《いちのみや》を妻とした仲忠の栄達が描かれてゆく。秘琴の母子相伝にも示されるとおり、*家族における親子関係、ことに母子の血縁をきわめて重視する物語だが、一方で男女の対《つい》関係のみを追い求める男性も登場し、しばしば悲劇的な挿話の主人公となっている。多数の子女を持ち貴顕《きけん》と姻戚関係を結ぶ正頼家のあり方に、摂関《せっかん》体制にも通ずる政治的支配の論理をみる見解もあるが、正頼家主催の四季の遊宴《ゆうえん》に貴宮を求めて多くの才人が集う様は、むしろ*巫女（未婚の*処女）による祭政一致の共同体支配を思わせる。このほか、脇役《わきやく》としてさまざまな年齢・階層・職業の男女が描かれ、当代の世相《せそう》の一端をうかがうことができる。テキストに『校注古典叢書』（明治書院）、『うつほ物語』（おうふう）、『新編日本古典文学全集』（小学館）などがある。

参考文献　野口元大『うつほ物語の研究』、一九七六、笠間書院。佐藤厚子「うつほ物語—生成の時空—」（『年刊日本の文学』一）、一九九二。
（佐藤　厚子）

うないおとめ　**菟原処女**　摂津国《せっつのくに》（兵庫県）芦屋《あしや》菟原地方に伝わる菟原処女伝説の主人公。菟原処女とは、帰属する地名に若い女性を指す「処女《おとめ》」を付した語で、女を妻として争った千沼壮士《ちぬおとこ》・菟原壮士《うないおとこ》に対する通称である。伝説では二人との恋に苦しみ葛藤《かっとう》から命を絶つが、男も相ついで自殺し、のちに処女の墓を中心に三墓が造られた。八世紀には伝承の墓がすでに存在したらしい（『*万葉集』九、一八〇九ほか）。多夫との板挟《いたばさ》みから死を選ぶ処《お》女墓《とめづか》型《がた》の伝説歌は数種あるが、菟原処女では男が二人に限定され、一方に心を寄せながらも、そのことが死の起因となる特徴をもつ。この背景には*婚姻形態の変化があり、*単婚への移行から妻の性が夫以外に閉鎖され、多夫の許容が現実に低下していく過程がある。菟原処女の話は十世紀半ばの『*大和物語』に引き継がれるが、そこでは男への意志描写は消え二人からの「求婚」自体が死の要因となっており、結婚における女性の決定権喪失がうかがえる。

参考文献 関口裕子『処女墓伝説歌考―複数の夫をもった美女の悲劇―』(古代史研究選書)、一九九六、吉川弘文館。

（角谷 英子）

うなかみのあぜのいらつめ 海上安是之嬢子 「常陸国風《ひたちのくにふ》土記《どき》」香島郡《かしまぐん》条の童子女松原《うないまつばら》伝承にみえる女性。「嬥歌」(うたがき・かがひ)で那賀寒田之郎子《ながのさむたのいらつこ》と出会い、松の木の下で恋の語らいにふけっているうちに夜が明け、人に見られることをはじて松に変じた。郎子《いらつこ》は奈美松《なみまつ》、嬢子《いらつめ》は古津松《こつまつ》という。「加味之乎止古《かみのをとこ》・加味之乎止売《かみのをとめ》」ともいうとあり、この名称は賀茂《かも》社の御阿礼《みあれ》神事に奉仕した「アレヲトコ・アレヲトメ」にも通じ、神事としての「嬥歌」での出会いであることを示す。「ウナイ」は*垂髪の男女のことで(『和名類聚抄《わみょうるいじゅしょう》』『字鏡《じきょう》』)、八世紀初め前後に頻発された*結髪令《けつぱつれい》でも、神職者は垂髪を認められている。カガヒは、神の前で行われる飲食・歌舞《かぶ》の集会で、豊穣《ほうじょう》の呪的《じゅてき》祈願を込めた愛の交歓が神事としてなされた。この話では、カガヒの場で出会った男女が、神事としてのルールをやぶって人間としての愛に溺《おぼ》れたために、神の時間が終る夜明けに松になってしまったのである。共同体の神事としての通婚から個我の*恋愛感情が成立してくる姿を語るものであろう。

参考文献 永藤靖『時間の思想―古代人の生活感情―』(教育社歴史新書)、一九七九、教育社。義江明子『日本古代の祭祀と女性』(古代史研究選書)、一九九六、吉川弘文館。

（義江 明子）

うねめ 采女 〔古代〕天皇に近侍《きんじ》して主にその食膳《しょくぜん》に奉仕した*後宮《こうきゅう》の下級*女官で、地方豪族《ごうぞく》が姉妹や娘を貢進《こうしん》したもの。采女は出身地名を冠《かん》して呼ばれたが、大化前代では国名もしくはそれ以下の地名を付し、八世紀代では郡名を冠し、九世紀以後は国名で呼ぶのが原則であった。采女貢進制度の成立は、采女記事が雄略《ゆうりゃく》朝に集中することより五世紀後半ごろとみられ、*国造《くにのみやつこ》や県主《あがたぬし》などの地方豪族が朝廷への服属と忠誠の保証として自己の子女を*人質として貢進したことに始まる。令制以前は、采女制度を維持するために地方に資養《しよう》の部が設置され、中央には采女のことを管掌《かんしょう》する采女臣《うねめのおみ》がいた。八世紀以後の律令采女制度は、後宮職員令氏女《うじめ》采女条において郡領の姉妹か娘で十三歳から三十歳までの「形容端正《けいようたんせい》」である女性が貢進される規定であった。各郡は采女か兵衛《ひょうえ》のいずれか一人を貢進し、その国内比率は一対二であることが軍防令《ぐんぼうりょう》兵衛条で定められたが、天平十四年(七四二)には毎郡一人ずつ貢進することが命ぜられた。采女の定員は、後宮の水司《すいし》に六人、膳司《ぜんし》に六十人の計六十六人であったが、他の後宮諸司の女孺《にょじゅ》や、縫司《ぬいし》や縫殿寮《ぬいどのりょう》に配属されるものも存在した。采女を最終的に掌握《しょうあく》したのは采女司《うねめし》で、采女の資養には庸《よう》が使用されたが、諸国に采女《うねめ》田《でん》も設置され、また、采女一人に樵丁《しょうてい》・守廬丁《しゅりょてい》各一人の従者がつけられた。采女のなかには、*後宮十二司の掌膳《しょうぜん》・掌侍《しょうじ》などに昇任するものや、伊勢国飯高郡《いいだかぐん》の采女から*典侍《てんじ》従三位に昇った*飯高宿禰諸高《もろだか》のように、出身国の国造を兼任したり、五位以上に叙せられたものもいた。大同《だいどう》二年(八〇七)に采女貢進が一時停止され、弘仁《こうにん》四年(八一三)に復活したが、以後の采女定員は計四十七人に減少し、寛平《かんぴょう》九年(八九七)には三十九国が采女の貢進国となり、それに伴い采女を出す譜第家《ふだいけ》が固定化し、地方より貢進する意義は失われ、その地位も著しく低下したが、神事や節会《せちえ》の際にはかかせぬ存在であった。

参考文献 門脇禎二『采女―献上された豪族の娘たち―』(中公新書)、一九六五、中央公論社。松原弘宣「采女資養法について」(『日本歴史』三一三)、一九七四。磯貝正義『郡司及び采女制度の研究』、一九七八、吉川弘文館。

（松原 弘宣）

〔近世〕宮中の儀式に際して陪膳《ばいぜん》の役送に奉仕する女官。近世では三人。一の采女は*内侍所《ないしどころ》の*刀自《とじ》(内侍所付きの女官)の次席が兼任し、二の采女と三の采女は御末《おすえ》の首席(阿茶《あちゃ》)と次席(阿嘉加《あかか》)がこれを兼ねる。ただし阿茶は十年勤めると尾張《おわり》と称する。『後水尾院《ごみずのお》当時年中行事』では、三の采女を欠員とし、一の采女、二の采女、四の采女と表記している。内侍所の刀自は有位有官者の娘で、定員五名。御末は有位有官者の娘で、定員八名。坊官・諸大《しょだい》夫《ぶ》の娘や医師・楽人《がくにん》の娘は補任されないという。江戸時代前期の「分限帳《ぶげんちょう》」などによれば、一の采女の知行高《ちぎょうだか》は四石、二の采女の知行高は十四石。後期の「分限帳」では、一の采女は切米《きりまい》十石・三人扶持、二の采女(御末)は切米七石・扶持方一ヵ月二斗七升と記載されている。

参考文献 下橋敬長『幕末の宮廷』(東洋文庫)、一九七九、平凡社。

（久保 貴子）

うねめのちくらえいいきひ 采女竹良塋域碑 持統《じとう》天皇三年(六八九)に建てられた碑。碑文の内容は、天武《てんむ》朝の大弁官《だいべんかん》であった采女竹良《うねめのちくら》(『日本書紀《にほんしょき》』に、采女臣竹羅《うねめのおみちくら》・筑羅《ちくら》・竺羅《ちくら》)の墓域《ぼいき》として、形浦《かたうら》山の地四千代《しろ》が、侵犯《しんぱん》されることのないように、というもの。河内《かわち》国石川郡春日《かすが》村(大阪府南河内郡太子町)に建立《こんりゅう》されたが、碑そのものは失われた。『日本書紀』によれば、采女臣竺羅は遣新羅《けんしらぎ》大使《たいし》などを務めた男性官人で、天武天皇の葬儀に「内命婦《うちのひめとね》の事」を誄《しのひこと》した。采女臣は、令制以前に*采女の管掌《かんしょう》にあたっていた氏族と考えられ、竺羅の奏誄《そうるい》も氏族の職掌《しょう》によるものであろう(「内命婦《ないみょうぶ》」は令制で五位以上の*女官をいう)。采女臣は令制下においても、采女司《うねめし》の長官などを務めている。

参考文献 近江昌司「采女氏塋域碑について」(『日本歴史』四三一)、一九八四。

（荻原 千鶴）

うのちよ 宇野千代 一八九七―一九九六 大正・昭和時代の小説家。一八九七年(明治三十)十一月八日、山口県玖珂郡《くがぐん》横山村(岩国市《いわくに》)に宇野俊次《しゅんじ》・トモの長女として生まれる。二歳のとき母が死去し、継母《けいぼ》リュウに育てられる。一九二一年(大正十)『脂粉《しふん》の顔』が懸賞短編小説の一等となる。一九三六年(昭和十一)にファッション雑誌『スタイル』を創刊。戦後に倒産して多大な借金を背負うが、着物デザイナーの仕事などで返済する。別収入があったため一作品と長く取り組むことができ、寡作《かさく》である。代表作は*聞き書きのスタイルか一人称語りが多く、割り切れないまま揺れ動く情緒を巧みに描き出す。旺盛《おうせい》な生活力や、尾崎士郎《おざきしろう》・東郷青児《とうごうせいじ》・北原武夫《きたはらたけお》らとの*恋愛体験などを自在な語り口で回想する『生きて行く私』(一九八三年)がベストセラーとなったが、北原との別離を描いた『刺す』(一九六六年)などを読めば、楽天的なだけの作家でないこともわかる。小説に『色ざんげ』(一九三五年、中央公論社)、『おはん』(一九五七年、中央公論社)、『風の音』(一九六九年、中央公論社)などがある。

参考文献 竹西寛子「作家と作品」(『日本文学全集』四九、一九六九、集英社)。中野美代子「宇野千代・人と作品」(井上靖他編『昭和文学全集』一〇、一九八七、小学館)。 (宮内 淳子)

うののさらのひめみこ　菟野讃良皇女 ⇩持統天皇《じとうてんのう》

うば　乳母 ⇩めのと

うばい　優婆夷 女性の在俗の信者のこと。仏教用語。インド古典語のウパーシカupāsikāを漢語に音写したもの。男性の信者はウパーサカupāsakaで、優婆塞《うばそく》。出家(得度《とくど》)をすると男性は沙弥《しゃみ》、女性は*沙弥尼《しゃみに》と呼ばれる見習いの出家者となり、さらに受戒《じゅかい》を経ると男性は比丘《びく》、女性は*比丘尼《びくに》と呼ばれる一人前の出家者となる。優婆塞・優婆夷は本来は信徒であって宗教者ではないのだが、日本古代の場合、出家をせずにそのまま宗教者として活動した人物が知られている。優婆夷では『日本後紀《にほんこうき》』延暦《えんりゃく》十五年(七九六)七月条にみえる越《こし》の優婆夷が有名。彼女は本名を生江臣家道女《いくえのおみやかみちめ》といい、越前国足羽郡《えちぜんのくにあすはのこおり》の出身で、地方豪族の家の生まれ。若いころから仏教信者であったが、のち宗教家として活動し、都で百姓《ひゃくせい》(民衆)に教えを説いた。この時、国家から百姓を惑わすとして本国に強制送還される処罰を受けた。ほかに『*日本霊異記《にほんりょういき》』中巻第十九にみえる利苅《とかり》の優婆夷も宗教家として活動していた。

参考文献 吉田一彦『古代仏教をよみなおす』、二〇〇六、吉川弘文館。 (吉田 一彦)

うばいし　姥石 主として山岳霊場で、*女人禁制《にょにんきんせい》を維持するために、登山口や中腹に置かれた自然石のこと。禁を犯して入山しようとした女性が石になったとの伝承を有している。一般的には比丘尼石《びくにいし》と呼ばれるが、巫女石《みこいし》(三河鳳来寺《ほうらいじ》など)、夜泣石《よなきいし》(越前越知山《おちさん》)、守子石《もりこいし》(羽後保《ほ》呂羽山《ろはさん》)など、地方によりさまざまな呼び名がある。具体的な女性名が伝承されている例としては、越中立山《たてやま》の「止宇呂《とうろ》の尼《あま》」、加賀白山《はくさん》の「融《とおる》の尼《あま》」、伯耆大山《ほうきだいせん》の「登攬《とらん》尼《に》」などがあるが、これらはいずれも、吉野金峯山《きんぶせん》(大峯《おおみね》山《さん》)に登攀《とうはん》しようとした際に蔵王権現《ざおうごんげん》に拒否されて目的を達することができなかったという、『本朝神仙伝《ほんちょうしんせんでん》』にみえる「都藍尼《とらんに》」伝説に由来している。すなわち、同書が成立した十一世紀ころには、大峯山は女性の山林修行を禁ずる政策に方向転換していたことを意味し、上記のように各地に類似した伝承が残ることは、姥石の設置が修験《しゅげん》者《じゃ》によって流布したことを示唆《しさ》している。

参考文献 柳田国男「比丘尼石の話」(『柳田国男全集』一四、一九九八、筑摩書房)。同「老女化石譚」(『柳田国男全集』一一、一九九八、筑摩書房)。 (牛山 佳幸)

うばすて　姥捨 ある一定の年齢に達した老人を山野に捨てたという伝説。日本にそのような慣行があったとは考えにくいが、昔話あるいは伝説のかたちで伝えられている。年齢は多くの場合六十歳から六十二歳であって、還暦《かんれき》にあたる。生まれた十二支が一巡する数え年六十一歳の還暦は年祝いであるとともに大きな厄年でもある。人生の折り目に際し、擬似《ぎじ》的な死の儀礼を通しての再生願望や*隠居、風葬《ふうそう》・両墓制などの民俗が反映されているとみなされる。

参考文献 大島建彦「姥棄山と行人塚」(『信濃』三四ノ一二、一九六二)。柳田国男「親棄山」(『柳田国男全集』一四、一九九八、筑摩書房)。 (上村 正名)

うばすてやまでんせつ　姥捨山伝説 老人を捨てたという伝説。「姨」は元は母方の姉妹を指し、「姥」は老女、母を指した(『新撰字鏡』)ので、「姥」の字を用いる。また、『*日葡辞書《にっぽじしょ》』では祖母・老婆をうばと呼んでいる。また、信濃国更級郡《しなののくにさらしなぐん》の「姨捨山」の伝説が有名である。親捨て伝説は東アジアに広く伝わっている。出典は中国の仏教文献で『雑宝蔵経《ざつぽうぞうきょう》』や『法苑珠林《ほうえんじゅりん》』であり、そこでは老人は父親で、最後は老人の知恵によって優遇される。日本の話は捨てられるのが母親または伯・叔母で、息子が母の深い愛情に感じて連れ帰る、悪い嫁が姑《しゅうとめ》につらく当たるなどの特徴がある。日本の古典にのこされた話としては、老人を捨てる慣習に触れた『*万葉集』一六の竹取の翁《おきな》の歌、『*日本霊異記《りょういき》』の防人《さきもり》が母の喪によって妻の許《もと》に帰ろうと、同行の母を山中で殺そうとした話(中巻第三話)、『*大和物語』の信濃の更級に住む男が妻にそそのかされて「姨《をば》」を捨てるが、悲しんで「わが心なぐさめかねつ更級や姨捨山に照る月をみて」と詠んで連れ帰った話(百五十六段)、その歌を載せた『古今和歌集』、『*今昔物語集』のそれと同じ話(巻三十第九話)と、母の知恵で隣国からの難問を解決して老人を捨てる政策を止めさせた天竺《てんじく》の話(巻五第三十二話)などがある。民俗学では、棄老《きろう》の慣習は実在せず、還暦や*隠居、風葬《ふうそう》、仏教の入定《にゅうじょう》などの習俗の反映と見る。だが、『今昔物語集』には母を養わずに借稲《しゃくとう》を返せと責める息子《こ》(巻二十第三十一話)、飢えた子連れの母が娘の家に飯を乞いに来たが、夫婦の分しかないと追い帰す娘の話(巻二十第三十二話)がある。また中世には重病の者を家の外に出す慣習があった。『今昔物語集』には、*和歌の上手な老女が重病になって世話を受けていた兄の家から出され、知り合いも家に置いてくれなかったので、鳥辺野《とりべの》の墓地へ行き、うすべりを敷いた上で死を待った話も載っている(巻三十一第三十話)。財産のある者には手厚い介護が可能でも、*飢饉《ききん》の多かった時代に*家族が飢えに迫られ介護する余裕もなかったとき、衰えた老人男女が見捨てられることもあったであろう。

参考文献　巌谷小波編『姥捨山』(日本お伽噺九)、一九〇七、博文館。西沢茂二郎『姨捨山新考』、一九三六、信濃郷土誌刊行会。大島建彦「姥棄山の昔話と伝説」(三谷栄一他編『論纂説話と説話文学』一九七九、笠間書院)。飯沼賢司「中世前期の女性の生涯」(女性史総合研究会編『日本女性生活史』二、一九九〇、東京大学出版会)。宮田登『老人と子供の民俗学』、一九九六、白水社。柳田国男「親棄山」(『柳田国男全集』一四、一九九八、筑摩書房)。西村汎子「日本中世の老人観と老人の扶養」(『古代・中世の家族と女性』二〇〇二、吉川弘文館)。
(西村　汎子)

うばぼうこう　乳母奉公　母親にかわって*子どもに乳を与え、その世話をする乳母として商家や豪農などに奉公すること。古代や中世の「めのと」と違い、近世には庶民の間でも中流以上の家庭では乳母を雇う習慣が広がる。これは純粋に子どもに乳を与え、その世話をするのが仕事であった。乳母奉公は、まず主人に乳を見せ、乳がたっぷり出ることを確認して雇われることが多かった。江戸時代の*女奉公人は一季半季の奉公が一般的であったが、乳母奉公は五年の場合が多かった。『西鶴織留』には*下女が男遊びの末奉公人宿で子を産み捨て、子の扱い方も知らぬまま五年決めの乳母に雇われる話がある。給金は他の女奉公人より高く、半季で八十～百目、夏・冬には着物、そのほか帯、ちり紙、足袋、*化粧品、履物あるいは髪結銭、浴銭まで与えられる場合もあった。和歌山城下の沼野家の長男には六歳になってもまだ乳母がついていた。乳母をつけて大事に育てられた子どもを「おんば日傘」といった。

参考文献　喜田川守貞『近世風俗志』一(岩波文庫)。
(牧田りゑ子)

うぶがみ　産神　*出産の前後に出産の場に訪れて、産婦と生児の無事を守ると考えられている神。ウブサマ・ウブノカミ・オブノカミなどとも呼ばれる。出産には多量の出血を伴うため、血の*穢《けが》れを嫌う神仏は出産の場に近づかないものと考えられているが、産神だけは出産の場に訪れて産婦と生児を守ってくれると信じられていた。しかし、産神という神が存在するわけではなく、*山の神・厠神《かわやがみ》・箒神《ほうきがみ》・産土神《うぶすながみ》・オカマサマ・シャモジガミサマなどが、出産に関わって機能するとき産神となるのである。したがって、産神は特定の神社にまつられていることや、具体的な御神体などはないことが多い。たとえば東北地方では出産が始まると夫が馬を引いて山の神を迎えに行ったという。馬が途中で立ち止まっていななくと山の神が来た印と考え、家に帰って産神をまつる。出産が無事に終ると産神に飯を供え、迎えたところまで送っていった。このほか日本のほぼ全域で、*子どもが生まれると産《うぶ》飯《めし》を炊いて産神に供えるとともに、出産を手伝ってくれた人々に産飯をふるまう。このとき産飯を相伴《しょうばん》してくれる人が多いほど、生まれた子は将来大きな身上を持つようになるなどともいわれている。産神が*産屋《うぶや》に滞在する期間は出産が始まると来臨し、三日目あるいは七日目まで滞在して帰ると考えられ、この期間が生児にとってはこの世に安定するための大切な期間であったことがわかる。産神は出産の折に産婦と生児の安全を守ってくれるだけでなく、生まれた子の運命をも司る神とも考えられている。各地に伝わる昔話の「産神問答《うぶがみもんどう》」は、男女の福《ふく》分《ぶん》・虻《あぶ》と手斧《ちょうな》・水の神の寿命・*夫婦の因縁《いんねん》の四要素に分類されているが、これらの昔話の中には生児の運命を司る産神の性格の一端を明確に読み取ることができる。

参考文献　牧田茂「産神と箒神と」(『民間伝承』八ノ七)、一九四二。大藤ゆき『児やらい』(民俗民芸双書)、一九六八、岩崎美術社。恩賜財団母子愛育会編『日本産育習俗資料集成』、一九七五、第一法規出版。倉石あつ子「産屋・産神」(日本民俗大系編集委員会編『日本民俗研究大系』四、一九八三、国学院大学)。
(倉石あつ子)

うぶぎいわい　産着祝　赤子がはじめて産着を着る儀礼。産着とは生まれた子が最初に着る着物をいい、子供の誕生後に仕立てられる。用意するのは産婦の里方か婚家かは地方によって違う。生児は魂《たましい》が安定していないと考えられ、人としての着物をすぐには着せず、綿や布などでくるんでおいた。三日の祝あるいは七日の祝ではじめて人間社会に加えられたとして、人並みに袖のある着物を着せた。地色は男児には鬱金《うこん》染、女児には紅染が好まれ、柄は丈夫に育つようにと麻の葉模様が多かった。

参考文献　大藤ゆき『児やらい』(民俗民芸双書)、一九六八、岩崎美術社。
(上村　正名)

うぶしちや　産七夜　⇩出産儀礼《しゅっさんぎれい》

ウプソロクッ　ウプソロクッ　アイヌ女性が腰に巻いた紐。直訳すると懐(婉曲《えんきょく》に女性器を指す)の紐。ポンクッ(小紐)・ラウンクッ(下にある紐)ともいう。肌に直接つける。紐はツルウメモドキやイラクサなど植物繊維で細く長く編む。紐の端に刺繍《ししゅう》を施した*木綿の小さい布をつけることが多い。結婚までに紐の材料、編み方、布の形や刺繍の模様、体への付け方(何重に巻くか)などが秘密裏に母から伝えられる。同じ母系の女性は同じ形態のものをもつことになり、その同一母系をシネウプソㇿ(一つの懐)といい、*出産や葬儀のときに助力する。女性はすべての祭祀《さいし》を行うことができないとされているが、祖先祭祀においては女性は自分の母系の祖先をまつることが、社会構造の変化した現代にも伝承されている。シネウプソㇿという観念は、かつてのアイヌ社会において女性に祭祀権があったことを現代まで解消させないように機能しているのではないかと考えられる。男性は母と同じ形状の紐を持つ女性と結婚できないという禁忌がある。夫方居住であっても出産には実母や姉妹が手伝いに来て姑はかかわらない。通常の通婚圏においては相手が同一母系であるかどうかは紐を見なくても周知のことである。したがってウプソロクッはシネウプソロの表象であるともいえるが、機能や象徴的な意味は不明である。

参考文献 瀬川清子『アイヌの婚姻(新装版)』、一九九八、未来社。久保寺逸彦「沙流アイヌの祖霊祭祀」(『アイヌ民族の宗教と儀礼』二〇〇一、草風館)。 (児島 恭子)

うぶや 産屋 〔古代〕*出産のための空間。『*古事記』によれば、イザナミノミコトの「一日に千人殺す」という呪いに対し、イザナギノミコトは「一日に千五百の産屋を建てる」と宣言した。これは比喩《ひゆ》かもしれないが、コノハナノサクヤヒメが出産にあたって産殿《うぶどの》を作ったり、海神のむすめトヨタマヒメが波打ち際の産殿の茅《かや》が葺《ふ》きあがらないうちに出産したとされることから、古くは出産のたびに新たに作られたと考えられる。また、『日本書紀』によれば産室に飛び込んできた鳥の名を取って産児に名付けるなど、出産のための場所は野外に設けられていたのである。清浄で、産の神が宿る神聖な空間であり、後世のような産穢《さんえ》を*家族や共同体に及ぼさないための隔《かく》離《り》ではなかった。平安時代には出産の場所は屋敷の一角であったが、貴族の場合は出産直前から産後七日まで産室の調度や出入りする*女房の装束は白一色に統一された。「産屋のこと」といえば出産そのものを指している。庶民については不明。

参考文献 新村拓『出産と生殖観の歴史』、一九九六、法政大学出版局。 (児島 恭子)

〔中世〕中世になると絵巻の中に産屋をみることができる。『餓鬼草紙《がきぞうし》』では畳の縁をはじめ屏風《びょうぶ》、几帳《きちょう》、介添人《かいぞえにん》の着物まで白一色に統一された貴族の産屋が描かれている。民衆の産屋では、『融通念仏縁起《ゆうずうねんぶつえんぎ》』に路地に面した産屋が描かれている。このように産屋が路地に面して設けられることも多く、豊後の大友氏は「保々産屋事」として大路に産屋を建てることを禁止している(新御成敗状の第二十四条、『*鎌倉遺文』五九七九号)。そのほか『*彦火々《ひこほほ》出見尊《でみのみこと》絵巻《えまき》』や『北野天神縁起絵巻』などにも産屋をみることができる。

参考文献 女性史総合研究会編『日本女性生活史』二、一九九〇、東京大学出版会。保立道久『中世の愛と従属―絵巻の中の肉体―』(イメージリーディング叢書)、一九八六、平凡社。 (渋谷 和宏)

ウブヤアケ・ウブアケ ウブヤアケ・ウブアケ 産の忌《いみ》があけ、*産屋《うぶや》に伴う誕生の儀礼が終了し、新生児に関する忌があけること。産屋から出て、日常の生活にもどること。産の忌は、女性がみごもると同時に始まると考えられていたが、*出産によりその忌の観念はさらに強いものとなった。産の忌は、チボク・チイミ・アカビ・ヒガワルイ・アカフジョウなどと地域により呼ばれた。火が最もケガレを受けやすくケガレを感染させる力をもつと考えられており、産婦の食べ物を煮炊きする火を*別火《べっか》にすることが行われた。さらには、出産および産後のある時期、産婦を日常生活や村の暮らしから隔離するために、産屋といわれる建物や産室が存在した。そこから新生児が出て、村の暮らしを始めることがウブヤアケである。ウブヤアケやウブアケの日は、地域によりさまざまであるが、男児と女児とでは異なっており、一般的には女児の方が遅い。産屋での忌があけると、生後はじめて氏神《うじがみ》に参拝する初宮参《はつみやまい》りが行われる。産婦の忌はまだあけない場合が多いので、初宮参りに母親が付き添わないことが多い。

参考文献 大藤ゆき『児やらい』(民俗民芸双書)、一九六八、岩崎美術社。 (蓼沼 康子)

うぶやしない 産養 ⇩出産儀礼《しゅっさんぎれい》

うましめんかな 生ましめんかな 栗原貞子《くりはらさだこ》作の原爆詩。一九四五年(昭和二十)年八月六日、原爆で被爆した栗原貞子が知人から聞いた実話をもとに創った詩。副題に「原子爆弾秘話」とある。ビルの地下に被爆者が群れ重なり息絶えていく中で、重傷の*産婆が立ち会い赤ん坊が生まれた。その感動を「かくてあかつきを待たず産婆は血まみれのまま死んだ／生ましめんかな／生ましめんかな／己が命捨つとも」と歌いあげ、中国文化連盟発行『中国文化』一九四六年三月号(原子爆弾特集号)に掲載。同年八月には戦中作の反戦詩も加えた詩集『黒い卵』に収録。幸いプレスコードによる削除を免れ、広島の原風景を歌ったとして、のち各国語に翻訳された。貞子は一九一三年(大正二)年一月一日広島県に生まれ、無政府主義者の唯一《ただいち》と結婚。「生ましめんかな」以後も一貫して「言葉を起爆剤に」反戦、反核を訴え続け、二〇〇五年(平成十七)三月六日死去。詩集『ヒロシマというとき』『核時代の童話』などがある。

参考文献 長岡弘芳『原爆文学史』、一九七三、風媒社。堀場清子『禁じられた原爆体験』、一九九五、岩波書店。 (江刺 昭子)

うまずめ 石女 子を生めない女のこと。近世の*女訓書《じょくんしょ》は主に*武家女性を想定して*三従七去《さんじゅうしちきょ》が説かれ「子なきは去れ」とある。庶民においても子宮がないなど、妻の側に一方的に不妊の原因をおしつけた。*子どもは後継ぎを得るため、労働力の継承のため、*家族・実家・集落全体の問題で、女性にとっては一生にも関わる大問題であった。香月牛山《かづきぎゅうざん》は元禄五年(一六九二)、子を生めない女性を石女と呼ぶことの非を論じ、不妊は夫婦のどちらか一方に病気などでおこると述べた。十八世紀になると*増穂残口《ますほざんこう》は男女の対等と和合《わごう》を説く。安藤昌益《あんどうしょうえき》は男女相互の情愛の交流を重視し、一方的な「子なきは去れ」という風潮を否定した。

参考文献 倉地克直「生活思想における性意識」(女性史総合研究会編『日本女性生活史』三、一九九〇、東京大学出版会)。新村拓「前近代の生殖観」(脇田晴子・S・B・ハンレー編『ジェンダーの日本史』上、一九九四、東

京大学出版会)。　(小和田美智子)

うまずめじごく　**石女地獄**　*子どもを産まなかった(産めなかった)女性が堕《お》ちる地獄。燈心《とうしん》で竹の根を掘るという呵責《かしゃく》を受ける。そのイメージは、「*熊野観心十界曼荼羅《くまのかんしんじっかいまんだら》」などに描かれる。*血の池地獄などとともに、中世末期に成立した女性に限定される地獄であり、子どもを産まなかったことが罪業《ざいごう》と見なされる、換言すれば、女性に対して子どもを産むことが強く求められた社会であったと想定できる点が重要であろう。

石女地獄(「熊野観心十界曼荼羅」より)

参考文献　斉藤研一「石女地獄について」(『子どもの中世史』二〇〇三、吉川弘文館)。　(斉藤　研一)

うまのないし　**馬内侍**　生没年不詳　平安時代中期の歌人。馬内侍の名で事績《じせき》が伝わる女性は二人いる。村上朝の内裏《だいり》女房で『斎宮女御集《さいぐうのにょうごしゅう》』に詠歌がみえる人物と、右《う》馬権頭《まごんのかみ》源《みなもとの》時明《ときあきら》養女で大斎院選子《だいさいいんせんし》その他に仕えた人物である。後者は中古《ちゅうこ》三十六歌仙《さんじゅうろっかせん》の一人で私家集《しかしゅう》『馬内侍集《うまのないししゅう》』がある。藤原道隆はじめ多数の貴顕《きけん》との交流があったが、それらは、外部の人間と身分を超えて接触することの多い*斎院《さいいん》や后妃《こうひ》の*女房の姿を伝えるものがある。晩年は宇治に隠棲《いんせい》した。

参考文献　森本元子「馬内侍」(『国文学解釈と鑑賞』五一ノ一二)、一九六六。松本真奈美・高橋由記・竹鼻績『中古歌仙集』一(和歌文学大系五四)、二〇〇四、明治書院。　(並木　和子)

うめがえ　**梅枝**　?—一五〇五　室町時代後期から戦国時代の公家、文化人である三条西実隆《さんじょうにしさねたか》家の仕女《しじょ》。三条西家には男女の使用人がおり、いくつかの身分に分かれている。梅枝の身分は「*下女《げじょ》」である。この身分の差は、死に際しての扱いにも現われてくる。梅枝は実隆のもとに三十年間にわたって仕えた「正直者」であったが、中風で死に瀕した際、実隆は死穢《しえ》を恐れて、今出川辺《いまでがわあたり》に遺棄してしまう。実隆は「不便《ふびん》」とは記しているが、使用人の身分の差は、死後の世界への差別にまで持ち込まれたのである。

参考文献　細川涼一「家族を構成しない女性」(峰岸純夫編『家族と女性』一九九二、吉川弘文館)。後藤みち子「家業と「主婦権」—三条西家の場合—」(『中世公家の家と女性』二〇〇二、吉川弘文館)。　(後藤みち子)

うめがめ　**埋甕**　縄文時代の竪穴式《たてあなしき》住居の入口などの床面下に埋設された土器のこと。この用途や性格については諸説があったが、内部の土に高等動物の胎盤《たいばん》由来の脂《し》肪酸《ぼうさん》が含まれていることから、後産で出た胎盤を入れて埋納し、またぐ・ふむことで生まれた子供の成長と安全を願う習俗に用いられたことが判明した。縄文時代中期では建増し拡張された住居に例が多く、奈良時代には胞《え》衣壺《なつぼ》と呼ばれていたが、この習俗は近代にも行われていた。*出産に関係する習俗に用いられる埋甕には、在地の土器でなく遠い地域の文様をもつ土器が使われることが多い。これは族外婚など*婚姻《こんいん》に関する、重要な資料として注目されている。　↓えな

参考文献　菊池実編『田篠中原遺跡』、一九九〇、群馬県埋蔵文化財調査事業団。今井堯「埋甕・炉体土器・屋外埋設土器」(埼玉県大井町遺跡調査会編『西ノ原遺跡』一九九六)。木下忠『埋甕—古代の出産習俗—(新装版)』(考古学選書)、二〇〇五、雄山閣。　(今井　堯)

うめがわ　**梅川**　生没年不詳　江戸時代中期の大坂新町槌屋《つちや》の抱え*遊女。「あはれ深きは見世女郎《みせじょろう》」と*浄瑠璃《じょうるり》に語られる下級女郎であった。宝永六年(一七〇九)、大坂で三度飛脚《さんどびきゃく》を営む亀屋忠兵衛《かめやちゅうべえ》が、為替金《かわせきん》を横領して馴染《なじ》みの遊女梅川と逃亡を企てた事件が、浮世草子『御入部伽羅女《ごにゅうぶきゃらおんな》』に書かれ、*近松門左衛門『冥途飛脚《めいどのひきゃく》』、紀海音《きのかいおん》『傾城三度笠《けいせいさんどがさ》』、この二作を合わせて改作した『傾城恋飛脚《けいせいこいびきゃく》』とつぎつぎに浄瑠璃に脚色された。梅川は忠兵衛の刑死後、故郷へ帰され尼になったとも、京で二度の勤めに出たとも伝えられる。

参考文献　鳥越文蔵他編『近松の時代』(岩波講座歌舞伎・文楽八)、一九九八、岩波書店。鳥居フミ子『近松の女性たち』、一九九八、武蔵野書院。　(藤野　泰子)

うめだちよ　**梅田千代**　一八二四—八九　幕末・明治時代前期の女性。梅田雲浜《うんぴん》の後妻。大和高田《やまとたかだ》の豪農島村長《しまむらちょう》兵衛《べえ》の分家島村内蔵進《くらのしん》の女《むすめ》。梅田雲浜の友人熊本藩士松《まつ》田重助《だじゅうすけ》の紹介で、妻信《のぶ》を亡くした雲浜の後妻に迎えられる。一家が病に伏し、長男が夭折《ようせつ》するも雲浜の姪登美子《めいとみこ》を引き取り、専心家族の面倒をみる。男女二児を生むが安政の大獄で雲浜は牢死する。維新後、新英《しんえい》学校女紅場《にょこうば》に勤務、子供には先だたれる。墓は東本願寺の東大谷《ひがしおおたに》にあり、霊山《りょうぜん》にもまつられる。六十六歳。

参考文献　佐伯仲蔵編『梅田雲浜遺稿竝伝』、一九二六、有明堂書店。　(辻　ミチ子)

うめづ　**梅津**　一六五四—一七二二　江戸時代前期の*大奥女中。社家の松尾相氏《まつのおすけうじ》の娘。幼名はシゲ、のち栄子。備中《びっちゅう》国松山藩主水谷勝宗《みずのやかつむね》の継室《けいしつ》となるが、勝宗没後、ほどなく御家断絶《おいえだんぜつ》となったため京に戻る。その後、*右衛門《えもん》佐局《すけのつぼね》の薦めにより幕府大奥に*上臈《じょうろう》年寄に準じる格で出仕。

宝永《ほうえい》五年(一七〇八)将軍徳川綱吉の養女松姫《まつひめ》が加賀藩主前田綱紀《つなのり》の嫡子吉徳《よしのり》に嫁ぐ際に介添《かいぞえ》上臈として随従《ずいじゅう》。享保《きょうほう》五年(一七二〇)松姫没後、神田駿河台(東京都千代田区)に退隠した。

参考文献 竹内誠『大系日本の歴史』一〇(小学館ライブラリー)、一九九三、小学館。 (久保 貴子)

うめづはぎこ 梅津萩子 一九〇四—八九 大正・昭和時代の社会運動家。高知県生まれ。両親の離婚、養女、*子守奉公の苦労を重ねて小学校を卒業し、*女中奉公にでる。十七歳になって家にもどるが、見合いを嫌って*家出し、一九二一年(大正十)富士紡績保土ヶ谷工場《ふじぼうせきほどがや》に入社。二年目には特待工となるがそのころ、『牙をぬかれた狼』などを読む。一九二五年労働争議に参加して検挙され、翌年のメーデーで「少数とはいえ紡績女工が参加するようになったことは、八十万婦人労働者の解放と更に全無産階級解放のための決戦の日の近いことをはっきり物語る」と挨拶をしたことから会社を解雇された。多くの支援を受けたが敗北し、二六年末に結婚した後も労農党オルグとして活動。三・一五事件など何度も検挙され半年間に及ぶ勾留《こうりゅう》にも耐えた。敗戦後、共産党に入党。一九四六年(昭和二十一)五月の「米よこせ世田谷区民大会」、五〇年の全面講和署名運動、*PTA活動や*母親運動と地域運動に関わった。

参考文献 牧瀬菊枝『聞書ひたむきの女たち』、一九七六、朝日新聞社。『銃後史ノート』復刊七、一九六五。 (大門 泰子)

うめよふやせよ 生めよ殖やせよ 日中全面戦争の長期化のなかで、結婚・出生奨励策が取られた際に民間に流布したスローガン。一九三八年(昭和十三)・三九年と*出生率が低下したため、兵力・労働力の確保をめざす陸軍省や政府は、その原因を晩婚化と産児制限の普及とみて、早婚の奨励と産児制限の禁止を求めた。一九四〇年に*厚生省はパンフレット『結婚のすすめ』で早婚奨励を「なるべく早く結婚せよ」等、結婚十訓としてまとめるが、その一つは「生めよ育てよ国の為」であった。一方、政府は一九四〇年五月には*国民優生法を公布し、医師が行う避妊《ひにん》や妊娠中絶の処罰を通じて産児制限を禁止した。一九四一年一月、閣議は人口増加を全省的活動とするために一九六〇年の内地人口を一億人とする、一夫婦五人の子どもを産むなどの*人口政策確立要綱を決議。民間では結婚相談所の活動が活発化し、マスコミ等も生めよ殖やせよと喧伝した。出征前に結婚する人もあって結婚率は一時上昇し出生率も若干上昇したが、戦争の激化のなかで一九四四・四五年は出生統計さえ出されていない。

参考文献 『厚生省五十年史』、一九八八、中央法規出版。『性と生殖の人権問題資料集成』二〇—二三、二〇〇一・〇三、不二出版。 (石崎 昇子)

うやがん 祖神 沖縄県の宮古《みやこ》諸島の大神《おおがみ》島、宮古島の狩俣《かりまた》・島尻《しまじり》で行われる祭事。大神島では旧暦六—十月、狩俣・島尻では大神島で祭事が終ったのちの十—十二月にかけて行われる。狩俣のウヤガン祭祀《さいし》はアブンマと呼ばれる村の最高神女《しんじょ》を筆頭とするウヤガン神女組織によって行われ、山のなかにある御嶽《うたき》に数日間こもったのち、神女たちがウヤガンとして村を訪れる。この訪れによって村の再生が図られ、豊饒《ほうじょう》が約束されることになる。神女たちは蔓草《まんそう》の被《かぶ》り物で頭部全体を覆い、神の糸あやと呼ぶ腰ひだを身につけ異形《いぎょう》の姿となる。異形の姿で出現するのは、八重山《やえやま》諸島の男子結社によって行われるアカマタ・クロマタと呼ばれる来訪神《らいほうしん》儀礼などと類似しているが、背後にある観念はまったく異なる。アカマタ・クロマタなどは外見を変えることで本質が変わるという観念(「外形の原理」)によって支えられているのに対し、この儀礼の背後にあるのは新たにウヤガンになる女性が神がかりすることに示されるように、神が身体の内部に入り込むことによって本質が変わるという観念である。

参考文献 村武精一『家と女性の民俗誌』、一九九二、新曜社。大林太良『仮面と神話』、一九九八、小学館。 (吉成 直樹)

うりゅういわ 瓜生岩 一八二九—九七 明治時代の社会事業家。岩代国耶麻《やま》郡熱塩《あつしお》村(福島県喜多方市)生まれ。父親と死別後、母方の瓜生姓を用いる。十四歳で会津藩の侍医《じい》であった叔父の元に預けられ大きな影響を受ける。十七歳で結婚し呉服店を開くが、夫の死後仏教思想に基づいた貧民救済活動に入る。明治元年(一八六八)の会津戦争で救護活動を行い、翌年に幼学校を設立。明治五年に上京、深川の救養会所《きゅうようかいしょ》で見学・実習を行う。帰郷後、喜多方《きたかた》で病人や貧困者、孤児の世話を行い人々の相談を受ける。さらに*堕胎《だたい》圧殺防止のための運動を展開。一八八八年の磐梯山《ばんだいさん》噴火時には難民救済活動を行う。一八九一年上京し、「婦人慈善記章《じぜんきしょう》ノ制ヲ設ケラレ度請願《たくせいがん》」を帝国議会に提出。同年東京市養育院の幼童世話掛長の職につく。辞職後は福島に戻り一八九三年に貧困者の診療を無料で行う医療機関「私立済生《さいせい》病院」を設立。翌年日清戦争が始まると、上京して銃後の活動を行なった。一八九六年にそれまでの功績に対して藍綬褒章《らんじゅほうしょう》を受けた。

瓜生岩像

参考文献 奥寺竜渓『瓜生岩子』(伝記叢書)、一九八七、大空社。 (河原 彩)

うりゅうしげこ 瓜生繁子 一八六一—一九二八 明治時代の音楽家。音楽教育者の草分け。明治四年(一八七一)、

瓜生繁子

開拓使から派遣され、日本初の*女子留学生として*津田《つだ》梅子《うめこ》・*大山捨松《おおやますてまつ》らと米国に留学し、バッサー大学で音楽を学ぶ。一八八一年の帰国後、文部省音楽取調掛《とりしらべかかり》教授《きょうじゅ》として音楽教育に着手。一八八二年、海軍武官瓜生外吉《そときち》と結婚。その後も女子の音楽教育に貢献し続け、東京高等女学校・女子高等師範学校・東京音楽学校で教諭・教授等を歴任した。

参考文献 亀田帛子「瓜生繁子―青春を共有した友として―」(飯野正子・亀田帛子・髙橋裕子編『津田梅子を支えた人びと』二〇〇〇、有斐閣)。生田澄江『舞踏への勧誘―日本最初の女子留学生永井繁子の生涯―』、二〇〇三、文芸社。

(髙橋 裕子)

うわなりうち **後妻打** 「うわなり」とは後妻を意味し、先妻が後妻を*嫉妬して、打ちたたくことをいう。古代の辞典『和名類聚抄《わみょうるいじゅしょう》』によると、「後妻《ごさい》 顔氏云《がんしいわく》 後妻必悪《ごさいはかならず》前妻之子《せんさいのこにあし》 和名宇波奈利《わみょううわなり》」「顔氏云《がんしいわく》 前妻《せんさい》 和名毛止豆女《わみょうもとつめ》一云《いつにいわく》 古奈美《こなみ》」と記されていることから、先妻または前妻の呼称を「こなみ」、後妻または次妻の呼称を「うわなり」と区別していたことが窺われる。十世紀ころから、一定期間、夫が妻方に居住する*一夫多妻制《しょうさい》の*婚姻形態が存在しはじめると、正妻と妾妻の葛藤《かっとう》はさらに強くなっていく。藤原行成《ふじわらのゆきなり》の日記『権記《ごんき》』寛弘《かんこう》七年(一〇一〇)二月十八日条の記事によると「藤原教通《ふじわらののりみち》の乳母《めのと》、蔵人命婦《くろうどみょうぶ》は、藤原道長や教通に仕える下女たち三十人を送りこみ、大中臣輔親《おおなかとみのすけちか》の後妻宅を襲わせて、家財を打ち壊した」と書かれている。同女は、さらに二年後の長和元年(一〇一二)二月二十五日、藤原道長邸の雑人《ぞうにん》を使って「宇波成打」を起こしたと、『*御堂関白記《みどうかんぱくき》』にも記されている。同種の事例は中世になると、史料によくみられる。寿永《じゅえい》元年(一一八二)十一月十日、正妻の*北条政子は夫である源頼朝の愛人、*亀前《かめのまえ》の家を牧三郎宗親《まきのさぶろうむねちか》に命じて破却させた(『*吾妻鏡《あずまかがみ》』)。いずれも「うわなり打ち」の対象者は、夫ではなく、次妻(妾)であって、本妻みずからは関与せずに、他者を使って乱行に及んでいることがわかる。平安時代中期ころから、貴族層を中心に*家父長制家族が成立すると、夫には性的自由が許されるのに、妻に対しては、従属や忍耐を強いられるようになる。「後妻打」は、本妻が妾妻に対する唯一の抵抗手段であったのであろう。室町時代以降には、*離婚された先妻が、親しい女たちに依頼して、「何月何日の何時に騒動に参るべく候」と事前予告して後妻宅を荒らさせた「相当打ち」や「騒動打ち《そうどうう》」と呼ばれる習俗が、庶民層にも普及していたことが、近世の随筆集『むかしむかし物語』に記されている。「女持参の道具は、木刀成共棒成とも撓《しな》ひ成とも道具の名を申遣す」とあり、刺殺目的ではなかったようである。

参考文献 桃裕行「うはなりうち(後妻打)考」(『古記録の研究』上、一九六八、思文閣出版)。総合女性史研究会編『日本女性の歴史―性・愛・家族―』(角川選書)、一九九二、角川書店。田端泰子・細川涼一『女人、老人、子ども』(日本の中世四)、二〇〇二、中央公論新社。

(大島志津子)

え

えいがものがたり **栄花物語** 史書六国史《りっこくし》のあとを受けて書かれた、女性の手によるはじめての歴史物語。宇多《うだ》天皇から堀河《ほりかわ》天皇に至る十五代二百年間の、宮廷および藤原道長一家の歴史を中心に記す。仮名文による編年体で後に続く『*大鏡《おおかがみ》』以下の歴史物語の先駆《せんく》となった。全四十巻、正編三十巻、続編十巻に分かれる。著者は従来正編は*赤染衛門《あかぞめえもん》、続編は出羽弁《でわのべん》とされてきたが、最近の研究により、資料の扱い方、収録年代の不均衡、各巻の文体のちがいなどから、正編は多くの*女房たちの執筆したものを、赤染衛門が総括編集したのではないかといわれ、続編も出羽弁と関係の深い女房、その他の女房による執筆とみられている。正編の成立は、後一条天皇の長《ちょう》元《げん》元年(一〇二八―三七)と推定される。赤染衛門は長久《ちょうきゅう》二年(一〇四一)まで生存が確認されているので正編の編者たりうる。続編は寛治《かんじ》六年(一〇九二)二月が最終記事なのでそれ以

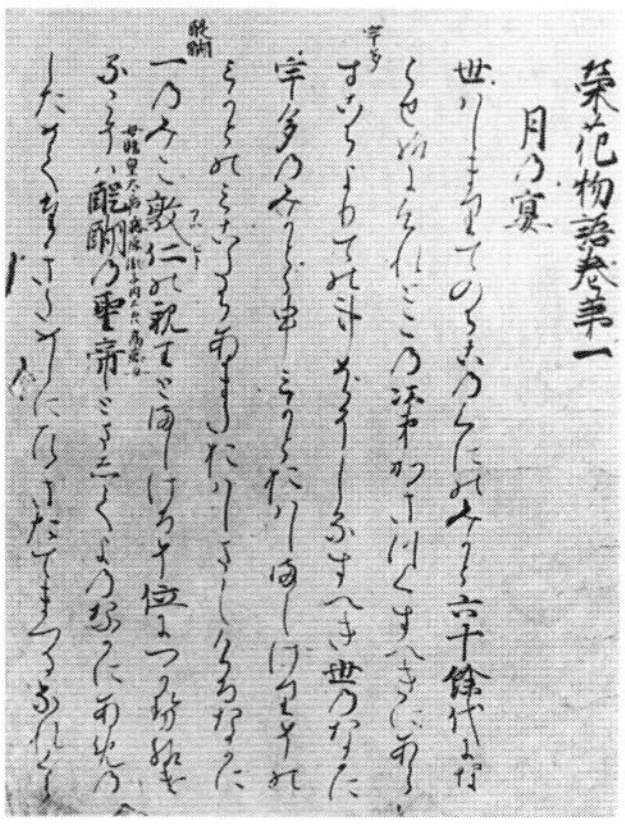

『栄花物語』巻第一

降の成立である。手法は年代を追った物語風な叙述であり、全体に宮廷貴族の生活を描いた『*源氏物語』の影響が濃いといわれる。巻の名も「耀《かがや》く藤壺《ふじつぼ》」「初花《はつはな》」「見果てぬ夢」のごとく物語的である。女性の関心が深い、*後宮における*入内《じゅだい》、立后《りっこう》、皇子皇女の誕生などの経緯が詳しく記され、宮廷行事における女房の服飾も詳細を極める。*和歌が多く取り入られているのも特徴的で、周辺女房の仮名日記などが資料とされたためとされるが、必ずしも史実に忠実であるとはいい難い。正編は藤原道長とその一家の栄華のさまを描くことを意図したもの。道長が宣旨《せんじ》を蒙《こうむ》り、左大臣・摂政・太政大臣を経て栄華を極め、長女彰子《あきこ》の入内・立后、敦成《あつひら》・敦良《あつなが》両親王の誕生、妍子《きよこ》・威子《いし》・嬉子《よしこ》らの栄達で頂点に達する。道長出家後は法成寺《ほうじょうじ》の金堂供養・各御堂巡拝記・道長臨終で終る。続編は頼通《よりみち》・師実《もろざね》・師通《もろみち》などを中心とした宮廷一般の行事と後宮・皇女などのことを詳細に記している。テキストは『栄花物語』(新訂増補国史大系)、『栄花物語上・下』(松村博司・山中裕校注、日本古典文学大系、一九六四年、岩波書店)、『栄花物語全注釈』(松村博司注釈、日本古典評釈・全注釈叢書、一九六九―八二年、角川書店)。

(林 マリヤ)

えいじころし 嬰児殺し　貧困や非嫡出などの理由から育てられないと判断した*子どもを、*出産直後に殺す行為。避妊や*堕胎《だたい》技術が未開発な社会で習俗化した場合があり、近世日本ではこの習俗がマビキ、コガエシなどとよばれていた。嬰児殺しの習俗は古代ギリシアや清朝中国など世界各地に伝えられている。古代ギリシアでは弱い子は水に投ぜられたという。中世西欧では嫡出子殺し《ちゃくしゅっし》は減少したが、私生児は十九世紀までしばしば殺された。近世日本では多胎児《たたいじ》や親の厄年の子などを忌避する嬰児殺しが習俗として語られ、香月牛山『小児必要養育草』(一七〇三年)などの育児書も障害児の親に嬰児殺しを容認している。嬰児殺しを罪とする規範は、生類憐み策や間引《まびき》堕胎禁止策により、近世を通じて次第に浸透した。

参考文献　L・ドゥモース『親子関係の進化』(宮沢康人他訳)、一九九〇、海鳴社。太田素子編『近世日本マビキ慣行史料集成』、一九九七、刀水書房。沢山美果子『出産と身体の近世』、一九九八、勁草書房。同『性と生殖の近世』、二〇〇五、勁草書房。太田素子『子宝と子返し―近世農村の家族生活と子育て―』、二〇〇七、藤原書店。

(太田 素子)

えいしょういん 英勝院　一五七八―一六四二　徳川家康の*側室。水戸徳川家初代徳川頼房《よりふさ》の養母。於八《おはち》、於勝《おかつ》、あるいは於梶《おかじ》と称する。父は太田道灌《おおたどうかん》の後裔《こうえい》太田新六郎《しんろくろう》康資《やすすけ》、母は北条氏康《ほうじょううじやす》の家老遠山丹波守直景《とおやまたんばのかみなおしげ》の娘。天正十八年(一五九〇)十三歳で家康に仕える。慶長十二年(一六〇七)市姫《いちひめ》を生むが、四歳で早世。家康は末子の頼房《よりふさ》、また池田輝政《いけだてるまさ》の娘(家康の外孫)を養わせ、その悲嘆を慰《なぐさ》めた。家康の死後落飾《らくしょく》して、英勝院と号した。二代将軍秀忠、三代将軍家光からも厚く遇され、江戸城北之丸の一画に住み(「武州豊島郡《ぶしゅうとしまぐん》江戸庄図」)、本丸にも折々登城した。寛永九年(一六三二)秀忠の死後、その遺金二千両を賜わった。寛永十一年鎌倉扇谷《おうぎがやつ》に一寺を建て英勝寺と名づけ、頼房の娘を養い住持とした。寛永十五年幕府より寺領三百石を賜わった。寛永十九年八月二十三日死去、六十五歳。英勝寺において殯《かりもがり》し、由比《ゆい》ガ浜で荼毘《だび》に付した(『寛永諸家系図伝』)。

参考文献　斎木一馬「徳川将軍生母並びに妻妾考」(日本歴史学会編『歴史と人物』一九七四、吉川弘文館)。

(松尾美恵子)

えいせいしそう 衛生思想　近代以降、身体の作法は、一八七四年(明治七)の医制公布により医学と衛生学の管理下におかれる。これまでの養生法が近代医学となり、不浄《ふじょう》とケガレから論じられた清潔・不潔の区分に、衛生の観点が取って代わられる。女性の身体をめぐっては、たとえば*出産にかかわり、これまでの経験による*産婆《さんば》に対し、試験・免許制度を導入し、近代医学の知識をもつ新産婆を創出し、産褥熱《さんじょくねつ》への注意を呼びかけた。授乳に関しても、時間の間隔を正確にし、授乳後は乳房を拭い、乳児の口中を消毒するなどの注意を与えるほか、「人工営養」(牛乳)と比較し、母乳を栄養と衛生の観点から推奨する。また女性の月経についても、月経の仕組みを説明し、「月経過多症」「月経不調」などの「異常」に言及する。妊娠・出産、育児、月経など女性の身体の要所に衛生と医学の学知による説明と解釈がなされ、女性はその観点からみずからの身体を自覚化する。一八九〇年代に刊行された女性雑誌には、「衛生問答」「育児問答」などの相談欄が設けられ、女性読者の相談に、医者が医学と科学の観点から回答するが、この形式は現在に至るまでみられる。同時に、女性はみずからの身体とともに、夫や子供の身体への配慮も求められ、女性雑誌には子供の病気への予防と罹患《りかん》したときの対処が記される。また、家庭の病人の世話も要請され、病人の介護から食事の世話のやり方までが教授される。一九〇〇年代の*家政学の教科書には、家屋の清掃、台所の清潔、空気や日光の重要性などの「家庭の清潔」が説かれ、「一家の衛生」を整える女性の役割が記されている。こうして、たとえば、一九一七年(大正六)に刊行されたシリーズ「嫁入文庫」の一冊に料理・育児・*裁縫などの巻とならび、『婦人衛生の巻』(相馬又二郎)が加えられ、衛生が女性にとっての重要な価値とされた。近代的価値の学習である反面、性的役割分担が衛生を介して行われ、衛生が身体の規範となり、身体の標準が定められることでもあった。

参考文献　成田龍一「衛生環境の変化のなかの女性と女性観」(女性史総合研究会編『日本女性生活史』四、一九九〇、東大出版会)。

(成田 龍一)

えいちょうのおおでんがく 永長の大田楽　永長元年(一〇九六)五月から七月にかけて起きた田楽の大流行。田楽は農耕神事として行われていたが、この時は洛外の村人が田楽をしながら入洛し、京の人々をも巻き込んで熱狂的に行われた。大江匡房《おおえのまさふさ》の『洛陽田楽記』には鼓《つづみ》・編木《びんざさら》・銅鈸《どうばつ》が使われ、さらに「殖女春女《うえめつきめ》の類《たぐい》」とも記されているので、女性による*田植えや精米の所作を伴っていたと考えられる。現在の田楽にも*早乙女《さおとめ》による田植えの際に行われるものがある。

参考文献 戸田芳実「荘園体制確立期の宗教的民衆活動」(『初期中世社会史の研究』一九九一、東京大学出版会)。

(盛本 昌広)

えいふくもんいん 永福門院 一二七一—一三四二 鎌倉時代末期、伏見《ふしみ》天皇の后《きさき》。後伏見天皇の養母。「ようふくもんいん」とも読む。名は藤原鏱子《しょうし》。西園寺実兼《さいおんじさねかね》の娘。京極派《きょうごくは》の歌人として有名。正応《しょうおう》元年(一二八八)*女御《にょうご》、程なく*中宮となる。永仁《えいにん》六年(一二九八)伏見天皇の譲位《じょうい》に合わせて院号宣下《せんげ》。正和五年(一三一六)出家。経済面では乾元《けんげん》年間(一三〇二—〇三)丹波《たんば》国を分国としており、周防《すおう》国石国庄《いわくにのしょう》などの荘園も院の安堵《あんど》をうけて管領していた。後半生は京極派歌人、持明院統《じみょういんとう》、西園寺家の中心として活躍した。

参考文献 岩佐美代子『永福門院—飛翔する南北朝女性歌人—』(古典ライブラリー)、二〇〇〇、笠間書院。野村育世『家族史としての女院論』、二〇〇六、校倉書房。

(野口 華世)

えいように 栄耀尼 生没年不詳 駿河国宇都谷郷今宿《するがのくにうつやごういまじゅく》(静岡市)の*傀儡《くぐつ》。宇都谷郷の領主久遠寿院《くおんじゅいん》の雑掌《ざっしょう》僧教円《きょうえん》が行なった多岐《たき》に及ぶ新規の非法に対し、傀儡を代表して鎌倉幕府法廷で渡り合い、非法停止を命じる関東下知《げち》状《じょう》を獲得した。教円による非法の内容から傀儡の日常生活が判明する。この郷の*預所《あずかりどころ》四代のうち三代は栄耀尼の婿《むこ》であり、栄耀尼のもとに所縁により来住した草萱次《くさかやじ》郎《ろう》郎従小次郎入道《ろうじゅうこじろうにゅうどう》が妹婿紀藤次《きのとうじ》に「母開《ぼかい》」という放言をしたことに対し、過料を課したことから、栄耀尼は婿取りにより預所などを取り込み、女系中心の一族関係を形成し、傀儡や郷の代表者であったことがわかる。田地を基準に旅人雑事用途・*人夫役などを賦課《ふか》しているので、傀儡は田地の所有者であった。また、阿曾尼《あそに》が前預所玄《げん》海《かい》から預所名の散田《さんでん》を受け、年貢を納めているが、阿曾尼も傀儡と思われ、傀儡は散田作人《さくにん》層に属していた。在家一間ごとの銭の賦課からは東海道に沿った宿には傀儡の家が立ち並んでいた景観が推定される。つまり、漂泊《ひょうはく》的イメージの強い傀儡は実際には散田を請作し、婿取りをするなど定住生活をしていたのである。

参考文献 『鎌倉遺文』古文書編一〇(七〇九二号)、一九七六、東京堂出版。

(盛本 昌広)

ええじゃないか ええじゃないか 慶応三年(一八六七)七月から翌年の四月にわたった民衆運動。「世直し」を唱えた。三河《みかわ》国牟呂《むろ》村(愛知県豊橋市)で*伊勢《いせ》神宮の御祓《おはらい》(御札のこと)が見つかり、「二夜三日」の祭礼が行われたのを発端とする。以降江戸より西、中国・四国地方にまで広まった。各地で「おふだふり」(降札)があったが、伊勢神宮のものだけでなく、さまざまな寺社のお札や神像・仏像、また小判や石なども降ったという。伊勢参宮も伊勢以外ではさほど行われず、各地でそれぞれの地方の寺社に参詣、祭礼が催された。よって、土地土地で御影祭《おかげまつり》・御札祭・ヤッチョロ祭など呼称が異なるが、囃《はや》し言葉から「ええじゃないか」と総称している。高揚《こうよう》した人々は昼夜太鼓など鳴物《なりもの》をたたき、「ええじゃないか、ええじゃないか」と歌い踊り歩いた。降札のあった家では酒食が供されたが、地域の富豪の家に踊り込んで酒などを強請する場合もあった。当時の状況を記録した『慶応伊勢御《けいおういせお》影見聞諸国不思議之扣《かげけんぶんしょこくふしぎのひかえ》』(慶応三年十二月伊勢国度会《わたらい》郡内《ない》宮《くう》領中村の堀口芳兵衛が「ええじゃないか」の体験や見聞を記したもの、芳兵衛は当時古市《ふるいち》備前屋に奉公していた、『民衆運動の思想』(日本思想大系五八)所収)などには多く老若男女の参加が描かれる。顔に*化粧をして女性は*男装、男性は女装、老婆は娘に扮したり、または褌《ふんどし》・襦袢《じゅばん》姿や全裸など、性別や年齢、さらには身分の上下をこえて一体となって結集したとされる。なかでも女性が「神がかり」「天狗つき」となって降札を予言したり、実際に降札を発見、祭の開催を強く勧めるなど「能動的に関与」(伊藤忠士)することもあった。九月中旬(十月中旬とも)以降、「世直し」「世直り」が唱えられる。陽気の回復・五穀成就《ごこくじょうじゅ》、物価の下落・番所手形《ばんしょてがた》の撤廃といった直接生活に関わる願いのほか、「尾張《おわり》様ニ長州と和ぼくの下心、ヨイジャナイカ」と歌われた例もあるように、政治的な内容も含んでいた。大政奉還《たいせいほうかん》・王政復古《おうせいふっこ》の大号令・戊辰戦争《ぼしんせんそう》の開始と続くなか、領主の禁圧のもとで終息した。

参考文献 藤谷俊雄『「おかげまいり」と「ええじゃないか」』(岩波新書の江戸時代)、一九六八、岩波書店。伊藤忠士「「ええじゃないか騒動」における女性—行動形態の分析—」(『「ええじゃないか」と近世社会』一九九五、校倉書房)。宮崎ふみ子「動乱の中の信仰」(井上勲編『日本の時代史』二〇、二〇〇四、吉川弘文館)。

(椙山 聖子)

エカシイキリ エカシイキリ ⇩フチイキリ・エカシイキリ

えがみトミ 江上トミ 一八九九—一九八〇 昭和時代戦後期の料理研究家、料理教育家。一九一七年(大正六)、熊本県立第一高等女学校を卒業後、東京料理学校に学ぶ。一九二七年(昭和二)、陸軍技術将校の夫に伴って渡欧し、パリの料理学校コルドンブリューに二年間学ぶ。戦後、夫の失職を機に福岡市で料理学校を開き、高度成長期の一九五五年(昭和三十)には東京で江上料理学院開校。テレビ放送のはじまりとともに、料理番組にも多く出演し、都市化と*核家族化、*主婦化、*家庭における洋食化の中で人気を博した。

参考文献 河村明子『テレビ料理人列伝』(生活人新書)、二〇〇三、日本放送出版協会。

(大門 泰子)

えぐち・かんざき 江口・神崎　淀川《よどがわ》べりの地名。江口は神崎川が淀川から分岐する地点にあり、平安京から山陽・西海両道に行く道と、南海道および和泉《いずみ》の国府に行く道と分かれる水上交通の要所。現在は大阪市東淀川区江口。神崎は三国《みくに》(神崎)川の河口に位置し、尼崎市の東部をさす。江口・神崎が盛んになるのは、平安時代初期から鎌倉時代中期ごろまでであり、最も有名で規模の大きい遊里《ゆうり》だった。大江《おおえ》匡房《まさふさ》の『*遊女記』にも京から淀川を下る際は江口の*遊女を、西国から京へ上るときは神崎の遊女を愛すと書かれている。院政期には五節舞《ごせちのまい》の舞姫・童女《わらわ》に下級貴族の娘や侍女をあて、下仕《しもづかい》には江口・神崎の遊女から選び出して担わせており、江口・神崎という派閥を形成していた。『*明月記』にも後鳥羽院《ごとばいん》の水無瀬《みなせ》離宮に推参する江口・神崎の遊女の記述があり、貴族や上流武士などに遊女を母とする者も多く、後白河院《ごしらかわいん》の皇子で天台座主《ざす》承仁法親王《しょうにんほっしんのう》の母は江口遊女の一臈丹波局《いちろうたんばのつぼね》である。

参考文献　後藤紀彦「遊女と朝廷—中世前期の遊女たち—」(網野善彦・後藤紀彦編『(週刊朝日百科)日本の歴史』三、一九八六、朝日新聞社)。勝浦令子「往来・遍歴する女性たち」(網野善彦他編『天皇と王権を考える』七、二〇〇三、岩波書店)。　(星　倭文子)

えしのそうし 絵師草紙　南北朝時代成立の絵巻物《えまきもの》。ある貧乏な絵師が伊予守《いよのかみ》に任じられたが、その土地は押領《おうりょう》されていた。困りはてた絵師は法勝寺《ほっしょうじ》の弁《べん》の宿所《しゅくじょ》へ愁訴《しゅうそ》したが、一向に解決しない。なすすべなく仏道を志して、その次第を一巻の絵に描き残したという。絵師の家では、宴席《えんせき》で笑い転げたり、一転不安げな表情をみせる*立膝姿《たてひざすがた》の白小袖《しろこそで》の妻をはじめ、*女房《にょうぼう》・*子ども・*下女《げじょ》など、*家族たちの悲喜《ひき》こもごもの姿が描かれている。特に絵師の母親とみられる老女は、家政《かせい》の実権を握《にぎ》る女性の姿を描いたものとして注目されている。絵師が綸旨《りんじ》を読み上げる場面では、隣室から顔を出した*頭巾姿《ずきんすがた》の老女が、炉端《ろばた》からはい出して箱形の寄懸《よりかか》りに頬杖《ほおづえ》をついて聞き入っている。任官《にんかん》に喜ぶ絵師一家を描いた場面では、上畳《あげだたみ》に座した老女が乱舞する絵師を指さしてほほえみながら、左手にかわらけをもって盃《さかずき》を酌《く》み交わしている。

『絵師草紙』第一段　祝いの酒宴

参考文献　小松茂美「『絵師草紙』考」(同編『日本絵巻大成』一一、一九七七、中央公論社)。保立道久「塗籠と女の領域—『松崎天神縁起』の後妻と「まま子」—」(『中世の愛と従属—絵巻の中の肉体—』一九八六、平凡社)。五味文彦『中世のことばと絵—絵巻は訴える—』(中公新書)、一九九〇、中央公論社。黒田日出男「絵巻をいかに読むか」(山之内靖他編『(岩波講座)社会科学の方法』九、一九九三、岩波書店)。　(黒田　智)

えじま 絵島　一六八一—一七四一　江戸時代中期の江戸城*大奥の*女中。江島とも書く。七代将軍徳川家継《いえつぐ》の生母月光院《げっこういん》付の*御年寄《おとしより》として大奥で権勢を誇ったが、正《しょう》徳《とく》四年(一七一四)正月十二日、絵島ら大奥女中が増上寺《ぞうじょうじ》・寛永寺《かんえいじ》代参の帰途《きと》、木挽町《こびきちょう》山村座《やまむらざ》で芝居《しばい》見物をし、人気役者生島新五郎《いくしましんごろう》たちと遊興《ゆうきょう》に耽《ふけ》ったこと、帰城時刻が遅かったことが発覚し、二月二日絵島ら主だった女中が親類預けとなった。評定所《ひょうじょうしょ》での取り調べにより三月五日に判決が下った。絵島は、芝居見物に遊び、俳優と馴れ親しみ、傍輩《ほうばい》の女中も誘い込むなど、重職にありながら身の行い正しからずとされ、永遠島《ながのえんとう》となったが、月光院の請願により信州高遠城主内藤駿河守《たかとおじょうしゅないとうするがのかみ》に永預《えいあず》けになった。生島新五郎が三宅島《みやけじま》へ*遠島となるなど、絵島の兄弟・縁者、芝居関係者など多数が処罰された。事件の背景には、幼い家継を擁《よう》して権力を振るっていた月光院や間部詮房《まなべあきふさ》への政治的反感があるとみられている。絵島は、高遠の囲《かこ》み屋敷で二十七年間を過ごし寛保《かんぽう》元年(一七四一)に六十一歳で没した。絵島事件をめぐっては、巷間《こうかん》多くの俗説や性的言説が生まれた。

参考文献　重松一義『絵島高遠流罪始末』、一九七六、日本行刑史研究会。長野ひろ子「明治前期のジェンダー再構築と絵島—江戸の女性権力者のゆくえ—」(歴史学研究会編『性と権力関係の歴史』二〇〇四、青木書店)。　(長野ひろ子)

えしんに 恵信尼　一一八二—?　鎌倉時代の女性。*親鸞《しんらん》の妻。父は越後介《えちごのすけ》をつとめた兵部大輔《ひょうぶたいふ》三善為教《みよしためのり》という。自筆書状の下限は文永《ぶんえい》五年(一二六八)三月であるので、八十七歳までは健在であった。親鸞との結婚の時期は不明。在京中とも、親鸞の越後流罪中ともいわれる。この問題は親鸞の結婚回数や、善鸞《ぜんらん》が恵信尼の子であるかどうかと密接に関わっており、結論が出ていない。建暦《けんりゃく》元年(一二一一)には信蓮房《しんれんぼう》を生んでおり、同年、親鸞が流罪を赦免《しゃめん》された。建保《けんぽう》二年(一二一四)親鸞とともに、上野《こうずけ》国佐貫《さぬき》(群馬県明和町)を経て常陸《ひたち》国笠間《かさま》郡稲田《いなだ》(茨城県笠間市)に移住した。元仁《げんにん》元年(一二二四)に末子*覚信尼《かくしんに》を生んだが、これまでに信蓮房のほか、益方《ますかた》入道・小黒《おぐろの》女房《にょうぼう》・高野《たかの》禅尼をもうけている。約二十年関東に住したのち、親鸞とともに京都に帰る。その後、信蓮房ら三人の子とともに越後に戻って生活し、弘長《こうちょう》二年(一二六二)の親鸞の訃報《ふほう》もそこで聞いた。大正十年(一九二一)西本願寺宝蔵《ほうぞう》から、娘覚信尼に宛てた自筆書状十通が発見され、親鸞・恵信尼の実在が確定した。書状の第一・二通は建長《けんちょう》八年(一二五六)の*下人譲状《げにんゆずりじょう》。第三―六通は弘長三年二月、親鸞の中陰《ちゅういん》あけの書状である。父親の極楽往生《ごくらくおうじょう》に不安をいだいた覚信尼に対し、往年の親鸞について述べて、その不安をとりのぞこうとしている。そして、親鸞が延暦寺で堂僧をつとめていたこと、六角堂参籠《ろっかくどうさんろう》中に聖徳太子の示現をうけて*法然《ほうねん》門下となったこと、地獄であっても法然についてゆく決意であったこと、恵信尼が親鸞を観音《かんのん》の化身と考えていたこと、建保二年上野国佐貫での浄土三部経一千部読誦《どくじゅ》や寛喜《かんぎ》の大飢饉《だいききん》に際しての親鸞の思想的葛藤《かっとう》などを語って、親鸞の歩みをいきいきと伝えている。第七―十通は文永元年から五年のもので、凶作の苦労や家族や下人の動静、および自身の墓として五重の石塔を造立したことなどを記している。また、これらから、恵信尼が日記をつけていたこと、十人前後の下人をもっていたことが判明する。

参考文献 赤松俊秀『親鸞』(人物叢書)、一九八五、吉川弘文館。宮崎圓遵「恵信尼と自筆文書」(『宮崎圓遵著作集』一、一九八六、思文閣出版)。

(平　雅行)

えだかつ　江田かつ　生没年不詳　江戸時代中期の*節婦《せっぷ》。岡山の商店の娘。父は房長《ふさなが》。父や兄に学問を学ぶ。宝暦《ほうれき》八年(一七五八)備中《びっちゅう》国都羅島西浦《つらじまにしのうら》(岡山県倉敷市)の三宅《みやけ》由将《よしまさ》と結婚、夫や姑によく尽くした。由将の没後、姑が由将の弟を後嗣《こうし》として娶《めあわ》せようとしたのを拒み、なお強制されたため喉を突き命を絶った。二十九歳。遺言に「二夫に事《つか》ふる醜《しゅう》これより大なるはなし、何の面目《めんもく》ありて良人《おっと》に見《まみ》えん」とあった。都羅島の由将の墓にともに葬られた。

(浅野美和子)

えとおと　兄と弟　〔古代〕兄と弟は、古代において対比的に扱われ、『*古事記』には兄宇迦斯《えうかし》・弟宇迦斯《おとうかし》、ほかに兄比売《えひめ》・弟比売《おとひめ》などの事例もあり、今とは異なり女子にも使用されていることがわかる。兄宇迦斯・弟宇迦斯の事例をはじめ海幸《うみさち》・山幸《やまさち》の神話を勘案しても、兄弟伝承の多くは兄は心が狭小で衰退し、弟は心広く辛苦の末に成功する筋となっている。女子の場合の「乙姫《おとひめ》」「弟媛《おとひめ》」にはさらに美称的な面もあり、倭建命《やまとたけるのみこと》の妃の弟橘比売《おとたちばなひめ》、「肥前国風土記《ひぜんのくにふどき》」の領巾振山《ひれふりやま》の弟日姫子《おとひひめこ》などに代表される。兄《え》を吉《え》とし、弟《おと》を「劣」ると理解する向きもあるが、多くの伝承事例を勘案してもあたらない。「常陸国風土記《ひたちのくに》」那賀郡《なかぐん》条の兄妹の事例では妹《おと》が神と交わっており、巫女《ふじょ》的な側面を物語る。

(関　和彦)

〔中世〕現在では男子の年齢階梯《かいてい》を示す言葉であるが、平安・鎌倉時代には「あにけんけう尼かむすめ」などの用例があり、男女両性を含む呼称として使用された。この中世的な用語法は、当時の社会にあった*子どもに男女差を付けない傾向、配分率に差はあっても両性に財産を分与する慣行と関係がある。子どもの相続順位を決定する場合も、男女差よりも年齢の長幼の方が重視されていた。中世では*子息の用法にも性差がない。

参考文献 『鎌倉遺文』一二(九二三一号)、一九七九、東京堂出版。田端泰子「中世前期における女性の財産権―家族・村落の中で―」(『日本中世の社会と女性』一九九八、吉川弘文館)。

(志賀　節子)

えとき　絵解き　曼荼羅《まんだら》や変相図《へんそうず》、祖師《そし》・高僧伝絵《こうそうでんえ》など宗教的背景を持ったストーリーのある絵画を説話画といい、その内容や思想を解き語ること、あるいはその解説者を絵解きという。平安時代には貴族を対象としていたが、鎌倉時代になると芸能化が進み、絵解法師と呼ばれる下級の絵解僧や俗人の絵解きも出現した。室町時代末期には*熊野比丘尼《くまのびくに》・絵解比丘尼などと呼ばれる女性宗教者が現われ、「*熊野観心十界曼荼羅《くまのかんしんじっかいまんだら》」などを用いて即興性にとんだ絵解きを行なった。

参考文献 林雅彦『日本の絵解き―資料と研究―(増補版)』、一九八四、三弥井書店。『一冊の講座』編集部編『(一冊の講座)絵解き』(日本の古典文学三)、一九八五、有精堂出版。

(渋谷　和宏)

えどさんぷりょこうにっき　江戸参府旅行日記　ドイツの旅行家・著述家で出島オランダ商館の医師エンゲルベルト＝ケンペルの著『日本誌《にほんし》』の第二巻第五章にある江戸参府旅行記。元禄三年(一六九〇)から二年間の日本滞在中、商館長について二度参府旅行に加わり、自然と人間から学ぶという真摯《しんし》な知識欲のもとに、各地を見聞。元禄期の女性たちの姿も描写している。肥前《ひぜん》(佐賀)の婦人や旅先で出会う善良で魅力的な*熊野比丘尼《くまのびくに》たちへの賛美に反して東海道の赤坂・御油《ごゆ》の*遊女への批判は厳しい。テキストに『江戸参府旅行日記』(斎藤信訳、東洋文庫、一九七七年、平凡社)がある。

(柴　桂子)

えどづま　江戸褄　前身頃《まえみごろ》と衽《おくみ》の表裏に裾《すそ》にかけて斜めに文様を染め出したもの。はじめは無模様で黒紋付《くろもんつき》だったが、明和ころに、前身頃に小さい模様がつき、深川の*芸者衆に好まれた。天保のころ、幕府の*大奥女中に大模様が多くなり、染色模様が華美になる。上層では花嫁の白無垢《しろむく》の色直しが模様染めの着物になり、のち、白無垢をやめ黒紋付の江戸褄を着るようになった。芸妓社会では紺地の竜の江戸褄三枚重を越後屋《えちごや》に仕立てさせたり、白木屋《しろきや》・大丸《だいまる》・松坂屋《まつざかや》などの呉服店が栄えたりした。

参考文献 『風俗・性』(日本近代思想大系二三)、一九九〇、岩波書店。宮本馨太郎『かぶりもの・きもの・はきもの(新装版)』(民俗民芸双書)、一九九五、岩崎美術社。

(小和田美智子)

えな　えな　〔中世〕胎児を包んでいた膜・胎盤・臍帯《さいたい》などの総称。通常は胎児分娩《ぶんべん》後に娩出されるが(後産《あとざん》)、滞った場合、母体は生命の危険にさらされた。文献史料をふまえれば、胞衣《えな》は洗浄し、銭貨や筆・墨などを添えて壺に納入され(入れ子状に桶を用いることもある)、吉日に吉方の土中に埋納される(胞衣納め)のだが、中世の考古遺物としての事例はほとんど確認されていない。鎌倉時代初期には、胞衣を天井に納置する慣行があったことも知られる。

参考文献 中村禎里『胞衣の生命』、一九九九、海鳴社。

(斉藤 研一)

〔近世〕胎児《たいじ》を包む膜と胎盤《たいばん》の総称。後産《のちざん》ともいう。産後、土器や桶《おけ》に入れ吉日と吉方を選んで土に埋める風習が古代から広く貴族から庶民にまで存在していた。胞衣《えな》をきれいに洗い、白絹《しらぎぬ》に包んで容器に入れ、男児の場合桑弓《くわゆみ》蓬矢《よもぎや》・墨筆《ぼくひつ》・小刀、女児の場合はたとう紙・糸針など、また銭を一緒に封入することもあった。天皇家では吉田山など三ヵ所の社が埋納の場所として決まっており、庶民は門の敷居《しきい》の下、*産屋《うぶや》の板敷の下などに埋めた。胞衣を扱うのは男の仕事であった。習俗《しゅうぞく》としては神秘的な扱いを受けるが、近世の産医学ではその形状や機能は科学的に明確に分析されている。

参考文献 『古事類苑』神祇部三四。同礼式部六。『日本産科叢書』、一九七一、思文閣。

(桜井 由幾)

〔民俗〕胎児を*出産後、アトバラなどと呼ばれる再度の陣痛とともに体外に排出される胎盤《たいばん》のこと。アトザン・ノチザンなどともいわれる。エナは家人の手で、家の玄関の敷居《しきい》の下か外側、屋敷内か近所の山野の恵方《えほう》、あるいは墓、便所の側、厩《うまや》、床下などに埋められる。埋め方が悪いと死んだり病弱になるなど、その子自身の健康や将来に影響を及ぼすと考えられた。埋めた上を最初に通った動物を怖がるので父親がしっかり踏むものだという事例は各地で伝えられる。沖縄本島北部などでは生児が笑いを絶やさないようにと、周囲の人々が集まって笑いながら埋めるエナワライが行われた。エナ壺にエナとともに鰹節《かつおぶし》を入れ、男児の場合は筆と墨、女児の場合は針と糸を入れて埋める事例もある。エナと生児は胎内で物理的に繋《つな》がっていただけでなく、切り離された後も、霊魂世界では深い繋がりを持つと考えられてきた。長野県安曇野《あずみの》地方では現在でもエナ壺とともにエナを持ち帰らせている病院もある。

(浅野 久枝)

えのもとせいふ 榎本星布 一七三二—一八一四 江戸時代中期の俳人。武蔵《むさし》国八王子横山(東京都八王子市)の本陣榎本忠左衛門《ちゅうざえもん》の娘。十八歳で津戸信親《つどのぶちか》を夫に迎え、一男喚之《かんし》を生むが、三十九歳で*寡婦《かふ》となる。白井鳥酔《しらいちょうすい》門人の継母仙朝《せんちょう》から俳諧の手ほどきを受け芝紅《しこう》と号した。鳥酔《ちょうすい》の死後は加舎白雄《かやしらお》に師事。白雄とともに蕉風《しょうふう》復興に務め、品川の鳥酔旧居松原庵《まつばらあん》を願って譲り受け、糸明窓《しめいそう》の号を贈られた。還暦に剃髪《ていはつ》、その後『星布尼句集』『なとせの秋』『奥羽紀行』『春山集』など七種を出版。八王子に芭蕉句碑を建て、五編の句集を編んだ。

参考文献 松崎潤子「中興女流俳人榎本星布—「星布尼句集」より—」(『江戸期おんな考』三)、一九九二。

(浅野美和子)

えひめ・おとひめ・くれはとり・あやはとり 兄媛・弟媛・呉織・穴織 呉《くれ》から渡来してきたとされる織物工女。『日本書紀』応神《おうじん》天皇三十七年二月条・四十一年二月是月条によると、阿知使主《あちのおみ》らが「縫工女《きぬぬひめ》」を求めて呉に渡り、帰国後、兄媛を胸形《むなかた》大神に奉り、三婦女を大鷦鷯尊《おおさざきのみこと》(仁徳《にんとく》天皇)に献上したとある。これに対応する記事が雄略《ゆうりゃく》天皇十四年正月条・三月条にみえ、身狭村主青《むさすぐりあお》らが呉の献った漢織《あやはとり》・呉織、衣縫《きぬぬい》の兄媛・弟媛を伴い帰国、兄媛を大《おお》三輪《みわ》神に奉り、三婦人はそれぞれ衣縫部《きぬぬいべ》として安置したとある。応神紀と雄略紀の記事は、朝鮮関係の記事では対応性がある。応神天皇十四年二月条の百済王《くだらのこきし》が縫衣工女を貢上したとするのは、雄略天皇七年是歳条(或本)に百済から献上された漢手人部《あやのてひとべ》・衣縫部らを吉備臣弟君《きびのおみおとぎみ》が連れ帰ったとする記事に対応している。応神紀の記事は、雄略朝の史実をもとに作られた起源説話かと考えられる。

参考文献 平野邦雄『大化前代社会組織の研究』(日本史学研究叢書)、一九六九、吉川弘文館。

(小林 敏男)

えま 絵馬 神社・寺院などに、祈願のために奉納する板絵。大絵馬と小絵馬とがある。絵馬の奉納は奈良時代からみられる。江戸時代には、馬図・神仏図のほか、祈願・祭礼図、社寺参詣図《さんけいず》、生業図《せいぎょうず》、風俗図など図柄も多彩となり、その中には女性が描かれている絵馬や女性が祈願した絵馬も多くみられる。女性特有のものとして、西国巡礼などの巡礼記念や、婦人連による大漁祈願の大絵馬、乳房をかたどった小絵馬などがある。

絵馬 巡礼図(1882年)

参考文献 岩井宏実『絵馬』(ものと人間の文化史一二)、一九七四、法政大学出版会。

(岩田みゆき)

えまさいこう 江馬細香 一七八七—一八六一 江戸時代後期の漢詩人、画家。大垣《おおがき》藩医江馬蘭斎《らんさい》の長女。名は多保《たほ》、号は湘夢《しょうむ》、字は細香。漢詩集『湘夢遺稿』がある。幼時より書画に励み、二十七歳の時、美濃《みの》遊歴中の頼山《らいさん》陽《よう》と出会い弟子となって漢詩を本格的に学んだ。二人は相思の間となったが結婚には至らず、まもなく山陽は結婚、細香は独身を通した。だが漢詩を基底にした交流は山陽の死まで続いた。文人として個人の能力で生きた山陽は、自己の内面を理解してくれる女性を細香に見出し、漢詩という男性の領域とされた世界に自己表現を求めた細香は、彼女の思いを受け止め指導してくれる男性を山陽に見出したのである。対等とはいえないが、それは新しい男女関係であった。その中で、細香は、満たされぬ思いや孤独感を漢詩に表現して艶麗《えんれい》な詩世界を構築し、その過程で強靱《きょうじん》な精神を培《つちか》った。山陽死後、細香は大垣詩壇の中心となり、ペリー来航後の危機的状況には交流のある尊攘《そんじょう》派の志士から政治的見解に信頼を寄せられるに至った。

参考文献 伊藤信『細香と紅蘭』、一九六九、矢橋龍吉。関民子『江戸後期の女性たち』、一九八〇、亜紀書房。門玲子『江馬細香—化政期の女流詩人—(三訂)』、一九八八、BOC出版部。 (関 民子)

えまみえこ　江馬三枝子 一九〇三—八三 昭和時代の民俗学者。本名ミサホ。北海道空知郡《そらちぐん》生まれ。プロレタリア文学作家江馬修《なかし》と結婚後、修の故郷である岐阜県大野郡高山《たかやま》町(高山市)で郷土研究誌『ひだびと』を主宰《しゅさい》・発行しつつ、飛驒《ひだ》山村の生活文化に関する民俗誌的研究を行なった。代表作である『白川村の大家族』(一九四三年)は白川村中切《なかぎり》地方の大家族制度に関する詳細なモノグラフであり、山村女性の生活を描いた『飛驒の女たち』(一九四二年)などとともに『飛驒白川村』(一九七五年)に収録されている。

参考文献 天児直美『炎の燃えつきる時—江馬修の生涯—』、一九八五、春秋社。石原豊美「江馬三枝子著『白川村の大家族』」(湯沢雍彦他『「家族・婚姻」研究ノート』戦前篇、一九九〇、クレス出版)。 (中込 睦子)

エムじがたしゅうろう　M字型就労 女性の働き方の年齢パターンの一つ。未婚時にほとんどの女性が就労し、その多くが結婚あるいは*出産を機に退職して、*子どもが成長すると再就労するので、横軸に年齢、縦軸に女性の労働力率をとってグラフを描くと、ローマ字の「M」の形になる。戦後日本ではこのパターンが根強いが、地域や時代を超えた普遍的なパターンではまったくない。まず、現在の欧米諸国について同様の方法でグラフを描くと、アメリカ・カナダなどの北米、スウェーデン・デンマーク・フィンランドなどの北欧、フランス・ドイツ・イギリスなどの西欧では、多くの国で逆U字型になる。成人期の女性は男性同様に働き続けるというパターンである。これに対しイタリアやスペインなどの南欧諸国では、山が一つで四十代から低下する。アジア諸国に目を転じると、中国やタイなどは逆U字型、シンガポールや台湾は山一つ型である。現在の世界で女性のM字型就労が見られるのは、日本・韓国・オーストラリアなどのみである。女性就労のパターンは歴史的にも変化する。十九世紀末の日本は今日の北西欧諸国やタイのように逆U字型であったと推定されるが、農業人口の減少とともにレベルが低下し、戦後になると二つ目の山ができてM字型が出現した。二つ目の山は次第に高まり、谷底は一九七〇年代までは深まり、その後は浅くなり、かつ年齢の高い位置に移動して、今日に至っている。北西欧や北米諸国では、第二次世界大戦後まもない時期は未婚期のみにピークがあったが、一九六〇年代にM字型となり、一九七〇—八〇年代以降は全体のレベルが上昇して、一九九〇—二〇〇〇年代に逆U字型となった。日本でのM字型の固定化、北西欧での消滅など一九七〇年代以降のパターンの分化は、各国のとった労働政策や福祉政策によるといわれる。なお女子労働力率の統計には、しばしば過少登録があるほか、非正規雇用と正規雇用を区別しないと労働の実態を反映しないといった問題点もあるので、留意が必要である。

参考文献 落合恵美子『21世紀家族へ(第三版)』(有斐閣選書)、二〇〇四、有斐閣。同「世界のなかの戦後日本家族」(歴史学研究会・日本史研究会編『日本史講座』一〇、二〇〇五、東京大学出版会)。 (落合恵美子)

えもんのすけのつぼね　右衛門佐局 一六四八?—一七〇六 江戸時代前期の*大奥女中。権中納言《ごんちゅうなごん》水無瀬氏信《みなせうじのぶ》の娘。右衛門佐ともいう。はじめ後水尾《ごみずのお》院の*後宮に勤め、のち、霊元《れいげん》天皇中宮房子《ちゅうぐうふさこ》(新上西門院《しんじょうさいもんいん》)に仕えた。五代将軍徳川綱吉の御台所信子《みだいどころのぶこ》の要請により、貞享《じょうきょう》元年(一六八四)江戸に下向し、御台所付きとなる。のち将軍付き。大奥女中総支配を命じられ千石《ごく》を与えられた。古典に通じ、*北村季吟《きぎん》らを幕府に推薦した。

参考文献『徳川諸家系譜』一、一九七〇、続群書類従完成会。塚本学『徳川綱吉』(人物叢書)、一九九八、吉川弘文館。 (久保 貴子)

エリザベス＝サンダース＝ホーム エリザベス＝サンダース＝ホーム ⇩沢田美喜《さわだみき》

えりチエミ　江利チエミ 一九三七—八二 昭和時代の歌手。大衆演劇のバンド楽士の久保益雄《くぼますお》と女優谷崎歳子《たにざきとしこ》の娘に生まれた久保智恵美は幼時から歌が好きであった。敗戦後、父親に連れられて進駐軍キャンプで歌い江利チエミが芸名になる。戦後ジャズ史が華やかに幕開けした時代、十四歳で吹き込んだ「テネシーワルツ」で衝撃的なデビュー。高倉健と結婚し引退したがまもなく復帰、ジャズから演歌、ミュージカルへと芸域を広げた。大衆に夢を与え続けたエンターテナーは、一九八二年(昭和五十七)二月十三日脳内出血で急死した。

参考文献 藤原佑好『江利チエミ波乱の生涯—テネシー・ワルツが聴こえる—』、二〇〇〇、五月書房。 (江刺 昭子)

えんきりでら　縁切り寺 江戸時代、妻が駆け込んで一定期間在寺すれば*離婚の効果を生じた*尼寺。駆け込み寺とも駆け入り寺ともいう。当時の庶民離婚は、仲人《なこうど》・親類・五人組等の介入《かいにゅう》・調整を伴う夫婦(ときに両家)間の熟談《じゅくだん》離婚が通例であったが、形式上妻は夫から離縁状《りえんじょう》

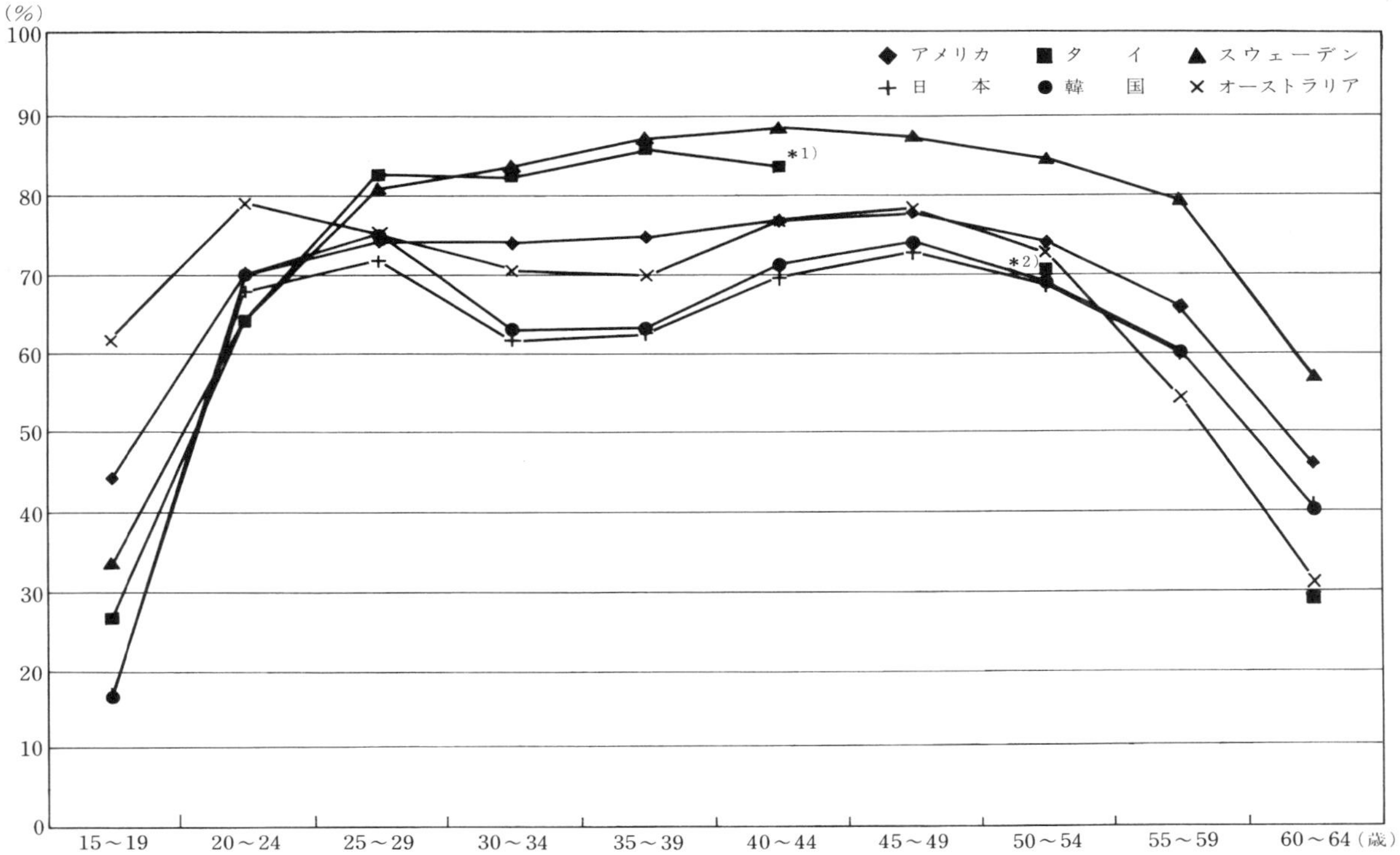

（1）*1)40～49歳の統計　　*2)50～59歳の統計
（2）国立社会保障・人口問題研究所『人口統計資料集』2007年版および韓国については大韓民国統計庁『経済活動人口年報』各年版より作成

M字型就労と逆U字型就労(2005年の年齢別女子労働力率)

を受理することが必要であった。離縁状を交付しない夫に対して、妻からの離婚請求は法的にきわめて限定されていたが、その一つに縁切り寺への駆込みがあった。縁切り寺はアジール(避難所)の残存と考えられ、尼寺には一般的に縁切り寺的機能があったとの説もあるが、少なくとも中期以降、幕府公認の縁切り寺は鎌倉の*東慶寺《とうけいじ》(臨済宗《りんざいしゅう》)と上野《こうずけ》国勢多《せた》郡新田《にった》庄徳川《とくがわ》郷(群馬県太田市徳川町)の*満徳寺《まんとくじ》(時宗《じしゅう》)の二ヵ寺に限られた。両寺が江戸時代を通じて縁切り寺たりえたのは、徳川家康の孫娘*千姫《せんひめ》にかかわる由緒による。東慶寺は千姫が助命をかなえた秀頼の息女天秀尼《てんしゅうに》の入寺にあたって家康が特別許可を与え、満徳寺は千姫自身が入寺し、離婚後再婚した例にならって、両寺とも開山以来の縁切り寺法《じほう》の特権が再確認されたと伝えられている。縁切り寺における離婚には、足掛け三年(東慶寺二十四ヵ月、満徳寺二十五ヵ月)の在寺と引換えに寺法を発動して夫から離縁状を強制的に差し出させる「寺法離縁」と、寺の仲介・説得により当事者双方が示談《じだん》で離縁を成立させ、妻は入寺しない「内済《ないさい》離縁」とがある。しかし、離婚せず帰縁《きえん》(復縁)することもあった。東慶寺の場合、内済のときは普通の離縁状、寺法のときは寺あての寺法離縁状が差し出される。満徳寺の場合、内済・寺法いずれのときも「満徳寺離縁状」であった。夫がどうしても離縁状を出さないときは、寺では寺社奉行所《じしゃぶぎょうしょ》に訴え、奉行所はその威光《いこう》により、とき

縁切り寺　満徳寺駈入りの図
(『救療史料』より)

に夫を仮牢《かりろう》に入れてでも離縁状を差し出させた。両寺は明治維新後も明治三年(一八七〇)までは縁切り寺の機能を存続させたが、満徳寺は同五年に廃寺し、東慶寺は縁切り寺法存続を願ったが、同四年七月政府に却下され、縁切り寺は完全に消滅する。

参考文献 穂積重遠『離縁状と縁切寺』(法学叢書一)、一九四二、日本評論社。石井良助『日本婚姻法史』(法制史論集二)、一九七七、創文社。井上禅定『駈込寺東慶寺史』、一九八〇、春秋社。高木侃『縁切寺満徳寺の研究』、一九九〇、成文堂。同『三くだり半と縁切寺—江戸の離婚を読みなおす—』(講談社現代新書)、一九九二、講談社。 (高木 侃)

エンゲルス、フリードリヒ Friedrich Engels ⇩家族《かぞく》・私有財産《しゆうざいさん》・国家《こっか》の起源《きげん》

えんこういん 円光院 一六〇九—八〇 江戸時代前期の尼。京都円通寺《えんつうじ》の開基《かいき》。贈左大臣園基任《もととう》の娘。後光明《ごこうみょう》天皇の生母壬生院《みぶいん》の妹。はじめ後水尾《ごみずお》天皇の母中和門院《ちゅうわもんいん》に近仕。のち大名の京極忠高《きょうごくただたか》の継室《けいしつ》となる。忠高没後、京に戻り髪をおろして円光院と号す。後水尾法皇に信任され、幼少時の霊元天皇の傅育《ぶいく》にあたる。禅僧一糸文守《いっしぶんしゅ》らに法を問い、法号は菊潭文英《きくたんぶんえい》。寛文《かんぶん》十二年(一六七二)法皇が幡枝《はたえだ》御所の御殿と庭園を霊元天皇と円光院の山荘とし、この地がのちの円通寺となる。

参考文献 久保貴子「洛北霊源寺にみる天皇家と有縁寺院」(『歴史評論』五二九)、一九九四。 (久保 貴子)

えんじゃ 縁者 ⇩親族《しんぞく》

えんじょこうさい 援助交際 金銭を対価とする男性と女性の性的関係の一呼称。女性が「援助」されて「交際」する、というように使用されてきた。しかし一九九〇年代、女子中・高生が、金銭を介在して男性と関係をもつことに関して、テレクラなどで「援助してほしい」と表現していることがマスコミで取り上げられ、この用語が広がった、といわれている。現在、金銭による男性と女子中・高生との関係を指す用語として定着している。「交際」の内容は、食事やカラオケを一緒にすることから性的関係をもつことまで、実態としては幅広い。ただ援助交際という場合、性的関係を意味することが多い。その場合、*児童買春《じどうかいしゅん》として把握する視点は希薄《きはく》である。女子中・高生の自己決定にもとづく自由売春とみなす文脈で、説明・使用される傾向がある。そのため児童買春への法的規制はなかなか進展しなかったが、国際的に日本の児童買春放任に対し批判が強まったこともあり、一九九九年(平成十一)児童買春・児童ポルノ禁止法が制定された。

参考文献 黒沼克史『援助交際—女子中高生の危険な放課後—』(文春文庫)、一九九八、文芸春秋。大治朋子『少女売春供述調書—いま、ふたたび問いなおされる家族の絆—』、一九九八、リヨン社。圓田浩二『誰が誰に何を売るのか?—援助交際にみる性・愛・コミュニケーション—』、二〇〇一、関西学院大学出版会。 (若尾 典子)

えんせいしかとじょせい 厭世詩家と女性 北村透谷《きたむらとうこく》の代表的な評論。『*女学雑誌《じょがくざっし》』一八九二年(明治二十五)二月六日号と二十日号に掲載。*恋愛は人生の秘鑰《ひやく》、つまり人生の秘密を解く鍵である、という文章で始まるこの評論に島崎藤村《しまざきとうそん》ら当時の文学青年は震撼《しんかん》させられたという。恋愛という観念に高い意義を与えたのははじめてで、長らくこの恋愛賛歌の部分だけが強調され評価されてきた。しかし評論の後段では結婚した女性は醜《みにく》い現実主義者になってしまうとして恋愛と結婚の断絶、結婚に対する幻《げん》滅《めつ》を描き、その責任を女性に転嫁《てんか》して、不幸なのは女性だ、「醜穢《しゅうわい》なる俗界の通弁」になると女性への痛罵《つうば》の言葉を並べている。恋愛を経て結婚に至る近代的恋愛ではなく、霊的な愛と、肉体の結合を伴う結婚を区別したこの評論を、恋愛至上主義の聖典扱いしたところに、近代の恋愛のたどる悲劇が内包《ないほう》されていたといえる。

参考文献 井上輝子『女性学とその周辺』、一九八〇、勁草書房。中山和子「「厭世詩家と女性」論」(透谷研究会編『透谷と近代日本』一九九四、翰林書房)。 (江刺 昭子)

えんちふみこ 円地文子 一九〇五—八六 昭和時代の小説家。一九〇五年(明治三十八)十月二日、国語学者上《うえ》田万年《だかずとし》・鶴子《つるこ》の次女として東京に生まれる。*日本女子大学附属高等女学校を四年退学し、英語・英文学・漢文などを家庭教師のもとで学ぶ。戯曲《ぎきょく》を書き始め、一九二八年(昭和三)『晩春騒夜《ばんしゅんそうや》』が築地小劇場で上演される。一九三〇年東京日々新聞記者の円地与四松《よしまつ》と結婚。長女素《もと》子《こ》が生まれる。一九三五年『日暦《にちれき》』同人となって小説を書き始めるが、戦後に病気をしたこともあって『ひもじい月日』(一九五四年)が認められるまで不遇時代が続く。『女坂《おんなざか》』(一九五七年)では夫と家に仕えた女性の忍従《にんじゅう》の半生を端正な文章で描いた。自伝的小説の三部作『朱《あけ》を奪ふもの』『傷ある翼』『虹《にじ》と修羅《しゅら》』(一九五六—六八年)にある、愛のない結婚生活とそのためかえって奔放《ほんぽう》になってゆく情念のありようとつながるテーマである。『円地文子訳源氏物語』全十巻(一九七二・七三年)の完成にみるとおり古典の素養が深く、それを活かした『なまみこ物語』(一九六五年)のような小説も多い。

円地文子

参考文献 亀井秀雄・小笠原美子『円地文子の世界』、一九八一、創林社。竹西寛子『読書の歳月』、一九八五、筑摩書

房。　(宮内　淳子)

えんとう　遠島　幕府の公布した流刑《るけい》制度。律令時代の笞《ち》・杖《じょう》・徒《ず》・流《る》・死の流にあたり、罪人に科す刑罰のうち死罪につぐ重刑。幕府は古代の流刑制度を踏襲《とうしゅう》したが大幅に改訂、「島流し」という名目で、江戸を起点として、遠流・中流・近流の三区分とし、八丈島《はちじょうしま》が遠島に該当する。寛保二年(一七四二)に公布された『御定書百箇条《おさだめがき》』によれば、遠島に該当する罪状は幅広く、社会治安の攪《かく》乱《らん》・不義・賭博《とばく》・殺人幇助《ほうじょ》・傷害致死・女犯《にょはん》・誤認殺人・幼年放火などである。つまり、政治的・社会的な体制批判、秩序を乱す者が主として遠流刑となる。犯罪者は、流人船に乗船し、霊巌島《れいがんじま》か永代橋《えいたいばし》から出航するのが通例である。海上は、しけの日もあり、順風の日もあるので、到着日数は、はっきりせず、早ければ一ヵ月、なかには百日以上を費やすこともあったといわれている。

参考文献　池田信道『三宅島流刑史』、一九七八、小金井新聞社。林玲子編『日本の近世』一五、一九九三、中央公論社。　(宇佐美ミサ子)

えんどうきよこ　遠藤清子　⇨岩野清子《いわのきよこ》

えんとも　縁友　主として平安・鎌倉時代の宗教関係の金石文《きんせきぶん》資料(仏像造立銘・経筒《きょうづつ》・棟札《むねふだ》など)や譲状《ゆずりじょう》の人名記載においてみられる配偶者(主として妻)の呼称。「丹波久清入道并縁友女」「永範大法師并縁友女三宅氏」などと併記され、先に書かれた丹波久清入道に対して「縁友女」、永範《えいはん》大法師に対して「縁友女三宅氏」はそれぞれ前者の妻を意味し、夫婦共同祈願や共同意志の署判を表すものである。「縁友女三宅氏」の場合、中世では*夫婦別姓であったから永範の妻は実家の三宅氏を称していたのである。このように夫に対して妻を表現する記述は、縁友のほかに縁友女・縁共《えんとも》・縁共女・縁妻《えんさい》・芳縁《ほうえん》・結縁《けちえん》女など多様な表現をとり、その後に女性の出自の姓が記される場合も多い。神仏の前に縁を結んだ夫婦が、共同祈願などで併記する場合の記載方法なのである。中世後期にこのような夫婦併記の記述が消滅していくことは、*家族史・*女性史の問題として考える必要があるだろう。

参考文献　峰岸純夫「平安末・鎌倉時代の夫婦呼称の一考察—「女共」「縁友」「縁共」を中心に—」(前近代女性史研究会編『家族と女性の歴史—古代・中世—』一九八九、吉川弘文館)。勝浦令子「院政期における夫と妻の共同祈願」(『女の信心—妻が出家した時代—』一九九五、平凡社)。　(峰岸　純夫)

えんとものにょ　縁共女　平安時代末期から鎌倉時代に、宗教活動のたかまりのなかで登場する配偶者呼称「縁共」のうち、妻を特定する言葉。縁友女とも書く。「えんのとものおんな」「えんどものにょ」などと読む可能性があり、読みは不詳。「縁共」の語尾に「女」をつけるこのような事例がみえるのは、本来、「縁共」が夫妻を区別しない呼称であったことのあらわれともとれるが、「縁共男」などの対語史料がみられないことに、当該期の配偶者呼称の非対称性がうかがえる。なお、一般的によくみられる男性氏名＋「縁共」＋女性氏名、の記載形式ではなく、このように最後の女性氏名を記さない、男性氏名＋「縁共女」、のような記載の場合、その妻は姓を持たない身分である。氏名のない妻の身分に留意すべきである。

参考文献　峰岸純夫「平安末・鎌倉時代の夫婦呼称の一考察—「女共」「縁友」「縁共」を中心に—」(前近代女性史研究会編『家族と女性の歴史』一九八九、吉川弘文館)。黒田弘子「中世前期の村落祭祀と女性」(『女性からみた中世社会と法』二〇〇二、校倉書房)。　(黒田　弘子)

お

おあいのかた　お愛の方　?—一八〇二　江戸時代後期の仙台藩主伊達重村《だてしげむら》の*側室。家臣の西村《にしむら》尚明の娘。天明《てんめい》七年(一七八七)七月謹子《きんこ》(順孝院《じゅんこういん》)を生む。謹子はのち同藩の重臣伊達式部《だてしきぶ》村幸の妻となる。法名は全貞院純功普《ぜんていいんじゅんこうふ》成尼大姉《せいにだいし》。墓所は仙台の大年寺《だいねんじ》。　(久保　貴子)

おあんものがたり　おあん物語　慶長五年(一六〇〇)の関ヶ原の戦いの際の籠城《ろうじょう》生活および籠城以前の日常生活に関する女性の体験談を、江戸時代中期に筆録した物語。筆録者は不詳。一冊。『おあん女物語』『おあん女咄』『於安女咄』『於和武物語《おわむものがたり》』『安女戦話』など異名が多い。版本に享保十五年(一七三〇)版、天保八年(一八三七)版、弘化二年(一八四五)版、刊年不明のものもある。写本も不忍《しのばず》文庫旧蔵本、温故堂叢書本、蓬左文庫《ほうさぶんこ》蔵本、本山文庫旧蔵本など多数存在する。享保十五年版には国学者の谷垣守《たにかきもり》(一六九八—一七五二)の奥書のある本が伝存している。天保八年版の朝川善庵跋文《あさかわぜんあんばつぶん》では『御庵物語』、すな

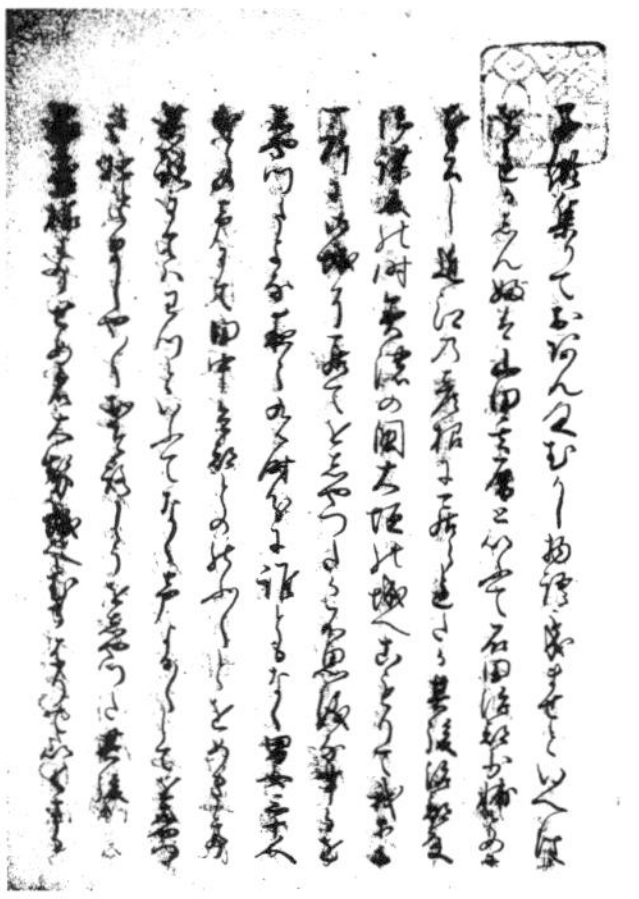

『おあん物語』

わち老尼の物語となっており、*系譜上に「おあん」の名が確認できないことから「おあん」は実名でなく老尼の意であるとも考えられている。「おあん」は石田三成《みつなり》に仕えていた山田去暦《きょれき》を父に持つ。年少時は彦根で生活を送った。朝夕二回の雑炊のみという食事や、帷子《かたびら》一枚で過ごしたことに対する着物への憧憬《どうけい》など、いくつかの話が物語に採録されている。慶長五年(一六〇〇)関ヶ原の戦い時に、父母・弟・従者とともに大垣《おおがき》の城に籠城するという体験をする。その城は佐和山《さわやま》城とも大垣城とも考えられている。石火矢《いしびや》の恐怖、鉄砲玉作り、おはぐろ首の作業などの話が収録されている。籠城中に弟は死去したが、落城時に一家で城を脱出。逃れる途中、母が田の水を産湯《うぶゆ》に*出産するという体験をする。一家は土佐に逃れ、「おあん」は雨森儀右衛門《あめのもりぎえもん》の妻となる。のちに夫とは死別するが、甥《おい》の山田喜助《きすけ》に養われ、寛文年間(一六六一—一七三)ころに八十余歳で死没したという。晩年、女性の体験談を聞いた八、九歳の子供が、のちに筆録したのが本書とされる。この時代の合戦や中・下級武士の日常生活の様子について、女性からの視点で細部にわたって具体的に表現された史料という点で稀有《けう》な記録である。また、国語学からも口語史的に貴重な史料と考えられている。岩波文庫、『日本庶民生活史料集成』八に所収されている。

参考文献　杉浦明平『戦国乱世の文学』(岩波新書)、一九六五、岩波書店。

(栗原　健一)

おいえそうどう　お家騒動　江戸時代の大名家における政治的な抗争。将軍家や百姓・町人にも起っているが、文芸作品の題目となったことから大名家のそれを指す。有名なものは、鍋島《なべしま》騒動・生駒《いこま》騒動・池田騒動・黒田騒動・郡山《こおりやま》騒動・加賀《かが》騒動・津軽《つがる》騒動・*お由羅《ゆら》騒動など。時期区分として、初期・前期・後期に区分され、内容・対立構造・騒動の調停《ちょうてい》・幕府の対応等の諸点に違いがある。初期のそれは、家老合議制《かろうごうぎせい》の導入により藩政を確立する段階で、主君と自律的な大身家臣との主従不和が原因、幕府の関与もあまりない。前期のそれは、初期藩政改革をめぐる重臣間・新旧家臣対立の構造で、幕府の調停は大名・家中が求めた場合になされる。後期のそれは、継嗣《けいし》争いに加え、特に財政整理や経済政策に重点をおく藩政改革をめぐる家臣間の対立が原因。幕府の対応も表立っての関与は減少するが、藩内の解決が困難で幕府がそれを知った場合や、家中から幕府に訴訟《そしょう》がなされた場合は大名家改易《かいえき》の処置がとられることが多い。

参考文献　福田千鶴『幕藩制的秩序と御家騒動』、一九九九、校倉書房。佐々木潤之介「御家騒動」(『日本の歴史(改訂)』一五、二〇〇五、中央公論新社)。

(神田　裕理)

おいちのかた　お市の方　一五四七—八三　織田信秀《のぶひで》の娘で、信長の妹。浅井長政《あざいながまさ》室、のち柴田勝家《しばたかついえ》室。信長が北近江《きたおうみ》の戦国大名浅井長政と同盟を結ぶにあたり、長政に嫁ぎ、居城の小谷《おだに》城に住んだ。そのため、小谷の方ともよばれる。嫁いだ年次については諸説あり、永禄《えいろく》四年(一五六一)説・同六年説・同七年説、さらに同十一年説があるが、十一年の可能性が高い。まもなく、長女の茶々(のちの*淀殿《よどどの》)、次女の*お初《はつ》(常高院《じょうこういん》)が生まれ、平穏な日々が続いたが、元亀《げんき》元年(一五七〇)、兄の信長が越前の朝倉義景《あさくらよしかげ》を攻めたとき、夫長政が信長に反旗《はんき》をひるがえし敵対することになった。お市の方は離縁されることなく、そのまま小谷城にとどまったが、以後、織田軍の攻撃にさらされることになったのである。その間、三女の小督《おごう》(崇源院《すうげんいん》)を生んでいる。結局、天正元年(一五七三)九月一日、長政は小谷城で自刃し、浅井氏は滅亡した。その直前、お市の方と三人の娘は城を出て、信長の保護を受けることになった。その後、お市の方と三人の娘は、信長の弟信包《のぶかね》の居城である伊勢の上野城《うえのじょう》(三重県津市上野)に引きとられている。ところが、天正十年(一五八二)六月二日に起った本能寺の変で兄信長が殺されたことで、お市の方身辺は急にあわただしさをましたのである。身の危険を避けるため、尾張《おわり》の清洲城《きよすじょう》にもどったが、そこで、羽柴秀吉と柴田勝家の織田家の覇権争いに巻きこまれることになった。信長の三男信孝《のぶたか》の強い勧めで、当時*正室のいなかった柴田勝家と再婚し、お市の方は三人の娘をつれて越前の北ノ庄城《きたのしょうじょう》に移っていった。翌十一年四月、夫勝家と秀吉が近江の賤ヶ岳《しずがたけ》で戦い、敗れた勝家が北ノ庄城に逃げもどり、四月二十三日には城を秀吉軍に包囲されている。そのとき、勝家はお市の方に城を出るよう説得したが、夫とともに死ぬ覚悟を固め、三人の娘を城外に出したあと、翌二十四日、勝家とともに自害しているのである。

参考文献　小和田哲男『織田家の人びと』、一九九一、河出書房新社。桑田忠親『桃山時代の女性』(日本歴史叢書新装版)、一九九六、吉川弘文館。

(小和田哲男)

お市の方画像

おいまのかた　お伊万の方　?—一五九五　戦国時代の山形城主最上義光《もがみよしあき》の娘。名は駒姫《こまひめ》。母は天童氏《てんどうし》。天正十八年(一五九〇)、最上氏は豊臣氏に従属。それに伴い、対九戸《くのへ》戦争を指揮する豊臣秀次《ひでつぐ》と*婚姻契約が結ばれたらしい。のちに秀次邸聚楽第《じゅらくだい》に入り、お伊万の方と称したという。文禄《ぶんろく》四年(一五九五)七月、秀次は秀吉の命で切腹。翌月、秀次の遺児《いじ》・妻妾《さいしょう》らとともに京都三条河原で処刑された。義光は、現在の山形県天童市高揃《たかだま》にあった専称寺《せんしょうじ》を山形城下に移し、その菩提《ぼだい》を弔《とむら》った。

参考文献 『山形市史』中、一九七一、山形市。『山形市史』史料編一、一九七三、山形市。 (遠藤ゆり子)

おいらん 花魁 *遊女の総称。『*守貞謾稿《もりさだまんこう》』には、このことばの起りは、「新造《しんぞ》及び禿《かむろ》などが、己《おの》れが仕る所の太《た》夫《ゆう》を指て、オラガ太夫子と云い」「オラガ〳〵」が訛《なま》って*吉原の上妓を「おひらん」と通称したとある。花魁は、合印《あいじるし》によって格付けされ、見世《みせ》を張って客を迎える。安永期の『吉原細見《よしわらさいけん》』には「おひらん」は「散茶《さんちゃ》」のことを指すと記されている。花魁の名目は、いつから用いたかは不明。花魁は派手な道中をするので、花魁道中として人びとに注目され、羨望《せんぼう》の的となった。「仕掛《しかけ》専ら二領を着す、上の仕掛には、縞繻子《しまじゅす》多し、其他羅紗《らしゃ》、天鵝絨等に種々の繍模様もあり、又は金襴《きんらん》、錦《にしき》、純子の類もあり、縮緬《ちりめん》等の染模様は稀也」と『守貞謾稿』にはみえ、花魁のあでやかな姿が想像される。格によって、髪・簪《かんざし》、履物などにも格差があった。前ざし八本、後ざし十八本、二枚櫛の後ろに三本、髪は高島田《たかしまだ》、下駄は三枚歯の黒塗り、高さ五～八寸が、制外の歌舞・色を生業とする遊女の典型である。

参考文献 三谷一馬『江戸吉原図聚(限定版)』、二〇〇六、中央公論社。喜田川守貞『守貞謾稿』三、一九九二、東京堂出版。 (宇佐美ミサ子)

おうぎ 扇 あおぐことにより風を起こす招涼《しょうりょう》の具。「扇《せん》子《す》」は中国での呼称。開閉自在なのが扇で、開いたままの状態のものが団扇《うちわ》である。九世紀ごろわが国で発明された。構造・材質から檜扇《ひおうぎ》・蝙蝠扇《こうもりおうぎ》の別があり、前者は冬扇、後者は夏扇とも呼ばれる。前者は幅約三センチ、長さ約三〇センチの檜や杉の薄板の束の端を要《かなめ》と呼ぶ金具で綴《と》じ合わせたもの。扇の表面に直接、もしくは薄紙に備忘事項を書きつけ貼り付けたりして使った。本来は朝廷の官人たちの用いた*木簡を束ねたものといわれる。皇・貴族の男女が公的な場で用いた。これに対して私的な場で多く用いられたのが後者で、木材の細い板を骨として檜扇のように要で綴じ、その片面に地紙として、面には料紙や芸術的・装飾的意匠の図柄を描いた紙を貼った。蝙蝠扇は十世紀以降にかけて中国に輸出されるが、十四世紀以降、骨の両面に紙を貼った紙扇形式のものが逆輸入され、中啓《ちゅうけい》(末広《すえひろ》)・雪洞《ぼんぼり》・鎮折《しずめおり》の三種類の紙扇に発展し現在に至る。

参考文献 中村清兄『日本の扇』、一九四二、河原書店。同『扇と扇絵』、一九六九、河原書店。 (佐多 芳彦)

おうぎうり 扇売り 扇の製造・販売およびそれに従事する人。中世、扇は地方への贈答品、日明貿易の主要輸出品として大量に製造販売された。特産地である京都では、木工寮《もくりょう》を本所とする座が形成されており、永正《えいしょう》十三年(一五一六)のころには本座・中座・下座の存在が確認できる。特に本座は、鶴屋《つるや》・菊屋《きくや》・布袋屋《ほていや》・雉屋《きじや》の四軒のおとな衆からなり、亀屋《かめや》以下の脇座衆《わきざしゅう》が付属していた。扇商売はなお折手《おりて》が売手という製造と販売が未分化な状況にあり、働き手の大半を女性が占めていた。そのなかには、本座の販売権の半分と脇座を持つ*布袋屋玄了尼《げんりょうに》のような女性もいた。

参考文献 豊田武「産業の分化」(『中世日本商業史の研究(増訂版)』一九五三、岩波書店)。 (加藤美恵子)

扇売り(『七十一番職人歌合』より)

おうぎおり 扇折 地紙《じがみ》を折り、扇を作ること、また、その人。中国の紙張りうちわが輸入され、九州においてビロー樹の葉で作られるようになる。これをヒントに木の板を薄く集めて糸で綴じ合わせ、開いたり閉じたりできる板扇ができ、のちに竹で作られるようになった。平安時代末期には京都で扇が作られ輸出された。扇は手の平に似て開くことから、心が通じて縁起がよいとされ神社の祭祀《さいし》に多く登場。神を招くありがたいものとして芸能や礼儀作法にとり入れられ、竹は強いため簡単な武器にもなった。扇折は京都に特有な労働であり、中世以来多く女性の職種と考えられてきた。十七世紀ごろ、御影《みえい》堂《どう》という扇折専門業者があり、描かれている女性*職人は艶《つや》やかである。

参考文献 樋口清之『日本の風俗の謎』、一九八六、大和書房。安国良一「近世京都の庶民女性」(女性史総合研究会編『日本女性生活史』三、一九九〇、東京大学出版会)。 (小和田美智子)

おうしゅうふじわらし 奥州藤原氏 ⇩藤原清衡《ふじわらのきよひら》の妻《つま》 ⇩藤原清衡《ふじわらのきよひら》の母《はは》 ⇩藤原秀衡《ふじわらのひでひら》の妻《つま》 ⇩藤原基衡《ふじわらのもとひら》の妻《つま》

おうちょうじょりゅうぶんがく 王朝女流文学 「王朝」とは天皇や帝王が親政《しんせい》を行う時代のことで、日本では武家時代に対比する意味で用いられ、奈良・平安時代をいうが、特に平安時代を指すことが多い。「王朝女流文学」とは、主として平安時代の貴族女性が仮名《かな》文字を用いて創作した文学の総称で、ジャンルは*和歌・物語・日記文学・随筆《ずいひつ》など広範囲に及ぶ。この女性作者たちによる活発な文学創作活動は、当時の王朝貴族社会の政治的文化的な特殊な事情と連動して展開された。平安時代は、男性貴族(官人)社会においては公的表記は中国からもたらされた漢字漢文で、漢詩文創作は男性貴族層の基本的教養とされた。しかし、日常生活のなかで「日本語＝和語」を外来の言語で表現することは困難であり、会話をそのまま写すことのできる「仮名」が発明された。女性たちは私生活の場で仮名文字を用いて日本古来の伝統的文芸である和歌を詠み、手紙を書いた。仮名文字は、王朝貴族女性の私生活における自己表現の手段として発達した。脇田晴子はこの現象について、「男性＝公的＝漢文」「女性＝私的＝仮名」という「性的役割分担の構造をともなって発達したところに特色」があるとする。その「役割分担」に楔《くさび》を打ち込んだのが、男性が仮名文字で女性に仮託《かたく》して書いた『土佐日記』(紀貫之《きのつらゆき》作、承平《じょうへい》五年(九三五)成立)である。以後、男性貴族も漢詩漢文とともに女性との和歌贈答やそれに付随する手紙の交換等をとおして、仮名を積極的に使うようになる。閉塞《へいそく》的空間にありながら仮名文字を手だてとして男性や社会とのつながりが深まり、自己表現の具(＝仮名文字)と発表の場(＝男性との交流)を得た女性たちは、和歌から散文へと自己をより深く細密に語り訴える手法を獲得していった。『*蜻蛉《かげろう》日記』(*藤原道綱母《みちつなのはは》作、十世紀末成立)は、「世の中＝夫との生活」に視点を定め、結婚生活のなかで生じた心の葛藤《かっとう》を仮名文字で回想して描いたもの。女性が私生活の苦しい心情をこまやかに描いたものとして、王朝女流文学史上、画期的な作品である。書く行為をとおして自己を自覚的に見据《みす》え、閉塞的社会状況のなかで内面を深く掘り下げて、その心情を散文で物語的に記した最初の作品として、『蜻蛉日記』がのちの女流文学に与えた影響は大きい。以後、『*和泉式部日記』『*更級《さらしな》日記』等の女流日記文学へと受け継がれ、中世の女房日記に流れ込む。だが、その前提として十世紀前半の女流歌人の活躍があったことは見逃せない。王朝女流文学の最高峰『*源氏物語』は、以上の流れのもとに成立するが、その背景には、自己表現の具としての仮名文字の成熟とそれによる自己洞察の深化等とともに、宮廷サロンの果たした役割も特記されるべき事項であろう。主として中流貴族層の女性たちは*女房として宮中で働き、宮廷文化の担い手の中心的地位を築いていった。和歌や物語の作者である一方で読者としての批評者ともなり、女房中心の宮廷サロンは文化面で男性たちをリードする場となっていった。『源氏物語』以降もこの傾向はさらに続く。しかし、次第に時代は変化し、歴史認識や庶民生活への関心も深まりをみせ、男性も仮名文字で創作活動を積極的に行うようになっていく。

参考文献　秋山虔『王朝女流文学の形成』(塙選書)、一九六七、塙書房。脇田晴子・林玲子・永原和子編『日本女性史』、一九八七、吉川弘文館。脇田晴子『日本中世女性史の研究』、一九九二、東京大学出版会。日向一雅「ジャンルの成立—物語文学—」(久保田淳他編『(岩波講座)日本文学史』三、一九九六、岩波書店)。井上眞弓「性と家族、家族を超えて」(同)。神野藤昭夫『散逸した物語世界と物語史』(中古文学研究叢書)、一九九八、若草書房。

(和田　律子)

おうな　嫗　「嫗」は老女をあらわし、老いた男性の「翁《おきな》」に対する語。十世紀成立の『和名類聚抄《わみょうるいじゅしょう》』の説文で「嫗」は老女の称で和名は「おむな」とある。十二世紀成立の『色葉字類抄《いろはじるいしょう》』では「嫗」と「媼」の和名を「おほな、おうな」としている。『*古事記《こじき》』では「老女」「老嫗」の訓に「おみな」を、『*日本霊異記《にほんりょういき》』では「嫗」の訓に「おうな」を用いている。『土佐日記《とさにっき》』『*落窪物語《おちくぼものがたり》』『*大鏡《おおかがみ》』では「おむな」を、『*源氏物語』では「おむな」と「おうな」の両方の語を用いている。老女をあらわす語は、若い女をあらわす「をみな」に対して「おみな」といったのが、転じて「おむな」「おうな」になったと考えられる。『養老令《ようろうりょう》』では六十一歳からを老と規定していた。中世でも、山城国一揆や軍役動員の上限が六十歳であり、北条重時《ほうじょうしげとき》も家訓で六十歳以降を「何事もうちすてて」後《ご》生《しょう》を願う歳としていた。女性も六十を境に出家することが多かったという。男女ともに六十を引退＝老いに入る歳と考えていたのであろう。高齢の女性に嫗の語を用いた例は多い。ただし、池辺本『御成敗式目注《ごせいばいしきもくちゅう》』(東京大学付属図書館蔵、『中世法制史料集』別巻所収)では「奴婢《ぬひ》雑人事《ぞうにんのこと》」の個条で、三十前の年若き女を「女」と書いて「をんな」と読み、三十以上の女を「嫗」と書いて「をうな」と読み、老女に用いるとある。『*梁塵秘抄《りょうじんひしょう》』に、*遊女が女の盛りは十四、五、六歳から二十三、四で、三十四、五になれば「紅葉の下葉に異ならず」といっているように、女の盛りは三十過ぎまでと考えられたようだが、三十以降の女を実際に「おうな」と呼んでいたかは、なお検討すべきであろう。

参考文献　『新撰字鏡』。本居宣長『古事記伝』。『箋注倭名類聚鈔』。『古事類苑』人部一。飯沼賢司「中世前期の女性の生涯」(女性史総合研究会編『日本女性生活史』二、一九九〇、東京大学出版会)。保立道久『中世の女の一生』、一九九九、洋泉社。

(西村　汎子)

おうみ　苧績　外皮を取った苧麻《ちょま》(「からむし」とも読む、青苧)を煮て柔らかくした後、爪でその繊維を割き、さらにその端と端を撚《よ》り合わせて糸状に繋《つな》げていく作業。完成した糸は苧桶《おぼけ》と呼ばれる手桶に繰り入れていく。縄文・弥生時代以来、民衆の衣料の素材にはさまざまな繊維植物が用いられていたようであるが、室町時代ころの*木綿《もめん》の普及まで、最も一般的に用いられていたのが麻、特に苧麻であった。『*万葉集』一三に「娘子《おとめ》らが麻笥《おけ》に垂れたる績麻《うみお》なす長門《ながと》の浦に(下略)」(三二四三)と歌われており、その他の史料からも苧績をはじめとする自給的紡績作業は、女性の日常的な家内労働であったと見られている。また、『*光明真言功徳絵巻《こうみょうしんごんくどくえまき》』や『遊女物語絵巻《ゆうじょものがたりえまき》』といった中世の絵巻にも、苧績やでき上がった糸に撚りをかける場面が描かれているが、一連の作業に登場するのはすべて女性であり、中世においてもこの作業の担い手は引き続き女性であったと見てよいであろう。中世後期から近世にかけて生産性・加工性の高い木綿の栽培が普及すると、女性たちも苧績をはじめとする自給的紡績作業から離れ、木綿の商業的生産に主体的に関わるようになったとみられている。

参考文献 服藤早苗「古代の女性労働」(女性史総合研究会編『日本女性史』一、一九八二、東京大学出版会)。永原慶二『新・木綿以前のこと—苧麻から木綿へ—』(中公新書)、一九九〇、中央公論社。保立道久「中世絵巻にみる庶民女性の生活誌」(『中世の女の一生』一九九九、洋泉社)。

(宮瀧 交二)

おうみけんしそうぎ 近江絹糸争議 一九五四年(昭和二十九)、滋賀県彦根《ひこね》市を創業の地とする近江絹糸紡績株式会社で発生した労働争議。会社は敗戦後の混乱期にスフ紡績による再興に成功し、既存の大企業をしのぐ規模に成長した。しかし労働組合の民主化や労務管理をめぐるトラブルが絶えず、女子寄宿生二十人余の犠牲者を出した映画会圧死事件(一九五一年)により、会社に対する全国的な非難が高まっていた。一九五四年六月二日の大阪本社における第二組合結成を機に、彦根工場をはじめ各地の工場が次々とストライキに突入。二十二の要求項目中、仏教の強制・親書《しんしょ》開封反対、密告者報償《ほうしょう》制度廃止、結婚の自由の要求などが世間を驚かせ、「人権争議」と呼ばれた。二十歳前後の若い組合員によって闘われた争議は、国内外の労働者や世論の支持を受け、九月十六日、勝利のうちに終った。女性労働者に対する家父長的な労務管理や人権侵害の実態は、戦後社会に強い衝撃を与え、他の争議にも大きな影響を与えた。

近江絹糸争議

参考文献 早田リツ子『工女への旅—富岡製糸場から近江絹糸へ—』、一九九七、かもがわ出版。『(新修)彦根市史』、二〇〇一。

(早田リツ子)

おうみのおおいこ 近江の大井子 ⇨大力《だいりき》の女性《じょせい》

おうらひめ 阿保良姫 一五五〇—一六二八 弘前《ひろさき》藩初代藩主津軽為信《つがるためのぶ》の妻。戌姫《いぬひめ》ともいう。大浦《おうら》城主大浦為則《ためのり》の娘。天正《てんしょう》七年(一五七九)檜山《ひやま》の安東愛季《あんどうちかすえ》の軍勢が津軽に侵攻し、平賀《ひらが》郡茶臼山《ちゃうすやま》、六羽川《ろっぱがわ》で為信の軍と激戦を展開した際、味方の弾薬が不足する事態のなか、多くの*女中に命じて城中の器物を集め、みずから弾薬をつくり本陣に送った話が『津軽記《つがるき》』に記されている。夫為信の治世を支え家臣の面倒をよく見たことも伝承される。為信の没後は仙桃院《せんとういん》と号し、弘前城北の丸で過ごした。

参考文献 『青森県史』一、一九七二、歴史図書社。

(柳谷 慶子)

おえい お栄 生没年不詳 江戸時代後期の浮世絵師。葛飾北斎《かつしかほくさい》の三女で葛飾応為《おうい》と号す。画師堤等琳の門人南沢等明(江戸橋本町二丁目水油屋庄兵衛の息子、吉之助)と離婚した後、北斎と住み、父の業を助けるとともにみずからも画業に専心した。応為の号は「オーイ、オーイ親父ドノ」という俗曲からとったともいわれる。お栄と北斎が本所亀沢町榿馬場《はんのき》に住んでいたころの部屋の様子を、門人露木孔彰が描いた画が残る(国立国会図書館所蔵)。食事は煮売店から買ってきた惣菜ですませ、室内は竹の皮など取り散らかしたままであったという。北斎の代作も行なったが、美人画にすぐれ、ことに肉筆画に才があった。商家や旗本の娘を門人として、晩年には教授に出向いた。また仏門に入り、女仙となることを願っていた。嘉永《かえい》二年(一八四九)に北斎が九十歳で死去後は、居所を定めず行方不明となる。金沢で六十七歳で没したともいわれるが、場所・没年とも諸説がある。代表作に「三曲合奏図」「吉原夜景図」「夜桜図」などがある。『*女重宝記《おんなちょうほうき》』等の挿絵も描いている。

参考文献 飯島虚心『葛飾北斎伝』(岩波文庫)、一九九九、岩波書店。白戸満喜子「江戸の出版にみる女性像—浮世絵師・渓斎英泉を中心に—」(福田光子編『女と男の時空』七、二〇〇〇、藤原書店)。

(椙山 聖子)

おえよのかた お江与の方 一五七三—一六二六 江戸幕府二代将軍徳川秀忠《ひでただ》の*正室(*御台所《みだいどころ》)。近江《おうみ》国小谷《おだに》城主浅井長政《あざいながまさ》と小谷の方の三女。幼名はお江・小督《おごう》とも。名は達子《みちこ》。天正元年(一五七三)小谷城落城で父を失い、母方の伯父織田信長《おだのぶなが》の庇護《ひご》下に置かれ、同十一年北庄城《きたのしょうじょう》落城で母と義父柴田勝家《しばたかついえ》を失い、豊臣秀吉に引き取られた。その後、尾張《おわり》国大野城主佐治一成《さじかずなり》に嫁ぐが、秀吉により離別させられ、秀吉の甥で養子の秀勝《ひでかつ》と再婚。一女を儲《もう》けたが、文禄《ぶんろく》元年(一五九二)秀勝は朝鮮出兵中に病死。同四年、秀吉の命により徳川秀忠に嫁ぎ、二男五女を生む。大坂の陣で対立関係におかれた長姉の*淀殿《よどどの》を失う。次男忠長《ただなが》を偏愛《へんあい》して家督《かとく》争いの原因を作ったとされるが真偽は明瞭ではない。寛永《かんえい》三年(一六二六)九月夫の秀忠や子の家光・忠長らが上洛中に江戸城で没した。法名は崇源院《すうげんいん》。没後に従一位を追贈《ついぞう》される。墓所は芝の増上寺《じょうじ》(東京都港区)。

参考文献 『徳川諸家系譜』一、一九七〇、続群書類従完成会。藤井譲治『徳川家光』(人物叢書)、一九九七、吉川弘文館。

(久保 貴子)

おおいしじゅんきょう　大石順教　一八八八―一九六八　昭和時代の尼僧《にそう》、社会福祉実践家。一八八八年(明治二十一)、大阪の鮨屋《すしや》に生まれる。本名よね。堀江遊廓《ほりえゆうかく》で芸妓《げいぎ》となるが、一九〇五年養父に一家五人が斬殺《ざんさつ》される事件に遭遇《そうぐう》、両腕を切断される。その後、小鳥からヒントを得て筆を口にして書画を学ぶ。やがて画家と結婚、一男一女の母となるが離婚、一九三三年(昭和八)高野山で出家得度《とくど》し順教と改名。一九三六年京都の勧修寺《かじゅうじ》に身体障害者相談所(自在会《じざいかい》のち宗教法人仏光院《ぶっこういん》)創設、障害者福祉に貢献した。著書に『無手の法悦』(一九七一年、春秋社)がある。　(今井小の実)

おおいしりく　大石りく　一六六九―一七三六　大石内蔵助良雄《くらのすけよしお》の妻。父は但島《たじま》国豊岡《とよおか》京極《きょうごく》家の家老石東源五兵衛毎好《つねよし》、母は大和国高取植村《たかとりうえむら》家の臣中谷新兵衛娘しげ。貞享《じょうきょう》四年(一六八七)十九歳で良雄と結婚し、主税良金《ちからよしかね》・吉千代・くう・るりを出産した。浅野内匠頭長矩《あさのたくみのかみながのり》の刃傷《にんじょう》事件後、元禄十五年(一七〇二)離別、豊岡の実家に戻り大三郎が誕生した。同年十二月吉良《きら》邸討ち入り、翌年二月に良雄・主税が切腹すると剃髪《ていはつ》した。正徳三年(一七一三)大三郎が広島浅野家に抱えられたため広島に転居。その地で死去、六十八歳であった。法号香林院。墓は広島国泰寺《こくたいじ》にある。また豊岡正福寺に遺髪塚がある。

参考文献　田口章子『おんな忠臣蔵』(ちくま新書)、一九九八、筑摩書房。　(椙山　聖子)

おおえスミ　大江スミ　一八七五―一九四八　明治から昭和時代戦前期にかけての女子教育家。東京家政学院の創設者。長崎生まれ。東洋英和女学校を経て一九〇一年(明治三十四)女子高等師範《しはん》学校を卒業。沖縄師範学校女子部教諭となるが、翌年文部省から英国に派遣され*家政学の研究を行う。帰国後母校の教授となり、一九二三年(大正十二)家政研究所を開設、一九二五年に東京家政学院を創設し、校長となる。大江は「三法主義《さんぽう》」(女房(*家庭)・説法(宗教)・鉄砲(軍備))を唱え、女性が国家の基礎である家庭を経営するため、「治国《ちこく》の学」としての家政学の確立に努めた。また*婦人参政権運動等にも参加した。著書に『三ぼう主義』『応用家事教科書』などがある。

参考文献　大濱徹也『ひとひらの雪として―大江スミ先生の生涯―』、一九九〇、東京家政学院光塩会。　(友野　清文)

オー゠エル　ＯＬ　和製英語オフィス゠レディの略語で、オフィスで働く女性事務職を指す。一九五〇年代には、ＢＧ(ビジネス゠ガール)と呼ばれていたが、アメリカではＢＧが売春婦を意味することから、ＮＨＫが放送禁止用語に決定したのを機に、一九六三年(昭和三十八)に女性週刊誌『女性自身』がＢＧに代わる言葉を募集した。その結果、選ばれたのが、「オフィス゠レディ」であった。今日に至るまで、男性社員を補助して定型的な一般事務を担当する女性社員のイメージを持っている。『ＯＬの創造』によれば、日本において女性事務職の登場は、明治三十年代にさかのぼる。すでに一九二〇年代から三〇年代にかけて、職場のなかで女性＝下位の単純な職務の担い手という図式がみられたが、それが定着したのは、女性事務職が増加した戦後の高度経済成長期である。都市サラリーマン家族における性別役割分業構造は職場内に反映し、「オフィス゠ワイフ(会社妻)」という言葉に象徴されるように、ＯＬの社内での位置と役割にも影響を及ぼした。さらに、大企業での事務の効率化を目指す「科学的事務管理思想」による事務業務の「判断事務」と「作業事務」への区分は、事務の機械化・コンピュータ化と相まって、女性の仕事＝「作業事務」「単純・補助労働」という意味づけを強化したといわれている。一九六〇年以降の十年間で女性事務従事者は倍増し、七〇年には三百三十九万人に達した。ＯＬは、しばしばマスコミや消費産業のターゲットとしてその意識や行動が話題とされた。一九八六年の*男女雇用機会均等法施行後、多くの大企業に導入されたコース別雇用管理制度の下で、女性事務職の多数は、男性総合職の「補助業務」を担当する「一般職コース」に配置され、ＯＬ＝「一般職」のイメージが定着した。九〇年代になると、職場の中で抑圧されたＯＬたちが男性上司・社員を風刺《ふうし》した『おじさん改造講座』や『ＯＬたちの〈レジスタンス〉』が登場し、ＯＬの深層心理や実相が明らかにされている。

参考文献　清水ちなみ『おじさん改造講座』一―九(文春文庫)、一九九三―九六、文芸春秋。小笠原祐子『ＯＬたちの〈レジスタンス〉―サラリーマンとＯＬのパワーゲーム―』(中公新書)、一九九八、中央公論社。金野美奈子『ＯＬの創造―意味世界としてのジェンダー―』、二〇〇〇、勁草書房。　(森　ます美)

おおおく　大奥　一般的には江戸幕府将軍の*後宮。江戸城の本丸・西丸・二丸御殿における将軍とその家族の私的生活空間をいう。各御殿は公的空間である表、主人の居住・執務空間である奥と、大奥とに区分されており、南北に長く、大奥は一番北に位置していた。本丸大奥には将軍とその妻室および幼少の子供たちが住み、西丸大奥には世子《せいし》とその家族、あるいは隠居した将軍とその妻室らが住んだ。二丸御殿は前将軍の*御台所《みだいどころ》(正妻)の住まいなどになり、同大奥が日常使用されたと思われる。大奥の称は初期にはみられず、寛文《かんぶん》・延宝《えんぽう》期(十七世紀後半)くらいまでは表に対して奥とか奥方と称された。明暦《めいれき》三年(一六五七)の大火で焼失し、万治《まんじ》二年(一六五九)に再建された本丸御殿の奥方は御守殿方《ごしゅでんかた》・御化粧之間《おけしょうのま》・御方様方《おかたさまがた》・御客人衆之間方《おきゃくじんしゅうのまかた》などで構成されている(『御本丸御作事御書付《ごほんまるおさくじおかきつけ》』)。本丸御殿に表・奥・大奥の区別が明確になったのは五代将軍徳川綱吉《つなよし》の時代(十七世紀末から十八世紀初め)とみられる。本丸大奥の基本構成は、将軍とその家族である御台所(正妻)、子供たち、将軍の生母の部屋がある御殿向《ごてんむき》と、かれらに仕える*女中たちの居室がある長局《ながつぼね》、大奥の事務や警備を担当する男性役人の詰め所がある御広敷《おひろしき》の三区域に分かれており、御殿向・長局と、御広敷との間は自由に出入りできなかった。また表・奥と、大奥との間は、初期には石垣、中期以降土手が築かれ、銅塀《どうべい》で仕切られていた。御殿の間は御鈴廊下《おすずろうか》(初期は一本、中期以降二本)と呼ばれる廊下で繋がっていたが、相互に出入りできるのは将軍のみであったといわれている。御殿の構造や部屋の位置関係などは、表が基本的に変わらなかったのに対し、奥と大奥は将軍の生活形態により、また家族構成により変化しており、特に宝永《ほうえい》六年(一七〇九)六代将軍徳川家宣《いえのぶ》への代替わりの際には、大奥の長局が天守台の東側横三列にまとめられるなど、大きく改造された。江戸城大奥の営みについては、明治時代以来、*大奥女中の回顧談に基づいて語られることが多く、閉ざされた特殊な世界というイメージから、史料の発掘も研究も十分に行われてこなかった。ようやく近年、*女性史研究の盛行とともに、大奥女性に焦点をあてた研究が一次史料に基づいて行われるようになり、女中の職制、知行・俸禄《ほうろく》形態、昇進等や、幕政との関連性、庶民女性の大奥奉公の研究、*ジェンダーの観点から、諸外国の後宮と大奥とを比較した研究などが蓄積されつつある。今後とも幕初より幕末に至るまでの大奥の営みを実証的に解明し、朝廷・公家や大名家の奥とも比較しながら、その政治的位置や近世の国家・社会のなかでの役割について考察を深めていくことが望まれる。

参考文献　大口勇次郎「農村女性の江戸城大奥奉公」(横浜開港資料館・横浜近世史研究会編『19世紀の世界と横浜』一九九三、山川出版社)。長野ひろ子「幕藩制国家の政治構造と女性」(総合女性史研究会編『政治と女性』一九九七、吉川弘文館)。松尾美恵子「江戸幕府女中分限帳について」(同)。高澤憲治「松平定信政権の大奥対策—寛政四年金剛院一件を中心に—」(『南紀徳川史研究』六)、一九九七。アン＝ウォルソール「大奥—政治とジェンダーの比較史的考察—」(桜井由幾他編『ジェンダーで読み解く江戸時代』二〇〇一、三省堂)。長野ひろ子「幕末維新期の奥女中—一橋徳川家の場合—」(『茨城県史研究』八六)、二〇〇二。

(松尾美恵子)

おおおくじょちゅう　大奥女中　江戸時代、江戸城*大奥で将軍とその家族(*御台所《みだいどころ》・生母・子女)に仕えた女性たち。ただし史料上の「大奥女中」は将軍付きの*女中のみを指す。また子女に付けられた女中は、城外の大名屋敷に「出向」する場合もあり、江戸城大奥だけがその活動の場ではない。女中の人数は時代により変動があったが、嘉永・安政年間(一八四八—六〇)の『女中分限帳《ぶげんちょう》』によると、十三代将軍徳川家定《いえさだ》付きが百八十五人、御台所付きが六十人、生母付きが四十一人、非役のものが二十五人、合計三百十一人であった。このほかに上級の女中が長局《ながつぼね》の自室で召し使っていた又者《またもの》も数多くいた。幕府に直属し俸給・手当てを受けていたのは前者のみである。職制も時代による変化があったが、嘉永・安政年間には将軍付きとして上臈御年寄《じょうろうのおとしより》から小上臈《こじょうろう》・*御年寄・御客応答《おきゃくあしらい》・同格《どうかく》・御中臈・御錠口《おじょうぐち》・表使《おもてづかい》・御次頭《おつぎがしら》・御右筆《ごゆうひつ》・御錠口介《じょうぐちすけ》・御次・切手書《きってがき》・呉服之間頭《ごふくのまがしら》・御三之間頭《おさんのまがしら》・御伽坊主《おとぎぼうず》・呉服之間・御広座敷《おひろざしき》・御三之間・御末頭《おすえがしら》・御仲居《おなかい》・火之番《ひのばん》・使番《つかいばん》・御半下《おはした》まで二十四の職種・階級に分かれていた。御台所付きは十七、生母付きは十四階級であった。

参考文献　松尾美恵子「江戸幕府女中分限帳について」(総合女性史研究会編『政治と女性』一九九七、吉川弘文館)。

(松尾美恵子)

おおおくはっと　大奥法度　江戸城*大奥で守るべき事柄を定めたもの。大奥の取締り向きを担当する広敷《ひろしき》役人に対して出された御台所《おだいどころ》法度・奥方法度と、*女中《じょちゅう》に向けた*女中法度がある。初出は元和《げんな》四年(一六一八)正月朔日《ついたち》付五ヵ条の壁書(『徳川禁令考』一二四四)で、奥の出入りや奥方役人の勤め向きのことなどを定めている。元和九年正月に出された御台所法度(同一〇三三)では門の出入りの刻限などの箇条が加わり、九ヵ条となった。その後慶安二年(一六四九)三代将軍徳川家光の子長松《ちょうまつ》(綱重《つなしげ》)が竹橋の新邸へ、慶安三年世子家綱《いえつな》が西丸へ移徙《いし》する際、それぞれ付属の広敷役人に対し御台所法度が出された。初期には「走り込みの女」が少なくなかったようであり、また承応《じょうおう》二年(一六五三)には奥方修理の大工が天井で寝入ってしまい処罰された事件も起っている(『承応日記』)。これらを防止するため、明暦《めいれき》の大火で焼失した本丸御殿が再建されて、四代将軍家綱が移徙するときに出された万治《まんじ》二年(一六五九)九月の奥方法度十九ヵ条(『徳川禁令考』一二五一)では、奥への出入りを火の用心とともに特に厳しく定めている。享保《きょうほう》元年(一七一六)十一月にも奥方法度十九ヵ条(『徳川禁令考』一二六二)が出されているが、初期よりあった「走り込みの女」停止の箇条は消滅している。

(松尾美恵子)

おおおくろうじょ　大奥老女　⇩御年寄《おとしより》

おおかがみ　大鏡　平安時代の歴史物語。作者未詳。六巻。十二世紀初め以前の成立か。大宅世継《おおやけのよつぎ》・夏山繁樹《なつやまのしげき》という二人の老翁と若侍《わかざむらい》の座談・問答形式で、文徳天皇代の嘉祥《かしょう》三年(八五〇)から後一条天皇代の万寿《まんじゅ》二年(一〇二五)に至る百七十五年間の歴史をたどり論評したもの。全体は五部構成を取る。冒頭の序で、藤原道長の栄華の由縁を説くという語りの目的を示し、「帝紀」では、藤原北家が代々の天皇との姻戚関係をもとに権勢を固めてゆく様を、「大臣列伝」では、北家代々の氏長者《うじのちょうじゃ》が他氏・同族を排し、やがて兄弟間の政争を制した道長が三后《さんこう》の父・三帝の祖父として栄華の極みに達するまでの過程を語る。さらに「藤氏物語」で道長の法成寺《ほうじょうじ》造営を讃《たた》え、「昔物語」で宮廷社会の小逸話《しょういつわ》などを披露して終る。藤原氏による種々の権謀術数《けんぼうじゅつすう》を暴《あば》き、時に批判的言辞もみえるが、*摂関《せっかん》政治そのものを否定するわけではない。また、史実を離れた誇張《こちょう》的表現なども随所《ずいしょ》にみられる。人物の形象には一定の類型性が認められ、勝者と敗者の対比が明確である。熾烈《しれつ》な抗争を勝ち抜いた師輔《もろすけ》・兼家《かねいえ》・道長等は政治的才覚を備えた度量の広い人物とされるが、そうした勝者の特徴は女性の場合にも共通し、帝の母后として同族の繁栄に貢献した師輔女《むすめ》安子《あんし》や兼家女《むすめ》詮子《せんし》等は、切迫した政治情況に臨んで適切に行動し困難にも動じぬ剛《ごう》毅《き》な女性として描かれる。これに対し、例えば道長と対立して敗れた伊周《これちか》は、自己の政治的立場を弁《わきま》えぬ小心な人物とされる。母である高内侍《こうのないし》の学才が子孫没落の因となったかのように評するのは、文芸に秀でても現実的な政治感覚を欠く伊周の性向を母親譲りのものとして説明しているのである。このほか、世継の養父が市《いち》で母親から幼い世継を買い取り育てたとする設定や、兼家の妻時《とき》姫《ひめ》が大路に出て「夕占《ゆうけ》」(辻占《つじうら》の一種)を問うたという逸話など、当代の世相《せそう》や風習のうかがわれる記述も多い。伊周息子の妻が夫のもとから逃げ、道長女《むすめ》妍子《けんし》の*女房となったことを世継が評して、自分の妻であれば髪を剃り鼻を掻《か》き落とすところだと述べているのも、女性に対する制裁として、当時そうした方法が知られていたことを示す興味深い事例である。テキストに『新潮日本古典集成』(新潮社)、『日本古典文学大系(新装版)』(岩波書店)、『新編日本古典文学全集』(小学館)などがある。

参考文献　保坂弘司『大鏡全評釈』、一九六五、学燈社。

(佐藤　厚子)

おおかたさま　大方様　将軍や鎌倉(古河《こが》)公方《くぼう》の*未亡人で、その後継者の実母をいう(『*貞丈雑記《ていじょうざっき》』『文明日々記』)。小田原北条氏もこれにならって北条氏康《うじやす》未亡人が大方様を称している。「大かたをハ、御たいはうと申されべく候」(『*北条幻庵覚書《げんあんおぼえがき》』)とあり、「たいはう」といったとも思われる。

参考文献　峰岸純夫「戦国期東国の女性」(前近代女性史研究会編『家・社会・女性―古代から中世へ―』一九九七、吉川弘文館)。

(峰岸　純夫)

おおがのもりめ　大神杜女　生没年不詳　奈良時代、初期宇佐八幡宮《うさはちまんぐう》のトップの地位にあった女性神官。宇佐地方の豪族宇佐氏・大神《おおが》氏・辛島《からしま》氏らが共同で奉祭《ほうさい》する八《や》幡神《はたのかみ》は、日本神話に存在しないが、新羅《しらぎ》との外交や隼人《はやと》政策など九州地方の重大な問題に関わり天平年間(七二九―四九)には中央に注目されるようになり、奈良時代の正史『続日本紀《しょくにほんぎ》』に登場する。この神は託宣《たくせん》を得意とするが、宇佐八幡宮では女性神官がそれを行い、当時は大神氏の女性が担当していた。大神杜女は天平二十年に大神宅女《やかめ》とともに八幡大神の祝部《はふりべ》として従八位《じゅはちい》から外従五位下に昇叙《しょうじょ》し、天平勝宝《しょうほう》元年(七四九)には田麻呂《たまろ》とともに朝臣《あそん》姓を授与されている。これは聖武《しょうむ》天皇と*光明《こうみょう》皇后の仏法興隆政策のもとで東大寺の大仏建立事業に呼応し、大仏の守護神となって積極的に協力しようという大神杜女の発した八幡神の託宣によるものである。北九州宇佐の地方神八幡大神は大神杜女とともに平城京の梨原宮《なしはらみや》の新殿(現手向山《たむけやま》八幡宮)に盛大に迎えられ、中央への進出を果たしたのである。天平勝宝元年十二月、天皇・太上天皇・*皇太后の行幸《ぎょうこう》のもと、東大寺参拝法会の折、八幡大神禰宜尼《ねぎに》大神朝臣杜女は*孝謙《こうけん》女帝の乗輿《みこし》と同じ紫色の輿《こし》に乗って東大寺を拝したという。そして八幡大神は一《いっ》品《ぽん》、姫神は二品に叙され、封戸《ふこ》と位田《いでん》を授与され、杜女は従四位下に、同族の主神《しゅかん》田麻呂は外従五位下に叙された。彼女はこの時禰宜という神官であり同時に尼僧であるという神仏習合の宗教者として八幡信仰集団のトップに立ったのである。しかし天平勝宝六年、杜女と田麻呂は薬師寺の僧行信《ぎょうしん》と呪詛《じゅそ》を行なった罪で、官人名簿から除名され本姓に戻され、杜女は日向《ひゅうが》国に、田麻呂は種子《たねが》島《しま》に配流《はいる》となり失脚した。宇佐八幡ではこの後も禰宜職は女性が任じられている。

参考文献　『続日本紀』。『石清水文書』二(大日本古文書)。中野幡能編『八幡信仰』(民衆宗教史叢書二)、一九八三、雄山閣出版。

(菅原　征子)

おおぎまちまちこ　正親町町子　一六七九?―一七二四　江戸時代中期の側用人《そばようにん》柳沢吉保《やなぎさわよしやす》の*側室。権大納言《ごんだいなごん》正親町《おおぎまち》実豊《さねとよ》の娘。初名は弁子。武家伝奏《ぶけてんそう》を勤め、神道家としても知られる正親町公通《きんみち》は異母兄(実父とも)。十六歳のころ*大奥の*右衛門佐局《えもんのすけのつぼね》の勧めにより江戸に下り、局の部屋子となったといわれる。元禄《げんろく》六年(一六九三)ころ、のちに局の養子となる田中半蔵《たなかはんぞう》の*養女として柳沢吉保の側室となり、おさめの方と呼ばれた。同七年吉保の四男経《つね》隆《たか》、同九年五男時睦《ときちか》を生む。歌文にすぐれ、宝永《ほうえい》元年(一七〇四)霊元院《れいげんいん》に歌集『如葉集《にょようしゅう》千首』を献上。宝永六年から七年にかけて執筆したとみられる『*松蔭《まつかげ》日記』は、貞享《じょうきょう》二年(一六八五)から宝永七年ころまでの二十五年間を編年体で記したもので、五代将軍徳川綱吉《つなよし》の吉保への寵遇《ちょうぐう》ぶりと吉保の栄達を余すところなく伝える。岩波文庫に翻刻《ほんこく》されている。正徳《しょうとく》四年(一七一四)吉保没後、髪をおろして理性院《りしょういん》と称した。墓所は牛込の月桂寺(東京都新宿区)。

(久保　貴子)

おおきよね　大木よね　一九〇七―七三　一九六六年(昭和四十一)からの成田三里塚飛行場反対闘争参加者。一九〇七年(明治四十)十一月二十五日生まれ。本籍地は千葉県印旛《いんば》郡八街《やちまた》町八街となっている。本人自身はある時は日暮里《にっぽり》、ある時は神田生まれと語っていた。七歳の時*子守奉公に出されて以来、奉公先を転々とし、大正末期に行商として、三里塚に姿を現わしたという。二番目の夫である大木実《みのる》と結婚し、印旛郡遠山村字取香《とっこう》(成田市)に住み、ブローカーなどをして、一九四八年夫の死後は小さい農地の野良《のら》仕事に明け暮れた。一九六六年政府は三里塚に国際空港を建設することを閣議決定、同年空港反対同盟結成。よねも参加。一九七一年強制代執行が始まる時には、「おれの家に手をだすな」と叫び、「おらなつのときにこもりにだされて(中略)おもしろいことほがらかにくらしたってのはなかったね。だから、とうそうがいちばんたのしかっただ」と書き、集会には熱心に参加。強制執行者たちは、数分の間に脱穀機にしがみつくようにしてモーターを廻すよねを抱え運び出した。一九七三年十二月十七日死去。口述を記録した『大木よね—三里塚の婆の記憶—』(三留理男編、一九七四年、田畑書店)がある。 (岩井サチコ)

おおくのひめみこ　大伯皇女　六六一—七〇一　天武《てんむ》天皇の娘。母は天智《てんち》天皇の娘*大田皇女《おおたのひめみこ》で、大津皇子《おおつのみこ》は同母弟である。斉明《さいめい》天皇による新羅《しらぎ》遠征の途中に備前国大伯《びぜんのくにおおくの》海《うみ》(岡山県瀬戸内市《せとうちし》)で誕生したことが、命名の由来である。大来皇女とも書く。天武天皇二年(六七三)四月に伊《い》勢《せ》の斎王《いつきのみこ》として泊瀬斎宮《はつせのいつきのみや》で潔斎《けつさい》を開始し、翌三年十月に*伊勢神宮へ発遣される。帰京は朱鳥《あかみどり》元年(六八六)十一月で、理由は父天武の喪《も》と同母弟大津の謀反《ぼうはん》である。『*万葉集』に計六首の歌が採用されており、これらの歌は同母弟大津との別れの切なさ・再会を願う気持ちが強く表現されており、血縁者への親愛の情の表現が恋人への表現と大差がないという、万葉集歌の特徴がよく現われている。奈良県明日香《あすか》村飛鳥池《あすかいけ》遺跡から出土した*木簡《もっかん》「大伯皇子宮物　大伴□……(折損)一品并五十□」から、大伯皇女は*家政機関(宮)を有し、官営工房からの製品の納品先、あるいは素材の提供元となっていたことがわかる。

参考文献　西野悠紀子「令制下の母子関係」(脇田晴子編『母性を問う—歴史的変遷—』上、一九八五、人文書院)。『木簡研究』一四、一九九二。 (黒瀬之恵)

おおくらきょうのつぼね　大蔵卿局　?—一六一五　豊臣秀吉の*側室*淀殿《よどどの》の*乳母。大野治長《おおのはるなが》の母で、淀殿と治長が乳兄弟にあたることから、治長が大坂城中で権勢をふるうようになる。秀吉死後、北政所が大坂城を出たあと、孝蔵主《こうぞうす》に代わり、大坂城の奥向きをとりしきった。慶長十九年(一六一四)の方広寺鐘銘《ほうこうじしょうめい》事件のとき、駿府《すんぷ》に下り、徳川家康との折衝《せっしょう》にあたっている。翌年五月八日の大坂落城の際、淀殿・秀頼《ひでより》母子に殉じて自害した。

参考文献　桑田忠親『桃山時代の女性』(日本歴史叢書新装版)、一九九六、吉川弘文館。 (小和田哲男)

おおげつひめ　大宜都比売　『*古事記』神話に四ヵ所登場する食物神。まず国生みで生まれた粟《あわ》の国の名が大宜都比売であり、次に神生みによって大宜都比売神が生まれる。三番目の大気都比売神《おおげつひめのかみ》は五穀の起源神話の主人公であり、スサノヲによって殺された体から蚕《かいこ》・稲種・粟・小豆《あずき》・麦・大豆《まめ》を生む神である。最後に大年神《おおとしのかみ》系譜に組みこまれた大気都比売は農耕に関わる季節の神々を生む。大宜都比売は神話のなかでさまざまな姿を見せるが、これらの神話を通して原始的農耕(焼畑農耕)のなかで生まれた食物神が、稲作の神の系譜に組みこまれ、新たな食物神に転化していく様子がみえてくる。

参考文献　大林太良「オオゲツヒメ型神話の構造と系統」(『稲作の神話』一九七三、弘文堂)。高橋美由紀「大宜都比売神」(古事記学会編『古事記の神々』上、一九九八、高科書店)。 (川上順子)

おおさき　大崎　生没年不詳　江戸時代後期の*大奥女中。十一代将軍徳川家斉《いえなり》付きの*御年寄《としより》。十代将軍徳川家治《いえはる》の没後に起きた田沼意次《おきつぐ》から松平定信への政権交代期の政争に関わった。御三家《ごさんけ》に幕閣《ばっかく》の意向を内々に伝える役目を担い、また家斉の生家である一橋《ひとつばし》家や御三家の間で行われた会合にもよく同席して、政治力を発揮した。しかし、天明七年(一七八七)田安《たやす》家出自の定信が老中に就任すると、定信によって役を解かれた。

参考文献　竹内誠「大奥老女の政治力」(『図説人物日本の女性史』六、一九八〇、小学館)。 (久保貴子)

おおさわとよこ　大沢豊子　一八七三—一九三二　明治から昭和時代にかけての*速記者、新聞記者。一八七三年(明治六)十二月三十一日、群馬県館林生まれ。佃速記塾《つくだそっきじゅく》に学び、一八八九年に大日本*婦人衛生会の演説を速記したのが女子速記のはじまり。一八九九年、時事新報社に雇われ速記者から探訪記者になり、ただ一人の女記者に注ぐ男たちの好奇の眼に耐えて二十五年間勤めた。一九二六年(大正十五)東京放送局に入社。家庭部を任され女性の地位を向上させる番組作りに精魂《せいこん》を傾けた。草創《そうそう》期の女性ジャーナリストとして大きな足跡を残し、一九三七年(昭和十二)六月十五日死去。

参考文献　『婦女新聞』一九三三(大沢豊子特集、『婦女新聞(複製版)』、一九八二—八五、不二出版)。江刺昭子『女のくせに—草分けの女性新聞記者たち—(増補新版)』、一九九七、インパクト出版会。 (江刺昭子)

おおしのさだとじ　凡貞刀自　生没年不詳　九世紀中ごろの*采女《うねめ》。名は宮子《みやこ》。中務少丞《なかつかさしょうじょう》正六位上笠朝臣豊主《かさのあそんとよぬし》の娘で、母は雄宗王《ゆうそうおう》の娘浄村女王《きよむらじょおう》。大同二年(八〇七)雄宗王が伊予《いよ》親王《しんのう》の家人《けにん》であったことから、謀反《むほん》事件に連座《れんざ》して、安芸《あき》国に配流《はいる》となる。宮子は母に従い、父族を知らずに育つ。その後、宮子は安芸国賀茂《かも》郡(広島県東広島市と賀茂郡・豊田郡の一部)凡直氏《おおしのあたいうじ》の*戸籍に編付され、同郡の采女として貢上《こうじょう》された。貞観《じょうがん》元年(八五九)父姓である笠朝臣に復すことを申請し、笠朝臣宮子の氏姓《しせい》を賜《たま》わった。

参考文献　佐伯有清『新撰姓氏録の研究』研究篇、一九六三、吉川弘文館。 (尾崎陽美)

おおしろカメ　大城カメ　一八七二—一九七二　明治から昭和時代にかけてのキリスト教伝道者。ノロからキリスト教伝道者となった。ノロとは沖縄が琉球《りゅうきゅう》といわれていた王府時代、祭祀《さいし》者として農耕儀礼を司祭して宗教的に村落を管理支配した女性神役。現在も王府時代の遺制として公的資格は失っても村落祭祀の場で中心的な役割を果たしている。カメが生まれた時代はノロの役割は重大で、世襲を旨とする慣習のため九歳でノロとなり村落の祭祀を司った。十六歳で結婚、二児をもうけたが夫、二児と相ついで死別、苦悶《くもん》の末三十四歳でキリスト教の信者となりノロ職を辞める。ノロを失った村人たちは一転して困惑と憎悪に満ち村八分《むらはちぶ》の挙に出たが屈せず、以来百歳までの生涯を伝道に捧げ、米寿の記念にはバプテスト玉城《たまぐすく》教会を献堂した。なおカメが生まれた年は王府が琉球藩となった明治五年（一八七二）で、その七年後に廃藩置県で沖縄県となり、一九四五年（昭和二十）沖縄戦を経て米国統治下に入り、一九七二年百歳で日本復帰を迎えた二日後の五月十七日に生涯を閉じた。カメは激動の時代の証言者でもあった。

参考文献　琉球新報社編『時代を彩った女たち―近代沖縄女性史―』、一九九六、ニライ社。嶺井百合子『楽ん苦しみん』、一九九七、若夏社。　（外間　米子）

おおすがさとこ　大須賀さと子　一八八一―一九一三　明治・大正時代の社会主義者。一八八一年（明治十四）九月四日、愛知県額田郡《ぬかたぐん》（岡崎市）の三州木綿《さんしゅうもめん》の機業《きぎょう》家の家に誕生。家業を手伝うが、勉学の念やみがたく東京へ。さらにサンフランシスコで二年間苦学。帰国後、青山女学院・女医学校に学ぶ。堺利彦《さかいとしひこ》らの金曜講演会に参加、社会主義に接近。一九〇八年、同志の山川均《やまかわひとし》と結婚。一ヵ月後、赤旗《あかはた》事件で投獄。重禁固一年執行猶予《しっこうゆうよ》五年の判決を受ける。医師の道を絶たれ、写真術を習得。女性エスペランチストの先駆者である。

参考文献　鈴木裕子編『資料平民社の女たち』、一九八六、不二出版。同「山川均と大須賀さと子の青春―草稿『仰臥』をめぐって―」（『山川均全集』月報一六、一九九九、勁草書房）。　（鈴木　裕子）

おおすけ　大典侍　朝廷の奥向きの総取り締まりを行う*女房。従二位《じゅにい》まで昇進。*典侍《てんじ》（「ないしのすけ」とも読む）は定員四人。大典侍《おおすけ》が上首《じょうしゅ》で、その下に新大典侍《しんおおすけ》・権《ごん》中納言典侍《ちゅうなごんのすけ》・宰相典侍《さいしょうのすけ》・今参《いままいり》（新典侍《しんすけ》）・按察使典侍《あぜちのすけ》などがいる。この定員は、天皇代替わりの際に残留・薙髪《ちはつ》の上退去・補完によって保たれようとしていた。十四世紀以降、大典侍を含む*後宮女房《こうきゅうにょうぼう》の役職は、相伝性《そうでんせい》が表面に出て、伯《お》（叔）母《ば》―姪相続《めいそうぞく》という血縁関係によって相続され、特定のイエの出身者が任命された（大典侍は、広橋家《ひろはしけ》・万里小路家《までのこうじけ》・勧修寺家《かじゅうじけ》）。また、典侍の本来の職務は天皇の日常生活の世話であるが、*皇后不冊立《ふさくりつ》の時期ゆえ、天皇の側妾《そくしょう》的な役割も果たしている（たとえば後柏原《ごかしわばら》天皇・後奈良《ごなら》天皇・陽光太上天皇《ようこうだじょうてんのう》の生母は「新大典侍」）。近世（江戸時代）では、典侍の出身は、羽林家《うりんけ》・名家《めいけ》のうち正二位大納言直任の家柄。典侍の採用・*隠居・辞職等の人事は、議奏衆《ぎそうしゅう》（公家集団）が協議、決定し、各所に伝達する。大典侍の知行高《ちぎょうだか》は百二十石宛行《あてがわ》れたが、江戸幕府から年頭祝儀など折々に献上もなされた。大典侍の主な職務は、畿内近国の諸寺・諸社への祈禱《きとう》料奉納である。ほかに諸方から朝廷への相談事の処理があるが、大典侍は朝廷奥向きに関することを受け、奥で処理する（不可能な場合は、*勾当内侍《こうとうのないし》が表や口向諸役人《くちむけしょやくにん》へ相談）。また、典侍は天皇の御前向きの御用の奉仕を行うため、日常的に天皇に接することから、皇子女を儲ける者も多い。

参考文献　下橋敬長『幕末の宮廷』（東洋文庫）、一九七九、平凡社。高橋博「近世の典侍について」（『人文（学習院大学人文科学研究所）』二、二〇〇三。　（神田　裕理）

おおぜきちか　大関和　一八五八―一九三二　近代的な看護教育を受けた日本における初期の看護婦。*日本基督《キリスト》教婦人矯風会《きょうふうかい》の活動家。下野国黒羽《しもつけのくにくろばね》の家老大関増虎の次女。キリスト教牧師植村正久《うえむらまさひさ》の薦めで一八八六年（明治一九）、桜井女学校看護婦養成所に一期生として入学。実習病院であった帝国大学医科大学附属第一医院のお雇い外国人アグネス＝ベッチからナイチンゲール方式による教育を受けた。卒業後、同医院の初代外科婦長となる。その後同期の鈴木雅が設立した東京看護婦会で看護婦の育成にあたるが、のちに独自に大関看護婦を経営した。看護婦という身分の確立と職業を社会に認知させるため、看護婦に関する規則の制定を求める運動を行い、一九〇〇年にはわが国で最初の「東京府看護婦規則」が発令された。日本基督教婦人矯風会で活動したが、看護婦の質的向上のために職能団体の結成もはかり、大日本看護婦人矯風会を発足させた。また後進のために『派出看護婦心得』（一八九九年）、『実地看護法』（一九〇八年）を著わした。

参考文献　亀山美知子『大風のように生きて―日本最初の看護婦大関和物語―』、一九九二、ドメス出版。　（平尾真智子）

おおたがきれんげつ　大田垣蓮月　一七九一―一八七五　江戸時代後期の歌人、製陶家、書家、尼僧。太田垣とも書く。名前は誠《のぶ》。蓮月は法名。京都に生まれ、知恩院《ちおんいん》の寺侍《てらざむらい》大田垣光古《てるひさ》の娘として育つ。十八歳ころの初婚は破綻し、二十九歳での再婚も四年で夫に先立たれた。二度の結婚で生まれた子どもも皆夭折《ようせつ》。夫没後、三十三歳で父とともに剃髪《ていはつ》し、四十二歳で父が没すると、製陶で生計を立てながら尼として生き、晩年までその生活を貫く。自詠の*和歌を彫った陶器は蓮月焼として評判になり、歌人としての評価も高く、多くの歌人・文人・画家・僧侶・志士たちと交友した。南画家富岡鐵斎《とみおかてっさい》を養育したことでも有名。歌集『海人《あま》の刈藻《かるも》』出版にみずからは一切関わらなかったように、ものにも名声にも執着せず、収入の多くを窮民《きゅうみん》救済に寄付している。民衆の生活の平和と安定を願って討幕運動に好意的であったが、積極的な関わりはしなかった。仏教の信仰と自活によって女としての前半生の不幸を乗り越え、一つの透徹《とうてつ》した生き方を示したといえよう。

参考文献　徳田光圓『蓮月尼乃新研究』、一九五八、三密堂書店。片桐顕智「大田垣蓮月」（吉田精一編『日本女流文学史』近世近代篇、一九六九、同文書院）。　（関　民子）

おおたのひめみこ　大田皇女　生没年不詳　大海人皇子《おおあまのみこ》（天武《てんむ》天皇）の妃。大田姫皇女《おおたのひめみこ》とも書く。父は中大兄《なかのおおえ》皇子（天智《てんち》天皇）、母は蘇我倉山田石川麻呂《そがのくらやまだいしかわまろ》の女《むすめ》遠智娘《おちのいらつめ》で、鸕《う》野讃良《のさらら》皇女（*持統《じとう》天皇）の同母姉。斉明《さいめい》天皇七年（六六一）正月、百済《くだら》救援のため九州に赴《おもむ》いた新羅《しらぎ》征討軍に同行。途中正月八日、大伯海《おおくのうみ》（岡山県瀬戸内市付近）で女児を出産、地名にちなんで*大伯皇女と名づけられた。天智天皇二年(六六二)には那大津《なのおおつ》(博多湾付近)で大津皇子を生んだとされる。その後の消息は不明だが、『日本書紀』天智天皇六年二月二十七日条によれば、この日、斉明と*間人《はしひとの》皇女《ひめみこ》(斉明の女《むすめ》、孝徳天皇の*皇后)が合葬《がっそう》された小市岡上《おちのおかのうえの》陵《みささぎ》(奈良県高市郡高取町《たかいちぐんたかとりちょう》)の陵前の墓に葬られたとされていることから、これ以前に没したことがわかる。この日の埋葬儀式は天智が主催し、群臣のほか、高麗《こま》・百済・新羅の使も参列した盛大なものであった。大田皇女の出産記事は、律令軍制成立以前の倭国の戦の際には、女性が男性とともに従軍して起居をともにしていたことを示すものである。

参考文献 関口裕子「日本古代の戦争と女性」(前近代女性史研究会編『家・社会・女性―古代から中世へ―』一九九七、吉川弘文館)。 (藤堂かほる)

おおたようこ　大田洋子　一九〇三―六三　昭和時代の作家。一九〇三年(明治三十六)十一月二十日、広島県山《やま》県《がた》郡で福田滝次郎《ふくだたきじろう》とトミの娘として誕生。本名初子《はつこ》。七歳で両親が離婚し親戚の大田家に入籍。母の三度目の婚家で育ったことが文学に向かわせ、作品に影を落としている。一九二九年(昭和四)、『*女人芸術《にょにんげいじゅつ》』に「聖母のゐる黄昏《たそがれ》」が掲載されて上京するが、作家への道は険しい。一九三九年、四十年と続けて「海女《あま》」「桜の国」が『中央公論』と『朝日新聞』の懸賞小説に一等入選し文壇《ぶんだん》に認められる。戦中に八冊の単行本を出したがいずれも国策にそった作品群である。一九四五年、広島に疎開して原爆の業火《ごうか》をあび、直後に惨状《さんじょう》を書き留めるが、プレスコードに阻《はば》まれ出版できなかった。一九四八年にようやく『屍《しかばね》の街』が世に出る。被爆体験のルポルタージュとして記念碑的作品となった。続けて『人間艦褸《らんる》』『半人間』『夕凪《ゆうなぎ》の街と人と』などで被爆者援護の遅れを指摘するとともに、核爆弾の底知れぬ恐ろしさを訴え続け、一九六三年十二月十日旅先で急死した。

参考文献 江刺昭子『草饐―評伝大田洋子―』一九八一、大月書店。『大田洋子集(復刻版)』解説、二〇〇一、日本図書センター。 (江刺　昭子)

大田洋子

おおたらんこう　大田蘭香　一七九八―一八五六　江戸時代後期の漢詩人。名は晋、字は景昭《けいしょう》。加賀《かが》国大聖寺《だいしょうじ》(石川県加賀市)の人。金沢藩儒大田錦城《きんじょう》の娘。江戸に生まれる。幼少から詩、書画ともに優れていた。『日本閨媛《にほんけいえん》吟藻《ぎんそう》』に七言絶句「小梅村嘱目《こうめむらしょくもく》」「夜泛《やぼう》」の二首が採られている。古筆十一代了伴《りょうはん》に縁づくが離別。剃髪《ていはつ》して金沢に移り、風雅の道にいそしんだ。五十九歳で死去、金沢の立像寺《りゅうぞうじ》に葬られる。著書に『蘭香詩』数巻がある。 (浅野美和子)

おおつかくすおこ　大塚楠緒子　一八七五―一九一〇　明治時代の小説家、歌人、詩人。土佐出身の裁判官でのち東京控訴院長《こうそいんちょう》となる大塚正男《まさお》の長女として東京に生まれる。少女期から佐佐木弘綱《ささきひろつな》・信綱《のぶつな》の竹柏園《ちくはくえん》に入門し、短歌・美文《びぶん》などを発表。一八九三年(明治二十六)東京女子師範付属女学校を卒業、一八九五年には小屋保治《やすじ》を婿《むこ》養子に迎える。一八九五年に「暮ゆく秋」、一八九七年には「しのび音《ね》」を『文芸倶楽部《くらぶ》』に発表、*樋口一葉以後の女性作家として注目される。自然主義文学台頭前後から『早稲田文学』に評論、『万朝報《よろずちょうほう》』『東京朝日新聞』には新聞小説「露《つゆ》」「空薫《そらだき》」などを発表。新境地を開いたが、一九一〇年、三十六歳で死去。

参考文献 塩田良平『明治女流作家論』一九六五、寧楽書房。福谷幸子編「年譜」(塩田良平編『明治女流文学集』一、一九六六、筑摩書房)。 (関　礼子)

大塚楠緒子

おおつかじょしアパートメントハウス　大塚女子アパートメントハウス　同潤会《どうじゅんかい》が一九三〇年(昭和五)に東京の大塚に建設した単身女性用の集合住宅。月収五十円以上の「*職業婦人」向けとされた。中庭をかこむ鉄筋コンクリート造、地上五階、地下一階、百五十八住戸の建物には、エレベーター、共同の浴室、食堂、集会場などの近代的設備がととのっていた。それにもまして長年、入居者である女性たちの自治会が内部運営を続けたことに注目すべきであろう。戦後は都営住宅となり、戦災、引揚げなどによる住宅難をかかえた女性たちにも居場所を提供した。一九八二年に東京都が新規入居募集を停止して以来、入居者の高齢化と建物の老朽化《ろうきゅうか》がすすむ一方であった。最後の住人たちは力つきるまで自力で生きたのち、施設に収容されるなど、各地に散った。安全を保障した建物と自治組織の閉じた構造が、ここで生を終えることを妨げたことについては考えさせられる。建築学会や市民団体が東京都に対して建物の保存、再生の要望書を出したが、都は二〇〇三年(平成十五)に、解体を開始し、二〇〇七年現在、更地となっている。

参考文献 『同潤会十八年史』一九四二、同潤会。佐藤滋他『同潤会のアパートメントとその時代』一九九八、鹿島出版会。 (西川　祐子)

おおつきげん 大月源 一七三三―一八〇八 江戸時代後期の刀工。備中《びっちゅう》国荏原平井《えばらひらい》(岡山県井原市)に鍛冶師伝《でん》十郎《じゅうろう》の娘として生まれる。十六歳で父におくれ、家業を継いだが修業及び難く、天満宮に祈誓《きせい》したところ、筑後《ちくご》の信国《のぶくに》が訪れ助言を授けた。その後技術に冴《さ》え、女国重と称えられた。夫甚兵衛《じんべえ》は刀工の修業中に相方から右手を斬られ、刀工を継げなかった。養子伴七《ばんしち》は母の形見に絵姿と略歴を書かせ菩提寺《ぼだいじ》の円融寺《えんゆうじ》に納めた。一振の短刀が源の作品として残る。

参考文献 宮口公子「女刀工大月源」(『江戸期おんな考』一三)、二〇〇二。

(浅野美和子)

おおつまコタカ 大妻コタカ 一八八四―一九七〇 明治から昭和時代にかけての女性教育者。大妻学院の創設者。広島県生まれ。裁縫講習所卒業後小学校訓導《くんどう》となるが、一九〇二年(明治三十五)上京し、和洋裁縫学校などで和洋裁を学ぶ。一九〇七年大妻良馬《りょうま》と結婚。翌年から私塾を始め、一九一〇年東京技芸教授所開設、夏期講習会も開く。生徒数が急増し一九一六年(大正五)大妻技芸学校となる。高等女学校(一九二一年)、専門学校(一九四二年(昭和十七))を併設、また初の女子中等夜学校も開設した。戦時中、国民精神総動員運動に関わり、戦後教職追放となるが、解除後、高校・大学の経営にあたった。

参考文献 上田高昭『大妻コタカ―教育ただ一筋に―』、一九六七、芦書房。

(友野　清文)

おおとじ 夫人 ⇩ぶにん

おおとものおてこ 大伴小手子 生没年不詳 崇峻《すしゅん》天皇の妃。蜂子皇子《はちのこのみこ》・錦代皇女《にしきてのひめみこ》の母。大伴連糠手《おおとものむらじあらて》の娘。崇峻天皇元年三月に崇峻の妃に立てられる。『日本書紀』の一説には、蘇我大臣馬子《そがのおおおみうまこ》による崇峻暗殺は、崇峻の寵愛《ちょうあい》が衰えたことを恨みに思った小手子が、崇峻の馬子暗殺計画を告げたことが契機であったとある。『聖徳太子平氏伝《しょうとくたいしへいしでん》雑勘文《ざっかんもん》』所引『上宮記』では、聖徳太子の王子長谷部王《はせべのみこ》が大伴奴加之古連《おおとものぬかしこのむらじ》の娘古氏古郎女《こてこのいらつめ》を娶《めと》り、波知乃古王《はちのこのみこ》・錦代王《にしきてのみこ》を子としている。

参考文献 『日本書紀』崇峻天皇元年三月条・同五年十一月己巳条。

(黒瀬　之恵)

おおとものさかのうえのいらつめ 大伴坂上郎女 生没年不詳 奈良時代の歌人。『*万葉集《まんようしゅう》』に女性としては最も多い八十余首が収載される。大伴安麻呂《おおとものやすまろ》の娘。生年は大宝《たいほう》元年(七〇一)ころとする説がある。母は内命婦《ないみょうぶ》であった*石川郎女《いしかわのいらつめ》。旅人《たびと》の妹、稲公《いなきみ》の姉でもあり、家持《やかもち》の叔母。穂積《ほづみ》皇子の妻となり寵愛《ちょうあい》を受けた(『万葉集』四、五二八)。和銅《わどう》八年(七〇八)皇子が没した後、養老《ようろう》末年ころに藤原麻呂《ふじわらのまろ》の妻問《つまど》いを受けたが関係は長く続かなかったらしい。異母兄の宿奈麻呂《すくなまろ》の妻となり、坂上大嬢《さかのうえのおおいらつめ》と二嬢《じじょう》を儲けた。天平初年ころ、旅人が太宰府《だざいふ》に赴任中に坂上郎女も同じく下向したらしく、天平二年(七三〇)に帰京する際に筑紫国宗像郡名児山《つくしのくにむなかたぐんなごやま》越えを歌に残している(同六、九六三)。帰京後、娘たちの結婚相手を選び、娘や娘の夫の代わりに贈答歌《ぞうとうか》を作るなど、仲人《なこうど》的役割も果たした。このころから坂上郎女による大伴家の家刀自《いえとじ》としての働きには注目すべきものがある。大伴の氏神《うじがみ》をまつる際には神まつりの準備を取り行い、氏族の繁栄を神に祈った(同三、三七九)。神に祈る歌も多く、神まつりに対する坂上郎女の責任の重さが伺われる。また天平七年、大伴家に寄住していた新羅国《しらぎのくに》の尼*理願《りがん》が亡くなった際には坂上郎女がその葬儀を取り仕切り、有馬《ありま》に療養中であった大家石川命婦《おおとじいしかわのみょうぶ》に報告する歌を贈っている(同三、四六〇・四六一)。娘の坂上大嬢とともに坂上の里に住んだころもあったが、佐保宅《さほのたく》の経営、ならびに大伴家の田荘《たどころ》であった竹田庄《たけだのしょう》・跡見庄《あとみのしょう》の経営にも関与していたらしく、各所における作歌が残る(同八、一五九二・一五九三。四、七二三)。坂上郎女は家持をはじめ一族の作風に与えた影響も大きく、異性のみならず同性や一族の者に対する親愛の情にまでも、広く恋愛表現を使って歌う手法を生み出した。宮廷には仕えず、重ねる恋愛の中で生と死を見つめながら、その人生を熱く歌に表現した。家刀自としても重要な役割を担《にな》い、家の経営面でも活躍し、斜陽化《しゃようか》にあった一族を、精神面でも経営面でも支えた。

参考文献 神野志隆光・坂本信幸編『(セミナー)万葉の歌人と作品』一〇、二〇〇四、和泉書院。

(井山　温子)

おおとものさかのうえのおおいらつめ 大伴坂上大嬢 生没年不詳 奈良時代の万葉歌人。生年は養老《ようろう》二年(七一八)ころとされる。父は大伴宿奈麻呂《おおとものすくなまろ》、母は*大伴坂上郎女《おおとものさかのうえのいらつめ》。同母妹として二嬢《じじょう》(弟嬢《おとじょう》)が、異母姉として*大伴田村大嬢《おおとものたむらのおおいらつめ》がいる。大伴家持《おおとものやかもち》の従兄弟でのちに妻となる。『*万葉集《まんようしゅう》』四(七五九)の左註には「妹坂上大嬢は、母坂上の里に居り、仍《よ》って坂上大嬢と曰《い》ふ」とあり、母の邸宅のあった坂上の里で育ったので坂上大嬢と呼ばれた。また寧楽《なら》の宅に居住していた時期もあり、母や家持から寧楽の宅に留まる大嬢に贈った歌が『万葉集』に残っている(『万葉集』四、七二三・七二四・七六五)。また家持と交わした贈答歌(同四、五八一―五八四・七二九―七三一・七三五・七三七・七三八。八、一六二四)が十一首あり、家持が越《えっ》中《ちゅう》滞在中に大嬢が家持のもとに下向《げこう》したこともある。母坂上郎女や夫家持の作歌にも大嬢の存在が影響を与えたようだが、大嬢自身は母や夫に代作《だいさく》を頼むことも多く、『万葉集』に残る歌は少ない。

参考文献 神野志隆光・坂本信幸編『(セミナー)万葉の歌人と作品』一〇、二〇〇四、和泉書院。

(井山　温子)

おおとものたむらのおおいらつめ 大伴田村大嬢 生没年不詳 奈良時代の歌人。大伴宿奈麻呂《おおとものすくなまろ》の娘。母が亡くなった後、父とともに田村里《たむらのさと》に住んでいたので田村大嬢《たむらのおおいらつめ》と呼ばれた。『*万葉集《まんようしゅう》』には田村大嬢と親交が深かった異母妹坂上大嬢《さかのうえのおおいらつめ》(母は*大伴坂上郎女《おおとものさかのうえのいらつめ》)への贈答歌《ぞうとうか》九首(『万葉集』四、七五六―七五九。八、一四四九・一五〇六・一六二二―一六二三・一六六二)が収載され、坂上郎女の弟で父の異母弟にもあたり田村大嬢の夫でもある稲公《いなきみ》が、田村大嬢に贈った歌(同四、五八五)が一首(坂上郎女の代歌)残る。

参考文献 神野志隆光・坂本信幸編『(セミナー)万葉の歌人と作品』一〇、二〇〇四、和泉書院。

(井山 温子)

おおともよふ 大友よふ 一九〇四―八八 昭和時代の女性運動家。第二代全国地婦連会長。一九〇四年(明治三十七)八月三十一日、宮城県名取《なとり》郡(仙台市)で高橋養助・りえの次女に生まれる。宮城県立第二高等女学校卒業後、小学校教員となる。大友貞行と結婚。一九四〇年(昭和十五)夫の転勤に従い浦和市(さいたま市)に移る。第二次世界大戦後、*地域婦人会の結成に取り組み、一九五二年埼玉県地域婦人連合会会長となる。一九七八年*全国地域婦人団体連絡協議会の初代会長*山高《やまたか》しげりの死去を受け、二代目地婦連会長に就任し、一九八八年五月病気で退任するまで十年間、全国最大の女性団体を率いた。一九七八年第一回国連軍縮《ぐんしゅく》総会、一九八二年第二回軍縮会議総会、一九八五年NGO世界婦人会議に参加、被爆国の女性として平和をアピールした。日中友好運動にも尽力《じんりょく》し一九七三年以降たびたび訪中し、一九七八年からは日中友好協会中央本部副会長を務めた。食品添加物《てんかぶつ》や消費税問題、核廃絶《かくはいぜつ》運動、北方領土返還運動などにも力を入れた。著書に『新しき出発―わたしの戦後日記抄―』(一九八八年、ドメス出版)がある。

参考文献 『全地婦連30年のあゆみ』、一九八六、全国地域婦人団体連絡協議会。

(石月 静恵)

おおなかつひめ 大中姫 ⇩忍坂大中姫《おしさかのおおなかつひめ》

おおなむじ 大汝 生没年不詳 『馬医草紙《ばいそうし》』に描かれる日本人の女性医師。『馬医草紙』は二人の日本人(ほかは越後丹介《えちごたんすけ》という男性)を含む十人の馬医と十七種の薬草を描いたもので、文永四年(一二六七)以前に成立していて、馬医が秘伝書として所有していたと思われる。大汝は*垂髪《すいはつ》で鼓《つづみ》を持つ*巫女姿で描かれている。おおなむじは大己貴命《おおなむちのみこと》、大国主命《おおくにぬしのみこと》のことだが、これが巫女に転じたか、あるいは医療行為には呪術的能力が必要と信じられていたため、巫女姿に描かれたのだろう。

参考文献 渋沢敬三・神奈川大学日本常民文化研究所編『(新版)絵巻物による日本常民生活絵引』、一九八四、平凡社。

(盛本 昌広)

おおののなかち 大野仲仟 ?―七八一 奈良時代の*女官。征夷大将軍《せいいたいしょうぐん》大野東人《おおののあずまんど》の娘。左大臣藤原永手《ふじわらのながて》の妻。天《てん》平宝字《びょうほうじ》三年(七五九)九月十日に、*法華寺金堂《ほっけじこんどう》(一説には阿弥陀浄土院《あみだじょうどいん》)造営に際して、造金堂所《ぞうこんどうしょ》に銭一貫《かん》・絁《あしぎぬ》二匹を施入《せにゅう》している大野内侍《おおののないじ》と同人であろう(『大日本古文書』一六、二八一頁。二五、三〇八頁)。同四年二月二十日付安都雄足《あとのおたり》の牒《ちょう》(同二五、二六五頁)には、法華経《ほけきょう》一部・梵網経《ぼんもうきょう》二巻・阿弥陀経《あみだきょう》一巻の写経宣者(発願者《はつがんしゃ》は孝謙《こうけん》太上天皇か)として名がみえる。同七年正月には従五位下に叙《じょ》せられ、天平神護《てんぴょうじんご》元年(七六五)正月、正五位上・勲《くん》四等を賜わっている(藤原仲麻呂《なかまろ》の乱の論功行賞《ろんこうこうしょう》)。天平神護二年正月には永手とともに叙位《じょい》に預かり従《じゅ》四位下となり、その後も昇叙《しょうじょ》を重ねた。宝亀《ほうき》二年(七七一)の永手死後も*後宮《こうきゅう》に出仕し、同年には正三位に叙せられ、天応《てんおう》元年(七八一)三月十日薨伝には*尚侍《しょうじ》兼*尚蔵《しょうぞう》正三位とある。

(井山 温子)

おおはしまきこ 大橋巻子 一八二四―八一 幕末期の勤王家、歌人。宇都宮出身の豪商佐野屋孝兵衛(大橋淡雅)と歌人菊池民子《きくちたみこ》の娘。幼少期母より*和歌を、のちに大国《おおくに》隆正《たかまさ》らに国学を学ぶ。清水正順(大橋訥庵《とつあん》)を婿《むこ》養子に迎える。訥庵が日本橋に開いた思誠塾《しせいじゅく》や勤王運動を助ける。文久二年(一八六二)の坂下門《さかしたもん》事件に連座し投獄された夫や巻子の実弟教中《のりなか》の救済に奔走《ほんそう》、その間の経過と心境を綴った『夢路日記《ゆめじのにっき》』は、多くの人々の心を打ち、愛読された。書簡《しょかん》や和歌も多く残されている。

参考文献 平泉澄・寺田剛編『大橋訥庵先生全集』下、一九四三、至文堂。

(柴 桂子)

おおばみさ 大場美佐 一八三三―一九〇五 彦根《ひこね》藩武《む》蔵国《しのくに》世田谷《せたがや》領(東京都世田谷区)代官で大場家十二代当主大場与一景福《よいちかげとみ》の妻。天保四年(一八三三)十二月十八日、中延村《なかのぶ》(東京都品川区)の名主鏑木善兵衛《かぶらぎぜんべえ》の次女として生まれる。安政四年(一八五七)八月、二十五歳で結婚。大場家は近世後期に百姓身分から歩行《かち》という士分の家格になったが、代々世田谷村で農業を営んだ。万延《まんえん》元年(一八六〇)より一九〇四年(明治三十七)まで「日記」を書く。慶応元年(一八六五)夫が死亡、美佐の実弟鏑木弘之介《こうのすけ》(信《のぶ》愛《ちか》)が養子となり、のちに代官職を継ぐ。一九〇五年五月二十九日、七十三歳で死去。「日記」は一年一冊として四十五年間書き継がれ、三十二冊が現存している。代官日記を補完する内容を含み、社会情勢や世田谷地域の動向のほか、代官家の日常生活を知ることができる。女性の目でみた、幕末から明治に至る庶民史の貴重な史料といえよう。『大場美佐の日記』全三巻(東京都世田谷区教育委員会編、一九八八―九一年)として翻刻されている。

参考文献 大場家歴代史編纂委員会編『大場家歴代史』、一九八三、大場代官屋敷保存会・世田谷信用金庫。

(奥田 和美)

おおはらとみえ 大原富枝 一九一二―二〇〇〇 昭和・平成時代の小説家。高知県生まれ。高知女子師範在学中に結核を患い、十年近い療養生活の間に執筆を始める。一九三七年(昭和十二)『文芸首都《ぶんげいしゅと》』同人となる。『ストマイつんぼ』(一九五六年)で女流文学者賞受賞。厳しい環境に置かれた女性の魂を描いた『婉《えん》という女』(一九六〇年)は高く評価され、毎日出版文化賞、野間文芸賞を受賞。自身の体験をふまえて日本の女性像を数多く描く。一九九一年(平成三)故郷の高知県本山町に大原富枝文学館開館。作品は『大原富枝全集』全八巻(一九九五―九六年、小沢書店)にまとめられている。

(吉松 幸子)

おおはらゆうがく 大原幽学 一七九七―一八五八 江

戸時代後期の農民指導者。みずからは「尾州藩牢人《びしゅうはんろうにん》」と称していたというが明らかではない。生家を出てから天保十三年（一八四二）、下総《しもうさ》国香取郡長部村《かとりぐんながべむら》（千葉県旭市）に根拠を定めるまで畿内・中国・四国・信濃《しなの》等各地を流浪。その間に各地の実情を見聞した知識と経験とを基礎に、荒廃《こうはい》した村の建て直しに専念する。神・儒・仏を融合させ、それにみずからの経験を加えた独特の教えである性《せい》（理《り》）学《がく》を編み出す。世界最初の産業協同組合といわれる先祖株組合《せんぞかぶくみあい》を結成して、潰《つぶ》れ百姓の再興を実現。それと併行して人びとの精神の涵養《かんよう》に力を尽くす。門人に女性はいないが、「女は智恵《ちえ》あさき者」と捉え、女性・*子どもを対象にした「婦人会」や「子供会」を設けたりして教化に力を注ぐ。先祖から子孫へ「家」を相続させていくことが幽学の教えの中心であり、「家」の治・和が不可欠だとし、女性に対して「順」「従」の教えを説く。また、よりよい人間形成を意図して道友《どうゆう》（性学を信奉する者）間での換子《かえこ》教育の実践を提唱、新しい親子、とりわけ母子関係のあり方の一つを示した。作品は『大原幽学全集』（千葉県教育会編、一九四三年、一九七二年、複製版）に収められている。

参考文献　中井信彦『大原幽学』（人物叢書）、一九八九、吉川弘文館。菅野則子「大原幽学にみる「家」と女性・子供」（『村と改革』一九九二、三省堂）。大槻宏樹『近世日本社会教育史論』（歴史科学叢書）、一九九三、校倉書房。

（菅野　則子）

おおひめ　大姫　一一七八?―九七　源頼朝《みなもとのよりとも》と*北条政子《ほうじょうまさこ》の長女。生年は治承《じしょう》二年（一一七八）。同三年との説もある。治承・寿永《じゅえい》の内乱から鎌倉幕府の成立へという流れの中で、時代の荒波を被って若くして命を落とした。彼女は、頼朝と木曾義仲《きそよしなか》が対立する中、*人質として鎌倉に送られた義仲の子息義高《よしたか》と婚約したが、義仲滅亡後、義高は斬首されてしまい、それがもとで心に深い傷を負い病床に伏せるようになった。両親が勧めた一条高能《いちじょうたかよし》（父は京都守護の一条能保《よしやす》、母は頼朝の妹）との縁談には、深淵《しんえん》に身を沈めるといって強く拒んだ。建久《けんきゅう》六年（一一九五）、頼朝の上洛に同行し、政子とともに後白河《ごしらかわ》法皇の寵《ちょう》姫《き》*丹後局《たんごのつぼね》と対面したが、これは大姫を後鳥羽《ごとば》天皇に*入《じゅ》内《だい》させようという頼朝の意図によるものだった。だが、その計画は容易に実現せず、建久八年七月十四日、大姫はこの世を去った。この後、入内計画は妹の乙姫（*三幡《さんまん》）に移され、頼朝没後も継続したことから、将軍家息女の入内は幕府の政策として進められたものと見られる。

参考文献　白根靖大「王朝社会秩序の中の武家の棟梁」（『中世の王朝社会と院政』二〇〇〇、吉川弘文館）。関幸彦『北条政子―母が嘆きは浅からぬことに候―』（ミネルヴァ日本評伝選）、二〇〇四、ミネルヴァ書房。

（白根　靖大）

おおみやいん　大宮院　一二二五―九二　後嵯峨《ごさが》天皇の后妃《こうひ》で後深草《ごふかくさ》・亀山《かめやま》両天皇の母。後嵯峨没後の治天の座をめぐり、その決定に大きな役割を果たした。名は西園《さいおん》寺姞子《じきつし》。父は、後堀河《ごほりかわ》上皇執事《しつじ》や関東申次《もうしつぎ》それに後深草・亀山両天皇の外祖父として、朝廷で重きをなした太政大臣西園寺実氏《さねうじ》。母は、四条隆衡《しじょうたかひら》の娘で今林准后《じゅごう》と呼ばれた四条貞子《ていし》。姞子は、仁治《にんじ》三年（一二四二）六月三日に*入《じゅ》内《だい》し、同月十日に*女御《にょうご》、八月九日に*中宮となり、宝治《ほうじ》二年（一二四八）六月十八日に*女院《にょいん》となり大宮院と呼ばれた。寛元《かんげん》元年（一二四三）に後深草を、建長《けんちょう》元年（一二四九）に亀山を産んだほか、二皇子二皇女を儲《もう》けた。幕府の支持を得て皇位に就いた後嵯峨は、治天の後継者を幕府に委《ゆだ》ね文永《ぶんえい》九年（一二七二）に没した。これを受けた幕府が大宮院に対し後嵯峨の真意を尋ねたところ、彼女が亀山こそ亡き夫の意向であると表明したため、弟の亀山が治天の座に就くこととなった。兄の後深草やその周辺はこれに不満を持ったが、後嵯峨は、生前、亀山を院評定《いんのひょうじょう》に臨席《りんせき》させ、亀山の皇子世仁《よひと》親王（後宇多《ごうだ》天皇）を皇太子にしており、大宮院の発言は後嵯峨の真意を伝えたものといえよう。彼女は亡夫の初七日に落飾《らくしょく》し、法名を遍智覚《へんちかく》と称した。だが、後深草が出家を決意するに至り、幕府の要請で後深草の皇子熙仁《ひろひと》親王（伏見《ふしみ》天皇）が亀山の猶子《ゆうし》として皇太子となり、大覚寺《だいかくじ》統と持明院《じみょういん》統の両統迭立《りょうとうてつりつ》へと向かった。なお、後嵯峨は没時に処分状を作成し、その中で大宮院へ亀山殿・浄金剛院《じょうこんごういん》（およびその荘園）・宗《むな》像《かた》社《しゃ》を譲っている。大宮院の経済基盤は、のちに大覚寺統の所領を書き上げた目録に「浄金剛院領」「大宮院御領（宗像社を含む）」「今林准后御領」として載っている荘園群が中心で、その中には若干ではあるが生家の西園寺氏から譲り受けた所領も含まれている。これらの所領の多くはやがて大覚寺統に伝えられていくこととなった。

参考文献　龍粛「後嵯峨院の素意と関東申次」（『鎌倉時代』下、一九五七、春秋社）。金井静香「中世における后妃女院領の形成と領有構造―西園寺家出身の女院を中心に―」（『中世公家領の研究』一九九九、思文閣出版）。

（白根　靖大）

おおみやのつぼね　大宮局　生没年不詳　鎌倉幕府五代将軍九条頼嗣《くじょうよりつぐ》の母。父は権中納言《ごんのちゅうなごん》藤原親能《ふじわらのちかよし》。二棟御方《にとうのおんかた》・大宮殿と呼ばれていたが、のちに大宮局・二品《にほん》・二位殿《にいどの》とも呼ばれた。四代将軍九条頼経《よりつね》に*女房として仕えていた彼女は、やがて頼経の寵愛《ちょうあい》を得て頼嗣を産み、頼嗣の将軍就任後、二位（二品）に叙されるなど、将軍の母としての地位を得た。しかし、頼嗣が将軍の座を追われ、宗《むね》尊《たか》親王が鎌倉に下向した建長《けんちょう》四年（一二五二）、頼嗣とともに鎌倉を去り京都へ送られることとなった。

参考文献　田端泰子「鎌倉期の武士の女房」（『日本中世の社会と女性』一九九八、吉川弘文館）。

（白根　靖大）

おおものいみ　大物忌　⇩物忌《ものいみ》

おおやますてまつ　大山捨松　一八六〇―一九一九　明治・大正時代の慈善活動家。会津若松で父会津藩郡奉行《こおりぶぎょう》主役山川尚江《しゅやくやまかわなおえ》、母唐衣《からころも》の間に生まれる。明治四年（一八七一）、開拓使から派遣され、岩倉使節団とともに日本初の

大山捨松

*女子留学生として*津田梅子《つだうめこ》・永井繁子《ながいしげこ》らと十一歳で渡米し、十一年間を米国で過ごす。コネティカット州ニューヘイブンで奴隷制《どれいせい》廃止論者のレナード＝ベーコン牧師宅に託され、のちに来日し日本の*女子教育に足跡を残す*アリス＝ベーコンとともに成長。バッサー大学で学び学士号取得。卒業後、コネティカット看護婦養成学校で看護学を学ぶ。一八八二年津田梅子とともに帰国。翌年、陸軍卿《りくぐんきょう》大山巌《いわお》と結婚。伊藤博文に推薦され*華族女学校設立準備委員会の委員となる。津田梅子が創立した女子英学塾(現*津田塾大学)の顧問、また社団法人となってからは理事として、その発展に寄与した。「鹿鳴館《ろくめいかん》慈善バザー」を行うなどして日本赤十字社篤志《とくし》看護婦人会の設立に貢献。同会、*愛国婦人会等の理事を務め、奉仕活動で活躍。

参考文献 久野明子『鹿鳴館の貴婦人大山捨松—日本初の女子留学生—』(中公文庫)、一九九三、中央公論社。髙橋裕子「アリス・ベーコンと大山捨松—梅子を支援したベーコン家の〈娘〉たち—」(飯野正子・亀田帛子・髙橋裕子編『津田梅子を支えた人びと』二〇〇〇、有斐閣)。（髙橋　裕子）

オーラル＝ヒストリー　オーラル＝ヒストリー　⇩聞《き》き書《が》き

おかげまいり　お蔭参り　⇩伊勢参《いせまい》り

おがさわらりゅう　小笠原流　武家の弓馬礼法・諸礼式の流派。小笠原氏は源頼朝に仕えた長清《ながきよ》を祖とし、その子孫である庶流《しょりゅう》(京都小笠原氏)の貞長《さだなが》が室町幕府において将軍近習《きんじゅう》として仕え、貞長五世の持長《もちなが》が六代将軍義教《よしのり》の弓馬故実《きゅうばこじつ》師範に任じられて以降、代々将軍家の師範を勤めた。京都小笠原氏は武家礼法の確立に尽力したが、室町時代末期になると嫡流《ちゃくりゅう》の信濃《しなの》小笠原氏からも長時・貞慶《さだよし》が出て、さまざまな故実書を著わした。江戸時代には、信濃小笠原氏の一族の貞経《さだつね》(経直《つねなお》)と、京都小笠原氏の系譜を引く長房《ながふさ》が*御家人として幕府に召し抱えられた。貞経の孫の経直《なおつね》は、五代将軍綱吉に家伝の弓箭《ゆみや》・弓馬・諸礼の書を献上し、その子常春《つねはる》の代になって、八代将軍吉宗から流鏑馬《やぶさめ》笠懸《かさがけ》と騎射の師範に任じられるとともに、将軍家の生誕式や入輿式《にゅうよしき》なども担当するなど、礼式家としての地位を確立した。同様に長房四世の持広《もちひろ》も家伝の書を吉宗の閲覧に供するとともに、射礼の師範を勤め、以後代々その役を担った。

参考文献 二木謙一『中世武家儀礼の研究』、一九八五、吉川弘文館。（浅倉　有子）

おかだのおばめ　岡田姑女　九世紀前半に書かれた日本最古の仏教説話『*日本霊異記《にほんりょういき》』中巻第三十二話にみえる紀伊国《きのくに》(和歌山県)名草郡《なぐさのこおり》の女性。「村主《すぐり》」の姓《かばね》をもつことから岡田村主姑女とも、また桜村の在所にちなみ、桜大《さくらのおお》娘《おみな》とも呼ばれている。聖武天皇の御世《みよ》、三上村《みかみむら》の薬王寺《やくおうじ》信徒は酒の利つき貸付(*出挙《すいこ》)で寺の薬分《やくぶん》(薬代)増殖に励んでいたが、実際に*酒造りによる出挙を請負っていたのは、寺の檀越《だんおち》を兄弟にもつ岡田姑女である。『霊異記』に描かれる八世紀の日本では、*家長を絶対的な*家産管理者とする*家父長制《かふちょうせい》が確立しておらず、女性も自身の財産所有が可能であった。夫婦は「家長《いえぎみ》」「家室《いえとじ》」として、独自の私産管理と経営活動を行なっている。当時、祭祀《さいし》に関わる造酒は女性の重要な仕事だったが、岡田姑女が「酒を作る家主《いえぎみ》」と描写された背景には、女性が経済的な主体となりえた社会の現実と、その社会から生まれ、共同体の成員として地位を得ていた富豪女性の存在がある。

参考文献 河音能平「生活の変化と女性の社会的地位—首長制的秩序から家父長制的秩序へ—」(女性史総合研究会編『日本女性生活史』二、一九九〇、東京大学出版会)。義江明子『日本古代の祭祀と女性』(古代史研究選書)、一九九六、吉川弘文館。関口裕子「古代における日本と中国の所有・家族形態の相違について—女子所有権を中心として—」(『日本古代家族史の研究』下、二〇〇四、塙書房)。義江明子「「酒を作る家主」と檀越」(『日本古代女性史論』二〇〇七、吉川弘文館)。（角谷　英子）

おかだよしこ　岡田嘉子　一九〇二—九二　大正・昭和時代の俳優。女子美術学校をへて新劇女優。舞台協会「出家とその弟子」などで評判を取り、一九二三年(大正十二)銀幕デビュー。翌年の日活京都入社の際には前借金を経営難の舞台協会に渡し話題を呼ぶ。モダンなキャラクターでスターとなるが竹内良一《たけうちりょういち》との失踪《しっそう》事件で映画界を逐《お》われる。一九三二年(昭和七)に松竹蒲田《かまた》に復帰。左《さ》翼《よく》演劇演出家杉本良吉《すぎもとりょうきち》と*恋愛し、三八年、国境警備隊慰《い》問《もん》を口実に樺太《からふと》(サハリン)の旧ソ国境を越えて亡命。スパイ容疑で杉本は銃殺となる。収監生活、看護婦等を経て、四八年から二十五年間モスクワ放送局に勤める。この間同僚の滝口新太郎《たきぐちしんたろう》と結婚。またモスクワ国立演劇総合大学に学びマヤコフスキー劇場の演出部員となる。一九七二年から一九九一年(平成三)にかけてしばしば日本に滞在し、舞台演出・テレビ・映画出演などをこなす。モスクワにて没。著書に『悔いなき命を』(一九七三年、広済堂出版)などがある。

参考文献 升本喜年『女優岡田嘉子』、一九九三、文芸春秋。加藤哲郎『国境を越えるユートピア』、二〇〇二、平凡社。（池川　玲子）

おかばしょ　岡場所　江戸における、*吉原遊廓《ゆうかく》以外の遊《ゆう》里《り》の総称。*私娼《ししょう》街を指す。宝暦《ほうれき》—天明年間(一七五一—八九)に興隆《こうりゅう》し、当時の洒落本《しゃれぼん》に描かれる舞台ともなった。深川(富岡八幡宮《とみおかはちまんぐう》近辺)、根津(根津権現門前《ごんげんもんぜん》)、本所(回向《えこう》院《いん》前)などが代表的である。中でも深川は、地域範囲からみても*芸者・私娼数からみても江戸最大の岡場所であり、しばしば吉原と対比された。岡場所は寛政改革・天保改革の時に、その取り潰《つぶ》しが図られ、そのつど衰退する地域もあったが、その後しばらくすると再び盛り返すというくり返しであり、幕末には吉原の*遊女や品川の*飯盛《めしもり》女《おんな》より高い*花代《はなだい》(遊女や飯盛女の代金)をとる私娼も現われた。岡場所の多くは、寺社の門前や近辺に形成された。江戸時代、神社仏閣は庶民の観光の場所であり、その周辺に自然と娯楽的な施設が備わっていったこと、近世半ばまで、寺社の境内《けいだい》・門前町が、警察権をほとんど持たない寺社奉行支配の下にあったことなどが、岡場所の形成・興隆の条件であったと考えられる。

参考文献 三田村鳶魚「江戸趣味の話」(『三田村鳶魚全集』七、一九七五、中央公論社)。『講座日本風俗史(新装版)』性風俗三、一九九〇、雄山閣出版。（曾根ひろみ）

おかみけいこ　岡見京子　一八五九—一九四一　明治から昭和時代にかけての医師。女子医学留学生第一号。安政六年(一八五九)八月十五日青森生まれ。横浜共立《きょうりつ》女学校に学び、クリスチャンとなる。夫の米国留学に伴い渡米、一八八九年(明治二十二)ペンシルバニア女子医科大学を卒業、帰国後五番目の*女医として登録。慈恵《じけい》病院婦人科主任や頌栄《しょうえい》女学校教師を勤めた後、宣教師*マリア＝ツルーが新宿区内に建設した衛生園《えいせいえん》を一八九七年から看護婦養成学校として運営し、女性患者の看護に重点をおいた療養普及に務めた。衛生園を一九〇六年に閉鎖後、信仰生活を続け一九四一年(昭和十六)年九月二日死去。

参考文献 長門谷洋治「岡見京子—女子医学留学生第一号—」(『日本医事新報』一八〇七)、一九七七。『頌栄女子学院百年史』、一九八四、頌栄女子学院。（石崎　昇子）

おかもとかのこ　岡本かの子　一八八九—一九三九　大正・昭和時代の歌人、小説家。一八八九年(明治二十二)三月一日、神奈川県橘樹《たちばな》郡高津《たかつ》村二子《ふたこ》(川崎市)の地主大《おお》貫寅吉《ぬきとらきち》・アイの長女に生まれる。跡見《あとみ》女学校を卒業。在学中から新詩社《しんししゃ》に参加して短歌を詠む。一九一〇年岡本一平《いっぺい》と結婚し、翌年長男太郎(のちに洋画家)が生まれた。一平は人気漫画家になると生活が荒れ、かの子は夫や恋人との確執から精神を病む。夫婦ともに仏教に救われ、以後仏教研究を続けた。かの子の小説には、仏教の関係性の中で変貌を続ける「無自性《むじしょう》」の教えを鍵とするものが多い。生前の芥川龍之介《あくたがわりゅうのすけ》との交流を描いた『鶴は病みき』(一九三六年)で小説家として認められ、抑制された筆致の中に艶麗《えんれい》さが宿る短編や語りの枠を破る奔放《ほんぽう》な長編など、急逝するまでの三年間に数多くの小説を残した。歌集は『かろきねたみ』(一九一二年)、『浴身《よくしん》』(一九二五年)など。小説に『母子叙情《ぼしじょじょう》』(一九三七年、創元社)、『老《ろう》妓抄《ぎしょう》』(一九三九年、中央公論社)などがある。

岡本かの子

参考文献 宮内淳子『岡本かの子論(増補版)』、二〇〇一、EDI。高良留美子『岡本かの子いのちの回帰』、二〇〇四、翰林書房。（宮内　淳子）

おかやまじょしこんしんかい　岡山女子懇親会　一八八〇年代に高揚《こうよう》した自由民権運動に影響を受け、岡山県で結成された女性民権結社。一八八二年(明治十五)五月十一日、女性民権家として活躍していた*岸田俊子《きしだとしこ》を招いて第一回懇親会を開催。主催した竹内寿《たけうちひさ》・津下久米《つしたくめ》のほかに、景山英子《かげやまひでこ》・山本丑《やまもとうし》・*炭谷小梅《すみやこうめ》など三十～四十名が参加している。学習塾や演説会活動を通じて、女性の団結と*男女平等を目指し、一八八四年秋ごろまで活動が続いた。

参考文献 総合女性史研究会編『日本女性の歴史—女のはたらき—』(角川選書)、一九九三、角川書店。岡山女性史研究会「岡山女子懇親会について」(総合女性史研究会編『女性と運動』一九九八、吉川弘文館)。（横澤　清子）

おがわなおこ　小川直子　一八四〇—一九一九　幕末・明治時代の歌人、教育者。加賀藩士河島良左衛門と三子の娘。名は昌。同藩の勤王志士小川幸三と結婚。国事に奔走《ほんそう》し家を空ける夫に代わって一家を支え、夫の運動資金を調達するが、夫は無断出国で幽閉、斬首となる。その間のことを『しのぶぐさ』に綴《つづ》る。以後夫の名誉回復と*家名再興に尽くす。のち、金沢・青森女子師範学校などで教鞭《きょうべん》をとり、その後、明治天皇の皇女らの御用掛を長く務める。文集「竹の下枝」・歌集「瀬々《せせ》らぎ集」(『竹の下枝』、一九一七年、泰山房)がある。（柴　桂子）

おきくものがたり　おきく物語　豊臣秀吉の*側室*淀殿《よどどの》の侍女《じじょ》おきくが、大坂城落城時の城内の様子を後年に語り伝えたもの。一冊。成立年不詳。おきくは淀殿の父浅《あざ》井《い》長政《ながまさ》の家臣の娘。幼少から淀殿に仕え、大坂城落城ののちは備前国《びぜんのくに》に住む。ここで結婚し、延宝《えんぽう》年間(一六七三—八一)に没した。物語は、孫で岡山藩の医師田中意徳《たなかいとく》家に伝わっていたもの。天保八年(一八三七)、朝川善庵《あさかわぜんあん》が跋文《ばつぶん》を書き『おあむ物語』と合わせて板行。『日本庶民生活史料集成』八などに所収。（久保　貴子）

おきなわじょせいし　沖縄女性史　沖縄初の*女性史研究書。*伊波普猷《いはふゆう》著。一九一九年(大正八)小沢書店刊。一九一八年二月、沖縄県立高等女学校で開かれた女教員大会における講演「沖縄の女性に就《つい》て」に訂正を加えた「古《こ》琉球《りゅうきゅう》に於《お》ける女子の位地」と題した論文をメインに、「尾類《じゅり》の歴史」(*尾類＝辻遊廓《つじゆうかく》の女性)と、真境名安興《まじきなあんこう》執筆の「沖縄の婦人性」の三部から成る。「古琉球に於ける女子の位地」では祭政一致時代(前近代)の女性の活動や、「男逸女労《だんいつじょろう》(男は遊び女が働く)」の風習、*貞操観《ていそうかん》の変遷など女性の地位を歴史的に究明しているが、現実的課題として締めくくりに論じているのが、封建的因習《いんしゅう》からの解放を目的とした「*女子教育の必要性」である。明治末期の青年知識人集団の盟主として因習打破や個人の尊厳《そんげん》を鼓舞《こぶ》し、さらに大正デモクラシー運動の先駆者《せんくしゃ》として活動を続けるなか、伊波は同書で女子教育を通して言語・風俗・習慣を日本化させ、*家庭の改良を計るよう訴える。そして「今や沖縄青年は教育ある妻を与へよと叫んで已《や》まない」と強調する。その背景には、薩摩《さつま》を中心とした本土人による沖縄人への差別が横たわっており、沖縄青年が品性や学問を身につけていてもなかなか出世できないのは、本土人である上司との言葉が通じず、風俗や慣習が異なるせいで、それは女子教育を盛んにすることで解決できるとする。この論文のなかで伊波は、女性の地位の低い沖縄では*遊廓が繁盛《はんじょう》するのは避けられないとしながらも、「尾類の歴史」では、役人や教育者が公然と遊廓を出入りすることを批判し、遊廓制度の打破を訴えている。また伊波の求めに応じて真境名が執筆したという「沖縄の婦人性」は、一六〇九年(慶長十四)の薩摩の琉球侵入によって「*男尊女卑《だんそんじょひ》」思想が持ち込まれたが、それ以前の琉球女性は男性に劣らず働き、自由で快活であったこと、明治の廃藩置県によってはじめて女子教育がもたらされたことなど、前近代の女性の地位について、数少ない資史料を駆使《くし》して論じている。伊波普猷「沖縄女性史」は『伊波普猷全集』七(一九七五年、平凡社)に、真境名安興「沖縄の婦人性」は『真境名安興全集』四(一九九三年、琉球新報社)に収められている。また、伊波普猷『沖縄女性史』(平凡社ライブラリー、二〇〇〇年、平凡社)は鹿野政直・比嘉道子の編集・解説で、併せて「女性史関連論集」を収録している。　(宮城　晴美)

おきなわせんじょしがくとたい　沖縄戦女子学徒隊　第二次世界大戦末期、沖縄守備隊陸軍第三十二軍に動員された沖縄師範学校女子部(女師《じょし》)、県立・私立高等女学校生のこと。戦後、それぞれの同窓会誌名のついた学徒隊名がつけられる。併置校であった県立女師・一高女《こうじょ》が「ひめゆり」学徒隊、二高女「白梅《しらうめ》」、三高女「なごらん」、首里《しゅり》高女「瑞泉《ずいせん》」、そして私立の昭和高女が「梯梧《でいご》」、積《せき》徳《とく》高女が「積徳」学徒隊とよばれるようになった。米軍上陸を目前にした一九四五年(昭和二十)三月末、女師と、高女の上級生を中心に組織された*従軍看護婦要員が、陸軍病院、野戦病院に配置される。戦況の悪化で負傷兵が増えるにつれ、一人で二十～三十人の看護を担当するが、学徒隊員にも犠牲が出るようになる。那覇近郊から沖縄本島南部に追いつめられた六月、日本軍から彼女たちに突然解散命令が出され、戦場に放置されることに。それによって犠牲者はさらに増え、動員者数四百三十一人中、ひめゆり学徒隊の百二十三人を最高に百九十二人が亡くなった。

参考文献　中山良彦編『ひめゆり平和祈念資料館公式ガイドブック(改訂版)』、一九九六、沖縄県女師・一高女ひめゆり同窓会。那覇市総務部女性室・那覇女性史編集委員会編『なは・女のあしあと—那覇女性史—』近代編、一九九六、ドメス出版。　(宮城　晴美)

おきなわのじょせい　沖縄の女性　一八七九年(明治十二)の廃藩置県は沖縄の近代化、つまり日本化のはじまりである。これまで約五百年にわたって琉球《りゅうきゅう》王国として中国の冊封《さくほう》を受けながら、さらに慶長十四年(一六〇九)には薩摩《さつま》の支配下にもおかれるという立場のなかで独自の文化を築いてきたが、沖縄県という日本の一県となった世替わりは、旧慣温存、封建的な階級制度維持のなかで、女性たちの身の上にさまざまな変化をもたらした。まず一般男子より五年おくれて小学校教育が始まった。王国時代、女子に対する学問の道は閉ざされていたが置県から六年目に門戸が開かれたのである。しかしこの時代、日本では自由民権運動が弾圧され、「大日本帝国憲法」「*教育勅語《ちょくご》」等、富国強兵・天皇制国家体制づくりが進められており、そのなかでの*女子教育推進であった。まず行われたのが*琉装《りゅうそう》から和装への服装の日本化である。沖縄出身女教師の第一号久場《くば》ツルが一八九九年和装へ切り替えた時、世間は嘲笑《ちょうしょう》したが沖縄の一日も早い日本化をすすめるため「風俗改良論」を唱えていた「沖縄県私立教育会」は早速ツルを表彰、その文言は「国家の統一をはからんがため」だった。これを機に学校教育の場を中心に女子の髪型、王国時代からの慣習だった手の甲のいれずみ、服装、名前、方言などいわゆる琉球的なものから日本的なものにどんどん変えられていく。それとともに国の政策に従って軍国主義・植民地主義の考え方も教育現場のなかにはびこっていき、ついには第二次世界大戦へと破滅の道をつき進んでいく。なおこの間、大正デモクラシーの波も寄せてきたが女性たちにとって大きなうねりとはならなかった。一方、王国時代からの生活を大事にする女性も多かった。農業はもちろん日常生活での「商《あきな》い」の担い手は女性、特に市場は女性たちの独壇場《どくだんじょう》で、沖縄戦前まで市場へ男性が出入りすると笑いものにされた。木材商として大きな店を構え、九州や大阪の材木を買付けにいき、木に登って質を吟味するなど逞《たくま》しい女性もいた。行商も盛んで、特に中国からの帰化人の子孫である那覇《なは》久米村《くにんだ》の女性たちは、海を越えて九州・本州はもちろん台湾・中国まで商いに出かけている。貸家・質屋を仕切る女性などもおり、金儲けの下手な女性は金持ちに嫁いでもバカにされた。一九四五年(昭和二十)の米軍による沖縄上陸戦は、平穏な日常を送っていた老若男女の生活を根こそぎ奪い、二十数万人におよぶ命も奪った。全島が戦場となった地から生き残った人びとは、男三に対して女七の人口比となり、米軍に占領された沖縄は日本の行政から分離され、米国軍政下におかれた。全島焦土《しょうど》と化した地から立ち上がった女性たちに、戦いに勝った米兵たちによるレイプ事件も相ついだ。平行して与えられたのが「婦人参政権」で、一九四五年九月二十日に生き残った人びとが収容されていた地域で市会議員の選挙が行われ女性たちも投票した。米軍占領下で女性たちは米兵による性の暴力という恐怖と屈辱とともに日本本土よりも早く実現した「婦人参政権」を行使するという栄光を手にして無から立ち上がった。そして米軍占領下の二十七年を経て日本復帰した。しかし戦後六十年経っても、いまなお米軍基地は集中しており、基地の在り方を問う声は途絶えることなく日本全国民に課題としてつきつけている。

参考文献 沖縄婦人運動史研究会編『沖縄・女たちの戦後』、一九八六、ひるぎ社。琉球新報社編『時代を彩った女たち—近代沖縄女性史—』、一九九六、ニライ社。那覇市総務部女性室・那覇女性史編集委員会編『なは・女のあしあと—那覇女性史—』近代編、一九九八、ドメス出版。那覇市総務部女性室編『なは・女のあしあと—那覇女性史—』戦後編、二〇〇一、琉球新報社。（外間　米子）

おきなわみつやくばくろじけん 沖縄密約暴露事件 ⇩外務省機密漏洩事件《がいむしょうきみつろうえいじけん》

おぎのぎんこ 荻野吟子 一八五一—一九一三 明治時代の医師。医師免許規則・医術開業試験規則による日本初の公認女性医師。嘉永《かえい》四年（一八五一）現在の埼玉県熊谷市妻沼《めぬま》生まれ。婦人科系疾患《しっかん》のため十八歳で離婚。その受療体験から医師を志す。当初、漢方医に医学を学び、甲府の私塾教師、東京女子師範学校卒業など紆余曲折《うよきょくせつ》の後、私立医学校好寿院《こうじゅいん》で学ぶ。女性の医術開業試験受験許可を石黒忠悳《いしぐろただのり》・長与専斎《ながよせんさい》らに働きかけ、一八八四年（明治十七）に実現させた。翌年、後期試験に合格し、東京本郷に産婦人科荻野医院を開業。のち洗礼を受け、*日本基督《キリスト》教婦人矯風会《きょうふうかい》風俗部長となり、婦人の議会傍聴《ぼうちょう》禁止反対運動など、積極的に社会的活動も行なった。また*明治女学校で生理衛生を講じ、校医・舎監《しゃかん》となった。一八九〇年、牧師志方之善《しかたこれよし》と結婚。一八九四年、夫の北海道布教・開拓事業に共鳴し、北海道瀬棚《せたな》町ほかで開業。夫の死後、一九〇八年に帰京、本所小梅町で再び開業したが一九一三年（大正二）死去。著作に「本邦女医の由来及其前途」（『女学雑誌』三五八—三六〇、一八九三年）などがある。

参考文献 松本剛太郎「荻野吟子」（『北海道医報』一七四・一七五・一八〇・一八九）、一九六七。日本女医会編『日本女医史（追補）』、一九九一。（三崎　裕子）

オギノしきひにんほう オギノ式避妊法 一九二四年（大正十三）に新潟県の産婦人科医荻野久作《おぎのきゅうさく》が排卵は予定月経前十六日から十二日までの五日間に起ると確定した学説が避妊方法として理解されたもの。荻野は受胎《じゅたい》促進法として報告したが、一九二七年（昭和二）末から女性大衆雑誌『*主婦之友』等が避妊方法として紹介すると産児制限を望んでいた主婦たちの間に大きな反響を呼んで避妊方法として流布《るふ》していった。一九五〇年代に受胎調節が政策的にも推進された時期には、オギノ式避妊法で受胎（排卵）期を予想し、この時はバリア方法（*コンドーム・ペッサリー等）の避妊器具を利用することが推奨された。全国家族計画世論調査はこの方法が浸透していると報告している。しかし、受胎期を確定することは難しく、オギノ式避妊法は予想受胎期以外は何も使用しないことであり、予想が外れた場合は失敗する可能性が高い。

参考文献 篠田達明『法王庁の避妊法』、一九九一、文芸春秋。毎日新聞社人口問題調査会編『日本の人口—戦後50年の軌跡—』、二〇〇〇。（石崎　昇子）

おきのしま 沖ノ島 ⇩宗像三女神《むなかたさんにょしん》

おきまゆ 置き眉 平安時代以来、公家社会で行われてきた*化粧。「引き眉」ともいう。男女を問わず眉毛を抜き、墨で眉を書くこと。近世になると公家社会の女子においては成人のしるしで、男子においては元服前の童形《どうぎょう》の際に行われた。平安時代末期の作といわれる『*源氏物語絵巻』などでは眉の形は四角に近く実際の位置の程近くに描く。しかし時代の下降とともに眉の形状は楕円《だえん》形から円に、大きさも小さくなり、位置はより上方へ額の髪の生え際まで移動する。

参考文献 江馬務『装身と化粧』（江馬務著作集四）、一九八八、中央公論社。（佐多　芳彦）

おきめ 置目 ⇩志斐嫗《しいのおみな》

おきや 置屋 *遊女・*芸者を抱え養っている家の総称。ただし、遊女・*芸子ともに客を迎えるということはせず、*揚屋《あげや》・茶屋・呼屋《よびや》から客の遊びに応じて遊女・芸子を手配する。遊女・芸子ともに自宅は別にあり、置屋は店ないし見世《みせ》といった。一般に客が遊女や芸子を座敷に呼ぶ場合、見番《けんばん》といわれる取締り所を通さなければならない。置屋には、置屋規定があり成文化されてこそいないが、仲間どうしの「定法」があり、置屋や芸子が規定違反をすると罰せられることもあった。見番を通さず客座にあげた行為をしたかどで置屋仲間から訴えられた宮津《みやづ》地方の例がある。万延《まんえん》元年（一八六〇）、酌取女《しゃくとりおんな》の置屋布袋屋《ほていや》五助《ごすけ》抱の酌取女きくを届けず売ったことで、芸子は差しとめられ、「過料銭十貫文」を仰せつけられた。このように見番を通さず、じかに芸子を客座にあげる行為を「花抜売り」と呼び、届け出をうけた町奉行所も法的手続きで公的に処理し、過料を決めた。

参考文献 喜田川守貞『守貞謾稿』、一九九二、東京堂出版。曾根ひろみ『娼婦と近世社会』、二〇〇三、吉川弘文館。（宇佐美ミサ子）

おく 奥 内裏《だいり》や院御所《いんのごしょ》、幕府などにおいて、主人の日常生活の場となる私的な空間。中世の御所では、政務や儀式が行われる公的な場と、主人の日常生活の場は区別されていた。公的な空間（表《おもて》）が外とか外様《とざま》と呼ばれていたのに対し、私的な空間は内とか内々《ないない》と呼ばれていたが、やがて奥と呼ばれるようになった。中世の内裏や院御所の奥は、天皇・院の常御所《つねのごしょ》と*女房の祗候《しこう》する場、近臣の祇候する場で構成されていた。女房の詰所《つめしょ》であった*台盤《だいばん》所《どころ》は、奥の入り口に位置付けられており、ここに入れる男性は、近臣や重臣に限定されていた。近臣の詰所は、院や天皇の常御所の近くに設けられていた。鎌倉時代の近臣の詰所は、内裏では黒戸《くろど》、院御所では内北面《うちのほくめん》や小御《こご》所《しょ》であり、これらの場には、近臣の輪番《りんばん》制が存在した。奥は、内々の遊興の場でもあり、近臣や選ばれた芸能者による蹴鞠《けまり》、武芸、*和歌、連歌《れんが》、管弦《かんげん》といったさまざまな遊びや芸能が、日常的に催されていた。

参考文献 秋山喜代子『中世公家社会の空間と芸能』、二〇〇三、山川出版社。
（秋山喜代子）

おくじょちゅう 奥女中 近世、支配階層である武家の奥向へ奉公《ほうこう》、つまり働きに出る女性を奥女中と呼んだ。奥女中は江戸城をはじめ、江戸市中の大名・旗本屋敷や大名の国許《くにもと》の屋敷に、住み込みで働いていた。将軍や大名の家族が住む場所を御殿《ごてん》と呼んだのにちなみ、御殿女中ともいう。奥女中は奉公の際に、つかえる主《あるじ》(旦那《だんな》)が決められ、役職・俸禄《ほうろく》・女中名を与えられる。奥女中は主の身の回りの世話をしたり、学問や趣味のお相手をする御側《おそば》系と、男性の役人と同じように事務処理や政治的交渉を担う役人系に分かれる。将軍家の場合、*側室は御側系の*中臈《ちゅうろう》から選ばれるが、あくまで奥女中にすぎない。奥女中には武家だけでなく、公家や農工商の出自の者もおり、花嫁修業や家計を担うなど目的はさまざまであった。未婚者が大半ではあったが、*離婚や死別により一人となった者もいた。また、まれに夫のある身で奉公に上ることもあった。

参考文献 三田村鳶魚『御殿女中—鳶魚江戸文庫一七—』(中公文庫)、一九九八、中央公論社。畑尚子『江戸奥女中物語』(講談社現代新書)、二〇〇一、講談社。
（畑　尚子）

おぐちみちこ 小口みち子 一八八三—一九六二 明治から昭和時代初期の女性運動家、美容師。旧姓寺本。一八八三年(明治十六)兵庫県出身。一九〇四年上京、『女学生』の臨時記者として社会主義婦人講演を取材。それを機に平民社《へいみんしゃ》に出入りする。一九〇七年ころ美容師を志し社会主義運動から離れるが、東京婦人美容協会の要職を勤めつつ一貫して婦選獲得運動に参加。美留藻と号し短歌も詠んだ。一九六二年(昭和三十七)七月二十七日没。

参考文献 鈴木裕子編『資料平民社の女たち』、一九八六、不二出版。
（大木　基子）

おくにかぶき 阿国歌舞伎 ⇩出雲阿国《いずものおくに》

おくはらせいこ 奥原晴湖 一八三七—一九一三 明治時代の女性南画《なんが》家。下総《しもうさ》国古河《こが》藩士池田政明《いけだまさあき》の娘。名は節《せつ》。古河藩上級藩士の好学的雰囲気の中で漢籍《かんせき》・書・画を学ぶ。藩主の老中失脚後国許《くにもと》で蟄居《ちっきょ》を命じられた家老鷹見泉石《たかみせんせき》から西洋の知識を得る。慶応元年(一八六五)画家として立つことを決意して江戸へ出る。古河藩が女性の単身出府を認めなかったため関宿《せきやど》藩家老奥原《おくはら》家の養女となった。下谷御徒町《したやおかちまち》の住居を墨吐煙雲楼《ぼくとえんうんろう》と名づけ、奥原晴湖を名乗る。下谷の文人仲間と交流を深め、費晴湖《ひせいこ》・鄭板橋《ていばんきょう》の絵や書を手本として新しい作風を模索、豪放磊落《ごうほうらいらく》と評されるその作風は明治という新しい時代に受け入れられた。画塾春暢《しゅんちょう》家塾を開くとともに、著名な政治家も集う文芸の世界に積極的に進出し、高い評価と人気を得た。号も東海晴湖・日本晴湖を名乗る。南画衰退の風潮の中、住居が鉄道予定地となったことを契機に、所縁《しょえん》の埼玉県上川上村(熊谷市)へ転居、その死まで制作に打込む。遺品や作品は古河歴史博物館に所蔵されている。

参考文献 稲村量平『奥原晴湖』(伝記叢書)、一九九五、大空社。マーサ＝マクリントク「文人画家奥原晴湖」(『江戸期おんな考』九)、一九九八。茨城県立歴史館編『奥原晴湖展』(特別展図録)、二〇〇一。
（片倉比佐子）

おくぼうこう 奥奉公 ⇩奥女中《おくじょちゅう》

おくむめお 奥むめお 一八九五—一九九七 大正・昭和時代の女性運動家、政治家。一八九五年(明治二十八)十月二十四日、福井県福井市の鍛冶屋《かじや》であった和田甚三郎・はまの長女に生まれる。戸籍名は梅尾。県立高等女学校を卒業後、*日本女子大学に入学し、卒業。社会問題に目を開かれ、一九一九年(大正八)、雑誌『労働世界』の記者として演説したり、身分や経歴を隠したまま、東京本所の紡績工場で*女工として働いたりなどする。また、この年、奥栄一と結婚する。一九二〇年に、*平塚らいてう・*市川房枝《いちかわふさえ》らと*新婦人協会を結成し、理事となり、*治安警察法第五条修正などに力を尽くす。新婦人協会解散後の一九二三年に、*職業婦人社を結成し、機関誌『職業婦人』(のち、『婦人と労働』『婦人運動』と改題)を発行するとともに、職業を持つ女性たちを支援、さまざまな救済を試み、活動の拠点をここに置く。また、消費組合運動にも参加し、関東消費組合連盟中央委員や婦人部長となる。一九二八年(昭和三)には、婦人消費組合協会を結成する。女性の立場からの社会変革を試み、婦人セツルメント・愛児協会を開設し、産児調節運動にも参画する。戦時下には、政府や官庁、地方団体などの役員をつとめるほか、大政翼賛会《たいせいよくさんかい》の調査委員ともなる。奥は、戦時に、消費の問題を政治が取り上げるとき、女性の力を見せつけようとした。戦時協力を行うことを通じて、女性の地位向上を図ったのである。敗戦後は、一九四七年に行われた、最初の参議院議員選挙に出馬し、当選。以

奥むめお

後、一九六五年まで、三期十八年にわたって参議院議員をつとめる。この間、一九四八年に*主婦連合会を結成、主婦と暮らしの立場から、物価問題や品質問題を中心に*消費者運動を展開する。一九九七年(平成九)七月七日に百一歳で死去するまで、主婦連合会の運動を行なっていた。『婦人問題十六講』を一九二五年に刊行し、『花ある職場へ』(一九四一年)、『戦ふ女性―女も働かねばならぬ―』(一九四三年)などを上梓《じょうし》した。また、自伝として、『野火あかあかと』(一九八八年)がある。

参考文献 佐治恵美子「奥むめおと無産家庭婦人」(『歴史評論』三五九、一九八〇。成田龍一「母の国の女たち」(山之内靖他編『総力戦と現代化』一九九五、柏書房)。（成田 龍一）

おくむらいおこ 奥村五百子 一八四五―一九〇七 *愛国婦人会の創立者。弘化二年(一八四五)五月三日、肥前《ひぜん》唐津《からつ》(佐賀県唐津市)の浄土真宗東本願寺派高徳寺《こうとくじ》住職奥村了寛《りょうかん》・浅子《あさこ》の長女に生まれる。父や兄と尊王攘夷《そんのうじょうい》運動に従事。結婚で活動を一時中断するが、三人の子を連れ離婚後は郷土開発に寄与。一八九七年(明治三十)東本願寺に韓国布教を依嘱《いしょく》され渡韓。翌年実業学校を設立するが、韓国民衆の抵抗で断念。一九〇〇年清国布教時に「北清事変《ほくしんじへん》」に遭遇《そうぐう》。兵士慰問団《いもんだん》に加わり、戦死者遺族救護の必要を痛感。帰国後、近衛篤麿《このえあつまろ》らの協力で一九〇一年三月二日愛国婦人会(愛婦)を設立し、「半襟《はんえり》一かけ」の「節約」という*家庭で可能な援助を訴えて全国を遊説。内務省や陸軍の後援を受けて会は日露戦争時に飛躍的に発展するが、病気静養を理由に隠退。その半年後の一九〇七年二月五日死去。死後は、大日本帝国のアジア侵略、銃後《じゅうご》の女の組織化と軍国昭和に直結する「奥村五百子」の利用価値は高まる。ただし、一九三六年(昭和十一)三月三日愛婦創立三十五周年記念の「奥村五百子」劇が、二・二六事件後の戒厳令下「大義名分のためには夫や子を捨てる」行動を問題として上演停止。*家制度の維持と女性の戦争協力獲得という矛盾の中で、一九四〇年七月の愛婦創立四十周年記念映画「奥村五百子」はすんなりと上映。女たちの国家意識涵養《かんよう》のシンボルとして敗戦まで機能する。

奥村五百子

参考文献 永原和子「奥村五百子」(創美社編『近代日本の女性史』一一、一九八一、集英社)。加納実紀代『女たちの〈銃後〉(増補新版)』、一九九五、インパクト出版会。飯田祐子「婆の力―奥村五百子と愛国婦人会―」(小森陽一他編『日露戦争スタディーズ』二〇〇四、紀伊國屋書店)。（永原 紀子）

おくむらきさぶろう 奥村喜三郎 生没年不詳 江戸時代後期の増上寺御霊屋料地方役人《ぞうじょうじみたまやりょうじかたやくにん》、西洋流測量家。江戸西久保に生まれる。文化十二年(一八一五)以降、村役人の協力を得て村支配の改革を推し進める。特に、都市江戸における女性の風俗の乱れを嘆き、天保八年(一八三七)『*女学校発起之趣意書《じょがっこうほっきのしゅいしょ》』を著わし、印刷・配布して江戸市中に女学校を設け、少女たちにきちんとした教育を施そうと試みた。支配管内に一つ設けられたようであるが、どの程度の実現性があったかは定かではない。

参考文献 菅野則子「『女学校発起之趣意書』」(『帝京史学』一〇)、一九九五。（菅野 則子）

おくむらつね 奥村つね 生没年不詳 戦国時代の女性。前田利家《まえだとしいえ》の被官、能登国末森城主《のとのくにすえもりじょうしゅ》奥村永福《ながとみ》の妻。天正十二年(一五八四)、徳川家康と豊臣秀吉が小牧《こまき》・長久手《ながくて》で戦った際、家康と連絡をとっていた佐々成政《さっさなりまさ》は、一万とも一万五千ともいわれる大軍で、前田利家勢を攻め秀吉方を背後から襲う策を立てていた。同年九月九日、富山城を出陣し国境を越えた佐々勢は、末森城に攻め込んだ。末森城主奥村永福は、三百ほどのわずかな手勢で佐々勢と戦ったが、戦局は好転せず落城寸前にまで追い込まれた。その際、永福の妻つねは、温かい粥《かゆ》や酒を城兵に振舞い、楠木正成《くすのきまさしげ》の千早城籠城《ちはやじょうろうじょう》の話を引き合いに、明日金沢からの援軍が到着するはずなので、今宵一夜は耐え凌《しの》ごうと説き、城内の士気を鼓舞させた。また、みずからも鉢巻《はちまき》に襷《たすき》がけという出立ちで*薙刀《なぎなた》を持ち、城内の見廻りをしたという。九月十一日、前田方の援軍が到着すると、佐々勢は前後から敵の攻撃を受ける形となり敗走した。この奮戦により永福と妻つねの名声は大いに高まったという。

参考文献 『末森記』(群書類従二一)。中本恕堂編著『松任町史』、一九八五、国書刊行会。（谷合 伸介）

おぐらミチヨ 小倉ミチヨ 一八九四―一九六七 大正・昭和時代の性心理研究誌編集者。大正・昭和前期に性心理研究報告誌『相対《そうたい》』を夫小倉清三郎《せいさぶろう》とともに編集、刊行した。一八九四年(明治二十七)愛媛県生まれ。一九一九年結婚。『相対』は清三郎が一九一三年(大正二)から刊行したものだが、猥褻《わいせつ》文書出版法違反に問われたため会員制となった。ミチヨは自己の性体験を寄稿《きこう》するとともに会費徴収も担当、出版法違反を問われた時には官憲《かんけん》とも闘った。一九四一年(昭和十六)の夫死後は四四年までミチヨが刊行、戦後は故小倉清三郎研究報告顕彰会《けんしょうかい》をつくり『相対会研究報告』を復刻した。一九六七年七月十日死去。

参考文献 米田佐代子・石崎昇子「『青鞜』におけるセクシュアリティの探求」(『山梨県立女子短期大学紀要』三二)、一九九九。澤地久枝『(完本)昭和史のおんな』、二〇〇三、文芸春秋。（石崎 昇子）

おぐらゆき 小倉遊亀 一八九五—二〇〇〇 昭和・平成時代の日本画家。旧姓溝上、本名ゆき。大津生まれ。奈良女子高等師範学校卒業後、女学校に勤めながら安田《やすだ》靫彦《ゆきひこ》に師事。一九三二年(昭和七)女性初の日本美術院同人となる。一九五四年上村松園《うえむらしょうえん》賞(作品「O婦人坐像」)をはじめとし多数の美術賞を獲得したほか、日本美術院理事長(一九九〇年(平成二)—九六年)といった公職も務める。一九八〇年には、*上村松園・*野上弥生子《のがみやえこ》に続き女性三人目の文化勲章受章。亡くなる年まで制作を続けたこともよく知られている。著書に『画室の中から』(一九七九年、中央公論美術出版)、『小倉遊亀画室のうちそと』(小川津根子《おがわつねこ》と共著、一九八四年、読売新聞社)がある。 (内藤 寿子)

おぐり 小栗 説経節《せっきょうぶし》などの『小栗判官《おぐりはんがん》』の主人公。『小栗判官』は、『*鎌倉大草紙』にみえる小栗助重《すけしげ》と遊女照《てる》姫《ひめ》の話と関係があり、常陸国真壁郡《ひたちのくにまかべぐん》の小栗氏滅亡により同地の*巫女が語り出したものを、藤沢の時衆が発展成長させたと考えられている。常陸国に流された小栗は豪族横山氏の照手姫《てるてひめ》と契って横山氏の怒りをかい、人食い馬鬼鹿毛《おにかげ》を乗りこなしたが毒殺され、照手は*青墓宿《あおはかしゅく》の万屋《よろずや》の長に買い取られ水仕《みずし》となる。小栗は藤沢の上人《しょうにん》の弟子の餓鬼身《がきしん》として再生し、土車で熊野本宮に運ばれて湯の峰の湯で元の体に戻り照姫と再会、横山氏に復讐《ふくしゅう》する。

[参考文献] 『説経節』(東洋文庫)、一九七三、平凡社。『説経集』(新潮日本古典集成)、一九七七、新潮社。『古浄瑠璃説経集』(新日本古典文学大系)、一九九九、岩波書店。 (菅原 正子)

おこい お鯉 ⇨安藤照《あんどうてる》

おざきのつぼね 尾崎局 生没年不詳 戦国時代の武将毛利隆元《もうりたかもと》の妻。大内義隆《おおうちよしたか》の重臣内藤興盛《ないとうおきもり》の娘で、義隆の*養女として、天文《てんもん》十八年(一五四九)、毛利氏に嫁ぐ。生家から家臣の安座上《あざかみ》氏とその妹あやなどが伴った。郡山《こおりやま》城《じょう》の曲輪《くるわ》尾崎丸《おざきのまる》に居住したことから尾崎局と称された。また小侍従局《こじじゅうのつぼね》ともいう。毛利輝元《もうりてるもと》・吉見広頼《よしみひろより》室(津和野《つわのの》局《つぼね》)の母。*婚姻の翌年、井上一族の誅殺《ちゅうさつ》事件が起きた際に、毛利元就《もとなり》が尾崎局宛の書状で、井上一族の積年《せきねん》の罪状を列挙して誅殺の理由を説明し、内藤興盛へ伝えてくれるように頼んでいることが有名。内藤氏はその後、陶《すえ》晴賢《はるかた》と行動をともにし、当主隆世《たかよ》は大内義長《おおうちよしなが》に殉《じゅん》じて死ぬが、同女の口添えにより弟隆春《たかはる》が跡を継ぎ、断絶を免れている。尾崎局が、婚家と実家をつなぎ、双方の家の存続に重要な役割を果たしていたことがわかる。永禄《えいろく》六年(一五六三)に隆元が急死し、元亀《げんき》二年(一五七一)に元就も死亡した後は、*後家《ごけ》として幼い輝元を後見し、吉川《きっかわ》元春《もとはる》・小早川隆景《こばやかわたかかげ》との協力関係に心を砕いた。法名は妙《みょう》寿《じゅ》。

[参考文献] 田端泰子『日本中世の女性』(中世史研究選書)、一九八七、吉川弘文館。同「戦国期女性の役割分担」(女性史総合研究会編『日本女性生活史』二、一九九〇、東京大学出版会)。 (西尾 和美)

おざきみどり 尾崎翠 一八九六—一九七一 大正・昭和時代初期に活躍した小説家。一八九六年(明治二十九)十二月二十日、鳥取県岩井郡(岩美郡岩美町)生まれ。県立鳥取女学校を卒業後、一九一九年(大正八)日本女子大国文科に入学。翌年『新潮』に発表した「無風帯から」が問題となり退学。一九二八年(昭和三)創刊の『*女人芸《にょにんげい》術《じゅつ》』に参加。「木犀《もくせい》」「アップルパイの午後」などの小説、チャプリン賛歌の「映画漫想《まんそう》」など、独特の世界を展開、一九三三年に『第七官界彷徨《だいななかんかいほうこう》』(啓松堂《けいしょうどう》)を出版するが、精神を病み帰郷、一九七一年七月八日死去。作品に『アップルパイの午後—尾崎翠作品集—』(一九七一年、薔薇十字社)、『尾崎翠全集』(稲垣真美編、一九七九年、創樹社)がある。

[参考文献] 花田清輝「修養」(『文化組織』二ノ七、一九四一)。稲垣真実『定本尾崎翠全集』解説、一九九八、筑摩書房。 (尾形 明子)

おしこうじなみこ 押小路甫子 一八〇八—八四 幕末・維新期の宮中の*女官。官務壬生正路《みぶまさみち》の娘。大外記《だいげき》押小路師武《もろたけ》の*養女。初名は満子。天保《てんぽう》六年(一八三五)熙宮《ひろのみや》(のちの孝明《こうめい》天皇)の御乳人《おちのひと》となり、弘化《こうか》三年(一八四六)孝明天皇の践祚《せんそ》に伴い大御乳人《おおおちのひと》となる。慶応《けいおう》三年(一八六七)天皇の死去により辞任するが、前大御乳人として明治天皇即位後も引き続き宮中に勤仕《きんし》し、明治四年(一八七一)退隠した。職掌《しょくしょう》日記『押小路甫子日記』(日本史籍協会叢書)がある。 (久保 貴子)

おしさかのおおなかつひめ 忍坂大中姫 允恭《いんぎょう》天皇の*皇后。父は応神《おうじん》天皇の皇子の稚渟毛二岐《わかぬけふたまた》皇子。垂仁《すいにん》天皇の皇女と伝える大中姫、仲哀《ちゅうあい》天皇の妃と伝える大中姫とは別人である。『日本書紀』によれば、群臣からの即位の要請を固辞していた允恭に対し、死を賭《と》して即位を懇願し、承諾させたという。允恭天皇二年に皇后となり、刑部《おしかべ》が皇后のために定められ、かつて無礼のあった闘鶏国造《つげのくにのみやつこ》の姓をおとして稲置《いなき》としたとある。また同七年には、允恭が大中姫の妹の*衣通郎姫《そとおしのいらつめ》を召し、藤原宮に住まわせて通ったことに*嫉妬《しっと》し、産殿《うぶどの》に火をつけて自殺しようとしたため、允恭は驚いてあやまり、大中姫を慰めたという。『*古事記』には、忍坂之大中津比売命《おしさかのおおなかつひめのみこと》に作り、允恭の大《おお》后《きさき》で、その御名代《みなしろ》として刑部が定められたとある。また母を、父方の祖母の息長真若中比売《おきながまわかなかつひめ》の妹の百師木伊呂弁《ももしきいろべ》(弟日売真若比売《おとひめまわかひめ》命ともいう)とする。『釈日本紀《しゃくにほんぎ》』一三所引の『上宮記《じょうぐうき》』「一云」には、践坂大中比弥王《おしさかのおおなかつひめおう》とあり、母を母々思己麻和加中比売《ももしきまわかなかつひめ》とする。

[参考文献] 川口勝康「五世紀の大王と王統譜を探る」(原島礼二他『巨大古墳と倭の五王』一九八一、青木書店)。亀井輝一郎「石上神宮と忍坂大中姫」(横田健一編『日本書紀研究』一三、一九八五、塙書房)。 (篠川 賢)

おじゃれ おじゃれ ⇨出女《でおんな》 ⇨飯盛女《めしもりおんな》

オシラサマ オシラサマ 東北地方で家の神としてまつられている一対からなる木偶。青森県・岩手県に分布が多く、山形県ではオコナイサマ、福島県ではオシンメイサマと呼ぶ。長さ三〇㌢ほどの木製で、頭部は女・男・馬頭などが彫られ、その上からオセンダクなどと称する布をかぶせる。祭日は正月・三月・九月の十六日で、祭はオシラアソバセと称し、家の*主婦が司り、参加者は女性に限られる。一年に一度は祭を行うべきとされ、子供が背負って一日遊ばせる地域もある。まつる家を清浄に保つため、四足・二足などの鳥獣の肉を食べないとする禁忌が近年まで守られていた。巫女《ふじょ》が関与することもある。その場合には巫女がオシラサマを手に持ち、その由来を説く「オシラ祭文《さいもん》」を語り、その後にオシラサマの託宣《たくせん》がある。*柳田国男《やなぎたくにお》の『遠野物語』に記された話は、馬娘婚姻譚《ばじょうこんいんたん》であり、中国六朝《りくちょう》時代(四—六世紀ころ)の『捜《そう》神記《じんき》』に語られた*養蚕の起源を説明する内容である。

参考文献 柳田国男「大白神考」(『柳田国男全集』一九、一九九八、筑摩書房)。佐治靖「「オシラ神」研究史」(『福島県立博物館紀要』九)、一九九五。 (神田より子)

おしん おしん 橋田寿賀子《はしだすがこ》(一九二五—)脚本、一九八三年(昭和五十八)四月—八四年三月NHK放映のテレビドラマ。主人公おしん六歳から八十三歳までの生涯を描く。作者は明治・大正・昭和の激動の時代を生き抜いてきた人たちの人生をみつめ直すつもりで書いたという。山形の山奥の小作農《こさくのう》の三女おしんは一八九九年(明治三十二)生まれだが、家は大根葉をまぜたかて飯しか食べられず、石盤《せきばん》も買えないほど貧しく、六歳で口減らしのため奉公に出される。おしんははじめ材木問屋で*子守奉公し、その間に日露戦争時負傷して脱走した兵士と出会い、字を教わる。ついで酒田の米問屋へ奉公し、そこで*手習いをしてそろばんを教わる。小作農には戻りたくないと商いを目指し、農民運動家の浩太《こうた》に出会う。浩太は一生の友となる。東京に出て髪結いに弟子入り。結婚。その後震災に遭い、夫の実家佐賀の農家で嫁としての悲惨な苦労をする。夫の実家を出、魚の行商をする。苦労をともにした長男は戦争にとられルソン島で餓死。戦後スーパーマーケットの基礎を築く。「女だって自分の足で歩けるように」を生きる支えとした。幼時の貧しさと奉公生活は多くの農村出の人々の共感を得た。一九八四年シンガポールに輸出、二〇〇五年(平成十七)にはアフガニスタンでというように、六十ヵ国・地域で放送されている。『おしん』(NHKテレビ・シナリオ、一九八三年)がある。 (岩井サチコ)

おすえ お末 近世は公家・将軍・大名家の奥奉公で、水汲み・雑用などを仕事とする職名。または詰めている部屋を指す。*仮名草子『*都風俗鑑《みやこふうぞくかがみ》』(天和《てんな》元年(一六八一))に「広々たる台所おすえのはしをはたらき」とある。近世宮中のお末は、宮中において膳部《ぜんぶ》のことをつかさどる下級女中。『光台一覧《こうだいいちらん》』(延享二年(一七四五))に「御清所御膳場迄は御末之女中なり」と記録される。上層農民の娘たちが結婚前に広く行なった花嫁修業奉公の多くはこの職から始まる。

参考文献 『三田村鳶魚全集』三、一九七六、中央公論社。『旧事諮問録』上(岩波文庫)、一九八六、岩波書店。永島今四郎・太田贇雄『定本江戸城大奥』、一九九五、新人物往来社。 (増田 淑美)

おたあジュリア おたあジュリア 生没年不詳 朝鮮人のキリシタン。十六世紀末から十七世紀前半の人。模範的なキリシタン信徒として、イエズス会の報告書に登場する。少女の時に、豊臣秀吉の朝鮮侵略にあい、小西行《こにしゆき》長《なが》に捕らえられ、日本に連行された。キリスト教に改宗してジュリアと称し、行長の妻ジュスタに仕えた。慶長五年(一六〇〇)、関ヶ原の戦いで小西が没落すると、徳川家康に引き取られ、家康の侍女として仕える。慶長十七年、家康のキリシタン禁制後も信仰を守ったために、侍女一人を与えられて伊豆の大島へ流された。のち新島《にいじま》、神津島《こうづしま》に流され、厳しい流人《るにん》生活を続けて、神津島で生涯を終えたといわれる。だが、イエズス会史料では、神津島から長崎に送られ、さらに大坂で余生を過ごしたことがみえる。大島にはおたいね浦、神津島にはおたあジュリアの墓といわれるものがある。神津島では、一九七〇年(昭和四十五)から、毎年五月の第三日曜日にジュリア祭が開かれている。

参考文献 J・G・ルイズデメディナ『遙かなる高麗』、一九八八、近藤出版社。『神津島村史』、一九九八。 (関 周一)

おだいえこ 小田宅子 一七八九—一八七〇 江戸時代後期の歌人。筑前《ちくぜん》国遠賀《おんが》郡底井野《そこいの》(福岡県中間《なかま》市)の商家「小松屋」小田弥右衛門の娘。大田清七を婿《むこ》養子とする。国学者伊藤常足《いとうつねたり》に*和歌を学ぶ。天保十二年(一八四一)、五十三歳のとき、歌仲間の桑原久子《くわはらひさこ》に誘われ、伊勢参詣《いせさんけい》の旅に出て、善光寺・日光へも足を伸ばし、江戸・京都・奈良などに遊び、およそ三二〇〇㌔に及ぶ百四十四日間の旅日記『東路日記《あずまじのにっき》』を著わす。中に和歌三百七十首を含む。常足門人たちの歌集『岡県集《おかのあがたしゅう》』にも歌がある。

参考文献 前田淑『江戸時代女流文芸史』旅日記編(笠間叢書)、一九九八、笠間書院。同編『近世女人の旅日記集』、二〇〇一、葦書房。 (柴 桂子)

おだいのかた 於大の方 一五二八—一六〇二 徳川家康の生母。伝通院《でんづういん》ともいう。三河《みかわ》刈屋《かりや》城主《じょうしゅ》水野忠政《みずのただまさ》の娘で、天文十年(一五四一)に松平広忠《まつだいらひろただ》に嫁ぎ、翌年家康を

於大の方画像

生む。しかし、同十三年、兄水野信元《のぶもと》が織田信秀《のぶひで》に属したため、離別され、のち、尾張阿久居《おわりあぐい》の城主久松俊勝《ひさまつとしかつ》に再嫁し、三男四女をもうけている。慶長七年（一六〇二）五月、家康の招きで上洛したが、同年八月二十八日、伏見城《ふしみじょう》で没している。伝通院殿蓉誉光岳智光大禅定尼《でんづういんでんようよこうがくちこうだいぜんじょうに》と諡《おくりな》され伝通院に葬られた。

参考文献　中村孝也『家康の族葉』、一九九七、硯文社。　（小和田哲男）

オタクサ　オタクサ　長崎オランダ商館医師シーボルトによってアジサイに付けられた名。日本を追放された長崎オランダ商館医師シーボルトは、一八三〇年七月にオランダに帰着し、ライデンにおいて日本で蒐集《しゅうしゅう》した多くの資料の整理にあたり著述を行なった。その中の『日本植物誌』に載せられた「アジサイ」は、シーボルトの長崎での愛人*楠本《くすもと》たき（其扇《そのぎ》）の呼称により「オタクサ」と名づけられた。シーボルトが愛人を、オタクサ（Otaksa）と呼んでいたことによる。

参考文献　板沢武雄『シーボルト』（人物叢書）、一九六八、吉川弘文館。　（村井　早苗）

おたけべによし　尾竹紅吉　⇩富本一枝《とみもとかずえ》

おだにのかた　小谷の方　⇩お市《いち》の方《かた》

おだのぶながのおば　織田信長の叔母　?―一五七五　戦国時代の女性。織田信定《おだのぶさだ》息女。織田方・武田方の要衝《ようしょう》の地、東美濃《ひがしみの》の岩村城主遠山左衛門尉景任《いわむらじょうしゅとおやまさえもんのじょうかげとう》に嫁ぐ。元亀《げんき》三年（一五七二）、武田方の秋山伯耆守信友《あきやまほうきのかみのぶとも》による岩村城攻めで、景任は死亡（一説には、病死）。景任室は猶子《ゆうし》としていた信長五男の御坊丸《おぼうまる》（のちの勝長《かつなが》、信房《のぶふさ》ともいう）を後見した。天正元年（一五七三）、武田方の再度の岩村城攻め後、開城の条件の一つとして、景任室は秋山信友と*婚姻。同三年五月、織田方の長篠合戦《ながしののかっせん》の攻撃に乗じた岩村城攻めで、信長嫡男信忠《ちゃくなんのぶただ》により信友と信友室は長良《ながら》川《がわ》畔で逆さ磔《はりつけ》に処せられた。なお、一部に「おつやの方」と称されたとの説があるが、これは史料上、確認しえない。この呼称は、歴史小説等の中で付されたものであるが、それゆえ、広く流布したのであろう。

参考文献　小和田哲男『織田家の人びと』、一九九一、河出書房新社。　（神田　裕理）

おだのぶながのはは　織田信長の母　⇩土田御前《どたごぜん》

おだのぶながのむすめ　織田信長の娘　⇩徳姫《とくひめ》

おだひつひつ　織田瑟々　一七七九―一八三二　江戸時代後期の画家。近江《おうみ》国御園《みその》村川合寺《かわいじ》（滋賀県東近江市）に生まれる。織田信長の末裔《まつえい》津田貞秀《つださだひで》の長女。彦根藩士の石居信章《いしこのぶあき》を婿《むこ》に迎え男子を産むが夫と死別。跡取息子の後見人として、画の署名には「織田氏貞逸母」と記した。絵は京都の女性画家三熊露香《みくまろこう》に師事、作品は文化文政期に多く、桜を好んで描く。本草学の影響を受け、桜をよく観察し、描線も色も写実的に丁寧に描く。露香とともに『古今南画要覧《ここんなんがようらん》』に名前がある。

参考文献　『江戸の閨秀画家』（特別展図録）、一九九一、板橋区立美術館。パトリシア＝フィスター『近世の女性画家たち―美術とジェンダー―』、一九九四、思文閣。　（浅野美和子）

おちいえひでのつま　越智家栄の妻　?―一四九八　室町時代の武士越智家栄の妻。家栄は高取城《たかとりじょう》（奈良県高取町）を本拠とし、南大和《みなみやまと》に勢力を有した国人《こくじん》である。大和の国人は、興福寺の支配下にあり、興福寺領荘園の荘官《しょうかん》をつとめ、衆徒《しゅと》・国民として組織されていた。しかし家栄は隣国河内《かわち》の守護畠山《はたけやま》氏と結びつき、畠山氏の相続争いでは、義就《よしひろ》方として働き、応仁・文明の乱でも、西軍の主力として、活躍していた。そして東軍に属する北大和の国人筒井順永《つついじゅんえい》や成身院光宣《じょうしんいんこうせん》と、大和国内で抗争を繰り返していた。明応《めいおう》二年（一四九三）細川政元《まさもと》が将軍を交代させるという明応の政変後、家栄は伊賀守《いがのかみ》に任ぜられ、越智氏は頂点にあった。その二年後の明応四年家栄の死亡が報ぜられた（家栄の死亡には諸説ある）。その時越智氏は、家栄の死を秘し、すべてを家栄の「内方《うちかた》」（妻）が取り仕切ったという。家栄には四十代半ばになる後継者家全や伊豆守となっていた堤栄重《つつみひでしげ》、山城守《やましろのかみ》の岸田数遠《きしだかずとお》という家臣もいたが、妻が万事取り仕切ったのである。このことの背景には、家栄以下が本拠を離れ各地で転戦している間、妻が夫や子、家臣に代わり、所領・本拠の維持や経済的な面での援助を行なっていたからだと思われる。妻の行動として伝えられているのは、春日社参詣《かすがしゃさんけい》と給分《きゅうぶん》（給料）の確保であった。春日社参詣は家栄も重視した行事であり、事あるごとに行なっていた。越智氏の危機に、結束と繁栄を願ってのことであろう。越智氏は各地での戦闘に傭兵《ようへい》を雇っていた。傭兵の給料を調達することは、戦闘遂行上必要なことであった。妻の行動は、妻が越智氏の精神面と資金面で重要な存在であったことを象徴している。明応六年筒井氏に攻められた越智一族は、壺坂《つぼさか》（奈良県高取町）を経て吉野へ逃れた。明応八年に戻ったが、明応九年五月家栄妻は死去した。家栄妻は、中世後期の戦乱の中で、本拠を守り、後方支援した武家の家の女性のあり方を示している。

参考文献　海老澤美基「戦争と女性―中世後期大和の場合―」（黒田弘子・長野ひろ子編『エスニシティ・ジェンダーからみる日本の歴史』二〇〇二、吉川弘文館）。　（海老澤美基）

おちくぼものがたり　落窪物語　平安時代の物語。作者未詳。四巻。十世紀末以前の成立か。「*継子《ままこ》いじめ」の代表的作品の一つで、書名の「落窪」は、主人公である中納言の娘「女君《おんなぎみ》」が、*継母に床の低い落ち窪《くぼ》んだ部屋をあてがわれ住んだことに由来する。物語は、継母による迫害、大臣の息子による救出、継母への報復と展開し、実父・継母への孝養《こうよう》と主人公の栄華で終る。女君に対する継母の虐待は、実娘への厚遇と対照的に表される。実娘には*裳着《もぎ》をさせ良縁をまとめて婿《むこ》取りし後見するが、女君は世間に知らせず召使いとして扱う。ここから、適齢期を迎えた貴族の娘にふさわしい処遇に関する当時の社会的通念が、逆説的に知られる。正式な結婚の条件を奪われた主人公は、自由婚の形で伴侶《はんりよ》を得、男方の所有する邸に愛人として置かれる「据え婚」を経て、やがて婚家に「嫁」として承認され夫婦同居する。継母への報復は、実娘の婿を奪う、世間の笑われ者を婿に取らせるなど。孝養は、実子女の再縁と官職の斡旋《あつせん》など。いずれも、既婚《きこん》女性の幸福と一般に考えられた様態を基準として、継母のそれを砕きあるいは修復するという形を取る。人物造型は善悪の別が明確で、主人公は美しく従順で諸芸、特に*裁縫《さいほう》に長じ、高家の北方《きたのかた》として女方を取りまとめる才覚をも備えた理想的女性。一方の継母は継娘《ままむすめ》に対し反母性的であるのみならず、腹立ちやすく粗野《そや》で貪欲《どんよく》。女性としての美質を欠くとする。なお、*一夫多妻を拒否し、女君との間に儲《もう》けた子女を慈《いつく》しむ男君については、必ずしも当時の世間的価値観に基づくものではなく、妻の立場からする夫の理想像とすべきだろう。ほかに重要な脇役《わきやく》として、不遇の女君のため奔走《ほんそう》し、主君の運が開けるとともに自身も出世してゆく侍女「あこき」が登場する。「あこき」をはじめ*女房らは、主君の人柄を主体的に評価し、場合によっては、より働き甲斐のある職場を求めて「異君《ことぎみ》取り」をする。使用人の視点を豊富に取り入れ主従関係を立体的に描くのも、この物語の特徴である。そのほか、生母から女君に譲られた邸宅の所有権をめぐる攻防など迫真の場面が随所にみられ、また「三《み》日夜《かよ》の餅《もちい》」「所顕《ところあらわし》」など結婚に伴う儀礼の描写はきわめて具体的で、当時の風俗習慣を知るための資料としても有用である。テキストに『新日本古典文学大系』(岩波書店)、『新編日本古典文学全集』(小学館)などがある。

参考文献　柿本奨『落窪物語注釈』、一九九一、笠間書院。

(佐藤　厚子)

おちぼひろい　落穂拾い　収穫後の田に落ちた穂を拾うこと。村落(共同体)における相互援助システムの一つであり、社会的弱者に対する救恤慣行《きゆうじゆつかんこう》として時代を通じて行われていたと考えられているが、その実際は不明である。『*日本霊異記《にほんりようい き》』上巻第三十三話や『*伊勢物語《いせものがたり》』第五十八段によれば、*寡婦《かふ》や零落者《れいらくしや》が行なっており、また、『方丈記《ほうじようき》』には、遁世者鴨長明《とんせいしやかものちようめい》と*子どもが行なっている記述もあり、鎌倉時代の様子がうかがえる。しかし、『延喜式《えんぎしき》』雑式には「凡百姓《おおよそひやくせい》雇われて稲を刈る日、人を率いて穂を拾うことを得ざれ」との規定があり、落穂拾いが稲刈り労働の付加報酬《ふかほうしゆう》となっている。このことから、本来的には零落者に認めていたこの慣行は、遅くとも十世紀にはそれ以外の者も拾える状況が生まれてきており、村落(共同体)の在り方の変化として注目できる。雑式の規定は、こうした状況を抑止するために落穂拾いを、史料は記さないが零落者にも拾わせることを前提として、稲刈り労働に直接従事した者にのみ限定したと考えられる。

参考文献　荒木敏夫「平安時代の落穂拾い慣行と稲刈り労働」(坂田聡編『家族と住居・地域』二〇〇三、吉川弘文館)。

(荒木　敏夫)

おちゃくみ　お茶くみ　女性事務職が輪番《りんばん》で、上司や同僚、来客のためにお茶を出したり、茶碗の片づけを行う職場の慣行を指す。年齢を問わず女性にのみ課される特有のサービスとして職場の*ジェンダーを象徴する。戦前の職場では、お茶くみは、給仕など下級事務職の仕事と位置づけられ男性も行なったが、戦後、高度経済成長期の事務業務の再編の過程で「女性の役割」として定着した。男女差別として問題視されてきたが、今も残る慣行である。

参考文献　日本秘書クラブ能力向上研究会編『たかがお茶されどお茶―職場のお茶くみを考える―』、一九九二、時事通信社。金野美奈子『OLの創造―意味世界としてのジェンダー―』、二〇〇〇、勁草書房。

(森　ます美)

おちゃのみずじょしだいがく　お茶の水女子大学　東京都文京区大塚にある国立大学法人設立(二〇〇四年(平成十六)以降)の*女子大学。一八七四年(明治七)、現在の御茶ノ水駅近くに女子教員養成を目的とする官立東京女子師範学校として創立。一八八五年に東京師範学校と合併して同校女子部、翌年高等師範学校女子部となり、一八九〇年分離し*女子高等師範学校となる。専門性を高めるため、一八九八年には研究科を設置、一八九九年には文・理・技芸(のち家事)の三分科制を導入。女性教員の外国留学を支援して学問への窓を開くなど、旧*学制下の「女子の最高学府」の役割を担った。日本女性史に名を刻む、*荻野吟子《おぎのぎんこ》・*黒田チカ・*保井《やすい》コノ・*二階堂《にかいどう》トクヨ・*大江スミ・*河崎なつ・*湯浅年子《ゆあさとしこ》などを輩出。一九〇八年に東京女子高等師範学校と改称。関東大震災後、大塚の地に移転。一九四九年(昭和二十四)国立大学お茶の水女子大学となる。総合女子大学への昇格構想は実現せず三学部構成で現在に至る。一九六三―六六年にかけ大学院修士課程、一九七六年に博士後期課程独立大学院を設置。一九七五年に女性文化資料館を設置、女性文化研究センターを経て一九九六年(平成八)にジェンダー研究センターに改組。一九九七年には大学院の課程を一研究科に改組し、二〇〇五年にジェンダー学際研究専攻を設置。*女性学・*ジェンダー研究の大学内組織化を図る一方、二〇〇一年から女性学長を二代続けて選出し、多面的な女子大学の方途を探っている。

参考文献　『お茶の水女子大学百年史』、一九八四。

(舘　かおる)

おちゅうろう　御中﨟　⇩中﨟《ちゆうろう》

おつきのやまのきみひろむし　小槻山君広虫　生没年不詳　奈良時代の近江《おうみ》国栗田郡《くりたぐん》貢進の*采女《うねめ》。初見は天平《てんぴよう》八年(七三六)八月六日付内侍司牒《ないししちよう》で従八位《じゆ》。以後、同九年に正八位下より外従五位下、同十七年に外従五位上より外正五位下、天平勝宝《しようほう》元年(七四九)正五位下に叙《じよ》せられる。同四年「小槻山君広虫買物解《かいもののげ》」では従四位下。これは新羅《しらぎ》からの舶載品《はくさいひん》購入を事前申請した文書群の一通であり、大部分は購入者本人ではなく*家政機関の役人、または買物代行者の手による。広虫は他の申請者に比して位が高く、本人の申請かと考えられる。

参考文献　東野治之「鳥毛立女屏風下貼文書の研究―買新羅物解の基礎的考察―」(『正倉院文書と木簡の研究』一九七七、塙書房)。

(黒瀬　之恵)

オッケニ　オッケニ　生没年不詳　十八世紀後半のアイヌ女性。チキリアシカイともいう。和人は厚岸婆《あっけしばば》と呼んだ。厚岸の惣乙名《そうおとな》イコトイの母。夫と死別後、夫の弟であるクナシリの惣乙名ツキノエの妻(*ポンマチ)となった。寛政元年(一七八九)、クナシリ・メナシのアイヌ蜂起《ほうき》のとき、クナシリにいたオッケニは蜂起した者たちに略奪品を返させ、厚岸支配人伝七《でんしち》を助け、イコトイらとともに蜂起軍を松前《まつまえ》藩に降伏させた。松前に行き、藩主に謁《えっ》見《けん》、蠣崎波響《かきざきはきょう》画「夷酋列像《いしゅうれつぞう》」に肖像がある。このような首長層女性の存在はオッケニを最後にみられなくなる。クナシリ・メナシの蜂起鎮定《ちんてい》後のアイヌ社会の変化によるのであろう。それまで、十六世紀に父を殺害した蠣崎氏に対し夫タリコナとともに戦った女性(タナサカシの娘とのみ記録され名は不明)がいた。十七世紀には弟オニビシを殺害したシャクシャインに対しチャシ(砦)にこもって戦った姉(ウタフの妻、名は不明)、チクナシという息子とともにシャクシャイン勢と戦った女性(名は不明)など、紛争に際して指導者として登場する首長層の女性がいた。オッケニは日高《ひだか》の沙流《さる》地方に伝説があり、根室で生まれたオッケニが沙流に来て根室の風習を伝え、種々の舞踏も創始したという。また、饗宴《きょうえん》の夜、夜盗《やとう》の来襲を暗喩《あんゆ》した歌をうたい、悟られずに防備を勧めたという伝承もある。口頭伝承に英雄として名が語られる十七、八世紀の実在の首長は男性であるが、オッケニのような女性の例に注目することが必要であろう。

参考文献　海保洋子「近世蝦夷地の女性の存在形態」(『近代北方史―アイヌ民族と女性と―』一九九二、三一書房)。金田一京助「口誦文学としてのユーカラ」(『金田一京助全集』七、一九九三、三省堂)。

(児島　恭子)

おっとかたきょじゅう　夫方居住　⇩婚姻居住形態《こんいんきょじゅうけいたい》

おっとのつわり　夫のつわり　妊娠中に妻がつわりで苦しむとき、夫が汗をかいたり吐き気をもよおしたりするなど、つわりに似た症状になること。東北地方で「男のクセヤミ」と呼ぶ。男のクセヤミが始まると妻のつわりは軽くなるといい、「病んで助けることができるのはクセヤミばかり」と諺《ことわざ》にあるように、その原因を夫婦仲のよさに求め、妊婦と夫との一体感を彷彿《ほうふつ》とさせるが、夫のつわりは多分に精神心理的なものであり、習俗として認めるべきかは若干問題が残る。

参考文献　和田文夫「夫のつわり」(井之口章次編『講座日本の民俗』三、一九七八、有精堂出版)。

(板橋　春夫)

おてつだいさん　お手伝いさん　⇩女中《じょちゅう》

おでんのかた　お伝の方　一六五八―一七三八　江戸幕府五代将軍徳川綱吉の*側室。黒鍬者《くろくわ》(幕府職制の一つ、雑役に従事)小谷正元《こやまさもと》の娘。母は四代将軍家綱《いえつな》の生母宝樹院《ほうじゅいん》(お楽の方)の従姉妹《いとこ》。はじめ綱吉の生母*桂昌院《けいしょういん》に仕え、寛文《かんぶん》十年(一六七〇)綱吉付きとなり側室となった。延宝《えんぽう》五年(一六七七)白山《はくさん》御殿で鶴姫《つるひめ》を生み、同七年神田御殿で徳松《とくまつ》を生む。翌年、綱吉が五代将軍になったのに伴い、江戸城本丸*大奥に入る。当時は御袋様《おふくろさま》と称されたが、元《げん》禄《ろく》七年(一六九四)七月から五の丸様と称された。徳松は天和《てんな》三年(一六八三)に夭折《ようせつ》。鶴姫は貞享《じょうきょう》二年(一六八五)紀伊《きい》徳川家に嫁いだ。綱吉の子を生んだ唯一の側室で、桂昌院《けいしょういん》との関係も良好だったため権勢を得た。そのため御台所信子《みだいどころのぶこ》派とは軋轢《あつれき》が生じたといわれる。宝永《ほうえい》六年(一七〇九)正月綱吉没後、髪をおろし瑞春院《ずいしゅんいん》と号す。同年四月三の丸に移居したため、以後三の丸様とも称された。墓所は芝の増上寺《ぞうじょうじ》(東京都港区)。

参考文献　『徳川諸家系譜』一、一九七〇、続群書類従完成会。塚本学『徳川綱吉』(人物叢書)、一九九八、吉川弘文館。

(久保　貴子)

おてんば　御転婆　慎みや恥じらいに乏しく、活発に行動すること。そうした女性のこと。おきゃん・おてつくなどともいわれる。江戸時代に使われだした言葉で、オランダ語の慣らすことができないという意味のオンテンバールが語源であるという説もあるが、現在のところはっきりしない。江戸時代の*歌舞伎台本や*人情本・雑俳《ざっぱい》などにたびたび出てくる。たとえば『俳風柳多留《はいふうやなぎだる》』七には「御てんばにかまいなんなとてんばいひ」とあり、文政六年(一八二三)江戸市村座《いちむらざ》初演の『浮世柄比翼稲妻《うきよづかひよくのいなずま》』のセリフには「親にまで恥をかかせるお転婆め」とある。また為永春水《ためながしゅんすい》の人情本『*春色梅児誉美《しゅんしょくうめごよみ》』(天保三年(一八三二)―四年)にも「私は小梅の女髪結、お由といはれるおてんばもの」とある。当時の女性の理想像からはずれた活発な女性として描かれている。明治期の小説にも使われ、夏目漱石《なつめそうせき》の『吾輩《わがはい》は猫である』にも出てくる。ただし、女性が活動的になった現在、次第に使われなくなってきている。

(牧田りゑ子)

おと　弟　⇩兄《え》と弟《おと》

おとぎぞうし　御伽草子　室町時代から江戸時代初期にかけて作られた短編の物語。写本・絵巻物・*奈良絵本として伝わったが、狭義《きょうぎ》には江戸時代の中期、享保《きょうほ》年間(一七一六―三六)ごろ、大坂の本屋、渋川清右衛門《しぶかわせいえもん》がそのうちの『文正草子《ぶんしょうそうし》』『酒呑童子《しゅてんどうじ》』『ものぐさ太郎』など二十三編を集めて『御伽文庫』と名付けて刊行した作品を称した。今日では広義《こうぎ》に用いられることが多い。初期の御伽草子絵巻はそれ以前の絵巻と同様だが、室町時代中期ごろからいわゆる奈良絵本と称される庶民感覚を持った民芸調の絵画様式が主流になっていく。しかし、公家や幕府関係者の間では専門絵師による絵巻形式のものも継承された。数百にのぼる作品をかつて島津久基《しまづひさもと》は素材と内容によって十五種二十類に分類した。一、童話、二、寓話《ぐうわ》、三、異類物、四、本地物《ほんじもの》、五、仏教法談物、六、遁世物《とんせい》、七、継子物《ままこ》、八、恋愛物、九、歌物語、十、怪異譚《かいいだん》、十一、霊験譚《れいげん》、十二、英雄譚、十三、復讐譚《ふくしゅう》、十四、孝行譚、十五、祝儀物である。その後市古貞次《いちこていじ》は舞台・主人公など小説の世界という視点で、一、公家小説、二、僧侶(宗教)小説、三、武家小説、四、庶民小説、五、異国小説、六、異類小説の六種に分類した。童話では『浦島太郎』『一寸法師』のような今日の童話の起源となっているものも多い。本地物では『熊野の本地』『貴船《きふね》の本地』など神々の縁起を語り、仏教関係では稚児《ちご》と僧侶の*男色《なんしょく》を扱ったものや尼物語、継子物では『*鉢かつぎ』のような*継子いじめの話が多く、英雄譚には義経や弁慶、源頼光《みなもとのよりみつ》などが登場する。『文正草子』は塩売りの庶民が富貴を得る話である。夫の女性関係に苦しむ女性を扱ったものもしばしば見られるが、『磯崎《いそざき》』のように、怒りを夫にではなく夫の相手の女性にぶつけて鬼のようになって打ち殺した話を語って女の*嫉妬《しっと》を戒める物語も多く見られる一方で、夫と新しい女との関係を契機に、夫が女にも自分にも不実であったことに気づいて、家を出て遁世《とんせい》し自立する女性を描いた『*さいき』のような物語も存在する。御伽草子の中にはこの『さいき』の本妻のほか、『唐糸《からいと》そうし』の唐糸の娘、『*あきみち』の妻など、しばしば行動的・自立的な女性が登場している。御伽草子が空想的・教訓的・啓蒙《けいもう》的で文学性が低く、*子どもや婦女子に向けて作られた物だといった昭和初期までの考え方は、今では一掃《いっそう》されて、知識を持つ人々にとっても教養と娯楽の対象であったことが明らかになっている。内容的にも庶民を含む各層の人々が登場してその生活感覚・人間関係・*ジェンダー・作者の人生観などを反映したものとして再評価が進められている。国民文学としての価値評価を提唱したバーバラ゠ルーシュの意見などもある。絵巻としての芸術性を再認識する説も出された。

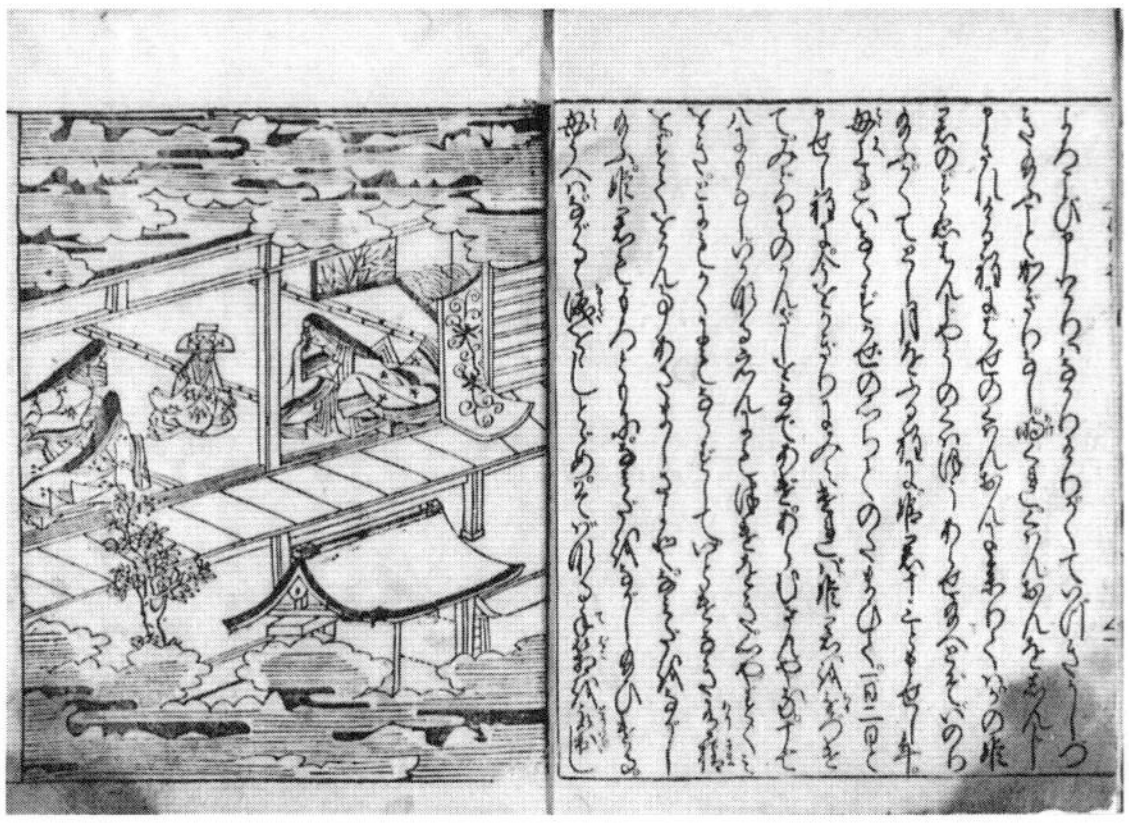

御伽草子 『鉢かづき』

参考文献 島津久基「御伽草子論考」(『国語と国文学』八ノ一〇)、一九三二。市古貞次『中世小説の研究』、一九五五、東京大学出版会。松本隆信『室町時代物語類現存本簡明目録』(慶応義塾大学斯道文庫書誌叢刊二)、一九六三、井上書房。横山重・松本隆信編『室町時代物語大成』、一九七三–八六、角川書店。奈良絵本国際研究会議編『御伽草子の世界』、一九八二、三省堂。藤掛和美『室町期物語の近世的展開—御伽草子・仮名草子論考—』(和泉選書)、一九八七、和泉書院。徳田和夫『お伽草子研究』、一九八八、三弥井書店。黒田日出男・佐藤正英・古橋信孝編『御伽草子—物語・思想・絵画—』、一九九〇、ぺりかん社。バーバラ゠ルーシュ『もう一つの中世像』、一九九一、思文閣出版。西村汎子「女性への教育と女性の理想像」(総合女性史研究会編『日本女性の歴史—文化と思想—』一九九三、角川書店)。黒田日出男『歴史としての御伽草子』、一九九六、ペリカン社。

(西村 汎子)

おとこだて 男伊達 江戸時代においては一般に俠客《きょうかく》を指す。現代では逆に「伊達男」といい派手好みの男性のことを呼ぶ。仁俠《にんきょう》の世界に通用する言説。「強きをくじき、弱きを助ける」世界に生き、仁義を重んじる人という意味から、男の中の男として一般庶民にはなじみがあった。貨幣経済の展開しつつある延宝期(一六七三)以降、元禄(一六八八)にかけて*吉原を舞台に男伊達は活躍した。なかでも、有名なのは、旗本《はたもと》と町奴《まちやっこ》の動向である。特に、旗本神祇組《じんぎぐみ》の水野十郎左衛門《みずのじゅうろうざえもん》と町奴の幡随院長兵衛《ばんずいいんちょうべえ》の率いる六法組《ろっぽうぐみ》との衝突は目に余るものがあり、両者は派手な装束を身につけ、*遊女町を闊歩《かっぽ》し、庶民をまきこみ、けんか・争論を引きおこしていた。町奴の幡随院長兵衛が旗本の横暴を懲《こ》らしめるという場面は厳しい身分制の中での町人層に、大変な人気を博し、しばしば*歌舞伎などで上演され、連日盛況をきわめた。一方、旗本の次・三男の鬱屈《うっくつ》した心性を、けんかなどを起すことで晴らすという、きわめて矛盾した武士身分の象徴としてこのことばは受けとれよう。

参考文献 西山松之助編『遊女(新装版)』(日本史小百科)、一九九四、東京堂出版。

(宇佐美ミサ子)

おとこのつとめとおんなのつとめ 男のつとめと女のつとめ 明治から昭和期の小学校教育における修身《しゅうしん》教科書の課目。第一期、最初の国定教科書(一九〇四年(明治三十七))では「男のつとめと女のつとめ」、第二・三期(一九一〇・一八年)では「男子の務と女子の務」と表記し、第一期は四学年、第二・三期では六学年(いずれも最高学年)で取り扱っている(第四期にはない)。第一期では、男は家の*主人として家業をつとめ、女は家にあって男を助ける、男は活発で女はやさしくと家における男女の役割と性情の異なること、しかし、人間としては同等であり知識はともに大切であると教えている。第二・三期になると男女ともに国民として同じであるが、男子は国・社会・家をまもり、女子は母として子を育てることが務めであってこれが国家の盛衰に関係すると国家を強調していて時代による役割観の違いが見られる。

参考文献　永原和子「良妻賢母主義教育における「家」と職業」(女性史総合研究会編『日本女性史』四、一九八二、東京大学出版会)。

(永原　和子)

おとしより　御年寄　江戸幕府の*女中職《じょちゅうしょく》の内、将軍・*御台所《みだいどころ》・子女・生母に付けられ、各主人のもとで万事を差配した女性。表の男性側からは*老女《ろうじょ》と称した。年寄は老中《ろうじゅう》の称でもあったので、これと区別したものと思われる。将軍付御年寄の人数は寛政九年(一七九七)に三人、安政元年(一八五四)には四人。ほかに公家出身の上臈《じょうろう》御年寄が数名おり、御年寄の上位に位置づけられていた。幕府の女中は職階に応じ種々の手当が支給されたが、将軍付御年寄には、年俸の切米《きりまい》五十石、合力金《ごうりききん》六十両と、本人と召使の毎月の食料十人扶持《ぶち》、薪《まき》二十束、炭十五俵、湯之木《ゆのき》(五月から八月まで二十束、九月より四月まで十五束)、油(有明《ありあけ》(終夜燈《しゅうやとう》)一、半夜《はんや》(半夜燈)二)、五采銀《ごさいぎん》(味噌・塩の代銀)二百目一分が与えられた。御台所付御年寄、生母付御年寄の人数・諸手当はこれより少ない(「女中帳」『嘉永《かえい》七寅年《とらどし》八月改《あらため》大奥《おおおく》女中《じょちゅう》分限帳《ぶげんちょう》幷《ならびに》剃髪《ていはつ》女中《じょちゅう》名前《なまえ》』)。また町屋敷を拝領したが、本人が住むためではなく、そこから上がる賃貸料を収入とした。ほかに着物や果物・菓子等の下され物も多く、大名からの贈り物もあった。その威勢は表の老中に匹敵《ひってき》したといわれ、天明七年(一七八七)松平定信の老中就任に関与したとされる*大崎《おおさき》・高《たか》橋《はし》のように、幕閣の人事を左右するほどの政治力を持った御年寄もいた。

参考文献　松尾美恵子「江戸幕府女中分限帳について」(総合女性史研究会編『政治と女性』一九九七、吉川弘文館)。高澤憲治「松平定信政権の大奥対策―寛政四年金剛院一件を中心に―」(『南紀徳川史研究』六)、一九九七。総合女性史研究会編『史料にみる日本女性のあゆみ』、二〇〇〇、吉川弘文館。

(松尾美恵子)

おとたちばなひめ　弟橘媛　日本武尊《やまとたけるのみこと》の御妻《みめ》。穂積氏忍《ほずみのうじおし》山宿禰《やまのすくね》の女《むすめ》で、稚武彦《わかたけひこ》を生む。『*古事記』では、倭建命《やまとたけるのみこと》の后《きさき》の弟橘比売命《おとたちばなひめのみこと》が若建王《わかたけるのみこ》を生むとある。尊《みこと》が東征の折、相模《さがみ》から上総《かずさ》に渡海しようとして走水《はしりみず》(浦賀《うらが》水道)で海神の怒りに遭《あ》い、暴風雨で船が進まなくなったとき、媛《ひめ》は尊の命に贖《か》えて入水《じゅすい》したという話がみえる。『古事記』では、後日談として七日ののち、媛の櫛《くし》が海辺に寄りきたったので、それを御陵を作っておさめたとある。

参考文献　中西進『大和の大王たち』(古事記をよむ三)、一九八六、角川書店。

(小林　敏男)

おとづる　乙鶴　⇩賀歌女《かがにょ》

おとまえ　乙前　生没年不詳　平安時代後期の美濃《みの》*青墓《あおばか》の*傀儡《くぐつ》。後白河《ごしらかわ》法皇に召し出された後、御所内に部屋を与えられ、*今様《いまよう》・大曲様《だいごくのよう》・物様《もののよう》・田歌《たうた》を教えた。青墓の傀儡目井《めい》の*養女としてさまざまな今様を習い、源清経《きよつね》(その娘は西行《さいぎょう》の母)に連れられ、目井とともに上京し、のちに五条と呼ばれた。ほか延寿《えんじゅ》・小大進《こだいしん》など今様の相承者と後白河法皇の前で談義を行い、目井から秘蔵の今様を相承するなど正統な今様の相承に中心的な役割を果たした。後白河法皇や貴族、傀儡・*遊女との交流の様子は後白河法皇の『梁塵秘抄口伝集《りょうじんひしょうくでんしゅう》』に詳細に記されている。

参考文献　佐竹昭広他編『七十一番職人歌合・新撰狂歌集・古今夷曲集』(新日本古典文学大系六一)、一九九三、岩波書店。後藤紀彦「遊女と朝廷・貴族」(『(朝日百科)日本の歴史(新訂増補)』四、二〇〇五、朝日新聞社)。

(盛本　昌広)

おとめ　おとめ　⇩処女《しょじょ》・オトメ　⇩をとめ

おどりねんぶつ　踊り念仏　鉦《かね》などを叩いて拍子に合わせて踊りながら念仏を唱えること。僧俗の男女が参加した。平安時代中期の空也上人《くうやしょうにん》が始めたとされる。弘安二年(一二七九)に一遍《いっぺん》ら時衆は、念仏中に歓喜のあまり僧俗一体となって踊りだした。それ以来、一遍は、融通《ゆうずう》念仏を人々に勧める手段として鎌倉や京都など各地で踊り念仏の興行を行なった。その様子は『一遍上人絵伝』の随所に描かれている。踊り念仏は、念仏信仰をひろめる有力な手段となり、これにより時宗の教勢は拡大したとされる。

参考文献　大橋俊雄『踊り念仏』(大蔵選書)、一九七四、大蔵出版。同『一遍』(人物叢書)、一九八八、吉川弘文館。五来重『踊り念仏』(平凡社ライブラリー)、一九九八、平凡社。

(高橋　伸拓)

おとわのぶこ　乙羽信子　一九二四―九四　昭和・平成時代の俳優。魚問屋《さかなどんや》の父と*芸者の母の間に生まれ、長唄《ながうた》師匠《ししょう》の*養女として育つ。一九三七年(昭和十二)に宝塚音楽歌劇学校に入学。娘役で活躍する。五〇年、「百万ドルのえくぼ」をキャッチフレーズに映画界入りし「愛妻物語」(一九五一年)などで好評を博す。「どぶ」(一九五四年)を契機に演技派へと転身。七八年映画監督新藤兼人《しんどうかねと》と結婚。著書に『どろんこ半生記』(一九八一年、朝日新聞社)がある。

参考文献　新藤兼人『ながい二人の道―乙羽信子とともに―』、一九九六、東京新聞出版局。

(池川　玲子)

おなりがみ　おなり神　〔近現代〕「おなり」は古代琉球語の表記であり、兄弟からみた姉妹を指す。近代の沖縄方言では「うない」という。姉妹には兄弟を守護する霊力があるとされ、姉妹を兄弟のおなり神といい、おなり神信仰といわれる。おなりの霊力は、未婚・既婚を問わず、兄弟にたいして生涯(ただし一代限り)維持される。また、沖縄方言で兄弟姉妹を「うない・うぃきー」、すなわち「姉妹兄弟」という。このように女性が霊的存在として男性を導き、その影響力は結婚後も生家で続くこと、また兄弟より姉妹が先にくる用語などに注目したのは、*伊波普猷《いはふゆう》『をなり神の島』(一九三八年)である。「女性を男性の上に置く言表し方が、南島全体の習はしであった」ことを、「祭政一致時代の琉球では男子は政治に携はり、女子は祭事に携はったので、女人の権力が存外強かったから、従って当時の生活様式の影が、其言語の上にも翳したのであらう」と指摘した。そして伊波は、時代の変化にもかかわらず、女性が霊的世界に囲い込まれている現状を問題にし、沖縄女性への啓蒙活動に力を注いだ。福祉事業に活躍した金城芳子や作家の新垣美登子らが育った。また、一九八五年(昭和六十)、那覇市で「うないフェスティバル」と命名された女の祭が開催された。一九七〇年代以降、先進諸国を中心に、国際的に「新しい女性運動(第二の波)」が登場したが、沖縄でも*性別役割分担論からの解放などを掲げる女性たちの多様な活動が展開し、その交流の場として企画された。祭の実行委員会は、「語れ遊ば」を掲げ、女性が「姉妹=うない」として語り合おうと呼びかけた。「古代「うない」は女きょうだいを意味し、家庭にあってはうない神、共同体においては神女となって沖縄社会を司ってきたといわれます。いま、私達は「うない」の思いを受けつぎつつ、二十一世紀にむけて「うない」に新しい意味を見出そうとしています」、と。女性運動(第二の波)のキーワード「女性の連帯sisterhood」が、「うない」に込められている。この祭は、年一回秋に開催されている。

参考文献 植松明石「女性の霊威をめぐる覚書」(谷川健一編『村落共同体』一九七二、木耳社)。伊波普猷『をなり神の島』(『伊波普猷全集』五、一九七四、平凡社)。金城芳子『なはをんな一代記』、一九七八、沖縄タイムス社。三木健編『那覇女の軌跡―新垣美登子85歳記念出版―』、一九八五、潮の会。うないフェスティバル実行委員会『うないフェスティバル '85報告書』、一九八六。比嘉政夫『女性優位と男系原理―沖縄の民俗社会構造―』、一九八七、凱風社。比嘉美津子『素顔の伊波普猷』、一九九七、ニライ社。

(若尾 典子)

〔琉球・沖縄〕奄美《あまみ》・沖縄地方に特徴的な霊魂観《れいこん》の一種で、兄弟を守護する姉妹の霊威《れいい》をいう。戦前に佐喜真興英《さきまこうえい》の『女人政治考』《にょにん》(一九二六年)、伊波普猷《いはふゆう》の『をなり神の島』(一九三八年)、*柳田国男《やなぎたくにお》の『妹の力』《いものちから》(一九四〇年)などの書物でその存在が指摘されて以来、奄美・沖縄文化の特徴の一つとして、つとに注目されるようになった。戦後は馬淵東一《まぶちとういち》・*瀬川清子《せがわきよこ》・宮城栄昌《みやぎえいしょう》・大胡欽一《おおごきんいち》・植松明石《うえまつあかし》・*倉塚曄子《くらつかあきこ》・伊藤幹治《いとうみきはる》・宮田登《みやたのぼる》らがこれに注目し、国内や海外との比較も行われるようになった。「おなり」とは、この地方でいう「ウナリ」「ウナイ」「ウミナイ」「ブナイ」「ブナリ」など方言の文語的総称で、兄弟から姉妹を称していう語であり、不特定多数者からの女性に対する呼称ではない。姉妹が兄弟を指すときに用いられる文語的総称「えけり」の対語である。ここにいう「神」とは姉妹を現人神《あらひとがみ》として崇拝しているからだというより、姉妹には兄弟の長寿と安全を保証し兄弟の作る作物に豊《ほう》饒《じょう》をもたらす霊威や生霊《いきりょう》が身体に備わっている、との観念にもとづいたものである。兄弟の危機に際して、姉妹が美しい白鳥やごいさぎ、あるいは胡蝶《こちょう》となって命を救ったとする説話や、海鳥・蝶・とんぼなどにとり憑《つ》いて、旅先の兄弟の安全を見守るなどの言い伝えがある。また遠洋航海や出兵に際して姉妹が兄弟の安全を祈願したり、安全のための呪具として姉妹から与えられた手ぬぐいや毛髪を携えたという話は、特に有名である。かつての琉《りゅう》球《きゅう》王府においては、国王の姉妹である*聞得大君《きこえおおきみ》の宗教的庇護《ひご》によって国事がなされた。同様に、現在の行政村に相当する間切《まぎり》では、間切を治める地方領主=按司《あじ》に対して女性祭司たる祝女《のろ》が権威を支え、またそれぞれの村落では草分け本家の当主たる根人《にっちゅ》に対して、その権威を支える女性たる*根神《にがみ》がいたとされる。また初収穫物を姉妹に捧げ、兄弟が姉妹に対しその豊作を感謝する儀礼などにおなり神の観念が認められたが、稲作の衰退とともに多くは衰退している。さらに本家で行われる神事に、その家系出身の女性祭司が参与管掌《かんしょう》したり、行政区の長の準備する公的神事を女性祭司が主催したりする習慣のなかにも、これまでその存在が指摘されてきた。しかし兄弟に姉妹がいない場合には、父方オバか父方の姪《めい》が代行した。なかには妻が霊威をもつ例、母親が霊威を発揮する例がある。おおかた父系*親族の女性や近親の女性が担ってきたのである。ただし今日では、女性祭司が守護すべき相手がその兄弟に限られたり、神事がその兄弟の安全のためにだけなされたりすることは、ほとんどないと称してよい。類例は、古代日本の*卑弥呼《ひみこ》や*斎宮《さいのみや》、古代朝鮮や近現代の韓国、古代中国や現代中国の媽祖《まそ》信仰などにもみられ、またインドネシアやポリネシア地域にも、姉妹がその霊力によって兄弟を守護するという観念や儀礼がみられる。

参考文献 植松明石「女性の霊威をめぐる覚書」(谷川健一編『叢書わが沖縄』四、一九七二、木耳社)。馬淵東一『馬淵東一著作集』三、一九七四、社会思想社。伊藤幹治『沖縄の宗教人類学』、一九八〇、弘文堂。宮田登『女の霊力と家の神―日本の民俗宗教―』、一九八三、人文書院。崔吉城「沖縄オナリ神信仰一考」(『日本民俗学』一六九)、一九八七。渡邊欣雄『世界のなかの沖縄文化』、一九九三、沖縄タイムス社。倉塚曄子『巫女の文化』(平凡社ライブラリー)、一九九四、平凡社。

(渡邊 欣雄)

オニビシのあね オニビシの姉 ⇩オッケニ

おのつう 小野通 江戸時代前期の文人。母娘二代の名。母(初代、一五六七―一六三一)は美濃北方《みのきたがた》の小野政秀《まさひで》の娘。「小野通」という名の女性の生地とされる地方が複数あるため、「小野姓をもつ養母に養育、教育された母系社会の人たち」といわれる。『浄瑠璃御前物語』《じょうるりごぜんものがたり》はこの漂泊《ひょうはく》する人々によって原型が作られたという。政秀の娘もそのうちの一人で、多数のお通たちの象徴的存在である。信州松代《まつしろ》の真田信之《さなだのぶゆき》とは懇《ねんご》ろな仲で、信之の書簡六通を大切にしていた。九条殖通《くじょうたねみち》に教えを受けたといわれ、『金葉和歌集』《きんよう》の写本や「人麻呂像」《ひとまろ》など多数の書画を残した。二代目通(小野宗鑑尼《そうかんに》、生没年不詳)の父は塩川志《しおかわし》摩守《まのかみ》または渡瀬羽林《わたせうりん》というが、母の姓を名乗っているため不詳。「お通流」と呼ばれる、流麗な中に強さをもつ母の書体を受け継ぎ、女性のための書や文章の手本を作った。「手跡世に類なくひろく和漢の文にわたりて才知ならびなき女」との評も、母娘に対するものか。著書に『四《し》季女文章《きおんなぶんしょう》』『女筆春の錦《にょひつはるのにしき》』『和歌往時集《わかおうじしゅう》』がある。

参考文献　室木弥太郎『中世近世日本芸能史の研究』、一九九二、風間書房。小泉吉永「近世刊行の女筆手本について」(『江戸期おんな考』七)、一九九六。　(浅野美和子)

おのでらゆりこ　小野寺百合子　一九〇六―九八　昭和時代の翻訳家。東京女子高等師範学校付属高等女学校専攻科卒。公使館付武官の夫、信《まこと》とともに任地スウェーデンに一九四〇年(昭和十五)から敗戦まで滞在。戦後はスウェーデン社会研究所を設立。ヤンソンの『ムーミン』などスウェーデン童話の翻訳のほか*エレン＝ケイの『*恋愛と結婚』『児童の世紀』を夫と共訳。スウェーデンの勲一等北極星女性勲章受賞。著書に『バルト海のほとりにて―武官の妻の大東亜戦争―』(一九八五年、共同通信社)ほかがある。

参考文献　『読売新聞』一九九八年四月二日。『朝日新聞』一九九八年四月二日。　(富田　裕子)

おののこまち　小野小町　生没年不詳　平安時代前期の女性歌人。仁明《にんみょう》天皇の*更衣《こうい》であったと考えられるが(小町の「町」は仁明・文徳《もんとく》朝に更衣に与えられた呼び名)、実在の小町に関する事績は、『古今和歌集《こきんわかしゅう》』の彼女の歌以外からはうかがい知ることができない。しかし、彼女に「見るめなきわが身をうらとしらねばやかれなであまのあしたゆく来る」(逢う気持ちのない私を、憂い者と知らないので、私から離れずに、あの男は足がだるくなるまで訪れてくるのであろうか)という、求婚する男性を女性の側から冷淡に見ている歌があることから、これに他の小町の歌を絡ませて、絶世《ぜっせい》の美女であった小町が(「花の色はうつりにけりないたづらにわが身世にふるながめせしまに」からのイメージ)、男性を拒否した結果(「見るめなき」の歌からのイメージ)、*家族・世帯を形成することのない孤独な老女として落魄《らくはく》する(「わびぬれば身をうきくさのねをたえてさそふ水あらばいなむとぞ思ふ」からのイメージ)という小町の衰老落魄説話《すいろうらくはくせつわ》が形成されるようになった。小町の歌を真偽《しんぎ》取り混ぜて載せる平安時代中期の『小町集』には、すでに「拒む小町」のイメージが見られるが、小町の衰老落魄説話が明瞭《めいりょう》にうかがえるのは、『宝物集《ほうもつしゅう》』『十訓抄《じっくんしょう》』など鎌倉時代の書物である。さらに、小町の衰老落魄説話は、小町に求婚した深草少将《ふかくさのしょうしょう》が百夜通いを続け、九十九夜にして死んだという謡曲《ようきょく》「通小町《かよいこまち》」「卒都婆小町《そとばこまち》」によって人口に膾炙《かいしゃ》したものとなった。このような小町説話の生成については、中世の*家父長制《かふちょうせい》家族の成立を背景にして、家を持たない女性、夫や子供を持たない女性に対する男性の側の偏見を読み取る見解がある。一方で小町説話が各地に伝承されたことについては、中世以来、小野小町伝承を民間に運搬して歩く旅の女性、*歌比丘尼《うたびくに》や*遊女、*瞽女《ごぜ》の存在があり、これらの女性が一人称で小町の伝承を物語ったため、語り手と物語の主人公を混同した結果だとする民俗学の見解もある。

小野小町像

参考文献　明川忠夫『小町伝説』(近畿民俗叢書七)、一九七七、現代創造社。片桐洋一『小野小町追跡―「小町集」による小町説話の研究―(改訂新版)』(古典ライブラリー)、一九九三、笠間書院。黒岩涙香『小野小町論』(現代教養文庫)、一九九四、社会思想社。細川涼一『中世寺院の風景』、一九九七、新曜社。柳田国男『女性と民間伝承』(柳田国男全集六)、一九九八、筑摩書房。　(細川　涼一)

おば　おば　父母の姉妹を表す*親族名称で、父母の兄弟を指す「おじ」の対語にあたる。おばを意味する古代の漢字表記は「姑」「姨」「従母」など複数あり、中国的用法にならい父方を「姑」、母方を「姨」とするもの、父方母方のいずれも同一表記で示すもの、文字が双方に混用されているものなど、史料によって異なり一様ではない。父方と母方姉妹の書き分けは大宝《たいほう》・養老律令《ようろうりつりょう》で認められるが、これは、*家父長制《かふちょうせい》家族制度を基盤とする中国法継《けい》受《じゅ》の表われである。*律令制の導入以降、親族名称の区別は行政・文語上で多くみられるが、名称を違える父系の親族構造は、日本古来からのものではない。古訓が示す和語によれば、父母の姉妹は「姑」や「姨」のいずれも「おば」と呼ばれ、元来日本は、父方母方の血統を区別しない親族構造だったとわかる。親族名称は親族のあり方を規定するが、古代の「おば」名称は、父系志向の観念と、父方母方の双方(双系)的社会から成る親族組織の実態を推定させる。

参考文献　明石一紀「日本古代の親族名称」(『日本古代の親族構造』一九九〇、吉川弘文館)。梅村恵子「律令における女性名称」(総合女性史研究会編『日本女性史論集』三、一九九七、吉川弘文館)。成清弘和「親等制(五服制)と親族名称」(『日本古代の家族・親族―中国との比較を中心として―』二〇〇二、岩田書院)。　(角谷　英子)

おはぐろ　お歯黒　⇩鉄漿付《かねつけ》

おはした　御端下　最下層の*奥女中《おくじょちゅう》で、御半下とも書き、御末《おすえ》とも呼ぶ。御末頭《おすえがしら》に統括され、膳《ぜん》所《しょ》や風呂の水くみや掃除に従事した。また、*御台所《みだいどころ》や将軍姫君が*大奥に出入りする際、御広敷《おひろしき》の入り口より内に駕籠《かご》をかきいれねばならないため、力のある者が好まれた。長局《ながつぼね》の御端下部屋が生活の場で、御殿向《ごてんむき》の御末詰所《つめしょ》が仕事をする際の控えの場であった。御端下が幕府から直接禄《ろく》をもらう奥女中の中では一番下の職制となるが、ほかに上級の女中が召し遣う部屋方《へやかた》(又者《またもの》)といわれる*女中がいた。

参考文献 松平春嶽「幕儀参考稿本」(『松平春嶽全集』一、一九七三、原書房)。 (畑　尚子)

おはつ　お初　一五七〇―一六三三　安土桃山・江戸時代初期の女性。京極高次《きょうごくたかつぐ》室。浅井長政《あざいながまさ》と*お市の方の間に次女として生まれる。父長政、養父柴田勝家《しばたかついえ》の死後、豊臣秀吉の庇護《ひご》を受け、天正十五年(一五八七)、秀吉の命で京極高次に嫁ぐ。慶長十四年(一六〇九)、高次が没し、お初は剃髪《ていはつ》出家し、常高院《じょうこういん》と称した。同十九年の大坂冬の陣では豊臣方の代表として和平交渉に臨んで講和を成立させている。寛永十年(一六三三)八月二十七日、江戸で没した。

お初画像

参考文献 小和田哲男『戦国三姉妹物語』(角川選書)、一九九七、角川書店。 (小和田哲男)

おはらめ　大原女　大原《おおはら》(京都市左京区)から来て、薪《たきぎ》や炭を京中に売り歩く女性。『本朝無題詩《ほんちょうむだいし》』には「見売炭婦」と題して、京中に炭を売り歩く大原女の姿が詠《うた》われている。治安《ちあん》元年(一〇二一)の『小右記《しょうゆうき》』、嘉保《かほう》二年(一〇九五)の『中右記《ちゅうゆうき》』には、大原の*刀禰《とね》が炭を朝廷に貢進していたことが記されており、大原女の起源は、朝廷の行事所に貢進した余剰品を里の女性が京中に売り歩いたことに始まると考えられる。『庭訓往来《ていきんおうらい》』に「大原薪」とあり、中世に入っても大原は炭窯《すみがま》の里であり薪木の供給地であった。『*福富草紙《ふくとみぞうし》』の戸外での炊事場面や広い板の間の火桶《ひおけ》に炭火が熾《さか》っている風景、『直幹申文絵詞《なおもともうしぶみえことば》』の店《みせ》棚《だな》の前に積まれた薪(黒木・くすべた薪)は、当時の京都における薪炭の大量需要と大原女らの活躍を推察させる。その装いは、『*東北院職人歌合《とうほくいんしょくにんうたあわせ》』には紺《こん》の*筒袖《つつそで》に帯を前に結び白の脛布《はばき》を着け、頭髪を白い被《かぶ》り物で被い薪を載せている姿で描かれているが、『*七十一番職人歌合』では着物の色は一様ではなく柄もあり、なお後世の姿には遠い。

大原女(『東北院職人歌合』より)

参考文献 田端泰子「中世京都の商業と女商人」(『日本中世の社会と女性』一九九八、吉川弘文館)。 (加藤美恵子)

おび　帯　人が何らかの物品類を身体に「帯びる」という行為に即して用いる装身具。文字の原義は紐で物品類を身につける意味。これが衣服を身に着ける際、腰周りに巻き、時に結ぶ、平らで細長い布帛《ふはく》、または皮革製の装身具の意に転じたと考えられる。古くは八世紀の『養老令《ようろうりょう》』衣服令《えぶくりょう》に宮廷の男子の官人が朝服姿などで用いる金具のついたベルト状の皮革製のもの(のちの石帯《せきたい》)、女性の官人においては種々の色の組紐《くみひも》などの帯について言及する。以後、朝廷男子の正装束帯《そくたい》姿の石帯は皮革製、そのほかは布帛や組紐・織物などのものを男女をとわず「帯」と呼称する。室町時代より武家や庶民を中心に*小《こ》袖《そで》の着用が盛んになると帯にも変化が現われ、小袖の柄や地色に合った装飾性に富んだものが現われる。さらに近世以降、さまざまな装飾的な結び方が考案された。幕末期になると帯留めも現われ、現在の和服(きもの)と大差ない帯の仕様となる。なお、特殊なものだが標帯《しるしのおび》と呼ばれるものがある。懐妊五ヵ月目の女性が身体に結ぶ一丈二尺の練絹《ねりぎぬ》の*腹帯《はらおび》である。 (佐多　芳彦)

おびざ・おびざざとうしき　帯座・帯座々頭職　中世において京中全域にわたる帯商売の営業独占権を持つ座商人の組織。帯は、帯地生産者である大宿織手《おおとのいおりて》(室町時代には大舎人座《おおとねりざ》を組織)から帯商人に卸《おろ》され、帯に仕立てて販売された。その際、帯公事《おびくじ》が課され、天台座主《てんだいざす》が本所としてその徴収権を有していた。文安四年(一四四七)大宿織手が帯公事を支払わず帯の直接販売を行なったことから相論が起り、問丸《といまる》や帯棚《おびだな》は生産者による直売を禁止し、強固な営業独占権を得るため帯座を組織していった。当座は長享《ちょうきょう》二年(一四八八)以前に「洛中帯座座頭職同公用代官職」を成立させており、享禄《きょうろく》元年(一五二八)には*亀《かめ》屋《や》五位女《ごいめ》がその職を安堵《あんど》されている。帯座座頭は、座公《ざく》事《じ》を徴収し本所に納める公用代官を兼ねる所職《しょしき》で、座衆を監督・支配する権限を持つ地位にあることから、洛中の帯の生産から販売までのすべてを支配下に置いていた。

参考文献 脇田晴子「座頭職の売買」(『日本中世商業発達史の研究(改装版)』一九七七、御茶の水書房)。 (加藤美恵子)

おびとき・ひもとき　帯とき・紐とき　*子どもに付紐《つけひも》で

はない、着物を着せて、帯を締めさせること。子どもの成長に伴う年祝《としいわ》いの一つ。帯とき・紐ときを行う年齢は三歳・四歳・五歳・七歳などさまざまであったが、これらの年齢になると、乳児期を過ぎて、ある程度その命が安定すると考えられ、帯ときは子どもの成長を祝うものである。幼い子どもの着物にひもをつける理由として、「子どものつけひもの中には、神様が入っていて、子どもを守ってくださる」ともいわれた。成長した子どもは、付紐のない着物を着て帯を締めるようになる。そのときに、幼児から次の段階への成長を認め、宮参りをし、親戚などを招いて祝宴を催した。帯や着物が母の生家から贈られることも多かった。ヒモオトシ・帯ナオシ・帯ムスビなどと呼ばれた。三歳を厄年《やくどし》とする地域もあり、そのために神事に参加させる地域もある。「三つまではお客さん」「七つまでは神のうち」などといわれた存在から、魂が安定しこの世に定着すると考えられていた。

参考文献 大藤ゆき『児やらい』(民俗民芸双書)、一九六八、岩崎美術社。同『子育ての民俗』、一九九八、岩田書院。 (蓼沼 康子)

おびなおし 帯直し *子どもがこれまで着けていた紐《ひも》のある衣服を脱ぎ、はじめて帯を用いる儀式。帯結び・帯解《と》き・紐解き・紐落しなどともいう。幼児から子どもへの通過儀礼として行われ、帯を結ぶことで新しい成長段階に達したことを表す。室町時代からおこったもので、はじめは男女とも九歳で、十一月の吉日を選んで行われた。江戸時代中期以降は女子七歳の祝いとされ、*七五三の祝いとして知られるようになった。

参考文献 『古事類苑』礼式部八。菅原正子「七五三の源流—中世後期の髪置・帯直・元服等—」(『日本歴史』六三〇)、二〇〇〇。 (渋谷 和宏)

おひゃくどもうで お百度詣 *大塚楠緒子《おおつかくすおこ》の厭戦詩《えんせんし》。『太陽』(一九〇五年(明治三十八)一月)掲載。日清戦争時は義戦論《ぎせんろん》一色だった世論も、日露《にちろ》戦争時には厭戦論・非《ひ》戦論《せんろん》が起きた。楠緒子の詩もその一つである。一回目の旅順総攻撃《りよじゅんそうこうげき》失敗で多数の死者が出た一九〇四年九月、『明星《みょうじょう》』誌上に*与謝野晶子《よさのあきこ》「*君死にたまふこと勿《なか》れ」が発表され、『太陽』誌上で大町桂月《おおまちけいげつ》との間で論争が起きる。このなかで桂月は楠緒子の「お百度詣」は参戦兵士の衷《ちゅう》情《じょう》を思いやったものであるから認められると力説、「非国民」的であると非難した晶子と対比的に論じた。テキストは『はじめて学ぶ日本女性文学史』近現代編(岩淵宏子・北田幸恵編著、二〇〇五年、ミネルヴァ書房)。

参考文献 塩田良平「明治女流作家論抄」(同編『明治女流文学集』一、一九六六、筑摩書房)。 (関 礼子)

おふくろ 御袋 母親の尊称。『*日葡辞書《にっぽじしょ》』には主として女性が使うとあるが、実際の用例では男性をめぐって用いられる場合が多い。十五世紀初めにはすでに貴族の日記などで使われており、いわゆる「*淀殿《よどどの》」は、秀吉の死後は「秀頼の御袋」と称された。語源については、本来は御ふところで懐妊《かいにん》の懐が転じたものであるという説や、人は母の胎内《たいない》で胞衣《えな》を冠《かぶ》ってあたかも袋に入っているようであるため母を御袋というとの説などがある。

参考文献 『古事類苑』人部二。 (桜井 由幾)

おぶすまさぶろうえまき 男衾三郎絵巻 鎌倉時代(十三世紀末)に制作された絵巻。現在、後半は失われ、詞書《ことばがき》と絵各六段からなる一巻が東京国立博物館に所蔵される。一巻から離れて第六段目に該当する絵のみの断簡《だんかん》が伝来。現存部分の内容は、武蔵の国に住む武士の兄弟、吉見《よしみ》二郎《ろう》と男衾三郎の対照的な生活の紹介(第一段と第二段)、京都の大番役《おおばんやく》を勤めるため都への途上、山賊に襲われる吉見二郎(第三段)、悲報を家族に伝えるため二郎の首級《しゅきゅう》と遺品を持って駿河清見関《するがきよみのせき》を通る家来《らい》の夢に出現する来迎《ごう》の観音菩薩《かんのんぼさつ》(第四段)、届けられた遺品を前に悲嘆にくれる二郎の妻や娘、郎党《ろうとう》たち(第五段)、遺言を無視して兄の妻と娘を虐待、使用人として酷使《こくし》する男衾夫妻(断簡)、求婚したはずの二郎の遺児の代わりに、差し出された男衾夫妻の娘の容貌に驚き顔を背ける若い国司(第七段)というもの。注文主、絵師や詞書筆者などに関する文字史料は一切残らないが、絵画表現については『新名所歌合絵巻』との共通性が夙《つと》に指摘され、こちらの制作年代は歌合に参加した実在の*伊勢神宮の神官の生没年を手がかりに、おおよそ永仁二年(一二九四)、三年ころと推定されている。また、両絵巻に共通する特徴は、質の良くない絵具を使用している点にあり、注文主の身分を推測する上で興味深い。絵巻の表現中、もっとも注目されるのは男衾三郎の醜い妻と娘の容貌である。その醜さの表現を、男衾三郎という荒々しい関東の武士の生き方に対する蔑《さげす》みの視線と結び付けて解釈し、絵巻の注文主と想定される都の中・下級貴族の武士観を読み取る説が提示されている。また、抵抗する術もなく殺される都ぶりの武士に対する眼差しも冷淡で、戦う武士の姿は山賊と区別が付けがたい。大切なはずの甲冑《かっちゅう》の描写もぞんざいで、絵手本を用いる際の不注意に由来する誤りが指摘されて

『男衾三郎絵巻』第七段

いる。絵巻に仕掛けられた「嘲笑《ちょうしょう》」への誘導は巧みで、絵は、それを享受《きょうじゅ》する者たちの共感を醸成《じょうせい》する装置となっている。↓絵画史料《かいがしりょう》 ↓醜女《しこめ》

参考文献 梅津次郎「男衾三郎絵詞」(『絵巻物叢誌』一九七二、法蔵館)。千野香織「醜い女はなぜ描かれたか—中世の絵巻を読み解く「行為体」とジェンダー—」(『歴史学研究』七二九)、一九九九。同「嘲笑する絵画—『男衾三郎絵巻』に見るジェンダーとクラス—」(伊東聖子・河野信子編『おんなとおとこの誕生—古代から中世へ—』二〇〇〇、藤原書店)。
(池田 忍)

おぶと 緒太 *草履や下駄《げた》の鼻緒《はなお》の太いもの、あるいは裏のつかない鼻緒の太い草履。「緒太草履《ぞうり》」の略称。後者は「金剛《こんごう》」「うらなし」ともいう。平安時代ごろより貴賤《きせん》を問わず使われたようだが詳細は断片的にしかわからない。ただ、天皇から貴族層の男女、その使用人に至るまで緒太を使っていたようだが、そのすべてがまったく同一の履物なのかは不明である。
(佐多 芳彦)

おふりかわり お振り替わり 近世後半、*富士講身禄派《ふじこうみろくは》およびそこから派生した不二道《ふじどう》の教義に含まれる天地と人間世界の根本的変革の観念。富士行者*食行身禄《じきぎょうみろく》(一六七一—一七三三)は富士の神から山頂で「男綱《おづな》・女綱《めづな》」をつなぐことによって天地のあり方が変わったという託宣を受けた。彼はそのような新しい天地のあり方を前提として、人々に正直・慈悲などの道徳の実践を訴え、そうすれば理想の世が実現されると説いた。食行身禄の後継者の一人である参行六王《さんぎょうろくおう》(一七四六—一八〇九)は男綱・女綱の結合とは陰陽《いんよう》の調和を意味すると解釈し、陽の偏重のために陰陽のバランスが崩れると世界は破滅すると考えた。参行六王の後継者となった禄行三志《ろくぎょうさんし》(一七六五—一八四一)は陰陽の調和の中でも夫婦や男女間の調和を最も重視した。三志は当時の社会の*男尊女卑《だんそんじょひ》は陽を上位に陰を下位に置くものであると批判し、女性を上に男性を下に置き換えれば陰陽の調和が成立すると説いた。

参考文献 宮崎ふみ子「「ふりかわり」と「みろくの御世」—「参行六王価御伝」に於ける世直り—」(宮田登・塚本学編『民間信仰と民衆宗教』一九九四、吉川弘文館)。
(宮崎ふみ子)

おみなひめ 美女媛 『日本書紀』にみえる女性。欽明《きんめい》天皇二十三年八月条に、将軍大伴連狭手彦《おおとものむらじさでひこ》が兵数万で高句麗《こうくり》を討ち、宮中から多数の戦利品を持ち帰ったが、蘇我《そがの》稲目宿禰《いなめのすくね》に甲・刀などとともに美女媛とその従女吾田子《あたこ》を贈ったとある。この「美女媛」は、書紀の注に「媛は名なり」とあるから、「おみなひめ」という名でなく、美女《おみな》(あるいは美人《おとめ》)である「媛=ひめ」という名の女性であろうか。ただし、この記事は信憑性《しんぴょうせい》に問題があるとされている。
(小林 敏男)

おみやまいり お宮参り 出生後一ヵ月前後に、赤子がはじめて産土《うぶすな》神社に参詣する生育儀礼。初外出《はつがいしゅつ》・初社参《はつまいり》とも記され、日取りについては生後三七日《さんひち》から三十三日まで、また男女日を違える地方など弾力的である。民俗学はこの習俗を、*子どもの共同体への仲間入りが神によって承認される意味を持つと指摘する。近世中後期の『依田家《よだけ》文書』(甲斐国《かいのくに》山梨郡下井尻村《しもいじりむら》(山梨市))では、安産を祝い*産屋《うぶや》を引き払う「産屋明祝儀《うぶやあきしゅうぎ》」の日の朝、お宮参りが行われ、夕刻から盛大な饗宴が開かれている。貴族や武家以外で宮参りの記録が残るのは近世中後期以降が多く、赤飯を惣村《そうそん》に配った。依田家の場合、幕末にはむしろ名付けの七夜《しちや》がお披露目の機会となるが、文書記録から生育儀礼の変容をたどることで、人々の子ども観や儀礼に含めた含意を探ることができる。

参考文献 鎌田久子他『日本人の子産み・子育て』一九九〇、勁草書房。太田素子『子宝と子返し—近世農村の家族生活と子育て—』、二〇〇七、藤原書店。
(太田 素子)

おみよのかた お美代の方 ?—一八七二 江戸幕府十一代将軍徳川家斉《いえなり》の*側室。はじめお伊根《いね》ともいった。下総国中山法華経寺《しもうさのくになかやまほっけきょうじ》の智泉院《ちせんいん》住職日啓《にっけい》の娘。本丸小納戸頭取《こなんどとうどり》中野清茂《なかののきよしげ》(碩翁《せきおう》)の*養女。文化三年(一八〇六)本丸御次として*大奥に上り、同七年*中﨟《ちゅうろう》となる。同十年*溶姫《ようひめ》、同十二年仲姫《なかひめ》(夭折)、同十四年末姫《すえひめ》を生む。溶姫は文政十年(一八二七)金沢藩主前田斉泰《なりやす》に嫁ぎ、末姫は天保四年(一八三三)広島藩主浅野斉粛《なりたか》に嫁いだ。家斉の寵愛《ちょうあい》を集め、実父日啓の住持する智泉院は将軍家祈禱所《きとうじょ》取扱に昇格し、養父碩翁も賄賂《わいろ》をとって役職斡旋《あっせん》に励んだ。しかし、天保十二年家斉が没すると、智泉院事件により日啓は*遠島《えんとう》となり、碩翁も登城差し止め、加増地《かぞうち》没収の処分を受けた。お美代の方は*上﨟《じょうろう》年寄上座となるが、すぐに二の丸専行院《せんこういん》に退隠《たいおん》。その後前田家の屋敷や浅野家の屋敷を転々とする。建立した感応寺《かんのうじ》は幕府によって廃寺にされた。幕府崩壊後は本郷の講安寺《こうあんじ》で過ごした。
(久保 貴子)

参考文献 『徳川諸家系譜』二、一九七四、続群書類従完成会。

おもろそうし おもろ双紙 琉球王府が編纂した古歌謡集。全二十二巻、総歌数千五百五十四。宮廷や地方に伝わる祭式歌謡を、一五三一年(嘉靖《かせい》十)・一六一三年(万暦《ばんれき》四十一)・一六二三年(天啓《てんけい》三)の三度もしくはそれ以上にわたって集め編纂したもの。当初の本は一七〇九年首里城火災のために焼失したが、王命により書き改めて翌年再編された。その歌謡は古琉球の時代おもに十五、六世紀に生成されたと考えられている。琉球最古の辞書『混効験集《こんこうけんしゅう》』に「神歌御双紙」とあるように、その基本的な性格は神歌すなわち祭祀の場で歌われた祭式歌謡である。按司《あじ》や国王、彼らを霊的に守護する神女たちの讃美、創世神話、王城の壮麗な儀式から地方の祭まで、古琉球の王権のありようや宗教的な世界観を表わす豊かな内容をもつ。池宮正治の分類によれば、全二十二巻の内訳は㈠地方おもろ(巻二・五・七・十一・十五—二十一)、㈡神女おもろ(巻一・三・四・六・九・十二)、㈢航海のおもろ(巻十・十三)、㈣ゑさおもろ(巻十四)、㈤名人おもろ(巻八)、㈥公事《みおやだいり》おもろ(巻二十二)。歌唱の担い手は、㈠

から(四)までがいわゆる神女、すなわち*聞得大君《きこえおおきみ》ら王府の祭祀を司る君《きみ》たちと、地方の村落祭祀を司る祝女《のろ》たち。(五)(六)は男性の職業的なおもろ歌唱者である。近世に入ると女性祭司によるおもろの歌唱は急速に衰微《すいび》した。王府の一部の儀礼でおもろ主取《ぬしどり》ら男性官人が公事おもろ(巻二十二)を歌唱する場を残すのみだった。しかし書物としての『おもろさうし』はその後も特別に扱われ、土地の基本台帳である御検地帳とともに、「御前帳」として常に王の身辺に保管された。王の支配の源泉と関わる宗教的な権威を認めたからであろう。近代に伝わる尚家《しょうけ》本である(沖縄県立博物館蔵)。もう一本は近世おもろ主取を世襲した安仁屋家《あにやけ》に伝来した。沖縄戦で失われたが、仲吉《なかよし》本以下の写本が残っている。安仁屋本系は読点や語注・短文注を付す。テキストは『校本おもろさうし』(仲原善忠・外間守善編、一九六五年、角川書店)、『おもろさうし』(外間守善・西郷信綱校注、日本思想大系、一九七二年、岩波書店)、『おもろさうし』全二巻(外間守善校注、岩波文庫、二〇〇〇年、岩波書店)。

参考文献 池宮正治『解説おもろさうし』(尚家本おもろさうし付録)、一九八〇、南西印刷出版部。村崎恭子・児島恭子・池宮正治編著『ユーカラ・おもろさうし』(新潮古典文学アルバム別巻)、一九九二、新潮社。高梨一美「おもろみひやし考―オモロの芸能的研究―」(『年刊芸能』八)、二〇〇三。

(高梨 一美)

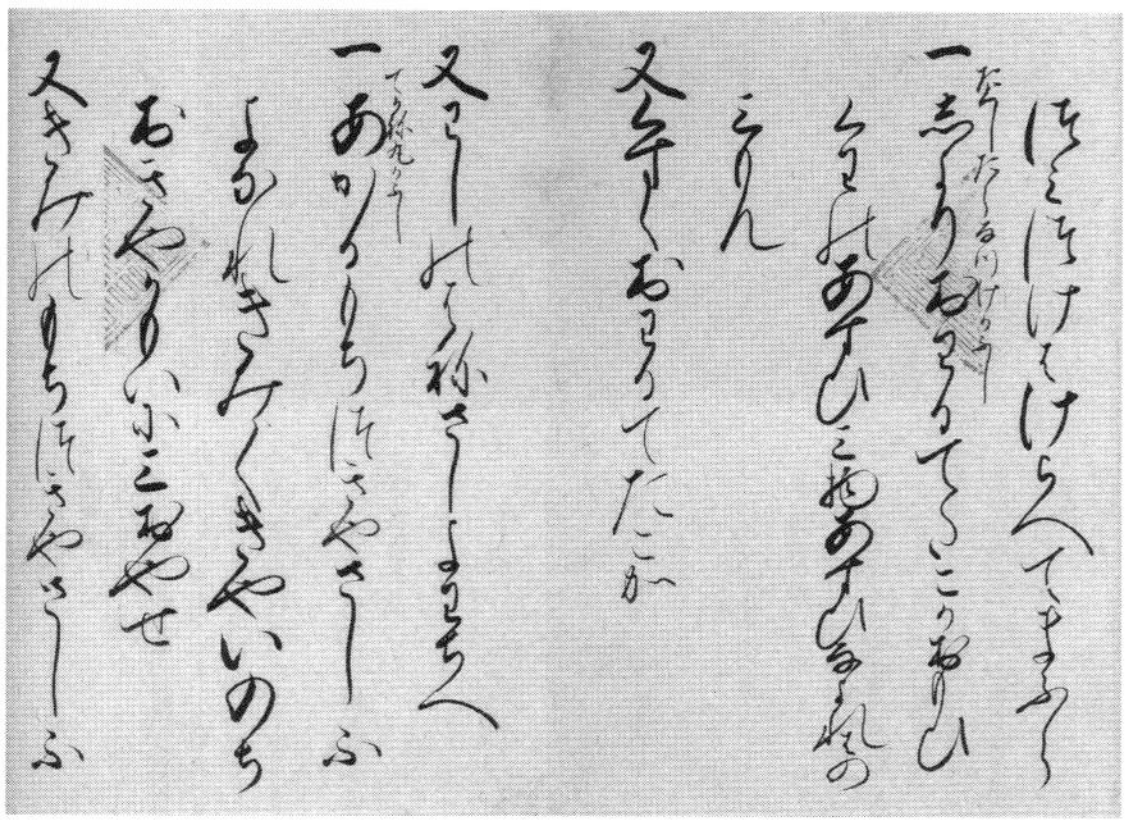

『おもろ双紙』巻十二

おやこしんじゅう 親子心中 ⇩母子心中《ぼししんじゅう》

おゆどののうえのにっき 御湯殿上日記 宮廷女官による公的日記。現在、文明九年(一四七七)―貞享《じょうきょう》四年(一六八七)が刊行され、宮内庁書陵部《しょりょうぶ》には江戸時代中期元禄年間(一六八八―一七〇四)までの断簡が保存されている。宮中の清涼殿《せいりょうでん》お湯殿の上の間を控え室にして、*女官(*典侍《ないしのすけ》・内侍《ないし》)らが書き綴った宿直日誌である。独特の*女房言葉を使い、皇太子勝仁《かつひと》親王の元服(一巻、文明十二年(一四八〇)十二月二十日)、後土御門《ごつちみかど》天皇の病床日記(三巻、明応八年(一四九九)四月―)、世間を騒がせた「官女流罪事件」(九巻、慶長十四年(一六〇九))など、その時々の出来事を記録している。また、後奈良天皇期(三巻、大永―弘治年間(一五二一―五八))には天皇領から入る年貢についての記述も相当詳しい。女官たちの職務として、年中行事への参加、神楽《かぐら》奉仕、湯殿奉仕、天皇の食事の世話、寺社代拝などがあり、大抵は*上臈《じょうろう》、典侍、内侍などがワンセットで交代制で職務をこなす。なお天皇自身が筆をとった部分もある。『続群書類従』補遺三所収。

参考文献 脇田晴子「宮廷女房と天皇―『お湯殿の上の日記』をめぐって―」(『日本中世女性史の研究―性別役割分担と母性・家政・性愛―』一九九二、東京大学出版会)。

(木村 洋子)

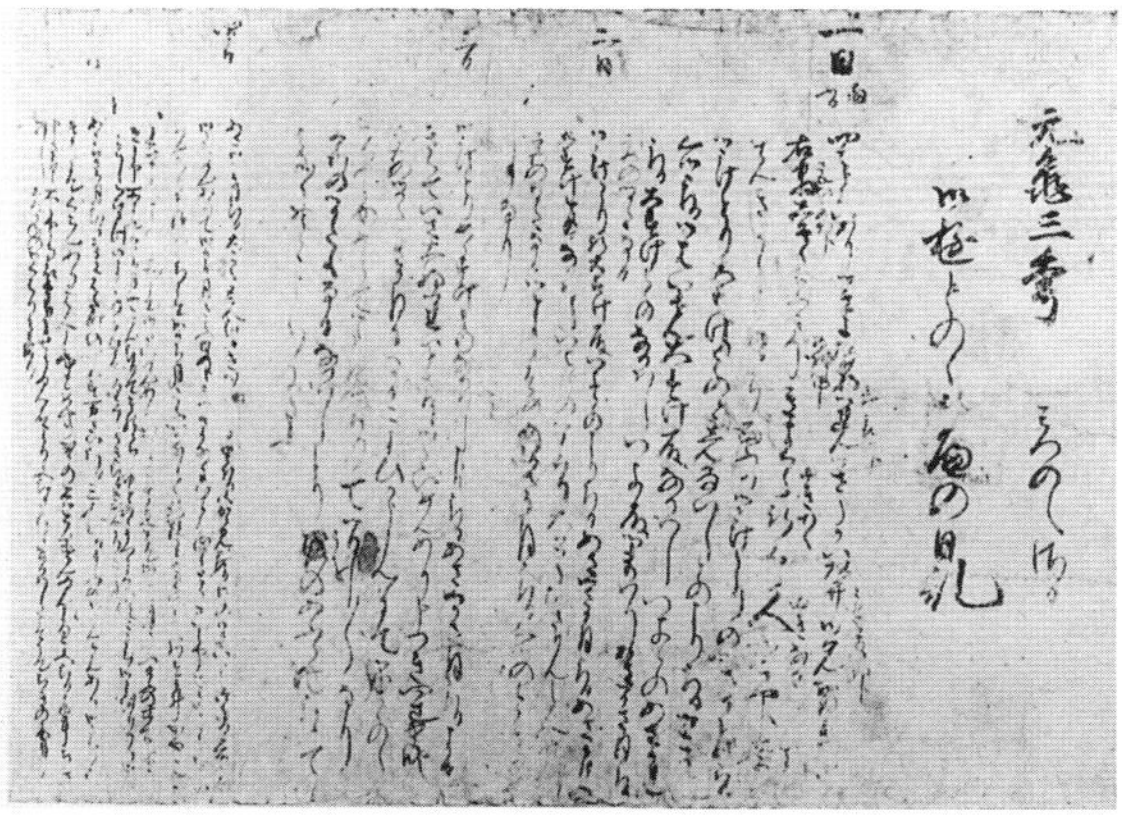

『御湯殿上日記』(正親町天皇宸筆)元亀３年正月条

おゆどののぎ 御湯殿儀 誕生当日から七日目までの朝夕、新生児に産湯《うぶゆ》を使わせる儀式。御浴殿儀とも書く。初回の儀を特に湯殿始《ゆどのはじめ》という。早くは延長元年(九二三)七月の朱雀《すざく》天皇誕生時に湯浴《ゆあ》みさせたことがみえる(『*御産部類記《ごさんぶるいき》』二所引『貞信公記《ていしんこうき》』)。儀式次第は、皇子の場合、庇《ひさし》の間などに据えた湯船に、吉方《えほう》で汲んだ水を沸かし注ぎ入れ、高僧が加持《かじ》を施す。そこに*女房に抱かれた皇子が、御剣《みはかし》・虎首《とらがしら》などを持つ女房に前行されて出御。御湯殿役と迎湯《むかえゆ》役の女房が沐浴《もくよく》させている間、庭中では文章博士《もんじょうはかせ》や大学頭《だいがくのかみ》ら儒者が『孝経《こうきょう》』『史記《しき》』等漢籍の一節を読み上げ(読書《とくしょ》)、後ろで五位・六位各十名が弓の弦を打ち鳴らし邪《じゃ》を払う(鳴弦《めいげん》)。皇女の場合は読書が省かれ、貴族の家でもこれに准じた儀式が営まれた。

参考文献 『御産部類記』。『紫式部日記』。『古事類苑』礼式部一。中村義雄『王朝の風俗と文学』(塙選書)、一九六二、塙書房。平間充子「平安時代の出産儀礼に関する一考察」(総合女性史研究会編『日本女性史論集』七、一九九八、吉川弘文館)。

(野田有紀子)

おゆらそうどう お由羅騒動 江戸時代末期の鹿児島藩の内訌《ないこう》。別名、高崎崩れ・嘉永朋党《かえいほうとう》崩れともいう。二十六代藩主島津重豪《しまづしげひで》期から続く財政圧迫に対し、二十七代斉興《なりおき》は側用人《そばようにん》調所広郷《ずしょひろさと》を起用、藩政改革を断行した。弘化元年(一八四四)からの琉球《りゅうきゅう》事件の処理に端を発した国際的危機の解決法をめぐり、斉興・調所と斉興嫡子《ちゃくし》斉彬《なりあきら》が対立した。その背景には、斉彬の*家督《かとく》相続の遅れもあった。両者の対立は、斉彬の子供の相つぐ夭死《ようし》と斉興側室お由羅《ゆら》の方(岡田氏、お遊羅・お由良とも書く、三田四国町《こくまち》の大工の娘とも両国の船宿の娘ともいう)が所生の忠教《ただゆき》(のちの久光《ひさみつ》)の襲封《しゅうほう》を企《くわだ》てたことも絡み、激化した。町奉行物頭勤近藤隆左衛門《まちぶぎょうものがしらづとめこんどうりゅうざえもん》・町奉行鉄砲奉行勤山田一郎《やまだいちろう》左衛門《ざえもん》清安《せいあん》・舟奉行家老座書役勤奥掛高崎五郎右衛門《ふなぶぎょうかろうざしょやくつとめおくかかりたかさきごろうえもん》(温恭《はるたか》)らが首謀者となり、斉彬襲封を企てたが発覚、嘉永《かえい》二年(一八四九)十二月、藩は近藤ら六人に自刃を命じ、四十数名を処刑した。しかし脱藩者が筑前藩《ちくぜんはん》に訴えたことから諸侯が善後策を講じ、老中阿部正弘《あべまさひろ》によって斉興の隠居、同四年二月に斉彬襲封が実現した。

参考文献 『鹿児島県史』二、一九六七。北島正元編『御家騒動(新版)』下、一九七〇、新人物往来社。原口泉他『鹿児島県の歴史』(県史四六)、一九九九、山川出版社。

(神田　裕理)

おりじょこう　織女工　近世以降、絹織物を商品として生産するために雇われた女性を「織女工」と呼んだ。近代の紡績にたずさわる「紡績女工」に対する用語である。十八世紀に入るころ、農家の女たちが生産した繊維製品が都市で二次加工され、全国に流通するようになった。十八世紀後半、西陣《にしじん》の高機《たかばた》技術が上野国《こうずけ》桐生《きりゅう》に導入され、多数の絹物織屋ができた。織屋には十代前半から後半の少女が雇われ、織屋の家に同居して働いた。その稼ぎは、中程度の技術をもつ者で一年に三両(米三石ほど)前後で、農作業に雇われた男子の稼ぎよりも幾分多かった。綿織物を商品として生産するために雇われた女性は「機織下女《はたおりげじょ》」と呼ばれた。尾張《おわり》国では寛政《かんせい》三年(一七九一)成人女性一人ずつに「綿布役銀《めんぷやくぎん》」という税金が課されたが、それは女性の生産する綿織物が商品化されていたことが前提となる。資金のある家では織機《しょっき》を備え、妻や娘のほかに他家の少女を雇い入れて織らせた。近隣の村あるいは隣の美濃《みの》国から十代前半の少女が雇われ、二十歳ごろまで働いた。雇い入れの時、親から「年季証文《ねんきしょうもん》」を取り、契約金を親に渡し、長年季無給で働く約束をさせた。

参考文献 総合女性史研究会編『日本女性の歴史―女のはたらき―』(角川選書)、一九九三、角川書店。浅野美和子「近世尾西地方の女たち(二)―労働と生活―」(『ジェンダーの形成と越境―女と男の近世・近代―』二〇〇三、桂文庫)。

(浅野美和子)

おりたステ　織田ステ　一九〇一？―九三　大正・昭和時代の農家。晩年はアイヌ語およびアイヌの神事・口承文芸・生活文化などについて後進を指導し研究者に協力したことで知られる。ステは戸籍名、自称はステノ。北海道静内《しずない》地方に生まれ育ち、十代から叔父らとともに静内村内で農業に従事した。第二次世界大戦後は農地を得て経営の中核を担い、地域社会でも積極的に活動した。一九七〇年代以降は経営の一線を徐々に退き、白老町《しらおいちょう》のアイヌ民族博物館や静内町教育委員会などの業務に従事・協力した。

参考文献 静内町教育委員会編『静内地方の伝承―織田ステノの口承文芸―』、一九九一―九五。

(奥田　統己)

おりや　織屋　⇩木綿織屋《もめんおりや》

おろす　おろす　⇩堕胎《だたい》

おんいせい　蔭位制　古代において、朝廷《ちょうてい》における父祖の地位に准じて子孫に位階を授与する制度。*律令制《りつりょうせい》では選叙令《せんじょりょう》に叙法《じょほう》がみられ、蔭位制の適用範囲は皇親と三位以上の子孫、内外《ないげ》五位以上の子と高等帯勲《たいくん》者の子であり、親王《しんのう》の子には従四位下、諸王の子には従五位下、一位官人*嫡子《ちゃくし》には従五位下、*庶子《しょし》には正六位上、次第に降下して従五位官人庶子には従八位下を授与した。また、贈《ぞう》位《い》は一階降下して叙すこと、父の蔭位と祖父の蔭位など二種類以上あれば高い方を授けること、蔭位を授与するのは二十一歳以上とすることなどが定められている。蔭位制の創始は、『浄御原令《きよみはらりょう》』までその存在が確認できないこと、藤原不比等《ふじわらのふひと》が大宝《たいほう》元年(七〇一)の武智麻呂《むちまろ》に対する蔭位授与について、「今国家新制ニ法令一、故依レ例賜ニ爵此児一」(『藤氏家伝《とうしかでん》』)と述べていることなどから、『大宝令《たいほうりょう》』であったと見られる。日本の蔭位制は唐《とう》の資蔭《しいん》制《せい》に倣《なら》って制定されたものであるが、唐制と比べると、唐制では三品以上は曾孫《そうそん》に、五品以上は孫に及ぶのに対し、日本では三位以上は孫に、五位以上は子に及ぶとして、蔭叙《おんじょ》範囲を一世代縮小している。唐では嫡・庶の別はないのに、日本の蔭位制では嫡・庶の別を設けている。唐の秀才以下の科挙《かきょ》制による第階をほぼ同等に継受《けいじゅ》したのに、日本では上位者の蔭階《おんかい》が著《いちじる》しく高くなっている、などの差異がある。延暦《えんりゃく》十四年(七九五)に二十一歳時に蔭位を即叙《そくじょ》することが徹底され、延暦十九年に四位官人孫への蔭位が定められて、諸臣の蔭位授与範囲が拡大する。さらに『延喜式《えんぎしき》』式部省《しきぶしょう》では、大臣の曾孫への蔭位が規定されている。従来、蔭位制が高位官人子孫の有利な地位を確保する制度であることから、古来の有力氏族の地位を再生産するために創設されたものとして理解されてきた。だが、八世紀の高位官人の氏族構成と九世紀以降では*系譜《けいふ》的に断絶があること、蔭位制は律令位階制の構成要素の一つとして把握すべきことなどから、むしろ蔭位制が果たしたのは天皇を中心とした位階体系に基づく身分秩序の維持・継承であったと見るべきだろう。

参考文献 牧英正「資蔭考」(『大阪市立大学法学雑誌』二ノ一)、一九五五。野村忠夫『律令官人制の研究(増訂版)』、一九七〇、吉川弘文館。仁藤敦史「蔭位授与制度の変遷について」(『歴史学研究』五九二)、一九八九。尾崎陽美「律令官人制における蔭位制の本質」(『日本史研究』四一八)、一九九七。

(尾崎　陽美)

おんぎょく　音曲　基本的には「音楽」を意味するが、特に*歌舞伎などで音楽的要素のみを区別する場合、また通俗的な*三味線《しゃみせん》音楽などをいう。江戸時代の音曲は、町人文化の中で、語り物としての*浄瑠璃《じょうるり》、唄物《うたもの》としての地《じ》唄《うた》・長唄《ながうた》などがめざましい発展を遂げた。黄表紙『*浮世《うきよ》風呂《ぶろ》』や長唄「手習子《てならいこ》」にあるように、琴・三味線・踊りは町家の娘たちの必須習得事項であり、これらを教える音曲の師匠は、江戸の女性の生業の一つとして盛んになった。

参考文献　吉川英史「江戸時代の音曲」(西山松之助他『江戸時代「生活・文化」総覧』一九九二、新人物往来社)。

(藤野　泰子)

おんだかずこ　恩田和子　一八九三—一九七三　大正・昭和時代の女性記者、女性運動家。一八九三年(明治二十六)十一月一日、茨城県真壁《まかべ》郡(桜川市)で恩田頼之助《よりのすけ》・さいの長女に生まれる。一九一三年(大正二)*日本女子大学校教育学部文科を卒業。『読売新聞』記者を経て、一九一七年『大阪朝日新聞』社会部記者となる。関西では女性記者の草分け的存在。一九一九年大阪朝日新聞社主催の婦人会関西連合大会(*全関西婦人連合会《ぜんかんさいふじんれんごうかい》の前身)の開催に尽力。同会は三百万の会員を有し、一九二七年(昭和二)大阪朝日新聞社から組織的に独立、恩田が理事長を務め、四一年まで大会を開催。全関西婦人連合会は婦選獲得共同委員会に参加、*婦選獲得同盟と協力して、婦選請願署名運動を展開した。恩田は*新婦人協会会員でもあり、戦時下には*大日本婦人会理事となった。四四年陸軍報道班嘱託《しょくたく》として中国華北《かほく》地方へ。敗戦後の四六年日本主婦の会を創立、会長を務めた。一九四八年朝日新聞を定年退職、社史編修室嘱託となり、関西で暮らし、七三年七十九歳で死去。

参考文献　藤目ゆき『性の歴史学—公娼制度・堕胎罪体制から売春防止法・優生保護法体制へ—』、一九九七、不二出版。石月静恵『戦間期の女性運動(新装版)』、二〇〇一、東方出版。

(石月　静恵)

おんちトミ　恩地トミ　?—一九〇三　天誅組《てんちゅうぐみ》の首領中《なか》山忠光《やまただみつ》の側女。登美《とみ》とも書く。嘉永《かえい》四年(一八五一)ごろ生まれる。文久三年(一八六三)尊攘派が元侍従《じじゅう》忠光を擁《よう》し大和で挙兵した(天誅組の乱)が失敗、忠光は長門《ながと》に逃れかくまわれた。その地で忠光の側女として選ばれたのが、下関《しものせき》赤間町の船宿恩地与兵衛・チセの娘トミであった。元治元年(一八六四)忠光は暗殺される。この時トミは妊娠中で、翌慶応元年(一八六五)に女児南加(仲子とも)を出産。その後住居を転々とし苦労を重ねたが、南加は六歳の時中山家に引き取られ、十九歳で嵯峨公勝《さがきんとう》と結婚。トミは乳母として屋敷内の長屋に住んだという。トミの曾孫浩《ひろ》は愛新覚羅溥傑《あいしんかくらふけつ》の妻である。

参考文献　吉見良三『天誅組紀行』、一九九三、人文書院。楠戸義昭・岩尾光代『続維新の妻』、一九九三、毎日新聞社。

(椙山　聖子)

おんなあしがる　女足軽　足軽とはゲリラ戦術に秀でた身分の低い兵士のことであり、応仁・文明の乱の際、その活躍が注目された。大永《だいえい》四年(一五二四)に作成された『真如堂縁起絵巻《しんにょどうえんぎえまき》』に描かれた人物を女足軽ではないかという説もあるが、異論も出されている。女足軽がいたかどうかはまだ判明していない。当時の社会で、女性が兵士として活動することが、許容されるかどうかが、女足軽の存否の決め手となる。

参考文献　瀬田勝哉「足軽—精鋭集団と寄せ集め集団—」(井上勲他編『見る・読む・わかる日本の歴史』二、一九九三、朝日新聞社)。海老澤美基「戦争と女性—中世後期大和の場合—」(黒田弘子・長野ひろ子編『エスニシティ・ジェンダーからみる日本の歴史』二〇〇二、吉川弘文館)。

(海老澤美基)

おんないしゃ　女医師　産婦人科の医療に携わる専門家のこと。医疾令《いしつりょう》には十五歳から二十五歳の官戸婢《かんこひ》を*女医《じょい》として採用し、安胎産難創腫傷折針灸《あんたいさんなんそうしゅしょうせつしんきゅう》を教えるとあるが、近世の女医師は男性が中心であった。婦人病の治療と称して*堕胎《だたい》をもっぱらとする者があり、天保十三年(一八四二)十一月、幕府は江戸市中へ女医師による堕胎の禁令を出している。女医師の療治は、出療治《でりょうじ》と宅預《たくあず》かりがあり、指薬《さしぐすり》あるいは煎薬《せんやく》を処方し、自宅に妊婦を七日間ほど預り堕胎をさせ、胎児《たいじ》を寺に葬ることまで請け負って、一両二歩程度の代金を取っていたという。「月水早流《げっすいそうりゅう》」の看板を出したり、引札張紙《ひきふだはりがみ》等の広告を出して手広い商売をした者もあった。同年六月の加賀町《かがちょう》名主からの届書には十八名の女医師の名前が載せられている。女性ではないかと推測される名前もみられる。巷間《こうかん》、中条《ちゅうじょう》が堕胎医の代名詞として揶揄《やゆ》されたのはこの者たちが*中条流を名乗ったからである。不義による秘密の療治がほとんどで、その日稼ぎの貧乏人が多子に悩んで夫婦相談の上療治を受ける例は少ないため、法外の治療代がまかり通る。しかし、難産に際して母体を救うための堕胎や本来の*血《ち》の道《みち》治療にさしつかえが出るので女医師自体を禁止することはできないというのが為政者の認識であった。

参考文献　『古事類苑』方技部一〇。東京大学史料編纂所編『市中取締類集』一(大日本近世史料)、一九九九、東京大学出版会。

(桜井　由幾)

おんないちざ　女一座　*女歌舞伎・女軽業《おんなかるわざ》・女講釈《おんなこうしゃく》など、女性を構成員とする芸能グループのこと。リーダーである座長は女性であっても、マネージャー役や裏方、地方《じかた》や囃子《はやし》などは、男性が担当しているものが多く、女性のみの集団というのは少なかったようである。江戸幕府は基本的に女芸人を禁止していたが、このような女芸能者たちは、巡業を中心に活動し、評判もとり、近代に至るまで人気を博した。

参考文献　近世女性史研究会編『江戸時代の女性たち』、一九九〇、吉川弘文館。

(藤野　泰子)

おんないまがわみさおかがみ　女今川操鑑　江戸時代の*女訓書《じょくんしょ》の中で、「*女大学《おんなだいがく》」と並んで普及した「女今川」系列の一つ。今川貞世《さだよ》(了俊《りょうしゅん》)が猶子《ゆうし》仲秋《なかあき》に宛てて記した道徳の書『今川状《いまがわじょう》』に倣《なら》って女子用に書き著わしたものが『女今川』であり、制詞全二十三ヵ条と末文とからなっている。「天保十五年新板」の本書は、『女今川』を本文部分とし、頭書《かしらがき》の部分には、時代を反映させるかのように手習・縫物・*洗濯・文字の由来・衣料生産など女性として身につけておくべきものとされた知識や技術が記されている。

参考文献 菅野則子「女へのいましめを説く」(西村汎子他編『文学にみる日本女性の歴史』二〇〇〇、吉川弘文館)。 (菅野 則子)

おんなえ 女絵 平安時代中期の絵画用語。『*蜻蛉《かげろう》日記』を初出とし、『*枕草子』『*源氏物語』など物語や日記に散見する。遺品は現存しないが文献上の記述によれば、貴族の男女を家屋とその周辺部に配し、庭先の景物とともに描く、一定の型を持つ小品画《しょうひんが》であったと推定される。女性みずからが筆をとってその制作に関与した可能性もある。また、画中の男女を恋物語の主人公と見立てての観賞方法は、物語創作の機縁《きえん》ともなったと考えられ、女絵の型は、『*源氏物語絵巻』に代表されるような物語絵の画面構成や表現に継承されていった。なお、男絵《おとこえ》という用語は、女絵に比べ初出が遅れ、用例も少なく語義も明確とはいいがたいため、「女絵」の対語として当初から用いられていたとは考えられない。

参考文献 池田忍「王朝「物語絵」の成立をめぐって—「女絵」系物語絵の伝統を考える—」(『史論』三七、一九八四)。同「王朝絵画の制作と享受—表象と主体の構築におけるジェンダー—」(『国文学解釈と教材の研究』四五ノ一四、二〇〇〇)。川名淳子『物語世界における絵画的領域—平安文学の表現方法—』、二〇〇五、ブリュッケ。 (池田 忍)

おんなえし 女絵師 前近代における女性の画家。少なくとも十世紀初頭以降、女性は芸術の創作に関わってきたが、近代以前にその数が激増したのは江戸時代である。それは、江戸時代に入ってからの広範な教育の普及による。教育のある女性は芸術への手ほどきを受け、適切な訓練を受ける機会が多くなったからである。また、新儒教には一枚岩的な思想体系ではなく、才能と強い意思を持った女性はある程度の自由を楽しむ余地はあった。江戸時代以前は芸術に関心を持つ女性は主として名門の出だったが、江戸時代には社会のさまざまな層から女性芸術家が出現した。狩野派《かのうは》、土佐派《とさは》、琳派《りんぱ》、円山《まるやま》・四条派《しじょうは》、文人画《ぶんじんが》、*浮世絵《うきよえ》など、主要な流派のほとんどで女性が活躍しており、花鳥画《かちょうが》、山水画《さんすいが》、墨竹《ぼくちく》、墨梅《ぼくばい》はもとより、古典物語の場面や仏像、仙人図、歴史上の人物、*遊女、*歌舞伎役者、肖像画など、さまざまな絵を描いた。西洋の場合と同様、女絵師は有名な絵師の娘や妻であることが多かった。また女性芸術家を多く輩出したのは、中国の文人文化の研究に熱心に取り組んだ知識人階級である。幕府の新儒教の支持により中国の文人思想が広まり、日本社会の広範囲な層で素人絵《しろうとえ》が描かれるようになった。これは詩歌や書と同じく、教養人のたしなみの一つと見なされた。中国では女性が絵筆を持つことが奨励《しょうれい》されたが、同じ現象が日本でも起り、著名な文人の妻、姉妹、娘、知人は、新しく入ってきた中国の様式で絵を描き始めた。江戸時代の末には芸術家や学者の家柄の出ではない女性文人が数多く活躍するようになり、またそれが同輩から高い評価を受け、文学界でも美術界でも重要な存在と見られていた。

参考文献 安村敏信編『江戸の閨秀画家』(特別展図録)、一九九一、板橋区立美術館。パトリシア＝フィスター「近世の女流画家たち」(林玲子編『女性の近世』一九九三、中央公論社)。同『近世の女性画家たち—美術とジェンダー—』、一九九四、思文閣出版。同「百花繚乱—近世女性画家たち—」(草薙奈津子監修『女性画家の全貌。—疾走する美のアスリートたち』二〇〇三、美術年鑑社)。 (パトリシア＝フィスター)

おんなおしだし 女押し出し 足尾《あしお》銅山《どうざん》鉱毒被害地の住民女性による鉱業停止請願行動。一八七七年(明治十)以降顕在化《けんざいか》した鉱毒問題に対し、被害民は損害賠償と予防を要求する請願書をたびたび提出したが、一八九七年三月には押し出しと称して徒歩行進で集団上京し、政府に直接救済を訴える行動を開始した。被害は改善されず、押し出しには弾圧が加えられたにもかかわらず、一九〇二年二月から三月にかけて女性たち自身が押し出しの行動にでる。前年十二月には田中正造《たなかしょうぞう》の天皇直訴《じきそ》があった。参加者は数名から十七、八名で、大半が五十歳以上の*主婦であったが、なかには子どもを連れた者もいた。上京の途中では野宿も厭《いと》わず、また、運動の長期化を見すえ活動拠点として東京に一戸を借りるなど、生活をかけたねばり強い闘いとなった。足尾鉱毒事件と女性たちのかかわりについては救援活動を除いて不明な点が多いが、女性たちが果たした役割は大きかった。

参考文献 松本英子『鉱毒地の惨状』一(女性のみた近代一二)、二〇〇〇、ゆまに書房。井手文子「足尾鉱毒問題と女性」(『田中正造とその時代』三)、一九八二。田村紀雄「明治三五年の鉱毒地婦人による『押出し』」(同)。 (奥田 和美)

おんなかがみひでんしょ 女鏡秘伝書 江戸時代前期の代表的な*女訓書《じょくんしょ》(*仮名草子)。野田弥兵衛《のだやへえ》作か。三巻。慶安三年(一六五〇)刊。序文によれば夫婦和合《わごう》の書であり、朝晩見る鏡のように座右《ざゆう》の書とせよと諭《さと》す。上巻三十四項は女性の教養や衣裳・*化粧等の心得、中巻三十五項は書札礼《しょさつれい》と婚礼全般、下巻五十一項は産前・産後の心得、通過儀礼、食礼、養生《ようじょう》について述べる。女性に必要な教養全般を詳述した先駆的な刊本であり、近世最初の体系的な女性書札礼を含む点でも重要である。テキストは『仮名草子集成』一〇(朝倉治彦他編、一九八九年、東京堂出版)、『往来物大系』八三(一九九四年、大空社)。 (小泉 吉永)

おんなかくん　女家訓　中江藤樹《なかえとうじゅ》作『鑑草《かがみぐさ》』を平易かつ簡潔に書き改めた絵入りの*女訓書《じょくんしょ》。保井怒庵《やすいじょあん》作。西川祐《にしかわすけ》信《のぶ》画。三巻。天和《てんな》三年(一六八三)作。享保《きょうほう》十四年(一七二九)刊。幸福な一生を送るために、『鑑草』に示された八条目(孝逆・守節・不嫉・教子・慈残・仁虐・淑睦・廉貧)に即した生き方を諭《さと》す。『鑑草』所収の説話から各条目ごとに一話ずつ抄出して、『鑑草』同様の寸評で結ぶ。また、孝徳・婦順・*貞節《ていせつ》・*嫉妬《しっと》・養育など十一葉の挿絵を掲げる。テキストは『日本教育文庫』女訓篇(黒川真道編、一九七七年、日本図書センター)、『江戸時代女性文庫』三九(一九九五年、大空社)。　(小泉　吉永)

おんなかじゃ　女冠者　冠者とは、無冠の若者を意味する。後白河院《ごしらかわいん》が編纂《へんさん》した*今様《いまよう》集である『*梁塵秘抄《りょうじんひしょう》』に「このごろ都に流行《はや》る物」として女冠者が挙げられている。この時期の流行の風俗である。列挙された「薙刀《なぎなた》持たぬ尼ぞなき」から、武装した女性とも解釈されるが、同じく列挙された「しほゆき、近江女」を*遊女とし、女冠者も同様のものとする説もある。

参考文献　細川涼一『平家物語の女たち―大力・尼・白拍子―』(講談社現代新書)、一九九八、講談社。渡邊昭五『梁塵秘抄にみる中世の黎明』、二〇〇四、岩田書店。　(海老澤美基)

おんなかぶき　女歌舞伎　江戸時代初期に興った「かぶき踊り」をはじめとする*女性芸能者の演ずる芸能。慶長八年(一六〇三)春、北野天満宮で、*出雲阿国《いずものおくに》なる女芸能者が、それまでとはいっぷう変わった舞台を披露《ひろう》した。*男装に身を拵《こしら》え、道化役を従えて、女装した男の扮《ふん》する*遊女と戯《たわむ》れる「茶屋遊び」と舶来品《はくらいひん》を身に纏《まと》い、当時大名や豪商等ブルジョワ階級の子弟が好んだ豪奢で前衛的な風俗である「かぶき風」にちなんで、「かぶき踊り」と呼ばれた。大評判になったかぶき踊りは、*女院御所《にょいんごしょ》や公家屋敷にも召され、阿国を真似て、女性スター中心の一座がつぎつぎと出現した。すでに能や曲舞《くせまい》の興行をして

女歌舞伎(「洛中洛外図屛風」舟木本より)

いた遊女屋もこれに参入する。これらを女歌舞伎(妓)と称するが、遊女ではない女歌舞伎も一方で売色行為をしており、興行の場での喧嘩沙汰《けんかざた》の多発などを理由にたびたび禁令が出され、寛永六年(一六二九)、すべての女芸・男女混合の興行が、全国的に禁制とされた。

参考文献　『三田村鳶魚全集』一二、一九七六、中央公論社。鳥越文蔵他編『歌舞伎の歴史』一(岩波講座歌舞伎・文楽二)、一九九七、岩波書店。　(藤野　泰子)

おんなかみゆい　女髪結　近世末期に成立した女性の生業の一つ。明治から昭和初期にかけては「髪結さん」「おしょ(御師匠さん)」と称され、女の職業として続いていた。顧客の注文によりさまざまな髪型を結い上げたが、手間賃《てまちん》は手間の時間と結い手の技術の優劣によって決まった。前近代の社会では、女は自分の髪は自分で結うものとされ、子供のころは母や姉たちに結ってもらうこと

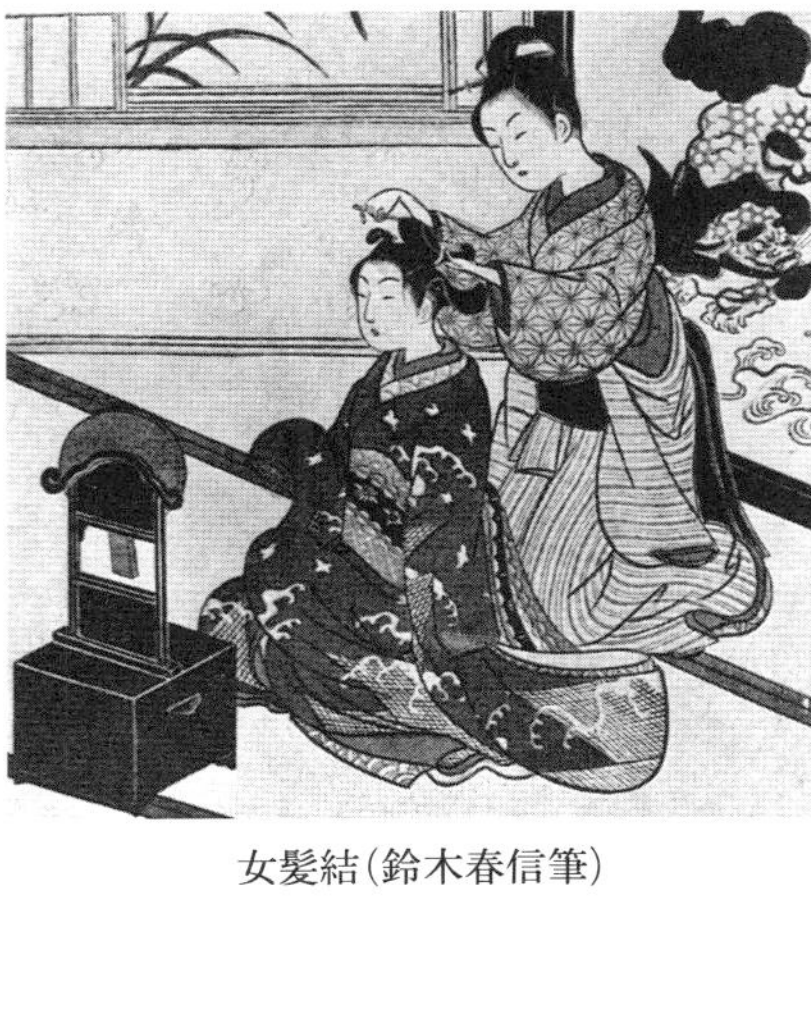

女髪結(鈴木春信筆)

が原則であった。寛政改革では、女髪結禁止の条項があり、このころ以前に生業《なりわい》としている者がいることがわかる。安永《あんえい》二年(一七七三)の書物に「当世はやりの」とみえていることから明和《めいわ》年間(一七六四―七二)くらいには流行していたとみることができる。寛政改革の後の化政《かせい》期(一八〇四―三〇)には規制はゆるんだが、天保改革の際再び禁止となった。しかし、明治維新後は、女の細腕で稼ぐことができる職業として続けられ、和装の髪型の少なくなるなかで消えていった。

参考文献　山東京山『蜘蛛の糸巻』(日本随筆大成二ノ七)。　(中村　文)

おんなきょうくんぶんしょう　女教訓文章　中江藤樹《なかえとうじゅ》作『鑑草《かがみぐさ》』八章の根本理念を平易な仮名文で綴《つづ》った女《おんな》筆手本。*居初津奈《いそめつな》作・書・画。二巻。元禄七年(一六九四)刊。上巻首題に「鏡にむかひてあしき所をなをし、よきを猶《なお》いつくしくす女の本心明らかなるべき教訓」と記し、上巻に「孝逆之教」「守節背夫の教」「不嫉妬毒の教」「教子のをしへ」「慈残のをしへ」の五章、下巻に「仁虐のをしへ」「淑睦の教」「廉貪の教」の三章を載せる。『鑑草』の主旨を略述して、津奈自筆の挿絵を掲げる。テキストは『往来物大系』八二(一九九四年、大空社)、『江戸時代女性文

庫』補遺二(一九九九年、大空社)。（小泉　吉永）

おんなきょうげん　女狂言　⇩聟《むこ》・女狂言《おんなきょうげん》

おんなくじ　女公事　鎌倉時代後期にできた『*沙石集《しゃせきしゅう》』という説話集の中に、あまりに貪欲《どんよく》で妻子に対してさえ食べ物を十分に与えない夫に腹を立てたその妻が、*地頭のところへ離別を申し立てたところ、地頭も同情してこの訴えを認めた上で「女公事許《ばか》りして、男の公事はゆりにけり」つまり、女公事さえ勤めれば、男公事は勤めないで良いとの裁きを下したという話が残されているから、中世では公事が男女双方を対象に賦課《ふか》されていたことが確かめられる。この場合の「公事」とは、課役のことで、年貢と並ぶ課税の一種であるから、男の勤める中心的な課税に並んで女の勤める課税があったことを物語っている。『沙石集』には、これと似た話がもう一話載せられているが、傍例がきわめて少ないために、「女公事」の実体はいまのところ必ずしも明らかではない。公事を勤める男を「器量《きりょう》の仁《じん》」としたのに対し、女を「非器《ひき》」の存在と見る表現があるところからすれば、女性は公事を勤めないというのがむしろ一般的といえるからである。鎌倉時代後期の阿弖川庄《あてがわのしょう》の地頭の横暴に際しても、麦まきの公事を地頭から命じられたのは百姓である男であり、女たちではなかったことも、その傍証となる。そこで、現在、次の二つの説が示されている。一つは、上の説話のように、女性が*離婚したり、夫に先立たれた場合には、女性自身が*寡婦《かふ》として女主《おんなあるじ》の立場を守らなければならないが、そのためには、村(共同体)メンバーとしての勤めをみずから果たさなければならない。その時、寡婦が勤めた公事を女公事といったという説である。もう一つは、男たちが勤める労働とは別に、女たちには*機織《はたお》りその他の労働があったことは明らかだから、そうした女性労働を対象とした公事だという説である。詳しくは、今後の研究課題である。なお、江戸時代になると、「御奉行の笑ひを見たる女公事」という*川柳《せんりゅう》のように、女性の提起する訴訟《そしょう》=公事のように考えられるようになった。

参考文献　西村汎子「説話に見る庶民の生活」(総合女性史研究会編『史料にみる日本女性のあゆみ』二〇〇〇、吉川弘文館)。黒田弘子『女性から見た中世社会と法』、二〇〇三、校倉書房。（鈴木　国弘）

おんなくせまい　女曲舞　鎌倉時代末期から流行した舞曲の名称。曲舞には、女・男・稚児《ちご》の曲舞があったが、女曲舞は特に流行した。世阿弥《ぜあみ》は著書『五音《ごおん》』に、当時の専門の大和《やまと》の曲舞には五つの流派があったが、今は女曲舞の賀歌《がか》の流派しかなく、それは南都の女曲舞の名人、*百万《ひゃくまん》の末であり、亡父観阿弥《かんなみ》はこの流義を伝えている乙鶴《おとづる》から習って、能楽《のうがく》に節曲舞を入れたと書き、祇園会《ぎおんのえ》の景物に出る曲舞車《くせまいぐるま》もこの家から出ることを伝えている。また、能楽『百万』で、わが子を失って狂い歩き、乞食《こつじき》に施行《せぎょう》して車を引き、曲舞を舞い、ついにわが子に巡り会う百万を描き、『山姥《やまんば》』で*山姥の曲舞を作って謡《うた》い、都で流行して百万山姥と呼ばれた女曲舞の名人百万を描いているが、もちろん世阿弥の虚構である。とはいえ念仏踊りなど、当時の女曲舞の雰囲気を伝えている。阿国の念仏踊りもそれを踏まえたものであろう。さて江戸時代には、曲舞は、*幸若舞《こうわかまい》と京都の大頭舞《おおがしらまい》が勢力を二分したが、大頭舞に入るらしい女舞笠屋三勝《かさやのさんかつ》・桐屋大蔵《きりやのおおくら》などがいた。明治時代には、帝劇女優の*森律子《もりりつこ》が桐大内蔵《きりおおくら》、村田嘉久子《むらたかくこ》が桐長桐《きりちょうぎり》を襲名した。

参考文献　脇田晴子『女性芸能の源流』(角川選書)、二〇〇一、角川書店。（脇田　晴子）

おんなけんげき　女剣劇　女を主役にした大衆演劇。女剣戟とも書く。一九三〇年(昭和五)ころのエログロナンセンスの時代に*男装した女が男をバッタバッタと斬《き》りまくるのが受け、人気絶頂の不二洋子《ふじようこ》の舞台を『都《みやこ》新聞』の演劇記者が「女剣劇」と名づけたのがはじめ。大江美《おおえみ》智子《ちこ》は初代・二代目がともに活躍。戦時中は影を潜めたが、一九五〇年ころから復活。浅香光代《あさかみつよ》・中野弘子《なかのひろこ》らも加わり全国に女剣劇の座長が五十人はいるといわれたが、肌を露出したエロを売り物にする者もあり、次第にあきられた。

参考文献　大江美智子『女の花道』、一九八二、講談社。森秀男『夢まぼろし女剣劇』、一九九二、筑摩書房。（江刺　昭子）

おんなこうきょう　女孝経　唐の侯莫陳邈《こうばくちんばく》の妻鄭氏《ていし》による*女訓書《じょくんしょ》。一巻。その冒頭に付される「女孝経を進むる表」によれば、永王璘《えいおうりん》の妃となった姪《めい》女のために鄭氏が編んだものという。儒家の経典である『孝経』が孔子とその弟子曾子《そうし》との対話形式で記述されるのに倣《なら》って、曹《そう》大家《たいこ》(『*女誡《じょかい》』の作者である後漢の班昭《はんしょう》)と諸女との対話形式を採り、孝を中心に*婦人の心得を具体的に記述する。后妃・夫人・邦君《ほうくん》・庶人という身分に応じて婦徳を説くこと、またいわゆる「*女四書《おんなししょ》」(『女誡』『女論語《おんなろんご》』『内訓《ないくん》』『女範捷録《じょはんしょうろく》』)では触れられていない「*七出《しちしゅつ》」(夫側から妻への一方的な七つの*離婚要件、夫家側の優位を示すもの)を明記していることなどにその特徴がある。中国では「女四書」に含まれない『女孝経』だが、日本では明暦《めいれき》二年(一六五六)に辻原元甫《つじはらげんぽ》が『女範捷録』に代えて『女孝経』を収める形で、仮名によって大意を和訳した諺解《げんかい》本『女四書』を刊行しており、「女四書」の一つに数えられている。明の黄治徴《こうちちょう》による『新鐫図像鄭氏女孝経句解《しんせんとしょうていしおんなこうきょうくかい》』(万暦《ばんれき》十八年序刊本)や『津逮秘書《しんたいひしょ》』所収本(明、汲古閣本)などが伝わる。

参考文献　筧久美子「中国の女訓と日本の女訓」(女性史総合研究会編『日本女性史』三、一九八二、東京大学出版会)。山崎純一『女四書・新婦譜三部書全釈』、二〇〇二、明治書院。（林　香奈）

おんなこうふ　女坑夫　かつて金属鉱山や炭鉱で坑内労働に従事した女性労働者の称。一九四七年(昭和二十二)制定・施行された*労働基準法の*母性保護条項に反するものとして消滅。金属鉱山・炭鉱の坑内労働は危険で苛《か》酷《こく》な重筋肉労働である。そのため労働者の確保に困難をきたし、三池炭鉱《みいけたんこう》のように囚人労働に依存したところもあった。鉱山・炭鉱は労働現場が苛酷なだけでなく、生活全般を暴力的に統制・管理する納屋《なや》制度・飯場《はんば》制度・世話役制度をとったところで、敗戦後の労働組合のたたかいの目標となった。こうした所でも女性は古くから働いていた。女坑夫は金属鉱山より炭鉱に多く、地域的には筑豊《ちくほう》地方の炭鉱が多かった。筑豊の炭鉱には近隣の被差別部落から通う者、一家あげて流入した者もあり、女坑夫はこの中から生まれた。女坑夫がもっとも多くなったのは一九一九年(大正八)、第一次世界大戦の好況期で、金属鉱山・炭鉱合わせて十一万千八百四十九人の女性労働者が働いていた。このうち九万五千二百八十三人が炭鉱労働者、さらにこの中の六万七千八百三十六人が女坑夫で、この年の総坑内夫の四分の一にあたる。この比率は長くかわらなかった。坑内労働の中心は、鉱石・石炭を掘り出す採鉱・採炭夫(先山《さきやま》)と掘り出したのを運び出す手子《てこ》・後山《あとやま》の労働である。女坑夫の多くは手子・後山となった。炭鉱では多く父と娘、夫と妻、兄弟と姉妹が先山・後山となって働いた。一九二八年「鉱夫労役扶助規則」が改正・公布され、女性・年少労働者の抗内作業や深夜業が禁止された。しかしこの改正規則は例外を認め、施行延期、適用猶予《ゆうよ》をくり返し、禁止後も年々約四千人が労働条件の劣悪な中・小炭鉱で働いた。一九三九年、日中戦争下の戦時特例で、禁止規定はさらに緩和《かんわ》され、多くの女性が特例の廃止される一九四六年四月一日まで働いた。二〇〇七年(平成十九)四月施行改正労基法は、従来の女性の坑内労働原則禁止を破棄した。

参考文献 新藤東洋男『筑豊の女抗夫たち』、一九八四、部落問題研究所出版部。小島恒久『働く女性百年のあゆみ』、一九八三、河出書房新社。林えいだい『闇を掘る女たち』、一九九〇、明石書店。

(古庄ゆき子)

おんなこしゅ　女戸主　江戸時代、武士層では女性の*家督相続は認められなかったが、農民・町人層ではまま存在した。明治期になると、明治五年(一八七二)に大蔵省は相続人のいない場合に女性を戸主としてよいという指令を出し、翌年には華士族においては長男の死亡や廃《はい》篤疾《とくしつ》の場合には次・三男、あるいは女子の家督相続を許す太政官布告《だじょうかんふこく》二八号、および*女子相続者は自分の印鑑を用い、後見人を必要としない太政官指令が出た。しかし女子相続者が結婚ないしは養子縁組をした場合には家督は夫・養子に移るとされた(太政官布告二六三号)。この女性相続規定は一八七五年には平民にも適用され、女戸主が国民各層に法的に公認された。一八九〇年の旧民法、九八年の民法においても女性相続が規定された(九七〇条など)。ただし女性は戸主といえども一四条の経済行為の制約は夫権原則により適用された。一八八四年の華族令は女性の家督相続を禁止したので、皇室・華族は男系男子の家督相続が存続した。

参考文献 白石玲子「民法編纂過程における女戸主の地位と入夫婚―「家」の財産をめぐって―」(『法制史研究』三二)、一九八三。早川紀代『近代天皇制と国民国家』、二〇〇五、青木書店。

(早川 紀代)

おんなごじょうくん　女五常訓　*貝原益軒《かいばらえきけん》の『五常訓』を参酌《さんしゃく》しながら、仁《じん》・義《ぎ》・礼《れい》・智《ち》・信《しん》の「五常」を平易に説いた女子用往来。坂本源兵衛《さかもとげんべえ》作。一巻。享保《きょうほう》十四年(一七二九)刊。まず五常のあらましを述べ、本朝の女性が読む『百人一首』『*伊勢物語』『*源氏物語』『土佐日記』等では五常を学べないことを指摘し、以下、淳和《じゅんな》天皇の后正子《しょうし》・霊照女・孟母《もうぼ》の故事を引きながら「五常」を詳述する。初期の刊本には「作者・坂本源兵衛」と明記されていたが、後世、本書の作者を貝原益軒あるいは上杉鷹山《ようざん》とする俗説が流布した。テキストは『日本教育文庫』女訓篇(黒川真道編、一九七七年、日本図書センター)、『往来物大系』八八(一九九四年、大空社)。

(小泉 吉永)

おんなごろしあぶらのじごく　女殺油地獄　世話浄瑠璃《じょうるり》。*近松門左衛門《ちかまつもんざえもん》晩年の作。男女の愛の行方《ゆくえ》をテーマとした初作以来の世話物の作風と違って、堅気な商家の女房が不良青年に殺害される凄惨《せいさん》な過程が克明に描かれている。与兵衛は主家への義理をたてて入婿となった元使用人の義父徳兵衛と、徳兵衛に遠慮する母とに甘やかされ、手に負えない放蕩《ほうとう》者であった。お吉は「女三界《おんなさんがい》に家なし」といわれる封建社会に順応して、油屋を営む夫を助け、三人の娘を養育し、隣家の与兵衛親子にまで善意の手をさしのべていた。借金の返済に窮した与兵衛は、お吉に店の金を貸してくれと執拗に迫るが「五十年六十年の女《め》夫《うと》の中も、まゝにならぬは女の習《なら》ひ」と頑強に断られ、激昂《げっこう》してお吉を殺してしまう。この殺人劇は、社会の安泰のために尊重されたはずの義理がかえって人間性をゆがめ、悪の淵源となってゆくという現代にも通じる封建社会の深刻な矛盾を冷徹に抉り出している。テキストは『近松浄瑠璃集』下(新日本古典文学大系九二)。

参考文献 坪内逍遙「『女殺油地獄』を読みて所感を記す」(坪内逍遙・綱島梁川編『近松之研究』一九〇〇、春陽堂)。井口洋「『女殺油地獄』論―立聞きと食違い―」(『近松世話浄瑠璃論』一九八六、和泉書院)。

(鳥居フミ子)

おんなざ　女座　(一)日本家屋において囲炉裏《いろり》の周囲は*家長・*主婦・客などの着座する場所が決められていた。座敷を背にし、土間や家全体がみわたせる家長の席のことを横座《よこざ》、横座の真向かいに位置する客人の席をシタザ、横座の左右の席の一方を女座、一方をオトコザといった。女座はオンナバともいわれ、主婦が座る場所の名称である。(二)村の神事を行うための祭礼組織で、特定の家筋の男性によって構成されている*宮座《みやざ》に対して、主婦のみで構成される祭礼組織を女座と称し、両者が一つの村で並存する事例がみられる。京都府相楽《そうら》郡山城《やましろ》町平尾の延喜《えんぎ》式内社《しきないしゃ》の祭礼では、特定の家筋の主婦によって女座が構成され、宮座とは日にちを変えて祭が行われている。その内容は豊穣《ほうじょう》祈願と深くかかわりをもち、性的要素が強いことが特徴である。江戸時代の村には、信仰や娯楽などの目的のためにさまざまな講《こう》が存在するが、女性だけの講も多くみられる。女座も女性の集まりという点では講と同じ性格であろう。

参考文献　民俗学研究所編『(改訂)綜合日本民俗語彙』、一九七〇、平凡社。宮田登「女性と民間信仰」(女性史総合研究会編『日本女性史』三、一九八二、東京大学出版会)。

(岩田みゆき)

おんなさるがく　女猿楽　室町時代の女性の猿楽能《さるがくのう》。中世には*白拍子《しらびょうし》・*女曲舞《おんなくせまい》などの*女性芸能が盛行したが、世阿弥《ぜあみ》による猿楽能の大成以降、観世《かんぜ》を中心とする男性の猿楽座とは別に、女性による猿楽能も行われた。その初見は永享《えいきょう》四年(一四三二)十月九日、西国から上洛した女猿楽の山城鳥羽《やましろとば》における勧進興行《かんじんこうぎょう》である。美女五、七人が歌舞を行なったが、その音声は殊勝《しゅしょう》で、言葉では言い表せないほど立派であり、猿楽の体も神妙《しんみょう》であったという。拍子・狂言方は男性であったが、その芸は観世にも劣らないほどであり、見物の民衆が群集した。二十三日にはその評判を聞いた将軍足利義教《あしかがよしのり》の室町殿《むろまちどの》で三番立《さんばんだて》の猿楽を演能し、義教は女猿楽に対して、銭一万疋《びき》と*小袖《こそで》二十重ねを褒美《ほうび》として与えた。女猿楽が舞ったあとは、観世が三番の番組を務めている。また、永享八年閏《うるう》五月には桂里《かつらのさと》で女猿楽が勧進されたが、見物人に喧嘩《けんか》が起きたため、途中で中止されている。さらに、応仁の乱直前の文正元年(一四六六)二月二十一日から三日間、八条堀川《はちじょうほりかわ》で越前国《えちぜんのくに》から上洛した女猿楽の勧進があり、この女猿楽は二十三日には将軍足利義政《よしまさ》の御所の松の庭で五番の演能を行なった。女性五、六人が舞ったが、笛・太鼓・鼓《つづみ》は男で、狂言方も男性が務めた。その能は大変好く、歌舞も美しかったという。女猿楽が五番の番組を務めたあとは、観世座の音阿弥元重《おんあみもとしげ》が能を務めた。さらに、この女猿楽は翌閏二月の十八日と二十日には、後花園《ごはなぞの》上皇の仙洞御所《せんとうごしょ》でも演能している。このように、この時の越前の女猿楽はほぼ一ヵ月にわたって京都で興行した。世阿弥は女性芸能の女曲舞を取り入れて猿楽能を大成したにも関わらず、女曲舞を酷評《こくひょう》したが、女猿楽は観世座とともに将軍の御所でも番組を務める力量を持っていたのである。白拍子・曲舞にはじまる中世の女性芸能の系譜は女猿楽を生み出し、さらにこの系譜は*出雲阿国《いずものおくに》のかぶき踊りにつながったといえるであろう。

参考文献　能勢朝次『能楽源流考』、一九三八、岩波書店。森末義彰『中世芸能史論考―猿楽の能の発展と中世社会―』、一九七一、東京堂出版。細川涼一『逸脱の日本中世』(ちくま学芸文庫)、二〇〇〇、筑摩書房。

(細川涼一)

おんなさんだい　おんな三代　一九八一年(昭和五十六)に朝日新聞社より刊行された、埼玉県児玉《こだま》郡児玉町(本庄《ほんじょう》市)の被差別部落の、明治から昭和に至るまでの女性の暮らしを描いた作品。副題に「関東の被差別部落の暮らしから」とある。著者小林初枝《こばやしはつえ》(一九三三―)の祖母きち(一八八四年(明治十七)生)、母三木《みち》(一九一四年(大正三)生)、そしてみずからがそれぞれ、貧困に加えて女ゆえに教育の機会も与えられないなかで、部落差別に抗《あらが》いながら力強く生き抜いてきたさまが克明《こくめい》に描かれている。子どものころは周囲の大人たちから「あまっこに学問はいらねえ」といわれて男兄弟に劣る処遇を受け、結婚後は、差別によって容易に職に就けない男たちに代わり、*家事の傍《かたわ》ら野良《のら》仕事や*機織《はたお》りなどで生活を支えてきたのは女たちであった。三人の女性のそれぞれの時代の生き方を具体的にかつ淡々と綴ることで、被差別部落女性の抱える問題が読み手に伝わってくる名著である。

参考文献　黒川みどり「部落に生きたおんな三代の記―小林きち/三木/初枝―」(中尾健次・黒川みどり『人物でつづる被差別民の歴史』二〇〇四、解放出版社)。

(黒川みどり)

おんなしきもく　女式目　寛永から万治(一六二四―六一)ごろに刊行されたと思われる作者未詳の*女訓書《じょくんしょ》。二巻。「上﨟方《じょうろうかた》」「町人などの女房」「みやづかへの女房」「お乳《ち》うば」「尼」など、身分や職務に応じた女性の作法を中心に記した上巻と、女子にとっての*手習いの重要性を説き、慶弔《けいちょう》の場面、あるいは女同士の交際における手紙の書き方や作法・用語など実用的知識を記した下巻とから成る。女子に対する文字教育の必要を力説する点は特徴的で、中国の女訓書にはみられないものである。『儒仏物語』と合わせて三巻とする万治三年(一六六〇)版とその再刊本(寛延四年(一七五一)版、宝暦四年(一七五四)版)がある。

参考文献　筧久美子「中国の女訓と日本の女訓」(女性史総合研究会編『日本女性史』三、一九八二、東京大学出版会)。朝倉治彦・深沢秋男編『仮名草子集成』一一、一九九〇、東京堂出版。中野節子『考える女たち―仮名草子から「女大学」―』、一九九七、大空社。

(林　香奈)

おんなししょ　女四書　儒家の経典「四書」(『大学』『中庸《ちゅうよう》』『論語《ろんご》』『孟子《もうし》』)に倣《なら》い、女性を訓育するために婦女道徳や行動規範を記した*女訓書《じょくんしょ》のうち代表的な四種を集めたもの。南宋の朱熹《しゅき》の『四書章句集注《しょうくしっちゅう》』を模して、明末の王相《おうしょう》が編注したとされる『女四書集注』にその称は始まる。この書は、後漢の班昭《はんしょう》『*女誡《じょかい》』、唐の伝宋若昭《そうじゃくしょう》撰『女論語《おんなろんご》』、明の仁孝文皇后《じんこうぶん》『内訓《ないくん》』、明の王相の母劉《りゅう》氏《し》『女範捷録《じょはんしょうろく》』を収め、『閨閣《けいかく》女四書集注』の名で明の天啓《てんけい》四年(一六二四)に刊行されたと伝えられているが、現存するものに「閨閣」の二字はない(明刊本)。『状元閣《じょうげんかく》女四書』(清刊本)と題するものもある。日本では安政元年(一八五四)、西坂衷《にしざかちゅう》によって注を施した形で翻刻されている。和文訳されたものとして、明暦《めいれき》二年(一六五六)刊行の辻原元甫《つじはらげんぽ》『女四書』があるが、これは『女誡』『女論語』『内訓』の三書のほかに、唐の侯莫陳邈《こうばくちんばく》の妻鄭氏《ていし》『*女《おんな》孝経《こうきょう》』を『女範捷録』に代えて収めている。王相本・辻原本いずれの「女四書」も代表的女訓書として、後世ひろく読み継がれただけでなく、日本の女訓書や女性観に深い影響を与えた。

参考文献　青山忠一『仮名草子女訓文芸の研究』、一九八二、桜楓社。山崎純一『女四書・新婦譜三部書全釈』、二〇〇二、明治書院。
（林　香奈）

おんなししょう　女師匠　*手習い・芸事など女性の教授者をいう。江戸時代は社会的・経済的な向上により民衆の芸事も盛んとなった。特に民衆の読み・書き・算盤《そろばん》などの基礎的な学習および芸事としての*和歌・琴・*三味《しゃみ》線《せん》・踊りなどの稽古《けいこ》に通う女児《じょじ》は多かった。それは近世社会の女児の稽古事の目的は良縁を得ることにあり、少しでも良縁に恵まれるように読み・書き・算盤・*裁縫《さいほう》のみならず、教養や文化に関心を高めていったからである。最初は江戸や大坂、京都などの都市の上層から、近世中期には一般民衆層への広がりをみせた。そして近世後期から幕末にかけて手習い稽古や裁縫塾に通う女児は村の中で増加した。手習い稽古などは*寺子屋にて行われたが、男女別席が一般的であり、師匠の自宅を稽古場にしていた。男師匠は男児・女児を教え、女師匠は女児を教えた。江戸では十九世紀ころには女師匠は三分の一に及んだと推定されている。

参考文献　江森一郎『「勉強」時代の幕あけ―子どもと教師の近世史―』（平凡社選書）、一九九〇、平凡社。天野晴子『女子消息型往来に関する研究―江戸時代における女子教育史の一環として―』、一九九八、風間書房。菅野則子「寺子屋と女師匠」（総合女性史研究会編『教育と思想』一九九八、吉川弘文館）。安蔵良子「女寺子屋師匠の生活―黒沢止幾子の日記にみる寺子屋教育の様子―」（『江戸期おんな考』一一）、二〇〇〇。
（梅村　佳代）

おんなじつごきょう　女実語教　平安時代末期から鎌倉時代初期に成立して以来、近代まで男子用の教訓的内容の往来物《おうらいもの》として流布《るふ》した『実語教』『童子教《どうじきょう》』になぞらえて作られた教訓型の女子用往来。最古の版は元禄《げんろく》八年（一六九五）刊、女性書家の*居初津奈《いぞめつな》撰・筆、京都の書林《しょりん》銭屋庄兵衛《ぜにやしょうべえ》板で『（女誡絵入《おんないましめえいり》）女実語教』上女筆、『（女誡絵入）女童子教』下女筆の二巻二冊である。初版本以後江戸時代末期までに三十種以上刊行された。内容は「一、品勝れたるが故に貴からず、心正しきを以てよしとす」で始まる四十七ヵ条の上巻『女実語教』と百二十八条の下巻『童子教』からなる。挿絵も津奈によるもので女性の心持ちの大切さを説いた。他の異本系統で江戸時代中期刊の「髪美しき故にたっとからず、品よくゆひたるを以尊しとす」で始められる七十二ヵ条の教訓型女子用往来もある。『女子用往来』（石川松太郎監修、往来物大系八七、一九九四年、大空社）に所収。

参考文献　石川松太郎『往来物の成立と展開』、一九八八、雄松堂出版。小泉吉永編著『往来物解題辞典』解題編、二〇〇一、大空社。
（梅村　佳代）

おんなじとう　女地頭　⇩地頭《じとう》

おんなじょい　女叙位　女性に位階《いかい》を授ける儀式。律令《りつりょう》官僚体系は天皇が与える位階とリンクする形で成り立っていたが、位階を与えることを叙位という。官僚は*後宮十二司《こうきゅうじゅうにし》のみは女性を除いて男性に限られていたが、*後宮十二司のみは女性が任じられ、男性と同様位階が与えられた。女性に位が与えられた初見は持統《じとう》天皇五年（六九一）、『飛鳥浄御原令《あすかきよみがはらりょう》』の施行により男性が着用する冠と結合した冠位《かんい》から、位《い》記《き》（辞令）を授与する形式の位階制度に変更された後である。位階は少初位下《しょうそいげ》から正一位《しょういちい》まで三十階に分かれ、数年間の勤務の総合評価によって昇進したが五位以上はこれに関わらず、天皇の勅授とされた。男性の場合、八世紀には高官の子弟の場合も初叙《しょじょ》は六位以下であったが、畿内《きない》氏族出身の女性の場合は無位から直接五位になる例が多かった。八世紀、当初必ずしも正月に限らなかった定例の叙位は、次第に正月に固定されるようになったが、叙位の日に男女の別はなく同日に行われた。しかし桓武《かんむ》朝ころを境として男女の叙位の日を別にするとともに、即位の際などに伴う臨時の叙位を除き、女性の叙位の日は正月八日に固定された。これを女叙位という。この変化がなぜ生じたかは明らかでないが、八世紀の儀式は男女がともに同じ場所に列席して行われるなど、性別によって場所を分けることは問題とならなかったらしい。しかし桓武朝ころから、男女が公の場で同席することを忌《き》避《ひ》する傾向が生じており、叙位の日が分離されたのもこうした傾向と関わっている。女叙位はこうして正月の年中行事として定着し、儀式次第が整えられた。九世紀以後後宮十二司は内侍司《ないしのつかさ》を中心に再編され当初の役割から変質するが、女叙位も五位以上の品位階に限られ、その対象者も従来からの*内親王・后妃《こうひ》・*女官・*乳母《めのと》に加え私人である大臣の妻に拡大されるなど、その意味が変化した。摂関期には女叙位は隔年《かくねん》となり、また一院・三宮が特権として叙位推薦の権利を持ち（御給《ごきゅう》）、母の勤務評価（年労《ねんろう》）を娘の労に加えて叙位するなど叙位方法も変化していった。

参考文献　西野悠紀子「桓武朝と後宮―女性叙位による一考察―」（中山修一先生喜寿記念事業会編『長岡京古文化論叢』二、一九九二、三星出版）。岡村幸子「女叙位に関する基礎的考察」（『日本歴史』五四一）、一九九三。
（西野悠紀子）

おんなしょうばいおうらい　女商売往来　女子用往来の一種。石川松太郎の往来物分類によれば、女子用往来は教訓型・消息型・社会型・知育型の四種に分類されるなか知育型の産業系に属する往来物。初出は文化三年（一八〇六）五月刊『（童女専用）女寺子調法記《おんなてらこちょうほうき》』（大坂播磨屋九兵衛《はりまやきゅうべえ》と京都鉛屋安兵衛《やすべえ》の合梓《ごうし》）に収録されたもの。内容は元《げん》禄《ろく》七年（一六九四）堀流水軒《ほりりゅうすいけん》撰による『商売往来』をなぞらえて女子用の文体に改訂され、少し簡略化されている。冒頭「凡《およそ》商売の家に生る人は勿論《もちろん》、女とても、いづれの妻とかなるらん」以下帳簿、金子《きんす》、雑穀《ざっこく》、絹布、夜具《やぐ》、染色、武具、唐物《からもの》和物《わもの》の家財、薬種・香具《こうぐ》、魚鳥類などの名称が列挙されている。女子用往来千五百種のなか、宝暦《ほうれき》期以後の後発の往来物であり流布数も多くない。『日本教科書大系』往来編一五(石川謙・石川松太郎編、一九七三年、講談社)に所収。

参考文献 石川松太郎『往来物の成立と展開』、一九八八、雄松堂出版。

（梅村 佳代）

おんなじょうるり 女浄瑠璃 ⇩浄瑠璃《じょうるり》

おんなじんぎものがたり 女仁義物語 *宮仕えする三人の女性の問答を通じて、孝・貞や五常五倫《ごじょうごりん》に沿った生き方を諭《さと》した*女訓書《じょくんしょ》(*仮名草子)。作者未詳。二巻。万治二年(一六五九)刊。まず年輩の女性が未婚・既婚の是非から語り始め、和漢の故事を引きながら、若い女性たちの疑問に対して「夫婦の道」や「孔子の教え」を説き明かす。『*女四書《おんなししょ》』の義理に則したものと末尾に記す。性別や貴賤《きせん》の別を超越した五常五倫について述べ、仏教の「五戒《ごかい》」と儒教の「五常」が同じ道理であることに言及する。テキストは『日本教育文庫』女訓篇(黒川真道編、一九七七年、日本図書センター)、『江戸時代女性文庫』八二(一九九八年、大空社)。

（小泉 吉永）

おんなずもう 女相撲 女性が力士として行う相撲、またその力士。江戸時代、相撲は、多く奉納や勧進《かんじん》の興行として行われていたが、長く、見物にも女性を入れなかった。しかし長唄「近江のお兼《かね》」にみるような大力《たいりき》の美女、女伊達《だて》や娘金平《きんぴら》など男勝りの女性への嗜好は強くあり、興行としての女相撲が成立していた。延享元年(一七四四)ごろ両国で起り、たびたび禁令が出されたが、近代まで地方巡業の記録が残っている。素肌に相撲取褌《すもうとりふんどし》の勇しい姿であったようだが、『俳諧時津風《はいかいときつかぜ》』(寛延三年(一七五〇))に流行《はや》り物の女相撲の句が挙げられており、決して卑猥《ひわい》な見世物ではなかったと思われる。

参考文献 『三田村鳶魚全集』一五、一九七六、中央公論社。雄松比良彦『女相撲史研究』、一九九三、京都謫仙居。

（藤野 泰子）

おんなだいがく 女大学 江戸時代中期から明治時代にかけてひろく普及した女子用の教訓書。著者については、*貝原益軒《かいばらえきけん》・その妻東軒《とうけん》・第三者(ジャーナリスト)など諸説ある。どれも確定されないまま、著者「未確定」とされてきている。しかし、刊行時のジャーナリズムが、著名な貝原益軒の名を借りて本に仕立て上げたものではないかといわれるのが有力。したがって、成立年代もはっきりしないが、享保《きょうほう》元年(一七一六)の『女大学宝箱《たからばこ》』の初版本がある。そこにも著者の名はなく、「貝原益軒先生述」とされている。「夫《それ》女子は」で始まる本書は、全十九条と後文とからなる。そこでは、徹底した儒教主義に基づく封建道徳が説かれている。主として、嫁《か》していく女性を中心に「女は夫《おっと》をもって天とす」「婦人は別に主君なし、夫を主人と思ひ、敬《うやま》ひ慎《つつしみ》て事《つかふ》べし」などのことが述べられるが、時折、女子の父母に向けての発言もみられるなど、本書刊行の対象者には一貫性を欠いている。おそらく、本書が益軒の『和俗童子訓《わぞくどうじくん》』の「教女子法」(「女子を教ゆるの法」)をベースにしているからであると思われる。また、『女大学』という題名は、中国の儒教の経典である『大学』をもじったものであろう。本書をはじめ、「女小学《おんなしょうがく》」「女中庸《おんなちゅうよう》」「*女孝経《おんなこうきょう》」「*女四書《おんなししょ》」などを冠した女子用の教訓書(*女訓書《じょくんしょ》)もその類いである。さらに別系列として「女今川《おんないまがわ》」を冠した教訓書も編まれている。女子用の教訓書は、千種ほども刊行されたといわれるが、それらの中で、ひろく普及したのが、「女大学」「女今川」の二系列の教訓書であった。一般に「女大学」というが、単に「女大学」とされる本文のみをまとめて*手習い用に供したもののほかに、いろいろな付き物を付した多彩な「女大学」が刊行されている。『女大学錦子宝《にしきのこだから》』『女大学操鏡《みさおかがみ》』『女大学姫文庫《ひめぶんこ》』『女大学宝文庫《たからぶんこ》』などである。同様に「女今川」も『女今川梅花文庫《ばいかぶんこ》』『女今川教草《おしえぐさ》』『女今川和歌緑《わかみどり》』などがある。本書の教えは、武士層の女性にも、庶民の女性たちにも広範に浸透し、受け継がれていく。本書を貫く封建道徳で女性を律したのは、*家制度を維持継承していくためにほかならなかった。明治に入ると、「女大学」の批判書が編まれるようになる。中でも、大きな反響を呼んだのは*福沢諭吉《ふくざわゆきち》の一連の仕事である。彼は、儒教批判を目的に「女大学」を素材として、女性を束縛している家制度と*男尊女卑《だんそんじょひ》的男女関係とを批判した。福沢は、家は夫婦で築くもの、したがって、ある意味では、夫婦は「対等」でなければならない、「女大学」にみる夫婦のように男と女とがタテの関係ではなく、ヨコの関係にすることが望ましいという観点から「女大学」批判を行なった。この批判がきちんとしたかたちでまとめられたのは、明治国家体制を支える家制度の再構築が叫ばれているときであったので、その影響には多大なものがあった。福沢の提起はおおきな反響を呼び大正・昭和へと受け継がれていく。そして、第二次世界大戦後に至って、新しい「家」をどのように構想したらよいのかという議論が行われたが、この時にも「女大学」が採り上げられた。このような経緯があるため、二十世紀を通じて、「女大学」というと、封建道徳に裏付けられた女への教訓書として、一定のイメージを持って受け止められている。

『女大学』

参考文献 石川松太郎編『女大学集』(東洋文庫)、一九七七、平凡社。小泉吉永編『女大学資料集成』、二〇〇三—〇六、大空社。菅野則子「『女大学』考」(小泉吉永編『女大学資

料集成』別巻、二〇〇六、大空社)。　（菅野　則子）

おんなだいがくおしえぐさ　女大学教艸　書名に続けて「童女重宝記《どうにょちょうほうき》」と小書きするように、享保《きょうほう》元年(一七一六)刊の『女大学宝箱《たからばこ》』の本文「*女大学」に婚礼・*出産・養育・妙薬《みょうやく》等の記事を追加した女子用往来。池田善次郎《いけだぜんじろう》(渓斎英泉《けいさいえいせん》)編・画。一巻。天保十四年(一八四三)刊。前付に見合いから婚礼・出産、男女の通過儀礼までのあらましを記した「婚礼式法之次第」を掲げ、本文上欄(頭書)に『女大学宝箱』の巻末記事を模倣した「世継草《よつぎぐさ》」(*貝原《かいばら》益軒《えきけん》作に仮託)および「小児養育《やしない》草」、また、編者増補記事の「妙薬調法集」を載せる。テキストはなし。　（小泉　吉永）

おんなちょうほうき　女重宝記　近世前期に編集・刊行された女子用手本の代表的なもの。編者は艸田寸木子《くさだすきし》とされ、万屋清兵衛《よろずやせいべえ》(江戸)・伊丹屋太郎右衛門《いたみやたろうえもん》(大坂)・吉《よし》野屋次郎兵衛《のやじろべえ》(京都)の三書肆合梓《さんしょしごうし》で元禄五年(一六九二)に『ゑ入女重宝記』の題名で刊行されたものが最古である。五巻五冊、すべてで百丁に及ぶ半紙判である。行書体であり、漢字・平がなまじりの女文《おんなぶみ》であり、ほとんどの漢字にふりがなが付されている。一の巻「女中万たしなみの巻」、二の巻「しうげんの巻」、三の巻「くわいにんの巻、子そだてやう」、四の巻「しよげいの事」、五の巻「女節用集字尽《おんなせつようしゅうじづくし》」という構成となっている。この全五巻に女子が成長して他家へ嫁ぎ、子を生み、*家事を行う過程、すなわち女子が外面的に心得ておくべき教養が記されている。文章も平易で挿絵も多く、女子用として作成されたことがよくわかる。元禄十三年・正徳元年(一七一一)などの諸本があり、多くの版を重ねることでのちの女子用往来に多大な影響を与えた。

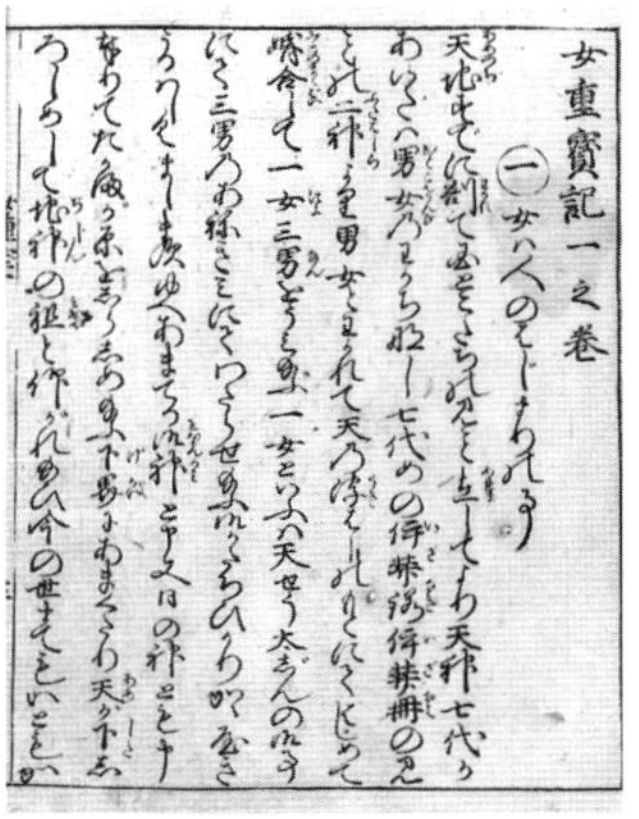

『女重宝記』

参考文献　島田勇雄「女重宝記の諸本について」(『近代』三九、一九六六)。　（中村　文）

おんなで　女手　〔古代〕平仮名《ひらがな》書体の種類の一つ。漢字を万葉仮名として楷書《かいしょ》体あるいは行書《ぎょうしょ》体で書いたもの(男手《おとこで》とも)に対して、流麗《りゅうれい》に書き崩した書体をさす。『宇《う》津保《つほ》物語』国譲《くにゆずり》上には、東宮が仲忠《なかただ》の書体を手本として男手も女手も習ったとあり、『*源氏物語』梅枝《うめがえ》には、*光源氏がかつて女手を習得しようと六条御息所《ろくじょうのみやすどころ》の書体を手本とした、とある。また、『宇津保物語』ではさまざまな書体が列挙される中に、仮名を一文字一文字離して書く時に男手が用いられ、続け書きをする時に女手が用いられている。『源氏物語』には、女手は草書《そうしょ》体などと並置《へいち》され、堅い材質の唐紙《からかみ》に草書体で書き、柔らかい高麗紙《こまがみ》に女手で書く、とある。つまり、角張った漢字の書体に対して、流れるように柔らかい書体を女手と呼んだのであり、必ずしも使用者の性別によって呼び方を区別しているわけではない。ただし、女手は女性が使う書体として認識されていたらしく、『*蜻蛉《かげろう》日記』上に章明《のりあきら》親王が女性を装って詠《よ》んだ歌をわざと女手で書いてよこしたエピソードを載せる。

参考文献　『芸術新潮』五七ノ一一(特集古今和歌集一一〇〇年ひらがなの謎を解く)、二〇〇六。　（京樂真帆子）

〔中世〕女性の筆跡。平仮名によって書かれた文。女性が多く用いたところから、仮名書きの書を男女の別にかかわらず女手と称した。仮名書きの文は散らし書きされるのがふつうであるが、その書式は個人や時代によって一様ではない。仮名の書を散らして書く行為は、平安時代の*和歌を散らす習慣と密接な関わりがあるものと考えられるが、和歌のように単に配字の妙を追うだけでは文意が通じにくくなるおそれがあるため、そこには一定の法則が求められる。そうした*散書《ちらしがき》の類型は中世になってほぼ完成し、*女房奉書《にょうぼうほうしょ》などに端的に見られる。女房奉書には、*女房が奉じたかたちをとりつつも、天皇や上皇自身が書いたものも見られる。また、男性でも女性宛の書状には仮名の散書が用いられたが、こうした書式は「女房文」「女房之書状」などと呼ばれた。

参考文献　小松茂美『かな—その成立と変遷—』(岩波新書)、一九六八、岩波書店。久曾神昇『平安時代仮名書状の研究(増補改定版)』、一九九六、風間書房。別府節子「平安時代の仮名書様の変遷について」(『出光美術館研究紀要』六)、二〇〇〇。　（宮﨑　肇）

おんなてがた　女手形　俗に「入鉄砲《いりでっぽう》と出女《でおんな》」といわれているように、江戸時代の関所は、通関にあたり*人質として江戸に居住させられていた諸大名の妻女が、江戸を出るに際して厳しく取り締った。江戸時代、関所の通関は、外に出る場合、必ず関所手形と往来手形を携帯し通関しなければならなかった。手形は、通行証に該当する。関所手形は男女ともに必要とされたが、通関は女性に対して警戒の念が強く、男性とは異なる厳しい制約下におかれた。正徳《しょうとく》元年(一七一一)の通関規定では、女性については細部にわたって取り締まりの条項が付加されたため、手形も記載内容が具体的である。手形には、「女四人内小女壱人、煩《わずらい》にて髪切に紛敷《まぎらわしく》、髪の中釣はげ並に左耳の後に枕摺之有《まくらずれこれあ》る女壱人、左の鬢《びん》に釣はげ之《これ》有小女壱人、乗物三挺、江戸より日向国延岡《ひゅうがのくにのべおか》迄、箱根関所相違無く通さるべく候、内藤能登守《ないとうのとのかみ》殿断を付け斯の如くに候、遠江・伊賀・石見・備中／箱根　人改御中」のように記されていた。一見してわかるように、特に髪については、長短の区別、中鉄やできもの、病で抜けはげになってしまったものなど具体的に記されている。小女(*振袖女《ふりそでおんな》か、年齢は一歳から十五、六歳まで)かなども記される。女手形は詳細に記録されているので人相書きのような性格も有していた。手形は、幕府の御留守居役《おるすいやく》が発行するので御留守居証文《おるすいしょうもん》と称し、女性のみが持参するので、関所の取調べは、*人見女《ひとみおんな》(改め女)によって行われ、頭髪と身体の書かれた内容が証文(手形)と合致すれば通関許可となる。この手形の発行者の証人として「遠江」は大屋遠江守、「伊賀」は曾我《そが》伊賀守のことである。いずれも武士は上司、町人の場合は、町名主《まちなぬし》か町奉行所名が書かれる。

参考文献　小暮紀久子「関所通行と女性」(総合女性史研究会編『史料にみる日本女性のあゆみ』二〇〇〇、吉川弘文館)。渡辺和敏『東海道交通施設と幕藩制社会』(愛知大学綜合郷土研究所研究叢書)、二〇〇五、岩田書院。

(宇佐美ミサ子)

おんなとかたな　女と刀　中村きい子(一九二八―九八)の小説。薩摩藩の城外士族の娘であった母親をモデルにした作品。『思想の科学』連載(一九六四年(昭和三十九)四月―六五年十二月)、思想の科学社刊(一九八八年)。一九六六年第七回*田村俊子《たむらとしこ》賞受賞。『女と刀』の主人公キヲは、郷士名頭の娘としての誇りを胸に、父親が決めた自分よりも身分の低い男と結婚した。その生活の中で八人の子どもを生むが、七十歳になった時、「ひとふりの刀の重さほども値しない男よ」と言い放ち夫を離別、これまで自分を取り巻いてきた不合理な*男尊女卑《だんそんじょひ》への憎悪を表明した。薩摩という封建的な性差別意識が強い土地において、明治の女性キヲが主体的に生きようとする姿は反響を呼んだ。一九六七年には、「木下恵介アワー―女と刀―」として、TBSテレビの連続ドラマにもなった。著者は鹿児島県出身。谷川雁《たにがわがん》たちの「サークル村運動」への参加がきっかけとなり、執筆活動に入った。

参考文献　中村きい子『わがの仕事』、一九六三、思想の科学社。

(内藤　寿子)

おんななうけにん　女名請人　⇩女性名請人《じょせいなうけにん》

おんななべ　恩納なべ　生没年不詳　琉球歌人。十八世紀ごろ沖縄の恩納間切《おんなまぎり》の農村に生まれたといわれるが、生い立ち、師匠などすべて不詳。伝説上の人物ともいわれる。抒情詩文学の主流である八・八・八・六からなる三十文字の短詩形歌謡十数首を残す。自然や地形を取り込んだ大胆な発想の雄大自由奔放《ほんぽう》で情熱的な歌は万葉歌人とも比較される。恋の歌、大王の徳を頌《たた》えた歌などがある。代表作に「恩納岳彼方《かなた》里が生れ島森押しのけて此方《こなた》なさな」がある。

参考文献　島袋盛敏『琉歌大観(増補版)』、一九七六、沖縄タイムス社。

(柴　桂子)

おんななまえにん　女名前人　人別帳において家族の筆頭に書かれた女性。江戸時代、村や町で作成される庶民の(宗門)《しゅうもん》人別帳《にんべつちょう》には、家ごとに家族成員の名前・年齢が登録されている。その際に家族のなかで最初に記載される人物は、当主・筆頭人・名前人などと呼ばれ、一般には男性であることが多く、*家長《かちょう》・*家督《かとく》相続人を表わしていると考えられる。しかし時には女性が家族の筆頭に書かれることもあり、これを特に「女名前人」と呼んでいる。江戸時代の武士の家では、家督・財産を継承する家長は男性に限られていたところから、商家・農家などの庶民の家においても家長には本来男性が就くべきであるという*ジェンダー＝バイアスのかかった家意識の観念があり、女名前人はあくまで例外的なケースで、男性が家長に就くまでのあいだの中継的な措置であるとみなされてきた。実際に、女名前人のいる家族とその相続の事情を個別に検討すると、相続時に家族内に相続人として適当な男がいないか、養子縁組するにふさわしい男がいないために女が後を継いで名前人となっているケースが多く、この場合には将来的に女名前人が婿をとったり幼年の男子が成長するのを待って男の名前人に交代するまでの中継的な相続と評価することができる。しかし、他方で家族内に十五歳以上の息子がいても母親が名前人を続けている事例が各地の人別帳にみられるところから、いちがいに*中継相続説だけでは説明できない。幕末期、若者たちが村を飛び出す風潮のなかで、青年男子が家族内にいるにもかかわらず母親が名前人を続けているケースを分析して、ジェンダー規制によって女家長を忌避《きひ》するよりも、母親の力に頼って家族と村落の秩序維持を優先させたと評価する報告もある。

(大口勇次郎)

おんなにだいのき　女二代の記　*山川菊栄《やまかわきくえ》の自伝。一巻。一九五六年(昭和三十一)「わたしの半自叙伝《じじょでん》」を副題に日本評論新社より刊行。のち『おんな二代の記』として再刊。「はははのころ(明治前半)」「少女のころ(明治後半)」「大正にはいってから」「昭和にはいってから」「あとがき」からなり、自伝ではあるが、母千世《ちせ》誕生の安政四年(一八五七)から一九四七年の死去に至るまでの母娘二代の生活記録である。千世からの聞き取りをもとに、維新の変革のなかで世にでる夢をもった少女が結婚により社会と隔《かく》絶《ぜつ》されていく状況をはじめ、*女子教育の変化、周囲の人人の生活や心情、社会運動の実態、著者自身の思想的な成長の様子などが、社会状況や時代背景とともに、「です・ます」調の文体で平易に語られている。母の人生を慈《いつく》しみながらも、人類の黄金時代は過去ではなく未来にあるとの歴史観にもとづいた*女性史の一編でもある。テキストは『女二代の記―わたしの半自叙伝―』(一九五六年、日本評論新社)、『おんな二代の記』(東洋文庫、一九七二年、平凡社)、『おんな二代の記』(田中寿美子・山川振作編『山川菊栄集』九、一九八二年、岩波書店)。

(奥田　和美)

おんなねぎ・おんなはふり　女禰宜・女祝　⇩女性《じょせい》の神《しん》職《しょく》

おんなねんぶつこう　女念仏講　*安産祈願《あんざんきがん》、子育て祈願を契機として、月一回女たちが集まる講。*女人講《にょにんこう》(子安《こやす》講《こう》)と念仏講が合わさったもので、関東地方の利根川《とねがわ》流域を中心に、毎月十九日に開く十九夜講《じゅうくやこう》の例が知られている。女たちが念仏を唱えるので十九夜念仏ともいう。

*出産前にオタノミ、生後一ヵ月くらいにオレイをする。*念仏婆さんを中心に、オタノミには「十九夜のお願い」「四方固《しほうがた》め」「おいさめ」「三体様《さんたいさま》」「十九夜おさしあげ」、オレイには「四方固め」「おいさめ」「洗濯場」「おさしあげ」といった和讃《わさん》が唱えられる。三体(産泰《さんたい》)様というのは出産に際しての女の守り神とされる。また、「*血の池地獄」が強調されるように、生理や出産に対する不浄《ふじょう》、*穢《けが》れが前提にあり、念仏をあげることによってそれから救われるという構造になっている。『*血盆経《けつぼんきょう》』の影響も受けている。十九世紀に入ると、十九夜供養塔、二十三夜供養塔が多く建てられるようになり、*堕胎《だたい》・*間引《まびき》など嬰児《えいじ》供養の側面も見られてくる。

参考文献 宮田登「女性と民間信仰」(女性史総合研究会編『日本女性史』三、一九八二、東京大学出版会)。

(柳谷　慶子)

おんなのいえ・よめせっく 女の家・嫁節供　五月節供の呼称の一つ。五月節供は端午《たんご》の節供ともいい、今日では女児の三月節供に対比させて男児の節供として鯉のぼりや武者人形、菖蒲《しょうぶ》などを飾る年中行事として知られているが、女の家・女の宿・女の夜・嫁節供などと呼んで、五月五日もしくはその前夜を女が家に残り男性はとどまってはならない、あるいは女性が男性に酒をふるまう日である、また軒先《のきさき》に菖蒲や蓬《よもぎ》をさすことを女の屋根を葺《ふ》くというなど五月節供と女性の深い関わりを示す伝承を伝えている。もともと*田植えに先立つ五月節供は家の祭祀《さいし》にとって重要な日であった。特に田の神をまつる*早乙女《さおとめ》を務める女性にとっては忌籠《いみご》もりする日であり、女の葺き籠もりともいうように菖蒲を軒にさし男性を排除して家に籠もり、神とともに飲食する日であったことがうかがえる。ただ、この女の家についてはこの夜だけは女性が威張《いば》ることのできる日であるとか、女の天下、畳二畳は女の領分、菖蒲をさしている間は軒三寸女の権利というように、限られた時間のわずかな空間のみであることを強調する表現がみられる。*近松門左衛門《ちかまつもんざえもん》の『*女殺油地獄《おんなごろしあぶらじごく》』の一節「五月五日のひと夜さを女のと言うぞかし」にも「ひと夜」とある。*柳田国男《やなぎたくにお》は「女が男を指図し得る日が中古を過ぎ、恐らくは近世に入って後までもまだ一年に一昼夜だけはあった」と記しているが、そこには祭祀を担うという女性の役割の後退につれ、女性の優位を示すことのできるのは限られた場面のみという男性優位の社会の現実がみえる。やがて五月五日は女性がつかのま日常から解放される休み日となっていくのである。女の家はかつての祭祀における女性の優位性を論証するてがかりとなると同時に、次第にその優位性を失っていく過程を映し出してもいる。

参考文献 宮田登『女の霊力と家の神』、一九八三、人文書院。柳田国男「女の家」(『柳田国男全集』一五、一九九八、筑摩書房)。

(中村ひろ子)

おんなのう 女能　女性の演ずる能。女房能《にょうぼうのう》・*女猿楽《おんなさるがく》などと称し、室町時代から存在した。江戸時代初期、*遊女が四条河原で能太夫《のうたゆう》・舞太夫《まいたゆう》を務め、これらが高級遊女を指す「*太夫」名の起りとなる。*遊廓《ゆうかく》の*揚屋《あげや》には、能舞台が設えられていた。遊女以外の女能も盛んで、立方《りょうかた》は面を着けず美貌《びぼう》を売り物にし、囃子《はやし》・狂言《きょうげん》は男子が担当したことが多かったが、芸についての評判も低くはない。武士はもとより富有町人層には能・謡の素養のある者が多く、女能は人気の芸能であった。

参考文献 鳥越文蔵他編『歌舞伎の歴史』一(岩波講座歌舞伎・文楽二)、一九九七、岩波書店。(高力)猿猴庵『北斎大画即書細図・女謡曲採要集』、二〇〇四、名古屋市博物館。

(藤野　泰子)

おんなのおしおき 女の御仕置　幕府や藩が女性に科す刑罰。御仕置には、犯罪のいかんによって量刑の軽重があるが、寛保《かんぽ》二年(一七四二)、『*公事方御定書《くじかたおさだめがき》』(『御定書百箇条』)の規定にそって評定所《ひょうじょうしょ》が判定する。重刑には、獄門《ごくもん》や磔《はりつけ》などの極刑にあたる死罪から*遠島《えんとう》、永牢《えいろう》、入《いれ》墨《ずみ》、追放《ついほう》、敲《たたき》、手鎖《てぐさり》に至るまである。また敲に替わるものとして、過怠牢《かたいろう》というものがあり、十五歳の男子を含み、女性にのみ適用された。軽たたきは三十日、重たたきは百日に相当する。女の御仕置の中で、武家とそれ以外の身分の者とでは適用される法が違ってくる。たとえば、御仕置の中でも、妻の*密通については重刑の一つである死罪は免れない。この場合、相手の男性も死罪にはなるが、他の判例をみても、「女」特に「妻」という立場にある女性にとっては、不利になる判決が下されている。武家「妻」の密通が重大な罪と考えられていることは、近世社会の社会的秩序、規範を犯していることにほかならないからである。*家父長制《かふちょうせい》の最たる例が、女の御仕置にあった。

参考文献 池田信道『三宅島流刑史』、一九七六、小金井新聞社。関民子『恋愛かわらばん』、一九九六、はまの出版。

(宇佐美ミサ子)

おんなのたびにっき 女の旅日記　江戸時代の女性たちの旅日記は日次《ひなみ》旅日記・紀行文・参詣記《さんけいき》・花嫁道中記・入湯記《にゅうとうき》・吟行集《ぎんこうしゅう》・紀行散文・逃亡記・懐旧談《かいきゅうだん》など文章で綴《つづ》られたもののほか、道中金銭出入帳・小遣控帳《こづかいひかえちょう》など行先や旅の行程のわかるものも含め、題名の判明するものだけで三百点近く見出せる。旅の種類はさまざまで、寺社参詣や学問・諸芸の修行や湯治《とうじ》などみずからの意思でする自由な旅のほか、*家長の転勤あるいは自分の任務の

女の旅日記(山田音羽子『道中記』)

ためや、*婚姻や戦争の中での逃避行など、みずからの意思でない旅もある。旅日記からは女性たちの行動力や経済力、さらには旺盛《おうせい》な知識欲、古典への造詣の深さなどがうかがえる。また、関所や宿屋のようす、人々の暮らしなどさまざまな実態が見えてくる。風景・建物の造作・庭の見取り図・茶屋の女などをスケッチした絵入り旅日記もあり、*和歌や俳諧《はいかい》も随所に含まれ、旅日記は総合文芸作品であり、行動文芸ともいえる。さらに、旅日記は交通史・風俗史・生活史・観光史・物価史・産業史・建築史などの資料も提供する。

参考文献 柴桂子『近世おんな旅日記』(歴史文化ライブラリー)、一九九七、吉川弘文館。同『江戸期・女たちが歩いた中山道』(江戸期ひと文庫)、二〇〇三、桂文庫。

(柴　桂子)

おんなのみち　女の道　「夫に仕ふる道」のこと。*婦人の道ともいう。いわゆる、夫に従う道であり、「一度嫁いりしては、其の家を出でざるを女の道とすること、古聖《いにしえ》人の訓《おし》えなり、若《も》し女の道にそむき、去らるる時は、一生の恥なり」(『*女大学《おんなだいがく》』)、「都《すべ》て婦人の道は、和《やわ》らぎ従うにあり、夫に対するに顔色、言葉づかい、慇懃《いんぎん》に謙《へりくだ》り遜《ゆ》譲《ずる》べし、不忍《しのばず》して不順なるべからず、奢《おご》り驕《たかぶ》りて無礼なるべからず、是れ女子の第一なる務めなり」(『新撰増補女大学』)と記されているように、女=婦人は、結婚した女性を指している。それ故に、「貞操《ていそう》は女の道の第一なり」として、「貞操」を守ることが第一とされた。江戸時代を通じて善行者を表彰した孝義伝《こうぎでん》が各地で作られているが、そこに収められている女性の表彰事由についてみると、「女の道」を守ったことによって表彰されている事例が少なくない。「貞操」をはじめとする右に引用したような内容を含んだ「女の道」を守ることが模範的女性であるとされたのであった。だから、貞操・*貞節でない女性は「夫に仕える道」すなわち「女の道」を踏み外したものであり、「不貞《ふてい》」者として批判された。いずれにしても*家制度保持のためのものであり、「女の道」は一方的に女性に課せられたくびきであった。一夫一婦の枠組みのなかで、「貞操」を守らなくてはならないのは女のみであり、男には適応されなかったのが江戸時代であった。したがって「女の道」から外れた「不貞」は女にだけ適応する言葉である。しかし、現在は、一夫一婦を遵守《じゅんしゅ》することは男女双方に共通であると観念されることから、その「道」を外れた場合には男女を問わず「*不倫《ふりん》」という言葉が用いられるように時代は大きく変わった。

参考文献 石川松太郎編『女大学集』(東洋文庫)、一九九七、平凡社。菅野則子「江戸時代の「家」と女性」(『歴史と地理』四八四)、一九九五。

(菅野　則子)

おんなのよそおい　女の装い　最近、「きもの」(和服)姿の女性を見ることが少なくなった。冠婚葬祭や成人式・卒業式など限られた場所でしか目にしない。このきもの姿は*小袖《こそで》姿という装いがもとになっている。奈良・平安時代の貴族社会は中国から渡来した服飾文化を高度に進化させた。しかもその意匠《いしょう》には抜群の美的感覚がみてとれる。われわれが抱く平安時代の貴族の男女の装いはその絶頂期の服飾文化の象徴である。特に長大で寛潤《かんかつ》な*女房装束は、優雅であり、静的である。季節感や情緒といったものを演出する小道具として*紫式部の『*源氏物語』などの文学作品に現われることからも、当時の装いとその精神性が高度のものであったことは疑いない。ところで日本人の最初の服装は*貫頭衣《かんとうい》であるという。これは二枚の縦長の布地の長い方の辺を中央部分を除いて綴じ合わせ、綴じ合わせていない部分から頭を出す、というシンプルなものである。この被服構成を一工夫し、長い方の辺を半分程度だけ綴じ合わせたものが、小袖や、現代のきもののような*垂領《すいりょう》という襟元《えりもと》の形式の起源と推測される。次に、これに筒のような袖がつき、一枚だけ着たり、あるいは何枚も重ね、*肌着・間着《あいぎ》・上着(最上衣)がうまれる。これが小袖の起源であり、その文化の萌《ほう》芽《が》である。平安貴族の服飾文化が繁栄を極めている一方で、平安時代から鎌倉時代ころまで庶民や武士の女子の間でこうした服飾文化がゆっくりと成長しつつあった。なお、このころは麻や苧麻《ちょま》、葛《くず》などの植物繊維を素材とした布地の服で、比較的素朴な染織品が多かったが、括《くく》り染めや挟《はさ》み染めのような技法による文様も生み出されていた。これが平安時代末期、地方から生まれ、次第に中央権力と結び、政治の表舞台に出てきた武士層により大きく進歩を遂げる。京都に出てきた地方の武士層は、院や貴族の支配システムに組み込まれながら、同時に武士の世界観にはなかった種々の文化・風俗・習慣を生活に取り入れる。服装においても絹製品やその意匠などを取り入れた。その結果、中世末期から近世初期、流通経済の発達、都市への集住といったことを追い風に小袖は一大ファッションムーブメントとなる。慶長《けいちょう》小袖・寛文《かんぶん》小袖・元禄《げんろく》小袖などの名称は各時代ごとに固有の意匠が流行したことを示している。こうした流行はおびただしい数の「小袖雛形《ひながた》」と通称される見本帳を産出した。現代のフランスのパリ=コレのようなファッション性重視のものが多い。そのデザインは創意に満ち、現代の視点で見ても何の遜色《そんしょく》もない。小袖で興味深いことの一つに、髪型と帯の問題がある。室町時代末期以前、庶民や武士の女性の髪形は*垂髪《すいはつ》が主流であった。ところが同時期を境に後頭部にたぼをつくる*結髪《けっぱつ》に変わっていく。そしてこの結髪は髪を上方に結い上げる立兵庫《たてひょうご》や立島田《たてしまだ》といった髪型になり、そして、現代の時代劇で目にするような日本髷《にほんまげ》へと変化する。髪が結髪になると背中(後ろ身頃《みごろ》)があらわになる。すると身にまとった小袖を結んでいた紐や緒のような細いものが扁平《へんぺい》な帯へと変わる。帯が服を束ねる役割のみならず装飾性が助長されたのである。そしてそれまでは身体の前後、特に決まっていなかった帯の結び目が背中側に移動する。また文様も肩や裾、あるいは全体に小紋《こもん》のような細かい総文様《そうもんよう》主体であったものが、身頃上方から下方へ、前身から後身へとつづくような大胆で斬新なものが現われてくる。さらに帯の飾り結びが見られるようになる。帯はどんどん装飾的になり広幅のものが増えて結びにくくなり本来的な機能を失う。これを補うために付け帯や帯留《おびど》めが考え出され、さらなるファッション性が芽生えて現代のきものに至る。このプロセスは髪形の変化と小袖の文様と意匠、そして帯という三者が連動して展開していったことを示している。「おしゃれ」「洒落」といった生活を楽しむものへ段階的にゆっくりと変化していった様子がわかる、非常に興味深い例といえる。小袖は女性が一からその装いの美を構築した。災害や戦争、差別などを乗り越え、生活を楽しみ、その中で生きる女性たちの活力に満ちた服飾文化、ファッションムーブメントの象徴が小袖であり、現代の「きもの」の背景にある。

参考文献 『服飾史図絵』、一九六九、駸々堂出版。河鰭実英『有職故実図鑑』、一九七二、東京堂出版。井上泰男『衣服の民族誌—比較服装史序説—』、一九八二、文化出版局。国学院大学神道資料展示室編『装束織文集成—高倉家調進控—』、一九八三、国学院大学。井筒雅風『日本女性服飾史』、一九八六、光琳社出版。江馬務『江馬務著作集(普及版)』、一九八八・八九、中央公論社。鈴木敬三『有識故実図典』、一九九五、吉川弘文館。仙石宗久『十二単のはなし—現代の皇室の装い—(カラー判)』、一九九五、婦女界出版社。長崎巌「小袖からきものへ」(『日本の美術』四三五)、二〇〇二。髙田倭男『服装の歴史』(中公文庫)、二〇〇五、中央公論社。

(佐多　芳彦)

おんなのれいりょく　女の霊力　⇨妹《いも》の力《ちから》

おんなのれきし　おんなの歴史　*女性史の著作。もろさわようこの最初の著作として、一九六五年(昭和四十)に上巻、翌年に下巻が『おんなの歴史—愛のすがたと家庭のかたち—』として合同出版から刊行された。その後一九七〇年に未来社から上下巻が改めて刊行された。本書の「はしがき」で著者は、「現在の女たちの状況をあきらかにするためには、女たちがいままで生きてきた状況をたしかなかたちでおさえなければ、底浅いものになります。そんなおもいが、私を女の歴史へのめりこませてゆき、本書では、男女の愛情と家庭とのかかわりが主として考察のテーマになりました」と述べている。上巻では「原始社会のおんな—女はなぜ男に従属したか—」に始まり、古代・中世・近世について、下巻は近代について明治期と大正・昭和期に分け、最終章の「現代日本のおんな—その問題点—」まで、各時代の時代状況と男女関係について、文学作品や作家の生き方を題材にしながら心情を重視して叙述されている。本書は全国各地で学習会のテキストなどに利用されたという。著者のもろさわようこは女性史研究家、評論家。一九二五年(大正十四)に長野県に生まれ、地方紙記者や紡績工場内学院教師などを経て女性史の研究に取り組み始めた。以来、長野や沖縄に「歴史をひらくはじめの家」を開設して世話人代表になるとともに、平和運動や部落解放運動、農村の女性や売春婦を対象とした差別をなくす運動など地方に根ざしたさまざまな運動に取り組んでいる。代表的著作に本書のほか、『信濃《しなの》のおんな』全二巻(一九六九年、未来社)、『おんなの戦後史』(一九七一年、未来社)、『わわしい女たち—狂言・御伽草子《おとぎぞうし》にみる庶民像—』(一九七二年、三省堂)、『おんな・部落・沖縄』(一九七四年、未来社)、『おんなろん序説』(一九八一年、未来社)、また編集・解説した『ドキュメント女の百年』全六巻(一九七八・七九年、平凡社)がある。

(河原　彩)

おんなばかま　女袴　袴は古代初期から貴族女性の下着として用いられ、のちに上衣化して緋袴《ひばかま》となった。袴は明治初期に宮中女性服に定められて公的な服装と見なされるようになり、一般では女学校教員などが着用した。当初はズボン状の襠《まち》のあるものを使用したが、やがてスカート状の行燈袴《あんどんばかま》を女性用に小改良したものが定着する。

女袴(『風俗画報』1902年8月号より)

活動的衣服であったため、*華族《かぞく》女学校や東京女子高等師範学校をはじめ女学生の運動服や制服として流行した。

参考文献 小池三枝・野口ひろみ・吉村佳子編著『概説日本服飾史』、二〇〇〇、光生館。

(島川　雅史)

おんなぶんしょうけいこ　女文章稽古　西川祐信《にしかわすけのぶ》の挿絵をあしらった独特な女用文章(女性の手紙文例集)。享保《きょうほう》十三年(一七二八)刊の『女万葉稽古さうし』の増補・改題本で、『女教文章鑑《じょきょうぶんしょうかがみ》』が原題(「女文章稽古」は仮称)。林蘭作。西川祐信画。一巻。寛保《かんぽう》二年(一七四二)刊。「初春につかはす文章」から「歳暮の祝遣文章・同返事」までの五十六種の例文を載せ、それぞれ尊卑《そんぴ》上中下の違いに応じた三通りの文面を掲げるため、実質的な書状数は百六十八通。上中下の別を記号で示すのも特徴で、貴人向けを「桜」、同輩向けを「紅葉」、下輩向けを「若竹」、上下通用を〇印に「通」の字で表現する。当時の女性風俗を生き生きと描いた挿絵十三葉を掲げ、また、前付記事として「清少納言の事」「文言葉手引草」「文書様指南《しなん》抄《しょう》」「六根《ろっこん》の和歌絵抄」「月のから名字尽」「男名頭字尽」「女の名字尽」「女中言葉事」「法体の名づくし」「尼の名つくし」「五段がへし散し文」「三段がへし散し文」等を載せる。テキストは『往来物大系』九二(一九九四年、大空社)、『江戸時代女性文庫』補遺四(一九九九年、大空社)。

(小泉　吉永)

おんなほうこうにん 女奉公人　女性が奉公に出る目的は、武家宅での行儀《ぎょうぎ》見習《みならい》、*裁縫、厨房《ちゅうぼう》の下働き、*遊女奉公など多様である。一般的には、大店《おおだな》の娘や上層農民(名主クラス)の女性は武家へ行儀作法や教養を身につけるためのいわゆる見習奉公が中心である。『*守貞謾稿《もりさだまんこう》』によれば、女奉公人は、必ずしも武家の家だけではなく、中・小の商人の娘などは、大商人の*女中奉公にでることも多い。京・大坂などの大商人の娘が奉公することはあまりみられない。女奉公人には*腰元《こしもと》・中通・下ノ女の三様に大別され、中通も上(上女中)・下(下女中)とに区別され、上の女は主として裁縫に従事し、下婢《げひ》(下女中)は厨房の炊飯をもっぱらにするとある。女奉公人は、領内の町屋《まちや》に奉公することが多いが、江戸市中の場合、武家宅へ奉公するのは、相模・安房・総州の女性が比較的多くを占めている。年季は、半季奉公というのが一般的であるが、上婢(上女中)といわれる女奉公人は、半年給銀七、八十目。下婢(下女中)は半季で六、七十目。二年というのもあるが稀である。女奉公人の中でも、特殊なのは乳母である。俗称「オンバ」などと呼ばれ、文字通り「うば」「めのと」のことで、実母にかわって子どもにちちを飲ませ育てる役目を有す。また広く*主婦のような役割を果たすこともある。これも半年季で給銀は百目。女奉公人は給銀のほかに、日常使用する必需品、たとえば、衣類、日用品を給与される。男奉公人の場合は、奉公年季が、長年季にわたることが多いが、これは、商人の場合、大店から独立し、自店を開くからで、女奉公人との決定的な違いでもある。女奉公人の中で、年季についていえば、「遊女」のように*遊廓《ゆうかく》で働く奉公は例外で、遊女奉公は、前借金のため担保という性格もあり、完済まで奉公するということが多い。江戸市中で、奉公する女奉公人の中でも厨房で働く下婢(飯炊き)の中には、雑事を一手に引き受け、厨房での仕事をきりまわしている者もおり、これらの女性は、上婢(上女中)を上まわる多額な金額を支給されていることもある。

参考文献　喜田川守貞『守貞謾稿』、一九九二、東京堂出版。

(宇佐美ミサ子)

おんなむしゃ 女武者　⇩女騎《によき》

おんなものぐるい 女物狂　能楽《のうがく》の一ジャンルに「狂女《きょうじょ》物《もの》」があり、そのシテ=主役、多くは子を人商人に拐《かどわ》かされた母親が、狂女になって探し歩く筋立ての能で、その物狂いの芸態を見せることを眼目とする。観阿弥《かんなみ》の得意とした「嵯峨《さが》の大念仏の女物狂の能」から始まり、それを世阿弥《ぜあみ》が改作した『百万《ひゃくまん》』、同じく母が失った子を探す世阿弥作『桜川《さくらがわ》』『三井寺《みいでら》』があり、世阿弥の子の元雅《もとまさ》作の尋ねる子は死んでいた『隅田川《すみだがわ》』がある。男を恋い慕う*遊女の狂う『*班女《はんじょ》』、夫を恋い恨む狂乱の『砧《きぬた》』などがあり、その遊狂の芸が見せ場となり、衣の肩ぬぎが、狂乱を示す記号となっている。

参考文献　脇田晴子『能楽のなかの女たち—女舞の風姿—』、二〇〇五、岩波書店。

(脇田　晴子)

おんなもん 女紋　女性から女性へ継承される紋。実家の紋・里の紋・嫁の紋・母の紋などとよばれる。家紋ははじめ、公家では輿車《よしゃ》に、武家では旗幕や楯に用いられた。戦国時代、武家は家紋を部下に与え、紋章の有無によって身分の上下が分かれた。公の場合に用いられるのが定紋《じょうもん》で、将軍家諸大名の定紋はその家の正嫡《せいちゃく》が継承。家紋が衣服につけられるようになると装飾的になり、女性は実家の紋をそのまま、あるいは特別に作って*婚姻時の衣服・道具にほどこした。女紋は女親から娘へと母系で伝わり、財産権の表明と血筋の確認となる。武家の倫理、社会通念は江戸時代後半には民衆に浸透し、富裕な商家や在地の旧家で女紋の習慣が保持された。上方を中心とした商品流通経済の中で、西日本でも特に瀬戸内海周辺地域を中心に展開したらしい。女性には男性の介入を拒む内輪の世間があり、女紋の継承は女性の*親族たちの扶助連帯、一体感となる霊力の継承につながった。

参考文献　沼田頼輔『日本紋章学』、一九六八、人物往来社。近藤雅樹『おんな紋—血縁のフォークロアー—』、一九九五、河出書房新社。

(小和田美智子)

おんなゆうひつ 女右筆　貴人に侍して文筆を書くことをつかさどる者。享保《きょうほう》八年(一七二三)刊行の『*百人女郎《ひゃくにんじょろう》品定《しなさだめ》』には、武家に仕える*女房の記載に続き、女医者とともに記述されている。これより、独自の芸能をもつ比較的自立的な職業であるが、公家・武家に雇用される存在と解される。江戸城*大奥の御右筆は、定員五人、御次《おつぎ》のすぐ下の身分(おおむね二十段階に編成、その十一番目に相当)である。職掌《しょくしょう》は、御広敷《おひろしき》にあって文書を担当し、また外部の進物について*御年寄《おとしより》の相談に与《あずか》った。給与として、寛政年間(一七八九—一八〇一)に作成の『大奥女《おおおくじょ》中分限帳《ちゅうぶげんちょう》』(『女中分限帳』)によると、切米《きりまい》八石《こく》、御合力金《ごこうりょくきん》二十五両、御扶持《ふち》三人扶持、炭三俵、薪《たきぎ》八束、湯之木《ゆのき》六本、油一升八合、五菜銀《ごさいぎん》百二十一匁二分が支給されている。

参考文献　谷川健一編『日本庶民生活史料集成』三〇、一九八二、三一書房。脇田晴子・S・B・ハンレー編『ジェンダーの日本史』下、一九九五、東京大学出版会。高柳金芳『大奥の秘事』(江戸時代選書三)、二〇〇三、雄山閣。

(神田　裕理)

おんならくあみ 女楽阿弥　天正狂言本《てんしょうきょうげんぼん》(天正六年(一五七八))にある女狂言《おんなきょうげん》。ある男(楽阿弥)の妻が夫の妾《しょう》宅通いを悋気《りんき》したため、夫は仏道修行に出るとて出奔《しゅっぽん》してしまう。妻と妾は協力して、男を探し出し、なだめすかして連れ帰るのだが、手車《てぐるま》に乗せて陽気に囃《はや》しつつ帰る道すがら、二人で男を振り落としてしまう。男は腰をさすりつつ退場、という、中世の「手強《てごわ》い女」の肖像である。近世の大蔵流《おおくらりゅう》虎明本《こめいぼん》(寛永十九年(一六四二))では、古女《こけ》房が夫の機嫌をとり続けながらも虚仮にされる『鈍太郎《どんだろう》』に変貌してしまった。

参考文献　黒田弘子『女性からみた中世社会と法』(歴

史科学叢書)、二〇〇二、校倉書房。　(藤野　泰子)

オンブ　オンブ　おぶうということは、古今東西にみられる人間が人間を背負って運搬する手段の一つであるが、このしぐさに歴史的意味づけがなされたことからオンブと片仮名表記された。さまざまなオンブがあるが、男女間で行われる場合には特別な意味合いを持ち、性愛を表現するしぐさともなる。主に絵巻物《えまきもの》などの*絵画史料や*狂言《きょうげん》などの芸能史料にみられるオンブが研究対象となった。鎌倉時代の絵画史料のなかのオンブにはじめて着目したのは、中世史の保立道久《ほたてみちひさ》である。保立は、当時の男たちが支え棒を使って、弱者でかつ親密な間柄の女を日常的に背負っており、時には走ることもできる身体的な技術・能力を有していたことを絵画史料から読み解いた。それはあたかも中世の屈強《くっきょう》な男たちの、弱者＝女性を助ける「*フェミニズム」的行動であったかのようだともいう。では芸能史料、中世後期に誕生した猿楽《さるがく》(能楽《のうがく》)のなかの狂言ではどうか。江戸時代になって猿楽が式楽《しきがく》に認定されると、狂言の各流派は詳細な台本を作成する。それが今日の狂言の原型で、それらは古台本《こだいほん》と通称される。そのうちの特に大蔵《おおくら》流の十数曲にそのしぐさはみられる。この狂言のオンブと絵画史料との決定的差異は、絵画が男によるオンブしか描かなかったのに対して、女もまた男を背負うところにあった。しかもその割合はほぼ半々なのである。したがって絵画分析から導き出された「フェミニズム」説はここには当てはまらない。場面的には、求愛話や、夫婦喧嘩《けんか》の仲直りなどで演じられ、そのしぐさの直前には必ずといってよいほど、「ねえ愛《いと》しいひと、こちらへきて」などの愛情表現の文言が、そして時には「口をすふて」などのしぐさもあることから、性的勧誘のしぐさであったことは明瞭《めいりょう》である。近世の古台本がこのような意味合いのオンブをひろく採用したのは、中世狂言に特有の、しばしば爆笑を誘う破局型《はきょくがた》の留《と》めを嫌って、幕府お抱えの式楽にふさわしい、おだやかな楽しい和楽《わらく》型《がた》の笑いに変えていったことによる。こうした性を笑い楽しむことは、古代以来の祭に共通するものであり、そもそも狂言などの芸能は祭において神に奉納《ほうのう》されるものであったから、そのしぐさに違和感はなかった。芸能ではあれ、生活に密着したところに生まれた狂言の性格を考えると、性的勧誘という性愛表現が男性同等に女性からも積極的に行われていたことは、古台本の作られた、近世前期以前の性愛にかかわる*ジェンダー(男女関係性)の大きな特徴としてとらえられるだろう。なお現行狂言は、基本的には古台本を継承するが、このオンブのしぐさについては、採用していない。

参考文献　保立道久「さまざまなオンブ」(『中世の愛と従属』一九八六、平凡社)。黒田弘子「女のオンブ・男のオンブ—中世のセクシュアリティー—」(黒田弘子・長野ひろ子編『エスニシティ・ジェンダーからみる日本の歴史』二〇〇二、吉川弘文館)。
(黒田　弘子)

か

かいか　改嫁　鎌倉幕府法で、夫と死別した*後家《ごけ》が、他の男性と再婚すること。夫から離別された女性が再婚する行為と区別している。このことは鎌倉時代の武家社会では、生前贈与を原則とし、夫は生存中に、妻にも所領等の贈与が行われたので、後家が改嫁する場合、夫が生存中に妻に譲っていた所領の処理法を定めておく必要があったことによる。このことについて、『貞永式目《じょうえいしきもく》』第二十四条に規定があり、後家は夫の死後、すべてを抛《なげう》って夫の後世を訪《とぶら》うべきであるが、もし後家が改嫁する場合は、夫より譲られていた所領等の権利をすべて放棄した後に改嫁すべきであると定めている。そして放棄された所領は、亡夫の*子息に与えられ、子息がいない場合は、別の計らいをすると定められている。そこで後家が改嫁すれば、後家が保有する夫から譲られた所領が、多くの場合、後家の実子でない亡夫の子息に所有権が移ることになった。そこで改嫁しようとする後家は、亡夫の子息に所有権が移ることを防止するため、まだ年若く、病気でもないにもかかわらず病気と偽って、自分の意中の者に所領を譲与した後に改嫁する後家が現われた。そこで暦仁《りゃくにん》元年(一二三八)十二月十六日の追加法で、重病危急になった後家でなければ、所領の譲与を認めないとした。これは後家側に不利な追加法である。一方亡夫の子息は、後家が改嫁すれば、所領等が自分たちに所有権が移ることになるので、後家が改嫁していると主張し、後家は改嫁しているとの子息の訴えは無実であると反論した。このように後家の改嫁の有無をめぐって、亡夫の子息と後家との間で相論《そうろん》が多発することになった。『貞永式目』には、何をもって改嫁と認めるかとの基準が示されていなかったので、延応《えんおう》元年(一二三九)九月三十日の追加法によって、後家が改嫁先の所領成敗《せいばい》、家中の雑事を行なっていることが明らかになった場合にはじめて改嫁と認定され、単なる風聞等だけでは改嫁と認めないとした。これは後家側に有利な追加法である。ところがこの追加法を悪用し、実際は改嫁しているにもかかわらず、改嫁は単なる風聞に過ぎないと主張する後家が多く出現するようになったため、弘安《こうあん》九年(一二八六)七月二十五日の追加法によって、「内々の密議」であっても改嫁と認定すると改めている。これは亡夫の子息側に有利な改定である。この追加法によって、後家は改嫁の有無にかかわらず、夫から譲られた所領を保持することが困難となった。さらに後家の改嫁ばかりでなく、離別された女子の再婚の場合も、後家の改嫁の場合に準じて、前夫より譲られた所領の放棄が再婚のための条件となっている。これは『貞永式目』の第二十一条の、罪科がない妻妾《さいしょう》が、夫から離別された場合は、夫から譲られていた所領を返す必要はないとした規定を改変するものであった。このような幕府法の改定の理由には、女子一期知行制《いちごちぎょうせい》への移行による、女子の所領知行を制限する社会的傾向が反映したものと思われる。

参考文献 佐藤進一・池内義資編『中世法制史料集』一(補訂版)』一、一九六九、岩波書店。植木直一郎『御成敗式目研究』、一九七六、名著刊行会。『中世政治社会思想』上(日本思想大系新装版)、一九九四、岩波書店。瀬野精一郎「鎌倉時代における改嫁と再婚」(総合女性史研究会編『日本女性史論集』四、一九九八、吉川弘文館)。

(瀬野精一郎)

かいがしりょう　絵画史料　多面的な歴史像を構築するための素材として、あるいは研究対象として、絵図・エンブレム・写真・映像などと並び豊かな歴史情報を有する絵画は、一九八〇年代以降日本史研究の分野において脚光を集めた。ことに、文書・記録(日記)といった文献史料に手がかりが比較的乏しい民衆、周縁的身分・階層の人々への着目が促された。性や*セクシュアリティにかかわる身体観、習俗や作法、しぐさなどへの関心の深まりは、当然のことながら*女性史、ジェンダー史、あるいはマイノリティー史の動向と連動している。中世史の分野では、絵巻や屏風絵、掛幅画《かけふくが》に描かれた女性、*子どもや老人、稚児《ちご》、非人、猟師・漁民、「異国」や「異界」の人々の表象が分析され、身分や職業、ジェンダー、民族や地域にかかわる社会的諸集団の権力関係や交渉が追究されて成果を上げてきた。さまざまな時代の肖像画・写真の研究も著しく進展した。その一方で、絵画の史料としての位置づけ、方法論をめぐっては論争が生じている。すなわち絵画史料を手がかりに歴史的な出来事・事実を探究しようとする立場と、一定の制作・享受《きょうじゅ》の文脈において構築された「表象」に込められた意味を批判的に探究しようとする立場との間のずれである。後者の立場をとる美術史研究は、絵画・視覚表象の内外にはりめぐらされた権力関係を問題化する英語圏の美術史研究の潮流(ニュー＝アートヒストリー)に強い影響を受けている。そこでは、研究者自身の関心や方法の来歴を問い直す作業と、絵画を生み享受した過去の社会の価値体系や共同体の感性を解明する作業とが併行してきた。もとより、画面を織り成す図像、その構造が享受者に伝える意味を明らかにし、個々の作品の社会的機能を支える歴史的文脈、享受の場を歴史的に復元するという課題は、絵画史料を扱う研究者によって共有されている。ただし、美術館・博物館の展示や図版を通じて、絵画はそれを制作・享受した人々や共同体の偏見や欲望を現在に伝える力を帯びるため、「事実」の提示ではすまされない問題をはらむ。文化理論といった近代の視点と方法を用い、歴史の再構成に批判的にかかわることの是非、可能性をめぐる議論の深化が緊要《きんよう》であろう。

参考文献 千野香織「醜い女はなぜ描かれたか―中世の絵巻を読み解く「行為体」とジェンダー―」(『歴史学研究』七二九)、一九九九。黒田日出男『(増補)姿としぐさの中世史―絵図と絵巻の風景から―』(平凡社ライブラリー)、二〇〇二、平凡社。黒田弘子「女性史と歴史学」(『女性からみた中世社会と法』二〇〇二、校倉書房)。池田忍「日本美術史と「女」」(『歴史評論』六三四)、二〇〇三。藤原重雄「中世絵画と歴史学」(石上英一編『歴史と素材』二〇〇四、吉川弘文館)。

(池田　忍)

かいごきゅうぎょう　介護休業　⇩育児《いくじ》・介護休業法《かいごきゅうぎょうほう》

かいこやしない　蚕養　⇩養蚕《ようさん》

がいこんせい　外婚制　自分の帰属する集団以外から配偶者を求めるという婚姻《こんいん》規制の一種。*近親婚禁忌《きんしんこんきんき》(インセストタブー)も見方によっては近親外婚制といえるが、一応区別はされていて、典型的なのは氏族外婚制である。これと対比的な内婚《ないこん》には、階級・地域・宗教・職業・民族などの内部で婚姻することを選好し、外部との*婚姻を抑制する、という規制があり、内婚は往々にして集団の排他性《はいたせい》を意味している。「族内婚制」という場合は、いくつかの氏族が集まってできる血縁的村落(部族)の内部での婚姻を原則とする、という部族内婚を主に意味する。もし内婚を繰り返す血縁集団があったとすれば、それは父系・母系双方の血縁が入り交じった性格の集団的な*親族となり、単系出自集団の原理とは相反するものである。さて、氏族外婚制は単系出自集団の属性といえるもので、集団成員の単系出自を維持する目的で内婚を排して血縁結合を純化するため、強固な単系制社会では選好や志向でなく明確な外婚規制を持っている。成員の*系譜関係が明らかな最小の出自(血縁)集団であるリニージ(たとえば中国の「宗《そう》」)を単位とするものから、系譜関係は不明でも父系(母系)の同祖であることが認知されている氏族(クラン)を単位とするもの、すなわち朝鮮の同姓同本貫の「門中《もんちゅう》」や中国の古い時期の「同姓」といった大きな出自集団が外婚単位となるものもあり、外婚の規制範囲は大小さまざまである。外婚の特徴は、外部の他集団に対して開放的であって、配偶者を求めて共存的であり、モノの交換においても互酬《ごしゅう》的であり、これらの出自集団を取り巻く大きな部族の規模では、婚姻が完結するような内婚制を伴っている。ただ、日本社会では、アイヌの場合を除外して、外婚制の存在は確かめられず、したがって社会一般に広範な単系出自集団の成立は困難であった、と考えられる。支配者層には出自集団が成立していたにしても、特に外婚規制はなかったようである。

参考文献 エドワード＝アレキサンダー＝ウェスターマーク『人類婚姻史』(江守五夫訳)、一九七〇、社会思想社。大林太良「外婚制」(青山道夫他編『(講座)家族』三、一九七三、弘文堂)。中根千枝「沖縄・本土・中国・朝鮮の同族・門中の比較」(日本民族学会編『沖縄の民族学的研究—民俗社会と世界像—』、一九七三、民族学振興会)。

(明石 一紀)

がいしないしんのう　愷子内親王　一二四九—八四　鎌倉時代の伊勢斎宮《いせのさいぐう》。後嵯峨《ごさが》天皇の第二皇女。母は藤原俊《ふじわらのとし》盛《もり》の女《むすめ》。建長元年(一二四九)誕生。亀山《かめやま》天皇の治世である弘長《こうちょう》三年(一二六三)十二月四日に*斎宮に卜定《ぼくじょう》され、文《ぶん》永《えい》元年(一二六四)九月に伊勢へ群行した。同四年六月三宮に准《じゅん》ぜられ、同九年父後嵯峨上皇の崩御《ほうぎょ》によって退下《たいげ》、帰京した。愷子内親王が伊勢へ群行した最後の斎宮であった。弘安《こうあん》七年(一二八四)二月、三十六歳で死去した。なお『*とはずがたり』は彼女と異母兄後深草院との*密通を記している。

参考文献 『歴代皇紀』(改定史籍集覧一八)。『一代要記』(改定史籍集覧一)。『本朝皇胤紹運録』(群書類従五)。

(林 薫)

かいしゅん　買春　⇩買売春《ばいばいしゅん》

かいたいとどけ　懐胎届　妊娠届。貞享《じょうきょう》四年(一六八七)「生類憐《しょうるいのあわれ》み令《れい》」の一環として*捨子《すてご》が禁止された。捨子の防止策として懐胎届が行われるようになるが、十八世紀半ば以降は人口政策として用いられた。農村人口の停滞減少に危機感を持った幕藩領主は、その原因として*間引《まび》きと*堕胎《だたい》を措定《そてい》し、育児奨励と間引き・堕胎の禁止策を取った。その方法として妊娠三ヵ月または四ヵ月で懐胎届を提出させ、出生届を受けて育児手当を支給した。関東・奥州の幕領では竹垣庄蔵直清《たけがきしょうぞうなおきよ》・岡田清助恕《おかだせいすけはるか》・寺西重《てらにしじゅう》次郎封元《じろうたかもと》らの代官が懐胎届と出生届を育児奨励に組合せた施策をとった。大名領では仙台藩・津山藩などが緻密《ちみつ》な規定を作って厳しい管理体制を敷いたことで知られる。妊娠した者に漏れなく懐胎届を出させるための監視を定め、三ヵ月または四ヵ月までに懐胎届の提出を義務付け、時には出産に役人が立ち合うことまでした。死産流産の場合は、その経過や薬の処方、死胎《したい》の検分まで行なっていた。

参考文献 桜井由幾「間引きと堕胎」(林玲子編『女性の近世』一九九三、中央公論社)。沢山美果子『出産と身体の近世』、一九九八、勁草書房。

(桜井 由幾)

かいたにやおこ　貝谷八百子　一九二一—九一　昭和時代のプリマバレリーナ。一九二一年(大正十)一月二十七日、福岡県大牟田《おおむた》市生まれ。幼時から舞踊に親しみ、十四歳で上京してエリアナ＝パヴロバの門に入る。一九三八年貝谷八百子バレエ団を結成しスターダンサーとしてデビュー。戦後は全国縦断《じゅうだん》の移動バレエ公演をするなどバレエの普及に貢献。五十代で新しいメソッドに挑戦する意欲の持ち主だった。一九五七年弟子の高本典太《たかもとてんた》と結婚。一九六五年貝谷芸術学院創立、門下生は二万人にのぼる。一九九一年(平成三)三月五日死去。

参考文献 『女性芸術家の人生』一〇、一九八〇、集英社。『日本のバレリーナ—日本バレエ史を創ってきた人たち—』、二〇〇三、文園社。

(江刺 昭子)

かいとうしょこくき　海東諸国紀　朝鮮王朝の日本・琉球に関する研究書。国王成宗《せいそう》の命で、領議政申叔舟《りょうぎせいしんしゅくしゅう》が編纂。一四七一年成立。一巻。「日本国紀」「琉球国紀」「朝《ちょう》聘応接紀《へいおうせつき》」「付録」などから構成され、日本・琉球・朝鮮三浦《さんぽ》の地図を収める。「日本国紀」の「国俗」の箇所には、富人は帰るところのない女子を引き取り、衣食を給して容飾させ、*傾城《けいせい》と号して、過客《かかく》を引いて宿に留め、酒食をもてなして直銭を収めさせるという記述がある。男女のお歯黒にも言及している。テキストは『海東諸国紀』(田中健夫訳注、岩波文庫、一九九一年、岩波書店)。

参考文献 関周一「朝鮮王朝官人の日本観察」(『歴史評論』五九二)、一九九九。

(関 周一)

かいばらえきけん　貝原益軒　一六三〇—一七一四　江戸時代前期の儒学者。福岡藩士。妻は東軒《とうけん》。江戸勤務中の父を手助けするために上府した際、林鵞峯《はやしがほう》を訪ねて儒学を志し、京都遊学中に山崎闇斎《やまざきあんさい》・木下順庵《きのしたじゅんあん》・中村惕斎《てきさい》ら朱子学者や、本草学《ほんぞうがく》者である向井元升《むかいげんしょう》らとも交際した。朱子学の立場を基軸にして、博学《はくがく》を重んずる姿勢から儒学・本草学・子女教育にわたる、さまざまな著作を著《あら》わしている。朱子学の「格物致知《かくぶつちち》」の立場を重視する視点と京都の本草学者との交流の中で、実験的な立場から本草学の著書を著わした。彼の思想の特徴は万物の生育を朱子学的な立場で捉《とら》えるところにあり、特にみずからの経験を踏まえて著わされた、『益軒十訓《えきけんじっくん》』の中の『養生訓《ようじょうくん》』は、精神修養と自然療法を主とした健康法を著わしたものとして有名である。朱子学者として、生得《せいとく》の人間性を尊重し、精神修養を重んじて道徳的な行動をとるようになることや、人間関係に「愛」を重視する立場をとった。子女教育書である『和俗童子訓《わぞくどうじくん》』では子供の遊戯《ゆうぎ》本能を重視して教育することを説き、*女子教育についても「女子を教ゆる法」において、女子の教育についても心得は、「大よう男子とことなる事なし」として、彼自身の人間観から女子にも男子と同様に「性」を尊重した教育を受ける必要があるとの立場から女子教育の心得が書かれている。江戸時代に流布した『*女大学《おんなだいがく》』は、貝原益軒著として版を重ねられたが、『女大学』は『女用智恵鑑《じょようちえかがみ》』の「新《しん》女訓抄《じょくんしょう》」との類似点が多いことが明らかにされている。益軒の女子教育観では、基本として男女の区別なく人間性を尊重し、温情・愛を重視し、『女大学』で強調される女性の「邪悪」性を矯正《きょうせい》することが主眼ではない。益軒自身は、男女の「性」にことさらに優劣を付けることを強調したわけではなく、女子の「性」を江戸時代の社会における女性役割に合わせて伸ばすことを重視していたといえる。

参考文献 石川松太郎編『女大学集』(東洋文庫)、一九七七、平凡社。小泉吉永「『和俗童子訓』から『女大学』へ—「新女訓抄」からの考察—」(江森一郎監修『江戸時代女性生活研究』一九九四、大空社)。中野節子『考える女たち—仮名草子から「女大学」—』、一九九七、大空社。

(桑原　恵)

かいばらとうけん　貝原東軒　一六五二—一七一三　江戸時代前期の学者。*貝原益軒《えきけん》の妻。筑前秋月《ちくぜんあきづき》藩士江崎広道《えざきひろみち》の娘。名は初《はつ》。字は得生。東軒は号。教養・人格ともに優れ、漢学の素養《そよう》が豊かで儒学の古典に通じ、和歌にも秀でていた。また、書も巧《たく》みであった。益軒は諸国を遊歴して多くの遊歴記を著わしているが、その作成過程においても東軒の助けが大きかったといわれている。益軒も書が巧みであり、二人合作の軸がある。江戸時代の儒学者伊藤東涯《いとうとうがい》がその軸の書を評して、益軒の書は好ましい趣《おもむき》があり、老年になっても書が衰えていない、また、東軒の書は中国の著名な女性書家である衛《えい》夫人の書に匹敵するほどであり、さらに東軒の賢さは中国の賢夫人として評価される孟光《もうこう》と等しいと絶賛されている。江戸時代の儒学者の妻として高く評価されると同時に、彼女自身の教養・書の巧みさが高く評価されていることを示すものといえる。

参考文献 竹林貫一編『漢学者伝記集成(復刻)』、一九七七、東出版。

(桑原　恵)

かいひめ　甲斐姫　生没年不詳　戦国時代の武蔵忍城《むさしおしじょう》(埼玉県行田市)城主成田氏長《なりたうじなが》の娘。妹とする伝えもあるが、氏長の年齢から娘とするのが妥当。良質史料にはみえないが、三姉妹の長女で、氏長留守中の居城防衛に奮戦したこと、その武勇と美貌《びぼう》が豊臣秀吉の目にとまり、*側室になったこと、秀吉への取りなしにより成田氏の存続が果たされた、といったことが、場面を変えつつ複数の所伝がある。小田原合戦後、下野烏山《しもつけからすやま》三万石余の大名として存続する過程で、大きな役割を果たしたのだろう。

参考文献 槇島昭武『関八州古戦録』(改定史籍集覧五)。「成田系図」(『鷲宮町史』史料四、一九八三)。

(黒田　基樹)

かいまみ　垣間見　物の隙間《すきま》から覗《のぞ》き見ること。用語例は古く、『*古事記』『日本書紀』には、*豊玉姫《とよたまびめ》が夫に*出産の姿を「かきまみ」されたことを恥じ恨み本国に去ったとある。垣間見は男女ともに、また日常的な場面でも見られる行為だが、平安時代の物語などでは、特に恋の契機として男性による女性の垣間見を設定することが多く、早くから恋物語の一類型として定着していたらしい。禁じられた対象をひそかに見るという一種の侵犯性を持つ行為であることから、身分違いの男女の恋など禁忌《きんき》の恋物語の発端としても多用された。『*伊勢物語』『*うつほ物語』『*源氏物語』(いずれも『新編日本古典文学全集』に収録)その他に垣間見の例がみられる。

参考文献 藤井貞和『物語の結婚』、一九八五、創樹社。河添房江「〈ゆかり〉の身体・異形の身体」(『論集平安文学』四)、一九九七。

(佐藤　厚子)

がいむしょうきみつろうえいじけん　外務省機密漏洩事件　一九七二年(昭和四十七)、沖縄返還交渉の中で、アメリカが払うべき軍用地復元補償費四百万ドルを日本が肩代わりするという日米間の密約を記した「外務省公電」が外務省事務官蓮見喜久子《はすみきくこ》によって毎日新聞記者西山太吉《にしやまたきち》に流されていたことが国会で問題化され、蓮見が国家公務員法違反に問われた事件。この事件の本質は、政府が事実を隠し、「国民の知る権利」を無視した点にあるにもかかわらず(二〇〇〇年(平成十二)、二〇〇二年に「密約」の全貌を語る米側秘密文書がつぎつぎに明るみに出た)、「ひそかに情を通じ」た記者の取材方法と、そのかされた女性秘書の公務員逸脱《いつだつ》行為という問題にすり替えられてしまった。第一審で蓮見は有罪、西山は無罪となり、最高裁まで争われた。蓮見側弁護人ははじめから「罪」を認め、人権擁護《ようご》の措置《そち》は一切とらなかった。「蓮見さんのことを考える女性の会」が結成され、事件のからくりを見きわめるよう呼びかけたが、蓮見は応答しなかった。

参考文献 溝口明代・佐伯洋子・三木草子編『資料日本ウーマン・リブ史』二、一九九四、松香堂書店。沢地久枝『密約—外務省機密漏洩事件—』(岩波現代文庫)、二〇〇六、岩波書店。西山太吉『沖縄密約—「情報犯罪」と日米同盟—』(岩波新書)、二〇〇七、岩波書店。

(三宅　義子)

かいわ　貝輪　⇩イモガイ

かえつたかこ　嘉悦孝子　一八六七—一九四九　明治から昭和時代の教育者。女子商業教育の先駆者。熊本県の実業家・政治家の子。父経営の製糸工場で*女工を体験後、二十一歳で上京し成立学舎《せいりつがくしゃ》女子部(神田)卒業。一九〇三年(明治三十六)女子商業学校(のち日本女子経済短大、嘉悦学園)創立。「怒るな働け」を教育理念に*主婦役割を重視した女性の商業実務教育を行う。著書に『家政講話』(近代女性文献資料叢書、一九九七年、大空社)がある。

参考文献 嘉悦康人『嘉悦孝子伝—明治・大正・昭和を生きた女流教育家—』、一九九五、嘉悦学園。三好信浩「嘉悦孝子の女子商業教育論」(『日本の女性と産業教育

―近代産業社会における女性の役割―』二〇〇〇、東信堂)。

(影山　礼子)

かかあでんか　かかあ天下　夫より妻の力が強いことをいう。十返舎一九《じっぺんしゃいっく》『続膝栗毛《ぞくひざくりげ》』十編、上州草津温泉道中雪隠《せっちん》騒動のくだりに「此女も上州者故気が強く、大声を揚げて喚きながら」との記述がみられる。「前橋に俗謡あり」として「上州名物御存じ無いか、嚊天下《かかあてんか》に、空つ風」と書いたのは、一九一一年(明治四十四)の横山健堂《よこやまけんどう》『新《しん》人国記《じんこっき》』である。*養蚕・*機織業がもっぱら女性の手で行われ生計を支えているため「一家の主権、全然、嚊天下に帰す」とする。上州では享保期から天明期にかけて*小農経営が確立、農間余業として女性は蚕稼ぎ、絹・真綿・麻布織りに従事した。また養蚕の季節、*日雇奉公人である「蚕女《かいこおんな》」として雇用されることもあった。これらは現金収入となり家計に占める割合は高かった。なかでも桐生《きりゅう》では機屋が専業化、天保元年(一八三〇)には奉公人七百八十七人中女性は三百四十八人で、その多くは機織り工女であった。養蚕・製糸・機織業は女性労働力に支えられ、*家族内でも女性の地位は高かったといえる。

参考文献　『群馬県史』通史編六、一九九二。西垣晴次他編『群馬県の歴史』、一九九七、山川出版社。

(椙山　聖子)

かがい　嬥歌会　⇨歌垣《うたがき》

カカザ　カカザ　囲炉裏《いろり》の坐《ざ》の名称で、*主婦が座る場所をいい、主婦の地位を象徴するものの一つ。囲炉裏は煮炊きをする場所であるとともに、*家族が食事をしたり団欒《だんらん》をする場所としても機能していた。家族のおのおのが座る場所は明確に決められており、*家長の座る坐を横座《よこざ》と呼んで家長以外には坊主と猫だけが座れるといわれた。このほか客が座るための客座《きゃくざ》、出入り口の末座《まつざ》でたき物を置く木尻《きじり》などがあった。主婦が座るカカザは家長の左または右手に位置し、主婦はこの場所に座って火の管理をするとともに、煮炊きをし、食物の分配をした。主婦の地位にない嫁がこの坐に座って食物の分配をすることは主婦の座の明け渡しを要求する行為と解釈されるので、嫁がこの坐に座ることは固く戒《いまし》められた。

(倉石あつ子)

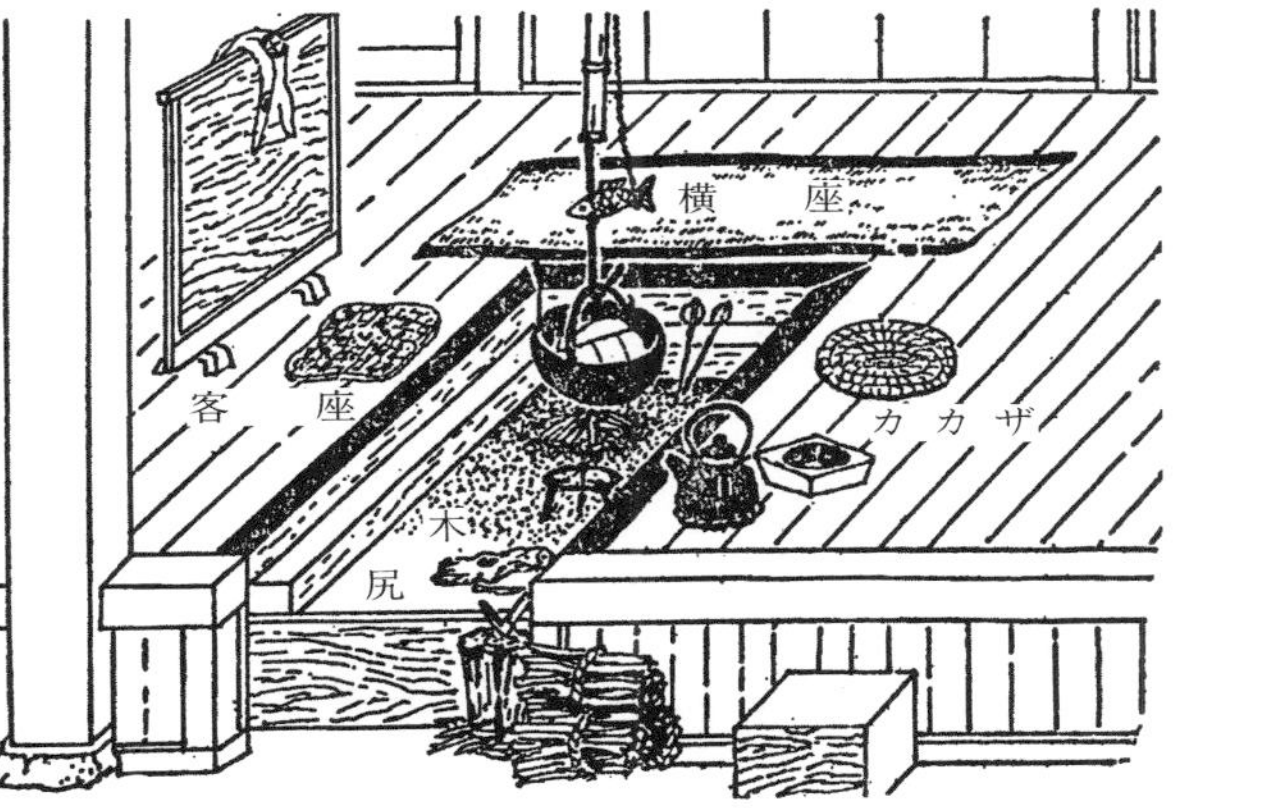

カカザ　囲炉裏の坐名

かがにょ　賀歌女　室町時代の曲舞《くせまい》の流派。加賀女とも書く。世阿弥《ぜあみ》の『五音《ごいん》』には曲舞の流派には上道《じょうどう》・下道《げどう》・西岳《さいがく》・天竺《てんじく》・賀歌女があり、賀歌女の祖は南都の*女曲舞*百万《ひゃくまん》で、その末流の乙鶴《おつづる》から観阿弥《かんあみ》は曲舞を習ったとある。また、賀歌女の流派のみが曲舞の舞手として残り、祇園会《ぎおんえ》には久世舞車《くせまいぐるま》が出て、その上で曲舞を舞ったともある。賀歌は賀の祝いにあたり、長寿を祝った歌のことで、曲舞にも同様に祝儀の意味があり、賀歌女の名が生まれ、その後国名の加賀女に転化し、人名のように認識されたと思われる。

参考文献　『世阿弥・禅竹』(日本思想大系新装版)、一九九五、岩波書店。

(盛本　昌広)

かがのちよ　加賀千代　一七〇三―七五　江戸時代中期の俳人。加賀国松任《まっとう》(石川県松任市)の表具師《ひょうぐし》福増屋《ふくますや》六左衛門の娘。金沢の町年寄喜多村屋に奉公したとき喜多村屋の娘珈涼《かりょう》に俳諧《はいかい》を学んだといわれる。若いときに美濃派の俳人各務支考《かがみしこう》や伊勢派の俳人中川乙由《おつゆう》らと交流し、全国に名が知れ渡った。結婚し一子を設けたが夫と子に先立たれ、実家に復帰し、剃髪《ていはつ》して俳諧と浄土真宗《じょうどしんしゅう》の信仰の道に生涯を過ごす。珈涼としばしば旅に出たり、親鸞《しんらん》の大法会に京へ上るなどした。奥の細道や江戸へも訪れたというがその記録はない。千代女の旅日記として『吉崎紀行《よしざききこう》』がある。五十二歳ごろ素園《そえん》と名を改めた。生前に『千代尼句集』や『俳諧松の声』などが刊行されて名が広がり、加賀を訪れる俳人たちのほとんどは千代のもとに立ち寄った。幼い童たちの教草《おしえぐさ》ともいうべき『女《おんな》古状揃園生竹《こじょうぞろえそのうのたけ》』(高井蘭山編)に千代の「四民の文」が載せられており、士農工商それぞれの女たちの生き方が述べられている。絵も能《よ》くし俳画を残す。作品は『加賀の千代全集(増補改訂版)』(中本恕堂編、一九八三年、北国出版社)に収められている。

加賀千代(栗原信充『肖像集』)

参考文献　山森青硯『坂尻屋珈涼』、一九七四。菅野則子「加賀千代女四民の文から」(歴史科学協議会編『女性史研究入門』一九九一、三省堂)。

(柴　桂子)

かがみ　鏡　容姿や物の像などを映し見る道具。やがて手本・模範などの意味が含められる。その場合には「鑑」とも書く。鏡は、古来から三種の神器《じんぎ》として特別の権威付けが行われていた。江戸時代、鏡は、櫛《くし》と並んで身だしなみを整えるものとして女の所持品としても重視された。古鏡は、柄がなく、紐鏡《ひもかがみ》とも鬢鏡《びんかがみ》ともいわれたが、時代が下るにつれ、柄鏡《えかがみ》が、さらには合鏡《あわせかがみ》・姿見《すがたみ》・懐中《かいちゅう》鏡《かがみ》なども作られるようになる。善行者や、勉学に励んだものへの褒美《ほうび》に、特に後者のようなとき、男には、筆や墨などが与えられるのに対して、女には、櫛や反物《たんもの》、時には鏡が与えられたりした。鏡は女の心を映し出すものであるという神秘性および神聖であるという権威付けとも結び合わさって、被表彰者にありがたさを意識させた。また、女性を教戒する*女訓書《じょくんしょ》の題名に、『*女今川操鑑《おんないまがわみさおかがみ》』また、『女式目鏡草《おんなしきもくかがみぐさ》』『女大学操鏡《おんなだいがくみさおかがみ》』、明治になってからでも『*婦《ふ》女鑑《じょかがみ》』などのように「鏡」「鑑」の文字が付けられていることが多いのも、女性と鏡との密接な関わりを示している。

参考文献 生川正香『近世女風俗考』、一九七九、和泉書院。菅野則子「落語にみる女と男」(『帝京史学』一九)、二〇〇四。

(菅野 則子)

かがみのおうじょ　鏡王女　?—六八三　七世紀の歌人。鏡姫王《かがみのひめみこ》・鏡女王《かがみのおおきみ》ともいう。出自は未詳だが、『延喜式《えんぎしき》』諸陵寮《しょりょうりょう》で鏡姫王の押坂墓《おさかのはか》が舒明《じょめい》天皇の押坂内陵《おさかのうちのみささぎ》(奈良県桜井市大字忍坂《おつさか》)の兆域《ちょういき》内とされていることなどから、舒明の女《むすめ》あるいは近親者で天智《てんち》天皇・天武《てんむ》天皇の異母姉妹か従姉妹《いとこ》とする説がある。鏡王《かがみのおおきみ》の娘で額田女王《ぬかたのおおきみ》の姉とする説もあるが史料的裏付けを欠く。『興福寺縁起《こうふくじえんぎ》』では藤原鎌足《かまたり》の嫡室《ちゃくしつ》とし、夫鎌足の病平癒《へいゆ》を祈願して山階寺《やましなでら》(興福寺の前身)を建立したとある。天武天皇十二年(六八三)七月五日、病のため没。前日には天武が鏡姫王の家に見舞いに訪れている。『*万葉集』には天智・鎌足との*相《そう》聞歌《もんか》など全五首が採録されている。

参考文献 菅野雅雄「鏡王女の出自について」(『菅野雅雄著作集』六、二〇〇四、おうふう)。

(藤堂かほる)

かがやく　輝ク　一九三三年(昭和八)から一九四一年まで毎月刊行されたリーフレット。『*女人芸術《にょにんげいじゅつ》』廃刊の一年後、同じく*長谷川時雨《はせがわしぐれ》によって「輝ク会」が創設され、その機関紙として創刊。B五判、四頁の誌面は小説・評論・随筆・会員消息と多岐にわたり、*岡本かの子・*宮本百合子《ゆりこ》・*佐多稲子《さたいねこ》・*平塚らいてう・*円地文子《えんちふみこ》・*林《はやし》芙美子《ふみこ》など、文壇を総動員した。インターナショナルな雰囲気が強い前半に対して、日中戦争の激化に伴い一九三七年十月号を「皇軍《こうぐん》慰問《いもん》号」とした。「輝ク部隊」が創設され、知識女性の銃後《じゅうご》運動の拠点となった。三冊の慰問文集を出し、国策に組み込まれていったが、時雨を貫いていたのは、女性の社会進出と連携の夢、兵士、留守家族、遺児たちへの思いだった。演劇界への女性進出を意図した「燦々会《さんさんかい》」や「日本女流文学者会」を設立した。一九四一年八月時雨の急逝《きゅうせい》により一〇〇号(重複があるので一〇一号)を追悼号とし、その後一号を出して一〇二号をもって終刊とした。

参考文献 尾形明子『「輝ク」の時代—長谷川時雨とその周辺—』、一九九三、ドメス出版。

(尾形 明子)

かがわあや　香川綾　一八九九—一九九七　明治から昭和時代にかけての栄養学者。女子栄養大学の創設者。和歌山県生まれ。師範《しはん》学校卒業後小学校教師となるが、医者への志が強く、一九二一年(大正十)東京女子医学専門学校に入学。卒業後東京帝国大学医学部島薗《しまぞの》研究室に勤務、ビタミンと胚芽米の研究から栄養学への関心を深め、科学的料理法を追求。一九三〇年(昭和五)に香川昇三《しょうぞう》と結婚、一九三三年家庭食養研究会設置、一九三五年『栄養と料理』創刊、一九三七年女子栄養学園設立。戦後は計量カップを考案、食品群を提唱し栄養学の普及に努めた。著者に『栄養学と私の半生記』(一九八五年、女子栄養大学出版部)がある。

参考文献 香川芳子『人生あせることはない—栄養学の母香川綾九十八年の生涯—』、一九九九、毎日新聞社。

(友野 清文)

かがわげんえつ　賀川玄悦　⇨賀川流《かがわりゅう》

かがわしげん　賀川子玄　⇨賀川流《かがわりゅう》

かがわひょうせんじょ　香川氷仙女　生没年不詳　江戸時代後期の画家。名は園蔡《えんさい》(苑葵《えんき》とも)、字は不淑《ふしゅく》または秋草《しゅうそう》。画家香川素琴《そきん》の妹。南画家森竹窓《もりちくそう》と結婚、のち八《や》木《ぎ》米巽《べいせん》と再婚。唐の美人を描くのを得意とした。墨の細い線で顔や衣装を描き、全体としてたおやかで細い女性の姿を表わす。中国伝来の墨だけで人物像を描く「白描《はくびょう》」の描法を用い、題材も中国の手本に忠実に従っている。代表作は「唐美人図」。『古今南画要覧《ここんなんがようらん》』に名が記される。

参考文献 『江戸の閨秀画家』(特別展図録)、一九九一、板橋区立美術館。パトリシア＝フィスター『近世の女性画家たち—美術とジェンダー—』、一九九四、思文閣。

(浅野美和子)

かがわりゅう　賀川流　近世中期、賀川玄悦《げんえつ》(字子玄《しげん》)が起こした産科の流派。賀川玄悦は四十歳過ぎてから隣家の産婦が胎位異常で苦しむのを提燈《ちょうちん》の柄の鉄鉤《てつかぎ》を使って胎児《たいじ》を砕いて娩出《べんしゅつ》し、母体を救うのに成功した。これを機に従来の*産科医が薬方を中心とし、助産自体は「無知」の*産婆に任せていたことを批判し、医師みずからが手や器具を使って難産を介助《かいじょ》する手術《しゅじゅつ》を提唱した。その後経験を積み西洋医学の知識も取り入れ、明和《めいわ》二年(一七六五)『*産論《さんろん》』を著わした。母体内の胎児位置、妊婦の*腹帯《はらおび》、産後の産椅《さんい》(*出産後の産婦を座らせておく椅子様のもの)などに対して従来の説を否定して産医学に革命的進展をもたらした。養子玄迪《げんてき》が跡を継ぐが、実子や弟子が各地に広がって、近世後期産科の一大勢力となった。しかし末流では器具を使って難産の胎児を出す回生術《かいせいじゅつ》が安易に使われ、賀川流は鉤《かぎ》を持って胎児を殺すとまでいわれた。そのため胎児により安全な器具の開発も行われる結果をうみ、賀川流の出現は日本の産科学の独自の発展の基礎になったものとして高く評価されるが、明治政府が西洋医学で近代医療制度を構築したため完全に滅びた。

参考文献 増田知正・呉秀三・富士川游選集校定『日本産科叢書』、一九七二、思文閣。桜井由幾「近世の妊娠出産言説」(『歴史評論』六〇〇)、二〇〇〇。Yuki Terazawa. Gender, Knowledge, and Power: Reproductive Medicine in Japan, 1690-1930. 2003.
(桜井 由幾)

かぎやカナ 鍵谷カナ 一七八二—一八六四 江戸時代末期の*今出絣《いまでがすり》・伊予絣《いよがすり》の創始者。伊予国伊予郡西垣生《はぶ》村今出(松山市)の農民出身。同村農民小野山藤八《おのやまとうはち》に嫁した。*久留米絣《くるめがすり》からヒントを得たとも、屋根の押竹の痕《あと》からヒントを得たともいわれている。享和《きょうわ》年間(一八〇一—〇四)のことである。今出絣と呼ばれたが、松山藩の国産伊予《いよ》縞《しま》の陰でほとんど生産されなかった。一八八五年(明治十八)伊予織物改良組合が絣の生産に力を入れるようになってから全国に知られるようになった。翌年農商務大臣から追賞された。

参考文献 川崎三郎「伊予絣の研究」(賀川英夫編『日本特殊産業の展望—伊予経済の研究—』一九四三、ダイヤモンド社)。
(中村 文)

かくかぞくか 核家族化 核家族とは「夫婦と未婚の子どもたち」からなる*家族のことである。一つの核家族が一つの「世帯」すなわち共住・共食・共産など共同生活の単位である場合、これを「核家族世帯」と呼ぶ。世帯総数に占める核家族世帯の割合の上昇を「核家族化」とするのが、「核家族化」の第一の定義である。戦後の日本家族の変化は「核家族化」であったとしばしばいわれる。しかし普通世帯数を分母にした場合、日本の核家族率は一九五五年(昭和三十)の五九・六%から七五年の六三・九%に上昇しただけで、高度成長期を通じて五%の増加に満たず、しかも七五年以降は低下している。これは特に七〇年代以降に著しい単独世帯の増加の影響を受けているからなので、分母から単独世帯を除いた森岡清美提案の方式で計算し直すと、核家族率は一九五五年六一・六%、一九七五年七四・一%、二〇〇〇年(平成十二)八一・二%と一方向的で大幅な上昇が見られる。しかし単独世帯の増加という顕著な現象を、「核家族化」との関係でいかに位置づけるかという問題が残る。「核家族化」は、「家から核家族へ」といわれたように、典型的な「家」のような直系家族制(一組の既婚子夫婦が親と同居する)から核家族制(既婚子は親と同居しない)への世帯形成規範の変化を本質とするといわれる。これが「核家族化」の第二の定義である。しかし上記のような核家族率の変化は、規範の変化ばかりでなく人口学的条件の変化も反映するので、第二の意味での「核家族化」が本当に起きたのかどうかという論争には、未だ決着がついていない。一夫婦あたり成人する子ども数が多かったという人口学的要因が高度成長期の核家族率上昇の原因であったとする説が出されたが、人口学的条件をコントロールしてもなお子の結婚時に子と同居した親の割合は低下したことが示された。しかし途中同居の増加を考慮すると、直系家族制規範は維持されているが一時別居型に変容したという見方も可能である。

参考文献 落合恵美子『21世紀家族へ(第三版)』(有斐閣選書)、二〇〇四、有斐閣。同「世界のなかの戦後日本家族」(歴史学研究会・日本史研究会編『日本史講座』一〇、二〇〇五、東京大学出版会)。
(落合恵美子)

かくしばいた 隠売女 幕藩権力が公認した*遊廓《ゆうかく》内の*娼婦《しょうふ》=公娼《こうしょう》に対する非公認の娼婦。*私娼《ししょう》のこと。「かくしばいじょ」とも読む。ただし、「隠売女」という言い方は、私娼が非公認ゆえに公権力や公認遊廓の町人らによる取り締り・摘発の対象とされた際、主として取締る側が用いた呼称である。「隠売女」という語が公文書の中で定着するのは享保《きょうほう》改革期である。『御触書寛保集成《おふれがきかんぽうしゅうせい》』を見ると、十七世紀半ばに、「はいた女前々より御法度《ごはっと》」としてこれを抱え置くことを禁じ、もし隠し置いた場合は、抱え主はもちろんのこと家主まで厳罰に処す旨の触れがくり返し出されている。「はいた女」とは「*売女・女」すなわち売春女性のことであり、幕府が近世初頭より、遊廓外・市中での売春営業を厳しく取り締まっていたことがわかる。しかし、十七世紀半ばころには、まだ「隠」の語が冠《かん》されていない。享保期(十八世紀前半)になって「隠遊女」「隠売女」などの語が、幕府史料の中に頻繁《ひんぱん》に登場し、次第に「隠売女」という語に定着していった。隠売女には、抱え主を持たず、単独で性を売っていた女性もいたが、多くは人主《ひとぬし》・請人《うけにん》など保証人を立て、抱え主=営業主と奉公契約を結んだ上で客を取った。営業主には、無宿人《むしゅくにん》や博徒《ばくと》と深い関わりをもつ者が多く、彼らの監視・手引きの下で、隠売女は客を取った。また、暮らし向きに困った普通の下層都市民が営業主となる場合、あるいは夫が妻に強いて行わせる場合などもあった。取締り・摘発の網をかいくぐって行われる隠売女営業の方法には、借家などに女性を抱え置き、客を室内へ招じ入れるほかに、監視役の男性を付き添わせ市中を歩きながら戸外で客を引かせる、船頭と組んで舟上で客を取らせるなどさまざまな方法がとられていたことがわかる。隠売女取締りの主たる対象は、売春女性ではなく営業主であり、とりわけ近世前期には、営業主を磔《はりつけ》・獄門《ごくもん》を含む極刑に処すという厳しいものであったが、享保期以降緩《かん》刑《けい》化がすすむ。 ↓買売春《ばいばいしゅん》

参考文献 曾根ひろみ「「売女」考—近世の売春—」(女性史総合研究会編『日本女性生活史』三、一九九〇、東京大学出版会)。
(曾根ひろみ)

かくしばいたきんれい 隠売女禁令 ⇩隠売女《かくしばいた》

かくしんに 覚信尼 一二二四—八三 鎌倉時代の女性。*親鸞《しんらん》の末娘。俗称は王御前《おうごぜん》。母は*恵信尼《えしんに》。日野広綱《ひろつな》との間に覚恵《かくえ》・光玉《こうぎょく》を生んだが、広綱との死別後、親鸞と同居。親鸞をみとったのち小野宮禅念《おののみやぜんねん》と再婚して唯善《ゆいぜん》をもうけた。文永《ぶんえい》九年(一二七二)大谷《おおたに》の地に御影堂《ごえいどう》を造立。建治《けんじ》三年(一二七七)これを親鸞門弟に寄進《きしん》し、留守職《るすしき》を覚信尼とその子孫に留保した。これがのちに本願寺とな

る。かつては「いや女」に比定され、下人として売買されたと考えられたが誤り。

参考文献 赤松俊秀「覚信尼について」(『鎌倉仏教の研究』、一九五七、平楽寺書店)。 (平 雅行)

がくせい 学制 国民全体を対象とした日本ではじめての近代的かつ全国統一的な学校教育制度に関する基本法令。学制は明治五年(一八七二)八月に出されたが、学制の教育理念は、「学制布告書《ふこくしょ》」(いわゆる「学事奨励に関する被仰出書《おおせいだされしょ》」)の中に示されており、その特徴は、教育上の四民平等・*男女平等、実用主義、立身出世主義、授業料負担主義などである。また学校体系の基本を小学・中学・大学の三段階とし、学区制をしいたが、文部省がもっとも力を注いだのは小学校の設立であった。小学校として、下等小学・上等小学からなる尋常《じんじょう》小学のほか、女児小学(女子のための*裁縫《さいほう》教育などを重点的に行う小学校)などの変則小学を認めている。実際には、尋常小学の設立が重点的に行われ、実施後わずか数年の間に全国に二万校ほどの小学校が設けられたが、就学率は文部省が期待していたほどには伸びず、女子就学率は男子の半分ほどであった。なお学制は一八七九年の教育令の公布とともに廃止された。

参考文献 国立教育研究所編『日本近代教育百年史』三、一九七四、教育研究振興会。 (小山 静子)

かくせいかい 廓清会 一九一一年(明治四十四)四月の*吉原全焼を機に*遊廓《ゆうかく》再興反対を唱え、宗教・教育・法律・政治等の各分野の人々が集まり、「男女貞潔《ていけつ》の徳操《とくそう》を奨め」*公娼《こうしょう》制度を廃止することを目的として同年七月に発会した組織。雑誌『廓清』(一九一一―一九四五年(昭和二十))を月一回発刊、公開演説会の開催、帝国議会へ公娼廃止の請願等を行い、公娼廃止善後策を考究し*娼妓《しょうぎ》救済等の活動を行なった。発起人総代江原素六《えばらそろく》、会長島田《しまだ》三郎《さぶろう》、副会長*矢島楫子《やじまかじこ》と*安部磯雄《あべいそお》。発起人会員の六割以上がキリスト教徒であったが、天賦人権《てんぷじんけん》思想や国民道徳の向上等の面から廃娼論《はいしょうろん》を唱えた自由民権家や政治家らもいた。『廓清』第一号には、江原・島田・安部のほか、大隈重信《おおくましげのぶ》・益富政助《ますとみまさすけ》・山室軍平《やまむろぐんぺい》・小崎弘道《こざきひろみち》・島貫兵太夫《しまぬきへいだゆう》が寄稿している。一九二六年*日本基督《キリスト》教婦人矯風会《きょうふうかい》と連合組織を発足、一九四六年に同会と合同で「即時娼妓取締規則廃止と残存制度撤廃」の要望書を提出した。

参考文献 『『廓清』総目次・索引(復刻版)』、一九八〇、龍溪書舎。 (知野 愛)

がくどうそかい 学童疎開 太平洋戦争末期、大都市の国民学校の児童を強制的に周辺地域に移動させたこと。一九四四年(昭和十九)六月、政府は、米軍機によるサイパン陥落《かんらく》と本土空襲本格化を前に「学童疎開促進要綱《ようこう》」を閣議決定。縁故《えんこ》(血縁・姻戚)疎開ができない初等科三―六年の児童を教師が引率(除病障害者)、近郊農村や地方都市の寺院や旅館へ集団疎開させた。家族離散を伴うこの決断は家族制度の規範と矛盾するものだった。同年八月、東京都区部から実施。大阪・名古屋など十三都市に摘要、疎開児童数は約三十五万人に上った。翌年三月の東京大空襲五日後、「学童集団疎開強化要綱」を決定。低学年と京都など四地方都市児童約十万人にも拡大。疎開児童の生活は空腹を抱え、いじめや不衛生な環境でのシラミや性病感染(旅館で感染)、さらに空襲で家族を失うなど、心身ともに疲弊《ひへい》。沖縄児童七千人の九州疎開では、疎開船対馬丸《つしままる》が撃沈、七百七十五名が犠牲となる。

参考文献 新里清篤『あゝ学童疎開船対馬丸』、一九七八、対馬丸遭難者遺族会。全国疎開学童連絡協議会編『学童疎開の記録』、一九八四、大空社。小川七七子『学童疎開の傷あと―私が文学少女になった頃―』、二〇〇三、東海新社。 (山村 淑子)

がくどうほいく 学童保育 法令上は放課後児童健全育成事業であり、児童福祉法第六条の二第二項の規定に基づき、保護者が労働等により昼間家庭にいない小学校に就学しているおおむね十歳未満の児童に対し、授業終了後に小学校の余裕教室、児童館等を利用して適切な遊びおよび生活の場を与えて、その健全な育成を図るものであり、放課後児童クラブといわれる。高度経済成長期に、*共働き家庭などの「鍵《かぎ》っ子」が増加し、留守家庭児童対策として、一九九七年(平成九)学童保育が法制化され、第二種社会福祉事業となった。二〇〇四年の「少子化社会対策大綱《たいこう》に基づく重点施策の具体的実施計画について(子ども・子育て応援プラン)」に、放課後児童クラブの推進があげられた(二〇〇六年度は一万五千八百五十七ヵ所あり、二〇〇九年度の目標値は一万七千五百ヵ所)。実施主体は、市町村・社会福祉法人・その他の者とされ多様である。実施場所は、主として学校の余裕教室、学校敷地内専用施設、児童館・児童センターである。職員は、遊びを主として放課後児童の健全育成を図る者(「放課後児童指導員」)を配置し、「児童の遊びを指導する者」(児童福祉施設最低基準第三八条)の資格を有する者が望ましいとされる。二〇〇七年度から、総合的な放課後対策として「放課後子どもプラン」が創設され、文部科学省の「放課後子ども教室」と厚生労働省の「放課後児童健全育成事業(放課後児童クラブ)」の両事業を、一体的あるいは連携して推進することになった。今後、来所児童の把握、安全確認、生活指導、家庭との連携などが課題である。 (大島 道子)

かぐらみこ 神楽巫女 ⇩巫女《みこ》

かくをとみ 郭をとみ 一八九五―一九九四 近現代中国の作家郭沫若《グオモールオ》の妻。仙台藩家臣でクリスチャンの佐藤家に生まれ、看護婦時代に第六高等学校留学中の郭と*事実婚。北伐《ほくばつ》で要職に就き蔣介石《ジアンジエシー》の弾圧で日本に亡命した郭を支え、五児を養育する。日中戦争で郭が単身帰国し抗戦にあたる中、特高の拷問にも耐えて子との生活を担う。戦後、郭との婚姻届を出して中国に「帰る」が、郭には于立群《ユーリーチユン》夫人と五子がいた。一九四九年、子らと北京入りし郭安娜《アンナ》の名で中国籍取得。長く郭と会えず、周恩来《ヂヨウエンライ》に離婚を願い出たという。大連《ダーリエン》に定住し、上海で死去。

参考文献 沢地久枝「日中の懸橋―郭をとみと陶みさを―」(『(完本)昭和史のおんな』二〇〇三、文芸春秋)。斉藤孝治『シュトゥルムウントドランク―疾風怒濤―』、二〇〇五、シュトゥルム・ウント・ドランク編集出版委員会。 (江上 幸子)

かけいぼ 家計簿 一家庭の金銭の支出入を記録する帳簿。一九〇四年(明治三十七)に*羽仁《はに》もと子が考案した予算管理を基本とした簡便な「家計簿」が、中産階級家庭の間に家計簿記帳を普及させた。大正デモクラシー期、羽仁は副食費を主食の二倍に、*主婦にも小遣いの予算など、合理的・実用的な考え方でのやりくりを説き、家計簿を通して家庭内での主婦の地位と役割の確保をめざした。戦時中は、政府が勤倹貯蓄《きんけんちょちく》・滅私奉公《めっしぼうこう》を目的に記帳を奨励した。戦後、*生活改良普及員や農協婦人部による記帳指導が始まり、一九五二年(昭和二十七)から貯蓄増強中央委員会が家計簿の配布やコンクールなどを開催し普及につとめた。また、各種婦人雑誌の付録の便利帳兼料理献立付家計簿の影響も多大で、家計簿は一般家庭にも広まった。一九七〇年前後から家計簿の記帳者は減るが、家計簿は*消費者運動の重要な武器として社会的な発言をするものと期待され、*生活協同組合などが記帳を推進した。

参考文献 宮崎礼子「家計簿」(朝日ジャーナル編『女の戦後史』二、一九八五、朝日新聞社)。斉藤道子『羽仁もと子―生涯と思想―』、一九八八、ドメス出版。 (大門 泰子)

かけおち 欠落 もともとは、税の徴収や戦乱を避けるため、民衆が領外や村外へ個別的に逃れることを指した。近世においては、切支丹《きりしたん》禁制のためにできた寺請《てらうけ》制度によって個々人は*宗門人別改帳《しゅうもんにんべつあらためちょう》に名前を記載され、居所を移動する場合は、人別送状《にんべつおくりじょう》と送一札が必要とされたが、このような正式な手続きを踏まず、無断で居所を立ち去り、失踪《しっそう》することを欠落とした。法制上では民衆の場合をいう。欠落した者に関しては、所轄《しょかつ》の役所から、三十日ごとに日を区切って親類や五人組などが捜索を命じられ、最高百八十日まで続けられた。近世後期には、親や主人の家を欠落して人別帳から名前を削られ無宿となった女性を、刑事判例集に見出すことができる。彼女たちの中には、近世前期の労働形態として一般的であった年季奉公《ねんきぼうこう》とは異なる*日雇《ひやと》い・月雇いなどの奉公をして生計を立てている者がおり、近世社会の変質をここからもうかがうことができる。

参考文献 関民子『江戸後期の女性たち』、一九八〇、亜紀書房。同『恋愛かわらばん―江戸の男女の人生模様―』、一九九六、はまの出版。 (関 民子)

かけおび 懸帯 (一)女性が社寺への参詣《さんけい》に際し斎戒《さいかい》の指標として、*被衣《かずき》や壺折姿《つぼおりすがた》の前身から肩越しに後身に懸けた赤い紐。赤地の生地を畳んでつくる。後身で羂《わな》をつくって結ぶのが特徴。(二)*女房装束の裳《も》に付随する掛(懸)帯のこと。本来は前身の腰の部分で結ぶべきものだが、略式となり、裳の大腰《おおごし》に付け前身の胸の辺りで結ぶ。南北朝時代から江戸時代末期ころまで続いた着装法。

参考文献 鈴木敬三『有識故実図典』、一九九五、吉川弘文館。 (佐多 芳彦)

かけこみでら 駆け込み寺 ⇨縁切り寺《えんきりでら》

かげまちゃや 陰間茶屋 *男色《なんしょく》を好む人びとが*密会する料理屋。十八世紀半ば、宝暦《ほうれき》・明和《めいわ》期ごろの江戸文化爛熟《らんじゅく》期に隆盛した。主なる利用客は、武士・僧侶・殿女中・後家などである。役者(若衆《わかしゅう》・女形《おんながた》)を好む殿女中が一晩買い切るという例もしばしばみられた。若衆好みの趣味人の遊所でもあり「*川柳《せんりゅう》」に詠まれ、また「*浮世絵」には、陰間茶屋での男同士・男と女の交接の具体図が多く描かれ、春画艶本《しゅんがつやぼん》として一般庶民の間にも流布した。江戸文化の頽廃《たいはい》の象徴とも受けとれるふしもあるが、一方では、「男色の遊びの美学」と、井原西鶴《いはらさいかく》は『男色大鑑《なんしょくおおかがみ》』で述べるなどし、江戸文化の秘められた世界の場が陰間茶屋であったとみる。人間本来の持つ「性愛」の場、客との交接の場で、「江戸・京都・大坂に多くみられた茶屋である。

参考文献 西山松之助編『遊女(新装版)』(日本史小百科)、一九九四、東京堂出版。 (宇佐美ミサ子)

かけまもり 懸守 神仏の護符や御札、持仏《じぶつ》などを納め携帯するための装身具。近隣への外出から遠方への旅などの際、破邪招福《はじゃしょうふく》のために男女を問わず身につけた。絹で箱型や筒型の容器を包み込み、首にかけて胸に垂らしたり、懐中したりした。平安時代の面影を伝える大阪四天王寺に伝えられる箱型のものは著名。このほかにも近世の「筒守《つつまもり》」や婚儀の折に新婦が携帯する「愛敬守《あいぎょうまもり》」などがあり、現代の社寺の御守袋はこれらの懸守を淵源《えんげん》としている。

懸守(四天王寺蔵)

参考文献 服飾史図絵編集委員会編『服飾史図絵』、一九六九、駸々堂出版。 (佐多 芳彦)

かげやまひでこ 景山英子 ⇨福田英子《ふくだひでこ》

かげろうにっき 蜻蛉日記 *藤原道綱母《ふじわらのみちつなのはは》が藤原兼家《かねいえ》との結婚生活を綴《つづ》った日記文学。三巻。日記は天暦《てんりゃく》八年(九五四)の夏、兼家から父倫寧《ともやす》を通じて求婚する記事から始まる。作者は道綱を出産、兼家が町の小路《こうじ》の女などと関係をもつなどもあるが、兼家の出世はめざましく、作者も兼家の妻の一人として貴族社会との交際もあり、比較的安定した生活を送った安和《あんな》元年(九六八)暮までを上巻。作者方と時姫《ときひめ》方との下衆《げす》の争いから転居、さらに実家に戻ることとなり兼家との仲も次第に疎遠《そえん》になる。一方、道綱は兼家の指導を受けながら童殿上《わらわてんじょう》・元服し貴族として自立し始める。この間、兼家とのままならぬ関係を憂《うれ》えて唐崎祓《からさきばら》え・石山詣《いしやまもう》で・鳴滝《なるたき》の山寺参籠《やまでらさんろう》・初瀬詣《はつせもう》でなどを行い、出家への思いもつのる天禄《てんろく》二年(九七一)までが中巻。道綱にも恋人ができ、作者は兼家と源 兼忠女《みなもとのかねただのむすめ》の間に生まれた女児を探し出して養女とし、兼家と対面させる。しかし、作者の思惑に反して兼家は異母弟から の求婚を許可する。天延《てんえん》元年(九七三)、作者は兼家と完全離婚、倫寧所有の郊外の別荘に転居するが、以降も兼家は道綱の父としての役割は果たす。翌年、賀茂祭見物に行き、兼家の豪奢《ごうしゃ》な一行に道綱・倫寧が混じっていることに複雑な思いを抱きつつ日記の最終に向かう下巻と、兼家との生活を中心に二十年間の日記が綴られる。この作品は『土佐日記』に続くかな日記であり、はじめて女性の手で書かれた独立した文学作品である。*和歌を中心に据《す》え私家集《しかしゅう》を基盤にした歌日記ともいえる特質をもつこの作品は、日付を明記し漢文で日々の行事などを記録した公私の日記(日次記《ひつぎき》)と異なり、過去を回顧《かいこ》しみずからの主観・心情をもとに実生活を生々しく描いた一種の私小説である。題名は作者自身が「猶《なほ》ものはかなきをおもへば、あるかなきかの心ちする、かげろふのにきといふべし」といい、愛のはかなさをかげろうに例えた。日記の主題は「ものはかなき身の上」「思ふやうにもあらぬ身」といったことばで表されるように、作者の人生がまったく不幸だったわけではないものの、不幸感に終始している。この作品は、平安時代前中期の結婚形態の典型、平安貴族の結婚は*一夫多妻制をとり多妻間には本来差別はなく、夫婦は生涯同居せず、妻は生家を離れなかった前期婿取婚《むことりこん》期の例としてよく叙述される。しかし、作者の立場は物語として読まねばならず、正妻時姫と対等ではなく、妾妻《しょうさい》・副妻《ふくさい》などと呼ばれるのが適当であった。テキストは『蜻蛉日記』(新潮日本古典集成、一九八二年、新潮社)。

参考文献 上村悦子『蜻蛉日記の研究』、一九七二、明治書院。梅村恵子「藤原道綱母子と兼家の生活」(人間文化研究会編『女性と文化』三、一九八四、JCA出版)。 (梅村 恵子)

かこい 鹿子位 近世*遊廓《ゆうかく》の*遊女の呼称。主として、島原《しまばら》・新町《しんまち》など京・大坂の遊廓で近世前期に用いられ、「鹿恋」「囲」とも書いた。*太夫《たゆう》・天神《てんじん》に次ぐ格の遊女で、『好色一代女』にも、主人公が、太夫から天神、天神から囲へと格を下げていく様子が描かれている。*揚代《あげだい》は十五〜十六匁《もんめ》程度で、『西鶴織留《さいかくおりどめ》』『好色一代女』では、「十五女郎」に「かこひ」と仮名がつけられており、享保《きょうほう》二十年(一七三五)の*吉原細見《さいけん》『山紅鶯』の序文にも、鹿子位の揚代は十五、六匁であることが記載されている。

参考文献 西山松之助編『遊女(新装版)』(日本史小百科)、一九九四、東京堂出版。 (曾根ひろみ)

かこうぎょう 何香凝 ⇨ホーシアンニン

かこげんざいいんがきょう 過去現在因果経 釈迦《しゃか》伝記の経典。劉宋《りゅうそう》の元嘉《げんか》二十一年(四四四)から同三十年の間に、求那跋陀羅《ぐなばっだら》(三九四—四六八)が漢訳。全四巻、または五巻。釈迦の本生《ジャータカ》である善慧《ぜんえ》仙人の求道《ぐどう》から説き起こし、兜率天《とそつてん》から下り現世に生まれ、幼時勉学、婚姻、四《し》門出遊《もんしゅつゆう》、出家、苦行《くぎょう》、降魔《ごうま》、成道《じょうどう》、初天法輪《しょてんぼうりん》、諸弟子への化度《けど》、大迦葉《かしょう》出家に至る生涯を述べる。釈迦が祇園精舎《ぎおんしょうじゃ》にて、諸比丘《びく》に過去に植えた因が現在の果となって成就《じょうじゅ》すると説く形式からこの経典名称が起った。奈良時代天平《てんぴょう》年間(七二九—四九)の写経《しゃきょう》記録も残り(『大日本古文書』七、一九頁。八、二頁)、日本文学、特に仏伝関係の叙述に与えた影響も大きく、『*今昔物語集《こんじゃくものがたりしゅう》』一のはじめに展開する仏伝説話は本経に基づく。この経に絵を挿入する『絵因果経《えいんがきょう》』は、天平勝宝《しょうほう》五年(七五三、『大日本古文書』一二、五〇三頁)、八年(同一三、一八四頁)におそらく唐本に基づく制作が確認でき、少なくとも三部が現存する。

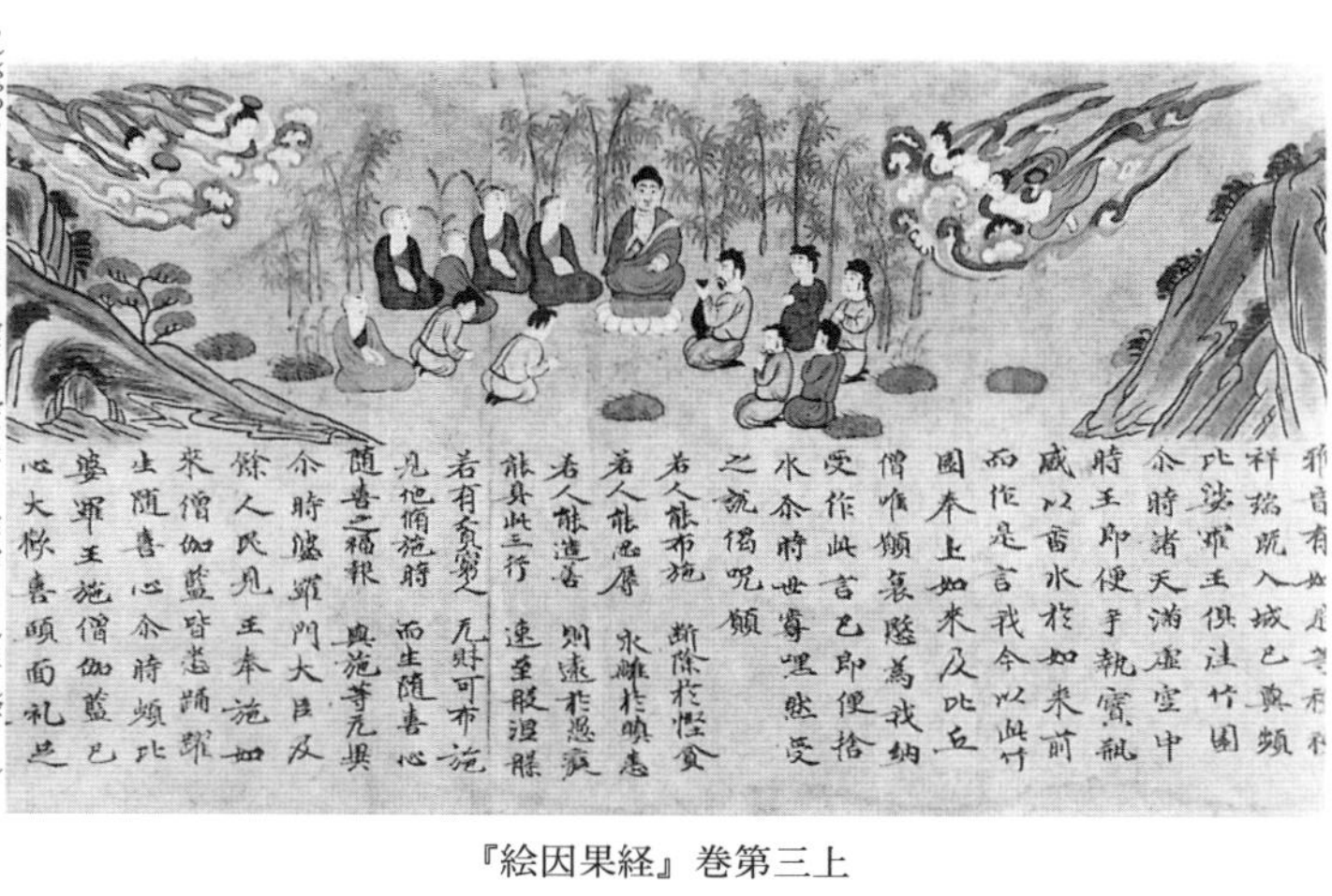

『絵因果経』巻第三上

参考文献 百橋明穂編『飛鳥・奈良絵画』(日本の美術)、

一九六三、至文堂。 (稲川やよい)

かさぎしづこ 笠置シヅ子 一九一四—八五 昭和時代の歌手。一九一五年(大正四)八月二十五日、香川県大川郡生まれ。本名亀井静子《かめいしづこ》。小学校を出て大阪松竹楽劇《がくげき》部に入り、一九三八年東京に移りジャズ歌手として売り出す。戦時中は思うように歌えなかったが、戦後、服部良《はっとりりょう》一《いち》作曲「東京ブギウギ」で舞台狭しと踊り歌い、エネルギッシュな歌声が焼け跡に響きわたった。「買物ブギ」などが大ヒットし、「わてほんまによういわんわ」は流行語になった。歌手としての最盛期に引退したが、新しい表現に挑戦し時代に選ばれた歌手だった。その後はテレビの歌合戦番組などの審査員をし、一九八五年(昭和六十)三月三十日死去。著書に『歌う自画像』(一九六七年、丹羽書林)がある。

参考文献 服部良一「回想の笠置シズ子」(『文芸春秋』六三ノ六)、一九六五。 (江刺 昭子)

かさのみょうぶ 笠命婦 生没年不詳 奈良時代、孝謙《こうけん》上皇の側近の*女官。名は未詳。笠朝臣の一族と思われる。『正倉院文書《しょうそういんもんじょ》』に一度みえるのみ。天平宝字《てんぴょうほうじ》六年(七六二)、孝謙上皇は保良宮《ほらのみや》(滋賀県大津市)で、銅鏡《どうきょう》四面の鋳造《ちゅうぞう》を発願し、当初は造石山寺所《ぞういしやまでらしょ》がその準備を進めた(この事業はのちに、造東大寺司鋳物所《ぞうとうだいじしちゅうぶつしょ》に移る)。造石山寺所解移牒《げいちょう》符案《ふあん》の同年四月七日石山院請文《しょうもん》の二項目に、笠命婦が造石山寺所へ宣を下し、鋳鏡《ちゅうきょう》の原料の白鑞《はくろう》・鉄生《てっせい》(精)が内《だい》裏《り》にないため、購入するように指示、造石山寺所では、造東大寺司政所《まんどころ》にその値を勘問《かんもん》したことがみえる(『大日本古文書』一五、一八五頁)。この鋳鏡には、因八麻《いなはちま》命婦・笠命婦のような女官たちが、上皇の意を体して、鋳工・原料などの調達のために、造石山寺所との連絡にあたっていたことが知られる。なお、同年正月、同族の従五位下笠朝臣真足《またり》が右勇士翼《うゆうじのよく》(右衛士佐《うえじのすけ》の唐風の官名)に任官されている。笠朝臣は吉備氏の同族。麻呂が著名。麻呂・金村《かなむら》・笠女郎《いらつめ》などが『*万葉集』に歌を残す。

参考文献 岡藤良敬「天平宝字六年、鋳鏡関係史料の検討」(『正倉院文書研究』五)、一九九七。 (西 洋子)

かさもりおせん 笠森お仙 一七五一—一八二七 江戸時代、谷中笠森稲荷《いなり》の門前にあった*水茶屋鍵屋《かぎや》の看板娘。数ある娘評判記で常に一、二位を争い、大極上上吉《だいごくじょうじょうきち》と最高の格付をしたものも出た。鈴木春信の一枚絵でも有名なお仙の魅力は素人っぽい清楚《せいそ》な娘ぶりで、大田南畝《おおたなんぼ》など、当時の好事家《こうずか》にこぞってもてはやされた。明和七年(一七七〇)店先から姿が消え、皆訝《あや》しんだが、御家人倉地某の妻に納まったということである。庶民の娘が武士の妻となることは、当時出世であった。

笠森おせん(一筆斎文調筆)

参考文献 多岐川恭『図説人物日本の女性史』、一九八〇、小学館。三田村鳶魚『江戸の女』(鳶魚江戸文庫二)、一九九六、中央公論社。 (藤野 泰子)

かさん 家産 〔古代・中世〕家成員によって、そのとき取得され、自由に処分が認められた個人産とは異なり、家存続の経済基盤となる世襲《せしゅう》的財産。マックス＝ウェーバーは「家産制」という伝統的支配の一類型を概念化している。ウェーバーは伝統的支配のもっとも純粋な形態が*家父長制《かふちょうせい》であり、その展開した類型が「家産制」であると考えた。日本の古代においては、国家的土地所有を原則とし、土地所有は未成熟であった。したがって、多くの被支配層にあっては、所有の根幹は不動産ではなく、生産物などの動産を基本としたようである。動産は基本的に分有できるものであり、個人産としての性格が強かった。中世の初期の段階では、家を形成した夫婦においても、*夫婦別財の概念が強く、妻は実家から得た財産や自分の形成した財産に独自の処分権を保持しており、このような個人産の流れが続いていた。しかしながら、この動産を生み出す生業の裏付になったのは、平安時代中期に成立した「職《しき》」と呼ばれる職権と得分が一体化した官職的性格をもった家産的財産である。この「職」が日本におけるいわゆる「家産」の基礎となった。「職」は、国衙《こくが》の郡司《ぐんじ》や郷司《ごうじ》などの官職から生まれ、荘園の本家職・領家《りょうけ》職・下司《げし》職・地頭《じとう》職・公文《くもん》職、農民層の名主《みょうしゅ》職・作《さく》職、また、鋳物師《いもじ》や大工などの職人の「職」まで及んだ。「職」は身分とも対応し、荘園体制下における各階層の権能を職権とする地位であったが、職権と一体化した得分とあわせて私的財産化し、譲与《じょうよ》の対象となり世襲化された。鎌倉時代、幕府の武家支配も地頭職を通して、このような「職」の家産的支配を根幹にすえた。同時に、幕府は「職」と一体になった御家人の役(奉公体制)を堅持《けんじ》するために、*嫡子《ちゃくし》に*庶子《しょし》を統括させ、所領を惣領《そうりょう》させる惣領制を創設した。惣領制は、分割相続で分解してゆく所領を「惣領」というかたちで纏《まと》め上げる機能をもったが、庶子の分立をそのままで止めることはむずかしかった。そこで、次第に惣領、一般に嫡子が単独相続する形態が十四世紀には一般化し、家の家産と家の支配を握る*家長を*家督《かとく》と呼ぶようになる。この段階になると、個人産は限定され、家共同体の家産は家長に独占され、次第に家の成員は家臣に近い位置づけを持つようになるのである。 (飯沼 賢司)

〔近世〕家が所有する財産。近世の武士の家における財産は、主君から給付される知行《ちぎょう》や禄米《ろくまい》であり、通常は、家が続く限り代々相続されていく。知行や禄米は、本来は相続可能な家産ではなく、当主の交代に際して主君から新たに再給付されるものである。しかし近年は、知行や禄米が再給付される根拠は先祖の勲功《くんこう》にあるために、先祖の血をひく家の当主が相続する家産として認識されるようになったという説が有力である。農民の家産は、田畑・屋敷地のほか金銭や諸道具などの動産からなる。十七世紀後半以降、生産主体としての小経営が広汎《こうはん》に成立し農民の家が形成されてくると、それらの小経営を支える財産は家固有の財産と考えられるようになり、相続を重ねることによって、先祖から預かった財産という家産意識が強まっていった。また、都市の商人や職人の場合は、家屋敷や動産だけでなく得意先や売場なども家産とされた。

参考文献　中田薫「徳川時代の家督相続法」(『法制史論集』一、一九二六、岩波書店)。服藤弘司『相続法の特質』(幕藩体制国家の法と権力五)、一九八二、創文社。大藤修『近世農民と家・村・国家』、一九九六、吉川弘文館。

(横山百合子)

かし　嫁資　⇩持参財《じさんざい》

かじ　家事　〔近世〕近世における家事の成立は、貞享《じょうきょう》から享保《きょうほう》期にかけて(一六八〇—一七二〇年代)家政関係文献が集中的に出版されていることから、この時期を想定してよいだろう。その背景には庶民レベルの「家」の成立がある。宝永二年(一七〇五)成立の*貝原益軒《かいばらえきけん》『*万宝《ばんぽう》鄙事記《ひじき》』は、衣服・住居・書道・華道・食物・健康養生《ようじょう》・家庭医学など近代の家庭用実用書と共通する内容がすでに網羅《もうら》されている。男性家長を経営の管理・統括責任者とする近世の「家」では、衣服門《もん》を除いて家事指南書《しなんしょ》は一家の主人を対象に書かれているのが特徴である。料理本も男性向けであり客の接待や料理は紳士の教養とされたが、日常の炊事・*洗濯・*裁縫などの実働は女性が担当した。家長の管理下で「妻の徳は慎《つつし》みておごらず、夫と姑《しゅうとめ》にうけ従いて我儘《わがまま》ならず、専《もっぱ》ら家事に心を用いて身をへりくだ」(貝原益軒『家道訓《かどうくん》』)るを良しとする社会通念にあって、女性独自の家政学的進展は困難であったと考えられる。

参考文献　田中ちた子・田中初夫編『家政学文献集成』、一九六六-七一、渡辺書店。小泉和子「家事の近世」(林玲子編『女性の近世』一九九三、中央公論社)。

(長島　淳子)

〔近現代〕日常生活に必要な衣・食・住に関わる*家庭内の仕事、育児や介護など家庭内で行われる世話や人間関係の調整、家庭外との諸連絡などのアン＝ペイドワーク(支払われない労働)を指す。産業革命以前には家庭内と家庭外の労働は未分化であった。産業革命以後に*近代家族が成立し、家事労働は女性や*主婦が行う「仕事」となり、性別役割分業が一般化した。家事労働は生産労働に比べて、社会的価値が低いものとみなされてきたが、一九九五年(平成七)の第四回世界女性会議において、「女性が行なってきた貢献《こうけん》」を評価するために、目に見えるかたちで表すことが確認された。日本では「家事」は「家の内の仕事」という意味で用いられてきたが、明治期以降に「女性の仕事」とみなされるようになり、家事に関する教育が*女子教育として行われた。戦後においても一九九〇年代前半まで、その体制が続いたが、現在では、男女がともに行う仕事とすることが求められている。

参考文献　ドロレス＝ハイデン『家事大革命』(野口美智子他訳)、一九八五、勁草書房。

(朴木佳緒留)

かしあげ　借上　平安時代後期から南北朝時代に金貸しを専業としていた者。熊野・日吉上分《ひえじょうぶん》米など寺社の米銭を貸し付けて高利を貪り、執拗《しつよう》な取り立てを行い、時には債権者の所領の代官を務めた。鎌倉時代末期から南北朝時代の若狭国太良《わかさのくにたら》庄では子供が熊野山伏である女性の借上がいて、熊野上分米・熊野御初穂物《おはつほもの》を貸し付けていた。また、日吉上分用途を貸し付けていた女性の借上も存在し、熊野や比叡山《ひえいざん》と関係が深い女性が借上として活動していた。絵巻物『病草紙《やまいのそうし》』には京の七条あたりで借上を行う女性が、家が富み食が豊かなため、歩行困難なほど肥満し、下女の助けを得て外出する様が描かれていて、京の借上にも女性が多く存在したと考えられる。女性が借上を行なっていた背景には、女性が財産の収納場所である納戸《なんど》・*塗籠《ぬりごめ》を管理し、資産を活用していた慣習があり、著名な*日野富子《ひのとみこ》による金貸しや*フロイスの報告にある妻が夫とは独立に資産を所有し、貸し付けを行なっていた事例もその系譜に位置する。

参考文献　保立道久『中世の愛と従属』(イメージ・リーディング叢書)、一九八六、平凡社。網野善彦『中世の非人と遊女』(講談社学術文庫)、二〇〇五、講談社。

(盛本　昌広)

かしざしき　貸座敷　明治五年(一八七二)十月二日のいわゆる「*芸娼妓解放令《げいしょうぎかいほうれい》」(太政官《だじょうかん》布告第二九五号)直後に、遊女屋(*遊廓)の呼称を改めたもの。従来のように、遊女屋が*遊女を抱えて営業するのではなく、「自由意志」による独立した*娼妓に対して座敷を貸すという建前に改められ、各地で貸座敷取締規則が制定された。しかし実際には、その後も貸座敷から借りた前借金を返済するまで、事実上娼妓に廃業の自由がない状態が続いた。

参考文献　牧英正『人身売買』(岩波新書)、一九七一、岩波書店。

(小野沢あかね)

かしつ　家室　⇩刀自《とじ》

かじゅうじはれこ　勧修寺晴子　⇩新上東門院《しんじょうとうもんいん》

かじろうどうろんそう　家事労働論争　⇩主婦論争《しゅふろんそう》(二)

かしわばらりよ　柏原りよ　一六九三—一七六二　江戸時代中期の町家女性。京都に本店を置き、江戸に出店を持つ木綿問屋柏屋の四代目孫左衛門光忠《まござえもんみつただ》の妻。京都の豪商那波《なば》家の五代九郎左衛門《くろうざえもん》祐英《ゆうえい》の末娘(五女)。りよが柏原家に嫁いだのは宝永年間(一七〇四—一一)と思われる。夫光忠は享保四年(一七一九)兄助給《じょきゅう》の死去に伴い四代目当主となり、二十七歳のりよが当主夫人となった。享保八年男子を産むが早世。縁辺から養子を迎える。夫は享保十四年五十二歳で病死。りよは三十七歳であった。以後栄長《えいちょう》と号する。当時二十二歳であった養子三右衛門《さんえもん》正覚《かく》の後見者として死の直前まで柏屋の経営にあたり、店の繁栄に寄与した。宝暦十二年(一七六二)三月、七十歳で死去。柏原家の遺品や文書を収めた洛東遺芳館《らくとういほうかん》(京都市東山区川端通り五条下ル)がある。遺品の中でも、漆塗《うるしぬり》に豪華な蒔絵《まきえ》をほどこしたりよの婚礼道具六十二点が目を引く。

参考文献　林玲子「京都町家女性の存在形態」(近世女性史研究会編『論集近世女性史』一九八六、吉川弘文館)。

(牧田りゑ子)

かしん　何震　⇩ホーヂェン

かす　嫁す　男女が肉体関係をもち、*婚姻関係を結ぶことをさす中世語。「○○に嫁す」「○○と嫁す」のように使われるが、和訓で「嫁」を「とつぐ」とよむこともある。男性を主語とする場合にも女性を主語とする場合にも用いられる動詞で、古記録や『*宇治拾遺物語《うじしゅういものがたり》』『太平記《たいへいき》』などにみられる。鎌倉幕府の歴史書『*吾妻鏡《あずまかがみ》』の用例では、場所を示す助字「于」を伴っていたり、男が婚姻時に女方の住居に移動する際には男を主語として使われるなど、婚姻開始時の移動を反映した用い方をすることが多いが、主語と移動関係とが対応しない用例もある。藤原定家の日記『*明月記《めいげつき》』では、舅《しゅうと》を主語とする時には「聟執《むこど》る」、男を主語とする時には「迎ふ」を婚姻語として用いることが多く、女を主語とする場合に「嫁す」が用いられており、男を「嫁す」の主語とする例はその婚姻に対して定家の非難の意が込められているが、古記録は記主によって語感が異なっているので注意を要する。

参考文献　田端泰子『日本中世の女性』(中世史研究選書)、一九八七、吉川弘文館。高橋秀樹『日本中世の家と親族』、一九九六、吉川弘文館。

(高橋　秀樹)

かずえ　可寿江　⇩村山可寿江《むらやまかずえ》

かすがごんげんげんきえ　春日権現験記絵　春日明神《みょうじん》の霊験譚《れいげんたん》を描いた絵巻。二十巻。絹本《けんぽん》。宮内庁三の丸尚蔵館《しょうぞうかん》蔵。付属する目録一巻によって、西園寺公衡《さいおんじきんひら》の発願《ほつがん》により、詞書《ことばがき》は弟の覚円法印《かくえんほういん》(興福寺東北院主)が起草、前《さきの》関白鷹司基忠《かんぱくたかつかさもとただ》とその三人の子、摂政冬平《せっしょうふゆひら》・権大納言冬基《ごんだいなごんふゆもと》・興福寺別当良信《りょうしん》が寄合書《よりあいがき》し、絵は宮廷の絵所預高階隆兼《えどころあずかりたかしなたかかね》が描いたことが知られる。そして、延慶《えんきょう》二年(一三〇九)から数年内に完成、しばらく西園寺家に留め置かれた後、公衡の死後、覚円によって春日社に奉納されたと考えられる。五十六に及ぶ霊験譚は、西園寺家に対する春日明神の加護のほか、興福寺関係の寺僧や、法相宗《ほっそうしゅう》の根本経典である『唯識論《ゆいしきろん》』の功徳《くどく》などについて説く。伝統的なやまと絵の技法による緻密《ちみつ》で色彩鮮やかな絵は、春日社殿などの建築物をはじめ、幅広い階層の人々の生活の様子などが写実的に描かれている。顔を隠して描かれる影向《ようごう》した春日明神の姿や、就寝する人の様子、焼け残った土倉《どそう》の描写、閻魔王庁《えんまおうちょう》の光景、建築作業現場、盛砂《もりすな》を前に祈禱《きとう》する*巫女《みこ》など、表現技法上の問題も含め、興味深い貴重な描写が多い。テキストは、『春日権現験記絵』(小松茂美編、続日本の絵巻一三・一四、一九九一年、中央公論社)。

『春日権現験記絵』巻六第三段　巫女と修験者

参考文献　五味文彦『『春日験記絵』と中世—絵巻を読み歩く—』、一九九八、淡交社。末柄豊「『春日権現験記絵』の奉納をめぐって」(『日本歴史』六九五)、二〇〇六。

(斉藤　研一)

かすがのつぼね　春日局　一五七九—一六四三　徳川三代将軍家光《いえみつ》の*乳母《うば》。名はお福《ふく》。父は、明智光秀《あけちみつひで》の重臣斎藤利三《さいとうとしみつ》、母は、稲葉通明《いなばみちあき》の娘。山崎の合戦で父は自刃(一説に磔刑《はりつけ》)。文禄《ぶんろく》四年(一五九五)、稲葉正成《まさなり》と結婚。二人の間には、正勝《まさかつ》・正定《まささだ》・正利《まさとし》の三人の男子が生まれる。小早川秀秋《こばやかわひであき》に仕えた正成は、関ヶ原の戦い後主家を離れ、浪人となった。慶長《けいちょう》九年(一六〇四)、お福は江戸城へ出仕し、竹千代《たけちよ》(家光)の乳母となる。秀忠夫妻が弟の国松《くにまつ》(駿河大納言忠長《するがただなが》)を寵愛《ちょうあい》したことから、駿府の家康に竹千代が世継ぎとなることを懇願《こんがん》するなど献身的に尽くした。元和《げんな》九年(一六二三)、三代将軍家光の世となり、そのなかで政治的影響力を及ぼすようになる。*大奥制度を整え、また寛永《かんえい》六年(一六二九)には、後水尾天皇《ごみずのおてんのう》の譲位《じょうい》問題の最中、お福は上洛し、後水尾天皇に拝謁《はいえつ》、「春日局」の名を賜わった。同九年再度上洛し*東福門院《とうふくもんいん》和子《まさこ》に謁《えっ》し、緋袴《ひばかま》の着用を許される。その間、正成は、慶長十二年に美濃《みの》の旧領に一万石を与えられ、さらに元

春日局画像(狩野探幽筆)

和四年には越後《えちご》糸魚川《いといがわ》一万石、寛永四年には下野《しもつけ》真岡《もおか》二万石と加増されている。長男正勝も重用され、寛永二年には常陸《ひたち》柿岡《かきおか》・上野《こうずけ》佐野《さの》計二万石の大名となり、翌年にはこの年亡くなった父正成の遺領も相続した。正勝は、寛永九年小田原藩八万五千石を拝領したが、同十一年病没する。正勝の死に愁傷《しゅうしょう》した春日局は、この年出家し麟《りん》祥院《しょういん》と号し、さきに神田湯島《かんだゆしま》の地に建立した報恩山天沢《ほうおんざんてんたく》寺《じ》を天沢山麟祥院《てんたくさんりんしょういん》と改めた。さらに、京都妙心寺《みょうしんじ》境内にも一宇を建立し麟祥院と号した。その後、代官町に宅地を、相模国吉岡《さがみのくによしおか》に三千石を賜わり、同時に年々白銀《はくぎん》百貫目を給された。晩年病の床に臥した春日局の屋敷を家光はしばしば見舞い湯薬《とうやく》を勧めるが、春日局はかねて家光の病気快癒《かいゆ》を願い毎夜水ごりをとって神仏に服薬鍼灸断《ふくやくしんきゅうだ》ちをしたことがあり、湯薬を固く辞退した話はよく知られている。寛永二十年病没、湯島麟祥院に葬られる。

参考文献 田中澄江「春日局」(円地文子監修『人物日本の女性史』五、一九七七、集英社)。長野ひろ子「明治前期におけるジェンダーの再構築と語り―江戸の女性権力者『春日局』をめぐって―」(氏家幹人・桜井由幾・谷本雅之・長野ひろ子編『日本近代国家の成立とジェンダー』二〇〇三、柏書房)。 (長野ひろ子)

かすがのやまだのひめみこ 春日山田皇女 仁賢《にんけん》天皇の皇女。安閑《あんかん》天皇の*皇后。母は和珥臣日爪《わにおみひつめ》の女《むすめ》の糠君娘《あらきみのいらつめ》とも和珥臣日触《ひふれ》の女《むすめ》の大糠娘《おほあらのいらつめ》ともいわれる。その名は、春日山田皇女、山田大娘皇女《やまだのおおいらつめ》、赤見《あかめ》皇女(『日本書紀』仁賢紀)とも山田赤見皇女(安閑紀)とも伝え、継体《けいたい》天皇の皇后の*手白香《たしらが》皇女とは異母姉妹にあたる。古代の王族女性が、「大后《おおきさき》」制との関連で、国政にどのように関与したかを探る上で注目されている皇女。継体没後、安閑の皇后となる。安閑紀は、天皇と並んで重要な皇后に「椒庭《しょくてい》」(*後宮)を造り、また、皇后に子がなく、その名が後世に残らないことを憾み屯倉《みやけ》を置いたことを記す。宣化《せんか》没後の王位継承の時に、欽明《きんめい》天皇が春日山田に「余、幼年《としわか》く識浅《さとりあさ》くして、未だ政事に閑《なら》はず、山田皇后、明かに百揆《ももよろずのまつりごと》に閑《なら》ひたまへり、請ふ、就《まゐ》て決めよ」(原漢文、『日本書紀』欽明天皇即位前紀)と述べ、即位を要請した伝承がある。この伝承によれば、欽明天皇が年齢も若く、政治的力量が未熟であることから、「百揆に閑ひたまへ」る前皇后の春日山田に即位を要請したことになる。注意を要するのは、皇后の称号は持統《じとう》天皇三年(六八九)の『飛鳥浄《あすかきよ》御原令《みはらりょう》』で定められ、それ以前は「大后」の称で呼ばれており、『日本書紀』の「皇后」とする部分は「大后」として理解されねばならないことである。この記事は欽明の大王候補としての器《うつわ》の大きさを表現する書紀編者の意図からでたことも考えられるが、春日山田が大王に推戴《すいたい》しうる条件を満たしていたからこそこうした伝承を残していると考え、春日山田が欽明に匹敵《ひってき》しうる政治的力量をもっていたことを推定することが可能である。この推定の背景には、継体朝以降、(前)大后の国政参与の実態があり、大后が王権の構造内に一定の権限を保持するものとして位置付き、その発言・行動が倭王権《わおうけん》の支配意志を形成する上で無視できないものとなってきた点を重視するからである。

参考文献 岸俊男「光明立后の史的意義」(『日本古代政治史研究』一九六六、塙書房)。小林敏男『古代女帝の時代』一九八七、校倉書房。荒木敏夫「日本古代の大后と皇后」(『日本古代王権の研究』二〇〇六、吉川弘文館)。 (荒木 敏夫)

かずき 被衣 平安時代中ごろからみられる貴族、またはその召使の子女などの徒歩での外出姿、もしくはそのときに用いる衣の名称。「きぬかずき」ともいう。本来は袿を頭部を覆うように引き被るもので面貌《めんぼう》の露出を避ける意味があったが、袿よりも襟の部分を延長した「被衣」と呼ばれる専用の服が生まれた。旅行や物詣《ものもうで》などに用いられることが多かったが、室町時代以降は遊山《ゆさん》などにも用いられるようになり、*小袖《こそで》様式の服の普及に伴ってその姿を変えつつ、京都でも近世の元禄ころには姿を消した。

被衣(『扇面法華経冊子』下絵より)

参考文献 鈴木敬三『有識故実図典』一九九五、吉川弘文館。 (佐多 芳彦)

かずきめ 潜女 ⇨海女《あま》

かずけもの 被物 平安時代の貴族社会に広く行われた衣服の贈答儀礼のことで、儀式や行事の参列者に与えられた禄《ろく》の一種。主に装束《しょうぞく》類がやりとりされた。贈り手から与えられた装束類を受け手が肩に懸《か》けて退出するところから、被物と呼ばれた。被物は、衣服が交換価値をもち、社会に流通していた経済的な事情を背景に、貴族社会に特殊に行われた上級者から下級者への衣服の贈与慣行として位置づけられる。儀式や行事などの儀礼の場でやりとりされる衣服の贈与は、贈り手と受け手それぞれの身分関係を確認する場としても機能しており、贈与の内容にも身分によって差が設けられていた。その上、儀礼の場でやりとりされる装束類は贈答用の新調であって、贈り手側の威信《いしん》をかけて用意された。特に、天皇が贈り手であった場合、天皇からの贈与は「おおやけの禄」(『紫式部日記』)とされ、受け手にとっては非常に栄誉なことであった。 (永島 朋子)

かずのみや 和宮 一八四六―七七 江戸幕府十四代将

和 宮 像

軍徳川家茂《とくがわいえもち》の妻。仁孝《にんこう》天皇の第八皇女。母は権大納言《ごんだいなごん》橋本実久《さねひさ》の女《むすめ》、典侍《すけ》橋本経子《つねこ》(薙髪《ちはつ》後観行院《かんぎょういん》)。孝明《こうめい》天皇の妹宮、明治天皇の叔母《おば》宮にあたる。和宮誕生以前に仁孝天皇が崩御《ほうぎょ》し、外祖父実久、伯父《おじ》実麗《さねあきら》のもとで養育される。嘉永《かえい》四年(一八五一)有栖川宮熾仁《ありすがわのみやたるひと》親王と婚約。安政六年(一八五九)有栖川宮に入輿《にゅうよ》が内定する。その前年、日米修好通商条約の勅許、将軍継嗣《けいし》問題から幕府は尊攘《そんじょう》派・一橋派の志士を弾圧、朝廷をも威嚇《いかく》した。この安政の大獄に並行して、朝廷を規制する目的をもつ公武合体の手段として、和宮降嫁《こうか》策が表面化し、万延《まんえん》元年(一八六〇)四月幕府より正式に和宮降嫁の奏請《そうせい》があり、交渉が始まる。孝明天皇は請願を却下したが、岩倉具視《いわくらともみ》の献策を入れ攘夷《じょうい》を条件に聴許《ちょうきょ》を決意、和宮も固辞したが他方面からの策動をうけ、天皇の苦衷《くちゅう》も察してやむなく承諾して、十月に降嫁が勅許される。文久元年(一八六一)四月、*内親王宣下《せんげ》があり和宮は親子《ちかこ》内親王となり、同年十月に京都を発輿、中山道《なかせんどう》を経て江戸城に入る。翌二年二月婚儀を挙げ、親子内親王は幕府では*御台所《みだいどころ》と称したが、勅旨により和宮の称に復された。*大奥の生活では「御所風」と関東の風儀の違いや、皇女の身分と徳川家の一人としての礼節の調和に細心の配慮をはらい、たび重なる家茂の上洛には武運を祈り、家茂の攘夷達成を祈願し、病気の報に接するとお百度詣《ひゃくどもうで》・塩断ちをして平癒《へいゆ》を祈った。慶応二年(一八六六)家茂が没し、和宮は薙髪して静寛院《せいかんいんの》宮《みや》を称す。十五代将軍徳川慶喜《よしのぶ》は大政を奉還して政治の改革をはかったがならず、朝敵の立場に立たされ、静寛院宮は苦悩のすえ徳川家存続のために力を尽くした。官軍の東下が始まると進撃の暫時中止を要請し、旧幕臣の恭順《きょうじゅん》を勧め、江戸の人心の鎮静化に努め、総攻撃回避の陰の力になった。明治二年(一八六九)に帰京、一八七四年に東京へ移り、脚気《かっけ》を患い一八七七年九月二日死去。三十二歳。増上寺に葬る。法名は好誉和順貞恭大姉《こうよわじゅんていきょうだいし》。

参考文献 『静寛院宮御日記』(続日本史籍協会叢書)、一九七六、東京大学出版会。武部敏夫『和宮』(人物叢書)、一九八七、吉川弘文館。

(辻 ミチ子)

かずら 蔓 草木の生命力や清浄さのような霊力をみずからに憑依《ひょうい》しようとする意図から、つる草・稲穂《いなほ》・柳などを頭部装飾としたもの。本来は草木のつるの意。奈良時代以降、宮廷祭祀《さいし》や神事に奉仕する人々の斎忌《さいき》の表象として史料中に散見される。*大嘗祭《だいじょうさい》・新嘗祭《しんじょうさい》に奉仕する女性たちの「日蔭蔓《ひかげのかずら》」のように、草木のつるを髪飾りとしていたものが美麗な組紐《くみひも》をその代用品としたにもかかわらず、その名称を冠された例もある。

(佐多 芳彦)

かすりおり 絣織 織糸に染加工を施して文様を現わす絣糸を作り、これを織って布面に文様を織り出す技術。縞《しま》と並んで最も素朴な文様織。江戸時代初期に琉球絣《りゅうきゅうがすり》が薩摩《さつま》に入り、薩摩絣として全国に知られた。絣織が一般化したのは江戸時代中期以降で、産地により多種多様である。*久留米絣《くるめがすり》は寛政十一年(一七九九)に*井上伝《いのうえでん》が、伊予絣《いよがすり》は享和年間(一八〇一—〇四)に*鍵谷《かぎや》カナが、広瀬《ひろせ》絣《がすり》は文政年間(一八一八—三〇)に長岡貞子《ながおかさだこ》が創始したという。

参考文献 板倉寿郎・野村喜八・元井能・吉川清兵衛・吉田光邦監修『原色染織大辞典』、一九七七、淡交社。脇田晴子・林玲子・永原和子編『日本女性史』、一九八七、吉川弘文館。

(小川 幸代)

かせいがく 家政学 生活向上を目的とした、人間と環境の相互作用を問う実践的総合科学で*女子教育と関係が深い。戦前期には、専門学校等の女子用高等教育機関に「家事科」や「家政」等の名称で「家政学」の専攻が置かれていた。大正期以降に*女子大学の設置を求める運動が起り、その中で家政学部設置も目指されたが、実現しなかった。戦後教育改革の過程で、女性も大学で学ぶ能力があることを示すために、GHQ内に置かれていたCIE(民間情報教育局)の強力な後押しにより、五校の女子大学がその他の新制大学より一年早く設置され、うち三校に家政学部が置かれ、家政学会も設立された。同時に、家政学を女子のための教養教育科目として、女子大学で開講することも認められた。今日でも、「女性用の学問」という性格は残されているが、家政学部・学科は「生活科学」等に名称変更される例が相次ぎ、また家政学を学ぶ男性も増加するなど、変わりつつある。

参考文献 日本家政学会編『家政学事典(新版)』、二〇〇四、朝倉書店。

(朴木佳緒留)

かせいきかん 家政機関 貴人の日常生活全般にわたり、家内の年中行事ほか私的雑用を処理する組織で、儀礼的側面がある。家令職員令《かれいしきいんりょう》には家政機関の職員とその職掌《しょくしょう》についての規定があり、四品《しほん》以上の親王《しんのう》・*内親王《ないしんのう》および職事《しきじ》三位以上の男女は、それぞれ位階《いかい》に応じて家令《かれい》・扶《すけ》・従《じゅう》・書吏《しょり》という家政をつかさどる職員を与えられる。養《よう》老《ろう》三年(七一九)十二月庚寅格《こういんきゃく》ではさらに五位以上、具体的には散三位《さんさんみ》・四位・五位を対象として事業《じぎょう》・防閤《ぼうこう》・仗《じょう》身《しん》が置かれる。さらに私設職員として、親王勅別当《しんのうちょくべっとう》以外の別当や知家事《ちけじ》・知宅事《ちたくじ》・案主《あんじゅ》などがみられる。藤原氏家政機関の別当の早い例は、延喜《えんぎ》二十年(九二〇)九月十一日の右大臣藤原忠平《ただひら》家牒《ちょう》への別当六人の署判《しょはん》としてみえるものである。別当の登場は、令制職員によって構成されていた家務所《かむしょ》に代わる新しい家政機関＝政所《まんどころ》の成立を示す。平安時代後期には上層貴族層で家政機関は多くの種類がみられるようになる。摂関家《せっかん》では十世紀前半に政所・北政所《きたのまんどころ》・侍所《さむらいどころ》・厩《うまや》・随身所《ずいじんどころ》・膳所《ぜんどころ》・雑色所《ぞうしきどころ》だったが、十一世紀前半にはこれらに加え、蔵人所《くろうどどころ》・文殿《ふどの》・地《じ》子所《しところ》・納殿《おさめどの》・贄殿《にえどの》・作物所《さくもつところ》・大盤所《だいばんどころ》・小舎人所《こどねりどころ》・修理所《しゅりところ》などが、またそののち東三条殿御蔵《おくら》と御服所《ごふくどころ》が設置された。これら家政機関は、本主《ほんしゅ》の身位《しんい》に応じて設置され、院政《いんせい》期の摂関家では元服《げんぷく》(叙爵《じょしゃく》)時に政所・侍所・雑色所が設置され、近衛大将《このえのたいしょう》になると随身所と御厩《おうまや》が、親から独立した時点で膳所と納殿が、摂関になると文殿と蔵人所が設置される。家政機関とその職員は本主の叙爵で置かれたのち、官職昇進により徐々に種類を増し、規模を拡大させる。女性の家政機関は、*女院《にょいん》・三后《さんごう》・内親王などを除けば、摂関の妻としておよび*女御《にょうご》としてのものである。摂関妻の場合、位階と家政機関設置は基本的に連動しなくなり、夫が大臣となったのち家司《けいし》を補し、摂関となったのち家政機関(北政所)を設置するといわれ、職員の補任権《ぶにんけん》は夫が持ち、夫家職員を兼帯《けんたい》して任じた。摂関妻の身位と家政機関設置・職員補任が一致するのは天皇母儀《ぼぎ》として准三后《じゅさんごう》となった場合に限られる。一方内親王以外の女性が*入内《じゅだい》する場合、㈠叙位《じょい》(従三位)→入内→女御宣旨《にょうごせんじ》→立后《りつごう》、㈡入内→女御宣旨・叙位(四位)→立后という、いずれかの身位の変化があるが、どちらの場合も家政機関設置は女御宣下《せんげ》の日である。職員補任権は入内・入宮という婚儀を境に、これ以前の補任権は父に、以後は夫に存したが、補任時期は天皇の配偶となる場合すべて入内以前であり、その構成も父家職員が任じられた。一方上皇が配偶となる場合は入宮以後に補任されており、職員は上皇が決めるものの父家に一定の職員推挙が認められた。*皇后や女院に身位が転上しても、家政職員はそのまま引き継がれることが多いので、女御家職員の補任は重要な意味を持った。このように令格《りょうきゃく》制の家政機関・職員は、男女を問わず五位以上の位階に応じて給付されることになっていたが、平安時代後期には元服叙爵時以外、多くが本主の官職に応じて家政機関と職員を配置するようになり、また女性の場合官職や待遇を持つこと自体きわめて少なく、それらを得たとしてもその職員は夫や父のそれと兼任することが多かった。

参考文献 渡辺直彦「藤原実資家「家司」の研究」(『日本古代官位制度の基礎的研究(増訂版)』一九七八、吉川弘文館)。藤木邦彦「権勢家の家政」(『平安王朝の政治と制度』一九九一、吉川弘文館)。井原今朝男「摂関家政所下文の研究—院政期の家政と国政—」(『日本中世の国政と家政』一九九五、校倉書房)。元木泰雄「摂関家家政機関の拡充」(『院政期政治史研究』一九九六、思文閣出版)。服藤早苗『平安朝の家と女性—北政所の成立—』(平凡社選書)、一九九七、平凡社。佐藤健治「摂関家における「公的家」の基本構造」(『中世権門の成立と家政』二〇〇〇、吉川弘文館)。関口裕子「日本古代の豪貴族層における家族の特質について」(『日本古代家族史の研究』下、二〇〇四、塙書房)。

(佐藤　健治)

かせいふ　家政婦　個人の*家庭または寄宿舎その他これに準ずる施設において、家政一般の仕事(炊事・掃除・洗濯・買い物など)や病者等の身の回りの世話を行う女性。第二次世界大戦以前には「*派出婦《はしゅつふ》」とも呼ばれた。英語訳ではハウスキーパー(Housekeeper)となる。仕事内容の面では*ホームヘルパーと変わりないが、家政婦は広く一般の人を対象として*家事手伝いや身の回りの世話をする人と捉えられることが多い。家政婦が世間の注目をあつめるようになったのは、一九五六年(昭和三十一)、東京都が国庫の補助を受け「家事サービス公共職業補導所」を開き、家政婦養成事業に乗り出してからであろう。この事業は、*未亡人等を対象に衣食住、育児、看護などの知識と技術を短時間で習得させ、一般家庭の求めに応ずるというもの。社会問題化していた未亡人の就職対策になると同時に、家事技術者という新しい女性の専門職を創出し、*女中払底《じょちゅうふってい》の緩和《かんわ》を図るねらいもあったという。養成施設の開設はその後各地に広がり、中年女性に就業の道を拓いた。若年労働者の不足も相まって、家政婦は次第に住み込み女中にとって代わる。それに伴い、家事サービスの仕事は一つの職業として認められるようになった。

参考文献 清水美知子『〈女中〉イメージの家庭文化史』、二〇〇四、世界思想社。

(清水美知子)

かぞえうた　数え歌　数や頭韻《とういん》を読み込みながら展開させていく歌。「いちばんはじめはいちのみや、にまたにっこうとうしょうぐう、さんまたさくらのそうごろう(下略)」や「ひい、ふ、み、よ、い、む、なな、や、ここのつ、とお、ちょうどいっかんおえました」「いちかけにかけでさんかけて(下略)」「いちじくにんじんさんしょにしいたけごぼうに(下略)」「いちもんめのいすけさん、いのじがきらいで(下略)」など数を読み込むものは多いが、そのほかにも語彙《ごい》や音読によるさまざまな読み方を利用したものもある。数え歌はリズムをとりやすく語呂《ごろ》の面白さによって覚えやすいために唱え歌としてだけでなく手鞠《てまり》・お手玉・おはじき・縄跳び・石蹴り・絵描きなど子供の遊戯《ゆうぎ》で歌われることが多い。それ以外にも祝儀《しゅうぎ》の口上や豊年予祝《ほうねんよしゅく》の唱え言葉などに数え歌形式が使われ、また、水の汲み上げ回数を数え歌で数えるなど労働の場でも歌われる。地搗《じつ》き歌などでは頭韻から即興的に展開させていくこともある。

参考文献 岩井正浩『(増補)子どもの歌の文化史—二〇世紀前半の日本—』、二〇〇三、第一書房。

(上村　正名)

かぞく　家族　〔古代・中世〕性・生殖・子供の養育・精神的支えという機能を持ち、*婚姻《こんいん》・血縁で結びついて世帯を営む生活集団。古代には、八世紀の*戸籍・計帳という家族関係資料が大量に残されているので、その解釈に多くの研究が費やされてきた。特に、父系血縁のイトコたちを多く含んだ二十〜三十人規模の大家族であるかのような「郷戸《ごうこ》」の、実態論と擬制《ぎせい》論とで大きく家族像が異なる。戦後長い間有力だったのは、マルクス主義史学による経営形態と結びつけた家族論で、古代の「戸」から中世の「名《みょう》」への発展を見通す。基本的には「戸」を「*家父長制《かふちょうせい》的世帯(家族)共同体」と規定するもので、その階層分解から家父長制的家内奴隷《どれい》制家族に発展するとか、封建的な家父長制的農奴《のうど》制小家族であるとか、家父長制世帯(家族)共同体は分解しないまま縮小・変質して家父長制複合家族の小経営に移行する、などの説が出されていた。古代から父系・家父長制的・夫方居住《おっとかたきょじゅう》という家族の性格を疑わない通説に対して、籍帳《せきちょう》の記載を疑う*高群逸枝《たかむれいつえ》は、古代は母系型であって、*妻問婚《つまどいこん》のもと*妻《つま》屋《や》小家族の形態であったのが、婿取婚《むことりこん》で複式女系世帯(母系直系家族)を基本とする形態となり、鎌倉時代の「擬制婿取婚」(父子別居の夫方居住婚)をへて、室町時代から嫁取婚《よめとりこん》の家父長制大家族となる、という異説を示した。その後の双方社会論の立場からは、世帯(家族)共同体＝合同家族の存在自体も、母系家族・妻方《つまかた》居住婚の広範な存在も、ともに単系社会に特有のものとして否定されている。さて、古代の農民は、一時的な妻訪《つまど》いから同居して夫方居住・独立居住へ、時には妻方居住も、と多様であり、さらには途中の移転も考えられる。どちらの側で耕地を確保できるか、経済力があるか、が決め手になる。また離再婚の多い*対偶婚《たいぐうこん》段階であることから、婚姻居住には定型がなく血縁の集まりは流動的である。しかし、親夫婦と子夫婦とは同居しないという原則があり、いくつかの小家族が集合して耕営単位をつくったとしても、双方的な*親族による一時的・臨機《りんき》的な居住集団結合(数棟)でしかない。この流動的な居住形態は、院政期から変質して中世の経営体としてのイエの成立にむかうと考えられる。農民層の分割相続制が、男女分割相続から男子分割相続に向かうと妻方居住の可能性は減少し、次第に夫方居住が主流となる。婚姻のあと夫の親の屋敷地(あるいは近隣)に新居を構え、親の所有地の一部(相続予定地)を耕作する。たとえば、親・長男・次男の夫婦がそれぞれ別棟・別世帯をなして、本屋《ほんや》と門屋《かどや》・添屋《そいや》(および隠居《いんきょ》屋《や》)のごとく集住し、一時的には一つの経営体・徴税《ちょうぜい》単位となる「屋敷地居住集団(近隣親族集団)」を構成し、そのうちに親から土地を相続(分割譲渡《じょうと》)した時点で子の各世帯は対等に独立し、一代限りの親子結合的な居住集団(イエ・*一家・門)は分解する。世代ごとにこれを繰り返す。この屋敷地居住集団は、*親権の強い家父長的傾向をもち、近世初期にまで存続していく。貧農《ひんのう》は単世帯にとどまったろう。

参考文献 鷲見等曜『前近代日本家族の構造―高群逸枝批判―』、一九八三、弘文堂。明石一紀『日本古代の親族構造』(戊午叢書)、一九九〇、吉川弘文館。栗原弘『高群逸枝の婚姻女性史像の研究』、一九九四、高科書店。比較家族史学会編『事典家族』、一九九六、弘文堂。関口裕子『日本古代家族史の研究』、二〇〇四、塙書房。明石一紀『古代・中世のイエと女性―家族の理論―』、二〇〇六、校倉書房。

(明石　一紀)

〔近世〕「家」の構成員。近世の家族は主として「宗門人《しゅうもんにん》別帳《べっちょう》」などからその構成や規模が推測される。地域差はあるが、十七世紀後半までには*家長《かちょう》夫妻と直系の子や親を中心とした数人規模の血縁小家族が一般的となった。士農工商の身分や経済的階層によって関係に違いはあるが、公的には家長が代表し家長の権限は家族の中では最高のものである。武士の家族では女性が家長の立場になることはなかったが、中層以下の庶民の家族では夫の死後妻が*後家《ごけ》として家長になる場合は珍しくはなかった。家族内での家長の妻の地位は家長に次ぐものであり、家業の経営管理を分担することもあった。しかし、基本的には夫あっての妻の地位であって、夫が家長を引退したり死去したりすれば、次の家長の支配に入ることになる。娘は上中層では結婚により「家」どうしのネットワークを形成するのが大きな役割であったが、下層では奉公に出て家計を助ける者も多かった。家族からの離脱は、*欠落・出奔《しゅっぽん》によって帳外《ちょうはず》れになるか、あるいは久離《きゅうり》・勘《かん》当《どう》の手続きを経て人別帳から除籍できた。復帰も可能であった。近世後期には単身者や二、三人の家族が増え、婚姻《こんいん》関係が含まれない家族も多くなる傾向がある。特に都市部では「人別帳」などで掌握《しょうあく》できない家族が滞留《たいりゅう》している可能性がある。

参考文献 総合女性史研究会編『日本女性の歴史―性・愛・家族―』(角川選書)、一九九二、角川書店。菅野則子「江戸時代前期の農民家族」(石井寛治・林玲子編『近世・近代の南山城―綿作から茶業へ―』一九九八、東京大学出版会)。桜井由幾「江戸時代中後期の農民家族―宗旨改帳より―」(同)。

(桜井　由幾)

〔近現代〕 ⇩核家族化《かくかぞくか》 ⇩家族史《かぞくし》 ⇩近代家族《きんだいかぞく》 ⇩父子家庭《ふしかてい》 ⇩母子家庭《ぼしかてい》

〔アイヌ〕アイヌの自然集落(自然コタン)は二、三軒から十軒程度の小集落であった。一軒に住むのは核家族であり、婿《むこ》入り婚でも嫁入り婚でも二世代の夫婦が同居することはなかったが、老親と子供世帯は隣にあり日々の生活は密接であった。集落の成員は親族関係にあることが多く、寝食はともにしていなくても集落が一つの大家族となっている場合もあった。子孫に先祖供養をしてもらうことが不可欠で、また、男女の分業が明確な社会であるため、夫婦が老親と子供と暮らす家族のかたちが理想とされていたようである。十八世紀以降の場所請負制《ばしょうけおいせい》下では集住させた強制集落(強制コタン)が作られ、集落の規模や構成が変化し、生業形態も異なり、場所によっては核家族も分断されたりしてアイヌ社会の基本構造が損なわれていった。近代では同化政策により世代間の断絶が生み出され、アイヌ社会と家族の崩壊がアイヌのアイデンティティを消滅に向かわせた。現在は民族意識が高まっており、背景には失われたアイヌ家族・共同体への憧憬《しょうけい》もあると考えられる。

(児島　恭子)

かぞくけいかく　家族計画　避妊を用いて子どもを計画的に出産すること。第二次世界大戦に敗北後、日本では人口過剰が問題化し産児制限の必要性が叫ばれた。政府は当初人口抑制政策に消極的だったが、*優生保護法のもとで*中絶が激増するに及び、一九五一年(昭和二十六)受胎調節普及を閣議決定。モデル村などでの実験を経て、一九五三年ころから本格的に家族計画指導を開始。実地指導で中心的役割を演じたのは財団法人人口問題研究会と日本家族計画普及会(現日本家族計画協会)で、日本鋼《にほんこう》管《かん》をはじめとする企業体の社員家庭への指導は、避妊法だけでなく生活全般の合理化に及んだ。生活保護世帯への避妊具無料配布も行われ、地方では保健所などを中心に、保健婦や助産婦が実地指導員として活躍した。国民の避妊実行率は急速に高まり「子どもは二人」が規範化したが、避妊の失敗などから中絶に頼る者も多かった。高度経済成長期に入ると労働力不足が懸念《けねん》され始め、政府の家族計画への関心は後退した。

参考文献　久保秀史『日本の家族計画史―明治/大正/昭和―』、一九九七、日本家族計画協会。荻野美穂「反転した国策―家族計画運動の展開と帰結―」(『思想』九五五)、二〇〇三。田間泰子『「近代家族」とボディ・ポリティクス』、二〇〇六、世界思想社。

(荻野　美穂)

かぞくこっかかん　家族国家観　「*家族」と「国家」との接合により、天皇・国家に対する民衆の忠誠を動員・正統化するイデオロギー。元田永孚《もとだながざね》・井上哲次郎《いのうえてつじろう》らの明治政府のイデオローグたちによって構想され学校教育を主な媒介《ばいかい》として浸透が図られた。背景には、二つの危機意識があったとされる。第一に、自由民権運動や社会主義思想、個人主義思想など、国家を脅《おびや》かす社会的潮流への危機感であって、それらを抑制・抑圧し国家権力に服従する内面的自発性を喚起《かんき》することが意図された。第二には家族の危機であり、資本主義の本格化する明治三十年代後半以降、農村から都市への移住や一家離散が相つぐ現実に、家の共同幻想の一層の増幅《ぞうふく》と体系化が要請された。したがって、その両方の危機に対応するために動員された家族の論理は「儒教的家族主義の伝統」であり、孝行と忠節を人倫《じんりん》の最大義として忠を最高の徳として孝を忠に従属するものとした。そして*教育勅語《きょういくちょくご》において、一国を一家と観念させることによって、家族への心情を拡大、延長すれば愛国に至るという連続性を確立した。これを補強したのは祖先崇拝《そせんすうはい》の観念であり、国家神道によって天皇家の神話的祖先の傘下《さんか》にこれとは元来無関係の国民の「家」の先祖を組み入れて天皇と国民の一体化が図られたのである。ただし、そこで動員された「家族的心情」を、「封建《ほうけん》的」「儒教的」な服従や忠孝の精神とのみみるのは正しくない。明治半ば以降登場した、小家族が「*家庭」を営み親しみ慈《いつく》しみあうイメージも家族国家観の注入には利用されていた。しかも新しい家族意識もまた、広い*親族関係を包含《ほうがん》する強力な家族が情緒《じょうちょ》的小家族へと転化するとき権威は*家長を超えて国家権力に集中し国家の民衆管理は一層進捗《しんちょく》するという点において、家族国家観のイデオロギーに適合的であった。こうした意味で、家族国家観は、「特殊日本的」であるだけでなく、近代国家に普遍的な家族を媒介とした政治手段の一変種ともいえよう。

参考文献　川島武宜『イデオロギーとしての「家族制度」』(『川島武宣著作集』一〇、一九八三、岩波書店)。石田雄『明治政治思想史研究(復刻版)』、一九九二、未来社。藤田省三『(新編)天皇制国家の支配原理』、一九九六、影書房。牟田和恵『戦略としての家族―近代日本の国民国家形成と女性―』、一九九六、新曜社。

(牟田　和恵)

かぞくし　家族史　〔古代・中世〕古代・中世における家族史は、*高群逸枝《たかむれいつえ》の*女性史に起源をもつ。高群は母系制論の立場から女性の社会的地位の変化を追究したが、その際、*婚姻形態の問題や*財産相続の問題など、家族史と密接にかかわる論点を提示した。さらに、戦後は古代史の分野で、律令体制下の*戸籍・計帳《けいちょう》(籍帳《せきちょう》)にみえる郷戸《ごうこ》をもって当時の*家族の実態とみなすか(郷戸実態説)、時代が進むにつれて郷戸は擬制《ぎせい》化し、実際の家族は郷戸の内部に形成された房戸《ぼうこ》に移ったとみなすか(郷戸擬制説)、はたまた、郷戸ははじめから、徴税の便宜《べんぎ》など一定の政治的な意図にもとづいて編成された制度的なフィクションにすぎなかったとみなすか(編戸《へんこ》説)という点をめぐって活発な議論が繰り広げられた。こうした中、一九七〇年代の後半に至ると吉田孝・明石一紀《あかしかずのり》らによって、古代家族史の研究水準を飛躍的に引き上げる業績が相ついで発表される。これらの研究は編戸説の立場に立ち、実証面では籍帳以外の史料の活用を重視するが、理論面では社会人類学の成果に依拠《いきょ》することによって、父系でも母系でもない、非単系的(双方的)な古代家族像を描き出した。一方、中世史においては家族史的な研究はあまり存在せず、武士の族的結合(惣領制《そうりょうせい》)の問題に一定の関心が集まる程度だった。だが、武士の所領支配をイエ支配の原理の同心円的な拡大とみなした一九七〇年代のイエ支配論を皮切りに、状況は大きく変わる。一九八〇年代に入ると古代家族史の成果は中世史にも波及したが、中世史の場合は史料的な制約から家族の内部構造の分析には向かわず、鈴木国弘に代表される*親族研究や、家の成立史的な研究が主流をなした。前者では鎌倉時代における*家父長制《かふちょうせい》家族の存否や、妻方親族との結びつきの強さなどをめぐって、後者では*家名《かめい》・*家産《かさん》を父系直系の線で代々継承する家が、貴族・武士・庶民のおのおのについていつごろ成立したかをめぐって、議論が交されている。

参考文献　鈴木国弘「中世の親族と「イエ」」(『歴史評論』三七一)、一九八一。吉田孝『律令国家と古代の社会』、一九八三、岩波書店。明石一紀『日本古代の親族構造』(戊午叢書)、一九九〇、吉川弘文館。関口裕子『日本古代家族史の研究』、二〇〇四、塙書房。

(坂田　聡)

〔近世〕第二次世界大戦後の近世家族史研究は、近代天皇制国家の基盤となった家族制度の前提条件として、その封建《ほうけん》的・家父長《かふちょう》的性格に視点が注《そそ》がれた。また、近世社会を規定する「小農民自立」という社会構成史的観点から小農民家族の析出《せきしゅつ》が行われたが、ここでは武士階級とは異なる家族の実態も明らかにされた。その後女性史・社会史・歴史人口学といった学問分野で、封建的・家父長的と一言では括《くく》れない家族の実像が明らかにされた。子育て・介護など近世の家族から現代が学ぶべきものがあるとの指摘がある。一方、「家父長制」を社会構成史的に限定せず、男性支配の社会と捉える概念の変更や、*ジェンダーの視点からみて、小農民家族の形成は、夫と妻の垂直関係への推移《すいい》であるとの指摘など、家族再生の拠《よ》りどころを近世家族に求めることには、女性史の現状は慎重である。

参考文献 佐々木潤之介他編『日本家族史論集』、二〇〇二・〇三、吉川弘文館。 (片倉比佐子)

〔近現代〕近現代の家族についての研究は昭和期に社会学者・民俗学者によって始められ、日本の家族の概念や特質が論じられた。家族とは家計をともにする夫婦・子供と近親者よりなる集団であり、これは第一回国勢調査の分析による普通世帯とほぼ重なるとする戸田貞三《とだていぞう》の小家族論と、東北農村の事例から非血縁者を含む大家族・同族団の存在に注目する有賀喜左衛門《あるがきざえもん》の研究はその代表的なもので、これをめぐっては戦後多くの研究者による論争が続いた。同じころ民俗学者の*柳田国男は全国農村漁村の調査を行い、労働組織と祖先祭祀《さいし》の面から家族を見、日本の家族とは非血縁の同居人をふくむ大家族で、大家族から小家族への変遷《へんせん》を普遍的な姿とした。そのなかで柳田は*主婦の存在、役割の大きさを強調した。一方大間《おおま》知篤三《ちとくぞう》は地域により家族のありかたは単一ではないという立場をとった。戦後、家族制度廃止問題は戦後改革の実践的課題となり、我妻栄《あがつまさかえ》・中川善之助《なかがわぜんのすけ》・川島武宜《かわしまたけよし》ら民法学者は*民法改正による女性解放、日本社会の近代化の実現を主張した。また遠山茂樹《とうやましげき》・井ヶ田良治《いげたりょうじ》・家永三郎《いえながさぶろう》ら歴史家は*明治民法・*民法典論争・自由民権家の家族論などの研究を通じて、天皇制・軍国主義の基盤であった家族制度の歴史的役割の究明につとめた。井上清《いのうえきよし》『*日本女性史』をはじめとする女性史研究では、*「家」制度の克服による女性の解放を論じた。一九六〇年代になると高度経済成長のもとで*核家族化の進行、女性の社会的進出等による家族の変容が進み、家族の危機や解体が叫ばれ、家族研究への関心が学際的に高まった。一九八〇―九〇年代には「*近代家族論」が社会学・*フェミニズムの研究者によって提起された。その主張は一様ではないが、共通点は日本の家族を特殊日本的なものではなく、欧米と共通の近代の産物として戦前・戦後を連続的なものとして捉えることにあった。これによって「家」や性別役割分業、女性抑圧の構造に対する新たな視点が生まれた。女性史研究においてもこれに多くの示唆《しさ》を得つつ、近代の家族の多様な姿をより具体的にきめ細かく捉える研究が進められている。

参考文献 柳田国男『定本柳田国男集』、一九六二―七一、筑摩書房。青山道夫他編『講座家族』、一九七三―七四、弘文堂。大間知篤三『大間知篤三著作集』、一九七五―八六、未来社。福島正夫編『家族―政策と法―』、一九七五―八四、東京大学出版会。『家族史研究』一(特集家族史研究の課題)、一九八〇。有賀喜左衛門『日本家族制度と小作制度(新装版)』(「家族・婚姻」研究文献選集一四)、一九九九、クレス出版。川島武宜『日本社会の家族的構成』(岩波現代文庫)、二〇〇〇、岩波書店。戸田貞三『家族構成(新版)』、二〇〇一、新泉社。佐々木潤之介他編『日本家族史論集』、二〇〇二―〇三、吉川弘文館。 (永原 和子)

かぞく・しゆうざいさん・こっかのきげん 家族・私有財産・国家の起源 マルクスの盟友でイギリス人経済学者であるフリードリッヒ＝エンゲルスがマルクス主義にもとづいて、*婚姻《こんいん》・*家族・女性の地位の歴史的変化・発展を著わした古典。『家族の起源』と略称される。一冊。一八八四年に初版(旧版)、一八九一年に大幅改訂して第四版(新版)が出され、新版が流布している。*ルイス＝ヘンリー＝モルガン『古代社会』(一八七七年)を読んで、それを下敷きにして唯物史観《ゆいぶつしかん》にたって解釈し直した著作で、本書の基本的な論理構成は弁証法《べんしょうほう》によっており、社会事象のあらゆる対立する概念、すなわち母系と父系、*母権制と父権制、集団婚・*対偶婚《たいぐうこん》と*単婚《たんこん》、血縁共同体と個別家族、氏族と国家、共同生産と個別生産、などという類別される対極の事象について、それぞれ前者を原始共産社会、後者を階級社会に対応させ、階級社会の矛盾が私有財産制の発達に起因《きいん》していることを解き明かし、私有財産制を否定して矛盾の止揚《しよう》された共産主義社会を展望する、という歴史観となっている。しかし、学問的に疑問な個所も多い。引用するモルガンの集団婚の仮説(血縁家族・プナルア家族)については、早くから社会人類学において否定され、同時に、集団婚慣行にもとづくとした母系制先行説も論拠を失ってしまう。また、モルガン流社会進化論と史的唯物論との「家族」概念そのものが異なっているし、発展の契機も生殖(婚姻)か生産(経済)か根本的に相違する。唯物論的な「家族」とは、私有財産の成立によって生まれる「社会の経済的単位」でなければならないし、それは「個別家族」であって、それ以前も家族と呼ぶのは自己矛盾である。新版ではマクシム＝コバレフスキーの世帯共同体研究を取り入れて、「*家父長制的世帯共同体《かふちょうせい》」概念を作り上げるが、そもそも世帯共同体は家父長権がないから、不可解な概念であり、理論上の疑問が少なくない。日本語訳は『家族・私有財産・国家の起源』(戸原四郎訳、岩波文庫、一九六五年)。

参考文献 L・H・モルガン『古代社会』(青山道夫訳、岩波文庫)、一九六一、岩波書店。布村一夫『原始共同体研究』、一九八〇、未来社。江守五夫『家族の起源』、一九六五、九州大学出版会。明石一紀『古代・中世のイエと女性―家族の理論―』、二〇〇六、校倉書房。 (明石 一紀)

かぞくじょがっこう　華族女学校　おもに皇族・華族の子女のための教育機関。例外的に士族平民の入学を認めた。前身は一八七七年(明治十)華族会館の経営する私立学校として東京神田に開校した学習院女子部。一八八四年宮内省管轄《かんかつ》の官立学校になり、翌年学習院より分離、皇后臨席のもと華族女学校として発足した。開校に先立ち明治天皇が当女学校について勅諭《ちょくゆ》、宮内卿伊藤博文《いとうひろぶみ》は最上流女子の「賢母良婦《けんぼりょうふ》」教育のために*下田歌子《しもだうたこ》を準備にあたらせた。母体となったのは学習院女子部や下田の桃夭女塾《とうようじょじゅく》、東洋英和女学校からも一部生徒が転じた。開校当初校長谷干城《たにたてき》、下田は学監兼教授、*津田梅子《つだうめこ》は教授補として英語を教え、その米国での友人*アリス＝ベーコンも教師(一八八八年から一ヵ年)をつとめた。一九〇六年再び学習院女子部(部長下田)となり、一九一八年(大正七)独立して女子学習院となった。戦後、一九四七年(昭和二十二)私立学校へ移行、一般大衆に門戸を開放した。

参考文献　女性史総合研究会編『日本女性生活史』四、一九九〇、東京大学出版会。高橋裕子『津田梅子の社会史』、二〇〇二、玉川大学出版部。

（高橋　和子）

かぞくせいど　家族制度　⇩家制度《いえせいど》

かぞくせいどふっかつはんたいうんどう　家族制度復活反対運動　一九五〇年代、与党が憲法改定の柱として提唱した家族制度復活に反対する女性・青年を中心とした運動。一九五四年(昭和二十九)自由党憲法調査会「日本国憲法改正案要綱《ようこう》」は、「夫婦親子を中心とする血族的共同体を保護尊重し、親の子に対する扶養《ふよう》および教育の義務、子の親に対する孝養の義務を規定すること。農地の相続につき家産制度を取り入れる」と述べた。講和・日米安保両条約締結前後、保守勢力は天皇元首・再軍備・基本的人権の制限とともに、社会秩序のよりどころとして家族制度復活を進めようとした。婦人人権擁護同盟《ふじんじんけんようごどうめい》・婦人法律家協会の会員は民法研究会を組織、大規模な反対運動に取り組んだ。一九五四年十一月十三日、家族制度復活反対総決起大会は新橋―国会―会場の永田町小学校(自由党本部前)へ街頭行進後、憲法の基本的人権と*男女平等を守り、家族制度復活の企《くわだ》てに反対、家庭や職場の封建性一掃《いっそう》を決議し、家族制度復活反対連絡協議会(会長*田辺繁子《たなべしげこ》、三十五団体二千人参加)を設立した。革新的組織だけでなく、*全国地域婦人団体連絡協議会・*全国未亡人団体協議会・東京都二十三区婦人議員団等も参加していたから、政府・与党も無視できなかった。運動は全国に波及し、反自由党の空気になることを懸念《けねん》した自由党全国大会全国婦人部総会は、自由党は旧家族制度復活をしない宣伝をと決議するに至った。一九五五年総選挙、一九五六年参院選挙でも改憲反対議員が三分の一をこえ、家族制度復活勢力は敗北した。一九五六年九月の内閣総理大臣官房審議室「家族制度についての世論調査」では、法律改正を積極的に望む人は少ないが、親との同居義務、長男の相続優位・扶養義務、*家長《かちょう》の必要性などが肯定されている。高年齢・低学歴・農漁業・郡部居住・保守政党支持の層に家族主義的国家観が強く、二十代と六十代以上では賛否が逆転するなどの結果が出ているが、選挙結果で、戦前同様の家族制度復活は当面放棄された。

参考文献　湯沢雍彦編『日本婦人問題資料集成』五、一九七六、ドメス出版。市川房枝編『日本婦人問題資料集成』二、一九七七、ドメス出版。千野陽一編『(資料集成)現代日本女性の主体形成』二、一九九六、ドメス出版。

（伊藤　康子）

かぞくてあて　家族手当　扶養家族を持つ被用者の生活費を補助するため、雇用者から支払われる手当で、賃金体系に含まれる。扶養手当ともいう。またはわが国の*児童手当のように、家族の生活水準を維持するために行われる社会保障上の給付。基本的には児童養育を支給要件とする直接的な現金給付。年齢制限、所得制限、支給期間、支給額、運営主体、費用負担、給付形態などは国や時代によって多様である。家族手当は二十世紀初めごろにヨーロッパで始まり、日本では一九四二年(昭和十七)*厚生省告示により戦時下の労働政策として公認され、戦後は生活難と低賃金のもとで普及した。児童手当制度は一九七一年児童手当法の成立により発足し、今日では*少子化対策の一つと見なされている。

参考文献　大塩まゆみ『家族手当の研究』、一九九六、法律文化社。比較家族史学会編『事典家族』、一九九六、弘文堂。

（横山　文野）

かだのたみこ　荷田蒼生子　一七二二―八六　江戸時代中期の歌人、歌学者。幼名ふり(楓里)、荷田春満《あずままろ》の弟高《たか》惟《これ》の娘で在満《ありまろ》の妹。京都伏見に生まれ、のち兄に従って江戸に出る。西湖学《にしこがく》と結婚し死別。和歌・文章に励み、和歌山藩主の娘に仕えた。四十九歳で浅草に独居し、弟子を取って教え、土佐・姫路・岡山の藩主らに厚遇された。ことに土佐藩主山内豊雍《とよやす》とその夫人とは親しく交際し、家集『杉のしづ枝』に贈答歌や文章がある。

参考文献　岩月彰枝「荷田蒼生子と家集『杉のしづ枝』」(『江戸期おんな考』一一・一二)、二〇〇〇・〇一。

（浅野美和子）

かたののじょおう　交野女王　生没年不詳　嵯峨《さが》天皇宮《く》人《にん》。父は山口《やまぐち》王。山口王は舎人《とねり》親王の子三原王《みはらおう》の子で天《てん》平宝字《ぴょうほうじ》八年(七六四)三長真人《みながまひと》を賜姓《しせい》され、丹後に配流。宝亀《ほうき》二年(七七一)七月十一日属籍に復した。事件に関連したものと思われる。交野女王は嵯峨天皇の寵を受け*有智子《うちこ》内親王を生んだ。有智子内親王は弘仁《こうにん》元年(八一〇)九月、初代の賀茂《かも》*斎院《さいいん》に卜定《ぼくじょう》された。弘仁十四年二月従五位上に叙せられた。承和十四年(八四七)十月二十六日の有智子内親王薨伝《こうでん》に「先太上天皇幸姫王氏」とある。

参考文献　『続日本紀』。『続日本後紀』。

（内田　順子）

かちゅうせいばいけん　家中成敗権　武家社会に嫁入《よめい》り

婚《こん》が一般化したことによって、家族制度が成立し、*家父《かふ》長制《ちょうせい》が発生し、それがやがて長子単独相続制へと発展した近世武家社会は、家父長権が最も強大に発揮された時期とされているが、その時代でも、実際の家族生活においては、家中の成敗権は、姑《しゅうとめ》・母親などの女性が家父長の背後にあって実権を掌握《しょうあく》していたとされる。家中成敗権は中世武家社会の慣習に根元があったが、武家社会のみならず、のちには一般庶民の家族生活においても認められる現象となり、今日の家族生活にも受け継がれている。

参考文献 五味文彦「聖・媒・縁—女の力—」(女性史総合研究会編『日本女性生活史』二、一九九〇、東京大学出版会)。 (瀬野精一郎)

かちょう 家長 律令《りつりょう》にみえる語句で、唐制《とうせい》では「家」の責任者として、その財産の管理権などを持つ男性「尊長」(最年長者)を指し、徴税《ちょうぜい》の基礎単位である「戸《こ》」の責任者として「戸主」ともなる。一方、古代日本では「家」そのものが成立していなかった可能性が高く、「家長」の存在も疑わしい。それゆえに、「戸主」としては唐制の「家長」概念を変更し、「*嫡子《ちゃくし》」(嫡妻《ちゃくさい》の子で後継《あとつ》ぎ)という特定の人物をあてると公式に解釈する(*戸令戸主条《こりょうこしゅ》)。これに対して、私的な経済行為に関する責任の所在としての「家長」は、唐制そのままに「家」の「尊長」をあてるとする(雑令家長在条《ざつりょうかちょうざい》)。しかし、本条の規定はそもそも「家」の永続を意図したもので、「家」のメンバーがその財産を勝手に処分するのは許されず、「家長」の承認が必要だとする、唐制をほぼそのまま受け入れたものである。したがって、その実効性には大いに疑問がある。

参考文献 滋賀秀三『中国家族法の原理』、一九六七、創文社。『律令』(日本思想大系新装版)、一九九四、岩波書店。 (成清 弘和)

かちょうふうげつ 花鳥風月 *御伽草子《おとぎぞうし》の一つ。二十二の伝本および絵巻物一本が現存している。『*山科家礼記《やましなかれいき》』の長禄《ちょうろく》元年(一四五七)の項にこの本を書写した記事が載っているから、このころすでに成立しており、以後もかなり流布したと思われる。筋書きを見ると、花園《はなぞの》天皇の時、都の葉室中納言《はむろちゅうなごん》の邸に公卿たちが集まって扇合わせをした。その中に美しい公卿と、口おおいをした女房の絵があり、この人物の名を言い当てさせるために、花鳥と風月という不思議な力を持つ*巫女の姉妹がよばれた。花鳥は扇の絵の男性は*光源氏だといって神鏡にその姿を映し、彼に代わって、自分はさまざまな女を悩ませた、その思いのせいか思う人にも死に別れ、愛別離苦《あいべつりく》の罪に沈んで往生できない、どうか弔《とむら》ってほしいという。次に鏡の上に扇に描かれた女が現われ、風月がその女、*末摘《すえつむ》花《はな》に代わって語り始める。自分は光源氏の女の数には入れられていたけれども、愛されることなく笑われ草になったことを物語では知らず顔でいたが、人知れず口惜しくねたましく思っていた、今は「ものねたみして、くるわん」といって、光源氏と関わりのあった女性たちの名を次々に挙げて、*嫉妬《しっと》の気持ちを述べる。*葵《あおい》の上《うえ》は夕《ゆう》霧《ぎり》の君を生んで程なく亡くなったのでうれしかったが、幼いときから源氏に引き取られ、たぐいなく愛されていた*紫の上、娘が中宮になって出世し、侮《あなど》りにくくなった明石《あかし》の上など聞くたびに恨めしい。そのほか物の数でない人のことまでも、嫉妬の気持ちが炎となって胸を焼く。このような嫉妬心も元はといえば光源氏のためなので、彼をうらめしいという。だが最後には、今いったことを罪障懺悔《ざいしょうざんげ》の縁とし、他生《たしょう》の縁と思って自分の跡を弔ってほしい、という。そのあと花鳥が『*源氏物語』の解説をする。この作品についての評価は、文章が美しい、構想や方法の斬新《ざんしん》さなどさまざまである。しかし、この作品の真の魅力は、『源氏物語』の中でまるで影の薄い存在で「ものつつみ」し、物もいえなかった末摘花が、雄弁に女性たちへの嫉妬の感情を示し、光源氏に恨みをぶつけるところにある。死霊《しりょう》であるから自由にいえる。男性のみに妻以外の女性との交渉が許された当時、公認のモラルにとらわれずに、自分を理不尽に扱った男に抗議し、女たちを思い切り嫉妬するこの物語は、貴族・庶民を問わず不幸な女性たちの共感をさそうものであったろう。『源氏物語』の登場人物を批評したものとしては、藤原俊《ふじわらのしゅん》成《ぜい》の女《むすめ》の書といわれる『*無名草子《むみょうぞうし》』などがあり、そこでは末摘花を「ありがたきすくせ」の人といっている。そ れらと比較してこの作品はより徹底して弱者の立場に立っている。伝本・現存本については、松本隆信作成「増訂室町時代物語類現存本簡明目録」(奈良絵本国際研究会議編『御伽草子の世界』、一九八二年)を参照。『室町時代物語大成』三(横山重・松本隆信編、一九七五年、角川書店)所収。

『花鳥風月』東洋文庫蔵奈良絵本

参考文献 『山科家礼記』(史料纂集)。市古貞次『中世

小説の研究』、一九五五、東京大学出版会。小山利彦「御伽草子にみる『源氏物語』享受相」(『源氏物語を軸とした王朝文学世界の研究』一九八二、桜風社)。戸川安章「出羽三山の修験道と民俗」(『出羽三山修験道の研究(新版)』一九八六、佼成出版社)。菅原正子「御伽草子絵についての一考察―『花鳥風月』の服飾描写について―」(『民衆史研究』四四)、一九九二。西村汎子「お伽草子『花鳥風月』に見る夫婦間と時代背景」(『古代・中世の家族と女性』二〇〇三、吉川弘文館)。　(西村　汎子)

かつきけいえき　香月啓益　一六五六―一七四〇　江戸時代中期の後世《ごせい》派医師。名則真、号牛山《ぎゅうざん》、通称啓益・貞庵・被髪翁。明暦二年(一六五六)、筑前《ちくぜん》国遠賀《おんが》郡植木(福岡県遠賀郡)の香月家十六代重貞二男として生まれる。*貝原益軒《かいばらえきけん》から儒学を、藩医鶴原玄益《つるはらげんえき》に医学を学んだ。李《り》朱《しゅ》医学を重んじ、のちに後世派医師の第一人者とされたが、貝原益軒の実証的な研究方法の影響を受け、経験に基づいた独自の医説を持って活動した。貞享《じょうきょう》二年(一六八五)豊前中津《ぶぜんなかつ》藩主小笠原氏の侍医《じい》となったのち、京都に赴き二条高倉で活動したが、小倉《こくら》藩主の招きにより小倉に移住した。藩医として招聘《しょうへい》されたが嗣子《しし》を推挙し、みずからは著述に専念し、非常に多くの和文の書を著わして一般の啓蒙《けいもう》に勤めた。代表的な著書に、産科学が確立する前の時代に、*胎教《たいきょう》から育児に至るまで全三十六項目について中国の古医書から引用して記した『婦人寿草《ふじんことぶきぐさ》』、育児法を説いた『小児必用養育草《しょうにひつようやしないぐさ》』、『老人必用養草《ろうじんひつようやしないぐさ》』があり、これらは啓益自身が「養生三部作」と名付けている。

参考文献　難波恒雄「香月牛山先生の事蹟と家譜」(大塚敬節・矢数道明編『近世漢方医学書集成』六一、一九八二、名著出版)。『江戸時代女性文庫』二九、一九九五、大空社。　(長田　直子)

かづぎめ　潜女　⇩海女《あま》

かつしかおうい　葛飾応為　⇩お栄《えい》

かっぽうぎ　割烹着　料理を行う際に着る女性用の仕事着で、白色、角襟《かくえり》を基本形とした袖《そで》付き前掛け。白色、袖付きの前掛けは明治期の*女医の手術着、*女髪結《かみゆ》いの仕事着、*女子高等師範学校での実験着などがあるが、料理用の仕事着としては明治三十年代に登場した。割烹着の名称は、一九一二年(大正元)に女学校の裁縫書《さいほうしょ》に教材としてあげられたのがはじまりである。女学校の割烹の授業で着用され、次第に*主婦の仕事着となった。戦時下では、国防婦人会の「制服」とされ、主婦の日常着のイメージが定着した。

参考文献　岩崎雅美「明治後期割烹着風前掛の表現」(『家政学研究』四六ノ二)、二〇〇〇。　(朴木佳緒留)

かつめテル　勝目テル　一八九四―一九八四　大正・昭和時代の女性運動家。一八九四年(明治二十七)七月六日、鹿児島県日置郡市来村《ひおきぐんいちきむら》(いちき串木野市)に生まれる。郷里での小学校教員時代、河上肇《かわかみはじめ》『貧乏物語』などの本を読み、社会問題に開眼。一九二〇年(大正九)郷里を離れ、翌年金沢市で社会主義新聞『異邦人《いほうじん》』を発行する示野吉三郎と同棲。生活苦のなかで、社会主義の宣伝活動などに従事した。一九二七年(昭和二)上京し、西郊《せいこう》消費組合加入を機に消費組合運動に参加。関東消費組合連盟婦人部長などの要職に就き、三二年の米よこせ運動などを指導した。三三年、共産党の指導を受けた容疑で検挙され、約三ヵ月両国署に留置される。四一年、示野と死別。戦後、日本共産党に入り、日本民主婦人協議会会長(一九四八年)、*新日本婦人の会代表委員(一九六二年)などを歴任した。生家は旧郷士《ごうし》の家柄で、周囲は*男尊女卑《だんそんじょひ》の風が強かったが、それと向きあうなかで培った強靱《きょうじん》な精神力で女性運動を指導し続けた。著書に『未来にかけた日日』前編(一九六一年、平和ふじん新聞社)、『未来にかけた日日』後編(一九七五年、新日本婦人の会)がある。　(阿部　恒久)

かつらづつみ　桂包　平安から室町時代、京洛外の桂川周辺に住み洛中に鮎《あゆ》を売りに来ていた女性たち「*桂女《かつらめ》」の頭部装飾。職能の表象。「桂巻《かつらまき》」ともいう。長い布帛《ふはく》で頭部と髪を包み込み、頭部の額の上で結び留める。やがて、桂女だけでなく京洛の都市に住む庶民女性たちの風俗として広がっていった。『三十二番職人歌合』や中世末に作られた「*洛中洛外図屏風」などの初期風俗画に数多く描かれる。

桂包(『三十二番職人歌合』桂女より)

参考文献　井筒雅風『日本女性服飾史』、一九八六、光琳社出版。　(佐多　芳彦)

かつらめ　桂女　桂川を中心に活躍した*鵜飼《うかい》集団桂供御人《かつらくごにん》の女性。『三十二番職人歌合』には鮎《あゆ》を売る姿が、『源《げん》三位頼政集《ざんみよりまさしゅう》』には身を販《ひさ》ぐ姿が詠まれている。彼女たちの被物《かぶりもの》は「*桂包《かつらつつみ》」といわれる独特のものであった。室町・戦国時代には、婚礼など種々の祝いの席で祝詞《のりと》を述べることや、神功《じんぐう》皇后に*腹帯《はらおび》を献じた岩田姫《いわたひめ》の子孫と称し安産祈禱《きとう》などを生業《なりわい》とした。また戦陣にも随行し、戦勝祈願などを行い「御陣女郎《ごじんじょろう》」と称されたが、その活動範囲は広く、甲州の武田家や薩摩《さつま》の島津家にも出向いている。江戸時代には、庶民の慶事に祝詞を述べる者として招かれたといわれる。伊勢貞丈《いせさだたけ》の『安斎随筆《あんさいずいひつ》』によれば将軍家御台所《みだいどころ》の安産祈禱にも従事しており、また安永元年(一七七二)には諸国のトリアゲ婆から運上を取りたいと願い出たと記されており、ここに寿祝《じゅしゅく》と結び付いた*産婆としての桂女の姿を見ることができる。なおその職能は、室町時代末期・戦国時代にはすでに女系相続で継承されており、その系譜は明治期まで続いた。

参考文献　脇田晴子「町における『女の一生』」（『日本中世女性史の研究』一九九二、東京大学出版会）。同「『家』の成立と中世神話—神道集・能楽・縁起絵巻を中心に—」（脇田晴子・S・B・ハンレー編『ジェンダーの日本史』上、一九九四、東京大学出版会）。　（加藤美恵子）

かづらもの　鬘物　王朝文学のヒロインや天仙、草木の精、名高い美女など、優美な女性をシテとする能の演目。江戸時代以降行われた五分類の「三番目もの」に位置する。ストーリーよりもその人物に託《たく》した形而上《けいじじょう》的印象に重点がおかれ、能の最高の境地とされる「幽玄《ゆうげん》」を体現するジャンルである。鬘物の呼称は、女性の役が必ず鬘（仮髪）を着けるところからついた。序の舞か中ノ舞が舞われるが、『大原御幸《おおはらごこう》』のみは、舞を伴わない。

参考文献　中森晶三『能の見どころ』（玉川選書）、一九七六、玉川大学出版部。　（藤野　泰子）

かてい　家庭　*家族成員が日常生活を営む場をさす語。家庭は「ホーム（home）」の訳語でもあるが、「スイートホーム」などの表現にみるように、そこには、家族員が睦《むつ》まじく過ごす私的な団欒《だんらん》の場、人間にとって情緒《じょうちょ》的安定を与える場というニュアンスが深く染み込んでいる。しかし、こうした「家庭」「ホーム」の用法は、明治二十年代以降に登場するようになったものであり、社会史でいうところの「*近代家族」の出現と深くかかわる。明治初期においては、「家庭」の語は、使用人を含む家業の経営の場として用いられており、家庭の経営、すなわち家政は、*家長たる男性の任務として考えられていた。これに対し、明治二十年代以降に登場してきた新たな家庭の概念の特徴は、なによりも、夫婦・子供よりなる小家族の団欒の場を意味し、そこでは女性と子供が中心となるということであった。明治二十年代後半には家庭教育論が熱心に議論され、明治三十年代前半から四十年代はじめにかけては、新聞小説を舞台として「家庭小説」というジャンルの大衆小説が隆盛を極めたが、それらで繰り返し述べられていたのは、家庭が子供を道徳的、身体的に健全に育てる場であること、それに責任を担うのが良《りょう》妻賢母《さいけんぼ》たる女性であるべきことであった。こうした「家庭」概念の成立と普及は、近代化とナショナリズムの成長とに深くかかわっている。家庭をめぐるディスクールは明治二十年代から三十年代に噴出したが、これがまさに、一八八九年（明治二十二）の大日本帝国憲法の発布をはじめとして、近代国家体制の確立・整備が進んだ時期であることは見逃せない。明治初期から、近代化と産業化の要請から、*家督《かとく》の相続や*家産の維持を至上《しじょう》命題とする直系家族的家族制度が批判され、「家」の論理が合理化されていったが、この意味で、広い*親族共同体や地縁共同体から切り離された家庭は、近代国家の基礎単位として適合的なものであった。

参考文献　神島二郎『近代日本の精神構造』一九六一、岩波書店。小山静子『良妻賢母という規範』一九九一、勁草書房。牟田和恵『戦略としての家族—近代日本の国民国家形成と女性—』一九九六、新曜社。　（牟田　和恵）

かていか　家庭科　家庭生活の改善、向上を目指す教科。日本では、教科は学校教育法施行規則と学習指導要領によって示される。現行では、小学校と高校では「家庭科」が、中学校では「技術・家庭科」が設置されている。家庭科は戦前期の家事科・裁縫《さいほう》科などの女子用の学科を前身として戦後に誕生した。戦後教育改革は男女の教育機会均等の実現を重要課題の一つとしていたため、家庭科も男女とも学ぶことができる教科として制度化された。しかし、女子の裁縫学習を必須とする考え方が継承されたため、小学校「家庭科」では一部に男女別教材が含まれ、中学・高校では女子が学ぶことが予定されるなど、矛盾《むじゅん》を孕《はら》んだまま成立した。その後、中学では一九五八年（昭和三十三）の学習指導要領改訂により「技術・家庭科」が成立し、「技術」は男子のみ、「家庭」は女子のみが学ぶことになった。高校では一九六〇年の学習指導要領改訂により、女子は家庭科（家庭一般）四単位必修となり、この時点で戦後の男女の教育機会均等の理念は完全に崩壊した。女子必修家庭科は男女の「特性」に応じた教育は教育機会均等に反しないと解釈する「特性教育論」を理論的根拠としていたが、この考え方は高度経済成長期の女性労働力活用政策と一体となり、男女別教育を推進する力となった。一九七〇年代から家庭科の男女共修《きょうしゅう》を求める運動が起り、一九八五年の*女性差別撤廃条約批《ひ》准《じゅん》に伴って、一九八九年（平成元）に学習指導要領が改訂され、中学の「技術・家庭科」、高校の「家庭科」（二ないし四単位）が男女必修となった。この措置は中学では一九九三年、高校は一九九四年から実施され、三十年以上にわたる男女別教育課程がようやく解消された。今日では、家庭科は男女ともに生活的自立能力をつけるための教科として認識されているが、性別役割分業を支持する立場からの揺《ゆ》り戻しもあり、「*家族」についての学習は安定的ではなく、「家族像」をめぐる攻防が続いている。

参考文献　朴木佳緒留「女子特性論教育からジェンダー・エクィティ教育へ」（橋本紀子・逸見勝亮編『ジェンダーと教育の歴史』二〇〇三、川島書店）。　（朴木佳緒留）

かていかのだんじょきょうしゅうをすすめるかい　家庭科の男女共修をすすめる会　*家庭科の*男女共学・必修を求めて闘った全国的な市民運動の団体。*市川房枝《いちかわふさえ》ほか政治家、研究者、教師、マスコミ関係者、一般市民など、立場や職業の違いを超えて一九七四年（昭和四十九）に設立された。一九八九年（平成元）の学習指導要領改訂により、中学校「技術・家庭科」、高校「家庭科」が男女同一の扱いとなったことを契機に解散した。同会が結成された当時は、中等学校段階の家庭科教育は女子のみ必修とされていた。多くの女子は将来、家庭の*主婦になるため、女子必修家庭科は男女の教育機会均等に反しないという「特性教育論」が一世を風靡《ふうび》していたためである。また、性別役割分業観も一般に根強くあり、*女性差別撤廃条約の批准《ひじゅん》と家庭科の男女共学化は、*男女平等を求める女性運動の焦点になっていた。共学家庭科の実現に果たした同会の役割は大きく、市民による教育運動という面からみても特筆すべき活動を行い、時代をリードした。なお、「共修」は共学・必修の略称である。

参考文献 鶴田敦子『家庭科が狙われている』、二〇〇四、朝日新聞社。 （朴木佳緒留）

かていさいばんしょ 家庭裁判所 *家制度廃止に伴い設置された家事審判所(一九四七年(昭和二十二))に由来する家事審判部と、少年審判所(一九二二年(大正十一))に設置)に由来する少年審判部とが、少年法の制定(一九四八年七月)を期に、統合されて創設された裁判所。憲法二四条の「個人の尊厳《そんげん》と両性の本質的平等」による家庭生活の形成、憲法二五条・児童福祉法の「青少年の健全育成」を目的としており、一九四九年一月一日に地方裁判所と同格の裁判所として全国に設置された。成立当初の最高裁判所事務総局初代家庭局長宇田川潤四郎《うだがわじゅんしろう》は、家庭裁判所の創設理念として、(一)独立的性格、(二)民主的性格、(三)科学的性格、(四)教育的性格、(五)社会的性格をあげている。事件の処理・解決にむけて、調停《ちょうてい》委員・保護司・児童委員・学校・病院など社会的諸機関との協力・連携を要すること、事件の科学的処理が求められ、調査および審判の過程そのものが教育的意義を有すること、司法過程における人間諸科学に通じ専門的修練を積んだ調査官が配置されていることなど、伝統的裁判所と異なる独自の性格を有する。歴史的には、アメリカで構想・運動が展開されたドメスティック＝コート(ファミリー＝コート)に起源があり、日本でも臨時法制審議会(一九一九年設置)において、穂積重遠《ほづみしげとお》がアメリカの家庭裁判所を紹介し、家事審判所設置計画が検討されてきた経緯がある。家事事件では審判と調停の二つの解決手段がある。*離婚など家庭内の争いを解決する手段である調停については、調停委員会で実質的な判断権を有する調停委員の階層・意識・知識水準が、女性の自立をめぐる社会情勢の変化に対応していない、という批判があり改善が試みられてきた。また司法的処理と人間関係調整機能を峻別《しゅんべつ》すべきとの批判(磯野富士子《いそのふじこ》)もある。だが、離婚における破綻《はたん》主義の採用が普及するにつれ、子どもの最善の利益の保障などの視点から、改めて福祉的機能をあわせもつ家庭裁判所の役割が注目されている。

参考文献 宇田川潤四郎『家庭裁判所の史的発展』、一九六三、家庭裁判所調査官研修所。加藤幸雄・野田正人・赤羽忠之編著『司法福祉の焦点』、一九六四、ミネルヴァ書房。野田愛子『家庭裁判所とともに』、二〇〇三、日本加除出版。 （中嶋みさき）

かていざっし 家庭雑誌 (一)明治時代の雑誌。一八九二年(明治二十五)—九八年。月刊、月二回も含めて全百十九冊。主筆徳富蘇峰《とくとみそほう》。編集人塚越芳太郎《つかこしよしたろう》・金子佐平《かねこさへい》。発行所家庭雑誌(民友社内)。『国民之友』の女性版。蘇峰の唱える平民主義に基づき、「『家庭雑誌』は家庭革命の導火とならんとする」もので新人民を育てる母に*家庭の重要性を説く。美しい家庭は品行正しい主人と、貞淑《ていしゅく》にして勤勉なる妻君をして成り立つという。内容も、教訓的な挿絵に始まり、社説・論説・科学・文芸・家庭など。一号はたちまち売り切れ版を重ねた。書評も「家庭の好伴侶」「家庭の改革の導火たらんと宣言す、其志やよしその目的や美なり」などの評価を得た。しかし、蘇峰は日露戦争の前後から、国家優位を唱え思想的変節をみる。そのことに対しての社会的な批判と、女性の期待とずれたことが、読者の減少につながり廃刊へと追いこまれていく。

参考文献 山田よし恵「家庭雑誌」(中嶌邦監修『日本の婦人雑誌』解説、一九六六、大空社)。吉田正信編『『家庭雑誌』解説・総目次・索引』、一九六七、不二出版。

(二)明治時代の雑誌。一九〇三年(明治三十六)—〇九年。休刊も含む。全五十六冊。発行兼編集堺利彦《さかいとしひこ》。編集者西村恵治郎《にしむらけいじろう》・大杉栄《おおすぎさかえ》・深尾韶《ふかおしょう》・*堀保子《ほりやすこ》。発行所由文社《ゆいぶんしゃ》のち家庭雑誌社。堺は発行の趣旨を「おもむろに社会主義を説くつもり」であり、「健全の思想。改革の気象。清新の趣味。親切の教訓。平易の文章。通俗の説明」をとその内容を述べる。家庭の中に社会主義思想を根づかせ、家庭の近代化を進めるための執筆者は多岐にわたり、石川《いしかわ》三四郎《さんしろう》・木下尚江《きのしたなおえ》・*安部磯雄《あべいそお》・与謝野寛《よさのひろし》・晶子《あきこ》等の名がみられる。女性はごくまれで、しかも論文といえるものはほとんどみられない。たとえば「自由恋愛の可否」(六巻一号)の十七人の執筆者の中に女性はいない。進歩的な

『家庭雑誌』(一)第一号

『家庭雑誌』(二)第一号

男性の女性観を知ることができる。一貫して家庭の改良と女性の啓蒙を説く。この雑誌の歴史をたどると、明治三十年から四十年にかけての社会主義運動の軌跡を重ねてみることができる。

参考文献 鈴木裕子『『家庭雑誌』解題・総目次・索引』、一九八三、不二出版。山田よし恵「家庭雑誌」(中嶌邦監修『日本の婦人雑誌』解説、一九八六、大空社)。

(山田よし恵)

かていでんか 家庭電化 家庭生活に電化製品を導入して、合理化すること。耐久消費財《たいきゅうしょうひざい》の一大転換期、いいかえれば家庭電化は一九五〇年代の前半に始まる。わが国初の噴流式《ふんりゅうしき》電気洗濯機《せんたくき》(三洋電機)の発売を皮切りに、業界による「家庭電化元年」の宣言(一九五三年(昭和二十八))、神武景気にあやかって「三種の神器《じんぎ》」(電気洗濯機・電気冷蔵庫・白黒テレビ)という新語の誕生(一九五五年)が、家庭電化を進める基盤をつくった。高額所得者から中所得者へ、都市から農村へと普及し始めた「三種の神器」の保有率は、一九六二年には洗濯機八割、冷蔵庫六割、白黒テレビ三割(以上、人口五万以上の都市世帯)に達した。電化製品の普及は、なによりも女性のライフスタイルを大きく変えた。第一に電気洗濯機の導入は*家事労働のなかでもっとも時間と労力を要する*洗濯仕事の軽減と、洗濯を「しながら」の掃除《そうじ》というように家事の新たな処理方式を開拓した。第二に洗濯や炊飯、掃除は「女の務め」という価値づけを与えなければならないほどの仕事でなくなり、エネルギーの無駄《むだ》を省いた家事労働ほど望ましいとする家事観を生んだ。第三に、こうした家事労働の軽減や家事観の変化が、女性の就労の場への進出、教養=文化の世界への接近の可能性を拓いた。第四に、そこでの電化製品は中流階級の「幸福な生活」を演出するための道具立てとして不可欠なモノとなり、ひいては女性のライフスタイルの均質化、主婦像の画一化を進めた。最後に、電化製品の導入は不十分ながらも男性の家事参加への契機となったが、*性別分業を大きく変更するには至らなかった。一九五五年に評論家*石垣綾子《いしがきあやこ》が投げかけた*主婦の役割変化に対する疑問は、いわゆる「*主婦論争」に発展するが、その背景には、家庭電化による家事労働の省力化があった。

参考文献 恩地日出夫他編『戦後史ノート』下(放送ライブラリー)、一九七六、日本放送出版協会。山田正吾・森彰英『家電今昔物語』、一九八三、三省堂。家庭総合研究会編『昭和家庭史年表—一九二六~一九八九—』、一九九〇、河出書房新社。天野正子・桜井厚『「モノと女」の戦後史—身体性・家庭性・社会性を軸に—』(平凡社ライブラリー)、二〇〇三、平凡社。

(天野 正子)

かていないぼうりょく 家庭内暴力 ⇩ドメスティック=バイオレンス

かていのとも 家庭之友 一九〇七年(明治四十)創立の国策遂行《こくさくすいこう》機関である朝鮮金融連合会が組合傘下《さんか》の婦人会所属農村婦人の教養向上のために一九三六年(昭和十一)十二月に創刊。第一号は日本文とハングルで、第二号以後はハングルで編集(一部日本語記事あり)。のち誌名は『家庭の友』と変更。一九四一年三月四十一巻で終刊し、以後『半島の光』和文版・ハングル版と改題。簡易な表現で、時局・傘下婦人会探訪・道徳・教育・衛生知識・料理・娯楽など幅広く掲載した総合雑誌。朝鮮農村に*衛生思想を普及させ、農業技術の改良をはかり、生活の向上をめざす目的から始まったが、朝鮮での国家総動員法の成立以後、農村女性を戦時体制に組み込み総力戦にかり出すことに重点が置かれるようになる。第一三号以下に「皇国臣民《こうこくしんみん》ノ誓詞《せいし》」、第一九号以後表紙に「同胞打って一丸」「皇道宣揚《こうどうせんよう》国民精神総動員」「生産の増加をはかりましょう」などの日本語スローガンを入れ、勤倹《きんけん》節約と貯蓄による家庭報国や、志願兵確保に女性の協力を要求する記事がたびたび掲載される。原文は韓国中央図書館貴重本書庫所蔵、マイクロフィルムがある。

参考文献 井上和枝「女性雑誌からみた植民地下朝鮮女性の生活—『家庭の友』を中心に—」(『人間研究』(武蔵野女子大学人間学会)』五)、二〇〇〇。

(井上 和枝)

かていぶんか 家庭文化 「*家庭」の絆《きずな》を確認する「一家団欒《だんらん》」のための道具立てのこと。ホームの訳語、「家庭」の語でよばれる*近代家族の登場は一九一〇—二〇年代のことである。その担い手は、資本家と労働者の中間に新しく登場した新中間層、いわゆるサラリーマン階層であった。この階層は、当時の全階層の六~七%、東京市の有業人口の二一%であるが、その後着実に増加し、大衆化していく。家や村を出、学校教育によって得た学力と人間関係によって彼らが都市に形成した新しい*家族が、サラリーマンである夫と、*主婦として*家事・育児に専念する妻、そして健康と教育に配慮され愛される子どもからなる近代家族=「家庭」であった。サラリーマンは、日給の労働者に対し月給取りとも呼ばれ、日曜の休日を保障された存在であった。その職住分離、*性別役割分担という新しい生活様式は、家族の絆を確認しあうための「一家団欒」と、その道具立てとしての家庭文化を必要とするものでもあった。主婦に求められたのは、「家庭」を、外で働く夫にとっての「安息所《あんそくじょ》」「慰安《いあん》の場」=労働力再生産の場とすることであった。二十世紀初頭には、『婦人世界』(一九〇六年)、『*婦人之友』(一九〇八年)、『*主婦之友』(一九一七年)などの主婦を対象とする婦人雑誌が次々に創刊され、「家庭」や「一家団欒」「家庭文化」の普及に大きな役割を果たしていく。婦人雑誌には、家庭の幸福を実現するための家事・育児についての記事や炊事《すいじ》用品・育児用品・電化製品などの広告も掲載される。宣伝文句としてもっとも多く登場するのが「文化」という言葉であったが、これらの商品は、主婦たちの「文化生活」への憧《あこが》れにこたえる家庭文化を実現する小道具として家庭の中に入っていく。「団欒遊び」の名称を与えられたトランプなどの家族内ゲーム、一家団欒の場としての茶の間、箱膳《はこぜん》に代わる*ちゃぶ台など、一家団欒の道具立てが家庭文化として揃《そろ》ってくる時期が一九一〇―二〇年代であった。二十世紀は、家族の絆を確認する家庭文化を必要とする「家庭」の時代でもあったのである。

参考文献 沢山美果子「主婦と家庭文化」(『順正短期大学研究紀要』二四)、一九九五。 (沢山美果子)

かていほうしいん 家庭奉仕員 ⇩ホームヘルパー

かとうシヅエ 加藤シヅエ 一八九七―二〇〇一 大正から平成時代にかけての女性運動家。百四歳で亡くなるまで日本家族計画連盟会長を務める。一八九七年(明治三十)三月二日、東京都本郷区西片町《にしかた》(文京区)で広田理太郎《ひろたこうたろう》・敏子《とし こ》の長女に生まれる。父は帝国大学出身の工学博士で日本の産業化に必要な機械の輸入商社で成功をおさめた。女学生のころ、ものの見方や生き方に大きな影響を与えた鶴見裕輔《つるみゆうすけ》は叔父にあたり、リベラルで恵まれた家庭で育つ。十七歳で女子学習院中等部を卒業すると直ちに男《だん》爵《しゃく》石本恵吉《いしもとけいきち》と結婚し、大正デモクラシーのヒューマニストであり理想に燃える夫と三池炭鉱《みいけたんこう》で暮らし、貧困と子沢山に苦しむ女性の姿に衝撃を受ける。一九一九年(大正八)二児を残し夫とともに渡米し世界の女性たちに避妊の知識と方法を広め、「女性の幸福の鍵を握る人」といわれた*M・サンガーと邂逅《かいこう》。その思想、行動に共鳴し帰国後、婦人参政権獲得期成同盟会の結成をはじめ女性解放運動に参加しつつ産児調節運動を開始する。一九三〇年代には産児制限相談所を開くが日中戦争が始まり、「産めよ殖やせよ」の国策のもとで閉鎖となり、逮捕、獄中生活を強いられた。一九四四年(昭和十九)には植民地政策に加担し満州浪人となった恵吉と離婚が成立し、労働運動家加藤勘十と再婚し、四十八歳で一児を設けた。戦後は、戦争に非協力的だったこと、英文の自叙伝Facing Two Waysが米国で広く読まれ、平和の書として評価されていたため連合国最高司令官総司令部(GHQ)の女性政策の非公式顧問として抜擢《ばってき》され、*家制度の廃止、人間としての権利の保障を主張した。一九四六年第一回総選挙において女性参政権である被選挙権を行使し、女性の衆議院議員第一号となり参議院議員を含め二十九年間国会議員を務める。この間、動物愛護を含めた自然保護など環境問題、女性と子どもの健康、身体の問題に国際的なネットワークを駆使《くし》しながら取り組み、七十八歳で政界を引退したが一生現役として百歳まで講演会活動や社会的発言を精力的に行なった。国連人口賞を受賞。著書に『*ふたつの文化のはざまから』(船橋邦子訳、一九八五年、青山館、再版、一九九四年、不二出版)、『最愛のひと勘十へ―加藤シヅエ日記―』(一九八八年、新曜社)がある。

加藤シヅエ

参考文献 ヘレン・M・ホッパー『加藤シヅエ百年を生きる』(加藤タキ訳)、一九九七、ネスコ。 (船橋 邦子)

かとうみどり 加藤みどり 一八八八―一九二二 明治・大正時代の小説家。長野県生まれ。赤穂尋常《あかほじんじょう》小学校高等科卒。一九一一年(明治四十四)九月、『*青鞜《せいとう》』に社員として参加し、小説・評論・感想を発表。自己の恋愛・結婚・出産・仕事を通してみえてくる、男女相克《そうこく》の問題や、新しい女性の生き方を問う作品を生み出した。『青鞜小説集』一(一九一三年、東雲堂)に、「執着」が収録されている。

参考文献 岩田なつ『青鞜の女加藤みどり』、一九九三、青弓社。同『文学としての『青鞜』』、二〇〇三、不二出版。 (岩田なつ)

かとく 家督 中世武家社会における家、あるいはそれが父系的に結びついた一族・一門という同族集団の首長をさす学術語。構成員に対する統轄権《とうかつけん》・軍事指揮権などを有し、その地位は*嫡子《ちゃくし》から嫡子へと継承されることが多かった。史料上の語としては、中国の『史記《しき》』に「家に長子あり、家督と曰《い》ふ」(原漢文)と長子をさす用例があり、日本でも平安時代末期の願文《がんもん》や貴族日記などに嫡子の意味の用例が散見する。鎌倉時代末期の武家社会においても「嫡子と号するは父祖取り立ての家督なり、生得《せいとく》の長男によるべからず」(原漢文)など、家継承者としての嫡子の意で用いられることが多かったが、この時期に編纂された幕府の歴史書『*吾妻鏡《あずまかがみ》』や南北朝時代の史料には、嫡子の意での用例とともに「一族の家督」「四代の家督」など*家長・族長の意味をもつ「家督」の語があらわれ、室町時代から戦国時代になると家長・族長の意味で定着し、さらに江戸時代には家相続や*家産《かさん》の意味でも用いられるようになる。家督は一族全体の長をさすこともあるし、一族を構成する個々の家の長をさすこともあるから、家督が重層的に存在し、庶流《しょりゅう》の家でもその家長を家督と呼ぶこともある。実態として同一人をさすことも多い「惣領《そうりょう》」の名称との関係をめぐっては諸説あるが、鎌倉幕府のもとで制度化された父祖跡《ふそあと》の所領を相続している親族に対して公事《くじ》所課の権限を有する「惣領」と、家や同族集団の長である家督とは本来異なる概念であると考える説が有力である。南北朝時代以降に家督の語が登場することを重視して、所領という土地制度に立脚する鎌倉幕府の惣領制が破綻《はたん》したあとに、家格・*家名を尊重する家督制が成立すると考える説もあるが、これらの家督をめぐる研究は大正時代から戦後の法制史研究の成果に基づくものであり、飛躍的に進展した現在の「家」研究の成果をふまえた実態の解明と先行研究の再検討が待たれる。

参考文献 中田薫「中世の家督相続法」(『法制史論集―

親族法・相続法―』一、一九三六、岩波書店）。大饗亮『封建的主従制成立史研究』、一九六七、風間書房。石井良助「長子相続制」（『日本相続法史』一九八〇、創文社）。

（高橋　秀樹）

かないざわひ　金井沢碑　群馬県高崎市山名町字金井沢に現存する神亀三年（七二六）に作成された石文。＊山ノ上《やまのうえ》碑《ひ》・多胡碑《たごひ》とともに「上野三碑《こうずけさんぴ》」と呼ばれる。高さ一一〇センチ、幅七〇センチ、厚さ六五センチの輝石安山岩《きせきあんざんがん》の自然石製で、平らな面の縦約六五センチ、幅約四六センチの範囲内に、九行百十二字の銘文《めいぶん》が刻まれている。江戸時代以来さまざまな考証が重ねられ、内容・所在地・作成年代などから、「高田里結知識碑《ゆいちしきひ》」「上野国山名村碑《やまなむらひ》」「上野国下賛郷碑《しもさのごうひ》」「上野国六刀自碑《むとじひ》」「神亀碑《じんきひ》」などと称されている。碑文の内容は上野国群馬郡下賛郷高田里の三家氏《みやけし》が一族と結知識者の計九人とともに祖先供養を天地の神仏に誓願したもので、碑はその証を残す意図で建立されたといえるが、碑文中の読み取り難い文字の釈読、記された人名の数え方、復原される願主一族の＊系譜など、細部の解釈については諸説ある。また、本碑文には「知識」「七世父母・現在父母」「誓願」などの仏教用語が多くみられ、本文構成にも写経の誓願文や造仏銘との共通点がみられることから、本碑は山ノ上碑とともに上野国への仏教の浸透状態が窺《うかが》い知れる点で貴重であり、さらに＊家族形態や＊婚姻形態を具体的に示す史料としても注目される。「三家子□為七世父母現在父母／現在侍家刀自他田君目頬刀自又児加／那刀自孫物部君午足次馴刀自次乙馴刀自」とある部分がそれで、家刀自《いえとじ》の解釈など諸説あるなかで大方の一致をみていることは、三家一族と結婚した他田君目頬《おさだのきみめずら》刀自《とじ》とその娘（三家）加那《かな》刀自、加那刀自が物部君某《もののべのきみぼう》と結婚して儲《もう》けた一男・二女、物部君午足《うまたり》・馴《ひずめ》刀自・乙馴《おとひずめ》刀自という三世代の図式である。「児」（子）、「孫」の文言から他田君目頬刀自の世代を中心とした系譜と捉えられるが、ここには結婚した娘や外孫にとって夫であり父である物部君某は記されていない。つまりこの系譜は血縁関係で結ばれた家族構成を表わしているのであり、祖先供養における当時の家族意識が窺われる。

参考文献　『古代の碑―石に刻まれたメッセージ―』（企画展示図録）、一九九七、国立歴史民俗博物館。勝浦令子「金井沢碑を読む」（新しい古代史の会編『東国石文の古代史』一九九九、吉川弘文館）。

（有富由紀子）

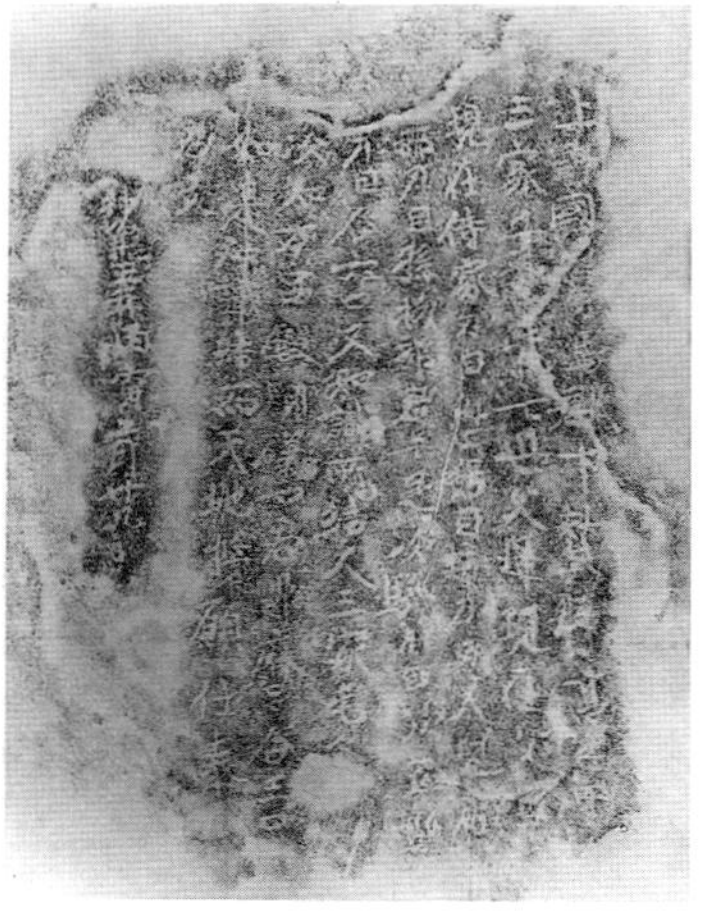

金井沢碑拓本

かなぞうし　仮名草子　江戸時代初期、慶長年間（一五九六―一六一五）から天和《てんな》初年に書かれた小説や随筆類の総称。中世の＊御伽草子《おとぎぞうし》の流れをくみ、井原西鶴《いはらさいかく》の浮世草子《うきよぞうし》に先立つ文芸をいう。こうした文芸作品を「仮名草子」と名づけたのは明治後期の国文学者で、近世文学研究の草分けである水谷不倒《みずたにふとう》で、主に漢文で書かれた学術書や宗教書に対して仮名文で書かれた平易な娯楽的読み物という意味で使ったのがはじまりである。関ヶ原の戦い以後、儒学の隆盛や古典文芸への関心が高まり出版活動が活発となるなかで、啓蒙《けいもう》と教訓、娯楽、実用性を狙った平易な仮名文芸も歓迎され多数刊行されるようになった。特に小説的な筋書きを持ちつつ、登場人物の会話に教訓的な話題を盛りこみ読者に影響を与えようとした教義問答類が喜ばれたが、なかでも『仮名列女伝《かなれつじょでん》』や『＊本朝女鑑《ほんちょうじょかん》』など和漢の賢女を引き合いにして婦道を説く女性教訓書がよく読まれ、のちの名女列伝類に影響を与えた。

参考文献　朝倉治彦他編『仮名草子集成』一―四一、一九八〇―二〇〇七、東京堂出版。深沢秋男・菊池真一編『仮名草子研究叢書』、二〇〇六、クレス出版。

（青木美智男）

かにえぎん　蟹江ぎん　⇨きんさん・ぎんさん

かにたふじんのむら　かにた婦人の村　一九六五年（昭和四十）、千葉県館山《たてやま》市に開設された婦人保護長期収容施設。経営主体は社会福祉法人ベテスダ奉仕女母の家で、初代施設長は、開設に尽力した牧師深津文雄《ふかつふみお》（一九〇二―二〇〇〇）である。一九五六年に成立した＊売春防止法は、売春を行う女性への「保護・更正」が位置づけられていたが、長期にわたる収容施設は規定されなかった。そのため、慈愛寮《じあいりょう》に入所していた元従軍「慰安婦《いあんふ》」で戦後も米兵相手に売春を行なった経験を持つ城田《しろた》すず子（仮名）が、「終身の共同生活ができるコロニーが欲しい」と深津に訴え、国や自治体を動かし、広くカンパを集めて実現にこぎつけた。入所者は、開設当初は売春体験者が多くを占めたが、時代の推移とともに身体的・精神的・知的障害などを持つ女性へと変化した。村内には納骨堂つき会堂、農園があり、従軍慰安婦の碑も建っている。

参考文献　深津文雄『いと小さく貧しき者に―コロニーへの道―』、一九六六、日本基督教団出版局。城田すず子『マリヤの賛歌』、一九七一、日本基督教団出版局。

（平井　和子）

かねがふちぼうせきストライキ　鐘ヶ淵紡績ストライキ　一九三〇年（昭和五）四月、鐘ヶ淵紡績が全国三十六工場三万六千人（女子約八割）の労働者に対し賃下げを発表したことに抗議して労働者が起こしたストライキ。「家族主義」「温情主義」で労働組合もストライキもないことを誇っていた鐘紡が、大恐慌《きょうこう》下の企業合理化の一環として、戦時手当を廃止し、特別手当を支給することによる三～四割の減給宣言を出したことに抗議して、労働者がストライキに突入した。大阪淀川《よどがわ》工場がトップを切り、京都、兵庫の工場がつぎつぎにストに突入、東京墨田工場が怠《たい》業《ぎょう》に入った。女性労働者も演壇に立ち、街頭宣伝を行い、争議団に対する外部からの支援も活発となった。会社側は、操業停止、指導者の解雇など強硬《きょうこう》な対策を打ち出し、風紀の乱れを言い立て、親を呼び寄せて切り崩しをはかった。会社側の減給案はほぼ承認され、五十五日間の争議は終結したが、鐘紡王国に勇敢に立ち向かった女性労働者の闘いを世間に示した大争議であった。

参考文献 鈴木裕子編『日本女性運動資料集成』五、一九九三、不二出版。中村政則『労働者と農民』(小学館ライブラリー)、一九九八、小学館。 (堀 サチ子)

かねこしげり 金子しげり ⇩山高《やまたか》しげり

かねこふみこ 金子文子 一九〇三―二六 大正時代の社会運動家、思想家。佐伯文一・金子きくのとの間に長女として横浜に生まれる。入籍しなかったため無籍者となり、当初は小学校に入学できなかった。貧しさのなかで父は母の妹と駆け落ち、母は再婚し置き去りにされる。一九一二年九歳の時に母方の祖父金子冨太郎の五女として入籍、朝鮮忠清北道に植民した父方の叔母の岩下家に引き取られて朝鮮に渡る。芙江尋常小学校に転入するが、自殺を試みるほど家族から虐待をうける。悲惨な状況におかれた朝鮮人に共感を寄せ、一九一九年(大正八)の三・一独立運動を目撃して「他人の事とは思い得ぬ程の感激」(『裁判記録』)を胸に刻む。同年に同高等小学校卒業後、日本に戻される。一九二〇年東京に出て、新聞売りや*女給《じょきゅう》などをしながら苦学。社会主義理論を学ぶも虚無《きょむ》主義へ。一九二二年朝鮮人無政府主義者の朴烈と知り合い求愛、同志として同棲生活に入る。同年二人で機関誌『黒濤』、続いて雑誌『太い鮮人』(「不逞《ふてい》」な朝鮮人の意)を創刊(一九二三年『現社会』に改題)。一九二三年四月同志とともに不逞社設立。同年九月関東大震災直後に朴烈とともに保護検束、十月二人を含む不逞社員十六人が起訴される。一九二五年大審院管轄事件となり同年七月二人は大逆罪および爆発物取締罰則違反で起訴され、一九二六年三月に大逆罪《たいぎゃくざい》で死刑判決。同事件は震災時の朝鮮人虐殺を隠蔽《いんぺい》するため、官憲が朴烈による目的不明な爆弾入手計画を「大逆事件」として仕組んだもので、金子の関与はなかったとされる。しかし、金子は裁判や獄中手記執筆を通じて、天皇制国家への思想的抵抗を展開、非転向を貫いた。死刑判決後「恩赦《おんしゃ》」により無期懲役に減刑されるが、同年七月刑務所で縊死《いし》。二十三歳。激しい転向強要のためと推察される。遺骨は同年朴烈の故郷慶尚北道に埋葬。一九七三年(昭和四十八)韓国人によって同所に墓碑が、一九七六年山梨県の金子家に墓碑が建立される。獄中手記『何が私をかうさせたか』(一九三一年)がある。

金子文子

参考文献 山田昭次『金子文子―自己・天皇制国家・朝鮮人―』、一九九六、影書房。 (金 富子)

かねこみすず 金子みすゞ 一九〇三―三〇 大正・昭和時代初期の童謡詩人《どうようしじん》。本名テル。山口県大津《おおつ》郡仙崎《せんざき》(長門《ながと》市)生まれ。大津高等女学校を卒業後、母ミチの再婚先である上山文英堂《うえやまぶんえいどう》書店の支店で店番をするかたわら童謡を書き始める。一九二三年(大正十二)ころからみすゞのペンネームで『童話』『*婦人倶楽部《クラブ》』『金の星』に「お魚」「打出《うちで》の小槌《こづち》」「おとむらひ」等の作品を発表、西條八十《さいじょうやそ》に若手投稿詩人中の「巨星」と賞賛《しょうさん》され頭角をあらわす。一九二六年『日本童謡集』(童謡詩人会編、新潮社)に、三木露風《みきろふう》・北原白秋《きたはらはくしゅう》・野口雨情《のぐちうじょう》・*竹久夢二《たけひさゆめじ》らと並んで「お魚」「大漁」の二編が掲載される。この年義父の勧めにより同書店の店員宮本啓喜《みやもとけいき》と結婚、夫から詩作や投稿仲間との通信を禁じられやむなく筆を折る。一九三〇年(昭和五)離婚。同三月十日、三歳の娘ふさを母に託して服毒自殺。享年二十六歳。死後半世紀を経て手書きの遺稿《いこう》五百十二編三冊(『美しい町』『空のかあさま』『さみしい王女』)が発見され、一九八四年『金子みすゞ全集』全三巻(JULA出版局)として刊行された。

金子みすゞ

参考文献 矢崎節夫『童謡詩人金子みすゞの生涯』、一九九三、JULA出版局。「総特集金子みすゞ没後七〇年」(文芸別冊)、二〇〇〇、河出書房新社。 (黒澤亜里子)

かねつけ 鉄漿付 歯を黒く染めること。お歯黒《はぐろ》をつけること。古釘や折れ釘などの鉄片を水や茶・酢などに浸して酸化させ、光沢を出すために酒・あめなどを混ぜて煮立て、付きを良くするため市販の五倍子《ふし》の粉とともに歯に塗りつける。かねつけ道具には、かね沸《わか》し・かね坏《つき》・かね付け筆(歯黒筆)などがあった。平安時代には女子の習慣であったが、次第に公家や武士に及び、中世には上層の武士の間で一般化した。男子は元服《げんぷく》、女子は*裳着《もぎ》などの成年式(*成女式)から付け始めた。江戸時代になると男子のかねはほとんど廃れ、女子の場合は逆に庶民層にまで普及した。このころには婚礼の前後につけることが慣習化し、既婚女性の象徴となった。また遊里で*遊女が一人前になる時にも「かねつけ」というお歯黒をつける行事があった。明治になると文明開化政策の一環として明治三年(一八七〇)華族の染歯が禁止され、民間の慣習も次第に消滅した。　(牧田りゑ子)

カネツケいわい　カネツケ祝《いわ》い　⇩ユモジ祝《いわ》い・カネツケ祝《いわ》い

かねのおしえ　**鉄漿訓**　主として女子元服儀礼に関する和漢の故事や風俗等に触れながら女子一生の心得を諭《さと》した*女訓書《じょくんしょ》。三浦梅園《みうらばいえん》(安鼎《あんてい》)著。一巻。天明元年(一七八一)作。女子の元服時の「髪上《かみあげ》」「初笄《ういこうがい》」「*鉄漿付《かねつけ》」「眉《まゆ》払《はらい》」「袖留《そでとめ》」等の通過儀礼の由来を『伊勢物語闕疑抄《けつぎしょう》』『和《わ》名類聚抄《みょうるいじゅうしょう》』等によって考証し、また、「鉄漿(お歯黒)」の意義を命捨てても操《みさお》を守る「婦人の第一節」の誓いと諭すなど、妻としての心得へと展開する。テキストは『日本教育文庫』女訓篇(黒川真道編、一九七七年、日本図書センター)。　(小泉　吉永)

かのこむすび　**鹿子結び**　紐を他物に結びつける方法の一つで、一般化されたもの。かこ結び・とっくり結びともいい、鷹《たか》にとらせた鳥を鳥柴《としば》に結びつけるときや作業結び・釣針結び・徳利《とくり》しばりに用いる。*伊勢《いせ》流と*小笠《おがさ》原《わら》流の結びの流派があり、服装の発達、捕縄術《ほじょうじゅつ》、鷹狩《たかがり》の道具、水引《みずひき》、茶道の結びの関係で発達した。五十種ほどの結び方の中で鹿子結びは一般的なもので作業用。染色の方法は室町時代に絞り、刺繡などの技術が進歩。鹿子も流行し婦人服には必ず部分的に入る。糸で裂を一つひとつ括《くく》って染め、丸い目の斑を作るもので江戸時代初期は飛鹿子で、総鹿子も作られるようになり元禄ごろにはぜいたくとしてしばしば禁じられた。女官・御殿女中は文字入とともに部分的に認められていたが、鹿子や絞りの全盛は文化・文政以後である。京都では「鹿子結」を職業とする女性がいた。

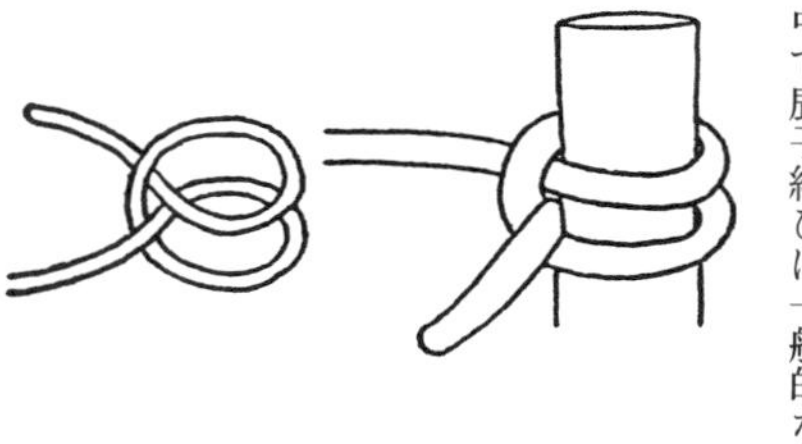

鹿子結び

参考文献　額田巌『結び』(ものと人間の文化史)、一九七二、法政大学出版局。額田巌『結び方の研究』、一九五一、創元社。　(小和田美智子)

かふ　**寡婦**　*律令制《りつりょうせい》下で夫を失った女性を指す法概念。単に寡ともいう。律令法解釈上では、五十歳以上の夫のない者、年齢に関係なく夫のない者、老いて夫のない者と解釈が分かれる。また寡婦は、厳密な法概念としては『大宝令《たいほうりょう》』にのみみられる用語で、寡妻《かさい》を意味し、遺産相続などの面で寡妾《かしょう》よりも優遇される地位として規定された。その後、『養老令《ようろうりょう》』は寡婦(寡妻)のみに認められた権利を寡妾にも拡大し、法概念としての寡婦の語は、寡妻妾にとって代わった。寡婦は、律令法上、鰥《かん》(妻のない老人)・寡・孤《こ》(父のない子)・独《どく》(子のない老人)と一括され、近親者や坊里《ぼうり》による介護が義務づけられた(*戸令鰥寡条《こりょうかんかじょう》)。天平期の正税帳類《しょうぜいちょうるい》を見ると、国家の賑給《しんごう》(救済のための稲・布などの支給)の対象として鰥寡孤独のうち寡がもっとも多いという事実もある。しかし貧しい寡婦が頼った娘に拒絶された説話(『*日本霊異記《にほんりょういき》』上巻第二十四話)は、戸令の介護救済規定が十分に機能しなかった地域社会の苛《か》酷《こく》な現実を類推させる。一方、寡婦に収穫時の落穂を優先的に拾わせる共同体慣行(『日本霊異記』上巻第三十三話)が、その保護救済機能を果たしたとみる説がある。また、寡婦が隣の富豪の家に食事を供給される説話(『日本霊異記』中巻第十六話)は、九世紀ごろ成長し始めた富豪の家が、寡婦の扶養《ふよう》の受け皿になりつつあることを示唆《しさ》し、興味深い。

参考文献　舟尾好正「賑給の実態に関する一考察」(大阪歴史学会編『古代国家の形成と展開』一九七六、吉川弘文館)。荒木敏夫「平安時代の落穂拾い慣行と稲刈り労働」(竹内理三編『古代天皇制と社会構造』一九八〇、校倉書房)。義江明子「古代の村の生活と女性」(女性史総合研究会編『日本女性生活史』一、一九九〇、東京大学出版会)。新村拓『老いと看取りの社会史』、一九九一、法政大学出版局。関口裕子『日本古代婚姻史の研究』下、一九九三、塙書房。田中禎昭「古代老者の「棄」と「養」」(『歴史評論』五六五)、一九九七。服藤早苗『平安朝に老いを学ぶ』(朝日選書)、二〇〇一、朝日新聞社。　(田中　禎昭)

かぶき　**歌舞伎**　江戸時代に出現したきわめて現世的な演劇形態。慶長年間(一五九六―一六一五)、*出雲阿国《いずものおくに》が始めた「かぶき踊り」がその起りといい、女芸人や*遊女による*女歌舞伎が大隆盛となるが、風紀を乱すとして寛永六年(一六二九)、全国に禁令が出された。とって代わった若衆《わかしゅ》歌舞伎も、少年の色香を売り物にしたため、衆《しゅ》道《どう》好みの当時の風潮から絶大な贔屓《ひいき》はあったものの程なく禁じられ、野郎《やろう》歌舞伎すなわち一人前の男が演ずる「物真似狂言《ものまねきょうげん》尽し」の芸として定まった。これにより、女性の役を男が演ずる「女形《おんながた》」という特異な分野が出現した。定打《じょうう》ちの劇場が認可され、定住性が高まり通年興行が行われ、興行主と役者に年間契約が交わされるようになった。演劇としては上方では阿国以来の『傾城買《けいせいがい》』から進化した和事《わごと》、人形浄瑠璃《じょうるり》を写した義太夫《ぎだゆう》狂言(丸本《まるぼん》歌舞伎)が発展し、江戸ではパワフルで生理的快感を提供する荒事《あらごと》が起り、のちには*常磐津《ときわづ》や富本《とみもと》と提携して華麗な所作事を創り出した。

参考文献　高野正巳・河竹繁俊編『浄瑠璃・歌舞伎』(日本古典鑑賞講座二一)、一九五八、角川書店。熊倉功夫編『伝統芸能の展開』(日本の近世一一)、一九九三、中央公論社。鳥越文蔵他編『歌舞伎の歴史』一・二(岩波講座

歌舞伎・文楽二・三)、一九七七、岩波書店。　　（藤野　泰子）

かぶきおどり　歌舞伎踊　⇩出雲阿国《いずものおくに》

かふちょうせい　家父長制　〔古代〕父ないし*家長あるいは伝統的「家」がもつ権威に、家族成員・家内従属民が恭順《きょうじゅん》する体制。法的には父の*親権・夫権・主人権・所有管理権などに支えられ、その形態は権威の所在によって多様であり、同じ社会でも階層によって差がある。*ルイス＝ヘンリー＝モルガンは、古代奴隷制《どれいせい》社会において、家父長が農業・牧畜経営のために*家族・奴隷・下僕《げぼく》らを集団的に統制下におき、その絶対的支配・所有権を持った家族形態を「家父長制家族」と名付け、その一部に*一夫多妻婚が見られるとした。この理解は、フリードリッヒ＝エンゲルスを経てマルクス主義歴史学に大きな影響を与え、家父長制の概念は古代奴隷制家族と理解されてわが国の古代史分析にもよく使われてきた。さらに、エンゲルスはマキシム＝コバレフスキーの世帯共同体論(家父長制以前の形態)を取り込んで、これを混乱して家父長制家族と同じ発展段階のものだと位置づけた結果、「家父長制(的)世帯共同体」という不可解な概念も作り上げていた。日本史にも「郷戸《ごうこ》」の概念規定には好都合だと「家父長制(的)世帯共同体」の語句が疑われることもなく導入され、家父長制概念はあいまいになっていった。古代では、最大の論拠とされたのは籍帳《せきちょう》のみに多数載せる「寄口《きこう》」の存在で、従属的な下層民であるから家父長制支配が成立していたとする説だが、これはほぼ否定されている。*女性史の側から、*高群逸枝《たかむれいつえ》は、「嫁取婚《よめとりこん》」を家父長制とみなして室町時代に成立するとし、ついで*関口裕子《せきぐちひろこ》は全面的に古代に家父長制が存在したという説を批判している。男女が同じく経済活動の主体となり*夫婦別財制であることや、父子別居・別財・別家で貴族層に個人単位の家があっても農民はまだ未成熟な個別経営であり、経済的社会的単位としての家が未成立だったとする。現在、家父長制は院政期以降に成立するという説が優勢である。

参考文献　マックス＝ウェーバー『支配の社会学』一(世良晃志郎訳)、一九六〇、創文社。石母田正「古代家族の形成過程」(歴史科学協議会編『歴史科学大系』二、一九七三、校倉書房)。関口裕子『日本古代家族史の研究』、二〇〇四、塙書房。明石一紀『古代・中世のイエと女性—家族の理論—』、二〇〇六、校倉書房。　　（明石　一紀）

〔中世〕マックス＝ウェーバーによれば、「伝統的支配」のもっとも純粋な形態が家父長的支配であるとし、それを成り立たせる要素は伝統の権威・神聖性に対する恭順と父の権威を基礎とする支配者の個人的人格に対する恭順であるという。さらに、この家父長制の展開した類型の一つが*家産《かさん》制であると考えた。日本の歴史学では、家父長制の語は、モルガン・エンゲルスの理論が受け入れられる中で、前近代社会の支配原理として使用された。戦後の研究の出発点を作った石母田正《いしもだしょう》・藤間生大《とうませいた》は古代家族に注目し、家族研究を行い、領主制理論を組み立てていった。さらに、戸田芳実《とだよしみ》らは、この領主制論をウェーバーの家産制理論で整理した。そのため、領主制研究は、次第に隷属者《れいぞく》・*下人・所従《しょじゅう》、それの支配基盤たる経営形態の方面に向かい、しばらくの間、血縁家族の研究は停滞し、高群逸枝《たかむれいつえ》の女性史の流れの中で主に論じられることになった。このような状況に変化を与えたのは、古代史では吉田孝、中世史では鈴木国弘の研究である。かれらは一九七〇年代後半、石母田の理論を正統に継承発展させるため、家族・*親族・氏族の研究に向かった。このような家族研究の再検討の動向は歴史学だけではなく、他の分野にも及び、一九八〇年代のはじめ、諸分野の家族史研究を糾合《きゅうごう》した「比較家族史研究会」が創設され、一九八六年(昭和六十一)には「比較家族史学会」に発展した。この学会の当初からのテーマが「家父長制」であり、日本ではじめて学際的検討が行われた。この研究の中で飯沼賢司は中世を中心に家父長制理論を整理検討し、家父長権は父権・夫権・家長権・主人権の四つからなるとした。血縁家族と関係する父権・夫権・家長権の要素に注目すると、中世前期の家族は父方・母方の双方の関係に強く規定され、父・母の親権がイエを統制し、他の権限が未分離であった。それが室町時代以降になると、父権は夫権の確立によって、親権から分離し、家長権は単独相続制と*隠居制の確立によって親権から分離したと考えられる。　　（飯沼　賢司）

〔近世〕近世では男系直系相続が最優先され、家父長権が絶対的な武家に比べ、農・商家は女性の中継《ちゅうけい》相続を許容し経営も男女協業でなすことから、その重圧は弱いとされるのが通説であった。特に、中世を家父長的奴隷《どれい》制社会と規定する近世史では、家父長制的家の分裂の最終段階を十五、六世紀と措定《そてい》し、その後は新たな農奴《のうど》＝小農《しょうのう》社会の実現とみる発展段階論が本流《ほんりゅう》を占めたため、その傾向が強い。したがって、近世の小家族的家は家父長制的家を母体として生成されるものの、「*夫婦かけむかい」家族労働を基礎とする小農生産では、家父長制実現の基礎条件は欠如していたと認識される。しかし、一九七〇年代のフェミニズム研究によって、家父長制が「父系の年長者による若年者の支配、および男性による女性の支配」と再定義されたことにより、近世の国家支配・社会構造全体を通貫する法的、思想的概念としての家父長制の存在が提起されたが、現状では女性史・ジェンダー史と従来の歴史学とのあいだで概念規定の一致はみていない。一つの考え方としては、近世国家が新たに再編した十七世紀後半の寛文《かんぶん》・延宝検地《えんぽうけんち》と宗門改《しゅうもんあらため》により、小家族の年長男子を名請人《なうけにん》として定め、家代表者である家長として国家が把握したことが、近世的家における家父長制的編成を確立した要因となろう。この場合、父権は家長権に包摂される。また、近年では「夫婦かけむかい」的小家族であっても所有と経営が男性に偏《かたよ》り、富と権力の配分が男女に不均等に行われたという観点から家父長制の存在を示唆《しさ》し、さらに「家」相続者として*後家《ごけ》が容認されても、百姓身分や身分集団のもつ男性一元性からは排除されるという研究もなされている。家父長制を*父系制の基礎とする「家」経営体において、男性に権力(家長《かちょう》権《けん》・夫権《ふけん》・主人権《しゅじんけん》)が集中した男性優位の社会体制と規定した場合、国家・村落共同体・「家」における家父長制の存在を指摘できるが、今後は身分階層ごとの「家」における厳密な検証が必要となろう。

参考文献 佐々木潤之介「家族と家の概念について―江戸時代家族史研究のために―」(『歴史評論』五八八)、一九九九。長野ひろ子『日本近世ジェンダー論―「家」経営体・身分・国家―』、二〇〇三、吉川弘文館。長島淳子『幕藩制社会のジェンダー構造』、二〇〇六、校倉書房。

(長島 淳子)

〔近現代〕歴史学の分野ではエンゲルスやマルクスの理論をひきつぎ、家父長制概念は氏族共同体から私的所有にもとづく家族が成立する過渡期に、奴隷《どれい》と他氏族出身の妻を支配する夫の権力を表わす用語として使用されてきた。しかし一九七〇年代に入って、残存・再編される性抑圧の原因として階級抑圧に優先する、社会や家族のなかに人類の歴史を一貫して制度化された女性に対する男性の支配として家父長制という考えが、K・ミレットらによって、日本では水田珠枝によって主張された。日本においては歴史を一貫するという構図は原始古代社会にみられるように必ずしも適用できない。近代における男権支配は、公領域では政治領域からの女性排除、男性普通選挙の成立、教育の不均等、賃金差別などがある。私領域では家族法による戸主権、夫権による女性支配がある。戸籍法による家族を統率する戸主の権力は民法では家族の居所指定権に限定されたが、娘や嫁の再婚、家族員の結婚に関する同意権があり、母の親権には制約があった。また、夫単独による*庶子《しょし》の認知入籍、庶子による摘出《ちゃくしゅつ》女子に優先する*家督相続、妻による夫家の姓の呼称、夫による妻の経済行為に対する制約、妻の財産管理など、夫による妻の姦通親告権《かんつうしんこくけん》、夫妻によって異なる*離婚原因、さまざまな夫権が設定された。男系男子による万世一系の天皇による統治権総攬《そうらん》・統帥権掌握《とうすいけんしょうあく》・皇族監督権を規定する近代天皇制を維持するために、*家族国家観と祖先崇拝が強調され、妻は嫁として舅姑《しゅうとしゅうとめ》に仕えることが良妻賢母像とともに強調された。男性皆兵制も夫権を支えた。基本的人権、法の下での平等、婚姻における両性の平等などを規定した*日本国憲法、*家制度、戸主権を廃止した民法、男女同等の政治権利、*男女共学制を定めた現代においても、夫妻同姓、婚姻年齢の男女による相違などが存続し、経済効率優先社会のなかで男性優位の体制が続いている。→家制度《いえせいど》

参考文献 水田珠枝『女性解放思想史』(ちくま学芸文庫)、一九九四、筑摩書房。目黒依子他編『講座社会学』二、一九九九、東京大学出版会。永原慶二他編『家と家父長制(新装版)』(シリーズ比較家族)、二〇〇三、早稲田大学出版局。

(早川 紀代)

〔アイヌ〕家族や結婚のありかたからすると、一般に家父長制は成立しなかったと考えられるが、一部の首長層では経済力により複数の妻をもったり、家父長的な暴力により共同体の成員に影響を及ぼす例はあった。近代になると、アイヌの人々の家族の一部にも近代日本の家父長制がみられることになったと推測される。

(児島 恭子)

かまくらいぶん 鎌倉遺文 鎌倉時代の古文書《こもんじょ》を網羅《もうら》的に集めた編年史料集。歴史家竹内理三《たけうちりぞう》(一九〇七―九七)が独力で編纂《へんさん》した。全四十二巻と補遺四巻からなる。東京堂出版から一九七一年(昭和四十六)―八六年にかけて刊行された。現存するすべての鎌倉時代の文書を集めるという方針で編纂され、約三万五千通の文書を収録するが、それは現存する文書の七五%程度であろうと推測されている。本書の刊行によって、鎌倉時代の研究は飛躍的に進展した。とりわけ、日常的に東京大学史料編纂所に出向いて影写本《えいしゃぼん》を見る機会が持てない地方在住研究者や、多くの女性研究者を含む在野の研究者が、第一線の研究に参加できるようになった意義は大きい。しかし本書には、単純な誤植誤読のほか、重複して採られた文書や、文書番号がだぶっているもの、文書名のつけ方に一貫性を欠くものがあり、さらに無年号文書の年代比定や、未収録文書の収集といった多くの課題が残されており、現在、瀬野精一郎が発起《ほっき》人となった鎌倉遺文研究会が活動を続けている。編集における*ジェンダーの問題についていえば、男女共同で発給《はっきゅう》した文書の名が男性一人で出したようにつけられていたり、女性が単独で発給した文書の名が、連署《れんしょ》した男性名を冠してつけられていることが多く、鎌倉時代の女性が所領を持っていたことに対する無理解がある。さらに、索引編の人名の項が「一般人名」「女子人名」「有姓無名」に分類されていて、すなわち男子のことを「一般人」というように表記されているなど問題は多く、研究者自身のジェンダー意識から自由になり、虚心《きょしん》に鎌倉時代の社会を見ることが必要であろう。また、女性の書状は無年号で未収録のものが多く、今後の課題である。本書からは、女性の政治的地位や家の中での地位、女性の所領相続の変遷《へんせん》や、*家族関係、*親族結合の在り方、女性名の変化、女性の信仰や文化などについて、体系的に幅広く知ることができる。様式の定まった文書でも、丹念に読み込んでいけば、中世人の生活や心性に迫ることも可能である。

参考文献 西岡芳文「日本中世史―史料の手引―」(佐藤和彦他編『日本中世史研究事典』一九九五、東京堂出版)。野村育世「『鎌倉遺文』をジェンダーの視点で検証する」(『鎌倉遺文研究』七)、二〇〇一。同「鎌倉時代の女性たちの仏教認識」(『仏教と女の精神史』二〇〇四、吉川弘文館)。

(野村 育世)

かまくらおおぞうし 鎌倉大草紙 室町時代の実録的な軍記。二巻本・三巻本・五巻本がある。康暦《こうりゃく》元年(一三七九)―文明十一年(一四七九)の関東の政治的動向について鎌倉府を中心に叙述した関東政治史の重要史料。作者は不詳。関東管領《かんれい》の山内上杉《やまのうちうえすぎ》氏を賛美する傾向がある。巻二(五巻本)には小栗助重《おぐりすけしげ》が遊女照姫《てるひめ》に助けられ盗賊から無事に逃れた話があり、小栗判官《おぐりはんがん》伝説としては最も古い文献。『群書類従』二〇、『新編埼玉県史』資料編八などに翻刻。

参考文献 景山博・川島孝一「『鎌倉大草紙』注釈」(『太平臺史窗』一・二・七)、一九八二・八三・八六。古典遺産の会編『室町軍記総覧』、一九八五、明治書院。菅原正子「上杉憲実の実像と室町軍記―『鎌倉大草紙』『永享記』をめぐって―」(民衆史研究会編『民衆史研究の視点―地域・文化・マイノリティー―』一九九七、三一書房)。 (菅原 正子)

かまくらしんぶっきょう 鎌倉新仏教 鎌倉時代に登場した新たな仏教潮流。旧仏教に対する語。浄土教《じょうどきょう》系では*法然《ほうねん》の浄土宗、*親鸞《しんらん》の浄土真宗《じょうどしんしゅう》、一遍《いっぺん》の時宗《じしゅう》がある。禅宗《ぜんしゅう》系では臨済宗《りんざいしゅう》を栄西《えいさい》が、曹洞宗《そうとうしゅう》を*道元《どうげん》が中国から伝えた。また*日蓮《にちれん》が法華宗《ほっけしゅう》(日蓮宗)を開いている。ただし鎌倉時代にはこれ以外にも貞慶《じょうけい》・明恵《みょうえ》・叡尊《えいそん》らが思想的教団的にも新たな展開をみせているが、近世に独自教団として自立できなかったため、新仏教に含めていない。そのこともあって、鎌倉新仏教概念の有効性に疑義《ぎぎ》が呈《てい》せられている。平安時代後期に旧仏教の世界から官尼《かんに》が消滅する一方、女性の罪業《ざいごう》が強調され、女性は救済される立場に閉じこめられていった。それに対し、道元は女性の罪業を否定し、法然・親鸞は現世の平等を主張。また日蓮や禅律僧は信心・修行により現世で五障《ごしょう》を克服できると説いた。こうして禅宗では得悟《とくご》の尼が誕生し、叡尊の律宗《りっしゅう》では尼に伝法灌頂《でんぼうかんじょう》が授けられ、時宗にも多くの尼が誕生した。このように女性と仏教との関係において、鎌倉仏教は新たな動きをみせた。ただし浄土真宗・日蓮宗・曹洞宗が社会的広がりをもつのは戦国時代に入ってからであり、それまでは旧仏教が仏教界の中心勢力として君臨した。

参考文献 平雅行「中世仏教と女性」(女性史総合研究会編『日本女性生活史』二、一九九〇、東京大学出版会)。松尾剛次「鎌倉新仏教と女人救済」(『仏教史学研究』三七ノ二)、一九九四。西口順子編『(中世を考える)仏と女』、一九九七、吉川弘文館。 (平 雅行)

かまたまさきよのはは・むすめ 鎌田正清の母・娘 平安時代末期の武士鎌田正清の母は、夫通清《みちきよ》が源為義《みなもとのためよし》の郎従《ろうじゅう》であった関係から、為義の息子義朝《よしとも》の*乳母《めのと》に選ばれた。息子の正清は、義朝の*乳母子《めのとご》になった。正清は、平治の乱に敗れた義朝に最後まで従い、東国に落ち延びる途中の尾張国野間《おわりのくにのま》で、永暦《えいりゃく》元年(一一六〇)正月三日、舅《しゅうと》長田忠致《おさだただむね》らに義朝とともに殺害された。鎌田正清の娘は、建久五年(一一九四)十月二十五日に、勝長寿院《しょうちょうじゅいん》で、義朝と亡父正清の追善《ついぜん》供養を行い、源頼朝・政子もそれに出席した。その際、正清の忠節に対し、娘に尾張国志濃幾《しのぎ》・丹波国《たんばのくに》田名部《たなべ》の地頭職《じとうしき》が与えられた。

参考文献 『平治物語』。田端泰子『日本中世の社会と女性』、一九九八、吉川弘文館。秋池洋美「武家の「めのと」に関する覚書」(『総合女性史研究』一八)、二〇〇一。 (秋池 洋美)

かみおき 髪置き ㈠幼児が髪をはじめて伸ばすときに行う儀礼。「髪立て」「櫛《くし》置き」ともいう。幼児は男女の区別なくこの時までは胎髪を剃り続けてきたり、断髪して短く垂らしたままの髪を、この儀礼以降、伸ばし始め、やがて男児・女児それぞれの髪型に結髪できるようになる。かま糸よりもさらに細い、まだ精錬《せいれん》等をしていないすが糸で作った白髪を幼児の頭髪にかぶせ、頂におしろいの粉をつける。さらに櫛で左右の鬢《びん》を三度掻き、無病息災などを祈った。江戸時代、男女とも、公家は二歳、武家や民間では三歳の陰暦十一月十五日に行われることが多い。㈡*女房装束の唐衣《からぎぬ》の襟を背中側に折り返した中央の部分をいう。後方へ垂れる髪が触れるのでこの呼称がある。 (佐多 芳彦)

かみかわまつこ 神川松子 ⇩平民社《へいみんしゃ》の女性《じょせい》たち

かみちかいちこ 神近市子 一八八八―一九八一 大正・昭和時代の女性運動家。一八八八年(明治二十一)六月六日、長崎県北松浦郡佐々《さざ》村小浦《こうら》(北松浦郡佐々町)の漢方医神近養斎《ようさい》、ハナの二男三女の末子に生まれる。長崎の活水《かっすい》女学校中等科三年で退学後の一九一〇年女子英学塾に入学。女学校時代から文学に親しみ、一九一二年(大正元)『*青鞜《せいとう》』に参加し、榊纓《さかきおう》の筆名も含め、小説・翻訳を発表。英学塾卒業後は弘前高等女学校に赴任するが、『青鞜』参加が、「婦人の道徳」と「社会秩序」を乱すということが原因で、女学校を解雇、再度上京。一九一四年、尾竹紅吉《おたけこうきち》とともに『番紅花《さふらん》』を創刊。同年東京日日新聞社に入社し、新聞記者として活躍をする一方、アナーキストの大杉栄《おおすぎさかえ》と仏蘭西《ふらんす》文学研究会で知り合い、恋愛関係が深まる。大杉の「妻」*堀保子《ほりやすこ》、*伊藤野枝《いとうのえ》、神近との複雑な関係は、*自由恋愛という名の「相剋《そうこく》」となり、一九一六年*日蔭茶屋事件《ひかげちゃやじけん》が起る。事件において二年の刑に服役。その後一九二〇年評論家鈴木厚《すずきあつし》と結婚し、二女一男をもうける。以後プロレタリア運動への協力を惜し

神近市子

まず、一九二八年(昭和三)*長谷川時雨《はせがわしぐれ》の主宰《しゅさい》する『*女人芸術《にょにんげいじゅつ》』に参加し、マルキストの立場から婦人解放を訴え、同誌の急先鋒《きゅうせんぽう》となる。神近は、*高群逸枝《たかむれいつえ》らアナーキストに対し、無産婦人の組織化と階級闘争の急務、さらに婦選問題をめぐり、論争を起こした。しかし高群の『大日本女性人名辞典』刊行後、「高群逸枝著作後援会」でその功績を讃えている。一九三四年みずから『*婦人文芸』を創刊するが、戦争の激化で一九三七年に終刊。同時に夫と離婚。戦時中は翻訳業にいそしみ子供の養育に努めた。一九四七年民主婦人協会・自由人権協会に参加し、人権擁護《ようご》に活躍する。一九五三年社会党左派から衆議院議員に当選し、その十六年にわたる活動では、*売春防止法成立や冤罪《えんざい》に対する再審の運動に尽くす。一九八一年九十三歳で死去。著書に『神近市子自伝―わが愛が闘い―』(一九七二年、講談社)がある。

参考文献 西川祐子「戦争への傾斜と翼賛の婦人」(女性史総合研究会編『日本女性史』五、一九八二、東京大学出版会)。黒澤亜里子「近代文学における《両性の相剋》問題―田村俊子の「生血」に即して―」(脇田晴子・S・B・ハンレー編『ジェンダーの日本史』下、一九九五、東京大学出版会)。

(加賀山亜希)

かみつけぬのさいのあそんおいとじ 上野佐位朝臣老刀自 奈良時代後半の*女官。本姓は檜前部《ひのくまべ》または檜前君《ひのくまのきみ》。天平神護《てんぴょうじんご》二年(七六六)十二月称徳《しょうとく》天皇の西大寺行幸の際に外従五位下《げじゅごいのげ》より外従五位上に叙《じょ》される。神護景雲《じんごけいうん》元年(七六七)三月上野佐位朝臣を賜わり、翌年六月上野国造《くにのみやつこ》に任じられた。時に掌膳《しょうぜん》、上野国佐位采女《うねめ》であったことが知られる。同時に掌膳筑波采女壬生宿禰少家主《みぶのすくねおやかぬし》が常陸《ひたち》国造に、尚掃《しょうそう》美濃直玉虫《みののあたいたまむし》が美濃国造になっており、*後宮十二司での功労が表彰されたものか。宝亀《ほうき》二年(七七一)従五位下に叙された。『正倉院文書《しょうそういんもんじょ》』にみえる佐味命婦《さみのみょうぶ》と同一人物とも考えられる。

参考文献 玉井力「光仁朝における女官の動向について」(『名古屋大学文学部研究論集史学』一七)、一九七〇。野村忠夫『後宮と女官』(教育社歴史新書)、一九七八、教育社。

(仁藤 智子)

かみつけののきみかたなのつま 上毛野君形名の妻 生没年不詳 七世紀の女性。『日本書紀』舒明《じょめい》天皇九年(六三七)是歳条によると、蝦夷征討将軍《えみしせいとうしょうぐん》の夫とともに従軍し、破れた夫軍に酒を振る舞い、夫の剣を手に軍装の女性数十人を指揮して蝦夷と対峙《たいじ》し、夫軍を勝利に導いたとある。夫婦での従軍、軍中での妻による夫の身の回りの世話など形名の妻のあり方は、律令《りつりょう》軍制成立以前の軍隊構成の一事例として理解できる。また、形名の妻が持った夫の剣とは、八世紀に軍防令節刀条《ぐんぼうりょうせっとうじょう》で規定された節刀と同様の機能(天皇の軍事大権が征討将軍などに委譲《いじょう》された象徴物)を持つと考えられる。節刀条に従って征討や遣唐《けんとう》使《し》など長官に節刀が授与される事例の多くは、次官(副使・副将軍)が同時に任命され、長官が病気の場合等は次官が代わって節刀を授与されることもある(『続日本紀』宝亀《ほうき》八年(七七七)四月癸卯条)。それに対して、律令軍制成立以前は、形名の事例から将軍の妻という資格を以て節刀を持ち軍事大権を代行する場合もあったといえるだろう。

参考文献 関口裕子「日本古代の戦争と女性」(前近代女性史研究会編『家・社会・女性―古代から中世へ―』一九九七、吉川弘文館)。

(黒瀬 之恵)

かみながひめ 髪長媛 応神《おうじん》天皇に喚《め》し上げられた日向《ひむかの》国諸県君《くにもろがたのきみ》家の麗美な姫君。髪長媛は宮中の祭の司祭者として貢上されたのであるが、大雀命《おおさざきのみこと》(仁徳《にんとく》天皇)の要請により、豊明《とよのあかり》の日に下賜されて仁徳天皇の后《きさき》となり、大日下王《おおくさかのみこ》と若日下部命《わかくさかべのみこと》の生母となる。髪長媛を中心とする話は記紀ともに歌物語の形式で語られる。内容は宮中の女性祭祀《さいし》の一端を示しており、また文芸的にもレベルが高く、応神から雄略《ゆうりゃく》天皇の時代まで及ぶ物語である。地方豪族の娘と宮中祭祀の関わり、また生まれた子の去就等々興味ある話が盛られている。

参考文献 川上順子「ヒバスヒメ皇后と丹波」(『古事記と女性祭祀伝承』一九九五、高科書店)。荻原千鶴「古事記の雄略天皇像」(『日本古代の神話と文学』一九九八、塙書房)。

(川上 順子)

かみやまハナ 神山ハナ 一九〇二―八二 昭和時代の労働運動家、共産党活動家。新潟県西蒲原郡《にしかんばらぐん》(燕市《つばめし》)に誕生。一九二五年(大正十四)東京市バス車掌《しゃしょう》になる。戦闘性を誇る東京交通労働組合に加入。一九三〇年(昭和五)の東交大争議で活躍、解雇されるが、撤回させ、密行制度《みっこうせいど》(「公金」を扱うという名目で、バス車掌らは、当局による警察まがいの尾行、張りこみを受け、これが、日常化、これを密行ないし監察制度などという)廃止、*生理休暇・産休要求など職場闘争を展開。一九三九年の退職後、共産党再建のかどで二度にわたり検挙され、敗戦を巣鴨《すがも》刑務所で迎える。戦後、党労働組合オルグ(正しくはオルガナイザー、組織者)となる。一九五四年共産党分裂問題で夫の神山茂夫《かみやましげお》とともに除名される。

参考文献 「四・一六事件と東交大争議―神山ハナさんに聞く―」(渡辺悦次・鈴木裕子編『運動にかけた女たち』一九八〇、ドメス出版)。鈴木裕子編著『日本女性運動資料集成』別巻、一九九八、不二出版。

(鈴木 裕子)

かみやみえこ 神谷美恵子 一九一四―七九 昭和時代のキリスト者、精神科医。ハンセン病患者の救護に献身した。岡山市生まれ。前田多門《まえだたもん》の子。スイスの小中学校で学び、津田英学塾・東京女子医専卒。医学博士。神戸女学院大・津田塾大教授、長島愛生園《ながしまあいせいえん》精神科医長を務める。召命《しょうめい》感から医学を志しハンセン病への偏見や差別が強い状況下で病み苦しむ患者とともにあることを使命とした。著作は『神谷美恵子著作集』(一九八〇―八五年、みすず書房)に収められている。

参考文献 江尻美穂子『神谷美恵子』(人と思想)、一九九五、清水書院。みすず書房編集部編『神谷美恵子の世界』、二〇〇四、みすず書房。

(影山 礼子)

かみんちゅ　神人　⇩ノロ祭祀《さいし》

かむなつそひめ　神夏磯媛　『日本書紀』景行紀《けいこうき》十二年九月条の九州征討伝承に登場して、天皇に服属儀礼を行う*女性首長。「一国《ひとくに》の魁帥《ひとごのかみ》なり」と表現される。景行紀には女性首長の伝承が多く記載されており、また『*風土記』にも軍勢を率いて天皇と相対する女性首長の姿がみえる。古代における女性軍団の伝承は世界各地にみられるが、古代日本にも存在して不思議はない。神夏磯媛は多くの徒衆を率いる女性首長の典型として、紀に表出されたものと考えられる。

参考文献　溝口睦子「『風土記』の女性首長伝承」(前近代女性史研究会編『家・社会・女性―古代から中世へ―』一九九七、吉川弘文館)。関口裕子「日本古代の戦争と女性」(同)。 (川上　順子)

かむみそさい　神衣祭　*伊勢神宮《いせじんぐう》の内宮《ないくう》で四月と九月に行われる祭。神の衣服である和妙衣《にぎたえのころも》と荒妙衣《あらたえのころも》を月の初めから織り始め、十四日に太神宮《だいじんぐう》と荒祭宮《あらまつりのみや》に奉献《ほうけん》した。神衣祭で中心的な役割を果たすのは、伊勢国多気《たけ》郡の小豪族である服部《はとり》氏と麻績《おみ》氏で、服部氏は*生糸《きいと》を用いて和妙衣を、麻績氏は麻糸を用いて荒妙衣を織成《しょくせい》した。その作業は、彼らが祭祀《さいし》する神社の機殿《はたどの》で行われた。『延喜式《えんぎしき》』伊勢太神宮は、和妙衣と荒妙衣の織成に用いる材料や、奉仕する人員について詳しく記しており、古代における織物生産の実態を示す例として注目される。神衣を奉献する際には、服部氏と麻績氏からそれぞれ選ばれる服織《はとり》女《め》(『*皇太神宮儀式帳《こうたいじんぐうぎしきちょう》』は神服織織女、神麻績織女と記す)が活躍し、女性が織物生産に深く関与したことをうかがわせるが、服織女は、実際には幼女であった可能性が強い。なお、現在の神衣祭は五月と十月に行われ、特に女性が中心的に奉仕することは見られない。

参考文献　服藤早苗「古代の女性労働」(女性史総合研究会編『日本女性史』一、一九八二、東京大学出版会)。 (大関　邦男)

かむろ　禿　七、八歳から十二、三歳くらいまでの*遊女に成長する前の少女。「かぶろ」ともいう。『北街漫録《きたまちまんろく》』には、「元より禿は女郎《じょろう》の苔にて、頓て花咲く身を、坐眠すれば烟管にてたたき、先錯すれば抓り、徒すれば打擲して苛き目を見する」とあるように幼女で奉公し抱主に預けられる禿の苦しい生活を読みとることができる。名前は*源氏名《げんじな》は使用しないが、ことばは遊女と同じ廓《くるわ》ことばを使用。おいらんの雑用が主なる仕事である。

禿(『人倫訓蒙図彙』七より)

参考文献　飯袋子『麓の色』三(山本春雄編『北街漫録』一九二七、一星社)。 (宇佐美ミサ子)

かめい　家名　家に固有の名称。氏《うじ》・姓《せい》・苗字《みょうじ》などのほかに、屋号《やごう》・通名《つうめい》・屋敷名《やしきめい》なども含まれる。近世に入って民衆レベルで「家」が成立すると、先祖から受け継いだ家業・家名・*家産を維持・継承していかなければならないという家意識が形成される。武士の家における家名は氏・姓・苗字によって受け継がれたが、武士以外の農民・町人は名字御免《みょうじごめん》の一部の上層部を除いて*名字を公に名乗ることを禁じられたため、代々の当主が襲名《しゅうめい》する通名(たとえば当主になると善右衛門を名乗る)や屋号(たとえば長崎屋・木綿屋など)、屋敷名(大きな桜の木があるので桜屋敷など)などが各家をあらわすものとして用いられ、商家では屋号が各家の公的な名称となった。明治以降は庶民も名字を名乗ることが許され、一八九八年(明治三十一)戸籍法によって名字(氏の名)は家名として固定された(現行民法では家名はなく氏)。なお家名には家としての名誉・名声を表わす意味もある。 (牧田りゑ子)

かめいしょうきん　亀井少琹　一七九八―一八五七　江戸時代後期の漢詩人、画家。筑前《ちくぜん》国福岡藩の儒者亀井昭陽《しょうよう》・いちの娘。名は友。四歳のころより父に『論語』『詩経』などを学ぶ。十八歳で漢詩集『窈窕稿乙亥《ようちょうこういつがい》』を著す。十九歳で父の門人三苫《みとま》源吾を婿《むこ》に迎え、分家して亀井家の医業を継ぐ。夫が近くの島などへ往診に出た折など家を守り『守舎日記』を綴《つづ》る。また、書写などして父を助ける。広瀬淡窓《ひろせたんそう》や頼山陽《らいさんよう》らとも交流があり、*原采蘋《はらさいひん》と並んで筑前の「清紫二女」と称せられた。

参考文献　庄野寿人『閨秀亀井少琹伝』、一九八二、亀陽文庫・能古博物館。前田淑『江戸時代女流文芸史』俳諧・和歌・漢詩編(笠間叢書)、一九九九、笠間書院。 (柴　桂子)

かめぎく　亀菊　生没年不詳　鎌倉時代前期、伊賀局《いがのつぼね》の局名を与えられた*白拍子《しらびょうし》出身の後鳥羽院《ごとばいん》の寵姫《ちょうき》。亀菊は洛中の佐目牛西洞院《さめうしにしのとういん》を根拠地としていた白拍子であった。後鳥羽院は亀菊を寵愛《ちょうあい》し、広隆寺門前に新邸を造らせ、彼女の父を刑部丞《ぎょうぶのじょう》に任じている。後鳥羽院熊野参詣《くまのさんけい》の留守中に院女房の亀菊らが念仏結縁《ねんぶつけちえん》のために外泊したことが、密通事件とされ*法然《ほうねん》門下が弾圧された建永《けんえい》二年(承元元、一二〇七)「建永の法難《ほうなん》」の一因とされている。また承久《じょうきゅう》三年(一二二一)の承久の乱は、後鳥羽院が伊賀局亀菊に与えた、摂津《せっつ》国倉橋《くらはし》(大阪府豊中市)・長江《ながえ》(大阪府茨木市)の両荘の地頭職《じとうしき》の罷免《ひめん》を鎌倉幕府に要求したことが発端となったことは有名である。承久の乱後、隠岐《おき》に遠流《おんる》された院に付き添い、後鳥羽院が亡くなるまでの十八年間隠岐の孤島で院に仕えた。院を看取《みと》ってのち、出家して帰本《きほん》と名乗った。広隆寺には帰本尼筆の『東寺御《とうじお》舎利相伝次第《しゃりそうでんしだい》』が伝わっており、後鳥羽院から形見として舎利を譲られた次第が書かれている。

参考文献　細川涼一『女の中世―小野小町・巴・その

他―』、一九六八、日本エディタースクール出版部。脇田晴子『女性芸能の源流―傀儡子・曲舞・白拍子―』(角川選書)、二〇〇一、角川書店。 (星　倭文子)

かめのまえ　亀前　生没年不詳　鎌倉時代前期の女性。良橋太郎入道《りょうはしのたろうにゅうどう》の娘。十二世紀前半、源頼朝の伊豆配流後から側女として仕えた。寿永《じゅえい》元年(一一八二)六月、頼朝は妾女亀前を中原太光家宅に招き呼び寄せた。二人は密通して以来、日を追うごとに亀前をたいそう可愛がり、寵愛《ちょうあい》を深めていった。同年七月、正室の*北条政子が頼家出産の際、比企谷《ひきのたに》の家に移ると頼朝は亀前を伏見冠者広綱《ふしみのかんじゃひろつな》宅の飯島家に住まわせた。『*吾妻鏡《あずまかがみ》』によると、「顔立ちが美しいばかりでなく柔和な性格であった」と記されている。

参考文献　『吾妻鏡』(新訂増補国史大系)。野村育世『北条政子―尼将軍の時代―』(歴史文化ライブラリー)、二〇〇〇、吉川弘文館。 (大島志津子)

かめひめ　亀姫　一五六〇―一六二五　徳川家康と正室*築山殿《つきやまどの》との間に生まれた長女。奥平信昌《おくだいらのぶまさ》室。天正四年(一五七六)七月、長篠《ながしの》・設楽原《したらがはら》の戦いに功のあった三河新城《しんしろ》城主奥平信昌に嫁いだ。夫信昌が慶長六年(一六〇一)美濃加納《みのかのう》十万石に転じ、以後、加納御方・加納御前とよばれた。信昌没後落飾《らくしょく》し、盛徳院《せいとくいん》と称している。信昌との間に四男一女があり、寛永二年(一六二五)五月二十七日、加納で没し、同地の増瑞寺《ぞうずいじ》に葬られた。

参考文献　中村孝也『家康の族葉』、一九六七、硯文社。 (小和田哲男)

亀姫画像

かめやごいめ　亀屋五位女　生没年不詳　室町時代後期、座商人として京都*帯座《おびざ》の座権利を所有していた女性。享禄《きょうろく》元年(一五二八)には「洛中帯座座頭職《ざとうしき》同公用代官職」を安堵《あんど》されている。五位女は座頭職と公用代官職を兼ね持つことにより、帯座の座公事《ざくじ》を徴収し本所に納める権利を一手に握り、事実上の座支配をなしていた。さらに天文十年(一五四一)にも当知行を承認されている。その後、座頭職をめぐる相論が起り、この訴訟では既存の権限を認められるが、天文十三年(一五四四)には吉田(角倉《すみのくら》)宗忠《むねただ》に譲渡されている。

参考文献　脇田晴子「座頭職の売買」(『日本中世商業発達史の研究(改装版)』一九七七、御茶の水書房)。 (加藤美恵子)

かもいようこ　鴨居羊子　一九二五―九一　昭和時代のファッション＝デザイナー、下着メーカー経営者。大阪府立女子専門学校卒業。新聞記者となるが一九五四年(昭和二十九)に退職。その後女性下着メーカー「チュニック」を設立。それまで実用性を本位とし白一色であった女性下着の世界に、色彩とファッション性を導入して革新をもたらす。女性の因習《いんしゅう》からの解放・「肉体の魅力を発揮して男性に優位にたちむかう」自由な女になることを主張した。著書に『下着ぶんか論』(一九五八年、凡凡社)、『女は下着でつくられる』(鴨居羊子コレクション一、二〇〇四年、国書刊行会)がある。

参考文献　武田尚子『下着を変えた女―鴨居羊子とその時代―』、一九九七、平凡社。 (島川　雅史)

がもうのおとめ　蒲生娘子　生没年不詳　奈良時代の遊《う》行女婦《かれめ》。蒲生は地名で、近江《おうみ》国蒲生郡の出身にちなむ名称か。天平勝宝《てんぴょうしょうほう》三年(七五一)正月三日越中介内蔵忌寸縄麻呂《えっちゅうのすけくらのいみきなわまろ》の館の宴で詠んだ一首が『*万葉集』一九に収められる(四二三二)。ほかにも蒲生娘子が伝誦《でんしょう》していたという長歌(四二三六)、短歌(四二三七)がある。遊行女婦は古歌を伝承し披露することも芸としていたのであろう。

参考文献　服藤早苗「遊行女婦から遊女へ」(女性史総合研究会編『日本女性生活史』一、一九九〇、東京大学出版会)。 (児島　恭子)

かもじ　髢　女性の髪に添え加える髪。「いれがみ」「そえがみ」「葡萄葛《えびかずら》」ともいう。平安時代より宮廷女性の礼装時に髪上げを行う際に*垂髪《すいはつ》に付け毛を加えた。短くなった髪、年老いて細くやせた髪につけ毛として足して使うことも多い。近世では女性の髪形が*結髪になり複雑な髷《まげ》を結うことになり各部位ごとの髢があらわれた。近代

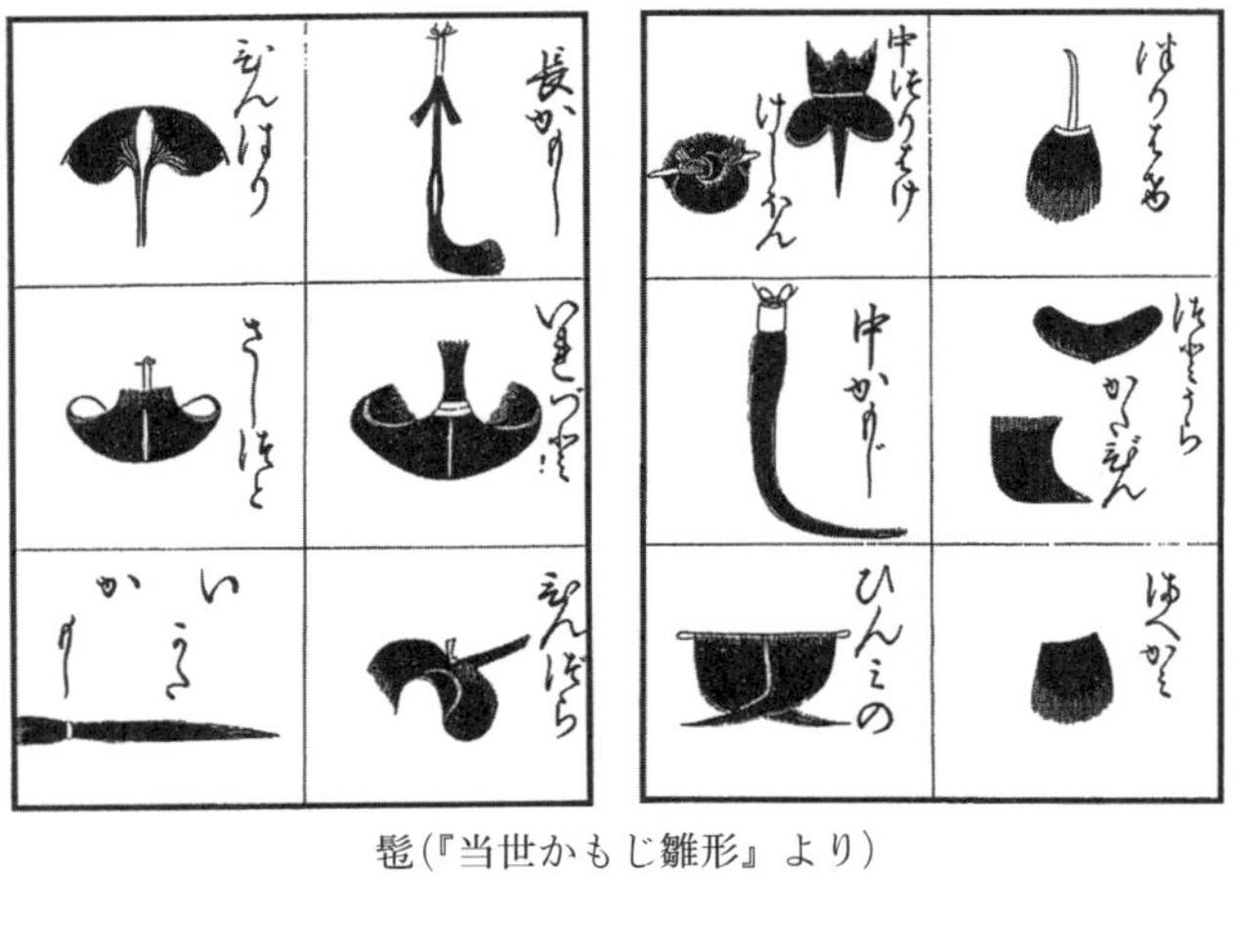

髢(『当世かもじ雛形』より)

になって欧米から西欧風の髪型が入ってくるが、これに即した髷が使われた。

参考文献 江馬務『日本結髪全史』、一九六八、春陽堂。（佐多 芳彦）

かものきみぬかめ 鴨君糠売 生没年不詳 八世紀初め、大倭国《やまと》葛上郡《かずらきのかみ》(奈良県御所《ごしょ》市あたり)の人。鴨(賀茂)君は、天武《てんむ》天皇十三年(六八四)、賀茂朝臣《あそん》となった大和国《やまと》を本拠とする一族で、糠売もその一員であろう。文武《もんむ》天皇四年(七〇〇)十一月二十八日、一度に二男一女を産んだことにより、朝廷から絁《あしぎぬ》四疋《ひき》、綿《わた》四屯《とん》、布八端《たん》、稲四百束《そく》、乳母《めのと》一人を賜わった。糠売の例は『続日本紀《しょくにほんぎ》』に十八例載る、国家による多産褒賞《たさんほうしょう》記事の一つとなる。

参考文献 直木孝次郎「続日本紀の多産記事」(『奈良時代史の諸問題』一九六八、塙書房)。西野悠紀子「律令制下の母子関係」(脇田晴子編『母性を問う―歴史的変遷―』上、一九八五、人文書院)。（稲川やよい）

かものさいいん 賀茂斎院 ⇩斎院《さいいん》

かものまつり 賀茂祭 山城国《やましろ》愛宕《おたぎ》郡の賀茂別雷《わけいかづち》神社(上社、京都市北区)と賀茂御祖《みおや》神社(下社、京都市左京区)で行われる五月の例祭。本来は賀茂県主《あがたぬし》の祭として起源も古く、御阿礼《みあれ》祭とも国祭《くにまつり》とも呼ばれた。『続日本紀《しょくにほんぎ》』から、八世紀前後に騎射《きしゃ》が行われていたこと、山城国外からも人々が参集していたこと、祭の場で人々が闘乱に及ぶ場合があり、それを国司が検察したことが窺《うかが》える。その起源伝承は「山城国風土記《ふどき》」逸文《いつぶん》にあり、丹塗矢《にぬりや》に表徴される男性神とタマヨリヒメとの聖婚によって別雷命が誕生するというミアレ神事が五穀豊穣《ごこくほうじょう》の祈願のもとに行われていたことが知られる。平安時代初期には長岡・平安京遷都《せんと》を機に両社は京の守護神の役割を担うようになり、国家的祭祀《さいし》の対象となった賀茂祭の目的も皇城鎮護《こうじょうちんご》の祈願と位置づけられた。『儀式《ぎしき》』『延喜式《えんぎしき》』などによる賀茂祭の概要は以下のとおり。祭の前の吉日、斎王《さいおう》による賀茂川での御禊《ごけい》。四月中未日は六衛府《ろくえふ》が内裏《だいり》を警備する警固《けいご》の儀。中申日《なかのさるのひ》は国祭日。中酉日《なかのとりのひ》は宮中を発向した勅使《ちょくし》一行(宮中の儀)と紫野《むらさきの》の*斎院《さいいん》を出発した斎王が一条大路で合流して賀茂社に向かい(路頭《ろとう》の儀)、下社・上社の順で祝詞《のりと》を奏上《そうじょう》し幣帛《へいはく》を奉納した(社頭《しゃとう》の儀)。中《なかの》戌日《いぬのひ》には内裏で解陣《げじん》の儀があり、同日には、上社の神館《かんだち》に一泊した斎王が斎院に帰還した(還立《かえりだち》の儀)。かかる賀茂祭には後世、次のような変容があった。すなわち、十三世紀初頭に斎王の制が途絶え、文亀《ぶんき》二年(一五〇二)以後からは勅使参向《さんこう》が二百年近く中断する。明治に入ると、明治二年(一八六九)の東京遷都に伴い宮中の儀が廃止され、賀茂祭は一神社の祭となり、祭日も一八八四年から現行の五月十五日に改められた。その後、一九四二年(昭和十七)まで路頭・社頭の儀が続いたが、戦争の影響で翌年から社頭の儀だけとなった。戦後になると、一九五三年に路頭の儀が復活、一九五六年には市内の独身女性が選ばれて斎王代として加わるようになるが、これは観光目的の斎王の「復活」であった。

参考文献 岡田精司「賀茂の神話と祭り」(上田正昭他『京の社―神々と祭り―』一九八五、人文書院)。義江明子『日本古代の祭祀と女性』(古代史研究選書)、一九九六、吉川弘文館。三宅和朗『古代の神社と祭り』(歴史文化ライブラリー)、二〇〇一、吉川弘文館。（三宅 和朗）

かものまぶちのつま 賀茂真淵の妻 生没年不詳 江戸時代中期の女性。遠江国《とおとうみのくに》浜松駅の本陣梅谷甚三郎方良《うめやじんざぶろうまさよし》の娘。享保十年(一七二五)遠江国敷知《ふち》郡伊場《いば》村の神主岡部《おかべ》定信《さだのぶ》の子(賀茂真淵)を入婿にしたが、学問を好み家業に身が入らず舅《しゅうと》と折り合いの悪い真淵を励まして、享保十八年(十三年ともいう)、京に遊学させ、男子市左衛門(梅谷真滋《ましげ》)を育てながら家業に励み、留守を守った。真淵は京で荷田春満《かだのあずままろ》に入門し、元文元年(一七三六)春満が死去すると翌年帰郷したが、元文三年国学者として生きることを決意し、妻子を残して江戸に出た。江戸で門人を指導し、延享三年(一七四六)田安宗武《たやすむねたけ》に仕えた。真淵は元文三年から岡部姓に戻すが離縁したのではない。延享三年帰郷の折も妻子に会っていた。

参考文献 浜松市立賀茂真淵記念館編『(館蔵名品選)賀茂真淵と本居宣長』、一九九四、浜松市教育委員会。（小川 幸代）

かやのいん 高陽院 一〇九五―一一五六 鳥羽《とば》上皇の*皇后。名は藤原泰子《ふじわらのやすこ》。父は関白藤原忠実《ただざね》、母は右大臣源《みなもとの》顕房《あきふさ》の女《むすめ》師子《しし》。同母弟に関白太政大臣忠通《ただみち》、異母弟に宇《う》治左府《じさふ》頼長《よりなが》がいる。摂関《せっかん》家の女子として父忠実の寵愛《ちょうあい》を一身に受けて育った。天仁《てんにん》元年(一一〇八)ごろ、白河《しらかわ》法皇から幼少の鳥羽天皇に入内《じゅだい》させるよう求められたが、忠実はこれを拒否。法皇の熊野《くまの》行幸《ぎょうこう》時に、鳥羽天皇より再度入内の要請があったが、これについては承諾したため、法皇の勘気《かんき》を蒙《こうむ》った。その後嫡子《ちゃくし》忠通と上皇の養女藤原璋子《たまこ》との縁談を断ったことも一因となって、保安《ほうあん》元年(一一二〇)に内覧《ないらん》を停止され宇治に隠居《いんきょ》した。大治《たいじ》四年(一一二九)白河法皇が崩御《ほうぎょ》し鳥羽院政が開始されると、政界に復帰し再び内覧の宣旨《せんじ》を下された忠実は、長承《ちょうしょう》二年(一一三三)彼女を鳥羽院に入内させた。時に三十九歳であった。翌三年准后宣下《じゅごうせんげ》されて名を勲子《くんし》とし、ついで皇后に立てられ泰子と改称。異例の上皇の夫人の立后であった。彼女は高陽院を居所とし、また保延《ほうえん》五年(一一三九)七月に院号宣下を受け「高陽院」を称した。上皇の寵愛は薄かったが、上皇の寵妃《ちょうひ》藤原得子《とくし》(*美福門院《びふくもんいん》)所生の皇女を養女とし、また父忠実・弟頼長が同母弟忠通そして美福門院と対立した際は、間に立って調停役《ちょうていやく》として大きな役割を果たした。永治《えいじ》元年(一一四一)五月出家、清《せい》浄理《じょうり》と称し、久寿《きゅうじゅ》二年(一一五五)十二月高陽院で崩御した。六十一歳。御願寺《ごがんじ》である福勝院《ふくしょういん》の護摩堂《ごまどう》に葬られた。父忠実より伝領した五十余ヵ所の荘園は高陽院領として知られ、死後は彼女の猶子《ゆうし》であった近衛基実《このえもとざね》に譲渡《じょうと》され、近衛家領の一部となった。

参考文献 橋本義彦『平安貴族社会の研究』、一九七六、吉

川弘文館。元木泰雄『藤原忠実』(人物叢書)、二〇〇〇、吉川弘文館。 (林　薫)

かよい　通い　⇩訪婚《ほうこん》

からいとそうし　唐糸草子　*御伽《おとぎ》草子。室町時代後期ごろ成立。木曾義仲《きそよしなか》の家臣手塚光盛《てづかみつもり》の娘唐糸の前は、源頼朝の御所に仕えていたが、義仲追討を命じた頼朝を刺殺するための脇差を見付けられて石牢《いしろう》に入れられる。信濃《しなの》国《くに》にいた唐糸の娘万寿《まんじゅ》は鎌倉に上り御所の侍従局《じじゅうのつぼね》に奉公、翌年正月に鶴岡で頼朝にすばらしい*今様《いまよう》と舞を披露し、その功績により母は許され、信濃国手塚《てづか》に一万貫の所領を賜《たま》わった。伝本には近世初期の古活字版丹緑本・刊本、近世前・中期の絵巻物一巻(早稲田大学図書館所蔵)がある。『御伽草子』(日本古典文学大系)、『室町時代物語大成』三などに翻刻。

参考文献　徳田和夫「作者未詳唐糸草子の〈唐糸〉の前〈万寿姫〉」(『国文学解釈と教材の研究』二七ノ一三)、一九八二。恋田知子「『唐糸草子』考—唐糸受難伝承から万寿孝行譚へ—」(『伝承文学研究』五一)、二〇〇一。 (菅原　正子)

からぎぬ　唐衣　⇩十二単《じゅうにひとえ》・裳唐衣《もからぎぬ》

からにしき　唐錦　元禄七年(一六九四)に伊予《いよ》国松山藩儒者大高坂芝山《おおたかさかしざん》の妻維佐子《いさこ》(いち)によって著された体系的*女訓書。構成は女則《にょそく》五巻、装束抄一巻、姿見一巻、写絵《うつしえ》一巻、古教訓一巻、柳桜集四巻の十三巻から成る。女則は、「女のまなびの法」学範・卑弱《ひじゃく》・婚礼・孝行・貞烈《ていれつ》・内治《ないち》・胎養・母道・婦功《ふこう》の九項目、装束抄は婚礼時服や四季の装束、姿見は唐の賢妃のこと、写絵は日本の貞女《ていじょ》のこと、古教訓は朱子学を中心とした学び、柳桜集は以上五部の拾遺や文学論の問答など女性の教養全般にわたる内容を述べる。取り上げられている書は『小学』『詩経』『礼記《らいき》』『烈女伝《れつじょでん》』など中国の書や『*古事記』『日本書紀』などの歴史書、和歌集、物語など広範囲に及ぶ。さらに維佐子の経験談や人物評、歌論、文学書の論も語られている。また、万物の存在を理気二元論で説明しているところなどは、執筆の背後に夫芝山の存在を感じる。越後高田藩主稲葉正通《いなばまさみち》の要請により三ヵ月で完成したという。『江戸時代女性文庫』三七・三八(一九九五年、大空社)に所収。　↓成瀬維佐子《なるせいさこ》 (柴　桂子)

からふとアイヌのじょせい　樺太アイヌの女性　古来南樺太で育まれた北海道とは異なる特徴をもつ樺太アイヌの言語文化は、戦後北海道に引き揚げてきた樺太アイヌの女性たちによって伝承された。*藤山ハル(一九〇〇—七四)・浅井タケ(一九〇二—九四)・長嵐イソ(一八八二—一九六四)らによって口承文芸《こうしょうぶんげい》が、藤山ハルの長女、金谷フサ(一九二一—八六)と栄二郎夫妻らによって樺太アイヌ特有の民族楽器*トンコリ(五弦琴)、ユーカラ(歌謡)やヘチレ(舞踊)などの芸能が、伝承者が絶えた現在も細々ながら継承されている。

参考文献　浅井タケ『樺太アイヌの昔話』(村崎恭子編訳)、二〇〇一、草風館。同『樺太アイヌの昔話(CD版)』(村崎恭子編訳)、二〇〇一、草風館。 (村崎　恭子)

からゆきさん　からゆきさん　十九世紀後半から一九二〇年代にかけて、日本国外で売春に従事した女性をさす言葉。本来は、九州北西部で使われていた、外国(=唐)へ行く男女を指す言葉であったが、近代以降、急増した海外売春女性の呼称として使われるようになった。また、日清・日露戦争前後の軍事的膨張政策と相まって展開したため、「娘子軍《じょうしぐん》」とも称された。一八八四年(明治十七)の時点で、ロシアのウラジオストックではすでに約二百人の女性が働いており、時代とともに分布地域は、アリューシャン列島から、東南アジア・北米大陸・中東・北アフリカにまで拡がった。その正確な数字はつかめないが、一九一〇年代初めには二万二千人余に及んだといわれる(アフリカ大陸を除く)。「からゆきさん」の多くは、「家」のために*人身売買された貧しい農山漁村の少女たちで、「*女衒《ぜげん》」と呼ばれる周旋屋《しゅうせんや》の甘言《かんげん》により誘拐同然の手口で集められ、過酷な労働と法外な搾取《さくしゅ》で身体を拘束されながら、故郷へ送金を続けた。年齢十八歳以下の売春を禁じた日本国内の「娼妓《しょうぎ》取締規則」に違反するため、多くの少女たちは貨物船の石炭庫などに押し込まれ、命からがらの密航を強いられた。また、日露戦争など、本国の戦争に際しては、業者が募った「愛国献金」にも協力させられた。過労や性病などにより、短命に終る女性が多かったといわれるが、「女の仕事」として逞《たく》ましく生き抜き、財を成して帰郷する者もあった。国際連盟の「*婦人及児童売買禁止に関する国際条約」(一九二一年(大正十)締結)の批准《ひじゅん》に際して、日本は年齢を十八歳に引き下げ、植民地を適応外としたので、以後、女性たちは「満州」などへ移動し、アジア・太平洋戦争が始まると、*日本軍「慰安婦《いあんふ》」となった者もあった。製糸・紡績工場で働いた女性たちと同様、最下層から日本の近代化を支えた女性たちである。

参考文献　宮岡謙二『娼婦—海外流浪記—』(三一新書)、一九六八、三一書房。森崎和江『からゆきさん』、一九八〇、朝日新聞社。山崎朋子『サンダカン八番娼館』(同時代ノンフィクション選集四)、一九九三、文芸春秋。 (平井　和子)

かりたくえいぎょう　仮宅営業　廓《くるわ》が火災にあった時、廓の再建築がなるまでの間、他所に移って自由な形で営業をすること。明暦《めいれき》三年(一六五七)に江戸幕府が浅草三谷《さんや》村にあった*吉原遊廓を移転させようとした際、明暦の大火(*振《ふ》り袖《しん》火事)により移転が遅れた。*遊女たちは吉原の普請が完成するまでの間、今戸《いまど》村や山戸・鳥越《とりごえ》などの農家に散居しその場所で営業した。これが仮宅営業の最初とされ、その後慣例となった。

参考文献　小林雅子「公娼制の成立と展開」(女性史総合研究会編『日本女性史』三、一九八二、東京大学出版会)。 (石崎　昇子)

カリフォルニアおけい　カリフォルニアおけい　一八五

三—七一　明治時代初期の*移民女性。会津藩の鉄砲商兼指南のシュネルが、明治政府より会津藩との関係を追及されるのを恐れて、明治二年(一八六九)二月会津人たちを連れて渡米、若松村《わかまつ》(コロニー)を開こうとした。おけいはシュネルの娘の*子守として随行したが、風土病《ふうどびょう》にかかり死去した。墓は同行の桜井松之助《さくらいまつのすけ》が建てた。カリフォルニア州エルドラド郡コルマにある大理石の墓石には「日本皇國《こうこく》明治四年歿《ぼつ》すおけいの墓行年十九才」と彫られている。

参考文献　在米日本人会事蹟保存部編『在米日本人史』、一九四〇、在米日本人会。

(間宮　尚子)

かりまのあきばめ　借馬秋庭女　生没年不詳　天平勝宝《てんぴょうしょうほう》二年(七五〇)七月の浄清所解《じょうせいじょげ》(『大日本古文書』一一、三五〇頁)にみえる紫微中台《しびちゅうだい》の浄清所《じょうせいじょ》の女性工人で、夫の讃《さぬ》岐石前《きのいはさき》とともに四千四百十六口の土師器《はじき》を製作・納入した。夫の作業が粘土を掘り(掘土)、運び練り《ね》(運打)、燃料を確保(薪採)して焼き上げ、完成品を藁《わら》で包み(藁備)、京まで運送(進京)することであったのに対し、彼女の作業は主として「作手《さくで》」とみえ器形を作成する役割であった。

参考文献　吉田晶「八・九世紀の手工業生産をめぐる諸問題」(『ヒストリア』三一)、一九六一。山中敏史「八・九世紀における中央官衙と土師器」(『考古学研究』七六八)、一九七三。

(松原　弘宣)

カリヤ　カリヤ　⇨産屋《うぶや》　⇨月小屋《つきごや》

かりやたかじょ　狩谷たか女　一八一〇—五七　江戸時代後期の歌人。国学者であり、考証学者でもあった狩谷《かりや》棭斎《えきさい》の娘。のちに俊《しゅん》と称した。父の棭斎は、津軽《つがる》藩の蔵元《もと》であった富裕な商家津軽屋三右衛門《さんえもん》で、国学と儒学を学び、日本古代の制度などを研究し、屋代弘賢《やしろひろかた》に師事《しじ》して書もよくした。財力を活かして和漢の善本の収集に努め、古典を研究して校訂を行なった考証学者《こうしょうがくしゃ》でもあった。多くの学者と交流があり、サロンのような趣《おもむき》があったといわれる。たか女も父の影響で和漢の典籍《てんせき》に通じており、和歌と書に秀でており、「少納言」とあだ名された。時に父の代筆をしても人がわからなかったほどであるとされる。性格もおおらかで、交遊していた学者・文人たちとの酒席での交流にもよく参加したとされる。天保七年(一八三六)、二十七歳の時に井沢蘭軒《いざわらんけん》の息子柏軒《はくけん》と結婚した。井沢蘭軒は医師であったが、考証学者でもあり、父棭斎とは儒学者の泉豊洲《いずみほうしゅう》の塾で同門であり、両家は交遊が深かった。たか女と柏軒との間に生まれた娘が、狩谷棭斎の養孫である矩之と結婚し、両家の関係はさらに深く長きにわたっていた。富裕な家に生まれ、学問や教養を身につけられる環境のもとで、男性と対等に交際していたというたか女の生き方は、江戸時代の一般的な女性像からは離れるが、しかし、学者の娘として生まれた女性が書画や学問を学び、学者とも交際した例は紀州《きしゅう》藩の*川合小梅《かわいこうめ》などにも見ることができる。江戸時代の*女子教育が『*女大学《おんなだいがく》』などに示されるような範囲にとどまることがなかった例としてあげることができると同時に、女性でも秀でた才能を認められたものは、男性の文人・学者とも対等に交際したことを示す例ともいえる。たか女は、一男三女を生み、四十八歳で子宮ガンで死去した。結婚後は学問からは遠ざかったとされるが、死の直前まで酒席での学者達との交遊を続けていたとされる。

参考文献　松木明『渋江抽斎人名誌』、一九六二、津軽書房。国学院大学日本文化研究所編『和学者総覧』、一九九〇、汲古書院。

(桑原　恵)

かりゅうびょうよぼうほう　花柳病予防法　一九二七年(昭和二)に公布された法律。*私娼《ししょう》を対象に、感染を知りつつ売春する行為を処罰した。私娼による性病感染を防止するのが法の趣旨であったが、買春客に感染防止措置《そち》を講ずれば処罰を免れることができたため、かえって私娼行為が黙認される結果となった。一九二八年九月一日から診療所設置に関する条項を除き一部施行、日中戦争帰還将兵による性病蔓延《まんえん》を防ぐため、一九三八年四月二十日から完全施行され、さらに、一九三九年三月、診療所で私娼以外の患者も診療できるように改正された。戦後、一九四五年十一月二十三日、GHQ指示により花柳病予防法特例が公布され、対象に鼠蹊《そけい》リンパ腫《しゅ》を加えるとともに、医師による患者の府県への届出義務、治療・入院の義務、私娼への性病検診の義務などを明記したが、一九四八年九月一日、性病予防法の施行で法・特例ともに失効した。

参考文献　藤野豊『性の国家管理—買売春の近現代史—』、二〇〇一、不二出版。

(藤野　豊)

かるかや　苅萱　説経節《せっきょうぶし》。発心遁世譚《ほっしんとんせいたん》であるが、妻子の悲劇に重点が置かれている。松浦党《まつらとう》の総領加藤繁氏《かとうしげうじ》(重氏)は突然出家遁世し、苅萱道心《どうしん》と名乗って高野山蓮華谷《れんげだに》の萱堂《かやんどう》に籠《こも》る。妻と子の石童丸《いしどうまる》は高野山の苅萱を訪ねるが、妻は*女人禁制《にょにんきんせい》で入れず麓《ふもと》で死に、国で待つ娘の千代鶴姫《ちよつるひめ》も死ぬ。苅萱は父であることを隠して石童丸を出家させて弟子にし、石童丸を残して信濃国善光寺《しなののくにぜんこうじ》に籠り、父子は同日に往生、善光寺の親子地蔵の由来となった。室町時代末期の絵入写本一冊(サントリー美術館所蔵)、寛永八年(一六三一)刊の説経正本などがある。『説経節』(荒木繁・山本吉左右編注、東洋文庫)、『説経集』(室木弥太郎校注、新潮日本古典集成)、『古浄瑠璃説経集』(信多純一・阪口弘之校注、新日本古典文学大成)などに翻刻。

(菅原　正子)

カルチャーセンター　カルチャーセンター　民間の経営による*生涯学習施設。趣味・教養・スポーツなどの講座を開講し、講演会なども開催する。一九五五年(昭和三十)、日本最初の「産経学園《さんけい》」が東京の大手町に開設された。目的は婦人の文化・教養・生活向上のためであった。茶道・華道などの花嫁修業のための稽古事《けいこごと》から、タイプライター・速記など約百五十の講座を開講。朝日カルチャーセンターは一九七四年に開設し、大人向けの大学をめざして教養講座を増やした。一九七九年、東京銀座に小松ストアが、翌年松屋が屋上にテニスコートを開設しテニスブームになった。一九八〇年代は現在の半数以上である三百十七ヵ所が開設された。当時は中高年の専業主婦が全受講者の半数近くを占めていた。近年は働く女性が増加し、女性のライフスタイルの変化に伴い講座内容も趣味・語学・パソコンなど多様化している。今後はキャリア形成のために職業技能講座などの充実と増加が必要である。

参考文献 家庭総合研究会編『昭和家庭史年表―一九二六→一九八九―』、一九九〇、河出書房新社。山本思外里『大人たちの学校』(中公新書)、二〇〇一、中央公論新社。（山澤 和子）

かるのおおいらつめ 軽大郎女 ⇩衣通郎姫《そとおりのいらつめ》

かわいこうめ 川合小梅 一八〇四―八九 幕末・明治時代前期の女性。紀伊《きい》藩藩校学習館《がくしゅうかん》助教川合鼎・辰子夫妻の間に生まれ、祖父や母から漢学・和歌を学んだほか、画師野際白雪《のぎわはくせつ》に師事する。紀伊藩学習館督学《とくがく》となる儒者梅本修(梅所《ばいしょ》)を婿《むこ》に迎え、下級藩士の妻として生涯を和歌山の地で過ごした。天保八年(一八三七)から一八八五年(明治十八)に至る『小梅日記』(欠年あり)を残したことで知られる。『小梅日記』は、幕末維新期の地方都市の日常生活や世相を、*主婦の立場から長期にわたって詳細に記した日記で、起床・出勤・食事・衣生活・家計・娯楽・交際・冠婚葬祭などの記事からは、当時の下級武士の家の労働や*家族のあり方、家計状況、儒者の家をめぐる多彩な人間関係、地方都市の経済や文化状況等が窺える。また、同日記には紀伊藩家中の動向や安政の大獄、和宮《かずのみや》降嫁《こうか》等、政治的事件に関わる情報も記されており、幕末期に盛んに作られた風説留《ふうせつどめ》に近い記事もある。同日記のテキストは『小梅日記』全三巻(志賀裕春・村田静子校訂、東洋文庫、一九七四―七六年、平凡社)。

参考文献 藤田貞一郎「天保八年和歌山藩下級武士女房の日記」(『同志社商学』二六ノ一)、一九七四。同「小梅日記弘化五年の条」(同二六ノ二・三・二七ノ一)、一九七四。（横山百合子）

かわいちげつ 河合智月 一六三四―？ 江戸時代前期の俳人。川井智月とも書く。寛永十一年(一六三四)山城国宇佐《うさ》に生まれる。近江《おうみ》国大津の富裕な伝馬役《てんまやく》兼問屋《といや》役河合左左衛門《さざえもん》の妻となる。五十三歳で夫と死別し落飾。元禄元年(一六八八)夏、湖国来遊《こくらいゆう》の芭蕉《ばしょう》に入門したらしく、以後、師と親しい交わりが続き、その湖南での生活は智月一家が支えた。別離の際は『幻住庵記《げんじゅうあんのき》』一巻を贈られた。撰集『猿蓑《さるみの》』には四句入集。代表作に「やまつゝじ海に見よとや夕日影」がある。芭蕉没後は追善《ついぜん》の俳諧に力をつくした。宝永五年(一七〇八)までは存命と推定されている。

参考文献 西山隆二『大阪と蕉門』、一九四四、西山隆二遺稿集刊行会。川島つゆ『女流俳人』、一九五七、明治書院。（松村 洋）

河井道

かわいみち 河井道 一八七七―一九五三 明治から昭和時代にかけてのプロテスタントの女性教育家。恵泉《けいせん》女学園の創設者。道子ともいう。三重県伊勢市の伊勢神宮神官の家に生まれる。一八八五年(明治十八)に一家で函館移住。スミス女学校(現北星学園)に入学し洗礼を受ける。教師であった新渡戸稲造《にとべいなぞう》と出会い、彼の勧めにより一八九八年から米国ブリンマー大学へ留学。一九〇四年帰国後女子英学塾教授。翌年日本*YWCAを創設し初代総幹事となる。一九二九年(昭和四)みずからの女子教育実践のために牛込神楽町《うしごめかぐら》(東京都新宿区)に恵泉女学園創設。河井は宗教・園芸・国際の三領域を重要視した。戦後、東京裁判で天皇が訴追されないようにするための覚書をマッカーサーに提出した。また教育刷新委員会第一特別委員会委員を務め、*短期大学制度の創設に貢献した。自伝として『わたしのランターン』(一九六八年)、『スライディング・ドア』(一九九五年(平成七))がある。

参考文献 中村妙子『この道は―恵泉と河井先生―』、二〇〇〇、恵泉女学園。岡本嗣郎『陛下をお救いなさいまし―河井道とボナー・フェラーズ―』、二〇〇二、ホーム社。木村恵子『河井道の生涯―光に歩んだ人―』、二〇〇二、岩波書店。（友野 清文）

川上貞奴

かわかみさだやっこ 川上貞奴 一八七一―一九四六 明治・大正時代の俳優。本名さだ。東京日本橋の裕福な商家に生まれる。生家倒産後一八七八年(明治十一)、葭町《よしちょう》の芸者置屋の養女となる。一八八七年名妓奴《めいぎやっこ》の名を引き継ぎ、伊藤博文たちの贔屓《ひいき》を受けた。のちに壮士《そうし》俳優川上音二郎《おとじろう》と知り合い、一八九四年結婚。音二郎の新派劇を助け、川上座劇場の新築にも尽力したが、借金返済のため劇場を売却。一八九九年一座をあげて欧米巡業に出る。貞奴の芸名は、この巡業の初舞台でつけられた。貞奴の日本舞踊等は各地で好評を博し、パリ万博でも「マダム貞奴」と評価を受ける。一九〇二年帰国。一九〇三年の明治座『オセロ』出演以降、川上正劇運動の中心的俳優として活躍。『ハムレット』のオフェリアを得意とし、「日本初の*女優」といわれた。一九〇八年帝国女優養成所を開設。一九一一年の音二郎死後も俳優・指導者として活躍したが一九一七年(大正六)引退、旧知の福沢桃介《ももすけ》(諭吉娘婿)と同棲。晩年は演劇界と交渉を絶った。

参考文献　長谷川時雨『(新編)近代美人伝』(岩波文庫)、一九八五、岩波書店。山口玲子『女優貞奴』(朝日文庫)、一九九三、朝日新聞社。
（内藤　寿子）

かわかみよしこ　河上芳子　一九一二―四九　昭和時代戦前期の共産党活動家。京都市出身。父は著名な経済学者河上肇《かわかみはじめ》。女子英学塾に進学するが、社会運動への挺身《ていしん》を希望する。叔父大塚有章《おおつかゆうしょう》の紹介で阪急百貨店に就職、全協(日本労働組合全国協議会)オルグ(組織者)となる。一九三二年(昭和七)大塚の誘いで共産党の資金獲得の非合法活動に入る。大塚のハウスキーパーとなり、同年十月の大森銀行ギャング活動に巻き込まれた。翌年九月街頭連絡中、検挙。のち満鉄調査部に入る。鈴木重歳《すずきじゅうぞう》と結婚。敗戦後、大連《だいれん》人民病院で死去。

参考文献　師岡佑行「埋もれた婦人活動家河上芳子―河上肇博士の次女―」(『婦人公論』六七七)、一九七三。鈴木裕子編著『日本女性運動資料集成』別巻、一九九八、不二出版。
（鈴木　裕子）

かわきたかしこ　川喜多かしこ　一九〇八―九三　昭和・平成時代の映画文化活動家。フェリス女学院を経て一九二九年(昭和四)東和《とうわ》商事に*タイピストとして入社。社長川喜多長政《かわきたながまさ》と結婚。新婚旅行でみずから買い付けたドイツ映画「制服の処女」は大ヒットとなった。以後夫妻で映画の輸出入に携わる。戦後は事業の傍ら国立フィルムセンターの設立運動、岩波ホールでの名作映画上映、国際映画祭の審査などでも活躍した。著書に『映画ひとすじに』(一九七三年、講談社)などがある。

参考文献　辻昭二郎「『東和商事』と川喜多夫妻の業績」(『熊本大学総合科目研究報告』三)、二〇〇〇。
（池川　玲子）

かわさきなつ　河崎なつ　一八八九―一九六六　大正・昭和時代の女性運動家、教育者。一八八九年(明治二十二)六月二十五日、奈良県宇智郡《うちぐん》(五條市《ごじょうし》)の時計商河崎常三郎・さとの長女に生まれる。奈良女子師範学校卒業後、一九〇八年東京女子高等師範学校に入学、保守的な教育に失望し*与謝野晶子《よさのあきこ》の歌に親しみ『*青鞜《せいとう》』を読む。一九一八年(大正七)*東京女子大学国語教授。この年スペイン風邪で入院中に、病気に加えて貧困や家族の問題に悩む女性たちに接し、これを機に女性運動に関心を寄せ、*母性保護論争に刺激を受ける。一九二〇年*新婦人協会に加入、翌年*文化学院教授。ロシア飢饉《ききん》救援運動で*山《やま》川菊栄《かわきくえ》を知り水曜会《すいようかい》に出席。一九二四年婦人参政権獲得期成同盟会中央委員。産児調節連盟、母性保護法制定促進婦人連盟に協力。一九三一年(昭和六)―三七年『読売新聞』*身の上相談回答者として人気を博す。なつは『職業婦人を志す人のために』(一九三二年)を著わしたように女性に経済的自立を促すとともに、未来に社会主義社会の実現を夢見ながら法的権利の獲得と母性に関わる運動に取り組んでいった。昭和初期には東京女子大学の学生運動や無産者託児所《たくじしょ》運動を支援、隠れてシンパ活動も行う。だが一九三九年*厚生省の出征《しゅっせい》遺家族中央指導委員、四二年*大日本婦人会理事などを務め体制に寄り添っていく。第二次世界大戦下のなつについては処世術が巧みであったと評される一方、「時代の防波堤の役割」(*帯刀貞《たてわきさだ》代《よ》)をしていたという発言もあり、評価が二分される。戦後はいち早く*戦後対策婦人委員会に参加、また司法法制審議会委員となり戦前の身の上相談の例を引いて民法の改正に貢献した。第一回参議院議員(社会党)。一九五五年日本母親大会事務局長、*母親運動育ての親として「おっかさんの旗ふり係」を自認し、一九六六年(昭和四十一)十一月十六日に七十七歳で亡くなるまで「母親がかわれば社会がかわる」と訴え母親運動の礎を築いた。著書に『*新女性読本』(一九三三年、文芸春秋社)などがある。

参考文献　我妻栄編『戦後における民法改正の経過』、一九五六、日本評論社。林光『母親がかわれば社会がかわる―河崎なつ伝―』、一九七四、草土文化。金子幸子「昭和戦前期の身の上相談―『読売新聞』相談欄と河崎なつの思想―」(『近代日本女性論の系譜』一九九九、不二出版)。
（金子　幸子）

かわしまよしこ　川島芳子　一九〇七―四八　清朝復興運動家。清朝最後の王族粛親王《しゅくしんのう》の第十四女として北京に生まれる。中国名愛新覚羅顕玗《あいしんかくらけんし》。別名金璧輝《きんへきき》。一九一三年(大正二)、大陸浪人川島浪速《なにわ》の養女として日本に渡り、川島芳子と改名する。松本高等女学校などで教育を受ける。一九二七年(昭和二)に蒙古《もうこ》独立運動の志士の遺児カンジュルジャップと結婚するが、ほどなくして離婚。清

河崎なつ

川島芳子

朝再興を画策して上海に渡り、陸軍特務機関田中隆吉《たなかたかよし》のもとで情報活動に従事する。*男装で活動するその姿は注目を集め、「東洋のマタハリ」「男装の麗人」などといわれ、小説にもなった。満州事変勃発後、日本の対中国謀略工作にさらにかかわるようになり、関東軍との関係を深める。一九三三年の日本軍の熱河《ねっか》侵攻時には、「定国(安国)軍総司令」を名乗り協力した。敗戦後の一九四五年十月、国民政府軍に逮捕される。助命工作は失敗し、一・二審とも死刑の判決が下る。日本軍のスパイ「漢奸《かんかん》」として北京で銃殺された。

参考文献 川島芳子・林杢兵衛『(伝記・川島芳子)動乱の蔭に—私の半生記—伝記/川島芳子獄中記』、(伝記叢書)、一九九七、大空社。上坂冬子『男装の麗人川島芳子』、一九八四、文芸春秋。

(内藤 寿子)

かわはらみさこ 河原操子 一八七五—一九四五 明治から昭和時代前期にかけての教育者。松本生まれ。長野師範《しはん》女子部卒業後小学校教師となり、一八九六年(明治二十九)に東京女子高等師範へ進学。病を得て退学後は、郷里で県立高等女学校の教員となる。一九〇〇年講演に訪れた*下田歌子《しもだうたこ》と知り合い、下田に推されて横浜の大同《だいどう》学校(在留中国人のための教育機関)へ赴任、初の日本人女性教師となる。幼いころから父に日中友好が東洋平和と説かれていたこともあり、日清戦争後の関係悪化を危惧《きぐ》。一九〇二年、上海務本女学堂《シャンハイウーベンじょがくどう》初の日本人女性教師として赴任。翌年、上海総領事や川島浪速《かわしまなにわ》たちに要請され、蒙《もう》古《こ》カラチン王室の教育顧問・毓正《ユーヂョン》女学堂教師として単身赴任。その赴任は、日露戦争不可避と予見した軍の命による、蒙古における対露情報活動の任務を帯びていたが、教育者としての活動も熱心に行なった。一九〇六年に帰国。横浜正金《しょうきん》銀行勤務の一宮鈴太郎《いちのみやれいたろう》と結婚。のちに、軍事上の功労で叙勲《じょくん》も受けている。著書に『蒙古土産』(一九〇九年、実業之日本社、一九九四年にゆまに書房より復刻)がある。

参考文献 福島貞子『日露戦争秘史中の河原操子』(伝記叢書)、一九九二、大空社。

(内藤 寿子)

かわむらはるこ 川村春子 ⇩平民社《へいみんしゃ》の女性《じょせい》たち

かわらけせいさん 土器生産 ⇩どきせいさん

かん 姦 法によって禁じられた、社会的に認知されない婚姻関係をさす法律用語。中国の場合、*婚姻は家父長《かふちょう》の承認のもとに一連の儀礼を経てはじめて成立するものとされ、当事者が既婚か未婚かを問わず、儀礼による社会の承認を得ない婚姻は野合《やごう》とされ処罰の対象となった。これに対し日本律令における姦の規定は、有夫の女性と夫以外の男性との性関係(姦通)に限定されている。その背景には対偶婚《たいぐうこん》的事実婚が一般的で、結婚と*離婚の境が不明確な当時の日本社会の現実がある。八世紀までの文献にみえる姦の実例も、*采女《うねめ》の姦を含め王権に対する反逆の性格を併せ持つものが主であり、その処罰も律の規定とは異なっている。ここから姦通を悪とする観念も、せいぜい支配層にとどまっていた可能性が指摘されている。しかし*父系制的家が確立する十二世紀ころになると有夫の女性の姦通は社会的に厳しく非難され、現場を押えた夫が姦夫を殺害することも承認されるようになった。

参考文献 関口裕子「日本古代における「姦」について」(『日本古代婚姻史の研究』上、一九九三、塙書房)。

(西野悠紀子)

かんいんざい 姦淫罪 ⇩姦通罪《かんつうざい》

かんこうかいしゅんツアー 観光買春ツアー 買春がセットになった観光旅行。一九六四年(昭和三十九)の海外旅行の自由化と当時の高度経済成長により海外旅行が盛んになり、近隣アジア諸国へのこの種の旅行が人気を呼んだ。特に韓国のキーセン(妓生)=パーティの伴うツアーに対して、韓国・日本の女性たちによる反対運動が起った。「買春」は一九七三年に高橋喜久江《たかはしきくえ》(当時*日本キリスト教婦人矯風会《きょうふうかい》幹事)や*松井やより(当時朝日新聞記者、二〇〇二年死去)が、買う側の存在や意識を明らかにするために使いだし広まった。韓国、台湾やフィリピン、インドネシア、タイなど東南アジア各国において集団で買春する日本人男性のありさまは国際的非難を浴びた。当時これらの国は外貨獲得のため、売春産業と結びついた観光政策をとっていたが、その背景には、各国の社会経済構造による貧困や日本との経済格差があるとともに、得意先接待や慰安《いあん》旅行などの日本の企業風土と結びついたものである。

参考文献 松井やより「グローバル・フェミニズムの可能性」(女たちの現在《いま》を問う会編『全共闘からリブへ』一九九六、インパクト出版会)。高橋喜久江『売買春問題にとりくむ—性搾取と日本社会—』、二〇〇四、明石書店。

(ゆのまえ知子)

かんこくこうぎろく 官刻孝義録 江戸幕府によって作成された善行者の表彰事例集。寛政改革時の教化策の一環として作成された。善行者を書き連ねた書は古くからあり、一般に孝義伝《こうぎでん》といわれる。本書は、幕府の手によ

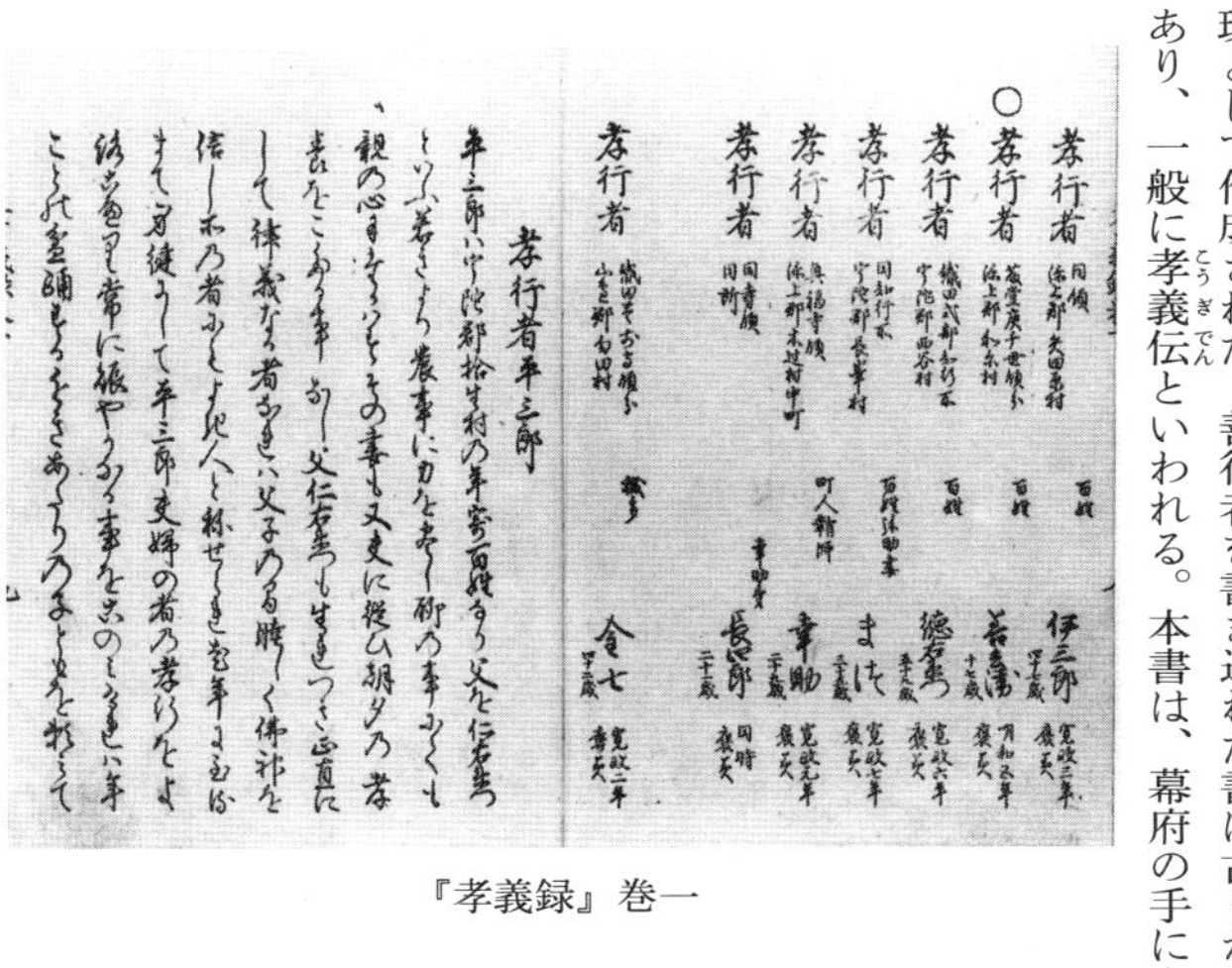

『孝義録』巻一

るものであることから「官刻」とされる。儒官柴野栗山《しばのりつざん》のすすめで松平定信《まつだいらさだのぶ》が学問所の関係者に命じて作らせたとされる。寛政元年(一七八九)、幕府は、全国に向けてそれまでの表彰事例を書き上げるように触れ、それに応じて提出された事例を整理して、享和《きょうわ》元年(一八〇一)に刊行。巻一—五十の五十冊からなり、飛驒国《ひだのくに》を除く全国の事例が網羅《もうら》されている。幕府は、これを広く販売し、登載されている事例を人びとの生き方の手本として示した。収載された人数は八千六百人余、その内の約一割の九百人余(七百五十九件)については略伝がつけられている。もっとも古い事例は慶長七年(一六〇二)の備前国《びぜんのくに》のものである。表彰された者の氏名、職業または身分、年齢、表彰内容などが各国郡ごとに、時代ごとに整理されて登載されている。表彰徳目は、孝行・忠義・忠孝・貞《てい》節《せつ》・兄弟睦《むつまじ》・家内睦・一族睦・風俗宜《ふうぞくよろし》・潔白・奇特《きとく》・農業出精《しゅっせい》の十一種にまとめられている。それらの中で、孝行の占める比率が六割以上、ついで多いのが奇特・忠義・農業出精・貞節の順になる。女性についてみると、収載された者は千九百二十八人であり、全体の二割強を占める。それらの徳目についてみると、孝行が八割近くを数え、ついで貞節・忠義が続き、この三種で表彰事例の九割以上を占める。凡例に「婦ハ孝と貞と軽重なし、ゆへに其行ひの至れる方にて名つく」とあるように、女性の表彰事例の多くは、孝行と*貞節とが分かちがたく結びついている場合が少なくない。いずれにせよ、「孝・貞・忠」が当時の女性にとっての重要な徳目であったことがわかる。また、女性の略伝部分から、地域に根ざした女性の生活実態を知ることもできるし、幕藩権力が女性に何を期待したのかを知ることもできる。総じて、善行者について、男女別・時代別・地域別・領主の支配別などの観点から分類・比較検討ができる。テキストは『官刻孝義録』全三巻(菅野則子校訂、一九九九年、東京堂出版)。

参考文献 山下武『江戸時代庶民教化政策の研究』、一九六九、校倉書房。菅野則子「幕藩権力と女性—『官刻孝義録』の分析から—」(『村と改革』一九九二、三省堂)。同『江戸時代の孝行者』(歴史文化ライブラリー)、一九九九、吉川弘文館。鈴木理恵「江戸時代の民衆教化」(『長崎大学教育学部社会科学論叢』六五)、二〇〇四。

(菅野　則子)

かんこくていしんたいもんだいたいさくきょうぎかい　韓国挺身隊問題対策協議会　*日本軍「慰安婦《いあんふ》」問題の解決を目指して一九九〇年(平成二)十一月に韓国ソウルで結成された運動組織。略称、挺対協《ていたいきょう》。韓国キリスト教会女性連合会(傘下《さんか》七団体)、韓国女性団体連合(傘下二十四団体)など、民主化運動の流れをくむ団体が中心となった。韓国の女性たちが日本政府に対して日本軍「慰安婦」問題の真相究明を本格的に提起したのは一九九〇年五月である。責任を回避し続ける日本政府に対して、これらの女性団体が連名で公開書簡を送り(同年十月)、継続して運動を続けるために協議会を発足した。挺対協は日本政府に対して、朝鮮人女性を「慰安婦」として強制連行した事実を認めること、謝罪と賠償、真相究明、慰霊碑《いれいひ》建立、歴史教科書への記載等を要求した。被害者たちの名乗り出を助け、これらの女性に対する生活支援を韓国政府に要求した。さらに、日韓連帯活動、アジア連帯会議の開催、国連やＩＬＯなど国際社会への問題提起など運動を幅広く展開し、女性人権意識の伸張に大きな役割を果たした。

(山下　英愛)

かんごし　看護師　看護師の定義として法律では「看護師とは厚生労働大臣の免許を受けて、傷病者若《も》しくは褥《じょく》婦《ふ》に対する療養上の世話又は診療の補助を行うことを業とする者をいう」とされている(「保健師助産師看護師法」、一九四八年(昭和二十三)制定、二〇〇一年(平成十三)改正)。日本に近代的な看護教育を受けた看護師が誕生したのは一八八八年(明治二十一)である。当時は看護師の身分や資格を定める法律はまだ制定されていなかった。その後日本にも西洋式病院が増加し、病人との個人契約に基づく派出看護が行われるようになり、伝染病対策の速成看護婦や戦時救護を目的とする日赤《にっせき》救護看護婦が養成されるなどの社会的諸要因から看護婦数が増加した。しかし規則がなかったため営利を目的とした派出看護婦が社会問題となり、一九〇〇年日本で最初の看護婦規則が東京府令で発令された。その後各府県ごとに看護婦規則が発令され、全国共通の「内務省令看護婦規則」が発令されたのは一九一五年(大正四)である。この規則で看護婦とは「公衆ノ需《もとめ》ニ応ジ傷病者又ハ褥婦看護ノ業務ヲ為ス女子ヲ謂《い》フ」と定義され、年齢は十八歳以上で看護婦試験に合格するか、指定看護婦学校を卒業した者に地方長官が看護婦免許を与える規定であった。この規定は戦時特例はあるが、戦後ＧＨＱによる指導で一九四八年に「保健婦助産婦看護婦法」が制定されるまで継続された。看護師になろうとする者は現在では、高校卒業後三年以上、文部科学大臣・厚生労働大臣の指定を受けた学校または養成所で修業し、国家試験に合格することが必要である。学校には四年制大学のほか、短大や専門学校、各種学校の養成所などがある。そのほか准《じゅん》看護師から看護師になる方法もある。看護独自の業務は「療養上の世話」であり、「診療の補助」も看護業務のなかに含まれている。

参考文献 平尾真智子『資料にみる日本看護教育史』、一九九九、看護の科学社。

(平尾真智子)

かんごふ　看護婦　⇩看護師《かんごし》

かんごふしゅっさんせいげんじけん　看護婦出産制限事件　一九五九年(昭和三十四)に新潟県の国立高田病院で起った看護婦の妊娠(出産)制限に関する事件。看護婦は独身が原則で結婚退職の誓約書を書かされていた。既婚者・通勤者が増加すると、病院側と労働組合は、結婚後の通勤を認める、通勤者の出産は年間最大四人とする、通勤者は出産が重複しないように産制(産児制限)を実施することを合意。一看護婦の投書で問題が発覚、出産制限は基本的人権の侵害とされ、法務局から注意勧告書が出された。

参考文献 新潟県看護協会看護史編纂委員会編『新潟県看護の歩み』、一九九八、新潟県看護協会。

(平尾真智子)

かんざき 神崎 ⇩江口《えぐち》・神崎《かんざき》

かんざし 簪 *結髪時の頭部装飾。奈良時代ころより宮廷の女性が使用し始めた。平安時代では*女官が礼装時に髪上げしたときに用いた。男性官人は平安時代以後、前近代を通じ、正装の束帯《そくたい》時に用いる冠を頭部に固定するのに使用した。中世以降、武士や庶民は簪を用いないが、中世末期、女性の間に結髪の習慣が広がりだすと簪が整髪や頭部装飾に用いられる。近世、結髪が複雑化、種類が増えるのに伴い、工芸技術を競うように芸術性の高い美麗な簪が用いられた。

参考文献 橋本澄子『日本の髪』、一九六七、三彩社。

(佐多 芳彦)

がんしょうに 願証尼 九五三―一〇三四 平安時代中期の尼。願証は法名。世に安養尼《あんように》・安養尼公と称された。父は卜部正親《うらべまさちか》、母は清原氏。兄は『往生要集《おうじょうようしゅう》』で著名な源信《げんしん》。姉に『法華験記《ほっけげんき》』にみえる往生者の願西尼《がんさいに》らがいる。源信の誕生地は大和《やまと》国葛城下《かずらぎのしも》郡当麻《たいま》郷(奈良県葛城市)であり、願証尼も同地出身の可能性があるが、晩年は野郡に居住した。『左経記《さけいき》』長元《ちょうげん》七年(一〇三四)九月十日条によれば同国吉野郡に居住した。『続本朝往生伝』の伝では、比丘尼《びくに》願証は少年の時から仏道を求めて嫁がず、「五障《ごしょう》の身」とされた女性として生まれたが、仏教の真理と世間の真理である「二諦《にてい》」を悟ったとされる。そして願証尼の才学と道心は兄源信を越えたとまで大江匡房《おおえのまさふさ》に賞賛《しょうさん》されている。長年念仏修行を行い、老後に辛苦《しんく》の病を得たが、臨終《りんじゅう》には西を向き念仏して往生したという。なお『*今昔物語集』一二第三十話の願西尼伝には願証尼伝との混乱がみられる。

(勝浦 令子)

かんじんびくに 勧進比丘尼 〔中世〕神社や橋などの造営・修理のため広く金品を募る勧進活動を行なった、比丘尼姿の女性。宝徳《ほうとく》元年(一四四九)の『臥雲日件録《がうんにっけんろく》』『康富記《やすとみき》』にはみずからを見世物とし、入場料の名目で見物料をとった長寿姿の八百《やお》比丘尼(白比丘尼)の記事がある。伊勢比丘尼は*伊勢神宮の慶光院《けいこういん》に所属し、五十鈴川《いすずがわ》にかかる宇治大橋の架設修造に大きな役割を果たした。特に三代清順《せいじゅん》上人は外宮《げぐう》の正遷宮《しょうせんぐう》を実現させた人物として名高い。中世末に登場した*熊野比丘尼は勧進比丘尼の代表的存在で、熊野牛王《ごおう》(玉)宝印《ほういん》や災難除《よ》けの梛《なぎ》の葉を配布し、地獄極楽図などの*絵解《えと》きを行なった。たとえば、「*熊野観心十界曼荼羅《くまのかんしんじっかいまんだら》」には、*血の池地獄・両婦地獄《ふためじごく》・不産女地獄《うまずめじごく》などが描かれたが、それらは、室町時代中期以降に伝来した偽経《ぎきょう》『*血盆経《けつぼんきょう》』の影響下に生まれた女性特有の地獄であり、そうした地獄からの救済を目的として、熊野比丘尼の絵解きがなされ、見物人の多くが女性たちであった。しかし、女性は*赤不浄《あかふじょう》により穢《けが》れているといった差別意識を強めることになった面もあるといえよう。

参考文献 萩原龍夫『巫女と仏教史―熊野比丘尼の使命と展開―』(明治大学人文科学研究所叢書)、一九八三、吉川弘文館。

(大山由美子)

〔近世〕勧進しながら諸国を廻り歩く尼姿の女性。近世においては熊野比丘尼と呼ばれた女性たちとほぼ同義である。仏教における本来の*比丘尼、すなわち出家・持戒《じかい》の尼僧を意味するものではない。近世の勧進比丘尼は、寛文元年(一六六一)刊行とされる『東海道名所記』に「熊野伊勢には参れども行をもせず、戒をやぶり、絵ときをも知らず哥《うた》を肝要とす」とあるように、歌を主たる勧進のわざとした。この歌は、本来、牛王《ごおう》や火臥《ひぶせ》の守り札、大黒像を売ることなどと並んで、熊野における勧進のわざとして許されていた順礼歌である。しかし近世以降、熊野の統制から離脱した比丘尼の勧進の目的は次第に宗教的な意味を失っていき、勧進は生きるために米銭を得る生業《なりわい》そのものとなり、歌も俗化して売色の手段となっていった。勧進の実態は、貧困な階層から*人身売買同様に集められた幼女たちが、幼いうちからお寮《りょう》と呼ばれる師匠《ししょう》の下に長期にわたって拘束され強いられるというものであった。

参考文献 浅井了意『東海道名所記』(東洋文庫)。曾根ひろみ「近世の熊野比丘尼―勧進と売色―」(『女性史学』五)、一九九五。

(曾根ひろみ)

かんせいさんびじん 寛政三美人 喜多川歌麿《きたがわうたまろ》(一七五三―一八〇六)によって描かれた*浮世絵で、寛政年間(一七八九―一八〇一)に江戸で評判の美女であった富本豊雛《とみもととよひな》・難波屋《なにわや》おきた・高島おひさの三人を一図に収めたもの。豊雛は、富本節《とみもとぶし》を得意とした*吉原の玉村屋抱えの*芸者で、おきたが浅草観音随身門《あさくさかんのんずいじんもん》前の*水茶屋難波屋の看板娘、おひさは両国薬研堀米沢町《りょうごくやげんぼりよねざわちょう》の煎餅屋兼水茶屋高島屋の娘であった。歌麿は、女性の上半身や顔を中心とした部分を画面いっぱいに構図した大首絵《おおくびえ》という新しい手法を用いて、三人の美女を描いている。歌麿には、ほかにもおきた・おひさを描いた浮世絵があるが、歌麿に限らず細《ほそ》田《だ》(鳥文斎《ちょうぶんさい》)栄之《えいし》・鳥居清政《とりいきよまさ》などの浮世絵師も彼女らをモデルとしている。その後、十九世紀前半に至って、江戸は京坂型の美人観から脱却して、独自の美人観を確立させたと評価されている。

寛政三美人(喜多川歌麿筆)

参考文献 菊地貞夫『浮世絵(改訂版)』(原色日本の美

術一七)、一九八〇、小学館。長谷川時雨『(新編)近代美人伝』(岩波文庫)、一九八五、岩波書店。浅倉有子「「国風」の美」(小玉美意子他編『美女のイメージ』一九九六、世界思想社)。（浅倉　有子）

かんせいちょうしゅうしょかふ　寛政重修諸家譜　江戸幕府が、寛政年間(一七八九―一八〇一)に編纂《へんさん》に着手し、文化九年(一八一二)完成した諸大名と御目見《おめみえ》以上の旗本の*系譜の書。全千五百三十巻。寛政三年に諸家に系譜の提出が命じられた後、同十一年には若年寄の堀田正敦《ほったまさあつ》を総裁とする編纂体制が整えられ、大学頭林述斎《だいがくのかみはやしじゅっさい》の指導のもとに事業が進められた。『寛永諸家系図伝《かんえいしょかけいずでん》』を継承する編纂事業であり、『寛永譜』と諸家提出の系譜を基としながらも、「貞享書上《じょうきょうかきあげ》」や「御日記」等による考証を改めて行い、その旨を注記するなど、厳密な編纂方針が採られた。内容は、『新撰姓氏録《しんせんしょうじろく》』にならって、諸家を皇別《こうべつ》・神《しん》別《べつ》・諸蕃《しょばん》に分け、さらに分流が多い順に配置し、神代から寛政十年までの世系について、母氏・生誕・養子・初見・元服・賜号《しごう》・婚姻・官爵・班次《はんじ》・襲封《しゅうほう》・領知・秩禄《ちつろく》・入部・職掌・軍旅・公役・恩賞・致仕《ちじ》・卒去・年齢・法名・葬地・妻室などを記した。江戸幕府による官撰家譜の頂点をなすものとされる。正本は、内閣文庫に架蔵されている。テキストは『寛政重修諸家譜』全二十二冊・索引四冊(続群書類従完成会)。（浅倉　有子）

かんつう　姦通　⇩密懐《みっかい》・密懐法《みっかいほう》

かんつうざい　姦通罪　妻の姦通を刑法上の罪として刑罰を科したもの。一八八〇年(明治十三)の旧刑法は姦淫《かんいん》罪の一つとして第三五三条に「有夫ノ婦姦通シタル者ハ六月以上二年以下ノ重禁錮《じゅうきんこ》ニ処ス其相姦スル者亦《また》同シ、此条ノ罪ハ本夫ノ告訴ヲ待テ其罪ヲ論ス」と規定した。これは一九〇七年公布の刑法に引き継がれ、第一八三条に同様の規定をおいた。これらは妻とその相手の男性(相姦者)のみを罰するもので、夫と未婚の女性との間の姦通は罪を問わない夫婦間不平等のものであった。滝川《たきがわ》幸辰《ゆきとき》はのちの滝川事件の発端となった『刑法読本《けいほうどくほん》』で「妻は経済的に夫に従属して居るので、所有物と同視された」と姦通罪の本質を論破した。また、夫の告訴による親告罪ということを利用して、*波多野秋子《はたのあきこ》の夫が有島武《ありしまたけ》郎《お》を一万円か告訴か、と脅迫したことが、二人の*心中の原因となった。一九四七年(昭和二十二)の*日本国憲法施行に際して平等化が必要となり、夫の姦通も罰する両罰論と、夫婦ともに刑罰の対象にはしない不罰論が主張されたが、不罰論により姦通罪は廃止された。

参考文献　林弘正「姦通罪についての法制史的一考察」(『法学新報』一〇六ノ五・六・九・一〇・一一・一二)、二〇〇〇。（白石　玲子）

かんとうい　貫頭衣　古代の男女に共通して着用された袖《そで》のないワンピース型の衣服。裁断縫製《さいだんほうせい》を必要としない衣類のことで、布帛《ふはく》(＝織物)や皮革の中央に孔《あな》を穿《うが》ち頭を貫いて着用することによる名称。『魏志《ぎし》』東夷伝倭人条《とういでんわじんじょう》に「男子は皆《みな》、露紒《ろけい》し、木綿《もくめん》を以て頭に招《しば》り、其の衣は横幅《おうふく》、但《ただ》、結束して相連《あいつら》ね、略《ほぼ》、縫《ぬ》うこと無し、婦人は被髪屈紒《ひはつくつけい》し、衣を作ること単被《たんび》の如く、其の中央を穿《うが》ち、頭を貫《つら》ぬきて之《これ》を衣《き》る」(原漢文)とある記事が最も古い例。古墳時代に大陸から乗馬の風習が伝わると、首長層にズボン型の衣服が導入されたが、貫頭衣を着用した農民男子埴輪《はにわ》像の出土が見られることから農民層は依然として貫頭衣で、奈良時代の農民層も貫頭衣が日常の衣服であった。その後、袖なしの貫頭衣形式の衣服が最下層階級の人々の服制として位置づいていく。しかしながら一方で、貫頭衣形式の裁縫《さいほう》を必要としない「織る」行為が特化された衣服は、古代以来の伝統とされ、その伝統は神《しん》事《じ》や舞楽《ぶがく》の装束などに引き継がれている。（永島　朋子）

かんとうふじんどうめい　関東婦人同盟　⇩無産婦人団《むさんふじんだん》体《たい》

ガントレットつね　ガントレット恒　一八七三―一九五三　明治から昭和時代にかけての社会運動家。愛知県碧《あお》海《み》郡箕輪《みのわ》村で山田謙三《けんぞう》・久子の長女として生まれる。牧師・医師であった叔父の大塚正心《おおつかせいしん》の薦めで六歳で桜井女塾(女子学院の前身)の寄宿舎に入る。女子学院卒業後、前橋の共愛女学校に赴任。一八九八年(明治三十一)アメリカ大使館書記エドワード＝ガントレットと結婚、英国籍を取得。のち、夫とともに日本に帰化。六人の子どもを育てながら夫の任地で宣教師の通訳などをし、のち*東京女子大学や自由学園で教鞭《きょうべん》をとる。一九二〇年(大正九)ロンドンで開催された矯風会《きょうふうかい》万国大会に出席。帰国後婦人参政権協会の設立に尽力。一九三四年(昭和九)から二年間、*汎太平洋婦人会議会長。一九三七年矯風会・*婦選獲得同盟など八つの女性団体の連合体、日本婦人団体連盟の会長、一九四六年*日本基督《キリスト》教婦人矯風会会頭に就任。純潔教育委員会委員・婦人福祉中央連絡会委員長も歴任。作曲家の山田耕筰《こうさく》は実弟。著書に『七十七年の想ひ出』(伝記叢書、一九八九年、大空社)がある。

参考文献　久布白落実『廃娼ひとすじ』(中公文庫)、一九八二、中央公論社。（奥田　暁子）

かんなりマツ　金成マツ　一八七五―一九六一　明治から昭和時代にかけての聖公会《せいこうかい》伝道師。英雄叙事詩《じょじし》などの*アイヌ口承文芸の筆録活動を続けたことで知られる。アイヌ名イメカヌ。北海道幌別《ほろべつ》郡幌別村(登別《のぼりべつ》市)生まれ。一八九二年(明治二十五)に函館の聖公会伝道学校に入学し、一八九三年に洗礼を受けた。一八九八年に卒業後、北海道平取町《びらとりちょう》ついで旭川《あさひかわ》市で伝道活動に従事する。一九〇九年に妹の娘である*知里幸恵《ちりゆきえ》を養女とした。一九一八年(大正七)、旭川で金田一京助《きんだいちきょうすけ》の訪問を受け、以後マツと幸恵は金田一をはじめとする研究者に協力するようになる。一九二六年に聖公会を退職し帰郷。一九二八年(昭和三)から自己の伝承する口承文芸をローマ字で筆録し始め、第二次世界大戦前後まで金田一や幸恵の弟知里真志保《ましほ》に送り続けた。金田一の手元にはマツによる筆録ノートが七十冊以上あったという。一九五六年、「アイヌのユーカラ」が記録作成等の措置を講ずべき無形の民俗資料(選択無形民俗文化財)として選択される。同年紫綬《しじゅ》褒章《ほうしょう》受章。一九六一年没。筆録ノートは金田一の訳注により『アイヌ叙事詩ユーカラ集』一―七として刊行され(一九五九年―六六年、三省堂)、その後北海道教育委員会から刊行が継続中である。

参考文献 蓮池悦子「伝承と伝承者―金成マツ―」(『(岩波講座)日本文学史』一七、一九九七、岩波書店)。

(奥田 統己)

菅野すが

かんのすが 管野すが 一八八一―一九一一 明治時代末期の革命家、新聞記者。号幽月、筆名須賀子。一八八一年(明治十四)大阪市の出身。父の鉱山事業の失敗と生母の死により十歳くらいから恵まれぬ家庭生活を送る。小学校卒業後継母の意を受けた坑夫にレイプされ心に傷を負う。一八九九年父の意に従い結婚。三年後に戻り、のち離婚。一九〇二年宇田川文海《うだがわぶんかい》に師事、その庇護《ひご》のもと『大阪朝報《おおさかちょうほう》』記者となる。このころからキリスト教に接近。一九〇三年勧業博覧会《かんぎょうはくらんかい》会場での芸者踊を問題視した。婦人矯風会《きょうふうかい》に入会する一方、木下尚江《きのしたなおえ》の演説から社会主義にも出会う。この年反戦小説「絶交」を『基督《キリスト》教世界』に発表、十一月天満基督教会で受洗。一九〇四年矯風会大阪支部代表として東京での矯風会大会に出席し、平民社《へいみんしゃ》に堺利彦《さかいとしひこ》を訪問、以後週刊『平民新聞』の熱心な読者となり、社会主義を奉ずる。一九〇六年堺の紹介で『牟婁新報《むろしんぽう》』記者となり、荒畑寒村《あらはたかんそん》と知り合う。十二月上京し『毎日電報』記者となる。一九〇七年一月荒畑との結婚を公表、同じころから肺結核を病む。一九〇八年五月ころ荒畑と別居し、のち離婚。六月赤旗事件の巻き添えで逮捕され苛酷な取調べを体験。無罪となるが『毎日電報』を解雇される。一九〇九年三月平民社に住み込み、幸徳秋水《こうとくしゅうすい》の秘書となる。のち幸徳と結婚。幸徳らと発行した『自由思想』一号および二号の編集発行人として罰金刑を受け、さらに発禁後の頒布《はんぷ》により拘引《こういん》。この後、政府の弾圧に対する憤懣《ふんまん》から個人的テロに傾き、幸徳・新村忠雄《にいむらただお》らと天皇暗殺等を話題にする。一九一〇年五月幸徳と離婚。天皇暗殺を行動に移すべく新村・古河力作と相談。五月十八日先の罰金刑の代わりに入獄。一週間後大逆事件の検挙が始まり、その被告として起訴される。十二月大審院《だいしんいん》で公判開始。一九一一年一月十八日死刑判決。二十四日幸徳ら十一名が処刑され、翌日すがが処刑される。処刑前「われ、主義のため死す。万歳!」と叫んだという。作品は『管野須賀子全集』全三巻(清水卯之助編、一九八四年、弘隆社)に収められている。

参考文献 絲屋寿雄『管野すが―平民社の婦人革命家像―』、一九七〇、岩波書店。荒畑寒村『寒村自伝』上(岩波文庫)、一九七五、岩波書店。

(大木 基子)

かんのないし 菅内侍 生没年不詳 江戸時代中期の宮中の*女房。式部大輔《しきぶたいふ》高辻長量《たかつじながかず》の娘。東山《ひがしやま》天皇の*後宮に出仕し掌侍《ないしのじょう》となる。高辻家が菅原《すがわら》氏のため菅内侍と称す。のち*勾当内侍《こうとうのないし》に進む。宝永《ほうえい》四年(一七〇七)九月に皇女(即日没)を生み、同六年六月皇女高宮《たかのみや》(のち曇華院《どんげいん》付弟となり得度して聖祝《せいしゅく》)を生む。同月東山天皇が譲位《じょうい》したため、院の女房となり桜井局《さくらいのつぼね》と称される。東山上皇没後、髪をおろし陽春院《ようしゅんいん》と号した。

(久保 貴子)

かんのんこう 観音講 観世音菩薩《かんぜおんぼさつ》信者たちの親睦《しんぼく》・救済のための結社集団またはその信者たちの寄合い。観音信仰は身を三十三に変化させて衆生《しゅじょう》を済度《さいど》する慈悲のほとけとされた観世音菩薩に対する信仰であり、平安時代から鎌倉時代にかけて貴族を中心として広がり、次第に民間にも浸透していった。観音は現世・来世利益の期待に応えるほとけとして民間では地蔵・薬師・不動などとともにもっとも信望をあつめてきた菩薩であり、村々には講も作られ講中による巡礼も多い。他方、観音講は子授《さず》け・*安産祈願を目的とした女性だけの講としていることも多く、子供を産み育てる年齢層の嫁か姑が一家から一人講員になっている。講は共同祈願・共同飲食を前提にしているが、女性の講は家の束縛を離れて息抜きのできる日でもあり、家における世代が同じ女性集団の寄合いとしての意味ももっていた。講行事は講員が順番に勤める講宿《こうやど》で行われていたが、地区の集会所などができるとそこを使うようになった。

参考文献 桜井徳太郎『講集団の研究』(桜井徳太郎著作集一)、一九八八、吉川弘文館。女性史総合研究会編『日本女性史』三、一九八三、東京大学出版会。

(上村 正名)

かんばみちこ 樺美智子 一九三七―六〇 昭和時代後期の学生運動家。東京都生まれ。中高生のころより社会問題などに関心をもつ。一九五七年(昭和三十二)東大に入学、東大教養部自治会自治委員となる。日本共産党に入党するが翌年離党、共産主義者同盟(ブント)に加盟。五九年東大文学部学友会副委員長。六〇年日米安保条約改定反対闘争に積極的に参加、六月十五日国会議事堂構内での全学連と警察隊との衝突で死去。この死は六〇年安保闘争の象徴となった。『人しれず微笑まん―樺美智子遺稿集―』(一九六〇年、三一書房)、『友へ―樺美智子の手紙―』(一九六九年、三一書房)がある。

参考文献 樺俊雄『最後の微笑』、一九七〇、文芸春秋。林紘義『哀惜の樺美智子―60年安保闘争獄中記―』、一九九七、三一書房。

(折井 美耶子)

かんりばいしゅん　管理売春　生活や行動を管理し、*セクシュアリティを売買させその対価を搾取《さくしゅ》する業態をさす。強制売春とほぼ同義語。*売春防止法第一二条「売春をさせる業」は「人を自己の占有し、若しくは管理する場所又は自己の指定する場所に居住させ、これに売春をさせることを業とした者」と規定している。今日では、都道府県が認めた地域で性風俗特殊関連営業が行われ、外国人女性に対してを含め、表向きは自由売春の形をとりながら拘束的状況のもとでの搾取があり、事実上の管理売春であると見られてもやむ得ない状況がある。

参考文献　『売買春問題ととりくむ会ニュース』一一、一九七三。

（ゆのまえ知子）

き

キーセンかんこう　キーセン観光　⇩観光買春《かんこうかいしゅん》ツアー

きいと　生糸　蚕《かいこ》のつくる繭《まゆ》からとれる繊維（繭糸《けんし》）を数本以上あわせた糸のこと。生絹《なまぎぬ》ともいう。近世初期には大量に輸入されたが、中期以降になると幕府の輸入規制が強まるなか、諸藩の国産奨励《しょうれい》策に支えられて生糸生産は各地に普及した。特に北関東から甲州・信州・奥州の村々では、多くが副業として蚕をかい繭をとり糸を繰った。衣料生産の全工程は一貫して家内の女性たちの手によって行われたが、桐生《きりゅう》・足利《あしかが》などの地方機業が成長するにつれて、*養蚕《ようさん》・製糸・*機織りの工程が分化する傾向が出てきた。製糸では、繰糸は長い間手挽《てび》きであったが、十九世紀に入るころに歯車やベルトを使って糸枠《いとわく》の回転を早める座繰法《ざぐりほう》が発明され、能率が増した。安政《あんせい》の開港によって生糸が最大の輸出品になると、生糸価格は急上昇し生産は激増した。自家で、糸挽《いとひ》き場で、賃挽《ちんび》きとして、女性たちはさまざまな場所や手段で輸出用の生糸（*浜糸《はまいと》）を引きながら、新しい時代の息吹きに触れていく。

生糸　座繰法による製糸

参考文献　脇田晴子・林玲子・永原和子編『日本女性史』、一九六七、吉川弘文館。

（青木美智子）

きいのつぼね　紀伊局　？―一一六六　平安時代末期の*女房。紀伊守《きいのかみ》藤原兼永《かねなが》の娘朝子《ちょうし》。紀伊二位、紀二位ともいう。藤原通憲《みちのり》（信西《しんぜい》）の妻。後白河天皇の*乳母《めのと》。*待賢《たいけん》門院《もんいん》に仕え、大治《だいじ》二年（一一二七）に、待賢門院の生んだ雅仁《まさひと》親王（のちの後白河天皇）の乳母となった。ただし、『*今鏡』によると、当初は「乳母」ではなく、それよりも格の低い「御乳《おち》の人」であった。その後、夫信西の勢力拡大に伴い、紀伊局の地位も上昇して、正式な乳母となったようである。「御乳の人」であったということから、紀伊局は親王に実際に授乳していたと推測される。久寿《きゅうじゅ》二年（一一五五）に後白河が即位すると、*典侍《ないしのすけ》となり、保元二年（一一五七）十一月、即位に伴って催された*八十《やそ》島祭《じまのまつり》の使を務めた。同年末に従《じゅ》三位となり、平治元年（一一五九）正月に従二位となった。政治の実権を握った信西は、平治の乱で殺されたが、紀伊局所生の成範《なりのり》と脩《なが》範《のり》は、乱後、後白河院の庇護《ひご》によって公卿《くぎょう》に昇進した。

参考文献　木村真美子「少納言入道信西の室、紀伊二位朝子」（大隈和雄編『仏法の文化史』二〇〇三、吉川弘文館）。

（秋山喜代子）

キイパンチャー　キイパンチャー　一九五一年（昭和二十六）から金融機関は、パンチカードシステムによる電子計算機を導入、その仕事（カードに穿孔《せんこう》・穿孔検査）に従事する「キイパンチャー」は女性事務労働者であった。国産電子計算機も開発され、他産業でも活用、一九六三年現在、全国で約一万四千人いた(労働省調査)。キイパンチャーは右手の人さし指・中指・薬指の三本を、書類を見ながら一秒間に三回、一時間に一万千回、一日平均四〜八万回使うことになり、キイパンチャー室での連日の騒音と作業速度のため神経は極度に緊張、疲労からくる腕・背中・胃腸障害は神経・健康を蝕《むしば》み、「腱鞘炎《けんしょうえん》・頸腕《けいわん》症候群《しょうこうぐん》」などが多発(のちに裁判・運動で職業病認定される)、労働組合は対策を要求した。一九六二年には自殺者が出て(二月野村證券二十二歳女性・十月安田火災十九歳女性)、社会問題化。一九六三年、日本労働組合総評議会主催で「キイパンチャー対策全国代表者会議」開催(以後毎年)。一九六四年九月、労働省が作業管理について通達を出した。

参考文献 嶋津千利世編『合理化と婦人労働者』、一九六五、労働旬報社。「年表・戦後女性労働運動」(女性労働問題研究会編『女性労働二〇世紀から二一世紀へ』二〇〇三、青木書店)。 (橋本 宏子)

きうちきょう 木内キヤウ 一八八四—一九六四 明治から昭和時代戦前期にかけての小学校教師。東京で最初の公立小学校女性校長。浅草生まれ。父は文学者の淡島《あわしま》寒月《かんげつ》。一九〇三年(明治三十六)に東京府女子師範《しはん》学校を卒業し、隅田小学校に勤務。一九一〇年城東《じょうとう》小学校に転任。全国小学校連合女教員会(一九二四年(大正十三)設立)の実質的会長を務めた。一九二八年(昭和三)*汎《はん》太平洋婦人会議に参加。一九三一年、東京市公立小学校初の女性校長として創立後二年目の志村第一小学校へ赴任。周囲からの強い圧力の中で、*男女共学を実施し、受験準備教育を否定した。一九四一年六月大政翼賛会《たいせいよくさんかい》第一回中央会議に出席、同十月辞任後、みずからの幼稚園などの経営にあたった。一九四七年第一回参議院選挙に民主クラブから当選、一期六年在職。文教委員会等で活躍した。著書に『教育一路』(一九四一年、日本文化研究会、改訂版、一九五三年、学芸図書出版社)がある。

参考文献 志垣寛「木内キヤウ—女流教育家評伝—」(『家庭科教育』二九ノ五)、一九五五。群ようこ『あなたみたいな明治の女』(朝日文庫)、二〇〇三、朝日新聞社。 (友野 清文)

ぎおう・ぎじょ 祇王・祇女 『*平家物語』に登場する京都一の流行の*白拍子《しらびょうし》姉妹。姉の祇王が平清盛の寵愛《ちょうあい》を受け、母の「刀自《とじ》」、妹の「祇女」とともに清盛の庇護《ひご》のもと裕福な暮らしをしていた。しかし*仏御前《ほとけごぜん》が清盛の寵愛を受けるに及び、祇王姉妹は追い出されてしまう。祇王母子は嵯峨野《さがの》に出家して隠棲《いんせい》する。祇王を慕い、髪を下ろした仏御前も加わり四人でともに暮らしたという。滋賀県野洲《やす》市に祇王が清盛に頼んで築かせたという「祇《ぎ》王井川《おいかわ》」の伝説がある。

参考文献 細川涼一「祇王・仏・静—白拍子の廻国—」(『平家物語の女たち—大力・尼・白拍子—』一九九八、講談社)。脇田晴子『女性芸能の源流—傀儡子・曲舞・白拍子—』(角川選書)、二〇〇一、角川書店。 (星 倭文子)

ぎおん 祇園 京都市東山区の八坂《やさか》神社(祇園社)とその一帯を総称する地名。平安時代、御霊《ごりょう》信仰の広がりと祇園社の発展に伴い祇園という地名が用いられるようになる。鎌倉時代には門前町が広がったが、相つぐ大火と戦乱で衰微《すいび》。江戸時代に入り寛文十年(一六七〇)鴨川《かもがわ》に新堤が築造され、その東に祇園外六町が、正徳三年(一七一三)にその北側に内六町が形成されると、*水茶屋《みずちゃや》・煮売《にうり》茶屋《ちゃや》・旅籠《はたご》が軒を連ねるようになり「*茶立女《ちゃたておんな》」と称する女が置かれた。茶屋が*遊女を抱えることは禁止され、たびたび取締りの対象となったが、寛政二年(一七九〇)島《しま》原《ばら》の出稼地という名目で遊女町として公許され、以来京都の代表的花街として発展した。明治維新後の明治五年(一八七二)第一回京都博覧会を契機に始められた都をどりは現在まで毎年催されている。また祇園新橋一帯は重要伝統的建造物群保存地区に、祇園町南側一帯は歴史的景観保全修景地区に指定されている。

参考文献 京都市編『京都の歴史』三—七、一九六八—七四、学芸書林。 (牧田りゑ子)

ぎおんのにょうご 祇園女御 生没年不詳 平安時代後期の*女房。出自についても不明である。白河《しらかわ》上皇晩年の寵姫《ちょうき》。正式な*女御ではなかったが、祇園社の東南方に住んでいたことと、権勢を誇っていたことから、祇園女御・東の御方・白河殿とも称されていた。妹の子ではないかといわれる清盛を猶子《ゆうし》としたが、実子はいなかった。*待賢門院《たいけんもんいん》(藤原璋子《しょうし》)も愛育し、宮廷社会に影響力を持っていた。白河上皇没後は、仁和寺《にんなじ》威徳寺に住み余生を送ったようである。

参考文献 五味文彦「うまれた時代と環境」(『平清盛』一九九九、吉川弘文館)。 (星 倭文子)

ききがき 聞き書き 語り手の話を聞きとって書き留めること。近代における聞き書きは、*柳田国男《やなぎたくにお》らの民俗学による口頭伝承の収集とともに始まり、大藤《おおとう》ゆきらを中心に女性民俗学も発展した。*女性史における聞き書きは、戦後、女性解放史への関心から始まり、*山川菊栄《やまかわきくえ》や*市《いち》川房枝《かわふさえ》などの戦前からの*婦人運動や社会運動の働き手たちの体験を女性たちが聞き取った。一九七〇年代になると、普通の女性の生活史が重要であると*村上信彦《むらかみのぶひこ》が提唱し、また底辺女性の歴史の重要性も*からゆきさんの聞き取りを行なった山崎朋子《やまざきともこ》が指摘した。同じころ、各地で女性史サークルが生まれ、地域の女性たちの生活史を女性たちが主体的に掘り起すことが盛んになった。さらに一九七五年(昭和五十)からの「国連婦人の十年」を契機として自治体が*地域女性史を編纂《へんさん》するようになり、八〇年代後半から行政と提携した地域女性史編纂書が多数刊行された。女性の戦争体験の聞き取りについては、被害経験だけでなく、日本人女性の加害者としての体験と認識を聞き取る必要が訴えられている。また、植民地支配の被害を受けたアジアの女性たちから聞き取りも行われている。近年では、英米で発展してきたオーラル＝ヒストリーの方法論を女性史に取り入れていく可能性も議論され始めた。ポール＝トンプソンらによって一九七〇年代以降発展した英米のオーラル＝ヒストリーは、史料を残す機会の少なかった人々の経験を掘り起こし、社会史や女性史の学問的手法として認知されてきた。オーラル＝ヒストリーでは、通常は録音したインタビューの書き起こしをテキスト史料として分析をしていく方法を取っている。初期には口述史料の客観性や信頼性が問われたが、一九九〇年代以降は、人々の主観性や多様な語りを受け入れて考察していくナラティブ分析が注目されている。また世界的に録音史料のアーカイブ化と史料の再利用が進展しており、日本における女性史の聞き書き史料の保存と再利用も課題となっている。

参考文献 永原和子「女性史と聞き書き」(『歴史学研究』五六八)、一九八七。折井美耶子『地域女性史入門』、二〇〇一、ドメス出版。ポール＝トンプソン『記憶から歴史へ』(酒井順子訳)、二〇〇二、青木書店。 (酒井 順子)

きぎょうせんし 企業戦士 戦後の高度経済成長期に定着した終身雇用・年功序列・企業別組合を柱とする日本的経営のもとで、高い企業忠誠心をもって働く会社員の呼称。家族生活を顧みない猛烈な働きぶりにその特徴があり、こうした会社員と専業主婦の明確な分離された分業関係が戦後の日本社会に定着したことを意味する。国家ではなく企業のために「戦士」のごとく粉骨砕身《ふんこつさいしん》して働く夫に対して、専業主婦は、「銃後《じゅうご》の守り手」になぞらえられる。この用語は一九八〇年代半ばからマスコミに登場するようになり、一九八六年(昭和六十一)末の流行語の一つとしてとりあげる新聞社もあった。これに先立って、会社への限りない忠誠心を発揮し、私生活を犠牲にすることを厭《いと》わない会社員の呼称として「会社人間」という用語が一九七〇年代から普及している。日本の戦後社会の特徴である企業中心社会に関する議論が本格化する一九九〇年代には、主として「会社人間」の用語が用いられてきた。

参考文献 岩田龍子「企業戦士の夢の跡」(『法学セミナー増刊総合特集シリーズ』四〇)、一九八八。 (木本喜美子)

ききん 飢饉 戦争とともに慢性的な飢饉状況が続いた中世では、飢饉は不慮《ふりょ》の災厄《さいやく》ではなく、社会存続の前提に位置していた。冬作麦《ふゆさくむぎ》などの農業生産や技術は、冷涼《れいりょう》な気候と飢饉状況への対応として生み出された。また、飢饉時の*下人《げにん》化や山野河海《さんやかかい》の開放など、生命維持の習俗が存在していた。しかし、社会的弱者には厳しい状況も見られた。十六世紀の文亀《ぶんき》の飢饉の折、和泉国《いずみのくに》日根荘《ひねのしょう》では、村人の非常食である蕨《わらび》粉を子どもが盗み、母子ともに殺害されている。十五世紀の寛正《かんしょう》の飢饉の折、京都では施行《せぎょう》や施餓鬼《せがき》が行われたが、東福寺《とうふくじ》の僧大極《たいぎょく》は六条の町で河内国《かわちのくに》から来た流民《るみん》の母子に出会い、死んだ子の供《く》養《よう》を約束して母親から喜ばれている。名も知られない流民や飢疫《きえき》の死者にも追善《ついぜん》と生きることへの思いのあったことがわかる。それゆえ、人が不特定多数の死者となって死ぬことも多かった飢饉時には、死者を数える行為を通して、群れに埋没《まいぼつ》した命が社会的に弔《とむら》われたのだと考えられる。

参考文献 西尾和美「室町中期京都における飢饉と民衆」(『日本史研究』二七五)、一九八五。藤木久志『飢餓と戦争の戦国を行く』(朝日選書)、二〇〇一、朝日新聞社。 (西尾 和美)

きくちそでこ 菊池袖子 一七八五—一八三八 江戸時代後期の歌人。菊園《きくぞの》と号す。伊豆《いず》国君沢《きみさわ》郡熊坂《くまさか》(静岡県伊豆市)に生まれ、父は漢学者菊池安兵衛《やすべえ》武教。十四歳の時、加藤千蔭《ちかげ》に入門し、*和歌と国学を学ぶ。享和二年(一八〇二)版『東海道人物誌』三島駅の項に「国学和歌 東武千蔭門人 菊池息女袖子」として載る。歌の才能を認めた大納言風早実秋《かざはやさねあき》から入門を勧められるが辞退、文化二年(一八〇五)、再度の求めにより入門した。著書に『菊園集』『遺穂集《いすいしゅう》』などがある。

参考文献 市川青岳『近世女流書道名家史伝』(日本人物叢書一七)、一九九一、日本図書センター。 (藪田 貫)

きくちたみこ 菊池民子 一七九五—一八六四 江戸時代後期の歌人。下野《しもつけ》国宇都宮(宇都宮市)の商家佐野屋治右衛門(菊池孝古)の娘。大橋知良(淡雅・佐野屋孝兵衛)を婿《むこ》に迎え、日本橋に分家し呉服屋佐孝を出店。国学・*和歌を大国隆正《おおくにたかまさ》や吉田敏成《よしだとしなり》に学ぶ。紀行文『江の嶋の記』(文政四年(一八二一))、『日記』(嘉永《かえい》六年(一八五三))、歌集『倭文舎《しずのや》集』(安政六年(一八五九))がある。日記は奇《く》しくも夫淡雅の死去の年のもので、短い文ながら、死に至るようすが書かれてある。日記から商家の*主婦の教養生活が読み取れる。

参考文献 菅原雪枝「菊池民子日記」(『江戸期おんな考』六)、一九九五。入江宏「近世商家の主婦の教養生活」(総合女性史研究会編『日本女性史論集』七、一九九八、吉川弘文館)。 (柴 桂子)

ぎけいき 義経記 著者不詳。八巻。軍記物といわれるジャンルに位置づけられている。物語の成立は、室町時代初期・中期と見られている。「判官《はんがん》びいき」の庶民感情を背景に、多くの義経伝説をまとめた源義経の一代記である。巻五・六は静《しず》との恋の記述に紙幅をさいているが、ほかにも義経に従う妻(久我《こが》の姫君)、子を失った母・妻(佐藤忠信《ただのぶ》・継信《つぐのぶ》)についての記述もあり、英雄を支える女性像が波瀾万丈《はらんばんじょう》の逃避行の物語を盛り上げている。テキストは、『義経記』(梶原正昭校注・訳、新編日本古典文学全集六二、二〇〇〇年、小学館)。 (星 倭文子)

きこうかい 希交会 第二次世界大戦後の復興期に誕生した*女中《じょちゅう》の親睦《しんぼく》団体。一九五四年(昭和二十九)四月、『朝日新聞』「ひととき」欄に掲載された一女中の投稿がきっかけとなり、同年七月に発足した。設立当初より、企画から運営に至るまで女中が主体となって行うことを明確に打ち出した点が特徴的で、機関誌『あさつゆ』の発行や地区グループの講習会を通して全国的な組織として発展していった。会の活動内容や会員たちの声がしばしば新聞や雑誌でも紹介されたことにより、人びとの女中問題への関心を高め、女中の地位向上や待遇改善を推し進めた。

参考文献　清水美知子『〈女中〉イメージの家庭文化史』、二〇〇四、世界思想社。　（清水美知子）

きこえおおきみ　聞得大君　琉球王国で女性の最高位とされた祭司。王の近親女性(王女・王姪《おうてつ》・王妃等)が代々職を継いだ。未婚の例もあるが、多くは既婚の女性である。首里城外の聞得大君御殿に住み、王と王国を霊的に守護する役割を果たした。「玉御殿の碑文」(一五〇一年)に「おとちとのもいかね」とある尚真王《しょうしんおう》の妹が、確認できる最初の聞得大君である。これを理念形とすれば、兄弟を守護する姉妹の霊的能力＝*おなり神信仰に基盤を持つと考えられる。名称は名高い偉大な君《きみ》の意、方言でチフィジンという。古琉球期には多数の君(おもに王族女子がなる上級祭司)を率いて、神霊を憑依《ひょうい》させて王を祝福する君手擦百果報事《きみてずりのももがほうこと》や国家的建造物の落成を祝う毛祓《もうはら》いなどの王権儀礼を主宰《しゅさい》した。『おもろさうし』には、聞得大君ら君たちが、王国の統治や戦争の勝利を導く霊力(せぢ)や生産の豊饒《ほうじょう》(世果報《ゆがふ》)を国王に献ずる様が歌われている。また十七世紀初頭の琉球を訪れた冊封使《さくほうし》夏子陽《かしよう》によれば、王姉妹である女王が久高島《くだかじま》で麦の初穂儀礼を行い、それから国中で収穫されたという。聞得大君が国家的な規模で農耕儀礼を司祭する時期があったことを示唆《しさ》するだろう。ほかに王府の公用船の航海の守護など、聞得大君に期待された霊威は多岐《たき》にわたる。王国の祭司制度は尚真王(第二尚王統第三代)のころに、地方の村々の祭祀を司る祝女《のろ》を、首里の三平等《みひら》の大アムシラレが管理統括し、頂点に聞得大君を置いて確立したといわれる。薩摩《さつま》の支配下に入った近世期には、君々の削減・王権儀礼の縮小が実施され、聞得大君の影響力は次第に低下した。王妃の次席に格下げされ(一六六七年)、王妃が聞得大君に就任するよう定められた(一六七七年)。しかしその後も王女就任の例があり厳密に守られたとはいえない。王国崩壊後は尚家の私的祭祀に移管された(一八八四年(明治十七))。就任儀礼を御新下《おあらお》りといい、本島南東部の与那原《よなばる》と斎場御嶽《せーふぁうたき》で大規模な儀礼が行われた。→おもろ双紙《そうし》

参考文献　宮城栄昌『沖縄のノロの研究』、一九七九、吉川弘文館。倉塚曄子『巫女の文化』(平凡社ライブラリー)、一九九四、平凡社。谷川健一編『日本の神々―神社と聖地―(新装復刊)』一三、二〇〇〇、白水社。高梨一美「航海の守護―琉球王国の祭司制度の一側面―」(大隅和雄編『文化史の諸相』二〇〇三、吉川弘文館)。　（高梨　一美）

きさき　きさき　男性天皇の配偶者。妃・后と記し、「キサキ(キサイ)」と呼称した。語源は「君幸《きみさき》」「蔵処《きすこ》」など諸説ある。古代の天皇(大王)の多くは、皇女や豪族出身の複数のキサキと婚姻関係を有した。当初、キサキの立場による区別はなかったようだが、欽明《きんめい》朝ころから大王を輩出する王系が意識されるようになり、大王の生母を「大后」(オオキサキ)、王系の有力な元キサキを「皇祖母」とする序列が成立し始めた。これらのキサキは、*キサキの宮や、その地位に付属する部民など、天皇家から独立した拠点や経営基盤を持ち、政治的な影響力も有した。その後「大后」の呼称は次第に天皇の嫡妻《ちゃくさい》にも用いられるようになり、天武朝には嫡妻を「*皇后」(古訓はキサキ)とする制度が成立したとみられる。『大宝令《たいほうりょう》』後宮職員令《こうきゅうしきいんりょう》は、皇后以外の天皇の配偶者を出身によって妃・*夫人《ぶじん》・嬪《ひん》とし、皇后・*皇太后・太皇太后の三后《さんこう》とは明確に区別した。ただし聖武朝までは皇后をはじめとするキサキたちは、居所や経済活動等において、なお天皇からの独立性を維持していたとみられる。

参考文献　岸俊男「光明立后の史的意義」(『日本古代政治史研究』一九六六、塙書房)。仁藤敦史「古代女帝の成立―大后と皇祖母―」(『国立歴史民俗博物館研究報告』一〇八)、二〇〇三。　（三﨑　裕子）

きさきがね　后がね　将来*皇后になるかもしれない女性、お后候補者の意。「がね」は接尾語で、名詞に付いてやがてそのものとなるべき意を表すので、「妻がね」「婿がね」「(東宮)坊がね」「大臣がね」などの言葉もある。*摂関《せっかん》政治を背景とした王朝歴史物語に、「后がね」は集中的に確認できる。たとえば『*栄花物語』三「さまざまのよろこび」では、「后がねとおぼしきこえ給ふ(将来の后と思い申し上げる)」と大切に育てられてきた*源倫子《みなもとのりんし》に対して、「口わき黄ばみたる(青二才である)」道長が求婚してきたことに、倫子の父源雅信《まさのぶ》が不快感を表した場面や、道長・倫子夫妻に彰子《しょうし》が誕生した時に、「この御一家(道長の父兼家の流派)は、はじめて女生れ給ふを必ず后がねといみじき事におぼしたれば(初めて生まれた女の子を、必ず将来の后にすることをすばらしいと思っているので)」と、道長長女誕生を祝福する場面などにみえる。

参考文献　倉本一宏「一条天皇後宮の変遷」(『摂関政治と王朝貴族』二〇〇〇、吉川弘文館)。　（高松　百香）

きさきのみや　きさきの宮　天皇(大王)の配偶者(*キサキ)の居所。『日本書紀』などには天皇のキサキの居所として「*後宮」「掖庭《えきてい》」などのように天皇宮に関わるものと、「筒城宮《つつきのみや》」「茅渟宮《ちぬのみや》」など地名を冠する宮がみられる。大化前代、このうちの「後宮」「掖庭」は、「キサイノミヤ」「ウチツミヤ」と訓読されてはいるが、大王とキサキの婚姻関係を表すもので、天皇の宮殿に内包されているいわゆる「後宮」とは異なっていた。一方、「地名＋宮」で表わされ、天皇の宮とは別所に営まれるキサキの宮には、古くは宮に付属する部民が存在し、またのち敏達《びだつ》天皇のキサキ炊屋媛皇女《かしきやひめのひめみこ》の「海石榴市宮《つばきいちのみや》」が農業経営の拠点である別業《べつごう》でもあったように、宮の場所だけではな

く、その経営基盤も天皇宮とは別であった。天武朝に至ると中国的な宮廷の整備は進んだが、*皇后は、なお天皇宮とは別所の「キサイノミヤ」と称される皇后宮に居住し、私出挙《しすいこ》に用いられる「私稲《しとう》」を管理して独自の経営基盤を有していた。また他のキサキも天皇宮とは別所に「家」を所有した。その後『大宝令《たいほうりょう》』の制定により、皇后関係の事務を司る中宮職《ちゅうぐうしき》や後宮における天皇の生活に供奉《ぐぶ》する後宮職員《こうきゅうしきいん》が規定され、律令的な宮である平城宮が造営されたが、皇后をはじめとするキサキたちが天皇とは別の居所を持つという形態は聖武朝まで継続した。聖武天皇の皇后、光明子は平城宮とは別所の皇后宮に居し、*皇后宮職を中心とした天皇宮とは別の運営組織と独自の経済基盤を所有した。また他の夫人も平城宮外に独立した家を持ち、そこでは経済活動や写経事業などが独自に行われていた。しかし奈良時代末になると、このようなキサキの宮の存在形態は大きく変化した。平城宮の発掘調査から、光仁朝に皇后宮が平城宮内に吸収され、桓武朝には内裏《だいり》内に後宮に相当する殿舎《でんしゃ》が成立したと推定されている。これは伝統的なキサキの権力の衰退と見られ、平安宮のいわゆる「後宮」は、キサキの宮の衰退によって成立したともいえよう。

参考文献　三﨑裕子「キサキの宮の存在形態について」(『史論』四一(一)、一九八八。橋本義則『平安宮成立史の研究』、一九九五、塙書房。

(三﨑　裕子)

きざきむらそうぎ　木崎村争議　⇩小作争議《こさくそうぎ》と女性《じょせい》たち

きしだとしこ　岸田俊子　一八六一―一九〇一　明治時代の女性民権家、文筆家。号は湘烟《しょうえん》(湘煙)・千松閣女史《せんしょうかくじょし》・花の妹など。万延《まんえん》元年十二月四日(一八六一年一月十四日)、京都下京(京都市下京区)で古着商(のち呉服商)を営む岸田茂兵衛《もへい》の一人娘として生まれる。旧説では元治《がんち》元年(一八六四)生まれともいう。明治四年(一八七一)、小学校試験で「句読俊秀《くどくしゅんしゅう》」「句読筆道特試級」、一八七六年、京都府庁主催『文選《もんぜん》』講義試験で最優等をとり、早くからその俊秀が認められた。一八七九年、京都府知事槇村《まきむら》正直《まさなお》らの推挙により平民の娘としてはじめて宮中に出仕。皇后に『孟子』を進講《しんこう》した。一八八一年、病気を理由に辞官。まもなく結婚するが、「七去《しちきょ》」を理由に離縁されたといわれる。その後筆一管《ふでいっかん》を携えて母とともに西日本各地を遊歴し、土佐(高知県)で立志社《りっししゃ》の坂崎紫瀾《さかざきしらん》(斌《さかん》)・宮《みや》崎夢柳《ざきむりゅう》ら民権家と交わる。一八八二年四月、立憲政党主催の大阪の政談演説会に客員弁士《かくいんべんし》として参加。「婦女の道」を論じて大喝采《かっさい》をうける。以後精力的に西日本各地を巡回し*男女同権を訴えた。彼女の主張は一八八四年に『*自《じ》由燈《ゆうのともしび》』に連載された「*同胞姉妹《どうほうしまい》に告《つ》ぐ」に集約されている。女性たちに自覚と奮起《ふんき》を求め、男性民権家に対しては、女性の民権を認めない守旧《しゅきゅう》的態度を批判した。一八八三年十月、滋賀大津での演説「函入娘《はこいりむすめ》・婚姻の不完全」が改正集会条例違反及び官吏侮辱罪《かんりぶじょくざい》にとわれ、八日間未決監《みけっかん》に送られる。一八八五年八月、演説活動を退き元立憲政党総理中島信行《なかじまのぶゆき》と結婚。これまでの「家婢《かひ》的妻」を否定し、「交際官的妻」の役割を担った。*女子教育では新栄《しんさかえ》女学校・フェリス英和女学校で漢学を教授し、*巌本善治《いわもとよしはる》主宰の『*女学雑誌』に評論・随想などを寄せた。一八九二年、夫のイタリア公使赴任《ふにん》に伴い渡欧するが病気で翌年帰国。晩年は大磯に居住し、夫妻で療養生活を送った。一九〇一年五月二十五日結核で死去。著作は『湘煙選集《しょうえんせんしゅう》』全四巻に収録。

岸田俊子

参考文献　西川祐子『花の妹―岸田俊子伝―』、一九八六、新潮社。横澤清子『自由民権家中島信行と岸田俊子―自由への闘い―』、二〇〇六、明石書店。

(横澤　清子)

きしべのアルバム　岸辺のアルバム　TBS(東京放送)制作のテレビドラマ。プロデューサー、堀川敦厚《ほりかわとんこう》。脚本、山田太一《やまだたいち》。原作、山田太一『岸辺のアルバム』。テーマ曲、ジャニス＝イアン「ウィル＝ユー＝ダンス」。出演、八千《やち》草薫《ぐさかおる》・杉浦直樹《すぎうらなおき》・中田喜子《なかだよしこ》・国広富之《くにひろとみゆき》ほか。初回放送は一九七七年(昭和五十二)六月二十四日から九月三十日。一見、平和で幸福そうな東京郊外に住む中流の家族なのだが、実は、夫は社会的なモラルを逸脱《いつだつ》するような仕事を手がけ、妻は浮気、娘はレイプされ中絶し、息子は家族それぞれの内実を知って苦悶《くもん》し荒れる。一見*ホームドラマの典型のような、幸せな生活を送っているようにみえる家族が、実はお互いの信頼関係を崩壊させるような問題を抱え込んでいたことを示すことによって、それまでほのぼのとした家庭生活を描くホームドラマ一辺倒《いっぺんとう》だった、テレビにおける家族のイメージを覆《くつがえ》すきっかけとなった伝説的なテレビドラマである。

参考文献　鳥山拡『日本テレビドラマ史』、一九八六、映人社。山田太一『岸辺のアルバム』(光文社文庫)、二〇〇六、光文社。

(坂本佳鶴恵)

きしぼじん　鬼子母神　仏教を守護する善女神《ぜんにょしん》。訶利帝《かりてい》母《も》の訳。義浄三蔵訳『有部雑事』三一によれば、多くの子をもっていたが、常に他人の子を奪って食べるので、仏が鬼子母の子を隠し、子を食う罪をさとしたという。以後仏教に帰依《きえ》し、その守護神となった。日本では鎌倉時代から法華経の行者を守護する善女神として崇拝されていたが、近世には安産・子育の神として庶民信仰の対象となった。特に入谷《いりや》・雑司ヶ谷《ぞうしがや》の鬼子母神は、後嗣《こうし》確保を至上課題と意識した江戸の女性たちから厚い信仰を傾けられた。

鬼子母神(東大寺蔵)

参考文献　宮崎英修編『鬼子母神信仰』(民衆宗教史叢書九)、一九六五、雄山閣出版。（太田　素子）

ぎしゅうもんいん　宜秋門院　一一七三―一二三八　後鳥羽天皇*中宮《ちゅうぐう》。名は藤原任子《にんし》。父は九条兼実《くじょうかねざね》、母は藤原季行女《すえゆきのむすめ》。文治《ぶんじ》五年(一一八九)十一月従三位に叙《じょ》され、翌六年正月後鳥羽天皇に入内し*女御《にょうご》となる。四月中宮。建久六年(一一九五)八月皇女(*春華門院昇子《しゅんかもんいんしょうし》)を生む。昇子誕生時は、任子父の関白九条兼実と源通親《みなもとのみちちか》の主導権争いが激化しており、後鳥羽天皇に侍した通親養女在子《ざいし》(*承明門院《しょうめいもんいん》)が皇子(為仁《ためひと》)を出産したことにより、皇嗣《こうし》獲得における両者の争いは明暗を分けた。*大姫《おおひめ》入内問題を契機に源頼朝の支持を失った兼実は、建久七年十一月に失脚、任子も後鳥羽御所から退出した。しかし、長じた後鳥羽が主体性を発揮する中で九条家復権の動きが高まり、正治二年(一二〇〇)六月任子に院号宣下(宜秋門院)。建仁元年(一二〇一)十月出家、法名清浄智《せいじょうち》。建暦《けんりゃく》二年(一二一二)正月院号ならびに年官年爵《ねんかんねんしゃく》を辞す。暦仁《りゃくにん》元年(一二三八)十二月没。任子は兼実から九条家領の大半を譲与《じょうよ》され、それらは甥の道家に伝えられた。

参考文献　野村育世「家領の相続に見る九条家」(『日本歴史』四八一)、一九八八。（栗山　圭子）

ぎしゅうもんいんのたんご　宜秋門院丹後　生没年不詳　平安・鎌倉時代前期の歌人。父は源頼行《よりゆき》。源三位頼政《げんさんみよりまさ》の姪。*二条院讃岐《にじょういんのさぬき》は従姉妹。九条家に出仕して摂政家丹後・関白家丹後と呼ばれ、のち兼実女任子《かねざねのむすめにんし》の*女房となって宜秋門院丹後と称された。右大臣歌合《うたあわせ》・住吉社歌合等に出詠。現存歌数は約二百八十首。『千載《せんざい》和歌集』以下の勅撰《ちょくせん》集《しゅう》には四十五首入集。後鳥羽院は『後鳥羽院御口伝《ごくでん》』において「やさしき歌あまた詠めりき」と高く評価。詠歌中の表現をとって「異浦《ことうら》の丹後」と呼ばれたという。

参考文献　樋口芳麻呂「宜秋門院丹後の歌」(『愛知淑徳大学論集』二二)、一九九七。長澤さち子「宜秋門院丹後の和歌―新古今和歌集入集歌を中心に―」(『語文』九九)、一九九七。（栗山　圭子）

ぎしわじんでん　魏志倭人伝　中国の正史の一つ『三国志』のうちの『魏志』の東夷伝《とういでん》のなかの倭・倭人について記述した部分を指す通称。『三国志』は西晋《せいしん》の著作郎《ちょさくろう》(歴史書編纂官《へんさんかん》)陳寿《ちんじゅ》(二三三―九七)の撰、二八五年ころの成立。倭人伝の原資料については、魚豢《ぎょかん》の『魏略《ぎりゃく》』とする説、王沈《おうしん》(?―二六六)の『魏書《ぎしょ》』とする説などがある。全部で二千字ほどの分量があり、内容は、帯方郡《たいほうぐん》から倭に至る道程と倭の国々について概述した部分、倭人の風俗・社会や女王*卑弥呼《ひみこ》の登場を述べた部分、倭と魏との交渉を述べた部分のおよそ三つに分けられる。三世紀の日本列島の歴史を考える上での、ほとんど唯一の文献史料である。風俗・社会を述べた部分には、「屋室《おくしつ》あり、父母兄弟、臥息《がそく》処を異にす」「その会同《かいどう》・坐起《ざき》には、父子男女別なし」「国の大人《たいじん》は皆四、五婦、下戸《げこ》もあるいは二、三婦、婦人淫《いん》せず、妬忌《とき》せず」「その法を犯すや、軽き者はその妻子を没し、重き者はその門戸および宗族を滅す」(原漢文)などの記述がみえる。

参考文献　石原道博編訳『(新訂)魏志倭人伝・後漢書倭伝・宋書倭国伝・隋書倭国伝』(岩波文庫)、一九八五、岩波書店。佐伯有清『魏志倭人伝を読む』(歴史文化ライブラリー)、二〇〇〇、吉川弘文館。（篠川　賢）

きしわだふじんかい　岸和田婦人会　大正・昭和時代の地域女性団体。一九二三年(大正十二)一月二十七日に大阪府岸和田市に発会した。会長は、*全関西婦人連合会《ぜんかんさいふじんれんごうかい》第一回発起人《ほっきにん》会で座長を務めた山岡春《やまおかはる》。一九一八年十月城《じょう》内《ない》小学校に設立された岸和田母の会に始まる。一九二一年泉南婦徳会《せんなんふとくかい》となり、岸和田市制施行により郡部と分離し、岸和田婦人会となる。月一回の例会、隔月《かくげつ》の役員会、講演会、社会施設の見学、子供洋服・裁縫《さいほう》・刺繡《ししゅう》・編み物・割烹《かっぽう》などの講習、*職業婦人の慰安《いあん》などの事業を行なった。一九二六年(昭和元)から「女中及女工の為《じょちゅうおよびじょこう》」の女子夜学校を開設、国語・珠算《しゅざん》・裁縫・編み物を教授、三九年まで継続した。一九二七年寄付を募《つの》り、婦人館の建設運動を行い、十一月落成。毎年全関西婦人連合会に代表者を送り、*女子教育や廃娼《はいしょう》についての議案を提出した。博愛社《はくあいしゃ》の見学を行うなど婦人矯風会《きょうふうかい》の活動とも連携した。一九三一年の岸和田市連合婦人会の構成団体となり、戦時体制の中で行政を補完する役割を担い、四二年九月に解散した。

参考文献　岸和田市立女性センターきしわだの女性史編纂委員会編著『きしわだの女たち―市民がつづった女性史―』、一九九九、ドメス出版。石月静恵「岸和田婦人会」(『戦間期の女性運動(新装版)』二〇〇一、東方出版)。（石月　静恵）

ぎせいりょうしゅんじさいでんのじょう　儀制令春時祭田条　古代の法令の一条文。民間農耕祭祀《さいし》と宴会に関する規定。条文はほぼ中国の礼制の翻案《ほんあん》だが、『*令集解《りょうのしゅうげ》』中の古記《こき》(八世紀半ばの注釈)は、日本の実態を伝えているとされる。村には社首《しゃのおびと》がいて、春の耕作開始と秋の収穫時の年二回、村人総出で村の社神《やしろのかみ》をまつる。神に捧げた幣物《へいもつ》や家ごとに集めた稲を*出挙《すいこ》し、その利息で酒を作っておく。祭田当日は男女が悉《ことごと》く集まり、国家の法の告知がなされ、その後、年齢順に席につき、年少者が給仕役をつとめて宴会をする。その準備は郷家《きとのやけ》が行う。ここからは、首長層による祭祀機能掌握《しょうあく》と出挙を通じた私富蓄積活動、国家の統制のあり方など、古代の村の実態と階層分解の様相がうかがえる。男女全員の参加、身分別ではなく年齢別の座次は、女性や下層民を排除する中世後期以降の村祭(*宮座《みやざ》)と対比して、古代における*家父《かふ》長制《ちょうせい》家族の未成立を示すとして、注目されている。

参考文献 関口裕子「日本古代の家族形態と女性の地位」(『家族史研究』二)、一九八〇。義江明子『日本古代の祭祀と女性』(古代史研究選書)、一九九六、吉川弘文館。

(義江 明子)

キダー、メアリー＝エディ Mary Eddy Kidder 一八三四―一九一〇 来日定住した最初の独身女性の宣教師。在米オランダ改革派海外伝道局日本ミッション所属。明治二年(一八六九)に来日、翌年クララ＝ヘボンより引き継いだ私塾が現在のフェリス女学院に発展し、日本における近代的女子教育の創始者の一人とされる。一八七三年宣教師のローゼイ＝ミラーと結婚。一八七九年以降、学校を離れ、東京・盛岡などで夫を助け、直接伝道に従事。また、三浦徹《みうらとおる》とともに、『喜の音』『小さき音』を刊行した。一九一〇年、東京で死去。『キダー書簡集』(一九七六年、教文館)がある。

キダー

参考文献 『フェリス女学院100年史』、一九七〇。小檜山ルイ『アメリカ婦人宣教師』、一九九二、東京大学出版会。

(小檜山ルイ)

きたいされるにんげんぞう 期待される人間像 第二次世界大戦後の*教育基本法に始まる教育政策の見直しを要求し、日本人の道徳などを示した文書。文相の諮問《しもん》で一九六三年(昭和三十八)以来大きな教育論争となっていたが、一九六六年十月、中央教育審議会によって「後期中等教育の拡充整備《かくじゅうせいび》について」の答申《とうしん》があり、その「別記」として出された。この時期、わが国の国土と民族文化を強調する教育を求める動向があり、それに応じて、「正しい愛国心」「象徴天皇への敬愛」「すぐれた国民性」について述べる。また経済審議会などが高度経済成長に伴う効率的な人づくり政策に、経済産業を担う労働者とそれを支える*家事担当者＝女性の養成を求める教育への転換を求めていたので、*家庭は愛の場・いこいの場・教育の場で「社会と国家の重要な基盤」であるとした。個人の倫理《りんり》観・宗教観・価値観などに国家が介入したり、女性の社会的進出に反対するなど、現実に相応しないにもかかわらず、以後も女性の家庭役割を強調する傾向を生み問題の多い文書である。

参考文献 『道徳教育』五ノ五(特集期待される人間像と道徳教育)、一九六五。中嶌邦「教育改革にみる女子教育の変遷」(『女子教育もんだい』二六)、一九八六。

(中嶌 邦)

きたがわどの 北川殿 ?―一五二九 戦国時代の女性。駿河《するが》守護今川義忠《いまがわよしただ》の*正室。伊勢《いせ》氏、京都伊勢氏出身。盛定《もりさだ》の女《むすめ》で新九郎盛時(北条早雲《ほうじょうそううん》)の姉妹。正親町三条実望《おおぎまちさんじょうさねもち》室・戦国大名今川氏親《うじちか》の母。呼び名は同時期にみられ、居館付近の川名に由来する。文明八年(一四七六)義忠が没すると、今川氏に内訌《ないこう》が起ったため、龍王丸《たつおうまる》(氏親)をつれ焼津《やいづ》へ逃れ、のち丸子《まりこ》へ籠った。しかし長享《ちょうきょう》元年(一四八七)に氏親が*家督《かとく》を継ぐと当主の生母として、その再建に尽力したと思われる。享禄《きょうろく》二年(一五二九)五月二十六日没。法名は得願寺殿慈雲妙愛大姉《とくがんじでんじうんみょうあいだいし》(桃源院殿《とうげんいんでん》ともある)、墓は静岡市駿河区向敷地《むこうしきじ》の徳願寺にある。

参考文献 長倉智恵雄「今川義忠夫人北川殿について」(『戦国大名駿河今川氏の研究』一九九五、東京堂出版)。『静岡県史』通史編二、一九九七。

(久保田昌希)

きたのかた 北の方 同居の正妻の呼称。十世紀初頭成立の『*大和物語《やまとものがたり》』ころが初出とされており、十世紀後期には貴族層の*一夫多妻制社会の中で同居の妻の敬称として使用されるようになり、正妻とされた。従来、妻は寝殿の北の対《たい》に居住することから北の方と呼称されたとする説が主流だったが、妻が北の対に住む事例はほとんどない。中国古典で北の方の呼称はないが、皇帝の后の居所を北宮、一般の家の*主婦のそれを北堂と称しており、また陰陽思想の「男は陽、女は陰」「陽＝南、陰＝北」から成立した呼称と考えられる。『*源氏物語』では、*光源氏が性愛関係を持つ女性たちの中で、*三日餅《みかのもち》などの婚姻儀式を挙げ同居している妻を北の方としているが、*内親王が降下し同居し始めると北の方の呼称はそちらに移る。この事例のように、正妻北の方は相対的で流動的であり、複数の平等に近い妻たちの中で少し優位なだけであり、未だ不安定であった。また、藤原道長息教通《のりみち》の同居の正妻藤原公任女《きんとうのむすめ》を、『*御堂関白記《みどうかんぱくき》』では「妾」、『小右記《しょうゆうき》』では「内方」、『左経記《さけいき》』では「北方」と記しており(寛仁《かんにん》二年(一〇一八)十二月二十四日条)、十一世紀初頭でも固定化した呼称ではなく、どれも「ツマ」と訓《よ》まれている。ただし、道長の同居の正妻*源倫子《みなもとのりんし》が常に夫と同行し、儀式に並んで参加し、夫の家政運営を掌握《しょうあく》するなど強固な妻役割を行い、このころから同居の正妻役割が固定化し始める。同居の正妻は「嫡妻腹《むかいばら》」と呼ばれ、子どもたちは父の後見を受け、「外腹《ほかばら》」の子より優位に昇叙《しょうじょ》した。さらに、十一世紀初頭から始まり後期には摂関の妻が北政所《きたのまんどころ》と呼ばれるように定着すると、まず摂関家で一夫一妻多妾《たしょう》制が始まり、妻を北の方とする呼称が定着した。そのころから他の貴族・豪族たちも同様に一夫一妻多妾制が浸透し、高貴な身分の妻を北の方と称するようになる。

参考文献 高群逸枝『招婿婚の研究』(高群逸枝全集二・三)、一九六六、理論社。服藤早苗『平安朝の家と女性―北政所の成立―』(平凡社選書)、一九七七、平凡社。胡潔『平安貴族の婚姻慣習と源氏物語』、二〇〇一、風間書房。（服藤　早苗）

きたはらさとこ　北原怜子　⇩蟻《あり》の街《まち》のマリア

きたむらかねこ　北村兼子　一九〇三―三一　大正・昭和時代のジャーナリスト。大阪市生まれ。高女卒業後に官立大阪外国語学校別科英語科と関西大学大学部法学部に入るが女であるため正式な入学ではなかった。司法科と行政科の高等試験も女ゆえに阻《はば》まれ性差別をしたたかに味わう。一九二五年(大正十四)に『大阪朝日新聞』に採用され、社会部で取材執筆する一方、女性誌に女性問題を寄稿《きこう》。演説も優れ鋭い社会観察力と独自の表現で評判になる。一九二六年から『ひげ』『竿頭《かんとう》の蛇《へび》』など評論やルポを刊行。しかし、新聞に歓楽街《かんらくがい》潜入ルポを連載したことから通俗紙の執拗《しつよう》な性的暴露記事で攻撃され、『怪貞操《かいていそう》』で応戦するが、一九二七年(昭和二)に新聞社退職に追い込まれ、顚末記《てんまつき》『婦人記者廃業記』に「日本は女にとっての監獄部屋」と書く。以後はフリーライターとして、第一回*汎《はん》太平洋婦人会議や万国婦人参政権大会に出席、飛行士免許もとり、リベラルな国際ジャーナリストとして期待されながら一九三一年七月二十六日急逝。計十三冊の著書があり、『大空に飛ぶ』が遺著。

参考文献　大谷渡『北村兼子―炎のジャーナリスト―』(おおさか人物評伝)、一九九九、東方出版。高良留美子『恋の潜航』解説(女性のみた近代四)、二〇〇〇、ゆまに書房。（江刺　昭子）

きたむらきぎん　北村季吟　一六二四―一七〇五　江戸時代前期の俳人、歌人、古典研究家。名は静厚《しずあつ》。通称久《きゅう》助《すけ》。号は慮庵《りょあん》・七松子・拾穂など。祖父・父とも医者で連歌《れんが》をこのんだ。京都生まれ。諸師に誹諧《はいかい》・*和歌・古典研究を学んだ。明暦《めいれき》二年(一六五六)誹諧披露《ひろう》を行なって独立し、誹諧に古典の知識を導入した。門人が多く、上層の門人も多かった。人物本位で中国の列女伝《れつじょでん》をそのまかな書きにしたと評価される『仮名列女伝』を明暦二年に著わしている。元禄二年(一六八九)幕府の歌学方となった。誹書『山井《やまのい》』、古典注釈書『大和物語抄』など数多くの著作を残した。

参考文献　石川松太郎編『女大学集』(東洋文庫)、一九七七、平凡社。石倉重断『北村季吟伝』(近世文芸研究叢書)、一九九五、クレス出版。（中村　文）

きたむらサヨ　北村サヨ　一九〇〇―六七　昭和時代の宗教家。天照皇大神宮教《てんしょうこうたいじんぐうきょう》の教祖。山口県玖珂《くが》郡《ぐん》の農家の四女として出生。一九二〇年(大正九)、同県熊毛《くまげ》郡田布《たぶ》施町《せちょう》の農家北村家に嫁ぐ。結婚後、姑《しゅうとめ》からは徹底的に働かされ、しごかれるが、それにはよく耐えて男勝りの農婦になる。一九四二年(昭和十七)、自宅の納屋《なや》が炎上し、稲荷《いなり》行者《ぎょうじゃ》から放火であると指摘され、丑《うし》の刻の水行、神社への日参を開始する。一九四四年、肚《はら》の中に神が入り、それと対話し、またその命じるままに街頭などで説法を開始する。一九四五年八月十二日に宇宙絶対神(男神の皇大神《こうたいじん》と女神の天照大神《あまてらすおおおかみ》が合体した天照皇大神)がサヨの肚を宮として天下る。一九四七年に天照皇大神宮教設立。サヨは「蛆《うじ》の乞食《こじき》よ目をさませ」と人々に「真人《まにん》間《げん》」になるように訴えた。また街頭布教で、サヨの歌説法や信者の「無我《むが》の歌」に合わせて、無我の境地で思いに手足を動かして踊る「無我の舞」によって、「踊る神様」「踊る宗教」と呼ばれた。

参考文献　森秀人『蛆の乞食よ目をさませ―本物の教祖・北村サヨの生涯―』、一九七五、大和出版。川村邦光「スティグマとカリスマの弁証法―教祖誕生をめぐる一試論―」(『宗教研究』二五三)、一九八二。（渡辺　雅子）

きたむらみな　北村美那　⇩石阪美那子《いしざかみなこ》

きちばいしゅん　基地売春　軍事基地周辺に展開する売買春のことで、日本の場合は、日米安保条約による在日米軍基地周辺にみられる。長く売春女性を差別的に見る風紀問題として扱われてきたが、女性史研究の進展によって「軍隊と性」の問題としてとらえられるようになった。戦後、アメリカは沖縄を「太平洋の要石《かなめいし》」と位置づけ、直接統治のもとで軍事基地を拡大した。米兵によるおびただしい殺人・レイプに見舞われ、住民は「性の防波堤」を必要とする意識から売春地区(特殊飲食店街、一九五三年(昭和二十八)からは「Aサイン」飲食店街)を設定。戦争で生活を破壊された女性たちが流れ込んだ。朝鮮戦争開始により日本国内の基地も拡大され、強制収用によって土地を失った地元民が「*パンパン」と呼ばれた売春女性へ部屋を貸し、各地の基地周辺は集娼《しゅうしょう》地帯と化した。一九五三年、*厚生省の「駐留軍基地周辺散娼数」によると女性数は、全国八十六市町村の基地に約四万五千人である。米軍は米兵の性病罹患《りかん》を警戒し、感染源＝日本人女性として、日本の行政機関を使って性病検診・治療を強制した。基地周辺では、女性の人権を無視した、米兵のための「安全な買春」が日米合作で行われたのである。

参考文献　平井和子「米軍基地と「買売春」―御殿場の場合―」(『女性学』五)、一九九七。藤目ゆき『東アジア冷戦とジェンダー』(文部省科学研究費補助金研究成果報告書)、二〇〇三。（平井　和子）

きちはんたいとうそう　基地反対闘争　米軍基地化に対して、それを阻《はば》むため各地で展開された住民の運動。一九五一年(昭和二十六)、対日講和条約が調印され、同時に結ばれた日米安保条約とそれに基づく行政協定によって、日本は独立を回復したがアメリカに軍事基地を無限定に提供する義務を負った。沖縄は、本土と分離されアメリカの信託統治制度のもと、「銃剣とブルドーザー」による土地強制接収が始まり、これに対して一九五六年、全島的な「島ぐるみ闘争」が湧き起った。一九五二年、吉田内閣は内灘村《うちなだむら》や石川県議会の反対にもかかわらず、内灘砂丘を米軍試射場として接収することを決めた。反対運度が切り崩されるなか、男性の尻をたたいて運動を

2000年11月12日「在沖米軍本土移転演習阻止、山梨県による檜丸尾強奪粉砕・梨ヶ原奪還」闘争後の忍草母の会

担ったのは女性たちだった。一九五三年九月、刑事特別法によって強制排除されるまで、子どもをおぶった女性たちの砂丘座り込みが続けられ、三ヵ月間に延べ三万人の女性が参加した。一九五五年、米軍立川基地の拡張に対して、砂川町《すながわちょう》(東京都立川市)の住民は「心に杭《くい》は打たれない」を合言葉に一丸となって反対した。特に女性たちは婦人会長砂川《すながわ》ちよを中心に粘り強い運動を展開し、一九六九年に土地収用認定取り消しを勝ちとった。砂川闘争は全国の反基地運動だけでなく沖縄の運動とも響きあいながら進められた。一九六〇年、山梨県忍野村《おしのむら》でも北富士演習場の返還を求めて「忍草《しぼくさ》母の会」が結成され、すげ笠にもんぺ姿の女性たちが着弾地へ座り込みを続けた。内灘でも忍野でも、女性たちが運動の主力となった背景には、農山漁村の男性の出稼ぎによる不在というジェンダー構造があるが、戦後民主主義が女性の主体化に果たした影響を見ることができる。一九八〇年代に入ると神奈川県逗子《ずし》市の池子《いけご》の森《もり》米軍住宅建設反対運動でも女性の果たした役割は大であった。全国の基地の七五%が集中する沖縄では、一九九五年(平成七)、NGO「基地・軍隊を許さない行動する女たちの会」が発足し、アメリカを廻るピースキャラバンを展開し、沖縄から東アジア全体の非軍事化をめざしている。

参考文献　安藤登志子「忍草母の会」(朝日ジャーナル編『女の戦後史』二、一九八五、朝日新聞社)。佐藤のり子「基地の島・沖縄」(女たちの現在を問う会編『銃後史ノート』戦後篇三、一九八七、インパクト会)。那覇市総務部女性室編『なは・女のあしあと』(那覇女性史戦後編)、二〇〇一、琉球新報社事業局出版部。（平井　和子）

きつえんとじょせい　喫煙と女性　〔近世〕タバコは戦国時代から近世初頭にかけて日本に移入された。撚糸《ねんし》のように細かく刻み、きせるにつめ、混ぜものをしないで、火をつけて吸うという吸い方は日本独自のものであった。さまざまな人の生業《なりわい》を描いた『*人倫訓蒙図彙《じんりんきんもうずい》』や女性の規範を描いた絵入りの「*女訓書《じょくんしょ》」では、喫煙そのものについての解説はなく、挿図の中でさまざまな女性が喫煙している。物を教える女・姑《しゅうとめ》・嫁・農婦・後家《ごけ》・妾《めかけ》・生娘《きむすめ》などさまざまな階層の女性が喫煙している。文面で喫煙に触れたものでは「大酒すべからず」「大食すべからず」とともに「煙草あくほど呑《の》むべからず」としている。ただ女性の喫煙にジェンダー規範はなかったのである。ただし、人間関係での規範はあり、目上の人の前では吸わなかったようである。妻は夫の前では吸わないが息子の前では吸ったのである。しかし、この規範は*隠居をするとはずれたようである。

喫煙する女性(『人倫訓蒙図彙』六より)

参考文献　『人倫訓蒙図彙』(東洋文庫)。『江戸時代女性生活絵図大事典』、一九九三・九四、大空社。（中村　文）

〔近現代〕近代日本の女性の喫煙タブー規範成立要因の一つは、一八九八年(明治三十一)の*明治民法による*家父《かふ》長制《ちょうせい》と*良妻賢母《りょうさいけんぼ》主義規範の成立による女性の地位の低下とされている。明治二十年代の女性向け作法書等では女性の喫煙は随所に見られるが、二十年代後半から煙草《たばこ》は身体に悪いとする医学的見解とそれに依拠《いきょ》した*日本基督《キリスト》教婦人矯風会《きょうふうかい》の「女性の喫煙は健全な出産子育てからの逸脱《いつだつ》」とする批判が強まる。そして未成年喫煙禁止法(一九〇〇年)が制定され、女・子どもの喫煙タブー規範が定着する。さらに、国家による煙草の専売化や紙巻き煙草が日清・日露戦争の恤兵品《じゅっぺいひん》となり、恩賜《おんし》の煙草が製造され、煙草が国家主義的な男性性を帯びた要因も付加される。大正末から昭和戦前期には、女性用シガレットも販売され、女性の喫煙はモダンでセクシャルな魅力を示すものとなる。戦時下および終戦直後の煙草の配給や闇煙草時代を経て、一九五〇年代後半には、*主婦や女子学生にも喫煙を推奨する「たばこは動くアクセサリー」等のポスターが登場。一九六〇年代後半からは、WHOの禁煙キャンペーンが展開され、広告規制や嫌煙《けんえん》、禁煙運動が盛んになる。二〇〇〇年(平成十二)以降は社会全般に喫煙規制が強まるが、二〇〇五年の厚生労働省の調査によれば、二十代の女性の喫煙率はむしろ増加している。

参考文献　舘かおる編『女性とたばこの文化誌』、二〇〇七、世織書房。（舘　かおる）

きどう　鬼道　弥生時代、東アジア世界に展開した原始的呪術であるシャーマニズムに対する中国での呼称。『魏志《ぎし》』倭人伝《わじんでん》に「一女子を立てて王と為す、名づけて卑《ひ》弥呼《みこ》と曰《い》ふ、鬼道に事《つか》へ能《よ》く衆を惑はす」(原漢文)とある。*卑弥呼が倭国《わこく》統治のために用いた「鬼道」については『*古事記』『日本書紀』の*天照大神《あまてらすおおみかみ》・倭迹日百襲姫《やまとととひももそひめ》・神功皇后《じんぐうこうごう》の巫女《ふじょ》的側面との対比、世界各地の民俗事例との比較などからシャーマニズムとする見方が一般的である。しかし、近年は『魏志』張魯《ちょうろ》伝、『蜀志《しょくし》』劉焉《りゅうえん》伝にみえる「鬼道」の使用事例から道教とのかかわりを認めようとする見解が広まりつつあるが、未だ定見とはなっていない。『魏志』高句麗《こうくり》伝《でん》には「霊星《れいせい》・社稷《しゃしょく》」(土地・穀物)の祭祀《さいし》と別に「鬼道」をまつるとみえ、死霊・先祖祭祀の性格が強い呪術であった可能性が高い。また当時、倭地では練沐《れんもく》・卜占《ぼくせん》・持衰《じさい》なども行われており、それらをすべて含む原始的宗教であったと理解すべきであろう。

参考文献　関和彦『卑弥呼—倭の女王は何処に—』、一九九七、三省堂。

(関　和彦)

ぎどうさんしのはは　儀同三司の母　⇨高階貴子《たかしなのきし》

きどまつこ　木戸松子　一八四三—八六　江戸時代末期の芸妓。明治時代の政治家木戸孝允《たかよし》の妻。若狭小浜《わかさおばま》藩士木崎《きざき》(生咲《きさき》ともいう)市兵衛《いちべえ》の娘といわれているが、生い立ちについては諸説あり不明。京都三本木《さんぼんぎ》で芸妓《げいぎ》となり「幾松《いくまつ》」と称す。そこで長州藩士桂小五郎《かつらこごろう》(のちの木戸)と出会い、禁門《きんもん》の変《へん》後幕府から追われる身となった桂をかくまい援助した。明治維新後は、参議になった木戸の妻となり、これを支えた。

参考文献　辻ミチ子『女たちの幕末京都』(中公新書)、二〇〇三、中央公論新社。

(長谷川良子)

きぬぎぬのつかい　後朝使　共寝《ともね》をした翌朝に男が帰宅後共寝の感想を歌に託して女の所へ贈った手紙の使者のこと。後朝は衣衣《きぬぎぬ》とも書く。平安時代に男女が共寝をする時、二人の着物(衣《きぬ》)を重ね合わせて寝た。翌朝、別れるとき二人はそれぞれの衣と衣を身に着けた。そのため、共寝した男女が別れることを「きぬぎぬの別れ」という。後朝使の慣行《かんこう》が平安時代に*婚姻儀礼に取りれられ、結婚が内定すると、男は三日間程度、夜女の家を訪れ、朝帰る。この時、男は前夜の感想を*和歌に書いて女に贈る。女も返事を贈る。これを繰り返すことは両者が結婚の承諾《しょうだく》をしたことを意味し、三日目に*露顕《ところあらわし》が行われ結婚が公然化する手順であった。また、『江家次第《ごうけしだい》』二〇に、「近代露顕一夜也、仍無後朝使」とあるように、本来後朝使の儀礼は露顕の前に行われるものであったが、平安時代後期になると男が女の家に通う形式が省略されたためにその存在理由を失い消滅したと考えられる。

参考文献　中村義雄『王朝の風俗と文学』(塙選書)、一九六二、塙書房。高群逸枝『招婿婚の研究』(高群逸枝全集)、一九六六、理論社。

(栗原　弘)

きぬぬいのかなつぐのむすめ　衣縫金継の娘　⇨節婦《せっぷ》

きのしたなおえ　木下尚江　⇨良人《りょうじん》の自白《じはく》

きびつひめのおおきみ　吉備姫王　?—六四三　*皇極《こうぎょく》天皇・孝徳《こうとく》天皇の母。『本朝皇胤紹運録《ほんちょうこういんじょううんろく》』によると欽明《きんめい》天皇の孫、父は桜井皇子《さくらいのみこ》とある。母は未詳。茅渟《ちぬ》王の妻。吉《き》備嶋皇祖母命《びしまのすめみおや》と尊称されていたことから嶋宮《しまのみや》を居所としていたと考えられている。死の床にあって皇極が側を離れなかったとの記事があり、母子の密着性が看取される。その死後、土師娑婆連猪手《はじのさばのむらじいて》が喪《も》のことを掌《つかさど》り、檀弓崗《まゆみのおか》に葬られた。檜隈墓《ひのくまのはか》と称され、大和《やまと》国高市《たけち》郡檜隈陵域に所在する。また、大化《たいか》二年(六四六)の「吉備嶋皇祖母処々貸稲《いらしのいね》」を停止するという記事にみえるように、吉備姫王には数ヵ所の*出挙《すいこ》による収入が与えられており、その死後も財産として引き継がれていた。

(河内　春人)

きびないしんのう　吉備内親王　?—七二九　草壁《くさかべ》皇子の娘。母は阿陪《あべ》皇女(*元明《げんめい》天皇)。文武《もんむ》天皇、氷高《ひだか》内親王(*元正《げんしょう》天皇)は兄弟。高市《たけち》皇子の子長屋王《ながやおう》に嫁し、膳夫王《かしわでおう》らを生んだ。霊亀《れいき》元年(七一五)二月、所生の男女を皇孫の列に入れられた。これは姉が元正天皇として即位する前提的措置である。時に三品《さんぽん》で、神亀《じんき》元年(七二四)二月二品に叙《じょ》せられた。『薬師寺縁起《やくしじえんぎ》』に同寺東禅院《とうぜんいん》・細僧房《さいそうぼう》は養老《ようろう》年中(七一七—二四)に吉備内親王が元明天皇のために建立したとある。天平元年(七二九)二月長屋王の変で自尽した長屋王に殉《じゅん》じて自縊《じけい》し、勅《ちょく》により礼を以て生《い》馬山《こまやま》に葬られた。長屋王家木簡の出土により、彼女は平城京左京三条二坊一・二・七・八坪の長屋王邸に居し、西宮《にしのみや》と呼ばれる邸内の一画に内親王御所と称する居住空間を有し、長屋王家の*家政機関に資養される存在であったことがわかった。有品《うほん》内親王で、平城宮式部省《しきぶしょう》跡出土の天平二年(七三〇)ころの木簡に「故二品吉備内親王宮」とみえ、独自の家政機関、宮を持っていたことが窺《うかが》われるが、長屋王家木簡には独立した家政運営の存在を読み取ることはできない。女性王族の*家産・家政のあり方や生活形態を検討する上で課題となる。西宮には安倍大刀《あべのおおと》自《じ》・石川夫人《いしかわふじん》など他の妻妾《さいしょう》とその所生子も居住し、吉備内親王は*後宮統括者の役割を果たしていた。身辺には婢《ひ》と目される多くの女性が奉仕し、長屋王家の家政機関のうち縫殿《ぬいどの》や染司《そめのつかさ》などは彼女の統率下にあった。そのほか、山形女王《やまがたじょおう》・*竹野《たかの》女王など長屋王と*親族関係にある人々、その他の諸王や来訪者への米飯支給の際に、彼女の配下の女性が取り次ぎを行う例がみられ、こうした物品支給を管理する役柄も推定される。後皇子尊《のちのみこのみこと》と称された高市皇子の権威と財力を継ぐ長屋王家、吉備内親王自身の尊貴性から見て、長屋王の変は聖武《しょうむ》天皇と藤原光明子《こうみょうし》所生の某王夭折《ぼうおうようせつ》後、皇位継承の可能性を有する吉備内親王所生子の討滅を企図したものとする見解も呈《てい》されている。

参考文献　寺崎保広『長屋王』(人物叢書)、一九九九、吉川弘文館。森公章『長屋王家木簡の基礎的研究』、二〇〇〇、吉川弘文館。

(森　公章)

きびのゆり　吉備由利　?—七七四　奈良時代の*後宮官人。吉備命婦《みょうぶ》とも称される。父の吉備朝臣真備《あそんまきび》とともに称徳《しょうとく》天皇の信任を得て、後宮の重職である蔵司《くらのつかさ》に就く。宝亀《ほうき》元年(七七〇)八月、称徳天皇病臥《びょうが》の際には群臣の謁《えつ》見《けん》が許されない中、典蔵《くらのすけ》として由利ただ一人が寝所の天皇に近侍して奏上・下達を行なった。奉写御執経所《ほうしゃみしつきょうしょ》における経典書写事業にも関与し、由利自身も天朝の奉為《おおんため》に一切経《いっさいきょう》を発願した。千二十三部五千二百八十二巻五百十六帙もの願経は、西大寺《さいだいじ》四王堂《しのうどう》に奉納されたことが『西大寺資財流記帳』にみえる。宝亀五年二月、蔵司長官である*尚蔵《くらのかみ》従三位《じゅさんみ》で死去した。

参考文献　井上薫『奈良朝仏教史の研究』、一九六六、吉川弘文館。須田春子『律令制女性史研究』、一九七八、千代田書房。宮田俊彦『吉備真備』(人物叢書)、一九六八、吉川弘文館。

(有富由紀子)

きみしにたもうことなかれ　君死にたまうことなかれ　*与《よ》謝《さ》野《の》晶子《あきこ》作の、日露戦争中に『明星《みょうじょう》』一九〇四年(明治三十七)九月号に掲載された詩。時の文芸評論家大町桂月《おおまちけいげつ》によって「宣戦詔勅《せんせんしょうちょく》」を非難したものとして「国賊《こくぞく》」とまで批判された。この詩が「反戦詩」として大衆的に浮上してくるのは一九四九年(昭和二十四)五月からである。「民の心に呼ぶ谺《こだま》」としてとらえた吉田隆子《よしだたかこ》によって作曲され、日本女詩人会(詩人*深尾須磨子《ふかおすまこ》ら)主催で初演された。七五調五連の長詩の構成は一連で弟を、二連で家を、三連で天皇を、四連で父母を、五連で弟の妻をと家族愛をたて糸としながら、一方、一連で「親は刃をにぎらせて人を殺せとをしへしや」、二連で「旅順《りょじゅん》の城はほろぶともほろびずとても何事ぞ」という風に単なる家族愛を超えた国—戦争とのかかわりを表現している。時代にも影響されるが、反戦詩に重きをおく人と、家族愛の方に目を向ける人とに分かれ、解釈が一世紀過ぎた現在でも二分されたまま、多くの人びとに歌われつづけている。

(香内　信子)

きみのなは　君の名は　ラジオ・映画で大ヒットしたメロドラマの傑作。菊田一夫《きくたかずお》原作のNHKラジオドラマであり、松竹が映画化した。第二次世界大戦末期、空襲下の東京の数寄屋橋《すきやばし》で出会った後宮春樹《あとみやはるき》と氏家真知子《うじいえまちこ》の、愛し合いながらなかなか結ばれぬ悲劇。NHKラジオでは、一九五二年(昭和二十七)四月十日に放送が始まり、二年間放送された。放送が始まると銭湯の女湯が空になるといわれたほどの人気を集めた。一九五三年から五四年に大庭秀雄《おおばひでお》監督が松竹で三部作の映画にした。主演は佐田啓二《さだけいじ》・岸恵子《きしけいこ》。真知子役の岸恵子がしたストールの巻き方が「真知子巻き」と呼ばれて流行した。「君の名は」「君いとしき人よ」「黒百合《くろゆり》の歌」などの主題歌もヒットした。その後、テレビでも、一九九一年(平成三)のNHK朝の連続テレビ小説など、リメイクされて放送された。

参考文献　菊田一夫『君の名は(新装版)』一―四(河出文庫)、一九九一、河出書房新社。

(坂本佳鶴恵)

きみはえ　君南風　⇩ノロ祭祀《さいし》

キムハクスン　金学順　Kim Hak-sun　一九二四―九七　一九九〇年(平成二)に韓国で*日本軍「慰安婦《いあんふ》」問題が提起されてのち、日本政府の無責任な態度を知って怒り、一九九一年八月、韓国ではじめて元「慰安婦」だったことを名乗り出た女性。同年十二月には、その後名乗り出た二名の元「慰安婦」らとともに、韓国の太平洋戦争犠牲者遺族会の元軍人・軍属とその遺族らによる戦後補償請求の民事訴訟「アジア太平洋戦争韓国人犠牲者補償請求事件」に加わり東京地方裁判所に提訴した。*女性のためのアジア平和国民基金には死ぬ時まで反対した。中国吉林省生まれ。父は学順の出生直後に死去。幼いころ、母と平壌《ピョンヤン》に戻って暮らす。母親の再婚で養女に出され、妓生《キーセン》養成所で三年間修業した。十七歳の時(一九四一年(昭和十六))、養父に連れられて中国へ行き、日本軍の手に渡った。慰安所で数ヵ月間働かされた後、同郷の朝鮮人男性を頼って脱出し、一九四六年六月、朝鮮に戻った。解放後、夫と二人の子どもを事故や病気で相ついで失い、行商などをしながら暮らした。クリスチャンでもあった。

参考文献　尹貞玉他『朝鮮人女性がみた「慰安婦問題」』(三一新書)、一九九二、三一書房。解放出版社編『金学順さんの証言』、一九九三。

(山下　英愛)

きむらあけぼの　木村曙　一八七二―九〇　明治時代の小説家。本名岡本(のち木村)栄子《えいこ》。小説の署名はすべて「曙女史《あけぼのじょし》」。東京高等女学校を卒業後、一八八九年(明治二十二)に十代半ばの若さで『*婦女《ふじょ》の鑑《かがみ》』で文壇《ぶんだん》にデビューしたが、ほかに小説四編と若干の評論を残しただけで、翌年夭折《ようせつ》した。曙の生涯には不明の点が多く、生年にも異説があり、離婚経験者という通説も誤伝の可能性が高い。木村荘太《きむらそうた》(作家)、荘八《しょうはち》(画家)、荘十二《そとじ》(映画監督)など多くの異母弟がいる。

参考文献　和田繁二郎『明治前期女流作品論』、一九六九、桜楓社。高田知波「雅号・ローマンス・自称詞―『婦女の鑑』のジェンダー戦略―」(『日本近代文学』五五)、一九九六。

(高田　知波)

きむらくまじ　木村熊二　一八四五―一九二七　明治・大正期の牧師、教育者。出石《いずし》藩士の子として生まれ、江戸に出て昌平校《しょうへいこう》に学ぶ。幕末期には幕臣として勝安芳《かつあわ》のもとで活躍、慶応元年(一八六五)に田口鐙子《とうこ》と結婚、明治維新により静岡に移る。明治三年(一八七〇)*森有礼《もりありのり》に従い渡米、十二年余の留学で医学・神学を学び一八八二年帰国。在米中に日本の*女子教育の必要性を痛感したことから、妻鐙子・義弟田口卯吉《うきち》・*巌本善治《いわもとよしはる》・植村正久《うえむらまさひさ》らとはかり一八八五年ミッションスクールではなく日本的なキリスト教主義教育をめざし*明治女学校を設立する。しかし翌八六年鐙子の死により明治女学校の経営を巌本に譲り、九二年長野県佐久《さく》地方にうつりキリスト教の伝道に従事、翌年には小諸《こもろ》に小諸義塾、一九〇一年には女子学習舎を開設、地方での布教、教育と産業の開発に献身。また頌栄《しょうえい》女学校校長、横浜フェリス女学校教師を勤めるなどキリスト教主義教育、女子教育に長い生涯を捧げた。

参考文献　東京女子大学比較文化研究所編『木村熊二日記』、一九八一。青山なを『明治女学校の研究』(青山なを著作集二)、一九八二、慶応通信。永原和子『木村熊二・鐙子往復書簡』解題、一九九三、東京女子大学比較文化研究所。

（永原　和子）

きむらごいめ　木村五位女　生没年不詳　戦国時代、京中塩座《しおざ》六人百姓の六分の一の座権利を持っていた女性。六人百姓は京中での塩の一定部分の専売権を所有していた。天文十五年（一五四六）に座頭木村與次郎直信《よじろうなおのぶ》が自分の持つ塩座六分の一の座権利を娘の五位女に譲り、五位女が父親に代わって商売を続けていた。しかし、残りの座衆がその世襲を「新儀非法《しんぎひほう》」であると訴えたため相論となるが、座内に世襲のあることを引用し自分の権利を主張した五位女の勝訴に終っている。

参考文献　豊田武「海産物集散市場の成立付中世京都における鹽・鹽合物の配給」（『中世日本商業史の研究（増訂版）』一九五二、岩波書店）。

（加藤美恵子）

きむらとう　木村鐙　一八四八―八六　明治時代の教育者。*明治女学校設立者の一人。鐙子《とうこ》ともいう。儒学者佐藤一斎《いっさい》の曾孫《そうそん》として江戸に生まれる。経済学者田口卯吉《うきち》は異父弟。慶応元年（一八六五）幕臣*木村熊二《くまじ》と結婚。大政奉還後静岡に移住。夫熊二のアメリカ留学中の十三年余家政と育児に奮闘した。熊二の帰朝後その感化でキリスト教に入信、一八八五年（明治十八）二人は協力して明治女学校を創立。また婦人矯風会《きょうふうかい》の設立に奔走《ほんそう》したが八六年、コレラのため急逝《きゅうせい》、その志を十分に展開することができなかった。明治女学校校長*巌本善治《いわもとよしはる》は同校教育のシンボルとしてその徳を称えた。

参考文献　青山なを『明治女学校の研究』（青山なを著作集二）、一九八二、慶応通信。永原和子『木村熊二・鐙子往復書簡』解題、一九九三、東京女子大学比較文化研究所。

（永原　和子）

きむらまつよ　木村松代　一八九八―一九三八　大正・昭和時代の社会学者、婦人問題研究家。一八九八年（明治三十一）長野県松本市生まれ。津田英学塾卒業後一九一八年（大正七）渡米、コロンビア大学等で学び博士号を取得して一九二七年（昭和二）帰国。母校で社会学講師となったが、一九三〇年十月偽善《ぎぜん》的結婚生活を排除する友愛《ゆうあい》結婚と産児制限を講義したとして辞職勧告を受け辞職した。のち青山学院教師となり一九三二年『結婚社会学』を刊行、女性の性的無知を批判し*性教育の必要を主張した。一九三八年九月三日死去。著書に『結婚社会学』（一九三二年、改造社、のち『叢書女性論』二九、一九九六年、大空社に所収）がある。

参考文献　「津田英学塾木村講師免職問題真相記」（『女人芸術』三ノ一一）、一九三〇。

（石崎　昇子）

きもの　きもの　⇩小袖《こそで》

きゅうせいぐん　救世軍　キリスト教プロテスタントの一教派。社会福祉事業と伝道の両面を担い、救いと聖潔《せいけつ》を強調する。一八六五年、イギリスのメソジスト教会牧師ウィリアム＝ブースが東ロンドンで路傍《ろぼう》伝道を開始、キリスト教伝道会を七八年に今日のサルベーション＝アーミー（The Salvation Army）と改称した。軍隊組織を採用し、ブースが初代大将となる。救世軍の母と呼ばれるキャサリン＝ブースは『婦人宣教論』を著わし、女性に男性と同等の伝道活動の権利と義務を主張した。一八九五年（明治二十八）、救世軍の十四名が来日し日本救世軍の創業期が始まるが、日本人初の士官となったのは山室《やまむろ》軍平《ぐんぺい》であった。「救世軍」と訳したのは尾崎行雄《おざきゆきお》（のちの東京市長）。米人宣教師モルフィの自由廃業運動の影響を受け一九〇〇年から*娼妓《しょうぎ》の*自由廃業を強力に推進、機関紙『*ときのこゑ』婦人救済号を発行、廃業後の女性たちを保護するため婦人救済所を設け、*山室機恵子《やまむろきえこ》が主任を務め、保護と自立支援を行なった。また、禁酒運動も積極的に進め、『ときのこゑ』で特集を組み世論を喚起《かんき》した。東北凶作地での子女救護や、児童虐待防止運動、関東大震災をはじめとする災害時救援物資の調達、職業紹介事業など幅広く社会事業を続けてきている。第二次世界大戦により一九四〇年（昭和十五）「救世団」と改称、さらに日本基督《キリスト》教団と合同したが戦後一九四六年に同教団から離れ、救世軍を再興した。一九二二年（大正十一）から女性を中心とする「家庭団」を組織し、会報『家庭団コータリー』を発行、*山室民子「婦人と新しい社会」（一九七三年、八一号）などを掲載し、現在まで続く。二〇〇七年現在、世界百十一の国と地域にあり、日本国内には四連隊、四十九小隊、病院二、社会福祉施設多数がある。

参考文献　『ときのこゑ―解説・総目次・執筆者索引―』上、一九八八、不二出版。秋元巳太郎・杉森英子『神の国をめざして―日本救世軍の歴史―』一、一九九一、救世軍出版供給部。

（知野　愛）

きょういくきほんほう　教育基本法　一九四七年（昭和二十二）三月公布、施行された教育法における基本法。前年三月に出された*日本国憲法の第二六条に国民の権利として教育権の保障が規定されたことにより教育刷新委員会《きょういくさっしんいいんかい》が発足し、その審議により前文と主文十一条が成立した。目的・方針・教育の機会均等・義務教育・*男女共学・学校教育・社会教育・政治教育・宗教教育・教育行政・補則である。その後つぎつぎと出る教育法の中核的な性格をもち、戦後教育の憲法といわれ、遵守《じゅんしゅ》されてきた。戦前における*教育勅語《きょういくちょくご》に代わる民主主義教育の理念により「人種、信条、性別、社会的身分、経済的地位、又は門地によって教育上差別されない」（三条、教育の機会均等）ことになり、六・三・三制の学校教育の共学化、旧大学の女性への開放などがすすめられた。だが、実際には従来の*男女別学体制からの脱却は難しく、女子向けの教育を残そうとし、進学における別学化や*家庭科の女子必修などをめぐりゆれ動いてきた。二〇〇六年（平成十八）十二月教育基本法改正が成立。公教育の名のもとに基本的人権や両性の平等が保証されるか危惧《きぐ》されている。

参考文献　堀尾輝久『いま、教育基本法を読む』、二〇〇二、岩波書店。市川昭午『教育基本法』(リーディングス日本の教育と社会四)、二〇〇六、日本図書センター。

(中嶌　邦)

きょういくちょくご　教育勅語　近代日本の国民教化の基準として天皇制国家の精神的支柱となった勅語である。一般には「教育勅語」と呼ばれるが、正式には「教育ニ関スル勅語」として明治天皇の名により、一八九〇年(明治二十三)十月三十日に出された。はじめに神話を前提とした「国体《こくたい》ノ精華《せいか》」を説き、国民の守るべき徳目を「父母ニ孝ニ、兄弟ニ友ニ、夫婦相和シ、朋友《ほうゆう》相信シ」と並べ、国家に危機が生じた時には公に奉じて、天皇中心の国家体制に殉《じゅん》ずることを求めた。近世日本の儒教思想を基礎におき、近代の天皇制国家を統合するための配慮がある。教育勅語は、全国の学校に御真影《ごしんえい》(天皇の写真)とともにその謄本《とうほん》が下賜《かし》され、多くの衍義書《えんぎしょ》(解説書)が出版された。次第に学校教育の中で徹底をはかる。小学校から儀式での礼拝と奉読《ほうどく》を行い、修身《しゅうしん》で暗記や暗写《あんしゃ》を重ねて、国民への浸透をはかり天皇制国家の精神的支柱を形づくった。教育勅語は当然*女子教育にも深く影響を与える。勅語それ自体には特に男女の別は示されていないが、一八九五年の高等女学校規程第六条の修身で「教育ニ関スル　勅語ノ旨趣ニ基キテ人道実践ノ方法ヲ授ケ兼ネテ作法ヲ授ク」とあり、一九〇一年の高等女学校令施行規則(各学科の内容を明確に規定した)の第二条でも「修身ハ教育ニ関スル勅語ノ旨趣ニ基キ道徳上ノ思想及情操ヲ養成シ中等以上ノ社会ニ於ケル女子ニ必要ナル品格ヲ具《そな》ヘシメンコトヲ期シ実践躬行《きゅうこう》ヲ勧奨《かんしょう》スルヲ以テ要旨トス」とある。修身は*高等女学校において重要な教科であり、男子の中学校よりも時間数を多くあてていた。修身教科書には巻頭に別掲《べっけい》でおかれ、良妻賢母《りょうさいけんぼ》教育の基礎にこの勅語がある。一九四〇年(昭和十五)の教育勅語発布五十年の記念行事の一つとして女訓《じょくん》の類《るい》が出版され、前時代の倫理が勅語とともにあることがわかる。敗戦後、教育勅語の使用が中止され、一九四八年六月、国会で教育勅語の失効が承認された。

参考文献　海後宗臣『教育勅語成立史の研究』(明治教育史研究一)、一九六五、厚徳社。小山静子『良妻賢母という規範』、一九九一、勁草書房。

(中嶌　邦)

きょういくママ　教育ママ　子どもの学校教育や学業成績に強度の関心・期待・評価を示す母親のこと。多少のひやかしと、母親の子どもに対する「管理」を問題視する批判を含めてのこの名称は、すでに一九六〇年代前半にマスコミ誌上に登場している。教育ママ登場の背景には、*核家族《かくかぞく》化と*家庭電化の進行、「授かりもの」から「つくりあげる」対象となった子ども観の変容など女性の生活構造をめぐる大きな変化と、核家族とジェンダー規範のもとで子育ての責任を一身に背負うことを余儀なくされた母親のおかれた状況がある。

参考文献　大阪大学文学部教育社会学研究室編『母親の教育態度に関する調査』、一九七〇。曾野綾子『虚構の家』(文春文庫)、一九七六、文芸春秋。伊藤雅子『女の現在―育児から老後へ―』、一九七八、未来社。天野正子『自立神話を超えて―女たちの性と生―』、一九八七、有信堂高文社。

(天野　正子)

きょうガスさいばん　京ガス裁判　一九九八年(平成十)四月に、大阪ガスの指定工事会社である京ガスで「積算・検収」業務に従事する事務職屋嘉比《やかび》ふみ子が、同期同年齢のガス工事監督職との賃金格差の是正《ぜせい》を求めて京都地方裁判所に提訴した*男女賃金差別事件。両者の賃金格差が、職種の差、担当する業務の違いに起因《きいん》するものであるかどうかが重要な争点をなした。原告側は、異なる職種であっても職務の価値が同一または同等であれば、その労働に従事する労働者に、性の違いにかかわらず同一賃金の支払いを求めるペイ＝エクイティ(同一価値労働同一賃金原則)に基づいて、「積算・検収」事務職と「ガス工事」監督職の職務分析・職務評価を行い、両者の職務の価値の同等性を検証した「鑑定意見書」を提出した。二〇〇一年九月に京都地裁は、この「意見書」を採用し、日本ではじめてペイ＝エクイティに基づく画期的な判決が出された。すなわち、「原告と訴外Sの各職務の遂行《すいこう》の困難さにつき、そのア知識・技能、イ責任、ウ精神的な負担と疲労度を主な比較項目として検討するのに、証拠を総合すれば、その困難さにさほどの差はないもの、すなわち、その各職務の価値に格別の差はないもの」と判定し、両者の賃金格差が、「*労働基準法四条(男女同一賃金の原則)に違反して違法」なものと認定した。しかし判決は、「積算・検収」事務職と「ガス工事」監督職の同一価値労働を認めたものの、賃金の決定要素は職務の価値だけでなく「個人の能力、勤務成績等諸般の事情も考慮《こうりょ》される」として、原告の同一価値労働に対する賃金評価は監督職の「八割五分」しか認めなかった。この点で問題は残るものの、職務評価に基づく同一価値労働を認定した京ガス裁判の意義は大きい。大阪高等裁判所に控訴《こうそ》され、同一価値労働同一賃金原則の実現を求める日本のペイ＝エクイティ運動によってその行方が注目された同事件は、二〇〇五年十二月に和解により原告側の実質的な勝利で終結した。

参考文献　森ます美『日本の性差別賃金―同一価値労働同一賃金原則の可能性―』、二〇〇五、有斐閣。

(森　ます美)

ぎょうきしゅうだん　行基集団　八世紀の畿内《きない》で民間仏教活動を行なった僧行基に随《したが》い、交通施設・灌漑《かんがい》施設の建設修理事業や、貧窮《ひんきゅう》者・病者救済活動を行なった仏教信者の人々。『続日本紀《しょくにほんぎ》』では「弟子等」「優婆塞《うばそく》・優婆《うば》夷《い》等」、『大僧正記《だいそうじょうき》』では、「十弟子」「翼従弟子千有余人」「故侍者千有余人」「親族弟子百有余人」とみえ、二千数百人以上にのぼる。*僧尼、畿内の郡司豪族層、班田農民層、また平城京に集まった都市住民、下級官人層など、元は俗人として活動していた人々も多く含まれ、その妻子である女性信者も多数存在した。特に行基の活動が国家から危険視されていた養老《ようろう》年間(七一七—二四)に、平城京の女性や子供が勝手に剃髪《ていはつ》して家を出て、親や夫をかえりみない状況が増加した。先進的な畿内や従来の共同体から離れた都市的な場に居住した女性たちは、他の地域に比べて、律令体制の導入による女性の役割や社会的地位の変化の影響を受けやすく、カリスマ的存在の僧に帰依《きえ》し、個人的な救済を求める動きが出てきたと考えられる。為政者はこのことを、理想とした儒教的家族道徳秩序の崩壊、また男女が集団として合宿することを社会秩序の崩壊として受け止め、危険視して禁止した。このため行基集団は神亀《じんき》元年(七二四)以降、活動拠点とした畿内各地の道場に、僧院だけでなく尼院を併設して集団秩序を維持しつつ活動するように変化した。その後行基集団は、次第に国家から公認されるようになり、天平三年(七三一)に法のごとく修行した老年期の人々の得度《とくど》が許可された。男性が課役《かえき》免除年齢の六十一歳以上、女性は五十五歳以上で、これは女性が土木事業など肉体的な労働から解放される年齢だった可能性がある。行基は女性に現世の俗的人間関係や重荷の因果《いんが》を説き、それからの脱却や解放のために、三宝《さんぼう》帰依や、出家、受戒《じゅかい》を勧めたが、ただし平安時代に盛んになる女性ゆえの罪業《ざいごう》や五障《ごしょう》を強調した布教活動はみられなかった。

参考文献 勝浦令子「行基の活動における民衆参加の特質」(『日本古代の僧尼と社会』二〇〇〇、吉川弘文館)。同「行基集団と女性たち」(速水侑編『民衆の導者行基』二〇〇四、吉川弘文館)。

(勝浦　令子)

きょうげん　狂言　中世の鎌倉時代末期から南北朝時代ごろに誕生し、室町から戦国時代に発展した喜劇《きげき》、笑劇《しょうげき》。猿楽《さるがく》と呼ばれ、能《のう》とセットで演じられた。現在は能楽《のうがく》という。能と違って、庶民の日常生活を題材とする狂言には、明るく笑いをとる従者《じゅしゃ》身分の太郎冠者《たろうかじゃ》や楽しい夫婦げんかをくりひろげる男女など、さまざまな人々が登場する。そのため庶民史料の乏《とぼ》しい中世の歴史を叙述するにあたって狂言はよく利用された。そこには伝統芸能である狂言は、当然、成立・発展期の室町・戦国時代(中世後期)のそれを継承しているはずだとの認識があったからだ。だが狂言を中世社会や中世女性を語る史料として取り扱うには、狂言諸台本の分析が欠かせない。これまでに発見・翻刻《ほんこく》された狂言台本には、天正六年(一五七八)の年号を持つ最古のメモ風の天正狂言本《てんしょうきょうげんぼん》や、幕府の式楽《しきがく》となった江戸時代前期に諸流派によって作られた詳細な台本、いわゆる古台本《こだいほん》がある。前者は国文学者によって十六世紀初頭ごろまでさかのぼれることが明らかにされており、中世狂言と称してよい。対して後者の近世の古台本は現行狂言の基礎となっているものである。前者の天正狂言本が中世史料として信頼できることを端的に示すのは、『近衛殿《このえどの》の申状《もうしじょう》』という曲の存在である。庄園の百姓らが庄園領主の近衛殿に代官の悪政《あくせい》を訴えるというもので、その手の話は中世も後期の村々ではよくあることであった。掛《か》け詞《ことば》を駆使《くし》した訴状《そじょう》をとりついでしまった代官の頓馬《とんま》ぶりを笑った同曲は、近世では廃曲となった。あまりにも中世的でありすぎたからだ。同様のことは*女性史を研究する際においてもいえる。現行狂言に依《い》拠《きょ》しただけでは中世女性像からかけ離れてしまう。たとえば『鈍太郎《どんだろう》』という演目は、二人の妻を持つ男がすったもんだの末に、最後には二人の女たちの手車《てぐるま》に乗り、意気揚揚《いきようよう》と退場する、という内容だ。女性差別的と定評のある曲だが、中世狂言はといえば、留《と》めがまったく違っていた。手車に乗ったまではいいが、男は、二人の女たちに振り落とされ、痛めた腰をさすりさすりしおしおと退場するのである。むろんこのどんでん返しの留めが爆笑を呼ぶしかけである。幕府式楽となった近世狂言は喜劇の鉄則を破ってまで留めを変え、現行狂言もまたそれをそのまま継承した。同様なことは中世狂言『*松山鏡《まつのやまかがみ》』とその継承曲の近世狂言『鏡男《かがみおとこ》』においてもみてとれる。鏡を知らない登場人物すべてを笑った中世狂言に対して、近世狂言は女だけを無知で嫉妬《しっと》深くしたてて嘲笑《ちょうしょう》した。現在も上演されているこの『鏡男』から中世女性像は描けまい。だからといって古台本のすべてが現行狂言に継承されたわけではないことに注意が必要である。たとえば、*オンブのしぐさである。男が女を背負ったり、女もまた男を背負ったりする。これは性愛感情の表現、男女双方から性的勧誘を示すしぐさであるが、現行狂言は採用していない。このような古台本が継承する中世的部分を掘り起こすことも、重要な課題といえる。多角的な天正狂言本や古台本のさらなる検討が必要であろう。

参考文献 もろさわようこ『わわしい女たち』(三省堂ブックス)、一九七二、三省堂。池田廣司・北原保雄『大蔵虎明本狂言集の研究』、一九七二・七三・八三、表現社。金井清光『天正狂言本全釈』、一九八九、風間書房。北原保雄・小林賢次『狂言六義全注』、一九九一、勉誠社。佐竹昭広『下剋上の文学』(ちくま学芸文庫)、一九九三、筑摩書房。橋本朝生『狂言の形成と展開』、一九九六、みづき書房。同『中世史劇としての狂言』(中世文学研究叢書)、一九九七、若草書房。黒田弘子「中世後期の村の女たち」(『女性からみた中世社会と法』二〇〇二、校倉書房)。同「女のオンブ・男のオンブ—中世のセクシュアリティー—」(黒田弘子・長野ひろ子編『エスニシティ・ジェンダーからみる日本の歴史』二〇〇二、吉川弘文館)。

(黒田　弘子)

きょうしょう　教勝　生没年不詳　八世紀前半、平城京《へいぜいきょう》の人。長屋王《ながやおう》の女《むすめ》。天平《てんぴょう》元年(七二九)二月、父長屋王の変に連座、生母が藤原不比等《ふひと》の女《むすめ》であったため死を免れた(『続日本紀』天平宝字《ほうじ》七年(七六三)十月条)。教勝は俗名か法号かは未詳。なお『大日本古文書』七(二一九頁)、天平十五年二月二十四日等の「教勝所」を本項目の教勝住坊とする説もあるが、当時の表記として尼ならば「教勝尼所」が穏当《おんとう》である。

参考文献 須田春子「尼僧とその活動」(『律令制女性史

研究』一九七六、千代田書房)。（稲川やよい）

きょうじょもの　狂女物　⇨女物狂《おんなものぐるい》

きょうどうすいじ　共同炊事　昭和農業恐慌《きょうこう》期から戦時体制期に主として部落単位で行われた炊事形態。この時期、村落において栄養改善指導事業が始まるが、その一環として提唱・実施されていく。ごく少数の常設的施設はあったものの、ほとんどの場合、田植えや稲刈りなどの農繁《のうはん》期を対象としていた。農民の栄養改善とりわけ農村女性の過重労働と栄養不足改善のためと唱われたが、実際には戦時の労働力不足という状況下、食料増産と炊事時間の節約という農業労働力対策から各地で普及していったといえよう。経営主体は共同炊事組合や農家組合(農事実行組合・農事改良組合などを含む)等であり、農林省や産業組合なども実施部落に対して助成を行なっている。農業労働力の逼迫《ひっぱく》化に伴い、生活世界を異にする都市部の女性も「勤労奉仕」として動員され、調理を担当した。

参考文献　板垣邦子「戦中期」(『昭和戦前・戦中期の農村生活―雑誌『家の光』にみる―』一九九二、三嶺書房)。野本京子「戦時下の農村生活をめぐる動向」(戦後日本の食料・農業・農村編集委員会編『戦後日本の食料・農業・農村』一、二〇〇三、農林統計協会)。（野本　京子）

きょうのにい　卿二位　一一五五―一二二九　鎌倉時代前期の朝廷の*女房。従二位。刑部卿《ぎょうぶきょう》藤原範兼《のりかね》の娘。名は兼子《けんし》。後鳥羽院の後見ともいうべき女房であり、非常に大きな政治的影響力を有した。従《じゅ》三位であったときには卿三位《きょうのさんみ》と称されていたが、承元《じょうげん》元年(一二〇七)六月に従二位となってからは卿二位と称された。姉の範子《はんし》が後鳥羽の*乳母《めのと》であった関係から、後鳥羽の幼少時よりその側近くに仕え、密着した関係を築いた。『承久記《じょうきゅうき》』など後世の記録には、卿二位を後鳥羽の乳母とする記載があるが、乳母であったことを示す同時代の確実な証拠はない。おそらく、実際には乳母ではなかったものの、その役割を代行して近侍《きんじ》する乳母のような女房だったのであろう。正治《しょうじ》元年(一一九九)正月に*典侍《ないしのすけ》となり、建仁《けんにん》元年(一二〇一)正月に従三位に叙《じょ》されたが、そのころから急速に力を持ち始めた。これには、養女の重子《じゅうし》(*修明門院《しゅめいもんいん》)が生んだ後鳥羽の皇子守成《もりなり》(順徳《じゅんとく》天皇)が、皇位継承者に位置付けられたことが関わっているとみられる。卿二位は、守成の後見的立場にあったとみてよいだろう。また、後鳥羽院の側近の*上﨟《じょうろう》女房として、重要案件を院に取り次ぐ立場にあったことから、大きな政治的影響力を有するようになり、公家政権の中心的存在となっていった。卿二位は、摂関をはじめとした上級貴族と後鳥羽院との交渉のほとんどを取り次いでいたが、そうした立場から人事権を掌握《しょうあく》して、官位昇進を望む貴族たちから多大な賄賂《わいろ》を得た。卿二位が正治元年に四十五歳で結婚した藤原宗《むね》頼《より》は、後鳥羽院の近臣で有能な実務官僚であり、建仁二年十月には院の執事別当《しつじべっとう》となったが、翌年の正月に亡くなった。卿二位は、早くもその年のうちに、後鳥羽の母*七条院の側近であった太政大臣藤原頼実《よりざね》と再婚し、頼実を院の後見的立場に付けさせて、夫妻で院の政治の顧問《こもん》となった。朝廷の重要な政治決定は、彼らと院とでなされていたという。こうした卿二位の権勢の有様は、『*愚《ぐ》管抄《かんしょう》』に「京ニハ卿二位ヒシト世ヲ取タリ」と記されている。また、後鳥羽の皇子でみずからが養育した頼仁《よりひと》親王を、将軍源実朝《さねとも》の後継者として東下させる約束を*北条政子と交わすなど、政子とともに朝幕協調関係を推進した。政子が従三位、従二位に叙されたのは卿二位の推《お》すところであったという。卿二位は、院の側近の中次《もうしつぎ》の女房であったわけだが、以上に述べたように、その活動は、中次の女房の域を超えていた。その点は、卿二位の発した文書によく示されている。卿二位は後鳥羽院の意思を奉じて*女房奉書《にょうぼうほうしょ》(「二品《にほん》奉書」)を出したが、それは卿二位の独自の意思をも含んだ文書として機能していた。卿二位自身の発した御教書《みぎょうしょ》や政所下文《まんどころくだしぶみ》もみられる。

参考文献　五味文彦「聖・媒・縁―女の力―」(女性史総合研究会編『日本女性生活史』二、一九九〇、東京大学出版会)。同「卿二位と尼二位―女人入眼―」(総合女性史研究会編『日本女性史論集』二、一九九七、吉川弘文館)。（秋山喜代子）

きょうふうかい　矯風会　⇨日本《にほん》基督《キリスト》教《きょう》婦《ふ》人《じん》矯風会《きょうふうかい》

きょうりつじょしだいがく　共立女子大学　一八八六年(明治十九)九月に宮川保全《みやがわほぜん》らが創立した共立女子職業学校を前身とする私立女子大学。共立とは、共同して学校を起こすという意であり、女子に技芸・職業を授けることを目的とした女子職業学校は、当時にあって斬新なものであった。設立発起人三十四名は、東京女子師範《しはん》学校(現在の*お茶の水女子大学)の関係者であり、渡辺辰五郎《わたなべたつごろう》が設置した裁縫塾《さいほうじゅく》である和洋裁縫伝習所(現在の東京家政大学)の一隅で授業が開始された。徒弟《とてい》学校・実業学校・職業学校として女子の職業教育にあたったが、一九二五年(大正十四)には、一九一一年に設置されていた高等師範科を専門学部に昇格させ、一九二八年(昭和三)に共立女子専門学校と改められた。ここでは家事科や裁縫科の教員の養成が行われている。また一九三六年には共立高等女学校が設立され、女子中等普通教育にも力を注いだ。戦後の*学制改革により共立女子大学・短期大学、女子高等学校、女子中学校へと転換した。

参考文献　『共立女子学園百年史』、一九八六、共立女子学園。（小山　静子）

きよはらマリア　清原マリア　生没年不詳　戦国時代のキリシタン女性*細川ガラシャの侍女頭《じじょがしら》。本名イト。永禄《えいろく》八年(一五六五)生まれともいう。キリシタンでもあった儒者大外記《だいげき》清原枝賢《しげかた》の次女あるいは三女。ガラシャにキリスト教を授洗した人物。十二、三歳のころ捨て子養育会を手助けしたという。天正六年(一五七八)、ガラシャが細川忠興《ただおき》へ輿《こし》入れしたとき、マリアを侍女にと申し入れたとされる。その背景には忠興の祖母が清原宣賢《のぶかた》の女《むすめ》にあたり、縁戚関係にあることも、ガラシャの侍女になった理由の一つといえる。天正十年、本能寺の変により、ガラシャが味土野《みとの》(京都府京丹後市弥栄《やさか》町味土野)へ幽閉されたときも付き添う。天正十二年、ガラシャが豊臣秀吉によって味土野の幽閉先から大坂玉造《たまつくり》の細川家に戻ることを許されたことで、マリアもこれに従った。天正十五年、伴天連《バテレン》追放令が出された時期であるが、ガラシャの命により教会へ通ったことがきっかけで、セスペデス神父から受洗し洗礼名をマリアとした。同年八月、セスペデス神父に特別の許しを得て、マリアみずからの手でガラシャに授洗した。「幽閉・監禁」という特殊な状況により、外出できないガラシャに代わり教会へ赴いて教理を学び、ガラシャに伝えた。*ルイス＝フロイス『*日本史』にあるように、『コンテムツス＝ムンジ』という書物を通して、信仰心を高めていくことに助力し、信仰するガラシャへ一生を仕えるという意味を込めて貞潔《ていけつ》の誓いを立て、剃髪《ていはつ》した。マリアは、清原家では知識としてキリスト教に触れ、細川家においてそれを信仰としてみずからの生活に取り入れた。マリアの最期は、ガラシャの最期に添い遂げたとも考えられるが定かではない。侍女として、信仰する者として、ガラシャを公私ともに支え続けるという意志をもち、自立した女性として現代においても語り継がれるべき人物といえる。

参考文献　女性史総合研究会編『日本女性生活史』二、一九九〇、東京大学出版会。佐野ちひろ「中世後期における女性と信仰—清原マリアについて—」(『女性史学』一四)、二〇〇四。

(佐野ちひろ)

きよはらゆきのぶ　清原雪信　一六四三—八二　江戸時代前期の画家。名は雪、雪信は号、別号匠貴《しょうき》。久隅守景《くずみもりかげ》の娘で狩野探幽《かのうたんゆう》の姪孫《てっそん》。探幽の弟子清原平野伊兵衛守清《きよはらのひらのいへえもりきよ》と結婚。絵は父と探幽に学ぶ。二十五歳で画家としての名声を得、井原西鶴《いはらさいかく》の『*好色一代男《こうしょくいちだいおとこ》』には、京都の*遊女の着物に秋景色の絵を描いたという記事がある。山水、花鳥や歴史上の人物、物語絵など、特に楊貴妃《ようきひ》・*紫式部・*清少納言・*小野小町ら多くの女性を掛軸《かけじく》や屏風《びょうぶ》などに描いた。

参考文献　パトリシア＝フィスター『近世の女性画家たち—美術とジェンダー—』、一九九四、思文閣。

(浅野美和子)

キリシタンこう　キリシタン考　江戸時代後期の女性思想家*只野真葛《ただのまくず》(一七六三—一八二五)の晩年の著作。表紙に「異国より邪法《じゃほう》ひそかに渡年経て諸人に及びし考、日本国は正直国也、年増に人の心正直ならず成しは、邪法のわざ也」とある。その内容は、キリシタンを邪法としてこれを排除するべきだとするものだが、キリシタンやその背景に対する理解は全くなされておらず、説得的ではない。真葛は経世《けいせい》家・医者で『赤蝦夷風説考《あかえぞふうせつこう》』の著者工藤平助《くどうへいすけ》の娘として、多方面にわたる教養を身につけてきたが、当時流布していた通俗的排耶書《はいやしょ》すら読んでいなかったと思われる。たとえば通商していたオランダについて、「ヲランダは西より来ると聞く、此ヲランダ、悪魔を日本に入たり、是を西の海にはらはゞ、日本の悪人つきて、国清まるべし」と記している。『只野真葛全集』(鈴木よね子校訂、叢書江戸文庫、一九九四年、国書刊行会)所収。

参考文献　関民子『江戸後期の女性たち』、一九九〇、亜紀書房。

(村井　早苗)

キリストきょうじょしきょういく　キリスト教女子教育　キリスト教伝道の足がかりを得る目的で、十九世紀初頭以来、英米のプロテスタント宣教師は、普通一般教育事業を手がけたが、特に女性を対象とするそれは、多くの場合、被伝道者(現地人)に人気があり、英米のプロテスタント＝キリスト教伝道を特徴づける事業となった。初期は宣教師の妻が片手間に行なっていたが、規模の拡大とともに、独身女性の宣教師が送られるようになり、さらに、伝道の手段としてだけではなく、女性の地位、家庭環境、*家事・育児技能、衛生状態などの向上をもたらす、「文明化」の手段としての意味も強くなっていった。日本でミッションの*女子教育が本格化したのは明治三年(一八七〇)以降で、在米オランダ改革派日本ミッション所属の*メアリ＝エディ＝キダー(フェリス女学院創始者)や在米長老派日本ミッション所属のジュリア＝カロザース(女子学院の前身の創始者)などが先駆者《せんくしゃ》とされる。日本政府の女子教育政策が、初等教育と限定的師範学校教育にとどまっていた明治前半期に、これらの、いわゆるミッション＝スクールは、女性に対して開かれた数少ない西洋の知識と文化への窓として発展した。近代的な*幼稚園、看護婦養成といった特異な分野の濫觴《らんしょう》となったのも、ミッション＝スクールである。しかし、一八九〇年代に入ると、まず、ナショナリズムの高揚《こうよう》、ついで、一八九九年の文部省訓令《くんれい》一二号に見られるような圧力、一八九九年以降の各県における公立高等女学校の整備等、逆風が吹き始めた。これに対し、東京に主要拠点を持ついくつかのミッションでは、その経営する女学校の高等科を切り離して統合し、超教派で*東京女子大学を設立(一九一八年(大正七))するなどしたが、決定的に有効な対抗策が取れたわけではない。国家主義のもと、公立高等女学校が前面に打ち出した*良妻賢母《りょうさいけんぼ》主義に関しても、もともと良い妻や賢い母を育てるのはミッション＝スクールの目的の一つであったので、ややリベラルな教育環境を提供するにとどまった。第二次世界大戦後、アメリカの圧倒的な影響力のもと、これらの学校は人気を回復し、*女子大学を新設する例も増えた。なお、現在の日本では、ミッションから資金援助を受ける学校はほとんどない。ミッションの事業例にならい、日本人キリスト教徒によるキリスト教女子教育事業も一八七〇年代に始まった。現在の梅花《ばいか》学園はその好例であるが、その多くは宣教師への批判のまなざしから生まれた、日本人の自立・

自尊《じそん》の精神をその創設の基盤とする。日本で最も早く女子高等教育を提供した、現在の*日本女子大学・*津田塾大学も日本人キリスト教徒により創設されたもので、キリスト教主義を標榜《ひょうぼう》しないが、その大きな影響を認めることができる。一方、カトリックの宣教事業においては、プロテスタントほど女子普通一般教育が盛んではなく、第二次世界大戦前は、現在の白百合《しらゆり》学園・雙葉《ふたば》学園など、数例を見るにすぎなかったが、戦後、大々的にこの分野に乗り出し、今ではキリスト教女子教育を担う一大勢力となっている。一般人出身の美智子皇后・雅子皇太子妃はともにカトリックのミッション＝スクールで教育を受けた経験を持つ。

参考文献 『フェリス女学院100年史』、一九七〇。『白百合学園百周年記念誌』、一九八二。『女子学院の歴史』、一九八五。『梅花学園百十年史』、一九八八。『雙葉学園八十年の歩み』、一九八九。小檜山ルイ『アメリカ婦人宣教師』、一九九二、東京大学出版会。小林恵子『日本の幼児保育につくした宣教師』、二〇〇三、キリスト教新聞社。 （小檜山ルイ）

キリストきょうじょしせいねんかい　キリスト教女子青年会 ⇩ＹＷＣＡ

キリストきょうのじょせいかん　キリスト教の女性観 伝統的なキリスト教の女性観を表象するのはイブである。イブとは『旧約聖書』の「創世記」に登場する女性の名前であるが、人類の始祖であるアダム（男性）の肋骨《ろっこつ》から創造され、蛇に唆《そそのか》されて神の禁止命令に背いたために楽園から追放されたとされている。この創造物語を根拠にして、教父や神学者などキリスト教界の指導者は原罪の責任を女性に負わせ、女性は男性から派生した第二の性であり、理性・知性・道徳性において男性より劣るとする女性観を確立した。『新約聖書』でもパウロの言葉として、男性は神のかたちであり、栄光であるのに対して、女性は「男性の栄光」であると記述され、これが女性の劣等性の根拠とされた。神を男性性として表す「父なる神」のイメージも、神性を男性のものとみなし、聖職からの女性の排除を正当化するのに貢献してきた。さらに伝統的神学は男女の二元論を精神・肉体の二元論と結合させ、男性を知性・理性として、女性を身体・自然として定義した。身体と自然は知性と理性に従属しなければならない、故に、女性は男性に従属しなければならないとされた。女性に対しては慈善《じぜん》・従順《じゅうじゅん》・服従・謙虚《けんきょ》・自己否定・犠牲・奉仕などの受動的な特性が強調され、女性自身もそれを受け入れ、内面化してきた。しかし第二波*フェミニズムが女性たちによる宗教批判を可能にした。一九六〇年代末には性差別から完全に自由であったイエスの言動と、人種・階級・性に関わるあらゆる差別を否定した「ガラテヤ人への手紙」三章二十八節を拠《よ》り所に、伝統的な女性観を拒否し、男女の平等と性差別からの解放を主張するフェミニスト神学が誕生した。それ以来フェミニスト神学者によって女性の抑圧と支配に貢献してきた伝統や教会のあり方や男性中心の聖書解釈が批判され、*ジェンダーの視点に立つ聖書解釈や男性性を象徴しない神性の探求など*家父長制宗教からの脱却を目指す試みが進行している。日本で*廃娼運動や女性の地位向上のために活動した矯風会や*ＹＷＣＡなどの女性キリスト者組織も慈善や奉仕の精神を重視したが、彼女たちの活動の基盤にあったのは受動的な女性観よりも「神の前における平等」という思想だったと思われる。

参考文献 Mary Daly. Beyond God the Father. Boston: Beacon=Press, 1973. エリザベス＝シュスラー＝フィオレンツァ『彼女を記念して』（山口里子訳）、一九九〇、日本基督教団出版局。Anne M. Clifford. Introducing Feminist Theology. New York: Orbis Books, 2001. （奥田　暁子）

ギルマン、シャーロット＝パーキンズ　Sharlotte Perkins Gilman 一八六〇―一九三五　アメリカの評論家、作家。『女性と経済関係』（一八九八年、Women and Economics）の出版で第一波*フェミニズムの指導的理論家の地位を確立した。これがミルの『女性の隷従』（一八六九年、邦訳は一九二一年（大正十））以来の収穫といわれたのは、不平等の物質的基盤を分析し、女性参政権獲得の理論的根拠を提示したためである。ギルマンは、性差拡大の原因を男女の経済的依存関係に求め、女の「性的特徴」の一つである*家事労働に分析のメスを入れた。第二波フェミニズム台頭の中で再評価され、欧米のギルマン研究は盛んである。邦訳『婦人と経済』（一九一一年（明治四十四））が日本の婦人運動圏で影響を与えたのは確かだが、平等派ギルマンに抗して差異論・母性主義を主張した*エレン＝ケイの圧倒的影響力と比べると、ギルマンは大正期の「*母性保護論争」でも評価されず、以後忘却される。この事実が、日本のフェミニズムの母性主義偏重《へんちょう》の歴史を端的に語っていると思われる。『婦人と経済』はステッツオン（ギルマン）著として『世界女性学基礎文献集成』明治大正編八（二〇〇一年、ゆまに書房）に収められている。

参考文献 三宅義子「近代日本女性史の再創造のために―テキストの読み替え―」（『女性学の再創造』二〇〇三、ドメス出版）。 （三宅　義子）

きんがくじゅん　金学順 ⇩キムハクスン

きんさん・ぎんさん　きんさん・ぎんさん 一九九二年（平成四）揃《そろ》って百歳になり有名になったふたご、成田きん（一八九二―二〇〇〇）と蟹江《かにえ》ぎん（一八九二―二〇〇一）。愛知県鳴海《なるみ》村（名古屋市緑区）の小作農家に生まれ、幼時から草取り、やがて弟妹の子守り、水運び、肥《こえ》（排泄物）の運搬、糸紡ぎ、畑仕事をこなす働き手になった。見合い結婚後も働き、従い、耐え、子どもをつぎつぎに産み、空襲下を生き延び、無権利の農家の嫁として生きた。数え年百歳の敬老の日を前に知事・名古屋市長が訪問、一九九〇年代にはテレビＣＭ「きんは百歳、ぎんも百歳」で国民的アイドルとなり、ポスター、ＣＭ出演が続いた。

『ギネスブック'99』にも「国の宝」欄に掲載された。埋もれて消えるはずの生涯が記録され、人間遊んでるのは良くない、気力と意地がだいじ、夫婦は食っていくための共同生活者、戦争反対、投票は大切など、敗戦で転換した日本の庶民の生活実感を語る存在となった。

参考文献　綾野まさる『聞き書ききんさん・ぎんさん一〇三歳「面白いことがいっぴゃーあったなも」』、一九九五、太陽企画出版。伊藤康子『闘う女性の二〇世紀―地域社会と生き方の視点から―』(歴史文化ライブラリー)、一九九八、吉川弘文館。　(伊藤　康子)

きんしんかん　近親姦　二親等《にしんとう》以内の*親族(親子、きょうだい)の間で、年長者・男性など強い立場にある者から年少者・女性など弱い立場にある者に強制される性関係をいう。強制を受けた側の性的自由と自己決定権が害される。二〇〇〇年(平成十二)制定の児童虐待の防止等に関する法律によれば被害者が十八歳未満の場合は、*児童《じどう》虐待《ぎゃくたい》の一型としての性的虐待にあたる。近親姦が被害児に及ぼし得る短期的影響としては、不安、恐れ、罪悪感、抑鬱《よくうつ》、対人関係の障害、強迫《きょうはく》的行動、頭痛や腹痛、夜尿《やにょう》、PTSD様諸症状などが挙げられている。一方、虐待が長期にわたった場合に生じ得る遷延《せんえん》反応としては、否定的自己評価、対人関係の障害、性関係の障害などがあるとされる。被害者に対しては、保護・安全確保はもちろん、こうした初期・遷延反応に対するケアが為されなければならない。一九〇七年(明治四十)制定の刑法一七七条(*強姦《ごうかん》の罪)は親告罪《しんこくざい》であることから、近親姦被害者の保護にはほとんど役立たない。

参考文献　斎藤学「児童期性的虐待について」(同編『児童虐待』臨床編、一九九八、金剛出版)。　(内藤　和美)

きんしんこん　近親婚　結婚が一般に禁止されるような濃密な*親族間での*婚姻《こんいん》。古代の大王《おおきみ》(天皇)家には、しばしば異母兄妹婚《いぼきょうまいこん》・叔父《おじ》―姪《めい》婚・叔母《おば》―甥《おい》婚などがみられて、これにイトコ婚も加えると近親婚の事例は決して少なくない。親子関係と同母兄弟姉妹関係を除くと、タブーはなかったようである。大祓《おおはらえ》の祝詞《のりと》の中で「国津罪《くにつつみ》」としてタブー視されているのは、実の親子関係と義理の親子関係のみである。また、同母の兄弟姉妹は幼少時から同居生活をおくっていた間柄で、婚姻が回避されたことは想像に難くない。この近親婚が大王(天皇)家に限られたものであれば、他の国にもみられる王家特有の、神聖な血を受け継ぐという機能から説明されよう。一方、八世紀の貴族層では氏族内の父系近親婚が流行していて、父系氏族を団結させていくための方策かとみられる。その時代・階層の特色をもちつつも、それを超えて近親婚忌避《きひ》(インセストタブー)の範囲が非常に狭小《きょうしょう》であったことは、日本社会の特質として考えてよい。

参考文献　大林太良「古代の婚姻」(竹内理三編『古代の日本』二、一九七一、角川書店)。布村一夫『日本神話学―神がみの結婚―』、一九七三、麦書房。西野悠紀子「律令体制下の氏族と近親婚」(女性史総合研究会編『日本女性史』一、一九八二、東京大学出版会)。　(明石　一紀)

きんしんそうかん　近親相姦　⇨近親姦《きんしんかん》　⇨母開《ははつび》

きんだいかぞく　近代家族　そのまま読めば、「近代」の「*家族」の意だが、テクニカルタームとしては、いくつかの留意すべき意味内容を含む。まず第一に、フィリップ=アリエス、ローレンス=ストーン、エドワード=ショーターらを代表とする、一九六〇年代以降の欧米の家族史・社会史研究の蓄積《ちくせき》の中から提起されてきたもので、われわれが現在自明とする、夫婦や親子の排他《はいた》的親密さや子供中心主義、家内性などを特性とする家族のありようが、近代に至る社会経済的変化の中で現れてきた歴史的産物であることを示す。日本の文脈においては、この語には、さらに注意の要がある。日本では、敗戦後、*明治民法家族制度下の、*家父長《かふちょう》制と男女の不平等を特徴とする家族のあり方が、「前近代的」「封建的」として乗り越えるべきものとされ、夫婦中心の民主的家族が目指すべき「近代(的)家族」とされた。そのロジックからすると、敗戦以前の日本社会には、「近代家族」は存在しなかったことになるが、実のところ、明治民法の家族制度は、武士的家制度を範とし「前近代」的様相を伴ってはいたが、財産所有制度における個人主義を貫徹《かんてつ》し*親族や地縁共同体から小家族を独立させる点では、きわめて「近代的」な性格を有していた。しかも、明治後半から大正期にかけての産業化は、とくに都市において家族のメンタリティを変容させ、家族史でいう意味での「近代家族」を実現させていった。近代家族は、女性にとってきわめてアンビヴァレントなものである。これにおいて、男女の性別役割分業と公・私、生産・消費の分離が重ねあわされ、女性は私的な家内領域で妻・母として夫や子に献身することが期待された。これは、女性にとって抑圧的に働いたことはいうまでもないが、しかし家族の中心として女性の立場を強化するとともに、国民を産み育てる母として女性を国家の一員として位置づけたのでもあった。

参考文献　フィリップ=アリエス『〈子供〉の誕生』(杉山光信・杉山恵美子訳)、一九八〇、みすず書房。落合恵美子『近代家族とフェミニズム』、一九八九、勁草書房。牟田和恵『戦略としての家族―近代日本の国民国家形成と女性―』、一九九六、新曜社。　(牟田　和恵)

きんだいのれんあいかん　近代の恋愛観　厨川白村《くりやがわはくそん》(一八八〇―一九二三)の評論集。『大阪朝日新聞』連載(一九二一年(大正十)十月十八日―二十日)、改造社刊(一九二二年)。ブラウニングの詩や*エレン=ケイの説などをとりながら、文芸にみられる性と*恋愛の意識の展開を追い、「真の恋愛は人格と人格との結合である。魂と魂との接触である。其の間何等《なんら》利害、家名等を挟むべきではない」といった形で*自由恋愛を主張したもの。恋愛を神聖視する意識に貫かれているが、封建的男女関係への一つの問題提起でもあった。著者は京都生まれ。東京帝大英文科大学院時代のテーマは「詩文に現はれた恋愛の研究」であり、京大で英文学を講じると同時に、欧米の近代文学の紹介や文学を題材とした文明批評・解説を行なった。大正期を象徴する知識人であったが、関東大震災に遭い死亡。なお、妻蝶子《ちょうこ》も白村と同時期に『*婦人公論』等に短文を発表している。

参考文献 鈴木貞美編『大正生命主義と現代』、一九九五、河出書房新社。 (内藤 寿子)

きんぶんそうぞく 均分相続 遺産などを相続人たちの間で均等に相続すること。おもに前近代中国社会で行われていた、家の財産を男子の間で均等に分割する方法に近いもの。一方、古代日本(『養老令《ようろうりょう》』)の相続規定は女子の相続も認めた画期的なもので、実質的には均分相続により近いものであった。すなわち、「*嫡子《ちゃくし》」(後継《あとつ》ぎ)の相続分は他の男子のそれと大きな差がなく、被相続人の妻《さい》妾《しょう》(配偶者)および、未婚・既婚を問わずに女子の相続も認められた(ただし男子の二分の一)。正倉院《しょうそういん》の古代*戸籍《こせき》にみえる女子の財産所有からも、おそらくこうした形態が古代日本固有のものであったと推定できる。それは、平安時代に至っても、女子の相続がかなり認められていたことからも補強できる。つまり、同じ「均分」といっても、前近代中国では女子は完全に排除されていたが、古代日本では女子を含んでのものであった。

参考文献 服藤早苗『家成立史の研究―祖先祭祀・女・子ども―』(歴史科学叢書)、一九九一、校倉書房。成清弘和「戸令応分条の比較研究」(横田健一編『日本書紀研究』二四、二〇〇二、塙書房)。 (成清 弘和)

きんようびのつまたちへ 金曜日の妻たちへ 木下プロとTBSが制作したテレビドラマ。プロデューサー、飯《いい》島敏宏《じまとしひろ》。脚本、鎌田敏夫《かまたとしお》。出演、古谷一行《ふるやいっこう》・いしだあゆみ・小川知子《おがわともこ》ほか。初回放送は一九八三年(昭和五十八)。「金曜日の妻たちへ」「金曜日の妻たちへII」「金曜日の妻たちへIII―恋におちて―」と三シリーズが作られ、一九八五年まで放送された。「金妻」と略して呼ばれ、流行語となった。特にシリーズ三作目は人気を集め、このシリーズの主題歌であった小林明子《こばやしあきこ》の「恋におちて」は百万枚近くを売り上げる大ヒットであった。東急田園都市線などの郊外の住宅地のテラスハウスや一戸建てに住む三十代、団塊《だんかい》世代の夫婦たちが主人公。優雅でおしゃれな生活が描かれ、ストーリー以外の、ドラマの演出に使われる家・ファッション・街などが関心の対象となった一方、彼らの*不倫や浮気が自然な形で描かれ、話題となった。不倫ドラマの先駆けともいわれる。

参考文献 鎌田敏夫『金曜日の妻たちへ』(角川文庫)、一九八五・八六、角川書店。松尾羊一『テレビは何をしてきたか』、一九八七、中央経済社。読売新聞芸能部編『テレビ番組の40年』、一九九四、日本放送出版協会。 (坂本佳鶴恵)

きんろうふじんふくしほう 勤労婦人福祉法 勤労婦人の福祉の増進と地位の向上を図ることを目的に制定された法律。一九七二年(昭和四十七)公布(法律第一一三号)。五章十七条から構成され、その基本理念は「勤労婦人は、次代をになう者の育成について重大な役割を有するとともに、経済及び社会の発展に寄与する者であることにかんがみ、勤労婦人が職業生活と家庭生活との調和を図り、及び母性を尊重されつつしかも性別により差別されることなくその能力を有効に発揮して充実した職業生活を営むことができるように配慮されるものとする」である。福祉の措《そ》置《ち》として、職業指導、職業訓練、妊娠中および出産後の健康管理、*育児休業の実施など育児に関する便《べん》宜《ぎ》の供与、福祉施設(「働く婦人の家」)の設置などを定めた。しかし、努力義務であり明確な禁止規定がない不徹底なものだった。その後、*女子差別撤廃《てっぱい》条約を批准《ひじゅん》する条件を整備するため、本法は、一九八五年に抜本的に改正され、法律名が「雇用の分野における男女の均等な機会及び待遇の確保等女子労働の福祉の増進に関する法律」に改正され、*男女雇用機会均等法と通称されている(さらに法律名は、一九九七年(平成九)、「雇用の分野における男女の均等な機会及び待遇の確保等に関する法律」に改正された)。したがって、本法は一九八五年に勤労婦人福祉法としての使命を終えた。 (大島 道子)

く

くいかえしけん　悔返権　いったん譲与《じょうよ》ないし処分した財産を本主《ほんしゅ》が取り戻す権利。神仏への寄進《きしん》や、第三者への権利移転である「他人和与《たにんわよ》」については、公家《くげ》法・武家法ともに悔返権を認めていなかったが、譲与に関して、特に女子への譲与財産に対する悔返については、公家法と武家法とで対応が異なる。すなわち『法曹至要抄《ほっそうしようしょう》』や『裁判至要抄《さいばんしようしょう》』など公家法の規定によれば、既婚女子への譲与財産を本主たる親は取り戻すことができないと規定しているのに対し、武家法たる『*御成敗式目《ごせいばいしきもく》』では、先行する公家法の規程を意識しながらも親の悔返権を全面的に認めており、たとえ幕府による安堵《あんど》が下された後でも、親は子女《しじょ》に譲った所領を取り戻すことができた。公家社会に比して族的結合が強かった武家社会では*親権も強力であったことが、その背景にあったと考えられるが、*女子相続財産に対する悔返の可否については、公家・武家における既婚女性財産の性格の違いに由来すると指摘されている。公家法では既婚女性が相続した財産は夫が妻に代わって管理するものとされており(夫婦同財《ふうふどうざい》)、夫の財産の一部と見なされていた。すなわち、これは法的には第三者に対する処分と同じ扱いとなり、本主たる親の悔返権は認められなかったのである。対する武家法の場合は、妻の財産は夫のそれとは別物と考えられていたため(*夫婦別財《ふうふべつざい》)、親による悔返に対する阻害要因が発生しなかった。一方、夫婦間での財産移転について、『御成敗式目』では、妻の側に過失がなければ、離別後も夫の側は悔返すことができないと規定されている。文永《ぶんえい》四年(一二六七)の追加法《ついかほう》では、離別した妻が他の男性と再婚した場合には、前夫からの譲得所領《じょうとくしょりょう》は幕府に召し上げられることが定められたが、その所領に対する前夫の悔返権が自動的に認められるものではなかったようであり、悔返権という点では、夫婦別財観は武家法に根強く残っていた。

参考文献　牧健二『日本封建制度成立史』、一九三五、弘文堂書房。五味文彦「女性所領と家」(女性史総合研究会編『日本女性史』二、一九八二、東京大学出版会)。

(髙橋　典幸)

クーデンホフみつこ　クーデンホフ光子　一八七四―一九四一　明治時代に欧州の伯爵《はくしゃく》と結婚した日本人。東京の油屋兼骨董商青山喜八《あおやまきはち》の三女。ミツはオーストリア＝ハンガリー帝国駐日代理公使ハインリッヒ＝クーデンホフ＝カレルギーに見初《みそ》められ一八九二年(明治二十五)に結婚。正式に婚姻届が提出されたのは一八九五年。翌年に夫、息子二人とともに欧州に渡った。一九〇六年に夫が急逝《きゅうせい》。遺言に従って領地の管理をしながら七人の子どもたちを育て上げ、ウィーンの社交界でも活躍した。次男リヒャルトはパン＝ヨーロッパ運動の提唱者《ていしょうしゃ》である。

参考文献　木村毅『クーデンホーフ光子伝』、一九七一、鹿島研究所出版会。南川三治郎『クーデンホーフ光子―黒い瞳の伯爵夫人―』、一九九七、河出書房新社。

(竹下　修子)

くがい　苦界　*遊女の辛酸《しんさん》な生活・境遇を通称した言葉。「公界」「苦海」とも書く。仏教用語では、「生まれ変わり死に変わりして救いのない生活のくりかえし」とある。俗に遊女の生活は「生きては苦界、死しては浄閑寺《じょうかんじ》」(花又花酔)の句に例えられた。『*世事見聞録《せじけんぶんろく》』には、苦界の生活について詳細に述べられている。「少女なるもの、幼年のうち国々より売られ、来たりしもの」が、「東西も分からぬところへ引きこまれ」、次から次へと「情けなき人々の手に渡」って、「朝は早く起き、寒夜に凍え、夏の夜も」「夜も昼も覚えず」年をとり「よき*女郎《じょろう》」になるために、客をとり、ついには「苦界の淵に陥り、人非人となり果つる」。そして「死しては*浄閑寺」という悲惨きわまりない生活を象徴している。苦界十年という言説は、遊女の最長年季が十年であったことから、遊女の勤めになぞらえたものである。

参考文献　牧英正『人身売買』(岩波新書)、一九七一、岩波書店。宇佐美ミサ子『宿場と飯盛女』(同成社江戸時代史叢書)、二〇〇〇、同成社。武陽隠士『世事見聞録(新装版)』、二〇〇一、青蛙房。

(宇佐美ミサ子)

くがいじょうど―わがみなまたびょう―　苦海浄土―わが水俣病―　石牟礼道子《いしむれみちこ》(一九二七―)によって書かれた水俣病患者の「受難・受苦の物語」。一九六九年(昭和四十四)、講談社刊。ルポルタージュやノン＝フィクションではなく「私小説」とする説もあるが、作者自身のことば、「誰よりも自分自身に語り聞かせる、浄瑠璃《じょうるり》のごときもの」であろう。石牟礼の出発は詩誌『南風』に拠《よ》った歌人活動に始まる。熊本県天草《あまくさ》で生まれ水俣で育つ。家の零落《れいらく》で女学校進学を断念して町立の実務学校を出て小学校の代用教員となるが、戦後、戦争責任を感じて退職。石牟礼弘《ひろし》と結婚し、長男が生まれるが夫権優位の結婚制度に苛立《いらだ》ち、自己実現の場を短歌に求めた。歌人として地歩《ちほ》を築いたまさにそのころ、水俣出身の谷川雁《たにがわがん》に出会い、抱え持つ思想と表現が短歌では収まりきれないことに気づく。谷川たちとの交流誌『サークル村』創刊に参加した一九五八年、仲間の一人から見せられた熊本大学水俣病研究班の報告書に衝撃を受け、患者を見舞い、社会からも政治からも見放されていた患者のなかに分け入って、告発・救済闘争の先頭に立つ一方で、悲惨な状況にある無名の民衆の心を表現する散文作家に転身。この書の原型は一九六〇年から『サークル村』その他の雑誌に少しずつ発表してきたものの稿を改めて『熊本風土記』

に連載した「海と空のあいだに」である。多くの犠牲者を出した水俣病は新日本窒素《ちっそ》肥料の工場廃液中の有機水銀が原因で、なお多くの患者が呻吟《しんぎん》している公害の事実を描いた衝撃的書。『流民《るみん》の都《みやこ》』『天《てん》の魚《いお》』と書き継がれていてこれらの総称が『苦海浄土』である。患者からの*聞き書き形式の水俣弁で語られる部分は患者に乗り移った巫女として彼らの魂の深さと苦悶《くもん》が直に伝わって読者の心を抉《えぐ》り、重層構造の一方は水俣病の悲惨な実態、疎《そ》外《がい》された患者の現状。もう一方は闘争の経緯、医学面情報、*厚生省への報告書などの引用による客観的記述で、前者の表現の真実性を裏付けるものになっている。「水俣の語り部」といわれる石牟礼の言行は、近代とは何だったのか、を鋭くつきつけるものといえる。

参考文献 新井豊美『苦海浄土の世界』、一九八六、れんが書房新社。石牟礼道子・鶴見和子『言葉果つるところ』、二〇〇二、藤原書店。「水俣病関連年表」(『石牟礼道子全集』三、二〇〇四、藤原書店)。『石牟礼道子全集』、二〇〇四-、藤原書店。

(渡邊　澄子)

くがひめ　玖賀媛　仁徳《にんとく》天皇の宮人《きゅうじん》。桑田玖賀媛とあるように丹波国《たんばのくに》桑田郡の出身で同地に家があった。『日本書紀』仁徳天皇十六年七月条に、玖賀媛は、皇后*磐之媛《いわのひめ》の嫉妬《しっと》のため、天皇と婚姻関係を結ぶことなく播磨国造《はりまのこくぞう》の祖、速待《はやまち》に与えられた。しかし媛は天皇を慕い、桑田に送られる道中病死したとする。この説話は皇后の嫉妬譚《しっとたん》の一例であるが、玖賀媛と天皇との関係には、*采女《うねめ》の服属形態との共通性も見いだすことができる。なおこの説話は『*古事記』にはみえない。

参考文献 内藤英人「紀四四・玖賀媛をめぐる歌謡」(『日本歌謡研究』四一)、二〇〇一。

(三崎　裕子)

ぐかんしょう　愚管抄　鎌倉時代初期に天台座主《てんだいざす》慈円《じえん》が著わした歴史書。全七巻で、巻一・二は歴代天皇や主要な出来事を列記する年代記、巻三―六は神武《じんむ》天皇以来の日本の歴史を叙述する本文、巻七は道理に基づく歴史観を記す総論である。承久《じょうきゅう》三年(一二二一)にはほぼ完成し、承久の乱後、巻二に追記が加えられたと考えられている。著者の慈円は摂関《せっかん》家の出身で、源頼朝《みなもとのよりとも》と結んだ九条兼《くじょうかね》実《ざね》の弟である。本文の五分の三は保元《ほうげん》の乱《らん》後の叙述で、武士が台頭する時代の流れを目の当たりにしながら、九条家の立場から公武の協調こそが歴史の道理であるという論を展開している。これは承久の乱へと向かっていた後鳥羽《ごとば》上皇への訴えであり、時代の流れや世の中の方向性を直視して、歩むべき道を見出そうとする慈円の思想でもある。また、権勢を誇る女性にも言及しており、鎌倉の*北条政子《ほうじょうまさこ》と京の高倉兼子《たかくらけんし》(*卿二位《きょうのにい》)を指して、「女人入眼《じゅがん》ノ日本国イヨイヨマコト也ケリ」と記しているのは有名である。『(改定)史籍集覧』『(新訂増補)国史大系』『日本古典文学大系(新装版)』に所収。

参考文献 五味文彦「卿二位と尼二位―女人入眼―」(総合女性史研究会編『日本女性史論集』二、一九九七、吉川弘文館)。大隅和雄『愚管抄を読む―中世日本の歴史観―』(講談社学術文庫)、一九九九、講談社。

(白根　靖大)

くぐつ　傀儡　操り人形、また、時代が下ると、人形を使う芸能などを行う集団をも指す。「傀儡子」とも書く。傀儡の集団は、猿楽《さるがく》や*今様《いまよう》などの数々の芸能を生業とし、定住することなく、集団で街道宿駅を移動した。優れた芸能を相伝の家業とする「家」を形成していたともいわれる。そうした傀儡集団における女性は、今様などを歌い、売春をも生業とすることから、傀儡はさらに、舞妓《ぶぎ》や*遊女《ゆうじょ》を意味する言葉になった。院政期においては、関白藤原忠実《ただざね》が「密々に、くくつにうたうたはす」(『殿暦《でんりゃく》』)と彼女たちを召喚したように、上流貴族たちに愛でられた。後白河院は『梁塵秘抄口伝集《りょうじんひしょうくでんしゅう》』において、「目井・*乙前・さはのあこ丸・大進」らの、美濃《みの》・尾張《おわり》の傀儡の謡《うた》の名手を多数挙げており、院が師と仰いだ彼女たちの歌謡が、『*梁塵秘抄』成立にも大きく貢献した。鎌倉時代には、駿河《するが》国宇津谷《うつのや》郷今宿《いまじゅく》の傀儡が、新税を課した領主を幕府に訴え、勝訴しているように、傀儡は街道宿駅における有力者だった。しかし時代が下ると、歴史の表舞台からは消えていった。大江匡房《おおえのまさふさ》『*傀儡記《くぐつき》』は、三百字余の短い文章ながら、平安時代後期における傀儡の生態を伝える基本史料とされる。

参考文献 女性史総合研究会編『日本女性史』二、一九八二、東京大学出版会。楢原潤子「中世前期における遊女・傀儡子の『家』と長者」(総合女性史研究会編『日本女性史論集』九、一九九八、吉川弘文館)。網野善彦・笠松宏至『中世の裁判を読み解く』、二〇〇〇、学生社。脇田晴子『女性芸能の源流―傀儡子・曲舞・白拍子―』(角川選書)、二〇〇一、角川書店。

(高松　百香)

くぐつき　傀儡記　平安時代後期、院政期の碩学大江匡《せきがくおおえのまさ》房《ふさ》が、*傀儡について描写した著作。『傀儡子記』とも書く。成立年は未詳だが、十一世紀後半とされる。三百字余りの短文で、匡房が見聞した当時の傀儡の生態が、匡房一流の漢文の才をもって描かれる。主な内容は、まず傀儡の生態として、定住せず諸国の宿々を漂泊《ひょうはく》し、男は弓馬《きゅうば》を使い狩猟に長け、傀儡回《くぐつまわし》(木製の操《あやつ》り人形を舞わせる芸)等の曲芸をこなし、女は厚化粧をして歌をよくし、売春《ばいしゅん》を行なったとある。「百神」(「百大夫」ともいわれる。いわゆる*道祖神《どうそじん》のこと)を信仰するともある。そして、傀儡諸党の勢力を、美濃《みの》・三河《みかわ》・遠江《とおとうみ》が「豪貴」、山陽・山陰がこれに次ぎ、西海は「下」と評価している。また「名傀」として、六人の名を挙げている(その中の「孫君」は、匡房が彼女との出会いを漢詩に謳《うた》っている(『本朝無《ほんちょうむ》題詩《だいし》』所収))。最後に、*今様《いまよう》以下、彼女たちの歌技の種類を挙げ、賞賛している。匡房には、『傀儡記』と一対の構想のもとに著わされたと思われる『*遊女記《ゆうじょき》』という作品もある。正統派の漢詩作者であった匡房はその晩年、周囲から批判されながらも、地方や民衆に題材を求めることが多かった。これらの作品はその代表作といえる。

活字として、『群書類従』九、『朝野群載』三(新訂増補国史大系)、『古代政治社会思想』(日本思想大系八、岩波書店)に所収。

参考文献　川口久雄『大江匡房』(人物叢書)、一九六八、吉川弘文館。深沢徹「『傀儡記』を〈読む〉―人形愛、もしくはディス・コミュニケーション論序説―」(『中世神話の煉丹術―大江匡房とその時代―』一九九四、人文書院)。

(高松　百香)

くさのみかい　草の実会　『朝日新聞』*ひととき欄の投稿者によって結成された団体。ひととき欄は一九五一年(昭和二十六)十月二日から家庭面に登場したが、当初は著名女性の随筆などを掲載した。五二年一月七日掲載の投稿から無名女性の投稿になり、その後次第に*主婦たちの投稿が増加していった。発言の場がなかった女性たちが、日常生活の中で感じる疑問や意見を外に向かって発言する貴重な場所となった。五五年六月「社会の動きに目を向け、互いの向上を図り、協力して世の中を明るくしましょう」との目的で発足した会である。当初から平和を守る姿勢と意志は一貫しており、他団体との協力にも積極的であり、原水爆禁止世界大会や日本母親大会にも団体として参加した。七〇年二月から始めた「草の実十五日デモ」は七二年末まで毎月行われ、その後は五月と八月になり、二〇〇四年(平成十六)五月百四回最後のデモが渋谷で行われた。月刊機関誌『草の実』を発行、反戦平和への思いと行動、教育、生活記録、老人問題などに取り組んだ。会員の高齢化とともに〇四年四月最終の総会を行い、十月『草の実・五〇年記録集』を発行し解散。

(折井美耶子)

くし　櫛　〔近世〕身だしなみを整えるものとして、女にとって不可欠のもの。古くは、貴人たちの装飾用としての蒔絵《まきえ》や象牙《ぞうげ》の櫛などもあった。江戸時代も後半になると、女性、特に、都市の女性たちの風俗が変化し、装飾的な傾向が強められ、贅《ぜい》が凝らされ、鼈甲《べっこう》など高価な櫛が作られるようになる。一般には、女性が大切に身につけるものと観念されていた。女の善行者、勉学に励んだ女性たちへの褒美《ほうび》として、針箱や*かんざしと並んで、櫛が与えられることが多い。

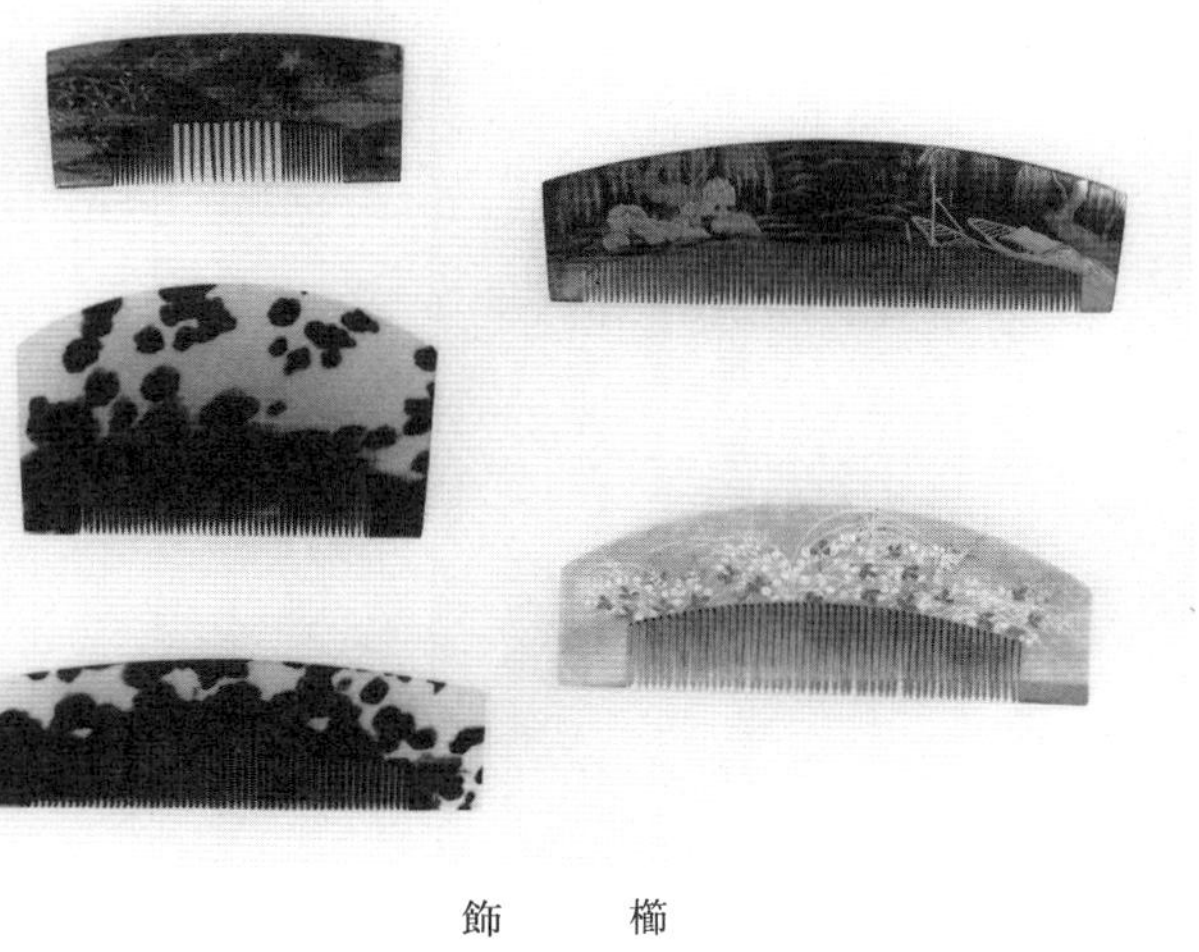

飾　　櫛

参考文献　生川正香『近世女風俗考』、一九七九、和泉書院。菅野則子「大原幽学にみる「家」と女・子供」(『村と改革』一九九九、三省堂)。

(菅野　則子)

〔民俗〕髪を梳《す》いたり、髪飾りに用いたりする道具。縄文時代の出土品に縦長の櫛があり、現在使われているような横長の櫛は、奈良時代に中国から伝わった。実用的な櫛には、垢《あか》を取るための目の細かい梳櫛《すきぐし》、髪を揃《そろ》えるための目の細かい解櫛《ときぐし》、*結髪に用いる筋立《すじだ》てや鬢出《びんだ》しなどがある。また、『*古事記』に伊邪那岐命《いざなぎのみこと》が櫛を投げて難をのがれた話があるように、呪力《じゅりょく》があるとされている。櫛を挿しているのは既婚者であり、投げ櫛は夫婦縁切りの呪いである。ものもらいを患《わずら》ったときなど、櫛で患部をなでると治るという俗信がある。櫛を拾うと、九四(苦死)や持ち主の災いを拾ってしまうので、拾ってはいけないとされている。棟上《むねあ》げ(上棟式《じょうとうしき》)や船下ろし(進水式)の儀礼の際に、祭壇に櫛を供える。棟上げの由来では女性犠牲譚《ぎせいたん》が伝えられており、犠牲になった女性へ櫛などの化粧道具が供えられる。船下ろしでは、船霊《ふなだま》が*女神であることから供えるという。

参考文献　神野善治『木霊論』、二〇〇〇、白水社。

(山崎　祐子)

くしいなだひめ　奇稲田姫　記紀神話にみえる女性。葦《あし》原中国《はらのなかつくに》に降ったスサノヲは生贄《いけにえ》にされるまぎわの奇稲田姫を助け、ヤマタノヲロチを切り刻む。二人は出雲国《いずものくに》の須賀《すが》に宮を作り結婚する。その時の歌「八雲《やくも》立つ出雲八《や》重垣妻籠《えがきつまご》みに八重垣作るその八重垣を」は日本の*和歌の嚆矢《こうし》とされる。奇稲田姫と『日本書紀』に名を記されているように、この神話は聖なる田の稲の成育に関わる*女神が、治水に成功し共同体の新しい王となる男性と結婚し王に豊饒霊《ほうじょうれい》を授けるという役割を担うのである。『*古事記』は櫛名田比売と表記するが、これはヲロチ退治のとき櫛と化してスサノヲの髪に挿されたところからくる名である。

参考文献　西郷信綱『古事記の世界』(岩波新書)、一九六七、岩波書店。神田典城『日本神話論考―出雲神話篇―』(笠間叢書)、一九九二、笠間書院。

(川上　順子)

くじかたおさだめがき　公事方御定書　江戸幕府が編纂《へんさん》した基本法典。上下二巻。上巻は、司法警察関係の規則・高札《こうさつ》・書付《かきつけ》・触書《ふれがき》など八十一ヵ条から成る法令集であり、下巻は主として庶民を対象とする、訴訟法・民事法・刑事法に関わる規則・判例など百三ヵ条から成る。一般に『御定書百箇条』といわれるのは下巻部分である。女性史研究上、第四十八条「密通御仕置之事《みっつうおしおきのこと》」が最もよく知られているが、ほかに、第二十条三項では、関所を忍び通った男は重追放、女は奴《やっこ》とするなど、男女の刑罰に性差が現われている点、また第二十七条では、欠所《けっしょ》の際、妻の諸道具や妻名義の財産は処分から保護されることを規定している点など、女性の法的地位を考える上で重要な事項も含まれている。『公事方御定書』は、八代将軍徳川吉宗が編纂を計画したが、実質的な編纂事業には、元文《げんぶん》年間(一七三六—四一)以降、牧野貞通《まきのさだみち》・石河政朝《いしかわまさとも》・水野《みずの》忠伸《ただのぶ》ら三奉行があたった。寛保《かんぽう》二年(一七四二)に一応の完成をみたが、その後も「追加」として改定・補足が行われ、法文が最終的に確定したのは宝暦《ほうれき》四年(一七五四)であったとされる。

参考文献 奥野彦六『(定本)御定書の研究』、一九六八、酒井書店。服藤弘司「公事方御定書制定とその意義」(『刑事法と民事法』一九八三、創文社)。

(曾根ひろみ)

くしげ 櫛笥 櫛などの理髪《りはつ》の道具を入れておく箱のこと。『和名類聚抄《わみょうるいじゅしょう》』一四、容飾具《ようしょくぐ》では漆《うるし》塗りの化粧箱のことを厳器《げんき》(化粧箱の意)といい、俗に唐櫛匣《からくしげ》の三字を用いたとある。唐匣《からくしげ》は『江家次第《ごうけしだい》』によると、天皇や東宮などの元服時の装束として使用された。この唐匣は、『類聚《るいじゅう》雑要抄《ざつようしょう》』四、母屋調度事《もやのちょうどのこと》によると、一尺四方の深さ三寸ほどの四角い懸子《かけご》付きの箱で、錦《にしき》などの織物で内張《うちば》りがほどこされていた。また、蓋《ふた》を開くと、入れた物が動かないようにおさえと装飾を兼ね、表面の五ヵ所に心葉《こころば》とよばれる梅の花の飾りをつけた覆《おお》いでおおわれていた。中には、鏡や螺鈿《らでん》の櫛・差櫛《さしぐし》・黄楊《つげ》製の彫櫛《えりくし》・鉸子《こうし》(髪をとめるピン)・髪搔《こうがい》(笄)などの髪上げに用いる道具類、鋏《はさみ》・鑷子《じょうし》(毛抜き)・耳抉《みみくじり》(みみかき)などの容飾具、櫛掃《くしはらい》・櫛《くし》巾《ぬぐい》などの櫛を掃除する道具、ほかには面脂《めんし》(化粧用のあぶら)・口脂《こうし》(唇にぬるあぶら)などの化粧用具が入れられた。さらに、銀製の小筥《こばこ》には干支や動物をかたどった人形が入れられていた。

櫛笥(熊野速玉大社神宝)

(永島 朋子)

くしだふき 櫛田ふき 一八九九—二〇〇一 昭和時代後期の女性運動家。本名フキ。山口県萩《はぎ》町生まれ。*日本女子大学校中退。経済学者櫛田民蔵《たみぞう》と結婚したが、一九三四年(昭和九)夫が早世、二子を抱えて洋裁や保険の外交、雑誌の編集などで働く。敗戦を契機に四六年*婦人民主クラブの結成に参加し、書記長となる。書記長三期、委員長十期をつとめる。五〇年には参議院選に立候補したが惜敗《せきはい》。五三年(全)*日本婦人団体連合会の発足とともに常任幹事となり、五八年第三代会長に就任、その死まで在任した。六二年には*新日本婦人の会の結成に参加し代表委員となる。七五年には国際民主婦人連盟副会長にも就任、ウィーン世界平和協議会総会など数多くの国際会議に出席している。また日本母親大会、原水爆禁止世界大会などにも尽力、戦火のベトナムを訪問し、ベトナム母と子保健センターの設立運動にも力を注ぎ募金一億円をベトナムに贈った。一九九二年(平成四)平塚らいてうを記念する会の発足とともに会長となる。百歳で新ガイドライン法に反対する銀座デモに車椅子で参加した。著書に『たくさんの足音』(一九七八年、草土文化)、『愛と希望の星みつめて』(一九八八年、新日本出版社)など。

参考文献 『いのちを愛し平和を求めて—写真集櫛田ふき百歳の軌跡—』、一九九九、ドメス出版。

(折井美耶子)

くじょういん 九条院 一一三一—七六 近衛《このえ》天皇*中宮。名は藤原呈子《ていし》。父は藤原伊通《これみち》、母は藤原顕隆女《あきたかのむすめ》。久安《きゅうあん》六年(一一五〇)二月従三位に叙位、四月近衛天皇に入内《じゅだい》し*女御《にょうご》となる。六月中宮。その入内・立后《りっこう》には、養女多子《たし》を近衛天皇に配した藤原頼長《よりなが》に抗する、藤原忠通と*美福《びふく》門院《もんいん》得子《とくし》の画策があった。久寿《きゅうじゅ》二年(一一五五)八月出家、法名清浄観《せいじょうかん》。保元元年(一一五六)十月*皇后、同三年二月*皇太后。仁安《にんあん》三年(一一六八)三月院号宣下(九条院)。安元二年(一一七六)九月没。

参考文献 橋本義彦「美福門院藤原得子」(『平安の宮廷と貴族』一九九六、吉川弘文館)。保立道久『義経の登場—王権論の視座から—』(NHKブックス)、二〇〇四、日本放送出版協会。

(栗山 圭子)

くじょうさだこ 九条節子 ⇩貞明皇后《ていめいこうごう》

くじょうたけこ 九条武子 一八八七—一九二八 大正時代の歌人。京都生まれ。真宗本願寺法主《ほっす》、大谷光尊《おおたにこうそん》の次女。兄は光瑞《こうずい》。一九〇九年(明治四十二)男爵九条良致と結婚。夫と渡欧するが、翌年単身帰国。以後十年余り、別居生活を送る。佐佐木信綱《ささきのぶつな》に歌を学び、第一歌集『金鈴《きんれい》』(一九二〇年、竹柏会)を出版。孤閨《こけい》を守る麗人《れいじん》・憂愁《ゆうしゅう》

九条武子

の歌人として、ベストセラーになる。一方、仏教婦人会会長として社会事業にも尽力。著書に『無憂華《むゆうげ》』(一九二七年、実業之日本社)。没後の歌集に『薫染《くんぜん》』(一九二八年、実業之日本社)、『白孔雀《しろくじゃく》』(一九二九年、太白社)などがある。

参考文献 長谷川時雨『(新編)近代美人伝』下(岩波文庫)、一九六五、岩波書店。佐佐木信綱『麗人九條武子』(伝記叢書)、一九九四、大空社。　(岩田ななつ)

くすこのへん　薬子の変　⇩平城上皇《へいぜいじょうこう》の変《へん》

くすのせきた　楠瀬喜多　一八三六―一九二〇　明治時代前期の女権家。天保七年(一八三六)土佐国弘岡(高知県春野町)の出身。一八七四年(明治七)*女戸主となり、立《りっ》志《し》社員や来高した民権家の世話をする。一八七八年の小区会議員選挙に際し女を理由に投票を拒まれ地租を滞納。県の納税督促《とくそく》に対し「税納ノ儀ニ付御指令願ノ事」を提出、男女の権利に差別の有無を問い、「民権婆さん」と呼ばれる。実際には喜多の名で立志社員がこの文書を書いたらしい。

参考文献 外崎光広『土佐自由民権運動史』、一九九二、高知市文化振興事業団。大木基子「自由民権運動の女性たち」(『土佐史談』二二七)、二〇〇四。　(大木　基子)

くすもとイネ　楠本イネ　一八二七―一九〇三　幕末・明治時代初期の医師。現在の長崎市生まれ。父はオランダ商館医のドイツ人シーボルト、母は*楠本たき。文政十二年(一八二九)のシーボルト事件後、父と別れ岡山・宇和島・長崎で医学・語学を学ぶ。安政六年(一八五九)、父に再会後、女性としてはじめて出島でオランダ商館医ポンペ・ボードウィンなどから西洋医学を学んだ。明治初期、宮中の御用掛も勤め、明治三年(一八七〇)から東京京橋で産科を開業。一旦、長崎に帰り*産婆となるが再度上京し麻布で死去する。

参考文献 長崎女性史研究会編『長崎の女たち』、一九九一、長崎文献社。　(三崎　裕子)

くすもとたき　楠本たき　一八〇七―六九　長崎オランダ商館医師シーボルトの愛人。十五、六歳ころより長崎丸山の引田屋《ひきたや》抱《かかえ》遊女となり其扇《そのぎ》といった。文政六年(一八二三)に来日したシーボルトと出会いその愛人となり、同十年に一女いねを出島で出産した。シーボルトはこの母子を深く愛し、たきもシーボルトを敬愛してよく仕えたといわれる。翌十一年にはシーボルト事件が起り、たびたび奉行所に呼び出されて尋問されたが、かたく口を閉ざしてシーボルトにとり不利な言質を与えなかった。文政十二年十二月にシーボルトは国外追放となり、いねの養育を門人に託した。母子は伯父楠本甚五郎《じんごろう》宅に身を寄せた。その後たきは再婚したが、夫と死別した。安政六年(一八五九)、シーボルトが三十年ぶりに長崎を訪れた時には再会を果たし、またシーボルトは*産科医として成長したいねとも再会している。長崎で死去。

参考文献 板沢武雄『シーボルト』(人物叢書)、一九六〇、吉川弘文館。　(村井　早苗)

くせまい　曲舞　⇩女曲舞《おんなくせまい》

くだかじま　久高島　⇩イザイホー

くだらのこにきしきょうみょう　百済王慶命　?―八四九　嵯峨《さが》天皇宮人《くにん》。陸奥鎮守将軍《むつちんじゅしょうぐん》百済王教俊《きょうしゅん》の娘。源《みなもとの》朝臣定《あそんさだむ》・源朝臣鎮《しずむ》・善姫《よしひめ》若姫を生む。天長《てんちょう》七年(八三〇)二月従三位《じゅさんみ》叙位《じょい》、位封《いふう》のほか特別に五十戸《こ》の封《ふう》を賜わった。嵯峨天皇の寵厚《ちょうあつ》く、嵯峨が承和《じょうわ》元年(八三四)八月九日太上天皇として嵯峨院に遷《うつ》ると、別宮《べつぐう》として小院を与えられた。承和三年八月十六日*尚侍《ないしのかみ》に任ぜられ、同八年十一月二十一日従二位に叙せられた。嘉祥《かしょう》二年(八四九)正月二十二日死去。従一位が贈られた。

参考文献 今井啓一『百済王敬福―東北経営の先駆者―』(帰化人の研究一)、一九六五、綜芸社。　(内田　順子)

くだらのこにきしみょうしん　百済王明信　?―八一五　平安時代初期の*女官。百済王敬福《きょうふく》の孫。父は理伯《りはく》。右大臣藤原継縄《ふじわらつぐただ》の妻。中納言乙叡《たかとし》の母。桓武《かんむ》朝の*尚侍《ないし》。桓武朝には渡来系氏族の登用が多く見られるが、彼女もその一人。官吏の妻として女官に出仕した。延暦《えんりゃく》六年(七八七)八月二十四日桓武天皇の山背《やましろ》国行幸の際に従三位《じゅさんみ》叙位《じょい》、同十八年二月七日正三位。延暦十六年正月二十四日には能登《のと》国羽咋《はくい》・能登二郡の没官田《もっかんでん》、野七十七町を与えられた。延暦の末年には従二位に叙せられた。桓武天皇に寵《ちょう》愛《あい》され、作詩に悩む明信の代わりに天皇が漢詩を読んだという逸話《いつわ》が残されている。また息子藤原乙叡は父継縄、母明信の宮中での地位、桓武天皇の寵愛によって早く出世したことが乙叡卒伝《そつでん》に書かれている。しかし乙叡が皇太子時代の平城《へいぜい》天皇に礼を欠いた行動を行なったために平城天皇より疎《うと》まれ、さらに伊予親王の事件で解官。そのとき、母明信は致仕したと推測される。弘仁《こうにん》六年(八一五)十月十五日死去。

参考文献 今井啓一『百済王敬福―東北経営の先駆者―』(帰化人の研究一)、一九六五、綜芸社。服藤早苗『平安朝の家と女性―北政所の成立―』(平凡社選書)、一九九七、平凡社。　(内田　順子)

くちいれや　口入れ屋　就職斡旋《あっせん》業者。人置屋ともいう。貢租《こうそ》の過重な負担や貧窮《ひんきゅう》から働きに出なければならない人びとの就職先を紹介する仲介業、または仲介人。江戸時代、口べらしのために女性を奉公に出すことが多かったが、*身売り奉公が手近でしかも前借金という形態で給金が得られることで、*遊女や飯盛下女《めしもりげじょ》として奉公をする女性も少なくなく、口入屋は貧困な村に積極的に入りこみ、農村の娘たちに身売り奉公をすすめた。

参考文献 牧英正『人身売買』(岩波新書)、一九七一、岩波書店。原田伴彦・百瀬明治・遠藤武・曾根妙子編『近世女性生活絵典』、一九八三、柏書房。　(宇佐美ミサ子)

くちよせ　口寄せ　⇩イタコ・口寄《くちよ》せ

くつかけなかこ　沓掛なか子　一七四九―一八二九　江戸時代後期の歌人。信濃《しなの》国今里村(長野市)の庄屋内村惣兵衛の娘。三歳で母と死別。祖母から幼児期に『百人一首』などを口授され暗誦《あんしょう》し、将来歌詠みになりたいと思うようになる。沓掛道秀と結婚後、坂城《さかき》で酒造業と質屋を経営。四十歳ごろ、災害に遭《あ》い家財を失くし、翌年には夫に死別。そのころから俳諧《はいかい》と禅の道に入る。隠居後、橘守部《たちばなもりべ》に師事し、歌道と著作に励む。秩父巡拝記《ちちぶじゅんぱいき》『東路《あずまじ》の日記』のほか『ものの種』『朧夜《おぼろよ》物語』『家集』などがある。

参考文献 前田淑「沓掛なか子と『東路の日記』」(『江戸時代女流文芸史』旅日記編、一九九八、笠間書院)。同「東路の日記」(『近世女人の旅日記集』二〇〇一、葦書房)。

（柴　桂子）

くつみふさこ　九津見房子　一八九〇—一九八〇　明治から昭和時代にかけての共産党活動家。岡山に誕生。九津見家は岡山勝山《かつやま》藩の旧家老職であった。母は岡山医学校付属産婆《さんば》看護婦養成所を卒業し、産婆を開業していた。四歳で父母が離婚し、母・祖母に育てられる。県立岡山高等女学校在学中、堺利彦《さかいとしひこ》の『百年後の社会』を読み、社会主義にめざめた。倉敷出身の山川均《やまかわひとし》と出会い、一九〇六年(明治三十九)十二月*家出、山川に連れられ、同郷の*福田英子《ふくだひでこ》宅に身を寄せ、『*世界婦人』を手伝う。翌年父の死去で帰郷、岡山の「イロハ倶楽部《くらぶ》」に出入りし、「特別甲号要視察人」に指定される。大逆事件後、大阪の高田集蔵《たかだしゅうぞう》と結婚、一燈子《ひとこ》・慈雨子《じうこ》を産む。一九二〇年(大正九)高田と離別。翌年堺真柄《さかいまがら》らと*赤瀾会《せきらんかい》を結成する。一九二二年三田村四郎《みたむらしろう》と大阪に行き、大阪印刷労働組合を結成。*山本宣治《やまもとせんじ》の指導を受け、労働者のための産児制限研究会を組織する。一九二七年(昭和二)東京に行き、三田村と非合法生活を送り、翌年一月共産党オルグ(組織者)として三田村とともに一燈子を連れて北海道に行く。四月一燈子とともに検挙され、凄惨《せいさん》なテロを受け、一燈子に加えられた仕打ちで精神的拷問も受けるが、非転向を貫く。満期出獄後、宮城与徳《みやぎよとく》を知り、ゾルゲ関係の仕事に参加し、一九四一年十月検挙される。敗戦後の思想犯釈放命令で一九四五年十月出所した。

九津見房子

参考文献 牧瀬菊枝編『九津見房子の暦—明治社会主義からゾルゲ事件へ—』、一九七五、思想の科学社。大竹一燈子『母と私—九津見房子との日々—』、一九八四、築地書館。

（鈴木　裕子）

くどうあやこ　工藤綾子　⇨只野真葛《ただのまくず》

くにしませい　国島勢以　一八三三—七二　江戸時代後期の歌人。清子《せいこ》ともいう。美濃《みの》国古市場《ふるいちば》村(岐阜市)の庄屋国島治右衛門の娘。一家で国学を桑名《くわな》の富樫広蔭《とがしひろかげ》に学んだ。幼児期に天然痘《てんねんとう》にかかり、結婚を諦《あきら》め邸内の別棟で漢学・*和歌に励み、ひそかに勤王の志士と交流。三十歳のとき、漢詩人森春濤《しゅんとう》の漢詩の求愛を受け結婚。明治詩壇で活躍した森槐南《かいなん》を生む。明治四年(一八七一)、女学校教師となるが翌年急死。旅先の春濤にあてた手紙や遺稿集『庭すずめ』がある。

参考文献『岐阜市史』通史編近代、一九八一、岐阜市。浅野美和子「国島勢以と『庭すずめ』」(『江戸期おんな考』一三、二〇〇二)。

（柴　桂子）

くにのみやつこ　国造　大和《やまと》政権の地方官。地域の有力豪族が任命され、世襲《せしゅう》的にその職に就いた。国造はその国の名に直《あたい》の姓《かばね》を付した呼称を職名的称号としたが、臣《おみ》・連《むらじ》・君《きみ》などの姓を称した国造もあった。国造の国については、それを行政区とみる説と、地域の豪族としての国造の支配領域そのものとみる説とが対立しているが、両方の性格を合わせ持っていたとする説もある。国造は地域の有力豪族としての自己の伝統的な地位に依拠しつつ、大和政権の地方官として、国内に行政権・裁判権・刑罰権・徴税《ちょうぜい》権・祭祀《さいし》権を持ち、国内の統轄と秩序の維持にあたったと考えられる。また中央に対しては、一族の男女を舎人《とねり》・靫負《ゆげい》・*采女《うねめ》などとして出仕させ、必要に応じて軍役その他の*力役《りきえき》を負担し、特産物を貢納し、王族・中央豪族の巡行を接待するなどをおもな職務としたと推定される。国造の成立時期については諸説があるが、七世紀初頭までには全国的に成立していたとみられる。『隋書《ずいしょ》』(六三六年成立)の倭国伝《わこくでん》には、「軍尼一百二十人あり、なお中国の牧宰《ぼくさい》のごとし、八十戸に一伊尼翼《いなき》を置く、今の里長《りちょう》の如きなり、十伊尼翼は一軍尼に属す」(原漢文)とあり、ここにいう「軍尼」はクニで国造を指すと考えられる。国造の廃止については、大化改新《たいかのかいしん》により評《こおり》制(のちの郡制)が施行され、国造は評の官人に任命されることによって廃止されたとみるのが一般的であるが、大化改新以降も存続し、天武《てんむ》朝の末年に令制国が成立したことによって廃止されたとする説もある。*律令制下においても国造は存在しており、その国造については、一令制国に一人が任命された地方の神祇《じんぎ》祭祀を司った職であるとし、それを新国造・律令国造と呼び、大化以前の国造を旧国造・氏姓国造と呼んで区別する説と、両者を連続的にとらえ、前者を後者の遺制とみる説とがある。大化以前の国造に女性が任命された確かな例は知られていないが、『*古事記』景行《けいこう》天皇段には、倭建命《やまとたけるのみこと》の妃となった美夜受比売《みやずひめ》を尾張《おわり》国造の祖とする伝えがみえる。また律令制下の国造のなかには、宮廷の*女官が本国の国造に任命された例が複数存在する。

参考文献 新野直吉『(研究史)国造』、一九七四、吉川弘文館。篠川賢『日本古代国造制の研究』、一九九六、吉川弘文館。石母田正『日本の古代国家』(岩波モダンクラシッ

クス)、二〇〇一、岩波書店。　(篠川　賢)

くにん　宮人　⇩女官《にょかん》

くぶしろおちみ　久布白落実　一八八二―一九七二　大正・昭和時代の廃娼《はいしょう》運動家。*日本キリスト教婦人矯風会《きょうふうかい》総幹事、会頭。熊本県鹿本《しかもと》郡生まれ。父大久保真次郎《おおくぼしんじろう》、母音羽《おとわ》。徳富蘇峰《とくとみそほう》・蘆花《ろか》は叔父、矯風会初代会頭*矢島楫《やじまかじ》子《こ》は大叔母にあたる。東京の女子学院で当時校長だった楫子の薫陶《くんとう》を受け、卒業後ハワイで日本人伝道を行なっていた父母のもとに赴き、ほどなくカリフォルニア州オークランドへ移住した。一九〇六年のサンフランシスコ大地震後の視察で日本人女性の娼家を訪れたことが*廃娼運動に生涯をかける転機となった。一九一〇年、同郷の牧師、久布白直勝《なおかつ》と結婚。日本に帰国後、矯風会機関誌『婦人新報』の*公娼《こうしょう》制度撤廃《てっぱい》の主張に感動し、廃娼論を投稿した。これに感銘した矯風会活動家*守屋東《もりやあずま》の強い勧《すす》めで一家は上京、一九一六年(大正五)同会の総幹事に就任した。のち、一九六二年(昭和三十七)には、会頭に就任。大阪の飛田遊廓《とびたゆうかく》設置反対運動敗北を機に女性の参政権獲得の重要さを認識し、欧州の婦人参政権状況の視察などを経て、*市川房枝《いちかわふさえ》らとともに一九二四年婦人参政権獲得期成同盟会(のちに*婦選獲得同盟)を設立、一九三〇年まで総務理事を務めた。同時期には*廓清会《かくせいかい》と合同で廃娼連盟を設立。廃娼運動に仏教界を巻き込んだり、来日した国際連盟婦人児童売買調査団への働きかけ、東北地方凶作による娘たちの*身売り救済、また廃娼決議県、実施県増加のための対県議会運動などに取り組んだ。戦時中は多くの*婦人運動家と同じく国策協力的言動をとった。戦後第一回総選挙に自由党から出馬し落選。三十三団体加盟の「売春禁止法制定促進委員会」委員長、政府の売春対策協議会委員として*売春防止法制定に尽力した。廃娼運動や売春防止運動を政治課題とすることや、主義主張の異なる諸団体の連合体を結成し運動を広げることなどに、その人望とともに手腕を発揮した。これらの活動の根源にはキリスト教信仰があり、晩年には勉学のすえ牧師資格を得ている。著書に自伝『廃娼ひとすじ』(一九七三年、中央公論社)がある。

久布白落実

参考文献　『婦人新報』八六七(久布白落実追悼号)、一九七三。『日本キリスト教婦人矯風会百年史』、一九八六、ドメス出版。　(ゆのまえ知子)

くぼやまますず　久保山すず　一九二一―九三　昭和時代の平和運動家。第五福竜丸《ふくりゅうまる》事件を語り核廃絶を訴えた。静岡県生まれ。一九五四年(昭和二十九)三月一日、アメリカのビキニ環礁《かんしょう》水爆実験で、静岡県焼津《やいづ》のマグロ漁船第五福竜丸乗組員二十三人が、多量の放射能(死の灰)を浴びた。同年九月、乗組員の一人久保山愛吉《あいきち》(当時四十歳)が「原水爆の被害者はわたしを最後にしてほしい」のことばを残して放射能症で死去。妻すず(当時三十三歳)は、愛吉の母と三人の子どもたちに励まされ、夫の遺志を受け継いでいく。事件の翌月、東京杉並の女性たちが始め、全国に拡大した原水爆禁止署名運動はすずを支えた。一九五五年六月、第一回日本母親大会で原水爆禁止を訴え、七月、第一回世界母親大会(スイスローザンヌ)に核廃絶のメッセージを送った。日本人にとって三度目の被爆であり、しかも平和時に起ったことの衝撃は大きく、同年八月、第一回原水爆禁止世界大会が広島で開催された。

参考文献　飯塚利弘『死の灰を越えて―久保山すずさんの道―』、一九九三、かもがわ出版。静岡新聞社『第五福竜丸心の航跡』、二〇〇四。　(山村　淑子)

くまのかんしんじっかいまんだら　熊野観心十界曼荼羅　*熊野比丘尼《びくに》が勧進《かんじん》の道具として携行し、*絵解《えと》きした絵画。現在、四十数点が知られるが、中世の作品と確証されるものはない。「心」の字が配された円相《えんそう》と施餓鬼《せがき》供養の場面を中心に、上半分には人の一生を表した「人生の階段」(老《お》いの坂《さか》図)、下半分には*血の池地獄をはじめさまざまな地獄の様子が描かれるほか、目連《もくれん》の救母説話なども描き込まれる。主に女性を対象に絵解きされていたと考えられ、その様子は近世絵画の画中画《がちゅうが》にみることができる。

参考文献　黒田日出男「熊野観心十界曼荼羅の宇宙」(宮田登編『大系仏教と日本人』八、一九八九、春秋社)。小栗栖健治「熊野観心十界曼荼羅の成立と展開」(『塵界』一五)、二〇〇四。　(斉藤　研一)

くまのびくに　熊野比丘尼　中世・近世社会において熊野信仰伝播《でんぱ》のために活動した尼姿の女性。中世社会には、「*巫女《みこ》」「歩き神子《みこ》」などと呼ばれ、喜捨《きしゃ》を募りながら、人々の相談相手として全国を廻り歩く漂泊《ひょうはく》女性たちが存在していた。こうした女性たちが信仰・教説の面で、熊野系修験《しゅげん》教団との接触を深め、その傘下《さんか》に編成されていったのが熊野比丘尼であると考えられる。熊野は、鎌倉時代中期以降、祈禱師《きとうし》と宿坊《しゅくぼう》を兼ねる御師《おし》と、熊野まで

熊野比丘尼(『近世奇跡考』二より)

参詣者を引率してくる先達《せんだつ》とから成る独自の師檀《しだん》組織を形成し、全国から参詣者を集める方向に向かった。中世の熊野比丘尼は、こうした熊野御師・熊野先達とともに、牛王宝印《ごおうほういん》や災難除けのお守りである梛《なぎ》の葉を配布したり、地獄極楽図の*絵解《えと》きをしたりして、熊野信仰を広めるために活動した。天正年間(一五七三—九二)ころまでは、熊野比丘尼が熊野社修復のために諸国勧進《かんじん》を行なった記録が残されている。しかし近世に入ると、徳川幕府は、公儀の許可しない勧進を禁じ、勧進の範囲や期間などについても厳しく制約するようになる。また勧進する巡歴の宗教者たちの統制にも乗り出した。熊野比丘尼についても、手形《てがた》を持つ者だけを一定期間熊野の籠《こも》り行事に参加させ、「願職」の免許状すなわち勧進を行うことを正式に認める免許状を授与・更新したり、法号を与えたりすることとし、それ以外の者は「まぎれ者」として取締りの対象とされるようになった。近世の熊野比丘尼には、村落に坊《ぼう》を建立して定着し、熊野から届けられる牛王や大黒天の札を檀中村々に配布して初穂料《はつほりょう》を得る比丘尼も存在したが、多くは厳しい統制・制約の下で免許を得ることができずに、熊野の統制から離脱していかざるを得なかった。こうした熊野比丘尼たちは次第に都市に滞留《たいりゅう》し、宗教性を失い、生きるために米銭を乞う生業《なりわい》のための勧進を行うようになる。生きるために米銭を乞う行為は、容易に売色に傾いていき、近世の熊野比丘尼の中から、売比丘尼《うりびくに》・売女《ばいた》比丘尼と呼ばれるような女性たちも現われる。

参考文献 萩原龍夫『巫女と仏教史』(明治大学人文科学研究所叢書)、一九八三、吉川弘文館。庄司千賀「熊野比丘尼について—和歌山県新宮市妙心寺を中心に—」(『日本民俗学』一六三)、一九八六。林雅彦「絵解きする比丘尼」(小松和彦他『絵画の発見』一九八六、平凡社)。庄司千賀「熊野比丘尼と妙祐坊」(『法政人類学』三六)、一九八八。

(曾根ひろみ)

くみし 組師 組紐《くみひも》を組む工人。組紐師ともいう。数十本の糸を一束とし、それを幾束か一定方式で斜めに交差させながら紐状に組む。織紐や編紐とは異なり、交り目をきつく締めるためにヘラなどで打ち込みながら組む。そのため組紐を打紐《うちひも》ともいう。特殊技術で、中世にはすでに女性の職種となっていた。室町時代には数寄道具《すきどうぐ》への使用が増し、戦国時代には具足や武器への使用が増大。江戸時代には飾り紐として技巧的となった。加賀前田家に百種以上の見本帳『百工比照《ひゃっこうひしょう》』が伝わる。

組師(『七十一番職人歌合』より)

参考文献 板倉寿郎・野村喜八・元井能・吉川清兵衛・吉田光邦監修『原色染織大辞典』、一九七七、淡交社。

(小川 幸代)

くめあい 久米愛 一九一一—七六 昭和時代の弁護士。一九三三年(昭和八)の弁護士法改正により、女性にも弁護士になる道が開かれてはじめて、一九三八年に高等文官司法科試験に武藤《むとう》(のちに三淵《みぶち》)嘉子《よしこ》、田中(のちに中田)正子とともに合格した三人の女性のうちの一人。大阪出身。津田英学塾(現在の*津田塾大学)卒業後、当時女性に法学教育の道を開いていた明治大学女子部から明治大学法学部に進み、在学中に合格、一九四〇年六月に弁護士となった。合格前にすでに結婚していて、三人の子を産み(一人は一九四六年に四歳で夭折)、子育てをしながら働き続けた。一九五〇年、日本婦人法律家協会を結成し、亡くなるまでの二十六年間、会長を務めた。また国連総会に出席するなど各界で活躍した。一九七六年、日本弁護士連合会が推薦《すいせん》する二名の最高裁判所判事候補者の内の一名として、女性でははじめて推薦された。

久米愛

参考文献 佐賀千恵美『華やぐ女たち』、一九九一、早稲田経営出版。山本祐司・五十嵐佳子『女性弁護士物語』、二〇〇三、日本評論社。

(白石 玲子)

くめのとねりいもめ 久米舎人妹女 生没年不詳 奈良時代の女性。前部宝公《ぜんほうほうこう》の妻。『続日本紀《しょくにほんぎ》』天平十九年(七四七)五月辛卯《しんぼう》条によれば、「力田《りきでん》」の功労者として、夫が外正六位下から外従五位下に昇進すると同時に、妹女にも外少初位上が与えられた。外位《げい》が与えられていることから、地方の有力豪族であったと考えられる。「力田」とはみずからの財産や労働力を投入して耕地を開発した農業精励者のことで、国家からしばしば褒賞《ほうしょう》の対象となった。ここで夫とともに妻にも叙位《じょい》が行われたことは、妹女自身が「力田」としての功績がたたえられたことを示すものであり、夫とは別に、自身の私財を投じて田地の開発や経営にあたっていた実態がうかがえる。

参考文献 坂江渉「古代における力田者について」(『ヒストリア』一三七)、一九九二。義江明子「女性史からみた日本古代の村と後宮」(『唐代史研究』六)、二〇〇三。

(三上 喜孝)

くめのわかめ　久米若売　?―七八〇　奈良時代の女性。正式には久米連《むらじ》若売。また若女にも作る。正六位上久米連奈保麻呂《なほまろ》の娘。藤原宇合《うまかい》の妻となり、天平《てんぴょう》四年(七三二)百川《ももかわ》を産む。同九年八月に宇合と死別。天平十一年、石《いその》上朝臣乙麻呂《かみのあそんおとまろ》との「姦《かん》」によって配流された。『続日本紀《しょくにほんぎ》』同年三月条に「石上朝臣乙麻呂、久米連若売と姦するに坐《つみ》せられて土左国《とさのくに》に配流せらる、若売は下総国《しもうさのくに》に配せらる」(原漢文)とある。乙麻呂は左大臣贈従一位石上朝臣麻《ま》呂《ろ》の第三子で、この時従四位上。この処断の解釈をめぐっては諸説があり、「姦他妻」が罰せられたと見る説、政治的処断であったと見る説、若女は*女孺《にょじゅ》だったと推測する説、などがある。のち天平十二年の大赦《たいしゃ》により入京を許され、神護景雲《じんごけいうん》元年(七六七)無位から従五位下。同十一年死去。宝亀《ほうき》三年(七七二)正五位上。同七年従四位下。同十一年死去。乙麻呂も配流後まもなく政界に復帰し、中納言《ちゅうなごん》従三位兼中務卿《なかつかさのかみ》となり、天平勝宝《しょうほう》二年(七五〇)死去した。

参考文献　五味智英『万葉集の作家と作品』、一九八二、岩波書店。吉田一彦「石上乙麻呂と久米若売の配流について―姦通と追放刑―」(『続日本紀研究』二七二)、一九九〇。

(吉田　一彦)

くらしのてちょう　暮しの手帖　生活総合雑誌。隔月《かくげつ》刊。花森安治《はなもりやすじ》(一九一一―七八)が大橋鎮子《しずこ》らと設立した衣装研究所(暮しの手帖社)から一九四六年(昭和二十一)に『スタイルブック』一九四六年の夏号として発行され、一九四八年に『美しい暮しの手帖』と誌名を変え、一九五四年三月号から『暮しの手帖』となる。なによりも暮しの合理性や改革を重視する編集方針と、それを支える質の高い生活美学は他の女性雑誌や生活雑誌と一線を画する。受身の消費者ではなく暮しに必要なモノをつくる生活者の目を養うための商品テストは、他社の広告をいっさい載せない方針とともに、同誌の基本姿勢となっている。

参考文献　花森安治『一銭五厘の旗』、一九七一、暮しの手帖社。堀場清子「暮しの手帖」(朝日ジャーナル編『女の戦後史』一、一九八四、朝日新聞社)。酒井寛『花森安治の仕事』(朝日文庫)、一九九二、朝日新聞社。

(天野　正子)

『暮しの手帖』1954年3月号

くらつかあきこ　倉塚曄子　一九三五―八四　昭和時代の古代文学・*女性史研究者。代表作に『巫女《ふじょ》の文化』(平凡社選書、一九七九年)、遺稿集に『古代の女』(平凡社選書、一九八六年)がある。古代社会における女の霊能の本源的力とそれが失われていく過程を描いて、「女が権力の座にあるか否かを問うのではない女性史・女性解放の道筋」を構想した。前著では、沖縄の神女《しんにょ》職について、神をまつり神の妻となる巫女ではなく、みずからがまつられる者、みずからのセヂ(霊力)を更新する者であること、世俗の結婚をして母から娘へと神女職を伝えたことを明らかにした。また、本土の神話伝承・*系譜の中に、沖縄のオナリ神・神女とも共通する「イモ」「ヒメ」の姿を見いだし、*父系制支配の成立によってそうした女の精神史的伝統は失われたとし、*斎宮《さいぐう》を「追いやられたヒメ」と見た。古代国家の確立と女性の霊能の疎外を*女帝・*遊女等について論じた後著とともに、女性原理を重視する*フェミニズムの一潮流に立脚した女性史研究として、独自の位置を占める。

(義江　明子)

くらのかみ・くらのすけ　尚蔵・典蔵　*後宮十二司《こうきゅうじゅうにし》の一つ蔵司《くらのつかさ》の長官と次官。定員は尚蔵が一名、典蔵が二名。禄令《ろくりょう》規定の給禄《きゅうろく》の准位《じゅんい》は尚蔵が従三位《じゅさんみ》、典蔵が従四位。蔵司の職掌《しょくしょう》は男官の内蔵寮《うちのくらりょう》に対応しており、尚蔵と典蔵の仕事はともに神璽《しんじ》・関契《かんけい》・供御《くご》の衣服・巾櫛《きんしつ》・服翫《ふくがん》および珍宝《ちんぽう》・綵帛《さいはく》・賞賜《しょうし》等の収蔵・取り扱いであり、彼女らの下には掌蔵《くらのじょう》四名および*女孺《にょじゅ》十名が従った。尚蔵の准位従三位は十二司の長官中最も高く奈良時代には*藤原宇《ふじわらのう》比良古《ひらこ》(藤原仲麻呂《なかまろ》の妻、*尚侍《ないしのかみ》兼務)などがその任務にあたった重職であったが、平安時代になるとその職掌は内《ない》侍司《しのつかさ》、さらには*内侍所や*蔵人所《くろうどどころ》に吸収され、平安時代の中ごろには尚蔵・典蔵の事例は見られなくなる。

参考文献　須田春子『律令制女性史研究』、一九七八、千代田書房。同『平安時代後宮及び女司の研究』、一九八二、千代田書房。

(文珠　正子)

クララのめいじにっき　クララの明治日記　*森有礼《もりありのり》の斡《あつ》旋《せん》で、「商業講習所」(のちに一橋大学となる)で働くようになった父に従い、十四歳で来日し、やがて勝海舟《かつかいしゅう》の三男梶梅太郎《かじうめたろう》と結婚したアメリカ人クララ＝ホイットニーが、来日直後の一八七五年(明治八)八月からつけていた日記。一九七六年に日本語訳(全二巻、一又民子訳、講談社)、一九七九年に英語版(Clara A. N. Whitney. Clara's Diary. Tokyo: Kodansha International, 1979.)が公刊された。一八八〇年一月より、一八八二年十一月までの一時帰国の時期と一八八七年四月以降の日記は公刊の際省略されている。また、梅太郎との結婚前後の一八八四年十一月十二日以降、一八八七年四月十七日までは、クララ自身が日記をつけていない。明治前半期の東京と横浜の外国人コミュニティの、多くの日本人名士に取り囲まれた華やかな様子や、日本人名士たちとその妻、および、居留地外国人たちの人柄・*家庭生活・社交・娯楽・服装などが、女性ならではの視点で鋭く観察され、描写されている。人種・民族・文化・国籍を越えて、人と社会を理解し、また、評価するクララの能力には卓越したものがあり、ホイットニー家の使用人から、*福沢諭吉《ふくざわゆきち》・大山《おおやま》巌《いわお》などの名士、さらに天皇に至るまで、登場人物は、その仕草、人となりが目に浮かぶようである。同時に、日本人男性からのアプローチを忌避《きひ》した当初の人種主義が、キリスト教の布教を通じて日本人を救うという使命感に置き換わる様子など、東洋との接触が西洋人にもたらす影響の一端を知る上でも貴重な資料である。

(小檜山ルイ)

くりしますみこ　栗島すみ子　一九〇二―八七　明治から昭和時代にかけての俳優。東京出身。父は新聞記者から新派俳優となった栗島狭衣《さごろも》。幼少時から日本舞踊を学ぶ。舞台子役を経て一九二一年(大正十)に松竹蒲田《かまた》入社。可憐な容姿で人気を集め映画草創期《そうそうき》の大スターとなる。代表作に「虞美人草《ぐびじんそう》」「船頭小唄《せんどうこうた》」など。三七年に引退するまで百本以上の作品に出演。その後は水木流の宗家として舞踊界で活躍した。夫は映画監督池田義信《いけだよしのぶ》。

参考文献　林靖治編『女優事始め―栗島すみ子・岡田嘉子・夏川静枝―』、一九六六、平凡社。田中純一郎『秘録・日本の活動写真』、二〇〇四、ワイズ出版。

(池川　玲子)

くりはらイネ　栗原イネ　一八五二―一九二二　明治・大正時代の機業家《きぎょう》。「大同毛織《だいどうけおり》」の開祖。嘉永《かえい》五年(一八五二)、下野《しもつけ》国植野村《うえのむら》(栃木県佐野市)に生まれ、早くから賃機《ちんばた》などで一家を支えた。一八七八年(明治十一)二人目の夫と離婚し、同年先夫の子を連れて再々婚。間もなく生活苦から一家で上京し、イネは双子縞《ふたこじま》の賃機に従事した。一八八四年、みずから栗原稲工場を設立し、高い評価を得たが、一八八八年三度目の離婚。分与された家と織機を基に工夫と研鑽《けんさん》を重ね、織物業の地歩を築いた。

参考文献　渡辺亭一編『栗原母子伝』(伝記叢書)、一九五五、大空社。

(早田リツ子)

くりもとのじょおう　栗下女王　生没年不詳　*推古《すいこ》天皇の近習者《きんじゆうしや》の長。近習者は*女王・*采女《うねめ》等から構成され、奏上《そうじよう》と宣下《せんげ》の役割を負っていた。『日本書紀』によれば、推古の召しに従った山背大兄王《やましろのおおえのおう》を采女が閤門《こうもん》(推古の居所である大殿《おおとの》の門)から大殿へ取り次ぎ、栗下女王が参上のことを推古に奏《そう》したとある(舒明《じよめい》天皇即位前紀)。これは平安時代に*女官《にょかん》の果たす内侍奏宣《ないしそうせん》・*闈司奏《いしそう》に類似点が多く、推古不予の特殊事例ではなく、当時の一般的な天皇側近の女性の役割と考えられる。

参考文献　吉川真司「律令国家の女官」(女性史総合研究会編『日本女性生活史』一、一九九〇、東京大学出版会)。

(黒瀬　之恵)

くりやのまひとくりやめ　厨真人厨女　⇨不破内親王《ふわないしんのう》

ぐるーぷ・たたかうおんな　ぐるーぷ・闘うおんな　一九七〇年(昭和四十五)夏に配布されたパンフレット『便所からの解放』で女性解放を性の解放として提起した田《た》中美津《なかみつ》が、同年十月二十一日の国際反戦デーで女性のみ五十名のデモ行進をした時に旗に掲《かか》げた名。以後、同グループは、一九七一年八月信州リブ合宿、一九七二年五月リブ大会開催、九月*リブ新宿センター開設と、一九七七年センター閉鎖までの間*ウーマン＝リブ運動の中心的存在になった。グループの発行する『リブニュース―この道ひとすじ―』は一九七六年二月刊の第一六号で終っている。

参考文献　溝口明代・佐伯洋子・三木草子編『資料日本ウーマン・リブ史』一、一九九二、松香堂書店。

(三宅　義子)

くるめがすり　久留米絣　福岡県久留米地方を中心とした地域で生産された*木綿紺絣《もめんこんがすり》。当該地域は藍《あい》・綿の栽培生産に適しており、*井上伝《いのうえでん》によって創始されたとされている。農閑期《のうかんき》の副業として賃織《ちんおり》された。当初はいざり機《ばた》によっていた。明治初期ころまで、商人が原材料を用意し、農家が染織するという織替《おりかえ》という方式で行われた。緻密《ちみつ》な絣であり、熟練した技能が必要で、農家の副業としては秀でたものであり、最高級品は一反仕上げるのに三十～四十日を要する。

参考文献　『久留米絣』、一九六九、久留米絣技術保存会。

(中村　文)

くるわ　廓　⇨遊廓《ゆうかく》

くろうど　蔵人　嵯峨《さが》朝の弘仁元年(八一〇)三月に置かれた令外官《りようげのかん》で蔵人所《くろうどどころ》に所属。職事《しきじ》ともいう。唐名は侍中《じちゆう》。宇多《うだ》朝に蔵人所が拡充整備されて以後は、天皇に常侍《じようじ》して身辺雑事の奉仕、天皇と摂関・太政官・上皇との連絡、天皇家の*家政機関の管理といった幅広い職務にあたった。なお従来天皇に常侍し勅《ちよく》や奏《そう》を取り次ぐ職務を担っていたのは*女官の内侍《ないし》であったが、蔵人所設置以後は内侍の奏請《せいそう》・宣伝機能が次第に蔵人へ移管され、蔵人伝奏《でんそう》が内侍伝奏に取って替わった。*内侍宣《ないしせん》も大事には用いられなくなり、形式的には内侍宣でも実際は蔵人が仰せ下す例が多くなった。蔵人の構成は別当《べつとう》・頭《とう》のもと、五位蔵人・六位蔵人・非蔵人からなり、天皇の代替わりごとに宣旨《せんじ》で新任される。ほかに蔵人所には雑色《ぞうしき》・所衆《ところのしゆう》・出納《しゆつのう》・小《こ》舎人《とねり》・滝口《たきぐち》・鷹飼《たかがい》らの下級職員が属した。なお平安時代中期以降には東宮《とうぐう》・上皇・*女院《にょいん》・*後宮・*斎院《さいいん》・諸官司・摂関家にも蔵人が置かれた。女性の場合は*女蔵人《にょくろうど》とも称した。

参考文献　吉川真司「律令国家の女官」(『律令官僚制の研究』一九九八、塙書房)。土田直鎮「内侍宣について」(『奈良平安時代史研究』一九九八、吉川弘文館)。

(野田有紀子)

くろさわとき　黒沢登幾　一八〇六―九〇　幕末・明治時代の*寺子屋師匠、尊王攘夷《そんのうじようい》運動家。名は止幾・止幾子・時子などともいう。水戸藩領茨城郡高野《こうや》村(茨城県東茨城郡城里町)で修験道場と寺子屋を営む黒沢将吉《まさきち》の娘で、父の実家の鴨志田彦蔵《かもしだひこぞう》に嫁ぎ二女を儲けるが、夫と死別し実家に戻る。行商で家族を養う一方、俳諧や狂歌《きようか》・漢詩・*和歌などを学び、安政元年(一八五四)に実家の寺子屋を継承。同五年水戸藩主徳川斉昭《とくがわなりあき》が安政の大獄で謹慎《きんしん》になると、憤慨した登幾は翌年、斉昭の無罪を訴える長歌を天皇に献上するため単身上京する。この行動は幕府の役人に知られて未遂に終り、登幾も捕らわれて中追放となる。のちに許され、明治五年(一八七二)の*学制頒布で小学校教師に任じられ主に漢学を教える。一九〇七年従五位《じゅごい》を贈られる。前述の上京の際の旅日記『上京日記』、捕らわれて中追放になるまでの記録『捕れの文』などを残す。

参考文献 立林宮太郎『黒澤李恭』、一九七七、李恭会。深井甚三『近世女性旅と街道交通』、一九九五、桂書房。

(長谷川良子)

くろだチカ　黒田チカ　一八八四―一九六八　大正・昭和時代に活躍した日本女性初の化学者。佐賀県に生まれ、*女子高等師範学校、同研究科卒業。一九一三年(大正二)東北帝国大学理科大学化学科に入学、初の女子帝大生となる。一九一八年東京女高師教授。紫根《しこん》の色素(シコニン)の構造を決定。一九二一年英国留学。論文「紅花の色素カーサミンの構造決定」により一九二九年(昭和四)、生物学の*保井コノに次ぐ日本女性二番目の理学博士となる。女高師で学生指導に、理化学研究所で各種天然色素の研究に努め、成果を挙げ続けた。

参考文献 黒田チカ「化学の道に生きて」(『婦人之友』一九五七年三・四月号)。お茶の水女子大学ジェンダー研究センター編『黒田チカ資料目録』、二〇〇〇。

(山崎美和恵)

くろだとさこ　黒田土佐子　一六八二―一七五八　江戸時代中期の歌人。幕臣折井正利の娘。側用人柳沢吉保《そばようにんやなぎさわよしやす》の養女。十歳で徳川綱吉《つなよし》の小姓《こしょう》黒田直邦《なおくに》と結婚。文武に秀でた直邦に学問を学ぶ。下館《しもだて》藩主の後、沼田藩主となった直邦を支え、夫の領地帰還の留守を預かり、子女の教育につとめる。五十四歳で夫に死別後も跡を継いだ婿《むこ》養子直純《なおずみ》を助け、一族の柱となり孫たちの成長を見守る。享保《きょうほう》二年(一七一七)の江戸大火の避難記『*石原記《いしはらき》』や直邦没後の日記『言《こと》の葉草《はぐさ》』から大名夫人の日常生活が窺われる。

参考文献 柴桂子「『石原記』に見る大名夫人の日常生活」(『江戸時代の女たちその生と愛』二〇〇〇、桂文庫)。同「『言の葉草』に見る大名未亡人の日常生活」(同)。

(柴　桂子)

くろとびしきぶ　黒鳶式部　一七七二―一八八　江戸時代の黄表紙《きびょうし》作家。本名岩瀬《いわせ》よね。山東京伝《さんとうきょうでん》の妹。黄表紙『他不知思染井《ひとしれずおもひそめい》』の作者。屋敷奉公の二人の娘と当世流行の若者グループ「五人男」が、染井《そめい》の花見や*吉原で繰り広げる恋愛ドラマで兄のアドバイスがあったとしても、若い女性らしい可愛《かわい》い作品である。京伝と仲間たちが企画した手拭《てぬぐい》デザインの展覧会「手拭ひ合せ」の会主に指名されたり、京伝の『不案配即席料理《ふあんばいそくせきりょうり》』の序を書いたり、兄に可愛がられ、文士仲間のアイドル的存在であったようである。

参考文献 門玲子他「菫表紙黒鳶式部作歌磨画『他不知思染井』について」(『江戸期おんな考』一五)、二〇〇四。

(藤野　泰子)

くろみこ　黒御子　生没年不詳　南北朝時代の若狭国太良荘《わかさのくにたらのしょう》の百姓正阿《しょうあ》の息女。父の跡を継いで居住していた屋敷地に、貞和《じょうわ》三年(一三四七)九月、同荘元助国名主蓮仏《すけくにみょうしゅれんぶつ》が乱入して住宅を破却し、資財物を運び取るという事件が起った。その背景には、父の代の貞和元年に太良荘領家・*地頭両方代官の裁許《さいきょ》によって正阿方の居住が認められた下地《したじ》をめぐる争いがあった。黒御子が蓮仏に奪われた資財物注文が残っていて、米・粟、布・綿《わた》・布小袖・帷子《かたびら》、鍋・金輪《かなわ》、鉞《まさかり》・鍬《くわ》・釿《ちょうな》がみえるが、女性の百姓の財産がわかる貴重な例である(『東寺百合文書《ひゃくごうもんじょ》』し函)。

参考文献 網野善彦『海の国の中世』(平凡社ライブラリー)、一九九七、平凡社。

(髙橋　敏子)

くろめのとじ　黒売刀自　⇩山《やま》ノ上碑《うえひ》

クロワッサン　クロワッサン　一九七〇―八〇年代の代表的な女性向けライフスタイル誌。一九七七年(昭和五十二)四月に平凡出版(一九八三年マガジンハウス社と改名)より月刊誌として創刊。「ふたりで読むニューファミリーの生活誌」を謳《うた》い、新しい*家庭をめざす若い夫婦に向けて発信された。しかし売れ行きは伸びず翌七八年から月二回、働く女性に向けた雑誌として再出発して部数を伸ばした。仕事をもつ女性の存在が認知されていく社会背景にあって『MORE』や『COSMOPOLITAN』も登場した。いずれも女の自立をテーマにしたが、『クロワッサン』は*市川房枝《いちかわふさえ》・犬養智子《いぬかいともこ》・桐島洋子《きりしまようこ》・*向田邦子《むこうだくにこ》等々、結婚の枠を越え社会的に活躍する具体的なモデルを紹介する特徴をもった。従来ネガティブに語られがちだった女性の独身を肯定し、自分のスタイルを確立している「カッコいい」シングルイメージも普及させた。実践的な職業記事はもたず、自立やシングルといった生き方をファッション的に取り上げた。現在は生活情報を中心に編集、男女双方に向けて発信している。

『クロワッサン』創刊号

参考文献 松原惇子『クロワッサン症候群』、一九八八、文芸春秋。上野千鶴子「女性誌ニュージャーナリズムの同世代史」(『〈私〉探しゲーム(増補版)』一九九二、筑摩書房)。

(古河　史江)

ぐんこくのはは　軍国の母　軍国主義国家が求めた聖化された母の像。*家族制度を基軸《きじく》とした良妻賢母《りょうさいけんぼ》の「母」の像に、軍国主義体制下で息子や夫の殉国《じゅんこく》を受容する女性の姿を重ねて「*母性」を聖化。出征《しゅっせい》軍人の母を「軍国の母」(妻を軍国の妻)と呼んだ。日露戦争期の国定第一期国語読本(一九〇四年(明治三十七)—〇九年)は、日清戦争挿話《そうわ》から、「子」を「御国の為」と勇《いさ》んで差し出した「感心な母」(のちに「水兵の母」と改称)を「軍国の母」像として提示。第三期(一九一八年(大正七)—三二年(昭和七))「一太郎やあい」では、日露戦争で「一人子」の出征を励まし見送る母を教材化。青年の徴兵《ちょうへい》が大幅に増加する十五年戦争期には、戦意高揚《こうよう》のため「母性」を強調する軍部や*大日本国防婦人会(一九三二—四二年)が「軍国の母」を多用。女性雑誌にも「軍国の母」の姿が描かれ、一九三七年発表の軍歌「軍国の母」は出征歓送《かんそう》歌となる。一九四一年十二月八日の真珠湾攻撃以降、新聞・ラジオは一斉に「軍神」の母を讃えた。

参考文献 藤井忠俊『国防婦人会』(岩波新書)、一九八五、岩波書店。中内敏夫『軍国美談と教科書』(岩波新書)、一九八八、岩波書店。早川紀代編『軍国の女たち』(戦争・暴力と女性二)、二〇〇五、吉川弘文館。 (山村 淑子)

け

けいあいじ 景愛寺 京都市上京区にあった臨済宗《りんざいしゅう》の*尼寺。建治《けんじ》三年(一二七七)に、西園寺実氏《さいおんじさねうじ》室の貞子《ていし》が尼寺建立のために五辻《いつつじ》の敷地を*無外如大《むがいにょだい》に寄進し、如大によって創建された。室町時代初期に*尼五山《あまごさん》の筆頭に位置づけられ、その住持《じゅうじ》は室町将軍の命によって定められ、将軍の子女や皇女が相ついで就任した。明応《めいおう》七年(一四九八)に焼失し、再建されなかったが、景愛寺住持の名跡《めいせき》は末寺の大聖寺《だいしょうじ》・*宝鏡寺《ほうきょうじ》によって明治時代まで継承された。

参考文献 荒川玲子「景愛寺の沿革—尼五山研究の一齣—」(『書陵部紀要』二八)、一九七六。 (土谷 恵)

ケイ、エレン Ellen Key 一八四九—一九二六 スウェーデンの女性解放論者、思想家、教育家。スウェーデンのスモーランド州の名門に生まれ、進歩的でリベラルな政治家の父の影響を受けて育った。父の経済上の破綻《はたん》からストックホルムの労働学院で文化史と文学を教えて生計を立てた。のち婦人児童運動に加わり、進化論的立場から従来のキリスト教的結婚観・女性観を批判し、抑圧された婦人の解放・児童の尊重・生命の自由な発展のための児童教育・婦人の*母性的使命を主著『*恋愛と結婚』『児童の世紀』の中で強く主張した。これらの二作は『*青鞜《せいとう》』の中で*平塚らいてうと*山田わかにより紹介されたり、和訳され、日本の婦人運動、教育界に大きな影響を与えたばかりでなく、国際的な評価も受け、各国語に翻訳された。ケイは晩年を過ごしたウムベルィのストランドの山荘で没した。著書に『恋愛と結婚』『児童の世紀』『婦人運動』などがあり、日本語訳に『児童の世紀』(小野寺信・小野寺百合子訳、富山房百科文庫、一九七九年、富山房)、『恋愛と結婚(改訂版)』(小野寺信・小野寺百合子訳、一九九七年、新評論)などがある。

参考文献 トールビョルン＝レングボルン『エレン・ケイ教育学の研究—「児童の世紀」を出発点として—』(小野寺信・小野寺百合子訳)、一九八二、玉川大学出版部。 (富田 裕子)

げいこ 芸子 酒食の席で*三味線や踊りといった遊芸を売る女性。江戸での*芸者を大坂では芸子という(大坂では芸者は男芸者をさす)。地域によって呼称が違い、丹後《たんご》国宮津《みやづ》では「酌取女《しゃくとりおんな》」と記される。*売女の性格が濃い「*茶汲女《ちゃくみ》」と違い、「酌取女」は*源氏名(玉助・花松など)を持ち、遊芸を披露して*花代《はなだい》を稼ぐことを本業とした。また京都の*祇園《ぎおん》などの*置屋《おきや》を養親として、十二—二十二歳の比較的若い女性が多かった。江戸の芸者が*音曲《おんぎょく》の師匠を兼ねる者もあって自立性が高いのに比して、大坂の芸子は宴での接待に終始し、宮津では置屋仲間による拘束が強かった。

参考文献 岸井良衞『女芸者の時代』(青蛙選書)、一九七四、青蛙房。曾根ひろみ『娼婦と近世社会』、二〇〇三、吉川弘文館。 (椙山 聖子)

けいこういん 慶光院 三重県伊勢市宇治浦田町《うじうらたちょう》にあった*尼寺で、明治二年(一八六九)に廃絶。現在、『慶光院文書』が神宮徴古館《じんぐうちょうこかん》に残されている。同寺は一般寺院とは異なり、仏像・経巻・仏具がなく、檀家《だんか》もなく、読経《どきょう》も行わず、葬式にも関係しなかった。初代守悦《しゅえつ》、第三代清順《せいじゅん》は勧進《かんじん》によって宇治大橋を架け、清順は慶光院号を勅許された。清順、さらに第四代周養《しゅうよう》は勧進によって神宮の式年遷宮《しきねんせんぐう》を復興させている。神宮の伝統の復活が、一介の尼僧の勧進活動によって成功を収めたのである。

参考文献 平出鏗二郎「神宮と慶光院の関係」(『鏗痴集』一九二三)。小島鉦作「慶光院清順・周養の事蹟と慶光院文書の歴史的意義」(国学院大学神道史学会編『(宮地直一博士三十年祭記念論文集)神道史の研究』一九八〇、叢文社)。 (関本　悟)

けいこうひにんやく　経口避妊薬　⇩ピル

けいざん　渓山　一四八九―一五四三　後土御門《ごつちみかど》天皇の皇女。母は勧修寺房子《かじゅうじぼうし》。養母は*日野富子《ひのとみこ》。大慈院《だいじいん》(南御所)住持。渓山の名は『宝鏡寺《ほうきょうじ》文書』による。延徳《えんとく》元年(一四八九)八月二十六日に生まれ、十一月七日に日野富子の*養女として小川御所《おがわごしょ》に移る。同三年十二月十三日に大慈院の喝食《かっしき》となる。大慈院の住持は足利義政と富子の娘光山聖俊《こうざんしょうしゅん》で、渓山は光山聖俊の弟子となって養育された。文亀《ぶんき》元年(一五〇一)六月十四日に十三歳で得度、戒師は泉涌寺《せんにゅうじ》善叙上人《ぜんじょしょうにん》で剃手《そりて》は賢斎《けんさい》であった。永正二年(一五〇五)八月二十六日に光山聖俊が没し、渓山が住持を継ぐ。日記『二水記《にすいき》』の筆者である公家の鷲尾隆康《わしのおたかやす》は、渓山の寺社参詣・行楽・酒宴の供をしたことをたびたび記している。『宝鏡寺文書』によれば、渓山が住持のときには大慈院の経済状況は黒字で、大慈院領摂津国《せっつのくに》上津畑《こうづはた》等の経営には専属の雑掌《ざっしょう》杉原《すぎはら》元助《もとすけ》が携わっていた。天文十二年(一五四三)十一月一日に五十五歳で病没。

参考文献　菅原正子「中世後期―天皇家と比丘尼御所―」(服藤早苗編著『歴史のなかの皇女たち』二〇〇二、小学館)。同『中世の武家と公家の「家」』二〇〇七、吉川弘文館。 (菅原　正子)

げいしゃ　芸者　酒宴で唄《うた》・踊り・*三味線などの遊芸を披露して興を添え、座料を稼ぐことを本業とする女性。*芸子《げいこ》・酌取女《しゃくとりおんな》とも呼ばれた。芸者は、*娼婦《しょうふ》とともに幕藩公認の*遊廓《ゆうかく》や*私娼《ししょう》街である*岡《おか》場所・新地《しんち》などに集中的に存在し、遊廓や岡場所の外観を、単なる売春の場ではない「社交・遊興の場」とするための不可欠の構成要員であった。芸者の座料は、*遊女同様に*揚代《あげだい》・*花代《はなだい》などと呼ばれたが、遊女のように格付けされ、「遊女自身の買上げ値段」がついているわけではなく、宴席にあがっ

芸者　品海遊宴図(鳥居清長筆)

た時間の長さによって決める「時間決めの値段」であった。遊廓では、娼婦との競合を避けるため、芸者が性を売ることを原則的に禁じており、事実、芸者が不特定多数の男性を相手に恒常的に性を売ることもなかった。*置屋《おきや》に抱えられ強い人身支配の下に置かれた芸者もいれば、*音曲の師匠《ししょう》を兼ねた比較的自立性の高い芸者もいるなど、その実態は、地域や時期によって多様である。元禄期以降、触《ふれ》などにしばしば登場する女踊子《おんなおどりこ》は芸者の前身である。

参考文献　三田村鳶魚「江戸芸者の研究」(『三田村鳶魚全集』一〇、一九七五、中央公論社)。中野栄三『廓の生活』(生活史叢書)、一九八一、雄山閣出版。曾根ひろみ「芸者考―丹後宮津の芸子を中心に―」(脇田晴子・S・B・ハンレー編『ジェンダーの日本史』上、一九九四、東京大学出版会)。 (曾根ひろみ)

げいしゃ―くとうのはんしょうがい―　芸者―苦闘の半生涯―　一九五七年(昭和三十二)出版された増田小夜《ますださよ》の半自伝。平凡社刊。小夜は一九二五年(大正十四)長野県塩尻《しおじり》市に父不詳で誕生、叔父に預けられ貧困の中で六歳ごろ地主の家に*子守に出される。十二歳で諏訪《すわ》の*芸者置屋《おきや》に売られ、四四年十八歳でやくざの親分に*身請けされ妾《めかけ》になる。その後はじめて知った恋は旦那に妨害され自殺を計る。戦後は愛する弟の自殺に苦悩し、露店商・料理屋女中・農家の手伝いなどさまざまな仕事を経験する。小学校に通えなかった彼女は三十歳近くになり文字を綴《つづ》ることを学び、『*主婦の友』の手記に応募。全文ひらがなで書いた文章は佳作《かさく》として同誌一九五七年二月号に掲載された。本書はこれに手を加えて刊行、その半生が赤裸々かつ率直に綴られ、「事実を語る言葉の強さ」(佐高信)は心を打つ。二〇〇三年(平成十五)英訳(G. G. Rowley訳、Columbia Univerisity Press)も出て、これまで海外に伝えられた京都や東京の芸妓《げいぎ》イメージとは異なる一地方の芸者の現実世界を提示した。

参考文献　小田三月「解説生きる力と文の力」(増田小夜『芸者―苦闘の半生涯―』一九九五、平凡社)。佐高信『わたしを変えた百冊の本』(講談社文庫)、二〇〇五、講談社。 (金子　幸子)

げいしゃけんばん　芸者検番　*芸者の取締り、客への取次ぎ、*花代《はなだい》の精算などをする所。客が芸者を呼ぶ場合、まず*料理茶屋へ上がり、*置屋《おきや》から芸者を呼ぶことになるのだが、その場合、必ず検番を通さなければならなかった。検番では、座敷の口がかかった芸者を送り込むと線香を立て、それが燃えつきるまでの時間を一本として値を決め、芸者花代を「線香何本」として精算した。検番は、花代の一部を口銭《くちせん》として徴集し運営の費用にあてた。検番の運営は、置屋の仲間組織が運営する場合と、特定の業者が請《う》け負って検番機能を独占する場合とがあ

った。

参考文献 石井良助『吉原』(中公新書)、一九六七、中央公論社。曾根ひろみ「芸者考—丹後宮津の芸子を中心に—」(脇田晴子・S・B・ハンレー編『ジェンダーの日本史』上、一九九四、東京大学出版会)。 (曾根ひろみ)

けいじゅいん 慶寿院 一五一四—六五 戦国時代の公家近衛《このえ》尚通《ひさみち》の娘。俗名は不詳。永正十一年(一五一四)に生まれ、天文三年(一五三四)、室町幕府第十二代将軍足《あし》利《かが》義晴《よしはる》へ嫁いだ。義晴との間には十三代将軍義輝《よしてる》・十五代将軍義昭《よしあき》・鹿苑院周嵩《ろくおんいんしゅうすう》をもうけた。義晴は管領《かんれい》細川高《たか》国《くに》に擁《よう》されて将軍となったが、権力基盤が弱かっただけに大永《だいえい》七年(一五二七)以降、武士の内紛に翻弄《ほんろう》され京都・近江《おうみ》間の往復を繰り返す。天文十八年、三好長慶《みよしながよし》が京都制覇をした結果、義晴は近江へ逃れ、以後京都には戻らず、義晴室もそれに従う生活を余儀なくされた。天文十九年近江穴太《あのう》へ義晴は移り、失意のうち客死する。この時より義晴室は髪を下ろし慶寿院を称することとなる。慶寿院が将軍家*御台所《みだいどころ》として義晴の幕政に協力していたことは、天文八年、近衛家と万松軒《ばんしょうけん》の所領争いの時、幕府に評議を命じたり、同年の大内義興《よしおき》被官、杉興重《おきしげ》の官《かん》途《と》を幕府へ口入したり、翌年には日野家出身の侍女のため日野家所領から年貢が給付されるよう幕府奉行人へ申し入れ、また幕府奉公衆であった本郷光泰《みつやす》の詫言《わびごと》を取り次ぐなどの行いからもわかる。慶寿院は幕政への介入だけでなく、将軍義輝の代の永禄三年(一五六〇)甥の前久《さきひさ》が京都政治の刷新を求め、越後へ下り長尾景虎《ながおかげとら》に上洛を促した時、近衛稙家《たねいえ》・慶寿院の兄妹と姪である義輝室がその画策を行い、朝政へも荷担した気配がある。三好氏には天文十七年ころから内紛が起っており、それに乗じて松永久秀《ひさひで》が三好義継《よしつぐ》と連合したことで、義輝は身辺を備える。しかし永禄八年、久秀・義継連合軍に宿所の二条第を包囲され義輝は討死。慶寿院は自害した。『*御湯《おゆ》殿上日記《どののうえのにっき》』には「みよしふけをとりまきて、ふけもうちしにて、あとをやき、くろつちになし候、ちかころ〱ことのはもなき事にて候」とある。なお、このころの将軍家御台所の生活費は加賀国の料所からの収入で賄《まかな》われていたが、それとても本願寺の保証のもとで沙汰《さた》されるありさまであった。

参考文献 『万松院殿穴太記』(群書類従二九)。湯川敏治『戦国期公家社会と荘園経済』、二〇〇五、続群書類従完成会。 (湯川 敏治)

けいしゅう 閨秀 ⇩女流《じょりゅう》

けいしゅうナザレえん 慶州ナザレ園 植民地時代に朝鮮人男性と結婚して朝鮮に渡り、解放後、韓国に住み着いた日本人女性たちのための福祉施設。慶尚北道《キョンサンブクド》慶州《キョンジュ》市にある。これらの在韓日本人女性たちは朝鮮戦争を経て、夫と離・死別した後も韓国で暮らした。韓国人の反日感情によってその生活は居心地の良いものではなかったが、日本に帰ることもできなかった。女性たちは、往々にして孤独や貧困の中で生活した。一九七二年、福祉事業家の金龍成《キムヨンソン》(一九一九—二〇〇三)が「同胞の青年を愛してくれた日本人を見過ごすわけにはいかない」と、これらの日本人女性のために、私財をなげうって同園を設立した。これまで二百人以上が慶州ナザレ園で過ごし、二〇〇五年現在七十六歳から九十六歳の日本人女性二十四人が暮らす。芙蓉会《ふようかい》(在韓日本人女性の親睦会《しんぼくかい》)の紹介による入居者も多い。収容可能人員五十名。このほか同園では、約百人の日本人妻を在宅支援している。金龍成の半生を描いたドキュメンタリー映画「ナザレの愛」(一九九三年)がある。

参考文献 石川奈津子『海峡を渡った妻たち—ナザレ園・芙蓉会・故郷の家の人びと—』、二〇〇一、同時代社。 (山下 英愛)

けいしょういん 桂昌院 一六二七—一七〇五 江戸幕府三代将軍徳川家光の*側室。五代将軍綱吉の生母。二条家家司《けいし》本庄宗利《ほんじょうむねとし》の*養女。諱《いみな》は光子《みつこ》。江戸城*大奥に勤め、家光の側室となり、秋野《あきの》またお玉《たま》の方と称す。正保《しょうほう》三年(一六四六)正月綱吉(幼名徳松《とくまつ》)を生む。慶安《けいあん》四年(一六五一)四月家光の没後、髪をおろし桂昌院と号す。遺金は二千両。延宝《えんぽう》八年(一六八〇)綱吉が五代将軍になるのに伴い、館林《たてばやし》藩邸から江戸城に入った。貞享《じょうきょう》元年(一六八四)十一月従三位に叙された。元禄《げんろく》二年(一六八九)三の丸に移居。同十五年三月従一位に叙《じょ》されたが、これには朝廷内に非難の声もあった。仏教に帰依《きえ》し、真言宗新義派の僧亮賢《りょうけん》・隆光《りゅうこう》を尊崇した。亮賢は、天和元年(一六八一)桂昌院の祈願寺である護国寺《ごこくじ》の開山となる。異父弟本庄宗資《むねすけ》を大名にするなど一族を厚遇《こうぐう》し、綱吉政治への影響も大きかった。三の丸で没し、墓所は芝の増上寺(東京都港区)にある。

参考文献 『徳川諸家系譜』一、一九七〇、続群書類従完成会。塚本学『徳川綱吉』(人物叢書)、一九九八、吉川弘文館。 (久保 貴子)

げいしょうぎかいほうれい 芸娼妓解放令 マリア＝ルス号事件を直接的なきっかけとして、明治五年(一八七二)十月二日に出された太政官布告《だじょうかんふこく》第二九五号をさす。人身売買禁止令ともいう。㈠年期奉公に名を借りた*人身売買同様の所業の禁止、㈡年期を七年以内に限定、㈢平常の奉公は一年、㈣*娼妓芸妓《げいぎ》等の解放と貸借訴訟の無効が宣言されていた。ついで司法省達二十二号により、芸娼妓に借金返済の義務がないこと、*養女の名目で芸娼妓を営ませることの禁止が示された。この結果芸娼妓は解放され、彼女たちを拘束していた前借金も帳消しになった。しかしその後、「自由意志」による娼妓に座敷を貸すことは許可するとの建前で、前借金による人身拘束《こうそく》を伴う従来どおりの芸娼妓稼業が存続した。

参考文献 牧英正『人身売買』(岩波新書)、一九七一、岩波書店。市川房枝編『婦人問題資料集成』一、一九七八、ドメス出版。 (小野沢あかね)

けいせい 傾城 〔中世〕美人の意味から転じて*遊女の

異称となった語。遊女には、*今様《いまよう》・朗詠《ろうえい》・*白拍子《しらびょうし》・琵琶《びわ》などの芸能で客をもてなす遊女と、売春専門の遊女がいる。遊女は宿・港など人が集まる所に多く、平安・鎌倉時代では摂津国《せっつのくに》*江口《えぐち》・神崎《かんざき》、播磨国室《はりまのくにむろ》の遊女が有名であった。室町時代の京都では、五条東洞院《ごじょうひがしのとういん》が傾城屋の集まった地域として有名で、将軍足利義満の*側室として立身出世した高橋殿《たかはしどの》はもとは東洞院の傾城であった。戦国時代の「*洛中洛外図屛風」(上杉本)には今出川《いまでがわ》室町に傾城と傾城屋が描かれている。傾城には、路上で客を誘う*立君《たちぎみ》と、屋内で客を引く*辻子君《ずしぎみ》・*上﨟《じょうろう》がいた(『*七十一番職人歌合』)。京都の傾城屋は戦国時代に商人座として本所である久我《こが》家に公事銭《くじせん》を納めた。久我家は家司《けいし》を傾城局公事《けいせいのつぼねくじ》の代官に補任《ぶにん》して年間に十五貫文を納めさせていたが、天正元年(一五七三)に傾城座は久我家から所領と引き替えに召し上げられ、織田信長の知行となった。

参考文献 後藤紀彦「立君・辻子君」(『(朝日百科)日本の歴史』四、二〇〇五、朝日新聞社)。網野善彦『中世の非人と遊女』(講談社学術文庫)、二〇〇五、講談社。菅原正子『中世の武家と公家の「家」』、二〇〇七、吉川弘文館。

(菅原 正子)

〔近世〕遊女の別称。「*花魁《おいらん》」「お職《しょく》」などとも呼ばれる。古くは、平安時代に「遊女」のことを「傾城」といったこともあった。「傾城」ということばが本格的に使用されたのは、公娼制《こうしょうせい》の成立以後のことで、傾城は特定の地域へ集住した。その地域を傾城町と称し、遊里として、武家・町人たちの一種の遊戯場、社交場となり、現代の歓楽街に該当する。もともと、傾城とは中国から来たことばで、『洞房語園《どうぼうごえん》』によれば、遊女の中でも*太夫《たゆう》のことを傾城といい、上級の遊女を指す。その他を、*女郎《じょろう》と一般的には呼ぶ。宮本由紀子の見解によれば、「一顧傾二人城一再顧傾二人国一」ということから、遊女も家を傾け身を亡ぼす者が多いので「傾城」と名付けたという。明治以降には「傾城」という用語は、あまり使用されなくなり、「おいらん」「女郎」に変化している。

参考文献 庄司勝富『異本洞房語園』(『日本随筆大成三ノ二』)。西山松之助編『遊女(新装版)』(日本史小百科)、一九九四、東京堂出版。宮武外骨『売春婦異名集』(隠語辞典集成一九)、一九九七、大空社。

(宇佐美ミサ子)

けいせいがいしじゅうはって 傾城買四十八手　山東京伝《さんとうきょうでん》作・画の洒落本《しゃれぼん》。一冊。寛政《かんせい》二年(一七九〇)、江戸蔦《つた》屋重三郎《やじゅうざぶろう》刊。五章から成る。相撲の四十八手になぞらえ、*傾城買における新手の技巧・手くだを描き分け、いろいろなタイプの*遊女と遊客との間の会話を通じて、*恋愛や遊興《ゆうきょう》の真情を描き、それぞれに評を加える。穿《うが》ちを離れ、遊里に生きる人びとの哀感《あいかん》や内面心理を描写する洒落本の変容を物語る作品。なお、同年、京伝は*吉原扇屋《よしわらおうぎや》の新造菊園《きくぞの》を妻に娶《めと》っている。『日本古典文学大系』五九、『日本古典文学全集』四七、『洒落本大成』一五などに翻刻されている。

(下重 清)

けいせいきんたんき 傾城禁短気　江島其蹟《えじまきせき》作の浮世草子《うきよぞうし》。外題《げだい》「色道大全《しきどう》」。六巻二十四話。正徳《しょうとく》元年(一七一一)京都八文字屋八左衛門《はちもんじやはちざえもん》刊。八文字自笑《じしょう》が序署名する八文字屋本の一つ。安土宗論《あずちのしゅうろん》や寺院で流行の宗派談義を模して、色道諸相を比較した短編集。衆道《しゅうどう》(*歌舞伎《かぶき》の野郎《やろう》)と女色《にょしき》(*傾城《けいせい》)との優劣論、白人《はくじん》(*私娼《ししょう》)と黒人《くろうと》の本末論、*吉原《よしわら》・新地《しんち》・島原《しまばら》など各地遊里での*遊女と遊客とのかけひきなどを説法に擬《ぎ》して説く。井原西鶴《いはらさいかく》以後における技巧派浮世草子の秀作であるとともに、其蹟好色物《こうしょくもの》の代表作。『日本名著全集』九、『日本古典文学大系』九一などに翻刻されている。

参考文献 長谷川強『浮世草子の研究―八文字屋本を中心とする―』、一九六八、桜楓社。同「江嶋其蹟―八文字屋との確執―」(『国文学解釈と鑑賞』五九ノ八)、一九九四。

(下重 清)

けいちょう 計帳　⇩戸籍《こせき》・計帳《けいちょう》

けいふ 系譜　〔古代・中世〕血縁や地位・技能等の継承の流れを表わしたもの。継承関係を系線で図示したものが系図、譜文《ふぶん》で説明したものが系譜で、絵系図もあり、これらを総称して系譜という。古代・中世の系譜は、形式面からみると、口頭系譜→文章系譜→縦系図→横系図という変遷をたどった。口頭系譜は語り伝えて、それをそのまま文章化すると文章系譜になる。現存最古の系譜である埼玉県稲荷山鉄剣銘文《いなりやまてっけんめいぶん》(四七五年)は文章系譜である。料紙をタテに長く張り継いだ縦系図は、始祖《しそ》から子孫への流れを一目でみわたすことができる氏族系譜、ヨコに長い横系図は、親と子の関係、兄弟の枝別れ・分家関係を示すに適した家系図である。中世以降は、横系図が一般的となる。文章系譜・縦系図の段階までは、人名の前に語り伝えの段階からの名残である「子・次・娶・生」字があることが多く、これが古系譜と判断する目安になる。内容面からみると、七世紀末までの系譜は、「AがBに娶《みあい》して生む子C」(『*古事記』系譜や「山《やま》の上碑《うえ》」など)という形で父母双方の祖を書き連ねた系譜と、始祖から代々の族長名を列記した系譜(稲荷山鉄剣銘文や「海部系図」)の二つの様式がある。前者は双系(方)的親族原理に立脚した系譜様式であり、子供は、男女を区別せず年齢順に同母単位で個人名が列記される。父系継承が公的原則となった八世紀以後は、こうした「娶生」形式の系譜はもはや作成されず、父と男子のみを、同母異母の区別なく年齢順に書き上げる父系系譜が一般化する。女性は記載されることがあっても、「〇〇母」、あるいは「女子・〇〇妻」として注記されるのみで、原則として個人名では記されない。親族原理の変化に応じて系譜様式も変わり、女性の*親族内での位置、社会的地位の変化を如実に映しだす。中世前期までは、武士団における*姻族《いんぞく》結合の重要性を反映して、女系子孫をかなり記載した系譜も作成され、また*地頭職《じとうしき》等の相伝《そうでん》系図にも女性名がみられる。

参考文献 太田亮『姓氏家系大辞典』、一九七二、角川書店。

飯沼賢司「系譜史料論」(『(岩波講座)日本通史』別巻三、一九九五、岩波書店)。網野善彦「若狭国一二宮社務系図」(『日本中世史料学の課題』一九九六、弘文堂)。義江明子『日本古代系譜様式論』、二〇〇〇、吉川弘文館。

(義江　明子)

〔近世〕近世には、幕府や大名によって系譜の編纂《へんさん》が進められた。幕府は、寛永年間(一六二四―四四)に大名と近《きん》習《じゅう》・番衆《ばんしゅう》らの旗本に系図・家譜を提出させて『寛永諸家《かんえいしょか》系図伝《けいずでん》』を編纂し、さらにこれを継承する事業として寛政年間(一七八九―一八〇一)に『*寛政重修諸家譜《かんせいちょうしゅうしょかふ》』の編纂に着手、文化九年(一八一二)に完成させた。同様に諸大名家でもしばしば家臣に系図や由緒書・先祖書を提出させるとともに、それらを集成した系譜集の編纂を行なった。これらの系譜では、自家の由緒や家柄、先祖の武勇や勤役などの勲功、主君との親近性や儀礼上の優遇などが強調され、所領や俸禄《ほうろく》の由来などが記された。また、武家に限らず公家、特権的な商人・*職人、村役人、寺社など、あらゆる身分・階層において、身分や家格を示す根拠、特権や来歴の正当性を主張する根拠として、盛んに系図や先祖書などが作成され、系図の偽作を業とする者も現われた。

参考文献　『群書類従』系譜部。山本英二「浪人・由緒・偽文書・苗字帯刀」(『関東近世史研究』二八)、一九九一。

(浅倉　有子)

〔近現代〕近代では身分制の崩壊とともに家系図など系譜を作成する意義は急速に薄れていった。法制度上は、戦前は明治四年(一八七一)*戸籍法で*家族に対する権限と義務を戸主《こしゅ》に与え原則的に長男がそれを担い、この考えは*明治民法に引き継がれて氏(姓)や財産の継承で父系が優先された。*皇室典範《こうしつてんぱん》に関しては戦後も皇位継承において父系を維持してきたが、最近では第一子を優先し、母方だけに天皇の血筋を引く女系天皇を容認することも検討されている。　↓家制度《いえせいど》　↓夫婦別姓《ふうふべっせい》

参考文献　福島正夫編『近代日本の家族政策と法』(家族―政策と法―六)、一九八四、東京大学出版会。白石玲子「日本近代家族法と女性」(石川栄吉他編『家と女性―役割―』一九八九、三省堂)。『朝日新聞』二〇〇五年十月二十一日。

(金子　幸子)

〔アイヌ〕アイヌにおける親族の系譜は、男が父系の系統を、女が母系の系統をたどるとされる。男は父方のイトクパ(木幣《イナウ》などに刻まれる祖印)を、女は母方のウプソロ(衣服の下に着ける細紐)を継承してきたが、これらは系譜ごとに異なり、それぞれ父系・母系の系統を象徴するものである。同じイトクパを持つ男たちをシネイトクパ、同じウプソロを持つ女たちをシネウプソロという。↓双系制《そうけいせい》　↓父系制《ふけいせい》・母系制《ぼけいせい》　↓フチイキリ・エカシイキリ

(木名瀬高嗣)

けいぼ　継母　⇩ままはは

けいほうに　慶宝尼　生没年不詳　安土桃山時代の女性。星合左衛門尉《ほしあいさえもんのじょう》の娘。十六歳で滝川氏の家臣に嫁いだが、翌年夫の病死(夫の病死を慶宝尼十八歳のときともいう)で出家し慶宝尼と称した。天正十二年(一五八四)の小牧《こまき》・長久手《ながくて》の戦いに際し、織田信雄《のぶかつ》の家臣滝川雄利《かつとし》の守る伊勢松ケ島城《まつがしまじょう》が豊臣秀吉の大軍に囲まれたとき、みずから秀吉の弟秀長《ひでなが》の陣所に乗り込み、城兵の赦免《しゃめん》を懇願した。秀長もその熱意に押され、囲みを解き、餓死《がし》寸前だった城兵を救っている。

参考文献　『勢州軍記』(続群書類従二一上)。

(小和田哲男)

けがれ　穢れ　〔古代〕人間などの死や*出産、出血などを異常な生理現象とみなし、それを忌《い》み嫌い、特に神聖な空間から遠ざけようとすること。八世紀以前の古代日本では、記紀神話《ききしんわ》などに死に対する穢《けが》れ(「死穢《しえ》」という)がはっきりと確認できる。しかし、女性の穢れとしての、出産に伴う穢れ(「産穢《さんえ》」や「血穢《けつえ》」という)や月経《げっけい》に伴う穢れ(「血穢」や「月穢《つきえ》」という)、あるいは出血一般に伴う穢れ(「血穢」という)については明白に確認できない。ただし、出産のための仮の小屋として「*産屋《うぶや》」が記紀に登場する。これは出産を異常な生理現象として、単に日常世界から遠ざける施設と考えられ、穢れ意識を具体化したものとはいえない。ところが、律令規定を補足する九世紀以降の『弘仁式《こうにんしき》』や『延喜式《えんぎしき》』などでは、宮廷祭祀《きゅうていさいし》に関連する形でおのおのが明確に規定された。つまり、人の死は三十日、出産は七日、家畜《かちく》の死は五日、その出産は三日、肉食すれば三日、とそれぞれに忌み期間が設けられた。さらに*後宮に仕える「宮女」が妊娠すれば、祭祀が行われる前々段階から後宮より退出しなければならず、月経になれば祭祀が行われる前日にやはり退出しなければならなかった。これ以後、このような穢れ意識は、貴族社会では肥大化《ひだいか》の一途をたどり、十一世紀ころになると日常生活にまでその影響がおよぶことになる。ところが一方、在地の民俗世界ではこうした穢れ意識はそれほど顕著《けんちょ》ではなかった。すなわち、九世紀前半に成立の『*日本霊異記《にほんりょういき》』では「死穢」や「産穢」などは全く確認できない。また十二世紀ころ成立の『*今昔物語集《こんじゃくものがたりしゅう》』では「死穢」はいくつかの説話ではっきりと確認できるが、それ以外の「産穢」などはあまり明確な形では登場していないといえる。もっとも、八世紀ころに招来《しょうらい》された、仏教典や暦《こよみ》などの中国伝来史料には、すでに「産穢」や「血穢」などの存在が推定できるのも事実である。

参考文献　岡田重精『古代の斎忌―日本人の基層信仰―』、一九八二、国書刊行会。西山良平「王朝都市と〈女性の穢れ〉」(女性史総合研究会編『日本女性生活史』一、一九九〇、東京大学出版会)。成清弘和『女性と穢れの歴史』(塙選書)、二〇〇三、塙書房。

(成清　弘和)

〔中世〕遅くとも奈良時代までには発生していたとみられる触穢《しょくえ》観は、中世になると次第に穢れの対象やそれに対する物忌《ものい》みの期間が拡大されていった。特に、平安時代前期までは『延喜式《えんぎしき》』の条文にみえるように、それらが

国家によって一律に規定されていたのに対して、鎌倉時代以降は、各地の神社や山岳霊場で独自のものが作成されるようになったのが特徴で、こうした規定を集成したものは一般に「*服忌令《ぶっきりょう》」と呼ばれている。たとえば、延徳《えんとく》元年(一四八九)の奥書《おくがき》のある祇園社《ぎおんしゃ》(八坂《やさか》神社)の服忌令によれば、産の穢れは三十三日で、懐妊した時は着帯《ちゃくたい》の月までが参詣《さんけい》可能な限度であり、その場合でも夫婦同伴は憚《はばか》りがあるとする。また、流産の穢れについては、三ヵ月以下の時は七日間の忌み、九ヵ月を過ぎた場合は忌みの対象は三十日間の忌み、四ヵ月以上八ヵ月以下親戚にまで及ぶとある。月水《げっすい》については、七日ないし十日の忌みで、同火しても差し障りないが、社家《しゃけ》の者は場合によっては忌みが必要とされている。このように、『延喜式』の段階と比べると、産の穢れは時として配偶者にも及ぶとする解釈も現われるなど、その内容ははるかに複雑となっているが、最も注目されるのは、忌みの期間が相当に長期化されていることで、かつ古代には最も深刻に考えられた死穢《しえ》が軽減し、血穢《けつえ》の方が重要視されるに至ったことである。こうして、穢れは本来、時間の経過とともに解消されると理解されていたものが、中世後期になると、出産や月水を経験する女性は、その出血のゆえに恒常的に穢れている存在とみなされるようになり、そのことはまた、当時流布し始めた『*血盆経《けつぼんきょう》』の説く「*血の池地獄」の思想とも相まって、戒律遵守《かいりつじゅんしゅ》の立場から行なっていた「*女人禁制《にょにんきんせい》」の理由を、血の穢れと結び付けて説明することをもたらすなど、社会全般で女性蔑視《べっし》観を助長するのに大きな役割を果たすことになった。

参考文献　岡田重精『斎忌の世界』、一九八九、国書刊行会。成清弘和『女性と穢れの歴史』(塙選書)、二〇〇三、塙書房。

(牛山　佳幸)

〔近世〕近世の穢れは人の死・産(月経・出産・胞衣《えな》・流産)・家畜の死を指し、家族に穢れが生じると参内・神社参拝・祭参加を控えた。穢れを除くのに忌籠《いみこも》りや祓《はらい》が必要であるが、服喪期間が身分や関係により異なっていた。死穢は喪屋に籠り、*別火で煮炊きし、葬列は神社の前を通らない。一年間は神社詣でをしない。水で濯《すす》いで清めることを沐浴《もくよく》・水垢離《みずごり》というが、水は松明《たいまつ》・焚火《たきび》・万燈《まんとう》の火と同じく清める霊力があるとされていた。雛人形《ひなにんぎょう》は祖先霊を人形に宿らせて、乳幼児死亡率の高かった近世に、子供を災厄から守ることだった。身体をなでて穢れを移して、川に流すナガシヒナは今も伝えられている。六月・十二月の大祓いの祝詞《のりと》も煤払《すすはら》いも穢れを払う行事である。農家で怠けると、相互扶助から除かれ、台風・洪水による農作物被害が起るとされた。穢れは、*不浄観と少し異なり、籠ることや、祓により免れることができる。儒学による女性差別とは違うものである。

参考文献　近藤直也『ハライとケガレの構造』、一九八六、創元社。山本幸司『穢と大祓』(平凡社選書)、一九九二、平凡社。

(増田　淑美)

〔アイヌ〕葬儀で墓地に行った人は家に入る前に体に祓《はら》いを施す。死霊を強烈に畏怖《いふ》するが、穢れの観念といってよいかどうかはわからない。女性の月経時の禁忌とされることには穢れの観念がある。鮭の漁期に月経中の女性が川を渡ると水の神が怒って鮭を上らせないとか、鰊《にしん》の漁期には月経中の女性は浜へ行かせないということがあった。また、妻がお産をした場合、夫は子供のへその緒が切れるまで川漁に行ってはいけないということもあった。これらは月経は汚いから神に嫌われるという理由であるが、近代のことである。同時に、経血を魔払いに利用するということもあり、血の力を認めている。

参考文献　知里真志保「アイヌの鮭漁—幌別における調査—」(『知里真志保著作集』三、一九七三、平凡社)。

(児島　恭子)

けぐつ　毛沓　本来は平安時代以後の宮廷男性の騎馬用の履物の一つ。浅沓《あさぐつ》とは異なり足首まで覆う。正装の束《そく》帯《たい》などの時に用いる靴に似ており、立挙《たてあげ》に靴氈《かせん》と呼ばれる帯状の絹織物を張る。しかし、靴帯《かたい》をもたず、表面が鹿・猪・熊などの毛皮で作られているのが特徴。同時期以降、貴族社会の女子の騎馬時にも指貫《さしぬき》などの袴《はかま》とともに用いられた。

毛　沓

参考文献　鈴木敬三『有識故実図典』、一九九五、吉川弘文館。

(佐多　芳彦)

けさ　袈裟　生没年不詳　平安時代後期の女性。源渡《みなもとのわたる》の妻で、遠藤盛遠《えんどうもりとお》(のちの文覚《もんがく》)が出家する契機となった人物。名は阿都磨《あとま》。母は衣川殿《ころもがわどの》。『源平盛衰記《げんぺいじょうすいき》』によれば、母の甥盛遠が渡辺の橋供養で袈裟を見染め、盛遠に脅迫された母を救うため、袈裟は盛遠との一夜の前に夫の渡を殺させると偽って盛遠を手引きし、渡の身代わりとなり盛遠に切られて死ぬ。これを機縁《きえん》に衣川殿・渡・盛遠は出家し、盛遠はのちに文覚と称して神護寺《じんごじ》を復興した。

(菅原　正子)

けしきばみ　けしきばみ　*高群逸枝《たかむれいつえ》が『*招婿婚《しょうせいこん》の研究』で純婿取婚《じゅんむことりこん》の方式を説明する中で使用した語。*露顕《ところあらわし》や*三日餅《みかのもちひ》などのように学問的に広く承認された用語ではない。同書によれば、前代までは求婚は当事者間で行われていたが、純婿取婚期になると娘の父親が*婚姻の主導権を握り、父親が娘に代わって求婚つまり結婚話を婿《むこ》候補の親に伝えるようになった。その際、相手側に表立って交渉するのではなく、それとなく本意を仄《ほの》めかす。これを平安時代の文献は「けしきばみ」「けしきだち」といっているとしている。平安時代中期の公式的な求婚は娘の親から男子側へそれとなく意思表示をする例が多いことは事実である。しかし、藤原道長は*源倫子《みなもとのりんし》を妻にする時に、道長の方から「けしきだち」(『*栄花物語《えいがものがたり》』三)しているから、男性からの求婚も存在していた。高群はこの時期までは婚姻が*家長と家長とによって行われていないと主張しているが、妻方の家長からの求婚は婿側の家長への求婚であったと考えるべきであろう。

参考文献　高群逸枝『招婿婚の研究』(高群逸枝全集)、一九六六、理論社。栗原弘『高群逸枝の婚姻女性史像の研究』、一九九四、高科書店。
(栗原　弘)

げじょ　下女　漠然と身分の低い女を下女といい、いわゆる「婢女《はしため》」を指すこともあるが、多くは、*下人(女を含むこともある)・下女、下男《げなん》・下女、などと対概念として用いられる。下女と単独で用いられることもあるし、下女奉公《げじょぼうこう》・機織《はたお》り下女などのように特定して用いられることもある。江戸時代において、初期のころには、譜代《ふだい》ともいわれ、従属度の強い下女もいたが、時代が下るにつれて年季奉公《ねんきぼうこう》的な性格を強くしていく。「下女奉公」や「女子奉公人」と呼ばれるものは、一般には掃除・炊事などの家庭内の雑用をするために雇われた女性をいう。江戸時代も後期になると町人に雇われる下女、農家に雇われる下女などの間に格差ができていく。後者についていうと、農村工業が導入されることにより*機織り生産に関わっていく女性が多くなっていく。すると、農家の下女奉公をするよりも、機織り下女となる方が、高給を手にすることができるために、多くの女性たちは、機織り下女に傾斜していく。天保改革時、幕府は、いわゆる農家経営内に入り込む女性が少なくなっていく理由は、機織り下女が高給を取るようになったからである、だから、機織その給金の引き下げをするとしている。また、町家経営内に雇われた下女は、いわゆる*家事雑用をすることとなるが、主従関係の緩みから下女の質の低下が指摘されるようになり、改善のために「下女の式目」などが編まれるようになる。それによると、家事雑用の具体相は、三度の食事拵《しょくじこしら》え、棚もと・食器などの清潔を保つこと、縫いつづくり、*洗濯などである。昼の働きでも大変であるが、夜には眠気に堪《た》え忍び*夜なべとして縫い針の励行《れいこう》までもが強制された。そして、町家の場合には、近隣の下女同士で寄り集まって各自が仕えている主人の噂や悪口を敲《たた》いてはいけないとされた。彼女たちは、仲介者を通して、奉公主に対し「奉公人請状《ほうこうにんうけじょう》」というものを記している。そこには、本人の出身・奉公条件(期間・給金・病気になったり出奔《しゅっぽん》した場合には代人を立てるなど)・禁制《きんせい》の宗門《しゅうもん》ではないこと等が記されている。しかし、江戸時代も末期になると、情報交換が盛んになり、約束の奉公期間が守られず一年も経たないでよりよい条件を求めて奉公替えする場合も少なくなかった。

参考文献　池田義信『主従日用条目』(日本教育文庫四)、一九七七、日本図書センター。総合女性史研究会編『史料にみる日本女性のあゆみ』、二〇〇〇、吉川弘文館。
(菅野　則子)

けしょう　化粧　紅、白粉などをつけて顔を美しく見えるように飾ること。江戸時代に*浄瑠璃《じょうるり》や*歌舞伎が流行し、舞台の女太夫《おんなだゆう》の衣裳《いしょう》や美粧、*遊女・若衆《わかしゅう》などの舞台着や化粧の華やかな姿が観客の化粧や衣装に影響を与え、新風俗流行の基となった。歯黒《はぐろ》や眉を剃ることは女子の嗜《たしな》みであった。美顔料として糠《ぬか》を用い、絲瓜《へちま》水などの化粧品も現われ化粧法が発達した。江戸と上方では歯黒や眉剃りの年齢は多少違うが、身分・年齢・未既婚を表わす役割が強い。黒色は他の色に変わらぬことから、両夫に仕えない貞操《ていそう》の表徴とされる。農村庶民女性が化粧するのは盆・正月・村祭・節句ぐらいで、働きづくめの日《ひ》炎《やけ》、あかぎれの手足だった。

参考文献　久下司『化粧』(ものと人間の文化史)、一九七〇、法政大学出版会。喜田川守貞『類聚近世風俗志』上、一九七九、名著刊行会。
(小和田美智子)

けしょうりょう　化粧料　〔中世〕中世後期に女子が*婚姻などに際して与えられた財産をいう。中世を通じて武家の女子には一期分《いちごぶん》や化粧料として財産が譲《ゆず》られ続け、戦国時代においても女性の財産権は一定の枠内ではあるが存在し、婚姻に際して婚家へ持参した。『六角氏式目《ろっかくしきもく》』四十八条によれば、妻の財産として「粧田《しょうでん》」と「敷銭《しきせん》」がみえる。前者は婚姻に際し女性が持参する田地、後者は持参金にあたるものと思われる。同条によれば、妻一期の後は、事前に約束の文書がなければ、「粧田」は妻の生家に返付するものと定めており、女子一期分の伝統をふまえた規定と理解される。また、同時に妻の*持参財が夫の財産となるような慣習がいまだ未成立であり、中世の夫妻別財《ふさいべつざい》の原則が生きていたことをも示していよう。しかし、同条においても、「敷銭」は約束の文書がなければ、妻の生家へ返付する必要はないと定めている。同じく女性の持参財でも、動産と不動産では死後の扱いが異なっていたことが知られる。

参考文献　田端泰子『日本中世の女性』(中世史研究選書)、一九八七、吉川弘文館。同「戦国期女性の役割分担—経済活動と財産相続—」(女性史総合研究会編『日本女性生活史』二、一九九〇、東京大学出版会)。
(西尾　和美)

〔近世〕室町・戦国時代から江戸時代にかけて、女性が嫁入りの際持参した財産の一形態。戦国時代の『六角氏式目《ろっかくしきもく》』では、妻一期《いちご》の後特別の約定《やくじょう》がない場合、化粧田《けしょうでん》は妻の生家へ返し、敷銭《しきせん》については返す必要なしとしている。戦国時代から近世初期にかけては、戦国大名や重臣層の妻などに*内儀方知行《ないぎかたちぎょう》が宛《あて》がわれ、また、*後家《ごけ》知行や女房衆《にょうぼうしゅう》の知行も広く存在した。しかし、幕藩制国家の確立によって、これらは縮小し同時に変質を余儀なくされていく。そのなかで、将軍家や大名家の女性は、婚姻の際などに一般的に化粧料を与えられ、これらは近世を通じて存続していた。とりわけ近世初期には大規模な化粧料を与えられる場合があり、二代将軍徳川秀忠の娘*千姫《せんひめ》が本多忠刻《ほんだただとき》へ再嫁する際には、十万石の化粧料が与えられた。化粧料は、一期分として本人に限り認められ、また、それに伴う軍役《ぐんやく》負担はなかったと推測される。なお、近世初期には本人の自由意志で処分可能な場合も見受けられた。

参考文献 脇田修「幕藩体制と女性」(女性史総合研究会編『日本女性史』三、一九八二、東京大学出版会)。長野ひろ子「幕藩制国家の政治構造と女性」(近世女性史研究会編『江戸時代の女性たち』一九九〇、吉川弘文館)。 (長野ひろ子)

けつえ 血穢 ⇩赤不浄《あかふじょう》 ⇩穢《けが》れ

げつえ 月穢 ⇩穢《けが》れ

けっかい 結界 ⇩女人禁制《にょにんきんせい》・女人結界《にょにんけっかい》

げっかもんいん 月華門院 一二四七—六九 鎌倉時代の内親王女院《にょいん》。名は綜子《そうし》。後嵯峨院《ごさがいん》と*大宮院《おおみやいん》の娘で、後《ご》深草院《ふかくさいん》と亀山院《かめやまいん》は同母兄弟。誕生直後に*内親王となり、十七歳で*准三宮《じゅさんぐう》から*女院となる。月華門院には、父後嵯峨院の従兄弟《いとこ》忠成王《ただなりおう》の子彦仁《ひこひと》や、園基顕《そのもとあき》も通ったが、*堕胎《だたい》に失敗して二十三歳で没した。若くして院号宣下《せんげ》されたり、内親王となった直後に同じ内親王女院である*安嘉門院《あんかもんいん》の猶子《ゆうし》となるなど、王家の中で内親王女院として父母の菩提《ぼだい》を弔《とむら》う役割を期待されたと考えられるが、早世により実現しなかった。

参考文献 『大日本史料』五。『増鏡』。 (野口 華世)

けっこん 結婚 ⇩婚姻儀礼《こんいんぎれい》 ⇩婚姻《こんいん》・婚姻形態《こんいんけいたい》

けっこんしき 結婚式 結婚を公表し社会的承認を得るために行う儀式。古くは*祝言《しゅうげん》・婚礼といわれ、地域によってさまざまな儀礼があったが、家の親類・近隣・地域の人々への披露《ひろう》を主とし、*披露宴は三日三晩にわたることもあった。明治三十年代になると結婚を当事者同士のものとし、儀礼を簡素化・合理化しようという運動がおこった。*華族女学校長細川潤次郎《ほそかわじゅんじろう》は個人の家に産土神《うぶすながみ》や氏神《うじがみ》をまつりその前で男女が結婚を誓約《せいやく》する神前結婚を提唱し、華族女学校教授*下田歌子《しもだうたこ》は礼法講習会を組織してその普及をはかった。華族・軍人をはじめ大都市でこれを実行するものが増えた。明治末年から大正期には神宮・神社が結婚式場を設け神前結婚式を行うようになり、戦時期には農村でも結婚式には氏神へ詣でることが奨励された。戦後個人の家で結婚式を行うことは少なくなり、またキリスト教式や仏式の結婚式、人前結婚式など多様な形式が生まれている。

参考文献 神島二郎『日本人の結婚観』(講談社学術文庫)、一九七七、講談社。南博他編『恋愛・結婚・家庭』(近代庶民生活誌九)、一九八六、三一書房。永原和子「民俗の転換と女性の役割」(女性史総合研究会編『日本女性生活史』四、一九九〇、東京大学出版会)。 (永原 和子)

けっこんたいしょくせい 結婚退職制 女性労働者が結婚したことを理由に、解雇あるいは退職を強要したもので、典型的な男女差別待遇である法違反の制度。資本側は女性労働者を未婚で短期的に低賃金の間に使用し、利潤追求の手段とした。一九五〇年代半ばからの高度経済成長期には、若年《じゃくねん》労働力の不足を補完するために、大量の女性が職場に進出し職域も拡大した。多くの企業は入社当時に女性労働者から、結婚したら退職するという念書をとるなどして、結婚した女性は退職せざるを得ない制度を設けていた。この違法な制度に忍従《にんじゅう》して、多くの女性たちが退職していった。一九六〇年代になりこの結婚退職制に対して最初に裁判闘争に立ち上がったのは、住友セメントの鈴木節子《すずきせつこ》だった。鈴木節子は一九六四年(昭和三十九)三月十七日、「結婚したら三十五歳で退職」の念書を理由に解雇され、同月二十五日東京地裁へ地位保全の仮処分申請を行なった。一九六六年十二月二十日東京地裁は「結婚退職は労働条件につき性別による差別待遇を行うものであり、女子の結婚を制約するゆえ民法九〇条により無効」の画期的判決を出した。会社側はこれを不満として控訴《こうそ》したが、一九六八年七月東京高裁で和解し職場復帰。念書・結婚退職・三十五歳定年を撤回させた。判決は、「性別による合理性を欠く差別の禁止」は憲法上保障されたもので、これに違反した場合は「公の秩序」に反するものとして、仮にこのような違法な事柄が、就業規則や労働協約、労働契約で定められていたとしてもすべて無効とした。この判決は女性労働者に勇気を与え多くの職場で女性たちが裁判闘争に立ち上がった。豊国産業《ほうこくさんぎょう》事件・神戸野田奨学会《こうべのだしょうがくかい》事件・茂原《もばら》市役所事件・山一証券《やまいちしょうけん》事件・三井造船《みついぞうせん》事件など、これらはいずれも民法九〇条公序良俗《こうじょりょうぞく》違反であり、結婚すれば退職するという誓約書解雇は無効、結婚退職制を定めた協約は、退職という労働条件について性別を理由とする差別待遇であり、民法九〇条に違反し無効であるという判決により、すべて勝訴となった。 ↓女性差別労働裁判《じょせいさべつろうどうさいばん》

参考文献 総合女性史研究会編『史料にみる日本女性のあゆみ』、二〇〇〇、吉川弘文館。厚生労働省雇用均等・児童家庭局編『女性労働白書—働く女性の実情—(平成十五年版)』、二〇〇四、21世紀職業財団。厚生労働省雇用均等・児童家庭局編『女性労働の分析二〇〇六年—働く女性の状況と女性の起業—』、二〇〇七、21世紀職業財団。 (本間 重子)

けっこんねんれい 結婚年齢 〔近世〕 ここでは女性が結婚した際の年齢。数値の把握には各町村の宗門改帳《しゅうもんあらためちょう》が利用される。地域差は大きく、一般的には西高東低が指摘される。これは*出生率とも関係し、それが低い地域では初婚年齢は低く、高い地域ほど晩婚が認められる。すなわち東北・北関東では結婚年齢は低く、早い時期には十歳をわずかに超える程度の早婚傾向がみられるが、少し

ずつ上昇し、平均十五～二十歳になる。この地域の男性の結婚年齢は二十歳前後で終始するため、夫婦間の年齢差は縮小する。西日本では晩婚の傾向で、二十歳以上が普通であるが、やはり後半上昇し平均二十五歳前後になる。地域差は明治になっても続き、明治中期の統計によると、東日本との差は約三歳あった。このほか全般に階層との関連性が指摘され、上層ほど早婚の傾向があり、奉公経験など経済的条件による影響が観測される地域も多い。

参考文献 速水融『江戸農民の暮らしと人生―歴史人口学入門―』、二〇〇二、麗沢大学出版会。成松佐恵子『名主文書にみる江戸時代の農村の暮らし』、二〇〇四、雄山閣。

(成松佐恵子)

〔近現代〕 明治後期から昭和初期に妻の初婚年齢はほぼ二十三歳(戦時下は二十四～二十五歳)だったが、戦後すぐに上昇し一九七三年(昭和四十八)二十四・七歳に、一九九〇年代には男女とも晩婚化が指摘され、一九九三年(平成五)二十六・一歳、二〇〇二年二十七・四歳とその傾向が続く。適当な相手に巡り会わない、自由や気楽さを失いたくないという理由が多い。夫との初婚年齢差は戦前の四歳強から、戦後は差が縮まり一九九三年二・三歳となった。→少子化《しょうしか》 →恋愛結婚《れんあいけっこん》

参考文献 井上輝子他編『女性のデータブック(第二版)』、一九九五、有斐閣。内閣府男女共同参画局編『男女共同参画白書(平成十六年版)』、二〇〇四、国立印刷局。

(金子 幸子)

けっしないしんのう 潔子内親王 一一七九―? 高倉《たかくら》天皇の皇女。母は同天皇に仕えていた*女房、按察典侍《あぜちのすけ》。治承三年(一一七九)四月十八日に外曾祖父藤原頼輔《よりすけ》の春日京極邸《かすがきょうごくてい》で誕生。治承寿永《じしょうじゅえい》の内乱を経て後鳥羽《ごとば》天皇が即位した文治元年(一一八五)十一月十五日、*斎宮《さいぐう》に卜定《ぼくじょう》される。時に七歳。この時に親王宣下《せんげ》も行われたと思われる。翌年五月二十三日、御禊《ごけい》を経て潔斎《けっさい》生活に入り、文治三年九月十八日、群行を遂げ、その後約十二年を斎宮として伊勢で過ごした。建久九年(一一九八)正月十七日、代替わりに伴って斎宮を退き、八月二十三日に帰京。その後は神祇伯《じんぎはく》を世襲《せしゅう》する伯家の邸宅で暮らした。伯家一族は潔子の*乳父《めのと》的立場であったと推測される。承久の乱を経た嘉禄《かろく》元年(一二二五)ころには京都大谷《おおたに》にあった伯家の邸宅に住み、「大谷(前)斎宮」と呼ばれていた。なお『大日本史料』において「大谷斎宮」を熙子《きし》内親王と比定しているのは誤りである。『*明月記《めいげつき》』によれば、潔子に仕える女房の一人がたびたび藤原定家のもとを訪れて潔子の動静を語り、定家自身も潔子の御所を訪れていたことがうかがえる。中世においては生母が后や有力寵姫《ちょうき》でないかぎり皇子女であっても詳細な記録が残されることは少ないが、目立った事績に乏しい割に潔子の足跡が比較的継続的にたどれるのは、当該期の基本史料になっている『山槐記《さんかいき》』『玉葉《ぎょくよう》』『業資王記《なりすけおうき》』『仲資王記《なかすけおうき》』『明月記』等の日記の記主たちと潔子のさまざまな関わりによって、その記事の中に動静が記されているからである。したがって、一二二〇年代後半に一旦『明月記』の記事が途絶えるとともに潔子の動静も伝わらなくなり、没年については不明である。潔子内親王は、男性の手による日記等に記されなければ生の記録すら残らないことも多いという当時の女性のあり方を象徴する存在でもある。

参考文献 近藤好和「大谷斎宮」(『明月記研究』三)、一九九八。伴瀬明美「「無名」の皇女のたどった生涯―潔子内親王―」(服藤早苗編著『歴史のなかの皇女たち』二〇〇二、小学館)。

(伴瀬 明美)

けっしょくじどう 欠食児童 昭和恐慌《きょうこう》下の都市・農村疲弊《ひへい》で食事摂取が不十分になった児童のこと。北海道・東北など冷害と重なった農村不況は深刻で、口減らしのため娘身売りも続出した。一九三一年(昭和六)一月の秋田県欠食児童二万八千七百九十人(児童数十七万四千人)。翌年七月文部省発表の農漁村欠食児童数二十万人。一九三〇年六月、東京市内小学校欠食児童にパン給食開始。これを契機に一九三二年全国公立小学校で給食が開始された。

参考文献 山下文男『昭和東北大凶作―娘身売りと欠食児童―』、二〇〇一、無明舎出版。

(山村 淑子)

けっぱつ 結髪 結髪とは髪を結い束ねる行為の総称ではあるが、時代・民族・年齢・性別により違いがあり、文化的・社会的な記号としても機能していた。日本では石器時代の*土偶《どぐう》に結髪の一種がみられるのをはじめとし、古墳時代の埴輪《はにわ》人物像にみられるものが古い例である。埴輪男性像は美豆良《みずら》と呼ばれる左右に髪を振り分けた髪型をし、埴輪女性像は頭上に大きな髷《まげ》を結い上げた髪型をしている。しかしながら古代においては『魏志《ぎし》』東夷《とうい》伝倭人条《でんわじんじょう》に「男子は皆、露紒《ろけい》」「婦人は被髪屈紒《くつけい》」(原漢文)とあるように、冠《かんむり》や笄《こうがい》を着装する冠礼《かんれい》・笄礼《けいれい》の進んだ中国からは結髪をせず被髪《ひはつ》(ざんばら髪)の者は異質と見なされ、蔑視《べっし》の対象ともなった。『隋書《ずいしょ》』倭国伝にも同じような記載があり、髪を結い上げ冠や笄をしているか否かが、中国を中心とする東アジア世界では未開か文明かを区別するひとつの指標となっていたことがわかる。日本でも、七・八世紀になると、「結髪令」なるものが頻繁《ひんぱん》に出されるようになる。その内容は、『日本書紀』天武《てんむ》天皇十一年(六八二)四月乙酉《きのとのとりのひ》(二十三日)条に「詔《みことのり》して曰《のたまは》く、今より以後《のち》、男女《おのこめのこ》悉く髪結《かみあ》げよ、十二月三十日より以前に、結《あ》げ訖《おわ》れ、唯《ただ》し髪結《かみあ》げむ日は、亦勅旨《またおほみことのり》を待《なぞら》へ」(原漢文)とあるように、男女ともに中国的な髪上げをねらったものであったが、朱鳥《あかみとり》元年(六八六)七月には婦女子に対しては結髪令を解除し「垂髪于背《すべしもとどり》」と、もとどりを背に垂らしたさげかみをすることが許された。これは、女性に対しては、国家が意図した中国的な笄礼の風習を徹底させるには至らなかったことを示していよう。男性に対しては、八世紀初頭に漆紗冠《しっしゃかん》・幞頭《ぼくとう》の着用が義務づけされると同時に、髪を頭上に結い上げる結髪様式が定

着した。九世紀以降になると、男性には元服・加冠《かかん》や女性には*裳着《もぎ》・髪上げの儀式が成人儀礼として成立してくる。また、平安貴族社会では、男性が落冠し結い上げた髪を露出する行為を「露頂《ろちょう》」ともいい、不名誉な嘲笑《ちょうしょう》の対象ともされた。（永島　朋子）

けつぼんきょう・けつぼんきょうしんこう　血盆経・血盆経信仰　〔中世〕正式には『仏説大蔵正教血盆経《ぶっせつだいぞうしょうきょうけつぼんきょう》』などと呼ばれるが、インドには原典がなく、十世紀以降の中国で撰述された、いわゆる偽経《ぎきょう》の一つである。字数わずか四百字余りの短い経典だが、産の血や月水《げっすい》が地神《ちじん》・水神《すいじん》を汚し、それゆえに女性は「*血の池地獄」に堕ちるといった、女性差別的な思想が説かれているのが特徴である。わが国でこれまでに発見されている経本の大部分は江戸時代の版本だが、禅僧月庵《げったん》（一三八九年没）の『月庵語録』にこの影響が見られるように、遅くとも南北朝時代には伝来していた。また、武蔵深大寺《じんだいじ》の僧長弁《ちょうべん》が執筆した永享《えいきょう》元年（一四二九）の諷誦文《ふじゅもん》によれば、本来は三巻であったようで、女性の血の*穢れのみを強調する現存の経文は、わが国で改変されて成立した可能性もあろう。群馬県白根山《しらねさん》の湯釜からは、修験者《しゅげんじゃ》が死者供養のために投入儀礼を行なったことを示す、十五世紀ころの*柿経《こけらきょう》が出土しているが、これは当時の血盆経信仰の実態をうかがわせる一例である。

参考文献　武見李子「日本における血盆経信仰について」（『日本仏教』四一）、一九七七。高達奈緒美「疑経『血盆経』をめぐる信仰の諸相」（『国文学解釈と鑑賞』五五ノ八）、一九九〇。（牛山　佳幸）

〔近世〕女性は、生まれながらにして穢《けが》れているので死後は「血池地獄」という恐ろしい地獄に墜《お》ちるものとされた。それを嘆いた釈迦《しゃか》が説き示した経が、『血盆経』とも『女人成仏経《にょにんじょうぶつきょう》』ともいわれるものであるという。女性は、この『血盆経』の戒律《かいりつ》を受け守り、その経文を読誦《どくじゅ》すれば成仏できるとする。日本においては、十五世紀末から十六世紀にかけて「五障《ごしょう》」「三従《さんじゅう》」などの仏教的女性蔑視《べっし》観《かん》が浸透していくのに伴い『血盆経』の授与が始まったという。女性の社会的地位が全般的に低下していく過程で、差別観が普及し、血の池地獄・『血盆経』の信仰がひろめられ、その潮流が近世における仏教的女性観の根幹を形作っていった。そして、こうした信仰を普及拡大させていくのに女性宗教者が深く関わっているのが注目される。

参考文献　武見李子「日本における血盆経信仰について」（『日本仏教』四一）、一九七七。萩原龍夫『巫女と仏教史』（明治大学人文科学研究所叢書）、一九八三、吉川弘文館。勝浦令子「女の地獄と談義」（『女の信心』一九九五、平凡社）。同「女の死後とその救済」（西口順子編『仏と女』一九九七、吉川弘文館）。菅野則子「女人成仏血盆経縁起」（『帝京史学』二〇）、二〇〇五。（菅野　則子）

げにん　下人　日本中世で所有対象とされた隷属民の呼称で、ほかに所従《しょじゅう》・仕部《つかい》・下部《しもべ》等多様な呼称がある。法的には債務等で時限的に所有された質人《しちびと》下人と、奴隷《どれい》身分である永代《えいだい》下人とに大別できる。『貞永式目《じょうえいしきもく》』四十一条に「雑人」が奴婢《ぬひ》と並記されていたのも、質人下人が奴婢と同様に所有権をめぐる紛争対象とされたからである。*律令制下と違い中世では、経済的理由により良民が頻繁《ひんぱん》に奴隷身分に転落し、法的中間状態としての質人下人も多く存在していたことによる。律令制下、奴婢所有は国家的規制下にあり、売買時や開放時あるいは殺害する時など、所有者は官司に申告しなければならなかったが、中世では所有者に対する規制はなくなる。主家屋敷内に住む典型的奴隷状態の者から、住居や土地を与えられ*家族を形成する者まで存在形態は多様だったが、父と男子、母と女子で構成される破片家族形態が多く、主人は家族の一部を切り離して売却できた。所有者が女下人に子を産ませた際、男子は父の身分により自由民となるのに対し、女子は母の身分により下人とされたので、女の人口比率が高かった。

参考文献　磯貝富士男「下人の家族と女性」（峰岸純夫編『（中世を考える）家族と女性』一九九二、吉川弘文館）。（磯貝富士男）

ケヤキきょうだい　ケヤキ姉妹　⇩娘仲間《むすめなかま》

けよういん　華陽院　?―一五六二　徳川家康の祖母。於富《おとみ》の方・源応尼《げんのうに》ともいう。水野忠政《みずのただまさ》に嫁ぎ、家康の生母*於大《おだい》の方を生み、その後、松平清康《まつだいらきよやす》にも嫁ぐ。のち駿《すん》府《ぶ》で生活していたとき、今川義元の*人質となってきた家康の面倒をみたという。永禄《えいろく》五年（一五六二）五月六日駿府で没し（永禄三年説もある）、駿府の智源院《ちげんいん》で葬儀が営まれている。華陽院の名は、家康が後年、五十回忌のとき華陽院殿玉桂慈仙大姉《ぎょくけいじせんだいし》の院号を贈ってからである。

華陽院画像

参考文献　中村孝也『家康の族葉』、一九九七、硯文社。（小和田哲男）

げろう　下臈　朝廷や幕府、諸家に仕えた*女房の中で、身分や出自により分けられた三階層の下位に属するもの。下臈女房の略。「御《お》しも」とも呼ばれた。国名を呼び名とすることが多い。宮中の下臈は諸侍や賀茂《かも》・日吉《ひえ》の社司の娘などであった。女房の職掌上の階層差は明確で、下臈は朝餉《あさがれい》に候せず、鎌倉幕府の衣服規定でも「上臈者二衣、下臈者薄衣」とあり、*上臈・*中臈の乗輿《のりこし》の先導役を務めた。下臈の下には雑用をする「*美女《びじょ》」＝「便女《びんじょ》」

がいた。

参考文献 『禁秘抄』(群書類従二六)。田端泰子「鎌倉期の武士の女房」(『日本中世の社会と女性』一九九八、吉川弘文館)。同「室町幕府の女房」(同)。 (志賀 節子)

けわいざかのしょうしょう 化粧坂少将 「日本三大あだ討ち」といわれる『*曾我《そが》物語』の主人公《しゆじんこう》曾我《そが》五郎時致《ごろうときむね》の恋人で化粧坂(神奈川県大磯《おおいそ》町)に住む*遊女。仮名本『曾我物語』五「五郎、女に情かけし事」に「化粧坂の下に、遊君あり、時致、情けをかけ、あさからず思ひしに」とあるが、真名《まな》本『曾我物語』には登場しない。兄十郎祐《すけ》成《なり》の恋人、遊女大磯の虎に対し、五郎にも「化粧坂の少将」という恋人を配し、兄弟のバランスをとり、物語に華やかさを増したとの説もある。

参考文献 『曾我物語』(日本古典文学大系)、一九八〇、岩波書店。坂井孝一『曾我物語』(物語の舞台を歩く)、二〇〇五、山川出版社。 (星 倭文子)

けんか 蒹葭 ⇩慈音尼蒹葭《じおんにけんか》

けんごぜん 健御前 ⇩建春門院中納言《けんしゆんもんいんのちゆうなごん》

げんしじょせいはたいようであった 元始女性は太陽であつた ⇩たまきはる

一九一一年(明治四十四)九月発刊の『*青鞜《せいとう》』に、*平塚らいてう(本名明《はる》)が書いた創刊の辞。らいてうの自伝によれば、発刊準備がすすむなかで「発刊の辞」を書くものがいなかったため、八月下旬になってから一夜で書きあげた、という。「元始、女性は実に太陽であつた。真正《しんせい》の人であつた」という書き出しはしばしば「女権《じよけん》宣言」と紹介されるが、当時のらいてうは法や制度上の*男女同権は女性解放の手段にすぎず、禅による見性《けんしよう》(悟《さと》りをひらく)の体験から、女性の真の解放とは精神の集注《しゆうちゆう》によって自己の能力にめざめることだと考えていた。一見抽象的だが、全文をよく読むと「女性も亦一人残らず潜《ひそ》める天才だ」「女性よ、汝《なんじ》の肖像を描くに常に金色《こんじき》の円《まる》天井《てんじよう》を撰《えら》ぶことを忘れてはならぬ」等々、これまで抑圧されてきた女性に自己の尊厳《そんげん》の自覚を呼びかける熱い思いが満ちみちている。こうした意味で、これは真に人間としての女性解放の宣言となったのであった。『平塚らいてう著作集』一(一九八三年、大月書店)に所収。

参考文献 平塚らいてう『元始、女性は太陽であった』一、一九七一、大月書店。 (米田佐代子)

げんじな 源氏名 〔中世〕*遊女・*傀儡《くぐつ》・*白拍子《しらびようし》・*立君《たちぎみ》などの名前。平安時代末期・鎌倉時代初期の遊女の名としては手越少将《てごしのしようしよう》・黄瀬川《きせがわ》の亀鶴《かめづる》・侍従《じじゆう》・大磯《おおいそ》の*虎御前《とらごぜん》などが知られ、地名と官職名の組合わせや動物名が主であった。一方、白拍子の名には*妓王《ぎおう》・妓女《ぎじよ》、*静御前《しずかごぜん》、*仏御前《ほとけ》、延命《えんめい》御前・延寿《えんじゆ》御前、*磯禅師《いそのぜんじ》、*亀菊《かめぎく》などがあり、姉妹の場合は共通した一字を使用し、祝儀的・仏教的な名前がつけられることが多かった。室町時代の遊女の名には螢火《けいが》・初花《はつはな》・新殿《にいどの》があり、近世以降の源氏名に近づいていく。

参考文献 後藤紀彦「立君・辻子君」(『(朝日百科)日本の歴史(新訂増補)』四、二〇〇五、朝日新聞社)。 (盛本 昌広)

〔近世〕各遊女が持つ別名。どの遊女も日常的な本名を名乗らず、廓《くるわ》世界でのみ通用される別称を使用した。薄雲《うすぐも》・夕霧《ゆうぎり》・濃紫《こむらさき》などは、遊女の中でも*太夫《たゆう》クラスに位する名妓《めいぎ》たちに、つけられた仮名である。江戸時代初期から中期にかけて*遊廓《ゆうかく》は、一種の社交場としての性格を有し、大名、大商人たちの情報交換、談合の場となっていたことで、太夫クラスの遊女たちは、高い教養を身につけ、特殊なことばを話すなど、遊廓の独特な世界にふさわしい遊女生活をすごしていた。しかし、遊女はもともと、低身分・極貧層の女性がなることが多かったので、遊客とともに文化を享受《きようじゆ》できるような厳しい教育を受けるなどした。したがって、本来の素朴な本名を名乗るというわけにはいかず、平安時代の『*源氏物語』に登場するヒロインにちなみ、名付けられたものであるといわれる。

参考文献 西山松之助編『遊女(新装版)』(日本史小百科)、一九九四、東京堂出版。三谷一馬『江戸吉原図聚(限定版)』、二〇〇六、中央公論新社。 (宇佐美ミサ子)

げんじものがたり 源氏物語 *紫式部《むらさきしきぶ》作の物語。桐壺《きりつぼ》巻から夢浮橋《ゆめのうきはし》巻までの五十四帖《じよう》からなる。一条朝の十一世紀初頭の成立。主人公は*光源氏で、その誕生の経緯から始めて、その晩年に至るまでと、その後の第二世代の物語からなる。光源氏の生涯とその周辺に配された女性たちを中心とする多様な人生模様が描かれる。発端になる光源氏の母桐壺の更衣《こうい》と父桐壺帝の悲恋《ひれん》は、摂関《せつかん》期《き》における宮廷社会の階級制度および*婚姻制度を背景に語られる。右大臣家を後ろ盾にする第一皇子の劣位《れつい》にある光源氏が、桐壺帝の寵愛《ちようあい》を受けながら、さまざまな試練に見舞われる。敵方の右大臣の娘朧月夜《おぼろづきよ》との*密会が露見《ろけん》して、須磨《すま》・明石《あかし》への流離《りゆうり》を余儀なくされる。奔放《ほんぽう》な朧月夜をはじめ、多くの女性たちとの関わりをとおして、光源氏の人生は象られる。正妻の*葵《あおい》の上《うえ》との堅苦しい関係、幼い少女若紫《わかむらさき》(*紫の上)との生涯にわたるまじわり、六《ろく》条御息所《じようのみやすどころ》との泥沼のような因縁。夕顔や空蟬《うつせみ》など中流階級の女性との一味違うエピソード。須磨・明石の地で受領の娘である明石の君とめぐりあい、そのあいだに生まれた姫君が、やがて*国母になっていく。そして物語の最大の秘密であり重要な筋書きである、義母藤壺《ふじつぼ》との*密通と、やがてその応報《おうほう》として晩年に直面する、若妻女三の宮と柏木《かしわぎ》との密通。生涯の伴侶《はんりよ》となる若紫(紫の上)は、

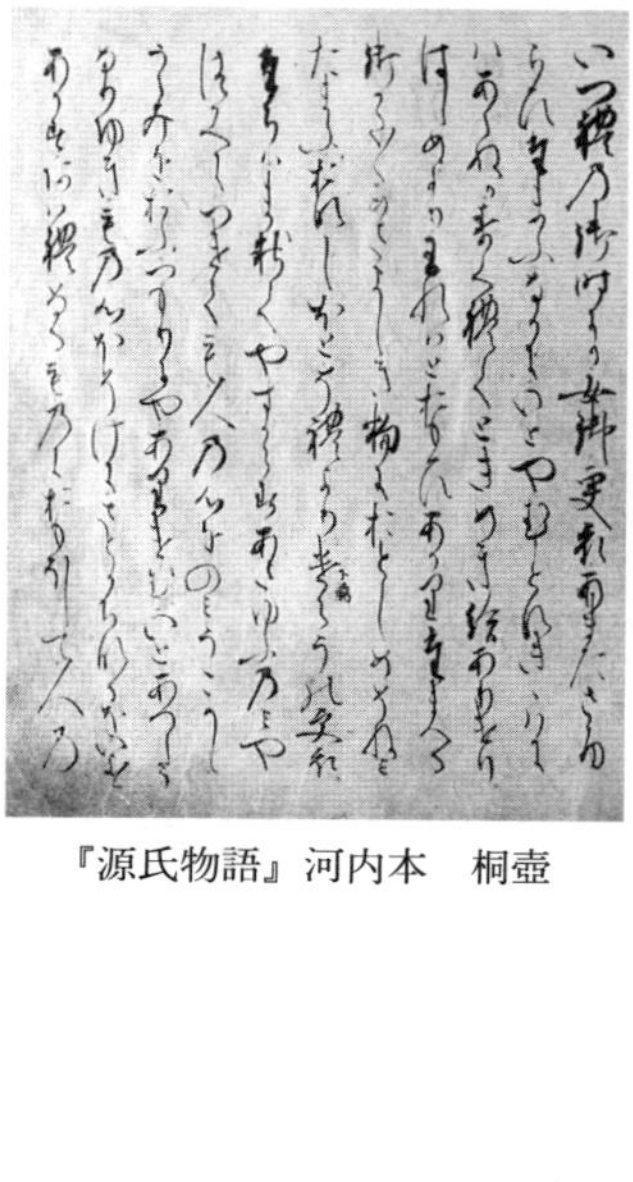

『源氏物語』河内本 桐壺

藤壺の姪《めい》であり、その形代《かたしろ》でもあった。光源氏の色好みは、*一夫多妻の婚姻制度にのっとった男性像にはちがいないが、その女性遍歴《へんれき》の内実は人間関係が複雑に絡み合うことで、男女それぞれの立場や意識を浮き彫りにする。最晩年の光源氏には、最愛の紫の上と死別し、失意のうちに幕が下ろされる。その後の展開は「宇治十帖《うじじゅうじょう》」と称される後半部に語られる。そこでの主人公は光源氏の息子薫《かおる》(実は女三の宮と柏木との子)と、光源氏の孫匂《におう》の宮《みや》(明石の姫君所生《しょせい》)。二人の貴公子の相手となるのは、光源氏の弟宮《おとうとのみや》で政治的に失脚《しっきゃく》して宇治に隠棲《いんせい》している八《はちの》宮《みや》の姫君たち、大君《おおいぎみ》・中君《なかのきみ》と腹違いの*浮舟《うきふね》である。薫と八宮が道心を介して結びつき、そこから薫と姫君たちの物語が始まる。光源氏の色好みを継承するのは匂の宮のほうで、薫は大君を失い、中君そして浮舟との間も不如《ふにょ》意《い》な関係に陥《おちい》る。姫君たちの女性像も、物語の前半に描かれる女性たちとは異なっている。特に、最後のヒロインである浮舟は、薫と匂の宮との三角関係に悩んだ末に入水《じゅすい》自殺したのち蘇生《そせい》して、出家したにもかかわらず、なおも俗世《ぞくせ》との縁が完全に断ち切れぬままである。「宇治十帖」は、宗教的なテーマが色濃く、人間の愛と苦悩にまつわる哲学が探求されるところに、作者紫式部の思想が読み取れる。テキストは『新日本古典文学全集』(小学館)。　(小嶋菜温子)

げんじものがたりえまき　源氏物語絵巻　『*源氏物語』を絵画化した絵巻。現存最古の遺品は、十二世紀に作られた徳川・五島本。東京の徳川黎明会《れいめいかい》に十五段の詞書《ことばがき》と絵(蓬生《よもぎう》、関屋、柏木一―三、横笛、竹河一・二、橋姫、早蕨《さわらび》、宿木《やどりぎ》一―三、東屋《あずまや》一・二)および詞書のみの一段(絵合《えあわせ》)、東京の五島美術館に四段の詞書と絵(鈴虫一・二、夕霧、御法《みのり》)が伝わる。現在は保存上の理由から巻子装を解かれ、詞書は二紙ごと、絵は一段ごとに切り離され、桐箱に収められている。ほかに若紫の絵断簡《だんかん》と八葉の詞書断簡が遺る。物語の一巻から一~三場面が選ばれているところから、当初は八十~九十場面を十~十二巻に仕立てた絵巻であったと考えられる。詞書は、金銀の切箔や不定形箔、野毛《のげ》や砂子《すなご》によって装飾されたほぼ正方形の料紙《りょうし》を一~八紙継ぎ合わせ、その上に物語の一部が仮名で記されている。絵は、薄墨《うすずみ》の下描き線を濃彩で塗りつぶした上に人物の顔貌や輪郭線を濃墨で描き起こすつくり絵の技法が用いられている。建物は、屋根や壁、柱や長押《なげし》などを省略して斜め上から俯瞰《ふかん》的に描く吹抜屋台《ふきぬきやたい》の手法であらわされ、やや大きめの人物は、引目鉤鼻《ひきめかぎはな》と呼ばれる抽象的な顔貌で表現される。絵の作者として藤《ふじ》原隆能《わらのたかよし》の名が伝えられるが確証はない。おそらく白河・鳥羽院政期の宮廷絵師を中心とする分担制作と考えられるが、『長秋記《ちょうしゅうき》』元永二年(一一一九)十一月二十七日条に記された白河上皇と中宮璋子《しょうし》による源氏絵制作に結びつけ、柏木―御法の特異な情景選択に賜姓源氏源有仁《みなもとのありひと》の制作意図を読み解く説もある。最近の研究では、*垣間見られる姫君たちの姿に、女性に刷り込まれる恋愛の型(パターン)を、強制的異性愛の鋳型(マトリックス)を読み取る解釈がある。立ち上がって夕霧の読む文を奪い取ろうとする雲居雁《くもいのかり》の造形に、貴族女性の反モデルと主体的に行動する女性のイメージといった両義的な読みの可能性が指摘されているが、それはまた、観者の共感作用を利用した教訓と解釈することもできる。『(新修)日本絵巻物全集』二(一九七五年、角川書店)、『日本絵巻大成』一(一九七七年、中央公論社)所収。

『源氏物語絵巻』竹河㈡

参考文献　秋山光和『平安時代世俗画の研究』、一九六四、吉川弘文館。佐野みどり『風流・造形・物語―日本美術の構造と様態―』、一九九七、スカイドア。池田忍『日本絵画の女性像―ジェンダー美術史の視点から―』(ちくまプリマーブックス)、一九九八、筑摩書房。稲本万里子『『源氏物語』と「源氏物語絵巻」』(稲本万里子・池上英洋編著『イメージとテキスト―美術史を学ぶための１３章―』二〇〇七、ブリュッケ)。　(稲本万里子)

けんじゅごぜんにっき　建寿御前日記　⇩たまきはる

けんしゅんもんいん　建春門院　一一四二―七六　後白河院后。高倉天皇母。名は平滋子《たいらのじし》。父は平時信《ときのぶ》、母は藤原顕頼女祐子《あきよりのむすめゆうし》。平清盛の妻*平時子《ときこ》および平時忠《ときただ》の異母妹。後白河院の姉*上西門院統子《じょうさいもんいんとうし》への出仕(少弁殿《こべんどの》と称される)を契機に、後白河院の寵を受け、応保元年(一一六一)皇子憲仁《のりひと》(高倉天皇)を生む。誕生直後、憲仁を東宮に擁立《ようりつ》する動きがあったが、この時は実現せず、推進した時忠らは処罰された。しかし、二条天皇没後、平清盛と後白河院の提携のもとに、仁安元年(一一六六)十月に憲仁立太子が実現すると、従三位に叙位され、同二年正月に*女御《にょうご》、同三年三月、高倉天皇の即位に伴い*皇太后となる。嘉応《かおう》元年(一一六九)四月院号宣下(建春門院)。承安三年(一一七三)十月御願寺最勝光院《さいしょうこういん》を建立、後白河とともに熊野《くまの》・日吉《ひえ》などへの寺社参詣《さんけい》を行い、福原での千僧《せんそう》御読経《みどきょう》にも参加した。安元二年(一一七六)没。滋子の在世中は、彼女を介して後白河院と清盛の両者は融和的な関係にあった。滋子は堂上《とうしょう》平氏出身であり、武門平氏である清盛とは家筋を異とするが、清盛息宗盛《むねのり》を猶子《ゆうし》とし、また承安元年十二月に清盛女徳子《きよもりのむすめとくこ》が高倉天皇に*入内《じゅだい》する際には関連諸事を差配《さはい》するなど、異母姉時子所生の子女をよく支援した。同時に、滋子は院の寵妃《ちょうき》であるに留まらず、後白河が御幸等の理由で通常の決裁を行い得ない折には、院御所における議定結果を啓上《けいじょう》され、除目《じもく》等の人事決定過程にも深く関与するなど院権力の代行を行なった。滋子に仕えた健御前《けんごぜん》による『*たまきはる』は、滋子の個性やその御所での日常について多くを伝えている。滋子の*女房は、滋子がもと出仕した上西門院女房からの移動が多く、その近臣集団が上西門院・後白河院の権力基盤を基に形成されていたことがわかる。健御前は、彼女がのちに仕えた*八条院と比較しつつ、質実でありつつ心栄えの優れた理想的な主人として、深く滋子を思慕《しぼ》している。

参考文献 野村育世「女院論」(大隅和雄・西口順子編『信心と供養』一九六八、平凡社)。角田文衛「建春門院」(古代学協会編『後白河院—動乱期の天皇—』一九九三、吉川弘文館)。栗山圭子「二人の国母—建春門院滋子と建礼門院徳子—」(『文学』三ノ四)、二〇〇二。

(栗山　圭子)

けんしゅんもんいんのちゅうなごん　建春門院中納言　一一五七—？　平安・鎌倉時代前期の歌人。父は藤原俊成《としなり》、母は藤原親忠女《ちかただのむすめ》(美福門院加賀《びふくもんいんかが》)。藤原定家と同父母。似《にせ》絵《え》の名手藤原隆信《たかのぶ》とは異父兄妹。『*明月記《めいげつき》』によれば名は「健御前《けんごぜん》」。後白河院后妃*建春門院滋子《じし》に出仕。女院《にょいん》崩御ののちは後白河院皇女亮子《りょうし》内親王への出仕を経て、*八条院暲子《しょうし》とその猶子《ゆうし》*春華門院昇子《しゅんかもんいんしょうし》に仕えた。建永元年(一二〇六)五月に出家。没年は不詳。『*たまきはる』(『建春門院中納言日記』)は、彼女の仕えた*女院御所の世界を活写する。

参考文献 松本寧至「『たまきはる』(『建春門院中納言日記』)の諸問題」(『金沢文庫研究』二八ノ一)、一九六六。

(栗山　圭子)

げんしょうてんのう　元正天皇　六八〇—七四八　七一五—二四在位。八世紀前半、奈良時代の女性天皇。諱《いみな》は飯高《いいたか》、のちに氷高《ひだか》(日高《ひだか》)と改める。新家《にいのみ》ともいう。和風《わふう》諡号《しごう》は日本根子《やまとねこ》高瑞浄足姫天皇《たかみづきよたらしひめのすめらみこと》。天武《てんむ》天皇九年(六八〇)に天武天皇の子草壁《くさかべ》皇子と阿閇《あべ》皇女(*元明《げんみょう》天皇)との間に生まれる。文武《もんむ》天皇・*吉備内親王《きびないしんのう》の同母の姉にあたる。天武天皇十一年三歳の時、病のために大赦《たいしゃ》が行われ、和銅七年(七一四)正月に食封《じきふ》一千戸が与えられ、翌年霊亀《れいき》元年(七一五)正月には一品に叙《じょ》せられたことが知られるが、即位前の状況は詳らかではない。同年九月二日、皇太子首《おびと》(聖武《しょうむ》天皇)が幼年であることを理由に、突然母元明天皇から譲位《じょうい》され、未婚で即位することになる。時に三十六歳。先帝の*皇后が即位するこれまでの*女帝像からすると、独身の*内親王の即位はこれまでの先例とは異なる新しい事例であった。氷高皇女は、病気がちであった*藤原宮子《ふじわらのみやこ》に代わって首皇子の養母的役割を担っていたこともあって、皇族に母を持たない皇子の皇位継承を保障するために「母」に擬《ぎ》せられたとみる説もある。事実、後世の史料だが『興福寺流記《こうふくじるき》』には、東金堂が「神母元正天皇」のために聖武天皇により建てられたと書いてある。在位中には、養老《ようろう》二年(七一八)の藤原不比等《ふひと》らによる『養老律令《ようろうりつりょう》』編纂《へんさん》、養老四年の『日本書紀』の撰進、養老七年の三世一身《さんぜいっしん》の法《ほう》の施行など重要な出来事が連続するが、その間には藤原不比等が没し、支えであった元明太上天皇も崩御《ほうぎょ》して、政情は大きな変化を迎えようとしていた。神亀《じんき》元年(七二四)二月四日に四十五歳で皇太子首皇子(聖武天皇)に譲位して、太上天皇となり、天平二十年(七四八)四月二十一日に六十九歳で崩御した。佐《さ》保山《ほやま》で火葬、天平勝宝二年(七五〇)に奈保山陵《なほやまのみささぎ》(奈保山西陵)に改葬された。

参考文献 岸俊男『日本古代政治史研究』、一九六六、塙書房。東野治之「元正天皇と赤漆文欟木厨子」(橿原考古学研究所編『橿原考古学研究所論集』一三、一九九八、吉川弘文館)。渡辺晃宏『平城京と木簡の世紀』(日本の歴史四)、二〇〇一、講談社。

(北　康宏)

げんすいばくきんしうんどう　原水爆禁止運動　原水爆等核兵器使用や原水爆実験に反対し、核兵器廃絶、核戦争阻止《そし》をめざす運動。一九五四年(昭和二十九)三月一日のビキニ環礁《かんしょう》におけるアメリカの水爆実験で、焼津《やいづ》から出漁した第五福竜丸《ふくりゅうまる》ほか多数の漁船が被爆し、日本は三度目の被爆国となった。日本は放射能の雨、魚・野菜の放射能汚染に直面し、第五福竜丸の漁労長久保山愛吉《くぼやまあいきち》は半年後の九月に死去した。日本国内に原水爆禁止の声が高まり、四月三日の婦人月間中央大会では、原水爆禁止の署名を呼びかけた。東京杉並の*主婦たちをはじめとして全国規模で原水爆禁止の署名運動が始まり、約一年で三千二百三十八万余に達した。焼津市議会の原水爆禁止決議を最初として、衆参両院、各地方議会、平和団体、学術団体などでの決議も相ついだ。この動きのなかで五五年八月六日から十日にわたって広島で第一回原水爆禁止世界大会が開催され、十四ヵ国五十二人の代表を含め、約五千人が参加した。大会宣言では「世界のあらゆる国の人々が、その政党、宗派、社会体制の相違をこえて、原水爆禁止の運動をさらに強く進める」ことを訴えた。九月には恒常的運動組織として原水爆禁止日本協議会(日本原水協)が結成され、さまざまな団体や個人が参加した。しかし社会主義国の核保有をめぐって運動に亀裂《きれつ》が生じて、六五年原水爆禁止日本国民会議(原水禁)が結成され、以後毎年二つの大会が並行して開催されている。七七年に入って統一の機運が高まり、七八年の第一回国連軍縮特別総会には二千万の署名と五百人をこえる統一代表団を派遣した。八〇年代に入ると草の根的市民運動の広がり、国際的な反核運動の高まりのもとで、八四年

第一回原水爆禁止世界大会

の世界大会では「東京宣言」が採択された。この実践運動として「ヒロシマ・ナガサキからのアピール」署名が始まった。原水爆禁止運動で大きな役割を担ったのは女性たちであり、五五年の世界母親大会、五五年以降今日まで続いている日本母親大会開催のきっかけは、ビキニの被爆であり原水爆禁止の願いであった。

参考文献　岩垂弘『核兵器廃絶のうねり―ドキュメント原水禁運動―』、一九八二、連合出版。原水爆禁止日本協議会編『写真記録・ドキュメント一九四五―一九八五』、一九八七。
（折井美耶子）

げんだいふじんうんどうしねんぴょう　現代婦人運動史年表　シリーズ『日本現代史年表』（全十六巻、三一書房）の一つで、一九六三年（昭和三十八）刊行、七四年に再版。一八六八年から一九五九年までを扱う。表題は*婦人運動史であるが「女性の人間性を主張し、社会的解放を要求し平和な社会や文化生活の建設を目指すような婦人層の思想的、実践的なうごきを中枢《ちゅうすう》に据えながらいわゆる運動に限らずその成長と行動の基盤や条件をなすとおもわれる生活・教育・法制その他、また体制的な事項も広く取り上げる」（本書序文）ことを目的とした*女性史全般の年表である。また本書は偶数ページに年表を、奇数ページに各年次の主要項目についての解説をつけ、年表であると同時に辞典の役割も果たしている。編集は女性史研究会（戦後期の民主主義科学者協会歴史部会の婦人問題研究会から独立した会）の会員が分担、編集責任者は*三井《みつい》礼子《れいこ》。編集にあたっては既存の諸年表・年鑑等はもとより新聞・雑誌・団体機関誌等を博捜《はくそう》、さらに関係者への*聞き書きによる確認を行い、事実の正確を期している。女性史単独の年表としては最初のもので研究者の必携《ひっけい》の書とされた。

参考文献　井手文子他「座談会戦後婦人問題ことはじめ―民主主義科学者協会婦人問題部会の活動―」（女たちの現在を問う会編『銃後史ノート戦後篇―一九四九・一～一九五一・七―』一九八六、インパクト出版）。三井礼子「「女性史研究会」の二〇年」（総合女性史研究会編『日本女性史論集』一、一九九七、吉川弘文館）。
（永原　和子）

けんちょうのみょうぶ　褰帳命婦　⇩御前命婦《ごぜんのみょうぶ》・威儀命婦《いぎのみょうぶ》・褰帳命婦《けんちょうのみょうぶ》

げんにんのつま　玄任の妻　生没年不詳　戦国時代の女性。名前不詳。十六世紀初頭、加賀国《かがのくに》石川郡の土豪《どごう》、玄任の妻。加賀を支配下においていた一向一揆《いっこういっき》は、永正三年（一五〇六）越前へ侵攻。この合戦に一向一揆方として参戦した玄任は、負け戦にも関わらず奮戦し戦死。しかし、越前攻略を下知した僧侶らは逃げ帰った。彼らに対し、玄任の妻は「一歩も退かずに戦死した夫の極楽往生は疑いないが、逃げれば地獄行きと語っていた僧侶自身の地獄落ちは必定」と述べ、痛烈に批判したという。

参考文献　北国新聞社編集局編『加能女人系』上、一九七一。
（谷合　伸介）

けんばいせいど　検梅制度　近代日本の*公娼《こうしょう》制度下において、*娼妓《しょうぎ》に義務づけられた性病検査。検梅は慶応三年（一八六七）、イギリス人医官ニュートンの建議によって横浜で試験的に開始されたが、明治五年（一八七二）三月には、民部省によって*梅毒検査規則が発布された。しかし、検査に応じない*遊女が続出し、また「*芸娼妓解放《げいしょうぎかいほう》令《れい》」の発布によって梅毒検査規則は一時廃止された。のちに復活し、一八七六年には内務省達として発布され、週一回程度の検査を義務づけた。一方、一九〇〇年に制定された行政執行法では、密売淫《みつばいいん》を行なったものに対しても検梅を実施することが明記された。また、娼妓以外の、売春を行う可能性のある「接客婦」に対しても、自主的に保健組合や営業組合を組織させ、健康診断を実施するよう奨励された。

参考文献　市川房枝編『日本婦人問題資料集成』一、一九七八、ドメス出版。伊藤秀吉『紅燈下の彼女の生活（復刻版）』、一九八二、不二出版。藤野豊『性の国家管理―買売春の近現代史―』、二〇〇一、不二出版。
（小野沢あかね）

げんばくおとめ　原爆乙女　広島・長崎で被爆し、火傷《やけど》や外傷の後遺症に苦しんだ若い女性の総称。一九五二年（昭和二十七）六月、広島の女性九名がケロイド（火傷跡）治療のために上京、新聞は彼女らを「原爆乙女」と呼んで大きく取りあげた。この行動を契機に被爆者医療再開の声が強まり、同年七月、広島市内の外科医が診察と治療に乗りだす一方、八月には被爆者みずからが治療保障を要求して「原爆被害者の会」が発足した。翌年一月、広島県医師会も動き、「広島市原爆障害者治療対策協議会」が結成される。一九五五年五月、「原爆乙女渡米治療運動」が実り、ルポ「四年後のヒロシマ」で核兵器の非人道性を伝えた米国人ジャーナリスト、ノーマン＝カズンズの協力を得て、二十五名の「原爆乙女」が渡米。同年、長崎では*渡辺千恵子《わたなべちえこ》らが「長崎原爆乙女の会」を結成し、核廃絶の声をあげていく。一九五六年には「日本原水爆被害者団体協議会」が結成され、翌年「原爆医療法」が制定される。

参考文献 小島順編「花の命は短くて—原爆乙女の手記—」(家永三郎他編『日本の原爆記録』四、一九八二、日本図書センター)。長崎原爆青年乙女の会編「もういやだ—原爆の生きている証人たち—」(同)。

(山村　淑子)

げんみょうてんのう 元明天皇 六六一—七二一 在位七〇七—七一五。奈良時代前半の*女帝。「げんめいてんのう」ともいう。諱《いみな》は阿閇《あべ》(阿陪)、和風諡号《わふうしごう》は日本根子《やまとねこ》天津御代豊国成姫《あまつみよとよくになりひめ》天皇。天智《てんち》天皇の第四皇女。姉に*御名部皇女《みなべこうじょ》がいる。母は蘇我倉山田石川麻呂《そがのくらやまだのいしかわまろ》の娘姪娘《めいのいらつめ》。草壁《くさかべ》皇子の妃で、文武《もんむ》天皇(軽皇子《かるのみこ》)・*元正《げんしょう》天皇(氷高《ひだか》内親王)・長屋王《ながやおう》の室*吉備《きび》内親王らの母。草壁皇子の皇太妃《こうたいひ》の地位に付随して、*家政機関として「*中宮職《しき》」「*皇后宮職」に類似した「皇太妃宮職」が設置されていた(藤原宮出土木簡)。*木簡の記載によれば、大宝年間(七〇一—〇四)から慶雲《けいうん》元年(七〇四)にかけて、職には舎人《とねり》が附属し、「解《げ》」という文書形式で薬や布など物品の請求などを行なっており、王族内部における女性尊属独自の家政機関の活動が確認される貴重な事例である。慶雲三年(七〇六)、文武天皇の重病により、譲位《じょうい》の意志を示されたが、固持して受けなかった。しかし、翌年に没したため遺詔《いしょう》により即位する。通説では、彼女の即位は聖武《しょうむ》天皇への生前譲位を予定するもので、天智天皇が定めた不改常典《あらためまじきつねののり》による*嫡子継承《ちゃくしけいしょう》実現のための「中継ぎ」と解されている。しかし、持統《じとう》太上天皇以降、多くの女性太上天皇の統治を譲位後も必要とした点を重視するならば、女帝の資質・統治能力が男帝に対して劣っているとはいえず、男系継承を前提とする考え方には問題が多い。皇太妃宮職の経営を核とする国政機能や経済的基盤の分担を前提に、文武天皇の実母(准皇太后《じゅんこうたいごう》)としての資格で即位したと考えられる。元正天皇との母娘の共治体制は、のちの光明皇太后と*孝謙《こうけん》天皇との共治の前提ともなった。和銅元年(七〇八)には武蔵国から貢進された和銅にちなみ年号を和銅と改元する。在位中の事績としては、和同開珎《わどうかいちん》の鋳造《ちゅうぞう》施行や流通政策としての蓄銭叙位令《ちくせんじょいれい》の発布、『*古事記』『*風土記《ふどき》』の編纂《へんさん》、和銅三年の平城遷都《せんと》などがある。和銅二年には蝦夷《えみし》追討の軍を興している。いずれも律令国家の基本的な政策であり、藤原不比等《ふひと》らの補佐により元明天皇の時代に成し遂げられていることは注目される。没時霊亀《れいき》元年(七一五)には娘の氷高内親王に譲位する。三関《さんげん》(伊勢《いせ》国鈴鹿関《すずかのせき》・越前《えちぜん》国愛発関《あらちのせき》・美濃《みの》国不破関《ふわのせき》)を固守《こしゅ》させたことに象徴されるように、譲位後も太上天皇として大きな実権を有していた。養老五年(七二一)に長屋王と藤原房前《ふささき》に対する遺詔により薄葬《はくそう》を遺言し、六十一歳で平城宮の「中安殿」(中宮安殿か)で没した。遺詔には大和国添上郡《そうのかみ》蔵宝山《ぞうほうさん》の擁良岑《よらみね》に竈《かまど》を造り火葬すること、「刻字の碑」を立てることなどが述べられている。この碑については『東大寺要録』に記載がある。陵の場所は、『続日本紀』に「大倭国添上郡椎山《ならやま》陵」、『延喜式《えんぎしき》』諸陵寮《しょりょうりょう》に「奈保山東陵《なほさんひがしりょう》」と表記され、現在の奈良市奈良坂町字養老ヶ峰に比定される。『*万葉集』には平城遷都時に長屋原で詠んだ歌(七〇八)など数首が残る。

参考文献 岸俊男「元明太上天皇の崩御」(『日本古代政治史研究』一九六六、塙書房)。佐藤宗諄「元明天皇論」(『古代文化』三〇ノ一、一九七八)。井上光貞「古代の女帝」(『天皇と古代王権』二〇〇〇、岩波書店)。仁藤敦史「古代女帝の成立—大后と皇祖母—」(『国立歴史民俗博物館研究報告』一〇八、二〇〇三)。

(仁藤　敦史)

けんれいもんいん 建礼門院 一一五五—一二一三 高倉天皇中宮。安徳天皇母。名は平徳子《とくこ》。父は平清盛、母は*平時子《ときこ》。同母兄弟に宗盛《むねもり》・知盛《とももり》・重衡《しげひら》がいる。承安元年(一一七一)十二月従三位に叙され、異母兄平重盛の養子となると同時に、*待賢門院璋子《たいけんもんいんしょうし》が白河院の養子となって鳥羽天皇に*入内《じゅだい》した先例を踏まえ、後白河院の養子として高倉天皇に入内し*女御《にょうご》となる。翌二年二月*中宮。治承二年(一一七八)十一月に言仁《ときひと》(安徳天皇)を生み、言仁は同年立太子、同四年二月践祚《せんそ》。その間、言仁に関する人事や御所選定などの諸事に関与すると同時に、後白河皇子真禎《しんてい》や高倉皇女範子《はんし》(坊門院《ぼうもんいん》)を猶子《ゆうし》とするなど、平氏一門とともに後白河・高倉皇子女の処遇を差配《さはい》した。養和元年(一一八一)正月の高倉院没後の平氏政権の運営をめぐって、院政復活が予想された後白河院との提携と懐柔《かいじゅう》を目的に、徳子を後白河の*後宮に入れるとの案も浮上し、清盛と時子もそれに同意したとされるが、出家も覚悟した徳子の拒絶により実現しなかった。他方、安徳天皇母である*国母《こくも》としての徳子を高倉に代わる平氏政権の代弁者とする方策も模索されている。同年十一月に院号宣下(建礼門院)。後白河院政再開ののちは国政関与の機会を失うが、寿永《じゅえい》二年(一一八三)七月の西走《せいそう》以後も、同母兄宗盛とともに平氏を代表した。壇ノ浦《だんのうら》合戦の際入水《じゅすい》するも救出され、文治《ぶんじ》元年(一一八五)四月帰洛《きらく》。同五

建礼門院像

月東山長楽寺《ちょうらくじ》において出家、法名真如覚《しんにょかく》。大原*寂光院《じゃっこういん》に移り、安徳天皇や平家一門の菩提《ぼだい》を弔い、亡魂《ぼうこん》を極楽浄《ごくらくじょう》土《ど》への往生《おうじょう》に導くべく仏道に精進してその余生を送った。同二年四月、隠棲《いんせい》先を訪れた後白河院を前に、徳子が生きながらにして六道輪廻《ろくどうりんね》を経廻《へめぐ》ったと語る『*平家物語』灌頂《かんじょう》巻は著名であり、のち世阿弥《ぜあみ》の謡曲《ようきょく》『大原御幸《おおはらごこう》』の題材となった。同三年二月、源頼朝は徳子の生活に資するため宗盛旧領の摂津《せっつ》国真井《まい》・嶋屋《しまや》両荘を寄進《きしん》している。建保《けんぽう》元年(一二一三)十二月没(『皇代暦《こうだいれき》』『女院小伝《にょいんしょうでん》』)。しかし『平家物語』延慶《えんぎょう》本等ではその死を貞応《じょうおう》二年(一二二三)とするなど、没年に関しては諸説がある。

参考文献 角田文衛「建礼門院の後半生」(『王朝の明暗』一九七七、東京堂出版)。細川涼一「中世の尼と尼寺―建礼門院とその女房を中心に―」(『日本歴史』五四四、一九九三)。栗山圭子「二人の国母―建春門院滋子と建礼門院徳子―」(『文学』三ノ五、二〇〇二)。 (栗山 圭子)

けんれいもんいんのうきょうのだいぶ　建礼門院右京大夫　生没年不詳　平安時代後期から鎌倉時代前期の歌人。出生については、仁平《にんぴょう》元年(一一五一)から保元《ほうげん》二年(一一五七)ころまで諸説ある。父は著名な能書《のうしょ》世尊寺《せそんじ》伊行《これゆき》、母は笛師《ふえのし》大神基政女《おおみわもとまさのむすめ》で箏の名手夕霧《ゆうぎり》。歌人として歌合《うたあわせ》にも列した。承安《じょうあん》三年(一一七三)高倉《たかくら》天皇中宮平徳子《とくこ》(平清盛女《むすめ》、*建礼門院)に出仕。およそ五、六年ほどの宮仕の間に年下の平資盛《すけもり》と恋愛関係になり苦悩も味わう。また年長の歌人で似絵《にせえ》の大家藤原隆信《たかのぶ》とも関係した。宮仕を退いた後、平家都落《みやこお》ちの少し前に資盛と悲痛な別れがあり、平家滅亡とともに死別。「神も仏も恨めしくさへなりて」と悲しみを極め、その後資盛の追憶を生きる縁《えにし》として大原に建礼門院を訪ねたりもするが、建久《けんきゅう》年間(一一九〇―九九)の後半ころ後鳥羽《ごとば》天皇に再出仕した。天皇退位後はその生母*七条院《しちじょういん》に仕えたとも考えられ、長寿を保った。『新勅撰和歌集』以下の勅撰集に入集、家集に『*建礼門院右京大夫集』がある。家集の叙述は明るい宮廷讃美《さんび》に始まり、社交的で明朗闊達《めいろうかったつ》な性格が読み取られる。巻末には、藤原俊成《しゅんぜい》九十賀に後鳥羽院より下賜《かし》の袈裟《けさ》に賀歌《がのうた》を刺繡《ししゅう》する役が課せられたこと、跋《ばつ》には藤原定家撰の『新勅撰集《しんちょくせんしゅう》』に昔の「建礼門院右京大夫」の名で入集することが述べられ、入木道《じゅぼくどう》(書の道・書道)の家に生まれた矜持《きょうじ》と建礼門院およびその出仕時代とに対する深い郷愁《きょうしゅう》が窺《うかが》い知れる。

参考文献 今関敏子『中世女流日記文学論考』、一九八七、和泉書院。松本寧至『建礼門院右京大夫―追憶に生きる―』(日本の作家一八)、一九八八、新典社。 (久保 貴子)

けんれいもんいんのうきょうのだいぶしゅう　建礼門院右京大夫集　*建礼門院右京大夫の女房日記的性格を持つ家集。二巻一冊。約三百六十首を収める。天福《てんぷく》二年(一二三四)ころまでには成立か。序と跋《ばつ》とにあくまでも私的な心の記録として書き残すとあり、追懐《ついかい》的な意図と読者を意識する姿勢が窺《うかが》える。真情《しんじょう》溢れる詞書《ことばがき》は長く流麗《りゅうれい》で、その歌を中世の女歌《おんなうた》の原型とする見方もある。星の美しさに触れるのも特徴。平資盛《すけもり》はじめ平家の公達《きんだち》の素顔も垣間《かいま》見える。藤原定家の『新勅撰和歌集《しんちょくせんわかしゅう》』撰進の際、その撰集資料として求めに応じ提出したと考えられる。『新潮日本古典集成』二八(糸賀きみ江校注、一九七九年、新潮社)に収められている。

参考文献 井狩正司『建礼門院右京大夫集―校本及び総索引―』、一九六九、笠間書院。本位田重美『(評註)建礼門院右京大夫集全釈(改訂版)』、一九七四、武蔵野書院。藤平春男「建礼門院右京大夫集」(藤平春男・福田秀一『建礼門院右京大夫集・とはずがたり』、一九八一、尚学図書)。久保田淳「建礼門院右京大夫集」(同校注・訳『建礼門院右京大夫集・とはずがたり』、一九九九、小学館)。 (久保 貴子)

げんろくよんはいじょ　元禄四俳女　江戸時代、元禄期前後に俳諧《はいかい》で活躍した四人の女性、捨女《すてじょ》・園女《そのめ》・智月《ちげつ》・秋色《しゅうしき》のこと。丹波の捨女は六歳のときの句「雪の朝二の字二の字の下駄《げた》のあと」で知られる。*和歌を*北村季吟《きたむらきぎん》に学ぶ。夫没後数年して落飾《らくしょく》し妙融《みょうゆう》を名乗り和歌も能くする。のち、網干《あぼし》の盤珪《ばんけい》に入門して禅を学び貞閑《ていかん》を名乗る。伊勢《いせ》の園女は斯波一有《しばいちゆう》の妻。夫婦で芭蕉《ばしょう》に入門。芭蕉や西鶴《さいかく》に称えられ、夫没後は江戸へ出て其角《きかく》に入門。夫の医業を継ぎ眼科業のかたわら俳諧に励み、宝永三年(一七〇六)、自撰集『菊の塵《きくのちり》』を刊行。和歌や詩作もし、髪を剃り智鏡《ちきょう》と名乗り参禅もした。近江の智月も養子乙《おと》州《くに》ともに芭蕉に師事し、しばしば芭蕉を自宅に迎え教えを請う。十二、三歳年下の師に向かって形見を請い、芭蕉は苦笑しながら『幻住庵記《げんじゅうあんき》』を与えたという。江戸の秋色は十三歳のとき、上野の花見で「井戸ばたの桜あぶなし酒の酔」と詠み、名を成す。夫寒玉《かんぎょく》とともに其角に入門。晩年の其角を扶助。師没後の宝永四年、遺稿集『類柑子《るいこうじ》』を、七周忌に『石なとり』を編集刊行した。元禄四俳女は女性俳人の先駆者として活躍したばかりでなく、自意識を持ち経済力もあり、それぞれ、特有の人生を貫いて生きた。↓河井智月《かわいちげつ》　↓斯波園女《しばそのめ》　↓秋色女《しゅうしきじょ》　↓田捨女《でんすてじょ》

参考文献 柴桂子『江戸時代の女たち―封建社会に生きた女性の精神生活―(復刻版)』(江戸期ひと文庫)、一九九九、桂文庫。古谷知新編『江戸時代女流文学全集(増補新装版)』四、二〇〇一、日本図書センター。 (柴 桂子)

こ

こ　戸　*律令制《りつりょうせい》下の戸主《こしゅ》を中心に編成された集団で、一般に郷戸《ごうこ》を指す。郷戸は五戸で保《ほ》を、五十戸で郷(郷里制《ごうりせい》以前は里)を構成し、地方行政組織である国・郡・郷(里)制の末端に位置し、口分田《くぶんでん》の収授や税の納入は戸主が代表して行なった。郷里制下(養老元年(七一七)―天平十二年(七四〇)ころ)の郷戸は房戸《ぼうこ》に細分されているが、養老五年下総国葛飾郡大嶋郷《しもうさのくにかつしかぐんおおしまごう》戸籍《こせき》によれば、平均二十四人程度の一郷戸は平均九人程度の房戸二～四で構成され、房戸には房戸主がたてられていた。女性の房戸主も二例あるが、ともに全員女性の房戸である。一方、女性の郷戸主も史料が少なく、その存否に議論があるが、『延喜式《えんぎしき》』主計下に載る大帳《だいちょう》目録の書式には*寡婦《かふ》戸・寡妻《さい》戸や棄妾《きしょう》戸が立項され、郷里制下のものとされる阿波国《あわのくに》大帳に「寡妻戸」がみえるから、適任男子がいない場合に認められていたらしい。ただし、中国の戸が「家」を実態として把握したものであったのに対して、日本の一般庶民層では実態としての「家」が形成され難かったので、郷戸は*家族の実態を直接示すものではなく課税や*力役《りきえき》・兵役《へいえき》などの賦課《ふか》単位に留まり、郷戸主も*家長ではなく戸政の責任者に過ぎなかったようである。　(荒井　秀規)

参考文献　吉田孝『律令国家と古代の社会』、一九八三、岩波書店。

こいけちきょく　小池池旭　一八二四―七八　幕末・維新期の南画《なんが》系女性画家。草花の画材を好む。別号紫雪《しせつ》、水琴《すいきん》。梅蔭《ばいいん》女史とも記す。加賀の人。大沼枕山《おおぬまちんざん》の義妹。江戸八丁堀《はっちょうぼり》(東京都中央区)、武蔵《むさし》国多摩《たま》郡小野路《おのじ》村(同町田市)小島家などに足跡がある。のち京に上り、画師として会津《あいづ》藩邸内に住む。維新に際し会津籠城《ろうじょう》隊の一員として官軍とたたかい捕われ、かろうじて助命される。維新後再び多摩を訪れ扇面《せんめん》を残す。「老松双鶴図《ろうしょうそうかくず》」「歳寒三友図《さいかんさんゆうず》」が『新加能画人集成』(一九九〇年)に収められている。一八七八年(明治十一)三州吉田(愛知県豊橋市)の客舎《きゃくしゃ》で死去する。一八七九年死去説もある。　(片倉比佐子)

参考文献　楠戸義昭・岩尾光代『続維新の女』、一九九三、毎日新聞社。

こいずみいくこ　小泉郁子　⇨清水郁子《しみずいくこ》

こいずみせつこ　小泉節子　一八六八―一九三二　明治から昭和時代にかけての女性。小泉八雲《やくも》(ラフカディオ＝ハーン)の妻。松江藩士の娘に生まれる。一八九〇年(明治二十三)ごろに、松江中学教師のハーンと結婚、四人の子供を産み、育てた。節子が物語って聞かせた、日本の昔話や怪談が、ハーンの著作に影響を与え、貢献したことは、よく知られている。著書に『思い出の記』がある。　(岩田なつ)

参考文献　小泉凡「小泉セツ」(平川祐弘監修『小泉八雲事典』二〇〇〇、恒文社)。

こうい　更衣　天皇・上皇の妻の身位の一つ。令《りょう》には規定はなく、文献上では平安時代前期からみえる。嵯峨《さが》朝の賜姓《しせい》問題との関連で設置されたとの見方もあるが、否定的意見も強い。定員十二名。*女御《にょうご》の下に位置づけられ、禁色《きんじき》を聴《ゆる》された。中流貴族の女子の任例が多いが公卿《くぎょう》の女子も少なくはなく女御に昇る者もあった。天皇の妻が一部の上級貴族に独占された冷泉《れいぜい》朝以降は実際の任例はほぼ絶えたが、文献等にはその後も天皇の劣位の妻の称としてみえている。　(並木　和子)

参考文献　玉井力「女御・更衣制度の成立」(『名古屋大学文学部研究論集』史学一九、一九七二)、増田繁夫「女御・更衣・御息所の呼称」(『源氏物語と貴族社会』二〇〇二、吉川弘文館)。

こうえいじゅうたく　公営住宅　公営住宅法に基づき、国家補助を受けて地方公共団体が建設した低所得者向けの低家賃賃貸住宅。一九五一年(昭和二十六)に、住宅に困窮する勤労者に「健康で文化的な生活を営むに足りる」賃貸住宅を供給する目的で、公営住宅法が制定された。公営住宅は、入居者の収入基準により二種に区別されていた。第一種は若年勤労者向け、収入基準がより低く設定された第二種公営住宅は社会的弱者の入居が想定されていた。その後、一九五九年の改正で、収入超過者制度が導入され、さらに一九九六年(平成八)の改正で収入超過者に対しては近傍同種の住宅の家賃を徴収することが定められ、二〇〇五年の改正では第一種、二種の種別区分が廃止され、公営住宅すなわち福祉住宅の性格づけがなされるに至った。同じく一九九六年の改正で、国家による公営住宅建設の家賃補助が廃止されるに及んで、地方公共団体は新設公営住宅建設からの撤去をはじめ、さらに地域住宅計画の放棄をも認める二〇〇五年の改正より、住宅政策の市場化、民営化は決定的になった。高齢者、*母子家庭の多い子育て世帯、障害者世帯、帰国者世帯が公営住宅に集められ、日々の生活に追われて連帯や発言の力を失ってゆく傾向が強まっている。関連する法として、二〇〇六年公布施行の住生活基本法がある。公営住宅入居者に女性比率が高い事実に注目しなければならない。　(西川　祐子)

参考文献　『住宅』五八九・六一八・六二六・六四九、二〇〇一・〇四・〇五・〇六。

こうえきしょかじんめいろく　広益諸家人名録　江戸時代後期に出版された文人の人名録シリーズ。『当時現在広益諸家人名録』として文化十二年(一八一五)に初編、文政元年(一八一八)に第二編が層山堂西村宗七《にしむらそうしち》から出た。その後、二度の江戸大火、新興文人の登場、苗字《みょうじ》標号《ひょうごう》の変更を考慮して改訂、天保七年(一八三六)に『江戸現在広益諸家人名録』と改題の上、層山堂・春寿堂の合梓《ごうし》で発刊された。天保十三年・文久元年(一八六〇)版も残るが、これらは金花堂須原屋佐助《すはらやさすけ》の版。江戸市中のみならず、地方人士の江戸遊学のため、とその効果を謳《うた》う。初編では儒家をはじめ、文章・詩藻《しそう》・書家・画家・国学・*和歌など二十一部門の人名を載せ、第二編では俳学など八門が加わる。初編にはわずか四名であった女性が、天保七年・十三年改訂版では書画部門を中心に二十名近くにふえ、女性文人の急激な増加のあったことがうかがわれる。『近世人名録集成』(森銑三・中島理寿編)二に影印版で載せる。（藪田　貫）

こうかき　紺掻　藍《あい》染めを生業とする*紺屋《こんや》あるいは藍染めをする人。紺染めの着物は日常着として着用されたことから、中世、京都・奈良などの都市には紺座《こんざ》が見られ、また地方の荘園内には鍛冶《かじ》屋等の手工業者とともに給田《きゅうでん》を与えられた者もいた。『*七十一番職人歌合』には紺掻は女性で描かれており、近世の『嬉遊笑覧《きゆうしょうらん》』にも「紺かきなどの職は、昔は皆女なり」などとあることから、中世においては女性が多く従事していたことを推察させる。京中における紺染めの触媒《しょくばい》の灰を独占的に取り扱う長坂《ながさか》口紺灰座《ぐちこんばいざ》には、加賀女《かがめ》という座権利を持つ女性がおり、その権利は、娘のねねや南女《なんめ》ら女性に伝えられている。

紺掻(『七十一番職人歌合』より)

参考文献　脇田晴子「座頭職の売買」(『日本中世商業発達史の研究(改装版)』一九七七、御茶の水書房)。（加藤美恵子）

こうかもんいん　皇嘉門院　一一二一─八一　崇徳《すとく》天皇中宮。近衛《このえ》天皇養母。名は藤原聖子《せいし》。父は藤原忠通、母は藤原宗子《そうし》。大治三年(一一二八)十一月従三位に叙され、同四年正月崇徳天皇に*入内《じゅだい》し*女御《にょうご》となる。同五年二月*中宮。永治元年(一一四一)十二月*皇太后。久安六年(一一五〇)二月院号宣下(皇嘉門院)。保元元年(一一五六)十月垂尼《さげあま》(法名清浄恵《しょうじょうえ》)ののち、長寛元年《ちょうかん》(一一六三)十二月剃髪《ていはつ》。養和《ようわ》元年(一一八一)十二月没。彼女の領した皇嘉門院領は、ともに経営にあたった異母弟で猶子《ゆうし》の兼実《かねざね》に伝領され、九条家領の基幹となる。

参考文献　野村育世「皇嘉門院の経営と九条兼実」(『早稲田大学大学院文学研究科紀要』別冊一四)、一九八八。須崎悦子「崇徳皇后皇嘉門院聖子の生涯」(『政治経済史学』三四四)、一九九五。（栗山　圭子）

こうかもんいんのべっとう　皇嘉門院別当　生没年不詳　平安・鎌倉時代前期の歌人。父は源俊隆《みなもとのとしたか》。崇徳天皇后妃の*皇嘉門院聖子《せいし》に出仕。養和元年(一一八一)十二月の皇嘉門院他界時には出家していた。安元《あんげん》元年(一一七五)『右大臣(兼実《かねざね》)家歌合《うたあわせ》』、治承《じしょう》三年(一一七九)『右大臣家百首』に出詠。『千載《せんざい》和歌集』『新勅撰《ちょくせん》和歌集』に各二首、『続後撰《しょくごせん》和歌集』『玉葉《ぎょくよう》和歌集』『続後拾遺《しょくごしゅうい》和歌集』『新千載和歌集』『新拾遺和歌集』に各一首入集。『小倉百人一首』に採られた「難波江《なにわえ》の蘆《あし》のかりねの一夜ゆゑ身をつくしてや恋ひわたるべき」は著名。（栗山　圭子）

ごうかん　強姦　〔古代〕暴力的な性関係のことであるが、古代には存在しなかったとする説もある。それは、史料から明確に確認できない上に、「姦」や「奸」などの表記がタハク・ヲカス・ケガス・カダムと訓《よ》まれ、禁止されている性慣行や性道徳を意味するので、奸の表記が強姦を意味するとは限らないからである。加えて、古代は性関係が女性の合意を経た上で成立するのが基本であり、*家父長制《かふちょうせい》の未成立の社会であるから、当時の性慣行の違反例であっても強姦ではないとする。具体的史料には、『日本書紀《にほんしょき》』欽明《きんめい》天皇二十三年七月条に新羅《しらぎ》で敗北した副将に従っていた妻が奸《おか》された例や、地方首長から天皇への女性の貢上(喚上《めしあ》げ婚《こん》)、采女《うねめ》としての貢上、出雲国造《いずものこくぞう》が民衆の女性を貢上させている例(『類聚三代格《るいじゅうさんだいきゃく》』延暦十七年(七九八)十月十一日付太政官符《だいじょうかんぷ》)などがあり、いずれも女性の意志に反した性結合である。これを、新羅での例や支配隷属《れいぞく》関係の現象形態にすぎないと解釈して否定するが、意志に反した性関係は強姦であろう。『日本書紀』用明《ようめい》天皇元年五月条によると、穴穂部《あなほべ》皇子は敏達《びだつ》天皇の葬儀のために殯宮《もがりのみや》に籠《こも》っていた前皇后の炊屋姫《かしきやひめ》を奸《おか》そうと強引に侵入しようとして阻止された。未遂に終ったが強姦の例であろう。戦場強姦は新羅での出来事としてみえた。また、東アジアでの戦争においても散見できる。古代日本だけが免れたと考えるのは不自然である。敗北後に通婚要求が成立しないと虐殺《ぎゃくさつ》や掠奪《りゃくだつ》がなされており、倭国《わこく》も通婚を要求しているので類似行為はあったと考えられる。『日本書紀』神功皇后摂政前紀仲哀天皇《じんぐうこうごうせっしょうぜんきちゅうあい》九年九月己卯《きぼう》条に、皇后は新羅攻撃に際して全軍に「則ち奸し《しの》暴がむをばな聴《ゆる》しそ」(原漢文)と命じている。虐殺や掠奪とともに禁止されているから「奸暴」は強姦のことである。神功皇后が戦場強姦を禁止したことにより、倭軍にはあってはならないこととして隠されたのである。規範《きはん》が出来事を隠蔽《いんぺい》した史料として読むべきであろう。

参考文献　吉村武彦「日本古代における婚姻・集団・禁忌―外婚制に関わる研究ノート―」(土田直鎮先生還暦記念会編『奈良平安時代史論集』上、一九八四、吉川弘文館)。関口裕子「日本古代における「姦」について」(『日本古代婚姻史の研究』上、一九九三、塙書房)。同「気の向く間のみ継続する結婚とその下での諸事象」(同)。同「戦争と女性」(アジア女性史国際シンポジウム実行

委員会編『アジア女性史—比較史の試み—』一九九七、明石書店）。（小林　茂文）

〔中世〕中世においては、主に既婚女性の意志に反して性的関係を結ぶことをいう。中世において強姦の語がみられるのは、鎌倉時代の貞永《じょうえい》元年（一二三二）に制定された鎌倉幕府の基本法典、『＊御成敗式目《ごせいばいしきもく》』のなかの第三十四条前半部分においてである。同条は、「他人の妻を密懐《みっかい》する罪科《ざいか》のこと」（原漢文）で始まり、続いて「右、強姦・和《わ》姧《かん》を論ぜず、人の妻を懐抱《かいほう》」（原漢文）すれば、男女ともに所領半分の没収、もしくは流罪《るざい》とした。この『御成敗式目』は、院政期から鎌倉時代初期に朝廷《ちょうてい》方の法律家によって作成された『法曹至要抄《ほっそうしようしょう》』という法律書をベースに制定されたといわれているが、『法曹至要抄』の同条に該当する部分は、「強和姧のこと」で始まり、強姦か和姧か、さらに相手が既婚か未婚かで刑の軽重を定める古代法律の趣旨《しゅし》を基本的には継承している。既婚と強姦は、より重罪とされ、この点、『御成敗式目』と大きく異なる。また『法曹至要抄』は＊婚姻の有無にかかわらず、性的逸脱《いつだつ》行為に「姧」（「姦」）の漢字、概念を適用するが、『御成敗式目』は、第三十四条後半の未婚女性にかかわる法文にはこれを用いておらず、既婚女性の性の問題が主眼であったことがうかがえる。これらの相違は、鎌倉幕府法が朝廷方の『法曹至要抄』を下敷きとしつつも、基本的には現実社会をふまえて立法されたことによるのだろう。戦国時代の諸大名の＊分国法《ぶんこくほう》も『御成敗式目』の影響を受けて立法されたといわれるが、＊密懐法で問題とされたのは、寝所か否かの密懐の場であって、そこには「強姦・和姧」の言葉さえなく、わずかに東国の大々名伊達《だて》家の分国法に、「密懐のこと、押《お》して嫁《とつ》ぐも、互いに和《やわら》ぐも」仲介人《ちゅうかいにん》を同罪とするとの一ヵ条にみえるのみである。強姦・和姧の漢語は、「押して嫁ぐ」「互いに和ぐ」とわかりやすく表記されるが、ここでも両者は区別されることなく、じっぱひとからげで扱われる。戦国時代に来日した宣教師の諸記録によれば、当該期の列島は＊処女《しょじょ》や＊貞《てい》操《そう》観念などの性規範が成立していない社会だった。したがって『御成敗式目』が『法曹至要抄』を下敷きとして強姦・和姧の語を引用したにもかかわらず、強姦か否かを問題にしなかったのは、また分国法も同様だったのは、武家権力が横暴であったとか、あるいはその峻別《しゅんべつ》が立証困難で煩《わずら》わしかったなどの諸理由からでなく、そもそも強姦などといった性観念が希薄《きはく》だったことによるとみるべきであろう。女性の意志に反した行為がなされたと考えられれば、それは自力救済《じりききゅうさい》によって解決されたに違いない。

参考文献　佐藤進一「御成敗式目の原形について」（『日本中世史論集』一九九〇、岩波書店）。『御成敗式目』（『中世政治社会思想（新装版）』上、一九九四、岩波書店）。『塵芥集』（同）。（黒田　弘子）

〔近世〕『＊公事方御定書《くじかたおさだめがき》』第四十八条二十一項に「女得心《とくしん》無之《これなく》に押而《おして》不義いたし候もの　重追放」と定められており、これが近世の強姦罪にあたる。＊密通に比べて、科されるの刑事罰は相対的に軽いが、公法上の罪として強姦罪が成立したことの意味は大きい。判例集の中で強姦罪として記録されている例はほとんどないが、その実態は、密通に応じない女性に切りつけたり、無理心中をしかけたりしたケースとして、密通関連の判例の中に、うかがわれる。

参考文献　奥野彦六『（定本）御定書の研究』、一九六八、酒井書店。（曾根ひろみ）

〔近代〕強姦罪は一九〇七年（明治四十）刑法に規定されたが、女性にとり告発は困難であった。大正から昭和前期に女性たちは新聞雑誌の＊身の上相談や告白手記でセクハラなどの性被害について語り始める。昭和初期には強盗により妊娠した娘や、犯されたが死ぬこともできずに悩む娘からの投書も見られ、処女性重視の一方で男性の放蕩を許す性の二重規範の中で彼女たちは性暴力に苦しんだ。こうした男性の＊セクシュアリティは戦場での性暴力を生み出す土壌ともなった。→日本軍《にほんぐん》「慰安婦《いあんふ》」

参考文献　山田わか『女性相談』（叢書女性論）、一九九六、大空社。金子幸子『近代日本女性論の系譜』、一九九九、不二出版。（金子　幸子）

〔現代〕女性の意に反した性行為の強要を指し、女性の「性の自由と自己決定権」を侵害する人権侵害行為である。日本において、このような強姦の定義が社会的承認を得るようになったのは、「女性に対する暴力」が重要課題とされた一九九五年（平成七）の世界女性会議（北京《ペキン》会議）以降のことである。それまでは、強姦の違法性は、女性の基本的人権の侵害ではなく、社会の秩序と道徳への侵害、つまり公序良俗《こうじょりょうぞく》への違反ととらえられていた。そのため、今なお強姦そのものや強姦被害者に対する無知や無理解は強く、強姦を告発した被害女性は強姦被害そのものの上に、さらに被害者のほうを責める心ない言葉によって「セカンド＝レイプ」（二次加害）を受ける。社会に広く流布され、被害者に関わる医者、カウンセラー、警官などの専門家にも根強く浸透している「強姦神話」によって判断されるからである。現行裁判もまた「男の性欲はコントロールできないのだから、挑発した女のほうが悪い」「女のノーはイエスのサイン」「強姦は性的にふしだらな女にだけ起ること」「名誉を重んじる女性なら最後まで抵抗したはず」といった「強姦神話」的解釈から自由ではない。また「見知らぬ男に暗い夜道で、藪《やぶ》から棒に襲われる」というのも「強姦神話」の一つであり、実際には強姦加害者の七〇～八〇％は被害者の顔見知りといわれている。職場や学校での＊セクシュアル＝ハラスメントが強姦に至る場合も多い。そのため強姦裁判では、加害者は「合意」の上での性行為だったと主張し、「強姦」だったとする被害者の主張と対立することになる。最近では、被害者の心理的後遺症である「心的外傷後ストレス障害」（ＰＴＳＤ）が強姦を証拠づけるものとして採用されるようになった。裁判において被害者心理や後遺症といった被害者側の声が聴かれるようになったのは進歩だが、PTSD症状のために職場や学校に復帰できない被害者への救済措置《そち》はまだまだ不十分な現状にある。

参考文献 ジョルジュ＝ヴィガレロ『強姦の歴史』(藤田真利子訳)、一九九九、作品社。ジュディス・L・ハーマン『心的外傷と回復(増補版)』(中井久夫訳)、一九九九、みすず書房。

（井上摩耶子）

ごうかんきゅうえんセンター 強姦救援センター *強姦被害者への電話相談によって、被害者が必要としているさまざまな情報の提供、カウンセラー・医師・弁護士の紹介、裁判支援として警察や弁護士事務所への同行・傍聴《ぼうちょう》などの支援を行う組織。アメリカの第二波*フェミニズム運動において、民間のレイプ＝クライシス＝センターが強姦被害者のサポート活動を開始した。日本では一九八三年(昭和五十八)、民間の*ボランティア団体「東京・強姦救援センター」が、ついで大阪に一九八八年「性暴力を許さない女の会」が誕生。強姦救援センターは、被害者の心理的・法的サポートと同時に、裁判を中心とした社会的告発活動、強姦理解と強姦防止を促す社会的啓《けい》発《はつ》活動にも取り組んでいる。まだまだ自分の強姦被害を人に話すことがためらわれ、また周りの人の無理解によって「セカンド＝レイプ」(二次加害)が与えられる現状のなかで、被害者救済の視点に立って被害者の話を聞き、実効性のある解決策について相談に応じる強姦救援センターの存在は重要である。

（井上摩耶子）

こうぎもんいん 広義門院 一二九二―一三五七 南北朝時代初中期の政治家。実名西園寺寧子《さいおんじねいし》。父は関東申次《かんとうもうしつぎ》西園寺公衡《きんひら》。母は左馬助光保女《むすめ》。乾元《けんげん》元年(一三〇二)富小路殿《とみのこうじどの》において*着袴《ちゃっこ》の儀を行う。十一歳で伏見《ふしみ》上皇の猶子《ゆうし》となり、将来持明院統《じみょういんとう》の天皇に配される運命を負った。徳治《とくじ》元年(一三〇六)四月、十五歳で慣例に従い後伏見上皇の*後宮に入り*女御《にょうご》となった。延慶《えんぎょう》二年(一三〇九)正月、新天皇(花園《はなぞの》天皇)の准母《じゅんぼ》となり従三位《じゅさんみ》に叙せられ*女《にょ》院号《いんごう》と*准三宮《じゅさんぐう》の宣下《せんげ》を受けた。健康に恵まれ三男一女を儲け、光厳《こうごん》・光明《こうみょう》両天皇の母となったが、元弘《げんこう》・建武《けんむ》の争乱に際会し、中先代《なかせんだい》の乱で甥の公宗《きんむね》が刑死し、建武三年(一三三六)二月落飾《らくしょく》して尼となりついで夫後伏見も死去した。十六年後の正平《しょうへい》七年(文和《ぶんな》元、一三五二)閏《うるう》二月、いわゆる正平一統《いっとう》が破れ、彼女の二男子である光厳・光明の二上皇と孫の崇光《すこう》上皇、さらに廃太子の直仁《すぐひと》(花園の子)までが南朝によって賀名生《あのう》に幽囚《ゆうしゅう》の身となり、北朝・幕府は翌月京都を奪回したものの、神器も譲国者(執政上皇)も欠く異常事態となり、足利義詮《あしかがよしあきら》・佐々木導誉《ささきどうよ》らは同六月、寧子に迫って政務(執政上皇)就任と崇光の弟弥仁《みつひと》の践祚《せんそ》を強く請うた。老齢と眼疾《がんしつ》もあった寧子は、幕府の要請を蹴ったが、天皇不在に苦しむ幕府・公卿《くげ》に泣きつかれ、渋々政務を引き受けた。彼女は庶政の手はじめに「天下一同の法」を公布し、「諸人官位以下」をすべて正平一統前の前年十一月に戻すという荒療治を行い、これにより足利尊氏《たかうじ》は将軍に還任、関白・天台座主《てんだいざす》以下の公武重職の人事も決し、幕府朝廷の運営が動き出した。これが六月二十七日のことで、弥仁の践祚は八月中旬に実現し、後光厳天皇となった。彼女は以降も、*長講堂領《ちょうこうどうりょう》の処分、伝奏《てんそう》の人選、国母陽禄門院《こくぼようろくもんいん》死去に伴う諒闇《りょうあん》の可否等、重要な朝儀をみずから決定した。彼女の政務就任の意義は、持明院皇統の最高権力者として、国制・儀礼を裁定し、北朝の再建に正統性を与えたことである。

参考文献 橋本芳和「広義門院西園寺寧子の基礎的考察―入内及び女院号宣下の背景―」(『政治経済史学』二六〇)、一九八七。今谷明「観応三年広義門院の「政務」について」(大山喬平教授退官記念会編『日本国家の史的特質―古代・中世―』一九九七、思文閣出版)。

（今谷 明）

こうきゅう 後宮 〔古代〕天皇《てんのう》(大王《おおきみ》)のキサキ・宮人《くにん》たちが居住《きょじゅう》あるいは奉仕《ほうし》を行う場を意味する場合がある。ゴクとも読む。後庭《こうてい》・後殿《こうでん》とも称する。令制《りょうせい》上では妃《ひ》二員(四品以上)、*夫人《ぶにん》三員(三位以上)、嬪《ひん》四員(五位以上)のことで、宮人(十二女司を中心とした職員)を含めてその総称となる場合もあった。『日本書紀《にほんしょき》』の「後宮」の記述は*皇后《こうごう》(大后《おおきさき》)の宮を意味する場合が多い。同舒明《じょめい》天皇即位前紀には山背大兄《やましろのおおえの》皇子《おうじ》が病中の*推古《すいこ》天皇を見舞った時、看病をしていた*女王《にょおう》、*女孺《にょじゅ》、*采女《うねめ》たちの近侍《きんじ》数十人がいたとある。また朱鳥《しゅちょう》元年(六八六)九月の天武天皇の殯《もがり》の時には采女朝臣竺羅《うねめのあそんちくら》が内命婦《ないみょうぶ》の管掌者として参列しているので、令制以前にも後宮の前身組織が成立していたと考えられる。令制後宮職員も八世紀以後改編されていく。まず嬪が和銅《わどう》年間(七〇八―七一五)以後なくなり、嵯峨《さが》朝以後は夫人も立てられなくなった。桓武《かんむ》朝には*女御《にょうご》と*更衣《こうい》が天皇のキサキとしておかれ、桓武・嵯峨朝において多くなったキサキを一括して女御とし、女御のうち出自が低い者を更衣とした。建物としての後宮については、平安宮《へいあんきゅう》内裏《だいり》では承香殿《しょうきょうでん》・常寧殿《じょうねいでん》・貞観殿《じょうがんでん》・弘徽殿《こきでん》・登華殿《とうかでん》・麗《れい》景殿《けいでん》・宣耀殿《せんようでん》の七殿とその外郭に飛香舎《ひぎょうしゃ》・凝華舎《ぎょうかしゃ》・襲芳《しほう》舎《しゃ》・昭陽舎《しょうようしゃ》・淑景舎《しげいしゃ》の五舎と周辺施設をさす。この中で承香殿については、掖庭門《えきていもん》の外側に位置することなどの理由から後宮空間の中に含まないとする見解もある。常寧殿は后町《きさいまち》とも称され皇后の居所となった。のちに飛香舎・弘徽殿へと皇后が移ってからは、内宴《ないえん》・修法《しゅほう》の場となる。貞観殿は御匣殿《みくしげどの》とも称され、*裁縫《さいほう》をする場であり、皇后宮職《こうごうぐうしき》の庁がおかれ、後宮の中心的な場であった。これらの殿舎《でんしゃ》は内裏《だいり》構造が固定された段階の後宮殿舎であり、八世紀の段階においては違った構造をもった。平城《へいじょう》宮《きゅう》では光仁《こうにん》朝になって常寧殿等の七殿に対応する施設が建てられ、桓武朝では内裏東北部に後宮外郭《がいかく》の一部に相当する建物遺構が確認されている。また長岡宮《ながおかきゅう》では東宮(第二次内裏)でも、その東北部に平安宮の後宮に相当する空間が確認されている。

参考文献　野村忠夫『後宮と女官』(教育社歴史新書)、一九七八、教育社。村井康彦「後宮の制度」(『歴史公論』一〇八)、一九八四。橋本義則『平安宮成立史の研究』、一九九五、塙書房。

(井山　温子)

〔中世〕 皇后・妃など天皇の妻妾《さいしょう》や天皇に侍する*後宮十二司《こうきゅうじゅうにし》の宮人《みやびと》(「く(う)にん」とも読む、女性職員＝*女房《にょうぼう》)の総称。その殿舎《でんしゃ》も指す。南北朝時代以後の皇居、土御門内裏《つちみかどだいり》では、女房の伺候《しこう》場所は清涼殿《せいりょうでん》内の常御所《つねのごしょ》の南の御湯殿上《おゆどののうえ》で、局《つぼね》は常御所の北の二棟の対屋《たいのや》にあった。南北朝時代以降、令制《りょうせい》による天皇の配侍者(妃《ひ》・夫人《ぶにん》・嬪《ひん》)や後宮十二司も内侍司《ないしのつかさ》以外は廃絶、皇后も不冊立《さくりつ》の時期、後宮の構成員は*大典侍《おおすけ》・新大典侍《しんおおすけ》・目々典侍《めめすけ》・*勾当内侍《こうとうのないし》・新内侍《しんないし》らを中心とする女房とその下の女孺《にょじゅ》ら五、六十人である。女房は位の上下で*上臈《じょうろう》(大臣・大納言の娘で二、三位の*典侍《ないしのすけ》)、小上臈《こじょうろう》(公卿《くぎょう》や四、五位の殿上人《てんじょうびと》の娘)、*中臈《ちゅうろう》(諸大夫《しょだいぶ》の娘)、*下臈《げろう》(諸侍や社家の娘)に区別される。上臈・小上臈格の典侍・内侍は出身のイエが決まっており、相伝性がある。その職務には、大典侍を中心に典侍が天皇の日常生活の世話を行い、勾当内侍(内侍の上首)が*女房奉書の発給や後宮外部との対応を行うなど、分担が見られる。また、皇后不冊立の時期ゆえ、女房が天皇の側妾《そくしょう》的な役割も果たし、皇子女を儲けている。

参考文献　『国文学解釈と教材の研究』二五ノ一三(特集後宮のすべて)、一九八〇。神田裕理「織田期における後宮女房について」(前近代女性史研究会編『家・社会・女性―古代から中世へ―』一九九七、吉川弘文館)。奥野高廣『戦国時代の宮廷生活』、二〇〇四、続群書類従完成会。

(神田　裕理)

〔近世〕 内裏《だいり》の中で后妃《こうひ》などが住居する殿舎《でんしゃ》およびそこで生活する后妃や女房《にょうぼう》をさす。内裏内の北側に位置し、常御殿《つねのごてん》の西北に*女官《にょかん》の居住する部屋があり、さらにその北側に女御《にょうご》御殿(准后《じゅごう》御殿)がある。女御御殿の最北が飛香舎《ひぎょうしゃ》である。飛香舎は寛政の内裏造営で再興された平安京内裏の古制を伝える殿舎の一つ。また、内裏の東南に仙洞《せんとう》御所・*女院《にょいん》御所(大宮《おおみや》御所)があり、後宮の住居空間は内裏の中だけとは限らない。天皇付きの後宮・女官は典侍《ないしのすけ》・掌侍《ないしのじょう》・*命婦《みょうぶ》・*女蔵人《にょくろうど》・御差《おさし》・御末《おすえ》・女嬬《にょじゅ》・御服所《ごふくどころ》などで、院・女院・*中宮・東宮付きは上臈《じょうろう》・中臈《ちゅうろう》・下臈《げろう》などに分けられる。典侍・掌侍を御局《おつぼね》、命婦・女蔵人・御差を御下《おしも》、御末・女嬬・御服所を三仲間《みなかま》という。院付きの上臈は上皇が在位中の典侍、中臈は掌侍、下臈は命婦である。典侍の筆頭を大典侍《おおすけ》、掌侍の筆頭を勾当内侍《こうとうのないし》、命婦の筆頭を伊予《いよ》、次席を大御乳人《おおおちのひと》という。

参考文献　河鰭実英『宮中女官生活史』、一九六三、風間書房。下橋敬長『幕末の宮廷』(東洋文庫)、一九七九、平凡社。

(久保　貴子)

こうきゅうじゅうにし　後宮十二司　天皇の*後宮に働く女性が職種ごとに分かれて奉仕した十二の女性官司。内侍司《ないしのつかさ》・蔵司《くらのつかさ》・書司《ふみのつかさ》・薬司《くすりのつかさ》・兵司《つわもののつかさ》・闈司《みかどのつかさ》・殿司《とのもりのつかさ》・掃司《かにもりのつかさ》・水司《もいとりのつかさ》・膳司《かしわでのつかさ》・酒司《さけのつかさ》・縫司《ぬいのつかさ》の十二司で、後宮職員令《しきいんりょう》(大宝令制《たいほうりょうせい》では後宮官員令《かんいんりょう》)によって構成職員、員数および職掌《しょくしょう》が規定されている。十二司は職掌上、おのおのに対応する男性官司を有し、実務上、相互に関連する共労の場があった。男官のような官位相当《かんいそうとう》制は取らず、給禄《きゅうろく》規定(禄令《ろくりょう》)によって、准位《じゅんい》が定められていた。構成職員は尚《かみ》・典《すけ》・掌《じょう》の職事《しきじ》と*采女《うねめ》・*女孺《にょじゅ》の散事《さんじ》であったが、各司で職員の構成は異なった。また宮人《きゅうじん》は半月ごとに沐暇《もくか》三日を与えられ、考叙《こうじょ》法は長上考《ちょうじょうこう》、名帳《みょうちょう》・考叙・位記《いき》は中務省縫殿寮《なかつかさしょうぬいどのりょう》が扱った。後宮で働く女性の組織としては天武《てんむ》天皇死去の際に采女朝臣筑羅《ちくら》が奉誄《ほうるい》した中に「内命婦《ないみょうぶ》」があることから天武期には采女・*氏女《うじめ》を包含する女性官司が存在したと考えられる。さらに中国の*律令制度が導入され、制度化された十二女司が設置されたが、日本固有の後宮の在り方ゆえに中国の後宮とは大きな相違点を生じた。最も大きな違いは十二女司が天皇に直接奉仕する官司であること。中国では後宮にある女性官司は*皇后に従う機関であり、さらにその管理は宦官《かんがん》によって掌握されていた。特に内侍司はその名称の由来である中国内侍省《ないじしょう》が皇后・*皇太后・太皇太后に仕える宦官の組織であったのとは全く異なり、日本では後宮十二司の筆頭女司として天皇に常侍《じょうじ》し、宣伝を務めるなど男官の中務省侍従《じじゅう》に匹敵する職掌を有し、さらに後宮宮人全体を統率する職務も課された。だが、一方では男官不在ゆえに、考叙等は男性官司の中務省縫殿寮に委《ゆだ》ねられるという複雑な構造となったが、*女帝が続く時代に成文化された後宮組織の特質といえよう。この「天皇に奉仕する」組織としての十二女司の職掌は当然のことながら内侍司と中務省侍従が対応するだけでなくほかの女司にも対応する男性官司があることを示し、具体的には蔵司と内蔵寮《うちのくらりょう》、書司と図書寮《ずしょりょう》、薬司と内薬司《うちのくすりのつかさ》、兵司と兵庫寮《ひょうごりょう》、殿司と主殿寮《しゅでんりょう》、掃司と内掃部司《うちのかにもりのつかさ》、水司と主水司《もいとりのつかさ》、膳司と内膳司《うちのかしわでのつかさ》、酒司と造酒司《みきのつかさ》、縫司と縫殿寮、闈司と中務省監物《けんもつ》・典鎰《てんやく》である。同様の職掌を男司と女司が有するところから、男女共労の姿が見られ、『*令集解《りょうのしゅうげ》』に「男官と共に預り知る」(原漢文)と注釈されるように宮人たちが男性官司へ赴《おもむ》き働くことは日常的に行われていたらしい。天平《てんぴょう》元年(七二九)、藤原光明子《ふじわらのこうみょうし》が臣下から立后《りつごう》し、天皇―皇后の形が復活すると、皇后宮職《こうごうぐうしき》(紫微中台《しびちゅうだい》)が設置され、皇后に奉仕する宮人はその職制下に組み込まれ、したがって、男帝に奉仕する日本の後宮は変貌《へんぼう》していく。内侍司の長官次官の*尚侍《ないしのかみ》・*典侍《ないしのすけ》、あるいは*尚蔵《くらのかみ》の中からキサキとなる者が出たり、*蔵人所《くろうどどころ》や*内侍所《ないしどころ》などの実情にあわせて設置された数々の令外官《りょうげのかん》の出現により、平安時代前期には十二司は事実上解体し、多くの女司が記録から消えていく。その後の後宮の組織は明確ではないが、男性官司と深く関わり合いながら、現実に対応した組織のもとでなお多くの宮人が与えられた職務を果たした。

参考文献　角田文衛『日本の後宮』、一九七三、学燈社。須田春子『律令制女性史研究』、一九七八、千代田書房。野村

養老令制後宮十二司の構成

司名	職号	定員	給禄准位	仕事
内侍司	尚侍	二人	従五位	常侍。奏請。宣伝。女孺の検校。内外命婦の朝参と宮中の礼式の監督。
	典侍	四人	従六位	尚侍に同じ。ただし、奏請・宣伝はできない。尚侍がいない場合には奏請・宣伝もできる。
	掌侍	四人	従七位	典侍に同じ。ただし、奏請・宣伝はできない。
	女孺	一〇〇人		
蔵司	尚蔵	一人	正三位	神璽、関契、供御の衣服・巾櫛・服翫、珍宝、綵帛、賞賜のことを行う。
	典蔵	二人	従四位	尚蔵に同じ。
	掌蔵	四人	従七位	出納、綵帛、賞賜のことを行う。
	女孺	一〇人		
書司	尚書	一人	従六位	仏典・経書、筆、机、紙、墨、管弦楽器の供奉。
	典書	二人	従八位	尚書に同じ。
	女孺	六人		
薬司	尚薬	一人	従六位	医薬の供奉。
	典薬	二人	従八位	尚薬に同じ。
	女孺	四人		
兵司	尚兵	一人	正七位	兵器の供奉。
	典兵	二人	従八位	尚兵に同じ。
	女孺	六人		

司名	職号	定員	給禄准位	仕事
闈司	尚闈	一人	正七位	宮城諸門の鍵の保管と出納。
	典闈	四人	従八位	尚闈に同じ。
	女孺	一〇人		
殿司	尚殿	一人	従六位	乗り物、雨笠、肉脂、湯浴み、燈油、火燭、薪炭の供奉。
	典殿	二人	従八位	尚殿に同じ。
	女孺	六人		
掃司	尚掃	一人	従七位	敷物、洒掃、設営の供奉。
	典掃	二人	従八位	尚掃に同じ。
	女孺	一〇人		
水司	尚水	一人	従七位	漿水、雑粥を奉ること。
	典水	二人	従八位	尚水に同じ。
	采女	六人		
膳司	尚膳	一人	正四位	御膳の監督。毒味。料理、酒、餅、野菜、果物を担当。
	典膳	二人	従五位	尚膳に同じ。
	掌膳	四人	正八位	典膳に同じ。
	采女	六〇人		
酒司	尚酒	一人	正六位	酒の醸造。
	典酒	二人	従八位	尚酒に同じ。
縫司	尚縫	一人	正四位	衣服の裁縫、纂組。婦人労働・朝参を監督。
	典縫	二人	従五位	尚縫に同じ。
	掌縫	四人	正八位	命婦の参見・朝会の引導。

各司掌以上を職事、それ以外を散事とする。散事の給禄は有位は少初位に准ず。無位は布一端が減ぜられる。

忠夫『後宮と女官』(教育社歴史新書)、一九七八、教育社。下斗米清「日中令における内廷制の比較」(日本大学史学科五十周年記念事業実行委員会編『歴史学論文集―日本大学史学科五十周年記念―』一九七八)。須田春子『平安時代後宮及び女司の研究』、一九八二、千代田書房。浅井虎夫『(新訂)女官通解』(講談社学術文庫)、一九八五、講談社。国文学編集部編『後宮のすべて』、一九八八、学燈社。

(文珠　正子)

こうぎょくてんのう　皇極天皇　五九四―六六一　六四二―四五在位。のち重祚《ちょうそ》して斉明《さいめい》天皇となり、六五五―六六一在位。生年は『本朝皇胤紹運録《ほんちょうこういんじょううんろく》』に年六十八とあることから推定される。諱《いみな》は宝《たから》皇女、和風諡号《わふうしごう》は天豊財重日足姫尊《あめとよたからいかしひたらしひめ》。祖父は押坂彦人大兄《おしさかのひこひとのおおえ》、父は茅渟《ちぬ》王、母は*吉備《きび》姫《ひめ》王であり、父方の*系譜では敏達《びだつ》天皇曾孫《そうそん》、母方の系譜では欽明《きんめい》天皇曾孫となる。はじめ用明《ようめい》天皇の孫、高向《たかむこ》王に嫁ぎ漢《あや》皇子を生む。のちに舒明《じょめい》天皇に再嫁し、葛城《かづらき》皇子(中大兄《なかのおおえ》・天智天皇)・*間人《はしひと》皇女・大海人《おおしあま》皇子(天武天皇)を儲《もう》ける。舒明が即位すると后《きさき》として重きをなし、舒明の死の翌年にその政治的実績から即位する。*推古天皇に続く二人目の女性大王である。最初の治世においては飛鳥板蓋宮《あすかのいたぶきのみや》を居所とする。皇極紀によると蘇我蝦夷《そがのえみし》とともに雨乞《あまご》いを行い雨を降らせるという記事があり、これによって古くは女性大王が*シャーマン的性質を有するといわれてきたが、大王が呪術《じゅじゅつ》王であるかどうかという問題と王の性差の問題を直結させて結び付けるべきではない。皇極朝は蘇我蝦夷・入鹿《いるか》父子のもと蘇我氏の専権が伸張《しんちょう》した時期でもあり、王族との対立が深刻化して上宮《じょうぐう》王家《おうけ》滅亡事件が起きている。大化元年(六四五)に乙巳《いっし》の変によって蘇我本宗家が滅亡すると軽《かる》皇子(孝徳《こうとく》天皇)に譲位する。歴史的事実としての譲位の初見である。譲位と同時に*皇祖母尊《すめみおやのみこと》の称号を受ける。太上天皇制成立以前における王権の過渡的形態として評価できる。孝徳朝においては孝徳や中大兄とともに王権の一翼を構成した。

孝徳が死去すると飛鳥板蓋宮において大王位に重祚、そののち居所を後飛鳥岡本宮《のちのあすかのおかもとのみや》とする。二度目の治世においては、阿倍比羅夫《あべのひらふ》を東北遠征に遣わし蝦夷《えみし》を服属させる一方、遣唐使を派遣するなど対外的に積極的な施策を行う。また、国内的には多武峰《とうのみね》に周垣《しゅうえん》、後飛鳥岡本宮のほかにも双槻宮《ふたつきのみや》や吉野宮《よしののみや》、石上《いそのかみ》に水渠《すいきょ》を造営するなど土木工事を推進する。水渠は時の人から「狂心渠《たぶれごころのみぞ》」と批判を浴びた。また、紀温泉《きのゆ》・近江平浦《おうみひらのうら》など畿外への積極的な行幸もその特長である。これらの政策からは男性大王と同様の強力な政治的主導性を看取できる。ただし、斉明天皇四年(六五八)には紀温泉行幸中に孝徳の遺子有間《ありま》皇子の変が起きるなど政争も生じている。斉明朝の後半は、唐・新羅《しらぎ》の連合軍による百済《くだら》の滅亡が大きな外交課題として出現し、百済救援政策を推進する。みずから筑紫《つくし》まで赴《おもむ》き、朝倉橘広庭宮《あさくらのたちばなのひろにわのみや》に滞在した。この時の動向は『*万葉集』の熟多津《にきたつ》の歌などで知られているが、自作と断定できる歌はない。また、「備中国風土記《びっちゅうのくにふどき》」逸文《いつぶん》ではみずから兵を徴した伝承が記されている。百済救援に基づく一連の行動は軍事王としての性質を示している。斉明天皇七年七月二十四日に朝倉宮に死す。大和《やまと》国高市《たけち》郡の越《お》智崗上《ちのおかのえ》陵に葬られる。この陵には孝徳の后であった娘の間人が合葬されたほか、生前の詔《みことのり》により孫の建王《たける》も追葬された。

参考文献 荒木敏夫『可能性としての女帝―女帝と王権・国家―』(Aoki library)、一九九九、青木書店。

(河内 春人)

こうぎろく 孝義録 ⇩官刻孝義録《かんこくこうぎろく》

こうげんいん 高巌院 一六四〇―七六 江戸幕府四代将軍徳川家綱《いえつな》の*正室(*御台所《みだいどころ》)。伏見宮貞清《さだきよ》親王の娘。浅宮《あさのみや》。名は顕子《あきこ》。幕府の要請により、明暦《めいれき》三年(一六五七)家綱に嫁いだ。同年七月江戸城西の丸で婚礼をあげ、万治二年(一六五九)本丸*大奥に移り、御台所と称された。延宝《えんぽう》元年(一六七三)従三位に叙される。子供に恵まれなかった。同四年乳癌《にゅうがん》で没。墓所は上野の東叡山《とうえいざん》(東京都台東区)。延宝五年八月、従一位を追贈《ついぞう》される。

参考文献『徳川諸家系譜』一、一九七〇、続群書類従完成会。

(久保 貴子)

こうけんてんのう 孝謙天皇 七一八―七〇 七四九―五八在位。のち重祚《ちょうそ》して称徳《しょうとく》天皇となり、七六四―七〇在位。奈良時代の天皇。古代最後の女性天皇、また尼のまま重祚した天皇として著名である。諱《いみな》は阿倍《あべ》。『続日本紀《しょくにほんぎ》』では太上天皇時代以降を高野《たかの》天皇とも記す。天平宝字《てんぴょうほうじ》二年(七五八)八月に奉《たてまつ》られた尊号《そんごう》「宝字称徳孝謙皇帝」を振り分け、通常最初の即位を孝謙天皇、二度目を称徳天皇と称して区別する。孝謙在位は天平勝宝《しょうほう》元年(七四九)七月から天平宝字二年八月まで、称徳在位は天平宝字八年十月から神護景雲《じんごけいうん》四年(七七〇)八月まで。父は聖武天皇、母は藤原光明子《こうみょうし》(*光明皇后)。父が文武天皇と藤原不《ふ》比等《ひと》の娘宮子《みやこ》を、母が藤原不比等と橘三千代《たちばなのみちよ》を父母とするため、孝謙の皇統は数多い天武天皇皇子の中でも、*持統《じとう》天皇所生の草壁《くさかべ》皇子の流れを汲む。同時に藤原不比等が父方曾祖父《そうそふ》、母方祖父にあたり、孝謙は藤原氏と密接な血統の皇族女性として養老《ようろう》二年(七一八)に誕生。神亀《じんき》元年(七二四)父の即位で*女王から*内親王へ。光明子所生第一子ながら女子のため、幼少期は皇位継承に直結した立場でなかったが、神亀五年同母弟皇太子早世を契機に、光明子らによって皇位継承の可能性を模索され、天平十年(七三八)二十一歳の時、本来男性だけを想定した「皇太子」となる。それ以前の女性天皇は*皇后・皇太子妃・内親王から直接即位し、皇太子を経た例は唯一である。東宮学士吉備真備《きびのまきび》に帝王学を学び、また天平十五年には元正《げんしょう》太上天皇の前でみずから五節舞《ごせちのまい》を舞った。天平勝宝元年父の譲位《じょうい》を受けて即位。天平勝宝四年の大仏《だいぶつ》開眼会《かいげんえ》には男性天皇と同じ天子冠(冕冠《べんかん》)を被った。早くから両親の仏教受容の影響を多く受け、天平勝宝六年に鑑真《がんじん》から菩薩戒《ぼさつかい》を受戒。聖武没後、道祖王《ふなどおう》を立太子させたがのちに廃し、藤原仲麻呂《なかまろ》が推した大炊王《おおいおう》に換え、孝謙の皇位を認めない橘奈良麻呂《たちばなのならまろ》の反乱が未遂で解決された後、天平宝字二年大炊王(淳仁《じゅんにん》天皇)へ譲位し太上天皇となる。天平宝字四年の光明子没後以降、淳仁に道鏡《どうきょう》との関係を憶測非難されて対立し、天平宝字六年に*法華寺《ほっけじ》に入りみずから出家し尼法基《あまほうき》となった。そして天皇大権のうち国家大事・賞罰《しょうばつ》二柄《にへい》を握ることを宣言した。さらに天平宝字八年の恵美押勝《えみのおしかつ》の乱に勝利し、淳仁を廃帝とした後、四十七歳の時、出家者のまま再度即位した。孝謙の時代に父母とともに行なった仏教政策をさらに押し進めた。西大寺・西隆尼寺《さいりゅうにじ》を建立、百万塔を造立し、また『最勝王経《さいしょうおうきょう》』経文・趣意文《しゅいぶん》を宣命《せんみょう》や詔勅《しょうちょく》に引用し、みずからの仏教政治思想上依拠《いきょ》すべきものとして重んじた。さらに道鏡を重用し大臣禅師・太政大臣禅師・法王の地位に付けて、法王と尼天皇という出家者による共同統治を目指した。さらに道鏡の皇位継承を模索したが、神護景雲三年に和気清麻呂《わけのきよまろ》が最終的にもたらした宇佐八幡《うさはちまん》神託《しんたく》により、神祇《じんぎ》の不承認が決定的となり、この問題は頓挫《とんざ》した。その後称徳は体調を崩し、翌年由義宮《ゆげのみや》から平城宮に帰還し五十三歳で、仏教と密接な関係を模索し続けた生涯を閉じた。

参考文献 北山茂夫『女帝と道鏡』(中公新書)、一九六九、中央公論社。瀧浪貞子『最後の女帝孝謙天皇』(歴史文化ライブラリー)、一九九八、吉川弘文館。勝浦令子「称徳天皇の「仏教と王権」」(『日本古代の僧尼と社会』二〇〇〇、吉川弘文館)。同「孝謙・称徳天皇による『宝星陀羅尼経』受容の特質」(同)。

(勝浦 令子)

こうごう 皇后 〔古代〕天皇の嫡妻《ちゃくさい》。『日本書紀』では、皇統譜第一代神武《じんむ》天皇以後歴代天皇の嫡妻は皇后《きさき》としている。一方、『*古事記』では、皇后に対応するのは大后《おおきさき》である。で、それは複数の后のうちの正妻的な地位のものである。天皇―皇后という称号が一対のものとして成立してくるのは天武朝とされており、それ以前は大王―大后がこれに対応していた。令《りょう》制では*後宮《こうきゅう》制度も整備され、皇后の下に妃《ひ》・*夫人《ぶにん》・嬪《ひん》の妻たちが身分化され、その下で宮人《くうにん》(*女官)が奉事していた。令には皇后の身分に関する規定はみえないが、妃は四品《しほん》以上とあるから*内親王の身分となり、したがって皇后も内親王(天皇の皇女・姉妹)から選ばれる規定であった。記紀を通覧すると、大后・「皇后」にあたるものは、仁徳《にんとく》天皇の「皇后」葛城襲津彦《かつらぎのそつびこ》の女《むすめ》*磐之媛《いわのひめ》と不明の一例をのぞいて皇族であったから令意に通ずるものであった。しかし令制(『大宝令《たいほうりょう》』)の段階に入って、文武《もんむ》天皇には皇后がおかれず、そのあと*元明《げんめい》・*元正《げんしょう》天皇と*女帝が続き、聖武《しょうむ》天皇の代になって藤原不《ふ》比等《ひと》の女《むすめ》光明子《こうみょうし》が立后《りっこう》し、皇族以外から皇后に立てられる例が開かれた。これ以降、藤原氏出身の皇后がその地位を独占するようになった。令制では、皇后・*皇太后・太皇太后に仕える官司として中務省《なかつかさしょう》下の*中宮職《ちゅうぐうしき》が置かれたが、これも令制の原則に反して、聖武天皇即位後、生母*藤原宮子《みやこ》(文武夫人)が皇太夫人《こうたいぶにん》となって中宮職が付置された。以後、平安時代中期まで、皇太夫人には中宮職が、皇后には皇后宮職が付置された。延長元年(九二三)、醍醐《だいご》天皇は*女御《にょうご》*藤原穏子《おんし》を皇后にして、はじめて中宮職を付属せしめ、ここに令意が完全に実現された。その後、一条天皇の時、皇后には中宮職を付された中宮と、皇后宮職を付された皇后の二様が並立して、皇后・中宮と称されたが、その身位はともに皇后であった。なお、平安時代末から鎌倉時代末に、天皇と配偶関係をもたない内親王を皇后に立てる例もみられるようになった。

参考文献 岸俊男「光明立后の史的意義」(『日本古代政治史研究』一九六六、塙書房)。橋本義彦「中宮の意義と沿革」(『平安貴族社会の研究』一九七六、吉川弘文館)。

(小林　敏男)

〔中世〕天皇の正妻。鎌倉時代にも立后《りっこう》がない事例もあるが、皇后の冊立《さくりつ》は元弘《げんこう》三年(一三三三)の後醍醐天皇《ごだいごてんのう》皇后珣子《じゅんし》内親王(後伏見《ごふしみ》天皇皇女)の冊立以降、南朝の一例(長《ちょう》慶《けい》天皇中宮、名前・冊立日不明)を除き、約三百年間中絶。立后は、寛永元年(一六二四)、後水尾《ごみずのお》天皇(「ごみのお」とも読む)女御《にょうご》源《みなもとのまさこ》和子(徳川秀忠女《とくがわひでただむすめ》)の皇后宣下《せんげ》で復活。長期間にわたる不冊立の理由として、特に戦国時代では、天皇即位礼を戦国大名の献上金によって行なった朝廷にとり、立后の儀式執行の費用がなかったことや、立后に際して皇后の付属職司《しきし》の中宮職《ちゅうぐうしき》を設ける財力がなかったなど、経済的困窮《こんきゅう》が挙げられる。また、摂家《せっけ》・朝廷間の距離が生じたという政治的な理由もある。すなわち室町・戦国時代の朝廷は、室町幕府の丸抱えにより朝儀《ちょうぎ》の形骸化が進んだ。朝廷政治の担い手は、禁裏小番衆《きんりこばんしゅう》という中・下流公家衆が中心で、皇后を*入内《じゅだい》させる家柄の摂家は含まれない。よって、摂家は朝廷政治に携わらなくなった。その結果、娘の入内に伴い天皇の外戚《がいせき》となって権力を握る必要性もなくなったのである。

参考文献 脇田晴子「宮廷女房と天皇」(『日本中世女性史の研究—性別役割分担と母性・家政・性愛—』一九九二、東京大学出版会)。神田裕理「織田期における後宮女房について」(前近代女性史研究会編『家・社会・女性—古代から中世へ—』一九九七、吉川弘文館)。

(神田　裕理)

〔近世〕近世では天皇の嫡妻《ちゃくさい》で立后《りっこう》された女性のこと。中《ちゅう》宮《ぐう》と称され四人いる。中宮職《ちゅうぐうしき》が付置された。寛永《かんえい》元年(一六二四)十一月、後水尾《ごみずのお》天皇の女御和子《にょうごまさこ》の立后により復活。霊元《れいげん》天皇の女御房子《ふさこ》、東山《ひがしやま》天皇の女御幸子《ゆきこ》の二人は*准三宮《じゅさんぐう》から立后された。後桃園《ごももぞの》天皇の皇女欣子《よしこ》内親王(光格《こうかく》天皇の嫡妻)は入内《じゅだい》と同時に立后。房子以後、中宮御料は三千石。なお、仁孝《にんこう》天皇の女御繋子《つなこ》は、天皇在位中に没し、没後に皇后宮を追贈された。桜町《さくらまち》天皇の女御舎子《いえこ》以後、孝明天皇の女御夙子《あさこ》までの五人の天皇嫡妻は、准三宮から皇太后にすすんでおり、中宮(皇后)にはなっていない。明治元年(一八六八)十二月、一条忠香《いちじょうただか》の娘美《はる》子《こ》(明治天皇の嫡妻)は入内と同時に中宮と称され、中宮職が付置されたが、翌年皇后宮職が設置されて皇后と改称、中宮の称は消滅した。

参考文献 宮内庁書陵部編『皇室制度史料』后妃二、一九八八、吉川弘文館。

(久保　貴子)

〔近現代〕天皇の正式な配偶者をさす。その出自は皇室と旧来から血縁関係のある公家の旧五摂家《ごせっけ》に限られたが、一八八九年(明治二十二)*皇室典範《こうしつてんぱん》は「皇族の結婚は同族又は勅旨《ちょくし》に由《よ》り特に認許せられたる華族《かぞく》に限る」と定めた。また皇位の継承は男系男子とし*庶子《しょし》も含まれ一夫一婦多妾《たしょう》制が認められ、女帝は否定された。*教育勅語《ちょくご》発布のころより交付された御真影《ごしんえい》(天皇と皇后の写真)は向かって右が天皇で上位を占め、一夫一婦の対のパートナーでありながら対等ではない両者の位置関係を示している。明治維新後に明治天皇は薄化粧をした和装姿から髭《ひげ》を蓄えた軍服姿へと変身を遂げ、主に軍事関係に関与した。これに対して*昭憲《しょうけん》皇后は文化・教育・慈善事業に貢献し、女官に代わりみずからが天皇の身の回りの世話や送迎の役を担い、妻としての役割を果たした。一夫一婦をはじめて実現したのが嘉仁《よしひと》皇太子(のちの大正天皇)と節子《さだこ》妃(のちの*貞明《ていめい》皇后)であり、*側室制度は昭和天皇と*香淳《こうじゅん》皇后の代に廃された。皇太后《こうたいごう》との序列については一九一〇年皇族身位令により皇后は正式に皇太后の上位に位置することが明らかにされたが、実際には皇后たちは嫁として皇太后に心を配り尽くしている。戦前彼女たちは蚕《さん》糸業《しぎょう》の奨励、*愛国婦人会の支援、陸軍病院の慰問《いもん》など国家政策と深い関わりをもち「国母《こくぼ》」と称えられた。戦後、天皇は新憲法により国民統合の「象徴」とされ、皇室の家族写真では平和な*家庭生活のイメージが打ち出された。だが皇后は天皇の配偶者という存在で、その役割は法的に明示されておらず曖昧な立場に置かれている。また皇后を含め皇族には*戸籍・参政権はない。現皇后美智子《みちこ》(一九三四年生、日清製粉社長正田英三郎《しょうだえいざぶろう》・富美子《ふみこ》の長女、五七年聖心女子大学卒)は初の民間出身の妃で、二男一女を手元で育てるという新たな試みを成し遂げたが、一時は失語症に苦しんだ。一九四七年(昭和二十二)の皇室典範は皇位継承を男系嫡男子に限ったため、将来の皇后である皇太子妃には男子を産むことが期待され、現皇太子妃雅子《まさこ》はこの負担からか適応障害を負い、女帝論も浮上している。 →地久節《ちきゅうせつ》 →ミッチーブーム

参考文献 長志珠絵「天子のジェンダー―近代の天皇像にみる〝男らしさ〟―」(西川裕子・荻野美穂編『共同研究男性論』一九九九、人文書院)。若桑みどり『皇后の肖像』、二〇〇一、筑摩書房。『(岩波講座)天皇と王権を考える』七、二〇〇二、岩波書店。片野真佐子『皇后の近代』(講談社選書メチエ)、二〇〇三、講談社。 (金子 幸子)

こうごうぐうしき 皇后宮職 *皇后の命令(啓令《けいれい》)の伝達を司《つかさど》り、同時に皇后宮の家政を支えた公的機関。初見は、『続日本紀《しょくにほんぎ》』天平二年(七三〇)四月辛未《しんび》条。ただし、同元年九月乙卯《いつぼう》条に皇后宮大夫(小野朝臣牛養《おののあそんうしかい》)の任命記事があるので、このころ藤原光明子《ふじわらのこうみょうし》の皇后宮付きの官司として設置されたことがわかる。八・九世紀の場合、光明子以後の皇后(宮)には、原則として皇后宮職が置かれた。皇后宮職と『養老令《ようろうりょう》』職員令中宮職条《ちゅうぐうしきじょう》に「中宮」(『令義解《りょうのぎげ》』によれば、「中宮」とは三后《さんごう》、つまり皇后・*皇太后・太皇太后を指す)に付属すると規定された令制《りょうせい》*中宮職との関係をどう理解するかをめぐっては、諸説がある。だが、両組織に見られる四等官《しとうかん》の人員構成・官位相当の一致や、ともに中務省被管《なかつかさしょうひかん》であること(『正倉院文書《しょうそういんもんじょ》』による)などから考えると、皇后宮職は令外官《りょうげのかん》ではなく、令制中宮職の一つとしてよい。令前からの大王宮とキサキ宮の別置《べっち》の伝統、八・九世紀の三后の宮の内裏《だいり》(*後宮)との別存の事例などから見ると、中宮職条の令意《りょうい》は、三后が複数人存在した際には複数の三后の宮それぞれに中宮職相当の*家政機関を設置する、としたものと解釈するのが妥当《だとう》であろう。なお藤原京跡左京七条一坊《さきょうしちじょういちぼう》からの出土木簡によれば、八世紀初頭に、草壁《くさかべ》皇子のキサキであった阿閇《あべ》内親王のために「皇太妃宮職」が置かれ、それが中務省宛に上申《じょうしん》文書(解《げ》)を発給していた(ちなみに、同じ地点からの出土木簡からは、天智天皇の皇女で長屋王《ながやおう》の母たる御名部《みなべ》内親王の「御名部内親王宮」の名もみられる)。また八世紀前半にも、聖武天皇の母たる皇太夫人*藤原宮《みや》子《こ》付きの中宮職が設置されている。したがって、実際には、三后以外の有力なキサキにも、中宮職条を準用して同様の公的家政機関が設置される場合があったことがわかる。中宮職条によれば、中宮職(皇后宮職)には四等官のほかに舎人《とねり》や使部《しぶ》といった番上官《ばんじょうかん》・伴部《とものみやつこ》や直丁《じきちょう》などの人員配置が規定されているが、『正倉院文書』その他の実例によれば、ほかに史生《ししょう》も勤務していた。またこれも令に規定はないが、皇后宮職には、多数の下部組織(司《つかさ》・所《ところ》)も編成されていた。それらの下部組織の運営実務をとりしきったのは、史生以下の下級官人である。史生や舎人・伴部のうち実務能力に長けた人員は、政所の四等官によって決済された「所宛《ところあて》」によって、下部組織の担当責任者(長《おさ》・司・司人《つかさびと》などと称される。通常、各組織ごとに複数人存在する)に任命され、各組織はその担当責任者の指揮のもと、各種の家政業務を遂行した。こうした下級官人・下級組織の存在と組織運営方式は、長屋王家木簡などから知られる王族の宮の家政機関ともほぼ共通する。ただし皇后宮職は、皇后の王権としての公的業務の遂行を支えたり、有能な実務官人を輩出・再生産する機能を果たしたりするなど、各種の重要な公的機能が付随《ふずい》する点で、一般の王族・有力貴族の家政機関とは区別される側面も有した機関であった。

参考文献 中林隆之「律令制下の皇后宮職」(『新潟史学』三一・三二、一九九三・九四)。鬼頭清明「皇后宮職論」(『古代木簡と都城の研究』二〇〇〇、塙書房)。 (中林 隆之)

こうこうぜんにゅううんどう 高校全入運動 一九六〇年代に高等学校入学志望者の全員入学のために公立高校の増設・施設の整備を求めて起こされた運動。*ベビーブーム期に生まれた子供たちが高校進学年齢に達し、さらに高度成長期の進学要求の高まりに対し学級・学校の増設が進まず、入学試験の苛烈《かれつ》化、中学浪人の発生が問題となり、その解決も求めて全国的に起った運動。特に高知県・京都府などで盛り上がった。この問題を最も早く取り上げたのは一九五九年(昭和三十四)の母親大会で、六二年には母親連絡会・日本教職員組合などを中心に「高校全員入学問題全国協議会」が結成され、高校増設・すしづめ学級の解消・高校教育費の父母負担の全廃など教育の機会均等を要求し運動を展開した。これに対し政府・文部省は六六年「後期中等教育拡充《かくじゅう》整備について」という答申《とうしん》を出し、高度成長期の人材育成の視点から商業・農業・*家庭科の設置による高校教育の多様化、職業訓練校との連携などを打ち出し、逆に高校教育の差別化が進められることになった。

参考文献 日本母親大会十年史編纂委員会編『母親運動十年のあゆみ』、一九六六、日本母親大会連絡会。宮原誠一他編『資料日本現代教育史』四、一九七四、三省堂。 (永原 和子)

こうこつのひと 恍惚の人 一九七二年(昭和四十七)新潮社より出版された高齢者介護を取り上げた*有吉佐和子《ありよしさわこ》の小説。八十四歳の認知症(痴呆《ちほう》症)高齢者茂造と息子一家の日常生活や思いを、介護者である息子の妻昭子を中心に描く。息子信利は多忙な商社マンで、昭子は結婚後も*家事を担いつつ働いていたが、別棟に暮らす茂造夫婦の妻の急死で、昭子一家は茂造の介護に直面する。信利は父の姿にみずからが迎えるであろう老いを重ねあわせ愕然《がくぜん》とするばかりで介護には距離を置こうとする。昭子は「嫁」による家族介護を当然視する社会にあって仕事と家事介護の両立に疲れつつも、敬老会館を利用したり、近隣の助けを借りたりして介護を続け、茂造を看《み》取《と》る。人口の高齢化、都市化、女性の雇用機会の拡大という社会的条件にあって避けることのできない問題として高齢

者介護の問題を取り上げてベストセラーとなった。一九七三年豊田四郎監督により森繁久弥《もりしげひさや》、昭子を高峰《たかみね》秀子《ひでこ》が演じて映画化された。英仏中韓国語訳も出版。新潮文庫として刊行。

参考文献　井上謙・半田美永・宮内淳子編『有吉佐和子の世界』、二〇〇四、翰林書房。　（廣瀬志芽子）

こうしじょろう　格子女郎　*遊女の階級の一つ。*吉原開設当初は、*太夫《たゆう》・*端女郎《はしじょろう》の二階級に分かれていたが、寛永十七年（一六四〇）から、端女郎は格子女郎と*局女郎《つぼねじょろう》に分かれた。最上級の太夫の次に位する遊女として、大格子の裡に部屋を構えたことでこの名が生まれた。太夫・格子・見世《みせ》は格式が高く、その店構えも大きく、吉原開業当時は、太夫七十五人についで格子は三十一人あった。一流の太夫になるための遊芸・*和歌・華道なども身につけていた。

参考文献　竹内勝『日本遊女考』、一九七〇、ブロンズ社。　（宇佐美ミサ子）

こうしせっぷのひょうしょう　孝子節婦の表彰　親（舅姑）に孝養を尽くし、貞操《ていそう》の堅い女性を称え表彰すること。江戸時代には各地で行われたが、一八六八年（明治元）明治天皇の東京行幸期に実施し、以後一八八一年制定の褒《ほう》章《しょう》条例により忠孝*貞節の善行を表彰した。家族道徳教化政策は「教学大旨《きょうがくたいし》」（一八七九年）に始まる。「古今ノ忠臣義士孝子節婦ノ画像写真ヲ掲ケ（中略）忠孝ノ大義ヲ第一ニ脳髄ニ感覚セシメンコトヲ要ス」とされた。西村茂樹《にしむらしげき》著『*婦女鑑《ふじょかがみ》』（一八八七年）は亀鑑《きかん》となる孝女や貞女の具体例をあげている。日中戦争のころより再び奨励された。戦時体制を支える政策実施にあたり政府が家族道徳に固執したことを物語る。一九三七年（昭和十二）二月十一日、盛大に行われた第十二回建国祭で、「徳行者」として五十一人の女性と三団体が各府県長官から表彰された。孝子は北海道宗谷郡の石丸うめ（四十六歳）ら五名、*節婦は福島県安達郡鈴木つね（六十二歳）ら二十三名で、多くが市町村に住む無名の女たちである。『婦女新聞』第一九一五号は、「紀元の佳節を飾る　世の亀鑑孝子節婦」と題して報道した。一九四〇年十月、*教育勅語《きょういくちょくご》発布五十周年の記念式典では、約百名の孝子節婦が表彰された。

参考文献　内務大臣官房編『明治国民亀鑑』、一九〇三、国光社。湯沢雍彦編『日本婦人問題資料集成』五、一九七六、ドメス出版。『婦女新聞（復刻版）』、一九八二－八五、不二出版。　（宇野勝子）

こうしつ　後室　後の部屋、後房の意から地位の高い人の*未亡人の呼称となった。文明本『節用集《せつようしゅう》』には「後家、女寡（やもめ）、又后室と云う」とある。『*吾妻鏡《あずまかがみ》』承久《じょうきゅう》三年（一二二一）八月一日条に「西八条禅尼者、右府将軍後室也」とある。鎌倉の鶴岡八幡宮《つるがおかはちまんぐう》で殺害された源実朝《さねとも》未亡人は「将軍後室」と記されている。*西八条禅尼《にしはちじょうぜんに》は坊《ぼう》門信清《もんのぶきよ》娘で兄忠信《ただのぶ》は承久の乱で天皇方の大将として捕らえられていたが、*北条政子の命で赦免《しゃめん》されて帰京を許されている。　（峰岸純夫）

こうしつてんぱん　皇室典範　皇室の私法。明治期には、天皇が政治権力の中心になることによって、皇位継承法・即位規定・皇族婚姻法・皇室財産制など、皇室にかかわる事項を整備することが必要になった。憲法と皇室法が合体した元老院作成の「国憲草案」から宮内省制度取調局による「皇室制規」「帝室典則」を経て柳原前《やなぎはらさき》光《みつ》原案の「皇室法典」をもとに井上毅《いのうえこわし》・伊藤博文《いとうひろぶみ》らが作成した「皇室典範」案が枢密院《すうみついん》審議を経て、一八八九年（明治二十二）、天皇の統治権総攬《そうらん》を定めた帝国憲法と同時期に成立した（一九〇七年公式令《こうしきれい》により国民に公布）。この「皇室典範」では直系優先の男系男子による皇位継承、*嫡子《ちゃくし》孫《そん》不在の場合*庶子《しょし》の皇位継承（天皇の妾制《しょうせい》）、一世一元制、天皇の生前譲位《じょうい》不可の規定によって男系・万世一系の国体を保障し、さらに皇族男子不在の場合*皇后・*皇太后ら女性の摂政《せっしょう》就任、天皇による皇族の監督（婚嫁を含む）、皇族以外の華族と結婚した女性の皇族離脱、国庫支出および莫大な国有財産の皇室移譲による皇室経費の運営などが定められている。一九四六年（昭和二十一）新憲法の制定により、憲法の下位法として作成された典範案にかんする臨時法制審議会および国会での議論では、万世一系の天皇ゆえに皇室典範の名称や、国家行事としての*大嘗祭《だいじょうさい》は存続させる、男系の男子による皇位継承は*男女平等を規定した憲法に違反する（この意見に対して国務大臣金森徳次郎《かなもりとくじろう》は男系は伝統であり、*女帝は少数だと答弁）、庶子排除の皇位継承資格者規定に対する反対意見、天皇の生前譲位不可は天皇の人間宣言と憲法一三条に違反（天皇の戦争責任による退位をうながすため否定）、皇室会議による皇族の結婚決定は憲法二四条違反（不適格者排除のため必要という反論）などの意見が出された。ほぼ新憲法の理念が否定された現皇室典範は、男系の男子による皇位継承と天皇の退位不可の制度を中心に象徴天皇制との矛盾を深めている。特に皇位継承該当者が少ない現皇族にあって、皇室典範の改正は避けられなくなっている。

参考文献　鈴木正幸『皇室制度』（岩波新書）、一九九三、岩波書店。奥平康弘『「万世一系」の研究』、二〇〇五、岩波書店。　（早川紀代）

こうしゅうがくせいうんどう　光州学生運動　一九二九年十月に朝鮮の全羅《チョルラ》南《ナム》道《ド》光州《クァンジュ》で起り、全国の学生・市民に広まった反日運動。光州の女子学生が日本人中学生らに嫌がらせを受け、それを見た朝鮮人の男子学生が応酬《おうしゅう》したのが発端となった。朝日学生間の衝突が強まり、臨時休講措置がとられたり検挙者が出たりした。当局の弾圧によってこの事件は全国に波及し、街頭デモや同盟休校が起った。多くの学生が停学や退学処分を受け、新幹《シンガン》会《フェ》・槿《ク》友《ヌ》会《フェ》などの団体関係者も逮捕されるなど、三一運動以後最も激しい抗日運動に発展した。

参考文献　むくげの会編『植民地下朝鮮・光州学生運動の研究』（むくげ叢書二）、一九九〇。　（山下英愛）

こうじゅんこうごう　香淳皇后　一九〇三―二〇〇〇　昭和天皇裕仁《ひろひと》の*皇后良子《ながこ》。一九〇三年(明治三十六)三月六日久邇宮《くにのみや》家邦彦《くにひこ》と俔子《ちかこ》の長女として東京に生まれる。一九一八年(大正七)皇太子妃に内定し女子学習院中等科を退学。だが母方家系に色覚障害があり、婚約辞退か否かで、いわゆる宮中某重大事件《きゅうちゅうぼうじゅうだいじけん》が起きた。二四年二十歳で結婚、二男(長男は皇太子明仁《あきひと》)五女を得る。一九二六年(昭和元)皇后。*愛国婦人会・日本赤十字社行啓《ぎょうけい》、*養蚕事業奨励など先代の事業を受け継ぐが、宮中改革などで対立する夫と姑《しゅうとめ》との間で気苦労が絶えなかった。戦時下、誕生日を婦人報国祭と称えられ、靖国神社行啓・陸軍病院慰問《いもん》・軍需工場視察を行い戦意高揚に尽くした。四七年日本赤十字社名誉総裁。五八年皇太子と民間出身の正田美智子《しょうだみちこ》との婚約に不快を示したと伝えられる。天皇とは終生仲睦まじく一夫一婦を具現化し、戦後は平和な*家庭という皇室像を顕示、ふくよかな姿と笑顔で親しまれた。書画を嗜《たしな》み、『桃苑画集』(一九六七年)、『あけぼの集』(一九七四年)がある。二〇〇〇年(平成十二)六月十六日没。

参考文献　工藤美代子『香淳皇后―昭和天皇と歩んだ二十世紀―』、二〇〇〇、中央公論新社。片野真佐子『皇后の近代』(講談社選書メチエ)、二〇〇三、講談社。

(金子　幸子)

こうしょうせいど　公娼制度　〔近世〕幕藩権力が、公認・保護した*買売春《ばいばいしゅん》制度。買売春営業からあがる利益は大きい。公娼制度は、*遊女屋が買売春営業利益の一部を冥加《みょうが》金《きん》などの形で幕藩権力に上納することで存続が公認され、この利益が幕藩財政に組み込まれるというものであった。したがって、個別藩が公認した*遊廓《ゆうかく》の遊女は幕府法上は*私娼《ししょう》の扱いであったが、藩への上納金を前提に遊女屋が恒常的な営業を公認されたという点で、藩公認の遊廓も近世公娼制度の一翼《いちよく》を担うものであったといえる。他方、幕府直轄《ちょっかつ》都市の茶屋・旅籠屋《はたごや》などの抱女《かかえおんな》として人数制限のうえ公認された*茶立女《ちゃたておんな》・*飯盛女《めしもりおんな》なども実態は*娼婦《しょうふ》であったが、あくまでも*下女・奉公人として認められたのであり売春については黙認されたに過ぎない。その意味で実態的には準公娼ともいえる存在であったが、幕府は、幕末に至るまで「*傾城町《けいせいまち》のほかはすべて*隠売女《かくしばいた》」という原則的な立場をくずすことはなく、幕政改革などの折に触れて厳しい取締りの対象としたり転業を促したりした。近世の公娼制度は、江戸の*吉原、京都の島原《しまばら》、大坂の新町《しんまち》の三大遊廓に典型的に見られるように、買売春営業免許の地を堀や土塁《どるい》で囲み一般市街地から隔離《かくり》して公認した点に特徴がある。すなわち、近代公娼制度が*梅毒《ばいどく》検査のうえ娼婦「個人」に鑑札《かんさつ》を交付し公娼として登録したのに対して、近世の場合は、公許の「地域」を空間的に隔離したにとどまり、厳密に個々の公娼を掌握《しょうあく》するには至らなかったということである。幕藩権力が遊廓・遊所を公認したのは、何らかの積極的な政策判断、倫理的判断に基づいていたわけではなく、むしろ近世初頭すでに展開していた遊女屋・買売春営業者らの要望に対して、一定の条件付きで応えたにすぎない。遊女屋らが遊廓設置の公許を願い出たのは、第一に、横領・かどわかし・*欠落《かけおち》・悪党などの取締りに都合がよいという治安問題を表向きの理由としていたが、これは既存の遊女屋の特権確保を図ったという一面もあった。遊廓設置を願い出る際の第二の理由は、城下町や港町の「繁昌《はんじょう》」、すなわち経済的繁栄であった。これら願い出る際の「治安取締り」「経済的繁栄」という理由は幕藩権力にとっても都合のよいものであり、それゆえに公許したといえる。

参考文献　西山松之助『くるわ』(日本文学新書)、一九六三、至文堂。石井良助『吉原』(中公新書)、一九六七、中央公論社。小林雅子「公娼制の成立と展開」(女性史総合研究会編『日本女性史』三、一九八二、東京大学出版会)。

(曾根ひろみ)

〔近現代〕特定の地域(*貸座敷《かしざしき》免許地)と女性(*娼妓《しょうぎ》)に対して鑑札《かんさつ》を与え、その人々の売春営業や売春周旋業《しゅうせんぎょう》を国家公認する制度のこと。天正十七年(一五八九)、豊臣秀吉の許可のもと、京都内外に散在していた遊女屋が集められて、遊里が開かれたといわれる。江戸時代になると、幕府公認、個別藩公認の遊女町ができた。吉原は江戸において幕府が公認した唯一の遊里であった。明治になると、全国各地に遊廓が公許されると同時に、性病蔓延《まんえん》防止を目的とした*検梅制度が導入された。一九二九年(昭和四)末現在の免許地数・営業者数・娼妓数はそれぞれ、一四六、一万一〇八一、四万九四七七であった(伊藤秀吉『紅燈下《こうとうか》の彼女の生活』)。公娼制度の下では前借金に基づく女性の*人身売買が事実上公認されており、娼妓になる女性の*親権者が貸座敷から多額の借金をし(前借金)、娼妓はその前借金返済までは廃業の自由がほぼ奪われていた。しかも、貸座敷側の搾取《さくしゅ》により、前借金の返済はきわめて困難であった。日本の公娼制度における人権侵害の実情は、近代の初頭から国際的な批判を呼び、明治五年(一八七二)には「*芸娼妓解放令《げいしょうぎかいほうれい》」が出されたものの、公娼制度は復活し、継続した。一九〇〇年には全国統一の娼妓取締規則が制定され、娼妓は十八歳以上であることや、*自由廃業の権利が明記されたものの、人身拘束の実態は続いた。一九二〇年代になると、国際条約にも後押しされて公娼制度への批判はかつてなく高まった。また、一九二〇年代後半以降は、私娼《ししょう》(公娼制度下の娼妓でない売春婦)やカフェーの*女給《じょきゅう》など、公娼制度の枠をこえた新たな売春・水商売が急増したため、そうした背景からも、公娼制度にかわる新たな売春取締策・性病予防策が模索され始めた。さらに、一九三一年に来訪した国際連盟東洋婦女売買調査団の調査報告書による、日本の勢力圏下東アジア諸都市における日本人女性の「国際的婦女売買」の問題点の指摘、日本に対する公娼廃止の提言は、日本政府の公娼制度政策に大きな影響を与えたと見られる。一九三四年には、内務省が公娼廃止方針であることが報道された。一九三五年には内務省警保局によって、公娼廃止後の売春対策方針「公娼制度対策」が作成されている。しかし公娼制度は廃止されることなく持続し、一九四六年、GHQの指令に基づいてようやく廃止された。さらに、一九五六年に制定された*売春防止法によって、売春業者や前借金契約そのものが処罰されることとなった。

参考文献 牧英正『人身売買』(岩波新書)、一九七一、岩波書店。東京都民生局婦人部福祉課編『東京都の婦人保護』、一九七三。市川房枝編『日本婦人問題資料集成』一、一九七八、ドメス出版。伊藤秀吉『紅燈下の彼女の生活(復刻版)』、一九八二、不二出版。小野沢あかね「戦間期日本における公娼制度廃止問題の歴史的位置―地域と国際関係の視点から―」(歴史学研究会編『性と権力関係の歴史』二〇〇四、青木書店)。 (小野沢あかね)

こうしょうせいどようごろん 公娼制度擁護論 ⇩存娼《ぞんしょう》論《ろん》

こうしょうはいしれい 公娼廃止令 ⇩公娼制度《こうしょうせいど》

こうじょうほう 工場法 幼年および女子労働者の保護を目的とする法律。一九一一年(明治四十四)三月に制定、一九一六年(大正五)九月に施行、一九四七年(昭和二十二)九月の*労働基準法施行と同時に廃止。明治維新以後の急速な工業化に伴う工場労働の弊害《へいがい》に対する法制定の動きは、一八八一年の農商務省「興業意見《こうぎょういけん》」編纂《へんさん》時から始まるが、本格的な取り組みは日清戦争後である。綿糸紡績業を筆頭とする産業発展が生んだ大量の幼年労働者に目を向けた農商務省は各地の工場調査を行い、『工場及職工ニ関スル通弊一斑《つうへいいっぱん》』等の報告書を刊行、一八九八年に工場法案を作成した。幼年職工の就業制限とともに、農商工高等会議での修正案では女子労働者の就業制限も盛り込まれた。この法案は議会に上程《じょうてい》されず廃案となったが、農商務省は一九〇〇年から工場調査掛を置いて、さらに実態調査に力を注ぎ、『*職工事情』(一九〇三年刊行)等の報告書を発表して輿論《よろん》に訴えた。労働運動家や社会政策学者らによる推進論が高まる中、工場法案は日露戦争での中断を経て一九一〇年末の帝国議会に提出され翌年成立した。同法は職工十五人以上の工場に適用、十二歳未満の就業禁止、十五歳未満および女子の一日十二時間以内の就業制限や夜業禁止、危険業務への就労禁止等が織り込まれた。法制定の主眼は、長時間の*女工労働がもたらす結核蔓延《まんえん》や*家庭組織の破壊、風紀紊乱《ふうきびんらん》など国家社会への弊害を予防する点にあった。夜業禁止条項は大きな争点となり、十五年間の猶予《ゆうよ》を設ける修正が加えられたが、その後国際水準との格差が問題となり、一九二六年(大正十五)の改正では十六歳未満への保護年齢引き上げとともに深夜業禁止猶予期間が短縮され、一九二九年には全面禁止となった。労働者保護を謳《うた》った日本最初の法律として高く評価される反面、女子を幼年者とともに「保護の必要な弱者」と位置づける*ジェンダー観念の構築も見てとれる。

参考文献 赤松良子編『日本婦人問題資料集成』三、一九七七、ドメス出版。千本暁子「日本における女性保護規定の成立―一九一一年工場法成立前史―」(『阪南論集 人文・自然科学編』三〇ノ三)、一九九五。姫岡とし子『ジェンダー化する社会―労働とアイデンティティの日独比較史―』、二〇〇四、岩波書店。 (加藤千香子)

こうじょぎゃくたいじけん 工女虐待事件 日本における産業革命の進展に伴って、工場労働が社会問題となり、なかでも繊維部門で働く女性労働者の虐待事件が続出し、注目された。国家による労働者保護立法の未成立の時期、いわゆる「原生的労働関係」の下で働く賃金労働者が増大していった。ことに女性労働者が多数を占める製糸・紡績・織物の繊維三部門での賃金・労働時間・雇用関係の身分的虐待使用は、新聞記事にもなり、労働力保全をはかるために農商務省商工局が調査を始め、その調査結果は、『*職工事情《しょっこうじじょう》』として一九〇三年(明治三十六)に刊行された。一九一一年には*工場法が公布されたが、その施行は一九一六年(大正五)で、婦人および年少者の深夜業が全面禁止されたのは一九二九年(昭和四)であった。繊維三部門の中でも、家内工場的作業場が多かった織物業での事態が特に深刻であった。技術を身につければ役に立つという期待のもと、五年・七年という年期の前借《ぜんしゃく》を伴う契約で働いていた織物工女たちは、遠隔地から募集人によって集められた貧しい農家出身者が多かった。一定の織り分を織ることができないと食事も与えられず、裸体にして縛り上げられ、殴打《おうだ》されるという懲罰《ちょうばつ》がたびたび行われたことは、『職工事情附録《ふろく》一』に詳しく記されている。夜業時の不十分な照明、栄養不良のため眼病にかかるものが増え、失明者も多くでた。耐え切れず逃亡しても帰る旅費もなく、前借のために引き戻される者が大半であった。『職工事情』には明治時代の女性労働者の実態が示されているが、大正期の大工場紡績、織物部門の怪我《けが》の多発、罰金制度によるしめつけが、身体、精神をむしばんでいくさまは、一九二五年に刊行された*細井《ほそい》和喜蔵《わきぞう》の『*女工哀史《じょこうあいし》』が生々しく描き出している。一九六八年には明治・大正期に製糸工女であった老女たちの*聞き書きをもとに書かれた山本茂実《やまもとしげみ》『*あゝ野麦峠《のむぎとうげ》』が出版された。繊維部門の女性労働者の実態が明らかにされることで、日本資本主義の発展の歴史研究が一層進展した。

参考文献 村上信彦『明治女性史』(講談社文庫)、一九七七、講談社。細井和喜蔵『女工哀史(改版)』(岩波文庫)、一九八〇、岩波書店。横山源之助『日本の下層社会(改版)』(岩波文庫)、一九八五、岩波書店。『職工事情』(岩波文庫)、一九九八、岩波書店。山本茂実『あゝ野麦峠』(山本茂実全集一)、一九九八、角川書店。 (堀 サチ子)

こうしょくいちだいおとこ 好色一代男 天和《てんな》二年(一六八二)刊行の浮世草子。井原西鶴《いはらさいかく》著・挿絵《さしえ》。八巻八冊。現世の常識や倫理を超えて恋と愛欲に生きる主人公世之介《よのすけ》

『好色一代男』巻一

が、全国各地に足を運び、それぞれの土地の女性たちと関わったり、その土地の性風俗・性慣行などを具体的に紹介したりする形で話が展開する。特に、世之介が裕福になって*遊廓《ゆうかく》を舞台に派手な廓《くるわ》遊びをする巻五以降に対して、巻四までは、下層社会の*売女《ばいた》の実態、一般庶民の性風俗などが生き生きと描かれている。テキストは『好色一代男』(岩波文庫)。

参考文献　谷脇理史『井原西鶴—浮世の認識者—』(日本の作家)、一九六七、新展社。　(曾根ひろみ)

こうしょくごにんおんな　好色五人女　貞享《じょうきょう》三年(一六八六)刊の浮世草子。井原西鶴《いはらさいかく》著。五巻五冊。このうち、巻一の「おなつ・清十郎《せいじゅうろう》」、巻四の「八百屋お七・吉三郎《きちさぶろう》」、巻五の「おまん・源五兵衛《げんごべえ》」では、十代の未婚の娘たちが仕掛ける積極的な恋が描かれ、巻二の「樽屋《たるや》おせん」、巻三の「経師屋《きょうじや》おさん」の物語では、既婚女性の*密通《みっつう》が描かれている。いずれの巻も、五つの実在事件を小説化したものではあるが、巷説《こうせつ》なども取り入れた西鶴による創作作品と見なした方がよい。女性主人公それぞれの形象の仕方は個性的であるが、いずれの女性も、積極的・主体的な性愛の主体として登場する。作品に描かれた女性たちの恋情・性愛は、*婚姻を破り、婚姻に結実しないという意味で、婚姻外のものであるが、作品全体に作者西鶴の共感が流れており、結果として、近世社会における*恋愛が封建的な婚姻制度と矛盾するものであったことを示す形になっている。テキストは『好色五人女』(岩波文庫)。

『好色五人女』巻一

参考文献　江本裕『好色五人女』解説(講談社学術文庫)、一九八四、講談社。曾根ひろみ「婚外の性愛—女性史から見た『好色五人女』—」(勉誠社編集部編『西鶴新展望』一九九三、勉誠社)。　(曾根ひろみ)

こうしょくぼん　好色本　エロチシズムをテーマに書かれた本。元禄時代を中心に流行した浮世草子《うきよぞうし》の一種。この時期、井原西鶴《いはらさいかく》の名作といわれる数々の作品が、題名に「好色」の語を使用している。『*好色一代男』『好色一代女』『*好色五人女』をはじめ、『好色栄花物語《えいかものがたり》』などである。西鶴以外にも、「好色本」の作家として、江島其磧《えじまきせき》、八文字屋自笑《はちもんじやじしょう》らがいる。特に、西鶴の作品は、文学的に高い評価をうけ、今日に至るまで古典として読み継がれている。元禄時代以降の貨幣経済の発展に伴う繁栄期には、町人階級が台頭し、身分的には最下位に位置づけられていた町人は、人間性の解放ということで、あえて「性」「遊」の混交させた色里文学を好み、洒落本《しゃれぼん》、滑稽本《こっけいぼん》、黄表紙《きびょうし》、*川柳《せんりゅう》、*浄瑠璃《じょうるり》などの説話や小説など、「好色本」を読んだ。町人作家といわれた西鶴の作品が好まれたのも遊里をテーマにしたからである。

参考文献　『講座日本文学』七、一九六六、三省堂。『国文学解釈と教材の研究』二六ノ一四(特集廓のすべて)、一九八一。　(宇佐美ミサ子)

こうじん　行人　夏目漱石《なつめそうせき》の長編小説。一九一二年(大正元)十二月六日から、中断をはさんで一九一三年十一月十五日まで『朝日新聞』に連載され、翌年大倉書店刊。「詩人らしい純粋な気質」を持った学者である長野一郎は平凡な結婚をして子も生まれ、妻を愛そうとするもののそのスピリットが摑《つか》めず、「砂の中の泥鰌《どじょう》」のように苦しむ。妻の直《なお》も、女は鉢植の花のようなもので一遍植えられたが最後、誰か来て動かしてくれない以上動けないと嘆く。一郎の弟の二郎は、夫が華族のような特権的立場に安住していることが妻の不幸になり、ひいては夫の不幸だと指摘する。都市中産階級が台頭し、夫は仕事、妻は*家事という性別役割分業の家族が増えるなかで専業主婦のいらだちを早くもキャッチし、*家制度下で人間として妻と対等の関係にありたいと苦悩する男性像を創出したのは、特筆に価する。このような漱石の人間認識は最晩年の『道草《みちくさ》』でより深められ、自己の内部の女性差別に気づき妻を慈愛《じあい》の目で見る主人公を描いている。

参考文献　駒尺喜美『魔女的文学論』、一九八二、三一書房。　(江刺　昭子)

こうしんとく　黄信徳　⇩ファンシンドク

こうせいしょう　厚生省　厚生行政を担当した行政機関。日中戦争開始翌年の一九三八年(昭和十三)設置された。前身は、軍事救護法に備えておかれた救護課である。一九三一年の満州事変以後四五年の第二次世界大戦終結まで日本は戦争一色となるが、その間、緊急な課題となったのは人的資源の確保であった。当時の「*生めよ殖《ふ》やせよ」というスローガンが、それを端的に物語っている。だが、それは心身ともに健康な人間でなければならなかった。健民健兵策は、徴兵検査の合格率低下に伴い国民健康保険法を、障害のある出生を排除するための*国民優生法などを成立させた。厚生省は、こうした政策を担ったのである。しかし、戦後は社会福祉、社会保障および公衆衛生の向上と増進をはかる部局として位置づけられ、その役割を果たしている。二〇〇一年(平成十三)の中央官庁再編により労働省と合体し、厚生労働省として統合され、現在に至っている。

参考文献 『厚生省五十年史』、一九八八、厚生問題研究会。(林 千代)

こうせいろうどうしょう 厚生労働省 ⇩厚生省《こうせいしょう》

こうぞうす 幸蔵主 ?—一六二六 豊臣秀吉《とよとみひでよし》*正室*高《こう》台院《だいいん》の侍女。近江《おうみ》日野《ひの》の豪族蒲生《がもう》氏の臣川副伊賀守勝重《かわぞえいがのかみかつしげ》の長女。高台院の奉書《ほうしょ》発給等、豊臣家奥向きを監督する高台院側近の筆頭的立場にあった。天正十九年(一五九一)秀吉太閤《たいこう》期以降は、秀吉の*取次や奉書発給も務めるようになり、文禄元年(一五九二)には一万石が宛行《あてがわ》れた。秀吉側近の施薬院全宗《やくいんぜんそう》や公家の西洞院《にしのとういん》家とも縁戚関係にあったらしい。秀吉没後は高台院に従い、高台寺に移る。慶長十九年(一六一四)の大坂冬の陣を境に大坂方から逃れ、駿府《すんぷ》に赴く。のち江戸で徳川秀忠《とくがわひでただ》に仕え、寛永二年(一六二五)に河内国《かわちのくに》で二百石を宛行れた。墓所は江戸谷《や》中南泉寺《なかなんせんじ》。

参考文献 桑田忠親『戦国の女性』(桑田忠親著作集七)、一九七九、秋田書店。藤田恒春「豊臣・徳川に仕えた一女性—北政所侍女孝蔵主について—」(『江戸期おんな考』一二)、二〇〇一。(神田 裕理)

こうた 小唄 清元《きよもと》の中から起った、小品の*音曲。現在一般に小唄といわれる江戸小唄は、二代目清元延寿太夫《えんじゆたゆう》の娘お葉《よう》が、安政四年(一八五七)ころに作った「散るはうき、散らぬは沈むもみぢ葉の、影は高尾か山川の、水に流れて月の影」がはじめという。端唄《はうた》は声を、小唄は文句を聞かせるものといい、清元ゆずりの粋な文句を、*三味線《しやみせん》の爪弾《つまび》きをリードに、唄は三味線の手に嵌《は》めこんで、呟《つぶや》くようにうたわれる。

参考文献 吉川英史編『日本音楽文化史』、一九八九、創元社。(藤野 泰子)

こうだあや 幸田文 一九〇四—九〇 昭和時代の小説家。一九〇四年(明治三十七)九月一日、作家幸田露伴《ろはん》の次女として東京に生まれる。六歳のとき母が死去。父に躾《しつ》けられる。女子学院を卒業。一九二八年(昭和三)に結婚して長女を産むが、一九三八年に離婚。一九四七年露伴没後、父の思い出を求められて書いた文章が好評で執筆活動が始まり、やがて小説のほか、生活への目配りが活きた随筆、自然に分け入ってのルポルタージュなど幅広く活躍する。著書に、『こんなこと』(一九五〇年、創元社)、『おとうと』(一九五七年、中央公論社)、『崩れ』(一九九一年、講談社)などがある。

参考文献 金井景子他編『幸田文の世界』、一九九八、翰林書房。(宮内 淳子)

こうだいいん 高台院 ?—一六二四 豊臣秀吉《とよとみひでよし》の妻。名は於禰《おね》。吉子《よしこ》、寧子《ねいこ》(または「やすこ」)とも称した。尾《お》張《わり》国朝日村《あさひむら》の杉原助左衛門《すぎはらすけざえもん》定利の娘。生年については、天文《てんもん》十年(一五四一)、十七年、十八年などの説がある。叔母の嫁いだ織田《おだ》家足軽組頭《あしがるくみがしら》、浅野又右衛門尉長勝《あさのまたうえもんのじょうながかつ》の養女となり、永禄《えいろく》四年(一五六一)、木下藤吉郎《きのしたとうきちろう》と結婚。結婚の儀式が行われた屋内は粗末で、実母朝日はこの婚姻に反対し、秀吉とは後々まで不仲であったという。しかし、糟糠《そうこう》の妻として苦楽をともにした同女は、秀吉に多くの*側室《そくしつ》がある中でも*正室《せいしつ》として重んじられた。天正《てんしょう》元年(一五七三)に秀吉が城主となった近江長浜《おうみながはま》の町人支配にもその意見が用いられ、また同四年ころと思われる織田信長朱印状《おだのぶながしゅいんじょう》によれば、信長に挨拶《あいさつ》に出向き信長から秀吉の正室として高く評価されていることが知られる。同十年、信長が本能寺《ほんのうじ》の変で明智光秀《あけちみつひで》に討たれると、秀吉は山崎の合戦で光秀を破り信長の後継者となった。その後、同女は秀吉と大坂城に移り、同十三年秀吉が関白《かんぱく》に就任すると、関白の正室である北政所《きたのまんどころ》と称されるようになった。翌年、秀吉は太政大臣《だいじょうだいじん》となり豊臣姓を与えられ、北政所も従一位《じゅいちい》となった。同十五年、秀吉が完成した聚楽第《じゅらくだい》に移って以後は、北政所も聚楽第にあって朝廷外交を担い、また秀吉の一子鶴松《つるまつ》の養育も任せられた。鶴松の死後養子秀次《ひでつぐ》に関白職が譲られると、大坂城に戻り、文禄元年(一五九二)には秀吉から平野荘《ひらののしょう》以下の大きな所領が与えられた。それらは長く北政所の経済基盤となった。慶長《けいちょう》三年(一五九八)、秀吉が死ぬと剃髪《ていはつ》し、翌年には大坂城西の丸を出て、京都三本木《さんぼんぎ》に隠棲《いんせい》した。同八年、高台院の号が許され、同十年には徳川家康《とくがわいえやす》の助力を得て建立した高台寺に移った。以後、同寺で秀吉の菩《ぼ》提《だい》を弔《とむら》う*後家尼《ごけあま》としての生涯に入るが、高台院への周囲の期待は大きく、*淀殿《よどどの》との衝突と豊臣家の終末へつながったともいわれる。元和《げんな》二年(一六一六)には、大坂役《おおさかのえき》での戦死者の供養《くよう》も行なった。寛永《かんえい》元年(一六二四)に死去。法名《ほうみょう》は高台院殿湖月紹心大禅定尼《こうだいいんでんこげつしょうしんだいぜんじょうに》。

高台院画像

参考文献 田端泰子「北政所寧子論」(『日本中世女性史論』一九九四、塙書房)。同『女人政治の中世—北条政子と日野富子―』(講談社現代新書)、一九九六、講談社。
(西尾　和美)

こうたいごう　皇太后　『令義解《りょうのぎげ》』公式令《くしきりょう》平出条《へいしゅつじょう》によると皇太后について、天子の母で后位《こうい》に登ったものを皇太后となすとある。皇太后の初見は、聖武天皇＊皇后の藤原光明子《こうみょうし》が、娘の＊孝謙《こうけん》天皇即位後皇太后になった例である。光明子に付属した皇后宮職《こうごうぐうしき》は紫微中台《しびちゅうだい》となりその後坤宮《こんぐう》官《かん》と改称して、太政官とならんで大きな政治権力を有した。平安時代に入ると、天皇生母ではない皇太后が現われる。嵯峨《さが》天皇皇后＊橘《たちばなの》嘉智子《かちこ》は淳和《じゅんな》天皇即位に伴い皇太后となるが、淳和は嵯峨の皇太弟であったので、母后《ぼこう》にはあたらない。淳和天皇皇后の＊正子《せいし》内親王も、仁明《にんみょう》天皇即位に伴い皇太后となるが、母后ではない。こうして、天皇即位によって后位に変更がもたらされ、天皇の生母ではない皇太后が出現するようになった。この後しばらく皇后が立てられない時期が続くが、仁明天皇＊女御《にょうご》藤原順子《じゅんし》は子である文徳《もんとく》天皇が即位すると皇太夫人《こうたいぶにん》となり、その後皇太后となった。文徳天皇女御＊藤原明子《めいし》、清和《せいわ》天皇女御＊藤原高子《こうし》も、子である清和天皇・陽成《ようぜい》天皇の即位に伴ってまず皇太夫人となり、その後皇太后となっている。光孝《こうこう》天皇女御＊班子《はんし》女王も子である宇多《うだ》天皇即位により皇太夫人となり、孫の醍醐《だいご》天皇即位後皇太后となったが、順子たちの例に准《じゅん》じたと考えられる。順子は皇太后になるとはじめは＊中宮職《ちゅうぐうしき》、その後皇太后宮職が付されたが、明子以降は穏子《おんし》を除いて皇太后宮職が付されるようになった(一后一職司制)。順子から班子は皇后ではないが、天皇生母であることから皇太后として后位に昇った例である。醍醐天皇女御＊藤原穏子は久しぶりの立后《りっこう》で＊中宮となり、子である朱雀《すざく》天皇即位によって皇太后となり、その後太皇太后となった。穏子の場合は、『令義解』職員令《しきいんりょう》中宮職条の規定どおり、中宮・皇太后・太皇太后の時期を通じて中宮職が置かれた。穏子以降、立后が一般的に行われるようになり、一人の天皇に複数后が置かれることもあった。穏子に続く后である冷泉《れいぜい》天皇中宮昌子《しょうし》内親王以降は、多くの場合、天皇が即位した後、立后に際して、天皇の生母であるかどうかとは必ずしも関係なく、中宮・皇后から皇太后へ昇るのが例となった。円融《えんゆう》天皇女御藤原詮子《せんし》は、子である一条天皇が即位すると皇太后となり、女御から皇太后となる例を開いた。平安時代初期には天皇に政治権力・権威が集中するため、后位は名目化するとされている。しかし、天皇生母である皇太后・太皇太后は子である天皇を後見し、穏子、詮子、一条天皇中宮で後一条・後朱雀天皇生母の彰子《しょうし》は母后として力を振るい、＊摂関政治の一翼を担った。院政期以降、中宮や皇后から＊女院《にょいん》になる例が多くなり、中世には皇太后になった例は少ない。近世になると、子どもである天皇の即位により女御から皇太后に昇る例が多くなる。なお、妃・＊夫人や女御のまま死んだ天皇生母が子どもの天皇が即位すると皇太后を贈られる場合や、すでに亡くなっている皇后に皇太后が贈られる場合もあった。

参考文献　橋本義彦「中宮の意義と沿革」(『平安貴族社会の研究』一九七六、吉川弘文館)。宮内庁書陵部編『皇室制度史料』后妃三、一九八九、吉川弘文館。梅村恵子「天皇家における皇后の位置」(伊東聖子・河野信子編『女と男の時空』二、一九九六、藤原書店)。西野悠紀子「九世紀の天皇と母后」(『古代史研究』一六)、一九九九。春名宏昭「平安時代の后位」(『東京大学日本史学研究室紀要』四)、二〇〇〇。服藤早苗「王権と国母」(『平安王朝社会のジェンダー』二〇〇五、校倉書房)。
(古瀬奈津子)

こうたいじんぐうぎしきちょう　皇太神宮儀式帳　＊伊《い》勢《せ》神宮《じんぐう》の神職が皇太神宮(内宮《ないくう》)の祭祀《さいし》について記述し、神祇官《じんぎかん》に提出した解文《げぶみ》。一巻。延暦《えんりゃく》二十三年(八〇四)成立。中央で編纂《へんさん》された格式《きゃくしき》の資料として作成され、現在は散逸《さんいつ》した『弘仁式《こうにんしき》』太神宮《だいじんぐう》に利用された。外宮《げぐう》でも同様に『止由気宮儀式帳《とゆけぐうぎしきちょう》』が作成され、両者を合わせて『延暦儀式帳《えんりゃくぎしきちょう》』『神宮儀式帳《じんぐうぎしきちょう》』と呼ぶことが多い。それぞれ、内宮・外宮の鎮座《ちんざ》の由来、建物、遷宮《せんぐう》、管轄《かんかつ》する神社、神職、年中行事などについて詳しく記述し、神宮祭祀の基本史料とされる。伊勢国度会《わたらい》郡の豪族が任じる神職(内宮荒木田《あらきだ》氏、外宮度会氏《わたらいし》)を中心に作成されたため、在地社会の実像をうかがわせる記述がみられ、古代社会を研究する上でも重要な価値をもつ。成人女性が神宮祭祀に深く関与していたことは、『延喜式《えんぎしき》』伊勢太神宮からは知りえず、『延暦儀式帳』によって明らかにされた事実である。『群書類従』神祇部一所収。

参考文献　義江明子『日本古代の祭祀と女性』(古代史研究選書)、一九九六、吉川弘文館。
(大関　邦男)

こうたいぶにん　皇太夫人　⇨皇太后《こうたいごう》

こうだのぶ　幸田延　一八七〇―一九四六　明治から昭和時代にかけての音楽教育家。明治三年(一八七〇)三月十九日東京下谷《したや》生まれ。小学校卒業後、音楽取調掛《がかり》で西洋音楽を学び、第一回全科卒業。一八八九年、初の音楽専修官費留学生としてボストンとウィーンでピアノ・ヴァイオリン・声楽を修め一八九五年帰国。音楽取調掛から名を改めた東京音楽学校教授になり後進の指導にあたった。芸人に見られるのを嫌い自分の演奏会は一度も開かなかった。兄に作家の幸田露伴《ろはん》、妹に音楽家の安藤幸《あんどうこう》がいる。一九四六年(昭和二十一)六月十四日死去。著作に「私の半生」(『音楽世界』三ノ六、一九三一年)がある。

参考文献　渡鏡子『音楽』(近代日本女性史五)、一九七一、鹿島研究所出版会。
(江刺　昭子)

こうとうじょがっこう　高等女学校　女子を対象とする中等教育機関。一八七九年(明治十二)の教育令で＊男女別学がきまり、一八八二年の東京女子師範学校《しはんがっこう》の附属《ふぞく》校として登場したのが最初である。一八九五年、中学校規定から独立し高等女学校規程が制定された。一八九九年、高等女学校令(勅令《ちょくれい》)が公布され、女子中等教育の制度が整う。第一条に「女子ニ須要ナル高等普通教育ヲ為ス」とあり、女子にとっては高等の教育であった。以後つぎつぎと規則が出され、一県に最低一校を設けることや教育内容が定められる。修学年限は四年。修身《しゅうしん》・*家事・*裁縫《さいほう》の授業時間が多く、国語・歴史・英語・理科・数学の時間が男子の中学校に比べ少ない。「中学校は勉強するところ、女学校は躾《しつ》けるところ」といわれ、当時の文部大臣も良妻賢母《りょうさいけんぼ》を養成するのが高等女学校であるといった。この高等女学校令により規定によらない学校は各種学校の扱いとなったので私立の高等女学校化がすすんだ。一九一〇年には家政《かせい》の学科目に重点をおく、*実科《じっか》高等女学校も設けられた。しかし高等女学校への就学者は少なく、女学生への世間の風当たりは強く、学校生活の細かい取締り、新聞・雑誌の閲覧《えつらん》の制限、女子教育者による訓戒《くんかい》などがみられる。一九二〇年(大正九)には五年制も認め、進学率も高まったが、*女子教育はあくまでも高等女学校止まりであり、*臨時教育会議の答申《とうしん》(一九一八年)も、婦徳《ふとく》の養成が相変わらず重視されている。この教育はそのまま私立や植民地の高等女学校にも適用されていく。一九三二年(昭和七)、女子に公的権利を認めないままに「公民科」を導入し、戦時体制に入ると、戦局に対応する教育にきりかえられた。一九四三年、高等女学校は中学校の一種となり「修練《しゅうれん》」などが加わるが、教育内容の男女差は従来と同様であった。そして学徒動員《がくとどういん》などで教育それ自体が崩壊する。敗戦後、学校教育法の制定で廃止となる。

参考文献　深谷昌志『良妻賢母主義の教育』、一九六六、黎明書房。高等女学校研究会編『高等女学校資料集成』、一九八九・九〇、大空社。同編『高等女学校の研究—制度的沿革と設立過程—』、一九九四、大空社。　(中嶌　邦)

こうとうじょがっこうれい　高等女学校令　一八九九年(明治三十二)二月制定、一八八六年の男子の中学校令に対応する女子の中等教育令。日清戦争後に日本の国際的地位が向上し、ようやく女子中等教育を充実する政策がとられた。以後、高等女学校令施行規則により教育内容が規定されたが、内容は良妻賢母《りょうさいけんぼ》養成を方針とした。民法で明確となった*家父長制《かふちょうせい》家族観に添ったもので知的教育よりも修身《しゅうしん》や*家事・*裁縫《さいほう》などの教科が重視された。各道府県最低一校の設置が義務づけられた。一九一〇年には改正し家政に関する学科を強化した*実科《じっか》高等女学校を設けた。高等女学校令に基づく教育方針は、単に中等教育にとどまらず、初等教育・高等教育にもひろがり、*家庭教育・社会教育にも影響を与えた。大正期の*臨時教育会議・昭和期の教育審議会など教育政策を検討する場でもひきつがれた。第二次世界大戦後の学校教育法により廃止される。

参考文献　中嶌邦「女子教育の体制化—良妻賢母主義教育の成立とその評価—」(『講座日本教育史』編集委員会編『講座日本教育史』三、一九八四、第一法規出版)。小山静子『良妻賢母という規範』、一九九一、勁草書房。　(中嶌　邦)

こうどうするおんなたちのかい　行動する女たちの会　一九七〇—九〇年代に性差別の撤廃《てっぱい》を目的に活動した女性団体。*市川房枝《いちかわふさえ》・*田中寿美子《たなかすみこ》の呼びかけで一九七五年(昭和五十)一月「国際婦人年をきっかけとして行動を起こす女たちの会」として発足、八六年に改称。政治家・組合活動家・ジャーナリスト・教員・会社員・*主婦などが参加、年齢も二十代から八十代まで、特に三、四十代の「中年リブ」層が多かった。ピラミッド型の組織を排しメンバーが対等な「平場」の関係で自主的に活動することを重んじた。性別役割分業に異議申し立てを行い、七五年ハウス食品のテレビCM「私つくる人、僕食べる人」に抗議し廃止させたことで知られる。女性週刊誌やテレビ局の女性差別に抗議、政府・企業・教育関係など各界へ公開質問状を送付、政府の家庭基盤充実政策を批判するなど、幅広い活動を積極的に行なった。一九七九年『離婚は怖くない』、八〇年『パートタイマーQ&A』などを出版。一九九五年(平成七)国連世界女性会議(北京)の翌年解散。

↓ウーマン＝リブ　↓国際婦人年《こくさいふじんねん》

参考文献　行動する会記録集編集委員会編『行動する女たちが拓いた道—メキシコからニューヨークへ—』、一九九九、未来社。　(金子　幸子)

こうとうのないし　勾当内侍　生没年不詳　南北朝時代の南朝方武将新田義貞《にったよしさだ》の京都妻(妾)。『*尊卑分脈《そんぴぶんみゃく》』系図は世尊寺流《せそんじりゅう》(一条)の藤原経尹《ふじわらのつねただ》娘、経尹子息行房《ゆきふさ》の妹とするが、『太平記』では行房娘とする。天皇に仕える*女官(内侍)として後醍醐《ごだいご》天皇の寵愛《ちょうあい》を受け、その後に天皇の了承のもとに義貞の妾となった絶世の美女という設定である。また、義貞が内侍への愛に溺《おぼ》れて山門《さんもん》合戦、播磨《はりま》出陣などで勝機を逸《のが》したという言説が展開される。近江《おうみ》の今堅田《いまかただ》で別れた夫を追って越前《えちぜん》に赴き、夫戦死の藤島《ふじしま》の戦場で嘆き悲しみ、京都の獄門で変わり果てた姿を見て泣き伏し、その後は嵯峨野《さがの》の往生院《おうじょういん》に隠棲《いんさい》する。このように『太平記』は突然の最期を遂げた義貞の結末の叙述の工夫として、内侍との愛の物語で盛り上げを図っている。近江国今堅田や義貞の故郷上野《こうずけ》国などに勾当内侍伝説が流布している。

参考文献　峰岸純夫『新田義貞』(人物叢書)、二〇〇五、吉川弘文館。　(峰岸　純夫)

こうとうのないし　勾当内侍　宮廷内侍司における三等官の*女官の最高責任者をいう。勾当とは平等な構成員による年臈順階梯《ねんろうじゅんかいてい》組織の最年長者のことであり、内侍司においても当初は年臈順であったが、戦国時代には天皇任命によっている。内裏《だいり》の長橋《ながはし》に局《つぼね》を賜わっていたので、長橋局とも呼ばれた。いわば宮廷における事務局長である。その職掌《しょくしょう》範囲は、室町・戦国時代の状態を表わす天《てん》文《ぶん》段階の内蔵頭《くらのかみ》を世襲《せしゅう》した山科家《やましなけ》の当主の『言継卿記《ときつぐきょうき》』の記述を整理すると、(一)宮廷行事の手配、(二)廷臣関係、(三)財政・経理、(四)人事その他、位階授与などの関連事項、(五)宮廷・公家にかかわる民事訴訟などにあたる。総務・庶務・儀典《ぎてん》・財政・人事・民事訴訟などの一切を管轄していた。とりわけ、財政・経理では年貢の請取状《うけとりじょう》を出し、禁裏内の金庫を管理し、借用証文を出し、支出金も司《つかさど》った。何よりも重要なのは、それら公的な性格を持つ事象の勅許《ちょっきょ》に関する「*女房奉書《にょうぼうほうしょ》」を司っていたことである。また*蔵人《くろうど》の奉じる「綸旨《りんじ》」発布の手配も管掌していた。すなわち、勅旨《ちょくし》にかかわる事象を掌握していたといえる。女房奉書は、一等級上の内侍典侍《ないしのすけ》も発布することもあった。しかしそれは職掌から天皇の親密な勅旨を示すものが多かった。かかる勾当内侍の職掌から収益も多く、たとえば、粟津供御人《あわづのくごにん》・御厨子所《みずしどころ》と鷹司《たかつかさ》関白家との争いでは、勝利に導いて、多額の礼物をもらっている。幕末まで続き、その収益も多く、「千両長橋」といわれたという。

参考文献 脇田晴子『日本中世女性史の研究』、一九九二、東京大学出版会。奥野高廣『戦国時代の宮廷生活』、二〇〇四、続群書類従完成会。

（脇田　晴子）

こうどくちきゅうさいふじんかい　**鉱毒地救済婦人会**　渡《わた》良瀬《らせ》川《がわ》沿岸鉱毒地の被害民を援助する目的で東京婦人矯《きょう》風会《ふうかい》によって結成された組織。政商古河市兵衛《ふるかわいちべえ》が一八七七年（明治十）政府から払い下げを受けた足尾銅山は生産量の拡大に伴い、渡良瀬川が汚染され、鉱毒による被害が甚大《じんだい》になった。鉱毒被害を訴える栃木県選出の国会議員田中正造《たなかしょうぞう》の呼びかけに応えて一九〇一年十一月はじめて鉱毒地を訪れた東京婦人矯風会の*潮田千勢子《うしおだちせこ》・*矢島《やじま》楫子《かじこ》・島田信子《しまだのぶこ》・朽木《くつき》よし子と毎日新聞記者*松本英子《まつもとえいこ》は現地の惨状を見て、帰京後直ちに矯風会主催の貧民救助演説会を神田のキリスト教青年会館で開催。終了後鉱毒地救済婦人会を発足させた。発起人は前記の女性たちのほか、*山脇房子《やまわきふさこ》・*三輪田真佐子《みわたまさこ》・木下操子・木脇その子。会長に潮田を選出。救済婦人会は木下尚江《きのしたなおえ》・島田三《しまださぶ》郎《ろう》・田村直臣《たむらなおおみ》らとともに連日演説会を開催し、被害農民に送る物品や寄付金募集などを行なった。一九〇三年これらの活動をほとんど独力で支えてきた潮田の死去により、鉱毒地救済婦人会は解散した。

参考文献 『田中正造全集』三・五、一九七九・八〇、岩波書店。『日本キリスト教婦人矯風会百年史』、一九八六、ドメス出版。

（奥田　暁子）

こうとくちよこ　**幸徳千代子**　一八七五―一九六〇　明治から昭和時代にかけての女性。幸徳秋水《しゅうすい》の妻。旧宇和島藩士で国学者の師岡正胤《もろおかまさたね》を父に東京に生まれる。国学者の娘として和漢の素養《そよう》があり文章も巧みであったという。一八九九年（明治三十二）秋水と結婚し、平民社《へいみんしゃ》結成後は社会主義運動に関わる。一九〇九年秋水の求めにより協議離婚。離婚後は名古屋や大阪で暮らすも、大逆《たいぎゃく》事件で秋水が逮捕された際には上京して差し入れなどの援助を行なった。著書に妻の立場から秋水や周辺の人々を回想した『風々雨々』（一九四七年、雄文閣）などがある。

参考文献 幸徳秋水全集編集委員会編『幸徳秋水全集』、一九八二、明治文献資料刊行会。

（河原　彩）

こうねんき　**更年期**　性成熟期から老年期への移行期。特に女性の閉経期の前後数年をさし、四十歳ごろから五十代前半にあたる。和漢医学では特にこの期をさす用語はなく人生の第七段階と捉えられていた。明治二十年代後半にドイツ医学が導入されたときKlimakteriumの訳語として用いられたという。英語のメノポーズ（menopause）は月経の終りを意味し、更年期に見られる諸症状（ひどくなると障害と呼ばれる）は北米では発汗とほてり、日本ではこれに肩凝り・頭痛・眩暈《めまい》が加わり、文化的社会的背景の違いを看取できる。西洋医学では一九五〇年代半ば以降自律神経失調症説、不定愁訴《ふていしゅうそ》症候群説が登場。一九七〇年代半ばにはエストロゲン（卵胞《らんぽう》ホルモン）欠乏説が有力となり、ホルモン補充療法が奨励された。これに対して、発癌《はつがん》の危険性や副作用を伴うことが明らかとなり、更年期を自然の老いへの一過程と捉えるべしという声も上がっている。日本は高齢化社会の到来を迎え、一九八〇年代後半に団塊《だんかい》（第一次*ベビーブーム）世代の女たちが四十代に入り更年期に直面した。このころから更年期に関する一般向け医学書がつぎつぎに刊行され、更年期外来も設立、メディアも注目するようになった。更年期障害は暇な専業主婦たちのぜいたく病と見なされる傾向があったが、工場・農業労働者に比べ専業主婦に症状が少ないという調査（一九八四年）も現われた。『更年期を生きる』（駒野陽子他、一九八五年）、『わたしの更年期事情』（樋口恵子編、一九九八年）も出版され、女性たちは閉経期の性についてみずから語り始める。これらの発言は産む性として女性、すなわち女性の若さにのみ価値を置く社会に対して、*ウーマン＝リブ時代を経た女たちからの意義申し立てと見ることができる。二〇〇五年（平成十七）には更年期を扱ったテレビドラマ「ダイヤモンドの恋」が放映。女性更年期の顕在化《けんざいか》に伴い、男性にも更年期のあることが知られるようになり、二〇〇五年版の『知恵蔵』は新語・話題語として「男性更年期」を上げている。

→リプロダクティブ＝ヘルス／ライツ

参考文献 マーガレット＝ロック「女性の中年期・更年期と高齢化社会」（脇田晴子・S・B・ハンレー編『ジェンダーの日本史』上、一九九四、東京大学出版会）。武田玲子「医療の中の女性の身体」（同）。安部徹良『更年期であるということ』、一九九四、学陽書房。五木寛之「みみずくの夜メール」一一八（『朝日新聞』（夕刊）二〇〇四年十一月二十九日）。

（金子　幸子）

こうみょうこうごう　**光明皇后**　七〇一―六〇　聖武《しょうむ》天皇の*皇后。諱《いみな》は安宿媛《あすかべひめ》、尊号《そんごう》を天平応真仁正皇太后《てんぴょうおうしんにんしょうこうたいごう》、出家尼名は光明子《こうみょうし》沙弥《しゃみ》。藤原不比等《ふじわらのふひと》の三女。母は県犬養三《あがたいぬかいのみ》千代《ちよ》。同母妹には橘諸兄《たちばなのもろえ》の妻で奈良麻呂《ならまろ》の母である多《た》比野《ひの》（『*尊卑分脈《そんぴぶんみゃく》』）、異母の兄弟姉妹には武智麻呂《むちまろ》、房前《ふささき》、宇合《うまかい》、麻呂《まろ》、文武《もんむ》天皇*夫人《ぶにん》の宮子《みやこ》、長屋王《ながやおう》の妻である長《な》娥子《がこ》がいた。光明は幼いころから聡明《そうめい》で誉れが高かった。首《おびと》皇子が立太子《りったいし》した日に妃《きさき》となる。養老《ようろう》二年（七一八）に阿倍《あべ》皇女（*孝謙《こうけん》天皇）が誕生し、神亀《じんき》四年（七二七）閏《うるう》九月に皇子が誕生。皇子は同年十一月二日に立太子し、同月二十一日には光明（従三位藤原夫人）に食封《じきふう》千戸《こ》が与えられた。光明が各種仏教事業に、積極的に取り組んでいくのはこのころからである。皇子はこのころ平城宮に隣接していた東張出部《ひがしはりだしぶ》の不比等邸にいたが、光明もこの邸で育ち母三千代もこの邸宅に居住していた。不比等没後その邸宅は光明皇后に相続され、のちに*法華寺《ほっけじ》となる。神亀五年には不幸にも皇太子が病死した。天平《てんぴょう》元年（七二九）八月十日に詔によって皇后となり、内裏において*立后儀《りっこうのぎ》が行われ、九月には皇后宮職《こうごうぐうしき》が設置された。天平二年に施薬院《せやくいん》を皇后宮職下におき、悲田院《ひでんいん》も設置し、職封《しきふう》と大《だい》臣家封戸庸物《じんけふうこようもつ》が草薬《そうやく》の価にあてられた。天平二年にはみずから発願《はつがん》し興福寺伽藍《こうふくじがらん》に赴《おもむ》いて土を運び、*女官《にょかん》・文武《ぶんぶ》百官《ひゃっかん》を率いて五重塔《ごじゅうのとう》を建立したという（『興福寺流記《こうふくじるき》』）。天平六年には母三千代の供養を目的として興福寺西金堂《さいこんどう》を建立。天平十九年聖武天皇の病気平癒《へいゆ》を祈願して新薬《しんやく》師寺《しじ》（香薬寺《こうやくじ》）を建立した（『東大寺要録《とうだいじようろく》』）。また天平五年には不比等が再興した維摩会《ゆいまえ》の講説《こうせつ》を復興《ふっこう》した。写経《しゃきょう》事業も神亀四年ころより光明宅の写経組織で開始され、光明が発願者となってさまざまな写経活動を行なった（『大日本古文書』一、三八一―三八三頁。七、五―三二頁）。天平八年九月ころには父母の追福《ついふく》と国家の繁栄《はんえい》を願って一切経《いっさいきょう》（五千四十八巻）を発願し、五月一日御願経《ごがっついたちごがんきょう》といわれる写経事業が皇后宮職管下の写経所で開始された。この写経事業は天平勝宝《てんぴょうしょうほう》九歳（七五七）ころまで続けられ、間写経《かんしゃきょう》も含め多くの経典が書写された。天平九年の天然《てんねん》痘《とう》の流行により藤原四卿《ふじわらよんきょう》を亡くし、藤原氏を支えていく責任がさらに重くなっていったと考えられる。さらに天平十二年橘諸兄政権下で左遷《させん》（天平十年）され藤原氏の中でも孤立していた藤原広嗣《ふじわらのひろつぐ》が起こした乱は、光明にとっても衝撃的《しょうげきてき》な事件となった。乱沈静後の天平十三年の詔による諸国国分二寺《しょこくこくぶんにじ》の建立は、東大寺建立とともに光明が勧めた事業であると崩伝《ほうでん》に記載されている。天平勝宝元年には孝謙即位に伴い、皇后宮職が紫微中台《しびちゅうだい》と改められ、大納言藤原仲麻呂《だいなごんふじわらのなかまろ》が紫微令《しびれい》を兼任した。天平勝宝六年四月には東大寺大仏殿前に戒壇《かいだん》を立て、聖武・孝謙とともに鑑真《がんじん》より戒を受けた（『唐大和上東征伝《とうだいわじょうとうせいでん》』）。天平勝宝八歳の聖武没後、その供養を祈って遺品・宝物・薬物等を東大寺ほか十八寺に献納《けんのう》したが、その目録《もくろく》であった『東大寺献物帳』の一つには光明の願文《がんもん》が記されている。天平宝字《てんぴょうほうじ》元年（七五七）に発覚した橘奈良麻呂《たちばなのならまろ》の謀反《むほん》において、光明は情報を事前に察知し、佐伯全成《さえきのまたなり》の勘問《かんもん》を止めさせ事態の収拾《しゅうしゅう》に努め、首謀者《しゅぼうしゃ》たちに対しても穏便《おんびん》に処理しようとした。しかし密告が相つぎ、糾問《きゅうもん》によって反乱計画が明らかになった結果、数百人が処刑されている（『続日本紀《しょくにほんぎ》』）。このころには光明の意志よりも、仲麻呂の強硬な政治姿勢の方が目立つ。天平宝字二年八月には紫微中台を坤宮官《こんぐうかん》とする。紫微中台の職務は勅《みことのり》を奉《うけたまわ》って諸司に伝えることであるとする。天平宝字四年三月ころより病が重くなり、同年六月七日に死去する。天平宝字四年二月より光明発願の坤宮官一切経の写経が開始されていたが中断し、周忌斎《しゅうきさい》のための一切経（五千三百三十巻）の写経が行われている。周忌斎は法華寺の阿弥《あみ》陀浄土院《だじょうどいん》に設けられ、盛大に行われた。大和国添上郡佐《やまとのくにそうのかみのこおりさ》保山東陵《ほやまのひがしのみささぎ》に葬られた。光明没後の写経事業・葬儀葬送は仲麻呂の主導のもとに行われていた。

参考文献 林陸朗『光明皇后』（人物叢書）、一九六六、吉川弘文館。吉川真司「天皇家と藤原氏」（『（岩波講座）日本通史』五、一九九五、岩波書店）。中林隆之「東大寺封戸の形成と皇后藤原光明子―二条大路木簡の検討を手がかりに―」（『国立歴史民俗博物館研究報告』九二）、二〇〇三。

（井山　温子）

こうみょうしんごんくどくえまき　光明真言功徳絵巻　大《だい》日如来《にちにょらい》の真言で一切仏菩薩《いっさいぶつぼさつ》の総呪《そうじゅ》である光明真言の利益を説く三巻の絵巻。『不空羂索神変真言経《ふくうけんじゃくじんぺんしんごんきょう》』『毘盧遮那仏《びるしゃなぶつ》説金剛頂光明真言儀軌《せっこんごうちょうこうみょうしんごんぎき》』の所説によりながら、光明真言の信仰により得られる現世と死後のさまざまな功徳を表わす。上巻第七段では真言誦持《じゅじ》による女人《にょにん》の男子変成《なんしへんじょう》と梵天《ぼんてん》変成を説き、第九段では一万遍誦持により醜女《しゅうじょ》が美しくなり福を得る話を説く。光明真言の信仰は、ことに中世、浄土思想と結びついて流布し庶民に広まったが、本絵巻でも貧者から富者、醜女から美女へといった現世利益が多く語られ、俗世に生きる庶民たちの即物的な願望がひときわ強く表われているといえる。奥書に、応永五年（一三九八）二月に京都八坂の吉祥園院の所蔵であったことが記され、描写からもほぼその時期に制作されたとみられる。作者は、詞書《ことばがき》が二条為重《にじょうためしげ》、絵は豊後法橋《ぶんごほっきょう》との伝承があるが定かではない。慶応元年（一八六五）に願《がん》海《かい》が比叡山葛川明王院《ひえいざんかつらがわみょうおういん》に奉納した。

参考文献 梅津次郎「光明真言功徳絵詞」（『絵巻物叢誌』一九七二、法蔵館）。

（水野　僚子）

こうめにっき　小梅日記　⇩川合小梅《かわいこうめ》

こうらとみ　高良とみ　一八九六―一九九三　昭和時代の教育者、政治家。富山県生まれ。旧姓和田。一九一七年（大正六）*日本女子大学校卒業後、アメリカに留学し、一九二二年コロンビア大学大学院で博士号取得（心理学）。帰国後、九州帝国大学医学部助手を経て日本女子大教授を務める。一九二九年（昭和四）結婚、三女の母になる。一九三〇年代の「生活科学」「生活合理化」運動に取り組み、実績を買われて一九四〇年大政翼賛会《たいせいよくさんかい》臨時中央協力会議に唯一の婦人議員として出席し、「婦人局設置」を提

高良とみ

案。以後、戦時総動員体制の一翼を担っていく。この国策協力が「婦人運動家の戦争責任」として他の運動家たちと一括して論じられてきたが、若き日よりタゴールに傾倒《けいとう》し、アジアの独立運動に関心を寄せていた高良の国策協力は複雑な経路をとったことが近年の著作集刊行で明らかになった。戦後は参議院議員を二期務める。一九五二年日本人初のモスクワ入りを果たし、国際経済会議に出席。中国では第一次日中民間貿易協定を締結し、翌年の再訪中で日赤など民間団体と協力して邦人二万人の帰国を実現させた。自伝『非戦《アヒンサー》を生きる―高良とみ自伝―』(増補改訂版、一九九八年、ドメス出版)があり、著作は『高良とみの生と著作』全八巻(二〇〇二年、ドメス出版)にまとめられている。

参考文献　三宅義子「高良とみ再評価へ―著作集編者・高良留美子さんに聞く―」(『季刊女も男も』九七)、二〇〇三。

(三宅　義子)

こうらんいこう　紅蘭遺稿　⇨梁川紅蘭《やながわこうらん》

こうれいしゃかいをよくするじょせいのかい　高齢社会をよくする女性の会　高齢化によって生ずるさまざまな課題を可視化し、ネットワークをひろげ、現実に根ざした政策を女性の視点から提言する団体。一九八二年(昭和五十七)九月、第一回女性による老人問題シンポジウム(発起人代表樋口恵子)が東京新宿で五百人を集め、翌三月「高齢化社会をよくする女性の会」として発足。六十五歳以上人口が一四%を超えた一九九四年(平成六)「高齢社会をよくする女性の会」と改称、二〇〇四年NPO高齢社会をよくする女性の会となった。一般会員約千人、グループ会員は約百グループで、全国各地でネットワーク型の活動を展開している。数の上で多数派にもかかわらず女性の視点が欠けがちな高齢者政策に対しての政策提言型の女性団体として発足。設立当初から急増する介護需要を家族の女性(最大負担者は嫁)のみで負担できない現実を指摘、介護の社会化を提唱。介護保険制度創設に向けて民間からの推進役を果たした。全国的に有識者が多い会員ネットワークを生かして、家族介護の実態、介護家族(嫁)表彰制度、八十代以上の女性の健康、*更年《こうねん》期《き》の実態等の調査に取り組み、関係機関へ政策提言を行い、年一回の全国大会を開催するなど広報啓発活動を拡げている。早くから年金制度の第三号被保険者の矛盾を指摘、二〇〇六年施行の虐待防止法成立に向けての提言も行なった。

(樋口　恵子)

こうれいしゃもんだい　高齢者問題　高齢者の定義は国連においても今のところ六十五歳以上。日本は六十五歳以上人口が二一%を占め世界最高、平均寿命も世界一。社会の人口構成も、人間一生の寿命も、構造的な変化を遂げた。高齢者問題というときは、六十五歳以上人口の抱えるさまざまな問題を指すことが多いが、社会システム全体の高齢化対応までひろげていうこともある。日本の急激な高齢化が、社会全体に大きな影響を与える問題としてひろく認識されたのは、一九七〇年代後半以降である。国連の定義によれば、六十五歳以上が全人口の七%を超えると、「高齢化社会=aging society」であるが、日本はアジアでトップを切って一九七〇年(昭和四十五)、この域に達した。当時は「高齢化社会」というような、構造的なとらえ方は少なく、高齢者自身の問題として「老人問題」という呼び方が一般的だった。たとえば当時の*厚生省中央社会福祉審議会に「老人問題分科会」が設置されていた。この老人問題を社会的にひろく認識させたのは一九七二年、今でいう認知症《にんちしょう》高齢者の家族介護をえがいた*有吉佐和子《ありよしさわこ》『*恍惚《こうこつ》の人』であった。その後「老人」という呼称は「高齢者」に置き換えられていく。現在「老人」を名乗る公的機関・施設は「老人クラブ」、あるいは老人福祉法から出発した「特別養護老人ホーム」など数少なくなった。「老」という文字がマイナス=イメージで受けとられた結果であろう。高齢者問題ということばも、最近ではひろく社会構造上のあらゆる世代にわたる問題として、高齢社会、あるいは少子高齢化社会という用語で語られることが多くなった。雇用・社会保障、教育、地域・家族の変化などまさにあらゆる分野を揺るがす変化要因である。そのなかで「高齢者問題」というとき、人類未踏の新しい社会である高齢社会の最も直接的な当事者が直面する問題としてとらえられる。かつては人類のごく一部しか享受《きょうじゅ》できなかった人生八十年から九十年が普遍化するとき、光の部分だけでなく影の部分も新たに生ずる。『恍惚の人』の予見どおり、最大の問題として顕在化《けんざいか》したのは、「寝たきり」「痴呆《ちほう》」(いずれも当時一般的だった呼び方)高齢者への介護問題であり、二〇〇〇年(平成十二)施行の介護保険制度創設につながっていく。高齢者の医療、年金制度は年々整備されてきたものの、費用の拡大は若い世代との対立を引き起こしかねない。家族関係からみても、夫婦、親子、祖父母と孫の関係が長期化し、高齢期の*離婚、子による老親虐待など新たな現象が発生している。「高齢者問題」というとき、若年期《じゃくねんき》からの男女差別的慣行によって生じた男女格差の大きさに注目すべきである。先進国では女性の平均寿命が長く、日本では男子七九・〇〇歳、女子八五・八一歳(二〇〇六年)と七年近い格差がある。配偶関係でいえば、女性の六十五歳以降は五三%が配偶者がいないのに対し、男性は八割以上が有配偶。現在三百万人を超える一人ぐらし高齢者の八割近くは女性が占めている。単身で後期高齢期をより長く生きる女性にとって、若い時期から雇用・社会保障面で世帯主の夫に対して従属的立場に置かれたため、被用者年金は平均して男性の二分の一など、女性高齢者が貧困に結びつきやすい。一方、男性の側は、日常的な*家庭・地域生活を女性に依存してきたため、定年後の長い人生を支えきれない面がある。高齢者問題は*ジェンダーの視点を抜きに解明することはできない。

参考文献　エイジング総合研究センター基礎資料編纂委員会編『高齢社会基礎資料(二〇〇七―〇八版)』、二〇〇七、

中央法規出版。（樋口　恵子）

こうわかまい　幸若舞　中世に流行した曲舞《くせまい》から出て、中世後期・近世初めに流行した曲舞の新派ともいうべきもの。越前田中村出身といわれる桃井《もものい》幸若丸《こうわかまる》の流儀。幸若大夫《たゆう》の名は嘉吉《かきつ》二年（一四四二）より現われ、曲舞であったが、慶長ごろには、大頭舞《おおがしらまい》と幸若舞が大流行した。いわゆる「舞の本」は幸若舞の台本である。

参考文献　岩橋小弥太『芸能史叢説』、一九七五、吉川弘文館。（脇田　晴子）

こえなきこえのかい　声なき声の会　一九六〇年（昭和三十五）安保闘争のなかで生まれた市民団体。六〇年五月十九日岸信介《きしのぶすけ》首相は日米安保条約改定を強行採決、これに憤激《ふんげき》した国民は連日のデモで国会を取り巻いた。しかし首相は「声なき声」は自分を支持していると暴言。六月四日早朝ゼネストが行われた日、美術教師*小林トミと映画助監督の不破三雄《ふわみつお》は「誰デモ入れる声なき声の会」と書いた横断幕を掲げて、虎ノ門から国会に向けて歩き出し、歩道からサラリーマンや*主婦、高校生らが加わり三百人くらいになった。この運動は市民の共感を得て、「五分でも百メートルでも歩きましょう」というスタイルは組織のない市民デモを誕生させた。この運動団体は緩やかな提携で会員制をとらず、ベトナム反戦、湾岸戦争まで続き、会報『声なき声のたより』は、小林トミを中心に発行され続けた。政治学者高畠通敏《たかばたけみちとし》が事務局長、哲学者鶴見俊輔《つるみしゅんすけ》が世話人となっている。

参考文献　小林トミ『「声なき声」をきけ―反戦市民運動の原点―』、二〇〇三、同時代社。（折井美耶子）

こがえし　子返し　出生直後の*嬰児殺《えいじごろ》しを指す民俗語彙《ごい》。妊娠後期の人工死産（*堕胎《だたい》）を含む場合もある。一般的には*間引《まび》きといわれるが、マビキ・オロヌクなどの農業用語で表現する場合、コガエシ・オッカエス・モドスなどと表現される場合、ヤマイモホリニヤル・カジカトリニヤルなど遺棄《いき》の場所を暗示するもの、ツブスなどの直接的な表現もある。間引きの歴史は古く、江戸時代でも全国的に盛んであった。原因は貧困もあったが、多胎児に対する忌《い》みもあり、双生児の一方を殺すことも行われた。農村では小さな耕地で家族農耕による生産をせねばならず、それに適した労働力に調整する必要性もあった。「子返し」という言葉は、七歳までの子は「神のうち」とされて死んでも生まれ変わってくるという霊魂観《れいこんかん》や、妊娠後期の胎児から出生直後の嬰児はあの世とこの世の境界領域にいるという霊魂観を反映している。すなわち嬰児を殺す行為は、この世に肉体を持って現われた霊魂を一時的にあの世に「返す」あるいは「戻す」行為であり、その霊魂は時期が来れば再生可能であると考えていた。そのように考えることで家族や村落社会内で嬰児殺しが容認されていた。その一方で十八世紀には武家社会の人倫《じんりん》観や人口増加政策から、藩によっては禁令が出され、間引きを戒《いさ》める出版物も発刊され、寺社には子返しの非を説く*絵馬が掲げられた。「子返しの絵図」などと書かれる絵馬には、嬰児をつぶしている女の姿が描かれる。女は美しい顔をしているが、その内実は夜叉《やしゃ》の顔であるというものである。*柳田国男《やなぎたくにお》は十三歳で茨城県の布川《ぬのかわ》に移住した。そこで子返しの絵馬を見たことが、農村の貧困問題を考え、農商務省に入省し、ひいては「経世済民《けいせいさいみん》の学」としての民俗学を追究するきっかけの一つとなった逸話《いつわ》は有名である。明治以降、村落社会が間引きを容認しても、国家社会は「子返し」の論理を容認せず、刑法に触れる個人の犯罪とされるようになった。（浅野　久枝）

こがねいきみこ　小金井喜美子　一八七〇―一九五六　明治から昭和時代にかけての翻訳家、小説・随筆家、歌人。島根県津和野《つわの》藩の典医《てんい》の家に生まれる。東京女子師範《しはん》学校附属高女に学び、人類学者・解剖学者の小金井良精《よしきよ》と結婚。兄森鷗外《もりおうがい》の影響のもと、ドーデの作品や『聊斎志異《りょうさいしい》』などを流麗《りゅうれい》な和文調に訳出した。代表作は、一八九二年（明治二十五）『しがらみ草紙』に掲載されたレールモントフの翻訳「浴泉記《よくせんき》」である。『*青鞜《せいとう》』発刊に際しては賛助員となることを受諾。その後、翻訳から離れ、数点の小説を発表した。後年は、『森鷗外の系族』（岩波文庫、二〇〇一年、岩波書店）、『鷗外の思い出』（岩波文庫、一九九九年、岩波書店）など鷗外周辺の回想記を執筆した。

参考文献　塩田良平『（新訂）明治女流作家論』（シリーズ・近代文学研究四）、一九八三、文泉堂出版。（坂井　博美）

こかわでらえんぎえまき　粉河寺縁起絵巻　和歌山県那《な》賀郡《がぐん》粉河寺の縁起を記す一巻の絵巻。粉河寺蔵。国宝。二つの話を収める。一つは、猟師が粉河の童《わらわ》の助けによって千手観音《せんじゅかんのん》を造立する話。もう一つは、粉河の童に病を治してもらった河内《かわち》国の長者の娘が、粉河を訪ね観音の前で剃髪《ていはつ》する話である。猟師と女性を主人公としている点が注目される。制作時期や制作者について記す資料はないが、十二世紀末の作とされてきた。近年、十三世紀前半の粉河寺と高野山との堺相論《さかいそうろん》に絡んで、粉川寺が絵巻を作ったとする説が出され、絵巻の絵が、殺生《せっしょう》禁断・*女人禁制《にょにんきんせい》をしく高野山に対抗する表象となっていることが示された。『日本絵巻大成』五（一九七七年、中央公論社）に所収。

参考文献　亀井若菜「ジェンダーの視点が拓く「粉河寺縁起絵巻」―高野山に対抗する自己表象としての絵巻―」（『ジェンダー史学』一）、二〇〇五。（亀井　若菜）

こぎん　小衣　近世から近代にかけて農山漁村で男女の仕事着として用いられた、*筒袖で衽《おくみ》なしの丈の短い着物。布を補強するため*刺子刺繡《さしこししゅう》をしたのでサシコともいい、また、*裂織《さきおり》の布を用いた地方ではサックリ・サッコリ・ツヅレとも呼ばれた。津軽地方では自家用の麻織物を藍《あい》で染め、苧麻《ちょま》の糸で刺していたが、寛政三年（一七九一）以降、刺糸は*木綿となった。木綿地に木綿糸や麻糸で刺す地方もあった。刺子、裂織、*裁縫とも女性が担った。

参考文献　板倉寿郎・野村喜八・元井能・吉川清兵衛・吉田光邦監修『原色染織大辞典』、一九七七、淡交社。総合女性史研究会編『日本女性の歴史—女のはたらき—』(角川選書)、一九九三、角川書店。

（小川　幸代）

こくさいけっこん　国際結婚　一般に国籍が異なる者同士の結婚を意味する。多くの場合、人種・民族・宗教・言語・文化的背景が異なる者同士の結婚でもある。一八七三年(明治六)の太政官《だじょうかん》布告《ふこく》第一〇三号以降、日本で法的に国際結婚が認められるようになり、当時日本人と外国人の結婚は「内外人間《ないがいじんかん》の婚姻《こんいん》」と称されていた。大半が夫外国人・妻日本人の組み合わせで、結婚前に夫となる欧米人に日本で「雇われていた」ケースが多かった。一方、夫日本人・妻外国人の場合は、エリートの日本人男性が留学先の欧米で現地の女性と知り合い、結婚するケースが多かった。続く明治末期から大正、昭和初期にかけての日本の植民地主義時代には、朝鮮人男性と日本人女性の結婚が多数行われた。朝鮮人を日本人化しようという「同化《どうか》」の一環として「*内鮮結婚《ないせんけっこん》」が奨励《しょうれい》されたのである。しかし戦後、朝鮮の解放、独立とともに、戦前に日本人同士の結婚として朝鮮人と結婚した者が国際結婚の当事者となった。また敗戦と同時に日本は連合国軍の支配下におかれた。占領軍として日本に進駐《しんちゅう》していたアメリカ兵をはじめ、オーストラリア兵、イギリス兵と結婚し、夫の国に渡った日本人女性たちのことを人々は「*戦争花嫁《せんそうはなよめ》」と呼んだ。一九五〇年(昭和二十五)には*国籍法が改正され、従来の夫婦国籍同一主義《ふうふこくせきどういつしゅぎ》を廃止し、夫婦国籍独立主義《どくりつしゅぎ》が採用された。改正前は妻が夫の国籍に従うことを原則としていたため、日本人女性が外国人男性と結婚した場合、外国人男性が*婿養子《むこようし》にならない限り日本人女性は日本国籍を喪失《そうしつ》した。しかし改正後は日本人女性が外国人男性のもとに嫁いでも日本国籍を喪失することはなくなった。日本が高度経済成長期に入った一九六〇年代になると、「国際結婚」という名称が一般に浸透した。国際結婚の統計が取られるようになった一九六五年には日本人女性の国際結婚が多かったが、一九七五年以降は日本人男性の国際結婚の方が多くなり、日本がバブル景気に沸いた一九八〇年代後半以降は日本人男性とアジア人女性の結婚が数的に主流となった。嫁不足に悩む農村でアジアから花嫁を迎える「農村花嫁」が急増したのもこの時期である。これは行政主導で、ほとんどは斡旋《あっせん》業者が仲介している。その後、アジアからの花嫁は農村から地方都市へと拡大している。その背景にはモノ、金、情報だけでなく人の往来が活発化したことのほか、残存する家意識や性別役割分業観による結婚難の日本人男性と、日本とアジアの経済格差から、よりよい暮らしを求めるアジア人女性が存在する。また一九九〇年代から日本人女性の国際結婚の相手国が多岐《たき》にわたるようになり、なかでも歴史的にみてきわめて少数であった外国人ムスリムと日本人女性の結婚が増加した。以上のように、明治時代から現代にかけての国際結婚には、各時代における特徴が存在するが、どの時代においても国家間の勢力関係や日本の経済力・先進性に影響を受けており、*ジェンダー問題とも深く関係している。

参考文献　宿谷京子『アジアから来た花嫁—迎える側の論理—』、一九八八、明石書店。小山騰『国際結婚第一号—明治人たちの雑婚事始—』(講談社新書メチエ)、一九九五、講談社。竹下修子『国際結婚の社会学』、二〇〇〇、学文社。嘉本伊都子『国際結婚の誕生—〈文明国日本〉への道—』、二〇〇一、新曜社。鈴木裕子「内鮮結婚」(大日方純夫編『民族・戦争と家族』二〇〇三、吉川弘文館)。竹下修子『国際結婚の諸相』、二〇〇四、学文社。

（竹下　修子）

こくさいふじんデー　国際婦人デー　日本において、はじめて女性の権利と平和のために国際的に連帯して統一集会をもった日。一九二三年(大正十二)三月八日、日本で第一回国際婦人デー(以下「女性デー」)が開催された。*山川菊栄《やまかわきくえ》・*八日会《ようかかい》の要請で、種蒔き社主催により、神田青年会館で、女性のみの講演会がもたれた。その後一九三二年(昭和七)まで集会が開催され、三三年から三五年までは、組合の機関紙等で宣伝と呼びかけがなされ、小集会が行われた。以後ファシヨ的弾圧と戦争という時代には、敗戦まで目立った集会はできなかった。敗戦後晴れて野外で集会をもつことができた。第一回は、一九四七年三月九日皇居前で、「女性を守る会」主催で、千名が集った。スローガンは「産前産後休暇、生理休暇、母性保護、同一労働・賃金」等女性労働者の要求が主であった。以後三月八日の国際女性デーには紆余曲折《うよきょくせつ》があった。一九四八年には山川菊栄*労働省婦人少年局長は、四月十日(女性参政権行使)を「婦人の日に」という意見を出し、一九五〇年には、政府見解として、三月八日は、共産党だけの祝日であると警告し、三月八日を否定した。国際女性デーの起源は、アメリカであった。二十世紀初頭にアメリカ社会党の創立、そのもとでの女性委員会の活動である。一九〇四年に女性参政権獲得の要求の決議、一九一〇年女性デーの開催決議。その日を二月最終日曜日とするとした。同年第二回国際社会主義女性会議(コペンハーゲン)で、アメリカの提案により「国際女性デー」を世界各国で開くことが決議された。一九一七年ロシアでも、ロシア暦の二月二十三日(西暦三月八日)の女性デーが、二月革命の引き金となった。一九一九年コミンテルン創立、一九二一年第二回国際共産主義女性会議で、女性デーを世界で統一して三月八日に行うことが決議された。このことが日本にも伝えられ、一九二三年第一回の女性デーが開かれたのが、歴史的な経緯であって、いろいろな立場により解釈は異なる。現在でも三月八日は、国際女性デーとして継続している。一九七七年国連総会で「女性デー」が決議され、「女性の権利」「世界の平和」を守るという理念に沿《そ》うものとして定着したのである。

参考文献　川口和子・小山伊基子・伊藤セツ『国際婦

人デーの歴史』、一九六〇、校倉書房。伊藤セツ『国際女性デーは大河のように』、二〇〇三、御茶の水書房。

(小山伊基子)

こくさいふじんねん　国際婦人年　女性の地位向上のために国連が設定した年(一九七五年(昭和五十))。国際女性年ともいう。一九六〇年代後半以降の第二波*フェミニズムを受けて、第二十七回国連総会(一九七二年)は、一九七五年を国際婦人年とすることを決議。この年、メキシコシティで国際婦人年世界会議が開かれ、百三十三ヵ国二千人が参加。平等・開発・平和を三つの柱とする世界行動計画(二百十九項目)を採択《さいたく》した。同時に民間集会(トリビューン)も開催。世界行動計画に基づいて、一九七六―八五年を「国連女性の十年」(国連婦人の十年ともいう)とし、この間に国連、関係諸機関、加盟国政府、NGOが、それぞれ*男女平等に向けて、活発な活動を展開することになった。一九八〇年のコペンハーゲン会議で、女性差別撤廃条約《じょせいさべってっぱいじょうやく》の署名式があり、一九八五年のナイロビ会議では、世界計画の実施期限を二〇〇〇年(平成十二)までに延長させることになり、一九九五年には北京《ペキン》で第四回世界女性会議が開催された。ここで採択された北京行動綱領《ペキンこうどうこうりょう》は、十二の重大関心領域における課題と戦略目標が具体的に挙げられている。二〇〇〇年には、女性の地位向上をめざす四半世紀にわたる活動の締めくくりとして、国連特別総会「女性二〇〇〇年会議」がニューヨークの国連本部で、また二〇〇五年には「北京プラス十」の会議が同じくニューヨークで開催され、この問題への取組みは二十一世紀に引き継がれた。日本では、一九七五年に国内本部機構として、総理府《そうりふ》に内閣総理大臣を本部長とする婦人問題企画推進本部《ふじんもんだいきかくすいしんほんぶ》(のち*男女共同《だんじょきょうどう》参画《さんかく》推進本部)、事務局として婦人問題担当室が設置された。総理大臣の私的諮問機関《しもんきかん》として、民間の女性団体の代表や有識者で構成される婦人問題企画推進会議も設置。一九七七年の「国内行動計画」以来、五次にわたって計画が策定された。一九九九年には男女共同参画社会基本法が制定され、二〇〇一年からは内閣府《ないかくふ》に男女共同参画会議と男女共同参画局が設置され、従来の男女共同参画推進本部と並んで、新たな国内本部機構となっている。国際婦人年以後、国連諸機関、各国政府、NGOが協力しながら、性差別撤廃に向けての取組みが世界的に進展したが、一九九〇年代以後「女性の地位向上」から、「*ジェンダーの視点」「女性のエンパワーメント」へと視点の転換がみられる。世界人権会議(一九九三年)、国際人口・開発会議(一九九四年)を経て、「女性の人権」「*リプロダクティブ＝ヘルス／ライツ」などの概念が定着し、北京会議(一九九五年)では、はじめて「ジェンダー」の用語が公的に使用された。日本では、「男女共同参画基本計画」(二〇〇〇年)に先んじて一九九六年に策定された「男女共同参画二〇〇〇年プラン」から、施策の対象が女性から男女へ、意識変革から社会制度・慣習の見直しへと変化し、「性別に縛られない社会」の実現がめざされるに至った。

国際婦人年世界会議(1975年、メキシコシティ)

参考文献　国際婦人年日本大会の決議を実現するための連絡会編『連帯と行動―国際婦人年連絡会の記録―』、一九六八、市川房枝記念会出版部。大沢真理他編『21世紀の女性政策と男女共同参画社会基本法(改訂版)』、二〇〇三、ぎょうせい。

(井上　輝子)

こくさいふじんねんをきっかけとしてこうどうをおこすおんなたちのかい　国際婦人年をきっかけとして行動を起こす女たちの会　⇩行動《こうどう》する女《おんな》たちの会《かい》

こくせきほう　国籍法　個人と国家とを結ぶ公法的な紐《ちゅう》帯《たい》が国籍である。一人一人の人間は地球上に生まれた瞬間に親の血統に従い、ないし自国の領土内で生まれたという事実に従って一定の国籍を取得する。前者が血統主義国籍法の立場であり、後者が出生地主義国籍法の立場である。出生に伴って発生する国籍取得には、このような二つの異なる法原理が存在する。さらに、一定の年月を経てみずからの意思により後天的に他国籍を取得する、帰化《きか》の制度がある。血統主義国籍法においては、各国とも長年月にわたり、父の血統を優先し母の血統は*婚外子《こんがいし》の場合など例外的にしか認めないという父系優先血統主義を採用してきた。その後、国際社会において両性平等と子どもの人権を尊重する機運が高まり、多くの国で父母両系血統主義への転換が行われるに至った。日本では、*日本国憲法のもとで一九五〇年(昭和二十五)に、明治期につくられた*「家」制度条項が反映する旧国籍法を廃止し、新しい国籍法を制定した。しかしその国籍法は、出生による国籍取得に関しては父系優先血統主義を採用し、また、夫婦の一方が外国人である場合の帰化については、日本国民が夫である場合には妻である場合に比べ、その外国人配偶者(妻)が日本国籍を取得するための諸条件に関して著しく優遇される、という差別的な条項を内包《ないほう》するものであった。この国籍法では「父が日本国民であるとき」(旧国籍法二条一号)と規定されていたため、母のみが日本国民であるとき、生まれた子は日本国籍を取得できない。外国人である父の国籍が取得できる場合もあるが、出生地主義国籍法の国（アメリカ合衆国など）の男性に他国で子どもが生まれたとき、父の国の国籍を子が取得できるかどうかは、父自身の出生時からの自国での居住歴などが関係してくる。それらの要件を満たせず父の国籍も取得できないとき、日本人母から生まれた子どもたちが無国籍となるケースが沖縄を中心に多発し、社会問題や国籍法違憲訴訟に発展した。これらの問題は、国連が採択した女性差別撤廃《てっぱい》条約の批准《ひじゅん》を視野に入れて、一九八四年に父母両系主義・両性平等を盛り込んだ国籍法に改正される形で、ようやく一定の解決を見た。ただし、重国籍を回避するために国籍選択制度が新設（一四条以下）されたこと、出生時に子が当然には父の外国姓を名乗れないことなどに対し、批判的な見解も少なくない。

参考文献　山田鐐一・土屋文昭『わかりやすい国籍法』（有斐閣リブレ）、一九九八、有斐閣。奥田安弘『家族と国籍—国際化の進むなかで—』（有斐閣選書）、二〇〇三、有斐閣。同『国籍法と国際親子法』、二〇〇四、有斐閣。

（星野　澄子）

こくぶんにじ　国分尼寺　聖武《しょうむ》天皇の時に国ごとに建立された国分二寺のうちの*尼寺。正しくは法華滅罪寺《ほっけめつざいじ》という。この寺号は『法華経《ほけきょう》』に由来するもので、国分二寺創建の実質的な推進者であった*光明《こうみょう》皇后が、中国唐代に則天武后《そくてんぶこう》が諸州に設けた経典名を寺号とする大雲寺《たいうんじ》、あるいは法華三昧《ほっけざんまい》の拠点であった洛陽《らくよう》の安国尼寺《あんこくにじ》の存在などをヒントに構想したと推定されているが、僧寺と尼寺とがセットで設けられたのは、*律令制下の仏教界が*僧《そう》尼令《にりょう》の規定などから明らかなように官僧官尼体制であった事実からすれば当然のことであった。僧寺との待遇の違いとしては、配置された尼の数が僧寺の半数の十口であったこと、さらに経済的基盤も僧寺が封戸《ふこ》五十戸と水田十町を施入《せにゅう》されたのに対して、尼寺は水田十町のみであったことなどが主要な点として指摘できるが、六年後に水田が追加施入された際に僧寺が九十町であったのに対して尼寺は四十町であったように、その格差はさらに広がった。しかし、近年の発掘調査の結果によると、伽《が》藍《らん》や寺地の点では、尼寺は塔が設置されなかっただけで、一般に僧寺と比較してもほとんど遜色《そんしょく》がなかったことが知られている。平安時代中期になると律令制の形骸化に伴って国分二寺の管理・維持が困難となり、僧寺の中には中央の有力寺院の末寺化して命脈《めいみゃく》を保つものが増加したが、尼寺にはそうした例はほとんどなく、大半は廃絶するか、薩摩《さつま》国の例のように国分僧寺《こくぶそうじ》に接収されて、事実上の僧寺化の道をたどるものが多かった。ところが、鎌倉時代中期に亀山天皇の御願《ごがん》を受けた西大寺の叡尊《えいぞん》らが、幕府の支持を背景に、西国を中心とする国分二寺の復興を企図し、この時、周防《すおう》・長門《ながと》・伊予《いよ》など少なくとも十九ヵ国の尼寺が西大寺末の律宗寺院として一時的に復興されたが、南北朝時代以降は再び衰退の一途をたどり、近世には当初の所在地さえも不明になるか、もしくは寺庵としてわずかに名残りをとどめるだけの存在になっていた。

参考文献　斎藤忠「国分尼寺の性格—特に国分僧寺との比較を中心に—」（同編『日本考古学論集』七、一九八七、吉川弘文館）。牛山佳幸「諸国国分尼寺関係年表稿（中世編）」（『上田女子短期大学紀要』二四）、二〇〇一。

（牛山　佳幸）

こくぼうふじんかい　国防婦人会　⇨大日本国防婦人会《だいにほんこくぼうふじんかい》

こくみんじゅんけつどうめい　国民純潔同盟　公娼《こうしょう》廃止の気運が高まった一九三五年（昭和十）三月五日、廃娼連盟《はいしょうれんめい》の人々を中心にして結成された新組織。公娼廃止後の風紀《ふうき》問題に備えて、その対策を目的としていた。教育部・社会部・衛生部などがあり、教育部では純潔思想の涵養《かんよう》・*性教育の徹底、社会部では公娼廃止と*私娼《ししょう》の撲滅《ぼくめつ》・風紀の矯正《きょうせい》・婦人の淪落《りんらく》防止と救済、衛生部では性病の予防と撲滅が目指された。純潔同盟は各地にも結成されており、明治期にいち早く*公娼制度を廃止していた群馬県では、中央の国民純潔同盟結成以前の一九三〇年に純潔同盟が結成されている。国民純潔同盟は、国民精神総動員運動や、健民運動などとも一定の親和性を持ち、*優生学的見地からの性病予防論も展開した。しかし、一夫一婦や男女双方の人格の尊重を唱える従来からの主張は堅持《けんじ》されており、勤倹貯蓄《きんけんちょちく》や享楽《きょうらく》の排除といった戦時イデオロギーの喧伝《けんでん》の一方で、闇取引や一部指導者の享楽、「人的資源」確保のための拙速《せっそく》な早婚奨励が行われている戦時社会の矛盾を鋭く批判する側面も持っていた。

参考文献　『婦人新報』四四四・四四五、一九三五。市川房枝編『日本婦人問題資料集成』一、一九七八、ドメス出版。鈴木裕子編『人権・廃娼』二（日本女性運動資料集成九）、一九九八、不二出版。小野沢あかね「軍需工場地帯における純潔運動」（原朗・山崎志郎編著『戦時日本の経済再編成』二〇〇六、日本経済評論社）。

（小野沢あかね）

こくみんゆうせいほう　国民優生法　一九四〇年（昭和十五）五月一日公布、翌一九四一年七月一日より施行の生殖に対する国家管理法。「悪質な遺伝性疾患《しっかん》の素質を有する者の増加の防止」を目的に永久不妊手術（優生手術）や妊娠*中絶をすることを認める一方で、「健全なる素質を有する者の増加を図りもって国民素質の向上を期す」ことを目的に、それまで医師の行なっていた母体保護や産児制限のための避妊《ひにん》施術、妊娠中絶を処罰の対象にすることとなった。法成立の経緯は、ドイツの遺伝病児予防法に触発《しょくはつ》され一九三四年から断種を主眼とする民族優生保護法案が議員立法として提出されていたものに、出生奨励政策をとった*厚生省が医師の行う避妊術と妊娠中絶を処罰する条項を加えて、国民優生法として成立させたものである。*産めよ殖《ふ》やせよの施策のもと、産婦人科医による産児制限を厳しく監視する法となり、優生手術の面よりも*出生率増加の側面に効果的に働いた。被手術者は、一九四一―四七年において男性二百十八人、女性三百二十人とされる。一九四八年*優生保護法の成立をもって廃止された。

参考文献　『厚生省五十年史』、一九八八、中央法規出版。石井美智子「優生保護法による堕胎合法化の問題点」(『東京大学社会科学研究所紀要社会科学研究』三四ノ四)、一九八二。　(石崎　昇子)

こくも　国母　天皇の生母のこと。「こくぼ」ともいう。初見は、『職原抄通考《しきげんしょうつうこう》』に「国母、治世天子御母也」とみえる。『三代実録』元慶《がんぎょう》三年(八七九)三月二十五日条の淳《じゅん》和《な》太皇太后を葬る際に出された宣告《せんこく》において、「今月廿三日淳和太后崩、既曰国母、可謂至尊」とある記事である。奈良時代まで史料上はあまり多くはみえない用語である。奈良時代までは大后《たいこう》・*皇后という后位《こうい》の地位にあることが重要で、奈良時代においては正月元日朝賀《ちょうが》の儀式で、皇后は天皇と並んで臣下からの拝賀《はいが》を受けていたと考えられる。平安時代に入ると、后位の地位低下とともに、皇后であることより、天皇生母であることが重要視されるようになっていく。平安時代前期には、仁明《にんみょう》天皇*女御《にょうご》藤原順子《じゅんし》(冬嗣女《ふゆつぐむすめ》)、文徳《もんとく》天皇女御*藤原明子《めいし》(良房女《よしふさむすめ》)、清和《せいわ》天皇女御*藤原高子《こうし》(長良女《ながらむすめ》)が、文徳・清和・陽成《ようぜい》天皇の生母となり、子である天皇が即位すると皇太夫人《こうたいぶにん》から皇太后へ昇り后位についた。特に幼帝として即位した清和天皇は母后明子と同居し、天皇が内裏《だいり》へ遷《うつ》ると母后明子もともに内裏に入っている。この時期に、幼少の天皇が即位すると、母后が内裏で同居して後見し、外戚《がいせき》の父兄が天皇大権を代行する摂政となって政治を掌握《しょうあく》するという政治様式が成立した。しかし、順子・明子・高子については政治上の直接的な影響力は史料上みえない。醍醐《だいご》天皇*中宮*藤原穏子《おんし》(基経女《もとつねむすめ》)は朱雀《すざく》・村上天皇の生母で、久しぶりに中宮となり、子である天皇が即位すると*皇太后、太皇太后となって、政治にも影響を与えた。朱雀天皇から村上天皇への譲位《じょうい》は母后穏子の意向によるものとして著名である。また、穏子の時に摂政忠平《ただひら》が内裏内に*直盧《じきろ》をもつようになり、天皇・母后・摂関の関係が緊密化することになった。その後の母后の中でもっとも権力をふるったのは、一条天皇生母藤原詮子《せんし》と後一条・後朱雀天皇生母藤原彰子《しょうし》である。円融《えんゆう》天皇女御藤原詮子(兼家女《かねいえむすめ》)は子である一条天皇が即位すると皇太后となり、出家するとはじめての*女院《にょいん》(*東三条院)となって太上天皇に准《じゅん》ずる待遇を受けるようになった。摂政兼家と円融法皇が相ついで亡くなったこともあり、女院は人事をはじめ政治に影響力を有した。道長の内覧《ないらん》補任《ぶにん》には母后詮子の援助があったと考えられる。一条天皇中宮藤原彰子(道長女《むすめ》)は後一条・後朱雀天皇生母で、後一条天皇の元服以前には皇太后彰子御所で摂政道長や頼通《よりみち》は政務をみており、摂政道長と室*源倫子《みなもとのりんし》に*准三宮宣下《じゅんさんぐうせんげ》することや後一条天皇中宮威子《いし》の立后など摂関家に関することは母后令旨《りょうじ》によって決定されている。太皇太后彰子も出家後女院(*上東門院《じょうとうもんいん》)となるが、女院となってからも人事などに関与し、道長没後はその権力を継承したと考えられる。このように、国母が政治的にもっとも活躍したのは*摂関政治の時期であった。摂関期の天皇は摂関と国母によって支えられていたといえよう。院政期以降になると、国母ではなく天皇の父あるいは祖父である院(上皇)が政治に影響力をもつようになるのである。

参考文献　吉川真司「摂関政治の転成」(『律令官僚制の研究』一九九八、塙書房)。古瀬奈津子「摂関政治成立の歴史的意義―摂関政治と母后―」(『日本史研究』四六三)、二〇〇一。東海林亜矢子「母后の内裏居住と王権」(『お茶の水史学』四八)、二〇〇四。服藤早苗「王権と国母―王朝国家の政治と性―」(『平安王朝社会のジェンダー』二〇〇五、校倉書房)。　(古瀬奈津子)

ごくらくじどののみしょうそく　極楽寺殿御消息　⇩北条《ほうじょう》重時家訓《しげときかくん》

こくりつじょせいきょういくかいかん　国立女性教育会館　「国際女性年」や「国連女性の一〇年」を契機とした世界的な女性差別撤廃運動の広がりを背景にして、一九七七年(昭和五十二)、文部省の付属機関として埼玉県比《ひ》企郡嵐山町《きぐんらんざんちょう》に創立された女性のための社会教育施設。愛称ヌエック。二〇〇一年(平成十三)に国立婦人教育会館から国立女性教育会館に改称され、独立行政法人化される。女性のための*生涯学習、*男女平等を推進するための学びの拠点として国内外に広く開かれた研修、交流、調査研究事業、総合的女性関連情報の収集、蓄積、発信の場としての機能を果たしてきた。一九八〇年に始まった「女性学講座」は一九九六年からは「女性学・ジェンダー研究フォーラム」となり、学習の場だけではなく市民が主体的に企画、運営する場となり毎年二千名近い参加者がある。全国各地から参加した市民は、活動の実践報告から経験や情報を交換し、相互にエンパワーされながら草の根のネットワークを広げ、各地で女性リーダーとして活躍している。論文を公募した研究紀要は一九九七年より毎年刊行されている。

参考文献　国立婦人教育会館編『女性学教育／学習ハンドブック―ジェンダーフリーな社会をめざして―』、一九九七、有斐閣。　(船橋　邦子)

こくれんふじんのじゅうねん　国連婦人の一〇年　⇩国《こく》際婦人年《さいふじんねん》

ごけ　後家　〔中世〕今日、後家は夫を亡くした妻の呼称となっているが、最初からこのような意味で使われたのではない。十世紀以前の後家の用語は、残された子孫の意味で使用されており、妻は後家のメンバーには入ってはいなかったようである。しかし、十一世紀に入ると、*家産《かさん》や負債の相続が問題になると、妻が後家として登場してくる。この背景には、*婚姻の安定化によって、夫婦双方の財産をもちよった夫婦を単位とする家が確立し、その家が永続性を志向するようになったことがある。万《まん》寿《じゅ》二年(一〇二五)二月、ある国司が公事《くじ》を弁済せずに出家するという事件が起きた。このとき、かれが請け負っていた公事・官物《かんもつ》の弁済が問題となり、本人が未進を弁済できない場合は、子孫(後家)が弁済するという官符が出されたが、関白藤原頼通は父道長の意見を引き注目すべき見解を示した。すなわち、妻が財貨を領有し、子孫がこれを領知していない場合は、妻を後家といい、「弁中《じょう》」(負債を負う人)に入れるべきであるというものである(『小《しょう》右《ゆう》記《き》』)。ここでは、遺産を管理・領有する人を後家といい、亡者の妻が「後家」として明確に意識されたことがわかる。この時代、*家長の妻と*子息などの間で、遺産をめぐる争いがしばしばみられるが、長暦《ちょうりゃく》三年(一〇三九)ころ三河守《みかわのかみ》で没した源経相《みなもとののりすけ》の場合も、遺財のほとんどは倉の鍵を管理する北方《きたのかた》が押さえ、三河国にある経相の遺物も「彼の北方下文《くだしぶみ》」によって催促され、「故三州の妻万物を摂領《せつりょう》し、一物を以って子孫に与えせしめず」(原漢文)と記録されている(『春記《しゅんき》』)。鎌倉時代、武家においても後家は家の経営、継承に重要な役割を果たす。鎮西奉行人《ちんぜいぶぎょうにん》である大友能直は、貞応《じょうおう》二年(一二二三)に豊後国大野荘《ぶんごのくにおおののしょう》地頭職《じとうしき》と相模国《さがみのくに》大友郷地頭職を「数子の母堂たる上「年来の夫婦たるにより」ということで、妻平氏(尼*深妙)に譲り、幕府も翌年これを認める関東下知状《げちじょう》を出した(『志賀文書』)。その後、尼深妙は仁治《にんじ》元年(一二四〇)に譲状《ゆずりじょう》を作成し、「能直の遺言に任せて」ということで、子息・女子に配分・譲与した(同)。中継ぎ的性格とも評価されるが、他姓の後家は公的にも家継承の一角に明確に位置づけられていた。このような後家の代表が源頼朝の妻、*北条(平)政子である。中世後期になると、村落の百姓層においても、家が確立し、男子の家長を欠いての村落成員として棟別銭《むなべちせん》などの役を負う後家と負担能力なしとして免除された「やもめ」が区別された。後家は家長に準じて、公的な役負担を行うことが認められた経営者であった。しかし、近世に入ると、後家の役割は低下し、「やもめ」「*寡婦《かふ》」と区別が不明確となる。

参考文献 久留島典子「後家とやもめ」(網野善彦他編『ことばの文化史』三、一九八九、平凡社)。飯沼賢司「中世前期の女性の生涯」(女性史総合研究会編『日本女性生活史』二、一九九〇、東京大学出版会)。野村育世「日本中世の後家相続」(『比較家族史研究』六、一九九一。飯沼賢司「後家の力」(峰岸純夫編『家族と女性』一九九二、吉川弘文館)。脇田晴子『中世に生きる女たち』(岩波新書)、一九九五、岩波書店。服藤早苗『平安朝の家と女性』(平凡社選書)、一九九七、平凡社。

(飯沼 賢司)

〔近世〕近世に入ると、武家社会では主従関係の強化、儒教的倫理観の浸透もあって家の後継ぎは男子に限られるようになり、中世社会でみられた後家の*中継相続者としての地位はなくなってしまう。また農民社会においても夫役を負担できる男子を中心にした人別把握が行われたため、後家は家の一人前の相続者としての地位を失い、弱者としてみられるようになる。したがって「後家」という言葉は、夫を失った女性一般を指すようになる。本来「やもめ」という言葉に夫を亡くした妻、妻を亡くした夫という意味の上に弱者として保護される存在という意味があり、「後家」には弱者の意味はなかったが、近世に入ると「後家・やもめ」とまとめて弱者の意味に使われるようになってしまう。ただし、町家では後継者が幼い場合など後家が経営に参画しており、農家でも中継相続人として後家が家を継ぐことはみられ、幕末にはそれが増加、相続期間が長くなる傾向が出てきた。

(牧田りゑ子)

ごけあま　後家尼　中世、夫が死亡した後、妻はその菩《ぼ》提《だい》を弔《とぶら》うため、出家することが多い。これを後家尼という。院政期以降、女性が夫の死後、在俗のまま剃髪《ていはつ》することが一般化する。『*御成敗式目《ごせいばいしきもく》』二十四条にも、亡夫の所領を相続した後家は、他事をなげうっても夫の後生菩提を弔うべきであり、*貞節《ていせつ》を忘れ再婚したものは亡夫の所領を知行してはならず、夫の子に返すことを定めている。これは、後家の制度が家継続のシステムであることをよく示している。

参考文献 勝浦令子「院政期における夫と妻の共同祈願」(『女の信心』一九九五、平凡社)。

(飯沼 賢司)

ごけそうぞく　後家相続　⇨後家分《ごけぶん》

ごけにん　御家人　鎌倉幕府の首長鎌倉殿《かまくらどの》と主従《しゅじゅう》関係を結んだ武士のこと。源頼朝《みなもとのよりとも》の挙兵に応じて治承《じしょう》・寿永《じゅえい》内乱を戦い抜いた東国武士およびその子孫が中心であったが、西国武士の中にも御家人となる者もいた。鎌倉殿と主従関係を結ばなかった者は非御家人と呼ばれ、鎌倉幕府法の上では明確に区別されていた。鎌倉殿は、御家人の所領を安堵《あんど》したり、新しい所領を給与するなどの御《ご》恩《おん》を施すのに対して、御家人の側は、鎌倉殿の命令に応じて戦争に参加したり、御所の警備にあたったり、御所の造営費用などさまざまな経済的賦課《ふか》に応じるなどの奉《ほう》公《こう》義務を御家人役として負っていた。御恩と奉公のやりとりは主従関係に一般的にみられることであるが、鎌倉殿と御家人の場合は、それが両者の間で完結するものではなかった点に特徴がある。たとえば、京都大番役《きょうとおおばんやく》は御家人役の中でも最も重視された役であったが、それが鎌倉殿を直接の対象とする奉公ではなく、天皇の御所を警《けい》固《ご》する役であったことに窺《うかが》われるように、御家人役には国家的な性格も含まれていたのであり、そうした役を果たしていた御家人も、鎌倉殿の単なる私的従者にとどまらない、国家的な性格を帯びていたのである。こうした御家人は、国ごとに御家人交名《きょうみょう》と呼ばれるリストに登録されて管理されていたが、そこに名を列ねているのはいずれも男性であった。ただし「女地頭」(『斑島《まだらしま》文書』)の存在が知られているように、御家人が知行《ちぎょう》すべき職《しき》を女性が管理することはありえたようである。実際にこの時代の御家人の女子は、他の男子と同じように所領の譲与《じょうよ》を受けており、彼女たちはそうして相続した所領を知行するばかりでなく、その規模に応じて御家人役も負担していたのである。この点に関連して興味深いのは、十三世紀後半に若狭《わかさ》国太良荘《たらのしょう》の御家人領末武名《すえたけみょう》をめぐって藤原氏女《うじのにょ》と国御家人の娘である中原氏女《なかはらうじのにょ》との間で展開された相論である。藤原氏女の父宮河乗蓮《みやかわじょうれん》が非御家人と判定されたために、末武名の知行権は中原氏女に認められることになったが、この判決は御家人の女子にも御家人領を知行する資格を、当時の幕府が認めていたことを示している点で重要である。この後、御家人女子の相続権は制約されていくが、それには二つの側面があった。一つには、分割相続《ぶんかつそうぞく》による所領の細分化を防ぎ、御家人役負担に耐えうる経済基盤を確保しようとする御家人の家の側の問題である。もう一つは、鎌倉幕府の側の問題で、モンゴル襲来後の九州で特に顕著《けんちょ》に現われた。すなわち、弘安《こうあん》九年(一二八六)に異国警固《いこくけいご》の間は女子に所領を譲るべきではなく、男子がいなければ養子を取るべきであると規定する(追加法《ついかほう》五九六条)など、御家人領を女性が知行することを認めない方針を打ち出していったのである。こうした内外の要因により、御家人所領は男性たる*嫡子《ちゃくし》が単独相続《たんどくそうぞく》する傾向が強まり、その相続・知行の場から女性は排除されていくことになった。

参考文献 網野善彦『中世荘園の様相』、一九六六、塙書房。青山幹哉「鎌倉幕府の「御恩」と「奉公」」(『信濃』三九ノ一一)、一九八七。佐藤進一『日本中世史論集』、一九九〇、岩波書店。田中稔『鎌倉幕府御家人制度の研究』、一九九一、吉川弘文館。髙橋典幸「御家人制の周縁」(『古文書研究』五〇)、一九九九。七海雅人『鎌倉幕府御家人制の展開』、二〇〇一、吉川弘文館。 (髙橋 典幸)

ごけぶん 後家分 *後家の相続分。*家長の処分によって、子どもたちと同様に妻にも財産が分けられた。後家分は、後家が専断で処分できる場合とあらかじめ一期分《いちごぶん》(生きている間所持できる財産)として定められている場合があったが、中世前期までは、夫婦共同の家経営者として妻である後家は本主権である*「悔《く》い返《かえ》し」権(譲った所領を取り戻す権利)を所持し、後継者の力量を見極めることができたが、*家督《かとく》権が強まると、次第に後家の力は失われ、一期分としての後家分が一般化する。

参考文献 野村育世「中世における後家相続」(『家族史としての女院論』二〇〇六、校倉書房)。 (飯沼 賢司)

こけらきょう 柿経 写経の一種で、経典を檜材《ひのきざい》などの木片に書写したもの。経木《きょうぎ》・卒塔婆《そとうば》ともいう。『法華経《ほけきょう》』が多く、追善《ついぜん》や逆修《ぎゃくしゅう》の供養を目的とした。奈良元興寺極《がんごうじごく》楽坊《らくぼう》で発見されたものが有名だが、各地の山岳霊場などにも事例がある。群馬県草津町の白根《しらね》山頂の湯釜から出土した室町時代の柿経は、『*血盆経《けつぼんきょう》』を書写したもので、修験者《しゅげんじゃ》が女性の極楽往生のために、「*血の池地獄」に見立てられた湯釜に投入したものと考えられる貴重な遺物である。

参考文献 時枝努「中世東国における血盆経信仰の様相—草津白根山を中心として—」(『信濃』三六ノ八)、一九八四。 (牛山 佳幸)

ここうのつぼね 小督局 一一五七—? 高倉天皇の*女房。坊門院《ぼうもんいん》(範子《はんし》内親王)の母。藤原成範《しげのり》(通憲《みちのり》の子)の娘。美人で琴の名手。藤原隆房《たかふさ》が小督を恋慕していることを隆房・天皇の舅《しゅうと》平清盛に知られ、小督は嵯峨《さが》に身を隠す。しかし天皇の命を受けた源 仲国《みなもとのなかくに》が琴の音で小督を探し出し、内裏に戻って皇女(坊門院)を儲けるが、清盛の命で二十三歳で出家し、嵯峨に隠棲《いんせい》した。謡曲『小督』は『*平家物語』六の小督の話をもとにした四番目物。 (菅原 正子)

小督局画像

ここんちょもんじゅう 古今著聞集 鎌倉時代の建長六年(一二五四)成立の説話集。二十巻。橘 成季《たちばなのなりすえ》著。橘成季は従五位の貴族で、琵琶《びわ》と絵画をたしなみ、晩年にこの説話集を編んだ。神祇《じんぎ》・釈教《しゃくきょう》・政道忠臣《せいどうちゅうしん》・公事《くじ》・文学・*和歌・管絃《かんげん》・能書《のうしょ》・術道《じゅつどう》・孝行恩愛《こうこうおんあい》・好色《こうしょく》・武勇・弓箭《きゅうせん》・馬芸・相撲強力《すまいごうりき》・画図・蹴鞠《けまり》・博奕《ばくえき》・偸盗《ちゅうとう》・*祝言《しゅうげん》・哀傷《あいしょう》・遊覧《ゆうらん》・宿執《しゃくしょう》・闘諍《とうじょう》・興言利口《こうげんりこう》・怪異《かいい》・変化《へんげ》・飲食《いんしょく》・草木・魚虫禽獣《ぎょちゅうきんじゅう》の項目に分類し、それぞれの中では原則的に時代順に分類してある。平安時代を舞台にした説話も多いが、その女性観、性、*家族、*ジェンダーの在り方は、鎌倉時代の京都を中心とした貴族とその周辺に生きる人々の世界が投影されたものである。『*沙石集《しゃせきしゅう》』が、同じころの東国を舞台にしているのと好対照をなす。男女間に発生する性愛、*密懐《みっかい》、辻捕《つじとり》、レイプ、女の*嫉妬《しっと》などの話も多い。また、さまざまな身分の女性が登場する。中世の社会史、女性史を考えるための好史料。テキストは『新潮日本古典集成』(上下二巻、西尾光一・小林保治校注、一九八三・八六年、新潮社)。 (野村 育世)

ござい 後妻 ⇩継母《ままはは》

こざいしきん 古在紫琴 ⇩清水豊子《しみずとよこ》

こざいしょう 小宰相 ?—一一八四 平安時代後期の女性。藤原憲方《のりかた》の娘。*上西門院統子《じょうさいもんいんとうし》の*女房。元暦《げんりゃく》元年(一一八四)死去。二十四、五歳と推定される。『*平家物語』によれば、宮中一の美人で、十六歳のときに平清盛の甥平通盛《おいたいらのみちもり》に見初《みそ》められ、三年後に妻となった。のちに、夫の戦死を知り、身重の身で、念仏を百篇《ひゃっぺん》唱えて瀬戸内海に身を投じた。戦乱の世において、仏教信仰に導かれ夫婦の愛を死後の世界で成就《じょうじゅ》させようとした、愛に殉《じゅん》じた妻の姿が描かれる。

参考文献　山田昭全「小宰相」(『平家物語の人びと』一九七二、新人物往来社)。　　(和田　律子)

こさくそうぎとじょせいたち　小作争議と女性たち　小作争議に加わった女性たちには既婚者が多く「女房団」「かかァ連」などと称された。小作争議は、小作人の生活が困難なほどの高額高率小作料に対する怒りが大正中期から爆発した「地主的土地所有者に対決し、土地制度の変革を闘いとろうとした下からの農民闘争」(『農地制度資料集成』二)で、ロシア革命や大正デモクラシーの影響をうけた近代的農民運動のはじまりであった。一九二二年(大正十一)日本農民組合の結成は、組織的・系統的な運動を全国に展開するが、翌年水平社員・小作人を中心とした埼玉御正村《みしょうむら》小作争議では、「死んで地主の仇を討つ」と夫の小作組合長をかばい自刃する女性犠牲者を出した。一九二二年から続く新潟木崎村《きざきむら》争議では、耕作禁止強制執行に対峙《たいじ》した小作人「六十八戸」のうち約三十名が逮捕され、土地を没収された家族「四百五十名」の「生存権と耕作権とを擁護《ようご》するため」声明文を一九二六年五月全国に発送。家族慰安会《いあんかい》の演壇に「乳呑《の》み児を背負った嬶《かか》や裸足のお婆さん迄《まで》」が立ち、子ども「六百名」も参集、同盟休校へ。全国から多彩な応援を得て無産農民学校を建設。婦人部は行商隊を編成し、上京して農林省など関係各省庁へ地主の不当性と窮状を訴え、少年部(ピオニール)・青年部とともに「家族ぐるみ」で地主に挑んだ。岡山・熊本・新潟の婦人部づくりの経験は全国の運動を励まし、争議は一九二六年に約三千件、参加人数十五万人を超え、農民運動のピークを現出。小作争議発生・解決の時期は十一—一月の農閑期《のうかんき》に集中し、女性にとっては*家事・育児に時間を割《さ》きやすい時期とも重なった。弾圧された農民組合を女性たちが支えたこともあった。農業恐慌《きょうこう》にあえぎ疲弊《ひへい》する農村は新たな活動を必要とした。山梨では、下曾根村《しもそねむら》の渡辺よし(六十歳)が農民組合長に、一九三〇年代に入ると、落合《おちあい》争議では参加した女性の多くが未婚・二十歳前後の婦人部員であった。また、激化する闘争を曖昧《あいまい》な組織形態では打開できないことから争議開始十年目の一九三〇年(昭和五)に女房団を結成する北海道蜂須賀《はちすか》争議がある。さらに、生活防衛を目的とした「バースコントロール」相談会(青森・宮城)、農村消費組合(佐賀など)、借金支払猶予《ゆうよ》同盟(北海道など)も取り組まれた。凶作による「娘地獄」にもかかわらず、「頻出《ひんしゅつ》する小作争議に、父と共に参加している農村婦人は、今では無数」と*河崎なつは『新女性読本』(一九三三年)に記す。一方、小作争議において女性たちが「犠牲的精神を発揮する」要因に「良人《おっと》盲従」の両性関係への指摘もあった(稲村隆一、一九三二年)。労働婦人を送り出す農村部でも無産運動の勃興《ぼっこう》とともに、*人身売買禁止・婦人参政権獲得などは共通の願いとなった。なお、女性農民運動研究について、鈴木裕子《すずきゆうこ》は「まとまった歴史研究は皆無に近い」(『日本女性運動資料集成』七解説、一九九五年)と指摘。*地域女性史・自治体史のほか、指導的人物にみられる「内的条件」と「外界」との接触の重要性、演説会の教育的働きに着眼する研究成果もある。

参考文献　稲村隆一『日本の農村を語る—日本農村婦人哀史—』、一九三二、先進社。青木恵一郎「婦人と少年をまじえる農民闘争」(『日本農民運動史』三、一九五九、日本評論社)。高橋三枝子『小作争議のなかの女たち—北海道・蜂須賀農場の記録—』、一九七八、ドメス出版。大門正克「小作争議のなかの娘たち—山梨・落合争議—」(『歴史評論』四六七、一九八九。植木和枝「木崎村小作争議の中から—渡辺ユキ—」(新潟女性史クラブ『雪華の刻をきざむ—新潟近代の女たち—』一九八九、ユック舎)。山岸一章『発掘木崎争議』、一九八九、新日本出版社。横関至「一九二〇年代農民運動における教育活動(上)—日本農民組合香川県連合会を事例として—」(『大原社会問題研究所雑誌』四七六八)、一九九八。中村政則『労働者と農民—日本の近代を支えた人々—』(小学館ライブラリー)、一九九八、小学館。　　(岸　伸子)

ごさくらまちてんのう　後桜町天皇　一七四〇—一八一三　一七六二—七〇在位　江戸時代後期の*女帝。桜町天皇の第二皇女。母は二条吉忠《よしただ》の娘舎子《いえこ》(*皇太后、青綺門院《せいきもんいん》)。以茶宮《いさのみや》のち緋宮《あけのみや》。名は智子《としこ》。寛延《かんえん》三年(一七五〇)*内親王となり、幕府から三百石が進献《しんけん》される。宝暦《ほうれき》十二年(一七六二)弟の桃園《ももぞの》天皇死去により、皇嗣英仁《こうしひでひと》親王の成長までの中継ぎとして践祚《せんそ》。明和《めいわ》七年(一七七〇)十一月後桃園天皇に譲位。後桃園・光格《こうかく》両天皇を輔導し、また歌学にも専心した。宸筆《しんぴつ》の日記四十一冊などを残す。

参考文献　久保貴子「江戸時代—武家社会のはざまに生きた皇女—」(服藤早苗編『歴史のなかの皇女たち』二〇〇二、小学館)。　　(久保　貴子)

こさしばば　子刺しばば　依頼によって*堕胎を行う民間の女性施術者。子卸婆《こおろしばば》・隠婆《おんば》ともいう。*出産を介助する民間の*産婆「*取り上げ婆」は、頼まれると堕胎《だたい》も行うことが多かった。また(山崎由良治『存念書』、一八三四年)によれば、堕胎を専門とする施術者もいて、患者の帰宅後胎が落ちるように薬の量を加減したと評判されている。堕胎には、水銀系の差し薬が多用されたが、鯨の髭や牛蒡《ごぼう》などが用いられることもあった。元文四年(一七三九)上方の雑俳『とはず口』に「世の中よ、取り上げばゝに子さしばゝ」とある。

参考文献　太田素子編『近世日本マビキ慣行史料集成』、一九九七、刀水書房。徳田彦安『日本堕胎史』(『日本〈子どもの歴史〉叢書』二三、一九九八、久山社)。沢山美果子『性と生殖の近世』、二〇〇五、勁草書房。　　(太田　素子)

ごさんぶるいき　御産部類記　天皇および親王《しんのう》・*内親王の誕生関係記事を諸記録類から集め、編纂《へんさん》した部類記。全十九巻。巻十六は西園寺公衡《さいおんじきんひら》が編者に比定されるが、ほかは未詳。鎌倉時代に段階的に成立したものと考えられる。構成は巻一が目録部、巻二—十六の本体部に醍醐《だいご》天皇(仁和《にんな》元年(八八五)正月十八日誕生)から貴子《きし》内親王(後深草《ごふかくさ》皇女、弘長《こうちょう》二年(一二六二)六月二日誕生)まで計二十六名の誕生関係(着帯《ちゃくたい》・祈禱《きとう》・御産・産養《うぶやしない》・行始《ゆきはじめ》・五十日儀《いかのぎ》・百日《ももか》儀・魚味始《まなはじめ》・立太子など)の記録が時代順にまとめられ、巻十七—十九の附属部には「代々浴殿読《ゆどのとく》書役《しょやく》例」等の記録類を収める。引用記録は四十六種に及び、本書のみで確認できる貴重な史料も多い。伏見宮《ふしみのみや》本が宮内庁書陵部《しょりょうぶ》蔵。『図書寮叢刊』に翻刻がある。

参考文献 『御産部類記』下解題(図書寮叢刊)、一九八二、明治書院。詫間直樹「伏見宮本『御産部類記』について」(田島公編『禁裏・公家文書研究』二〇〇三、思文閣出版)。

(野田有紀子)

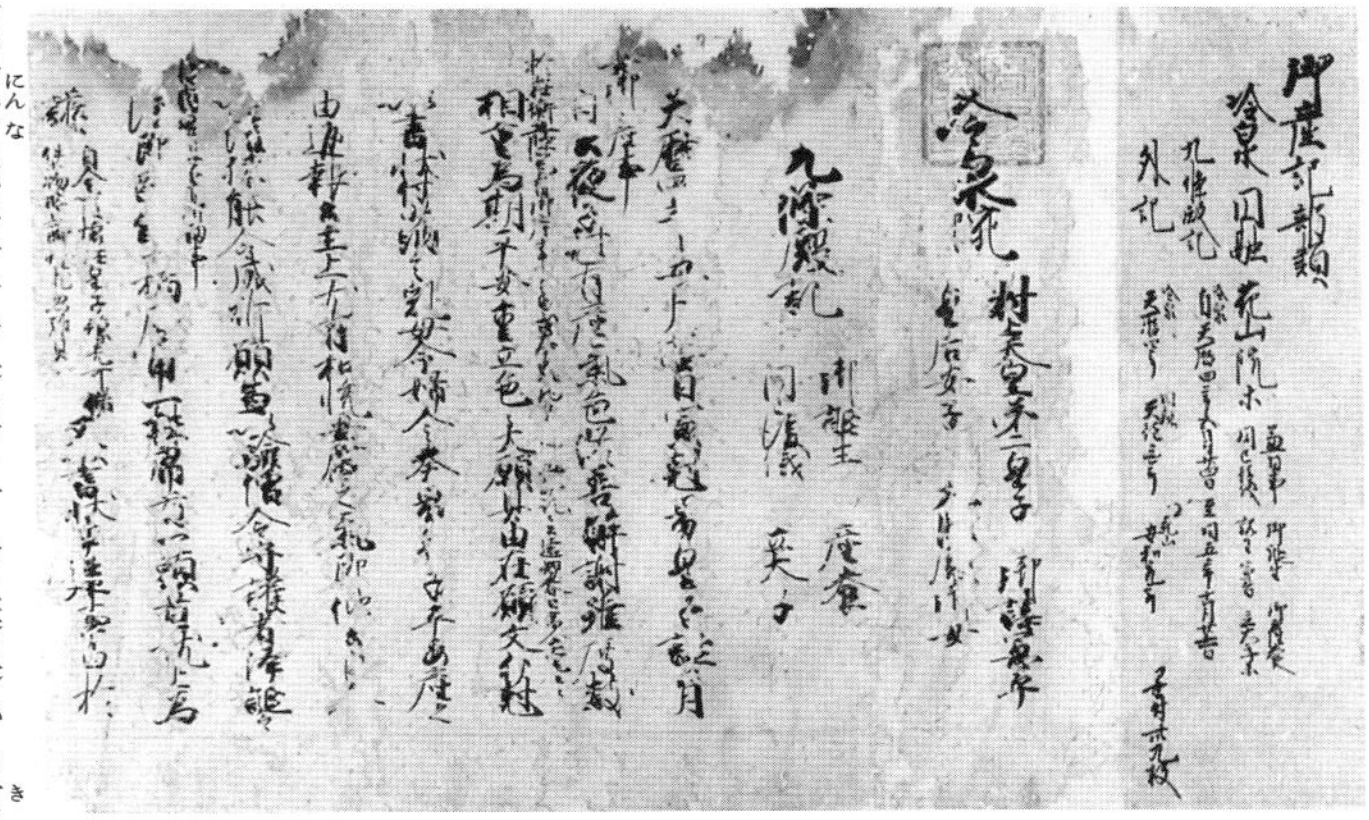

『御産部類記』巻三

こじき 古事記 現存する日本最古の歴史書。和銅《わどう》五年(七一二)に太安万侶《おおのやすまろ》によって完成した。安万侶が書いた序によると、天武天皇(六七三—八六在位)が編纂《へんしゅう》を企画し*稗田阿礼《ひえだのあれ》に命じて古記録(帝紀《ていき》・旧辞《きゅうじ》)を誦《よ》み習《なら》わせたが業半ばで天武は没し、*元明《げんめい》天皇がその完成を安万侶に命じたという。八年遅れて養老《ようろう》四年(七二〇)には全三十巻の堂々たる正史『日本書紀』が完成し、日本古代はほぼ同時期に成立した二つの歴史書をもつことになった。『古事記』は全三巻で上巻は天地開闢《てんちかいびゃく》から天孫降臨《てんそんこうりん》に至る神話と呼ばれる部分、中巻は神武《じんむ》天皇から応神《おうじん》天皇に至る伝説的部分、下巻は仁徳《にんとく》天皇から*推古《すいこ》天皇に至る歴史的部分からなる。下巻は五・六世紀のいわゆる倭《わ》の五王《ごおう》以後の時代と対応している。『日本書紀』が仁徳以後の歴史記事に重きを置くのに比べ神話・伝説部分の比重がきわめて大きい。それはこの書が歴史事実の記録より、天皇家をはじめとする支配層の由来を天地開闢以来の神々に求め、彼らの出自の正統性と権威の根拠を明らかにすることに主要な目的を置いているためである。その意味で「起源」の書である。なお神話部分について『日本書紀』と比較すると、この書よりむしろ『日本書紀』(の一書)の方に素材である古記録の姿がそのまま残されていることが多く、一見素朴にみえるこの書が意外に高度な加工を施《ほどこ》されていることが明らかになっている。また同時にこの書は歴史的に重要な朝鮮半島との軍事・外交関係や外来文化の受容にはあまり関心を置かず、たとえば仏教伝来記事もなくいわば国粋的ともいえる側面をもっている。歴史書として読む読者はこれらの特色に留意する必要がある。しかし素材である古伝承そのもののもつ何ものにも替えがたい価値と、古代日本人の「言《こと》と意《こころ》」をできる限り伝えようとした安万侶の熱意が生んだ文章によって、正格漢文で書かれた『日本書紀』とは異なる直接私たちの心に響く魅力をこの書はもっている。

参考文献 西郷信綱『古事記の世界』(岩波新書)、一九六七、岩波書店。上田正昭編『古事記』(日本古代文化の探求)、一九七七、社会思想社。梅沢伊勢三『古事記と日本書紀の成立』、一九八六、吉川弘文館。

(溝口睦子)

こじきでん 古事記伝 『*古事記』の注釈書。*本居宣長《もとおりのりなが》著。四十四巻。明和四年(一七六七)三十八歳に起筆し(明和元年とも)、三十二年後の寛政十年(一七九八)九月に浄書本完成。寛政二年に初帙《ちつ》五冊(巻一—五)刊行、同四年第二帙六冊(巻六—十一)、同九年第三帙六冊(巻十二—十七)刊行するも、享和元年(一八〇一)九月に七十二歳で死去。文政五年(一八二二)に至って版本上梓が完成した。版本には付巻がある。巻二十五から二十九までの版下は宣長の次女美濃《みの》が書いた。書肆《しょし》は名古屋の永楽屋東四郎《えいらくやとうしろう》ほか。本文校訂・訓読・語釈を一貫し、広汎《こうはん》な資料を駆《く》使《し》した文献学的研究書で、今日でも『古事記』研究の基礎的な注釈書である。江戸時代には『古事記』の流布本として寛永版本と度会《わたらい》(出口《でぐち》)延佳《えんが》本があり、延佳本の頭《かしら》書《がき》にはいくらか注釈があったものの、『古事記伝』のような本格的な注釈書はなかった。『古事記伝』初帙刊行の年、*只野真葛《ただのまくず》(『独考《ひとりかんがえ》』の著者)は二十七歳で、以後、この書から大きな示唆を受けた。『本居宣長全集』九—一二(筑摩書房)所収。

参考文献 脇田晴子・林玲子・永原和子編『日本女性史』、一九八七、吉川弘文館。

(小川 幸代)

こしきぶのないし 小式部内侍 ?—一〇二五 平安時代の女流歌人。父は和泉守《いずみのかみ》橘道貞《たちばなのみちさだ》。母は*和泉式部。母とともに*上東門院彰子《じょうとうもんいんしょうし》に仕えた。彰子の父藤原道長の子息教通《のりみち》をはじめ多くの貴公子に愛されたが、藤原公成《きんなり》の子を産んでまもなく、万寿《まんじゅ》二年(一〇二五)十一月に二十六歳前後で没した。母和泉式部が丹後(京都府)に下っている時、貴公子にからかわれ、即座に才気あふれる歌で切り返したという逸話《いつわ》が有名である。

参考文献 武田早苗「小式部内侍「大江山」歌の背景」(『相模国文』三〇)、二〇〇三。

(和田 律子)

こじじゅう 小侍従 生没年不詳 平安時代の女流歌人。建仁《けんにん》二年(一二〇二)に八十歳以上で健在であったかといわれる。父は石清水八幡宮別当紀光清《いわしみずはちまんぐうべっとうきのみつきよ》。母は、*和泉式部にもなぞらえられた女流歌人*小大進《こだいじん》。高倉《たかくら》天皇等に仕え晩年は出家した。当代一流の歌人として名高く、家集に『小侍従集』がある。若いころ、恋人を「待つ宵《よい》」と「帰る朝《あした》」と、哀れ深いのはどちらかと聞かれ、「待つ宵」のあわれさをみごとに歌に詠んだことから、「待つ宵の小侍従」と呼ばれたと、『*平家物語』は伝える。

参考文献 森本元子『私家集の研究』、一九六六、明治書院。糸賀きみ江『中世の抒情』（笠間叢書）、一九七九、笠間書院。

（和田 律子）

こじじゅうのつぼね 小侍従局 ⇩尾崎局《おざきのつぼね》

こしのうばい 越優婆夷 ⇩生江家道女《いくえのいえみちめ》

こしまき 腰巻 〔中世〕㈠能楽で、女役が着付けと呼ばれる間着《あいぎ》用の*小袖《こそで》の上から、縫箔《ぬいはく》地の小袖を両肩を脱いで袖を後方に垂らして着用する着装法。本来は単純に両腕を袖に通さず腰に巻きつけるようにしていた避暑などの便宜《べんぎ》上の着装法が一個の着装法として確立・定着したと考えられる。能楽における腰巻姿は室町時代に行われていた小袖の着装法のなごりとみられるのである。㈡、㈠の着装法が公武の女性に広まり、中・近世の公家女性の礼装の一種となったもの。女嬬《にょじゅ》が掛衣《かけごろも》と称して小袖の上に腰から上を脱いで巻いた着装法が生まれた。こちらは御湯殿《おゆどの》奉仕の女性の用いていた「湯巻《ゆまき》」が起源ともいわれる。㈢また、中近世の*武家女性、近世では特に大名家の子女の正装の一種。最上衣の小袖を腕を袖に通さず腰のあたりに巻いたもので肖像画などによくみられる。㈠が起源と見られ、「腰巻姿」「小袖腰巻姿」とも呼ばれた。*打掛《うちかけ》を最上衣とする腰巻姿もある（打掛腰巻姿）。夏用の正装。㈣現代のきもの姿で用いられる直に身に付ける腰から膝のあたりまでを覆う女性用の*肌着。「ゆもじ」とも呼ぶ。

参考文献 鈴木敬三『有職故実―国語・国文資料図集―』、一九六七、全国教育図書。

（佐多 芳彦）

〔民俗〕女性が腰から脚部にかけてまとう服装。宮中の*女房の夏の礼装として絵巻物などにある。能楽で女性役の装束の付け方の一つでもある。下着としての腰巻は、七歳から十三歳で行う*成女式《せいじょしき》ではじめて身につけ、その腰巻は叔母からもらうものであった。腰巻には呪術的な力があるとされ、火事のときには高い所に上がって腰巻を振ると助かるという。また、生まれたばかりの赤子はボロ包みといってボロ布に包んでおくものだといわれ、ボロとして母親の腰巻を用いることもあった。仕事着としての腰巻は、下着の腰巻の上に重ねるものである。上衣は腰丈の短衣か長着を短くたくし上げて着た。女性の仕事着の下衣は、おもに山袴《やまばかま》を用いる地域と腰巻を用いる地域があり、腰巻は東北地方の内陸部以外にひろく分布している。しかし、腰巻をつける地域でも水田では股《もも》引《ひき》、畑では腰巻というように使い分けをする地域もあって一様ではない。

参考文献 中村ひろ子「仕事着から衣を考える」（『女性と経験』一三）、一九八八。大藤ゆき「生と死のきもの」（『女性と経験』一四）、一九八九。

（山崎 祐子）

こじまのおとめ 児島娘子 ⇩筑紫娘子《つくしのおとめ》

こじまのはる 小島の春 昭和時代のハンセン病患者への強制隔離《かくり》政策を描いた記録。岡山県にある国立ハンセン病療養所長島愛生園《ながしまあいせいえん》の医官小川正子《おがわまさこ》が、瀬戸内の島や四国地方でハンセン病患者の強制隔離に携わった体験をまとめたもので、一九三八年（昭和十三）十一月に長崎書店から出版された。小川は山梨県春日居《かすがい》町出身で、東京女子医学専門学校卒業後、一九三三年から長島愛生園に勤務していた。この本には、すべてのハンセン病患者を隔離する絶対隔離を「祖国浄化」のための使命と感ずる若い*女医が、悲惨《ひさん》なハンセン病患者のために献身的に尽すという構図が一貫され、ベストセラーともなり、現在でも絶賛する評者もいるが、患者への同情を示す*貞明《ていめい》皇后への報恩のため、強制隔離に応じることを患者の義務とするなど、当時の「無癩県運動」を推進することを主要な課題としていた。さらに一九四〇年には映画化され、絶対隔離政策を支える世論形成に大きく貢献した。

参考文献 藤野豊『「いのち」の近代史―「民族浄化」の名のもとに迫害されたハンセン病患者―』、二〇〇一、かもがわ出版。

（藤野 豊）

こしもと 腰元 家内《かない》労働の奉公人《ほうこうにん》。一説には、上流の商家に奉公する侍女を指し、武家の奥向きに勤仕《きんじ》する*女中を指すものではない、といわれている。しかし、元禄三年（一六九〇）に刊行の『*人倫訓蒙図彙《じんりんきんもうずい》』一には、「公家・武家・平人《へいじん》とも通じていふ也」とあり、公家・武家らの貴人や、上流の商家も含め、その奥向きに仕えて身辺の雑用をする女・侍女と捉えられる。

参考文献 谷川建一編『日本庶民生活史料集成』三〇、一九八二、三一書房。

（神田 裕理）

こしゅ 戸主 ⇩戸《こ》

こしゅけん 戸主権 ⇩家制度《いえせいど》

ごしょうさんしょう 五障三従 〔仏教教義〕五障は大乗仏教の語で、女が五つのすぐれた存在になれない、五つの存在からへだてられているということを表わす女性差別の言葉。『法華経《ほけきょう》』提婆達多品《だいばだったほん》では、女は梵天王《ぼんてんおう》・帝釈《たいしゃく》天《てん》・魔王・転輪成王《てんりんじょうおう》・仏の五つになることができないという説が紹介される。ただし、そんな女の身でも『法華経』の力によれば、男に変身（*変成男子《へんじょうなんし》）して成仏することができるという教えが説かれる。五障はその結論の前提として持ち出される概念で、提婆達多品全体で女性差別の女人成仏論《にょにんじょうぶつ》が説かれている。日本ではやがて女性が五つの存在からへだてられているという本旨を離れ、女に特有に内在する罪、煩悩《ぼんのう》、業《ごう》という意味をまとっていった。三従は「女は家にあっては父に従い、嫁《か》しては夫に従い、老いては子に従う」という*男尊女卑《だんそんじょひ》の教え。『礼記《らいき》』『マヌ法典』などにみえる。日本古代では「五障」の語は単独で用いられたが、中世になると「五障三従」

と重ねられるのが普通となり、女の罪深く悲しい身の上を表現するきまり文句となっていった。

参考文献 大隅和雄・西口順子編『救いと教え』(シリーズ女性と仏教二)、一九八九、平凡社。 (吉田 一彦)

〔中世〕古代インドで成立した女性差別観。五障は『法華経《ほけきょう》』提婆達多品《だいばだったほん》などに説く女性の罪障《ざいしょう》。女性はそのままでは梵天王《ぼんてんおう》・帝釈《たいしゃく》・魔王・転輪聖王《てんりんじょうおう》・仏の五種にはなれず、成仏するには男性に生まれ変わる変成男子《へんじょうなんし》が必要であるとする。三従は「さんじゅう」ともいい、幼いときは親に従い、嫁《か》しては夫に、老いては子に従うべきだとの考え。インドの『マヌ法典』にみえ、仏教に流入して日本に伝わった。奈良時代には*家父長《かふちょう》制家族が未成立であったこともあって、いずれの観念も広まっていないが、五障観は摂関時代に貴族社会に定着した。三従観はそれよりも遅れ、十二世紀から五障三従とセットになって流布するようになる。旧仏教はこのような女性の罪深さを強調しながら、その救済を説いて貴族女性の信仰を獲得しようとした。ただし旧仏教が女性の罪障消滅を死後の変成男子に求めたのに対し、*鎌倉新仏教は信仰・修行による生前の罪障消滅や五障観そのものを否定したりした。五障三従観の庶民への定着はさらに遅れて室町・戦国時代と推測されている。

参考文献 平雅行「顕密仏教と女性」(『日本中世の社会と仏教』一九九二、塙書房)。野村育代「鎌倉時代の古文書にみる女性の仏教認識・心性」(『仏教史学研究』三九ノ一)、一九九六。 (平 雅行)

〔近世〕一定の立場、特に仏教の立場から女性を教化するとき説かれた教え。五障とは、女性は、女性であるために梵天《ぼんてん》・帝釈天《たいしゃくてん》・魔王・転輪聖王《てんりんじょうおう》・仏身の五つの地位を得ることができないという五つのさわりのことをいう。三従とは、女性は、生家では父に従い、嫁《か》しては夫に従い、夫の死後は、子に従うことの三つであり、女性は、これを守らなくてはならないとされ、仏教や儒教の教化の基本として女性に強制された。この五障と三従は、ともに男性に対する女性の劣性を意味するものであり、それは女性の宿命とされた。これらは、女性への教戒《きょうかい》を記した*女訓書《じょくんしょ》の随所にちりばめられているが、江戸時代においては、*家制度との絡《から》みもあって、「三従」に重点がおかれるようになる。「五障」はやや後景に追いやられ、女性が守るべき方向性をわかりやすく示すために、「三従」だけを採り上げて詳述した『女三従の道』といった女訓書も編み出されるようになる。

参考文献 笠原一男『女人往生思想の系譜』(日本宗教史研究叢書)、一九七五、吉川弘文館。アジア女性史国際シンポジウム実行委員会編『アジア女性史』、一九九七、明石書店。野村育世『仏教と女の精神史』、二〇〇四、吉川弘文館。 (菅野 則子)

こしょうしょう 小少将 生没年不詳 戦国時代、越前《えちぜん》国の戦国大名朝倉義景《あさくらよしかげ》の*側室。斎藤兵部少輔《さいとうひょうぶのしょう》の女《むすめ》。『朝倉始末記』によれば、*正室細川晴元女《ほそかわはるもとむすめ》の没、近衛稙家女《このえたねいえむすめ》との離別、側室小宰相局《こさいしょうのつぼね》の没とその間に生まれた嫡男《ちゃくなん》阿《くま》君《きみ》の夭折《ようせつ》により落胆していた義景に引き合わされ、その寵愛《ちょうあい》をうけるようになったという。義景の子愛王を生んだことで権力を保持し、*女房衆ともども御前沙汰《ごぜんざた》や国中の公事《くじ》沙汰に介入するなど、朝倉氏衰退の一因をつくったとされる。

参考文献 『朝倉始末記』五(日本思想大系一七)、一九七二、岩波書店。 (阿部 浩一)

こじょうるり 古浄瑠璃 室町時代中期から江戸時代前期の語り物。*浄瑠璃のなかでも義太夫節《ぎだゆうぶし》成立以前のものをいう。『浄瑠璃御前物語《ごぜんものがたり》』を語ったことに始まる。はじめは扇拍子《おうぎびょうし》を伴ったが、やがて*三味線を伴奏とし、さらに操《あやつり》人形劇と結び付いた。作品にはほかに『阿弥陀胸割《あみだのむねわり》』『牛王《ごおう》の姫』や、江戸で生まれた金平《きんぴら》浄瑠璃などがある。太夫では、京都の監物《けんもつ》(河内)、左内《さない》(若狭守)、女太夫の六字南無右衛門《ろくじなむえもん》、宇治加賀掾《うじかがのじょう》、江戸の杉山丹後掾《すぎやまたんごのじょう》、薩摩《さつま》浄雲《じょううん》、桜井丹波掾《さくらいたんばのじょう》、大阪の岡本文弥《おかもとぶんや》、井上播磨掾《いのうえはりまのじょう》などが有名。女太夫は寛永六年(一六二九)に禁止された。

参考文献 横山重他編『古浄瑠璃正本集』、一九六四-八二、角川書店。『古浄瑠璃正本集』、一九六九-九四、大学堂書店。『若月保治浄瑠璃著作集』四、一九九八、クレス出版。『古浄瑠璃説経集』(新日本古典文学大系)、一九九九、岩波書店。 (菅原 正子)

ごじんじょろう 御陣女郎 ⇨桂女《かつらめ》

ごしんぞう 御新造 大名の*嫡子《ちゃくし》の室(妻女)の呼称。『*塵塚談《ちりづかばなし》』には十八世紀半ば以降になると、幕府の下級役人や武家に一期《いっき》奉公《ほうこう》する者たちの妻、相応に暮らす町人の妻にも用いられ、さらには、浅草の札差《ふださし》などは、自分の娘を「御新造様」と呼ぶような始末、一般町人たちが言葉遣いをはじめ礼儀なども武家を真似るようになり「僭上無礼《せんじょうぶれい》」なることはなはだしいと記す。日常生活のなかでの女性の諸変化、また、呼称のあり方までも変化したことに、従来からの社会の枠組みの緩みを見る。

参考文献 小川顕道・宮川政運『塵塚談・俗事百工起源』、一九八一、現代思潮社。 (菅野 則子)

ごぜ 瞽女 *三味線をひき歌いながら門付《かどづけ》をして歩いた盲女。また、箏《そう》や三味線を富裕な家の娘に教えたり、酒宴の場で奏するのを生業《なりわい》とした者もあった。城下町や門前町などでは瞽女仲間の組織があり、武州の松山では百人を数えたともいうが、当道(惣検校を頂点とする盲人男性の座)のような全国的組織ではなかった。瞽女仲間は「式目《しきもく》」「御条目《おじょうもく》」「御縁起」などと呼ばれる由来書を有し、「嵯峨《さが》天皇の姫君」を始祖と伝承するものも多い。師匠(親方)は弟子と同居し芸を伝授、何人か連れ立って村々を巡業する旅に出た。その際歌われた曲には、語り物(祭文《さいもん》松坂・口説《くどき》)と歌謡(*常磐津《ときわづ》・清元《きよもと》・長唄《ながうた》・祝儀唄《しゅうぎうた》・その時々の流行歌など)があった。瞽女の来訪は各地の村の人々にとって、娯楽をもたらすものであると同時に、*養蚕や稲作、安産や子育てに効があるとして歓迎された

瞽女(『百人女郎品定』より)

という。大坂では当道の男性師匠の多いなか、三味線を教えたが、特に箏の師匠(ごぜ箏)をする者が多かった。元禄八年(一六九五)刊の菱川師宣《ひしかわもろのぶ》『*和国百女《わこくひゃくじょ》』や、西川《にしかわ》祐信《すけのぶ》『*百人女郎品定《ひゃくにんじょろうしなさだめ》』(いずれも『日本庶民生活史料集成』三〇に所収)に当時の瞽女の姿がみえる。

参考文献 佐久間惇一『瞽女の民俗』(民俗民芸双書)、一九八三、岩崎美術社。中川すがね「歌三味線の周辺」(塚田孝他編『身分的周縁』一九九四、部落問題研究所出版部)。

(椙山　聖子)

ごせいばいしきもく　御成敗式目　鎌倉幕府によって、貞永《じょうえい》元年(一二三二)、鎌倉幕府成立以来の慣習法や判例などを基本にして、*御家人《ごけにん》の権利・義務をはじめ所領相続の方法や罰則等を定めた五十一ヵ条よりなる成文法。その中には女性に関係する八項目の条文が存在する。第十一条には、夫が大犯三箇条《だいぼんさんかじょう》を犯した重大な罪科の場合は、その妻女の所領も没収されるが、ただし刃傷《にんじょう》・殺害《せつがい》などでも、夫が偶発的に起したものは、妻女に罪を及ぼすことはないと定めている。第十八条は、女性に譲られた所領に対する親の*悔返権《くいかえしけん》を認めている。その意図は悔返権を認めることによって、女性への所領譲与を促進するためとしている。第二十一条は、罪科がない妻妾《さいしょう》が、夫から離別された場合は、夫から譲られた所領を夫に返す必要はないとしている。第二十三条は、律令では認められていない、女子が養子に所領を譲ることを認めたものである。第二十四条は、夫の死後、*後家《ごけ》が生前に夫から譲られていた所領等を放棄すれば、*改嫁《かいか》することができるとしている。第二十五条は、関東御家人の女子が、京都の公卿《くぎょう》と結婚した場合、関東公事《かんとうくうじ》は従来通り負担すべきであるとし、それができない場合は、所領を辞退すべきであると定めている。第三十四条は、他人の妻と*密通した場合は、男女ともに所領の半分を没収するものとした。また町中で女を捕えた者は、御家人は百ヵ日の出仕停止、郎従《ろうじゅう》以下の者は片方の鬢髪《ひんぱつ》を削り、法師の場合はケースバイケースによると定めている。第四十一条は、奴婢《ぬひ》の生んだ子供は、良民の場合と同様、男児は父に、女児は母に付けるとしている。鎌倉幕府は、これにより女性を単なる夫の従属者と考えることなく、独立した地位を認めようとする基本的姿勢を示している。

参考文献 佐藤進一・池内義資編『中世法制史料集』一(補訂版)』一、一九六九、岩波書店。植木直一郎『御成敗式目研究』、一九七六、名著刊行会。瀬野精一郎「貞永式目と女性」(坪田五雄編『鎌倉時代の女傑』一九七八、暁教育図書)。『中世政治社会思想』上(日本思想大系新装版)、一九九四、岩波書店。

(瀬野精一郎)

こせき・けいちょう　戸籍・計帳　戸籍と計帳(大帳《だいちょう》とも)をあわせて籍帳《せきちょう》と呼ぶ。戸籍は、*班田収授《はんでんしゅうじゅ》などのため戸《こ》を単位に六年ごとに作られる人口台帳で、大宝二年(七〇二)の御野《みの》国戸籍を最古として数例が伝わる。計帳は、調《ちょう》・庸《よう》・雑徭《ぞうよう》を徴収するための台帳で、各戸から提出された手実《しゅじつ》をもとに毎年作成された。『延喜式《えんぎしき》』主計下に書式が載り、また実例として右京や山背《やましろ》国の計帳が伝わっている。それらによれば計帳(大帳)は、国・郡ごとの総計の「大帳目録」と、戸ごとの個別集計の「計帳歴名《れきみょう》」からなる。籍帳の分析から、律令国家の人民支配や*家族形態が論じられているが、籍帳に見る家族を実態を反映したものとするか、当初は実態であっても造籍《ぞうせき》が繰り返されるほど擬制的になるとするか、あるいは全く実態とは異なっていて籍帳からは家族形態は分析できないとするか、に議論が分かれる。なお、近年に漆紙文書《うるしがみもんじょ》として戸籍・計帳や関連する戸口増益帳《ここうぞうえきちょう》・死亡帳などが出土し、その分析が進められている。テキストとしては『大日本古文書』(正倉院編年文書)一・二四、『寧楽遺文』上ほか。また杉本一樹『日本古代文書の研究』に現存籍帳一覧表がある。

参考文献 鎌田元一『律令公民制の研究』、二〇〇一、塙書房。杉本一樹『日本古代文書の研究』、二〇〇一、吉川弘文館。

(荒井　秀規)

こせきせいど　戸籍制度　〔古代〕*戸籍の作成は中国の戦国時代に始まるが、『日本書紀』によれば、日本でも六世紀に畿内《きない》の渡来人集団の戸籍が作成されている。大化改《たいかかい》新詔《しんのみことのり》にも戸籍作成が唱われ、白雉《はくち》三年(六五二)に造籍記事が載るが、全国規模での戸籍は天智天皇九年(六七〇)の『庚午年籍《こうごねんじゃく》』が最初である。続く持統《じとう》天皇四年(六九〇)の『庚寅年籍《こういんねんじゃく》』は、『飛鳥浄御原令《あすかきよみはらりょう》』に基づくもので、良《りょう》賤《せん》の身分を確定し、里制の施行に機能したらしい。人民は戸を単位に戸籍に登録され、口分田《くぶんでん》が班給《はんきゅう》される一方で田租《でんそ》や兵役《へいえき》が課され、また、毎年作成される計帳によって調《ちょう》・庸《よう》・雑徭《ぞうよう》が徴収された。このように戸籍は律令国家の人民支配のための基本台帳であったが、同時に氏《し》姓《せい》や良賤身分を確定するものでもあった。*戸令に戸籍の保存期間は三十年とされているが、『庚午年籍』だけは氏姓の根本台帳として永年保存され、また、神戸《かんべ》・雑戸《ざっこ》・陵戸《りょうこ》などは一般公民とは別に戸籍が作られた。戸籍の実例は、大宝二年(七〇二)の御野《みの》(美濃)・筑前《ちくぜん》・豊《ぶん》後《ご》国戸籍を最古とし、郷里《ごうり》制下養老五年(七二一)の下総《しもうさ》国戸籍や延暦《えんりゃく》期以後の常陸《ひたち》国戸籍が正倉院に伝わる。戸令によれば戸籍は、六年ごと(実例として七年ごとがある)に一里(郷)一巻で作成され、実例によれば、戸ごとに戸の等級、戸主や戸口の姓名・続柄・性別・年齢・年齢呼称・官職・位階・身体障害・疾病や課・不課の別と戸全体の口分田受田額などが記されるものであった。しかし、現存各戸籍は依拠《いきょ》した造籍式によって記載様式が異なっていて、たとえば、美濃国戸籍は戸ごとにまず男、次に女を記すが、下総国戸籍は郷戸《ごうこ》・房戸《ぼうこ》の別があり、戸主からの続柄ごとに男・女の順で記されている。なお、平安時代でも、延喜二年(九〇二)の阿波国戸籍のほか周防《すおう》・讃岐《さぬき》国などの戸籍断簡《だんかん》が伝わるが、不課口《ふかこ》である女性・子供・老人が多く記されているなど、*班田収授の不実行ほか*律令制の変質・弛緩《しかん》によって戸籍としての実態はすでになく、平安時代後期には戸籍の作成自体が確認されなくなる。

参考文献 岸俊男『日本古代籍帳の研究』、一九七三、塙書房。久武綾子『氏と戸籍の女性史―わが国における変遷と諸外国との比較―』(Sekaishiso seminar)、一九八八、世界思想社。南部昇『日本古代戸籍の研究』、一九九二、吉川弘文館。 (荒井 秀規)

〔近現代〕近代日本において、はじめて全国的な戸籍制度を創設したのは明治四年(一八七一)の戸籍法で、これに基づき翌年編製されたのが壬申戸籍《じんしんこせき》である。戸には戸主《こしゅ》が定められ、戸主との関係で戸籍に記載する順序を「戸籍同戸列次ノ順」とし、その順序は、江戸時代の*宗門人別改帳《しゅうもんにんべつあらためちょう》の多くが、当主の次に妻子・*隠居《いんきょ》した父・母としていたのに対し、戸主・(高・曾)祖父母・父母・妻・子・婦(子の妻)・孫・曾孫《そうそん》・玄孫《げんそん》・兄弟・姉妹(以下略)というように、尊属《そんぞく》・直系・男性を上に、卑属《ひぞく》・傍系《ぼうけい》・女性を下にするものであった。「妻」と記載されたのは戸主の妻のみで、戸主以外の家族の妻は「婦」と記載された。戸主は家族に関する届出の権利義務者とされたので、家族に対して支配権を持った。また、戸籍法には妾《めかけ》についての規定はなかったが、明治三年の*新律綱領《しんりつこうりょう》の五等親図には、妾は妻とともに夫にとって二等親(妻妾《さいしょう》二等親)とされていたため、妾は妻と同様、届出送入籍がなされていた場合には、戸籍には妻の後に記載された。一八八〇年の旧刑法親属例は妾を*親族として認めなかったため、その後の戸籍からは妾を実家の戸籍に復籍させるように指令された。その後、一八八六年の内務省令戸籍取扱手続、一八九八年民法親族編・相続編の公布・施行に伴い新たな戸籍法が制定されたが、戸籍における妻・婦の位置は変わらなかった。戸主の届出権は同意権となった。一九一四年(大正三)の戸籍法でも、記載順序は「戸主・戸主ノ直系尊属・戸主ノ配偶者・戸主ノ直系卑属及ヒ其配偶者・戸主ノ傍系親及ヒ其配偶者」と変わらなかった。大きなことは、*女戸主が入夫婚姻をした場合において、*明治民法第七三六条が「女戸主カ入夫婚姻ヲ為シタルトキハ入夫ハ其家ノ戸主ト為ル但当事者カ婚姻ノ当時反対ノ意思ヲ表示シタルトキハ此限ニ在ラス」と規定していたのに対して、この戸籍法は「入夫婚姻ノ場合ニ於《お》テ入夫カ戸主ト為ルトキハ其旨」の記載を求め、当事者夫婦の意思表示がなければ妻が女戸主の地位にとどまることを規定し、民法が入夫が戸主、例外として妻が女戸主としていたのを逆転したことである。また、戸籍を同じにしていても、農家の次男以下が都市化の社会状況で都市部に働きに出て居住するようになり、戸籍と家族の実態との乖離《かいり》が大きくなったため、寄留法《きりゅうほう》が制定された。戦後の家族法改正に伴い、当然戸籍法の改正も必要となり、夫婦とその間の未婚の子により編製される現在の戸籍となった。憲法の個人主義からすると個人別の登録が望ましいとの意見が出されたが、実務上の理由で現在の戸籍制度となった。しかし、現行戸籍には戸籍筆頭者があり、それは婚姻の際夫婦の氏として夫の氏か妻の氏かのどちらかを選択したことにより決まるが、約九八%が夫の氏を選択し、夫が筆頭者になっているということは、戸籍における夫の優位を現わすものとなっている。夫婦の独立、平等という観点からすると、戸籍ではなく個籍が望ましい。

参考文献 利谷信義他編『戸籍と身分登録』、一九九六、早稲田大学出版部。 (白石 玲子)

ごせちのまいひめ 五節舞姫 *大嘗祭《だいじょうさい》や新嘗祭《しんじょうさい》に五節舞を舞う女性。天武天皇が吉野宮で琴を弾くと神女が曲に応え舞ったのが五節舞姫の起源だと『年中行事秘抄《ねんじゅうぎょうじひしょう》』所引『本朝月令《ほんちょうがつりょう》』には説明されている。天平十五年(七四三)五月五日、聖武天皇は、天武天皇が天下統治のために創設した五節舞を*元正《げんしょう》太上天皇に奉献するため、皇太子安倍《あべ》内親王に教習させ舞わせた。五節舞は「君臣祖子」を教導する舞であると記している(『続日本紀《しょくにほんぎ》』)。八世紀には、大仏開眼供養《だいぶつかいげんくよう》等で数回舞われており、*伊勢神宮では、六月と九月の祭終了後の直会《なおらい》で斎宮采女《さいぐううねめ》のみが舞っている。大同三年(八〇八)十一月に奏されたのが大嘗祭での初見史料であるが、桓武朝から始まった可能性が示唆《しさ》されている。以後、新嘗祭と大嘗祭には五節舞が恒例行事となる。十世紀初頭の三善清行《みよしきよゆき》の『意見封事十二箇条《いけんふうじじゅうにかじょう》』

五節舞姫(『舞楽図』より)

や宇多天皇の『寛平御遺誡《かんぴょうのごゆいかい》』には、五節舞姫は舞終了後天皇の寝室に侍《はべ》る風習があり、嵯峨《さが》・仁明《にんみょう》朝はとりわけ諸家に舞妓を撰進させたので、諸家は*入内《じゅだい》させるつもりで娘に舞わせた。しかし、五節舞姫の決定や経営が大変なので、宇多天皇が、公卿《くぎょう》二人・殿上《でんじょう》一人・*女御《にょうご》一人に舞姫を貢進させ、舞終了後、直ちに家に帰らせるように息子の醍醐《だいご》天皇に厳命したので、五節舞姫と天皇との性愛関係はなくなった、とある。十世紀初頭には参議 源《みなもとの》悦《よろこぶ》が娘を舞姫に貢進しているが、以後は、たとえば公卿太政大臣藤原忠平《ただひら》が故伊予介 源 相国《いよのすけみなもとのすけくに》娘を貢進したように、受領層などの下級貴族の娘が五節舞姫となった。その後朝廷の*女房として出仕する場合もあった。毎年十月初旬、五節舞姫貢進者が決定すると、舞姫と付き添いの童女《どうじょ》二人、下仕《しもづかえ》四人を選び、舞姫経験者の舞師に教習させる。十一月中子日《なかのねのひ》の夜、内裏常寧殿《だいりじょうねいでん》の四隅に設営された各五節所《ごせつどころ》に参入、中丑日《なかのうし》は天皇出御《しゅつぎょ》のもと常寧殿で五《ご》節帳台試《せっちょうだいし》、中寅日《なかのとら》は、舞姫が清涼殿《せいりょうでん》に参入し*皇后や*内親王らが見物する五節御前試《ごせつごぜんし》、中辰日《なかのたつ》が豊明節会《とよのあかりせちえ》で紫宸《ししん》殿《でん》等で天皇出御のもと群臣に酒肴《しゅこう》が賜与《しよ》され、最後に舞姫が五節舞を舞った。平安時代中期の新嘗祭には、付き添いの童女や下仕を天皇が清涼殿で見る童女御覧もあった。また、平安時代後期ころからは寅や卯《う》の日に五節淵《ごせちえん》酔《ずい》と呼ばれる無礼講的な宴会で公達《きんだち》が歌い舞った。この五日間、舞姫は豪華で重い装束を毎日着替え、身に纏《まと》い、顔を晒《さら》し、煌々《こうこう》とした燈火《とうか》の下で舞わねばならなかったため、緊張と疲労で、倒れたり病気になったりすることが多かった。十四世紀中ごろからは大嘗祭の時のみになり、戦国時代には廃されていたが、宝暦《ほうれき》三年(一七五三)に再興された。大正天皇即位の大嘗祭に楽曲や歌詞・舞も改定されて復活され、昭和天皇・今上天皇の各大嘗祭にも五節舞姫が選ばれ舞った。当初は、新嘗祭で天皇が*采女らと性関係を持つ聖婚的な神事的意義を持っていたが、童女御覧や五節淵酔の様な娯楽的要素に変容していったものと推察されている。

参考文献 林屋辰三郎『中世芸能史の研究—古代からの継承と創造—』、一九六〇、岩波書店。保立道久『物語の中世—神話・説話・民話の歴史学—』、一九九六、東京大学出版会。服藤早苗「五節舞姫の成立と変容—王権と性をめぐって—」(『平安王朝社会のジェンダー—家・王権・性愛—』二〇〇五、校倉書房)。

(服藤　早苗)

ごぜんのみょうぶ・いぎのみょうぶ・けんちょうのみょうぶ　御前命婦・威儀命婦・褰帳命婦　天皇が大極殿《だいごくでん》に出御《しゅつぎょ》する朝賀《ちょうが》や即位の儀において、天皇に近侍《きんじ》し、補助を務める*内親王、*女王や*女官。天皇出御の前に、*礼《らい》服《ふく》を着けた二人の褰帳命婦が大極殿の高御座《たかみくら》の東西に分かれて着座する。また、三位以上五位以下から選ばれ、礼服を着けた四人の威儀命婦が、東西に二人ずつ、それぞれ南北に着座して威儀を添えた。天皇が大極殿後房から出て高御座に着座するにあたっては、内親王以下五位以上から選ばれた四人の御前命婦が礼服を着け、二人ずつに分かれて前行する。御前命婦は御座の下に至り、御座を定めた後は引還する。殿下で打たれる褰御帳鉦《けんみちょうのかね》を合図に、褰帳命婦は、高御座南面の御帳を糸で左右に八の字のごとくに上げて座に戻る。高御座の前後左右に立つ十八人の奉翳女孺《ほうえいのにょじゅ》が、差し出していた翳《えい》を伏せることで、天皇が群臣の前に姿を現わす。礼が終った後は、垂御帳《すいみちょうの》鉦《かね》を合図に、再び奉翳女孺が翳を奉り、褰帳命婦が帳を垂れ、天皇は大極殿後房に退出した。褰帳命婦は九世紀段階の『内裏式《だいりしき》』や『儀式《ぎしき》』では原則は内親王、内親王がいないときは三位以上、あるいは女王の四位・五位が務めることになっていた。しかし、天安二年(八五八)十一月の清和《せいわ》天皇即位における『三代実録』には「無位坂子女王・重子女王並授従四位下、是褰帳之女王也、凡天皇即位之日、択王氏女有容儀者二人、充褰御帳之職」とあり、以後の実例も、女王か*典侍《ないしのすけ》が充てられている。また、十世紀以後の儀式書である『西宮記《さいきゅうき》』は、即位では女王を用いるが、元旦の朝拝では女王代を用いるとしている。

参考文献 『天祚礼祀職掌録』(群書類従三)。加茂正典「『奉翳女孺』考」(『日本古代即位儀礼史の研究』一九九九、思文閣出版)。

(岡村　幸子)

こそだてじぞう　子育て地蔵　釈迦《しゃか》入滅後の無仏の時代に、六道《りくどう》を輪廻《りんね》する衆生《しゅじょう》、特に地獄に堕ちた衆生の救済を託された地蔵菩薩《じぞうぼさつ》への信仰が地蔵信仰で、『地蔵菩薩本願経』『地蔵十輪経《じゅうりんきょう》』『占察善悪業報経《せんさつぜんあくごうほうきょう》』などの経典をより所とする。中世以後、民間信仰化し、説話集『*地蔵菩薩霊験記《れいげんき》』が成立した。この書物は、平安から鎌倉時代初期に成立したものに、室町・江戸時代に増補され、それぞれの時代の地蔵信仰を伝えている。夭逝した*子どもはその親不孝から成仏できず、*賽《さい》の河原《かわら》で石積みの受苦を受けると考えられており、地蔵にその救済を求めた。近世にはひろく子どもの守護神として信仰された。

参考文献 榎本千賀他編著『一四巻本地蔵菩薩霊験記』、二〇〇二・〇三、三弥井書店。

(太田　素子)

こそで　小袖　〔中世〕中世における小袖は室町時代末期から戦国・安土桃山時代の男女の俗人肖像画や初期風俗画に多くみられるものが有名だが、その淵源《えんげん》は平安時代ころの庶民の服装に求められる。しかし、文献資料など

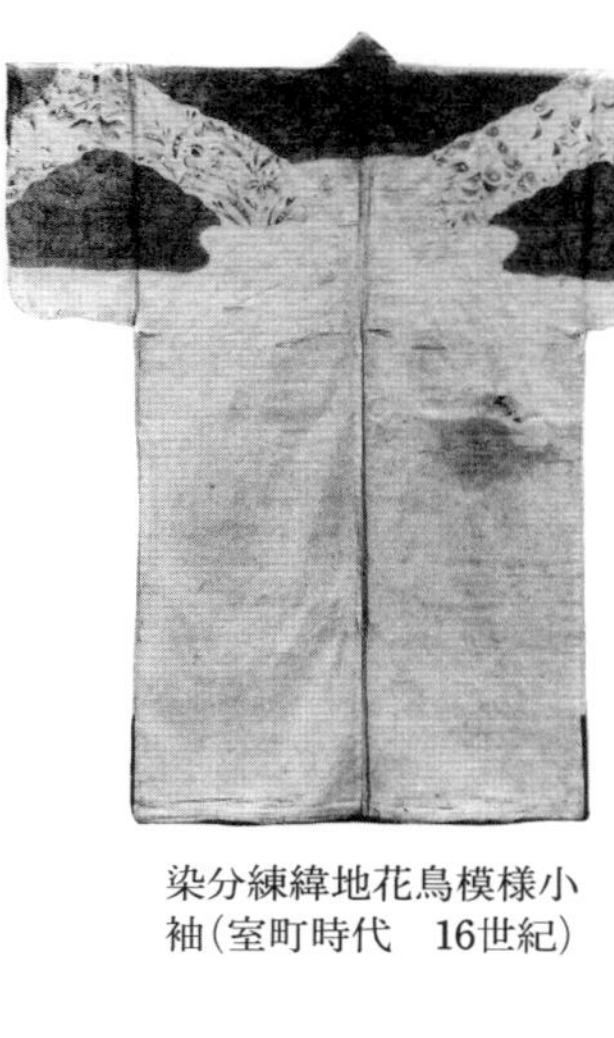

染分練緯地花鳥模様小袖(室町時代　16世紀)

に明確な記述は少なく、同時期の小袖についての知識は絵巻物などの*絵画史料に依拠《いきょ》せざるを得ない。小袖の原初形は平安時代ころより、庶民・武家の男女が用いていた*垂領《すいりょう》・*筒袖《つつそで》の衣服である。正式な名称はないが文献資料中に庶民の服装として「衣」「ころも」などと表記されるものが該当すると推測される。有識故実《ゆうそくこじつ》学では、便宜上、男性においては袖細《そでぼそ》、女性においては筒袖小袖と呼び分けている。これが防寒用として有用であることから宮廷の皇・貴族層の男女にも*肌着・間着《あいぎ》として用いられるようになり(形式昇格)、「小袖」の名称となるが、必ずしも正装に加えられるものではなかった。平安時代末期、男装においては、庶民や武士の用いていた袖細が必ず袴《はかま》を伴い正装となり、胸紐や袖括《そでくく》り、菊綴《きくとじ》などの装飾を付け、袖口が大きくなり、「直垂《ひたたれ》」として整備される。その後、鎌倉・南北朝時代以後、直垂は大紋《だいもん》や素襖《すおう》といったバリエーションを生み出し、室町時代末期に肩衣《かたぎぬ》(のちの裃《かみしも》のこと)の出現をもってその進化を完結する。ただし庶民においては必ずしも袴を伴わず、着流して用いられることも少なくない。女装においては平安時代末期から鎌倉時代にかけて、被服構成や着装方法に大きな変化はないが、肌着・間着として何枚も着重ねる習慣が生まれ、最上衣として用いる小袖は長大化し、*打掛《うちかけ》が生まれる。なお、女装の小袖は貴族社会の子女の着た*女房装束のように袴を伴うことはなく、着流しが原則だったことは特徴的である。中世末期以降、武家の子女らを中心に小袖は高級な生地を用いたり、表地と裏地の間に*木綿(近世の「小袖綿《こそでわた》」)を入れるなどの威容を整える意味での装飾的な改良が漸次なされていった。またこれに伴い、帯などにも装飾的な意匠《いしょう》を凝らしたものが現われてくる。かくして小袖は中世末期以降、京洛などの都市民や武家の子女を中心に大流行し近世に至り、現代のきものの祖となった。

参考文献 『服飾史図絵』、一九六九、駸々堂出版。井筒雅風『日本女性服飾史』、一九八六、光琳社出版。長崎巌「小袖からきものへ」(『日本の美術』四三五)、二〇〇二。

(佐多 芳彦)

〔近世〕大袖《おおそで》に対する名称で、袖口の小さな衣服。袖の面積の大きさとは関係なく、*振袖《ふりそで》も小袖の一種である。戦国時代以降、表着《おもてぎ》として認められるようになり、一般に日常着として普及した。江戸時代初期、体の線が自然に表われる柔らかな練絹《ねりぎぬ》が使われて身幅《みはば》も狭くなり、身幅と同じ幅の袖をつけるようになり、寛文模様《かんぶんもよう》といわれる肩から裾《すそ》に能動的に表わす模様が流行した。その後広帯が出現したため全体的な模様から、裾に模様の中心が移る。新興町人たちの伸びやかな心意気を反映している。絞りや友禅染《ゆうぜんぞめ》の発達で絵画的な小袖が広く着用されるようになる。後期、木綿の普及によって縞《しま》や絣《かすり》の小袖が町人の間に流行し親しみ深いものとなった。

染分綸子地松皮菱取模様小袖(江戸時代 17世紀)

参考文献 高田倭男「女性の服装2000年史」(『歴史読本』七一六)、二〇〇〇。

(小和田美智子)

ごだいかいかくしれい 五大改革指令 一九四五年(昭和二十)十月十一日、連合国総司令官マッカーサーが新任挨拶に訪れた幣原喜重郎《しではらきじゅうろう》首相に対し、口頭で述べた五項目の意見。マッカーサーは、日本が自主的に憲法改正を進めることを待つという基本的な考えのもとに、憲法の自由主義化を示唆《しさ》し、その前提の上で社会組織の改革を求めた。その内容は、選挙権賦与《ふよ》による日本婦人の解放、労働組合の結成の奨励、より自由な教育を行うための学校の開設、秘密警察など圧政的諸制度の廃止、日本経済機構の民主化である。この結果、治安維持法・*治安警察法の廃止、*労働基準法や*教育基本法の制定、財閥《ざいばつ》解体、農地改革などの諸政策がつぎつぎと実行された。同年十一月には衆議院議員選挙法が改正され、二十歳以上の男女の選挙権、二十五歳以上の男女の被選挙権が確立した。また、労働基準法第四条「男女同一賃金」、教育基本法第五条「*男女共学」など*男女平等の理念が明記された。

参考文献 『総理「マクアーサー」会談要旨―昭二〇、一〇、一三、昭和廿年十月十一日幣原首相ニ対シ表明セル「マクアーサー」意見』、一九四五。幣原平和財団編『幣原喜重郎』、一九五五。

(浅尾 弘子)

こだいじん 小大進 生没年不詳 平安時代の女流歌人。歌人・漢詩人・文章博士《もんじょうはかせ》菅原在良《すがわらのありよし》の娘。在良の父は『*更級日記《さらしなにっき》』作者菅原孝標女《すがわらのたかすえのむすめ》の兄で文章博士定義《さだよし》。母は女流歌人大進《だいじん》。石清水別当紀光清《いわしみずべっとうきのみつきよ》の妻。「待つ宵《よい》の小侍従《こじじゅう》」として名歌人の誉《ほま》れ高い小侍従を生む。花園《はなぞの》左大臣源有仁《ありひと》に仕えた。『*今鏡』には、才気ある詠みぶりが*和泉式部のようだと記されたり(「みこたち」)、娘の小侍従が歌により夫と復縁した話や母を恋う話(「うちぎき」)など、身辺に関する逸話《いつわ》が多く載せられる。

参考文献 足立有子「花園左大臣家小大進」(『学苑』一五ノ一)、一九五三。海野泰男『今鏡全釈(復刻版)』、一九九六、パルトス社。

(和田 律子)

こだいらじけん 小平事件 一九四五年(昭和二十)五月から四六年八月にかけて東京でおきた連続婦女暴行殺人事件。小平義雄《こだいらよしお》事件ともいう。犯人の小平義雄は、敗戦前後の食糧難の時代、「食糧が女の心を一番動かす」ことを利用して食料の買い出しや職探しに懸命な若い女性にやさしく声をかけてだまし、*強姦《ごうかん》殺人を繰り返した。小平は、一九〇五年(明治三十八)栃木県に生まれ、十八歳で横須賀海兵団に入った。山東《さんとん》出兵、済南《さいなん》事件に加わって中国で強姦をはたらいたが、その暴力経験を充分にうかがい知ることのできる事件であった。十件の起訴をうけ(うち三件は否認)、一九四九年十月死刑に処せられた。戦後の進駐軍による性犯罪は報道されない一方で、小平義雄の犯罪は大きく報道され、注目された。

参考文献 福島章他編『日本の精神鑑定』、一九七三、みすず書房。加太こうじ「小平事件」(『昭和犯罪史』一九七四、現代史出版会)。

(大門 泰子)

こだち 小太刀 小形の太刀で刀剣界で普通「脇差《わきざし》」と呼ぶ。帯添《おびそえ》の太刀ともいう。また小さい刀を使用して行う武術。小太刀術は天道流・一刀流などが伝える。右の片手で小太刀を遣い、左手は後帯の結めへ拳を入れる入身の勝負である。武家社会において婦女子は武術の相伝を受けることができず、多くは心得として学んだ。

参考文献 今村嘉雄編『日本武道全集』二、一九六六、人物往来社。脇田晴子他編『日本女性史』、一九八七、吉川弘文館。

(小和田美智子)

こたにきみ 小谷喜美 一九〇一―七一 昭和時代の宗教家。霊友会《れいゆうかい》の創立者の一人。神奈川県三浦《みうら》郡に生まれる。三歳の時に父を亡くす。小学校を五年で中退し、*女中奉公《じょちゅうぼうこう》に出る。十七歳で上京し、奉公先を転々とし、一九二五年(大正十四)、小谷安吉《やすきち》の後妻となる。安吉の病気を契機に、義弟の久保角太郎《くぼかくたろう》のすすめにより、法華《ほけ》経《きょう》による先祖供養を始める。久保は喜美を霊能者として育成するため、さまざまな過酷な修行を課し、喜美はその能力を発揮するようになる。一九二九年(昭和四)に安吉は死去するが、翌一九三〇年に霊友会が発足し、久保は理事長に、喜美は名誉会長に就任する。久保は組織運営など世俗的実務の面を担い、喜美は霊能力を発揮し、信者の欲求に応えた。一九四四年に久保が死去した後、運営方針に関する意見の相違や喜美の性格の激しさによって幹部との間に軋轢《あつれき》をうみ、戦後まもなく教団に起った一連の事件のなかで幹部の離反が相つぎ、多くの分派教団を生み出した。

参考文献 久保継成編『天の音楽―小谷喜美抄―』、一九七三、仏乃世界社。

(渡辺 雅子)

こちょう 胡蝶 生物型の女性名。この種の名前は鎌倉時代以降、庶民女性の名前に多くなるが、胡蝶は*遊女《ゆうじょ》や*下人女性の名前として確認される。たとえば寛元《かんげん》三年(一二四五)の吉備津神社神主賀陽《きびつじんじゃかんぬしかや》某の譲状《ゆずりじょう》には某御前《ごぜん》(女性)への譲分として下人女性十三名が掲げられているが、その名前の中には「まつ(松)、こてう(胡蝶)、ことり(小鳥)」などが列挙されている。命名の由来は不明であるが、雅楽《ががく》に胡蝶楽という童舞《わらわまい》があるから、本来は、可愛らしい子供に付ける童名として平安宮廷社会で生まれたものであったろうか。そこには、家組織の中で*下女を統括《とうかつ》し命名する女主人のセンスがあらわれている可能性が高い。なお、鎌倉時代、下総《しもうさ》国の領主家族で有力な地位をもっていた「春日《かすが》」という女性の*養女となった「胡蝶」という女性が、下総国の守護であった千葉氏の法廷に提出した一通の訴状が残されている。彼女が養女に貰《もら》われたのは四歳の時のことであったといい、養母の春日は、彼女が*嫡女《ちゃくじょ》である証拠として他の下人女性の人身売券を胡蝶に与え、胡蝶はそれを「護袋《まもりぶくろ》」にいれて大事に保管していたという。ところが、胡蝶は、その家の下女たちの譲与関係や恋愛関係をめぐる相論に巻き込まれ、「嫡女」としての地位を疑われるかのような扱いを受け、それを嘆く訴状を提出したのである。胡蝶の素性は不明で、彼女自身の出自も相対的に低かったのかもしれないが、彼女の訴状の筆跡《ひっせき》は整っており、たとえば千葉氏につかえる*女房や「*美女」のような身分をもっていた可能性も残されているように思える。

参考文献 角田文衛『日本の女性名』上(教育社歴史新書)、一九八〇、教育社。保立道久『中世の女の一生』、一九九九、洋泉社。

(保立 道久)

こづれしゅっきんろんそう 子連れ出勤論争 一九八七年(昭和六十二)歌手のアグネス＝チャンが生後三ヵ月の長男を連れてテレビ局に「出勤」したことの是非をめぐって、一年以上にわたって展開された論争。当時は、*女性差別撤廃条約の批准《ひじゅん》、*男女雇用機会均等法の施行などを背景として、働く女性が増大するとともに、女性のライフスタイルが多様化し、仕事と子育ての両立を求めて議論が展開されていた時期であった。「専業主婦型」を選んだ山口百恵、「一時休業・再就職型」を選んだ松田聖子に対し、「継続就業型」を選んだアグネス＝チャンの生き方は好意的に受けとめられ、論争も、仕事と子育ての一方を選択するのではなく、仕事を続けることを前提として仕事と子育ての両立のあり方をめぐって展開されたという点で、一九八〇年代を象徴するものだった。論争は、林真理子・中野翠《みどり》らが「職場に子どもを連れて行くことは甘えであり、迷惑である」と批判したことがきっかけとなって開始された。これに対し*フェミニズムの立場からは、「仕事に家庭内の問題を持ち込むべきではないというこれまでの慣行を破ることに意義がある」(上野千鶴子)と「子連れ出勤」を擁護《ようご》する主張がある一方で、「一歳半までは手元において育てたい」「女は仕事をしていても子どもを産むべきだ」というアグネスの主張に対して「母性イデオロギーに取り込まれている」(江原由美子)という批判も出された。論争自体は、アグネスの子どもの成長による「子連れ出勤」の終了とともに終ったが、子育てをしながら働く多くの女性たちは、この論争を「子連れ出勤」の是非にとどまることなく、仕事と子育ての両立を阻《はば》んでいる社会的要因を探り、両立を実現する道を職場や地域の*保育所の拡充・整備を求める方向で受けとめ、その後の保育所・子育て支援の取り組みに大きな影響を与えた。広範な人々とメディアを巻き込んで展開されたこの論争は「アグネス論争」ともいわれ、一九八八年の流行語大賞にも選ばれた。

参考文献 アグネス＝チャン・原ひろ子『〝子連れ出勤〟を考える』(岩波ブックレット)、一九八八、岩波書店。「アグネス論争」を愉しむ会編『「アグネス論争」を読む』、一九八八、JICC出版局。アグネス＝チャン・マイラ＝ストロバー『この道は丘へと続く』(桃井緑美子訳)、二〇〇三、共同通信社。 （浅野富美枝）

こと 琴 (一)弦楽器の総称であるが、和琴《わごん》や箏《そう》の琴をさす場合が多い。弥生時代以降「板作りの琴」「槽《そう》作りの琴」「棒作りの琴」があり、数十《センチ》のものから二《メートル》ちかいものまでさまざまで、弦を結ぶのに使われた突起の数も二つ〜六つと種々の形態をもつ琴が存在した。ことに「槽作りの琴」は、琴面は一枚の板材であるが、これに共鳴槽《きょうめいそう》を組み合わせた複雑な構造となっており、古墳時代・飛鳥《あすか》時代を経て奈良時代ころまでには、六絃《ろくげん》の和琴として成立する。『日本書紀』神功皇后摂政前紀《じんぐうこうごうせっしょうぜんき》「一云」では皇后が琴を弾きみずから神懸《かみがか》りしたと伝え、神事・歌謡《かよう》の伴奏として使われた。平安時代には「やまとごと」「あづまごと」とも称され、「もの丶おや」として弦楽器の中でも重視された(『*源氏物語』)。箏の琴は奈良時代までに唐《とう》楽《がく》とともに伝えられ、承和《じょうわ》年中(八三四―四八)に入唐した藤原貞敏《ふじわらのさだとし》が劉二郎《りゅうじろう》に習った曲を伝えると、独奏楽器として女性の間でも好まれた。十三弦で、和琴が琴軋《ことさぎ》(ピック)で弾くのに対し、親指・人差し指・中指につけた爪で弾いた。近世の筑紫琴《つくしごと》・箏曲はこの楽箏《がくそう》の流れをひいている。

参考文献 水野正好「琴の誕生とその展開」(『考古学雑誌』六六ノ一)、一九八〇。笠原潔「出土琴の研究」(『放送大学研究年報』一二・一三・一六・一七)、一九九四・九五・九八・九九。国立歴史民俗博物館編『日本楽器の源流―コト・フエ・ツヅミ・銅鐸―』、一九九五、第一書房。山田光洋『楽器の考古学』(ものが語る歴史)、一九九八、同成社。笠原潔『埋もれた楽器―音楽考古学の現場から―』、二〇〇四、春秋社。 （荻　美津夫）

(二)近世の琴は「箏《そう》」と同義語である。桐《きり》の関板《せきいた》、胴張《どうはり》、糸返しが組み込まれた細長い共鳴胴《きょうめいどう》の頭と尾部に固定されたブリッジに十三本の弦が張られ、その一本ずつに可動の琴柱《ことじ》が立てられて、弦を琴爪《ことづめ》でつま弾いて共鳴胴に響かせ音を奏でる楽器。琴爪は象牙《ぞうげ》製で爪帯《つめおび》により右手の親指・人差し指・中指にはめて奏する。爪の形は近世後期には両端が直角になった。近世社会には琴は嫁入り前の女性が嗜《たしな》むべき芸事として重用された。女児は七歳から八歳ころになると、読み書き算盤《そろばん》の習い事と同時期に家庭で母親により、あるいは稽古塾《けいこじゅく》に通って詩歌管弦《しいかかんげん》の稽古を行い女性としての芸事と教養修得を行なった。芸事では琴、*三味線《しゃみせん》が一般的であった。琴は邦楽の風雅を楽しみ、三味線は流行歌謡や大衆芸能的な楽しみ方ができた。 （梅村佳代）

参考文献 高井浩『天保期、少年少女の教養形成過程の研究』、一九九一、河出書房新社。

ごとうみよこ 五島美代子 一八九八―一九七八 大正・昭和時代の歌人。東京都本郷(文京区)の五島清太郎《せいたろう》・千《ち》代槌《よつち》の長女。本名美代。病弱のため検定で免許状を得て、母設立の晩香《ばんこう》女学校で教え、のち校長となる。十七歳より『心の花』に所属、同人の五島茂《しげる》と結婚。ともに新興歌人連盟に参加し歌誌『尖端《せんたん》』創刊。プロレタリア短歌に近づくが脱退し『立春《りっしゅん》』を創刊。『新風十人《しんぷうじゅうにん》』に参加。戦後、女人《にょにん》短歌会創設に尽力した。自死した長女への心情を陰影《いんえい》深く歌った『新輯《しんしゅう》母の歌集』で読売文学賞。朝日新聞歌壇選者。歌集八冊。『定本五島美代子全歌集』が一九八三年(昭和五十八)に刊行された。

参考文献 上田三四二「五島美代子」(『現代歌人論』一九六九、読売新聞社)。森岡貞香「五島美代子」(女人短歌会編『女歌人小論』一九八七、短歌新聞社)。 （村岡嘉子）

ごとばいんのくないきょう 後鳥羽院宮内卿 生没年不詳 鎌倉時代の歌人。父は、源師光《みなもとのもろみつ》。母は、箏《こと》の名手であった後白河院安芸《ごしらかわいんのあき》。その*和歌は、正治《しょうじ》二年(一二〇〇)、『後鳥羽院歌合《うたあわせ》』が初出。建仁《けんにん》元年(一二〇一)『千五百番歌合』に、十代の最年少歌人として参加。『増鏡《ますかがみ》』「おどろの下」によれば、この時、後鳥羽院に強い期待を示されている。鴨長明《かものちょうめい》の『無名抄《むみょうしょう》』は、*俊成卿女《しゅんぜいきょうのむすめ》と対比しつつ、宮内卿が諸書を手繰《たぐ》りながら苦吟《くぎん》する姿を伝える。そのためか、元久《げんきゅう》元年(一二〇四)ころまで活躍したが夭逝《ようせい》した。作風は、色彩感覚に優れて技巧《ぎこう》的。その詠歌より「若草の宮内卿」と呼ばれた。『新古今和歌集』以下に四十三首入集。なお『*古今著聞集《ここんちょもんじゅう》』八に、甥《おい》との関係を題材とする和歌説話がみえ、『兼載雑談《けんさいぞうたん》』には、藤原定家《さだいえ》との*密通の噂を後鳥羽院に申し開いた和歌がみえる。

参考文献 神尾暢子『纂集後鳥羽院宮内卿歌集稿』(王朝叢書)、一九七〇、中央図書出版。馬場あき子「宮内卿―夭折の哀花―」(『女歌の系譜』一九九七、朝日新聞社)。 （清水眞澄）

ことぶきさんいんじけん 寿産院事件 東京都新宿区寿産院経営の石川《いしかわ》ミユキ院長と夫が一九四四年(昭和十九)から新聞や雑誌に「子どもを養育する」旨の広告を出して、集めた子どもの養育費や配給品を着服、一九四八年一月に発覚、裁判が行われ有罪判決を受けた事件。もらい子二百四人中百三人は餓死《がし》した。子どもの運命が左右されたと同時に、人工妊娠*中絶が認められていない*女性の産まない権利を奪われている背景がある事件である。

参考文献 川上武編著『戦後日本病人史』、二〇〇二、農山村文化協会。天野正子・桜井厚『「モノと女」の戦後史』(平凡社ライブラリー)、二〇〇三、平凡社。 （中村節子）

こども 子ども 中世史における「子ども」は、多様に定義される。第一に、「大人」に対する「子ども」。広義の「子ども」である。成人する前、つまり男子なら元服《げんぷく》以前、女子なら*裳着《もぎ》(着裳《ちゃくも》)以前、およそ十二、三歳から十五、六歳以前を指す。第二に、人生における諸段階の一つとしての「子ども」。乳幼児を除いた狭義《きょうぎ》の「子ども」

である。およそ七〜十五歳ころを指す。第三に、「親」に対する「子ども」。親子関係における「子ども」であり、年齢に関わらない相対的な意味である。実際の親子関係のほか、烏帽子《えぼし》親と烏帽子子、*乳母《めのと》と養君《やしないぎみ》、親方と弟子などの擬制《ぎせい》的親子関係も含まれる。第四に、姿として可視的な意味での「子ども」。いわゆる童子姿《どうじすがた》をしている人を指すが、中世において特徴的なのは、牛飼童《うしかいわらわ》・堂童子《どうどうじ》・小舎人童《こどねりわらわ》といった童子姿の大人の存在である。年齢区分としては、およそ七歳と十五歳が大きな区切りといえる。七歳以前に死んだ子どもは、仏事を営むことなく遺骸《いがい》を袋に納めて山野に遺棄《いき》することが通例とされた(『仲資王記《なかすけおうき》』)。また、十五歳以前の子どもには刑事責任が問われず、一揆《いっき》への参加資格も十五歳以上とされた。『*愚管抄《ぐかんしょう》』では、物事の弁別《べんべつ》ができるようになるのは十五、六歳になってからとする。ある意味で、七歳以前の子どもは人とは見なされなかったともいえる。「七つ前は神の子」という民俗概念を援用することには慎重であるべきだが、八幡神《はちまんしん》をはじめ、しばしば神仏が子どもの姿で化現《けげん》することは、神聖視された子どもの一面を示す。子どもの死亡率が格段に高かった中世において、子どもはまず無事に出生し、そして無事に成長することが望まれた。さまざまな安産のまじないや、数多くの生育儀礼(通過儀礼)の存在が、そのことを物語る。生育儀礼は、子どもの成長の確認行為でもあるのだ。貴族・武家層で行われていた生育儀礼が、中世の庶民層においてどの程度なされていたのかは明らかでないが、お守りの携帯などは、身分に関わらず広く一般に行われていた。このように大切に育てられる一方で、*堕胎《だたい》・*間引《まび》き・*捨子《すてご》・*人身売買が行われた。乳幼児の捨子の多くは死に至ったと考えられ、売買された子どもは、隷属《れいぞく》的な身分として子どもなりの労働に従事させられた。中世社会においては、こうした子どもをめぐる両面が、矛盾ではなく両立していたのである。中世の子どもが、日々具体的にどのような生活を送っていたかということは、史料的な制約もあり、ほとんど明らかになっていない。『*梁塵秘抄《りょうじんひしょう》』に謡《うた》われるような無心に遊ぶ子ども、『*石山寺縁起絵巻《いしやまでらえんぎえまき》』の建築現場の場面に描かれるような、大人の見よう見真似《みまね》で遊び半分に働く子ども、あるいは寺入《てらい》りして教育を受ける子どもなど、性別はいうまでもなく、さまざまな身分・階層に、さまざまな年齢の子どもが存在していたことに留意しつつ、多様な視点から中世の子どもの様相が研究されていかなければならない。

子ども(『石山寺縁起絵巻』巻一第三段より)

参考文献 黒田日出男「「童」と「翁」—日本中世の老人と子どもをめぐって—」(『境界の中世象徴の中世』一九八六、東京大学出版会)。同『(絵巻)子どもの登場—中世社会の子ども像—』(歴史博物館シリーズ)、一九八九、河出書房新社。加藤理『「ちご」と「わらは」の生活史—日本の中古の子どもたち—』、一九九四、慶応通信。森山茂樹・中江和恵『日本子ども史』、二〇〇二、平凡社。田端泰子・細川涼一『女人、老人、子ども』(日本の中世四)、二〇〇二、中央公論新社。斉藤研一『子どもの中世史』、二〇〇三、吉川弘文館。

(斉藤　研一)

こどもからのじりつ　子どもからの自立　*主婦が、一人の自立した人間として、人生を豊かに生きるために、公民館の保育室つき講座での学習をとおして、女性が学ぶ意味を明らかにした書。一九七五年(昭和五十)に未来社から出版され、同年毎日出版文化賞を受賞。著者の伊藤《いとう》雅子《まさこ》は一九三九年に生まれ、一九六二年から一九九九年(平成十一)まで国立《くにたち》市公民館職員として勤務。本書はその経験に基づき書かれたもので、主婦の問題は女性の問題を考える一つの基点であり集約であることを明示化した。第一部「母と子の自立への拠点に—公民館保育室の意味するもの」と第二部「女と子ども」から構成される。高度経済成長期には、サラリーマンの夫を*家庭で支える専業主婦が増加し、「男は仕事、女は家庭」の性役割分業が明確化した。子どもは母親が育てるという「母性神話」の浸透と、核家族と*少子化、電化製品の普及による*家事の簡素化で、主婦は子育てに専念し、「母親(だけ)の子育て期」であった。このような時代に国立市公民館は一九六五年保育つきの「若いミセスの講座」を開講。講座の主題は、母であることと、社会的に独立した人格であることをいかに統一するかであった。保育を引き受けたのは、前年度の講座「婦人教室」の修了生たちである。当時、保育室つき学習は他に例を見ない画期的な試みであり、この試みは一九七〇年代にもつづけられた。この時期の団塊《だんかい》の世代前後の母親たちのなかには、子育て不安でノイローゼに陥る母親も顕在化《けんざいか》した。国立市公民館は一九七一・七二年保育つき市民大学セミナーを開催。母と子の癒着《ゆちゃく》による一体化は母親と子どもの持つさまざまな可能性をつみとり、子どもと精神的に分離することが女性の成長につながるなどの意見が出た。主婦にとって公民館での保育つきの学習は「子どもからの自立」のための第一歩であった。これらを契機に他の多くの社会教育施設で保育付き講座が開講されるようになり、著者はその後『女の現在―育児から老後へ―』などで、育児と育児後の人生を成熟させるため、主婦の自立のための学習について発言を続けている。テキストは『(新版)子どもからの自立』(岩波現代文庫、二〇〇一年、岩波書店)。

参考文献 『主婦とおんな―国立市公民館市民大学セミナーの記録―』、一九七三、未来社。国広陽子「都市環境・子育て・シティズンシップの未来」(矢澤澄子他『都市環境と子育て』二〇〇三、勁草書房)。 (山澤　和子)

こなきはさる　子無きは去る　近世から近代にかけて女訓《じょくん》として通称された「七去三従《しちきょさんじゅう》」のうちの一つ。子どもができない場合は女が離縁される理由となるという意味。近世の家は、はるか祖先につながり、下男・*下女までものみ込む精神統一体であった。その中にあってこそ、家の成員のあり様が決められた。男子は家の跡継《あとつ》ぎとして養育され、女子は他家に嫁《とつ》ぎ、他家にとけ込み、他家の子を産んで他家を存続させるものとして養育された。このような*家族関係にあっては、子どもを産めない女は排除の対象となった。総称して「*女大学《おんなだいがく》」と称される*女訓書の大きなきっかけとなった「女子を教ゆる法」(『和俗《わぞく》童志訓《どうしくん》』の内)では、「婦人に七去とてあしき事七つあり、一つにてもあれば夫より逐《お》い去らるる理《ことわり》なり、故に是七去と云う」として、その二つめに「子なければ去る」としている。この七去は、近代の女大学関係書にまで持ち越され、近代の*家制度下でも有効にはたらいた。

参考文献 石川松太郎編『女大学集』(東洋文庫)、一九七七、平凡社。 (中村　文)

このえひさみちのつま　近衛尚通の妻　⇨徳大寺維子《とくだいじふさこ》

このはなさくやひめ　木花開耶姫　記紀神話にみえる女性。はじめて地上に降りたホノニニギは笠沙《かささ》の岬で山の神の女《むすめ》木花開耶姫と出会う。ニニギは早速求婚し、喜んだ父の山の神は姉のイハナガヒメと多くの*結納《ゆいのう》の品を木花開耶姫にそえてニニギのもとに送り出す。しかし美しいサクヤヒメは留められ、醜いイハナガヒメは送り返された。これによりニニギの子孫の天皇らの寿命は木の花のように短くなったと語られる。さてニニギとの一宿婚ののち木花開耶姫は妊娠し生み月となった。しかし夫に一夜孕《ひとよばら》みを疑われ、産殿に火をつけてホデリ・ホスセリ・ホヲリの三神を*出産する。木花開耶姫の結婚は日向《ひむか》三代の天と地の聖婚であり、神話学・民俗学等さまざまな学問分野にまたがる大きな問題を含む神話である。たとえばサクヤヒメの本来の名は神阿多都比売《かむあたつひめ》であり、阿多の隼人《はやと》との関わりが示唆《しさ》されている。天皇の祖先神と阿多隼人の祖先神との一夜婚の神話を語ることで隼人の服属を普遍化し、また山の神の女《むすめ》と天《あま》つ神御子《みこ》の結婚から、天と地の結婚によって大地の豊饒《ほうじょう》力を身につける天孫という大きな神話の構図を浮かび上がらせている。

参考文献 及川智早「死の起源説明神話における木花之佐久夜毘売と石長比売」(古事記学会編『古事記の神々』上、一九九八、高科書店)。阿部誠「神阿多都比売と木花之佐久夜毗売」(同)。 (川上　順子)

こばしみよ　小橋三四　一八八三―一九二二　明治・大正時代のジャーナリスト。静岡県に生まれる。一九〇〇年(明治三十三)東京府立第一高等女学校を卒業、翌年創立された*日本女子大学校国文学部に入学。キリスト教に入信。日本基督《キリスト》教矯風会《きょうふうかい》に入会。卒業に際し、*成瀬仁蔵《なるせじんぞう》校長の要請に応え、橋本八重《はしもとやえ》と同窓会桜楓会《おうふうかい》の機関紙『家庭週報』の編集や日本女子大学校通信教育の補助教材『家庭』に係わり、のちのジャーナリストとしての活躍の素地をつくる。以後日本YWCA機関紙『明治の女子』、新人社『*新女界《しんじょかい》』の編集者、ついで『読売新聞』のよみうり婦人付録版の編集主任に招かれたが、制約をうけ退職。一九一五年(大正四)『婦人週報』を発刊し女性の地位向上を広く社会に訴えた。婦人記者倶楽部《クラブ》・公娼全廃《こうしょうぜんぱい》運動に参加。一九一九年渡米し、国際婦人労働会議に日本代表の一員として列席し各国の代表と交渉をもった。コロンビア大学で新聞学、婦人問題を学び欧州を廻り一九二一年帰国。主婦之友社《しゅふのともしゃ》に迎えられたが急逝《きゅうせい》した。

参考文献 中村幸「婦人ジャーナリスト小橋三四子―『婦人週報』を中心に―」(近代女性文化史研究会編『婦人雑誌の夜明け』一九八九、大空社)。中嶌邦「『婦人週報』とその位相」(近代女性文化史研究会『大正期の女性雑誌』一九九六、大空社)。 (中嶌　邦)

こはた　木幡　京都府宇治《うじ》市の北部に位置する地。平安時代になると、宇治郡には藤原冬嗣《ふゆつぐ》・同妻美都子《みつこ》・長良《ながら》などの墓が作られた。冬嗣の孫基経《もとつね》は現在の木幡付近の地を一族の墓所としたが、同地はもとは橘広相《ひろみ》の領地であったという(『*栄花物語《えいがものがたり》』一五勘物《かんもつ》)。それ以降、木幡の地は、藤原氏基経流の墓地として、一族の者は原則としてここに埋葬《まいそう》された。多くの場合土葬ではなく火葬された遺骨が広大な墓域《ぼいき》に埋められた。当時の入墓《にゅうぼ》規定は「死者は父方の墓地へ埋葬する」であったから、穏子《おんし》・安子《あんし》・遵子《じゅんし》・懐子《かいし》・超子《ちょうし》・詮子《せんし》・妍子《けんし》・嬉子《きし》などの歴代の基経流の女性たちは天皇や皇太子との婚姻関係に関係なく、墓は父方の木幡に営まれた。また、懐平娘《かねひら》や、俊家《としいえ》の一族の女性(西御方《にしのおんかた》)も木幡に埋葬されていることからして、木幡への埋葬の条件は高貴な女性たちと無名の女性たちの間に身分上の差別があったのではなく、一族の

木幡　宇治陵遥拝所

者であれば木幡へ埋葬される権利が認められていたと考えられる。

参考文献　堅田修「藤原道長の浄妙寺について―摂関時代寺院の一形態に関する考察―」(古代学協会編『摂関時代史の研究』一九六五、吉川弘文館)。栗原弘「平安中期の入墓規定と親族組織」(総合女性史研究会編『日本女性史論集』四、一九九八、吉川弘文館)。　(栗原　弘)

こばやしトミ　小林トミ　一九三一―二〇〇三　昭和時代後期の画家、市民運動家。茨城県生まれ。東京芸大卒。現代芸術の会、思想の科学研究会などに参加。六〇年安保のとき の六月四日、友人と二人で「誰デモ入れる声なき声の会」の横断幕を掲げて、虎ノ門から国会に向けて歩き始めた。その後鶴見俊輔《つるみしゅんすけ》らも加わり、市民デモのスタイルを確立した。毎年六月十五日に*樺美智子《かんばみちこ》を記念して国会前に集まった。ベトナム反戦、湾岸戦争まで、反戦の運動で「*声なき声の会」を支え、会報『声なき声のたより』を発行。著書に『わが町・浦安』(一九八三年、新宿書房)、『「声なき声」をきけ―反戦市民運動の原点―』(二〇〇三年、同時代社)がある。　(折井美耶子)

ごふかくさいんのにじょう　後深草院二条　一二五八―？　鎌倉時代の*女房《にょうぼう》、尼。村上源氏久我雅忠《こがまさただ》を父、四条隆親《しじょうたかちか》の女大納言典侍《むすめだいなごんすけ》を母とする。本名と出家後の法名は不詳。幼くは「あかこ」と呼ばれた。『*とはずがたり』の作者で、事蹟はほとんどそれによる。幼少より宮廷で育ち、十三歳で後深草院に寵《ちょう》されるが、後嵯峨《ごさが》院近臣であった父の死と所生の皇子の夭逝《ようせい》などにより実家の後見を喪い、また院の正妃東二条院《せいきひがしにじょういん》の*嫉妬を買って*後宮から除籍され、院の女房として仕える立場となった。宮廷の複数の貴紳《きしん》に愛され、院も接待役として利用したが、弟の亀山院との関係が噂となって院の庇護《ひご》を失い追放された。その間、許婚者というべき西園寺実兼《さいおんじさねかね》(雪の曙《あけぼの》)との間に儲《もう》けた女子が、のちに亀山院に*入内《じゅだい》し恒明親王《つねあきらしんのう》を生む*昭《しょう》訓門院《くんもんいん》と推定され、それが『とはずがたり』が宮廷に伝えられた理由であったと思われる。また院の異母弟性助《しょうじょ》法親王《ほうしんのう》(有明の月)との間にも二児を儲けるが、その消息は不詳。『増鏡』は、実兼女《むすめ》*永福門院《えいふくもんいん》の*中宮入内の儀に、「三条」の名で出仕したという。みずから西行《さいぎょう》の修行に憧れてのことという二条の遁世《とんせい》は、久我家や四条家から見捨てられ、*尼寺にも入らぬ無縁の尼として諸国の霊地を遍歴する修行の旅であった。院に仕えた由縁《ゆかり》の女房という経歴を背景に、諸権門と寺社を自由に往来し、多様な階層の人々と*和歌を介して交流する。それは『*源氏物語』など古典への深い造詣《ぞうけい》と宮廷の故実知識に支えられており、鎌倉では将軍御所の室礼《しつらい》や*女房装束の指南も勤めた。琵琶《びわ》の伎倆《ぎりょう》を自負し、絵の才《ざえ》もあったことが知られる。在俗時から仏法を習学し、経典の書写読誦など深い信仰と修行に貫かれる。歌の家の系譜に連なるものと自負し、勅撰入集《ちょくせんにゅうしゅう》を望むが果たさず、一方で人丸講式《ひとまるこうしき》を草すなど高い散文能力の持主であったことは、その集大成である『とはずがたり』に明らかに示される。『我身にたどる姫君』など中世の王朝物語とも同調するその作品世界には、中世宮廷女性の高い知性と自覚的な表現者としての力量が存分に発揮されている。　(阿部　泰郎)

ごふかくさいんのべんのないし　後深草院弁内侍　生没年不詳　鎌倉時代中期の歌人、日記文学作者。安貞《あんてい》元年(一二二七)から寛喜《かんぎ》元年(一二二九)ころ出生か。弁内侍ともいう。歌人で画家の藤原信実《のぶざね》(寂西《じゃくさい》)女《むすめ》、隆信《たかのぶ》の孫。同腹であろう姉に藻壁門院少将《そうへきもんいんのしょうしょう》、妹に後深草院少将内侍がおり、ともに歌人として名高い。法性寺雅平《ほっしょうじまさひら》室、新陽《しんよう》明門院中納言《めいもんいんのちゅうなごん》母。後深草天皇の東宮時代より出仕、即位後は内侍として重責を担い、譲位《じょうい》に伴い十七年間の宮廷生活を退いた。妹の死後出家し晩年は比叡山《ひえいざん》北麓仰木《おおぎ》の里に隠棲《いんせい》した。建治《けんじ》三年(一二七七)ころまでの生存が確認され、その才気は衰えることはなかった。藤原定家《ていか》・為氏《ためうじ》らとの親交もある。『続後撰和歌集《しょくごせんわかしゅう》』以下の勅撰集に入集するほか、連歌《れんが》作者としても活躍した。

参考文献　池田亀鑑『宮廷女流日記文学』、一九二七、至文堂。玉井幸助『日記文学の研究』、一九六五、塙書房。松本寧至『中世女流日記文学の研究』、一九八三、明治書院。今関敏子『中世女流日記文学論考』、一九八七、和泉書院。　(久保　貴子)

こみやまとみえ　小見山富恵　一八九五―一九八六　大正・昭和時代の労働運動家、共産党活動家。兵庫県加古《かこ》川《がわ》に誕生。父は国鉄測量技師。一九一二年(明治四十五)笠岡高等女学校卒業、小学校代用教員を経たのち、大阪で労働運動に飛び込み、俸給《ほうきゅう》生活者組合を組織。賀川豊《かがわとよ》彦《ひこ》の秘書となり、賀川の紹介で『*女性改造』記者として東京へ行く。山川均《やまかわひとし》・菊栄《きくえ》の主宰する水曜会で高橋貞樹《たかはしさだき》を知り、結婚。関東大震災後大阪に戻り、日本労働総同盟ついで日本労働組合評議会の活動に参加。雄弁家《ゆうべんか》として知られ、日本農民組合や労農党の遊説活動にも加わる。三・一五事件、四・一六事件後、赤色救援会《せきしょくきゅうえんかい》の活動に従事。一九三三年(昭和八)検挙され、懲役《ちょうえき》二年の判決。敗戦後広島県三原《みはら》で共産党再建に携わった。

参考文献　鈴木裕子「ある女性活動家の軌跡―小見山富恵にみる―」(近代女性史研究会編『女たちの近代』一九七六、柏書房)。「左翼婦人労働運動の先駆―小見山富恵さんに聞く―」(渡辺悦次・鈴木裕子編『運動にかけた女たち』一九八〇、ドメス出版)。　　(鈴木　裕子)

こめそうどう　米騒動　明治初期から大正中期にかけて、米の移出停止、廉米《れんばい》での販売などを求めて起った自然発生的な民衆騒動。近代の米騒動は、他府県に移出する米の産地(富山・新潟など)で多発した点に特徴がある。米の産地では、藩権力の消滅により、津止めなどの措置《そち》が行われなくなった。高値に売れる他府県に移出するため、地元に米が出回らなくなり、米の売り惜しみや拒絶が行われ、さらに米の移出が行われようとするとき、その阻《そ》止《し》を求める行動がきっかけになることが多かった。したがって、米騒動のほとんどは、第一に津止め＝米の移出停止を求め、第二に従来の値段で販売すること、第三に困窮者への救助米支給を要求した。近代を通じて最も米騒動が多発したのが富山県の沿岸地域で、多くの場合、漁婦が中心であった。この地方では、一八七〇年(明治三)、七八年、八〇年、九〇年、九七年、一九一一年、一九一二年(大正元)、一八年と、継起的に発生している。最も有名な一九一八年の米騒動は、七月下旬、魚津町《うおづまち》などで、米の移出を阻止しようと漁婦らが集まり行動したのが発端であった。だが、「女一揆《おんないっき》」として最初に大きく報道されたのは、八月三日、中新川郡西水橋町《なかにいかわぐんにしみずばしまち》(富山市)で起った米騒動からである。同日午後七時過ぎ、百七十～百八十人の漁婦が集まり、三隊に分かれ、町の有力者に窮状を訴えるとともに、米屋・米所有者宅に押しかけ、米を他所へ売却しないこと、安売りを行うことを要求し、聞き入れなければ、家を焼き、殴殺するという構えを示した。この動きは翌四日、東水橋町(富山市)に波及し、さらに五日夜から隣の滑川町《なめりかわまち》に波及した。六日には約二千人が米肥商《べいひしょう》などに押し掛け、騒然となったが、郡長が米の廉売《れんばい》などの救済策を行うことを約束したため、騒動は収まった。滑川町の騒動の過程で、騒動の中心主体は漁婦から男性町民に移るが、それまで漁婦が中心主体であったのは、夫が漁業出稼ぎで不在であったこと、漁婦の多くが倉庫から艀《はしけ》まで米を運ぶ「なかせ」の労働に従事し、米の移出が米価急騰《きゅうとう》、売り惜しみにつながる因果関係を身をもって知っていたこと、それまでの米騒動の経験が語り継がれていたこと、などによる。十日には京都・名古屋で大規模な米騒動があり、さらに大阪・神戸・東京など全国に拡大した。女性が米の売り惜しみをする米屋と激しく交渉する姿は多くのところで見られたが、騒動そのものは男性主導で行われた。新聞・雑誌の多くは「女一揆」を好意的に取り上げた。生活問題を通して女性が社会問題に積極的にかかわる道を大きく切り開いた点に、「女一揆」の歴史的意義がある。この米騒動は、大戦景気による物価の全般的上昇、資本主義・都市の発展による米の需要・供給構造の変化、折からのシベリア出兵による急需要などを背景としていた。その後、政府が低米価政策を採り、朝鮮米などの供給を増やしたことにより、米騒動は、以降起らなくなった。　→女房一揆《にょうぼういっき》

朝日新聞
米の暴騰が生んだ
富山の女一揆
此儘では餓死する生か死の境目だと叫ぶ
―引致者の爭奪
郡長逃げ出す
男も加勢して益不穏
東京行の貨車を襲ふ
▽直に米廉賣を實行
生てるのが不思議
下級民の困り方
◇米は高いが仕事があ
◇るので何にか食へる

米騒動　富山の女一揆
(『東京朝日新聞』11538号)

参考文献　井上清・渡部徹編『米騒動の研究』、一九五九―六二、有斐閣。阿部恒久「女性と米騒動」(近代女性史研究会編『女たちの近代』一九七六、柏書房)。井本三夫編『東水橋米騒動参加者からの聞き取り記録』(『富山史壇』一一一・一一二)、一九九三。　　(阿部　恒久)

こもり　子守　〔中世〕乳幼児の守りをすること、またはその人。中世における子守は、*絵画史料による限り、老人(祖父母)か、あるいは母親や*下女など女性が主にしていたと考えられる。しかし、*ルイス＝フロイス『*日欧文化比較』の記述や、十六世紀の絵画史料に乳幼児をおんぶする*子どもの姿が描かれるようになることから、中世末期には、子守が新たに子どもの役割となった状況が推測され、近世の労働としての子守り奉公に関わっていくものと思われる。

参考文献　黒田日出男「老人と子ども」(『(絵巻)子どもの登場―中世社会の子ども像―』一九八九、河出書房新社)。　　(斉藤　研一)

〔近世〕乳幼児をおぶったりあやしたり、保護する役割またはその人。中世までの子守りは下女や老人が多く担ったが、皆婚《かいこん》化し労働密度が高まった近世には、年長の子どもが幼い子どもをおぶって子守りする姿が図絵に頻繁《ひんぱん》に描かれるようになった。民俗学が紹介する新島《にいじま》の「モリッコ」は、近隣の七―十三歳の少女の中から選ばれ、互いの家族まで含めた親交を生涯続けるという。賃労働化した子守りと並んで、近世にはこうした結《ゆい》(労働交換)的な子守りも、一定の広がりを持っていたであろう。それに対して、狭義《きょうぎ》の「子守り」は、年季奉公《ねんきぼうこう》の子守りを指す。文政六年(一八二三)江戸守田座で初演された*歌舞伎舞踊「子守り」に、越後からの出稼ぎ少女の子守りが描かれているので、そのころには慣行化していたと思われる。多様なバリエーションが各地で採録されている「子守唄」は、泣く子を持て余す子守り少女たちの嘆きを歌った労働歌でもあった。明治後期には*女工に児童労働が吸収されて、子守りは消失過程に入った。

参考文献　石川松太郎・直江広治編『武士の子庶民の子』上(日本子どもの歴史三)、一九七七、第一法規出版。黒田日出男『「絵巻」子どもの登場』、一九八九、河出書房新社。菅野則子「安産と子育て」(『帝京史学』一八)、二〇〇三。（太田　素子）

こもりがっこう　子守学校　明治期以降、*子守のために正規の小学校に就学ができない子ども(その多くは女児)を対象とした学校の総称。義務教育制度が整備される中で、貧困のために自分の弟妹や他家の乳幼児の世話をする子守となり就学できない女児が多数存在した。子守学校は彼女らを乳幼児とともに登校させた場であり、小学校と保育施設を兼ねた機能を持った。明治中期を中心に、昭和初期まで全国で三百校以上が設置され、女子の就学率を向上させた。公立小学校の放課後に、現場教師や篤《とく》志家《しか》により開かれる形態が多く、児童の平均年齢は十代前半とやや高かった。正規の小学校に比べ年限や授業時間が短く、教育内容も読書算を主体とした限定されたものであり、経営も不安定であったが、ほかに学習の場を持たない児童に最小限の教育を保障した意義は大きい。

参考文献　長田三男『子守学校の実証的研究』、一九九五、早稲田大学出版部。（友野　清文）

こもりづま　隠妻　世間から隠れている、二人の仲が秘せられている相手。『*万葉集』によると、人目をはばかって隠れている妻(『万葉集』一九、四一四八)、第三者に知られないように心の中に秘めておく妻(同一一、二五六六)、公然化していないためになかなか会えない恋人(同一三、三三一二)などの意味がある。そこから転じて会いたい相手を一般的に意味するようになり、さらに、穂は出さない萩《はぎ》(同一〇、二二八五)や野に隠れる雉子《きぎし》(同一九、四一四八)にたとえられるように、会えない関係を諧謔的《かいぎゃくてき》に表現する使われ方もした。「コモリ」に注目するならば、物忌《ものいみ》のために籠《こも》って神を迎えて結婚する神婚《しんこん》との関係が連想される。結婚は神婚を模した神事であり、個人の結びつきにとどまらず、共同体の豊饒《ほうじょう》を願って行われる。隠妻はそのための妻と考えると、神を迎える忌《い》み籠《こも》る*巫女《みこ》の姿に重なる。「天飛《あま》ぶや軽《かる》の社《やしろ》のいはひ槻幾世《つきいくよ》まであらむ隠妻ぞも」(原万葉仮名、同一一、二六五六)はその姿を思わせる。*妻屋《つまや》も神を迎える聖なる空間ということになる。

参考文献　多田一臣「隠り妻と人妻と」(『万葉歌の表現』一九九一、明治書院)。折口信夫「小栗判官論の計画」(『折口信夫全集』三、一九九五、中央公論社)。（小林　茂文）

こもりぼうこう　子守奉公　七歳から十四、五歳までの女の子が、年季を決めて*子守として奉公すること。農漁村から町家へ、漁村から富裕農家へ奉公に入ることが多かった。江戸では越後《えちご》出身の子守が多かったという。子守りを描いた図像は近世になってから登場するという。少女労働としての子守奉公は、近世以降、第二次世界大戦後まで見られた。二～三年の年季奉公が多く、幼い場合は給金をもらうことは少なく、盆暮《ぼんくれ》に反物《たんもの》や仕着《しき》せを与えられるだけが一般的である。和歌山城下の町年寄、質商森屋沼野《ぬまの》家に子守奉公した十三歳のきくは、弘化元年(一八四四)八月十四日から奉公しているが、「何事もでき申さず、給銀なし、何か仕ならい候迄、まずしきせのはず」と書かれている。江戸の町では子守奉公の女の子が赤ん坊を背負い、子守をしている情景が一般化していたようで、*歌舞伎の所作事、なかでも変化舞踊《へんげぶよう》の中に子守女を舞踊化したものがいくつかある。（牧田りゑ子）

こやすかんのん　子安観音　子授け・安産・子の無事な成長等を祈願する者が信仰の対象とする観世音菩薩《がんぜおんぼさつ》。慈《じ》母《ぼ》観音・子育《こそだて》観音とも称される。『妙法蓮華経《みょうほうれんげきょう》』の観世音菩薩普門品《ふもんぼん》第二十五の、観音を礼拝・供養すれば福徳《ふくとく》知《ち》恵《え》の備わった男子や端正有相《たんせいうそう》の女子を望みのように授けるとの一文に基づく。一般に慈母が幼児を抱く様式をとる。観音に限らず、子安地蔵・子安明神・*鬼子母神《きしもじん》等も同様の祈願対象であり、地域によっては、女性によって組織された十九夜講や二十三夜講等の子安講によりまつられている。

参考文献　三輪善之助『子安観音と鬼子母神』、一九三五、不二書房。（松本　純子）

コリャード、ディエゴ　Diego Collado　⇩懺悔録《ざんげろく》

こりょう　戸令　令の一編目で、編戸《へんこ》や造籍、家の秩序、良賤《りょうせん》の秩序、国郡司の教化政策などについて規定したもの。『養老令《ようろうりょう》』三十編のうちでは八番目に置かれるが、中国の三世紀後半の晋《しん》令などでは冒頭に位置づけられ重視されていた。一見、私法的な規定にみえる家の秩序に関する法も、儒教《じゅきょう》思想では家族道徳が「礼」のはじめとされ、公的秩序に不可欠なものと認識されていたと考えられる。『養老令』戸令の第一条から十七条までは、公課《こうか》を負担する基礎単位である「戸」の実体をひろく規定するもの。第十八条から二十二条までは*戸籍《こせき》や計帳《けいちょう》に関する規定。第二十三条は相続に関する規定。第二十四条から三十一条までは*婚姻・*離婚に関する規定。第三十二条から三十四条までは国郡司の教化政策に関する規定。第

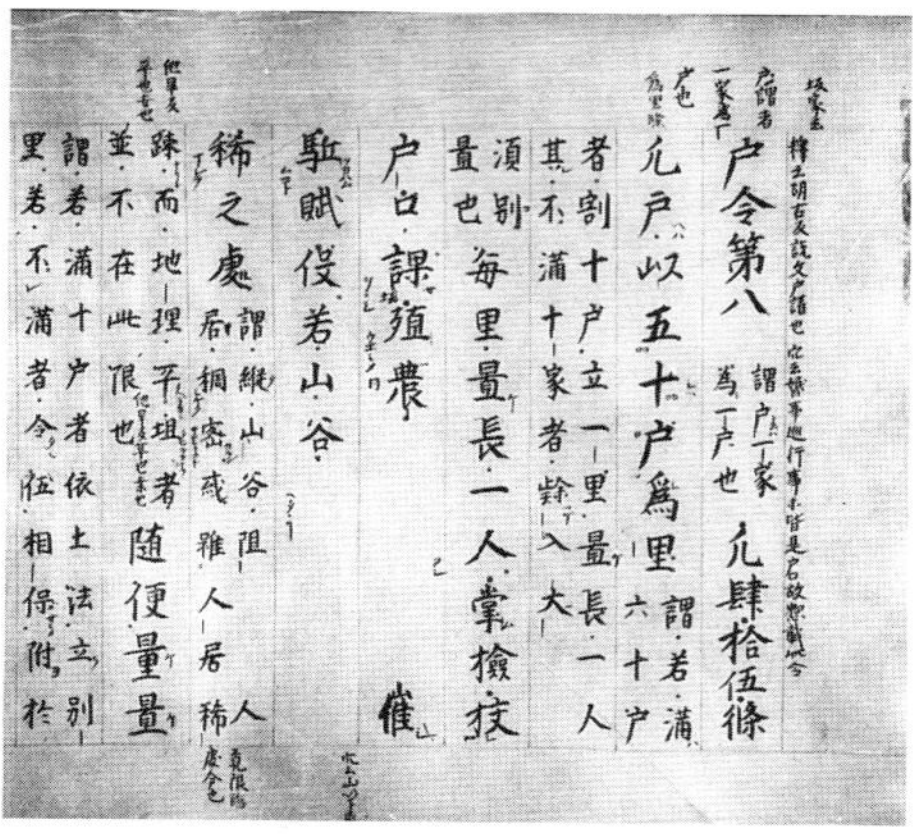
戸令第八　凡肆拾伍條
謂戸者一家爲一戸也
凡戸以五十戸爲里　謂若滿六十戸者割十戸立一里置長一人　其不滿十家者隷入大須別量也
毎里置長一人　掌檢校戸口　課殖農　催駈賦役　若山谷
稀之處　謂縦山谷阻人居稀　居稠密雖人踈而地理平坦者並不在此限也
随便量置　謂若滿十戸者依土法立別里　若不滿者令伍相保附於

戸令(『令義解』第八)

三十五条から四十四条までは良民・賤民の身分秩序に関する規定で、最後の第四十五条が災害時に国郡司がいかに対応するべきかについての規定となっている。これら戸令の規定は、罰則が中心の戸婚律《ここん》の規定とも関連づけられ、その実効性が確保されるようになっていた。しかし、儒教の家族道徳に深く根づいた諸規定が、古代日本の社会にそのまま受容されたのかについては疑問な点もある。たとえば、「戸」や「戸主」の規定、良・賤の婚姻規定、婚姻や離婚に関する規定などについては、社会実態から離れた空文《くうぶん》規定であったとの見解が有力である。

参考文献 滋賀秀三『中国家族法の原理』、一九六七、創文社。吉田孝『律令国家と古代の社会』、一九八三、岩波書店。『律令』(日本思想大系新装版)、一九七四、岩波書店。

(成清 弘和)

こりょうおうぶんじょう　戸令応分条　令の条文の一つ。唐令《とうれい》では兄弟均分の*家産分割を規定するが、日本令では*嫡子優先の嫡庶異分の遺産相続法となっている。また、『養老令《ようろうりょう》』と『*令集解《りょうのしゅうげ》』応分条の古記から復原される『大宝令《たいほうりょう》』の異同も大きく、三者の評価も見解が分かれる。適用範囲については、養老応分条が一般庶民をも対象とし田の相続を含むのに対して、大宝応分条は八位以上の者(の遺族)のみを対象とし田を含まないとするのが有力である。女子の相続については、大宝応分条は故人の寡《か》妻妾《さいしょう》は*子息に扶養されると前提してその相続権を明記しないが、養老応分条では嫡子《ちゃくし》の相続分を減らす一方で*嫡母《ちゃくぼ》・継母に嫡子と同等の、妾《しょう》にも子女と同等の相続権を与えている。この嫡母(妾の子からみた父の嫡妻)・継母(前妻の子からみた父の後妻)は嫡子の実母ではないので、同様に実母にも相続権があったと理解すべきであろう。また、子女への相続は養老応分条になってはじめて子息の半分が認められた。さらに、大宝応分条は妻が生家より連れて来た「妻家所得の奴婢《ぬひ》」を相続の対象とせず妻の死亡後に生家へ返還すると規定するが、養老応分条はこの返還規定を削除し、奴婢に加えて財物も分財しないで妻の子孫にのみ相続されるように改めている。これらは唐令に近い大宝応分条を当時の日本の実情に合わせて改訂したものと考えられるが、養老応分条が『大宝令』と相違して当家に留まっている未婚の姑《こ》(故人の姉妹)・(嫡子の)姉妹の相続をも認めている点は、むしろ唐令への復帰となっている。ところで、古記によれば、養老応分条は天平宝字元年(七五七)の『養老令』施行に先立って単独施行されたらしい。これは、養老五年(七二一)籍式が庶民にも嫡子を立てることを認めたことに連動して、庶民をも対象とする『養老令』の継嗣《けいし》令継嗣条や応分条の実施が必要となったことによる。養老応分条が認める功田《こうでん》・功封《こうふう》の*女子相続に関連して、田令功田条の古記が『大宝令』は功田の女子相続を認めないが「今行事、女子亦伝」とすることも養老応分条の注文の「功田功封は唯《ただ》し男女に入れよ」(原漢文)が実施されていたことを示している。

参考文献 中田薫「養老戸令応分条の研究」(『法制史論集』一、一九二六、岩波書店)。義江明子『日本古代の氏の構造』、一九八六、吉川弘文館。荒井秀規「戸令応分条の「田」をめぐって」(『古代史研究』七、一九八八)。成清弘和『日本古代の家族・親族—中国との比較を中心として—』、二〇〇一、岩田書院。吉川敏子『律令貴族成立史の研究』、二〇〇六、塙書房。

(荒井 秀規)

ごりょうにん　御料人　妻の呼称。家の内のことを「計」(はからう、差配する)ことからその名があり、未婚の女性をこのようにいうのは誤りであるという(『*貞丈雑記《ていじょうざつき》』)。戦国時代の上野《こうずけ》国の長楽寺《ちょうらくじ》義哲による『長楽寺永禄日記』によると、関宿《せきやど》御料人・烏山《からすやま》御料人・赤堀《あかぼり》御料人などと居住する場所を冠して称されている。

(峰岸 純夫)

こわれゆびわ　こわれ指輪　*清水豊子《しみずとよこ》の自伝的短編小説。一八九一年(明治二十四)一月『*女学雑誌』二四六附録に「つゆ子」の名で発表。玉のない指輪をしている「私」がその理由を語る「私語り」である。「私」は五年前父の決めた男と見合いもせず結婚。ある晩夫の留守に、*下女の言葉から夫に隠し妻がいることを知る。夫の外泊が増えそんな生活に耐えていたが、書物から知った女権論に同調するようになり、夫に意見したため一層溝が深まり二年前に*離婚。若い女性たちが「私」の轍《てつ》を踏まないように働きたいと決意したので、この指輪の玉を取り、朝夕眺めては決意を新たにしている、という内容である。父親の決めた結婚、隠し妻のいる夫、愛の育たぬ結婚生活と当時の女性に稀《まれ》ではなかった結婚のあり方を通し、女権論に目ざめ自立して生きようとする女性の姿を描いている。『紫琴全集』全一巻(古在由重編、一九八三年、草土文化)に収録。

参考文献 江種満子『わたしの身体、わたしの言葉—ジェンダーで読む日本近代文学—』、二〇〇四、翰林書房。

(大木 基子)

こんいんきょじゅうけいたい　婚姻居住形態　*婚姻後に夫婦がどちらの家に住むかは婚姻形態と関連すると想定されるが、必ずしも一致しない。婿取婚《むことりこん》ならば、結婚当初は妻方《つまかた》に住む妻方居住を経て、子が成長するとどちらかが提供して新しく造られる新処《しんしょ》居住が考えられ、*家父《かふ》長制《ちょうせい》社会での生活では夫方《おっとかた》居住か夫方が提供する新処居住が考えられるが、古代では妻方居住・夫方居住・新処居住・生涯的別居(妻問《つまどい》)のすべてが揃《そろ》っている。ただし、一方を訪れる妻問が生涯にわたることは稀《まれ》であり、別居は婚姻の開始当初にみられる。残されている八世紀の*戸籍《こせき》は当時の*家族構成を記しているようにみえるが、父系主義の立場から妻が嫁に来て夫と同居しているように記録して人民支配の帳簿として作成したのであって、実態を示していない。九世紀初頭に成立した『*日本霊異記《にほんりょういき》』は、八世紀の家族形態を反映していると考えられるが、夫方居住・妻方居住・新処居住がみられる。夫方居住は、上巻第二・三十話、中巻第三・二十七話、下巻第四話にうかがえ、地域は全国に及び郡司《ぐんじ》の家族に多いが、中巻第三話は武蔵国多摩郡《むさしのくにたま》の防人《さきもり》の例である。妻方居住は、上巻第二十七話や中巻第三十三・三十四話などに記されている。畿内《きない》に偏るなど地域的偏在がある。当時の*婚姻儀礼の費用は妻方で準備しており、結婚当初はそのまま妻方に住みつくことが多いと考えられるが、夫方居住と妻方居住のどちらが優位であるかは次の例のように断定できない。中巻第三十三話は、妻方で夫婦の「閨《ねや》」(*妻屋《つまや》)を準備して結婚が始まったが、母屋《おもや》と離れていたために実は悪鬼である夫に喰われたのに両親は知らなかったという説話である。これは妻方居住の例である。上巻第十三話・中巻第四十二話・下巻第十一話などからは、子沢山のために子育てに苦労している*母子家庭の窮状《きゆうじよう》をうかがわせる。夫が死亡した場合は別としても、夫の扶《ふ》養《よう》がみられないことは、妻方居住によるのであろう。記《き》紀《き》は、飛鳥時代の大王家が夫方居住をしているように記すが、一般的ではないだろう。*出産の大半は妻の実家の*産屋《うぶや》で行われており、結婚当初は妻方に居住していたと思われるが、上巻第二話では夫方に居住して出産しており、早い段階から同居してその家で出産している例である。また、家族構成に関しては、中巻第二十七話から父系直系家族を確認できるが、母系直系家族を確認できる例はない。このように、さまざまな居住形態が確認でき、居住規制はない*双系制《そうけいせい》社会と考えられる。平安時代になってもこの傾向に変化はなく、十二世紀初頭の『*今昔物《こんじやく》語集』では、両親との同居は少なく、夫婦だけかその子も含む単式所帯における新居の提供は、女系提供十例、男系提供三十六例である。貴族社会でも嫁《よめ》取《と》りの夫方居住もあり、婿取婚の時代とはいえず、双系制社会が続いている。平安時代後期の結婚生活は次のように復元できる。結婚は男が女のもとを訪れることから始まり、しばらくはその妻問いが続くが、その後同居する。しかし、夫や妻の両親と同居することは稀であり、当初からの独立居住もあった。夫方が提供することが多かった。

参考文献 関口裕子「婚姻居住形態の実態」(『日本古代婚姻史の研究』下、一九九三、塙書房)。北野達「婚姻の始まり」(『米沢国語国文』二五)、一九九六。篠川賢「『日本霊異記』の「家」」(小峯和明・篠川賢編『日本霊異記を読む』二〇〇四、吉川弘文館)。 (小林 茂文)

こんいんぎれい　婚姻儀礼

〔古代〕古代では、求愛であるヨバヒや求婚であるツマドヒにより婚約が成立すると、女家側が宴会を用意し、男が女家側の一族と共食し、正式に*婚姻が成立する。知られる儀礼は首長層の場合であり、民衆の場合は簡略であったろう。古代中国では男家から女家に娉財《へいざい》を納めることが婚約成立(定婚《ていこん》という)の要件であるが、男女双方の意志が尊重される古代日本の婚約にあっては、男女双方からツマドヒノタカラを贈って求婚し娉財はなかった。しかし、結婚には共同体社会の承諾が必要であった。そのために、女家が宴会を設け、男を共同体成員に認知させた。このように、宴会の費用は女家の親が負担しており、そのために結婚には女家の親の同意を必要とした。饗宴《きようえん》に準備される豪華な飲食物を「百取机代物《ももとりのつくえしろもの》」といい、出席者は、「丹後国風土記《たんごのくにふどき》」に載る亀比売《かめひめ》と浦嶼子《うらのしまこ》の結婚では、女の父母・兄弟姉妹のほかに近隣の人々であった。共同体社会への披露《ひろう》と認知を兼ねているが、男側の親・*親族などの出席はみられない。家同士の結婚ではないことに注意したい。それを象徴するように、饗宴で重要なのが酒盞《さかづき》を交わす「ウキユヒ」(盞結《うきゆい》)であり、二人の心が変わらないことを誓う固めの盃がなされる。その後に、二人の正式な密事がなされる。平安時代の婚姻儀礼も同様であり、社会的に認知させる儀式を「*露顕《ところあらわし》」といい、やはり女家側が準備する様子は『*落窪物語《おちくぼ》』などに明らかである。儀式は複雑化する傾向にある。しかし、階層や地域による相違も想定すべきであり、『隋書《ずいしよ》』倭国伝《わこくでん》には花嫁が火を跨《また》ぐ入家儀礼が記述してあり、大陸のアルタイ民族の儀礼に類似した*家父長制《かふちようせい》にもとづく儀礼がすでにみられる。また、平安時代には婿入《むこい》りが一般的ではないにもかかわらず女家側が依然として準備しており、以前の「百取机代物」の系譜を引いている。このように、婚姻形態や居住形態と婚姻儀礼が必ずしも対応しないことにも注意したい。

↓よばい・なじみ

参考文献 小林茂文「古代婚姻儀礼の周辺」(『周縁の古代史―王権と性・子ども・境界―』一九九四、有精堂出版)。北野達「婚姻の始まり」(『米沢国語国文』二五)、一九九六。江守五夫『婚姻の民俗―東アジアの視点から―』(歴史文化ライブラリー)、一九九八、吉川弘文館。 (小林 茂文)

〔中世〕儀式としての*結婚式は貴族層で九世紀から開始し、婿取婚《むことりこん》(妻方居住)の儀式が妻の父である*家長の権限で執行された。「ツマドヒ」段階には男女二人の合意により酒食をともにすることで成立していた婚姻儀式が複雑化・形式化し、家同士の家父長制《かふちようせい》的な婚姻段階に至る。平安時代末の有職故実《ゆうそくこじつ》書『江家次第《ごうけしだい》』に三日間に及ぶ呪術的儀式の次第が明らかである。しかし三日目の共食を意味する「三日夜餅《みかよのもち》」や*披露宴に当たる「露顕《ところあらわし》」の儀が第一夜に実施され、簡略化傾向にあった。鎌倉時代には武家層から嫁取婚《よめとりこん》(夫方居住)が広まるが、三日間消さない火の儀礼は順序を逆にして継承。室町時代の上級武家の婚姻儀礼を記した『よめむかへの事』によると、嫁行列を作って輿入《こしい》れ後「式三献《しきさんこん》」「饗膳《きようぜん》」と続き、三日目白色から「色直し」をした嫁が舅《しゆうと》姑《しゆうとめ》と対面する儀式が行われ、嫁仕えが開始する。庶民の女性が結婚のために夫方に行く時の儀式はなく、結婚生活開始後に婿が舅と対面する儀式があった。

参考文献 『江家次第』(故実叢書)。『よめむかへの事』(群書類従二三)。高群逸枝『日本婚姻史』(日本歴史新書)、一九六三、至文堂。江守五夫『日本の婚姻』、一九八六、弘文堂。総合女性史研究会編『日本女性の歴史―性・

愛・家族―』(角川選書)、一九九二、角川書店。

(志賀　節子)

〔近世〕近世の婚姻形態は*嫁入婚が支配的で、それを補完するものとして*婿養子がかなりみられた。嫁入婚は武士の*「家」制度の発達によって要請された婚姻形態であり、それに伴う嫁入の儀式も整備されてきた。それらは*小笠原流の『婚礼略式次第《こんれいりゃくしきしだい》』などにまとめられている。農民や町人たちの婚姻儀礼も、武家の婚礼を見習って、それを簡略化した形で流布され女性の教養書、たとえば『*女大学教草《おんなだいがくおしえぐさ》』(天保十四年(一八四三))など多くの書物で紹介されている。河内国嶋泉村《かわちのくにしまいずみむら》(大阪府羽曳野《はびきの》市)の吉村家の婚礼行事を拾ってみると「*結納《ゆいのう》」「荷物送り」「*初《はつ》入《いり》」「三日帰《みっかがえり》(五日帰《いつかがえり》)」「里開《さとびらき》」「花帰り」「婿入」「舅入《しゅうといり》」などがあるが、初婿入が、初期は嫁入りより先に行われていたのが、嫁入当日の朝になり、さらに嫁の初里帰りの時に同行しての婿入りに変化している。前代の婿入式中心から嫁入式中心に変化してきている。なお、貧農や都市下層民は婚姻儀式を行う余裕はなかった。

参考文献　宮下美智子「農村における家族と婚姻」(女性史総合研究会編『日本女性史』三、一九八二、東京大学出版会)。

(牧田りゑ子)

〔琉球・沖縄〕沖縄における伝統的婚姻儀礼は、時代や地域、階層などによって差があるが、基本的に二つの儀礼から成り立つ。はじめの儀礼は当事者男女の意志が固まると、男性側の使者が女性の家におもむき、同席する近親の前で正式に結婚を申し入れる。この時二合の酒を持参するので、この儀礼を「二合酒盛り《にんごうさきむい》」と呼ぶ。この儀礼がすむと二人の関係は公認されたことになり、おおっぴらに「妻問い《つまどい》」が始まる。こうして子どもが一人二人でき、両人や両家の関係もうまくいっていることを確認した段階で、日を改めて嫁を婚家に迎え、広く親族や村中に披露するための「根引き《にーびち》」が盛大に行われる。

参考文献　瀬川清子『沖縄の婚姻』(民俗民芸双書)、一九六九、岩崎美術社。村武精一『家と女性の民俗誌』、一九九二、新曜社。

(田中真砂子)

こんいん・こんいんけいたい　婚姻・婚姻形態　〔古代〕古代日本の支配階層では、前近代中国社会の影響を受けて、嫁取り婚がはやくから定着していたのではないかと推定されてきたが、厳密な意味での夫婦の同居にまでは至らなかった場合がかなりあったと推定できる。一方、基層《きそう》社会における婚姻も、夫婦が個別に財産を所有していた(*夫婦別財制)可能性から、同居に至らない場合がやはり多くあったと思われる。しかも、婚姻の法的手続きなどを唐制《とうせい》と比較してみると、以下のことが指摘できる。すなわち、唐では婚姻する男女の父親が「主婚《しゅこん》」となり主体的当事者の役割を担い、男女当人はその指示に従うというスタイルであったのに対し、古代日本では男女当人の主体性がかなり認められ、おのおのの親は彼らの意思を告げられる存在に過ぎなかったと推定される。また、*婚姻儀礼も不明確であった。一方、八、九世紀ころの法律家たちの議論を参照すると、男女の相互訪問(通い)の事実が、婚姻継続の目安とされていたふしもある。さらに妻と妾《しょう》との差別も不明確で、支配階層では文字通り*一夫多妻制《いっぷたさいせい》が定着していた可能性が高い。そして婚姻後に夫婦がどこに住むかという居住規制も不明確であった。これらを総合すると、現状では古代日本の婚姻形態をひとことで表現するのは不可能といってよいだろう。これまでは、基層社会の婚姻を不安定な「*対偶婚《たいぐうこん》」ととらえる考え方が有力な仮説だったが、その前段階に「群婚《ぐんこん》」を設定するという、十九世紀末の人類学の古い知見をもとにした理解には大きな難点がある。それゆえ、この用語も不適切といわねばならない。いずれにせよ、古代日本では夫婦相互の独立性がかなり強かったと推定され、その根底には双系《そうけい》(方)的親族組織が横たわっていたとの推論が有力である。こうした状況から、古代日本の婚姻の詳細については、今後の研究に多くを期待せねばならないだろう。

参考文献　高群逸枝『日本婚姻史』(高群逸枝全集六)、一九六七、理論社。関口裕子『日本古代婚姻史の研究』、一九九三、塙書房。成清弘和『日本古代の家族・親族―中国との比較を中心として―』、二〇〇一、岩田書院。

(成清　弘和)

〔中世〕中世の婚姻は、一般的に婿取婚《むことりこん》から嫁取婚《よめとりこん》への移行期と見なす。移行の指標は、婚姻の開始が婿取り式から嫁取り式へ、婚姻儀礼の差配《さはい》が妻方主導から夫方主導へ、居住形態が妻方居住から夫方居住への変化の時期を見る。*高群逸枝《たかむれいつえ》と田端泰子《たばたやすこ》は、嫁取婚の成立を中世後期とした。これに対して、中世前期にさかのぼらせたのが辻垣晃一《つじがきこういち》である。辻垣によると、武士の一般的な婚姻形態は嫁取婚であり十二世紀を嚆矢《こうし》とすること、貴族は嘉《か》禎《てい》三年(一二三七)の近衛家の婚姻を境に婿取婚から嫁取婚へ変容したことを確認している。そのほかに中世前期の庶民層においてはいまだ一夫一婦婚が成立していない「対偶婚《たいぐうこん》」であるとする坂田聡《さかたさとし》の見解もあるが、*密通を罪悪視する慣習があることからも成り立ちがたいであろう。婚姻の不成立や妻方主導の婿取婚を主流と見る見解は、女性の地位を過剰《かじょう》に評価する危険性がある。今後は、嫁取婚の成立した歴史的背景を、貴族・武士・庶民の違いに注意しながら追求していく必要があろう。

参考文献　高群逸枝『招婿婚の研究』(高群逸枝全集二・三)、一九六六、理論社。田端泰子『日本中世の女性』(中世史研究叢書)、一九八七、吉川弘文館。藤原明久・牧英正監修『日本法制史』(青林法学叢書)、一九九三、青林書院。坂田聡「中世の家と女性」(浅尾直弘他編『(岩波講座)日本通史』八、一九九四、岩波書店)。辻垣晃一「嫁取婚の成立時期について―公家の場合―」(『比較家族史研究』一五)、二〇〇〇。同「嫁取婚の成立時期について―武家の場合―」(『龍谷史壇』一一七)、二〇〇一。同「日本婚姻史の一視角―摂関家の特異性を考える―」(笠谷和比古編『公

家と武家』三、二〇〇六、思文閣出版)。　(辻垣　晃一)

〔近世〕江戸時代は嫁入《よめい》り婚がひろく定着し、武士・庶民ともに*一夫一婦制《いっぷいっぷせい》が貫かれていた。ただし男性は家を存続させるために妻のほかに妾《めかけ》をもつことが公認され、妻に対してのみ、一夫が強制された。武士の縁組は主君への届出・許可制であり身分や家格《かかく》に大きな格差のある婚姻は原則として許されなかった。縁組願《えんぐみねがい》を出し、許可を得てから*結納《ゆいのう》を取り交わして縁約し、その後婚儀が行われて婚姻が成立する。婚姻は先祖から受け継いだ家を代々継承していくための手段となり、当事者の意思よりも親や親族の意向が優先された。庶民の場合は領主が違う村や町での縁組については届出を必要とし、妻は人別送《にんべつおく》りにより夫の家の人別に入った。上層庶民の婚姻は、親族ネットワークが家業を営む上でも、地域社会での支配的地位を安定させる上でも大きな基盤となったことから、家格や経済力のつりあいが条件となり、婚姻圏は遠方にひろがっていた。

参考文献　大竹秀男『「家」と女性の歴史』、一九七七、弘文堂。総合女性史研究会編『日本女性の歴史—性・愛・家族—』(角川選書)、一九九二、角川書店。　(柳谷　慶子)

〔近現代〕明治政府は明治四年(一八七一)華士族・平民相互間の結婚を許可、身分による結婚の制限はなくなった。同五年*戸籍制度を実施、結婚にあたっては戸主の届出が必要とされ、また女性の側からの*離婚請求も戸主の同道のもとで可能になった。戸籍には妻妾《さいしょう》ともに二等親として記載され刑法では妻妾に同じ義務を課すなど妾《しょう》の存在が公認された。そのため一夫一婦制・廃妾《はいしょう》が婚姻の近代化の立場から厳しく求められた。妾は一八八二年法的には廃止されたが事実上その存在は続いた。*明治民法は家の存続を重視し、結婚も家のためという観念が強く、妻は結婚によって夫の家に入るものとされ、近世以来庶民の間では比較的自由であった離婚・再婚は特に女性にとって困難となった。また届出によらない結婚は内縁《ないえん》として扱われた。戦後*日本国憲法と*民法改正により結婚は両性の合意によることが明記され、以後当事者の自由意志による結婚が増加、さらに現代では届出によらない結婚や同性の結婚など多様な結婚が行われるようになった。
→結婚式《けっこんしき》　→見合《みあ》い結婚《けっこん》　→恋愛結婚《れんあいけっこん》

参考文献　江守五夫『現代婚姻思想の展開』、一九七七、国書刊行会。有地亨『近代日本の家族観—明治編—』、一九七七、弘文堂。望月嵩「戦後日本の結婚」(『家族史研究』六)、一九八二。義江明子編『婚姻と家族・親族』(日本家族史論集八)、二〇〇二、吉川弘文館。瀬川清子『婚姻覚書』(講談社学術文庫)、二〇〇六、講談社。　(永原　和子)

〔アイヌ〕アイヌには母方のいとことは結婚できないという婚姻規制がある。生まれたときに許婚《いいなずけ》が決められることがあったが、通婚圏における男女の移動のバランスをとる目的があったと考えられる。その場合でも婚姻の決定、継続は当人の意志に基づいており、離婚や再婚が比較的多かった。また、レビレート婚(妻が亡夫の兄弟と再婚する風習)や一夫多妻の例もあった。婚後居住は妻方と夫方の両方があったが居住地の移動は普通であった。これらは十八、九世紀ころのことであるが、明治以降、嫁入り婚が増加したとみなされる。

参考文献　瀬川清子『アイヌの婚姻(新装版)』、一九九八、未来社。　(児島　恭子)

〔琉球・沖縄〕沖縄の婚姻は一夫一婦の*単婚であり、配偶者選択にあたってはきょうだい・親子のような至近親族を除き親族原理に基づく婚姻規制はない。上流の家では結婚相手を親や*親族が決めることもあるが、庶民の場合は当人の意志が優先され、村落内婚率が高かった。また終生にわたる*姻族間のつき合いの重要性にかんがみ両家の「つり合い」が特に重視された。父系社会の沖縄では生まれた子どもは夫方の家・門中《むんちゅう》に帰属する。

参考文献　田中真砂子「沖縄の「百姓」村落における配偶者選択の原理」(『社会人類学年報』七)、一九八一。村武精一『家と女性の民俗誌』、一九九二、新曜社。　(田中真砂子)

コンウォール＝リー、メアリ＝ヘレナ　Mary Helena Cornwall Leigh　一八五七—一九四一　イギリス海外福音伝道会の女性宣教師。カンタベリーの名門に生まれる。母の没後日本への伝道を志し、一九〇八年(明治四十一)末、五十歳のときに来日。日本聖公会《せいこうかい》横浜聖アンデレ教会を中心に海員伝道や逗子《ずし》ペテロ教会の設立、学生への伝道にかかわり、東京目黒の私立ハンセン病院慰廃園をしばしば訪れていた。東京牛込《うしごめ》の聖バルナバ教会で働いていたときに草津湯之沢《くさつゆのさわ》のハンセン病信徒から指導者として来援するように請われ、一九一六年(大正五)草津に移住。同年組織された聖バルナバ教会を助けながら、ハンセン病女性を収容する聖マリヤ館、男子ホーム、夫婦ホーム、児童ホーム、聖バルナバ医院、未感染児童のための聖マーガレット館などを設置する。建物は教会を含めて三十六棟あり、これらは総称して聖バルナバミッションと呼ばれた。熱心な伝道により、湯之沢の信徒は五百名にもなった。二十年間に及ぶ奉仕の後、一九三六年(昭和十一)明石《あかし》に引退した。

参考文献　貫民之介『コンウォール・リー女史の生涯と偉業』(伝記叢書)、一九五五、大空社。　(平尾真智子)

こんがいし　婚外子　子の母が、法律上の夫を持たない状態で懐胎《かいたい》し生まれた子。母が*シングル＝マザーである場合と、母が事実上の夫と法的な結婚をしない関係(*事実婚)にあり、子と同居する父もいる場合とがある。国際社会では過去において長い間、婚前および婚外の性交渉によって子を生むことは激しく非難され、欧米諸国ではキリスト教教義の影響により、「姦生子《かんせいし》」や「乱倫子《らんりんし》」など差別的な用語で婚外子は厳しく差別された歴史を持つ。戦後も法律婚家族の保護を理由に、婚外子差別は正当化されてきた。しかし、一九六〇年代後半から子どもの人権の立場から婚外子の法的地位が飛躍《ひやく》的に改善され、婚外子差別撤廃《てっぱい》への動きは今や国際的潮流となっている。日本において、*「家」制度を規定した民法旧規定(*明治民法)では婚外子は、父に認知された「*庶子《しょし》」と認知のない「私生子《しせいじ》」とに区別された。現行民法は、庶子・私生子の用語を廃し、「嫡出でない子」の語を用いている。「婚外子」(child born out of wedlock)の用語は、婚外子差別を闘っている人たちの間で使われ始め、その後一般に浸透していった。法律用語である「嫡出子」(legitimate child)の「嫡」は、家を継ぐ正統な子という意味を持ち、「非嫡出子」(illegitimate child)という言葉には、「非正統な」というマイナス評価が付与されているため、できる限りニュートラルな表現にしたい、という理由に基づく。婚外子の父子関係は認知によって生じ、子は原則として出生時に母の氏を称し、母の*戸籍に記載され、母が*親権者となる。一九九三年(平成五)国連の規約人権委員会で、相続や戸籍など日本の婚外子差別が問題にされ、日本政府に早急な法改正の勧告が出された。同年、東京高裁で婚外子の法定相続分を婚内子の二分の一とする条文(九〇〇条四号但書)に対し民法違憲の判断が出された。一九九六年に法務大臣に答申された*民法改正要綱《ようこう》にも、その条文の改正が含まれている。また、東京武蔵野市の事実婚夫妻が提訴した「住民票続柄裁判」を契機に一九九五年には住民票における、ついで二〇〇四年には戸籍における続柄欄の、婚内子と婚外子との差別記載が改められるなど、婚外子をめぐる状況は多少改善された。しかし、婚内子と婚外子との差別的取扱いが世界的に廃止される傾向にある中で、日本の婚外子出生率は桁違いに低く(ヨーロッパ各国が二〇~五〇%に対し、日本では二%未満)、合計特殊出生率の低迷は*婚姻の先送り現象とも連動する。そこには、世界に稀《まれ》な*戸籍制度を持つ日本に特有な婚姻制度の枠組の中でしか子どもを安心して産めない、という形で婚外子差別を回避しようとする人びとの意識も反映されている。

参考文献　善積京子編『非婚を生きたい―婚外子の差別を問う―』、一九九二、青木書店。同『婚外子の社会学』、一九九三、世界思想社。婚外子差別と闘う会編『非婚の親と婚外子―差別なき明日に向かって―』、二〇〇四、青木書店。

(星野　澄子)

こんがすり　**紺飛白**　紺地に白の絣《かすり》文様のある織物。飛白は中国の表記。日本では絣、あるいは緕・綛とも書く。綿紺絣としては薩摩《さつま》絣・*久留米《くるめ》絣・伊予《いよ》絣・備後《びんご》絣・大《や》和《まと》絣などが著名である。白い*木綿の織糸を括《くく》って藍《あい》で染色し、括りを解いて絣糸を作り、それを織ると紺地に白の絣文様が織り出せる。

参考文献　板倉寿郎・野村喜八・元井能・吉川清兵衛・吉田光邦監修『原色染織大辞典』、一九七七、淡交社。脇田晴子・林玲子・永原和子編『日本女性史』、一九八七、吉川弘文館。

(小川　幸代)

こんこうきょうのじょせいかん　**金光教の女性観**　安政六年(一八五九)、備中国《びっちゅうのくに》浅口郡《あさくちぐん》大谷村《おおたにむら》(岡山県浅口市)の農民赤沢文治《あかざわぶんじ》によって創唱された金光教《こんこうきょう》は、江戸時代末期の日本に成立した民衆宗教の一宗派であり、その宗教思想には女性尊重の観点が貫かれている。民衆宗教が相ついで成立した江戸時代後期は、大都市周辺の先進的な農村を中心に*近代家族が形成され始めた時代であり、そのころには、小家族の成員に囲まれながら生涯を全うすることの価値が、底辺民衆にも強く意識されるようになっていた。民衆宗教各宗派の教典・原典類にはしばしばそうした民衆意識がよく表現されているのだが、『金光大《こんこうだい》神覚《じんおぼえ》』や『金光大神理解《こんこうだいじんりかい》』をはじめとする金光教の原典類もその代表的な例にほかならない。同教祖の女性観を表わす言葉としては、「腹は借物《かりもの》と云ふが借物ではない、万代の宝ぢや、懐妊《かいにん》の時は神の氏子《うじこ》が我胎内《たいない》に居ると思うて大切にせよ」「女の身のうえのこと、月役《つきやく》・妊娠・悪《つ》阻《わり》、腹帯《はらおび》、腹いたまず、産前、身のかるく、産後のよかれもの・団子汁《だんごしる》、子に五香《ごこう》(*胎毒《たいどく》下の薬)いらず、母の乳へ神酒《おみき》つけ、おやこともいただけ、頭痛・血の道・虫・病気なし、不浄・穢《けがれ》・毒断《どくだて》なし、平日のとおりにあいなること」「女は神にちかい、信心は女からじや」などが知られている。これらには、生産を重んじる農民的な発想のもとに女性の尊重を説き、女性をその特有の苦しみから解放しようとする姿勢が表現されている。ほぼ同じ時期、天理教《てんりきょう》を創唱した大和国《やまとのくに》の農婦*中山みきが、*出産にまつわる苦しみから女性を解放する活動を契機に信者を増やしていったことは知られているが、男性である金光教教祖が右のような女性観をつちかったのは、同教祖が、家政の表向きの価値をひたすら追求する家父長《かふちょう》主義的な立場からは相対的に遠い、養子としての生涯を生きたことにも一因があるといわれている。

参考文献　鹿野政直『資本主義形成期の秩序意識』、一九六九、筑摩書房。金光教本部教庁編『金光大神』、二〇〇三。桂島宣弘『幕末民衆思想の研究―幕末国学と民衆宗教―(増補改訂版)』、二〇〇五、文理閣。

(神田　秀雄)

こんじきやしゃ　**金色夜叉**　尾崎紅葉《おざきこうよう》の長編小説。一八九七年(明治三十)から一九〇三年まで『読売新聞』に断続的に連載されたが、作者の死によって未完中絶。連載に雁行《がんこう》して順次単行本化された(全五巻、春陽堂《しゅんようどう》)。間貫《はざまかん》一《いち》と鴫沢宮《しぎさわみや》は許婚《きょこん》の仲であったが、宮は資産家の富山唯《とみやまただ》継《つぐ》と結婚してしまう。人間不信に陥った貫一は卒業目前の高等中学を退学して失踪《しっそう》、以後高利貸《こうりがし》の道を邁進《まいしん》する。一方結婚後まもなく「悔悟《かいご》」し始めた宮は、子を産まないという決心を貫き、貫一への謝罪の機会を求め続ける。夫への従順と貞淑《ていしゅく》、「家」の跡継ぎの*出産と育児が妻に求められていた時代の中で、宮の行動は強い個性を放つ。唯継との結婚は宮自身の意志に基づいているが、その真因についても、熱海《あたみ》海岸で宮が叫ぶ「言遺《いいのこ》した事がある」という言葉の解釈との関係でさまざまな想像が可能である。なお諸メディアを通じて「お宮」という呼称が流布しているが、小説では「宮」または「宮《みい》さん」である。新潮文庫版と岩波文庫版が入手しやすい。

参考文献 高田知波「「良妻賢母」への背戻―『金色夜叉』のヒロインを読む―」(『日本文学』三六ノ一〇、一九八七。関礼子「尾崎紅葉『金色夜叉』―ある合評批評の読書空間―」(江種満子・井上理恵編『２０世紀のベストセラーを読み解く』二〇〇一、学芸書林)。

(高田　知波)

こんじゃくものがたりしゅう　今昔物語集 十二世紀前半に作られた説話集の大作。全三十一巻(三巻分欠)、千話以上も集成しながら未完に終る。編者・成立事情ともに未詳。院政《いんせい》期の類聚《るいじゅう》文化を象徴するが、天竺《てんじく》(インド)・震旦《しんたん》(中国)・本朝(日本)部の三国構成に加えて仏法《ぶっぽう》・王《おう》法《ぼう》(世俗)編に区分けされ、二話ずつセットに配列される緻密《ちみつ》な構成をもつ。欠字・欠文・欠話・欠巻などの欠損《けっそん》がめだち、壮大なスケールや費やされたエネルギーの質量の重圧から逆に内部矛盾をかかえて破綻《はたん》をきたす。十五世紀半ばごろまではほとんど埋もれていたが、十三世紀に書写された鈴鹿本《すずかぼん》が発見されて徐々にひろまる。衝《しょう》迫性《はくせい》に富む漢字片仮名交じりの力強い文体で読む者をひきつける。仏菩薩《ぼさつ》、国王・天皇から貴族、僧聖《そうしょう》、修行者、武人、名もない民衆、庶民、はては鬼や天狗、狐、蛇等々、異類から動物に至るまであらゆる群像の生態があますところなく生き生きと描かれる。巻頭は釈迦《しゃか》の天界からの下生《げしょう》に始まるように、天竺世界は釈迦の生涯を物語る仏伝を中心とする。母摩耶夫人《まやぶにん》との死別と天界での教化、涅槃《ねはん》における再会など*母性の問題の原点があり、摩耶の妹で養母憍曇弥《きょうどんみ》が最初の女人出家となるなど、女性とのかかわりが主題化される。一切衆生救済《いっさいしゅじょうきゅうさい》の観点から女人の出家や往生《おうじょう》なども重要な課題となっていた。本朝部では、『*道成寺縁起《どうじょうじえんぎ》』に連なる、僧に裏切られて蛇に変身し追走する女の物語をはじめ、愛欲の業《ごう》をめぐる話題が多く、法華経霊験譚《ほけきょうれいげんたん》などの仏法の教義に回収される。転生譚《てんしょうたん》や変身譚における女人の比重の高さは無視できない。六道輪廻《ろくどうりんね》にもとづく人間道と畜生道《ちくしょうどう》との近接が問題視される。あるいは、貧女《ひんにょ》をめぐる観音の霊験利益譚《れいげんりやくたん》も少なからず、教説の伝統をふまえつつ、人間の本性をえぐる鮮烈《せんれつ》な話題が集中する。一方、世俗の話題では、強い女と弱い女の落差、対照がめだつ。前者では、相撲《すもう》の妹や美濃狐《みのぎつね》と尾張女《おわりのおんな》の対決など文字通り強力《ごうりき》の女性も登場するし、稲荷参詣《いなりさんけい》の衆目《しゅうもく》の前で好色な夫の頬《ほお》をたたく妻や、夫の殺害を企てたり、乞食《こつじき》に襲われ逃走し子供を見殺しにする女、魚に蛇をまぜて売りつけるしたたかな市の女等々が描かれ、興味は尽きない。中世のお伽草子《とぎそうし》や*狂言《きょうげん》に連なる面がある。他方、六の宮の姫をはじめ、ただ男を待つ薄幸《はっこう》の女、よるべのないまま宿命に流されていく女人像も少なくない。さらに本集で傑出《けっしゅつ》するのは、謎の女たちである。男を誘惑して調教しのちに蔵からいっさい姿を消す盗賊集団の首領の女盗人、老典薬頭《てんやくのかみ》に性病を治療させ煙《けむり》に巻いて姿を消す高貴な女、囲碁《いご》の名人をかたなしにして姿を消す西京《にしのきょう》の女等々、正体不明の謎の女たちの話題がきわだつ。常に男の視点から見つめ、描かれる説話の本性をよく示している。語り手の話末批評に見え隠れするのは、罪障《ざいしょう》多き女への非難とも憐憫《れんびん》ともとれるまなざしであり、存在の深淵《しんえん》にかかわる愛欲の業への洞察《どうさつ》である。『新日本古典文学大系』(岩波書店)、岩波文庫(抜粋)に所収。

参考文献 小峯和明『今昔物語集の形成と構造』、一九六五、笠間書院。森正人『今昔物語集の生成』、一九六六、和泉書院。小峯和明『説話の森―中世の天狗からイソップまで―』(岩波現代文庫)、二〇〇一、岩波書店。同編『今昔物語集を学ぶ人のために』、二〇〇三、世界思想社。

(小峯　和明)

こんどうまがら　近藤真柄 一九〇三―八三　昭和時代戦前戦後を通じての社会主義者、女性運動家。旧姓堺《さかい》。一九〇三年(明治三十六)堺利彦《としひこ》の娘として東京で出生。満一歳で生母と死別、のち父の後妻為子《ためこ》に育てられる。成女高等女学校卒業後、出版社に勤務。一九二一年(大正十)*山川菊栄《やまかわきくえ》と*伊藤野枝《いとうのえ》を顧問にして*九津見房子《くつみふさこ》らと*赤瀾会《せきらんかい》を結成、メーデーのデモに女性としてはじめて参加し、検束・拘留される。翌年*国際婦人デーを記念して山川菊栄と*八日会《ようかかい》を結成。同年創立された日本共産党にも入党。一九二三年高瀬清と結婚。一九二五年政治研究会婦人部の結成とともに参加する。一九二八年(昭和三)山川菊栄らと無産婦人研究会を結成、無産女性戦線の統一を志向。翌年無産婦人同盟を結成、婦選運動との共闘を促した。一九三二年社会大衆婦人同盟の役員となる。高瀬と離婚後、一九三五年近藤憲二と再婚。戦後はどの政党にも所属せず、*日本婦人有権者同盟に所属し、一九七一年から七四年まで会長となる。一九八三年没。著書に『わたしの回想』(上巻『赤瀾会とわたし』、一九八〇年、下巻『父、堺利彦と同時代の人びと』、一九八一年、ドメス出版)がある。

近藤真柄

参考文献 江刺昭子『覚めよ女たち―赤瀾会の人びと―』、一九八〇、大月書店。

(大木　基子)

コンドーム　コンドーム ゴム製の避妊具・性病予防具。日本では他国と比べて、避妊《ひにん》のために最も多く用いられている。性行為と避妊が男主導のためと考えられる。動物や魚の皮膜のものは、十九世紀前半にオランダから出島経由で入ったとされ「茎袋(マラブクロ)」と呼ばれた。

ゴム製の国産第一号は一九〇九年(明治四十二)に発売された「ハート美人」である。戦前はルーデサック・スキン・サックと呼ばれた。性病予防具として用いられ、避妊具としては副次的であった。コンドームは主に*遊廓《ゆうかく》で使用されたが、アジア太平洋戦争の戦地の従軍慰安所《じゅうぐんいあんじょ》で兵士が「慰安婦」に対して用いた。侵略とレイプを想起させる「突撃一番」と名づけられ、軍需物資として増産された。戦後は、人口抑制策のもとで産児制限・*家族計画のための避妊具として普及していく。現在では、国際的なエイズ危機に対応して、エイズ予防具となり、カラー化やゴムの加工によって性具にもなっている。

参考文献 佐野真一『ニッポン発情狂時代—性の王国—』(ちくま文庫)、二〇〇〇、筑摩書房。田間泰子『母性愛という制度—子殺しと中絶のポリティクス—』、二〇〇一、勁草書房。

(川村 邦光)

こんぴらしんこう 金毘羅信仰 江戸時代中期以降、讃《さぬ》岐国《きのくに》那珂郡《なかぐん》の象頭山《ぞうずさん》を信仰対象として全国的に広まった信仰。同信仰流布の背景には、地元諸藩による保護や、朝廷・幕府・諸大名などの帰依《きえ》があったほか、瀬戸内海交通の発達があった。また一方、各地に広く金毘羅大権現《こんぴらだいごん》がまつられていったことが、象頭山までは参詣《さんけい》できない女性を含む庶民の間に同信仰を広める役割を果たした。高松・丸亀両藩などは各藩邸内に祀る金毘羅神への庶民の参詣を許しており、そのことが大坂・江戸などの大都市に同信仰の流布を促す契機となった。別当の真言宗金《こん》光院《こういん》は、金毘羅を象頭山にのみ鎮座《ちんざ》する神だとし、各地の金毘羅神を取り締まろうとしたが徹底せず、十九世紀中ごろまでの江戸や名古屋には、地域的な金毘羅巡拝所《じゅんぱいしょ》も成立していた。なお享和《きょうわ》二年(一八〇二)、名古屋に隣接する熱田で、元武家奉公人の女性喜之《きの》が創唱した如来《にょらい》教《きょう》は、金毘羅大権現を事実上の主神とする民衆宗教であり、その開教は金毘羅信仰の女性への浸透をよく表わしている事例だといえる。

参考文献 神田秀雄「信心の世界の変容と新たな救い」(ひろたまさき編『民衆のこころ』一九九四、中央公論社)。浅野美和子『女教祖の誕生—「如来教」の祖・媹姾如来喜之—』、二〇〇一、藤原書店。神田秀雄・浅野美和子編『如来教・一尊教団関係史料集成』(清文堂史料叢書)、二〇〇三、清文堂出版。

(神田 秀雄)

こんや 紺屋 一般に染物屋のこと。紺屋《こうや》とも紺搔《こんかき》とも*紺搔《こうかき》ともいった。大部分が植物染料の藍《あい》で紺染をしたため、紺染の紺屋が広く染物屋の名称となった。京都では中世以来女性の職種の一つであった。江戸時代に庶民生活の向上による需要の増大から、都市には小加工業が著しく発達した。染色業では紺染・藍染・茶染・紫染などの浸染のほか、纐染《くくしぞめ》・織染などの技巧も生み出されて、女性の就労の場が次第に広がっていった。

参考文献 板倉寿郎・野村喜八・元井能・吉川清兵衛・吉田光邦監修『原色染織大辞典』、一九七七、淡交社。原田伴彦・遠藤武・百瀬明治『図録・近世女性生活史入門事典』、一九九一、柏書房。

(小川 幸代)

こんよく 混浴 男女の共同入湯のこと。江戸時代、共同浴場では、性を問わず男・女ともに交じって入湯した。江戸では「湯屋《ゆや》」、なまって「ゆうや」などと呼称した。京坂では「風呂屋《ぶろや》」「湯風呂《ゆぶろ》」などと呼ぶ。庶民のたまり場でもあり、情報交換の場でもあった。寛政三年(一七九一)老中松平定信《まつだいらさだのぶ》は「男女入込湯停止令」を示達、男女混浴を禁止した。寛政の改革の「風紀《ふうき》の粛正《しゅくせい》」という風俗的な側面からの禁止政策の一つである。

参考文献 『徳川禁令考』前集五、一九五九、創文社。原田伴彦・百瀬明治・遠藤武・曾根妙子編『近世女性生活絵典』、一九八三、柏書房。

(宇佐美ミサ子)

さ

さいいん 斎院 賀茂斎王《さいおう》を指すが、本来は斎王の居所の名称。賀茂斎王は、嵯峨《さが》天皇の皇女*有智子《うちこ》内親王に始まり、十三世紀初頭の礼子《れいし》内親王まで三十二代の天皇の間、三十五人に及んだ。そもそも山城《やましろ》国愛宕《おたぎ》郡の賀茂社(上・下社)に斎王が置かれたのは、弘仁《こうにん》元年(八一〇)の薬子《くすこ》の変に際して嵯峨天皇が賀茂社に祈願し冥助《めいじょ》を得たことによるという説(『一代要記《いちだいようき》』『賀茂斎院記《かもさいいんき》』)がある。しかし、平安時代初期に賀茂社が京の守護神をまつる神社として国家的祭祀《さいし》の対象に組み込まれたことを重視すべきで、伊勢の斎王にならって天皇即位時に未婚の*内親王(あるいは*女王)が賀茂社にアレオトメとして奉られたのであろう。『延喜式《えんぎしき》』などによると、斎王は卜定《ぼくじょう》されると、賀茂川で禊《みそぎ》して平安宮内の便所《びんしょ》(大膳職《だいぜんしき》、左右近衛府《さゆうこのえふ》など)を初斎院《しょさいいん》として二年間の潔斎《けっさい》を行い、三年目の四月上旬、再び賀茂川で禊をした後、紫野《むらさきの》に所在した斎院に入った。紫野の斎院は江戸時代には所在地も不明になったようだが、雲林院《うりんいん》の南隣で有栖《ありす》川の近傍、七野《ななの》社(京都市北区社《やしろ》横《よこ》町櫟谷《いちいたに》七野神社)のあたりにあったとみられている。斎王は毎年四月中酉日の*賀茂祭では、斎院を出立後、一条大路《いちじょうおおじ》を東行し(路頭《ろとう》の儀)、昼間のうちに下社・上社の順で勅使《ちょくし》とともに参拝した(社頭《しゃとう》の儀)。賀茂社には斎祝子《さいごいご》(*忌子《いご》)という*巫女《みこ》が御阿礼《みあれ》祭に奉仕しており、斎王と比較されることが多いが、斎祝子は男性神職(禰宜《ねぎ》・祝《はふり》)とともに深夜のミアレの神事に奉仕するものであったこと、斎祝子の中には既婚者でかなり長期にわたって勤めるものがいたこと、十三世紀初頭に斎王制が廃止された後も忌子は明治初年まで存続したこと、斎祝子には斎王制が始まると斎字を避けて忌子の称が成立したとみられることなど、両者の性格は相違する。すなわち、斎王は天皇祭祀に基づく特殊な巫女であって、基層《きそう》信仰に由来する斎祝子(忌子)とは区別さるべきであろう。また、斎王は斎院内の年中祭儀に奉仕し、忌詞《いみことば》も定められていた(『延喜式』)。さらに弘仁九年五月には斎院司《さいいんし》が設置されるなど、伊勢の斎王・*斎宮寮《さいぐうりょう》と共通するところも少なくない。しかしながら、その一方で、斎院司は斎宮寮と比べて規模が小さく、斎宮寮の主神司《しゅしんし》や十二司《じゅうにし》にあたるものがなかったらしい。賀茂斎王の交替も伊勢斎王のように天皇の代替わりごとに交替しているわけではなく、二代以上に奉仕した斎王は三十五人中十二人に及んでいる。大斎院《だいさいいん》と呼ばれた*選子《せんし》内親王(九六四—一〇三五)のように五代五十六年四ヵ月の長期間、勤めたケースもあった。斎院が京の北郊にあったことから来訪者も多く、平安時代の中・後期には選子・禖子《ばいし》・式子《しょくし》内親王ら歌才に恵まれた斎王が在任中も退下《たいげ》後もしばしば歌合《うたあわせ》を催したこともあって、斎院内には文芸サロンが形成された例も少なくない。これも伊勢斎王との相違の一つといえよう。

参考文献 堀口悟「斎院交替制と平安後期文芸作品—『狭衣物語』を中心として—」(『古代文化』三一ノ一〇)、一九七九。角田文衛「紫野斎院の所在地」(『王朝文化の諸相』一九八四、法蔵館)。所京子『斎王和歌文学の史的研究』、一九八九、国書刊行会。三宅和朗「賀茂斎院の再検討」(佐伯有清先生古稀記念会編『日本古代の祭祀と仏教』一九九五、吉川弘文館)。義江明子『日本古代の祭祀と女性』(古代史研究選書)、一九九六、吉川弘文館。

(三宅 和朗)

ざいおきなわべいぐんごうかんじけん　在沖縄米軍強姦事件　太平洋戦争末期の沖縄戦における上陸以来、今なお止むことのない米軍将兵による*強姦事件。被害者は圧倒的に女性が多いが、わずかながら男性もいる。占領当初は農耕中や歩行中、あるいは人家への侵入で拉致《らち》、強姦、殺人がくり返された。これまで明らかになった被害者は生後九ヵ月の乳児から六十歳代まで。銃を突きつけられ、家族の目の前で強姦されたケースもある。朝鮮戦争勃発《ぼっぱつ》で犯罪はさらに悪質化したため、「一般女子」を守るためいわゆる「特殊婦人」を集めた「買売春街」を米軍基地周辺に設置する。しかし強姦事件はその近辺で多発した。ベトナム戦争が勃発すると、バーやキャバレーで働く女性たちの犠牲が増えた。一九七二年(昭和四十七)に沖縄が日本に返還されるまでの事件の公的な記録はきわめて少なく、返還後でも、二〇〇三年(平成十五)現在で百三十件の沖縄県警の統計があるだけである。民間の女性グループが実態調査に乗り出し、三百件近いデータをまとめているものの、「氷山の一角にもならない」という声が多い。

参考文献 『沖縄・米兵による女性への性犯罪(第七版)』、二〇〇三、基地・軍隊を許さない行動する女たちの会。

(宮城 晴美)

さいおんじさねかねのむすめ　西園寺実兼の娘　⇨昭訓《しょうくん》門院《もんいん》

さいき　さいき　*御伽草子《おとぎぞうし》の一つ。この説話は江戸時代に広まった版本の渋川版《しぶかわばん》『御伽文庫』に収められている。ただしその成立は、大内義隆《おおうちよしたか》が死んだ天文二十年(一五五一)からあまり下らない十六世紀後半ころと思われる。義隆の死の直後に書かれた『大内義隆記』に義隆が本妻のほかにその侍女《じじょ》を思い人としたことが書き残されており、天正年間(一五七三—九二)成立と思われる一色直朝《いっしきなおとも》著の『月菴酔醒記《げつあんすいせいき》』には、義隆が在京中に思いをかけた女が義隆に『さいき』と同じ歌を送ったこと、国元の妻も『さいき』と同様に京の女に同情して国元へ呼びよせようとしたとあることによる。この説話では、豊前の国に住む佐伯《さえき》という武士が訴訟のために京にのぼり、京の女房と親しくなった。訴訟が片づくと男は喜んで国元へ帰り、再会を約した京の女のことはすっかり忘れて国の本妻と日を過ごした。京の女房は訪れを待ちかねて、地方下りの僧に文を託した。その優雅な文を見た本妻は夫の不心《ふこころ》得《え》を責め、夫に内緒で京の女を呼び寄せた。京の女を見た本妻は、夫はこれほど美しい人のことをさえ口に出すこともなかった、まして私のことなど長の在京中に一度も思い出すことはなかったであろう。これほど不心得な男を頼みにした私こそ情けないと思って、髪を切り文を残して出家してしまった。京の女もこんな優しい人を一人で置くことができようかとあとを追って出家して同じ庵《いおり》で暮らした。佐伯も失望して出家し高野山へ上った、とある。平安時代以来中世にかけて二人妻の話は多いが、登場する本妻のタイプは*嫉妬《しっと》せずに夫の心を取り戻すタイプと、嫉妬のあまり自殺するタイプ、相手の女を取り殺すタイプに分かれる。御伽草子では自殺する例(『七人《しちにん》比《び》丘《く》尼《に》—みいけ殿の事—』)や、相手の女を殺す例(『高野物語』『いそざき』)が多い。その中にあって『さいき』はそのいずれのタイプでもなく、夫の自分への愛の不在を見抜き、夫婦生活を見限って相手の女とともに自立する妻の姿を描いている点で異質である。しかも作者がそのような本妻の心を「ただ一筋に思い定めし女房の、ここの中こそやさしけれ」と評価しており、この時代にこのような主体的な生き方をする女性に共感した人々がいたことが注目される。『さかき』(『お伽草子』二〇、国立国会図書館蔵)、『御伽草子』(日本古典文学大系三八、一九五八年、岩波書店)所収。現存本の詳細は松本隆信作成「増訂室町時代物語類現存本簡明目録」(奈良絵本国際研究会議編『御伽草子の世界』、一九八二年)を参照。

参考文献 『大内義隆記』(群書類従二一)。一色直朝『月菴酔醒記』(古典文庫)。『和論語』五・六・七(伊勢貞丈『貞丈雑記』)。勝部真長『「和論語」の研究』、一九七〇、至文堂。檜谷昭彦「御伽草子の転生」(『国文学解釈と教材の研究』二二ノ一六)、一九七七。井出幸男「『室町小歌』

の一基盤―『月菴酔醒記』の「巷歌」を中心にして」(『梁塵』三)、一九九五。バーバラ＝ルーシュ『もう一つの中世像』、一九九一、思文閣出版。西村汎子「お伽草子『さいき』の妻の自立的な夫婦観―二人妻説話の一類型としての―」(『古代・中世の家族と女性』二〇〇二、吉川弘文館)。　（西村　汎子）

さいぐう　斎宮　〔古代〕*伊勢神宮に仕えた皇女の宮殿。のちには皇女自身を指す。現在の三重県多気《たき》郡明和《めいわ》町に所在。伊勢神宮に仕える皇女の起源について『日本書紀』では、崇神《すじん》朝に、皇女トヨスキイリヒメが宮中から倭笠縫邑《やまとかさぬいのむら》に*天照大神《あまてらすおおみかみ》を移し、次代の垂仁《すいにん》朝に、皇女ヤマトヒメが各地を巡り、伊勢神宮を定めたとするが、成立の古い伝承とは考えにくい。律令制下における斎王《さいおう》の直接の起源は、天武天皇の娘の大来皇女《おおくのおうじょ》と考えられるが、『日本書紀』の同時代の記事をみると、斎王ではない皇女の伊勢神宮への派遣や、*持統《じとう》天皇自身の伊勢行幸など、皇族女性の神宮祭祀《さいし》とのいろいろな関わり方がみられる。八世紀初頭には、神宮に仕える女性は、「斎内親王《いつきのひめみこ》」「斎(女)王」と呼び分けられ、その宮は「斎宮」と称されていたが、『日本書紀』では「斎宮」は、伊勢神宮や、天皇が籠《こも》る宮殿を指す用語としても使われている。そして斎王に仕える斎宮寮《さいぐうりょう》組織の整備は神亀《じんき》五年(七二八)にまで下がる。『延喜式《えんぎしき》』斎宮寮によると、斎王は、未婚で、内親王を最良とし、常時世俗から隔離され、天皇一代に一人が原則であった。義江明子が指摘するように、これは、夫を持つ場合も、祭祀の時のみ*巫女《みこ》となる場合もある古代の巫女の一般的な姿とも、大物忌《おおものいみ》を頂点とする伊勢神宮の女性祭祀組織とも大きく異なる。すなわち、斎王は古くからの伝統の遺制でも、伊勢神宮の祭祀組織の頂点でもなく、律令体制下に即応し、王権を補佐する制度として整備された側面が強い。そして八世紀後期には、広大な規模の斎宮が造成され、『延喜式』斎宮寮の規定にほぼ対応する斎王が連続して置かれるようになる。しかしこの時期から、斎王個人には、*和歌等文芸史料に名を残す斎王を除き、強い個性が乏しくなる。さて、「斎宮」は都を離れた伊勢に置かれたため、斎王に近侍《きんじ》する内侍《ないし》(*命婦《みょうぶ》)・*乳母《めのと》・三等に分かれた*女孺《にょじゅ》などの女性グループと、斎宮寮と十三司から構成される男性グループによって構成される、事務・財政・祭祀儀礼などの面で自立した組織となっていた。しかしその財政基盤は皇女の封《ふ》戸《こ》などの家産ではなく、諸国からの調庸《ちょうよう》の流用であり、斎王の私産が次の斎王に継承されることはない。また、斎宮の諸司(主神《しゅしん》司と十二司)の多くは宮廷と同じく負名《おいな》氏《うじ》によって支えられていたが、舎人《とねり》司などの事務組織には、人格的結合など令制前的な側面はうかがえない。このように、斎宮と斎宮寮は、皇族の宮というより、東宮(春宮《とうぐう》)と東宮坊《とうぐうぼう》に近いものであり、やはり律令体制に適合した組織と理解することができる。九世紀初頭には、賀茂斎王《かもさいおう》が置かれるようになり、九世紀後半には、出自に関係なく称する、職名としての「斎王」が成立し、ほぼ同時期に、伊勢斎王を斎宮、賀茂斎王を*斎院《さいいん》とする通称もみられるようになる。これは、*内親王を最優先するという意識の後退と対応しており、「斎内親王」でも幼帝の出現とも相まって、天皇の異母姉妹の斎王が普通になり、十―十一世紀には伊勢斎王には*女王が多くなる。このように、制度としての斎宮の確立は、斎王制度の形式化と同時平行に進んでいたともいえる。しかし制度として定着した斎宮は、その後も長く存続し、院政期になると斎王から未婚立后《りっこう》を経て未婚*女院《にょいん》へという階梯《かいてい》などもみられるようになり、天皇の直接的な政治権力が最終的に喪失する南北朝時代まで存続するのである。

参考文献　古川淳一「斎宮寮に関する基礎的研究」(笹山晴生先生還暦記会編『日本律令制論集』下、一九九三、吉川弘文館)。榎村寛之『律令天皇制祭祀の研究』、一九九六、塙書房。同「「斎王」という称の成立について」(『ヒストリア』一五一)、一九九六。同「『斎宮式』の構造とその特殊性―斎院司式と比較して―」(『延喜式研究』一二)、一九九六。義江明子『日本古代の祭祀と女性』(古代史研究選書)、一九九六、吉川弘文館。所京子『斎王の歴史と文学』、二〇〇〇、国書刊行会。榎村寛之「斎宮十二司についての基礎的考察」(『延喜式研究』一九)、二〇〇三。同『伊勢斎宮と斎王』(塙選書)、二〇〇四、塙書房。義江明子『古代女性史への招待―〈妹の力〉を超えて―』、二〇〇四、吉川弘文館。　（榎村　寛之）

〔中世〕鎌倉時代にも引き続き未婚皇女が斎宮として伊勢へ下ることが行われたが、古代における斎宮に比べるとその内実は微妙に変化してきたといえる。まず、それまでの「神聖にして犯すべからざる巫女《みこ》」という斎宮のイメージが、女性の社会的地位が低下した中世にあっては、性的な意味合いをもって語られるようになった。たとえば、十三世紀の説話集である『十訓抄《じっきんしょう》』には、平安時代の斎宮である当子《まさこ》と済子《なりこ》が*密通したという話が取り上げられ、斎宮にあるまじき暴挙《ぼうきょ》として語られている。両内親王の密通事件は史実《しじつ》ではあるが、このように斎宮が性的興味の対象と読み替えられるのは中世独自の現象といえよう。また、済子の事件を題材として男女の交情場面を赤裸々に描く『小柴垣草子《こしばがきそうし》』という絵巻物も十三世紀には成立しており、中世における斎宮イメージがうかがえる資料となっている。鎌倉物語と呼ばれる擬古《ぎこ》物語では、『我身にたどる姫君』などのように、年老いた斎宮が帰京した後、若い男性に恋心を抱くさまがやや侮蔑《ぶべつ》的に描かれることがあり、斎宮像の中世的変貌《へんぼう》が顕著《けんちょ》にあらわれている。こうした、「淫乱《いんらん》で堕落《だらく》した斎宮」というイメージは、中世に盛んに制作された*物語文学や『日本書紀』の注釈書の諸説と同じ土壌《どじょう》から胚胎《はいたい》したと思われる。一例をあげると、鎌倉時代から南北朝時代にかけて輩出した、真言密教《しんごんみっきょう》や神道思想の影響を受けている『*伊勢物語』の注釈書では、*在原業平《ありわらのなりひら》と斎宮との密通を記す第六十九段を神聖視し、「伊勢」とは「男女」の謂《いい》であり性的結合が陰陽合一《いんようごういつ》の奥義をあらわすとしている。ここでは、斎宮の身体は性的象徴として中世の秘説の世界に再生しているのである。さらに、斎宮像の変貌は中世王権の成立とも深く関わっている。鎌倉時代に入ると、平安時代後期*摂関政治の中で次第に希薄《きはく》になっていた天照大神《あまてらすおおみかみ》を再び活性化させ、天皇の呪的権威の根源として認識し直す動きが起った。そのようななかで、斎宮は天照大神の正統な神託を伝える巫女としての役割をになうようになる。神道五部書《しんとうごぶしょ》の一つである『倭姫命世紀《やまとひめのみことせいき》』では、天照大神を祀る聖地を求めて斎宮の祖である倭姫命が三種の神器とともに巡行するというくだりが詳細に記されるが、そこからは、王権を賦活《ふかつ》する力として三種の神器《じんき》が注目されたこと、および、三種の神器の媒介《ばいかい》者として斎宮の存在が強調されたことが看取《かんしゅ》される。慈遍《じへん》の『豊葦原神風和記《とよあしはらしんぷうわき》』によると、倭姫命は神璽《しんじ》の箱らしきものから生まれたと伝えられ、斎宮の身体が神璽そのものと同一視されるようになった経緯がうかがわれる。中世には慈円《じえん》などによって天照大神が男性神であるという説がとなえられたが、それにより斎宮は天照大神の神妻として認識されるようにもなった。しかし、南北朝時代には後醍醐《ごだいご》天皇の王権の強大化によって、天皇を霊力によって補佐するという斎宮の存在意義は衰退し、後醍醐皇女*祥子《さちこ》内親王を最後に斎宮という制度自体が停止されるに至った。

参考文献 東郷富規子「斎王考―宗教と人間性との葛藤―」(『関西大学文学論集』四ノ二)、一九五五。大石良材『日本王権の成立』(塙選書)、一九七五、塙書房。安西奈保子「後醍醐天皇をめぐる三人の斎宮たち」(『日本文学研究(梅光女学院大学)』二三)、一九八七。山中智恵子『斎宮志(続)』、一九九二、砂子屋書房。田中貴子「斎宮の変貌―中世文芸の世界から―」(『聖なる女―斎宮・女神・中将姫―』一九九六、人文書院)。

(田中 貴子)

さいぐうあと　斎宮跡　三重県松阪市と伊勢市の中間、明和《めいわ》町にある*斎宮の遺跡。伊勢斎王《いせさいおう》制度の廃絶は建武《けんむ》三年(一三三六)ころと見られるが、伊勢への斎王の派遣は鎌倉時代中期の文永九年(一二七二)に途絶えていた。しかし伊勢には「斎宮」の地名や、その伝承地は残され、一九七〇年(昭和四十五)に始まる三重県の発掘調査により、一九七九年には一三七・二ヘクタールが国史跡となった。現在までの調査では、史跡西部では八世紀前・中期の遺構や遺物が確認され、鎌倉時代の遺物も見つかっているが、奈良時代の中心部分は未確認であり、鎌倉時代の遺跡には、規模を推定させる手がかりもほとんどない。斎宮の規模が明らかになるのは、八世紀後半に造成された、東西・南北に走る幅一二メートルの直線道路によって区画された条坊《じょうぼう》のような方格地割《ほうかくじわり》の確認によってである。この区画は多気郡の条里とは異なり、東西七列、南北四列に及び、道路で囲まれた一区画は一二〇メートル(四百尺)四方を基準としている。この中の二区画は、平安時代初めには塀《へい》で囲われており、斎王に充てられた内院《ないいん》に比定されている。さらにそのうちの一区画(東から三列目、北から三列目の区画、通称鍛冶山西地区)は、八世紀後半には横幅が広く、塀も二重になっていたことが明らかになっている。このため、現在では七七〇年代に二重塀を持つ内院区画と周辺の一部が整備され、七八〇年代の長岡京《ながおかきょう》平行期ころに、内院が二区画になり、条坊に似た区画(方格地割)が整備されたと見る説が有力になっている。これはそれぞれ光仁《こうにん》朝と桓武《かんむ》朝にあたり、斎宮の確立が、最後の*女帝となった称徳《しょうとく》朝以後であることが明らかになった。しかしこの区画が常にすべて使われたのか、また桓武朝にすべての区画が造成されたのかについても確定的ではない。天長《てんちょう》元年(八二四)から、斎宮は度会《わたらい》郡の離宮に移転し、方格地割も放棄されたようだが、十五年後に再び多気郡に戻る。その後も方格地割は使われ続け、道路の一部は現在まで使われており、斎宮跡の地形を規定している。この時期には、猿投《さなげ》産の緑釉陶器《りょくゆうとうき》の使用が顕著《けんちょ》になるなど、宮廷的な特質は継続して見られたが、区画の中の建物は遅くとも十世紀には減少傾向が見られ、内院区画も、十世紀半ばには鍛冶山西地区が廃絶し、後発の東四北三区(牛葉東地区)のみに縮小され、それも平安時代末期には廃絶したらしい。その後の斎宮については不明な点が多いが、史跡北部で平安時代末期から鎌倉時代に造成されたと見られる大溝が確認されており、用途不明ながら、斎宮と外部を分ける意識は残っていたものと見られている。

参考文献 大川勝宏「光仁・桓武朝の斎宮―方格地割形成にみる斎宮の変革―」(『古代文化』四九ノ一一)、一九九七。斎宮歴史博物館・朝日新聞社文化企画局名古屋企画部編『(幻の宮)伊勢斎宮―王朝の祈りと皇女たち―』(全国巡回展図録)、一九九九、朝日新聞社。斎宮歴史博物館編『斎宮跡発掘調査報告』一本文編、二〇〇一。榎村寛之『伊勢斎宮と斎王―祈りをささげた皇女たち―』、二〇〇四、塙書房。

(榎村 寛之)

さいぐういみことば　斎宮忌詞　*斎宮で使用を避ける言葉とその代わりに用いる言葉。*穢《けが》れの観念が強くなり、禁忌《きんき》が行為のみでなく、言葉にも及んだものである。『延喜式《えんぎしき》』斎宮に、忌詞として、仏教関連の内《うち》の七言《しちごん》、仏―中子《なかご》、経―染紙《そめがみ》、塔―阿良良伎《あららぎ》、寺―瓦葺《かわらぶき》、僧―髪長《かみなが》、尼―女髪長《めかみなが》、斎《とき》―片膳《かたしき》、別に二言、堂―香燃《こりたき》、優婆塞《うばそく》―角筈《つのはず》、一般禁忌事項の外《そと》の七言、死―奈保留《なおる》、病―夜須美《やすみ》、哭《なく》―塩垂《しおたれ》、血―阿世《あせ》、打《うつ》―撫《なず》、宍《しし》―菌《くさびら》、墓―壌《つちくれ》の十六言を挙げる(忌詞条)。*伊勢神宮祭祀《さいし》へ奉仕する斎宮では、一般的な触穢《しょくえ》のみでなく、仏事も避けたのである。特に嫌忌《けんき》が強い詞は逆の表現、ほかは特徴を捉えた表現、類似の表現に言い換えている。伊勢神宮については、『*皇太神宮儀式帳《こうたいじんぐうぎしきちょう》』に一般禁忌事項と仏教関連の十四語(斎宮式にみえる女髪長・香燃を欠く)がみえる。なお『延喜式』斎院《さいいん》司・践祚大嘗祭《せんそだいじょうさい》にも、忌詞が記されるが、一般的な禁忌の七言のみである。

参考文献 西宮一民「斎宮の忌詞について」(『皇学館大

学紀要』一二)、一九七四。西洋子「斎宮式補注」忌詞(虎尾俊哉編『延喜式』上、二〇〇〇、集英社)。

(西　洋子)

さいぐうのにょうご　斎宮女御　九二九—八五　平安時代中期の歌人。三十六歌仙《かせん》の一人。徽子《きし》女王のこと。承《しょう》香殿女御《こうでんのにょうご》ともいう。斎王《さいおう》に卜定《ぼくじょう》され、のち、村上天皇の女御になったため、斎宮女御といわれる。父は醍醐《だいご》天皇の皇子式部卿重明《しきぶきょうしげあきら》親王、母は太政大臣藤原忠平《ただひら》の娘寛子《かんし》。朱雀《すざく》朝の承平《じょうへい》六年(九三六)に八歳で斎王に卜定され、天《てん》慶《ぎょう》元年(九三八)伊勢斎宮(三重県多気郡明和町)へ群行《ぐんこう》。七年間*斎宮で神宮祭祀《さいし》に奉仕した後、同八年母の喪《も》のために退下《たいげ》、母の冥福《めいふく》を祈るため伊勢の近長谷寺《きんちょうこくじ》(多気郡多気町)に白玉一丸を施入《せにゅう》し、帰京した。天暦《てんりゃく》二年(九四八)二十歳で*入内《じゅだい》、翌年村上天皇の女御となり、承香殿に住まいする。同年規子《きし》内親王、応和二年(九六二)皇子を出産する(皇子は即日夭折《ようせつ》)。*和歌を詠み、音楽にも長じ、天暦十年の「斎宮女御徽子女王歌合《うたあわせ》」以降、何回か歌合も主催するなど、華やかな宮廷生活を送るが、村上朝の後半は体調がすぐれず、*里第《さとだい》にひきこもりがちであったという。康保《こうほ》四年(九六七)村上天皇崩御《ほうぎょ》。円融《えんゆう》朝の天延三年(九七五)、娘の規子内親王が二十七歳で斎王に卜定されると、初斎院《しょさいいん》から同行、伊勢にも下り、その帰京まで行動をともにした。娘に同行して母親が伊勢へ下向《げこう》することは先例のないことであり、それを留める*宣旨《せんじ》を無視しての徽子の行動は、当時さまざまに取りざたされたようである。『*源氏物語《げんじものがたり》』賢木《さかき》の巻の六条御息所《ろくじょうのみやすどころ》が娘(秋好中宮《あきこのむのちゅうぐう》)に同行しての伊勢下向は、この徽子女王をモデルにしたといわれる。永観《えいかん》二年(九八四)天皇の譲位《じょうい》によって規子が退下し、翌寛和《かんな》元年(九八五)帰京するが、徽子はその年、五十七歳で没し、規子も翌年三十八歳で没している。歌人としては、村上天皇との贈答歌、伊勢での作品に、特に格調の高い、人柄を感じさせる優れたものが多い。家集に『斎宮女御集』があり、『拾遺和歌集《しゅういわかしゅう》』以下の勅撰集《ちょくせんしゅう》に四十首余の歌を残す。なお家集には、帰京後、病のために出家したとみえる。代表作は「ことのねにみねの松風かよふらしいづれのをよりしらべそめけむ」(『拾遺和歌集』八雑上)。

参考文献　所京子「斎宮女御・徽子の前半生」(『皇学館論叢』五ノ五)、一九七三。山中智恵子『斎宮女御徽子女王—歌と生涯—(新装版)』、一九六六、大和書房。斎宮歴史博物館編『斎宮をめぐる人々—斎宮女御とその時代—』(企画展図録)、一九九一。

(西　洋子)

さいぐさあやこ　三枝斐子　一七五九—?　江戸時代後期の文学者。旗本土屋廉直《つちやかどなお》の妻。和漢の学に通じ、*和歌を詠み、旅日記を書いた。文化三年(一八〇六)四月、夫が堺奉行《さかいぶぎょう》に任官、その時の道中記『旅《たび》の命毛《いのちげ》』は有名である。見慣れぬ田畑の様子を観察し、庶民の生活に思いをはせ、農民が蓑笠《みのかさ》を着て雨の中を働くのを称え、輿《こし》に乗って旅する自分の立場を反省する。「性質猛《たけ》き人」と評された。著書に『曹大家女論語解《そうたいこじょろんごかい》』などがある。

参考文献　柴桂子『江戸期の女たちが見た東海道』(江戸期ひと文庫)、二〇〇三、桂文庫。

(浅野美和子)

さいぐんびはんたいふじんいいんかい　再軍備反対婦人委員会　*平塚らいてうが呼びかけた非武装・中立・全面講和を求める平和活動組織。朝鮮戦争開始前後、再軍備政策が強まり、中国などを排除する講和と日米安保条約が一体で提案された。平塚は*上代《じょうだい》たの・*野上弥生子《のがみやえこ》・*植村環《たまき》・*ガントレット恒《つね》の署名を得て、一九五〇年(昭和二十五)アメリカ国務省顧問《こもん》ダレスに反対の声明書を手交《しゅこう》、二度三度と平和声明を出した。さまざまな婦人団体の平和集会・声明発表があり、両条約の調印・批准《ひじゅん》後、この動きを発展させるため、一九五一年十二月十九日再軍備反対婦人委員会を結成し、両条約に反対した女性議員・労働組合婦人部長や婦人団体とともに運動を展開した。委員長平塚、副委員長上代、*市川房枝《いちかわふさえ》。一九五二年一月アメリカ上院議員九十六人に両条約反対を訴える書簡を送り、講和条約発効の日に憲法厳守・再軍備反対の声明を出し、一九五二年中活動した。

参考文献　平塚雷鳥『元始、女性は太陽であった—平塚らいてう自伝—』続、一九七二、大月書店。児玉勝子『覚書・戦後の市川房枝』、一九九五、新宿書房。

(伊藤　康子)

ざいけあま　在家尼　⇩尼《あま》

さいけしょとくぬひ　妻家所得奴婢　⇩戸令応分条《こりょうおうぶんじょう》

さいこん　再婚　⇩改嫁《かいか》

ざいさんそうぞく　財産相続　〔古代〕古代日本の財産相続のありかたは*戸令応分条《こりょうおうぶん》に規定されているが、『大宝《たいほう》令《りょう》』と『養老令《ようろうりょう》』との間ではかなりの相違がある。つまり、『大宝令』では「*嫡子《ちゃくし》」(後継《あとつ》ぎ)がその他の*庶子《しょし》に比べると圧倒的に優遇《ゆうぐう》され、妻妾《さいしょう》(配偶者)や女子にはほとんど相続が認められなかった。一方、『養老令』になると「嫡子」の優遇はさほどではなく、庶子との差も小さくなった。また妻妾(配偶者)や女子(未婚・既婚を問わない)にも相続が認められた。いずれの規定が当時の社会実態に近いのかが問題となるが、正倉院《しょうそういん》に残された古代の*戸籍などに女性の財産所有が確認できることから、『養老令』の規定がより近いと考えられる。したがって、当時の財産相続の実態は、「嫡子」に一定の割合で財産が与えられたが、その他の庶子や配偶者および女子にもそれなりの割合で相続が認められたものと推定できる。つまり、諸子(男女)の*均分相続に近かったと考えてよい。

参考文献　明石一紀『日本古代の親族構造』(戊午叢書)、一九九〇、吉川弘文館。成清弘和『日本古代の家族・親族—中国との比較を中心として—』、二〇〇一、岩田書院。

(成清　弘和)

〔中世〕中世の財産相続のあり方を大きく規定したのは、*親族組織としてのイエが確立したことである。すなわち、それまでのウジに代わって、平安時代中期以降、親子関係を基本とするイエが社会集団として優位になってくると、さまざまな財産もイエを構成するもの(*家産《かさん》)として配置され、その相続も親子間の継承が基本的な形態となってくる。こうした親子間の財産相続は、当初は複数の子どもの間で配分しあう分割相続《ぶんかつそうぞく》が一般的であったが、鎌倉時代半ばをさかいに、親によって定められた嫡子《ちゃくし》のみが相続する単独相続《たんどくそうぞく》へと移行していく。この変化は特に武士社会で顕著《けんちょ》に現われた。すなわち、鎌倉幕府は惣《そう》領制《りょうせい》という形で武士のイエを単位に軍役《ぐんやく》やさまざまな御《ご》家人役《けにんやく》を徴集するシステムを採用していたように、武家社会におけるイエは、単なる親族組織ではなく、鎌倉幕府に対する奉仕集団でもあり、家産は幕府に仕えるための経済基盤であった。分割相続の繰り返しはそうした経済基盤の弱体化を招くものであったため、女子や庶子《しょし》の財産相続権を*一期相続《いちごそうぞく》などの形で制約しつつ、嫡子を中心とするイエの保全が図られたのであった。武士以外の社会層においても、イエは社会的職務の分掌《ぶんしょう》組織としての側面をあわせもっていた。すなわち、平安時代にまず公家社会でイエが成立してくる契機は、朝廷の諸官司の機能が、それに伴う諸々の給付・得分《とくぶん》とともに特定の家柄により独占的かつ世襲《せしゅう》的に請け負われていく点にあった。イエとは、こうした社会的職務を家業として親子関係で継承していく組織であり、財産もそうした家業の存続を支える家産として相続されることになる。実子がいるにもかかわらず、しかるべき養子が迎えられ、イエとともに財産が譲られることは中世社会で広く行われたことだが、これも中世の財産相続が単なる親子関係ではなく、イエ、すなわち家業の維持・継承と密接に結びついていたことを示している。

参考文献 石井良助『日本相続法史』(法制史論集五)、一九八〇、創文社。羽下徳彦「家と一族」(朝尾直弘他編『日本の社会史』六、一九八八、岩波書店)。佐藤進一『日本の中世国家』(岩波モダンクラシックス)、二〇〇一、岩波書店。

(髙橋 典幸)

〔近世〕近世の武家社会における相続の対象は、主君から宛行《あてが》われた知行《ちぎょう》であり、男系による世襲《せしゅう》が原則とされた。男系の相続人が得られない場合、近世初期には、*後家・母などが*家督《かとく》を相続して当主としての機能を果たし、家の存続のための中継ぎの役割を果たす事例もみられた。しかし、寛永《かんえい》期以降は、特殊な事情がある場合以外は、母や後家などによる中継ぎ相続はみられなくなる。また、武家女性の財産という点からみると、大名の妻や娘、*乳母、高位の*女中などが、家の存続や繁栄への貢献に対して知行を宛行われることがあり、それらの知行は、一期《いちご》分《ぶん》として死後に回収される場合と、その知行が家産として相続され新たな家が創設される場合があるが、相続は男系によって行われ、女性の家筋がたてられることはなかった。一方、農民については、十七世紀後半以降、長子単独相続が主流となり、女性相続の事例は、男性相続人が得られるまでの中継ぎであるとする説が通説である。ただし、東北地方や関東の一部の村では、男女にかかわらず初生の子に相続させる姉家督《あねかとく》のような双系的な相続が行われた。また、幕末期には、共同体規制の弛緩《しかん》や商品経済の浸透という社会状況の変化から、性差よりも当主としての家産運用能力が重視され、女性相続が増加するという説も唱えられている。都市においても男系相続が一般的であり、女性の相続は中継ぎのためであるとされるが、家付きの女性が家屋敷を相続し家業は養子に担わせて血筋の継承と家業維持とをはかるという、相続対象を男女それぞれに割り当てる形の相続を繰り返す事例もあり、女性による財産相続は珍しくなかった。近世は、武士身分だけでなく、百姓・町人等諸身分においても広《こう》汎《はん》に家が形成された時代であり、家の維持と永続のために、男系長子相続を原則としつつ、家の実態や地域的慣習をふまえたさまざまな相続が行われたといえよう。

参考文献 大竹秀男『「家」と女性の歴史』(弘文堂法学選書)、一九七七、弘文堂。片倉比佐子「江戸町方における相続」(近世女性史研究会編『論集近世女性史』一九八六、吉川弘文館)。柳谷慶子「近世武家女性の知行と相続―新庄藩の場合―」(『日本海地域史研究』一二)、一九九〇。大口勇次郎『女性のいる近世』、一九九五、勁草書房。菊池慶子「仙台藩領における姉家督慣行」(総合女性史研究会編『日本女性史論集』三、一九九七、吉川弘文館)。横山百合子「近世後期江戸における町人の家とジェンダー―土地所持と家業経営の視点から―」(桜井由幾他編『ジェンダーで読み解く江戸時代』二〇〇一、三省堂)。

(横山百合子)

〔近代〕*明治民法において、相続は戸主《こしゅ》の地位および財産を単独相続する家督《かとく》相続と、戸主以外の*家族が死亡した場合に直系卑属《ひぞく》が分割相続する遺産相続との二つの制度を設けていた。遺産相続では、直系卑属間の均分相続とされたが、非嫡出子《ひちゃくしゅつし》の相続分は嫡出子の二分の一とされ、これは現在まで残っている。直系卑属が存在しない場合には、配偶者は第二順位者として単独相続した。家督相続では、直系卑属不存在の場合の選定相続人としての順位では、家女《かじょ》たる配偶者は第一順位であったが、他家から婚入した配偶者は、兄弟、姉妹に次ぐ第四順位であった。一九二七年(昭和二)の「民法相続編中改正ノ要綱《ようこう》」は、家督相続においても配偶者などの家族に財産を分配すること、遺産相続において配偶者を直系卑属と同一順位の相続人とすることと、配偶者の相続権を強化し、また家督相続人の順位について、嫡出女子を庶男子よりも先順位としたが、この要綱による改正は実現しなかった。

参考文献 中川善之助他編『相続』(家庭問題と家族法六)、一九六一、酒井書店。青山道夫他編『相続と継承』(講座家族五)、一九七四、弘文堂。

(白石 玲子)

〔現代〕私有財産制度を基礎に置く国家において、ある個人の死亡に伴い、その人の名義であった財産が包括《ほうかつ》・即時・当然に一定範囲の血族および配偶者に継承される制度をいう。戦後一九四七年(昭和二十二)に全面的に改正された民法第五編(相続法)では、家督《かとく》相続を廃止し、財産(遺産)相続一本となり、配偶者相続権が新設された。その後一九六二年の一部改正、一九八〇年の大幅な改正を経て、現在に至っている。日本の相続法は遺言による財産の自由処分を認めているが、基本的には法定相続主義を採る。相続人には、血族相続人と配偶者相続人の二系列があり、配偶者は常に相続人となる。相続分は二系列の組み合わせによってそれぞれ異なり、配偶者と第一順位の血族相続人(子およびその代襲者)の場合は一対一、配偶者と第二順位の血族相続人(直系尊属《そんぞく》)の場合は二対一、配偶者と第三順位の血族相続人(兄弟姉妹)の場合は三対一となる(九〇〇条一―三号)。同じ父ないし母から生まれた子ども同士であっても、婚内子と*婚外子とでは二対一となる(四号但書)。このような婚外子に対する相続差別については、一九九六年(平成八)に答申《とうしん》された*民法改正要綱《ようこう》でも改正が急がれる課題となっている。

参考文献 高木多喜男「財産相続」(比較家族史学会編『事典家族』一九九六、弘文堂)。伊藤昌司『相続法』、二〇〇三、有斐閣。石原典昭『財産相続知っておきたいことなんでも事典(改訂版)』、二〇〇七、自由国民社。

(星野 澄子)

〔アイヌ〕 明治以前、アイヌは土地を所有せず、山川海の漁猟権は集落(コタン)や地域の共同体に属していた。結婚した子は別居するため親の家には末子《ばっし》が住むことになったが、*末子相続ではない。漆器《しっき》や刀、首飾、*小袖、模様入りの莫蓙《ござ》や*木綿の刺繍衣《ししゅうい》が財産で、副葬されなかった遺産は父の物は男子が、母の物は女子が相続した。

参考文献 アイヌ文化保存対策協議会編『アイヌ民族誌』、一九七〇、第一法規出版。

(児島 恭子)

〔琉球・沖縄〕 沖縄における財産相続は、法的には本土と同様、配偶者分を除き、子ども全員に均分相続される。しかし、復帰後かなりの年月を経た今日でも、均分相続がすんなりと受け入れられたわけではない。沖縄には近代法と矛盾する慣習法が根強く残っており、人々に「もう一つ別の」相続法を提示しているからである。それによれば相続は単なる経済的処置ではなく、さまざまな禁《きん》忌《き》を伴う宗教的事象でもある。伝統的に、家・屋敷・耕地など財産の相続と位牌《いはい》・墓などの祭具・祭場、それに家長権・祭祀《さいし》権までもが不可分とされ、相続・継承にはいくつものタブーが付随した。こうした財産や権限はすべて一括して嫡子《ちゃくし》である長男子のみに単独相続され、兄弟による分割はもとより、女子や他系養子による相続も認められなかった。このような厳格な父系・男権主義は新民法の精神や現代の社会状況と著しく矛盾し、土地や位牌相続をめぐる係争が頻発している。

参考文献 東京都立大学南西諸島研究委員会編『沖縄の社会と宗教』、一九六五、平凡社。北原淳・安和守茂『沖縄の家・門中・村落』、二〇〇一、第一書房。

(田中真砂子)

さいし 妻子 ⇩めこ

さいじょ 斎女 大和《やまと》国春日《かすが》神社・大原野《おおはらの》神社に奉仕する藤原氏の女性。平安時代初期に設けられた。春日社・大原野社でも、*伊勢《いせ》神宮の*斎宮《さいぐう》や下鴨《しもがも》・上賀茂《かみがも》両社の*斎院《さいいん》のように、特別の女性が奉仕する体制を意識して政治的に作られた制度。古くは文徳《もんとく》朝ごろからあったといわれていたが、近年の研究により、藤原良房《ふじわらのよしふさ》が応天門《おうてんもん》の変を契機に摂政《せっしょう》として全権を掌握《しょうあく》した貞観《じょうがん》八年(八六六)から政治的に天皇の母方の氏神《うじがみ》を国家祭祀《さいし》化する中で、藤原氏一族の女性を奉仕させたという説が有力である。『三代実録』や『類聚三代格《るいじゅうさんだいきゃく》』によれば、良房が摂政となったこの年の十二月に設けられたのが初見。史料上では、藤原須恵子・藤原可多子・藤原意佳子の名が確認できる。須恵子と可多子は貞観八年十二月と閏《うるう》十二月に重なって出てくることから、同一人物と見なす意見が有力である。また、可多子が退下《たいげ》したころに良房が死去し、続いて貞観十七年十一月に意佳子が春日斎女に任命されたのを最後に史料からみえなくなる。良房政権から基経《もとつね》政権に替わり、政策が変わったためともいわれているが、この一時期だけに設けられたにすぎない。

参考文献 笹木武夫「春日・大原野両社における官祭儀礼確立と「斎女」設定の意義―九世紀神祇行政の一考察―」(『政治経済史学』四)、一九六三。坂本和子「尚侍玉鬘考」(『国語と国文学』五〇ノ八)、一九七三。義江明子「儀礼と天皇」(古橋信孝編『天皇制の原像』一九八六、至文堂)。榎村寛之「春日斎女について」(『律令天皇制祭祀の研究』一九九六、塙書房)。

(土橋 誠)

さいしょあつこ 税所敦子 一八二五―一九〇〇 幕末《くげ》・明治時代の歌人。京都聖護院村錦織《しょうごいんむらにしごり》に生まれる。父は公家侍《けざむらい》林左馬大掾篤国《さまのだいじょうあつくに》。堂上家《どうじょうけ》の千種有功《ちぐさありこと》に*和歌を学ぶ。父の死後、弘化《こうか》元年(一八四四)京都勤番の薩摩《さつま》藩士税所篤之《あつゆき》の後妻となり、一男一女をもうける。篤之の死後、薩摩へ下り姑《しゅうとめ》に仕えて税所家を守った。藩主島津斉彬《なりあきら》に認められ六男哲丸《てつまる》の守役になるも、哲丸は病没。島津久光《ひさみつ》の養女貞姫《さだひめ》が近衛忠房《このえただふさ》に嫁ぐにあたり、老女千代瀬《ちよせ》を名のって近衛家に出仕する。忠房の死後、光蘭院《こうらんいん》(貞姫)に従って東京へ移る。御歌所《おうたどころ》所長高崎正風《まさかぜ》の推挙により宮内省に召され、権掌侍《ごんのしょうじ》に任ぜられる。楓《かえで》の内侍《ないし》と呼ばれ、天皇・*皇后に仕え、御内儀《ごないぎ》の改良(*女官や*後宮の弊風を一新する)の役目を担った。英語やフランス語を学び、皇后や女官の歌の指導にあたって宮中に快活な気風を養った。死の直前、掌侍に昇進、正五位に叙せられた。法名は英心院戒味香雄大姉《えいしんいんかいみこうゆうだいし》、墓は青山墓地にある。七十六歳。著作に『御垣《みがき》の下草《したくさ》』などがある。

参考文献 屋代熊太郎編『税所敦子伝』、一九一八、博文館。

(辻 ミチ子)

さいしょうろん 妻妾論 ⇩男女同等論争《だんじょどうとうろんそう》 ⇩森有礼《もりありのり》

ざいたくかいご 在宅介護 *家族を自宅で介護すること。日本社会は「老親扶養《ふよう》」「介護は女性・長男の嫁が看《み》る」伝統的社会規範があり、社会状況が変化しても、従来通り女性が*家事や育児や介護を担っている。一九九五年(平成七)の厚生労働省の調査では、介護をうけたい家族は女性、在宅介護者の九〇%は女性、平均寿命は女性が長いことから、介護を受ける人もする人も女性が多い結果である。家族に介護が必要時、収入の低さや不安定雇用の多さ、家族内役割意識から介護目的の退職は女性が多い。政策としての日本型福祉社会は、「男は仕事、女は*家庭」という価値観に基づき、女性は家族の含み資産であり無償労働が前提である。在宅介護の専門職も、女性の家事労働の延長と見なされ、安価な労働力とされている。在宅介護は*性別役割分担の歴史的な問題であり、介護保険の理念にある介護の社会化や介護休暇の推進が必要とされている。専門的在宅介護実践も、介護の質の向上とともに社会的地位の向上が課題である。

参考文献　厚生省編『厚生白書』。春日キスヨ『介護とジェンダー』、一九九七、家族社。杉本貴代栄『ジェンダーで読む福祉社会』(有斐閣選書)、一九九九、有斐閣。林千代『女性福祉とは何か』(MINERVA福祉ライブラリー)、二〇〇四、ミネルヴァ書房。　(佐々木裕子)

さいとうゆり　斎藤百合　一八九一―一九四七　明治から昭和時代にかけての視覚障害女性の教育者、社会事業家。本名野口小つる。浪曲師《ろうきょくし》の次女として愛知県豊橋に生まれる。三歳のころ麻疹《ましん》により失明。一九〇二年(明治三十五)岐阜訓盲院入学、キリスト教の洗礼を受け、卒業後代用教員となる。一九一一年訓盲院委託《いたく》生として東京盲学校師範科《しはんか》に入学、卒業後岐阜訓盲院の正教員となり後継者と期待されたが、東京で同窓生斎藤武弥と結婚、二男三女の母となる。二十七歳で*東京女子大学予科に入学、英文学科に進学し、日本で最初の視覚障害の女子大生となる。関東大震災により退学。一九三五年視覚障害女性の教育と福祉を目指す「陽光会」事業を始める。さらに「陽光会ホーム」を開設。夫らが始めた『点字《てんじ》倶楽《クラ》部《ブ》』の発行や点字本の出版、*身の上相談、職業指導などを行う。また、盲女子高等学園の設立を準備し、リーダー養成の理想に燃えたが、戦争の中、生活力のない者が身を寄せる場となる。「弱い者がどう扱われているかによってその国の文化程度がわかる」といい続け、社会の底辺で苦しむ視覚障害女性を救済した。

参考文献　粟津キヨ『光に向かって咲け―斎藤百合の生涯―』(岩波新書)、一九八六、岩波書店。　(大島　道子)

ざいにちコリアンじょせい　在日コリアン女性　朝鮮人女性が多く日本に渡ってくるのは「韓国併合《かんこくへいごう》」からである。東京を中心に在留した女子学生は新女性とよばれ、ファッションから女性解放思想に至るまで朝鮮に伝え、先駆者として活躍した。しかし初期の女性総数で多数を占めたのは日本の紡績《ぼうせき》・製糸工場が釜山《プサン》近郊や済州《ジェジュ》島《ド》から募集した女子労働者である。全体では男性比率が高かったが、紡績・製糸工場の多い和歌山・奈良・愛知・兵庫などでは女性比率が高かった。時代とともに女性比率は高まり、一九三三年(昭和八)には地域差があるものの、男女比はおよそ三対一となる。大阪では男女比が一九四三年に等しくなるが、四四・四五年は男性が徴用《ちょうよう》に取られ女性比率が上がる。朝鮮人女性の低廉《ていれん》な労働力が企業主から歓迎されたが、一九三〇年春に「朝鮮人紡績」と呼ばれた岸和田紡績(大阪府岸和田市)で不当な待遇に抗して朝鮮人女性労働者が日本人女性労働者と果敢《かかん》に共闘《きょうとう》したことは労働運動史において画期的なことだった。しかし有業者比率は朝鮮人女性が日本人女性よりはるかに低く、幼少年女子の有業率は逆に高い。一九三七年の京都における女児の不就学率は六〇%を超える。この数値には朝鮮人の*ジェンダー規範以上に、日本社会の民族差別性が作用している。良妻賢母《りょうさいけんぼ》思想を学んだ*女子留学生が総力戦体制で権力側のジェンダー構造に回収されるのに反し、朝鮮人徴兵のための同化政策にさらされながらも、集住地区に暮らす朝鮮人女性が独自の民族文化を維持した。一九四五年八月、日本の敗戦で植民地支配から解放されると、在日朝鮮人のうち百三十万人が七ヵ月の間に帰国したが、私有財産持ち出し制限や朝鮮半島の政情不安などで約六十万人の朝鮮人が日本に残った。しかし日本政府の朝鮮人抑圧姿勢、戦後の政治・経済的混乱、南北分断に続く朝鮮戦争は、在日朝鮮人の生活をいっそう困難にした。一九五九年から始まった「北朝鮮帰還事業」は家族離散を拡大し、一九六五年の「日韓会談」が妥結《だけつ》すると、在日朝鮮人社会の亀裂《きれつ》は深まった。在日朝鮮人女性は一九四五年から生活権闘争、民族教育を守る運動、法的地位闘争、韓国の民主化運動への連帯、大韓民国居留民団の民主化など、朝鮮半島の国民国家の枠組みで生活権闘争を展開してきた。一九七〇年代から八〇年にかけて日本社会の国際化、高度経済成長の影響、韓国社会の民主化の兆《きざ》し、在日コリアンの世代交代などに支えられ、市民としての人権・生活権を求める運動、すなわち就職差別反対、指紋押捺《しもんおうなつ》反対運動が登場した。家族や国家に埋もれていた在日コリアン女性の*フェミニズムはこのような状況の変化に支えられ、従来の枠組みを超えるようになり、*日本軍「慰安婦《いあんふ》」問題の真相究明と解決のためにも韓国・朝鮮の運動家・研究者と協力した。また「韓国籍」在日コリアン女性を縛っていた韓国の家族法は二〇〇五年(平成十七)に戸主制《こしゅせい》の廃止をするところにまで至っている。

参考文献　金賛汀・方鮮姫『風の慟哭―在日朝鮮人女工の生活と歴史―』、一九七七、田畑書店。金栄・梁澄子『海を渡った朝鮮人海女―房総のチャムスを訪ねて―』、一九八八、新宿書房。　(宋　連玉)

さいのかわら　賽の河原　夭折《ようせつ》した*子どもが堕《お》ちる地獄。子どもの死後に対する関心の深まりを背景に、中世末期になって日本の地獄観の中に登場した。一般的なその様相は、近世の成立である『西院河原地蔵和讃《さいのかわらじぞうわさん》』によって知られるもので、河原に集まった幼少の子どもたちが両親を恋しがって泣き悲しみ、その両親らへの回向《えこう》のためにと河原の石を積み上げるが、夕暮れになると鬼が現れ、その石塔を金棒で突き崩してしまう。そこへ地蔵菩薩《ぼさつ》が登場し、子どもたちを哀れみ救ってくれるというものである。賽の河原には、㈠地獄の境界的・周縁的な場所に位置する、㈡対象が子どもに限定される、㈢一般的な罪人のように現世における罪が問われて呵責《かしゃく》を受けているわけではない、㈣子どもの往生が約束されていない、などの特異性を指摘することができる。これらの特質から、当時の子ども観や、賽の河原に注がれる親（大人）の視線の存在を読み取ることが重要である。

参考文献　渡浩一「幼き亡者たちの世界―〈賽の河原〉の図像をめぐって―」（明治大学人文科学研究所編『『生と死』の図像学』一九九八、風間書房）。斉藤研一「賽の河原の誕生」（『子どもの中世史』二〇〇三、吉川弘文館）。

（斉藤　研一）

さいひんししゅう　采蘋詩集　⇩原采蘋《はらさいひん》

さいほう　裁縫　布地を裁って衣服を縫い作ること。針仕事・仕立て・お針などともいう。近世に入ると西日本を中心に綿作が広がり、*木綿織物が庶民にまで普及してくる。また経済力のある町人たちは絹織物を中心に豊かな衣生活を送るようになる。このため衣服の仕立て・裁縫は、女が結婚までに身につけるべき技となった。娘たちは祖母や母から、あるいは京坂では*縫物師匠のもとに通って裁縫の技を学んだ。商家では奉公人の仕着《しき》せを準備するのは妻の仕事であり、妻が*針妙《しんみょう》を差図して*家族や奉公人の衣類の準備をした。紀州和歌山城下の町大年寄で質商を営む森屋沼野《ぬまの》家の主婦みねの日記『日知録《にちろく》』には、「けふはぬいものをいたし候」「けふもぬい物をいたし候」と連日縫物に励んでいる様子が書かれている。もちろん針妙も雇っていた。三井呉服店では、注文を受けてすぐに仕立てができるように大勢の男の仕立職人を雇っていた。また裁縫を業とする仕立屋もあった。

参考文献　喜田川守貞『近世風俗志』一（岩波文庫）。

（牧田りゑ子）

さいめいてんのう　斉明天皇　⇩皇極天皇《こうぎょくてんのう》

さおとめ　早乙女　〔古代〕田植する少女、田植え女。さをとめ、五月少女《さつきおとめ》ともいう。「さ」は接頭語。古代社会では女性も男たちとともに田植、稲刈、草取などに従った。一時に多くの労力が要《い》る田植には、「吾妹子が赤裳《も》ひづちて植えし田を刈りて蔵《おさ》む倉無《くらな》しの濱《はま》」（原万葉仮名、『*万葉集』九、一七一〇）と乙女らが赤い裳裾を滲《にじ》ませ、田の神が喜ぶ作業にいそしんだ。稲刈も「乙女等に行相《ゆきあい》の早《わ》稲《せ》を刈る時になりにけらしも萩の花咲く」（原万葉仮名、同一〇、二一一七）と季節の変わり目と出逢うを懸《か》けた行相の集団作業がうたわれた。平安時代では、『*栄花物語』に*皇太后宮彰子《しょうし》が「ありのままに」と注文した田楽田植で「若うきたなげもなき女ども五六十人」の早乙女が白い裳《も》袴《はかま》、白い笠、お歯黒をし紅をさし、破れ大傘に衣服の紐を解《と》き、足駄《あしだ》を履《は》いた風体で嫗《おうな》を具《ぐ》した田主《たあるじ》の翁《おきな》に指揮をされ、また鼓《つづみ》を腰に笛を吹き、ささらを鳴らして舞いうたって囃《はや》す十人ばかりの男たちの協業で、田植の主役となっていたことが描写されている。『*新猿楽記《しんさるごうき》』には「五月男女」がみられる。

参考文献　服藤早苗「古代の女性労働」（女性史総合研究会編『日本女性史』一、一九八二、東京大学出版会）。

（小林　昌二）

〔中世〕水稲《すいとう》栽培には田植農法と直播《じかまき》農法があるが、前者のプロセスで最も重要な作業として田植えがある。その田植えにおいて、苗代《なわしろ》で育てた苗を本田に植える女たちのことを「早乙女」と呼ぶ。早苗を田にしつけるのは女の仕事であった。『栄華物語《えいがものがたり》』一九によれば、太皇太后彰《しょう》子《し》の前で、田主の翁と妻、鼓・笛・ささらで囃《はや》す田人、そして五、六十人の早乙女による田植えが実演された。平安時代の田植えにおいても、その主役は早乙女たちであったことが明瞭である。また、中世末期の中国地方の

早乙女（『人倫訓蒙図彙』三より）

田植え唄を書き留めた『*田植草紙《たうえぞうし》』によれば、田植え唄は朝・昼・晩に分けて構成され、音頭と早乙女たちの掛け合いを中心にした田植え唄が、一日中、田面にこだましたのであった。近世の『*人倫訓蒙図彙《じんりんきんもうずい》』でも、「田植」は「女の業《しごと》なり、小乙女《さをとめ》といふは、若き女のかねぐろにして、かさふかく、こゑやさしげに、田うたとてうたふ」としている。中世末期の田植えは、「*月次風俗図屏風《つきなみふうぞくずびょうぶ》」（八曲一双）に描かれている。田圃《たんぼ》の脇には田楽の一団がいて囃しており、その囃しにあわせて、早乙女たちが苗を植えている。苗運びをし、女たちに苗を渡しているのは男たちである。食事を運んでいる女や早乙女の腰に着目すると、皆前垂れ（*前掛け）をつけている。中世末期には、中世的な褶《しびら》から近世的な前垂れへと変わったのであり、早乙女の姿は、そうした歴史の変化を体現しているのである。

参考文献　渡邊昭五『田植歌謡と儀礼の研究（増補版）』、一九七九、三弥井書店。狩野博幸編著『月なみのみやこ』（近世風俗画二）、一九九一、淡交社。黒田日出男『歴史と

しての御伽草子』、一九九六、ぺりかん社。同「絵画史料に見る女性」(総合女性史研究会編『史料にみる日本女性のあゆみ』二〇〇〇、吉川弘文館)。長島淳子『幕藩制社会のジェンダー構造』、二〇〇六、校倉書房。

(黒田日出男)

〔近世〕神事的行事である田植えで早苗《さなえ》を植えつける若い女性。また、単に田植えをする女性。五月乙女・早苗乙女ともいう。殖女《うえめ》の語は中世以前に使われる場合が多い。中世末から十七世紀末までは、地域差を伴うが早苗植えは女性固有労働とみてよい。田《た》の神《かみ》を降臨させた圃場《ほじょう》に*化粧をした若い女性が、白の脚布《きゃふ》・赤の前垂《まえだ》れ・赤襷《あかだすき》・新調した白の菅笠《すげがさ》という出で立ちで植え付けた。*小農経営が広範に成立する十八世紀初頭を画期に、*家族労働を主とする中下層では男女を交えた苗植えがみられ、農書の普及とともに経験科学的な農業が一般化した。早乙女の衣裳も労働に適したものが優先し、地方によっては五《さ》月支度《つきじたく》といって、嫁は里から貰った白木綿の単衣《ひとえ》に黒紫の帯揚《おびあ》げ・紺の前垂れ・手甲《てっこう》・脚絆《きゃはん》をつけ新しい菅笠を被った。また、享保二年(一七一七)成立の加賀『*農業図絵』には、染色した木綿の単衣に白菅笠・赤襷・紺の前垂れ姿の早乙女も確認できる。早苗植えは、次第に女性固有労働ではなくなったが、しかし、元文《げんぶん》元年(一七三六)成立の『農家貫行《かんこう》』に「田うへには早乙女を選ぶに如《し》くはなし」「おとこのうゆるはいとさびしく田うへとは見えず」とあるように、人々の心情としては女性適正論が優勢であった。この側面を女性の稼ぎ仕事として最大限活用させたのが、いわゆる「手間《てま》早乙女」である。技術者集団として各地を植え付け歩き、他の農作業では得られない高額な賃銭を稼ぎだした。「手間早乙女」は女性労働の商品価値を上昇させたが、封建的共同体秩序とは矛盾を孕《はら》む存在でもあった。

参考文献 長島淳子『幕藩制社会のジェンダー構造』、二〇〇六、校倉書房。

(長島 淳子)

〔民俗〕田植えに苗を植え付ける役の女性。田植えは稲作にとって最も重要な作業であり、田の神を迎え送る日でもあった。早乙女は苗を植え付ける女性の中でもこの田の神をまつるという重要な役割を担った女性であり、田所有の家の娘や若い嫁などが新調の笠や白手拭《しろてぬぐい》、野良着《のらぎ》に襷掛《たすきが》けといった晴着《はれぎ》を身にまとって務めたが、次第に田植えに従事する女性一般の呼称となり、他所から出稼ぎの早乙女を雇うこともみられた。

参考文献 倉田一郎『農と民俗学』(民俗民芸双書)、一九六九、岩崎美術社。

(中村ひろ子)

さかいためこ　堺為子　一八七二―一九五九　明治時代後期の女性社会主義者。旧姓延岡。明治五年(一八七二)正月石川県金沢で出生。小学校卒業後、かぞえ十七歳で葉茶屋へ嫁ぐが親同士の不和から離婚。金沢の実家では父の代から『大阪朝日新聞』や『万朝報《よろずちょうほう》』を購読。弟が幸徳秋水《こうとくしゅうすい》や堺利彦《さかいとしひこ》の文章のファンだったため、堺の『*家庭雑誌』や週刊『平民新聞』も購読していた。『平民新聞』の求人広告に応じて一九〇五年二月上京、平民社の賄方《まかないかた》となり同年九月堺利彦と結婚。堺の先妻の娘真柄《まがら》を育てつつ、書籍の取次や髪結いをして自活の道を講じ、社会主義運動の指導者だった夫を支え続けた。他方、一九〇六年一月からは*治安警察法第五条改正請願運動に参加したり、同年九月には第二回東京市電値上げ反対市民大会に参加して検束されるなど、運動にも直接関わることがあったが、主に内助《ないじょ》の方を選んだ。一九五九年(昭和三十四)一月二日没。

参考文献 近藤真柄『父、堺利彦と同時代の人びと』(わたしの回想上)、一九八一、ドメス出版。鈴木裕子編『資料平民社の女たち』、一九八六、不二出版。

(大木 基子)

さかいまがら　堺真柄　⇩近藤真柄《こんどうまがら》

さかたやましんじゅう　坂田山心中　⇩天国《てんごく》に結《むす》ぶ恋《こい》

さかつこ　造酒児　古代の*大嘗祭《おおなめのまつり》で王権への服属と貢納の儀礼を担った女性。造酒童女《さかつこ》とも書く。ユキ・スキ両郡の郡司の未婚の娘が卜定《ぼくじょう》された。斎田《さいでん》の耕種、斎場の地鎮《じちん》等の儀礼的所作をはじめ、酒波《さかなみ》・粉走《こはしり》などの女性を統括して、精米・造酒の神饌《しんせん》奉仕に従事した。造酒童女と補佐役の稲実公《いなのみのきみ》(男)には、*伊勢神宮の*物忌《ものいみ》・物忌父《ものいみのちち》とも共通性があり、祭祀《さいし》における男女の分担とペア、王権祭祀と童女、女性と農耕生産・*酒造りを考える上でも重要である。

参考文献 土岐昌訓「造酒児考」(『神道宗教』二一)、一九六〇。義江明子「刀自神考―生産・祭祀・女性―」(『日本古代女性史論』二〇〇七、吉川弘文館)。

(義江 明子)

さかにししほ　坂西志保　一八九六―一九七六　昭和時代の評論家。北海道小樽《おたる》市の農場に入植したクリスチャンの両親のもとに生まれる。小樽市や横浜市のミッションスクールで学んだ後、*東京女子大学に進むが中退。教員資格を検定で獲得し、英語教員となる。一九二二年(大正十一)米ホイートン大学に留学、三年で卒業。二五年ミシガン大学大学院への奨学金を得て進学、一九二九年(昭和四)アイルランド問題を扱った論文で博士号取得、同年ホリンズカリッジの哲学助教授に就任するが、翌三〇年米国議会図書館に就職。日本部資料の責任者として文献の収集や目録の作成を行い日本研究に大きく貢献した。日米開戦で四二年財産没収の上日本へ強制送還。同年外務省嘱託《しょくたく》などを務め、戦後GHQに勤務。四七年参議院外務調査委員、五九年労働省婦人少年問題審議会委員。国家公安委員も長く務め、他にユネスコ、日本放送協会等々幾多《いくた》の委員・評議員を務めるかたわら、講演や評論執筆に活躍。五五年の*主婦論争の論客の一人としても知られる。

参考文献 『坂西志保さん』、一九七七、国際文化会館。

(古河 史江)

さかねたづこ　坂根田鶴子　一九〇四―七五　昭和時代

坂根田鶴子

の映画監督。京都出身。父は繊維工業関係の発明家坂根清一《せいいち》。同志社女子専門学校英文科中退。離婚を経て一九二九年(昭和四)に日活太秦《うずまさ》に入社し、溝口健二《みぞぐちけんじ》のアシスタントをつとめる。溝口に従って映画会社を渡り歩き、三六年「初姿《はつすがた》」(第一映画)で監督デビュー。日本で最初の女性映画監督となる。四〇年東京理研科学映画株式会社に入り北海道での長期ロケを敢行《かんこう》、文化映画「北の同胞《アイヌ》」を完成する。四二年に満州映画協会に入社し、満州開拓移民や中国人の女性・こどもを対象としたプロパガンダ映画を撮る。その内現存しているものは「*大陸の花嫁」をテーマにした「開拓の花嫁」のみといわれる。敗戦後は中国共産党主導の東北電影公司《とうほくでんえいコンス》に参加。四六年に引揚げて松竹下鴨《しもがも》撮影所に就職したが、大卒資格がないという理由で監督業には戻れず、定年まで記録・編集係として勤務した。

参考文献 小野恵美子『ききがき女たちの記録』、一九九九、青山社。池川玲子「『満映女性監督』坂根田鶴子」(『歴史評論』六二四)、二〇〇二。

(池川　玲子)

さかのうえのいらつめ　坂上郎女 ⇩大伴坂上郎女《おおとものさかのうえのいらつめ》

さかのうえのおおいらつめ　坂上大嬢 ⇩大伴坂上大嬢《おおとものさかのうえのおおいらつめ》

さかひとないしんのう　酒人内親王 七五四―八二九 桓武《かんむ》天皇の妃。光仁《こうにん》天皇の皇女。母は*井上《いのうえ》内親王。宝亀《ほうき》元年(七七〇)十一月、三品《さんぼん》に叙《じょ》され、宝亀三年十一月、伊勢*斎宮《さいぐう》に卜定《ぼくじょう》された。この時期、すでに、母の井上内親王は廃后、弟の他戸《おさべ》親王は廃太子されていたのであるが、宝亀五年九月伊勢群行。大和国に幽閉《ゆうへい》されていた母と弟が殺害された翌六年(七七五)に退下《たいげ》。その後、異母兄の皇太子山部《やまべ》親王の妃となり、宝亀十年に朝原《あさはら》内親王を生む。朝原内親王は、延暦《えんりゃく》元年(七八二)八月、四歳で斎宮に卜定される。祖母井上内親王、母酒人内親王に続く母子三代の斎宮である。旧京の平城宮で潔斎《けっさい》を行なった後、延暦四年伊勢群行。延暦十五年、十八歳で退下。三品に叙され、皇太子安殿《あて》親王、のちの平城《へいぜい》天皇の妃となる。親子二代にわたる異母兄妹との結婚である。また、別の異母妹大宅《おおやけ》内親王も平城天皇の妃となり、そのほかに、嵯峨《さが》天皇には*高津《たかつ》内親王、淳和《じゅんな》天皇には高志《こし》内親王が妃となっている。桓武天皇は三人の皇子に四人の皇女を結婚させ、純血な皇位継承を確立しようとしたと考えられる。しかし、酒人内親王も、桓武天皇の四人の皇女たちのいずれも、*皇后になることはなく、その所生子が皇位を継承することもなかった。朝原内親王は、子どもをもうけることなく、弘仁八年(八一七)、母に先立って三十九歳で死去した。酒人内親王は、娘の遺言として、翌弘仁九年三月に、『大般若経《だいはんにゃきょう》』『金剛《こんごう》般若経』および美濃《みの》国厚見《あつみ》郡厚見荘・越前《えちぜん》国加賀《かが》郡横江荘《よこえのしょう》・越後古志《えちごこし》郡土井荘《どいのしょう》などを東大寺に施入《せにゅう》した。その後二品に叙され、常に東大寺において万燈会《まんどうえ》を行なった。天長六年(八二九)八月、七十六歳で死去した。その薨伝《こうでん》には、容貌姝麗《ようぼうしゅれい》、柔質窈窕《じゅうしつようちょう》であったが、性格は倨傲《きょごう》にして情操修《じょうそうおさ》めず、天皇禁ぜずしてその欲する所に任《まか》す、淫行《いんこう》弥《いよい》よ増《ま》して自制すること能わず、とある。その遺言は『性霊集《しょうりょうしゅう》』にみえる。

参考文献 山中智恵子『斎宮志―伝承の斎王から伊勢物語の斎宮まで―(新装版)』、一九八六、大和書房。服藤早苗編『歴史のなかの皇女たち』、二〇〇二、小学館。

(佐藤　直子)

さがみ　相模 生没年不詳　平安時代中期の女性歌人。おおよそ正暦《しょうりゃく》―天喜《てんぎ》年間(九九〇―一〇五八)の人。父不詳。母は能登守慶滋保章《のとのかみよししげやすあき》の娘。母はのちに源頼光《みなもとのよりみつ》の妻となったので、頼光は義父にあたる。娘時代「乙侍従《おとじじゅう》」の名で*宮仕えをしたらしい。長和《ちょうわ》二年(一〇一三)ころ、少外記《しょうげき》大江公資《おおえのきんすけ》と結婚。治安《じあん》元年(一〇二一)公資の相模守就任に伴って一緒に下向する。「相模」の名はこのことに由来する。相模国滞在中から夫婦仲はこじれ、帰京後一層悪くなり、公資が遠江守《とおとうみのかみ》となったのを機に別れたと見られる。その後相模は一条天皇皇女脩子《しゅうし》内親王に仕え、多くの歌合《うたあわせ》に出詠し活躍した。当時の女性は短歌のみを詠む人が多かったが、相模は短歌(五七五七七)、長歌(七五調九十五句)、定数歌(百首一組を三組、計三百首)、沓《くつ》冠《かんむり》歌(歌の頭尾に「あめ」「つち」などの言葉を詠み込んだもの)、引き歌をふんだんに使った技巧に凝った長文の序など、多様な創作を試みており、女性歌人として稀《まれ》に見る努力家である。中でも相模国にいた時、伊豆山《いずさん》の走《はしり》湯権現《ゆごんげん》に奉納した百首は、神仏への百首奉納歌の最初のものとして注目され、のちに*阿仏尼《あぶつに》などに影響を与えた。これは相模の悩み・苦しみ・願いを率直に伊豆山権現に訴えた贈歌百首、これに答えた権現の答歌百首、その答えに納得できず反発した相模の返歌百首から成る大変ユニークなものである。ちなみに奉納歌の内容は夫の浮気を訴えるもの、子宝を願うもの、金持ちを志向するもの、長生きを望むもの、ひそかに憧れている恋人に会いたいと心の秘密を表わすもの等々、相模の心中が巧みな歌言葉によってうたわれており興味深い。権現の返答は慰め、諭《さと》す内容となっている。一年後、御利益《ごりやく》の表われないのに失望した相模は帰京に際し、反問する百首を送った。神仏とやりとりする文学史上珍しい贈答歌群である。著書に自撰歌集『相模集』(五百九十七首)、これとは別編集の自撰歌集『相模集』(三十首)、歌集『思女集《しじょしゅう》』(二十八首)がある。

参考文献 武内はる恵「相模とその集—流布本相模集の自伝性をめぐって—」(『国語と国文学』六二ノ二)、一九八五。武内はる恵・林マリヤ・吉田ミスズ『相模集全釈』(私家集全釈叢書)、一九九一、風間書房。林マリヤ「走湯百首の源泉—受領の妻としての相模—」(関根慶子博士頌賀会編『平安文学論集』一九九二、風間書房)。

(林　マリヤ)

さかもとおとめ　坂本乙女　一八三二—七九　幕末・維新期の女性。坂本竜馬《りょうま》の姉。父は土佐の町人郷士坂本八平、母は幸。兄一人、姉二人。名は「とめ」と呼んだともいう。弘化三年(一八四六)母死後は竜馬の面倒をみた。仁王様といわれるほど体格がよく、武術や学問、絵画に励んだ。安政三年(一八五六)典医の岡上新甫(樹庵)と結婚し一男を出産。のち離婚して坂本家に戻った。竜馬とは書簡をやりとりし、竜馬から乙女に出された書簡が多く残存している(京都国立博物館には文久三年三月から慶応三年六月までの計六通、および詠草《えいそう》一点が所蔵される)。竜馬の死後、その妻お竜《りょう》が一時乙女のもとに暮らした。高知市丹中山に父母らとともに墓が立つ。

参考文献 阿井景子『竜馬の姉・乙女』(光文社文庫)、二〇〇四、光文社。

(椙山　聖子)

さかもとまこと　坂本真琴　一八八九—一九五四　大正・昭和時代の女性運動家。一八八九年(明治二十二)五月七日、静岡県田方《たがた》郡(三島市)の素封《そほう》家高田常三郎《たかだつねさぶろう》・みよの長女に生まれる。本名まこ。クリスチャンの家庭に育ち、幼いころ一家は横浜へ。一九〇八年横浜共立女学校《きょうりつじょがっこう》卒業後、英文*速記者《そっきしゃ》となる。一九一一年ころ染料輸入販売業の坂本勇吉《ゆうきち》と事実上の結婚。一九一三年(大正二)『*青鞜《せいとう》』に参加。一九一六年入籍、『ビアトリス』に参加。一九二〇年*新婦人協会に評議員(のち理事)として参加し、一九二二年*治安警察法第五条第二項改正では中心的役割を果たし、女性の政談集会への会同・発起《ほっき》を獲得する。一九二四年婦人参政権獲得期成同盟会《ふじんさんせいけんかくとくきせいどうめいかい》(翌年、*婦選獲得同盟と改称)創立に参加し中央委員に毎年選任され会計理事など歴任するが、一九三二年(昭和七)脱会。その真相は不明であるが、前年度理事五名中四名が辞任しており、代表者の*市川房枝《いちかわふさえ》が幹部間の意志の疎通を怠《おこた》った私の責任と後年述べている。婦選運動の第一線で活動しながら、五人の娘(次女は夭逝)を育て、染色家としても活躍。一九五四年七月十五日六十四歳で死去。

参考文献 市川房枝『市川房枝自伝』戦前編、一九七四、新宿書房。『婦選(復刻版)』、一九九二-九四、不二出版。清水和美「高田真琴」(らいてう研究会編『『青鞜』人物事典』二〇〇一、大修館書店)。

(永原　紀子)

さかもとりょう　坂本竜　一八四一—一九〇六　幕末・明治時代の女性。坂本竜馬の妻。京都の医師楢崎将作《ならさきしょうさく》の娘。父は頼三樹三郎《らいみきさぶろう》ら志士と交友があり、安政《あんせい》の大獄《たいごく》に連坐《れんざ》して獄死した。一家は離散したが、窮状《きゅうじょう》を見かねた坂本竜馬の口添えで伏見《ふしみ》の旅宿寺田屋の養女となる。寺田屋の女主人のとせは、幕末の志士の活動を支援したことで有名で、しばしば幕府の役人から逃走した竜馬や志士たちをかくまった。特に慶応《けいおう》二年(一八六六)正月に竜馬を捕縛《ほばく》するために寺田屋に来た幕府の役人から竜馬を逃がしたことは有名である。この脱出の際には、お竜が機転を利かせたことが大きいといわれている。このことをきっかけとして竜馬とお竜は結婚した。結婚後竜馬とお竜は鹿児島の霧島《きりしま》温泉へ旅行し、これが*新婚旅行のさきがけともいわれる。しかし、翌慶応三年十一月に竜馬が暗殺されてからはお竜は不遇であった。お竜については、彼女の性格や行動についての理解者が少なかったようで、佐々木高行は「有名な美人ではあるが、賢夫人であるかどうかはわからない。善人とも悪人とも判断が付かない」といったという。竜馬の死後、しばらくは高知の竜馬の実家に身を寄せていたが、感情的な行き違いでもあったのか、実家を出て、苦労した。お竜の理解者が周囲に少なかったことが彼女の苦境を生んだと考えられる。一九〇六年(明治三十九)一月十五日、神奈川県横須賀の郊外で寂しく亡くなった。六十六歳であった。死の前日付の新聞『万朝報《よろずちょうほう》』には、「坂本竜馬未亡人危篤《きとく》今は窮迫《きゅうはく》、救護を受《う》く」と報じられている。死亡当時は西村《にしむら》鶴《つる》と名乗っていたが、実妹の中沢光枝《なかざわみつえ》が建立した墓の碑面には「贈正四位阪本竜馬之妻竜子之墓」と刻まれている。お竜のような志士を支援していた女性の多くは、体制に対抗しようとする夫の活動の陰で、心身ともに消耗し、夫の死後も不遇な生活を送ることが多かった。

参考文献 高木俊輔「草莽の女性」(女性史総合研究会編『日本女性史』三、一九八二、東京大学出版会)。

(桑原　恵)

さきおり　裂織　麻糸・*木綿糸などを経《たて》糸とし、古布を裂いて細くしたものを緯《よこ》糸に使った織物。丈夫なので山野や海の労働着に用いられた。厚地なので防寒にも役立ち、直射日光を通さないことから、真夏の仕事着にも適した。古木綿の最後の利用法であったため、江戸時代に木綿が生産されない東北や北陸地方で、女性が農作業や山仕事の合間に盛んに織った。サックリ・サッコリ・ツヅレと呼ぶところも多い。

参考文献 板倉寿郎・野村喜八・元井能・吉川清兵衛・吉田光邦監修『原色染織大辞典』、一九七七、淡交社。総合女性史研究会編『日本女性の歴史—女のはたらき—』(角川選書)、一九九三、角川書店。

(小川　幸代)

さきもりうた　防人歌　防人は奈良時代、東国から集められ、壱岐《いき》・対馬《つしま》・北九州沿岸に配された国境警備兵。天平勝宝《てんぴょうしょうほう》七歳(七五五)二月、大伴家持《おおとものやかもち》は難波《なにわ》で、諸国(遠《とお》江《とうみ》・*相模《さがみ》・駿河《するが》・上総《かずさ》・常陸《ひたち》・下野《しもつけ》・下総《しもうさ》・信濃《しなの》・上野《かみつけ》・武蔵《むさし》)の防人たちの歌を、部領使《ことりづかい》に筆録・上進させ、拙劣《せつれつ》な作を除いて、八十四首を『*万葉集』二〇に載せた。作者名を明記。内容は妻や父母との悲別や懐郷《かいきょう》の情を歌うものがほとんどで、防人としての決意を披瀝《ひれき》した作はわずかだが、近代においては戦意高揚のために使われた。

武蔵国の歌は妻が詠んだ歌六首を含み、遠い道のりや旅の不自由を思いやる作、夫を待つ心情を哀切《あいせつ》に歌う作がある。ほかに同一四にも防人歌を五首載せる。

参考文献 身崎壽「防人歌試論」(『万葉』八二)、一九七三。品田悦一「東歌・防人歌論」(神野志隆光・坂本信幸編『セミナー万葉の歌人と作品』一一、二〇〇五、和泉書院)。（平舘 英子）

さくらいちか　桜井ちか　一八五五—一九二八　明治・大正時代の教育者。徳川家御用達《ごようたつ》商人平野与十郎《ひらのよじゅうろう》の長女で東京出身。明治五年(一八七二)海軍士官桜井昭憙《あきのり》と結婚、神田の芳英社、横浜のアメリカン＝ミッション＝ホーム(現在の横浜共立《きょうりつ》学園)で学ぶ。一八七四年、受洗。一八七六年、麴町《こうじまち》に私塾(のち桜井女学校となる)を始めるが、経営難から、在米長老派日本ミッションの援助を受け、一八八一年、学校は実質的にミッションの経営に移管。同年、牧師となった夫に伴い、函館に移住。以後、夫の郷里四国大洲《おおず》・大阪・敦賀《つるが》などを転々とし、夫の伝道を助けるとともに、複数の女学校で教鞭《きょうべん》を執る。一八九三年最初の渡米。一八九八年・一九〇七年にも渡米視察。一八九五年東京に再び私塾を開設、桜井女塾として発展させる。『実用和洋惣菜料理』(一九一二年)をはじめ、複数の著書がある。

参考文献 桜井淳司編著『桜井ちか小伝』、一九七六。（小檜山ルイ）

さくらのおおいらつめ　桜大娘　⇩岡田姑女《おかだのおばめ》

さげじゅう　提重　近世中期に*私娼《ししょう》の一種と見なされた女性。食物を入れた重箱を提げて単身者や武家屋敷の中《ちゅう》間《げん》部屋などに出入りし、性も売った。性を売ることだけを唯一の生業《なりわい》としていたのかどうかその実態については不明な点が多い。（曾根ひろみ）

さけづくり　酒造り　〔古代〕生産活動。古くは口嚙《くちかみ》の酒《さけ》だったというが、奈良時代には麴《こうじ》を使用した。『*万葉集』四(五五五)の「君がため醸《か》みし待ち酒」や、『*日本霊異《にほんりょうい》記《き》』中巻第三十二話・下巻第二十六話の造酒・酒貸付による富豪女性の利殖《りしょく》活動にみるように、酒造りはおもに女性の仕事だった。宮中の造酒司《ぞうしゅし》には「邑刀自神《おおとじのかみ》」として大・小・次《すき》(中)の酒甕《さかがめ》がまつられ、「刀自」と尊称された首長層女性が村人を指揮して造酒を行なったことが背景に推定される。

参考文献 義江明子「刀自神考―生産・祭祀・女性―」(『帝京史学』一二)、一九九七。（義江 明子）

〔中世〕酒を作ることあるいはそれを売る人をいう。『日《に》本霊異記《ほんりょういき》』には酒を売る女性が、*狂言『伯母《おば》ヶ酒』『河《か》原太郎《わらたろう》』には酒を作って商いをする女性が登場する。古代・中世を通じて、女性が酒を作り売るのは一般的なことであった。『*七十一番職人歌合』にも「酒作」が登場するが、「先さけめせかし、はやりて候《そうろう》、うすにこりも候」と行き交う人々に酒を売るのは女性の姿で描かれている。一方、『北野天満宮文書』中の応永三十三年(一四二六)の酒屋交名《さかやきょうみょう》から、当時京中に三百四十七軒の酒屋があったことが確認できるが、「法性尼《ほうしょうに》」など数名の女性らしき名前を除き、すべて男性名で記されている。室町時代、酒づくりが恒常的な課税の対象となるなかで、実際には女性の働きがあっても公的には戸主の男性名で請《う》け負われたことや、にごり酒から今日の清酒《せいしゅ》の原型へと酒造技術の進歩を見るなかで、女性の酒作りは次第に表舞台から姿を消していったと考えられる。そして江戸時代中期以降になると、女性への*穢《けが》れ観と相まって、酒蔵に女性が入ると酒が腐るとまでいわれるようになる。

参考文献 脇田晴子『日本中世女性史の研究』、一九九二、東京大学出版会。田端泰子「中世京都の商業と女商人」(『日本中世の社会と女性』一九九八、吉川弘文館)。（加藤美恵子）

〔近世〕酒造りは戦国時代末期から近世初頭にかけて技術的な大進展があった。精白米を使う諸白《もろはく》酒の誕生であり、現代の清酒《せいしゅ》の基本型となった。十八世紀から十九世紀にかけて灘《なだ》の生一本《きいっぽん》が出現し、精白度が高まるとともに寒《かん》造《づく》りが叢生《そうせい》したことであった。酒には夏中《なつなか》酒・間酒《あいざけ》・寒《かん》前《まえ》酒・寒酒があるが、寒酒は仕込日数はかかるが良質な酒造りができた。一方、中世末期には焼酎《しょうちゅう》の技法がもたらされ、近世中期には九州地方では庶民の酒として造られており、泡盛《あわもり》はむしろ薬用であった。清酒の製造技術者である「杜氏《とうじ》」は刀自《とじ》から出た言葉で家を司《つかさど》る独立した女性をさし、酒は本来刀自が造るものであった。酒造りをする全技術者を統括するものであり、同一地域出身の者たちを統括して酒造りに従事した。なお、杜氏は男の職域であり、女の杜氏は近年のことである。（中村 文）

参考文献 柚木学『日本酒の歴史』(歴史選書)、一九七五、雄山閣出版。

〔アイヌ〕酒の種類は自製の濁《にご》り酒と移入の清酒《せいしゅ》があった。濁り酒の材料は稗《ひえ》で、アイヌが畑作で収穫した。儀礼で神に贈るため、さまざまな祈り言葉とともに醸造《じょうぞう》する。儀礼は一年中どの時期にもありうるので、醸造もいつでも行われるが、酒の出来は祈りの成否にもかかわるので、冬の醸造が尊ばれる。稗を半精白《はんせいはく》し、煮てから容器に入れて温度を下げ、麴《こうじ》を混ぜて翌朝まで保温する。別の容器にその一部を入れて同じ作業を繰り返し、発酵物を増やして、七日目にそれを漉《こ》して完成する。これらの作業

酒造り(『七十一番職人歌合』より)

を担当するのは女性であるが、酒造りを主催するのは男性であり、作業の節目ごとに祈るのも男性である。明治以降、酒は購入するようになり儀礼の執行も困難になったが、現在は女性が酒造りの方法を復元している。

参考文献 久保寺逸彦「アイヌの古俗酒の醸造及びその祭儀」(『アイヌ民族の宗教と儀礼』二〇〇一、草風館)。

(児島　恭子)

さこのつぼね　佐子局　室町幕府に仕えた上臈《じょうろう》の称。歴代将軍の近臣であった大館《おおだち》氏と縁の深い局で、八代将軍足利義政《あしかがよしまさ》期以降に複数の人物が確認できるが、所見史料が比較的多く活動が追えるのは二人である。一人は大館持房《もちふさ》の娘で、義政の近侍であった同教氏《のりうじ》(常興《じょうこう》の父)の妹。持房の末子景徐周麟《けいじょしゅうりん》が父を中心に一族の事蹟を著わした『大館持房行状《おおだちもちふさぎょうじょう》』等によれば、この女性は十歳で殿中にあがり、義政の*側室として康正《こうしょう》元年(一四五五)に女子(総《そう》持尼院舜長老《じにいんしゅんちょうろう》)を儲けたが、延徳《えんとく》二年(一四九〇)義政の死去に伴い御所を退いて出家し、陽西院《ようぜいいん》と号した。『*大乗《だいじょう》院寺社雑事記《いんじしゃぞうじき》』長享《ちょうきょう》元年(一四八七)の記事に「一対局《いちのたいのつぼね》(於さこ)」とみえ、当時側室中重要な位置にあったことが窺える。生没年不詳だが、兄教氏は応永《おうえい》三十三年(一四二六)、弟周麟は永享《えいきょう》十二年(一四四〇)の生まれ。『行状』の書かれた文亀《ぶんき》三年(一五〇三)には存命していた。いま一人は十二代将軍義晴《よしはる》に仕えた義晴の近侍三淵晴員《みつぶちはるかず》の実姉だが、前記の佐子局の名跡を継ぎ、大館氏とは特別な関係を持続した。大永《だいえい》元年(一五二一)細川高国《ほそかわたかくに》と対立した将軍義《よし》稙《たね》が出奔《しゅっぽん》したことで、義稙と将軍職を争った義澄《よしずみ》の遺児義晴が迎えられて十一歳で将軍に擁立《ようりつ》されると、佐子局は常に傍らに侍して諸事の*取次を勤め、御内書《ごないしょ》の添状《そえじょう》や奉書《ほうしょ》を発給《はっきゅう》するなど側近*女房《にょうぼう》の随一として活躍し、義晴が近衛《このえ》家より御台《みだい》を迎えた天文《てんぶん》三年(一五三四)に八瀬《やせ》に退隠、出家して清光院《せいこういん》と号したが、幕政に影響力を持ち続けた。生没年不詳だが、義晴より十一歳以上年長で、側室というより養育にあたった*乳母《めのと》の中心的人物と考えられる。末者《すえのもの》を生母に誕生した義晴は程なく父を失い、播磨《はりま》の赤松氏に託されていたが、両者の関係はこの時期にさかのぼると推測される。将軍義稙期に不遇だった大館常興が義晴の嗣立《しりつ》とともに幕府に復帰し、義晴の補佐役である内談衆《ないだんしゅう》の中心的存在として特別な地位を占めるのは、佐子局との関係で結ばれる義晴の*乳父《めのと》的立場に基づくと考えられる。

参考文献 三浦周行「足利時代に於ける上流武士の公私生活―大館持房行状の研究―」(『日本史の研究』新輯三、一九八二、岩波書店)。設楽薫「将軍足利義晴の嗣立と大館常興の登場―常興と清光院(佐子局)の関係をめぐって―」(『日本歴史』六三一)、二〇〇〇。羽田聡「室町幕府女房の基礎的考察―足利義晴期を中心として―」(『京都国立博物館学叢』二六)、二〇〇四。西島太郎「戦国末期室町幕府女房所領に関する一史料」(『織豊期研究』六)、二〇〇四。

(設楽　薫)

サザエさん　サザエさん　漫画家*長谷川町子《はせがわまちこ》の代表作。戦後間もなく『夕刊フクニチ』(一九四六年)、やがて東京の『新夕刊』を経て『朝日新聞』(一九四九―七四年)に舞台を移し、通算二十八年間にわたって、若い主婦の視点から戦後の日本社会と*家族を画きつづけた。政治・社会問題が日常茶飯事《にちじょうさはんじ》に取り込まれ、通読すると「女・子ども」の側から見た戦後三十年の変遷と、高度経済成長で得たもの失ったものが浮かび上がってくる。一九六九年からアニメ化されたテレビ番組は今も続いている。そそっかしくて天衣無縫《てんいむほう》の行動力に富むサザエさんは、三十年間通して専業主婦であり、*家庭と隣近所という枠を踏み越えることはない。父母、幼い弟妹、夫と子ども計七人の三世代大家族は、日本の家族の伝統的な風景とつながり、読者に安心感を与えている。しかし、その家族は、サザエさんの実家の女系家族であり、サザエさんに日本の「嫁」の苦労はない。家庭内でも近隣でも「*男女同権」を求めつづけ、ときには「ウーマンリブ」を名乗ったことさえある。この『サザエさん』の二面性こそが幅広い人気の源泉であろう。

参考文献 東京サザエさん学会編『磯野家の謎』、一九九二、飛鳥新社。同編『磯野家の謎・おかわり』、一九九三、飛鳥新社。清水勲『サザエさんの正体』、一九九七、平凡社。

(樋口　恵子)

ささきさだこ　佐々木禎子　一九四三―五五　広島の被爆少女。一九四五年(昭和二十)八月六日、二歳で爆心地から一・一七キロの自宅で被爆。十一歳で白血病を発症。体育の先生になる夢をもち、千羽鶴を折って病気回復を祈るが十二歳で死去。「原爆で亡くなったすべての子の慰霊《いれい》碑《ひ》建設」を訴えた級友の動きは、全国の子どもたちを動かし、一九五八年五月五日に「原爆の子像」が完成。サダコの折り鶴物語は翻訳本を通して世界中に伝えられる。

参考文献 豊田清史「千羽鶴―原爆の子の像の記録―」(家永三郎他編『日本の原爆記録』七、一九九一、日本図書センター)。手島悠介他『飛べ!千羽づる―ヒロシマの少女佐々木禎子さんの記録―(新装版)』、二〇〇〇、講談社。

(山村　淑子)

ささきとよじゅ　佐々城豊寿　一八五三―一九〇一　明治時代の社会運動家。幼名艶。仙台藩の儒者星雄記の娘として仙台に生まれる。明治五年(一八七二)ごろ、横浜に出、*メアリー・E・キダーの私塾に学ぶ。一八七三年ごろ、東京に移り、*中村正直《なかむらまさなお》の門下に入る。一八七七年以降、官立東京女学校で漢学を講じ、また、東京女子師範学校で開催された集会で演壇に立つ。同時期に、同郷の医師でキリスト教徒の既婚者伊東友賢(佐々城本支《もとえ》)との恋愛が進行、一八七八年、信子《のぶこ》を出産し、一時公的活動から退く。この間、三人の子を産み(一人は夭折《ようせつ》)、一八八四年に受洗。一八八六年末、正式に入籍を果たし、同年、東京婦人矯風会《きょうふうかい》の結成にリーダーの一人として参加、*廃娼《はいしょう》運動を矯風会の中心事業とするなどの活躍をした。一八八九年、少数の同士とともに婦人白標倶楽部を

佐々城豊寿

結成、廃娼・条約改正・女性の政治参加などを題目に、急進的運動を展開。一八九三年、日本婦人矯風会発足に際し、「名誉会頭」の称号を得るが、保守化の社会風潮の中、実権を失う。一八九三年、新生を期して北海道伊達《だて》紋別《もんべつ》に移住するも、一八九五年から翌年にかけ、娘信子と国木田独歩《くにきだどっぽ》の恋愛・結婚・失踪《しっそう》・*離婚事件が発生。精神的破綻《はたん》をきたし、一切の公的活動から引退した。

[参考文献] 阿部光子『『或る女』の生涯』、一九八二、新潮社。宇津恭子『才藻より、より深き魂に』、一九八三、日本YMCA同盟出版部。相馬黒光『黙移』(平凡社ライブラリー)、一九九九、平凡社。 (小檜山ルイ)

ざさん　座産　産婦が水平に仰臥《ぎょうが》するのではなく、身体を起こした姿勢で*出産することをいう。産婦が力綱《ちからづな》・子安綱《こやすづな》などと呼ばれる綱を立て膝《ひざ》の姿勢で握って出産する形、藁《わら》や布団《ふとん》を積んだ上へ仰臥あるいは伏臥《ふくが》する形、夫など屈強な男性の膝に仰臥で抱えられる形などがある。助産婦による出産介助《かいじょ》が一般化するまでは、座産がふつうであった。「坐産《ざさん》」という用語があるがこれは胎児《たいじ》が逆子《さかご》となっている状態を指すものであった。座産の形は出産時の産婦には自然で楽であるといわれ、現代では病院での仰臥出産への批判として見直されている。しかし、産後の休息には水平臥の方が適している。産後直ちに産婦を背もたれと腕かけのついた「産椅《さんい》」や「*産籠《さんかご》」に座らせ、時には七日間眠らせないなどの習俗が公家武士層から庶民まで広く行われ、賀川子玄《かがわしげん》に烈《はげ》しく非難されている。

[参考文献] 増田知正・呉秀三・富士川游選集校定『日本産科叢書』、一九七一、思文閣。 (桜井　由幾)

さしこ　刺子　布を補強するため布全体に一定の文模で刺される刺繡《ししゅう》。江戸時代から作られた。仕事着の*小衣《こぎん》に刺されたので「こぎんざし」ともいう。普通は木綿地を二、三枚重ねて、木綿糸や麻糸で刺すが、地方によって特徴があり、青森県の津軽小巾《つがるこぎん》は有名。津軽では自家用の麻織物を藍《あい》で染め、苧麻《ちょま》の糸で刺していたが、寛政三年(一七九一)津軽藩は木綿の手織を奨励したので刺糸は木綿となった。明治以後文様は複雑となり美しくなった。女性は七、八歳から刺し始め、次第に手の込んだものを習って妙技を競ったという。

[参考文献] 板倉寿郎・野村喜八・元井能・吉川清兵衛・吉田光邦監修『原色染織大辞典』、一九七七、淡交社。総合女性史研究会編『日本女性の歴史―女のはたらき―』(角川選書)、一九九三、角川書店。 (小川　幸代)

さたいねこ　佐多稲子　一九〇四―九八　昭和・平成時代に活躍した作家。一九〇四年(明治三十七)六月一日、長崎市生まれ。七歳で母親と死別。一九一五年(大正四)に上京、向島《むこうじま》の牛島小学校五年にはいるが、困窮し働きに出る。兵庫県相生《あいおい》の父の赴任先で暮した日々は「素足の娘」(一九四〇年)に詳しい。一九二二年、再び上京し、日本橋丸善の店員となる。結婚するが、心中未遂事件を起こし離婚。女児出産後、*女給として勤めたカフェで「驢馬《ろば》の会」の中野重治《なかのしげはる》・堀辰雄《ほりたつお》・窪川鶴次郎《くぼかわつるじろう》らと出会い、窪川と再婚。「キャラメル工場から」(『プロレタリア芸術』一九二八年二月号)からプロレタリア文学運動に入る。『働く婦人』の編集委員となり、日本共産党に入党。自立を求める妻の姿を「くれない」(『婦人公論』一九三六年一―五月号)に描く。戦後窪川と離婚。戦中の言動を批判され、苦悩の中で『私の東京地図』を書いた。共産党から除名された顚末《てんまつ》を『歯車』『塑像《そぞう》』に、長崎で被爆した画家と華僑《かきょう》の女性の愛と死を『樹影《じゅえい》』に、みずからの生を『時に佇《た》つ』に辿《たど》り、一九九八年(平成十)十月十二日死去。作品は『佐多稲子全集』全十八巻(一九七七―七九年、講談社)にまとめられている。

[参考文献] 長谷川啓『佐多稲子論』、一九九二、オリジン出版センター。 (尾形　明子)

サダコ　サダコ　⇩佐々木《ささき》禎子《さだこ》

さっぽろしははおやきがじけん　札幌市母親飢餓事件　一九八七年(昭和六十二)一月、札幌市内市営住宅で三十九歳の母親が三人の子どもを残し、栄養失調により衰弱死した事件。飽食《ほうしょく》の時代における「餓死《がし》事件」は社会的に衝撃を与えたが、それ以上に、母親は死亡する三ヵ月前に複数回にわたり福祉事務所に生活保護の相談をしたにもかかわらず断られていたことが明らかになり、冷酷な福祉行政の帰結《きけつ》である死として社会的関心を集めた。憲法二五条が保障する最低限度の生活である生活保護基準以下で暮らす家族の生活困難の様相と生活保護を受給できにくい制度の問題性が浮き彫りになった事件である。夫と離別した母親はパート勤めをしながら、生活費不足分を生活保護で補っていたが、ほどなくして生活保護が打ち切られた。経済的困難に加え、病気、ひとり親、多子世帯、子どもの不登校などの重なり合う生活困難が日常的困難となり、必要な社会的支援を受けられぬまま、母親は孤独な死を遂《と》げた。　→生活保護法《せいかつほごほう》

[参考文献] 寺久保光良『「福祉」が人を殺すとき』、一九八八、あけび書房。水島宏明『母さんが死んだ―しあわせ幻想の時代に―』(現代教養文庫)、一九九四、社会思想社。 (谷口由希子)

さつみょうかん　薩妙観　生没年不詳　奈良時代の*命婦《みょうぶ》。養老七年(七二三)正月、夫人藤原朝臣宮子《みやこ》以下の女性叙位者《い》の列に並んで従五位上に叙《じょ》せられ、翌年の神亀元年(七二四)五月、河上忌寸《かわかみのいみき》の姓を賜わる。この改姓は同年

二月の詔《みことのり》にある韓人への賜姓《しせい》が実施されたもので、薩妙観が渡来系氏族出身であったことが知られる。この時の賜姓諸氏の最高位で筆頭に記されていることが注目され、持統《じとう》天皇朝の音博士《おんはかせ》で、『大宝律令』の制定にも加わった唐人薩弘恪《さつこうかく》の一族、あるいはその女子ではなかったかと推測されてもいる。天平九年(七三七)二月、河上忌寸妙観として正五位下に昇叙《しょうじょ》。天平元年、班田使の葛城《かずらき》王《おう》(橘諸兄《たちばなのもろえ》)が山背《やましろ》国から芹子《せり》とともに贈った歌に報《こた》え(二〇、四四五六)、詔を受けて先の太上天皇(元正)の霍《ほ》公鳥《ととぎす》の歌に唱和する(二〇、四四三八)など、『*万葉集』にも歌を残し、豊かな教養と才能が評価される。なお、ここではいずれも薩妙観命婦・薩妙観とあり、一般には改姓後も薩姓で通じていたことが窺われる。

参考文献 須田春子『律令制女性史研究』、一九七八、千代田書房。川上富吉「薩妙観伝考―万葉集人物伝研究(五)―」(『大妻女子大学文学部紀要』一一)、一九七九。

(有富由紀子)

さとがえり・みっかがえり 里帰り・三日帰り　婚出した女性が、その生家を訪問すること。伝統的な日本社会においては、*婚姻は女性の帰属の変更ととらえることができる。「家」を形成していた日本の*家族という視点からは、女性は婚姻とともにその帰属を生家から婚家へと変化させた。そして、婚姻により二つの「家」がつながりを持つことになった。村の中にあって、相互に重要な関係と認識するこれらの「家」の間を女性が行き来することが、里帰りであった。里帰りの形態は多岐《たき》にわたっている。その中で、婚礼後の初里帰りが、三日帰りである。ミツメ・ハツアルキなどといわれ、婚礼後三日目または五日目に行われる。日帰りや一晩泊まりで行われ、そのときに婿《むこ》や姑《しゅうとめ》などが同行する地域も多い。婿がはじめて嫁方の親や*親族と対面する儀礼が、婚礼に先立って行われたといわれているが、その時期が徐々に遅れて婚礼当日の朝に行われる朝婿入《あさむこい》りとなり、さらにそれが遅れて三日帰りへの婿の同行となったともいわれている。それ以外の里帰りとしては、盆や正月、節句などの折に行われるものもある。チョウハイ・セツギョウなどと呼ばれる。その際には、嫁は餅《もち》や赤飯などをもって里帰りし、婚家に戻る際には生家から同等の返礼がなされた。*出産のための里帰りもあった。出産後に忌《いみ》があけてから、生児とともに婚家にもどった。また、日本海沿岸地域を中心に、季節ごとにかなりの長期間にわたって、嫁が生家に滞在する里帰り慣行も行われていた。農作業の節目に、嫁たちは数十日にわたり里帰りし、嫁と*子どもたちの衣類や布団などの*洗濯や調整を生家で行なっていた。さらに、嫁入り当初には、定期的に婚家と生家を往復する里帰りが行われていた地域もある。これらの慣行により、女性が婚出後も精神的にも経済的にも生家との関係を保ち続けていたと考えられるが、解釈としては、婿入り婚との関連、女性の労働力分配の問題、女性の婚家・生家への両属の問題などの視点が考えられる。

参考文献 大島建彦編『嫁と里方』(双書フォークロアの視点)、一九八八、岩崎美術社。八木透『婚姻と家族の民俗的構造』(日本歴史民俗叢書)、二〇〇一、吉川弘文館。

(蓼沼　康子)

さとだい 里第　内裏《だいり》の外にあるキサキの私邸。天皇の*里内裏を指す場合もある。八世紀までの内裏には天皇と太上天皇のみが住み、キサキは内裏の外にいた。八世紀末になると*皇后も内裏に住むようになり、平安宮では天皇の配偶者すべてが内裏内に殿舎を与えられた。しかし内裏では*穢《けが》れが忌《い》まれ、キサキも*出産や病の際には内裏から出る必要があったから、そのための私邸が用意された。これが里第であり、キサキの身内が用意し、皇子女もそこで養育された。

参考文献 朧谷寿『平安貴族と邸第』、二〇〇〇、吉川弘文館。

(西野悠紀子)

さとだいり 里内裏　平安時代以降において、平安宮内裏に対する、それ以外の貴族の里第《りてい》(私邸)の内裏を意味する称。当初は内裏焼亡などによって天皇が内裏を離れる際の仮皇居を意味したが、平安時代後期には一般的な天皇の居処《きょしょ》となった。貞元《じょうげん》元年(九七六)七月の円融《えんゆう》天皇の藤原兼通《ふじわらのかねみち》の堀河第《ほりかわてい》への遷御《せんぎょ》を初例とし、天元《てんげん》四年(九八一)の四条院《しじょういん》、長保《ちょうほう》元年(九九九)の一条院《いちじょういん》などが早い例である。貴族の私邸を仮皇居とする場合、家主は他所に移り、天皇と同居はしない。平安時代後期になると、内裏と里内裏が併用されるようになり、里内裏が天皇の平常の居所、内裏が晴《はれ》の儀式のみ行う場所となり、やがて内裏が荒廃することとなった。内裏は後堀河天皇の安貞《あんてい》元年(一二二七)の焼亡以後は廃絶し、南北朝時代に土御門《つちみかど》東洞院殿《ひがしのとういんどの》が北朝の皇居となり、その後、土御門内裏として定着して京都御所に引き継がれている。

参考文献 橋本義彦「里内裏沿革考」(『平安貴族』一九八六、平凡社)。

(倉本　一宏)

さととじ 里刀自　律令地方行政組織の末端に設けられた女性労働の統率などのための職位とみられる。大宝《だいほう》二年(七〇二)の美濃国半布里《みののくにはにうり》戸籍《こせき》の故地の東山浦遺跡《ひがしやまうらいせき》(岐阜県富加町)の住居跡から「里刀自」と墨書《ぼくしょ》する同時代の土器が発見された(一九七七年(昭和五十二))。里刀自は、律令地方行政の末端にある里長の妻という意味ではなく、里長に対するように「里の刀自」が置かれていたとする理解が優れている。家原邑知識経《いえはらむらちしききょう》や群馬県*金井沢碑文《かないざわひぶん》にみられる里刀自のように元来は豪族層女性の尊称であったが、里の人々を春秋の村祭や農事などの実際生活面で統率にあたった女性を指すと理解される。しかし時代とともに八・九世紀の交《こう》になると、女性が酒作りと貸付(『*日本霊異記《にほんりょういき》』中巻第三十二縁)等を行うように富豪層の*家長《いえぎみ》の*家産を管理する家刀自《いえとじ》・家室《いえとじ》の意味をもつようになるとされる。そしてさらに家刀自＝主婦を意味するものとなって私的な世界に閉じこめられていくともされる。一方、一九九三年(平成五)、福島県いわき市荒田《あらた》目条里遺跡《めじょうりいせき》出土の*木簡《もっかん》調査で、「里刀自」を記した仁寿《にんじゅ》三年(八五三)ころ(第三号木簡の年次により推定)の第二号郡符《ぐんぷ》木簡が明らかになった。そこでは陸奥《むつ》国磐城《いわき》郡司《ぐんじ》大領《だいりょう》の於保臣《おほのおみ》が里刀自を筆頭とする三十六名の田人《とおど》たち(男三十三名・女三名)に大領の郡司職田《しきでん》の田植を五月三日に行うよう命じていた。郡符を受け取った里刀自はこの木簡を携え、田人三十三人を従え、郡家《ぐうけ》に赴《おもむ》き、木簡の人名との照合を受け、二人の不参加が確認された。この郡司職田の田植労働という負担には「里の刀自」が元来農事などを統率する者としての機能と役割を発揮することを示すものとして注目される。労働組織における里の刀自の存在は、未だ十分に解明されていない。地方官衙からの木簡・*墨書土器に*女丁《にょてい》や女性名の墨書がみられることが少なくない。これらの女丁や女性名の労働とその統率者などが明らかになっていくに従って、里の刀自との接点が解明されていくものと思われる。

参考文献 義江明子「古代の村の生活と女性」(『日本古代女性史論』二〇〇七、吉川弘文館)。同「古代の家族と女性」(同)。

(小林 昌二)

さなえおとめ 早苗乙女 ⇩早乙女《さおとめ》

さぬきのすけにっき 讃岐典侍日記 平安時代の女流日記文学。天仁《てんにん》二年(一一〇九)ころの成立。現存本は上下二巻。作者は藤原長子《ながこ》。日記中に「堀河院《ほりかわいん》の乳母子《めのとご》」と説明されたとあることから、承暦《じょうりゃく》三年(一〇七九)ころの生まれか。父は讃岐前司《さぬきぜんじ》藤原顕綱《あきつな》。*典侍《ないしのすけ》として堀河天皇に近侍《きんじ》した作者の、堀河天皇発病から崩御《ほうぎょ》に至る一ヵ月間の詳細な回想(上巻)と天皇追慕(下巻)とから成る。特に、下巻では天皇の崩御後の様子を具体的に描写しており、「死を見いだした作品」(池田亀鑑)として注目される。テキストは、森本元子『讃岐典侍日記全訳注』(講談社学術文庫)。

参考文献 守屋省吾『平安後期日記文学論—更級日記・讃岐典侍日記—』(新典社研究叢書)、一九八三、新典社。小谷野純一『讃岐典侍日記全評釈』、一九八八、風間書房。

(和田 律子)

さねたかこうき 実隆公記 室町時代後期から戦国時代の公家、文化人の三条西実隆《さんじょうにしさねたか》の日記。実隆二十歳の文明六年(一四七四)正月から死の前年八十二歳の天文五年(一五三六)二月までの約六十三年にわたる。実隆は、後土御門《ごつちみかど》・後柏原《ごかしわばら》両天皇の信任が厚く、室町将軍や諸大名からも重んじられた存在であるため、当時の朝廷や幕府を中心とする政治上の動きを知ることができる。*日野富子が政治上に登場するのは文明六年ころであるが、『実隆公記』には、富子の執政期間と、政治の前面から一歩退いた富子の様子をみることができる。また実隆は経済的に窮乏してくると、「家」内の経済面にも関心を持ち、収支や「家」内部のことも記すようになる。そのために「*主婦権」委譲《いじょう》の様子も詳細に記され、中世後期に「主婦権」の委譲があったことが史料的に明らかになる。さらに「家」の管理は*家長であり、実際の運用は「家妻《いえづま》」の役割であることを具体的に知ることができる。「家」内の家政の役割分担を考える上で、貴重な史料である。刊本として『実隆公記』(続群書類従完成会)がある。

参考文献 田端泰子「御台の執政と関所問題—郷中関と文明十二年の七口関設置によせて—」(『日本中世の社会と女性』一九九八、吉川弘文館)。後藤みち子「家業と「主婦権」—三条西家の場合—」(『中世公家の家と女性』二〇〇二、吉川弘文館)。

(後藤みち子)

さののおとがみのおとめ 狭野弟上娘子 生没年不詳 万葉歌人。「弟上」ではなく、「茅上《ちがみ》」とする写本もある。蔵部《くらべ》の*女孺《にょじゅ》。女孺は*後宮の下級宮人で「めのわらわ」とも読む。後宮の内侍司《ないしのつかさ》、蔵司《くらのつかさ》、書司《ふみのつかさ》、薬司《くすりのつかさ》、兵司《つわもののつかさ》、闈司《みかどのつかさ》、殿司《とのもりのつかさ》、掃司《かにもりのつかさ》などに置かれたが、そのうちの蔵司に置かれたのが蔵部の女孺であろう。『*万葉集』一五に中臣朝臣宅守《なかとみのあそんやかもり》と彼女の贈答歌《ぞうとうか》六十三首を収める(三七二三—三七八五)。同巻目録に「中臣朝臣宅守、蔵部の女孺狭野弟上娘子を娶《めと》りしの時、流罪に勅断《ちょくだん》せられ、越前国《えちぜんのくに》に配せらるなり、是《ここ》において夫婦の別れやすく会ひがたきを相嘆き、おのおの慟《いた》む情《こころ》を陳《の》ぶる贈答歌六十三首」(原漢文)とある。宅守は処罰されたが、彼女は処罰されなかった。処罰の理由については諸説があり、㈠女孺との*婚姻が罪とされたと見る説、㈡結婚とは別の件で宅守が処罰されたと見る説がある。宅守は天平十二年(七四〇)六月の大赦《たいしゃ》では大赦の対象者から除外されたが、まもなく政界に復帰し、天平宝字《てんぴょうほうじ》七年(七六三)には従六位上から従五位下に昇進した。

参考文献 須田春子『律令制女性史研究』、一九七八、千代田書房。

(吉田 一彦)

さぶるこ 左夫流児 生没年不詳 古代の遊行女婦《うかれめ》。生没年、本名など一切不明。『*万葉集』一八(四一〇六—四一一〇)に歌われるのみ。越中国《えっちゅうのくに》の国司の守《かみ》(長官)であった大伴家持《おおとものやかもち》が、部下である史生《ししょう》(書記官)の尾張少咋《おわりのおくい》を教え喩《さと》す歌が、長歌一首・反歌三首ある。二人は当時奈良の都から越中国に赴任していた。家持は少咋に対し、都で待ちわびている妻のことを大切に思うように、左夫流児にいれあげるのはよくないとうたった。長歌の下注に「左夫流《さぶる》とは遊行女婦の字《あざな》なり」(原漢文)とある。遊行女婦は古代の*遊女。左夫流児は当時少咋の愛人になっていた。サブルとは都ぶりの意で、この遊行女婦の芸名。『万葉集』には「遊行女婦」と明記される女性が五人登場する。児島《こじま》、蒲生《がもう》、土師《はにし》、無名、左夫流児である。彼女たちは官人たちの宴席に出席し、歌をよんでいる。ほかに、「娘子《おとめ》」と表記される女性も同様の芸能人であった。

参考文献 猪股ときわ『歌の王と風流の宮—万葉の表現空間—』、二〇〇〇、森話社。

(吉田 一彦)

さむかわのあま 寒河尼 一一三八—一二二八 源頼朝の*乳母《めのと》。武者所(宇都宮氏祖)の八田宗綱《はったむねつな》娘。年齢的にも頼朝に近く本来の授乳役ではなく、年上の養育係であろう。下野《しもつけ》国小山荘《おやまのしょう》(寒河御厨《みくりや》)の豪族で下野国在庁官人小《お》山政光《やままさみつ》に嫁ぎ、朝政《ともまさ》(小山)・宗政《むねまさ》(長沼)・朝光《ともみつ》(結城)の三児を生んだ。治承《ちしょう》四年(一一八〇)頼朝が平家打倒の挙兵をすると、朝光を伴って武蔵《むさし》国隅田《すみだ》宿に赴《おもむ》き再会し、朝光を側近に差し出した。寿永《じゅえい》二年(一一八三)に反頼朝陣営の木曾義仲《きそのよしなか》・足利忠綱《あしかがただつな》と結ぶ常陸《ひたち》志田義広《しだよしひろ》軍が東山《とうざん》道《どう》を西上する際、夫政光が在京中で留守のなか嫡子《ちゃくし》朝政らを励まし、下野野木宮《のぎみや》合戦で志田軍を撃破して北関東の頼朝支配権確立に貢献した。その勲功《くんこう》によって文治三年(一一八七)に下野国寒河郡と網戸《あじと》郷《ごう》*地頭に任命されて女地頭《おんなじとう》となった。安貞《あんてい》二年(一二二八)に逝去《せいきょ》した時、『*吾《あ》妻鏡《ずまかがみ》』に頼朝と政子が特に寒河尼を重んじていたと記されている。

参考文献 『小山市史』通史編一、一九六四。

(峰岸　純夫)

さむたのいらつこ　寒田郎子　⇩海上安是之嬢子《うなかみのあぜのいらつめ》

さよのねざめ　小夜のねざめ　室町時代中・後期の公家、一条兼良《いちじょうかねよし》が著わした教訓書。一巻。写本の奥書によれば、文明年間(一四六九―八七)に兼良から*日野富子《ひのとみこ》(室町幕府九代将軍足利義尚《よしひさ》生母)に献上されたものとされる。応仁・文明の乱中、兼良は戦火を避けて奈良に疎開《そかい》していたが、文明九年末に上京し、翌十年四月から富子に『*源氏物語』の進講を始めており、本書はそのころに献上されたものと考えられる。内容は、歌論から政治論、道徳論に及ぶが、とりわけ富子の施政を意識して、女人政治《にょにんせいじ》を是認する自説を展開していることは注目される。そこでは「大かた此日本国は、和国とて、女のおさめ侍るべき国也」と主張されており、具体的な先例として*天照大神《あまてらすおおみかみ》・神功《じんぐう》皇后や歴代*女帝、*北条政子をあげて、「女とてあなづり申すべきにあらず」「今も誠に賢《かしこ》からん人のあらんは、世をもまつりごち給ふべき事也」と述べられている。ただし、この主張は、女は若いときは親に従い、成人してからは夫に従い、老いては子に従うべきという女子三従観《さんじゅうかん》をもとに、柔和で従順であるのが女の特質であるとして、それが「和国」ともよばれる日本国に相応《ふさわ》しいという認識に基づいている。また、当該記述が富子の政治力を意識して書かれたことは明らかであり、富子の権勢への追従としての意味があったことも否定できない。なお、本書は富子に好印象を与えたらしく、これを契機に兼良は重用され、九代将軍足利義尚にも『文明一統記《ぶんめいいっとうき》』『樵談治要《しょうだんちよう》』といった同内容の政治教訓書を献上している。『群書類従』雑部、『日本教育文庫』女訓篇所収。

参考文献 『群書解題』一九。永島福太郎『一条兼良』(人物叢書)、一九六六、吉川弘文館。

(清水　克行)

さらしなにっき　更級日記　平安時代の女流日記文学。一冊。康平《こうへい》三年(一〇六〇)以降の成立。作者は菅原孝標《すがわらのたかすえ》の娘。物語作者でもあり、『浜松中納言物語』等の作品を書いた。父は菅原道真《みちざね》の嫡流《ちゃくりゅう》五世の末裔《まつえい》、上総介《かずさのすけ》・常陸《ひたちの》介《すけ》菅原孝標。母は、藤原倫寧《ともやす》の娘で『*蜻蛉日記《かげろうにっき》』作者*藤原道綱母《みちつなのはは》の異母妹。兄は文章博士《もんじょうはかせ》菅原定義《さだよし》。作者に物語の楽しさを教えてくれた*継母上総大輔《けいぼかずさのたいふ》は、漢文の才で名高い高階《たかしな》家の出身で、『*源氏物語』作者*紫式部の娘*大弐三位《だいにのさんみ》の遠縁にあたる。『更級日記』は作者が十三歳の寛仁《かんにん》四年(一〇二〇)九月三日、父の任果てて上総国から上京するところから書き起こされ、夫の死後の仏の救いを頼みに生きる晩年までの約四十年間を記した回想記。家の女の身物語《みものがたり》として、作者の伯母の書いた『蜻蛉日記《かげろうにっき》』を受け継ぐものといわれる。十代前半から晩年までといううほぼ一生にあたる長い年月を、時間の流れに沿い、しかも一貫したテーマに沿ってみずから回想した作品は他に類をみない。内容は、上京の旅の記、物語への憧れ、結婚と*宮仕え、物詣《ものもうで》と信仰、晩年の思いと大きく分けられ、夢・物語・信仰が柱となっているが、それらが必ずしも実際の作者の心情を表わしているとは限らない。全体を通して節目ごとに作者のみた夢と人生の述懐《じゅっかい》がさしはさまれ、それが作品の枠組みをなす。また、『源氏物語』の*浮舟《うきふね》が巧みに利用されており、時間の流れに沿った回想記とはいいながら、かなり高度な物語的手法がみられる。夫との生活や家庭についてはほとんど省筆され、信仰と物語の間で揺れる自己という一貫したテーマのもとに、材料が吟味されていると考えられる。たとえば、宮仕えでは、*女房として出仕した作者と貴公子との風雅な交流が物語的に描かれるが、これは『源氏物語』の一場面を取りこんでおり、そこには宮廷女房として関白頼通《よりみち》中心の高度な文芸世界にかかわった物語作者としての孝標女の自負もみられる。作品中には、民間伝承や散逸《さんいつ》物語に言及した部分もあり、文学史的資料としても注目される。

参考文献 三角洋一「孝標女とことば」(『ミメーシス』六)、一九六五。津本信博『更級日記の研究』、一九八二、早稲田大学出版部。和田律子・久下裕利編『更級日記の新研究―孝標女の世界を考える―』、二〇〇四、新典社。

(和田　律子)

サラダきねんび　サラダ記念日　俵万智《たわらまち》の第一歌集。一九八七年(昭和六十二)、河出書房新社刊。現代歌人協会賞。俵万智は、一九六二年、大阪生まれ、早稲田大学文学部卒。大学で『心の花』の歌人佐佐木幸綱《ささきゆきつな》の授業を受けて五七五七七の定型リズムの虜《とりこ》になり、『心の花』に入会。溢《あふ》れ噴き出す口語文脈で歌われる若い現代女性のナマな感性は意表をついた新鮮さとして歓迎された。女性短歌全盛時代にあって、あっという間に「野球ゲーム」が角川短歌賞次席、「八月の朝」で一九八六年角川短歌賞を受賞。作歌開始の二十歳終わりから二十四歳までの作品を収めたのがこの集。「「嫁さんになれよ」だなんてカンチューハイ二本で言ってしまっていいの」「ハンバーガーショップの席を立ち上がるように男を捨ててしまおう」など、従来の短歌観を覆《くつがえ》した斬新《ざんしん》な抒情性《じょじょうせい》が一般読者に喜ばれてミリオンセラーとなり、俵万智旋風《せんぷう》現象を出現させた。タレント的活躍者となるが、一方、日常会話そのままの使い捨て消耗品と批判もされた。歌集のほかエッセー集も多い。

参考文献 古橋信孝『吉本ばななと俵万智』、一九九〇、筑摩書房。篠弘『疾走する女性歌人』(集英社新書)、二〇〇〇、集英社。 (渡邊 澄子)

さりじょう **去状** 中世後期、夫が妻を離別する際に与えた証明書。家父長権《かふちょうけん》の強化に伴い、戦国時代にはすべての階層で、「暇《いとま》の印《しるし》」である離縁状の作成が*離婚成立の社会的条件として一般化する。中世では*婚姻は家と家との結合を意味したので、武家の場合は所領の知行や相続に、庶民の場合は年貢や公事《くじ》の負担に関係して、離婚の判定を法的に行う必要性が生じたからである。伊達《だて》氏の戦国家法『*塵芥集《じんかいしゅう》』百六十七条には去状に関する規定がある。

参考文献 田端泰子「中世社会の離婚」(『日本中世の女性』一九八七、吉川弘文館)。同「日本中世社会の離婚」(『日本中世女性史論』一九九四、塙書房)。 (志賀 節子)

さるがく **猿楽** ⇩女猿楽《おんなさるがく》

さるはししょう **猿橋賞** 優れた女性科学者に贈られる賞。一九八〇年(昭和五十五)地球化学者猿橋勝子《かつこ》(一九二〇—二〇〇七)が創設。猿橋は五四年の第五福竜丸《ふくりゅうまる》被災事件で人工放射性物質の地球に与える影響を研究、*原水爆禁止運動を科学的立場から支えた。女性研究者の地位向上にも努め、八〇年気象研究所地球化学研究部長の退任を機に「女性科学者に明るい未来をの会」を設立(初代会長湯浅明《ゆあさあきら》)、猿橋賞候補者の選出を行う。八一年第一回の太田朋子《おおたともこ》(分子遺伝学)から第二十七回高薮緑《たかやぶみどり》(気象学)まで、受賞者は二〇〇七年(平成十九)までに二十七名を数える。一九九五年に日本ではじめて三名の女性が自然科学分野の学会の会長に選出されたが、第九回受賞者の石《いし》田瑞穂《だみずほ》(日本地震学会)はその一人である。翌年日本物理学会会長に第四回受賞者米沢富美子《よねざわふみこ》が就任。本賞は長く男性の研究領域とされた科学分野での女性研究者の研究を奨励し、その発展に大きく寄与している。

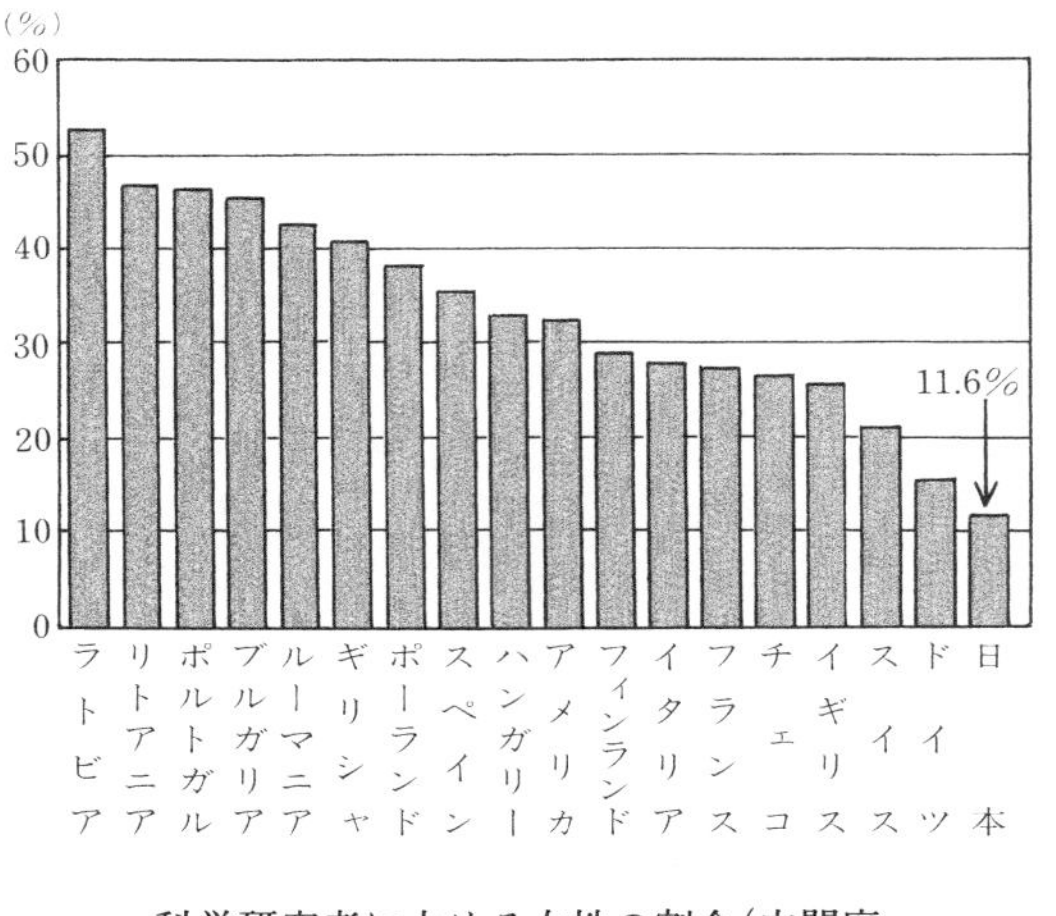

科学研究者に占める女性の割合(内閣府『男女共同参画白書』平成17年度版より)

参考文献 湯浅明・猿橋勝子編『女性科学者21世紀へのメッセージ』、一九九六、ドメス出版。猿橋勝子『女性として科学者として』(人間の記録)、一九九九、日本図書センター。 (金子 幸子)

さるめ **猿女** 古代の*鎮魂祭《ちんこんさい》では神楽《かぐら》を、また、*大嘗《だいじょう》祭《さい》では天皇の先導をして奉仕した職掌《しょくしょう》の女性。本来は猿《さる》女君《めのきみ》氏の中から選ばれて神祇官《じんぎかん》に属したが、平安時代初期になると小野臣《おののおみ》氏や和邇部臣《わにべのおみ》氏などにその地位を奪われていったため政治問題となり、太政官《だいじょうかん》は他氏から選ぶことを禁止する措置をとっている(『古語拾遺《こごしゅうい》』、『類聚三《るいじゅうさん》代格《だいきゃく》』弘仁《こうにん》四年(八一三)十月二十七日官符《かんぷ》)。また、選出方法も縫殿寮《ぬいどのりょう》が解《げ》を太政官に提出し、それを受けて内侍《ないし》が天皇に奏上《そうじょう》して補任《ぶにん》する方式に改められ、縫殿寮に属するものとなった(『西宮記《さいきゅうき》』一三)。猿女君氏は*天鈿女《あめのうずめの》命《みこと》の子孫とされ、天孫降臨《てんそんこうりん》の際の猿田彦神《さるたひこのかみ》にちなんで名づけられた(記紀《きき》・『古語拾遺』)といい、大和国《やまとのくに》・近江《おうみ》国・山城《やましろ》国に居住して(『西宮記』一四)、猿女の養田《ようでん》を近江国・山城国に持っていた(『類聚三代格』弘仁四年十月二十七日官符)。稗田《ひえだ》氏も猿女君氏の一族であると考えられる(『西宮記』一四)が、鎌倉時代以降しだいに衰微《すいび》したらしい(『平《へい》戸記《こき》』仁治《にんじ》三年(一二四二)十一月条)。

参考文献 柳田国男「稗田阿礼」(『柳田国男全集』一一、一九九八、筑摩書房)。西郷信綱『古事記研究』、二〇〇二、未来社。 (野口 剛)

さわだみき **沢田美喜** 一九〇一—八〇 昭和時代の社会事業家。混血孤児施設エリザベス＝サンダース＝ホーム創立者。三菱創始者岩崎弥太郎《いわさきやたろう》の孫として東京に生まれる。東京女子師範《しはん》学校に十五歳まで学ぶが、キリスト教への傾倒《けいとう》を危惧《きぐ》され家庭教育へ。一九二二年(大正十一)外交官でクリスチャンの沢田廉三《れんぞう》(初代国連大使)と結婚、洗礼を受け、英国・米国など十四年間海外生活を送る。戦争で三男を失い、父は財閥《ざいばつ》解体で全財産を失う。一九四六年(昭和二十一)列車の網棚《あみだな》から沢田の上に風呂敷包みが落ち、中に黒い肌の乳児の死体があった。この時に感じた神の啓示《けいじ》により、余生を混血孤児施設の仕事に捧げる決心をした。没収された大磯《おおいそ》の別荘を買い戻すために金策に走り回り、最初に寄付を受けたイギリス女性の名を施設名として一九四八年に開設。恥をさらすとアメリカからの誹謗中傷《ひぼうちゅうしょう》を受け、日本人の差別偏見を受けながらも、資金調達のための講演旅行を続けた。そして、二千人以上の孤児を育て、多数の養子縁組を成立させた。施設内に、*幼稚園、小・中学校を作り、現在も聖ステパノ学園として教育の場にもなる。一九六二年ブラジルアマゾンに三百万平方メートルの土地を購入し、聖ステパノ入植地の開拓を始め、青年たちを送る。一九六三年朝日賞、一九六六年総理大臣顕彰《けんしょう》など。一九七八年テレビドキュメンタリー「子供たちは七つの海を越えた」が放映された。著書に『黒い肌と白い心』(一九六三年)、『母と子の絆』(一九八〇年)ほか。

参考文献 小坂井澄み『これはあなたの母—沢田美喜と混血児たち—』、一九八二、集英社 (大島 道子)

さわむらさだこ　沢村貞子　一九〇八―九六　昭和・平成時代の俳優。東京出身。父は狂言作家竹柴伝蔵《たけしばでんぞう》、姉は社会事業家*矢島《やじま》せい子、兄沢村国太郎《くにたろう》、弟加藤大介《だいすけ》。*日本女子大学在学中に左翼《さよく》演劇運動に触れ一九三二年(昭和七)治安維持法違反で逮捕、獄中生活の後転向を声明。三四年に日活に入社。四二年から舞台に移る。戦後は映画・舞台・テレビで名傍役として活躍、またエッセイストとしても人気を博した。著書に『私の浅草』(一九七六年、暮しの手帖社)などがある。

参考文献　中島信吾『沢村貞子波瀾の生涯』、一九九七、岩波書店。

（池川　玲子）

さわやなぎまさたろう　沢柳政太郎　一八六五―一九二七　明治・大正時代の教育者。信濃国《しなののくに》松本藩士の子。(東京)帝国大学卒業後、文部省入省。文部次官。四十三歳で退官し、東北・京都両帝大総長。四十九歳以後は在野《ざいや》の教育者となる。帝国教育会会長を務める。成城小学校を創設し大正新教育運動の拠点と成す。彼の教育思想は東洋的な儒教倫理と仏教の自力戒律《かいりつ》信仰に西欧近代のヒューマニズム、合理主義を結合した独自性をもつ。女性観は東北帝大総長時代に同理科大学に女子学生の入学を認め女性に博士学位取得の門戸を開くなど女子高等教育の制度面での先鞭《せんべん》をつけ、また、全国小学校女教員会会長を務めるなど大いに進歩性が認められるが、彼の意見は家族制度下での性別役割分業観を内包しており、当時の国内外の*女子教育の動向をも考慮すると思想的には決して革新的とまではいえない。著作は『沢柳政太郎全集』(一九七五―八〇年、国土社)に収められている。

参考文献　沢柳礼次郎『吾父沢柳政太郎』(伝記叢書)、一九八七、大空社。影山礼子「沢柳政太郎」(教育思想史学会編『教育思想事典』二〇〇〇、勁草書房)。

（影山　礼子）

さんい　産椅　⇩座産《ざさん》

さんいん　産院　明治以降に主に都市部でつくられた無料および廉価《れんか》の分娩《ぶんべん》施設と、*出産を*産婆《さんば》が居宅で扱う助産院をいう。ドイツの公立産院からヒントを得て京都の産科医佐伯理一郎《さえきりいちろう》が同志社病院内に一八九一年(明治二十四)に設立した無料分娩施設が産院の最初とされる。明治のころは家庭内での出産が一般的であったが、分娩介助者《かいじょしゃ》を頼む資力のない妊婦が無料分娩所として産院を利用した。産院での分娩の介助や産後の介護は病院勤務の助産婦が扱い、産院は同時に助産婦の実習の場であった。一八九九年に私立病院・産院規定が出され、開業産婆も居宅を産院とし有料での分娩を取り扱うことができるようになり、都市部では産婆の経営する産院も出現した。東京では一九一九年(大正八)に私立賛育会《さんいくかい》病院が付属の産院を創設し無料で出産を扱い、一九二四年には東京市が妊産婦保護事業として公立無料産院を運営した。産院での出産は産婦や新生児の異常への早い対応が可能となり、産婦は十日前後入院できたため便利とされ、*家族に人手がない労働者家族や都市下層家族の妊婦も産院での出産を希望するようになった。やがて産院は無料分娩だけでなく希望する人の出産を有料で扱うようになった。東京の工場労働者家族が多く住む地域に建設された賛育会産院では戦前の一九四〇年代前半ころは年間一万数千件の出産を扱っていた。戦時下、産院の多くは空襲などで焼失し、戦後はその機能を失い再建はなかった。一方、戦後助産婦と呼称をかえた産婆の居宅助産院は、病院で機器に管理される出産よりも家庭的雰囲気の中での出産を望む女性たちに対応し、開業助産婦の経営する助産院は後継者不足に悩みながらも根強く存続している。

参考文献　『賛育会五十年史』、一九七三、賛育会。東京市政調査会編『都市に於ける妊産婦保護事業』(一番ヶ瀬康子監修『戦間期主要都市社会調査報告書』女性編一ノ六、一九九八、近現代資料刊行会)。石崎昇子「明治期の生殖をめぐる国家政策」(『歴史評論』六〇〇)、二〇〇〇。

（石崎　昇子）

さんえ　産穢　⇩穢《けが》れ

サンガー、マーガレット　Margaret Sanger　一八七九―一九六六　二十世紀前半アメリカのバース＝コントロール(産児調節)運動指導者。アイルランド系移民の子で、母は多産で早死にした。訪問看護婦時代に、望まない妊娠をしヤミ*堕胎《だたい》で死んでいく女たちを見て、女性解放のために避妊知識の普及を決意。一九一六年最初のクリニックを開設し、教会や法による弾圧と闘いながら運動を広めた。その過程で当初の反体制運動との関係を弱め、*優生学や医学による生殖管理へと傾斜。*加藤シヅエらと親交があり、一九二二年(大正十一)の来日は日本で産児調節運動が盛り上がる契機となる。第三世界の人口問題にも早くから関心を寄せ、第二次世界大戦後国際家族計画連盟初代会長に就任。*ピル開発の陰の援助者でもある。戦後も数度来日し、一九六五年(昭和四十)日本政府から勲三等授与。邦訳書に『産児調節論』(奥俊貞訳、一九二一年、精華書院)、『文明の中枢』(石本静枝訳、一九二三年、実業之日本社)などがある。

参考文献　荻野美穂『生殖の政治学―フェミニズムとバース・コントロール―』(歴史のフロンティア)、一九九四、山川出版社。エレン＝チェスラー『マーガレット・サンガー―嵐を駆けぬけた女性―』(早川敦子訳)、二〇〇三、日本評論社。

（荻野　美穂）

さんかい　産科医　産科の医師。近世以前にも足利家の助産に携わった安芸《あき》家や、*中条《ちゅうじょう》流の中条帯刀《たてわき》などが活動していたが、産科学が確立して定着したのは江戸時代以降であった。十七世紀には稲生恒軒《いのうこうけん》や香月啓益《かつきけいえき》らによる*出産の啓蒙書《けいもうしょ》が出版されたが、具体的な処置について触れるには至らなかった。十八世紀、近代産科学の創始者とされる賀川玄悦《かがわげんえつ》に始まる*賀川流産科学の登場により新たな産科学が確立・台頭し、産科医が出産に関わるようになった。通常の出産時には*産婆《さんば》・取上婆《とりあげばば》といった出産介助者《かいじょしゃ》らが出産に立ち合ったが、難産・流産・早産・死産など問題の起きたときや、産婦に異常が起きたときには産科医が呼ばれ、投薬や手術等の治療などを行なった。また、*婦人病の治療や、産前・産後に血を補う投薬なども行なった。産科は眼科・外科などとともに比較的早くから専門分化が進んだが、通常は専門以外の診療を行うこともあった。

参考文献　酒井シズ『日本の医療史』、一九八二、東京書籍。沢山美果子『出産と身体の近世』、一九九八、勁草書房。

（長田　直子）

さんかご　産籠　妊産婦が産後の血のぼせを防ぐため、また産み月の身体の安静を保つために用いる椅子《いす》のような道具。産椅《さんき》。*出産が近づいた時期と産後七日間の安静のために用いた。近世では家の継承のため、上層では多産を家内繁盛《はんじょう》ととらえる意識が強く、また平和の続いたところから健康の維持（養生《ようじょう》）とともに出産の安全に強い関心が寄せられた。衝立《ついたて》で仕切られた座敷に、産椅（産籠）に座り鉢巻きをして、前に大きな夜具《やぐ》を当てた産婦の、図像が数多く描かれている。「産籠の内で亭主をはばに呼び」（『誹風柳多留』初篇）は、出産を間近にひかえた夫が、妻の用を足すために協力している様を写している。

参考文献　新村拓『出産と生殖観の歴史』、一九九六、法政大学出版局。長谷川まゆ帆『お産椅子への旅―ものと身体の歴史人類学―』、二〇〇四、岩波書店。

（太田　素子）

さんかつ　三勝　?―一六九五　江戸時代中期の大坂の舞芸人。*湯女《ゆな》（垢摺女《あかすり》）とする説もある。長町四丁目美濃屋平左衛門の養女で本名はさん。元禄八年（一六九五）十二月、千日寺《せんにち》の焼き場の裏で贔屓《ひいき》の客であった半七《はんしち》（大和国五条新町）と*心中した。二人の書き置きが伝えられ、三勝は幼少の娘のことを気にかけ、自分は命が惜しく何度もとめたけれども、半七に迫られ義理のために死ぬとしている。大坂法善寺《ほうぜんじ》の墓地に三勝・半七の比翼《ひよく》塚がある。二人の心中は歌祭文《うたざいもん》や*浄瑠璃《じょうるり》・*歌舞伎等の材となり、*人形浄瑠璃『艶容女舞衣《はですがたおんなまいぎぬ》』は現在でも上演されている。

（椙山　聖子）

さんきゅう　産休　⇨産前産後休暇《さんぜんさんごきゅうか》

ざんげろく　懺悔録　ドミニコ会宣教師コリャード（Diego Collado）が編したキリシタンの告解《こっかい》集。一六三二年にローマでラテン語とローマ字邦文との対照本として刊行された。コリャードは元和《げんな》五年（一六一九）にキリシタン弾圧下の長崎に渡来、西九州で活動し、同八年に日本を去った。日本布教をめぐるイエズス会との対立のなかでイエズス会の中傷に対して、ドミニコ会士も日本語に熟達し日本人信徒の告解を聴き教導する聖務を果たしている証拠として、辞典・文典とともに刊行した。告解（Confissan, Confession）は罪科を教師の前に告白することで、本来、教師と信徒との間の厳秘《げんぴ》事項であったが、教師の中には自分の心覚えと日本語練習のために書き留めておいた者もあったらしい。コリャードはわずか三年余りしか日本に滞在せず、その活動範囲も九州に限られ、日本語能力も疑問視されている。したがってこの『懺悔録』（『日本のコンヘション』）は、大部分は他人から得た材料であるといわれる。しかし慶長・元和年間（一五九六―一六二四）のキリシタン布教史の貴重な史料であり、当時の信徒の信仰生活状況や心理を伝えている。本書は神の掟《おきて》である十戒《じっかい》をめぐる教師と信徒との間の問答、信徒の告白という体裁をとっているが、男女ともに姑《しゅうとめ》との確執《かくしつ》、*堕《だ》胎《たい》、*不倫、売春行為などについて赤裸々に述べられている。テキストは『懺悔録』（大塚光信校注、岩波文庫、一九八六年）。

参考文献　姉崎正治『切支丹迫害史中の人物事蹟』（姉崎正治著作集四）、一九七六、国書刊行会。

（村井　早苗）

さんさいじしんわ　三歳児神話　乳幼児に対する母親の影響力の大きさを強調して、「三歳までは母親が子育てに専念すべきである」という考え方。「三つ子の魂百までも」は幼少期の重要性を指摘する考え方で古くから信奉されてきた。しかし、母親の愛情を過度に強調して、就労等の関係で母親が育児に専念しないと*子どもの発達が阻害《そがい》されると意味づけがなされたのは、近代以降であり、性別役割分業体制の必要性からである。たしかに幼少期は成長発達の基礎を成す時期として重要であり、三歳児神話のすべてが誤りとするのも現実的ではない。問題は、育児は母親一人で担うものであるとし、父子関係や祖父母、保育者などとの関係を軽視するところにある。女性の社会参加の必要性が高まっている今日では、子育てを母親だけでなく、*家族や地域の皆で支えあえるよう、保育環境や就労環境の整備が急がれているのであり、乳幼児期の生育に望ましい条件の把握が急がれている。

参考文献　厚生省『厚生白書（平成十年版）』、一九九八。大日向雅美『母性愛神話の罠』、二〇〇〇、日本評論社。

（大日向雅美）

さんじきよしこ　桟敷よし子　一九〇二―九二　昭和時代の保健婦、社会運動家。北海道生まれ、父新松と母志乃の第三子で本名はジョセフィン。幼少期より乳幼児死亡率の高さと農民生活の苦しさを目の当たりにしてきた経験が、社会主義思想に引き寄せた。苦学で一九二八年（昭和三）*日本女子大学校社会事業学部を卒業した後、倉《くら》敷紡績万寿《しきぼうせきます》工場に女子寮の教化係として入るが、一九三〇年女工ストライキの首謀者として解雇。日本共産党入党、治安維持法の弾圧下も活動を続け、一九三四年に懲《ちょう》役《えき》二年六ヵ月の実刑判決を受ける。出所後、東京の御殿《ごてん》山《やま》病院で働きながら看護婦の免許を取得、東京を離れた後も結核予防事業に取り組みながら保健婦・助産婦の資格を取得した。一九四五年恩師暉峻義等《てるおかぎとう》に請われ満州開拓科学研究所に入り開拓団の結核予防事業に携わる。敗戦後、中国人民解放軍の医療活動に従事し一九五八年帰国。大阪の淡路医療生活共同組合診療所に保健婦として勤務、一時結婚により離職するが死別により復帰、老いてもなお、貧しい人や高齢者のくらしと健康をまもる活動に尽力した。八十九歳で死去。著書に『永遠なる青春―ある保健婦の昭和史―』(一九七五年、青春社)がある。

(今井小の実)

さんじせいげんうんどう　産児制限運動　大正・昭和前期、主に女性や無産者家族が志向するようになった避妊《ひにん》や*堕胎《だたい》(妊娠*中絶)等の生殖の自由の要求に応答した社会運動。家族内で養育する子の人数を調節する産児制限への意志は、子どもへの中・高等教育や老後の貯蓄など将来設計をのぞむ都市部の月給生活家族から萌芽《ほうが》し、つづいて月給生活者になりつつあった労働者の家族や自立的経営を要求する小作人家族の一部でもみられるようになった。一九一四年(大正三)には『産児制限論―避妊の研究―』が発売され、翌一五年には*平塚らいてうや原田《はらだ》皐月《さつき》らは、女性が自己の人生を生きるための産児制限の必要と堕胎を肯定、二〇年には*山川菊栄《やまかわきくえ》が産児制限は女性解放の根本であると指摘した。しかし、支配層は、産児制限は女性が子どもを産むことを拒否する危険思想、*家制度への反逆と考え、避妊方法説明を猥褻《わいせつ》として科学的性知識の普及を抑圧した。これに対し、一九二二年のアメリカの産児制限活動家*サンガーの来日を期に、石本《いしもと》静枝《しずえ》(のち*加藤シヅエ)・*安部磯雄《あべいそお》・*山本宣治《やまもとせんじ》らによって小家族の理想や避妊方法の科学的知識を記載したパンフレットの普及を図る産児制限運動が始められた。なかでも山本宣治は農民組合・労働組合・水平社《すいへいしゃ》の立場に立って避妊方法を具体的に示す運動を展開した。労働組合活動家の*九津見房子《くつみふさこ》は大阪BC(Birth Control)研究会の活動において産児制限は労働者家族の自覚として行うことを主張、組合の福利活動として避妊器具の廉売《れんばい》などを行なった。労働運動に関与する岩内《いわうち》とみえや日農宮城県支部の多田ミドリらは*産婆《さんば》として避妊方法を組合員の妻たちに普及していった。一九二〇年代後半からは都市部の各薬局やデパートでも各種の避妊器具が販売されるようになった。しかし、望まない妊娠も多く、妊娠中絶の必要を訴える女性も多かった。普通選挙により無産政党から山本宣治や安部磯雄が議員になると安部はソビエトやドイツでの堕胎罪改正論議にも影響を受けて妊娠調節公認期成会をつくり「妊娠三ヵ月以内の堕胎は罰せぬこと、法定堕胎範囲を拡張する」等の産児調節公認案を国会に提出。国会での動きは山本宣治が暗殺されて一時頓挫《とんざ》したが、一九三二年(昭和七)七月には、*婦選獲得同盟や社会民衆婦人同盟などの十三婦人団体が合法的妊娠中絶の範囲の拡大をめざす堕胎法改正期成連盟を結成し刑法改正委員会に働きかけた。この間に産児制限運動のための諸団体が作られた。産婆の*柴原浦子《しばはらうらこ》らが活躍した大阪の日本産児制限協会(一九三〇年)や一九三一年十一月に結成された無産者産児制限同盟はプロレタリアート解放運動の一環としてこれにとりくんだ。国際産児制限運動に連なる石本静枝や産科医馬島僩《まじまゆたか》らは日本産児調節連盟(一九三二年)を結成し、相談所の全国組織化、情報交換をめざした。石本静枝は、さらに平塚らいてうと自主的母性をかかげた日本産児調節婦人連盟を一九三二年に結成し避妊の相談にあたった。一九三〇年前半産児制限運動はファシズムに対抗する生活擁護《ようご》活動の一環として続くが、諸運動が弾圧されるなかで活動家がいなくなり相談所は閉鎖され、日中戦争開始に運動は終焉《しゅうえん》を迎えた。

サンガー夫人
上陸禁止の議
産児制限の宣傳を恐れて
早くも内務省に持上る

産児制限運動　サンガー来日に関する新聞記事(『東京朝日新聞』12823号)

参考文献　太田典礼『日本産児調節百年史』、一九七六、出版科学総合研究所。藤目ゆき「戦間期日本の産児調節運動とその思想」(『歴史評論』四三〇)、一九八六。石崎昇子「生殖の自由と産児調節運動」(『歴史評論』五〇三)、一九九二。ヘレン・M・ホッパー『加藤シヅエ百年を生きる』(加藤タキ訳)、一九九七、ネスコ。

(石崎　昇子)

さんじせいげんじったいちょうさほうこく　産児制限実態調査報告　敗戦後の一九四七年(昭和二十三)六月二十二日に厚生省人口問題研究所から出版された『東京都を中心とする産児制限の実態に関する資料』の通称。人口問題研究所の若い技官であった篠崎信男《しのざきのぶお》が独自の調査票を造り一九四七年一月十五日と四月十二日に東京都を中心に官公庁職員や工場勤め人家庭の産児制限の実態についての調査を行なった。同年六月上旬には『読売新聞』や『朝日新聞』が調査内容を記事としたため、世論的に大きな反響を呼んだ。内容は、職種により差はあるが二六・一%が受胎《じゅたい》調節を実行しており、その理由としては、経済的理由が最多、次が母体上の理由であった。将来希望として、実行者の八三%が調節を希望、夫よりも妻の希望者が多く、また不実行者も五一・九%が調節希望をもっているとされた。調査内容は戦争中の出生奨励策から抜け出せなかった厚生省上層官僚たちの政策転換に影響を与えた。

参考文献　『読売新聞』(東京版)一九四七年六月七日。

(石崎　昇子)

さんじちょうせつ　産児調節　⇩家族計画《かぞくけいかく》　⇩産児制限《さんじせいげん》

運動《うんどう》 ⇩少産少子化《しょうさんしょうしか》

さんじゅうしちきょ　三従七去　三従とは、女性は生家では父に従い、嫁《か》しては夫に従い、夫の死後には子に従うべきものであるという女性が守らなくてはならない「三従の道」のこと。すなわち、それぞれは「女《むすめ》の道」「婦《つま》の道」「母の道」とされた。七去とは、結婚した女性が夫から*離婚を言い渡される七つの条件のことをいう。すなわち、姑《しゅうとめ》に不柔順《ふじゅうじゅん》であること、子がないこと、淫乱《いんらん》であること、悪疾《あくしつ》のあるもの、多言《おしゃべり》で慎みのないこと、物を盗む心のあるもの、悋気《りんき》ふかいものの七つであり、これらのどれかに該当する場合には、一方的に夫から離婚を言い渡されても致し方のないことであるとされた。言い換えれば、一方的に妻を離縁するときの正当性を夫方に保証するための要件であった。しかし、江戸時代、幕藩体制を維持していくような立場の者の中にも、この七つのうち、子がないことと悪疾の二つについては、致し方のないことであり、離婚の要件に妥当しないのではないかと疑問視されたりもしており、はたしてこれがどの程度離婚という事態を現実のものとしたのかは定かではない。しかし、ここに掲げられた事柄が、当時の女性、とりわけ妻の動向を強く方向付けたという事例は枚挙《まいきょ》に遑《いとま》ない。また、こうした観念が、女性のみならず男性の中にも浸透していたことにより、当時の男女関係のあり方を大きく規制していたこともまた言をまたない。いずれにせよ、この七つを除去することが「聖人の教え」として嫁していく女性に強要された。この、三従の道を遵《じゅん》守《しゅ》することと、七去に該当する行いをしないようにすることが女性に強制されたのは、家を維持継承していかなくてはならないという*家制度という枠組みに規定されるものであった。そして、それらは江戸時代の*女訓書《じょくんしょ》の主柱になっているし、それが、女性自身の観念を束縛するものでもあった。 ➡七出《しちしゅつ》

参考文献　菅久美子「中国の女訓と日本の女訓」(女性史総合研究会編『日本女性史』三、一九八二、東京大学出版会)。菅野則子「江戸時代における「儒教」の日本的展開」(アジア女性史国際シンポジウム実行委員会編『アジア女性史』一九九七、明石書店)。

(菅野　則子)

さんじゅうのおしえ　三従の教え　⇩五障三従《ごしょうさんしょう》　⇩三従《さんじゅう》七去《しちきょ》

さんしゅのじんぎ　三種の神器　⇩家庭電化《かていでんか》

さんじょうただこ　三条尹子　生没年不詳　室町時代中期の公家三条公雅《きんまさ》の娘。室町幕府六代将軍足利義教《あしかがよしのり》の後室であったが、嘉吉《かきつ》元年(一四四一)六月、嘉吉の変で義教が横死した後、法体となった。七月、*巫女の口寄せで義教が地獄の責め苦に遭うことを知り、八月には鬼気迫る義教の姿を夢に見た結果、義教の四十九日に救済のため浄華院良秀《じょうげいんりょうしゅう》に頼み、如法《にょほう》念仏を行なった。一面的にはオカルト的な女性であった。

参考文献　『建内記』(大日本古記録)。田端泰子『日本中世の社会と女性』、一九九八、吉川弘文館。今谷明『土民嗷々』(創元ライブラリ)、二〇〇一、東京創元社。

(湯川　敏治)

さんしょうだゆう　山椒太夫　⇩安寿《あんじゅ》と厨子王《ずしおう》

さんじょうにしけのいえづまたち　三条西家の家妻たち　室町時代後期から戦国時代の公家、文化人三条西実隆《さんじょうにしさねたか》の日記『*実隆公記《さねたかこうき》』から具体的にみることができる。実隆は文明十年(一四七八)ころ、勧修寺《かじゅうじ》教秀女《のりひでのむすめ》と結婚する。実隆家は一子相続で、男子は嫡子公条《きんえだ》以外は寺に入り、女子は九条尚経《ひさつね》の妻、正親町実胤《おおぎまちさねたね》の妻となり、婚家に居住している。嫡子公条は参議《さんぎ》に任ぜられ、従三位《じゅさんみ》に叙せられた年に、父の住居から独立して、父の屋敷内に住居を建てる。三年後の永正七年(一五一〇)公条の住居に甘《かん》露寺元長女《ろじもとながのむすめ》を妻として迎える。この居住形態は父子同一屋敷別棟居住である。戦国時代になると、嫡子が結婚する場合には嫁取りの儀式を挙げるようになるが、公条も儀式を挙げ、儀式を挙げた妻は、嫡子の正妻であり、次期「家妻」であることが「家」の内外に公表されていく。当時公家の正妻は、「家」の内外から「方角＋向」の呼ばれ方をし、これを向名《むきな》といった。三条西家では、実隆の妻を「東向《ひがしむき》」、公条の妻を「西向《にしむき》」と呼んでいる。公条の妻に「西向」の名がつけられたのは、結婚して二年後*子息の魚味《ぎょみ》の儀式の日であった。子供の誕生と無事な生育によって、正妻の座・次期「家妻」の地位がさらに保障されていく。三条西家では公条が妻を迎えた時には、*家長が実隆であり、「家妻」は実隆妻であった。ところが、実隆七十五歳、実隆妻もそれに近い年齢となり、公条四十三歳、公条妻は三十七歳となった、公条夫妻が結婚してから十九年経った年に「*主婦権」の委譲《いじょう》が行われる。しかしながらその後も家長は実隆であったので、「家」の家政は父と嫡子の妻のセットで運営されていく。三条西家の「家妻」の役割は、自邸で連歌会・和歌会を催す場合、茶菓や酒食の手配をすること、自邸で行う祖先の追善仏事《ついぜんぶつじ》の運営、「家」の使用人の給分の分配、米の調達などであった。三条西家の家政は中世後期の公家社会のおかれた社会的状況のなかで家長と「家妻」たちは協力し分担して運営している。この「家」にとって「主婦権」は家長権と対等のものではないが、「家」内部の運営にとって重要な役割分担をしていた。

参考文献　高群逸枝『平安鎌倉室町家族の研究』、一九六五、国書刊行会。脇田晴子『日本中世女性史の研究―性別役割分担と母性・家政・性愛―』、一九九二、東京大学出版会。後藤みち子「家業と「主婦権」―三条西家の場合―」(『中世公家の家と女性』二〇〇二、吉川弘文館)。

(後藤みち子)

さんぜんさんごきゅうか　産前産後休暇　現行法は、使用者は六週間(多胎妊娠の場合は十四週間)以内に*出産する予定の女性が休業を請求した場合、その者を就業させてはならない(*労働基準法第六五条一項)、使用者は産後八週間を経過しない女性を就業させてはならない(同条二

項)、ただし、産後六週間を経過した女性が請求した場合、医師が支障なしと認めた業務に就かせることは差し支えないと規定する。違反者には罰則が適用される。しかし法律では有給とも無給とも規定していない。日本最初のストライキで工女側が勝利した甲府《こうふ》雨宮《あまみや》製糸《せいし》工女同盟《こうじょどうめい》罷《ひ》業《ぎょう》(一八八六年(明治十九))の工女らの申し立ての中に「子持ちの婦人は時間通りに出勤しても二十分の賃金を引き去られ」ているとある。一九〇八年一月、長野県で「女教員妊娠規定」を定めた。「女教師出産の為欠席せんとするときは監督官庁に届出べく其の欠勤三十一日以上に渉るときは医師の診断書を添付して監督官庁に届出べし爾《じ》後《ご》七日を経る毎《ごと》に亦《また》同じ」の一項を追加。これで公然と「出産欠勤として三十日まで有給」で認められた。この先《せん》駆《く》的規定が関心の的となったのは、一九一七年(大正六)十月開催の*全国小学校女教員大会であった。「産前産後休養期間」が論議されたが時間切れとなり、第二回大会で「期間八週間、全額給与支給」の要求を決議し文部省に建議した。一九二二年九月八日文部省訓令により「分《ぶん》娩《べん》前二週間、分娩後六週間の有給休暇」を規定。こうした前史を経て戦後労働基準法に、女性の労働権を保障する*母性保護要求の要として明文化された。その後の*労働組合婦人部の母性保護運動の進展を反映して現行法規定となった。

参考文献 三井礼子編『現代婦人運動史年表』(日本現代史年表)、一九六三、三一書房。木戸若雄『婦人教師の百年』(明治図書新書)、一九六八、明治図書出版。桜井絹江『母性保護運動史』、一九八七、ドメス出版。

(本間 重子)

さんだかちょう 三田花朝 一七九七―一八八八 幕末・明治時代の歌人。備後《びんご》国福山《ふくやま》藩士町田三右衛門の娘。名はみを(三保子《みおこ》)。香川景樹《かがわかげき》に入門し*和歌を学び、琴も嗜《たしな》む。御家人三田平之丞(定雄《さだお》)と結婚後も夫婦で歌道に励む。安政三年(一八五六)、六十歳のとき、息子の喜六(礼《のり》本《もと》)が箱館(函館)奉行所勤務となり、家族を連れて赴任する機会に同行。その往復の旅日記『箱館日記』『箱館かへさ日記』を著わす。九十二歳の生涯、歌を詠み、当時刊行の著名な和歌集に歌が掲載される。『箱館日記』(山崎栄作編、一九九七年)が刊行されている。

(柴 桂子)

サンダカンはちばんしょうかん サンダカン八番娼館 女性史研究者の山崎朋子《やまざきともこ》(一九三二―)が一九六八年(昭和四十三)に天草《あまくさ》に住む「*からゆきさん」と呼ばれる元海外売春女性である山川《やまかわ》サキのもとへ泊り込み聞き取ったことをまとめたもの。一九七二年、筑摩《ちくま》書房刊、第四回大《おお》宅《や》壮一《そういち》賞受賞。インタビューとそれがなされる過程をルポルタージュ形式でまとめたもので、「からゆきさん」本人の声を聞き取るという意義とともに、オーラル＝ヒストリーの重要性を示した先駆《せんく》的な書である。貧農の家庭に生まれ、親戚や近所で外国へ売られていく少女たちを見て育ったサキは、自身も兄のために、十歳で村の同年代の少女二人と英領ボルネオ(マレーシアカリマンタン島)のサンダカンへ行くことを承知する。十三歳から売春をさせられ、港に船が入った時には、一晩で三十人もの相手をすることもあったが前借金は減るどころか、玉代の半分は搾取《さくしゅ》され、生活費が何倍もの借金として加算され続けた。その後、木下《きのした》クニを頼り、転売先を脱出。クニの営む「八番館」で働く。クニは現地で死んだ「からゆきさん」などを弔《とむら》うために山を伐《き》り開いて日本人墓地を建設し、みずからもここに葬られた。サキは故郷の兄への送金を欠かさなかったが、幸運にも帰国できた彼女への視線は「一族の恥」とするものだった。サキたち売春女性が相手をしたのは、宗主国《そうしゅこく》イギリスのほかに日・米・仏・中、および「土人」と呼ばれた現地のマレー系の男性であった。「からゆきさん」を押し出した要因は貧困と娘に犠牲を強いる*家父長制《かふちょうせい》であったが、一方で広範な地域での売春女性の需要には、欧米の植民地活動の展開や苦力《クーリー》と呼ばれる中国人男性労働者の移動という背景があった。従来の女性史が一部のエリート女性中心のものであるとする山崎は、底辺女性史を提唱し、歴史の闇に葬られた女性たちの声を聞き取ることの重要性を本書で示した。

参考文献 山崎朋子『サンダカンの墓』(文春文庫)、一九七七、文芸春秋。

(平井 和子)

さんちゃじょろう 散茶女郎 近世*吉原遊廓《ゆうかく》で*太夫《たゆう》・格子《こうし》と呼ばれる高級*遊女の下に格付けされる遊女。寛文《かんぶん》八年(一六六八)、*隠売女《かくしばいた》取締りで捕らえられた売女たちが刑罰として吉原に送り込まれた。これらの女性たちが、新たに設けられた伏見町《ふしみちょう》・堺町《さかいちょう》の遊女屋に抱えられるようになったのがはじまりである。*揚屋《あげや》を通さず茶屋で遊客と直接接する方法をとったので、その手軽さが客に喜ばれ、太夫・格子が消滅した十八世紀末以降、吉原の主流となった。散茶とはひき茶のことで、煎茶《せんちゃ》のように振り出さないことから、客をふらないという意味である。

参考文献 西山松之助編『遊女(新装版)』(日本史小百科)、一九九四、東京堂出版。

(曾根ひろみ)

さんちゃんのうぎょう 三ちゃん農業 高度経済成長期、家族総出で農業に携わってきた農家が兼業化《けんぎょうか》し、男性が基幹労働力から抜けていった日本の農家の問題状況を表現することば。第一には建設ラッシュといわれた都市の工事現場を仕事場とする季節労働としての「出稼ぎ」により、第二には収入の確実な雇用労働者となることによって働き盛りの「父ちゃん」が農業から抜け、第三には都会の生活に憧れて跡取り息子までが農業労働から抜け、「じいちゃん」「ばあちゃん」「かあちゃん」の「三ちゃん」が農業を担うことになった。「じいちゃん・ばあちゃん」の高齢化により「かあちゃん」一人が農業を担わねばならなくなっていくこと(主婦農業)により問題はより深刻化した。農業の近代化・合理化と相まって機械化に伴う新たな機械の周りの過重な仕事、慣れない農業機械を女性が運転することによる事故、十分な防護対策もなく、農薬の使用により農民自身が健康を害することになる「新しい農法」、地方の誘致《ゆうち》工場により進められた農家の主婦のパート労働と農業労働・*家事労働による三重の労働により主婦の疲労は限界まで進んだ。このころ全国農協婦人大会は、出稼ぎや兼業農家の主婦の過重労働などを頻繁《ひんぱん》にとりあげ討議している。多くは主婦農業を「問題」と捉えたが、農村婦人問題研究者*丸岡秀子《まるおかひでこ》は、このような現象を「主婦農業は農業の歴史のひとつの過程」と捉え、農業のありかたの到着点を示しているわけではなく、こうした現実のなかで主婦自身が「人間として生きる権利を生きる生きかた」を獲得しているのだという見解を述べている。この時期以来、日本の農業労働の約六割を女性が担う状況が続いている。「出稼ぎ」に関しては、主婦労働の側面からだけではなく、家庭生活、家族関係の側面からも問題が生じ、*労働省婦人少年局は、出稼ぎの父親と留守家庭をつなぐ活動や調査を実施した。一九六六年(昭和四十一)の調査結果では半数の妻が出稼ぎを「やめてもらいたいがやめられない」と回答している。

参考文献 丸岡秀子『生まの論理』(丸岡秀子評論集二)、一九七六、未来社。天野寛子『戦後日本の女性農業者の地位—男女平等の生活文化の創造へ—』、二〇〇一、ドメス出版。（天野　寛子）

さんてんいちどくりつうんどうとじょしりゅうがくせい　三・一独立運動と女子留学生　植民地支配下の朝鮮で一九一九年(大正八)三月一日に始まった朝鮮近代史上最大の独立運動には、*女子留学生が大きな役割を果たした。三月一日、前国王高宗の毒殺説を背景に、ソウルなどの主要都市から始まった「朝鮮独立万歳」のスローガンとデモ行進は、瞬く間に朝鮮全土や海外に広まった。国内だけで約二百万人参加。その先駆《さきがけ》は東京で留学生が宣言した二・八独立宣言。女子留学生はここに資金カンパしたり、金マリアや黄愛施徳などが帰国し運動に参加した。彼女たちはもともと一九一五年東京で朝鮮女子留学生親睦会を組織、機関誌『女子界』を発行していた。朝鮮国内では*柳寛順《ユグァンスン》など女学生だけでなく妓生も各地でデモ行進を続けた。朝鮮人女性が大挙して歴史の表舞台に登場したのははじめてである。日本は憲兵、警察のほかに正規軍を投入し徹底的に鎮圧、無差別殺戮《さつりく》や獄中での拷問《ごうもん》(女性には性暴力)を行う。女子留学生も数多く逮捕。その後「新女性」と呼ばれ、女性運動や芸術・教育・言論など新しい分野で活躍した。

参考文献 朴慶植『朝鮮三・一独立運動』、一九七六、平凡社。（金　富子）

さんば　産婆　〔近世〕*出産を介助《かいじょ》する女性を指す。近世では賀川玄悦《かがわげんえつ》の『*産論《さんろん》』以降、穏婆《おんば》・医婦《いふ》などと同じ意味で使われている。産婆が助産者の一般名称となるのは明治以降のことであり、近世では前記のほか収婆《しゅうば》・坐婆《ざば》・収生《しゅうせい》・看生《かんせい》などの漢語、とりあげばば・子とりばばなどの和語が使われている。玄悦は「産婆は皆無知の女子で独り身の老婆や*寡婦《かふ》が生活のためにやむを得ず業としており、洗ったり拭いたり以外のことは任せるべきでなく助言も受けるべきではない」と『産論』で述べている。また、産婆が一方で*堕胎《だたい》を幇助《ほうじょ》するという認識も根強く、

産婆(『百人女郎品定』より)

明治二年(一八六九)には明治政府から産婆による堕胎の禁令が布告されている。→取《と》り上《あ》げ婆《ばば》

参考文献 増田知正・呉秀三・富士川游選集校定『日本産科叢書』、一九七一、思文閣。（桜井　由幾）

〔近現代〕明治維新政府はドイツ医術を採用した近代的医療改革において出産介助《かいじょ》者を女性に限定し医療従事者の一翼《いちよく》として処遇する方向を出し、一八七四年(明治七)の三都に出した医制において産婆の医学教育と免許制を決めた。従来からの老練《ろうれん》な出産介助者には各府県判断で仮免許を出して従来産婆とする一方、二十歳以上の女性で消毒技術などを身につけた免許産婆養成をめざした。一八七七年以降は少しずつ免許産婆(新産婆・西洋産婆とも呼ばれる)が誕生していった。免許産婆は若年で料金も取ったが明治期後半以降、都市部の自宅出産から徐々に受け入れられていった。産科病院で働く資格取得者を助産婦という呼び方も始まった。一八九九年、免許産婆の人数の増加を目的に産婆規則・産婆試験規則・産婆名簿登録規則が出され、資格は地方長官が付与すること、試験科目の指定、各都道府県への登録制が決められた。しかし、人数が増えなかったので一九一〇年の改正産婆規則で指定所での受講者には試験なく免許が与えられることになった。このため希望者が増加し大正期には産婆は*職業婦人の一画を占めるようになった。自宅出産が主流の時代、地域の開業免許産婆は収入もあり社会的地位は高く、*婦人会の会長を務める者もあった。また、弱い立場にある嫁の側に立った保健指導を行い、姑《しゅうとめ》に妊産婦の休養を命じた産婆もあった。戦時下の出産奨励政策下、国民医療法で助産婦が法律語となり、戦後一九四七年(昭和二十二)の助産婦規則で呼び方が統一された。GHQの施設分娩《ぶんべん》推進政策や、経済成長による*家族構成の変化、産科病院数の増加により一九五〇年代後半から施設分娩者が増加していくに従い、助産婦は施設勤務者が多くなった。開業助産婦には一九五二年以降に政策となった受《じゅ》

胎《たい》調節実地指導員になった人も多い。若年助産婦の施設勤務化、開業助産婦の高齢化、男性*産科医の分娩取扱い増加に伴い開業助産婦は減少したが、病院で機器に管理された出産よりも自分自身の力で産むことを選ぶ女性もおり、少数であるが開業助産婦も存続している。→助《じょ》産師《さんし》

参考文献 蒲原宏『新潟県助産婦看護婦保健婦史』、一九六七、新潟県助産婦看護婦保健婦史刊行委員会。大林道子『助産婦の戦後』、一九八九、勁草書房。石崎昇子「明治期の生殖をめぐる国家政策」(『歴史評論』六〇〇)、二〇〇〇。

（石崎　昇子）

〔民俗〕明治政府は明治元年（一八六八）に「産婆取締方」を発布し、産婆による堕胎《だたい》や売薬を禁止した。これが産婆の名称が公式に使われた最初である。江戸時代には産婆のほか、穏婆《おんば》・洗婆《せんば》・子取《こと》り婆《ば》・腰抱《こしだ》きなどバラエティに富む名称が使われた。一八七四年の医制で産婆が公式名称となり、一八九九年の産婆規則によって全国的に身分資格が統一された。正規の助産教育を受けた者を従来の産婆と区別して近代産婆あるいは新産婆と呼ぶことがある。一九四八年（昭和二十三）の「保健婦助産婦看護婦法」により助産婦の名称が用いられるが、民間には産婆の呼称が長く残った。助産術の巧みなトリアゲバアサンと呼ばれた女性は各地で活躍し、男性助産者の存在も確認されている。西洋医学を身につけた近代産婆はその知識と技術を普及させ、妊婦の衛生面に注意するだけでなく、妊娠時の食い合わせ、腰湯《こしゆ》慣行など、トリアゲバアサン時代における出産に関わる俗信の数々を排除していった。トリアゲバアサンの助産は*座産と呼ばれる出産法であったが、近代産婆は仰臥《ぎょうが》位《い》出産を全国に一律普及させた。そしてトリアゲバアサンが堕胎に象徴される新生児の生殺与奪《せいさつよだつ》権《けん》を持つのに対し、近代産婆は新生児の生存権確保に大きく貢献した。堕胎排除の考えは富国強兵の国家理念と深く関わり、近代産婆は新生児の生命を保護することで富国強兵の一翼を担った。近代産婆は産婦の分娩《ぶんべん》に立ち会い、後産《のちざん》の処置や産湯《うぶゆ》の世話をし、産婦の異常に際しては医師の診療を受けるなど医療と結びついた出産介助を展開した。近代産婆は七夜祝《しちやいわ》いに招待され出産介助の謝礼を受け、赤子やその家族とのつきあいは終了する。一方、トリアゲバアサンと赤子の関係は、子どもの成長に応じた儀礼に立ち会い、トリアゲバアサンの葬儀には取り上げてもらった子どもが大勢参加するなど、一生のつきあいを持つ場合が多かった。

参考文献 吉村典子『子どもを産む』（岩波新書）、一九九二、岩波書店。西川麦子『ある近代産婆の物語―能登・竹島みいの語りより―』、一九九七、桂書房。

（板橋　春夫）

さんぺいたかこ　三瓶孝子　一九〇四―七八　昭和時代の経済史研究者。一九〇四年（明治三十七）一月三十日、福島県福島置賜町《おきたままち》（福島市）の旧家三瓶寅之助《とらのすけ》・タカの三女に生まれる。戸籍名コウ。一九一九年（大正八）福島県立女学校卒。女学校時代、世の中の変動のはげしいこと、貧富の差のあることに気づき、のちに社会科学研究会に引き寄せられる。日本画家の希望は父親の反対で果たせず、一九二五年*東京女子大学高等部を経て同大学入学後、学習の中で経済史を勉強しようと決心する。一九二八年（昭和三）卒業後早稲田大学政治経済学部経済学科に聴講生として入学、一九三一年卒業。「女」を意識しない方が学生らしい学生生活をおくれるのではないかと述懐《じゅっかい》している。一九三二―三九年高橋亀吉《たかはしかめきち》経済学研究所に入所、日本経済史を研究。以前出入りしていた産業労働調査所からは遠ざかった。一九四〇年労働科学研究所に移り、一九三九―四一年『*日本綿業発達史』を書く。『日本資本主義発達史講座』が勉強への手がかりになったという。一九七八年十月十六日没。他の著書に『農家家内諸工業の変遷過程』『働く女性の歴史』『ある女の半生』『日本機業史』がある。

（岩井サチコ）

さんぼうえ　三宝絵　平安時代中期の仏教入門書。「さんぽうえ」とも読む。永観《えいかん》二年（九八四）に文人貴族源為《みなもとのため》憲《のり》が若くして出家した尊子《そんし》内親王のために、皇族の女性出家者が実践的に仏教と係わるうえで必要とされる基礎的な仏教知識を説話・伝記・縁起《えんぎ》の形で平易《へいい》に説き、その典拠となる経典の一部を掲げ、これに絵を配して視覚的な理解を与えようと著わした。序《じょ》と三宝（仏宝・法宝・僧宝）を上・中・下に分けた三巻構成で、各巻にも序と讃《さん》がつく。上巻は六波羅蜜《ろくはらみつ》寺《じ》の布教の影響を受け六波羅蜜を説く釈迦本生譚《しゃかほんしょうたん》、中巻は『*日本霊異記《りょういき》』にみえる説話を中心に構成。下巻は宮中や諸大寺・*尼寺の法会、出家者対象の受戒《じゅかい》・布薩《ふさつ》、俗人も対象にした菩薩戒《ぼさつかい》・灌頂《かんじょう》などの主要仏事を月ごとの「年中行事」に組み入れて叙述。絵は早くに失われ詞書《ことばがき》のみ『三宝絵詞』とも称され、漢字と草仮名・漢字と片仮名・変体漢文の説話集として伝来した。『*今昔物語集《こんじゃくものがたりしゅう》』などに影響を与えた。テキスト

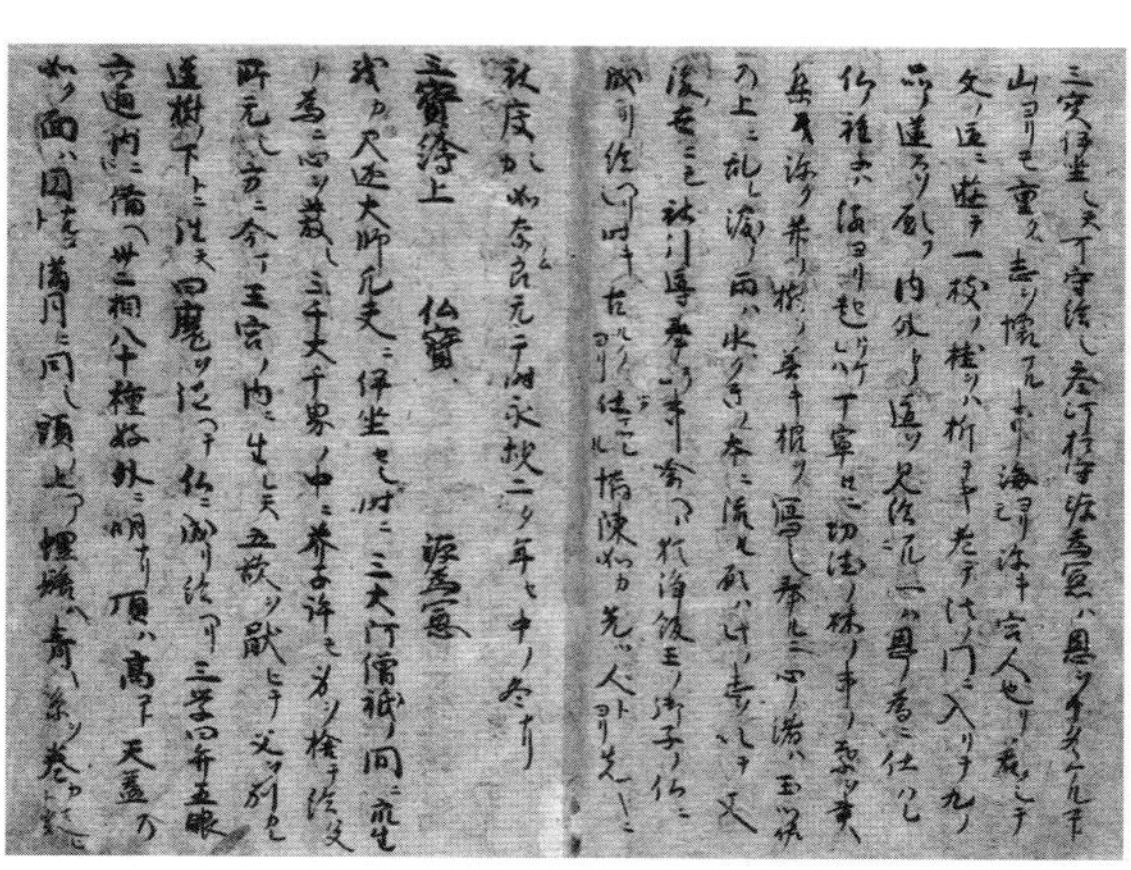

『三宝絵詞』漢字片仮名本　上巻

は、『(諸本対照)三宝絵集成』(一九八〇年、笠間書院)、『三宝絵』(出雲路修校注、東洋文庫、一九九〇年、平凡社)、『三宝絵・注好選』(新日本古典文学大系、一九九七年、岩波書店)。

参考文献　勝浦令子「源為憲と『三宝絵』の世界」(河添房江他編『〈平安文化〉のエクリチュール』二〇〇一、勉誠出版)。　　(勝浦　令子)

さんまん　三幡　一一八五―九九　鎌倉幕府初代将軍源《みなもとの》頼朝《よりとも》の次女。母は*北条政子《ほうじょうまさこ》。乙姫《おとひめ》と号す。建久《けんきゅう》八年(一一九七)、長女*大姫《おおひめ》が没すると、頼朝は次に彼女の後鳥《ごと》羽天皇《ばてんのう》後宮への入内《じゅだい》を目指して上洛を計画した。しかし正治《しょうじ》元年(一一九九)には頼朝自身が没し、また女御宣旨《にょうごせんじ》を受けたと推測されるものの(『*尊卑分脈《そんぴぶんみゃく》』)、彼女も病にかかり、鎌倉にとどまったまま没してしまう。乳母夫中《めのふなか》原親能《はらのちかよし》の亀谷《かめがやつ》堂の傍らに埋葬され、親能は出家した。また後鳥羽上皇《ごとばじょうこう》の使者が弔問《ちょうもん》のため鎌倉へ下向している。

参考文献　田端泰子『乳母の力―歴史を支えた女たち―』(歴史文化ライブラリー)、二〇〇五、吉川弘文館。　　(七海　雅人)

さんろん　産論　*賀川流産科の創始者、賀川玄悦《かがわげんえつ》(字は子玄《しげん》)による産科医書。『子玄子産論《しげんしさんろん》』ともいう。明和二年(一七六五)初版刊行。全四巻。玄悦がみずからの体験をまとめた記録をもとに、儒者皆川淇園《みながわきえん》が記したといわれる。この書は、胎児が子宮内では頭を下にした胎位が正常胎位であることをはじめて説き、以後の産科学に多大な影響を与えた。従来慣用されてきた産椅《さんい》や*腹帯《ふくたい》の害も説き、賀川流産科の奥義とされた回生術《かいせいじゅつ》についても簡単に触れている。『産論翼《さんろんよく》』とともに『日本産科叢書』(一九七一年、思文閣)に嘉永版を所収。

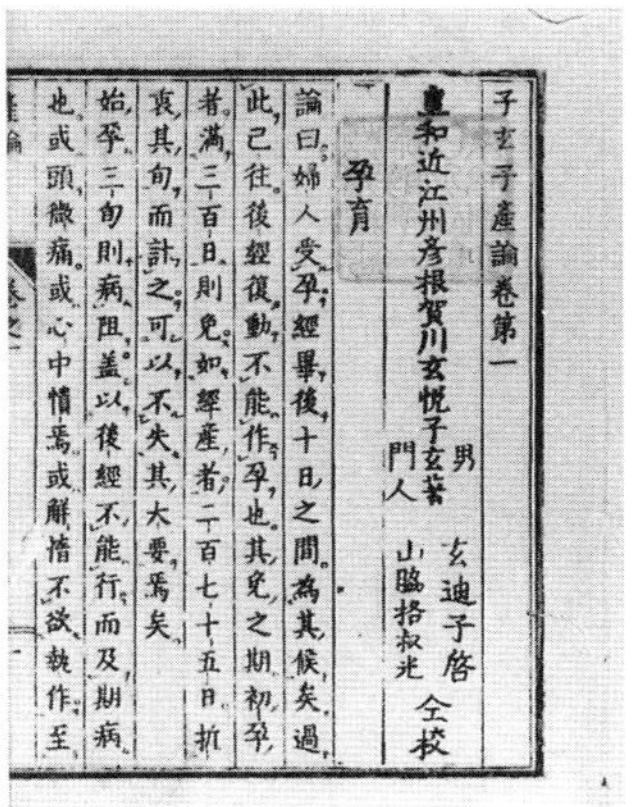
子玄子産論巻第一
皇和近江州彦根賀川玄悦子玄著　男　玄迪子啓　仝校　門人　山脇格叔光
孕育
論曰婦人受孕経畢後十日之間為其候矣過
此已往復経復動不能作孕也其兒之期初孕
者満三百日則兒如期産者二百七十五日折
衷其句而計之可以不失其大要焉矣
始孕三旬則病阻蓋以後経不能行而及期病
也或頭微痛或心中憒焉或解惰不欲執作至

『産　論』

参考文献　京都府医師会編『京都の医学史』、一九八〇、思文閣出版。杉立義一「賀川玄悦と賀川流産科」(大塚敬節・矢数道明編『近世漢方医学書集成』一〇六、一九八四、名著出版)。　　(長田　直子)

さんろんよく　産論翼　賀川玄迪《かがわげんてき》による産科医書。安永四年(一七七五)初刊。全二巻。養父賀川玄悦《かがわげんえつ》著の『*産論《さんろん》』と同様、儒者皆川淇園《みながわきえん》が記したとされる。『産論』を補う目的で記された。「乾《けん》の巻」では『産論』の治療法を詳述。「坤《こん》の巻」では胎児の正常胎位をはじめて図示した懐孕《かいよう》図三十二図を記載。新たに得た二十術についても述べた。この書は『産論』と一体のものとして扱われ、のちに嘉《か》永《えい》六年(一八五三)賀川家八代子達の再刻校正版などが出版された。再刻校正版は『日本産科叢書』(一九七一年、思文閣)所収。

参考文献　京都府医師会編『京都の医学史』、一九八〇、思文閣出版。杉立義一「賀川玄悦と賀川流産科」(大塚敬節・矢数道明編『近世漢方医学書集成』一〇六、一九八四、名著出版)。　　(長田　直子)

し

じあいかん　慈愛館　一八九四年(明治二十七)「世の賤《せん》業婦《ぎょうふ》をして正実の職業を練習せしめ、以て自活の道を踏ましむる」を目的として基督《キリスト》教婦人矯風会《きょうふうかい》が東京府豊多《とよた》摩《ま》郡大久保(新宿区)に設立した施設。命名者は*潮田千勢《うしおだちせ》子《こ》。主として内外の女性キリスト者の寄付によって運営された。一九〇〇年ころから*自由廃業運動により遊郭《ゆうかく》から脱出した女性たちの*シェルターの役割も果たす。一九四五年(昭和二十)空襲によって焼失したが、一九四八年慈愛寮と改称、一九五三年矯風会から独立し社会福祉法人慈愛寮となり、街娼などを受け入れる。

参考文献　『日本キリスト教婦人矯風会百年史』、一九八六、ドメス出版。間野絢子『白いリボン―矢嶋楫子と共に歩む人たち―』、一九八八、日本基督教団出版局。　　(奥田　暁子)

しいのおみな　志斐嫗　生没年不詳　*持統《じとう》天皇近侍《きんじ》の老女。『*万葉集』三(二三六・二三七)に、天皇が最近聞かない志斐嫗の強語《しいがたり》を聞きたいと歌で召し、それに応じた嫗の返歌がある。志斐嫗は語りを職としたと思われる。志斐は強語に由来するという説もあり、のちの中臣《なかとみの》志斐《しいの》連《むらじ》・阿倍志斐連《あべのしいのむらじ》などの百済系渡来氏族にも同様の「強語」が伝えられ、志斐嫗はこれらの氏族につながる人物と想定される。天皇近侍の嫗としては、ほかに顕宗《けんそう》天皇と置《おき》目老嫗《めのおみな》の説話が記紀に伝えられる。

参考文献　立花直徳「志斐嫗問答歌私考」(『日本文学論究』三二)、一九七三。松前健「志斐嫗問答歌考」(『松前健著作集』一、一九七七、おうふう)。

（三崎　裕子）

ジーパンろんそう　ジーパン論争　一九七七年(昭和五十二)五月、大阪大学文学部のアメリカ人講師フィリップ＝カール＝ペーダ(当時五十六歳)がジーンズ姿の女子学生に対して授業を受けるにふさわしくない服装であるとして受講を拒否したことに端を発する論争。学生たちは女性差別であると抗議したが、新聞社に寄せられた多くの投書はペーダを支持。論争は望ましい教師像や教育のあり方、はては現代風俗論にまで発展した。ペーダは日本の将来を憂慮《ゆうりょ》するといって辞任した。

参考文献　『朝日新聞』一九七七年五月二十五日夕刊。「年表・女と男の時空」編纂委員会編『女と男の日本史』(日本女性史再考別巻)、一九九八、藤原書店。

（奥田　暁子）

じえいかんごうしもんだい　自衛官合祀問題　公務中死亡した自衛官の護国神社合祀を巡る問題。一九七三年(昭和四十八)十二月、中谷康子《なかややすこ》は交通事故死した自衛官の夫が、退職自衛官の組織隊友会《たいゆうかい》山口県支部連合と自衛隊山口地連の協力によって、山口護国神社へ合祀されたことに対して、合祀申請取り下げの訴えを山口地裁に起こした。国と隊友会を被告にして、信教の自由・政教分離原則に基づいての訴訟(自衛官合祀拒否訴訟)である。これは、一九六九年から毎年国会へ上程《じょうてい》されていた靖国《やすくに》神社法案や津地鎮祭《つじちんさい》違憲訴訟の控訴審判決と響きあって、靖国問題に対する根本的な問いかけとなった。一九六八年の事故当時、陸上自衛隊岩手地方連絡部釜石《かまいし》隊員募集事務所長代理をしていた夫の死は公務死《こうむし》で殉職扱《じゅんしょくあつかい》となった。夫の死後、郷里の山口県へ帰っていた康子は、クリスチャンであったので遺骨は教会へ納め、隊友会山口県支部連合の護国神社合祀の申し入れを断わった。遺族の意向にもかかわらず合祀が行われ、その後隊友会が取り下げ申請をしたが、全国護国神社会は「いったん奉斎《ほうさい》した祭神を遺族であっても他からの要請で取り除くことはしない」との見解を発表した。一九七九年三月、山口地裁は自衛隊の行為(国家の合祀関与)を違憲だとする判決を下した。だが、康子が最も希望していた合祀取り下げ請求は棄却された。さらに一九八二年六月、広島高裁は一審判決を支持して国側の控訴を棄却した。この間、康子に対して、「非国民」「国賊《こくぞく》」といった非難・嫌がらせの電話や手紙が寄せられ続けた。一九八八年六月、最高裁大法廷判決では一・二審が覆《くつがえ》され敗訴となった。最高裁は合祀申請を隊友会単独行為のものとし、合祀は神社の判断によるとしたのである。自衛官合祀拒否訴訟は、憲法九条の改定と自衛隊員の新たな「国家のための死」を想定した靖国法案が進められるなかで、これに抗する個人の闘いでもあった。

参考文献　田中伸尚『自衛隊よ、夫を返せ!』(現代教養文庫)、一九八八、社会思想社。ノーマ＝フィールド『天皇の逝く国で』(大島かおり訳)、一九九四、みすず書房。田中伸尚『靖国の戦後史』(岩波新書)、二〇〇二、岩波書店。

（平井　和子）

シェルター　シェルター　ドメステック＝バイオレンス(DV)から逃れる女性と子どもの一時保護の場所として イギリス・アメリカで創設され日本でも一九八〇年代半ばから民間組織によって設置された。北京《ペキン》女性会議以降民間シェルターは増え約四十ヵ所あるが、財政基盤は弱く存立が不安定である。公的には婦人相談所・母子生活支援施設もシェルター機能を担っている。改正DV防止法は市町村における被害者の保護と民間団体との連携を明記した。

参考文献　波田あい子・平川和子編『シェルター―女が暴力から逃げるために―』、一九九八、青木書店。『シェルター・DV問題調査研究会議調査報告書』一―四、二〇〇〇・〇二、シェルター・DV問題調査研究会議。

（須藤八千代）

ジェンダー　ジェンダー　近代におけるすべての構造のあり方を相対化するポストモダニズムの方法論に依拠して、女性総体がどのように男性総体と関係づけられて、歴史的に存在するようになったかということを分析するために一九七〇年(昭和四十五)前後から模索されつづけられている方法。この方法によって伝統的歴史観や既存の研究が相対化されるとともに「女性学」「*男性学」や「男性史」の研究分野が成立し、諸分野を横断する学際研究も深まっている。普遍的人権を標榜《ひょうぼう》して成立した近代国家は、従来から存在する男女両性の役割分業を、男女の性差を本質的なものであるとして固定化することによって、国家や社会のシステムとして男女差別を再編成した。性差別を理論的に解明するために一九六〇年代までは*男女平等の市民社会論・階級闘争論・民族解放論の理論が援用され、一九七〇年前後からラディカルフェミニズム・マルクス主義フェミニズム・エコロジカルフェミニズム・ポストモダンフェミニズムなど、さまざまな方法が模索された。ジェンダー論はこうした模索のなかで生まれた。「男らしさ、男性であること」や「男性役割」、「女らしさ、女性であること」や「女性役割」に対する異論は、シモーヌ＝ボーボワールが『*第二の性』(一九四九年)のなかで、女は女に生まれるのではなく、女になるのだと主張して、女性定義が歴史的に生成されたものであるとしたことから始まり、文化人類学者のマーガレット＝ミードは南太平洋の島々の調査から地域によって男性役割・女性役割が異なっていることを一九四九年に明らかにした(『男性と女性』)。さらに心理学者のロバート＝ストーラーは一九六八年にセックスとジェンダーは異なることを指摘し、家族社会学者のアン＝オークレイは一九七二年に生物的な性(セックス)の性差を土台に歴史の経過のなかで社会的な、かつ文化的に男性らしさ・女性らしさが形成されるとして、後者をジェンダーと定義した(『セックス・ジェンダー・家族』)。元来「ジェンダー(gender)」は文法上の男性名詞・女性名詞を表わす「性」を意味する用語であるが、これ以後、女性、男性、両性関係、男女の生物的差異と区別された歴史的に形成された社会的・文化的性差、あるいは生物的性差に意味を与えられた性差として多様な意味をもって用いられている。一方ジェンダーの基礎を生物的性差におくことは、生物的性差を本質的なものとして固定化することになるという批判がジュディス＝バトラー(『ジェンダー・トラブル』、一九九〇年)などからなされ、さらにホモ－ヘテロなどのセクシャルアイデンティティの境界を相対化するクィア(同性愛)理論が展開されている。女性史研究にジェンダー論が分析方法として導入されるのは、一九七〇年代半ばからである。ナタリ・Z・デイビスやジョーン＝スコットなどは男女両性の関係が社会的に権力関係として構成される過程、後者はさらにこの関係が知の権力として構成される過程を重視している。

参考文献 早川紀代「女性史研究における方法的課題」(『日本史研究』三四五)、一九九一。竹村和子『フェミニズム』、二〇〇〇、岩波書店。J・スコット『ジェンダーと歴史学(増補新版)』(荻野美穂訳、平凡社ライブラリー)、二〇〇四、平凡社。 (早川 紀代)

ジェンダーとれきしがく ジェンダーと歴史学 ジョーン・W・スコット著の歴史理論書。初版一九八八年、改訂版一九九九年。スコットは本書で、第二波*フェミニズムが性差の生物学的決定論に反駁《はんばく》するために導入した「*ジェンダー」概念の理論化を進め、ジェンダーとは「肉体的差異に意味を付与する知」、すなわち「女」「男」という空っぽのカテゴリーに盛り込まれた多様な意味の体系であると同時に、権力関係の表象《ひょうしょう》でもあると定義した。ジェンダーの歴史学とは、性差についての意味が構築され自然化されてきた過程とそこにはらまれる政治性や権力構造を明るみに出す作業であると同時に、その批判的まなざしは研究対象としての過去に対してのみならず、歴史家が研究・叙述を通して作り出す歴史像や概念に対しても向けられるべきであると主張。スコットの議論は女性史の領域を越えて多方面から高い評価を受けたが、ポスト構造主義理論への傾斜に対してはフェミニズム内部からの批判もある。邦訳は荻野美穂訳で一九九二年(平成四)に平凡社より出版、増補新版が平凡社ライブラリーで二〇〇四年に出ている。

参考文献 江原由美子・金井淑子編『フェミニズムの名著50』、二〇〇二、平凡社。荻野美穂「ジェンダー論―その軌跡と射程―」(上村忠男他編『歴史を問う』四、二〇〇四、岩波書店)。 (荻野 美穂)

しおばらじけん 塩原事件 ⇩煤煙事件《ばいえんじけん》

しおやき 塩焼き 古代の*海女《あま》によって営まれた製塩の方法の一つ。『*万葉集』や『*風土記《ふどき》』『歌経標式《かきょうひょうしき》』などの文献によれば、当時の製塩技術を表現する言葉として、「藻塩焼《もしおや》く」という言葉が散見する。「藻塩焼く」とは、海藻を乾燥利用して鹹水《かんすい》を得、それを小型の土器に入れて煮沸《しゃふつ》する製法で、「土器製塩」と呼ばれ、縄文時代末期までさかのぼると考えられている。このような製塩に従事した海女の労働の実態については、『万葉集』によってうかがうことが可能である。すなわち、巻三(四一三)の「須磨《すま》の海人《あま》の塩焼き衣の藤衣《ふじごろも》間遠《まとお》にしあればいまだ着なれず」(原万葉仮名)と詠じられた歌から、摂津《せっつ》国須磨の地において行われた製塩の場合、その衣服は藤や葛《くず》など蔓《つる》の木の繊維で織った衣であることが知られる。また、巻三(二七八)の「志賀《しか》の海人はめ刈り塩焼き暇なみくしらの小櫛《おぐし》取りも見なくに」(原万葉仮名)という歌からは、髪の手入れをする余裕もない海女の苛酷《かこく》な労働の一端が浮かびあがる。

参考文献 渡辺則文・近藤義郎「海部と製塩」(近藤義郎・上田正昭編『古代の日本』四、一九七〇、角川書店)。 (森田喜久男)

じおんにけんか 慈音尼兼葭 一七一六―七八 江戸時代中期の*心学者《しんがくしゃ》。近江《おうみ》国栗太《くりた》郡吉田《よしだ》(滋賀県草津市)の酒造業白井半兵衛の娘。八歳で母に死別し仏道を志す。十四、五歳で家出し尼寺で修行。苦行のため病気になり、京都で静養中に心学講話を聞いて石田梅岩《いしだばいがん》に入門。修行を重ね無我《むが》の境地に至り自性得心開悟《じしょうとくしんかいご》する。二十九歳で梅岩に死別した後、師の教えを将軍の膝元《ひざもと》の江戸で布教するために病身に鞭《むち》打って江戸へ向かう。正直と倹約の実践を通じて安心立命《あんしんりつめい》の境地に至る町人としての生き方や、この世の職分でしかない士農工商の身分にかかわりなく、本性を守り育て、真の人間になることの肝要を説くことは、官学朱子学のはびこる江戸では並大抵ではなかった。病気進行のために十年足らずの布教生活であったが、心学の江戸布教嚆矢《こうし》となった。京都へ帰った後は修行の傍《かたわ》ら、梅岩との問答をまとめ、安永三年(一七七四)、『*道得問答《どうとくもんどう》』と題して刊行した。晩年は郷里吉田に帰り、修行に努めた。『道得問答』は『日本教育文庫』心学篇(一九一一年、同文館)に収められている。

参考文献 柴桂子「慈音尼」(円地文子監修『人物日本の女性史』七、一九七七、集英社)。 (柴 桂子)

しがあきこ 志賀暁子 一九一〇―九〇 昭和時代の俳優。幼少時、遠縁の海老名弾正《えびなだんじょう》に引き取られ女子学院などに学ぶ。実業家の父の勧める縁談を嫌い家出、ダンサーをへて映画界入りし妖艶《ようえん》な美貌《びぼう》で売り出す。一九三五年(昭和十)に堕胎《だたい》事件で起訴される。この事件をきっかけに父親を罪の対象外とする堕胎罪の不合理さそのものへの論争が起きる。五七年引退、童話の執筆などをする。著書に『われ過ぎし日に―哀しき女優の告白―』(一九五七年、学風書院)がある。

参考文献 沢地久枝『昭和史のおんな(完本)』、二〇〇三、文芸春秋。 (池川 玲子)

じきぎょうみろく 食行身禄 一六七一―一七三三 江戸時代中期の宗教者。*富士講身禄派《ふじこうみろくは》の元祖とされる。通称は伊藤伊兵衛《いとういへえ》。伊勢《いせ》国一志《いちし》郡川上《かわかみ》村(三重県津市美杉町川上)小林家に出生。江戸で各種の職業に就き、晩年は油の行商を営んだ。そのかたわら富士信仰の行者として食行身禄と名のり、独特の社会観や*ジェンダー観念を含む教義を唱えた。身禄は各人が正直や慈悲などの道徳を実践して理想的な世界である「みろくの世」を実現するようにと訴えた。また人間の価値は身分や性別でなく心のあり方や行為で決まると考えて、*男尊女卑《だんそんじょひ》や女性の血のけがれという観念を否定した。身禄は享保十八年(一七三三)庶民を犠牲にして自己の繁栄を図る為政者の政策や当時の人々の道徳的退廃を批判し、みろくの世の到来を祈願して富士山中で断食による死を遂げた。彼の死後弟子たちが作った信者組織は十八世紀中期に富士講となった。後継者の一人である禄行三志《ろくぎょうさんし》(一七六五—一八四一)は身禄の教義を受け継ぎ、男女の役割の変革を訴えた。

[参考文献] 岩科小一郎『富士講の歴史—江戸庶民の山岳信仰—』、一九八三、名著出版。宮崎ふみ子「富士への祈り—江戸富士講における救済観の展開—」(青弓社編集部編『富士山と日本人』二〇〇二、青弓社)。 (宮崎ふみ子)

しぎさんえんぎえまき 信貴山縁起絵巻 信貴山の山中にいながら鉢を飛ばして托鉢《たくはつ》をする法力を持った僧命蓮《みょうれん》にまつわる三つの話を描く絵巻。奈良県生駒郡朝護孫子《いこまぐんちょうごそんし》寺《じ》蔵。国宝。三巻。各巻は「山崎長者の巻」(または「飛《とび》倉《くら》の巻」)「延喜加持《えんぎかじ》の巻」「尼公《あまぎみ》の巻」と呼ばれる。『古本説話集』『*宇治拾遺《うじしゅうい》物語』に類似する説話が収録されている。十二世紀作とされるが、制作事情は全く不明。詞書《ことばがき》の文字の検討から、都で作られたとする説が近年出されている。三つの話のうち、前の二つで語られる飛鉢の話や天皇の病を治す話については類似する話がほかでもあるが、三つめの尼公の話は他に類例を見ない。「尼公の巻」では、命蓮の姉(あるいは妹)である尼が、信濃《しなの》から信貴山まで命蓮を訪ねて旅をする様が、途中の里の女性たちの姿をまじえ描かれる。尼公は東大寺大仏の夢告《むこく》のおかげで信貴山に至り命蓮に再会しともに住むことになる。姉弟とはいえ男女が山上にともに住む姿が描かれることに対して、戒律《かいりつ》の違反と捉える説、命蓮と尼公を毘沙門天《びしゃもんてん》と吉祥天《きっしょうてん》になぞらえる説などがある。また、絵の尼公の姿が男性宗教者の姿に類似しており、尼公が信貴山へ入山する様が往生のごとく描かれていることを指摘する説も出ている。泉武夫『(躍動する絵に舌を巻く)信貴山縁起絵巻』(二〇〇四年、小学館)に所収。

『信貴山縁起絵巻』尼公の巻
弟命蓮の消息をたずね歩く尼公

[参考文献] 笠嶋忠幸「『信貴山縁起絵巻』についての新知見—詞書に記された「やまと」の再検討—」(『国華』一一九〇)、一九九五。安部泰郎「山に行う聖と女人—『信貴山縁起絵巻』と東大寺・善光寺をめぐりて—」(『湯屋の皇后』一九九八、名古屋大学出版会)。亀井若菜「『信貴山縁起絵巻』の尼公の表象」(藤本勝義編『王朝文学と仏教・神道・陰陽道』二〇〇七、竹林海舎)。 (亀井 若菜)

しきじ 識字 〔近世〕文字や文章を読み書きできる能力をいう。識字力の略。兵農分離《へいのうぶんり》が貫徹《かんてつ》した近世社会では、幕藩領主《ばくはんりょうしゅ》と農民は物理的に隔絶して存在するので、両者の意思疎通の手段として文字が使われる文書主義が徹底された。また商品売買・土地移動・*離婚・訴訟など、社会における諸契約も文書による証拠主義が徹底された。そのため村の行政を委任された村役人に一定の識字力が不可欠となり、村政参加や小商売などで副業収入を得る*小農経営者にも識字力が必要とされた。近世社会の家では小家族が普通で、戸主が死亡すると妻が代役として村政の場に出た。また商家では女性が主人となる場合も多く、いずれも一定の識字力が求められた。近世後期、女性の社会進出が広まると識字力はさらに活用範囲を拡大し、文芸や通信などの文化・情報の伝達や交流の手段として不可欠なものとなったので、多数の男女が*寺子屋《てらこや》や手習所《てならいじょ》で学ぶようになって識字率がかなり高まった。しかも手習所などで学んだ文字の書体や文体(書きことば)が全国一律だったので、その結果、近代国家の国民的統合を容易にする土壌《どじょう》が形成された。 (青木美智男)

〔近現代〕識字とは(最低限の)読み書き能力のことであり、学校は識字力をつけるための社会的な装置である。明治初期における識字率は、女性一〇〜一五%、男性四〇〜五〇%と推計されるが、すべての国民を対象とした義務教育制度の成立と普及によって、識字率は大きく向上していった。日本において近代的な学校教育制度が成立したのは、明治五年(一八七二)の*学制によってであるが、就学率は文部省が期待したほどは伸びず、しかも就学率の男女差が著しかった。ちなみに、一八七七年の就学率は、女子二二・五%、男子五六・〇%、平均で三九・九%であるが、これは名目上の数字であり、現実にはもっと低かった。特に女子就学率が低いのは、女子のための学校教育の必要性が国民にさほど認識されていなかったからである。教育制度はその後、一八七九年の教育令、一八八六年の小学校令によって変化していったが、一九〇〇年の小学校令改正によって、全国統一的な四年間の義務教育が確立した。またこの年に授業料も原則として不徴収となり、一九〇七年には、義務教育年限が六年に延長されている(一九〇八年より実施)。男子に比べて低迷していた女子就学率は、一九〇〇年前後から急上昇をはじめ、一九一〇年ころに就学率が男女ともに九七～九八％ほどになり、実質的就学率も九〇％ほどで、ほぼ国民皆学が実現した。その間、政府や市町村はさまざまな就学督励《とくれい》策を実施したが、特に女子就学率の向上のために、*裁縫《さいほう》教育の実施、*女教員の養成、*子守《こもり》学級(学校)の開設などを行なっている。そして一九一六年(大正五)の*工場法の施行(公布は一九一一年)を経て、不就学児童は全国的にほぼ消滅することになったが、就学したものがほぼすべて卒業するようになるのは、一九二〇年代後半のことである。このように比較的短期間に義務教育が普及したことによって、読み書き能力が国民全体に定着していったのである。➡よみかき

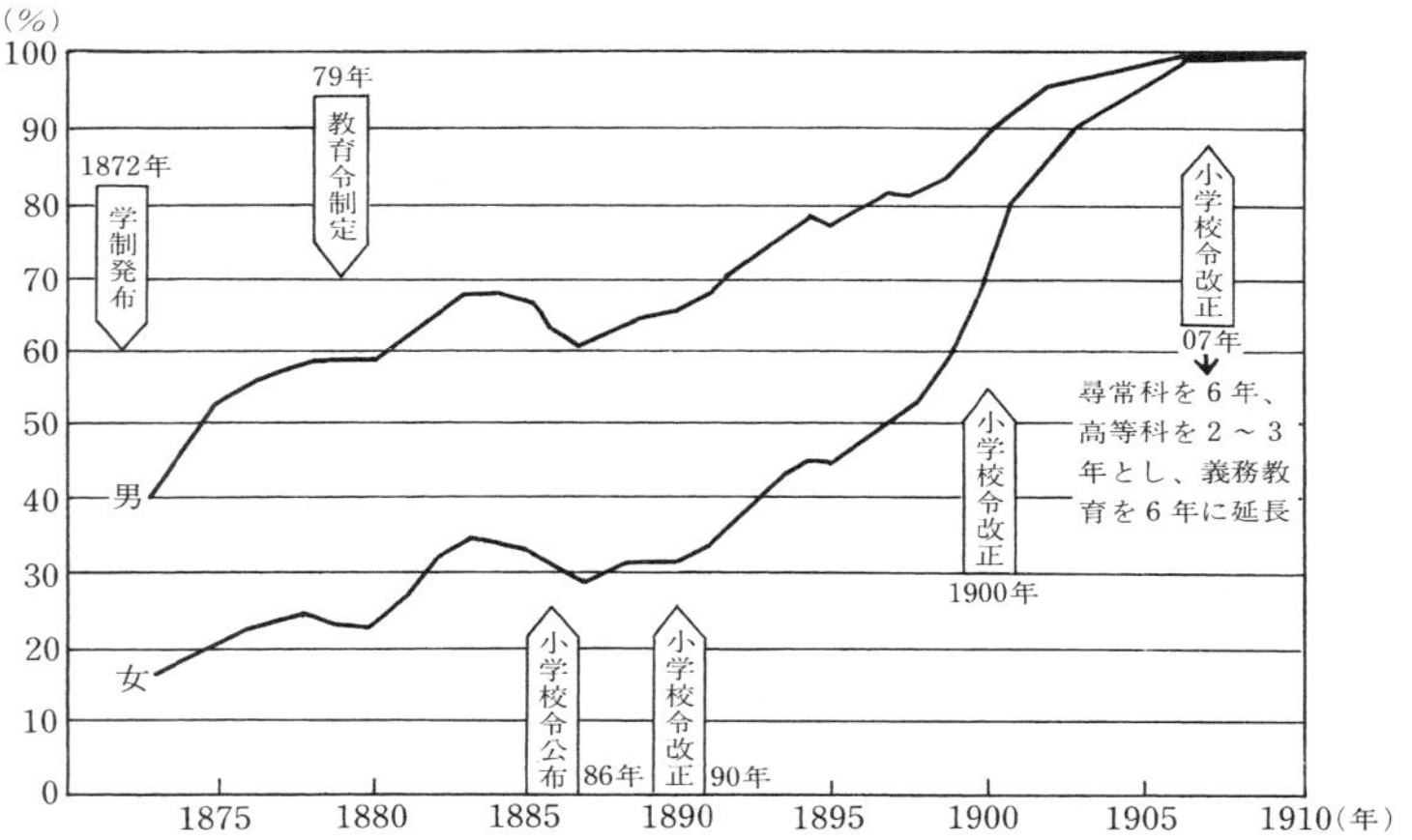

義務教育就学率の推移(国民教育研究所編『近代日本教育小史』1973、草土文化より)

参考文献 読み書き能力調査委員会『日本人の読み書き能力』、一九五一、東京大学出版部。島村直巳「近代日本のリテラシー研究序説」(『国立国語研究所報告』一〇五)、一九九三。土方苑子『近代日本の学校と地域社会』、一九九四、東京大学出版会。 (小山 静子)

しきしないしんのう 式子内親王 一一五二?―一二〇一 後白河《ごしらかわ》天皇の皇女。准三后《じゅさんごう》。法名は承如法《しょうにょほう》。母は権大納言《ごんだいなごん》三条季成《すえなり》の娘、高倉三位成子《たかくらさんみなりこ》。「のりこ」「しょくし」ともいう。平治《へいじ》元年(一一五九)より嘉応《かおう》元年(一一六九)まで賀茂*斎院《さいいん》をつとめた。藤原俊成《としなり》から*和歌をまなび、『新古今和歌集』の代表的歌人の一人である。*法然《ほうねん》の女弟子である聖如房《しょうにょぼう》に比定され、内親王の忍ぶ恋の相手を法然に擬す見解もある。家集に『式子内親王集』。

参考文献 石丸晶子『式子内親王伝―面影びとは法然―』(朝日文庫)、一九九四、朝日新聞社。 (平 雅行)

しきしゃにかい 式叉尼戒 ⇩沙弥尼《しゃみに》

しきどうおおかがみ 色道大鏡 延宝《えんぽう》六年(一六七八)、藤本《ふじもと》(畠山)箕山《きざん》が記した遊里を紹介した大著。二十巻から構成され、*吉原の全体像を知る大百科辞典ともいわれる。本書は、正保《しょうほう》二年(一六四五)、箕山二十歳の折、書いた『深秘決談抄』二十巻がもとになっている。内容は、*遊女のすべてを知る広範囲にわたるもの。江戸時代における「遊人道」を理解する唯一の書であるといわれる。

参考文献 『国文学解釈と教材の研究』二六ノ一四(特集廓のすべて)、一九八一。西山松之助編『遊女(新装版)』(日本史小百科)、一九九四、東京堂出版。 (宇佐美ミサ子)

じきろ 直廬 東宮、*皇太后、*女御《にょうご》や、摂政、関白、大臣、大納言以下が宮城内に与えられた控え室。「ちょくろ」ともよむ。宿所ともいう。『西宮記《さいきゅうき》』八には、「大臣納言宿廬、職御曹司也、見国史也」とあるが、清和朝に、太政大臣で摂政となった藤原良房《よしふさ》は、娘明子《めいし》の皇太后宮職が置かれた職御曹司《しきのみぞうし》にはじめて直廬をもった。この後、職御曹司は藤原氏長者直廬として世襲されていくことになる。朱雀《すざく》朝になると、摂政藤原忠平《ただひら》は内裏《だいり》内に直廬をもつようになり、天皇と母后、摂関の関係が緊密になる契機となった。摂関や公卿《くぎょう》以外にも、『西宮記』八によると、左右近衛大将《このえのたいしょう》・左右近衛中将・兵衛督《ひょうえのかみ》・兵衛佐《ひょうえのすけ》・蔵人頭《くろうどのとう》・*蔵人などの宿所が内裏内にあった。休息や宿直などに用いられたが、摂政は直廬において叙位《じょい》・除目《じもく》などの政務を行なった。一条院が*里内裏の時には、一条院別納が摂政藤原頼通《よりみち》の直廬であったことは著名である。

参考文献 岡村幸子「職御曹司について」(『日本歴史』五八二)、一九九六。 (古瀬奈津子)

しげいしげこ 重井しげ子 一九〇四―九一 大正・昭和時代の農民運動家。旧姓岡崎、本名シゲル。岡山県生まれ。藤田農場(岡山市)の「小作人の子女」として藤田農場争議を体験。神戸へ出たが重井鹿治《しかじ》と結婚し一九二三年(大正十二)に北海道へ渡る。北海道・岡山を中心に日本農民組合(日農)婦人部づくりに奔走《ほんそう》。一九二五年再燃する同争議では日農都《みやこ》支部婦人部とともに乳児を抱えて上阪し、藤田組本社へ「嘆願《たんがん》」。日農第五回大会にて、婦人の活動は争議だけが運動の本質ではなく、無産者団体婦人部との連携を説く。一九二七年(昭和二)離道後に岡山県婦人同盟委員長につき、公費託児所実現。その後、夫の運動を支えつつ表舞台から遠ざかった。

参考文献 牧瀬菊枝「重井しげ子―藤田農場の大争議―」(『聞書ひたむきの女たち―無産運動のかげに―』一九七六、朝日新聞社)。竹田英子『秋色清香―追想重井鹿治しげ子―』、一九八八。岸伸子「一九二〇年代の農民運動を闘った女性像―重井しげ子を中心として―」(『女性史研究ほっかいどう』二)、二〇〇五。 (岸 伸子)

しこう 四行 女性が守らなくてはならない四つの徳行。四徳《しとく》ともいう。婦徳《ふとく》・婦言《ふげん》・婦容《ふよう》・婦功《ふこう》である。それぞ

れがどのように説かれていたかを、*女訓書《じょくんしょ》の言葉を借りていうと次のようになる。㈠婦徳＝「心正しく身を守り、貞順《ていじゅん》にして父母舅姑《きゅうこ》にさかはず、慎深《つつしみふか》くして万善《よろず》を好む」「心の善貞順を云、夫の心をやハらげ一家よくをさまり、あはれミの心ふかく日々の行ひ道にかなふは、大徳《だいとく》を備《そなへ》し婦女なり」、㈡婦言＝「言葉少なく、野卑《やひ》なることをいはず恭《うやうや》しく謙《へりくだ》り、声高からずしずかなること」「身分に応じ、しなかたちとり廻しよく、いやしからぬをいふ、婀娜《あだ》たる媚《なまめ》かしき風俗をいふにあらず、容《かたち》に威儀そなはるゝハ婦女の一徳也」、㈢婦容＝「髪かたちの粧《よそお》ひただ清らかに衣服奢《おご》らず分限をこえず、人となり品よく正しく起居《たちい》ふるまひゆうに静なること」「女の多言多弁口さかしきハ、家をやぶり国を乱る、其ためし少からず、然《しか》るに言をつゝしミ人に対してあいさつ、あいさう程よく言語正しきは、婦女の一徳とす」、㈣婦功＝「紡績*裁縫煮たきととのえなどすべて女のわざよく弁《わきま》へて怠らぬこと」「功ハいさほし也、女の功業をしあげて用をなすをいふ、后婦人といへども*養蚕《こがい》し、糸くり衣服を手づからぬひ給へり、紡績把針《はしん》のわざにたけたる、婦女の一徳とす」である。『女小学《おんなしょうがく》』では、さらにこの部分を「客人あれば食《くい》物《もの》など潔くして馳走《ちそう》するの類是《たぐいこれ》なり」と補足する。そして、この四つの行いは、女が守らなくてはならない大きな徳であり、家を治めるものは常に勤めるべきであるとする。これらからわかるように、夫に従い家を治めることを「大徳」とし、身だしなみ、言葉を慎むこと、さらには女の働きを示すなど理想的女性のあり方を四行という言葉で描出した。

参考文献　石川松太郎編『女大学集』(東洋文庫)、一九七七、平凡社。菅野則子「江戸時代における「儒教」の日本的展開」(アジア女性史国際シンポジウム実行委員会編『アジア女性史』一九九七、明石書店)。

(菅野　則子)

じこうそん　璽光尊　一九〇三―八四　昭和時代の宗教家。璽宇《じう》の教祖、長岡良子《ながおかながこ》の別名。岡山県御津郡《みつぐん》の農家に生まれる。小学校高等科一年終了後、見習い看護婦として働く。二十五歳の時、日本郵船社員の長岡貞雄と結婚し、横浜に住む。一九三四年(昭和九)、自己の救世の使命について啓示を受け、翌年夫と別居、霊能者としての活動を始める。一九四三年に神道系の行者、峰村恭平より璽宇をゆずられ、一九四五年に正式に教団を結成する。天皇の人間宣言後は、みずからを聖天子として位置づけ名前を璽光尊と改める。世直しをとなえ、天皇・皇族やマッカーサーに璽宇「参内《さんだい》」を働きかける。一九四六年には東京から金沢に移り、天変地異の予言や、元横綱双葉山《ふたばやま》、囲碁の呉清源《ごせいげん》という著名人が信者であることで、マスコミの注目をあびる。GHQの命で石川県警によって逮捕されるが、精神鑑定で妄想性痴呆《もうそうせいちほう》と診断され釈放される。その後、社会的に注目されることはなくなる。少数の信者とひっそりと過ごし、横浜市港南区にて死去。

参考文献　梅原正紀「璽宇―ある天皇主義者の悲劇―」(梅原正紀他編『新宗教の世界』四、一九七八、大蔵出版)。対馬路人「敗戦と世直し―璽宇の千年王国思想と運動―」(『関西学院大学社会学部紀要』六三・八七)、一九九一・二〇〇〇。

(渡辺　雅子)

じごくがずし　地獄ガ辻子　中世の京で性を売る女性が徘徊していた道。辻子(図子)とは町場内に新たに通した道のことで、京では多く作られていた。『*七十一番職人歌合《うたあわせ》』では「つし君」が「三途川《さんずがわ》うばとやつゐになりなまし、地こくがつしに残る古君」と詠み、年をとった*辻子君が*買売春の仲介者となっていたことを暗示している。また、『蓮如上人《れんにょしょうにん》子守歌』や『狂雲集《きょううんしゅう》』には、辻子君(上臈《じょうろう》)が地獄ガ辻子・加世《かせ》ガ辻子で男性相手に営業していたとある。両辻子は六条と七条の間の西洞院通《にしのとういんどおり》と室《むろ》町通《まちどおり》を東西に結んでいた。

参考文献　後藤紀彦「立君・辻子君」(『(朝日百科)日本の歴史(新訂増補)』四、二〇〇五、朝日新聞社)。

(盛本　昌広)

じごくごくらくめぐりのず　地獄極楽巡りの図　慶応二年(一八六六)から明治二年(一八六九)に河鍋暁斎《かわなべぎょうさい》が制作した全四十帖の画帖。パトロンである日本橋大伝馬町《おおでんまちょう》の小間物問屋《こまものどんや》勝田屋の娘、十四歳で早逝《そうせい》したたつの追善《ついぜん》のために描かれた。たつが阿弥陀様に連れられて、先立った親類を尋ねたり、地獄へ寄り道したりしながら極楽へ向かう道中には、縁日で怪談の覗機関《のぞきからくり》が出ていたり、*歌舞伎の人気者が登場したりと、終始明るく、愛娘を失った親への気遣いがこめられている。静嘉堂文庫蔵。

参考文献　大野七三『河鍋暁斎―逸話と生涯―』、一九八四、近代文芸社。

(藤野　泰子)

しこめ　醜女　イザナミの命によりイザナギを追撃したという、黄泉国《よもつくに》にいる女の鬼のこと。『*古事記』に「黄泉醜女(予母都志許女《よもつしこめ》)」、『日本書紀』に「泉津醜女(志許売)」と記される。鬼の一種と考えられていたものが、恐ろしく醜いその容姿から転じて容貌の醜い女、醜悪《しゅうあく》な女を指す言葉となったと考えられる。醜女《しゅうじょ》とも読み、醜婦《しゅうふ》と同義の言語として用いられた。容貌の醜い女に関しては、『*大鏡』に閑院大将《かんいんのたいしょう》(藤原朝光《あさてる》)の妻の醜い容貌を「色くろくて、ひたひにはながたうちつきて、かみちぢけたる」と記すほか、『*枕草子』では、色黒で痩《や》せていることが醜さの条件として挙げられている。絵画では鎌倉時代の『*男衾三郎絵巻《おぶすまさぶろうえまき》』に、痩せた身体・強く縮れた髪・大きく目立つ目鼻口という容貌をもつ女性像が、美しい女と対称をなす醜女の表象として描かれており、文字に書き記された醜女の容貌と共通の特徴が、具体的に視覚化されている。

(水野　僚子)

しこん　私婚　幕府や藩の許可を得ない*婚姻をいう。江戸幕府は婚姻による大名の同盟関係を防ぐために、元和《げんな》元年(一六一五)『武家諸法度《ぶけしょはっと》』第八条において、「私不可結婚姻事」と定め、私婚を禁止した。この段階では、もっぱら諸大名に対する婚姻規制にとどまっていたが、その後寛永《かんえい》十二年(一六三五)の『武家諸法度』では、私婚禁止の適用範囲を国主《こくしゅ》・城主・一万石以上・近習《きんじゅう》・物頭《ものがしら》と明確に規定し、幕閣中枢《ばっかくちゅうすう》や側近《そっきん》層にまで拡大した。さらに享保《きょうほう》十八年(一七三三)には「縁組之願申上之、婚儀相整候外ハ、妻に仕儀、向後可為無用」とする幕令を発し、武士はすべて婚姻に際して縁組願《えんぐみねがい》を提出し、承認を得て婚礼を挙げるべきことが制度として定められた(『徳《とく》川禁令考《がわきんれいこう》』前集第四、二三二二)。両家の家柄や身分など、実質的な婚姻要件について規定はないが、正式な縁組願に先立って、内伺《うちうかがい》が提出され、婚姻の可否を打診する手続きが取られた。この内伺に対する返書が届くと、両家の当主は正式に幕府や藩に対して縁組願を出すことになる。

参考文献 山中永之佑「徳川幕府法における『婚姻の成立』」(『阪大法学』二七、一九五八)。脇田晴子他編『日本女性史』、一九八七、吉川弘文館。 (柳谷 慶子)

じさんざい 持参財 〔古代〕 妻の帰属していた集団(実家)が嫁入りに際して妻に与えて持たせた特有の財産。嫁《か》資《し》ともいう。父系の夫方居住《おっとかたきょじゅう》(ないし独立居住)婚のもとで、男女分割相続制かその名残(女子分《じょしぶん》の変質)の慣行《かんこう》だが、特に女性に労働力的価値が求められない階層・社会において顕著《けんちょ》である。また、女性を付加価値で補うことにより、*離婚されるのを牽制《けんせい》し*婚姻《こんいん》を安定化させる働きがある。律令法(*戸令応分条《こりょうおうぶんのじょう》)では、妻家所得の奴婢《ぬひ》財物は相続上も夫家の財産とは別扱いであって、古記《こき》の注には「もし妻の子有らば、子得るなり、子無くば、本宗《ほんそう》(=実家)に還《かへ》すのみ」(原漢文)とみえる。死別の場合も返したであろう。平安時代も、男女分割相続制でかつ*夫婦別財制であって、妻の相伝《そうでん》所領の処分事例をみれば、妻の持参財は本人の意志で実子・養子に譲ること、子がいなければ実家に返すことが、原則とされていた。十二世紀になると、夫が妻の所領をわが物にしようという動きが起り始める。

参考文献 江守五夫『家族の歴史民族学―東アジアと日本―』、一九九〇、弘文堂。 (明石 一紀)

〔近世〕 婚姻や養子縁組に際して実家から付与される財産。他家に入る人物に対して、実家が金銭や衣類、諸道具等を与えた。将軍家から大名家に降嫁《こうか》する場合などには、*化粧料《けしょうりょう》と称して知行《ちぎょう》を与えることもあった。武家においては、婚姻や養子縁組は、家と家の関係を形成するという公的性格をもっており、持参財は、縁組後の生活を保障すると同時に、縁組によって家と家をつなぐ公的役割を果たすことへの給付としての性格ももっていた。また、縁組が成立するかどうかは持参財の多寡《たか》に左右される場合も多かった。農民の場合、近世前期の傍系《ぼうけい》親族や譜代《ふだい》・*下人などを含む大経営においては、嫁入りに際して持参金・道具のほか田地を持参する場合もあったが、そのような大経営が解体し、男系の直系家族による小経営が広《こう》汎《はん》に成立し、百姓の家が成立してくると、田地を持参する例は見られなくなり、動産を持参する場合が一般的となった。

参考文献 大藤修『近世農民と家・村・国家』、一九九六、吉川弘文館。長野ひろ子『日本近世ジェンダー論―「家」経営体・身分・国家―』、二〇〇三、吉川弘文館。 (横山百合子)

じじつこん 事実婚 結婚生活の実態を具《そな》えているが、国家に対する婚姻登録(日本の場合は*戸籍の届出)をしない男女(夫婦)の関係。明治期から一九七〇年代ごろまでこのような男女関係は通常、「内縁《ないえん》」と呼ばれてきた。しかし、内縁の場合は夫ないし夫の家(婚家)主導型である場合が多く、正式な妻として「入籍」してほしいと妻が願っても、「家風に合うか」「子どもが授かるか」などを見定めるまで夫側が婚姻届をしないでいることの帰結《きけつ》として内縁となるのに対し、事実婚の場合は夫妻ともに対等・平等な立場で意識的に法律婚を回避する。事実婚関係には、法律婚に固有な身分的効果・財産的効果はいっさい発生しない。すなわちそれらは、㈠夫婦同氏義務、㈡子への嫡出《ちゃくしゅつ》性付与、㈢父母共同*親権、㈣*姻族関係、㈤配偶者相続権、㈥税法上の*配偶者控除《こうじょ》などである。夫妻ともに経済的に自立し、結婚後も今までの姓(出生氏)を維持し、夫の*親族から「嫁」役割を強制されず、対等で豊かな人間関係を築きたいと願い、事実婚を選択する人びとが日本でも少しずつ増えてはいる。しかし、日本では*婚外子《こんがいし》差別が大きな壁として立ちはだかっていることは否めない。

参考文献 二宮周平『事実婚を考える―もう一つの選択―』、一九九一、日本評論社。善積京子『〈近代家族〉を超える―非法律婚カップルの声―』、一九九七、青木書店。二宮周平『事実婚の判例総合解説』、二〇〇六、信山社。 (星野 澄子)

ししどたかいえのちゃくじょ 宍戸隆家の嫡女 ?―一五九四 戦国・安土桃山《あづちももやま》時代の武家女性。安芸《あき》の国人《こくじん》宍《しし》戸《ど》隆家《たかいえ》と毛利元就《もうりもとなり》嫡女夫妻の嫡女。同女の伊予への婚姻により、戦国時代末期の毛利氏の伊予接近の端緒《たんちょ》が開かれた。その婚姻は、天文《てんもん》二十三年(一五五四)に陶晴賢《すえはるかた》との対決が必至となった毛利氏が、小早川隆景《こばやかわたかかげ》に伊予河野《こうの》氏《し》と相談をさせて取りまとめたもので、同女は小早川隆景養女として来島通康《くるしまみちやす》に嫁いだと思われる。毛利氏はこの婚姻政策によって、翌年の厳島合戦《いつくしまがっせん》に瀬戸内の有力海《かい》賊衆《ぞくしゅう》来島通康の来援を得た。さらに同女は、来島通康が永禄《えいろく》十年(一五六七)に死亡すると、その間の子牛福《うしふく》を連れて河野左京大夫通宣《こうのさきょうのだいぶみちのぶ》に再嫁《さいか》した。まもなく、伊予河野氏の当主は通宣から母方の血筋によって元就のひ孫にあたる牛福に代替《だいが》わりした。牛福すなわち通直《みちなお》に、天正《てんしょう》九年(一五八一)、毛利輝元《もうりてるもと》の姪《めい》にあたる津和野《つわの》の吉見広頼《よしみひろより》の娘が妻に迎えられるなど、毛利氏と河野氏の一体化がその後さらに進展する。通直の時代に、同女は小早川隆景に支えられつつ、当主の母大方《おおかた》として河野氏権力において大きな権限を有していた。天正十三年、豊臣政権の四国平定により伊予が小早川隆景に与えられて以後も、小早川氏の庇護《ひご》のもと縁戚《えんせき》である河野氏は道後《どうご》にとどまり、同女は隆景の九州出陣後の小早川氏の伊予支配を助けていた。天正十五年、小早川隆景の九州国替《くにが》えにより河野氏は伊予を出国し竹原《たけはら》に渡る。九州平定を終え大坂に帰る秀吉の通過と同時期に、通直は同地で死亡する。同女は年来の宿坊《しゅくぼう》である高野山上蔵院《こうやさんじょうぞういん》と音信を交わし、翌年高野山に河野氏家臣一行と登山し、通直の菩提《ぼだい》を弔《とむら》っている。同山奥の院には、通直と母の石塔が並んで今も残っている。同女は宮原大方《みやはらのおおかた》とも呼ばれ、通直死後は隆景の領内である現在の広島県竹原市宮原の土地で過ごしたものと思われる。同女の死は高野山上蔵院の過去帳《かこちょう》によれば、文禄《ぶんろく》三年(一五九四)と思われ、宍戸善左衛門《ししどぜんざえもん》が菩提《ぼだい》を弔っている。

参考文献　西尾和美『戦国期の権力と婚姻』、二〇〇五、清文堂。　(西尾　和美)

ししょう　私娼　〔近世〕非公認の*娼婦《しょうふ》。幕藩権力が公認した*遊廓《ゆうかく》内の娼婦＝公娼《こうしょう》に対して、非公認の娼婦をさす。私娼は、非公認の娼婦であるため原則的には取締りの対象であったが、幕府などの取締りは一貫していたわけではない。私娼狩りが厳しく行われる時期とそうでない時期とがあった。特に十八世紀半ば以降、全体として私娼営業者への処罰は緩刑《かんけい》化がすすみ、幕府は、茶屋や旅籠屋《はたごや》の抱女《かかえおんな》の売春を黙認の上、奉公人・*下女の名目で、一定の人数に制限した上で公認する傾向が強まった。そのため、多くの人々が集まる寺社周辺や芝居町、宿場などの茶屋、旅籠屋を中心に私娼街・遊里の形成がすすみ、江戸の本所・深川、大坂の曾根崎新地《そねざきしんち》・道頓堀《どうとんぼり》、京の*祇園《ぎおん》などは公認遊廓をしのぐ活況を呈した。私娼の中にはこのように、実態上は準公娼ともいえる娼婦のほかに、やくざ・無宿人《むしゅくにん》や下層市民に抱えられて性を売るもの、街頭で客の袖を引く*夜鷹《よたか》・*惣嫁《そうか》などの街娼《がいしょう》もおり、その存在形態は多様であった。↓岡場所《おかばしょ》　↓隠売女《かくしばいた》　↓公娼制度《こうしょうせいど》　(曾根ひろみ)

〔近現代〕公許された売春女性に対して、登録されず、したがって年齢保護規定もなく、定期性病検診や徴税などの国家管理の外にある売春女性。戦前の公娼《こうしょう》制度のもとでは、「密売淫《みつばいいん》」、戦後は「街娼《がいしょう》」「闇《やみ》の女」「*パンパン」などと称され、常に追放・駆逐《くちく》の対象とされた。一九〇〇年(明治三十三)、行政執行法・刑法(一九〇七年)・警察犯処罰令(一九〇八年)により、「密売淫」を行なった者への性病検診の実施と、「密売淫」を行なった者・仲介者への処罰が明記され、私娼《ししょう》の取り締まり体制が整った。一九〇〇年は、貸座敷娼妓《しょうぎ》取締規則によって、全国統一の公娼システムが確立された年でもあり、近代公娼制度は、性の売買を国家が管理し、売春業者を通じて女性を搾取《さくしゅ》し、公娼の対極にある私娼を非合法化し禁圧するという政策をとった。戦後、公娼制度は廃止されたものの、「赤線」という*管理売春制度が発足し、占領期には街娼に対し、米軍と日本の警察との協力体制で捕縛《ほばく》と性病検診が行われた。

参考文献　藤目ゆき『性の歴史学』、一九九七、不二出版。藤野豊『性の国家管理』、二〇〇一、不二出版。　(平井　和子)

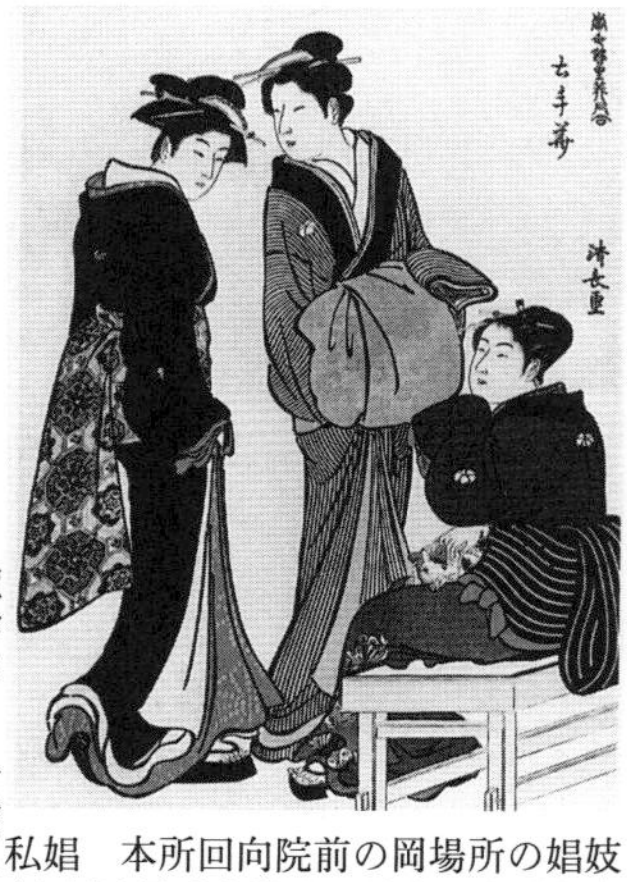

私娼　本所回向院前の岡場所の娼妓（鳥居清長「当世遊里美人合土手華」）

しじょうのみやのしもつけ　四条宮下野　生没年不詳　平安時代後期の女流歌人。後冷泉《ごれいぜい》天皇皇后*藤原寛子《かんし》に仕えた。父は下野守源政隆《しもつけのかみみなもとのまさたか》。寛子が後冷泉天皇に*入内《じゅだい》した永承《えいしょう》五年(一〇五〇)ころに出仕したとみられる。家集『四条宮下野集』は寛子後宮の「めでたくをかしき事ども」を中心に、男性官人たちと対等にわたりあう*女房たちの姿が活写され、日記文学に準じる作品とされる。下野の活躍を中心にしながらも後冷泉期の女房たちの文芸創作環境が垣間《かいま》見られ興味深い。

参考文献　吉田茂『四条宮下野集―注釈と研究―』、一九六六、桜楓社。安田徳子・平野美樹『四条宮下野集全釈』(私家集全釈叢書)、二〇〇〇、風間書房。　(和田　律子)

しずかごぜん　静御前　生没年不詳　源義経の愛妾《あいしょう》。*磯《いその》禅師《ぜんじ》の娘で*白拍子《しらびょうし》。平安時代の末期、京で舞の名手として名を知られる。兄源頼朝との不仲から京都を追われた義経と吉野山に逃亡したが、雪の吉野山で義経と別れた静は、蔵王堂《ざおうどう》で吉野山の衆徒《しゅうと》にとらえられ京都の北条時政のもとに送られた。その後、義経の居所を尋問するために鎌倉に連れてこられる。頼朝・政子が鶴岡八幡宮に参詣《さんけい》した際に、求めにより静が回廊《かいろう》で舞曲を行うが、「吉野山峯の白雪ふみ分けて入りにし人の跡ぞ恋しき」「しづやしづしづのおだまき繰り返し昔を今になすよしもがな」と別れた義経を一途に恋い慕う歌を歌った。これに頼朝が激怒したが、政子が若いころの自分たちと重ね合わせ、頼朝をとりなし事なきを得た。その後、義経の子を出産するが、男児であったため殺された。傷心の静と母の磯禅師は政子や*大姫《おおひめ》から金銀宝物を与えられて京に戻った。その後の消息は不明であることから全国各地に静伝説が残る。

参考文献　田端泰子『北条政子―幕府を背負った尼御台―』、二〇〇三、人文書院。五味文彦『源義経』(岩波新書)、二〇〇四、岩波書店。　(星　倭文子)

しせいじ　私生児　⇩庶子《しょし》

じぜん　慈善　一一八七―?　鎌倉時代の律宗《りつしゅう》の尼。*法《ほっ》華寺《けじ》中興第一世長老。字は聖恵房《しょうけいぼう》。もと*春華門院《しゅんかもんいん》の女房として春華門院新右衛門督《しんえもんのかみ》と名乗ったが、春華門院の死に際して建暦《けんりゃく》元年(一二一一)十二月に出家し、遅くとも寛元《かんげん》元年(一二四三)には法華寺に入った。西大寺叡尊《さいだいじえいそん》の弟子となり、建長《けんちょう》元年(一二四九)二月には叡尊から比丘《びく》尼戒《にかい》を受けて法華寺を西大寺末寺の律宗の*尼寺として復興した。九月四日に没したが、その没年は未詳である。

参考文献 大塚実忠「法華滅罪寺中興聖恵房慈善」(『日本仏教』二八)、一九六八。細川涼一『中世の律宗寺院と民衆』(中世史研究選書)、一九八七、吉川弘文館。

(細川 涼一)

しぜんしんえいどう　自然真営道 ⇩安藤昌益《あんどうしょうえき》の女性観《じょせいかん》

じぞうこう　地蔵講 地蔵菩薩《ぼさつ》の功徳《くどく》を講讃《こうさん》する法会、またその信者たちの寄合い。平安時代末期には末法《まっぽう》思想の広まりとともに地獄に堕《お》ちた衆生済度《しゅじょうさいど》の菩薩として地蔵への信仰が台頭し地蔵講が各地で開かれる。地蔵は無限の慈悲をもつとされ、中世以降現世利益の祈願対象となり大衆の心を捉えてきたが、安産・育児の祈願から女性によって信仰される地蔵講も各地にある。この講員は一家のうち嫁か姑のどちらかであるが、講宿《こうやど》に集まり飲食をともにする講は寄合い・息抜きの日でもあった。

参考文献 桜井徳太郎『講集団の研究』(桜井徳太郎著作集一)、一九八八、吉川弘文館。

(上村 正名)

じぞうぼさつれいげんき　地蔵菩薩霊験記 地蔵菩薩の霊験集。三井寺《みいでら》の僧実睿《じつえい》編集と称される上・中巻本と、良観続編と称される十四巻本がある。実睿編本は平安時代末に成立したと伝えられているが、全巻において室町時代の語彙《ごい》・語法がみられることから、室町時代成立とする説もある。また、同本には『*今昔物語集《こんじゃくものがたりしゅう》』一七と同話のものが採録されている。良観編本は貞享《じょうきょう》元年(一六八四)に刊行されている。両本ともに*女人救済《にょにんきゅうさい》の話がみえ、女性階層にも地蔵信仰が広まっていた様相をうかがうことができる。実睿編本は『続群書類従』二五ノ下(釈家部、一九二四年、続群書類従完成会)、良観編本は『古典文庫』二〇一・二〇三・二〇六・二〇八冊(一九六四年)、『一四巻本地蔵菩薩霊験記』(二〇〇二・〇四年、三弥井書店)に所収。

(関本 悟)

しそく　子息 父母から見て子を指す言葉。近世以降は男子に限定されて用いられたと考えられるが、中世においては男女を問わず用いられる語であり、女子もこのように呼ばれた。「男女子息」のようにいわれることも多かった。このことは、親にとってあるいは家にとっての子の位置付けの性別による差異が、近世以後ほど大きくなかったことを意味していよう。すなわち、鎌倉時代においては、男子が基本的に*嫡子《ちゃくし》に立てられ、所領の相続においても優越的であったにせよ、分割相続《ぶんかつそうぞく》が基本なので所領・所職《しょしき》は女子にも譲与《じょうよ》されるし、事例は多くないが場合によっては女子が嫡子となり、家を相続することもあったので、男子だけを子息と称して女子と区別する必要性はなかったのである。中世後期になると、嫡子単独相続が基本となり、女子の相続権が減退していくが、そのように主要な*家産や*家督《かとく》の継承が男のみに限定されていくと、子息という語も男子のみに限定されていくであろう。

参考文献 野村育世「「中世の家族に関する言葉」二、三の考察」(『人民の歴史学』九八)、一九八八。

(野村 育世)

しぞく　氏族 ⇩氏《うじ》

じぞく　寺族 住職以外の寺院内の家族の意味で、主として住職の妻を指す。浄土真宗《じょうどしんしゅう》では坊守《ぼうもり》と呼ばれ長い伝統があるが、他宗では明治五年(一八七二)の太政官《だじょうかん》布告、僧侶の肉食妻帯蓄髪《さいたいちくはつ》許可により、僧侶のほとんどが妻帯した。しかし出家主義がたてまえの宗制上、僧侶の妻帯を明確にせず、住職の妻は大黒《だいこく》・お庫裏《くり》・梵妻《ぼんさい》などと呼ばれ、子弟を産み育て、寺院の管理・事務などを担うようになり、大正年間(一九一二—二六)に住職の妻は寺族・寺庭婦人《じていふじん》と呼ばれるようになり、寺族規定や寺族保護規定などが作られていった。しかしこの呼称には僧侶の妻の公認ではなく黙認・隠蔽《いんぺい》の意図があり、寺族は裏方に徹することが期待されている。近年寺族自身が教団内での正当な位置付け、矛盾の克服のために超宗派的に運動を展開している。

参考文献 女性と仏教東海関東ネットワーク編『仏教とジェンダー』、一九九九、朱鷺書房。熊本英人「近代仏教教団と女性」(『駒沢大学禅研究所年報』一三・一四)、二〇〇三。

(菅原 征子)

したばかま　下袴 袴を襲ねて着用する際、最上衣の袴の下に間着としてはく袴の呼称。肌袴《はだばかま》ともいう。「褌」とも表記するが、相撲などに用いるものは「とうさき」「まわし」と呼ばれ、一枚の長大な布帛《ふはく》を下半身に巻きつけ結ぶものとなり、袴の被服構成をもつ装束として別物と認識される。袴の裾に紐などを通して絞ることが可能な袴とあわせて着用するのが原則。たとえば貴族男性の束《そく》帯《たい》姿の表袴の下に着重ねる大口《おおぐち》がある。平安時代以降、大概の公武の袴では下袴を着けるが、近世になり裾を絞らない切袴《きりばかま》が現れて以降衰微する。

参考文献 井筒雅風『日本女性服飾史』、一九八六、光琳社出版。

(佐多 芳彦)

しちきょ　七去 ⇩三従七去《さんじゅうしちきょ》

しちごさん　七五三 子どもの成長を願うお祝い。かつては髪置《かみおき》・袴着《はかまぎ》・深曾木《ふかそぎ》・帯解《おびとき》を行う儀式であった。三歳の髪置・袴着、五歳の深曾木、九歳の帯解が行われるが、元来それらの儀式が行われる年齢やお祝いの日にちについては固定したものではなかった。成長の節目でこれらの儀式を行うことによって、子どもは大人の姿へと徐々に近づいていったのである。特に七歳は「七歳までは神のうち」とされ、幼児期の重要な節目として民俗では重視されていた。

参考文献 『古事類苑』礼式部一。菅原正子「七五三の源流—中世後期の髪置・帯直・元服等—」(『日本歴史』

六三〇)、二〇〇〇。（國見　薫）

しちじゅういちばんしょくにんうたあわせ　七十一番職人歌合　明応《めいおう》九年(一五〇〇)末ころの成立と考えられる、中世で最多数の*職人を包含《ほうがん》する職人歌合。三巻。現存するのはいずれも江戸時代の模本で、東京国立博物館所蔵本、東京の前田育徳会所蔵本、金沢の成巽閣《せいそんかく》文庫所蔵本などのほか、版本もある。一番「番匠《ばんしょう》・鍛冶《かじ》」から七十一番「酢造《すづくり》・心太売《こころふとうり》」まで計百四十二職種の職人が、月と恋を歌題に左右に分かれて歌を競い、衆議判《しゅぎはん》によって優越の判定を下すというもの。歌合の作者は飛鳥井雅康《あすかいまさやす》ら複数の公卿《くぎょう》歌人、絵は土佐光信《とさみつのぶ》によると推定される。計二百八十四首とその判詞《はんし》のほか、余白には職人同士の会話や物売りの口上《こうじょう》などが画中詞《がちゅうし》として記されており、職人語彙《ごい》などを知るうえでも貴重。職人像は番《つが》いごとに向き合い、歌仙絵《かせんえ》的な坐像《ざぞう》が主ではあるが、立姿や複数の人数が描かれる場合もあるほか、背景にはさまざまな道具・材料・商品などが描き込まれており、中世の職人の様相を知るうえで不可欠な*絵画史料といえる。女性が描かれる職種を列挙してみると、*紺掻《こうかき》・機織《はたおり》・酒作・餅売・小原女《おはらめ》・扇売・帯売・白物売《しろいものうり》・魚売・挽入売《ひきれうり》・女盲《おんなめくら》・*立君《たちぎみ》・*辻子君《ずしぎみ》・紅粉解《べにとき》・米売・豆売・豆腐売・索麵売《そうめんうり》・麴売《こうじうり》・燈心売《とうしんうり》・牙儈《すあい》・*白拍子《しらびょうし》・曲舞々《くせまいまい》・*縫物師《ぬいものし》・*組師《くみし》・摺師《すりし》・畳紙売《たとうがみうり》・白布売《しろぬのうり》・綿売《わたうり》・薫物売《たきものうり》・巫《かんなぎ》・*比丘尼《びくに》・尼衆・心太売、以上の三十四職種となる。ここには広く芸能者・宗教者・商人・手工業者などが含まれており、女性たちの姿(髪型、被《かぶ》り物《もの》、眉など)の違いによって職種(職能)を分類することができるほか、これらの職種がなぜ女性なのか、たとえば機織など、古くから女性が携わってきた職能的活動との関わりを考える必要がある。また、百四十二の職種すべてにいえることだが、その姿を*洛中洛外図屏風《らくちゅうらくがいずびょうぶ》の中に探してみることによって、扇売や魚売などは店舗を構えて商売をしていた様子が明らかとなる。さらに、座組織の文献史料と関連付けることなどによって、より豊かな中世の女性職人像を浮かび上がらせることができよう。テキストは、『伊勢新名所絵歌合・東北院職人歌合絵巻・鶴岡放生会職人歌合絵巻・三十二番職人歌合絵巻』(森暢編、新修日本絵巻物全集二八、一九七九年、角川書店)、『七十一番職人歌合・新撰狂歌集・古今夷曲集』(岩崎佳枝・網野善彦他校注、新日本古典文学大系六一、一九九三年、岩波書店)。

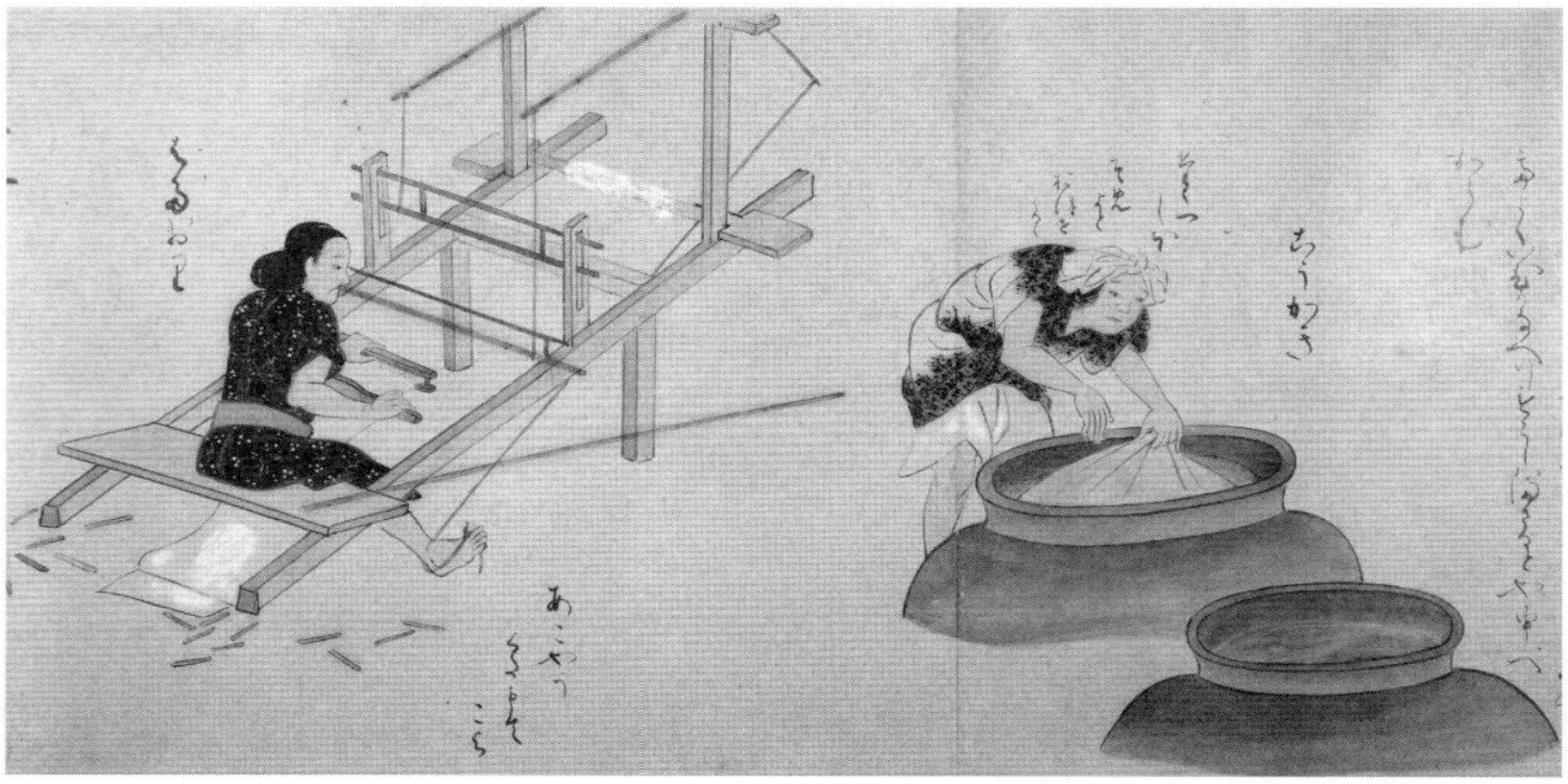

『七十一番職人歌合』　紺掻・機織

参考文献　網野善彦・後藤紀彦編『遊女・傀儡・白拍子』(週刊朝日百科日本の歴史三)、一九八六、朝日新聞社。岩崎佳枝『職人歌合—中世の職人群像—』(平凡社選書)、一九八七、平凡社。鈴木淳子「女商人の活動と女性の地位—中世後期を軸に—」(岡野治子編『女と男の乱—中世—』、一九九六、藤原書店)。
（斉藤　研二）

しちしゅつ　七出　妻を離別する七つの理由。七去ともいう。無子・婬泆《いんしつ》・不レ事二舅姑・口舌・盗竊《とうせつ》・妬忌《とき》・悪疾《あくしつ》の七つをいう。しかし同時に三不去という、妻を離別してはならない三条件がある。それは帰る家のない妻、舅姑の三年の喪に服し終えた妻、娶《めと》る時貧乏でのちに富貴《ふうき》になった場合である。『養老律令《ようろうりつりょう》』*戸令《こりょう》に「棄妻七出之状」「三不去」があり、七出によらずたやすく妻を離別したり三不去を守らなければ罰せられる戸婚律《ここんりつ》もあった。『*万葉集』一八(四一〇六)に大伴家持《おおとものやかもち》が部下の書記官に七出三不去を教え喩《さと》す歌一首もある。しかし日本古代の*婚姻はカヨヒ婚や*招婿婚《しょうせいこん》であって、律令婚すなわち娶《しゅ》嫁婚《かこん》(家父長婚ともいう)は行われていなかったから、七出も三不去も実態のないことであった。↓三従七去《さんじゅうしちきょ》

参考文献　『令義解』戸令二十八条。高群逸枝『招婿婚の研究』(高群逸枝全集二・三)、一九六六、理論社。関口裕子『日本古代婚姻史の研究』、一九九三、塙書房。
（菅原　征子）

しちじょういん　七条院　一一五七—一二二八　高倉天皇*典侍《ないしのすけ》。後鳥羽天皇・後高倉院の母。名は藤原殖子《しょくし》。父は藤原信隆《のぶたか》、母は藤原通基女休子《みちもとのむすめきゅうし》。建久元年(一一九〇)四月、従三位に叙せられ准三后宣下《じゅさんごう》ののち院号宣下(七条院)。元久二年(一二〇五)十一月出家、法名真如智《しんにょち》。安貞《あんてい》二年(一二二八)九月没。後鳥羽院からの譲与《じょうよ》を中心に形成された七条院領は、後鳥羽院妃*修明門院重子《しゅめいもんいんじゅうし》への伝領を経て、順徳天皇皇子善統《ぜんとう》親王に渡り、親王から後宇多院へ譲進され、最終的には大覚寺統《だいかくじとう》と四辻《よつつじ》親王家の家領に二分された。

参考文献　奥野高広「七条院御領に就いて」(『国学院雑誌』四七ノ五)、一九四二。大和典子「七条院藤原殖子考(一)—尊成親王誕生まで—」(『政治経済史学』三七〇)、一九九七。

布谷陽子「七条院領の伝領と四辻親王家―中世王家領伝領の一形態―」(『日本史研究』四六一、二〇〇一。

(栗山　圭子)

しつえいのにょじゅ　**執翳女孺**　⇩女孺《にょじゅ》

じっかこうとうじょがっこう　**実科高等女学校**　*高等女学校の一種。一九一〇年(明治四十三)高等女学校令を改正、「主トシテ家政ニ関スル学科目ヲ修メントスル者ノ為」に設けられた、一般の高等女学校よりも主婦学的教養要素の強い簡易な女子中等教育機関。修業年限は四年・三年・二年の三種、入学資格はそれぞれ尋常《じんじょう》小卒・高等小一年修了・同じく二年卒程度。学科課程では特に*裁縫に重点をおいた。高女が一部上流階級の子女の教育の場になっているのに対して実科高女は、当時の義務就学率の向上を背景に農村や中間層の女子の教育要求に対応し、地域社会の情況に適応させたものといえる。昭和に入ると実科高女のなかには高女に移行するものもあり、また一方で実業学校としての職業学校や実業補修学校も存在する関係からも、一般の高女のような著しい発展をみず、一九四三年(昭和十八)中等学校令の制定によって一般の高女となった。

参考文献　武井洋子「実科高等女学校の成立と実施の経過について」(『東京学芸大学紀要第六部門』二三)、一九七一。桜井役『女子教育史』(教育名著叢書)、一九八一、日本図書センター。

(高橋　和子)

しつけ　**躾**　子どもに礼儀および行儀作法などを修得させること。躾は身を飾るともいい近世社会に子ども期に修得させておく稽古事《けいこごと》の一つとして読み書き算盤《そろばん》の稽古と併せて行儀・礼儀作法の修得が重要視された。重んじられたのは武家の礼式としての*小笠原流《おがさわらりゅう》礼儀作法であり、庶民社会にも普及した。躾は行儀および礼儀作法の理念の内面化が必要で、近世の*寺子屋では教訓的内容の往来《おうらい》物、師匠《ししょう》と寺子の人格的な強い紐帯《ちゅうたい》など躾のための条件整備が十全に整えられた。近世中期の*貝原益軒《かいばらえきけん》『和俗童《わぞくどう》子訓《じくん》』によれば、「幼き時より、孝弟《こうてい》の道をもっぱらに教ゆべし」「いかに聡明《そうめい》なりとも、聖人《せいじん》の教えを学ばざれば、道理に通ぜず、身を修め人に交わる道を知らずして、過り多し」とされ、六歳で尊長を敬い、言葉遣いを教え、七歳では礼法、八歳では人としての道、立ち居振る舞い、物事の応答などを教えるとされた。さらに十歳では師に従わせ、学問せしめ、十五歳で義理を学び、二十歳で大《たい》義《ぎ》に通ずべしとされた。とりわけ女児には夫と婚家先への従順さ、家政能力、性的貞淑さが求められた。民衆世界にも「余力学問」の考えが普及し、手習《てならい》手本である往来物にも礼儀や行儀の作法の記述は頻繁《ひんぱん》に登場した。

参考文献　山住正巳・中江和恵編『子育ての書』二(東洋文庫)、一九七六、平凡社。石川松太郎『藩校と寺子屋』(教育社歴史新書)、一九七八、教育社。

(梅村　佳代)

しっせいしょしょう　**執政所抄**　平安時代末期の摂関《せっかん》家家政運営に関する年中行事書。著者は摂関家家司《けいし》とみられるが不明。上下二巻。本文の成立は追記とされる四ヵ所の記事を除いて、元永《げんえい》元年(一一一八)三月から保安《ほうあん》二年(一一二一)三月までの間とされる。内容は上巻に正月元日四方拝《しほうはい》から三月晦日《みそか》仁和寺《にんなじ》理趣三昧《りしゅざんまい》までの行事を、下巻に四月梅宮祭奉幣《うめみやさいほうべい》から十二月晦日追儺《ついな》までを収め、あわせて百以上の年中行事項目をたてて、各行事の舗設《ふせつ》や用度《ようど》の調達について詳述する。ただしすべてが摂関家内での行事ではなく、摂関家氏寺《うじでら》の行事を多く載せ、また摂関家政所《まんどころ》が関与する範囲での朝廷行事も載せるなど、当時の藤原忠実《ただざね》家が関与する恒例行事の執政所(摂関家政所)マニュアルである。本書は性格上多くの所領荘園を載せており、摂関家の家政と経済を具体的に示している。テキストは『大日本史料』三ノ二六(保安二年三月五日条)、『続群書類従』一〇ノ上(公事部)などがある。

参考文献　義江彰夫「摂関家領相続の研究序説」(『史学雑誌』七六ノ四)、一九六七。佐藤健治「摂関家年中行事と家政経済」(『中世権門の成立と家政』二〇〇〇、吉川弘文館)。

(佐藤　健治)

しっと　**嫉妬**　『類聚名義抄《るいじゅうみょうぎしょう》』に嫉は「ねたむ、そねむ、にくむ、うらむ、うらやむ」の意であり、妬は「ねたむ、そねむ」の意であるとあるように、自分よりすぐれたものを羨《うらや》んだりねたんだりすることであり、自分の愛するものの心がほかに向くのをうらみ憎むこと(悋気《りんき》)をふくんでいる。『日本書紀』推古紀の憲法十七条の項に、群臣らに智が己より勝り才が己より優れているのを嫉妬(ねたむ)するなと戒めた記述がある。しかし、のちには悋気の意味で用いられることが多くなった。男女関係における嫉妬は男女がともに抱く感情であることはいうまでもないが、『*今昔物語集』などを見ても、男が妻敵《めがたき》の男をうらみ、殺害するに至っても道徳的に責められることがなかった。十五世紀以降は武士の間で妻が姦通《かんつう》した場合、夫が姦夫《かんぷ》および姦夫《かんぷ》姦婦を殺害することを法的に認めることが始まった。江戸時代には姦夫姦婦の死刑が幕府法によって定められた。一方で妻が夫の男女関係を嫉妬することは、室町時代の『めのとのさうし』『*身のかたみ』などの*女訓書《じょくんしょ》、*御伽草子《おとぎぞうし》などを見ても、女の大事、「五戒《ごかい》」の第一に挙げて非難され、妻が夫以外の男と接したり心を通わすことを「大蛇の皮を着た女」として断罪した。

参考文献　『新撰字鏡』。『和名類聚抄』。『色葉字類抄』。『日葡辞書』。

(西村　汎子)

じとう　**地頭**　鎌倉幕府は、荘園・公領の役職を「地頭」と統一的に呼称して武士に配分し、武士はこれを所領として世襲した。女性の地頭として知られる早い例として、源頼朝の*乳母であった寒川尼《さむかわのあま》(小山政光《おやままさみつ》の妻、結城朝光《ゆうきともみつ》の母)の場合が挙げられ、文治三年(一一八七)に下野国寒川郡と網戸郷が与えられている。貞永《じょうえい》元年(一二三二)に制定された『*御成敗式目《ごせいばいしきもく》』では所領を女子に譲り与えることが自明《じめい》のこととして扱われている。したがって、鎌倉幕府の安堵職権《あんどしょくけん》である「地頭」職が女性に委《ゆだ》ねられること自体に問題はなかったといえる。その実態であるが、幕府草創期の*御家人の場合には、ほぼ全面的に所領が妻に譲渡《じょうと》され、女地頭《おんなじとう》としての職権を行使した事例が見られる。豊後守護大友能直《ぶんごしゅごおおともよしなお》の妻の尼《あま》*深妙《しんみょう》の場合には、貞応《じょうおう》二年(一二二三)に「数子の母堂たるの上、年来の夫婦たる」ことを条件として大友氏の根本所領である相模《さがみ》国大友郷地頭郷司職《じとうごうじしき》と豊後国内大野荘《おおののしょう》地頭職が譲られている。幕府は北条義時の下知状《げちじょう》によってこれを安堵している。*後家の権限が明確に認められたものといえよう。仁治《にんじ》元年(一二四〇)には、*嫡子《ちゃくし》の親秀《ちかひで》をはじめ、子女全体への配分を行うが、なおその後も所領管理から離れたわけではなく、文永二年(一二六五)ごろまで「不憫《ふびん》に思う」子供に対する配慮を見せている。おそらく仁治元年までは関東公事《かんとうくじ》に対する統括的責任を負い、以降は嫡男親秀にその任務を譲るが、家族内部の統制にはなお権限を有していたものであろう。永仁五年(一二九七)十月二十二日地頭尼某《じとうあまぼう》下知状(『*鎌倉遺文』二六、一九四八九号)によれば、安芸沼田荘《あきぬまたのしょう》を領有していた小早川一族の女性の地頭(小早川雅平《まさひら》の娘覚証《かくしょう》と推定)は、訴状・陳状《ちんじょう》を吟味して幕府の裁許状《さいきょじょう》に類似した裁判の判決文を作成し、所領内の問題解決にあたっている。地頭裁判権を行使した女性が存在したことも事実であり、小早川氏の場合には嫡《ちゃく》流《りゅう》において、女地頭の権限は男性と変わらなかったことがわかる。ただし、鎌倉時代後期になると、一族内においては女性は*一期相続《いちごそうぞく》が行われるようになり、大友氏・小早川氏いずれの場合も本人の処分権は失われていく。東国の事例と考えられる建治三年(一二七七)十二月二十八日尼実阿弥陀仏譲状《あまじつあみだぶつゆずりじょう》によれば、墨田保《すみだほ》内次郎丸名《じろうまるみょう》の配分に際して、男子分を載せたあと、女子土用熊《どようくま》分については、「給田《きゅうでん》たるにより所当《しょとう》・公事《くじ》を宛《あ》てるべからず、但し、京都大番《きょうとおおばん》の時は、銭一貫文を頭人に弁ずべきなり」とあり、下地支配に及ばず、関東御公事は免除され、京都大番役も銭納《せんのう》となっているのである。このように鎌倉時代後期、名主クラスの小御家人にあっても、女子に所領分割が行われるが、地頭としての権利・義務は希薄《きはく》になっており、京都大番のみ銭納の義務があるとされているに過ぎない。以上のように鎌倉幕府の成立は、在地領主周辺の女性に大きな権利の進展をもたらし、特に後家は亡夫に匹敵する権限を有して、女地頭としてその役割を果たした。しかし、時代の進展とともに御家人の所領分割が進み、女子は一期分《いちごぶん》の相続が一般となる。その場合でも有力な地頭の嫡流に属する女性であれば、所領内での裁判権をも行使し得たが、下級の御家人の場合にはほとんど実質的な権能はなく、負担も銭納で済む場合もあったのである。

参考文献 渡辺澄夫『豊後大友氏の研究(増訂)』、一九八二、第一法規出版。田端泰子『日本中世の社会と女性』、一九九八、吉川弘文館。

(海老澤　衷)

じどうかいしゅん　児童買春　買春の対象が子どもであること。児童買春は、一九九〇年(平成二)、タイのチェンマイで開催された国際会議「観光と子ども買春―現代奴隷《どれい》制の中の子どもたち―」ではじめて実態が報告され、参加者は衝撃を受け、児童買春根絶の取り組みが決議された。翌一九九一年、アジア観光における子ども買春根絶国際キャンペーン(ECPAT)が開始された。ECPATは一九九七年、End Child Prostitution, Child Pornography And Trafficking of children for sexual purposesと、子どもへの性的搾取《さくしゅ》として買春だけでなく、ポルノ、性目的の*人身売買も加え、根絶への努力を国際NGOとして継続している。この活動により、フィリピン、スリランカ、タイ、台湾など現地側も、ドイツ、アメリカ、オーストラリア、フランス、ベルギーなど加害者送り出し側も、法規制を整備・強化した。一九九六年、スウェーデンのストックホルムで「第一回子どもの商業的性搾取に反対する世界会議」が開催された。この会議で、加害者送り出し国として一九九〇年以来、名指しされてきた日本の対応が問われた。日本は一九九四年に「子どもの権利条約」を批准《ひじゅん》しており、その三四条によっても「あらゆる形態の性的搾取及び性的虐待《ぎゃくたい》から児童を保護すること」が義務づけられた。だが、日本政府は「国内法で十分」との対応を続けたため、日本の無策が目立つようになったのである。まず世界の児童ポルノの八割が日本からの発信となった。また、日本人による国外での買春が、帰国により放免されていることも問題になった。日本では児童買春を、国内の場合は子どもの性非行とし、国外の場合は貧困への「援助」とみなす傾向があり、取り組みが遅れた。ようやく一九九九年児童買春・児童ポルノ処罰法が成立し、二〇〇四年には改正も行われた。しかし国際的協力体制の構築など、課題も多い。

参考文献 ジュディス＝エニュー『狙われる子どもの性―子ども買春・ポルノ・性的虐待―』(戒能民江他訳)、一九九二、啓文社。ロン＝オグレディ『アジアの子どもと買春』(京都YWCAアプト訳)、一九九三、明石書店。大久保真紀『買われる子どもたち―無垢の叫び―』、一九九七、明石書店。日本子どもを守る会編『〝性〟と子どもの人権』(子ども白書一九九九年版)、一九九九、草土文化。ロジャー・J・R・レヴェスク『子どもの性的虐待と国際人権』(萩原重夫訳)、二〇〇一、明石書店。

(若尾　典子)

じどうかいしゅん・じどうポルノしょばつほう　児童買春・児童ポルノ処罰法　十八歳未満の児童に対し、対償《たいしょう》(金銭・物)を与え性交・性交類似行為をすることと、被写体としポルノの製造・販売をすることを、処罰することを定めた法律。一九九九年(平成十一)五月成立、十一月施行。*児童買春は、児童側にも問題があるとする論調が強く、対策が遅れていた。日本は児童買春が小児性愛者(ペドファイル)だけでなく、普通の人々に浸透しているところに特色があるともいえる。この法律により問題は「買春」側であることが明確になった。また国外における児童買春も処罰されることになった。児童ポルノは、「国際警察(インターポール)によると、世界の商業サイトで入手できる児童ポルノの八〇%は日本を発信地としている。(中略)世界の大半の国には少なくとも児童ポルノを禁止する法律がある。(中略)だが日本にはない」(『タイムズ』一九九九年四月十九日号)と、批判されてきたが、この法律で処罰されることになった。施行後、二〇〇三年末までの一審有罪件数が児童買春二千六百十七件、児童ポルノ三百十九件で増加・高止まりの状況にあった。また「児童の権利選択議定書」「サイバー犯罪条約」の成立・署名など、国際的取り組みが進んだ。また第二回児童の商業的性搾取に反対する世界会議が二〇〇一年、横浜で開催された。これら国際的合意の進展状況を受けて、二〇〇四年に法定刑の引き上げや処罰範囲の拡大(児童ポルノの画像データの提供・保管などの犯罪化)などの改正が行われた。

参考文献　園田寿『(解説)児童買春・児童ポルノ処罰法』、一九九九、日本評論社。森山真弓・野田聖子編著『よくわかる改正児童買春・児童ポルノ禁止法』、二〇〇五、ぎょうせい。

(若尾　典子)

じどうぎゃくたい　児童虐待　児童虐待は「身体的な虐待」「ネグレクト(保護の怠慢《たいまん》・拒否)」「性的虐待」「心理的虐待」の四種類に分類される。児童虐待防止法は二〇〇四年(平成十六)と二〇〇七年の二度にわたる改正で、保護者以外の同居人による虐待行為を放置することや、児童の目の前で*ドメスティック＝バイオレンスが行われることも虐待に含めるよう定義を拡大。虐待の事実が確認できなくとも、虐待の兆候が認められる場合も通告義務が課された。また保護者の同意に基づく施設入所措置《そち》が行われている場合でも、児童に悪影響が及び恐れがある場合には面会・通信の制限ができること、裁判所の令状に基づく*家庭への強制立ち入り調査を可能とする等の児童相談所の権限強化が図られた。しかし、虐待による死亡や悲惨な事例が後を絶たない。失業等による経済的困窮《こんきゅう》・心身の病気・*家族の不仲・育児不安など、親や家族の問題が複雑深刻化しており、家族機能を改善し再生する支援も不可欠である。児童相談所の機能強化とともに、地域での幅広いサポート体制の整備、関係諸機関の連携の充実が求められている。

参考文献　松原康雄・山本保編『児童虐待―その援助と法制度―』、二〇〇〇、エディケーション。川崎二三彦『児童虐待―現場からの提言―』(岩波新書)、二〇〇六、岩波書店。

(大日向雅美)

じどうてあて　児童手当　児童を養育している者に児童手当を支給することにより、*家庭における生活の安定に寄与するとともに、次代の社会をになう児童の健全な育成および資質の向上に資することを目的として実施している社会保障制度(社会手当)。一九七一年(昭和四十六)の児童手当法制定以後、何度か制度改正された。二〇〇七年(平成十九)四月に支給対象が十二歳到達後の最初の三月三十一日までの間にある児童(小学校修了前の児童)の養育者に拡大された。支給額は三歳未満は一律一万円、三歳以上は第一・二子が五千円、第三子以降一万円(月額)。また、所得制限は大幅に緩和《かんわ》されたが、一定額以上の場合には支給されない。

(大島　道子)

じとうてんのう　持統天皇　六四五―七〇二　六八六―九七在位。七世紀末に活躍した古代の女性天皇。ただし在位年については、朱鳥《しゅちょう》元年(六八六)から持統天皇三年(六八九)まで称制《しょうせい》し、持統天皇四年から文武《もんむ》天皇元年(六九七)まで正式に在位した。諱《いみな》は鸕野讃良皇女《うののさららのひめみこ》、和風諡号《わふうしごう》は高天原広野姫天皇《たかまのはらひろののひめのすめらみこと》、また大倭根子天之広野日女尊《やまとねこあまのひろのひめのみこと》とも称す。大化元年(六四五)に天智《てんじ》天皇の第二皇女として生まれる。母は蘇我倉山田石川麻呂の娘の遠智娘《おちのいらつめ》。斉明《さいめい》天皇三年(六五七)に叔父の大海人《おおあま》皇子(天武《てんむ》天皇)の妃となる。唐・新羅《しらぎ》連合軍の侵攻に苦戦する百済《くだら》の救援に夫とともに従軍し、天智天皇元年(六六二)九州の那津《なのつ》で草壁《くさかべ》皇子を出産する。白村江《はくそんこう》の敗戦後、中大兄《なかのおおえ》皇子は都を近《おう》江《み》大津宮《おおつのみや》に遷し、同七年に即位して天智天皇となる。大海人皇子は兄天智天皇の律令国家創設に積極的に協力するが、後継者問題をめぐって不和となり、同十年に出家して吉野に入った。その年の末に天智天皇が世を去ると、大友《おおとも》皇子が率いる近江朝廷との緊張関係は、翌年天武天皇元年(六七二)の壬申《じんしん》の乱へと発展する。讃良皇女はよく夫を支え、ともに東国を経て近江に攻め上がり、大友皇子の朝廷を壊滅する。同二年には天武即位に応じて*皇后となり、積極的に政治を補佐した。朱鳥元年の夫の崩後は、皇后の地位のまま称制し、天武天皇の律令更改や新京造営の遺志を強力に推進しつつ、草壁皇子の即位に備えた。しかし、持統天皇三年に皇子が没したため、失意の持統天皇は早々に『飛鳥浄御原令《あすかきよみはらりょう》』を施行、その*戸令《こりょう》に基づく『庚寅戸籍《こういんこせき》』の作成などを命じたうえで、翌年正月にはみずからが即位することになる。『浄御原令』施行の翌年四月には考仕令《こうしりょう》を施行、同年七月には高市《たけち》皇子を太政大臣に、多治比嶋《たじひのしま》を右大臣に任じた、任官を行う。同八年には律令国家にふさわしい本格的な宮都藤原京へ遷都《せんと》する。また、かつて自分が病になった天武天皇九年に発願《ほつがん》されたままになっていた薬師寺の造営を再開し、持統天皇八年には諸国に『金光明経《こんこうみょうきょう》』を班《わか》つなど、国家仏教を積極的に推進している。同十年に太政大臣高市皇子が死去し、翌年二月に草壁皇子の遺児で孫の軽《かる》皇子が十五歳に達するやいなや、彼を皇太子に立て、八月に譲位《じょうい》。太上天皇として文武天皇の政治を積極的に補佐した。大宝元年(七〇一)八月の『大宝《たいほう》律令』完成を見とどけ、翌年十二月二十二日に没した。五十八歳。同三年十二月十七日に飛鳥岡《あすかのおか》で火葬され、同月二十六日に天武天皇の檜隈大内陵《ひのくまおおうちりょう》に合葬された。

参考文献　直木孝次郎『持統天皇』(人物叢書)、一九六〇、吉川弘文館。青木和夫『日本律令国家論攷』、一九九二、岩波書店。同「持統天皇」(『白鳳天平の時代』二〇〇三、吉川

弘文館)。　　　　　　　　　　　　　　(北　康宏)

じどうふようてあて　児童扶養手当　*離婚・未婚等により父と生計を同じくしない十八歳までの児童(制度発足時は義務教育終了まで)の母に支給する手当。国民年金法(一九五九年(昭和三十四))で死別母子世帯に年金が給付されるようになったため、生別母子世帯等の生活安定と自立促進を通じて児童の福祉の増進を図ることを目的として一九六一年創設された。一九八五年財政難から手当額が所得に応じて二段階になる。一九九八年それまで施行令で手当の支給を停止されていた、父に認知された児童も対象となる。二〇〇二年(平成十四)自立を促進し離婚直後の一定期間に重点的に支給するためとして、受給期間が五年を超える場合は支給を一部停止。手当額は第一子月額四万千七百二十円、第二子五千円、第三子以上は一人につき三千円を加算して支給。所得制限により、前年年収百三十万円未満は全額支給、百三十万円以上三百六十五万円未満は一部支給(二〇〇七年現在)。受給者数は九十三万五千九百六十六人(うち離婚八八%、二〇〇五年現在)である。

参考文献　橋本宏子『女性福祉を学ぶ』、一九九六、ミネルヴァ書房。杉本貴代栄編著『ジェンダー・エシックスと社会福祉』、二〇〇〇、ミネルヴァ書房。　　　(廣瀬志芽子)

しはくじょ　紫白女　生没年不詳　江戸時代中期の俳人。豊後《ぶんご》国日田《ひた》(大分県日田市)に生まれる。早くより同郷の蕉門俳諧師《しょうもんはいかい》坂本朱拙《さかもとしゆせつ》に学んだらしい。日田代官領に接する肥前《ひぜん》国奈良田庄《ならだのしょう》(佐賀県三養基《みやき》郡)の宮司《ぐうじ》寺崎平八(一波)と結婚後も夫婦で朱拙の門に学ぶ。元禄十三年(一七〇〇)、女性の手になるはじめての蕉門俳諧選集を編集、京都の書林井筒屋《いづつや》より刊行。杉風《さんぷう》・其角《きかく》・去来《きょらい》・支考《しこう》ら高弟をはじめ園女《そのめ》・智月《ちげつ》・りんら女性の句や自身の句七句を含め二百九句が選ばれている。享保《きょうほう》三年(一七一八)ごろ死去。

参考文献　別所真紀子『芭蕉にひらかれた俳諧の女性史』、一九八九、オリジン出版センター。　　　(柴　桂子)

しばそのめ　斯波園女　一六六四—一七二六　江戸時代中期の俳人。伊勢《いせ》国山田(三重県伊勢市)の人。姓は秦《はた》・二本榀《にほんすぎ》、通称度会《わたらい》。神職秦師貞《もろさだ》の娘。眼科医斯波一有《いちう》と結婚。俳諧を杉本美津女《すぎもとみつじょ》・松尾芭蕉に学ぶ。元禄《げんろく》五年(一六九二)八月夫と大坂に移り、医業の傍ら俳諧の点者をする。七年九月芭蕉が訪れ、師の発句《ほっく》に脇《わき》をつける。十六年夫死去、宝永《ほうえい》二年(一七〇五)江戸に移り、眼科医をしながら其角《きかく》の教えを受け、『菊《きく》の塵《ちり》』を編刊、剃髪《ていはつ》し智鏡尼《ちきょうに》と号した。

参考文献　門玲子『江戸女流文学の発見—光ある身こそくるしき思ひなれ—(新版)』、二〇〇六、藤原書店。　　　(浅野美和子)

しばたみちこ　柴田道子　一九三四—七五　昭和時代後期の文学者。本名横田道子。みずからの学童集団疎開《そかい》体験をつづった児童文学『谷間の底から』でデビュー。その読者である被差別部落の一少女の訴えを一つのきっかけに、その後、部落問題に関わり、長野県を舞台に古老の*聞き書きをまとめた『被差別部落の伝承と生活』(一九七二年(昭和四十七))や、『ひとすじの光』(一九七六年)などを発表。一九七五年以後は埼玉県狭山《さやま》市に移住し、狭山闘争を支援した。死後、一九七七年に長野県同和教育推進協議会により柴田道子部落解放文学賞が設けられた。　　　(黒川みどり)

しばはらうらこ　柴原浦子　一八八七—一九五五　大正・昭和時代の*助産師。「産婆《さんば》なき村の開拓」をめざし、産児調節運動をした。一八八七年(明治二十)広島県生まれ。高等小学校に進学できず*看護師を志し資格を取る。その後医師と結婚するが数年後離婚、派出看護師をしながら苦学し助産師の資格を取得。一九一四年(大正三)広島で開業。三年後尾道《おのみち》市の漁村に移住し開業、尾道婦女会・尾道処女会などを設立。同業者から排斥されながらも産児調節運動を続けた。

参考文献　藤目ゆき「ある産婆の軌跡—柴原浦子と産児調節—」(『日本史研究』三六六、一九九三)。大出春江「産婆の近代から助産婦の現代へ」(『助産婦雑誌』五四ノ一二)、二〇〇〇。　　　(中村　節子)

しびら　褶　平安時代中期以降からみられる、主に社会的に身分の低い貴紳《きしん》家の女性たちが着衣の上から腰部にまいた丈の短い裳《も》。「褶」の字が「しびら」の音にあたるか否かは必ずしも確定できない。襞《ひだ》が少ない簡略な仕立てのものが多かったらしい。同時期の今木《いまき》(湯巻《ゆまき》)と同類のものと考えられ、これがのちの「前掛け」「前垂れ」となった。同じ字を用いて「ひらみ」と呼ぶものがあるが、これは古代の推古朝の宮廷男女が正装時に用いていた裳で、襞を多く作った精緻《せいち》な仕立てのもの。「しびら」と混同されやすいので注意を要する。→前掛《まえか》け・前垂《まえだ》れ

参考文献　井筒雅風『日本女性服飾史』、一九八六、光琳社出版。　　　(佐多　芳彦)

ジプシー゠ローズ　ジプシー゠ローズ　一九三一—六七　昭和時代のストリッパー。本名志水《しみず》トシ子。一九三一年(昭和六)十二月十八日、福岡県生まれ。女優志望で十七歳で上京。ストリップショウの全盛時代、プロデューサー正邦乙彦《まさくにおとひこ》に見込まれジプシー゠ローズを名乗る。エキゾチックな容貌《ようぼう》と肢体《したい》でたちまちストリップの女王になる。しかし酒に耽溺《たんでき》してアルコール中毒になり山口県防府《ほうふ》で一九六七年四月二十日死去。ジプシーの肉体に癒された男たちは、「マリア」「妖花《ようか》」と懐かしむ。

参考文献　小柳詳助『G線上のマリア—ジプシー・ローズ・ブルーノート—』、一九八二、徳間書店。　　　(江刺　昭子)

しぶやしげかずのつま　渋谷重員の妻　生没年不詳　鎌倉時代中期の女性。夫の重員(のちに為重《ためしげ》と改名)は相模《さがみ》国の御家人渋谷氏の一族だが、美作《みまさか》国や薩摩《さつま》国の所領《しょりょう》史料に「旧妻」とみえることから、複数の妻がいたと考え

られる。重員は、弘安《こうあん》年間（一二七八―八八）、継母妙蓮《けいぼみょうれん》一族との間に所領相論《そうろん》を展開した。その中で重員の妻は、夫の美作国の所領に居住して継母側の入部を拒み、召喚《しょうかん》状《じょう》を携えた使者に暴行を働いている。ここから、御家人の散在所領には現地の妻が代官とともに管理者としてのぞみ、家内を管掌《かんしょう》していた事例を指摘することができる。

参考文献 海津一朗「鎌倉時代における東国農民の西遷開拓入植」（中世東国史研究会編『中世東国史の研究』一九八六、東京大学出版会）。田端泰子「鎌倉期の武士の女房」（『日本中世の社会と女性』一九九八、吉川弘文館）。

（七海　雅人）

しぶやれいこ　渋谷黎子　一九〇九―三四　昭和時代の農民運動家。一九〇九年（明治四十二）六月二十四日、福島県粟野《あわの》村（伊達《だて》市）の蚕種《さんしゅ》製造販売業者池田安左衛門《いけだやすざえもん》・スイの四女に生まれる。本名ムメ。県立梁川《やながわ》実科女学校卒。女学校三年のころから『無産者新聞』『赤旗《せっき》』、社会科学の本を読む。習い事と結婚だけを強制される生活の中で生活の変革を求めつづけた。一九二七年（昭和二）ころより*奥《おく》むめおの『婦人運動』へ寄稿（ペンネーム長沼朝子）して、農民運動家渋谷定輔《ていすけ》と知り合い、文通を通じ一九三〇年結婚、黎子と改名。下中弥三郎《しもなかやさぶろう》の平凡社に勤めるが、仕事と夫の農民運動への援助の中で、生活苦から急性脚気《かっけ》になり、平凡社を退社。埼玉県南畑《なんばた》の定輔の実家に移る。農家の妊婦の世話をしながら農村婦人の間で活動しようと、埼玉県熊谷で西田看護婦産婆学校に入り助産婦の資格を取る。埼玉県寄居町《よりいまち》を中心とする小作争議、婦人部の組織の仕事をする。一九三二年農民運動で検束された定輔に差し入れにいった黎子は熊谷署で捕らえられ拷問《ごうもん》乱打される。体調を悪化させ、一九三四年九月十六日死去。著書に『この風の音を聞かないか』（一九七八年、家の光協会）がある。

参考文献 渋谷定輔『農民哀史から六十年』（岩波新書）、一九八六、岩波書店。

（岩井サチコ）

しぼくさははのかい　忍草母の会　⇩渡辺喜美江《わたなべきみえ》

しまだまげ　島田髷　近世初期に成立した女性の髪型。男髷を基礎としたものであり初期は髷が平たく男性的である。東海道島田宿の*遊女が結い始めたことで、この名がついたという通説がもっともその名の由来にふさわしい。初期には、遊女・*湯女《ゆな》などの女性が好んで結ったとされるが、中期以降は女性全般に広がり、階層身分によって御殿風（武家）・町方《まちかた》風・*芸者風など結い方が異なった。大《おお》島田・投《なげ》島田・つぶし島田・高《たか》島田・文金《ぶんきん》島田・きりづみ島田などがあり、武家は髷の根が高い文金島田を用い、根を後ろに下げて髷を低くした投げ島田や髷の中央をへこませたつぶし島田は粋筋《いきすじ》や町方などの女性たちに好まれた。島田髷は、髷の象徴として近代まで残り、婚礼の際の髷として「文金高島田」と称され、「芸者ワルツ」などの歌謡曲でも歌われた。

島田髷（喜多川歌麿「婦女人相十品ビードロ吹き」）

参考文献 佐山半七丸『都風俗化粧伝』（東洋文庫）。橋本澄子編「結髪と髪飾」（『日本の美術』二三）、一九八六。

（中村　文）

しまづちとせ　嶋津千利世　一九一四―二〇〇〇　昭和から平成にかけて活躍した女性労働問題研究者。茨城県生まれ。一九四九年（昭和二十四）日本大学社会学部卒。七七年群馬大学教育学部教授。八〇年退官。資本論を主軸とした科学的社会主義の立場から労働問題の解決に尽くした。『女子労働者』（一九五三年）では戦後民主化の中での繊維工場の搾取《さくしゅ》の実態を、女性工員たちと生活をともにして得た貴重な資料からはじめて描き出した。五五年の*主婦論争では「家事労働は主婦の天職ではない」として家事育児の共同化、社会化を説いた。*母性保護要求など、女性の働く権利をめぐって実践的、理論的に携り、雇用や労働政策への問題提起を行うほか、長きに渡って日本母親大会や働く婦人の中央集会に助言者として出席した。『婦人労働の理論』（一九七八年）では個別各論的な労働問題の大系的把握《はあく》を求めた。嶋津を慕《した》って結成された女性労働問題研究会（女子労働問題研究会）の代表、名誉会長のほか、労働者教育協会理事、*新日本婦人の会中央委員、労働運動総合研究所理事などを務めた。著作は『嶋津千利世著作選集』全三巻（一九九三年、学習の友社）に収められている。

参考文献 矢野節子「嶋津千利世著「女子労働者」」（『歴史評論』四九）、一九五三。

（古河　史江）

しまづはるこ　島津治子　一八七八―一九七〇　*大日本連合婦人会（連婦）理事長。一八七八年（明治十一）七月九日、男爵《だんしゃく》島津珍彦《うずひこ》・典子《のりこ》（薩摩《さつま》藩主島津斉彬《なりあきら》の娘）の次女に生まれる。*華族《かぞく》女学校卒業後、男爵島津長丸《ながまる》と結婚。一九〇七年鹿児島鶴嶺《つるみね》女学校長に就任し手腕発揮。一九二四年東宮女官長《とうぐうにょかんちょう》、一九二六年（昭和元）皇后女官長心得《こころえ》となるが翌年夫と死別し依願免官《いがんめんかん》。一九三〇年連婦理事長に就任。一九三六年八月邪教迷信《じゃきょうめいしん》による不穏《ふおん》行動ありと不敬罪《ふけいざい》で検挙され理事長辞任。感応性《かんのうせい》精神病として病院に送付。一九七〇年（昭和四十五）二月十四日老衰《ろうすい》のため鹿児島市の自宅で死去。

参考文献 岡田靖雄『私説松沢病院史―1879～1980―』、一九八一、岩崎学術出版社。伊藤隆他編『牧野伸顕日記』、一九九〇、中央公論社。

（永原　紀子）

しまのやまこふん　島の山古墳　奈良県磯城《しき》郡川西《かわにし》町唐《とう》院《いん》に所在する前方後円墳。これまで全長一九〇《メートル》、後円部径九八《メートル》、高さ一七《メートル》とされてきたが、二〇〇〇年

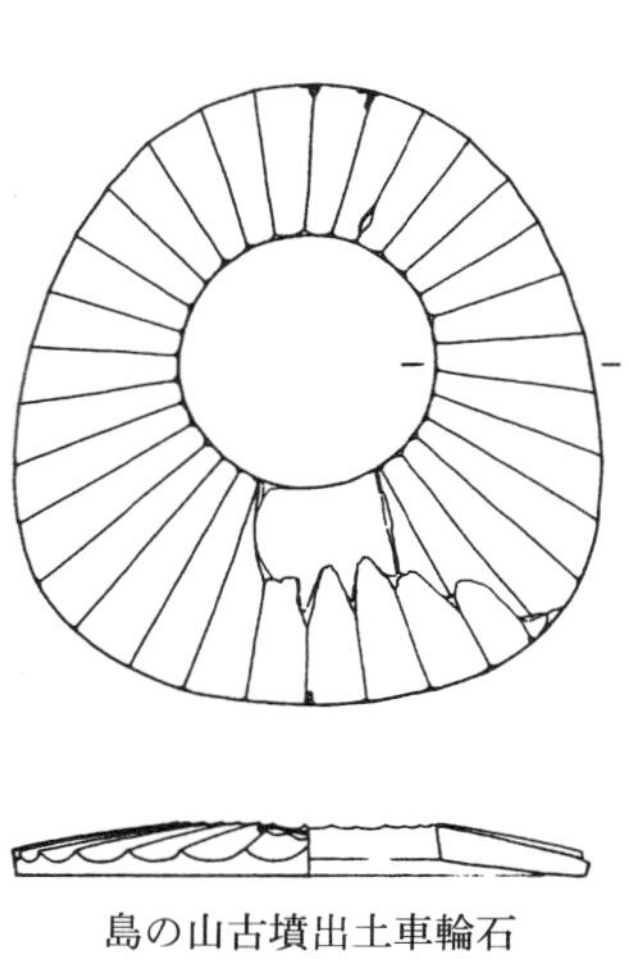

島の山古墳出土車輪石

(平成十二)の調査の結果、後円部径一五〇メートル、全長二〇〇メートルを超える大型古墳と考えられる。一九九六年の発掘調査で前方部前端から粘土槨《ねんどかく》が検出され、棺を被覆《ひふく》する粘土から緑色凝灰岩《りょくしょくぎょうかいがん》製の鍬形石《くわがたいし》、車輪石《しゃりんせき》、石釧《いしくしろ》など百三十三点もの腕飾《わんしょく》類と二千五百点余りの滑石製《かっせきせい》玉類が出土した。粘土槨は全長八・五メートル、墳丘《ふんきゅう》の主軸に対して直交して東西に長く、頭位は東を向く。槨内には割竹形木棺《わりたけがたもっかん》がおかれ、頭部付近から竪櫛《たてぐし》、碧玉製合子《へきぎょくせいごうす》二点、獣形鏡《じゅうけいきょう》三点、両腕付近から管玉《くだたま》類、そのほか鉄製刀子《とうす》などが出土している。腕飾の多量出土や棺内の遺物から、被葬者は女性の可能性が高い。所属時期は五世紀前葉と考えられる。なお、過去盗掘により後円部から多数の石製品出土が知られているほか、一九九九年に前方部付け根付近の頂部でも粘土槨が確認され、埋葬施設は三ヵ所以上ある。

参考文献 奈良県立橿原考古学研究所編『島の山古墳調査概報』、一九九七、学生社。 (塚田 良道)

しまばらゆうかく 島原遊廓 京都の*遊廓。江戸の*吉原《よしわら》・長崎の丸山《まるやま》・大坂の新地《しんち》とともに有名である。『*守貞謾稿《もりさだまんこう》』には、古くは西洞院《にしのとういん》にあったが、慶長七年(一六〇二)に六条柳馬場《ろくじょうやなぎばば》に移り、寛永十八年(一六四一)に、九条朱雀《くじょうすざく》通りに移転したとある。この遊廓が俗に島原遊廓と称する。島原という名称は肥前で起きた島原の乱の影響ともいわれる。急の移転による廓内の業者の混乱が、島原の乱に類似しているという理由からとも伝えられている。島原遊廓は上ノ町、中ノ町、下ノ町の三町の町筋があったことで、三筋《みすじ》の街と呼称された。島原がもっとも繁昌《はんじょう》したのは元禄のころで、*祇園《ぎおん》と対をなし、大変なにぎわいであった。正月、五月、七月、九月の節句、*紋日《もんび》には遊客の絶えることはなかった。遊廓は総坪数一万三千坪余の広大な敷地を有したが、幕末に至って、遊里は非官許の祇園や二条・七条・北野などにとって代わられた。

参考文献 喜田川守貞『守貞謾稿』、一九九二、東京堂出版。西山松之助編『遊女(新装版)』(日本史小百科)、一九九四、東京堂出版。 (宇佐美ミサ子)

しまマス 島マス 一九〇〇—八八 昭和時代の沖縄の社会福祉活動家。米軍支配下にあった沖縄の社会福祉の基礎を築く。一九〇〇年(明治三十三)三月十三日、沖縄県美里間切《みさとまぎり》(沖縄市)の農業伊波松《いはまつ》・カナの三女に生まれる。一九一九年(大正八)沖縄県女子師範学校卒業後、訓導《くんどう》として沖縄本島北部の小学校へ勤務。さらに地域の婦人会長にも選任され、沖縄独特の慣習や方言を日本風に改めるいわゆる風俗改良運動を、学校だけでなく婦人会活動としても取り組む。一九二一年同じ小学校訓導の島有剛《ゆうごう》と結婚。五男三女をもうけるが、沖縄戦で次女と長男を失う。戦後、再び教職についたものの、戦災母子世帯や孤児・「孤老《ころう》」救済のために教職を辞し、福祉活動に専念する。米兵や本土から来た基地労働者のあふれる「基地の町・コザ市」で売春防止を訴え、女性たちの自立を支援する。またその一方で、窃盗《せっとう》や米兵相手に売春をして捕まった少女らの民間の教護施設として、「コザ女子ホーム」を設立。その後、沖縄本島中部地区を中心に福祉活動に全力を注ぎ、後継者育成にも尽力した。

参考文献 島マス先生回想録編集委員会編『島マスのがんばり人生』、一九八七。 (宮城 晴美)

しまもとひさえ 島本久恵 一八九三—一九八五 昭和時代の作家。大阪に生まれ、十三歳で父親に死別。貧しさの中で文学への思いを強くし『*女子文壇《じょしぶんだん》』に投稿していたが、一九一三年(大正二)、詩人の河合酔茗《かわいすいめい》に認められ上京。その紹介で婦人之友社の記者となる。一九二三年河合酔茗と結婚し、『女性時代』をともに創刊し、誌上に作品を発表。特に一九三三年(昭和八)から連載の『長流《ちょうりゅう》』(当初「水辺」)は自伝的大河小説であり、二十八年もの歳月をかけての大作となった。そのほかに『明治の女性たち』(一九六六年)などがある。

参考文献 中本たか子「『長流』から学ぶもの」(『文化評論』四)、一九六二。横山貞子「島本久恵の生き方と方法」(『思想の科学』第五次六四)、一九六七。 (岡田 孝子)

しみずいくこ 清水郁子 一八九二—一九六四 第二次世界大戦前の日本の代表的な*男女共学論者。旧姓小泉郁子。一八九二年(明治二十五)に、士族出身で島根県隠岐《おき》の西郷《さいごう》郵便電信局長であった小泉有本《ありもと》の第六子(四女)として生まれた。松江高等女学校卒業後、一九一一年に東京女子高等師範学校に入学し、在学中にキリスト教の洗礼を受けている。卒業後、長崎高等女学校・明石《あかし》女子師範学校などに奉職《ほうしょく》したが、日本全女性のための新しい指針を創案することをめざして上京し、下田次郎《しもだじろう》の下で「女性心理」の研究に取り組む一方、東京帝国大学文学部にも聴講生《ちょうこうせい》として入学する。しかし、聴講生制度への不満等から半年ほどで渡米し、一九二四年(大正十三)からオハイオ州オベリン大学神学部で宗教教育を専攻した。同校は米国で最初に共学を実施した大学であった。さらに、ミシガン大学大学院で教育学を専攻、修士の学位を取得し、さらに博士コースの学科課程を完了して一九三〇年(昭和五)三月に帰国し、青山学院女子専門部教授に就任する。一九三一年、アメリカでのみずからの共学体験と豊富な資料にもとづいて書かれた『男女共学論』を新教育協会から出版する。*フェミニズムの視点から展開されている彼女の共学論は、それまでの日本において公表された男女共学論中最も組織的なものであり、男女の相違の小さいことを各方面から吟味《ぎんみ》した共学基礎論にかなりの比重を置いたものである。翌三二年に中等学校の共学をめざして男女共学問題研究会を設け、国会請願運動を展開、さらに、女子師範大学設置運動でも活躍した。一九三五年(昭和十)に北京《ペキン》郊外で*崇貞学園《すうていがくえん》を経営していた清水安三《やすぞう》と結婚し、中国大陸で中国人や朝鮮人子弟の教育にあたる。オベリンの卒業生であった二人は一九四六年中国から引き揚げてきた後、現東京都町田市に共学の桜美林《おうびりん》学園を創設したがそこには、オベリンの共学の精神が生きていた。桜美林学園長としても活躍し、一九六四年にその生涯を終えた。

参考文献 橋本紀子『男女共学制の史的研究』、一九九二、大月書店。榑松かほる『小泉郁子の研究』、二〇〇〇、学文社。

(橋本 紀子)

しみずけいこ 清水慶子 一九〇六—九一 昭和時代の評論家。東京生まれ。一九三〇年(昭和五)東京女子高等師範卒業後一九四一年まで主に女学校で教える。一九三一年社会学者清水幾太郎《いくたろう》と結婚。戦後評論活動に入り、一九五二年*日本子どもを守る会創立時の事務局長となる。一九五五年『*婦人公論』誌上で、*石垣綾子《いしがきあやこ》の主婦第二職業論に対し、「主婦の時代は始まった」として、社会を住みよくするために活動する新しいタイプの主婦を評価した。著書に『愛情の記録』(一九六二年)がある。

参考文献 上野千鶴子編『主婦論争を読む—全記録—』一、一九八二、勁草書房。清水幾太郎『清水幾太郎著作集』一九、一九九三、講談社。

(吉松 幸子)

しみずとよこ 清水豊子 一八六八—一九三三 明治時代の女権家、ジャーナリスト、作家。本名清水トヨ。のち古在《こざい》姓。筆名はほかに秋玉・とよ・とよ子・つゆ子・生野ふみ子、紫琴《しきん》など。明治元年(一八六八)備前国片上村(岡山県備前市)に出生。幼少時より京都で育つ。一八八一年京都府女学校小学師範諸礼科卒業。八五年ころ岡崎晴正と結婚。八七年から翌年にかけ夫とともに奈良で演説。八八年*植木枝盛《うえきえもり》の『*東洋之婦女《とうようのふじょ》』(一八八九年刊)に序文を執筆、八九年「敢《あえ》て同胞兄弟《どうほうきょうだい》に望む」を発表。同年岡崎と正式に離婚が成立し、景山《かげやま》(のち*福田《ふくだ》)英子《ひでこ》と交流が始まる。京都で*一夫一婦制を求め、演説や「日本男子の品行を論ず」などの投書、建白《けんぱく》運動をする。九〇年上京、『*女学雑誌』記者となり翌年休職するまでさまざまな筆名で論説・インタビュー記事・随想・小説などを書く。論説「何故に女子は政談集会に参聴することを許されざる乎」で*集会及政社法《しゅうかいおよびせいしゃほう》を批判、また女性の傍聴を禁止する衆議院規則案反対のキャンペーンを行う。このころ自由党党友としても活動。九一年一月小説「*こわれ指輪」を発表。同年十一月大井憲太郎《おおいけんたろう》の子を出産、兄の養子とする。九二年年末ごろ古在由直《よしなお》と結婚、九三年九月長男出産。九四年四月ころ女学雑誌社を退社、以後寄稿家となる。九五年春、夫の留学のため京都へ移り義母と同居する。九六年十月紫琴名をはじめて使い、小説「野路の菊」を発表。以後九七年に「心の鬼」「磯馴松」「当世二人娘」「葛のうら葉」「誰が罪」など、九八年に「したゆく水」「移民学園」まで紫琴名で小説を発表。一九〇〇年七月夫が帰国し義母とともに東京へ転居。一九〇一年一月露子の名で「夏子の物思ひ」を発表、以後文界を去る。いずれの小説も天賦《てんぷ》の幸福を全うするための変革の意欲をモチーフとする。その後四人の子を出産、二人の夭逝《ようせい》に遭う。社会的発言や行動はしなかったが、女性運動や社会の変革に関心を持ち続けた。一九三三年(昭和八)七月没。作品は『紫琴全集』全一巻(古在由重編、一九八三年、草土文化)に収められている。

参考文献 山口玲子『泣いて愛する姉妹に告ぐ—古在紫琴の生涯—』、一九七七、草土文化。相馬黒光『明治初期の三女性—中島湘煙・若松賤子・清水紫琴—(復刻版)』、一九八五、不二出版。

(大木 基子)

じみょういんもとこ 持明院基子 ?—一六四四 江戸時代初期の宮中の*女房。中納言持明院基孝《もとたか》の娘。名は孝子とも。後陽成《ごようぜい》天皇の*後宮に掌侍《ないしのじょう》として出仕し、慶長《けいちょう》四年(一五九九)八月新内侍《しんのないし》から*勾当内侍《こうとうのないし》に進む。同七年尭然《ぎょうねん》入道親王(のちの妙法院門跡《みょうほういんもんぜき》)を生む。同十四年正月、天皇の勘気《かんき》を蒙《こうむ》り宮中を退いたが、同年八月再び召し出された。しかし翌年十二月再度退けられ、妙法院里坊《さとぼう》に住居。同十七年髪をおろし、了性院《りょうしょういん》と号した。

参考文献 『後陽成天皇実録』二、二〇〇五、ゆまに書房。

(久保 貴子)

しもだうたこ 下田歌子 一八五四—一九三六 明治・大正時代の*女子教育家、歌人。号は香雪《こうせつ》。安政元年(一八五四)八月八日、現在の岐阜県に生まれた。父は岩村藩士平尾鍒蔵《ひらおじゅうぞう》、母は房《ふさ》。幼名を鉐《せき》といった。幼少から和歌・漢詩を学ぶ。明治四年(一八七一)に上京して、翌年に宮中に出仕し、和歌の才能のゆえに、皇后より歌子の名前をもらう。一八七九年まで女官生活を送った後、翌年、下田猛雄《たけお》と結婚。一八八一年に政府高官たちの援助と要望を受けて自宅に桃夭《とうよう》学校を開き、上流家庭の女子の教育にあたった。一八八四年に夫が病死したのを機に、再び宮内省御用掛となり、翌年の*華族《かぞく》女学校の創設に参画して教授となる。一八八六年に同校の学監《がくかん》・教授となり、一九〇六年に華族女学校が学習院女学部と改称された際には女学部長として、皇族や華族などの女子教育に従事した。この間、一八九三年には欧米各国へ出張して、二

下田歌子

年間にわたって女子教育の状況を視察している。このように上流階級の女子教育に携わる一方で、中等以下の階層への女子教育の普及をめざして、一八九八年に*帝国婦人協会を結成した。その事業の一環として、翌年、良妻《りょうさい》賢母《けんぼ》教育や女子実業教育を主眼とした、同協会附属の実《じっ》践《せん》女学校および女子工芸学校を設け、校長に就任している。一九〇八年、両校を合併して実践女学校(現在の実践女子大学)とし、一九二五年(大正十四)には専門学部を設けて(一九三二年(昭和七)に専門学校)、のちの実践女子大学の基を築いた。一九〇七年に学習院を辞任したが、その後は在野の仕事に専念し、順心《じゅんしん》女学校・明徳《めいとく》女学校の校長を兼ねて、女子教育に尽くした。また一九〇一年に*奥村五百子《おくむらいおこ》によって結成された*愛国婦人会の設立趣《しゅ》意書《いしょ》を起草《きそう》したのをはじめ、一九二〇年から一九二七年まで同会会長に就任するなど、女性の国家的自覚を求める社会活動に活躍した。生涯を通じて、活発な著作活動を展開している。一九三六年十月八日、死去。

参考文献 故下田校長先生伝記編纂所編『下田歌子先生伝(復刻版)』(伝記叢書)、一九八九、大空社。『実践女子学園一〇〇年史』、二〇〇一、実践女子学園。

(小山　静子)

シャーマン　シャーマン　「脱魂《だっこん》」(ecstasy)と「憑依《ひょうい》」(possession)を本質とし、神霊・精霊とトランス状態その他において直接交流・交渉する者。Shaman。記紀《きき》が描いたシャーマンの典型は、神功皇后《じんぐうこうごう》である(『*古事記』仲哀《ちゅうあい》天皇段・『日本書紀』神功皇后摂政《せっしょう》前紀九年三月条・同十二月条)。これらの記載は、微妙に異なるが、『日本書紀』神功皇后摂政前紀九年三月条によれば、中臣烏賊津使主《なかとみのいかつのおみ》が審神者《さにわ》となり、武内宿禰《たけしうちのすくね》が琴を弾いて神下《かみお》ろしを行い、神が神功に憑依し託宣《たくせん》している。神事への関わりに女性が占める割合は高いが、阿閉臣事代《あへのおみことしろ》(『日本書紀』顕宗《けんぞう》天皇三年四月条)や高市《たけち》郡大領《だいりょう》の高市県主許梅《たけちのあがたぬしこめ》(天武天皇元年(六七二)七月条)の例にみえるように、男性シャーマンの例もあることから、日本においてもシャーマンに性差はなく、女性だけがシャーマンになるわけでない。また、『日本書紀』が皇極《こうぎょく》女帝の祈雨《きう》儀礼を記していることから、*女帝＝シャーマンとする説もあるが、その論拠はない。

参考文献 岡田精司「宮廷巫女の実態」(女性史総合研究会編『日本女性史』一、一九八二、東京大学出版会)。佐々木宏幹『シャーマニズムの世界』(講談社学術文庫)、一九九二、講談社。義江明子『日本古代の祭祀と女性』(古代史研究選書)、一九九六、吉川弘文館。荒木敏夫『可能性としての女帝―女帝と王権・国家―』(Aoki library)、一九九九、青木書店。

(荒木　敏夫)

しゃかいかくせいろん　社会廓清論　*廃娼《はいしょう》運動史上の古典的著作。日本における*救世軍《きゅうせいぐん》創始者、山室軍平《やまむろぐんぺい》著。一九一四年(大正三)十月、警醒社《けいせいしゃ》書店より出版。ほかに『公娼全廃論《こうしょうぜんぱいろん》』(一九一一年(明治四十四))、『公娼制度の批判』(一九二九年(昭和四))(一九一七年)、『不幸女の救護』等の著作もあるが、最もまとまっているのが本書である。「現存の奴隷《どれい》制度」として公娼制度廃止を主張、芸妓《げいぎ》や「海外醜業婦《しゅうぎょうふ》」の取締りにも論及している。一九〇〇年、モルフィの*自由廃業への取組みに力を得て、救世軍・*日本基督《キリスト》教婦人矯風会《きょうふうかい》は廃娼運動に一層力を入れ、救世軍機関紙『*ときのこゑ』では「婦人救済号」を組み配布、時には流血を厭《いと》わず勇敢《ゆうかん》に闘った(本書「洲崎《すざき》暴行事件の顚末《てんまつ》」)。ほかに「基督教と風俗問題」、「娼妓《しょうぎ》自由廃業を奨励する理由」など、一貫して「汝等《なんじら》の中《うち》罪なき者、先ず彼を石にて撃つべし」というキリストの言葉に基づき、偽善を嫌い身を挺《てい》して娼妓廃業のため奮闘した著者の考えがまとめられている。テキストは『社会廓清論』(中公文庫、一九七七年、中央公論社)。

(知野　愛)

ジャガタラおはる　ジャガタラお春　一六二六―九七　江戸時代前期の女性。寛永十六年(一六三九)秋に江戸幕府の鎖国《さこく》政策によってジャカルタに追放された混血の少女お春は、一六四六年に二十一歳で平戸《ひらど》生まれのオランダ人青年シモン＝シモンセンと結婚し、一六七二年に夫と死別後もその遺産で豊かな生活を送り、一六九七年春に七十二歳で死去した。一六九二年作成(一六九七年追加書)の「ぜらうにましるし」と署名のある遺言状がインドネシア国立文書館に残されている。なお有名なお春のジャガタラ文は、江戸時代中期の天文暦学家で西川如見《にしかわじょけん》の創作である。『長崎夜話草《ながさきやわぐさ》』の著者

参考文献 岩生成一『鎖国(改版)』(日本の歴史一四)、二〇〇五、中央公論新社。

(村井　早苗)

じゃがたらぶみ　じゃがたら文　鎖国《さこく》によってジャカルタに追放された日本人や混血児が日本国内の肉親や知人に宛て送った手紙。寛永十三年(一六三六)の鎖国令では文通が厳禁されていたが、明暦《めいれき》元年(一六五五)ころから禁令が緩和《かんわ》されたので文通が行われるようになった。平《ひら》戸《ど》オランダ商館長ナイエンローデと日本人女性の間の混血児コルネリアが平戸在住の母・義父に宛てた手紙(平戸観光資料館所蔵)などが残っている。

参考文献 永積洋子「ジャガタラ文」(『歴史公論』五)、一九七六。岩生成一『鎖国(改版)』(日本の歴史一四)、二〇〇五、中央公論新社。

(村井　早苗)

しゃくとりおんな　酌取女　⇨芸者《げいしゃ》

しゃくふ　酌婦　料理店や曖昧茶屋《あいまいちゃや》で働く女性のことをさす。中央職業紹介事務局「芸娼妓酌婦紹介業に関する調査」(一九二六年)によれば、一九二五年(大正十四)現在で、全国の酌婦数は四万八千九百七十四人に上っていたという。また、一九二〇年代後半から急増した洋風飲食店であるカフェーの*女給《じょきゅう》もこの酌婦に含む場合があった。酌婦は、売春を稼業とする者とそうでない者両方を含んでいるが、一般に*私娼《ししょう》(*公娼《こうしょう》制度下の娼妓《しょうぎ》でない売春婦)の代名詞として使われることが多い。

参考文献 谷川健一編『娼婦』(近代民衆の記録三)、一九七一、

新人物往来社。（小野沢あかね）

しゃしんはなよめ　写真花嫁　二十世紀初頭、すでに南北アメリカ大陸・ハワイへ移住していた男性（日系一世）のもとへ、相手の写真だけを頼りに海を渡って嫁いだ女性。初期の海外移住は単身男性が圧倒的で女性は少数であったため、故郷から花嫁を呼び寄せる写真結婚が慣行化した。多くは親戚などを介して写真や履歴書を交換し、互いの合意のもとに日本で花婿不在の*結婚式を挙げた後、花嫁が渡航して夫との初対面を果たした。おもに親の希望や生活苦から海外での新生活を夢見て結婚を承諾した花嫁たちは、はじめて見る夫の、写真とは異なる容姿や貧困ぶりに落胆することもあったが、夫を助けて重労働をしながら多くの子ども（二世）を育て、*家庭の安定と日系人社会の繁栄に寄与した。米国では、日本人労働者の移民を制限する「紳士協約《しんしきょうやく》」（一九〇七年（明治四十）・〇八年）締結後も写真花嫁は*家族として入国許可が得られたが、排日論者の攻撃を受けて一九二〇年（大正九）に全面的に禁止された。

参考文献　ヨシコ＝ウチダ『写真花嫁』（中山庸子訳）、一九九〇、学芸書林。飯野正子『もう一つの日米関係史―紛争と協調のなかの日系アメリカ人―』、二〇〇〇、有斐閣。（長谷川寿美）

しゃせきしゅう　沙石集　鎌倉時代後期に成立した仏教説話集。無住一円《むじゅういちえん》著。弘安《こうあん》二年（一二七九）から延慶《えんきょう》元年（一三〇八）にかけて成立。十巻。無住は梶原氏《かじわらし》の出身といわれ、関東で育ち、のちに尾張《おわり》国の長母寺《ちょうもじ》に住み、本書を編んだ。そのため、本書は東国を舞台にした説話が多く、同時代の京都で成立した『*宇治拾遺物語《うじしゅういものがたり》』や『*古《こ》今著聞集《こんちょもんじゅう》』とは異なる説話を収録しており、中世の民衆生活史、社会史、*女性史を知る好史料である。無住の思想は、真言《しんごん》宗を中心としながらあらゆる宗派や神祇《じんぎ》、呪《じゅ》術《じゅつ》信仰をも仏の意思として認めようというものだったので、本書は当時一般に広く行われていた神がかりや託宣《たくせん》、夢告《むこく》、呪詛《じゅそ》のような呪術的信仰の話を広く含んでいる。神がかりは男女ともに見られるが、職業的な*シャーマンとしては*巫女《みこ》が登場する。しかし、無住は巫女については女性の性愛をつかさどる者として否定的に描いている。本書には多くの女性が登場し、仏神と関係を持ち、宗教的に活躍するが、それらはすべて、男性僧侶である無住の女性観をくぐりぬけて表現された女性像であり、実際に生きていた女性そのものの姿ではない。無住は、女性を男の往生《おうじょう》や成仏《じょうぶつ》を妨《さまた》げる存在として、愚かで愛欲や*嫉妬《しっと》が深い存在として嫌悪《けんお》する、女性嫌悪の思考を持っていたのである。しかし、子を思う母の力についてのみは、無住は無条件に評価し、それは仏神をも動かす強力なもので、子を仏道に導くものとしている。こうした母の力の称賛《しょうさん》は無住『雑談集《ぞうだんしゅう》』にもみることができる。しかし、母が子を思う心は強く仏神をも畏《おそ》れないため、時として仏神を敵に回して罰せられることもあった。このような命がけの母の力に対し、子、特に息子は思慕《しぼ》の心を強く持ち、母に孝養《きょうよう》を尽くすものとされた。こうした女性嫌悪と裏腹に母を思慕し、その力を称賛する傾向は、平安・鎌倉時代の僧侶、男性知識人にかなり広く見られるものであった。テキストは『新編日本古典文学全集』（小島孝之校注・訳、二〇〇一年、小学館）。

参考文献　野村育世「母の力―『沙石集』に観る神がかりと女性観―」（『仏教と女の精神史』二〇〇四、吉川弘文館）。（野村　育世）

じゃっこういん　寂光院　京都市左京区大原草生《くさお》町にある*尼寺。天台宗。平安時代後期には念仏別所《ねんぶつべっしょ》であったと推定されるが詳細は不明。文治《ぶんじ》元年（一一八五）の平家滅亡後に、*建礼門院徳子《けんれいもんいんとくこ》（平清盛《きよもり》の娘、高倉《たかくら》天皇皇后）が入寺して、平氏の菩提《ぼだい》を弔った。翌年四月、後白河院が建礼門院を訪ねたことは『*平家物語』「大原御幸《おおはらごこう》」の段で著名。その後、荒廃したが、慶長八年（一六〇三）に*淀殿が再興し、近世では寺領三十石を有した。

参考文献　『都名所図会』（ちくま学芸文庫）。（平　雅行）

ジャパゆきさん　ジャパゆきさん　主にアジア諸国から日本へ出稼ぎに来る女性たちの呼称。性産業に従事しながら家族へ送金をすることから、明治・大正期に、海外へ出稼ぎに出た女性たち（「*からゆきさん」「*あめゆきさん」）にちなんで、一九八三年（昭和五十八）、山谷哲夫《やまたにてつお》が使い始めたのがはじまりとされる。一九七九年、台湾が渡航自由化を認めたのを契機に、周辺諸国から円高の日本へ出稼ぎが急増したため、入国管理局ではこの年を「ジャパゆきさん元年」と呼ぶ。「ジャパゆきさん」の過半数を占めるフィリピンでは、貧困ライン以下の人々の失業対策、国家による外貨獲得策ともなっている。多くは、「観光ビザ」「興行ビザ」などで入国し、仲介業者に手数料を搾取《さくしゅ》された上、自由を拘束され過酷な労働にさらされている。二〇〇〇年（平成十二）に採択された国連の人身売買禁止議定書を受けて、日本政府は、フィリピンへ調査団を派遣し、二〇〇四年外国人女性の*人身売買防止のための行動計画を作成し、二〇〇五年刑法改正により人身売買罪を設けた。

参考文献　吉見周子『売娼の社会史（増補改訂版）』、一九九二、雄山閣出版。山谷哲夫『じゃぱゆきさん』（岩波現代文庫）、二〇〇五、岩波書店。（平井　和子）

しゃみせん　三味線　四角い胴に猫または犬の皮を張り、絹糸をよりあわせた三本の弦を張った撥弦楽器。永禄年間（一五五八―七〇）、琉球《りゅうきゅう》より堺へ輸入された蛇皮線《じゃびせん》を元に、琵琶《びわ》法師によって改造された。*遊女歌舞伎がいち早く取り入れ、この時は異国風の目新しい楽器であった。*浄瑠璃《じょうるり》や長唄《ながうた》の発展とともに急速に普及し、*歌舞伎や*人形芝居の主要な伴奏楽器となり、一方で検校《けんぎょう》など盲人音楽家により三味線組歌などが作られ、独立した三味線音楽も発展した。一般の子女の習い事としても浸透し、江戸時代の*音曲の中心的存在となる。

三味線(「松浦屏風」より)

参考文献 田辺尚雄『三味線音楽史』、一九六三、創思社。 (藤野　泰子)

しゃみに　沙弥尼　出家して十戒《じっかい》(沙弥尼戒)を守っているが、具足戒《ぐそく》を受けて*比丘尼《びくに》となる以前の女性の入門修行者。サンスクリット語śrāmaṇerīの音写。勤策女《ごんさくによ》(つとめる女の意)と漢訳され、寺院内で修行につとめた。また、男性の沙弥に対して、沙弥尼の場合は比丘尼になる直前の二年間を特に「式叉摩那尼《しきしやまな》」(略して「式叉尼」にもつくる)という。正学女・学法女などと漢訳される式叉尼には、さらに六法戒(式叉尼戒)が課せられ、僧に比して尼になる道は厳しく律せられていた。古代日本の場合は、『*日本霊異記《にほんりよういき》』下巻第三十八縁に、対する沙弥についてではあるが「いまだ具足戒を受けざるを名づけて沙弥とす」(原漢文)とあること、同上巻第三十五縁の「練行《れんぎよう》の沙弥尼有り(中略)平群山寺《へぐりのやまでら》に住む」(原漢文)の記載、諸国の沙弥尼らを本国の寺で受戒《じゆかい》(具足戒)させるという天平十九年(七四七)正月の『続日本紀《しよくにほんぎ》』の記事などに上記の規定を確認できる。受戒以前であるため、「僧尼及沙弥・沙弥尼」(『続日本紀』天平勝宝元年(七四九)十月)のように、*僧尼とは一線を隔されていた。

参考文献　熊倉千鶴子「『霊異記』にみえる僧侶の呼称」(平野邦雄編『日本霊異記の原像』一九九一、角川書店)。勝浦令子『女の信心―妻が出家した時代―』(平凡社選書)、一九九五、平凡社。根本誠二『奈良時代の僧侶と社会』、一九九九、雄山閣出版。 (有富由紀子)

シャモジワタシ　シャモジワタシ　*主婦権譲り渡しの一呼称。*家庭の中で主婦が管掌《かんしよう》する権限を主婦権というが、中でも重要な役割は生産と消費の調整を図りつつ*家族に食物を分配することであった。米櫃《こめびつ》・升《ます》・飯櫃《めしびつ》・しゃもじなど食物に関わる道具が主婦権を象徴していると考えられている。特にしゃもじ＝杓子《しやくし》は主婦の象徴として用いられ、東北地方では主婦がヘラで飯を盛り分けたりするために、主婦そのものをヘラトリと呼んでいた。主婦権を次代に譲り渡すときにも杓子を譲り渡すところから、杓子渡し・しゃもじ渡し・へら渡しなどと呼んだ。主婦権を譲る時期は、死に譲りが多かったが、姑《しゆうとめ》の体力がなくなり今までのようにムラや*親族との付き合いなどができにくくなると、嫁に主婦権を渡す場合もあった。いつ渡すかということは、地域の慣習や家の経済状態、舅《しゆうと》・姑の健康状態、嫁の婚家への貢献度などによってさまざまであるが、子供が生まれて数年たったころが目安となり、それは結婚後十年前後であった。渡す日も年末年始と決まっている所、蚕や農作物の金が入ったときなどさまざまである。譲るべき時期が来ても姑がなかなか主婦権を譲り渡さないと、近所や親戚から陰口をたたかれることもあった。譲り渡しには簡単な儀礼を伴う所もあり、たとえば長野県北安曇《きたあずみ》地方では、年取りの晩に家長の譲り渡しが行われるときに、一緒に主婦権の譲り渡しも行われた。家族が年取りの膳《ぜん》についたとき、新家長に「財布を譲る」「シンショウを渡す」などといっていくらかの金が入った財布が渡された。同時に、新主婦に鍋蓋《なべぶた》の上に載せた杓子に、手ぬぐいを一筋添えて主婦権が渡された。「腰元《こしもと》を渡す」などともいった。岩手県上閉伊《かみへい》郡遠野地方ではもっと丁寧で、鍋の蓋の上に大小のヘラを二本並べて持ち出し、その大きな方で炉《ろ》の鈎鼻《かぎはな》を叩いてからそれを釜の上に置き、釜の両手をもって嫁の方へ押しやるという儀礼が行われていた。飛騨白川《ひだしらかわ》地方にも同様の儀礼が見られ、主婦権が譲り渡されるまでは、気のきいたふりをして姑に代わって飯を盛ったりしてはいけないと、嫁ぐ娘に母親が言い聞かせて嫁に出したものだといわれている。つまり、主婦権が渡されないうちに、主婦が行う行為をすることは、主婦権の譲り渡しを姑に催促することになると考えられていた。こうした儀礼を伴って主婦権の譲渡《じようと》が行われるのは、譲る世代と譲られる世代が暮らすような家族でなければ行う必要はない。したがって、ある程度の規模をもつ家で行われたものであり、近年のように家族が縮小するにつれて、結婚してすぐに主婦となる(なれる)ことが多くなり、主婦権の譲渡《じようと》も必要がなくなって、シャモジワタシのような儀礼は、昭和初期から第二次世界大戦ごろまでに、ほとんど見られなくなった。

参考文献　中込睦子「民俗学における「主婦」概念の受容と展開―瀬川清子の主婦論を中心に―」(竹田旦編『民俗学の進展と課題』一九九〇、国書刊行会)。倉石あつ子『柳田国男と女性観』、一九九五、三一書房。 (倉石あつ子)

じゅうえん　重縁　中世、特に戦国時代において、何代にもわたって複数の縁辺《えんぺん》すなわち*婚姻関係を重ねることをいう。婚姻が諸勢力の同盟や協力、和平の意味を担って結ばれた時代においては、複数の婚姻を重ねて重縁関係となることは、強力な絆《きずな》を形成する手段であった。たとえば、戦国時代の毛利氏は一族・*姻族《いんぞく》を含め、吉川《きつかわ》氏、小早川《こばやかわ》氏、伊予河野《いよこうの》氏などとの間に重縁関係を築き、そのような家にさらに養子を送りこみ、勢力を拡大する調略を成功させている。

参考文献　田端泰子『日本中世の女性』(中世史研究選書)、一九八七、吉川弘文館。 (西尾　和美)

しゅうかいおよびせいしゃほう　集会及政社法　集会お

よび政治結社の取締り法。一八九〇年(明治二十三)七月二十五日公布、一九〇〇年三月十日廃止。一八九〇年十一月の国会開設を前に、政党活動の抑圧を強化することをねらって制定。自由民権運動の抑圧を直接目的とした集会条例は女性の政治活動を明文で禁止していなかったが、この法律は政談集会の発起人《ほっきにん》になること(第三条)・政談集会に会同すること(第四条)・政社に加入すること(第二五条)を明文で女性に禁止した。このように女性の政治活動を全面的に禁止した背景には、自由民権運動に少なからぬ女性が参加してみずからの政治的態度を表明し、さらには政府批判や反政府行動を行なったことがある。制定直後には婦人矯風会《きょうふうかい》などの女性たちから第四条の改正を求める建白書《けんぱくしょ》が提出され、*清水豊子《しみずとよこ》も第二五条を問題にする姿勢を示したが、それ以上の女性の動きはなかった。議会では*植木枝盛《うえきえもり》が女性の政社加入も求めて政府側と激しく対立した。

参考文献 大木基子『自由民権運動と女性』、二〇〇三、ドメス出版。 (大木 基子)

しゅうきん 秋瑾 ⇩チウヂン

じゅうぐんかんごふ 従軍看護婦 軍隊とともに戦地に赴き軍隊衛生部の幇助《ほうじょ》として傷病兵の看護に従事する看護婦。約二十三万語を収録した『広辞苑(第五版)』(一九九八年)には「従軍看護婦」という語は収載されていない。それは日本には正式な意味での従軍看護婦は存在しないからである。戦前多くの従軍看護婦を排出した日本赤十字社(日赤)では「従軍看護婦」という名称を公式には使用しない。日赤が養成したのは自社の救護看護婦であって従軍看護婦ではない。二十世紀は戦争の世紀で多数の従軍看護婦を世に送り出した。日赤の救護看護婦は陸軍・海軍・宮内省の管轄下において軍隊の衛生幇助を目的として、日本赤十字社で養成された。救護看護婦には養成所卒業後二十年間(以後少しずつ短縮された)の応召《おうしょう》義務があり、軍隊と同じ「赤紙」の日本赤十字社による召集令状が送られてくれば、家庭に子供や病人がいても、必ず応召しなければならなかった。召集を受けた救護看護婦たちは軍隊に準ずる編制の救護班を組まされ、所属する陸海軍各部隊の指示命令に従って行動した。日本ではじめて女性である看護婦が召集されたのは、一八九四年(明治二十七)の日清戦争であった。その後北清事変《ほくしんじへん》、日露戦争、第一次世界大戦と続き、第二次世界大戦を迎える。第二次世界大戦では、戦闘規模の大きさや兵器の殺傷能力が強まったことなどから、これまで以上に多数の従軍看護婦を必要とした。そのため、従来の日赤救護看護婦の養成だけでは追いつかなくなり、養成期間の短縮や規則の変更などいくつかの方策がとられた。その結果として、日本赤十字社甲種《こうしゅ》救護看護婦、日本赤十字社乙《おつ》種《しゅ》救護看護婦、日本赤十字社臨時救護看護婦、陸軍看護婦・海軍看護婦の四者が従軍看護婦となって戦地へ赴いた。従軍期間は二年間の予定であった。軍隊内での待遇は看護婦監督は将校に、看護婦長は下士《かし》に、看護婦は卒《そつ》に準ずるとされた。従軍はしても身分は「軍属」扱いであり、軍人と同じ階級が与えられたアメリカなどの看護婦とは待遇が異なっていたため、戦後は保障問題になった。第二次世界大戦中の日赤救護員の殉職者数は約千四百名である。

従軍看護婦(『絵入りロンドンニュース』1904年4月2日号より)

参考文献 赤十字共同研究プロジェクト『日本赤十字の素顔』、二〇〇三、あけび書房。 (平尾真智子)

しゅうげん 祝言 結婚の儀式。一般的には結婚の儀式とそれに伴う社会的な披露《ひろう》を指す。祝言は当事者および双方の*家族・*親族の権利・義務を内包するつきあいを生じさせるとともに、その結婚の正当性を社会に認知してもらう意味がある。しかし、結婚儀式はあっても社会の承認を得る披露を行わない場合もある。それらは*アシイレと俗称され、経済的理由から披露を行わない場合もあるが、女性が婚家で務まるかどうかを試す意味もあった。アシイレがみられる地域では披露まで伴う祝言を本祝言としてアシイレだけの祝言と区別している。近世以降近代まで日本の代表的*婚姻形態である*嫁入婚においては、一般的には結婚の儀式は当日*仲人《なこうど》と婿方親戚代表が行く嫁迎えに始まり、嫁一行の出立・行列、婚家での入家の儀礼、女夫盃《めおとさかずき》、親子盃、兄弟盃、親戚盃により成立する。その後、*披露宴が行われる。この日から婿《むこ》の家が夫婦の婚舎となり、嫁は婿の家の一員として家風に馴《な》染《じ》むことが求められる。

参考文献 上村正名『村落生活と習俗・慣習の社会構造』、一九七九、御茶ノ水書房。江守五夫『日本の婚姻—その歴史と民俗—』(日本基層文化の民族学的研究二)、一九八六、弘文堂。 (上村 正名)

じゅうごしノート 銃後史ノート 十五年戦争下で戦争を支えてきた女性たちと戦後の女性たちの姿や取り巻く

状況を資料・聞き取りなどで検証した研究誌。戦時下の女性たちは、戦争の被害者であるとともに侵略戦争を支える「銃後」の女、すなわち加害者であったのではないか、「何故そうでしかあり得なかったのか」を明らかにすることで自分たちの今を考えたいと民間の女性史研究者十数人が加納実紀代《かのうみきよ》を中心に一九七六年(昭和五十一)に「女たちの現在《いま》を問う会」を立ち上げた。その機関誌として、七七年十一月創刊。女性の戦争への「加担」という問題意識を最初にもっとも明確に掲げたとして評価されている。戦前編(一九七七—八五年刊)は昭和恐慌《きょうこう》から十五年戦争下を二、三年刻みでまとめ、戦後の原点を確認した一冊を加えた全十冊。戦後編(一九八六—九六年刊)は一九四九年から七五年までの全八冊で最終号は*ウーマン＝リブを検証している。一九八五年に山川菊栄《やまかわきくえ》記念婦人問題研究奨励金《しょうれいきん》(通称山川賞)を授与された。

参考文献 女たちの現在を問う会編『銃後史ノート』、一九七七。鹿野政直『現代日本女性史』、二〇〇四、有斐閣。

(山辺恵巳子)

じゅうごのはは　銃後の母　「戦線(前線)」で戦闘に加わる兵士に対置させて、「銃後(後方)」で戦争を支える女性の「*母性」的役割を示したことば。銃後の初出は桜井《さくらい》忠温《ただよし》の日露戦争従軍記『銃後』。軍人の大量動員が始まる一九三八年(昭和十三)の日中全面戦争以降頻出《ひんしゅつ》する。*神近《かみちか》市子《いちこ》翻訳本『戦線と銃後』は一九四〇年、坪田譲治《つぼたじょうじ》『銃後の母』は一九四二年。第一次世界大戦以後の戦争は、国家総体の力を動員、人的・物的資源の大量消費を前提に戦うものとなった。総動員体制下の「銃後の母の務め」は、「家」を守り、人的資源の*出産と育児の義務を負い、都市では消費物資不足を補い、農村では労働力不足の生産を担って、地域動員にも参加することだった。ことに、アジア太平洋戦争で大量の戦死者の発生が予測される中、厭戦《えんせん》気分を払拭《ふっしょく》し戦時体制を維持する国民精神総動員運動の要《かなめ》として、「銃後の母」による家庭教育が重視され、女性の国家への統合が図られていく。

参考文献 東京歴史科学研究会婦人運動史部会編『女と戦争』(昭和史叢書)、一九九一、昭和出版。

(山村　淑子)

じゅうごのまもり　銃後の守り　前線における戦争支援を目的に国内で国民を総動員するために掲げられた標語。日中戦争後の国民精神総動員運動の中で強調され、主として女性の活躍が期待された。マスコミでも一九三七年(昭和十二)九月以降、銃後の安定・銃後の護りと題した記事が増える。国民精神総動員中央連盟は、一九三八年に「家庭報国三綱領・実践十四項目」を出し、生活の合理化による節約の徹底、廃品の利用、儀式の簡素化など戦時下における家庭生活の方針を掲げた。この年、日本婦人団体連盟などから約九百人が参加して炎天下の東京銀座を歩き、「街に無駄を拾う」運動を実施した。全国各地では、*慰問袋《いもんぶくろ》の作成と送付、貯蓄運動、出征兵士家族の慰問、*パーマネント廃止、長袖禁止、勤労の増進などを掲げた活動が展開された。三九年九月以降は毎月一日を興亜奉公日とし、一汁一菜・日の丸弁当実施の日とした。四〇年七月に始まる贅沢全廃運動でも、「贅沢は敵だ！」として取りしまりの先頭に立った。

参考文献『銃後史ノート』五(特集日中開戦・総動員体制下の女たち)、一九八二。今井清一『日中戦争』(マンガイラスト昭和の歴史三)、一九八四、講談社。「女たちの昭和史」編集委員会編『(写真集)女たちの昭和史』、一九八六、大月書店。

(宇野　勝子)

じゅうさんや　十三夜　明治期の結婚の悲劇を抒情《じょじょう》的に描いた*樋口一葉《ひぐちいちよう》の代表作の一つ。一八九五年(明治二十八)十二月『文芸倶楽部《くらぶ》』閨秀《けいしゅう》小説特集号掲載。旧暦十三夜の晩、奏任官《そうにんかん》の妻お関《せき》は実家を訪問し、両親に夫との不和を告白し離婚を求めるが、父に説得され家族のために思いとどまる。帰途、偶然にも人力車の車夫が幼馴染《おさななじみ》の煙草屋《たばこや》の録之助《ろくのすけ》であることが判明。彼はお関の結婚で自暴自棄になり、現在の境遇に至った。広小路《ひろこうじ》まで夜道をともにした二人だが、思いを秘めたまま別れる。新派でも上演され今日に至っている。テキストは『樋口一葉集』(新日本古典文学大系明治編二四、二〇〇一年、岩波書店)。

参考文献 関礼子『語る女たちの時代—一葉と明治女性表現—』、一九九七、新曜社。

(関　礼子)

しゅうしきじょ　秋色女　一六六九—一七二五　江戸時代の女流俳人。*元禄四俳女の一人。本名おあき、のちに菊后亭と号す。江戸小網《こあみ》町の菓子屋の娘で、早くから俳句の才をみせ、上野清水堂裏の桜「大磐若《だいはんにゃ》」は、秋色の句「井戸ばたの桜あぶなし酒の酔」にちなんで「秋色桜」と改められたという。宝井其角《たからいきかく》の門下で、その句風は華やかで瑞々《みずみず》しい。同門の寒玉に嫁し、古着屋、後に饂飩《うどん》屋を営み、後年は点者《てんじゃ》生活を送った。師の遺稿集『類柑子《るいこうじ》』の編纂《へんさん》にも尽力した。

秋色女(栄松斎長喜筆)

参考文献 別所真紀子「俳諧にみる江戸期女性の参加と成果」(『江戸期おんな考』二)、一九九一。

(藤野　泰子)

しゅうだんこん　集団婚　⇩対偶婚《たいぐうこん》

しゅうと　舅　妻の父親、または夫の父親を指す語。だが、日本中世の場合、史料上の「舅」の語は、ほとんど妻の父親を指していた。特に鎌倉時代の武士団の世界では、ある女性を仲立ちとした舅と聟《むこ》との関係が重要な絆として機能していた。勿論、舅・聟のうちどちらが上に立つかは、その時々の力関係によるが、両者の間に親子関係に準ずる相互扶助関係があったことは変わらない。『*曾我《そ》《が》物語』の中に、ある聟と敵対関係にあるものは、その舅をも逃しはしないし、舅と敵対関係にあるものは、その聟も逃しはしないという記事がある。つまり、舅と聟は第三者から見て連帯責任を追求される運命共同体であった。また、前九年の役《えき》のころ、源頼義《みなもとのよりよし》が平直方《たいらのなおかた》の女婿《じょせい》となって直方の鎌倉の館を相続したように、聟が有力者の場合、舅は聟が現地土着を実現する契機にもなった。こうした舅―聟関係の延長に、舅同士の連合関係が存在していた。その関係を当時「相舅《あいやけ》」と呼んだ。

参考文献 大山喬平『ゆるやかなカースト社会・中世日本』、二〇〇三、校倉書房。鈴木国弘『日本中世の私戦世界と親族』、二〇〇三、吉川弘文館。（鈴木　国弘）

しゅうといり　舅入り　*嫁入婚において*婚姻後に嫁の父親が婿《むこ》方を訪ねる儀礼。シュウトレイ・シュウトヨビなどともいう。また、婚約の後に婿が嫁方にきて供応を受け、泊まっていくことを指す場合もあり、婚礼をあげた後にはじめて正式に婿が嫁の実家に行き舅に挨拶《あいさつ》をし、婿舅の献酬《けんしゅう》をすることを指すところも処々にある。初婿入りが済んでいない場合はこれが初婿入りとなる。嫁の*里帰りと同時の場合もあり、これとは別の場合もあり一様ではない。

参考文献 大間知篤三『婚姻の民俗』（大間知篤三著作集二）、一九七五、未来社。柳田国男「婚姻の話」（『柳田国男全集』一七、一九六九、筑摩書房）。（上村　正名）

じゅうにサマ　十二サマ　⇩山《やま》の神《かみ》・十二《じゅうに》サマ

じゅうにひとえ・もからぎぬ　十二単・裳唐衣　宮廷に奉仕する女性たちが着用した装束《しょうぞく》。宮中において天皇・*皇后に奉仕した*女房らは、最上に袖《そで》のない短衣《たんい》である唐衣を着用し、女房必須の服である裳を腰に引き、髪を頭頂部に上げ（髪上）た姿で奉仕した。これが宮中女性の正装であり、裳唐衣装束あるいは女房装束とも呼ばれる。その構成は、まず袴《はかま》をはき、その上に裏地のない単《ひとえ》を着用する（単袴姿《ひとえばかま》）。この下には何も身につけないから単袴姿は*肌着ともいえる。肌着である単袴姿の上に袿《うちき》を着用する。袿は給《あわせ》の裏地つきの衣で、数枚を重ねて身に着けた（重《かさ》ね袿姿）。なお、この重ね袿姿は、公家女性の私服である。女房は重ね袿姿を基本に、さらに裳、唐衣と重ね、髪上げをし、威儀《いぎ》を整えた。最礼装時には、袿と唐衣の間に糊張《のりば》りして打ちたたき艶《つや》を出した給の衣である打衣《うちぎぬ》と、色目・文様を華麗にしつらえた表着《うわぎ》を加え、長袴《ながばかま》に糊をつけ張袴《はりばかま》とし、頭頂部に髪を束ね額をつけ、釵子《さいし》と呼ばれるかんざしを挿し飾った。これら皆具《かいぐ》によって整えられた姿は「物《もの》の具《ぐ》姿」とも称される。平安時代の宮中女性の正装である裳唐衣装束あるいは女房装束が、俗に「*十二単」と呼ばれることがあるが、皆具によって整えられた様態を「十二単」の名称で呼ぶことは正しくはない。十二単は公家女性の装束の通称であり、私服である重ね袿姿をさす。女房は天皇の御前では皆具によって威儀を整えたが、自分が居住する部屋では、唐衣を脱ぎ、重ね袿姿に裳を着用したくつろいだ姿になる。皆具によって威儀を整えられた姿を晴《はれ》の装束とするならば、褻《け》の自分の房室では重ね袿に裳をかさねた重ね袿姿は、褻の十二単と理解される。ただ、十二単といっても、袿を十二枚重ねたわけではなく、平安時代後期ころから五枚が限度とされるようになり、それを五衣《いつつぎぬ》といい、女房たちのくつろいだ重ね袿姿は五枚の重ねに限定されるようになったのである。（永島　朋子）

裳唐衣

じゆうのともしび　自由燈　東京で発行された自由党系の小新聞。一八八四年（明治十七）五月十一日から一八八六年一月十三日まで発行。タブロイド版八頁。自由党の幹事星亨《ほしとおる》が同党機関紙『自由新聞』の廃刊の危機に直面して、みずから出資し第二機関紙の役割を期待して創刊した。主筆は坂崎斌《さかざきさかん》。車夫《しゃふ》などの下層社会の人びとや女性を読者対象とし、女性に発言の場を提供した。創刊間もなく社説欄に*岸田俊子《きしだとしこ》が「志《し》ゆん女」の名で書いた「*同胞姉妹《どうほうしまい》に告《つ》ぐ」は、女性が書いたはじめての*男女同権論・女権宣言である。ついで*女子教育と風俗を批判する「のぶ女」の「もしほ草」、さらに「するゑ女」の「仏は女人の敵」と社説欄に女性の発言が続く。主筆の坂崎も「鉄香女史」の名で具体的な場での女性の権利や地位向上を求める社説を書く。投書欄にも姦通《かんつう》をめぐるダブルスタンダードを問題にする女性の投書が載るなど、女性の発言を通じて女性を啓蒙《けいもう》する姿勢を持つ。のち『燈新聞』『めさまし新聞』と改名。

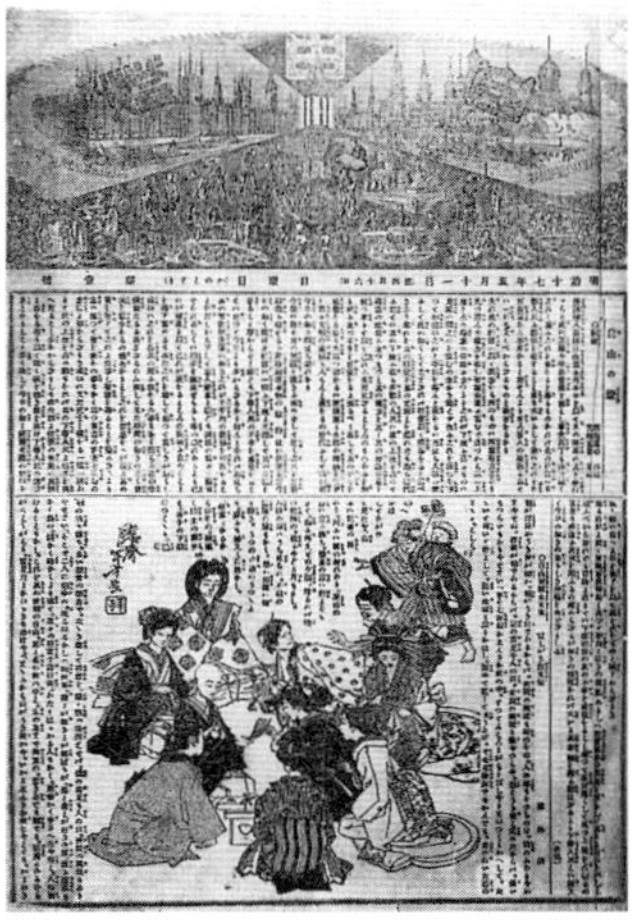

『自由燈』第一号

参考文献 松尾章一編『自由燈の研究』、一九九一、日本経済評論社。大木基子『自由民権運動と女性』、二〇〇三、ドメス出版。（大木　基子）

じゆうはいぎょう　自由廃業　前借金返済以前に、*娼妓《しょうぎ》が自らの意志で廃業すること。明治以降も*貸座敷《かしざしき》(*遊廓《ゆうかく》)と娼妓の間では前借金契約がむすばれ、娼妓は前借金返済まで事実上廃業の自由がない上に、その返済自体が困難をきわめた。しかし、函館の娼妓坂井フタが、廃業届への楼主《ろうしゅ》の調印を求めておこした裁判で、大審院《だいしんいん》が一九〇〇年(明治三十三)二月、「身体の拘束を目的とする契約は無効」であり、借金の有無にかかわらず娼妓は廃業できるとの判決を下したため、以後、娼妓の自由廃業が相ついだ。アメリカ人宣教師モルフィや*救世軍が、廃業希望の娼妓の手助けを行うという、自由廃業運動を展開した。一九〇〇年に制定された娼妓取締規制では娼妓の廃業の権利が明記された。しかし、大審院では娼妓が公認された営業であることを理由に、前借金契約自体は有効との判決が下り(一九〇二年)、廃業後の娼妓には前借金返済の義務があるとされた。そのため、廃業後の借金返済の困難さが障壁《しょうへき》となり、その後の娼妓の自由廃業は困難をきわめることとなった。

参考文献　市川房枝編『日本婦人問題資料集成』一、一九七八、ドメス出版。伊藤秀吉『日本廃娼運動史(復刻版)』、一九八二、不二出版。牧英正『人身売買』(岩波新書)、一九七一、岩波書店。　(小野沢あかね)

じゆうみんけんうんどうとじょせい　自由民権運動と女性　自由民権運動は一八七四年(明治七)一月征韓論《せいかんろん》に破れて下野した板垣退助《いたがきたいすけ》らが「民撰議院設立建白書《みんせんぎいんせつりつけんぱくしょ》」を政府に提出し、続いて『日新真事誌《にっしんしんじし》』に発表し世論に訴えたことから始まる。この運動はもともと国約憲法の制定・国民主権・国会開設・議院内閣制・地方自治の確立を内容とする立憲政体の樹立を求め、その実現に不可欠な諸自由・諸権利の獲得と保障、さらに地租軽減や条約改正を求め、十五年余続いた。したがってこの運動は*男女平等や女性の地位の向上を直接の目標としていない。板垣らが提唱した「民撰議院」の「民」とは当然のように男性納税者を前提としていた。しかし演説会や懇親会、民権結社や政党など民衆一般を運動に積極的に組織するようになると、女性もはじめは単なる聴衆として、のちには発言し行動する者として参加するようになる。立志社《りっししゃ》の演説会に寒暑風雨を厭《いと》わず聴きに行ったという*楠瀬喜多《くすのせきた》などは前者であり、同時に投票拒絶に遭って租税滞納という行動で参加した。後者には西日本各地で演説し集会条例違反に問われた*岸田俊子《きしだとしこ》や大阪事件に連座した景山《かげやま》(のち*福田《ふくだ》)英子《ひでこ》がいる。民権派新聞や演説会では専制政府批判とともに人間の自由や権利が説かれたが、それらにふれた女性たちは人間の中に女性が含まれ、人間の平等を男女の平等ととらえ、みずからの地位の向上や*男女同権を主張するようになった。なかでも岸田は「*同《どう》胞姉妹《ほうしまい》に告《つ》ぐ」を発表して男女平等が真理であることを訴え男性民権家の古い女性観を批判した。また*清水豊子《しみずとよこ》も男性の品行や女性観を批判し*家庭での平等を主張した。政府は民権運動への女性の参加を見て、地方自治制度や選挙制度の整備の過程で、女性の選挙権・被選挙権を否定し、*集会及政社法《しゅうかいおよびせいしゃほう》で女性の政治活動を禁止した。清水豊子・山崎竹《やまざきたけ》はともに女性の政治活動や政治参加を認めない明治憲法体制を厳しく批判した。

参考文献　絲屋寿雄『女性解放の先駆者たち―中島俊子と福田英子―』、一九七五、清水書院。大木基子『自由民権運動と女性』、二〇〇三、ドメス出版。　(大木　基子)

しゅうもんにんべつあらためちょう　宗門人別改帳　江戸時代、それぞれの領主が領地の村・町ごとに各家の成員について続柄・年齢とその旦那寺《だんなでら》を調査した帳簿。領主によって細部は異なるが、多くは名主《なぬし》が毎年作成して領主に提出した。江戸時代初頭には、各領主が支配の必要性から労働力調査としての人別帳を作成していたが、徳川幕府はキリシタン禁令の強化策として寛文十一年(一六七一)からは家ごとに旦那寺を調査する宗門改めを命じたところから、この二つの機能を兼ね備えた宗門人別改帳が作成されるようになった。宗門改めとして江戸時代の寺檀《じだん》制度を支えるとともに、享保五年(一七二〇)に始まり同十一年以降六年ごとに行われた全国人口調査の基礎資料ともなった。実質的な庶民の戸籍台帳として機能し、明治四年(一八七一)の戸籍法制定によって、近代的な戸籍簿へと引き継がれた。宗門人別改帳は、江戸時代社会を知る基礎史料であり、従来からも生活史・人口史・*家族史などの研究史料として利用されてきたが、*女性史研究の資料としても貴重である。江戸時代における庶民資料が大量に残されているにもかかわらず、多くは村や家を代表する男性の家長(戸主)レベルの文書であり、家族成員である女性について記した古文書は少ない。そのなかで宗門人別改帳は、村内の女性全員の名前を記録するなど女性の存在を書き残している数少ない史料である。もちろん宗門人別改帳は、*ジェンダー規制の強い江戸時代の*家制度を反映した帳簿であり、たとえば妻については名前を記さず「女房」とだけ記した事例もあり、史料の性格を検討することが必要である。とはいえ、これまでも宗門人別改帳を通じて、女性の生と死・*婚姻・相続・奉公・宗教などが分析され、また男性のそれと比較することのできる基礎的な史料として利用されてきた。近世女性史の研究のためにはまだ未開拓な史料の宝庫である。　(大口勇次郎)

じゆうれんあい　自由恋愛　一九一〇、二〇年代に用いられた*恋愛を意味する言葉。初出は大杉栄《おおすぎさかえ》「予の想望する自由恋愛」(『*家庭雑誌』一九〇六年(明治三十九)十二月号)で、「自由恋愛の花は、共産制度の野に於《おい》て始めて其の高き匂いを放つ」と階級闘争と恋愛の自由を結びつけた。一九一六年(大正五)には大杉が妻の*堀保子《ほりやすこ》、*神《かみ》近市子《ちかいちこ》、*伊藤野枝《いとうのえ》との四角関係に際し、全員の経済的自立、別居、性的自由という多角恋愛論を展開したが刃傷事件で破綻《はたん》。ジャーナリズムが自由恋愛論を書きたてた。このころから島村抱月《しまむらほうげつ》と*松井須磨子《まついすまこ》、芳川鎌子《よしかわかまこ》とお抱え運転手、石原純《いしはらじゅん》と*原阿佐緒《はらあさお》、有島武郎《ありしまたけお》と*波多野秋子《はたのあきこ》ら著名人の恋愛事件が多発。自由恋愛を冠した単行本もつぎつぎと刊行された。その定義はあいまいで既婚者と異性との恋愛が狭義の自由恋愛で、広義には独身者同士の場合にも使われている。恋愛に憧れながら現実には*家制度の壁に阻《はば》まれて悲劇を招くことの多かった時代を反映しており、恋愛そのものが珍しくなくなった一九三〇年代には使われなくなる。

参考文献 江刺昭子編著『愛と性の自由』(思想の海へ「解放と変革」)、一九八九、社会評論社。菅野聡美『消費される恋愛論—大正知識人と性—』(青弓社ライブラリー)、二〇〇一、青弓社。 (江刺 昭子)

じゅきょうどうとく 儒教道徳 孔子を祖とする人としてあるべき道を示した教え。儒教の基本的教義は大きく分類すると㈠綱常《こうじょう》倫理、㈡修己治人《しゅうこちじん》(おのれをおさめて人をおさむ)、㈢名分主義、㈣世俗的権威主義の四つとなる。そして、日本では㈠が拡大されていった。家族・血縁的関係をあるべき人倫《じんりん》の秩序とする君臣・父子・夫婦・兄弟・朋友《ほうゆう》、つまり「父子に親《しん》あり、君臣に義あり、夫婦に別あり、長幼に叙《じょ》(序、けじめ)あり、朋友に信あり」のように、人間関係を支えるのに必要な道徳として五常《ごじょう》(仁・義・礼・智・信)が唱えられ、諸徳目を五行説《ごぎょうせつ》(中国古来の世界観、五つの要素によって諸現象を解釈しようとするもの)に配当し「父は義、母は慈、兄は友、弟は恭《きょう》、子は孝」とした。それを、恒常的に*家父長制《かふちょうせい》を維持していくための原理とした。このような儒教の教えが日本社会に根付いていくのは十六世紀以降になる。はじめは、為政者の教養および武士一般人の日常的道徳の教えとして、以後、江戸時代を通じて、いわゆる「日本儒教」として特質的な意味合いをもって普及していく。日本では、中国とは異なり、科挙《かきょ》制度がなかったので、自由な研究や討論が行われ、十八世紀後半から、さまざまな身分から学者が輩出されたことにその特徴がある。すなわち、石田梅岩《いしだばいがん》・*大原幽学《おおはらゆうがく》・二宮尊徳《にのみやそんとく》らなどにより、平易な文章や講話による儒教道徳が説かれた。これらの教えは、通俗化された形でひろく民衆の間に普及していく。主人に対する忠、親に対する孝に始まり夫に対する貞といった単純化された形をとって人びとの日常生活を律していった。女性との関わりでいえば、そのもっとも典型的に示されたのが『*女大学《おんなだいがく》』をはじめとする*女訓書《じょくんしょ》の類であった。夫を「天」とし、夫に忠節を尽くし、三従《さんじゅう》・*四行《しこう》・七去《しちきょ》などの要件を盛り込んだ教えを遵守《じゅんしゅ》することが強制された。要は、主従・師弟・長幼・親子・男女・夫婦などを対比させ、後者は前者に絶対服従すべきであるという観念を、日常生活の中に取り込んだ。このような捉え方は、紆余曲折《うよきょくせつ》を経ながら現在に至っている。

参考文献 丸山真男『日本の思想』(岩波新書)、一九六一、岩波書店。尾藤正英『日本封建思想史研究』(歴史学研究叢書)、一九六一、青木書店。菅野則子「江戸時代における「儒教」の日本的展開」(アジア女性史国際シンポジウム委員会編『アジア女性史』一九九七、明石書店)。川島武宜『日本社会の家族的構成』(岩波現代文庫)、二〇〇〇、岩波書店。宮城公子『幕末期の思想と習俗』、二〇〇四、ぺりかん社。 (菅野 則子)

じゅくねんりこん 熟年離婚 ⇩離婚《りこん》

しゅくばじょろう 宿場女郎 江戸時代、街道の各宿場で売春を生業《なりわい》としていた女性。一般には、幕府が準公認とした旅籠屋《はたごや》で労働している*飯盛女《めしもりおんな》のことをいうが、街道に徘徊する*私娼《ししょう》を含めて宿場女郎と通称する。飯盛女は、幕府の規定では、二名という人数の制限をしているが、私娼については、数の把握は不可能で、風紀上の問題から、享保三年(一七一八)以降も、*売女取締りの触れをたびたび強行するが、厳守されていない。

参考文献 宇佐美ミサ子『宿場と飯盛女』(同成社江戸時代史叢書)、二〇〇〇、同成社。 (宇佐美ミサ子)

じゅけいに 寿桂尼 ?—一五六八 戦国時代の女性。戦国大名今川氏親《いまがわうじちか》の*正室。今川氏輝《うじてる》・義元《よしもと》、北条氏康《ほうじょううじやす》室(瑞渓院《ずいけいいん》)などの母。呼び名は南殿《みなみどの》・北御方《きたのおかた》・長勝院《ちょうしょういん》・じゅけい。京都公家中御門宣胤《なかみかどのぶたね》の娘。その生涯は八十余年だったと推測される。氏親の晩年は中風であり、執政も十分ではなかった。その時期の氏親発給文書がすべて印判状《ばんじょう》であるのはその証左であろう。おそらく寿桂尼は夫に代わって執政に関わったと考えられ、『*今川仮名目録《いまがわかなもくろく》』制定にも尽力した可能性はきわめて高い。氏親が没すると嫡子《ちゃくし》氏輝が継いだが十四歳でかつ病弱なため、後見・代行、もしくは実権を担当し、みずから継目《つぎめ》文書を印文「帰」の朱印を捺《お》して出している。これは今川当主としての行為と位置づけられよう。それらを合わせて発給文書は現在二十七点が知られているが、同時期の女性でこれだけの数を確認できるのは珍しい。享禄《きょうろく》元年(一五二八)以後氏輝が文書を出し始めるが、それでも執政不能な時はそれに代わった。天文《てんぶん》五年(一五三六)に氏輝が没すると、*家《か》督《とく》をめぐって内訌《ないこう》が起る(花蔵《はなぐら》の乱)。この時寿桂尼は重臣太原崇孚《たいげんそうふ》(雪斎《せっさい》)とともに梅岳承芳《せんがくじょうほう》(義元)に与し、氏親側室福島氏を母とする玄広恵探《げんこうえたん》(良真《りょうしん》)を敗った。しかし氏輝が死去したのは小田原から帰って程なくのことで、しかも同日には別弟彦五郎(寿桂尼子、法名寂庵性阿《じゃくあんせいあ》)が

寿桂尼画像

死去しており、また関連史料(『岡部《おかべ》文書』『高白斎記《こうはくさいき》』)にも、さきの通説としての寿桂尼の行動を否定する解釈が可能であるところから、近年ではむしろ恵探方に与したとする全く逆の説が出されている。義元の時代に今川氏は全盛を迎えるが、それに対応して、この時期の寿桂尼の発給文書は今川氏との関係寺院に限られている。寿桂尼が氏親に嫁したことで、その縁を頼って兄宣秀《のぶひで》とその子宣綱《のぶつな》(氏親婿)、妹御黒木《おくろき》(山科言綱《やましなときつな》室、言継《ときつぐ》養母、永禄十二年(一五六九)七月十八日没)がやってきており、姪(宣秀娘)は重臣懸川《かけがわ》城主朝比奈《あさひな》泰能《やすよし》に嫁している。なお弟と推定される宣増《せんぞう》は駿河建穂寺《たきようじ》別当となっている。したがって今川領国には寿桂尼の「閨閥《けいばつ》」が形成されていったのである。弘治二年(一五五六)から翌年にかけて言継が養母見舞いとして駿府を訪れている。その様子は『言継卿記』に詳しいが、寿桂尼が「大方《おおかた》」とよばれており、その住まいや侍臣たちの存在、また甥《おい》への厚いもてなしぶりなど、寿桂尼の日常が描かれており興味深い。また義元の時代には政治から引退したが、時には関わることもあった。桶狭間《おけはざま》合戦後、今川氏は徐々に衰退の途をたどっていくが、そのなかで寿桂尼は、亡き夫や亡き子供たちの菩提《ぼだい》と今川領国の繁栄を祈る生活を送ったと考えられる。そして武田氏との対立が深まっていくなか、永禄十一年三月二十四日に没した。その死は武田勝頼《かつより》によって陣中の信玄《しんげん》にも伝えられている。寿桂尼の存在の大きさが知られよう。信玄が駿河《するが》に侵攻したのは、それから約九ヵ月後のことであった。寿桂尼は戦国大名今川氏の盛衰をみつめた女性であったといえよう。なお法名は龍雲寺《りゅううんじ》峰林寿桂禅定尼《ほうりんじゅけいぜんじょうに》、墓は静岡市沓谷《くつのや》の龍雲寺にあり、肖像画が静岡県菊川市小笠町の正林寺《しょうりんじ》に伝えられている。

参考文献　足立鍬太郎『今川氏親と寿桂尼』、一九三一、谷島屋書店。黒沢脩「今川家執権雪斎長老と寿桂尼」(今川氏顕彰会編『駿河の今川氏―今川氏十代の歴史と文化―』一九七五)。久保田昌希「今川氏親後室寿桂尼発給の文書について」(『駒沢史学』二四)、一九七七。有光友學「今川義元の生涯」(『静岡県史研究』九)、一九九三。『静岡県史』通史編二、一九九七。久保田昌希『戦国大名今川氏と領国支配』、二〇〇五、吉川弘文館。

(久保田昌希)

じゅさん　寿讃　⇩三井寿讃《みついじゅさん》

じゅさんぐう　准三宮　天皇の勅《みことのり》に基づいて与えられる特殊な待遇《たいぐう》、もしくは待遇を受けた人を指す。准三后《じゅさんごう》とも称し、三宮(太皇太后《たいこうたいごう》・*皇太后《こうたいごう》・*皇后《こうごう》)に准じて食封《じきふう》・年官《ねんかん》・年爵《ねんしゃく》等が与えられた。准三宮の宣下《せんげ》を受けた人物の身分も帝母《ていぼ》・親王《しんのう》・*内親王《ないしんのう》・摂関大臣《せっかんだいじん》・僧徒《そうと》などさまざまであった。貞観《じょうがん》十三年(八七一)四月に、先帝の遺詔《ゆいしょう》により藤原良房《ふじわらのよしふさ》が三宮に准じて年官を給付されたのが最初とされ、この時は食封三千戸《こ》、随身兵《ずいじんへい》として内舎人《うどねり》二人・左右兵衛《さゆうひょうえ》各六人と帯仗資人《たいじょうしじん》三十人も給付された。宣下の理由も天皇との外戚関係《がいせきかんけい》・配偶関係《はいぐうかんけい》や血縁《けつえん》・功績《こうせき》・情愛《じょうあい》等が理由とされた。良房以前にも、藤原氏はこのような優遇をされる場合が多く、慶雲《けいうん》四年(七〇七)に不比等《ふひと》へ食封二千戸が与えられ、また房前《ふささき》没後の天平《てんぴょう》九年(七三七)北家に二千戸が功封《こうふう》・特封《とくふう》として与えられた例がある。中世には実質的な経済的優遇性を失ったが、栄誉ある待遇としての価値は残り、江戸時代末まで存続した。

参考文献　樫山和民「准三宮について―その沿革を中心として―」(『書陵部紀要』三六)、一九八四。

(井山　温子)

しゅじん　主人　*丸岡秀子《まるおかひでこ》が第一回母親大会(一九五五年(昭和三十))で「主人を夫といいましょう」と提案したことが示すとおり、一九五〇年代ではこの語が配偶者を呼ぶ一般的な呼称であった。一方で、主従関係を示すこの呼び方に抵抗感を抱く女性も多かった。新聞・テレビでどの呼び方がいいかが論じられることもしばしばであった。この語は、夫を呼ぶ語として、古くから使われている規範的・標準的なものであるかのように受け止められているが、実際はそれほど古いものではない。明治期では「おっと・あるじ・亭主・やど・うち・だんな」などの中の一つとして使われ、大正期でも新聞投書欄では「夫」が最も多く、次いで「つれあい・主人」となっていた。昭和の初期でも、*女中・奉公人から雇い主を指して呼ぶ「主人」と区別がつきにくいため、「夫(良夫・良人とも表記)」の方が多かった。各種の調査で夫を指す語として「主人」が一位になるのは戦後である。主従関係を示す「主人」は避けたいが、昔からみんながいってきているので仕方がない、と思う必要はないのである。

参考文献　遠藤織枝『気になる言葉―日本語再検討―』(叢書・ことばの世界)、一九八七、南雲堂。福田真弓編著『「主人」ということば―女からみた男の呼び方―』、一九九三、明石書店。文化庁文化部国語課『国語に関する世論調査―平成十年度―』、一九九九、大蔵省印刷局。

(遠藤　織枝)

じゅだい　入内　后妃《こうひ》が他所から内裏《だいり》に入る場合にもいうが、多くは*女御《にょうご》以上の后妃予定者が天皇との*婚姻のため内裏に入ることをいう。後者はいわば婚儀の一端であり、そのため天皇との婚姻自体を入内ということもあった。婚儀としての入内は、平安時代中期までは比較的簡素な形であったが、次第に儀式として整備された。それは、入内決定後に后妃予定者の側で行われる入内定《じゅだいさだめ》に始まり、その後、吉日《きちじつ》を選んで天皇から使者が遣わされ、それを受ける形で后妃予定者は威儀《いぎ》を整え内裏に入り、天皇のもとに参上、後日女御宣下《にょうごせんげ》という順で行われ、その間およびその後も種々の儀を伴う。貴族にとって外戚の地位ばかりでなく、自家からの立后《りっこう》が重要問題となった後期摂関期《せっかんき》、特に一条朝から盛大華美になった。東宮《とうぐう》妃《ひ》予定者の東宮との婚姻のための内裏参入も入内といわれることがある。なお、「入内」の表記でも「にゅうない」と読むと、律令位階制《りつりょういかいせい》で外位から内位に進むことの意味になる。

参考文献 角田文衛『日本の後宮』、一九七三、学燈社。宮内庁書陵部編『皇室制度史料』后妃四、一九九〇、吉川弘文館。（並木 和子）

しゅっさん 出産 〔古代〕人口の絶対数が少なく乳幼児死亡率が高い上に平均寿命が低い原始古代社会では、出産は個人と社会の維持にとって非常に重要であり、女性には多くの子を産むことが求められた。たとえば律令国家は双子や三つ子を産んだ女性を褒賞《ほうしょう》し、*乳母《めのと》を与えている。しかし二十代女性の死亡率の高さから窺《うかが》えるように出産時に女性が死ぬことも多く、そのリスクは大問題であったから、出産に際してさまざまな儀礼・習俗が生まれた。生理が止まることで懐妊《かいにん》が確認されると妊婦として扱われ、遅くとも摂関期には妊娠数ヵ月で着帯《ちゃくたい》が行われた。『左経記《さけいき》』には後一条天皇中宮威子《いし》の着帯記録がある。出産は日常生活の場とは別に*産屋《うぶや》や産所《さんじょ》を設え、その中で行われた。『日本書紀』神代には海神の娘豊玉媛《とよたまひめ》が出産する際海辺に産屋を作ったという話がみえ、七世紀ころまでには産屋が存在したことを窺わせる。産屋は㈠出産時期の女性の母体保護、㈡産の*穢《けが》れが地域・共同体に拡大するのを防ぐなどの理由で生まれたと考えられる。摂関期の貴族社会では穢れを忌《い》む風習が肥大化したこともあり、后妃《こうひ》の出産はその親が用意した邸宅で、貴族の場合も家司《けいし》などの邸宅で行われ、室内はすべて白で覆《おお》い妊婦も坐産《ざさん》の介添《かいぞ》えの*女房も白衣を身に付けた。出産を穢れとみる認識は八世紀には存在し、『養老令《ようろうりょう》』神祇《じんぎ》令《りょう》の注釈には、祭の忌の間に避けなければならない穢悪《わいお》の例に出産を見ることが挙げられている。これは出産に伴う出血や汚物を忌んだと思われるが、九世紀以後穢れ観念が肥大化すると出産も伝染する穢れとして日常的に忌避《きひ》され、天皇近侍《きんじ》の貴族を中心に出産の場から逃れる傾向が強まった。『延喜式《えんぎしき》』神祇三臨時祭穢忌《りんじのまつりわいき》条では産穢《さんえ》は七日間とされ、人の死の三十日に次ぐものとされている。その反面『*紫式部日記』にみえる中宮彰子《しょうし》の出産時のように、后の出産の場には*親族、公卿殿上人《くぎょうてんじょうびと》、女房たち多数が立ち会うという光景もあった。また后妃の場合は、特に男児の出産を強く期待し、女児を喜ばない傾向が強くなっている。

参考文献 西山良平「王朝都市と《女性の穢れ》」（女性史総合研究会編『日本女性生活史』一、一九九〇、東京大学出版会）。平間充子「平安時代の出産儀礼に関する一考察」（総合女性史研究会編『日本女性史論集』七、一九九八、吉川弘文館）。西野悠紀子「生殖と古代社会」（片倉比佐子編『教育と扶養』二〇〇三、吉川弘文館）。（西野悠紀子）

〔中世〕中世の出産は*座産《ざさん》であり、座って腰抱《こしがかえ》・懐抱《かいほう》に寄りかかり産むのが当時の一般的な出産のあり方であった。絵画に描かれた出産としては、たとえば、明通寺本『*彦火々出見尊絵巻《ひこほほでみのみことえまき》』六第一段では産婦が柱にしがみつき、腰抱の介添《かいぞ》えをうけている。老女が祈り、*巫女が土器を割っている。庭では幣串《へいぐし》を立てたり、祭文《さいもん》を読むなどの人物が多数描かれている。知恩院《ちおんいん》本『*法然上人絵伝』一第二段では産室は白一色で、屏風に囲まれた中で産婦が腰抱に支えられ、出産に臨んでいる。『北野天神縁起絵』では、懐抱と腰抱の二人に介添えされている産婦の姿があり、室外では魔よけの弦をならす男や山伏と巫女がおり、庭では陰陽師《おんみょうじ》が祭文を読んでいる。庶民の出産を描いたものとしてはクリーブランド本『融通念仏縁起《ゆうずうねんぶつえんぎ》』下第九段があり、棟割長屋《むねわりながや》の土間に畳が敷かれ、腰抱の女に抱えられている産婦のそばに夫がいる。男性が立ち会うことは『*とはずがたり』にもみえ、男性が腰抱の介添えをし、生まれたばかりの赤子を連れ去っている。河本本『餓鬼《がき》草紙《ぞうし》』第二段では僧と巫女に誕生が伝えられている。隣室で白縁の畳に白装束の産婦と介添えが生み落した赤子を見つめる傍らで赤子の便をうかがう餓鬼が描かれている。出産は「十に九つはかならず死ぬる」（『*平家物語』九小宰相）とされるほどに、母子ともに危険な行為であった。なお、後産《あとざん》までに時間がかかる折には甑《こしき》おとしが行われた。子《ね》の刻《こく》に出産したものの辰《たつ》の刻になっても後産が行われていないといったことも珍しくはなかった（『金沢文庫文書』）。後産が済むと産穢《さんえ》が始まると考えられ、その期間は史料により異なるが三十日、七十日などがある。その対象者も産婦はもとより介添え者、夫、親族などに及ぶ場合もあった。室町時代末期になると偽経《ぎきょう》『*血《けつ》盆経《ぼんきょう》』や産穢のイメージから「*血の池地獄」などの女の地獄が生まれていった。

出産（『北野天神縁起』より）

参考文献 武見李子「日本における血盆経信仰について」（『日本仏教』四一）、一九七七。保立道久「出産の情景—巫女・ウブスナ・後ろ抱き—」（『中世の愛と従属』一九八六、平凡社）。飯沼賢司「中世前期の女性の生涯—人生の諸段階の検討を通じて—」（女性史総合研究会編『日本女性生活史』三、一九九〇、東京大学出版会）。新村拓『出産と生殖観の歴史』、一九九六、法政大学出版局。

（大山由美子）

〔近世〕近世には、健康や長命が神仏の関与する世界から人間の努力によって達成できる目標となり、異常が起れば直ちに生命の危険にさらされる出産も人知でコントロールできるものとして認識されるようになる。戦国時代の刀傷《かたなきず》の手当に始まる外科医療が異常出産に応用され、医術に婦人科が成立する。医学書や出産のための啓蒙書《けいもうしょ》が出版され、出産をより安全なものにする努力が行われる。近世前期の医書や産書は症状に応じた薬方と*儒教道徳にのっとった産婦の心構えが中心であったが、十八世紀半ばに賀川玄悦《かがわげんえつ》(子玄《しげん》)が手と器具を用いて難産の母体を助ける方法を開発して以来、出産の科学的原理と母体胎児の安全が追求され、日本独自の産科学が形成された。出産は出血を伴うため古くから産穢《さんえ》として忌《い》まれ産婦が産小屋《さんごや》など別空間に隔離される習俗がある一方、生命の誕生という神秘を畏怖《いふ》して胞衣《えな》を甕《かめ》などに丁寧に納め土中に埋める儀礼が広く行われた。出産は産婦が膝《ひざ》をついて体を起こした姿勢、いわゆる座産《ざさん》で行われた。力綱《ちからづな》・子安綱《こやすづな》などと呼ばれる綱を握る姿勢や、藁《わら》や夜着《よぎ》を積み重ねた上へ仰臥《ぎょうが》または俯伏《ふふく》する姿勢で出産する。出産は産婦個人のものではなく「家」に属するものであったから出産の介助《かいじょ》に夫や*家族が加わることも多かった。夫は産婦を抱いて出産の姿勢を助けることもしたが、*間引《まび》きの実行役になることもあった。また、胞衣を埋めるのは夫の仕事であった。出産の介助は産婦の身辺の経験深い女性や、穏婆《おんば》・坐婆《ざば》・とりあげばば・子とりなどと称される専門の女性が行なった。後者は*大奥や大名家に用いられる者もあったが、血穢《けつえ》を扱うというので差別される場合もあった。

参考文献　増田知正・呉秀三・富士川游選集校定『日本産科叢書』、一九七一、思文閣。沢山美果子『出産と身体の近世』、一九九八、勁草書房。

（桜井　由幾）

〔近現代〕明治期の出産も「棺桶に片足を入れて産む」という諺《ことわざ》があるほど妊産婦と新生児の生命の危機があった。妊産婦死亡と生後一ヵ月までの新生児死亡は、統計の判明する一九〇〇年(明治三十三)は年間出産数約百五十五万件の内、新生児死亡は約十一万人、妊産婦死亡は産褥《さんじょく》熱《ねつ》死亡など約六千人と多く、特に多産の高齢産婦が死亡、障害ともに多かった。出産介助《かいじょ》は家族や近隣の老練者や*取り上げ婆《ばば》によってされていたが、明治後期から消毒技術を持つ免許産婆《さんば》が出現した。大正期には都市部を中心に免許産婆が家庭での出産を介助することが一般化するに従って衛生状態は一歩改善された。この時期、分娩《ぶんべん》の方法は、従来の妊婦が主体となる坐産《ざさん》から、*産科医や免許産婆が介助に入るにつれ介助者に都合の良い仰臥産《ぎょうがさん》へと移行していった。大正期には新生児の死亡率の高さが国家的、社会的関心を呼び改善の努力が始まるが、妊産婦死亡については、外国よりも低い(一九一五年(大正四)日本三五九・イギリス三九四、出生一〇万比)とされて政策的関心を呼ばず、農家の嫁や女性労働者は妊娠中毒症でも休養が取れず死亡することも多かった。戦時下の人口増加政策のもとで*妊産婦手帳制度、無料検診など母子保健の先鞭《せんべん》がつけられたが、実施はほとんどなかった。戦後の母子保健は児童福祉法の下に位置づけられて施策がとられ新生児死亡は全国的に着実に低下していくといえるが、*母性保護の観点は薄く、妊産婦死亡率の改善はなかった。これに対応せんとして別途に一九六五年(昭和四十)には*母子保健法がつくられ、一九七〇年代に*母子健康手帳の活用、妊産婦全員を対象とした健康診断などの制度化、一九八〇年後半に母子保健大系が整備される中で妊産婦死亡もやっと先進国並に近づいた。一九六〇年代以降、病院や産科医院など施設で産科医が取り扱う出産が増加し医療的改善もみられたが、近年では病院での機器的、管理的出産に対して、主体的に出産方法を選択し、自分の力で産みたいという女性自身の声も強くなっている。

参考文献　日本統計協会編『日本長期統計総覧』一、一九八七。東京市政調査会編『都市に於ける妊産婦保護事業』(一番ヶ瀬康子監修『戦間期主要都市社会調査報告書』女性編一ノ六、一九九八、近現代資料刊行会)。石崎昇子「明治期の生殖をめぐる国家政策」(『歴史評論』六〇〇)、二〇〇〇。

（石崎　昇子）

しゅっさんいわい　出産祝い　*出産に伴い新生児の誕生と産婦の無事を祝うこと、またこれを祝って贈られる品々。産見舞《うぶみま》いともいう。出産の知らせを受けると、里方や親類・知人・近隣の者は産着や織物・餅・米・鰹節《かつおぶし》・扇子・菓子・金銭等を祝いの品として贈り、産婦を見舞った。江戸時代には出産に伴う祝儀の記録を「産着貰受《うぶぎもらいうけ》帳《ちょう》」などとよばれる横長帳《よこながちょう》に付け保存したため、こうした祝儀記録は現在でも多くの旧家に伝えられている。慶事であるため、横長帳を紅白の水引《みずひき》で綴《つづ》ったものもある。出産祝いを受けた家では、答礼として餅や赤飯等を贈ったり、七夜《しちや》や生後三十日目等に*産婆《さんば》や祝いの品を贈ってくれた者を家に招き、饗応《きょうおう》を行うこともあった。

参考文献　浅井潤子編『暮らしの中の古文書』、一九九三、吉川弘文館。森安彦『古文書が語る近世村人の一生』(セミナー「原典を読む」四)、一九九四、平凡社。

（松本　純子）

しゅっさんぎれい　出産儀礼　〔古代〕古くは記紀にも*出産時の*産屋《うぶや》・臍《ほぞ》の緒《お》切り・*乳母《ちおも》・湯母《ゆおも》・産湯《うぶゆ》等についての記載がみえるが、貴族層の出産儀礼として整備されたのは平安時代中期以降と考えられる。まず懐妊後三～五ヵ月になると吉日を選んで*腹帯《はらおび》を結ぶ着帯《ちゃくたい》が行われる。腹帯は妊婦の親族が調進し、僧侶が加持《かじ》を加え、仙《せん》沼子《しょうし》という丸薬《がんやく》を縫い付ける。帯を結ぶのは夫の役目だが、院政期には男子出生を望むときは妊婦の左、女子を望むときは右に座って結ぶ慣習があった。出産は*穢《けが》れとされたため後宮女性は着帯前後に内裏《だいり》から里邸《りてい》等に退出する。貴族女性の場合も出産の場は生活空間と異なることが多く、妻方もしくは夫方の関係する邸宅に移動した。出産まで*安産祈願のさまざまな祈禱《きとう》が続けられるが、出産が近づくと産室《うぶや》が敷設され、御帳《みちょう》・几帳《きちょう》・御座などの調度や妊婦・*女房の装束《しょうぞく》はすべて白で統一された。当時の出産は*座産《ざさん》で行われ、懐抱《ふところがかえ》と腰抱《こしがかえ》の女性が介添《かいぞ》えをする。出産中は僧侶や陰陽師《おんみょうじ》による安産の祈禱、悪霊を祓うために弓の弦を打ち鳴らす鳴弦《めいげん》や米を撒《ま》き散らす散《うち》米《まき》、後産《あとざん》を促すための甑《こしき》落としが行われた。新生児が誕生すると、父親か産婦の身内の女性が竹刀や銅刀で臍の緒を切り、ついで*乳付《ちつけ》が行われる。まず新生児の口中の血を綿で拭《ぬぐ》い去り、甘草湯《かんぞうゆ》・牛黄《ごおう》などの薬を与えたのち乳母《めのと》が哺乳《ほにゅう》するが、院政期には最初に生母が形式的に乳を与えた。また皇子誕生時には内裏から勅使が遣わされて御剣《みはかし》が授けられた。皇女には袴《はかま》が献じられたがのちには御剣も賜与され、さらに貴族層にも護《まも》り刀として浸透していった。以後、新生児に湯浴《ゆあ》みさせる*御湯殿儀《おゆどののぎ》、産髪を剃る剃髪《ていはつ》(産剃《うぶぞり》)、正式に産衣《うぶぎ》を着せる着衣始《きそはじめ》、無病息災を祈願する御祈始《おいのりはじめ》、始めて外出する行始《ゆきはじめ》、魚肉を食べさせる魚味《まな》(真菜)始《はじめ》などが続く。誕生後三・五・七・九日目の夜には産養《うぶやしない》という祝宴が、それぞれ産婦の父方・母方や夫方の主催により開かれた。うち七夜目の儀(産七夜)が最も重視され、皇子女の場合内裏が主催した。産養では産婦と乳児への御膳《ごぜん》および衣服の調進や、采《さい》を振って出た目を競う攤《だ》の戯、問口《といくち》役と言口《いいくち》役が乳児の夜泣きを止める問答を繰り返したのち、言口役が粥を啜《すす》りながら夜の数だけ庭中をめぐり歩く巡粥《めぐりがゆ》(廻粥・啜粥)を行なった。五十日《いか》および百日《ももか》の祝では市で買った餅を新生児に含ませる儀が行われた。産室の調度や産婦・女房の装束は八日目に白一色から平常に戻される(色直《いろなおし》)。胞衣《えな》(胎盤)は吉日を選んで金銀・犀角《さいかく》・筆墨・小刀とともに壺に納めて吉方《えほう》に埋めるか、天井から吊した(胞衣《えな》蔵《おさめ》)。なお平安時代中期から鎌倉時代の天皇出産儀礼の記録は『*御《ご》産部類記《さんぶるいき》』にまとめられ、『*紫式部日記』には後一条天皇の出産儀礼が詳述されている。

参考文献　『古事類苑』礼式部一。中村義雄『王朝の風俗と文学』(塙選書)、一九六二、塙書房。二村友佳子「古代の出産儀礼に関する一考察—平安時代の皇族の出産儀礼を中心に—」(『歴史研究』四二)、一九九六。平間充子「平安時代の出産儀礼に関する一考察」(総合女性史研究会編『日本女性史論集』七、一九九八、吉川弘文館)。服藤早苗『平安朝女性のライフサイクル』(歴史文化ライブラリー)、一九九八、吉川弘文館。同「王朝社会の出産とジェンダー」(橋本紀子・逸見勝亮編『ジェンダーと教育の歴史』二〇〇三、川島書店)。

(野田有紀子)

〔琉球・沖縄〕沖縄では、出産の場所はクチャなどと呼ばれる裏座《うらざ》が一般的で、台所の土間という例もある。産室に注連縄《しめなわ》を張り、夏でも地炉《じろ》を設けて生木を燃やす習俗があった。ウブガーと呼ばれる村の特定の井戸からウブミジ(産水)を汲んで、赤子の額に付けたり(水撫《みずな》で)、お湯を沸かして産湯を浴びせたりした。イーヤー(胞衣《ほうい》)を家の後ろの軒下に埋める際に、子供たちに大笑いをさせた。火の神の前での神籤《かみくじ》によって祖父母など祖先の名前を付ける習俗が広く見られ、宮古《みやこ》では祖先の名に加えて御嶽《うたき》や火の神の神名も付け、さらに病弱などの場合に三番目の神名も付けるという事例もある。伊良部島《いらぶじま》では、生後三ヵ月もしくは五ヵ月後に名付けを行い、その間は、長男や長女などを意味する一般名詞で呼んだ。命名式の行われる日に庭で弓を射る儀礼もあった。産婦は一週間ほど産室で過ごすが、その間ユートゥジ(夜伽)と称し村の若者たちが夜通し歌舞をする習俗もあった。チーブジョー(血不浄)と呼んで、出産を不浄に結びつける観念が一部地域に見られ、宮古には、「*シラの神」と呼ばれる*産神《うぶがみ》の観念が見られる。

参考文献　崎原恒新・恵原義盛『沖縄・奄美の祝事』、一九七七、明玄書房。

(赤嶺　政信)

しゅっさんたいしょくせい　出産退職制　一九六〇年代の*結婚退職制や*女子若年《じゃくねん》定年制と同時期に、女性の職場進出、勤続年数の伸びに対する資本側の対策として、*出産を理由にして退職を強要する出産退職制を実施する企業が続出した。出産退職制を慣行とすることによって女性労働者を早期に辞めさせ勤続年数の延長による賃金の上昇、人件費の増加を抑制した。多くの職場で結婚すると退職勧奨《かんしょう》やいやがらせという関門があり、それを乗り越え働き続けると次の関門は出産である。この時期の勧奨は結婚時と異なり、子どもの保育問題をかかえており、女性にとってはさらに負担の重なる問題である。女性労働者の出産については*労働基準法に定めがあるにもかかわらず、退職勧奨とともに出産休暇直前あるいは出産直後に、出産などの負担を考慮したという理由で配置転換し、労働継続が困難になり退職せざるを得ないようにすることもあった。出産退職制に対する最初の裁判闘争は三井造船《みついぞうせん》の末浪和美《すえなみかずみ》である。労働協約「結婚後第一子出産により退職」で解雇され、一九六九年(昭和四十四)二月四日大阪地裁に地位保全の仮処分申請をした。一九七一年十二月十日出産退職制無効の判決が出たが、会社側は控訴《こうそ》し一九七三年十一月和解し、十二月に職場復帰した。公判での会社側の主張は「女性は単純定型的仕事にむいており、出産解雇は常識だ。女子の*産前産後休暇、育児時間、*生理休暇は会社にとって不合理だ」というものであり、会社側の本音に対して多くの女性たちが怒り、大阪での地域的な裁判闘争がひろがった。一九六九年六月十三日東洋鋼鈑《とうようこうはん》の立中修子《たちなかしゅうこ》は出産後の異職種への不当配転を拒否、解雇され横浜地裁に地位保全仮処分を申請。一九七二年八月解雇無効の判決を受けるが、会社側が控訴し東京高裁で敗訴。その後本訴し一九八〇年二月八日勝利的和解し職場復帰をかちとり、六十歳定年まで働き続けた。

参考文献　婦人労働問題研究会編『現代の婦人労働問

題』、一九九五、労働旬報社。立中修子『この扉は開けてみせる―子持ちの女は半人前なんて―』、二〇〇三、ドメス出版。 （本間 重子）

しゅっしょうりつ　出生率　出生の割合のこと。一年間の出生数を人口で除したものを人口千人あたりの数値としてあらわしたものが普通出生率である。近世の出生率の把握には各地の宗門改帳《しゅうもんあらためちょう》が好史料とされるが、生後間もない乳児の死亡が記録されない場合が多いため、算出された出生数に二割を加えることでより正確な数字が得られるとされる。全般に地域間の格差が大きく、傾向として西高東低であった。たとえば東日本、特に陸奥《むつ》の農村を中心に出生率は異常に低く(二〇‰台)、子供の数にすると平均三～四人程度であった。この地域では早婚傾向が確認されるが、出生率の増大に結びついていないことから、妊娠能力の低さや*間引《まび》きなどによる出生制限が指摘される。一方畿内・東海では平均六人を超え、九州地方でも同様の数値が把握されている。晩婚の傾向が認められる地域であることから、出産能力の高い所ほど結婚が遅かった現象が明らかになる。なお経済的な条件は必ずしも出生率に反映したとはいえず、地域により異なっていたこともわかっている。

参考文献　鬼頭宏『文明としての江戸システム』(日本の歴史一九)、二〇〇二、講談社。 （成松佐恵子）

じゅばん　襦袢　丈の短い*筒袖で、衽《おくみ》なしの*肌着。襦袢はポルトガル語のジバンの当て字。江戸時代に、南蛮文化がもたらした腰切丈《こしきりたけ》の襦袢と、在来の対丈仕立《ついたけじたて》の肌着との混同が行われて、半襦袢・長襦袢の区別ができた。長襦袢は袂《たもと》のある下着として、無地のものを重ねて着用していたが、三つ重ねにすると太ってみえるので、二枚の着物が重なったようにみえる比翼仕立《ひよくじたて》にしたり、表面に出る部分だけ高級織物や染物を使う額仕立《がくじたて》などにした。

参考文献　板倉寿郎・野村喜八・元井能・吉川清兵衛・吉田光邦監修『原色染織大辞典』、一九七七、淡交社。原田伴彦・遠藤武・百瀬明治『図録・近世女性生活史入門事典』、一九九一、柏書房。 （小川 幸代）

しゅふ　主夫　主婦に代わって*家庭で*家事育児を担う既婚男性。一九六〇年代第二派*フェミニズム運動以降、一九七五年(昭和五十)*国際婦人年世界会議で「男はソト、女はウチ」という性別役割分業が批判され男性の家庭参加が求められた。一九八〇年代からは少数ではあるが家事育児を担う男性も現われ、一九九一年(平成三)版『広辞苑』は新項目に「主夫」を採用、「従来は主婦が行うことの多かった家事に、中心となって従事する夫」と記す。二〇〇四年テレビドラマ「アットホーム・ダッド」も登場、男女の意識は変化しつつある。

参考文献　村瀬春樹『快傑！ハウスハズバンド』、一九八四、晶文社。吉田義仁「「子育て主夫」が私の選択」(『ニューズウィーク』八ノ一七)、一九九三。 （金子 幸子）

しゅふ・しゅふけん　主婦・主婦権　〔古代〕家の内部を統括する*家長の妻。「主婦」は古代中国では族内の礼の執行者だった。わが国で経営単位としての家は、九世紀に萌芽《ほうが》し、十一世紀末には成立する。九世紀初頭の『*日《に》本霊異記《ほんりょういき》』等では、大規模経営の豪族層の「家長」と「家室《いえのとじ》」がともに財産所有権・経営権を持っているが、政治的な家長優位が始まっている。十世紀以降には、貴豪族層から家が形成され始めると、家業代表権、主たる家産所有権や経営権は家長が保持し、家妻《いえづま》は家内の統括を行うようになる。主婦たる家妻の分担は、㈠家財・寝所の管理、㈡家構成員の統括、㈢食料や衣料の調整と管理などが史料から析出《せきしゅつ》されるが、とりわけ㈠は十一世紀中期成立の『*新猿楽記《しんさるごうき》』に理想的妻像として描写される次《じ》妻《さい》は「吏桿《りかん》・興販《こうはん》・家治《けち》・能治《のうち》」の能力が抜群だったとあり、家政全般の統括を果たした。家長没後に妻が*後家となり家長代行を行う中世的主婦に継承される。

参考文献　河音能平「中世前期村落における女性の地位―土地台帳の世界と譲状・売券・造像銘の世界―」(女性史総合研究会編『日本女性史』二、一九八二、東京大学出版会)。関口裕子『日本古代婚姻史の研究』下、一九九三、塙書房。服藤早苗「イエの成立と妻の役割―「主婦権」の相対化をめざして―」(『平安王朝社会のジェンダー―家・王権・性愛―』二〇〇五、校倉書房)。 （服藤 早苗）

〔中世〕「主婦」の語は民俗学などで研究の対象になっていた学術用語であるが、わが国においての「主婦」の語は、大正時代以降「近代的俸給家庭内」において使用され始めた言葉であったとして、前近代に使用することを批判する見解もある。そのため最近では中世の「家」の家政を家長と役割分担する正妻を「家妻《いえづま》」と称することが多くなった。「主婦権」は民俗学で使用されてきた学術用語で、「家」内における妻の役割分担を表す用語として使用されている。「家妻」は「家」が成立すると誕生する。「家」成立期である平安時代は、*一夫多妻妾制《いっぷたさいしょう》であるが、多妻のうち夫と同居する妻が正妻であり、「家妻」として夫の「家」の家政を取り仕切っていた。「家妻」は「家」内で家長権に従事しつつも、食料や衣料の調製と管理、家構成員の管理・統括、家財・性愛の管理・運営を行なっていた。中世の絵巻物に登場する、妻は納戸《なんど》の前に腰をおろしていることが多い。納戸には家財が保管されており、ここに収められた家財の管理を妻が果たしており、これは家長である夫の統括権のもとで行われる権限で、「主婦権」だとされている。中世前期においては、「主婦権」の委譲《いじょう》は後家が死亡するまでないだろうといわれている。それは承家の観念がまだ未熟なため、前家長の妻が次の家長の「家」内をも取り仕切り、母として「家」全体の経営を補佐していく。それが中世後期になると、「主婦権」の委譲が公家層に現実的に存在したことが、史料的に明らかになる。それは三条西実隆《さんじょうにしさねたか》家の場合で、現家長の妻が生存中に、*嫡子の妻に「主婦権」が委譲されている。中世後期の公家層の「家妻」の役割は、使用人の管理、食料の管理・調達のみならず、家業運営にあたっても重要な役割分担を果たしていた。武家層の「家妻」も家業としての「所領成敗」「家中雑事のとりしきり」を行なっていた。中世の「家」は家長権と「主婦権」の両方によって経営されていたのである。

参考文献　保立道久「塗籠と女の領域」(『中世の愛と従属』一九八六、平凡社)。飯沼賢司「後家の力―その成立と役割をめぐって―」(峰岸純夫編『家族と女性』一九九二、吉川弘文館)。後藤みち子「家業と「主婦権」―三条西家の場合―」(『中世公家の家と女性』二〇〇二、吉川弘文館)。服藤早苗「イエの成立と妻の役割―「主婦権」の相対化をめざして―」(『平安王朝社会のジェンダー―家・王権・性愛―』二〇〇五、校倉書房)。
(後藤みち子)

〔近世〕夫婦を中核とする「家」経営における妻を主婦といい、妻の家庭内における諸権限を主婦権という。*婚姻によって嫁は婚家の一員になるが実権はなく、第一子の誕生や舅姑《しゅうとしゅうとめ》の*隠居などを契機に、*シャモジワタシ・*センタクワタシなどの儀礼を通過して主婦となる。生産と生活の場を同じくする農家では、生産労働と*家事は明確に区分できない関係にあり、家事専業の主婦は存在しない。武家では夫の俸禄《ほうろく》によって「家」経営がなされるが、家事の実働《じつどう》は下女奉公人など使用人が担当し、妻は管理・差配に重点が置かれる。主婦権とは民俗学《みんぞくがく》の*柳田《やなぎた》国男《くにお》の提示した食物・衣料分配管理、財布管理、祖先祭祀《そせんさいし》など家政管理権の総称だが、近世においては食物・衣料管理面に関して顕著《けんちょ》である。身分階層により異なるが、主婦権は自立した経営の主婦が保持し、「家」継承とともに次世代の嫁に委譲《いじょう》していく家政権限であり、主婦はその委譲後に家を留守にすることが容易になったと理解される。

参考文献　倉石あつ子『柳田国男と女性観』、一九九五、三一書房。長島淳子『幕藩制社会のジェンダー構造』、二〇〇六、校倉書房。
(長島　淳子)

〔近現代〕家事育児を中心に家庭の管理運営を担う既婚女性。近現代では産業構造の変化に伴い生産労働に従事しない者を基本的にさし、「主婦権」は民俗学に属する用語として使用される。「主婦」という言葉は英語のhousewifeの訳語と考えられる。西欧では産業革命後に職住が分離され、妻は生産の場から離れて夫の給料によって生活するようになり、主婦が誕生した。明治初年にhousewifeは「家婦・家妻・家母・主婦」などと訳され、その中で漢語で「本妻、正室」の意が含まれた「主婦」が次第に使われ、明治二十年代ごろには家事を担う女性として「主婦」という言葉が書物で用いられるようになる。他方、明治末から大正初期の*婦人雑誌には「パン屋のお主婦《かみ》さん」「下宿の主婦」などの使い方もみられ、商いをする既婚女性を意味することもあった。近代日本で主婦が実態として誕生するのは工業化が進み都市にサラリーマン家族が出現した大正期とされる。一九一七年(大正六)『主婦之友』が創刊、当初誌名の「主婦」は「おかみさん」をさすものと見なされ不評であったが、実際には同誌は新しい読者層(サラリーマンの妻「おくさん」)を対象に大成功をおさめ主婦という言葉が普及する。当時、農・商業の労働負担を免れ家事使用人(*女中《じょちゅう》)をも雇い得る、この主婦の生活は女性たちにとり「憧れ」の的であった。だが昭和前期の新聞投書欄においても夫の職業、あるいは自分の年齢を添えて「〇〇の(人)妻」と記していた。戦後彼女たちはみずから主婦と名乗るようになる。一九五五年(昭和三十)主婦の生き方をめぐり主婦論争が起り、高度経済成長期に農林業人口が激減、これを背景にベビーブーマー世代(一九四六―五〇年生まれ)を中心に主婦の大衆化が生じ、*企業戦士たる夫を支えた。六五年中教審が出した「*期待される人間像」は家庭役割を重視、政府は人的能力開発を唱え、既婚女性には家事育児の負担を前提にパートタイム就労を促し経済政策を推進。税金面でも主婦優遇政策がとられ、家事専業の女性が「専業主婦」と呼ばれたのに対し「兼業主婦」が出現した。一九七〇年代第二波*フェミニズム以降は性別役割分業が批判され、新たに起った女性学は主婦の問題に注目した。一九八〇年代には消費者・環境問題に関心をもち地域活動に参加する「活動専業・主婦」(芝実生子)が現われる一方、『*妻たちの思秋期《ししゅうき》』(一九八二年)が刊行され、キッチンドリンカーなど孤立する主婦の「憂鬱《ゆううつ》」も表面化した。一九八三年『わいふ』(一九六三年創刊、主婦の投稿誌)はアンケートで四十代以上の妻の場合無収入より収入のある方が夫婦の性生活においても自立的傾向があることを示している。この年、有配偶女性の有業率は五〇%を越え、働く主婦が増加、だが一九九〇年代になっても*M字型就労は続き、*出産育児期にあたる女性の就労は依然困難である。とはいえ近年では「*主夫《しゅふ》」も登場、『(平成十六年

主婦・主婦権　主人や徒弟に指示をする後妻(『松崎天神縁起』巻五第三段より)

版)女性労働白書』によれば*共働き世帯が四四・六%と、妻が専業主婦の世帯三三・八%を上回った。→子どもからの自立《じりつ》 →主人《しゅじん》 →年金《ねんきん》と女性《じょせい》 →配偶者控除《はいぐうしゃこうじょ》

[参考文献] 国際女性学会編『現代日本の主婦』、一九八〇、日本放送出版協会。金森トシエ・北村節子『専業主婦の消える日』、一九八六、有斐閣。今井泰子「〈主婦〉の誕生・主婦概念の変遷—日本の場合—」(『女性学』一)、一九九三。落合恵美子『21世紀家族へ—家族の戦後体制の見かた・超えかた—(新版)』(有斐閣選書)、一九九七、有斐閣。金子幸子「主婦としての自立—『主婦之友』と石川武美の思想—」(『近代日本女性論の系譜』一九九九、不二出版)。国広陽子『主婦とジェンダー』、二〇〇一、尚学社。 (金子 幸子)

しゅふのとも 主婦之友 家庭の*主婦を対象にした日本の代表的な月刊*女性誌。一九一七年(大正六)三月、『婦《ふ》女界《じょかい》』『*婦人之友』の編集に関わってきた*石川武美《いしかわたけよし》により創刊される。石川はその前年、自宅に東京家政研究会の表札を掲げ、貯蓄や料理の本を出版し、その成功に自信を深め創刊を決意した。特色を出すため、あえて読者層を絞り込み、主婦に焦点をあて『主婦之友』とした。日露戦争以後資本主義の発展は都市に勤労する多くの中流の市民層を生み、その家庭のあり方が注目された。*主人に対しての主婦として主体的に家庭に関わる自覚が求められた。その内容は衣食住に関する生活技術、貯蓄の方法、家庭医療の実用記事から主婦としての心得などの修養記事、そして小説など娯楽記事も含まれ幅の広いものであったが、そこには現状打破の改革の方向性よりは現世肯定の実用性に重きがおかれた。創刊号は菊判、一二〇頁、定価十五銭。部数一万部で出発した。その後代理部を作って通信販売を手がけ、翌年には別冊附録の先鞭《せんべん》をつけ他誌との附録合戦に乗り出した。また読者から集めた手記も反響をよび、さまざまな読者獲得の努力が実を結び、着実に発行部数を伸ばし、一九三五年(昭和十)前後には百万部を突破した。この時流に応じた実利性はやがて日中戦争に突入すると、雑誌取り締りの時局に敏感に反応し、記事は軍国美談や戦時下の暮らしの知恵が中心となり、主婦の*銃後《じゅうご》の守りを支えて、さらに発行部数を伸ばした。しかし一九四一年以降、軍需統制のための用紙不足で本誌の頁数は大幅に縮小された。戦後、戦争協力への責任を問われ、石川は一時廃刊も考えたが、新しい布陣で民主的家庭づくりを主眼に再出発を図った。一九五三年、誌名を『主婦の友』とし、その三年後、B五判の大判にして戦後昭和期の女性誌大判時代を常にリードしてきた。現在女性誌は用途別に細分化される中、本誌は生活誌としての側面を強くうち出している。

『主婦之友』第一巻第一号

[参考文献] 『主婦の友社の五十年』、一九六七、主婦の友社。岡満男『婦人雑誌ジャーナリズム』、一九八一、現代ジャーナリズム出版会。 (中井 良子)

しゅふれんごうかい 主婦連合会 一九四八年(昭和二十三)に結成された、*消費者運動の団体。主婦連と略称されることが多い。結成のきっかけとなったのは、戦後の配給品であったマッチに不良品が多かったことで、一九四八年九月に、*婦人民主クラブなどの女性団体が不良マッチを持ち寄り、「*不良マッチ退治主婦大会」を開催し、これを有料マッチと取り替えさせた。このとき、*奥《おく》むめおは、主婦たちの力を結集するため同月「主婦の会運動発起人会」を開き、十月に主婦連合会を発足させた。女性たちを「消費」と「主婦」の立場から組織化したのである。「しゃもじ」がシンボルであるが、一九五一年九月から登場している。主婦権とともに、「めし取る心」という意味が含まれているとされる。機関紙『主婦連たより』を一九四八年十二月から発行し、一九五六年五月には、活動の拠点となる主婦会館を東京四谷に建設する。主婦会館は、宿泊設備をはじめ、会合場所を備えたもので、主婦連合会の文字通りの活動拠点となる。主婦連合会の活動は、消費者の立場からの主張と、主婦を中心とする消費者への教育であり、戦後日本の消費者運動に大きな足跡をもつ。その活動には、一九四九年に、衛生面や品質面から信頼できる店を「主婦の店」として選定したことや、一九五四年十二月に、酪農民との連携で始めた「一〇円牛乳運動」などもみられる。後者は、消費地と産地を結ぶ産地直売のはじまりとされている。あるいは、

主婦連合会 1948年9月不良マッチを持ち込む主婦

日用品審査部(一九五〇年)を設け、一九五六年には、主婦会館内にテスト設備を有した「日用試験室」を設けた。また、一九六〇年八月には、全国に「苦情の窓口」を設置し、生活環境から消費生活にわたる「苦情」を受け付けるなどしている。主婦連合会の活動は、現在も続けられている。奥むめおが初代会長を長年務め(一九四八―八九年)、奥の引退後は*高田ユリなどが会長となり、二〇〇五年(平成十七)からは兵頭美代子が務めている。

(成田　龍一)

しゅふろんそう　主婦論争　一九五五年(昭和三十)から七〇年代前半にかけて、*主婦という女性の立場に関して、その生き方、価値、評価などをめぐって行われた論争。ここにいう主婦とは、雇用関係なしに*家事労働を担当している女性をさす。この論争は、さまざまな立場から女性の「家庭と職業」の関係が争点となった第一次と家事労働の経済的価値をめぐる論議が展開された第二次、さらに人間としての解放論が争点となった第三次に分けられる。第二次をその争点から家事労働論争ということもある。第一次は一九五五年から五六年にかけて主に『*婦人公論』誌上で展開され、第二次は六〇年から六一年にかけて『朝日ジャーナル』『婦人民主新聞』『思想』など、第三次は再度『婦人公論』が主な論戦の場となった。

㈠第一次主婦論争は、一九五五年、*石垣綾子《いしがきあやこ》が「主婦という第二職業論」(『婦人公論』一九五五年二月号)で、「主婦という仕事は、社会的職業をもったうえでさらになすべき第二職業」と述べ、職業を持たない主婦、いわゆる専業主婦への挑戦的な意見を発表したのが発端となった。高度成長のはじまりのなかで労働力需要が増大し、*核家族化と家電製品の登場により家事労働が軽減されて時間の余裕がもたらされ、そして消費生活の広がりが家計の膨張となって主婦も働きにでる状況ができた。しかし、職業労働における女性の位置付けは補助的なもので賃金も低く、軽減されたとはいえ家事労働を行うことは当然のことであったから、職業を持つ主婦は家庭と仕事の二重役割を負わねばならないという矛盾にみちていた。論戦の主張は三つの立場に分けられる。第一は「主婦も職場へ」という立場で、発端の石垣綾子をはじめ、*嶋津千利世《しまづちとせ》「家事労働は主婦の天職ではない」(『婦人公論』一九五五年六月号)、*田中寿美子《たなかすみこ》「主婦論争とアメリカの女性」(同一九五五年十月号)、梅棹忠夫《うめさおただお》「女と文明」(同一九五七年五月号)などが支持した。論者によって多少の差異はあるが、婦人解放への第一歩のために主婦も職業をもって経済的に自立、世の中に出て労働者として社会参加すべきであるという説である。第二の立場は、*坂西志保《さかにししほ》「「主婦第二職業論」の盲点」(『婦人公論』一九五五年四月号)に代表されるもので、主婦の従事する家事労働や育児、家庭管理は、人間生活に必要欠くことのできない活動であり、主婦であることが尊重されるべきであるとする。第三の立場は、すなわち、性別役割分業を肯定する論である。*清水慶子《しみずけいこ》「主婦の時代は始まった」(『婦人公論』一九五五年十月号)や*平塚らいてう「主婦解放論」(同一九五五年四月号)に代表されるもので、主婦の家事役割の意義を強調すると同時に、生活の場から政治や経済に発言し、社会改革や市民運動に参加することを評価する論である。この意見は戦後民主主義の広がりのなかで、主婦連や*原水爆禁止運動、*母親運動を踏まえた新しい主婦像への期待であった。第一次論争を通して、職場進出＝女性解放派と性別役割分業派の対立が明らかとなり、一方、性別役割分業のなかにありながら、女性解放を模索する新しい方向が示された。

㈡第二次主婦論争は、磯野富士子《いそのふじこ》が「婦人解放論の混迷」(『朝日ジャーナル』一九六〇年(昭和三十五)四月)で、主婦の果たす家事労働、すなわち主婦労働は、価値を生むと述べたことがきっかけとなり論争が始まった。磯野は、夫という労働力商品を再生産していることを価値の根拠とし、かつ仕事と家庭の二重役割を負いながら必死に職場進出することが必ずしも女性解放ではないと主張した。この提起に対し、マルクス経済学の立場から嶋津千利世《しまづちとせ》は「主婦労働には価値がないか?―無価値こそが正しい」(『婦人民主新聞』一九六〇年六月二十六日号)を発表し、黒川俊雄《くろかわとしお》も「主婦労働について」(『婦人民主新聞』一九六〇年七月二十四日号)のなかで「主婦の労働は有意義であり使用価値は生産するが、交換価値と余剰《よじょう》価値とを生産しない」と反論した。一方、水田珠枝《みずたたまえ》は、「主婦労働の値段」(『朝日ジャーナル』一九六〇年九月二十五日号)で、交換価値こそ生まないが労働力の再生産に寄与しているという見方に立って、主婦年金制などの具体策から主婦の経済的自立に言及した。しかし、水田の年金制の主張は非現実的でありかつ性別役割分業を肯定するものであるから女性解放の論理には限界のある主張であった。労働運動の観点から批判したのは高木督夫《たかぎただお》で、職場進出＝女性解放ではないという磯野の主張を支持しつつも、磯野が代弁している主婦層が家事労働に専従できる一定の階層に過ぎないことを指摘し、労働運動や女性解放を進めるためには、働く者とこの主婦層との連帯を強めるべきだと述べた(『思想』一九六〇年十二月号)。磯野は、つぎつぎと発せられた批判に対し、自分は、「婦人は家庭に入れ、という天職論を否定するため」に書いたのに、その真意を逆に受け取られたことは「心外」だと述べている(『思想の科学』一九六一年二月号)。だが、いずれの論者も、二重役割への疑問の提起や性別役割分業に真っ向から対峙《たいじ》することがなかった。

㈢第三次主婦論争は、一九七〇年代に入ると、女性の就業率、特に主婦の就業率が増加する一方で、*消費者運動など、女性が重要な役割を果たす運動があらわれ、そうした中で、武田京子《たけだきょうこ》が「主婦こそ解放された人間像」(『婦人公論』一九七二年(昭和四十七)四月号)で、産業社会の論理に対抗する「生活」に価値をおいた生き方を主張したことで論争が始まった。「専業主婦のアイデンティティ模索の作業」ともいわれるこの論に対し、「これで安心して主婦の座に居座って家事に専念できる」という賛成論や、林郁《はやしいく》の「主婦はまだ未解放である」(『婦人公論』一九七二年五月号)、伊藤雅子《いとうまさこ》の「主婦よ「幸せ」になるのはやめよう」(『婦人公論』一九七二年六月号)のように労働に価値をおき、主婦が抑圧された閉塞《へいそく》状況におかれている現実から、決して主婦は解放されていないとする反対論がおきた。第一次から第三次に至る主婦論争には、このように各時代の主婦のあり方が反映している。

参考文献 丸岡秀子編『日本婦人問題資料集成』九、一九八一、ドメス出版。上野千鶴子編『主婦論争を読む』、一九八二、勁草書房。水田珠枝「家事労働論争」(朝日ジャーナル編『女の戦後史』二、一九八五、朝日新聞社)。 (大門 泰子)

しゅめいこん 主命婚 主君の命による結婚。平安時代にも嵯峨《さが》天皇が、藤原良房《ふじわらのよしふさ》に命じて女潔姫《むすめきよひめ》と*婚姻させるなどの君命婚《くんめいこん》があったが、主従関係の発達により武家社会では主命婚がしばしば行われた。将軍源頼朝は幕府の官女、比企朝宗《ひきともむね》の女姫前《むすめひめのまえ》に命じて彼女に思いを寄せていた北条義時《ほうじょうよしとき》と結婚させた。戦国時代には*政略結婚の盛行に伴い、軍事的政治的目的による主命婚が盛んになった。豊臣秀吉は佐治日向守《さじひゅうがのかみ》に嫁《か》していた妹朝日姫《あさひひめ》を奪って徳川家康に嫁させた。家康もまた多くの実子女および養子女を作り大名・家臣と縁組みさせたことで有名であり、江戸幕府代々の将軍もまた同様である。 (西村 汎子)

しゅめいもんいん 修明門院 一一八二―一二六四 鎌倉時代前期、後鳥羽《ごとば》天皇の后《きさき》。順徳《じゅんとく》天皇の母。名は藤原重子《じゅうし》。後白河院近臣高倉範季《たかくらのりすえ》の娘。建久八年(一一九七)に順徳天皇を出産。その後*准三宮《じゅさんぐう》を経て院号。承久の乱後、後鳥羽院とともに出家したが隠岐《おき》には同行しなかった。建保《けんぽう》年間(一二一三―一九)には備中《びっちゅう》国を分国とし、後鳥羽院の母である*七条院や従姉妹《いとこ》の*卿二位兼子《きょうのにいけんし》から遺領を伝領した。後鳥羽院が隠岐で没すると、修明門院がその追善仏事《ついぜんぶつじ》を担い、死ぬまで主催者として行い続けた。修明門院領中、七条院領は孫の善統《ぜんとう》親王に伝領した。

参考文献 中村直勝『荘園の研究』(中村直勝著作集四)、一九七八、淡交社。布谷陽子「承久の乱後の王家と後鳥羽追善仏事」(羽下徳彦編『中世の地域と宗教』二〇〇五、吉川弘文館)。 (野口 華世)

シュライナー、オリーヴ Olive Schreiner 一八五五―一九二〇 英国の小説家。「シュライネル」とも読む。南アフリカ生まれ。英国で出版した『アフリカ農場物語』(一八八三年)の、自由と自己実現を求める女*主人公リンドールは「*新しい女」第一号とされている。ロンドンで、エレノア゠マルクス、カール゠ピアソン、ハヴロック゠エリスと知り合い、思想的影響を受ける。南アフリカに帰り、農場経営者サミュエル゠クロンライトと結婚。*女性参政権・人種問題・ボーア人問題など政治活動をする。寓話《ぐうわ》集『夢』(一八九一年)では将来、仕事・愛・自由において男女が平等になると断言する。この一部は*山田わか訳で『*青鞜《せいとう》』三ノ二―五ノ二に掲載。『女性と労働』(一九一一年)は女性が労働から切り離され、男性の寄生者になった歴史的過程を説き、女性運動のバイブルとなる。高野重三《こうのじゅうぞう》の抄訳『婦人と労働』(一九一三年)により日本に紹介され、*神近市子《かみちかいちこ》が『婦人と寄生』(一九一七年)として完訳する。

参考文献 ジョイス゠バークマン『知られざるオリーヴ・シュライナー』(丸山美知代訳)、一九九二、晶文社。 (山本 博子)

ジュリ 尾類 ⇩ズリ

しゅんかもんいん 春華門院 一一九五―一二一一 鎌倉時代初期の*内親王*女院《にょいん》。後鳥羽院《ごとばいん》の娘。母は九条兼実《くじょうかねざね》の娘*宜秋門院《ぎしゅうもんいん》藤原任子《にんし》。誕生後すぐに内親王となり、昇子《しょうし》と命名。その直後、同じく内親王女院であった*八条院の猶子《ゆうし》となり、一品《いっぽん》に叙《じょ》し、*准三宮宣下《じゅさんぐうせんげ》される。承元《しょうげん》二年(一二〇八)十四歳で立后《りっこう》し*皇后となり、翌年院号宣下。建暦《けんりゃく》元年(一二一一)六月、八条院が没すると、その遺領を伝領したが、同年十一月に十七歳の若さで没する。内親王女院として王家における菩提《ぼだい》を弔《とむら》う役割を期待されたと考えられるが、早世により叶わなかった。

参考文献 野村育世『家族史としての女院論』、二〇〇六、校倉書房。 (野口 華世)

しゅんしょくうめごよみ 春色梅児誉美 狂訓亭主人《きょうくんていしゅじん》(為永春水《ためながしゅんすい》)作の*人情本《にんじょうぼん》。四編十二冊からなり、初・二編天保《てんぽう》三年(一八三二)、三・四編同四年刊。深川の花柳界《かりゅうかい》を舞台とし、色男丹次郎《たんじろう》と三人の女性の*恋愛を主題とする風俗小説。*芸者、*遊女、*女髪結《おんなかみゆい》といった働く庶民女性の生き方や心理がいきいきと描かれ、春水の目論見《もくろみ》どおり女性読者を魅了した。春水は本書によって「江戸人情本《もの》の元祖」と称するに至り、以後『春色辰巳園《たつみのその》』など、同趣向の人情本をつぎつぎと発表する。『梅暦』上(古川久校訂、岩波文庫、一九五一年、岩波書店)、『日本古典文学大系』六四(中村幸彦校注、一九六二年、岩波書店)

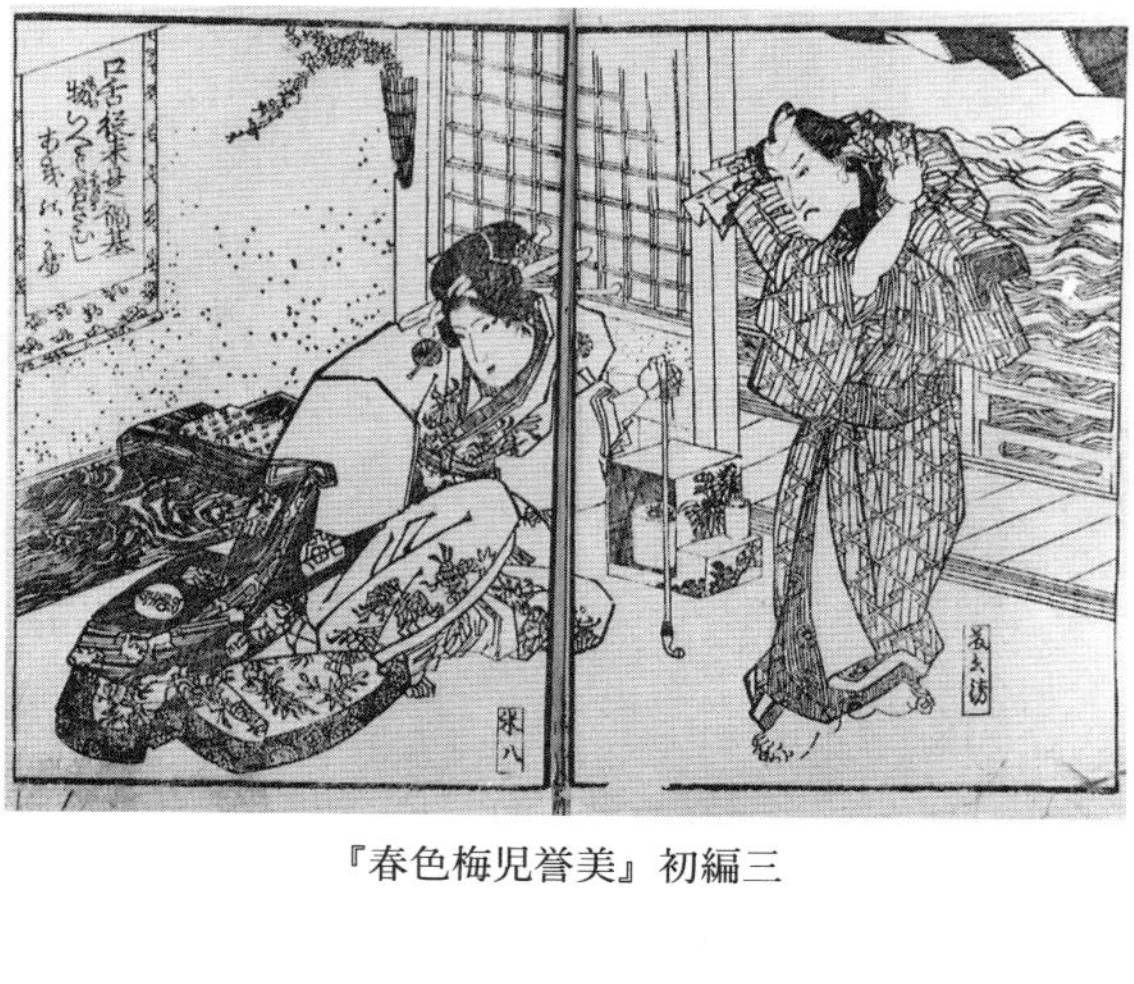

『春色梅児誉美』初編三

に翻刻《ほんこく》されている。

（鈴木　則子）

しゅんしょくえいたいだんご　春色英対暖語　為永春水《ためながしゅんすい》作、歌川国直《うたがわくになお》・静斎英一画の*人情本。五編十五冊。内題《ないだい》に「春抄媚景《しゅんしょうびけい》」、内題下に「梅ごよみ拾遺列伝《しゅういれつでん》」と記す。天保九年（一八三八）文英堂大島屋伝右衛門《おおしまやでんえもん》刊。江戸米町の豪商福徳屋宗左衛門《ふくとくやそうざえもん》の次男宗次郎《そうじろう》と遊女柳川《やながわ》・芸者増吉、若隠居峯次郎《わかいんきよみねじろう》と屋敷勤めお粂《くめ》・お房《ふさ》姉妹の二つの恋物語。春水の『*春色梅児誉美《うめごよみ》』『春色辰巳園《たつみえん》』から『春色梅美婦禰《うめみぶね》』へと続く作品で、多くの門人の執筆も認められる。

（藪田　貫）

しゅんぜいきょうのむすめ　俊成卿女　生没年不詳　鎌倉時代の歌人。侍従具定《じじゅうともさだ》母、嵯峨禅尼《さがのぜんに》、越部禅尼《こしべ》ともいう。承安《じょうあん》元年（一一七一）ころの生まれ。建長《けんちょう》四年（一二五二）以後に死去。藤原俊成《ふじわらのとしなり》の女《むすめ》の八条院三条を母に、左少将《さしょう》尾張守《おわりのかみ》藤原盛頼《もりより》を父として生まれるが、父が鹿ヶ谷事件《ししがだにじけん》に連座して官位を剝奪《はくだつ》されたので、祖父母である俊成夫妻によって養育される。土御門通具《つちみかどみちとも》の妻となって子をもうけるも、夫が土御門天皇の乳母按察局《あぜちのつぼね》と婚姻したため離婚した。その後、後鳥羽院《ごとばいん》に才能を見出され、建仁元年（一二〇一）に集められた三度の百首歌《ひゃくしゅうた》に加えられる。同二年七月院に出仕し、祖父の名をとって俊成卿女と名乗る。院が主催する歌合《うたあわせ》にしばしば参加し、『新古今和歌集』には二十九首が採用される。建保《けんぽう》元年（一二一三）出家したが作歌活動は衰えず、仁治二年（一二四一）叔父の定家の死に際して所領であった播磨《はりま》国越部庄へ下向。そのころの著作として勅撰集《ちょくせんしゅう》への批判を記した『越部禅尼消息《しょうそこ》』がある。『*無名草子《むみょうぞうし》』の作者に擬《ぎ》する説が有力。

参考文献　石田吉貞『新古今世界と中世文学』、一九七二、北沢図書出版。森本元子『俊成卿女の研究』、一九七六、桜楓社。

（田中　貴子）

しょ　書　⇩よみかき

じょい　女医　女性医師。古代の『養老令《ようろうりょう》』医疾令《いしつりょう》「女医条」から、宮中女性の*出産・外科・針灸《しんきゅう》などの治療を行う女医の存在が知られる。古代の女医は婢《ひ》の身分で、女医を統括・教育する女医博士には医業の男性が任官した。江戸時代の女医では、*野中婉《のなかえん》・度会園《わたらいその》・森崎保佑《もりさきほゆう》などの名が知られ、幕末にはシーボルトの娘、*楠本《くすもと》イネなど蘭学を学んだ女医もいた。江戸時代から明治初期にかけては、地域社会で「女医」とされる者が少なからず存在した。明治に至り、一八八四年（明治十七）、はじめて女性の医術開業試験受験が認められた。一八八五年、*荻野吟子《おぎのぎんこ》が後期試験に合格、欧米諸国とほぼ同時期に男性と同じ国家資格を持つ女医が誕生した。以後、済生学舎《さいせいがくしゃ》を中心とした私立医学校によって女子医学教育が担われたが、女医排斥《はいせき》論などから再び女子に門戸を閉ざす事態となった。しかし、一九〇〇年に東京女医学校、続いて女子医学研修所（のち東京医学校）、日本医学校が設立され、女子医学教育はかろうじて継続した。その後東京女医学校以外は女子医学教育から撤退し、一九二五年（大正十四）の帝国女子医学専門学校の設立までは、東京女医学校（のち東京女子医学専門学校）のみが女子医学教育の場となった。初期の女医には、帝国大学などで研究を続ける者、ドイツに留学する者、開業医として成功する者もいたが、女性の職業の成功例として社会的に認知されたのは、医師不足が顕著《けんちょ》となった第一次世界大戦後である。一九〇二年に前田園子《まえだそのこ》らの提唱で設立された「日本女医会」は、男性医師中心の社会の中で、女医に情報を提供し発表の場を与え、相互に支え合う目的で設立され、現在も活動を続けている。第二次世界大戦は女医の需要を再び引き上げた。男性医師の応召による地域社会における医師不足から、政府は一九四三年（昭和十八）から名古屋・北海道などに女子医学専門学校を設置した。戦後、全国の国公立、私立大学医学部・医科大学は*男女共学（*東京女子医科大学を除く）となり、二〇〇四年現在、女性は医師全体の約一六％となっている。

参考文献　村上信彦『明治女性史』三、一九七七、講談社。日本女医会編『日本女医史（追補）』、一九九一。

（三﨑　裕子）

しょうえいに　正栄尼　？―一六一五　豊臣秀吉の馬廻衆《うままわりしゅう》の一人だった渡辺登《のぼる》の妻。子の渡辺糺《ただす》は槍《やり》の名手として知られ秀頼《ひでより》に仕えていた。慶長十九年（一六一四）の方広寺鐘銘《ほうこうじしょうめい》事件のとき、*大蔵卿局《おおくらきょうのつぼね》とともに駿府《すんぷ》に赴き、徳川家康と交渉し、また、翌年三月にも家康との交渉の使者になっている。大坂夏の陣の最後の場面で、子の糺が重傷を負い、八歳の娘を刺殺し切腹したとき、その介錯《かいしゃく》をし、みずからも喉を突いて自害し、*淀殿《よどどの》・秀頼に殉じた。

正栄尼画像

参考文献　桑田忠親『桃山時代の女性』（日本歴史叢書新装版）、一九九六、吉川弘文館。

（小和田哲男）

しょうがいがくしゅう　生涯学習　豊かな人生をおくるために、生涯にわたって自発的に行う学習。「生涯教育」は一九六五年（昭和四十）、ユネスコの第三回成人教育推進国際委員会でポール＝ラングランが提唱し普及した。生涯教育は社会教育・学校教育・*家庭教育などの機能を含む。一九八五年、第四回国際成人教育会議で「学習権宣言」が採択され生涯学習が重視される。日本では一九四五年以降、女性の生活向上のため、各地で婦人団体や

*婦人学級の講座が開催された。一九五〇年代後半から公民館や*PTAによる家庭教育学級や*ボランティア活動が盛んになる。日本初の社会人入試制度が一九七九年に立教大学法学部(入学者三十二名中女性は二十二名)で行われ、女性学講座が一九八〇年に国立婦人教育会館(現*国立女性教育会館)で開設された。近年は労働・子育て・介護など女性のライフスタイルに応じて、*カルチャーセンター・女性センター・マスメディア・NPOなど多様な学習機会がある。

参考文献　志熊敦子「女性の教育・学習のあゆみ」(同編『女性の生涯学習』一九九〇、全日本社会教育連合会)。

(山澤　和子)

しょうがいしゃふくしとじょせい　障害者福祉と女性　障害者と女性の問題は国家の人口政策、優生政策によってコントロールされているといっても過言ではない。*堕胎《だたい》は、江戸時代までは*間引《まび》き・口減《くちべ》らしとして容認されるという風土が存在した。明治時代には富国強兵《ふこくきょうへい》政策のもと政府は「産めよ殖《ふ》やせよ」と堕胎を禁止した(「刑法堕胎罪」)。同時に「精神疾患《しっかん》・遺伝性疾患(医学的根拠はない)を有するもの」への不妊手術・人工妊娠*中絶を認めた「*国民優生法」が一九四一年(昭和十六)に公布される。これらは国家資源としての子供の*出産と、戦争に役立たない障害者の出産を阻止しようとするものであるともいえる。そして敗戦後に起った*ベビーブームには、人口過剰の問題解決策として、堕胎罪は残したまま、重度の精神障害または身体障害の原因となる疾病《しっぺい》または欠陥《けっかん》を有している恐れが著しいと認められる場合(胎児条項)を人工妊娠中絶の許可に追加するとされ、より差別的な「*優生保護法」(一九四八年)が制定されたのである。障害者の差別は、生を与えられたばかりの胎児のころから始まると同時に、抹殺されるという宿命を請け負うものであった。この流れを受けるように、一九六〇—七〇年代はコロニー構想の全盛時代となり、労働力とならない重度障害者を「保護・指導・訓練」を名目に施設に実質上の隔《かく》離《り》をした。日本国は障害者を排除したうえで治安を維持し、高度成長期を一気に登りつめようとした。優生保護法は、女性や障害者の反対運動によって四十八年間に二十六回の修正を経て一九九六年(平成八)、差別条項を削除した*母体保護法へ改定された。すなわち、優生保護法の優生思想と、その優生思想が障害者差別の根幹をなす部分が削除されたのである。しかし、出生前診断は日本では障害児を選別するために使われている。検査技術は流産率に影響を与えない母体血の採血が可能となるなど確実に進んでおり、育児の無限の可能性が無視されている現実がある。検査を行う者も、検査を受ける者も、この倫理的・社会的問題を十分に議論する必要があり、双方に高い倫理観が要求されている。

参考文献　青木康子・加藤尚美・平澤美恵子編『助産学概論』、一九九一、日本看護協会出版会。村本淳子・森明子編著『母性看護学概論』、一九九六、医歯薬出版。杉本貴代栄『ジェンダーで読む福祉社会』(有斐閣選書)、一九九九、有斐閣。吉沢豊予子編『女性生涯看護学—リプロダクティブヘルスとジェンダーの視点から—』、二〇〇四、真興交易医書出版部。

(高橋　圭子)

じょうかんじ　浄閑寺　東京都荒川区南千住《みなみせんじゅ》にある寺。栄法山浄閑寺ともいう。浄土宗芝増上寺《しばぞうじょうじ》末寺。創建年代は、寛文《かんぶん》年間(一六六一—七三)といわれる。*遊女が死去すると、浄閑寺に葬られたことで、俗に「投げ込み寺」と通称した。身寄りもなく、引き取る者もいない遊女の亡骸を投げこむように葬ったので、このように呼ばれたと伝えられる。浄閑寺以外に遊女を葬った寺は、ほかにもあるが、一般には、浄閑寺が投げこみ寺としては有名。浄閑寺には「*新吉原」創業から廃業に至るまでの遊女たちの一万五千体の霊が無縁仏として処理され合祀《ごうし》されている。「生きては*苦界《くがい》、死しては浄閑寺」(花又花酔)の句ほど、遊女の悲惨な人生を表現したものはほかにはない。作家の永井荷風《ながいかふう》は、『夜の女界』で浄閑寺の遊女への切々たる思いを描写している。現在でも、浄閑寺に建てられている「新吉原無縁墓」の墓碑に詣でる人は少なくないという。

参考文献　波木井皓三『大正・吉原私記』(シリーズ大正っ子)、一九七八、青蛙房。永井荷風『野心』(『荷風全集』二、一九九三、岩波書店)。西山松之助編『遊女(新装版)』(日本史小百科)、一九九四、東京堂出版。

(宇佐美ミサ子)

しょうぎ　娼妓　*公娼《こうしょう》制度下の*貸座敷《かしざしき》に抱えられ、鑑《かん》札《さつ》を与えられて、遊客《ゆうきゃく》との性交渉を稼業とすることを公認された女性。従来「*遊女《ゆうじょ》」と呼ばれていたが、明治に入り公的に娼妓と呼ばれるようになった。多くの場合、芸娼妓酌婦周旋業《げいしょうぎしゃくふしゅうせんぎょう》などを通じて、貧困で若い娘が貸座敷に抱えられたが、その際親権者が保証人となった前借金契約を貸座敷主ととりかわすのが通例であり、その前借金を返済するまで娼妓の廃業がきわめて困難であったこと、前借金の返済自体が困難であったことなどから、娼妓は*人身売買の犠牲者とされた。一九〇〇年(明治三十三)に全国一律の娼妓取締規則ができ、娼妓は十八歳以上の女性であること、指定された地域外には居住できないこと、警察の許可なく外出できないこと等に加え、廃業希望の場合は原則として娼妓本人が警察に出頭して口頭または書面をもって申し出ることなど、*自由廃業の権利も取り決められた。しかし、人身拘束の実態は続き、前借金契約も有効とされたため、実際には廃業はきわめて困難であった。また、娼妓は性病蔓延《まんえん》の源とみなされ、週一回程度の*梅毒《ばいどく》検査が義務付けられていた。

参考文献　市川房枝編『日本婦人問題資料集成』一、一九七八、ドメス出版。

(小野沢あかね)

しょうぎとりしまりきそく　娼妓取締規則　⇩公娼制度《こうしょうせいど》

⇩廃娼運動《はいしょううんどう》

しょうきょくさいてんかつ　松旭斎天勝　一八八六—一

九四四　明治から昭和時代にかけての奇術師。一八八六年(明治十九)五月二十一日、東京神田の生まれ。本名中井かつ。十一歳で奇術師松旭斎天一《てんいち》の養女になり天勝を芸名とする。一九〇二年に天一引退後、天勝一座を旗揚《はたあ》げし支配人野呂辰之助《のろたつのすけ》と結婚。*松井須磨子《まついすまこ》の『サロメ』に対抗してセミヌードのサロメで観客を魅了するなど、奇術だけでなく西洋演劇やレビューも取り入れ、明治末から昭和初期のエンターテインメント分野に大きな足跡を残した。一九三四年(昭和九)引退し、一九四四年十一月十一日死去。著書に『魔術の女王一代記』(一九九一年、かのう書房)がある。

松旭斎天勝

参考文献　石川雅章『松旭斎天勝』(伝記叢書)、一九九九、大空社。　(江刺　昭子)

しょうくんもんいん　昭訓門院　一二七三―一三三六　亀山院《かめやまいん》の晩年の妃。名は藤原瑛子《えいし》。父は太政大臣西園寺《さいおんじ》実兼《さねかね》。母は源通成《みなもとのみちなり》の娘顕子《けんし》。正安《しょうあん》三年(一三〇一)正月、二十九歳で亀山法皇の妃となる。同年三月に院号宣下《せんげ》。嘉元《かげん》元年(一三〇三)に恒明《つねあきら》親王を生む。恒明は亀山院に鍾愛《しょうあい》されたが、嘉元三年に院は崩御《ほうぎょ》。瑛子は出家。建武三年(一三三六)六月二十六日、六十四歳で没。　(伴瀬　明美)

しょうけんこうたいごう　昭憲皇太后　一八四九―一九一四　明治天皇睦仁《むつひと》の皇后美子《はるこ》。嘉永《かえい》二年(一八四九)四月十七日左大臣一条忠香《いちじょうただか》の三女として誕生(公式には嘉永三年生)。生母は新畑民子。幼名は勝子。書道・和歌に優れ、学問を好み聡明《そうめい》で知られた。明治元年(一八六八)明治天皇と結婚。三歳年少の天皇を助け宮中の改革に努め、殖産興業《しょくさんこうぎょう》・富国強兵に邁進《まいしん》する日本の近代化に寄与した。明治初年に皇居内に蚕室《さんしつ》を設置、官営*富岡《とみおか》製糸場を行啓《ぎょうけい》、*津田梅子《つだうめこ》ら日本人初の*女子留学生を接見する。一八七三年鉄奨《かね》(おはぐろ)と眉墨を廃止、八六年みずから*洋装し女子洋装化を促す。八七年西村茂樹《にしむらしげき》に『*婦女鑑《ふじょかがみ》』編纂を指示、*華族《かぞく》女学校に「金剛石《こんごうせき》」の歌を下賜《かし》し*女子教育を奨励する。日清・日露戦争では傷病兵を慰問《いもん》、*愛国婦人会を行啓。皇室外交を推し進め、日本赤十字社や病院を訪問するなど社会事業を支援、「国母《こくぼ》」と賞揚《しょうよう》された。一九一二年(大正元)*皇太后となる。実子はなく、*側室たちが生んだ一皇子(のちの大正天皇、生母は*柳原愛子《やなぎわらなるこ》)・四皇女を実子と見なした。一九一四年四月十一日没。

参考文献　片野真佐子「近代皇后像の形成」(富坂キリスト教センター編『近代天皇制の形成とキリスト教』一九九六、新教出版社)。同『皇后の近代』(講談社選書メチエ)、二〇〇三、講談社。　(金子　幸子)

じょうこういんでん　浄光院殿　?―一五八一　戦国大名で小田原を本拠とした北条氏康《ほうじょううじやす》の娘。氏政《うじまさ》の妹。母は氏康の正室今川氏親《いまがわうじちか》娘瑞渓院殿《ずいけいいんでん》。古河公方《こがくぼう》足利義氏《よしうじ》の正室で、「御台《みだい》」と称された。婚姻時期は不明で、確認できるのは元亀《げんき》二年(一五七一)まで下る。天正二年(一五七四)に長女氏姫《うじひめ》を、同四年に嫡子梅千代王丸《ちゃくしうめちよおうまる》、同六年以降に次女を生む。梅千代王丸は数年後に死去したらしい。同九年六月十五日に死去、法名は浄光院殿円桂宗明大禅定尼《えんけいそうめいだいぜんじょうに》。その翌年に夫義氏も死去し、男子がなかったため、公方家は嫡女氏姫が事実上の家長を務めた。

参考文献　黒田基樹「北条氏康息女円桂宗明について」(『戦国史研究』一三)、一九八七。佐藤博信『古河公方足利氏の研究』(歴史科学叢書)、一九八九、校倉書房。　(黒田　基樹)

じょうこうがくしゃ　蒸紅学舎　民権期に女性が設立した私塾。景山《かげやま》(のち*福田《ふくだ》)英子《ひでこ》が一八八三年(明治十六)十二月に母や*岡山女子懇親会員《おかやまじょしこんしんかいいん》の協力を得て設立。蒸紅とは女性を多く集める意。午後は男女児を、夜間は成人女性を対象とし、土曜日には討論会を行なった。一八八四年八月英子がその生徒らと自由党納涼会に参加し演説したため、九月県令の閉鎖命令を受ける。

参考文献　村田静子『福田英子』(岩波新書)、一九五九、岩波書店。　(大木　基子)

じょうさいもんいん　上西門院　一一二六―八九　鳥羽院皇女。名は恂子《じゅんし》、のち統子《とうし》に改名。母は*待賢門院璋子《たいけんもんいんしょうし》。崇徳院・後白河院とは同母。大治《だいじ》元年(一一二六)八月*内親王宣下。同二年四月准三后《じゅさんごう》宣下、同日賀茂《かもの》*斎院《さいいん》に卜定《ぼくじょう》。天承二年(一一三二)六月病により退下。統子は*美福門院《びふくもんいん》得子《とくし》所生の異母妹姝子《しゅし》を養子とし、また、弟である後白河の准母《じゅんぼ》ともなっている。これら養子関係の背景には、鳥羽院の婚姻に起因《きいん》する王家(天皇家)内部の分立状況がある。鳥羽院は待賢門院璋子に代えて晩年美福門院得子を寵愛し、璋子所生の崇徳から得子所生の近衛《このえ》天皇へと皇位継承の既定路線を変更した。近衛早世ののち、次代の皇位継承者には得子養子の二条天皇が選択されたが、まずは二条父後白河が中継ぎとして即位した。王家は鳥羽・得子を主軸としつつも不安定要素を抱えており、皇位継承の正統性を補強する方策として、保元《ほうげん》元年(一一五六)三月には、得子所生で、かつ統子養女であった姝子が二条の妃となり、同三年二月には、統子が後白河の准母として立后《りっこう》することとなった。統子は保元四年(一一五九)二月に院号《いんごう》宣下(上西門院)。永暦元年(一一六〇)二月出家、法名真如理《しんにょり》。文治《ぶんじ》五年(一一八九)七月没。統子が母待賢門院から伝領した法金剛院《ほうこんごういん》領は後白河に伝えられており(のち後白河皇女*宣陽門院覲子《せんようもんいんきんし》へ伝領)、後白河と統子の関係は密接であった。彼女の*女房集団は待賢門院女房からの移動をもとに編成され、以後その一部は、統子に少弁殿《こべんどの》として仕え、のち後白河の妻后となった*建春門院滋子《けんしゅんもんいんしげこ》に継承されている。統子の女房には*和歌に秀でた者が多く、上西門院兵衛《じょうさいもんいんのひょうえ》はその代表格。『山家集《さんかしゅう》』収載の和歌詞書などから、西行《さいぎょう》が統子御所の世界と深い交流を有していたことがうかがえる。また、為義《ためよし》・義朝《よしとも》・頼朝《よりとも》ら源氏三代は、統子および待賢門院の女房と婚姻関係を結び、もしくは彼ら自身が院司《いんし》となって統子に出仕することによって政界進出を果たしており、統子御所の世界は当時の政治・社会・文化の一大拠点であった。

参考文献 五味文彦「女院と女房・侍」(『院政期社会の研究』一九八四、山川出版社)。中村文「西行と女房たち—上西門院御所を中心に—」(『国文学解釈と教材の研究』三九ノ八)、一九九四。栗山圭子「准母立后制にみる中世前期の王家」(『日本史研究』四六五)、二〇〇一。佐伯智広「二条親政の成立」(『日本史研究』五〇五)、二〇〇四。

(栗山 圭子)

じょうさいもんいんのひょうえ　上西門院兵衛　生没年不詳　平安時代後期院政期の歌人。父は村上源氏の神祇伯顕仲《じんぎはくあきなか》。姉に*待賢門院堀河《たいけんもんいんのほりかわ》らがいる。最初、*待賢門院に出仕後、その娘の*上西門院《じょうさいもんいん》に仕えた。父の主催する『西宮歌合《にしのみやうたあわせ》』(『広田社《ひろたしゃ》歌合』)以下に参加。崇徳院《すとくいん》歌壇の一員として、『久安百首《きゅうあん》』にも選出された。同時代の歌人との交流も深く、源三位頼政《げんざんみよりまさ》、藤原実定《さねさだ》ら徳大寺家《とくだいじけ》一門、西行《さいぎょう》や藤原隆信《たかのぶ》らとの関係が注目されている。『金葉《きんよう》和歌集』以下に二十八首入集。私家集があったことが知れるが、伝存していない。

参考文献 森本元子『私家集の研究』、一九六六、明治書院。

(清水 眞澄)

しょうさんしょうしか　少産少死化　出生数をおさえ、生まれた子に十分な養育を保証する環境をつくるという大正期からあらわれる志向。明治期後半、庶民にとって多産多死は宿命的だった。大正期に入り資本主義経済の飛躍的発達により都市部に教師や下級官吏《かんり》、会社事務職等の月給生活者層(新中間層)が生まれてきた。月給生活者は毎月の収入を予定することができるため、教育費や非日常の支出にそなえて貯蓄をするなど計画的な生活設計が可能になったが、その生活設計の一環として計画的出産と子どもに充分な養育を志向する少産少死化の傾向が生まれた。この都市新中間層に『*新真婦人《しんしんふじん》』を発行していた*西川文子《にしかわふみこ》が「少なく産んで多く教育せよ」と一九一四年(大正三)に『産児制限論—避妊の研究—』を著わして科学的避妊方法を示し、翌一五年には『*青鞜《せいとう》』の女性たちが自分自身の実際の妊娠経験から*堕胎の是非を問うて堕胎《だたい》を肯定したのは、都市家族の出産抑制への要望に応えるものであった。つづいて都市部で日給生活者から月給生活者となりつつあった労働者家族も家族の生活設計の必要から産児制限を志向するようになり、これに対応して労働組合は福利活動として避妊具の廉売《れんばい》、普及などを行なった。農村部では農民運動を通じて自立性を高めた農民家族が計画的出産をめざすようになり、一九二五年の日本農民組合第四回大会には岡山県支部の組合員の*山上喜美恵《やまがみきみえ》らが「産児制限公認案」の提出を試みた。労働・農民運動の中での計画出産への希望を援助するために*山本宣治《やまもとせんじ》らは産児制限の講演を行うと、女性も含む会場に入りきれない聴衆が集まるほどその志向は強く、これに対応して石本静枝《いしもとしずえ》(のち*加藤シヅエ)らの日本産児調節婦人連盟など各種の団体が*産児制限運動を展開した。こうした傾向のなかで一人の女性が産む平均出生児数は一九二〇年の五・二四人から一九三〇年(昭和五)に四・七一人、一九三五年約四・一一人へと低下傾向となり、一九一六年ころに全国で一七〇(千分比)であった乳児死亡率は、一九三〇年には一二四、一九三五年には一〇六へと低下、資本主義経済社会の浸透のもと少産少死化への傾向は戦後社会にも引き継がれていった。

参考文献 岩井サチコ・早川紀代「『生活貧困』と婦人労働・児童問題—一九一〇年—二〇年の状態—」(総合女性史研究会編『日本女性史論集』六、一九九八、吉川弘文館)。Shoko Ishizaki. "The Theory of Fertility and the Family in Modern Japan" Japanese Women: Emerging from Subservience, 1868-1945. Ed. Gordon Daniels and Hiroko Tomida. Global Orient, 2005. 石崎昇子「日本近代の家族と生殖—一九一〇年代～一九五〇年代—」(『総合女性史研究』二四)、二〇〇七。

(石崎 昇子)

しょうし　妾子　⇩嫡子《ちゃくし》

じょうし　情死　男女の*心中。江戸時代、元禄末から宝永年間(一七〇四—一一)にかけて男女の心中が多かった。『心中大鑑』には京坂で起きた二十一件の心中について記録されているが、その要因は、不義*密通をはじめ、親の不承知、借金、商売不振、金銭のトラブル、病気などさまざまである。『心中大鑑』によると二十一件のうち四割近くが、*遊女と心中していることが指摘できる。男女の情死が多かったのは、元禄十五年(一七〇二)から宝永元年の三年間で、この間、九百人余の男女心中事件が発生している。井原西鶴《いはらさいかく》の『*好色一代男』や、*近松門左衛門《ちかまつもんざえもん》の*浄瑠璃《じょうるり》に語られる心中物語に、庶民が触発され共感を呼び、情死するという現象も否めないが、一方、心中が盛衰の激しい町人社会で頻発していることは、厳しい家長や主人の支配のもとで、経済的基盤のない庶民が現実の閉塞《へいそく》情況から脱出するための手段でもあったといえる。

参考文献 総合女性史研究会編『日本女性の歴史—性・愛・家族—』(角川選書)、一九九二、角川書店。

(宇佐美ミサ子)

しょうしか　少子化　*出生率が低下し、誕生する子どもの数や全人口中にしめる子どもの割合が減ること。ある社会の出生数は、性的パートナーがいる人々の割合と、その人たちの子どもの産み方によって決まる。近代日本の少子化は一九五〇年代と一九七四年(昭和四十九)以降の二回起った。人口転換の一環をなす出生力転換であった第一回目には、夫婦が生涯にもうける子ども数が減少した。これに対し第二次人口転換と呼ばれる第二回目では、晩婚化と未婚化という結婚のしかたの変化が主因であったが、一九九〇年代以降は結婚後の出生数減少も見られる。現在では年間出生数は一九七三年の約半数に減少、合計特殊出生率は一九七三年の二・一四から二〇〇五年(平成十七)の一・二六へと低下した。人口を維持できる水準の二・〇七よりかなり低いので、このままいくと、自然増減にまかせる限り、日本の総人口減少は避けられない。少子化は労働人口の減少や社会保障費の増大に結びつくので、子どもを産み育てやすい社会的環境整備や、女性や外国人の労働力化が課題とされる。

参考文献　落合恵美子『21世紀家族へ(第三版)』(有斐閣選書)、二〇〇四、有斐閣。
(落合恵美子)

じょうしぐん　娘子軍　一般的に女性の率いる軍隊、また女性だけで組織した軍隊をいう。明治元年(一八六八)の戊辰戦争《ぼしんせんそう》の際、会津《あいづ》藩若松城《わかまつじょう》下で戦闘に加わった婦女子を、のちにこの名で呼んでいる。隊長として知られる*中野竹子《なかのたけこ》は、母のこう子、妹の優子《ゆうこ》、*薙刀《なぎなた》の稽古をともにした女子らと申しあわせて、家老萱野権兵衛《かやのごんべえ》に参戦を願い出、古屋佐久左衛門《ふるやさくざえもん》率いる衝鋒隊《しょうほうたい》に加わった。七《なの》日町口《かまちぐち》に布陣《ふじん》した衝鋒隊は大垣《おおがき》藩を攻撃、銃撃戦のなかで、竹子らは勇敢に薙刀を振るい敵に肉薄《にくはく》したが、竹子は銃弾に倒れ、母のこう子(妹の優子の説もあり)に介錯《かいしゃく》を頼んで二十二歳の若い命を終えた。城下の婦女子は戦闘に際して、警鐘《けいしょう》を合図に入城することが決められていたが、敵方の突然の侵攻で多くの婦女子が入城できないまま城門が閉ざされたため、城下で自刃した者も少なくない。籠城《ろうじょう》した女性たちは負傷した兵士の看護や炊事・*洗濯などに従事して戦闘を支え、若松城は落城しないまま明け渡された。会津藩の殉難《じゅんなん》した婦女子は二百三十八名に及んでいる。

参考文献　会津武家屋敷文化財管理室編『幕末・明治に生きた会津の女性』、一九六八、会津武家屋敷。
(柳谷　慶子)

しょうしないしんのう　正子内親王　八一〇—七九　平安時代初期の淳和《じゅんな》天皇の*皇后。父は嵯峨《さが》天皇、母は皇后*橘嘉智子《たちばなのかちこ》。仁明《にんみょう》天皇とは双子。天長《てんちょう》二年(八二五)恒貞《つねさだ》親王を出産。恒統《つねむね》・基貞《もとさだ》親王の母。同四年二月立后《りつごう》。十年二月に淳和天皇が仁明天皇に譲位《じょうい》すると、恒貞が立太子し両統迭立《りょうとうてつりつ》の様相を呈《てい》する。承和《じょうわ》七年(八四〇)五月淳和の死ののち落飾《らくしょく》。同九年父嵯峨上皇の死直後に勃発《ぼっぱつ》した承和の変で恒貞が廃太子されるに及び震怒《しんど》して母嘉智子を恨んだという。斉衡《さいこう》元年(八五四)四月太皇太后。貞《じょう》観《がん》五年(八六三)五月に淳和院での大斎会《だいさいえ》ののち、延暦寺座主《ざす》円仁《えんにん》を戒師《かいし》として出家し良祚《りょうそ》と称する。仏教に帰依《きえ》し、慈善活動にも積極的で、京内の孤児の養育にみずからの封戸《ふこ》を宛《あ》てたり、居所としていた淳和院を道場とし自存できない尼の収容施設とした。また、嵯峨旧宮を大覚寺とし、その一屋の済治院《さいちいん》では*僧尼の療養を行なった。一方、「*国母《こくも》」と称され王家に強い影響力をもち、尊号拒否で藤原氏の*後宮進出を拒もうとしたこともある。元《がん》慶《ぎょう》三年(八七九)三月に没。

参考文献　西野悠紀子「母后と皇后—九世紀を中心に—」(前近代女性史研究会編『家・社会・女性—古代から中世へ—』一九九七、吉川弘文館)。同「九世紀の天皇と母后」(『古代史研究』一六、一九九九)。佐藤信「摂関制成立期の王権」(『古代の遺跡と文字資料』一九九九、名著刊行会)。
(仁藤　智子)

しょうしないしんのう　祥子内親王　一三二二?—?　後醍醐《ごだいご》天皇の第二皇女。母は*阿野廉子《あのれんし》(新待賢門院《しんたいけんもんいん》)。恒《つね》良《よし》親王・成良《なりよし》親王・義良《のりよし》親王(後村上天皇)・惟子《いし》内親王は同母の兄弟。最後の伊勢斎宮。保安寺比丘尼《ほうあんじびくに》。建武元年(一三三四)二月二十五日に伊勢斎宮に卜定《ぼくじょう》され翌年九月十日に*野宮《ののみや》に入り、後醍醐天皇が吉野に移った延元元年(一三三六)冬に退下《たいげ》。和歌が准勅撰《じゅんちょくせん》和歌集の『新葉《しんよう》和歌集』に一首、勅撰和歌集の『新千載《しんせんざい》和歌集』に十六首入っている。伊勢斎宮のときに大神宮に献上した「いすず川たのむ心はにごらぬをなどわたるせの猶《なお》よどむらん」(『新葉和歌集』九神祇)は、戦乱で世の中が濁っていることを嘆いた和歌である。祥子の和歌によれば、祥子は父後醍醐天皇の死(延元四年(暦応二、一三三九))に立ち会えず、また、弟の後村上天皇がいる吉野の行宮《あんぐう》を訪ねているので、伊勢斎宮退下後は吉野に居住していなかったことになる。一首「残りゐて思ふもかなし法の道たずねし時はおくれやはせし」(同一〇釈教)は、「世をのがれて後、保安寺に住みける比《ころ》」に寺の長老が亡くなって詠んだものであり、保安寺に身を寄せて同寺で出家したと推定される。保安寺は、祥子の異母姉懽子《かんし》内親王(宣政門院《せんせいもんいん》)が暦応《りゃくおう》三年に出家した寺で、仁和寺《にんなじ》の河窪殿《かわくぼどの》に相当する。室町時代には摂津国《せっつのくに》志宜荘《しぎのしょう》内に比丘尼御所の法安寺《ほうあんじ》があり、相国寺鹿苑院《しょうこくじろくおんいん》に属していた。祥子たちのいた保安寺が志宜荘内に移った可能性がある。出家後の一首「あつめねどねぬ夜の窓にとぶ蛍心をてらす光ともなれ」(同一六雑上)は蛍の光に心の明りを見出そうとしており、「なにをしてすぎつるかたの月日ぞとさらにおどろくとしのくれかな」(同六冬)は毎日が平穏無事に過ぎたことを示している。祥子の後半生は、比丘尼御所として姉懽子とともに修行と和歌に励んだ平穏な人生であったと考えられる。

参考文献　安西奈保子「後醍醐天皇をめぐる三人の斎宮たち—奨子内親王・懽子内親王・祥子内親王—」(『日本文学研究』二三、一九八七)。所京子『斎王の歴史と文学』、二〇〇〇、国書刊行会。菅原正子「中世後期—天皇家と比丘尼御所—」(服藤早苗編著『歴史のなかの皇女たち』二〇〇二、小学館)。
(菅原　正子)

しょうしないしんのう　頌子内親王　一一四五—一二〇八　鳥羽《とば》上皇の皇女。母は美福門院《びふくもんいん》女房春日局《かすがのつぼね》(藤原実能《さねよし》の娘)。春日姫宮《かすがのひめみや》と呼ばれた。久安《きゅうあん》元年(一一四五)三月十三日、誕生。承安《じょうあん》元年(一一七一)賀茂斎院《かものさいいん》に二十七歳で卜定《ぼくじょう》されたが、約二ヵ月後に病により退下《たいげ》。その住居から五辻《いつつじ》斎院と称される。父院の菩提《ぼだい》を弔うため高野山に蓮華乗院《れんげじょういん》を建立、所領紀伊《きい》国南部庄《みなべのしょう》を施入《せにゅう》するなどして同院の興隆に努めた。元暦《げんりゃく》元年(一一八四)出家。承元二年(一二〇八)九月十八日、六十四歳で没。南部庄は守子《しゅし》女王から伝領したもので、同院の仏事相折《そうせち》には父母のほかに守子の近親者(その兄 源 有仁《みなもとのありひと》など)の忌日《きじつ》仏事用途がみえ、有仁やその妹守子女王との血縁・猶子《ゆうし》関係が推測される。

参考文献 阪本敏行「南部荘」(山陰加春夫編『きのくに荘園の世界—学ぶ・歩く・調べる—』上、二〇〇〇、清文堂出版)。 (伴瀬 明美)

しょうじゅいん 松寿院 一七九七—一八六五 幕末期の種子島《たねがしま》女領主。薩摩《さつま》藩主島津斉宣《しまづなりのぶ》の娘。母は側室須賀《すが》。斉彬《なりあきら》の叔母。生後二ヵ月余りで五歳の種子島久道《ひさみち》と輿入《こしい》れ儀式を行う。六人の子女に恵まれたが、男子は夭折《ようせつ》し、三十三歳で夫に死別した後、跡継ぎのない種子島家の祭主となり、名跡《みょうせき》を継ぐ。異母弟久珍《ひさみつ》を迎えて跡継ぎとするまでの十三年間と久珍の没後、その嫡子《ちゃくし》一歳の久尚の後見役を六十九歳で世を去るまで果たし、製塩事業・堤防築造・鉄砲鋳造・学校創設などの善政を敷く。

参考文献 柳田桃太郎『種子島の人』、一九七五。『種子島家譜(復刻版)』(鮫島宗美訳)、二〇〇三、ぶどうの木出版。 (柴 桂子)

しょうじょかげき 少女歌劇 女性の出演者のみでレビュー、ミュージカルなどを演じる日本独特の大衆的演劇形式。一九一二年(明治四十五)、白木屋《しらきや》呉服店が客寄せのために少女歌劇団を結成、『羽子板』を上演したのが嚆矢《こうし》とされる。大正から昭和にかけて、少女歌劇団を名乗る団体が全国各地に結成されたが、ほとんどが敗戦前に消滅した。「*宝塚歌劇団」(一九一三年—)、「松竹歌劇団」(一九二一—九六八年)が代表的な存在である。

参考文献 倉橋滋樹・辻則彦『少女歌劇の光芒—ひとときの夢の跡—』、二〇〇五、青弓社。 (池川 玲子)

少女歌劇 宝塚少女歌劇団公演「モン＝パリ」

しょうじょざっし 少女雑誌 未成年女性向けの教養・娯楽雑誌。少女雑誌のはじまりは一九〇一年(明治三十四)に博文館から創刊された『*女学世界《じょがくせかい》』である。一八九九年に高等女学校令が公布され、増大した少女・女学生によって読者層が形成されていった。それ以前、『少年世界』(一八九五年創刊、博文館)には「少女」部門が設けられ、少女は少年の従属的な地位にあった。*ジェンダーの差異化と年齢の細分化が推進され、博文館では十二歳以下向けに『少女世界』(一九〇六年)を創刊する。また『少女界』『少女の友』『少女倶楽部《クラブ》』などが続々と刊行された。少女雑誌では良妻賢母《りょうさいけんぼ》思想を基調とした読み物が載せられた一方で、読者欄が設けられて、読者参加型の紙面構成がなされ、読者層の共同性をもつ独自の世界が生み出されている。戦後、中原淳一《なかはらじゅんいち》がファッションを主体とする『ひまわり』や『ジュニアそれいゆ』を発行して、華やかで繊細な少女文化を発信し、今日の少女雑誌にも受け継がれている。

参考文献 本田和子『女学生の系譜』、一九九〇、青土社。川村邦光『オトメの祈り—近代女性イメージの誕生—』、一九九三、紀伊國屋書店。 (川村 邦光)

しょうじょマンガ 少女マンガ いわゆる「少女向け」マンガ誌に発表されたマンガ作品の総称。男性の書き手も多かった一九五〇—六〇年代には「母もの」あるいは貧乏な女の子がけなげに頑張る話が多かったが、その後女性作家が増え(現在は九九%が女性)、次第に*恋愛ものが主流を占めるようになる。だが、一九七〇年代に入って、萩尾望都・竹宮恵子・大島弓子など、「花の二十四年組」といわれる一九四九年(昭和二十四)前後生まれの女性マンガ家たちが活躍し始めると、その高い文学性は社会的にも注目されるようになり、「少女マンガは少女の内面を描くもの」という見方が強まった。また、「花の二十四年組」の作品に、少年を主人公として、少年同士の絆を描くものが多くみられ、それが熱狂的なファン層を獲得していったことから、「少年愛」とよばれる独自のジャンルが生まれた。それが一九八〇年代後半、同人誌で既存のアニメや少年マンガの登場人物同士が同性愛関係にあるという設定で遊ぶ「やおい」と呼ばれるパロディジャンルを生み出し、一九九〇年代以降はそれが商業化されてBL(ボーイズラブ)とよばれる新しい創作ジャンルとなっている。一方、一九七〇年代後半の、陸奥A子・田渕由美子・太刀掛秀子を代表とする「乙女ちっく」マンガの「自分をブスでドジでダメだと思っている女の子が、好きな男の子に「そんな君が好き」といわれる」という物語が、少女マンガの恋愛の「黄金パターン」とされた。また、瞳に星、三段ぶち抜きのスタイル画、多層的で融通無碍のコマ割りなどが少女マンガ表現の特徴として語られる場合が多いが、コマ割りの自在さはともかく、実際には、時代を経るにつれて少女マンガの表現はよりリアルなものに変わってきている。一九八〇年代後半からは、従来の少女マンガを埋めるものとして「ヤングレディース」と呼ばれる二十代から三十代初めの女性の生き方を模索するジャンルが生まれ、広義にはこれも少女マンガに含まれるが、現在では大手の一般レディース誌との区別は曖昧になってきている。　(藤本由香里)

じょうじんあじゃりのははしゅう　成尋阿闍梨母集　平安時代中期の家集。十一世紀末成立。全二巻。作者成尋阿闍梨母(九八八―?)は、父が権大納言《ごんだいなごん》源俊賢《みなもとのとしかた》、夫は左近中将《さこんのちゅうじょう》藤原実方《さねかた》の男《むすこ》かと推考され、その息子に入宋僧成尋(一〇一一―八一)と仁和寺《にんなじ》の律師などがいる。成尋は作者の第二子で、岩倉の大雲寺《だいうんじ》に住む阿闍梨として朝廷の信頼も厚い高僧であったが、長年の宿願《しゅくがん》により延久《えんきゅう》四年(一〇七二)三月、宋天台山《てんだいさん》へ六十二歳の高齢ながら巡礼として旅立つ。夫と早くに死別し、その後、息子たちの成長を縁《よすが》に生きてきた作者は、八十余歳にならんとしてこの「愛別離苦《あいべつりく》」に遭遇した。愛息との離別の悲しみを切々と記したこの作品からは、当時の貴族女性における母性観の一端が窺《うかが》え、また「老い」の文学としても貴重である。内容は、和歌百七十五首(長歌一首)と長文の詞書《ことばがき》を年次順に記す構成をもち、題に「集」とはあるが「歌日記」というべきものであろう。一巻は治暦《じりゃく》三年(一〇六七)十月から延久三年三月ころまで、二巻は延久三年正月から同五年五月ころまでの記事で、回想記を含む。伝本には冷泉家《れいぜいけ》旧蔵本(藤原定家手沢《しゅたく》本)と、それを書写したと思われる宮内庁書陵部《くないちょうしょりょうぶ》蔵《ぞう》旧禁裏本《きゅうきんりぼん》(江戸時代臨《りん》摸《ぼ》本)がある。刊本は『私家集大成』二所収。校訂本に平林文雄編著『校本成尋阿闍梨母集』(一九七五年、笠間書院)、宮崎荘平訳注『成尋阿闍梨母集―全訳注―』(講談社学術文庫、一九七九年、講談社)がある。

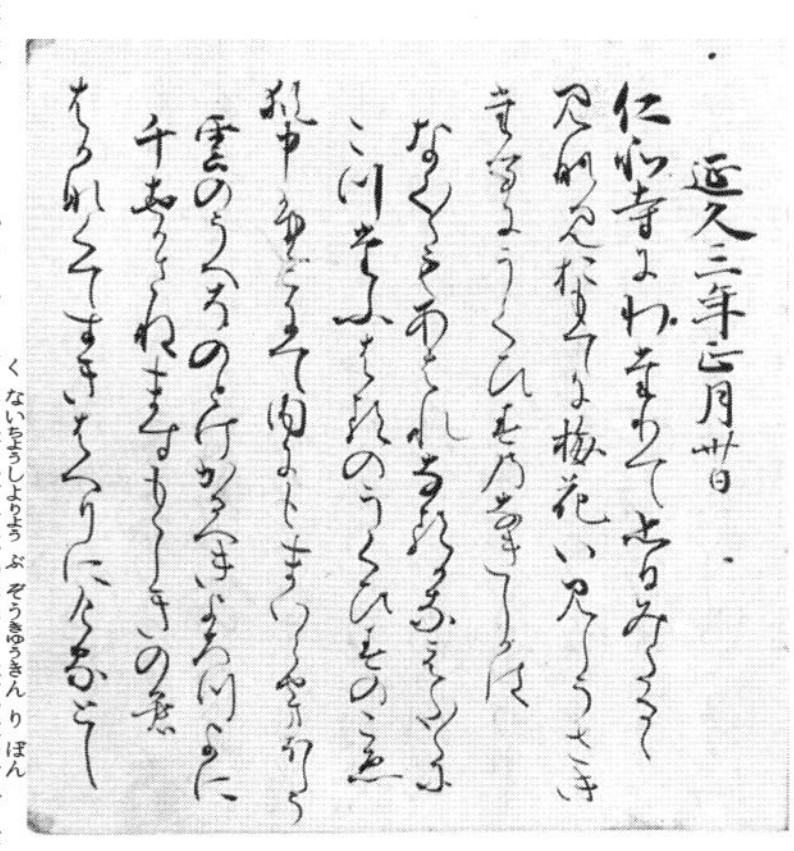

『成尋阿闍梨母集』(藤原定家手沢本)巻二

参考文献　島津草子『成尋阿闍梨母集全釈』、一九五三、古典文庫。島津草子『成尋阿闍梨母集・参天台五台参記の研究』、一九五九、大蔵出版。平林文雄『成尋阿闍梨母集の基礎的研究』、一九七七、笠間書院。高木豊「入中僧の母たち」(『仏教史の中の女人』一九八八、平凡社)。石原昭平他編『更級日記・讃岐典侍日記・成尋阿闍梨母集』(女流日記文学講座)、一九九〇、勉誠社。　(稲川やよい)

しょうせいこん　招婿婚　夫婦の結婚生活が妻方で営まれる*婚姻形態。婿取婚《むことりこん》ともいう。娶嫁婚《しゅかこん》に対する概念。主として貴族層の厖大《ぼうだい》な日記を史料に婚姻語や儀式・同居形態等から婚姻研究を行なった*高群逸枝《たかむれいつえ》が、一九五三年(昭和二十八)に『*招婿婚の研究』を著わし、古墳時代から南北朝時代までを招婿婚期とした。招婿婚期は、すでに*父系制が成立していた古墳時代の通いで夫婦別居の*妻問婚《つまどいこん》と、妻方同居の婿取婚の二期に分かれ、婿取婚は、平安時代初期までの「前婿取」、平安時代中期の「純婿取」、平安時代末の「経営所婿取」、鎌倉から南北朝時代までの「擬制婿取《ぎせい》」に変容するとの婚姻体系をうち立てた。高群説に対し、江守五夫《えもりいつお》は、人類学では、妻問婚や招婿婚の婚姻規制社会は例外なく母系制社会である、との法則性が存在することから、父系制下での招婿婚を真っ向から批判し、平安貴族層の「招婿婚」現象は、家父長制的一夫多妻制で正妻以外の妻への妻問であり、妻側は夫の*夜離《よが》れを防ぐために邸宅を提供したり経済援助をするのであり、妻方に居住しても家屋の管理権は夫が保持するので夫方居住婚である、とする。*関口裕子《せきぐちひろこ》は、高群を批判的に検討し、当時の史料用語である「婿取」を学術的に使用することを批判し、なおかつ高群が実証した婚姻語や実態的婚姻居住規制を援用《えんよう》し、十一世紀中ごろから十二世紀初頭までは全階層で通いを経た妻方居住婚から新処居住婚と当初からの新処居住婚、ただし地方富豪層では例外的夫方居住婚の存在、鎌倉時代開始期までは新処居住と夫方居住の並存、以後は夫方居住婚とする。さらに婚姻の本質では、十世紀初頭から支配者層では妻の父が婚姻を決定する家父長制的単婚が成立し十一世紀中ごろ以降庶民層にも浸透するとした。関口説を受けた服藤早苗《ふくとうさなえ》は、平安貴族層を中心に*婚姻居住形態を検討し、十世紀初頭から十一世紀後期までは、妻方居住を経た独立居住婚と当初からの独立居住婚であり、独立居住の際には、夫方提供家屋に居住する場合が多いが、同居家族は妻の両親の場合さえあり、夫の両親とは基本的に同居しないので夫方居住婚とは規定すべきではないこと、さらに十一世紀末から十二世紀は当初からの独立居住婚であることを指摘した。これに対し栗原弘《くりはらひろむ》は、婚姻当初の妻方居住を承認した上で、夫方提供家屋に居住するので夫方居住婚とすべきと主張する。鷲見等曜《すみとうよう》は、日本古代は*双系制社会なので妻方・夫方・独立居住が混在し、婚姻居住規制はなかったとする。以上の研究史を踏まえると、㈠招婿婚や婿取婚用語は学術用語としては使用不可、㈡十世紀以降貴族層から家父長制的婚姻が成立、

㈢平安時代中期は妻方居住を経た独立居住婚、㈣十一世紀末までは夫方二世代同居は未成立、などが現在の共通認識といえよう。ただし、高群が詳細に検討した*婚姻儀礼等はほとんど未検討であり今後の研究が必要不可欠である。

参考文献 高群逸枝『招婿婚の研究』(高群逸枝全集二・三)、一九六六、理論社。鷲見等曜『前近代日本家族の構造—高群逸枝批判—』、一九八三、弘文堂。江守五夫『物語にみる婚姻と女性』、一九九〇、日本エディタースクール出版部。関口裕子『日本古代婚姻史の研究』、一九九三、塙書房。栗原弘『高群逸枝の婚姻女性史像の研究』、一九九四、高科書店。服藤早苗『平安王朝社会のジェンダー—家・王権・性愛—』(歴史科学叢書)、二〇〇五、校倉書房。

(服藤 早苗)

しょうせいこんのけんきゅう 招婿婚の研究 一九五三年(昭和二十八)に大日本雄弁《ゆうべん》会講談社から刊行された*高《たか》群逸枝《むれいつえ》の著書。古代から近代まで*婚姻形態の体系化を図った書物。原始から弥生時代までは群婚《ぐんこん》、古墳時代から南北朝時代までは*招婿婚、室町時代から明治時代前期までは娶嫁婚《しゅうかこん》(嫁取婚《よめとりこん》)の三期に区分される。十年後に『日本婚姻史』(至文堂)を刊行し、明治以降の寄合婚《よりあいこん》が付け加えられ、日本婚姻史体系が完成した。題名でもある第二期の招婿婚が十年間の歳月をかけ貴族の日記や文書から十万枚以上のカードを作成し、叙述した本書の特徴である。当事者間の同意による決定や離合が緩やかな*対偶婚《たいぐうこん》を本質とする招婿婚は、*妻問婚と婿取婚に分かれ、後者はさらに大きく四期に区分される。第一期は九世紀まで*訪婚《ほうこん》と妻方同居が相半ばする前婿取婚《むことりこん》、第二期は十一世紀後期までで妻の父が婚主となり儀式により婿取りが行われ、妻方同居後一定期間が過ぎると独立居住になる純婿取婚、第三期は平安時代末の百年で妻方で経営所を設置し婿取り、夫婦の新居とする経営所婿取婚、第四期は鎌倉時代で夫家に妻を迎えるが夫家を妻領と観念し夫を婿取る形に擬制《ぎせい》する擬制婿取婚である。この招婿婚期間は、妻方が婚主になる点などから夫と妻は対等で、*家父長制家族は未成立であると主張した。従来、*柳田《やなぎた》国男《くにお》は「婿入考《むこいりこう》」で、古代から夫が一定期間妻方に婿入りするものの最終的には妻子を引き連れ夫方に帰るので嫁取婚だったと主張し、柳田説が戦後のマルクス主義史学の立場にたつ研究者にも取り入れられていたので、南北朝時代まで家父長制的嫁取婚は未成立だったとする本書は画期的婚姻体系説であった。ただし、現在ではさまざまな批判的検討がなされ、「婿取」用語の不使用、妻の父が婚主となる十世紀以降は家父長制的婚姻、十世紀以降婚姻当初の妻方同居から夫方提供家屋への移居による独立居住婚、などの修正がなされている。しかし、平安時代末まで夫の両親と同屋敷で同居する父系二世代同居は未成立とする点は、今でも揺るがない実証研究である。

参考文献 関口裕子『日本古代婚姻史の研究』、一九九三、塙書房。栗原弘『高群逸枝の婚姻女性史像の研究』、一九九四、高科書店。服藤早苗『平安王朝社会のジェンダー—家・王権・性愛—』(歴史科学叢書)、二〇〇五、校倉書房。

(服藤 早苗)

しょうせいどう 松声堂 上野国《こうずけ》山田《やまだ》郡桐生新町《きりゅうしんちょう》(群馬県桐生市)の絹買次《きぬかいつぎ》商田村林兵衛《しょうたむらりんべえ》の妻*田村梶子《かじこ》が経営する*寺子屋(手習塾《てならいじゅく》)の名称。開業期間は文政十一年(一八二九)ころから文久元年(一八六一)ころまで。入門は七歳から七年間ほど、早朝から八時間、仮名手本、『千字文《せんじもん》』『庭《てい》訓往来《きんおうらい》』『商売往来《しょうばいおうらい》』『古今和歌集《こきんわかしゅう》』などを手本として*手習い・読書・作法・和歌の稽古《けいこ》が行われた。男女は別席であったが内容に違いはあまりなく、和歌・行儀作法が重視された。門弟は百人を越えた。「松声堂筆塚《ふでづか》」が筆子《ふでこ》一同により天満宮境内《けいだい》に橘守部《たちばなもりべ》撰文・筆で天保十二年(一八四一)に建立された。二代目松声堂は桐生新町の書家望月快三《もちづきかいぞう》の妻ふくにより文久元年から明治五年(一八七二)まで開業され、読み・書き・作法・漢文などが稽古された。

参考文献 高井浩『天保期、少年少女の教養形成過程の研究』、一九九一、河出書房新社。桐生市教育史編さん委員会編『桐生市教育史』下、一九九三、桐生市教育委員会。

(梅村 佳代)

しょうぞう 尚蔵 ⇩尚蔵《くらのかみ》・典蔵《くらのすけ》

じょうだいたの 上代たの 一八八六—一九八二 大正・昭和時代の英米文学研究者、教育者、平和運動家。島根県大原《おおはら》郡生まれ。*日本女子大学校在学中より*成瀬仁蔵《なるせじんぞう》や新渡戸稲造《にとべいなぞう》に親しみ、影響を受ける。一九〇九年(明治四十二)、受洗。翌年、英文学部を卒業、同学部予科教員に就任。一九一七年(大正六)にアメリカで修士の学位を取得し帰国、母校の教授となり、日本ではじめて米文学講座を設置した。二一年結成の*婦人平和協会に参画、同協会は二四年に婦人国際平和自由連盟(WILPF)日本支部として承認された。またこの間、社会事業家・平和運動家ジェーン＝アダムズと交わり影響を受けている。戦後は、一九五一年(昭和二十六)に日本婦人平和協会会長就任、*平塚らいてうらと「*再軍備反対婦人委員会」を結成。五五年、世界平和アピール七人委員会発足に際し、委員となる。また、五〇年には基督友会《キリストゆうかい》(クェーカー)に入会している。一九五六—六五年、日本女子大学学長。著書に『リー・ハント』(一九三六年、研究社)がある。没後、『上代たの文集』(一九八四年、上代たの文集編集委員会)が編集された。

参考文献 青木生子『近代史を拓いた女性たち』(青木生子著作集一〇)、一九九八、おうふう。中嶌邦・杉森長子編『二〇世紀における女性の平和運動—婦人国際平和自由連盟と日本の女性—』(日本女子大学叢書一)、二〇〇六、ドメス出版。

(坂井 博美)

しょうちくレビューガールじけん 松竹レビューガール事件 一九三三年(昭和八)の労働争議。東京浅草の松竹少女歌劇団で、男子音楽部員の解雇と全員の減給処分を発端に、ダンシング＝チームの女生徒らが二十数項目の要求をかかげてストライキに入った。大阪松竹座にも飛び火し、それぞれ湯河原温泉、高野山に立て籠った。東京では争議団長水《みず》の江《え》滝子《たきこ》らの検挙を機に妥協《だきょう》が図られた。その後ファンの圧力によって会社は水の江の復職を認めた。

参考文献 小島恒久『日本の労働運動』、一九六七、河出書房新社。

（池川 玲子）

しょうでん 粧田 ⇩化粧料《けしょうりょう》

じょうとうもんいん 上東門院 九八八—一〇七四 一条天皇*中宮。後一条・後朱雀《ごすざく》天皇の母。藤原道長の長女で名は彰子《しょうし》。院号宣下により上東門院となる。永延《えいえん》二年（九八八）に藤原道長と正妻*源倫子《みなもとのりんし》（左大臣雅信女《まさのぶのむすめ》）の第一子として誕生。長保《ちょうほ》元年（九九九）十一月に一条天皇後宮に*入内《じゅだい》、同月*女御《にょうご》となる。翌年二月、十三歳で立后《りっこう》。道長は強引に彰子を中宮に立て、中宮であった定子《ていし》を*皇后としたので、一帝二后の新例となった。寛弘《かんこう》五年（一〇〇八）二十一歳のとき敦成《あつひら》親王（後一条天皇）を、翌年には敦良《あつなが》親王（後朱雀天皇）を出産した。彰子に二人の皇子が誕生したことで、道長は外戚《がいせき》としての地位が保障され、摂関家の全盛期を築く基盤となった。彰子のもとには*紫式部《むらさきしきぶ》、*伊勢大輔《いせのおおすけ》、*和泉式部《いずみしきぶ》などの優秀な*女房が集い、彰子を教育し、また后として荘厳《そうごん》するために、『*源氏物語』や数々の名歌が生み出された。寛弘八年、一条天皇が崩御《ほうぎょ》し、翌年彰子は*皇太后となる。彰子は定子の遺児敦康《あつやす》親王を引き取って養育し、一条の意志を汲んで、東宮に立てることを希望していた。しかし道長は、東宮に敦成を立てたので、彰子は父を恨んだという（『権《ごん》記《き》』）。敦成即位に伴い、寛仁二年（一〇一八）に太皇太后《たいこうたいごう》となる。万寿三年（一〇二六）、出家し、*東三条院（一条天皇母后詮子《せんし》）を先例として院号宣下を受け、史上二人目の*女院《にょいん》、上東門院となる。院号は、彰子の御在所《ございしょ》が道長の土御門《つちみかど》邸で、それが上東門院と称されていたことにちなむ。この上東門院が佳例《かれい》となり、以後の女院はほとんどが門院号を採用されている。上東門院は*国母《こくも》として、また摂関家の重鎮《じゅうちん》として、大きな政治的影響力を持ち、除目《じもく》や后の決定にも上東門院の判断が求められた。また摂関の継承に関しても同様で、弟の関白頼通《よりみち》が実子師実《もろざね》への継承を希望し、上東門院にその旨を伝えたが、彼女は道長の遺言どおり、弟の教通《のりみち》に継承させるよう、孫の後冷泉《ごれいぜい》天皇に命じたといわれる（『古事談《こじだん》』）。摂関全盛期の原動力であった上東門院は、頼通の死まで見届けて、承保《じょうほう》元年（一〇七四）八十七歳で没した。両親・弟妹のみならず二人の子どもにまで先立たれ、長寿を悲しんだという（『*栄花物語《えいがものがたり》』）。上東門院は女院として後世の貴族社会からも尊崇され、その事跡は院政期の男院の先例ともされた。

参考文献 橋本義彦「女院の意義と沿革」（『平安貴族』一九八六、平凡社）。坂本賞三『藤原頼通の時代—摂関政治から院政へ—』（平凡社選書）、一九九一、平凡社。服藤早苗「王権と国母—王朝国家の政治と性—」（『民衆史研究』五六）、一九九八。高松百香「院政期摂関家と上東門院故実」（『日本史研究』五一三）、二〇〇五。

（高松 百香）

しょうとくてんのう 称徳天皇 ⇩孝謙天皇《こうけんてんのう》

しょうにマヒからこどもをまもるうんどう 小児マヒから子どもを守る運動 一九五二年（昭和二十七）世界的に流行したポリオは、日本にも五五年以降広がったが、積極的対応をしない政府にたいして医師・母親が協力して「生ワクチン」の即時輸入などを認めさせた運動。一九五九年八戸《はちのへ》市で集団発生した時、ワクチンは国内では生産途上中だったため、アメリカからソークワクチンを輸入したが不足。新日本医師会等がソ連に要請《ようせい》して贈られたワクチンを政府は許可せず、抗議運動をして使用が認められ、発生が止まった。ソ連からはその後、生ワクチン輸出の連絡がきたが、政府は拒否。一九六〇年には他の十数道県で集団発生が起る。その年の日本母親大会で「小児マヒをなくす」決議をし、各地で学習会を開催した。自治体への「生ワクチン」輸入促進の陳情《ちんじょう》運動が始まり、同年十二月日本労働組合総評議会・*日本子どもを守る会など多数の団体によって「子どもを小児マヒから守る中央協議会」結成。政府に交渉したが、翌年春にはさらに流行が全国的に広がったにもかかわらず輸入許可せず、六月には*厚生省前の陳情者は日々増加し、千人を超え、マスコミでもとりあげ、ついに六月二十二日輸入が決まり、七月から接種し、八月には罹患《りかん》者が激減した。

参考文献 日本母親大会十年史編纂委員会編『母親運動十年のあゆみ』、一九六六、日本母親大会連絡会。小栗史朗他『保健婦の歩みと公衆衛生の歴史（増補版）』（公衆衛生実践シリーズ二）、一九九一、医学書院。

（橋本 宏子）

しょうのうけいえい 小農経営 近世の百姓経営の中で最も中心的・基幹的な形態。再生産に必要な最低限の耕地を所持し、自家の労働力で農業を営むことを基本的な特色とする。中世の複合的大家族経営主は太閤検地《たいこうけんち》を通じて否定され、刀狩令《かたながりれい》や兵農分離《へいのうぶんり》政策断行のなか、一部は武士として城下町などへ集住し、残りの大部分は在地に農民として残留した。近世初期の本百姓《ほんびゃくしょう》は屋敷をもち夫役《ぶやく》を負担する「役家《やくや》」であり、中期以降の本百姓と性質を異にしたため初期本百姓と呼ばれる。この初期本百姓の経営内には血縁・非血縁の傍系《ぼうけい》親族、名子《なご》・被官《ひかん》等隷属農《れいぞくのう》や譜代下人《ふだいげにん》等が包摂《ほうせつ》されていたが、十七世紀前半の耕地の増大や生産技術の向上に伴い、また隷属農の自助努力や支配の百姓取立て政策とが相まって、彼らは分家や耕地確保によって小家族を形成し始める。畿内《きない》と後進地域とでは時期を異にするが、おおよそ十七世紀後半から十八世紀前半をめやすに、本百姓の適性員数である百姓株《ひゃくしょうかぶ》の固定化をみながら近世村落が形成された。小農経営の特徴は、一対の夫婦とその子で構成される核家族、あるいは夫方親を含む直系家族とを流動的に行き来する四〜六人内外の家族労働を基本として、錯綜《さくそう》した零細《れいさい》な圃場《ほじょう》約一町歩に鍬《くわ》・鎌などの小農具を使用しながら、多肥多労働の集約農法を駆使《くし》した経営を行なったところにある。小農の経営史料は残りにくいが、たとえば十八世紀末の高崎藩地方役人《じかたやくにん》、大石久敬《おおいしひさたか》著『地方凡例録《じかたはんれいろく》』「作徳《さくとく》凡勘定之事《およそかんじょうのこと》」で、久敬が算定した田畑五反《たん》五畝《せ》歩《ぶ》所持の五人家族の小百姓の場合、耕作可能者は三名、二名は老幼でかなわず、自家労働のほか多数の雇《やと》い*人夫《にんぷ》を要する。この人夫賃銭や代掻《しろか》き用の馬の借料など経費は嵩《かさ》み、年間では差し引き赤字となる。しかし、屑米《くずまい》に粟《あわ》・稗《ひえ》・雑《ざっ》穀《こく》・菜物・草根等を加えて食し、また蚕《かいこ》を飼い煙草《たばこ》を作り、縞木綿《しまもめん》を織り出し、筵《むしろ》や薪炭《しんたん》を拵《こしら》え、自給のほかは販売し、男女が「仕馴《しな》れたる相応《そうおう》の稼《かせぎ》」で家計を助成することで、はじめて経営が成り立つものだと説いている。このように性別・年齢に応じた労働で家族員が協力して「家」を維持させていく様が、小農経営の典型である。近世は中世のように一生主家《しゅか》に従属して結婚もできず、子どもも主家に差し出さねばならなかった隷属農男女に、自分の子どもを自分のもとで育てるという、ごく当たり前の家族の形成と経営の自立化の道を大きく開いた。それは必然的に男女農民にとって「家」の維持・継承という責務の創出であり、価値基準となった。小農自立は家族史上の画期であり、研究史では中世的系譜をもつ地主・豪農など上層に比べた中下層の「*夫婦かけむかい」的性格の中に男女の対等性を認めることが通説化した。しかし一方で、近世の「家」は、当初から管理・統率の責任者たる家長は男性とされ、検地《けんち》帳《ちょう》や宗門人別帳《しゅうもんにんべつちょう》のような国家による個々の農民把握も男性家長を通じてであったことから、所有と分配における不均等や、公的領域からの女性の排除などを根拠に、大経営はもとより小経営も実際は性差別を温存させる体質を備えていたとする見解もある。今後の論点の展開が期待される。

参考文献 深谷克己『百姓成立』(塙選書)、一九九三、塙書房。大藤修『近世農民と家・村・国家—生活史・社会史の視座から—』、一九九六、吉川弘文館。長野ひろ子『日本近世ジェンダー論—「家」経営体・身分・国家—』、二〇〇三、吉川弘文館。長島淳子『幕藩制社会のジェンダー構造』、二〇〇六、校倉書房。 (長島 淳子)

じょうノブ 城ノブ 一八七二—一九五九 大正・昭和時代の社会福祉実践家。愛媛県の医師、城家の長女に生まれる。松山女学校卒業時に受洗、横浜に出て聖経《せいきょう》女学校に学んだ後、教師の傍《かたわ》ら伝道活動に従事。社会主義者伊藤智二郎との間に一男をもうけるが、厳しい思想統制下、夫は国外へ脱出。養老院勤務を経て一九一六年(大正五)神戸婦人同情会設立、*遊廓《ゆうかく》など苦境におかれた女性の相談、保護事業に尽力した。*母子寮・*保育所・児童養護施設の事業も展開、生涯を女性や子どもの福祉のために捧げた。

参考文献 城一男『マザー・オブ・マザーズ—社会事業家・城ノブの生涯—』、二〇〇三、文芸社。 (今井小の実)

しょうひしゃうんどう 消費者運動 生産者に対して消費者の利益を守るための運動。共同購入運動や消費政策の要求、企業に対する不買運動、集団的な訴訟運動などがある。アメリカで先進的な運動が展開してきた。日本でも戦前から、購買組合などによる消費組合運動があり、一九三四年(昭和九)にはゴミ処理工場の「毒煙《どくえん》事件」を機に、*東京婦人市政浄化連盟が「塵芥《じんかい》選別」の運動を展開し、東京市では台所ゴミと雑ゴミの選別収集が実施された。戦後になり、*主婦連合会(主婦連、一九四八年)、日本生活協同組合連合会(一九五一年)、*全国地域婦人団体連絡協議会(地婦連、一九五二年)など、消費者団体がつぎつぎと結成された。主婦連は、配給の不良マッチに抗議する主婦大会を機に結成された。物価・電気・国鉄料金などの値上げ反対運動やうそつきカンヅメ追放運動など、物不足の時代の生活実感にあった運動を行い支持を集めた。「おしゃもじ」が運動のトレードマークであった。一九五六年には全国消費者団体連絡会が結成され、翌年の第一回全国消費者大会では、「私たち消費者大衆は主権者である」という消費者宣言が採択された。消費者運動は、高度経済成長の矛盾が明らかになる過程で改めて盛り上がり、安全な食料・商品を求める生活クラブ生協(一九六五年)や合成洗剤の安全性問題を問う日本消費者連盟(一九六九年)などが新設された。地婦連などは、カラーテレビの輸出価格がダンピングで安く設定されており、国内価格と差があることを批判し、一九七〇年に「カラーテレビ一年間買い控え運動」を実施。これを機に、家電販売の主導権はメーカーから小売店・スーパーへと移っていった。人体や河川・海に影響のある合成洗剤を使わずに安全な石鹼《せっけん》を作って利用する運動や、農薬・合成着色料・保存料などを使わない安全な生鮮食料品などを産直によって供給する運動など、安全・環境を課題にした新しい運動が展開した。

参考文献 日本放送出版協会編『日本の消費者運動』、一九八〇、日本放送出版協会。金森トシエ『人物婦人運動史』、一九八〇、労働教育センター。 (大門 泰子)

しょうふ 娼婦 恒常的に性を売ること以外に生業《なりわい》を持たない女性。近世の娼婦の存在形態は多様であり、これら多様な存在形態を示す娼婦は、買値の高下に端的に示されるような格差をもって重層的に存在していた。まず、最も格上とされたのは、幕藩権力が公認した*遊廓《ゆうかく》の*遊女＝公娼《こうしょう》である。近世前期の遊女の中には優れた遊芸を身につけ芸能者としての性格をもつ遊女も存在していた。しかし大方の遊女は遊芸とは無縁の娼婦であり、近世後期になるにつれて遊女は娼婦としての性格を強めた。次に、遊廓外においては、風呂屋の*湯女《ゆな》、宿場の*飯盛女《めしもりおんな》、茶屋の*茶立女《ちゃたておんな》のように、*下女・奉公人の名目で、売春の実態を黙認の上、人数を制限され公許された準公娼ともいうべき女性たちが存在した。人数制限は、一軒二人もしくは三人程度とされたが、近世後期には人数制限も緩み、茶屋も旅籠屋《はたごや》も、下女の名目で定員以上の茶立女・飯盛女を抱え置き、幕府もこれを黙認した。このように、売春の実態を承知しつつ、建前としては、あたかも別の生業を持つ下女のごとく公許するという幕府の対応が、その後の娼婦盛行を促した条件の一つである。遊廓外ではさらに、無宿人《むしゅくにん》や下層都市民に抱えられ性を売る*隠売《かくしば》女《いた》といわれる女性たちが大量に存在していた。隠売女には、ほかに、生活に窮《きゅう》した貧困な妻や単身女性・年嵩《としかさ》女性がきわめて安い値で、戸外で客を引き性を売る場合もあった。*夜鷹《よたか》・*惣嫁《そうか》といった底辺の街娼《がいしょう》たちである。幕府は、『*公事方御定書《くじかたおさだめがき》』の中で、「飢渇之者《きかつのもの》」が夫婦申し合せの上、妻に売春させた場合は糺明《きゅうめい》に及ばぬ旨定めた。それ以前には、女房を遊廓に売ったり隠売女に出したりした夫が死罪となっている例が見られることを考えると、『御定書』の規定は、売春が下層都市民のやむを得ざる生業であることを幕府が公認したことを意味しており、大変画期的である。こうした貧困者の売春はやむなしとして黙認する幕府の対応もまた、大量の下層娼婦を発生・存続させる条件の一つであったからである。

参考文献 小林雅子「公娼制の成立と展開」(女性史総合研究会編『日本女性史』三、一九八二、東京大学出版会)。曾根ひろみ『娼婦と近世社会』、二〇〇三、吉川弘文館。

(曾根ひろみ)

しょうふく　妾腹　正妻以外の妾《めかけ》から生まれた子ども。*庶子《しょし》。近世においては、「家」の永続が第一義とされた武家層では、世継ぎを得るために妾を置くことが正当と考えられていた。父系の血統の連続を重んじた武家の「家」では、妾腹の子も出生の事実をもって父の「家」の構成員として認められ、*服忌令《ぶっきりょう》の対象とされた。しかし、「家」の相続にあたっては嫡系《ちゃくけい》が優先され、長男子による単独相続の形が取られるのが基本で、嫡出子と庶子は厳格に区別された。ただし、大名と旗本について実際の「家」の継承者を調査すると、*嫡子が相続する比率は時期を追って低下し、十八世紀になると三〇%程度に落ち込んでいる。他方庶子が相続する比率は近世を通じて二五%程度存在し、「家」の存続のためには*後宮制や養子制度が不可欠であったことが窺《うかが》える。

参考文献 大竹秀男『「家」と女性の歴史』、一九七七、弘文堂。同「江戸時代の妾」(『幕藩国家の法と支配』一九八四、有斐閣)。浅倉有子「武家女性の婚姻に関する統計的研究・試論—『寛政重修諸家譜』を素材として—」(近世女性史研究会編『江戸時代の女性たち』一九九〇、吉川弘文館)。藪田貫『女性史としての近世』、一九九六、校倉書房。

(浅倉　有子)

しょうまいろうどう　舂米労働　⇨稲舂女《いなつきめ》

しょうめいもんいん　承明門院　一一七一—一二五七　後鳥羽天皇妃。土御門《つちみかど》天皇母。名は在子《ざいし》。父は法勝寺《ほっしょうじ》執《し》行能円《ぎょうのうえん》、母は藤原範子《はんし》。養父源 通親《みなもとのみちちか》。後鳥羽に*女房として仕え宰相君《さいしょうのきみ》と称された。建久六年(一一九五)十一月皇子(土御門天皇)を生む。正治《しょうじ》元年(一一九九)十二月従三位に叙せられ、同日准三后《じゅさんごう》宣下。建仁二年(一二〇二)正月院号宣下(承明門院)。建暦元年(一二一一)十二月出家、法名真如観《しんにょかん》。正嘉《しょうか》元年(一二五七)七月没。養父源通親との*密通疑惑もあってか、後鳥羽院は順徳天皇母の*修明門院重子《しゅめいもんいんじゅうし》を寵し、在子とは疎遠であった。

参考文献 平岡定海「承明門院在子と宗性上人の関係について」(『南都仏教』四二)、一九七九。上横手雅敬「後鳥羽上皇の政治と文学」(井上満郎・杉橋隆夫編『古代・中世の政治と文化』一九九四、思文閣出版)。

(栗山　圭子)

じょうるり　浄瑠璃　江戸時代に発展した、*三味線を伴奏として物語を語る*音曲。十五世紀後半、みねの薬師の歩き巫女《みこ》等の流芸人が語った、三河《みかわ》国矢作宿《やはぎじゅく》の浄瑠璃姫と牛若丸《うしわかまる》の恋愛伝説「浄瑠璃物語」が起源とされ、このような物語を語る芸能を浄瑠璃節と呼ぶようになった。慶長十九年(一六一四)ころには人形劇と組み合わせた操《あやつり》浄瑠璃《じょうるり》が出現、元禄十六年(一七〇三)、*近松門左衛門作の『*曾根崎心中《そねざきしんじゅう》』は、現実社会のリアルな描写で世話浄《せわじょう》瑠璃《るり》と呼ばれ、竹本義太夫《たけもとぎだゆう》の始めた義太夫節とともに、人形浄瑠璃の大隆盛期を築いた。浄瑠璃の中には、義太夫節のほか、豊後節《ぶんごぶし》・一中《いっちゅう》節・宮薗《みやぞの》節・河東《かとう》節など多くの派生形が生まれ、社会現象になったものもある。人形や*歌舞伎と離れた語り芸(素浄瑠璃《すじょうるり》)には、女芸の一つである女浄瑠璃があり、江戸時代後期と明治に爆発的な流行をみせた。

参考文献 鳥越文蔵他編『浄瑠璃の誕生と古浄瑠璃』(岩波講座歌舞伎・文楽七)、一九九八、岩波書店。同編『黄金時代の浄瑠璃とその後』(岩波講座歌舞伎・文楽九)、一九九八、岩波書店。

(藤野　泰子)

じょうろう　上臈　〔中世〕公家や武家に仕えた*女房中で上位身分のもの。大上臈《おおじょうろう》と小上臈《こじょうろう》があった。宮廷女房の上臈は二・三位の*典侍《すけ》で、禁色(赤・青)の着用を許され、陪膳《ばいぜん》に候した。大臣の娘や孫娘がなり、最上位は大納言と号した。小上臈は内侍《ないし》(掌侍《じょう》)で、公卿や四・五位の殿上人《てんじょうびと》の娘がなった。*勾当内侍《こうとうのないし》には年臈《ねんろう》順でなり、戦国時代は天皇の任命によった。天皇身辺の衣食住の世話は典侍が、宮廷儀礼や財政管理などの実務は内侍が担当した。どちらも女房奉書を発給。その内の何人かは妾《しょう》的存在であったが、独立の世帯を営む。鎌倉幕府の上臈女房も独自の里邸を構えており、手当の面や衣服規制の面で中・下臈との格差は大きかった。室町将軍家の大上臈は幼名で呼ばれ、公家・武家・寺社の名家の出身者。武家の最高位を対象に取次役をし、年中行事や御成《おなり》への供《ぐ》奉《ぶ》には儀礼的な挨拶部分を担当。公方《くぼう》や御台《みだい》の文書を代筆披露する役目上、私的な権限も派生した。*遊女の世界でも屋内で客を引く遊女は上臈と呼ばれた。

参考文献 『禁秘抄』(群書類従二六)。『大上臈御名之事』(群書類従二三)。五味文彦「聖・媒・縁—女の力—」

(女性史総合研究会編『日本女性生活史』二、一九九〇、東京大学出版会)。脇田晴子「宮廷女房と天皇」(『日本中世女性史の研究』一九九二、東京大学出版会)。同『中世に生きる女たち』(岩波新書)、一九九五、岩波書店。菅原正子「中世後期洛中の傾城をめぐって」(『歴史評論』五四〇)、一九九五。田端泰子『女人政治の中世』(講談社現代新書)、一九九六、講談社。同「鎌倉期の武士の女房」(『日本中世の社会と女性』一九九八、吉川弘文館)。同「室町幕府の女房」(同)。 (志賀　節子)

〔近世〕近世、徳川将軍家や大名家における*奥女中《おくじょちゅう》の職制の一つで、最上位にあたる。江戸城*大奥においては、上臈・小上臈《こじょうろう》・*御年寄《おとしより》の三種を*老女と呼ぶ。上臈・小上臈は京都の公家出身者が多い。将軍の*正室である*御《み》台所《だいどころ》の輿《こし》入れに付き従い、江戸城に入ることもある。上臈は名前に京都公家衆の*名字を用いる。飛鳥井《あすかい》・姉小路《あねがこうじ》・梅渓《うめたに》の類であるが、自分の生家との関係はない。上臈は日常においては主《あるじ》の側に奉仕して、学問や趣味の相手をする。*和歌や茶の湯、挿し花、香合《こうごう》などの催し物のある時は、御台所の顧問《こもん》となって周りに指図をする。尊ばれるが権限は少ないといわれるが、十二代将軍家慶《いえよし》付上臈姉小路のように権力を握った者もいた。京都の宮廷では、仙洞女官《せんとうにょかん》に上臈が置かれているが、これは在位中に典侍《ないしのすけ》として奉仕していた者である。また、大宮《おおみや》・*中宮《ちゅうぐう》・東宮《とうぐう》にもそれぞれ御附《おつき》の上臈がいる。明治維新になり武家で公家の娘を召し使うことが憚《はばか》られ、上臈制度は廃止となった。

参考文献　下橋敬長『幕末の宮廷』(東洋文庫)、一九七九、平凡社。瀬川淑子『皇女品宮の日常生活』、二〇〇一、岩波書店。 (畑　尚子)

じょおう　女王　継嗣令《けいしりょう》によれば、天皇の兄弟と皇子を親王(一世)とし、二世から四世までを諸王とするが、そのうち女子を女王と称する。五世王は王の称号を用いることができるが皇親には含めない。また、五世王は女王を、諸臣は五世女王を娶《めと》ることが許されていた。慶雲《けいうん》三年(七〇六)格《きゃく》で五世王も皇親に含まれたことにより、天平元年(七二九)格では五世王の子もまた女王を娶ることが許されたが、延暦十七年(七九八)、令制に復した。『日本書紀』持統《じとう》天皇五年(六九一)条に「親王」以下「女王」らへの叙位《じょい》がみえるが、令制以前は女王に相当する語として「姫王」が用いられた。年十三以上の無位男王には時服料《じふくりょう》が与えられたが、『内裏式《だいりしき》』や『儀式《ぎしき》』によると、女王に対しては白馬節会《あおうまのせちえ》翌日にあたる正月八日と十一月新嘗会《しんじょうえ》のあとに、紫宸殿《ししんでん》において天皇出御《しゅつぎょ》のもと女王禄が与えられた。『延喜式《えんぎしき》』は女王禄に預かる定員を二百六十二人とし、人別に絹二疋と綿六屯を支給すると定める。また『延喜式』は左京北辺三坊を女王地に定めている。伊勢《いせ》*斎宮《さいぐう》・賀茂斎王《かもさいおう》は未婚の*内親王から卜定《ぼくてい》され、適任者がなければ女王から卜定されることになっていた。

参考文献　虎尾達哉「孫王について—関係史料の検討—」(『律令官人社会の研究』二〇〇六、塙書房)。 (岡村　幸子)

じょかい　女誡　後漢の班昭《はんしょう》(曹世叔《そうせいしゅく》の妻であったことから曹大家《そうたいこ》とも称する)による*女訓書《じょくんしょ》。一巻。「にょかい」とも読まれることがある。後宮の師範役であった班昭が、適齢期を迎えた娘のために、結婚後の嫁の心得を記したもので、卑弱《ひじゃく》・夫婦・敬慎《けいしん》・婦行・専心・曲従・和叔妹《しゅくまいにわす》の七章から成る。*男尊女卑《だんそんじょひ》の考えに基づき、夫や舅姑《しゅうとしゅうとめ》に従うこと、四徳(女の四つの徳行、婦徳・婦言・婦容《ふよう》・婦功《ふこう》)を守ることの重要性を強調している。代表的*女子教育の書として知識人層を中心に後世広く読み継がれ、その後の女訓書にも大きな影響を与えた。この書は日本にもつとに伝えられ、九世紀末の藤原佐世《すけよ》『日本国見在《げんざい》書目録《しょもくろく》』にその名がみえる。江戸時代になると和刻本のほかに、承応《しょうおう》元年(一六五二)刊行の書き下し本、明暦《めいれき》二年(一六五六)に刊行された辻原元甫《つじはらげんぽ》の仮名文による諺解《げんかい》本(『*女四書《おんなししょ》』所収)、文政十一年(一八二八)刊行の日本風挿図入り『曹大家女誡図会』など、より日本人にわかりやすい形で出版されるようになり、日本でも女子の必読書として重要視された。『後漢書』列女伝に収録されているほか、明の黄治徴《こうちちょう》注『新鐫《しんせん》図《と》像《しょう》註解《ちゅうかい》曹大家《そうたいこ》七誡《しちかい》』(万《ばん》暦《れき》十八年序刊本)、また明末の王相《おうしょう》編『女四書集注』、清、陳宏謀《ちんこうぼう》編『教女遺規《きょうじょいき》』などに収められている。

参考文献　鈴木虎雄『注解曹大家女誡』、一九三五、富山房。筧久美子「中国の女訓と日本の女訓」(女性史総合研究会編『日本女性史』三、一九八二、東京大学出版会)。山崎純一『女四書・新婦譜三部書全釈』、二〇〇二、明治書院。 (林　香奈)

じょがくざっし　女学雑誌　明治中期に刊行された日本初の本格的な女性雑誌。一八八五年(明治十八)から一九〇四年まで、計五百二十六冊、通常月二〜三回刊行された。津田仙《つだせん》の学農社《がくのうしゃ》メンバーであった*巌本善治《いわもとぜんじ》と近藤賢《こんどうけん》三《ぞう》と山田常治《やまだつねはる》らは、一八八四年五月に行なった仲間同志の時事問題討論のなかで、日本の婦人のあり方に話題が及び、『女学雑誌』の前身である『女学新誌』を修正社《しゅうせいしゃ》から創刊した。翌年『女学雑誌』創刊。第一一号までは万《ばん》春堂《しゅんどう》で、それ以後は女学雑誌社から出版。はじめは近藤賢三が、第二四号以降は巌本善治が主宰し、第五二四号から第五二六号までは青柳有美《あおやぎゆうび》が担当した。タイトルに冠されている「女学」とは、女性の幸せを考えるための

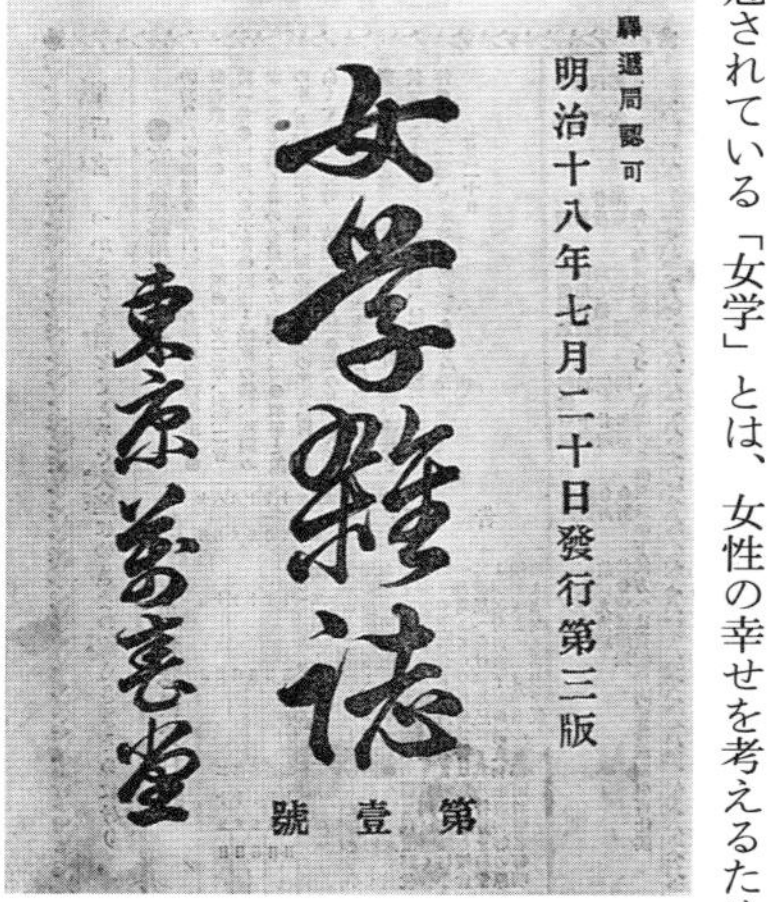

『女学雑誌』第一号

すべての学問を意味する。キリスト教に影響をうけた家庭改良論をはじめ、女性の意識向上・女権《じょけん》の伸張・*女子教育などについて論陣を張り、欧米の理論や現実・運動などをも紹介する。また、家庭向けの実用記事にも力を入れた。『女学雑誌』には*若松賤子《わかまつしずこ》の『小公子』をはじめ、外国文学の紹介も数多い。石橋忍月《いしばしにんげつ》・若松賤子・中島湘煙《なかじましょうえん》・山田美妙《やまだびみょう》・*荻野吟子《おぎのぎんこ》などの多くの女性に執筆の場を提供しながら巌本みずからも*男女同権や女学、公娼《こうしょう》廃止について論じた。三二〇号から白表の青年男女向きの甲と赤表の老成婦人向きの乙に分けられ毎週交互に発行された。一八九三年四月に白表『女学雑誌』を『評論』と改題したが、やがて『女学雑誌』に合併した。北村透谷《きたむらとうこく》や島崎藤村《しまざきとうそん》などの参加で次第に文芸誌的な性格になるが*恋愛と交際をめぐる意見は巌本と異なっていたため、北村と島崎は『女学雑誌』の白表紙版から発展して『文学界』を創刊するようになった。足尾銅山鉱毒事件と関連した「鉱毒文学」(五〇八号所載、一九〇〇年)のため新聞条例違反として告訴され、発行禁止となる。この後しばしば休刊となり、一九〇四年二月号を最後にする。

参考文献　鈴木二三雄「『女学雑誌』の誕生と巌本善治」(『フェリス論叢』五)、一九五九。青山なを・野辺地清江「『女学雑誌』概観―形態の変遷を中心にして―」(『比較研究』九ノ一二)、一九六三。井上輝子「「女学」思想の形成と転回」(『東京大学新聞研究所紀要』一七)、一九六六。野辺地清江『女性解放思想の源流―巌本善治と『女学雑誌』―』、一九六四、校倉書房。(金　眞琡)

じょがくせかい　女学世界　『日本之女学《にほんのじょがく》』『婦女子《ふじょし》』『婦女雑誌』に次ぐ女性雑誌として多大な部数で発行された本格的な月刊誌。一九〇一年(明治三十四)一月―一九二五年(大正十四)六月。全三百五十冊。編集松原岩五郎《まつばらいわごろう》、のちに岡村千秋《おかむらちあき》。博文館発行。智・学・徳・情をそなえ家政に通暁《つうぎょう》する家庭の主配者としての女性の育成を目的とした。学者・文学者を動員し後期には実用記事を加えたが、初期の啓蒙《けいもう》性が薄れ内容の統一性を失って廃刊となる。

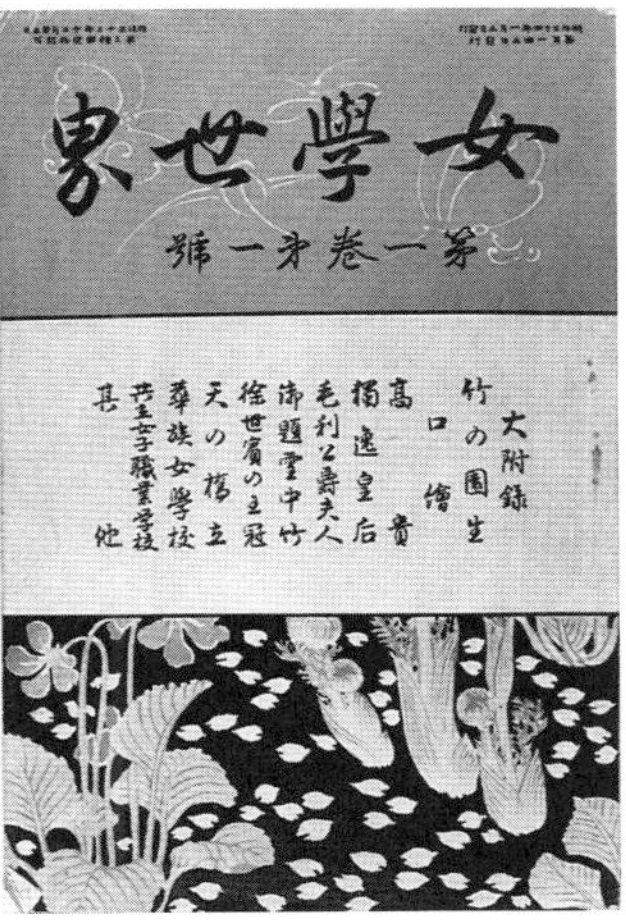
『女学世界』第一巻第一号

参考文献　日本近代文学館編『復刻日本の雑誌』、一九八二、講談社。吉沢千恵子「女学世界」(中嶌邦監修『日本の婦人雑誌』解説、一九八六、大空社)。(吉沢千恵子)

じょがっこうほっきのしゅいしょ　女学校発起之趣意書　天保八年(一八三七)、下級幕臣で増上寺領御霊屋料《ぞうじょうじりょうみたまやりょう》の地方役人《かたやくにん》を勤めた*奥村喜三郎《おくむらきさぶろう》が記した趣意書。木版《もくはん》刷、二〇頁、漢字にはふりがなが付けられている。十八世紀半ばごろから急速な展開をとげていく商品経済は、人びとのありさま、とりわけ町人女性の生活状況を大きく変えていく。この動向を嘆かわしいと捉えた奥村は、歯止めをかけようとして、女学校設置を領内の村々に呼びかけた。当時の「江都《こうと》」(江戸《えど》)には奢侈遊惰《しゃしゆうだ》の風紀が蔓延《まんえん》、「有徳《うとく》」(富裕者)の妻妾《さいしょう》をはじめ、その日暮らしの女房や娘たちまで遊興にふけり、すっかり「*女の道」にはずれてしまったとその様子を詳述した上で、少女のために女学校を設け、特技を持つ師匠《ししょう》を招き、女子の教訓になる事柄、たとえば手習《てならい》・行儀作法・物縫《ものぬい》・機織《はたおり》・糸取《いととり》、時には長刀《なぎなた》などを教諭《きょうゆ》してはどうかと提案。これを受けた女学校設置の実現を確定することはできないが、この時点で、体系的な女学校設置を広く呼びかけたことは注目される。

参考文献　村上直「近世・増上寺領における「女学校発起之趣意書」について」(『法政史学』三〇)、一九七八。菅野則子「『女学校発起之趣意書』」(『帝京史学』一〇)、一九九五。(菅野　則子)

じょかん　女官　⇩にょかん

じょかん　女鑑　明治時代の女性雑誌。一八九一年(明治二十四)八月―一九〇九年三月。全三百五十六冊。発行兼編集人西沢之介《にしさわのすけ》・山根勇蔵《やまねゆうぞう》、のちに発行人川崎直衛《かわさきなおえ》、編集兼発行人渡辺素一。国光社。一九〇八年九月より編集兼発行人中川良平《なかがわりょうへい》、発行所女子新聞社。創刊時定価十銭、A五判、月刊。執筆者は*大山捨松《おおやますてまつ》・*跡見花蹊《あとみかけい》・*嘉悦孝子《かえつたかこ》・*三輪田真佐子《みわたまさこ》・*小川直子《おがわなおこ》・*棚橋絢子《たなはしじゅんこ》・*下田歌子《しもだうたこ》・*安井哲子《やすいてつこ》・*矢島楫子《やじまかじこ》・*大塚楠緒子《おおつかなおこ》など知識人・文学者・評論家・教育家と広く、論説には二百五十余人が寄稿。明治政府は日本の近代化を目指し文明開化を唱えて、欧化主義を進めたが明治二十年代ともなるとその流れに批判が起きた。本誌はそれを受けて儒教的、国学的姿勢に基本を置いた良妻賢母《りょうさいけんぼ》を目標とする*女子教育に沿った内容である。したがって、それを補強する意味での教養的記事や家政運用への教示を行う。三十年代後半には社説・論説の内容も少し変わり、中川良平の編集(一九〇八年九月)からは当時の一般的な女性雑誌の内容に近づいたが、以後、六冊で終刊となった。

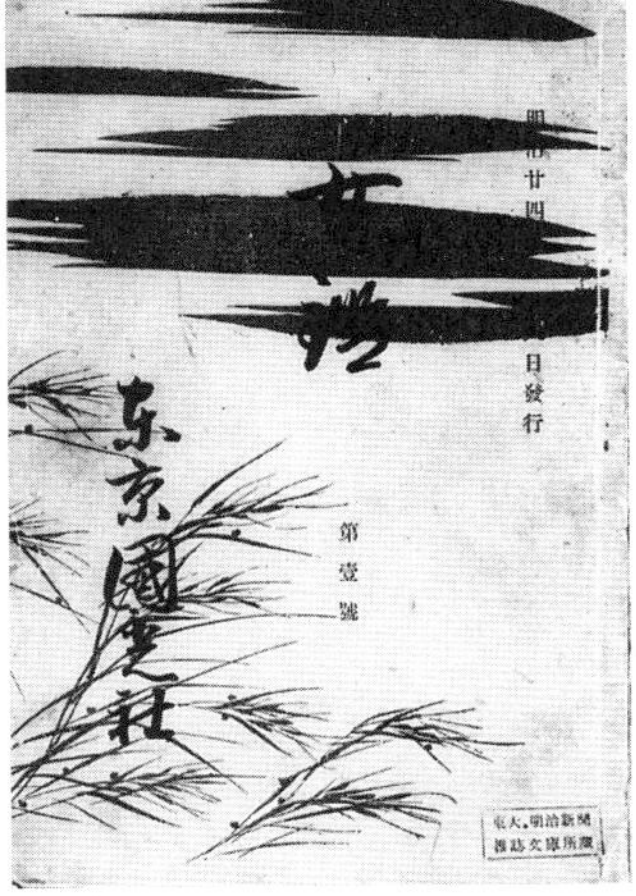
『女鑑』第一号

参考文献　日本近代文学館編『復刻日本の雑誌』、一九八二、講談社。入江寿賀子「女鑑」(中嶌邦監修『日本の婦人

雑誌』解説、一九八六、大空社)。中嶌邦「女鑑について」(『女鑑(復製版)』解説・総目次・索引、一九九三、大空社)。

(吉沢千恵子)

じょきゅう　女給　大正・昭和期にカフェー・バー・キャバレーで客の接待や給仕をした女性。一九一一年(明治四十四)洋画家*松山省三の経営する東京の喫茶店カフェー＝プランタンで「女ボーイ」としてはじめて登場したといわれる。一九一五年(大正四)には和服に白いエプロン姿の女給が現れ評判となり、酒や料理も提供するカフェーは東京・大阪を中心に広がった。昭和初期のエログロナンセンスの時代にサラリーマンでも安く手軽に性的享楽《きょうらく》を得られるとして芸娼妓《げいしょうぎ》にとってかわり、女給の数は一九二九年(昭和四)五万千五百五十九人が七年後には十一万千七百人と急増。年齢は十八―二十二歳が最多で、理由は主に貧困(家計補助)のためで小学校卒が圧倒的に多く、芸妓に比べ学歴の高い傾向が見られた。給料は多くがチップ制をとり、「わたしゃ夜咲く酒場の花よ　赤い口紅　錦紗《きんしゃ》のたもと」(「女給の歌」)と歌われた。大正末期より労働・生活条件の改善を求めて争議が起り、一九二二年三月大阪で女給たちが八時間制・月給制を要求、四月総同盟大阪連合会の支援を受けて女給同盟が組織された。以後、広島・鹿児島・千葉など争議は各都市に広まり、中でも三三年東京のエデン女給争議は女給十三人、コック三人が解雇反対を訴え、総同盟婦人部の応援を得て勝利したことで知られる。このほかに健康(性病)診断や女給税導入に反対するなど、運動は三四年最高潮に達する。だが、三五年女給の品位向上を目的にみどり会が設立(二百人参加)されるころから様相は変化し始め、三七年女給ら六千人が国防婦人会東京特連支部を、下関では女給二百五十人が防諜団《ぼうちょうだん》を結成と報じられた。四〇年警視庁は女給の数を三分の二に減じることを命じ、四二年*厚生省・内務省は芸妓・*酌婦《しゃくふ》・女給などの雇用制限を打ち出す。戦後は一九四八年厚生省発表で女給は七千十九人と復活。高度経済成長期に向かいキャバレー・バー・ナイトクラブは会社接待の場として利用され繁栄し、女給は「ホステス」として再生した。

カフェー＝ライオンの女給(1935年頃)

参考文献　丸岡秀子・山口美代子編『近代日本婦人問題年表』(日本婦人問題資料集成一〇)、一九八〇、ドメス出版。草間八十雄『女給と売笑婦』(近代婦人問題名著選集続編九)、一九八二、日本図書センター。藤目ゆき『性の歴史学』、一九九七、不二出版。大林宗嗣『女給生活の新研究』(買売春問題資料集成戦前編二一)、二〇〇三、不二出版。

(金子　幸子)

じょきょういん　女教員　近代日本の教員養成が主として男性を対象として始まったことや、*出産・育児などと就労との両立という女性特有の課題があったこともあり、男性教員は「教員」とだけ称されるのに対して、女性の教員はわざわざ「女教員」と称されることが多かった。また「女教員」というと小学校教員のみに光が当てられる場合が多い。しかし、女教員の多くを占めていた小学校教員ばかりでなく、中等諸学校や*女子高等師範学校・専門学校にも女教員は存在した。小学校教員養成を主たる目的とする師範《しはん》学校では、男子が入学年齢十七歳以上、修業年限四年であったのに対して、女子は十五歳以上、三年であった。その格差が一九〇七年(明治四十)に解消した後も、教員における男女の賃金格差は解消されなかった。この女教員の低賃金、そして同年からの小学校六年までの義務教育年限延長(従来は小学校四年まで)による教員不足もあり、女教員は増加の一途をたどる。一九一七年(大正六)からの*全国小学校女教員大会とともに、府県や郡市レベルでの女教員大会も各地で開催されるようになる中、女教員が全教員の三分の一を越えた一九二二年には、文部省訓令《くんれい》によって女教員の産前二週産後六週の休暇が実現する。しかし、第二回全国小学校女教員大会(一九二〇年)の際の*新婦人協会主催の懇談《こんだん》会を契機に広島支部設立を計画していた篠木《しのき》(*平田)のぶ・*花木《はなき》チサヲらに対して県当局によって「政治的活動」を理由に圧力をかけられた「篠木の筆禍《ひっか》事件」が起こるなど、活動には限界があった。一方、中等(師範学校・中学校・*高等女学校)教員免許状の有効範囲は、男性は男女の学校であるにもかかわらず、女性は当初女子の学校に限定されていた。しかし、北村《きたむら》美那《みな》(夫は北村透谷《とうこく》)や*ガントレット恒子《つねこ》をはじめとする女性たちの奮闘《ふんとう》によって、この規定は崩され、男子生徒のみの旧制中学校でも一九二二年以降日本人の有資格女教員が常勤で採用されるようになる(外国人女教員が非常勤で中学校に採用されるのは一九〇〇年から)。一九三一年(昭和六)以降全国中等学校女教員大会も開催される。

参考文献　木戸若雄『婦人教師の百年』(明治図書新書)、一九六八、明治図書出版。井上惠美子「戦前中等教員免許状における男女差別に関する研究―その成立と撤廃を中心に―」(佐々木享編『技術教育・職業教育の諸相』一九九六、大空社)。

(井上惠美子)

じょきょうしのきろく　女教師の記録　一九二六年(大正十五)に千葉県女子師範《しはん》学校を卒業した平野婦美子《ひらのふみこ》(一九〇八―二〇〇一)が、赴任《ふにん》校である千葉県長浦《ながうら》小学校・市川小学校、東京市品川区第四日野小学校でのみずからの教育実践について記した書。子どもたちの生活現実に寄り添いながら、常に子どものために最大限の努力をする中で、その母親たちの組織化にまで至る実践がみずみずしく記されている。一九四〇年(昭和十五)に出版されるや、二年余りで百六版を重ねるほど反響を呼ぶ。当初は「文部省推薦《すいせん》図書」となり、映画化も進む(「若い先生」、一九四二年、東宝、原節子《はらせつこ》主演)ものの、国分一太郎《こくぶんいちたろう》が「生活綴方《つづりかた》事件」で検挙されたのに関連し、一九四二年に退職を余儀なくされ、「文部省推薦」も取り消される。一九九四年(平成六)一月国土社より復刻。なお平野は、第二次世界大戦後に千葉県社会教育指導員・ひらの学園長なども務めている。

参考文献 新井淑子「ファシズム期と女教師」(『国民教育』二〇、一九七四)。 (井上恵美子)

しょくぎょうふじん 職業婦人 第一次世界大戦後の都市化を背景に新しい職業領域に進出した女性たちを指す言葉。女性が生計のために自家以外の労働に従事する動きは近代化のもとで急速に進展した。紡績・製糸工場労働を筆頭に、明治後期には*女医や新産婆《さんば》、看護婦、*女教員、電話交換手、*速記者等の職業がみられ、明治末には会社や銀行・商店で女性事務員や女性店員を採用する動きが起った。職場の事務・サービス部門に女性を配置する傾向は第一次大戦期以後の都市化のもとで急速に進み、*タイピストや車掌《しやしよう》、エレベーターガールなどの新たな職業が生まれたが、このように職業に従事する女性の急激な増加は、社会問題としても目を引くことになった。女性運動家の*奥むめおは、職業婦人自身の自覚と団結を意図して職業婦人社を結成、一九二三年(大正十二)機関誌『職業婦人』の刊行を開始した。東京市は職業を求める女性への指導・奨励《しようれい》を目的とし、職業選択の手引きとして『婦人自立の道』(一九二五年)という冊子を発行した。同書では職業婦人の収入による区分を行い、上の部に医師・著述家・音楽家・*女優・髪結《かみゆい》・*産婆等、中の部に教員・薬剤師・記者・モデル・車掌・速記者・*女給《じよきゆう》等、下の部にはタイピスト・事務員・看護婦・交換手・店員・*女中・*女工等を挙げたが、全体では経済的独立の水準を満たさない下が多数を占めると指摘している。また東京市は、一九三一年(昭和六)に市内八百十八の会社・工場とそこに勤務する女性約二万人を対象に詳細な実態調査を行い、翌年には報告書として『婦人職業戦線の展望』を刊行した。同調査からは、年齢は二十五歳以下で未婚者が多数を占め、就職目的としては主として家計補助、勤務年数も短いという姿が浮かび上がる。昭和に入ると、*モダンガールのブームと相まってガソリンガール・マネキンガール・エアーガール・マリーンガール等々の女性の新職業が脚光を浴びたが、そこで主に求められたのは、モダンな「女らしさ」や性的魅力を強調したサービス提供であった。 →バスガール

参考文献 赤松良子編『日本婦人問題資料集成』三、一九七七、ドメス出版。村上信彦『大正期の職業婦人』、一九八三、ドメス出版。田崎宣義「女性労働の諸類型」(女性史総合研究会編『日本女性生活史』四、一九九〇、東京大学出版会)。 (加藤千香子)

しょくぎょうふじんしゃ 職業婦人社 大正・昭和時代、*奥《おく》むめおにより結成され活動した女性運動団体。一九二三年(大正十二)に、奥が、下中弥三郎《しもなかやさぶろう》の援助を受け、「働く婦人」のかかえる問題の解決を図り東京に結成した。機関誌は、当初『職業婦人』と題して一九二三年六月に発刊したが、同年九月に、関東大震災により休刊したあと、一九二四年四月に『婦人と労働』として再刊、さらに一九二五年九月には『婦人運動』と改題され、一九四一年(昭和十六)八月に廃刊されるまで、月刊で刊行された。改題は、奥の関心が、対象としての「職業婦人」から、それを規定する「労働」を発見し、女性問題・労働問題の指摘を経て、解決のための「婦人運動」へと至る過程を示している。この過程を、奥は「職業婦人問題から無産家庭婦人問題」への活動の「拡充」とし、職業婦人社の活動と発言も、この意識により遂行される。生活を消費の面から把握し、社会化する認識を示した団体であった。

参考文献 阿部恒久・成田龍一「婦人運動の展開」(鹿野政直・由井正臣編『近代日本の統合と抵抗』三、一九八三、日本評論社)。 (成田 龍一)

しょくにん 職人 身につけた技術によって物を製作することを職業とする人、手工業者。中世においては、『*日葡《につぽ》辞書』に「工作を職とする人(工匠)」とあるように、狭義の意味では手工業者を指し、近世以降にはこの語意が定着する。しかし種々の「職人歌合」にみられるように、広義の意味では、手工業者から芸能者・宗教者までを含むさまざまな職能を身につけた「道々の者」を指す。『*七十一番職人歌合』には百四十二の職種が描かれており、そのなかの三十五職種が女性である。職人の職種は、酒作・魚売・豆腐売・索麪売《そうめんうり》・麹売《こうじうり》・心太売《こころぶとうり》など食品の製造・販売、*紺掻《こうかき》・機織《はたおり》・帯売・綿売などの繊維製品の製造・販売、いたか・巫《かんなぎ》・*比丘尼《びくに》などの宗教者、女盲《おんなめくら》・*白拍子《しらびようし》などの芸能者、*辻子君《ずしぎみ》・*立君《たちぎみ》と呼ばれる身を販《ひさ》ぐ女性たちなど多岐《たき》にわたる。また、歌合に描かれた女性たちは商う品物の種類により、頭髪は*桂包《かつらつつ》みや手拭《てぬぐ》いなどで被った姿や*垂髪《すいはつ》をうしろで束ねた姿に、また着物は*小袖《こそで》姿や小袖に*打掛《うちかけ》を着た姿などに分けて描かれている。

参考文献 脇田晴子『日本中世女性史の研究』、一九九二、東京大学出版会。田端泰子「中世京都の商業と女商人」(『日本中世の社会と女性』一九九八、吉川弘文館)。 (加藤美恵子)

しょくにんうたあわせ 職人歌合 詠者をさまざまな*職人(職能民)に仮託し、左右に分かれて歌を競い合い、その優越の判定を行うという歌合の形式を取った職人尽絵《しよくにんづくしえ》の一種。絵巻の形式をとり、歌と判詞《はんし》、そして番《つが》いに職人像が描かれる。成立が古いものから『*東北院職人歌合《とうほくいんしよくにんうたあわせ》』

『鶴岡放生会職人歌合《つるがおかほうじょうえしょくにんうたあわせ》』『三十二番職人歌合《さんじゅうにばんしょくにんうたあわせ》』『*七十一番職人歌合《しちじゅういちばんしょくにんうたあわせ》』がある。それぞれの職種数は判者《はんじゃ》を含め、『東北院職人歌合』が十一種(増補された二十四種もある)、『鶴岡放生会職人歌合』が二十五種、『三十二番職人歌合』が三十三種、『七十一番職人歌合』が百四十二種を数える。成立背景に、天皇を含めた貴族層の、これら職人あるいはその生業に対する強い関心があったことは間違いないが、具体的な制作経緯は不明。『鶴岡放生会職人歌合』には*白拍子《しらびょうし》と番いに描かれる*遊女が、『七十一番職人歌合』では*辻子君《ずしぎみ》・*立君《たちぎみ》として登場するなど、各作品に登場する職種を比較することによって、各時代の職人観とその変容を知ることができる。

参考文献 森暢編『伊勢新名所絵歌合・東北院職人歌合絵巻・鶴岡放生会職人歌合絵巻・三十二番職人歌合絵巻』(新修日本絵巻物全集二八)、一九七九、角川書店。岩崎佳枝『職人歌合―中世の職人群像―』(平凡社選書)、一九八七、平凡社。網野善彦『職人歌合』(岩波セミナーブックス)、一九九二、岩波書店。　(斉藤　研一)

しょくみんちのじょせい　植民地の女性　日本は近代化の過程で琉球《りゅうきゅう》やアイヌなどの少数民族を強制的に統合して差別政策をとりつつ、日清《にっしん》・日露《にちろ》戦争によって中国領土の台湾、遼東《りょうとう》半島、ロシア領のサハリン(樺太南半分)を割譲させ、朝鮮を保護国とした後、併合した(一九一〇年(明治四十三))。台湾、朝鮮には軍人を長官とする総督《そうとく》府《ふ》をおいて支配した。さらに第一次世界大戦後は南洋諸島を領有し、満州事変後は中国東北地域に傀儡《かいらい》国家「満州国」を創設した(一九三二年(昭和七))。サハリンを除くどの地域でも激しい抵抗を弾圧して植民地化した。十五年戦争中は中国の各地や東南アジア地域を占領し、一部に軍政を施行した。それぞれの地域には女性を抑圧してきた慣習や*男尊女卑《だんそんじょひ》思想、たとえば台湾・中国本土には纏足《てんそく》や童養媳《トンヤンシー》(幼時に婚約後、男性の家で働き成長後結婚する制度)、朝鮮には厳格な*寡婦《かふ》の再婚禁止などの風習があり、それらを改革し、また*女子教育を推進しようとする動きがあった。朝鮮では保護国化に反対する女性運動のなかで私立女学校が多数誕生し、自前の賢母良妻像を創りだしている。「満州国」建設以前の中国東北部でも政治権利をもつ新しい女性像を求める女性たちが現われた。日本による支配は各地域の近代化の動きを抑圧し、女子教育では紡織《ぼうしょく》・刺繡《ししゅう》などの実学と日本語教育による同化を中心とする初等教育に重心をおいた。しかし義務教育制ではなく、また日本による土地収奪などによる貧困によって、女性の就学率や*識字率は低かった(一九三〇年、朝鮮女性識字率八%)。ただし台湾では*産婆などの資格取得者が増加している。高等教育を望む女性たちは海外に留学した。一九一九年(大正八)におきた朝鮮の三・一独立運動、中国における日本の山東省権益獲得に反対する五・四運動では、女学校生徒を中心に女性たちが多数参加した。三・一運動に対する弾圧は凄惨《せいさん》であり、梨花学堂《りかがくどう》の生徒であった*柳寛順《リュグァンスン》は拷問《ごうもん》と栄養失調によって獄死している。朝鮮には独立と女性解放を求める槿友《きんゆう》会《かい》、台湾には女性の地位向上を掲げる彰化婦女共励会《しょうかふじょきょうれいかい》、中国には参政権を要求する女子参政同盟会など多様な団体が活動し、また女性に対する抑圧からの解放を模索する「新女性」たちが登場した。一方、*愛国婦人会・国防婦人会など日本の銃後団体の支部も結成され、「満州国」では五族協和のスローガンのもとに日本の女性団体と合同した満州国国防婦人会が設立された。日中戦争以後の総力戦体制は台湾・朝鮮でもただちに実行され、徴兵《ちょうへい》制・徴用制実施後の労働力不足を補う*女子挺身隊《ていしんたい》の結成(日本の工場での強制労働にも従事)や隣保《りんぽ》組織の活用などが図られた。*日本軍「慰安婦」制度は植民地に移入された日本の*公娼制度が基礎にある。植民地・占領地の女性は自国の伝統のうえに植民地支配によって倍増した女性抑圧や民族差別・階級差別のもとにあった。しかし、植民地で生活する大勢の日本人女性は*金子文子などをのぞいて、彼女らの要求や抑圧を理解できなかった。

参考文献 中国女性史研究会編『中国女性の一〇〇年』、二〇〇四、青木書店。金富子『植民地期朝鮮の教育とジェンダー』、二〇〇五、世織書房。早川紀代編『植民地と戦争責任』(戦争・暴力と女性三)、二〇〇五、吉川弘文館。　(早川　紀代)

しょくりょうメーデー　食糧メーデー　一九四六年(昭和二十一)五月十九日、隠匿《いんとく》物資の摘発や食糧の人民管理が叫ばれていた中で、二十五万人が皇居前広場に集結して開催した飯米《はんまい》獲得人民大会。子どもを背負った主婦が窮《きゅう》状《じょう》を訴える演説をするなど女性の姿が目立ち、「朕《ちん》はタラフク食ってるぞ、ナンジ人民飢えて死ね」のプラカードのもと、「米よこせ」を叫び続けた。この集会の発端は同年五月十二日に旧陸軍兵舎跡地で開かれた「米よこせ世田谷区民大会」である。千二百人余の区民が集まり、大会後には主婦を含む代表百十三名がトラックに乗って皇

食糧メーデー　宮城前広場での飯米獲得人民大会

居に行き、天皇あての決議文を手渡した。さらに皇居内の台所に入りその贅沢《ぜいたく》な食糧事情に怒りを増長した。この行動が他の民衆に刺激を与え、十九日のメーデーに発展した。これに対しマッカーサーは「暴民デモ許さず」の声明を二十日に発し、二十四日には「同胞《どうほう》互いに助け合って、この窮状を切り抜け」という天皇の声が放送で流されると、大衆の示威《じい》行動は次第に終息していった。

参考文献 『銃後史ノート』復刊七、一九六五。世田谷女性史編纂委員会『せたがや女性史』、一九九九、ドメス出版。
（大門　泰子）

じょくんしょ　女訓書　〔中世〕中世には多くの家訓が書かれたが、女子向けの教訓書=女訓書はあまり多くない。鎌倉時代に*阿仏尼《あぶつに》がその子、紀内侍《きのないし》に与えた『*乳母《めのと》のふみ』、南北朝ないし室町時代初期に乳母が自分の育てた姫君(女房)に宛てた『*めのとのさうし』、室町時代後期に六十を過ぎた人が姫君(女房)に宛てた『*身のかたみ』、戦国時代に後北条《ごほうじょう》一族の重鎮、北条幻庵《げんあん》が、吉良《きら》家に嫁ぐ北条氏康《うじやす》の女《むすめ》に与えた『*北条幻庵覚書《おぼえがき》』などである。ほかに女訓書ではないが、女訓や女性への評価、扱い方などを含む書物として、鎌倉幕府の要職にあった北条重時《しげとき》の家訓『極楽寺殿御消息《ごくらくじどのごしょうそく》』、室町時代のかなり学識のある人による教訓書『*世鏡抄《せきょうしょう》』、室町時代の文明年間(一四六九―八七)に、一条兼良《いちじょうかねよし》が*日野富子《ひのとみこ》に宛てた『*小夜《さよ》のねざめ』を挙げることができる。鎌倉時代の北条重時の『消息』は、女はのびやかで*嫉妬《しっと》せずやさしいのがよいとするが、女の成仏を認め、妻にねたまれないように妻は一人に定めよなど女性を尊重する態度が見られる。鎌倉時代の『乳母のふみ』、室町時代初期の『めのとのさうし』と同後期の『身のかたみ』などの女訓書は、いずれも女の心得として、望むこと憂《う》きもつらきも心の中にとどめて穏やかに身を持し、みだりに人を信用して心の中を語るなと、自己の感情を抑制して生きることを勧めている。男性向けの室町時代の教訓書『*竹馬《ちくば》抄』が男は腹が立つとき、とがむべきこと、いうべきことをいって無明無心の人と思われないようにせよ、とあるのと対照的である。美しく見せるための身のこなし、*化粧の仕方を細かに記し、書道・歌道に精進し古典をよく読み*音曲《おんぎょく》をたしなみ、慈悲《じひ》を持って人を召し使えなども三書に共通しているが、『めのとのさうし』では嫉妬を女の大事としていましめ、『身のかたみ』になると、「女は大(正しくは「第」)六天の魔王の眷属《けんぞく》で、男の仏道を妨げるためにうまれてきた」「男は三世の諸仏の化現《けげん》」と思って仕えよといった差別的な言辞が出てくる。『世鏡抄』の主張はさらに極端で、夫の死後再婚する女は大蛇の皮を着た女であり、嫉妬する女は離別せよ、月水《げっすい》は女の煩悩《ぼんのう》による、多くの子を儲けても妻に心を許すな、などとある。同じ室町時代のものでも、『小夜のねざめ』では神功皇后・*北条政子・奈良時代の*女帝をあげて女人政治を肯定し、「女とてあなづり申すべきにあらず」とあり、中世には女性への差別意識が深まる中で積極的な評価も混在していた。戦国時代の『幻庵覚書』は嫁の婚家先での*家族の呼称、*親族その他への作法を記したものである。

参考文献 高橋俊乗『日本教育文化史』(講談社学術文庫)、一九七八、講談社。籠谷真智子「中世の教訓とその展開」(『講座日本教育史』編集委員会編『講座日本教育史』一、一九八四、第一法規出版)。西村汎子「女性への教育と女性の理想像」(総合女性史研究会編『日本女性の歴史―文化と思想―』一九九三、角川書店)。
（西村　汎子）

〔近世〕女への戒《いまし》めを記した教訓書。儒教的倫理を最高の価値とする封建社会において、女性の生得的劣性、それに付随して要求される性別役割の不可避性を女性に教え、女性を一定の枠組みの中に押し込み、その枠の中に収まるような女性の理想像を創り出し、それを広く女性に教化することを目的に作られた。その性格から、人物説話型(歴史上の人物の言行により教訓する)と徳目説教型(具体的人物を介在させず教条だけを列記する)の二つに分類される。中国の女訓書には、人物説話型のものとして『列女伝《れつじょでん》』(歴史上の名だたる女の中から母のかがみ、妻のかがみ、女のかがみとすべき女性像および*悪女の見本としていましむべき女性像を列記)、徳目説教型のものとしては『*女誡《じょかい》』(女の劣性を説き忍従を強いる、*男尊女卑《だんそんじょひ》・三従四徳《さんじゅうしとく》の封建倫理を宣揚《せんよう》)をはじめ、『女論語《おんなろんご》』『*女孝経《おんなこうきょう》』『内訓《だいくん》』『女範捷録《にょはんしょうろく》』などがある。これらは、すでに古代末期に伝えられたが、当時の日本社会に根付くことはなく、儒教の枠組で体制を布《し》く江戸時代に息を吹き返す。はじめのころは、主として中国のものを和解したものが多く、しかも、全体に大部のものであった。十七世紀末ごろから、受容する層の広まりもあり、比較的コンパクトのものが生み出される。そして、単に読むだけではなく*手習い用のテキストを兼ねた有用なものが編み出されるようになる。女子用往来物《おうらいもの》の中で女訓書の占める比率は高く、具体的には、「女今川《おんないまがわ》」「*女大学《おんなだいがく》」「女小学《おんなしょうがく》」「女庭訓《おんなていきん》」「女論語」「女孝経」「*女中庸《おんなちゅうよう》」などがある。中でも「女今川」と「女大学」を冠した二系統のもののウエイトが高く、その代表が『女大学宝箱《たからばこ》』(享保《きょうほう》元年(一七一六)刊行)である。「女大学」は、*貝原益軒《かいばらえきけん》が著わした『和俗童子訓《わぞくどうじくん》』の中の「教女子法」(女子を教ゆるの法)に依拠して、嫁《か》していく女性が守るべき事柄を綴ったもので、それを本文として、それぞれの時代を反映した諸々の付属物が盛り込まれた多様な「女大学」が編纂される。また、もう一方の「女今川」は、今川了俊《りょうしゅん》が猶子《ゆうし》仲秋《なかあき》に宛てた制詞をもじって女子用に書き著わしたもので、「女大学」と同様に、これを冠した多様な「女今川」が編まれた。いずれにせよ、女性を家に縛り付けておくという価値観が貫徹している。十八世紀後半から十九世紀にかけて、社会は大きく変化していくが、とりわけ女性の変わり方には目を見張るものがあった。その変化は、支配的立場の者にとっては必ずしも同意できるものではなかった。そのため、「女大学」「女今川」などを冠した多彩な女訓書が十九世紀に入ると急増していく。そして、これらの女訓書は、明治期に入り、西洋文明の影響もあって、儒教批判とともに一時、後景に退いたように見えるが、「*教育勅語《ちょくご》」発布以降、特に明治後半から大正初めにかけての呼び戻しもあって、女訓書を貫く男女関係を規定する価値観は、大正・昭和を経ても、なお、根強く残存している。

参考文献　石川松太郎編『女大学集』(東洋文庫)、一九七七、平凡社。筧久美子「中国の女訓と日本の女訓」(女性史総合研究会編『日本女性史』三、一九八二、東京大学出版会)。菅野則子「「女大学」考」(小泉吉永編『女大学資料集成』別巻、二〇〇六、大空社)。　(菅野　則子)

じょこう　女工　近代の機械制工場で働く女性に対する呼称。高度経済成長期までは日常的に使われたが、現在では歴史的用語としてのみ残る。製糸業では工女《こうじょ》、紡績《ぼうせき》業では女工という言い方が多いようだが、使い分ける根拠は必ずしも明らかではない。日本の資本主義発達史にあって、工場労働者の数は圧倒的に女性が多く、その六割から七割を占めた。それは産業種類別構成における繊《せん》維《い》産業の優位性、特に製糸業の繰糸《そうし》、紡績業での精紡《せいぼう》という中核部門を女性が担ったことの反映である。同じ女性労働者であっても、紡績業は大規模な機械制工場であったのに比して、製糸業は小資本で小規模の経営が多かったから、政府の調査報告書『*職工事情《しょっこうじじょう》』があからさまにした、長時間、低賃金で身分拘束的など、特徴づけられる原生的労働関係として括《くく》られながらも、両者には違いがある。たとえば一日の労働時間は、製糸業が圧倒的に長くて十四〜十五時間に及んだが、紡績業は十二時間が普通であった。しかし紡績業は昼夜交代制による深夜業があり、昼夜連続もまれではなかった。あるいはまた製糸女工には手先の熟練性が求められたが、紡績女工は機械制工場ゆえに習熟性は必要なかった。この違いが、製糸女工の定着性と紡績女工の流動性という雇用状況に、一面では(徹夜業という過酷《かこく》さは本質要因)かかわる。製糸業の賃金は当初やや高めで、紡績業はインド以下的と評されたが、一九〇〇年代半ばには逆転する。近代日本の工場労働者は、農村から供給されたとしても、離村《りそん》して賃金労働者になったわけではなく、特に婦女子の労働は農家の余業《よぎょう》的性格が残存したため、彼女らは家計補助的労働、「出稼型《でかせぎがた》」労働に従事した。他面、家族制度の下で、困窮《こんきゅう》する家長を助ける、娘の孝行、美徳とみなされ、拘禁《こうきん》的労役に耐えた女工たちのエートスの本質は、ここにあった。工場に遠隔地《えんかくち》から募集される一方、労働時間の延長に伴う寄宿舎《きしゅくしゃ》制度の普及も重なって、彼女らの労働環境の劣悪《れつあく》さははなはだしい。工場は一般に薄暗く、製糸業では水蒸気が満ち、紡績業では糸の粉塵《ふんじん》が舞う。食事時間は短く、休憩時間もあってなきがごとしの状況であった。寄宿舎では女工一人に畳一畳があればよいほうで、寝具も二人に一組が当たり前であったから、十分に睡眠はとれず、衛生状態も悪かった。女工の三分の一は二十歳未満という発育盛りのなか、慢性疲労《まんせいひろう》を抱え、体重も減少して病に臥《ふ》す人も多かった。工場から故郷に帰った女工は、三十人に一人は死んだと、石原修《いしはらおさむ》が『女工と結核』で述べている。女工たちが、みずからの境遇を口伝えに託したものが「*女工小唄《こうた》」であり、『女工哀《あい》史《し》』に収録されているほか、諏訪《すわ》の「糸ひき唄」として『*あゝ野麦峠《のむぎとうげ》』にも採録されている。

富岡製糸場の女工たち

参考文献　高村直助『日本紡績業史序説』、一九七一、塙書房。石井寛治『日本蚕糸業史分析—日本産業革命研究序論—』(東京大学産業経済研究叢書)、一九七二、東京大学出版会。中村政則『労働者と農民』(日本の歴史二九)、一九七六、小学館。東條由紀彦『製糸同盟の女工登録制度』、一九九〇、東京大学出版会。花井信『製糸女工の教育史』、一九九九、大月書店。　(花井　信)

じょこうあいし　女工哀史　一九二五年(大正十四)、改造社より出版された労働運動家*細井和喜蔵《ほそいわきぞう》の代表的著作。大正・昭和初期の繊維工業における「女子労働者の生活記録として動かぬ古典的地位」を占める作品である(大河内一男『女工哀史』解説、岩波文庫)。十九章よりなり、産業革命の戦士であった紡績女工の労働条件、生活状態、心理状況等をつぶさに描いている。当時の*女工の労働環境を描いた書物には、ほかに横山源之助《よこやまげんのすけ》の『*日本の下層社会』(一八九九年)、農商務省の『*職工事情《しょっこうじじょう》』(一九〇三年)、さらには石原修《いしはらおさむ》の『衛生学上より見たる女工の現況』(一九一三年)等があるが、これらが官製的、学問的であるのに対し、『女工哀史』は女工と苦楽をともにした細井の日常の観察に基づくという点で興味をひく。しかし同時に明治後期に生まれ、大正後期に他界した一人の男性としての細井の女性観、さらにはその限界も示しているようである。たとえば細井は女工の文化は非常におくれているとし、「従って非文明的蛮人《ばんじん》の心理が多分にある」としている。さらに女工の争議を表わして「皆目労働条件に触れず、文化的意義をもたぬ」と書いている。しかしこうしたある意味での女性蔑視《べっし》は現代の労働運動史家にも受けつがれているようである。たとえば大河内一男もまた女工たちは「みずからの自主的組織や闘争を通して、自分たちの「哀史」的存在を踏みこえることが出来なかった」とする。しかしながら一九二〇年代のコンテクストに戻してみれば『女工哀史』はいかにも斬新である。確かに当時は資本家の利益を上げるために工女の「婦徳《ふとく》」の必要性を説いた言説や、国家、国体主義にのっとり、ただ女工の女性としての家族国家に対する貢献をほめちぎるような言説が氾濫《はんらん》していたのである。女工の労働環境の記録はその後の*母性保護論争を生み出し、さらには*工場法の成立にもつながってゆく。この歴史の流れの中で『女工哀史』を見る時、結婚前のすべての婦人に義務労働を奨励した細井の貢献は高く評価されてよいだろう。（玉野井麻利子）

じょこうこうた　女工小唄　明治後期から昭和にかけて綿糸・紡績・*生糸・織物などの繊維工業に従事する*女工の間で歌われた替え歌。明治初期の横田英《よこたえい》（『*富岡日記《とみおか》』）に代表される上流階級出身の官営工場に勤めた工女とはちがい、女工は主に小規模農家の娘が大半を占めた。その劣悪な労働条件は*細井和喜蔵《ほそいわきぞう》の『*女工哀史《じょこうあいし》』に克明に記録されている。替え歌は歌詞もメロディも固定した現代の歌とはちがい、歌い手である女工がその時々の感情に即して歌詞を自由にかえることができた。また連歌のようにグループの間でやりとりもされたようである。したがって女工小唄の中には工場主や検番に対する憎しみを歌ったもの、労働環境の熾烈《しれつ》さを嘆いたもの、男性の同僚ともいえる機械工に対する愛や軽蔑《けいべつ》を表現したもの、さらに女工を女工たらしめた社会に対する恨みを歌ったものなどさまざまである。ここでは山本茂美《やまもとしげみ》著『*あゝ野麦峠』（角川文庫、一九七七年）の巻末資料より次の三つの例を挙げる。いずれも諏訪《すわ》湖畔で働いた工女の糸ひき唄の記録で最後の唄は生活に疲れた工女の自殺願望すら現わしている。「諏訪でお女郎は三十五銭　ダルマころべば十五銭　機械工女は芋《いも》一つ」「工女工女と軽蔑するな工女会社の千両箱」「どうせこの身は弁天沖《べんてんおき》のシジミのえさになるわいな」。女工小唄の伝統に即し、工場主も歌を作ったようであるが、そうした工場歌は上からのおしきせ以外の何ものでもなかった。また、ここで注意すべきはのちに民俗学者が記録のために書き記した女工小唄は「書く」という行為のために替え歌としてのたおやかな側面をいく分失っているといえよう。（玉野井麻利子）

じょこうとけっかく　女工と結核　一九一三年（大正二）、医師で衛生学者の石原修《いしはらおさむ》が国家医学会で行なった同名の講演と、『国家医学会雑誌』に掲載された「衛生学上ヨリ見タル女工之現況」を併載《へいさい》した小冊子。一九一四年刊行。一冊。一九一六年、この小冊子が原動力となり、一九一一年（明治四十四）に公布されながら施行延期となっていた*工場法が施行された。石原は政府の工場法制定のための調査の最終段階に加わり、一九一〇年にまとめられた『工場衛生調査資料』を担当した。当時、工業労働者の中心であった繊維工業の*女工の労働状態・健康が問題化する中、女工の帰郷後まで視野に入れた調査により、女工の肺結核罹患《りかん》・死亡が高率であること、結核に罹患した女工の帰郷が、その村落での結核蔓延《まんえん》に繋がることを示した。資本主義社会の都市での問題が農村の衛生問題にも及ぶことを明示したこの小冊子は、のちの結核・社会医療政策に影響を与え、さらに*セツルメント活動や社会医学研究の起点ともなった。

参考文献　籠山京『女工と結核』解説（生活古典叢書五）、一九七〇、光生館。川合葉子「独占資本の形成と女工の結核」（女性史総合研究会編『日本女性史』五、一九八二、東京大学出版会）。（三﨑　裕子）

じょこうば　女紅場　「女紅」（女功）とは*裁縫・刺繡《ししゅう》・手芸等女性の生活の中での仕事を指す言葉であり、女紅場はそれらを教えるために明治初期に設立された*女子教育機関。「にょこうば」ともいう。一八七二年（明治五）に京都に設立された新英《しんえい》女学校および女紅場が最初、その後各地で開設される。*学制に規定されたものではなくさまざまなタイプのものがあったが、新英女学校のように華士族の女子を「一家の良婦」に育成するための中等教育機関的なもの、就学できない女児のための小学校付設の市中女紅場、殖産興業《しょくさんこうぎょう》政策の一環として救貧・授産を目的とした勧業《かんぎょう》的性格のもの、そして芸娼妓《げいしょうぎ》に対して普通教育と女紅を授け自立を図る更正指導機関的なものなどの類型がある。女子に学習機会を与える場として、就学率を高める役割を果たした。その多くは明治十年代に廃止となり、小学校での裁縫教育や手芸学校に引き継がれた。

参考文献　坂本清泉・坂本智恵子『近代女子教育の成立と女紅場』（あゆみ教育学叢書）、一九八三、あゆみ出版。森岡伸枝「明治期の女紅教育の変容―京都周辺の女紅場を中心として―」（『日本の教育史学』四四）、二〇〇一。（友野　清文）

じょさんし　助産師　二〇〇二年（平成十四）看護職の名称が法的に変更され従来の呼称だった助産婦が助産師に名称変更されたもの。一九八七年（昭和六十二）「看護制度検討会」より二十一世紀に向かって看護制度改革の提言がなされ、それにもとづき教育制度などが検討されたうちの一つである。法律に規定されている助産師（婦）の定義は一九四八年七月に制定された保健婦助産婦看護婦法（保助看法）の第三条に「助産又は妊産、褥婦若《じょくふも》しくは新生児の保健指導を行うことを業とする女子をいう」とあり、二〇〇二年に名称のみが変更された（*看護師・*保健師は「女子」から「者」に変更）。第三〇条には助産師でない者は、第三条に規定する業をしてはならない（医師法の規定を除いて）とあり、他の看護職にない「名称独占」と「業務独占」が規定されている。戦前は、*産婆と呼ばれ、産婆・看護婦・保健婦は別々の教育体系と職業団体を形成していたが、第二次大戦終了後、連合国軍最高司令官総司令部の指導で医療改革が行われ、一九四八年

(昭和二十三)に保健婦・助産婦・看護婦が一体化され、産婆は助産婦と呼ばれるようになった。一九五五年には日本看護協会から独立して日本助産婦会(二〇〇二年日本助産師会と改称)が設立され約六万人が参加、母子保健の推進のために全国の助産師の連携をはかり、助産師業務の改善と向上に努めている。助産師になるには看護師の資格または看護師試験の受験資格が必要である。なお、二〇〇〇年に法改正をして男性助産師を導入する動きがあり、二〇〇一年その是非をめぐって議論が巻き起っている。

参考文献 日本助産婦会六〇年史編纂委員会『日本助産婦会六〇年のあゆみ』、一九六八、日本助産婦会。「論壇」(『朝日新聞』二〇〇一年二月二十三日・三月六日)。「くらし」(同二〇〇一年三月十四日・二十八日・二十九日・四月五日・十二日)。平澤美恵子他「日本の助産師づくり」(『助産雑誌』五七ノ二)、二〇〇三。石井邦子他『母性看護学概論(第十版)』(系統看護学講座専門分野二四)、二〇〇四、医学書院。 (中村 節子)

じょさんぷ　助産婦 ⇩産婆《さんば》 ⇩助産師《じょさんし》

しょし　庶子 妾《めかけ》が公認されていた時期(一八八〇年(明治十三)公布の旧刑法により、妾は公認されなくなる)の明治前期の法令は妻または妾の産んだ子は公生子、それ以外の女性が産んだ子は私生子《しせいし》とした。一八九〇年公布の旧民法(*民法典論争のため施行されず)は、父の届出があれば妻以外の女性との間の子を庶子とした。一八九八年の*明治民法は、第八二九条第二項に「父カ認知シタル私生子ハ之ヲ庶子トス」との規定を設け、戸主《こしゅ》の同意があれば父の「家」(*戸籍)に入るものとし、庶子と父の妻との間には、*嫡母《ちゃくぼ》庶子関係という親子と同一の法的関係が発生した。家督《かとく》相続人の順位においては、庶男子は嫡《ちゃく》出《しゅつ》女子よりも先とされていた。一九二五年(大正十四)の「民法親族編中改正ノ要綱《ようこう》」は庶子の入家には妻の同意を要するものとし、一九二七年(昭和二)の「民法相続編中改正ノ要綱」は家督相続の順位について嫡出女子を優先することとしたが、結局*民法改正は行われず、戦後の民法改正で庶子は廃止された。

参考文献 中川善之助他編『親子』(家庭問題と家族法四)、一九五七、酒井書店。加藤美穂子「明治前期における庶子制度」(『法学新報』八一ノ五・七)、一九七四。 (白石 玲子)

じょし　女史 (一)『広辞苑(第五版)』には「社会的地位や名声のある女の人。また、その氏名に添える敬称」と記述されるが、現在この語はそのような使われかたをしていない。地位や名声のある女性の死亡記事では、一九四六年(昭和二十一)「*三浦環《みうらたまき》女史」、五一年「*宮本百合《みやもとゆり》子《こ》女史」、五九年「*吉岡弥生《よしおかやよい》女史」と、この語は敬称として使われていたが、一九八〇年代以降では、八一年「*市川房枝《いちかわふさえ》さん」、八五年「*櫛田《くしだ》ふきさん」と、「さん」に変わってきている。少し目立つ活躍をした女性をやっかみ、揶揄《やゆ》して使う用法が生まれ、この語の敬称としての価値が下落した結果である。

参考文献 遠藤織枝『気になる言葉―日本語再検討―』(叢書・ことばの世界)、一九八七、南雲堂。 (遠藤 織枝)

(二) ⇩博士命婦《はかせのみょうぶ》

じょしえいがくじゅく　女子英学塾 ⇩津田塾大学《つだじゅくだいがく》

じょしがくせいぼうこくろん　女子学生亡国論 一九六二年(昭和三十七)三月、暉峻康隆《てるおかやすたか》早大教授が「女子学生世にはばかる」を『*婦人公論』に発表し、同月の暉峻・奥野信太郎《おくのしんたろう》・田辺貞之助《たなべていのすけ》らとのラジオ鼎談《ていだん》「大学は花嫁学校か―女子学生亡国論―」で一躍有名になった議論。結婚のための教養を目的とする女子学生の進出は、大学教育が社会に還元されない結果となって、学者と社会人の養成を目的とする大学の機能にひびが入るといわれたが、その背後では、女性の労働市場からの排除や女性の主婦化が進行していた。男性中心社会の機構が女性の大学教育を社会に還元するのを阻《はば》んでいるにもかかわらず、一方的に女子学生のあり方だけが問題とされ、大学側の男女差別を当然とする口実ともなった。この「女子学生亡国論」への回答を兼ね、一九八一年には、シンポジウム「女子学生亡国論―二十年目の回答―」が、プレスセンター(東京都千代田区)にて開催され、四百名以上が参加した。

参考文献 もろさわようこ『おんなの戦後史』、一九七一、未来社。池井優『女子学生興国論』(中公文庫)、一九八六、中央公論社。 (渡辺 典子)

じょしがくれん　女子学連 大正末期から昭和初期に女子学生の社会科学研究会を全国的に組織化した運動体の通称。一九二六年(大正十五)十二月に第一回大会を開催。最高責任者は塩沢富美子《しおざわふみこ》。一九二四年ころから高揚《こうよう》期を迎えた学生運動全体の影響をうけ、女子学生の間でも社会主義・マルクス主義の研究・学習が広がり、*女子専門学校では、社会科学研究会が多数組織された。男子学生の「学生社会科学連合会」からの働きかけのもと、そこに参加する目的で、*東京女子大学・*日本女子大学の女子学生を中心に、社会科学研究会の相互交流を目的とした集会がもたれたが、一九二六年一月におきた「京都学連事件」により男子学生の中心メンバーが検挙されたのを契機に、女子のみの全国組織が非合法につくられた。第一回大会の参加者十二、三名で、関西・東北からの参加もあった。一九二七年に第二回大会開催。三・一五事件、四・一六事件を経て消滅した。原因には中心メンバーの検挙のほか、*ハウスキーパー問題などの指摘がある。

参考文献 渡辺悦次・鈴木裕子編『運動にかけた女たち』、一九八〇、ドメス出版。福永操『あるおんな共産主義者の回想』、一九八二、れんが書房新社。『創設期における東京女子大学学生の思想的動向』(Women's Studies研究報告一〇)、一九九〇、東京女子大学女性学研究所。 (中嶋みさき)

じょしきょういく　女子教育　〔近世〕江戸時代、教育機関に入り教師(多くは儒者)について学びうるのは、少数の士人階級以上のもの、しかも男子に限られていた。したがって、建前としては、女性にも庶民にも、組織的には初等教育すら施されることはなかった。十七世紀半ば以降になると、支配的立場からも、生活者の立場からも庶民に対する教育の必要性が叫ばれるようになる。しかし、なお、男女間には少なくない較差があった。女子についていえば、武士の場合、主として家庭内でしかるべき教師や母親によって教えが施された。その際の教材には*女訓書《じょくんしょ》が用いられた。その代表が「*女大学《おんなだいがく》」や「女《おんな》今川《いまがわ》」といわれるものである。そこには、嫁入りさきの家を維持継承させていくために、女が守らなくてはならない事柄や女の劣性を自覚することの必要性が記されており、それの遵守《じゅんしゅ》が強制されている。彼女たちは、それらを、嫁する以前に教え込まれた。庶民の場合には、いわゆる*寺子屋や手習所《てならいじょ》で、読み書きなどの初期教育を学びながら礼儀作法などを身につけていった。また、読み書きとは別に、主として日常生活における家族道徳や祖先崇拝などの大切さを説いた*心学《しんがく》の教えの影響は大きかった。江戸時代も後期になると、武家屋敷や町家に奉公《ほうこう》人《にん》として勤める女性が増えてくる。そうした奉公勤め、特に武家奉公は、働きながら礼儀作法を身につけていくよい機会であり、同時に結婚のためのよりよい条件でもあった。さらに、十八世紀後半以降、都市部を中心に顕《けん》著《ちょ》にみられる女性の変化を、風俗が乱れていくと捉え、それを憂慮《ゆうりょ》する人びとによっていろいろな対応がなされた。手習師匠への警告、工夫を凝らした女訓書の再編、善行者の表彰などもあるが、特に注目されるのが女学校を設立してはどうかという提案であった。それは、女子を一ヵ所に集め、白糸のように染まっていない内に女訓書を用いて*女の道を教え込むこと、自身を守るように長《なぎ》刀《なた》を教えたり、女の仕事としての「紡績織縫《うみつむぎおりぬい》」などをきちんとした指導者のもとで教諭したりしようというものであった。

参考文献　菅野則子「『女学校発起之趣意書』」(『帝京史学』一〇)、一九九五。同「武家の女子教育」(『総合女性史研究』一三)、一九九六。総合女性史研究会編『日本女性史論集』八、一九九八、吉川弘文館。菅野則子「安産と子育て」(『帝京史学』一八)、二〇〇三。　(菅野　則子)

〔近現代〕女性を対象とする教育。歴史的に社会的に男子が優位にあり、近代に入っても多くは男子による女子教育で、性別教育を行なっている。明治政府は一八七二年(明治五)*学制をしき、女子にも小学校就学を奨励《しょうれい》したが、その主な理由は次世代を担う子どもの教育に役立つと考えたからである。一八七九年の教育令では原則として*男女別学・別内容・別系統の教育体制をとり、共学を否定、男子は社会的に女子は家庭に生きることを想定した。したがって女子の小学校就学率は伸びず、中等教育は私立学校まかせであった。日清戦争後、ようやく*高等女学校令により、中等教育を整備するが、その教育方針は*良妻賢母《りょうさいけんぼ》主義であり、同時期の*明治民法に位置づけられた「家」の女の養成の教育であった。第一次世界大戦後、女子も高等女学校への進学が増加していくが、政策としては中等教育止まりであった。進学しない女子は*処女会《しょじょかい》などに組織し、*家事の技術を与えた。一九〇〇年前後から女子高等教育のための私立校が創立され、次第に増加するが、国立は*女子高等師範《しはん》学校二校にとどまった。男子の高等教育機関はほとんど女性に門戸を開かず、男子と女子との間に質・量ともに格差が大となった。昭和の総力戦期には教育は崩壊状況となる。一九四五年(昭和二十)の敗戦により、*男女平等・機会均等の教育が可能となり、共学も認められた。しかし一九六〇年代には*女子学生亡国論《ぼうこくろん》が登場し女子の大学進学を批判し、高等学校では女子のみ家庭科必修が導入され、性別教育が維持された。社会教育においても、*婦人学級から家庭教育学級に比重が移り、母役割が強調された。一九七五年の*国際婦人年を契機に海外の動向も刺激となり、一九八〇年「女子に対するあらゆる形態の差別の撤廃《てっぱい》に関する条約」に日本も署名し、家庭科男女共修《きょうしゅう》が実現した。*ジェンダーの視点からの女子教育の検討も進んできたが、近代日本の教育への根本的な検討と併せて女子教育は、まだ多くの未解決の課題をかかえている。　→識字《しきじ》

参考文献　日本女子大学女子教育研究所編『女子教育研究双書』一―一〇、一九七五‐九六、国土社・ぎょうせい・ドメス出版。真橋美智子『現代日本における女子教育研究の動向』、一九九七、大空社。佐々木啓子『戦前期女子高等教育の量的拡大過程―政府・生徒・学校のダイナミクス―』、二〇〇二、東京大学出版会。　(中嶌　邦)

じょしきょういくさっしんようこう　女子教育刷新要綱　一九四五年(昭和二十)十二月四日の閣議諒解《かくぎりょうかい》事項。戦前の教育制度は、中等教育段階以降の*男女別学、教育機会や教育内容における男女差を制度化していたが、このような男女間の教育制度上の格差を是正《ぜせい》するために示された、戦後の日本政府の女子教育方針の一つ。要綱は、男女間における教育の機会均等《きかいきんとう》や教育内容の平準化《へいじゅんか》、男女の相互尊重の風の促進を方針として掲《かか》げ、具体的には、*女子大学の創設と大学における*男女共学の実施、*高等女学校の教育内容・水準を中学校と同程度とすること、女子青年学校の教育内容や修業年限を男子青年学校と同等にすることなどを提言している。戦後教育改革の初期において教育制度の男女同等化に一定の成果をもたらしたが、高等教育だけではなく中等教育の男女共学化や、単線型教育制度の成立といった、本格的な教育改革の進展によって、この要綱は事実上意味を失っていった。

参考文献　宮原誠一他編『資料日本現代教育史』一、一九七四、三省堂。　(小山　静子)

じょしきんろうどういん　女子勤労動員　戦線の拡大に伴う労働力不足を補うために男子の代替労働力として女

子を動員した政策。国家総動員法に基づいて強制的に就労させた国民徴用令(一九三九年(昭和十四))は女子への適用を避けてきたが、一九四一年八月、閣議は、国家が求める職域に女子の職業能力を登録させるなど「労務緊急対策要綱」を決定。十二月から「国民勤労報国協力令」を施行して、十四歳以上二十五歳未満の未婚女性に年間三十日以内の勤労を義務づけた。四三年九月二十二日、深刻な労働力不足の中で「女子勤労動員促進に関する件」を発表し、食料増産に必要な農村女性を除いた女子を国民皆労体制に組み入れた。十四歳以上の未婚者などを対象に、航空機関係工場や官庁などへの優先的動員が始まり、地域や学校で女子勤労挺身隊《ていしんたい》を自主的に組織すること、一～二年の就労が求められた。翌日、閣議は、事務補助・出改札係・車掌・電話交換手など十七職種への十四歳から四十歳未満の男子の就業を禁止して女子に替わらせた。四四年には、決戦非常時の労働力として*女子挺身隊への強制加入が命じられる。

参考文献 赤松良子編『日本婦人問題資料集成』三、一九七七、ドメス出版。『銃後史ノート』八(特集戦場化する銃後―空襲・疎開・勤労動員―)、一九八三。「女たちの昭和史」編集委員会編『(写真集)女たちの昭和史』、一九八六、大月書店。総合女性史研究会編『史料にみる日本女性のあゆみ』、二〇〇〇、吉川弘文館。

(宇野 勝子)

じょしくん 女子訓 『詩経《しきょう》』の「周南」「召南」二編を注解した*女訓書《じよくんしょ》。熊沢蕃山《くまざわばんざん》著。二巻(「周南之解」「召南之解」)。ただし「二南(周南・召南)」注解の付録である「女子訓或問《わくもん》(上・下)」と「昔物語」(未発見)を合わせた五巻ともいう。貞享《じょうきょう》元年(一六八四)ころ成立。蕃山が「人情の正を得て盛徳至善なる物」とした「二南」によって女性心得を説く。「女子訓或問」は問答形式で綴《つづ》った方便としての大衆仏教論で、結局、「天質よき人」は聖学《せいがく》に入るべきことを諭《さと》す。テキストは『日本教育文庫』女訓篇(黒川真道編、一九七七年、日本図書センター、「周南之解」「召南之解」のみ)、『(増訂)蕃山全集』二(一九七八年、名著出版)。

(小泉 吉永)

じょしこうとうしはんがっこう 女子高等師範学校 戦前における中等教育の女性教員養成機関。一八八六年(明治十九)の師範学校令による。前身は一八七五年女子教育振興の中心的役割を果たす機関として設立の東京女子師範学校。一八八五年東京師範学校に合併、翌年昇格して高等師範学校女子部となった。一八九〇年女子高等師範学校として独立、その存在価値をめぐり賛否両論あるなか当時唯一の官立の女子高等教育機関となる。のち女高師は一八九七年師範教育令により女子師範学校・*高等女学校の教員養成にあたり、学科課程を整えて文科・理科の分科制(のち技芸科も)になり、また教育学研究の役割も果たした。なお一九〇八年には奈良女子高等師範学校も設立された。戦後の*学制改革により一九四九年(昭和二十四)東京・奈良の両女高師はおのおの*お茶の水女子大学・奈良女子大学になり、一九四五年設立された広島女子高等師範学校は広島大学に組み入れられた。

参考文献 『東京女子高等師範学校六十年史』、一九三四、東京女子高等師範学校。村田鈴子『わが国女子高等教育成立過程の研究』、一九八〇、風間書房。

(高橋 和子)

じょしさべつてっぱいじょうやく 女子差別撤廃条約 国連総会が採択《さいたく》した女性差別撤廃のための基本条約。正式名称は、「女性(女子)に対するあらゆる形態の差別の撤廃に関する条約」。第三十四回国連総会(一九七九年(昭和五十四))で採択され、一九八〇年の「国連女性の十年」中間年世界会議で、各国政府が署名し、二〇〇一年(平成十三)現在、締約国は百六十八ヵ国。日本は一九八五年に批《ひ》准《じゅん》。その後、個人通報制度と調査制度を内容とする同条約の選択議定書が、第五十四国連総会(一九九九年)で採択され、二〇〇五年一月現在、署名国七十六、締約国七十一だが、日本は未署名、未批准。条約は、前文十五パラグラフと本文六部三十条からなり、政治的・公的活動、国際的活動への参加、国籍、教育、雇用、保健、経済的・社会的活動、農村女性、法律、*婚姻・家族関係などにおける、各差別の撤廃について具体的に規定している。この条約の特徴は、社会および*家庭における性別役割分業の変革が、男女の完全な平等達成のために必要であると明言している点、また、法律上の平等のみならず、事実上の平等の実現をめざし、差別となる慣習・慣行の修正・廃止を要請する点であり、第二波*フェミニズムの問題提起が反映されている。締約国は、条約発効後一年以内に、その後は少なくとも四年ごとに、この条約の実施のためにとった措置《そち》およびそれによってもたらされた進歩を、国連に報告することが義務づけられており、この条約の各国政府の女性政策に与えた影響は大きい。日本は、一九八五年の批准に先立って、条約に抵触《ていしょく》する法律などの見直しを図った。*国籍法を父系血統主義《ふけいけつとうしゅぎ》から父母両系主義に変更(一九八四年)、*男女雇用機会均等法《だんじょこようきかいきんとうほう》の制定(一九八五年)、中学・高校の家庭科の*男女共学・必修化を決定したこと(一九八五年)などがそれにあたる。

参考文献 山下泰子『女性差別撤廃条約の研究』、一九九六、尚学社。日本女性差別撤廃条約とNGOネットワーク編『女性差別撤廃条約とNGO』、二〇〇三、明石書店。

(井上 輝子)

じょしじゃくねんていねんせい 女子若年定年制 戦後、性による差別の禁止、平等な取り扱いをすすめるために旧法を廃止し新立法を制定するなど法整備が行われた。しかし、*母性を保障したうえでの*男女平等が実質的に実現するためには、多くの運動や闘いが必要であった。高度経済成長期に女性労働者が増大し、労働運動の進展などにより職場に定着する傾向がすすんでいった。戦前、日本の女性労働者は若年・未婚・短期雇用型であったために、経営者は女性労働者を二十代、三十代の若年で退職させる制度を設ける必要がなかった。女性労働者が結婚しても退職しなくなった状況への対策として条件をつけて女性を早期に退職させる措置《そち》を講じた。賃金が上昇しない若いうちだけ短期に使って人件費の節約をはかる経営者の意図を具体化したものが、男女で各種の差をつけた定年制である。結婚・*出産した時、子持ちか否か、定年年齢に十歳男女差をつけるなど各種定年制で女性労働者を短期に流動化させたが、若い年齢で切ってきたのが若年定年制である。一九五三年(昭和二十八)十一月、東宝が女子劇場勤務者に二十五歳定年制を実施したという記録を皮切りに、一九五〇年代後半から女子若年定年制についての新聞記事が増加した。一九五九年大阪市交通局は女子車掌《しゃしょう》三十三歳定年制を、結婚・妊娠処遇とともに実施した。一九六〇年代に入ってからは多くの地方自治体で三十五歳・三十八歳といった若年定年制を実施し、また男性と十歳差のある定年制がひろがった。一九六〇年代後半には民間放送の多くが若年定年制(フジテレビ二十五歳、名古屋放送三十歳など)を採用した。いずれも女性の労働権に対する侵害であった。東急機関工業《とうきゅうきかんこうぎょう》の志賀穂子《しがすいこ》は男五十五歳女三十歳定年の労働協約に対して最初に裁判闘争に立ち上がり、無効をかちとった。その後多くの裁判闘争が起り、女性労働者は勝訴している。→女性差別労働裁判《じょせいさべつろうどうさいばん》

参考文献 女性史総合研究会編『日本女性史』五、一九八二、東京大学出版会。坂本福子編『平等へのロマン―働いて、たたかって―』、一九六四、学習の友社。

(本間 重子)

じょしせいねんだん　女子青年団　戦前期に青年女子を対象に、地域ごとに組織された社会教育団体。前身は*処女会《しょじょかい》と呼ばれ、内務省が全国組織化を図ったが、一九二七年(昭和二)、大日本連合女子青年団の結成で再編され、大日本連合青年団と並び文部省の所轄《しょかつ》となった。おもな経常事業には、全国女子青年団指導者講習会、全国連合女子青年団大会、青年創作副業品展覧会・一人一研究展覧会、パンフレット・団報の発行、各種調査、講師派遣・紹介などがあり、推進事業として、「公共生活訓練運動」(一九三〇年―)、「女子青年技能修練制度」(一九三六年度―)、「女子義勇隊《ぎゆうたい》運動」(一九三七年―)、「満州駐《まんしゅうちゅう》屯軍慰問使《とんぐんいもんし》派遣」(一九三一年)以降の一連の「興亜《こうあ》運動」が展開された。「公共生活訓練運動」は女子公民科の内容を生活世界で体得させる実践的公民教育活動、「技能修練制度」は「社会国家に有用な人格形成」を掲げ、班単位の「自治的な相互訓練」で習い事や*家事、副業等に至る技能をみがく実践とされた。地方団の日常活動では、補習教育、講習会、講演会、巡回文庫、見学旅行、修養会、学芸会、総会、敬老謝恩会、三大節《さんだいせつ》等の記念式典、風紀《ふうき》改良事業、*慈善事業、*生活改善運動、運動会、副業研究・奨励、談話会等を実施し、時に青年団や*婦人会とも連携した。これらの活動は一九三一年の柳条湖《りゅうじょうこ》事件(「満州事変」)、一九三七年の盧溝橋《ろこうきょう》事件(「支那《しな》事変」)を契機に戦時色を強めた。翼賛《よくさん》体制の下、一九四一年には大日本青少年団に吸収され、女学校生徒も全員加盟となった。各団では、慰問や義捐金《ぎえんきん》募集、徴兵後の留守宅支援などの銃後《じゅうご》活動、空襲など緊急時に備えた「女子義勇隊」の組織化・訓練、侵略政策の一端を担う「開拓移民」配偶者(「*大陸の花嫁」)の募集・訓練が行われ、戦争遂行への貢献が至上命題となった。戦後、GHQの指示で解散したが、のちに民主主義的団体として復活し、現在に至るものもある。

参考文献 相庭和彦・大森直樹・陳錦・中島純・宮田幸枝・渡邊洋子『満洲「大陸の花嫁」はどうつくられたか―戦時下教育史の空白にせまる―』、一九九六、明石書店。渡邊洋子「一九四〇年代前半の女子青年団運動の動向と活動実態」(『京都大学生涯教育学・図書館情報学研究』一)、二〇〇二。同「一九三〇年代の女子青年団と男子青年団」(橋本紀子・逸見勝亮編『ジェンダーと教育の歴史』二〇〇三、川島書店)。

(渡邊 洋子)

じょしせんもんがっこう　女子専門学校　一九〇三年(明治三十六)、「専門学校令」の制定で、新たに設置が認められた私立、あるいは府県立の女子高等教育機関。女子専門学校は、女子の高等学校への進学が閉ざされていた戦前の公教育制度の下、高まる女子高等教育への要求の担い手として急速に拡大していった。当初は津田英学塾・*日本女子大学校といった私立女子専門学校の認可にとどまったが、一九二〇年代に入ると、私立に加え府県立女子専門学校の創設も増加した。設置数の増加のみならず、医学や経済など職業専門教育を行う学校の創設もこの時期の特徴である。これは*高等女学校の普及、および女性の就業率の上昇に対応するものであり、特に「*職業婦人」と称された、新中間層中心の新しい女性就業者の登場で、女子の高等職業教育機関としての役割も強めた。女子専門学校の拡充と成果は、やがて男子と同等の高等教育機関たる*女子大学設立を求める動きにつながった。

参考文献 日本女子大学女子教育研究所編『女子の高等教育』(女子教育研究双書)、一九八七、ぎょうせい。佐々木啓子『戦前期女子高等教育の量的拡大過程』、二〇〇二、東京大学出版会。湯川次義『近代日本の女性と大学教育』、二〇〇三、不二出版。

(蔵澄 裕子)

じょしそうぞく　女子相続　近世以降と異なり、中世までは女子にも*財産相続権が認められており、十二世紀前半ごろ成立の『*今昔物語集《こんじゃくものがたりしゅう》』天竺《てんじく》部・震旦《しんたん》部で、中国やインドの実態と関わりなく、女子による財産使用が当然のこととして描かれているのは、その反映である。ただし、鎌倉時代半ば以降、相続形態が分割相続から単独相続へと大きく移行していく中で、一期分《いちごぶん》などという形で女子相続には大きな制約が加えられていくようになる。

参考文献 石井良助『日本相続法史』(法制史論集五)、一九八〇、創文社。永田瑞「今昔物語天竺部における女性の地位」(女性史総合研究会編『日本女性史』一、一九八二、

東京大学出版会)。 (髙橋　典幸)

じょしだいがく　女子大学　戦後の*学制改革により、発足した女子を対象とする高等教育機関。近代教育制度が拡充し、女子高等教育の伸張も必須の検討課題となったが、戦前を通じて女子の高等教育は男子とは別途の規定を前提とした。*臨時教育会議(一九一七年(大正六)―一九年)でも女子大学は時期尚早との結論に終ったが、その中で*成瀬仁蔵《なるせじんぞう》は*良妻賢母《りょうさいけんぼ》主義一辺倒を批判し、女性の生理的・心理的特徴から女子大学設置の必要性を説いた。一九三〇年代は男女共学問題研究会の活動など、男女共学をめぐる論議が最も深化した時期であり、教育審議会(一九三七年(昭和十二)―四二年)で女子大学か共学かの議論の末、女子大学の創設も含む「高等教育ニ関スル件」の答申が可決された。しかし戦況の悪化により、結局女子大学は設置されなかった。一九四八年、アメリカ教育使節団の後押しを受け、私立を中心に*津田塾大学などが旧制の*女子専門学校から昇格して新制女子大学となり、翌年には東京と奈良の高等女子師範学校から*お茶の水女子大学・奈良女子大学が国立の女子大学として創立された。もっとも、「*家政学」の位置づけをめぐり、大学設置基準審議の過程で議論の混乱をみるなど、女子大学に対する特殊性を堅持しようとの向きも強かった。一九七〇年代に入ると、女性の自立意識の向上やライフスタイルの多様化から女子学生の共学志向が強まり、大学生徒総数に占める女子大学の比率は低下する。経営上の困難もあり、女子大学の多くが共学に移行したが、女性の人格形成や特殊教育には女子大学が不可欠との意見も根強い。*教育基本法(一九四七年公布)には「男女共学」の理念が明記されている。学制改革により大学も男女対等の進学を認める共学を旨とすることとなったが、新制の女子大学の創立を認めたことで、男女共学とは矛盾する側面を抱えたまま出発したともいえる。女子大学の存在意義とは何か、男女共学の本質に立ち返り、なお検討していかなければならない。

参考文献　唐澤富太郎『近代日本教育史』(新・教職教養シリーズ)、一九六八、誠文堂新光社。橋本紀子『男女共学制の史的研究』、一九九二、大月書店。湯川次義「戦後の旧学制下における女性への大学の門戸開放政策と開放の実態」(『早稲田教育評論』一九)、二〇〇五。 (蔵澄　裕子)

じょしたくむくんれんじょ　女子拓務訓練所　一九三〇年代後半から一九四〇年代初頭に、中国東北部への侵略政策を担う「開拓民」の配偶者と指導者を養成すべく設置された機関。女子拓殖《たくしょく》訓練所とも呼ばれる。一九三七年(昭和十二)以降、長野・山形・栃木・茨城・静岡・愛媛・島根・大分の各府県や山形県拓協会・海外婦人協会・海外協会・日満帝国婦人会・修養団社会部・上宮教会社会事業部等の民間団体が設置し、一九四二年三月で十四府県十九施設あった。単独施設と既存関連施設への併置の割合は一対二で、全国初の県立女子訓練施設、長野県立桔梗ヶ原《ききょうがはら》女子拓務訓練所が単独のモデル施設として注目された。訓練には長期と短期があり、訓練内容は、「学課」(「満州国《まんしゅうこく》」の法規・経済事情・文化・風俗生活・言語、国際情勢等)、「農事訓練」(農産物加工・養畜等の実習)、「生活訓練」(現地の自然文化と生活、家事裁縫、育児衛生、救急法、農業簿記、副業等)などであった。

参考文献　相庭和彦・大森直樹・陳錦・中島純・宮田幸枝・渡邊洋子『満洲「大陸の花嫁」はどうつくられたか―戦時下教育史の空白にせまる―』、一九九六、明石書店。 (渡邊　洋子)

じょしていしんたい　女子挺身隊　一九四四年(昭和十九)、地域や学校、職域などから市町村長や団体長が選んだ十二歳以上四十歳未満の未婚女性を勤労常時要員とした組織。一年間の勤労が義務づけられた。二月、政府は、「決戦非常措置要綱」を決定し、「家庭の根軸たる者」を除く女子の女子挺身隊への強制加入と学徒動員体制の徹底を指示、翌三月の強化方策要綱をうけて八月、国家総動員法第五条の規定による勅令として「女子挺身勤労令」を公布施行した。罰則を伴う強制力で、国家が女性を戦時下に組み込む体制が確立する。石川県から愛知県春日《かすが》井《い》市の名古屋陸軍造兵廠鷹来《ぞうへいしょうたかぎ》工場に派遣されるなど動員は広範囲に及ぶこともあり、四十七万人余の女子挺身隊員が戦争末期の生産活動の中心として働いた。過重な労働で病に倒れる者、生理不順になる者なども急増した。本土空襲が激しくなるなか、爆撃で多数の死者を出した愛知県豊川市海軍工廠《こうしょう》をはじめ、各地で大きな犠牲を出している。→戦時下《せんじか》の女性労働《じょせいろうどう》

参考文献　『三代の女たち』中(『一億人の昭和史日本人』二)、一九八一、毎日新聞社。総合女性史研究会編『日本女性の歴史―女のはたらき―』(角川選書)、一九九三、角川書店。同『史料にみる日本女性のあゆみ』、二〇〇〇、吉川弘文館。 (宇野　勝子)

工場で働く女子挺身隊

じょしびじゅつだいがく　女子美術大学　近代女子美術教育機関のパイオニア。一九〇〇年(明治三十三)東京本郷に*横井玉子《よこいたまこ》がキリスト者藤田文蔵《ふじたぶんぞう》らの協力を得て創立した女子美術学校が前身。教育目的は「女子ノ美術的技能ヲ発揮セシメ専門ノ技術家及教員タルベキ者ヲ養成スル」。翌年、日本画、西洋画、彫刻、刺繍《ししゅう》、蒔絵《まきえ》、編物、造花、*裁縫の八学科で開校(藤田初代校長)するも入学者極少で財政困難に陥り、一九〇二年佐藤志津《さとうしづ》(順天堂医院創立者の子、漢学・国学を学び薙刀《なぎなた》師範)を校主に迎え再建、日本画・裁縫・刺繍各科で計十四名の卒業生を出した。当時官立東京美術学校は女性に門戸を開かず、しかも美術教育そのものが軽視される中で、国家による美術教員養成という枠をこえて女性に独立した生活能力をもたせる職業教育を施した意義は大きい。一九一五年(大正四)附属高等女学校開校。一九二九年(昭和四)女子美術専門学校に昇格。一九四九年女子美術大学。翌年短大併設。一九九四年(平成六)大学院設置。キャンパスは東京都杉並区および神奈川県相模原市にある。

参考文献　『女子美術大学八十年史』、一九八〇、女子美術大学。青木純子『美の原点―女子美術学校創立・再建の謎―』、一九九八、JAC企画。　(影山　礼子)

じょしぶんだん　女子文壇　若い女性の投書を中心にした明治・大正時代の文芸誌。一九〇五年(明治三十八)一月から一九一三年(大正二)八月刊、第九巻第十一号まで全百三十二冊。東京市京橋区大鋸《おが》町(東京都中央区)の女子文壇社発行。編集発行者は野口竹次郎《のぐちたけじろう》、詩人の河合酔茗《かわいすいめい》が編集主任として尽力する。ここから*生田花世《いくたはなよ》・*水野仙子《みずのせんこ》・*三宅やす子・今井邦子《いまいくにこ》・*島本久恵《しまもとひさえ》などのちに活躍する多くの作家や評論家を輩出、いわば女性作家への登竜門《とうりゅうもん》でもあった。消息文・雑文・短編小説・新体詩・短歌・俳句などの項目に分け、それぞれの投書・投稿に巌谷小波《いわやさざなみ》・*小栗風葉《おぐりふうよう》・横瀬夜雨《よこせやう》・*与謝野晶子《よさのあきこ》・佐々木《ささき》信綱《のぶつな》などの選者が評を加えて掲載。さらに当時の文壇の大家や新人作家たちが寄稿《きこう》、啓蒙《けいもう》を意図した評論や特集なども多く、木下尚江《きのしたなおえ》・新渡戸稲造《にとべいなぞう》らが執筆した「近代女性の自覚」(一九〇九年一月)や与謝野晶子・岩野泡鳴《いわのほうめい》らが論を張った「平塚明子論《ひらつかはるこ》」(一九一三年七月)、特集「婦人文芸」の試みなど、女性たちの覚醒《かくせい》を促す役割を果たした。のちに『*青鞜《せいとう》』に参加した作家も多く、『青鞜』の前身誌ともいえる。不二出版より復刻。

『女子文壇』第一巻第一号

参考文献　杉本邦子『明治の文芸雑誌』、一九九八、明治書院。　(岡田　孝子)

じょしほうこうにん　女子奉公人　⇨女奉公人《おんなほうこうにん》　⇨下女《げじょ》

しょじょ・オトメ　処女・オトメ　〔古代〕　⇨ヲトメ

〔近世〕十二、三歳で生理を迎えた少女が成長してまだ結婚していない場合をいう。万治ごろまでの武家の処女は下げ髪で裲手《うちかけ》を着、庶民の処女も下げ髪にしていた。元禄のころから処女は*島田髷《しまだまげ》に結い、島田は処女の代名詞となる。*振袖《ふりそで》は処女が着るものである。女子が成女になると眉剃り、歯黒《はぐろ》にして祝ったが、地方や身分によって時期は違った。

参考文献　喜田川守貞『類聚近世風俗志』上、一九七九、名著刊行会。倉地克直『性と身体《からだ》の近世史』、一九九八、東京大学出版会。　(小和田美智子)

〔近現代〕処女はおとめと訓読され、未婚の女性一般を指す。処女はもともと家にいる未婚の娘のことをいい、*離婚した単身の女性(*寡婦《かふ》)でも処女と称されることがあり、今日のように性交経験の有無とは関わりなかった。明治期に処女膜の存在が知られ、それが処女の肉体的証拠となった。一九一〇年代に貞操《ていそう》(処女)論争が起り、純潔《じゅんけつ》・無垢《むく》という精神的価値が処女の特質とみなされ、また性交によって男の精液が混入して血が汚れるとする俗説が流布して、*家父長制のもとで血統・家系の純潔・純血が重視され、性交経験のない純潔・純血の状態を肉体的にも精神的にも汚れのない処女性とする観念が形成されて、女性の結婚条件となった。この観念が崩壊する兆しをみせるのは、結婚と性愛が切り離される一九六〇年代になってからである。未婚の若い女性はオトメチックといった可愛らしさを表象する記号を用いて、オトメ文化を存続させている。

参考文献　川村邦光『オトメの身体―女の近代とセクシュアリティー―』、一九九四、紀伊国屋書店。牟田和恵『戦略としての家族―近代日本の国民国家形成と女性―』、一九九六、新曜社。　(川村　邦光)

しょじょかい　処女会　大正期に農山漁村で発達した義務教育終了後の青年女子の「修養」団体。一九一〇―二〇年代、第一次世界大戦前後の欧米女性の活躍を背景に、各地でさまざまな名称と形態の団体組織が生まれた。成立経緯は、小学校同窓会や裁縫の会などの改編、*婦人会から青年女子部の分離独立、「補習教育」「生活改善」「婦徳涵養《ふとくかんよう》」などを掲げた会の結成などであった。村長や小学校長、地域の篤志家《とくしか》などが会長を務め、直接の指導は女性の小学校教員や婦人会員などが担った。おもな事業は、各種講習会・実習、補習教育奨励・指導、見学・遠足旅行、講話会、敬老会、運動会・体育奨励、生活改善、貯金、新聞雑誌図書の協同閲覧、巡回(回覧)文庫、各種展覧会・品評会、風紀《ふうき》改善・風俗改良、社会奉仕・*慈善事業などで、地域に応じて、神社仏閣の参拝・清掃、農業・*養蚕関連活動、「出征《しゅっせい》」軍人・軍隊や軍人遺家族の慰問《いもん》、就学児童欠席督励《とくれい》・援助も行われた。青年団や婦人会との連携も多く、青年団との合同活動は、「異性の眼」による青年男女の相互教育機会として指導上重視された。一九一八年(大正七)四月、内務省嘱託《しょくたく》*天野藤男《あまのふじお》の呼びかけで、第一線の女子教育家、*山脇房子《やまわきふさこ》・*鳩山春子《はとやまはるこ》・*三《み》輪田真佐子《わたまさこ》・*下田歌子《しもだうたこ》・*跡見花蹊《あとみかけい》・*棚橋絢子《たなはしあやこ》・*嘉悦《かえつ》孝子《たかこ》・*吉岡弥生《よしおかやよい》や*福島四郎《ふくしましろう》・国府種徳《こくふたねのり》らが上野精養軒《せいようけん》で処女会中央部を発会、理事に就任した。初期中央部では「働妻健母《どうさいけんぼ》」養成を掲げた天野の処女会構想が影響力をもち、「処女会」の統一名称も、結婚前の心身の「純潔」の自覚という権威的意味で採用された。中央部は機関誌『処女の友』を創刊し、地方処女会の設置奨励、「女工ストライキ」など婦人労働問題への対応と工場内処女会設置、「*新しい女」に象徴される都市問題への諸施策などに取り組んだ。天野が退く中で主導権は乗杉嘉壽《のりすぎかじゅ》・小尾《おび》範治《はんじ》など文部省関係者に移り、一九二七年(昭和二)、大日本連合女子青年団結成により中央部は解散した。

参考文献 千野陽一『近代日本婦人教育史』、一九七九、ドメス出版。井上恵美子「処女会の体制的組織化過程」(『信州白樺』五九・六〇合併号)、一九八四。渡邊洋子『近代日本女子社会教育成立史―処女会の全国組織化と指導思想―』、一九九七、明石書店。

(渡邊 洋子)

じょしりゅうがくせい 女子留学生 官費で米国に派遣された日本初の女子五名。明治政府は明治二年(一八六九)に北海道に開拓使を設立。開拓使次官に任命された黒田《くろだ》清隆《きよたか》は明治四年開拓事業を視察のため渡米。黒田は米国滞在中女性の社会的地位の高さに感銘を受け、日本弁務《べんむ》使《し》の*森有礼《もりありのり》も日本女性の教育の必要性に賛同した。黒田は帰国後政府に賢母論《けんぼろん》に基づく建議書を提出し女子留学生の欧米への派遣を提案。岩倉使節団を率いる岩倉具視《いわくらともみ》も賛成したので、女子留学生を急遽《きゅうきょ》募集する運びとなる。第二回目の急募で、吉益亮子《よしますりょうこ》(十四歳)、上田貞子《うえだていこ》(十四歳)、山川捨松《やまかわすてまつ》(十一歳)、永井繁子《ながいしげこ》(八歳)、*津田梅子《つだうめこ》(六歳)が応募した。五名は日本で初の国費の女子留学生として岩倉使節団とともに一八七一年横浜から渡米。吉益と上田は健康上の理由で一年で帰国するも、若年の三名は約十年の留学生活を終え、一八八〇年代初頭に帰国。帰国後は、三者三様の道を歩むが、「トリオ」として生涯互いを支えあい、*慈善活動、音楽教育、英語教育の分野で日本女性の地位向上に貢献した。

女子留学生

参考文献 飯野正子・亀田帛子・髙橋裕子編『津田梅子を支えた人びと』、二〇〇〇、有斐閣。髙橋裕子『津田梅子の社会史』、二〇〇二、玉川大学出版部。

(髙橋 裕子)

じょしろうどううんどう 女子労働運動 〔近代〕 近代日本の女性労働運動は、一八九七年(明治三十)創立の労《ろう》働組合期成会《どうくみあいきせいかい》を前史に、一九一六年(大正五)設立の*友愛《ゆうあい》会《かい》婦人部をもって組織運動が始まる。労働組合期成会は、悲惨な労働状態にある女性労働者たちに同情を寄せた。しかし彼女たちを労働運動の仲間とはみなさず、かえって女性労働を「必要悪」と考え、女は結婚して*家庭に入り子女を育て夫に*内助《ないじょ》の功《こう》を尽くすべしという女性観をもっていた。戦前日本の労働組合運動はこのような家父《かふ》長的《ちょうてき》労働運動として終始し、女性労働運動はその影響を受けた。友愛会婦人部も当初は女としての修養を説く性格を強く帯びていた。第一次世界大戦後、女性労働問題は急浮上し、国際的にもＩＬＯ(国際労働機構)設立、一九一九年第一回国際労働会議開催に至る。会議の直前、友愛会初の婦人労働者大会が開かれ、弁士に全員女性が立ち、女性労働者の団結が強まるが、翌年婦人部の牙城《がじょう》、富士瓦斯紡績押上《ふじガスぼうせきおしあげ》工場争議で敗北、婦人部は瓦解《がかい》に陥《おちい》る。友愛会が発展し、日本労働総同盟に改組、女性活動家の必死の働きかけにより一九二五年総同盟大会で婦人部設置を獲得するが、直後に総同盟分裂で頓挫《とんざ》する。分裂後、左派組合として日本労働組合評議会が結成され、女性活動家の大半が移行、同年十月婦人部全国協議会を開催し、*山川菊栄《やまかわきくえ》起草の「婦人部テーゼ」に基づき、組織づくりを展開する。しかし翌年第二回大会で男性幹部の反対が強く、婦人部設置は保留となる(「婦人部論争」)。一方一九二四、五年以降、女性労働運動は裾野《すその》を広げ深夜業禁止・寄宿舎制度改善・坑内労働禁止などに女性団体も加わり、幅広い運動を展開。女性の参加する争議も増え、組合指導によらぬ女性のみの争議もたたかわれる。三度にわたる総同盟分裂、評議会結社禁止のあと、赤色《せきしょく》労働組合として結成される日本労働組合全国協議会(全協)で労働戦線は分立、ただでさえ少ない組織女性労働者(一九二八年(昭和三)末で一万二千余人、組織率は一%未満)は三分される。恐慌《きょうこう》期、資本側の産業合理化による解雇・賃下げ・労働強化等の激しい攻撃に対し、女性労働者は一致結束し、長期にわたるストライキをも辞さなかった。一九三〇年から翌年にかけ激発した紡績争議における女たちのたたかいは一時代を画する。一九三一年九月の柳《りゅう》条湖《じょうこ》事件は、日本の社会運動全般に愛国主義・民族主義的潮流をもたらした。一九三三年左派の全協運動は壊滅し、労働戦線は右派の力が強まり、中間派を吸収し、一九三六年全日本労働総同盟(全総)が結成、婦人部は結婚退職手当闘争を女性団体の応援をも受けて強力に展開する。しかし、翌年、盧溝橋《ろこうきょう》事件が勃発《ぼっぱつ》、全総が「罷業絶《ひぎょうぜつ》滅宣言《めっせんげん》」を行い、皇軍将兵感謝《こうぐんしょうへいかんしゃ》、出征兵士・遺家族慰問《いもん》金募集、愛国公債貯金《あいこくこうさいちょきん》のいわゆる銃後三大協力運動《じゅうごさんだいきょうりょくうんどう》を展開すると、女性の組織労働者の大半を占める全総婦人部も時局協力・戦争協力を担うことになった。

参考文献 鈴木裕子『女工と労働争議』(日本女性労働運動史論一)、一九八九、れんが書房新社。同『女性と労働組合』上(日本女性労働運動史論二)、一九九一、れんが書房新社。同編『日本女性運動資料集成』四―六、一九九三・九四、不二出版。

(鈴木 裕子)

〔現代〕*母性を持つ労働者が受ける差別・抑圧・不利益を解消し、諸要求を獲得するための、自覚的社会的行動。一八八六年(明治十九)通勤工女の多い甲府雨宮《こうふあまみや》製糸場では一方的労働条件切り下げに抗し寺にたてこもるストライキを行い、日本最初の争議で労働条件の改善をさせたが、以後資本の側は労働対策を強化した。農村の家父長《かふちょう》の指示で、家計補助のため未婚期数年間、社会から隔絶《かくぜつ》された繊維《せんい》工場へ吸い寄せられた資本主義初期女子労働者の低賃金・無権利・不衛生な労働条件は社会問題になり、労働組合は次第に女性にも支援の手を伸ばし、人間としての権利を理解した女子労働者は昭和恐慌《しょうわきょうこう》下果敢《かかん》に闘い、一九三〇年代*職業婦人も東京地下鉄・松竹少女歌劇などで争議に入ったが、部分的改善にとどまった。しかし経済の軍事化は労働運動を封殺し、差別賃金、生理・身体条件を無視した労働環境を改善しないまま、半強制的に女性を労働に駆《か》り立てた。敗戦で男性の職場復帰が進むと、女性は解雇の標的にされたが、経済激変・物価高の中で働かざるを得ない女性、自立しようと働く女性が増加し、労働組合の急成長のなかで解雇反対・差別撤廃闘争が激化した。さらに女子労働者は*日雇《ひやとい》労働者をはじめとする*保育所づくり、*生理休暇など母性保護の獲得など団結して獲得し、職業と家庭の両立に努力した。一九五〇年代には労働組合員家族の組織化(主婦会)、近江絹糸に始まる人権争議をたたかい、安保闘争に参加する。高度経済成長の中、*パートタイマー・*共働きが増え、労働権確立・差別撤廃要求は裁判闘争に発展した。しかし一九七〇年代後半労働組合運動は弱体化し、それでも女子労働者は平等法を粘り強く要求したが、一九八五年*労働基準法規制緩和《きせいかんわ》とともに*男女雇用機会均等法制定という結果になった。経済超大国である日本は、生活小国、女性の地位の低い企業国家と国際的に批判されるが、男性の五、六割の女性の差別賃金、人権意識の低さからくる抵抗力の弱さが最大の問題である。

参考文献 小島恒久『働く女性百年のあゆみ』、一九八三、河出書房新社。鈴木裕子編『日本女性運動資料集成』四―七、一九九三―九五、不二出版。女性労働問題研究会編『女性労働20世紀から21世紀へ』、二〇〇三、青木書店。

(伊藤 康子)

じょしをおしゆるほう 女子を教ゆる法 ⇩女大学《おんなだいがく》

じょせい 女声 *田村俊子《たむらとしこ》が左俊芝《ズオジュンヂー》という名を使って上《シャン》海《ハイ》で創刊した月刊誌。一九四二年(昭和十七)五月から四五年七月まで刊行。一九三八年『中央公論』の特派員として中国へ渡った俊子は当時五十四歳。南京《ナンジン》で詩人の草《くさ》野心平《のしんぺい》に紹介されて、日本大使館報道部、太平《たいへい》出版の名《な》取洋之助《とりようのすけ》、汪精衛《ワンジンウェイ》政府と共同で中国語による*女性雑誌『女声』を発行することになる。趣旨は「婦人へのよびかけ、婦人のための声、婦人による発言」とし、「できるだけ婦人に有益な文字を紹介し、極力婦人の書いた作品をさがし求める」ことにした。それは『*青鞜《せいとう》』の掲げた「婦人ばかりの、婦人のための」思想、文芸、修養と通じる。俊子は主に資金繰りに奔走《ほんそう》し、中国人の関露《グワンルー》が編集を担当。関露は中国共産党の地下活動家、左翼《さよく》作家聯盟《れんめい》の詩人で女性運動などにも参加したが、『女声』とのかかわりで、政治性を疑われ不遇の生涯を送った。『女声』は女性主義で一貫しているが、大東亜共栄圏《だいとうあきょうえいけん》や日本軍の戦局報道が掲載されたため、中国では政治的に日本側の広報宣伝誌とみなす。

参考文献 渡邊澄子「『女聲』総目次」(『大東文化大学紀要』二七)、一九八九。前山加奈子「雑誌『女聲』と関露―フェミニズム的見地からの再検討―」(『中国女性史研究』三)、一九九一。渡邊澄子「田村俊子―『女聲』が見せるその晩年―」(『日本近代女性文学論―闇を拓く―』一九九八、世界思想社)。前山加奈子「『女聲』と関露」(渡邊澄子編『今という時代の田村俊子―俊子新論―』二〇〇五、至文堂)。

(前山加奈子)

じょせい 女性 プラトン社から発行された月刊の文学雑誌、女性雑誌。一九二二年(大正十一)五月号から一九二八年(昭和三)五月号まで、通巻七十二冊が発行された。発行元のプラトン社は大阪のクラブ化粧品本舗《ほんぽ》中山太陽《なかやまたいよう》堂《どう》(現在のクラブコスメチックス)を母体として作られた出版社である。非常にモダンな表紙やカットと相まって、都市に住むインテリ女性が読者対象として設定されていた。そして、評論主体の雑誌作りをしている点においても実用的な雑誌とは異なっていたし、評論において展開される主張は女性解放への志向性が強いものではなかった。『女性』に描かれていたのは、都市部を中心に当時増加しつつあった、女学生・*職業婦人・モダン＝ガール・主婦という新しい女性の生き方であり、それらを通して、変わりつつあった時代の状況、女性の風俗や生態の変化、意識や価値観の変化をみてとることができる。日本図書

『女性』第一巻第一号

センターから復刻版が出ており、その第四八巻は解説・総目録・執筆者索引である。

参考文献 小野高裕・西村美香・明尾圭造『モダニズム出版社の光芒―プラトン社の一九二〇年代―』、二〇〇〇、淡交社。 （小山　静子）

じょせいえし　女性絵師 ⇩女絵師《おんなえし》

じょせいかいぞう　女性改造 婦人総合雑誌、月刊啓蒙《けいもう》雑誌。一九二二年（大正十一）十月―一九二四年十一月。第一巻一号から第三巻一一号まで全二十五冊。第二次は、一九四六年（昭和二十一）六月―一九五一年十月第六巻八号まで。改造社から出版された『改造』の姉妹誌として発行され、掲載された記事は女性の地位・*恋愛・健康・文芸作品など多岐《たき》に渡った。アインシュタインを招聘《しょうへい》した『改造』の影響も受けて、創刊号にロマン＝ロラン「日本の若き人に」、ドラ＝ラッセル夫人「支那《しな》における女権《じょけん》主義と女性改造運動」、ストーナ夫人「第六感の芽《め》ぐみと母性」、アンナ＝パブロワ「日本芸術の印象」など海外の執筆者による記事や海外の情報も多く掲載した。知識階級の女性が読む雑誌を目指して、女性たちが軽薄な社会の流行に流されないで、自分で判断し、自分で深みのある生活に生き得るように啓蒙しようとした。このように一九二〇年の女性運動の高まりとともに発行された本誌は、女性の社会解放と自立をうたい、「母性保護論争」にも参加したが、読者層を知識人から広げられなかった。一九四六年四月に第一回「婦選」が実施された後の六月に復刊された第二次『女性改造』は女性の解放を実質化していくことをめざし、参政権の意義、新憲法の理念、平和主義、性モラル等をとりあげた。一九五一年に休刊し、そのまま廃刊となった。

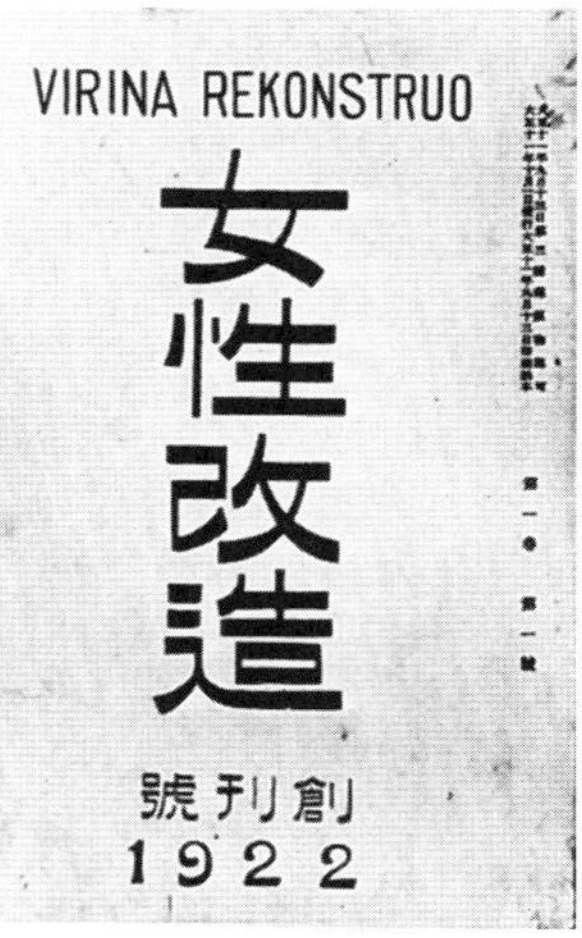

『女性改造』創刊号

参考文献 近代女性文化史研究会編『近代婦人雑誌目次総覧』一二、一九八六、大空社。吉田健二編著『占領期女性雑誌事典―解題目次総索引―』四、二〇〇五、金沢文圃閣。 （酒井　順子）

じょせいがく　女性学 第二波*フェミニズムの学問版で、男性中心主義的な知を批判し、女性の経験の言語化・理論化と性差別の構造解明をめざす。第二波フェミニズムの中で、従来の学問が中立性や客観性を標榜《ひょうぼう》しつつ、実は研究対象も研究視点も男性中心的な偏《かたよ》りを持っていたことに気づいた女性たちが、女性の経験を顕在化《けんざいか》し、女性の視点から既成《きせい》の諸学問の洗い直しを企図《きと》したところから、女性学は始まった。一九七〇年代のアメリカ諸大学で、女性学講座が開講され、「性役割」「*ジェンダー」などの概念を生み出しつつ、研究が蓄積されていった。一九七五年の*国際婦人年以降、欧米諸国のみならず世界各国で、フェミニズム運動や女性政策と連動しながら、女性学は普及していく。女性学は、女性の経験を記録するとともに、人を男女に区分し、女性を女性に仕立て上げる社会的・文化的装置を分析する学問であり、既存の学問領域の枠《わく》を超えた学際的な分野を開発してきた。女性学の関心分野は多岐《たき》にわたるため、総称としては女性学を名乗るものの、各専門領域に応じて、フェミニズム社会学、フェミニズム法学、フェミニズム人類学、フェミニズム経済学、フェミニズム神学などを名乗る例も多い。日本では、一九七四年（昭和四十九）にwomen's studiesの訳語として女性学が紹介されたころから、女性学の教育と研究が始まり、一九七八年の国際女性学会東京会議を経て、次第に定着していった。一九七〇年代末に、国際女性学会、日本女性学会、女性学研究会、日本女性学研究会などが相ついで設立された。一九八〇年以降毎年開催されている国立婦人教育会館（二〇〇一年（平成十三）、*国立女性教育会館と改称）の女性学講座（一九九六年、女性学・ジェンダー研究フォーラムと改称）を通じて、社会教育にも女性学は普及していく。高等教育機関における女性学関連講座も一九八〇年代以降順調に伸展し、二〇〇〇年時点で六百九の大学・短大で二千四百五十六の講座が開講されるに至った（国立女性教育会館調べ）。第二波フェミニズムと女性学は、欧米白人中流階級の異性愛女性たちの経験を「女性」の経験として一般化してきたとして、非白人女性たちから批判された。ポスト＝モダンフェミニストたちからの、「女性」カテゴリーの使用は本質主義的であるとの批判もある。加えて、人間を男女に二分し、序列化する「知」のあり方そのものを指すものとして、「ジェンダー」概念が浮上する。こうした中で、一九九〇年代以後、女性学、*男性学、ゲイ＝レズビアン＝スタディーズ、クイア＝スタディーズなどを含む包括的《ほうかつてき》な学問領域として、ジェンダー研究という呼び名が普及する。とはいえ、女性学は、「女性」カテゴリーをテコにして、女性間の差異と共通性とをともに検証していく学問として、またフェミニズムの視点に立つ実践的な学問として、依然として明確な存在意義を有している。

参考文献 女性学研究会編『講座女性学』、一九八四―八七、勁草書房。瀬地山角他編『フェミニズム・コレクション』、一九九三、勁草書房。井上輝子・上野千鶴子・江原由美子編『日本のフェミニズム』、一九九四・九五、岩波書店。 （井上　輝子）

じょせいかんりしょく　女性管理職 部長相当・課長相当・係長相当などの役職に就いている女性を指す。*男女雇用機会均等法の施行からおよそ二十年が経過し、この間に女性管理職の数は、四万二千七百人（一九八六年）から十一万六千三百人（二〇〇三年）に増加したが、管理職総数に占める女性比率は二・五％から六・一％に上昇したにすぎない。職階別にみると、係長相当では女性の割合が三・八％から九・四％に増加して六万七千人余りの女性係長の登用がみられるが、上位の課長相当、部長相当では依然として女性は四・六％、三・一％にとどまっている(厚生労働省「賃金構造基本統計調査」)。こうした女性管理職比率の低い水準は、男女間賃金格差と並んで、雇用における*ジェンダー平等の遅れを象徴的に示している。企業は女性管理職が少ない状況を、㈠「必要な知識や経験、判断力等を有する女性がいない」(四八％)、㈡「勤続年数が短く、管理職になるまでに退職する」(三五％)、㈢「将来管理職に就く可能性のある女性はいるが、現在、管理職に就くための在職年数等を満たしている者はいない」(三〇％)(労働省「女子雇用管理基本調査」一九九二年)などの理由によって説明してきたが、十年以上が経過した後も、㈠や㈢をあげる企業の比率に変化はほとんどみられず(厚生労働省「女性雇用管理基本調査」二〇〇三年)、企業が管理職としての女性の人材育成に真剣に取り組んでいないことを示している。しかし、女性管理職が増えない基本的な要因は企業の人事管理制度と密接に関わっている。コース別雇用管理制度は、昇進の上限を管理職には及ばない低い水準に設定した「一般職」に大多数の女性を配置している。一方、職能資格制度は、住友金属男女賃金差別事件「大阪地裁判決」(二〇〇五年(平成十七三月二十八日)が認定したように、女性に対する差別的な人事考課《こうか》によって女性の昇格を抑制してきた。改正均等法は、「配置、昇進及び教育訓練」について性による差別的取扱いを禁止したが、人事管理制度に踏み込んだ法の実効性の担保《たんぽ》こそ女性管理職の展望を拓《ひら》くものである。

参考文献 『賃金構造基本統計調査』、一九八六、労働省・厚生労働省。『女性雇用管理基本調査』、一九八六、労働省・厚生労働省。

(森 ます美)

じょせいきょうそ　女性教祖　江戸時代後期には、一庶民が新しい宗教を創唱する民衆宗教が興《おこ》るが、その中には女性も含まれていた。媹姾《りゅうぜん》喜之《きの》が享和《きょうわ》二年(一八〇二)に如来教を、*中山みきが天保九年(一八三八)に天理教《てんりきょう》を創唱したほか、一八九二年(明治二十五)に大本教《おおもときょう》を創始した*出口なおも天保七年の生まれで、江戸時代に思想形成をしている。女性教祖らの共通点は、幼少期から厳しい苦労に耐えながら、信心深い環境の中で神仏に祈って苦労を乗り越え、苦難が極限に達したときみずからの信ずる神に憑《つ》かれ、トランス(通常の意識が失われ、自動的な活動・思考が現れる)状態の中で神仏の救済を蒙《こうむ》り、その恩寵《おんちょう》を他者にも及ぼすことで理想の人間や社会の在り方を説いたことにある。教祖たちは、メシア期待の社会的願望を受けて信者を獲得し、教団ができ、教団は弾圧されながらも発展し、今日に及んでいる。女性教祖の生まれる背景には、神の憑依《ひょうい》した女性を「神の妻」と見て崇拝する風潮と、神仏習合の観念があった。

参考文献 佐々木宏幹『シャーマニズムの世界』(講談社学術文庫)、一九九二、講談社。浅野美和子『女教祖の誕生—「如来教」の祖・媹姾如来喜之—』、二〇〇一、藤原書店。

(浅野美和子)

じょせいげいのう　女性芸能　古代・中世には女性芸能が隆盛であったが、近世には*女人禁制の芸能が多くなり、伝統芸能は男性中心となった。明治に西洋近代の演劇・音楽が入ってくるに従って、*女優が誕生してきたが、まだまだ伝統芸能で、女性に門戸《もんこ》を閉じているものも多い。そもそも、中世の人たちは、日本の古代芸能の始原を、*天照大神《あまてらすおおみかみ》の天岩戸《あまのいわと》隠れの時、天宇受売命《あまのうずめのみこと》が神楽《かぐら》を奏して舞踏したことから始まると考えていた。それは神話であるが、舞踊が死霊の鎮魂《ちんこん》のための*巫女の舞踊から始まったことはいうまでもない。かかる*巫覡《ふげき》には男女があるが、日本では巫女が多い。霊がついて託宣《たくせん》をする物憑《ものつき》巫女、神前で神楽を舞う巫女、漂泊《ひょうはく》して舞を舞ったり、託宣をする歩き巫女があった。平安時代には*傀儡子《くぐつ》と呼ばれる男は傀儡子を廻《まわ》し、女は傀儡女《くぐつめ》と呼ばれながら実際には、歌謡を謡い客を取る*遊女のような遊芸民集団があった。大江匡房《おおえのまさふさ》は『傀儡子記』『遊女記』を書いて両者を区別している。しかし、『*更級《さらしな》日記』には「あそび」と称される足柄《あしがら》山の傀儡女が記録されている。のち平安時代後期に後白河法皇《ごしらかわほうおう》編纂の『*梁塵秘抄《りょうじんひしょう》』に載せられている大曲「足柄」などの秘曲は、同法皇の『梁塵秘抄口伝集《くでんしゅう》』によれば、美濃《みの》*青墓《あおはか》の傀儡女たちが伝えたものであり、おそらく足柄山の傀儡女が峠の神に捧げた歌謡であろう。同じ平安時代後期、傀儡女の中から白拍子女《しらびょうしめ》が出てくる。*白拍子というのは、神仏に捧げる祈禱《きとう》のようなもので、『法隆寺縁起白拍子』の例のように、物語風な神仏の本縁《ほんえん》を節をつけて謡うものであり、男女ともに行なったものである。加賀白山《はくさん》の僧侶の勤めとしての白拍子などがある。それを傀儡女に*男装させて白拍子を謡わせ、簡単な舞振りをつけて芸能化したのが白拍子女である。白拍子を数えるという言葉から*数え歌もその芸態を示すらしい。有名な白拍子女の源義経の妾静《しずか》は、捕えられて鶴岡八幡《つるがおかはちまん》宮《ぐう》の源頼朝の面前で舞うが、「しんむしょうの曲」を長々と数え、そののち著名な義経を慕う歌を朗詠したと後代の『*義経記』は書く。虚実はわからないが、白拍子舞の実態を伝えるものであろう。やがて乱調にした「乱拍子」が出てくる。*瞽女《ごぜ》が謡った『*曾我《そが》物語』では曾我十郎

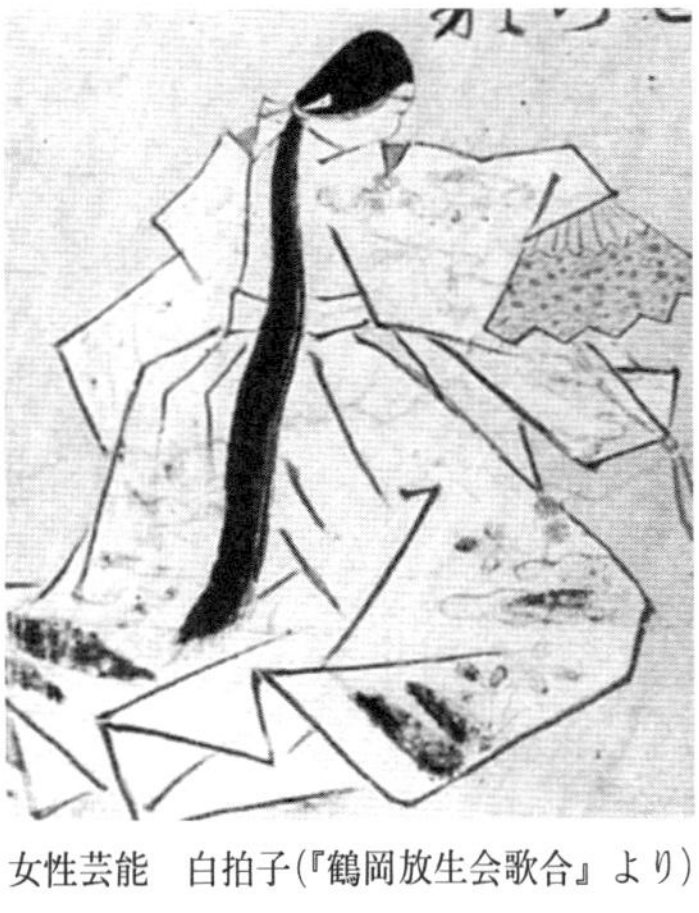

女性芸能　白拍子(『鶴岡放生会歌合』より)

は乱拍子の上手と書いているから、これも男女ともに舞うものであったが、*芸者として行うのは女性であった。能楽に伝える白拍子女は、まず和漢を朗詠して、その後、曲舞《くせまい》を舞うが、これはのちに伝える白拍子の虚像である。その後、鎌倉時代後期、白拍子舞から曲舞が出てくる。曲舞は舞々とも呼ばれ、芸能専業の男女と稚児《ちご》とがあった。これまで田楽《でんがく》・猿楽《さるがく》は法師と呼ばれ男性であった。それに対して、傀儡女・白拍子女は、女性中心の芸能であったが、曲舞は両性あった。しかし曲舞女がやはり中心であった。奈良の都に*百万《ひゃくまん》という舞女があり、その流儀の乙鶴《おとづる》というものに観阿弥《かんなみ》が習い、能楽《のうがく》に曲舞を導入することに成功したと世阿弥《ぜあみ》は『五音《ごおん》』に書いている。この百万の芸態は、観阿弥作を改作した世阿弥の能楽『百万』によれば、百万遍《ひゃくまんべん》などの念仏の音頭を取り、作善《さぜん》のために身障者の車を引く音頭を取り、曲舞を謡い舞う女芸能者の姿を描いている。これはのち、*出雲阿国《いずものおくに》が踊った念仏踊りと関連があるであろう。女芸能者の伝統は出雲阿国が開花させたが、その後、遊女歌舞伎が中心となり、徳川政権の風俗取締令によって禁止されてしまう。しかし阿国の始めた*歌舞伎踊りは現在まで続く野郎《やろう》歌舞《かぶ》伎《き》の元祖の位置を占める。以後も曲舞女、舞踊の芸者などは続き、瞽女や鳥追女《とりおいおんな》などの底辺の芸能者と生きていく。明治になって、外国渡来の近代演劇や映画の女優や声楽の歌手に女性が輩出するが、帝劇女優の*森律子《もりりつこ》が*女曲舞の名跡《みょうせき》の桐大内蔵《きりおおくら》を、村田嘉久子《むらたかつこ》が桐長桐《きりちょうぎり》を襲名している。女舞の伝統を継ぐという意志であろうか。

参考文献 脇田晴子『女性芸能の源流—傀儡子・曲舞・白拍子—』(角川選書)、二〇〇一、角川書店。

(脇田 晴子)

じょせいこくさいせんぱんほうてい 女性国際戦犯法廷

二十世紀の終りに、加害国・被害国双方の女性たちが、戦争と女性への暴力の連鎖を断ち切ろうと、三年間の準備を経て開いた民衆法廷。「「従軍慰安婦《じゅうぐんいあんふ》」は、民間業者が連れ歩いたもの」と軍部や政府の関与を否定した日本政府の国会答弁に怒った韓国の*金学順《キムハクスン》が、みずから被害者であると声を上げ、以後、韓国・中国・台湾・フィリピン・インドネシア・オランダなどで被害女性たちが名乗り出、真相究明、謝罪と賠償を求める声が高まった。日本政府は一九九三年に「慰安婦」問題への軍の関与を認め、道義的責任から国民基金を外務省外郭団体として設立し「償い事業」を行なったが、法的責任は解決済みとして今日まで認めていない。高齢の被害女性たちがつぎつぎと亡くなる中、被害女性の「責任者を処罰してほしい」という訴えに応え、*日本軍「慰安婦」制度問題解決の実行を人々の手で、と加害国日本、被害国、国際諮問委員会の三者で国際実行委員会を一九九九年に立ち上げた。アジア・太平洋戦争(一九三一年(昭和六)—四五年)下での、「日本軍性奴隷制を裁く二〇〇〇年女性国際戦犯法廷」は、二〇〇〇年十二月に東京都内で開かれた。四日間にわたって行われた法廷には八ヵ国・地域から被害女性六十四名が参加。国際的に司法裁判所などで活躍する司法専門家四名の判事団、各国検事団と被害女性、加害兵士、研究者、そして連日千名を越す傍聴者によって、審理が進められた。戦争終了当時の国際法を基準とする最終判決は、一年後にオランダのハーグで言い渡された。判決では、昭和天皇をはじめ、おのおのの被告に「有罪」を言い渡した。今日に続く性暴力に対する不処罰の連鎖を断ち切るために必要なさまざまな問題への言及がある。この内容は、国連人権委員会特別報告者クマラスワミ報告書にも反映された。これらの裁判資料や証言などは、二〇〇五年八月に東京早稲田にオープンした「女たちの戦争と平和資料館」に収められている。

参考文献 『日本軍性奴隷制を裁く—二〇〇〇年女性国際戦犯法廷の記録—』、二〇〇〇-〇二、緑風出版。VAWW-NETジャパン編『Q&A女性国際戦犯法廷』、二〇〇二、明石書店。アクティブ・ミュージアム「女たちの戦争と平和資料館」編『女性国際戦犯法廷のすべて—「慰安婦」被害と加害責任—』(特別展カタログ)、二〇〇六。

(丹羽 雅代)

じょせいさべつてっぱいじょうやく 女性差別撤廃条約

⇨女子《じょし》差別撤廃条約《さべつてっぱいじょうやく》

じょせいさべつろうどうさいばん 女性差別労働裁判

戦後新憲法のもと法的には*男女平等の実現に向けての整備がなされたが、雇用の場において実質的な平等を実現するためには、常に資本側の論理と対峙《たいじ》して多様な運動や闘争が必要だった。職場において女性労働者に対する多様な差別が日常的に存在する中で働き続けていくためには、差別をやめさせ健康・*母性を保護しつつ労働権を確立するための多大なエネルギーが必要だった。現在も巧《こう》妙《みょう》・間接的な差別が存在している以上、差別を是正《ぜせい》し権利を確立するために裁判闘争に立ち上がる女性労働者は後を絶たない。女性の権利に関する裁判闘争は、各時代に即した資本の側の攻撃と対応する労働者側の力関係が反映している。女性労働者自身が権利の確立を求めて裁判を起こしたのは一九六〇年代に入ってからである。一九四五年(昭和二十)八月十五日をさかいに、憲法第一三条(個人の尊厳《そんげん》)・第一四条(法の下の平等)・第二四条(家庭生活における個人の尊厳)、*労働基準法第三条(均等待遇)・第四条(男女同一賃金の原則)、民法第九〇条(公序《こうじょ》良俗《りょうぞく》)、地方公務員法第一三条(平等取り扱いの原則)等が定められ施行されたが、現実には差別は温存され、資本側の利益追求に利用されてきた。裁判の内容は㈠賃金・昇格、㈡退職・定年制(定年年齢の男女差、結婚退職、二十代・三十代の若年《じゃくねん》定年、退職勧奨《かんしょう》)、㈢解雇(既婚、子持ち、*パートタイマー等)、㈣その他(*生理休暇と賃金、*セクシャル＝ハラスメント)に分けられる。年代別には一九六〇年代は*結婚退職制・*女子若年定年制に対する裁判が主流で、一九七〇年代は定年年齢に男女差のある差別定年制や生理休暇と賃金問題が多数訴えられ、これらはいずれも労働者側の勝訴となっている。*男女雇用機会均等法施行後の一九八〇年代は*男女賃金差別・昇進昇格差別を中心に、一九九〇年代はさらに提訴が増え、セクシャル＝ハラスメントに関する提訴もなされ勝利判決を得ている。二〇〇〇年代に入り、これまで長い年月闘ってきた裁判の結果が出され、女性労働者が勝利的和解をしたものもあるが、未だ係争中の事件も多い。一九七五年から始まった国際女性年の運動、女性差別撤廃条約の徹底、ILO条約等、国際的動向や運動の発展も女性労働者の裁判闘争に力を与えている。しかし裁判所がこれらの潮流《ちょうりゅう》を斟酌《しんしゃく》するのは容易ではない。被差別の挙証《きょしょう》責任のすべてを女性労働者が負う困難な中で、女性差別労働裁判闘争に女性労働者とともにたたかっている女性弁護士たちの存在は大きい。 →女子労働運動《じょしろうどううんどう》

参考文献 坂本福子編『平等へのロマン―働いて、たたかって―』、一九九四、学習の友社。厚生労働省雇用均等・児童家庭局編『女性労働白書―働く女性の実情―(平成十五年版)』、二〇〇四、21世紀職業財団。女性労働問題研究会編『定年退職と女性―時代を切りひらいた10人の証言―』、二〇〇四、ドメス出版。厚生労働省雇用均等・児童家庭局編『女性労働の分析二〇〇六年―働く女性の状況と女性の起業』、二〇〇七、21世紀職業財団。

(本間 重子)

じょせいし 女性史 人類の歴史のある時期から女性と男性は、男性は支配者として、多くの場合女性は被支配者として異なる経験をしてきたため、政治史・経済史・思想史など、さまざまな分野の歴史学は男性の歴史として叙述され、女性が正当に位置づけられてこなかった。そのため歴史あるいは歴史学から隠されてきた女性総体の歴史的存在を叙述する学である女性史が既成の分野から独立し、それを相対化するものとして誕生した。女性史は女性の歴史的存在を復元するとともに、それを歴史構造のなかに位置づけて体系化することをめざす。女性史の対象は幅広い。研究対象となった時期に関係なく列挙すると、女性の身体と女性の*ライフサイクルにかかわる分野すなわち性・性愛・生殖、売買春、*婚姻・*出産・*家族(形態・機能・相続・人間関係・家族規模、出産・死生率、*家事・育児)、交際、単身女性、*寡婦《かふ》など、次に女性労働(農業労働、家内労働、職人、賃労働、自営業、専門職)、女性労働と生活や市場との関係、さらに女性の政治、家族法など法律上の地位とその変遷、個人および団体による社会(文化)活動、女性解放運動、女性教育、思想、イデオロギー、宗教・祭祀《さいし》、芸能、習俗、戦争・暴力などである。家族史研究では初期から国家・社会構造との関連が分析されている。日本の女性史は明治期から主として男性によって通史として叙述されてきたが、一九三〇年代以後、女性史研究の骨格をなす三つの研究が成立した。*高群逸枝《たかむれいつえ》『*母系制の研究』(一九三八年)、*丸岡秀子《まるおかひでこ》『*日本農村婦人問題』(一九三七年)、*三瓶孝子《さんぺいこうこ》『*日本綿業発達史』(一九四一年)である。一九三七年(昭和十二)には『歴史教育』が女性史研究の特集を行なっており、日本の女性史研究は英国とともに古い歴史をもっている。一九四五年以降の研究動向は次のとおりである。一九四〇年代後半から五〇年代の第一期は戦後改革による法律上の一定の女性解放の息吹《いぶき》のなかで多くの通史の刊行、庶民女性の個人史の発掘、女性研究者の共同研究が開始され、一九六〇年代から一九七三、四年の第二期は対象・時期を限定した通史執筆へ、庶民女性史は女鉱夫・製糸女工・*からゆきさんなど社会の底辺で生きた女性の歴史の復元へと広がった。一九八二、三年までの第三期は「解放史か生活史か」と要約されている女性史研究の方法、生身の女性の存在を体系的に包括する方法をめぐる論争が展開された。これは世界的にも最初の女性史の方法をめぐる論争である。さらに原始・古代、中世、近世の女性史研究が女性研究者によって本格的に開始された。一九八〇年代半ばから現在に至る第四期は、国際的な*フェミニズムの展開、フェミニズムにおける性抑圧体制としての*家父長制概念、*ジェンダー概念の創出によって、女性史研究の状況は大きく変化した。『日本女性史』全五巻(一九八二年)は女性史研究を史学として確立するとともに、周縁に存在しつづけた女性の視座は伝統的歴史学の定説を覆している。さらに東アジアをはじめとする国際的共同研究が進んでいる。

参考文献 女性史総合研究会編『日本女性史研究文献目録』解説、一九八三・八八・九四・二〇〇三、東京大学出版会。早川紀代『女性史の視座』解説(日本女性史論集一)、一九九七、吉川弘文館。西村汎子『女性史』解説(歴史科学大系一六)、一九九八、校倉書房。

(早川 紀代)

じょせいしあおやまなをしょう 女性史青山なを賞 女性史研究の発展、研究者の奨励・育成を目的に設けられた賞。*東京女子大学教授で女性史・*女子教育史の研究者であった*青山なをの遺志と寄付をもとに一九八六年(昭和六十一)に東京女子大学に設けられた。毎年、その前年四月から当年三月までの一年間に日本語で発表された研究書の優れたものに与えられる。第一回受賞は脇田晴子編『母性を問う』(人文書院)。諸外国女性に関する研究や外国人研究者の受賞など多彩である。

(永原 和子)

じょせいじえいかん 女性自衛官 女性の自衛官のこと。そのはじまりは、一九五二年(昭和二十七)、保安庁が採用した看護職域における女性の採用である。防衛庁・自衛隊の発足後も、看護職は軍隊における「女性職」として位置づけられた。一九六七年、陸・海・空三自衛隊の一般職域に女性採用が始まり、一九六八年には婦人自衛官制度が発足した。ここでは、「男性を第一線・女性を二流の戦力」とするジェンダー政策が採られた。一九八〇年代に入ると、「雇用機会均等法」の制定と、バブル経済によって男性が民間雇用市場へ吸収されたため、女性による「穴埋め」的雇用政策とも相まって、女性自衛官の

職域拡大と増員がはかられ、女性比率は一九九二年（平成四）には三・三％に急増した（ただし大半は最低階級の士クラスで任期制）。一九九二年、防衛大学校の門戸が女性へ開放され、バブル後の不況時に公務員である自衛官を選択する女性が増加した。一九九九年の「*男女共同参画基本法」の成立を受け、「男女同等」や「能力適正」な政策へ転換がはかられ、二〇〇二年東チモールPKO派遣にはじめて女性自衛官が入った。逆に二〇〇四年「女性職」であった看護職の門戸が男性へ開かれた。二〇〇三年、自衛官の女性比率は四・四％である。「軍事組織と女性」の問題を「組織内」の女性を含めて考える必要に迫られている。

[参考文献] 鈴木スム子「軍隊の中の婦人部隊」（女たちの現在を問う会編『銃後史ノート』戦後篇三、一九八七、インパクト出版会）。佐藤文香『軍事組織とジェンダー―自衛隊の女性たち―』、二〇〇四、慶応義塾大学出版会。

（平井　和子）

じょせいしけんきゅうこくさいれんめい　女性史研究国際連盟　一九八五年（昭和六十）ドイツのシュトットガルトで開催された第十六回国際歴史学会（五年ごとに開催）に参加した女性史研究者が中心となって一九八七年に発足した女性史研究における最初の国際学会（International Federation for Reseach in Women's History）。この学会創立の背景にはイギリスや日本のように一九三〇年代から女性史研究の歴史をもつ国もあるが、主として一九七〇年代から盛んになった各国の女性史研究の動向がある。連盟は八九年に二十ヵ国の女性史研究者がイタリアのベラジオで各国の女性史研究の動向を交換し、九〇年開催の第十七回国際歴史学会（マドリッド）でいくつかの女性史・ジェンダー史にかんするセッションをもつと同時に独自の会議を開催した。以後各国の女性史研究者を励まし、国際歴史学会で女性史およびジェンダー史の分科会をふやしていくために国際歴史学会の中間年と国際歴史学会の開催時に国際会議を開催している。初代代表はノルウェーのI・ブルム、以後五年ごとに選挙。二〇〇五年（平成十七）現在三十ヵ国加盟（アジアは日本・インド・韓国）。ニュースレターを刊行している。

[参考文献] 早川紀代「女性史研究国際連盟の活動について」（『歴史学研究月報』四三六）、一九九六。

（早川　紀代）

じょせいじしん　女性自身　昭和後期に創刊された*女性週刊誌の代表。一九五八年（昭和三十三）十二月、光文社刊。東京の読者を摑《つか》めば全国の読者を摑める、を方針にスタート。創刊時は皇太子妃決定報道にわいており、同誌も第二号から皇室記事を欠かさず掲載。都会センスと「菊もの」を柱に発行部数をのばした。七〇年四月に社長神吉晴夫《かんきはるお》に対し光文社労働組合等がストライキを決行。事後退職したメンバーが新たに『微笑《びしょう》』を創刊する（一九九六年（平成八）休刊）。『微笑』は六〇年代から『女性自身』でしばしば扱っていたセックス関連記事を重心に定め、過激な性記事を掲載。各週刊誌を刺激して次第に過激化。『女性自身』もこの動向を追随《ついずい》、牽引《けんいん》した。芸能記事も各誌発行を重ねるごとに重要な誌面構成要素となっていたが『女性自身』は九八年より脱芸能ゴシップの方針を打ち出した。しかし部数は低下し、創刊以来維持していた売上部数首位を九八年から『女性セブン』に譲《ゆず》ることとなる。二〇〇二年現在は売上二位。芸能記事に実用情報も意識して編集されている。

『女性自身』創刊号

[参考文献] 新井直之・樋口恵子「女性週刊誌」（『婦人展望』二〇八・二〇九）、一九七一。穂高亜樹『女性誌大研究』、一九八一、大陸書房。

（古河　史江）

じょせいしそうごうけんきゅうかい　女性史総合研究会　一九七七年（昭和五十二）設立。初代代表脇田晴子《わきたはるこ》。一九七〇年設立の京都で多くの女性を糾合《きゅうごう》した「婦人問題研究会」を母胎として、より研究会的な色彩を持って結成された。当初、京都を中心として、東京・名古屋などの女性史研究者に呼びかけた。当初は、日本史を中心としつつ、文学・自然科学史・住居史・法学・経済学・社会学などの学際的研究集団であった。科学研究費補助金を申請して与えられ、その研究会を公開にして、参会者は通常的に五十～百人に及んだ。京都例会と東京例会を開き、一年に二～三度は二泊三日程度の合宿研究会を開いた。成果として一九八二年『日本女性史』全五巻、翌年『日本女性史研究文献目録』一を東京大学出版会から出版した。その後、東京部会は独立して、「*総合女性史研究会」として出発した。その後、当研究会は一九九〇年（平成二）『日本女性生活史』全五巻を、『日本女性史研究文献目録』二から五を続刊、一九九一年から年報『女性史学』を続刊している。

（脇田　晴子）

じょせいしのつどい　女性史のつどい　⇩全国女性史研究交流《ぜんこくじょせいしけんきゅうこうりゅう》のつどい

じょせいしゅうかんし　女性週刊誌　昭和後期に創刊された女性向けの週刊誌。ファッション、芸能・ゴシップ・性・皇室の特集で知られる。生活実用記事も扱う総合性をもつが、他の女性誌に比べ紙質が劣り、ビジュアルな楽しさや情報の正確さよりも、話題としての面白さを狙う傾向にある。初の女性週刊誌は一九五七年（昭和三十二）二月創刊の『週刊女性』（河出書房のち主婦と生活社）である。翌年『*女性自身』（光文社）、六三年に『女性セブン』（小学館）・『ヤングレディ』（講談社）が創刊。四大女性誌と呼ばれた。部数トップは『女性自身』で約三十年間首位を守ったが、九八年から『女性セブン』が首位。八九年の最盛期にこの二誌はそれぞれ一週に百万部の売上に迫ったが、以後女性週刊誌の売上は低下の一途となり、二〇〇二年現在は最盛期の半分程度となっている。女性の関心をゴシップや低俗な話題に限定させているとの批評、皇室報道のあり方への批判がある。一方で「ひまつぶし」「好奇心にこたえる」という需要がこのジャンルを成立させている。

参考文献 新井直之・樋口恵子「女性週刊誌」(『婦人展望』二〇八・二〇九)、一九七二。鈴木理栄「女性週刊誌三誌の変化と思考錯誤」(『創』三四ノ五)、二〇〇四。

(古河 史江)

じょせいしゅちょう 女性首長 〔考古学〕古墳の発生は、男系世襲《せしゅう》王権が確立したことを意味するというのがこれまでの通説であったが、これに対して、古墳時代前期には女性首長が存在したことが、考古資料の検討から証明された。前期古墳の諸埋葬のうち、形質人類学などの専門家の鑑定によって、人骨の性別と年齢の明らかなものについて、副葬品を総合的に捉えて類型化し、首長埋葬の再検討が行われた結果、男性首長埋葬だけでなく、女性首長の単独埋葬例や複数埋葬中の主埋葬例が確認された。熊本県向野田《むこうのだ》古墳では、三十代後半の女性が中国製などの鏡、多量の石製品、大量の玉類、鉄剣・直刀《ちょくとう》・槍《やり》などの武具、鉄斧《てっぷ》などの工具を副葬していた。祭祀《さいし》だけでなく、政治・軍事を掌握《しょうあく》していたことを示している。女性首長例は九州から東北地方南部まで知られており、特定の地域に限られた現象ではないといえる。女性首長の副葬品には、武具のうち甲冑《かっちゅう》がなく鉄鏃《てつぞく》が少ないことも知られているが、剣や刀子《とうす》の副葬例は多く、工具・農具の副葬も一般的であり、古墳時代前半の首長例は増加している。古墳時代中期後半以降では、広い地域を背景にした女性首長は減少するが、村落規模の小女性首長は存在する。古墳時代全体で、同時代最大の最高首長墳・大王墳での女性首長例は皆無であるが、男性首長例も確認できたものは皆無である。これは主埋葬未調査で人骨資料がないためである。古墳時代前期の小型古墳の埋葬施設、人骨、副葬品の検討から二つの注目すべきことが知られている。第一は、一棺に親子の合葬例は多いがすべて母子の合葬であることで、母子紐帯《ちゅうたい》の濃いことを示す。第二は、棺の構造や副葬品に男女の性差による優劣が認められないことである。前期小型古墳では、卓越した埋葬はなく、首長を支えた基礎小集団では「長権」が未発達であったことを示している。古墳時代に先行する弥生時代にも女性首長が存在したことが明らかになっている。最も明瞭《めいりょう》な例は吉野ヶ里《よしのがり》遺跡の東側にある佐賀県二塚山《ふたつかやま》遺跡であり、弥生時代中期前半から後期前半にかけての二百四十八例の中で首長埋葬の可能性のある九例のうち、成人女性は四例であった。北九州の王墓では古い盗掘が多いため、性別不明が多いが再検討も進んでいる。古墳時代前期の女性首長は、政治・軍事を掌握した首長としての性格をもち、女性＝祭祀、男性＝政治という*ヒメ・ヒコ制論の再検討が必要となった。

参考文献 富樫卯三郎他『向野田古墳』(宇土市埋蔵文化財調査報告二)、一九七八、宇土市教育委員会。七田忠志他『二塚山』、一九七八、佐賀県教育委員会。今井堯「古墳時代前期における女性の地位」(『歴史評論』三八三)、一九八二。今井堯編『竹田墳墓群』、一九八四、鏡野町教育委員会。斎藤優『足羽山の古墳(復刻版)』、一九八五、福井考古学会。

(今井 堯)

〔古代〕古代の女性の政治的統率者をさす学術用語。考古学においては古墳埋葬人骨の性別と副葬品の分析から、古墳時代前期の女性首長の広範な存在が明らかになっている。文献史料においても、『日本書紀』『*風土記《ふどき》』等の土蜘蛛《つちぐも》征討《せいとう》記事に描かれた女の*土蜘蛛や、*女神をめぐる物語に、女性首長の存在・活動の痕跡をさぐることができる。また、『日本書紀』垂仁《すいにん》天皇三十四年三月条に刈《かり》幡戸辺《はたとべ》を垂仁妃と記すように「〇〇トベ」は女性名である。このことからすると、神武《じんむ》天皇の東征《とうせい》途上で誅《ちゅう》された紀伊名草邑《きいなぐさむら》の名草戸畔《なぐさとべ》、熊野の丹敷浦《にしきうら》の丹敷戸畔《にしきとべ》(『日本書紀』神武天皇即位前紀)等の地名を負う首長のほか、*天岩屋戸《あまのいわやと》神話で八咫鏡《やたのかがみ》を作ったとされる「冶工《たくみ》」の伊斯《いし》許理度売《こりどめ》＝石凝戸辺(鏡作の祖)など、技術集団の長として王権に組織された中にも女性首長の存在は想定される。これらを総合すると、祭祀《さいし》・生産・軍事・交易・外交の全般にわたる首長権を保持した女性首長が各地にいて、ヤマトの勢力にあるいは滅ぼされ、あるいは組織内に編成されていったことが推定できる。説話・伝承は直接に史実や絶対年代と結びつく史料ではないが、歴史的記録をみても、八世紀初めに最後の抵抗を試みて制圧された南九州の隼人《はやと》について、朝廷の使者を武器で脅したとして罰せられた首長六人の筆頭三人は「薩摩比売《さつまのひめ》・久売《くめ》・波豆《はず》」という女性であり、その後、定期的に集団を率いて都にやってきて貢納・服属儀礼を行なった首長の中にも「佐須岐山君夜麻等久々売《さすきのやまのきみやまとくくめ》」という女性がみえる(『続《しょく》日本紀《にほんぎ》』文武天皇四年(七〇〇)六月庚辰《こうしん》条・天平元年(七二九)七月辛亥《しんがい》条)。三世紀前半の倭女王卑弥呼《わのじょおうひみこ》は、「*鬼《き》道《どう》を事《こと》とす」という呪術《じゅじゅつ》的面だけではなく、機敏な外交交渉を行い、隣国との戦いに腐心した王としての側面も持つ。古代の女性首長の伝統は、ヤマト勢力との政治関係に規定された偏差を伴いつつ、三世紀から八世紀まで一貫している。*女帝出現の背景の一つとしても、古代の各階層における女性統治者の広がりは注目されよう。

参考文献 溝口睦子「記紀にみえる女性像—巫女・女酋・冶工・戦士—」(前近代女性史研究会編『家族と女性の歴史—古代・中世—』一九九八、吉川弘文館)。同「『風土記』の女性首長伝承」(前近代女性史研究会編『家・社会・女性—古代から中世へ—』一九九七、吉川弘文館)。義江明子「〝卑弥呼たち〟の物語」(赤坂憲雄他編『女の領域・男の領域』二〇〇三、岩波書店)。同『つくられた卑弥呼』(ちくま新書)、二〇〇五、筑摩書房。

(義江 明子)

じょせいしろんそう 女性史論争　女性史の方法をめぐっての論争。第一次は井上清《いのうえきよし》著『*日本女性史』(一九四九年(昭和二十四)刊)を取り上げ、解放史か生活史かを論じた一九七〇年代初頭の論争。『*明治女性史』全四巻の刊行中の*村上信彦《むらかみのぶひこ》の批判に始まり、米田佐代子《よねださよこ》・伊藤康子《いとうやすこ》・大木基子《おおきもとこ》・犬丸義一《いぬまるぎいち》が発言。直接論争に加わったのではないが井上輝子《いのうえてるこ》・ひろたまさきもこれに関して発言した。第二次は水田珠枝《みずたたまえ》の『女性解放思想の歩み』(一九七三年刊)をめぐって一九七〇年代半ばから八〇年にかけて論争。発言者は水田・原田二郎《はらだじろう》・米田佐代子・伊藤康子。第一次・第二次の論争は、『歴史学研究』『歴史評論』『思想』『経済』等誌上で行われた。上野千鶴子《うえのちづこ》はそのほかに第三次として、鹿野政直《かのまさなお》著『婦人・女性・おんな』中の女性史のアカデミズムへの参入に対する批判とこれをうけた脇田晴子《わきたはるこ》の反批判(女性史総合研究会編『日本女性生活史』全五巻の前書に収める)、その他をあげる。第一次で村上信彦は井上清の『日本女性史』を「女性解放の政治的図式」として否定、解放運動の先頭に立った人物よりも、体制に順応するしかなかった「大多数の女性」を中心に「女の全生涯」を書くべきだとした。井上は論争に全く関与しなかった。それに代わって婦人解放史を軸として女性史を構想していた若い研究者米田・伊藤が受けて立った。村上の提唱する「圧倒的大多数の女性」の「体験の結集を追跡する」「女の全生活の歴史」は、解放史を軸とする立場をゆるがすものである。井上に代わって村上と論争する中で、米田・伊藤は『日本女性史』の中にある欠陥を見出す。それは『日本女性史』では「人民女性の主体形成」がとらえられていないこと、婦人解放が人民解放とほとんど同次元でとらえられ、婦人解放の独自性がとらえられていないことの二点である。一九七〇年代は多くの女性たちが、女性史の書き手となり、開眼した時である。米田・伊藤のように専門の研究者でも、偉大な男性先達に代わって論争を引きうけるという立場に立ってはじめて見えてきたものであったろう。犬丸は米田が婦人運動を民主主義運動と把握、プロレタリア婦人運動の視点を捨てたと批判した。第二次論争は水田珠枝が『女性解放思想の歩み』によって、階級支配に対して性支配の相対的独立性を主張することに始まる。性差別克服に*家族の解体を不可欠とする水田に対して、米田は「家族を単位とする生活の擁護《ようご》」を主張、きびしく対立した。第一・二次論争は異質な論者が激しく争うだけでなく、同質と思われた論者の中に異質性があらわれる場であった。

[参考文献] 古庄ゆき子編『資料女性史論争』(論争シリーズ)、一九八七、ドメス出版。伊藤康子『女性史入門』、一九九二、ドメス出版。上野千鶴子「歴史学とフェミニズム—「女性史」を超えて—」(『(岩波講座)日本通史』別巻一、一九九五、岩波書店)。

(古庄ゆき子)

じょせいせいじか 女性政治家　敗戦により占領軍の意向が強く反映され、戦前・戦中から*市川房枝《いちかわふさえ》ほか女性参政権運動を進めてきた多くの日本女性の願いが実現した。戦後女性が参政権を獲得してからは、女性の衆参議員や党首、首長なども誕生した。敗戦の翌年一九四六年(昭和二十一)には議会も衆議院・参議院の二院制となり、男女ともに二十歳以上には選挙権が、二十五歳以上には被選挙権が与えられた。同年四月十日、戦後初の総選挙で女性の衆議院立候補者は八十三名。うち四五%にあたる三

国会における女性議員数と割合

	選挙回数	選挙期日	定数	女性数	割合
			人	人	%
衆議院	22	1946年4月	466	39	8.4
	23	1947年4月	466	15	3.2
	24	1949年1月	466	12	2.6
	25	1952年10月	466	9	1.9
	26	1953年4月	466	9	1.9
	27	1955年2月	467	8	1.7
	28	1958年5月	467	11	2.4
	29	1960年11月	467	7	1.5
	30	1963年11月	467	7	1.5
	31	1967年1月	486	7	1.4
	32	1969年12月	486	8	1.6
	33	1972年12月	491	7	1.4
	34	1976年12月	511	6	1.2
	35	1979年10月	511	11	2.2
	36	1980年6月	511	9	1.8
	37	1983年12月	511	8	1.6
	38	1986年7月	512	7	1.4
	39	1990年2月	512	12	2.3
	40	1993年7月	511	14	2.7
	41	1996年10月	500	23	4.6
	42	2000年6月	480	35	7.3
	43	2003年11月	480	34	7.1
	44	2005年9月	480	43	9.0
			人	人	%
参議院	1	1947年4月	250	10	4.0
	2	1950年6月	250	12	4.8
	3	1953年4月	250	15	6.0
	4	1956年7月	250	15	6.0
	5	1959年6月	250	13	5.2
	6	1962年7月	250	16	6.4
	7	1965年7月	250	17	6.8
	8	1968年7月	250	13	5.2
	9	1971年6月	252	13	5.2
	10	1974年7月	252	18	7.1
	11	1977年7月	252	16	6.3
	12	1980年6月	252	17	6.7
	13	1983年6月	252	18	7.1
	14	1986年7月	252	22	8.7
	15	1989年7月	252	33	13.1
	16	1992年7月	252	37	14.7
	17	1995年7月	252	34	13.5
	18	1998年7月	252	43	17.1
	19	2001年7月	247	38	15.4
	20	2004年7月	242	33	13.6

(1)衆議院は各総選挙の当選女性数
(2)参議院は選挙後国会召集日の女性数
(3)総務省、衆議院・参議院各事務局調べ

地方議会における女性議員数と割合

	都道府県議会			市　議　会			うち政令指定都市議会			町　村　議　会			特別区議会（東京都）			合　計		
	総数	女性数	割合	総数	女性数	割合	総数	女性数	割合	総数	女性数	割合	総数	女性数	割合	総数	女性数	割合
	人	人	%	人	人	%	人	人	%	人	人	%	人	人	%	人	人	%
1976年12月	2,807	35	1.2	20,062	397	2.0				48,010	232	0.5	1,073	71	6.6	71,952	735	1.0
1980年12月	2,833	34	1.2	20,080	441	2.2				47,221	274	0.6	1,073	73	6.8	71,207	822	1.2
1981年12月	2,825	33	1.2	20,067	456	2.3				46,874	296	0.6	1,045	73	7.0	70,811	858	1.2
1982年12月	2,792	34	1.2	20,014	466	2.3				46,482	296	0.6	1,034	73	7.1	70,322	869	1.2
1983年12月	2,883	36	1.2	20,000	576	2.9				46,195	339	0.7	1,072	80	7.5	70,150	1,031	1.5
1984年12月	2,871	35	1.2	19,888	586	2.9				45,760	377	0.8	1,059	80	7.6	69,578	1,078	1.5
1985年12月	2,857	38	1.3	19,729	601	3.0				45,293	390	0.9	1,032	73	7.1	68,911	1,102	1.6
1986年12月	2,811	39	1.4	19,599	632	3.2				44,827	404	0.9	1,029	79	7.7	68,266	1,154	1.7
1987年12月	2,895	64	2.2	19,431	768	4.0				43,923	522	1.2	1,050	93	8.9	67,299	1,447	2.2
1988年12月	2,874	67	2.3	19,358	784	4.1				43,486	536	1.2	1,041	93	8.9	66,759	1,480	2.2
1989年12月	2,844	75	2.6	19,241	817	4.2				43,113	579	1.3	1,028	91	8.9	66,226	1,562	2.4
1990年12月	2,798	72	2.6	19,070	862	4.5				42,728	608	1.4	1,020	91	8.9	65,616	1,633	2.5
1991年12月	2,921	82	2.8	19,313	1,082	5.6				42,528	817	1.9	1,027	121	11.8	65,789	2,102	3.2
1992年12月	2,896	82	2.8	19,252	1,111	5.8	人 846	人 67	% 7.9	42,188	844	2.0	1,024	121	11.8	65,360	2,158	3.3
1993年12月	2,839	73	2.6	19,130	1,134	5.9	841	67	8.0	41,944	910	2.2	1,004	121	12.1	64,917	2,238	3.4
1994年12月	2,812	76	2.7	19,008	1,158	6.1	839	67	8.0	41,618	923	2.2	990	122	12.3	64,428	2,279	3.5
1995年12月	2,927	92	3.1	19,050	1,392	7.3	848	89	10.5	41,653	1,128	2.7	1,012	145	14.3	64,642	2,757	4.3
1996年12月	2,876	94	3.3	19,071	1,412	7.4	844	90	10.7	41,306	1,198	2.9	1,007	145	14.4	64,260	2,849	4.4
1997年12月	2,872	99	3.4	18,965	1,439	7.6	838	92	11.0	40,977	1,275	3.1	993	141	14.2	63,807	2,954	4.6
1998年12月	2,837	99	3.5	18,755	1,491	7.9	834	92	11.0	40,559	1,339	3.3	989	141	14.3	63,140	3,070	4.9
1999年12月	2,898	158	5.5	18,550	1,821	9.8	843	119	14.1	40,076	1,702	4.2	972	191	19.7	62,496	3,872	6.2
2000年12月	2,888	159	5.5	18,379	1,855	10.1	837	120	14.3	39,707	1,777	4.5	967	191	19.8	61,941	3,982	6.4
2001年12月	2,859	163	5.7	18,346	1,925	10.5	834	125	15.0	39,205	1,871	4.8	941	188	20.0	61,351	4,147	6.8
2002年12月	2,827	165	5.8	18,331	1,976	10.8	834	124	14.9	38,694	1,901	4.9	936	189	20.2	60,788	4,231	7.0
2003年12月	2,849	197	6.9	18,355	2,180	11.9	886	142	16.0	37,325	2,093	5.6	932	200	21.5	59,461	4,670	7.9
2004年12月	2,815	194	6.9	20,024	2,306	11.5	884	144	16.3	33,189	1,936	5.8	925	199	21.5	56,953	4,635	8.1
2005年12月	2,790	200	7.2	23,574	2,505	10.6	947	154	16.3	21,376	1,359	6.4	912	199	21.8	48,652	4,263	8.8

（総務省選挙部調べ。ただし、政令指定都市については全国市議会議長会調べ。）

十九名が当選して国会の議席を占めた（参議院議員は代議士とはいわないが、参議院も立候補女性八十一名中十五名が当選）。女性の初の国政参加である。女性代議士の割合は全体の八・四％。以後、選挙法が部分的に変わったり、政党の変遷があったりしたせいか、この時の女性代議士の数が最高で、以降の選挙においては二～三％を超えることはなかった。しかし一九七五年から八五年に至る「国連婦人の一〇年」の世界的な女性パワーの盛り上がりのなかで徐々に女性代議士の数も二桁に近づき、二〇〇〇年（平成十二）には三十五名に達した。政党内でも女性議員の活躍が目立ってきて、社会党の*田中寿美子《たなかすみこ》がまず、党副委員長に就任。一九八六年には続いて土井《どい》たか子が第十代の社会党委員長になったことは特記できる。現社民党の委員長は福島瑞穂《ふくしまみずほ》である。こうした動きのなかで、田中・土井を中心に、社会党では女性の立候補が増え、「女が政治を」のスローガンのもとで、女性内閣構想の実行委員会もできた。一九八九年にはリクルート汚職が政界を揺るがし、その年の参議院選挙で与党自民党が過半数を割り、社会党が躍進した。参議院本会議では内閣総理大臣に土井たか子が指名を受けた。土井たか子は一九九三―九六年に衆議院議長もつとめた。このように女性の政治への意気は国会では高まったが、地方議会では女性立候補者も少なく議員数も低迷。地方では、地縁の強い男性有力者が有利だったからである。特に府県・市長村の首長には女性はほとんどなく、現在女性知事は大阪府（大田房江《おおたふさえ》）・熊本県（潮谷義子《しおたによしこ》）・千葉県（堂本暁子《どうもとあきこ》）のみである（二〇〇七年四月現在）。しかし地域での女性の活動が拡がりつつあるなかで、今後が期待されている。

（駒野　陽子）

じょせいちぎょう　女性知行　「*化粧料《けしょうりょう》」「*内儀方知行《ないぎがたちぎょう》」をはじめ、女性に対して分与・付与された知行をいう。女性の財産権は中世後期から近世初頭にかけて、分割相続から単独相続への移行に伴い、大きく制限されていたが、女子分や*後家分《ごけぶん》など旧来の一期分譲与《いちごぶんじょうよ》の慣習は一部に根強く引き継がれ、女性知行を近世に存続させることになった。また家における女性の働きに対して、新たに知行が付与されることもあった。島津《しまづ》氏の親族の女性たちは、豊臣政権や徳川政権の*人質《ひとじち》として京都や大坂、江戸に上った労苦に対して、三千石から一万二千石もの高い知行を無役《むやく》で与えられた。大名から統一政権に臣従《しんじゅう》の証《あかし》として出される人質は、大名家の血筋を受け継ぐ者でなければ果たすことのできない政治的使命を帯びた役割であり、人質を勤めた女性たちは家の存続に貢献する任務を果たしたものと評価されて、恩賞《おんしょう》として知行を付与されたのである。関ヶ原の合戦の前後には、人質となった当主義久《よしひさ》の娘や一族の義弘《よしひろ》の養女に仕えた奥向きの女房衆に対して、その功績に応えて二百石から三百石の知行が宛《あてが》われている。また、将軍家や大名家の正妻や側室たちには、年間経費として家から給付された知行や扶持《ふち》、金子《きんす》があった。ただし全体的には、十八世紀初頭の時期を境に、知行から扶持や金子の給付へと推移している。大名の家臣家でも、十七世紀後半の時期まで、女性への知行分割の実態が確認できる。近世初頭は新田開発《しんでんかいはつ》が推進され、検地《けんち》による打ち出し高の増加によって分割相続が盛んであったことが、その背景にあった。仙台藩では、土木家として知られる川村孫兵衛《かわむらまごべえ》が、寛永《かんえい》年間(一六二四—四四)に開墾《かいこん》によって増やした知行高百十七貫文《かんもん》余を、三人の娘に分与し、それぞれ婿《むこ》を取らせて分家として独立させている。孫兵衛は*隠居《いんきょ》後も新田開発を行い、その新田分六貫余については後家分として妻に分け与えている(『仙台藩家臣録』)。新田開発を背景に分割相続が根強く続いていたなかで、女性も家の一員として、開発知行の分与の恩恵《おんけい》に預かることになったのである。十七世紀後半以降、新田開発が停滞《ていたい》し、知行の単独相続化が定着していくと、女性に対する知行の分割は姿を消してゆき、贈与財産は金子に取って代わることになる。

参考文献 城島正祥「佐賀藩成立期の内儀方知行」(『社会経済史学』三八ノ三)、一九七三。宮本義己「武家女性の資産相続」(『国学院雑誌』七六ノ七)、一九七五。高原三郎「江戸時代の『分知』と『化粧料』」(『大分県地方史』八五)、一九七七。長野ひろ子『日本近世ジェンダー論—「家」経営体・身分・国家—』、二〇〇三、吉川弘文館。柳谷慶子『近世の女性相続と介護』、二〇〇七、吉川弘文館。

(柳谷 慶子)

じょせいとうしゅ 女性当主 女性が一家の戸主となっている場合、女性当主と呼ぶ。近世、武家の相続法では女子の相続権は認められていなかったので、武家には女性当主は存在しないが、農民や町人の家では女性が相続して女性当主となっている例はしばしば見受けられる。男性当主が若くして死去した場合、残された家族は*後家と幼い子どもしかいない場合が多く、子どもでは家業を担当する能力がないので、後家が相続し当主となることが多い。ただし、女当主はあくまで一時的な*中継相続人であり、入夫《にゅうふ》を迎えたり、息子が成人すると当主を譲るのが一般的であった。女当主名で質入・金銀貸借など私的な家産管理行為は可能であったが、役所へ提出する請書の署名、*宮座への参加など公的、社会的な場への女性当主の参加は認められていないことが多い。ただし、女性の地位は相続慣行と表裏の関係があり「姉家督《あねかとく》」慣行の地域や京都などでは女当主の力は相対的に高い。→女名前人《おんななまえにん》

参考文献 大藤修「近世中・後期における農民層の家相続の諸態様—羽州村山地方の宗門人別帳の分析を通じて—」(福田アジオ・塚本学編『日本歴史民俗論集』三、一九九三、吉川弘文館)。

(牧田りゑ子)

じょせいどうめい 女性同盟 一九二〇年(大正九)十月創刊の*新婦人協会機関誌。新婦人協会は一九一九年十一月、*平塚らいてう・*市川房枝《いちかわふさえ》により創立。協会解散の一九二二年十二月までの二年間に十六号刊行された。発行責任者は市川・*奥《おく》むめおらが担当。創刊時発行部数は二千部前後、定価二十五銭。執筆陣は平塚、市川、奥が中心で、外部の執筆者は、教育界から為藤五郎《ためとうごろう》・宮田脩《みやたしゅう》、民法学者の穂積重遠《ほづみしげとう》、弁護士の布施辰治《ふせたつじ》、ジャーナリストの*小橋三四子《こばしみよこ》・長谷川如是閑《はせがわにょぜかん》らで、協会の活動と連動した内容を掲載。平塚による創刊の辞「社会改造に対する婦人の使命」は、『*青鞜《せいとう》』の「元始《げんし》、女性は太陽であつた」に次ぐ平塚の第二のマニフェストとされる。協会の活動を周知させるとともに女性問題に関する啓蒙雑誌としての役目を果たす。協会創立から雑誌発刊までの活動記録、活動日誌抄《にっししょう》、本部通信、支部通信、請願《せいがん》文や議会速記録などがあり、新婦人協会研究の貴重な原資料。ドメス出版より復刻版が出され、解説・総目次・索引がある。

『女性同盟』創刊号

参考文献 市川房枝「新婦人協会創立五十周年を記念して」(『婦人展望』一八〇)、一九七〇。折井美耶子・女性の歴史研究会編著『新婦人協会の研究』、二〇〇六、ドメス出版。

(永原 紀子)

じょせいとぞうとう 女性と贈答 古代以来現在に至るまで贈答行為は盛んに行われ、女性が贈答の主体・客体となることも一般的であり、贈答品にも特徴があった。贈答は年中行事に則して行われる場合が多く、行事の内容によって特徴的な贈答が行われた。鎌倉府の年中行事を記した『殿中以下《でんちゅういか》年中行事』では正月六日に関東管領《かんれい》

から鎌倉公方《くぼう》の母に小袖《こそで》三重《みえ》、上臈《じょうろう》に二重、中下臈に一重が贈られている。小袖など衣服の贈与は男性に対しても行われるが、女性に対する贈答品の特徴といえ、女性が中心的役割を果たす季節ごとの衣更《ころもがえ》と密接な関係を持っていた。領主が主体となって遂行《すいこう》される年中行事では家臣や領民による献上行為が行われたが、その際には領主の正室も献上・下賜《かし》の主体・客体となり、『色部《いろべ》年中行事』によれば色部氏正室は返礼として紙・扇を与えている。また、『長楽寺永禄《ちょうらくじえいろく》日記』では由良氏《ゆらし》正室に抹茶《まっちゃ》が贈られることが多い。こうした品は男性にも贈られていて、必ずしも女性特有とはいえないが、女性と関連の深い品といえる。芸能者に対する褒美《ほうび》は纏頭《てんとう》と呼ばれ、衣服が与えられることが一般的であり、女性芸能者の場合も同様であった。室町幕府の年中行事書によれば、*祇園会《ぎおんえ》の際には加賀《かが》という*白拍子《しらびょうし》が参上し、折紙《おりがみ》を下されているが、芸能者はその祝儀性を買われて宴会に招かれる契機が多く、*桂女《かつらめ》の場合は祝儀の品である勝栗《かちぐり》・昆布・鰹《かつお》・鮎鮨《あゆずし》・鮒《ふな》・樽《たる》などを献上し、銭を下賜されていた。女性の節目を成す人生儀礼においても贈答が行われた。*出産の際には誕生日・三日目・五日目・七日目・九日目に産《うぶ》養《やしない》と呼ばれる行事、五十日《いか》目・百日《ももか》目にも特別の祝いが行われ、平安時代には京の東西市で買い求めた餅が献上されて食されるのが恒例であり、『*源氏物語』『*紫式部日記』など平安文学に多く記されている。産養は鎌倉将軍家でも行われるなど、中世には武家にも広まりを見せ、足利義教《よしのり》の子義勝《よしかつ》誕生の際には正室の母や上臈に練貫《ねりぬき》・紙が贈られ、出産の際にもののけを祓《はら》う鳴弦《めいげん》を行なった者には銭が下賜されていた。また、又七夜《またしちや》や後七夜《ごしちや》の際には正室・正室の母・上臈・御乳人《おんめのと》(*乳母)に練貫が贈られるなど、出産祝の贈答は盛大であった。こうした贈答品の所蔵場所に関しては、『*吾妻鏡《あずまかがみ》』には内々に鎌倉幕府の台所に献上された帖絹《ちょうぎぬ》が*塗籠《ぬりごめ》に納められた事例がみられる。塗籠はもともとは貴族の*寝殿造りにおいて家財を守るための蔵のことで、それが民衆の家屋の内部の寝室かつ収蔵庫となった。この場合は台所とあるので、幕府の女房が塗籠と呼ばれる蔵を管理し、衣服や絹・苧麻《ちょま》布《ぬの》など女性に対する贈答品が収納されていたと思われる。贈答に際しては贈与者と被贈与者の間に*取次《とりつぎ》と呼ばれる仲介者が存在するのが通例であり、天皇に対する献上は長橋局《ながはしのつぼね》(*勾当内侍《こうとうのないし》)が取次を務め、返礼の際には副状《そえじょう》を発給していた。近世には*結納《ゆいのう》や*婚姻の際など女性が主体・客体となる贈答行為が百姓の間でも盛んになった。たとえば、出産祝の際に関係者から多くの物が贈られ、その内容が帳面にまとめられることもあり、近世後期には鰹節・絹織物・苧《からむし》・米など多様なものが贈られていた。特に上層の百姓や町人は武家の婚礼や儀礼を模倣し、武家に匹敵する派手な贈答や宴会を行なっていた。また、一般の百姓の間でもさまざまな祝儀や年中行事の際に贈答や宴会が行われ、その管理を女性が担当することが多かった。

参考文献 網野善彦『日本中世の非農業民と天皇』、一九八四、岩波書店。保立道久『中世の愛と従属』(イメージ・リーディング叢書)、一九八六、平凡社。中野豈任『祝儀・吉書・呪符』(中世史研究叢書)、一九八八、吉川弘文館。小泉和子『道具と暮らしの江戸時代』(歴史文化ライブラリー)、一九九九、吉川弘文館。

(盛本 昌広)

じょせいとゆめ 女性と夢 夢を見ること、それは太古の昔から今日に至るまで、人類にとって普遍的な経験である。しかし、夢をどのようなものと考えるかは時代によって違っていた。現代に生きる私たちは、夢は自分の中から、それぞれの心の奥深いところから生み出されてくるものだと思っているが、人類の長い夢の歴史において、こうした認識に到達したのは、ほんのつい先ごろのことである。昔の人々は、夢は自分の外から、人間社会とは異なる世界にいる神や仏や死者たちからのメッセージとして届けられるのだと信じていた。日本の中世でも、見た夢をめぐって夢解《ゆめと》きがなされ、そこからどのような未来への予言が読みとれるかを語りあった。夢の吉凶《きっきょう》を占い、凶夢については夢違《ゆめたが》えが実施された。積極的に夢を得たいと願う者は、神仏のまつられている社寺に出かけ、参籠通夜《さんろうつや》して夢の告げを乞《こ》うた。夢をめぐるこうした作法は、中世社会の人々に共通の夢認識のうえに成り立っていて、そこに男女の差違はない。しかし、説話や縁起《えんぎ》の夢の話に登場する男女のあり方を比較してみると、女の夢と男の夢に明らかな違いがある。孤立無援《こりつむえん》の身の上で窮地《きゅうち》に陥《おちい》ってしまった者が、その境遇を脱して人生を立て直すために夢の告げを求める話では、女が「人」との結びつきを拠《よ》り所にして現状を打開していくのに対して、男は「物」を手がかりにその交換をくり返しながら社会的地位を上昇させていく。重い病や障害を負った者が夢の告げで救済される話では、女の父が夢告を得、娘に同行して問題を解決する例が多い。他方、男はみずからが夢告を得、主体的に行動して克服していく。ここでは、家や家族との結びつきに生きる方途を見出し、家父長の庇護《ひご》のもとで活動を制約される女と、広く社会的な活動を軸に自力で将来の可能性を広げていく男と、両者の姿が対比的に描かれている。当時、日や月を抱く夢は、政治的な権勢をふるう地位を約束されたものと解釈されていたが、女がそのような夢を見ても、夫や息子の将来への予兆とされ、決して女自身の未来像に結びつけられることはなかった。ただ、神仏への感応力、神仏との密接な交流、神仏からのメッセージを受信する能力という点では、はるかに女の方が卓越しているという認識は強かったようで、夢解きや死者との交信の場では女が大きな役割を果たした。市井《しせい》の名もない女の見た夢が、時の政治に対する批判を顕在化《けんざいか》させ、その夢語りの広がりを権力側も放置できなくなる事態も起きた。

参考文献 保立道久「女性と政治をつなぐ「夢の話」」(『中世の女の一生』一九九九、洋泉社)。酒井紀美『夢語り・

夢解きの中世』(朝日選書)、二〇〇一、朝日新聞社。同「日本中世における女の夢・男の夢」(黒田弘子・長野ひろ子編『エスニシティ・ジェンダーからみる日本の歴史』二〇〇二、吉川弘文館)。

(酒井 紀美)

じょせいなうけにん　女性名請人　土地台帳に登録された女性。中世以降、検地帳《けんちちょう》などの土地台帳において一筆ごとの田・畠・屋敷地に登録された名前を名請人という。名請けの権利は、その土地に対する用益権、耕作権、あるいは占有権ともいわれ、ふつう名請人には家の財産を所有する男性(家長)の名前が記されるケースが多い。しかし十五世紀末期に作成された太閤検地帳《たいこうけんちちょう》では、女性名前の名請人が比較的多くみられるところから、その性格と評価について論議されてきた。畿内地域の村落に残る太閤検地帳では、多い地域では一割以上の女性名請人がみられ、ここでは女性名とともに、男名前(何某)に続けて「何某後家」「何某うば」などと記される場合がある。これは、この時代に支配的だった複合家族の惣領制《そうりょうせい》的な土地所有が、豊臣秀吉による小農自立政策の影響を受けて、内包されていた*隠居《いんきょ》分・後家《ごけ》分までもが検地帳上に現われたものと考えられる。江戸幕府では、これら一期《いちご》分の土地所有については家長のもとに一括登録することとしたため、検地帳における女性名請人の数は減少した。

(大口勇次郎)

じょせいにたいするぼうりょく　女性に対する暴力　女性の尊厳《そんげん》に対する人権侵害として、一九七〇年代以降、欧米や日本の女性解放運動における課題となった。英語ではViolennce Against Womenという。その包括《ほうかつ》的規定は、一九九三年(平成五)末採択の「女性に対する暴力撤《てっ》廃《ぱい》宣言」および一九九五年の第四回世界女性会議(北京)採択の北京行動綱領《こうりょう》である。両者によれば、女性に対する暴力とは、㈠身体的、精神的、性的または心理的損害または苦痛が結果的に生じるかもしくは生じるであろう行為、㈡性(gender)に基づくあらゆる暴力行為、㈢公的、私的生活のいずれでも起こるもの、と定義し、「女性が男性に比べて従属的な地位に置くことを余儀なくされる重大な社会機構のひとつ」と明言している。日本においても一九九六年以降政策的課題となり、関連法制定が相つぎ、二〇〇一年「配偶者からの暴力の防止及び被害者の保護に関する法律」(略称、DV防止法)が制定された。

参考文献　ゆのまえ知子「女性に対する暴力―日本の運動と課題、国際的な動き―」(アジア女性資料センター編『北京発、日本の女たちへ』一九九七、明石書店)。ラディカ＝クマラスワミ『女性に対する暴力―国連人権委員会特別報告書―』(クマラスワミ報告書研究会訳)、二〇〇〇、明石書店。

(ゆのまえ知子)

じょせいにほんじん　女性日本人　三宅雪嶺《みやけせつれい》・*三宅花圃《かほ》夫妻によって、一九二〇年(大正九)九月から一九二三年九月まで、全三十八冊発行された月刊の女性啓蒙《けいもう》雑誌。発行所は政教社《せいきょうしゃ》。多彩な執筆陣を擁《よう》して、女性参政権問題・女子教育論・生活改良問題・恋愛論などの多様なテーマが論じられている。女性自身の変革と女性を取りまく社会の変革に積極的な姿勢を示し続けたが、広範な人々を惹《ひ》きつける平俗性《へいぞくせい》をもつことなく、関東大震災を機に廃刊となった。クレス出版から復刻され、別冊で総目録・解題が出されている。

参考文献　荻野美穂子「雑誌『女性日本人』に見る大正期の女性解放論」(『女性学年報』四)、一九八三。

(小山 静子)

じょせいのいえヘルプ　女性の家HELP　東京都内にあるHELPは、キリスト教婦人矯風会《きょうふうかい》によって一九八六年(昭和六十一)に百周年事業として開設された女性のための*シェルターで、HELPは「愛と平和の緊急の家(House in Emergency of Love and Peace)」の頭文字である。矯風会は一九五九年に建物を新築したときからその一室を「駆け込みルーム」として緊急一時滞在の女性のために使ってきた。一九八〇年代に東南アジアから来日し性産業に従事する女性の問題が表面化する中で、日本で数少ない外国人女性に解放されたシェルターとして開設された。利用者は日本国籍と外国籍女性が半々で、国籍はタイ・フィリピン・コロンビア・エチオピア・ペルー・ブラジル・ソマリア・ウクライナ・ルーマニア・メキシコ・トルコ・台湾・中国・韓国・朝鮮などである。アメリカ国務省年次報告書(二〇〇四年)は日本を*人身売買の「監視対象国」に指定した。HELPは「人身売買禁止ネットワーク(JNATIP)」に参加し活動している。

参考文献　大島静子・キャロリン＝フランシス『HELPから見た日本』、一九八八、朝日新聞社。シャーマン・L・バビオー『女性への暴力―アメリカの文化人類学者がみた日本の家庭内暴力と人身売買―』(大島静子訳)、一九九六、明石書店。

(須藤八千代)

じょせいのかいほう　女性の解放　一八六九年イギリスの思想家ジョン＝スチュアート＝ミル(John Stuart Mill, 一八〇六―七三)が著わした*男女同権論の書。原題はThe Subjection of Women(女性の隷従《れいじゅう》)。ミルは功利《こうり》主義に基づく倫理観をもち、思想・良心の自由を説き、代議政体を主張、一八六七年イギリス下院ではじめて婦人参政権を要求した。第一章で女性の隷従の歴史的原因は強者による力の支配にあるとし、その後の歴史は個人の自由選択拡充へと進んできたと述べる。第二章は家庭内の既婚女性の無権利を批判、男女の法的平等、特に女性の財産権を主張した。だが女性の第一任務は家政と育児にあるとしている。第三章で女性は家庭外でも芸術や思索に能力を発揮して公的職務(婦人参政権)にも就くべしと提唱。第四章は同じ目的をもった平等な二人が互いに尊敬し向上していくという結婚観を示し、女性解放により人間の思索力・行為力が増大、人類の状態が改善されると展望した。海外では米国の女性参政権運動に刺激を与え、間もなくヨーロッパ諸国で翻訳が刊行された。日本では、

＊福沢諭吉《ふくざわゆきち》が『学問のすゝめ』十五編（一八七六年）でこの書に言及、明治期には＊男尊女卑《だんそんじょひ》の慣習の見直しを迫るものと受けとめられ、女性の「家庭内での従属」と「社会的無能力」を論じた本書は前者の方が強調される傾向をもった。＊森有礼《もりありのり》・＊中村正直《なかむらまさなお》・＊植木枝盛《うえきえもり》・＊巌本善治《いわもとぜんじ》らに影響を与えている。初訳は一八七八年（明治十一）自由民権運動家の深間内基《ふかまうちもとい》による『男女同権論』（前半部分のみ）で、訳出の意図は男女同権より天賦《てんぷ》人権説の強調にあったと推察される。大正から昭和初期になると婦人参政権運動が起り、全訳もつぎつぎと出版された（一九二一年（大正十）野上信幸訳、二三年大内兵衛訳、一九二八年（昭和三）高橋久則訳、二九年平塚らいてう訳）。戦後はマルクス主義女性論が普及する中でブルジョワ女性論と見なされ一時光を失うかに見えたが、人権思想に基づく本書は一九八〇年代以降も読むべき古典として受け継がれている。『女性の解放』（大内兵衛・節子訳、岩波文庫、一九五七年）が書名として親しまれている。→婦人問題《ふじんもんだい》

参考文献 水田珠枝『ミル「女性の解放」を読む』（岩波セミナーブックス）、一九八四、岩波書店。金子幸子「家庭における女性の自立―J・S・ミル女性論の受容過程―」（『近代日本女性論の系譜』一九九九、不二出版）。

（金子　幸子）

じょせいのかおう・じょせいのいんばん　女性の花押・女性の印判　花押は本来、身分ある男性が元服してはじめてもてるものであった。それは、中世文書によく、「元服以前により判形《はんぎょう》これなく候《そうろう》」などと、判形、すなわち花押を据えられない理由が断わり書きとして書かれていることによって明らかである。中世以前において、身分による花押使用の可否が制度として成立していたことを示す史料はないが、残存する古文書からみて、おおむね＊名字（苗字）をもつ男性は花押をもっていた。それに対し、社会的に地位を認められていなかった女性には花押がなかったのである。わずかに、平安時代でいえば藤原氏や紀氏などの公家女性、鎌倉・室町時代でいえば足利貞氏《さだうじ》室（上杉清子《うえすぎきよこ》）や足利義満母（紀良子《きのよしこ》）などの武家女性の中でも特に上位者の場合に限られており、江戸時代でも＊春日局のような特殊な女性だけが花押をもてたのである。花押の代わりに、平安時代には画指《かくし》といって、指の節を紙面に図示する方法がとられている。画指の事例を検出すると、平安時代初期で女性が九割、中期以降は女性ばかりになっている。その後、画指の代わりに拇印《ぼいん》が使われるようになり、さらに筆印《ふでいん》という、筆の毛の方ではない反対側の筆頭の部分に墨をつけて押したものも使われるようになった。やや珍しい例では、『島津家文書』にある女中衆二十人の血判起請文《けっぱんきしょうもん》のように、署名をして、本来花押を書くところに血だけをしたたらせているようなケースもある。こうした花押をもてなかった女性たちが、戦国時代、花押の代わりに使いはじめたのが印判《いんばん》であった。すでに男性でも、元服前の今川竜王丸《たつおうまる》（のちの氏親）が、花押に代えて印判を押した文書を発給しており、その氏親の正室となった＊寿桂尼《じゅけいに》（中御門宣胤《なかみかどのぶたね》の娘）が、「帰《とつぐ》」の一字を彫った印判を押して文書を出しているのである。これは、氏親死後、今川家の家督《かとく》をついだ嫡子氏《うじ》輝《てる》がまだ幼く、また病弱だったため、母である寿桂尼が今川領国の支配に乗り出し、印判を使って文書を発給したからである。このことによって、戦国大名クラスの正室でも花押がもてなかったことがわかる。ちなみに、この「帰」の出典であるが、『詩経《しきょう》』の「桃夭《とうよう》」からとったものだということが明らかにされており、中御門宣胤が娘を今川氏親に嫁がせるに際して与えたものだと思われる。このあと、東国戦国大名の女性を中心に印判使用の具体例が多く認められるが、中でも遠江《とおとうみ》の武将で、北条氏の庇護《ひご》を受けることになった堀越六郎《ほりこしろくろう》の夫人である＊山木大方《やまきおおかた》（北条氏康《ほうじょううじやす》妹）が使用した「軍勝」印は注目される。それは、印判の大きさが縦七・五センチ、横六・八センチと大きく堂々としているからである。しかも、さきの寿桂尼の印判状と同様、単なる私信ではなく、自分の領国経営に関する公文書として出されており、戦国女性の地位と権限をみていく上で注目されるものである。

春日局花押

上杉清子花押

山木大方印「軍勝」

寿桂尼印「帰」

参考文献 佐藤進一「花押小史―類型の変遷を中心に―」（今井庄次他編『書の日本史』九、一九七六、平凡社）。荻野三七彦『姓氏・家紋・花押』、一九七六、新人物往来社。同『印章』（日本歴史叢書新装版）、一九九五、吉川弘文館。久保田昌希「今川氏親後室寿桂尼発給の文書について」（総合女性史研究会編『日本女性史論集』二、一九九七、吉川弘文館）。小和田哲男「戦国女性山木大方の研究」（『中世の伊豆国』二〇〇二、清文堂）。

（小和田哲男）

じょせいのしんしょく　女性の神職　〔古代〕古代における女性の神職には、伊勢《いせ》＊斎宮《さいぐう》や賀茂《かもの》＊斎院《さいいん》という国家的祭祀《さいし》の最高級の＊巫女のほか、＊国造《くにのみやつこ》・＊御巫《みかんなぎ》・＊物忌《ものいみ》・斎祝子《いみはふりこ》・禰宜《ねぎ》・祝《はふり》（祝部《はふりべ》）などが存在した。国造（大化改新後）は諸国の祭祀を行う神職として一国に一人置かれ、男女を問わなかった。また宮中八神殿の祭祀を行う御巫、＊伊勢神宮の大物忌、鹿島社の物忌、賀茂社の斎祝子らは童女を含む女性たちであった。これらの女性神職の祭祀での役割は神への御饌《みけ》供進・神殿御扉開閉・内陣奉仕などで、それらは社殿成立以前の神籬《ひもろぎ》神事の中枢というべ

きものであった。また他の多くの神社では祭祀を禰宜や祝が行なっていたが、古代では禰宜も祝も男女いずれかに決まっていたわけではない。たとえば九世紀の史料では、諸国の神社では、祝だけで禰宜が不在であったり、禰宜・祝並置であったり、国によっては*女祝《にょしゅく》が一人で祭祀を行なったりしていた。そこで国家はこの時、禰宜と祝並置の神社の場合、禰宜は女性を任ずるよう指導している。しかしこの時期、三位以上の神社では神職に把笏《はしゃく》が許可され、禰宜も祝も男性神職となっている。また伊勢・熱田《あつた》・宇佐《うさ》・宗像《むなかた》などの神宮や大社には宮司《ぐうじ》や神主《かんぬし》という男性神職が一社の長官として禰宜や祝の上に存在し、祭祀だけでなく社殿の造営・運営・収税を司っていた。こうして祭祀の根本を担っていた古代の女性の神職は、平安時代初期には大きな神社から、徐々に男性に変わっていき、さらに宮中の御巫や、伊勢や賀茂社の物忌という女性固有の神職も、のちには御巫子《みかんこ》・子良《こら》などと変わり、「子ども」が強調され補佐役の男性神職に職掌が移行していった。

参考文献 義江明子『日本古代の祭祀と女性』(古代史研究選書)、一九九六、吉川弘文館。菅原征子「平安初期の地方祭祀と女性」(『日本古代の民間宗教』二〇〇三、吉川弘文館)。小平美香「神祇祭祀における女性神職の働き」(『学習院大学人文科学論集』一二、二〇〇三)。

(菅原　征子)

〔中世〕中世の女性の神職として著名なものは、宇佐八幡《うさはちまん》宮《ぐう》の女禰宜《おんなねぎ》、若狭《わかさ》一二宮の御子勾当職《みここうとうしょく》、常陸鹿島社《ひたちかしましゃ》や下《しも》総《うさ》香取社《かとりしゃ》の物忌《ものいみ》などである。また、女祝《おんなほうり》と呼ばれた場合もあった。中世の女性神職の性格については、中世以前からのことが前提となるが、これらの事例からほぼ一般化できることは、次の二点である。第一に、神にじかに接することができる存在であること、第二に、その職は女系に伝えられることである。第一について、宇佐八幡宮の女禰宜は、八幡神に近侍《きんじ》し、御神体である御験《みしるし》を直接扱える唯一の神職であった。香取社の場合は、応安《おうあん》七年(一三七四)の史料に、物忌とは「宮中に居住し、御神事のとき出仕を遂げ、御台を洗い、御箸を備える」ことを役とするものとみえる。鹿島社の場合、物忌の主な職掌《しょくしょう》は、神鍵《しんけん》をあずかり、神殿の御扉を開けて内陣の奉仕をすることであった。第二の点について、鹿島社では、物忌は結婚しないことが原則のため、叔母《おば》—姪《めい》の間で相続されたが、その時物忌の存続に不可欠な家は、物忌の兄あるいは弟であり、鹿島社の場合には、当禰宜《とうねぎ》家がそうした地位を有していた。両者は切り離せないものとなり、当禰宜家は物忌の後見者的な地位であったが、その後には、物忌は当禰宜家の地位を保証するものとなっていった。香取社の場合も、物忌の地位が叔母—姪の間で相続された事例を見いだせるが、中世の香取社で確認される物忌は婚姻をしており、大宮司《だいぐうじ》(神主)の妻がしばしば物忌職の地位にあった。中世の香取社では、香取大中《おおなか》臣《とみ》氏の嫡子《ちゃくし》系が大禰宜《おおねぎ》職を相伝したの対して、庶子《しょし》系が大宮司《だいぐうじ》職を遷替《せんたい》したのであるが、大宮司職の遷替に密接に絡むのが物忌職であった。鎌倉時代には、大宮司職に附属する職領が明確化するが、大宮司職領は、じつは庶子系の特定の女性=「物忌」に伝領されたものであった。大宮司職領とは本来は物忌職領であったのであり、大宮司(神主)とは、女性の物忌職の存在を媒介《ばいかい》にして存立した神職であった。中世の香取社における大宮司職の地位は、姉妹や妻が物忌職にあることによって保証されていた。そのために、大宮司(神主)職は、香取大中臣氏の嫡子系ではなく、庶子系で遷替されたのである。平安時代末から南北朝時代にかけての香取大中臣氏の系図を、女系=「女の系図」に再編すると、大宮司職の地位はみごとに物忌職の姉妹・妻を介すことによって伝領されたことが明らかである。しかし、香取社の場合には、南北朝時代末期に、大中臣長房《ながふさ》が男系で大禰宜職を、女系で大宮司職を継いだ段階で、物忌職領=大宮司職領も香取大中臣氏(大禰宜家)の相伝私領に組み込まれたのであり、物忌職が大宮司職を保証した時代は終りを告げるのである。南北朝時代には、宇佐八幡宮の女禰宜は姿を消し、鹿島社や香取社の物忌の性格は、大きく変質したのである。

参考文献 西垣晴次「中世香取社の神官と神事」(木村礎・高島緑雄編『耕地と集落の歴史—香取社領村落の中世と近世—』一九六九、文雅堂銀行研究社)。丸山輝子「鹿島神宮物忌について—女性祀職の一考察—」(『信濃』三二ノ一一)、一九八〇。飯沼賢司「八幡神成立史論」(『大分県地方史』一四六)、一九九二。網野善彦「若狭一二宮社務系図」(『日本中世史料学の課題—系図・偽文書・文書—』一九九六、弘文堂)。鈴木哲雄「香取大宮司職と「女の系図」」(総合女性史研究会編『日本女性史論集』五、一九九八、吉川弘文館)。

(鈴木　哲雄)

じょせいのためのアジアへいわこくみんききん　女性のためのアジア平和国民基金　一九九五年(平成七)創設された財団法人。初代理事長原文兵衛《はらぶんべえ》。略称はアジア女性基金。一九九〇年代初めに元日本軍「慰安婦《いあんふ》」の問題が顕在化《けんざいか》、日本政府は自社さきがけ連立政権(村山富市《むらやまとみいち》首相)下に国家保障の代わりに基金設置を主導、国民に「償《つぐな》い金」支給のため募金を呼びかけた。だが「国家の責任をあいまいにする」という厳しい批判を浴び、韓国政府は受給を拒み、元「慰安婦」たちに生活支援金を支給。償い金を受け取るか否かで被害者団体の分裂・対立をも招いた。二〇〇二年までに基金はフィリピン・韓国・台湾の計二百八十五名に償い金一人二百万円を首相のお詫びの手紙とともに届けたが、これは各国政府などに認定された被害者数の半分に及ばなかった。インドネシアとオランダには政府資金による医療・福祉支援を行なった。このほか、*援助交際、ドメスティックバイオレンス、*人身売買について調査報告書も出版。二〇〇七年三月をもって解散した。

参考文献　大沼保昭他編『「慰安婦」問題とアジア女性基金』、一九九八、東信堂。女性のためのアジア平和国民基金編『「慰安婦」問題とアジア女性基金』、二〇〇四。『朝日新聞』二〇〇五年一月二十三・二十五・三十日。

（金子　幸子）

じょせいのなまえ　女性の名前　〔古代・中世〕古代・中世の名前に*ジェンダーは存在しているのであろうか。古代の女性の名前は「虫売《むしめ》」「広刀自《ひろとじ》」「光明子」「定子」など「売《め》」(女)や「刀自」や「子」など付し女性名を区分するが、「虫」「広」「光明」「定」の字にジェンダーはない。中世以降も実名を見ると、「観音女《かんのんめ》」「地蔵女《じぞうめ》」「夜叉女《やしゃめ》」など「女」を「丸」に置き換えると、その区別はない。女の名はその最後の文字「売」「女」「子」で基本的に区分されているといえる。しかし、男性を示す「麻呂《まろ》」、女性を示す「刀自女《とじめ》」だけの名もあり、最後の文字を完全に名とは異なる記号として名前の一部から切り離すことはできない。古代・中世の女性名を大まかに分類すると、㈠古代型(虫売・広刀自)、㈡嘉字《かじ》＋子型(定子・彰子)、㈢童名型(観音女・鶴石女《つるいしめ》・徳御前《とくごぜん》)、㈣輩行《はいこう》＋子型(姉子《あねのこ》・三子《さんのこ》・中子)、㈤氏女型(藤原氏・平氏女)、㈥関係称(〇〇娘・〇〇妻・〇〇母)などである。これらの分類は、実名から通称、さらに呼称まで入れてあるが、原則署名として使われるものを網羅《もうら》した。これらの中で㈠がもっと古いタイプの名前であるが、九世紀前半の嵯峨《さが》朝の命名法の改革で、成人名と童名の区分が生まれた際に、男性に二字や一字の嘉字が使用されると同時に、位階・官職をもつ女性は㈡の嘉字＋子型の名を付けるようになった。しかし、ほとんどの女性は改名することはなく、いわゆる童名型の名で一生を過ごした。これは、女性が男性の中で童名しかもたなかった牛飼い・放免《ほうめん》などと同じく、社会的な身分の原則では、一段低い身分に置かれたことを示している。しかし、女性は一般に㈣や㈤に見られる通称を使用することで、童名型の名の使用を避け、㈣㈤の通称が社会的に機能することでその地位の低下を一時的に防いだ。㈣は「平姉子《たいらのあねのこ》」「阿倍三子《あべのさんのこ》」のように姓と組み合わせて使用され、㈣の方が平安時代でも早く出現し、鎌倉時代後期には見られなくなる。㈤は鎌倉時代を中心に盛んに見られ、南北朝時代まで残る。このことから、女性が家共同体と密接に結びついた存在であることが推測される。㈣の通称のように順番を問題にしたのは、女性でも嫡庶《ちゃくしょ》の区別があり、分割相続が行われたためと見られる。やがて、一期分《いちごぶん》(女性に生きている間の知行を認め、未来領主を定める)などの成立と対応して、「氏」や「氏女」の通称に一本化され、それも次第に消えてゆく。十五世紀前半、童名型実名が表面に現われる一時期を経て、十五世紀末には、某の妻・内、某の娘、某の母など、女性は関係称で呼ばれるようになる。これは、女性の社会的地位の大きな後退を示す現象である。

参考文献　渡辺三男『日本の苗字(新装版)』、一九七六、毎日新聞社。飯沼賢司「女性名から見た中世の女性の社会的位置」(『歴史評論』四四三)、一九八七。坂田聡『苗字と名前の歴史』(歴史文化ライブラリー)、二〇〇六、吉川弘文館。角田文衛『日本の女性名(新版)』、二〇〇六、国書刊行会。

（飯沼　賢司）

〔近世〕近世の女性の名前は、公家・大名の子女と農民や町人の子女とで明らかに区別される。公家の女性は信子・尋子など漢字一字プラス子の二字名、あるいは漢字二字名で、大名の娘は松姫・鶴姫・八重姫・美代姫など漢字一字または二字に美称の姫をつける。これに対し庶民の女性名はきぬ・みよ・うめなど平仮名二字名が多い。この中間が武家の女性で漢字名の場合と平仮名名の場合とが混用されている。

（牧田りゑ子）

〔近現代〕明治初期の女性の名前は「はる」「まつ」「やえ」「とら」のように、二音節で仮名書きのものが多かった。沖縄県の摩文仁《まぶに》の丘に建てられた「平和の礎《いしじ》」に刻まれた、沖縄戦で物故した女性たちの名前には「なべ」「かま」「かまど」のように、台所用品と同じ名前が多く見られる。これらのうちの二音節の名前には、一般に「お」をつけて「おはる」「おなべ」のように呼ばれた。一八八五年(明治十八)政府が華族の娘の名前に「子」をつけるように指示したことも関連して、明治後半になると三音節の名前が増えてきて、特に「みち子」のように「子」がつく名前が出てくる。元来「子」がつく名前の女性は「*日野富子」「*北条政子」など、地位の高い身分の女性に限られ、庶民の子どもの名前には使えなかった。『朝日新聞』二〇〇四年(平成十六)十二月七日に載った「小農の子に「子」は要《い》らぬと父名付く片仮名二文字のわが名さびしむ秋山とし」という和歌が、その間の事情を物語っている。また、「子」と同時に「正子」「千代子」「静子」のような漢字の名前も増えてくる。明治安田生命の調査によると、一九二一年(大正十)以降は一九五八年(昭和三十三)まで、上位十位までの名前はすべて「子」がつくようになる。戦争の時代には戦意高揚《せんいこうよう》必勝の気運が名前に影響して、太平洋戦争末期の一九四二年から一九四五年までは「勝子」がベストテンに入る。「昭和」からとった「昭子」も一九四二年から一九四四年までベストテン入りするが、その後は姿を消す。一九五七年に「明美」がベストテン入りして、「子」の牙城《がじょう》が崩され、「真由美」「由美」と、次第に「子」のつかない名前が増え、「子」のつく名前は、一九八五年の「裕子」を最後にベストテンから消えている。二〇〇四年の名前では「さくら・美咲、凛《りん》、陽菜《ひな》、七海《ななみ》・未来、花音《かのん》、葵《あおい》、結衣《ゆい》、百花《ももか》・ひなた」がベストテンに上がっている。表記もひらがな・漢字を使い、読み方も音読み・訓読み、万葉仮名風のものもあり、また、「葵」のように、男の子の名前と共通するものもある。女の子だから、仮名書きに、あるいは「子」や「美」をつける、などの枠付けがなくなり、自由奔放《ほんぽう》、百花繚乱《ひゃっかりょうらん》の趣を呈している。二〇〇四年に人名用漢字が大幅に増えたことから、この傾向はさらに進むと思われる。明治安田生命のホームページでは年ごとの名前ランキングが発表されている。

参考文献　阪倉篤義・寿岳章子・樺島忠夫『現代のことば』(三一新書)、一九六〇、三一書房。寿岳章子『日本人の名前』、一九七九、大修館書店。杉本つとむ『女とことば今昔』、一九九七、雄山閣出版。　(遠藤　織枝)

〔アイヌ〕アイヌ女性の名前は江戸時代には人別帳《にんべつちょう》に記録されているが名前は解釈が困難である。名は個性そのものので、類型的とはいえない。女性の名には食料に恵まれる、手仕事が上手であるという女性の役割で成功するようにという親の願いが込められている例があるが、男性と区別のつかない名前もある。アイヌ語による名前は日本人として異質であるため、近代以降日本語の名前になっていった。しかしその過程には男性との時間差がある。

参考文献　アイヌ文化保存対策協議会編『アイヌ民族誌』、一九七〇、第一法規出版。　(児島　恭子)

〔琉球・沖縄〕沖縄の女性の名前は今日では日本の他地域と同様、親や親族によりさまざまに工夫してつけられる。しかし、昭和の初めころまでは「うとぅー」「ちるー」などのきわめて限られた数の童名《わらびなー》の中から選んでつけた。このような命名法では、一族・隣近所、時には同一家族の中にさえ同名の者が何人もいることになり、名前は個人を同定する機能を果たせない。そのためもあって、家の範囲を超えた領域での女性の同定は屋号《やーんな》と親族地位を組み合わせて「〇〇の祖母《おばあ》」「〇〇の主婦《おつかー》」「〇〇の女子《いなぐんぐわ》」のように行われた。

参考文献　上野和男「名前と社会をめぐる基本的諸問題」(上野和男・森謙二編『名前と社会―名づけの家族史―』一九九九、早稲田大学出版部)。　(田中真砂子)

じょせいのれいじゅう　女性の隷従　⇩女性《じょせい》の解放《かいほう》

じょせいをまもるかい　女性を守る会　占領軍と警察によって街娼《がいしょう》と間違われ(ミスキャッチ)て連行された女性を守るために結成された。米軍は、米兵の性病感染率が上昇したため、感染源を日本女性とみなし、街娼と思われる女性を強制的に連行し、検診を行わせた。これは「狩《か》り込《こ》み」と呼ばれた。一九四六年(昭和二十一)十一月、日本映画演劇労働組合所属の女性が、路上でMP(military police、憲兵)と警察によって検束、吉原病院で検診させられた事件で、日映演労組が職場大会を開催、警察への抗議運動が起り、翌年二月に労組婦人部や各女性団体が中心になって「女性を守る会」が結成された。この運動には女性の人権を守るという面と同時に、売春女性・一般女性という線引きも含意されている。

参考文献　大原紀美子・塩原早苗・安藤紀典『女性解放と現代』、一九七二、三一書房。伊藤セツ・川口和子・小山伊基子『国際婦人デーの歴史』、一九八〇、校倉書房。　(平井　和子)

じょちゅう　女中　主に個人の家庭に住み込んで家政一般の仕事(炊事、掃除、*洗濯、買い物、子どもの世話など)に従事する女性をさす。国勢調査をみると一九三〇年(昭和五)で約七十万人。農林水産業従事者を除けば、雇用者として働く女性の六人に一人は女中であった。江戸時代には、身分に応じ資力に従って女中奉公に出ることは、結婚前の修業と考えられた。特に富裕な商家や農家にとって、娘を武家屋敷に奉公に出すのはお金を稼ぐためではなく、行儀《ぎょうぎ》作法や*家事を学ぶのが目的であった。奉公経験者には良い縁談が持ち込まれることが多かったからである。こうした風習は地域によっては昭和時代に入っても続き、女中奉公は結婚に必要な教養や技術を身につける場という意識は長く残った。もっとも、明治時代末から大正時代にかけて、*女工など若い女性の職域が広がり、需要が高まると、行儀見習や家事習得を目的とする者は減少し、女中の移動が激しくなる。一方で、都市部を中心に新興の中産階級が生まれ新たに女中を雇うようになると、女中不足が顕著《けんちょ》となった。これらの家庭では、女中を置くといってもせいぜい一人か二人の何でもやる雑働きの女中を雇うことができたにすぎない。そのため新中間層の主婦向けに、女中の使い方を指南するマニュアル本も多く出版された。第一次世界大戦後、女中問題は社会問題化し、女中払底《ふってい》の解決策が新聞や女性雑誌のテーマとしてしばしば取り上げられるようになった。『*婦人之友』誌では読者からの公募で、「女中」に代わる言葉として現在の「お手伝いさん」のルーツである「お手伝い」が一等に選ばれた。この言葉には、使う人・使われる人という差別的なニュアンスを払拭《ふっしょく》し、家事を手伝う職業人という新しい女中像への期待がこめられていたという。また、女中不足を補うものとして契約を前面に打ち出した「*派出婦《はしゅつふ》」が登場、女中も一つの商業という意識が芽生えた。かつての主従関係やそれに付随する温情主義の影は次第に薄れ、雇主と女中とのあいだの準家族的な関係も契約にもとづく雇用関係に取って代わられるようになった。第二次世界大戦後、その流れは加速する。敗戦の混乱がいちおうの落ち着きをみせる一九五〇年代半ば以降、女中の需要は高まり、再び供給が追いつかないという状況が顕著になった。労働条件は改善され、給与も事務員など他の職種とほぼ同等に引き上げられ、定期昇給や賞与を約束するところも現われた。「女中」という名称は差別的だということで「お手伝いさん」が使用されるようになった。しかし、住み込み女中の志望者が大幅に増えることはなかった。職業の選択肢が増えたことにより、他人の家に住み込んで直接的に人から使われる生活が敬遠されたからである。六〇年代に入り、若年労働者の需要が高まる一方高校進学率が上昇すると、女中希望の若い女性は減少の一途をたどる。時あたかも高度経済成長に乗り出した時代である。家電製品が普及し、既製品が出回り、家事の外部化が進むなかで、主婦は女中の手を借りずとも家事を切り回せるようになった。また、都市と農村との生活格差が小さくなり、都市の情報が農村でも簡単に入手できるようになると、女中として住み込み、礼儀作法や家事を学ぶ意味も失われた。こうしてかつて農村の娘たちの主要な働き口の一つであった住み込み女中は、高度経済成長期に急速に家庭から消えていく。最も大きな影響を受けたのは、ほかならぬ主婦であった。「女あるじ」の座を手放し、無給の家事労働者として位置づけられていく。主婦労働の有用性をめぐっていわゆる「第二次*主婦論争」が繰り広げられたのは一九六〇年代前半。女中が消えゆく時期と一致するのである。

参考文献 村上信彦『大正期の職業婦人』、一九八三、ドメス出版。奥田暁子「女中の歴史」(同編『鬩ぎ合う女と男―近代―』一九九五、藤原書店)。清水美知子『〈女中〉イメージの家庭文化史』、二〇〇四、世界思想社。

(清水美知子)

じょちゅうちょう　女中帳　江戸幕府に仕えた女中関係のことを記録した帳簿。老中《ろうじゅう》の御用部屋(執務室)で書き留められたものと推定される。現存するのは、享保《きょうほう》十七年(一七三二)から宝暦《ほうれき》元年(一七五一)までのものと、文化二年(一八〇五)から文化七年までのものの二冊で、国立公文書館内閣文庫に所蔵されている。時期は限られているが、幕府女中の採用・俸給・役替え・*隠居など人事関係の記事が豊富で、女中の職制を詳細に知ることができる。また老中から女中への申し渡しや、関係部署への通達、女中からの願書や届書などが書き留められており、江戸城の表・奥・*大奥相互の関係がよくわかる。将軍とその家族(*御台所《みだいどころ》・生母・子女)それぞれに付属する女中の名前・職階・諸手当・宿元などが記載された「女中分限帳《ぶげんちょう》」とともに、幕府女中に関する基本史料である。

参考文献 総合女性史研究会編『史料にみる日本女性のあゆみ』、二〇〇〇、吉川弘文館。

(松尾美恵子)

じょちゅうはっと　女中法度　江戸幕府に仕える女中に対して、その守るべき事柄を箇条書きで示したもの。寛文十年(一六七〇)二月二十二日付で、女中全般に対し、奥方上下・公儀のためを第一に思い、後ろ暗いことがないようにすること、法度および*老女《ろうじょ》の言いつけに背かないこと、奥方の作法を他言しないこと、倹約のこと、*宿下《やどさ》がり、火の用心のことなどを定めた八ヵ条の将軍黒印《こくいん》条目(『徳川禁令考』一二七〇)が発せられており、同日付で*大奥老女の心得を示した七ヵ条の老中連署《れんしょ》条目(同一二七一)が出されている。四代将軍徳川家綱《いえつな》の幼時より仕えた大奥老女近江局《おうみのつぼね》が直前に死去していることと関連があると思われる。下って八代将軍徳川吉宗の時代、享保六年(一七二一)四月にも、文通や宿下がりの折などの交際範囲、衣服・諸道具・音物《いんもつ》・振舞《ふるまい》の奢侈《しゃし》禁止、葵紋《あおいもん》付の道具の貸与禁止、御下男の使用禁止など、十ヵ条の女中法度(『徳川禁令考』一二七七)が令されている。

(松尾美恵子)

しょちょう　初潮　⇩初花《はつはな》・初出《ういで》

しょっこうじじょう　職工事情　日清戦争後の産業革命期に農商務省が*工場法立案のための基礎資料として作成した労働事情調査報告書。全五冊。第一冊『綿糸紡績職工事情』、第二冊『生糸職工事情・織物職工事情』、第三冊『鉄工その他を含む職工事情』、第四冊『付録一』、第五冊『付録二』からなる。一九〇〇年(明治三十三)からの調査をもとに一九〇三年四月に刊行。急激な工業化のもとで生じる工場労働の弊害《へいがい》への対応策の必要を認めた農商務省は一八九八年に工場法案を発表したが、内閣更迭《こうてつ》によって提出が見送られると、一九〇〇年工場調査掛を設置、法案成立に向けて本格的な工場調査に乗り出した。主任には内務省から転じた窪田静太郎《くぼたせいたろう》が就任、『日本之下層社会』(一八九九年)で職工をはじめとする下層社会の人々の問題を世に問うた横山源之助《よこやまげんのすけ》も嘱託《しょくたく》となった。本書は当時多数を占めた綿糸紡績、生糸・織物業の*女工に比重が置かれ、労働時間・休息時間、賃金などの雇用面や衛生、風紀《ふうき》等が記述されている。綿糸紡績業では徹夜業に一章があてられ、長時間に及ぶ徹夜業の実態とそれが女工の健康にいかに有害であるかについて記載がされている。付録には、工女虐待等についての各府県からの報告とともに工場主や事務員、女工からの談話も掲載された。女工を保護すべき存在とみなす本編の記述からは、女工をめぐる過酷な労働状態や「風紀紊乱《びんらん》」を問題視するまなざしが浮かび上がるが、こうした報告や談話からは女工自身の声を聴き取ることもできる。調査は一九〇二年の工場法案要領に反映され、法案に幼年および女子の夜業禁止を盛り込むことに寄与し、同書は一九一一年に至る工場法制定に向けての輿論《よろん》形成のうえで大きな役割を果した。テキストには、『職工事情』(一九四七・四八年、生活社)、同復刻版(一九八〇年、緑陰書房)、『職工事情』(一九七一年、光生館)、『職工事情』全三巻(犬丸義一校訂・解説、岩波文庫、一九九八年)等がある。

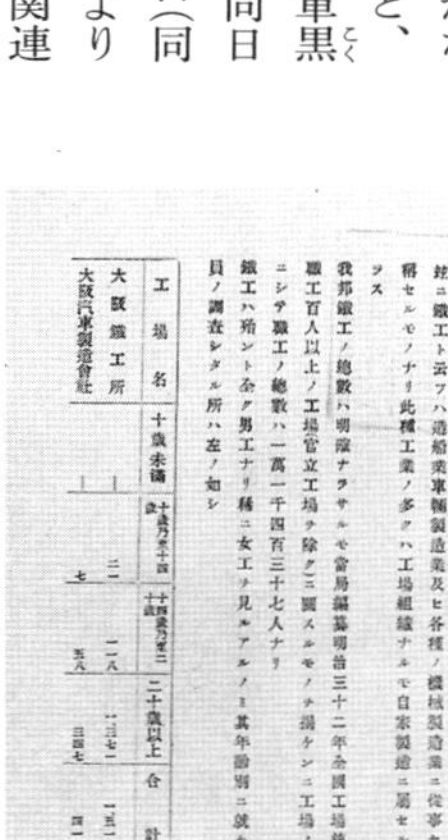
鐵工事情
第一章　職工ノ種類

『職工事情』

参考文献 大河内一男『職工事情』解説(生活古典叢書、光生館、一九七一)。犬丸義一『職工事情』下解説(岩波文庫)、一九九八、岩波書店。長志珠絵「SHという視点―『職工事情』を読む―」(『神戸市外国語大学外国学研究』五九、二〇〇四)。

(加藤千香子)

じょてい　女帝　〔古代・中世〕女性の天皇。古代には六世紀末の*推古《すいこ》天皇以降八代六人の女帝がいた。十二世紀の*八条院暲子《はちじょういんしょうし》(鳥羽《とば》皇女)も候補にあげられたことがあり、南北朝時代の*広義門院寧子《こうぎもんいんねいし》は「治天《ちてん》の君」相当の地位についた。推古以前の*女王*飯豊青《いいとよのあお》は「臨朝秉政《みかどまつりごと》」したとされ、平安時代の『扶桑略記《ふそうりゃっき》』は「飯豊天皇」と記す。

古代から中世には女性執政者を忌避《きひ》する観念は乏しい。通説では古代の女帝は、父系直系継承が困難な際の臨時の中継ぎで、古い時代ほど*巫女《ふじょ》的要素が強いとする。近年、中継ぎ説については、㈠世襲《せしゅう》成立後の六世紀以降も兄弟(妹)継承が多く、父系直系は未確立、㈡有力豪族による推戴《すいたい》が重要で、男女の違いよりも血統・資質・年齢が優先(七世紀末以前の即位平均年齢は男女とも四十歳以上で、キサキとしての統治経験重視)、㈢古代国家確立の重要時期である六世紀半ばから八世紀半ばに、男帝は十一代、女帝は八代で人数的にも拮抗《きっこう》している、㈣令《りょう》には皇位継承規定はないが、継嗣令皇兄弟子条本注《けいしりょうこうけいていしじょうほんちゅう》に「女帝の子もまた同じ」(原漢文)とあるなど女帝の存在を自明の前提とする、㈤「中継ぎ」継承は男にもある、㈥近代の「男系男子継承」法制化にあたり歴史的根拠づけとして「女帝=中継ぎ説」が登場した、などの批判がある。巫女説については、㈠カリスマ性をそなえた祭司王たることは男女ともに必要な資質、㈡女性統治者の巫女性を強調する議論は、近代の大元帥《だいげんすい》男性天皇との対比で古代の女帝を説明する「近代が要請した女帝像」である、などの批判がある。個々の女帝をみると、推古(欽明《きんめい》皇女)は異母兄敏達《びたつ》天皇の*皇后で、弟崇峻《すしゅん》天皇の暗殺後に群臣に推されて即位し、仏教による倭国《わこく》の文明化を牽引《けんいん》し、三十七年間の統治ののち、遺詔《いしょう》で後継者の名をあげ死去した。これは群臣推戴から王権自律化への一歩といえる。*皇極《こうぎょく》天皇は舒明《じょめい》天皇の皇后で、夫の死後即位し、大化改新後に弟の孝徳《こうとく》天皇に譲位《じょうい》した。史上はじめての譲位で、皇極は「皇祖母尊《すめみおやのみこと》」の称号を得て王権に関与する地位を保持した。孝徳死去後に再即位し(斉明《さいめい》天皇)、六十歳を超す高齢で二万の外征軍を率いて北九州の前進基地に赴き没した。*持統《じとう》天皇(天智《てんじ》皇女)は、夫天武《てんむ》天皇死後の権力闘争を勝ち抜いて王位につき、飛鳥浄御原令《あすかきよみがはらりょう》制定・藤原京造営などの中央集権国家作りを推し進め、孫の文武《もんむ》天皇に譲位後も、天皇と同権限を持つ太上天皇《だいじょうてんのう》制を創始して「共治」した。文武の母*元明《げんめい》天皇(天智皇女)は、皇太《こうたい》妃宮《ひのみや》の経営をへて、慶雲《けいうん》四年(七〇七)に即位し養老《ようろう》五年(七二一)に太上天皇として没するまで統治者の地位にあり、没時には国家非常時の危機を防止する固関《こげん》が発令された。元明の娘*元正《げんしょう》天皇は非婚のまま即位し、甥《おい》の聖武《しょうむ》天皇に譲位後も天平二十年(七四八)に太上天皇として没するまで計三十三年間、聖武の彷徨《ほうこう》による一時的皇権分裂時にも尊長《そんちょう》として重きをなした。聖武の娘*孝謙《こうけん》天皇は天平勝宝元年(七四九)に即位、譲位して太上天皇となったのち現帝淳仁《じゅんにん》天皇を廃して再度即位し(称徳《しょうとく》天皇)、道鏡《どうきょう》を法王とし皇位継承者とすることを目論《もくろ》むが挫折、宝亀《ほうき》元年(七七〇)に天皇のまま死去した。皇権を危機に陥れたとされる彼女の統治も、仏教による国家統一と天皇意志による後継者指名という観点からみれば、皇権確立の一つの模索といえる。古代の女帝を理解するためには、唐の*武則天《ぶそくてん》、新羅《しらぎ》の*善徳《ぜんとく》・真徳《しんとく》女王等、同時期の東アジアの女性統治者の考察も不可欠である。

参考文献　岸俊男「光明立后の史的意義」(『日本古代政治史研究』一九六六、塙書房)。折口信夫「女帝考」(『折口信夫全集』二〇、一九七六、中央公論社)。荒木敏夫『可能性としての女帝』(Aoki library)、一九九九、青木書店。井上光貞「古代の女帝」(『天皇と古代王権』二〇〇〇、岩波書店)。義江明子「古代女帝論の過去と現在」(『(岩波講座)天皇と王権を考える』七、二〇〇二、岩波書店)。仁藤敦史「古代女帝の成立」(『国立歴史民俗博物館研究報告』一〇八、二〇〇三)。義江明子『つくられた卑弥呼』(ちくま新書)、二〇〇五、筑摩書房。
（義江　明子）

〔近世〕近世では*明正《めいしょう》天皇と*後桜町《ごさくらまち》天皇の二人がいる。ともに生涯未婚。後継皇子に譲るまでの*中継相続だった。寛永六年(一六二九)十一月の明正天皇践祚《せんそ》により八百五十九年ぶりに女帝が復活した。在位期間は十四年。後桜町天皇は宝暦《ほうれき》十二年(一七六二)七月に践祚し、在位期間は八年。在位中は摂政《せっしょう》がおかれる。政務はみなかったとされるが、後桜町天皇の場合は必ずしも当てはまらない。*皇室典範《こうしつてんぱん》の規定により、現時点では後桜町天皇が最後の女帝である。

参考文献　久保貴子「江戸時代—武家社会のはざまに生きた皇女—」(服藤早苗編『歴史のなかの皇女たち』二〇〇二、小学館)。
（久保　貴子）

〔近現代〕明治期になって作成された皇室法に、従来、勅《ちょく》命《めい》・遺詔《いしょう》・権臣《けんしん》の推戴《すいたい》などによって行われてきた皇位継承法が規定された。男系の皇位継承は慣例であったが、いくつか作成された草案(大日本国国憲案第一次案・三次案、皇室制規)には女系と女帝による皇位継承が規定された。これらの規定に対してはまず女系が万世一系の国体保持の点から否定され、次に井上毅《いのうえこわし》らによって、歴史上十代八人存在した女性天皇はすべて中継であるとする、歴史の偽造によって女帝が否定された(井上毅「謹具《きんぐ》意見」)。井上は女性には統治能力がないと考えた。枢密院《すうみついん》における「皇室典範」審議(一八八八年(明治二十一))において、井上のブレイン、その他の学者から中継説には疑問が出されていたが、一八八九年成立の皇室典範および帝国憲法は男系の男子による皇位継承を定めた。一九四六年(昭和二十一)成立の日本国憲法案は象徴天皇制をとったが皇位継承は男系の男子と規定された。草案作成時および憲法の国会審議で、この規定は憲法一四条に反する、女性の皇位継承を認めるべきなどの意見が出されたが、女性の皇位継承は伝統に反するなどの政府見解によって否定された。男系の男子による皇位継承は今日存続しがたく、その改正が検討されている。→皇室典範《こうしつてんぱん》

参考文献　鈴木正幸『皇室制度』(岩波新書)、一九九三、岩波書店。早川紀代『近代天皇制国家とジェンダー』、一九九八、青木書店。同『近代天皇制と国民国家』、二〇〇五、青木書店。奥平康弘『「万世一系」の研究』、二〇〇五、岩波書店。
（早川　紀代）

じょゆう　女優　女性の俳優。日本では神社に奉仕した

*巫女《みこ》がその端緒《たんちょ》とされる。古代・中世の芸能では*傀儡《くぐつ》女《め》・*白拍子女《しらびょうしめ》等、女性芸能者が優勢であった。江戸時代初期には*出雲阿国《いずものおくに》が始めたとされる*歌舞伎《かぶき》が流行した。風紀を理由にこれが禁止されてから、男の役者が女形《おんながた》として女の役を演じるようになった。明治維新後、「女役者」として歌舞伎の市川久女八《いちかわくめはち》などが出た。はじめて「女優」という呼称が使われたのは明治中期の*川上貞奴《かわかみさだやっこ》とされる。明治末期には帝国劇場で*森律子《もりりつこ》らによる女優劇が上演されるようになり、さらに一九一一年(明治四十四)、*松井《まつい》須磨子《すまこ》が『*人形の家』のノラを演じて近代劇女優として評判となる。映画においてもその草創期《そうそうき》には女形が女性役を演じていたが、大正時代の純映画劇運動をきっかけに女優が本格的に採用されるようになった。初期の映画女優として川田芳子《かわだよしこ》・*栗島《くりしま》すみ子・*岡田嘉子《おかだよしこ》などがいる。以後女優の存在は一般化し、その社会的地位も上がった。

参考文献 倉田喜弘『芸能の文明開化』(平凡社選書)、一九九九、平凡社。脇田晴子『女性芸能の源流―傀儡子・曲舞・白拍子―』、二〇〇一、角川書店。

(池川 玲子)

じょようきんもうずい 女用訓蒙図彙 婚礼や女性礼法、化粧・身だしなみ・衣装風俗、妙薬《みょうやく》・養生《ようじょう》など、女性教養・心得全般を記した図説百科。「じょようくんもうずい」とも読む。奥田松柏軒《おくだしょうはくけん》著。吉田半兵衛《よしだはんべえ》画。五巻。貞享《じょうきょう》四年(一六八七)刊。第一巻は嫁入道具や手道具類の図解。第二巻は祝言《しゅうげん》儀式・膳部《ぜんぶ》礼法、起居進退、香道《こうどう》全般。第三巻は婦人衣装図や「紋尽《もんづくし》」、髪型・帯の図解。第四巻は衣装・紋様図。第五巻は化粧・染物・洗濯・妙薬・養生等の記事。なお、元禄元年(一六八八)板では種々改訂が加えられた。テキストは『江戸時代女性文庫』九七(一九九八年、大空社)、『訓蒙図彙集成』一〇(一九九八年、大空社)、『(新編)稀書複製会叢書』四〇(中村幸彦・日野龍夫編、一九九一年、臨川書店)。

(小泉 吉永)

じょようぶんしょうからにしき 女用文章唐錦 幼くして能書《のうしょ》の名声を得た春名須磨《はるなすま》筆の女用文章(手紙例文集)。春名須磨著・書。一巻。享保《きょうほう》二十年(一七三五)刊。五節句や四季の手紙、*出産・婚礼等に伴う手紙など二十二通を多く散らし書きで綴《つづ》る。前付に「左衛門尉真勝《さえもんのじょうまさかつ》」「桜の和歌三首」など四季風物や人物小伝等の記事、頭書に「和漢列女伝」「女訓智恵海《じょくんちえのうみ》」をはじめ女子の手習い・芸能・家事関連の記事を載せる。のちに『女文通華苑《おんなぶんつうかえん》』『女《おんな》書札百花香《しょさつひゃっかこう》』『女文書大成』と改題のうえ何度も再刊された。テキストは『江戸時代女性文庫』八〇(一九九七年、大空社)。

(小泉 吉永)

じょりゅう 女流 『三省堂現代新国語辞典(第二版)』には、「社会的に活躍している女性」と記され、女流作家・女流歌人・女流陶芸家など、すぐれた女性の芸術家を呼ぶとき多く使われた。しかし、一九九〇年代以降、新聞社発行の記者用用語集(朝日新聞社『取り決め集94』、共同通信社『記者ハンドブック(第八版)』(一九九七年))などで、この語は不快語として避けられる傾向がある。男性側の男流という語がないのに、女性側の女流だけがあるということは、女流が有標《ゆうひょう》(言語学で、ある特徴を積極的に示すという意味)で、男流は無標ということである。つまり、無標である男流が、一般的・標準的・普通・正常を含意し、有標化した女流は、特殊・亜流《ありゅう》・異例・異常を意味することになる。その意味で、女流作家は、作家として男性と対等ではなく、一流・普遍の男性作家に対して、二流・特殊、として特別扱いされる作家ということになり、この呼び方を忌避《きひ》する女性の作家も出ている。将棋や囲碁に女流名人という段位があるが、この世界に女性が参入した歴史が浅く、古くから手中にしてきた男性との力の差は大きい。そのため、同じ土俵で戦うようになるまでの間は、男性とは別の基準の段位という意味で、この語は使われるだろう。

参考文献 田中和子「新聞にみる構造化された性差別表現」(磯村英一・福岡安則編『マスコミと差別語問題』一九八四、明石書店)。メディアの中の性差別を考える会編『メディアに描かれる女性像―新聞をめぐって―(増補・反響編付)』、一九九三、桂書房。上野千鶴子・メディアの中の性差別を考える会編『きっと変えられる性差別語―私たちのガイドライン―』、一九九六、三省堂。

(遠藤 織枝)

じょりゅうがか 女流画家 ⇩女絵師《おんなえし》

じょりゅうきょうかじん 女流狂歌人 古典・和歌の教養のもとに諧謔《かいぎゃく》・滑稽《こっけい》・機知《きち》をおりこむ狂歌は平安時代にすでに行われ、江戸時代中期の天明《てんめい》期に隆盛《りゅうせい》した。連《れん》というグループができ、武士も町人も女性も参加した。江戸京橋湯屋の元杢網《もとのもくあみ》の妻知恵内子《ちえのないし》と幕臣朱楽菅江《あけらかんこう》の妻節松嫁々《ふしまつのかか》は双璧《そうへき》である。節松嫁々夫妻編『八重垣縁結《やえがきえんむすび》』(天明八年(一七八八))には多くの女性の狂歌を含む。清《せい》風亭白銀伊佐子《ふうていしろがねいさこ》著『たまのいさご』や遊女浅茅生《あさぢう》輯『紅《こう》叢紫録《そうしろく》』など女性の編著もある。歌からは婦唱夫随《ふしょうふずい》、かかあ関白も窺われる。

参考文献 小池藤五郎『江戸女流狂歌評釈』、一九六八、桜楓社。松崎潤子「女流狂歌作者とその作品を読む」(『江戸期おんな考』八)、一九九七。

(柴 桂子)

じょりゅうきんのうか 女流勤王家 幕末に、開港前後の幕府の政策を尊王攘夷《そんのうじょうい》を掲げて批判した尊王攘夷運動に関わった女性たち。直接政治活動にたずさわった女性と、男の志士たちを支援・庇護《ひご》する女性とに大別できる。尊攘運動が激化した時期に活動した*松尾多勢子《まつおたせこ》は前者の代表と見られる。多勢子は信濃《しなの》の豪農の妻で、和歌や平田派の国学を学んで勤王思想に目覚めた。*隠居《いんきょ》の身になっていた文久二年(一八六二)五十二歳で単身上京。尊攘派の志士や公卿《くぎょう》と交わり信頼を得て、情報収集・偵察・連絡の役割を担った。一年ほどの活動のあと帰郷した。郷里では頼ってくる志士たちの潜伏を助け、維新直前には再度上京して志士を援助した。多勢子の活動より前の安政期には、公卿近衛家《このえけ》の老女村岡局《むらおかのつぼね》(*津崎矩子《つさきのりこ》)が、公卿と志士との連絡役を務めている。同じころ、藩主徳川《とくがわ》斉昭《なりあき》が謹慎《きんしん》を命じられた水戸藩で国学・和歌などを教えて生計を立てていた*黒沢登幾《くろさわとき》は、一人上京して藩主の処分の不当を訴える長歌を朝廷に献じようとした。この二人は幕府に捕らえられ刑を受けている。志士の支援・庇護の役割を果たした後者の女性たちの場合は、夫や父・息子・義子などが運動に関わっていた者が多く、経済的援助、証拠書類の焼却による連累者《れんるいしゃ》の防止、志士の潜伏の援助等を行なっている。近江《おうみ》膳所《ぜぜ》藩の池田《いけだ》(川瀬《かわせ》)太宰《だざい》の妻幸《ゆき》、尊攘論者大橋訥庵《おおはしとつあん》の妻巻子《まきこ》、尊攘派の詩人*梁川《やながわ》星巌《せいがん》の妻紅蘭《こうらん》(彼女らは夫に代わって尋問を受け屈しなかったことで有名)ほか、直接的活動に従事した女性に比べ数も多い。このほか政治的取引や情報収集の場であり、志士たちの刹那《せつな》的な快楽の場でもあった遊里で恋愛関係になったことから、志士たちを支援した勤王芸妓《げいぎ》とよばれる女性たちがいる。のちに木戸孝允《きどたかよし》の妻となった幾松《いくまつ》(松子)などである。運動の中心的存在となることはなかったが、近世において私的領域に役割を限定されていた女性たちが、そのきっかけは何にせよ、このような政治運動に関わっていったところに意義を認めることができよう。

参考文献 布村安弘『明治維新と女性』、一九三六、立命館出版部。高木俊輔「草莽の女性」(女性史総合研究会編『日本女性史』三、一九八二、東京大学出版会)。

(関 民子)

じょろう 女郎 公許の*遊女・非公認の*私娼《ししょう》の総称。古くは、身分の高い宮廷の女官を*上臈《じょうろう》といったが転じて女郎となったという説もある。中世の「あそびめ」「うかれめ」に相当する。女郎の呼び名は時代によってもかなり異なり、近代以降になると「*娼妓《しょうぎ》」という使い方が一般的である。江戸時代の女郎には格付けがあり、名称も*太夫《たゆう》から、*散茶《さんちゃ》女郎・*局《つぼね》女郎・格子《こうし》女郎・*端《はし》女郎・切見世《きりみせ》女郎などに区分されていた。最下位の女郎には、小《こ》女郎・*奴《やっこ》女郎など人権を無視した私娼もあった。太夫といわれた女郎は、遊客のニーズに応じることができるように、教養や文化的要素を身につけていた。*高尾《たかお》・*吉野《よしの》・*夕霧《ゆうぎり》・薄雲《うすぐも》などがよい例で、遊客も大尽《だいじん》と称する大商人や、高貴の地位にある人びとが、大金を投じた。しかし、一方で、「女郎にたたき売る」「女郎狂い」「女郎たたき」「女郎買い」などという蔑《さげす》む言説も庶民の間では使用されていた。

参考文献 竹内勝『日本遊女考』、一九七〇、ブロンズ社。西山松之助編『遊女(新装版)』(日本史小百科)、一九九四、東京堂出版。

(宇佐美ミサ子)

シラ シラ 沖縄八重山《やえやま》諸島における稲積みのこと。マズンともいう。刈り取った稲を放射状に積み上げ、円形の屋根を被《かぶ》せた形状である。稲穂をつけたまま一定期間保存するためのもので、琉球古謡《りゅうきゅうこよう》で謡《うた》われるように富の象徴でもある。八重山諸島では*出産あるいは*産屋《うぶや》・産室のこともシラといい、出産の忌《いみ》をシラフジョウ、妊婦の産褥《さんじょく》中の食糧米をシラハンマイ、出産用の薪《たきぎ》をシラタムス、産着《うぶぎ》をシラキンなどという。出産や産屋をシラと呼ぶ事例は南西諸島でも散見できる。*柳田国男《やなぎたくにお》は、霜月《しもつき》祭《さい》のシラヤマ、加賀の白山《はくさん》、東北の*オシラサマも考慮に入れ、シラは、生む・育つと関係していると指摘した。シラは人間が誕生する場であると同時に、稲霊《いなだま》が宿り、再生する場であるされ、本土でニオ・ニュウなどと呼ばれる稲積みも同様に稲霊が籠《こ》もる場と考えられた。稲霊信仰と人間の繁栄を関連づけて考えた稲作民族の信仰体系を示す一つの根拠とされている。

(浅野 久枝)

しらいしつやこ 白石艶子 一七九五—一八七一 幕末期の歌人。勤王の豪商白石正一郎《しょういちろう》の母。下関の回船問屋《かいせんどんや》小倉屋白石敬貞の娘。婿《むこ》養子資陽を迎え、ともに国学・和歌を学ぶ。息子正一郎を助け、高杉晋作《たかすぎしんさく》、*坂本竜馬《さかもとりょうま》、*野村望東《のむらぼうとう》や都落ちした七卿《しちきょう》、中山忠光《なかやまただみつ》、奇兵隊員らを逗《とう》留《りゅう》させ、正一郎妻の加寿子《かずこ》、正一郎弟廉作《れんさく》妻の延子《のぶこ》とともに世話をする。その数四百人にのぼる。没後正一郎により遺稿集がまとめられ、一首でよいので千年ののちまで残って欲しいとの願いから『千年集』と名づけられる。

参考文献 下関市教育委員会編『白石家文書』補遺、一九八九。

(柴 桂子)

しらいと 白糸 生没年不詳 江戸時代中期の江戸*内藤新宿橋本屋の*遊女。尾張《おわり》国犬山の道場主尾崎有善《おざきゆうぜん》の娘お糸。お糸は江戸から父(鈴木伝内《すずきでんない》、榊原正辰《さかきばらまさとき》の番頭兼用人であった)の仇討ちのためにやってきた鈴木主水《もんど》と親しくなり、将来を誓う。しかしその結果お糸を思っていた道場の門弟島本隼太は有善を殺害し、逃亡。お糸も父の仇討ちのため江戸に出、遊女となって白糸を名のった。元禄二年(一六八九)、客にきた隼太を刺殺。同じころ主水も三田で仇の筑波三平を討った。これにより「比翼仇討」といわれ、*歌舞伎で上演、瞽女《ごぜ》唄にも残された。

参考文献 矢田義勝『江戸から東京へ(新版)』(中公文庫)、一九九八、中央公論社。

(椙山 聖子)

しらびょうし 白拍子 白拍子とは一般的には白拍子舞を行う舞女《まいめ》・舞伎《まいぎ》と表現される女性をいう。平安時代末期から鎌倉時代に出現した。白拍子の起源説としては『*平家物語』「祇王《ぎおう》」に「白拍子が始まったのは、昔、鳥羽《とば》院《いん》の御代《みよ》に島の千載《せんざい》、若《わか》の前《まえ》なる二人が舞ったのが最初である」とあり、『徒然草《つれづれぐさ》』の第二百二十五段に「藤原通憲入道《みちのりにゅうどう》(信西《しんぜい》)が、舞の型の特におもしろいものの数々を選んで、*磯禅師《いそのぜんじ》に教え舞わせた、その時、白い水干《すいかん》を着た上に、鞘巻《さやまき》を腰に差し、烏帽子《えぼし》をかぶったことから世間では男舞《おとこまい》といった」とあるのが有名である。このことから白拍子のスタイルは女の二人舞で、水干の袴《はかま》姿に太刀《たち》を差し、烏帽子を着けた*男装で、鼓《つづみ》を伴奏に謡いながら舞ったことがわかる。『*義経記《ぎけいき》』には鎌倉に静《しずか》母子とともに催馬楽《さいばら》・其駒《そのこま》という*美女(給仕・炊事に従事する従者の女性)を同道しており、白拍子の名手であったことが記されている。白拍子芸の伝承が血縁の者だけではなく、幼少のころから養育してきた非血縁者にも伝えられていたことがわかる。*傀儡女《くぐつめ》や*遊女と白拍子の違いは、傀儡女や遊女は*今様《いまよう》などを歌うことがメインであるが、白拍子は歌と舞を演じている。遊女は*江口・神崎などを居住地とし、女性の長者によって統轄《とうかつ》されていたが、白拍子は京都を本拠として「白拍子奉行人」の下にあったと考えられる。源義経の愛人である*静御前や平清盛の寵愛《ちょうあい》を受ける*祇王《ぎおう》・祇女《ぎじょ》・*仏御前《ほとけごぜん》が有名である。後鳥《ごと》羽《ば》上皇は水無瀬《みなせ》離宮などで遊女や白拍子を加えた宴をしばしば催していた。後鳥羽上皇には白拍子腹が多く、舞女石《いし》は熈子《きし》内親王を、舞女滝《たき》は覚仁《かくにん》法親王を、舞女姫法師は僧覚誉《かくよ》・道伊《どうい》・道縁《どうえん》をもうけている。承久の乱の原因となったといわれる*亀菊《かめぎく》には伊賀局《いがのつぼね》名を与え最も寵愛した。公卿でも太政大臣徳大寺実基《さねもと》の母は舞女五条夜叉《やしゃ》女《め》、正二位権中納言《ごんちゅうなごん》洞院公伊《とういんきんただ》の母も白拍子無量《むりょう》であるが、官位の昇進には障害とはならなかった。南北朝時代以降、室町時代には衰退し曲舞に流行を譲った。

白拍子(『和国諸職絵尽』より)

参考文献 後藤紀彦「遊女と朝廷―中世前期の遊女たち―」(網野善彦・後藤紀彦編『(週刊朝日百科)日本の歴史』三、一九八六、朝日新聞社)。脇田晴子『女性芸能の源流―傀儡子・曲舞・白拍子―』(角川選書)、二〇〇一、角川書店。

(星　倭文子)

しりえのまつりごと　後の政　古代において、天皇を支える共同統治者としての*皇后(広くは*皇太后・太皇太后)による政治的役割。律令制以前の大后《たいこう》は、王族内部の女性の長的存在として権力を分掌《ぶんしょう》し、国政上で重要な地位を占めてきたが、こうした大后の伝統を踏まえて、律令制下の皇后もまた天皇の大権の一部を分掌していたと考えられる。天武天皇の皇后鸕野《うの》皇女(のちの*持統《じとう》天皇)については『日本書紀』持統天皇称制前紀に「皇后、始めより今にいたるまでに天皇をたすけ天下を定む、つねに侍執の際に、すなわち言は政事に及びてたすけ補うところ多し」(原漢文)とある。また、天平元年(七二九)に藤原《ふじわらの》光明子《こうみょうし》が聖武天皇の皇后として立った際の宣命《せんみょう》には「天下の政は独り知るべきものならず、必ずしりへの政あるべし」(原漢字)とある。「しりへの政」という語で皇后の権限を象徴するこの宣命文は、以後の*立后儀《りっこうのぎ》においても継承され、『儀式《ぎしき》』にも定型文言として載せられた。特に*光明皇后に設置された皇后宮《こうごうぐう》は地理的にも内裏《だいり》外に置かれ、大規模な独自の下級官司と独自の経済基盤を持っており、皇后宮職《こうごうぐうしき》を改めて天平勝宝元年(七四九)に設置された紫微中台《しびちゅうだい》では、執政機関としての機能が強化された。「皇帝・皇太后は日月の照臨するごとくに、並びに万国を治めたまう」(原漢字)という天平宝字元年(七五七)の宣命が、この時期における*孝謙《こうけん》天皇と光明皇太后との共同統治を示している。しかし、奈良時代末期から皇后宮が内裏内に置かれ、地理的にも経済的にも自立性を失っていくなかで、皇后の共同統治者としての政治的役割も薄れていった。平安時代にはむしろ、天皇の母としての立場に由来して政治的な発言権を有するようになる。『三代実録』貞観《じょうがん》十八年(八七六)十二月四日条には、幼帝である陽成《ようぜい》天皇即位に際して摂政を辞す藤原基経《もとつね》の表《ひょう》に「臣謹検故事、皇帝之母必升尊位、又察前修、幼主之代、太后臨朝、陛下若宝重天下憂思幼主、則皇母尊位之後、乃許臨朝之義」とあり、幼帝期における「皇太后臨朝」の観念が存在していたことが知られ、十世紀以降は、朱雀《すざく》・村上《むらかみ》両天皇の母であった*藤原穏子《おんし》や、後一条・後朱雀両天皇の母であった藤原彰子《しょうし》らが*国母《こくも》として政治的な発言権を有していたことが知られている。

参考文献 橋本義則「長岡宮内裏小考―内裏の構造と皇后宮・後宮の所在をめぐって―」(中山修一先生喜寿記念事業会編『長岡京古文化論叢』二、一九九二、三星出版)。中林隆之「律令制下の皇后宮職」(『新潟史学』三一・三二、一九九三・九四)。西野悠紀子「母后と皇后―九世紀を中心に―」(前近代女性史研究会編『家・社会・女性―古代から中世へ―』一九九七、吉川弘文館)。鬼頭清明「皇后宮職論」(『古代木簡と都城の研究』二〇〇〇、塙書房)。

(岡村　幸子)

しりつだいにほんふじんえいせいかい　私立大日本婦人衛生会　⇩婦人衛生会《ふじんえいせいかい》

しろ　白　平安時代初期の「うかれめ」。しろめ(白女)ともいう。『*大和物語《やまとものがたり》』『十訓抄《じっきんしょう》』『*古今著聞集《ここんちょもんじゅう》』などに逸《いつ》話《わ》があり、『古今和歌集』に一首歌が採《と》られている。『古今和歌集』八(離別)詞書《ことばがき》に「源実《みなもとのさね》が筑紫《つくし》へ湯浴《ゆあ》みむとてまかりける時に、山崎にて別れ惜しみける所にてよめる、白女」とある。『大和物語』百四十五段では、宇多《うだ》天皇の譲位後の淀川口《よどがわぐち》への行幸《ぎょうこう》で、「しろ」が歌を詠み、賞賛を賜《たま》わったとの話がある。百四十六段に同じく宇多天皇の離宮での宴で、美声のうかれめとして「大江の玉淵《たまぶち》がむすめ」という女性が登場して帝を感嘆《かんたん》させる話がみえるが、『*尊卑分脈《そんぴぶんみゃく》』において大江玉淵女《むすめ》に「白女、古今集作者」とあることから、これも「しろ」の話であるとみなされる。『十訓抄』第十篇五十も同様の話に加えて、『古今和歌集』入集歌にまつわる逸話も載せる。『十訓抄』はさらに続けて、「丹後の国の遊君、*檜垣嫗《ひがきのおうな》」は後撰集《ごせんしゅう》に入り、「神崎の遊女、宮木は後拾遺集《ごしゅういしゅう》をけがす(下略)」

と、うかれめ(遊行女婦)の歌才について記す。

参考文献 猪股ときわ『歌の王と風流の宮―万葉の表現空間―』、二〇〇〇、森話社。

(小嶋菜温子)

じんかいしゅう　塵芥集　天文五年(一五三六)四月に、奥州《おうしゅう》の戦国大名伊達稙宗《だてたねむね》が制定した法典。伝本としては、㈠村田本(仙台市立博物館所蔵)、㈡佐藤本(同)、㈢狩野文庫本・猪熊《いのくま》本(東北大学図書館所蔵)の三系統がある。このうち㈠が百七十一ヵ条と最も完備され、制定時の原本に近いとされる。㈡は百六十七ヵ条、㈢は百六十二ヵ条で天文二年三月制定の『蔵方之掟《くらかたのおきて》』(質屋《しちや》に関する法令、他の伝本に仙台市立博物館所蔵の伊達家本がある)が併記《へいき》されている。同法が制定された前年の天文四年には『棟《むね》役《やく》日記』、同七年には『段銭古帳《たんせんこちょう》』が作成されており、天文期は戦国大名伊達氏の権力形成過程を知る上で重要な時期にあたる。この天文期は、奥州を含めた広域地域において、天候不良に伴う*飢饉《ききん》の大規模被害が知られ、そのような社会的背景が『塵芥集』の制定を含めた、伊達氏の権力形成をもたらした要因の一つと考えられる。同法の構成は、前書、本文、稙宗の署名・花押《かおう》、起請文《きしょうもん》、重臣の署名・花押から成り、作成においては『*御成敗式目《ごせいばいしきもく》』を参考にしたらしい。また、他の自力救済《じりききゅうさい》社会における法典と同様、提訴《ていそ》はもちろん判決の執行も当事者に一任され、領内における諸問題の対処も各領主に任されていた。だが、私成敗《しせいばい》を禁じ、在地社会の問題に根ざす領主間の争いを回避しようとする傾向は前代よりも強く、具体的な在地の諸問題に対応した法規定となっている。女性に関しては、女子への所帯譲与《しょたいじょうよ》は家の当主である親に一任した規定(村田本第百四条)、また、伊達家家臣同士での一族間相論の要因となり得る、既婚者および婚約している者の姦通《かんつう》や正式な離婚前の再婚を禁じた条項(同第百六十二―百六十五・百六十七条)、そして、父と母(おそらく母の意見は実家の意向を反映する)との間で、縁約先《えんやくさき》の争いがあれば父の意志を優先する規定(同第百六十六条)がある。基本的に相論へ発展しない限り、女子からの離婚や、母による子の縁約先決定も保障されていた。

参考文献 佐藤進一他編『中世法制史料集』三、一九六五、岩波書店。小林宏『伊達家塵芥集の研究』、一九七〇、創文社。石井進他校注『中世政治社会思想』上(日本思想大系新装版)、一九九四、岩波書店。

(遠藤ゆり子)

しんがく　心学　江戸時代中期、石田梅岩《いしだばいがん》によって創唱された人生哲学。朱子学《しゅしがく》や陽明学《ようめいがく》などの儒学が心学と呼ばれたこともあり、それとの混同を避けるために「石門《せきもん》心学」と呼ばれることが多い。梅岩はそれまでの為政者がとっていた抑商論に対し、商業の社会的意義を重んじ、商行為が生み出す利潤《りじゅん》追求の正当性を認め、商人と士農工との間にある格差を排することをめざし、人間の本性の「道」を模索、神道・仏教・儒教・道教などの従来からの宗教や倫理思想などを織り込み、道徳を「経《けい》(たて)」とし、知識を「緯《い》(よこ)」とした学問を提唱。そして、当時の封建社会で重視されていた徳目(忠・孝・勤勉・倹約・正直・知足安分《ちそくあんぶん》(足るを知り分にやすんず)など)を日常生活のなかに採り入れていくような教化活動を行う。梅岩の死後、*手島堵庵《てしまとあん》の時、天明二年(一七八二)京都に明倫舎《めいりんしゃ》が設けられて以降、各地に「舎」が設けられ、それらを教育場として石門心学は急速に普及していく。梅岩の教えは、手島堵庵・斎藤全門《さいとうぜんもん》・杉浦止斎《すぎうらしさい》・富岡以直《とみおかいちょく》・慈音尼《じおんに》に、さらに中沢道二《なかざわどうじ》・上河淇水《うえかわきすい》らに受け継がれていく。当初は、適宜講席を設けそこで教えが説かれたが、その後道話《どうわ》・道歌《どうか》・施印(易しく説いた短い教訓や絵を刷り込んだもの)等、諸種の工夫をもってひろく普及浸透していく。梅岩のころの教えは、社会批判的側面が強かったが、弟子の手島堵庵のころになると、批判的側面が後景に退き、自己批判・自己反省に重点を置いた精神修養的な教え、さらには、男女の別、先祖を大切にする、親孝行などの日常生活における生活哲学が強調されるようになった。それは、一般成人はもちろん、子弟婦女子、さらには受刑者などにもむけて説かれ深く浸透していく。明治維新時、諸状況の変化の中で、明治五年(一八七二)、名義上神道の一派となった。心学普及に際し、四書・『小学《しょうがく》』『都鄙問答《とひもんどう》』『斉家論《せいかろん》』『近思録《きんしろく》』『*前訓《ぜんくん》』『易経《えききょう》』『和論語《わろんご》』『徒然草《つれづれぐさ》』などが教科書に用いられた。また、全国各舎で行われる石門心学の祭礼は、㈠石田梅岩の忌日の九月二十四日、㈡手島堵庵の忌日の二月九日、㈢各舎ごとの開祖の忌日に行われている。

参考文献 石川謙『石門心学史の研究』、一九三八、岩波書店。『石門心学』(日本思想大系四二)、一九七一、岩波書店。石川謙『(増補)心学教化の本質並発達』、一九八二、青史社。

(菅野　則子)

じんぐうこうごうでんせつ　神功皇后伝説　〔古代〕『*古事記』『日本書紀』に載る仲哀《ちゅうあい》天皇の皇后とされる息長帯比売命《おきながたらしひめのみこと》(気長足姫尊)すなわち神功皇后を主人公とする新羅《しらぎ》征討物語を中核とした伝説。その概要は、仲哀の熊襲《くまそ》征討に従って筑紫《つくし》に下った皇后が神がかりし、西方の宝の国(新羅)を授けるとの神託《しんたく》を告げたが、仲哀はそれを信用しなかったために急死した。かわって皇后が、応神《おうじん》天皇を身ごもったまま新羅に親征し、新羅・百済《くだら》・高句麗《こうくり》を帰服させて帰国し、筑紫で応神を生み、大和《やまと》入りにあたっては応神の異母兄の香坂《かごさか》王・忍熊《おしくま》王の反乱を鎮圧した、というものである。この伝説の成立した背景には、

(伝)神功皇后像

少童《しょうどう》と母神に対する信仰、海神の祭、*巫女《みこ》的霊能が大きな意味を持つ八十島《やそじま》祭などの存在があったと考えられる。また、新羅との関係が悪化するなかで、推古《すいこ》・斉明《さいめい》・持《じ》統《とう》などの女帝をモデルに作られたとする説もある。『日本書紀』は、皇后を摂政として一巻を立て、*卑弥呼《ひみこ》と同一人とみなした記事も載せている。

参考文献　直木孝次郎「神功皇后伝説の成立」(『日本古代の氏族と天皇』一九六四、塙書房)。塚口義信『神功皇后伝説の研究』(創元学術双書)、一九八〇、創元社。　（篠川　賢）

〔中世〕記紀《きき》の所伝が『扶桑略記《ふそうりゃっき》』や『*愚管抄《ぐかんしょう》』などの歴史書に継承される一方で、盾列山稜《たてなみさんりょう》の鳴動《めいどう》や伐木《ばつもく》の祟《たた》りによって神格化が助長された。また『*吾妻鏡《あずまかがみ》』や『*古《こ》今著聞集《こんちょもんじゅう》』によれば、*北条政子《ほうじょうまさこ》は神功皇后になぞらえられ、女帝のイメージが武家社会のなかに定着していたことがわかる。加えて、中世の神功皇后伝説にもっとも大きな影響を与えたのが、十三世紀後半の蒙古合戦《もうこかっせん》と八幡《はちまん》信仰の高まりであった。三韓征伐《さんかんせいばつ》する神功皇后は、戦闘に参加する巫女《みこ》あるいは母神《ぼしん》の姿を理想化したものとして語られ、九州地方の諸社や摂津住吉社《せっつすみよししゃ》・越前気比社《えちぜんけひしゃ》の祭神として受容されていた。文永《ぶんえい》十一年(一二七四)・弘安《こうあん》四年(一二八一)に蒙古《もうこ》軍が筑前博多《ちくぜんはかた》を襲撃したとき、外敵調伏《ちょうぶく》の武神《ぶしん》で武家政治の守護神である神功皇后が再び想起され、その信仰は一気に高まりをみせた。『八幡愚童訓《はちまんぐどうくん》』や『八幡宇佐宮託宣集《はちまんうさぐうたくせんしゅう》』のほか、八幡三像《はちまんさんぞう》などの神像《しんぞう》彫刻が数多く制作され、建徳《けんとく》元年(一三七〇)の『玉《たま》垂宮縁起《たれぐうえんぎ》』や誉田八幡宮《こんだはちまんぐう》所蔵『神功皇后縁起』をはじめとする八幡縁起が各地に流布した。さらに、京都の祇園《ぎおん》御霊会《ごりょうえ》に巡行《じゅんこう》された船鉾《ふなほこ》は、三韓征伐《さんかんせいばつ》を主題とした山鉾《やまほこ》で、文安《ぶんあん》年間(一四四四―四九)制作の皇后の神面《しんめん》が現存している。その後も応永の外寇《がいこう》や豊臣秀吉の朝鮮侵略に際して登場したように、外圧と国難にあたって巫女《みこ》的呪《じゅ》術性《じゅつせい》と国家護持《こっかごじ》の事績がクローズアップされることになった。

参考文献　渡辺雄二「九州の八幡縁起絵―掛幅装形式を中心として―」(『仏教芸術』一八一)、一九八八。多田圭子「中世における神功皇后像の展開」(『国文目白』三二)、一九九二。金光哲『中近世における朝鮮観の創出』(歴史科学叢書)、一九九九、校倉書房。　（黒田　智）

〔近世〕神功皇后の三韓征伐《さんかんせいばつ》の伝説は、豊臣秀吉による朝鮮侵略(文禄《ぶんろく》・慶長《けいちょう》の役《えき》)の時に想起されており、江戸時代に入って朝鮮との国交が回復し朝鮮通信使が来日するようになってのちにも古来朝鮮は日本の属国であった、という意識が儒者・国学者を問わず残されていた。享保四年(一七一九)初演の紀海音《きのかいおん》作『神功皇后三韓責《じんぐうこうごうさんかんぜめ》』も朝鮮通信使の来聘《らいへい》時のあてこみであるが、朝鮮貶視《へんし》の視点で描かれている。　（牧田りゑ子）

〔近現代〕神功皇后像は明治初期から二十年代半ばに絵画・紙幣・切手に多く描かれ、皇后美子《はるこ》はしばしば神功皇后に擬された。神功皇后伝説は明治期の国家主義イデオロギーの形成に寄与し、日清・日露戦争下にその勇姿が*婦人雑誌に表われ、一九二〇年(大正九)尋常《じんじょう》小学校の国史教科書でも国家発展に貢献したと賞賛された。日露戦争を経て神功皇后の図像は減少するが、それは美子が国《こく》母《ぼ》としての地位を占めていく時期と重なる。のちの十五年戦争では戦を率いる神功皇后に代わり、性別役割に準拠した「*銃後《じゅうご》の母」が称えられた。

神功皇后像を描いた切手

参考文献　岡満男『婦人雑誌ジャーナリズム』、一九八一、現代ジャーナリズム出版会。長志珠絵「天子のジェンダー―近代天皇制にみる〝男らしさ〟―」(西川祐子・荻野美穂編『共同研究男性論』一九九九、人文書院)。若桑みどり『皇后の肖像』、二〇〇一、筑摩書房。　（金子　幸子）

じんぐうのうねめ　神宮采女　出雲大社《いずもたいしゃ》や宗像《むなかた》大社などにおいて行われたであろう神事の場において、出雲国造《こくぞう》や宗像神主と性的関係を結んだ女性のこと。『類聚三代格《るいじゅうさんだいきゃく》』に採録《さいろく》されている延暦《えんりゃく》十七年(七九八)の太政官符《だじょうかんぷ》によれば、出雲国造が就任の日に嫡妻《ちゃくさい》を棄《す》て、神事に託して多くの百姓女子を「神宮采女」として娶《めと》る行為が「淫風《いんぷう》」として批判の対象とされたが、その行為自体が禁止されたわけではなく、やむを得ない場合は国司が卜定《ぼくてい》して一女を選ぶようにと命じている点が注目される。国造や神主が、「神宮采女」を娶るような神事の場として、具体的には十一月に行われる新嘗祭《にいなめさい》が想定されている。新嘗祭の場において采女と性的関係を結ぶことは、ヤマト王権の段階における大王も行なっていたと考えられている。これらの性的行為は、単なる「淫風」ではなく、稲作の農耕社会に基礎を持つ古代王権にとって重要な儀礼の一部、聖婚儀礼であったと考えられている。

参考文献　岡田精司「大化前代の服属儀礼と新嘗―食国(ヲスクニ)の背景―」(『古代王権の祭祀と神話』一九七〇、塙書房)。吉村武彦「古代王権における男女関係史論」(『歴史学研究』五四二)、一九八五。　（森田喜久男）

シングル＝マザー　シングル＝マザー　この言葉が使われはじめた一九八〇年代当初、シングル＝マザーとは未婚・非婚で子どもがいる母親(「未婚の母」「非婚の母」)のことであったが、一九九〇年代になると離別・死別でひとり親になった母親も含め、*母子家庭の母親全体をシングル＝マザーというようになった。五年に一回実施される「全国母子世帯等調査」(厚生労働省)によると、わが国でも母子世帯は増え続け、二〇〇三年(平成十五)には百二十二万五千四百世帯となり、五年前より三割近く増えた。母子世帯になった理由は、一九五〇年代は病気・戦争・交通事故などの死別が八割を占めていたが、一九七八年(昭和五十三)に生別が死別を上回り、一九九八年には生別が八割を占めるに至った。生別の内訳は、*離婚が急増、未婚が漸増している。離婚による件数が増えたのは、有子離婚の増加と、母親が*親権者になるケースが増大していることによるものである。今後は*代理出産など生殖技術を利用したシングル＝マザーの出現も予測される。性別役割分業が根強く、子育てと仕事の両立が困難なわが国では、シングル＝マザーの多くは経済的困難を抱えている。シングル＝マザーの八五%は有職だが、その収入は*児童扶養《ふよう》手当や遺族年金などを含めても全世帯平均の三分の一に過ぎない。こうした母子家庭に対し、国や自治体は、生活保護、児童扶養手当の支給、母子福祉資金などの経済的な支援を実施しているが、近年は「自立支援」「就業支援」が強調され、二〇〇二年の児童扶養手当制度の改革以降は、手当が減額されるケースが目立っている。また、子どもは*婚姻によって生まれるもの、養育が必要な子どもには父母がそろっているものという観念が支配的なわが国では、シングル＝マザーとその子ども、とりわけ「非婚の母」「未婚の母」とその子ども(*婚外子)は、社会から偏見の目で見られるだけでなく、*戸籍の記載や遺産相続などの面で、法的に差別されていた。しかし近年では、戸籍の記載などに改善が見られる。

参考文献 池上千寿子『シングル・マザー』、一九八二、学陽書房。善積京子『非婚を生きたい』、一九九二、青木書店。宮本みち子・岩上真珠・山田昌弘『未婚化社会の親子関係』(有斐閣選書)、一九九七、有斐閣。しんぐるまざあず・ふぉーらむ編著『シングルマザーに乾杯!―離婚・非婚を子どもとともに―』、二〇〇一、現代書館。

(浅野富美枝)

しんけん **親権** 〔中世〕親(父母)が子に対して有する権限。その内容は、子の扶養《ふよう》を基礎に、身体・財産に及ぶ支配権である。法制上では、未成年者に対する監督権、財産・収入の管理権を指すが、家父長《かふちょう》権の一部を構成する場合は、親子の関係は一生であり、それは親子の世代を超え、*親族・一族にも機能した。また、親権は生殖に原点があるが、直接的には扶養によって生ずる権限であるため、養子などの親子関係、さらに広い擬制的《ぎせいてき》親子関係にも及んだ。鎌倉時代、幕府は、特に親権を核にした惣領制を*御家人・*地頭の編成原理とした。幕府法では親権を第一の権限とし、親の財産譲与《じょうよ》に対して「悔い返し」権を認め、幕府は親などの譲与を前提に所領・所職《しょしき》の安堵《あんど》を行なった。「悔い返し」権とは、一度譲与した財産を取り戻し、再処分できる権利である。この権限が本主へ財産が戻るという考えの基礎にもあり、女子に処分された財産が一期分《いちごぶん》として戻されるのも、この幕府法の親権の原理と密接に関係していたといえる。しかし、中世のイエは、明石一紀《あかしかずのり》がいうように、原則「親子限りのイエ」であり、承家《しょうけ》の観念で未熟であり、親権は世代を超えて機能するのがむずかしかった。そこで、中世前期までは、家の継承は所職の継承というかたちをとることが一般であった。その際、*母権が大きな役割をもった。「祖父母・父母譲、可用後状」という原則で父母の親権を絶対視する中世社会では、家父長の死後、その継承は、家長の妻すなわち「*後家」の母権によって支えられ、父―母―子の連鎖によってイエの継承が行われた。ところが、中世後期に入ると、支配層において親権を象徴する譲状《ゆずりじょう》は、次第に機能を喪失し始め、*隠居制が採用されると、親権と家長権は分離され、家長権が親権を越えて機能するに至った。親権の一部としての母権、後家の力も後退した。これは、経営体としてのイエの安定化もあるが、社会体制としてイエの継承を支えるようになったからである。

(飯沼　賢司)

〔近世〕親が子に対して行使できる権限。近世の親権は圧倒的に父権《ふけん》であり、父親不在の場合にのみ母親が行使できる。父親は子に対して懲戒権《ちょうかいけん》・身柄の拘束権《こうそくけん》・結婚の決定権などを行使できた。勘当《かんどう》して相続権を奪う、奉公に出す、結婚相手を決めることなど親の宰領《さいりょう》で行えた。しかし、家長《かちょう》権の方が親権に優先し、父親であっても家長の座についていない場合は家長の決定が優先し、隠居《いんきょ》して*家督《かとく》を譲った後は、隠居する際の契約に従うだけで、子に対する父権を行使することはできない。母親は子の父である夫の死後は夫が生前にかわした契約と遺言で庇《ひ》護《ご》されるのみであった。あとは父母への孝行という儒教的倫理が支えであった。しかし、実際には庶民の世界では、とくに女子に関しては母親の受持ちという通念があって女子のしつけ・教育、あるいは嫁《よめ》入《い》り先などを母親が仕切る場面も多い。また*離婚した場合に子が母親についていくことも珍しくはない。庶民階層では母親も事実上は親権を行使していたといえよう。

参考文献 大竹秀男・牧英正編『日本法制史』、一九七五、青林書院。桜井由幾「近世農民家族における老人の地位」(『歴史評論』五六五)、一九九七。

(桜井　由幾)

〔近代〕旧民法および*明治民法は、父の単独親権とし、父の死亡、去家《きょけ》(婿養子縁組で離婚)、親権行使不能の場合と私生子《しせいし》についてのみ、その家に在る母が親権を行使できることとした。親権の内容は子に対する身上監護権《しんじょうかんごけん》と子の財産の管理権であるが、母が親権者となった場合には、財産管理権について制限が加えられた。これは、妻の無能力制度と同様、女性の財産管理能力への不信と、他家から来た者への警戒からといわれた。

参考文献 白石玲子「親権者としての母の地位―比較法史的考察を加えて―」(『阪大法学』一六四・一六五)、一九六三。

(白石　玲子)

〔現代〕かつては親の権威や権能を意味したが、現在では、未成年の子に対する保育・監護・教育という事柄について親に課せられた重い責務をいう。戦後、「家」制度を廃し、両性平等を旨とする*民法改正により父母が法的な*婚姻関係にあるときは、父母共同親権、共同行使となった。協議離婚のときは父母の協議により、裁判離婚のときは裁判所により、父母の一方がそれぞれ単独の親権者と定められる。離婚に際し母が親権者になる割合は、一九六六年(昭和四十一)に父から逆転し、二〇〇〇年代半ばには八〇%を超えるに至った。もっとも子が複数いる場合に、母と父とで親権を分けるケースも五～六%程度あるところから、総体として親権者になるのは母が八〇～八五%、父が一五～一八%と推計される。

参考文献 田中通裕『親権法の歴史と課題』、一九九三、信山社。川田昇『親権と子の利益』、二〇〇五、信山社。（星野　澄子）

しんこうしんさん 親耕親蚕 ⇩男耕女績《だんこうじょせき》

じんこうせいさくかくりつようこう 人口政策確立要綱 一九四一年(昭和十六)一月に閣議決定された人口政策。東アジアにおける日本の指導力確保のために、永続的な人口増加とその資質向上のための施策が国家的急務であるとし、総人口一億人を一九六〇年に達成することを目標とした。その具体的な方策として、今後十年間に婚姻年齢をおおむね三年早めて一夫婦の出生数平均五児をめざすこと、国家的使命を認識した健全な母性育成のための教育の徹底などが掲げられる。*厚生省は、同年十月、次官通牒を出し、男子二十五歳女子二十一歳までの結婚奨励を各地方長官宛に指示した。この方針は、『*主婦之友』が即座に四一年三月号で「新体制下の娘と母の結婚教育」の特集を組むなど、結婚、*出産を奨励する国家政策として多くの場で説かれた。「産めよ殖やせよ」の標語が掲げられ、父母を同じくする満六歳以上の子女十人以上をみずから育てた*家庭が表彰された。国家が主張する「母性」の尊重は、まさに戦争遂行のための「人的資源」確保を目的とするものであった。 ↓生《う》めよ殖《ふ》やせよ ↓優良多子家庭表彰《ゆうりょうたしかていひょうしょう》

参考文献 市川房枝編『日本婦人問題資料集成』二、一九七七、ドメス出版。女性史総合研究会編『日本女性生活史』四、一九九〇、東京大学出版会。総合女性史研究会編『史料にみる日本女性のあゆみ』、二〇〇〇、吉川弘文館。（宇野　勝子）

じんこうにんしんちゅうぜつ 人工妊娠中絶 ⇩中絶《ちゅうぜつ》

しんこんでんしょう 神婚伝承 神と乙女《おとめ》の通婚、御子《みこ》神《がみ》の誕生を語る、古代の伝承の一類型。「山城国風土記《やましろのくにふどき》」の賀茂《かも》の玉依《たまより》ヒメの物語、『*古事記』『日本書紀』にみえる三輪山《みわやま》の神と乙女の通婚(三輪型説話)、「常陸国風土記《ひたちのくにふどき》」の哺時臥山《くれふしやま》伝承等がある。三輪型説話では、大物主神《おおものぬしのかみ》が「丹塗矢《にぬりや》」(男性性器の象徴)になり、セヤダタラヒメの「大便為《くそま》る」溝を流れ下って「*ホト」(性器)を突く。ヒメが驚いて矢を「床辺《とのへ》」に置くと、矢は麗《うるわ》しい「壮夫《おとこ》」に変じ、のちの神武《じんむ》天皇妃が生まれる(『古事記』神武天皇段)。「丹塗矢」―「床辺」―「壮夫」―妊娠というモチーフは、賀茂の玉依ヒメの話と共通する。賀茂伝承では「丹塗矢」は雷神《らいじん》で、生まれた子は別雷神《わけいかづちのかみ》としてヒメの兄玉依《たまより》ヒコによりまつられる。『古事記』崇神《すじん》天皇段の三輪氏奉仕起源譚《きげんたん》では、麗しい「壮夫」が活玉依《いくたまより》ヒメに通うが、麻糸をたぐって正体が大物主神と知れ、生まれた子(子孫)大田田根子《おおたたねこ》が神主となる。『日本書紀』崇神紀の箸墓《はしはか》伝承では、大物主の通いを受けたヤマトトトヒモモソヒメは、蛇形の神の正体をみて驚きホトを突いて死ぬ。御子神誕生のモチーフはみられない。哺時臥山伝承では、怒賀《ぬが》ヒメのもとに見知らぬ男が通い、子蛇が生まれる。成長した蛇は叔父怒賀ヒコを震《ふる》い殺して天に昇ろうとするが母に阻止《そし》されて果たせず、里の峯《みね》でまつられる。これらの伝承の背景には、通い婚、子どもの母方扶養《ふよう》という生活習俗、および豊饒《ほうじょう》祈願の神事としての模擬的生殖儀礼が想定され、それらをベースに、豪族の支配の起源を語る御子神奉祭伝承・貴人出生譚が形成されたのであろう。「玉依ヒメ」は神の通いを受ける女性の普遍的名辞だが、「神霊(タマ)を寄りつかせる」という意味では「玉依ヒコ」も同様で、神事儀礼における祭祀者《さいししゃ》一族男女の役割との関連が考えられる。九世紀初めの『*日本霊異記《にほんりょういき》』では、これらの話はもはや共同体的背景を持つ神と*巫女《みこ》の物語ではなく、妖怪としての蛇と人間との異類婚《いるいこん》に変じている。

参考文献 古橋信孝「神謡(神語り)と神話」(『神話・物語の文芸史』一九九二、ぺりかん社)。永藤靖「三輪型説話の変貌」(『日本霊異記の新研究』一九九六、新典社)。義江明子『日本古代の祭祀と女性』(古代史研究選書)、一九九六、吉川弘文館。柳田国男『妹の力』(『柳田国男全集』一一、一九九六、筑摩書房)。（義江　明子）

しんこんりょこう 新婚旅行 新婚の夫婦がともにする旅行。明治以後、欧米の風習が移入されたもの。華族女学校長細川潤次郎《ほそかわじゅんじろう》が『新撰婚礼式』(一八九九年)を著わし、神前結婚を提唱。伝統的な*結婚式に比べて費用が安くすみ、意外に簡略で雰囲気は荘厳《そうごん》をきわめたことから、都市では早く取り入れられ、一九〇七年(明治四十)ごろには伝統的な式は減少する。地方でも飾物《かざりもの》・式次第が簡略化されていった。神前結婚の普及で、料理屋などの*披露宴会場から直接旅行に行くようになり「蜜月旅行」と称した。一九一二年には新聞などに欧米への新婚旅行の記事が載り海外へ行く金持ちも現われた。大正期には婚礼行事の一つとなる。戦時下新体制運動(一九四〇年(昭和十五))の中で、「新婚旅行は時局柄、廃止すること」とされ、影を薄くする。戦後食糧難のもとではできず、昭和三十年代の新婚旅行は熱海が定番で、四十年代には宮崎になる。一九六四年から海外旅行へ行けるようになり、一九八五年のプラザ合意以降、急激な円高と成田空港開港などで海外航空路が拡大し、海外新婚旅行は身近になる。戦後は規則のように行われている。

参考文献 江馬務『江馬務著作集(普及版)』七、一九八八、中央公論社。小和田美智子「結婚の簡素化と〃戦意昂揚〃」(総合女性史研究会編『日本女性史論集』四、一九九八、吉川弘文館)。（小和田美智子）

しんさるごうき　新猿楽記　藤原明衡《ふじわらのあきひら》（九八九？—一〇六六）作の類書的性格を持ち往来物《おうらいもの》の元祖ともいうべき書。「しんさるがくき」とも読む。猿楽を見物する右衛門尉という武官の三人の妻と娘十六人とその配偶者、息男九人に仮託して、あらゆる職業の特色とそれに付随した事物の説明を行う。人物像は類型分けで、とりわけ三人の妻は典型的な妻類型である。漫画的・誇張的な設定も多い。しかし当時の観念の何らかの投影を示している。右衛門尉四十歳に対して、第一の本妻は六十歳、典型的妻訪婚《つまどいこん》であり、妻の両親のおかげて、右衛門尉の今日の官職がある。しかし、夫の愛の薄れた本妻は民間信仰の敬愛の神々に祈る様を作者は戯画的に「生きながら大蛇のごとし」と書きながらも、数子の母であることを評価する。次妻は夫婦同年で、夫と同居している設定らしく、後年の家女房にあたる。夫の武官としての勤め、従者・眷属《けんぞく》の慰撫《いぶ》、馬鞍《うまくら》・弓などの武具の手入れ、衣食住の整備、経理・出納《すいとう》・年貢物の管理などが、彼女の監督下にあり、家臣団を含む家経済のすべてが、彼女の指揮下にあった。きたるべき中世の「家」のあり方がここに示されている。三妻は高家《こうけ》に仕える女房で、右衛門尉が仕えている貴族の同僚である。年十八歳、容顔美麗《ようがんびれい》・放逸豊顔《ほういつほうがん》の愛人である。すなわち、妻訪婚・嫁取婚《よめとりこん》・愛人関係と、当時の*母性・家政管理・性愛という妻役割の類型化として明確に設定している。娘たちの特色としては、四女は覡女、七女が貪飯愛酒《どんしゅあいしゅ》、十五女は孀《やもめ》で仏法に帰依《きえ》する。十六女は*遊女・*夜発《よばち》の長者が上げられているが、職業といえるのは、覡女・遊女のみであり、家産経済を離れての女の職業の狭さが如実に現われている。

参考文献　脇田晴子『日本中世女性史の研究—性別役割分担と母性・家政・性愛—』、一九九二、東京大学出版会。

（脇田　晴子）

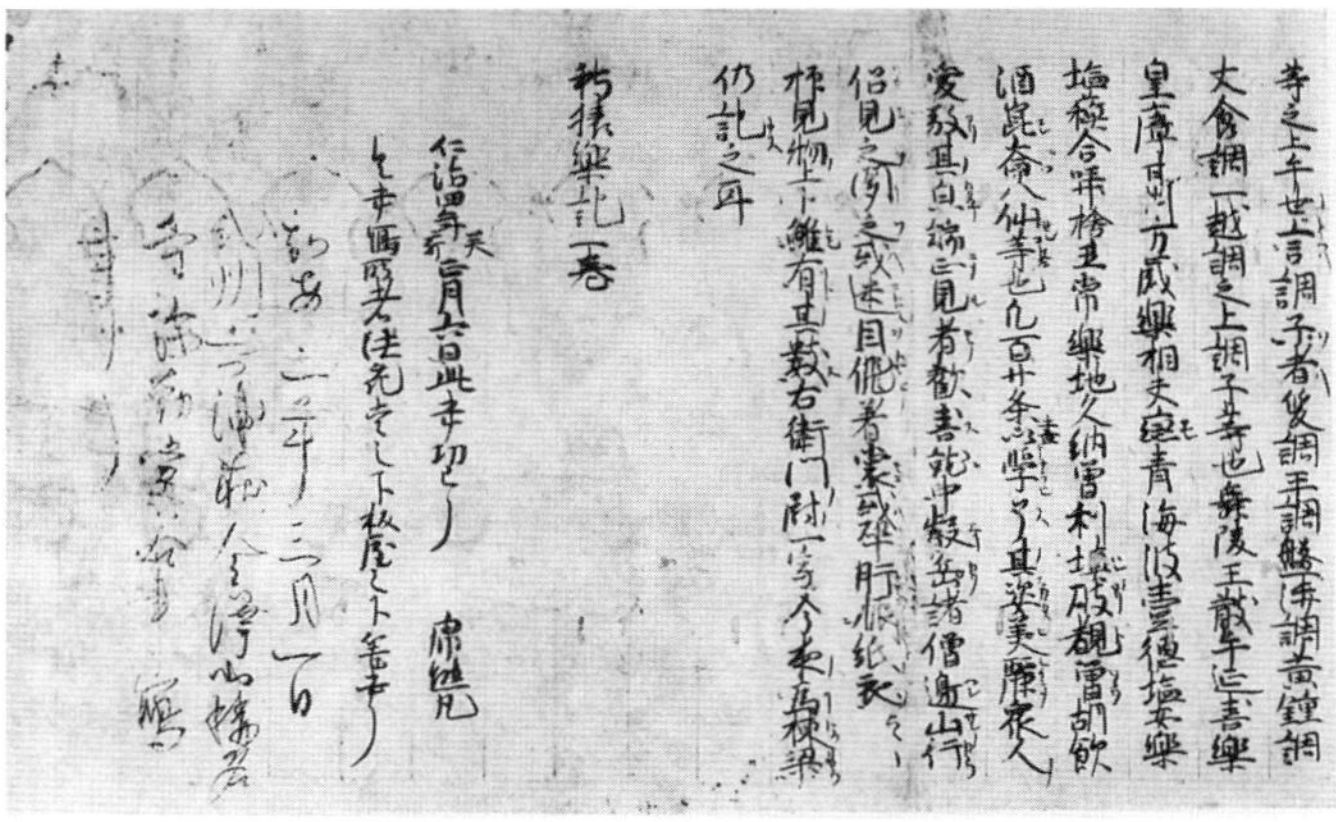

『新猿楽記』弘安３年書写本

しんじゅう　心中　㈠元来は胸の内を指すことばであったが、十七世紀後半には、遊里で誠意のあかしを示す行為（誓詞《せいし》を交わす、髪を切るなど）に用いられていた。その延長として、十七世紀末から十八世紀前期に相愛の男女の*情死を指すことばとして使われるようになった。このころ特に上方において、子や奉公人など従属的立場にいる男女の心中事件が頻発《ひんぱつ》した。厳罰を背景に忠孝《ちゅうこう》の奨励を図り、民衆支配を強化していた幕府と、家業の繁栄・維持のため、勘当《かんどう》や追放などの制裁を加えることで親や主人として強力に子や奉公人を統率した新興《しんこう》の町人階級に対し、従属的立場の人々はその力に逆らえず、その支配からはみ出した恋をすると、死に追い込まれていったのである。心中の頻発は、親や主人が実質的な力を持ったこの時期の男女関係を特徴づけるものである。これらの事件は文芸化され、特に*近松門左衛門《ちかまつもんざえもん》による多くの心中ものは熱狂的に歓迎された。幕府は、それを危険視して心中とその文芸化を禁じた。

参考文献　諏訪春雄『江戸—その芸能と文学—』、一九七六、毎日新聞社。関民子『恋愛かわらばん—江戸の男女の人生模様—』、一九九六、はまの出版。

（関　民子）

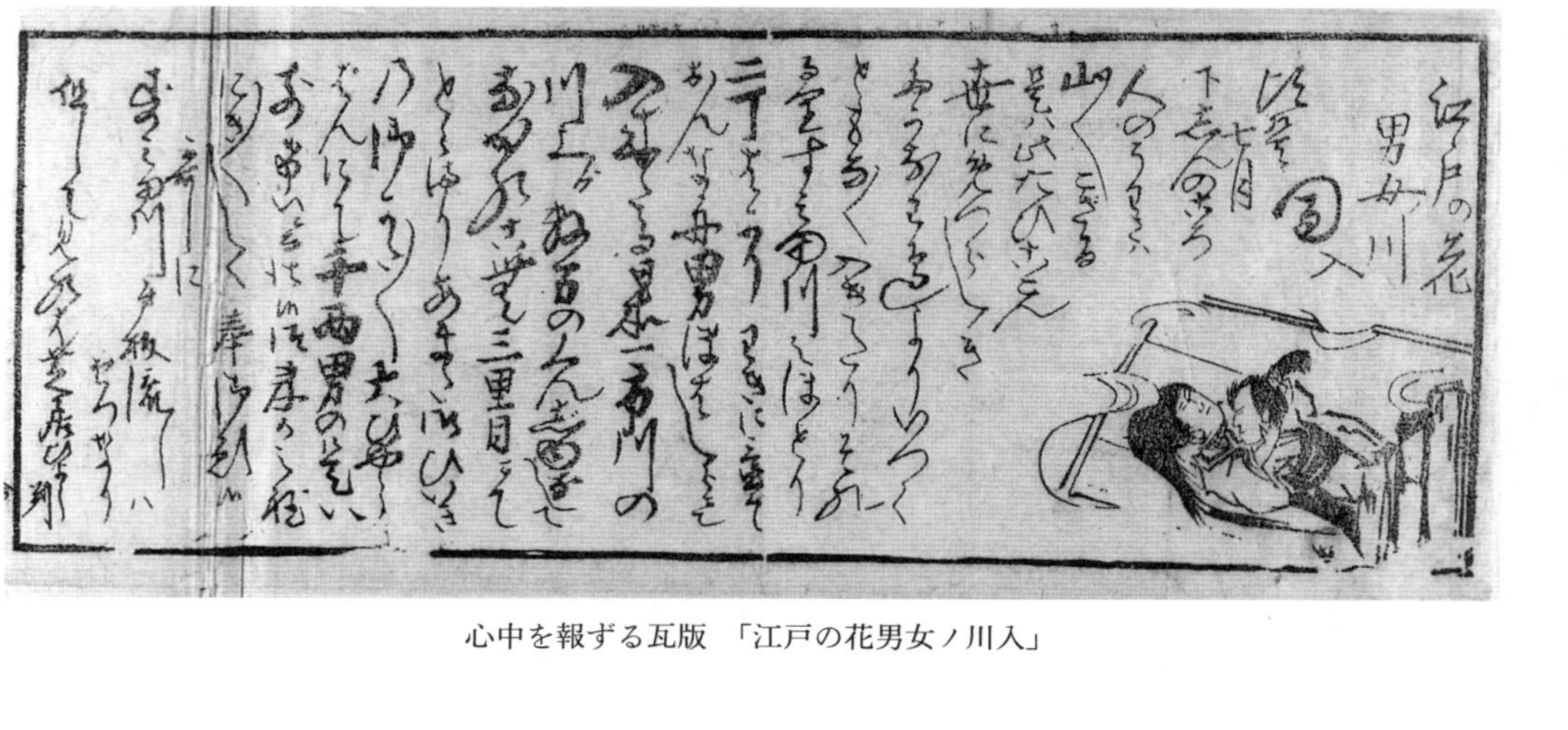

心中を報ずる瓦版　「江戸の花男女ノ川入」

(二) ⇩天国《てんごく》に結《むす》ぶ恋《こい》 ⇩母子心中《ぼしんじゅう》

しんじゅうおおかがみ　心中大鑑　宝永《ほうえい》元年(一七〇四)京都で刊行された実録読み物。『近世文芸叢書』四収載。著者書方軒については不詳。当時上方で起った*心中事件を、京・大坂・諸国に分類して二十一件載せている。この中には*近松門左衛門《ちかまつもんざえもん》の『*曾根崎心中《そねざきしんじゅう》』が題材にした遊女おはつと醬油屋手代徳兵衛《とくべえ》の事件も収録されている。著者は「商売繁盛」を重視するこの時期の町人の立場に近く、衝動的な恋には批判的な筆致《ひっち》を見せる。

参考文献　関民子「恋愛・心中・不義密通」(総合女性史研究会編『日本女性の歴史―性・愛・家族―』一九九二、角川書店)。　(関　民子)

しんじょうとうもんいん　新上東門院　一五五三―一六二〇　後陽成《ごようぜい》天皇の生母。勧修寺晴子《かじゅうじはれこ》。父は従一位《じゅいちい》贈左大臣《だいじん》勧修寺晴右《はれみぎ》。母は従三位粟屋元子。兄の晴豊《はれとよ》(従一位准《じゅん》大臣)は武家伝奏《ぶけてんそう》として、織田信長《おだのぶなが》や豊臣秀吉《とよとみひでよし》と朝廷間の交渉に従事。永禄十年(一五六七)十一月、正親町《おおぎまち》天皇の第一皇子誠仁親王《さねひとしんのう》(陽光《ようこう》太上天皇)へ入侍し、「阿茶局《あちゃのつぼね》」「若御局《わかおつぼね》」と称した。後陽成天皇・空性法親王《くうしょうほっしんのう》・興意入道《こういにゅうどう》親王《しんのう》・八条宮智仁親王《はちじょうみやとしひとしんのう》・永邵女王《えいしょうじょおう》ら十三人の王子女を生む。後陽成天皇即位後の天正十四年(一五八六)十一月*准《じゅ》三宮《さんぐう》に、慶長五年(一六〇〇)十二月院号宣下《いんごうせんげ》により新上東門院と称した。晴子は後宮内で、公家衆からの昇殿勅《しょうでんちょっ》許《きょ》希望を誠仁親王に取り次いだり、公武間では慶長十四年の猪熊事件《いのくまじけん》の折、事件の収拾(取調と処分について幕府側に使者派遣)にあたるなど、政治的にも行動した。晴子の知行高《ちぎょうだか》で明らかな事例は、秀吉から宛行《あてがわ》れた天正十六年四月の三百石、同十八年八月の二百石(山科《やましな》の地)などがある。六十八歳で死去。墓所は京都泉涌寺月輪陵域《せんにゅうじつきのわりょういき》。

参考文献　神田裕理「織田期における後宮女房について」(前近代女性史研究会編『家・社会・女性―古代から中世へ―』一九九七、吉川弘文館)。同「豊臣期における後宮女房」(『史桜』三)、一九九八。久保貴子「朝廷の再生と朝幕関係」(『近世の朝廷運営―朝幕関係の展開―』一九九六、岩田書院)。　(神田　裕理)

しんしょうに　信勝尼　生没年不詳　奈良時代の尼僧。坂田寺《さかたでらじゅうじ》住持の師主尼《ししゅに》として天平年中(七二九―四九)の優《う》婆夷貢進解《ばいこうしんげ》に「師主坂田寺尼信勝」と自署する。天平九年十月、『法苑林章《ほうおうりんしょう》』十四巻を内裏へ進め、同十九年八月、「金光明最勝王経略賛《こんこうみょうさいしょうおうきょうりゃくさん》」を請い受け、「六巻抄」を内裏に進納するなど経典の納受《のうじゅ》を行なっているが、いずれも当時の希少価値の高い経典で、信勝尼の経典所蔵者としての意義が認められる。また、天平十九年の納受記録には「信勝尼御所」とあり、平城遷都《せんと》の折に飛鳥に留め置かれた由緒ある*尼寺の尼たちが京の貴族宅に居住したように、坂田寺の信勝尼は内裏に御所を構えたものと見られる。天平勝宝《しょうほう》元年(七四九)四月、東大寺大毘盧舎那仏《だいびるしゃなぶつ》の金色《こんじき》脇侍菩薩《きょうじぼさつ》のうち、東方の観音像を寄進したと伝えられ、同じく大毘盧舎那仏に献納した木造牌が現存する。天平勝宝四年八月には没していたらしく、ともに東大寺へ寄進(西脇侍菩薩)・献納を行なった*法華寺《ほっけじ》の善光尼《ぜんこうに》の宣により、故信勝尼のために『法華経《ほけきょう》』が写されている。

参考文献　須田春子『律令制女性史研究』一九七八、千代田書房。勝浦令子『日本古代の僧尼と社会』二〇〇〇、吉川弘文館。　(有富由紀子)

しんじょかい　新女界　明治時代の女性雑誌。一九〇九年(明治四十二)―一九一九年(大正八)、全百十九冊。主幹海老名弾正《えびなだんじょう》。主筆*安井哲子《やすいてつこ》。発行新人社。同社『新人』の女性版。キリスト教により女性の啓蒙をはかる。教育問題、家庭欄、翻訳も含めた文芸など幅広くとりあげる。海老名《えびな》みや子・野口精子《のぐちせいこ》など執筆者には他誌に比べて女性が多い。終刊の辞で、*男女同権が実り、今度の大戦で旧来の観念が打ち破られた今、女性が人として発展することを目指している雑誌であってみれば『新人』と別に出版することの任を果たしたとしている。このころ安井の体調不良と、*東京女子大学の設立で安井不在の編集も実際問題として困難であった。

参考文献　山田よし恵「新女界」(中嶌邦監修『日本の婦人雑誌』解説、一九八六、大空社)。　(山田よし恵)

『新女界』第一巻第一号

しんしょきょじゅう　新処居住　⇩婚姻居住形態《こんいんきょじゅうけいたい》

しんじょせい　新女性　朝鮮総督府の代表的外郭団体であり天皇主義思想団体「緑旗連盟《りょっきれんめい》」の機関誌『緑旗』の姉妹紙として、一九四二年(昭和十七)八月朝鮮で創刊、終戦まで刊行された日本語の女性総合雑誌。一九四四年分のみ現存。「新女性」という名称は、一九二〇年代から三〇年代にかけて近代的女性として登場した新女性ではなく、一九四〇年十月に成立した国民総力運動体制(「新体制」)下の女性という意味。朝鮮女性に対する皇民化運動推進と、総力戦への参加促進が目的。日本の政策宣伝、座談会、軍隊訪問記事、詩歌、小説、読者手記、生活記事などすべての記事を通じて、時局と銃後奉公《じゅうごほうこう》の重要性を認識させ、未婚朝鮮女性には銃後の労働奉仕や軍人慰《い》問《もん》、既婚者には子弟の軍人化教育と戦場に送り出す覚悟を与えるよう編集された。同時に戦時下の*家事・家庭生活の指針を与える啓蒙《けいもう》的性格も有する。表紙絵は毎号銃後の働く朝鮮女性を描く。緑旗連盟会長津田栄《つだきかえ》の弟津田剛《たけし》が発行し、栄の妻で清和塾《せいわじゅく》塾長津田節子《せつこ》が多数執筆。なお、植民地朝鮮ではいわゆる新女性を社会改革と国権回復の同伴者とする目的で、同名の総合女性誌が刊行されたが（一九二三―二六・三一―三四年）、たびたび総督府の弾圧を受けた。原文は韓国西江《ソガン》大学校図書館所蔵、インターネットで原文入手することが可能である。

参考文献　李昇燁「『新女性』―植民地時代末期女性の皇民化運動―」（『韓国民族運動史研究』二〇）、一九九八。

（井上　和枝）

じんしんばいばい　人身売買

〔古代〕人間を売買する行為。人身売買については『日本書紀』天武《てんむ》天皇五年（六七六）五月甲戌《こうじゅつ》条に、下野国司《しもつけのこくし》からの*飢饉《ききん》による人身売買許可の要望を朝廷が棄却《ききゃく》したことが記されており、これ以前から人身売買が禁止されていたことがわかる。『政事《せいじ》要略《ようりゃく》』八四所引『弘仁式《こうにんしき》』刑部《ぎょうぶ》では、父母が子を売って賤《せん》とした場合、己丑《きちゅう》年（持統《じとう》天皇三、六八九）以前は契約を有効とし、庚寅《こういん》年（六九〇）以降は無効とするが罪は科さず、大宝《たいほう》二年（七〇二）以降は罪を科すなどとしている。このことから、『庚寅年籍《こういんねんじゃく》』の造籍《ぞうじゃく》と『大宝律令《たいほうりつりょう》』の施行とが人身売買の法制化の画期であったことがわかる。『養老《ようろう》律令』では、売買の対象として認められたのは奴婢《ぬひ》だけで、私有の賤民《せんみん》でも家人《けにん》は売買を禁じられていた。売買には所定の手続きが必要で、『正倉院《しょうそういん》文書』には八世紀の奴婢売券《ばいけん》が残されている。賊盗律《ぞくとうりつ》の人身売買関連規定では、おおむね唐律《とうりつ》を踏襲したが、刑はそれより軽くしている。

参考文献　牧英正『人身売買』（岩波新書）、一九七一、岩波書店。神野清一『律令国家と賤民』（古代史研究選書）、一九八六、吉川弘文館。

（吉川　敏子）

〔中世〕朝廷は良民売買禁止原則を持続したが、寛喜《かんぎ》二年（一二三〇）の寛喜の飢饉《ききん》をきっかけとして違法性は消滅していった。非常事態により、良民売買は黙認され奴隷化は増加したが、それだけではなかった。瀕餓死者は倉《そう》廩《りん》を有する輩に養助されたり、*出挙《すいこ》を受けたりして飢餓をしのいだが、平常に復したのち養助者たちが被養助者を売ったために紛争が広汎《こうはん》に生じた。鎌倉幕府は延応元年（一二三九）四月以来、再三対応を迫られ、寛元三年（一二四五）二月令で、飢饉時「無縁の非人」として養育した者は、子孫に相伝しても売却してもよい、「親類の境界」として養った者は子孫相伝や売却はできないが、養育者一代の間進退できるとした。奴隷化または限定的所有を承認したのは「養育の功労」（『貞永式目《じょうえいしきもく》』追加法百十二条）によるものである。債務未済者に対する強制執行としての身代取り手続きでは、最終処置として平常時でも売却行為が合法化していった。人身最低相場二貫文慣行が成立し、飢饉では無償売却もある。良民の売買・質入自体の違法性は消滅し、禁圧対象は勾引人《こういんにん》関係者だけとなっていった。

参考文献　牧英正『人身売買』、一九七一、岩波書店。磯貝富士男『日本中世奴隷制論』、二〇〇七、校倉書房。

（磯貝富士男）

〔近世〕中世には拘引売《かどわかしうり》と人商《ひとあきない》は禁止されたものの、主人が譜代下人《ふだいげにん》を売ったり親が子女《しじょ》を売ったりすることは容認されており、近世に入っても譜代下人や子女の売買は広く行われていた。これに対し幕府は、元和二年（一六一六）に人身売買禁止令を発し、奉公年季《ねんき》を三年に限定した。同五年には譜代下人やわが子を売ることの禁止も明言した。これは小農民自立化・維持政策の一環として譜代奉公から短年季奉公への転換をはかったものとされる。寛永《かんえい》二年（一六二五）に奉公年季の制限を十年に延長し、元禄《げんろく》十一年（一六九八）には制限を撤廃《てっぱい》したものの、人売買禁止を解除したわけではない。奉公年季制限撤廃の意図については諸氏の見解が対立しているが、実態においては貨幣経済の進展により純粋な労働力販売を目的とする短年季奉公が主流となっていた。しかし、*遊女《ゆうじょ》・*芸《げい》者《しゃ》等の年季奉公は人身売買的性格をとどめ、養子形式での実質的な人身売買も盛んに行われた。

参考文献　牧英正『人身売買』（岩波新書）、一九七一、岩波書店。大竹秀男『近世雇傭関係史論』、一九八三、有斐閣。

（大藤　修）

〔近現代〕明治五年（一八七二）十月二日、太政官《だじょうかん》は「娼妓《しょうぎ》解放令《かいほうれい》」を布告し、人身売買を禁止し、*娼妓などの年季奉公人を解放するように命じた。しかし、東京都をはじめ各地方庁では、「貸座敷渡世《かしざしきとせい》規則」や「娼妓規則」により、「本人みずからが願い出る」のを許す、という形をとり、人身売買を前提とする前借金返済義務は維持された。一九〇〇年、内務省の「貸座敷娼妓取締規則」によって、*自由廃業が明記されたが、前借金返済は困難であり、かえって、売春は女性がみずから行なっているという幻想をつくりだした。したがって、近代*公娼《こうしょう》制度は表向き人身売買禁止の名目にたち、その上で娼妓の自由意思による「賤業《せんぎょう》」を、国が救貧のために特別に許すという欺瞞的形《ぎまんてきかたち》をとった。また不作の年や経済恐慌《きょうこう》時には、「娘の*身売り」が多発し、貧農の子女が娼妓として常に供給されるような社会構造があった。これは日本の膨張政策とともに、植民地へも導入され、アジア各地で下層の女性を売春市場へ追い込むこととなった。一九二五年（大正十四）、日本は「*婦人及児童の売買禁止に関する国際条約」を批准《ひじゅん》するに際して、植民地を適応外としたため、アジア・太平洋戦争時に「慰安婦《いあんふ》」として朝鮮半島から多くの女性を連行することとなった。一九四六年（昭和二十一）一月、娼妓を「White Slave」とみなしたGHQ指令に基づき、政府は公娼制度を廃止したが、「個人が自発的に」行う売春は認められるとし、集娼《しゅうしょう》地区を「赤線」として事実上公娼制度を維持させ、人身売買的手法によって多くの女性が集められた。一九八〇年代からは、アジアからの出稼ぎ女性＝「*ジャパゆきさん」の人身売買が問題になった。二〇〇〇年（平成十二）に国連で採択された「国際組織犯罪防止条約人身売買議定書」では、人身売買（Trafficking）の定義が、搾取《さくしゅ》を目的に暴力・脅迫などの手段で人を運搬することとされ、他人に売春させることも含まれた。法務省は二〇〇五年、刑法に「人身売買罪」を設け、条約批准をめざしている。
↓買売春《ばいばいしゅん》

参考文献 吉見周子『売娼の社会史(増補改訂版)』、一九九二、雄山閣出版。藤目ゆき『性の歴史学』、一九九七、不二出版。早川紀代『近代天皇制国家とジェンダー』、一九九八、青木書店。

（平井 和子）

じんしんばいばいおよびたにんのばいしゅんからのさくしゅのきんしにかんするじょうやく 人身売買及び他人の売春からの搾取の禁止に関する条約 一九四九年(昭和二十四)に国連総会で可決された条約。国連は、一九四六年に経済社会理事会に人権委員会のなかに女性の地位委員会を設置し、*買売春に反対する取り組みを開始、一九四九年十二月二日にこの条約を可決した。条約は前文で、買売春とそのための*人身売買を「人としての尊厳《そんげん》及び価値に反するもの」と規定、締約国が*管理売春や人身売買を行う者を処罰することを認めた。当時、日本は、いわゆる「赤線」における買売春を事実上、公認していたので、将来の国連加盟のためにも買売春を禁止し、「赤線」を解体させることが必要となり、これが*売春防止法を求める世論の理論的根拠の一つになった。一九五六年に成立した売春防止法が完全実施された一九五八年四月一日、この条約は国会で批准《ひじゅん》された。

参考文献 市川房枝編『日本婦人問題資料集成』一、一九七八、ドメス出版。

（藤野 豊）

じんしんばいばいきんしのけんぱく 人身売買禁止の建白 ⇩津田真道《つだまみち》

じんしんばいばいきんしれい 人身売買禁止令 ⇩芸娼《げいしょう》妓解放令《ぎかいほうれい》

しんしんふじん 新真婦人 *西川文子《にしかわふみこ》・宮崎光子《みやざきみつこ》・木村《きむら》駒子《こまこ》が創立した新真婦人会の機関誌で、女性問題研究誌。一九一三年(大正二)五月創刊、二三年九月、第一二四号で終刊。*自由恋愛・自由結婚による対等な男女の関係や家庭を求めるきわめて穏健《おんけん》な家庭改良の思想に基づいてはいるが、その裏づけとして女性の職業自立や社会進出が説かれている。執筆者は同会の*伊藤朝子《あさこ》・*小口《おぐち》みち子・日向《ひなた》きむ子・尾崎恒子《おざきつねこ》・清水玉露《しみずぎょくろ》などに加え、*瀬沼《せぬま》夏葉《かよう》・*田村俊子《たむらとしこ》・*吉岡弥生《よしおかやよい》・吉川民子《よしかわたみこ》・*与謝野晶子《よさのあきこ》など多数。男性も*安部磯雄《あべいそお》・内ヶ崎作三郎《うちがさきさくさぶろう》・高野重三《たかのじゅうぞう》・高《たか》安月郊《やすげつこう》・西川光二郎《みつじろう》・新渡戸稲造《にとべいなぞう》・宮田脩《みやたおさむ》・山口孤剣《やまぐちこけん》など各界の幅広い人々が執筆している。また、*オリーブ＝シュライナー『女性と労働』抄訳なども掲載、海外の女性論や運動も紹介されている。同誌は多数の著名人を巻き込んで女性問題を議論する場となり、会の多様な活動とも合わせて女性の意識を社会的に広げる役割を果たし、文芸思想誌『*青鞜《せいとう》』とともに一九一〇年代女性解放運動の大きな牽引《けんいん》力となった。復刻版『新真婦人』(一九九四年、不二出版)は解説・総目次・索引がある。

『新真婦人』第一号

参考文献 西川文子『平民社の女—西川文子自伝—』、一九八四、青山館。

（岡野 幸江）

しんせんおんなやまとだいがく 新撰女倭大学 享保元年(一七一六)刊の『女大学宝箱《たからばこ》』とは全く異なる文章で綴《つづ》られた異本『女大学』。洛北唱子作。一巻。天明五年(一七八五)刊。「一、夫女は陰にして、万事に順ふは道なり、既に嫁して、再び父の家に帰らざるを本意とすべし(下略)」で始まる第一条以下、全九ヵ条から成る。舅姑《きゅうこ》への仕え方、容貌よりも心情の大切さ、夫婦間での心得、言葉遣い、大酒その他女性にあるまじき行為、産前心得、女性に有益な書物、従順・堪忍《かんにん》等を諭《さと》す。前付に「新製教訓いろは歌」「七去《しちきょ》の事」「女中文の認めやうの事」、頭書に「四季衣裳の色」「大和詞大概《やまとことばたいがい》」「片言直《かたことなおし》の大概」「当流折形」「書初の詩歌」「七夕詩歌」「片仮名伊呂波」「三十六歌仙」、巻末に「女一代道中絵画并図解」をそれぞれ収録する。刊行直後の天明六年に、『女大学宝箱』の板元柏原屋《かしわばらや》清右衛門《せいえもん》の訴えにより類板訴訟へと発展。事件は程なく内済したが、本書の伝本が皆無に等しいのは、板木没収や販売停止処分のためであろう。テキストは『女大学集』(石川松太郎編、東洋文庫、一九七七年、平凡社)。

（小泉 吉永）

しんぜんけっこん 神前結婚 ⇩結婚式《けっこんしき》

しんぞう 新造 ⇩御新造《ごしんぞう》

しんぞく 親族 一定の先祖の子孫集団というべき血族と、その構成員それぞれとの*婚姻を介して結ばれた*姻《いん》族《ぞく》をもって構成される族縁集団ないし族縁関係。親族の範囲は、合戦における連合の範囲、社会生活上の協力範囲や相互扶助範囲等により決められていた。日本中世の親族の範囲を具体的に知るためには、鎌倉幕府法の追加法の中にみられる、いわゆる退座令《たいざれい》の規定を利用するのが最も便利である。これは、幕府に訴訟が提起された場合、原告ないし被告と裁判官たる奉行人の間に、一定の親族関係があった場合には、縁者贔屓《えんじゃびいき》の判決が出るのを避けるために、当該奉行人を裁判の場から退席させるものであり、いわゆるアンチ＝ネポティズム＝ロウの一種である。たとえば、追加法百四十条によれば、その範囲は、「祖父母・父母・子孫・兄弟姉妹・聟《むこ》・舅《しゅうと》・相舅《あいやけ》・伯叔父・甥・小舅《こじゅうと》・従父兄弟《いとこ》・夫・烏帽子子《えぼしご》」などであった。この史料に基づいて親族のあり方を見てみると、そこには、一定の祖父母の子孫集団(父系リネージ)という要素と、ある人物から見て視野的に拡がる親類縁者の範囲(キンドレッド)という要素の二つが含まれていることがわかる。つまり、鎌倉武士団の親族構成は、こうした二つの族縁原理によって形成されていたのである。日本の中世社会は、なお国家法(公家法・武家法など)が社会のすみずみまでには及ばない状態であったから、鎌倉武士団もみずからの一族の安泰をまもるためには、みずからの力＝自力の発動に期待するしかなかったのである。その場合の自力の発動とは、まさにこうした二つの族縁原理からなる親族ネットワークの中に当面の敵をとり込むことで和平を勝ち取るか、このネットワークの力をもって戦いを勝ち抜くか、この二つの道のいずれを選択するかを意味していたといって過言ではない。だから、まさに親族は、中世における自力救済の重要な要件であった。

参考文献 青山道夫他編『講座家族』六、一九七四、弘文堂。高橋秀樹『日本中世の家と親族』、一九九六、吉川弘文館。鈴木国弘『日本中世の私戦世界と親族』、二〇〇三、吉川弘文館。

(鈴木 国弘)

しんぞくめいしょうたいけい　親族名称体系　自己から見た*親族を指す語彙《ごい》を、世代・直系傍系《ぼうけい》・父系母系・遠近に分類整理して名称法の原理を類型化したもの。親族名称と直接呼びかける語である呼称とは別。社会人類学の分析概念で、*ルイス＝ヘンリー＝モルガンが『人類における血縁および姻戚《いんせき》の諸体系』において名称体系を記述的体系と類別的体系に分類したことに始まる。記述的体系は、直系親族と傍系親族(父母の兄弟・兄弟姉妹の子・イトコ・その他)とを区別して表す名称法で、アリアン＝セム＝ウラル式と名付けた。類別的体系には、直系・傍系の区別なく同世代はみな父母・兄弟姉妹・息子娘とひっくるめて呼ぶマレー式があり、また、母系・父系で異なってくるような、父の兄弟や母の姉妹は父・母とよび父の姉妹や母の兄弟はオバ・オジと呼び分け、父の兄弟の子や母の姉妹の子は兄弟姉妹とよび父の姉妹の子や母の兄弟の子はイトコと呼び分ける、という複雑なトゥラノ＝ガノワニアン式という二種類がある、とした。モルガンは、人類の名称体系は類別的から記述的に進化したもので、類別的体系は集団婚に由来すると主張したが、この解釈は否定されている。この後、ロバート＝ロウィが新しくオジ・オバ名称を基準に類型論をつくり、父方母方で区別されているか否か、父母名称と区別されているか否か、によって、世代型・双岐融合型《そうきゆうごう》・双岐傍系型・直系型の四類型に整理した。このオジ・オバ名称にイトコ名称を加味して、パウル＝キルヒホフはA—D型という修正的な四類型を提示してしている。これを発展させたジョージ＝ピーター＝マードックは『社会構造』で、イトコ名称を基準にして直系・傍系の区別の有無、父方・母方の区別の有無、平行・交差イトコの区別の有無などから、エスキモー型・ハワイ型・スーダン型・イロクォイ型の四類型にオマハ型・クロウ型を加えて六類型として体系づけた。この分類が以後、名称体系分析の基礎的な概念とされている。さらにこの類型と統計的に相応関係にある親族構造をあげている。直系＝エスキモー型・世代＝ハワイ型は双方(双系)的な社会に、双岐傍系＝スーダン型・オマハ型は父系制社会に、双岐融合＝イロクォイ型・クロウ型は母系制社会に、それぞれ適合的な名称体系である。親族名称は歴史的な変化に乏《とぼ》しく、その社会の体質的な親族結合原理を反映させている。大筋では、日本の口語名称は英語と同じ直系＝エスキモー型で、双方的な小家族に対応する体系といわれており、漢字表記(文語名称)の基盤となる中国語は双岐傍系＝スーダン型で父系リニージに対応する体系とされている。現在の人類学では緻密《ちみつ》な分析が進んで、類型論が絶対的な指標とされているわけではないが、複雑で特異な名称法の社会は別として、親族の大きな特徴を捉《つか》まえる意義は、失われていない。

参考文献 馬淵東一「モルガン『古代社会』の内幕」(『馬淵東一著作集』一、一九七四、社会思想社)。ジョージ＝ピーター＝マードック『社会構造』(内藤完爾訳)、一九七八、新泉社。ロジャー＝エム＝キージング『親族集団と社会構造』(小川正恭他訳)、一九八二、未来社。上井久義『日本古代の親族と祭祀』、一九八八、人文書院。明石一紀『日本古代の親族構造』(戊午叢書)、一九九〇、吉川弘文館。

(明石 一紀)

しんたいけんもんいん　新待賢門院　⇨阿野廉子《あのれんし》

しんでんづくり　寝殿造　平安時代に成立した貴族住宅の建築様式。基本型は、一町《ちょう》の敷地を築地《ついじ》で囲って大路《おおじ》に面する東または西に正門を設け、敷地の中央北に入母屋《いりもや》造・東西棟の寝殿を建てて主殿《しゅでん》とし、東西に切妻《きりづま》造・南北棟の対《たい》を配するもの。東西棟の北対などを設けることもある。寝殿や対は渡殿《わたどの》で繋ぐ。東西の対から中門廊《ちゅうもんろう》が南に延びて南庭の東西を区切るが、途中に中門を開いて玄関の機能を持たせ、南端には池に臨《のぞ》んで釣殿《つりどの》を設ける。このほか、中門廊と築地との間に車宿《くるまやどり》・侍所《さむらいどころ》・随身所《ずいじんどころ》などが付属する。主人家族の居室となる寝殿・対は檜皮葺《ひわだぶき》・板敷で、母屋《もや》と廂《ひさし》から成り、外縁に簀子《すのこ》を廻らす。

寝殿造　東三条殿復元模型

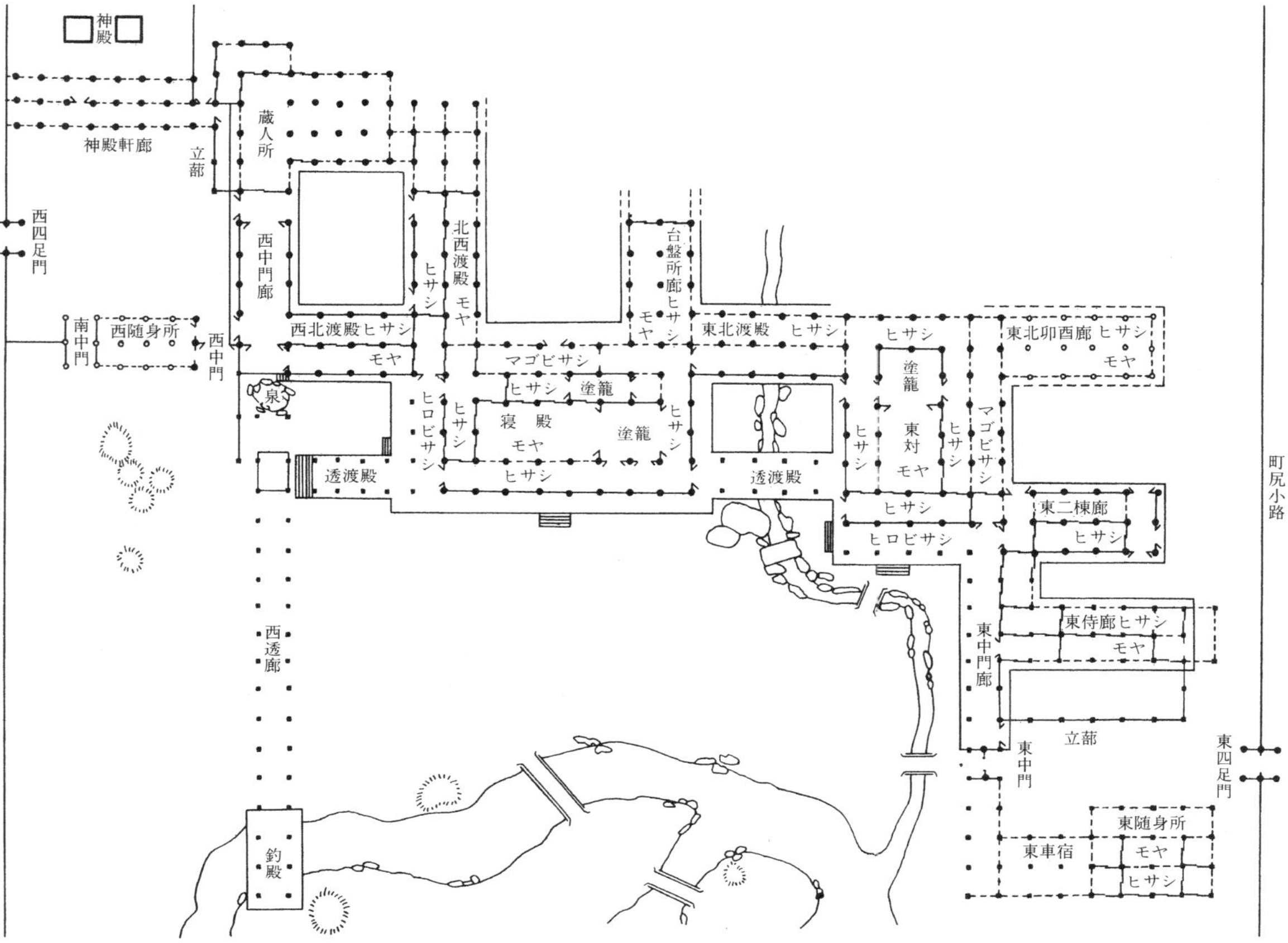

寝殿造　復元平面図

廂と簀子の間には格子《こうし》・蔀《しとみ》と妻戸《つまど》を立てて屋内外の隔《へだ》てとしたが、母屋の隅にある*塗籠《ぬりごめ》を例外として内部に閉鎖的空間はなく、母屋に寝所となる帳台《ちょうだい》を据え、母屋と廂の境に簾《す》や壁代《かべしろ》を懸け、そのほか適宜衝立障子《ついたてそうじ》・屏風《びょうぶ》・几帳《きちょう》を立てるなどして間仕切りに代えた。寝殿造の邸宅は摂関《せっかん》期以降*里内裏《さとだいり》としても使用され、またその様式は武家住宅などにも継承されて書院造《しょいんづくり》の祖型《そけい》となった。

参考文献　太田静六『寝殿造の研究』、一九八七、吉川弘文館。池浩三『源氏物語―その住まいの世界―』、一九八九、中央公論美術出版。飯淵康一『平安時代貴族住宅の研究』、二〇〇四、中央公論美術出版。川本重雄『寝屋造の空間と儀式』、二〇〇五、中央公論美術出版。

（佐藤　厚子）

しんとくじょおう　真徳女王　⇨善徳女王《ぜんとくじょおう》・真徳女王《しんとくじょおう》

しんとくまる　信徳丸　説経節《せっきょうぶし》『信徳丸』の主人公。河内国高安郡《かわちのくにたかやすぐん》の信吉《のぶよし》長者の子信徳丸は、*継母《けいぼ》の呪詛《じゅそ》によりハンセン病になって失明し、天王寺に捨てられるが、清水寺の観音の利生《りしょう》と、妻となった乙姫《おとひめ》（和泉国蔭山《かげやま》長者の娘）の献身的な愛情と祈願により病が治る。『*今昔物語集』四の「狗拏羅《くなら》太子、眼《まなこ》を抉《くじ》り法力に依りて眼を得たる語《こと》」に原型の説話があり、謡曲『弱法師《よろぼし》』、浄瑠璃《じょうるり》『摂州合邦辻《せっしゅうがっぽうがつじ》』の俊徳丸《しゅんとくまる》の話は同材。

参考文献　『説経節』（東洋文庫）、一九七三、平凡社。『説経集』（新潮日本古典集成）、一九七七、新潮社。

（菅原　正子）

しんにほんふじんのかい　新日本婦人の会　一九六二年（昭和三十七）十月十九日創立された個人加盟の全国組織。班・支部・県レベル本部・中央本部の体制。隔年《かくねん》に大会が行われる。目的は、㈠核戦争の危険から生命を守る、㈡護憲《ごけん》・軍国主義復活阻止《そし》、㈢生活と権利を守る、㈣独立・民主主義・婦人解放、㈤世界の婦人と連帯。初代代表委員*平塚らいてう・*羽仁説子《はにせつこ》・*丸岡秀子《まるおかひでこ》・*帯刀貞《たてわきさだ》代《よ》・*勝目《かつめ》テル・*櫛田《くしだ》ふき。四十年間の運動の特徴は、自分たちのいのちと暮らしを守るため、平和と女性の人権のため、各地域・職場で、また全国協力して、国民とともに、国際連帯の精神で活動する基調を持つ。必要に応じ、全国的調査を行い、書籍・ビデオをつくり、方針の浸透、啓発《けいはつ》活動を実行している。一九七八年以降、要求別小組で生き生きした活動を発展させ、会員を増加させた。二〇〇六年(平成十八)現勢、八百八十支部会員二十万人。機関紙、週刊『新婦人しんぶん』、月刊『女性&運動』を発行している。

参考文献　松崎濱子『すそ野をゆく―オルグ活動六十年―』、一九八一、学習の友社。『新日本婦人の会の四〇年―1962〜2002―』、二〇〇三、新日本婦人の会。

（伊藤　康子）

しんにょ　信如　一二一一―?　鎌倉時代の律宗《りっしゅう》の尼。*中宮寺《ちゅうぐうじ》中興開山。興福寺《こうふくじ》の学侶璋円《がくりょしょうえん》の娘。孤児となったのち、寛元《かんげん》年中(一二四三―四七)に唐招提寺《とうしょうだいじ》覚盛《かくじょう》から比丘尼戒《びくにかい》を受け、律宗の尼として出家。弘長《こうちょう》二年(一二六二)に中宮寺に入寺して同寺の復興に尽力した。文永《ぶんえい》十一年(一二七四)には聖徳太子妃の*橘大郎女《たちばなのおおいらつめ》が作らせた天寿《てんじゅ》国繡帳《こくしゅうちょう》を法隆寺《ほうりゅうじ》で発見し、その模本も作製した。当代の著名な尼としてその面影は『*とはずがたり』『雑談集《ぞうだんしゅう》』にも描かれている。

参考文献　細川涼一『中世の律宗寺院と民衆』(中世史研究選書)、一九八七、吉川弘文館。

（細川　涼一）

しんぱん　真範　一四七三?―一四九五?　室町時代後期の天台宗真盛《しんせい》派の尼僧。伊勢山田の宮寿太夫《みやひさたゆう》の娘。『真盛上人往生伝記《しんせいしょうにんおうじょうでんき》』によれば、明応《めいおう》二年(一四九三)三月、彼女は夫の妾《めかけ》に嫉妬《しっと》して殺害しようとしたが果たせず、伊勢参宮に訪れた真盛上人に帰依《きえ》して出家した。真盛上人の往生に際しては、数人の僧尼とともに入水往生《じゅすいおうじょう》を遂《と》げたという。

参考文献　総合女性史研究会編『史料にみる日本女性のあゆみ』、二〇〇〇、吉川弘文館。

（渋谷　和宏）

しんぱんえまきものによるにほんじょうみんせいかつえびき　新版絵巻物による日本常民生活絵引　中世の絵巻物に描かれた事物・人・動作・事柄などについて、名付けと解説をした絵画の辞書。絵巻物に描かれているさまざまな図像・行為・様相など、それら一つ一つに番号を付して名称を与え、索引をつけ、字引のように絵を引くことができるようにした。財界人であり、民俗学者でもあった渋沢敬三《しぶさわけいぞう》の卓越した発想によるもので、少なくとも一九四〇年(昭和十五)には制作作業に着手している。戦争による中断を経て、一九五五年に宮本常一《みやもとつねいち》らとともに作業を再開。渋沢が死去した翌年の一九六四年から一九六八年にかけて、『日本絵巻物全集』(角川書店)の付録として全五巻が順次刊行された。そして一九八四年には、「総索引」が付けられ、新版として平凡社より再刊されている。*絵画史料研究、女性生活史といった分野にとどまらず、広く人文系諸学問の研究にとって有益な文献である。

参考文献　窪田涼子「『絵引』成立過程についての一考察(一)―日本常民文化研究所所蔵資料から―」(『歴史と民俗』一六)、二〇〇〇。佐藤健二「図を考える／図で考える―形態資料学と「絵引」―」(『文化資源学』一)、二〇〇三。

（斉藤　研一）

しんふじんきょうかい　新婦人協会　女性の政治的権利獲得により、女性の地位向上、女性と母と子の権利獲得をめざした日本初の全国組織の市民的女性運動団体。*平塚らいてうが構想し、*市川房枝《いちかわふさえ》をパートナーとして、第一次世界大戦後の普選運動・労働運動など社会にみなぎる革新の気運の中で女性問題を社会的に解決すべく実践運動に乗り出した。一九一九年(大正八)十一月二十四日創立を発表。翌年三月二十八日発会式を挙げて平塚・市川・*奥《おく》むめおが理事となる。その綱領《こうりょう》で、女性の能力発達のための男女の機会均等、*男女平等の上でその差異を認めること、女性と母と子どもの権利の擁護《ようご》などを掲げた。活動はまず第四十二帝国議会へ、女性の政治活動を禁じていた*治安警察法第五条の改正、花柳病《かりゅうびょう》(性病)男子の結婚制限法制定の請願《せいがん》提出に始まる。その後婦人参政権要求も加えた対議会運動を続け、講演会開催、機関誌『女性同盟』発刊(一九二〇年十月)等を精力的に行う。参加者は家庭婦人、*職業婦人、社会運動や労働運動関係者など幅広い。全国婦人総同盟を企図《きと》し、名古屋・大阪・神戸・広島・横浜などに支部を設立し活発な運動を展開する。花柳病(性病)男子の結婚制限法制定の目的は、性病罹患《りかん》の男子との結婚拒否という、女性による性と生殖の自己決定を通して、男性に好都合な性道徳のダブルスタンダードを是正《ぜせい》することにあった。創立から一年半で市川は渡米し、平塚は病気理由で一線から退くが、奥・*坂本真琴《さかもとまこと》らを中心に運動を継続する。治安警察法第五条

新婦人協会会員　前列左より市川房枝・奥むめお・平塚らいてう

は、第四十四帝国議会において一九二二年三月二十五日に、女性の政談集会への会同および発起人《ほっきにん》となることが可能となる第二項の改正のみが成立した。同年五月十日、初の女性発起の政談演説会が神戸支部主催で開かれる。運動資金の欠乏や平塚の主張により、一九二二年十二月八日の臨時総会で解散を決め約三年の活動を終えるが、女性の政治活動自由の第一歩の獲得により、その後の女性たちの参政権獲得運動が本格化する契機となった。

参考文献　市川房枝『市川房枝自伝』戦前編、一九七四、新宿書房。米田佐代子『平塚らいてう―近代日本のデモクラシーとジェンダー―』、二〇〇二、吉川弘文館。折井美耶子・女性の歴史研究会編著『新婦人協会の研究』、二〇〇六、ドメス出版。
（永原　紀子）

女性埴輪（福岡県飯塚市小正西古墳出土）

じんぶつはにわ　人物埴輪　古墳の裾《すそ》や堤《つつみ》に群像として配置された人物を模した埴輪。古墳時代中期後半から後期（五世紀中ごろ―七世紀初頭）にかけて製作され、近畿《きんき》地方の巨大古墳をはじめ、北は岩手県、南は鹿児島県まで分布し、特に後期になると関東地方で盛行する。『日本《にほん》書紀《しょき》』垂仁《すいにん》天皇三十二年条は、死者の近習《きんじゅう》を生きたまま墓に埋める悪習を改め、野見宿禰《のみのすくね》の建言により出雲《いずも》から呼んだ土師部《はじべ》に人馬器物の形を土で作らせて墓に立てたのが「埴輪」の起源と説く。しかし考古学の成果によれば埴輪は時代を追って順次種類が増え、四世紀には壺・円筒・家・鶏、続いて盾などの器財《きざい》、五世紀に入り馬などの動物、そして最後に成立したのが人物埴輪である。人物埴輪には男女の別があり、それぞれ立像《りつぞう》・坐像《ざぞう》、全《ぜん》身像《しんぞう》・半身像《はんしんぞう》があるほか、所作や持ち物も多種多様でバラエティに富む。女性の造形は頭に板状の髷《まげ》を表現し、円形粘土を胸の左右に貼りつけて乳房とするのが特徴である。腰掛《こしか》ける、正坐するといった坐像もあるものの、下半身の造形を省いた半身立像が多数を占め、全国的に両腕《りょううで》を胸の前に掲《かか》げて杯《つき》、壺《つぼ》などの飲食容器《いんしょくようき》を持つ所作が普遍的《ふへん》であり、その姿には一定の規範《きはん》が存在する。その中で袈裟状《けさじょう》の衣装を纏《まと》う女性は近畿地方に集中して分布する。これついては古く*采女《うねめ》の*巫女《みこ》の「肩巾《ひれ》」「意須比《おすひ》」と説かれていたが、近年の研究では*采女の「肩巾」とする説が有力である。また男性の造形は両耳の下に美頭良《みづら》を結《ゆ》う髪型が一つの特徴である。腰掛ける、*胡坐《あぐら》を組む、琴《こと》を弾《ひ》く、跪《ひざまず》くといった坐像をはじめ、甲冑《かっちゅう》に身を固め大刀《たち》に手をかけた大型の全身立像、また片腕《かたうで》を掲げる、盾《たて》を持つといったさまざまな姿の小型の半身立像など、女性とは異なりその姿は多様である。このように人物埴輪の姿はいろいろあるが、その数量を比較すると主要な種類は限定される。基本的に㈠男女の坐像、㈡女性の立像、㈢男性の全身立像、㈣片腕を掲げた男性の半身立像（これは馬形《うまがた》埴輪を伴《ともな》う）、㈤盾を持つ男性の半身立像の五形式で構成され、さらにこれらは古墳の規模《きぼ》や時期・地域にかかわらず㈠から㈤へと順に配置される規則性も存在する。これまで「踊《おど》る埴輪」とされてきた埴輪は㈣であり馬形埴輪に伴うことから馬子《まご》と見なされ、踊る埴輪はなかったといってよい。人物埴輪の意味をめぐってはこれまでに葬列《そうれつ》説・王権継承儀礼《おうけんけいしょうぎれい》説・殯《もがり》説・生前生活再現《せいぜんせいかつさいげん》説・墳丘《ふんきゅう》で行われた供献《きょうけん》儀礼の再現説・財物《ざいぶつ》の表示など複数の場面説・近習説など、いろいろな解釈が出されており、現在混乱を呈《てい》している。その根本的な原因は個々の人物埴輪の性格認定が個々の古墳で任意《にんい》に行われていることであり、今後再検討すべき状況にある。いずれにせよ一定の配置原理《はいちげんり》が存在する以上、人物埴輪群像は各古墳で個別の内容を表しているのではなく、そこには被葬者《ひそうしゃ》をとりまく一定の世界が作り出されていると考えるのが妥当であろう。

参考文献　一ノ瀬和夫・車崎正彦編『考古資料大観』四、二〇〇四、小学館。塚田良道『人物埴輪の文化史的研究』、二〇〇七、雄山閣。
（塚田　良道）

しんみょう　針妙　*裁縫専門の女奉公人。元は宮中の高級女官の私室に仕え、裁縫などをした上級の女中を指したが、近世になると商家などの一般家庭に雇われて裁縫をする女たちをさすようになった。また*女人禁制《にょにんきんせい》の寺院で針妙の名目で秘かに妻女を置くこともあった。大名屋敷では「御物師《おものし》」、*遊廓では「御針《おはり》」と呼んだ。針妙の仕事の忙しさは「針明《しんみょう》の坐った形《なり》に燈がとぼり、忙《せわ》しない事」と『誹風柳多留《はいふうやなぎだる》』にも詠まれている。
（牧田りゑ子）

しんみょう　深妙　生没年不詳　鎌倉時代、初代豊後守《ぶんごしゅ》護《ご》となった大友能直《おおともよしなお》の妻。能直は相模《さがみ》国足柄上郡《あしがらかみぐん》大友郷（神奈川県小田原市）を基盤とする東国御家人であった。中原親能《なかはらちかよし》が豊後国の在地領主大野泰基《おおのやすもと》の反乱を平定する際に、大友能直は功績があり、親能の猶子《ゆうし》となって、反乱の首謀者の根拠地であった大野荘《おおののしょう》を譲られた。能直は、貞応《じょうおう》二年（一二二三）に京都で没したが、豊後国内大野荘地頭職と相模国地頭郷司職《じとうごうじしき》は、一括して尼深妙に譲っている。すなわち、基幹的な所領については、みずからが子供たちへの配分を行うことなく、一切を妻の手に委《ゆだ》ねたのであった。尼深妙は、夫が没した後、十七年を経て、嫡男親秀《ちゃくなんちかひで》（すでに豊後国守護を継承）以下の男女にこれらの所領を詳細に配分している。以上のことから、当時の有力御家人の家族にあっては夫の譲渡《じょうと》行為が明瞭《めいりょう》であれば、妻がその所領を完全に管理し、強い処分権を有していたことがわかる。ただ、このような基幹所領以外のものについては能直が直接子息に譲渡している例も見られる。

参考文献　渡辺澄夫『豊後大友氏の研究（増訂）』、一九八二、第一法規出版。
（海老澤　衷）

じんめんぼくしょどき　人面墨書土器　甕《かめ》型・杯《つき》型の土器の胴《どう》部《ぶ》・体部に顔面を描いたもの。逆立てた太い眉、大きく見開いた目、濃い髭《ひげ》、大きな口など険しい憤怒の表情を呈したものが一般的であるが、静岡県浜松市伊場《いば》遺跡出土の資料には「海マ条子女形(代)」との文字とともに、髭がない柔和《にゅうわ》な表情で人面が描かれたものがあり、女性の顔を表現したものと考えられる。都城では小型甕型の土器で、河川・溝跡《みぞあと》から出土するものが多い。従来、息を吹き込んで*穢《けが》れや障災《しょうさい》を移し封じ込め、水に流されたものと考えられてきたが、近年の研究によれば、国家的な祭祀《さいし》の場で、疫病《えきびょう》が都に侵入してくることを未然に防ぐために疫神《えきしん》を饗応《きょうおう》する目的で使用されたとする見方が有力である。一方、集落遺跡から出土するものは杯型の土器が多く、竪穴《たてあな》建物跡からの出土が多い。

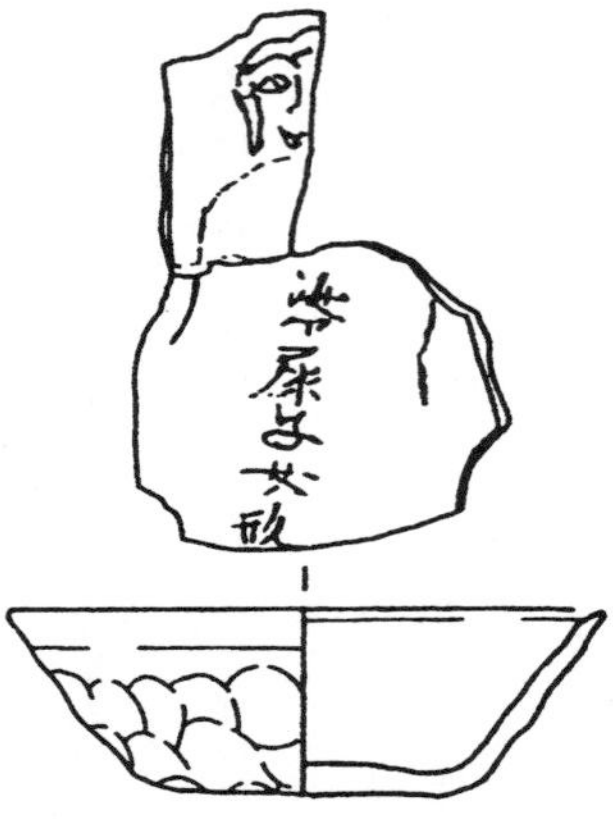

人面墨書土器(静岡県浜松市伊場遺跡出土)

参考文献　水野正好「人面墨書土器—その世界—」(福岡市立歴史資料館編『古代の顔—福岡市立歴史資料館開館10周年記念特設展—』一九八二)。金子裕之「平城京と祭場」(『国立歴史民俗博物館研究報告』七、一九八五。巽淳一郎「都城における墨書人面土器祭祀」(『月刊文化財』三六(三)、一九九三。

(高島　英之)

しんよしわら　新吉原　江戸幕府公認の*遊廓《ゆうかく》。元の*吉原と区別するための名称。吉原は元和《げんな》三年(一六一七)から明暦三年(一六五七)まで三十九年間続いたが、同年正月十八日、本郷本妙寺《ほんみょうじ》より出火し、吉原は全焼した。この大火によって所替《ところがえ》をすることになり、浅草日本堤の田園を整地し、遊女町を形成することになる。その間、今《いま》戸《ど》・鳥越《とりごえ》・山谷《さんや》へ仮宅と称して昼夜営業をしていたが、七月に普請《ふしん》が完成した。南北百三十五間、東西百八十間、総坪数二万七百六十七坪の田園に遊廓が形成された。廓内は、江戸一・二丁目、京町一・二町目、揚屋町《あげやちょう》、角町の六町からなり、遊女屋営業の開始に至る。翌年、新しい遊女町を*元吉原と区別するため、新吉原と名称した。開業当初は遊客も少なかったが、次第ににぎわうようになった。特に、四代将軍徳川家綱《いえつな》の時代は繁昌《はんじょう》した。それも、武士階級の遊客が多く、権威をかさに、旗本《はたもと》などが闊歩《かっぽ》していたが、元禄のころより、町人にとってかわった。

参考文献　庄司勝富『異本洞房語園』(日本随筆大成三ノ二)。西山松之助編『遊女(新装版)』(日本史小百科)、一九九四、東京堂出版。

(宇佐美ミサ子)

しんらん　親鸞　一一七三—一二六二　鎌倉時代前期の僧。浄土真宗《じょうどしんしゅう》の祖とされる。坊号は善信《ぜんしん》、字は愚禿《ぐとく》。皇《こう》太后宮大進《たいごうぐうたいじょう》日野有範《ありのり》の子。九歳で出家し範宴《はんえん》と号して、延暦寺《えんりゃくじ》の堂僧《どうそう》となって不断念仏《ふだんねんぶつ》をつとめた。建仁《けんにん》元年(一二〇一)二十九歳の時、六角堂《ろっかくどう》に参籠《さんろう》して夢告《むこく》「*女犯《にょぼん》偈《げ》」を得て*法然《ほうねん》の弟子となり、専修《せんじゅ》念仏に帰して綽空《しゃっくう》と改名。元久《げんきゅう》元年(一二〇四)弾圧を回避するため法然が門弟を誡《いまし》めた『七箇条制誡《せいかい》』に署名した。翌年、法然から『選択本願念仏集《せんちゃくほんがんねんぶつしゅう》』の書写を許され、親鸞と改名。建永《けんえい》二年(承元《じょうげん》元、一二〇七)後鳥羽院による専修念仏の弾圧で還俗《げんぞく》させられ、越後に流罪《るざい》となった。以後、愚禿と号して非僧非俗を信条とした。建暦《けんりゃく》元年(一二一一)に赦免《しゃめん》され、建保《けんぽう》二年(一二一四)には家族とともに上野国《こうずけ》佐貫《さぬき》(群馬県明和町)を経て、常陸《ひたち》に移住。以後、約二十年間、常陸国笠間《かさま》郡稲田《いなだ》(茨城県笠間市)を拠点にして布教し、真《しん》仏《ぶつ》・顕智《けんち》・性信《しょうしん》・唯円《ゆいえん》などの弟子を育てた。その後、京都に戻ったが、建長《けんちょう》三年(一二五一)ごろから東国門弟の間で一念多念論争が勃発。その鎮静化のため、著作を送り息子の善鸞《ぜんらん》を派遣した。しかし善鸞は有力門弟を鎌倉幕府に訴えるなど、混乱をさらに増幅させたため、康元《こうげん》元年(一二五六)に義絶《ぎぜつ》。この事件の衝撃は大きく、やがて「義なきを義とする、その義すら放棄せよ」と説く自《じ》然法爾《ねんほうに》の境地に至る。弘長《こうちょう》二年(一二六二)、舎弟《しゃてい》である尋有僧都《じんうそうず》の善法坊《ぜんほうぼう》で没し、東山大谷《おおたに》に埋葬。この大谷廟《びょう》堂《どう》がのちに本願寺に発展した。主著『教行信証《きょうぎょうしんしょう》』は法然の教えをさらに徹底させて、弥陀《みだ》への信心を唯一の真の仏法と主張。すべての人間が平等に悪人であるとして、現世の人間的平等を唱えた。他方、「大経意《だいきょうい》」(無量寿経《むりょうじゅきょう》の趣旨)を謡った和讃《わさん》では「弥陀の大悲ふかければ、仏智の不思議をあらはして、変成男子《へんじょうなんし》の願をたて、女人成仏《にょにんじょうぶつ》ちかひたり」と*変成男子による*女人往生《おうじょう》を説いており、これと平等論との関係をどのように理解するかが課題となる。言行録に『歎異抄《たんにしょう》』があり、妻の『恵信尼《えしんに》文書』も親鸞の姿をいきいきと伝える。

参考文献　松野純孝『親鸞—その生涯と思想の展開過程—』、一九五九、三省堂。赤松俊秀『親鸞』(人物叢書)、一九八五、吉川弘文館。平雅行『親鸞とその時代』、二〇〇一、法蔵館。

(平　雅行)

しんりつこうりょう　新律綱領　明治三年(一八七〇)十二月に制定・公布された刑法。この刑法を補足する一八七三年の改定律例とともに、一八八〇年成立の本格的《てき》な刑法(施行一八八二年、一九〇七年大幅改正)までの暫定《ざんてい》的な刑法である。新律綱領の特色は中国の律がモデルであること、徹底した身分制をとったこと、科罰規定が細分化していることなどである。家族の身分関係については完全な父系観念によっていることと科罰の基準となる親族関係を表わす親疎一覧表では妾《めかけ》が妻と同じ二等親に、妻以外の女性との間にうまれた子を*庶子《しょし》として三等親に位置づけて、妾に身分法上の地位を与えていることが大きな特徴である。条文では「犯姦律《はんかんりつ》」「闘殴律《とうおうりつ》」その他において妻と妾それぞれに罪が規定されている。夫の尊属親に対する罪は妻妾《さいしょう》同一であるが、夫および夫の親族に対する罪は妾が妻より重く、夫の妻妾に対する罪は妾が妻より軽い。新律綱領の妾の地位は曖昧《あいまい》である。

参考文献 手塚豊『明治刑法史の研究』上(手塚豊著作集四)、一九八四、慶応通信。『法と秩序』(日本近代思想大系七)、一九九二、岩波書店。早川紀代『近代天皇制国家とジェンダー』、一九九八、青木書店。 (早川 紀代)

しんりゃく=さべつとたたかうアジアふじんかいぎ 侵略=差別と斗うアジア婦人会議 一九七〇年(昭和四十五)*松岡洋子《まつおかようこ》が呼びかけ組織された個人結集(非組織)の運動体。一九六〇年代後半にそれまでの革新運動に批判的な左翼青年《さよくせいねん》(反戦青年委員会)に*日本婦人会議・*婦人民主クラブ等の一部役員・会員が呼応し、一九六〇年代末以降、沖縄返還、反安保の活動などを、事務局の通信連絡と大衆討議で推進しようとした。一九七〇年八月二十二・二十三日の第一回大会(法政大学、参加千人)は、入国管理、沖縄、部落、教育等の分科会があり、戦後婦人運動の総括《そうかつ》、労働・学校・家庭での性差別解体について資料を作り討論したが、「どうやってたたかうのか」の疑問に、当面の集会への動員という意見以上にならなかったという。一九七〇年代前半、軍事基地反対、*勤労婦人福祉法案反対、*優生保護法改悪阻止等に活動し、女性差別解体、アジア連帯の視点での婦人運動再編を意図したが機能できず解消した。

参考文献 『日本婦人会議組織綱領』、一九七六、日本婦人会議。溝口明代・佐伯洋子・三木草子編『資料日本ウーマン・リブ史』一、一九九二、松香堂書店。 (伊藤 康子)

じんりんきんもうずい 人倫訓蒙図彙 元禄初期に成立した当時の人間のさまざまなあり様を分類し、解説を加えた書。当時の人々の生き様が全体的に扱われている。元禄三年(一六九〇)版のものが『東洋文庫』(一九九二年、平凡社)に収められている。構成は「序」「巻一」「巻二能芸部」「巻三作業部」「巻四商人部」「巻五細工人部」「巻六職之部」「巻七(勧進餬部《かんじんかせぶ》)」という七巻である。全部で五百種以上の生業《なりわい》が描かれ、それぞれの生業に解説が付されている。ここに描かれる生業のうち女性のものと思われるのは一割以下にすぎないが、巻一から巻七までさまざまな女性の生業が描かれている。また、巻一から巻七までの分類の仕方は当時の人々の職業観を示すものといえるであろう。なお、この中では焼餅屋の女房・*早乙女《さおとめ》・*格子女郎《こうしじょろう》など身分・生業に関係なく、喫煙している姿も描かれている。

参考文献 横田久彦「『女大学』再考―日本近世における女性労働―」(脇田晴子・S・B・ハンレー編『ジェンダーの日本史』下、一九九五、東京大学出版会)。 (中村 文)

『人倫訓蒙図彙』三 苗持

す

すいこ 出挙 古代社会における利息付き貸借。雑令《ぞうりょう》の規定によれば、稲や粟《あわ》などの稲粟出挙と銭・綿・布などの財物出挙があるが、実際には穎稲《えいとう》出挙が一般的であった。古くは「貸稲《いらしのいね》」といい、*木簡《もっかん》などの記載から少なくとも七世紀には行われていた慣行であった。八世紀以降、これを律令国家が制度化し、地方財政運用のために正税《しょうぜい》の稲を春・夏に民衆に貸し付けて秋に五割の利息とともに回収する公出挙《くすいこ》制が確立した。春と夏の二時期に分けて出挙が行われるのは、春の播種《はしゅ》の時期と夏の*田植え労働の時期に、在地の首長から共同体の成員に種稲が分与されるという農業慣行にもとづいていると考えられる。春・夏の出挙と秋の収納の際には国司が部内を巡行したが、実際の出挙・収納作業には、郡司《ぐんじ》や郡雑任《ぐんぞうにん》であ

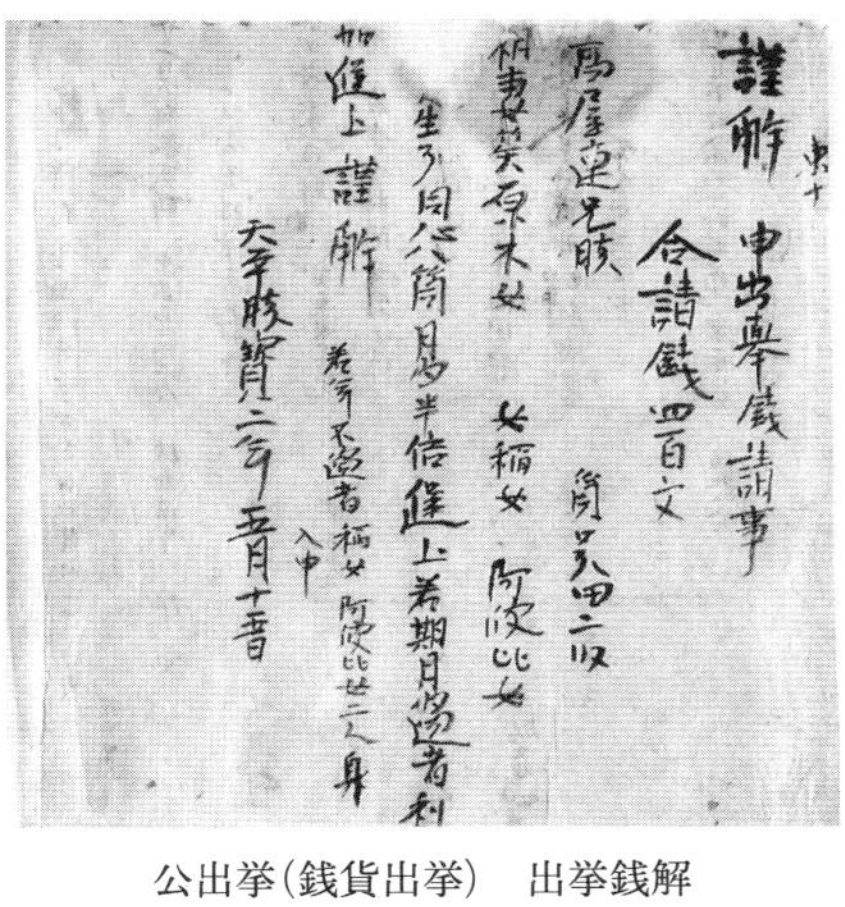
公出挙(銭貨出挙) 出挙銭解

る税長があたり、一連の作業にあたっては木簡や紙の文書による帳簿が作成された。本来は人別に賦課《ふか》されたが、九世紀以降はしだいに地税化した。正倉院文書や地方から出土する木簡や漆紙文書《うるしがみもんじょ》の中に、出挙稲の貸付対象者の歴名《れきみょう》を記した帳簿が見られるが、それらによれば、出挙の貸付対象者として女性名が頻繁にみえており、出挙が男女ともに課された負担であったことが知られる。出挙の債務主体に女性の名がみられる点は、同時期の中国における出挙の債務主体が男性(家父長)か*寡婦《かふ》(*未亡人)に限られていたのとは異なった特徴であり、日本における*家父長制度の未確立を示すものだとの見解がある。一方、公出挙に対して私出挙《しすいこ》も実態としては行われており、雑令の規定では利息の上限は一倍(十割)であった。『*日本霊異記《りょういき》』下巻第二十六縁にみえる、讃岐《さぬき》国美貴《みき》郡大領《たいりょう》の妻*田中真人広虫女《たなかのまひとひろむしめ》が酒や稲を高利で出挙していた話は有名であり、動産を所有していた在地の有力女性が私出挙を行い富を蓄積していた実態がうかがえる。

参考文献　関口裕子「古代における日本と中国の所有・家族形態の相違について」(女性史総合研究会編『日本女性史』一、一九八二、東京大学出版会)。三上喜孝「出挙の運用」(平川南他編『文字と古代日本』三、二〇〇五、吉川弘文館)。

(三上　喜孝)

すいこてんのう　推古天皇　五五四―六二八　五九二―六二八在位。最初の*女帝。幼名は額田部《ぬかたべ》、諱《いみな》(讃《たた》え名)は豊御食炊屋姫《とよみけかしきやひめ》、推古は漢風諡号《かんふうしごう》。欽明《きんめい》天皇と堅塩媛《きたしひめ》(蘇我《そがの》稲目《いなめ》の娘)の間に向原家《むくはらのいえ》で生まれた。用明《ようめい》天皇と同母妹。幼児期から仏教に親しむ。敏達《びだつ》天皇の后《きさき》、大后《おおきさき》となり、菟道貝鮹《うじのかいだこ》皇女、竹田皇子、小墾田《おはりだ》皇女、尾張《おわり》皇子ら、二男五女を生む。五八五年、用明が即位、大后は*穴穂部間人《あなほべのはしひと》皇女で、厩戸《うまやど》皇子(聖徳太子)が生まれていた。五八六年五月に敏達の殯宮《もがりのみや》を護っていた「額田部」は穴穂部皇子に関係を迫られるが、三輪君逆《みわのきみさかう》に助けられた。穴穂部(欽明と小姉君《おあねのきみ》の皇子)は、物部守屋《もののべのもりや》の支援もあり、皇位《こうい》継承《けいしょう》を意図していた。五八七年二月に用明は仏教帰依《きえ》を表明しつつ病で亡くなる。六月、蘇我馬子《そがのうまこ》は「額田部」を奉じて穴穂部を討ち、七月に馬子は皇族、諸豪族とともに物部守屋を滅ぼし、八月、崇峻《すしゅん》天皇が即位した。この背後に「額田部」の存在は無視できない。だが、五九二年十一月に崇峻も東漢《やまとのあや》に暗殺され、十二月、群臣の推挙、請願により「額田部」は大王として豊浦《とゆら》宮(のち*豊浦寺)で即位した。聖徳太子は二十歳になりなんとし、兄用明の子、娘菟道貝鮹皇女の夫でもあったので、馬子とともに政治の補佐を行なった。推古天皇十一年(六〇三)に、小墾田《おはりだ》宮に移るが、小墾田宮は飛鳥《あすか》川の東西にわたる大規模な宮であった。推古天皇は外交、国内政治、神道や仏教の興隆《こうりゅう》を行い、後世、飛鳥文化と呼ばれる文化華やかな国家形成を行なった。同年十二月の冠位《かんい》十二階の制定は、聖徳太子の発案といわれるが、『日本書紀《にほんしょき》』では、推古が諸臣に与えている。これは中小豪族にしか授与されなかったが、氏族家柄ではない個人を対象とした官人制への第一歩であり、直接冠を与え、元日には金などで作った花飾りを付けさせた。実効性はわからないが、外交を含む儀礼の場での身分秩序は大豪族を含めて形成された。同十二年九月朝礼の制定などを含め王権強化の政策である。対隋《ずい》外交も発案者はともかく、推古が強力に推進した事項であろう。同十五年、十六年は小野妹子《おののいもこ》が使者となり、隋からも裴世清《はいせいせい》が来て隋皇帝の親書を読み上げた。同二十二年は犬上三田耜《いぬがみのみたすき》が使者となった。大王の称号も『隋書《ずいしょ》』にある国書に天子と称し、煬帝《ようだい》の不興をかい「天皇」に改めており、称号の多様化がみられる。対新羅《しらぎ》政策でも加羅《から》諸国を援軍するため二度にわたり派兵を試みるが、いずれも交戦はしていない。経済政策では同十五年に倭国《やまと》・山背《やましろ》・河内《かわち》に池や溝を作り、国ごとに屯倉《みやけ》を置いた。これらは治水事業でもあるが稲作にかかわり、蘇我馬子の要求を認めなかった葛城県《かつらぎのあがた》とともに経済的基盤を強化したといえる。飛鳥寺(元興寺《がんごうじ》)ははじめ蘇我氏の氏寺であったが、同十三年に丈六《じょうろく》の仏像(銅と繡《しゅう》)を発願している。飛鳥寺は三金堂《こんどう》あり、東西金堂はこれらの仏像のため建立されたが、推古発願の丈六銅仏は蘇我氏建立の中金堂《ちゅうこんどう》に仏師鞍作鳥《ぶっしくらつくりのとり》の知恵で安置された。聖徳太子の死後、孫の*橘大郎女《たちばなのおおいらつめ》が天寿国繡帳《てんじゅこくしゅうちょう》の制作を願い出た際にも、援助をしている。死後は竹田皇子と一緒に葬られることを望んだ。『日本書紀』即位前紀《そくいぜんき》の人物評によると、容姿の美しい、振舞に威厳のある女帝であった。

参考文献　松木裕美「飛鳥寺の創建過程」(国学院大学文学部史学科編『(坂本太郎博士頌寿記念)日本史学論集』一九八三、吉川弘文館)。荒木敏夫『可能性としての女帝―女帝と王権・国家―』(Aoki library)、一九九九、青木書店。義江明子「推古天皇の讃え名〝トヨミケカシキヤヒメ〟を巡る一考察」(『帝京史学』一七、二〇〇二)。同「古代女帝論の過去と現在」(網野善彦他編『(岩波講座)天皇と王権を考える』七、二〇〇二、岩波書店)。荒木敏夫『日本の女性天皇』、二〇〇三、主婦と生活社。

(松木　裕美)

すいはつ　垂髪　*結髪《けっぱつ》せずに自然に垂らしている髪のこと。日本の女性の髪形は平安時代ころより室町時代中・末期ころまでは身分や社会集団、中央・地方に関係なく基本的に垂髪であった。平安時代以前は古墳時代の各種*人物埴輪《はにわ》や奈良時代の『過去現在因果経《かこげんざいいんがきょう》』、薬師寺蔵「吉祥天女像《きっしょうてんにょ》」、正倉院《しょうそういん》蔵「鳥毛立女屏風《とりげりつじょ》」、各種の女神像などの彫刻作品をはじめとして結髪した女性像が多く伝えられ、また天武天皇十一年(六八二)、すべての男女に結髪令が出るが(『日本書紀』)、これが律令官人とその周縁の人々に適用されたものか、あるいはすべての人々に適用されたものかはわからない。しかし、おそらくは祭祀《さいし》に奉仕する者や支配者層の女性においてのみ結髪が礼装・正装として行われていたと考えるべきであろう。以後、平安時代中期以降、宮廷の女性においては*女房装束に

*領巾《ひれ》などを加えた*礼服代の装いのときに、髪をあげて結う程度だった。これ以外の一般庶民が結髪をしだすのは室町時代の末期ころで、垂髪と結髪、両髪型が混在する過渡期の様子は初期の「*洛中洛外図屛風」や風俗画に見出せる。

参考文献 江馬務『日本結髪全史』、一九六八、春陽堂。橋本澄子「結髪と髪飾」(『日本の美術』二三)、一九六八。 (佐多 芳彦)

すいりょう 垂領 現代のきもののような襟元《えりもと》のこと。「方領《ほうりょう》」ともいう。身体の前面で身頃《みごろ》の左右の襟をあわせる形式の服装。貴族男性の束帯《そくたい》姿のような丸い襟を*盤領《ばんりょう》と呼ぶのに対する呼称。東アジア地域においては一般的でありプリミティブな衣服。袖口や裾《すそ》まわりが寛闊《かんかつ》で通気性がよく、しかも同じ被服構成の服を防寒のために着重ねたり、*肌着・間着《あいぎ》・上着などにいつでも転用できることから利便性に富む。日本の女性は奈良時代の一時期をのぞいてほぼすべての時代、社会集団や公私の区分なく垂領の衣服を着た。平安貴族の*女房装束も、武士・庶民女性の*小袖《こそで》姿もみなこの垂領である。一方の男性にとっての垂領は公武により差異がある。貴族男性は唐より継受した『養老令《ようろうりょう》』衣服令《えぶくりょう》などの服制において盤領の最上衣が正装とされたために垂領は間着や肌着にとどまり公的な装いにはならなかった。対して武家では直垂《ひたたれ》と呼ばれる垂領の服装が様式を整え正装・礼装へと変化していったのであり、古代末における発生から近世の終焉《しゅうえん》まで垂領を公私にかかわらず使い続けた。

参考文献 佐多芳彦「服装の表象性と記号性—盤領と垂領—」(永原慶二編『日本歴史大事典』三、二〇〇一、小学館)。 (佐多 芳彦)

すうげんいん 崇源院 ⇨お江与《えよ》の方《かた》

すうけんもんいん 崇賢門院 ?—一四二七 後円融《ごえんゆう》天皇の母。名は藤原仲子《ちゅうし》。石清水八幡宮《いわしみずはちまんぐう》祠官紀通清《しかんきのつうせい》の娘で、おそらく足利義満《よしみつ》の母紀良子《りょうし》とは姉妹にあたると推定される。広橋兼綱《ひろはしかねつな》の猶子《ゆうし》として、後光厳《ごこうごん》天皇の典侍《てんじ》となり、後円融天皇のほか、熙永《ひろなが》親王・堯仁《たかひと》法親王をもうけた。永徳《えいとく》三年(一三八三)におきた後円融上皇と足利義満の不和の際には、上皇を宥《なだ》め、公武の調停《ちょうてい》に尽力した。康暦《こうりゃく》二年(一三八〇)に三宮《きんのみや》に准《じゅん》じられ、永徳三年には院号宣《せん》下《げ》により、崇賢門院と称する。

参考文献 臼井信義『足利義満』(人物叢書)、一九八九、吉川弘文館。 (錦 昭江)

すうていがくえん 崇貞学園 一九二一年(大正十)に、牧師清水安三《しみずやすぞう》・美穂《みほ》夫妻によって、貧しい民衆の居住区である北京朝陽門《ペキンちょうようもん》外に創設された中国人子弟のための学校。当初は慈善《じぜん》学校「崇貞平民女子工読学校」として出発。一九三五年(昭和十)に、小泉郁子《いくこ》が安三と結婚して学園長となるや、学園は拡大発展し、小学部の共学も実現。一九三九年に崇貞日本女子中学校(一九四三年に崇貞高等女学校)も併設され、自由と平等のもとで、朝鮮人女性の教育も行われた。しかし、資金面では外務省文化事業部補助金を継続的に受け、郁子自身がこの事業を「教育的宣撫《せんぶ》事業」と公言するなど、当時の国策協力線上の活動という側面もみられる。

参考文献 榑松かほる『小泉郁子の研究』、二〇〇〇、学文社。「清水安三記念プロジェクト」編『清水郁子の思想と教育実践』、二〇〇四、桜美林大学。 (橋本 紀子)

すえつむはな 末摘花 『*源氏物語』の登場人物。*光源氏の多妻の中でも存在感の薄い女性。常陸宮《ひたちのみや》の娘で醍醐《だいご》の阿闍梨《あじゃり》の妹。父の死後、琴を相手にひっそりと暮らしていた。噂を聞いた源氏はこの姫君になぞめいた興味を抱き、逢いに行く。再び訪れた翌朝、雪明りで見た姫君は不器量で、長い顔は額が広く、垂れ下がった長い鼻の先は染めたように紅色であった。末摘花は鼻先が赤いことによるあだ名である。胴長でやせ細り、上に着ている黒貂《くろてん》の皮衣《かわごろも》もやぼったかった。源氏は驚いて退出しながらも、その貧窮《ひんきゅう》ぶりに同情して世話役を引き受ける。源氏の須磨謫居《すまたっきょ》後は生活も困窮し邸も荒れ果てたが、西国への同行を求める叔母の誘いを拒絶して源氏を待ち続ける。思い出して訪れた源氏は、末摘花の心根に同情して彼の邸、二条院に迎え、変わらぬ庇護《ひご》を続けた。藤原俊《ふじわらのとし》成《なり》の女《むすめ》の著『*無名草子《むみょうぞうし》』では彼女を「何の取り柄もないのに待ち続けたことで幸運を得た女性」といい、これが中世の女性間での一般的な評価と思われるが、*御伽草子《おとぎぞうし》の『*花鳥風月《かちょうふうげつ》』などでは、彼女は源氏が心にかけた女性みんなと光源氏を強くうらんでいたとした。

参考文献 『源氏物語』(日本古典文学大系)。『源氏物語』(日本古典文学全集)。西村汎子「お伽草子『花鳥風月』に見る夫婦観と時代背景」(『古代・中世の家族と女性』二〇〇二、吉川弘文館)。 (西村 汎子)

すおうのないし 周防内侍 生没年不詳 十世紀中ごろから十一世紀前半ころの女流歌人。本名平仲子《たいらのちゅうし》。父は、和歌六人党の一人で周防守《すおうのかみ》・因幡守平棟仲《いなばのかみたいらのむねなか》。後冷泉《ごれいぜい》・後三条・白河・堀河《ほりかわ》の四代の天皇に仕え、掌侍《ないしのじょう》として活躍したことが、『中右記《ちゅうゆうき》』等にみられる。当時の歌壇で、讃《さぬ》岐典侍《きのすけ》・弁乳母《べんのめのと》・従二位《じゅにい》親子《しんし》らの女流歌人や大江匡房《まさふさ》・藤原通俊《みちとし》らの歌人と広く交流した。寛治七年(一〇九七)五月五日郁芳門院根合《いくほうもんいんねあわせ》をはじめ、白河・堀河朝期の多くの歌合《うたあわせ》にも出詠している。

参考文献 稲賀敬二「周防内侍伝考」(『国語と国文学』三一ノ八)、一九五四。 (和田 律子)

すかてひめのひめみこ 酢香手姫皇女 生没年不詳 用《よう》明《めい》天皇の娘。母は『日本書紀』では葛城直磐村《かつらぎのあたいいわむら》の娘広子《ひろこ》、『*古事記』では当麻倉首比呂《たぎまのくらのおびとひろ》の娘飯女《いいめ》(『上宮聖徳法王帝説《じょうぐうしょうとくほうおうていせつ》』では葛城当麻倉首比里古《かつらぎのたぎまのくらのおびとひさこ》の娘伊比古郎女《いいこのいらつめ》と表記)と異なる。『日本書紀』によれば、用明天皇・崇峻《すしゅん》天皇・*推《すい》古《こ》天皇の三代三十七年にわたり、*伊勢神宮で祭祀《さいし》を担った。酢香手姫皇女など雄略《ゆうりゃく》天皇以降の伊勢神宮祭祀は、ヤマト政権の東国進出と関わりが指摘され、*斎宮制度《さいぐうせいど》の先駆《せんく》形態として理解することも可能である。

参考文献 『日本書紀』用明天皇即位前紀。直木孝次郎「天照大神と伊勢神宮の起源」(『日本古代の氏族と天皇』一九六四、塙書房)。 (黒瀬 之恵)

すがわらのたかすえのむすめ 菅原孝標の娘 ⇩更級日記《さらしなにっき》

すぎたにつも 杉谷つも 一八八七―一九四六 大正時代末期の農民運動家。旧姓中島。熊本県八代《やつしろ》郡生まれ、結婚後に郡築《ぐんちく》村(八代市)発足時に入植、夫は先立つ。一九二三年(大正十二)、郡築小作争議では女房約四百名の旗頭《はたがしら》をつとめる。翌一九二四年日本農民組合(日農)第三回大会代議員の中で唯一の女性として「婦人代議員」選出について発言。同夜、郡築の窮状《きゅうじょう》を訴えた「おはぐろ」演説は名高い。翌年争議敗北を知り、日農の杉山元治郎《すぎやまもとじろう》に習い覚えた文字で「社会の鏡」に問いたいと記す。その後中国東北部・長春(新京)に渡り、戦後日本の民主化に期待しながら没した。

参考文献 内田敬介「郡築小作争議と杉谷つも」(熊本近代史研究会編『大正デモクラシー期の体制変動と対抗』一九九六、創流出版)。くまもとの女性史編さん委員会編『くまもとの女性史』資料編、二〇〇〇、くまもと女性史研究会。 (岸 伸子)

杉田久女

すぎたひさじょ 杉田久女 一八九〇―一九四六 大正・昭和時代の俳人。鹿児島市の赤堀廉蔵《あかぼりれんぞう》・さよの三女。本名ひさ。東京女子高等師範学校附属高等女学校卒業。画家で中学教師の杉田宇内《うだい》と結婚し小倉《こくら》に住む。高浜虚子《たかはまきょし》に師事し『ホトトギス』に熱心に投句して頭角を現わすが夫との人生観の違和に苦悩し、「足袋《たび》つぐやノラともならず教師妻」と詠む。夫婦でキリスト教に入信した。「谺《こだま》して山ほととぎすほしいまま」は師虚子の客観俳句を超えた近代性がある。句誌『花衣《はなごろも》』を創刊したが強い個性が反発を招き除名され俳句と絶縁し筑紫保養院で死去。作品は『杉田久女句集』(石昌子編、一九六九年、角川書店)に収められている。

参考文献 増田連『杉田久女ノート』、一九七八、裏山書房。 (村岡 嘉子)

すぎのこかい 杉の子会 東京の杉並近隣の母親たちが一九五三年(昭和二十八)から十数年続けた読書会。苦《にが》い戦争体験から、平和のため世界に目を向けて社会の真実を知り、みずからの判断で行動する力をつけたいと、社会科学の本を読みあった。大学教授安井郁《やすいかおる》を講師に、新築の杉並公民館で毎月一回開催。一九五四年からの*原水爆禁止運動への積極的な参加は、学んだことを社会に生かす実践の機会となった。機関誌『杉の子』を十三回発行。会名は童謡「お山の杉の子」から。

参考文献 杉並区立公民館を存続させる会編『歴史の大河は流れ続ける―杉並公民館の歴史―』一―四、一九八〇―八四。杉並区女性史編さんの会編『杉並の女性史』、二〇〇二、ぎょうせい。 (金澤七友実)

すぎのよしこ 杉野芳子 一八九二―一九七八 昭和時代のデザイナー。ドレスメーカー学院の創設者。千葉県生まれ。幼い時から*職業婦人を目指し、高等女学校卒業後、鉄道省事務員・小学校教師を経て一九一三年(大正二)渡米し洋裁を研究、結婚後一九二〇年に帰国。日本に洋服を広めたいという思いから一九二六年に日本初の洋裁学校であるドレスメーカースクールを創設。生徒三人からの出発であったが、その後急増。一九三五年(昭和十)日本初のファッションショーを開く。戦後は短期大学学長を務め、世界的に活躍した。著書に『炎のごとく』(一九七六年、講談社)がある。

参考文献 林えり子「Achievement歴史の肖像(七)杉野芳子(ドレスメーカー学院創始社)―日本女性の自立を促した洋裁のパイオニア―」(『Agora』一一ノ七)、二〇〇一。紀秋天「歴史を駆け抜けた女性経営者パート二(三)日本女性に洋装を普及させた「杉野芳子」」(『先見経済』二五〇五、)、二〇〇四。 (友野 清文)

すぎむらキナラブック 杉村キナラブック 一八八八―一九七四 明治から昭和時代にかけての農家、アイヌ伝統工芸作家。*アイヌ口承文芸の語り手としても知られる。北海道雨竜《うりゅう》郡深川《ふかがわ》村一已《いちやん》(深川市)に生まれた。一九〇五年(明治三十八)に結婚し、旭川《あさひかわ》市で農業に従事する。一九四九年(昭和二十四)、旭川で開催された北海道開発博覧会に協力。一九五四年に昭和天皇が旭川を訪れた際には口承文芸を演ずる。一九六六年、作品を展示した「生きているユーカラ展」開催、旭川市文化賞受賞。一九六九年には『キナラブック・ユーカラ集』(旭川叢書)を刊行した。

参考文献 『アイヌ民話全集』一(中川裕校訂・大塚一美編訳)、一九九〇、北海道出版企画センター。 (奥田 統己)

すぎむらはるこ 杉村春子 一九〇六?―一九九七 昭和・平成時代の俳優。広島県出身。置屋《おきや》経営などをしていた中野家の養女として育つ。正確な生年は不明。音楽の代用教員を経て築地小劇場に参加。一九三七年(昭和十二)創設の文学座では中心的な存在となる。代表作に『女の一生』『欲望という名の電車』など多数。映画でも戦中・戦後を通じてバイ=プレイヤーとして活躍した。著書に『舞台女優』(一九八〇年、PHP研究所)などがある。

参考文献 大笹吉雄『女優杉村春子』、一九九五、集英社。中丸美繪『杉村春子―女優として、女として―』(文集文庫)、二〇〇五、文芸春秋。 (池川 玲子)

ずきん　頭巾　冠帽具《かんぼうぐ》もしくは被《かぶ》り物の一種。頭部や面《めん》貌《ぼう》を覆うものである。男女の別なく用いた。そのバリエーションは角《かく》頭巾・投《なげ》頭巾・袖《そで》頭巾・宗十郎《そうじゅうろう》頭巾・丸《まる》頭巾など実に多彩で個性的。中世末期ころより近世を通じて広範に用いられたが、頭部と面貌の両方を覆う頭巾は徳川三代将軍家光のころに禁止された。面貌を隠すことで浪人等が性別を偽り女性の振りをしたためでもある。なお、帽子綿《ぼうしわた》による被り物もある種の頭巾といえる。

参考文献　宮本馨太郎『かぶりもの・きもの・はきもの』(民俗民芸叢書)、一九六八、岩崎美術社。　（佐多　芳彦）

ずしぎみ　辻子君　室町時代に出現した*娼婦《しょうふ》の一種。図子君とも書く。辻子とは、京の町中に作られた小路・路地のことを指し、辻子君は、そこに構えた店で客をとった。『嬉遊笑覧《きゆうしょうらん》』でも「づし君は家に居るものなり」とあり、路傍《ろぼう》に立って客を引く「*立君《たちぎみ》」と区別される。十六世紀初頭に成立した『*七十一番職人歌合』の中の三十番には、客を引き入れようと誘う、のちの*遣手婆《やりてばば》にあたる女性と垂髪《すいはつ》・上臈姿《じょうろうすがた》の辻子君の姿が、客とともに描かれている。

参考文献　岩崎佳枝『職人歌合』(平凡社選書)、一九八七、平凡社。　（曾根ひろみ）

すずきヨネ　鈴木ヨネ　一八五二―一九三八　明治から昭和時代にかけての実業家。大正期に全盛だった神戸の総合商社鈴木商店の店主。嘉永《かえい》五年(一八五二)八月十二日姫路生まれ。一八七七年(明治十)砂糖商カネタツ鈴木商店の鈴木岩治郎《いわじろう》と再婚。一八九四年の夫死亡後、ヨネはみずからの意志を通して店主となり大番頭金子直吉《かねこなおきち》を通じて総合商社的鈴木商店を築き上げた。一九二三年(大正十二)株式会社の社長となったが、金融恐慌《きんゆうきょうこう》でたちゆかなくなった商店を一九二七年(昭和二)に倒産させ、気骨のある女事業家とされた。一九三八年五月六日没。

参考文献　荒井とみよ「鈴木よね」(円地文子監修『近代日本の女性史』六、一九八二、集英社)。　（石崎　昇子）

すせりびめ　須勢理毘売　古事記神話にみえる*女神で、根の国の王であるスサノヲの女《むすめ》。多くの兄弟神に苛《いじ》められ根の国に逃れてきたオオクニヌシに一目ぼれして結婚する。夫が父に蛇・呉公《むかで》・蜂の室屋《むろや》に入れられるとそれらを打ち払う領布《ひれ》を授けて助け、虱《しらみ》(呉公)を取らされるときには、木の実と赤土を授けて父に気に入られるようにした。気を許したスサノヲが寝込んだすきにオオクニヌシは根の国の宝を持ち出し、スセリビメを背負って葦《あし》原中国《はらのなかつくに》に逃れる。根の国の試練に耐えたオオクニヌシは地上の王となり、スセリビメは王の嫡后《おおきさき》となる。『*古事記』だけに語られている根の国のスセリビメは、勢いのままに進むヒメという名前のとおり、父の同意を得ずにみずからすすんで結婚する女神である。根の国という他界は地上に幸や不幸をもたらす根元の国と観念されており、葦原中国の豊饒《ほうじょう》と深く関わる根の国の王女であったスセリビメは、夫であるオオクニヌシに大地の生産力を授ける力をもっていた。大国主《おおくにぬし》が葦原中国の王となるためには、根の国という母胎《ぼたい》をくぐりぬけ、スセリビメを妻としなくてはならなかったのである。

参考文献　西郷信綱「黄泉の国と根の国」(『古代人と夢(新装版)』一九九九、平凡社)。松本直樹「トヨタマビメとスセリビメ」(『古事記神話論』二〇〇三、新典社)。　（川上　順子）

すだはるこ　須田春子　一九〇九―九五　昭和・平成時代の古代女性史研究者、教育者。一九〇九年(明治四十二)一月二十九日、宮城県遠田《とうだ》郡に須田常治郎・むめよの四女として誕生。青山女学院高等女学部、東京女子高等師範学校卒業。一九三一年(昭和六)宮城県古川《ふるかわ》高等女学校教諭となるが、三六年東京文理科大学史学科に三人目の日本史専攻女子として入学。卒業後梅花《ばいか》女子専門学校教授となるが結核療養のため退職。四五年青山学院高等女子部教員、青山学院大学第二部助教授、教授を経て、六八年文学部史学科教授。この間『青山女学院史』(一九七三年)を編纂。七七年定年退職、名誉教授。その後精力的に正倉院文書等の実証的研究による『律令制女性史研究』(一九七八年)、平安時代前半期を中心とした『平安時代後宮及び女司の研究』(一九八二年)を発表。八三年に筑波大学文学博士の学位を取得。さらに「奈良・平安文化史研究会」を主催し雑誌『古代文化史論攷』を発行し平安時代後期の女性史研究を発表した。一九九五年(平成七)十二月四日八十六歳で死去。

参考文献　「須田春子先生年譜と業績」(『古代文化史論攷』一六、一九九七)。　（勝浦　令子）

スチュワーデス　スチュワーデス　⇩フライト＝アテンダント

すてご　捨子　〔古代〕古代の捨子は、特定の子を遺棄《いき》する習俗として存在した。遺棄の理由は、まず子の身体異常への嫌悪《けんお》があげられる。三歳まで足が立たず親神に捨てられた蛭児《ひるこ》(『日本書紀』神代上)や十余歳まで歩けぬ子を母親が深い淵《ふち》に捨てた説話(『*日本霊異記《にほんりょういき》』中巻第三十話)がこの事例である。異常な身体性に*穢《けが》れを見いだし、そうした身体保持者を「祓《はらえ》」の目的で山野河海《さんやかかい》などの無主の地に放逐《ほうちく》する、という固有法的な罪観念の反映とみられる。また一方で、身体異常の子を儀礼的に捨て、改めて子を拾うことで子の生命力の再生をはかる、という民間習俗も存在した。九世紀後半以後は、*継母《ままはは》による*継子《ままこ》いじめなど家内の軋轢《あつれき》や、貧困による捨子が王朝都市を中心に発生。都市の門や路辺に捨てられた子を施薬《せやく》院《いん》・悲田院《ひでんいん》で保護する施策も出されたが、ほとんど機能せず、捨子が犬・烏《からす》に食べられるという悲惨な現実が記録に残されている(『政事要略《せいじようりゃく》』七〇、貞観《じょうがん》九年(八六七)二月七日宣旨)。

参考文献　井上正一「不具の子を捨てる民俗」(『日本歴史』二八二、一九七一)。西山良平「〈王朝都市〉の病者と孤児」(上田正昭編『古代の日本と東アジア』一九九一、小学館)。田中禎昭「古代老者の「棄」と「養」」(『歴史評論』五六五)、一九九七。　(田中　禎昭)

〔中世〕育てなければならない*子どもをひそかに捨てること。また、そうして捨てられた子ども。公家新制《くげしんせい》(保元《ほげん》二年(一一五七)・建久《けんきゅう》二年(一一九一)・寛喜《かんぎ》三年(一二三一))や弘長《こうちょう》元年(一二六一)の鎌倉幕府法(追加法三百九十七条)には、病者とともに「孤子《こじ》」の遺棄《いき》禁止および施薬《せやく》院《いん》・非田院《ひでんいん》(幕府法では無常堂《むじょうどう》)への送付が定められるが、捨子としての実態は不明。*飢饉《ききん》・疫病《えきびょう》・戦乱などの災害、貧困、障害児(奇形児)、私生児といった理由で、捨子は数多く存在したと考えられる。そして、特に乳幼児の捨子の場合は、餓死《がし》、あるいは犬に食われてしまうなど死に至ることが多かったと思われる。一方、しばしば高僧伝記には捨子であったことが記されることから、誰かに拾われて養育され(隷属《れいぞく》的身分へ転化する可能性を含む)、あるいは寺院に収容される捨子も存在したであろうことが想定される。なお、捨子の問題は、子どもを捨てざるを得なかった女性(母親)の境遇という視点から問題を捉えることも重要であろう。

参考文献　細川涼一「中世の捨子と女性」(『女の中世―小野小町・巴・その他―』一九八九、日本エディタースクール出版部)。大喜直彦「中世の捨子」(『日本歴史』六一五)、一九九九。　(斉藤　研一)

〔近世〕扶養《ふよう》すべき子供をひそかに捨てること、あるいは捨てられた子供。みずからに替わる子の扶養者をみつける手段として、拾われることを期待して行われるものと、人目の付かない山・川へ遺棄《いき》する子殺しに近いものとがあった。前者の場合、有力者の家の門前等に捨てられ、産着《うぶぎ》や襁褓《むつき》、守巾着《まもりぎんちゃく》、扇子等の品や書付が添えられた。また、非人身分からの脱出を図る捨子もあり、身分制維持のため、捨子は非人に引き取らせることもあった。捨子は都市・農村ともにみられたが、ことに都市問題としての要素が強い。農村から流入し都市を支えた都市細民層の貧困や共同体扶助機能の低さなどが都市における捨子発生の背景であり、農村においては、譜代下人の自立化と大経営体の解体や近世中後期に顕著《けんちょ》となる農村荒廃がその一要因とされる。生類憐《しょうるいあわ》れみ令を画期に幕府・諸藩は繰り返しこれを禁じ、血縁・地縁集団における連帯責任のもと子の養育を義務づけ、捨子発生の防止と養育奨励策がとられた。

参考文献　塚本学『生類をめぐる政治』(平凡社ライブラリー)、一九八三、平凡社。妻鹿淳子『犯科帳のなかの女たち』(平凡社選書)、一九九五、平凡社。沢山美果子『性と生殖の近世』、二〇〇五、勁草書房。　(松本　純子)

〔近現代〕近代における捨子の養育については、共同体が養育者のない子を引き受けて養育していた制度が幕末混乱期に崩壊したところから始まる。明治政府は、戸籍によって直接全国民の把握をめざすが、生所不分明な十五歳以下の子を棄児《きじ》ととらえ、江戸時代後半には町・村落が負っていた養育負担を、明治三年(一八七〇)に棄児養育米規則を出し国家財政から支出することにした。最初は十五歳以下であったが一八七三年からは十三歳以下となり、一八七五年には養育費は現物支給から金銭支給となった。しかし、財政不足で施行は充分ではなく、災害などで養育者を失った孤児《こじ》も含め民間の孤児院などによって対応がなされる場合が多かった。一八八七年に石井《いしい》十次《じゅうじ》が創立した岡山孤児院は有名である。棄児養育米規則は一九三二年(昭和七)救護法施行に引き継がれた。第二次世界大戦後は*戦災孤児や占領兵士との間の子の捨子などが増大し、一九四七年(昭和二十二)十二月公布の児童福祉法は人権に基づく保護制度の整備をめざした。現代は同居での養育放棄が棄児的危機として問題になっている。

参考文献　池田敬正『日本社会福祉史』、一九八六、法律文化社。『厚生省五十年史』、一九八八、厚生問題研究会。石崎昇子「明治維新と生殖倫理」(黒田弘子・長野ひろ子編『エスニシティ・ジェンダーからみる日本の歴史』二〇〇二、吉川弘文館)。　(石崎　昇子)

すてごきんしれい　捨子禁止令　子どもの遺棄《いき》を禁じ、その養育を奨励する法令。生類憐《しょうるいあわ》れみ令の一環として、幕府が貞享《じょうきょう》四年(一六八七)に発した触《ふれ》を画期に諸藩においても積極的に発令された。同年四月の幕令では捨てられた所の者が直に*捨子を養育するか、希望者へ養子に遣わすべきことを布告し、元禄三年(一六九〇)十月には養育困難な場合は主人・代官・手代・名主・五人組等へ届けよとされた。さらに江戸の元禄三年十一月令・同九年令では、七歳ないし三歳までの子供の死亡・養子・引越等の動向把握や地借《じがり》・店借人《たながりにん》の妊娠*出産の届出を命じている。発見地における養育責任の明示と養子による生命の保証、捨子発生防止策といえる。岡山藩や京都の例のように、藩や町が支給した養育料を添え捨子を養子に出すことが行われたが、それは養育料稼ぎの捨子や子殺しをも誘発した。捨子を行なった者は処罰され、養育料目当ての捨子・養子殺しは特に厳罰に処せられたが、捨子はなくならず、安政四年(一八五七)江戸神田仲町栄二郎《かんだなかちょうえいじろう》の捨子養育所設立願のような構想もみられた。

参考文献　菅原憲二「近世京都の町と捨子」(『歴史評論』四二二)、一九八五。塚本学『生類をめぐる政治』(平凡社ライブラリー)、一九九三、平凡社。立浪澄子「近世捨子史考」(福田光子編『爛熟する女と男―近世―』二〇〇〇、藤原書店)。　(松本　純子)

ストーカー　ストーカー　ストーキング行為をする人のこと。ストーキングとは、「獲物にそっとしのび寄ること、そっと跡をつけること」の意味である。ストーカー事件については、常に法律の不備や警察の消極的対応が問題とされてきた。一九九九年(平成十一)の「桶川《おけがわ》事件」では、当時女子大生だった被害者が何度も警察に救助を求めたにもかかわらず、ストーカーに殺害されてしまった。この事件をきっかけとして二〇〇〇年、つきまとい等をして相手に不安を与えてはならないとする「ストーカー規制法」が制定され、警告や禁止命令の対象となった。ストーキング被害者の約九割は女性とされ、ストーキングは男性から女性への支配とコントロールを中核とする犯罪であり、*ドメスティック＝バイオレンスや*セクシュアル＝ハラスメントの一環としてストーキングが行われる場合も多い。ストーキングを放置すると、殺人・傷害・*強姦《ごうかん》などにエスカレートする危険があるので、早期段階での対処や介入《かいにゅう》が必須である。

参考文献　秋岡史『ストーカー犯罪—被害者が語る実態と対策—』、二〇〇二、青木書店。P・E・ミューレン・M・パテ・R・パーセル『ストーカーの心理—治療と問題の解決に向けて—』、二〇〇三、サイエンス社。

（井上摩耶子）

ストッキング　ストッキング　長靴下をさす。ごく少数の*職業婦人が*洋装の着用とともにストッキングをはき始めたのは明治の中期。第二次世界大戦後、素材でいえば絹・*木綿の天然繊維から一九五二年（昭和二十七）のナイロンの合成繊維へ、形態でいえば後ろにシーム（縫い目）のあるフルファッションから一九六一年の縫い目なしのシームレスへ、さらには一九六九年のシームレスのパンティ＝ストッキング（パンスト）へと劇的な変化が起った。とくに一九六〇年代後半のミニ＝スカートの流行による女性の身体の開放が、それにふさわしいモノとしてパンストを急激に普及させた。この二つの組合せは女性に膝や背筋を伸ばし、堂々とした姿勢で歩くことを要求し、ひいては女性の身体感覚を変え、活動の自由を広げることになる。

参考文献　上坂冬子『女が振り返る昭和の歴史』、一九八九、中央公論社。千村典生『戦後ファッションストーリー—一九四五—二〇〇〇—（増補版）』、二〇〇一、平凡社。天野正子・桜井厚『「モノと女」の戦後史—身体性・家庭性・社会性を軸に—』（平凡社ライブラリー）、二〇〇三、平凡社。高度成長期を考える会編『高度成長と日本人（新装版）』二、二〇〇五、日本エディタースクール出版部。

（天野　正子）

すなかわちよ　砂川ちよ　⇨基地反対闘争《きちはんたいとうそう》

すなざわクラ　砂沢クラ　一八九七—一九九〇　大正・昭和時代の農家。アイヌ語日本語対訳による自叙伝《じじょでん》『私の一代の思い出—クスクップオルシペ—』（一九八三年、みやま書房）などの著者。北海道上川郡鷹栖村近文《たかすむらちかぶみ》（旭川《あさひかわ》市）生まれ。一九一七年（大正六）に結婚し、雨竜町《うりゅうちょう》・滝川《たきかわ》市・などで農業を営むとともに夫の狩猟業を助ける。*アイヌ口承文芸の語り手としても知られ、道内外の観光地での活動や研究者への協力も積極的に行なった。口承文芸の筆録に加え、一九六七年（昭和四十二）から自叙伝の執筆を開始し、一九八三年に刊行した。他の著書に『クスクップオルシペ—私の一代の話—』（一九八三年、北海道新聞社）がある。

（奥田　統己）

すみいすゑ　住井すゑ　一九〇二—九七　昭和・平成時代の作家。奈良県磯城郡平野村《しきぐんひらのむら》（田原本町《たはらほんまち》）に生まれる。一九一九年（大正八）、十七歳で上京し講談社の記者となるが、翌年女性社員差別に抗議して退社。以後執筆活動に専念する。一九二三年、農民文学作家の犬田卯《いぬたしげる》との間に第一子が誕生し婚姻届けを出す。病弱の夫を助け四人の子供を育てる傍ら原稿料で家計を支えるが、一九五七年（昭和三十二）夫が死去。翌年から、住井の代表作『橋のない川』の執筆準備にかかり、一九五九年より雑誌『部落』に連載を開始。一九六一年から一九九二年（平成四）までの間に七冊にわたり新潮社より刊行された同作品には、七歳のときに知った奈良の被差別部落の実態と、八歳で出会った幸徳秋水《こうとくしゅうすい》の反天皇制思想が彼女の思想の原点として貫かれている。『橋のない川』第八部の表題のみを記して、九十五歳で茨城県牛久《うしく》市内の自宅で死去した。そのほかの代表作に、『夜あけ朝あけ』（一九五四年）、『向い風』（一九五八年）がある。

（黒川みどり）

スミス、サラ＝クララ　Sarah Clara Smith　一八五一—一九四七　来日独身女性宣教師。在米長老派海外伝道局日本ミッション所属。一八八〇年（明治十三）来日、築地《つきじ》の新栄《しんさかえ》女学校の教員となるが、健康を害し、一八八三年函館に移り、教育・伝道活動に従事。一八八六年、北海道尋常《じんじょう》師範学校講師として札幌に移住。翌年、女学校を開設、これが、現在の北星《ほくせい》学園に発展。北海道における*女子教育の草分け的存在となる。一九一五年（大正四）、名誉校長、一九二一年、理事長に就任。一九二二年、ミッションより引退。一九二三年、勲六等宝冠章《ほうかんしょう》。一九三一年（昭和六）、帰米。一九四七年、カリフォルニア州パサディナで死去。

参考文献　『北星学園百年史』、一九九〇。小檜山ルイ『アメリカ婦人宣教師』、一九九二、東京大学出版会。

（小檜山ルイ）

すみともセメントとじけん　住友セメント事件　⇨結婚《けっこん》退職制《たいしょくせい》

すみやこうめ　炭谷小梅　一八五一—一九二〇　明治・大正時代の社会事業家。岡山孤児院の母と呼ばれる。備《び》前国《ぜんのくに》（岡山県）生まれ。両親と早く死別、生活のため*芸者となり県の役人に囲われて妻妾《さいしょう》同居し子を得るも、キリスト教と出会い回心。金森通倫《かなもりみちとも》らの指導を受け神戸女子神学校にて訓練後伝道に励む。一八八七年（明治二十）石井十次《いしいじゅうじ》の岡山孤児院開設に協力し寮母となる。十次昇天後も孤児院を守り献身した。岡山婦人矯風会《きょうふうかい》を発足させ禁酒・*廃娼《はいしょう》運動にも尽力した。

参考文献　小野田鉄弥『炭谷小梅姉追懐録』、一九四一。

（影山　礼子）

すむ　棲む　平安時代の文献《ぶんけん》に現れる、男が妻方《つまかた》に居住する行為を表わす語句。「住む」とも書く。*高群逸枝《たかむれいつえ》によれば、古代の*婚姻《こんいん》史は、大和時代の夫婦別居である

*妻問婚《つまどいこん》(ヨバヒ・カヨヒの語に表わされる)から、過渡期《かと》である奈良時代前後の前婿取婚《ぜんむことりこん》をへて、平安時代中期に夫婦同居である純婿取婚(スミの語に表される)に向かう、とする。婿取婚の行為を特徴づけている中心的な語句として、平安時代の物語・和歌集などによくみられる「住み・棲み」の語をあげていて、本義は男が女家に滞在・同棲《どうせい》するという意味だとする。類型的に、「通い式」の婚姻から、「住み式」の婚姻に発展した、というわけである。住み式は、儀式を必要とし、婿取り即住みの形態であり、男は女家に住み着き、正妻とみなされる配偶者との同居婚であった、とする。要は、住む・棲むは、同居・同棲の意味であり、当時は男が妻方に同居する、という場合によく使われた、ということだろう。

参考文献 高群逸枝『招婿婚の研究』(高群逸枝全集二・三)、一九六六、理論社。 (明石 一紀)

すめみおやのみこと 皇祖母命 七世紀半ばに用いられていた、大王の尊属に対する尊称。『日本書紀』では主として女性尊属にあてており、舒明《じょめい》天皇の母である糠手姫《ぬかてひめ》を「嶋《しま》皇祖母命」、*皇極《こうぎょく》天皇の母である吉備姫《きびつひめ》を「吉備《きびつ》嶋皇祖母命」、天智天皇・天武天皇の母である皇極は孝徳天皇への譲位後「皇祖母尊」であったと記す。このほか舒明の父である押坂彦人大兄《おしさかのひこひとのおおえ》を「皇祖」=スメミオヤとする記事があり、スメミオヤの例に含まれる。これらは天智・天武の祖父母・母に用いられている点に特徴がある。スメミオヤの呼称はスメラミコトの称号成立以後の潤色であり、当時はミオヤと呼ばれていたのであろう。ミオヤとは本来的には女性・男性の別なく大王の尊属を称するものであるが、大王の男性尊属は大王である例がほとんどであり、それゆえ女性尊属を指すことが多い。*律令制によって天皇の母に対して*皇太后等の称号が法的に確立すると、皇祖母の称号は使用されなくなる。

参考文献 河内春人「日本古代における「天子」」(『歴史学研究』七四五)、二〇〇一。仁藤敦史「古代女帝の成立」(『国立歴史民俗博物館研究報告』一〇八)、二〇〇三。 (河内 春人)

ズリ 尾類 沖縄で*遊女・*娼妓のこと。ジュリともいう。戦前まで、那覇《なは》の辻・仲島などに*遊廓《ゆうかく》がつくられていた。発生の歴史は明らかではないが、中国との交流があったころから、貿易の港には、遊女たちがいたといわれている。薩摩《さつま》侵入(一六〇九年)以後は、首里《しゅり》王府と薩摩の二重の搾取《さくしゅ》に百姓たちは苦しみ、税を納めるため娘たちは*身売りされたといわれている。風紀の乱れに、王府は士族階級の尾類買いを禁止し、一六七二年に摂政羽地朝秀《せっしょうはねじちょうしゅう》によって辻・仲島がつくられ、*私娼があつめられた。売られた女たちの多くは十歳未満の幼女で、抱え親(アンマー)から行儀作法・芸事など厳しくしつけられ、実の親子ではできないほどの厳しい躾《しつけ》であったといわれていた。「ズリ」は*女郎と同義語といわれているが、「ズ」は沖縄の方言で尾を意味するところから卑しめて呼ばれていた。一九四四年(昭和十九)、十月十日のアメリカ軍の空襲で那覇の街が焼かれ、遊廓も焼失した。戦後、*人身売買は禁止となった。一九七二年、本土復帰して*売春防止法が適用された。 (深沢 恵子)

すわにっき 諏訪日記 信濃《しなの》国島田《しまだ》村(長野県飯田《いいだ》市)の庄屋森本真弓《もりもとまゆみ》の妻都々子《つづこ》の湯治《とうじ》日記。三十四歳で恵まれた一人息子雅久《まさひさ》の足の治療と保養を兼ねて、天保七年(一八三六)の秋、諏訪の名医只木《ただき》の治療を受けるために下諏訪温泉で十五日間母子で湯治生活をしたときの日記。諏訪までの道中は、夫真弓が付き添い、楽しい家族旅行となる。湯治中も夫婦の手紙の交換がなされ、歌人夫婦の*相聞歌《そうもんか》が取り交わされる。暖かい夫婦愛、家族愛が日記から読み取れる。『江戸期おんな考』一一(二〇〇〇年)に翻刻されている。 (柴 桂子)

せ

せいかつかいぜんうんどう 生活改善運動 一般に大正期に始まる民衆の日常生活改変のための運動をいう。それはヨーロッパの生活合理化運動の刺激をうけながら、第一次世界大戦後の経済的・社会的変貌《へんぼう》に対応する政策的・啓蒙《けいもう》的な活動として展開する。まず内務省が一九一七年(大正六)ころから「民力涵養《みんりょくかんよう》」運動をはじめ、ついで文部省が一九二〇年、外部団体として生活改善同盟会を成立させる。委員会組織をつくり、衣食住、交際儀礼、衛生・家庭活動、燃料などについて取り上げる。そこでは合理化・簡素化・能率化などがキイワードとなり、旧《きゅう》慣《かん》・因習《いんしゅう》にこだわる堕性《だせい》的生活を改変する文化運動・倫理運動を行う。地方庁の社会教育主事を推進者として全国に普及することをはかり、講演会・講習会・展覧会などによる活動を展開した。少しおくれて農商務省が一九二一年、世帯《しょたい》の会を組織化し、家庭の生活経済の改善向上を求めて消費・節約などに啓蒙の活動をみせる。これらの生活改善運動による国民生活への介入は、物価が騰《とう》貴《き》するにもかかわらず生活の保守性や浪費があり生活に矛盾や不合理がみえ、生活問題が身近な深刻な課題となり、改善されなければ西欧社会に遅れをとったままだという認識があったといえよう。この政策の展開の周辺には、さまざまの生活関連の会が生まれ、生活改善ブームとなり「国民的文化運動」となっていく。その場合、運動推進者の中に女性で指導的役割を果たしていた人々、教育者や社会的活動家(婦人団体のリーダーなど)やジャーナリストがおり、特に*家政学や家事科の教員などが、組織されたり、連携を強めて参加したり、啓蒙運動の中核となって活動している。しかしその対象は主として都市中間層であり、民衆生活と運動の内容とのギャップは明らかで次第に限界がみえていく。ただ国民生活を注視する運動は、昭和の農村経済更生《こうせい》運動そして戦後の生活改善普及事業などに受け継がれたといえよう。

参考文献　中嶌邦「大正期における「生活改善運動」」(総合女性史研究会編『日本女性史論集』六、一九九八、吉川弘文館)。小山静子『家庭の生成と女性の国民化』、一九九九、勁草書房。

(中嶌　邦)

せいかつかいりょうふきゅういん　生活改良普及員　第二次世界大戦後、農林省生活改善課の指導のもとに実施された生活改善普及事業推進のために設置されたポスト。農業技術の改善・指導などを担う農業改良普及員とともに、農村に直接出向いて、農民生活に関する科学的、合理的知識や技術の普及指導にあたった。法律的には農業改良助長法(一九四八年(昭和二十三))に基づく。各都道府県では資格試験を実施し、合格して採用されると、農業改良普及員とともに各地の農業改良普及所に配属された。普及員たちは農村に分け入って生活改善グループを育成し、衣食住の改善や保健衛生など、広範にわたる活動を手探りで行なっていく。生活改善事業は、農家女性とりわけ「嫁」の立場の女性たちが、台所改善といった日常生活の改善に主体的に取り組むことを通じて、その地位を向上させることを意図していた。なお生活改良普及員の多くは女性であり、対照的に農業改良普及員は男性であった。

参考文献　市田知子「生活改善普及事業に見るジェンダー観―成立から現在まで―」(『村落社会研究』三(一)、一九九五)。天野寛子『戦後日本の女性農業者の地位―男女平等の生活文化の創造へ―』、二〇〇一、ドメス出版。

(野本　京子)

せいかつきょうどうくみあい　生活協同組合　購買・共済・医療・住宅供給などの生活消費活動を協同組合として行う組織。消費者が組合員であり、通称は生協。戦前には自由民権運動のなかで最初の購買組合が設立された。政府は、一九〇〇年(明治三十三)の産業組合法によって購買組合を法認し、第一次世界大戦後になると社会改革をめざす動きと連動して、神戸購買組合・灘《なだ》購買組合や東京の共働社《きょうどうしゃ》グループなどが相ついで設立された。戦後は一九四八年(昭和二十三)の消費生活協同組合法に基づく地域生協や職場生協、学校生協が組織され、五一年には生協の連合体である日本生活協同組合連合会が設立された。主婦などの女性は生協の重要な担い手であり、戦前には料理や栄養、*家計簿の講習会を行う家庭会がつくられ(神戸消費組合)、戦後には家庭班が設置された(鶴岡《つるおか》生協)。石油ショックによる買いだめ批判などで生協の役割が高まり、一九七〇年代には安全な食品や洗剤を求める運動やリサイクル活動など、生協活動が大きく発展した。

参考文献　日生協創立50周年記念歴史編纂委員会編『現代日本生協運動史』、二〇〇二、日本生活協同組合連合会。

(大門　泰子)

せいかつきろくうんどう　生活記録運動　自分をみつめ生活を記録するなかで、自分を変え地域や社会を変えていく運動。小砂丘忠義《ささおかただよし》主宰の『綴方生活《つづりかたせいかつ》』(一九二九年(昭和四)発刊)や東北農村の窮状《きゅうじょう》を直視した教師たちの『北方教育』(一九三〇年発刊)から全国的な民間教育運動として始まり、豊田正子《とよだまさこ》の『*綴方教室』などを生んだ。戦後一九五〇年代から復活し、国分一太郎《こくぶんいちたろう》『新しい綴方教室』、無着成恭《むちゃくせいきょう》『山びこ学校』などが出版され大きな反響を呼んだ。その後大人の生活記録運動として、職場や地域で展開されていった。五二年鶴見和子《つるみかずこ》を中心に「生活をつづる会」、五五年『朝日新聞』*ひととき欄の投稿者による「*草の実会」、日本青年団協議会の「生活記録研究会」などがつくられた。呉羽紡績《くれはぼうせき》『機械のなかの青春』、東亜紡《とうあぼう》績《せき》『母の歴史』、全国地方銀行従業員組合連合会『銀行員の詩集』、鶴見和子編『エンピツをにぎる主婦』(生活をつづる会)などが刊行され、「歴史をつくる国民が、国民の歴史を書き、書くことを通して自分たち自身をつくり変えていく運動」と称された。六三年には主婦たちの投稿誌『わいふ』も創刊された。一九八〇年代に入って高齢者を中心に、戦争体験を含む自分史を綴る運動が広がり、自費出版を含めて多数の書物が刊行されている。

参考文献　日本女子大学女子教育研究所編『婦人と社会教育』(女子教育研究双書)、一九八三、国土社。

(折井美耶子)

せいかつほごほう　生活保護法　憲法第二五条の理念に基づき、すべての生活困窮《こんきゅう》者に対して最低限度の生活保障と自立の助長を目的として一九五〇年(昭和二十五)に制定された法律。一九四六年に同名法である旧生活保護法が制定されたが、当時は*日本国憲法制定以前であり、生存権の理念はなく、怠惰《たいだ》者や素行《そこう》不良者などを保護から除外する「欠格条項」が存置されていた。現行法では、要件を満たすすべての国民が保護を受けることができる無差別平等の原理(二条)、健康で文化的な最低限度の生活が保障される最低生活の原理(三条)、最低限度の生活を維持するのに不足する部分を補う保護の補足性の原理(四条)が規定されている。また、保護実施上においては、申請保護の原則・基準及び程度の原則・必要即応の原則・世帯単位の原則がある。保護の種類は、生活扶助《ふじょ》・教育扶助・住宅扶助・医療扶助・出産扶助・生業扶助・葬祭扶助・介護扶助があり、必要に応じて併給もできる。

参考文献　庄司洋子他編『貧困・不平等と社会福祉』、一九九七、有斐閣。杉村宏他編『現代の貧困と公的扶助行政』、一九九七、ミネルヴァ書房。杉村宏編『現代の貧困と公的扶助』、一九九八、放送大学教育振興会。

(谷口由希子)

せいかんいんのみやおそばにっき　静寛院宮御側日記　*和宮《かずのみや》の侍女*庭田嗣子《にわたつぐこ》の日記。三十冊。嗣子は和宮の父仁孝《にんこう》天皇の*後宮に入り*典侍《ないしのすけ》となる。孝明天皇践祚《せんそ》後も勤仕し、万延《まんえん》元年(一八六〇)十月、和宮が十四代将軍徳川家茂《いえもち》に降嫁《こうか》することが決定すると、輔導を命じられ江戸に随行。日記は輔導《ほどう》の命を受けて以後、嗣子が没する慶応三年(一八六七)十一月までで、「和宮御側日記」二十九冊、「静寛院宮御側日記」一冊からなる。『静寛院宮御日記』二(続日本史籍協会叢書)所収。　(久保　貴子)

せいきょういく　性教育　性に関する、生物学的知識や*ジェンダーを含む社会的側面、人間関係や倫理・道徳などの教育や学習を総合的に指すが、その目的や内容・程度、方法は、時代や論者により異なることが多い。その歴史は戦前三期、戦後三期の六つの時期に区分できよう。戦前は以下の三期である。㈠性欲教育期。明治末期、医学者の富士川游《ふじかわゆう》が、青少年の手淫《しゅいん》防止を目的とした性欲教育を提唱し、一九〇八年(明治四十一)、高輪《たかなわ》中学で生徒対象の講演をした。これが契機の一つとなり、性欲を教育の中でどう扱うか、同年『読売新聞』で識者九名の論考談が、一九一二年『中央公論』に学校長・医学者など計八十名の意見が掲載されたが、多くの回答者が「教えることでかえって弊害《へいがい》がないか」と懸念《けねん》を示した。㈡性欲教育から性教育への転換期。一九二〇年(大正九)前後から、「性欲は性のすべてではない」といった性欲教育批判が展開され、性欲教育は性教育に転換していく。*山本宣治《やまもとせんじ》は「不測の危険を未発に防ぐにたる科学的知識を授ける」という目的から、同志社大学予科の生物学の講義で性教育を実施し、一九二三年『性教育』を刊行、産児調節運動を展開するなど、精力的に活動した。このほか同時期には、*市川源三《いちかわげんぞう》・高橋寿恵《たかはしすえ》らの性教育論を見ることができる。㈢停滞期。性教育の論議は日本が軍事国家の道を歩んでいくにつれ低調になっていき、特に太平洋戦争下において、見られることは少ない。戦後は以下の三期である。㈣純潔教育期。一九四七年(昭和二十二)に文部省内に発足した純潔教育委員会は、一九四九年に「純潔教育基本要綱《ようこう》」を作成する。その付として、作成された安藤画一《あんどうかくいち》『性教育のあり方』の中で、純潔とは「性的交渉は結婚当事者間におけるもののみ」と説明されている。ただし、一九五〇年に委員会から改変された純潔教育分科審議会が、一九五五年に文部大臣に提出した「純潔教育普及徹底に関する建議《けんぎ》」では「純潔教育は、いわゆる封建的貞操《ていそう》観、道徳観、宗教的禁欲主義などの先入観のみによって行われることはのぞましくない」とされている。一九六四年には宇都宮市教育委員会が「第一回純潔教育全国大会」を開催した。㈤純潔教育から性教育への転換期。一九七二年、文部省は「純潔教育と性教育とが同義語」と通達「純潔教育と性教育の関係について」(文社婦第八〇号局長裁定)の中で述べる。同年、朝山《あさやま》新一《しんいち》らが中心となり文部省所管の財団法人日本性教育協会が、一九八二年には山本直英《やまもとなおひで》らにより〝人間と性〟教育研究協議会が設立されるなど、道徳中心の純潔教育から科学的な知識も重視する性教育への転換が目指された。㈥エイズ教育期。一九八〇年代後半、エイズに対する懸念が高まりつつある中で、文部省は一九八八年から「エイズ問題を含む性に関する指導推進事業」を実施する。また、一九八九年(平成元)の学習指導要領改訂により、一九九二年から小学校で保健の教科書が登場し、理科で人の発生などについて取り扱うことになり、これが「性教育元年」とも報道され、以後数年、一種の性教育ブームが巻き起った。ただし、二〇〇二年以降、具体的な性の知識を教えることに懐疑《かいぎ》的な論調(「性教育バッシング」)も目立ちつつある。

参考文献　中嶌邦・田代美江子『性教育研究基本文献集』解説、一九九一、大空社。田能村祐麒「性教育小史」(『セクシャルサイエンス』一—一二六)、一九二一-一九二四。田代美江子「日本の性教育の歩み」(『季刊セクシュアリティ』一一)、二〇〇一。茂木輝順「性教育の歴史を尋ねる」(『現代性教育研究月報』二三ノ五一)、二〇〇五。
(茂木　輝順)

せいさいせい　正妻制　社会的に公認された*婚姻による妻を他の配偶者、妾《めかけ》・内縁の妻などと区別して待遇する婚姻形態。正妻は嫡妻《ちゃくさい》・*北の方・本妻などともいう。夫に対して正妻が一人であることが一般的であるが、イスラム社会のように複数の正妻を認める例もある。家父長《かふちょう》的嫁入婚《てきよめいりこん》が確立した古代中国では、婚姻は大礼《たいれい》の一つとして、納采《のうさい》・問名《もんみょう》・納吉《のうきつ》・納徴《のうちょう》・請期《せいき》・親迎《しんげい》の「六礼」の儀式を経て花嫁は花輿《かよ》に乗って婿《むこ》の家に入った。こうして社会に認知された正妻は、宗廟祭祀《そうびょうさいし》を担い、家政を切盛りし、死後は夫とともに夫家の廟にまつられる存在となる。支配階級では妾の存在は公認されているものの、妻妾《さいしょう》の別は明らかにされ、妾は時に売買の対象となり「宗」の中に位置づけられることはない。これに対して、九世紀以前の日本では婚姻規制がゆるやかで、一対の男女の*恋愛関係から恒常的な性関係をもち同居に至る過程のどこからを婚姻とみなすかは困難である。*離婚についても同様で、同居の解消をもって婚姻そのものが終結したわけではない。このような婚姻形態を*対偶婚《たいぐうこん》という説もある。夫にとって古い妻はコナミ、新しい妻はウワナリとなり、コナミとウワナリとの間に身分差・待遇差はなかったようである。正妻制が最初に明らかになるのは天皇のキサキの例となる。記紀の伝承によれば、原則として皇女から娶《めと》った妻を*皇后と称し、正妻として遇している。律令法ではこれを明文化し、皇后は天皇とともに律令の外に位置づけ、儀式においても皇后と妃嬪《きひん》とを視覚的にも区別した。また、貴族層には蔭位《おんい》の制で、公民には籍帳《せきちょう》の記載の際に、正妻と妾の区別をつけて中国的な正妻制の導入を試みた。しかし、婚姻慣習も家族制度も異なる日本では、正妻制はなかなか根付かなかった。九世紀に入ると貴族層では正妻の地位が確立してくる。

恋愛婚の場合は婚姻開始の時期が明確でないのは相変わらずであるが、一方で、男女双方の親の了承のもと、婚姻の日時が予定され、あらかじめ告知された上で儀式を行う婚姻も一般化する。正妻の地位は、妻たちの出自の高下、婚姻開始の前後、子どもの地位の上下などの結果事後的に決まるのではなく、告知婚《こくちこん》の場合は儀式の段階で、恋愛婚の場合は同居した段階で、社会的に正妻と認知された。正妻の地位は比較的安定しており、正妻との同居の解消＝離婚を前提にしなければ新しい正妻をもつことは社会的に許容されなかった。正妻の男子は出身の階や昇階の速度、官職の面で、女子は配偶者の選択で妾妻の子供たちより優遇される。藤原道長の妻は後世「北の方二所おはします」と称されたが、正妻倫子《りんし》とは生涯同居し、その男子頼通《よりみち》・教通《のりみち》は正五位下に叙爵《じょしゃく》、直後に昇殿《しょうでん》を許され、女子四人はいずれも*入内《じゅだい》した。これに対して、明子《めいし》は同時代の史料では妾とされ、別邸に居住し公的な場所にはほとんど出席せず、男子三人は従五位上で叙爵、女子は入内することはなかった。

参考文献 高群逸枝『日本婚姻史』(日本歴史新書)、一九六三、至文堂。鷲見等曜『前近代日本家族の構造―高群逸枝批判―』、一九八三、弘文堂。関口裕子『日本古代婚姻史の研究』、一九九三、塙書房。梅村恵子「摂関家の正妻」(義江明子編『日本家族史論集』八、二〇〇二、吉川弘文館)。

(梅村 恵子)

せいしつ 正室 〔中世〕正妻。天皇家では、『令義解《りょうのぎげ》』が解くように、「天子之嫡妻《ちゃくさい》」は*皇后であり、皇后は立后《りっごう》の儀により決定した。しかし南北時代朝以降立后の儀は中絶したため建前として皇后は不在であった。天皇家に次ぐ摂関家《せっかん》では*宣旨《せんじ》により北政所《きたのまんどころ》の呼称が許されて、正室と認められた。北方《きたのかた》・北御方ともいう。戦国時代の例であるが、正室は*徳大寺維子《ふさこ》のように夫の代行を勤めることがある。また、中世将軍家の場合、正室は*御台所《みだいどころ》の呼称があった。

参考文献 湯川敏治『戦国期公家社会と荘園経済』、二〇〇五、続群書類従完成会。

(湯川 敏治)

〔近世〕貴人の正妻。江戸幕府が編纂した『*寛政重修諸家譜《かんせいちょうしゅうしょかふ》』では万石以上の妻を「室」、未満の妻を「妻」としている。正室の公式呼称は身分によって異なり、摂関《せっかん》は北政所《きたのまんどころ》、将軍は御台所《みだいどころ》、将軍世子《せいし》夫人は簾中《れんちゅう》といった。御三家の正室も簾中と称されたが、将軍世子夫人がいるときは*北の方《きたのかた》といった。大名家における正室の呼称も、国持《くにもち》大名家では「御前様《ごぜんさま》」、譜代《ふだい》の大名家では「奥様《おくさま》」と呼んでおり、家格による差異があったとみられる。正室の地位は高く、特に将軍御台所は天皇家・宮家・摂家から迎えられ、江戸城本丸*大奥に住み、多くの女中にかしずかれた。諸大名からの折々の献上物があり、従三位《じゅさんみ》以上の位階が与えられ、死去すると普請・鳴物停止《なりものちょうじ》が令され、赦《しゃ》が実施された。表向きの政治に直接関わることはなかったが、六代将軍徳川家宣《いえのぶ》の御台所近衛熙子《このえひろこ》(天英院《てんえいいん》)は夫の死後七代将軍家継《いえつぐ》の後見となり、八代将軍の決定にも関与したといわれる。当主幼少の場合の*後室の力は大名家においても大きかったものと推測される。

参考文献 斎木一馬「徳川将軍生母ならびに妻妾考」(日本歴史学会編『歴史と人物』一九六四、吉川弘文館)。

(松尾美恵子)

せいしょうなごん 清少納言 生没年不詳 平安時代中期の中宮女房。『*枕草子』の作者。生没年は不明であるが、康保《こうほう》三年(九六六)生まれ(夫橘則光《たちばなののりみつ》より一歳年下と推測)、万寿《まんじゅ》二年(一〇二五)ごろ死去とする説がある。父は清原元輔《もとすけ》、母は未詳。清少納言は女房としての呼び名であり、本名は不明である。この清少納言という呼び名も、「清」が清原氏に由来することは明らかであるが、「少納言」の由来については、父兄弟夫に少納言経験者はなく、不明とされる。橘則光と結婚し、天元五年(九八二)に則長《のりなが》を産むが、やがて離婚する。正暦《しょうりゃく》四年(九九三)ごろに一条天皇中宮*藤原定子《ふじわらのていし》の女房として出仕。『枕草子』には、定子の兄弟藤原伊周《これちか》・隆家《たかいえ》を核とする中関白家《なかのかんぱくけ》が栄華を極めた時期が描かれている。母*高階貴子《たかしなのたかこ》の影響で漢籍《かんせき》好きであった定子との関係も良好で、雪の降る日に定子が「香鑪峰《こうろほう》の雪はどうであろうか」と清少納言に尋ね、『白氏文集《はくしもんじゅう》』を元に簾《すだれ》を高く掲《かか》げて見せたという、当《とう》意即妙《いそくみょう》のやりとりが『枕草子』第二百九十九段雪のいと高う降りたるをに記録されている。しかし、定子に仕える女房たちの中には、清少納言は藤原道長に肩入れしていると批判する者もあり、同僚たちとの関係に苦しむ一面もあった。定子と対立した中宮彰子《しょうし》に仕えた*紫式部は、『*紫式部日記』において、「物知り顔をし、他人とは違う才能を持っているようだが、書いたものは十分ではない」と、清少納言を酷評《こくひょう》している。しかし、これは紫式部が意識せずにおられないほどの文才を清少納言が有しており、その評判が高かったことを読み取る必要があろう。藤原定子は長保二年(一〇〇〇)十二月に死去。その女房たちは、定子の遺児に仕える者を除いて、解散したと考えられる。清少納言の動向については不明であるが、摂津守《せっつのかみ》藤原棟世《むねよ》と結婚し、女子(小馬命婦《こまのみょうぶ》)を産んだらしい。晩年は、かつて住んでいた月の輪の山荘で過ごしたという。清少納言が零落《れいらく》したという説話、また、都から流浪《るろう》したとする伝説が四国地方などに残るが、事実とは考えがたい。誓願寺《せいがんじ》(京都市中京区)で出家したとする『誓願寺縁起』も、事実に即したものかは不明である。日本の古典随筆文学を代表する『枕草子』のほかに、歌もよく詠《よ》んだ。歌集に『清少納言集』があり、中《ちゅう》古三十六歌仙《こさんじゅうろっかせん》にも選ばれ、『百人一首』に「夜をこめてとりの空音《そらね》はかるともよに逢坂《おうさか》の関はゆるさじ」が採録されている。

参考文献 岸上慎二『清少納言』(人物叢書)、一九六二、吉川弘文館。宮崎荘平『清少納言と紫式部―その対比論序説―』、一九九三、朝文社。藤本宗利『清少納言―感性のきらめき―』(日本の作家)、二〇〇〇、新典社。枕草子研究

会編『枕草子大事典』、二〇〇一、勉誠出版。萩野敦子『清少納言—人と文学—』(日本の作家一〇〇人)、二〇〇四、勉誠出版。　（京樂真帆子）

せいじょしき　成女式　女子の成人の生涯儀礼の儀式。前近代、社会的に結婚できる一人前の女性であることを可視化する習慣があった。そしてその可視化される身体の表象はそれを始めるに際して厳格な儀礼を伴った。こうした身体の表象とは、厳密には㈠平安時代以降の公・武社会では十二〜十六歳ころまでに行われたもので「髪上げ」「*裳着《もぎ》」「鉄漿《おはぐろ》(お歯黒)」「*置き眉」がある。㈡近世では結婚をした女性が鉄漿をつけることを半元服、加えて眉を剃ることを本元服と呼んだ。なお、本元服は懐妊、もしくは分娩のあとに行うのが一般的という。

参考文献　中村義雄『王朝の風俗と文学』(塙選書)、一九六二、塙書房。江馬務『一生の典礼』(江馬務著作集七)、一九七六、中央公論社。　（佐多　芳彦）

せいしんに　清心尼　一五八六―一六四四　江戸時代初期の八戸《はちのへ》領主。遠野《とおの》南部氏二十一代。八戸領主南部直栄《なおひで》の娘。母は盛岡領主南部信直《のぶなお》の長女千代子《ちよこ》。名は禰々《ねね》。慶長十九年(一六一四)夫の南部直政《なおまさ》が没し、髪をおろして清心と号す。叔父の盛岡領主南部利直《としなお》の指図により跡を継ぎ、元和《げんな》三年(一六一七)八戸の浦山川《うらやまかわ》を所管した。同六年養子の直義《なおよし》に家督を譲る。寛永四年(一六二七)遠野へ移封。盛岡詰の直義に代わって遠野の政務をみた。

参考文献　柳谷慶子「近世初頭の女性領主—盛岡藩八戸南部氏清心尼の家相続—」(『近世の女性相続と介護』二〇〇七、吉川弘文館)。　（久保　貴子）

せいせいかつのちえ　性生活の知恵　男女の性生理・性交の体位・避妊《ひにん》法を説き、性交の体位を人形を用いて図解した書。著者は謝国権《しゃこくけん》(一九二五―二〇〇三)。一九六〇年(昭和三十五)、池田書店より刊行され、瞬く間にベストセラーとなり、セックスブームが起った。一九八五年に絶版となるまでの出版部数は百九十八万五千部とされる。性交体位の説明・図解によって、性の技巧化を招いたと非難された。謝は「性のいとなみは美しいものでなければならない」との思いから、夫婦の結婚生活のための「真の良書」を出版しようと意図した。男性の独善的な性的満足ではなく、男女同時のオーガズムの一致のため、男性の女性への協力・女性の積極性・性交テクニックの獲得を説き、*男女平等の戦後民主主義を反映していた。他方、性行為を性器の結合へと局限した面もある。未婚の青年層にも大いに読まれ、性意識の転換を画した書である。

参考文献　川村邦光「家庭の〈性生活〉の創出—『性生活の知恵』をめぐって—」(服藤早苗他編『恋愛と性愛』二〇〇二、早稲田大学出版部)。　（川村　邦光）

せいとう　青鞜　日本初の女性による文芸雑誌。一九一一年(明治四十四)九月創刊、一九一六年(大正五)二月六巻二号で無期休刊となるまで、間に二回の欠号があるが毎月発刊し、全五十二冊。発行部数は、創刊時千部、最盛期は三千部とされている。発起人は*平塚らいてうをはじめ実務面で支えた保持研子《やすもちよしこ》、編集発行人となった中野《なかの》初子《はっこ》、社に事務所を提供した物集和子《もずめかずこ》そして木内錠子《きうちていこ》の五人。賛助員として著名な作家、*与謝野晶子《よさのあきこ》・*長谷川《はせがわ》時雨《しぐれ》・加藤籌子《かとうかずこ》・国木田治子《くにきだはるこ》・*小金井喜美子《こがねいきみこ》・森しげの七人が加わった。青鞜社員は、東京出身の中産階級であるといわれていたが、現在判明しているだけでもその出身は三十一都道府県にわたり、教員、新聞・雑誌記者など*職業婦人も多かった。青鞜社概則第一条に「本社は女流文学の発達を計り」とある。らいてうの原案には「女子の覚醒《かくせい》を促し」とあったが、雑誌の提案者*生田長江《いくたちょうこう》が「女流文学の発達」に変えさせた。誌名『青鞜』は、イギリスのサロンの女性たちが青い靴下をはいていたことにちなんで長江がつけたといわれている。らいてうの創刊の辞「元始、女性は太陽であつた」は、家族制度のもとで良妻賢母《りょうさいけんぼ》の枠に閉じ込められていた若い女性たちの心を捉え、各地から入社希望の熱烈な声が多く寄せられた。この創刊の辞は、「*山の動く日来《きた》る」で知られる与謝野晶子の巻頭詩「そぞろごと」とともに、日本の女性解放のマニフェストとみなされている。平塚はこれを書いたときから、信州の高山に棲《す》む雷鳥にちなんで筆名を「らいてう」とした。『青鞜』創刊と同じ九月、イプセンの『*人形の家』が文芸協会により*松井須磨子《まついすまこ》主演で上演され、『青鞜』二巻一号をその特集号とした。当時のジャーナリズムは、いわゆる「五色《ごしき》の酒」「吉原登楼《よしわらとうろう》」事件などを取り上げて、『青鞜』の女たちを「*新しい女」としてスキャンダラスに報じた。またこうした「新しい女」の動きを危険視した当局から、姦通《かんつう》を題材とした*荒木郁子《あらきいくこ》の小説「手紙」が原因とされる最初の発禁も含めて、三回の発禁と一回の呼び出し注意処分を受けている。こうした非難・攻撃に対して『青鞜』は、一九一三年十月青鞜社概則を「女子の覚醒を促し」と改正し、婦人問題的性格を持つ雑誌に変容した。らいてうは『中央公論』一九一三年一月号で「自分は新しい女である」と決然と宣言し、五歳下の奥村博《おくむらひろし》(のち博史《ひろし》と改名)との*恋愛、共同生活、*出産という生活体験を経るなかで、*エレン＝ケイの母性主義思想に惹かれていった。一九一五年一月号から、*伊藤野枝《いとうのえ》が発行を引き継ぎ、「無規則無方針、無主義無主張」を掲げた。この前後から女性たちの性と愛をめぐる切実な問題について、*貞操《ていそう》論争・*堕胎《だたい》論争・

『青鞜』第一巻第一号

*廃娼《はいしょう》論争として『青鞜』誌上を中心に展開された。しかし野枝が辻潤《つじじゅん》と別れて大杉栄《おおすぎさかえ》との生活に入ったことによって、一九一六年二月号をもって『青鞜』は無期休刊となった。女性に関するさまざまな問題を大胆に提起し、後世に大きな影響を与えた『青鞜』はここに終焉《しゅうえん》した。復刻版が一九八三年(昭和五十八)に不二出版から刊行されている。

参考文献 堀場清子『青鞜の時代』(岩波新書)、一九八八、岩波書店。日本文学協会新・フェミニズム批評の会編『『青鞜』を読む』、一九九八、学芸書林。米田佐代子・池田恵美子編『『青鞜』を学ぶ人のために』、一九九九、世界思想社。らいてう研究会編『『青鞜』人物事典』、二〇〇一、大修館書店。 (折井美耶子)

せいどういつせいしょうがい　性同一性障害　性同一性(gender identity)に関する障害。身体的性の機能・構造に問題はないが、自己の身体的および社会的性への持続的な不快感と、反対の性に対する強く持続的な同一感がある。治療的援助の方向には、身体的性を当事者の望む性に一致させるか、不一致による苦痛・苦悩を軽減させるかがある。方法には㈠精神療法、㈡ホルモン療法、㈢性別適合手術(以前は性転換手術といった)がある。性別適合手術は、*優生保護法(現在の*母体保護法)違反で医師が起訴され、一審(一九六九年(昭和四十四))、二審(一九七〇年)ともに有罪判決を受けたこともあって、公式には一九九八年十月、埼玉医科大学で行われた手術が最初とされる。性別適合手術を望む、あるいは受けた人を、トランスセクシュアル(ＴＳ＝transsexual)、手術を望まない人を、トランスジェンダー(ＴＧ＝transgender)という場合がある。性的興味の対象の性別に関する、性的指向(orientation)や、性的な相手に対する性行動に関する、性的意向(intention)とは区別される。二〇〇三年(平成十五)「性同一性障害者の性別の取扱いの特例法」が成立し、二〇〇四年七月から、*家庭裁判所の審判により戸籍など身分証明上の性別変更が認められることになった。その基準は、専門医師二名以上によって、性同一性障害の診断を受け、性別適合手術を受けており、二十歳以上で、*婚姻しておらず、子どもがいないこと、という条件を満たすことである。最高裁の発表によると、二〇〇六年十二月末までに、性別変更の申し立ては六百五件、そのうち変更が認められたのは五百七十三件である。

参考文献 虎井まさ衛・宇佐美恵子『ある性転換者の記録』、一九九七、青弓社。山内俊雄『性転換手術は許されるのか―性同一性障害と性のあり方―』、一九九九、明石書店。大島俊之『性同一性障害と法』(神戸学院大学法学研究叢書)、二〇〇二、日本評論社。佐倉智美『性同一性障害の社会学』、二〇〇六、現代書館。 (若尾　典子)

せいどれい　性奴隷　人身を拘束されて性の買売に従事する人びと、女性。近代に再編された*公娼《こうしょう》制度について、*廓清会矯風会《かくせいかいきょうふうかい》による廃娼連盟趣意書は、公娼制度は*人身売買と奴隷制度の二大罪悪を伴うと、全国廃娼同志会は*娼妓《しょうぎ》を醜業《しゅうぎょう》奴隷と記し、帝国議会「公娼制度廃止ニ関スル法律案」の審議では公娼制は一種の奴隷制度であると主張されている。五十年の沈黙をくぐって、みずからの受苦を告発し、日本政府に責任を果たすことを要求した、アジア・太平洋戦争中に日本政府と日本軍が設置した「慰安所」制度の被害女性たちは、一九九三年(平成五)の「国連世界人権会議」ＮＧＯ会議で、性奴隷であったと把握され、この考えは一九九五年のＲ・クマラスワミによる国連の「戦時の軍事的性奴隷制問題に関する特別報告書」に継承された。以後、性奴隷制という考えが定着した。二〇〇一年の「女性国際戦犯法廷」判決文は「性奴隷」を自己の性が侵害を受けないことに対する自己管理を完全に放棄させられた状態と解釈している。 ↓日本軍《にほんぐん》「慰安婦《いあんふ》」

参考文献 VAWW-NET JAPAN編『女性国際戦犯法廷の全記録』、二〇〇二、緑風出版。 (早川　紀代)

せいのしょうひんか　性の商品化　人間の性(*セクシュアリティ・*ジェンダー)を金銭交換可能なものにすること。大部分は女性の性の商品化である。一九六〇年代以降、高度経済成長による大量生産・大量消費時代が到来し、急激な都市化、大衆化により生活様式が変化していったことと、一九七〇年代の*フェミニズム思潮・運動の影響もあり性解放が進み、性の商品化はそれに便乗する形でもたらされた。一九七〇年代後半には買春案内ともいうべき記事や番組がマスメディアに登場し、売買春容認の風潮が強まった。一九八〇年代後半から一九九〇年代初期にはＣＭや広告記事における女性のヌードや身体のパーツ化などが、女性をモノ化する性差別表現として、女性グループの抗議行動が活発になった。女性を容姿によってのみ序列化するミス＝コンテスト反対運動、少女たちの*援助交際(売春)、*セックスワーク論などが、表現の自由、自由意志などとの関連で、その是非をめぐって議論が活発化した。その後、公費によるミス＝コンテストはほぼ廃止されている。

参考文献 江原由美子編『性の商品化』(フェミニズムの主張二)、一九九五、勁草書房。 (ゆのまえ知子)

せいのにじゅうきはん　性の二重規範　⇨貞操論争《ていそうろんそう》

せいびょうだんしのけっこんせいげん　性病男子の結婚制限　⇨新婦人協会《しんふじんきょうかい》

せいふうぞくさんぎょう　性風俗産業　身体的接触の有無にかかわらず、直接・間接に*セクシュアリティの売買により利潤《りじゅん》を得る事業の総称。*売春防止法は性交のみを規制の対象にしたため、施行直後から性交類似行為やその他の性的サービスを提供する業種が、変化しながら関連・周辺産業も含めると巨大産業として繁栄している。法的には「風俗営業等の規制及び業務の適正化等に関する法律」(風俗営業法)によって「性風俗関連特殊営業」として次のように規制・分類される。「店舗型」(個室付浴場いわゆるソープランド、ファッション＝ヘルス、ストリップ劇場、アダルトショップなど)、「無店舗型」(派遣型ファッション＝ヘルス、アダルトビデオ通信販売など)、「映像送信型」(インターネット等によるアダルト映像送信サービスなど)、「店舗型電話異性紹介」(テレフォン＝クラブなど)、「無店舗型電話異性紹介」(出会い系サイトなど)である。事実上、*管理売春と見られるものもあり、これらの法的・社会的認知が、*性の商品化の拡大や女性への暴力の温床になっている。

参考文献 『売買春問題ととりくむ会ニュース』一—、一九七三—。

（ゆのまえ知子）

せいべつしょくむぶんり　性別職務分離　男女が従事する職務・職業・職域が明確に分かれていることをさす。男性が集中する職務は「男性職」、女性に偏っている職務は「女性職」と呼ばれる。男性職は女性職に比して概して、より高い賃金と社会的威信、およびより強い権力を伴っていることが多い。このことは、歴史的に男性職として形成された医師に対して女性職として形成された看護婦(*看護師)の例に明らかであろう。同一職業のなかにあっても、専門的知識や技能、資格や管理能力が必要とされる社会的威信が高い職務に男性がわりあてられ、判断責任や専門的知識・技能を必要とする度合いの低い職務が女性に配分されることが多い。事務職をみても、高い報酬と権力行使を担う管理職の圧倒的多数が男性であり、女性は定型的業務を遂行する一般事務にとどまることが多い。またたとえば教師のうち、初等教育に女性が、中等教育・高等教育に男性がより集中する傾向がみいだされる。こうした性別職務分離は、女性労働研究の中心的課題である。女性が雇用労働に参入する比率を高めてもなお、労働市場における女性の地位と報酬が男性に比して低いのはなぜなのかを解く鍵が、低く価値付けられた職務への女性の集中、すなわち女性職の形成にあるからである。女性職に対する低い価値付けが生じる歴史的背景や、技術革新によってかつての男性職への女性の参入がおこった際にその職務自体が全体として低い価値付けに転ずるメカニズムの解明が求められている。性別職務分離を打破しようとする取り組みとしては、女性の教育・訓練を通じて男性職に参入する動きがある。とりわけ女性が、男性に匹敵しうる職業的資格を獲得することが、有効な手だての一つとして考えられている。また男性職への女性の進出、とりわけ管理職への女性の登用を具体的な数値目標を掲げて取り組むポジティブ＝アクションを推進するうえで国家の政策と企業の取り組みが重要である。

参考文献 竹中恵美子『戦後女子労働史論』、一九八九、有斐閣。木本喜美子『女性労働とマネジメント』、二〇〇三、勁草書房。

（木本喜美子）

せいべつぶんぎょう　性別分業　〔古代〕自然発生的に原始社会で行われた性別原理による労働作業の分担。全く男女の分業がなかったという「始源的状態」なるものは想定しがたい。直立歩行とともに、人類の起源を石器の製作であるとか狩猟の開始に求めることは、故《ゆえ》あることである。さて、この石器の製作も狩猟も、ともに未開民族では典型的な男性の仕事とされていることから、人類の発生はすなわち性的分業の出現でもあったといえる。ジョージ＝ピーター＝マードックは世界の未開諸民族において、男女が労働活動をどのように担っていたか、事例を統計としてまとめている。これを参照して縄文時代の性別分業を具体的に述べるならば、男性は狩猟・漁撈《ぎょろう》・石器製作・木の伐採《ばっさい》・舟作り・交易・漁撈具製作・木登り採集などである。女性は植物採集・土器製作・育児・衣類製作・*水汲み・食物加工・原始的農耕・*出産などである。ほぼ性的分担の固定している労働以外に流動的な分業があり、動物の解体・皮革処理・住まい作り・装飾品加工などは、男が受け持ったり女が受け持ったり、社会によって男女が入れ替わる(時には共同)作業である。主要で手間のかかる労働作業、すなわち男の狩猟時間・女の食物(衣料)加工時間の長短によって、他の労働は空き時間のある性の方が担当する、という平等の原則が働いているようだ。仮に遊牧民なら、家畜の世話は男で、それ以外の労働の大半は女、と分けられる。弥生時代に入れば、男には戦争・金属加工・土木水利工事が加わり、女には、水稲《すいとう》耕作の主用部分・穀物加工・織物が加わっただろう。つまるところ、性的分業というのは、性的原理が極端に働く基本的活動(男だと戦争・狩猟・遊牧、女だと出産・育児・衣料加工)で二極に分かれ、他の諸労働はその活動範囲・負担に応じて男女に割り振られる、ということになろう。

参考文献 今西錦司『人間社会の形成』、一九六六、日本放送出版協会。ジョージ＝ピーター＝マードック『社会構造』(内藤完爾訳)、一九七八、新泉社。服藤早苗「古代の女性労働」(女性史総合研究会編『日本女性史』一、一九八二、東京大学出版会)。

（明石　一紀）

〔中世〕中世における性別分業の有り様は、説話などの文学史料や扇面《せんめん》・絵巻や屏風《びょうぶ》などの*絵画史料に描かれているが、女が中心となった仕事を整理すると次のようになろう。まず、「イエ」や「ムラ」での性別分業であるが、女の仕事と役割の第一に挙げられるのは家政管理であろう。第二に、水汲みと*洗濯などの水仕事であり、火の管理であり、米などの穀物の脱穀・調製と煮炊きなどの調理であった(土器造りも)。第三に、菜園の管理と菜摘みなどであり、栗拾いなどの採集労働なども女たちの仕事であった。第四に、*養蚕《ようさん》と紡績《ぼうせき》と織物などが女たちの仕事であった。そして第五には、家族総掛かりで行われる農業労働のなかで、とりわけ女の役割とされたのが*田植えにおける*早乙女《さおとめ》であった。ほかにも挙げうるが、以上が主要な女の仕事・役割であろう。それに対して、農作業での田起こしなどの力仕事や獣や魚を調理するのは男たちの仕事であった。そして田の草取りなどは、おそらく男女がともに携わった仕事や労働があろう。次に、社会的生産の場面における女たちの仕事としては、第一に、市は女たちの物を販《ひさ》ぐ声が響きわたる場であり、女たちの売っていた品物はたくさんあった。『*七十一番職人歌合』に描かれた中世後期における*職人の姿をみると、衣料関係では、*紺掻《こうかき》・機織《はたおり》・帯売《おびうり》・*縫物師・*組師《くみし》・白布《はくふ》売《うり》などは女であり、食料関係では、酒作・魚売・米売・豆売・素麵売《そうめんうり》・心太売《ところてんうり》などは女が売手であった。また牙《す》會《あい》などの仲介業者としても女が描かれている。ただし、こうした性別分業は絶対的なものではない。性別分業が身分制とどのように結びつき、そして仕事や役割が変容していったのかは、それぞれの仕事の担い手の変遷を具体的に検討していかねばならない。

参考文献　脇田晴子『日本中世女性史の研究』、一九九二、東京大学出版会。黒田弘子「民衆女性のはたらき・くらし」(総合女性史研究会編『日本女性の歴史―女のはたらき―』一九九三、角川書店)。田端泰子『日本中世女性史論』、一九九四、塙書房。網野善彦「日本中世の桑と養蚕」(『歴史と民俗』一四)、一九九七。保立道久『中世の女の一生』、一九九八、洋泉社。黒田日出男「絵画史料に見る女性」(総合女性史研究会編『史料にみる日本女性のあゆみ』二〇〇〇、吉川弘文館)。網野善彦「養蚕と女性」(網野善彦他『歴史の中のジェンダー』二〇〇一、藤原書店)。

(黒田日出男)

〔近世〕男女協業の農家、表《おもて》・奥《おく》の職掌分担のある武家、商家などいずれにも確認できるが、なかでも八割を占めた農民は経営規模によって性別分業が異なった。ここでは男性が筋力主体の重労働、女性が軽作業・*家事従事を意味するが、たとえば年季奉公人《ねんきぼうこうにん》等を多数抱える大経営では、男女労働が潤沢《じゅんたく》であるため性別分業の傾向が強く表われるのに対し、家族労働を基本とする小経営では、労働力が限定されるためそれらは緩《おだ》やかに作用したといえる。

参考文献　菅野則子「農村女性の労働と生活」(女性史総合研究会編『日本女性史』三、一九八二、東京大学出版会)。長島淳子『幕藩制社会のジェンダー構造』、二〇〇六、校倉書房。

(長島　淳子)

〔近現代〕社会における男女間の労働における分業関係を示すもの。人間生活はその物質的糧となる生活手段の稼得と、それを基礎とした直接的生命の生産と再生産によってなりたっている。*家父長制《かふちょうせい》の成立以来、男性が前者の役割を遂行《すいこう》・統括し、女性は主として後者の役割を担いつつ前者の役割にも従事してきた。近代社会に至って、前者は家族の外部にある産業活動を通じて獲得され、後者は家族内での育児・家事活動によって遂行されることとなり、公的領域と私的領域とが明確に分離され、*主婦が誕生した。性別分業という用語は、一方ではこうした家族内における男女の分業関係をさすが、これを基礎としながら、社会全体における男女の配置のされ方、すなわち公的領域が男性領域、私的領域が女性領域として分離されたもとでの男女間の分業関係をさす際にも用いられる。　↓性別職務分離《せいべつしょくむぶんり》

参考文献　ヴェロニカ＝ビーチ『現代フェミニズムと労働』(高島道枝・安川悦子訳)、一九九三、中央大学出版部。

(木本喜美子)

〔アイヌ〕男性は弓矢を使用する狩猟、その獲物の解体、女性は植物性食糧の獲得や織物生産が生業における明確な分業であった。女性が小動物の罠猟《わなりょう》をしたり老人男性が農耕に従事することは普通にあった。これらの分業は相補的なものであったが、交易活動が活発になると交易品である獣皮の重要性が高まり、十七世紀には商品生産としての狩猟に従事し遠距離の交易に出かけて移入品を持って帰る男性の社会的地位が高まった。十八世紀には場所請負制《ばしょうけおいせい》下で樹皮織物の需要が増え、女性の生産労働が不可欠であったが、それによりアイヌ社会内部で女性の経済的地位が変化したかどうかは不明である。

(児島　恭子)

〔琉球・沖縄〕沖縄の伝統的農業労働では、性別による役割分業はほとんどない。力仕事は男性が引き受けることが多いとはいえ、女性がやってはならないということはない。これに対し漁業では、珊瑚礁《さんごしょう》内の貝や海藻採取は別として、外海での漁労に女性が参加することはない。ただし農産物・海産物とも、産品を商うのは常に女性である。　↓性別役割分担《せいべつやくわりぶんたん》

(田中真砂子)

せいべつやくわりぶんぎょう　性別役割分業　⇩性別役《せいべつやく》割分担《わりぶんたん》

せいべつやくわりぶんたん　性別役割分担　〔古代〕古代の性役割分担については、『魏志《ぎし》』倭人伝《わじんでん》における*卑弥《ひみ》呼《こ》の記述などから、男性＝政治・軍事、女性＝呪術的祭《じゅじゅつてきさい》祀《し》、との分担が早い時期から成立していたとされてきた。しかし最近では、卑弥呼も外交権を行使しており、男女本質論を強調する説は否定されている。八世紀の宮廷や神社では神事を男女一組で行うこと、宮人の職掌《しょくしょう》を規定した後宮職員令《ごくしょくいんりょう》では、基礎とした唐令《とうりょう》とは相違して、男女共同労働、共同監督の組織編成であり、律令以前の舎《と》人《ねり》と宮人《くうにん》の男女共同労働の伝統に由来することが明らかにされている。天皇(大王《だいおう》)位は、七世紀末までは性差が問題にされなかったこと、*皇后は天皇と共同統治者との含意《がんい》があり皇位継承資格を保持していたこと、など政治的役割でも本来は性差を問わず対等に近い存在だった、とされている。日常的労働でも、男性の起耕《きこう》労働と女性の舂米《しょうまい》や繊維生産労働が対比的象徴的に表現されており、*伊勢神宮の神饌《しんせん》準備供進《きょうしん》役割の分析から、男性が生鮮魚介類、女性が稲や酒の植物性食料を分掌《ぶんしょう》していたこと、また共同体諸機能を集約的に表象すると考えられる古代村落祭祀に老若男女悉《ことごと》く集うことなどから、古代的な男女の共同労働は、対等に近い意義を持っていたことが窺《うかが》える。大王や首長等の支配者層や共同体成員である奉仕者層でも七世紀末までは男女の性役割分担は伝統的共同労働であり、八世紀の*律令制でも基底には対等性が存在

したものの、律令制が浸透すると社会的意思決定の権限を内包する政治的官職が男性のみとなり、また国家の人頭税《じんとうぜい》や力役《りきやく》が男性のみに賦課《ふか》されることにより、男性優位の*家父長制的編成原理が社会に浸透していく。男女共同統括の側面が男性統括に漸次《ぜんじ》移行していき、十世紀には男女共同労働の意義が男性優位へと変容していく。とりわけ、十世紀以降貴族や豪族層から家が萌芽《ほうが》すると、家を代表し家内統括権を持つ*家長は基本的には男性、妻は家内管理等の不平等な権限の性役割分担がはじまる。

参考文献 岡田精司「宮廷巫女の実態」(女性史総合研究会編『日本女性史』一、一九八二、東京大学出版会)。服藤早苗「古代の女性労働」(同)。義江明子「古代の家族と女性」(『(岩波講座)日本通史』古代五、一九九五、岩波書店)。吉川真司『律令官僚制の研究』、一九九八、塙書房。勝浦令子『日本古代の僧尼と社会』、二〇〇〇、吉川弘文館。

(服藤 早苗)

〔中世〕 政治権力においては、すでに律令制的官僚制において男官のみとなっていたから、後宮十二司《こうきゅうじゅうにし》を除いては*女官は存在しなかった。しかしながら、女官の天皇側近としての秘書官的役割の大きさは平安時代にも見られる。荘園的な寄進関係では、権勢をもった*東三条院《ひがしさんじょういん》の女房、大納言局《だいなごんのつぼね》は、「御威勢を募り奉らんがため」に所領の寄進を受けている。*八条院暲子内親王《はちじょういんしょうしないしんのう》の所領は二百二十ヵ所を数えた。鎌倉時代に入ってからの、後白河院政における*丹後局《たんごのつぼね》、後鳥羽院政の*卿二位《きょうのにい》兼子、かたや、鎌倉幕府の*北条政子の権力は、慈円《じえん》の『*愚管抄《ぐかんしょう》』をして、「女人入眼《じゅがん》の日本国いよいよまことなり」といわせるほどであった。政子は尼将軍といわれ、御教書《みぎょうしょ》を発給した。したがって、律令的官僚機構の衰退、天皇家・将軍家をはじめとする*家産《かさん》機構化のなかで、逆に家を束ねる女性の力は大きくなった傾向にある。すでに物語ながら、『*源氏物語』は、須磨《すま》に流寓《るぐう》する*光源氏は、紫上《むらさきのうえ》とその乳母《うば》少納言局《しょうなごんのつぼね》に、権利書類を渡し、親しき家司《けいし》を具して家治《け ち》を行わせている。『*新猿楽記《しんさるごうき》』の次妻も家産機構を取り仕切っている。男官の*蔵人《くろうど》の奉じる綸旨《りんじ》に対して*女房奉書《にょうぼうほうしょ》が出てくるのも鎌倉時代であり、室町時代には、綸旨と女房奉書の機能の区別も便宜《べんぎ》的なものとなってくる。天皇家の家経済は、天皇の秘書官的存在である内侍《ないし》の長老の「*勾当内侍《こうとうのないし》」が、宮廷行事の手配・庶務・人事・財政・経理などを管掌《かんしょう》した。女房奉書は上の*大納言典侍《だいなごんのすけ》なども司るとはいえ庶務的な分野の奉書は、勾当内侍が発布した。この時期には、奏請伝宣《そうせいでんせん》の権は女官のものとなっていたから、綸旨さえも女官を通して認可された。基本的には将軍家も宮家も公家も、中世の家産経済は同様の構造を持っていた。*尼寺なども同様の機構であった。一般の商工業者・農業者の家々では小規模であっても同様の構造を持ち、おおむね渉外は夫が取り仕切り、家業を含む家政は妻が取り仕切った。その配下にも多くの女性が従事した。しかし、家政・家業に含まれない女性の担う分野は狭隘《きょうあい》であり、物売り・*遊女などのみであった。妻・それを代行する女性の地位の低下は、家から仕事が外部の社会に出て行ったことによる家産機構の矮小化《わいしょう》・衰退、消費の単位と化したことによる。

参考文献 脇田晴子『日本中世女性史の研究—性別役割分担と母性・家政・性愛—』、一九九二、東京大学出版会。

(脇田 晴子)

〔近世〕 近世では、日々の生活維持や育児・教育・介護等の世代的な再生産のための労働の担い手は、身分によって異なり、また、家内部において生産労働・再生産労働における管理的要素と実労働が区別され、性差や年齢差に応じてそれぞれが割り振られる点で近代との違いがあった。育児や教育、介護は、次世代の家の担い手の育成や親への孝養の意味をもっているため、一般的に男性家長の責任とみなされていた。食料・衣類の保存・調達等については、百姓の場合、男性家長が指揮・管理し、女性や奉公人はそのもとで実労働に従事したとする説と、小経営における主婦の役割を重視する説の対立がある。都市では、家政と経営の分離の困難から女性の経営への参画をみる説のほか、*洗濯・繕《つくろ》い物を*賃仕事《ちんしごと》として女性が請け負うような労働の外部化や、男性奉公人が生活維持のための労働を一手に担う大店《おおだな》の出現などがみられ、分担のあり方は一様ではない。

参考文献 太田素子『江戸の親子—父親が子どもを育てた時代—』、一九九四、中央公論社。大藤修『近世農民と家・村・国家』、一九九六、吉川弘文館。横山百合子「近世後期江戸における町人の家とジェンダー」(桜井由幾他編『ジェンダーで読み解く江戸時代』二〇〇一、三省堂)。長野ひろ子『日本近世ジェンダー論—「家」経営体・身分・国家—』、二〇〇三、吉川弘文館。長島淳子『幕藩制社会のジェンダー構造』、二〇〇六、校倉書房。

(横山百合子)

〔近現代〕 性別によって活動や仕事の領域が分けられることで、性別役割分業ともいう。性別役割分担を支えているのは、男女は生物学的な差異にねざす異なる固有の特性(「男らしさ・女らしさ」)や役割があるという考え方である。「男は仕事、女は家庭」という考え方はその典型である。性別役割分担が強調されるようになったのは、近代社会になって産業が発達し、家庭から離れた職場に雇用されて働く労働者が多数を占めるようになり、そのため家庭でもっぱら*家事育児にあたる人間を必要とするようになった後のことである。家庭の内と外で役割を分担することに端を発した性別役割分担は、女性の社会進出が進むに応じて*家族の外の社会や労働現場にももちこまれ、「男は意思決定、女は実行」「男は責任ある基幹労働、女は補助的周辺労働」という職務・職掌《しょくしょう》性別分離をもたらした。高度経済成長期のわが国では、生産効率を上げるために性別役割分担がとりわけ強調され、「男は*企業戦士として外で二十四時間働き、女は家庭という銃後《じゅうご》を守る」という片働き・性別役割分担家族が推奨《すいしょう》された。

このため、専業主婦優遇策がとられる一方で、働く女性に対しては早期退職制など、露骨な差別が横行した。またこの時期、女性はフレキシブルで安上がりの労働力としても期待され、*パートタイマーという家計補助型の働き方とM字型ライフサイクルが定着した。この結果、男性は家族責任を果たせない状況に追い込まれ、深刻な家族問題が発生する要因となった。性別役割分担はわが国の社会福祉政策にも影響を与え、家族＝既婚女性を「福祉の含み資産」とする福祉政策をうみだし、福祉の貧困化を招く要因となった。しかし、少子高齢社会に直面するなかで、一九九八年(平成十)の『厚生白書』によって固定的な性別役割分担の見直しが二十一世紀日本の最重要課題と位置づけられ、今日では固定的性別役割分担意識に賛成する者は少数派になったが、なお、根強く残っている。

参考文献 内藤和美『女性学をまなぶ』(三一新書)、一九九四、三一書房。岡村清子「主婦の就労と性別役割分業」(野々山久也他編著『いま家族に何が起こっているのか』一九九六、ミネルヴァ書房)。 (浅野富美枝)

〔アイヌ〕狩猟・採集・漁労を生業とするアイヌ社会では合理的な役割分担が行われていた。それぞれの活動は精神文化にも反映され、お互いに不可欠な役割をもっていた。しかし、男性は共同体首長として外部から認識され、十七世紀には男性のみが和人から役職を与えられたことは、共同体内の女性の地位に影響を与えたと考えられる。いわゆるアイヌの伝統文化では男女の役割がはっきりしているが、男性が宗教儀礼に携わり、女性は関与できずに*酒造りや参加者の飲食の世話をするという分担がどのような意味をもつのか、考える余地があるかもしれない。 (児島 恭子)

〔琉球・沖縄〕沖縄においては、急速な本土化・近代化が始まる一九七〇年代まで、男女二元論的な宇宙観が支配的であった。要約すればそれは次のようなものである。ことを成すにあたって集団を組織し、物理的な作業が必要なのは当然であるが、霊的な努力もまた不可欠である。前者は主として男性が担うのに対し、霊的な仕事はもっぱら女性に割り振られた。二つの仕事「政」と「祭」は相互補完的であって、どちらが欠けても事は成就しない。このような祭と政・女と男の二元構造は小は家レベルから大はかつての琉球《りゅうきゅう》王国のレベルまで貫徹《かんてつ》していた。こうした二元構造が最も顕著に表われたのが*おなり神信仰である。伝統的な沖縄文化では一対の男女のきょうだいを「うないき」(おなり《うない》＋えけり《いき》)として特定し、姉妹であるおなりは兄弟であるえけりに対し霊的優位に立ち、えけり個人の健康・安全のみでなく、えけりが企てるあらゆる事業の成功を祈願した。こうした女性の霊力は、彼女が、力の源泉である先祖や神々の父系の女子孫《いなぐんぐわ》として彼らと交信する能力を付与されていることに由来する。*沖縄の女性はこのように女子・姉妹として生家とその継承者であるえけりを生涯守り続けるが、同時に嫁しては主婦《とうじ》・母として彼女が主祭する「火の神」を通して婚家の成員たちを物理的にも霊的にも守護した。こうした二重役割は一九七〇年代以降村内婚が崩れ、*核家族化が進行する中で実行不可能となり、土地および祭祀《さいし》権の継承や洗骨習俗《せんこつしゅうぞく》をめぐり対立する言説や行動を生み出している。今日では、かつてのおなりの機能は姉妹によってではなく、妻によって担《にな》われるのが普通で、おなり神信仰の内容も中年以下の人々には理解されていない。

参考文献 植松明石「女性の霊位をめぐる覚書」(谷川健一編『村落共同体』一九七一、木耳社)。伊波普猷『をなり神の島』(『伊波普猷全集』五、一九七四、平凡社)。田中真砂子「沖縄の女」(綾部恒雄編『女の文化人類学』一九八二、弘文堂)。 (田中真砂子)

せいりきゅうか 生理休暇 月経中の就業が困難な女性労働者が医師の診断書なしに休暇を取得できる制度で、日本ではじめて国家法に規定された。女性労働者の権利として月経中の休暇を取得するという発想の根幹には、明治期に移入された西欧医学が月経中の女性を心身脆弱《ぜいじゃく》な存在と捉えたことがある。大正期には、人道主義や西欧フェミニズム由来の*母性保護思想の観点が加わり、*細井和喜蔵《ほそいわきぞう》は『*女工哀史』で月経中の脆弱な女性が労働することは母性破壊につながると主張する。同時期、当時*職業婦人と呼ばれた*女教員の一部は、母性保護のための「月経時の職務軽減や休養」の必要を訴え始める。一九二七年(昭和二)には、*山川菊栄《やまかわきくえ》がその設置に中心的にかかわった日本労働組合評議会婦人部で、女工を含む全ての女性労働者が獲得すべき母性保護要求の一つに「月経時の特別保護」が盛り込まれる。以降、労働争議で多く要求され、実際にいくつかの争議で獲得されるなか、やがて「生理休暇」という用語が定着する。敗戦直後の一九四七年には、重い月経は医療的に解決すべきと主張する医師や男女平等化政策を目指すGHQなどの強い反対意見を退け制度化に至る(*労働基準法第六七条「使用者は、生理日の就業が著しく困難な女子又は生理に有害な業務に従事する女子が生理休暇を請求したときは、その者を就業させてはならない」)。この背景には、当時の劣悪な労働環境や物資の欠如、敗戦下という特殊事情への内外からの同情、GHQの他方での女性保護の姿勢、劣悪な労働環境に身を置く女性労働者とその声を受けた女性官僚*谷野《たにの》せつや*赤松常子《あかまつつねこ》の強い要望などがあった。やがて労働環境はもはや改善されたという認識から廃止論が強まり、一九八五年の男女雇用機会均等法成立に至っては「生理に有害な業務に従事する女子」という条件は削除された。現在、規定は労基法第六八条に残存するも、男女平等意識の高揚《こうよう》や人間関係悪化への懸念、公言の困難、労働環境の改善や医療的解決がたやすくなったことからも形骸化している。

参考文献 桜井絹江『母性保護運動史』、一九八七、ドメス出版。田口亜紗『生理休暇の誕生』(青弓社ライブラリ一）、二〇〇三、青弓社。豊田真穂『占領下の女性労働改革—保護と平等をめぐって—』、二〇〇七、勁草書房。

（田口　亜紗）

せいりゃくけっこん　政略結婚　〔中世〕主に政治的役割を多く担う家同士の間で、結婚当事者の意志とは別に、家の当主が政治的・社会的・経済的利益を得るための策略として取り決めた結婚のこと。これは、当主の政略的目的から結婚を位置づけた理解といえる。その結果、ここでは結婚当事者の非人道的扱いが問題視される。特に、戦国時代における大名家間の結婚では、姻戚《いんせき》にあたる家同士の戦争が多く、結婚当事者は悲劇的な結末を迎えることも少なくなかった。そのため、この時代の結婚は、政略結婚の典型的な事例として注目されている。だが、この政略結婚観に対しては、結婚を当主の問題としてではなく「家」の問題として捉え、「家」にとっての結婚の役割を問おうとする議論も提示されている。これは、結婚によって他家へ入る者に女性が多かったため、女性史研究において提起され、「家」における女性の地位は、当主と比べても決して低くなかったことが明らかにされている。しかしこれらに対し、この「家」とは、「政治的役割を担う家」であることを重視すべきだとし、政治的影響力のある地域社会において果たした機能から、結婚を捉《とら》え直そうとする動きもみられる。たとえば、政略結婚の典型例とされた戦国大名家間の結婚も、大名の領国支配の基礎として収取《しゅうしゅ》・軍役賦課《ぐんやくふか》の単位となっていた、村・町の存続を保障するという政治的役割を果たすためのものと位置づけられている。結婚当事者についても、単に「家」のためだけではなく、領国平和を創り出すための和《わ》睦交渉《ぼくこうしょう》役を担っていたとされるなど、その社会における役割と責務が問われるようになった。また、悲劇の象徴とされた姻戚家同士の戦争に伴う、結婚当事者の殺害・自害なども、基本的に回避すべきものと認識されていたらしく、戦争開始前の離縁と実家への返還が行われることもあった。なお、近世との違いは、大名間の戦争が凍結された社会か否かによって生じてくる、機能の差異によるものと考えられる。

参考文献　脇田修「幕藩体制と女性」（女性史総合研究会編『日本女性史』三、一九八二、東京大学出版会）。田端泰子「家支配と政略結婚」（脇田晴子・林玲子・永原和子編『日本女性史』一九八七、吉川弘文館）。遠藤ゆり子「中近世移行期の平和維持と女性」（西村汎子編『戦の中の女たち』二〇〇四、吉川弘文館）。

（遠藤ゆり子）

〔近世〕*婚姻によって形成される縁戚関係は、自己の勢力の伸張を図ったり、家と家の関係を秩序づけ安定させたりするうえで効果を発揮するため、武士社会では、政治的戦略の一環として婚姻が行われた。このような婚姻を政略結婚という。戦国時代から江戸時代初期には、婚姻を通じて、女性が同盟や和平に寄与することを求められる場合が多く、婚家においては妻・母として、実家に対しては娘・姉・妹などとして、表向きの交渉ルートとは別に婚家と実家の双方に影響力を及ぼし両家の同盟・和平維持に力を発揮することが期待された。しかし、慶長八年（一六〇三）七歳で豊臣秀頼《ひでより》に嫁ぎ、元和《げんな》元年（一六一五）大坂落城の折に城を脱した徳川秀忠《ひでただ》長女*千姫《せんひめ》のように婚家と実家の和平が破綻《はたん》する例も多かった。江戸幕府は、諸大名の同盟や連携抑制のために、元和元年『武家《ぶけ》諸法度《しょはっと》』において「以縁成党、是姦謀本也」として大名同士が私的に婚姻関係を結ぶことを禁じ、元和三年同法度では、公家との縁組みについて幕府の許可を要することを改めて定めた。また、諸藩の家中や幕臣も主君の許可なく婚姻することは許されなかった。このような政略結婚を抑制する施策が可能になったのは、幕府が隔絶《かくぜつ》した権力と権威を持つようになり、諸大名の上に立つ公儀権力としての性格を備えるようになったからである。大名をはじめとする武士の婚姻は、家格や官職などに配慮して行われ、また、幕府や主君の許可を要するため、中世にみられるような自律的な政略結婚は不可能となった。しかし、堀田《ほった》家（佐倉《さくら》藩）・阿部《あべ》家（福山藩）・井伊《いい》家（彦根藩）など幕府の要職に就くことの多い譜代《ふだい》大名と縁組みし両敬関係を結ぶ大名が多くみられたり、婚姻が持参金の多寡《たか》に左右されたりするように、武士の婚姻において政治的な結びつきの強化や経済的事情などを考慮する政治的戦略が失われることはなかった。

参考文献　高柳眞三・石井良助編『御触書寛保集成』（御触書集成一）、一九三四、岩波書店。高木昭作「幕藩政治史研究序説」（『歴史評論』二五三）、一九七一。松方冬子「両敬の研究」（『論集きんせい』一五）、一九九三。遠藤ゆり子「戦国期奥羽における保春院のはたらき—戦国時代の平和維持と女性—」（『日本史研究』四八六）、二〇〇三。西尾和美『戦国期の権力と婚姻』、二〇〇五、清文堂出版。

（横山百合子）

せいりょうき　清良記　南伊予《みなみいよ》の戦国武将土居清良《どいせいりょう》の一代記である軍記物語。三十三巻のうち巻七「親民鑑月集《しんみんかんげつしゅう》」は日本最古の農書《のうしょ》として注目される。著者・成立年ともに諸説あるが、土居一族中の神官を務めた土居水也《どいすいや》により、寛永六年（一六二九）から承応《じょうおう》三年（一六五四）のあいだに著わされたとする説が有力である。清良統治下の隷《れい》属《ぞく》下人を多数包摂《ほうせつ》した「一領具足《いちりょうぐそく》」と呼ばれる農兵《のうへい》経営を中心に描かれたため、近世の*小農《しょうのう》経営とは弁別《べんべつ》する必要があるが、「独狂言《ひとりきょうげん》」をするごとく炊事や衣料調整に追われる妻の労働や役割、農作業における男女の労働種目や人数配分、*早乙女《さおとめ》の一日の植え付け量や扱《こ》き箸《はし》段階での脱穀量などが具体的に示される（巻七下）。また、田遊《たあそ》びを連想させる囃子方《はやしかた》や早乙女による一連の*田植えの作業工程など、農業技術面からも興味深い。近世初頭に重点を置きつつ戦国時代末期の農業を回想した農書として、中世から近世移行期の農村女性の歴史的位置を考察するうえで重要である。『日本農書全集』一〇（一九八〇年、農山漁村文化協会）に所収。

参考文献 長島淳子『幕藩制社会のジェンダー構造』、二〇〇六、校倉書房。 （長島 淳子）

せいりようひん 生理用品 月経処置に用いるナプキンやタンポン、帯などの類。江戸時代には、浅草紙と呼ばれる再生紙やぼろ布などを膣《ちつ》内に挿入したり外陰部に当てたりし、その上から丁字帯《ていじたい》や下帯《したおび》をつけて挿入物や当て物を固定したりした。明治初期に近代衛生観念や西欧医学が移入されると、医師は挿入式の処置を不潔で婦人病の要因になるとして否定、外陰部に清潔な布や脱脂綿《だっしめん》を当てることを奨励する。中期には医療品として普及していた脱脂綿を看護婦が月経用に転用、一部の女性に広まる。後期には「月経帯」の実用新案登録が相つぎ、ゴム・丁字帯型のアメリカ製月経帯「ビクトリア」が上層階級の女性読者を対象とした雑誌広告にはじめて載る。大正期にはより安価な国産品「ビクトリヤ」が改良され市場を独占。都市部での新中間層形成による購買層の成立と女学校教育における体位向上を目的とした*洋装の制服や体操着の定着、*職業婦人の増加とともに月経帯や脱脂綿が普及する。このころ医師は通気性の悪さなどからゴム製を否定し、布製の丁字帯を奨励する。昭和初期にはズロース型月経帯やタンポン式の消毒綿球など、製品の多様化と過当競争がおこる。戦時下では、物資不足のため脱脂綿が普及する以前の処置が踏襲され、手製の丁字帯や黒塵紙《ちりがみ》、油紙、古切、蒲団綿《ふとんわた》、藁灰《わらばい》・米糠《こめぬか》入りの布袋、乾燥させた水苔《みずごけ》などでやりくりされる。戦後、一九五〇年代には市販品が復活。一九六〇年代、高度経済成長期には、水溶性・紙製の使い捨て「アンネナプキン」が誕生、月経にポジティヴなイメージを付与した販売戦略を図り、「アンネ」が月経の呼称となるほどの社会現象となる。以降、有名人のCM起用や、タンポンやショーツなど多種多様な商品の宣伝・開発が進み、大量消費時代を迎える。近年では、環境や健康問題への関心や、消費社会や*不浄観念への問題意識の高まりなどから、欧米や日本で、洗濯して使い回す「布ナプキン」の製品化が進み、静かなブームになっている。ただし、生理用品の受容の仕方は地域、階層、個人の嗜好《しこう》・志向性によってさまざまである。

参考文献 川村邦光『オトメの身体』、一九九四、紀伊国屋書店。小野清美『アンネナプキンの社会史』（宝島社文庫）、二〇〇〇、宝島社。天野正子「ナプキン―「汚れ」の呪縛を解く―」（天野正子・桜井厚編『「モノと女」の戦後史』二〇〇三、平凡社）。 （田口 亜紗）

セーラーふく セーラー服 大正期から昭和期にかけて全国に広がった女学生の制服。明治後期以来、女学生の服装は着物に*女袴《おんなばかま》を着け靴を履くという和洋折衷《わようせっちゅう》的な衣服が一般化していたが、東京女子高等師範学校や福岡女学院・金城《きんじょう》学院などがセーラー服を用いると、全国の女学校がこれにならい、女学生制服の代名詞的存在となった。東京女高師や福岡女学院では、和服・袴では運動に向かないというところから、最初は体操服として考案・採用されたものである。この経緯に見られるように、セーラー服の最大の特徴は行動自由なひだスカートの部分にあった。海軍軍服に似た上衣部分は、欧米で子供服や水着として水兵服が流行しており、日本在住の外国人の間でも用いられていたことを背景としている。上着は生産や補修が容易であったところから戦時下にも適当な衣服とみなされ、第二次世界大戦後期の女学生はセーラー服の上衣の下に*モンペを履くことになった。

参考文献 小池三枝・野口ひろみ・吉村佳子編著『概説日本服飾史』、二〇〇〇、光生館。島川雅史「男は洋服・女は和服―近代服装文化の思想―」（歴史教育者協議会編『学びあう女と男の日本史』二〇〇一、青木書店）。 （島川 雅史）

せかいふじん 世界婦人 明治末期の広い意味での社会主義の立場に立つ女性雑誌。一九〇七年（明治四十）一月一日から一九〇九年七月五日、第一号から第三八号まで発行。主幹*福田英子《ふくだひでこ》。創刊当初は半月刊、一年後から月刊、タブロイド版で新聞と同じ体裁。第二八号が出版条例違反に問われ保証金を取り下げたため、以後学術雑誌となる。第三八号が発売頒布禁止となり終刊。さまざまな立場の社会主義者が執筆協力したが、なかでも*安部磯雄《あべいそお》と石川三四郎《いしかわさんしろう》が多く執筆、当時の日本の女性の課題として政治的権利の獲得と*恋愛の自由をあげる。具体的には*治安警察法第五条改正請願運動の呼びかけと経過報告、海外の女性の実情や参政権運動を紹介。また恋愛の自由を*家制度や結婚の習俗の批判として主張した。その他、刑法や民法上での*男女平等や女性の職業教育の必要も主張される。それらは論説だけでなく、随想や小説、詩歌などのテーマでもあった。一九六一年（昭和三十六）に明治文献資料刊行会より復刻されている。

世界婦人

『世界婦人』第一号

参考文献 村田静子『福田英子』（岩波新書）、一九五九、岩波書店。 （大木 基子）

せがわきよこ 瀬川清子 一八九五―一九八四 昭和時代の民俗学者。本名キヨ。秋田県鹿角郡《かづのぐん》（鹿角市）に生まれ、東洋大学専門部倫理学東洋文学科卒業後、第一東京市立中学校教師・大妻《おおつま》女子大学教授などをつとめた。一九三三年（昭和八）石川県舳倉島《へくらじま》の*海女《あま》の見聞記を『島』に投稿したことから*柳田国男《やなぎだくにお》に師事し、木曜会同人として山村調査・海村調査に参加した。一九三五年民間伝承の会発足とともにその会員となって草創期民俗学の中心的な担い手の一人となり、一九三七年日本民俗学講座婦人座談会を契機として女の会を結成しその指導者となった。女性民俗研究者の先駆けとして、農山漁村の女性の生活・労働と生活技術・婚姻制度の研究にとりくみ、著書『海女記』(一九四二年)、『販女』(一九四三年)、『食生活の歴史』(一九五六年)、『女のはたらき―衣生活の歴史―』(一九六二年)、『婚姻覚書』(一九五七年)、『沖縄の婚姻』(一九六九年)、『村の女たち』(一九七〇年)、『アイヌの婚姻』(一九七二年)、『若者と娘をめぐる民俗』(一九七二年)、論文「女性と柳田民俗学」(『論争』一八、一九六二年)などを著わしている。『女の民俗誌―そのけがれと神秘―』(一九八〇年)で第二十回柳田国男賞を受賞した。

参考文献 女性民俗学研究会編『軌跡と変容―瀬川清子の足あとを追う―』、一九八六。天野武「瀬川清子―その研究と方法―」(瀬川清子・植松明石編『日本民俗学のエッセンス(増補版)』一九九四、ぺりかん社)。

(中込 睦子)

せきぐちひろこ 関口裕子 一九三五―二〇〇二 昭和・平成時代の古代女性史研究者。在野にあり日本女性史の先駆《せんく》的業績を残した*高群逸枝《たかむれいつえ》を批判的に継承し、一九七〇年代から緻密《ちみつ》で実証的女性史研究を定着させた第一人者。一九六九年(昭和四十四)に「律令国家における嫡庶《ちゃくしょ》子制《しせい》について」(『日本史研究』一〇五)で、従来少なくとも国家形成期である七世紀末には*家父長制家族が成立していたとする説を、*嫡子制が実態的には未成立であることから詳細に批判した。その後、*戸籍や*婚姻形態・財産所有・経営・村落祭祀《さいし》・性愛など、さまざまな視点から女性史料を博捜《はくそう》し詳細な検討を加え、八世紀の律令国家により中国の家父長制的律令を継受した結果、政治的支配者間では家父長制が萌芽《ほうが》するものの、九世紀まで家父長制家族が未成立だったことを実証する一方、エンゲルスや石母田正《いしもだただし》らの家父長制論の理論も批判的に検討した。日本古代では女性も個人単位の財産を所有し*対偶婚《たいぐうこん》を背景に男女が対等に近かったことを主張した。女系的家族紐帯《ちゅうたい》や厳密な家父長制等については、批判が出されている。著書に『日本古代婚姻史の研究』上下二巻(一九九三年、塙書房)、『処女墓伝説歌考』(一九九六年、吉川弘文館)、『日本古代家族史の研究』上下二巻(二〇〇四年、塙書房)などがある。

参考文献 今津勝紀「古代の家族と共同体」(『宮城学院女子大学付属キリスト教文化研究所研究年報』三八)、二〇〇五。義江明子「関口裕子氏の古代家族論の意義」(同)。

(服藤 早苗)

せきしょつうこうおんなてがた 関所通行女手形 ⇩女《おんな》手形《てがた》

せきぼう 石棒 縄文時代の磨製《ませい》石器の一種で敲打《こうだ》や研磨によって作られた棒状の石製品。両端または一端を瘤《こぶ》状(頭部)に作り出したものが多い。縄文時代前期のものは小形であるが、中期になると径が一〇㌢をこえる大形品も出現し、頭部が写実的な亀頭《きとう》形の男性器そのものをリアルに表現したものが東日本を中心に広くみられる。一端に鍔《つば》と玉や三叉文《さんさもん》を彫りこんだ男女交合の表現かとみられる形態が北陸を中心に分布している。炉石《ろいし》に転用された例もあり、火熱によって折損・変色しているものが多いことから、石棒を用いた祭祀《さいし》と火との関連が指摘されている。後期・晩期には屋外に持ち出され、石を並べた祭祀場(配石遺構)に置かれたものもあり、祈りの単位が*家族単位から集団単位へと変わっていったようである。石棒は男根のもつ活力を象徴し、辟邪《へきじゃ》の力をもつ呪《じゅ》具《ぐ》として用いられたものであったが、男性器の持つ活力を期待した祭は民俗資料にも多く、現代にまで続いているといえよう。

参考文献 春成秀爾「性象徴の考古学」(『国立歴史民俗博物館研究報告』六六)、一九九六。

(寺沢 知子)

せきょうしょう 世鏡抄 室町時代の教訓書。上下二巻。公家・武家・僧侶・神主・庶民・女性などが心得るべきこと、年齢別の教育の施し方、修養すべきことについて詳しく述べた書。作者は不詳であるが、学識のある人物と推定される。特に武士について詳しく、主従・師弟・夫婦・親子・嫡子《ちゃくし》庶子《しょし》・親族間のモラルや所領の配分のあるべき姿を述べている。武士は武芸が第一だが、同時に学問(読み書き)を学び「義理」すなわち仁義礼智信《じんぎれいちしん》を備え、慈悲《じひ》深く、正直で二心《ふたごころ》なく、善を行うべきだとする。女性に対しては差別的な思想がかなり見られる。女人の二心とは夫以外の男子に心を交わすことで、夫の死後も他の男に*嫁すことは「大蛇の事の皮をきたる女なり」として出家を義務づけている。夫は妻を思い、「愚痴《ぐち》の罪、嫉妬《しっと》のとが」をなだめて、水の器に従い弦の弓にひかれるように妻をしつけよ、妻は世帯を夫に代わって処理するもの、愁嘆《しゅうたん》の慰みになるもの、第一に男女の子を儲けるためのものと心得るべきで、理由なく*嫉妬する妻は離別せよ、という。一方で家業に励まず、*下人らに手をかけるような夫であれば、子がいてもいとまを請い再婚せよ、ともいっているが、また、世界で女性は男性より十億人も多く、男は一人で五、六人の手懸《てか》けをもつので、女は煩悩《ぼんのう》の心がまさり、心中に堪《た》えた辛労《しんろう》が黒血《くろち》となって月水《げっすい》と変わる、煩悩が多いので女には男子を見せるな、という。女は夫の心が変わりやすいのに用心し、男は十人の男子七人の女子を儲けても、妻に心を許してはなら

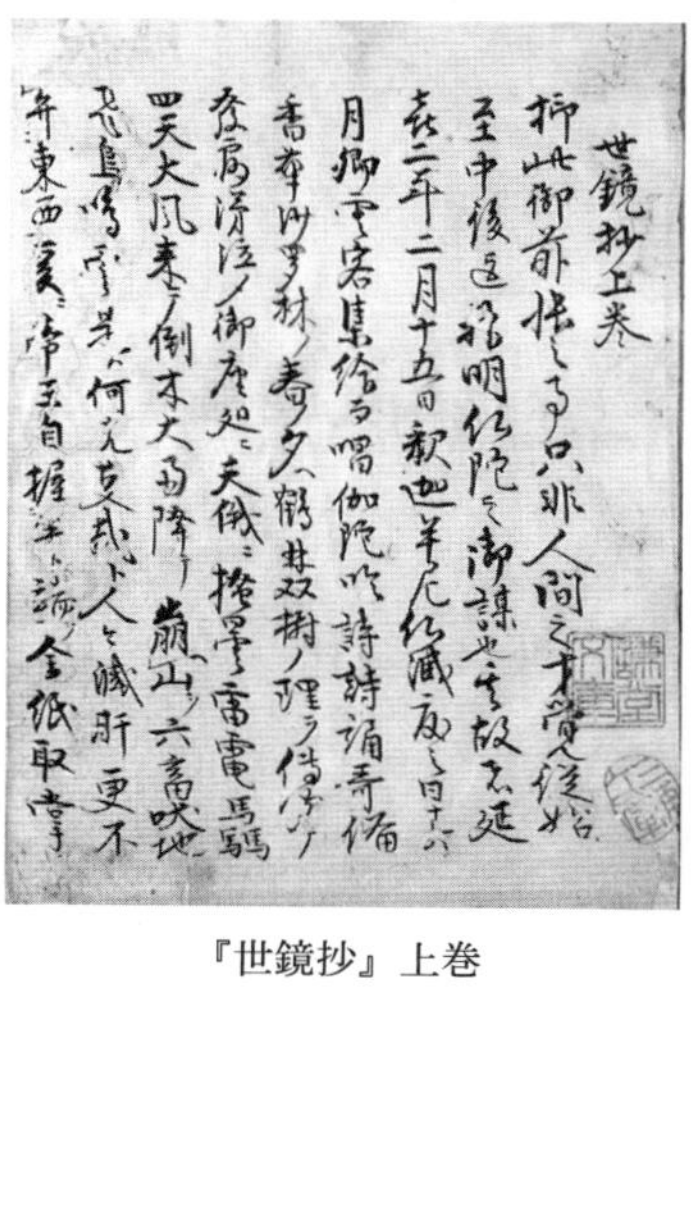

『世鏡抄』上巻

ない、とする。女の「五戒《ごかい》」として、嫉妬・二人の男を持つこと(二男)・讒訴《ざんそ》・思いのままに振る舞うこと(我慢)・瞋恚《しんい》を挙げている。なお、女性の*財産相続について、女子には百貫の所領では百(文)、千貫の所領では一貫を、一期分《いちごぶん》の*化粧料として*嫡女《ちゃくじょ》のみに与えるとあり、隠居後の父には所領の十分の一を与え、父死去後の老母には無役でその二分の一を与える、二心あるようなら取り上げる、と配分の仕方が記されていることは注目される。『続群書類従』三二上所収。

参考文献　『群書解題』二一。田端泰子「『世鏡抄』にみる室町期の武士教育」(『日本中世女性史論』一九九四、塙書房)。

(西村　汎子)

せきらんかい　赤瀾会　一九二一年(大正十)四月に結成された日本最初の社会主義女性団体。前年十二月結成の日本社会主義同盟の事実上の女性部隊。アナーキスト・ボルシェビキその他の社会主義者を糾合《きゅうごう》した同盟の性格を反映し、赤瀾会員も多様なメンバーから構成される。大半が社会主義者の身内であったため「亭主の好きな赤《あか》烏帽子《えぼし》」と揶揄《やゆ》された。赤瀾会設立の世話人は堺《さかい》(*近藤《こんどう》真柄《まがら》・*九津見房子《くつみふさこ》・秋月静枝《あきづきしずえ》・橋浦《はしうら》はる子で、顧問格が*山川菊栄《やまかわきくえ》・*伊藤野枝《いとうのえ》。赤瀾会は「私ども兄弟姉妹を無智と窮乏《きゅうぼう》と隷属《れいぞく》とに沈淪《ちんりん》せしめたる一切の圧制に対し断固として反対する」と宣言し、資本主義体制変革の旗を高々と掲げた。結成早々、第二回メーデーの参加でセンセーショナルに書き立てられ、官憲の警戒を強めた。婦人問題講演会・夏季講習会など啓発《けいはつ》活動を展開したが、同年秋軍隊への反戦ビラ撒布《さんぷ》(「軍隊赤化《せきか》事件」)などで弾圧を受け、主力メンバーの堺・*仲宗根貞代《なかそねさだよ》・高津多代子《たかつたよこ》が逮捕され、衰退、自然解消し、一部は翌年の*八日会《ようかかい》に合流した。

参考文献　江刺昭子『覚めよ女たち』、一九八〇、大月書店。近藤真柄『赤瀾会とわたし』(わたしの回想下)、一九八一、ドメス出版。鈴木裕子編『日本女性運動資料集成』一、一九九六、不二出版。

(鈴木　裕子)

セクシュアリティ　セクシュアリティ　自然がつくりだした生物学的な性別(セックス)の社会的・文化的な形態のこと。具体的には、自分をどのような性として認識するか(性自認)、何に対して、どのような場合に性的欲望・性的快感を感ずるか(性指向)、性的な言動・ふるまい・表現などのこと。セクシュアリティは歴史と社会の産物だという点で*ジェンダー(社会的・文化的につくりだされた人為的な性別)であるが、性と生殖領域に固有の概念であり、セックスを土台にしているという点でジェンダー一般とは異なる独自の意味をもっている。人間に対する抑圧・支配には労働力支配と性支配(性および生殖能力に対する支配)とがあり、セクシュアリティも、抑圧と支配の対象とされてきた。その対象となってきたのが、ホモ＝セクシュアリティなどの性的マイノリティのセクシュアリティと女性のセクシュアリティである。女性に関していえば、戦前の*家制度下の*婚姻制度、妻妾《さいしょう》制、「*姦《かん》通《つう》罪」、*公娼《こうしょう》制度、戦時下の「従軍慰安婦《いあんふ》」制度などは国家権力による女性のセクシュアリティに対する典型的な支配であった。戦後も長いあいだ、セクシュアリティに対する支配は等閑《とうかん》に付されてきたが、二十世紀末になってようやく、私的な領域における平等と人権の確立なしに真の*男女平等はないと認識されるようになり、今日では、セクシュアル＝ライツ、*リプロダクティブ＝ヘルス／ライツなど、性的な領域での人権の確立が主張されるようになった。とはいえ、性は暴力的なものという「レイプ神話」は依然支配的であり、レイプや*痴漢などの性被害、職場や学校などの社会領域でのセクシュアリティの侵害である*セクシュアル＝ハラスメントは後を絶たない。また、今日の*性の商品化の下では、ポルノや性産業など、性の暴力化と女性の身体を男性の性的快楽の道具とみなす傾向が子どもを巻き込んで進行しており、女性のセクシュアリティは依然として抑圧されているといわざるをえない。

参考文献　杉田聡『男権主義的セクシュアリティ』(シリーズ現代批判の哲学)、一九九九、青木書店。池谷壽夫『セクシュアリティと性教育(新装版)』、二〇〇三、青木書店。

(浅野富美枝)

セクシュアル＝ハラスメント　セクシュアル＝ハラスメント　性的嫌がらせ(英語ではsexual harassment)。日本語ではセクハラと短縮されることがある。法的には「相手の意に反する(あるいは望まない)性的言動で、相手の労働条件への不利益あるいは労働環境への重大な被害を現実に生じさせているもの」といえよう。一九八九年(平成元)、日本ではじめて、女性が上司のセクハラを提訴した(福岡セクハラ事件)。これがマスコミなどで取り上げられ、セクハラという用語が一般化した。セクハラは、アメリカで一九七〇年代以降、女性運動の高揚《こうよう》とともに、女性たちが提訴し、判例を通して救済を認めさせてきた新しい法概念である。職場の上司からの性的誘いに悩まされ、断ると解雇される、といった女性の経験は、男女関係に起因《きいん》する個人的な問題とみなされていた。しかし、セクハラと命名することによって、上司の行為は、公民権法で禁止された雇用における性差別だと考えられるようになり、女性たちは法的救済を求めて提訴するようになった。当初は女性側の敗訴が続いたが、次第に勝訴判決がでるようになり、一九八六年はじめて、連邦最高裁判所はセクハラを性差別と認めた。女性の経験が言葉を得ることによって、女性の権利へと発展した重要な概念である。日本でも福岡セクハラ事件以降、裁判は急増している。これに対応して*男女雇用機会均等法が改正されてきた。事業主は、雇用管理上、労働者が「性的言動」により「労働条件につき不利益を受け」ることや「就業環境が害される」ことのないようにすることが、一九九七年改正ではじめて「配慮」義務として明記され、二〇〇六年改正では「措置」義務へと強化された。また大学でも、キャンパスセクハラあるいはアカデミック＝ハラスメントとして問題になり、裁判や防止措置《そち》が取り組まれている。

参考文献 職場での性的いやがらせと闘う裁判を支援する会編『職場の「常識」が変わる』、一九九二、インパクト出版。渡辺和子他『キャンパス・セクシュアル・ハラスメント―調査・分析・対策―』、一九九七、啓文社。上野千鶴子編『キャンパス性差別事情―ストップ・ザ・アカハラ―』、一九九七、三省堂。中下裕子他『セクシュアル・ハラスメント（新版）』（有斐閣選書）、一九九八、有斐閣。奥山明良『職場のセクシュアル・ハラスメント』（有斐閣選書）、一九九九、有斐閣。山田省三『セクシュアル・ハラスメントと男女雇用平等』、二〇〇一、旬報社。沼崎一郎『キャンパス・セクシュアル・ハラスメント対応ガイド（改訂増補版）』、二〇〇五、嵯峨野書院。（若尾 典子）

ぜげん 女衒 江戸時代から近代において、遊女屋・食《めし》売旅籠屋《うりはたごや》へ遊女・食売女《めしうりおんな》（*飯盛女《めしもりおんな》）などの人材供給をもっぱらに担当した口入れ業者。需要地（遊里）と供給地とが遠隔地である必要性から専門職となり、遊女・食売女の蔵替《くらがえ》・転売にも関与した。一説には、女子を見立てたり目利《めき》きするところから女見《じょけん》・女衒《じょげん》と呼ばれ、女衒《ぜげん》に転訛《てんか》したという。中・近世に一貫して禁止された人商《ひとあきな》い・人売り買い業に相当し、時に*伊勢参り・抜け参りを口実に言葉巧みに女子を勾引《かどわか》す者もいた。十七世紀以降、遊女・食売女への*身売りが人請《ひとう》けを前提とする年季奉公人《ねんきほうこうにん》契約化するに伴い仲介業者として黙認され、請《う》け状に「口入」「世話人」「判人《はんにん》」という肩書きで記名・請け印するようになる。親より依頼状をとって請《う》け人（保証人）となったり、幼女を育てた上で養父として人主《ひとぬし》を名乗る場合もあった。口入れ料の金額は高くないが、養育料・支度料・親切料の名目で搾取《さくしゅ》された金額が、女子の前渡し給金（借金）に組み込まれる仕組みとなっていた。幕府も制禁された隠れ売女《ばいた》（*私娼《ししょう》）に関与していなければ、公許された遊郭《ゆうかく》・食売旅籠屋を相手とする口入れを取り締まることはなかった。近代以降においても、売春が公許されている限り女衒同様の業者が必要とされた。

参考文献 森克己『人身売買―海外出稼ぎ女―』（日本歴史新書）、一九五九、至文堂。下重清「身売的奉公と女衒について」（『民衆史研究』三四）、一九八七。（下重 清）

せけんむすめかたぎ 世間娘気質 各巻目録に「子息《むすこ》気質追加」と記すように、『世間子息気質』に続く「気質物」の代表作。『世間娘容気《かたぎ》』ともいう。江島其磧《えじまきせき》著。六巻。享保《きょうほう》二年（一七一七）序・刊。「色にかへよと教（へ）たき女の容気」（序）を集めたものといい、一之巻「男を尻に敷金の威光娘」以下各巻三話ずつ合計十八話を載せる。「*女の道」を説く教訓味も含まれるが、基本的には極端な性癖や好色の女性を描いた娯楽小説。井原西鶴《さいかく》の諸作品の模倣が濃厚。テキストは『けいせい色三味線・けいせい伝受紙子・世間娘気質』（長谷川強校注、新日本古典文学大系七八、一九八九年、岩波書店）、『世間子息気質・世間娘容気』（中嶋隆訳注、現代教養文庫、一九九〇年、社会思想社）。（小泉 吉永）

せじけんぶんろく 世事見聞録 江戸時代後期の世事評論。刊行は、文化十三年（一八一六）の序があるので、その年と思われる。著者は、「武陽隠士某《ぶよういんしぼう》」とされるが、本名は定かではない。くずれ行く幕藩体制の実情を嘆き、活発になっていく商業を忌避している点から、体制維持の立場に立つもの、おそらくは武士階級に属する人であったと思われる。「武士の事」「百姓の事」「寺社人の事・医業の事」「陰陽道《いんようどう》の事・盲人の事・公事訴訟《くじそしょう》の事」「諸町人の事・同中辺以下の事」「遊里売女の事・歌舞伎芝居の事」「穢多非人《えたひにん》の事・米穀雑穀其外産物の事・山林の事・日本神国と云事・非命に死せる者の事・土民君《つちたみきみ》の事」の全七巻からなっている。なかでも町人について大きなスペースを割いている。江戸時代、十七世紀末から十八世紀を経て十九世紀初めに至るまでに、社会の多くの側面で変化が見られたが、とりわけ町人社会の変化は多大なものであったとする。題名が示すとおり、ひろく世間の事柄を見聞し、当該期の時弊《じへい》を詳細に述べ、このようになってしまったのはきちんとした対応をしてこなかったためであると批判、為政者に向けてしかるべき対策を講じなければならないと筆を執った。上記したように、武士からはじまり、それぞれの身分や職業に就いているものが、二百年の間にどのように変わってしまったのかをつぶさに活写している。総体として「人心怠慢《たいまん》」「精根衰」「信義薄」「驕奢淫靡《きょうしゃいんび》に落ち入」ってしまい、まことに嘆かわしいといい、このような状況をかもしだしてしまった根底に、商業があるとしている。商業活動の活発化により、元禄期ごろまでは保たれていた秩序がくずれ、君臣・主従・親子・男女・夫婦などの上下関係が、すっかり逆転してしまったという。女性についていえば、親の苦労を顧みない娘の驕奢、「豪福《ごうふく》」町人妻の贅《ぜい》を凝《こ》らした旅の様子、町人娘の贅沢《ぜいたく》な風俗とそれを羨《うらや》む武士の妻女、稼ぎに出ている夫の留守中に遊びほうける女たち、額に汗して働く主人を下人のごとく扱う女房たちの姿を描出し、男の不甲斐《ふがい》なさをも嘆いている。テキストは『世事見聞録』（本庄栄治郎校訂・奈良本辰也補訂、岩波文庫、一九九四年）、『世事見聞録（新装版）』（本庄栄治郎校訂、二〇〇一年、青蛙房）。

参考文献 菅野則子「「女房は主人の如く、夫は下人の如く」」（西村汎子他編『文学にみる日本女性の歴史』二〇〇〇、吉川弘文館）。（菅野 則子）

せっかんせいじ 摂関政治 平安時代の中期に、藤原氏北家嫡流《ほっけちゃくりゅう》の官人が摂政《せっしょう》や関白《かんぱく》または内覧《ないらん》となり、天皇の政務を代行したり、天皇を補佐して行なった政治形態。九世紀末から十一世紀末まで見られるが、最盛期は十世紀末から十一世紀前半にかけての道長《みちなが》・頼通《よりみち》政権期であり、やがて院政《いんせい》と交替する。藤原良房《よしふさ》・基経《もとつね》が執政した九世紀後半を前期摂関政治、十世紀後半から十一世紀中葉の摂関常置期を後期摂関政治と称する。はじめは摂政・関白とも、地位としても職名としても確立したものではなかったが、やがて天皇幼少の時は摂政が、元服成人の後は関白が後見役《こうけんやく》を勤めるという形が定まった。ただし、摂関政治の最盛期を現出した藤原道長は、一条・三条両天皇の間は正式の関白ではなく内覧を勤めたにとどまり、後一条天皇が即位すると摂政となったが、翌年これを長男頼通に譲ったものの「大殿《おおとの》」として権力を保持し続けた。つまり道長の権力は、摂政や関白といった職能によってもたらされたものではなく、天皇の外舅《がいきゅう》や外祖父《がいそふ》としてのミウチ関係によってもたらされたのである。藤原氏を外戚《がいせき》としない後三条天皇が即位すると摂関家の権威も低下し、やがて院政を迎えたことは、当然の成り行きであった。当時の貴族社会では、生まれた子供は必ず母の一家の手によって養育され、後見することが、摂関政治の社会的背景に存在した。ただし、摂関は天皇の外戚という偶然の私的なつながりによってその地位を得たのであるから、政治に対する姿勢が消極的で、先例や形式に拘泥《こうでい》したことは、いうまでもない。また、このようなことから、この時期に浄土教《じょうどきょう》が貴族社会に浸透することとなった。摂関の権威は天皇の権威と一体化することに基づくものであるから、政務の運用や行政はすべて太政《だいじょう》官《かん》を中心として行われており、大事については公卿《くぎょう》の議《ぎ》定《じょう》で議せられたうえ、天皇が最終的な判断を下すというものであった。

参考文献　橋本義彦『平安貴族社会の研究』、一九七六、吉川弘文館。土田直鎮『奈良平安時代史研究』(日本史学研究叢書)、一九九二、吉川弘文館。　(倉本　一宏)

せっきょう　説経　仏教の行法の一つ。主要な経典の多くは、経典を信仰して受持《じゅじ》・読誦《どくじゅ》・書写《しょしゃ》・解説《げせつ》するように説く。すなわち説経は、文字通り経典の内容を譬《たと》えなどを用い平易《へいい》に解説し、仏の教えを世に広める。唐代の中国で、「変文《へんもん》」と呼ばれる絵を用いた説経(*絵解《えと》き)が行われ、日本への影響が推測されている。平安時代中期には専門僧があり、『*枕草子』には、「講師《こうじ》は顔よき」とみえる。また『二中歴《にちゅうれき》』一三、説経の項目には十五人の名人が挙げられている。院政期には唱導《しょうどう》とも呼ばれ、その代表が安居《あぐい》院流である。祖となった澄憲《ちょうけん》(一一二六―一二〇三、藤原通憲《みちのり》の男)は能説《のうせつ》との誉れが高く、九条兼実《くじょうかねざね》の『玉葉《ぎょくよう》』には、母性の貴さを説いて感動を呼んだことがみえる。息男の聖覚《せいかく》は『法則《ほっそく》集』を編んで安居院流の基礎を築き、「極秘書一子相伝」として父子代々に受け継がれた。また園城寺《おんじょうじ》(三井寺《みいでら》)でも、鎌倉時代に定円《じょうえん》を開祖とする三井寺流が形成された。しかし、時代が下るに従って通俗化し、『元亨釈書《げんこうしゃくしょ》』二九「音芸志《おんげいし》七」は、読経・声明《しょうみょう》・唱導・念仏を批判的に挙げる中で、唱導僧が女性と通じて家を形成した点などを指摘している。だが一方で唱導は、中世の平家琵琶《へいけびわ》・絵解《えと》き・物語僧などに大きな影響を与えた。また浄土宗に継承された一流は、さらに*親鸞《しんらん》の開いた浄土真宗《じょうどしんしゅう》の節談説教《ふしだんせっきょう》(節付け説教)に結実し、聴衆の「受け念仏」と一体となって人気を博《はく》した。近代以降は、その通俗性が信仰と乖離《かいり》するに至り批判を受けて衰退したが、現在、再評価されている。説経と芸能との関係では、ささらを用いた説経節《せっきょうぶし》(説経浄瑠璃《せっきょうじょうるり》)があり、近世には園城寺の管理を受けた。五大説経には、『小栗判官《おぐりはんがん》』『山椒大夫《さんしょうだゆう》』などがあり、近世の浄瑠璃《じょうるり》や*歌《か》舞伎《ぶき》などに大きな影響を与えた。その流れは、講談《こうだん》・祭《さい》文《もん》・浪曲《ろうきょく》・義太夫《ぎだゆう》・落し咄《ばなし》・太平記読みなどの民間芸能、話芸に受け継がれた。

参考文献　関山和夫『説教の歴史―仏教と話芸―』(白水Uブックス)、一九九二、白水社。長友千代治「軍書講釈の世界」(山下宏明編『軍記語りと芸能』二〇〇〇、汲古書院)。石井正己「説教・祭文と軍記語り」(同)。兵藤裕己『〈声〉の国民国家・日本』(NHKブックス)、二〇〇〇、日本放送出版協会。関山和夫『庶民芸能と仏教』、二〇〇一、大蔵出版。　(清水　眞澄)

せっくいわい　節句祝　生まれた子供の初節句を祝うこと。男児は五月節句に、女児は三月節句に祝うのが一般的である。呼ばれる客は嫁の実家の親・本分家・親しい近所などであるが、家の格によってはムラの同等格の家も招待することもある。祝いの品はあらかじめ嫁の実家から届けられるのが普通で、五月節句には幟《のぼり》や武者人形、のちには鯉幟《こいのぼり》が、三月節句には木偶《もくぐう》や掛け軸・紙雛《かみびな》、のちには雛人形などが贈られるが、招待客も現金や相応の祝儀を贈る。節句祝は長男・長女の最初の時だけで二・三年目になると道具は飾っても人を呼ぶことまではしない。また、次男以下・次女以下では初節句の時でも行われないことが多い。山梨県下のある村では、嫁の節句あるいは初節句と称して、嫁を迎えた最初の三月節句は子供が生まれているか否かにかかわらず、婚家で内輪に祝いをする。一人増えた娘の初節句だという。また、茨城県下では嫁は姑から反物《たんもの》を買ってもらうのは最初の五月節句の時だけであったという所もある。

参考文献　上村正名『村落生活と習俗・慣習の社会構造』、一九七九、御茶ノ水書房。『総和町史』民俗編、二〇〇五。　(上村　正名)

セックスワークろん　セックスワーク論　一九八〇年代より欧米から始まった売春やその他の性的サービス提供を「性労働(sex work)」ととらえる当事者中心の考え方。従来は、売春を社会構造のゆがみであり、何らかの「強制力」が働いた「被害」であり人権侵害とするとらえ方(人権派)が主流であったが、これが罪悪視や売春する女性自身を不道徳視し差別に結びついていると批判し、売春を自由意志に基づいた労働の一形態とすることで、売春の非処罰化を求め、闇《やみ》の部分としての性暴力や報酬《ほうしゅう》不払いの問題を可視化し、当事者の自己決定の尊重を求める(権利派)。人権派はセックスワーク論が欧米中心の見方であり、各国間の経済格差や買春者に言及しないことを批判している。両者の論争は一連の世界女性会議などを中心に広まり、日本にも影響を与え、一九九〇年代には、「セックスワーカー」たちが公の場で発言するようになった。

参考文献 フレデリック＝デラコステ・プリシラ＝アレキサンダー編『セックス・ワーク』、一九九三、パンドラ。杉田聡『男権主義的セクシュアリティ—ポルノ・買売春擁護論批判—』(シリーズ現代批判の哲学)、一九九九、青木書店。

(ゆのまえ知子)

せっつ 摂津 生没年不詳 十一世紀後半ころの女流歌人。白河天皇皇女令子《れいし》内親王家女房。父は藤原実宗《さねむね》。祖父資宗《すけむね》が摂津守であったことから、摂津と呼ばれたか。令子内親王の地位の変化に伴い、摂津の女房名も、斎院《さいいん》摂津・前斎院《さきのさいいん》摂津・皇后宮摂津・二条太皇太后宮摂津等と変化した。このことからも推測されるように、長年にわたり令子に仕えた。「祐子内親王家名所合《ゆうしないしんのうけめいしょあわせ》」の「摂津」とは別人とする説が有力である。家集に『摂津集』がある。

参考文献 佐藤裕子「斎院摂津—摂津集を中心に—」(『中古文学論攷』三)、一九八二。

(和田 律子)

せっぷ 節婦 夫への*貞節《ていせつ》を守ったとして律令国家から表彰された女性。日本の律令国家は中国唐の政策を模倣し、儒教的家族道徳を庶民に教導するために、賦役令《ぶやくりょう》孝子条の規定により、巷間《こうかん》に評判の高い、孝子(親孝行な子)・順孫《じゅんそん》(祖父母を養護する孫)・義夫(数世代の大家族を率いる*家長)・節婦(夫に貞節な妻)を国司に申請させ、表彰者には位階を授与し、その村里に門柱をたて、同籍者の課役は免除するなどの恩典《おんてん》を与えた。この規定に従い、奈良時代には改元・即位・立太子などの国家的慶事《けいじ》の際に、大赦《たいしゃ》や高齢者への賑給《しんごう》などとともに孝子・順孫・義夫・節婦を表彰するとあるが、具体的に誰が表彰されたか記述はない。ところが正史には国家的慶事には直接関係なく、個別具体的に節婦や孝子を表彰した記事がある。奈良時代は少ないが平安時代初期までに孝子が二十人(うち衣縫金継の娘をはじめ三人は女性)、節婦は四十三人に及んでいる。順孫と義夫は存在しない。当初は親孝行に注目したのか孝子の方が早く出てくる。しかし実際には孝子はあまり存在せず、やがて表彰者は節婦という女性ばかりになる。表彰された節婦とは、夫の死後再婚せず貞節を守った女性であるが、中国と日本ではかなりタイプの違う女性である。中国の節婦は夫と死別した時、年も若く子供もなく周囲から強く再婚を勧められるが、みずから儒教の教条に則り再婚を拒否し孤独に徹《てっ》して生きるか、夫の死に殉《じゅん》じたりする。ところが日本の節婦は夫との間に数人の子供がいる場合が多く、中年過ぎに*寡婦《かふ》になり、その後の長い年月を夫の墓の傍で亡夫の霊に仕えている老寡婦である。当時の庶民の*婚姻は主に夫が妻のもとに通い、愛情がなくなれば夫は去り、別の男が通ってくるカヨヒ婚であるから、一人の夫の数人の子を産育し終え、中年過ぎに寡婦になること自体がまれなことだったと考えられるが、寡婦になってのちにさまざまな霊の中から夫の霊を選んで長く仕えているそのことが貞節なのである。また節婦は姓《かばね》を持つ者が多く、夫も生前郡司《ぐんじ》など在地の有力者であった場合が多い。したがって節婦は亡夫の威光《いこう》を体してその霊に仕え、周囲に多大の影響力を及ぼす霊能的宗教者である。こうした老寡婦を節婦として顕彰《けんしょう》し、彼女の同籍者に特典を与える律令国家の意図は、一つは節婦の口を借りてまともな*戸籍を作らせ、国家の有り難さや威力を知らしめること。また儒教の婦徳の教導は節婦にその自覚がないので成功したとはいえないが、夫の死霊に仕えている姿は、いわば女性の霊能が自立しえず亡夫の威光に従属している形であるから、国家は節婦表彰によって人々を*男尊女卑《だんそんじょひ》の方向へと誘導しているといえる。

参考文献 武田佐知子「律令国家による儒教的家族道徳規範の導入」(竹内理三編『古代天皇制と社会構造』一九八〇、校倉書房)。菅原征子「節婦孝子の表彰と庶民の女性像—古代を中心に—」(総合女性史研究会編『日本女性史論集』八、一九九八、吉川弘文館)。

(菅原 征子)

セツルメント セツルメント 宗教者や社会事業家、大学教員などの知識人や学生がみずからスラム地区などに住み込み、貧困者の状況を理解しながら、生活改良に取り組む運動。セツルという言葉の意味は「住み込む」「定住する」である。日本ではじめて本格的に行われた活動は、一八九七年(明治三十)に東京神田で開設された片山《かたやま》潜《せん》によるキングスレー館である。関東大震災の翌年(一九二四年(大正十三))に開設された東京帝国大学セツルメントでは、託児部・母の会・法律相談などもあり、女性による活動も見られた。また*奥むめおが一九三〇年(昭和五)に本所に婦人セツルメントを創設した。まず生活調査を行い、託児所や妊娠調節部・健康相談部・社会問題講座・簡易宿泊部・職業相談部などの幅広い活動が展開された。「婦人の、婦人による、婦人のためのセツルメント」であった。これは一九四四年に閉鎖されるまで続いた。

参考文献 奥むめお『野火あかあかと—奥むめお自伝—』、一九八八、ドメス出版。大森俊雄編『東京帝国大学セツルメント十二年史』(日本〈子どもの歴史〉叢書)、一九九八、久山社。

(倉田あゆ子)

せぬまかよう 瀬沼夏葉 一八七五—一九一五 明治・大正時代のロシア文学翻訳家。本名郁子《いくこ》。群馬県生まれ。幼少時、生家の山田家がロシア正教会の信者となる。ニコライ女子神学校卒業。ロシア文学研究を志し、ロシア語を学ぶ。夫瀬沼恪三郎《かくさぶろう》を通じて尾崎紅葉《おざきこうよう》に入門、一九〇三年(明治三十六)発表の紅葉との共訳「月と人」「写真《しゃしん》帖《ちょう》」は日本最初のチェーホフの紹介である。ほかにツルゲーネフ・トルストイなどを翻訳。二度ロシアに滞在。明治末期からは戯曲《ぎきょく》に力を入れ、賛助員をつとめる『*青《せい》鞜《とう》』に「桜《さくら》の園《その》」等を寄稿。第七子出産直後に死去。

参考文献 昭和女子大学近代文学研究室『近代文学研究叢書』一五、一九六〇、昭和女子大学光葉会。中村健之介・中村悦子『ニコライ堂の女性たち』、二〇〇三、教文館。
(坂井　博美)

せわじょうるり 世話浄瑠璃　⇩浄瑠璃《じょうるり》

ぜんかんさいふじんれんごうかい 全関西婦人連合会　大正・昭和時代の市民的女性団体。一九一九年(大正八)十一月二十四日の大阪朝日新聞主催婦人会関西連合大会に始まる。以後ほぼ毎年大会を開催。一九二三年の第五回大会で全関西婦人連合会と改称、関東大震災の救援活動を行うなど恒常的《こうじょう》活動を展開するようになる。二四年十二月機関誌『婦人』創刊。一九二七年(昭和二)には会員三百万人となり、大阪朝日新聞社から独立、理事制(理事長は大阪朝日新聞記者*恩田和子《おんだかずこ》)となった。東海から九州まで地方連合大会を開催、府県および郡市単位の連合婦人会も結成された。それら連合婦人会が各地での具体的運動の原動力となり、岡山では県連合婦人会が中心となり高等女学校建設連盟が組織され、一九二五年に真備《しんび》高等女学校が開設されるなどの成果を生んだ。全関西婦人連合会傘下《さんか》の女性団体の多くは、小学校や役場を事務所とする官製・半官製の婦人会であり、高等女学校や*女子大学の同窓会が次いで多い。キリスト教婦人矯風会《きょうふうかい》やキリスト教女子青年会、仏教婦人会など宗教的色彩の団体、*女教員会、*産婆《さんば》会など*職業婦人の団体も参加した。これら既存《きぞん》の女性団体が連合することにより、官製的な婦人会も自主性を強め、物価問題、廃娼《はいしょう》、*女子教育の振興《しんこう》などを掲げた。一九二五年の第七回大会以後、毎年婦人参政権が議題となり、*婦選獲得同盟《ふせんかくとくどうめい》と協力して請願運動を展開した。特に二七年から三二年にかけて婦選獲得共同委員会・全日本婦選大会・婦選団体連合委員会に参加して西日本の女性の関心を高める役割を果たした。一九二九年九月には全日本婦人経済大会、三一年には全関西婦人連合会十二回大会および第三回全日本婦人経済大会として開催するなど、政府への迎合《げいごう》がみられた。一九三二年から三六年までは、挙国一致《きょこくいっち》政策をとる政府に協力しつつも、母子扶助《ぼしふじょ》法や家事調停《かじちょうてい》法の制定をめざし議会請願運動を展開。三七年から四一年までは非常時大会として新体制運動・国民精神総動員《こくみんせいしんそうどういん》への協力がみられた。四二年以後、労働奉仕などの活動を継続するも、恩田和子が*大日本婦人会理事となるなど会の実態は消滅した。

参考文献 『婦人(復刻版)』、一九八六、不二出版。藤目ゆき「全関西婦人連合会」(『性の歴史学—公娼制度・堕胎罪体制から売春防止法・優生保護法体制へ—』一九九七、不二出版)。石月静恵「全関西婦人連合会」(『戦間期の女性運動(新装版)』二〇〇一、東方出版)。
(石月　静恵)

せんきゅうひゃくよんじゅうごねんのクリスマス—にほんこくけんぽうに「だんじょびょうどう」をかいたじょせいのじでん— 1945年のクリスマス—日本国憲法に「男女平等」を書いた女性の自伝—　GHQ民政局員として*日本国憲法草案の人権条項作成に携わり、女性の権利を明記することに尽力した女性の自伝。ベアテ＝シロタ＝ゴードン著、平岡磨紀子構成・文。一九九五年(平成七)、柏書房刊。ベアテ＝シロタ＝ゴードン(一九二三—)は、一九二九年(昭和四)、高名なピアニストであった父レオ＝シロタとともに来日。十年間日本で生活した後、単身渡米し、一九四五年、GHQの一員として再来日。一九四六年二月、いわゆるマッカーサー草案作成に参加する。戦前の日本女性の無権利状態を知るベアテが日本女性の幸福を願って作成した人権条項には、非嫡出《ひちゃくしゅつ》子《し》の差別禁止、児童の医療の無料化、就業や政治的地位における男女平等などもあったが、それらが削除されていく経緯や、わずか一週間で草案を作成しなければならない民政局の慌ただしさが活写されている。ベアテが起草した「男女平等」は、日本国憲法第二四条「家族生活における個人の尊厳《そんげん》と両性の平等」に結実している。
(浅尾　弘子)

せんぎょうしゅふ 専業主婦　⇩主婦《しゅふ》・主婦権《しゅふけん》

ぜんくん 前訓　*手島堵庵《てしまとあん》の口話集。石田梅岩《いしだばいがん》によって編み出された庶民の哲学である*心学《しんがく》は、その弟子手島堵庵によって受け継がれ、ひろく人びとの心を捉えていく。堵庵は、希望する子どもたちを集め、*寺子屋の教えとは別に、家庭生活における日常道徳や行儀作法などをそれぞれの年齢に応じて易しく説いた。その時の口話《こうわ》を、のちにまとめて編集したものが『前訓』である。「前訓」とは、成人以前の教訓という意味で、男は七歳から十五歳、女は七歳から十二歳までの子どもを対象にしていた。しかし、堵庵は、必ずしもこの年齢にこだわらず、希望するものがいれば、男女を問わずに教えを説いた。『前訓』は全五項と附録とからなり、一から四までは「口教《くきょう》」として男女双方に、五は「女子口教《にょし》」として女子に向けての教えを説く。また、口話をするときには、簾《すだれ》で「男子席」と「女子席」の間を隔てるなど、男女の別を厳しく説いている。儒・仏・神の三つの教えを巧みに混ぜ合わせて、道徳を説いたので、庶民にとどまらず、武士層にもひろく浸透していく。『手島堵庵心学集』(白石正邦編、岩波文庫、一九三四年)所収。

参考文献 柴田実校注『石門心学』(日本思想大系四二)、一九七一、岩波書店。菅野則子・桜井由幾『入門古文書を楽しむ』、二〇〇〇、竹内書店新社。
(菅野　則子)

ぜんこくしょうがっこうじょきょういんたいかい 全国小学校女教員大会　全国規模の小学校*女教員たちによる大会。一九一七年(大正六)—四二年(昭和十七)にほぼ毎年、計二十三回開催された。名称は、「全国小学校女教員会議」で始まり、その後「全国小学校女教員大会」、一九四一年から「全国女教員興亜《こうあ》教育研究会」に改称される。多い時には千名を超える参加者を得る盛況ぶりであった。一九一六年の帝国教育会(会長は*沢柳政太郎《さわやなぎまさたろう》)による「小学校に於《お》ける男女教員数の適当なる割合」に関する調査について女教員の意見を聞くなどの趣旨で始まったこの大会は、その後、文部省からの諮問《しもん》などによる女教員や*女子教育のあり方についての議論とともに、女教員の待遇や地位向上に関する議題、すなわち賃金の男女同等化、「産前産後の休養」や部分勤務制を導入することの可否、校長視学への女性の任用などに関して議論が積み重ねられた。

参考文献 川合章他『女教員会に関する教育史的研究』(文部省科学研究費補助金研究成果報告書)、一九八〇。 (井上恵美子)

ぜんこくじょせいしけんきゅうこうりゅうのつどい 全国女性史研究交流のつどい 地域女性史研究会の全国的研究交流の場。一九七七年(昭和五十二)に愛知女性史研究会主催による第一回女性史のつどいが名古屋で開催され、その後現地実行委員会方式で継続。第二回は八一年北海道旭川市で開催、全体会と分科会形式を採用。第三回は八三年に神奈川県江ノ島で開催、二日間で延《の》べ千人を超えた。「全国女性史研究交流のつどい」という名称を採用。第四回は八六年松山市で開催。「ここを変える女性史の創造」という「えひめ報告」は地域変革主体としての生き方を問う衝撃を与えた。第五回は一九九二年(平成四)那覇《なは》市で開催。沖縄の慰安所《いあんじょ》マップを発表、基地・戦跡《せんせき》めぐりを行なった。第六回は九四年山形市で開催、*地域女性史研究と行政との関係が議論された。第七回は九八年神奈川県江ノ島で開催。第八回は二〇〇一年岐阜《ぎふ》市、第九回は〇三年新潟市、第十回は〇五年奈良市で開催。統一的組織をもたず、各地の女性史研究会の自主性によって継続されてきた。

参考文献 横川節子「地域女性史の開拓―地域社会史論(愛媛)の観点から―」(朝尾直弘他編『(岩波講座)日本通史』別巻二、一九九四、岩波書店)。伊藤康子「地域女性史の展開―愛知の場から―」(同)。折井美耶子『地域女性史入門』、二〇〇一、ドメス出版。 (石月 静恵)

ぜんこくちいきふじんだんたいれんらくきょうぎかい 全国地域婦人団体連絡協議会 第二次世界大戦後の地域女性団体の連絡協議機関。一九五二年(昭和二十七)七月九日結成、会員五百万人(二〇〇五年現在)。略称全地婦連または地婦連。初代理事長(のち会長)*山高《やまたか》しげり。敗戦直後、文部省は伝統的婦徳《ふとく》に立脚する官製婦人団体の結成を図るが、GHQが反対し、「民主的」団体の育成を指示、結局地方行政の社会教育担当者により*地域婦人会が組織され、生活改善など行政を補完する役割を担わされた。単位地域婦人会が都市ごとに連絡協議組織をつくり、全国組織へと発展、一九五二年二十一都府県の代表により全地婦連を結成。自主性を次第に強め、一九五四年原水爆《げんすいばく》禁止署名運動全国協議会、翌年第一回世界大会に参加、六四年の脱退まで原水禁運動・平和運動に力を入れた。一九五五年沖縄復帰国民運動に参加、六〇年代には北方領土返還運動に取り組む。生活問題には敏感《びんかん》に対処、五〇年代国鉄運賃・消費者米価《べいか》値上げ反対運動、新生活運動を展開。六〇年代以降*消費者運動に力を発揮、六七年のLPガス使用についての実態調査、七〇年の二重価格表示の実情調査を契機にカラーテレビ買い控え運動を展開、再販制度廃止運動に発展した。一九六八年には製造年月を表示、容器や宣伝経費を抑えた百円化粧品「ちふれ」を販売した。女性問題への取り組みも進め、五〇年代の家族制度復活反対、*売春防止法制定、七五年の*国際婦人年以降は、婦人年連絡会に参加、*家庭科の男女共修、*優生保護法改悪反対運動など共同運動を展開。七六年『母たちの昭和史』刊行。一九八二年には大都市を中心にファミリー＝サービス＝クラブ事業を開始、女性の社会参加を支援。環境問題の高まりを受けてハンドブック「はじめの一歩」(一九九一年)、「やさしさへの問いかけ」(一九九二年)を発行。一九七〇年三月全国婦人会館(東京都渋谷区)落成。七六年九月機関紙『全地婦連』(毎月十五日発行)創刊。九〇年ごろから地域婦人会の解散がみられ、会員は減少しており、全地婦連運動も見直しの時期を迎えている。

参考文献 『全地婦連30年のあゆみ』、一九八六、全国地域婦人団体連絡協議会。 (石月 静恵)

ぜんこくとものかい 全国友の会 ⇨友《とも》の会《かい》

ぜんこくのうきょうふじんだんたいれんらくきょうぎかい 全国農協婦人団体連絡協議会 JA全国女性組織協議会の旧名称。第二次世界大戦後の占領軍の民主化政策の一環として、農村の女性の民主化を進める目的で「女性の地位向上、農家生活の向上」を掲げて、農協の組合員農家の女性と戦前から存在した*地域婦人会の会員の混合状態で一九五一年(昭和二十六)に組織された女性の団体。農協組合員には世帯主の男性がなり、その家族である女性が構成員であることから「農協婦人部」と呼ばれてきたが、一九九五年(平成七)以前は農協組織の「みなし組合員」で、被選挙権はもたず、農協の方針や計画に意向を反映させることはできず、「事業協力組織」と位置づけられていた。初期を除けば女性の地位向上に関わる活動は後退し、生活活動や親睦を旨とした生活文化活動に力点をおいてきた。会員は一時期三百万人を数えたが二〇〇一年現在百二十二万五千人。一九八〇年に全国農協婦人組織協議会に改称、一九九五年にJA全国女性組織協議会となり現在に至っている。

参考文献 坂野百合勝編著『JA女性部活動のすすめ』、一九九六、日本経済評論社。JA全国女性組織協議会編『輝くあゆみそして未来へ―JA全国女性協50年史―』、二〇〇三。 (天野 寛子)

ぜんこくひやといふじんたいかい 全国日雇婦人大会 一九五三年(昭和二十八)十二月四日衆議院議員会館で開催された女性日雇《ひやとい》労働者の大会。二十二県の代表百九十三人が参加。運動方針として、生活保護より仕事を、日本米の二十日配給、米価格の据《す》え置き、*保育所の設置、健康保険の全額国庫《こっこ》負担、保安隊・再軍備反対、越年《えつねん》資金一ヵ月分要求、これらの要求を実現する政府を設立、などを決定。全国日雇婦人協議会(会長武内スミエ)を結成した。

参考文献 法政大学大原社会問題研究所編『日本労働年鑑(復刻版)』二七、一九七〇、労働旬報社。全日本自由労働組合編『全日自労の歴史』、一九七七、労働旬報社。

(伊藤 康子)

ぜんこくふじんすいへいしゃ 全国婦人水平社 ⇩婦人《ふじん》水平社《すいへいしゃ》

ぜんこくふじんどうめい 全国婦人同盟 ⇩無産婦人団《むさんふじんだん》体《たい》

ぜんこくぼしかふふくしだんたいきょうぎかい 全国母子寡婦福祉団体協議会 ⇩全国未亡人団体協議会《ぜんこくみぼうじんだんたいきょうぎかい》

ぜんこくみぼうじんだんたいきょうぎかい 全国未亡人団体協議会 一九五〇年(昭和二十五)に結成された組織。戦後、*未亡人世帯は生活困窮に直面、要保護層を形成した。直ちに、戦前から母子世帯の問題にかかわっていた女性たちは、母子問題懇話《こんわ》会を結成、法整備の必要性を要望。一方政府は、占領軍司令部に未亡人母子福祉法案を提出、却下されていた。これらを背景に、婦人民生委員育成を担当していた*山高《やまたか》しげりは母子福祉対策中央協議会を開催、ここでの決議をもとに結成した。都道府県、市町村単位の組織である。生活を支え合うための物資販売、食堂・喫茶・売店の経営、清掃事業などの起業、子どもたちのための学生寮運営、老人ホームや*母子寮づくり、機関誌の発行などを行なった。母子福祉法(一九六四年)の制定、現行*母子及び寡婦《かふ》福祉法の「及び寡婦」の四文字獲得もこれら母たちの運動の成果である。一九八二年、全国母子寡婦福祉団体協議会と会名変更。本会は女性自身による自立と共生の歴史を刻んでいる。

参考文献 林千代編『母子福祉を拓く』、二〇〇〇、ドメス出版。鯉渕鉱子『母子福祉の道ひとすじに』、二〇〇〇、ドメス出版。全国母子寡婦福祉団体協議会編『母と子の輝きをみつめて』、二〇〇一。

(林 千代)

せんごたいさくふじんいいんかい 戦後対策婦人委員会 一九四五年(昭和二十)八月二十五日、敗戦十日後に*市川《いちかわ》房枝《ふさえ》が中心になって結成した女性団体。「戦後に於《お》ける婦人関係の諸対策を考究企画し、政府当局に建言《けんげん》すると共にこれが実現に協力する事」を目的とした。*赤松常子《あかまつつねこ》・*山室民子《やまむろたみこ》・*村岡花子《むらおかはなこ》・*山高《やまたか》しげりなど戦前・戦中に活躍していた女性運動家約七十名が参集した。九月十一日の第一回会合では、*モンペの着用、食糧の増産、進駐軍に対する毅然《きぜん》たる態度などを申し合わせるとともに、勤労、風紀・教養、生活、援護、政治、文化の小委員会を設置。九月二十四日の政治委員会では「民主主義日本の再建」のために婦人参政権などを政府、各政党に要求することを決定した。十一月三日、市川房枝は政治委員会を中心に新しい団体として新日本婦人同盟を結成。また十一月六日、会員の中の旧*大日本婦人会関係者を中心に日本婦人協力会が成立した。これらの新団体設立の動きの中で、戦後対策婦人委員会は十月二十六日に解散した。

参考文献 児玉勝子「戦後対策婦人委員会について」(『歴史評論』三八三)、一九八二。同『覚書・戦後の市川房枝』、一九八五、新宿書房。国武雅子「戦後女性運動の起点—市川房枝を中心に—」(『長崎純心大学大学院人間文化研究』一)、二〇〇三。

(国武 雅子)

せんこつはいし 洗骨廃止 洗骨は、墓内に安置した遺骸を数年(多くは三～十数年)経過したのち、遺骨を水や酒で洗い清め、カメなどにおさめ、墓内の祭壇に安置する葬送のこと。集落の川などの水辺には、それらしき地名がみられるが、ほとんどは墓地内で行われ、肉親の婦女子の役目とされていた。女性たちには、つらい役目であったといわれている。洗骨が始まった歴史はさだかではないが、琉球《りゅうきゅう》諸島では、近代に至るまで行われ、火葬場が普及するのは戦後である。戦争で多くの住民が死に洗骨の時まで待つ時間的ゆとりはなかった。一九三九年(昭和十四)「沖縄県保健衛生調査会」は、「古来からの悪習慣になっている埋葬は、衛生的にも火葬に改めるべき」と新聞に掲載し、行政側が火葬を奨めている。那覇《なは》にはギリチに火葬場があったが、一部の人たちしか使用しなかった。遺骸ではあっても焼かれる恐怖は人びとの心を暗くした。長い生活慣習を改めるにはまだ納得できなかった。沖縄県下では祖先崇拝の思想が定着していて、祖父母・父母を火葬することに大きな抵抗があった。一九三九年、那覇に隣接する西原《にしはら》村で火葬場が設置されたが、ほとんど利用されなかったといわれている。大宜味《おおぎみ》村では戦前から、*婦人会を中心とした*生活改善運動の一つとして火葬場設置が進められてきたが、設置されたのは一九五一年である。村内外から利用者が増え、各地に広がっていった。埋葬による葬送は、白骨化するのを待って洗骨をしたが、ときには肉片の付着した骨もあって、女たちを悩ませていた。時代の変化に伴い、火葬場設置へと世論の高まりもあり、各地で火葬場が設置された。戦争で多大な死者の遺骨を葬ったことが、その葬法の変化を受け入れさせ、古来からの風葬《ふうそう》が火葬へと変わっていった。しかし、祖先を崇拝する心は現代も受け継がれている。

(深沢 恵子)

せんさいこじ 戦災孤児 戦争によって親や身寄りの者を失った子どものことをいう。第二次世界大戦後の児童対策は、日本政府にとって緊急課題であった。一九四五年(昭和二十)「戦災孤児等保護対策要綱《ようこう》」を、一九四六年には「浮浪児《ふろうじ》その他の児童保護等の応急《おうきゅう》実施に関する件」などを制定している。一九四七年*厚生省は「全国孤児一斉調査」を実施するが、ここでは戦災孤児を「父母の戦死、空襲による死亡等戦闘又は戦争に直接原因して孤児になった者」とし、父母の一方がこれに原因しないで死亡した者も含むとされ、引揚孤児《ひきあげこじ》と区別している。戦後の混乱により一般孤児・棄迷児《きめいじ》なども加わりほとんどが浮浪児となった。一斉調査では、二十歳未満の孤児は十二万三千五百四人と報告され、引揚孤児を含むいわゆる戦争孤児は三分の一、うち戦災孤児は約三万人といわれる。飢餓《きが》と疾病《しっぺい》、盗みや放火などの非行が拡がり、保護対策が急務となったが、一九四八年の「浮浪児根絶緊急対策要綱」にみられるように、治安維持の観点から隔離《かくり》収容を方針とした。

参考文献 児童福祉法研究会編『児童福祉法成立資料集成』上、一九七八、ドメス出版。西村滋『雨にも負けて風にも負けて(新装版)』、一九六八、主婦の友社。 (林 千代)

せんじ 宣旨 令外《りょうげ》の宮中*女官。「せじ」とも読む。内《ない》侍司《しのつかさ》の*尚侍《ないしのかみ》・*典侍《ないしのすけ》が天皇に常侍して勅旨《ちょくし》を伝宣し*内《ない》侍宣《じせん》を出したことから、この官名が始まったといわれる。宣旨を取り次ぐとともに、雑務も行う。立后《りつごう》の宣旨を伝える女官は「中宮の宣旨」(『宇津保《うつほ》物語』『増鏡《ますかがみ》』)と呼ばれた。のち東宮・院・摂関家などにも、それぞれ「春宮《とうぐう》の宣旨」(『*源氏物語』)、「院の宣旨」(『西宮記《さいきゅうき》』『*今鏡《いまかがみ》』)、「摂政の宣旨」「殿《との》の宣旨」(『*栄花《えいが》物語』)が置かれた。また*斎宮《さいぐう》では、寛治《かんじ》三年(一〇八九)九月、従五位下源朝《みなもとのあ》臣成子《そんしげこ》が「斎宮宣旨」となっており、*斎院《さいいん》にも、後冷泉《ごれいぜい》天皇朝の六条斎院禖子《ばいし》内親王に仕えた「宣旨」がいた。『*枕草子』や『*今昔《こんじゃく》物語集』には「みあれの宣旨」もみえる。東宮宣旨は、東宮即位の後、多く尚侍に補せられている。宣旨は、*御匣殿《みくしげどの》別当や内侍とともに女房三役と称された最高級の女官であり、*乳母《めのと》にも匹敵するほど優遇され典侍を兼ねる者もあった。

参考文献 浅井虎夫『(新訂)女官通解』(講談社学術文庫)、一九八五、講談社。 (所 京子)

せんじかていきょういくしどうようこう 戦時家庭教育指導要項 伝統的家族制度を強調し、日本婦道《ふどう》の修練と*家庭生活の国策への協力を要求したもの。一九四二年(昭和十七)五月、文部省社会教育局が「戦時家庭教育指導要項」として発表。文部省はこれに先立ち、一九四〇年に「戦時体制を担う国民育成」を目的に家庭教育強化を表明。ついで、一九四一年の教育審議会答申《とうしん》「社会教育ニ関スル件」では「家庭教育ニ関スル要綱《ようこう》」を盛り込み、伝統的家族制度を美化する一方、総力戦に必要な科学的教養訓練を促した。同時期(一九四一―四二年)開催の文部省主催「母の講座」でも、「日本の家の精神と銃後の家生活」と「国民学校の教育と家庭生活」が「時局講話」とともに説かれた。一九四二年四月、海軍報道部課長平出英夫《ひらでひでお》が真珠湾《しんじゅわん》攻撃の「軍神」は、日本の伝統的家族制度下の家庭で感化育成されたと述べ、「軍神」の母を賛美した。本要項はその翌月に出されている。

参考文献 千野陽一『近代日本婦人教育史』、一九七九、ドメス出版。山村淑子「戦時期における母性の国家統合」(『総合女性史研究』二一)、二〇〇四。 (山村 淑子)

せんじかのじょせいろうどう 戦時下の女性労働 女性たちは、戦争の拡大による労働力不足を学徒とともに一手に担い、航空機をはじめ武器、弾薬などの軍需品生産を中心に、炭鉱、土木工事、電車やトラックの運転、車掌、医療などあらゆる部門で男性の労働を代替りした。女性の工場進出によってトイレの改善なども検討されたが、労働条件は悪く過重で、不慣れな労働による生理不順など深刻な問題も多発した。特に炭坑労働では、一九三九年(昭和十四)八月、三三年以来実施されてきた女子の坑内作業禁止規定を緩和して妊娠中を除く二十五歳以上の女子の入坑を許可し、四三年以降は、鉱山監督局長の許可を条件に、就業時間延長、休日廃止、さらに禁止されていた深夜業も十六歳以上に認める苛酷な作業となった。戦時下の女性労働は、「家庭の根軸たる者」を除く未婚者を中心に、職業能力の申告から指導・勧奨による動員へ、そして罰則規定を伴う強制へと三九年以降急速に強化された。戦争末期には既婚女性の工場労働も要請された。国家総動員法に基づく三九年一月の国民職業能力申告では、女性の要登録の対象を、医者、歯科医、看護婦などとしたが、四一年十月に十六歳以上二十五歳未満の未婚女性に、四四年二月には十二歳以上四十歳未満に拡大した。その間に四一年の「国民徴用令」改正で十六歳から二十五歳未満の未婚女性の徴用を可能にし、四三年九月の「女子勤労動員促進に関する件」以降、国民徴用の徹底強化と女子・学徒の動員政策を急速に具体化する。四四年一月「緊急国民勤労動員方策要綱」を、翌二月「決戦非常措置要綱」を閣議決定し、八月「学徒勤労令」とともに「女子挺身勤労令」を勅令として公布施行した。国家が必要に応じて、家庭や職場、学校などから国民を強制的に労働力として動員する体制を法的に確立させ、違反する者には罰則を科したのである。各地の女学校には、文部省が指示した学校工場があり、*大日本婦人会や町会が設置した*隣組《となりぐみ》工場では赤ん坊をおぶった女性が働いており、生活の場が生産活動に直結した。一方、男手を戦場や軍需産業にとられた農村では、従来は男性の補助的労働を担ってきた女性が慣れない牛馬や農機具を動かし、戦時食料増産のために生産活動の中心にならざるを得なかった。四〇年には全国の農業従事者の五二・二%を女性が占め、四四年には五八・八%に急増している。農繁期には、都市から*女子青年団が勤労奉仕に動員されて、託児所が設置され*共同炊事も実施された。また、農村保健婦が田畑まで出向いて*母性保護の指導にあたるが、*出産予定日の二、三日前まで農作業するのも特別なことではなかった。流産が増え、新生児の体重減少や発育不良も著しかった。母親の過重労働や栄養不足による母乳不足は深刻であり乳幼児の死亡率も高かった。敗戦直前の四五年における女子労働者数は、四百万人を越え、ほかに四十七万人の*女子挺身隊員、百五十一万人の女子勤労動員学徒たちが、戦時下の労働を支えたのである。

参考文献 丸岡秀子・山口美代子編『近代日本婦人問

題年表』(日本婦人問題史料集成一〇)、一九八〇、ドメス出版。茶園義男『学徒勤労報国隊(増補改訂版)』、一九六八、不二出版。東京歴史科学研究会婦人運動史部会編『女と戦争―戦争は女の生活をどう変えたか―』(昭和史叢書)、一九九一、昭和出版。総合女性史研究会編『日本女性の歴史―女のはたらき―』(角川選書)、一九九三、角川書店。早川紀代編『軍国の女たち』(戦争・暴力と女性二)、二〇〇五、吉川弘文館。

(宇野　勝子)

せんしないしんのう　選子内親王　九六四―一〇三五　平安時代中期の賀茂《かも》*斎院《さいいん》、歌人。村上《むらかみ》天皇の第十皇女。母は藤原師輔女《もろすけむすめ》の皇后安子《あんし》。康保《こうほ》元年(九六四)四月二十四日誕生。母后は出産後五日で崩御《ほうぎょ》、同年*内親王となる。四歳の康保四年五月、父帝崩御。天延《てんえん》二年(九七四)三品《さんぼん》。翌年六月、十二歳で賀茂斎院に卜定《ぼくじょう》され、円融《えんゆう》・花山《かざん》・一条・三条・後一条天皇の五代五十七年間にわたり賀茂大社に奉仕、大斎院《おおさいいん》と称される。斎院卜定以前の幼女期は、同母兄円融天皇の皇后媓子《こうし》(安子の同母兄兼通《かねみち》の女《むすめ》)とともに堀河院《ほりかわいん》で過ごした(『親信卿記《ちかのぶきょうき》』)。斎院在任期間には、一条天皇の皇后定子《ていし》や中宮彰子《しょうし》(*上東門院《じょうとうもんいん》)の後宮とならぶ文芸サロンの発展にも寄与した。斎院御所には宰相《さいしょう》・*馬内侍《うまのないし》・斎院中務《さいいんなかつかさ》・斎院中将《さいいんちゅうじょう》・右近《うこん》など多数の*女房がおり、「歌司《うたのつかさ》」や「物語司《ものがたりのつかさ》」なども置かれていた。選子の*和歌は『拾遺《しゅうい》和歌集』以後の勅撰集《ちょくせんしゅう》に三十七首入集しており、また家集『大斎院前《さき》の御集《ぎょしゅう》』『大斎院御集』『発心《ほっしん》和歌集』を残している。このうち、前二者には斎院での日常生活が描かれている。また後者の『発心和歌集』には、斎院奉仕中の長和《ちょうわ》元年(一〇一二)、かねて仏教に深く帰依《きえ》した選子が、『法華経《ほけきょう》』の法文を題材に歌を詠んだ釈教歌《しゃっきょうか》五十五首が収められている。彼女が上東門院彰子に「新奇之草子」を所望したので、*紫式部が『*源氏物語』を執筆することになったとも伝えられる(『賀茂斎院記』)。六十九歳の長元《ちょうげん》四年(一〇三一)九月、老病を理由に斎院を退下《たいげ》し、大僧正深覚《だいそうじょうしんかく》(母安子の兄弟)を戒師《かいし》に落飾《らくしょく》。それから四年後の長元八年六月二十二日、七十二歳で死去、蓮台野《れんだいの》に火葬された。「業尽《ごうつく》す御手洗《みたらし》川の亀なれば法の浮木《うきぎ》にあはぬなりけり」(『後拾遺和歌集』)は、東《とう》三条院《さんじょういん》(藤原詮子《せんし》)の法華八講《ほっけはっこう》に際し、捧物《ささげもの》の亀にそえられた選子四十一歳の時の作で、斎院として在任中のため、仏事の法会に参加できない心中を詠んでおり、『法華経』『涅槃《ねはん》経』にみえる「盲亀浮木《もうきふぼく》」のたとえを引き、みずからを御手洗川の亀になぞらえている。

[参考文献]　岡崎知子「大斎院選子の研究」(古代学協会編『摂関時代史の研究』一九六五、吉川弘文館)。石原清志『発心和歌集の研究』、一九八三、和泉書院。所京子「大斎院選子の仏教信仰」(『斎王和歌文学の史的研究』一九八九、国書刊行会)。同「選子内親王関係年譜稿」(同)。

(所　京子)

せんじゅのまえ　千手前　一一六五―八八　鎌倉時代の将軍家に仕えていた女房。『*平家物語』では手越《たごし》の遊君の子と伝える。元暦《げんりゃく》元年(寿永《じゅえい》三、一一八四)捕縛《ほばく》され鎌倉に護送されてきた平重衡《たいらのしげひら》の接待を、狩野介宗茂《かのうのすけむねもち》とともに、頼朝から命じられる。琵琶《びわ》や朗詠《ろうえい》の才で重衡と心を通わせた千手は、重衡の死後、出家し、信濃善光寺《しなのぜんこうじ》で重衡の菩提《ぼだい》を弔《とむら》ったとされる。『*吾妻鏡《あずまかがみ》』では、千手は頼朝の官女であり、藤原邦通《ふじわらのくにみち》・工藤祐経《くどうすけつね》とともに幽閉中の重衡をもてなし心を通わせたため、重衡の死後、*北条政子に仕える女房となるが、重衡を慕うあまり、文治《ぶんじ》四年(一一八八)病死したと記載される。

[参考文献]　富倉徳次郎『平家物語全注釈』(日本古典評釈・全注釈叢書)、一九六六―六八、角川書店。田端泰子「女房役割と妻役割」(脇田晴子・S・B・ハンレー編『ジェンダーの日本史』下、一九九五、東京大学出版会)。

(錦　昭江)

せんしょく　染色　⇨染女《そめめ》・染所《そめどころ》

ぜんしんに　善信尼　生没年不詳　六世紀末から七世紀初めに活躍し、百済《くだら》に留学した日本で最初の出家尼。俗名は司馬嶋《しめしま》(斯末賣《しまめ》)といい、司馬達等《しめだちと》の娘、鞍部止利《くらつくりのとり》の姨《おば》。五八四年に百済から二軀《く》の仏像が持って来られた時、蘇我馬子《そがのうまこ》は司馬達等・池辺氷田《いけべのひた》を遣わして修行者を捜させた。すると播磨《はりま》国に還俗《げんぞく》者の高麗《こま》の恵便《えべん》がおり、尼法明《ほうみょう》がいた。馬子は司馬達等の娘嶋を善信尼、漢人夜菩《あやひとやぼ》の娘豊女《とよめ》を禅蔵《ぜんぞう》尼、錦織壺《にしごりのつぼ》の娘*石女《いしめ》を恵善《えぜん》尼として出家させ、二師について桜井道場で仏教を勉強させた。善信尼はほかの尼たちのリーダーであった。のち蘇我・物部の崇仏排仏《すうぶつはいぶつ》をめぐる争いに巻き込まれ、物部守屋《もののべのもりや》が敏達《びだつ》天皇の支持を得て、三尼は海石榴市《つばきいち》で佐伯御室《さえきのみむろ》に三衣《さんえ》を奪われ鞭《むち》打たれ迫害された。しかし三尼は還俗することなく、五八七年六月に蘇我馬子が穴穂部《あなほべ》皇子と宅部《やかべ》皇子を滅ぼした後、善信尼らは百済に戒律《かいりつ》を学びに行きたいと馬子に願い出、馬子は渡来していた百済の使者に依頼するが、使者は帰国して百済王に許可を得てからといい、一旦帰国した。この間に物部守屋は滅ばされ、仏教が興隆できる環境が整い、百済から寺院建立のための多くの技術者や律師《りっし》、僧侶が贈られ、善信尼らの留学の許可も下り、五八八年に戒律など本格的に仏教を学ぶため百済の使者に従い留学した。善信尼らは二年間の留学から帰国すると、桜井寺で大豪族の女性や渡来系の女性などに仏教を布教し始め、大伴狭手彦《おおとものさでひこ》の娘善徳《ぜんとく》、大伴狛《こま》夫人、新羅媛善妙《しらぎのいらつめぜんみょう》、百済媛妙光《みょうこう》、漢人善聡《あやひとぜんそう》らをはじめ多くの女性が出家した。同時に善信尼の兄弟の鞍造司馬多須奈《くらつくりのしめたすな》(止利《とり》の父)も出家して徳斉《とくさい》法師となった。この桜井道場、桜井寺は「推古」が生まれ育ち、敏達天皇の大后《おおきさき》となった後も所有した「向原《むくはら》後宮」(『元興寺伽藍縁起幷流記資材帳《がんごうじがらんえんぎならびにるきしざいちょう》』)と呼ばれた場所に関係する一廓にあったと思われ、用明《ようめい》天皇・*推古天皇は蘇我馬子とともに三尼を助け保護した人々として『元興寺縁起』に描かれる。三尼の活動は飛鳥寺《あすかでら》(僧寺)の建立、*豊浦寺《とゆらでら》(*尼寺)の建立を促し、飛鳥仏教の基礎を築いたといえる。以上は『日本書紀』や『元興寺縁起』の伝説である。

参考文献　岩城隆利編『(増補)元興寺編年史料』上、一九六三、吉川弘文館。勝浦令子『日本古代の僧尼と社会』、二〇〇〇、吉川弘文館。　(松木　裕美)

せんそうはなよめ　戦争花嫁　第二次世界大戦後、日本に駐留したアメリカ軍・英連邦軍からなる連合国進駐軍人・軍属と結婚して海外に移住した女性。一九四七年(昭和二十二)から一九五〇年代にかけて、約五万人の女性がアメリカ・オーストラリア・カナダ・イギリス等の夫の国に移住した。当時、戦争のため結婚の機会を奪われた女性が多かった。また、戦死・負傷した父親・兄弟に代わり家族を養うため、多くの女性が、女性に開かれた職としては最も高収入であった進駐軍関連の多様な仕事に就いた。したがって、外国人兵士と一緒にいる女性はすべて売春婦という社会一般の偏見に反し、外交官の娘をはじめ多様な社会階層・教育・職業背景をもつ女性が進駐軍兵士と出逢い結婚した。夫の人種背景は多様で、大半が白人男性であったが、約二割の女性は黒人男性または日系人兵士と結婚した。両親や家族の意志に反して結婚と移住を決意し、家族から離縁された花嫁も多かった。移住後は、異国での言語や文化の相違、ホームシック、経済的苦難、人種偏見から生じる数々の困難に直面したが、苦難を乗り越え、キャリアを築き成功した者、ハリウッド女優となった者など、彼女たちの人生の軌跡《きせき》は多様である。一九五〇年代から草の根的な自助グループが各地に存在したが、一九八〇年代後半から、スタウト梅津和子《うめつかずこ》を中心に、数ヵ国に渡る日本人戦争花嫁のネットワークを広げ、誇りを持って自身の半生を振り返り語ろうとする動きが始まった。日本人への偏見が根強い終戦直後の欧米諸国で、国際・異人種間結婚をし、家庭を築き、日本文化紹介や奉仕活動を続けてきた戦争花嫁は、日本と欧米諸国・オーストラリアとの掛け橋そして草の根の親善大使となっただけでなく、移住先で帰化し市民権を得て、その国の一員として各国社会の多文化・多人種・多民族化に大きく貢献してきたといえよう。なお、第二次世界大戦の戦争花嫁は日本人だけではなく、アメリカ人兵士と結婚してアメリカへ移住した女性の出身は五十ヵ国以上に及ぶ。

参考文献　林かおり・田村恵子・高津文美子『戦争花嫁―国境を越えた女たちの半世紀―』、二〇〇二、芙蓉書房出版。植木武編『「戦争花嫁」五十年を語る―草の根の親善大使―』、二〇〇二、勉誠出版。安冨成良・スタウト梅津和子『アメリカに渡った戦争花嫁―日米国際結婚パイオニアの記録―』、二〇〇五、明石書店。　(中村　雅子)

せんそうみぼうじん　戦争未亡人　一般には戦争で夫が犠牲になった妻を指すが、限定的には「戦争未亡人」は十五年戦争で戦死あるいは戦病死した軍人(召集《しょうしゅう》軍人を含む)・軍属の妻を示す。戦死軍人は「靖国《やすくに》神社」にまつられるため「靖国の妻」ともいわれる。「戦争未亡人」は夫の戦死、戦病死が国から公務上と認定され、恩給法等による扶助料《ふじょりょう》を受給する権利を有する。十五年間の戦争における軍人・軍属の犠牲者二百三十万人に対し、戦没・戦災・「外地《がいち》引揚《ひきあげ》」など戦争による*未亡人は一九四七年(昭和二十二)の調査(*厚生省)段階で五十六万人とあるが、その後の全体の数字は明らかではない。戦時期は夫の戦死は名誉となり、軍人未亡人は「英霊《えいれい》の妻」と称えられ国は扶助料で保護した。敗戦によって夫の戦死は犬死といわれ、侵略戦争が明らかになっては加害の責も問われ、境遇が一変した未亡人が「戦争未亡人」と呼称されるのは戦後である。戦後に扶助料はGHQの政策で停止になり、国の保護から見放された未亡人は精神的・経済的困難を抱えた。扶助料が復活するのは一九五三年(昭和二十八)であるが、「戦争未亡人」は扶助料停止の占領期が特に過酷《かこく》な時期であった。「戦争未亡人」の特徴は人数が格別に多く、年齢は非常に若く、また複雑な人生を歩んでいるが、その姿を一様に捉えることはむずかしい。最も顕著《けんちょ》なのは、夫が職業としての軍人か召集された軍人かで未亡人の戦死に対する受容が異なり、それは意識や生活に及んでいる。また夫の戦死公報を受けた時期が戦時か戦後かで国の待遇に差があり、さらに未亡人の居住地が都市部か農村部かによって人間関係に違いが生じた。年若い未亡人には「家」と扶助料をめぐる義弟との再婚、誘惑や性という問題が常につきまとった。「戦争未亡人」の歴史的位置づけは夫の戦死の意義に連動しているため微妙で、その境遇は常に戦死をめぐるときどきの政治的・社会的情勢の影響を受けている。

参考文献　鹿野政直「戦争未亡人」(朝日ジャーナル編『女の戦後史』一、一九六四、朝日新聞社)。北河賢三『戦後の出発―文化運動・青年団・戦争未亡人―』、二〇〇〇、青木書店。川口恵美子『戦争未亡人―被害と加害のはざまで―』、二〇〇三、ドメス出版。一ノ瀬俊也『銃後の社会史―戦死者と遺族―』(歴史文化ライブラリー)、二〇〇五、吉川弘文館。　(川口恵美子)

せんたく　洗濯　衣服や寝具などの繊維製品を洗い、汚れを落とすこと。物理的な洗浄だけではなく、宗教的な洗浄のために行う場合もある。洗濯という行為は、呪術的な浄化を期待された行為でもあった。また前近代において女性がおもに担う労働として行われた。『*古事記』や『*万葉集』に川辺などで洗濯する描写がみえる。また八世紀の平城京の写経所では写経生に支給されていた浄《じょう》衣《え》・衾《ふすま》を雇女《こじょ》や*優婆夷《うばい》が洗濯した例が『正倉院文書』にみえ、雇女は一日六文から八文程度の銭を得ている。一方写経生らは自弁衣服の洗濯のために休暇願を提出した例があるが、本拠地に帰宅して親族女性に委託《いたく》したものと考えられる。洗濯を理由とした男性の休暇は『史記』に官人が五日ごとの休暇に父の*肌着・下着を洗濯した例があり、孝養目的であった可能性もある。九世紀以降には霊山の麓《ふもと》や寺の周辺で僧衣を洗濯する女性たちが存在した例が多くなる。たとえば十世紀の比叡山麓《ひえいさんろく》の聖女社《せいじょしゃ》の女神が僧衣の洗濯を守ったという伝承があり、高野山の山麓の天野《あまの》では僧と関係の深い女性たちが洗濯を担った。古代・中世では、麻製衣服を仕立てたままで洗う丸洗いが主であったが、絹製などの衣服は解洗《ときあら》いの技法がとられた。『*伊勢《いせ》物語』には上衣を洗い、手づから張る女性の話がみえる。また中世*絵画史料にみえる洗濯は、たとえば『*信貴山縁起絵巻《しぎさんえんぎえまき》』『西行《さいぎょう》物語絵巻』などでは井戸端《いどばた》で、『大江山《おおえやま》絵巻』『浦島明神《うらしまみょうじん》縁起』などでは川辺で足踏み洗いをする例が多い。踏石やスノコ状の板の上に衣服を置き、桶の水を柄杓《ひしゃく》でかけて洗った。ただし古代・中世でも近世に主流となる手《て》揉《も》み洗いは存在した。洗剤として灰汁《あく》やサイカチの実のサポニン成分を利用する場合もあった。干し方は物干し竿に衣服の袖を通す場合や、布状のものを竿にかけている例もある。室町時代の京都では絹製衣服の洗い張りや伸子《しんし》張《ば》りしあげが、染《そめ》師《し》・*紺掻《こうかき》の兼業として行われるようになっていた。

井戸端で洗濯する女性(『信貴山縁起絵巻』より)

参考文献 落合茂『洗う風俗史』(ニュー・フォークロア双書)、一九八四、未来社。勝浦令子「「洗濯と女」ノート」(『女の信心』一九九五、平凡社)。斉藤研一「「足踏み洗い」から「手揉み洗い」へ」(藤原良章・五味文彦編『絵巻に中世を読む』一九九五、吉川弘文館)。

(勝浦 令子)

せんたくおんな 洗濯女 湊町の*船宿《ふなやど》や宿場の旅籠屋《はたごや》で、船頭・船乗や旅客の衣類を*洗濯すると称して抱えられていた*下女。実際は性を売る*娼婦《しょうふ》であった。水戸藩では、公認遊所の抱女《かかえおんな》が洗濯女と呼ばれており、寛政元年(一七八九)、奥州棚倉《おうしゅうたなくら》藩から幕府に洗濯女の扱いについて伺いが出された際、幕府は、あくまでも下女として、*飯盛女《めしもりおんな》に準じて一軒二人ほどの洗濯女を置くことを認めてよいとしている。

参考文献 三田村鳶魚「品川女郎衆」(『三田村鳶魚全集』一〇、一九七五、中央公論社)。小林雅子「公娼制の成立と展開」(女性史総合研究会編『日本女性史』三、一九八二、東京大学出版会)。

(曾根ひろみ)

センタクワタシ センタクワタシ 嫁は婚家に来てすぐに*家事一切をまかされるのではなく、約三年の間は姑《しゅうとめ》の指図に従わなければならない。この間いくつかの段階を踏んでようやく一人前の嫁として認められるという風習がある。センタクワタシもその中の一つの段階で、姑から婚家の衣類の世話の一切を任されることをいう。これ以前には、嫁は婚家の衣類に自由に手をつけることができず、夫の衣類の世話も姑の指図に従った。この間、子供が生まれても、自分と子供の衣類の*洗濯や仕立て直しなどは親元に帰って行い、また自分の荷物を里に置いておく例もみられ、生家とのかかわりが深く、婚家への所属の度合いは低い。嫁としては辛い立場にあったといえる。センタクワタシの習慣はかつて青森県や新潟県などにみられ、また江戸時代の会津《あいづ》藩の『風俗帳』(貞享《じょうきょう》二年(一六八五))にも「せんたく隙《ひま》」といって親元に帰る、センタクワタシ前の嫁の習慣について触れている記事がみられる。

参考文献 民俗学研究所編『(改訂)綜合日本民俗語彙』、一九七〇、平凡社。総合女性史研究会編『日本女性の歴史―女のはたらき―』、一九九三、角川書店。

(岩田みゆき)

ぜんとくじょおう・しんとくじょおう 善徳女王・真徳女王 新羅《しらぎ》の女王。善徳女王(?―六四七)は、新羅二十六代の王、真平《しんぺい》王と、葛文《かつぶん》王(新羅《しらぎ》の王権を分掌《ぶんしょう》する「副《ふく》王《おう》」の称号)の福勝《ふくしょう》の娘の摩耶《まや》夫人との間に生まれた。名は徳曼《とくまん》。「聖骨《せいこつ》」(新羅の身分制に関わる最上位のランクをさす特定血縁集団)の男子が絶え(『三国遺事《さんごくいじ》』「王暦《おうれき》」善徳王条)、高句麗《こうくり》・百済《くだら》の軍事的威圧に危機感を深めた新羅「国人」、和白《わはく》会議が、新羅を隆盛に導いた法興《ほうこう》王―真《しん》興《こう》王の直系真平王の女《むすめ》の徳曼に期待をかけ、六三二年正月に新羅二十七代の王として推戴《すいたい》し、即位する。「聖祖《せいそ》皇《こう》姑《こ》」の号を贈られ、国内統治は十六年におよび、その間に三人の上大等《じょうだいとう》が交替した不安定さは唐への依存を深めたが、新羅三宝の一つである皇龍寺《こうりゅうじ》九重塔の建立事業の完成に象徴される仏教政策を推進している。六四七年正月、「女主」の支配では対外的にも国内的にも治まらないとする毗曇《ひどん》らが反乱をおこし、戦いの渦中《かちゅう》に死去する。真徳女王(?―六五四)は、真平王の同母弟にあたる国飯《こくはん》葛文王(一名「国芬《こくぶん》」)と朴《ぼく》氏月明《げつめい》夫人との間に生まれ、善徳王の死去後、金春秋《きんしゅんじゅう》(のちの武烈《ぶれつおう》王)らに擁立《ようりつ》されて、唐の不安・懸念を振り切り、女王による統治を批判する反乱を鎮圧した上で即位。名は勝蔓《しょうまん》。その統治は八年であったが、六五一年に最高官府の執事部を設置するなど の行政機構の整備を進め、緊張の続く国際関係にも金春秋とその子の法敏《ほうびん》・仁問《じんもん》らを重用し、六五四年三月に死去している。なお、新羅では、八八六年に古代の東アジアでは最後の*女帝となる真聖《しんせい》女王が即位している。高句麗・百済には女帝即位の例がなく、新羅における女帝即位はその歴史の大きな特色として評価すべきであろう。また新羅の女帝は、いずれも即位以前に国政に関与したことがなく、新羅王と婚姻関係を結んでいるわけでない。こうした点は、日本の推古《すいこ》・皇極《こうぎょく》・斉明《さいめい》・持統《じとう》らの女帝との相違であり、比較の対象としても興味深いものが多々ある。

参考文献 礪波護・武田幸男『隋唐帝国と古代朝鮮』(世界の歴史六)、一九九七、中央公論社。遠山美都男『白村江—古代東アジア大戦の謎—』(講談社現代新書)、一九九七、講談社。李成市『古代東アジアの民族と国家』、一九九八、岩波書店。荒木敏夫『可能性としての女帝—女帝と王権・国家—』(Aoki library)、一九九八、青木書店。

(荒木 敏夫)

ぜんにちにょ 善日女 生没年不詳 南北朝時代の若狭《わかさの》国太良荘《くにたらのしょう》真利名《さねとしみょう》半名《はんみょう》名主《みょうしゅ》。禅日女とも表記される。真村《さねむら》・真利名主であった夫権介《ごんのすけ》真良《さねよし》の死去後真利名を継いだが、文和四年(一三五五)秋ごろ困窮し、同名は領主東寺が派遣した上使《じょうづかい》の計らいによって惣百姓《そうびゃくしょう》が年貢を立て替えて弁済する百姓請《ひゃくしょううけ》となった。ところがその後も名の返還がかなわず、他人に充て行われようとしたため、延文《えんぶん》元年(一三五六)末に上洛して東寺に訴えている。結局真利半名は、預所《あずかりしょ》阿賀丸《あがまる》によって同荘百姓乗蓮《じょうれん》に充て行われた。のち貞治《じょうじ》四年(一三六五)、乗蓮死去後の同六年および応安五年(一三七二)の三度にわたって機会をとらえ、重代相伝を根拠に真利名回復の訴訟を起こすが、年貢を立て替える資力を持った百姓が名主職《みょうしゅしき》を得、善日女の希望は実現しなかった。この間、夫とその弟平四郎《へいしろう》が所持していた真村名主職を得た法阿《ほうあ》の扶持《ふち》を得ていたことがあったようで、娘若鶴女《わかつるにょ》を法阿の子孫次郎《まごじろう》の嫁にしている。

参考文献 網野善彦『中世荘園の様相』(塙選書)、一九六六、塙書房。同『海の国の中世』(平凡社ライブラリー)、一九九七、平凡社。

(髙橋 敏子)

せんにんばり 千人針 出征兵士の無事を願って女性が作って贈った布。日露《にちろ》戦争期に始まった風習で、この布を巻くと敵の弾丸を避けられるとされ、日中戦争以降に広まった。女性たちは、街角に立ち多くの女性によびかけて出征兵士のために白木綿の布に赤い糸で丸い結び目をつくってもらった。「虎は千里往って千里還る」の故事から寅年《とらどし》の女性は自分の歳数を結んだ。「死線(四銭)をこえる」として五銭貨幣を縫いつけたものもある。銃後の女性活動の一つで、戦争末期には布も不足し衰退した。

参考文献 加藤秀俊他『明治・大正・昭和世相史(追補版)』、一九七三、社会思想社。森南海子『千人針』、一九九五、情報センター出版局。「女と男の時空」編纂委員会編『年表・女と男の日本史』、一九九八、藤原書店。

(宇野 勝子)

せんひめ 千姫 一五九七—一六六六 江戸幕府二代将軍徳川秀忠《ひでただ》の長女。母は浅井長政《あざいながまさ》の三女*お江与《えよ》の方(崇《すう》源院《げんいん》)。慶長八年(一六〇三)豊臣秀頼《ひでより》に嫁ぎ、大坂城に入る。二人の間に子はない。元和《げんな》元年(一六一五)大坂城落城に際し、城を脱出。豊臣方のもくろみによるといわれる。元和二年九月、本多忠政《ほんだただまさ》の長男忠刻《ただとき》と再婚。忠刻の母は徳川家康の長男信康《のぶやす》の娘。千姫には*化粧料十万石が与えられた。本多家は翌年播磨《はりま》国姫路へ移封。一男一女を生むが、一男は夭折《ようせつ》。寛永三年(一六二六)忠刻が没し、髪をおろして天樹院《てんじゅいん》と号し、娘の勝子《かつこ》とともに江戸に戻り、竹橋《たけばし》門内に住居。幕府から賄料《まかないりょう》一万石を給され、東の丸様とも称される。三代将軍徳川家光の姉として厚遇され、幕閣にも一目置かれる存在となる。娘の勝子はのちに秀忠の養女として備前《びぜん》国岡山藩主池田光政《いけだみつまさ》と婚姻。また、家光の要請をうけ、家光の次男綱重《つなしげ》の養育にもあたった。飯田町(東京都千代田区)に移居して北の丸様とも称され、同所で没した。

参考文献 橋本政次『千姫考』(のじぎく文庫)、一九六六。『徳川諸家系譜』一、一九七〇、続群書類従完成会。

(久保 貴子)

せんぼつしゃかふきょういんようせい 戦没者寡婦教員養成 夫が戦死した軍人*未亡人を対象に、教員資格を取得させるための養成。一九三九年(昭和十四)、政府は遺族援護事業として戦没者*寡婦に「光明と希望とを持たしむる」ため、全国に戦没者寡婦特設教員養成所を開設。高等女学校卒業以上の学力を有する希望者から考査し、幼稚園保母・小学校教員一年、中等教員二年の講習期間修了後に免許を授与。一九四七年(昭和二十二)廃止。

参考文献 川口恵美子『戦争未亡人—被害と加害のはざまで—』、二〇〇三、ドメス出版。逸見勝亮「戦没者寡婦特設教員養成所史」(橋本紀子・逸見勝亮編『ジェンダーと教育の歴史』二〇〇三、川島書店)。

(川口恵美子)

せんようえいきゅうろく 撰要永久録 代々江戸の伝馬《てんま》役《やく》・南伝馬町二丁目(東京都中央区)の名主を勤めた高野《たかの》新右衛門《しんえもん》家の十代新右衛門直孝《なおたか》(一七八五—一八四四)とその継承者が家蔵の史料を編年体に編纂《へんさん》したもの。「御触事」七十九巻(一六四八—一八六二年)、「公用留」六十巻(一六〇六—一八六四年)、「御用留」二十七巻(一五九〇—一八五四年)、計百六十六巻。東京都公文書館所蔵。第二次世界大戦中タイプ謄写されたものが『日本近代立法資料叢書』二八—三二に所収収録。『幕末御触書集成』『江戸町触集成』に活用されている。褒賞《ほうしょう》事例が豊富で、江戸庶民女性の実態を知りうる。

参考文献 東京都『元禄の町』(都史紀要二八)、一九八一。

(片倉比佐子)

せんようもんいん 宣陽門院 一一八一—一二五二 後白河院皇女。名は覲子《きんし》。母は高階栄子《たかしなのえいし》。文治五年(一一八九)十二月内親王宣下。同日准三后《じゅさんごう》。建久二年(一一九一)六月院号宣下(宣陽門院)。天皇母でなく、また后位《こうい》を経ずに院号宣下を受けた初例。元久二年(一二〇五)三月出家、法名性円智《しょうえんち》。建長四年(一二五二)六月没。後鳥羽院皇子雅成《まさなり》親王・近衛《この》家実《えいえざね》女《のむすめ》鷹司院長子《たかつかさいんちょうし》を猶子《ゆうし》とする。後白河院から宣陽門院に譲与された*長講堂領《ちょうこうどうりょう》は後深草《ごふかくさ》天皇へ伝領され、以後持明院統《じみょういんとう》の基幹所領となる。

参考文献 伴瀬明美「院政期～鎌倉期における女院領について―中世前期の王家の在り方とその変化―」(『日本史研究』三七四)、一九九三。布谷陽子「王家領の伝領と女院の仏事形態―長講堂領を中心に―」(入間田宣夫編『日本・東アジアの国家・地域・人間―歴史学と文化人類学の方法から―』二〇〇二、入間田宣夫先生還暦記念論集編集委員会)。

(栗山 圭子)

せんりゅう 川柳 十八世紀後半の江戸に生まれた文芸で、雑俳《ざっぱい》のうち前句付《まえくつけ》から独立したもの。川柳という名称は、柄井川柳《からいせんりゅう》の名に由来する。柄井川柳は、前句付の点者《てんじゃ》として、「川柳評万句合《せんりゅうひょうまんくあわせ》」の選句をし人気を博した。寛政《かんせい》二年(一七九〇)に亡くなるまでの投句数は二百三十万を超えた。このなかから厳選し出版されたのが『誹風柳多留《はいふうやなぎだる》』であり、この初篇こそ新ジャンル川柳の誕生であった。一句立ての独立したジャンルとしての川柳は、五七五の十七文字で俳句と同じであるが、俳句で求められる季語《きご》や切れ字を必要とせず、その意味での束縛はない。また、俳句が自然諷詠《ふうえい》を中心にするのに対して、川柳は人事・人情を対象にする。柄井川柳は、選句の基準として三分野を設定した。その三番目(末番《まつばん》)は、恋句《れんく》・世話事《せわごと》・売色《ばいしょく》・下女《げじょ》となっており、売色特に江戸*吉原《よしわら》の*遊女を詠んだ句は膨大である。ちなみに、江戸川柳の作者は圧倒的に男性であった。その後観念的、知的遊戯に陥《おち》ったが、近代に入り、明治後半、大正から昭和、戦後という画期において革新されつつ現在に至っている。

参考文献 山澤英雄校訂『誹風柳多留』、一九九五、岩波書店。浜田義一郎『川柳・狂歌』、一九七七、教育社。長野ひろ子「『誹風柳多留』のディスクール―ジェンダー・階級・身分―」(黒田弘子・長野ひろ子編『エスニシティ・ジェンダーからみる日本の歴史』二〇〇二、吉川弘文館)。

(長野ひろ子)

せんりょうぐんいあんじょ 占領軍慰安所 ⇩ＲＡＡ

そ

そいぶし 添臥 広義《こうぎ》には、貴人の寝所に侍して添寝《そいね》をする女性。『*源氏物語』に、*光源氏の幼妻となった若紫《わかむらさき》を「世づかぬ(男女の情もまだ知らぬ幼い)御添臥」と評する。狭義《きょうぎ》には、貴人の元服の夜、寝所に女性を参仕《さんし》させること、またその女性をいう。「副臥」とも書く。元服当夜の添臥は、異性との配合を以て成人男子の資格を認める前代成人儀礼の遺風ともされるが、平安時代には東宮や皇子など限られた層にのみ行われ、正妻の候補者である皇女や公卿《くぎょう》の娘が添臥を務めた。実例として、寛平《かんぴょう》九年(八九七)東宮(醍醐《だいご》天皇)元服に為子《いし》内親王、延喜《えんぎ》十六年(九一六)東宮(保明《やすあきら》親王)元服に藤原時平女仁善子《むすめじんぜんし》、天慶《てんぎょう》三年(九四〇)成明《なりあきら》親王(村上天皇)元服に藤原師輔女《むすめ》安子《あんし》、応和《おうわ》三年(九六三)東宮(冷泉天皇)元服に昌子《しょうし》内親王。ほかに、『*栄花物語』は為平《ためひら》親王が元服当夜に源《みなもとの》高明女《たかあきらのむすめ》を娶ったとし、『栄花物語』『*大鏡』は東宮(三条天皇)元服の「添臥」に藤原兼家女綏子《むすめすいし》が侍したとするが、いずれも史料の上では確認できない。なお同時代の物語にも、『*うつほ物語』の一世源氏正頼が元服の夜大臣の婿《むこ》となり、『源氏物語』の光源氏が大臣女葵上《むすめあおいのうえ》を元服の「添臥」としたなどの例がみられる。

参考文献 『北山抄』巻第四「拾遺雑抄下」皇太子加元服儀。日向一雅『源氏物語―その生活と文化―』、二〇〇四、中央公論美術出版。

(佐藤 厚子)

そうか 惣嫁 近世の最底辺に位置する街娼《がいしょう》で、主として京・大坂での呼称。孀嫁とも表す。江戸の*夜鷹《よたか》に相当する。京では、鴨川橋あたりの川原に立てた小屋に筵《むしろ》を敷き、戸口に立って客を待ち、大坂では、諸川岸の土蔵や材木の間にたたずんで、客を誘った。小屋がけせず、戸外で性行為を行う場合もあり、その場合は草筵《くさむしろ》を敷き、草筵に竹を挟んで作った二枚屛風や雨傘で外見を覆った。『守貞漫稿《もりさだまんこう》』には、「大坂の媢嫁一交三十二文を定制とする」とある。

参考文献 曾根ひろみ「「売女」考—近世の売春—」(女性史総合研究会編『日本女性生活史』三、一九九〇、東京大学出版会)。 (曾根ひろみ)

そうけい 双髻 元来、髪を頭頂部で束ねたところを髻《もとどり》・たぶさといい、双髻とはこの髻を頭頂部の二ヵ所で結うことをさす。古くは奈良時代の*天女・菩薩《ぼさつ》像にみられ頭《ず》上二髻《じょうにけい》と呼ばれることもある。成人女性の*結髪《けっぱつ》が公性の高かった古代には一般的なものであった可能性があるものの、*垂髪《すいはつ》の全盛とともに見られなくなる。しかし、中世末期の十六世紀の「前田菊姫像《まえだきくひめ》」(西教寺《さいきょうじ》蔵)や「*洛中洛外図屛風」のような初期風俗画には幼児の髪型に見出せる点が興味深い。

参考文献 江馬務『日本結髪全史』、一九二八、春陽堂。 (佐多 芳彦)

そうけいせい 双系制 〔古代〕社会人類学における、*親族集団の組織原理を表す用語の一つで、父系・母系のいずれにも限定されない非単系のものを表わす「バイリネラル」の訳語(「バイラテラル」の訳語の「双方制」もほぼ同義語として用いられる)。第二次世界大戦前までの社会人類学では、出自《しゅつじ》意識が明確なアフリカの諸民族などがもっぱら研究対象とされ、父系・母系の出自集団がはっきりととらえられた。ただし、この段階でも出自と「双系親族」とを区別しようとするイギリスの社会人類学者たちもあった。ところが、戦前から一部研究が進められ、戦後になって本格的な研究対象となったアジア太平洋地域では、こうした明確な出自概念が抽出《ちゅうしゅつ》できない諸民族の存在が明らかとなった。これらの諸民族も含めて、アメリカの社会人類学者であるG・P・マードックは、通文化的に膨大《ぼうだい》な資料を整理・類型化した。彼は、出自規制・親族(イトコ)名称・居住規制・*外婚制の有無などを指標として、諸民族の親族組織をエスキモー型・ハワイ型・スーダン型などの十一タイプに類型化した。そこにはじめて「双系出自」という類型を設定し、世界の諸民族のうちのほぼ三〇%を占めるとした。ところが、彼の整理・類型化には、親族(イトコ)名称を重視しすぎ、「双系」という横ひろがりの関係と「出自」というタテの一系性とを組み合わせた矛盾がある、という批判が広まった。そこで、彼の門下生であったグッドイナフらが収集した新たな資料も加えて、「双系出自」という類型をマードックみずからが整理しなおし、(一)父系・母系双方の親族関係を有するエスキモー型、(二)父系・母系のいずれか一方を選択する擬単系《きたんけい》のカリブ型、(三)二者択一的単系のポリネシア型、の三類型を提示した。その後も、「双系制」概念について諸学者により批判的研究が続けられているが、現状では精確《せいかく》な学問的定義はないといってもよいだろう。いずれにせよ、このようにやや曖昧《あいまい》な用語である「双系制」が古代日本の*家族・親族研究に導入されたのは、一九七〇年代後半の吉田孝《よしだたかし》による論文であった。それ以降、明石一紀《あかしかずのり》や義江明子《よしえあきこ》などの研究者が追随《ついずい》し、従来の*家父長制論《かふちょうせいろん》を駆逐《くちく》し、現状では古代日本の家族・親族論としてひろく認められるに至っている。その理由としては、日中の律令を中心に比較分析すると、両者の相違が鮮やかに浮かび上がってくるからである。つまり、前近代中国(唐)の諸制度は、「*同姓不婚《どうせいふこん》」という外婚規制の存在、「嫁取り婚」という夫方居住婚《おっとがたきょじゅうこん》の古くからの定着、女子を排除する財産の分割制度、父方と母方を区別する傍系《ぼうけい》親族名称などが確認でき、典型的な父系的親族組織に基づいたものといえる。これに対して、古代日本の諸制度は、外婚規制の不在というよりも*近親婚の頻繁《ひんぱん》な登場、夫方居住婚の不明確さ、女子の相続権も認めた遺産相続制度、父方と母方とを区別しない傍系親族名称の存在などが指摘できるのである。

参考文献 吉田孝『律令国家と古代の社会』、一九八三、岩波書店。義江明子『日本古代の氏の構造』、一九八六、吉川弘文館。明石一紀『日本古代の親族構造』(戊午叢書)、一九九〇、吉川弘文館。村武精一編『家族と親族(新装版)』、一九九二、未来社。G・P・マードック『社会構造—核家族の社会人類学—(新版)』(内藤莞爾監訳)、二〇〇一、新泉社。成清弘和『日本古代の家族・親族—中国との比較を中心として—』、二〇〇一、岩田書院。 (成清 弘和)

〔アイヌ〕アイヌ社会における親族関係には、父系・母系両方を識別するという点で双系出自的な要素があるといわれることがある。しかし、一般に双系出自とは同一人が父母両方の系統をたどる関係を指すのに対し、アイヌにおいては、父系系統は男性だけ、母系系統は女性だけがたどるという点に特徴がある。このような出自体系を「平行出自(parallel descent)」と呼ぶことがある。→系《けい》譜《ふ》 →父系制《ふけいせい》・母系制《ぼけいせい》 →フチイキリ・エカシイキリ

参考文献 祖父江孝男『文化人類学入門(増補改訂版)』(中公新書)、一九九〇、中央公論社。 (木名瀬高嗣)

そうけのさんしまい 宋家の三姉妹 近代中国の大財閥宋《ソン》家の長女靄齢《アイリン》(一八九〇—一九七三)、次女慶齢《チンリン》(一八九三—一九八一)、三女美齢《メイリン》(一八九七—二〇〇三)をいう。父嘉樹《ジアシュー》は渡米してキリスト教教育を受け、帰国し聖書印刷等で財をなして、孫文《スンウェン》の革命を支援した。姉妹も米国ウェスレアン学院等に留学、孫を助けたが、のち三者三様の道を歩んだ。靄齢は留学から上海に戻ると孫文秘書を務めるが、第二革命失敗で孫も宋一家も日本亡命、一九一四年(大正三)YMCA総幹事だった富豪の孔祥熙《コンシアンシー》と横浜で結婚、帰国して夫とオベリン大学を設立し教壇に立つ。孫文秘書を継いだ慶齢は、翌年親の反対をおしきり梅屋庄吉《うめやしょうきち》夫妻の世話で、妻子もいた二十七歳上の孫文

と結婚。帰国後も革命活動を補佐し、一九二四年には神戸県立高等女学校で「現代婦人の自覚」を講演。翌年孫が病死すると、遺志継承者として北伐《ほくばつ》を推進し、国民党の中央執行委員や婦女党務訓練班主任を務める。一九二七年蒋介石《ジアンジエシー》が国共合作《こっきょうがっさく》を破ると非難声明を出しモスクワ・ベルリンへ去るが、美齢は蒋と結婚。宋家の長男子文《ズーウエン》や孔祥熙も蒋の下で財政部長等を歴任し、靄齢は中国経済の影の実力者とされた。一九三一年母倪桂珍《ニーグイヂエン》の死で帰国した慶齢は、翌年蒋の弾圧と闘う民権保障同盟を結成、一九三三年には反ファシズム世界委員会副主席となる。一方で美齢は蒋の新生活運動に女性を動員、靄齢はイタリアでムッソリーニと会見するが、抗日戦争では国共再合作に力を合わせた。一九三八年慶齢は香港で保衛中国同盟を結成し救援と対外宣伝に従事、美齢は廬山《ルーシャン》婦女談話会を開いて女性統一戦線を築き、翌年には三姉妹で重《チョン》慶《チン》陸軍病院を慰問《いもん》する。戦後、美齢はひきつづき米国から援助を得るための外交に努め、慶齢は保衛中国同盟を福利基金会に改め児童福祉に尽くすが、靄齢一家は一九四七年米国へ移住した。人民共和国成立式典で慶齢は毛《マオ》沢東《ゾードン》のそばに立ち、生涯大陸にあって全国婦女連合会名誉主席・国家名誉主席等を歴任。美齢は内戦に敗れた蒋と台湾へ渡り総統夫人として活動するが、一九七五年蒋の死で先妻の子蒋経国《ジアンジングオ》が後継者となると米国に移住した。

参考文献　伊藤純・伊藤真『宋姉妹―中国を支配した華麗なる一族―』(角川文庫)、一九六八、角川書店、イスラエル＝エプシュタイン『宋慶齢』(久保田博子訳)、一九九五、サイマル出版会。

(江上　幸子)

そうごうしょくのじょせいたち　総合職の女性たち　コース別雇用管理制度の下で総合職コースに採用・配置された女性を指す。コース別雇用管理制度は、男女別雇用管理を禁止した*男女雇用機会均等法の施行(一九八六年(昭和六十一)四月)を契機に、金融・保険業、卸売《おろしうり》・小売業などの大企業を中心に新たに導入された人事管理制度である。典型的には、企画立案・対外折衝《せっしょう》・調査研究など基幹的業務を担当し、転居を伴う転勤を要件とする総合職コースと、基幹業務推進者を補佐して定型的・補助的業務に従事し、転居を伴う異動のない一般職コースからなっている。コースごとに異なる配置・昇進・教育訓練などの雇用管理が行われ、適用される賃金表も異なっている。意欲・能力・適性による処遇を謳《うた》ったコース別雇用管理制度の導入は、大手企業に四年制大学卒女性総合職を誕生させ、男性総合職と並ぶ新しい女性の働き方として総合職女性の活躍に社会的な期待が寄せられた。一九八七年九月現在、銀行・商社・保険・証券の上場企業で五百五十二人であった総合職女性は、八九年五月には七百八十四人へと四二%増加している(『コース別雇用管理に関する研究会報告書』、女性職業財団)。しかし、九〇年代に入ると期待されたはずの総合職女性に退職者が相つぎ、『総合職佳奈子のユーウツ』『彼女が総合職を辞めた理由』などの出版と相まって総合職女性の置かれた職場の状況にメディアの注目が集まった。この時期は、均等法後採用された総合職女性たちの結婚・出産期とも重なっていた。女性総合職三百人の体験手記を綴ったワーキング・ウーマン研究所総合職研究会による『こんなはずじゃなかった!』からは、当時の総合職女性たちが抱える悩みや不満、期待や失望がみえてくる。ほとんどの企業は従来の「男性並み」の働き方を求め、女性総合職に対するビジョンがない、会社の建前とは裏腹に総合職女性を育成・活用できない現場の男性上司、同一コース内での男性総合職とは異なる仕事の配分、その実、性別管理と変わりない処遇と意識、職場の一般職女性との軋轢《あつれき》、結婚・出産・育児とは両立できない長時間労働、見えない将来展望等々、総合職女性を取り巻く職場の環境は、多くの女性たちを退職へと誘うものであった。総合職女性千八百人を対象とした「総合職女性の就業実態調査」(一九九三年、21世紀職業財団)によれば、三六・九%が現在の仕事に不満を感じ、その理由に「職務内容が自分に合わない」「責任ある仕事が与えられず、やりがいが感じられない」「将来の昇進・昇格の展望が持てない」などが上位に挙がっている。バブル崩壊後の長期不況のなかで「総合職女性」への期待はいつしか風化したかにみえる。二〇〇三年現在、総合職に占める女性の割合はわずか三%に過ぎない。これとは対照的に一般職採用者の九五%以上を女性が占める実情は、コース別雇用管理の性差別性を明白に示している(厚生労働省「コース別雇用管理制度の実施状況と指導状況」二〇〇四年)。

参考文献　清水肇子『総合職佳奈子のユーウツ』、一九九三、PHP研究所。ワーキング・ウーマン研究所総合職研究会編『こんなはずじゃなかった!―女性総合職300人の体験手記―』、一九九三、日本生産性本部。秋葉ふきこ『彼女が総合職を辞めた理由』、一九九三、WAVE出版。竹信三恵子『日本株式会社の女たち』、一九九四、朝日新聞社。

(森　ます美)

そうごうじょせいしけんきゅうかい　総合女性史研究会　一九八〇年(昭和五十五)四月「総合的な女性史研究の向上・発展・普及に寄与する」ことを目的に設立された研究会。創設メンバーは永原和子《ながはらかずこ》(初代代表)・林玲子《はやしれいこ》・米《よね》田佐代子《ださよこ》・西村汎子《にしむらひろこ》・*関口裕子《せきぐちひろこ》・服藤早苗《ふくとうさなえ》など。原始古代・中世・近世・近現代の四時代にわたり、関東地方を中心に研究会・入門講座を開催、会誌『総合女性史研究』を刊行。一九九二年(平成四)・九三年に創立十周年記念として『日本女性の歴史』全三巻(角川書店)を刊行、「性・愛・家族」「女のはたらき」「文化と思想」というテーマ別通史ははじめての試みであり版を重ねた。その後、『日本女性史論集』全十巻、『史料にみる日本女性のあゆみ』(吉川弘文館)などを出版。九六年には*アジア女性史国際シンポジウムを中国女性史研究会と共催、活発な活動を続けている。会員は日本女性史研究者・外国女性史研究者・海外の日本史研究者・男性研究者・研究者以外

の人々など女性史に関心を持つ幅広い層から成る。二〇〇七年二月会員数は二百七十三名。→女性史総合研究《じょせいしそうごうけんきゅう》会《かい》

参考文献 永原和子他「座談会「女性史を語る」」(『総合女性史研究』一〇)、一九九三。総合女性史研究会編『女性史と出会う』(歴史文化ライブラリー)、二〇〇一、吉川弘文館。 (金子 幸子)

そうしかいめい 創氏改名 第二次世界大戦中の日本の皇民化政策の一つであり、朝鮮人の姓名を日本風に改めさせること。朝鮮総督の南《みなみ》次郎《じろう》は、「内鮮一体《ないせんいったい》」の名のもとに、一九三九年(昭和十四)十一月十日、朝鮮民事令改正を公布し、これを拒む者へは、その子弟の学校入学や進学を認めないなどの圧力を加えた。このため半年後の期限までに八〇%に相当する約三百二十二万戸が改名した。創氏とは氏の創設を意味するが、朝鮮の伝統的な「宗」(男系血族集団)の破壊であり、「姓不変」(姓は一生変わらない)、「*同姓不婚」(同族の者同士は結婚しない)、「異姓不養」(同族でない者は養子にしない)の鉄則を否定することであった。このため、柳健永《ユコニョン》や薛鎮永《ソルジンチャン》など、抗議の自決者もあった。改名した者たちも、金を金村《かねむら》にしたり、柳を「やなぎ」と読んだりして、「宗」を保持しようとした。一方、日本の歴史的著名人や華族の氏への改名は禁じられ、伊勢《いせ》、近衛《このえ》、乃木《のぎ》などは受理されなかった。

参考文献 宮田節子『朝鮮民衆と「皇民化」政策』(朝鮮近代史研究双書)、一九八五、未来社。金英達『創氏改名の法制度と歴史』(金英達著作集二)、二〇〇二、明石書店。 (小田部雄次)

そうたいどうそじん 双体道祖神 路傍《ろぼう》にまつられている*道祖神の中で、男女二神の性愛を彫塑《ちょうそ》した石の像。関東甲信越地方に多い。江戸時代に入ると、住民が定着して地域共同体が形成され、寺請制度により祖先崇拝と仏教が浸透し仏壇をまつり墓を建立することが奨励される中で、庶民による石仏文化がおこる。性を表面に出さない僧形《そうぎょう》並列像から、江戸時代中期ごろ、庶民の石仏文化より古い因習や道徳をつき破って「性」を主張した男神・女神像が出現し増加した。縁結びや子宝を祈願するもの、性病や中耳炎の治癒、多産を恐れ避妊を祈願するものなどどんな苦しみも聞き届ける守り神とされた。

参考文献 伊藤堅吉『双体道祖神―綜集日本全土・性愛の石神―』、一九六一、緑星社出版部。石田哲弥『道祖神信仰史の研究』、二〇〇一、名著出版。 (小和田美智子)

そうに・そうにりょう 僧尼・僧尼令 僧尼は仏教の出家者。一般人が出家して僧尼になるには、まず「得度《とくど》」をして男は「沙弥《しゃみ》」、女は「*沙弥尼《しゃみに》」と呼ばれる見習いの出家者になり、その後「受戒《じゅかい》」をして男は「比丘《びく》」、女は「*比丘尼《びくに》」と呼ばれる一人前の出家者となる。比丘を「僧」、比丘尼を「尼」と略称するのが東アジア仏教圏の慣例である。僧尼令は日本古代の律令の篇目《へんもく》の一つで、仏教の出家者である沙弥・沙弥尼・僧・尼の四者を対象とした特別法。持統《じとう》天皇三年(六八九)施行の『浄御原令《きよみはらりょう》』には僧尼令は存在せず、大宝二年(七〇二)施行の『大宝《たいほう》令《りょう》』からこの篇目が始まり、天平宝字《ほうじ》元年(七五七)施行の『養老令《ようろうりょう》』に継承された。全二十七条からなる。日本の律令は唐の律令を継受《けいじゅ》して作成されたが、唐の令には僧尼令に該当する篇目がない。僧尼令は唐の道僧格《どうそうきゃく》という格をもとに作成された。道僧格は道教の聖職者と仏教の出家者の二つを対象とする法であったが、僧尼令はここから道教の部分を除外して作成された。中国では追加法のうち刑罰法規を格としたから、格をもとにした僧尼令も刑罰法規となった。だが、律令は律を刑罰法規、令を非刑罰法規とするものだったから、刑罰法規である僧尼令は本来なら律に入れるべきものであった。その内容は仏教の出家者の活動を規制、禁止、処罰するような条が多く、一見僧尼の宗教活動を制約する趣旨で立法されたもののように見える。しかし、それらは多くが戒律に基づいて立法されている。日本では教団が規定した戒律がなかったので、それに代わって国家が戒律に該当する規範として僧尼令を定めたという理解もある。ただこの法の実効性は疑問で、僧尼令の違反者が法に基づいて処罰されたという実例はない。僧尼令の条文はほとんど空文であった。なお僧尼令は男女を差別せず、平等に扱っているが、それは道僧格を引き継いだものにすぎず、日本古代において僧と尼が対等、平等であったことを示す史料と評価することはできない。

参考文献 吉田一彦『日本古代社会と仏教』、一九九五、吉川弘文館。勝浦令子『日本古代の僧尼と社会』、二〇〇〇、吉川弘文館。 (吉田 一彦)

そうのさいたい 僧の妻帯 僧侶が戒律《かいりつ》(不淫戒《ふいんかい》)を破って妻をもつこと。古代では私度《しど》僧など仏教界の周縁部に在俗妻帯の僧がいたが、九世紀までは女犯《にょぼん》の官僧は流罪《るざい》・還俗《げんぞく》などの処分を受けていた。ところが宇多《うだ》院・花山《かさん》院など歴代法皇《ほうおう》が多く出家後に子供を儲《もう》けたこともあって、十世紀からは顕密《けんみつ》僧の女犯は実質的に黙認されるようになった。十一世紀後半から三綱《さんごう》の世襲化が始まり、十二世紀には学侶《がくりょ》の真弟《しんてい》相続(僧侶の実子に寺・坊を継がせること)も増加し、弘長《こうちょう》三年(一二六三)の公家新制《くげしんせい》でも破戒《はかい》僧《そう》の処罰を否定している。こうして中世では聖《ひじり》だけでなく顕密僧の妻帯も一般化した。他方、鎌倉時代には禅律《ぜんりつ》僧《そう》が戒律護持を標榜《ひょうぼう》して社会的信頼を得ていた。そのため女犯の禅律僧への対応は厳しく、室町幕府は斬首《ざんしゅ》などの措置もとっている。江戸時代には浄土真宗《じょうどしんしゅう》以外は妻帯が禁じられたが、明治五年(一八七二)維新政府によって、僧侶の肉食《にくじき》妻帯が自由とされ、ほとんどの宗派で妻帯が許されるようになった。

参考文献 石田瑞麿『女犯―聖の性―』、一九九五、筑摩書房。平雅行「親鸞と女犯偈」(『親鸞とその時代』二〇〇一、法蔵館)。 (平 雅行)

そうばい 相売 平安時代前期の墾田《こんでん》・屋地の売券《ばいけん》にみ

られ、売人とともに連署《れんしょ》する人物。当時は、「あいうり」と読んだとみられる。「相売」と「売人」との関係は「売人」の所属する戸の戸主など公的なイエの長の場合、「売人」の母・兄弟・子息・妻・夫などの家族の構成員の場合がある。売人とともに土地などの共同処分者の機能を果たしていたと考えられる。鈴木国弘は、このような売券に伴う売人の背後にある「相売」の家族共同体の存在に注目している。この時期の家族共同体は、母を中心にした兄弟・姉妹的共同体的色彩が強いといわれるが、「相売」には家・家族のさまざまな成員が登場しており、そこから当時のイエの特色を抽出するのはむずかしい。十世紀以降には、「相売」の名称はなくなるが、家・家族による共同的売買の形態は長く継続する。

(飯沼　賢司)

そうへきもんいん　藻璧門院　一二〇九―三三　鎌倉時代前期、後堀河《ごほりかわ》天皇の三番目の后《きさき》。四条天皇の母。名は藤原竴子《じゅんし》。父は藤原(九条《くじょう》)道家《みちいえ》、母は藤原(西園寺《さいおんじ》)公経《きんつね》の娘綸子《りんし》、父・祖父ともに承久の乱後政治的中枢を担った人物である。父道家が近衛家実《このえいえざね》に代わって、安貞《あんてい》二年(一二二八)に関白になると、家実の娘長子《ちょうし》に代わり竴子が入内《じゅだい》。*女御《にょうご》を経て*中宮となる。寛喜《かんぎ》三年(一二三一)に四条天皇を産み、摂関家では二百七年ぶりの皇子誕生となった。貞永《じょうえい》二年(天福元、一二三三)院号。同年皇子の出産時に母子ともに没する。

参考文献　龍粛『鎌倉時代』、一九五七、春秋社。

(野口　華世)

そうまこっこう　相馬黒光　一八七六―一九五五　大正・昭和時代の随筆家、新宿中村屋の創業者。一八七六年(明治九)九月十二日旧仙台藩士星喜四郎と巳之治の三女として生まれる。本名は良《りょう》。幼いころよりキリスト教に親しみ、文学を志す。九七年*明治女学校卒業後、相馬愛《あい》蔵《ぞう》と結婚。長野の安曇野《あずみの》に暮らすが、山村旧家の生活に馴染《なじ》まず一九〇一年上京。夫とともに本郷でパン屋中村屋を開業、その後新宿駅前に店舗を拡張。傍らインド独立運動の志士ラス＝ビハリ＝ボースやロシア亡命詩人エロシェンコを支援し、こうした活動の中から中村屋のボルシチ・カレー・月餅《げっぺい》など国際色豊かな食品が生み出された。また荻原守衛《おぎわらもりえ》・中村彝《なかむらつね》・*神近市子《かみちかいちこ》・木下尚江《きのしたなおえ》ら芸術家・文化人のためにサロンの場を提供、守衛の彫像「女」は彼女をモデルにしたと伝えられる。一九五五年(昭和三十)三月二日没。著書に『黙移《もくい》』(一九三六年、女性時代社、新装版、一九七七年、法政大学出版局)、『明治初期の三女性』(一九四〇年、厚生閣)などがある。一九八〇・八一年に『相馬愛蔵・黒光著作集』全五巻(郷土出版)も出版された。

相馬黒光

参考文献　島本久恵『俚譜薔薇来歌―小説相馬黒光―』、一九八三、筑摩書房。武田清子「パン屋の主婦・相馬黒光―〝アジアの解放〟へのかかわり―」(『婦人解放の道標』一九八五、ドメス出版)。臼井吉見『安曇野』(ちくま文庫)、一九八七、筑摩書房。

(金子　幸子)

そうもんか　相聞歌　『*万葉集』のみにみられる語。「往来存問」(音信・贈答)の意で、『文選《もんぜん》』など中国文献の語によるか。雑歌《ぞうか》・挽歌《ばんか》とともに三大部立《ぶだ》ての一つ。男女間の歌を中心に、親族朋友《ほうゆう》間の作も含み、親愛・思慕《しぼ》・悲別などの私情を歌う広義の*恋愛歌。*歌垣《うたがき》や妻問《つまど》いの歌のような掛け合い歌の実用的な要素を継承した贈答歌も多数みられるとともに、恋愛達成の手段としての実用性に留まらずに「汝」との関係における主体的な「我」の感情表現として、抒情詩《じょじょうし》を形成し得ている歌もみられ、平安時代の「恋歌」に継承される要素を持つ。正述心緒《せいじゅつしんしょ》や寄物陳思《きぶつちんし》といった表現技法が意識される一方、女性歌人笠郎女《かさのいらつめ》や坂上郎女《さかのうえのいらつめ》の相聞歌には「我」への自省や言葉の表裏に対する意識的かつ反省的な表現もみえる。

参考文献　伊藤博『万葉集相聞の世界』(塙選書)、一九五九、塙書房。後藤祥子他編『はじめて学ぶ日本女性文学史』古典編(シリーズ日本の文学史)、二〇〇三、ミネルヴァ書房。

(平舘　英子)

ぞうり　草履　藁《わら》・藺草《いぐさ》・菅《すげ》・竹皮等で編み、鼻緒《はなお》の付いた履物。素材が呼称として反映された名称。『西宮記《さいきゅうき》』などの平安時代の貴族の書いた文献にもその名称が現われる。また、平安時代末期の初期絵巻物や風俗画にも庶民を中心に多くの草履が描かれる。足半《あしなか》・*緒太《おぶと》・藁草履・雪駄《せった》など種類も多い。近世以降、きわめて広範に用いられるようになり、現代に至る。特に近世、武家の子女らが正装時に絹やビロードといった高級な布帛《ふはく》を鼻緒に用い、その遺制が現代のきもの姿に用いる草履に見出せる。

参考文献　宮本馨太郎『かぶりもの・きもの・はきもの』(民俗民芸叢書二四)、一九六八、岩崎美術社。

(佐多　芳彦)

そうりふふじんもんだいたんとうしつ　総理府婦人問題担当室　メキシコ世界行動計画を国内に取り入れることをめざして、一九七五年(昭和五十)、政府に内閣総理大臣を本部長として関係九省庁の事務次官を本部員とする婦人《ふじん》問題《もんだい》企画推進本部《きかくすいしんほんぶ》がおかれ、その事務局である婦人問題担当室が、同年、閣議了解により総理府に設置された。両者は、数次の国内行動計画を策定《さくてい》し、徐々に機能を強化した結果、一九九四年(平成六)には、全閣僚《かくりょう》を本部員とする内閣男女共同参画推進本部《ないかくだんじょきょうどうさんかく》がスタートし、事務局は、政令室としての男女共同参画室となった。

参考文献　坂東眞理子『男女共同参画社会へ』、二〇〇四、

勁草書房。名取はにわ「国の男女共同参画政策」(辻村みよ子・稲葉馨編『日本の男女共同参画政策』二〇〇五、東北大学出版会)。

(浅倉むつ子)

ソーシャルワーカー ソーシャルワーカー 十九世紀のイギリス・アメリカの産業革命が生み出した都市の貧困問題を背景に、慈善組織協会の中から創出された仕事である。初期のリーダーとして、アメリカのジェーン＝アダムスやメアリー＝リッチモンドがいる。日本では社会福祉士資格に重なるが、社会的認知は十分ではない。人間の尊厳《そんげん》を基盤に社会的知識を持って問題の解決や支援を実践する仕事で、社会福祉の機関や施設に雇用されて働くのが一般的である。

参考文献 伊藤淑子『社会福祉職発達史研究―米英日三カ国比較による検討―』、一九九六、ドメス出版。吉田久一・岡田英己子『社会福祉思想史入門』、二〇〇〇、勁草書房。

(須藤八千代)

ソープランド ソープランド ⇩性風俗産業《せいふうぞくさんぎょう》

そがすけのぶのつま 曾我祐信の妻 生没年不詳 鎌倉時代の武将曾我十郎祐成《すけなり》・五郎時致《ときむね》兄弟の母。伊豆の在地領主狩野介茂光《かのうのすけしげみつ》の孫娘。『*曾我物語』によれば、伊豆知行国主《ちぎょうこくしゅ》源頼政《みなもとのよりまさ》の嫡子《ちゃくし》伊豆守仲綱《なかつな》の*乳母子《めのとご》である伊豆目代《もくだい》左衛門尉仲成《さえもんのじょうなかしげ》と結婚、一男一女をもうけた後、仲成上京後も伊豆に残り、河津祐通《かわづすけみち》(祐泰《すけやす》)と再婚して祐成と時致を生む。工藤祐経《くどうすけつね》によって祐通が暗殺された後、さらに曾我祐信と再々婚したと伝えられる。建久四年(一一九三)源頼朝の富士巻狩《ふじのまきかり》で曾我兄弟が父の敵《かたき》である工藤祐経を討ち取った後は、出家し曾我大御堂《そがおおみどう》にて兄弟の菩提《ぼだい》を弔《とむら》ったとされる。

参考文献 石井進『中世武士団』(日本の歴史一二)、一九七四、小学館。田端泰子『日本中世の女性』(中世史研究選書)、一九八七、吉川弘文館。

(錦 昭江)

そがのおちのいらつめ 蘇我遠智娘 生没年不詳 中大兄皇子《なかのおおえのみこ》(天智《てんち》天皇)の妃。*持統《じとう》天皇の母。名を美濃津子娘《みのつこのいらつめ》・造媛《みやつこひめ》・芽淳娘《ちぬのいらつめ》ともいう。蘇我倉山田石川麻呂《そがのくらやまだいしかわまろ》の女《むすめ》。姪娘《めいのいらつめ》(天智の妃、*元明《げんめい》天皇の母)の姉。『日本書紀』『藤氏家伝《とうしかでん》』によれば、中大兄と中臣鎌足《なかとみのかまたり》らが蘇我蝦夷《えみし》・入鹿《いるか》父子打倒のクーデターを企てた際、蘇我一族の中で入鹿と不仲であった石川麻呂を味方につけるため、その長女と中大兄との婚姻関係を結ぶことを計画。石川麻呂も同意したが、長女が婚姻直前に異母弟の身狭臣《むさのおみ》(『藤氏家伝』では弟の武蔵《むさし》)に奪われてしまう。窮地《きゅうち》に陥《おち》った父を救うため、進んで姉の身代わりとなることを申し出た「少女」が遠智娘。中大兄の妃となった遠智娘は*大田皇女《おおたのひめみこ》(大海人《おおあま》皇子の妃、大津皇子・*大伯皇女《おおくのひめみこ》の母)・鸕野讃良《うのさらら》皇女(持統)・建皇子《たけるのみこ》(八歳で早世)の三子を生むが、大化五年(六四九)三月、父の石川麻呂が謀反《むほん》の誣告《ぶこく》により追討され、一族とともに自害。これを知った遠智娘は悲嘆のあまり死去した。

(藤堂かほる)

そがのきたしひめ 蘇我堅塩媛 生没年不詳 欽明《きんめい》天皇の后(大后《おおきさき》)で、蘇我稲目《そがのいなめ》の娘、用明《ようめい》天皇・*推古《すいこ》天皇の母。『*古事記』では岐多斯比売《きたしひめ》と書く。妹に小姉君《おあねのきみ》がおり、同様に欽明の后となり、穴穂部《あなほべ》皇子・崇峻《すしゅん》天皇らを生む。『日本書紀』欽明天皇元年条に拠ると、欽明は宣化《せんか》天皇の娘石姫《いしひめ》を*皇后に立て、堅塩媛は二年条に五人の妃《きさき》の一人と記されるが、「天寿国繡帳《てんじゅこくしゅうちょう》」には大后とみえ、石姫没後の呼称か。堅塩媛は大兄《おおえ》皇子・橘豊日尊《たちばなとよひのみこと》(用明)・*磐隈《いわくま》皇女・臘嘴鳥《あとり》皇子・豊御食炊屋姫尊《とよみけかしきやひめ》(推古)・椀子《まろこ》皇子・大宅《おおやけ》皇女・石上部《いそのかみべ》皇子・山背《やましろ》皇子・大伴《おおとも》皇女・桜井《さくらい》皇子・肩野《かたの》皇女・橘本稚《たちばなのもとわか》皇子・舎人《とねり》皇女の八男六女という多くの子を生み育てた。『日本書紀』推古天皇二十年(六一二)二月条に皇太夫人《おおきさき》堅塩媛を檜隈《ひのくま》大陵に改葬すとあり、誄《しのびごと》を奉り、供え物として一万五千種の器や衣が捧げられた。檜隈大陵は欽明陵のほかに見瀬丸山《みせまるやま》古墳が候補になった。推古が亡き母を尊重し、王権にとり堅塩媛を中心とした蘇我氏の重要性、父系と母系双方の血脈を重視している様子がわかる。

参考文献 宮内庁書陵部陵墓調査室「畝傍陵墓参考地石室内現況報告」(『書陵部紀要』四五)、一九九三。平林章仁『蘇我氏の実像と葛城氏』、一九九六、白水社。

(松木 裕美)

そがものがたり 曾我物語 中世の軍記物語。作者は未詳。真名《まな》本・大石寺《たいせきじ》本・仮名本の三系統の諸本が伝来し、巻数は十巻のものと十二巻のものとがある。真名本は十四世紀前半の鎌倉時代末期、仮名本は十四世紀後半以降の成立とする説が有力である。建久《けんきゅう》四年(一一九三)五月二十八日に曾我十郎祐成《すけなり》と同五郎時致《ときむね》が父の敵工藤祐経《すけつね》を討った仇討《あだう》ち事件を題材として鎌倉幕府草創期の東国社会を描くが、なかでも真名本は十二世紀末の所領相続や職《しき》の継承をめぐる家・家族のあり方や婚姻居住形態、曾我兄弟の母や愛人大磯《おおいそ》の虎《とら》ら周辺の女性の生き方、さらに東国武士団相互の緊密な*親族ネットワークの存在を巧みに描き出しており、鎌倉時代の武士家族のあり方を示す数少ない史料として注目される。真名本は『妙本寺本曾我物語』(貴重古典籍叢刊、角川書店)、『真名本曾我物語』(東洋文庫、平凡社)、仮名本は『日本古典文学大系』(岩波書店)に翻刻・注釈がある。

参考文献 石井進『中世武士団』(日本の歴史一二)、一九七四、小学館。高橋秀樹『日本中世の家と親族』、一九九六、吉川弘文館。

(高橋 秀樹)

ぞくがいこん 族外婚 ⇩外婚制《がいこんせい》

そくしつ 側室 貴人の側妾《そくしょう》。江戸時代、将軍や大名は跡継ぎを得る目的もあり、複数の側妾を置くことが多かった。ただしその身分は一様でない。徳川将軍家の場合、五代将軍綱吉《つなよし》・六代将軍家宣《いえのぶ》のころは百姓・町人の娘であっても将軍の子供を産むと将軍家族として遇され、「御部屋様《おへやさま》」などと呼ばれ、用人《ようにん》以下の役人も付けられた。しかし八代将軍吉宗《よしむね》のころから将軍の側妾はおおむね将軍付*中臈《ちゅうろう》からなり、その出自も旗本の娘に限られるようになり、また子供を産んだ側室が直ちに家族待遇されることはなくなり、女中《じょちゅう》(使用人)としての身分が上昇するに留まった。ただしその子供が世子《せいし》になると、「御内証《ごないしょう》の御方」と称されて家族に准じ、さらに代替わりにより将軍の母となった時点で、女中の身分を離れ、将軍家族としての礼遇を受けることになった。すなわち用人・用達《ようたし》などの役人や女中を付けられ、諸大名から献上物を受け、位階も与えられる身分となった。大名家の側妾も子供の誕生により、また当主の生母となることによりその地位を変化させた。

参考文献　斎木一馬「徳川将軍生母ならびに妻妾考」(日本歴史学会編『歴史と人物』一九六四、吉川弘文館)。松尾美恵子「江戸幕府女中分限帳について」(総合女性史研究会編『政治と女性』一九九七、吉川弘文館)。

(松尾美恵子)

そくてんぶこう　則天武后　⇩武則天《ぶそくてん》

ぞくないこん　族内婚　⇩外婚制《がいこんせい》

そくはつ　束髪　丸い毛たぼを前髪に入れて髪を頭上で一つにまとめ、残りの毛で髷《まげ》をつくり、鬢《びん》をなくして西洋風に束ねた髪型。医師渡辺鼎は一八八五年(明治十八)六月二十八日東京衛生会で演説し、婦人束髪会を提唱。従来の女性の髪は、㈠不便窮屈で頭が重くて苦痛であり、高枕に寝るため安眠できない、㈡不潔で頭痛・眼病などの原因となり健康を害《そこな》う、㈢不経済で女性が外出を嫌がり、女性の交際を妨げ文化の進歩を害する、というのがその理由である。八月に婦人束髪会が発足し、女権論や*男女平等論とも呼応するものとして新聞紙上などで論議された。その後上流の女性たちのファッションとして浸透し、軽便かつ衛生的なために一般にも流行。揚げ巻・下げ巻・英吉利《イギリス》結び・まがれいと《マーガレット》・二百三高地・七三《しちさん》などの変型を生じた。上品で落ちついた感じが好まれ、大正から昭和の初めごろまで既婚女性に結われた。

参考文献　南ちゑ『日本の髪型』一九八一、紫紅社。『風俗・性』(日本近代思想大系二三)、一九九〇、岩波書店。

(小和田美智子)

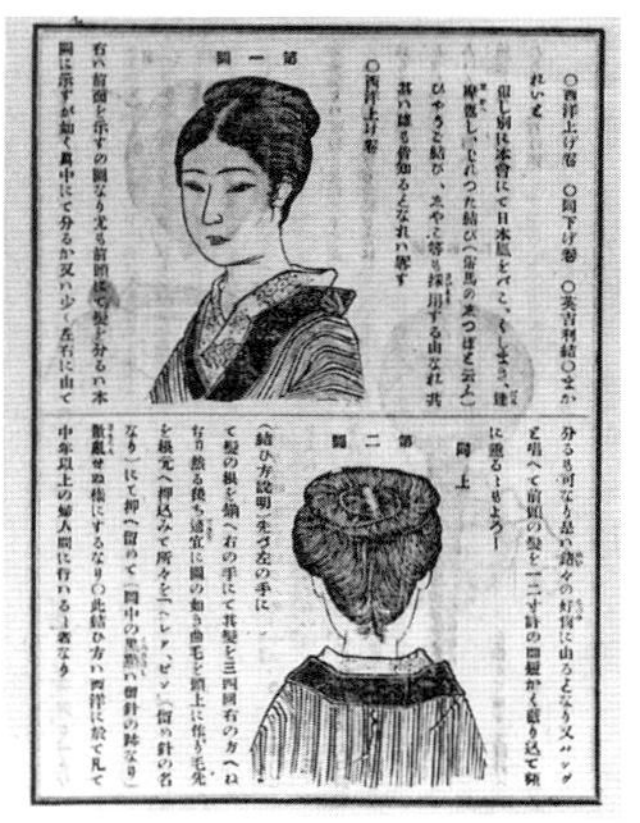
束髪　婦人束髪会『洋式婦人束髪法』

そっきしゃ　速記者　会議や講演などの速記を職業とする者。演説や会話を記録する速記術は、日本では一八八二年(明治十五)ころに田鎖綱紀《たくさりこうき》によって考案されたが、当初より速記は女子にも向いた職業とされ、*明治女学校に速記科が設けられるなど女子速記者の養成が進められた。初期では婦人記音《きおん》学会の設立を企図した松島華子《まつしまはなこ》らが知られている。大正・昭和期には新聞社や会社で採用される者も増え、収入は月五、六十円以上と*職業婦人の中では比較的高給であった。

参考文献　村上信彦『明治女性史』三(講談社文庫)、一九七七、講談社。

(加藤千香子)

そとおりのいらつめ　衣通郎姫　允恭《いんぎょう》天皇の*皇后の妹、弟姫《おとひめ》の別名。『日本書紀《にほんしょき》』に、美しい身の光が衣を通して輝くほどであったために、この名があったとする。天皇の寵愛《ちょうあい》を受けて姉の嫉妬《しっと》にあい、天皇を思う歌二首をうたった。うち一首は「そとほりひめのうた」として『古今和歌集《こきんわかしゅう》』仮名序《かなじょ》に載るが、これらの歌はいずれも実作とはみなしがたく、伝説的女性であるといえる。平安時代以後、「衣通姫」は和歌三神の一として信仰され、*小野小町《おののこまち》と並んで美人の称ともなった。『*古事記《こじき》』では允恭天皇の皇女、軽大郎女《かるのおおいらつめ》の別名を「衣通郎女」とし、身の光が衣を通って輝くほどであったための名であるとする。同母兄の軽太子《かるのひつぎのみこ》と通じ、伊予《いよ》に流された太子を追い、ともに死んだといい、『日本書紀』の「衣通郎姫」とは別人である。

参考文献　内田賢徳『万葉の知』(塙選書)、一九九二、塙書房。

(荻原千鶴)

そねざきしんじゅう　曾根崎心中　*浄瑠璃《じょうるり》。*近松門左衛門《ちかまつもんざえもん》作。近松作であると確実視されている浄瑠璃は九十余編ある。そのうち世話物《せわもの》と呼ばれる二十四編の中で最初の作品。元禄十六年(一七〇四)五月、大坂道頓堀《どうとんぼり》の竹本座初演で大当たりした。天満屋《てんまや》の抱え女お初《はつ》と内本町《うちほんまち》の醬油屋《しょうゆや》平野屋の手代徳兵衛《てだいとくべえ》との*心中事件が描かれており、宝永《ほうえい》元年(一七〇四)刊行の実録読物『心中大鑑《しんじゅうたいかん》』にも掲載されている現実の事件を脚色《きゃくしょく》したものである。徳兵衛は、主人の勧める縁談を断るために何としても返さなければならない銀二貫《かん》を、信頼していた友人九平次《くへいじ》にだましとられる。徳兵衛とお初は、死んで恥をすすぐしかないと覚悟を決め運命をともにする。自立した経済的基盤を持たない商家の手代と*遊女とが現実に結ばれることは困難である。こうした現実と、互いに離れては片時も生きていけないという激しい愛欲とが、当時の心中の背景にあったことがうかがわれる。同時に心中は、二人が来世で結ばれることを希求《ききゅう》する姿としても描かれており、これらの諸要素が、同時代を生きた観客を魅了した。『近松名作集(新装版)』(日本古典文庫、一九八八年、河出書房新社)に所収。

参考文献　神保五彌編『近世日本文学史』(有斐閣双書)、一九七六、有斐閣。

(曾根ひろみ)

そのめ　園女　⇩斯波園女《しばそのめ》

そめめ・そめどころ　染女・染所　官衙や貴族の邸宅で布を染める工房(染所)とそこで染色にたずさわった女性。古代において、布の染色は主に女性の仕事であった。染色には染料や触媒《しょくばい》に関する特別な知識や技術が必要であり、それを専門に行なった女性技術者を染女と呼ぶ。古代社会では身分による衣類の色規制があったから、染女は主に多彩な染色を必要とする朝廷や貴族官人層の要求を満たすために労働した。『養老令《ようろうりょう》』職員令《しきいんりょう》によると中務《なかつかさ》省縫殿寮《しょうぬいどのりょう》・大蔵省織部司《おおくらしょうおりべのつかさ》・宮内省内染司《くないしょううちのそめもののつかさ》などで染色が行われている。縫殿寮・内染司には染師《そめもののし》が置かれたが、織部司の場合は緋染《ひぞめ》・藍染《あいぞめ》の染戸《そめべ》が設定された。藍染の場合、染手として女性三人が徴発されている。また『延《えん》喜式《ぎしき》』の記載からは、九世紀以後も中央官司で染色に従事する*職人中に染女がいたことが判明する。貴族もその*家政機関の内に染色に携《たずさ》わる染所を持ち、染女はこれらの染所でも仕事に従事した。光明子《こうみょうし》の*皇后宮職《こうごうぐうしき》や「長屋《ながや》王家《おうけ》」、長岡京時代の尚侍家《ないしのかみけ》などに染所が存在したことが確認でき、「長屋王家」*木簡《もっかん》からは染女に食料を支給した例が認められる。

参考文献 服藤早苗「古代の女性労働」(女性史総合研究会編『日本女性史』一、一九八二、東京大学出版会)。西野悠紀子「「長屋王家木簡」と女性労働」(門脇禎二編『日本古代国家の展開』下、一九九五、思文閣出版)。

(西野悠紀子)

それいゆ それいゆ 戦後いち早く創刊されたファッション雑誌。一九四六年(昭和二十一)八月『ソレイユ』として創刊。四八年『それいゆ』に改題。六〇年終刊。姉妹誌に、より若い少女世代に向けた『ひまわり』(一九四七―五二年)、『ジュニアそれいゆ』(一九五四―六〇年)をもつ。発行者は抒情《じょじょう》画家中原淳一《なかはらじゅんいち》。戦前から可憐《かれん》な乙女像をモダンな欧風センスで描き人気を博していた。戦後は服飾デザインを通して清潔で上品、優美でロマンチックな「美しさ」を同誌から発信。若い女性達の心をつかんだ。

参考文献 川村邦光『オトメの行方』、二〇〇三、紀伊国屋書店。

(古河 史江)

ぞんしょうろん 存娼論 明治・大正・昭和戦前期に唱えられた*公娼《こうしょう》制度擁護《ようご》論。日本の公娼制度は一九〇〇年(明治三十三)の娼妓《しょうぎ》取締規則で完成を見るが、その一方には*日本基督《キリスト》教婦人矯風会《きょうふうかい》・*廓清会《かくせいかい》などの*廃娼《はいしょう》運動があり、廃娼運動が高揚《こうよう》してくると、それに対抗するべく*貸座敷《かしざしき》業者が存娼論を唱えた。その論理の特徴は、男性の性欲は抑止不可能なものであるから、*買売春は社会に不可欠である、売春する女性は人格に欠陥があるなどという前提に立ち、定期的に性病検診を義務付けられた娼妓は性病予防上から安全であり、廃娼しても、娼妓は売春を継続するしかなく、娼妓は*私娼《ししょう》化し、性病検診も行われなくなり、その結果、性病が蔓延《まんえん》し、国家が衰退するという点にあり、国家発展のために公娼制度が必要であるというのが存娼論の結論である。廃娼運動が娼妓の*自由廃業を求めた一九〇〇年、東京の洲崎遊廓《すさきゆうかく》取締の蒲《が》生義雄《もうよしお》が『娼妓存廃内外大家論集』を刊行し、文部省総務長官梅謙次郎《うめけんじろう》・内務省衛生局長長谷川泰《はせがわやすし》らを動員して存娼の論陣を張った。また、一九二〇年代後半以降、廃娼運動側が廃娼法案を議会に提出し、国際連盟でも日本の公娼制度が*人身売買として問題化され出すと、一九二六年(大正十五)九月九―十一日、全国貸座敷連合会は東京で臨時大会を開き、公娼制度の必要を力説、さらに国際世論に配慮して内務省も廃娼に傾いたとされた一九三五年(昭和十)にも、二月十八・十九日、全国貸座敷連合会は東京で臨時大会を開き、衆議院議員二十九名を動員して、政府関係機関に公娼制度の必要を訴えた。しかし、公娼を私娼化し、そのうえで公娼同様の性病検診を継続するならば、警察も私娼を黙認するという方法で、一九三〇―四〇年代、府県レベルでの形式的な廃娼が進むと、廃娼論と存娼論の関係は対立から協調へと変容していった。

参考文献 藤目ゆき『性の歴史学―公娼制度・堕胎罪体制から売春防止法・優生保護法体制へ―』、一九九七、不二出版。藤野豊『性の国家管理―買売春の近現代史―』、二〇〇一、不二出版。

(藤野 豊)

ソンチンリン 宋慶齢 Song Qing-ling ⇩宋家《そうけ》の三姉《さんし》妹《まい》

そんぴぶんみゃく 尊卑分脈 諸氏の系図を集成した書物。正式名称は『新編纂図本朝尊卑分脈系譜雑類要集《しんぺんさんずほんちょうそんぴぶんみゃくけいふざつるいようしゅう》』。室町《むろまち》時代、藤原北家西園寺流《ふじわらほっけさいおんじりゅう》の公家洞院公定《とういんきんさだ》原撰。現存する写本は、公定以後の人の書き継ぎや増補《ぞうほ》が多く、また収載する系図に異同があって、原形や巻冊数を推定することは困難である。本書の成立は、内題のみえる三巻に「特進《とくしん》亜三台《あさんたい》藤公定撰」とあることから、公定が特進亜三台(正二位権大納言《ごんだいなごん》)であった永和《えいわ》三年(一三七七)から応永《おうえい》二年(一三九五)の間と見られる。現在多く用いられている『(新訂増補)国史大系』本によって内容を見ると、藤原氏四家のほかに、源《みなもと》氏・平《たいら》氏・菅原《すがわら》氏・中臣《なかとみ》氏・大江《おおえ》氏・高階《たかしな》氏・安倍《あべ》氏・紀《き》氏など諸氏の系図を収載し、人名の左右に小字で歴任の官職・位階、生母、没日、年齢などを記している。長い間の伝写を通じての誤写や、系図という性質上の問題があることから、史料として用いる際には検証が必要である。『故実叢書』三、『(新訂増補)国史大系』五八―六〇に所収。

参考文献 益田宗「尊卑分脈の成立と編成」(『東京大学史料編纂所報』二〇、一九八六。皆川完一「尊卑分脈」(『国史大系書目解題』下、二〇〇一、吉川弘文館)。

(尾崎 陽美)

ソンメイリン 宋美齢 Song Mei-ling ⇩宋家《そうけ》の三姉《さんし》妹《まい》

た

たいがいじゅせい　体外受精　卵子と精子を人工的に体外で受精させ培養《ばいよう》後、胚《はい》を子宮内に移植して妊娠を促す技術。一九七八年、イギリスのエドワーズとステプトーが世界初の体外受精児(「試験管ベビー」)ルイーズ＝ブラウンを誕生させた。日本では一九八三年(昭和五十八)に東北大学で最初の体外受精児誕生。その後受精卵の凍結、顕微《けんび》受精など技術開発が進み、現在では通常の不妊治療の一部となり、日本で毎年生まれる子どもの百人に一人は体外受精児といわれるまでに普及。だが排卵誘発剤による副作用をはじめ女性身体への負担は大きく、多胎《たたい》妊娠の増加は胎児の減数中絶手術という新たな問題も生んだ。体外受精の成功率は妊娠率として公表されることが多いが、最終的に出産にまで行き着くのは一〇〜一五％程度とされる。また以前は一体不可分だった受精から出産までの過程が技術により分断された結果、第三者からの卵子・胚・子宮の提供が可能になり、*代理出産や閉経後女性の出産など、多くの新しい問題が派生している。

参考文献　柘植あづみ『文化としての生殖技術—不妊治療にたずさわる医師の語り—』、一九九八、松籟社。小西宏『不妊治療は日本人を幸せにするか』(講談社現代新書)、二〇〇二、講談社。

(荻野　美穂)

だいがくふじんきょうかい　大学婦人協会　一九四六年(昭和二十一)に創設された、「女子高等教育の推進、女性の地位向上、国際理解と親善」を目的に活動する女性団体。GHQの女子高等教育顧問ルル＝ホームズ(Lulu Holmes)の支援を受けて女子教育の向上を目指して出発、当初の会員は四十六名、加盟校は日本女子大・東京女子大・東京女子高等師範学校・奈良女子高等師範学校・聖心女子大・神戸女学院大・同志社女子大・津田塾大の八校。四七年第一回総会を開催。初代会長*藤田《ふじた》たき。五四年に国際大学婦人連盟(IFUW、一九一九年創設)に加盟。奨学金の授与、海外会員の招聘、セミナーの開催と報告書の作成、国際会議への参加・協力などを行う。二〇〇七年(平成十九)国内に三十二支部、約千二百人が加入、主に文部科学省認可の四年制大学在学生・卒業生を会員とする。

参考文献　大学婦人協会企画委員会編『大学婦人協会二十五年史』、一九七二、大学婦人協会。大学婦人協会編『大学婦人協会五十年史』、一九九六。

(金子　幸子)

たいきょう　胎教　中国の古典『小学《しょうがく》』『新書《しんじょ》』『列女伝《れつじょでん》』等を起源とする胎児への教育思想であり、妊娠中の諸注意事項。早くは『医心方《いしんぼう》』等の医書で摂取された。江戸時代には『いなご草』等の医書や中江藤樹《なかえとうじゅ》の『鑑草《かがみぐさ》』、中《なか》村惕斎《むらてきさい》の『*比売鑑《ひめかがみ》』等儒者による女性用教訓書によって重要性が説かれ、民衆に啓蒙《けいもう》された。幼児教育との連続性から妊婦の修養が求められたが、近代に入ると、近代国家形成への寄与の観点から概念に変容が生じた。

参考文献　山住正巳・中江和恵編『子育ての書』一(東洋文庫)、一九七六、平凡社。中江和恵「胎教思想の歴史的検討」(『教育学研究』五〇ノ四)、一九八三。

(松本　純子)

たいぐうこん　対偶婚　一対の男女による*単婚《たんこん》の前段階、原始社会の最終段階、原始から文明への移行期に出現する*婚姻形態で、*モルガン『古代社会』を受けてエンゲルス『*家族・私有財産・国家の起源』によって定式化された。エンゲルスは原始社会の最初の婚姻形態を無差別の群婚《ぐんこん》と想定し、複数の男女が互いに婚姻関係を結ぶ集団婚を経て文明社会の一夫一婦婚に至る過程を、原始的な氏族共同体の解体による個別家族と私有財産の成立過程と相互に関連させて理論化した。このような婚姻の歴史は、母系を基礎とする近親間の婚姻タブーの拡大と婚姻範囲の縮小、婚姻関係の固定化の進行として現われるが、変化の背景として弊害《へいがい》が現われやすい近親生殖への警戒、相手に対する独占欲などが想定されている。エンゲルスが理論化した対偶婚は、一対の男女の時期を限った同棲《どうせい》による婚姻関係であり、婚姻期間中夫が他の女性と性関係を持つことを認められるのに対して、妻の性は夫によって厳しく管理され夫婦間に不平等が生まれているが、気に入らなくなった婚姻の解消は男女双方から容易に行うことができ、子は母に帰属した。しかし生産力の発展による私有財産の出現に伴って子が父に帰属する*父系制的個別家族が成立すると、対偶婚は永続的な一夫一婦婚に移行し、妻の夫に対する従属が決定的になった。エンゲルスの対偶婚概念を再検討した*関口裕子は、㈠排他的同棲の欠如、㈡当事者の気が向く間のみの結婚の二点を対偶婚の特徴とし、またエンゲルスが近代の特徴とした「自立した個の存在に基づく対等な男女の自由な性愛」の萌芽《ほうが》を対偶婚の段階にも認め、㈡の特徴は非単系社会でより顕在化《けんざいか》するとした。関口は八世紀までの日本社会の婚姻形態を男女とも配偶者以外の異性との性的関係を必ずしも排除しない対偶婚段階にあるとし、したがって*家父長制《かふちょうせい》家族の未成立、姦通《かんつう》の不在を社会の特徴としている。

参考文献　モルガン『古代社会』(青山道夫訳、岩波文庫)、一九五八・六一、岩波書店。エンゲルス『家族・私有財産・国家の起源』(戸原四郎訳、岩波文庫)、一九六五、岩波書店。関口裕子『日本古代婚姻史の研究』、一九九三、塙書房。

(西野悠紀子)

たいけんもんいん　待賢門院　一一〇一—四五　平安時代後期の*中宮、*女院《にょいん》。名は藤原璋子《ふじわらのしょうし》。父は藤原公実《きみざね》。母は堀河《ほりかわ》天皇の乳母《めのと》で典侍《ないしのすけ》*藤原光子《こうし》。幼時より*祇園女《ぎおんのにょう》御《ご》と白河法皇に養育され、長じて法皇の寵愛《ちょうあい》を受ける。永久五年(一一一七)、法皇の孫の鳥羽《とば》天皇に入内《じゅだい》、女御となり、翌年、中宮。元永《げんえい》二年(一一一九)に産んだ長子の顕仁《あきひと》(のち崇徳《すとく》天皇)は実は白河法皇の子だと噂された。保安《ほうあん》四年(一一二三)に崇徳天皇が即位すると*国母《こくも》として即位式に臨《のぞ》み、翌天治《てんじ》元年(一一二四)、院号を授与されて待賢門院と称した。二十歳代の十年間で、長子顕仁以下、七人の子をもうけた。すなわち、保安三年に禧子《きし》、天治元年に通仁《みちひと》、翌天治二年に君仁《きみひと》、翌大治《たいじ》元年(一一二六)に恂子《じゅんし》(のち*上西門院統子《じょうさいもんいんとうし》)、翌大治二年に雅仁《まさひと》(のち後白河天皇)、大治四年には本仁《もとひと》(のち覚性法親王《かくしょうほっしんのう》)である。このうち通仁は病弱で生後に失明、君仁は肢体《したい》不自由で言葉が話せないなど、障害を持つ子もあった。懐妊しながらも、白河法皇・鳥羽上皇とともに熊野詣《くまのもうで》をはじめとする寺社詣を精力的に行なった。一方、女房や侍を通じて多くの荘園が寄進《きしん》され、女房や侍を*預所《あずかりどころ》に任命し、荘園を媒介《ばいかい》とした強固な主従関係を形成した。荘園制が体制的に成立するのはこのときからである。待賢門院領は、のちに娘の上西門院に譲られ、その後は*宣陽門院観子《せんようもんいんきんし》に譲られて、*長講堂領《ちょうこうどうりょう》と合わせて膨大な王家領荘園となる。太治四年、白河法皇が死ぬと、直後に法金剛院《ほうこんごういん》の建立を発願《ほつがん》。以後、出産はせず、仏事に多くの時間を割き、鳥羽上皇とともに熊野詣を盛んに行なった。しかし、藤原得子《とくし》(のち*美福門院《びふくもんいん》)が鳥羽上皇の寵愛を受けるようになり、永治元年(一一四一)に皇后に冊立《さくりつ》されると、待賢門院には得子を呪詛《じゅそ》した疑いがかけられた。翌康治元年(一一四二)、法金剛院にて出家。法名真如法《しんにょほう》。三年後、三条高倉第《たかくらだい》にて死去。法金剛院の五位山《ごいさん》に葬られた(花園《はなぞの》西陵《にしりょう》)。

参考文献 五味文彦「女院と女房・侍」(『院政期社会の研究』一九八四、東京大学出版会)。角田文衛『待賢門院璋子の生涯—椒庭秘抄—』(朝日選書)、一九八五、朝日新聞社。

(野村 育世)

たいけんもんいんのかが 待賢門院加賀 生没年不詳 平安時代末期の女院*女房、歌人。母は前斎院《さきのさいいん》女房の新肥前《いまひぜん》と伝える。*待賢門院に仕えた。「かねてより思ひしことぞ伏し柴のこるばかりなる歎《なげ》きせんとは」の歌を作り、恋人に捨てられたら詠んでみせようと考えていて、本当に源有仁《みなもとのありひと》と恋に落ちて忘れられた時に実行したところ、男は感動して仲が戻ったという。この歌は『千載《せんざい》和歌集』に採られ、「伏し柴の加賀」と評判になる。なお、この歌を土御門斎院中将《つちみかどさいいんちゅうじょう》の作とする異伝もある。

参考文献 竹鼻績訳注『今鏡』下(講談社学術文庫)、一九八四、講談社。角田文衛『待賢門院璋子の生涯—椒庭秘抄—』(朝日選書)、一九八五、朝日新聞社。

(野村 育世)

たいけんもんいんのちゅうなごん 待賢門院中納言 生没年不詳 平安時代末期の女院*女房、遁世者《とんせいしゃ》。父は能書家の藤原定実《さだざね》。*待賢門院璋子《しょうし》に仕え、康治《こうじ》元年(一一四二)、待賢門院とともに出家。待賢門院の結縁《けちえん》のため、人々に『法華経《ほけきょう》』二十八品の歌を詠ませることを企画し、西行《さいぎょう》や藤原俊成《としなり》らがこれに応じた。久安《きゅうあん》元年(一一四五)待賢門院が死去すると、遁世し、小倉山《おぐらやま》の麓《ふもと》に隠棲《いんせい》して仏道に精進し、のちに高野山麓天野《あまの》に移った。庵には、かつての同僚女房や西行が訪れ、旧交を温めた。死後は往生者《おうじょうしゃ》として記憶された。

参考文献 角田文衛『待賢門院璋子の生涯—椒庭秘抄—』(朝日選書)、一九八五、朝日新聞社。野村育世『仏教と女の精神史』、二〇〇四、吉川弘文館。

(野村 育世)

たいけんもんいんのとさ 待賢門院土佐 生没年不詳 平安時代末期の女院*女房、女房絵師。父は醍醐源氏《だいごげんじ》源盛家《みなもとのもりいえ》か。*待賢門院璋子《しょうし》に仕えた。絵をよくし、大治《たいじ》五年(一一三〇)に待賢門院が建立した法金剛院《ほうこんごういん》の調度の絵障子《えしょうじ》に名所絵を描き、この作品は中世を通じ著名であった。院政期の王朝文化には女院を取り巻く人々が大きな役割を果たした。絵巻や絵障子、源氏絵の制作に携わる女房たちも多かった。

参考文献 秋山光和「院政期における女房の絵画製作—土佐の局と紀伊の局—」(家永三郎教授東京大学退官記念論集刊行委員会編『古代・中世の社会と思想』一九七九、三省堂)。五味文彦「女院と女房・侍」(『院政期社会の研究』一九八四、山川出版社)。角田文衛『待賢門院璋子の生涯—椒庭秘抄—』(朝日選書)、一九八五、朝日新聞社。

(野村 育世)

たいけんもんいんのほりかわ 待賢門院堀河 生没年不詳 平安時代末期の女院*女房、歌人。神祇伯《じんぎはく》源顕仲《みなもとのあきなか》の娘。はじめ前斎院令子《さきのさいいんれいし》内親王に仕えて前斎院六条と称し、のちに*待賢門院に仕えて堀河と称す。『千載《せんざい》和歌集』のほか、勅撰集《ちょくせんしゅう》に多くが入選。康治《こうじ》元年(一一四二)、待賢門院の落飾《らくしょく》に伴って出家。久安《きゅうあん》元年(一一四五)、待賢門院死後は隠棲《いんせい》し、『待賢門院堀河集』を自撰《じせん》。西行《さいぎょう》とも親交があった。『百人一首』の「長からむ心も知らず黒髪の乱れて今朝はものをこそ思へ」で今も親しまれる。

参考文献 角田文衛『待賢門院璋子の生涯—椒庭秘抄—』(朝日選書)、一九八五、朝日新聞社。

(野村 育世)

たいこうぎょき 大后御記 *藤原穏子《ふじわらのおんし》の日記、または穏子に近侍《きんじ》した*女房の日次記《ひなみき》と考えられている。『母后日記《ぼこうにっき》』『天暦母后御記《てんりゃくぼこうぎょき》』とも称される。『本朝書籍目録《ほんちょうしょじゃくもくろく》』の仮名部に「大后御記」と記載され、『河海抄《かかいしょう》』『小右記《しょうゆうき》』『*御産部類記《ごさんぶるいき》』『西宮記《さいきゅうき》』に逸文《いつぶん》が残る。残存する逸文の記録年代は延喜《えんぎ》七年(九〇七)から承平《しょうへい》四年(九三四)に及び、日本女性による最古の記録文とみられている。内容については、慶事《けいじ》に際しての贈答物《ぞうとうぶつ》の記録や贈答の様子、出産《しゅっさん》時の仕度《したく》等に関することが記録されている。『河海抄』に引用された部分は仮名文《かなぶん》であるのに対し、その他の引用は*真名文《まなぶん》であることから、原本は真名文記載であったとする説や、仮名文の原本を後世に真名文に改めたという説がある。あるいは『大后御記』の中に別人の真名文(漢文体)で書かれた日記の一部が転載されていたと指摘する見解もある。仮名文である『河海抄』の引用部分では「女宮御《おんなのみやご》もたてまつる」「おとどゆひたてまつり給《たま》ぬ」と記述され、身内的な呼称が用いられていることから、穏子記述部分の直接的引用とも考えられている。また真名文の『小右記』引用部分は間接的引用とし、同じく真名文の『御産部類記』『西宮記』の引用部分は穏子側近の公的記録に近いとする見解もある。また皇后《こうごう》・皇太后《こうたいごう》が筆録《ひつろく》したこの時代の「御記《ぎょき》」は存在しないことや、記録文中に穏子自身のことに対して敬語を用いていることを理由に、穏子に近侍した女房による仮名書きの日次記とその別記《べっき》と考える説もある。仮名文の部分については、日次記とみる説に従うべきだろう。十・十一世紀には数多くの女房日記《にょうぼうにっき》が書かれるが、『大后御記』はその先がけとなり、女性日記文学とは異なる事実の記録文としての性格の強いものであった。男性の*蔵人《くろうど》や史官たちの記録文とは異なり、皇后の側近であった女性の立場から慶祝事における贈答品等の記録や、主人《あるじ》や主家《あるじけ》の栄華《えいが》を記録する貴重な史料である。

参考文献 所功「太后御記(校異・参考・覚書)」(『国書逸文研究』一)、一九七八。宮崎荘平「女房日記の源流としての「太后御記」」(『人文科学研究(新潟大学人文学部)』五九)、一九八一。米田雄介「皇后・親王たちの日記逸文」(山中裕編『古記録と日記』上、一九九三、思文閣出版)。

(井山　温子)

たいこうけん　大后権　大后《おおきさき》がもった権限《けんげん》・権能《けんのう》を意味するが、史料も少なく解明されていない点が多い。大后の地位の成立時期が明確でなく、また古代日本では皇統《こうとう》系譜上《けいふじょう》にある大王《おおきみ》の妻以外の女性が、同質の権限・権能をもつこともあるので、后権《ごうけん》(*皇后《こうごう》・*皇太后《こうたいごう》・太皇太后《たいこうたいごう》の権限・権能)として把握することも厳密にいえば適切ではない。比較的関係史料も多く古代日本が模範とした中国(主に漢代)では、皇后権《こうごうけん》は主に次の三点が挙げられる。㈠皇帝《こうてい》の外治《がいち》に対して皇后が内治《ないち》を行う。㈡皇帝とともに宗廟社稷《そうびょうしゃしょく》に仕える。㈢帝位継承者が未定の場合は、皇帝嫡妻《ちゃくさい》として皇帝の徳を備え、次の皇帝を指名する権限をもつ(大后臨朝《りんちょう》も含む)。次に大宝律令《たいほうりつりょう》制定以前に、これらの権限・権能をもった女性についての事例を挙げたい。まず㈠については、継体《けいたい》天皇の皇后手白香《たしらか》が「内に修教《まつりごと》せしむ」(原漢文、『日本書紀』継体天皇元年三月条)とあり、また安閑《あんかん》天皇の皇后春日山田《かすがのやまだ》の場合にも欽明《きんめい》天皇が皇后に対して「明らかに百揆《もものまつりごと》に閑《なら》ひたまへり」(原漢文、同欽明天皇即位前紀)という理由から即位要請している事例が挙げられる。また天武《てんむ》の皇后鸕野讃良《うののさらら》の場合にも「皇后、始めより今に迄《いた》るまでに、天皇を佐《たす》けまつりて天下を定めたまふ」(原漢文、同持統称制前紀《じとうしょうせいぜんき》)とあり、この場合にも㈠と同じ共同執政《しっせい》の存在を指摘できる。㈡については、垂仁《すいにん》朝の*倭姫命《やまとひめのみこと》や、欽明朝の*酢香手《すかて》姫皇女《ひめのひめみこ》のように、皇女に祭祀《さいし》の重要な役割が担《にな》われていたことが確認できる史料は多いが、大后の場合はきわめて少ない。しかし皇太后あるいは*女帝として即位中に祭祀に関わる姿は幾つかの事例があり、*キサキであった時期に祭祀と無関係であったとは言い難く、大王とともに祭祀に預かっていた可能性は捨てきれない。また仏教が王族内に信仰されるようになると、王族の代表として仏教事業・儀式の発願《ほつがん》者・主催者(宝《たから》・鸕野讃良)になっていくことも無視できない。㈢については、敏達《びたつ》天皇の大后であった炊屋姫《かしきやひめ》が、用明《ようめい》天皇没後に崇峻《すしゅん》天皇を大王として指名している事例がある。また間人《はしひと》・*倭姫王《やまとのひめのおおきみ》の場合も称制《しょうせい》・摂政《せっしょう》が行われていたとも指摘され、鸕野讃良の場合も臨時称制を経て即位している。春日山田や倭姫王のように皇位要請を固辞《こじ》し、次の大王の指名へと導く行為は、次の大王が皇位継承に際し群臣《まえつきみたち》の合意を得る上で不可欠なものであると同時に、大后が執政《しっせい》できる諸条件を備えていたことを意味する。また伝説性の強い神功《じんぐう》皇后の場合にも、㈠―㈢が揃って意識された記述が記紀《きき》伝承の中にある。先の事例を含め、古代日本にも中国の皇后権に相当する権限・権能をもつ女性が確認できる。しかし日本の場合にはこのような権限・権能は現大王の妻だけに固有のものではなかった。たとえば飯豊皇女《いいとよのひめみこ》の場合も大王の妻ではないが、清寧《せいねい》天皇没後に臨時秉政《へいせい》を行なっている。また宝皇女(皇極《こうぎょく》・斉明《さいめい》天皇)についても、大王退位後、孝徳《こうとく》朝において「皇祖母尊《すめみおやのみこと》」「王母《おうぼ》」と称され、のちに即位する諸事情を勘案《かんあん》すると退位後も政治上の役割は重要であった。このように古代日本では大王嫡妻以外にも、皇太后を含め大王の生母《せいぼ》・叔母《おば》や王族内で尊長《そんちょう》的《てき》な立場にある女性が、一時的に皇統《こうとう》を維持するため王権を擁護《ようご》し執政に至る場合がある。このような点から大后ではなくても執政能力が群臣に承認されれば、女帝の即位は有力な王族が若年の場合よりも優先されたと指摘する見解も出されている。ここで残る問題は、中国とは異なり、臨時称制にとどまらず何故女性が即位できたのか、また男帝の多くの場合はその崩御《ほうぎょ》まで在位するのに対し、女帝の場合には皇極・持統・元明《げんめい》・元正《げんしょう》・孝謙《こうけん》の場合のように何故退位する場合が多いのかという点である。前者については令制以前に大后が「外治」の域でその能力を発揮していたことが理由である可能性、また後者については、背景にある政治情勢以外の理由が存在しうるのかどうか検討すべき点であろう。律令制定以後の后権の変容を含め、女帝中継《なかつ》ぎ論との関係から、男帝の王権との性差についても、今後さらに検討すべき点は多い。

参考文献 木下正子「日本の后権に関する試論」(『古代史の研究』三)、一九八一。小林敏男『古代女帝の時代』、一九八七、校倉書房。西野悠紀子「母后と皇后―九世紀を中心に―」(前近代女性史研究会編『家・社会・女性―古代から中世へ―』一九九七、吉川弘文館)。仁藤敦史「古代女帝の成立―大后と皇祖母―」(『国立歴史民俗博物館研究報告』一〇八)、二〇〇三。

(井山　温子)

だいじょういんじしゃぞうじき　大乗院寺社雑事記　興福寺大乗院第二十七代門跡尋尊《もんぜきじんそん》の日記。宝徳《ほうとく》二年(一四五〇)から永正《えいしょう》五年(一五〇八)まで。「寺務方諸廻請《じむかたしょかいじょう》」十二冊、「大乗院寺社雑事記」百六十七冊、「尋尊大僧正記」二十冊、その他一冊よりなる。一部欠本あり。二十八代政覚《せいがく》・三十代経尋《きょうじん》の日記を含める場合もある。応仁・文明の乱や山城国一揆《やましろのくにいっき》などの記事があり、十五世紀後半の基本史料である。尋尊は筆まめで、政治、社会、経済だけでなく、見聞した諸事を書き残したので、女性についての記事も多くみられる。その範囲は、公家・武家から庶民に及ぶ。興福寺は室町幕府や有力守護大名とも交流があったので、*日野富子《ひのとみこ》などの幕府、守護家の女性の記事もある。また興福寺の寺僧や春日社《かすがしゃ》の神官の血縁の女性や、興福寺の支配下にある国人《こくじん》の家の女性、奈良の市《し》井《せい》で起った出来事、うわさの記述もある。尋尊は一条兼《いちじょうかね》良《よし》の四男であり、一条家の人々は応仁・文明の乱を避けて尋尊の所に滞在していたので、一条家の女性についても知ることができる。近年紙背文書が刊行されつつある。あわせてみるべきであろう。『(増補)続史料大成』二六―三七(臨川書店)に収められている。

参考文献 鈴木良一『大乗院寺社雑事記―ある門閥僧侶の没落の記録―』(日記・記録による日本歴史叢書古代・中世編一八)、一九八三、そしえて。海老澤美基「一五世紀大和の女性たち―『大乗院寺社雑事記』の分析を通して―」(『総合女性史研究』一二)、一九九五。

(海老澤美基)

だいじょういんじしゃぞうじきしはいもんじょ　大乗院寺社雑事記紙背文書　興福寺大乗院第二十七代門跡《もんぜき》尋尊《じんそん》の日記の紙背文書。尋尊あての書状やメモ、下書きなどである。寺内の僧や配下の国人《こくじん》からの書状のほかに、尋尊の実家一条家関係者からの書状もある。その中には尋尊の姉妹の八幡《はちまん》菩提院《ぼだいいん》尊秀《そんしゅう》、恵林寺《えりんじ》秀高《しゅうこう》などの仮名消息《かなしょうそく》も含まれている。特に文明十五年(一四八三)冬良《ふゆよし》の摂津《せっつ》福原荘《ふくはらのしょう》(神戸市)下向から、文明十七年かねて婚約中だった二条政嗣女《にじょうまさつぐのむすめ》と結婚するまでの間の詳しい事情が、冬良やその母の*南御方《みなみのおんかた》の書状からわかる。一部は『大日本史料』に収められている。国立公文書館の機関誌『北の丸』二五―三一に「内容細目」が連載され、勉誠《べんせい》出版から『大乗院寺社雑事記紙背文書』として刊行中である。また『北の丸』には、『三箇院家抄《さんかいんけしょう》』などの尋尊が残した記録類や政覚《せいがく》らの日記などの大乗院関連史料の紙背文書の「内容細目」も順次掲載されている。紙背文書とあわせて見ることにより、日記の内容がより深められるであろう。

(海老澤美基)

だいじょうさい　大嘗祭　天皇の即位後初の新嘗祭《しんじょうさい》で、即位後最大の王権神事。平安時代には大嘗会《だいじょうえ》と呼ばれた。律令《りつりょう》制初期に始まり、十五世紀には行われなくなり、江戸時代東山《ひがしやま》天皇即位時に儀式祭祀《さいし》の一部が復活された。さらに近代には江戸時代の大嘗会を基礎として登極令《とうきょくれい》に規定された。初見として天武《てんむ》天皇二年(六七三)十二月五日に大嘗祭が、天武天皇五年、六年に新嘗祭が連続して行われたことが『日本書紀』にみえるが、ともに悠紀《ゆき》・主基《すき》を卜定、大嘗祭・新嘗祭の区別は明確ではない。即位後最初の新嘗祭が大嘗祭として実施されたのは持統《じとう》天皇四年(六九〇)持統天皇即位時に行われた大嘗祭であるといわれる。新穀《しんこく》の奉献《ほうけん》をうける悠紀・主基の国をそれぞれ卜定《ぼくじょう》し、新穀を栽培する斎田《さいでん》を卜定する。平安時代になると悠紀は東国から、主基は西国から選ぶ慣行ができ、さらに悠紀は近江《おうみ》、主基は丹波《たんば》にほぼ固定されていった。朝堂院《ちょうどういん》の庭に悠紀・主基の同規模、同プランの大嘗宮を臨時に建設する。別に設けた斎院で平行して調度が用意され、悠紀・主基の国より選ばれた造酒児という童女が関わり、酒を準備する。天皇は十一月三の卯《う》の日に身を清めて深夜から翌日未明にかけて悠紀・主基の順に大嘗宮で神とともに新穀を食し、国土の魂を身につける神事を行う。翌辰《たつ》の日・巳《み》の日に宴を行い、諸芸能の奉納を受ける。儀式祭祀全般で王権の安定と王権への服属を可視化させた。天応《てんおう》元年(七八一)桓武《かんむ》天皇即位時に一部変革が行われ、古式の即位儀を辰の日の宴の前に組み込んだ。その後平安時代に入ると儀式部分が肥大化し、天皇の潔斎《けっさい》が独立した儀式となり、大規模の行幸を伴うこととなった(大嘗祭御禊行幸《ぎょけいぎょうこう》)。幼帝の即位が頻繁《ひんぱん》になると、天皇の生母が御禊に付き添うことになったり、*女御《にょご》・*女御代《にょごだい》が加わり、王権の代替わりを印象づける最大の儀式祭祀となっていった。平城宮《へいじょうきゅう》朝堂院東区から五代にわたる天皇の大嘗宮の遺構が確認され、平城宮朝堂院中央区から称徳《しょうとく》天皇の大嘗宮と思われる遺構が確認された。これらの遺跡により女性天皇の場合でも男性天皇と同様に大嘗祭が行われたことが遺構の上で確認された。

参考文献 『儀式』。岡田精司『古代祭祀の史的研究』、一九九二、塙書房。内田順子「『大嘗祭御禊行幸』の意義」(岡田精司編『祭祀と国家の歴史学』二〇〇一、塙書房)。

(内田　順子)

たいどく　胎毒　胎児が母体内で受けた毒。江戸時代には、母体と胎児は血液や体液を通して結びつくと見なされ、小児の頭部や顔などにあらわれる湿疹《しっしん》・発疹・皮膚病は、母体の中に遺留する毒が胎児に伝わって発病すると考えられた。また、江戸時代後期に橋本伯寿《はしもとはくじゅ》が『断毒《だんどく》論《ろん》』で痘瘡《とうそう》の伝染性を指摘するまで、胎毒が痘瘡の原因の一つと考えられたこともあった。反魂丹《はんごんたん》などは、代表的な江戸時代の胎毒下しの薬として有名である。

参考文献 酒井シズ『日本の医療史』、一九八二、東京書籍。沢山美果子『出産と身体の近世』、一九九八、勁草書房。

(長田　直子)

だいなごんのすけ・ひろはしけ　大納言典侍・広橋家　広橋家は日野家の分家で、鎌倉時代中期から近世初めにかけて伯叔母姪で大納言典侍を相続している。日野兼光《かねみつ》の息頼資《よりすけ》が広橋を名乗り、その姉妹に後鳥羽院按察使典侍《あぜちのすけ》、頼資の六代あとに後光厳院《ごこうごんいん》后で後円融《ごえんゆう》天皇母の*崇賢門院《すうけんもんいん》仲子《ちゅうし》、彼女の姪に典侍兼子《ないしのすけかねこ》がいる。その姪の後花園院大納言典侍綱子《つなこ》から後陽成院期の広橋みつまで六人の大納言典侍がいるが、広橋兼勝《かねかつ》の娘新大納言典侍広橋みつはいわゆる「官女流罪事件」(慶長十四年(一六〇九))を起こし、広橋家の大納言典侍職は断絶する。南北朝時代には*後宮十二司制*尚侍《ないしのかみ》に準ずる形で「*上﨟《じょうろう》」職ができ、その下の*典侍の上位が大納言典侍、そのあと順次に新大納言典侍、権大納言典侍、新典侍と就任順に名付けられる。広橋、勧修寺《かじゅうじ》、万里小路《までのこうじ》、日野の世襲が南北朝時代には確立。上﨟・典侍・内侍がワンセットで交代制をとり、天皇に近侍《きんじ》して、神楽《かぐら》奉仕、寺社代拝などを行なった。↓広橋家《ひろはしけ》の女性《じょせい》たち

参考文献 吉野芳恵「室町時代の禁裏の上﨟—三条冬子の生涯と職の相伝性について—」(『国学院雑誌』八五ノ二)、一九八四。木村洋子「後土御門天皇の大納言典侍・広橋顕子について」(『総合女性史研究』七)、一九九〇。

(木村 洋子)

だいにのさんみ 大弐三位 九九九—? 平安時代中期の*女官、歌人。本名藤原賢子。後冷泉《ごれいぜい》天皇*乳母《めのと》、*典侍《ないしのすけ》。長保《ちょうほ》二年(一〇〇〇)生まれ説もある。母*紫式部のもとで誕生するが父藤原宣孝《のぶたか》を二、三歳で喪《うしな》い、母とともに藤原彰子《しょうし》に出仕する。万寿《まんじゅ》二年(一〇二五)に藤原兼隆《かねたか》との間に一女を儲《もう》ける。同年、出産直後に死去した*藤原嬉子《きし》所生の親仁親王《ちかひとしんのう》の乳母になる。このころは外祖父為時《ためとき》の官職にちなみ越後《えちご》の弁《べん》と呼ばれた。のち、高階成章《たかしななりあき》と結婚し、為家《ためいえ》を生む。寛徳《かんとく》二年(一〇四五)親仁親王が後冷泉天皇として即位すると、後宮女房たちを統括する典侍に任じられ、従三位に叙され、権勢を誇った。このころは、藤三位《とうさんみ》とも呼ばれた。天喜《てんき》二年(一〇五四)夫が大宰《だざい》大弐《だいに》に任じられるとともに大宰府に同行し、その後大弐三位と呼ばれる。歌人としてすぐれ、『大弐三位集』には、藤原頼宗《よりむね》・定頼《さだより》・源朝任《ともとう》らとの交渉をのこしている。承暦二年(一〇七八)の内裏後番歌合《だいりごばんうたあわせ》には為家に代わり歌を詠んでおり、八十歳以上の長寿だったことが推察されている。

参考文献 山中裕『平安朝文学の史的研究』、一九七四、吉川弘文館。

(服藤 早苗)

だいにのせい 第二の性 *シモーヌ＝ド＝ボーヴォワールによる女性論。一九四九年に『第二の性』を発表したときは、フランスではスキャンダル視され、アルベール＝カミュが「彼女は全男性を侮辱《ぶじょく》した」と激怒したという逸話《いつわ》もある。むしろアメリカで翻訳されて評判になり、日本でも一九五三年(昭和二十八)から五五年にかけて生《いく》島遼一《しまりょういち》訳で出版されてベストセラーになり、知識人女性が競って読み、自立を促す女性論のバイブル的存在になった。まず、「女とは何か」という問いをたて、生物学、文学、精神分析、人類学、哲学、それに著者自身の個人的経験を援用し、「女とは他者である」とする命題に導く。そしてなぜ女の他者化が起り、差異化され、支配され、第二の性として劣位に置かれてきたかを解明していく。アメリカではこの書が*ウーマン＝リブ運動、さらに第二波*フェミニズムの思想的背景となったが、日本では第二波フェミニズムが乗り越える対象としてとらえられることが多い。これは邦訳では原著の第二部が最初にきて、次に序文、第一部と構成が変更されており、そのため読者は二部の冒頭にくる「女は女に生まれない、女になるのだ」というインパクトの強い言葉に最初に出会うことになったが、続く二部の他者性神話を読み解く前に挫折《ざせつ》したり、いくつかの大きな誤訳のために理解が充分でなかったせいもある。邦訳の決定版は二十人の女性グループが原著の構成どおりに共同で翻訳した『第二の性—決定版—』全二巻(新潮社)で、一九九七年(平成九)に刊行された。この決定版で本書の読み直しが進められている。ボーヴォワールの指摘は、性差が本質的差異より歴史的、社会的、文化的に形成された*ジェンダーであることを見抜いていて決して古びておらず、今日的な意味があるとする説と、ヨーロッパ中心主義、都市中産階級志向、異性愛規範の是認、男らしさの不問などを批判する説がある。

参考文献 高良留美子『高群逸枝とボーヴォワール』、一九七六、亜紀書房。

(江刺 昭子)

だいにのつぼね 大弐局 生没年不詳 鎌倉幕府の*女房として、源頼家《よりいえ》と実朝《さねとも》の養育係を務めた女性。関東御分《ごぶん》国《こく》の信濃守《しなののかみ》であった加々美遠光《かがみとおみつ》の息女。七歳の頼家の養育係として、はじめて将軍居所「営中《えいちゅう》」に出仕した時、頼朝から「大弐局」の局名《つぼねな》をもらう。実朝誕生時には、お産の介錯《かいしゃく》をし、のち実朝の養育を担当。その功で、建保元年(一二一三)和田合戦後に和田氏の遺領陸奥国由利《むつのくにゆり》郷《ごう》を尼御台所《あまみだいどころ》政子から拝領した。将軍家との主従関係により幕府へ奉公する立場であった。

参考文献 田端泰子「中世前期における女性の財産権—家族・村落の中で—」(『日本中世の社会と女性』一九九八、吉川弘文館)。

(志賀 節子)

だいにほんこくぼうふじんかい 大日本国防婦人会 軍部主導で発足の軍事援護、国民動員のための女性団体。一九三二年(昭和七)三月、「満州事変」から「上海事変」へと軍事行動拡大の中、出征《しゅっせい》兵士の入営歓送《にゅうえいかんそう》を機に、大阪の主婦*安田せい・三谷英子《みたにえいこ》らの自発的な軍事援護活動への呼びかけで生まれた大阪国防婦人会を前身とする。全国組織を企図《きと》した安田らは、上京して陸軍省に指導援助を要請。総力戦体制を構想していた軍部は、既存の内務省主導の*愛国婦人会(愛婦)、文部省主導の*大日本連合婦人会(連婦)とは別に、軍部の意向に沿う新たな女性団体として、湧《わ》き上がる女性層の素朴な「愛国心」を巧みに吸収しつつ、同年十月二十四日、東京に陸・海軍関係者臨席で大日本国防婦人会を創立。十二月には大阪国防婦人会が関西本部として再発足。会員数五十万を超えた一九三四年四月十日、東京で総本部設立式を挙げ、会長に*武藤能婦子《むとうのぶこ》(故武藤元帥夫人)が就任。以後、陸・海軍の指導をうけ、単なる軍事援護団体から、総力戦体制構想・国防国家体制を基底においた「国民皆兵《かいへい》の実を挙

げるための婦人国防体制」作りを担う団体へと変質していく。反戦、厭戦《えんせん》思想を発生しやすい傷病兵《しょうびょうへい》や遺家族の監視、出征兵士の妻の貞操《ていそう》上の過ちがないよう「保護善導《ぜんどう》」する役目も担わされた。「上、中流婦人」中心の愛婦に対し、「国防は台所から」をスローガンに、安い会費と家事労働着である白い*カッポウ着をユニフォームとして、庶民の主婦層を参加させた。また工場・企業の女子労働者の組織にも成功して勢力を拡大する。工場への浸透は労働運動つぶしとなった。会員獲得で愛婦との摩擦《まさつ》対立が表面化した一九三四年には軍部への反発と連動した世論の批判も高まるが、軍の支配確立とともに愛婦会員数を突破して二百五十五万となる。一九三七年日中戦争開始以後、侵略戦争の「銃後《じゅうご》の女」として総動員体制に組み込まれていき、一九四一年の会員数は九百二十五万に達す。一九四二年二月二日、政府により愛婦、連婦とともに*大日本婦人会に統合される。

参考文献 藤井忠俊『国防婦人会―日の丸とカッポウ着―』(岩波新書)、一九八五、岩波書店。鞆谷美規子『戦争を生きた女たち―証言・国防婦人会―』、一九八五、ミネルヴァ書房。加納実紀代『女たちの〈銃後〉(増補新版)』、一九九五、インパクト出版会。千野陽一「愛国・国防婦人運動展開の軌跡」(同監修『愛国・国防婦人運動資料集』別冊、一九九六、日本図書センター)。

(永原　紀子)

だいにほんふじんえいせいかい　大日本婦人衛生会 ⇨婦人衛生会《ふじんえいせいかい》

だいにほんふじんかい　大日本婦人会　第二次世界大戦下の一九四二年(昭和十七)二月、政府が*大日本国防婦人会・*愛国婦人会・*大日本連合婦人会などを統合し、二十歳未満の未婚者を除く、全婦人を組織すべく結成した官製婦人団体。会長は*山内禎子《やまのうちさちこ》。同年五月大政翼賛会《たいせいよくさんかい》の傘下《さんか》に入る。定款《ていかん》で儒教主義的徳目「修身斉家《しゅうしんせいか》」を強調。軍事援護事業を中心に据え、貯蓄奨励《しょうれい》運動、戦時生活確立運動・健民運動、教育練成運動、動員運動などを展開し、婦人を強制的に戦争協力へと向わせた。しかし戦況悪化のもと、一九四五年五月から開始された国民義勇隊《ぎゆうたい》の結成により、六月に解散、会員は国民義勇隊の一員に組みこまれた。

固し婦徳の誓
けふ大日本婦人會發足

大日本婦人会(『朝日新聞』第20064号)

参考文献 千野陽一「解題愛国・国防婦人運動展開の軌跡」(同監修『愛国・国防婦人運動資料集』別冊、一九九六、日本図書センター)。翼賛運動史刊行会編『翼賛国民運動史』(シリーズ平和への検証)、一九九八、ゆまに書房。

(広瀬　玲子)

だいにほんれんごうじょしせいねんだん　大日本連合女子青年団 ⇨女子青年団《じょしせいねんだん》

だいにほんれんごうふじんかい　大日本連合婦人会　一九三〇年(昭和五)十二月二十三日、文部省が「家庭教育ノ振興」を目的に設立した官製女性団体。「*地久節《ちきゅうせつ》」の三一年三月六日に発会式を挙行。設立にあたって出された文部大臣訓令《くんれい》では、青年子弟が「放縦《ほうじゅう》ニ流レ詭激《きげき》ニ傾カントスル風」にあることを矯正《きょうせい》するため、と述べられている。学校教育・社会教育だけでなく、家庭教育にまで国家が踏み込み、国家のための家庭につくりかえることを意図したものであった。機関誌などでは、家父長《かふちょう》が統制する伝統的な「家」の維持、*母性の涵養《かんよう》が一貫して強調された。各府県ならびに植民地の連合婦人組織をもって組織され、創立時は八府県の連合婦人会が加盟した。次第に参加団体は増えたが、解散時でも四十府県の連合婦人会の加盟にとどまった(未加盟の七府県は、府県の連合婦人会がなかったため)。各府県の連合婦人会は、市町村を単位とした*地域婦人会の連合組織であるから、大日本連合婦人会は地域婦人会の全国組織の性格をもった。本部の役員は、理事長(初代理事長は*島津治子《しまづはるこ》)、常務理事(二名)、理事(二十名以内)であるが、実質的には事務局の参事・主事が活動の中心で、参事の片桐佐太郎《かたぎりさたろう》・片岡重助《かたおかじゅうすけ》らが指導的役割を果たした。初期の主な事業は、「地久節」＝「*母の日」の設定と催し物の開催、家庭相談所の開設、*高等女学校卒業生を対象とした家庭寮の開設(六ヵ月間で*主婦に必要な精神的・実務的なことを教育)、機関誌『家庭』の発行、各地での講演会・展覧会の開催、大日本連合*女子青年団との共同事業「女子会館」の建設運動であった。満州事変後は「家庭生活更新運動」「非常時女性訓練運動」などを、日中戦争開始後は「家庭報国運動」「女性貯蓄運動」「羊毛資源愛護運動」などを展開し、家庭を時々の「国策」に適応させる役割を果たした。一九四二年二月、*愛国婦人会・*大日本国防婦人会とともに*大日本婦人会に統合され、解散した。

参考文献 相京伴信編『(大日本連合婦人会)沿革史』、一九四一、大日本連合婦人会。千野陽一『近代日本婦人教育史』、一九七九、ドメス出版。阿部恒久「大日本連合婦人会小史」(民衆史研究会編『民衆運動と差別・女性』一九八五、雄山閣出版)。

(阿部　恒久)

ダイニングキッチン　ダイニングキッチン　台所のスペースの中に食事の場所をもちこんだ住宅空間。戦後の深刻な住宅難解消のため、一九五一年(昭和二十六)公布された公営住宅法に基づく公営アパートに「食寝分離」の形で採用された。ダイニングキッチン(DK)の名称は、住宅公団が一九五五年から使い始めた。DKの出現で、見えにくかった*主婦の*家事労働が明るみに出たといわれる。ダイニングテーブルを囲んで食事をする一家団らんが、当時のサラリーマン層にとってのあこがれの的となった。

参考文献　鈴木成文「ダイニング・キチン」(朝日ジャーナル編『女の戦後史』二、一九八五、朝日新聞社)。山口昌伴編『家庭の食事空間』(講座食の文化四)、一九九九、味の素食の文化センター。　(山辺恵巳子)

だいばんどころ　台盤所　*女房の詰め所。大盤所とも書く。内裏《だいり》・清涼殿《せいりょうでん》の場合は、西廂《にしびさし》のなかほどにあり、鬼間《おにのま》の北、朝餉間《あさがれいのま》の南にあたる。台盤・簡《ふだ》(女房の簡)・御椅子《ごいし》(天皇用)などが置かれていた。これらの調度は、殿上人《てんじょうびと》や*蔵人《くろうど》が伺候《しこう》する清涼殿南廂にある殿上の間と同じであり、天皇に奉仕する男性の殿上人・蔵人と、女性の女房の共通性を示す。台盤は行事の饗応《きょうおう》の際、椀飯《おうばん》が置かれたが、日常的な食事には用いられなかった。女房の簡(日給簡《にっきゅうのふだ》)には女房の名が記されており、出仕《しゅっし》が記録された。台盤所には女房以外にも、摂関やその*子息を中心とする天皇ときわめて近い関係にある男性貴族が、直衣《のおし》で出入することを許されていた。台盤所が天皇の居室である朝餉間の入り口にあたっていたためと考えられる。院政期以降、職事《しきじ》や弁官の奏事《そうじ》、上級貴族の上奏《じょうそう》なども、台盤所において女房が天皇へ取り次いだ。院宮・摂関家、大臣家などにも台盤所が設けられた。

参考文献　吉川真司「平安時代における女房の存在形態」(『律令官僚制の研究』一九九八、塙書房)。秋山喜代子「台盤所と近臣・女房」(『中世公家社会の空間と芸能』二〇〇三、山川出版社)。　(古瀬奈津子)

だいはんにん　代判人　*後家などの女当主・幼主・年少の*家長などの後ろ楯となって助ける人。本人にかわって印形《いんぎょう》を押すことからこの名がついた。『全国民事慣例類集』によると、女当主の場合、親類が代判人となり、後見的監督に服すか、あるいはみずから家の代表者として実印を行使する権限を有したかは地方によって異なる。たとえば河内国東出戸村《かわちのくにひがしでとむら》(大阪府平野区)の人別帳《にんべつちょう》では女性相続者には代判人は置かれておらず、幕末期には五歳の佐《さ》五郎《ごろう》に対して相続時の万延元年(一八六〇)から三年間代判人を置いた一例だけである。紀伊国《きいのくに》の宗門改帳《しゅうもんあらためちょう》では女性相続人の場合、代判人を置いたり置かなかったり一律ではない。ところが明治に入った明治二年(一八六九)の東出戸村の人別帳では十五歳未満の年少相続人と女性相続人全員に代判人が設けられている。この代判人の設定は、年少者と女性には*家産の運用の資格を認めないことを意味し、女性相続人は明治の戸籍編成の過程で消滅した。

参考文献　大口勇次郎『女性のいる近世』、一九九五、勁草書房。　(牧田りゑ子)

タイピスト　タイピスト　タイプライターを打つのを職業とする者。タイプライターの実用化は十九世紀末にアメリカで始まったが、日本でタイピストが職業として広がるのは、大正期とりわけ第一次世界大戦後である。タイピストは女子の特性に適《かな》った職業とされ、そのほとんどが女子であった。女学校を卒業してタイピスト養成所で技能を取得した後に会社などに就職するが、昭和初期の平均月給が約四十円、技能次第でさらに収入の増加も可能とされ、女性の知的職業の一つとして人気があった。

↓職業婦人《しょくぎょうふじん》

参考文献　村上信彦『大正期の職業婦人』、一九八三、ドメス出版。　(加藤千香子)

たいまのやましろ　当麻山背　生没年不詳　奈良時代中葉の淳仁《じゅんにん》天皇の母。父は上総守当麻真人老《かずさのかみたいまのまひとおゆ》。天武皇子舎人《とねり》親王の室となり、大炊王《おおい》(淳仁天皇)を儲ける。橘奈良麻呂《たちばなのならまろ》の変後に立太子した大炊王が、天平宝字《てんぴょうほうじ》二年(七五八)八月淳仁天皇として即位すると正五位上《しょうごいじょう》より正三位に叙《じょ》せられ、翌年六月大夫人《だいふじん》の尊称と中宮職《ちゅうぐうしき》を賜わる。同八年の恵美押勝《えみのおしかつ》の乱時、宮中にて拘束され廃位された淳仁とともに淡路《あわじ》国へ配流されたと考えられる。この乱の発端である鈴印《れいいん》の争奪戦が中宮院で行われたことから、このとき淳仁天皇は生母山背の中宮院にいたことがわかる。のち、宝亀《ほうき》九年(七七八)三月に至って山部《やまべ》皇太子(桓《かん》武《む》天皇)の病の快癒《かいゆ》のため、廃帝淳仁の墓を山陵《さんりょう》とされた際、山背の墓も御墓《ぎょぼ》と改善され、随近《ずいきん》の百姓一戸にあて守らせた。

参考文献　西野悠紀子「中宮論―古代天皇制における母の役割―」(大山喬平教授退官記念会編『日本国家の史的特質』古代・中世、一九九七、思文閣出版)。　(仁藤　智子)

たいままんだらえんぎえまき　当麻曼荼羅縁起絵巻　極楽浄土などを描く当麻曼荼羅の由来を説く絵巻。神奈川県鎌倉市光明寺《こうみょうじ》蔵。国宝。二巻。八世紀の横佩大臣《よこはぎのおとど》の娘が一心に仏道に励み、尼となり、阿弥陀仏の化身である尼と機織女《はたおりめ》の助けを借りて当麻曼荼羅をなし、阿弥陀聖《しょう》衆《じゅ》の来迎《らいごう》によって往生《おうじょう》する話を描く。女性たちが蓮《はす》の糸を紡《つむ》ぎ、糸を染め、曼荼羅を織り上げる作業をしており、糸や布に関わる手仕事と女性との関係が示される。制作

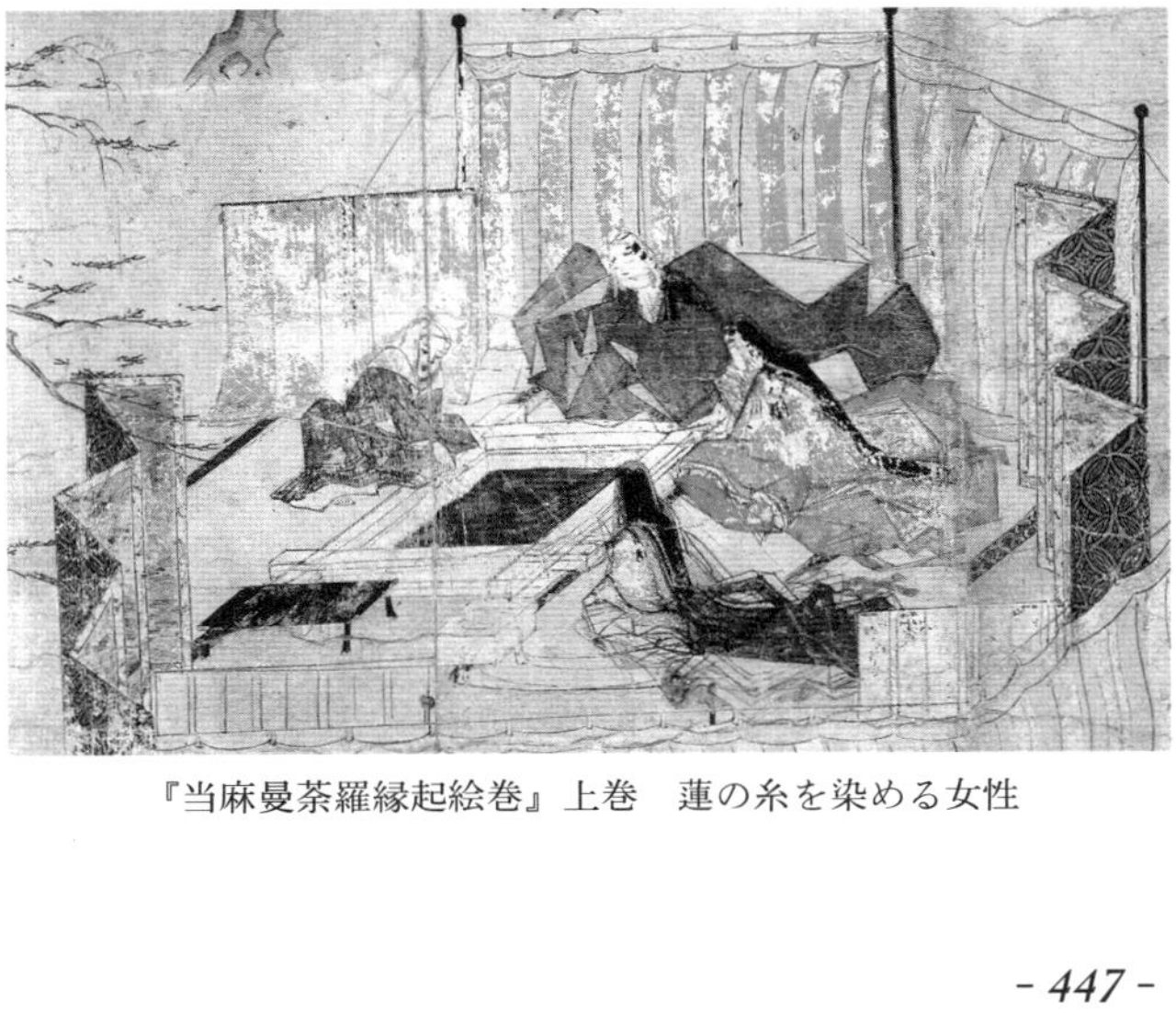

『当麻曼荼羅縁起絵巻』上巻　蓮の糸を染める女性

者は不明だが、仁治《にんじ》三年(一二四二)の曼荼羅厨子《ずし》修理などとも関係する高位の女性が、絵巻を寺に施入したことを推測する説がある。この娘の話はのちに中将姫《ちゅうじょうひめ》伝説となって広まった。『日本絵巻大成』二四(一九七九年、中央公論社)に所収。

参考文献　佐伯英里子「「当麻曼荼羅縁起絵巻」の製作背景に関する一試論」(『美術史』一〇六)、一九七九。

(亀井　若菜)

たいらのしげこ　平滋子　⇩建春門院《けんしゅんもんいん》

たいらのちゅうし　平仲子　⇩周防内侍《すおうのないし》

たいらのときこ　平時子　一一二六—八五　平清盛の妻。父は平時信《ときのぶ》、母は二条大宮《にじょうおおみや》(令子《れいし》内親王)の半物《はしたもの》(召使)。平時忠《ときただ》と同父母。後白河院后の*建春門院滋子《けんしゅんもんいんじし》は異母妹。後白河近臣の法勝寺執行《ほっしょうじしぎょう》能円《のうえん》は異父弟。久安初年ごろ清盛の後妻となり、久安三年(一一四七)に宗盛《むねのり》、仁平二年(一一五二)に知盛《とももり》、久寿《きゅうじゅ》二年(一一五五)に徳子《とくこ》、保元二年(一一五七)に重衡《しげひら》を生む。後白河院と二条天皇との対抗関係に起因する流動的な政局の中、二条を支持する清盛の政治方針に沿って、時子は二条の*乳母《めのと》となり、永暦《えいりゃく》元年(一一六〇)十二月従三位叙位。二条没後は、後白河と時子異母妹滋子の間に生まれた憲仁《のりひと》(高倉天皇)擁立にむけて、後白河・清盛の利害が一致し、仁安《にんあん》元年(一一六六)十月に憲仁は立太子、生母滋子の三位叙位と同日に時子は二位に叙された。以後、二位殿《にいどの》・二品《にほん》と称され、仁安三年(一一六八)二月清盛が重体に陥《おちい》った際に出家した後は二位尼《にいのあま》と呼称された。承安三年(一一七三)六月には八条北壬生《みぶ》東に自身の持仏堂《じぶつどう》(常光明院《じょうこうみょういん》)を建立している。承安元年(一一七一)十二月娘徳子が高倉へ入内《じゅだい》し、治承二年(一一七八)に懐妊すると、時子は徳子の養父となった重盛とともに、その出産諸事を差配《さはい》。高倉には徳子所生の言仁《ときひと》(安徳天皇)以外に内女房腹《うちのにょうぼう》の皇子女がいたが、第二皇子守貞《もりさだ》(後高倉院)は時子および知盛が養育し、第四皇子尊成《たかなり》(後鳥羽天皇)の乳母には時子の異父弟能円の妻刑部卿《ぎょうぶきょう》三位藤原範子《はんし》があたった。また、皇女潔子《けっし》の成育儀礼にも時子の関与がみられ、高倉皇子女の養育には時子らの平氏一門が深く関与している。治承三年政変を経て、治承四年四月に高倉は安徳に譲位するが、翌養和元年(一一八一)正月に死去。高倉の死の直前には、後白河との提携と懐柔《かいじゅう》を目的に、徳子を後白河後宮に入れるとの案も浮上し、清盛と時子もそれを容認したという。寿永二年(一一八三)七月一門とともに西走、文治元年(一一八五)三月の壇ノ浦《だんのうら》合戦で没した。『*平家物語《へいけものがたり》』は時子が安徳を抱いて入水《じゅすい》したとするが、『*吾妻鏡《あずまかがみ》』『保暦間記《ほうりゃくかんき》』によれば、安徳を抱いたのは按察局《あぜちのつぼね》であり、時子は宝剣(および神璽《しんじ》)を携えて入水したとする。

参考文献　金永「平時子論」(『文学』三ノ四)、二〇〇二。

(栗山　圭子)

たいらのとくこ　平徳子　⇩建礼門院《けんれいもんいん》

たいらのもりこ　平盛子　一一五六—七九　平安時代末期の女性。父は平清盛、母は不明。長寛《ちょうかん》二年(一一六四)九歳で関白近衛基実《このえもとざね》に嫁したが、わずか二年後の仁安《にんあん》元年(一一六六)夫基実が病死し、十一歳で摂関家領を伝領した。仁安二年に高倉《たかくら》天皇の准母《じゅんぼ》となり、准三后宣下《じゅさんごうせんげ》を受けた際、「盛子」と名付けられた。また時をほぼ同じくして亡夫の梅津御所《うめづごしょ》を譲渡して白川押小路殿《しらかわおしこうじどの》に居所を移したことから、「白川殿」とも称されたが、治承《じしょう》三年(一一七九)六月、体調を崩し二十四歳の若さで死去した。彼女は、摂関家の有していた「家」の継承に必要な日記や家産《かさん》機構のほか、仏事・寺院官領権、王権儀礼に関する*家産をも継承し、彼女が*正室になった際に設置された政所《まんどころ》がその家産制支配を行う主体的な立場に位置していた。平氏は盛子の*家政機関を介して摂関家家産へ介入したのであり、その意味でも盛子の存在意義は大きい。

参考文献　田中文英「平氏政権と摂関家」(『平氏政権の研究』一九九四、思文閣出版)。『九条家本玉葉』(図書寮叢刊)、一九九四-、明治書院。樋口健太郎「平安末期における摂関家の「家」と平氏—白川殿盛子による「家」の伝領をめぐって—」(『ヒストリア』一八九)、二〇〇四。

(林　薫)

だいりうたあわせ　内裏歌合　平安時代の宮廷文化を代表するものとして、*和歌の文学様式の発達があった。貴族層の生活のなかで、また内裏《だいり》における儀式や遊宴《ゆうえん》の場において、和歌の様式は洗練されていった。内裏歌合《うたあわせ》はそのための重要な機会であり、皇室を舞台に天皇や*皇后などが主催する秀歌を競い合う遊びの場となった。最も有名なものの一つに、村上《むらかみ》天皇主催の天徳《てんとく》内裏歌合がある。天徳四年(九六〇)三月三十日、内裏女房《にょうぼう》が十四人ず

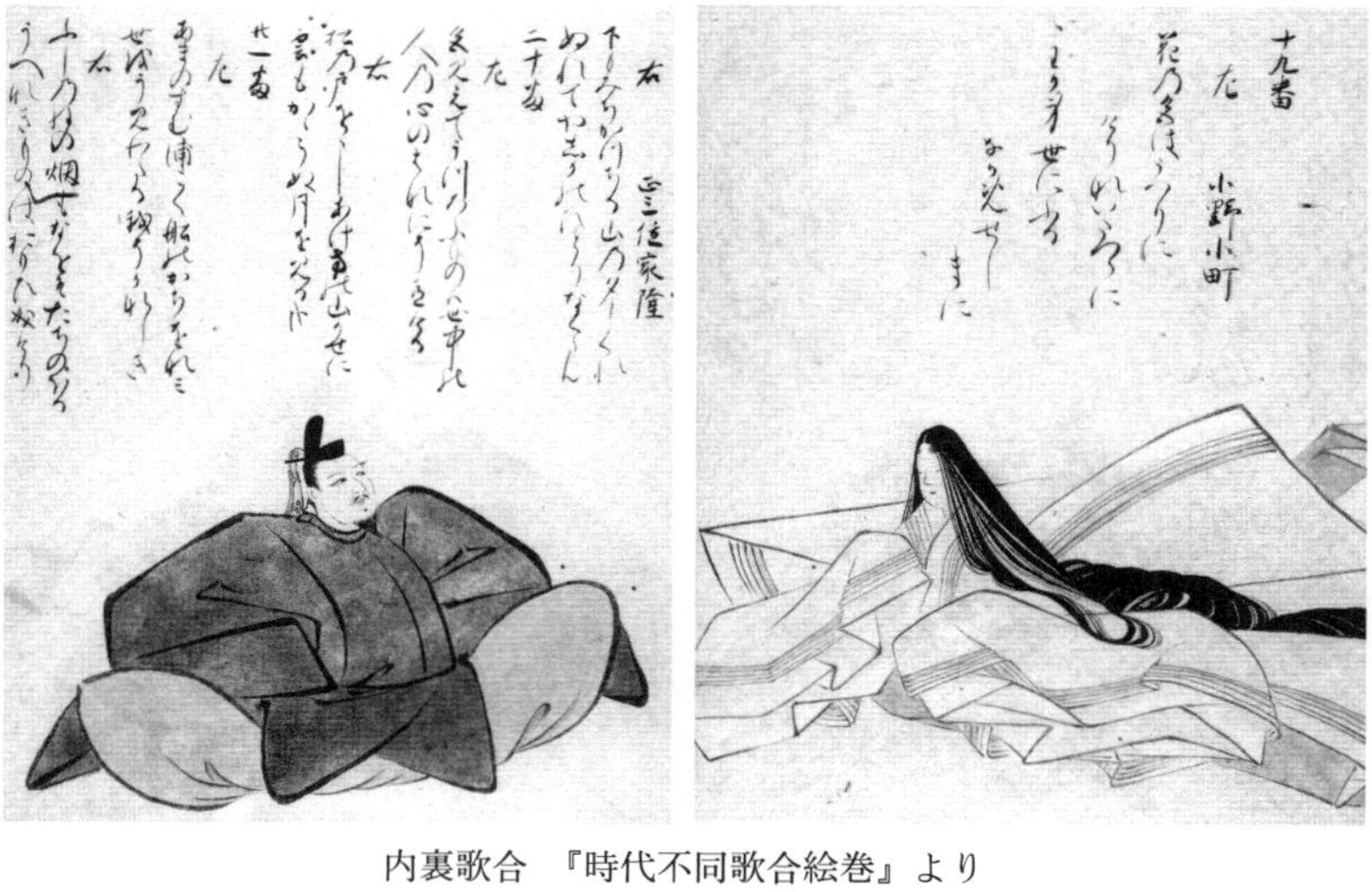

内裏歌合　『時代不同歌合絵巻』より

つに分かれて左右の方人を務め、講師《こうじ》は左が源 延光《みなもとのぶみつ》、右が源博雅《ひろまさ》。風流を極めた州浜《すはま》が用意され、参加者の服色にも配慮された大掛かりな歌合で、後々の規範となった。有名な勝負として、左「恋すてふわが名はまだき立ちにけり人知れずこそ思ひそめしか」(忠見《ただみ》)、右「忍ぶれど色に出でにけりわが恋はものや思ふと人の問ふまで」(兼盛《かねもり》)の一番がある。負けた忠見が悔しさのあまり病死したとの逸話《いつわ》が『*沙石集《しゃせきしゅう》』にある。天徳内裏歌合は、『歌合集』(日本古典文学大系、岩波書店)、『平安朝歌合大成』二(同朋出版)に収められている。

(小嶋菜温子)

だいりきのじょせい　大力の女性　古代から中世にかけての説話集《せつわしゅう》などに伝えられている力の強い女性。説話の中では、そのような女性たちが発揮した大力が特別なものとして注視されているが、その背景には、力仕事にも携《たずさ》わって働く、多くの中世の民衆女性の暮らしがあった。『*日本霊異記《にほんりょういき》』『*今昔物語集《こんじゃくものがたりしゅう》』に収められた尾張国女《おわりのくにのおんな》の話は、郡司《ぐんじ》の夫と離婚後、郷里《きょうり》に帰り川で*洗濯をしている同女を、通りがかった船の男が執拗《しつよう》にからかったため、それに怒って大力を発揮し、船をひっくり返して男を懲《こ》らしめるというものである。『*古今著聞集《ここんちょもんじゅう》』に知られる高島大井子《たかしまのおおいこ》は、村人たちが彼女の田に水を入れなかったことに対して、大力を発揮して水口に大石を置いて村人の田へ流れる水を堰《せ》き止め、自分の田だけに水を引き入れる実力行使に出たものである。また、大井子は、川の水を桶《おけ》に汲《く》んで頭上に載《の》せて運んでいた際、手出しをした佐伯氏長《さえきのうじなが》を大力を発揮して懲らしめた上、三週間家で養ってみずから握った強飯《こわいい》を食べさせて逆に大力を伝授している。佐伯氏長は相撲《すまい》の節会《せちえ》に召されて上洛《じょうらく》する途中であったという。これらの説話はいずれも、女性たちが水辺で洗濯や*水汲みをしている際に、男たちにからかわれ、それに抗議して大力を発揮したものである。そのほか『日本霊異記』『今昔物語集』に収められた美濃国女《みののくにのおんな》、『古今著聞集』に収められた近江国《おうみのくに》の海津《かいづ》の*遊女金《ゆうじょきん》の話も、身近に水辺の世界が描かれている。大力の女性の説話の後景にはしばしば水辺の世界が共通している。水辺は、洗濯や水汲みなど女性たちの力仕事が日常的に存在する場であった。大力の女性は特異な女性存在なのではなく、民衆女性の暮らしには大力の女性が輩出《はいしゅつ》してもおかしくない労働があったことが読み取られるべきだろう。説話が女性の特異な大力として注目するのは、日常の労働一般の中で発揮された女性の力ではなく、男性たちのからかいに抗議して発揮された女性の力である。水辺で洗濯などをして働く女性たちは簡略な身なりで胸や足を見せていることも多かった。いうならば男たちのセクハラに抗議した力が、しばしば特別な女性の大力として注視されたことを考えさせる。源平争乱期《げんぺいそうらんき》には、武士の戦闘方法が騎馬《きば》・弓矢から組み討ちへと変化し、大力とそれを前提とする力業《ちからわざ》は武芸としての位置づけを高めた。大力が男性の武力としての社会的評価を獲得していく一方で、民衆の日常生活の中で発揮される女性の大力は見えにくくなっていったと考えられる。『今昔物語集』『*宇《う》治拾遺物語《じしゅういものがたり》』に伝えられる相撲人大井光遠《おおいのみつとお》の妹の話は、兄から男であったならばと女であることを惜《お》しまれている。大力の発揮や評価が男性のものとなっていく現実の中で、女性の大力が社会的に発現され評価される機会の乏《とぼ》しくなっていくことが知られる。大力の女性の伝承は、特異な女性存在の話なのではなく、身分と労働と*ジェンダーの三者の絡《から》まり合う問題であったのである。

参考文献　細川涼一「巴小論—中世女武者の伝説—」(『女の中世—小野小町・巴・その他—』一九八九、日本エディタースクール出版部)。西尾和美「説話の中の大力の女たち—説話の中のジェンダーを読む—」(『松山東雲女子大学人文学部紀要』五)、一九九七。細川涼一『平家物語の女たち』(講談社現代新書)、一九九八、講談社。同「大力の女と白拍子—中世東北の武家と血統伝説—」(『逸脱の日本中世』二〇〇〇、筑摩書房)。宮田登「女の大力と見世物」(『ヒメの民俗学』二〇〇〇、筑摩書房)。

(西尾　和美)

たいりくのはなよめ　大陸の花嫁　一九三〇年代から一九四〇年代前半期、日本の侵略政策の一端を担う「開拓移民」などの配偶者として中国東北部に渡る女性にメディアが用いた呼称。「移民」伴侶《はんりょ》の必要を提唱し、宣伝歌「新日本の少女よ大地に嫁げ」の作詞をも手がけた関東軍東宮鉄男《とうみやかねお》大尉《たいい》が構想。第一次移民団「花嫁」三十名は一九三四年(昭和九)に現地に到着したが、本格的な送出事業は、分村・分郷による大量移民計画「二十ヵ年百万戸送出計画」が国策となる一九三七年以降で、移民推進県の山形・宮城・長野が拓務《たくむ》省の助成で「女子拓殖《たくしょく》講習会」を開催した。以後、『*主婦之友』『*婦人倶楽部《クラブ》』『*婦人公論』等の婦人雑誌などジャーナリズムはこぞって「花嫁」送出の「気運」醸成《じょうせい》に乗り出し、映画・小説・歌謡などで「純朴《じゅんぼく》でつつましく、健気《けなげ》で意思が強くて働き者」の「大陸の花嫁」イメージを喧伝《けんでん》。公文書では「満州開拓政策基本要綱《ようこう》」(一九三九年)ではじめて言及され、第一期「満蒙開拓《まんもうかいたく》青少年義勇軍《ぎゆうぐん》」の「開拓移民」移行を機に「女子拓殖事業対策要綱」(一九四二年)が「女子拓殖事業」(女子拓殖指導者養成、女子拓殖講習会、東亜《とうあ》女子建設同志会の結成、女子拓殖訓練所の設置奨励、満州開拓民配偶者斡旋《あっせん》協議会の設置奨励等)を提起した。道府県、大日本連合*女子青年団(一九四一年、大日本青少年団へ統合)や満州移住協会・海外婦人協会・日満帝国婦人会・東洋婦人教育会・*愛国婦人会等の各種団体の個別事業、宣伝活動、地域的ネットワークで展開された。「花嫁」の実際の動機は、家庭事情に加え、自身の社会的使命感、憧憬《どうけい》心や好奇心、自己実現欲求などであった。主なルートは、桔梗ヶ原《ききょうがはら》女子拓務訓練所等の施設、修練農場での短期訓練、女子拓殖講習会、女子勤労奉仕隊などが開拓団員との結婚や「開拓女塾」(現地訓練施設)入所に結びついた例が多い。敗戦時、大多数は悲惨な逃亡生活を強いられ、命を落とす者や帰国の叶わない「残留婦人」も少なくなかった。

参考文献 陣野守正『満洲に送られた女たち―大陸の花嫁―』(シリーズ・教科書に書かれなかった戦争)、一九九二、梨の木舎。相庭和彦・大森直樹・陳錦・中島純・宮田幸枝・渡邊洋子『満洲「大陸の花嫁」はどうつくられたか―戦時下教育史の空白にせまる―』、一九九六、明石書店。杉山春『満洲女塾』、一九九六、新潮社。

(渡邊 洋子)

だいりしゅっさん 代理出産 不妊の女性やカップルに子どもを授けるために別の女性が妊娠・*出産を請け負うこと。依頼人の夫の精子を人工授精して妊娠する「代理母」(出産女性と子には遺伝的つながり)、依頼人夫婦の受精卵を第三者の子宮に移植する「借り腹」(遺伝的つながりなし)など複数の形態がある。妻が跡継ぎを産めない場合、夫が妾《めかけ》など他の女性に子どもを産ませることは古くから見られたが、医師が技術的に介在する代理出産は新しい現象。日本ではまだ法規制はなく、日本産科婦人科学会の会告により代理母・借り腹とも禁止されているが、二〇〇一年(平成十三)に長野県の産婦人科医がはじめて姉妹間での代理出産を行なったことを公表し、その後実母による娘のための代理出産も実施して議論を呼んだ。国内にある代理出産斡旋《あっせん》窓口を利用して外国で子どもを得ようとする日本人カップルもおり、渡航先は精子・卵子提供や代理出産がビジネスとして成立しているアメリカが多い。だが日本の法では「出産した女性が母」とされ、帰国後、子どもの出生届不受理などの問題が起きている例もある。

参考文献 小泉カツミ『産めない母と産みの母―代理母出産という選択―』、二〇〇一、雄山閣。向井亜紀『会いたかった―代理母出産という選択―』、二〇〇四、幻冬舎。

(荻野 美穂)

だいりに 内裏尼 古代の内裏や皇后宮などの仏教施設において仏事を担った尼。史料に「内裏尼」の名称の例はないが、八世紀の二条大路木簡《もっかん》には「内侍尼」の例がある。このような尼の存在形態に影響を与えた中国唐代の内道場では「内尼」と記す例がある。二条大路木簡には尼が大弁司《だいべんのつかさ》・器司《うつわ》・堂司《どう》・飯司《めし》・海藻司《め》という宮廷官司制組織に通じる編成をされた例もみえる。『正倉院文書』にみえる天平宝字《てんぴょうほうじ》八年(七六四)の仏名仏事の転読も内裏の尼たちが関与した。日本では*僧尼の統制を行う僧官である僧綱《そうごう》に尼が任命されず、基本的に尼は僧の管理下に置かれていたが、僧綱に対応する尼の地位・称号と考えられる「大尼」、また僧位に対して尼独自の尼位が制定され、宮廷で活躍した尼に与えられた。しかし尼でもあった称徳天皇の内裏の終焉《しゅうえん》を契機に、内裏仏事などが僧を中心に再編され、次第に内裏などで活動する尼や大尼・尼位の記録もみられなくなった。

参考文献 勝浦令子『日本古代の僧尼と社会』、二〇〇〇、吉川弘文館。

(勝浦 令子)

たうえ 田植え 〔古代〕 苗代《なわしろ》で育てた稲の苗を、水田に移植する農作業。おもに旧暦の四～五月ごろに行われた。労働力の集約を必要とし、古代では在地の有力者による雇用労働が行われた。八世紀末以降には、在地有力者が労働力を確保するために競って「魚酒」をふるまうことが問題化し、国家によってしばしば禁制が出されたほどであった(『類聚三代格《るいじゅうさんだいきゃく》』延暦九年(七九〇)四月十六日太政官符、石川県加茂《かも》遺跡出土嘉祥《かしょう》二年(八四九)加賀郡牓《ぼう》示札《じさつ》)。田植えの具体的様相については、『*枕草子』二百二十六段賀茂へまゐる道にに、賀茂《かも》詣《もうで》の途中の描写として、笠を着た*早乙女《さおとめ》たちが田楽歌《でんがくうた》を歌い、後ずさりしながら田植えをしている情景が描かれるほか、『*栄花物語《えいが》』一九に、数十人の早乙女が着飾って田植えを行い、その傍らで十人ほどの男が楽器を持って田楽を奏している描写があり、田植え労働が女性を中心に田楽などの儀礼を伴った形で行われていた様子がわかる。その一方で、九世紀なかばごろと推定される福島県いわき市荒田目条里《あったためじょうり》遺跡出土木簡によれば、郡司職田《しきでん》の田植えに徴発された三十六人のうち、女性は四名に過ぎず、田植え労働は実際には男女の協業により行われていたと考えられる。

参考文献 義江明子『日本古代の祭祀と女性』(古代史研究選書)、一九九六、吉川弘文館。

(三上 喜孝)

〔中世〕 田植えは、水田稲作の根幹となる労働であり、日本における*性別分業のあり方を最も鮮明に示している。旧暦の五月を中心に行われる田植えは、その適期が短いため、猫も杓子《しゃくし》も動員される一斉作業となった。田植え労働においては、水田に苗をしつけていくのは女たちが中心であり、早乙女《さおとめ》などと呼ばれた。男たちは、田を起こし、土をよくくだき、水をはって代掻《しろか》きを繰り返して、田植えの下準備をした。また、苗代《なわしろ》から苗を抜き、苗籠《なえかご》に入れて運ぶのも男の仕事であった。中世においても、田植えのための雇用労働力の編成が不可欠であり、『*今《こん》昔物語集《じゃくものがたりしゅう》』二六第十話は、土佐国幡多郡《はたぐん》の下衆《げす》が「殖人《うえびと》ナド雇具《やとい ぐ》シテ」田植えに出かける話であり、『*新猿楽記《しんさるがくき》』に描かれた大名田堵《だいみょうたと》(農業経営の専門家)の田中豊益《とよます》は、

田植え(「月次風俗図屏風」より)

「種蒔《たねまき》・苗代・播殖《はしょく》(田植)の営みにおいては五月男女《さおとめ》を労《ねぎら》う」(原漢文)のが巧みであったとされている。特に長者・*地頭・地主などの領主は、門田《かどた》・佃《つくだ》などの直営田において、地域住民を動員した大規模な田植え方式としての「大田植」を行なったと考えられる。どのようなものであったかというと、その参考になるのが、中国山地に濃厚に分布する、「囃子田《はやしだ》」「花田植」「大鼓田《たいこだ》」などと呼ばれている大田植である。それは、田主の指揮・統率のもとで、飾りたてられた牛による代掻きが競われ、田人が腰太鼓・笛・鉦《かね》・ささらなどで囃すなかで、大勢の早乙女たちによる田植えが一斉に行われていくのである。こうして中世農村における女性労働や雇用労働のあり方を考える上でも、田植えはきわめて重要な研究課題なのである。また、中世の寺社などでは、「田遊び」(「御田《おんだ》」)や「御田植神事」と呼ばれる神事が行われていた。そうした農耕神事としての田植えも、中世における女性労働研究の素材となることはいうまでもない。

参考文献 牛尾三千夫『大田植と田植歌』(民俗民芸双書)、一九六八、岩崎美術社。大山喬平『日本中世農村史の研究』、一九七八、岩波書店。『農業図絵』(日本農書全集二六)、一九八三、農山漁村文化協会。黒田日出男『日本中世開発史の研究』(歴史科学叢書)、一九八四、校倉書房。木下忠編『湿田農耕』(双書フォークロアの視点三)、一九六八、岩崎美術社。狩野博幸編著『月なみのみやこ』(近世風俗画二)、一九九一、淡交社。黒田日出男『歴史としての御伽草子』、一九九六、ぺりかん社。同「絵画史料に見る女性」(総合女性史研究会編『史料にみる日本女性のあゆみ』二〇〇〇、吉川弘文館)。

(黒田日出男)

〔近世〕男女協業の一連の稲植え作業。牛馬犂《すき》を用いる男性労働の荒代掻《あらしろか》きに始まり、鼻取《はなと》りの少年、苗渡しの男性・少年、植え付けの早乙女《さおとめ》、昼間持《ひるまも》ち(オナリドともいう、田《た》の神《かみ》と農民との紐帯《ちゅうたい》として神格化した女性、田の神へ供物《くもつ》を捧げることから田植えをする人々に昼食を運ぶ女性へと転じた)の女性、笛や太鼓、簓《ささら》などで音頭《おんど》をとる囃子《はやし》方、作業の進捗を監督する立人《たちうど》など、男女がおのおのの役割を遂行することで田植えが成立する。近世初頭では、田の神を降臨させ、男女の性的交歓を詠《よ》んだめでたい田歌を唄い、早乙女が植え付けるという呪術《じゅじゅつ》的要素の強い方式が採用されたが、*小農《しょうのう》経営が広範に成立する十七世紀後期から十八世紀前期を画期として、経験科学的農業に基づいた田植え日や苗数の決定、男女混合の植え付けに移行していく。他方、家父長的大経営の存続する地域では、上層農による中世的系譜をもつ大田植《おおたう》えや囃田《はやしだ》が執行され、伝統的行事による村落秩序の維持・強化がはかられた。しかし、女性の祭祀《さいし》権能の衰退にしたがって、その宗教的役割や地位の高さに直結することはなく、むしろ「手間《てま》早乙女」のような女性労働の商品化の道をひろげる方向に作用したといえよう。

参考文献 菅野則子「農村女性の労働と生活」(女性史総合研究会編『日本女性史』三、一九八二、東京大学出版会)。長島淳子『幕藩制社会のジェンダー構造』、二〇〇六、校倉書房。

(長島 淳子)

たうえぞうし 田植草紙 広島県北広島町を中心とする芸北《げいほく》地方に伝承された田植歌を蒐集《しゅうしゅう》した写本。一巻。原本は失われており編者未詳。口誦《こうしょう》の段階から記録としての双紙化《そうしか》の時期は、中世末から近世初頭とする説が有力である。豪農が主催する簓《ささら》・笛・太鼓《たいこ》・鉦《かね》などで歌い囃《はや》す囃田《はやしだ》や花田植《はなたうえ》で、音頭《おんど》(さんばい・歌大工《うただいく》)と*早乙女《さおとめ》とのあいだで問答形式で歌われたもの。一章は音頭の「親歌」、続いて早乙女の「子歌」、最後に音頭と早乙女との斉唱や分かち歌である「おろし」の三部で構成される。田《た》の神《かみ》迎えの朝歌《あさうた》から、おなりの送迎、京上りの昼歌《ひるうた》、京下りから上がり歌の晩歌《ばんうた》まで約百四十章ある。収穫時の豊穣《ほうじょう》を祈願する予祝《よしゅく》的性格をもつため、男女の恋歌や性にまつわる内容の歌が多い。十八世紀中期成立の安芸《あきの》国《くに》高田郡多治比村《たじひむら》(広島県安芸高田市)の豪農吉川甚七《よしかわじんしち》の著書『家業考《かぎょうこう》』には、「そふとめ」二十五、六から三十人に対し「うた大工、はやしかた」五、六人の囃田の記載があり、田植歌の交歓《こうかん》が想像される。『新日本古典文学大系』六二(一九九七年、岩波書店)、『日本農書全集』九(一九七八年、農山漁村文化協会)に所収。

参考文献 伝承文学研究会編『田植歌本集』二(伝承文学資料集五)、一九七一、三弥井書店。田唄研究会編『田植草紙の研究』、一九七二、三弥井書店。

(長島 淳子)

たうた 田歌 ⇩田植《たう》え

たうちちずこ 田内千鶴子 一九一二―六八 昭和時代、韓国で活動した慈善事業家。高知県出身。七歳の時、朝鮮に渡る。父は官吏、助産婦の母はキリスト教徒だった。女学校卒業後、孤児養護施設「共生園」で働き、経営者の朝鮮人伝道師、尹致浩《ユンチホ》と結婚。解放後に子どもを連れて高知に帰ったが、再び共生園に戻った。朝鮮戦争で夫が行方不明になった後は逆境の中でみずから共生園を経営し、孤児たちの母として慕われた。韓国名、尹鶴子《ハクチャ》。一九六三年韓国政府より文化勲章国民賞、一九六七年第一回木浦《モクポ》市民賞受賞。半生を描いた映画「愛の黙示録」(一九九七年)がある。

参考文献 山口節子他『しあわせと平和がほしい―マザー・テレサ、田内千鶴子、上原栄子、平塚らいてう―』(二〇世紀のすてきな女性たち八)、二〇〇〇、岩崎書店。

(山下 英愛)

たおりぎく 手折菊 ⇩田上菊舎《たがみきくしゃ》

たかいとしを 高井としを ⇩わたしの「女工哀史《じょこうあいし》」

たかお 高尾 大夫《たゆう》の*源氏名。*遊女の中でも、もっとも位の高い遊女。高尾の名は代々世襲《せしゅう》で諸説ある。『洞房《どうぼう》語園《ごえん》』によると、高尾は七代あって、三浦屋四郎左衛門《みうらやしろうざえもん》に抱えられていた。初代妙心高尾から、二代目仙台、三代目西条、四代目出谷、五代目浅野、六代目だぞめ、七代目榊原に請け出されているが、歴代高尾の中でも有名なのは仙台高尾で、伊達綱宗《だてつなむね》に*身請けされたといわれる。

美しい遊女であっただけに伝承も多く、遊女の憧れの的であった。

参考文献　庄司勝富『洞房語園異本補遺』(日本随筆大成三ノ二)。西山松之助編『遊女(新装版)』(日本史小百科)、一九六四、東京堂出版。　(宇佐美ミサ子)

たかおかちしょう　高岡智照　一八九六―一九九四　明治・大正時代の名妓《めいぎ》。昭和時代の祇王寺《ぎおうじ》庵主《あんじゅ》。大阪生まれ。一九〇八年(明治四十一)千代葉の名で*舞妓となり、一九一一年には、東京新橋で照葉《てるは》と改名して*半玉《はんぎょく》となる。妓籍を去ったのち結婚、離婚。一九三四年(昭和九)奈良県久米寺《くめでら》にて出家、得度。一九三六年京都祇王寺に入庵。著書に『祇王寺日記』(一九七三年、講談社)、自伝に『花喰鳥』全二巻(一九八四年、かまくら春秋社)がある。　(岩田なつ)

たかくらかずこ　高倉寿子　一八四〇―一九三〇　明治・大正時代の*女官。天保十一年(一八四〇)九月十一日正三位非参議高倉永胤《ながたね》の三女として京都に誕生。慶応三年(一八六七)明治天皇の*女御《にょうご》の女官として出仕、明治元年(一八六八)皇后美子《はるこ》の女官に、一八七三年典侍《てんじ》(女官長)に昇格。しっかりした性格で、宮廷では皇后をよく補佐し、天皇が皇后の了承なしに女官に接することのないよう監視したという。一九一二年(大正元)*昭憲《しょうけん》皇太后付きとなり、一四年職を辞す。一九三〇年(昭和五)十一月二十七日老衰で死去。

参考文献　山川三千子『女官』、一九六〇、実業之日本社。角田文衛「高倉寿子」(『国文学解釈と教材の研究』二五ノ一三)、一九八〇。同「後宮の歴史」(同)。　(金子　幸子)

たかしなのえいし　高階栄子　⇩丹後局《たんごのつぼね》

たかしなのきし　高階貴子　?―九九六　平安時代中期の女性。式部大輔高階成忠の娘。息子の伊周《これちか》が儀同三司《ぎどうさんし》(儀式が太政大臣・左右大臣に同じの意)と自称したことから、「儀同三司の母」とも称される。円融《えんゆう》天皇の*後宮に入り、女性ながら真字《まな》(漢字)をよく書くので、天皇の勅命《ちょくめい》を奉ずる内侍《ないし》となり、「高内侍《こうのないし》」と呼ばれた(『*栄花《えいが》物語《ものがたり》』)。そして中関白《なかのかんぱく》藤原道隆《みちたか》と出会い結婚、伊周・隆《たか》家《いえ》・定子《ていし》を含む七人の子供を儲《もう》け正妻となる。伊周は叔父道長を超えて内大臣に登り、定子は*中宮として一条天皇に寵愛され、貴子は中関白家の繁栄の極みを経験したといえる。しかし道隆の死後、*東三条院詮子《ひがしさんじょういんせんし》が弟の道長に肩入れしたこともあり、伊周は関白の地位を逃す。その後、道長と廟堂《びょうどう》で覇《は》を競っていた伊周だが、花山法皇《かざんほうおう》に矢を射かけるという事件を起し、また東三条院呪詛《じゅそ》や、臣下には許されない大元帥法《たいげんのほう》を修したことが明らかとなり、大宰権帥《だざいごんのそち》として配流が決定した(『小右記』長徳《ちょうとく》二年(九九六)四月二十四日条)。配流を嫌がった伊周は、貴子および懐妊中の定子がいる二条北宮寝殿に逃げ込んだ(同二十五日条)。宣旨(天皇の意志を反映して発給される太政官の文書)により、寝殿の大索《おおあなぐり》(徹底的な捜索)が行われ、検非違使《けびいし》により寝殿の厚い戸や天井・板敷が破却、貴子と定子は恐怖と恥辱《ちじょく》を受けた(五月五日条)。伊周は貴子を配所に同伴しようとし、長岡の石作寺《いしつくりでら》まで同道させたが、「母氏不レ可ニ相副一由」との宣旨が出され、貴子は帰される(同日条)。貴子はこの事件の後、悲嘆のあまり病に伏せる。貴子危篤《きとく》の報を聞いた伊周は配所を抜け出し帰京、臨月《りんげつ》の定子のもとに隠れた(十月八日条)。『栄花物語』では貴子とも会えたとする。だがすぐに捕えられ、今度は容赦なく筑紫《ちくし》に送られた(同月十一日条)。貴子の死は『栄花物語』にのみみえ、長徳二年十月二十日ころという。中関白家の破滅を見尽くして死んだといえる。『*大鏡《おおかがみ》』道隆伝は、貴子の漢詩を高く評価しているが、*和歌にも卓越した才能を発揮、『拾遺和歌集《しゅういわかしゅう》』等に入った六首が残るが、「忘れじの行末まではかたければ今日を限りの命ともがな」は『小倉百人一首』にも選ばれている。

参考文献　土田直鎮「中関白家の栄光と没落」(『奈良平安時代史研究』一九九二、吉川弘文館)。保立道久『平安王朝』(岩波新書)、一九九六、岩波書店。倉本一宏『一条天皇』(人物叢書)、二〇〇三、吉川弘文館。　(高松　百香)

たかすひさこ　高須久子　一八一八―?　幕末、長州萩の「野山屋敷」に投獄された女性。高三百石余の高須五郎左衛門の娘。*婿養子を迎え、女子二人を産む。弘化三年(一八四六)夫が死去、嘉永《かえい》二年(一八四九)姉娘に養子をとった。久子は*三味線・*浄瑠璃《じょうるり》や京歌などを好み、そうした芸能を生業《なりわい》とする「穢多《えた》」と親しく交際。家に呼び酒をふるまうなど「都《すべ》て平人同様」に処遇した。それが周囲から問題とされ、取調べののち嘉永六年入獄となった。獄中で吉田松陰《よしだしょういん》と出会い、俳句・*和歌を往復。松陰に影響を与えたとされる。明治元年(一八六八)に釈放されたという。

参考文献　田中彰「女囚高須久子覚書―史料紹介をかねて―」(西山松之助先生古稀記念会編『江戸の民衆と社会』一九八五、吉川弘文館)。　(椙山　聖子)

たかだなおこ　高田なほ子　一九〇五―九一　昭和時代後期の政治家。教員出身の女性運動のリーダーとして活躍した。福島女子師範学校卒業後、教職に就く。戦後は社会党設立とともに初の女性党員となり、日教組設立に加わって初代婦人部長となる。一九五〇年(昭和二十五)社会党から立候補し、参議院議員に当選。以後十二年間の議院活動中には法務委員長も経験する。教員、特に女性教員の地位向上に努力する。女教師の賃金や待遇をいち早く男性と平等にするとか、*育児休業制度を電々公社と協力して研究する。一九九一年(平成三)に日教組内でも育児休業制度を施行(電々公社は生児が三歳まで、という形で先に実施)。日教組は生児が満一歳になるまでの間、母親の休職を認めた。議員在任中から国際会議などにもたびたび出席。議員退任後は、退職婦人教職員全国連絡協議会委員長、社会党婦人局長、*日本婦人会議議長などを歴任。日教組婦人部の中心として、女性運動、平和運動などを促進した。日教組の歴史を記録した文献には女性の活動家として必ず登場する。本人も自伝『雑草のごとく』(一九八一年)を刊行している。　(駒野　陽子)

たかだユリ　高田ユリ　一九一六―二〇〇三　昭和・平成時代の消費者運動家。*主婦連合会会長。新潟県出身。一九三七年(昭和十二)に共立《きょうりつ》女子薬専を卒業し、一九四二年から四五年まで同校助教授。戦後は退職して家庭にいたが、一九五〇年、*消費者運動に科学的な裏づけを必要としていた*奥むめおらの動きを新聞記者の夫が知り、その勧めで主婦連の一室で日用品の商品テストを担当するようになった。常に生活者としての*主婦の視点から食品や日用品の品質テストを重ね、正確な実験と調査結果をもって*厚生省(現厚生労働省)などにかけあった。牛肉などの「ウソつき缶詰」に抗議して一九六〇年には不当景品類及び不当表示防止法を制定させ、一九六六年には樹脂製食器の安全性基準の見直しを実現させた。一九七一年には消費者の権利裁判を手がけたほか、子どもたちへの消費者教育の必要も説いた。一九八三年、準公選の中野区教育委員会委員となり、また国民生活向上対策審議委員、食品衛生調査会委員なども歴任した。

参考文献　金森トシエ『人物婦人運動史』、一九八〇、労働教育センター。　(大門　泰子)

たかつないしんのう　高津内親王　?―八四一　嵯峨《さが》天皇の妃。桓武《かんむ》天皇の皇女。母は坂上大宿禰苅田麻呂《さかのうえのおおすくねかりたまろ》の娘全子《またこ》(又子《またこ》)。大同《だいどう》四年(八〇九)六月、三品《さんぼん》に叙《じょ》されて、異母兄の嵯峨天皇の妃となり、業良《なりよし》親王・業子《なりこ》内親王を生んだが、ほどなく廃された。理由は不明であるが、業良親王に問題があったので、皇太子の資格を奪うために、母妃を廃したと考えられている。業子内親王も早世している。承和《じょうわ》八年(八四一)四月、死去した。

参考文献　服藤早苗編『歴史のなかの皇女たち』、二〇〇二、小学館。　(佐藤　直子)

たかのじょおう　竹野女王　生没年不詳　奈良時代の皇族。系譜関係不詳。天平十一年(七三九)正月正四位下《しょうしいげ》より従三位《じゅさんみ》、天平勝宝《てんぴょうしょうほう》元年(七四九)四月正三位、同三年正月従二位に叙《じょ》せられた。天平勝宝三年四月の竹野王塔銘に「従二位竹野王」、長屋王家木簡に竹野王(皇)子とみえるのは同一人物であろう。木簡には*女医がおり、女性と見なされる。独立した宮や奴婢《ぬひ》、山寺を有する一方で、長屋王家の給米対象であり、女性王族の*家産と生活を考える事例となる。なお、竹野女王を藤原武智麻呂《ふじわらのむちまろ》の妻の一人と推定する説もあるが、その当否は判断し難い。

参考文献　角田文衛「竹野女王」(『律令国家の展開』一九六五、塙書房)。鬼頭清明「長屋王家木簡二題」(『古代木簡の基礎的研究』一九九三、塙書房)。森公章『長屋王家木簡の基礎的研究』、二〇〇〇、吉川弘文館。　(森　公章)

たかののにいがさ　高野新笠　?―七八九　光仁《こうにん》天皇*夫人。桓武《かんむ》天皇・早良《さわら》親王・能登《のと》内親王の母。渡来系氏族の和氏《やまとし》出身、和乙継《おとつぐ》の娘。母は土師《はじ》(のちに改姓されて大《おお》枝《え》)真妹《まいも》。百済武寧王《くだらぶねいおう》の子純陀太子《じゅんだたいし》より出たとする。光仁天皇が白壁王《しらかべおう》であった時代に嫁《か》し、即位後夫人、宝亀《ほうき》九年(七七八)三月に従三位《じゅさんみ》に叙せられる。宝亀年中に高野朝臣《あそん》に改姓されるが、一族中で乙継と新笠のみ高野姓を名のる。天応《てんおう》元年(七八一)四月桓武天皇即位に際し皇太夫人となり、正三位に叙せられた。延暦《えんりゃく》八年(七八九)十二月二十八日死去。翌延暦九年正月十四日、藤原朝臣小《ふじわらあそんお》黒麻呂《ぐろまろ》が誄人《るいじん》を率いて誄《しのびごと》し、天知《あめのしらす》日《ひ》之《の》子《こ》姫尊《ひめのみこと》と諡号《しごう》された。翌日十五日大枝山陵《おおえさんりょう》に葬られた。同年*皇太后を追号され、さらに大同《だいどう》元年(八〇九)五月太皇太后を追号。百済遠祖の都慕王は河伯女が日精に感じて生んだという説話があるが、これは高野新笠の出自を高めるために付けられたものであろう。

参考文献　『続日本紀』。林陸朗「高野新笠をめぐって」(『折口博士記念古代研究所紀要』三)、一九七七。義江明子「平野社の成立と変質」(『日本古代の氏の構造』一九八六、吉川弘文館)。　(内田　順子)

たかはしくらこ　高橋くら子　一九〇七―三八　大正時代の女性水平運動家。長野県北佐久郡北大井村《きたさくぐんきたおおいむら》(小諸市《こもろし》)の被差別部落に生まれる。本名高橋くらの。小諸高等女学校を優秀な成績で卒業。長野県の水平運動家朝倉重吉《あさくらじゅうきち》に見出され、在学中の一九二四年(大正十三)四月小諸町で開催された長野県水平社創立大会に参加し弁士を務める。以後、長野県内はもとより、埼玉・群馬など関東各地の水平社大会・講演会などに出向いて演説を行い、女性たちを喚起《かんき》した。また一九二四年から二五年にかけて、関東水平社機関誌『自由』などに、女性の「自覚」を訴える論稿を執筆している。一九二七年(昭和二)の全国水平社第六回大会には長野県の代議員として出席して全国に名を馳《は》せ、水平社内のアナ(アナキズム)派と称される人たちと近い位置にあって、「人類愛」と「正義人道」に訴えながら活動を展開するが、病のために三十一歳で生涯を閉じた。

高橋くら子

参考文献　柴田道子『ひとすじの光』、一九七六、朝日新聞社。東栄蔵『伊藤千代子の死』(荒井武美他編『長野県文学全集』三ノ六、一九九〇、郷土出版社)。鈴木裕子『水平線をめざす女たち―婦人水平運動史―(増補新版)』、二〇〇二、ドメス出版。同「高橋くら子―光芒を放つ絶対平等の思想―」(水平社博物館編『全国水平社を支えた人びと』二〇〇二、開放出版社)。　(黒川みどり)

たかはしちよ　高橋千代　一八九〇―一九六九　大正・

昭和時代の女性運動家。山口県熊毛《くまげ》郡三井《みい》村(光市《ひかり》)に生まれる。旧姓山本。山口県厚狭《あさ》の徳基《とつき》高等女学校に学び、物理学者高橋幾造《いくぞう》と結婚。婦女新聞社勤務。一九二三年(大正十二)の*婦人参政同盟の結成に参加し、理事として活躍。特に婦人弁護士法制定運動の中心となった。一九二八年(昭和三)には夫の協力を得て東京女子法学院を開校、女性法律家の養成につとめた。一九三三年弁護士法が改正されると婦人参政同盟を退会(同盟は千代を除名)し、新日本婦人協会を設立。戦後は*日本婦人有権者同盟常任委員などを務めた。

参考文献　海野福寿「婦人参政同盟と明大女子部」(『明治大学史紀要』五)、一九八五。広島女性史研究会編著『山陽路の女たち』、一九八五、ドメス出版。　(国武　雅子)

たかはしでん　高橋伝　一八五一―七九　明治時代の毒《どく》婦《ふ》として小説や演劇のモデルとなった女性。上野《こうずけ》国(群馬県)生まれ。再婚した夫の発病が原因で、困窮し、伝と夫は一八七二年(明治五)出京。夫の死後、一八七六年古着商殺しの罪で捕縛。一八七九年斬罪に処せられる。仮名《かな》垣魯文《がきろぶん》の『高橋阿伝夜叉譚《たかはしおでんやしゃものがたり》』(一八七九年、金松堂)に、「毒婦お伝」として描かれ、話題となる。

参考文献　平田由美「物語の女・女の物語」(脇田晴子・S・B・ハンレー編『ジェンダーの日本史』下、一九九五、東京大学出版会)。　(岩田ななつ)

たかはしのぶこ　高橋展子　一九一六―九〇　昭和時代の外交官。日本初の女性大使。一九一六年(大正五)四月十九日旧満州長春《ちょうしゅん》生まれ。東京女子大英語専攻部卒。GHQ勤務を経て一九四七年(昭和二十二)*労働省婦人少年局に入り六五年より第四代局長。一九七六―七八年ILO本部事務局長補としてジュネーブに滞在。一九八〇年初の女性大使になりデンマーク赴任。第二回国連世界女性会議(コペンハーゲン)で政府首席代表として*女子差別撤廃《てっぱい》条約に署名。これが日本女性で初の条約署名となる。帰国後も女性の労働問題、地位向上に尽力した。著書に『デンマーク日記―女性大使の覚え書―』(一九八五年、東京書籍)がある。

参考文献　高橋展子追悼集刊行世話人会編『高橋展子さんを想う―追悼集―』、一九九一。　(金澤七友実)

たかはしみずこ　高橋瑞子　一八五二―一九二七　明治・大正時代の医師。現在の愛知県西尾市生まれ。幼くして両親と死別。貧困のなかで*産婆の資格を取得。一八八四年(明治十七)、東京本郷の私立医学校済生学舎《さいせいがくしゃ》に懇請《こんせい》し、はじめての女子学生となる。同校は明治期の*女医養成の拠点となった。八七年、女性で三番目に医術開業試験に合格し、東京日本橋で開業。九〇年、ベルリン大学留学を志し渡独したが、女性の入学は許可されず聴講にとどまった。翌年結核のため帰国。六十歳の引退まで「男勝《おとこまさり》の女医」として活躍した。

参考文献　日本女医会編『日本女医史(追補)』、一九九一。　(三﨑　裕子)

たかばたけしきぶ　高畠式部　一七八五―一八八一　幕末・明治時代の歌人。天明五年(一七八五)伊勢《いせ》松坂の医者石井道玄《いしいみちもと》・みやの次女に生まれる。初名とみ、号式部。はじめ大坂の矢部《やべ》平八郎《へいはちろう》と結婚、のちに京都千種《ちぐさ》家出入りの鍼医《はりい》者高畠清音《きよね》と再婚。天保二年(一八三一)当時*和歌の世界に影響を与えた香川景樹《かがわかげき》の桂園《けいえん》派《は》に入門。天保十二年の夫の死後、千種有功《ちぐさありいさ》、桂園門人との交流は続き、琴・書・茶・絵・彫刻などにも通達。幕末の歌人*大田垣蓮月《れんげつ》と親しく交わったが、その様子を三河刈谷《かりや》藩医である村上忠順《むらかみただまさ》が、二人とも話のうまい人で、社交的集会、いわゆるサロンを開いたと記す。『式部蓮月二女和歌集』が明治元年(一八六八)に刊行される。式部は旅を好み、九十六歳まで、徒歩で備前《びぜん》、東京、特に京都と東海地方を往来した。旅・季節・恋・勤王《きんのう》のことなどを詠み込んだ四千首に近い和歌を残した。また、一八七七年刊行の小冊子『養生記《ようじょうき》』に、長寿の教訓を記している。一八八一年五月二十八日没。九十七歳。

参考文献　簗瀬一雄「高畠式部の研究」(同編著『碧沖洞叢書』二、一九六五、臨川書店)。　(アン＝ウォルソール)

たかまついん　高松院　一一四一―七六　鳥羽天皇皇女。二条天皇*中宮。名は寿子《じゅし》、のち姝子《しゅし》に改名。母は*美福《びふく》門院得子《もんいんとくし》。異母姉*上西門院統子《じょうさいもんいんとうし》の養子となる。仁平《にんぴょう》四年(一一五四)八月*内親王宣下。保元元年(一一五六)三月東宮妃。同二年正月准三后《じゅさんごう》。平治元年(一一五九)二月中宮。永暦《えいりゃく》元年(一一六〇)八月出家、法名実相覚《じっそうかく》。応保《おうほ》二年(一一六二)二月院号宣下(高松院)。安元《あんげん》二年(一一七六)六月没。二条天皇皇子尊恵《そんえ》を猶子《ゆうし》とし、法印澄憲《ちょうけん》の息海恵《かいえ》と八条院女房高倉(空如《くうじょ》)は高松院の所生《しょせい》という。遺領は後白河后*建春門院滋子《けんしゅんもんいんじし》を経て、高倉院に伝領された。

参考文献　角田文衛「高松女院」(『王朝の明暗』一九七七、東京堂出版)。佐伯智広「二条親政の成立」(『日本史研究』五〇五)、二〇〇四。　(栗山　圭子)

たがみきくしゃ　田上菊舎　一七五三―一八二六　江戸時代中・後期の俳人、画家。長府《ちょうふ》藩士田上由永《よしなが》の娘。生地長門《ながと》国田耕《たすき》村(山口県下関市)の村田利之助《むらたりのすけ》と結婚するが、二十四歳で死別。のち、実家に復帰し、二十九歳のとき、得度し、以後、七十四歳で世を去るまで「月を笠に着てあそばゞや旅のそら」と、俳諧《はいかい》と信仰の行脚《あんぎゃ》に過ごす。三十歳のとき、美濃《みの》派大野傘狂《さんきょう》に入門。九州・京阪・美濃・江戸へ再三旅をし、旅の途上で書画・茶・琴曲・漢詩を学び、大名・公家・高僧・清《しん》の儒者らをはじめ多くの文人墨客《ぶんじんぼっかく》と交わり、風雅の道に生きる。三十三年間の諸芸の修行の跡を花鳥風月の四巻にまとめ『手折《たおり》菊《ぎく》』と題し、文化九年(一八一二)、六十歳の賀の記念集として刊行した。中に代表句「山門を出れば日本ぞ茶摘うた」をはじめ、俳諧・*和歌・漢詩を含む吟行記《ぎんこうき》や東海道五十三次の句画賛などが収められてある。「我は山水の過客《かかく》にして国を定めず境を限らず飄《ひょう》々悠々物あり物なし」は菊舎の人生観である。作品は『田上菊舎全集』全二巻

(上野さち子編著『田上菊舎―雲遊の尼―』、二〇〇三年、和泉書院)に収められている。

参考文献　岡昌子編著『田上菊舎―雲遊の尼―』、二〇〇三、菊舎顕彰会。　(柴　桂子)

たかみむすひのかみ　高御魂神　『*古事記』『日本書紀』などの文献にみえる天の至高神《しこうしん》。高御産巣日神《たかみむすひのかみ》(『古事記』)・高皇産靈尊《たかみむすひのみこと》(『日本書紀』)とも書く。別名「高木神」ともある。タカミは「高く尊い」意の最上級の美称《ほめことば》。ムスヒは太陽信仰に基づく生命力の観念。七世紀以前はこの神が大王家の守護神であったが、七世紀末*天照大神《あまてらすおおみかみ》にその地位を譲ると人びとの記憶から忘れられていった。例をあげると『日本書紀』はこの神が、皇室の先祖に地上世界の統治を命じて天降《あまくだ》らせたと明記しており、成立時期の古い祝詞《のりと》である「出雲国造《いづものくにのみやつこ》神賀詞《かむよごと》」も、「高天《たかま》の神王高御魂命」が皇孫に「天下大八嶋国《あめのしたおおやしまぐに》の統治を命じた」と記している。またこの神は宮中の神祇官《じんぎかん》で常時まつられており、天皇親祭で行われた祈年祭《としごい》・月次祭《つきなみ》の主祭神でもあった。『日本書紀』の顕宗《けんぞう》天皇三年条には、この神について天地を鎔造《ようぞう》=鋳造した功績があるという北方系の鍛冶師《かじし》型創造神話が載《の》っており注目される。

参考文献　岡正雄「日本民族文化の形成」(斎藤忠編『図説日本文化史大系(改訂新版)』一、一九六五、小学館)。松前健「鎮魂祭の原像と形成」(倉林正次編『日本祭祀研究集成』一、一九七六、名著出版)。溝口睦子『王権神話の二元構造―タカミムスヒとアマテラス―』、二〇〇〇、吉川弘文館。　(溝口　睦子)

たかむらちえこ　高村智恵子　一八八六―一九三八　明治から昭和時代にかけての洋画家。福島県安達《あだち》郡油井《ゆい》村(二本松市《にほんまつ》)の酒造家斎藤《さいとう》(のちに長沼《ながぬま》)今朝吉《けさきち》、センの長女。一九〇七年(明治四十)*日本女子大学校家政学部卒業後、太平洋画会研究所に通い、中村不折《なかむらふせつ》から油絵を学ぶ。一九一一年青鞜社《せいとうしゃ》に参加し、創刊号の表紙絵を描く。この時期、後期印象派の強い影響を受け、高村光太郎《こうたろう》、

高村智恵子

斎藤与里《より》ら新進洋画家のアトリエを訪問する。一九一二年早稲田文学社主催装飾美術展覧会、第十回太平洋画会展覧会に「雪の日」「紙ひなと絵団扇《うちわ》」等を出品、新聞で「最も新しい女画家」と騒がれる。高村光太郎との恋愛を経て、一九一四年(大正三)から東京駒込林町《こまごめはやしちょう》(文京区千駄木《せんだぎ》)のアトリエで新婚生活を始めるが、健康はすぐれず生活と絵画制作との矛盾《むじゅん》から次第に行き詰る。一九二九年(昭和四)実家長沼家が破産。一九三一年精神分裂病を発病、翌年自殺未遂。一九三六年ころから病中で包装紙などを用いて紙絵制作を始める。一九三八年病没。享年五十三歳。遺作の紙絵千数百点が残される。一九四一年に光太郎による詩集『*智恵子抄《ちえこしょう》』(龍星閣《りゅうせいかく》)が刊行された。

参考文献　郷原宏『詩人の妻―高村智恵子ノート―』、一九八三、未来社。駒尺喜美「『智恵子抄』は光太郎の贖罪のうた―智恵子は精神に異常をきたした―」(『魔女の論理』、一九九六、学陽書房)。　(黒澤亜里子)

たかむれいつえ　高群逸枝　一八九四―一九六四　大正・昭和時代の詩人、新女性主義をとなえた女性解放の思想家、在野の女性史研究家。熊本県の小学校校長夫妻の長女として生まれた。熊本師範女子部を中途退学、熊本女学校に編入し、四年終了後に鐘淵《かねがふち》紡績の女子工員を経て小学校の代用教員となる。四国巡礼の旅に出立、『九州日日新聞』に「娘巡礼記」(一九一八年)を連載して評判となる。生涯の伴侶《はんりょ》となる橋本憲三と同居生活に入るが、一

高群逸枝

九二〇年(大正九)には単身で上京し、『日月の上に』(一九二一年)、『放浪者の詩』(同年)、『東京は熱病にかかっている』(一九二五年)の長編詩集を出版、近代文明を批判し、都市流民の心情をうたう天才詩人として文壇に登場した。評論『恋愛創生』(一九二六年)の出版により女性解放の思想家となり、平等と社会参加を求める女権《じょけん》主義に対抗、差異派的な新女性主義と農本主義的アナーキズムを主張した。一九二九年(昭和四)・三〇年の『*女人芸術《にょにんげいじゅつ》』誌上の*アナボル論争ではアナーキストの急先鋒《きゅうせんぽう》としての発言、一九三〇年には同誌をはなれて、アナーキズムの立場をとる同志によびかけて『*婦人戦線《ふじんせんせん》』を発行した。一九三一年、女性解放のための女性史研究を始めることを宣言、世田谷に「森の家」を建てて、面会謝絶の生活に入った。夫橋本憲三と、*平塚《ひらつか》らいてうおよび*市川房枝《いちかわふさえ》らが結成した高群逸枝著作後援会の援助をうけて*女性史の執筆に専念、十五年戦争のあいだは『大日本女性人名辞書』(一九三六年)、『*母系制の研究』(『大日本女性史』一、一九三八年)の大著を出版する一方で、紀元二千六百年を記念する『女性二千六百年史』(一九四〇年)を出版し、大政翼《たいせいよく》賛会《さんかい》の傘下《さんか》団体である*大日本婦人会の機関誌『日本婦人』に血の共同体を讃《たた》え、戦争協力を熱烈にすすめる内容の「日本女性史」などを連載した。高群逸枝が戦争協力に至る道筋は、彼女の著作後援会に集まった女性参政権運動の活動家たちが戦争協力に至る経過に伴走するというよ

りも先導するものであった。敗戦後の高群逸枝は、女性史研究を祖国復興と女性解放にむすびつけようとした。民衆とともに時代の曲がり角を曲がったとする高群には転向の意識はなかった。ひきつづき著作後援会の援助をうけながら『*招婿婚《しょうせいこん》の研究』（一九五三年）、『女性の歴史』全四巻（一九五四―五八年）、『日本婚姻史』（一九六三年）、自叙伝である『火の国の女の日記』（一九六五年、死後出版）の大著をつぎつぎと完成させた。高群逸枝は女性を抑圧する近代の婚姻制度と*近代家族に対する批判から、*家族史研究を始めた。近代を相対化するために古代史研究に入った高群は原始共同体を美化する反近代の思想家、詩人でもありつづけた。戦前は農本主義アナーキズム、戦中は日本主義、戦後は民主主義という高群逸枝の屈折した思想遍歴は次世代に対して、*フェミニズムがいかにしてナショナリズムをこえるべきか、という思想的課題を残している。また、膨大な日記資料の解読にもとづいてなされた古代婚姻史研究の成果は後代の歴史研究者たちに批判的に継承されている。『高群逸枝全集』（橋本憲三編、一九六六・六七年、理論社）がある。

参考文献　鹿野政直・堀場清子『高群逸枝』（朝日選書）、一九六五、朝日新聞社。西川祐子『高群逸枝―森の家の巫女―』（レグルス文庫）、一九九〇、第三文明社。

（西川　祐子）

たかやまたつ　高山たつ　一八一八―七六　江戸時代後期の*富士講《ふじこう》の女性行者。女性の富士山初登頂者。江戸深川（東京都江東区）の鎌倉屋十兵衛《かまくらやじゅうべえ》の娘。尾張《おわり》藩の*奥女中であったが、天保三年（一八三二）、二十五歳のとき、暇を取り同年九月末、不二道《ふじどう》の開祖小谷三志《こたにさんし》に導かれ、*男装で*女人禁制《にょにんきんせい》の富士登山を果たす。登頂は不二道の説く「女人救度」「男女平等」の積極的な実践行動であった。この年、江戸上落合《かみおちあい》（東京都新宿区）の富農高山家に嫁ぎ、以後、地域の富士講の中心人物となって活躍する。

参考文献　板倉登喜子・梅野淑子『日本女性登山史』、一九七三、大月書店。岡田博「小谷三志の女性論と鳩ヶ谷の二人の女」（『江戸期おんな考』八）、一九九七。

（柴　桂子）

たかやまみつ　高山盈　一八四三―一九〇三　日本赤十字社初代看護婦監督。藤堂藩留守居役《とうどうはんるすいやく》で士族の吉岡堅兵衛の長女。十九歳で福山藩物頭《ものがしら》高山宣直に嫁ぐ。三児の母親。仙台女学校、学習院および*華族女学校に奉職する。一八九四年（明治二十七）日本赤十字社初代看護婦監督となり、日清戦争の救護活動で勲《くん》七等に、北清事変《ほくしんじへん》の救護活動で勲六等に叙《じょ》せられ、フランスからも記章を贈られた。日本赤十字社では特別社員に列し、有功章《ゆうこうしょう》を授けた。一九〇三年死去。従六位に叙せられた。

参考文献　吉川龍子『高山盈の生涯』、一九八七、蒼生書房。

（平尾真智子）

たからづかかげきだん　宝塚歌劇団　大正から続く歌劇団。阪急東宝グループを母体とし本拠地を宝塚市に置く。宝塚音楽学校の卒業生のみが団員となり、退団まで「生徒」と呼ばれる。いわば宝塚歌劇団そのものが「清く正しく美しく」をモットーに掲げた大きな学校である。二〇〇五年（平成十七）現在、花・月・雪・星・宙《そら》の五組体制を取り、各組にそれぞれ男役・娘役のスターが存在する。また組とは別にベテランが在籍する専科がある。歴史的には、箕面有馬《みのおありま》電気軌道（阪急電鉄）の小林一三《こばやしいちぞう》が一九一三年（大正二）に温泉客向けの余興《よきょう》として考案した「宝塚唱歌《しょうか》隊」が原型とされる。翌年に「宝塚少女歌劇」第一回公演として『ドンブラコ』などを演じた。一九年、宝塚音楽歌劇学校発足。二一年、生徒数の増加によって花組・月組が、二四年の宝塚大劇場開設に際して雪組が創設された。初期は日本調の舞踊劇やお伽《とぎ》歌劇中心の構成だったが、一九二七年（昭和二）の岸田辰弥《きしだたつや》の『モン・パリ』、三〇年の白井鉄造《しらいてつぞう》の『パリ・ゼット』と、男性スタッフがみずからの欧米視察体験をもとに創った演目が大ヒットし、オリジナリティにあふれたレビュー形式を生み出す。この間、幾度か男性演者の導入が試みられたが成功しなかった。三〇年代には、東京宝塚劇場を完成させ本格的に東京進出、またヨーロッパ、アメリカ公演を成功させ黄金時代を迎えた。四〇年「宝塚歌劇団」と改称。太平洋戦時には劇場閉鎖の措置《そち》がとられるなど舞台公演が困難となったため、移動隊による慰問《いもん》公演が中心活動となった。戦後の四六年には、東西の劇場を進駐軍に接収されながらも公演を再開し、五〇年代には再び黄金時代を迎える。六〇年代には海外スタッフを招聘《しょうへい》しブロードウェイ＝ミュージカルを導入、七〇年代には、池田理代子《いけだりよこ》の少女漫画を原作とした『*ベルサイユのばら』によって、空前のタカラヅカ＝ブームを引き起こした。同演目はその後も再演され、そのたびに新たなファンの熱狂的な支持を集めている。

参考文献　渡辺裕『宝塚歌劇の変容と日本近代』、一九九九、新書館。宝塚歌劇団『すみれ花歳月を重ねて―宝塚歌劇90年史―』、二〇〇四、阪急コミュニケーションズ。

（池川　玲子）

たからのおびとみけめ　財首三気女　生没年不詳　八世紀中葉、平城京左京八条一坊の住人。天平勝宝《てんぴょうしょうほう》四年（七五二）、民伊美吉若麻呂《たみのいみきわかまろ》とともに「父母願」のため『灌頂梵天神策経《かんちょうぼんてんじんさくきょう》』を書写した（『寧楽遺文《ならいぶん》』中、六二三頁）。三気女と若麻呂は夫婦とする説もある。財首姓はほかにみえず不詳であるが、民伊美吉（忌寸《いみき》）は東漢《やまとのあや》（倭漢《やまとのあや》）氏、坂上《さかのうえ》氏の一族であるから、大きく大和国高市郡あたりが父祖の地の候補の一つ。当時、人々は国家鎮護《こっかちんご》、現世利益《げんせりやく》、浄土往生《じょうどおうじょう》などさまざまな祈りのもとに写経を行なったが、そうした写経本文の後方（奥）には写経理由等を述べた「奥《おく》書（抜語《ばつご》）」がみられることがある。三気女と若麻呂の奥書の場合、おそらく亡き父母に代わり彼らの願であった写経をすることによって、父母への追善《ついぜん》、みずからの功《く》徳《どく》、同時に父母への孝《こう》という徳目を積んだことになり、八世紀中葉、京《みやこ》では男女同等に両親への法要行為を執《と》り行い、徳目を積めると考えられていた事象となる。

参考文献 須田春子「在家女性の仏教」(『律令制女性史研究』一九七六、千代田書房)。勝浦令子「院政期における夫と妻の共同祈願」(『女の信心』一九九五、平凡社)。

(稲川やよい)

たきざわばきん 滝沢馬琴 一七六四―一八四八 江戸時代後期の読本《よみほん》・合巻《ごうかん》作者。名は興邦《おきくに》、解《とく》。通称左七郎のちに清右衛門《せいえもん》。号は曲亭《きょくてい》、蓑笠漁隠《さりつぎょいん》など。旗本《はたもと》松平信成《のぶしげ》の用人滝沢興義《おきよし》・もんの五男として生まれ、十四歳の時、主家を出奔《しゅっぽん》、俳諧《はいかい》・戯作《げさく》に耽《ふけ》る。寛政五年(一七九三)、山東京伝《さんとうきょうでん》門人として処女作を発表。この年、飯田町の伊《い》勢《せ》屋会田《あいだ》氏に入婿《にゅうせい》、娘お百を娶《めと》るが、のち滝沢姓に戻る。文化四年(一八〇七)『椿説弓張月《ちんせつゆみはりづき》』を出版、同十一年には大作『南総里見八犬伝《なんそうさとみはっけんでん》』の刊行を開始。翌十二年、息子琴嶺《きんれい》を伴い木曾路・伊勢路から京阪を旅行。文政七年(一八二四)、長女さきに*婿養子をとり飯田町の家職を継がせ、みずからは剃髪《ていはつ》、松前藩抱え医師となった倅《せがれ》宗伯《そうはく》(琴嶺より改名)・路《みち》夫妻と神田明神石坂下に同居。このころ、山崎美成《やまざきよししげ》・関思亮らと兎園会《とえんかい》・耽奇会《たんきかい》を主催した。天保六年(一八三五)、癇症《かんしょう》を煩《わずら》っていた宗伯が死去。馬琴は『後《のち》の為《ため》の記《き》』を著わして、宗伯の行状を伝える。同七年、古希《こき》を迎えた馬琴は、孫の太郎のために鉄砲同心株を買い、四谷信濃仲殿《しなのなかどの》町に転居、そこで晩年を過ごした。同十二年には妻お百が没し、さらに視力の弱っていた馬琴はついに失明。嫁路が馬琴を助けて口述筆記し、十三年『南総里見八犬伝』は完結、「回外剰筆《じょうひつ》」で馬琴はその顛末《てんまつ》を記している。日常生活は規則正しく、その几帳面な生活は、文政八年以降の日記に詳細に記されているが、日記の精神は嫁路に受け継がれる。はじめ実学を重んじたが、五十歳前後から経学《けいがく》を信奉、晩年には易学《えきがく》・方位学に心酔した。妻お百・嫁路・娘さきらに対し、「女子と小人《しょうじん》は養いがたい」とする女性観を堅持《けんじ》した馬琴だが、その著作は女性の間に広範な読者を得ていたという。文政二年(一八一九)、仙台藩*只野真葛《ただのまくず》から『独考《どっこう》』が送られ、添削《てんさく》と出版を依頼されるが、一年ほどの文通を経て、三年十一月、厳しい批判書『独考論』を送りつけ、交流を絶った。真葛の死後、『*兎園小説《とえんしょうせつ》』でその交流を記した。

参考文献 木村三四吾『滝沢馬琴―人と書翰―』(木村三四吾著作集二)、一九九八、八木書店。真山青果『随筆滝沢馬琴』(岩波文庫)、二〇〇〇、岩波書店。高牧實『馬琴一家の江戸暮らし』(中公新書)、二〇〇三、中央公論新社。

(藪田　貫)

たきざわみち 滝沢路 一八〇六―五八 江戸時代後期の文豪*滝沢馬琴《ばきん》の息子宗伯《そうはく》の妻。『滝沢路女日記』の作者。医師土岐村《ときむら》元立の娘として江戸で生まれ、幼名鉄。文政十年(一八二七)、二十二歳で宗伯と結婚、一男二女を得るが、天保六年(一八三五)、宗伯死去、享年三十八歳。*寡婦《かふ》となるも滝沢家に残り、舅姑《しゅうとしゅうとめ》に仕えた。失明した馬琴に代わり『南総里見八犬伝《なんそうさとみはっけんでん》』を代筆、完成させ、『馬琴日記』も口述筆記し、彼の死後は『路女日記』を書き続けた。その功績を馬琴の曾孫《そうそん》橘は「この家のあらん限り、代々忘れてはならない事だ」と語っている。

参考文献 森田誠吾「滝沢路女のこと」(『江戸の明け暮れ』、一九九二、新潮社)。

(藪田　貫)

たきのひめみこ 託基皇女 ?―七五一 天武《てんむ》天皇の皇女。多紀・当耆にも作る。母は宍人臣大麻呂《ししひとのおみおおまろ》の女《むすめ》の檝媛《かじひめの》娘《いらつめ》。朱鳥《しゅちょう》元年(六八六)に*伊勢神宮に遣わされ、文武《もんむ》天皇二年(六九八)に伊勢斎宮《いせのいつきのみや》(斎王《いつきのひめみこ》)となる。大宝元年(七〇一)には斎王を退いていたと推定され、慶雲《けいうん》三年(七〇六)に伊勢神宮に参じている。時に四品《しほん》。天平九年(七三七)に三品、天平勝宝元年(七四九)に二品から一品に叙せられ、同三年に没した。『*万葉集』には、天智《てんじ》天皇の皇子の志貴《しき》皇子の妃で春日《かすが》王の母とある。

参考文献 山中智恵子『斎宮志(新装版)』、一九八六、大和書房。

(篠川　賢)

たけいふみこ 竹井二三子 一九一六―九八 昭和・平成時代の生協運動家。日生協副会長。奈良女高師卒。公務員の家庭の*主婦となり、戦争末期には忠実な配給生活下で二人の子を失う。戦後、自分の生き方を大事に、かつ豊かな社会を実現したい思いから下馬《しもうま》生協の活動に参加。統制経済の解除後、経営不振に傾いた同生協の役員を一九五一年(昭和二十六)竹井が中心となって主婦だけで固め、経営の建て直しに成功。一九五九年には新聞代値上げ反対運動に取り組むなど主婦と消費者の感覚を突きあわせた論理で活動を貫いた。著書に『生協運動はなぜ広がったか』(一九八八年、家の光協会)がある。

(大門　泰子)

たけうちしげよ 竹内茂代 一八八一―一九七五 明治から昭和時代にかけての医師、政治家。一八八一年(明治十四)長野県南佐久郡川上村で生まれる。禿頭症《とくとうしょう》治療のため東京の日赤《にっせき》病院に入院時、*女医*岡見京子《おかみきょうこ》に接し医師を志す。一九〇二年、東京女医学校に入学、〇八年に同校初の医師となる。一九一三年(大正二)、東京新宿に井《い》出《で》医院を開業。一六年、医師竹内甲平《こうへい》と結婚。二四年、*市川房枝《いちかわふさえ》らの*婦選獲得同盟に加わり中央委員などを歴任した。一九三三年(昭和八)「日本婦人の体質に関する研究」で医学博士となる。三七年、全国婦選大会での演説以降、医業の傍ら国民精神総動員運動、*大日本婦人会など政府系団体の中枢で活動。四六年、戦後第一回の総選挙に自由党から出馬、女性初の衆議院議員の一人となる。*加藤シヅエらと婦人議員クラブを結成するが、翌年公職追放となる。これを機に政界を引退したが、医業は六五年まで続けた。主な著作に「母と子の医学」(市川房枝編『戦時婦人読本』、一九四三年、昭和書房)、『吉岡弥生先生と私』(一九六六年、金剛出版)などがある。

参考文献 岩尾光代『新しき明日の来るを信ず―はじめての女性代議士たち―』、一九九九、日本放送出版協会。

(三﨑　裕子)

たけくらべ　たけくらべ　*吉原遊廓《ゆうかく》周辺に住む思春期の少年少女を季節の推移のなかで描き出した*樋口一葉《ひぐちいちよう》の代表作。一八九五年(明治二十八)一月から翌年一月にかけて『文学界』に掲載された。吉原の裏町大音寺前《だいおんじまえ》には、鳶人足《とびにんそく》の息子長吉《ちようきち》を頭《かしら》とする横町組と質屋《しちや》田中屋の孫息子正太郎が率いる表町組という二つの対立するグループがあった。夏祭の夜、喧嘩《けんか》をしかけた長吉たちは、竜華《りゆうげ》寺《じ》の信如《しんによ》の名を出して全盛の*女郎《じよろう》を姉にもつ美登利《みどり》や三《さん》五郎《ごろう》を叩きのめす。翌日から登校拒否に陥《おち》った美登利は、密かに慕う同窓の信如への思いを封じたまま少女の時を終える。テキストは『樋口一葉集』(新日本古典文学大系明治編二四、二〇〇一年、岩波書店)。

参考文献　前田愛「子どもたちの時間」(『樋口一葉の世界』一九九三、平凡社)。

(関　礼子)

たけこしたけよ　竹越竹代　一八七〇—一九四四　明治時代の新聞記者。日本初の女性記者。明治三年(一八七〇)十月十二日、岡山県生まれ。旧姓中村。大阪の梅花《ばいか》女学校卒業後、竹越與三郎《よさぶろう》と結婚。一八九〇年徳富蘇峰《とくとみそほう》の『国民新聞』創刊に際し夫妻ともに記者として招かれる。竹代は訪問記などを竹村女史の筆名で執筆。同時に基督《キリスト》教婦人矯風会《きようふうかい》の機関誌の編集、『婦人立志篇』などの翻訳もしたが、一八九五年五月号の『*家庭雑誌』への寄稿《きこう》を最後に筆を折る。その後は夫の補佐役を任じ、仏道に精進し、一九四四年(昭和十九)十二月十九日、原田祖岳《はらだそがく》と禅問答を交わしながら死去。

参考文献　竹越熊三郎編/下山京子著『(伝記・竹越竹代・下山京子)竹越竹代の生涯/一葉草子』(伝記叢書)、一九九五、大空社。江刺昭子『女のくせに—草分けの女性新聞記者たち—(増補新版)』、一九九七、インパクト出版会。

(江刺　昭子)

たけさきじゅんこ　竹崎順子　一八二五—一九〇五　明治時代の教育者。惣庄屋《そうしようや》矢島直明《やじまなおあき》・鶴子《つるこ》の二男七女の三女として肥後国上益城郡津森村《ひごのくにかみましきぐんつもりむら》(熊本県上益城郡益城町)に生まれる。妹に、徳富蘇峰《とくとみそほう》・蘆花《ろか》の母久子《ひさこ》、横井小楠《よこいしようなん》の妻つせ子、*矢島楫子《かじこ》がいる。天保十一年(一八四〇)、横井小楠の弟子で、惣庄屋格竹崎家の養子律次郎《りつじろう》(茶堂《ちやどう》)の後妻となる。米相場の失敗から*家産を失った夫とともに、開墾《かいこん》や干拓《かんたく》事業に従事。明治三年(一八七〇)、藩政改革によって夫が民政局勤務となり、熊本に出る。一八七二年、官職をおりた夫が始めた日新堂《につしんどう》で女生徒を教える。一八七七年、夫と死別。一八八七年受洗。一八八八年、熊本英学校付属女学校の初代舎監《しやかん》となる。一八九八年熊本女学校校長に就任、一九〇四年まで務めた。

参考文献　徳富蘆花『竹崎順子』(徳富蘆花集一六)、一九九九、日本図書センター。

(小檜山ルイ)

たけとりものがたり　竹取物語　作者不詳の物語。一冊。平安時代初期の成立かとされる。主人公は、竹の中から生まれた、かぐや姫。竹取の翁《おきな》に見つけられた時は三寸ほどであったのだが、三ヵ月のあいだに美しい女性に育つ。その噂を聞きつけた求婚者たちのうちの五人の誰かと結婚するようにと、養父《ようふ》の翁に促されて、かぐや姫はそれぞれに難題を出す。五人はさまざまな努力を試みるが、誰一人として成功しない。帝までが姫を手に入れようとするが、かぐや姫はそれをも拒否する。八月十五夜を前に、かぐや姫は自分が月の都から来たものであることを、翁に明かす。双方が悲しみに暮れるなか、十五夜に月から迎えに来た天人とともに、かぐや姫は昇天する。残された翁は悲しみのあまりに病み臥《やふ》し、帝は勅使《ちよくし》に命じて富士山頂で、姫の形見の不死の薬を燃やさせる。結婚して「家」を繁栄《はんえい》させるのが人の世の習いであるとするのが翁の言い分であったが、かぐや姫は人間界における結婚観に抵抗する存在として描かれる。五人の求婚者に対する難題の提示や、帝の求愛に応じようとしない身の処し方は、平安朝の宮廷社会における階級制度や結婚制度に対するアンチテーゼとなっている。地上の人間界に対して、かぐや姫の帰属《きぞく》するのは天上の月世界という、対立の構図が明確にある。養父の翁は姫に、「女の身」であることを理由に結婚を勧めたのであるが、そもそも天上界を出自とする姫には、人間の女性としての役割を負うことはできないのである。かぐや姫に託された、このような反社会的な存在形式は、『竹取物語』以降の物語に反復して描かれるようになる。ただし、かぐや姫のように天上界を基盤《きばん》とする人物像ではなく、あくまで地上の人間界に属する主人公たちの話に転換される。テキストは『竹取物語・伊勢物語・大和物語』(日本古典文学大系、岩波書店)。

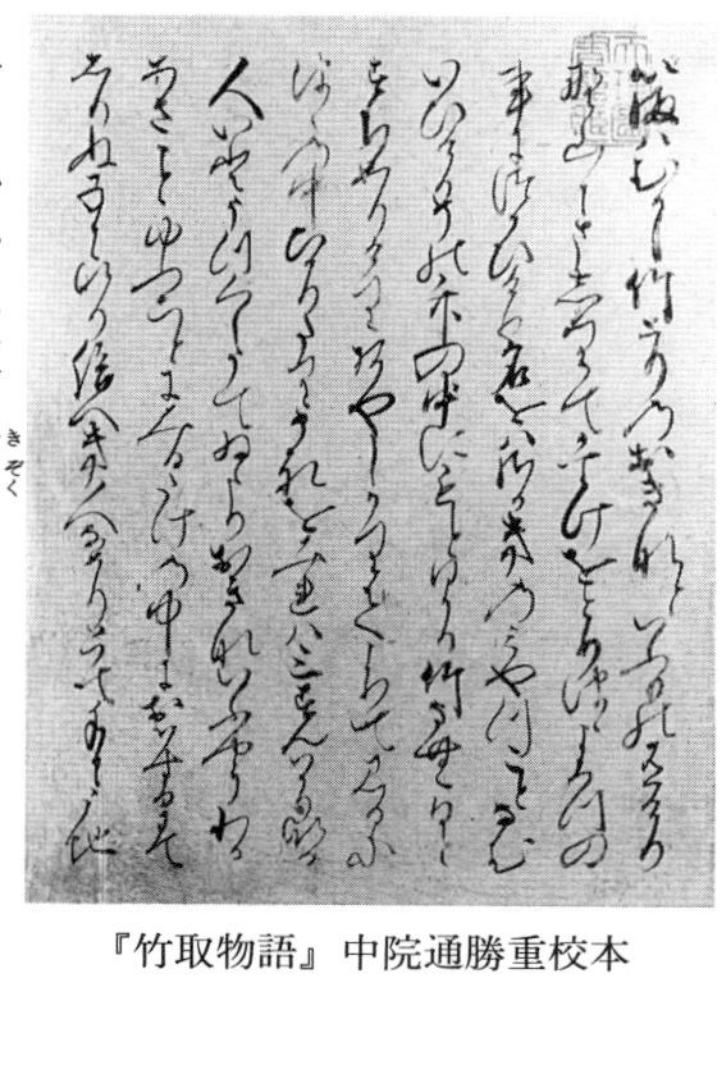
『竹取物語』中院通勝重校本

参考文献　小嶋菜温子『かぐや姫幻想—皇権と禁忌—(新装版)』、二〇〇二、森話社。

(小嶋菜温子)

たけなかしげ　竹中繁　一八七五—一九六八　明治から昭和時代にかけての『東京朝日新聞』の記者。一八七五年(明治八)十一月一日、東京神田生まれ。桜井女学校で*矢島楫子《やじまかじこ》に目をかけられ、女子学院に統合された高等部を一八九五年に卒業。神戸の幼稚園保母を経て一九〇五年からはミッションホームのブラックマーホームで奉仕をする。ここに英語を習いにきた鳩山一郎《はとやまいちろう》の子を産んだが、鳩山家は結婚を許さず、子は他家に預けられた。一九一一年、東京朝日新聞社初の女性記者に迎えられる。

男ばかりの職場で窓のほうばかり向いていたので、窓の女＝マドンナのあだ名がついた。英語力、文章力ともに優れ、公娼《こうしょう》や教育問題などに女の視点を生かした。各新聞の女性記者の横の連携をはかるため婦人記者倶楽部《クラブ》を創設、婦選運動も一貫して支援した。一九三〇年（昭和五）の定年前に中国各地を廻り、その見聞を『婦選』に連載して風雲《ふううん》急を告げる日中関係に警鐘《けいしょう》を鳴らし、中国の留学生を自宅に下宿させて面倒をみた。戦時中に疎開《そかい》した千葉県鶴舞《つるまい》町で一九六八年十月二十九日死去。

参考文献 江刺昭子『女のくせに―草分けの女性新聞記者たち―（増補新版）』、一九九七、インパクト出版会。香川敦子『窓の女竹中繁のこと』、一九九九、新宿書房。

（江刺 昭子）

たけのごしょ 竹御所 一二〇三―三四 鎌倉幕府第四代将軍九条頼経《くじょうよりつね》の*正室。父は第二代将軍源頼家《みなもとのよりいえ》。母については『*尊卑分脈《そんぴぶんみゃく》』は源義仲《みなもとのよしなか》女子とするが、比企能員《ひきよしかず》女子*若狭局《わかさのつぼね》と推測する説もある。頼家が修善寺《しゅぜんじ》へ幽閉《ゆうへい》された年に誕生し、建保《けんぽう》四年（一二一六）、第三代将軍源《みなもとの》実朝《さねとも》室（坊門信清《ぼうもんのぶきよ》女子）の猶子《ゆうし》となる。祖母*北条政子《ほうじょうまさこ》の後継者として政子の葬儀を主催し、以後その仏事を担った。政子の一周忌が過ぎると、母方ゆかりの地と考えられる比企谷《ひきがやつ》付近に御所を造営し、鎌倉殿《かまくらどの》の家内管掌《かないかんしょう》者としての地位を明確にした。寛喜《かんぎ》二年（一二三〇）、十五歳年少の頼経と結婚するが、文暦《ぶんりゃく》元年（一二三四）北条時房《ほうじょうときふさ》邸において男子を死産、自身も死去した。その死が京都へ伝えられると、在京御家人《ざいきょうごけにん》は一斉に鎌倉へ下向し、朝廷は洛中三十日の触穢《しょくえ》を布告した。義父九条道家《くじょうみちいえ》は、彼女の死を嘆く願文を石清水八幡宮《いわしみずはちまんぐう》へ納めている。彼女は源氏将軍の血統と家財を継承し、二所奉幣《にしょほうべい》を行うなど鎌倉殿の役割を分有した。京下りの将軍である夫頼経の正統性・権威を保障する存在であったといえる。

参考文献 野口実「竹御所小論―鎌倉幕府政治史上における再評価―」（『武家の棟梁源氏はなぜ滅んだのか』一九九六、新人物往来社）。金永「摂家将軍期における源氏将軍観と北条氏」（『ヒストリア』一七四）、二〇〇一。

（七海 雅人）

たけひさゆめじ 竹久夢二 一八八四―一九三四 明治から昭和時代の画家、詩人。岡山県出身。家出して上京、早稲田実業学校在学中に雑誌などにコマ絵を投書。やがて妻のたまきをモデルに描きはじめ、叙情《じょじょう》あふれる夢二式美人画が誕生する。さらに笠井彦乃《かさいひこの》との出会いによって、夢二の絵はより完成度を高めていくが、彦乃は病死。以後、お葉《よう》をはじめ女性遍歴と放浪を重ねながら描き続ける。一九三一年（昭和六）外遊するが死病を得て帰国。「宵待草《よいまちぐさ》」は詩集『どんたく』に所収。岡山をはじめ各地に美術館がある。著書に『夢二日記』全四巻（一九八七年、筑摩書房）がある。

参考文献 木村毅『竹久夢二』、一九九六、恒文社。

（岡田 孝子）

たけべのちつぐ 建部千継 生没年不詳 古代の*女官。*後宮十二司《こうきゅうじゅうにし》の一つである*闈司《いし》の典闈《てんい》（次官、準従八位）の職にあり、延暦二十四年（八〇五）に春日祭使《かすがさいし》にあてられた途次で、平城松井坊《まついぼう》にいた女巫《にょふ》に桓武天皇の病状を告げ、女巫による鎮御魂《たましずめ》に立ち会った。これにより天皇の病気は平癒《へいゆ》した（『日本後紀』同年二月庚戌《こうじゅつ》条）。天皇に近侍《きんじ》して宮中諸門の鍵の保管、物品・人の出入りを掌《つかさど》る闈司の職掌《しきしょう》と、祭祀《さいし》・巫術《ふじゅつ》との関わりを考えさせる事例である。

参考文献 義江明子「「女巫」と御巫・宮人」（桜井徳太郎編著『シャーマニズムとその周辺』二〇〇〇、第一書房）。

（義江 明子）

たけむきがき 竹むきが記 日野名子《ひののめいし》の回想日記。宮廷女流日記文学の最後の作品。名子は日野資名《すけな》の娘で、初名は資子《しし》。日記は上下二巻で、上巻は元徳《げんとく》元年（一三二九）十二月から正慶《しょうきょう》二年（元弘三、一三三三）六月まで、下巻は建武四年（一三三七）十一月から貞和《じょうわ》五年（一三四九）春までで、貞和五年に成立したと考えられる。名子ははじめ後伏見《ごふしみ》上皇に出仕し、その子光厳《こうごん》天皇の*典侍《ないしのすけ》となって従三位《じゅさんい》に叙せられる。上巻では、量仁《ときひと》親王（光厳天皇）の元服・践祚《せんそ》や宮中の諸行事、西園寺公宗《さいおんじきんむね》との恋愛・結婚、六波羅探題《ろくはらたんだい》の滅亡により混乱した京都の様子が書かれ、動乱期の朝廷の動向を伝えている。下巻では、子の実俊《さねとし》の成長と、西園寺家の北山第《きたやまだい》における生活が記されている。竹向は名子が居住した北山第の殿舎《でんしゃ》の名。国立国会図書館所蔵の江戸時代中期写本が唯一の伝本。翻刻には『中世日記紀行集』一（福田秀一他校注、新日本古典文学大系、一九九〇年、岩波書店）、『中務内侍日記・竹むきが記』（青木経雄・渡辺静子、中世日記紀行文学全評釈集成、二〇〇四年、勉誠出版）などがある。

参考文献 渡辺静子・市井外喜子編『竹むきが記総索引』（笠間索引叢刊）、一九七六、笠間書院。五條小夜子『竹むきが記研究』、二〇〇四、笠間書院。

（菅原 正子）

たじひのあやこ 多治比文子 生没年不詳 平安時代中期、右京七条二坊《ぼう》十三町に住み、菅原道真《すがわらのみちざね》の託宣《たくせん》を受け、北野にまつる契機を作った女性。奇子・綾子とも記される。北野天満宮《きたのてんまんぐう》の創建を伝える『北野縁起《えんぎ》』などによると、天慶《てんぎょう》五年（九四二）七月十二日に「天神」となった道真から「昔親しんだ北野右近馬場《うこんのばば》の地に祠《ほこら》を造ってまつってほしい」との託宣を受けたが、身分の卑《いや》しい「賤《せん》の子」であった文子は、社殿を営めず、柴の庵の辺に瑞垣《みずがき》を囲んで五年ほど崇《あが》めた。そして、天暦《てんりゃく》元年（九四七）三月十二日に近江国比良宮《ひらのみや》の禰宜《ねぎ》である神良種《みわのよしたね》の七歳の子太郎丸に再び託宣があり、良種が朝日寺の僧最鎮《さいちん》らと右近馬場へ行くと、一夜のうちに数千本の松が生えて林となったので、文子やその伴類《ばんるい》とも協力して六月九日に社殿を造立したという。平安京の右京（西側）という荒廃した場所で、*巫女《ふじょ》として活動していたことを窺《うかが》わせる。

参考文献 村山修一編『天神信仰』（民衆宗教史叢書四）、一九八三、雄山閣出版。竹居明男編『天神信仰編年史料集

成―平安時代・鎌倉時代前期篇―』、二〇〇三、国書刊行会。（三橋　正）

たじまのひめみこ　但馬皇女　?―七〇八　天武《てんむ》天皇の娘。母は藤原鎌足《ふじわらのかまたり》の娘氷上娘《ひかみのいらつめ》。和銅《わどう》元年（七〇八）に死去したときには三品であった。『*万葉集《まんようしゅう》』二に持統《じとう》天皇のころの歌として三首が採用されている。それによると、但馬皇女は異母兄弟である高市皇子《たけちのみこ》の宮にいたこと。異母兄弟穂積皇子《ほづみのみこ》と人の噂を気にするような関係にあったこと。但馬みずから穂積のもとを訪れたことを読みとることができる。古代の*婚姻形態としては*妻問《つまど》い婚《こん》が一般的であるなか、女性から男性のもとを訪れたことは稀《まれ》なことであり、但馬の個性といって良いだろう。藤原宮から出土した*木簡《もっかん》には「多治麻内親王宮《たじまのないしんのうぐう》 政人《まつりごとひと》正八位下陽胡甥《やごのおい》」と記されたものがある。これは称号・位階から大宝《たいほう》元年（七〇一）の大宝律令《たいほうりつりょう》制定以後に作成された木簡であることがわかる。家令職員令《かれいしきいんりょう》には三位以上には*家政機関の設置が認められており、「多治麻内親王宮」はこの規程に従ったものではあるが、女性を本主とする例として興味深い。

参考文献　木簡学会編『日本古代木簡選』、一九九〇、岩波書店。河野裕子「万葉女流たちの心性と言語表現」（河野信子編『女と男の時空―日本女性史再考―』一、二〇〇〇、藤原書店）。（黒瀬　之恵）

たじまひで　田島ひで　一九〇一―七六　大正・昭和時代の社会運動家、衆議院議員。愛知県海部郡《あまぐん》で小学教員の家に誕生。女学校卒業後キリスト教受洗。一九二〇年（大正九）*日本女子大学校に入るが、「花嫁修業」的方針に幻滅し、すぐに中退する。同郷の*市川房枝《いちかわふさえ》の勧めで*新婦人協会書記となる。*山川菊栄《やまかわきくえ》夫妻主宰の水曜会に参加。婦選運動に関わる一方、婦人労働調査所を設立、『未来』を発行する。左派組合・評議会の活動をしながら、一九二七年（昭和二）関東婦人同盟創立で書記長となる。四・一六事件直前検挙される。敗戦後共産党に入党。一九四九年の総選挙に当選する。のち共産党を離党。自伝に『ひとすじの道』（一九六八年、青木書店）がある。

参考文献　波多野（福永）操「関東婦人同盟の解散の事情」（『歴史評論』二八七）、一九七四。（鈴木　裕子）

たしらかのひめみこ　手白香皇女　継体《けいたい》天皇の*皇后。手《た》白髪命《しらかのみこと》ともいう。仁賢《にんけん》天皇と春日大郎女《かすがのおおいらつめ》皇女との間の子。春日大郎女は、雄略《ゆうりゃく》天皇と春日和珥臣深目《わにのおみふかめ》の*女《むすめ》童女君《をみなぎみ》との間の子であるから（『日本書紀』雄略天皇元年三月条）、手白香はワニ氏系の女性である。「たしらか」の「しらか」は、水を入れた大きな土器とみる説もあるが、祭祀《さいし》に榊《さかき》にとりつけて用いる純白な幣（ぬさ）とする説もある（『*万葉集』三（三七九）に「白香」とある）。応神《おうじん》五世孫で傍系であった継体天皇は大伴金村大連《おおとものかなむらのおおむらじ》らに迎えられて越《こし》の三国から河内《かわち》の樟葉《くすは》宮に入り、そこで即位した時、手白香皇女も迎えられて皇后となった（『日本書紀』継体天皇元年三月条）。一方、『*古事記』武烈《ぶれつ》天皇段では、継体を近《ちかつ》淡海《おおみ》国から上京させ、手白髪命に妻《め》合わせて天下を授けたとあるが、いずれも継体は手白香と結婚することによって、前王統へ繋がる正統性を獲得したことになる。なお、「播磨国風土記《はりまのくにふどき》」美嚢《みなぎ》郡では、顕宗《けんぞう》・仁賢天皇の母に手白髪命がみえる。（小林　敏男）

だたい　堕胎　意図的な妊娠中絶。打胎《だたい》・脱胎・消産・流す・おろすともいう。多くは隠婆《おんば》に依頼し、水銀系の服薬や指し薬、時には牛蒡《ごぼう》やいのこづちを煎《せん》じ麝香《じゃこう》をぬって用いた。近世の医書は、妊婦の死亡例を紹介し、堕胎の危険と人道に反する「不仁《ふじん》」とを強調している。また、近世中期までの産科養生論は、妊娠三ヵ月までの堕胎は「血荒《ちあれ》」で危険、四ヵ月すぎて胎児が人形になった後の堕胎の方が安全だとする。唐代の医書『千金方《せんきんほう》』を引いて胎児の発達の様子を示す著書が多く、四ヵ月の体《たい》軀《く》の形成、五ヵ月の五蔵《ごぞう》の形成と男女分化という時期を、母体から胎児が独立性を増す時期ととらえる感覚が存する。幕末の医書になると、妊娠初期の堕胎の方が安全という見解がみえる。なお*間引き教諭書は、堕胎と*嬰児《えいじ》殺しの双方を批判しているが、時代を下るほど主に堕胎禁止に傾く。やむを得ず行う出生制限の手段として、嬰児殺しより母体に危険な堕胎を選ぶ変化は、妊娠出産管理の強化によって生じた規範の変化を映すものであろう。

参考文献　太田素子編『近世日本マビキ慣行史料集成』、一九九七、刀水書房。徳田彦安『日本堕胎史』（『日本〈子どもの歴史〉叢書』二三、一九九八、久山社）。沢山美果子『性と生殖の近世』、二〇〇五、勁草書房。（太田　素子）

だたいぎょうきんし　堕胎業禁止　江戸幕府は*堕胎自体は禁じないが、正保《しょうほう》三年（一六四六）江戸の町方へ堕胎を業とすることを禁止し、寛文《かんぶん》七年（一六六七）には子おろしの看板を出して商売することを禁止した。天保十三年（一八四二）には*女医師（女性専門の医師）による堕胎の禁止令が江戸に出された。女医師が本来の婦人科の療治ではなく堕胎をもっぱらとするとの風聞《ふうぶん》に対し、これを禁止するものであった。露見《ろけん》した場合は当事者男女は江戸十里四方追放、扱った医師は江戸払《えどばらい》の罰が科せられた。堕胎の産業を潰《つぶ》しても男女の転び合い（正規の婚姻外の性交渉）の根を断つことはできないが、残忍な所業であるから禁止すると町奉行は述べている。同じく明和《めいわ》四年（一七六七）の間引《まび》き禁令と同様の趣旨であるともいっているが、ターゲットは家族内の子の数の調整ではなく、いわゆる不義密通であり、婚姻外の性交渉である。

参考文献　桜井由幾「間引きと堕胎」（林玲子編『女性の近世』一九九三、中央公論社）。近世史料研究会編『江戸町触集成』一、一九九四、塙書房。東京大学史料編纂所編『市中取締類集』一（大日本近世史料）、一九九九、東京大学出版会。（桜井　由幾）

だたいきんしれい　堕胎禁止令　明治元年（一八六八）十二月二十四日に行政官が出した「産婆《さんば》にして売薬又は堕胎の取扱を為すを厳禁す」という布達《ふたつ》をさす。成立間もない維新政府は、各支配地に派遣した行政官を通じて政治的にも経済的にも混乱する民衆社会の習俗改編をめざすが、その一環として習俗化していた*堕胎を*産婆を処罰することを通じて禁止し、子孫を産んできちんと養育する勤勉節倹《きんべんせっけん》の生活規範を確立する道徳を強制したものである。

参考文献 石崎昇子「明治維新と生殖倫理」(黒田弘子・長野ひろ子編『エスニシティ・ジェンダーから見る日本の歴史』二〇〇二、吉川弘文館)。
（石崎 昇子）

だたいざい 堕胎罪 *堕胎とは自然の分娩《ぶんべん》に先立って人為的に胎児を母体外に排出することをいうが、胎児法益論の立場からこれを処罰の対象にし、刑法に規定したもの。一八八〇年(明治十三)公布の刑法で本人堕胎、同意堕胎、医師・*産婆《さんば》の業務堕胎、不同意堕胎、殴打《おうだ》堕胎、不同意堕胎致死が処罰の対象になり、一九〇七年の改正刑法(現刑法)では、本人堕胎、同意堕胎、医師や産婆の業務堕胎、不同意堕胎・致死が堕胎罪として規定された。一九三〇年代には産児調節運動と連動して合法的堕胎の範囲を拡大する堕胎法改正期成連盟の運動が行われ一九四八年(昭和二十三)の*優生保護法の成立により堕胎罪は実質的に死文化したが、依然として現刑法に存在している。リプロダクティブ＝ライツ(性と生殖の権利)の確立を求めた一九九四年(平成六)の国連カイロ人口会議を経て一九九五年の第四回国連世界女性会議(北京)以降は、不同意堕胎罪を別にして堕胎罪廃止を求める女性たちの声がおこっている。

参考文献 石井美智子『人工生殖の法律学』、一九九四、有斐閣。石崎昇子「日本の堕胎罪の成立」(『歴史評論』五七一)、一九九七。
（石崎 昇子）

だたいろんそう 堕胎論争 一九一五年(大正四)に雑誌『*青鞜《せいとう》』誌上において*堕胎の是非について行われた論争。当時、妊娠中絶をした女性は*堕胎罪により処罰されることになっていた。論争の発端となったのは、原田皐月《はらださつき》(旧姓安田)の小説「獄中の女より男に」(『青鞜』五ノ六、一九一五年)だった。原田は堕胎罪で獄中に囚《とら》われた女から男にあてた手紙の形式で「胎児は母体の一部だから、自分の腕を切って罪にならないように堕胎も罪ではない」と堕胎罪の不合理を主張した。小説は出産を控えた皐月が、婚約中に妊娠中絶を意図して産婦人科医院の前にたたずんだ自分の夢にヒントを得て書いたものだった。みずからも妊娠中で編集者としてこれを読んだ*伊藤野枝《いとうのえ》は『青鞜』同号に「私信―野上弥生様へ―」を載せ、「堕胎のことは真面目に考へる価値の充分にある問題」としながらも、胎児は受精の瞬間から生命だと生命賛歌の立場から堕胎を否定、他の青鞜社員たちの投稿を呼びかけた。『青鞜』は原田の小説で発禁になった。伊藤野枝の呼びかけに、出産を控えていた*平塚らいてうは「この問題は自分の実生活そのものと直接交渉のある問題として真剣に考えられる」と応答。自分自身も予期せぬ妊娠がわかった時は堕胎の誘惑にかられたが良心の痛みはなかったとし、母体保護、生活苦、*強姦《ごうかん》、女性が個人の内面的生活のために子を持たない人生を選択するなどの理由から堕胎を肯定した(「「個人」としての生活と「性」としての生活との間の争闘について」『青鞜』五ノ八、一九一五年)。*山田わかは同号に「堕胎について」を投稿し、キリスト教徒の立場からいかなる場合でも避妊《ひにん》も堕胎も否定した。この論争は、女性たちが自分自身の実際の体験から、生殖の自由の声をあげたものであり、日本において生殖の権利(リプロダクティブ＝ライツ)を確立していく*フェミニズム運動の発端といえる。

参考文献 折井美耶子編『資料性と愛をめぐる論争』、一九九一、ドメス出版。石崎昇子「『青鞜』におけるセクシュアリティの問題提起」(米田佐代子・池田恵理子編『「青鞜」を学ぶ人のために』一九九九、世界思想社)。
（石崎 昇子）

ただのまくず 只野真葛 一七六三―一八二五 江戸時代後期の文学者、思想家。仙台藩医工藤平助《くどうへいすけ》の長女として江戸築地に生まれる。名は綾子《あやこ》。真葛は雅号《がごう》。父平助は多才な人で交際範囲も広く、蘭学者前野良沢《まえのりょうたく》・大槻玄沢《おおつきげんたく》・桂川甫周《かつらがわほしゅう》や、国学者村田春海《むらたはるみ》らと親交があった。工藤家には、彼らのほか大名から役者まで出入りし、真葛はそれらの人々を身近に見て育った。九歳の時女の手本になることを思い立ち、翌年起きた明和《めいわ》の大火で苦しむ人々を見て経世済民《けいせいさいみん》を志す。十六歳から十年間*奥女中《おくじょちゅう》生活を送る。その間に父平助は、老中田沼意次《たぬまおきつぐ》に『赤蝦夷風説考《あかえぞふうせつこう》』を上申して、ロシアの南下に対し正式な交易とその利益による蝦夷地開発を献策。田沼は蝦夷地開発政策を決定したが、その失脚で中止され、平助の地位の上昇の可能性も潰《つい》えた。その後真葛は二十七歳で結婚するが、すぐに離婚。三十五歳で仙台藩上層家臣只野伊賀《いが》と再婚、仙台に下る。弟の将来を考えての結婚であった。結婚後本格的に文章を書き始める。夫は真葛の文才を認め、関係は良好だったが、真葛は望郷《ぼうきょう》の念を捨て切れなかった。四十五歳の時、心の通う相手であり、工藤家の将来を託した弟が病死し、悲嘆にくれる。四十九歳から五十歳にかけて『*むかしばなし』を執筆。その最中に夫伊賀が江戸で客死する。五十五歳の時それまで抑えていた胸中の思いを『独考《ひとりかんがえ》』上中下三巻に著わす。その中で真葛は、解体期の社会を見据え、あらゆる生物の本質を勝負を争うことに見出して、近世社会を支える儒教思想は、その中に生きる人間の苦しみに有効に対処することができないと主張し、そのことを通して近世社会を批判した。また、女性を蔑視《べっし》する「聖人」への闘争を宣言し、その中に勝利の可能性を見出している。彼女は『独考』の批評と出版の便宜《べんぎ》を請うて作家曲亭馬琴《きょくていばきん》に送った。馬琴は真葛の才能に感嘆したが、最終的にそれへの批判の書『独考論』を書いて、交わりを絶った。真葛の思想はその書名が示すように、同時代に理解者を持ち得なかったのである。

参考文献 関民子『江戸後期の女性たち』、一九八〇、亜紀書房。大口勇次郎『女性のいる近世』、一九九五、勁草書房。門玲子『わが真葛物語―江戸の女流思索者探訪―』、二〇〇六、藤原書店。 (関 民子)

たちぎみ 立君 路上に立って客を引き、売春を行う女性。『*七十一番職人歌合《うたあわせ》』には辻君《ずしぎみ》と対にされ、京の五条辺の立君二人が松明《たいまつ》を持つ武士を清水《きよみず》に誘っている絵があり、清水寺へ向かう信仰の道である五条通を営業場所とし、清水坂付近に性行為を行う家が存在していた。夜の活動という点では*夜発《やほち》と同一であり、昼に営業を行う辻君と対照的であった。立君は赤い衣を頭からかけたり、*市女笠《いちめがさ》をかぶって顔を隠し、客との交渉の際に顔見せを行なっていた。

立君(『七十一番職人歌合』より)

参考文献 岩崎佳枝『職人歌合』(平凡社選書)、一九八七、平凡社。佐竹昭広他編『七十一番職人歌合・新撰狂歌集・古今夷曲集』(新日本古典文学大系六一)、一九九三、岩波書店。後藤紀彦「立君・辻子君」(『(朝日百科)日本の歴史(新訂増補)』四、二〇〇五、朝日新聞社)。 (盛本 昌広)

たちばなのあまでら 橘尼寺 奈良県高市郡明日香村橘にある。橘樹寺《たちばなでら》・菩提寺《ぼだいじ》ともいう。古代女性の信仰を集めた*尼寺。現在は仏頭山上宮皇院菩提寺《ぶっとうさんじょうぐうおういんぼだいじ》という聖徳太子《しょうとくたいし》信仰の寺である。寺の北側に厩戸《うまやど》の地名があり聖徳太子の生誕の地という伝説がある。『日本書紀《にほんしょき》』天武天皇九年(六八〇)四月に橘寺の尼房《にぼう》が失火により十房焼けたとあり、天武朝には多くの尼が住み、仏教活動のある立派な寺院であった。発掘調査によれば、東から塔、金堂、講堂と並ぶ四天王寺式《してんのうじしき》伽藍配置《がらんはいち》であり、北の川原寺《かわはらでら》の瓦と同范《どうはん》の瓦が多数出土するので、天智朝に伽藍造営がなされた。しかし飛鳥寺《あすかでら》創建のころの瓦も出土し、『聖徳太子伝暦《でんりゃく》』には推古天皇十四年(六〇六)に太子が『勝鬘経《しょうまんぎょう》』を講じた賞として、*推古天皇が建立したという伝説があり、天平十九年(七四七)の『法隆寺伽藍縁起幷流記資材《がらんえんぎならびにるきしざい》帳《ちょう》』には、太子建立七寺の一に掲げられるので、前身の寺は存在したようだ。法隆寺にあった四十九軀《く》の小金銅《しょうこんどう》仏《ぶつ》がもと橘尼寺にあったことや、聖徳太子の伝記に菩提《ぼだい》寺《じ》とあることを考えると、聖徳太子の菩提祈願のみならず、幅広い女性の仏教信仰の拠り所であり、死者の菩提を弔《とむら》う寺院であったのだろう。

参考文献 福山敏男『日本建築史研究』、墨水書房、一九六八。『聖徳太子の遺跡―斑鳩宮造営千四百年―』(特別展図録)、二〇〇一、橿原考古学研究所附属博物館。 (松木 裕美)

たちばなのおおいらつめ 橘大郎女 生没年不詳 聖徳《しょうとく》太子《たいし》(厩戸《うまやど》皇子)の妻。敏達《びだつ》天皇と*推古天皇の子尾張《おわり》皇子の娘。多至波奈《たちばな》大郎女・伊奈部橘《いなべのたちばな》王ともいう。聖徳太子の死を悼み、その往生浄土《おうじょうじょうど》の有様を描いた天寿国繡帳《てんじゅこくしゅうちょう》の作成を推古天皇に願い出た。聖徳太子と橘大郎女の婚姻の時期は不明ながら、太子との間に白髪部《しらかべ》王と手島《てしま》女王(『上宮聖徳法王帝説《じょうぐうしょうとくほうおうていせつ》』による)を生んでいる。推古天皇二十九年(六二一)十二月に聖徳太子の母、*穴穂部間人《あなほべのはしひと》皇女が亡くなり、同三十年二月二十二日に太子が亡くなった。夫の死を悲しんだ橘大郎女は祖母推古に、太子がふだん語っていた「世間虚仮《せけんこけ》、唯仏是真《ゆいぶつぜしん》」という言葉から天寿国に往生したに違いないと考え、図像で太子往生の様子を見たいと願い出た。推古は*采女《うねめ》に命じて刺繡させ、下図は東漢末賢《やまとのあやのまけ》・高麗加西溢《こまのかせい》・漢奴加己利《あやのぬかこり》で、制作者の長は椋部秦久麻《くらつくりのはたのくま》であった。この繡帳には銘文が書かれ、前半は系図、後半は制作の由緒が書かれ、図像の断片が*中宮寺《ちゅうぐうじ》(奈良国立博物館保管)と法隆寺、正倉院に残されている。

参考文献 大橋一章『天寿国繡帳の研究』、一九九五、吉川弘文館。義江明子『日本古代系譜様式論』、二〇〇〇、吉川弘文館。 (松木 裕美)

たちばなのかちこ 橘嘉智子 七八六―八五〇 嵯峨《さが》天皇の*皇后。仁明《にんみょう》天皇および淳和《じゅんな》天皇の皇后*正子《まさこ》内親王の母。父は橘奈良麻呂《たちばなのならまろ》の子の内舎人《うどねり》清友《きよとも》、母は田口氏。延暦五年(七八六)誕生。神野《かみの》親王の*キサキとなり、神野の即位(嵯峨《さが》)後、大同《だいどう》四年(八〇九)*夫人、弘仁六年(八一五)皇后、同十四年淳和即位により*皇太后、さらに天長十年(八三三)仁明の即位で太皇太后となる。嘉祥《かしょう》三年(八五〇)五月四日没。深谷山《しんこくざん》に葬られる。のち檀林《だんりん》皇后とも称せられる。由来は、嘉智子が山城《やましろ》国葛野《かどの》郡の嵯峨離宮の南に檀林寺《だんりんじ》を建立し、*比丘尼《びくに》持律者の住寺《じゅうじ》としたことによる。檀林寺は橘氏の氏寺《うじでら》となる。また恵萼《えがく》に託して唐の寺院・僧に宝幡《ほうはん》・繡文袈裟《しゅうぶんのけさ》などを送った。橘氏の氏神梅宮《うめのみや》神も、嘉智子が、橘諸兄《たちばなのもろえ》以来の氏の本拠地であった山城国相楽《そうらく》郡(もしくは綴喜《つづき》郡)の円提寺《えんたいじ》から葛野郡の葛野川頭に移座したものである。また、弟の氏公《うじきみ》とともに橘氏の大学別曹《べっそう》、学館院を創設した。橘奈良麻呂の子孫は、光仁《こうにん》朝以来再び厚遇《こうぐう》され、桓武《かんむ》朝には常子《つねこ》(奈良麻呂の男嶋田麻呂《しまだまろ》の娘)・御井子《みいこ》・田村子《たむらこ》(ともに奈良麻呂の男入居《いりい》の娘)が桓武天皇のキサキとされるに至っている。嘉智子の父清友の場合も、同じ動向の中で、延暦五年、おそらく神野親王の誕生に伴って同親王付きの内舎人とされたものであろう。『新撰姓氏録《しんせんしょうじろく》』の氏族系譜《しぞくけいふ》などにみられるように、橘氏は、敏達《びだつ》系王族たる美努王《みぬおう》末裔《まつえい》としての自意識とともに、橘三千代《たちばなのみちよ》・*牟漏《むろ》女王を介して藤原氏(特に北家)近親としての意識も有し、*後《こう》宮《きゅう》ともつながりが深い氏族であった。*法華寺《ほっけじ》(嶋院《しまいん》)に象徴される南都《なんと》寺院とのつながりも強い。「崩伝《ほうでん》」の嘉智子と法華寺尼との伝承も、そうした歴史的関連を前提とする。さらに橘氏は、同じく敏達系王族で嵯峨のキサキを輩出した文人氏族たる大原真人《おおはらのまひと》氏との、相互の氏族的結合が根深い。そして大伴《おおとも》氏・藤原南家《なんけ》および京家《きょうけ》・天武系王族などとも歴史的に濃密な関係を結んでいた。したがって、嘉智子の立后《りっこう》は、嵯峨天皇(太上天皇)が主導した、天武系王族ないし末裔氏族・南都諸大寺・それらとつながりが強い貴族層などを包摂《ほうせつ》した、一連の支配層全体の政治的・文化的・宗教的な統合・融和政策の要に位置し、それを象徴的に表現する政治的出来事であったと考えられる。

参考文献 義江明子「橘氏の成立と氏神の形成」(『日本古代の氏の構造』一九八六、吉川弘文館)。河内祥輔『古代政治史における天皇制の論理』(古代史研究選書)、一九八六、吉川弘文館。安田政彦「九世紀の橘氏―嘉智子立后の前後を中心として―」(『帝塚山学院大学研究論集』二一八)、一九八三。鷺森浩幸「八世紀の法華寺とそれをめぐる人々」(『正倉院文書研究』四)、一九九六。追塩千尋「平安期の薬師寺について」(『日本宗教文化史研究』四ノ二)、二〇〇〇。保立道久『黄金国家―東アジアと平安日本―』(シリーズ民族を問う)、青木書店、二〇〇四。(中林 隆之)

たちばなのこなかち　橘古那可智　?―七五九　奈良時代の聖武《しょうむ》天皇の*夫人。父は橘《たちばなの》佐為《さい》。祖母の県犬養《あがたいぬかいの》橘《たちばなの》三千代《みちよ》を橘大夫人と称したのに対して、橘少夫人とも称される。所生《しょせい》の皇子女は知られない。天平《てんぴょう》九年(七三七)二月、無位から従三位に、天平勝宝《しょうほう》元年(七四九)四月、正三位から従二位に叙《じょ》される。同五年、聖武太上天皇のために普光寺《ふこうじ》を建立し、寺は天平宝字《ほうじ》四年(七六〇)三月に定額寺《じょうがくじ》となった(『東大寺要録《とうだいじようろく》』末寺章)。天平宝字元年閏《うるう》八月に広岡朝臣《ひろおかのあそん》を賜姓《しせい》されたが、これは同年に、いとこの橘奈良麻呂《ならまろ》が反乱を企て粛正《しゅくせい》されたことで、橘姓を避けたものと考えられる。この時夫人、正二位であった。同三年七月、正二位で没した。『法隆寺東院伽藍縁起資財帳《ほうりゅうじとういんがらんえんぎしざいちょう》』によると、天平十四年二月、同十八年五月に経典や調度を奉納し、その瓦葺《かわらぶき》講堂は橘夫人宅を奉納したものであった。国宝の東院伝法堂《でんぽうどう》がそれで、奈良時代住宅唯一の遺構と考えられている。また東大寺大仏の開眼会《かいげんえ》に宝物を献じたことが、正倉院《しょうそういん》に残る牌《はい》より知られる。

参考文献 『(週刊朝日百科)日本の国宝』二、一九九七、朝日新聞社。(吉川 敏子)

たちばなのみちよ　橘三千代　⇨県犬養《あがたいぬかいの》 橘《たちばなの》 宿禰《すくね》三千代《みちよ》

たちはらしゅんさ　立原春沙　一八一八―五八　江戸時代後期の画家。名は栗または春、字を沙々、春沙と号した。水戸の書家・画家立原甚太郎杏所《じんたろうきょうしょ》の娘。十四、五歳のころ、渡辺崋山《わたなべかざん》の門に入り、画業をもって独立せんとした。天保七年(一八三六)版『*広益諸家人名録《こうえきしょかじんめいろく》』に「画立原春子」とみえる。住居は小石川御門外。天保十四年(一八四三)、金沢藩前田家夫人*溶姫《ようひめ》(徳川家斉《いえなり》娘)に仕え、十七年に及んだという。花鳥画をよくし、「菊図」(茨城県立歴史館蔵)等の作品を残す。

参考文献 パトリシア＝フィスター『近世の女性画家たち―美術とジェンダー―』一九九四、思文閣出版。(藪田 貫)

だってんもんいん　談天門院　一二六八―一三一九　後醍醐《だいご》天皇の生母。名は藤原忠子《ちゅうし》。父は参議五辻忠継《いつつじただつぐ》、母は平高輔《たかすけ》の女《むすめ》。花山院師継《かざんいんもろつぐ》の養女となり、後宇多《ごうだ》天皇の*女房として*入内《じゅだい》。奨子《しょうし》内親王・尊治《たかはる》親王(のちの後醍醐《ごだいご》天皇)・承覚《しょうかく》法親王・性円《せいえん》法親王をもうける。その後、後宇多の父亀山《かめやま》上皇の寵愛《ちょうあい》をうける。永仁六年(一二九八)従三位《じゅさんみ》に、さらに正安《しょうあん》三年(一三〇一)准三后《じゅさんごう》となる。上皇の死後出家し、蓮華智《れんげち》と号する。後醍醐天皇即位に伴い、文保《ぶんぽう》二年(一三一八)*女院宣下《にょいんせんげ》により談天門院と称す。翌年病没。『花園天皇日記』によれば、後宇多上皇は、忠子の死に際して、冷淡であり喪《も》に服することもなかったという。

参考文献 『女院小伝』。(錦 昭江)

たつみげいしゃ　辰巳芸者　江戸深川《ふかがわ》の*芸者の総称。きっぷのいいタンカで有名な芸者で、羽織《はおり》芸者とも呼ばれ、粋・張り・伊達《だて》を売りものとした江戸っ子好みの女性。隅田川をはさんで*吉原は公許された遊女町で、一方、深川は、*私娼《ししょう》が多く存在する*岡場所《おかばしょ》でもあったが、芸を売ること、きっぷのいいことで、天明以降、吉原にとって代わり遊興の場となった。粋客も好んで芸を所望した。料亭・宴会の場として江戸詰上級武士たちの会席の場でもあった。

参考文献 西山松之助編『遊女(新装版)』(日本史小百科)、一九九四、東京堂出版。曾根ひろみ『娼婦と近世社会』、二〇〇三、吉川弘文館。(宇佐美ミサ子)

たてえぼし　立烏帽子　黒く染めた布帛《ふはく》や紙製の冠帽具《かんぼうぐ》。奈良時代以来、成人男性は冠帽具をかぶり露頂《ろちょう》を衆目にさらしてはならない習慣があった。中世末期ないし近世初頭まで続くもので、その原点は朝廷の服制において定められた。有位の官人は公的な場(晴《はれ》)では冠、私的な場(褻《け》)では烏帽子の着用が義務付けられていた。立烏帽子は烏帽子のもっとも基本的なスタイルであり、これを細かく折りたたんで頭部から落ちにくくしたものが侍烏帽子《さむらいえぼし》(折烏帽子《おりえぼし》)である。

参考文献 鈴木敬三『有識故実図典』、一九九五、吉川弘文館。(佐多 芳彦)

だててるむねのつま　伊達輝宗の妻　⇨保春院《ほしゅんいん》

たてひざ　立膝　片方の足の膝を立て、もう一方の足を横たえて座ること。その姿勢。もともと立膝は、観音菩薩《かんのんぼさつ》像などの特定の仏像の座位《ざい》に用いられていた。また歌膝《うたひざ》とも称し、片膝を立てて上体をひねったポーズは、*和歌を詠む際の独特の体勢として定着していた。さらに立膝は、一般に女性の座り方を代表するものであった。中世の絵巻物《えまきもの》に描かれた女性たちには、胡座《あぐら》とともに立膝姿が多く、労働や拝礼《はいれい》・休息などのさまざまな場面に

立膝((伝)順徳妙孝大姉像)

散見される。また女性の肖像画《しょうぞうが》は、立膝姿で描かれるものが多い。平安時代に制作された女神像《にょしんぞう》の多くは立膝座りの木像《もくぞう》であり、その後の武家の妻女《さいじょ》たちの肖像画においても立膝の体勢が採用されている。近世になると、*浮世絵《うきよえ》に描かれた男女の姿態《したい》に多くみられるようになり、立膝の座法《ざほう》が遊里《ゆうり》的世界と結びついていったという。

参考文献 入澤達吉「日本人の坐り方に就て」(『史学雑誌』三一ノ八)、一九二〇。山折哲雄『「坐」の文化論』、一九八一、佼成出版社。田沢裕賀『女性の肖像』(日本の美術)、一九九六、至文堂。 (黒田 智)

たてわきさだよ 帯刀貞代 一九〇四―九〇 大正・昭和時代の女性運動家、女性史研究家。島根県の小地主の家に生まれる。松江市立技芸《ぎげい》学校卒業後十六歳で小学校教員となる。第一次世界大戦後の山陰農村の生活の窮状《きゅうじょう》、恋愛の挫折《ざせつ》、大正自由教育に傾倒《けいとう》する兄の影響などから社会問題に目覚め、一九二四年(大正十三)上京、マルクス主義の理論を学び労働運動に入る。一九二七年(昭和二)から全国婦人同盟・無産婦人同盟に参加する。二九年には東京の亀戸《かめいど》に*労働女塾を開き女子労働者の啓蒙《けいもう》・教育・運動の支援を行うが、三〇年*東洋モスリン争議の惨敗《ざんぱい》に遭《あ》い、運動の限界を知り非合法活動に入り検挙、投獄される。戦後、民主主義科学者協会婦人問題部会に招かれ、女性史研究の指導や*婦人問題に関する執筆を行う。一九五六年からは日教組教研集会講師団に加わり、全国を回って働く女性や*主婦の啓発《けいはつ》・組織化につとめる。六二年*新日本婦人の会代表委員となるなどその生涯を女性解放の理論と運動にささげた。著書に『日本の婦人―婦人運動の発展をめぐって―』(岩波新書、一九五七年、岩波書店)、『ある遍歴の自叙伝』(一九八〇年、草土文化)などがある。

参考文献 永原和子「帯刀貞代―麦死なず―」(『婦人通信』五〇五)、二〇〇〇。 (永原 和子)

たなかきぬよ 田中絹代 一九〇九―七七 大正・昭和時代の映画俳優、監督。山口県出身。大阪の少女琵琶《びわ》劇団を経て一九二四年(大正十三)に松竹入社。可憐な娘役から出発し、「*愛染《あいぜん》かつら」(一九三八・三九年)、「西鶴《さいかく》一代女」(一九五二年)、「サンダカン八番娼館《はちばんしょうかん》―望郷《ぼうきょう》―」(一九七四年)など三百本以上の作品に出演。国際的にも評価の高い日本映画黄金期を代表するスターである。五三年から六二年にかけて「恋文」など六本の劇映画を監督した。著作に「私の履歴書《りれきしょ》」(『私の履歴書』文化人一三、一九八四年、日本経済新聞社)がある。

参考文献 古川薫『花も嵐も―女優・田中絹代の生涯―』(文春文庫)、二〇〇四、文芸春秋。志村三代子「転換期の田中絹代と入江たか子」(斉藤綾子編『日本映画史叢書』六、二〇〇六、森話社)。 (池川 玲子)

たなかすみえ 田中澄江 一九〇八―二〇〇〇 昭和時代の劇作家、小説家。東京板橋の生まれ。旧姓辻村《つじむら》。東京女子高等師範学校(現お茶の水女子大)在学中に岡本綺堂《おかもときどう》主宰の『舞台』発表の「手児奈《てこな》と恋と」で劇作家として出発。聖心女子学院教師時代に同人誌『夷狄《いてき》』に作品を発表していて出会った田中千禾夫《たなかちかお》に求婚されて結婚。田中家は長崎の裕福な開業医であった。送金でのんびりとドラマを書く生活の思惑が戦争で外れ、疎開地鳥取で夫の両親と同居。育った家風が正反対の上、戦後は農地改革で没落した。障害を持つ長男を連れ、京都で獅子奮迅《ししふんじん》の奮闘生活に入り、「悪女と眼と壁」「ほたるの歌」「赤いざくろ」ほか、現実を批判的に諧謔《かいぎゃく》味を効かせた独創の「私戯曲《わたくしぎきょく》」で地歩《ちほ》を築く。生活のために放送劇や映画のシナリオにも進出。一九五二年(昭和二十七)子ども三人とともにカトリック受洗。以後、「天使」からの作風には求道精神が見られる。一九六五年以後、小説に領域を広め、「妻」「家」はじめ「椿谷《つばきだに》」「カキツバタ群落」(芸術選奨文部大臣賞)など秀作は数多い。エッセーも絶妙で『花の百名山』(読売文学賞)ほかがある。晩年の『夫の始末』は夫への愛の書。破天荒《はてんこう》なまでパワフルに生ききった猛女である。

参考文献 田中千禾夫『田中澄江戯曲全集』解説、一九五九、白水社。武田友寿「宿命の救済・田中澄江」(『世紀』二七六)、一九七三。 (渡邊 澄子)

たなかすみこ 田中寿美子 一九〇九―九五 昭和時代後期の女性問題評論家、政治家。女性初の政党副委員長。神戸生まれ。津田英学塾在学中、*山川菊栄《やまかわきくえ》に師事して女性問題研究を志す。一九三一年(昭和六)東京政治経済研究所に勤務する田中稔男《としお》(のち社会党衆議院議員)と結婚。三女をもうける。戦後*労働省婦人少年局(局長山川菊栄)に入局。五〇年婦人課長となる。在職中ハーバード大学国際セミナーに参加後、ブリンマー大学研究生として社会学・文化人類学を研究する。五五年帰国して労働省を退職し社会党に入党。著述、講演など評論家として活躍。六二年山川菊栄と*婦人問題懇話会《こんわかい》を設立。同年社会党の要請で*日本婦人会議を結成。六五年社会党より参議院全国区に出馬し高得票で当選。以後三期、党の女性政策の中心となる。八〇年社会党副委員長となり、土井《どい》たか子女性委員長への道を拓く。評論家としては訳書、著書、複数の研究者たちとの共同研究とその編者などの業績が多い。訳書にM・ミード『男性と女性』(共訳、一九六一年)、著書に『新しい家庭の創造』(一九六四年、岩波書店)、『パラシュートと母系制―回想のわが戦後史―』(一九八六年、ドメス出版)、編書に『女性解放の思想と行動』戦前篇・戦後篇全二巻(ほか五名との共著、一九七五年、時事

通信社)がある。　（駒野　陽子）

たなかたかこ　田中孝子　一八八六―一九六六　大正・昭和時代の社会運動家。一八八六年(明治十九)四月四日千葉県野田生まれ、旧姓高梨。*日本女子大学在学中の一九〇九年、叔父の渋沢栄一《しぶさわえいいち》の経済使節団について渡米。スタンフォード大学卒業後、シカゴ大学社会学科で社会福祉の修士号を得て、一九一八年(大正七)帰国。日本女子大学校教授となりハルハウスなど米国の社会事業を日本に紹介した。一九一九年田中王堂《おうどう》と結婚。同年の第一回ILO会議に政府代表顧問に任命された際、*友愛会《ゆうあいかい》婦人部主催の婦人労働者大会に出席して女性工場労働者の要望を聞き、ワシントンのILO会議では日本の女子労働者の深夜業の弊害《へいがい》、*産前産後休暇の必要などを指摘した。一九二〇年*新婦人協会評議員となる。夫と死別後、一九三三年(昭和八)から東京市の職員に就職、市の結婚相談所の初代所長となる。就任時から優生結婚を奨励し一九六二年まで在任。一九六六年十二月十七日没。

参考文献　市川房枝『市川房枝自伝』戦前編、一九七四、新宿書房。織田宏子「田中孝子」(女性の歴史研究会編『新婦人協会の研究』一、一九九八)。　（石崎　昇子）

たなかのまひとひろむしめ　田中真人広虫女　『*日本霊《にほんりょう》異記《いき》』下第二十六話の説話の主人公。讃岐国美貴郡大領《さぬきのくにみきぐんだいりょう》の妻で、馬牛・奴婢《ぬひ》・稲銭《とうせん》・田畠等を所有し、私富蓄積に狂奔《きょうほん》した強欲な女性として描かれている。酒を水増しして売ったり、貸付時と返済時とで升《ます》の大きさを変えたり、あくどい高利貸しで儲けた。多くの人を窮乏《きゅうぼう》に陥れた報いで、死後、上半身牛の姿で生き返り、家族が寺に財物を施入し人々の負債を免除したので、やっと息絶えたという。同中第三十二話の桜大娘《さくらのおおいらつめ》(*岡田姑女《おかだのおばめ》)の話などとともに、奈良時代後半から平安時代前期にかけての、富豪層女性の所有権・経営活動を示すものとして著名である。夫(*家長《いえぎみ》)と妻(家室《いえのとじ》)の家政権限・役割分担をどうみるか、家父長権《かふちょうけん》の有無、私富蓄積の主要手段である造酒・貸付活動と女性の関わり、などをめぐって多くの議論がある。成立期の富豪層の経営と、共同体の崩壊、仏教思想・寺との関係を考える上でも重要である。

参考文献　関口裕子「日本古代の家族形態と女性の地位」(『家族史研究』二、一九八〇)。河音能平「生活の変化と女性の社会的地位」(女性史総合研究会編『日本女性生活史』一、一九九〇、東京大学出版会)。義江明子「古代の村の女、都へ行った女」(『古代女性史への招待』二〇〇四、吉川弘文館)。　（義江　明子）

タナサカシのむすめ　タナサカシの娘　⇩オッケニ

たなはしあやこ　棚橋絢子　一八三九―一九三九　明治から昭和時代の教育者。大阪の酒屋の子。漢学を学び盲目の儒者と結婚、夫を助け書物を読んだ。*寺子屋の師匠、小学校教師の後、伊沢修二《いさわしゅうじ》の招きで東京女子師範学校で教え、*下田歌子《しもだうたこ》の桃夭塾《とうようじゅく》・学習院女子部教師となる。一九〇三年(明治三十六)東京高等女学校を創立する。また*大日本婦人会会長を務める。教育の特質は儒教的女性観に立つ*良妻賢母《りょうさいけんぼ》主義教育にあった。著書に『女道叢話《おんなみちそうわ》』(叢書女性論、一九九五年、大空社)ほか。

参考文献　中村武羅夫『伝記棚橋絢子刀自』(伝記叢書)、一九八九、大空社。　（影山　礼子）

たなばたでんせつ　七夕伝説　七月七日に行われる節日の年中行事である星祭《ほしまつり》に関わる伝説。日本古代の七夕伝説は、中国に伝わる、鷲座《わしざ》の一等星(牽牛星《けんぎゅうせい》)と琴座《ことざ》の一等星(織女星《しょくじょせい》)が、年に一度、七月七日の夜だけ、天の川を渡り出会うという伝説が日本の宮廷に伝わり、在来の棚機女(タナバタツメ)に関する信仰と習合して成立した。棚機女とは、水辺に棚を設けて織機を置き、神衣《かんみそ》を織りつつ神の来訪を待つという神女《しんにょ》のこととされ、『*万葉集』には織女を棚機女とみなし歌われた七夕歌が多数収録されている。最古の七夕歌は天武天皇九年(六八〇)のもの(『万葉集』一〇、二〇三三)とみられ、『日本書紀』持統《じとう》天皇五年(六九一)、『続日本紀《しょくにほんぎ》』天平六年(七三四)に七月七日節の記事がみえる。当初の七月七日節は天皇の相撲《すまい》御覧と七夕の賦詩《ふし》の宴が行われたが、平安時代中期以降は、織女にちなみ手芸の上達を星に願う中国の乞巧奠《きこうでん》の儀と二星会合を観る行事が中心となった。なお中国の伝説では織女が車駕《きょが》に乗り鵲《かささぎ》が渡した橋を牽牛のもとに赴くことになっているのに対し、日本の伝説では彦星《ひこぼし》が船で天の川を棚機女のもとに行くという違いがある。この相違の背景に、男性の妻問《つまどい》に基づく*対偶婚《たいぐうこん》の段階にあった、日本古代社会の実態の反映がみてとれる。

参考文献　条川定一「人麿歌集庚辰年考」(『国語国文』三五ノ一〇)、一九六六。山中裕『平安朝の年中行事』、一九七二、塙書房。大久間喜一郎「七夕説話伝承考」(『古代文学の伝統』一九七八、笠間書院)。折口信夫「水の女」(『折口信夫全集』二、一九九五、中央公論社)。平林章仁『七夕と相撲の古代史』、一九九八、白水社。　（田中　禎昭）

たなべしげこ　田辺繁子　一九〇三―八六　昭和時代の法学者。女性法学者の草分け。同志社女学校専門部英文科卒業生に大学入学資格を認めていた同志社大学法学部を一九二八年(昭和三)に卒業。法学を志したのは『*女大学《おんなだいがく》』の三従《さんじゅう》の訓《くん》に憤慨したからであった。その後、結婚後も研究を続け、穂積重遠《ほづみしげとお》の指導を受けて三従の訓と同じことを説くインドの『*マヌ法典』の翻訳研究を行い、一九六二年には「マヌ法典研究序説」により京都大学から法学博士を授与された。代表的な著書として『マヌ法典の家族法』(一九六〇年、日本評論新社)があるが、戦後、民法が改正されてからは女性向けの法律についての啓蒙《けいもう》活動も盛んに行い、『女性と法律』『女性のための新民法』『婦人法律講座』などの啓蒙書も多数ある。また、人権擁《じんけんよう》護《ご》委員、家庭裁判所調停《ちょうてい》委員など多くの委員を務めた。一九五〇年代に家族制度復活問題が起った時には、反対運動の先頭に立ち、家族制度復活反対連絡協議会代表。専修大学法学部教授、一九七四年定年退職。　（白石　玲子）

たにのせつ　谷野せつ　一九〇三―九九　昭和時代の女性労働行政に携わった公務員。千葉市に生誕。一九二三年(大正十二)*日本女子大学社会事業学部女工保全科に二期生として入学。卒業後内務省社会局に勤務、一九二八年(昭和三)に*工場法により設置された婦人工場監督官(補)に女性ではじめて就任する(谷野就任以前にある女医が技官として監督官を一時務めている)。一九三五年に警視庁保安部工場課に転勤。この間、紡績《ぼうせき》工場の深夜業体験や零細工場で働く女性労働者の実態を調査。一九四七年*労働省婦人少年局婦人労働課長、のち局長に就任。国連婦人の地位委員会委員。著書に『*婦人工場監督官の記録』全二巻(一九八五年、ドメス出版)などがある。

参考文献　早川紀代「谷野せつさんに聞く」(『季刊女子教育もんだい』三五)、一九八八。　(早川　紀代)

たぼ　髱　日本髪の後方に張り出た部分。関西では「つと」とよぶ。江戸時代、寛永ごろまでは*垂髪などの簡素な髪型で、不便なときは右肩の辺りで紙などを使って結んだ。寛永初めに髪を結い上げる「*兵庫髷《ひょうごまげ》」が生まれて*遊女の間で好まれ、前髪・髷が発達する。その後、正保・慶安のころに伽羅《きゃら》の油が現われ女性の髪型が急激に進歩した。元禄ごろには太いたっぷりとした髷に変わり、重みで下に垂れた髱は*小袖の衿《えり》を汚すことから髱刺しが考案される。貞享《じょうきょう》ごろから髱にそりが加えられ、衿足を美しく見せるカーブを描くようになった。安永ごろから髱は姿を消し、鬢の発達をみる。

参考文献　橋本澄子「結髪の歴史をふり返って」(南ちゑ『日本の髪型』一九八一、紫紅社)。　(小和田美智子)

たまがき　たまがき　生没年不詳　室町時代末期の寛正《かんしょう》四年(一四六三)ごろの東寺《とうじ》領《りょう》備中国《びっちゅうのくに》新見庄《にいみのしょう》(岡山県新見市)の女性。現地の下級役人である福本《ふくもと》盛吉の妹(姉とも)。庄園領主の東寺に宛てた、平仮名文で書かれた書状、いわゆる「たまがき書状」の筆者としてよく知られている。中世女性の書状自体、事例は少なく、ましてやこうした地方農村の女性の書状は、希有《けう》である。これによって地方でも下級役人クラスともなれば、女性であっても平仮名文の読み書きができる能力を有していたことを知ることができる。戦国時代に来日した宣教師による、日本女性の高い*識字力《しきじりょく》に関する指摘を、さらに時期をさかのぼって裏づけるものともいえよう。さて書状の内容をみると、彼女は、中央から派遣された東寺の代官祐清《ゆうせい》と、「まんどころ(政所)に候し」「このほどなじ(馴染)み申候」と記して、彼と政所(役所)に同居して昵懇《じっこん》の間柄となっていたことを述べ、その祐清が殺害されたあとは、彼の遺産で葬儀などの後始末をとりしきったことなどを報告、加えて残る遺産を形見《かたみ》として所望したい旨を述べている。これらは彼女が現地妻的役割を果たしたことから生じた妻としての行動や権利を主張したものである。そうした亡夫の跡《あと》継承権は中世社会でひろく容認されたものであって、彼女の行動・主張も、それを行使したものとみるべきであろう。したがって「こまやかな女性の愛情」が読み取れるといった類の従来の見方は、妥当とはいいがたい。むしろしっかりと権利を行使することのできる、才ある中世女性の姿がうかがいしれよう。なお、通称「たまがき」の名前は、差出書《さしだしがき》に由来《ゆらい》するが、「たまがき」の「が」は「の」と同様の所有の格助詞、「き」は「記」とみるべきで、「たま」の記、と理解すべきである。正確には女性名は「たま」であり、すなわち「たまがき」は「たまが記」であり、「たまの書状」の意味である。

参考文献　今井庄次他編『書の日本史』四、一九七五、平凡社。上山有・大山喬平・黒川直則編『東寺百合文書を読む』、一九九八、思文閣出版。海老澤衷『景観に歴史を読む』(早稲田大学オンデマンドシリーズ)、二〇〇五、早稲田大学文学部。　(黒田　弘子)

たまきオト　玉城オト　一八九七―一九九三　沖縄の社会主義運動活動家。女性に対して特に閉鎖的な沖縄の社会のなかで、大正デモクラシーの時代を先端的に生きた一人。那覇《なは》出身の父玉城三郎《さぶろう》と八重山出身の母仲間《なかま》カマドとの間に生まれた。一九〇六年(明治三十九)、県立沖縄高等女学校に入学、同級生にのち*伊波普猷《いはふゆう》夫人となった真栄田冬子《まえだふゆこ》がおり、彼女の影響を受けて、禁書となっていた『*青鞜《せいとう》』などを読み、*新しい女としての自我に目覚めていく。卒業後、伊波普猷が設立した「組合教会」に出入りし、その影響を強く受ける。オトはさらに山田《やまだ》有幹《ゆうかん》(無産運動の指導者、一八八八―一九七五)らの「社会主義研究グループ」の勉強会にも女性として唯一参加、そのなかで妻子ある山田との間に男児を生み、「冷人」(レーニン)と名付けて将来の夢を托したが一歳で死別、このためオトは積極的に運動にかかわることなく失意の末、熊本出身の浅見新蔵と結婚、ブラジルへ行く。そして五十余年、ようやく故郷の土を踏み、若い人たちに語り部としての役割を果たしたのち再びブラジルへ帰っていった。

参考文献　琉球新報社編『時代を彩った女たち―近代沖縄女性史―』、一九九六、ニライ社。　(外間　米子)

たまきはる　たまきはる　平安時代末期から鎌倉時代初期の宮廷女房日記文学。一冊。『たまきはる』の題号は、冒頭の一首「たまきはる命をあだに聞ゝしかど君恋ひわぶる年は経にけり」から後人が便宜《べんぎ》的に名付けたものか。『建春門院中納言《けんしゅんもんいんのちゅうなごん》日記』『健寿御前《けんじゅごぜん》日記』『健御前日記』『建春門院中納言記』『健御前の記』なども称される。健御前(藤原俊成女《しゅんぜいのむすめ》、母は藤原親忠女《ちかただのむすめ》美福門院《びふくもんいん》加賀《かが》)作。作者が*建春門院・*八条院・*春華門院《しゅんかもんいん》の三女院に出仕していた日々を回想して綴《つづ》る第一部(本篇)を建保《けんぽう》七年(一二一九)にまとめたという作者自身の奥書《おくがき》に続き、藤原定家奥書を挟んで第二部(付篇・遺文篇)が続く体裁で現存する。この定家奥書は、第二部が作者の没後、同母弟定家みずから、前半部分からおそらくは不吉であるとか個人的にすぎるなどのさまざまな理由で外された反古《ほご》の類《たぐい》の断片を収集・増補してまとめたことを明らかにしている。作者奥書からは、みずからの宮仕時代の経験を若い女房(少納言殿《しょうなごんどの》)に伝え読ませるという著作目的が窺《うかが》える。私的感情を交えた部分も一旦は描きながら反古にし、あえて語り継ぐべき主家讃美の真情のみを書き残そうとする中世宮廷女房の職掌意識《しょくしょう》の高さが看取《かんしゅ》される。第一部には、十二歳で建春門院に初出仕して以来女院崩御までの若かりし日々を中心に、八条院出仕時代、春華門院出仕時代の壮年時代のことが記される。自身の出家や重病など個人的記事は排除され宮仕に限って述べるのは、そのあり方を教示しようとする庭訓的な執筆意識からか。服飾描写など宮廷生活の記述は具体的で詳細を極め、建春門院の全女房の名寄《なよせ》を書き留めるなど、当時の女院御所を巡る資料としてもその価値は高く、平家都落《みやこお》ち、後鳥羽天皇践祚《せんそ》の秘話など注目される記述も多い。作品全体は客観的に事実を記録しようとする姿勢で貫かれるが、その文体は優雅である。ことに理想とする建春門院を偲《しの》ぶ真情や、養育を拝命したものの夭折《ようせつ》した春華門院に対する追慕《ついぼ》のくだりには胸を打たれる。激動の時代に生涯を宮仕で送った女性の記録として色褪《あ》せない輝きを放っている。『新日本古典文学大系』五〇(三角洋一校注、一九九四年、岩波書店)に収められている。→建春門院中納言《けんしゅんもんいんのちゅうなごん》

参考文献 『健寿御前日記』(日本古典全書)、一九五四、朝日新聞社。小原幹雄・錦織周一・吉川隆美・稲村榮一『たまきはる全注釈』(笠間注釈叢刊八)、一九八三、笠間書院。津本信博編『たまきはる』、一九八三、早稲田大学出版部。

(久保　貴子)

たましまにっき　玉島日記　孝明《こうめい》天皇の妹*和宮《かずのみや》の*上﨟《じょうろう》玉島(山根氏、一八二〇—一九〇五)の御側《おそば》日記。日記は維新の激動期の明治元年(一八六八)三月から六月までのもの。徳川家茂《いえもち》との死別後、静寛院宮《せいかんいんのみや》と称した和宮の使者として、徳川家家名存続を願って、官軍の進撃停止を先鋒《せんぽう》総督に嘆願《たんがん》するために中山道《なかせんどう》の蕨《わらび》宿への往復、江戸城明け渡しの前後の様子、徳川家を継ぐことになる田安《たやす》亀之助《かめのすけ》はじめ人々の出入りや動静、彰義隊《しょうぎたい》の動き、上洛勧告の使者三条実美《さんじょうさねとみ》の来訪などが記されている。自筆稿本の『和宮上﨟玉島日記』が国立国会図書館に所蔵されている。

(柴　桂子)

たまなのおとめ　珠名娘子　奈良時代、高橋連虫麻呂《たかはしのむらじむしまろ》によって歌に詠まれた伝説の女性。『*万葉集』九に収められた長歌(一七三八)と短歌(一七三九)による。上総国周《かずさのくにす》淮郡《えぐん》に住んでいたらしいが珠名が地名かどうかは不明。その美しさの表現と、男を惑わした珠名娘子に対する当時の評価について、また遊行女婦《うかれめ》であったかどうか解釈が分かれている。

参考文献 関口裕子『処女墓伝説歌考』(古代史研究選書)、一九九六、吉川弘文館。

(児島　恭子)

たまよりひめ　玉依日売　古代の巫女《ふじょ》的女性の代表的名前。「神霊(タマ)を寄りつかせる女性」という意味の普遍的名辞で、神に仕えた女性の神格化とされる。もっとも著名な賀茂《かも》社の縁起譚《えんぎたん》(「山城国風土記《やましろのくにふどき》」逸文《いつぶん》)では、玉依ヒコと玉依ヒメの兄妹がいて、妹が川遊びをしている時に、流れ下ってきた「丹塗矢《にぬりや》」を拾いあげ、それによってヒメは妊娠する。「丹塗矢」の正体は火雷神《ほのいかづちのかみ》で、生まれた御子神《みこがみ》はやがて天に昇り、別雷神《わけいかづちのかみ》としてまつられる(上賀茂《かみかも》社)。玉依ヒメは、父賀茂建角身《かもたけつのみ》・母伊可古夜日売《いかこやひめ》とともに御祖《みおや》神《がみ》として三井《みい》社(のちの下鴨《しもがも》社)にまつられた。聖なる井のほとりで雷神に奉仕した*巫女の神格化ともみられる。鴨県主《かものあがたぬし》一族)によって…

そのほかに、『日本書紀』神代にみえる、海神の娘*豊玉《とよたま》ヒメの妹で神武《じんむ》天皇の母となった玉依ヒメ、『*古事記』崇神《すじん》天皇段の、陶津耳《すえつみみ》の娘で三輪の大物主神《おおものぬしのかみ》の通いを受けた活玉依《いくたまより》ヒメなどの話が伝わる。高皇産霊尊《たかみむすひのみこと》の娘の天万栲《あめよろずたく》幡千幡《はたちはた》ヒメも異伝では玉依ヒメという(『日本書紀』神代天孫降臨《てんそんこうりん》章第七の一書)。神社の祭神としては、賀茂の玉依ヒメのほか、宇佐八幡宮《うさはちまんぐう》の比売神《ひめがみ》は神武母の玉依ヒメをまつったものともいう。『延喜式《えんぎしき》』神名下には信濃国埴《しなののくにはに》科郡《しなぐん》の玉依比売命《たまよりひめのみこと》神社(小社)がある。普通名詞であることに注目すれば、青玉比売命《あおたまひめのみこと》神社(伊豆国那賀郡)・曾我《そが》比咩《ひめ》神社など、さまざまな名称のヒメ神も含めて、各地に「玉依ヒメ」をまつる神社があったことになる。*柳田《やなぎた》国男《くにお》は、賀茂の玉依ヒメを中心に全国に伝わる玉依姫伝承を検討し、著書『妹《いも》の力』において、神の妻となり御子神を生んで兄玉依ヒコの家を守護した巫女「玉依ヒメ」の物語を、女性の霊的能力を語る典型例として形象化した。これについては、玉依ヒコ・玉依ヒメの対《つい》名称の男女のうち女性のみを神に奉仕する者として神秘化することの是非、母神としての奉祭と母性主義、「兄」を支える「妹」という女性像への疑問など、*女性史からの問いかけもなされている。

参考文献 岡田精司「賀茂の神話と祭り」(上田正昭他『京の社—神々と祭り—』一九八五、人文書院)。肥後和男「賀茂伝説考」(『日本神話研究』一九八五、教育出版センター)。義江明子「玉依ヒメの実像」(『日本古代の祭祀と女性』一九九六、吉川弘文館)。柳田国男『妹の力』(『柳田国男全集』一一、一九九八、筑摩書房)。

(義江　明子)

たむらかじこ　田村梶子　一七八五—一八六二　江戸時代後期の女性。天明五年(一七八五)、上野国山田郡下久《こうずけやまだしもひさ》方《かた》村(群馬県桐生《きりゅう》市)の絹物買次商《きぬものかいつぎしょう》田村金兵衛《きんべえ》の長女として誕生。兄貞太郎(敬之)とともに学問好きで、漢籍書や*和歌を読み、聡明《そうめい》で書に優れた才能を有した。十八歳の享和《きょうわ》二年(一八〇二)、大店《おおだな》の推挙により幕府*大奥の祐筆《ゆうひつ》となる。文化十二年(一八一五)梶子三十一歳の時、兄敬之の家業の経営失敗もあり、家の立直しのため桐生に帰り買次商を継いだ。その後、相模《さがみ》出身の林兵衛《りんべえ》を夫に迎えて家業を盛り返した。文政十一年(一八二八)ころに*寺子屋(手習塾《てならいじゅく》)「*松声堂《しょうせいどう》」を開業して*手習いなどを近郷の子どもたちに教え、評判は高く、領主より褒賞《ほうしょう》された。和歌も堪能《たんのう》で、橘守部《たちばなもりべ》の門人である。守部撰文《せんぶん》・書「松

田村梶子画像

声堂筆塚《ふでづか》」(桐生天満宮境内頌徳碑《しょうとくひ》)によれば「生まれながらに心さとく、物の理をよく聞わけてあやしきはかりなり(中略)さとくして誠厚く、智りありてなさけ深し、常にもののあはれをおもひしみては、人の事に涙をこほし」と聡明さと誠実、情の深さを併せ持つ女性であった。渡《わた》辺《なべ》崋山《かざん》とも交友があり、守部編の歌集に三十五首入集している。文久二年(一八六二)に七十八歳で死去。妙音寺《みょうおんじ》に墓碑がある。肖像画(桐生市立図書館蔵)も残されている。

参考文献 田村春荘「田村梶子傳」(『上毛及上毛人』二七九)、一九四〇。林玲子「町家女性の存在形態」(女性史総合研究会編『日本女性史』三、一九八二、東京大学出版会)。桐生市教育史編さん委員会編『桐生市教育史』上、一九八八、桐生市教育委員会。高橋敏「師匠田村梶子」(『村の手習塾—家族と子供の発見—』一九九五、朝日新聞社)。「明日へ伝えたい桐生の人と心」編集委員会編『明日へ伝えたい桐生の人と心』(桐生人物誌下)、二〇〇四、桐生市教育委員会。 (梅村 佳代)

たむらとしこ 田村俊子 一八八四—一九四五 明治から昭和時代の作家。本名は佐藤とし。東京浅草蔵前の米穀商の長女に生まれる。日本女子大を一学期で退学。小説家を志して幸田露伴《こうだろはん》の門に入る。一九〇三年(明治三十六)樋口一葉《ひぐちいちよう》ばりの文体で「露分衣《つゆわけごろも》」を『文芸倶楽部《ぶんげいクラブ》』に発表。しかし自己の作風に疑問を感じ創作活動を中断、舞台女優になる。やがて露伴同門でアメリカから帰国した田村松魚《しょうぎょ》と結婚。一九一〇年『大阪朝日新聞』懸賞小説に応募した「あきらめ」が最高位の二等に当選する。『*青鞜《せいとう》』の賛助員となり創刊号に「生血《いきち》」を発表、自我の充足を追求、男女の相克《そうこく》をテーマとした作品によって流行作家となるが、別居、さらに創作の行き詰まりから一九一八年(大正七)妻子ある新聞記者の鈴木悦《すずきえつ》を追ってカナダのバンクーバーに渡る。一九三六年(昭和十一)、帰国し文壇復帰するが失意のもとに三八年中国に渡り、上海で婦人雑誌『*女声《じょせい》』を創刊。一九四五年四月脳溢血《のういっけつ》で倒れ、死去。代表作に『木乃伊《みいら》の口紅』(一九一三年)、『炮烙《ほうらく》の刑』(一九一四年)など。作品は『田村俊子作品集』全三巻(一九八七・八八年、オリジン出版センター)にまとめられている。

田村俊子

参考文献 瀬戸内晴美『田村俊子』(講談社文芸文庫)、一九九三、講談社。 (岡田 孝子)

たむらのおおいらつめ 田村大嬢 ⇩大伴田村大嬢《おおとものたむらのおおいらつめ》

たゆう 太夫 江戸*吉原《よしわら》・京都島原《しまばら》・大坂新町《しんまち》の傾城町《けいせいまち》の最上位に位置する*遊女。『異本洞房語園《いほんどうぼうごえん》』によると「これは芸の上の名」とあり、慶長のころまでは「遊女ども乱舞仕舞を習ひ、一年に二三度づつ四条河原《しじょうかわら》に芝居を構へ、能太夫《のうだゆう》、舞太夫《まいだゆう》、皆けいせいども勤めし也」ということで、諸大名の上級階級の人びとも見物し大変華麗であったとも記されている。*吉野・*夕霧《ゆうぎり》・*高尾《たかお》・薄雲《うすぐも》などが太夫として有名である。上流の遊女として公認された太夫は、歌舞・*音曲《おんぎょく》ばかりでなく、*和歌・俳句・書道・華道・茶道などの一芸にも通じ、名妓《めいぎ》と謳《うた》われるほどの地位を得るのは並大抵の苦労ではなかった。遊客の大半は豪商か大名で、特に、上層では大尽《だいじん》と称せられる町人が「制外」といわれる別世界で、自由を謳歌できた場所(*遊廓《ゆうかく》)で、太夫を相手にすることは誇りであったという。*揚代《あげだい》も目立って高値であった。しかし、所詮は「くるわ」の囲われた世界の女性であったわけである。

参考文献 庄司勝富『異本洞房語園』(日本随筆大成三ノ二)。原田伴彦・百瀬明治・遠藤武・曾根妙子編『近世女性生活絵典』、一九八三、柏書房。 (宇佐美ミサ子)

たわやめ 手弱女 古代に、たおやかな弱々しい特徴を理想的な女性らしさとみなす*ジェンダー意識に基づき、女性を表現した言葉。『*万葉集』では「手和也女」「弱女」「幼婦」とも表記。たわやめの語源は、柔らかくなよなよしたという意味の「撓《たわ》や」に「め(女)」がついたもので、宮廷に奉仕する剛健《ごうけん》な武人としての特徴を理想的な男性らしさとみなす「ますらを」と対照をなす言葉である。たわやめの淵源は、神に祈る*巫女《みこ》の姿をたわやめの語で表現する用例(『万葉集』三、三七九。一三、三二二三)から、たおやかな力の弱い女性を神にふさわしいものとする観念が知られ、それが「ますらを」と対照されることにより、たわやめの中に男性に媚態《びたい》を示すか弱さを女性らしさとみなすジェンダー意識が内包されたと考えられる。なお、奈良時代に「若い女性」の意味で使われる「幼婦」の語や、青・壮年年齢の男性を表わす宮廷社会の「ヲトコ」の特徴である「ますらを」ぶり(『万葉集』五、八〇四)と対置されていることから、たわやめは、支配階層において「ヲトコ」との性愛関係を持つ年齢層を表わす、「ヲトメ」の世代的特徴を示す概念、とみなせるだろう。

参考文献 浅野則子「うらみの歌」(『大伴坂上郎女の研究』一九九四、翰林書房)。田中禎昭「「ヨチ」について—日本古代の年齢集団—」(『古代史研究』一三)、一九九五。内藤明「『万葉集』の「ますらを」と「たわやめ」」(『早稲田人文自然科学研究』五〇)、一九九六。

(田中 禎昭)

たんきだいがく 短期大学 戦後の*学制改革により新たに設置された、二年、あるいは三年を修業年限とする大学。戦後、教育刷新委員会《きょういくさっしんいいんかい》において、女子の高等教育普及を視野に入れるならば二年か、三年という短期の大学を認める必要があるとの日本側の強い要請を受け、一九五〇年に暫定《ざんてい》的な措置《そち》として短期大学が発足する。本来文部省は、四年制の新制大学よりもまず短期大学を作るべきとの考えをもっており、短期大学は修業年限からみて女子の高等教育に適した制度であるとも考えていた。短期大学は、旧制の学校制度から新制の学制に移行する過渡期の補充制度として、また、旧制*女子専門学校の中で四年制大学への昇格が認められなかった学校への救済策としての役割ももっていた。そのため、短期大学には伝統的な女子高等教育観が移行・反映され、*家庭科や保育科といった学科の設置が多く、短期大学は簡便な女子高等教育機関としての性格が強かった。発足当時こそ男子校・*男女共学が半数を占めていたものの、一九五〇年代後半には短期大学における男女生徒数の比率は逆転し、一九六〇年代には女子学生が圧倒的にその生徒総数を占めるようになる。さらに一九七〇・八〇年代を通じて、私立文科系女子短期大学の急増により、短期大学の半数が女子短期大学となり、本来は暫定的な措置であったはずの短期大学において、短大=私立女子短期大学という現象が恒久《こうきゅう》化する。短期大学は四年制大学とは性格の異なる独自の大学として事実上独立するに至ったのである。

この背景には、特に女性の就業形態の一律化、いわゆるM字型雇用があり、短期大学を恒久的制度にするようにとの要望が高まったのも産業界の意図をくむものであった。近年は、四年制大学の門戸開放もあって、女子学生の短大離れも進んでいるが、性別役割分業と密接に関連した就業形態をいかに改革していくかが、短期大学の存在理由を議論する上で不可欠であるといえる。

参考文献 橋本紀子『男女共学制の史的研究』、一九九二、大月書店。松井真知子『短大はどこへ行く』、一九九七、勁草書房。

(蔵澄 裕子)

だんこうじょせき 男耕女績 男女の性別労働分担を表わす古代中国の理念。夫耕婦績《ふこうふせき》ともいう。皇帝が農耕、*皇后が*養蚕の模擬実践をする親耕《しんこう》(藉田《せきでん》)親蚕《しんさん》儀礼は、前漢の文帝《ぶんてい》十三年(前一六七)より見られ、夫婦一対で農耕と養蚕に励む農民世帯に対する「力田《りきでん》」表彰も同時期に始まる。『日本書紀』には「皇妃親蚕」(雄略《ゆうりゃく》紀)や「男耕女績」の語もみえるが、これらは中国古典による文飾である。夫婦関係が流動的で*性別分業のありかたも異なる古代日本では、この理念は適合しなかった。『続日本紀《しょくにほんぎ》』の「男耕女績」文言や力田表彰記事からは、八世紀初め以降、律令国家がこの理念の注入をはかったことがわかるが、その場合も、夫が世帯を代表する中国とは異なり、夫と妻がそれぞれに授位された(『続日本紀』天平十九年(七四七)五月辛卯《しんぼう》条)。これは*木簡《もっかん》などからわかる女性の農耕労働指揮の実態とも矛盾しない。正倉院《しょうそういん》に現物の残る手辛鋤《てからすき》と玉箒《たまほうき》も、親耕親蚕儀礼とは異質の使われ方をしたらしく、この儀礼は根付かなかった。日本で皇后による養蚕の実践が始まるのは明治で、紡績による殖産《しょくさん》興業《こうぎょう》政策が背景にあり、天皇による「御田植え」は昭和天皇の時からである。

参考文献 上田早苗「漢代の家族とその労働」(『史林』六二ノ三)、一九七九。坂江渉「古代国家と農民規範」(『神戸大学史学年報』一二)、一九九七。義江明子「女性史からみた日本古代の村と後宮」(『唐代史研究』六)、二〇〇三。

(義江 明子)

だんごちゃや 団子茶屋 江戸時代中ごろ「だんご」という名称で呼ばれていた田舎茶屋。出雲《いずも》・因幡《いんば》地方に流行したといわれている。「だんご」は「まるめる」「ころがる」、つまり、転ぶという意であり、曖昧な料理屋の「酌婦女《しゃくふおんな》」が、人目をしのんで会うということもあり、*出合茶屋《であいちゃや》のような役割を果たしていた。

参考文献 足立直郎『遊女風俗姿細見』、一九八三、展望社。総合女性史研究会編『日本女性の歴史—性・愛・家族—』(角川選書)、一九九二、角川書店。

(宇佐美ミサ子)

たんごのつぼね 丹後局 ?—一二一六 後白河《ごしらかわ》法皇の寵愛《ちょうあい》を受け権勢を誇った*女房で、*長講堂領《ちょうこうどうりょう》を中心とした膨大な所領を領有した*宣陽門院《せんようもんいん》(覲子《きんし》内親王)の生母。名は高階栄子《たかしなえいし》。丹二品《たんのにほん》・浄土寺二位《じょうどじにい》とも呼ばれた。父は延暦寺《えんりゃくじ》の法印澄雲《ほういんちょううん》で、高階氏は白河院政期の有力な院近《いんのきん》臣《しん》一族であり、後白河院政期には晩年の第一の近臣だった泰経《やすつね》を出した。栄子ははじめ平業房《たいらのなりふさ》の妻となり、その間に二男三女を儲《もう》けたが、このうち教成《のりなり》は藤原実教《さねのり》の猶《ゆう》子《し》になり、彼の子孫は山科《やましな》氏となる。夫の業房は後白河の近臣で、治承《じしょう》三年(一一七九)、平清盛による後白河幽《ゆう》閉《へい》に伴い解官《げかん》・配流となったが、配流先の伊豆国へ下る途中に逃亡したものの、ついに捕らえられ平宗盛《むねもり》の拷問《ごうもん》に遭った。栄子は幽閉中の後白河に近侍《きんじ》を許された数少ない一人で、翌年には寵愛の者として丹後局と記されるようになる。養和《ようわ》元年(一一八一)に彼女は覲子内親王を儲けたが、同年「故業房」の供養を行なっているので、前夫業房はそれ以前に没していたと見られる。平家没落に伴い後白河院政が復活すると、後鳥羽《ごとば》天皇践祚《せんそ》に影響を与えたとされるなど、彼女の発言力が増していき、第一の院近臣高階泰経に劣らず、後白河の側近として政治的地位が高まっていった。文治《ぶんじ》二年(一一八六)の摂関家領をめぐる争いでは、後白河の意を受けた丹後局が、九《く》条兼実《じょうかねざね》を後押しする源頼朝《みなもとのよりとも》の使者大江広元《おおえのひろもと》と折衝《せっしょう》した。またこのとき、*地頭を広く認めさせようとする幕府に対し、制限を加えようとする朝廷側の要求を彼女が主張し、その結果幕府が大幅に譲歩することとなった。翌年従三位に叙された丹後局は、建久二年(一一九一)には、娘の覲子内親王が*国母《こくも》ではない皇女としてはじめて*女院《にょいん》(宣陽門院)となるに及び、みずからも従二位に昇った。後白河没時には、宣陽門院は長講堂領を中心とする膨大な所領を相続し、丹後局は知行していた二十一ヵ所の所領を安堵《あんど》された。ほかに朝廷における丹後局を物語る有名な例として、娘の*大姫《おおひめ》を*入内《じゅだい》させようとした頼朝が彼女に接近し、上洛した*北条政子・大姫と丹後局が対面した話を挙げることができる。

参考文献 『大日本史料』四ノ一四、建保四年是歳条。三浦周行「丹後局と卿局」(『(新編)歴史と人物』一九九〇、岩波書店)。竹内理三「丹後局」(『院政と平氏政権』一九九九、角川書店)。

(白根　靖大)

たんこん　単婚　一夫一妻制《いっぷいっさいせい》に基づく*婚姻《こんいん》のこと。狭義《きょうぎ》では、離再婚の激しいルーズな一夫一婦婚である「*対偶婚《たいぐうこん》」の段階とは別に、それから抜け出した、強固な永続的な一夫一婦婚の段階を指して「単婚」と呼び分けている。「単婚家族」とは、(複婚の)*一夫多妻制家族などに対して使う語で、近世史などで一組の夫婦による小家族を指すのは誤用。何組もの夫婦を含む拡大家族であろうとも、*一夫一婦制なら単婚家族である。

参考文献 江守五夫『家族の起源』、一九八五、九州大学出版会。

(明石　一紀)

だんしきんせい　男子禁制　女性のいる空間に男性の立ち入りを禁じたことをいう。江戸時代には、江戸城*大奥が男子禁制であるとされるが、大奥の本質は将軍の私的生活の場であり、厳密な意味で男子禁制であったわけではなく、時代による程度の差もある。定期的に老中の巡回も行われているし、破損箇所を修理する職人が立ち入ることも当然あった。節分には大奥向きを統括する表役人の留守居《るすい》が年男《としおとこ》を勤め豆を撒《ま》き、*女中に胴上げされたりしている。ただし日常大奥に男子が出入りできなかったことも事実で、表との間は御錠口《おじょうぐち》と御鈴廊下《おすずろうか》(当初一本、のち二本)で隔てられ、大奥の事務や警備を担当する男性役人の詰め所である御広敷《おひろしき》と、女中たちのいる御殿向《ごてんむき》・長局《ながつぼね》との間も御錠口があり、自由に出入りできなかった。また将軍や*御台所《みだいどころ》に供奉《ぐぶ》して吹上《ふきあげ》御庭《おにわ》や浜御庭に出かけた際、女中たちの遊覧の場を一時的に男子禁制の空間とする慣行もあり、これを「御締《おしま》り」と称した。

参考文献 松平春嶽『前世界雑話稿』(『松平春嶽全集』一、一九七三、原書房)。

(松尾美恵子)

だんしていそうぎむはんけつ　男子貞操義務判決　一九二七年(昭和二)五月、大審院《だいしんいん》で出された「夫が自ら家を出て他の女と内縁関係を結び妻を顧《かえり》みざるは夫が妻に対して負担する貞操義務に違背《いはい》するものと云《い》はざるべからず」という、夫の貞操義務に関する新判決。事件は夫と同棲相手に対し、*姦通罪《かんつうざい》で告訴すると語って手切れ金と養育費を要求した人物が恐喝罪《きょうかつざい》で起訴されたもので、無罪判決が下された。当時の刑法では妻にのみ姦通罪が適用され、民法では妻の不貞は離婚原因とされたが、夫の貞操義務は明文上存在しなかった。しかし同事件の中間決定では、これらの規定を「古来の因襲《いんしゅう》に胚胎《はいたい》する特殊の立法政策に属する規定」であると言い切っている。多くの女性雑誌が大審院の決定を名判決として評価、また、廓清会《かくせいかい》婦人矯風会《きょうふうかい》連合は判決を下した大審院長を招き男子貞操義務判決記念演説会を開催した。この判決の背景として、一九一九年(大正八)に始まった臨時法制審議会の民法改正作業で、夫の姦通をも離婚原因として認めようとの論議が行われていたことがあげられる。

参考文献 利谷信義「男子貞操義務論争」(加藤一郎編『民法学の歴史と課題』一九八二、東京大学出版会)。

(坂井　博美)

だんしょう　男娼　陰間《かげま》のこと。江戸時代のはじめ、若衆《わかしゅ》歌舞伎に出ていた美少年で表舞台には出ない。のちに*男色《なんしょく》となり売色風俗に変質した。承応《じょうおう》元年(一六五二)、男色の流行を禁止する法令も出されたが、町人衆の間では、若衆風俗に憧れる者が多く、歌舞伎役者の人気は衰えることなく、売色は続いた。男色風俗は宝暦から天明期が最盛期であった。

参考文献 白倉敬彦『江戸の男色』(新書y)、二〇〇五、洋泉社。

(宇佐美ミサ子)

だんじょきょうがく　男女共学　男女が同一の学校、学級で基本的に同一の教育課程に従って学習し、教育される形態、制度およびそれを支える教育理念を意味する。日本に先行して生まれた欧米の男女共学制は、近代公教育制度の整備過程で、性別役割分業に象徴されるような市民社会の古典的秩序の修正の結果として現象し、普及、発展したものである。日本では、第二次世界大戦前、小学校の低学年や各種学校を除き、*男女別学《べつがく》が原則であり、小学校だけは女子のみの学級が編成できない場合のみ共学が認められていた。戦後は、*教育基本法第五条で「教育上男女の共学は認められなければならない」とされ、大部分の国公立の学校は男女共学制となった。しかし、これは、共学強制の規定ではないため私立ばかりではなく、国公立の女子大・短大や関東・東北地方を中心に国公立の別学高校を残存させることになった。しかし、一九七〇年代から九〇年代にかけて、これらの地域も含め、共学に移行する大学、高校が増加し、二〇〇二年(平成十四)には公立全日制高校四千校弱に占める別学校の割合は約四%にまで減少した。これに対して、私立全日制千三百校強に占める別学校数の割合は、減少してきたとはいえ、約四三%と大都市圏を中心にまだ多くの別学高校が存在する。教育課程の点でも七〇年代以降の第二次女性解放運動の高揚《こうよう》を背景に、中学校の技術・家庭科の共学、高校の家庭一般の男女双方への選択必修化が実現するなど九〇年代には男女共学の質的深まりが見られたが、両性の対等平等な関係を築くための教育内容、教育実践の確立という点では未だ不十分である。さらに、九〇年代末から今日まで、東京や大阪などの大都市圏を中心に進行している高校の差別化、多様化、男女別枠定員制の緩和措置などによって、男女共学制度そのものの形骸《けいがい》化が進んでおり、両性の平等教育の制度的保障としての共学制の意義は未だに大きいものがある。

参考文献 平原春好編『義務教育・男女共学』(教育基本法文献選集四)、一九七八、学陽書房。橋本紀子『男女共学制の史的研究』、一九九二、大月書店。同「男女共学制度の現状と課題」(『民主教育研究所年報』五)、二〇〇四。

(橋本　紀子)

だんじょきょうどうさんかく　男女共同参画　一九九〇年代から日本政府が採用した性別について公正な社会の理念。*男女共同参画社会基本法(一九九九年)二条は、男女共同参画社会を「男女が、社会の対等な構成員として、自らの意思によって社会のあらゆる分野における活動に参画する機会が確保され、もって男女が均等に政治的、経済的、社会的及び文化的利益を享受することができ、かつ、共に責任を負うべき社会」と定義している。等しく人権が尊重されることを意味する「平等」と、ともに意思決定に参与することを意味する「共同参画」は異なる日本語である。だが、男女共同参画社会基本法の「男女共同参画社会の形成」の定義における男女共同参画は、表現上意思決定への参画が強調されてはいても、*日本国憲法一四条のもと、性別に関する公正を指す語として長年用いられてきた*男女平等と本質的に同義と解される。

参考文献 大沢真理『男女共同参画社会をつくる』(NHKブックス)、二〇〇二、日本放送協会出版会。

(内藤　和美)

だんじょきょうどうさんかくしゃかいきほんほう　男女共同参画社会基本法　性別について公正な社会を、「男女が、互いにその人権を尊重しつつ責任も分かち合い、性別にかかわりなく、その個性と能力を十分に発揮することができる」社会(前文)と認識し、*男女共同参画社会という語で定義して(二条)、その実現のための、基本理念(三―七条)、国・地方公共団体・国民の責務(八―一〇条)、男女共同参画基本計画の策定《さくてい》をはじめとする施策の基本事項(一三―二〇条)等を定めた法律。一九九五年(平成七)の第四回世界女性会議(北京)を機に促進深化した性別について公正な社会の形成に向けての国内外の取り組みのもと、構造改革の政策課題化、連立政権という政治状況とも相まって一九九九年六月に公布・施行された。法律の名称、人権の位置づけ方などについて批判や議論はあるが、同法の施行によって、*日本国憲法のもと、特に国際社会の努力と相まった国際女性年(一九七五年(昭和五十))以降の、性別について公正な社会形成のための官民の取組みに法的根拠が与えられ、体制が格段に整備された。

参考文献 大沢真理編『21世紀の女性政策と男女共同参画社会基本法(改訂版)』、二〇〇二、ぎょうせい。

(内藤　和美)

だんじょこようきかいきんとうほう　男女雇用機会均等法　一九七九年(昭和五十四)に国連で採択《さいたく》された*女子差《じょしさ》別撤廃条約《べってっぱいじょうやく》を日本政府が批准《ひじゅん》するための国内法整備の一環として、一九八五年に制定され、翌年四月一日より施行された法律。正式名称は「雇用の分野における男女の均等な機会及び待遇の確保等に関する法律」。八五年法は、*勤労婦人福祉法《きんろうふじんふくしほう》(昭和四十七年法一一三)の改正として成立したため、はじめから実効性を欠いていると批判されたが、雇用管理全般にわたり男女差別を規制する初の法律としての意義はそれなりに大きいと期待された。「男女別」の雇用管理はこの法の下で違法とされたが、その抜け道として「コース別」雇用管理制度が考案されることになり、事実上、「総合職」に男性を、「一般職」に女性を採用する企業が増加したという皮肉な結果がもたらされた。女子大生の就職難もほとんど改善されなかったため、八五年法への批判は高まり、一九九七年(平成九)には全面的な法改正が実現し、翌年から施行された。九七年法は、福祉法としての性格を払拭し、募集・採用、配置・昇進、教育訓練、福利厚生、定年・退職・解雇に関する女性差別を明確に禁止した。法の実効性を確保するために、㈠企業内での苦情処理機関等における自主的紛争解決が奨励《しょうれい》され、㈡行政機関による手続きとしては、都道府県労働局長による助言、指導、勧告《かんこく》(中立による行政指導)、㈢紛争調整《ふんそうちょうせい》委員会による調停《ちょうてい》、㈣厚生労働大臣《こうせいろうどうだいじん》が必要と認めたときに行う助言、指導、勧告(職権による行政指導)、さらに㈤上記㈣の勧告に従わない企業について企業名が公表される。事業主には、*セクシュアル＝ハラスメント防止の配慮義務が課せられ、また、事実上の男女格差をなくすためにポジティブ＝アクション(積極的是正措置《ぜせいそち》)を講ずる事業主を、国は援助できるという規定が設けられた。二〇〇六年には、再度の法改正が行われて、均等法は、女性に対する差別を禁止する法律から、男女双方に対する差別を禁止する法律になった。重要な改正項目としては㈠間接差別禁止規定が導入されたこと、㈡降格、職種の変更、雇用形態の変更、退職勧奨、労働契約の更新についても、性差別が禁止されることになったこと、㈢妊娠、出産、産前産後休業の請求・取得等を理由とする不利益取扱いが禁止されたこと、㈣セクシュアル＝ハラスメント防止が事業主の法的義務となったこと、などがある。とくに間接差別禁止規定が導入されたこと(第七条)は重要である。間接差別とは、外見上は性中立的な基準であっても、一方の性別の者に不利益な結果を及ぼすことになるような不合理な差別のことをいう。ただし厚生労働省令は、以下の三類型、すなわち㈠募集・採用にあたり一定の身長、体重または体力を要件とすること、㈡コース別雇用管理制度における総合職の募集、採用にあたり、転居を伴う転勤を要件とすること、(三)昇進にあたり転勤経験を要件とすること、のみを間接差別として禁止した(施行規則二条)。禁止される差別の類型をこのように限定するやり方は他国に類をみないことであると批判されている。ただし、省令に明記された事例以外にも司法判断によって違法とされる間接差別が存在することは、附帯決議でも解釈通達でも確認されている。

参考文献　赤松良子『詳説男女雇用機会均等法及び労働基準法(女子関係)(改訂版)』、一九九〇、女性職業財団。浅倉むつ子『均等法の新世界』、一九九九、有斐閣。赤松良子『均等法をつくる』、二〇〇三、勁草書房。日本弁護士連合会編『こう変わる!男女雇用機会均等法Q&A』(岩波ブックレット)、二〇〇七、岩波書店。　(浅倉むつ子)

だんじょちんぎんさべつ　男女賃金差別　同様の仕事に従事しながら、男性は一定年数を経過すれば昇進昇格し賃金も上昇していくのに、女性は低い地位に置かれた結果、賃金も据え置かれ差別される。この差は雇用されている期間の賃金のみならず、退職金・年金も差別された賃金で算定されるため、女性は生涯にわたる差別を背負うことになる。差別され家計補助的低賃金に置かれては女性の経済的自立に支障をきたすだけではなく、差別は人格的尊厳《そんげん》を損なう重大な人権侵害の性格ももっている。賃金に男か女かで差をつけるという歴史は古い。戦前の家父長《かふちょう》的家族制度のもとで、前借《ぜんしゃく》制度と寄宿舎制度、身分制度など半封建的労働関係が搾取《さくしゅ》の基礎にあったために、女性労働者の賃金には男女差がつけられていた。製糸・紡績《ぼうせき》産業の女性労働者の賃金は男性の二分の一にすぎなかった。日本の男女賃金格差は他の先進資本主義国と比較して格差が大きく六五・九%である(二〇〇六年)。一九八五年*男女雇用機会均等法施行前後から導入されたコース別雇用管理により男女格差が拡大していること、職務・職能給による意図的な低職位への女性の格付け、女性労働者の半数以上を占める非正規労働者の低賃金等を是正《ぜせい》することが男女賃金格差是正への差し迫った課題である。男女賃金格差の不当性をつき差別是正の裁判に最初に立ち上がったのは秋田相互銀行《あきたそうごぎんこう》の女性七人だった。一九七一年(昭和四十六)七月六日秋田地裁に提訴し、一九七五年四月勝利判決を得た。これを皮切りに鈴鹿《すずか》市・静岡銀行・岩手銀行・日本鉄鋼連盟・日産自動車・社会保険診療報酬《しんりょうほうしゅう》支払基金・日ソ図書・三陽《さんよう》物産・丸子《まるこ》警報機・芝《しば》信用金庫・塩野義《しおのぎ》製薬・シャープエレクトロニクスマーケティング・住友関連三社(電工・化学・金属)・商工中金《しょうこうちゅうきん》・日立・野村証券・兼松《かねまつ》など男女賃金差別を是正させる裁判闘争に多くの女性が立ち上がり、格差を是正させ昇格をかちとったが、たたかいはまだ続いている。

↓女性差別労働裁判《じょせいさべつろうどうさいばん》

参考文献　桜井絹江『婦人の賃金と仕事』、一九七九、学習の友社。『女性労働研究』四五(男女賃金差別裁判に挑む)、二〇〇四。　(本間　重子)

だんじょどういつちんぎん　男女同一賃金　⇩労働基準法《ろうどうきじゅんほう》

だんじょどうけん　男女同権　狭義には男女とも政治上の権利を同等に有すること、広義には*家族にかかわる法律上の権利についても男女が同等に有することを意味する。最近では子育てにおける父親の権利を主張する時などにも使われる。明治憲法体制が整備される過程で、男性の政治的権利は財産上の制限がありながらも認められたが、女性は否定された。一八八四年(明治十七)の改正区長村会法・八八年の市制町村制・八九年の衆議院議員選挙法・九〇年の府県制郡制により、町村レベルから国に至る選挙権・被選挙権は男性だけに認められた。一九二五年(大正十四)の衆議院議員選挙法改正、二六年の府県制・市制・町村制の改正により男性には普通選挙制が実現。一八九〇年の*集会及政社法《しゅうかいおよびせいしゃほう》は政談集会の傍聴と主催、政社加入という政治活動の権利を女性には認めず、女性は議会の傍聴と請願しか認められなかった。一九〇〇年の*治安警察法も第五条で女性の政治活動を禁止したため、男女同権実現の第一歩として治安警察法第五条改正が課題となる。一九二二年の同法改正は女性の政談演説の傍聴と主催のみ認めた。一九四五年(昭和二十)のポツダム宣言受諾後の衆議院議員選挙法改正と治安警察法廃止のポツダム勅令および翌四六年の町村制・市制・道府県制・都制の改正により、政治上の権利については男女同権が実現した。一九四七年に施行された*日本国憲法は第一四条で法の下の平等、第一五条で男女の普通選挙原則、第四四条で国会議員の選挙権・被選挙権についての性差別禁止を明示している。一八九八年の民法親族相続編(いわゆる*明治民法)は*家制度のもとで妻の無能力や同居・貞操《ていそう》義務、夫による妻の財産管理権などを規定し、明らかに夫婦不同権だった。日本国憲法第二四条は夫婦の同権を明言、この原則に従い明治民法も改正され、現行の民法では法文上男女同権が実現した。

参考文献　市川房枝編『日本婦人問題資料集成』二、一九七七、ドメス出版。井ヶ田良治「明治民法と女性の権利」(女性史総合研究会編『日本女性史』四、一九八二、東京大学出版会)。辻村みよ子『女性と人権―歴史と理論から学ぶ―』、一九九七、日本評論社。　(大木　基子)

だんじょどうけんろん　男女同権論　⇩女性《じょせい》の解放《かいほう》

だんじょどうとうろんそう　男女同等論争　『明六《めいろく》雑誌』に掲載された*森有礼《もりありのり》の「妻妾論《さいしょうろん》」をきっかけに起った、*男女同権の是非に関する論争。森はこの論説(一八七四年(明治七)五月発行第八号から翌年二月発行第二七号までに五回掲載)の中で、「夫婦ノ交ハ人倫ノ大本ナリ」として*一夫一婦制の確立を主張し、夫と妻は同等であるという考えを述べた。これより前、*福沢諭吉《ふくざわゆきち》は「男といい女といい、等しく天地間の一人にて軽重の別あるべき理なし」「この男女はこの夫婦、彼男女は彼夫婦と、二人ずつ区別正しく定る」(明治三年執筆「中津留別之書《なかつりゅうべつのしょ》」)、「男も人なり女も人なり」(一八七四年刊行『学問のすゝめ』

第八編）と男女の同等や一夫一婦であるべきことを主張、『明六雑誌』三一（一八七五年三月）では「男女同数論」を発表してわかりやすい視点から一夫一婦論を展開した。ただし森・福沢両名ともに、その議論は参政権など公的領域にまで及ぶものではなく、「同権」の主張ではなかった。しかし世間ではこれらは男女同権論と捉えられ、たとえば一八七四年八月二十四日付の『郵便報知新聞』には「駁男女同権論」と題した投書が掲載されて、「外国帰りの大先生達男女同権との論多し当時ハかの国にてさへ女の権威が強すきて男ハいつれも鼻たらし」「何のわけもなく西洋好きの大先生たゝ外国といふ時ハ屁をひつたのもうれしがり」と皮肉たっぷりに批判された。また加藤《かとう》弘之《ひろゆき》は『明六雑誌』三一に「夫婦同権ノ流弊論《りゅうへいろん》」と題する論文を載せ、森や福沢の「夫婦同権論」の結果「婦権」が「強大」化し、ヨーロッパの夫婦間に見られるような女性の歓心を得ようとする悪習が根付いてしまうと警告している。森は加藤の批判に対し次号で、自分は「夫婦ノ間ハ同等ニシテ尊卑《そんぴ》ノ差ナキコト」を述べたに過ぎず「同権ニ至テハ絶テ之ヲ論ゼシコトナシ」と、公的領域の権利まで男女間で同じとする同権論とみずからの同等論を区別したが、論争は続き、*津田真道《つだまみち》は『明六雑誌』三五（一八七五年四月刊行）に「夫婦同権弁」を寄せ、「民権上ニ於テハ彼国男女ノ権実ニ同シ」と私的領域での男女の同等は認めるが「夫婦同権ト云フコトハ民法上ニ於テモ絶テ無キコトナリ」と夫婦間の同権は認めない見解を示した。論争には、公私両領域ともに同権か私的領域のみで同権か、独身女性だけに認めるのか夫婦間でも認めるのか、西洋思想に基づくか日本旧来の伝統的観念を重視すべきか、男女間の肉体的差異に論拠を求めるべきかなど、さまざまな立場から活発に意見が出されたが、メディアを媒介とした議論の方法が確立されていない当時、福沢諭吉が「権ノ字ヲ推量シテ思ヒ思ヒニ説ヲ述ルコトアラバ、其際限アル可ラズシテ所謂水掛ケ論ナリ」（「男女同数論」）と指摘したように、「同権」や「同等」といった言葉の定義が充分に成されぬままに議論が展開し、論争としてはきわめて曖昧《あいまい》なものになった。

参考文献　外崎光広『日本婦人論史』上、一九八六、ドメス出版。山口美代子編『資料明治啓蒙期の婦人問題論争の周辺』、一九八九、ドメス出版。金子幸子『近代日本女性論の系譜』、一九九九、不二出版。　（西澤　直子）

だんじょにじゅうおうけん　男女二重王権　⇩ヒメ・ヒコ制《せい》

だんじょのほう　男女の法　大化改新最初の立法とされる、生まれた子の帰属に関する法令。『日本書紀』大化元年（六四五）八月五日条には、同日に設けられた鐘匱制《かねひつのせい》（訴訟制度）に続き、四条から成る規定の詳細がみえる。第一に、良男《りょうなん》（良民の男子）と良女《りょうじょ》（良民の女子）の間にできた子どもは、父につけること。第二に、良男と婢《ひ》（女子の賤《せん》民《みん》）の間にできた子どもは母につけ、良女と奴《ぬ》（男子の賤民《みん》）の間にできた子どもは父につけること。第三に、主人を異にする奴婢《ぬひ》の間の子どもは、母につけること。第四に、寺院が所有する仕丁《しちょう》（雑役夫《ぞうやくふ》）の子どもは良民に準じるが、奴婢とされている者の子どもについては、奴婢に準じた扱いをするというものである。男女の法では、良と賤の二種に分けられた身分が問題となるが、良賤間にできた子どもはすべて奴婢としている記載から、良賤の通婚自体については規制の対象外だったとわかる。当時の*婚姻は、儀式や制度によって承認されるものではなく、当人同士の意志によって成立した。通いの長期継続は結婚と意識され同居へと移行したが、男女とも配偶者以外との性関係が許されており、双方の結びつきは流動的なものだった。生まれた子は母親のもとで成長することから、母と子どもの結びつきはきわめて強く、家族生活を許されない奴婢間の子が母に付されたのは、社会の実情をふまえての処置だったといえる。しかし、本法令で注目すべきは規定の冒頭で、良民同士の間にできた子は父に付すと明示されたことにある。この時代の日本に見られる家族形態は、婚姻と育児、同居の不一致を特徴とし、経営単位としては未だ確立していない。子どもは父方母方の双方に帰属する両属性を帯びており、地位や財産、*氏名の継承権も一方に定まってはいなかった。「良民の子は父に配す」とした男女の法は、このような両属的慣行を否定するものであり、中国では常識となっていた父系主義の原則を、日本ではじめて公的にした法令である。

参考文献　関晃「鐘匱の制と男女の法」（『大化改新の研究』下）、一九九六、吉川弘文館。関口裕子「「大化改新」批判による律令制成立過程の再構成―人民把握成立過程を中心に―」上（『日本史研究』一三二）、一九七三。成清弘和「古代における所生子の帰属について―戸令規定と大化の男女の法との比較を通して―」（『日本古代の王位継承と親族』一九九九、岩田書院）。　（角谷　英子）

だんじょびょうどう　男女平等　男女に差別のないことを意味するが、一般的に女性がその性ゆえに受けてきた政治的・経済的・社会的・心理的などあらゆる差別に対してその撤廃《てっぱい》を求める意味を含む。人間平等の観念は十七・十八世紀に西欧の近代自然法思想の中から生まれ、人間は生まれながらにして自由・平等の生活を享受《きょうじゅ》する権利をもつとされた。だが、ここに女性は含まれておらず、十八世紀後半フランス市民革命の人権宣言においても人間・市民は男性のみを意味していた。女性たちはまず市民として社会の一員になることを目標に政治参加を含む法的権利を要求していった。日本では明治時代に自然法思想を学んだ啓蒙《けいもう》思想家たちが女性論を唱えたが平等論には至らず、男女平等論の代表的論者としては大正期に教育の男女平等、女性の政治参加、経済的自立を主張した*与謝野晶子《よさのあきこ》が上げられる。戦後に新憲法は国民が法の下に平等であって性別により差別されないことを定め、女性は法的権利を認められ参政権を獲得、高等教育と*男女共学の道が開けた。だが*労働基準法（一九四七年

(昭和二十二)は賃金差別のみを規定、*結婚退職制・定年制などの待遇差別は残った。一九七五年*国際婦人年を経て、七九年国連で採択された*女子差別撤廃条約は男女の役割分業の変革をめざし法的平等だけでなく事実上の平等を実現することを求めた。日本は条約批准《ひじゅん》(一九八五年)に向け法的整備を迫られ、*男女雇用機会均等法制定(同年)の過程で労働者側と政府・雇用者側とが「保護か、平等か」を巡り対立。男女の実質的平等のために女性への特別措置《そち》は合理的とするのが前者の論点であり、性別役割分業を前提とした経済システムの中で女性が男性と対等に働くことの意味が問われた。一九九〇年代に政府は男女平等の理念を掲げて*男女共同参画施策を打ち出し、埼玉県、東京都、長野県塩尻《しおじり》市など地方公共団体が男女平等条例を制定、これは首都圏男女平等条例市民ネットワーク(一九九七年(平成九)創設、代表樋口恵子)の後押しによる。九七年均等法改正以降、女性の職業と見なされてきた分野で九八年*保育士、二〇〇一年*看護師など名称が変更された。最近では両性の差別撤廃と平等をめざし*ジェンダー平等が唱えられている。→育児《いくじ》・介護《かいご》休業法《きゅうぎょうほう》 →男女同等論争《だんじょどうとうろんそう》 →日本国憲法《にほんこくけんぽう》 →フェミニズム

参考文献 竹中恵美子「「機会の平等」か「結果の平等」か」(『婦人問題懇話会会報』三七)、一九八二。水田珠枝『女性解放思想史』(ちくま学芸文庫)、一九九四、筑摩書房。

(金子 幸子)

だんじょべつがく 男女別学 男女が、異なった教育理念や宗教的な理由から、別々の学校、学級で学習し、教育される形態、制度のこと。そのため、教育課程も異なる場合が多い。日本では、明治維新後も「男女七歳にして席を同じうせず」といわれるほど、教育における男女分離は厳しかった。第二次世界大戦前は、主に両性の将来の業務の違いや風紀上の問題を理由に、小学校の低学年や各種学校を除き、基本的に男女別学が原則であった。教育の指導理念も、男子には質実剛健《しつじつごうけん》、女子には良妻賢《りょうさいけん》母《ぼ》が掲げられた。当時の男女別学というのは、単なる学習形態の違いではなく、教育目的、教育課程上にも明確な違いがあり、特に、高等教育をめざす女子にとっては制度的、内容的差別を意味した。戦後、共学《きょうがく》制度が採用されたが、今なお、私立を中心に別学の学校が存続している。ここには、共学の集団とは異なる、別学の集団のもつ教育力の有効性が示唆《しさ》されているとも考えられる。

参考文献 橋本紀子『男女共学制の史的研究』、一九九二、大月書店。

(橋本 紀子)

だんせいがく 男性学 男性が男性であるがゆえに社会的に抱えている問題について研究する学問。*女性学の男性版として、一九八〇年代のアメリカから始まった。日本では一九九〇年代に、男性学を名乗る講座や研究が開始された。一部に男性権威の復活や「男らしさ」の復権をめざす研究動向もあるが、男性学の主流は、攻撃性、暴力性、競争意識によって特徴づけられる「男らしさ」からの解放をめざす方向性を持ち、メンズ＝リブ運動と連動しつつ、*フェミニズム・女性学とも連携しながら研究が進められてきた。「男性性」「父性」等についての社会学、心理学、人類学、歴史学等の諸学問分野からの研究に加えて、*セクシュアル＝ハラスメント、*ドメスティック＝バイオレンス等における、男性の加害者性についての研究などが、蓄積されている。

参考文献 伊藤公雄『〈男らしさ〉のゆくえ』、一九九三、新曜社。井上輝子・上野千鶴子・江原由美子編『男性学』(日本のフェミニズム別冊)、一九九五、岩波書店。

(井上 輝子)

だんそう 男装 江戸時代後期には、家の内部で*家長《かちょう》に従い、それにふさわしい振る舞いを要求される女性像に反発したり、拒否したりする女性が現れる。十九世紀半ば近くの江戸で、「女子の所業《しょぎょう》」を嫌って奉公先を*欠落《かけおち》し、男装して男名前を名乗っていた無宿たけは、わずかな盗みと詐欺《さぎ》で逮捕、処罰され、男装も禁止された。だが、その後も男装を続け、五年後、ゆすりをしている男を見かけて取り押さえ、役人の手先を名乗って連れ廻したりしたことを咎《とが》められ、「人倫《じんりん》を乱し」たとして*遠島となった。同じころ、男性の領域とされた漢詩の世界で専門詩人となることを目指し、九州から単身江戸に出て経済的にも自立していた漢詩人*原采蘋《はらさいひん》は、男装していたといわれる。また日ごろ抑圧されている人々が主体となって近世に周期的に起きた大巡礼運動おかげ参りのうち、右とほぼ同時期の文政のおかげ参りには、男装の若い女性の集団が目撃されている。男装は、近世社会の女性像に対する解体期の女性の異議申し立て・象徴と考えられる。

参考文献 関民子『江戸後期の女性たち』、一九八〇、亜紀書房。同『恋愛かわらばん―江戸の男女の人生模様―』、一九九六、はまの出版。

(関 民子)

だんそんじょひ 男尊女卑 男性は尊く、女性は卑しいとする思想・態度。『列子《れっし》』に「男女之別、男尊女卑」という言葉があるが、日本において男尊女卑思想がもっとも普及したのは近世社会においてである。というのは、「家」を中心に社会が構成されていた近世社会において、「家」の代表者である男性*家長《かちょう》は、「家」の存続・発展という目的を達するために特有の権限をもっていたからである。とりわけ武士身分においては、男尊女卑の考え方が顕著《けんちょ》であった。女性は無知で愚《おろ》かな存在であるがゆえに、女性は何事も夫に従うべきだとされ、男性と女性は優位―劣位の関係性においてとらえられている。この観点から*女訓書《じょくんしょ》が多数出版され、孝行《こうこう》・服従・*貞節《ていせつ》・勤勉・従順《じゅうじゅん》などの道徳的規範が定められていった。「女子と小人《しょうじん》は養《やしな》いがたし」「幼にしては父に従い、嫁《か》しては夫に従い、老いては子に従う」など、男尊女卑を表わす言葉は多い。そして女性蔑視《べっし》の思想形成とともに、女性に対する*不浄観《ふじょうかん》・罪障観《ざいしょうかん》が強調されていった。近代に入り近

代的な法制度や学校教育制度が整備されていったが、参政権に代表される政治的権利や教育の機会均等《きかいきんとう》などのさまざまな点において、女性は男性と平等な権利を獲得することができなかった。また一八九八年(明治三十一)に公布された民法では、長男子本位の家督《かとく》相続制度や既婚女性に対する法的無能力者規定、*財産相続における妻の権利の制限、男女で異なる離婚条件など、淳風美俗《じゅんぷうびぞく》の名のもとに、男尊女卑的な家族関係が規定されている。他方で、二十世紀に入ると、近代的な男女平等思想にのっとって女性解放運動が展開され、男尊女卑思想が批判されるとともに、法的な*男女平等の達成が追求されていった。しかしそれらが実現したのは第二次世界大戦後のことである。憲法で両性の平等が規定されたのをはじめとして、政治的権利の獲得や教育の機会均等が実現し、民法も改正されて家族制度が廃止された。ただ、法的なレベルでの男女平等は実現したものの、男尊女卑思想はさまざまな観念と絡《から》み合いつつ、社会意識として人々の間に根強く生き続けている。

参考文献 石川松太郎編『女大学集』(東洋文庫)、一九七七、平凡社。

(小山　静子)

たんどくそうぞく　単独相続　⇩財産相続《ざいさんそうぞく》

たんのセツ　丹野セツ　一九〇二―一九八五　大正・昭和時代の労働運動家、共産党活動家。福島県石城郡《いわきぐん》(いわき市)に誕生。父は大工。水戸女子師範に合格するが、父の反対で断念、日立本山《ひたちほんざん》病院見習い看護婦となる。相馬《そうま》一郎《いちろう》・川合義虎《かわいよしとら》らを知り、社会主義にめざめ、日立《ひたち》友愛《ゆうあい》会《かい》発会式に参加。一九二一年(大正十)上京、暁民会《ぎょうみんかい》・*赤瀾会《せきらんかい》・*八日会《ようかかい》に参加。労働者の町、亀戸《かめいど》に移り住み、のち夫になる渡辺政之輔《わたなべまさのすけ》が指導する南葛《なんかつ》労働組合・東京東部合同労働組合で、*女工をしながらオルグ活動(組織活動)を行う。この間の一九二三年関東大震災時の南葛労働組合員らの虐殺事件、亀戸事件では命拾いする。一九二五年評議会結成で同関東地方評議会婦人部長。翌年の評議会大会で総本部婦人部設置を提案、婦人部論争の引き金になる。同年再建共産党入党(婦人部長)、初代書記長になった渡辺と非合法活動に入る。一九二八年(昭和三)検挙、獄中で渡辺の死を知る。懲役《ちょうえき》七年の刑を受け、下獄。一九三八年満期出獄後看護婦・工場保健婦となる。敗戦後共産党に再入党、一九五六年東京葛飾《かつしか》に四ツ木《よつぎ》診療所を創立し、のち四ツ木病院理事を長く務めるが、晩年離党、四ツ木病院も退いた。

参考文献 山代巴・牧瀬菊枝編『丹野セツ―革命運動に生きる―』、一九六九、勁草書房。丹野セツ他「《座談会》労働運動のなかの先駆的女性たち」(『運動史研究』一一)、一九八三。

(鈴木　裕子)

だんぱつ　断髪　江戸時代の髪型である、男性のチョンマゲ・女性の髷《まげ》を短く切ること。明治政府は欧化政策として明治四年(一八七一)断髪令を発布したが男子のみに対してであった。男子にまねて断髪した女子を新聞や世論は、「其醜体陋風、見ルニ忍ビズ」「片腹イタキ業ナリ」と攻撃。まず東京府が女子の断髪を禁止し、政府も違式《いしき》詿違《かいい》条例を定め罪金を科した。第一次世界大戦後のデモクラシーの中で、知識階級を中心に、断髪し、*洋装して銀座を歩くモガ(*モダンガール)が出現したが、満州事変ごろから再び長い髪が流行した。

参考文献 『風俗・性』(日本近代思想大系二三)、一九九〇、岩波書店。総合女性史研究会編『日本女性の歴史―性・愛・家族―』(角川選書)、一九九二、角川書店。

(小和田美智子)

たんふきょう　炭婦協　⇩日本炭鉱主婦協議会《にほんたんこうしゅふきょうぎかい》

ち

ちあんけいさつほう　治安警察法　集会・結社・言論の制限と社会運動の取締り法。一九〇〇年(明治三十三)三月十日公布、一九四五年(昭和二十)十一月二十一日廃止。一九〇〇年第二次山県有朋《やまがたありとも》内閣が一八九〇年公布の*集会《しゅうかい》及政社法《およびせいしゃほう》の全面的改正として提出し、ほとんど無修正で成立した。結社・集会の制限を労働争議や小作争議にまで適用する。すでに集会及政社法が女性の政治活動を全面的に禁止していたが、治安警察法もそれをそっくり受け継ぎ、第五条第一項で政社加入を、第二項で政談集会への会同と発起人《ほっきにん》になることを女性には禁止した。そのため女性の権利を求め政治活動をするためにはこの法律の第五条改正が焦眉《しょうび》の急となった。*平民社《へいみんしゃ》の女性たちが一九〇五年から四回にわたって第五条第一項・第二項の改正請願運動を行い、第二項改正のみ衆議院で可決されたが貴族院で否決され続けた。大正期に入り*新婦人協会が受けつぎ、一九二二年(大正十一)第二項のみ改正。女性の政治結社加入は戦後に持ち越された。

参考文献 児玉勝子『婦人参政権運動小史』、一九八一、ドメス出版。

(大木　基子)

ちいきじょせいし　地域女性史　一定の地域を研究対象とした*女性史。地域女性史という言葉が一般的に使用されるようになったのは、一九八〇年代の後半である。一九七七年(昭和五十二)に行われた第一回の女性史のつどい(名古屋)では「地域の女性史」という言葉が使われている。しかし八三年の第三回のつどい(神奈川)では「地方女性史」分科会と名づけられている。八六年の第四回のつどい(愛媛)で「地域」と「地方」のちがいを明らかにし、以後「地域女性史」が使用されるようになった。八九年には東京足立区で『葦笛《あしぶえ》のうた』の出版を記念して「地域女性史交流研究集会」が開かれ、「地域女性史のおもしろさ、むずかしさ」が話し合われた。九二年の第五回の沖縄のつどいでは、シンポジウムのテーマが「地域女性史研究の現況と課題」であった。『地域女性史文献目録』によると、地域女性史的内容の書物は一九五〇年代から刊行されているが、七〇年代以降急速に増加している。六〇年代までは男性を含む個人の著作が多く、地方新聞などに連載されたのち単行本として刊行されるかたちが特徴的である。七〇年代に入って、各地域で女性史サークルが増え始め、これらサークル員による*聞き書き、年表、評伝などの集団研究が出始めている。八〇年代に入ると、*国際婦人年の影響で、自治体が女性政策を策定《さくてい》するようになり、その政策の一環として女性史編纂が行われるようになった。その最初の成果が神奈川県の『夜明けの航跡—かながわ近代の女たち—』(一九八七年)である。その後つぎつぎと県レベル、あるいは東京では区単位で地域女性史が編纂された。二十一世紀に入る前後から、いわゆる女性政策に対するバックラッシュの傾向のためか、自治体主導の地域女性史編纂は減少傾向にある。しかし各地域での女性史への意欲は根強く、自主サークルでの研究はなお盛んである。地域女性史の研究成果は、近現代が中心でときに近世がはいるが、史料の限界、書き手の力量の関係もあって中世、古代にまでさかのぼる場合はまだほとんどない。女性たちの姿や声は歴史の陰に隠されてきたが、なかでも地域に密着して生きてきた女性たちの日々の暮しはいっそう歴史の闇に閉ざされてきた。これを明らかにするには史料の限界があり、地域女性史では聞き書きが多用されてきた。全国では膨大な数の聞き書きがなされているが、そのテープも含めて地域女性史の資料の保存・公開についてそのアーカイブ化はまだ緒《ちょ》についていない。女性史研究では研究の深化とともに*ジェンダー概念が導入され、ジェンダー史の提唱もされている。地域女性史でもジェンダーの視点を踏まえつつ、まだまだ明らかにしなくてはならない課題が非常に多い。地域女性史の成果が豊かになることによって、自治体史はいうまでもなく、日本の歴史もやがて書き換えを迫られることになるであろう。

参考文献 折井美耶子『地域女性史入門』、二〇〇一、ドメス出版。折井美耶子・山辺恵巳子『地域女性史文献目録(増補改訂版)』、二〇〇五、ドメス出版。

(折井美耶子)

ちいきふじんかい　地域婦人会　明治時代後半以降、家庭婦人を地域単位で組織した女性団体。一九〇八年(明治四十一)十月の戊申詔書煥発《ぼしんしょうしょかんぱつ》後、上から推進された地方改良運動の中で、戸主《こしゅ》団体・青年団体・女性団体の設立が促《うなが》された。戸主団体とは別に女性の組織化が意識され、未婚の*処女会《しょじょかい》と家庭婦人の地域婦人会が結成されていった。組織化にあたっては、小学校の教員に地域婦人層の教化役割が与えられ、地名を冠《かん》した母の会や*婦人会が創られ、婦徳《ふとく》の涵養《かんよう》、風俗改善などが掲げられた。一九一七年(大正六)から内務省が女性団体の調査を始め、二〇年の第二回調査をまとめた『全国処女会婦人会の概況《がいきょう》』(一九二一年十月発行)を発表、婦人会数は、町村段階で一九三二、部落段階で二三六一、その他一二七七、計五五七〇、会員数八七万二四〇七人であった。このころ女性団体組織化の機運が高まり、郡段階で訓令《くんれい》や通牒《つうちょう》を発して女性団体設置が奨励《しょうれい》され、連合組織も結成されていった。具体的活動としては、講演会、講習会、軍事援護、雑誌の回覧、農村では蔬菜《そさい》の販売や品評会などと多様であった。他方一九一九年に成立した*全関西婦人連合会もその参加団体の多くを地域婦人会が占め、主婦会・婦人会・婦人修養会などの自主化の動きも現れていた。一九三〇年(昭和五)十二月文部省は訓令「家庭教育振興ニ関スル件」を発し、*大日本連合婦人会(連婦)を設立(発会式は三一年三月六日)して、地域婦人会の組織化を図った。家庭改善・生活改善・時間励行《れいこう》・勤倹貯蓄《きんけんちょちく》などをうたい、婦徳をわきまえ地域住民として貢献させることを期待した連婦の試みは、具体的な掌握《しょうあく》にはつながらず、*大日本婦人会へ吸収された。敗戦直後、文部省は伝統的婦徳に立脚する官製婦人団体の結成を図るが、GHQが反対し、「民主的」団体の育成を指示、結局地方行政の社会教育担当者により地域婦人会が組織された。単位地域婦人会が都市ごとに連絡協議組織をつくり、全国組織へと発展、一九五二年*全国地域婦人団体連絡協議会を結成。会員五百万人(二〇〇五年現在)。九〇年ごろから、地域婦人会の解散がみられる。

参考文献 千野陽一『近代日本婦人教育史—体制内婦人団体の形成過程を中心に—』、一九七九、ドメス出版。

(石月　静恵)

チウヂン　秋瑾　Qiu Jin　一八七五—一九〇七　中国清末の女性運動家、革命家、詩人。「しゅうきん」とも読む。本名は秋閨瑾《チウグイジン》、渡日後、競雄鑑湖女侠《ジンシュンジエンフーニューシア》ともいう。清朝の官僚秋寿南《チウショウナン》と単《シャン》夫人の長女として浙江《ヂョージアン》省紹興《シャオシン》に生まれる。父の任地湖南《フーナン》で兄とともに詩文を学び、乗馬や剣舞に上達する。父の任地湖南で「父母の命」により富豪の王廷鈞《ワンティンジュン》と結婚。賄賂《わいろ》で官職を得た夫について北京へ移り、政府の腐敗無策ぶりから清朝打倒の民族運動に共鳴。一方、呉芝瑛《ウーヂーイン》たちの新しい女性の生き方に触発され、「学問」を身につけ自立するために、一九〇四年(明治三十七)家族と別れて日本留学する。*下田歌子《しもだうたこ》の実践女学校で学ぶかたわら、中国革命同盟会に加入して、清朝の統治反対や「男女平権」を主張した。日本の「清国留日学生取締規則」に抗議して、翌年十二月末に帰国。一九〇七年『中国女報《ヂョングオニューバオ》』を創刊して、女性が暗闇の地獄から出て、自立の基礎、自活の技能を求めるよう呼びかけるが、資金が続かず二期で停刊。紹興《シャオシン》の大通《ダートン》学校で革命軍兵士を養成し、武装蜂起《ほうき》も計画したが、事前に漏れて逮捕、処刑された。

参考文献 前山加奈子「秋風秋雨人を愁殺す—秋瑾女士伝—」(中国女性史研究会編『中国女性解放の先駆者たち』一九八四、日中出版)。武田泰淳『秋風秋雨人を愁殺す—秋瑾女士伝—』(ちくま日本文学全集四二)、一九九二、筑摩書房。前山加奈子「留学生・秋瑾—女子教育の夢を追って—」(『女子教育もんだい』五三)、一九九三。永田圭介『競雄女侠伝—中国女性革命詩人秋瑾の生涯—』、二〇〇四、編集工房ノア。 (前山加奈子)

ちえこしょう 智恵子抄 詩人・彫刻家高村光太郎《たかむらこうたろう》(一八八三—一九五六)の第二詩集。一九四一年(昭和十六)龍星《りゅうせい》閣《かく》刊。新進の洋画家智恵子との出会いから結婚、狂気、死に至る約三十年間の交渉を歌った詩二十九編からなる。白玉書房版(一九四七年)、新潮文庫版(草野心平編、一九五六年)の二つの増補・改訂版がある。太平洋戦争直前に出されたこの詩集は、一途《いちず》な愛と芸術に殉じた一対の男女の絶唱として多くの人々の共感を呼んだ。「あどけない話」「レモン哀歌《あいか》」などの哀切な詩群は、至高《しこう》の「純愛詩集」として現在でも多くの読者に読みつがれている。一方、モデルの美化、神秘化によって、洋画家としても一人の人間としても破綻《はたん》せざるを得なかった生身の智恵子の苦悩が語られていないという批判もある。光太郎自身が『智恵子抄』は徹頭徹尾《てっとうてつび》くるしく悲しい詩集であった」(「あとがき」『智恵子抄その後』、龍星閣、一九五〇年)と述べている通り、「愛の詩集」の背後には、ともに芸術を志した男女の壮絶な相克《そうこく》と葛藤《かっとう》がかいま見える。

参考文献 黒澤亜里子『逆光の智恵子抄』(女性文庫)、一九九七、学陽書房。佐藤春夫『小説智恵子抄』、二〇〇〇、日本図書センター。 (黒澤亜里子)

ちかまつもんざえもん 近松門左衛門 一六五三—一七二四 江戸時代の*歌舞伎・*浄瑠璃《じょうるり》作者。本名杉森信盛。別号平安堂・巣林子《そうりんし》・不移山人《ふいさんじん》。杉森信義の次男として福井に出生。十五歳のころ越前吉江(福井県鯖江市)藩士であった父が浪人となり、家族とともに上京して公家《くげ》に仕え、加賀掾《かがのじょう》のもとで浄瑠璃作者としての修業を始めたとされる。三十一歳の折に『世継曾我《よつぎそが》』によって自立し、その後ほぼ十年間は坂田藤十郎《さかたとうじゅうろう》と提携して多くの歌舞伎狂言を作った。竹本義太夫《たけもとぎだゆう》のために書いた『*曾根崎《そねざき》心中』の大当たりを契機に竹本座専属作者となり、百篇にあまる浄瑠璃を手がけ、題材を前代に設定した時代物や当代の事件に取材した世話物に独自の悲劇の方法を確立し、純粋な愛情や善意が現実の人間関係のなかで、義理と情の間《はざま》に挫折を余儀なくされてゆく悲しさを愛情をこめて描き出した。没後編まれた『難波《なにわ》土産』の「発端《ほったん》」には虚実皮膜論《きょじつひにくろん》として知られる近松の卓越した芸能論が聞き書きとして記されている。

参考文献 森修『近松門左衛門』(古典とその時代六)、一九五九、三一書房。鳥居フミ子『近松の女性たち』、一九九九、武蔵野書院。 (鳥居フミ子)

ちかん 痴漢 公共の場所や乗物のなかで、相手に羞恥《しゅうち》心《しん》や不安を抱かせる性的言動や卑《ひ》わいな行為をする男のこと。痴漢行為としては、衣服の上からあるいは直接身体に触れて手で下半身や胸などを撫《な》で回す、背後から密着して身体や性器を押しつける、階段などでスカートの内を盗撮するなどの行為がある。従来、痴漢は軽微《けいび》な迷惑行為として見過ごされがちであったが、現在では「痴漢は犯罪!」とのキャッチフレーズのもとに重罰化の傾向にある。各都道府県の迷惑防止条例違反によって罰せられ、場合によっては刑法の強制わいせつ罪が適用される。痴漢行為は、現行犯逮捕によってしか加害者を特定できないという性質をもつが、近年、勇気をもってその場で声を上げる被害者が増えてきた。痴漢くらいと放置することは、社会がより深刻な性暴力や性犯罪を容認することになるので、「女性への暴力」防止という観点から勇気ある告発には意義がある。

参考文献 中野麻美・飯野財『全図解セクハラ・DV・ストーカー・ちかん—被害者を救う法律と手続き—』、二〇〇三、自由国民社。 (井上摩耶子)

ちかんしょうにん 智観上人 一七四三—九〇 江戸時代中期の尼上人。信州善光寺《ぜんこうじ》大本願《だいほんがん》第百十五世・江戸青山善光寺第七世。自筆奥日記『日記摘要《てきよう》』を残す。信州善光寺は江戸時代には天台宗東叡山寛永寺《とうえいざんかんえいじ》の末寺で、天台宗大勧進《だいかんじん》と浄土宗大本願が独立し、双方の住職で寺務を勤めた。大本願は尼僧団であり住職は勅許《ちょっきょ》上人で多くは公家の娘が選ばれた。智観上人の出自《しゅつじ》ははっきりしないが、大和《やまと》国新庄《しんじょう》藩主永井直亮《ながいなおすけ》の弟直次の娘と考えられる。宝暦《ほうれき》三年(一七五三)に十一歳で入寺。先代は前年遷《せん》化《げ》していたため、直ちに住職となり、翌年、上人継目《つぎめ》御礼《れい》に江戸城へ登城。上京参内《さんだい》は二十二歳のとき、一度だけであったが、江戸へは在職中、九回往復し十六回の御目見をしたことは大名の参勤交代に匹敵する。ほかに徳川家をはじめ諸家の女性たちとの交流、末寺の青山善光寺、大坂和光寺《わこうじ》、越後十念寺《じゅうねんじ》・信州宗光寺《そうこうじ》の管理・開帳行事、松代《まつしろ》藩や浄土宗増上寺《ぞうじょうじ》・京都聖護院《しょうごいん》、寺社奉行など諸関係先との責務などを三十八年間つとめる。

参考文献 鷹司誓玉編著『信州大本願江戸青山善光寺智観上人』、一九七六、大本願教化部。 (柴 桂子)

ちきゅうせつ 地久節 *皇后の誕生日。一八八九年(明治二十二)大日本帝国憲法発布および九四年大婚二十五周年記念の式典に、明治天皇と並んで国民の前に現われた美子《はるこ》皇后の姿は女性の地位向上を示すものと受けとめられ、皇后の誕生日を天皇誕生日の天長節《てんちょうせつ》と同じように祝うべしという世論が巻き起った(天長節は明治元年に祝祭日として制定、名称は『老子《ろうし》』第七章「天長地久」に由来する)。女性キリスト者たちはいち早くこれを支持、基督《キリスト》教婦人矯風会《きょうふうかい》は地久節に感謝会を開催、皇后に聖書を贈ることを切望した。多くの私立女学校もこの日を祝賀し自主休校とした。明治末期には*愛国婦人会も地久節を称揚《しょうよう》した。一九三一年(昭和六)文部省の支援を受けた*大日本連合婦人会が三月六日地久節に発足、この日を「*母の日」として家庭教育振興を推進する。愛国婦人会は「満州事変」勃発《ぼっぱつ》後、地久節に奉祝婦人報国祭《ほうしゅくふじんほうこくさい》を催した。一九三三年「婦人報国祭」と改称、戦時下に皇后誕生日は女性統合のシンボル的性格を色濃くしていった。↓婦人報国運動《ふじんほうこくうんどう》

参考文献 片野真佐子「初期愛国婦人会考―近代皇后像の形成によせて―」(大口勇次郎編『女の社会史―17―20世紀―』二〇〇一、山川出版社)。同『皇后の近代』(講談社選書メチエ)、二〇〇三、講談社。原武史・吉田裕編『(岩波)天皇・皇室辞典』、二〇〇五、岩波書店。

(金子　幸子)

チキリアシカイ　チキリアシカイ　⇩オッケニ

チクナシのはは　チクナシの母　⇩オッケニ

ちくばしょう　竹馬抄　室町時代の武士の心得、作法を記した書。一冊。書名は自身の子ども、および子孫のために書きとどめる意。作者は足利義満時代の管領《かんれい》、斯波《しば》義将《よしまさ》。成立は奥書により永徳《えいとく》三年(一三八三)、作者の管領在任中に書かれた。武士の心得と作法を十ヵ条あげて訓戒《くんかい》したもの。君に忠にして名を惜しみ仏神を崇《あが》め、心を正直にして道理を第一にすべきである、名利《みょうり》だけでなく、*和歌・管弦・書・囲碁などを学び、『*源氏物語』や『*枕草子』などを精読し、芸能によって心を慰め、他人への心遣いを知れ、という。平安朝文学や芸能が公家から武士の上層に流布したことを示している。人生態度、特に腹を立てることについての訓戒を見ると、当時の女《じょ》訓《くん》にみる、怒りを心中に閉じこめて和やかにふるまえ、との教えとは対照的である。男子はいったんは心を静め理非をわきまえた上で道理にかなうことには腹を立てよ、腹の立つときに立てず、うらむべきこと、嘆くべきこと、また人に思い知らせるべきことをいわずに、この人は人のいいなりになる人だと思われるのはよくない、ひとすじにやわらかでうるわしい人は人に軽蔑《けいべつ》される、と意思表示・自己主張をはっきりすべきだと教えている。『群書類従』二七所収。

参考文献 『群書解題』一九。

(西村　汎子)

ちご　児　広くは男女の*子どもをさす語だが、中世では寺院や公家・武家に召し使われた少年をさし、特に寺院の童《わらわ》をさす語として最も多く使われた。ただし寺院の童のすべてが児と呼ばれたわけではない。中世寺院にはさまざまな階層の童がおり、その代表が児・中童子《ちゅうどうじ》・大童《だいどう》子《じ》であった。彼らは僧侶に仕え僧房《そうぼう》や院家《いんげ》に所属していたが、この中で最も出身階層が高い童が児であった。つまり狭義《きょうぎ》の児は、寺院にあって僧に仕える限られた階層の少年をさす呼称である。児の階層は中世前期の仁和寺《にんなじ》御室《おむろ》の例を見ると、上は上級貴族から下は院の北面《ほくめん》の武士の子がおり、父親の位階が六位以上の少年たちと知られる。伝守覚法親王《しゅかくほっしんのう》の『右記《うき》』によれば、児は「童形《どうぎょう》」ともみえ、出仕する年齢は十二、三歳から十七歳もしくは十九歳までとあり、師主《ししゅ》の僧に対する奉仕と服従を旨とし、外典《げてん》や管弦音曲詩歌《かんげんおんぎょくしいか》などの諸芸の学習に励み、化粧を施した顔に美麗な装束を身に付け、「風情《ふぜい》」と「幽玄《ゆうげん》」を醸《かも》し出すことを課せられた少年たちであった。鎌倉時代の絵巻物の中には、*垂髪《すいはつ》に狩衣《かりぎぬ》や水干《すいかん》や小袖袴《こそでばかま》を着して僧に近侍する児の姿が数多く描き込まれている。児として出仕する少年の中には、将来出家して僧となることを予定された者も、元服して世俗社会に戻る者もおり、いずれの道も選択しえた。児はさまざまな役割を担っており、師匠であり主人でもある僧の身辺の雑事から陪膳《ばいぜん》・接客などの役を務めたが、中でも重要だったのは、ハレの行列に華美な装束に身を包んで主人の僧に供奉《ぐぶ》し、それを荘厳《そうごん》する役割である。行列の中の児は「上童(うえわらわ・しょうとう)」とも呼ばれた。さらに伝法灌頂《でんぽうかんじょう》などの法会の際に幡《ばん》を掲げて僧の行列を先導する「持幡童《じばんどう》」の役も努めた。これらの役は上仕えの子どもで「童部《わらんべ》」とも呼ばれた中童子と共通する部分もあったが、役の勤《ごん》仕《し》やその処遇において、児と中童子の間には明確な身分差があった。一方の大童子は中童子と比べて多様な役を担う下仕えの童たちであり、大人になっても垂髪《すいはつ》の童姿の奉仕者である。さらに児の重要な役割の一つに童舞(わらわまい・どうぶ)の舞童の役があった。十二世紀前半の舞楽《ぶがく》の世界は寺社を中心に新たな動きを見せており、その中核にあったのが童舞であった。中世の童舞は神降ろしの聖なる舞ではなくて、娯楽性の強い舞であり、児の担う芸能として雑芸の世界にも連なる独自の世界を築いていた。児はやがて田楽《でんがく》や猿楽《さるがく》の芸能の担い手ともなった。また児は女性が存在しないことを原則とした寺院社会において、僧の*男色《なんしょく》の対象となり、貴種の僧の寵愛《ちょうあい》を得た童は「寵童《ちょうどう》」と呼ばれて、寺中の花ともてはやされた。児は鎌倉時代の説話の中にもさまざまに描かれ、のちには児を主人公とする児物語《ちごものがたり》が多く作られ、児をめぐる性愛と受難、児崇拝と児の聖性が語られた。しかしながら児の聖性については、児の実像に照らし合わせて考える必要があり、童のもつ聖性や境界性のみで児を捉えることには注意が必要であろう。

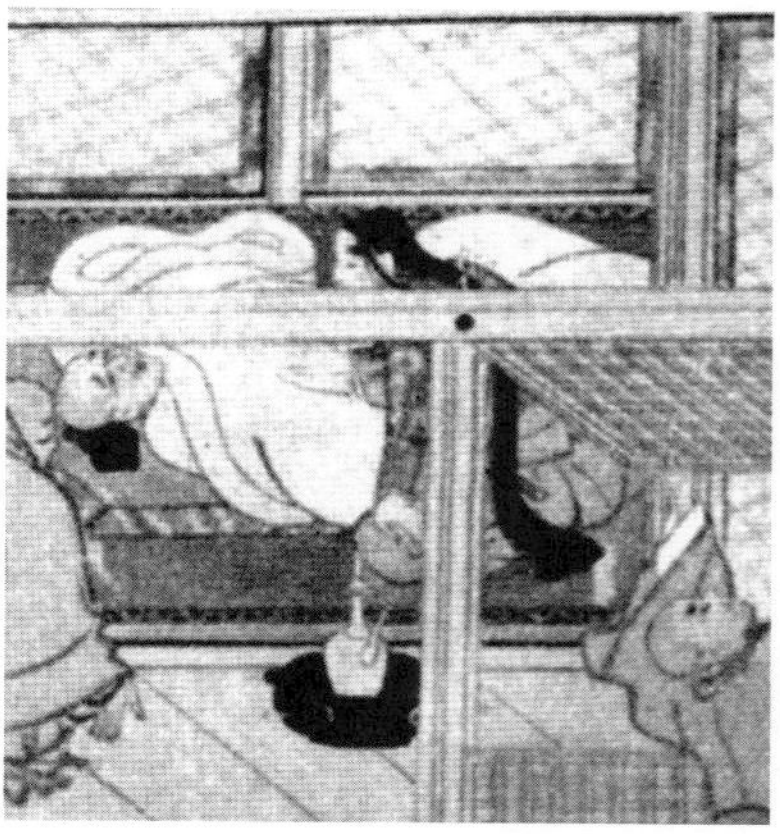

児(『春日権現験記絵』巻十一第一段より　恵暁を看護する児)

参考文献 黒田日出男『「絵巻」子どもの登場―中世社会の子ども像―』(歴史博物館シリーズ)、一九八九、河出書

『稚児観音縁起』 長谷寺へ願をかけた老僧、その帰途に十一面観音の化身の美少年に逢う

房新社。阿部泰郎「神秘の霊童―児物語と霊山の縁起をめぐりて―」(『湯屋の皇后―中世の性と聖なるもの―』一九九八、名古屋大学出版会)。土谷恵「中世寺院の童と兒」(『中世寺院の社会と芸能』二〇〇一、吉川弘文館)。同「中世醍醐寺の桜会」(同)。松岡心平「稚児と天皇制」(『宴の身体―バサラから世阿弥へ―』二〇〇四、岩波書店)。同「稚児としての世阿弥」(同)。 (土谷 恵)

ちごかんのんえんぎ　稚児観音縁起　奈良興福寺別院菩《ぼ》提院《だいいん》の十一面観音の縁起を絵巻としたもの。大和長谷寺《はせでら》近くに住む老僧が、長谷観音に祈願した後に美しい稚児を得たが、稚児は三年後に死んでしまう。遺言によって三十五日後に老僧が棺を開くと、中から金色の十一面観音が現われたという物語である。稚児は観音の化身であり、僧はこれと交わり結縁《けちえん》することによって極楽に導かれるとする。絵は大和絵《やまとえ》の伝統を踏まえており、鎌倉時代末期の制作と推定されている。神戸市香雪《こうせつ》美術館蔵。重要文化財。『日本絵巻大成』二四(一九七九年、中央公論社)に所収。 (清水 聡)

ちじんこう　地神講　地神を春秋の社日にまつる講。地神の性格は複雑であるが、地神講における地神は作神《さくがみ》・農神《のうがみ》と考えられている。東は福島県から西は山口県に至る範囲で、さらに四国の各地で春は作物の生育を祈り、秋は収穫を感謝する地神講が行われている。講は多くの場合、男の講・女の講に分けられているが、神奈川県下のあるムラでは地神講はムラ全体の農作業について相談する寄合いとして機能し、明治初年までは戸主と*主婦が二人揃《そろ》って参加していた。

参考文献　直江広治『屋敷神の研究』、一九六六、吉川弘文館。女性史総合研究会編『日本女性史』三、一九八三、東京大学出版会。 (上村 正名)

ちちのひ　父の日　⇩母《はは》の日《ひ》

ちつけ　乳付　〔中世〕従来*乳母《めのと》と同義とされてきたが、鎌倉幕府が編纂《へんさん》した『*吾妻鏡《あづまかがみ》』によると、新生児が誕生してから「乳付」が召され(寿永《じゆえい》元年(一一八二)八月十二日条)、そのあと「名字定《みようじさだめ》」がなされていることから(建久三年(一一九二)八月九日条)、「乳付」は、新生児誕生を祝う儀礼の儀式の一つと考えられる。「乳付」の役は、新生児の父の乳母や母の姉妹の女性が勤めた。「乳付」の中身は、新生児の口内の清掃と投薬、そして儀礼的に新生児に乳首を含ませることであった。新生児の死亡率が高い時代では新生児の健《すこ》やかな成長を願って、こうした儀式が行われた。

参考文献　吉海直人『平安朝の乳母達』、一九九五、世界思想社。秋池洋美「武家の「めのと」に関する覚書」(『総合女性史研究』一八)、二〇〇一。 (秋池 洋美)

〔民俗〕はじめての授乳《じゆにゆう》のこと。生後まもなくの新生児に授乳した。かつて初乳《しよにゆう》はアラチチと呼ばれ、黄色味をおびた粘っこい液体で、新生児が飲むと下痢をしやすく、できものができるなどといい、捨てていた。そのために生後二日間は生母の母乳ではなく、別の女性の母乳を飲ませる慣行が存在した。男の子には女の子を持つ母親、その逆に女の子には男の子を持つ母親の母乳を飲ませた。これをチッケ・アイチチと呼ぶ。異性の子を持つ女性の母乳を飲ませるのは、異性の力を重視する思考の現われである。新潟県では、生母の母乳と他人の母乳を混ぜて飲ませるのをアワセチチと呼び、母乳を媒介《ばいかい》に異性と縁を結ぶ効果があるという。授乳は新生児の生命に活力を与えるもので、他人と連鎖《れんさ》を持つことでさらに活力を増すと考えられた。母乳を提供した女性は乳親《ちちおや》となり、各種通過儀礼に立ち会うなど擬制的親子関係《ぎせいてきおやこかんけい》を形成することになった。

参考文献　山本高治郎『母乳』(岩波新書)、一九八三、岩波書店。大藤ゆき『児やらい(新装版)』、一九八六、岩崎美術社。 (板橋 春夫)

ちのいけじごく　血の池地獄　地獄にある女性が堕ちるという血を湛《たた》えた池。地獄の思想は原始経典に説かれ、わが国では平安時代中期に浄土思想の普及に伴って受容されたが、そこには血の池地獄はまだ登場しておらず、この直接の典拠は中国で成立した偽経《ぎきよう》の『*血盆経《けつぼんきよう》』である。これが南北朝時代ころに伝来すると、各種の地獄絵や曼荼羅《まんだら》に描かれて急速に流布したが、とりわけ「熊野《くまの》観心十界図《かんしんじつかいず》」を*絵解きに用いた*熊野比丘尼《びくに》の影響が大きい。立山《たてやま》や白根山《しらねさん》などでは、火口湖が血の池地獄に見立てられて投入儀礼が行われた。

参考文献　坂本要編『地獄の世界』、一九九〇、渓水社。 (牛山 佳幸)

ちのかおり 千野香織 一九五二―二〇〇一 昭和・平成時代の日本美術史研究者。神奈川県生まれ。京都大学文学部卒業後、東京大学大学院人文科学研究科美術史学専攻に入学。同博士課程を単位取得退学。東京国立博物館史料部研究員を経て、学習院大学教授となる。平安時代のやまと絵から研究を始め、のちに、ジェンダー理論・ポストコロニアル批評などを取り込み、新たな観点から日本美術史研究を展開。美術を視覚表象と捉え、美術の社会的政治的意味を探る研究を行なった。「日本美術のジェンダー」(『美術史』一三六、一九九四年)では、平安時代の宮廷社会の文化状況を*ジェンダーから解釈する大きな視点を提示。研究対象は、物語絵巻・名所絵・内裏《だいり》や江戸城の障壁画《しょうへきが》・現代美術・ミュージアムにおける戦争展示などに及ぶ。現代社会において美術が果たす政治的な役割についても注意を喚起《かんき》し、韓国や沖縄・アイヌの文化や歴史、性的少数者、中学校の歴史教科書問題などに対しても活発な発言や活動を行なった。ハーバード大学・コロンビア大学で客員研究員、ハイデルベルク大学・*お茶の水女子大学・国立民族学博物館で客員教授、美術史学会の常任委員等を務め、仲間とともにイメージ&ジェンダー研究会を立ち上げた。著作リストは『イメージ&ジェンダー』三(千野香織追悼特集号、二〇〇二年)にある。

参考文献 池田忍「「日本美術」と方法としてのジェンダー―千野香織さんの仕事への応答―」(鈴木杜幾子他編『交差する視線』二〇〇五、ブリュッケ)。

(亀井 若菜)

ちのみち 血の道 産前産後・*更年期障害、月経不順などに伴う頭痛・肩こり・眩暈《めまい》・のぼせ・足腰の冷え等の身体症状や、精神神経症状等の総称。「血の道」はもともと血の通り道をさしたが、江戸時代には女性にみられるこれらの症状を「血の道」と称した。東洋医学では気《き》・血《けつ》・水《すい》のバランスの乱れが慢性病を引き起こすと考えられている。「血の道」もこれらのバランスの乱れが原因とされており、体を暖めて血の巡りを回復させることなどによって治ると考えられていた。江戸時代には医師の診療・投薬を受けることもあったが、湯治療養《とうじ》に赴いたり、売薬・民間薬・民間療法などに頼ることが多かった。江戸時代の売薬の引札には、「産前・産後・血の道一切の妙薬」として、血の道の効果をうたったものが多数ある。「喜谷実母散《きたにじつぼさん》」「蘇人湯《そじんとう》」「中将湯《ちゅうじょうとう》」などは代表的な売薬であった。

参考文献 沢山美果子「在村医の診療記録が語る女の身体」(望田幸男・田村栄子編『身体と医療の教育社会史』二〇〇三、昭和堂)。

(長田 直子)

ちばさな 千葉佐那 一八三七?―九六 幕末・明治時代の女流剣士。江戸京橋の北辰一刀流《ほくしんいっとうりゅう》道場主の千葉定吉《さだきち》の長女。定吉は千葉周作《しゅうさく》の弟。嘉永《かえい》六年(一八五三)道場に修業に来た土佐藩士の*坂本竜馬と知り合う。竜馬が姉乙女《おとめ》に佐那を紹介した手紙が現存する。生涯独身を通し、維新後は家伝の灸治療《きゅうちりょう》で生計を立てた。没後、親交のあった小田切豊次《おだぎりとよじ》が甲府清運寺《せいうんじ》の小田切家の墓地に分骨し、「坂本竜馬室」と墓石に刻んだ。

参考文献 嶋岡晨『坂本竜馬の手紙』一九八二、名著刊行会。

(久保 貴子)

ちふれん 地婦連 ⇩全国地域婦人団体連絡協議会《ぜんこくちいきふじんだんたいれんらくきょうぎかい》

チマ＝チョゴリじけん チマ＝チョゴリ事件 朝鮮学校に通う在日朝鮮人の子どもたちが、通学時に日本人から暴行・暴言・脅迫《きょうはく》・傷害等の人権侵害行為を受けた事件。被害は小学生から大学生、学校そのものに及んだが、特に女性の民族衣装であるチマ＝チョゴリを制服とする中学生以上の女子生徒らが狙われる場合が多い。電車の中で背後からチマ＝チョゴリをナイフで切り裂かれたり、「朝鮮人は朝鮮に帰れ」といわれたりした。一九九四年(平成六)四月、朝鮮民主主義人民共和国の「核疑惑」報道をきっかけに事件が多発。被害は朝鮮学校がある日本全国各地に及び、同年四月から二ヵ月間だけで約八十件起った。その背景には、日本人の意識の中に正しい歴史認識が欠如《けつじょ》し、自国民中心で、排他《はいた》的な外国人政策が継続していることがあげられる。朝鮮半島をめぐる政治的緊張が起るたびに政治家やマスコミによって朝鮮人への反感があおられ、同様の事件が繰り返されている。なお最近、朝鮮学校側でも生徒たちの通学の安全に配慮して、女子学生の制服を自由化する動きも出ている。

参考文献 朝鮮時報取材班編『狙われるチマ・チョゴリ―逆国際化に病む日本―』一九九〇、柘植書房新社。

(山下 英愛)

ちゃくさい 嫡妻 ⇩嫡母《ちゃくぼ》

ちゃくし 嫡子 諸子のなかで優先的な継嗣《けいし》を予定されている子。嫡妻《ちゃくさい》(正妻)所生の長子を嫡子と見なすもの、すべての嫡妻子を嫡子と見なすもの、父祖によって継承者と選ばれた特定の男子(原則は長男子)を嫡子とみなすものの三通りの用法がある。前二者の用法も男子を指すことが一般的であるが、第一子である女子を嫡子と称している例もある。嫡子の概念は唐令《とうりょう》の移入によって日本にもたらされた。『大宝令《たいほうりょう》』では、継嗣令継嗣条で八位以上の官人を対象とし蔭位《おんい》による官位継承のために嫡子を立てること、*戸令応分条《こりょうおうぶんじょう》では有位者の*財産相続に関して宅・家人奴婢《けにんぬひ》のすべてと財産の半分を嫡子の得分とすることが定められ、『養老令《ようろうりょう》』では嫡子の相続の財産は減らされたが、嫡子の位置づけそのものに変化はなかった。庶人の戸政にも賦役《ぶやく》の納入責任者としての嫡子制が導入され、*戸籍には庶妻子をさす「妾子」「妾男」「妾女」の記載がある一方で、「嫡子」の表記もみられる。しかし、これは嫡妻長子を機械的に嫡子と表現したものであった。嫡子制の導入は、*家長の地位を父から嫡妻長子への継承に固定し、「家」を律令国家の支配者集団の基本単位としようとしたものと見られているが、当時の日本社会にはこれを受け入れる社会的基盤が成立しておらず、実態として嫡子制は未成立であった。九世紀後半、*蔭位制が嫡妻長子を優遇するものから次子以下を含む嫡妻所生子を優遇する制度へと変質したが、九世紀から十世紀に成立した古辞書『新撰字鏡《しんせんじきょう》』『和名類聚抄《わみょうるいじゅうしょう》』には「嫡子」の語がみえず、史料上の用例も法律家などによる律令条文の引用やその解釈に関するものにほぼ限られており、この時期においても嫡子制と呼べる実態は未成立といわざるを得ない。しかし、十一世紀末に実務官人層が作成した文書や十二世紀の貴族の日記の中に「嫡子」「嫡孫《ちゃくそん》」や「嫡々之理《ちゃくちゃくのり》」などの語が広くみられるようになり、十二世紀に成立した古辞書『類聚名義抄《るいじゅみょうぎしょう》』『色葉字類抄《いろはじるいしょう》』には「嫡子」「嫡々」が採用された。この十二世紀の「嫡子」の語がさすものは、多くの場合、嫡妻子または長子で、家の継承者としての実態を備えるものになっていた。一方で庶妻子あるいは次子以下の嫡妻子であっても父祖による立嫡《りっちゃく》という手続きによって家の継承予定者である嫡子に選ばれるようになった。こうした嫡子は長子である「生得嫡子《せいとくちゃくし》」に対して「取立嫡子《とりたてちゃくし》」と呼ばれた。実態を伴った十二世紀以降の嫡子制のもとで、貴族層の場合は、蔭位の優遇など、嫡子は*庶子《しょし》よりも優先的に父祖の政治的地位を継承し、家に伝わる文書や日記、特に家の象徴としての日記原本については独占的にこれを相続した。在地領主層の場合は国衙《こくが》や荘園の所職《しょしき》をほぼ独占的に相続した。中世前期においては、庶子も邸宅や所領の分割相続をうけ、一定の政治的地位を獲得して、日記の書写本や新たな所職を象徴とする家を分立させることが可能であったが、中世後期の嫡子単独相続制のもとでは庶子による家の分立は次第に否定されていった。

参考文献 石井良助『日本相続法史』(法制史論集五)、一九八〇、創文社。吉田孝『律令国家と古代の社会』、一九八三、岩波書店。義江明子『日本古代の氏の構造』、一九八六、吉川弘文館。高橋秀樹『日本中世の家と親族』、一九九六、吉川弘文館。関口裕子『日本古代家族史の研究』下、二〇〇四、塙書房。

(高橋 秀樹)

ちゃくじょ 嫡女 〔古代〕嫡妻《ちゃくさい》が生んだ女子。長女のみを指すこともある。大宝《たいほう》二年(七〇二)西海道戸籍にはじめてみられ、養老《ようろう》五年(七二一)下総《しもうさ》国戸籍にもあるが、法的地位は不明。戸籍上の嫡妻・妾・*嫡子《ちゃくし》・嫡弟という記載に対応する名称であったと考えられる。その後約三百五十年間は史料にみられないが、十一世紀になると*財産相続の権利をもつ者として再び現われる。しかし、相続やその他の点について嫡子より年長の嫡女が優位であったかどうかなど、兄弟との関係は不明。十二世紀末の賀茂姉子《かものあねのこ》は亡父の遺産が後妻とその弟に独占されようとすることに対して嫡女として弟妹を代表し相続権を主張した。姉子はみずからを「最愛の長女」と述べ、生前の親へ孝行し、もちろん葬送報恩に尽くしたことは寺にも知られているとし、亡父自筆の処分状があっても嫡女嫡子嫡弟が署名していないものは無効であると主張している。当時は、女子への遺産分配に際して嫡子もしくはそれに加えて次男のみが署名している証文があり、賀茂姉子の主張は嫡女の地位の過渡期を示していると考えられる。

参考文献 西村汎子「古代末期における女性の財産権」(女性史総合研究会編『日本女性史』一、一九八二、東京大学出版会)。児島恭子「日本古代の嫡女について」(『史観』一〇七、一九八二)。

(児島 恭子)

〔中世〕中世では娘たちの中で最も重要な一人、ほとんどの場合は長女を指していうのが一般的である。平安・鎌倉時代には、親は男女子息に所領を分割譲与《ぶんかつじょうよ》したが、一人の男子、多くの場合は長男を嫡子《ちゃくし》として主たる所領と*家督《かとく》を相続させた。一方、女子の中では、一人の女子、ほとんどの場合は長女を嫡女と称し、他の女子よりも財産などの点で優遇した。まれに女子を嫡子と称し、家を相続させることもあった。また、在地ではまれに女子を「嫡子」、男子を「嫡男《ちゃくなん》」と称した例もあり、混乱が見られる。さらに男女を問わず年の順にナンバーをつける場合もある。家の未熟さゆえであろう。文書に署名するなど公式に名乗る場合は、日常的な呼称とは別に、太子《おおいこ》、中姉子《なかのあねのこ》、大姫《おおひめ》などと称した。これに対し、次女は二子《にのこ》、乙姫《おとひめ》などと称し、三女は三子《さんのこ》とする女子排行名《はいこうめい》が用いられた。嫡女には嫡女としての誇《ほこ》りがあり、その立場を主張した例が見られる。元暦《げんりゃく》元年(一一八四)、賀茂姉《かものあね》子《こ》は父の遺領を*後家尼《ごけあま》が独占したことについて、きょうだいを代表して訴えているが、その中で「なかんづく姉子は最愛の長女なり」と述べ、父の存命中に給仕をして孝を尽くし、没後の葬送に携わった功を述べて相続権を主張している。嫡女がなぜ優遇されるのか、どのような役割があったのかは、明らかではないが、女子の中で特に多くの主要な所領を譲られるからには、家の中での何らかの役割があったはずである。右の賀茂姉子が主張する給仕や葬送という家内での役割や、『*梁塵秘抄《りょうじんひしょう》』の「隣の大子《おおいこ》が祀る神は(下略)」という歌から、各家の嫡女たちは家の神々をまつる祭祀者《さいし》であったという見解もある。その見解によれば、嫡女は家政と祭祀を行う役割を負っていたことになるが、この説は、より慎重な検討が必要であろう。女子排行名は平安・鎌倉時代に特徴的で、鎌倉時代末期には減少していく。嫡女の地位も、女性の財産権とともに衰退していく。

参考文献 西村汎子「古代末期における女性の財産権」(女性史総合研究会編『日本女性史』一、一九八二、東京大学出版会)。鈴木国弘「武家の家訓と女性」(峰岸純夫編『(中世を考える)家族と女性』一九九二、吉川弘文館)。野村育世「イエと親族をめぐる試論―鎌倉期・武士の場合―」(鎌倉遺文研究会編『鎌倉時代の社会と文化』一九九九、東京堂出版)。

(野村 育世)

ちゃくぼ 嫡母 令《りょう》にみえる親族名称で、妾《しょう》の子からみた父の正妻(嫡妻《ちゃくさい》)のこと。儀制《ぎせい》令五等《ごとう》条では二等親とされるが、喪《も》に服する期間では四番目に序列される(喪葬《そうそう》令服紀《ぶくき》条)。また「ママハハ」という古訓《こくん》が『大宝令《たいほうりょう》』の注釈の「古記《こき》」にみえる。前近代中国(唐)の親族制度では、母には「親母《しんぼ》」(実の母)、「継母《けいぼ》」(前妻の子からみた父の後妻)、「慈母《じぼ》」(実の母を失った子を育てた、育ての母)、「養母《ようぼ》」(養父の妻)、そして「嫡母」の五種があり、律令ではこれらを「母」と一括し、五服制《ごふくせい》(親等制《しんとうせい》)では二番目に位置づけられた。これを古代日本の律令も受容したが、遺産相続規定の『養老令《ようろうりょう》』*戸令応分条《こりょうおうぶんじょう》では「嫡母」と「継母」のみが、被相続人の配偶者として相続権を認められた(『大宝令』では認めない)。「親母」にも相続権が認められたと推定するのが妥当《だとう》なところか。いずれにせよ、前近代中国(唐)の制度では、男子がある限り配偶者に財産は分与されなかった。

参考文献　滋賀秀三『中国家族法の原理』、一九六七、創文社。『律令』(日本思想大系新装版)、一九九四、岩波書店。

(成清　弘和)

ちゃくみおんな　茶汲女　一般には、*料理茶屋の酌取女《しゃくとりおんな》に対して*水茶屋《みずちゃや》の給仕《きゅうじ》女をいう。茶振《ちゃふり》女ともいい、茶酌《ちゃくみ》女とも書いた。ここでいう水茶屋は、日中だけ葦簀《よしず》張りの店を出し暮れに仕舞って帰る出茶屋《でちゃや》・掛茶屋《かけちゃや》ではなく、主として居付の定店である茶屋である。茶汲女の中には、茶屋の単なる給仕女にすぎないものや、錦絵・評判記の類にのるような美人の素人娘・看板娘もいたが、近世後期の茶汲女の多くは、客の求めに応じて性を売ったり、特定の男性に金で囲われたりした。また、時代を経るにつれて水茶屋・料理茶屋の別もなくなり、茶屋といえば酒食を供し茶汲女のみならず酌取女をも置くようになった。

参考文献　三田村鳶魚「水茶屋の女」(『三田村鳶魚全集』一一、一九七五、中央公論社)。佐藤要人『江戸水茶屋風俗考』、一九九三、三樹書房。

(曾根ひろみ)

ちゃたておんな　茶立女　茶屋の抱女《かかえおんな》。*茶汲女《ちゃくみおんな》より限定された意味で用いられる場合が多く、主として遊里の*私娼《ししょう》を指す。寛文期の江戸では、築地鉄砲洲茶屋町《つきじてっぽうずちゃやまち》が、茶立女を取締ろうとする*吉原の男たちとの間で激しい争闘を繰り広げたり、町奉行所による大掛りな私娼狩りの対象とされたりしている。他方大坂では、堂島《どうじま》・安治川《あじかわ》新地《しんち》、堀江新地、曾根崎《そねざき》新地などの茶立女がよく知られている。

参考文献　三田村鳶魚「江戸における第一回の私娼狩」(『三田村鳶魚全集』一一、一九七五、中央公論社)。田中豊「大阪の茶立女―御池通五・六丁目を中心に―」(有坂隆道先生古稀記念会編『日本文化史論集―有坂隆道先生古稀記念―』一九九一、同朋舎出版)。

(曾根ひろみ)

ちゃっこ　着袴　幼児がはじめて袴《はかま》を着ける儀式。袴着《はかまぎ》ともいう。史料上の初見は十世紀前半で、従来は男女とも三歳、のちには五歳や七歳の例も増える。陰陽師《おんみょうじ》に勘《かん》申《じん》させて日時を決め、皇子女は内裏《だいり》殿舎《でんしゃ》、貴族は母方や父方の邸宅を式場とした。袴の腰紐《こしひも》を結ぶ役は父親や一《いち》門尊長《もんそんちょう》が務めた。のち武家や庶民層にも広まった。

参考文献　『古事類苑』礼式部一。服藤早苗「平安王朝社会の着袴」(『平安王朝の子どもたち―王権と家・童―』二〇〇四、吉川弘文館)。

(野田有紀子)

ちゃぶだい　ちゃぶ台　明治期末から大都市のサラリーマン家庭層に普及し始め、脚が折りたためて狭い部屋の家具として便利なため、昭和三十年代ごろまで茶の間の必需品として使われた食卓。身分により形も内容も異なる従来の「膳《ぜん》」をちゃぶ台に替えることで、家族が同じものを食べ、食後に食器を洗う習慣が定着するなど、食文化の改革につながった。堺利彦《さかいとしひこ》はその著『家庭の新風味』(一九〇一年)の中で、民主的な*家庭と一家団らんの実現ためにと、ちゃぶ台の採用を奨めている。

参考文献　井上忠司編『食の情報化』(講座食の文化五)、一九九九、味の素食の文化センター。小泉和子編『ちゃぶ台の昭和』(らんぷの本)、二〇〇二、河出書房新社。

(山辺恵巳子)

ちゃや　茶屋　⇩泊茶屋《とまりちゃや》　⇩仲茶屋《なかちゃや》

ちゅうぐう　中宮　*皇后・*皇太后・太皇太后(三后《さんこう》)を指す語。後代には主に皇后の別称となる。中宮という名称は東宮と同様、本来殿舎の位置関係を示す言葉であったが、そこからその殿舎の居住者を示すようになったと思われる。この語の初見は天智《てんじ》天皇五年(六六六)に造られた野中寺《やちゅうじ》弥勒菩薩像銘《みろくぼさつぞうめい》文中の「中宮天皇」であるが、この人物の候補としては孝徳《こうとく》天皇・斉明《さいめい》天皇など男女の天皇が考えられ、のちの中宮の意味とは異なっている。天武《てんむ》朝になると天武天皇九年(六八〇)の薬師寺東塔檫銘《とうとうさつめい》には皇后(*持統《じとう》天皇)を中宮と記しており、皇后を示す言葉になった。律令《りつりょう》における中宮は、㈠皇后、㈡皇后に前天皇の配偶者である皇太后・太皇太后を加えた三后、という二つの意味を持ち、『養老令《ようろうりょう》』職員令《しきいんりょう》では中宮(三后)の家政担当機関として中宮職《ちゅうぐうしき》の設置が定められている。その際、中宮職は個人に付けられるから、㈡によって対象者が同時に二人以上いる場合が問題となる。聖武《しょうむ》天皇は神亀《じんき》元年(七二四)に即位すると生母*藤原宮子《みやこ》を皇太夫人《こうたいぶにん》とし、三后に準じて中宮職を置いた。天平元年(七二九)藤原光明子《こうみょうし》を皇后としたが、すでに宮子の中宮職が存在したため、別個に*皇后宮職が置かれた。この皇后宮職については、これが令が規定する中宮職の範疇《はんちゅう》に含まれるのか、それとも令外の官として新設されたのかという点での論争がある。以後九世紀末まで三后の職はそれぞれの称号で呼ばれ、中宮職は立后《りっこう》していない天皇の母(皇太夫人)のためのものとなり、その主が中宮と呼ばれるようになった。しかし延長元年(九二三)*藤原穏子《おんし》が立后すると、皇后ではなく中宮と呼ばれ中宮職が置かれた。この立后は子である前皇太子の急死、幼少の孫の立太子という危機に際した異例なものであり、その立場が九世紀の中宮に通じる側面を持っていたことと関わっていると思われる。これ以後中宮は再び皇后の別称となったが、一条天皇時代に二人の皇后が出現すると定子《ていし》を皇后、彰子《しょうし》を中宮と称して区別し、複数の皇后が存在する場合の先例となった。

参考文献 西野悠紀子「母后と皇后―九世紀を中心に―」(前近代女性史研究会編『家・社会・女性―古代から中世へ―』一九九七、吉川弘文館)。服藤早苗「九世紀の天皇と国母―女帝から国母へ―」(『平安王朝社会のジェンダー―家・王権・性愛―』二〇〇五、校倉書房)。 (西野悠紀子)

ちゅうぐうじ 中宮寺 奈良県生駒郡斑鳩町《いこまぐんいかるがちょう》にある聖徳宗の*尼寺。鵤尼寺《いかるがにじ》・法興寺《ほうこうじ》とも称す。『聖徳太子伝暦』が用明《ようめい》天皇「*皇后」、*穴穂部間人皇女《あなほべのはしひとのひめみこ》の宮の地とするように、聖徳太子とその母、間人皇女にゆかりの寺と伝えられる。寺名は、葦垣宮《あしがきのみや》・岡本宮・斑鳩宮の中心に位置することに由来するとする説が有力である。創建は間人皇女が死去した推古天皇二十九年(六二一)以降とされ、現在地より約五〇〇《メートル》東に、四天王寺式伽藍《がらん》配置で建てられていたことが発掘調査によって確認されている。白《はく》鳳《ほう》期に葺き替えられた瓦は、法隆寺若草伽藍や斑鳩宮に用いられた瓦と同様で、一貫して法隆寺や聖徳太子一族との深いつながりが知られる。本尊は菩薩半跏像《ぼさつはんかぞう》で天武・持統《じとう》朝ころの作とされる。文永十一年(一二七四)、聖徳太子妃、*橘大郎女《たちばなのおおいらつめ》が造顕《ぞうけん》したとされる天寿国繡帳《てんじゅこくしゅうちょう》が中宮寺の尼*信如《しんにょ》によって法隆寺で発見、移管された。天文年間(一五三二―五五)の慈覚院宮《じかくいんのみや》の入寺以後、中宮寺は代々皇女を門跡《もんぜき》として迎える門跡寺院となり、慶長七年(一六〇二)ころに現在地に移建され今日に至っている。

参考文献 稲垣晋也「中宮寺跡の発掘と成果」(奈良国立博物館編『大和いかるが中宮寺の美』一九六八、中宮寺門跡)。大橋一章「中宮寺の創立について」(『早稲田大学大学院文学研究科紀要』三ノ四六)、二〇〇〇。 (三﨑 裕子)

ちゅうぐうしき 中宮職 ⇩皇后宮職《こうごうぐうしき》

ちゅうごくざんりゅうこじ 中国残留孤児 第二次世界大戦終結後、日本への引き揚げ途中で肉親と離れ離れになり、在留していた中国で戦後も生活することになった日本人のうち、一九四五年(昭和二十)八月九日のソ連侵攻時におおよそ十三歳未満であった者が「中国残留孤児」といわれる。彼らの多くは満州農業移民の子弟であった。一九三六年に本格化した満州農業移民政策は、内地における過剰労働人口問題を背景にして、中国東北部における日本の支配力を堅持し、ソ連への戦略的防備のために導入された。先に青壮年期の男性が単身移民し、その後生活のめどがついてから妻子をよびよせることが多く、満州農業移民の村落では一九四五年夏までに多くの子どもたちが生まれている。ソ連軍の侵攻により、多くの農業移民たちは南へ逃避行を始めるが、直前に青壮年男性の根こそぎ動員があったため、開拓村に残されたのは老人・女性と乳幼児がほとんどであり、逃避行は悲惨を極めた。この逃避行の中で肉親と生別または死別し、その後中国人の養父母に育てられた。戦後も、不安定な中国国内事情や日中国交問題のため、長らく帰国の道が閉ざされており、その間、侵略者としての日本人という出自ゆえの苦労も経験した。一九七二年の国交正常化以降、一九八一年からは政府による訪日肉親探しや帰国支援が行われ、二〇〇五年(平成十七)三月末現在、厚生労働省の発表では、肉親調査を行なった中国残留孤児総数は二千七百九十五人、永住帰国者数二千四百八十九人となっている。しかしながら、中国と日本における言語や文化の違いによる就職の困難や生活の困窮など、永住帰国した中国残留孤児の抱える問題は多いにもかかわらず、国による支援策は十分とはいえない。このため、二〇〇二年以降、日本各地において、帰国者の約七割が原告となって、中国残留邦人に対する国家賠償を求める裁判が提訴されている。

参考文献 坂本龍彦『証言冷たい祖国』、二〇〇三、岩波書店。呉万虹『中国残留日本人の研究』(学術叢書)、二〇〇四、日本図書センター。井出孫六『終わりなき旅』(岩波現代文庫)、二〇〇四、岩波書店。 (古久保さくら)

ちゅうごくざんりゅうふじん 中国残留婦人 第二次世界大戦終結後、在留していた中国から日本への引き揚げができず、戦後も中国に残留した女性たち。その多くは満州農業移民の妻として渡った農村出身女性であった。満州農業移民は、国策として一九三二年(昭和七)に試験的導入が始まり、一九三六年に本格化した。広大な旧「満州」における日本人による支配を強固なものとするため、また対ソ連に対する戦略的防備のために、中国東北部の奥地に多くの移住地は設定されていた。このため、一九四五年八月九日のソ連軍の中ソ国境侵攻により、最初に被害を受け、長く苦しい逃避行を続けた。ソ連参戦直前に、開拓団の青壮年男性のほとんどが根こそぎ動員されたため、逃避行の多くは指揮をとる者のない状態であった。記録的な悪天候の中、情報の不足と交通網の寸断に加えて、女性たちの多くは乳幼児を抱えていたり妊娠していたりしたため、逃避行は困難を極めた。ソ連軍と暴徒化した一部の中国人からの襲撃により、あるいは病気のため、多くの人が亡くなった。このような困難を極めた引き揚げの中で、帰国できず、中国東北部(旧「満州」)を中心に残留した女性たちが中国残留婦人である。同様の事情で異国の地に残留して暮らす女性は朝鮮半島やサハリンにも存在している。戦後も、不安定な中国国内事情や日本と中国との国交問題のため、長らく日本への帰国の道が閉ざされていたが、一九七二年の国交正常化以降、一時帰国・永住帰国が始まり、一九八一年から政府による訪日肉親探しや帰国支援も始まった。しかし厚生労働省の認定では、ソ連侵攻時に十三歳未満であったものを「残留孤児」、十三歳以上であったものを「残留婦人」と分けており、「残留婦人」に対しては、中国残留婦人を自己の意思によるものとみなして支援や帰国条件について異なった扱いがなされている。一九九三年(平成五)

の中国残留婦人「十二人の強行帰国」をきっかけに一九九四年には「中国残留邦人などの円滑な帰国の促進および永住帰国後の自立の支援に関する法律」が成立し、国の責務が明確化したが、中国残留婦人に対し十分な支援が行われているとは言いがたく、二〇〇二年以降中国残留婦人により国に慰謝料などを求める集団訴訟が起きている。

参考文献　蘭信三『「満洲移民」の歴史社会学』、一九九四、行路社。小川津根子『祖国よ』(岩波新書)、一九九五、岩波書店。杉山春『満洲女塾』、一九九六、新潮社。
(古久保さくら)

ちゅうじょうりゅう　中条流　近世産科の流派。戦国時代の武将中条帯刀《ちゅうじょうたてわき》が金創《きんそう》(刀傷《かたなきず》)治療とともに婦人科を得意としたことに発するとされている。寛文《かんぶん》八年(一六六八)村山林益《むらやまりんえき》撰で『中條流産科全書』が上梓《じょうし》され、さらに宝《ほう》暦《れき》元年(一七五一)、旭山戸田斎《きょくざんとださい》により増補再版、安永七年(一七七八)にも戸田版が発行されている。戸田斎の序には「中条流は沢山ある流派の中でも産難をよく治すことで有名であり、全国に百数十人もの徒がいる」と述べられている。近世中期には代表的な産科となっていたことがわかる。同書は産前産後の異常に対する処方・薬方を三百三十六項目にわたって詳細に記述した大書であり、産婦人科の本来の姿を示しているが、巷間《こうかん》では堕胎医《だたいい》の代名詞に変化していき、庶民文芸では仲条《なかじょう》とも称されて性風俗描写の恰好《かっこう》の対象となった。

参考文献　『日本産科叢書』、一九七一、思文閣。
(桜井　由幾)

ちゅうじょうりゅうさんかぜんしょ　中条流産科全書　⇩中条流《ちゅうじょうりゅう》

ちゅうせいじょりゅうにっき　中世女流日記　中世に女性によって書かれた日記文学作品群の総称。具体的には、鎌倉時代初頭の『*たまきはる』(『建春門院中納言日記《けんしゅんもんいんちゅうなごんにっき》』)から南北朝時代初頭の『*竹むきが記』までの作品を示すことになる。平安時代の美しく絢爛《けんらん》たる王朝世界をその内面から深く掘り下げ、高い文学性を保持してきた『*蜻《かげ》蛉《ろう》日記』『*紫式部日記《むらさきしきぶ》』『*和泉式部日記《いずみしきぶ》』『*更級日記《さらしな》』『*讃岐典侍日記《さぬきのすけ》』などの錚々《そうそう》たる作品群と比較して、中世に成った女流日記文学の数々はその亜流《ありゅう》と永く弾劾《だんがい》され、斜陽《しゃよう》する王朝文化の中で最後の輝きを放ってはいるものの、一部の作品を除き、文学性は総じて低いものと捉《とら》えられてきた。その主な理由は、宮廷社会がすでに色褪《あ》せた残骸であった状況のもとでの観察ではもはやみのりのないまずしい地帯での営みである、あるいは、内面世界の形成、作品全体の内在的な論理に支えられた形成方法がきわめて薄弱《はくじゃく》になってくる、あるいは、自己凝視の精神が厳しさを失い、羅列《られつ》した事実によりかかって自己を表現するようになり創造力を失うなどの意見であった。しかしながらこれらは、平安時代の宮廷を中心に据えて展開を見せた女流日記をあくまでも主流と見なし比較した上での判断といわざるを得ないであろう。『*弁内侍日記《べんのないし》』『*とはずがたり』『*十六夜日記《いざよい》』『*中務内侍日記《なかつかさのないし》』など鎌倉時代に続々と誕生した各女流日記はどれも個性的で中世の女性の意思の強さを垣間見《かいまみ》せている。行動力や率直さなどの点において前代の女性(日記作者)に類例を求めがたい力強さと存在感を放ち、その数と多彩さにおいては平安時代のそれと比べて遜色《そんしょく》ないといえる。中世の日記文学の特徴として、年号の記載という問題がある(平安時代の日記文学には年号を記載するものが少なく、中世の日記文学には多い)。このことをもって、中世の日記文学は公的性格が強く、その分「個」としての私の表出に乏しいという議論があるが、私的な恋愛などの心情を描く平安時代の女流日記にはおおむねこの記載は必要でないことが多いであろうし、かたや院政による幼帝化の進む中世*後宮では、男女関係よりも王朝文化を伝える主家讃美《しゅけさんび》と職掌《しょくしょう》意識に重きが置かれ、公的記録としての意味を色濃く持つようになると、むしろ年号は必須であると考えられる。要は、作品化する際の素材の選択の問題であり、公的な世界との関わりを表現することが自己表現になっていると評価することも可能であろう。年号の記載も女性作者の社会的地位の上昇や自立と関わるというように積極的に評価しなおすこともできるかもしれない。また、*婚姻の変化や「家」の意識の拡張も中世日記を読む上で、看過《かんか》しがたい問題であろう。文章は、さまざまな王朝文学の享受《きょうじゅ》の上に優雅さを残しながらも漢語・仏教語を随所に交えるなど力強く男性的で明快さを併せ持っている。『土佐日記《とさ》』以来日記の中に紀行的要素の占める部分は大きいが、中世になると交通の発達も手伝ってその傾向が一段と強まり、女性の行動範囲は格段に広められている。時代的背景や多様化する女性の社会的な変遷《へんせん》を踏まえた上での文学的意味や特徴を捉えることが肝要であろう。『竹むきが記』をもって数百年続いた女流日記文学の伝統はひとまず途絶えた。これが貴族社会の失権、後宮文化の衰退と密接に関わることは否定しがたいが、その残照はあくまでも赫々《かくかく》たる光輝《こうき》を放っていたことは見逃すべきではないだろう。

参考文献　池田亀鑑『宮廷女流日記文学』、一九二七、至文堂。玉井幸助『日記文学概説』、一九四五、目黒書店。同『日記文学の研究』、一九六五、塙書房。福田秀一『中世文学論考』、一九七五、明治書院。松本寧至『中世女流日記文学の研究』、一九八三、明治書院。今関敏子『中世女流日記文学論考』、一九八七、和泉書院。今井卓爾他編『女流日記文学講座』、一九九〇・九一、勉誠社。岩佐美代子『宮廷女流文学読解考』中世篇、一九九九、笠間書院。
(久保　貴子)

ちゅうぜつ　中絶　人為的手段により胎児《たいじ》を死なせ、妊娠を中断すること。人工妊娠中絶・*堕胎《だたい》ともいう。江戸時代には堕胎・*間引《まび》きが出生抑制手段として用いられたが、明治政府は一八六八年(明治元)、堕胎薬の販売・*産《さん》婆《ば》による堕胎取扱を禁じた。一八八〇年の刑法堕胎罪制定により、堕胎は妊婦自身による場合も医師・産婆など第三者による場合も犯罪と規定される。しかしその後も、さまざまな手段を用いたヤミ堕胎や自力堕胎は存続し続けた。一九一五年(大正四)、原田皐月《はらださつき》が『*青鞜《せいとう》』誌上の小説で胎児は女性の体の一部、産む産まないを決めるのは女性の権利と主張したのをきっかけに、*平塚らいてう・*伊藤野枝《いとうのえ》・*山田わかが堕胎是非《ぜひ》論争を展開。一九二二年の*サンガー来日以後産児調節運動が盛んとなるが、相談所には避妊だけでなく堕胎の相談も多く、一九三〇年代には馬島僴《まじまゆたか》ら産児調節運動家の堕胎罪による検挙が相つぐ。一九三五年(昭和十)には、未婚で妊娠し堕胎した女優*志賀暁子《しがあきこ》の逮捕が話題となった。一九三二年、*安部磯雄《あべいそお》・平塚らいてうらは中絶の合法化を求めて堕胎法改正期成連盟を結成、一九三四年の全日本婦選大会では「産児制限公認と堕胎法改正要求」を決議。だが日中戦争開始とともに人口増強政策が打ち出され、避妊・堕胎は禁止、運動は沈黙した。敗戦後は生活難の中で危険なヤミ堕胎が横行し、一九四八年*優生保護法制定により中絶を合法化。以後、届け出件数は激増し、一九五三年から一九六一年まで年間百万件以上となるが、実数はさらにこれを上回るとされる。未婚女性よりも*主婦層の中絶が多く、中絶は手軽な産児制限の手段とされて戦後日本の急激な*出生率低下と二人っ子家族の標準化に大きな役割を演じた。中絶経験者層の厚さは、一九七〇年代以降の*水子供養《みずこくよう》の流行にもつながった。だが近年では件数全体は大幅に減少する中で、十代女性の中絶が増加傾向にある。

参考文献　折井美耶子編『(資料)性と愛をめぐる論争』(論争シリーズ五)、一九九一、ドメス出版。荻野美穂「人工妊娠中絶と女性の自己決定権—第二次世界大戦後の日本—」(原ひろ子・舘かおる編『母性から次世代育成力へ—産み育てる社会のために—』一九九一、新曜社)。田間泰子『母性愛という制度—子殺しと中絶のポリティクス—』、二〇〇一、勁草書房。　(荻野　美穂)

ちゅうぜつきんしほうにはんたいしピルかいきんをようきゅうするじょせいかいほうれんごう　中絶禁止法に反対しピル解禁を要求する女性解放連合　一九七二年(昭和四十七)に国会に上程《じょうてい》された*優生保護法改定案に反対する*ウーマン＝リブ運動の中で、*ピル解禁を求める榎美《えのきみ》沙子《さこ》が結成した組織。略称「中ピ連」。「*中絶は女性の権利」と主張するこのグループは、女のからだと避妊知識を広めるセミナーを開催し、ミスコン抗議行動や「女を泣き寝入りさせない会」結成など常にマスコミの注目を浴びた。やがて、内部から榎批判が上がり、一九七七年参院選で女性党を組織したが、惨敗《ざんぱい》を機に解散した。

参考文献　溝口明代・佐伯洋子・三木草子編『資料日本ウーマン・リブ史』二、一九九四、松香堂書店。　(三宅　義子)

ちゅうにん　仲人　『*日葡辞書《にっぽじしょ》』には「チュウニン、Nacodo、すなわちNacadachi、人の仲の取持ちをしたり、婚姻などの仲立ちをしたりする仲介者《ちゅうかいしゃ》、あるいは媒介者《ばいかいしゃ》」とある。人の仲の取持ちをするという意味での仲人は、室町・戦国時代の地域社会におけるさまざまな紛争解決のもっとも一般的な手段であったが、それが同時に現在につながるような「ナコウド」の意味もあったことが注目される。ここから想定されるのは複数の村落に対して名望《めいぼう》をもつ在地の小領主あるいは地主が、*婚姻の仲介をも行なったことである。他方、問題なのは、特に都市的な社会においては、仲人がなかば売春とかかわるような職業の一種としてみえることであって、たとえば永仁《えいにん》五年(一二九七)に成立した『普通唱導集《ふつうしょうどうしゅう》』では、仲人は「*遊《ゆう》女《じょ》・好色《こうしょく》・*白拍子《しらびょうし》」などと並んで列挙されている。ここには、平安時代の王朝文学に登場する「なかだち」が貴族社会からはなれて職業化した姿をみるべきであろう。

参考文献　保立道久『中世の女の一生』、一九九九、洋泉社。　(保立　道久)

ちゅうピれん　中ピ連　⇨中絶禁止法《ちゅうぜつきんしほう》に反対《はんたい》しピル解禁《かいきん》を要求《ようきゅう》する女性解放連合《じょせいかいほうれんごう》

ちゅうろう　中臈　〔中世〕朝廷や幕府、諸家に仕えた*女房の内で中間に位したもの。僧の修行年数による地位や官位の中程度のものもさす。宮中の中臈女房には侍臣や諸大夫《だいぶ》(四・五位の官人)の娘などがなった。官名や町名を呼び名とする。室町時代将軍家では、幕府政所代《まんどころだい》蜷《にな》川《がわ》家や日野家奉行松波《まつなみ》氏の娘などの例があり、大名など武士の家では、「内の者」かしかるべき侍の娘を中臈とする慣習があった。女房内の階層差は明確で、鎌倉幕府の衣服規定や室町幕府の女房手当に関しては、中臈は*下臈と同格扱い。役割面では*上臈に次ぐものとして共通した機能を果たす。室町将軍や*御台所《みだいどころ》の御成《おなり》や年中行事への供奉《ぐぶ》では、上臈とともに正装で輿車《こしぐるま》に乗り、来訪者の接待では小上臈《こじょうろう》とともに伴膳《ばんぜん》や給仕にあたった。室町時代の女房の主要な役割となった申次役《もうしつぎやく》では、上臈が最高位の武家を、中臈が公卿を担当し、ともに主人の代筆や*女房奉書の発給に必要な文書学を教養とした。将軍家の家外交の実務担当者の役割を果たした。

参考文献　『禁秘抄』(群書類従二六)。田端泰子『女人政治の中世』(講談社現代新書)、一九九六、講談社。同「鎌倉期の武士の女房」(『日本中世の社会と女性』一九九八、吉川弘文館)。同「室町幕府の女房」(同)。　(志賀　節子)

〔近世〕江戸時代、将軍家や大名家に仕えた女性のうち、主人に近侍《きんじ》し、配膳・着替え・入浴の世話などを担当した*女中《じょちゅう》。幕府女中の職制ではおおむね御次《おつぎ》から昇進し、将軍・御台所《みだいどころ》・生母に付属。人数は寛政九年(一七九七)には、将軍付五人、御台所付は中臈頭《ちゅうろうがしら》一人に中臈十人、安政元年(一八五四)には、将軍付七人、御台所付七人、生母付五人と一定していない。給料は将軍付の場合、年俸にあたる切米《きりまい》二十石、合力金《ごうりききん》四十両と、本人と召使の毎月の食料四人扶持《ぶち》、薪《まき》十束、炭六俵、湯之木《ゆのき》(五月から八月まで十束、九月より四月まで九束)、五采銀《ごさいぎん》(味噌・

塩の代銀)百二十四匁《もんめ》二分が与えられた。御台所付は切米十二石、生母付は切米八石、その他の手当も若干少ない(『嘉永《かえい》七寅年《とらどし》八月改《あらため》大奥《おおおく》女中《じょちゅう》分限帳《ぶげんちょう》幷《ならびに》剃髪《ていはつ》女中《じょちゅう》名前《なまえ》』)。将軍付中臈からは将軍の側妾《そくしょう》になる者も多く、将軍の手が付いた者を「汚れた方」といい、つかない方を「お清」と綽名《あだな》したという。御台所付中臈を将軍が見初めたときには、御台所に断り、将軍付に移動させたという。将軍の子供を生むと、御客応答《おきゃくあしらい》や*御年寄《おとしより》の上座に位置づけられた。

参考文献 旧事諮問会編『旧事諮問録』(岩波文庫)、一九八六、岩波書店。松尾美恵子「江戸幕府女中分限帳について」(総合女性史研究会編『政治と女性』一九九七、吉川弘文館)。

(松尾美恵子)

ちょうかじょせい 町家女性 江戸時代、町家という言葉には、町なかの家、あるいは町人の家、町で商売をしている家というような意味がある。また町人という言葉自体も狭義《きょうぎ》には家屋敷(家屋と敷地)を所持し、町役を勤める家持《いえもち》のみをさすのであるが、都市住民の中での比率は高くなく、ほかに家持の代理人である家守《やもり》、土地を借用して家屋は自分で建てる地借《じがり》、家・土地ともに借用する店借《たながり》の各階層がいた。近世初期には家持として町の構成員になることで町人の生業は成り立っていたのだが、次第に家屋敷を持たない階層の商工業が活発になってき、家持層のみでは都市経済は成り立たなくなってくる。また、裏店《うらだな》に居住し、棒手振《ぼてふり》や*日雇《ひやとい》などで生活する都市下層民も多くなってくる。そこでここでは家持から都市下層民までのすべての家を「町家」という範疇《はんちゅう》でとらえ、それらの家の女性すべてを町家女性として考えてみたい。これら町家女性たちを林玲子の分類に従い、豪商・上中層町家・下層町家(都市下層民)に分けてみてみよう。豪商の家の女性たちは、住居と店が別々になってしまうため、直接家業に接することはほとんどなくなってしまう。*主婦は*家事には直接手を染めず、家事を行う男女の奉公人の管理、数多い一族(同苗《どうみょう》)諸家との冠婚葬祭などの交際、別家や出入衆の応待などが主な仕事であった。結婚は十三～十八歳ぐらいで、三井《みつい》家では同苗間の*婚姻が多く、大概本人の意志以外のところで決まった。不動産の所持は、家ごとに異なっており、三井家では不動産は大元方《おおもとかた》の支配下にあり、女性は定額の賄料《まかないりょう》を受け取るだけであったが、奈良屋茂左衛門《ならやもざえもん》は妻女に不動産や金銀を譲っている。上中層町家の女性たちは、時にみずからも店頭に立ち、奉公人に指示を与え、帳簿の整理をしたりと商売に直接かかわることが多かった。また当時の女性としては恵まれた教育を受けており、*和歌を詠み、和文を綴《つづ》り、読書を楽しんでいる者が相当いる。婚姻は町家同士、ほぼ似たような営業・家格で、出身地も同じ、というのが多い。女性本人の意志とは別に親や近親者の同意で決まった。金銀・衣類などの動産とともに家屋敷などの不動産を分与された者も相当おり、中には借金の債務者になり得るほどの経済力を持つ者もあった。下層町家の女性の場合、自己の生業を持ち、その収入で家族の生計を支えている者が多かった。男の収入だけでは生活できなかったためでもある。結婚・*離婚に際しては本人の意志が重視されている。*結婚年齢は一定期間の奉公を終えてからのためか、豪商や上中層町家の女性に比べて遅く、和歌山の沼野《ぬまの》家の記録によれば二十四～三十歳ぐらいであった。彼女たちの中にも一定の教育を受け、読み書き・*音曲《おんぎょく》・*裁縫などを身につけていたものが相当あった。裁縫ができれば*針妙《しんみょう》として有利な奉公ができたし、家で仕立の*内職をすることも可能であった。概して武家や*農家女性よりも家族内での地位は高かったと考えられる。

参考文献 林玲子「町家女性の存在形態」(女性史総合研究会編『日本女性史』三、一九八二、東京大学出版会)。同「近世の女性」(脇田晴子・林玲子・永原和子編『日本女性史』一九八七、吉川弘文館)。

(牧田りゑ子)

ちょうこうどうりょう 長講堂領 後白河《ごしらかわ》法皇が持仏堂《じぶつどう》である長講堂に集積した百八十余所の荘園群。建久三年(一一九二)、後白河は死に臨《のぞ》んで、*丹後局高階栄子《たんごのつぼねたかしなえいし》との間に生まれた皇女の*宣陽門院覲子《せんようもんいんきんし》に譲与《じょうよ》した。その伝領は二転三転し、宣陽門院は猶子《ゆうし》の鷹司院《たかつかさいん》(近衛長子《このえちょうし》)に譲ろうとしたが後嵯峨院《ごさがいん》の反対で、結局、後深草《ごふかくさ》天皇へと譲った。以後は、後深草—伏見—後伏見—花園と、持明《じみょう》院統《いんとう》の天皇に代々相伝され、経済基盤となった。

参考文献 八代國治「長講堂領の研究」(『国史叢説』一九二五、吉川弘文館)。野村育世「中世における天皇家—女院領の伝領と養子—」(前近代女性史研究会編『家族と女性の歴史—古代・中世—』一九八九、吉川弘文館)。

(野村 育世)

ちょうさん 逃散 平安時代中ごろに生まれ、中世(鎌倉—戦国時代)に盛んに行われた共同体に結集する百姓ら民衆の運動で、男は山野や隣村に、女は篠《ささ》で囲まれた家々に、それぞれが隠れ籠《こ》もって訴訟《そしょう》をし、要求を実現する方法。かつて逃散は逃亡《とうぼう》の延長線上でとらえられてきた。だが逃散には、神水《じんすい》を飲んで団結を誓いあう一味神水《いちみじんすい》の儀式や、代官や*地頭の違法を告発するなどの訴訟行為が存在していたことが明らかにされ、生活の基盤を捨てて他の土地へ逃げる逃亡とは異質であることが徐々にわかってきた。だがそれでも逃亡は移動といいかえられたりして、なおわかちがたく認識され続けてきた。だが両者の異質性を、すなわち逃散が村落共同体の取り組みであることを確定しなければ、女たちの行動やはたらき、役割は問題にもならない。その峻別《しゅんべつ》を決定的にするのは、女性の視点である。移動する男たちの行動のみに目を奪われている限り、逃亡(移動)概念《がいねん》と決別することはむずかしい。そのよい例が『*御成敗式目《ごせいばいしきもく》』四十二条をめぐる解釈にあらわれている。移動の自由がありやなしやの激しい論争が繰り広げられたが、その対象は百姓(男)だけだったし、のちに条文中の妻子文言《さいしもんごん》にようやく目が向けられ、逃散の際、妻子が家にいることに気づいたけれども、それに対する解釈は、男たちの逃散の正当性を証明するために残すのだという理解でしかなかった。あくまでも男中心史観であった。だが逃散には鎌倉時代後期の紀伊国阿弖河庄《あてがわのしょう》(和歌山県有田川町)のように、四ヵ月以上もの長期戦になるものが少なからずあった。長期間家にいる女たちは、当然ながら、牛馬などの資財《しざい》を守り、家族を守ったはずである。なぜなら逃散する目的は、よりよい状況で村に住み続けることにあったのだから。ではなぜ女たちの隠れ籠《こ》もる場が家・屋敷かといえば、それは、元来、聖域《せいいき》、アジールだったからである。年貢《ねんぐ》未納などの正当な理由でもない限り、なんびとも百姓の家にふみこむことは許されなかった。家のアジール性をよく示すのは、史料が具体的になる中世後期の逃散である。男たちも家のなかに籠もった例が存在したし、また第一段階として家に籠もり、第二段階として山野に隠れるというパターンもみられた。逃散時には聖なる篠《ささ》で家を囲ってその聖性《せいせい》をよりいっそうたかめたのであった。そのほうが隣村などに隠れるより、身柄拘束《こうそく》などの直接的損失もずっと少なくてすむ。しかしだからといって、女たちはいつも家・屋敷に籠もっていたわけではない。徴税《ちょうぜい》使《し》が地元の武士などではなく、遠い都《みやこ》からくるような場合、女たちも食料を全部もって山野に隠れて、徴税使を日乾《ひぼ》し責めにして追い返した。女たちの行動は臨機応変《りんきおうへん》であった。逃散が女たちのさまざまなスタイルの参加なくしてはなりたたない運動であったことは明らかである。だが近世になると、家・屋敷の聖性は薄れ、運動母胎《ぼたい》となる小規模な中世的領域も消滅し、社会体制も大きく変わってきた。逃散という運動はみられるものの、全村民が全資財を持って村を引き払うなどの形態となり、中世的逃散とはだいぶ性格が違ってくる。

参考文献 入間田宣夫「逃散の作法」(『百姓申状と起請文の世界』一九八六、東京大学出版会)。柳原敏昭「百姓の逃散と式目42条」(『歴史学研究』五八八)、一九八九。安良城盛昭『天皇・天皇制・百姓・沖縄―社会構成史研究よりみた社会史研究批判―』、一九八九、吉川弘文館。柳原敏昭「逃散・家・妻子(補考)」(『鹿大史学』三八)、一九九〇。網野善彦『中世再考―列島の地域と社会―』(講談社学術文庫)、二〇〇〇、講談社。鈴木哲雄「「去留の自由」と中世百姓」(『中世日本の開発と百姓』二〇〇一、岩田書院)。黒田弘子「女性史と歴史学―序にかえて―」(『女性史からみた中世社会と法』二〇〇二、校倉書房)。同「中世法を読む」(同)。

(黒田　弘子)

ちょうしそうぞく　長子相続　男の長子が*家督《かとく》を相続する長男子《ちょうだんし》相続と同義に用いられることが一般的で、男女を問わず最初に生まれた子に家督を継がせる場合は初生《しょせい》子《し》相続と呼ばれる。武家層では十七世紀末以降、嫡出《ちゃくしゅつ》長男子相続が原則となった。庶民の家相続についても幕府・諸藩の法制上は長男子相続をたてまえとしているものの、実際は各地の慣行《かんこう》にゆだねられていた面が大きい。全体的には長男子相続慣行が支配的であるが、長男であっても身持《みも》ちが悪かったり家経営能力に劣る場合には相続人からはずされ、次男以下や養子が相続した。初生子相続慣行も近世には東日本一帯に広くみられ、初生子が女子の場合は長男である弟に優先して家督を継いだので、*姉家督《あねかとく》と呼ばれる。この慣行の生成理由としては、自家労働で直接経営する規模が比較的大きい地域では、男女にかかわらず初生子に家を継がせて嫁《よめ》や婿《むこ》を迎え、早く家族労働力を補充する必要があったからだとする説が有力である。

参考文献 石井良助『日本相続法史』、一九八〇、創文社。大藤修『近世農民と家・村・国家―生活史・社会史の視座から―』、一九九六、吉川弘文館。

(大藤　修)

ちょうせんじんじょこうのうた―せんきゅうひゃくさんじゅうねん・きしわだぼうせきそうぎ―　朝鮮人女工のうた―一九三〇年・岸和田紡績争議―　在日朝鮮人のルポライター金賛汀《キムチャンジョン》の著書。岩波新書として一九八二年(昭和五十七)刊行。近代日本の資本主義発展を支えたのは紡績女工たちの存在であり、特に朝鮮人女工たちに対する搾取《さくしゅ》は過酷を極めた。本書はこうした最底辺を生きた朝鮮人女工たちの闘いに照明を当てたもの。第一部では*女工たちの生活を、第二部では女工たちが待遇改善を求めて闘った労働争議について書いている。一九一〇年代以降、日本の紡績工場などでは労働力不足を補うために、植民地下の貧困にあえぐ朝鮮農村に女工募集人を派遣し、若い女性たちを集めた。女工たちは借金で身柄を拘束され、悪条件の中で長時間労働を強いられた。中には悪質な女工募集人によって「娼窟」に売り渡されるケースもあった。岸和田紡績では一九一八年(大正七)から約二十年間に推計で延べ五万余名の朝鮮人女工が働いた。一九二〇―三〇年代には紡績工場での労働争議が多く発生したが、日本人女工よりも賃金が低かった朝鮮人女工たちの闘争ぶりは特に激しかった。

(山下　英愛)

ちょうねんのはは　奝然の母　九二二―?　平安時代中期の東大寺僧奝然の生母。奝然は天台山《てんだいさん》・五台山《ごだいさん》巡礼のために永観《えいかん》元年(九八三)に入宋《にっそう》したが、渡宋に先立つ天《てん》元《げん》五年(九八二)七月、母のために四十九日の逆修《ぎゃくしゅ》の仏事を行なった。その修善の趣旨を記した願文《がんもん》は慶滋保胤《よししげやすたね》の起草によるもので、『本朝文粋《ほんちょうもんずい》』一三に全文が伝わる。それによれば、奝然は渡海《とかい》の志《こころざし》の一方で六十歳の老母を置いて行くことに苦悩しており、母に相談したところ、母は恨む様子もなく入宋を勧めた。この母の想いに感激した奝然は、わが母は人の世の母ではなく、仏道を勧める善縁《ぜんえん》の母、慈母《じも》であると讃えている。そして母の後世《ごせ》菩提《ぼだい》を弔《とぶら》うことが自分の役割であるとして、母のための仏事を修したのであった。平安時代中期に僧が母を仏道修行の支えとして理想化し、母のために仏事を行うことが社会に浸透していたことを示す例であり、成尋《じょうじん》の母とともに息子の僧を渡宋させた母として知られる。

参考文献　高木豊「入中僧の母たち」(『仏教史のなかの女人』一九八八、平凡社)。勝浦令子「古代における母性と仏教」(『女の信心―妻が出家した時代―』一九九五、平凡社)。
（土谷　恵）

ちょうようふ　**調庸布**　*律令制下に調や庸として貢進された麻の布。大化二年(六四六)では調布一端は長さ四丈《じょう》・幅二尺《しゃく》半であったが、大宝令制では長五丈二尺・幅二尺四寸を一端《たん》とし、正丁《せいてい》二人で織ることが定められた。ただし京畿内《きょうきない》では正丁一人ごとに一丈三尺が課された。一方庸布は、令制では正丁一人に布二丈六尺・幅二尺四寸が課されたが、慶雲三年(七〇六)に半減され、和銅六年(七一三)には二丁分の庸布を併せた二丈六尺が一段《たん》とされた。ついで養老元年(七一七)には一丁の庸布負担額を一丈四尺、二丈八尺を一段とし、さらにこれに調布二丈八尺を合成した長四丈二尺・幅二尺四寸を一端として一丁分の負担とした。これを調庸布という。調庸布は成人男子である正丁の負担であり、八世紀代のものとみられる長野県屋代《やしろ》遺跡群出土木簡《もっかん》には「布手《ぬのて》」として男性の織手の名がみえているが、『*万葉集』の歌にみられるように、原料の栽培・採取から、製糸・織成《しょくせい》に至るまで女性による労働の関与もみられた。

参考文献　服藤早苗「古代の女性労働」(女性史総合研究会編『日本女性史』一、一九八二、東京大学出版会)。
（三上　喜孝）

ちよつるひめでんしょう　**千代鶴姫伝承**　紀伊国《きいのくに》北部にある高野山領鞆淵庄《ともぶちのしょう》(和歌山県紀の川市)に残された、中世の土豪《どごう》クラスの女性、千代鶴の存在と歴史を伝える伝承。江戸時代末期につくられた地誌『紀伊国名所図会《ずえ》』に掲載されている。鞆淵八幡宮《ともぶちはちまんぐう》が石清水《いわしみず》八幡宮から分祀《ぶんし》されたいきさつはこうである。昔、荘司《しょうじ》家の先祖の次郎《じろう》に、千楠丸《せんぐすまる》と千代鶴姫という二人の子がいた。あるとき次郎は、書(文字)を学ぼうとしない幼い千代鶴に腹をたて、枕を投げつけた。枕は二つに割れ、千代鶴はその一つを持って逃げ、都で*宮仕《みやづか》えをする身となった。やがて兄千楠丸は妹を尋ねあて、二人は再会し、もう一つの枕を合わせ、父のことを語り合った。これをみた帝《みかど》は父の所領の相続を認める勅《みことのり》を出し、八幡宮の勧請《かんじょう》も許した。そこで二人は立派な八幡宮を建立して鎮守《ちんじゅ》にしたのだという。一見、よくありがちな創作話のように見える。だが、ここには室町時代、十五世紀ごろに実在していた人物が登場するのである。次郎は庄の最有力者、下司《げし》の役職につく鞆淵次郎範景《のりかげ》、千楠丸はその子息の直景《なおかげ》であった。このころ支配方式の転換を目論《もくろ》んでいた庄園領主高野山は、百姓らと対立する下司範景を追放し、跡《あと》を子息千楠丸に継がせ、やがてはみずからが下司職《げししき》を掌握。そのうえで代官として、鞆淵氏に次ぐ勢力を持つ庄司氏を任命する。当該期の鞆淵庄は、反下司運動、下司鞆淵氏の没落、そして庄司氏の台頭《たいとう》という、激変の時代だった。庄司氏は、江戸時代に入ると、下司家の家柄である証拠として*系譜《けいふ》を作成した。七代は次郎、八代千楠丸、そして九代に千代鶴姫と記した系譜によって、庄司家が下司家たりえたからくりが、千代鶴による千楠丸との*婚姻だったことが明らかになる。またそれゆえ千代鶴は、伝承上の人物ではなく、実在した女性であったことも確かとなる。伝承はこうした系譜作成とほぼ揆《き》を一《いつ》にしてつくられたのであろう。庄司家は下司の家柄であったことを系譜で、庄司家の妹兄《いもせ》が八幡宮勧請の偉業《いぎょう》をなしとげたことを伝承の形で伝えたのだった。伝承が、千代鶴を乱暴な父次郎に刃向《はむ》かう行動的女性にしたてたのは、彼女が反下司運動の象徴的存在であったからではあるまいか。なお庄司氏宅あとには、チョツルサン・ツルヒメサンの呼称や千代鶴が地面に刺した杖《つえ》が楠《くすのき》の大木になったという杖突《つえつき》伝説が今に伝えられている。

参考文献　三浦圭一「地域社会の変動」(同編『日本史』三、一九七八、有斐閣)。『紀伊国鞆淵荘地域総合調査』本編、一九九九、早稲田大学大学院海老澤衷ゼミ。黒田弘子「千代鶴姫伝承―家と村の歴史―」(『女性からみた中世社会と法』二〇〇二、校倉書房)。
（黒田　弘子）

ちよにくしゅう　**千代尼句集**　⇨加賀千代《かがのちよ》

ちらしがき　**散書**　仮名あるいは漢字・仮名交じり文で、紙面に第一行目から行頭を揃《そろ》えて順を追って書く(延べ書き)のではなく、数行を一まとまりとし、そのまとまりを一定の法則にしたがって紙面に配する書式。*和歌を色紙・短冊《たんざく》などに書く際や消息《しょうそく》・*女房奉書《にょうぼうほうしょ》などに用いられる。『園太暦《えんたいりゃく》』貞和《じょうわ》三年(一三四七)正月二十一日条には「自仙洞女房奉書到来、(中略)本はちらしかき也」とあり、女房奉書に用いられる書式が散書と呼ばれたことがわかる。文の散らし方は書き手や時代によって一様ではないが、書状類の場合、第一紙の右端をやや空けたところから書き始めて奥に及び、続いて右端の下、右端の上、本文上部の余白、第二紙の右端やや下へと書き進むのが一般的である。

参考文献　増田孝「散らし書きと葦手・歌絵について」(『日本近世書跡成立史の研究』一九八六、文献出版)。
（宮崎　肇）

ちりづかばなし　**塵塚談**　小川顕道《おがわけんどう》の随筆。上下二巻。元文《げんぶん》二年(一七三七)江戸小石川に生まれ、幕府直営病院小石川養生所《こいしかわようじょうしょ》の内科医として生きた顕道が七十八歳ころ記述したもの。幼少時からの見聞諸事を思い出すままに書き連ねている。上巻五十二項、下巻七十二項からなり、芝居狂言《しばいきょうげん》などの芸能・民間信仰・名物名産・衣食住などの身辺雑事の諸様相を描く。特に、女性の風俗の変化、言葉遣いや概念の変わりようなどにも言及し、その変化を嘆く。十八世紀後半以降の武家社会崩壊への憤懣《ふんまん》が随所にみられる。テキストは『塵塚談』(岩本活東子編『燕石十種』一、一九七九年、中央公論社)、小川顕道・宮川政運『塵塚談・俗事百工起源』(神郡周校注、一九八一年、現代思潮社)。
（菅野　則子）

ちりゆきえ　知里幸恵　一九〇三―二二　アイヌ文学の主要作品の一つである『アイヌ神謡集』(一九二三年、郷土研究社、一九七八年、岩波文庫)の編(著)者。*アイヌ口承文芸の筆録活動を志し同書を執筆するが刊行前に病死した。北海道幌別《ほろべつ》郡幌別村(登別《のぼりべつ》市)生まれ。一九〇九年(明治四十二)に、当時旭川《あさひかわ》市に在住していた伯母*金成《かんなり》マツの養女となる。一九一八年(大正七)にマツのもとを訪れた金田《きんだ》一京助《いちきょうすけ》の薦《すす》めで、一九二〇年ごろからアイヌ口承文芸の筆録を開始する。一九二二年五月上京、金田一宅に寄居して『アイヌ神謡集』の刊行準備を進める。同年九月に持病の心臓発作のため死去。死の翌年刊行された『アイヌ神謡集』はアイヌ語アイヌ口承文芸の資料として価値を有するだけではなく、文学作品としても完成度が高い。その後のアイヌ文学・思想史を考えるとき、本書からの影響を無視することはできない。ただし、若くして亡くなったアイヌの女性であるということは、その思想を解釈するものに偏った視点からの恣意《しいてき》的な立論を許しがちである。幸恵を論じるにあたってはこの点に注意しなければならない。遺稿集『銀のしずく―知里幸恵遺稿―』(一九八四年、草風館)がある。

(奥田　統己)

ちりゆくはな　ちりゆく花　俳人山本東瓦《とうが》が愛弟子《まなでし》極楽《ごくらく》女志燕尼智海《めしえんにちかい》の一周忌の寛政七年(一七九五)に編集刊行した追悼集。東瓦は摂津《せっつ》国伊丹《いたみ》(兵庫県伊丹市)の大酒造家で通称は木綿屋庄左衛門といい、与謝蕪村《よさぶそん》の弟子。三十一歳で剃髪《ていはつ》し智海と称した志燕は、妻に先立たれた東瓦とともに暮らすようになった半年後に、三十三歳で世を去る。慟哭《どうこく》した東瓦は、「終焉記《しゅうえんき》」と志燕の画像を載せ、知名俳人たちの追悼句の後に、「志燕尼四季の詠」として句・*和歌五十一章を載せ、京都の書店から刊行した。テキストに『ちりゆく花』(岡田利兵衛編『伊丹文芸資料』、一九七五年、伊丹市)がある。

参考文献　柴桂子「句と仏と―極楽女志燕尼雑考―」(『江戸時代の女たちその生と愛』二〇〇〇、桂文庫)。

(柴　桂子)

ちんこんさい　鎮魂祭　古代の朝廷および近代以降の宮中で行われる祭祀《さいし》の一つ。身体から遊離《ゆうり》しそうになる魂を身体の中に鎮めるための、呪術的な儀式と考えられる(『令義解《りょうのぎげ》』職員令神祇官条《しきいんりょうじんぎかん》)。この儀式の起源を、記紀《きき》にみえる天《あめ》の岩戸《いわと》神話において、*天鈿女命《あめのうずめのみこと》が神事を行う姿で伏せた槽《おけ》の上で舞ったこととする説(『古語拾遺《こごしゅうい》』)と、

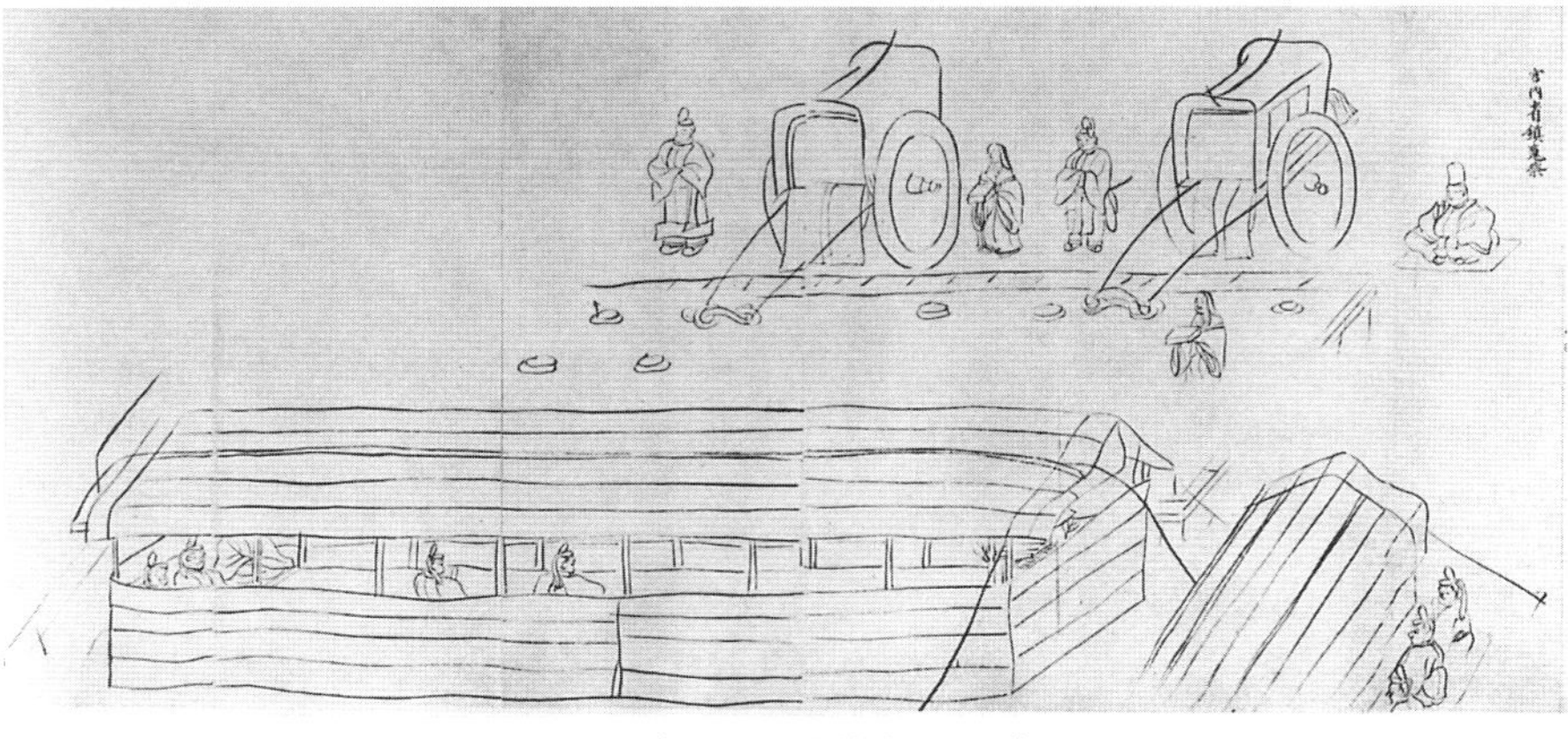

鎮魂祭(『年中行事絵巻』より)

物部《もののべ》氏の祖である宇麻志麻治命《うましまじのみこと》が神武《じんむ》天皇に十種の神宝《しんぽう》を献じたことに求める説(『旧事本紀《くじほんぎ》』七)とがあるが、史料的に確実な最古のものは『日本書紀』天武《てんむ》天皇十四年(六八五)十一月丙寅《ひのえとら》条である。この儀式では、*大嘗祭《だいじょうさい》・新嘗祭《にいなめさい》の卯《う》の日の儀の前日寅の日の夕刻より、宮内省《くないしょう》に*御巫《みかんなぎ》の斎《いつ》く八座の神々と大直神《おおなおびのかみ》をまつり、そこへ内侍《ないし》が天皇の御衣《みそ》を入れた匣《はこ》を安置する。その際に、雅楽寮《うたりょう》の*歌女《うため》らが歌を歌い、御巫が伏せ槽の上に立って桙《ほこ》で槽を十度つき、その後に御巫や*猿女《さるめ》らが舞をする(『儀式《ぎしき》』五、『延喜式《えんぎしき》』四時祭下)ところに特色がある。天皇の儀の後に*皇后の儀、その後の巳《み》の日に皇太子の儀が行われた。室町時代中期に中断したが、江戸時代後期に復活した。

参考文献　川出清彦「鎮魂祭古儀考」(『大嘗祭と宮中のまつり』一九九〇、名著出版)。渡辺勝義『鎮魂祭の研究』、一九九四、名著出版。

(野口　剛)

ちんしごと　賃仕事　江戸時代後期から維新期にかけて、女性の職業表記として使われた言葉。賃金を取って衣服の仕立てを行うこと。家々を回る場合もある。賃縫《ちんぬい》・縫《ぬい》針《はり》・裁縫《たちぬい》・針仕事《はりしごと》などとも記されている。*裁縫専門の奉公人は*針妙《しんみょう》という。同じ衣服の仕立てでも男性の場合は「仕立職」で、呉服問屋《ごふくどんや》などの依頼に応じ高級呉服を仕立てる高度な技術を持つものとされた。女子の職業がすべて「賃仕事」で統一されている場合もあり、女性の賃稼ぎを象徴するものでもあった。都市江戸の人別帳に女性の職業が記されるのは*後家など店主の場合だけで、妻や娘の職業はほとんど記されていない。しかし、下層の*家族においては、現実には家族ぐるみの労働で生計を維持していた。公的な救済を願う文書には、妻が賃仕事をして支えていたが、家族の看病や自身の病気でそれもできなくなったといった文言がみられる。裁縫は「女の業《わざ》」として、女性にとって必修の技術であったから、いざとなれば賃仕事で家族を養うことができた。漢詩人*原采蘋《はらさいひん》

は江戸滞在中、寄寓《きぐう》先で「女工」で稼ぎ、遊歴《ゆうれき》中もいそぎの「女工」を頼まれている。賃仕事が女性の生活の手段となりえたのは需要の大きさにもよる。衣替え、縫い直し、儀礼とのかかわりなどの衣服文化が背景にある。同時に時代の変化も読み取れる。娘たちはめんどうな裁縫を嫌がり、母から娘への伝習も裁縫師匠に委《ゆだ》ねるようになる。*奥村喜三郎《おくむらきさぶろう》『*女学校発起之趣意書』は「物縫うことを習うことさえ卑《いや》しいことのように思う」風潮を指摘し、女学校で教えることを提案している。明治初年、公立女子小学校に親が期待したのは裁縫の科目であった。農村においても、妻や娘は*機織に従事し、家族や奉公人の衣服の仕立ては、定期的に回ってくるお針子《はりこ》さんが数日間滞在して仕上げている。

参考文献　長野ひろ子「農村における女性の役割と諸相」(女性史総合研究会編『日本女性生活史』三、一九九〇、東京大学出版会)。片倉比佐子「幕末維新期の都市家族と女子労働」(『総合女性史研究』八)、一九九一。

(片倉比佐子)

つ

ついしろく　追思録　*広瀬旭荘《ひろせきょくそう》が亡き妻を悼《いた》んで記した哀悼《あいとう》書。弘化《こうか》元年(一八四四)五月、江戸に居た旭荘のもとに来た妻松子《まつこ》が同年十二月に病没したことを悼み、記された書。著名な儒学者でもあった旭荘が結婚に際し、みずからの性質に激しいところがあり、無理非道の振舞いをすることがあることを妻に対して明らかにし、夫婦間において妻を激しく責めたりしないという誓詞《せいし》を渡していたことや、それでも妻を責めることがあったとの自省を素直に記している。また、妻の松子も旭荘のそのような行動をよく理解し、「夫は粗暴《そぼう》な人のように思われるが、直後に反省するよい夫である」と述べ一度もその誓詞を出して夫を責めなかったという。旭荘は松子を深く愛し、病状が悪化したころには悲しみを隠さず、みずから三度の食事を作るなど熱心に看護した。このような深く理解し合った夫婦の心情を知ることのできる書である。

参考文献　大谷篤蔵「広瀬旭荘の『追思録』」(『文学』三四ノ三)、一九六六。総合女性史研究会編『日本女性の歴史―性・愛・家族―』(角川選書)、一九九二、角川書店。

(桑原　恵)

つかもとハマ　塚本ハマ　一八八六―一九四一　明治から昭和時代にかけての教育者。江戸本郷(東京都文京区)生まれ。父小川晴生・母ぎんの次女。一八九〇年(明治二十三)に東京女子高等師範《しはん》学校卒、同年大阪府師範学校女子部の教諭となる。一八九三年に農学者塚本道遠と結婚。一八九八年に母校の教諭となる。その前後公私立高女等を経て、一九二三年(大正十二)に退職。この間六人の子育てと教職を両立。*家庭生活の簡易《かんい》合理化、科学的な『家事読本全《かじとくほんぜん》』(一九〇〇年)、『実践家政学講義《じっせんかせいがくこうぎ》』(一九〇六年)等多数出版。婦人の諸団体で講演活動。

参考文献　市原正恵「家政学のあけぼの―塚本ハマ小伝―」(『思想の科学』一二一)、一九八〇。酒井ノブ子「塚本はま子」(塚本はま子『実践家政学講義』一九八二、第一書房)。

(新井　淑子)

つきごや　月小屋　月経中の女性がその期間中に寝泊りしたり、食事だけその小屋で食べて家族との共食を避けたり、または期間中はずっとそこに滞在することもあった小屋。「タヤ」「ヒマヤ」「ベツヤ」「カリヤ」「ヨゴレヤ」など多様な呼び方がされた。つきごやは「ツキ」すなわち月経を意味するが、月経中だけではなく*出産前後の女性が滞在したりそこで出産する産小屋《うぶごや》としても使われることがあり、地域により時代により、月小屋と産小屋が別の場合もあれば双方を兼ねる場合もあってさまざまである。最も遅くまで使われた例としては福井県若狭湾《わかさわん》沿いの漁村があり、建物は昭和五十年代まで存在した。月小屋が注目されるのはその分布上の特徴である。日本列島の西南地域しかも海岸沿いの村落に多く分布し東日本の内陸部に少ないことから、社会人類学者の大森元吉はいわゆる西南型村落と呼ばれる社会構造と関係していることを示唆《しさ》した。月小屋が存在することがすなわち女性の月経をはじめ妊娠や出産などの生殖現象を不浄視していることを意味しても、月経小屋の存在しないことは必ずしも*不浄観が存在しないことを意味しない。新潟県東《ひがし》蒲原郡《かんばらぐん》内の山村では、昭和三十年代まで月経も妊娠・出産も強い不浄性を帯びるものとして、家屋内で男性に接することを注意深く避けた。このことから、地域共同体の共有の月小屋の存在は、家族や親族より、共同体が女性の生殖に深く関わろうとすることの表われであると理解することもできる。江戸時代末まで八丈島《はちじょうじま》では約十日間も月経中の女性は小屋に滞在していた。その間未婚の男女が性関係を持ったことが近藤富蔵《こんどうとみぞう》の『八丈実記《はちじょうじっき》』からうかがえることなどから、月小屋の存在は、女性の不浄性、それゆえの共同体からの排除と劣位という脈絡でのみ論じることはできず、多面的な検討を要する。

参考文献 牧田茂「小屋」(大間知篤三他編『日本民俗学大系』六、一九五六、平凡社)。 (波平恵美子)

つきしねのじょおう　舂米女王　?—六四三　聖徳太子《しょうとくたいし》と膳部加多夫古臣《かしわでのかたぶこのおみ》の女《むすめ》。『上宮聖徳法王帝説《じょうぐうしょうとくほうおうていせつ》』によれば、聖徳太子と膳部加多夫古臣の女《むすめ》の菩岐々美郎女《ほききみのいらつめ》との間に生まれ、異母兄の山背大兄《やましろのおおえ》王の妃となり、難波麻呂古《なにわのまろこ》王・麻呂古王・弓削《ゆげ》王・佐々《ささ》女王・三島《みしま》女王・甲可《かふか》王・尾治《おわり》王ら七人を生んだとある。『聖徳太子平氏伝雑勘文《しょうとくたいしへいしでんざつかんもん》』所引の『上宮記《じょうぐうき》』「下巻注云」の*系譜にも同様の記述があるが、所生子を六人とし、三島女王の名を欠く。『聖徳《しょうとく》太子伝暦《たいしでんりゃく》』『聖徳太子伝補闕記《しょうとくたいしでんほけつき》』には、皇極《こうぎょく》天皇二年(六四三)に蘇我入鹿《そがのいるか》によって滅ぼされた山背大兄王一族の二十三人の一人として、その名がみえる。また『日本書紀』皇極天皇元年是歳条には、蘇我蝦夷《そがのえみし》が自分と入鹿の墓の造営のために上宮の乳部《みぶ》の民を使役したことに対して、上宮大娘姫王《かみつみやのおおいらつめ》が「蘇我臣、専国《たくめ》の政《まつりごと》を擅《ほしきまま》にして、多《さわ》に行無礼《いやなきわざ》す、天に二つの日無く、国に二《ふたり》の王《きみ》無し、何に由《よ》りてか意《こころ》の任《まま》に悉《ことごとく》に封《よさ》せる民を役《つか》ふ」(原漢文)といって、憤《いきどお》り歎《なげ》いたとあるが、この上宮大娘姫王を舂米女王とする説もある。

参考文献 仁藤敦史「上宮王家と斑鳩」(『古代王権と都城』一九九八、吉川弘文館)。遠山美都男「「上宮王家」論」(『古代王権と大化改新(普及版)』二〇〇五、雄山閣)。 (篠川　賢)

つきなみふうぞくずびょうぶ　月次風俗図屛風　各扇独立した場面として四季の行事が描かれる八曲一隻《せき》の屛風。室町時代(十六世紀)の制作。東京国立博物館蔵。重要文化財。近年、本屛風が、西国の戦国大名である吉川《きっかわ》氏周辺において成立した可能性が指摘されている。第三・四扇のほかは各扇が独立しており、雲や屈曲した樹木の枝などによって、およそ上下二つの場面に分割される。各画面に描かれる内容は、第一扇は羽根突き・毬打《ぎっちょう》・振々《ふりぶり》毬打《ぎっちょう》と風流《ふりゅう》の松囃《まつばやし》(正月)、第二扇は女性と武家それぞれの桜の花見(三月)、第三・四扇は*田植え(四月)、第五扇は賀茂《かも》の競馬《くらべうま》(五月)と反物屋《たんものや》の店先、第六扇は犬追物《いぬおうもの》と蹴鞠《けまり》、第七扇は富士の巻狩《まきがり》(八月)、第八扇は春日若宮御《かすがわかみやおん》祭《まつり》(十一月)と雪遊び(十二月)、となっており、月次風俗図としては、特異な主題が多い。女性の姿も多く描かれており、整然と並んで田植え作業をする女性たちや、衣《ころも》更《がえ》と関わるのであろうか、反物を広げて物色する女性たちの姿など、その描写は貴重である。

参考文献 山中裕・武田恒夫『年中行事』(近世風俗図譜一)、一九八三、小学館。狩野博幸編著『月なみのみやこ』(近世風俗画二)、一九九一、淡交社。井戸美里「「月次風俗図屛風」の成立と享受に関する一考察—旧岩国藩吉川家伝来について—」(『文学』七ノ五)、二〇〇六。 (斉藤　研一)

つきやまどの　築山殿　?—一五七九　徳川家康の*正室。築山御前、瀬名姫《せなひめ》ともいう。関口義広《せきぐちよしひろ》(親永《ちかなが》とも)の娘で、母は今川義元《よしもと》の妹という。弘治《こうじ》三年(一五五七)正月十五日、*人質時代の家康と結婚し、永禄《えいろく》二年(一五五九)、長男の信康《のぶやす》、翌年には長女の*亀姫《かめひめ》を生む。家康が今川氏から自立したあと岡崎城に移り、家康が浜松城に移ったあともそこにとどまり、天正七年(一五七九)八月二十九日、武田方との内通の嫌疑《けんぎ》により、遠江富塚《とおとうみとみづか》で家康の命により殺された。

参考文献 中村孝也『家康の族葉』、一九九七、硯文社。 (小和田哲男)

つくしのおとめ　筑紫娘子　生没年不詳　奈良時代の遊行女婦《うかれめ》。児島《こじま》という字《あざな》がある。『*万葉集』に作歌が収録されている(巻三、三八一、巻六、九六五・九六六)。天平二年(七三〇)十二月大宰帥従三位大伴旅人《だざいのそつじゅさんみおおとものたびと》が大納言兼任のため上京する際に見送りの大宰府の役人一行の中に立ち、二首を贈り、旅人も和して二首を詠んだ。児島のように国名を名にもつ遊行女婦は国衙《こくが》での宴会やさまざまな公的儀礼に加わり、詠歌を行なったのであろう。

参考文献 服藤早苗「遊行女婦から遊女へ」(女性史総合研究会編『日本女性生活史』一、一九九〇、東京大学出版会)。 (児島　恭子)

つげアイ　柘植アイ　一八六四—一九六四　明治から昭和時代にかけての*産婆《さんば》、女性運動家。大日本産婆会(現社団法人日本助産婦会)の初代会長。あい・愛子ともいう。元治《げんじ》元年(一八六四)正月十四日静岡県志太《しだ》郡大洲《おおす》村(藤枝市)生まれ。一八八七年(明治二十)に東京帝国大学医学部付属病院で看護婦の訓練を受け、一八九〇年同大学産科婦人科教室付産婆養成所卒業。免許産婆として一八九〇年東京府牛込《うしごめ》区に開業し、一八九七年からは同所で派出看護婦会も経営した。一九〇六年牛込区産婆会会長となり、一九二六年十二月三日に麴町《こうじまち》産婆会会長岩崎直子《いわさきなおこ》らと東京府産婆会を創立、翌一九二七年(昭和二)には各都道府県の産婆会を統合した大日本産婆会を結成して初代会長となった。大日本産婆会は、一九二八年から三五年まで産婆の職業上の地位向上をめざす「産師法《さんしほう》」の成立をめざし運動を展開したが、その先頭にたった。一九三九年に大日本産婆会顧問。東京府看護婦連合会長として派出看護婦養成にも力をつくした。*愛国婦人会の地域幹事などをつとめ、婦人同志会にあって婦人参政権獲得運動にもかかわった。著書に『安産と育児のしをり』(一九三〇年、博文館)がある。

参考文献 亀山美智子『大風のように生きて—日本最初の看護婦大関和物語—』、一九九二、ドメス出版。石崎昇子「日本産婆会初代会長柘植アイ」(折井美耶子・新宿女性史研究会編『新宿歴史に生きた女性一〇〇人』二〇〇五、ドメス出版)。 (石崎　昇子)

つざきのりこ　津崎矩子　一七八六―一八七三　江戸時代後期の近衛《このえ》家の*老女。大覚寺門跡《だいかくじもんぜき》の家士《けいし》津崎左京《さきょう》の女《むすめ》、兄は諸大夫《しょだいぶ》津崎筑前守元矩《もとのり》。幼名梅子《うめこ》のち矩子。近衛家に仕え田鶴《たず》と改め、*中臈《ちゅうろう》で須賀野《すがの》、老女に昇って村岡《むらおか》を称した。近衛忠熙《ただひろ》に信頼され、天保十一年(一八四〇)近衛家を代表して徳川将軍家一族や江戸在住諸藩の要人と面会して外交官的役割を果たし、『関東下向道中日記《かんとうげこうどうちゅうにっき》』を残す。ペリー来航後、尊王攘夷《そんのうじょうい》運動が高まり、志士たちの近衛忠熙への政治工作が活発になり、村岡はその取次役としての力を発揮し、梅田雲浜《うめだうんぴん》に「器量者にて女丈夫」「陽明《ようめい》家の清少納言」と評された。安政六年(一八五九)村岡は清水寺の月照《げっしょう》(忍向《にんこう》)や水戸藩士鵜飼《うがい》父子との関係、村岡の果たした役割などの容疑で逮捕され、江戸へ檻送《かんそう》され、「押込《おしこめ》」の刑に服した。釈放後は嵯峨《さが》の里方で厳重な監視下に置かれた。その後、嵯峨の直指庵《じきしあん》に隠居し、一八七三年(明治六)八月二十三日死去、八十八歳。直指庵に葬る。法名村岡院徳誉清鮮成功大姉《むらおかいんとくよせいせんせいこうだいし》。

参考文献　布村安弘『明治維新と女性』、一九三六、立命館出版部。松村巖「近衛家老女村岡」(『土佐史談』六一)、一九三七。　(辻　ミチ子)

つじどり　辻取　辻などの聖性《せいせい》を帯《お》びた場で女性に求婚すれば、家父長権《かふちょうけん》や身分などのさまざまな制約を超えて夫婦となることができるという、古代末から中世における*婚姻《こんいん》方法の一形態と考えられる。辻捕とも書く。辻取を明快に定義するのは、中世末の*御伽草子《おとぎぞうし》の一つ、『物くさ太郎』である。すなわち「つじどりとは、男もつれず、輿車《こしぐるま》にも乗らぬ女房《にょうぼう》の、みめよき、わが目にかかるをとる事、天下《てんか》のお許しにてあるなり」とある。怠《なま》け者で乞食《こつじき》身分の物くさ太郎が、村人にかわって京の領主屋敷で長期の夫役《ぶやく》を勤めあげ、村に帰るにあたって妻を得《え》るために行なったのがこの辻取であった。清水寺《きよみずでら》に詣《もう》でた物くさ太郎は、おのれの身分もわきまえずに、男(*下人)もつれず、輿車にも乗っていない*女房を見つけて求愛し、ふりかかる難問を乗り越えてめでたく結婚に至る。その後、妻夫《めおと》となった二人が故郷の村で神としてまつられることになったという庶民の求婚出世譚《きゅうこんしゅっせたん》ともいうべき話だから、女房との結婚は決定的に重要である。それをかなえてくれたのが、天下公認の辻取という方法であったというわけである。ではこれは物語の世界だけのものかといえば、鎌倉幕府が貞永《じょうえい》元年(一二三二)に制定した『*御成敗式目《ごせいばいしきもく》』第三十四条に、*密懐法《みっかいほう》とともに、「道路の辻において女を捕ふる事」とあって、御伽草子のいう辻取と同類のことが鎌倉時代においても行われていたことが明らかとなる(ただし、「捕」の漢字表記には注意がはらわねばなるまい)。鎌倉時代末成立の訴訟の解説書『沙汰未練書《さたみれんしょ》』に載っている「女捕《めとり》」も同様のものであろう。幕府は式目第三十四条において、密懐より刑は軽いものの、辻捕に対しても、*御家人《ごけにん》の場合は百ヵ日間の出仕《しゅっし》停止、郎従《ろうじゅう》以下は片方の鬢髪剃《びんぱつそ》り、法師《ほっし》には「斟酌《しんしゃく》」を加える、といった罰則を定め、犯罪とみなした。この法師への斟酌文言《もんごん》や『物くさ太郎』の話などから、犯罪になるかならないかの境界的《きょうかいてき》性格の性犯罪ではなかったかなどの見方もある。このほかにも略奪婚《りゃくだつこん》の一種、異性に声をかけて誘う行為、男にとってつごうのよい性慣行などの諸見解があって歴史的評価は定まっていない。辻取(捕)の辻に注目すれば、辻とは十字状に交差した道路を意味する「十字」に由来する国字《こくじ》で、古代では「衢《ちまた》」などとも称され、定期的に市《いち》の立つ神聖な所で、*歌垣《うたがき》の場でもあったという。中世においては「市・町《まち》・路次《ろし》・辻」などとひとくくりで表記され、いずれもそれらはヒト・モノの自由な交流の場であり、聖なる場所と認識されていた。『物くさ太郎』の求愛の場、清水寺もまた聖なる空間であった。それらを辻の字で代表させたのは、辻には衢同様に性器を神体としてまつる例もあって、男女の交流の場としての意味合いが濃厚であったからかもしれない。鎌倉幕府は式目第三十四条で、既婚《きこん》女性の性を密懐法で、そして未婚《みこん》女性のそれを辻捕法によって規制しようとしたが、御伽草子の辻取にみるように、なお中世には家父長権の及びえない自由な婚姻が、聖なる空間において生き続けたということができるだろう。

参考文献　笠松宏至「式目はやさしいか」(『法と言葉の中世史』一九八四、平凡社)。黒田日出男「物くさ太郎の着物と髻」(『姿としぐさの中世史』一九八六、平凡社)。網野善彦『(増補)無縁・公界・楽』(平凡社選書)、一九八七、平凡社。藤木久志「村の扶養者」(『戦国の作法』一九八七、平凡社)。野村育世「辻取の風景」(『民衆史研究会会報』三一)、一九九一。服藤早苗『平安朝の女と男』(中公新書)、一九九五、中央公論社。保立道久「『ものぐさ太郎』から『三年寝太郎』へ」(『物語の中世』一九九八、東京大学出版会)。　(黒田　弘子)

つじばいじょ　辻売女　街娼《がいしょう》のこと。「つじばいた」とも読む。土手の材木置場・土蔵の脇・橋の際などにたたずみ、客を引いて性を売った。*夜鷹《よたか》・引張《ひっぱ》り・*惣嫁《そうか》・辻君《つじぎみ》などと同様の存在であり、またこれらの総称でもある。　(曾根ひろみ)

つだうめこ　津田梅子　一八六四―一九二九　明治・大正時代の教育者。女子英学塾(現*津田塾大学)の創立者。江戸牛込《うしごめ》南町(東京都新宿区)で、開明的な農学者の父津田仙《せん》、母初子《はつこ》の間に生まれる。父の勧めで開拓使派遣の留学生となり、明治四年(一八七一)岩倉使節団とともに

津田梅子

六歳で渡米。ワシントンの日本弁務使館《べんむしかん》少弁務使＊森有礼《もりありのり》の書記官、チャールズ＝ランマン宅に託され十一年の間米国で成長。ランマン夫妻に育まれ、スティーブンソン＝セミナリー、アーチャー＝インスティテュートでそれぞれ初等・中等教育を受ける。一八七三年オールド＝スウィーズ教会にて無宗派で受洗。一八八二年、十七歳で帰国するが、日本語・日本文化が分からずカルチャーショックを受ける。帰国後数年は正式な職が見つからず、海岸《かいがん》女学校(青山学院の前身)、伊藤博文家(住込みの家庭教師として)、＊下田歌子《しもだうたこ》の桃夭《とうよう》学校で英語を教える。一八八五年＊華族《かぞく》女学校の教授補として着任(一八八六年に教授昇格)。一八八九年、華族女学校教授在任のまま、ブリンマー大学へ再度の留学。トーマス＝モーガン教授(のちのノーベル賞受賞者)のもとで生物学を専攻。モーガン教授との蛙《かえる》の卵の共同研究はイギリスの科学雑誌に掲載(一八九四年)。一八九一年オスウィーゴー師範学校でも教授法を半年間学ぶ。日本女性に留学の機会を開くべく、メアリ＝モリスらの賛同を得、留学中に募金活動を展開。「日本婦人米国奨学金」を創設し、後進の女性に留学の機会を開く。一八九二年帰国、華族女学校に帰任。一八九八年から＊女子高等師範学校教授を兼任。同年、コロラド州デンバーの万国婦人クラブ連合大会に日本女性代表として渡辺筆子《わたなべふでこ》と出席。その後渡英し、オックスフォード大学の聴講生となる。一八九九年米国を経由し帰国。一九〇〇年華族女学校、女子高等師範学校教授を辞任し、キリスト教精神に則った女子英学塾(現津田塾大学)を創立。同塾から＊高等女学校の英語教員を多数輩出し、明治・大正期の英語教育に貢献。一九〇五年、東京ＹＷＣＡの初代会長。一九〇七年、欧米歴訪。一九一三年(大正二)世界キリスト教学生大会出席のため渡米など、学外の活動も広く行なった。

参考文献 吉川利一『津田梅子伝』、一九五六、津田塾同窓会。古木宜志子『津田梅子』(人と思想)、一九九二、清水書院。大庭みな子『津田梅子』(朝日文庫)、一九九三、朝日新聞社。髙橋裕子『津田梅子の社会史』、二〇〇二、玉川大学出版部。亀田帛子『津田梅子―ひとりの名教師の軌跡―』、二〇〇五、双文社出版。 (髙橋　裕子)

つだじゅくだいがく　津田塾大学　明治期に創設された女子英学塾を前身とする私立の＊女子大学。＊津田梅子《つだうめこ》が一九〇〇年(明治三十三)に麴町《こうじまち》区一番町(東京都千代田区)に創立。私立の女子高等教育機関の草分け。オールラウンドな女性の育成をめざし、精神的・経済的な自立を重視し、キリスト教に則った建学理念が特徴。塾創設の背景にはアメリカ女性による募金があった。揺籃《ようらん》期には＊アリス＝ベーコン・アナ＝ハーツホンらの功績が顕著。一九〇五年に英語科教員無試験検定取扱の許可を受け、＊高等女学校の英語教員を多く輩出。『英学新報』『英文新誌』を出版し、明治・大正期の英学・英語教育の発展に貢献。一九二三年(大正十二)関東大震災で校舎が全焼するも、アナ＝ハーツホンの募金活動により、「女子英学塾臨時救済委員会」が発足、一九三一年(昭和六)小平《こだいら》に新校舎竣工《しゅんこう》。一九四八年、＊学制の改革に伴って「津田塾大学」となる。太平洋戦争前後にTsuda English Readers等の英語科教科書の出版も手がける。＊山川菊栄《やまかわきくえ》・＊藤田たきなど＊労働省婦人少年局の初期の歴代局長をはじめとして、女性の地位向上に貢献した卒業生を多数輩出。

参考文献 津田英学塾編『津田英学塾四十年史』、一九四一。津田塾大学編『津田塾六十年史』、一九六〇。津田塾大学編『津田梅子文書(改訂版)』、一九八四。津田塾大学１００年史編纂委員会編『津田塾大学１００年史』、二〇〇三、津田塾大学。 (髙橋　裕子)

津田塾大学　最初の校舎(1901年３月撮影)

つだはるこ　津田治子　一九一二―六三　昭和時代の歌人。佐賀県生まれで本名は鶴田ハルコ。一九三〇年(昭和五)十八歳でハンセン病を発病。三四年熊本の回春《かいしゅん》病院に入院し、この年同病院で受洗。三六年から作歌を始め、三八年アララギ会に入会して、土屋文明《つちやぶんめい》らの選を受ける。四〇年九州療養所《りょうようじょ》(菊池恵楓園《きくちけいふうえん》)に転園。結婚生活を送りつつ、短歌と信仰のはざまから、一個の人間として、透徹《とうてつ》したみずからの世界を詠んだ。五五年『津田治子歌集』、六四年遺歌集『雪ふる音』が刊行された。

参考文献 大原富枝『忍びてゆかな―小説津田治子―』、一九八二、講談社。米田利昭『歌人・津田治子』、二〇〇一。沖積舎。 (荒井　英子)

つだまみち　津田真道　一八二九―一九〇三　明治時代の啓蒙《けいもう》思想家、法学者。文政十二年(一八二九)六月二十五日津山藩御料理番津田吉太夫文行とイヨの長男に生まれる。明治以前は真一郎と称した。幼時より国学に親しみ、江戸へ出て兵学《へいがく》と蘭学《らんがく》を修める。文久二年(一八六二)―慶応元年(一八六五)政府初の留学生としてオランダで法学・経済学・統計学を学ぶ。帰国後開成所《かいせいじょ》教授職となる。明治二年(一八六九)刑法官権判事を勤め、建白書《けんぱくしょ》「人ヲ売買スルコトヲ禁スベキ議」を提出。一八七三年明六《めいろく》社《しゃ》に参加、『明六雑誌』への寄稿は社員中最多の二十九本、拷問《ごうもん》・死刑の廃止を説き、＊森有礼《もりありのり》の一夫一婦論を擁護《ようご》し、廃娼論《はいしょうろん》まで説き及んだ。国学の素養をもとに自然法を解し自由を天賦《てんぷ》としてヨーロッパ法概念の導入をはかった。元老院議官などを経て、一八九〇年衆議院議員(初代衆議院副議長)、九六年貴族院議員となる。一九〇三年九月三日没。『津田真道』(津田道治編著、一九四〇年、近世資料会)に「真道遺稿集」など所収。→男女同等論争《だんじょどうとうろんそう》

参考文献 大久保利謙編『明治啓蒙思想集』(明治文学全集三)、一九六七、筑摩書房。同編『津田真道―研究と伝記―』、一九九七、みすず書房。金子幸子「明治期啓蒙の課題と一夫一婦論―津田真道の思想を中心に―」(『近代日本女性論の系譜』一九九九、不二出版)。 (金子 幸子)

つちぐも 土蜘蛛 大和朝廷の領域拡大に抵抗した各地の政治勢力に対する朝廷側からの蔑称《べっしょう》。土雲・佐伯《さえき》・国《く》栖《ず》ともいう。『*古事記』『日本書紀』および常陸《ひたち》・豊後《ぶんご》・肥前《ひぜん》・陸奥《むつ》・日向《ひゅうが》の『*風土記《ふどき》』(逸文《いつぶん》を含む)にみられる。窟《いわや》に住み、要害の地に塁《とりで》を構え、山野を走りまわる、手足の長い野蛮な民として描かれるが、実像は各地の首長であろう。景行《けいこう》天皇や日本武尊《やまとたけるのみこと》の巡行にからむ話が多い。これらの書物が編纂された八世紀前半は、東と西の辺境で蝦夷《えみし》・隼人《はやと》に対する征討《せいとう》が展開していた時期であり、そうした現実も投影しつつ、パターン化された征討譚《せいとうたん》の中に、各地の固有の伝承が織り込まれている。「その処《ところ》の長《おさ》」として景行天皇に五人の土蜘蛛の在りかを密告した「*速津媛《はやつひめ》」(「豊後国風土記」)や、「一国の魁帥《ひとごのかみ》」とされる「*神夏磯媛《かむなつそひめ》」(『日本書紀』景行紀)、皇命に逆らって皆殺しにされた「土蜘蛛八十女《やそめ》」(「肥前国風土記」、「八十」は多数の意味)など、女性の土蜘蛛の話も多く、古代の*女性首長の姿をうかがうことができる。

参考文献 溝口睦子「『風土記』の女性首長伝承」(前近代女性史研究会編『家・社会・女性―古代から中世へ―』一九九七、吉川弘文館)。義江明子『つくられた卑弥呼』(ちくま新書)、二〇〇五、筑摩書房。 (義江 明子)

つちやあやこ 土屋斐子 生没年不詳 江戸時代後期の歌人。旗本三枝守保《さえぐさもりやす》の娘。旗本土屋廉直《やすなお》妻。号茅淵《ぼうえん》・清風。和文・漢詩をよくし、「性質猛《たけ》き人」「博士だちたる」など評される一方、「女子には珍しく学問あり」「筆の匂ひ花やかに文の実あはれなり」と、当代の文人たちに、その才をたたえられた。文化四年(一八〇七)、夫の堺奉《さかいぶ》行《ぎょう》赴任に伴い堺へ移住し、その折の紀行文『旅《たび》の命毛《いのちげ》』がある。急ぎの旅のため、名所旧跡には立ち寄れなかったが、駕籠《かご》の中から庶民の働く姿や、祭の場での老若男女の様子などを観察し、時には駕籠の中で女の置かれた立場をあれこれ激怒し、また、冷静に自己を内省するなどしている。この旅日記を「文体清少納言の枕草紙に疑してその心かまへも清少納言にちかし」と岡本保孝《おかもとやすたか》は評している。その他の作品には、夫の任期の約二年間の生活日記『和泉《いずみ》日記』、ほかに『列女伝拾遺《れつじょでんしゅうい》』『枝氏家訓《ししかくん》』などがある。一八三〇年代初めごろ没。墓は江戸浅草海禅寺にある。『旅の命毛』は『江戸時代女流文学全集(増補新装版)』三(古谷知新編、二〇〇一年、日本図書センター)に収められている。

参考文献 丸山季夫『国学史上の人々』、一九七九、吉川弘文館。 (柴 桂子)

つつそで 筒袖 丈が短く袂《たもと》のない筒形の袖。元来、遊《ゆう》牧騎馬民族《ぼくきばみんぞく》の機能的な衣服形態で、古墳時代に日本に伝わり、男女の衣服の基本的な袖となった。七世紀末ごろより中国式の広袖が主流となって貴族服飾からは姿を消すが、庶民の労働着には続けて用いられた。近世から近代にかけて農山漁村で用いられた仕事着の*小衣《こぎん》も筒袖である。筒袖は男女の労働着のほか、男児物の着物や男物の寝巻・丹前《たんぜん》にも用いる。江戸時代末期には洋式軍隊の軍服にも用いた。

参考文献 板倉寿郎・野村喜八・元井能・吉川清兵衛・吉田光邦監修『原色染織大辞典』、一九七七、淡交社。 (小川 幸代)

つつみちゅうなごんものがたり 堤中納言物語 平安時代後期から鎌倉時代にかけて成立した短編物語集。「花桜折る中将」「このついで」「*虫愛《むしめ》づる姫君」「ほどほどの懸想《けそう》」「逢坂《おうさか》越えぬ権中納言」「貝合」「思わぬ方にとまりする中将」「はなだの女御」「はいずみ」「よしなしごと」と、書きかけの一本からなる。このうち「逢坂越えぬ権中納言」は天喜《てんぎ》三年(一〇五五)、六条斎院禖子《ろくじょうさいいんばいし》内親王の物語歌合わせで*女房の小式部《こしきぶ》作として提出されたもの。ほかは作者も成立年次も不詳だが、有名な「虫愛づる姫君」の成立は鎌倉時代との説が有力。テキストは『新日本古典文学大系』二六(大槻修・今井源衛・森下純昭・辛島正雄校注、一九九二年、岩波書店)。

参考文献 土岐武治『堤中納言物語の注釈的研究』、一九七六、風間書房。田中貴子『古典がもっと好きになる』(岩波ジュニア新書)、二〇〇四、岩波書店。 (野村 育世)

つづりかたきょうしつ 綴方教室 豊田正子《とよだまさこ》(一九二二―)の小学校時代の作文(綴り方)と教師の指導記録をまとめた作品。一九三七年(昭和十二)に中央公論社から刊行。一九三九年には続編が出された。正子は東京本所に貧しいブリキ職人の子として生まれた。小学校の転校を繰り返したが、南葛飾《みなみかつしか》郡本田町立本田尋常《じんじょう》小学校に移った一九三二年から、担任の大木顕一郎《おおきけんいちろう》の指導を受け、その綴り方「うさぎ」が『赤い鳥』の入選作となった。その後も計七編入選し、それらをもとにまとめられたのが本書である。大木は鈴木三重吉《すずきみえきち》に私淑《ししゅく》しており、また現実生活を直視し表現する生活綴方運動の影響を受けていた。子どもから見た家族や地域の姿を直截《ちょくさい》に表現する正子の作品はこの運動の成果である。文章の敬体と常体、共通語と方言といった表現上の面でも問題を提起している。また教師により原稿が大きく修正されており、指導のあり方についても議論を呼ぶ。なお映画や演劇にもなり多くの人に受け入れられた。一九九五年(平成七)に岩波書店より『(新編)綴方教室』(山住正己編、岩波文庫)が刊行された。

参考文献 中谷いずみ「〈綴方〉の形成―豊田正子『綴方教室』をめぐって―」(『語文』一一一)、二〇〇一。
(友野 清文)

つと 髱 女性の*結髪《けつぱつ》の髪型で、頭部の後方と面貌《めんぼう》の左右に張り出した部分。「たぼ」ともいう。中世末から*兵庫髷《ひょうごまげ》や*島田髷《しまだまげ》の原形となる髪の結い方が生まれると自然に髱が生じた。美しく整然とした櫛《くし》の漉《す》き目のものが好まれた。

参考文献 江馬務『日本結髪全史』、一九二八、春陽堂。
(佐多 芳彦)

つねのぶのはは 経信母 生没年不詳 平安時代の女流歌人。天喜《てんぎ》四年(一〇五六)十二月没か(後藤祥子)。父は播磨守《はりまのかみ》源国盛《くにもり》。歌人として有名な源信明《さねあきら》の孫。源道方《みちかた》の妻で、経長《つねなが》・経信(ともに歌人)らを生む。家集に『帥大納言母集《そちのだいなごんはははしゅう》』がある。家集の末尾に後記を付す本もあり、それによると、少女のころから琵琶《びわ》や琴に長《た》け、母となっては息子の教育に熱心で、幼時から漢文を読ませたり環境のよい場所に住居を移したりしたことなどが知られる。経信が詩作琵琶にすぐれ、歌才にもすぐれていた背景として、母の才能と教育も考えられるであろう。

参考文献 後藤祥子「源経信伝の考察―公任と能因にかかわる部分について―」(『和歌文学研究』一八)、一九六七。上野理「源経信と歌」(『後拾遺集前後』一九七六、笠間書院)。
(和田 律子)

つぼいさかえ 壺井栄 一八九九―一九六七 昭和時代前期に活躍した小説家、児童文学者。一八九九年(明治三十二)八月五日、香川県小豆島《しょうどしま》生まれ。二十人の大家族に育つ。家業の倒産で一九一三年(大正二)内海小学校高等科卒業後、郵便局事務員となる。肋膜《ろくまく》・脊椎《せきつい》カリエス等、死の淵を彷徨《さまよ》う。一九二五年上京、同郷の壺井繁治《しげじ》と結婚。アナーキストからマルキシズムに転向した繁治の検挙、入獄の繰り返しの中で知り合った*宮本百合子《ゆりこ》・窪川《くぼかわ》稲子《いねこ》に勧められ「大根の葉」(『文芸』一九三八年九月号)を書き作家として出発する。生家の歴史を姉妹を主人公に書いた「暦」(『新潮』一九四〇年二月号)、戦後は徳永《とくなが》直《すなお》の後妻となった妹の理不尽な破局を『妻の座』『岸うつ波』に、小豆島の庄屋の四代の家の歴史を「裲襠《うちかけ》」(『群像』一九五五年八月―十二月号)に書き、一方『*二十四の瞳』『坂道』『母のない子と子のない母と』等の児童文学の傑《けっ》作《さく》をつぎつぎに書いた。故郷に根ざし、庶民の生活と現実から発したヒューマニズムは強靱《きょうじん》でどこかなつかしい。一九六七年(昭和四十二)六月二十三日死去。作品は『壺井栄全集』全十巻(一九六八―六九年、筑摩書房)にまとめられている。
(尾形 明子)

壺 井 栄

つぼしょうぞく 壺装束 平安時代中ごろから室町時代の貴族等の女子の外出姿。街や市など近場への日常的な外出や寺社への参詣《さんけい》などに用いられた。身丈にあまる着衣の前身頃《まえみごろ》の裾《すそ》を帯に挟《はさ》み込むことを「壺折る」といい、これが語源である。いわゆる着衣を「はしょ(端折)」る着装方法のこと。壺装束では*虫《むしの》(枲)垂衣《たれぎぬ》をめぐらせた*市女笠《いちめがさ》を深く被った。なお壺折姿での遠出や騎馬のときは切袴《きりばかま》や指貫《さしぬき》などの身の丈の袴を着用することが多く、徒歩では*緒太《おぶと》などの*草履《ぞうり》、騎馬では半靴《ほうか》を履いた。

参考文献 井筒雅風『日本女性服飾史』、一九八六、光琳社出版。
(佐多 芳彦)

つぼね 局 殿舎《でんしゃ》・邸宅などを仕切った部屋のことで、転じてその部屋を与えられた*女官《にょかん》・*女房《にょうぼう》を指すようになった。その女官・女房は「○○局」と呼ばれた。その命名法は、美濃局《みののつぼね》のような国名を冠したもの、一条局や春日局《かすがのつぼね》のような名所・小路《こうじ》名をつけたもの、大納言局《だいなごんのつぼね》のような官職名や一位局《いちいのつぼね》のような位階に続けたものなどがある。徳川家光の*乳母《めのと》となった斉藤利三女《さいとうとしみつのむすめ》*春日局が有名である。江戸時代の*遊廓では、下層の*女郎《じょろう》のことを*局女郎といった。

参考文献 浅井虎夫『(新訂)女官通解』(講談社学術文庫)、一九八五、講談社。
(海老澤美基)

つぼねじょろう 局女郎 公許の遊女屋におかれた中級クラスの*遊女。*揚代《あげだい》は銀二十匁《もんめ》。*吉原《よしわら》創設以前は*太夫《たゆう》と*端女郎《はしじょろう》の二階層だったが、元和《げんな》三年(一六一七)、*元吉原の創設後は太夫・格子《こうし》・端女郎と分かれた。正保・慶安期(元吉原時代末期)に、太夫・格子女郎・局女郎・端女郎・切見世女郎《きりみせじょろう》の五階層となる。寛文期(*新吉原時代)に、局女郎の上に*散茶女郎《さんちゃじょろう》が出現。のち元禄・享保《きょうほう》期に梅茶女郎《うめちゃじょろう》が現われ、局女郎はそこに吸収された。局女郎の名は、端女郎(局で客引きする者)から分かれたことや、身を落とした*上臈《じょうろう》の部屋を局と称することにちなむ。

参考文献 上村行彰『日本遊里史』(日本文化史叢書)、一九八二、藤森書店。西山松之助編『遊女(新装版)』(日本史小百科)、一九九四、東京堂出版。中野栄三『遊女の知恵』(江戸時代選書)、二〇〇三、雄山閣。
(神田 裕理)

ツマ ツマ 配偶者のこと。「妻《つま》」「夫《つま》」ともに同一音である。夫婦だけでなく恋人の間でお互いに相手を呼ぶときも用いた。第三者が呼ぶ場合もある。本来は、爪先《つまさき》のように「はし」(端)や「きわ」(極)の意味や、一対《いっつい》の対極にあるものを意味した。後者の例としては、「秋萩《あきはぎ》の妻」と「鳴く」鹿が対《つい》にあるように(『*万葉集』九、一七六一)、深い関係にある一組の一方を指す場合がある。『*古事記《こじき》』神代神語歌章の「吾《あれ》はもよ女《め》にしあれば汝《な》を置《き》て男《を》は無し汝を置て都麻《つま》は無し」(原漢字)のように、女と男が対応し、この場合のツマは夫を指しているが、妻を指すこともあった。しかし、ツマに一夜限りの「一夜妻《ひとよづま》」や本来は神の妻を意味する「*隠妻《こもりづま》」の言葉があるように、神婚《しんこん》を規範とする性愛の対象であった。後世には、男性から女性の配偶者や恋人を呼ぶ用いられ方になり、夫をツマと訓《よ》むことが少なくなり、妻のことを「女《め》」と表現することが多くなるのは、*家父長制《かふちょうせい》社会の成立により男女の対等性が失われることによると思われる。

参考文献　古橋信孝『古代の恋愛生活―万葉集の恋歌を読む―』(NHKブックス)、一九八七、日本放送出版協会。

(小林　茂文)

つまかたきょじゅう　妻方居住　⇩婚姻居住形態《こんいんきょじゅうけいたい》

つまたちのししゅうき　妻たちの思秋期　斎藤茂男ら共同通信社記者三人によるルポルタージュ。同社から全国三十八の新聞に配信、掲載された記事をまとめたもの。一九八二年(昭和五十七)、斎藤茂男編、共同通信社刊。都市中流家庭の中高年の妻たちが企業人間の夫との生活で孤独・目標喪失に陥《おちい》り、アルコール依存などの病理状況に至る軌跡《きせき》や、みずから*離婚を宣告する姿が描かれた。外からは恵まれた生活と思われながらも、言い表わせない深刻な苦悩をもつ*主婦の姿には多くの共感がよせられ、熟年離婚や主婦の憂鬱《ゆううつ》、キッチンドリンカーへの関心が高まった。表題の造語である「思秋期」も八〇年代の流行語の一つとなった。人生の「秋」に懊悩《おうのう》する主婦を阻《そ》上《じょう》にあげる一方、本書では*企業戦士として自分をすり減らしていく「夫たち」も重要な登場人物である。幸せの象徴とされた「*家庭」での殺伐《さつばつ》とした性生活、過労死に向かう夫たちに光があてられ、性別役割分業や企業社会がもつ問題に目を向けさせる重要な契機となった。

参考文献　斎藤茂男「『妻たちの思秋期』取材ノート」(井上輝子他編『男性学』一九九五、岩波書店)。鹿野政直『現代日本女性史』、二〇〇四、有斐閣。

(古河　史江)

つまたちのに・にろくじけん　妻たちの二・二六事件　沢地久枝《さわちひさえ》のノンフィクション。二・二六事件を青年将校の側からではなく、「叛徒《はんと》の未亡人」として残された妻の側からとらえた作品。当事者への聞き取りと文字資料を有機的に結びつけた、先駆的なオーラルヒストリーによる*女性史である。著者沢地久枝は一九三〇年(昭和五)東京生まれ。四歳から敗戦まで満州で過ごす。引揚げ後、一九四九年に中央公論社に入社。働きながら通学し、一九五四年早稲田大学第二文学部卒業。一九六三年『*婦人公論』編集次長を最後に退社したのち、五味川純平《ごみかわじゅんぺい》の『戦争と人間』資料助手を経て独立。資料助手時代に出会った題材をもとにした『妻たちの二・二六事件』(一九七二年、中央公論社)でデビューした。綿密な調査に裏打ちされた筆力への評価は高く、『昭和史のおんな』(文芸春秋社読者賞)など著作多数。

参考文献　歴史学研究会編『事実の検証とオーラル・ヒストリー―澤地久枝の仕事をめぐって―』(歴研アカデミー)、一九八八、青木書店。

(内藤　寿子)

つまどいこん　妻問婚　結婚した後も夫婦が別居《べっきょ》し、夫が妻の家に通うことによって継続される*婚姻形態のこと。日本の古代社会は夫が妻の家に通う妻問婚であったと考えられてきた。各研究者において、結婚の開始期において夫から妻のもとへ妻問が広く行われていたことに異論はない。しかし、結婚の後半期のあり方については意見が大きく分かれ論争が行われてきた。一つは別居した夫婦は生涯別居のままであるか、もしくは夫は妻方へ住み込む(*訪婚《ほうこん》・妻方居住婚《つまかたきょじゅうこん》)とする見解であり、一つは妻はいずれ夫の家に引き取られ、夫婦は夫方に同居する(妻方《つまかた》―夫方居住婚《おっとかたきょじゅうこん》)とする見解である。特に前者の見解は女性が生家で生涯を送り、夫に支配されることがない婚姻形態であることからして、*高群逸枝《たかむれいつえ》らによって日本の原始古代に母系制が存在していた証拠であるとして高く評価された。しかし近年、*双系制《そうけいせい》学説が古代史の学界に定着していくとともに、夫が妻の家に生涯通い続けたという見解は否定された。今日の定説では、夫が一定期間妻の家に通った後(もしくはそこに住み込み)、そして最終的には妻は夫の用意した家に転居《てんきょ》する形態が一般的であり、古代の*家族は相互に独立する傾向が強いので、夫婦は夫方の親や兄弟姉妹とは同居せず個々独立して居住していた(妻方《つまかた》―独立居住婚《どくりつきょじゅうこん》)と考えるのが妥当《だとう》であろう。夫が妻の家を訪れる妻問婚の形態は、その後平安時代の貴族社会にも色濃く残存し、*露顕《ところあらわし》などに見られる貴族的な婚姻儀式に発展していった。また、「ムコイリ」「*アシイレ」「ヨバイ」などの習俗にみられるように、日本の各地には近代社会になっても妻問婚形式の婚姻が根強く残存し、日本の婚姻史・女性史の大きな特色となっている。また、妻問婚は妻訪婚《つまどいこん》・訪婚とも表記される。しかし、文化人類学でいう妻訪婚や訪婚は夫が生涯妻方に通う形態を意味し、日本の場合は生涯的なものとして考えるのは無理があるから、江守五夫《えもりいつお》のいうように「一時的妻訪婚」というのが適切であろう。

参考文献　高群逸枝『招婿婚の研究』(高群逸枝全集)、一九六六、理論社。江守五夫『日本の婚姻―その歴史と民俗―』(日本基層文化の民族学的研究二)、一九八六、弘文堂。栗原弘『高群逸枝の婚姻女性史像の研究』、一九九四、高科書店。

(栗原　弘)

ツマドヒ　ツマドヒ　⇩婚姻儀礼《こんいんぎれい》

つまや　妻屋　夫婦の寝室。閨房《けいぼう》。嬬屋《つまや》とも書く。*ツマに「はし」(端)や「きわ」(極)の意味があるように、結婚当初、母屋《おもや》の傍《かたわ》らに設けた夫婦の小屋。妻側が用意することが多いが、ツマに夫という意味があるように夫側が用意することもあった。『*日本霊異記《にほんりょういき》』中巻第三十三話によると、妻側で「閨《ねや》」を準備して結婚が始まったが、母屋と離れていたために、本性は悪鬼の夫に喰われても両親は知らなかったとある。妻側が多く準備するのは、*婚姻儀礼を女側が準備することと関連し、新処《しんしょ》居住などを構えるまで妻屋で生活した。「吾妹子《わぎもこ》とさ寝し妻屋に朝《あした》には出で立ち偲《しぬ》び夕べには入り嘆かひ」（原万葉仮名、『*万葉集』三、四八一）は、夫は夕方に妻屋に来て一晩をともにして朝方に出て行くことを詠《うた》っている。柿本人麻呂《かきのもとのひとまろ》が「吾妹子と二人わが寝し枕づく嬬屋の内《うち》に昼はもうらさび暮らし夜はも息づき明《あか》し」（原万葉仮名、同二、二一〇）と詠うように、生活拠点として昼夜を二人で暮らし子育てをすることもあった。↓婚姻居住形態《こんいんきょじゅうけいたい》

参考文献　古橋信孝『古代の恋愛生活―万葉集の恋歌を読む―』（ＮＨＫブックス）、一九八七、日本放送出版協会。小林茂文「古代婚姻儀礼の周辺」（『周縁の古代史―王権と性・子ども・境界―』一九九四、有精堂出版）。（小林　茂文）

つむぎ　紡ぎ　綿《わた》から*木綿糸《もめんいと》を作る作業。紡ぐともいう。青苧《あおお》の繊維から糸を作る場合は績《う》む、繭《み》から*生糸を作る場合は挽《ひ》くというのが一般的である。実綿《みわた》は種子を除去して繰綿《くりわた》とし、綿打弓《わたうちゆみ》で解きほぐして篠巻《しのまき》にまきとり、その篠巻綿から糸を紡いで綿糸《めんし》を作る。この糸を糸わくにかけて熱湯で煮たのが綛糸《かせ》で、糸が強くなる。戦国時代に始まった綿栽培は、江戸時代に自給・商品作物として盛んに栽培され、紡ぎの工程も女性の*賃仕事の一つとなった。

参考文献　板倉寿郎・野村喜八・元井能・吉川清兵衛・吉田光邦監修『原色染織大辞典』、一九七七、淡交社。（小川　幸代）

つむじめ　都牟自売　⇩県造奈爾毛売《あがたのみやつこなにもめ》

つゆひめ　露姫　一八一七―二二　江戸時代後期の観音信仰者。因幡《いなば》国若桜《わかさ》藩主松平定常《まつだいらさだつね》（冠山《かんざん》）の*隠居後の娘。疱瘡《ほうそう》で六歳の短い生涯を終えた露は、父母や侍女、家老や出入りの者たちにまで、感謝と深い愛情のこもった辞世の歌・句や絵入りの文を書き残す。冠山はそれらを木版刷にし友人たちに配ったところ、著名な学者や儒者ら文化人をはじめ、全国の老若男女千五百人から追悼の書、詩歌、絵などが寄せられた。それらから当時の文化を知り得る。露の行状記や肖像画もかかれている。

参考文献　玉露童女追悼集刊行会編『玉露童女追悼集』、一九八六-九六、金龍山浅草寺・浅草寺教化部。小谷恵造『池田冠山傳』、一九八〇、三樹書房。（柴　桂子）

ツルー、メアリ＝ティ　Mary T. True　一八四〇―九六　日本の初期*女子教育、看護教育に貢献したアメリカ人女性宣教師。アメリカン＝ミッション＝ホームの宣教師で、一八七四年（明治七）に中国より来日し、横浜で孤児、混血児の保護と収容、教育を行なった。一八七六年アメリカ長老教会に加入。フィラデルフィア婦人伝道局に所属し、一八八一年伝道のかたわら原《はら》女学校・新栄《しんえい》女学校・桜井《さくらい》女学校などの発展に尽力する。新栄女学校在任中に、アメリカ長老教会から桜井女学校の経営を任せられたが、日本の女子教育は日本人女子の手でという方針から、校長はのちに女子学院の校長となる*矢島楫子《やじまかじこ》とし、協力して女子教育にあたった。一八八六年、同僚リディア＝バラの日本における看護婦養成という遺志を受け継ぎ、桜井女学校内に看護婦養成所を開設した。一八八七年には、桜井女学校高等科に幼稚保育科を設け保母の養成を開始した。ツルーは生徒にキリスト教精神と女性の社会的自立を教育した。

参考文献　小檜山ルイ『アメリカ婦人宣教師』、一九九二、東京大学出版会。（平尾真智子）

つるにょうぼう　鶴女房　鶴が人間の妻になる話。異類《いるい》婚姻譚《こんいんたん》の一つ。男が鶴を助ける。若い美しい女が男の家に来て女房にしてほしいと頼み夫婦になる。女は戸棚に籠《こも》って機《はた》を織り、その反物《たんもの》は男が町へ持っていくと高く売れる。男はもう一反織らせるが、見ないという約束を破って戸棚を覗《のぞ》くと鶴が自分の羽を抜いて機を織っていた。一般に昔話における異類婚は片方が異類であることが露見すると婚姻の継続は許されず、追われるか仕打ちを受けたり殺されたりするが、鶴女房では女は男に助けられた鶴であることを告げてみずから去っていく。鶴はその色や去来から霊的なものを感じさせ、また、水田で落穂《おちぼ》をついばむ姿から鶴が稲穂をくわえてきて稲作が始まったとする伝承が生まれる。女が精進《しょうじん》して「機屋《はたや》」に籠り神の霊威《れいい》に守られて機を織るという話は『北越雪譜《ほくえつせっぷ》』などにもある。霊的に見られる鶴が籠って織った布は、美しい布が織りあがったという以上の意味合いが根底にはあると考えられる。

参考文献　関敬吾『昔話の歴史』（関敬吾著作集二）、一九八二、同朋舎出版。河合隼雄『昔話と日本人の心』（岩波現代文庫）、二〇〇二、岩波書店。（上村　正名）

て

であいぢゃや　出合茶屋　江戸時代、男女が*密会の場所として利用した茶屋。出合屋・出合宿、上方では盆屋《ぼんや》とも称し、のちの待合《まちあい》・連れ込み宿に相当する。江戸では上野不忍池界隈《うえのしのばずのいけかいわい》の「池の茶屋」が有名で、中之島とその周辺に十五軒ほどあった。井原西鶴《いはらさいかく》『*好色一代男《こうしょくいちだいおとこ》』では、武家の御殿《ごてん》女中や*後家がよく利用したとされている。二階座敷のある*船宿《ふなやど》も茶屋同様密会に利用された。部屋には戸口が多く、二階梯子《はしご》も三、四ヵ所に設けてあり、いざという時に密会の男女が逃げ出しやすい造りになっていた。（下重　清）

ていかんに　貞閑尼　⇨田捨女《でんすてじょ》

ていこくふじんきょうかい　帝国婦人協会　*下田歌子《しもだうたこ》が一八九八年（明治三十一）に設立した女性団体。下田歌子は当時、*華族《かぞく》女学校（のちの学習院女学部）教授として上流階級の*女子教育に従事していたが、中等以下の階層への女子教育の普及をめざして、帝国婦人協会を組織した。設立の主眼は、それまで上流女性に限られる傾向があった女性団体を全国的に糾合《きゅうごう》し、国家発展の基礎を担う、中・下層女性の教養と自覚を高め、生活の改善向上に資することにあった。機関誌として『日本婦人』が一八九九年から十一年間にわたって発行され、翌年には各地に帝国婦人協会支部が設立されている。事業としては、一八九九年に、帝国婦人協会の教育事業として良妻賢母《りょうさいけんぼ》の養成を目的とした実践《じっせん》女学校、*裁縫《さいほう》教育を中心とした女子工芸学校が設立された。一九〇八年、両校は合併して実践女学校（現在の実践女子大学）となったが、同校では清《しん》国留学生部を設け、清国からの留学生を積極的に受け入れた。

参考文献　故下田校長先生伝記編纂所編『下田歌子先生伝（復刻版）』（伝記叢書）、一九六九、大空社。『実践女子学園一〇〇年史』、二〇〇一、実践女子学園。（小山　静子）

ていしないしんのう　媞子内親王　⇨郁芳門院《いくほうもんいん》

ていしないしんのう　禎子内親王　⇨陽明門院《ようめいもんいん》

ていじょうざっき　貞丈雑記　江戸幕府に仕えた*伊勢流の故実《こじつ》家伊勢貞丈《いせさだたけ》の著書。全十六巻。宝暦十三年（一七六三）正月に筆を起し、天明四年（一七八四）に没するまで、子孫のために記された有識故実《ゆうそくこじつ》に関する雑記の集成。天保十四年（一八四三）に岡田光大《おかだみつひろ》らによって校正され、刊行された。内容は、礼法・祝儀《しゅうぎ》・人品《じんぴん》・人物・人名・*小袖・烏帽子《えぼし》・役名・官位・装束・飲食・書札《しょさつ》・進物《しんもつ》・弓矢・武具・刀剣・馬・馬具・家作《かさく》・座敷・鷹《たか》など三十五部類に及ぶ。有識故実に関する代表的な書。テキストは『（改訂増補）故実叢書』二（一九九三年、明治図書出版）、『貞丈雑記』全四巻（東洋文庫、平凡社）。（浅倉　有子）

ていしん　貞心　貞女《ていじょ》の心。鎌倉時代の『*御成敗式目《ごせいばいしきもく》』第二十四条は、亡夫から所領を譲られた*後家《ごけ》が再婚するときの所領の行方を問題にした法であるが、後家の再婚は貞心を忘れた行為だとする。「貞女、二夫にまみえず」の*儒教道徳であるが、当時は実社会には定着しておらず、再婚は非難されなかった。一方、*北条政子が*静御前《しずかごぜん》を「貞女」と称賛《しょうさん》したのは、苦難にめげず愛する男を思い続ける心ゆえであり、それが当時の女性が考えるもう一つの貞心であった。

参考文献　田端泰子「鎌倉期の離婚と再婚にみる女性の人権」（『日本中世の社会と女性』一九九八、吉川弘文館）。（野村　育世）

ていしんたい　挺身隊　⇨女子挺身隊《じょしていしんたい》

ていしんに　貞心尼　一七九八―一八七二　江戸時代後期の歌人。本名奥村ます。越後《えちご》国長岡の武士奥村五兵衛の娘。文化十一年（一八一四）北魚沼郡の医師関長温と結婚、夫と死別後生家に戻り尼僧となる。文政十年（一八二七）長岡の福島えんま堂に移り、当時七十歳の良寛《りょうかん》の弟子になった。互いに訪ねあい歌をかわし、天保二年（一八三一）良寛の死を看取った。同六年に良寛の*和歌や俳句をまとめた『はちすの露』を編纂《へんさん》。同十二年柏崎釈迦堂《かしわざきしゃかどう》の庵主《あんじゅ》となり、嘉永四年（一八五一）堂が焼失し不求庵《ふぐあん》に移住。明治五年（一八七二）死去。この間の自作に『焼野《やけの》のひと草』『もしほ草』がある。

参考文献　堀桃坡『良寛と貞心尼の遺稿』、一九六二、日本文芸社。（椙山　聖子）

ていせつ　貞節　女性としての正しい品行。女性が夫に仕えて誠を尽くすことをいう。また夫に殉《じゅん》じたり、夫の死後、再婚せずに、遺児を育て、舅《しゅうと》・姑《しゅうとめ》に仕え、家業を継承するなど、家を守ることに努めることなどをいう。近世には、広範な身分・階層における「家」の成立と儒教倫理の下層への広がりとがみられ、家の維持・継承のために、特に家の後継者を産む女性に貞節が要求されるようになった。そのため近世の*女訓書では、人に従うのが女性の道なので、夫を主君と思って仕え、舅・姑に孝を尽くすこと、生家は仮の家であり、婚家こそが真実の家であると心得ること、夫以外の男性と性的な関係を結ばないこと、*嫉妬をしないこと、言葉を慎むこと、家を治めること、浪費をしないことなどが強調された。人民教化の方策として幕府によって享和元年（一八〇一）に刊行された『孝義録《こうぎろく》』においても、貞節な女性が取り上げられ、女性のあるべき姿として奨励された。

参考文献　『古事類苑』人部一。石川松太郎編『女大学集』（東洋文庫）、一九七七、平凡社。筧久美子「中国の女訓と日本の女訓」（女性史総合研究会編『日本女性史』三、

一九八二、東京大学出版会)。菅野則子「幕藩権力と女性—『(官刻)孝義録』の分析から—」(近世女性史研究会編『論集近世女性史』一九八六、吉川弘文館)。高橋昌彦「上杉鷹山の女子教訓—教化の諸層—」(福田光子編『女と男の時空』四、一九九五、藤原書店)。中野節子『考える女たち』、一九九七、大空社。（浅倉 有子）

ていそうかん　貞操観　女性が性的関係の純潔を保持すること。「貞女《ていじょ》二夫にまみえず」という諺《ことわざ》がある。江戸時代の女性は、『*女大学《おんなだいがく》』に記されているように「*貞節」を守ることが、第一条件であった。江戸幕府の政治理念が儒教思想に基づいていることで幕藩体制の支配原理として、武士には忠誠心、武士の妻には夫への貞節を守ることが強要された。したがって、女には「三従《さんじゅう》の道」が説かれ、親・夫・子に従うことが「*女の道」で、「道」にはずれた者、特に、妻が夫をうらぎり夫以外の男と*密通したことには、厳しい処罰が科せられたのである。「貞操」はあくまでも女性の守るべき「倫理観」の表出で、たとえば「不義密通」が発覚した場合、みずから*心中など、死の選択をするか、捕えられ刑に処せられるかである。「不義密通」は、「死罪」が多い。それだけに、妻は夫への絶対的貞節を守らなければならないという規範に縛られていたのである。

参考文献　貝原益軒『女大学』(『日本思想大系』三四、一九七〇、岩波書店)。足立直郎『遊女風俗姿細見』、一九八三、展望社。関民子『恋愛かわらばん』、一九九六、はまの出版。（宇佐美ミサ子）

ていそうろんそう　貞操論争　大正時代に青鞜《せいとう》社員たちを中心に論じられた女性の貞操・処女性《しょじょせい》についての論争。論争は一九一四年(大正三)『反響《はんきょう》』九月号に載った*生田《いくた》花世《はなよ》の「食べることと貞操と」で始まる。彼女は職場で上司に*処女を奪われた体験を告白、今日ではセクハラ告発の第一号と見なされている。さらに弟を養い自分も食べていくためには貞操(処女)を捨てることもやむを得ないと述べた。これを批判して、安田《やすだ》(原田《はらだ》)皐月《さつき》が貞操は女の全てであると主張。つぎに*伊藤野枝《いとうのえ》が女子に貞操が必要なら男子にも必要であるはず、結婚は両人の愛によって定まるものと述べ、習俗の打破を訴えた。*平塚《ひらつか》らいてうは処女を適当な時期にみずから捨てること、すなわち自己決定の重要性を訴え、形式的な結婚を批判する。戦前の日本社会では性の二重規範が存在し、*公娼《こうしょう》制度で女性が性を売ることを国家が公認する一方、*家制度は家の血統を重んじ女性の貞操を要求した。この規範の中で女性たちがみずからの*セクシュアリティについて語り出したのである。ただし、ここでは貞操・処女・童貞という言葉が混同して使用されており、未婚女性の処女性を主要論点としたこの論争は「処女論争」と呼ぶべきであったろう。以後、ジャーナリズムは貞操問題を取り上げるようになり、一九一五年九月『読売新聞』は婦人付録で「生命か貞操か」を特集、当時の識者たちは女性の貞操は守るべきものとしたが、男性の貞操について述べた者はいなかった。男性が童貞を失うことの是非は問題にはなり得なかったのである。昭和になると、一九二七年(昭和二)大審院《だいしんいん》で夫にも貞操義務があるという判決(男子の貞操判決)が出され、三二年*鳥潟静子《とりがたしずこ》結婚解消事件も起った。だが昭和恐慌《きょうこう》下の東北では疲弊《ひへい》した農村から家族のために*身売りをする娘たちが相つぎ、また新聞*身の上相談欄には夫の浮気や放蕩《ほうとう》に苦しむ妻たち、性的暴力を受けて悩む若い女性たちからの投書が掲載されていた。大正時代に貞操論争で問われたことは次の時代にも女性たちの現実の問題として存続したのである。↓堕《だ》胎論争《たいろんそう》　↓廃娼論争《はいしょうろんそう》　↓不倫《ふりん》

参考文献　井出文子『『青鞜』の女たち』、一九七五、海燕書房。折井美耶子編『資料性と愛をめぐる論争』(論争シリーズ)、一九九一、ドメス出版。石崎昇子「愛と性の自由を求めて」(総合女性史研究会編『日本女性の歴史—性・愛・家族—』一九九二、角川書店)。牟田和恵『戦略としての家族』、一九九六、新曜社。（金子 幸子）

ていめいこうごう　貞明皇后　一八八四—一九五一　大正天皇嘉仁《よしひと》の皇后節子《さだこ》、昭和天皇裕仁《ひろひと》の母。一八八四年(明治十七)六月二十五日公爵九条道孝《こうしやくくじょうみちたか》の四女として東京市に誕生、生母は野間幾子《のまいくこ》。生後間もなく一八八八年まで東京近郊の豪農の家に里子に出される。一九〇〇年*華族《かぞく》女学校在学中に十五歳で皇太子嘉仁と神前結婚、伊《い》藤博文《とうひろぶみ》からの依頼で*下田歌子《しもだうたこ》が健康な教え子を推挙したという。一九一二年(大正元)*皇后。皇室における*一夫一婦制の最初の例と称えられ、四男をもうけ、病がちの天皇を支えた。先の*昭憲《しょうけん》皇后の業績を継承し蚕糸業《さんしぎょう》を奨励、軍事救護、慈善事業に尽くす。天皇の病状悪化に伴い、皇太子裕仁の結婚・洋行・摂政就任に干渉した。摂政となった裕仁の*女官制度改革にも反対し確執を生んだ。*皇太后となる。昭和期にはハンセン病患者の「救済」事業を支える。戦時下に筧克彦《かけいかつひこ》の唱える古神道に引かれ「神ながらの道」を信奉。敗戦後も皇室の存続を願い、社会事業への支援を続けた。一九五一年五月十七日死去。

参考文献　主婦の友社編『貞明皇后』、一九七一。片野真佐子『皇后の近代』(講談社選書メチエ)、二〇〇三、講談社。（金子 幸子）

でおんな　出女　(一)宿場の*娼婦《しょうふ》。*飯盛女《めしもりおんな》・おじゃれ・*留女《とめおんな》とも同義。「でいじょ」とも読み、「出居女《でいじょ》」とも書いた。「でい」とは客間・座敷のことであり、「でい女」とは本来、客を接待する女性を意味した。

参考文献　牧英正『近世日本の人身売買の系譜』、一九七〇、創文社。林玲子編『女性の近世』(日本の近世一五)、一九九三、中央公論社。（曾根ひろみ）

(二)　⇩入鉄砲出女《いりでつぽうでおんな》

でぐちなお　出口なお　一八三六—一九一八　明治・大正時代の宗教家。大本教《おおもときょう》の教祖。丹波《たんば》国(京都府)福知山《ふくちやま》の大工桐村《きりむら》家に生まれる。十歳の時、父が亡くなり、十

出口なお

一歳から住み込み奉公を重ねる。十八歳の時、叔母の養女となって出口家を継ぎ、二十歳で綾部《あやべ》の大工職人を婿《むこ》に迎える。夫は酒好き、遊び好きで家政をかえりみなかったため、八人の子どもを困窮した生活の中で育てる。ボロ買いや紙屑《かみくず》買い、糸引きの賃労働でその日暮らしの生活をおくる。極度の貧困とうち続く不幸の中で、一八九二年(明治二十五)、なおは突然激しい神がかりに陥《おちい》る。艮《うしとら》の金神《こんじん》がついた時には威厳《いげん》に満ちた態度で神の言葉を伝える。はじめの神がかりから一年後に放火犯の嫌疑《けんぎ》を受け、留置場に入れられるが、嫌疑がはれて放免される。その後、座敷牢《ざしきろう》に四十日間監禁される。その時に、神の命によって柱に釘《くぎ》で文字を書きつけたのが「お筆先《ふでさき》」のはじまりである。ボロ買いで生計をたてながら病気なおしと祈禱《きとう》をするようになり、世の立て替え立て直しと人々の改心を説く。一八九八年に上田喜三郎《うえだきさぶろう》(出口王仁三郎《おにさぶろう》)と出会い、それがきっかけで教団の組織化がすすむ。王仁三郎はなおの末子すみと結婚し、なおの教えの体系化と組織化をはかり、さらに鎮魂帰神法《ちんこんきしんほう》という霊術によって教勢を拡大する。大本教では、なおを開祖《かいそ》、王仁三郎を聖師《せいし》と呼び、両者を教祖とし、あい補う役割をもっているとされる。なおは、みずからを変性男子《へんじょうなんし》とよび、肉体は女であるが、魂は男であり、厳霊《いづのみたま》をもっているとした。また、肉体的には苦難を背負い、忍従《にんじゅう》することができる女性であることを、神の言葉の厳しい告知者という男性的な使命のための条件であるととらえた。他方、宗教上のパートナーである王仁三郎を変性女子《へんじょうにょし》、瑞霊《みづのみたま》と位置づけた。なおは、「大本の御世継《およつぎ》は末代肉体が婦人であるぞよ」と述べ、代々女性が教主をついでいる。

参考文献 安丸良夫『出口なお』(朝日選書)、一九八七、朝日新聞社。薄井篤子「女性教祖の誕生」(『宗教研究』二七四)、一九八七。 (渡辺 雅子)

てしまとあん 手島堵庵 一七一八―八六 江戸時代中期の心学者《しんがくしゃ》。名は信《しん》、字は応元《おうげん》、通称は近江屋源右衛門《おうみやげんえもん》、隠居《いんきょ》して嘉左衛門《かざえもん》、堵庵は号。京都の商家に生まれ家職を勤めながら石田梅岩《いしだばいがん》について*心学を修める。梅岩の死後、心学の統制と布教に専心する。天明二年(一七八二)明倫舎《めいりんしゃ》を設け普及活動に力を尽くす。手島は、梅岩の教えのうち社会批判の側面を捨象《しゃしょう》し、自己批判を中心とした精神修養の教えに心学を傾斜させ、それを人びとの日常生活を律するものとして提示、広範な普及を図った。そのため、為政者との衝突を起こすこともなく、町人をはじめ武士や農民層にも深く受け入れられるようになる。教化に際し、講席を設け多くの人びとに向けて門を開いたこと、また、おかれた状況や年齢に応じた教化に心を砕いたために広範な人びとを引きつけていく。子どもたちに説いた『*前訓《ぜんくん》』(第五項に女子に向けた女子口教《くきょう》が収められる)や女児用に編まれた『女児ねぶりさまし』では、「習うより慣れよ」の観点から女児への教えを調子良い歌にして易しく説いた。作品は『手島堵庵心学集』(白石正邦編、岩波文庫、一九三四年)に収められている。

参考文献 『石門心学』(日本思想大系四二)、一九七一、岩波書店。菅野則子「江戸時代における「儒教」の日本的展開」(『アジア女性史』一九九七、明石書店)。 (菅野 則子)

てっしょうくん 鉄漿訓 ⇩かねのおしえ

てっぽう 鉄砲 ⇩入鉄砲出女《いりでっぽうでおんな》

てならい 手習い 文字を書くことによる学習のこと。近世の初学入門期の基礎的な学習は*寺子屋(手習塾)などで行われたが、武家の子どもが読書を重視して学習するのに比して、民衆の子どもは反復的な文字稽古が心の修行になること、実学の必要性から手習いを重視した。*貝原益軒《かいばらえきけん》は近世中期ころ『和俗童子訓《わぞくどうじくん》』四において書は「心画」つまり「心中にある事を、外にかき出す絵なり」と述べ「手跡《しゅせき》の邪正《じゃせい》にて、心の邪正あらはる、筆蹟《ひっせき》にて心の内も見ゆれば、つつしみて正しくすべし」として書が心の内を映し出すもの、言葉を言語にかえ、行うことを当世に示し、後代に証拠として伝えるものと高い評価を附与《ふよ》した。手習い稽古《けいこ》が成育史からみて重要な意義をもつことは、近世初期には自覚され始めていた。元禄六年(一六九三)に笹山梅庵《ささやまばいあん》著『手習仕様集《てならいしようしゅう》』などが発刊され、手習いを始める大人や子どもたちに筆道《ひつどう》すなわち「書く」という身体的行為について根本的な考察と説明がなされた。字は真、草ともによい手本を選び風体正しく定めること、和流・唐流ともに古代の能書の上筆《じょうひつ》を学ぶこと、墨を端正《たんせい》に磨《す》り筆を正規に持ち、大字を多く書き、筆の働きを自由にすること、筆先は強く紙にあて、真書を大文字に習うなど益軒は手習論として集大成した。このことは能筆の道を伝える『入木抄《じゅぼくしょう》』やその解釈本などの流布により手習論が一般的に普及したことを映し出したものといえる。

参考文献 貝原益軒『和俗童子訓』(岩波文庫)。梅村佳代『近世民衆の手習いと往来物』、二〇〇二、梓出版社。 (梅村 佳代)

てらこや 寺子屋 初学入門期の私的な学習機関のこと。手習塾《てならいじゅく》、手習所、筆子所《ふでこしょ》など同義語。寺子屋の源流は近世初期の市井の手習所にあるとされる(石川謙《いしかわけん》)。しかし近世後半になり、農民的商品経済の進展や社会の変化のもとに、農村や町の各地において文字学習の需要《じゅよう》が著《いちじる》しく増大した。その社会経済的変化とともに、おのおのの家庭において親が子どもに対し指南《しなん》してきた基礎的な学

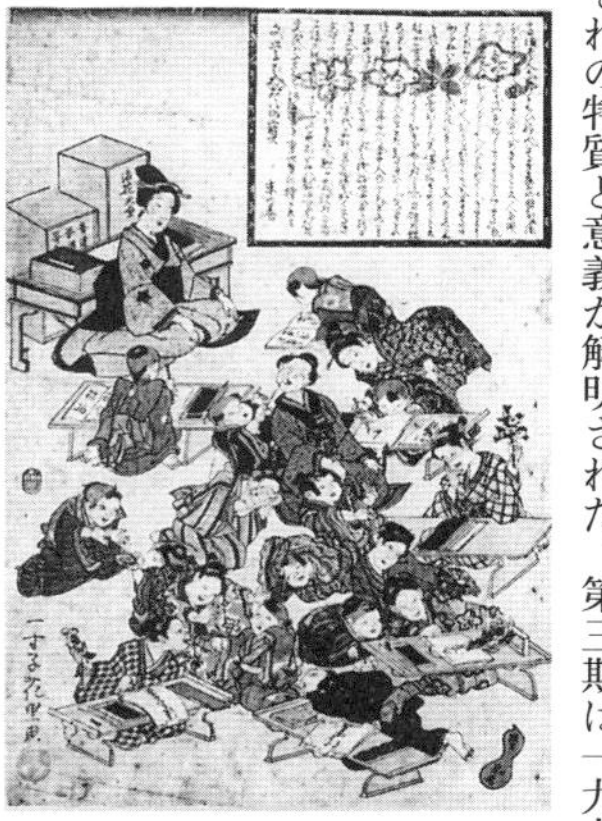
寺子屋　一寸子花里「文学万代の宝」

習内容の一部が社会化された。たとえば「いろは」文字や数字、単語や用文章などの初学の*手習い稽古《けいこ》はどの子どもの初学期にも不可欠な内容である。また四書五経《ししょごきょう》などの入門期の漢籍書《かんせきしょ》の素読《そどく》は読書の基礎学習として必要であり、それらの共通する需要に応ずる形で、最初は遊《ゆう》歴僧《れきそう》、遊学《ゆうがく》する知識人、村の僧侶や神官、医師などが村共同体あるいは親から請《こ》われて手習いを基本とした私的な寺子屋(手習塾)が開業された。そして村や町共同体の子どもたちが入門して学習した。近世初期には村役人主体の村統治のための文字教授も行われたが、中期以後は寺子屋が家業として成立するほどに持続的に子どもの入門と学習が成立し、寺子屋門人帳《もんじんちょう》も作成されはじめた。幕末期には、大多数の村の子どもが男女ともに六〜七歳ころから四年間ほどの初学入門期の手習い・読書・算盤《そろばん》、礼儀作法などが学ばれた。また、女児《じょじ》には針や*裁縫《さいほう》などが、実情に応じて手習いとともに子どもから大人への成育過程において修得された。また寺子屋での学習は家業の継承、年季奉公《ねんきほうこう》や*婚姻など次の*ライフサイクルの準備教育を意味していた。寺子屋研究は一九三〇年代の第一期として乙竹岩造《おとたけいわぞう》および石川謙による『日本庶民教育史《し》』がある。石川謙は『日本教育史資料』(文部省刊)を駆《く》使して全国的統計的手法により寺子屋研究の意義と課題と方法論を提示した。第二期は一九六〇年代で国民教育創出の原型を模索する過程で郷学《ごうがく》・寺子屋・私塾《しじゅく》のそれぞれの特質と意義が解明された。第三期は一九九〇年代から現在までで学校教育が相対化されるなか、社会史の手法により寺子屋史資料に基づく実態解明が進展した。その成果によれば、手習いは「いろは」文字に数字、仮名、人名、村名、文章、短文から長文の用文章、商売往《しょうばいおう》来《らい》、消息往来《しょうそくおうらい》などの順序で、往来物《おうらいもの》を手本として稽古された。『女今川《おんないまがわ》』『女消息往来』など女子用往来も頻繁《ひんぱん》に使用された。子どもは一日四帖《じょう》の双紙《そうし》を消費するほど熱心に稽古に打ち込む地域もあった。また奉公した後も奉公先で手習いや算盤の稽古に精進《しょうじん》して商人の器量《きりょう》を高める努力が続けられた。また束脩《そくしゅう》や謝儀《しゃぎ》は次第に金銭化されるが、日常的に師匠《ししょう》に対して親は消費的な生活物資を贈呈し、師匠も応え、非常に強い絆《きずな》で結ばれるという地域ネットワークが形成されていた。そのような文化的紐《ちゅう》帯《たい》のなかで人生儀礼とともに子どもの学びが社会化されたのである。

参考文献　石川松太郎『藩校と寺子屋』(教育社歴史新書)、一九七八、教育社。高橋敏『近世村落生活文化史序説―上野国原之郷村の研究―』、一九七〇、未来社。梅村佳代『日本近世民衆教育史研究』、一九九一、梓出版社。石川謙『日本庶民教育史(新装版)』、一九九八、玉川大学出版部。

(梅村　佳代)

てらさわくにこ　寺沢国子　一八九六―一九九一　米国の日本語新聞『ユタ日報』社長。一八九六年(明治二十九)長野県下伊那郡《しもいなぐん》飯田町(飯田市)に村松国《むらまつくに》として誕生。共《きょう》立《りつ》女子職業専門学校卒業後、母校飯田高等女学校にて*裁縫《さいほう》の教師となる。一九二一年(大正十)、米国から一時帰国中の寺沢畔夫《うねお》と結婚、翌年渡米。『ユタ日報』は一九一四年に畔夫がユタ州ソルトレークシティで創刊した。三九年、夫の死去に伴い、同紙を継ぐ。四一年の太平洋戦争勃発《ぼっぱつ》により日本語新聞は発行停止を余儀なくされ、同紙も一時休刊となるが、四二年に再刊を許可される。大戦中も刊行された日本語新聞三紙の一つとして、全米の日系人社会で読まれた。新聞を通して日系人を励ました国子は、彼らの心の支えでもあった。戦後、日本語の情報を必要としない世代への交代などで読者は激減、発行頻度《ひんど》も減少したが、最後までみずから活字を拾い、一九九〇年四月発行の版が最終号となった。八七年エイボン女性大賞受賞。長野県松本市名誉市民。

参考文献　上坂冬子『おばあちゃんのユタ日報』(文春文庫)、一九九二、文芸春秋。本郷文男『松本市・ソルトレークシティ姉妹提携35周年を迎えて―「ユタ日報」寺沢国子さんを偲んで―』、一九九三、松本市ソルトレークシティ姉妹提携委員会。

(飯野　朋美)

てらだやとせ　寺田屋登勢　一八三〇―七七　幕末・明治時代前期の*女性。寺田屋六代目伊助《いすけ》の妻。近江国大津《おうみのくにおおつ》の郷宿《ごうやど》(米屋とも)山本重兵衛《やまもとじゅうべえ》(重助《じゅうすけ》とも)の女《むすめ》。十八歳で山城国伏見《やましろのくにふしみ》の淀川船客の船宿《ふなやど》寺田屋伊助の妻になり、家業を一手に切り盛りし伊助に感謝されていた。寺田屋は薩摩《さつま》藩邸に近く、幕末は藩士の常宿になっていた。文久二年(一八六二)四月二十三日寺田屋で島津久光《ひさみつ》による藩士有馬新七《ありましんしち》らへの上意討ちがおこる(寺田屋騒動)。元治《がんじ》元年(一八六四)伊助が死去するも登勢は寺田屋を支え、知己《ちき》の*坂本竜馬《さかもとりょうま》の妻竜《りゅう》を預かった。薩長同盟を成立させた竜馬の戻ってきた寺田屋を、慶応二年(一八六六)正月二十三日伏見奉行所の捕吏が襲ったが、登勢と竜は度胸と機転で竜馬を救った。竜馬の死後、鳥羽・伏見の戦い(戊辰《ぼしん》戦争)で寺田屋は兵火にかかるも仮屋住まいの登勢は、竜馬や竜の顔を汚すことはできないと、竜に世話の手をさしのべた。一八七七年(明治十)九月七日死去、四十八歳。墓所は宗玄寺《そうげんじ》。

参考文献　『御大礼記念伏見町誌』、一九二九、伏見町。寺田貞次『京都名家墳墓録』、一九七六、村田書店。

(辻　ミチ子)

てらとじ　寺刀自　⇩刀自《とじ》

てんごくにむすぶこい　天国に結ぶ恋　一九三二年(昭和七)五月、慶応大生の調所五郎《ずしょごろう》と静岡の素封家《そほうか》の娘で頌栄《しょうえい》高等女学校出身の湯山八重子《ゆやまやえこ》が、神奈川県大磯《おおいそ》で*心中。その後、仮埋葬されていた八重子の遺体が盗まれ裸体で見つかり、猟奇《りょうき》事件として扇情的《せんじょうてき》に報道された。さらに検視の結果、八重子は「床《ゆか》しくも明かに処女であつた」と報道されたことから、純愛物語として消費された。この事件に対する反響の大きさは、「処女性」崇拝が浸透し、若い女性たちが純潔イデオロギーを内面化していたことを物語る。八重子に縁談が進んでいたことが心中の原因とされ、因習的《いんしゅうてき》制度の犠牲者としても人々の共感を呼んだ。また一ヵ月後には、同事件を報じた『東京日日新聞』の見出しを題名にした映画「天国に結ぶ恋」が封切られ、西条八十《さいじょうやそ》作詞の主題歌とともに大ヒット。事件は、心中現場の地名から「坂田山《さかたやま》心中」とも称される。同地では その後、心中事件が続出し、映画館内でも自殺者がでた。

参考文献 朝日新聞社編『恋愛と結婚』(朝日新聞100年の記事にみる二)、一九七九。小沢信男『(定本)犯罪紳士録』(ちくま文庫)、一九九〇、筑摩書房。 (坂井 博美)

でんさくにん 田作人 古代の「田づく」に起源し、これに従事する人を指す。大化前代以来、農繁期《のうはんき》に食だけでなく魚酒(「美物と酒」)を用意し、個別経営外の労働力を得て協業することが広く行われた。しかしこの魚酒提供が個別経営を激しく競わせ、*家産の乏しい下層農民に耐え難く、大化に始まり、八世紀末延暦《えんりゃく》期や九世紀弘仁《こうにん》期とたびたび禁制が行われた。二〇〇〇年(平成十二)に出土した九世紀半ば斉衡《さいこう》年中(八五四―五七)の石川県加《か》茂《も》遺跡加賀郡牓示札《ぼうじさつ》でも、郡司が管下深見村《ふかみむら》の郷長《ごうちょう》・駅長・*刀禰《とね》らに国司の命令八ヵ条中の第二条で「田夫に意に任せて魚酒を喫《くら》わすことを禁制す」(原漢文)としていた。国司は「魚を喫って闘乱を宗と為して播殖《ばんしゅ》の時を過ごす」(同)と飲酒による喧嘩《けんか》で農繁期の労働集中がなおざりになると厳しく戒めていたことがわかる。この魚酒型労働が深まり、平安時代中後期に春の田打ちと夏の田植に稲と食料を与える雇用方式が取られるようになるとされている。

参考文献 吉村武彦「初期荘園の耕営と労働力編成」(『日本古代の社会と国家』一九九六、岩波書店)。義江明子「「田夫」「百姓」と里刀自―加賀郡牓示札における魚酒型労働の理解をめぐって―」(『日本古代女性史論』二〇〇七、吉川弘文館)。 (小林 昌二)

でんしゅうこうじょ 伝習工女 明治五年(一八七二)から一八九三年まで、官営*富岡《とみおか》製糸場(所)に入場し、フランス式器械製糸法の伝習を受けた工女。創立時には、政府のたび重なる募集勧告にもかかわらず工女が集まらず、半ば強制的に入場させた結果、一八七三年一月には四百四人(半数以上が群馬県工女)が在籍した。士族授産奨励策もあって士族関係者が多い。翌年から近隣県は減少し、長野や神奈川県工女がまとまって入退場した後は、新潟や岐阜、特に滋賀県工女の在籍数が際立って多くなっている。開場後一年余はフランス人工女から直接指導を受け、終了した者が順次伝習内容を授受した。工女たちは技術習得を課される一方労働者でもあった。官営時代は恵まれた環境にあったとはいえ、流行病罹患《りかん》などで年間十人を超す死者を出した年もある。また「工女寄宿所規則」には、工場労働の拡大とともに一般化する工女管理の原型がすでにみられる。初期には十二人の男子伝習生徒が在籍したが、短期間で廃止された。

参考文献 『富岡製糸場誌』上、一九七七、富岡市教育委員会。早田リツ子『工女への旅―富岡製糸場から近江絹糸へ―』、一九九七、かもがわ出版。 (早田リツ子)

てんしょういん 天璋院 一八三六―八三 江戸幕府十三代将軍徳川家定《とくがわいえさだ》の妻。島津忠剛《ただたけ》の女《むすめ》、一子《かつこ》。島津斉彬《なりあきら》の養女(のちに実子届)となり篤姫《あつひめ》と称す。さらに近衛忠《このえただ》熙《ひろ》の養女になって敬子《すみこ》と称した。安政三年(一八五六)徳川家定の*御台所《みだいどころ》になって、一橋慶喜《ひとつばしよしのぶ》と徳川慶福《よしとみ》(家茂《いえもち》)の将軍継嗣《けいし》問題の渦中《かちゅう》にはいる。島津斉彬や松平慶永《まつだいらよしなが》から慶喜擁立《ようりつ》の働きを期待されるが、家定との仲が睦まじくあまり動かなかった。安政五年家定が没し、落飾《らくしょく》して天璋院と称す。以後、養父斉彬や養母恒姫《つねひめ》の喪に服し、家定の一周忌・三回忌の法要を行い、島津家へもどることはせず徳川家に身をおく道を選んだ。江戸開城ののちは、一門の処分によって従三位の位記を剝奪(のち復位)され、家定の生母本寿院《ほんじゅいん》(美津《みつ》)とともに一橋家に移り、徳川家名を継いだ田安亀之助《たやすかめのすけ》(徳川家達《いえさと》)の養育に専念し、徳川宗家の維持存続に力を尽くした。一八八三年(明治十六)十一月二十日死去、四十八歳。寛永寺に葬る。

参考文献 本多辰次郎「天璋院夫人」(『歴史地理』一四ノ五)、一九〇九。『島津斉彬文書』、一九五九―六六、吉川弘文館。芳即正『島津斉彬』(人物叢書)、一九九三、吉川弘文館。 (辻 ミチ子)

でんすてじょ 田捨女 一六三三―九八 江戸時代前期の俳人。本名ステ。丹波《たんば》国氷上《ひかみ》郡柏原《かしわばら》村(兵庫県丹波市)の田助右衛門季繁《すけえもんすえしげ》の長女。三歳で母と死別し、兄季聴に代わって継嗣《けいし》となり、十九歳で継母《けいぼ》の連れ子又左衛門《またざえもん》季成を*婿養子として*家督《かとく》を継ぎ、五男一女をもうける。のち上京、夫季成とともに*北村季吟《きたむらきぎん》・北村湖春《こしゅん》・宮川《みやがわ》松堅に師事して、国学・*和歌・俳諧《はいかい》を学ぶ。延宝《えんぽう》二年(一六七四)、夫と死別。天和《てんな》元年(一六八一)、亡夫の七回忌に剃髪《ていはつ》して妙融尼と称し、俳諧教授に勤める一方、臨済宗の高僧盤珪《ばんけい》のもとで参禅、五十四歳で貞閑《ていかん》と改めた。元禄五年(一六九二)、播磨《はりま》国網干《あぼし》(同県姫路市)の竜門寺《りゅうもんじ》の傍らに不徹庵《ふてつあん》を創建、院主となり、六十六歳で死去した。三代歌川豊国《うたがわとよくに》作『古今名婦伝《ここんめいふでん》』に幼少時の句として「初雪や二の字ふみ出す下駄の跡」を載せ、「世に珍しき貞烈なり」と評している。稿本『自筆句集』はじめ句短冊とともに、自筆の百人一首、娘マンの婚姻時に宛《あ》て、婚姻の重大さと嫁としての心得を説いた「心得書」などが残されている。

参考文献 柿衛文庫編『近世の女性俳人』(特別展図録)、二〇〇一。 (藪田 貫)

てんにょ　天女　天界に住む女性で、仏教では欲界六天《よくかいろくてん》に住む吉祥天《きつしようてん》や弁財天《べんざいてん》等をいうが、わが国の説話の中では羽衣《はごろも》伝説にあらわれる異郷《いきよう》世界の女性をいう。吉祥天は福徳円満《ふくとくえんまん》の、弁財天は音楽・弁才・財福・知恵の徳がある*女神として信仰され、『西大寺資財流記帳《さいだいじしざいるきちよう》』には「天女像十軀」とみえる。羽衣伝説は各地に伝えられ、その多くは地上に下った天界の女性が羽衣を隠され地上の男と結婚するというモチーフをもつが、その後は種々の展開をもっている。『帝王編年紀《ていおうへんねんき》』養老《ようろう》七年(七二三)条「古老伝曰」には近江国伊香郡与胡郷《おうみのくにいかごのこおりよごのさと》の伊香小江《いかこのえ》に「天之八女」が天より下り水浴びしていたが、天衣《あまのころも》を盗まれた一人が帰れなくなり伊香刀美《いかとみ》と結婚し二男二女を生み、伊香連《かのむらじ》の祖となったと伝える。また「丹後国風土記《たんごのくにのふどき》」逸文《いつぶん》には丹波郡比治里《たんばのこおりひじのさと》の比治山《ひじのやま》の頂にある真名井《まない》に下った天女八人の一人が子どものいない老夫婦に衣裳を奪われ帰れなくなりかれらに育てられる。彼女の醸《かも》す万病に効く酒のおかげで家が豊かになるが、のちに老夫婦に追い出された天女は「天の原ふり放け見れば霞立ち家路まどひて行方知らずも」と歌ったという。能の『羽衣』ではこれらの伝説に取材し、駿河《するが》の三保《みほ》の浦《うら》に住む漁師が羽衣を持ち帰るかわりに天上界の舞を行わせ天に帰っていくという話に作られている。

参考文献　笠目蔦男「羽衣伝説の世界―竹取物語の素材的源流として―」(『日本文芸学』一二)、一九七六。勝俣隆「羽衣伝説と白鳥の説話―丹後国風土記逸文「比治の真奈井・奈具の社」の条を中心に―」(『国語と教育(長崎大学国語国文学会)』二五)、二〇〇〇。　(荻　美津夫)

てんにょしんぎょう　転女身経　⇩変成男子《へんじようなんし》

と

とうか　踏歌　主として日本古代・中世に行われた集団舞踊《ぶよう》。蹋歌・蹹歌とも書き、あられぱしりともいう。初見は「是日、漢人等奏踏歌」(『日本書紀《にほんしよき》』持統《じとう》天皇七年(六九三)正月丙午《へいご》条)。いわゆる踏歌節会《とうかのせちえ》はこの芸能の奏上《そうじよう》をメインとした饗宴《きようえん》儀礼であり、雑令節日条にて正月十六日に定められ、正月三節会《さんせちえ》の最後として政治的に重要な位置を占めていた。藤原仲麻呂《ふじわらのなかまろ》政権下に女性のみの奏楽《そうがく》機関である内教坊《ないきようぼう》が整備されたこととあわせ、そこで踏歌を行う例が定着した可能性が高い。『内裏儀式《だいりぎしき》』十六日踏歌式には、内教坊の踏歌の後引き続き男性官人が踏歌を奏していたとある。このいわゆる「群臣《ぐんしん》踏歌」の部分は平城《へいぜい》朝の踏歌節会停止とともに断絶、弘仁朝に節会自体が復活してもそこでは内教坊、つまり女性のみによる踏歌しか行われなかった。のちに踏歌節会自体が「女踏歌」とも呼ばれるゆえんであるが、一方で男性官人による踏歌奏上も寛平《かんぴよう》元年(八八九)までに復活した可能性が高い。いわゆる「男踏歌《おとこどうか》」とは復興後の男性官人による踏歌のことで、独立した儀礼として記されるのは寛《かん》平《びよう》六年から天元《てんげん》二年(九七九)の十七例のみであり、宮中では正月十四日の深夜に行われていた。一行は清涼殿《せいりようでん》東庭《てい》、続いて*中宮《ちゆうぐう》や大臣の直廬《じきろ》で踏歌を行い、再び清涼殿東庭にて禄《ろく》を賜《たま》い退散する。原則として内裏内のみを巡っており、源氏の六条院へ訪れたとする『*源氏物語』乙女《おとめ》巻の叙述《じよじゆつ》は例外的な出来事の転用か。その芸態《げいたい》は『*年《ねん》中行事絵巻《じゆうぎようじえまき》』の「踏歌図」に、また平安時代初期以前の「群臣踏歌」および内教坊の踏歌にて歌われた詞がそれぞれ「踏歌章曲」「女踏歌章曲《しようきよく》」として『朝野群載《ちようやぐんさい》』二一雑文にみえる。奈良・平安時代初期には民間でも踏歌が行われ、たびたび禁止されていた。また興福寺《こうふくじ》・熱田《あつた》神宮・住吉社《すみよししや》など寺社における踏歌は、式次第から男踏歌の流れを汲んでいると考えられる。

踏歌節会(『年中行事絵巻』より)

参考文献　伴信友『比古婆衣』(古典文庫)。平間充子「男踏歌に関する基礎的考察」(『日本歴史』六二〇)、二〇〇〇。同「踏歌節会の構造と政治的意義―奈良時代を中心に―」(『総合女性史研究』一九)、二〇〇二。　(平間　充子)

とうきゅうきかんこうぎょうじけん　東急機関工業事件　⇩女子若年定年制《じよしじやくねんていねんせい》

どうきょう　道鏡　?―七七二　奈良時代の僧侶、政治家。河内国若江郡《かわちわかえ》の豪族弓削《ゆげ》氏出身。梵文《ぼんぶん》に通じ、禅行者として認められて宮中内道場の禅師《ぜんじ》となる。天平宝字六年(七六二)、*孝謙《こうけん》上皇の近江保良宮《ほらのみや》への行幸に供奉し、急病の上皇を治療して以来寵愛《ちようあい》を被った。天平宝字八年、上皇が称徳《しようとく》天皇として再位すると、大臣禅師に任ぜられて政権を獲得し、天平神護元年(七六五)、太政大臣禅師となって臣下の最高位の官を得、同二年には法王となり、法王宮職という官司まで設置された。仏教重視の政治は貴族層の反感を買い、神護景雲《じんごけいうん》三年(七六九)、宇佐八幡神の託宣《たくせん》を利用して皇位に即こうとしたが、和気《わけ》・藤原両氏の抵抗にあって失敗した。しかし、故郷に由義宮《ゆげのみや》を造営して西宮と呼び、天皇の行幸を仰いだ。宝亀元年(七七〇)八月に天皇が崩御《ほうぎょ》すると、道鏡の政治家としての権力も失墜し、下野《しもつけ》薬師寺別当に左遷され、同三年四月、この地で没し庶人として葬られた。称徳天皇あっての道鏡の権威は、その背景がさまざまに憶測され、のちに男女間のスキャンダラスな伝説を生むこととなった。

参考文献　北山茂夫『女帝と道鏡―天平末葉の政治と文化―』(中公新書)、一九六九、中央公論社。横田健一『道鏡』(人物叢書)、一九六八、吉川弘文館。　(有富由紀子)

とうきょうこむうぬ　東京こむうぬ　一九七二年(昭和四十七)武田美由紀ら三組の母子で始めた「オレンジハウス」という共同保育の場を翌年に名称替えしたもの。「こむうぬ」とは子産みとコミューンをもじった言葉である。七五年に閉鎖されるが、最盛期には九人の子どもを住人のおとな四人と二十～三十人の通いの男女が世話していた。デパート・バス・電車でのベビーカー使用禁止を消防庁に働きかけて七四年に撤回させた。また*優生保護法改悪《かいあく》阻止《そし》闘争にも積極的に参加した。

参考文献　溝口明代・佐伯洋子・三木草子編『資料日本ウーマン・リブ史』二、一九九四、松香堂書店。西村光子『女たちの共同体―七〇年代ウーマンリブを再読する―』、二〇〇六、社会評論社。　(三宅　義子)

とうきょうじょしいかだいがく　東京女子医科大学　日本唯一の女子医科大学。一九〇〇年(明治三十三)、医師の*吉岡弥生《よしおかやよい》と夫の吉岡荒太《あらた》が東京麴町《こうじまち》区(東京都千代田区)に設立した東京女医学校を起源とする。一九一二年に東京女子医学専門学校に昇格、一九二〇年(大正九)に卒業後無試験で医師資格を得る文部大臣指定学校となる。一九三〇年(昭和五)、附属産婆看護婦養成所を設立、病院の拡張・整備等、学校の基盤が整う。同年卒業生が日本初の女性医学博士となり、このころより飛躍的に発展した。戦前は吉岡弥生の教育思想に基づき、男性医師と同等であることを強く意識した実践的な教育が行われた。四五年の戦災による校舎焼失、戦後の吉岡弥生の公職追放などにより存続が危ぶまれたが、五一年、東京女子医科大学として認可。以後、医学部では女子のみの医学教育を行いながら、付属病院では日本心臓血圧研究所の設置を端緒《たんちょ》として、次々に新しい診療システムを導入し日本有数の総合病院となった。一九九八年(平成十)、看護学部を開設。専門学校、短大と続いた同校の看護教育を継承している。

参考文献　吉岡弥生女史伝記編纂委員会・吉岡弥生伝記刊行会編『吉岡弥生伝(改訂版)』、一九六七、中央公論事業出版。東京女子医科大学百年史編纂委員会編『東京女子医科大学百年史』、二〇〇〇、東京女子医科大学。　(三﨑　裕子)

とうきょうじょしだいがく　東京女子大学　キリスト教系女子高等教育機関。一九一〇年(明治四十三)に英国エディンバラで開かれた世界宣教会議での決議を受け、北米の支援者のリードで教派を異にする六つの在日ミッションの協力が実現し、一九一八年(大正七)に東京角筈《つのはず》で開校。明治初期以来の北米系在日ミッションによる*女子教育の集大成という位置づけで始まったが、開校後は日本人主導となった。初代学長新渡戸稲造《にとべいなぞう》、副学長長尾半平《ながおはんぺい》、学監《がっかん》*安井《やすい》てつ、常務理事に在米長老派海外伝道局日本ミッション所属の宣教師A・K・ライシャワーが就任。一九二四年、西荻の現在の校地に移転。同年、安井てつが二代目学長に就任、一九四〇年(昭和十五)まで、草創期をリード。単なる職業教育、主婦教育ではない、大卒男性と同等の一般教養教育とキリスト教に基づく人格教育を女性に付与することを特色とし、教師・社会事業家・*主婦など、どのような状況にも対応できるジェネラリストとしての女性を輩出しようとした。特に戦前期は、都市在住のエリート新中間層の専業主婦文化・消費文化の形成に果たした役割が大きい。一九四八年新制大学となり、一九五〇年には短期大学部を併設(一九九二年廃止)。二〇〇五年(平成十七)現在、文理学部、現代文化学部、大学院博士前・後期課程、比較文化研究所、女性学研究所を有する、学生数約四千人の中規模*女子大学となっている。

参考文献　東京女子大学編『創立十五年回想録』、一九三三。A. K. Reischauer. Tokyo Woman's Christian College. 1955.『東京女子大学五十年史』、一九六八。『東京女子大学の80年』、一九九八。　(小檜山ルイ)

とうきょうじょせいざいだん　東京女性財団　東京都が男女平等推進拠点を担う中核として設立。女性たちの多くの期待を集めたが、都の平等施策の変遷により十年後に廃止された。一九八七年(昭和六十二)「東京都男女平等に向けた総合実施計画」に、拠点としての東京ウィメンズプラザ構想が発表され、東京女性財団はその運営主体として百億円の男女平等推進基金を背景に一九九二年(平成四)に設立された。財団は資料収集・意識啓発・相談に加え、「女性財団賞」「男女平等に寄与する広告コンテスト」などの奨励事業、モニター制度、研究や市民活動への助成事業などを実施し、注目を集めた。主に扱ってきたテーマは、男女平等政策を推進する行政職員・専門職員の育成、情報収集とその活用、*男女平等を進める市民支援などがあげられる。「ひとり親家族」「女性の政治意識・社会意識形成」「均等法世代の就労パターン」「性差形成」「ジェンダーフリー教育」「アファーマティブ＝アクション」「女性と財産」「男性の自立」「*リプロダクティブ＝ヘルス/ライツ」など、扱うテーマは先進的な内容を網羅《もうら》するものであり、*女性学推進にも寄与した。

しかし一九九五年のウイメンズプラザ開設直後より女性財団はジェンダーバッシング・バックラッシュ(*ジェンダー主流化に反対し、旧来の性別役割分業に支えられた家族制度を国の基盤とするべきとする主張に基づき、流れに逆行させようとする力。九〇年代後半より強まり、あらゆる場面でせめぎ合いがみられるようになった)の対象とされていく。非難の中心は「慰安婦《いあんふ》」問題・「ジェンダーフリー」教育・*性教育などであった。議会で乳母日傘《おんばひがさ》と揶揄《やゆ》され、直営でスリム化しようとする東京都と、財団理事会とは対立していく。二〇〇一年四月、ウイメンズプラザは直営化され、実質的な事業基盤を失った財団は二〇〇二年三月、その短い幕を閉じた。

参考文献 『女性政策・女性センターを考える—男女共同参画社会基本法を受けて—』、二〇〇〇、東京女性財団。若桑みどり他編著『ジェンダーの危機を超える!』、二〇〇六、青弓社。 (丹羽 雅代)

とうきょうふじんしせいじょうかれんめい 東京婦人市政浄化連盟 東京市の市政浄化を目的とした女性団体の連合体。一九三三年(昭和八)三月、疑獄《ぎごく》事件が続発していた東京市の市会選挙に向けて、*婦選獲得同盟・日本基督《キリスト》教婦人参政権協会・婦人参政同盟・社会大衆婦人同盟など六団体で組織された。「市民は選ぶな醜類《しゅうるい》を 築け男女で大東京を」をスローガンに、疑獄関係者に立候補辞退勧告状を送った。その後はゴミ処理問題・増税反対運動などに取り組んだ。

参考文献 児玉勝子『十六年の春秋—婦選獲得同盟の歩み—』、一九九〇、ドメス出版。鈴木裕子編『日本女性運動資料集成』二、一九九六、不二出版。 (国武 雅子)

とうきょうれんごうふじんかい 東京連合婦人会 東京を中心とする女性団体の連合組織。一九二三年(大正十二)九月二十八日、関東大震災の被災者救援活動を契機に結成された。職業団体・宗教団体・同窓会・社会事業団体など四十以上の団体が結集。当初は*山川菊栄《やまかわきくえ》など社会主義女性運動家も参加した。社会部・授産部・労働部・政治部・教育部を置き、公娼《こうしょう》廃止や婦人参政権などを要求、震災復興に関する建議《けんぎ》案の提出、募金活動、労働問題の学習会などの活動を行なった。政治部は婦人参政権獲得期成同盟会結成の母体の一つとなった。一九二六年、各部を廃して各団体の代表二名による委員会を設置し、委員長に*吉岡弥生《よしおかやよい》が就任。目的として婦人の地位向上、婦人労働問題の解決などを定めた。その後東京市政浄化運動、母子保護運動、東京都制案に対する婦人公民権挿入運動などに取り組む。戦時期は国策に協力し、銃後《じゅうご》活動を担った。一九二八年(昭和三)から機関誌『連合婦人』発刊、一九三六年から四〇年まで『婦人年鑑《ねんかん》』刊行。一九四二年十二月解散。

参考文献 千野陽一『近代日本婦人教育史』、一九七九、ドメス出版。鈴木裕子編『日本女性運動資料集成』一・二、一九九六、不二出版。 (国武 雅子)

とうきょうローズ 東京ローズ 第二次世界大戦中、おもに米軍前線向け謀略《ぼうりゃく》宣伝を目的とした日本のラジオ放送の女性アナウンサーに米兵が与えた名称。複数のアナウンサーが存在し、そのほとんどは日系二世だった。実際に「東京ローズ」と名乗った者の記録はみつかっていない。日本側の狙いは、英語によるプロパガンダ放送により、米軍をはじめとした連合軍が戦闘意欲を失うことであった。しかし、この思惑とは逆に、ラジオ放送は米兵を魅了すると同時に彼らを励ますことさえあったといわれる。米兵の想像のなかで、女性の声は魅惑《みわく》的で謎めいた東洋人女性の象徴と重なったという指摘もある。終戦直後、米マスコミ報道で唯一名前が公表されたのはアイヴァ＝イクコ＝トグリ＝ダキノ(一九一六—二〇〇六)。彼女のラジオネームは「オーファン＝アン(アニー)」。彼女は米国への反逆罪に問われ無罪を主張するが、米国市民権剥《はく》奪《だつ》、懲役《ちょうえき》十年と罰金の刑を科せられた。一九七七年(昭和五十二)、ダキノに大統領特赦《とくしゃ》が与えられた。

参考文献 ドウス昌代『東京ローズ(新装版)』、一九九〇、文芸春秋。上坂冬子『東京ローズ—戦時謀略放送の花—』(中公文庫)、一九九五、中央公論社。 (小澤 智子)

とうけいじ 東慶寺 相模《さがみ》国鎌倉松ヶ岡(神奈川県鎌倉市)に所在した臨済宗《りんざいしゅう》の*尼寺。松岡山東慶総持禅寺《とうけいそうじぜんじ》。弘安八年(一二八五)、執権《しっけん》北条時宗《ときむね》夫人の覚山志道尼《かくざんしどうに》が開山、その子執権貞時《さだとき》が開基《かいき》として創建。このとき覚山尼は「不法の夫に身を任せ、思いあまって自殺するような女性を救済する」縁切り寺法を確立したと旧記にある。その後五世住職として後醍醐《ごだいご》天皇の皇女用堂尼《ようどうに》が入寺、以後御所寺《ごしょでら》となり、松ヶ岡御所と称する。中興《ちゅうこう》開山は二十世天秀尼《てんしゅうに》(豊臣秀頼娘)で、江戸時代を通じて、*縁切り寺として機能し、*川柳《せんりゅう》にも好んで詠まれた。寺領は百十二貫三百八十文。寺法《じほう》手続き上、*満徳寺《まんとくじ》と異なる点は、内済《ないさい》(示談《じだん》)離縁と寺法離縁が明確に区別されることである。寺では女の駆け込みがあると、妻方関係者に示談による離縁をすすめ、ほとんどは内済離縁になった。しかし、示談不成立で女を召し抱えると、以後足掛け三年(二十四ヵ月)在寺の寺法離縁となり、寺ではただちに寺役人が夫

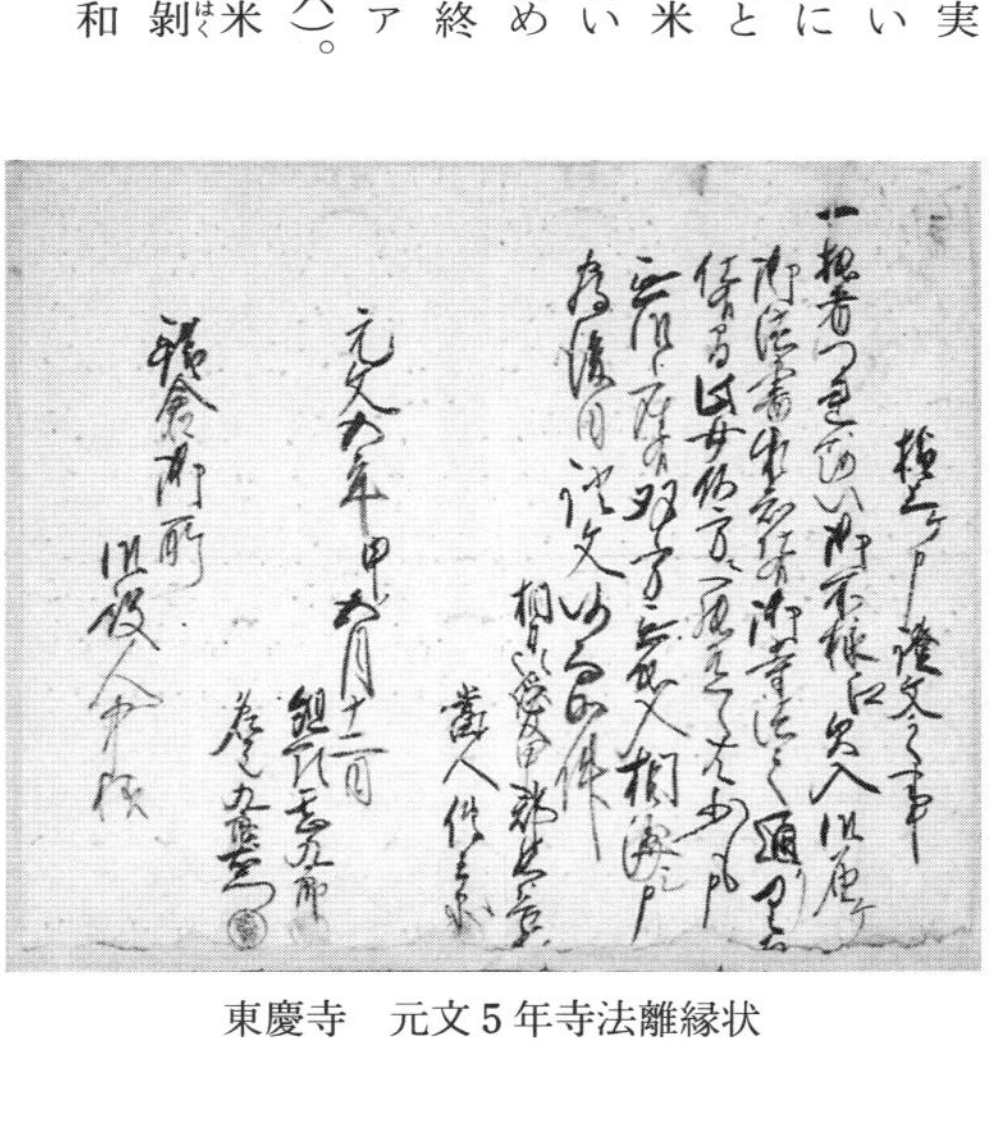

東慶寺 元文5年寺法離縁状

の元に出役(出張)して、夫から寺あての寺法離縁状を受理する。これで夫は再婚でき、妻は二十四ヵ月後離縁状の写しをもらい、下山し再婚可能となる。東慶寺は三年の在寺を条件に寺法を発動し*離婚させ、満徳寺は夫からの離縁状受理を唯一の条件とし、結果、夫妻の再婚可能時期が東慶寺では異なり、満徳寺では同時となる。多くの文書が震災で消滅し、現蔵の縁切り文書では元文三年(一七三八)の寺法離縁状が最古で、幕末に集中する駆け入りは約五百件が知られ、その出身地はほとんどが相模国・武蔵《むさし》国・江戸で占められるが、遠く駿河《するが》・信濃《しなの》・甲《か》斐《い》・常陸《ひたち》・上野《こうずけ》国からの例もある。明治維新後、明治四年(一八七一)政府により縁切り寺法は禁止され、寺領も没収された。一九〇二年最後の尼住職が示寂《じじゃく》(死去)し、以後男僧の寺となる。男僧二世は建長《けんちょう》・円覚寺《えんがくじ》両派管長であった釈宗演《しゃくそうえん》である。木造聖観音立像《しょうかんのんりつぞう》などのほか、縁切り文書を中心にした東慶寺文書が、二〇〇一年(平成十三)、新たに重要文化財に指定された。境内には和辻哲郎《わつじてつろう》・西田幾多郎《にしだきたろう》・高見順らのほか、*野上弥生子《のがみやえこ》・*田村俊子《たむらとしこ》など女性作家の墓もある。

参考文献　穂積重遠『離縁状と縁切寺』(法学叢書一一)、一九四三、日本評論社。石井良助『日本婚姻法史』(法制史論集二)、一九七七、創文社。井上禅定『駈込寺東慶寺史』、一九八〇、春秋社。高木侃『三くだり半と縁切寺』(現代新書)、一九九二、講談社。井上禅定『東慶寺と駆込女』(有隣新書)、一九九五、有隣堂。高木侃『縁切寺東慶寺史料』、一九九七、平凡社。　(高木　侃)

どうげん　**道元**　一二〇〇—五三　鎌倉時代の僧。日本曹洞宗《そうとうしゅう》の祖。別名は希玄《きげん》。内大臣土御門通親《つちみかどみちちか》の子。延暦《えんりゃく》寺《じ》で出家したが、のちに建仁寺明全《けんにんじみょうぜん》に師事して禅宗《ぜんしゅう》に転じた。貞応《じょうおう》二年(一二二三)に明全とともに入宋し、天童《てんどう》山如浄《にょじょう》のもとで得悟《とくご》した。安貞《あんてい》元年(一二二七)に帰国し、山城《やましろ》国深草《ふかくさ》に興聖寺《こうしょうじ》を開創。延暦寺の圧迫もあって、寛《かん》元《げん》元年(一二四三)波多野義重《はたのよししげ》の勧めで越前に移り、永平《えいへい》寺《じ》を創建した。宝治《ほうじ》元年(一二四七)には北条時頼《ときより》の招きで鎌倉を訪れて禅を説いている。公武の権威を嫌い、実践を重んじて弟子の育成にあたった。出家至上主義の立場から在家成仏《ざいけじょうぶつ》・女身《にょしん》成仏を拒否したが、中国禅宗界での*比丘尼《びくに》の活躍ぶりを知悉《ちしつ》していただけに、仏道修行には男女の別など存在しないと明快に断言。比丘尼は「小国辺土ノ国王・大臣」はおろか帝釈《たいしゃく》天や転輪聖王《てんりんじょうおう》より勝ると語って、女人五障観《にょにんごしょうかん》を否定した。また、女人結界《にょにんけっかい》を「魔界」と呼んで、それを破却《はきゃく》するよう主張した。主著は『正法眼蔵《しょうほうげんぞう》』。

参考文献　『正法眼蔵』礼拝得髄(日本思想大系一二)。今枝愛真『道元—坐禅ひとすじの沙門—』(NHKブックス)、一九七六、日本放送出版協会。　(平　雅行)

とうじ　**杜氏**　⇩酒造《さけづく》り

とうしょういんに　**洞松院尼**　一四六一?—?　戦国時代初期の地方政治家。女性の戦国大名。管領《かんれい》細川勝元《ほそかわかつもと》の娘として寛正《かんしょう》二年(一四六一)—五年ころ京都に出生。明《めい》応《おう》二年(一四九三)の明応の政変前後に権勢を誇った細川政元《まさもと》は弟である。容貌に恵まれず、当時の慣例として幼少より寺庵に入られ、尼僧となるべく運命づけられていた。入寺した寺名は伝わっていない。明応二年四月、政元は河内出陣中の将軍足利義稙《あしかがよしたね》を廃立するクーデターを企て、畿内近国の守護中最も有力な赤松政則《あかまつまさのり》の力を借りるため、姉の洞松院を還俗《げんぞく》させ、政則の後妻にするという政略婚を整えた。当時赤松氏にとって細川勝元はお家再興の恩人であり、この提案を断り切れなかったという。婚儀はいわゆる嫁取《よめとり》婚の形式で行われ、摂津堺浦《さかいうら》に滞陣中の政則の宿所へ迎えられた。政則との間に一女を儲けた。明応五年政則没するや、一族の政資《まさすけ》の子道祖松丸《さえまつまる》を、洞松院の娘に配して*家督《かとく》を相続させた。これが赤松義村である。義村には播磨《はりま》・備前《びぜん》・美作《みまさか》三ヵ国の守護が安堵《あんど》された。文亀《ぶんき》二年(一五〇二)守護代浦上則宗《うらがみのりむね》が没すると、院尼は畿内政権の執政細川政元の姉として、次弟に分国中に力をふるうようになった。院尼は分国支配の手段として黒印状《こくいんじょう》(印文釈《いんぶんしゃく》)を発給し、永正《えいしょう》三年(一五〇六)より同十年に至る六通が現存しているが、戦国大名の印判状としては今川氏親《いまがわうじちか》のものに次ぐ古いものである。院尼は幕府からは「赤松うばの局《つぼね》」、分国内では「めし様」と呼ばれた。還俗の上妻妾《さいしょう》に「召出し」た意かと思われる。永正八年政元の養子澄元《すみもと》が阿波に叛《はん》し、援を義村に求めて京都へ進出、義村はこれに応え、芦屋《あしや》から伊丹《いたみ》へ進駐、澄元は八月に京都を占領した。しかるに同月末の船岡山《ふなおかやま》合戦で執政細川高国《たかくに》側が京都を奪回、澄元は阿波へ敗走した。義村は苦境に陥ったが、院尼は旧知の高国に運動して赦免《しゃめん》手続を進め、翌年六月、みずから摂津尼崎《あまがさき》に赴いて高国と和儀を結ぶことに成功した。その後、備前守護代浦上村宗《むらむね》(則宗の孫)は義村と対立して院尼とその娘(義村夫人)に取り入り、義村を排除しようとして抗争した。永正十七年十一月に義村は押し込められ、村宗は二女君(院尼と娘)を立てて専権をふるった。分国の人々は、院尼を「大めし」、娘を「小めし」と称した。大永《たいえい》六年(一五二六)冬、丹波の波多野《はたの》・柳本《やなぎもと》氏らが叛いて幕府は援を播磨に求めたが、救援の御内書《ごないしょ》は守護(義村遺児)・守護代と別に「赤松うばの局」「後室《こうしつ》の局」へも宛てられ、二女君に軍勢催促を命じていることが注目される。享禄《きょうろく》元年(一五二八)にも「うばの局」宛の救援御内書が発せられている(『室町家御内書案』)から、院尼の活躍と生存の下限は享禄元年である。院尼の前半生は*日野富子《ひのとみこ》の執政期と重なり、その晩年は今川氏親*後室*寿桂尼《じゅけいに》(中御門《なかみかど》氏)と重なる。武家における*後家家督権の根強い伝統は、こうして*日野重子《しげこ》・富子から洞松院・寿桂尼という女戦国大名を輩出したといえる。

参考文献　今谷明「赤松政則後室洞松院尼細川氏の研究—中世に於ける女性権力者の系譜—」(『横浜市立大学論叢』人文科学系列四六ノ一・二・三合併号)、一九九五。渡辺大門「播磨国守護赤松義村とその時代」(『兵庫県の

歴史』三四)、一九六八。 (今谷　明)

どうじょうじえんぎ　道成寺縁起　奥州より熊野詣《くまのもうで》へ向かう美しい若僧に懸想《けそう》した人妻が、逃げる僧を追ううちに蛇身となり、道成寺の釣鐘《つりがね》の中に隠れた僧を焼き殺すが、寺僧の供養により両人とも昇天して天人となったという、いわゆる道成寺説話を描いた絵巻。和歌山県道成寺蔵、二巻。室町時代、十五世紀後半ころの成立。平安時代後期の『大日本国法華験記《ほつけけんき》』(『本朝法華験記』)「紀伊《きいの》国牟婁郡悪女《くにむろぐんのあしきおんな》」や『*今昔物語集』一四第三話「紀伊国道成寺僧、写法花救蛇語」などの説話を典拠とした物語であるが、本絵巻では延長六年(九二八)、牟婁郡真砂《まなご》の清次庄司《きよつぐのしょうじ》の妻が若僧に恋慕《れんぼ》した話とする。本絵巻とほぼ同時期の制作と推定される『日高川草子《ひだかがわそうし》』(『賢学《けんがく》草子』)、『道成寺絵詞《えことば》』が*御伽草子《おとぎそうし》的な性格をもつのに対し、本絵巻は下巻画中詞に「これを見む人は男も女もねたむ心を振捨て慈悲之思をなさは仏神の恵みあるへし」とあるように、男女の*嫉妬《しつと》、とりわけ女人妬心《としん》を教戒することを通じて『法華経』の功徳《くどく》を説く、法華経信仰を広めるための仏教説話としての性格が強い。女が僧を追い大蛇(竜)に化身するイメージは、鎌倉時代の仏教説話絵巻『華《け》厳宗祖師絵伝《ごんしゅうそしえでん》』の善妙《ぜんみょう》にみられ、本絵巻の絵画化においても少なからず影響を受けたものと考えられるが、善妙が仏法を守護する女人として好意的に描かれるのに対し、本絵巻では僧を焼き殺す悪女として描写されている点が大きく異なる。女が蛇身へと変化する経過は八場面にわたり、紅色の*被衣《かずき》姿の美しい姿から、やがて着衣や髪を乱し、白い肌を露出し、恐ろしい形相《ぎょうそう》となって口から火を吐き、最後には全身蛇身に変貌《へんぼう》するという様子が、長大な画面に描出されている。蛇身の女性像は、女人の嫉妬と悪行の象徴として、女人の悪行の戒めを解くために描かれたものと考えられる。なお、詞書《ことばがき》は後小松院《ごこまついん》の宸《しん》筆《ぴつ》、絵は土佐光重《とさみつしげ》の筆と伝えるものの、信憑性は低い。巻末に将軍足利義昭《よしあき》の花押とその披見《ひけん》にまつわる子細を記した跋文《ばつぶん》を付す。『桑実寺縁起・道成寺縁起』(小松茂美編、続日本絵巻大成一三、一九八二年、中央公論社)に所収。

『道成寺縁起』上巻　女房火を吐いて僧を追う

参考文献　千野香織「日高川草紙絵巻にみる伝統と創造」(所三男・徳川義宣編『金鯱叢書―史学美術史論文集―』八、一九八一、徳川黎明会)。内田賢徳「「道成寺縁起」絵詞の成立」(小松茂美編『桑実寺縁起・道成寺縁起』一九八二、中央公論社)。 (水野　僚子)

とうじんおきち　唐人お吉　一八四一―九〇　幕末・明治時代の女性。日米通商条約締結交渉のために一八五六年に来日したアメリカ合衆国総領事ハリスは、江戸での交渉を終え一八五八年に一旦下田《しもだ》に帰還したが、高熱を発して危篤《きとく》状態に陥《おちい》った。この時に下田奉行の斡旋《あつせん》で看護婦という名目で雇われたのが、当時*酌婦《しゃくふ》をしていた十七歳のきちであった。きちは総領事館の玉泉寺《ぎょくせんじ》に赴いたが、腫物《はれもの》ができたという理由によりわずか三日で暇を出された。その後、唐人(異人)と交わった故に周囲から白眼視され、下田を去って横浜で旧知の大工鶴松《つるまつ》と同棲するがまもなく破局を迎え、下田に戻って髪結《かみゆい》・小料理屋を営んだが、乱酔《らんすい》の生活で破綻《はたん》し、稲生沢川に入水自殺した。きちは日米条約締結交渉に関わる犠牲者だが、そのことはさまざまに脚色されフィクションでかためられた「唐人お吉」伝説が流布している。

参考文献　芝原拓自『開国』、一九七五、小学館。 (村井　早苗)

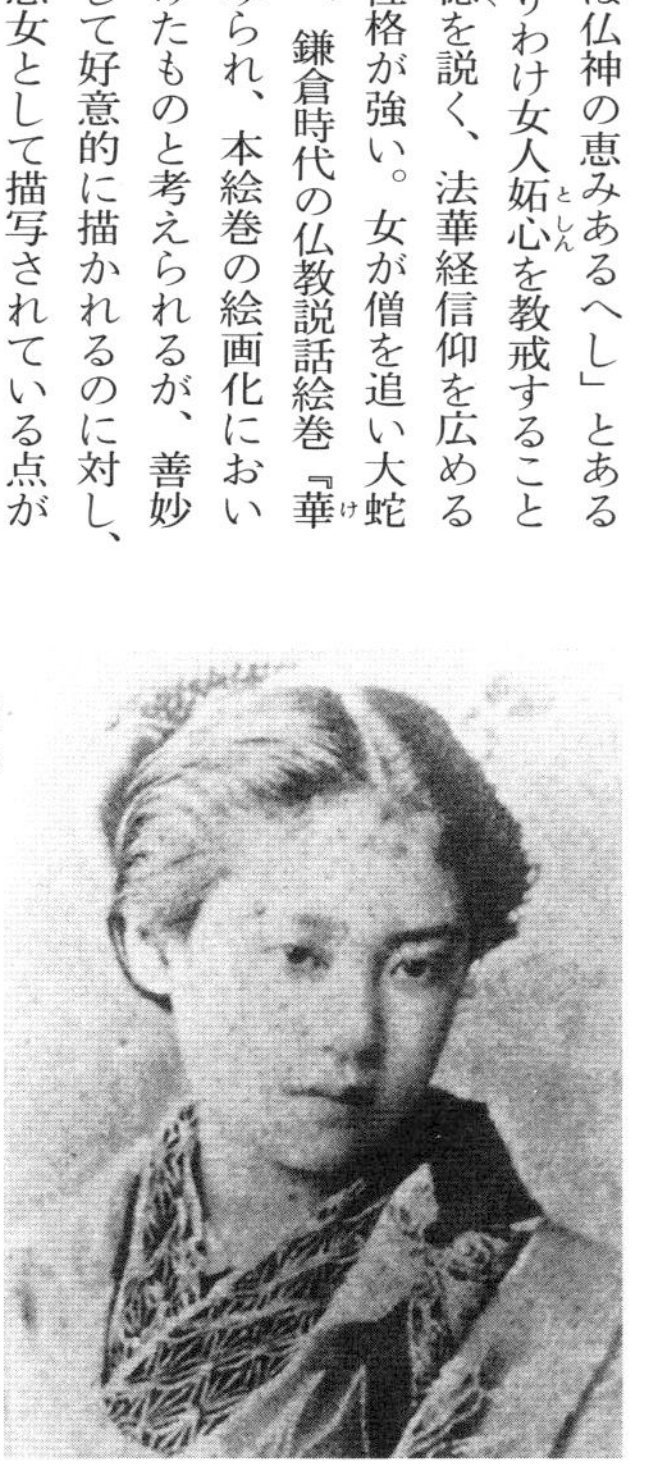

唐人お吉

トゥス　トゥス　アイヌの巫術《ふじゅつ》(神おろし)。たとえば病人が出た場合や悩みごとについて判断する場合などに際し、神おろしの特殊能力を持つトゥスクルに頼んで行われる。トゥスクルはアイヌ語でイノンノイタク(祈り言葉)を述べた後、トゥレンカムイ(憑《つ》き神)が乗り移ってトランス状態に入り、託宣《たくせん》を通じて癒《いや》しや占いを行う。トゥスクルの大部分は中年以降の女性で、蛇などを憑き神として持つことによってトゥスの能力を授かると考えられており、その力は母系系統の女性から継承されるといわれる。北方アジアのシャーマニズムとの関連については、樺太《からふと》アイヌの場合は周辺諸民族からの影響が指摘されるものの、北海道アイヌにおいてはやや様相を異にする。また、二十世紀に入り同化政策による社会文化的な変容がアイヌの間に強く及ぶと、日蓮宗《にちれんしゅう》など和人《わじん》によっても

たらされた宗教における祈禱《きとう》・巫術と混淆《こんこう》したトゥスも見られるようになった。→イム →取《と》り上《あ》げ婆《ばば》

参考文献　アイヌ文化保存対策協議会編『アイヌ民族誌』、一九六九、第一法規出版。萱野茂『五つの心臓を持った神―アイヌの神作りと送り―』、二〇〇三、小峰書店。

（木名瀬高嗣）

どうせいあい　同性愛　⇨男色《なんしょく》　⇨レズビアン

どうせいふこん　同姓不婚　前近代中国社会で行われていた、父系の同族婚を広範囲に禁じるインセスト＝タブー（*近親婚の禁忌《きんき》）の一つ。前近代中国では、姓が同じ男女の*婚姻は厳しく禁じられており、したがって、その範囲は非常に広範囲にわたった。特に、唐の律令《りつりょう》でははっきりとその規定が確認でき、これに違反すると罰則まで科せられた（戸婚《ここん》律の規定）。このような唐の律令にならって、古代日本の律令も制定されたが、同姓不婚を受け入れた形跡は認められない。むしろ、皇族などの支配階層の婚姻は近親婚が多く認められる。なかでも、*内親王《ないしんのう》などの皇族女性は、『大宝令《たいほうりょう》』や『養老令《ようろうりょう》』の規定では近親婚しか認められていなかった。ただし、『隋書《ずいしょ》』倭国伝《わこくでん》には倭国にも同姓不婚があったとするが、正確な記述か否か疑問が残る。こうした両者の相違の根底には、血縁ラインが明瞭《めいりょう》な前近代中国の*父系制と、それが不明瞭な古代日本の*双系（方）制との相違があると推定できる。

参考文献　滋賀秀三『中国家族法の原理』、一九六七、創文社。吉田孝『律令国家と古代の社会』、一九八三、岩波書店。

（成清　弘和）

どうぞくそしき　同族組織　*系譜《けいふ》の本末《ほんまつ》関係にもとづいて本家・分家の関係で結合した家々の集団。同族団《どうぞくだん》ともいう。家が非親族をも包摂《ほうせつ》しうるのと同様、奉公人《ほうこうにん》分家も同族の一員に加えられる。同族は本家と同じ苗字《みょうじ》を称するのが通例である。武家層では近世前期には分知《ぶんち》（分割相続）による分家創設が広く行われた。徳川家の分家大名は三家《さんけ》・家門《かもん》の格式《かくしき》に位置づけられ、三家は徳川《とくがわ》、家門は徳川氏の前の苗字である松平《まつだいら》を称した。大名《だいみょう》・旗本《はたもと》の分知は幕府の、その家臣の分知は主君の許可を要した。幕藩の法制では、縁組《えんぐみ》・離縁《りえん》・廃嫡《はいちゃく》・*隠居《いんきょ》・跡目相続《あとめそうぞく》など家の重要事項については同族・親類縁者《しんるいえんじゃ》が熟談すべきことを要請《ようせい》し、相互扶助《ふじょ》の責務と犯罪に対する連帯責任も負わせている。嗣子《しし》不在の場合は男系の血筋を引く同族より養子をとるのが原則で、そのためにも同族をふやしておく必要があったが、近世中期以降は知行《ちぎょう》の加増《かぞう》が期待できなくなり、新田開発《しんでんかいはつ》も頭打《あたまう》ちとなったため、単独相続に転換した。十七世紀には農民層でも、新田開発と集約型《しゅうやくがた》農業による土地生産力の発展を基盤に傍系《ぼうけい》親族と譜代下人《ふだいげにん》が分家していき、同族団が形成された。同族団は総本家を中心に儀礼的・互助的《ごじょてき》機能を果たし、年貢《ねんぐ》納入《のうにゅう》の連帯責任も負っていた。しかし、次第に分家が自立性を強め、生産・生活上の機能の多くは講《こう》や組《くみ》といった共同組織あるいは親類に代替されるようになり、同族団の機能は同族神祭祀《さいし》を中心とする儀礼面に限定されていくのが一般的趨勢《すうせい》であった。都市では十七世紀後半に多くの奉公人を抱える豪商《ごうしょう》経営が生まれ、支配人（番頭《ばんとう》）にまで昇進した奉公人は店の信用と営業権を象徴する屋《や》号《ごう》と暖簾《のれん》の使用を主人から許され、資本を与えられて別家した（暖簾分け）。奉公人別家は親族分家とともに暖簾《のれん》内《うち》と称する同族団を構成し、総本家を中心に結束して構成員の資産・営業の共同保障と相互扶助《ふじょ》を行なった。暖簾分けは職人・旅館・*貸座敷《かしざしき》業等にもみられる。

参考文献　中野卓『商家同族団の研究』、一九六四、未来社。服藤弘司『相続法の特質』、一九八二、創文社。大藤修『近世農民と家・村・国家―生活史・社会史の視座から―』、一九九六、吉川弘文館。

（大藤　修）

どうそじん　道祖神　遮《さえぎ》り止める機能を意味する名をもつ「塞《さい》の神」と同義であるとされるが、それだけではなく境界において災厄《さいやく》を遮るさまざまな神の総称とされることもある。境界において機能する神の存在は古代の文献にもみられるが、特定の神名のもとに記されていることは少ない。文献上の初見は『和名類聚抄《わみょうるいじゅしょう》』の「道祖、和名佐倍乃加美」とある記事とされ、のちに「神」の字を加えて「道祖神」と表記されるようにもなった。この表記とともに「どうそじん」という呼称がみられるようになるが、なお「さえのかみ」「さいのかみ」と呼ばれていることも多い。ただし、境界において外来の災厄等を遮り止める機能を持つ神としてより、男女の縁結びや性にかかわる神、あるいは境をつぎつぎと開いてくれる旅の神としての性格が濃厚である。京都の五条道祖神《ごじょうのさいのかみ》社や出雲路道祖神《いずもじのさいのかみ》社も縁結びの神として名高かった。また五穀豊穣《こくほうじょう》や厄《やく》払い、産育にかかわる神としても信仰されている。その形態は老人の姿とイメージされることもあるが、性的特徴を誇張した夫婦神として造形化されることもある。とりわけ近世以降に造立された男女双体像を刻

群馬県中之条町下沢渡（寛保３年）

長野県松本市南北条（文政９年）

道　祖　神

んだ道祖神碑は、本州中央部に濃密に分布している。濃厚な愛情表現をとる道祖神像の分布するのもこの地域である。東日本には男根形の石造物を道祖神としてまつっている所もある。これらは地域集団を単位として、辻《つじ》や村はずれなどにまつられていることが多く、道祖神講など地域で祭祀《さいし》集団を形成しているところもある。祈願や呪いの対象としては随時まつられているが、小正月《こしょうがつ》の火祭を道祖神祭としている地域は本州中央部に多く、子供集団が祭に携わることが多い。全国的には祭日は年間に及び、厄落としが行われたり虫送りで害虫を送ったりする地域もある。祭祀起源を語る説話には、近親相姦《きんしんそうかん》にかかわるものがあり、男女双体像をまつる地域を中心として兄妹相姦伝承が、九州地方を中心として父娘相姦伝承がみられる。

参考文献 大島建彦『道祖神と地蔵』、一九九二、三弥井書店。神野善治『人形道祖神―境界神の原像―』、一九九六、白水社。柳田国男『石神問答』(『柳田国男全集』一、一九九九、筑摩書房)。倉石忠彦『道祖神信仰の形成と展開』、二〇〇五、大河書房。

(倉石　忠彦)

とうだいしゃのじょせいたち　燈台社の女性たち　燈台社はアメリカに本部のあるキリスト教の団体ワッチタワーの日本支部として明石順三《あかしじゅんぞう》により一九二七年(昭和二)、東京で設立された。明石は神エホバを唯一の最高至上神とし、偶像礼拝を厳しく批判する燈台社の教義に基づいて、軍産複合体制と帝国主義的侵略戦争を徹底的に批判した。宗教団体法のもと、キリスト教界全体が国策に協力した十五年戦争下に燈台社のなかから三人の兵役拒否者を出したこと、信者たちが天皇を神とは認めないと公言したことで、官憲《かんけん》の弾圧の対象となり、一九三三年と一九三九年に二回にわたって信者(エホバの証人)の一斉検挙、文書・家財の押収が行われ、一九四〇年には治安維持法違反の名目で燈台社は強制的に解散させられた。明石の再婚した妻静栄《しずえ》(当時五十三歳)、信者の隅田好枝《すみたよしえ》(同二十二歳)も第二次弾圧の際に拘束された。多くの信者が転向するなか、静栄と隅田は順三を含む少数の信者とともに燈台社の教義を忠実に守り、最後まで信念を貫いた。静枝は一九四二年に懲役《ちょうえき》三年六ヵ月の判決を受け、栃木の女子刑務所に収監《しゅうかん》されたが、肺結核と神経痛に苦しみ、満足な手当も受けられないまま、一九四四年六月、五十八歳で獄死した。和歌山の田辺とみも旧燈台社員から手紙を受け取っていたというだけで懲役三年の判決を受け、栃木刑務所で一九四四年に獄死した。隅田好枝は第一審判決で懲役三年の刑を受けて控訴《こうそ》中に肺結核で危《き》篤《とく》状態に陥《おちい》ったため、公判中断のまま板橋の病院に移送され、入院中の一九四五年に検事免訴となった。ほかにも軍需物資や軍事慰問《いもん》品の供出を拒み、付近の住民に燈台社の教理を宣伝したとして敗戦まで栃木刑務所に収監された新潟県の看護婦葉《よう》フミイ(一九四二年当時三十二歳)や国旗掲揚《けいよう》や防空演習への参加を拒否して特高から監視の対象とされていた大阪の木沢鶴子《きざわつるこ》(一九三七年当時二十九歳)などがいた。弾圧は日本国内だけでなく、植民地下の朝鮮・台湾でも強行され、女性を含む多くの獄死者を出した。

参考文献 稲垣真美『兵役を拒否した日本人』(岩波新書)、一九七二、岩波書店。同志社大学人文学研究所キリスト教社会問題研究会編『特高資料による戦時下のキリスト教運動』、一九七二・七三、新教出版社。奥田暁子「戦時下のキリスト者女性たち」(『銃後史ノート』復刊三)、一九八二。

(奥田　暁子)

どうとくもんどう　道得問答　女性心学《しんがく》者の書。*慈音尼《じおんに》蒹葭《けんか》が、自身の経歴を語ることを皮切りに、出家してから心学に入るまでの経緯を述べた後、問答形式で教えを記した書。全四巻からなり、安永三年(一七七四)の自序《じじょ》および跋《ばつ》がある。善悪の意味、「儒経」を学ぶこと、女が守らなくてはならない三従《さんじゅう》の道、子どもの養育のしかた、孝道《こうどう》、奉公人《ほうこうにん》の勤め、神儒仏について、大人は赤子の心を失わぬ事などの項をもうけ、解説しながら、「私意をもちひずして、つゝしみて真実にしたがふは女の道なり」と説いた。テキストは『心学叢書』五(一九〇四年、博文館)、『日本教育文庫』心学篇(一九七七年、日本図書センター)。

(菅野　則子)

とうふくもんいん　東福門院　一六〇七―七八　後水尾《ごみずのお》天皇の*中宮《ちゅうぐう》。江戸幕府二代将軍徳川秀忠の五女。母は浅井長政《あざいながまさ》の三女*お江与《えよ》の方(崇源院《すうげんいん》)。名は和子《まさこ》。元和六年(一六二〇)六月*入内。故徳川家康の*側室*阿茶局《あちゃのつぼね》が母儀《ぼぎ》代《だい》を務めた。二皇子五皇女を生むが、二皇子は夭折《ようせつ》。寛永元年(一六二四)中宮冊立《さつりつ》。同六年十一月後水尾天皇が娘の*明正《めいしょう》天皇に譲位《じょうい》したのに伴い東福門院号を宣下《せんげ》。のち後光明《ごこうみょう》・後西《ごさい》・霊元《れいげん》三天皇の養母となる。仏教に帰依《きえ》し、寛文四年(一六六四)難波《なんば》の光雲寺《こううんじ》を京に移した。

東福門院像

参考文献 熊倉功夫『後水尾天皇』(同時代ライブラリー)、一九九四、岩波書店。

(久保　貴子)

どうほうしまいにつぐ　同胞姉妹に告ぐ　明治時代に活躍した女性民権家*岸田俊子《きしだとしこ》の論説。自由党の小新聞『*自《じ》由燈《ゆうのともしび》』に、一八八四年(明治十七)五月十八日から六月二十二日まで十回にわたって連載された女性自身による最初の女権論《じょけん》。女性が知力・腕力・精神力において男性に劣るとする従来の考え方を否定し、和漢洋の優《すぐ》れた女性を例に挙げて巧みな比喩《ひゆ》と論理展開で反駁《はんばく》した。また男女の不同権や女性に参政権のないことを、西洋文明に依《い》拠《きよ》して論じる男性民権家たちに対し、「西洋の未《いま》だ文明の最上に達せざるの証《あかし》」と返し、女性が「遠からず(中略)真の道理の勝を得て同権の地位に至る」のは明らかであると述べている。俊子の理想は、「愛憐《あいれん》」(男女がお互いに愛《いつく》しみ憐《あわ》れむこと)を基底として、*男女同権が実行される社会であり、女性の民権については守旧《しゆきゆう》的な彼らの態度を厳しく批判した。俊子はこの論説を通して女性の自覚と奮起《ふんき》を促《うなが》したが、その目は男性読者にも注がれていた。『岸田俊子評論集』(鈴木裕子編、一九八五年、不二出版)に所収。

参考文献　北村結花「内なる矛盾―岸田俊子「同胞姉妹に告ぐ」を読む―」(大澤吉博編『テクストの発見』一九九四、中央公論社)。　(横澤　清子)

とうほくいんしょくにんうたあわせ　東北院職人歌合　鎌倉時代成立の現存最古の*職人歌合。一巻。東京国立博物館蔵(曼殊院《まんしゆいん》旧蔵本)。五番本。重要文化財。序文には、建保《けんぽ》二年(一二一四)九月十三夜、東北院の念仏会《ねんぶつえ》に集まった*職人たちが歌合を催した旨が記される。左右に分かれた十種の職人が月と恋の題のもとに*和歌を詠み合い、判者である経師《きようじ》が歌の優越を定める。職人像は、歌仙絵《かせんえ》的な三角形の構図をとる単独の坐像《ざぞう》が多い。なお遺品としては、五番本を増補・改訂した十二番本が多く知られる。テキストは、『伊勢新名所絵歌合・東北院職人歌合絵巻・鶴岡放生会職人歌合絵巻・三十二番職人歌合絵巻』(森暢編、新修日本絵巻物全集二八、一九七九年、角川書店)。

『東北院職人歌合』　桂女

参考文献　岩崎佳枝『職人歌合―中世の職人群像―』(平凡社選書)、一九八七、平凡社。　(斉藤　研一)

とうようのふじょ　東洋之婦女　*植木枝盛《うえきえもり》がまとめた女性解放論の本。一八八九年(明治二十二)刊。一八八五年十一月から八七年三月にかけて『土陽《どよう》新聞』に連載した女性解放論・家庭改革論・廃娼論《はいしようろん》関係の社説から「男女及夫婦論」「婦人女子将来の天地」「婦人女子社会の交際」「婚姻論」をまとめて単行本にしたもの。『土陽新聞』は高知という僻遠《へきえん》の地で発行され読者数も限られていたため、植木は女性の地位向上や新たな夫婦論等を多くの女性に知ってもらおうと東京での出版を希望。結局、*廃娼運動で力を貸した、婦人矯風会《きようふうかい》の*佐々城豊寿《ささきとよじゆ》が発行人を引き受けて出版が実現した。植木と交流のあった*岸田俊子《きしだとし》子《こ》(序文では中島とし)ら有名無名の女性十六人と一婦人会が序文を寄せ、本文の三分の一近くを占める異例の本でもある。多くの女性に読んでほしいという植木の思いが伝わる。『明治文化全集』一六(婦人問題篇、明治文化研究会編、一九六八年、日本評論社)に所収。

参考文献　外崎光広『植木枝盛と女たち』、一九七六、ドメス出版。　(大木　基子)

とうようモスリンそうぎ　東洋モスリン争議　東京府下亀戸《かめいど》に四工場を持つ東洋モスリン社が、一九三〇年(昭和五)九月、亀戸第三工場の綿紡部《めんぼうぶ》・営繕部《えいぜんぶ》を閉鎖し四百九十人の解雇を通告したことに抗議して行われたストライキ。洋モス労働者の過半数は、全国労働組合同盟の日本紡織労働組合に所属しており、組合側はこれに抗議してストライキに突入した。深夜業は一九二九年に禁止されたが、機械の回転数があがり、受け持ち台数を増やされた女子労働者たちは、恐慌下《きようこうか》の農村に帰っても生活できない状況の中で、勇敢に闘った。会社側は暴力団を雇って対抗し三百人が妊娠したなどの悪質なデマをのせた手紙を父兄に送って連れ戻させる切り崩しを行なった。十月二十四日夜、「市街戦」と記録された支援労働者の大デモと警官との衝突が起り、二百余人の労働者が逮捕され、二ヵ月にわたった洋モス争議は敗北に終った。*帯刀貞代《たてわきさだよ》らによって作られた「*労働女塾」での学習と地域の支援が女子労働者の立ち上がりを支えたことも記憶に止めたい。

参考文献　帯刀貞代『日本の婦人』(岩波新書)、一九五七、岩波書店。鈴木裕子『女工と労働争議』(日本女性労働運動史論)、一九八九、れんが書房新社。同編『日本女性運動資料集成』五、一九九三、不二出版。　(堀　サチ子)

とうろうきんしれい　登楼禁止令　藩権力が、自領内の藩士や領民に公認遊廓《ゆうかく》・遊所への出入を禁止すること。多くの藩では、城下町や交通の要衝《ようしよう》である宿場町・港町などに、その地の経済的繁栄を目的に*遊廓を公認した。したがって藩内遊廓の繁栄は藩財政を潤すという意味で喜ばしいことであったが、他方で自藩の藩士や領民が遊廓に頻繁《ひんぱん》に出入して、散財して身を持ち崩したり怠惰《たいだ》・

不精《ぶしょう》な生活に泥《なず》んだりすることは避けなければならなかった。登楼禁止令は、遊廓を「公認」しつつ藩内の者には「禁止」しなければならないという矛盾の産物であった。水戸藩では、正徳《しょうとく》二年(一七一二)以降、諸士・領民の登楼禁止令がくり返し出され、金沢藩でも文政三年(一八二〇)に藩士の登楼禁止令が出されたことが知られている。

参考文献　小林雅子「公娼制の成立と展開」(女性史総合研究会編『日本女性史』三、一九八二、東京大学出版会)。　(曾根ひろみ)

とえんしょうせつ　兎園小説　*滝沢馬琴《たきざわばきん》が友人と起こした兎園会《とえんかい》に持ち寄られた奇事異聞《きじいぶん》をまとめたもの。本集十二巻七冊のほか外集、別集、拾遺、余録からなる。文政八年(一八二五)の成立。同年、馬琴は友人の山崎美成《やまざきよししげ》・屋代弘賢《やしろひろかた》や嫡男《ちゃくなん》で松前藩医滝沢琴嶺《きんれい》ら十二名と兎園会を起こし、毎月一回ずつ集まり、各自持ち寄りの記事を披《ひ》瀝《れき》した。兎園会は同年正月から十二月まで開かれ、集められた記事は奇聞、風説、考証などからなる。「品川の巨女」「真葛《まくず》のおうな」「越後烈女《えちごのれつじょ》」「変生男子《へんじょうなんし》」など、女性に関する記事もみえる。『日本随筆大成』二期に収める。　(藪田　貫)

とおちのひめみこ　十市皇女　?―六七八　天武《てんむ》天皇の娘。母は*額田王《ぬかたのおおきみ》。『懐風藻《かいふうそう》』葛野王《かどのおう》伝によると天武の長女であり、天智《てんじ》天皇の子大友《おおとも》太子(同大友皇子伝には長子とあり)の妃となり、長子葛野王を産んだとある。天武天皇四年(六七五)二月に阿閉皇女《あへのひめみこ》(のちの*元明《げんめい》天皇)とともに*伊勢神宮に参詣した。同七年四月、倉梯河上斎宮《くらはしかわかみのいつきのみや》への行幸の準備の最中十市は宮中にて死去し、行幸は中止となった。赤穂《あかほ》(詳細不詳)に葬られる。この時に高市《たけち》皇子が歌った歌が『*万葉集』にある。

参考文献　『日本書紀』天武天皇七年四月丁亥朔条。　(黒瀬　之恵)

トートーメーのけいしょう　トートーメーの継承　位牌の継承のこと。トートーメーとは、位牌のこと、ひいては仏壇に対してのよび方。首里《しゅり》・那覇《なは》を中心に「家」の継承は男系相続が守られ、男系の*親族で固められた*門中へと繋がっていた。家と一体となっている位牌の継承は家の持つ財産の継承でもあった。戦争で跡を継ぐべき男子の多くが死去し、位牌継承者の存在が大きくなった。戦前、男子を産まなかった女たちの苦悩は、戦後も続いた。位牌の継承が家と財産の継承であり、一門の中核として守られてきた仏壇は祖先崇拝の象徴であり、自身の出自の証明でもあった。一九七二年(昭和四十七)、*日本国憲法の下に組み込まれたことは、*男女平等の意識を改めて認識させた。一九八〇年、マスコミが取りあげ社会問題として、婦人団体などが取り組みさまざまな事態が浮かびあがった。「トートーメーは女でも継げる」のシンポジウムも開催され、位牌相続の継承を認めさせるための裁判も行われた。　(深沢　惠子)

とかのさとこ　戸叶里子　一九〇八―七一　昭和時代後期の政治家。栃木県出身。県内で教員として勤めていたが、敗戦後新しい選挙制度により女性も立候補可能となり、一九四六年(昭和二十一)四月初の衆議院議員選挙に出馬。社会党女性議員として、栃木県下トップの得票で当選。以後国会内においても教育問題、女性と子どもの問題などについては常に質問の第一人者として活躍する。国際会議への出席も多く、教員組合内の実力者でもあった女性議員の草分け的存在である。　(駒野　陽子)

どきせいさん　土器生産　〔古代〕日本における土器の成立は一万六千年前にさかのぼる。最古の土器は縄文《じょうもん》土器で、外面を縄目《なわめ》の圧痕《あっこん》で飾る特徴がある。おもな用途は煮炊《にた》きであり、漏斗《ろうと》状《じょう》の深鉢形《ふかばちがた》を呈する形態が主流である。粘土紐《ねんどひも》を底部から積み上げ成形し、野外で六〇〇～八〇〇度前後の温度で焼成《しょうせい》した。弥生土器になると貯蔵《ちょぞう》用(壺《つぼ》)、食膳《しょくぜん》用(高杯《たかつき》ほか)、祭祀《さいし》用などの器種《きしゅ》も加わり、これらは櫛描文《くしがきもん》等で飾られたが、次第に無文化《むもんか》し古墳《こふん》時代の土師器《はじき》になると文様《もんよう》はない。縄文土器や弥生土器は轆轤《ろくろ》を使用しないで製作した土器であり、細い腕でないと内側に入らない器種の存在から、その生産者を女性とする見解や、製作技術の広がりを通婚圏《つうこんけん》と結びつける解釈がある。古墳時代の中ごろの五世紀になると、朝鮮《ちょうせん》半島から轆轤を用いて器形《きけい》を成形《せいけい》し窯《かま》で一〇〇〇度以上の高温で焼成する須恵器《すえき》の生産技術が伝わる。須恵器は工《こう》人《じん》によって生産され、従来の軟質《なんしつ》で赤褐色《せきかっしょく》の土器と異なり、硬質《こうしつ》で灰色を呈し、古墳の副葬品《ふくそうひん》としても用いられた。　→土師女《はじめ》

参考文献　都出比呂志「原始土器と通婚圏―弥生時代の性別分業と婚姻居住規定―」(女性史総合研究会編『日本女性史』一、一九八二、東京大学出版会)。佐原眞「土器の用途と製作」(大塚初重他編『日本考古学を学ぶ(新版)』二、一九八八、有斐閣)。　(塚田　良道)

〔中世〕『*梁塵秘抄《りょうじんひしょう》』には「楠葉《くずは》の御牧《みまき》の土器《かわらけ》造り、土器は造れど娘の貌《かお》ぞよき、あな美しやな」とあり、泥臭い土器を作っているが、容貌は美しいと女性が土器生産をしていたことが暗示されている。摂関家領楠葉牧には摂関家に土器を貢納する作手《つくて》が存在し、同時に内膳司《ないぜんし》にも属するなど、土器生産が盛んであった。また、京近くの深草《ふかくさ》(京都市)も土器の産地として知られ、土器造りはさまざまな権門に編成されていた。醍醐寺《だいごじ》に属す深草の土器工人は名《みょう》編成され、治承《じしょう》三年(一一七九)にはおのおのが七百五十重を貢納することになっていた。その一つには直包《なおかね》後家名があり、*後家が土器生産を行なっていたと思われる。通常は男性が名請人となり、表面に出て貢納主体となっているが、女性と男性が協同で土器生産を行なっていたと見られる。なお、『*七十一番職人歌合』では男性が朸《おうご》の両端に土器を入れた籠《かご》をかついで、土器を売っている姿が描かれている。

参考文献　脇田晴子「中世における性別役割分担と女性観」(女性史総合研究会編『日本女性史』二、一九八二、

東京大学出版会)。佐竹昭広編『七十一番職人歌合・新撰狂歌集・古今夷曲集』(新日本古典文学大系六一)、一九九三、岩波書店。（盛本　昌広）

ときのこえ　ときのこゑ　*救世軍《きゅうせいぐん》の機関紙。一八九五年(明治二十八)十一月『鬨聲《ときのこえ》』として創刊、月二回発刊、現在まで続く。戦時中、救世団と改称を余儀なくされ『日本救世新聞』(のちに『朝《あした》のひかり』)と改題するが、戦後救世軍が再建、日本基督《キリスト》教団から独立すると、一九四六年(昭和二十一)十二月『ときのこゑ』復刊第一号が出る。執筆者は山室軍平《やまむろぐんぺい》をはじめ救世軍関係の人物が大半を占める。内容は宗教・道徳・説教的なものが多く平易な内容であり漢字にはルビをふり民衆向けとなっている。一九六四年十一月から六五年四月まで*吉屋信子《よしやのぶこ》が『読売新聞』に「ときの声」を連載したが、著者が*山室民子《たみこ》から取材して書いたもので、山室軍平の伴侶《はんりょ》となった機恵子《きえこ》のことや子供たちのこと、婦人救済所の様子や救世軍の歩み、その背後の*廃娼《はいしょう》運動に関する出来事が詳細に記述されている。『ときのこゑ―解説・総目次・執筆者索引―』全二巻(一九八九年、不二出版)がある。

『鬨聲』第一号

参考文献　吉屋信子『私の見た人―ときの声―』(吉屋信子全集一二)、一九七六、朝日新聞社。（知野　愛）

ときわごぜん　常盤御前　生没年不詳　平安時代末期の女性。源義朝《みなもとのよしとも》の妾で、全成《ぜんせい》・円成《えんせい》・義経の母、藤原能成《よしなり》などの母。*九条院《くじょういん》(藤原呈子《ていし》、近衛《このえ》天皇妃)の雑仕《ぞうし》を務め、源義朝の妾となって全成・円成・義経を生む。平治の乱で義朝が殺され、母関屋《せきや》が捕らえられたために六波羅《ろくはら》に出頭し、母と子の命乞いをして平清盛に許され、清盛との間に女子(花山院家《かざんいんけ》*女房廊御方《ひさしのおかた》)を儲ける。その後藤原長成《ながなり》と結婚し、能成を儲けた。『平治物語』の常盤の話は、*幸若《こうわか》舞曲『常盤問答』『伏見常盤』などのもととなった。（菅原　正子）

ときわづ　常磐津　豊後節《ぶんごぶし》から起った*浄瑠璃の一派。これに、富本《とみもと》・清元《きよもと》・新内《しんない》を合わせて豊後四派という。豊後節が*心中《しんじゅう》を煽動《せんどう》する元凶として弾圧されたのち、宮古《みやこ》路豊後掾《じぶんごのじょう》の高弟文字太夫《もじたゆう》が創始した常磐津は、義太夫《ぎだゆう》の時代的要素を取り入れて重厚なものになり、また踊りと密接になって、劇場音楽として発展した。天明四年(一七八四)作の『積恋雪関扉《つもるこいゆきのせきのと》』は常磐津の稽古本《けいこぼん》として原作の姿が残り、現在もたびたび上演されている。

参考文献　小野武雄編著『江戸音曲事典』(江戸風俗図誌七)、一九七九、展望社。小山観翁『歌舞伎通になる本』、一九九三、グラフ社。（藤野　泰子）

どぐう　土偶　粘土を人形に象《かたど》った縄文時代の造形物。沖縄県を除く日本列島のほぼ全域に分布する。これまで約一万五千個以上が見つかっているが、小林達雄は三十万個以上が使用されたと推定している。分布範囲からみた使用の実態が偏《かたよ》っていることから、土偶を用いた行為、すなわち土偶祭祀《さいし》が必要であった時期・地域・集団が、限定的なものであったことがわかる。土偶の機能についてはかつては玩弄具《がんろうぐ》説もあったが、考古学的な研究の結果、祭祀における道具説が主流であり、神像・*女神像・精霊・護符・呪物説などがある。その根拠は、故意に壊された状態のものがほとんどで、完形品が少ないこと、土偶一体分の破片が複数の集落や、複数の住居から見つかる場合があること、破片埋納《まいのう》や、住居奥の床面に安置された状態で見つかる場合があることなどの出土状態によるものである。いまだ何のマツリかは明確な答えはなく、土偶が女性を象ったものなのか、あるいは性を超越したものかという決着はついていないが、一定期間は住居内に大切に保管され、マツリの時か終った時に、手・足・乳房などがもぎ取られ、マツリに参加したムラや一つのムラ内で分配された、といった使用法が復元される。時期と分布の偏在を整理すると㈠縄文時代早期前半に関東東部に三角形の扁平《へんぺい》な粘土塊の胴部に乳房を貼り付けた土偶が出現・普及するが、これは定住を目的とした複

青森県弘前市十腰内遺跡出土猪形土偶

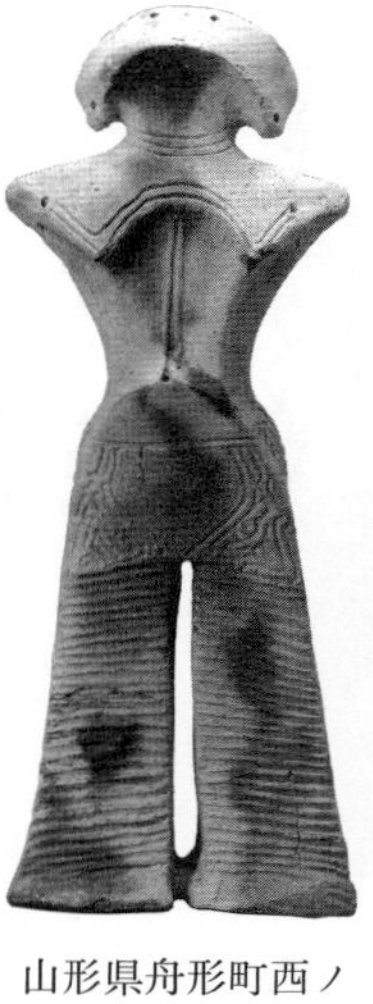
山形県舟形町西ノ前遺跡出土土偶

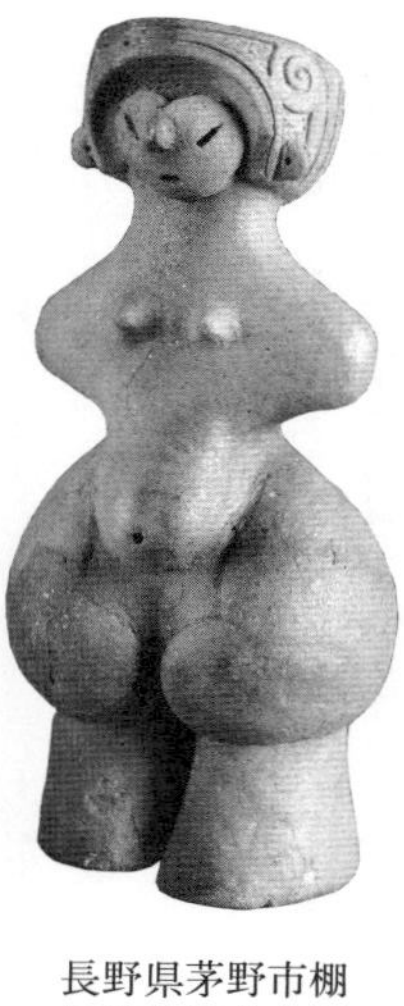
長野県茅野市棚畑遺跡出土土偶

数の住居からなるムラの出現に一致すること。㈡東日本を中心に盛行《せいこう》するが、中期末にいったん衰退し、後期前半に再び復活する。それは人形表現が抽象化したものになっている。㈢九州では、後期初頭に出現し、後期後葉から晩期前半にかけて爆発的に増加し、特に熊本県に集中している、などの諸特徴がみられる。㈠からは定住に伴うストレスを解消し、共同労働を円滑に行うために必要な集団の結束力を高めるマツリに使用された可能性、㈡からは寒冷化によって東日本社会を支えていた落葉性森林植生が衰退したため、大規模な定住集落の維持が困難になったこと、㈢の背景には寒冷化によって落葉性の森林帯の文化複合(アク抜き技術・*抜歯《ばっし》・打製石斧《せきふ》など)の西への移動が想定される。このように土偶を生み出す社会は、落葉性堅果類《けんかるい》に大きく依存し、短期集中的な収穫や保存作業などの協同労働を伴う社会であり、その集中作業をささえる精神的繋《つな》がりと土偶祭祀との強い関連が想定されている。縄文人にとって、土偶は性を超越した形態であり、森羅万象《しんらばんしょう》に宿る精霊を象ったとみられているが、妊娠状態の土偶や、イノシシ(多産系動物の象徴)顔の土偶の存在などは、集団の存続・繁栄を「*出産」に象徴化させたものと考えられ、「*母性・女性性」を内在化する精霊をイメージしていたという想定は可能である。なお、弥生時代に土偶が消滅する背景は、「稲霊《いなだま》」に祈る豊穣《ほうじょう》祭祀が中心となった結果と考えられるが、多神的信仰は今も日本文化の基層の底流として存在している。

参考文献　八重樫純樹編『土偶とその情報』(国立歴史民俗博物館研究報告三七)、一九九二。小林達雄『縄文人の世界』(朝日選書)、一九九六、朝日新聞社。藤尾慎一郎『縄文論争』(講談社選書メチエ)、二〇〇二、講談社。

(寺沢　知子)

とくがわまさこ　徳川和子　⇩東福門院《とうふくもんいん》

とくしまラジオしょうじけん　徳島ラジオ商事件　一九五三年(昭和二十八)十一月五日午前五時すぎ、徳島のラジオ販売業、三枝亀三郎《さえぐさかめさぶろう》(当時五十歳)が殺害され、亀三郎と同棲、事実上の妻であった富士茂子《ふじしげこ》(一九一〇—七九)が殺人犯とされた冤罪《えんざい》事件。茂子は終始無罪を主張したが起訴され、一審で懲役《ちょうえき》十三年の判決を受けた(徳島地裁一九五六年四月十八日)。控訴棄却《こうそききゃく》後、上告を途中で取り下げ、刑が確定。だが一九六六年栃木刑務所を仮出獄後再審請求し、ようやく一九八〇年十二月十三日再審開始、茂子の死後、一九八五年七月九日無罪判決を勝ち取った(徳島地裁)。亀三郎と出会う前、茂子は二度離婚し、女《お》将《かみ》としてカフェを経営、その経験から女性の自立を深く自覚し、亀三郎との間に一女をもうけた(一九四三年)後も入籍していなかった。だが検察官は「内縁の妻」による怨恨《えんこん》として起訴。再審請求には、瀬戸内寂聴《せとうちじゃくちょう》・*市川房枝《いちかわふさえ》らが支援、国家権力の非中立的家族観と女性蔑視《べっし》が告発された。

参考文献　斉藤茂男『われの言葉は火と狂い』(斎藤茂男取材ノート四)、一九九〇、築地書館。福島瑞穂『裁判の女性学—女性の裁かれ方—』(有斐閣選書)、一九九七、有斐閣。

(中嶋みさき)

とくしゅいあんしせつきょうかい　特殊慰安施設協会　⇩RAA

どくしんふじんれんめい　独身婦人連盟　独身女性の団体。一九六七年(昭和四十二)九月結成。会長大久保《おおくぼ》さわ子。第二次世界大戦で配偶者となるべき数多くの男性を失い、独身を余儀なくされた女性たちによって結成された。女性が一人で生きていく上での社会的差別、経済的不安、健康や孤独などの問題を解決するために、大久保さわ子が声をあげ、共鳴した女性たちが参加。独身女性への税制改革や老後の保障などを求めて運動を行い、一九八一年には国に公営住宅法の改正を実現させ、*公営住宅への独身枠を確保した。会員が中心となって、七九年十二月京都常寂光寺《じょうじゃっこうじ》住職の支援のもとに、その境内に協同墓「女の碑」を建立した。グループホームづくり、ホームヘルプサービスなどの老後対策にもいち早く取り組んだ。七五年には*国際婦人年連絡会に加盟、戦争に反対する団体として、女性の地位向上、平和で豊かな生活のために活動した。二〇〇二年(平成十四)十一月連盟は解散した。大久保さわ子は、社会保険労務士として働き、また藤沢市議、神奈川県議をもつとめた。

参考文献　どくしんふじんれんめい編『わだつみの声はわが胸に』、一九六九、若樹書房。独身婦人連盟編『わだつみの声をとわに—十周年記念号—』、一九七七。独身婦人連盟20年誌編集委員会編『華やかにシングルライフ—20周年を記念して—』、一九八七。

(折井美耶子)

とくせん　得選　平安時代、宮中にあった御厨子所《みずしどころ》で食《しょく》膳《ぜん》・雑事《ざつじ》にあたった下級*女官《にょかん》。『江家次第抄《ごうけしだいしょう》』に「采女の内《うち》より其の人を選ぶ、故に名を得《う》」(原漢文)と記され、*采女《うねめ》の中から選び得ることから「得選」という職号が成ったという。実例としては『類聚国史《るいじゅうこくし》』四〇「采女」天《てん》長《ちょう》七年(八三〇)四月甲辰朔条《こうしんのさくじょう》に大和《やまと》国女孺《にょじゅ》多米宿禰当刀《ためのすくねとね》自女《じめ》が「得選」に預かった記事があり、平安時代の早い段階でその職があったことがわかる。『禁秘抄《きんぴしょう》』によると定員は三名。朝夕に御膳を*台盤所《だいばんどころ》に持参するとともに、天皇の髪上げにも従事した。また、行幸の時には調度の入った大袋を持って、内侍《ないじ》と同車した。

参考文献　浅井虎夫『(新訂)女官通解』(講談社学術文庫)、一九八五、講談社。

(文珠　正子)

とくだいじふさこ　徳大寺維子　一四八一—一五六六　戦国時代の公家徳大寺実淳《さねあつ》の娘。名前の読みは『*尊卑分脈《そんぴぶんみゃく》』による。文明十三年(一四八一)に生まれ、明応《めいおう》六年(一四九七)、近衛《このえ》家十四代当主の尚通《ひさみち》に嫁ぐ。正妻であったことは、北方《きたのかた》と称されたことによってわかる。尚通との間に、次の当主稙家《たねいえ》のほか、男子三人、女子三人の子をもうけた。尚通の申し出により永正十年(一五一三)従三位《じゅさんみ》に叙《じょ》せられた。尚通出家後の天文五年(一五三六)、稙家が関白・氏長者《うじのちょうじゃ》に再任された時、興福寺維摩会《ゆいまえ》に勅使とともに参向。日ごろから社交性があった女性で、近衛邸を訪れる公家や僧侶のほかに、細川氏一族の武士や管領細川高国《たかくに》の妻とも交流し、高国の妻からは*女曲舞《おんなくせまい》見物に招かれて、一緒に見物をしている。また健康な女性であっただけに、婚家の一族とともに嵯峨《さが》や北野で遊山に興じ、寺社詣でを行い、永正十四年には実家の母を伴い伊勢参宮も行なっている。永禄九年(一五六六)没した。八十六歳。

参考文献 湯川敏治『戦国期公家社会と荘園経済』、二〇〇五、続群書類従完成会。 (湯川 敏治)

とくながゆき 徳永恕 一八八七―一九七三 明治から昭和時代の社会事業家。一八八七年(明治二十)十一月二十一日に東京市牛込区の播州安志藩《ばんしゅうあなし》家老職《かろうしょく》にあった徳永行蔵・よしの三男三女の次女として生まれる。一九〇五年東京府立第二高等女学校に在学中の夏休み、福音教会《ふくいんきょうかい》へ行く途中に鮫河橋《さめがはし》を通ったとき「私立二葉幼稚園《ふたばようちえん》建設敷地」と書いた柱が建っているのを見た。「神の御栄《みさか》えをあらわす道がここにあると思えて」翌年初夏、できて間もない園内を見学し、一九〇八年三月府立第二高女の補修科を卒業後、同年四月より二葉幼稚園の保母となった。二十八歳で*二葉保育園(一九一六年(大正五)改称して日本で最初の保育園とされる)新宿分園の責任者となり、一九三一年(昭和六)二代園長に就任、夜間診療部・五銭食堂などを創設、共同夏季転住保育の開拓や関東大震災の救援、戦後は女性や*戦災孤児《こじ》の保護にも従事した。一九五四年東京都名誉都民、一九六二年度朝日賞、一九六四年には勲四等瑞宝章《くんよんとうずいほうしょう》を受けた。一九七三年一月十一日、八十五歳で死去するまで二葉保育園とともにあった。

参考文献 『朝日新聞』(夕刊)一九七三年一月十一日。上笙一郎・山崎朋子『光ほのかなれども―二葉保育園と徳永恕―』、一九八〇、朝日新聞社。 (川崎 愛)

とくひめ 徳姫 一五五九―一六三六 織田信長《おだのぶなが》の次女。母は生駒家宗《いこまいえむね》の娘。同腹の兄は信忠《のぶただ》と信雄《のぶかつ》(「のぶお」ともいう)で、五徳《ごとく》の三本の脚という意味(兄妹で鼎立《ていりつ》)から五徳と命名。織田・徳川同盟の証として、永禄十年五月徳川家康《とくがわいえやす》嫡子信康《のぶやす》に嫁し、「岡崎殿《おかざきどの》」と呼ばれる。天正四年(一五七六)に長女福《ふく》(小笠原秀政《おがさわらひでまさ》室)、翌五年に次女久仁《くに》(本多忠政《ほんだただまさ》室)を出産。同七年、信康とその母*築山殿《つきやまどの》(関口《せきぐち》氏)が武田氏に内通した疑いで、信康は自刃、築山殿も殺害される。この真相は、徳姫の讒言《ざんげん》か信長の策略ともいわれる。翌八年二月織田家に戻り、近江八幡《おうみはちまん》に所領を宛行《あてがわ》れる。信長死後は、信雄の庇護《ひご》下で尾張小針《おわりおばり》に七百貫の知行《ちぎょう》が宛行れる。同十二年の小牧《こまき》・長久手合戦《ながくてかっせん》時には、講和の証として、豊臣秀吉《とよとみひでよし》側に送られた。同十八年に、生駒氏本領《ほんりょう》の尾張国小折村《おわりのくにこおりむら》に移住。慶長五年(一六〇〇)の関ヶ原合戦後、家康四男の松平忠吉《まつだいらただよし》から千七百六十一石の知行、家康からも三千石の知行宛行《ちぎょうあてがい》があったとされる。晩年は京都に居住。法名は見星院香岩寿《けんせいいんこうがんじゅ》桂大姉《けいだいし》。墓所は京都市北区の大徳寺総見院。

参考文献 奥野高廣「岡崎殿―徳川信康室織田氏―」(『古文書研究』一三)、一九七九。岩沢愿彦「岡崎殿異聞」(『日本歴史』四〇四)、一九八二。小和田哲男『織田家の人びと』、一九九一、河出書房新社。 (神田 裕理)

どくふもの 毒婦物 江戸時代後期、随筆・*歌舞伎・小説などの文芸作品の中に「*悪女《あくじょ》」像が描かれるようになる。その「悪女」の中でも、女の性的な魅力によって男を操り秩序を乱し、倫理を守る善人を苦しめて死に至らしめるような女が「毒婦」である。近世に創造された典型的な毒婦は、『南総里見八犬伝《なんそうさとみはっけんでん》』に登場し、事実「毒婦」と形容される船虫《ふなむし》である。彼女は常に「悪」の側に与《くみ》してつぎつぎに男を取り替え、そのたびに主人公たちを危地に追いやる。その性的な力は、人間に化けた怪猫《かいびょう》の妻となっても、同じ立場の他の女性たちが皆死を迎えるのに、一人生き延びて力を増大させるほどである。幕末の歌舞伎にも同様の女性像が現れる。そこには、社会秩序の解体が進行する中で、これまでとは異なる姿を見せ始めた女性たちの姿に恐怖と敵意を感じつつ、魅了される人々の姿が透けて見える。こうした女性像は明治初年の実在の人物高橋お伝《でん》を主人公にした作品などの造形となって引き継がれ、毒婦ものと呼ばれる。

参考文献 大浜徹也「毒婦とよばれた女たち」(笠原一男編『日本女性史』七、一九七三、評論社)。野口武彦『「悪」と江戸文学』(朝日選書)、一九八〇、朝日新聞社。関民子『江戸後期の女性たち』、一九八〇、亜紀書房。 (関 民子)

どくりつぎょうせいほうじんこくりつじょせいきょういくかいかん 独立行政法人国立女性教育会館 ⇨国立女《こくりつじょ》性教育会館《せいきょういくかいかん》

どくろびくにたん 髑髏比丘尼譚 『源平盛衰記《げんぺいじょうすいき》』四七にみえる話。平家の子孫は皆殺されるなかで、藤原成範《しげのり》(通憲《みちのり》の子)の娘新中納言局《しんちゅうなごんのつぼね》は、平重衡《しげひら》との間の子を殺され、印西上人《いんさいしょうにん》によって出家するが、わが子の首を肌身離さず持ち歩いたため髑髏尼と呼ばれた。そして、天王寺で断食念仏をして今宮恵比寿《いまみやえびす》神社の前の木津川《きづがわ》で海人《あま》の舟に乗り、難波の沖で首とともに入水《じゅすい》して死ぬ。悲しんだ印西たち諸僧は『一日経《いちにちきょう》』を海に沈めた。 (菅原 正子)

とこさり 床さり 平安時代の離婚用語の「去り」系に属する言葉と考えられ、夫が妻の家を出て行くこと、つまり、夫が何か妻方に不満があるといつしか妻の家に訪ねて行かなくなり、夫婦関係を自然消滅的に放棄することを意味している。この言葉は『*今鏡《いまかがみ》』四に「ふたゝびまでとこさりたる」とみえるが、ほかに同類例は非常に少なく、多用された言葉ではない。これに似た言葉として「床はなれ」という語がある。この語は離婚用語の「離れる」系に属する言葉と考えられ、意味は、妻が年老いて夫との性関係がなくなり、自分の方から身を引いて夫の家を出て行くことである。この語も『*伊勢物語《いせものがたり》』第十六段に一例みられるのみで事例の少ない言葉である。*高群逸枝《たかむれいつえ》は『*招婿婚《しょうせいこん》の研究』の中で、この二つの言葉が平安時代の代表的な離婚用語のように主張しているが、史料的にはこれらの言葉はきわめて例外的であって、平安時代の代表的な離婚用語として位置づけることはできない。

参考文献　栗原弘「「床はなれ」について」(『古代文学研究第二次』六)、一九七七。同『平安時代の離婚の研究―古代から中世へ―』、一九九九、弘文堂。　(栗原　弘)

ところあらわし　**露顕**　私的に結ばれていた男女の性関係を女の親が正式な結婚と承認する平安時代で最も重要な*婚姻儀式。平安時代には貴族層が古代の婚姻形式を儀式化した。すなわち、正式な結婚はあらかじめ親が承認した者同士で行われ、結婚が内定すると若い男は女の家を夜訪れ性関係を結ぶ。この時に女の親は事の経緯《けいい》を知らないと観念する。男は続いて数日女の家を訪れる(この秘密の訪問の日々が三日間に象徴されるようになる)。そして、女親は三日目の夜、男女が寝ている所を顕《あらわ》にし、男を発見し餅(*三日餅《みかのもちい》)を食べさせる。その後、女親(妻方)は男のために酒席《しゅせき》を設け、妻方の*親族との正式な対面が行われ、二人の関係が正式な結婚と承認された。この日以降男は正式の婿《むこ》として処遇され、公然《こうぜん》と妻方へ*訪婚をするか、一時的に妻方に居住するか、どちらかの方法を選び婚姻生活を送る。この時代の儀式の最も重要な点は儀礼はすべて妻方が主導し、夫方が一切介入《かいにゅう》しないことである。

参考文献　中村義雄『王朝の風俗と文学』(塙選書)、一九六二、塙書房。高群逸枝『招婿婚の研究』(高群逸枝全集)、一九六六、理論社。　(栗原　弘)

とじ　**刀自**　〔古代〕古代においては、豪族層女性に対する尊称。家刀自《いえとじ》・*里刀自《さととじ》・寺刀自《てらとじ》・大刀自《おおとじ》などさまざまな刀自呼称があり、『*万葉集』六(一〇二二)には「妣《はは》刀《と》自」もみえる。尊称から転化して、「○○刀自」「○○刀《と》自売《じめ》」などの類型的女性名にもなった。語源としては、「ト(戸・処)ヌシ(主)」の約かというが不詳である。「さまざまなレベルの人間集団を統率した女性」が原義であろう。*律令制后妃の第三ランク「*夫人《ぶにん》」の和訓はオホトジ(大刀自)である。豪族層女性が氏族内での財産や宅を保持したまま天皇の御妻《みめ》となった伝統が背景にあると考えられる。古代には「家」自体が成立過程にあり、「家刀自」も必ずしも*主婦的女性ではない。八世紀前半の「*金井沢碑《かないさわひ》」にみえる「家刀自」は一族の祖先祭祀《さいし》の中心にいて、族刀自《ぞくとじ》的要素が強い。同時期の写経奥書《おくがき》にみえる「家刀自」は、夫とともに夫婦それぞれの父母の供養を行なっている(『寧楽遺文《ならいぶん》』中、宗教編下、六二二頁)。『*日本霊異記《にほんりょういき》』では「家室」という中国的表記(古訓で「伊戸乃止之《いへのとじ》」)で書かれ、精米労働をする*稲春女《いなつきめ》たちに間食を支給し(上巻第二話)、隣家の老人に食料を分け与え(中巻第十六話)ており、夫である「*家長《いえぎみ》」との経営権限のあり方をめぐって諸説がある。村人を相手に手広く稲・酒の貸付を行う女性の話(中巻第三十二話・下巻第二十六話)は、農業労働指揮や造酒活動を軸に私的経営を展開する「里刀自」＋「家刀自」としての豪族層女性の姿を示す。「寺刀自」は寺の女雑色《にょぞうしき》の統率者的立場にあり、配下には「醤刀自《しょうとじ》」「酢刀自《すとじ》」がいる(『大日本古文書』一五、四一五頁。『*平安遺文』一、三八〇―三八三頁)。宮中の造酒司《ぞうしゅし》には酒甕《さかがめ》が刀自神としてまつられていて、造酒と女性(刀自)の強い結びつきをうかがわせる。下級*女官としては、御膳宿《おものやどり》・*台盤所《だいばんどころ》・*内侍所《ないしどころ》などに「刀自」がいた。古代のさまざまな刀自は「家」の確立につれて姿を消し、宮中の「刀自」以外は、もっぱら家内をつかさどる「家刀自」になっていく。

参考文献　柳田国男「女性史学」(『柳田国男全集』九、一九九八、筑摩書房)。関口裕子「日本古代の家族形態の特質について」(坂田聡編『日本家族史論集』四、二〇〇二、吉川弘文館)。義江明子「「寺刀自」ノート」(『日本古代女性史論』二〇〇七、吉川弘文館)。同「「刀自」考」(同)。　(義江　明子)

〔近世〕「婦女《ふじょ》の通称」(谷川士清《たにかわことすが》)、「俗人老女を謂《い》う」(伊《い》勢貞丈《せさだたけ》)、「老少を通じて戸内《こない》を主る妻女に対する尊美の称」(小山田与清《おやまだともきよ》)などとある。平田篤胤《ひらたあつたね》は『古史伝《こしでん》』一五の刊行が可能になったのは、「奥村某の母刀自」「桜井某の祖母刀自」など三人のおみな(老女)のしわざと記している。若くはない女性への尊称として使われるが、古代・中世のような社会的地位を反映したものではない。　(片倉比佐子)

〔近現代〕明治期から昭和前期に年配の女性に対して敬意を込めて使われた語。明治後期から大正初期の『*婦女《ふじょ》新聞』によれば、明治維新前に生まれた五十代以上の社会的地位や名声のある女性(*中島歌子《なかじまうたこ》・穂積歌子《ほづみうたこ》・*税所敦《さいしょあつ》子《こ》など)に対して用いられたが、若い女性にも使われた「*女史《じょし》」を併用する例(*棚橋絢子《たなはしあやこ》・*三輪田真佐子《みわたまさこ》・*矢《や》島楫子《じまかじこ》など)もあった。昭和期には古めかしい語と見なされ主に高齢の物故者に対して使われ(「鍋島《なべしま》栄子刀自」、八十五歳、一九四一年(昭和十六))、多くは女史と表記されるようになった(「*山田《やまだ》わか女史」、六十一歳、同年)。

参考文献　『婦女新聞』記事・執筆者索引、一九六五、不二出版。　(金子　幸子)

〔官職〕宮中において*天照大神《あまてらすおおみかみ》をまつる内侍所《ないしどころ》に常侍《じょうじ》し神事を掌《つかさど》った女官。内侍所の女官「内侍」にかわり祭祀《さいし》を掌った「刀自」の歴史は古く、平安時代にはすでに記録にみられる。刀自は「斎《さい》」と呼ばれた筆頭《ひっとう》の刀自を含め五～六名を定員とし、神祇伯《じんぎはく》であった白川家《しらかわけ》から祝詞《のりと》や祭祀を伝授されている。刀自は明治四年(一八七一)に「*御巫《みかんなぎ》」という職名を経て、さらに「内掌典《ないしょうてん》」と改変されたが、その職掌《しょくしょう》は今日の宮中賢所《かしこどころ》祭祀に引き継がれている。

参考文献　川出清彦『大嘗祭と宮中のまつり』、一九九〇、名著出版。小平美香「明治国家における神祇祭祀の意

義―明治神祇官の「御巫」設置をめぐって―」(『日本思想史学』三八)、二〇〇六。　(小平　美香)

とじがみ　刀自神　「〇〇刀自」という名称の*女神。宮中の造酒司《ぞうしゅし》には大・小・次《すき》(中)の酒甕《さかがめ》を神体とする三座の「邑刀自《おおとじ》」がまつられていた。刀自は豪族層女性に対する尊称で、古代には女性が*酒造りの主要な担い手だったので、そうした女性の働きの神格化であろう。*伊勢神宮内宮《ないぐう》の摂社《せつしゃ》・末社には「桜大刀自《さくらのおおとじ》」(小朝熊《こあさくま》神社)・「多《た》岐大刀自《きのおおとじ》」(熊淵《くまふち》神社)があり、「形は石」「形なし」(『*皇大《こうたい》神宮儀式帳《じんぐうぎしきちょう》』、延暦二十三年(八〇四))とされる在地の小社である。『延喜式《えんぎしき》』神名には二例の「大刀自神社」(伊勢《いせの》国多気郡《くにたけぐん》・出雲国《いずものくに》出雲郡)があり、女性首長像の投影とされる「播磨国風土記《はりまのくにふどき》」の女神にも「飯盛大刀自《いいもりのおおとじ》」と「吉《よ》川大刀自《かわのおおとじ》」の二神がみえる。八世紀以降、各地の神社でヒメ神・キサキ神を男神にまつり添えて男女一対の神とする事例が増え、後世には記紀神話に登場する女神名をそこにあてはめる場合も多い。それらに比べて、刀自神は単独でまつられ、在地の生産活動に密着した、神格化の不充分な古層の女神である。

参考文献　伴信友『神名帳考証』(伴信友全集一)。義江明子「刀自神考―生産・祭祀・女性―」(『帝京史学』一二)、一九九七。　(義江　明子)

どたごぜん　土田御前　?―一五九四　戦国時代の女性。織田信秀《おだのぶひで》正室、信長《のぶなが》・信行《のぶゆき》の生母。父は土田下総守政久《つちだしもうさのかみまさひさ》。信秀死後は信行とともに尾張末盛城に住む。弘治《こうじ》二年(一五五六)八月、信長・信行間の争いで信行が敗れたことにより、信長に信行の助命を嘆願《たんがん》。天正六年(一五七八)の荒木村重《あらきむらしげ》離反の際には、織田方の*人質となる予定だったが、実現しなかった。同十年の本能寺の変後は、孫信《のぶ》雄《かつ》(「のぶお」ともいう)の保護下で尾張如意之郷《にょいのごう》に六百四十貫の知行《ちぎょう》を宛行《あてがわ》れる。同十八年の信雄改易後は、伊勢《いせ》阿濃津城《あのつじょう》主となった信包《のぶかね》(信長弟)のもとに身を寄せたらしい。法名は報春院花屋寿永大祥尼《ほうしゅんいんかやじゅえいだいしょうに》。墓所は三重県津市の四天王寺。

参考文献　『信長公記』(角川文庫)。梅原三千・西田重嗣『津市史』一、一九五九、津市。　(神田　裕理)

とつぐ　嫁ぐ　⇩嫁《か》す

となりぐみ　隣組　居住地約十軒を単位として戦時体制下につくられた組織。一九四〇年(昭和十五)九月、内務省は「部落会町内会等整備要綱《ようこう》」により、行政の末端機構として部落会、町内会、その下に隣組を組織した。戦時下の国策の徹底・励行と国民の実情把握のために「上《じょう》意下達《いかたつ》、下情《かじょう》上通」の場として常会が重視された。各家庭からの出席を義務づけた常会は、四一年七月一日ラジオ常会として全国一斉に開かれて以降、毎月一日の興亜奉公日に定期的に開くこと、四二年一月以降は八日の大《たい》詔奉戴日《しょうほうたいび》を中心に開くことが指導された。頻繁にまわされる回覧板によって通達や指示の伝達が図られた。四二年、大政翼賛会《たいせいよくさんかい》の傘下に入る。廃品回収、防空演習、労力奉仕、貯蓄奨励、食料衣類等の生活必需品の配給など、国策にそった隣組の活動を実質的に支えたのは*主婦たちでありその負担は大きかった。活動が日常生活に関わるがために相互監視の役割をもつに至り、日々の国民生活を総動員体制の下に組み込むことになった。

参考文献　加藤朱美「トントントンカラリと隣組」(『銃後史ノート』七)、一九八二。脇田晴子・林玲子・永原和子編『日本女性史』、一九八七、吉川弘文館。中野まつ子「「非国民」が琴の音消す」(『女たちの太平洋戦争』一、一九九一、朝日新聞社)。　(宇野　勝子)

とね　刀禰　古代*律令制の社会で必要な保証を行う者や、祭祀《さいし》などに参列する者をいう。十世紀醍醐《だいご》天皇皇子の重《しげ》明《あきら》親王の手になる『吏部王記《りほうおうき》』には「百官主典以上称二刀禰一」とあり、地域社会で保証の担い手となっているものの位階・官職などにその特色が見られる。しかし元来律令制地方支配組織の最末端の地縁的な五保《ごほ》の保証や、また別に家地など不動産の売買に際して保証する非地縁的な保証人の保証もあった。前者は唐の隣保《りんぽ》制度にならい近隣の五戸が一保をなして保長を置き、その指揮のもとで相互扶助や防犯・徴税のための相互監視に責任を負った。保内の戸が逃亡した場合には追訪し、その間の口分《くぶん》田《でん》を耕作して貢賦《こうふ》を済ますなどの連帯責任を負うよう*戸令《これい》に規定された。その実施状況は『正倉院文書』の大《だい》宝《ほう》二年(七〇二)美濃国戸籍《みののくにこせき》にみられる。また律令社会(八世紀)以前の刀禰は、『延喜式《えんぎしき》』祝詞《のりと》廣瀬《ひろせ》大忌祭《おおいみのまつり》に「倭国《やまと》乃六御縣《むつのみあがた》能刀禰男女爾至万氏」が神まつりに参出《まいで》てと、律令官田《みた》以前からの倭国六御県の屯田《みた》をまつり運営する刀禰の男女の祭祀参列が述べられ、女性刀禰の役割が同様に推測されてきた。平安時代には京に四町を一保とし四保を坊《ぼう》として、それぞれに保刀禰・坊長をおいて治安警察の機能を期待した。一方、九世紀にはいると墾田《こんでん》売券に田地所在の里や村の刀禰の保証がみられる。これは『日本書紀』大化二年(六四六)三月甲申《きのえさる》条にみる村首《むらのおびと》による「雇」の保証を源流に、『正倉院文書』の天平宝字《てんぴょうほうじ》六年(七六二)六月二十一日の村刀禰大伴虫万呂《おおとものむしまろ》による保証に及ぶ。さらに二〇〇〇年(平成十二)に出土した九世紀の半ばの斉衡《さいこう》年号を伴う石川県加茂《かも》遺跡の加賀郡牓示札《ぼうじさつ》では、国郡司が八箇条にわたる勧農《かんのう》と民衆生活の秩序維持を深見《ふかみ》村の郷長・駅長と村刀禰たちに求めていたことが知られた。ここに以後展開する地域社会で秩序維持の担い手となり、中世社会の最末端の役人としてさまざまに立ち現われていくことが推し測られている。

参考文献　秋宗康子「保証刀禰について」(『史林』四四ノ四)、一九六一。木村茂光「刀禰の機能と消滅」(『日本史研究』一三九・一四〇合併号)、一九七四。　(小林　昌二)

とべ　戸畔　古代女性神・人名の語尾。字は当て字である。播磨《はりま》トメなどのトメも同一名称。メ(女)とべは交替しやすい音なのでトメともトベともいった。『*古事記』『日本書紀』『*風土記《ふどき》』などの古文献にこのタイプの神・

人名が散見される。人名では地名にトベをつけて呼ぶ例が大半を占める。古い人名で地名を名とする場合は男女を問わずその地を代表する首長の名称であることが多く、地名＋トベ・トメは*女性首長の名とみられる。たとえば名草トベは神武東征《じんむとうせい》伝説で皇軍と戦って殺されたとされる名草の地(のちの紀伊国《きいのくに》名草郡)の女性首長である。神武の軍は熊野《くまの》の丹敷浦《にしきうら》で丹敷《にしき》トベを伐《う》ち、大和へ入るとのちの添下《そうのしも》郡新木《にいき》の地で新城《にいき》トベを伐ったという(『日本書紀』)。物語自体は史実ではなく伝説であるが、そのなかに古くから伝えられた首長名が嵌《は》め込まれている。古墳時代前・中期における女性首長の存在は近年の考古学が明らかにしており、これらの伝承を裏付けている。

参考文献 寺沢知子「権力と女性」(都出比呂志・佐原真編『女と男、家と村』二〇〇〇、小学館)。溝口睦子「戸畔(トベ)考―女性首長伝承をめぐって―」(西宮一民編『上代語と表記』二〇〇〇、おうふう)。 (溝口 睦子)

とまりちゃや 泊茶屋 大坂で天保十四年(一八四三)に公認された*飯盛女《めしもりおんな》付き旅籠屋《はたごや》。「とまりぢゃや」とも読む。大坂では、天保十三年に新堀《しんぼり》・曾根崎新地《そねざきしんち》・道頓堀《どうとんぼり》の三ヵ所に限って飯盛女付き旅籠屋が公認された。しかし翌天保十四年には、これらのうち道頓堀の立慶町《りっけいちょう》・吉《きち》左衛門町《ざえもんちょう》・元伏見町《もとふしみちょう》・難波新地一丁目の四町旅籠屋は芝居茶屋への商売替を命じられ、この四町を除く三ヵ所の旅籠屋にのみ従来どおり飯盛女付きの営業が認められた。その際、旅籠屋は泊茶屋と名を改め、抱女《かかえおんな》も「食焼女」と唱えるべきことが命じられた。

参考文献 『大坂市史(復刻版)』四下、一九六五、清文堂出版。 (曾根ひろみ)

とみいおと 冨井於菟 一八六六―八五 明治時代前期の女権家。慶応二年(一八六六)播磨《はりま》国龍野《たつの》藩龍野(兵庫県たつの市)の裕福な商人の家に生まれる。「とら」と名づけられ、のち「於菟」(寅の意)を用いる。龍野中学校卒業後「游学ヲ請フノ書」を叔父と兄に出し、「女学首唱者」になるという目的意識を持って、一八八四年(明治十七)二月*岸田俊子《きしだとしこ》に入門。俊子の結婚により半年後上京して坂崎斌《さかざききかん》宅に下宿し『*自由燈《じゆうのともしび》』の校正係となる。同年十月坂崎宅に下宿し始めた景山《かげやま》(のち*福田《ふくだ》)英子《ひでこ》と出会い、共鳴。八五年には大井憲太郎《おおいけんたろう》らの大阪事件に協力すべく「不恤緯《ふじゅつい》会社設立趣意書」を書き、神奈川県厚木地方で英子とともに募金活動に従事、資金を得ようと帰郷して兄にとめられ、ついに運動から手を引き、キリスト教に活路を求めた。再度上京して*明治女学校の開校とともに教員となったが、年末に病死した。

参考文献 福田英子『妾の半生涯』(岩波文庫)、一九五八、岩波書店。ひろたまさき「龍野近代社会文化史」(龍野市史編纂専門委員会編『龍野市史』三、一九八五、龍野市)。 (大木 基子)

とみおかせいしじょう 富岡製糸場 明治五年(一八七二)十月、上野《こうずけ》国富岡(群馬県富岡市)で操業《そうぎょう》を開始した官営模範製糸場。政府は富国強兵・殖産興業《しょくさんこうぎょう》の要として*生糸に着目。フランス人技師の指導のもとに巨費を投じて大工場を建設し、全国から工女を雇い入れて器械製糸技術の普及に努めた。一八九三年、民間に払い下げられるが、工女たちは先駆的な技術の保持者として、各地の製糸業興隆《こうりゅう》に貢献した。なお製糸場は一八七六年、「製糸所」に改称されている。

参考文献 『富岡製糸場誌』上、一九七七、富岡市教育委員会。 (早田リツ子)

とみおかにっき 富岡日記 信州松代《まつしろ》(長野市)出身の和《わ》田英《だえい》(旧姓横田)がまとめた、製糸工女時代の回想記。原本は毛筆による手書き。一八七三年(明治六)・七四年の官営*富岡製糸場の*伝習工女時代と、退場後、郷里の六《ろっ》工社《こうしゃ》製糸場の創設にかかわった経験について、五十代に入ってから筆をとり、一九一三年(大正二)、五十六歳のときに書き上げた。富岡編では工女の具体的な日常や技術伝習の様子、フランス人工女との交流や、盆踊りをめぐる山口県工女との不平等な扱いに対する抗議など、初期工女の興味深い実態が記され、六工社編では富岡から呼び戻された英たちが、伝習の成果を発揮して洋式製糸場づくりに貢献する姿が描かれている。英の自伝であると同時に、製糸技術史・明治女性史として貴重な史料。一九三一年(昭和六)、『富岡日記』『富岡後記』(学習文庫、信濃《しなの》教育会編)が刊行されているが完本ではなく、一九七六年、上條宏之《かみじょうひろゆき》によって新発見の続稿等を含む『(定本)富岡日記』(創樹社)が出版されている。

参考文献 上條宏之『絹ひとすじの青春―『富岡日記』にみる日本の近代―』(NHKブックス)、一九七八、日本放送出版協会。 (早田リツ子)

とみもとかずえ 富本一枝 一八九三―一九六六 大正・昭和時代の画家、文筆家、女性運動家。富山市生まれ。旧姓尾竹、筆名紅吉《べによし》。女子美術学校中退。一九一二年(明治四十五)および一三年と巽画会《たつみがかい》展に入選。青鞜社《せいとうしゃ》に入社し表紙絵を描いたり詩などを発表したが、「五色《ごしき》の酒」「吉原登楼《よしわらとうろう》」事件で非難をあびて退社、*神近市子《かみちかいちこ》らと『番《さ》紅花《ふらん》』を創刊した。一四年陶芸家富本憲吉《けんきち》と結婚し、奈良県安堵村《あんどむら》(生駒郡《いこまぐん》安堵町)に住み憲吉の芸術大成のため力を尽した。二六年上京、『*婦人公論』『*女人芸術《にょにんげいじゅつ》』などに随筆や評論を発表。また社会運動などで傷ついた女性たちに温かい援助を行なった。戦後は夫と別居。一九四八年(昭和二十三)児童図書出版の山の木書店を設立。また*中村汀女《なかむらていじょ》の句誌『風花《かざはな》』の編集を行なった。『*暮《くら》しの手帖《てちょう》』に「お母さんが読んで聞かせる話」を長期にわたって連載した。六二年に*新日本婦人の会結成に参加し、中央委員となるなど、女性運動・平和運動にも力を注いだ。著書に『お母さんが読んで聞かせるお話』(一九七二年、暮しの手帖社)がある。

参考文献 折井美耶子『薊の花―富本一枝小伝―』、一九八五、ドメス出版。渡邊澄子『青鞜の女・尾竹紅吉伝』、二〇〇一、不二出版。 (折井美耶子)

とめおんな　留女　宿場の*娼婦《しょうふ》。*飯盛女《めしもりおんな》。旅人を強引に引き留めることから、こう呼ばれた。留女という呼称は「留女十六丁の損をさせ」「なまかべにぬる土山のとめ女」など*川柳《せんりゅう》の中にしばしばみられる。『東海道名所記』の「赤坂」あたりの記述には、「宿毎に遊女あり、立並びて旅人を留む、「とまらせられい、とまらせられい」といふ声わやわやとして物音も聞えず」とあり、盛んに客を呼び留める留女の姿がうかがわれる。↓出女《でおんな》

参考文献　五十嵐富夫『飯盛女—宿場の娼婦たち—』、一九八一、新人物往来社。宇佐美ミサ子『宿場と飯盛女』、二〇〇〇、同成社。

（曾根ひろみ）

ドメスティック＝バイオレンス　ドメスティック＝バイオレンス　近しい関係のなかで男性から女性に対して行使される、女性の尊厳《そんげん》をそこなう暴力、すなわち強制力をいう。ドメスティック＝バイオレンス（domestic violence）を直訳すると「家庭内暴力」であるが、日本では「家庭内暴力」という語が、思春期の子どもが親に対して振るう暴力を指す語として使われてきたことから、区別するためにこの訳は使われない。近しい関係にある男性には、夫・内縁《ないえん》の夫・別居中の夫・前夫・婚約者・交際中または以前の恋人などが含まれる。個別には逆もあるにもかかわらず、男性から女性への暴力として問題化されるのは、ドメスティック＝バイオレンスが、単に加害者の個人的問題によるものではなく、歴史的に形成された、男性の政治的・経済的・社会的優位が、私的関係のなかにもちこまれて引き起こされるという認識による。ドメスティック＝バイオレンスが個人的問題ではなく、こうした社会的背景をもつ問題として認識されるようになったのは、アメリカでは一九七〇年代半ばに始まる「殴られた女性たちの運動」を通じて、日本では、国連の取り組みなどに呼応して一九九〇年代になってからであった。暴力は、殴る・蹴るなどの身体的暴力、言葉で傷つける・脅迫《きょうはく》・女性関係などの心理的暴力、女性を経済的に苦しめる経済的暴力、女性の行動を管理・制限するなどの社会的暴力、意に反する性関係の強要などの性的暴力、子どもを利用した暴力、など多様な形態をとる。形態にかかわらず、その本質は、歴史的・社会的に形成された男性の優位性を背景に、男性が女性を自分の所有物のように意のままにしようとする行為と見ることができる。二〇〇一年（平成十三）に「配偶者からの暴力の防止及び被害者の保護に関する法律」（DV防止法）が制定され、二〇〇四年には改正されて、充実強化がはかられた。

参考文献　小西聖子『ドメスティック・バイオレンス』、二〇〇一、白水社。「夫（恋人）からの暴力」調査研究会『ドメスティック・バイオレンス（新版）』（有斐閣選書）、二〇〇二、有斐閣。戒能民江『ドメスティック・バイオレンス』、二〇〇二、不磨書房。同編著『DV防止とこれからの被害当事者支援』、二〇〇六、ミネルヴァ書房。

（内藤　和美）

とめそで　留袖　長い袂《たもと》を普通の袖丈につめた袖、またその着物。袖丈は一尺五寸（約五五センチ）ほどで、もとは結婚後、*振袖《ふりそで》の袂をつめて使用した。少女・未婚の女性から既婚女性になったことを衣服によって証明したのが留袖である。黒無地《くろむじ》に定紋付《じょうもんつき》で、裾模様《すそもよう》は江戸時代末に完成。礼服に転化したのは明治以後、役人の夫人が申し合わせたように留袖を着たのがはじまりである。大正期に神前結婚が増え、*打掛《うちかけ》姿の花嫁も現われたが、一般には黒留袖か中振を着用した。現在では既婚女性の正装とされ、黒地に裾模様、五ツ紋付が正式なものである。

参考文献　喜田川守貞『類聚近世風俗志』上、一九七九、名著刊行会。樋口清之『日本の風俗の謎』、一九八六、大和書房。

（小和田美智子）

ともえごぜん　巴御前　平安時代後期源平合戦期《げんぺいかっせんき》の信濃《しなの》国の女武者。木曾義仲《きそよしなか》の従者でその愛妾《あいしょう》ともされる。義仲の*乳母《めのと》の夫、中原兼遠《なかはらかねとう》の娘として幼少から義仲とともに成長した。治承《じしょう》四年（一一八〇）九月の義仲の挙兵に従い、寿永《じゅえい》二年（一一八三）五月の越中礪波山《えっちゅうとなみやま》の戦いを経て同年七月に入京。元暦元年（一一八四）正月、近江粟津《おうみあわづ》の戦いでは敵の首をねじ捨てるなどの活躍をしたが、死を覚悟した義仲の命令で戦場を離脱した。中世前期には女《め》騎《き》（女性の騎馬武者）の存在が見られ、また、大力《だいりき》は女性の血筋で伝えられるという武家社会の信仰をもとにして造形化された女性である。『源平盛衰記《げんぺいじょうすいき》』は、巴が源平合戦後、和田義盛《わだよしもり》の妻となって朝比奈義秀《あさひなよしひで》（大力で知られた鎌倉武士）を産み、建保《けんぽう》元年（一二一三）五月の和田合戦後に越中石黒《いしぐろ》で出家し、九十一歳で死んだという伝説をつけ加えている。このような伝説の背景に、義仲説話を語った廻国巫女《かいこくみこ》の存在を見る見解もある。

参考文献　水原一『平家物語の形成』、一九七一、加藤中道館。細川涼一『平家物語の女たち—大力・尼・白拍子—』（講談社現代新書）、一九九八、講談社。

（細川　涼一）

とものかい　友の会　雑誌『*婦人之友』愛読者による社会運動団体。雑誌『婦人之友』の読者組合をもとに、一九二七年（昭和二）『羽仁《はに》もと子著作集』刊行を機に「友の会」が松本・岡山・大阪・奈良で組織、一九三〇年全国組織（全国友の会）になり第一回大会開催。中央委員に*羽仁もと子を推挙、羽仁吉一《よしかず》を後見役とする。もと子は一九五七年まで代表中央委員。その後は中央委員から代表を選出。封建制と個人主義を廃した「愛・自由・協力による新家庭精神の樹立」を通じて新社会建設をめざし活動。近隣の会員の集う「最寄《もより》」を単位に地域別に「友の会」を組織。読書、生活研究（生活時間調査・家計調査）、子どもの教育を軸に、講習会・展覧会・奉仕活動を展開。戦前から都市および農村における家庭生活改善・消費組合活動・幼児からの生活教育に取り組み、戦時下も生活講習を継続。戦後会員数が急増し、二〇〇七年七月現在約二万千人。一九八〇年代から中高年の生活改善やバングラディシュとの交流も始める。

参考文献 斉藤道子『羽仁もと子―生涯と思想―』、一九八八、ドメス出版。全国友の会中央部編『友の会の志とその歩み―全国友の会創立60周年記念―』、一九九〇、婦人之友社。全国友の会中央部編『全国友の会資料』、一九九六・二〇〇〇。全国友の会編『全国友の会70年の歩み―会員がつづる創立から現代まで―』、二〇〇〇。全国友の会中央部編『読者と歩んだ一世紀展』、二〇〇三、婦人之友社。

（中嶋みさき）

ともばたらき 共働き 夫婦の一方が就業する「片働き」に対する対語で、夫婦がともに就業すること。「共稼《ともかせ》ぎ」ともいうが、夫婦がともに職業をもつことに積極的な意味をこめて、今日では「共働き」といわれることが多い。一九七〇年代半ばを境に有配偶女性雇用者が過半数を超え、一九九七年(平成九)には共働き世帯が四七・九%となり、専業主婦世帯の三六・七%を上回り、多数派となった。共働きには、子どものいない共働き(DINKS)、子育てのためにいったん退職、その後再就職する共働き(M字型就業)、継続就業の両立型共働きと、三つの型があるが、固定的*性別役割分担意識が根強く、仕事と子育てを両立するための支援が貧困なわが国では、M字型共働きが多い。このため、共働き率は三十～五十代の間で高い。また、既婚女性が就業する最大の理由は教育費や住宅ローンなどのための家計補助であり、夫の年収が高くなると共働き比率が低くなるという現象も見られる。これまで共働きは女性の問題と受けとられてきたが、今では男女ともに家族的責任を果たせる働き方を実現する問題として受けとめられている。

参考文献 経済企画庁編『働く女性―新しい社会システムを求めて―』(国民生活白書平成九年版)、一九九七、大蔵省印刷局。

（浅野富美枝）

とゆらでら 豊浦寺 奈良県高市郡明日香村豊浦にある。等由良寺《とゆらでら》・建興寺《けんこうじ》ともいい、現在は広厳寺《こうげんじ》という。蘇我氏の寺から国家の寺院になった日本初の*尼寺。仏教公伝の時に百済《くだら》から渡来した僧侶・仏像等が置かれた蘇我氏の向原家《むくはらのいえ》に由来する。のち「推古」に伝領されたが、関係する一廓に*善信尼《ぜんしんに》らが修行した桜井《さくらい》道場が置かれ、桜井寺に発展した。*推古天皇が豊浦宮《とゆら》(向原)で即位し、推古天皇十一年(六〇三)小墾田《おはりだ》宮に移ると、豊浦宮を寺院化し、豊浦寺となった。発掘により、南から塔、金堂《こんどう》、講堂と並ぶ四天王寺式伽藍配置《してんのうじしきがらんはいち》が明らかになり、現在の広厳寺は講堂跡にあたる。金堂跡から出土した瓦から飛鳥寺の後に建立され、若草伽藍《わかくさがらん》金堂以前に建立されたことがわかる。『日本書紀』舒明《じょめい》天皇即位前紀に、山背《やましろ》皇子が豊浦大臣(蘇我蝦夷《そがのえみし》)の病を見舞うため、豊浦寺にいたとあり、蘇我氏の寺となっていた。朱鳥《しゅちょう》元年(六八六)、大官《たいかん》・飛鳥・川原《かわはら》・小墾田《おはりだ》豊浦・坂田《さかた》の五寺で無遮大会《むしょだいえ》を天武崩御《ほうぎょ》後に行なっている。大化改新のクーデター後は国家の寺院となった。醍醐《だいご》寺蔵『元興寺伽藍縁起幷流記資材帳《がんごうじがらんえんぎならびにるきしざいちょう》』には豊浦寺の縁起がみえる。

参考文献 亀田博・清水昭博「豊浦寺跡の発掘調査」(『仏教芸術』二三五)、一九九七。奈良県立橿原考古学研究所編『奈良県遺跡調査概報』一九九七年度第二分冊、一九九八。

（松木 裕美）

とよすきいりひめ 豊鍬入姫 崇神《すじん》天皇の女《むすめ》。はじめて*天照大神《あまてらすおおみかみ》を斎《いつ》きまつったと伝えられる皇女。『*古事記』は豊鉏比売命《とよすきひめのみこと》と表記し、「伊勢大神の宮を拝《おろが》み祭《まつ》りき」(原漢字)と伝える。『日本書紀』の豊鍬入姫の伝承の方が詳しく、崇神天皇の宮殿にまつられていた天照大神を豊鍬入姫に託《つ》けて倭《やまと》の笠縫邑《かさぬいのむら》でまつらせ、次に倭大国魂《やまとのおおくにたま》神を渟名城入姫《ぬなきのいりびめ》に託《つ》けてまつらせたが、渟名城入姫は心身に障害がおきてまつりは失敗したと語っている。この伝承は皇女司祭者の起源を語るもので、天《あま》つ神の御子《みこ》の系譜に連なる皇女は皇祖神《こうそしん》天照大神の祭祀《さいし》の司祭者にふさわしく、一方の国つ神祭祀には不適当であったという内容である。トヨスキイリヒメのスキには鉏・鍬の文字があてられており、天照大神をはじめてまつる皇女は、皇祖神が高天原《たかまのはら》で聖なる田を経営したと語られる神話にのっとって、三輪山麓《みわさんろく》で聖なる田を鉏・鍬を使用して耕作し、神まつりを行なった姫であることを、豊鍬(鉏)入姫の名前に託して伝えている。さらに初代斎王《さいおう》の本貫は紀伊国《きいのくに》であり(祖母は木国造荒河刀弁《きのくにのみやつこあらかわとべ》である)、紀伊国と天照大神祭祀との深い関わりが示唆《しさ》されている。

参考文献 川上順子「初代斎王豊鉏入日売命」(『古事記と女性祭祀伝承』一九九五、高科書店)。

（川上 順子）

とよたまひめ 豊玉姫 記紀神話に登場する海の神の女《むすめ》。火遠理命《ほをりのみこと》は山幸彦《やまさちびこ》として山の毛物《けのもの》を獲っていたのだが、兄の海幸彦《うみさちびこ》の所有する幸《しやち》のついた鉤《つりばり》を借りてそれを失ってしまう。鉤を探しに海中の綿津見神《わたつみのかみ》の宮《みや》に出かけたホヲリは豊玉姫と出会い、父の海神の歓迎を受けて豊玉姫と結婚する。ホヲリは三年後に失った鉤と珠《たま》・呪術《じゅじつ》を授けられて地上に帰り、兄を服属させて地上の王者となる。その後臨月となった豊玉姫は*出産のために地上へやってくる。海辺の渚《なぎさ》に屋根を鵜《う》の羽で葺《ふ》いて産殿を作り、未完成なままの産殿に入り、夫に姿を見るなとタブーを課してウガヤフキアエズを産む。ところが夫は出産の姿を見てしまい豊玉姫はそれを恨んで海坂《うなさか》を塞《さ》えて海中へ帰っていく。日向《ひむか》三代の神話は天《あま》つ神と国つ神の聖婚をテーマとするが、ニニギと山の神の女《むすめ》*木花開耶姫との聖婚に引きつづき、国つ神の象徴である海の神の女《むすめ》豊玉姫との聖婚によって、ホヲリは大地の豊饒《ほうじょう》王となり、さらに後継者となる聖なる御子《みこ》を得ることができたと神話は語っている。トヨタマヒメの名義は豊かな霊魂を持つ姫の意であり、豊かな生産力を地上の王に授ける*女神である。

参考文献 西郷信綱『古事記の世界』(岩波新書)、一九六七、岩波書店。川上順子「豊玉毘売神話の一考察」(『古事記と女性祭祀伝承』一九九五、高科書店)。

（川上 順子）

とらごぜん 虎御前 (一)一一七五―一二三八 鎌倉時代前期の*遊女。大磯《おおいそ》の虎ともいう。曾我十郎祐成《そがじゅうろうすけなり》の妾《しょう》。『*曾我物語』によれば、父は藤原基成《もとなり》の*乳母子《めのとご》宮内判官《くないほうがん》家長《いえなが》で、母は平塚の宿の遊女夜叉王《やしゃおう》。寅《とら》の年・日・刻に生まれたため三虎《みとら》御前と呼ばれ、大磯の宿の長者菊鶴《きくづる》の養女となった。建久二年(一一九一)に祐成と契り、同四年に曾我兄弟の仇討《あだう》ちで祐成が死んで虎は出家、勤行《ごんぎょう》に励み、暦仁《りゃくにん》元年(一二三八)に六十四歳で死去、貞女の模範とされた。 (菅原 正子)

(二)一五一二―六八 戦国時代の女性。上杉謙信《うえすぎけんしん》の母。越《えち》後《ご》守護代長尾為景《ながおためかげ》の妻。実家は栖吉長尾《すよしながお》氏で、為景との間に数人の子を儲ける。熱心な観音菩薩《かんのんぼさつ》信者で、謙信の成長にも影響を与えた。伝承によると、夫為景の死後剃髪し、新潟県長岡市の香林寺前身、五庵寺に隠棲し、その菩提を弔ったという。永禄十一年(一五六八)五月七日、五十七歳で病死。法名は、青岩院殿天甫輝清大姉《しょうがんいんでんてんほきしょうだいし》。位牌《いはい》は山形県米沢市林泉寺《りんせんじ》にある。

参考文献 花ヶ前盛明『上杉謙信と春日山城』、一九六四、新人物往来社。 (谷合 伸介)

とりあげばば 取り上げ婆 〔近世〕*出産を介助《かいじょ》する職業の女性。穏婆《おんば》・坐婆《ざば》・*産婆・収婆《しゅうば》・医婦・収生《しゅうせい》・看生《かんせい》、和語では子とりばばなどとも称され、地域によって多様な呼び方があるが、専業化したのは近世のことといわれる。*大奥や大名家に仕える和州《わしゅう》ばば・薩摩《さつま》ばば・伊勢《いせ》ばばなどの上層相手の者もいたが、たびたび来ては妊婦の腹をなでさするのでかえって難産になるとか、無知であるから洗滌《せんじょう》や払拭《ふっしき》以外に手をださせるなとか批判もされた。平野重誠《ひらのじゅうせい》は『とりあげばゞ心得草《こころえぐさ》巻之上』(天保五年(一八三四)刊『病家須知』に合冊)で「穏婆は不浄《ふじょう》の業で、夫と別れ子もいない境遇で止むを得ず糊口《ここう》とするものであり、人から賤《いや》しめられ侮《あなど》られるが、生命を扱うのであるから知識を得、技を修めれば、男の医師よりも産婦に安らかに出産させることができる」と励ましている。

参考文献 『日本産科叢書』、一九七一、思文閣。『病家須知』、二〇〇六、農山村漁村文化協会。 (桜井 由幾)

〔アイヌ〕取り上げ(助産)をアイヌ語でイコインカラという。アイヌの間では出産に際して、経験と能力のある女性が取り上げを行なってきた。助産の能力は憑《つ》き神の力によって授かるものとされ、多くの場合特定の母系系統を引いて継承されると考えられており、この点で*トゥス(巫術《ふじゅつ》)の能力と関連する。一方、安産を祈願するためにカムイノミ(神への拝み)を行いイナウ(木幣)を作るのは男性の役割で、産婆《さんば》はイナウを首や腕につけて行う。

参考文献 瀬川清子『アイヌの婚姻(新装版)』、一九九八、未来社。青木愛子述・長井博記録『アイヌお産ばあちゃんのウパシクマ―伝承の知恵の記録―(新版)』、一九九八、樹心社。 (木名瀬高嗣)

とりおい 鳥追い *三味線を持ち唄いながら家々を門付《かどづ》けして廻る女芸人。女太夫《おんなたゆう》。三都の非人《ひにん》の妻女が行なった。正月元日から、編笠《あみがさ》をかむり新しい*木綿の着物を着て、家々の一年の無事を祈る予祝芸《よしゅくげい》として、通常の*浄瑠璃《じょうるり》とは異なる曲を三味線で奏《かな》で唄った。十九世紀前期の江戸では、仕切り関係にある非人小屋から来た場合には、一人当り銭十二文、それ以外の者には一文渡した。大坂では、四ヶ所垣外《しかしょかいと》の非人が得意場の家々に節季候《せきぞろ》・大黒《だいこく》舞《まい》・鳥追の門付料として四百~五百文と引き換えに札を配り、得意場の非人以外の者が門付けに廻ることをあらかじめ排除していた。正月半ば以降、菅笠《すげがさ》に換えて門付けする者は、鳥追ではなく女太夫と称された。

参考文献 喜田川守貞『守貞謾稿』(岩波文庫)。 (吉田ゆり子)

とりかえばや とりかへばや 四巻から成る中世王朝物語。十二世紀後半成立。作者は未詳。『*無名草子《むみょうぞうし》』に古作と改作をともに批評しており、現存するのはそのうち改作の「今とりかへばや」である。『物語二百番歌合《ものがたりにひゃくばんうたあわせ》』に古作の、『風葉和歌集《ふうようわかしゅう》』に古作と今本の歌を引く。物語は、権大納言《ごんだいなごん》家の兄妹が、若君は女らしく、姫君が男のように活発で才能を発揮するので「とりかへばや」と歎《なげ》いた父は、それぞれ*裳着《もぎ》・元服《げんぷく》させて尚侍《しょうし》と中納言《ちゅうなごん》として出仕させることに始まる。男尚侍は仕える女東宮と契り、女中納言は大臣の四君の婿《むこ》となるが夫婦の交わりはない。男尚侍に懸想《けそう》する好色な宮の宰相《さいしょう》は四君と*密通した挙句に女中納言の正体を暴いて懐妊させる。進退極まった女中納言は失踪《しっそう》し、女姿となり宰相のもとで*出産。しかし男への不信からかねて未来を予告していた吉野の宮のもとへ遁《のが》れ、やはり失踪し下向した男尚侍と入れ替わって尚侍として再出仕、帝の寵《ちょう》を得て皇子を生み*中宮となって一族繁栄する。宰相は真相を知らず二人を恋慕《れんぼ》する。『無名草子』は、古作に女中納言が男姿のまま出産したり、皆が一度に死んで蘇《よみがえ》るなど不自然で露骨な設定のあったことを伝え、また最後は宰相の妻となるらしく、吉野での交替と帝寵を得て*国母となる大団円は今本の創作であろう。この物語における興趣の中心は、主人公兄妹に宮廷男女の憧れる身分について性役割の逆転を演じさせるところにある。この主人公の生まれながらの性の転倒は、前世の宿業として天狗のしわざと説明されるが、一方で、「男の女まねび」する演技としても表現される。全体に物語の想像力における性差の意識が露呈《ろてい》される作品である。本作に追随《ついずい》して、性の転倒ないし異性装を重要なモチーフとした物語が、鎌倉時代に『在明《ありあけ》の月』や『風に紅葉』など、室町時代にも『児今参り《ちごいままいり》』など、趣向を変えつつ数多く生みだされ、時を隔て現代にも氷室冴子《ひむろさえこ》作『ざ・ちぇんじ!』のごとく、性の転換の物語は中世宮廷女性

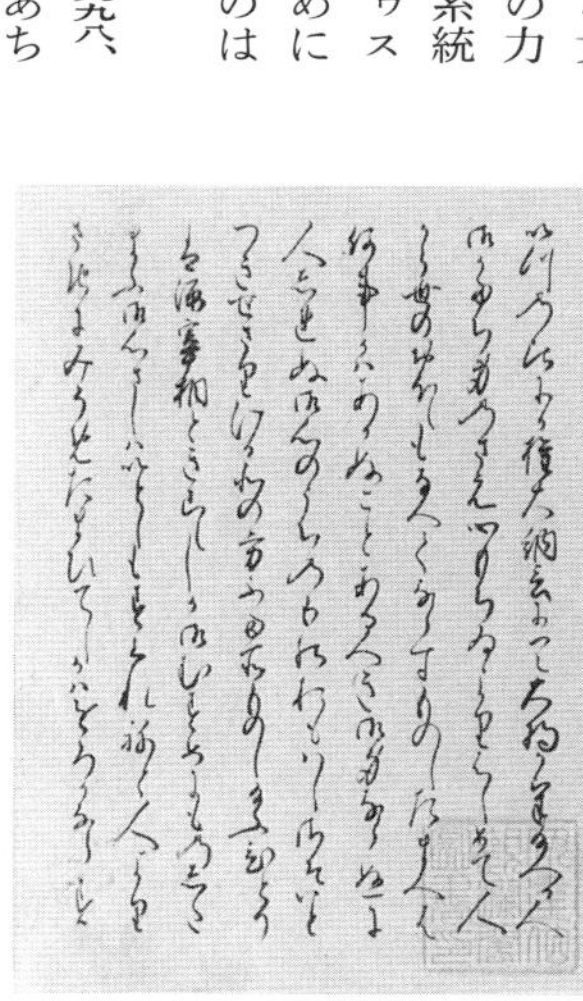

『とりかへばや』(伊達家旧蔵本)上巻

の幻想からさらに根強く生きつづけている。テキストは、『とりかへばや物語』(桑原博史全訳注、講談社学術文庫、一九七八・七九年)、『堤中納言物語・とりかへばや物語』(今井源衛他校注、新日本古典文学大系、一九九二年、岩波書店)、『とりかへばや』(友久武文他校訂・訳注、一九九八年、笠間書院)、『住吉物語・とりかへばや物語』(石埜敬子校注・訳、新編日本古典文学全集、二〇〇二年、小学館)。

参考文献 河合隼雄『とりかへばや、男と女』(新潮社文庫)、一九九一、新潮社、大槻修・神野藤昭夫編『中世王朝物語を学ぶ人のために』、一九九七、世界思想社。辛島正雄『中世王朝物語史論』、二〇〇一、笠間書院。

(阿部 泰郎)

とりがたしずこけっこんかいしょうじけん 鳥潟静子結婚解消事件 一九三二年(昭和七)、京都帝国大学医学部教授鳥潟隆三《りゅうぞう》の娘静子が、結婚初夜に夫から性病罹患歴《りかんれき》の告白を受けて結婚を解消した出来事。『*婦人公論』をはじめ、メディアが大々的に報道、双方の*親族たちも声明を発表し非難の応酬《おうしゅう》を繰り広げた。新郎が*コンドームの使用を提案したことに疑惑を抱いた新婦が新郎を追及の末、自白させたとの報道を受けて、鳥潟静子を理想主義的で冷酷だとする批判がある一方、冷静な対応を賞賛する声が挙がり、誤った性道徳・結婚観を持つ男性に対する抗議行動として、多くの人々が支持した。また、*性教育や婚約に際しての健康診断書の取り交わしの必要性、男性に対する童貞性要求の可否など、さまざまな論点が提示され、論じられた。親の決めた結婚であったことからこれを因習《いんしゅう》結婚とみなし、双方に愛情があれば破婚に終らなかったはずだと分析する言説が目立つなど、この出来事は*恋愛結婚イデオロギーの枠組みの中で論じられた。

参考文献 「結婚解消問題是非」(『婦人公論』一八ノ二)、一九三三。『婦人世界』二八ノ一、一九三三。

(坂井 博美)

とりつぎ 取次 貴人に仕えて物事を伝えること。また、その人。一般的に取次は、近臣の役割の中核をなすものである。中世では、院の伝奏《てんそう》や摂関家の申次《もうしつぎ》など、正式の取次役が制度的に成立していたが、そうした場合にも、近臣が伝奏・申次に任じられ、また、伝奏・申次となっていることで近臣とみなされており、取次という役割が近臣という立場から大きく離れることはなかった。天皇の取次は、本来、近習《きんじゅう》の男女が行なったが、政務処理に関わる職事《しきじ》・弁官《べんかん》の奏事《そうじ》の取次は、平安時代末期には、内侍《ないし》や六位蔵人《くろうど》が行うことが普通になっていた。特に鎌倉時代前中期の後鳥羽《ごとば》天皇から後嵯峨《ごさが》天皇までは、もっぱら内侍が奏事の取次を行なった。院御所《いんのごしょ》では、平安時代末期から伝奏が奏事を取次いでいたが、後鳥羽院のときには、伝奏ではなく、内侍が奏事を取次いだため、上皇の意思を伝える政治的文書としての*女房奉書《ほうしょ》が成立し、重要な役割を果たした。後嵯峨院のもとで伝奏の制度が確立されると、複数の伝奏が当番制で奏事の取次を行うようになったが、この制度は亀山《かめやま》天皇の親政《しんせい》時に内裏《だいり》にも導入された。こうして、鎌倉時代後期には内裏でも親政時には伝奏が奏事を取次ぐようになったが、内侍が天皇の取次を行わなくなったのではなく、親政時でなければ伝奏は置かれず、内侍が奏事を取次いだ。なお、中世では、取次役は、奏上者と同程度の階層であるのが原則だったため、職事や弁官の取次は内侍が行なったが、上級貴族の取次は、*上臈《じょうろう》の*女房が行なった。摂関や政治の諮問《しもん》に与《あずか》る重臣の取次は、上臈女房のなかでも、院(天皇)の*乳母《めのと》が行うことが多かったが、そうした立場から、人事に深く介入するなどして、権勢をふるった乳母もみられる。

参考文献 秋山喜代子「台盤所と近臣・女房」(『中世公家社会の空間と芸能』二〇〇三、山川出版社)。

(秋山喜代子)

とわずがたり とはずがたり 後深草《ごふかくさ》院の後宮女房《にょうぼう》二条《にじょう》の自伝。五巻から成る。御所本の系統を引く宮内庁書陵《しょりょう》部《ぶ》蔵の霊元《れいげん》天皇が外題を染筆《せんぴつ》した近世前期写本が唯一の伝本。ほかに南北朝時代にさかのぼる異本断簡《だんかん》一葉が知られる。『*弁内侍《べんのないし》日記』や『*中務内侍《なかつかさないし》日記』など天皇に仕える内侍日記の系譜とは異質の女房日記である。二条の十四歳での後深草院の後宮入りから二十六歳での宮廷退出までの前半三巻と、出家後の諸国修行の旅と後深草の崩御追善を記す後半二巻により構成される一生涯の回顧録で、成立は徳治元年(一三〇六)の後深草院三回忌の記事を最後とする擱筆《かくひつ》直後か。現存本文は随所に削除の痕跡や後人の注記が付され、成立後程なく作者自身を含む宮廷関係者による検閲が加えられたらしい。宮廷生活の最後を飾る北山准后貞子《きたやまじゅごうさだこ》九十賀《きゅうじゅうが》の盛儀を以て終る巻三と東国へ旅立つところから始まる巻四との間に数年分の空白があるが、その間の消息は、本書を材料に用いた『増鏡』が伏見《ふしみ》天皇中宮鏱子《あきこ》入内《じゅだい》に「三条」の女房名で出仕したことをわずかに記すのみである。本書の中心は、作者を寵した後深草院との主従ないし夫婦関係の顛末《てんまつ》であるが、一方で*密通してその子を儲けた近臣西園寺実兼《さいおんじさねかね》(雪の曙《あけぼの》)や院の弟である性助法親王《しょうじょほうしんのう》(有明の月)との関係を絡め、また鷹司兼平《たかつかさかねひら》(近衛大殿)や院の同母弟亀山院も作者に懸想し、院はそれぞれが強《あなが》ちに関係を結ぶのを黙認する。とりわけ有明との関係は院の知るところとなり、その承認と配慮のもとで有明と再び契り、その子を院が

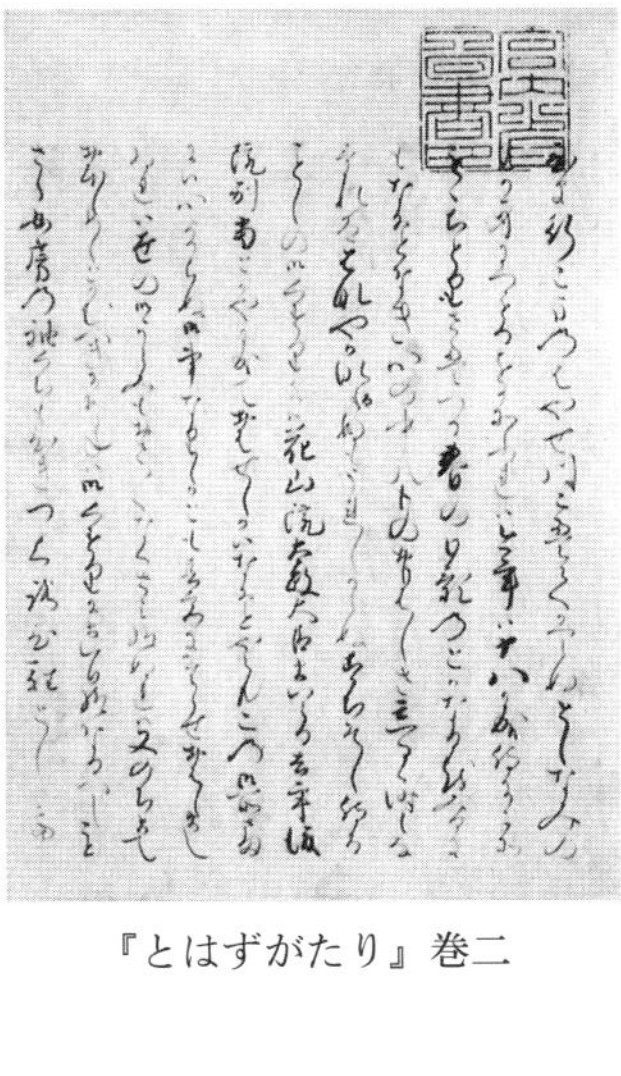

『とはずがたり』巻二

認知して処分するという異常な展開となる。やがて亀山院《いん》との関係が噂となるや、作者を終始憎んだ正妃《せいき》東二条《ひがしにじょう》院の命を口実に宮廷から追放される。後嵯峨院の皇子としてともに*大宮院《おおみやいん》を母とする後深草と亀山の兄弟の確執に端を発する両統迭立《りょうとうてつりつ》から南北朝の争乱に至る、持明院《じみょういん》統《とう》と大覚寺統《だいかくじとう》の葛藤《かっとう》の火種ともなった女人の手記である。出家遁世《とんせい》した作者は、東下りして鎌倉に赴き、惟康《これやす》親王の更迭《こうてつ》と新将軍となった後深草皇子久明《ひさあきら》親王の就任に立ち会い、善光寺《ぜんこうじ》修行や熱田《あつた》参詣を経て、南都巡礼ののち、石清水八幡《いわしみずはちまん》で院と劇的な再会を遂げる。伊勢《いせ》参宮ののちに伏見離宮《りきゅう》で院と対話し本懐を述べるまでが巻四。時を隔て西国へ赴き、厳島《いつくしま》参詣や足摺《あしずり》への遍路を経て白峯《しらみね》に詣で、帰京すると東二条院の死、ついで院の不予と崩御にあう。その葬送と追善に陰ながら立ち会いつつ、熊野《くまの》那智《なち》に参籠《さんろう》して夢想を感得し、再び石清水で院の遺児*遊義門院《ゆうぎもんいん》と邂逅《かいこう》して、三回忌を迎えたところで擱筆する。武士や神官と*和歌を詠み交わしながら諸権門や霊地を遍歴するその旅は、幼いころに「西行が修行の記といふ絵」を見て憧れた故というが、また一方で、有明の恋の妄執《もうしゅう》が籠められて煙となった五部大乗経《だいじょうきょう》に対し、その成仏を祈るための五部大乗経の書写供養を行うための修行でもあった。前半は、後宮での院と二条の関係が源氏と若紫《わかむらさき》になぞらえられるなど『*源氏物語』等の古典をふまえて描かれ、たとえば有明の造型も柏木がモデルとなる。後半では次第に宗教性が深まり、特に院の死後に父母の菩提を弔いつつ作善《さぜん》を営む果てに、那智で故院が熊野の神と一体化した相を夢みてその証しを感得するなど、*巫女的な性格も示している。それは父の死に臨んで正念を遂げさせなかった自責の念から発し、自身の現世における不遇と引き替えに父の成仏を八幡に祈り、夢に納受されたという一節と呼応する。また、作者の人生を規定した父の遺言は、二君に仕えず好色の名を立て家名を汚すなと戒め、ただ尼となればいかなる振舞も自由だとする、家に従属すべく定められた中世貴族女性の規範が露われた貴重な証言である。それは先立つ*阿仏尼《あぶつに》(安嘉門院《あんかもんいん》四《し》条《じょう》)の生涯とその作品(『*うたたね』『*十六夜日記《いざよいにっき》』および*女訓書としての『庭の訓《にわのおしえ》』)とは対照的である。本書には、二条の立場から眺められた宮廷女性の多様な人生が描かれる。*国母《こくも》と仰がれながらわが子の後深草院を愛せない大宮院や、その院の好色の標的となり拒むことを知らぬ元斎宮など皇族女性から、同じく院の好色に奔弄《ほんろう》され出家遁世し五百戒の尼衆となる地下《じげ》の*傾城《けいせい》まで、諸階層の女人が登場する。なかでも印象深いのは、幕府で権勢を握った平頼綱《たいらのよりつな》よりその妻が強烈な存在感を示し、また東国と西国それぞれに出会う*遊女の長者たちと歌や発《ほっ》心問答《しんもんどう》を交わして共感し合っていることである。院の遊《ゆう》宴《えん》に参入して芸を施す*白拍子《しらびょうし》姉妹や、春日若宮《かすがわかみや》で仏神の本縁を白拍子に乗せて語る拝殿《はいでん》巫女の物語に耳を傾けるのも二条ならではの視線。在俗中には時々に氏寺である醍醐《だいご》寺の*尼寺勝倶胝院《しょうぐていいん》に滞在して法文を習い、修行の旅の中では奈良*法華寺《ほっけじ》で同母姉かと推定される一条冬忠《いちじょうふゆただ》娘寂円房《じゃくえんぼう》のもとに赴《おもむ》き、中宮寺《ちゅうぐうじ》では*信如尼《しんにょに》に懇《ねんご》ろにもてなされるが、いずれに留まることなく「何時《いつ》となき心の闇」に誘われて旅を続ける。そこには、己が罪障を告白しながら自他の後世菩提を祈る懺悔《ざんげ》語りの側面がある。しかし同時に、壮大な構想と細心な配慮のもとに本書が書かれることで作者が企てたのは、遠く『*蜻蛉《かげろう》日記』や『*和泉《いずみ》式部《しきぶ》日記』の試みとも通ずる、みずからを歌い女の物語を書こうとする、日記の作者としての文学伝統に連なろうとする営みであった。英訳The Confessions of Lady Nijo(カレン＝ブラセル訳、一九七三年(昭和四十八))のほか独・露・伊・ブルガリア語に翻訳されており、杉本苑子『新とはずがたり』(一九九〇年(平成二))などの小説や、映画「あさき夢みし」(大岡信脚本、実相寺昭雄監督、一九七四年)がある。『新潮日本古典集成』(福田秀一校注、一九七八年、新潮社)、『新日本古典文学大系』五〇(三角洋一校注、一九九四年、岩波書店)、『新編日本古典文学全集』四七(久保田淳校注・訳、一九九九年、小学館)に所収。

参考文献　松本寧至『とはずがたりの研究』、一九七一、桜楓社。三角洋一『とはずがたり』、一九九二、岩波書店。松村雄二『『とはずがたり』のなかの中世』、一九九九、臨川書店。

(阿部　泰郎)

トンコリ・ムックリ　トンコリ・ムックリ　アイヌの伝統的民族楽器。トンコリは、サハリンや北海道北部に伝えられた弦楽器であり、五弦のものが多い。幅一〇センチ前後、長さ約一～一・五メートル。肩に立てかけ弦を指で弾いて演奏する。ムックリは、一般に口琴《こうきん》と呼ばれる楽器の一種である。竹製のものは中央の弁の根元あたりにつけた紐を引っ張り、弁を振動させることで音を出す。息の出し方、舌の動き、口腔の形などで音色を変化させる。金属製のものは樺太《からふと》で伝えられ、弁を指で直に振動させる。

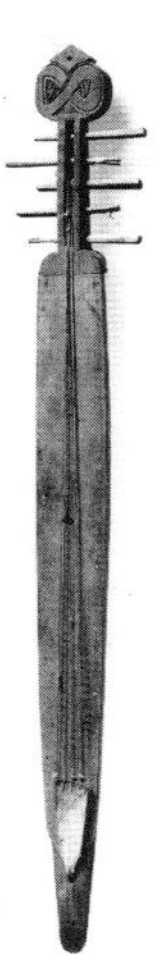

トンコリ

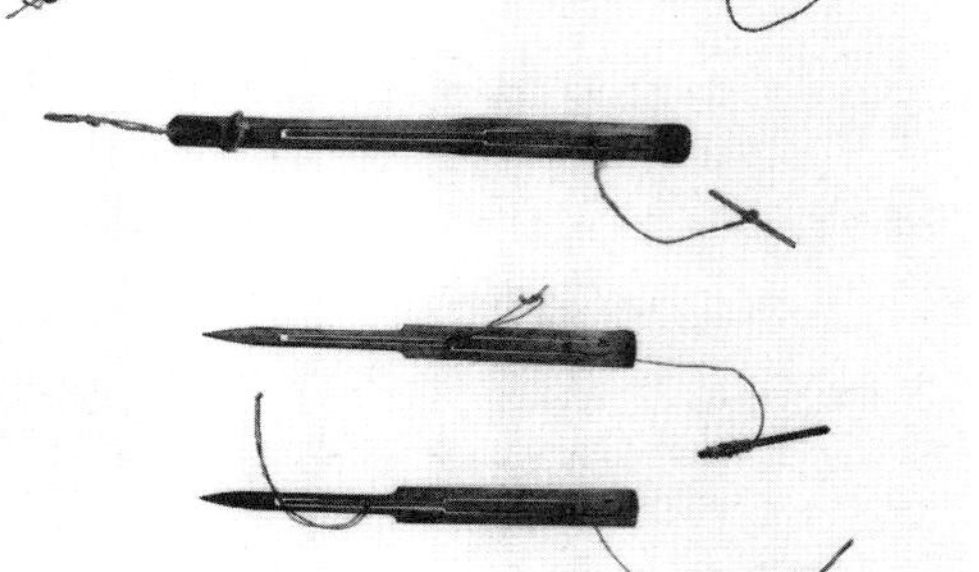

ムックリ

参考文献 金谷栄二郎・宇田川洋『樺太アイヌのトンコリ』(ところ文庫)、一九八六、常呂町郷土研究同好会。直川礼緒「日本の口琴の源流」(小島美子・藤井知昭編『日本の音の文化』一九九四、第一書房)。
(本田 優子)

な

ないぎがたちぎょう 内儀方知行 武家において妻が所有する知行をいう。「ないぎかたちぎょう」とも読む。中世後期に分割相続から単独相続への移行を背景に、*武家女性の財産権は一般的には著しく制限されていたが、一部に近世中期まで女子に対する*化粧料《けしょうりょう》の分与が続き、持参した先の婚家《こんけ》において妻の特有財産として認められていた。特に将軍家や大名家の女性たちは、知行分与の恩恵《おんけい》に預かりやすい立場にあり、婚家に千石以上の化粧料を持参していた例も少なくない。持参した知行は離縁や死亡時には実家に戻されるのが通例であり、中世以来の武家の夫婦別産制《ふうふべっさんせい》が近世を通じて基本的には維持されていたといえる。一方、知行が婚家において子女《しじょ》に贈与されていた例もある。盛岡《もりおか》藩南部家二代南部利直《なんぶとしなお》の娘の七姫《しちひめ》は、一族家臣の中野元康《なかのもとやす》に嫁いだ際、化粧料五百石を持参していたが、亡くなる四年前の寛文《かんぶん》元年(一六六一)、このうち三百石を実子の男子である中野康忠《やすただ》に、残りの二百石を男子の保次に譲与している。七姫の没後、二人の男子はそれぞれ譲り受けた知行をもとに、換地《かんち》を貰い分家として独立している(『南部藩参考諸家系図』一)。

参考文献 城島正祥「佐賀藩成立期の内儀方知行」(『社会経済史学』三八ノ三)、一九七二。高原三郎「江戸時代の『分知』と『化粧料』」(『大分県地方史』八五)、一九七七。長野ひろ子『日本近世ジェンダー論―「家」経営体・身分・国家―』、二〇〇三、吉川弘文館。
(柳谷 慶子)

ないきょうぼうのぎじょ 内教坊妓女 内教坊において歌舞や楽を掌《つかさど》った女性。内教坊は奈良時代初頭には成立していたと推察されるが、確実なところでは天平宝字《てんぴょうほうじ》三年(七五九)正月十八日に五位以上・蕃客《ばんきゃく》・主典《さかん》以上を朝堂《ちょうどう》に饗《きょう》して女楽《じょがく》が舞台でなされ庭で内教坊の*踏歌《とうか》が行われたとある。この時の舞台での女楽も庭での踏歌も内教坊妓女による奏楽と舞そして踏歌であったろう。内教坊妓女は『続日本後紀《しょくにほんこうき》』承和《じょうわ》十一年(八四四)正月十七日条に「内教坊妓女石川朝臣色子」が従五位下《じゅごいげ》に叙されているのがはやい例である。翌年の正月二十日の内宴《ないえん》では倡女完人朝臣貞刀自《ししひとのあそんさだとじ》が従五位下に授されている。天平勝宝《てんぴょうしょうほう》三年(七五一)正月の踏歌に歌頭《うたのかみ》となった女孺忍海伊太須《じょじゅおしぬみのいたす》と*錦部河内《にしごりのかわち》も妓女であったと考えられる。『*年中行事絵巻』五内宴には綾綺殿《りょうきでん》の西の庭に舞台が設けられ内教坊妓女による女楽が描かれている。これでは西廂《にしのひさし》に女楽人《じょがくじん》が琵琶《びわ》・箏《そう》・方磬《ほうけい》等を奏し、舞台では舞妓《ぶぎ》六人が舞を舞っているものとなっている。

参考文献 長谷川政春「伊勢物語成立論序説―紀貫之作者説と内教坊妓女―」(『国学院雑誌』六七ノ九)、一九六六。荻美津夫『日本古代音楽史論』、一九七七、吉川弘文館。
(荻 美津夫)

ないしせん 内侍宣 宣旨《せんじ》の一つ。内侍司《ないしのつかさ》の*女官(*尚侍《ないしのかみ》・*典侍《ないしのすけ》・掌侍《ないしのじょう》)が天皇の命令を奉り、口頭で伝宣すること。さらにその宣を受けた者が確認や第三者に通達するために書き記した文書も内侍宣と呼ぶ。通常の宣と異なり、太政官の上卿《しょうけい》を経ることなく直接諸司に伝えられる。後宮《こう》職員令《きゅうしきいんりょう》内侍司条に尚侍および典侍の職掌《しょくしょう》として「奏請《そうせい》・宣伝」とみえるが、奈良時代には内侍のほか*命婦《みょうぶ》・*采女《うねめ》・*女孺《にょじゅ》といった多種多様な後宮女性が伝宣しており、令制の規定から逸脱《いつだつ》していた。令制では後宮官司における内侍の地位はそれほど高くはなかったが、天皇に常侍《じょうじ》して勅《ちょく》や奏《そう》を取り次ぐ職務が有力貴族の注目するところとなり、奈良時代末期から内侍の待遇が急速に上昇。平安時代初期には詔勅《しょうちょく》や太政官符で宣せられるような、行政に接近したかなり重要な内容までしばしば内侍宣をもって宣せられるようになった。この時期の内侍宣はまだ形式や手続きが一定していないが、平安時代中期(九世紀後半以降)には制度が整備され、「典侍某宣、奉　勅《ちょくをうけたまわるに》(下略)」といった書式も整う。ただし弘仁元年(八一〇)尚侍薬子《くすこ》の変の際に蔵人所《くろうどどころ》が設置されてからは、内侍の奏請・宣伝機能が次第に*蔵人へ移管されていった。また内侍宣の適応範囲が制限されるようにもなる(式部式《しきぶしき》)。そのため平安時代中期以降の内侍宣の内容は内廷関係や検非違使《けびいし》に下すものに限られ、大事には用いられなくなった。さらに十世紀初期以降は、形式的には内侍宣(典侍宣)であるが、文末に「実　仰《まことにおおするは》、蔵人某」と注記してあって、実際は蔵人が仰せ下したものが多くなり、十世紀後期以降は内侍宣の発給自体ほとんど行われなくなった。なお*女房奉書《にょうぼうほうしょ》が内侍宣の系譜を引く文書といわれることがあるが、内侍宣の場合は内侍が口頭で勅旨《ちょくし》を伝えるだけで、筆者=発給者は内侍の宣を奉った男性官人であるのに対し、女房奉書は女房自身が執筆・発給する点が異なる。

[参考文献] 富田正弘「御教書・院宣・綸旨・伝奏奉書・女房奉書」(日本歴史学会編『概説古文書学』古代・中世編、一九八三、吉川弘文館)。『律令』(日本思想大系新装版)、一九九四、岩波書店。吉川真司「律令国家の女官」(『律令官僚制の研究』一九九八、塙書房)。土田直鎮「内侍宣について」(『奈良平安時代史研究』一九九二、吉川弘文館)。

(野田有紀子)

ないしどころ　内侍所　平安時代に成立した宮廷*家政機関「所」の一つ。令《りょう》制における*後宮十二司《こうきゅうじゅうにし》の一つ「内侍司《ないしのつかさ》」の系譜を引くもので、内裏《だいり》の温明殿《うんめいでん》に置かれた。その成立年代は明らかでないが、すでに『弘仁式《こうにんしき》』太政官に、官人たちの上日記録を「内侍所に付して奏す」(原漢文)とみえるので、弘仁初頭の蔵人所《くろうどどころ》創設前後には「所」と呼ばれるようになったとみられる。ただ、それ以後も「内侍司」と称して「内侍所」を指すことが少なくない。職員は、大同《だいどう》以前の内侍司と同じで、*尚侍《ないしのかみ》・*典侍《ないしのすけ》・掌侍《ないしのじょう》・*女孺《にょじゅ》などであるが、その員数は必ずしも内侍司と同一ではなく、かなり変化している。特に尚侍は、令制内侍司の長官から天皇の侍妾《じしょう》化していくことにより、本来尚侍の掌っていた職務が典侍や掌侍に肩代わりされるようになった。そのため、平安時代の儀式書や日記類にみえる「内侍」とは、ほとんど典侍と掌侍をさす。また、その下にいた*女官は、天暦《てんりゃく》四年(九五〇)の『九暦《きゅうりゃく》』逸文《いつぶん》に「女史《じょし》二人、官人代一人、御髪上《みかみあげ》一人、番所二人、水取二人、硯一人、殿邸女孺三人、厨《くりや》女孺一人、洗人二人、蔵人収女《くろうどおさめ》二人、御厠人《みかわやうど》、油守《あぶらもり》二人、掃部《かにもり》女孺六人」とみえる。この三十名ちかい女官は、いずれも令制の女孺がおのおの職務によって分化したものである。令制内侍司の職掌《しょくしょう》は、『大宝令《たいほうりょう》』後宮官員令《こうきゅうかんいんりょう》を受け継いだ『養老令《ようろうりょう》』後宮職員令《しきいんりょう》によれば、長官=尚侍の職掌として、第一に天皇に常時近侍して奏請《そうせい》・宣伝にあずかること、第二に内裏に奉仕する女孺百人を検校《けんぎょう》し監督すること、第三に内命婦《ないみょうぶ》(五位以上の婦人)・外命婦《げみょうぶ》(五位以上の官人の妻)の朝参および後宮内の礼式を兼知することであった。それを承けて、内侍所の職掌は、第一に政事の仲介、すなわち奏請・宣伝にあずかること、第二に賢所《かしこどころ》を守護することが、もっとも重要な任務である。令には規定されていないが、賢所が内侍所の中にあったことは、『貞信公記《ていしんこうき》』天慶《てんぎょう》元年(九三八)七月十三日条に「地震、内侍所を後涼殿《こうりょうでん》に遷《うつ》す、貴(賢)所等も同じく遷す」(原漢文)とみえる。また、この「賢所」が神鏡を意味していたことは、『日本紀略《にほんきりゃく》』天徳《てんとく》四年(九六〇)九月二十四日条の内裏火災記事に「鏡」を「和名加之古止古呂《かしこどころ》」と記しており、『貞信公記』天暦《てんりゃく》二年(九四八)四月八日条にも「内侍所に坐《いま》す神、十二月に遷し奉る可し」(原漢文)とあることでわかる。ちなみに、温明殿の一部である内侍所のような女官候所に、神鏡(賢所)が奉安されるようになったのは、大江匡房《おおえまさふさ》の『江家次第《ごうけしだい》』などによれば、神鏡は元来天皇と同殿であったが、畏《おそ》れ多いため、崇神《すじん》・垂仁《すいにん》天皇朝に別殿から伊勢の神宮へと移された。その神鏡が飛び上がるのを女官が唐衣《からぎぬ》で引き留めたので、その後も女官が(代器を)守護するようになり、宇多《うだ》天皇の時から温明殿へ遷座《せんざ》されたという。しかし、すでに寛平《かんぴょう》以前から内侍が神鏡を奉斎《ほうさい》していたことは『菅家文草《かんけぶんそう》』一一所収の貞観《じょうがん》十三年(八七一)十二月の願文《がんもん》に、尚侍正一位源全姫《みなもとのまたひめ》(嵯峨《さが》皇女)が温明殿内に候していたとみえることからわかる。内侍所の職員が賢所を守護するようになったのは、蔵司《くらのつかさ》(長官*尚蔵《くらのかみ》)の職掌を吸収したからであろう。令制の蔵司は神璽《しんじ》(鏡剱《きょうけん》)を掌ったが、天平年間(七二九—四九)から延暦初頭にかけて、尚蔵が尚侍を兼任しており、平安時代に入ると、蔵司の職掌がほとんど内侍所に吸収されている。さらに第三の職掌は、内侍所御神楽《ないしどころみかぐら》の施行、内侍所御供《おんく》、春日祭《かすがさい》・*賀茂祭《かもさい》への祭使派遣など神事祭祀《さいし》の奉仕や御体御卜奏《ぎょたいみうらのそう》、御暦奏《ごりゃくのそう》、卯杖奏《うづえのそう》などの年中行事儀礼への参与である。

[参考文献] 浅井虎夫『(新訂)女官通解』(講談社学術文庫)、一九八五、講談社。渡部真弓「神鏡奉斎考」(『神道と日本仏教』一九九一、ぺりかん社)。所京子「「所」の成立と展開」(『平安朝「所・後院・俗別当」の研究』二〇〇四、勉誠出版)。同「平安時代の内侍所」(同)。

(所　京子)

ないしのかみ　尚侍　令《りょう》制の*後宮十二司《こうきゅうじゅうにし》の一つ内侍司《ないしのつかさ》の長官。音読で「しょうじ」とも称し、また「かんのきみ」「かんのとの」などとも呼ぶ。員数は二人。二名とされたのは、天皇の御膳を掌った内膳司《ないぜんし》の奉膳と同様、一方がいなくても事欠かないための重職ゆえとみられる。その下の*典侍《ないしのすけ》四人、掌侍《ないしのじょう》四人以下、*女孺《にょじゅ》百人を率いる重職である。『大宝令《たいほうりょう》』後宮官員令《こうきゅうかんいんりょう》・『養老令《ようろうりょう》』後宮職員令《こうきゅうしきいんりょう》の内侍司条によれば、尚侍の職掌《しょくしょう》は、第一に、天皇の側に常侍して、諸司からの上奏《じょうそう》を天皇に取り次ぎ、天皇の命を伝えることであり、第二に、女孺の監督や内命婦《ないみょうぶ》・

外命婦《げみょうぶ》の朝参にも関与し、後宮内の礼式を取り仕切ることであった。このうち、奏請《そうせい》・宣伝は、尚侍の最も重要な役割の一つであるが、本来の位階は五位相当で、蔵司《くらのつかさ》の*尚蔵《くらのかみ》(三位)より低かった。しかし、その職掌の重要さから、奈良時代末期より平安時代初頭にかけて、官位・賜禄《しろく》の改定が進んだ。特に宝亀《ほうき》八年(七七七)の尚侍と尚蔵の職掌を同等とみなす勅《ちょく》をうけて、大同《だいどう》二年(八〇七)尚侍は従三位、典侍は従四位、掌侍は従五位と定められた。長官の尚侍が蔵司の長官尚蔵を兼任した例は、すでに天平宝字六年(七六二)正三位*藤原宇比良古《うひらこ》(房前女《ふささきむすめ》、藤原仲麻呂《なかまろ》室)などがある。しかし平安時代に入ると、兼任はみられなくなる。神璽《しんじ》を掌る尚蔵の職掌が尚侍に吸収されていったからであろう。しかも、天皇への常侍という職掌から、平城《へいぜい》天皇朝には寵《ちょう》をうけて正三位に叙された尚侍藤原薬子《くすこ》や、次の嵯峨《さが》天皇朝にも寝席に侍り源《みなもとの》定《さだむ》を生んだ*百済王慶命《くだらこにきしけいみょう》や、清和《せいわ》天皇朝には尚侍源全姫《みなもとのまたひめ》のごとく正二位に昇った例もある。さらに藤原淑子《よしこ》のように、光孝《こうこう》・宇多《うだ》・醍醐《だいご》三代の尚侍として活躍し、没後正一位を贈られたものもある。ところが、この平安時代前期に尚侍は*女官としてよりも、天皇の*キサキと化し、*女御《にょうご》や*更衣《こうい》などに準ぜられるようになる。それに伴い、典侍が長官的な存在となっていく。また奏請は、後世、四人の掌侍のうち上席の*勾当内侍《こうとうのないし》が行うことになる。

参考文献 浅井虎夫『(新訂)女官通解』(講談社学術文庫)、一九八五、講談社。後藤祥子「尚侍攷」(『源氏物語の史的空間』一九八六、東京大学出版会)。春名宏昭「内侍考—宣伝機能をめぐって—」(『律令国家官制の研究』一九九七、吉川弘文館)。所京子「平安時代の内侍所」(『平安朝「所・後院・俗別当」の研究』二〇〇四、勉誠出版)。

(所 京子)

ないしのすけ・ないし 典侍・内侍 *後宮十二司《こうきゅうじゅうにし》の一つである内侍司《ないじし》は三等官的な構成をもつが、*尚侍《ないしのかみ》に次ぐ次官にあたるのが典侍である。定員は四人。一時、権典《ごんのないしの》侍《すけ》がおかれたこともある。後宮職員令《こうきゅうしきいんりょう》が尚侍の職掌《しょくしょう》を「供奉常侍、奏請、宣伝、検校女孺、兼知内外命婦朝参、及禁内礼式之事」とするのに対し、典侍のそれは奏請《そうせい》・宣伝を除いて尚侍と同じとする。ただし、尚侍が二名ともいない時のみ奏請・宣伝ができた。しかし、平安時代になって尚侍が天皇の*キサキへと転化していくに従い、奏請・宣伝も典侍の職掌となっていった。令制では従六位相当であったが、大同《だいどう》二年(八〇七)十二月十五日太政《だじょう》官奏《かんそう》により、従四位相当に改められた。給禄《きゅうろく》面では、それ以前の宝亀《ほうき》八年(七七七)・宝亀十年格《きゃく》によって、蔵司《くらのつかさ》の典蔵《くらのすけ》に准ずる扱いを受けていた。平安時代の内侍といえば、典侍と掌侍《ないしのじょう》を指す。内侍奏は、元旦と十一月朔《さく》の御暦奏《ごりやくのそう》、元旦の氷様《ひのためし》・腹赤奏《はらかのそう》、白馬節会《あおうまのせちえ》での御弓奏《みたらしのそう》・白馬奏、六・十二月の御体御卜奏《ごたいみうらのそう》、大晦日の追儺奏《ついなのそう》など、内侍が諸司奏を取り次いで奏上する。内侍が勅命を伝達する*内侍宣《ないしのせん》は、次第に実際は*蔵人《くろうど》の宣となり、内容も内廷関係に限られていった。令制の内侍司は*内侍所《ないじしょ》となり、平安宮の温明殿《うんめいでん》内におかれたが、そこには「かしこどころ」とよばれる神鏡が奉斎された。内侍はこれを守護し、一条朝以後温明殿前庭で行われるようになった賢《かしこ》所《どころ》御神楽《みかぐら》にも奉仕した。また、内侍は、天皇の紫宸殿《ししんでん》出《しゅつ》御《ぎょ》や行幸等の折に神璽宝剣《しんじほうけん》を持って侍候《しこう》した。さらに天皇が紫宸殿・豊楽院《ぶらくいん》・武徳殿《ぶとくでん》等に出御する諸儀式において、折に臨んで上卿《しょうけい》や公卿《くぎょう》を殿上に召すのも内侍の務めであった。このほか、諸節会や宴で禄や被綿《かづけわた》、続命縷《くすだま》等を授け、奉幣《ほうへい》の幣物を調備し、諸社祭の使に差遣され、春日祭《かすがさい》や平野祭《ひらのさい》では神饌《しんせん》奉仕を行うなど、ほとんどの行事に何らかの形で関与していた。典侍の出身は必ずしも藤原氏に限らず多様であったが、『*枕草子』に「女は内侍のすけ、内侍」とあるように、*清少納言のような中流貴族にとっては、手を届かせることのできる理想の地位であった。

参考文献 須田春子『平安時代後宮及び女司の研究』、一九八二、千代田書房。浅井虎夫『(新訂)女官通解』(講談社学術文庫)、一九八五、講談社。所京子『平安時代の内侍所』(『平安朝「所・後院・俗別当」の研究』二〇〇四、勉誠出版)。

(岡村 幸子)

ないしのつかさ 内侍司 ⇩後宮十二司《こうきゅうじゅうにし》 ⇩尚侍《ないしのかみ》

ないしょく 内職 労働省(旧称)の定義によれば「主として製造業者や問屋または仲介人から物品の製造、加工を委託され、それに必要な材料をもらって家庭の主婦等自ら選んだ場所で家事の合間に行う家内労働」を内職と呼ぶ。一八九一年(明治二十四)*樋口一葉《ひぐちいちよう》の妹国子《くにこ》は、蟬《せみ》表《おもて》(籐《とう》の茎皮を織って造る下駄《げた》の表)の内職をしていた。職中一の手利きと噂された。その経験が『にごりえ』の中に生かされている。一九一五年(大正四)*佐多稲子《さたいねこ》は十一歳で「キャラメル工場」の*女工になるが、その祖母は毛編の帽子をつくる内職をしていた。現代では、津村節子《こ》の『遅咲きの梅』の女性の主人公がメガネのフレーム作りをしている。このように小説の中にも多くの内職が取り上げられている。一八九八年の横山源之助《よこやまげんのすけ》『*日本の下層社会』は「貧民家庭の内職仕事頗《すこぶ》る多し、巻煙草、マッチの箱張、ラムプの笠張、貿易品亀《かめ》の子《こ》、摺物折子《すりものおりこ》、足袋縫《たびぬい》、鼻緒縫《はなおぬい》、鼻緒の心、状袋張《じょうぶくろはり》、紙継《かみつぎ》、編物、蠟燭《ろうそく》の心巻き、ボール箱、団扇張《うちわはり》、タドン、ハンケチ縫、石版画着色、元結《もとゆい》の撚《よ》り、麻裏草履《あさうらぞうり》の裏縫、草鞋綯《ぞうりなわ》の如き類是なり」といっている。この内職はほとんどが資本制生産とは無縁の、いわば旧式の家内労働に属するものであった。その賃銭は、「マッチの箱一本(千二百箱)を張りて十二銭、(中略)子供の世話あり、炊事の要務あり、一本漸《ようや》く二日にて仕上ぐるは普通なるべし」(『日本の下層社会』)という状態であった。一九二四、二五年の東京市社会局の調査では、和服裁縫・鼻緒・玩具《がんぐ》・紙袋貼・メリヤスかがり・ミシン裁縫・履物《はきもの》の底付・編物・紙函《かみばこ》・刷《は》子毛植《けうえ》・爪掛《つまかけ》などがあり、これらの内職は大部分が工賃請負《うけおい》の形式で従業者の手に渡るのであるが、その経路は問屋が製造卸業者に請負わせ、製造卸業者は専属の下職に渡し、下職はさらに小仲介業者を介して従業者に分かった。従業者の得る工賃はきわめて零細《れいさい》なものであった。内職という言葉が使われていながら、その性格は、産業の発展を背景にして、大きく変容している。内職世帯の世帯主の職業もまた顕著な変化をしている。

参考文献　広田寿子『現代女子労働の研究』、一九七九、労働教育センター。　（岩井サチコ）

ないじょのこう　**内助の功**　妻が家を守り、外に働く夫を助け、夫の立身出世や事業の成功に寄与すること。明治期には女性のあるべき姿としていわれ、その例として、山内一豊《やまのうちかずとよ》の妻が、夫が名馬を求めるときその資金に自分の婚資を差し出し、戦いの際その去就《きょしゅう》につき決断を促したことなどがあげられている。*福沢諭吉《ふくざわゆきち》は『女大学評論《おんなだいがくひょうろん》』において「賢夫人がよく内を治め愚鈍《ぐどん》の主人も之に依頼し、いわゆる内助の力を以って戸外の対面を全うする（下略）」と女性が賢いことの必要を説いている。これによってもわかるように、内助の功の語は一般的には夫と妻が役割を分担し、妻は内を守るというだけでなく、夫を励まして仕事を成功させたり危機を乗り切らせたりするという積極的な妻に対していわれる。しかし国定修身《しゅうしん》教科書などには用いられていない。

参考文献　石川松太郎編『女大学集』（東洋文庫）、一九七七、平凡社。　（永原　和子）

ないしんのう　**内親王**　後三条《ごさんじょう》天皇親政以降、*入内《じゅだい》を経た正式な*キサキ（*女御《にょうご》など）ではない*女房程度の身分の女性が天皇・上皇の皇子女を生むことが公認されるようになった。しかし、こうした母をもつ皇子女は必ずしも親王宣下《せんげ》を受けられなかった。皇子女が必ずしも親王宣下を受けなかったことは中世・近世を通じての特色である。古代においては内親王の重要な役割であった斎王《さいおう》は、賀茂斎院《かものさいいん》が承久の乱後に廃絶し、伊勢斎宮《いせのさいぐう》も鎌倉時代に衰退し始め、鎌倉時代末に制度的に廃絶した。中世前期の内親王の特徴としていえるのは、未婚のままで天皇の准母《じゅんぼ》として*中宮・*皇后に立てられる内親王がいたことである。彼女たちのほとんどはのちに院号宣下を受け*女院《にょいん》となった。さらに准母でも后《きさき》でもない内親王が院号宣下を受けることもあった。もう一つの特徴は、こうした内親王の女院が父母から莫大な天皇家領荘園群（*女院領）を伝領していたことである。もちろん、当該期の内親王（皇女）すべてがそうであったわけではなく、貴族の扶《ふ》持《ち》によって暮らす者や日陰の存在で生涯を終える者など古代に比べて身の処し方は多様であった。鎌倉時代後期以降になると大規模な女院領は姿を消し、さらに内親王への院号宣下も行われなくなって、室町時代に入ると、皇女はほぼ全員、安禅寺《あんぜんじ》・大聖寺《だいしょうじ》等の*比丘尼御所《びくにごしょ》に入れられるようになった。これが中世後期の皇女の特徴である。親王宣下はほとんど行われなかった。皇女たちは幼児期のうちに入室してそこで成長し、少女期になると得《とく》度《ど》して尼となり、やがて住持職を継承した。尼とはいえ俗界から遮断《しゃだん》されていたわけではなく、安定した経営体であった比丘尼御所で皇女としての格式を保ちつつ比較的自由な生活を営んでいたという。近世に入っても親王宣下は少なく、皇女の多くが*尼寺へ入寺する状況はつづくが、皇女の結婚が復活したのが近世の特徴である。多くは結婚に先立って親王宣下が行われた。皇女の結婚相手は原則として摂家もしくは親王家の当主に限られたが、天皇に入内《じゅだい》した例（欣子《よしこ》内親王）、将軍家に降嫁《こうか》した例（親《ちか》子《こ》内親王）もあった。結婚した皇女は、江戸時代の皇女の三割弱になる。また、*明正《めいしょう》天皇と*後桜町《ごさくらまち》天皇という二人の*女帝が即位したのも近世の特徴である。

参考文献　服藤早苗編著『歴史のなかの皇女たち』、二〇〇二、小学館。　（伴瀬　明美）

ないせんけっこん　**内鮮結婚**　近代における日本の朝鮮同化政策の一つ。日本人と朝鮮人が結婚することで、その一体化を図ろうとした。*優生学的見地から「内鮮結婚」の必要を説く海野幸徳《うんのこうとく》と反対する河上肇《かわかみはじめ》との論争もあったが、一九二〇年（大正九）の朝鮮皇太子李垠《イウン》と梨本宮方《なしもとのみやまさ》子《こ》の結婚によって促進され、翌年「内鮮人通婚法案」が成立した。また同年設立された相愛会《そうあいかい》は結婚紹介などにつとめ、「内鮮結婚」の実績を重ねていった。一九三一年（昭和六）には、宗武志伯爵《そうたけしはくしゃく》と李垠の妹徳恵《トケ》が結婚した。朝鮮総督南次郎《みなみじろう》は、内鮮結婚夫婦を表彰するなど積極的に支援し、一九三九年以後の強制連行の時期に朝鮮人労働者との結婚が増え、三八年から四二年までの五千四百五十八組のうち三千九百六十四組が朝鮮人男性と日本人女性との結婚であった。「内鮮結婚」で韓国に渡り、第二次世界大戦後になっても帰国せずに「*慶州《キョンジュ》ナザレ園」などで暮らし続けている日本人女性もいる。

参考文献　鈴木裕子『従軍慰安婦・内鮮結婚―性の侵略・戦後責任を考える―』、一九九二、未来社。竹下修子「日本の植民地主義時代における内鮮結婚」（『国際結婚の社会学』二〇〇〇、学文社）。南富鎮「『内鮮結婚』の文学」（同編『近代文学の〈朝鮮〉体験』二〇〇一、勉誠出版）。　（小田部雄次）

ないとうじゅうしんいん　**内藤充真院**　一八〇〇―八〇　幕末期の文芸人。彦根藩主井伊直中《いいなおなか》の娘。大老井伊直弼《なおすけ》の姉。名は充《みつ》、のち繁子《しげこ》。日向国延岡《ひゅうがのべおか》藩主内藤正順《まさより》の妻。多芸多才で文学・絵画に堪能。三十四歳で夫に死別後、充真院と称す。文久二年（一八六二）の参勤交代緩和令《かんわれい》に伴った大名妻子帰国許可により、延岡へ下る。その折とその後の江戸・延岡二往復の絵入り道中記四点を著わす。ユーモラスな文と風景画、立ち寄った宿や寺社の部屋の見取り図は貴重な史料。『延岡藩主夫人内藤充真院繁子道中日記』（明治大学博物館編、内藤家文書増補・追加目録八、二〇〇四年）、『延岡藩主夫人内藤充真院繁子著作集』一（同編、同九、二〇〇五年）に翻刻されている。　（柴　桂子）

ないとうジュリア　**内藤ジュリア**　?―一六二七　戦国

から江戸時代前期にかけての女性。キリシタン武将丹波《たんば》八木《やぎ》城主内藤ジョアンの妹。若くして夫と死別後、京都で熱心な阿弥陀《あみだ》信仰の*比丘尼《びくに》となるが、その後イエズス会の宣教師より教えを受け、慶長元年(一五九六)夏ころオルガンティノより受洗、男性と会うことのできない身分の高い女性たちに宣教師に代わって教えを説き、豊臣秀吉側近の二女性たちを改宗させた。慶長八・九年に京都に日本最初の女子修道会ベアタス会を設立。慶長十九年のキリシタン宣教師らの「大追放」に際してマニラに送られ同地でも布教に活躍し、一六二七年三月二十八日に同地で没した。

参考文献 片岡弥吉『日本キリシタン殉教史』、一九七九、時事通信社。 （村井 早苗）

ないとうしんじゅく 内藤新宿 五街道《ごかいどう》の一つ甲州《こうしゅう》道中の初宿。現在の東京都新宿区新宿一―三丁目、新宿通りの両側にあたる。元禄《げんろく》十二年(一六九九)開設。享保《きょうほう》三年(一七一八)廃止を命じられ、安永《あんえい》元年(一七七二)再開、*飯盛女《めしもりおんな》百五十人を許される。江戸西方への物資の集散地となるとともに、旅籠屋《はたごや》・茶屋《ちゃや》が軒を並べ、江戸場末の遊興地《ゆうきょうち》として繁栄した。十九世紀初めには*吉原《よしわら》・品川を超える繁盛振《はんじょうぶ》りであったと伝える。吉原にならって「細見」も発行された。

参考文献 東京都『内藤新宿』(都史紀要二九)、一九八三。 （片倉比佐子）

なおえかねつぐしきのうかいしょ 直江兼続四季農戒書 戦国・江戸時代前期の大名上杉家の家老直江兼続の著作と伝えられる農民教訓書。『大日本史料』一二ノ三二に元《げん》和《な》五年(一六一九)十二月十九日直江死去の条の参考として全文を掲載するが、内容は十七世紀後半と推定される。米沢地方の農作物や農民の暮らしぶりを月ごとに示すが、「大茶《おおちゃ》を飲み、出歩いて人の噂《うわさ》話を好む女房とは離別せよ」「嗜《たしな》みが無く怠惰な女房は不潔である」など、『慶安《けいあん》の触《ふれ》書《がき》』に通じる箇条もみられて興味深い。

参考文献 藩政史研究会編『藩制成立史の綜合研究―米沢藩―』、一九六三、吉川弘文館。長島淳子『幕藩制社会のジェンダー構造』、二〇〇六、校倉書房。 （長島 淳子）

なかい 中居 元来は将軍家・大名屋敷などの奥向《おくむき》にあった室の名で、そこに勤める女をもさしたが、次第に意味が変化し、江戸時代には商家などで*奥女中と*下女の中間で使われた*女中のことをさすようになった。井原西《いはらさい》鶴《かく》の『*好色一代男《こうしょくいちだいおとこ》』や評判記《ひょうばんき》の『*色道大鏡《しきどうおおかがみ》』に出てくる中居はこの意味である。そこからさらに遊女屋や料理屋で客を接待し世話をする女中をさすようになった。現在も料亭で客の接待をする女性を中居と呼ぶ。仲居とも書く。

参考文献 『仮名草子集』(新日本古典文学大系七四)、一九九一、岩波書店。 （牧田りゑ子）

ながいえいこ 永井ゑい子 ⇨松本英子《まつもとえいこ》

ながいしゅほう 永井殊法 ⇨三井殊法《みついしゅほう》

ながさきまるやままち 長崎丸山町 江戸時代の長崎の代表的な遊女町。江戸の*吉原《よしわら》・京都の島原《しまばら》と並び称された。天明六年(一七八六)『丸山由緒書《まるやまゆいしょがき》』には、古くは「(丸山町)は、丸山と申す野地にて、以前は博多町《はかたまち》と称し三軒の遊女屋があった」が、寛永十九年(一六四二)に移転、丸山町となったと記されている。天保元年(一八三〇)の由緒書にも同様の記録があり「*遊廓のある町」として傾《けい》城町《せいまち》特有の町形成をなしていた。「此里は、いつも春なる花の宴、人の心も丸山の爰を大手の二重門、鎖して〆て、帰さしと夜を昼とも万燈の光輝く…(町)」(百華流芳)と、「丸山に遊ぶ」人びとは、丸山町の様相をこのように印象づけている。元禄のころは、遊女町の全盛時代といわれ、元禄五年(一六九二)には千四百四十人の遊女がいたという。ところが、丸山町は、京の島原や江戸の吉原などとは違い、長崎特有の遊女町の性格を有し、花街の盛衰は、中国・オランダとの貿易の消長が影響を及ぼしたといえるのである。

参考文献 古賀十二郎『(新訂)丸山遊女と唐紅毛人』前編、一九九五、長崎文献社。 （宇佐美ミサ子）

なかじまうたこ 中島歌子 一八四一―一九〇三 明治時代の歌人。江戸の商人中島又左衛門《またざえもん》の娘で、水戸藩士林忠左衛門《はやしちゅうざえもん》の妻となるが、天狗党《てんぐとう》の乱《らん》で夫が獄死すると歌子も投獄される。許された後、加藤千浪《かとうちなみ》に*和歌を学び、東京小石川安藤坂《あんどうざか》に歌塾「萩《はぎ》の舎《や》」を開く。上中流階級の子女に和歌や古典、書道などを教え、門下生は最高時で千人を超えた。*樋口一葉《ひぐちいちよう》や*三宅花圃《みやけかほ》もその門下である。歌集『萩のしつく』がある。

参考文献 『明治女流文学集』一(明治文学全集八一)、一九六六、筑摩書房。昭和女子大学近代文学研究室編『近代文学研究叢書(改訂増補版)』六、一九八三。 （長谷川良子）

なかじまとしこ 中島俊子 ⇨岸田俊子《きしだとしこ》

なかじまのむらじおおとじこ 中島連大刀自古 生没年不詳 平安時代前期の女性。「大刀自女《おおとじめ》(咩)」ともいう。近江国浅井郡湯次《ゆすき》郷戸主《こしゅ》従七位上的臣《いくはのおみ》吉野の戸口《ここう》。弘仁《こうにん》十四年(八二三)に長岡郷の秦富麿《はたのとみまろ》から墾田《こんでん》一段(『*平安遺文』四八号)、天長九年(八三二)に坂田郡大原郷建部縄公《たけるべただきみ》から墾田約六段(同五三号)、天長十年に大原郷山前連広《やまさきのむらじひろ》継《つぐ》から墾田一段百歩(同五四号)、同年右京九条二坊戸主の八木造大庭麿《やぎのみやつこおおばまろ》から墾田二十四段百四十歩(同五五号)、承和《じょうわ》二年(八三五)近江国の駅家戸《うまやのこ》の小長谷造福成《おはせのみやつこふくなり》から墾田一段二百六十歩(同五七号)、承和三年に大原郷の秦継《つぐ》麿《まろ》から七段(同六〇号)をそれぞれ買得し、十三年間でおよそ四町以上の墾田を買得集積していたことがわかる。なお同じ戸の中島連茂子《しげこ》も、同時期の弘仁十年に大原郷の秦有伍倍から畠《はたけ》三段、墾田五段などを買得しており(同四四二号)、九世紀段階において、独自の財産を持つ女性による土地集積が広く行われていた実態がうかがえる。

参考文献　服藤早苗『家成立史の研究』、一九九一、校倉書房。　　（三上　喜孝）

ながしまようこ　永島暢子　一八九七―一九四六　大正・昭和時代の評論家、社会運動家。青森県立実科高等女学校卒業後、青森県三戸郡《さんのへぐん》の造り酒屋に誕生。本名ヨネ。青森県立実科高等女学校卒業後、上京。*新婦人協会の『*女性同盟』に投稿、女性問題への関心を深める。一九二三年（大正十二）関東大震災の救援活動から生まれた*東京連合婦人会で主要メンバーになる。一九二五年『*婦女新聞』記者になり、常磐炭鉱《じょうばんたんこう》ルポなどで文才を表わす。関東俸給《ほうきゅう》生活者同盟に加わり、マルクス主義に接近、一九二七年（昭和二）関東婦人同盟の結成で執行委員となる。翌年、三・一五共産党弾圧事件を機に結成の解放運動犠牲者救援会に参加。一方*長谷川《はせがわ》時雨《しぐれ》主宰の『*女人芸術《にょにんげいじゅつ》』に鋭い社会時評等を連載、反響を呼ぶ。三・一五、四・一六と続く弾圧のなか半非合法の全協や赤色救援会《せきしょくきゅうえんかい》（モップル）の活動に挺身《ていしん》し、再三にわたり検挙される。入獄中の親友と夫の恋愛関係を出獄後知らされ、失意のあまりガス自殺を図る。一九三八年友人のアナーキスト*八木秋子《やぎあきこ》を頼って「満州」に渡る。『月刊満州』や『鉱工満州』を編集、のちに協和会《きょうわかい》に勤務する。敗戦直後の混乱のなか発疹《はっしん》チフスで死去した。

参考文献　八木秋子「マルキスト永島暢子との想い出」（『八木秋子著作集』一、一九七八、JCA出版）。岩織政美『永島暢子の生涯（補訂版）』、一九八八、「永島暢子の生涯」刊行委員会。同編『批判を持つ愛の深さ―永島暢子著作集―』、一九九四、北方春秋社。　　（鈴木　裕子）

なかそねさだよ　仲宗根貞代　一八九五―一九八一　大正・昭和時代の女性活動家。女性社会主義者団体*赤瀾会《せきらん》会のメンバーの一人。旧姓名緒方《おがた》サダヨ。一八九五年（明治二十八）五月十三日、熊本県宇土郡《うとぐん》（宇城市《うきし》）の村役場職員緒方文四郎《ぶんしろう》・タキの長女に生まれる。一九〇六年尋常《じんじょう》小学校五年のとき、父親の転職（パナマ帽子製造場経営）で沖縄に移り住む。沖縄県立高等女学校卒業。花嫁修業に反発し小学校教師になるが、学校現場で教え子たちが*遊廓《ゆうかく》や漁村に*身売りされる現実を目の当たりにし、社会に疑問を抱く。一九一七年（大正六）沖縄を貧しさから救いたいと意気投合した同僚の仲宗根源和《げんわ》と結婚。社会主義革命に傾倒《けいとう》した二人は二年後上京する。夫は堺利彦《さかいとしひこ》の元へ、貞代は堺真柄《まがら》らとともに赤瀾会を結成。女性初のメーデー参加などの運動に身を投じ一九二一年軍隊赤《ぐんたいせっ》化《か》事件の連座者として逮捕、投獄される。一九二九年（昭和四）離婚。その後消息を絶つが、源和の死去を報道で知り、五十年目にして熊本の老人ホームでの存命を明らかにする。

参考文献　江刺昭子『覚めよ女たち―赤瀾会の人びと―』、一九八〇、大月書店。近藤真柄『わたしの回想』、一九八一、ドメス出版。　　（宮城　晴美）

なかだち　媒人　前近代中国では婚約から成婚に至るまでに、男女双方の父などが主婚《しゅこん》となって*婚姻を契約する主体者になるが、両家の間を取り持ち女家の主婚に結婚を申し込むのが媒人である。本人同士の意志が優先された古代日本では、媒人の役割は重視されず、主婚も*戸令《こりょう》嫁女条《かじょじょう》に規定されるだけで実態はない。『日本書紀《にほんしょき》』には媒人を派遣した例がみえるが、すべて大王家の結婚に関連する。仁徳《にんとく》天皇四十年二月条や安康《あんこう》天皇元年二月戊辰《ぼしん》朔《さく》条では、媒人みずからが女性を娶《めと》ったり女家が結婚の「信契《しるし》」として貢献《こうけん》した宝を奪ったりと役に立っていない。せいぜい連絡係である。しかし、平安時代初期の『*日本《にほん》霊異記《りょういき》』中第三十四話では、媒人が結婚をまとめようとしており、戸令嫁女条に関する注釈の「令釈《りょうしゃく》」（『*令集解《りょうのしゅうげ》』）には、媒人が女家の祖父母父母に承諾を求めるようにとある。平安時代初期には媒人の重要性が高まったようである。それ以前は、同年齢の仲間が「使《つかい》」や「間使《まづかい》」となって間を取り持った。　→婚姻儀礼《こんいんぎれい》

参考文献　小林茂文「古代婚姻儀礼の周辺」（『周縁の古代史―王権と性・子ども・境界―』一九九四、有精出版堂）。成清弘和「結婚・離婚・恋愛など」（『日本古代の家族・親族―中国との比較を中心として―』二〇〇一、岩田書院）。　　（小林　茂文）

ながたみなこ　永田美那子　一八九六―一九七三　昭和時代の記者、諜報員《ちょうほういん》。石川県生まれ。小松高等女学校卒。二児を持つ呉服屋《ごふくや》の女主人だった一九二八年（昭和三）、『赤旗《せっき》』購読容疑で勾留《こうりゅう》され離婚。築地小劇場の端役などを経て『万朝報《よろずちょうほう》』の嘱託《しょくたく》となる。血判《けっぱん》を押して従軍記者を志願し、三一年の満州事変に際して*男装で従軍した。戦後の自伝『女傑一代《じょけついちだい》』（一九六八年、毎日新聞社）によると、渡満直後に河本大作《こうもとだいさく》らに接触され、以後関東軍諜報員の役目を担う。「東洋のジャンヌ＝ダルク」と呼ばれ中国の秘密結社にも潜入。帰国後の三二年『男装従軍記』を出版。浅草金竜館《きんりゅうかん》の芝居「国境警備」に出演した。その後傷痍《しょうい》軍人の満州入植や満州国国防婦女会の設立、インド独立運動などに関わるが、四二年末に東条英機《とうじょうひでき》に政策転換を上申、逆鱗《げきりん》にふれ関東軍と切れる。四六年A級戦犯の重要参考人としてGHQに召喚《しょうかん》されるが放免。六五年世界連邦婦人会大津支部を設立し初代理事長に就任した。『男装従軍記』は二〇〇四年にゆまに書房より復刻されている。

参考文献　近江エッセーグループ『近江の女』（近江文化叢書三）、一九七九、白川書院新社。　　（池川　玲子）

なかちゃや　仲茶屋　*遊廓《ゆうかく》内の町にある茶屋。廓内にある茶屋のため遊女屋とまぎらわしいが、遊客の休憩の場所である。地方には、江戸の*吉原を模倣して大門もつくり、仲茶屋を置くという形をとっているところも多い。たとえば、潮来《いたこ》遊廓では、遊女屋との違いを明確にするため、天保十二年（一八四一）に「遊女屋仲茶屋連判《れんばん》」を取りかわしている。*料理茶屋を兼ねる仲茶屋もあり、遊客の求めに応じて*遊女を呼ぶこともあるが、あくまでも茶屋としての性格が濃厚で、遊女屋まがいのような営業はしないというのが原則である。　→泊茶屋《とまりちゃや》

参考文献 女性史総合研究会編『日本女性史』、一九八二、東京大学出版会。　(宇佐美ミサ子)

なかつかさ　中務　生没年不詳　平安時代中期の歌人。三十六歌仙《さんじゅうろっかせん》の一人。父は中務卿・式部卿《しきぶきょう》を歴任した敦慶《あつよし》親王、母は藤原継蔭女《つぐかげのむすめ》で歌人の＊伊勢《いせ》。母の伊勢は宇多《うだ》天皇＊女御《にょうご》で皇太夫人となった＊藤原温子《おんし》のもとに仕え、温子没後、宇多天皇第四皇子の敦慶親王との間に中務を生んだ。実名は不明であるが、皇太孫の慶頼《よしより》王に仕え、「中務」と呼ばれた。この名は、父の官職による。また箏《そう》の上手でもあり、母から箏の血脈《けちみゃく》を相承《そうしょう》している。『清慎公集《せいしんこうしゅう》』には藤原実頼《さねより》と、『九条右大臣集』には藤原師輔《もろすけ》と、『後撰《ごせん》和歌集』には元長《もとなが》親王との恋歌の贈答がみえるが、多くの恋を経て源信明《みなもとのさねあきら》と結婚したらしく、『中務集』『信明集』には、源信明との恋歌の贈答が載せられている。

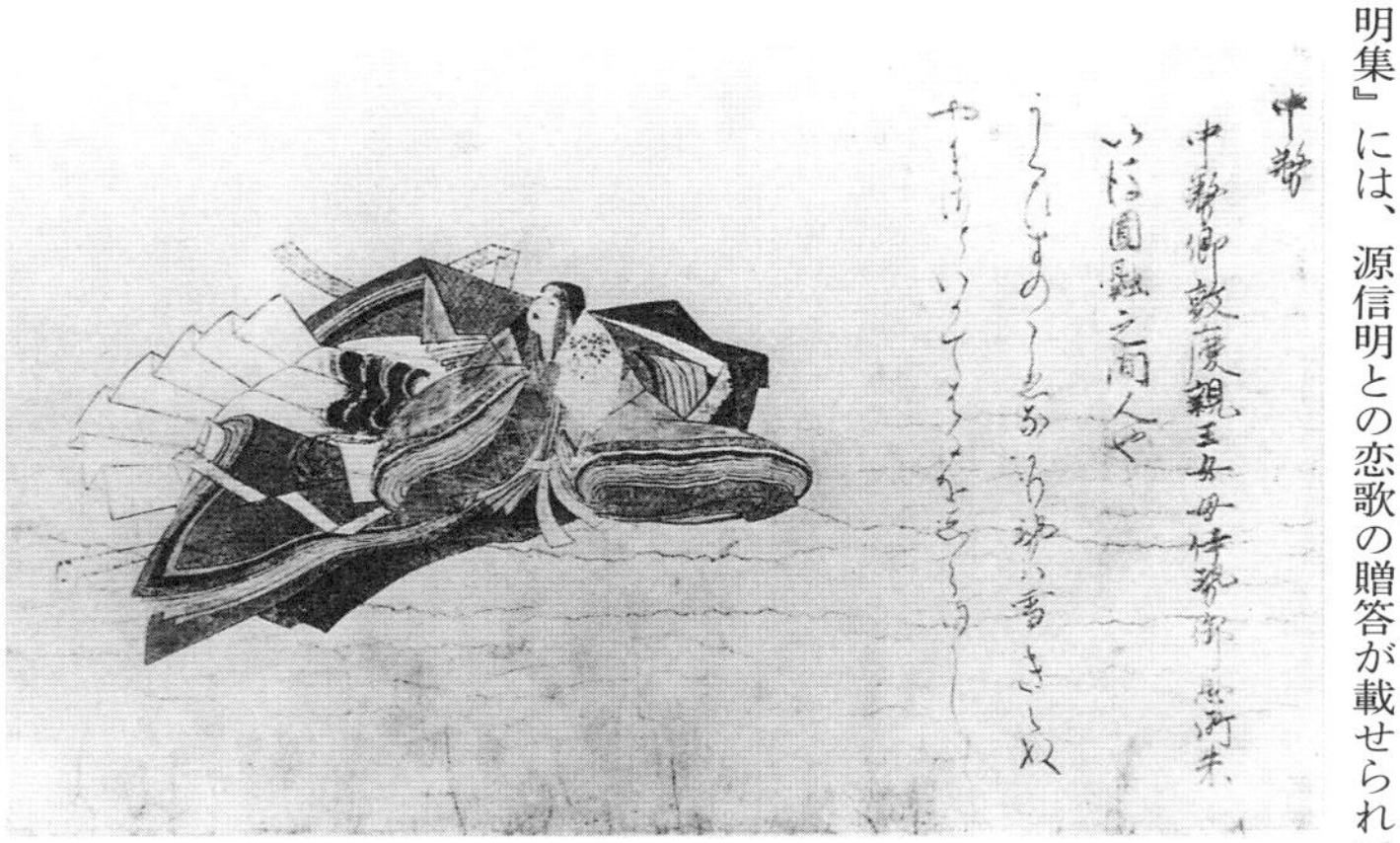

中務(佐竹本「三十六歌仙切」)

また季節の歌にも秀歌が多く、晩年の紀貫之《きのつらゆき》や、源順《みなもとのしたごう》、恵慶《えぎょう》法師、清原元輔《きよはらのもとすけ》ら歌人との交流があり、村上天皇に屛風歌《びょうぶうた》を、荘子《そうし》女王や康子《こうし》内親王の扇に歌を詠進《えいしん》している。天暦《てんりゃく》十年(九五六)二月の麗景殿《れいけいでん》女御(荘子女王)歌合《うたあわせ》に出詠《しゅつえい》、また天徳《てんとく》四年(九六〇)の＊内裏《だいり》歌合には恋歌を出詠して＊本院侍従《ほんいんのじじゅう》と番《つが》えられている。夫の信明は応和《おうわ》元年(九六一)十月に陸奥守《むつのかみ》に任じられており、『＊大鏡』には中務が信明とともに任国に下向《げこう》する様子が描かれている。中務が生んだ「ゐとの(井殿・井戸殿)」という名の女子と藤原伊尹《これただ》の間には「大納言の君」と呼ばれる女《むすめ》と光昭が生まれており、中務は、長じた孫の光昭少将家歌合に出詠している。中務は八十に及ぶ長寿を保つが、晩年には子と孫に先立たれた悲しみの歌が『拾遺《しゅうい》和歌集』にみえる。

参考文献 『大日本史料』一ノ一七、天元三年正月二十九日条。『後撰和歌集』(新日本古典文学大系六)、一九九〇、岩波書店。『一条摂政御集』(『平安私家集』一九九四、岩波書店)。稲賀敬二『中務』(日本の作家六)、一九九九、新典社。　(鈴木織恵)

なかつかさのたいふのむすめ　中務大輔の娘　『＊今昔物《こんじゃくもの》語集《がたりしゅう》』三〇「中務大輔娘成近江郡司婢語」に登場する伝承の女性。実在の人物かどうかは不詳であるが、両親の死後没落して悲惨な運命に陥《おちい》る中級貴族の娘の話で、平安時代中期の＊婚姻の一側面を示す説話である。中務大輔娘は、兵衛佐《ひょうえのすけ》を夫としていたが、父の中務大輔某《なにがし》と母が死亡すると、家人《けにん》も＊下人もいなくなり、朝廷に出仕《しゅっし》する夫のための衣服や従者を用意できなくなったので＊離婚を申し出る。はじめは渋った夫もついには去り、ほかの女の婿《むこ》となってからは手紙さえよこさなくなった。中務大輔娘は荒れ果てた寝殿《しんでん》で生活し、そこに住みついた年老いた尼が娘に食物などを分けていた。ある年、近江《おうみ》より上京した郡司《ぐんじ》の息子が、尼の所に宿をとり女性の仲介を頼む。頼まれた尼は、この娘を郡司の息子に仲介しようとするが、娘に断られる。郡司の息子はさらに娘との仲介を強く求め、尼は男を女の住むところへ密かに引き入れる。ついに娘と関係を持った郡司の息子は娘を近江に連れ帰るが、この男は、前々から国にいた妻の親の家に住んでおり、この妻がひどく嫉妬《しっと》してわめき散らしたので、男は京から連れて来た娘の所に寄りつかなくなった。こうして娘は男の親である郡司のもとで使われていたが、この国にやって来た新任の国守《こくしゅ》の目にとまり、郡司は娘を着飾らせて夜伽《よとぎ》に出した。実はその国守は先に別れた娘の前夫で、そのことに気がついた娘は恥ずかしさのあまり息絶えた、という話である。『＊伊勢物語』に類似した話があり、これを発展させたものと考えられる。平安時代中期、京では年長または老年の女が、男女を「中媒《なかだち》」していたことを示す説話であるとともに、貴族の娘でも零落《れいらく》すれば従者となり、主の命令で性的奉仕をさせられたことをも示す。一方兵衛佐であった前夫は、裕福な女性を見つけて婿入りし、国守に出世している。結婚当初に妻の両親が夫の世話をする「婿取り」婚は、妻方の財力が要請され、没落すると妻は自分から離婚せざるを得なかったことが読み取れる。『今昔物語集』にみる離婚はほとんどが夫からで、妻から申し出る離婚はこのような特別な場合のみであったことから、この時期には『今昔物語集』の説話に登場する身分階層では、すでに離婚権が男性に独占されており、家父長権《かふちょうけん》の成立を示すと考えられる。

参考文献 保立道久「中媒・仲人」(高橋康夫・吉田伸之編『日本都市史入門』三、一九九〇、東京大学出版会)。服藤早苗『平安朝の女と男―貴族と庶民の性と愛―』(中公新書)、一九九五、中央公論社。　(鈴木織恵)

なかつかさのないしにっき　中務内侍日記　鎌倉時代の宮廷女房日記文学。伏見院《ふしみいん》中務内侍(高倉《たかくら》家始祖藤原永経《ながつね》女経子《むすめけいし》)作。一冊。正応《しょうおう》五年(一二九二)三月以後の成立か。伏見天皇の東宮(熙仁《ひろひと》親王)時代から出仕した作者が、譲《じょう》位《い》と即位の大儀《たいぎ》を経て、病により宮仕を辞したころまでの十三年間(弘安《こうあん》三年(一二八〇)―正応五年(一二九二))にわたる宮廷生活を回想した近侍《きんじ》女房の仮名日記。前の七年間は東宮時代、後の六年間は伏見天皇即位後の記であり、簡潔明快な筆致《ひっち》で記録に重きを置く点から、漢文体日記をまねたとする見方もある。弘安十年(一二八七)・十一年(正応元、一二八八)の記事が日記の半分以上を占め、一年間の四季のすべてにわたるのは正応元年のみ。この年の天皇即位の折《おり》、璽筥捧持《じのはこほうじ》の内侍の役を勤めたこと、正応三年浅原為頼《あさはらためより》ら父子三人の内裏《だいり》乱入事件など、公的職務を負い主観を排した視点で記録的に記す一方、東宮時代の君臣和楽や同僚の近侍女房との交情を懐かしむ控えめながら細やかな筆致の記述も意義深く、尼崎《あまがさき》紀行・初瀬《はつせ》紀行などからは私的生活も垣間《かいま》見える。序から巻末まで全編に流れる人生に対する不安と苦悩からか、無常観《むじょうかん》や孤独感が基軸となり「はかなし」「あはれ」「ものがなし」「心細し」など哀調《あいちょう》を帯びた表現が多いのが特徴であり、そこから作者の性格を病弱で内向的なものと読み取るむきもある。しかし、王朝文化が衰退へ向かう中の中世宮廷で日常を生きる一女性の発想や時代的趣向、血肉化し生活の中に吸収消化された平安文学の影響など典型的な宮廷女房の教養的背景も合わせて考慮するべきか。近臣女房が詳細に書きとどめる宮廷の公事《くじ》などは有《ゆう》職故実《そくこじつ》上も貴重な資料であり、衣紋道《えもんどう》(装束の着装技術を継承する家)高倉家の女性である矜持《きょうじ》が表出してみずからの存在証明ともなっている。京極為兼《きょうごくためかね》や源具顕《みなもとのともあき》らとの親交も看過し難い。日記中に、長歌・連歌《れんが》を含む自作他作の和歌約百六十首を載せる。ほぼ同時期に成立したと思われる『*弁内侍《べんのないし》日記』と対比されることがある。『(水府明徳会彰考館蔵本)中務内侍日記』本文篇(小久保崇明編、新典社叢書一一、一九八二年、新典社)、『中世日記紀行集』(新日本古典文学大系五一、一九九〇年、岩波書店)に収められている。

参考文献　玉井幸助『中務内侍日記新注(増訂版)』、一九六六、大修館書店。今関敏子『中世女流日記文学論考』、一九八七、和泉書院。

(久保　貴子)

なかつぎそうぞく　中継相続　*家督《かとく》相続の際に、本命と目される後継者が直ちに相続できない事情にある場合、相続の条件が整うまでの期間、一時的に別の人物が中継ぎ役として相続すること。「ちゅうけいそうぞく」とも読む。特に、日本の家制度において、家督は男性が代々継承すべきであるという観念に基づいた相続が行われているので、男性当主が死去したときに、家族内に家督を継承するにふさわしい男性がいないか、または養子縁組によって適当な男性が得られないときには、放置しておくと「家」が消滅する危機におちいるので、これを避けるために家族内の女性、すなわち死去した当主の妻、もしくは娘などが家督を相続することがある。この場合、短期間の内に適当な男性に家督を譲ることをたてまえとしている。江戸時代において、武家では女性が家督を継ぐことが許されなかったが、ほかの農家、商家あるいは天皇家では、家の存続のための女性による相続を中継相続と認識することで、これを社会的に容認したのである。

(大口勇次郎)

なかとみめ　中臣女　古代、主に六月・十二月晦日《みそか》に行われた御贖物《みあがもの》の儀において、天皇・*皇后・皇太子に近侍《きんじ》して奉仕した職掌《しょくしょう》の女性。「節折蔵人《よおりのくろうど》」(『九暦《きゅうれき》』天慶《てんぎょう》九年(九四六)十月二十八日条)、「よをりの命婦《みょうぶ》」(『建武年中行《けんむねんじゅうぎょう》事《じ》』六月晦日条)、「節折」(『神祇官《じんぎかん》年中行事』臨時斎宮卜《さいぐうぼく》定《じょう》)とも呼ばれた。神祇官に所属しており、交替や補充の際には、*内侍宣《ないしのせん》が神祇官に出され(『江家次第《ごうけしだい》』七)、そこから中臣の氏長者《うじのちょうじゃ》をとおして、*氏女《うじめ》の中で事に堪《た》える者が選ばれて奏上《そうじょう》され、決められた(『儀式《ぎしき》』五、『神祇官年中行事』)。六月・十二月の二季《にき》御贖物の儀においては、中臣が持参した御麻《みぬさ》、東西《やまとかわち》の文部《ふひとべ》が持参した横刀《たち》、宮主《みやじ》・卜部《うらべ》が持参した荒世《あらよ》・和世《にごよ》・壺を殿上《でんじょう》で受け取り、天皇・皇后・皇太子の穢《けが》れを祓《はら》い清めることに従事した(『儀式』五、『延喜式《えんぎしき》』四時祭上)。特に、小竹《しの》を用いて天皇・皇后・皇太子の身体を測り、祓いをしたことから「節折」の名称が発生したと考えられる(『西宮記《さいきゅうき》』四、『江家次第』七)。また、平安時代後期になると*大嘗祭《だいじょうさい》の御禊《ごけい》においても祓いに従事するようになった(『中右記《ちゅうゆうき》』天仁《てんにん》元年(一一〇八)十月二十一日条)。

参考文献　野口剛「御贖物について」(『延喜式研究』五、一九九一)。

(野口　剛)

ながぬまちえこ　長沼智恵子　⇨高村智恵子《たかむらちえこ》

ながぬまみょうこう　長沼妙佼　一八八九―一九五七　昭和時代の宗教家。立正佼成会《りっしょうこうせいかい》の創立者の一人。脇祖《わきそ》。本名長沼まさ。埼玉県北埼玉郡生まれ。五歳の時に母親をなくし、七歳から仕出し屋を営む母の実家で奉公する。十七歳の時に、天理教《てんりきょう》信者である姉の養女となる。二年後に上京し、*女中や*女工をして働く。一九一四年(大正三)に、理髪業を営む大熊房吉《おおくまふさきち》と結婚するが、十年後に離婚。一九二九年(昭和四)に大沢国平《おおさわくにへい》と再婚し、氷屋兼焼き芋屋を営む。一九三六年に、病気をきっかけに、牛乳販売業をしていた庭野日敬《にわのにっきょう》(鹿蔵《しかぞう》)の「導き」で霊友会《れいゆうかい》に入会。一九三八年に日敬とともに、霊友会から分派して東京都中野区に大日本立正交成会(現立正佼成会)を創立し、副会長に就任。妙佼はその霊能力と生活に密着したきめ細かな指導で信者の教化育成をする。みずからが貧病争の人生上の辛酸《しんさん》を体験しており、また人心の機微《きび》に通じていたため、とりわけ女性信者の苦悩の解決に指導力を発揮し、晩年には信者から生き仏としてあがめられた。

参考文献　長沼基之『慈悲の歩み―脇祖さまのご生涯―』、二〇〇三、佼成出版社。

(渡辺　雅子)

なかのけさ　中野袈裟　?―一二七四　鎌倉時代の地頭《じとう》御家人《ごけにん》。父は中野忠能《ただよし》(法名宝蓮《ほうれん》あるいは法蓮《ほうれん》)。母は蓮《れん》阿《あ》。信濃《しなの》国の中野郷を拠点に、志久見郷《しくみごう》の*地頭として君臨した中野氏の惣領《そうりょう》。文永元年(一二六四)に父が死去したため、*嫡女《ちゃくじょ》として中野氏の惣領となり、中野西条《さいじょう》と志久見郷地頭職を相伝した。忠能の実子は袈裟のみであり、ほかに養子の長能《ながよし》(仲能《なかよし》)があったが、惣領は実子である姉の袈裟が継いだのである。所領は、志久見郷に南北の堺を作り分割譲与された。翌年、父忠能の元の妻が他へ嫁《か》してから生まれた子である為泰《ためやす》が、自分は忠能の*嫡子《ちゃくし》であると主張、袈裟の所領を望んで訴訟を起こし、袈裟は母蓮阿や長能とともに幕府法廷で争い、これに勝訴した。市河重房《いちかわしげふさ》と結婚したが子はなく、文永九年には、重房の子である市河盛房《もりふさ》らの親類等を養子として所領を分譲した。それ以前に、出家して寂阿《じゃくあ》(釈阿《しゃくあ》)と称した。文永十一年二月、盛房が将軍家政所下文《まんどころくだしぶみ》によって袈裟の所領を安堵《あんど》されているので、袈裟はこの直前に死去したと見られる。袈裟が死去した直後、弟長能(仲能)と盛房との間で所領をめぐる相論があった。さらに、弘安元年(一二七八)には、袈裟の遺領を悔《く》い返そうとする母蓮阿と夫の重房との間で相論が行われた。遺領のうち、蓮阿が袈裟に譲り、袈裟が養子に分譲した所領については、蓮阿の悔い返しが認められた。しかし、袈裟が父から譲与された所領については、母蓮阿の悔い返しは認められず、重房の主張が通った。なお、ここでの蓮阿の主張の中に、重房はすでに他妻と結婚しているので先妻の所領を知行《ちぎょう》することはできないし、袈裟の譲状《ゆずりじょう》には、重房がもし再婚したら自分の遺領を知行してはならないと書かれている、という部分がみられる。『*御成敗式目《ごせいばいしきもく》』には、*後家《ごけ》が再婚したら亡夫の所領を知行できないという条文があるが、蓮阿と袈裟はそれを男女を逆にして解釈しているのである。だが、幕府はこの主張には触れず、取り上げていない。

参考文献 「市河文書」(信濃史料刊行会編『(新編)信濃史料叢書』三、一九七二)。 (野村 育世)

なかのたけこ 中野竹子 一八四七—六八 会津戊辰《ぼしん》戦争婦女薙刀《なぎなた》隊員戦死者の一人。会津藩士中野平内の娘。江戸で生まれ、七、八歳ごろより赤岡大助に*手習い、剣術を学ぶ。のち、備中《びっちゅう》松山藩板倉《いたくら》家の祐筆《ゆうひつ》となる。会津戊辰戦争に際し、藩主松平容保《まつだいらかたもり》の義姉照子《てるこ》を守護するために、母孝子《こうこ》を中心に婦女薙刀隊が結成され、城下涙橋《なみだばし》で奮戦中、額に弾丸を受け戦死。薙刀の柄に「もののふの猛き心にくらぶれば数にも入らぬ我が身ながらも」の辞世の短冊が結ばれていたという。

参考文献 阿達義雄『会津鶴ヶ城の女たち』、一九八一、歴史春秋社。小島一男「中野竹子」(『会津女性人物事典』一九九二、歴史春秋出版)。 (柴 桂子)

ながはしのつぼね 長橋局 ⇩勾当内侍《こうとうのないし》

なかはらうじにょ 中原氏女 ⇩御家人《ごけにん》

なかはらちかよしのつま 中原親能の妻 生没年不詳 鎌倉時代前期の女性。夫中原親能は、鎌倉時代前期の明法博士《みょうぼうはかせ》で、鎌倉幕府の草創《そうそう》期から源頼朝に従い、幕府方の能吏《のうり》として活躍した。妻は頼朝の娘*三幡《さんまん》の*乳母《めのと》を勤め、夫は乳母夫《めのとふ》として、夫婦二人で、三幡の後見を勤めた。しかし正治元年(一一九九)六月三十日に三幡が病死すると、夫親能は出家した。

参考文献 『吾妻鏡』正治元年六月二十五日条・六月三十日条。田端泰子・細川涼一『日本の中世』四、二〇〇二、中央公論社。 (秋池 洋美)

なかむらいと 中村いと 生没年不詳 江戸時代後期の旅行日記『伊勢詣《いせもうで》の日記《にっき》』の作者。文化二年(一八〇五)江戸神田で御畳方御用達を勤める中村弥大夫第八代(弥惣兵衛)と結婚。文政八年(一八二五)、いとは木挽町《こびきちょう》天満屋(義理の姪いくの婚家)の姑《しゅうとめ》みをに誘われ、伊勢詣の旅に出た。一行はほかにみをの悴《せがれ》市郎兵衛(いくの夫)・おたね女(関係不明)・天満屋の手代らで三月十三日に出立。四月二日に伊勢に参った後も高野山《こうやさん》・金毘羅山《こんぴらさん》・錦帯橋《きんたいばし》にまで足をのばし、京都・善光寺《ぜんこうじ》を巡って六月四日に江戸に到着、八十一日に及ぶ旅であった。日記は後年(文政十三年)になってまとめられたかと推定されている。

参考文献 片倉比佐子「中村いと「伊勢詣の日記」」(『江戸期おんな考』三)、一九九二。 (椙山 聖子)

なかむらきいこ 中村きい子 ⇩女《おんな》と刀《かたな》

なかむらていじょ 中村汀女 一九〇〇—八八 大正・昭和時代の俳人。熊本市の斎藤平四郎《さいとうへいしろう》・亭《てい》の一人娘。本名破魔子《はまこ》。熊本県立熊本高等女学校を卒業、十八歳より句作し翌年『ホトトギス』『玉藻《たまも》』に投句。二十歳で大蔵省官吏中村重喜《しげき》と結婚し、その間転勤多く十年間句作を中断、二男一女を養育した。高浜虚子《たかはまきょし》に師事し句作を再開、『ホトトギス』同人となり一九四七年(昭和二十二)『風花《かざはな》』を創刊。日常生活をこまやかに平明にとらえた作風で女性俳句の普及に貢献し、一九八四年日本芸術院賞受賞。句集は『春雪《しゅんせつ》』『半生《はんせい》』など六冊、随筆、俳句手引書も多い。自伝『汀女自画像』(一九七四年、主婦の友社)がある。

参考文献 『現代女流俳句全集』二、一九八一、講談社。 (村岡 嘉子)

なかむらひさこ 中村久子 一八九七—一九六八 昭和時代の社会活動家。一八九七年(明治三十)飛驒高山《ひだたかやま》に釜鳴栄太郎・あやの長女として生まれる。幼児のとき突発性脱疽《だっそ》に罹患《りかん》、両手足を切断する。一九一六年(大正五)から一九四二年(昭和十七)まで見世物小屋で芸人活動を行う。三人の男性と結婚、死別、離別、それぞれ女子をもうけるが三女は夭折《ようせつ》。三四年中村敏雄と結婚。一九三七年来日したヘレン=ケラーと会見、その後、全国各地での講演、執筆活動等を通し当事者として障害者の自立を支援。一九六八年死去。著書に『こころの手足』(一九七一年、春秋社)がある。 (今井小の実)

なかむらまさなお 中村正直 一八三二—九一 幕末・明治時代の教育家、啓蒙《けいもう》思想家。天保三年(一八三二)五月二十六日に幕臣の武兵衛《ぶへえ》の子として江戸麻布並谷《あざぶなみたに》(東京都港区)に生まれる。号は敬宇《けいう》。昌平黌《しょうへいこう》に入り、文久二年

(一八六二)に幕府の儒官《じゅかん》となった。この間蘭学・英学を志し、慶応二年(一八六六)幕府派遣の英国留学生の監督として渡英。維新後は帰国し、静岡学問所の教授となる。明治期のベストセラーとなる。明治四年(一八七一)に『西国立《さいごくりつ》志編《しへん》』十一冊を刊行する。サミュエル＝スマイルズの“Self-Help”を翻訳、翌年ジョン＝スチュアート＝ミルの“On Liberty”を『自由之理《ことわり》』として訳出。明治六年(一八七三)には同人社を開塾し、七四年女子の入学も許した。同年受洗。また、『明六雑誌』に「西学一斑」を寄稿し啓蒙思想の普及につとめる一方、「善良ナル母ヲ造ル説」では人民の質を上げるには幼児教育が肝要であり、そのためには賢母が必要であって、賢母育成は女子教育によらねばならない、と説いた。東京学士院会員・元老院議官・貴族院議員などを歴任し、東京女子高等師範学校長(一八七五―八〇年)として幼児教育にも尽力した。

参考文献 石井民司『自助的人物典型中村正直伝』、一九〇七、成功雑誌社。高橋昌郎『中村敬宇』(人物叢書)、一九六八、吉川弘文館。

(金 眞琡)

なかやまいさこ 中山績子 一七九五―一八七五 幕末・維新期の宮人《みやびと》。初名美禰《みね》、のち愛《なり》子、績子。権大納言《ごんだいなごん》中山愛親《なるちか》の十四女。文化十年(一八一三)東宮に入り、典侍《てんじ》雇《やとい》、＊典侍に始まり従三位《じゅさんみ》に昇進、孝明《こうめい》天皇の践祚《せんそ》の時、大典侍《だいてんじ》、＊上臈《じょうろう》となり典侍局《てんじのつぼね》と称する。嘉永《かえい》元年(一八四八)嘉彰《よしあき》親王・能久《よしひさ》親王が仁孝《にんこう》天皇の養子となった時、養母代となる。明治二年(一八六九)正《しょう》三位。『中山績子日記』は天皇の日常や宮中の行事を詳しく記す。

(浅野美和子)

ながやましょうこ 長山宵子 一六七一―一七一二 江戸時代中期の武家の＊主婦。水戸藩士長山七平《しちへい》の娘。奉行職師岡綱治《もろおかつなはる》の妻。奉公人の一人一人にまで心が行き届いた。夫と他の女性との間にできた子も実子同様に扱い、結婚の世話まで尽くす。夫の留守に寝室に潜入した家僕《かぼく》を＊守刀《まもりがたな》で殺し、帰宅した夫に報告した。＊和歌をよくし、後世、良妻賢母《りょうさいけんぼ》と称えられた。

(浅野美和子)

なかやまマサ 中山マサ 一八九一―一九七六 昭和時代後期の政治家。長崎の活水女学校卒業後、米ウェズリアン大学に留学。帰国後一九二三年(大正十二)弁護士中山福蔵と結婚。政治家志望の夫を援助して参議院議員当選に導く。戦後一九四七年(昭和二十二)の総選挙にみずからも衆議院選に出馬して当選。以後八期を勤める。六〇年第一次池田内閣の厚生大臣に就任。日本初の女性大臣となる。軍事予算より福祉予算の増額を常に主張し、＊母子家庭の＊児童扶養《ふよう》手当を実現した。

(駒野 陽子)

なかやまみき 中山みき 一七九八―一八八七 江戸・明治時代前期の教祖。大和《やまと》国山辺《やまべ》郡三昧田《さんまいだ》村(奈良県天理市)の庄屋前川半七正信《まえかわはんしちまさのぶ》・きぬの長女。浄土宗の信仰に篤く、念仏を続けることを条件に十三歳で隣村の庄屋中山善兵衛《ぜんべえ》に嫁いだ。夫は女道楽で家業を顧《かえり》みなかったので、若くして農業や家事一切をみきが引き受けて働いた。天保九年(一八三八)四十一歳の時、息子の足痛の治療のため弘法大師に祈り、修験道の影響の強い石上神宮《いそのかみじんぐう》に参詣《さんけい》、修験者市兵衛《いちべえ》のもとで修行し、加持祈禱《かじきとう》の秘儀《ひぎ》を伝授された。息子の足の治療を求めて、みきは市兵衛に寄加持《よせかじ》を頼んだが、加持台《かじだい》の＊巫女《みこ》が不在だったので、みきがその代理を務めた。みきに懸《かか》った男神は、善兵衛に対し「みきを神の社《やしろ》に貰《もら》い受けたい」と啓示した。激しい神憑《かみがか》りが三日も続き、善兵衛はやむなく承知した。みきは妻や母としての役割から解放され、神の要請のみに従う教祖となった。神は「転輪王命《てんりんおうのみこと》」と名乗った。この神の名は、石上神宮に関係する内山永久寺《うちやまえいきゅうじ》の曼陀羅《まんだら》にある。神は男の声、男の言葉で善兵衛に「家形《やかた》を取り払え」と命じ、みきは「貧に落ちきり」となって貧しい人々と同等の立場にたった。善兵衛は嘉永《かえい》六年(一八五三)没した。みきは「南無天理王命《なむてんりおうのみこと》」と唱名《しょうみょう》して売り食いを続けた。娘のはるが妊娠したとき、みきは娘の腹に息を三回かけ三回さすった結果安産であった。妊娠中の女性に対するタブーに従わないように指示し、同じ処置をすると誰もが安産できた。安産の神としての評判がたち、「をびや許し」の名で、みきは経済的困難から脱出できた。元治元年(一八六四)、飯振伊蔵《いぶりいぞう》ら相当数の信者がみきの家に集まり祭壇を設け、みきの娘こかんは吉田神祇管領《じんぎかんれい》から免許を受け、神道式儀礼を行なった。警察の弾圧を十八回も受けながら「陽気ぐらし」を唱え、豊作の期待、土地所有、社会変革、相互援助、人間の平等を理念とする『みかぐらうた』『おふでさき』『泥海古記《どろうみこうき》』などを執筆した。

参考文献 村上重良『近代民衆宗教史の研究(改版)』、一九七二、法蔵館。ヘレン＝ハーディカ「新宗教の女性教祖とジェンダー」(脇田晴子他編『ジェンダーの日本史』上、一九九四、東京大学出版会)。

(浅野美和子)

なかやまみや 中山三屋 一八四〇―七一 幕末・維新期の歌人。勤王方の隠密《おんみつ》か。周防《すおう》国富田荘中山《とんだのしょうなかやま》(山口県周《しゅう》南《なん》市)の農業戸倉泰輔《とくらたいすけ》(中山忠道《ただみち》)の娘とされているが、大納言中山忠能《ただやす》の娘の可能性もある。母は中山家の＊奥女中。六歳で見事な筆跡で歌を詠む。十三歳で母に死別。翌年、尼となり、桂園派《けいえんは》歌道に入門。その後、父とともに明石《あかし》などに転住して隠密活動か。二十歳で父に死別後も一人で隠密活動を続けた形跡が見受けられる。歌集・旅日記・書簡・散文集など自筆史料がある。

参考文献 田村悌夫「勤王の歌人中山三屋女」(周南市教育委員会編『ふるさとの偉人』二〇〇四)。柴桂子『江戸時代の女たちその生と愛』(江戸期ひと文庫)、二〇〇〇、桂文庫。

(柴 桂子)

ながれかんじょう 流れ灌頂 水死者・産死者・無縁仏《むえんぼとけ》のために行われる供養。流水《るすい》灌頂・川施餓鬼《かわせがき》・洗《あら》い晒《ざら》しともいう。幡《はた》や塔婆《とうば》などを川に流したり、川に四本の棒を立てて布を張り、道行く人に柄杓《ひしゃく》で水をかけてもらったりする。死者の着物に水を掛けるところもある。儀軌《ぎき》には記載がなく、わが国で始まったものとされる。習俗としての流れ灌頂は東北・九州地方と石川・広島・山口を除く各県から報告がある。天文元年(一五三二)成立の類書『塵添壒囊抄《じんてんあいのうしょう》』には「ナガレカンジャウ」とみえ、水死者の供養に卒塔婆《そとば》を連ね、樒《しきみ》の花を貫き流すとある。産死者の供養と結びつくのはいつごろかは定かではないものの、産死者が成仏《じょうぶつ》できないとする観念は室町時代以降にわが国に広まった疑経《ぎきょう》(偽経《ぎきょう》ともいう)『*血盆経《けつぼんきょう》』の影響が考えられる。『血盆経』は女性が死後堕ちる*血の池地獄から救済すると説いた。俚謡《りよう》には「産で死んだら血の池地獄後で頼むぞ川施餓鬼」などと歌われている。

参考文献 井之口章次『日本の俗信』、一九七五、弘文堂。北嶌邦子「流れ灌頂研究」(『東洋大学短期大学論集日本文学編』一九、一九八三。伊藤曙覧「越中の流れ灌頂」(『越中の民俗宗教』二〇〇二、岩田書院)。 （山田　厳子）

ながれるほしはいきている 流れる星は生きている 作家藤原《ふじわら》ていにより書かれた、「引揚げ」の体験記。一九四九年(昭和二十四)に、日比谷出版社より刊行された。夫(のち、新田次郎《にったじろう》のペンネームで小説家となる)の中国長春の中央気象台への赴任に伴い、藤原も、一九四三年から「満州」の同地に居住するが、一九四五年八月九日にソ連軍が「満州」に侵攻してきたことから、幼い三人の子どもたちとともに避難を開始する。同書は、この日の避難から書き起こされている。藤原は、女性と子どもたちの集団の一員として行動し、朝鮮半島北部の地に逃れるが、ここで収容所に収容された。さらに、敗戦後にひかれた三八度線を、子どもたちの手を引きながら越えていく逃避行を行う。疲労と飢えが日常となる体験を生々しく綴《つづ》るが、なかでも、子どもを連れた女性の困難と冷遇、そしてそれを「母親」や「日本人」として乗り切ったことが強調される。引揚げ体験記の代表的な著作であり、映画化もされている。

参考文献 成田龍一「「引揚げ」に関する序章」(『思想』九五五)、二〇〇三。 （成田　龍一）

なぎなた 薙刀 鉾《ほこ》から発達した長柄の武器の一種。長刀とも書く。薙ぎ払って用いるという機能から称されるという。刀身は、基本的に刀身の幅が広く、鎬《しのぎ》の幅が狭い鎬造りの湾刀《わんとう》で、棟《むね》(峰《みね》)側の三分の二程度を刃側と同様に肉薄とした形状で、茎《なかご》(刀身の柄に入った部分)が刀身よりも長い。柄は断面が楕円形で、鉄などの帯金を蛭が巻き付くように螺旋状に巻き付ける蛭巻《ひるまき》という形状をとるのが一般的である。近世には主に女性の護身用として用いられ、武家の女性の心得の一つとされた。

参考文献 『武家名目抄』七(改訂増補故実叢書一七)。近藤好和『弓矢と刀剣―中世合戦の実像―』(歴史文化ライブラリー)、一九九七、吉川弘文館。 （浅倉　有子）

なげこみでら 投げ込み寺 ⇩浄閑寺《じょうかんじ》

なこうど 仲人 ⇩ちゅうにん

なごやほうそうじけん 名古屋放送事件 ⇩女子若年定年制《じょししじゃくねんていねんせい》

なしもとのみやまさこ 梨本宮方子 ⇩李方子《イパンジャ》

なつめそうせき 夏目漱石 ⇩行人《こうじん》

なにわえ 難波江 江戸時代後期の老中・白河藩主松平《まつだいら》定信《さだのぶ》が安永のころ(一七七〇年代)、若妻峯子に与えた女《おんな》訓戒書《くんかいしょ》。十七条よりなり、五常(仁義礼智信)五倫(親義別序信)、三従《さんじゅう》の道、女の徳としての温和貞節《おんわていせつ》、「吾心《わがこころ》の如く人の心をなす」恕《じょ》、質素、慈悲、孝、節義などのほか、女の学問として四書(『大学』『中庸《ちゅうよう》』『論語』『孟子《もうし》』)と『小学』をあげ、『姫かがみ』や『仮名列女伝』を加え、『*源氏物語』や『*伊勢物語』は風流のためにはよし、などと述べる。時には中国の*烈女《れつじょ》を例えに引き、武家の女性のあり方を説いている。『日本教育文庫』女訓篇(一九一〇年、同文館)に所収。 （柴　桂子）

ナヌムのいえ ナヌムの家 身寄りがなく生活の苦しい高齢の韓国人元*日本軍「慰安婦《いあんふ》」たちのための共同生活施設。ナヌムとは「分かち合う」の意。元「慰安婦」たちの申告が相ついだ直後の一九九二年六月、韓国の仏教人権委員会が社会・各界に呼びかけて寄付を募り、同年十月、ソウル市内の民家を借り受けて開所した。その後、仏教信徒が寄贈した京畿道広州郡《キョンギドクァンジュグン》の六百五十余坪の土地に生活館を新築し、一九九五年十二月に移転。翌年、社会福祉法人となる。常時十名前後のサバイバーが生活し、ハングルと絵画教室など、職員や*ボランティアによるさまざまなケアが行われている。サバイバーたちの絵画展示会は韓国のみならず日本など多くの地域で開かれた。一九九八年八月には、同敷地内に*性奴隷《せいどれい》を主題とする人権博物館「日本軍慰安婦歴史館」をオープンした。日本人を含む多くの人々がここを訪れ、人権教育の場として活用されている。このほか、さまざまな行事を通して、次世代に日本軍「慰安婦」問題を知らせ、再発防止のための教育活動を行なっている。

参考文献 ナヌムの家・日本軍「慰安婦」歴史館後援会『ナヌムの家歴史館ハンドブック』、二〇〇二、柏書房。 （山下　英愛）

なまワクチンようきゅううんどう 生ワクチン要求運動 ⇩小児《しょうに》マヒから子《こ》どもを守《まも》る運動《うんどう》

なよたけものがたりえまき 奈与竹物語絵巻 鎌倉時代末から南北朝時代に作成された絵巻物語。香川県金刀比羅宮《ことひらぐう》所蔵。物語の概略は、宮中で行われた蹴鞠《けまり》の見物をしていたある女房を後嵯峨院《ごさがいん》が見初《みそ》め、六位蔵人《ろくいのくろうど》に尾行させるが、まかれてしまう。蔵人は苦心して探すが見つからず、陰陽師《おんみょうじ》の占いによって最勝講《さいしょうこう》の開白《かいびゃく》の日についに突き止めたところ、女房はある少将の妻であった。院からの文を受け取った女房は夫に相談し、夫は御召しには逆らいがたいとして諦め、女房は参内する。その後、少将は隠遁《いんとん》するが、院の近習《きんしゅう》に加えられ、中将に昇進する。この物語は作り話ではなく実録に近く、登場人物も陰陽師紀文平《きのふみひら》など実在の人物である。この物語の評価に

『奈与竹物語絵巻』第六段　小宰相の局が後嵯峨院の前で女房の返事のなぞを解く

は好色物(『*古今著聞集《ここんちょもんじゅう》』、二条良基《にじょうよしもと》『おもひのまゝの日記』)と、夫のために尽くす女子の教訓書(『めのとのさうし』)の二つの見解がある。『古今著聞集』などでは「鳴門《なると》中将物語」と題されているが、これは鳴門でとれる「よきめ(良質の海藻)」と「良き女」とをかけたことに由来している。『日本絵巻大成』二〇(一九七八年、中央公論社)、『(新修)日本絵巻物全集』一七(一九八〇年、角川書店)所収。

参考文献　遠山忠史「『金刀比羅宮本なよ竹物語絵巻』作者の視点」(『解釈』四二ノ七)、一九九六。

(赤澤　春彦)

ならえほん　奈良絵本　室町時代後期から江戸時代前期にかけて作られた挿絵《さしえ》入りの写本。読者層の広がりとともに絵巻物から簡便な絵入りの冊子本に移行した。大型本・半紙本・横本などがあるが、最も多いのは縦一六センチ、横二二センチほどの横本である。内容は謡曲《ようきょく》・*古浄瑠璃《こじょうるり》などもあるが*御伽草子《おとぎぞうし》が大部分を占める。大型縦本は横本より贅沢に作られ、絵も華麗である。奈良絵本の名称は明治時代中期以降のもので、奈良の絵仏師の作とする説もあったが、確かな由来は不明である。

参考文献　奈良絵本国際研究会議編『在外奈良絵本』、一九八一、角川書店。同編『御伽草子の世界』、一九八二、三省堂。中野幸一編『奈良絵本絵巻集』、一九八七–八九、早稲田大学出版部。徳江元正「文学と美術」(『国語と国文学』七九六)、一九九〇。

(西村　汎子)

なりたきん　成田きん　⇩きんさん・ぎんさん

なるせいさこ　成瀬維佐子　一六六〇–九九　江戸時代前期の文人。阿波《あわ》藩士成瀬忠重の娘。名はいち。十歳で母に死別。以後奥勤めしたことのある祖母理心院《りしんいん》に和文を学ぶと同時に仏道にも帰依《きえ》。小田原藩稲葉《いなば》家の奥に仕え、二十一歳のとき、藩主稲葉正通《まさみち》(正往《まさゆき》)の娘亀が松山藩主松平定直《さだなお》に嫁ぐに従い、江戸の松山藩邸に入る。まもなく、松山藩儒者大高坂芝山《おおたかさかしざん》と結婚。三男一女にめぐまれ、育児のかたわら芝山とともに和漢の学を深める。元禄七年(一六九四)、三十五歳のとき、当時は越後高田藩主であった亀の方の父稲葉正通の要請で『*唐錦《からにしき》』十三巻を著わす。その二年後に芝山は*隠居し、夫婦で学問の道に励んでいたが、その期間わずか三年で維佐子は四十歳で生を終える。生前の信心の姿や日々口にした女の道の数々の教えに加え、臨終のようす、家族や近親者の深い悲しみなどが、娘と思われる平豊子によってまとめられた追悼集『松菊苑《まつきくのその》』に詳しく書かれている。芝山の別号「喬松子《きょうしょうし》」から法名喬松院がおくられた。

参考文献　柴桂子「女性たちの書いた江戸前期の女子教訓書」(『江戸期おんな考』二)、一九九二。

(柴　桂子)

なるせじんぞう　成瀬仁蔵　一八五八–一九一九　明治・大正期の教育家。*日本女子大学の創立者。長州藩吉敷毛利《よしきもうり》家《け》に仕える士族成瀬小右衛門《こうえもん》・歌子《うたこ》の長男として生まれる。一八七七年(明治十)、牧師澤山保羅《さわやまぼうろ》により大阪浪花《なにわ》教会《きょうかい》で受洗、梅花《ばいか》女学校教員をへて牧師として活動、新潟に移り宣教のかたわら新潟女学校を設立。一八九〇年渡米、アンドーバー神学校・クラーク大学で三年間学ぶ。女子高等教育不用論の渦巻く中で一九〇一年、日本女子大学校を創立。女性を人として*婦人として国民として教育する方針をかかげた。女性の人格教育と生涯教育を視野に社会的活動を奨励《しょうれい》し、学生自治・通信教育・同窓会(桜楓会《おうふうかい》)活動などさまざまな教育実践を行う。その理念は信念徹底・自発創生・共同奉仕の三教育綱領《こうりょう》に示されている。成瀬は*女子教育を通しての社会改良・世界平和を願い、社会的にも帰一協会《きいつきょうかい》・教育調査会・*臨時教育会議などで活動。その主張は先見性にみちている。『成瀬仁蔵著作集』全三巻(一九七四–八一年、日本女子大学)がある。

参考文献　仁科節編『成瀬先生伝(復刻版)』、一九八九、大空社。中嶌邦『成瀬仁蔵』(人物叢書)、二〇〇二、吉川弘文館。

(中嶌　邦)

なれあいけっこん　馴合結婚　近世後期の民衆に見られる*恋愛結婚のこと。十九世紀初めに成立した随筆『*世事見聞録《せじけんぶんろく》』は、下層町人に、親の意思を無視し拒否して、正式な手続きをとらず、当人同士の意志で成立する「馴合夫婦」の増加を指摘している。家が経営体である近世においては、結婚もその家の維持・存続のためであり、*家長《かちょう》によって決定されて当人の意志は抑圧された。婚姻外の男女関係は、既婚・未婚を問わず*密通とされた。しかし、近世後期になると、商品経済の発達は、労働形態の変化・職種の増加を生み出し、必ずしも家の内部で家長に従属する形をとらなくても生計を立てうる可能性が生まれ、家長の権威は低下した。家を無視した恋愛が、十八世紀初頭には*心中《しんじゅう》の頻発《ひんぱつ》として世間の注目を浴びたのに対し、十九世紀初頭には、同様の男女関係が「馴合夫婦」の成立とその増加として現われたところに、近世社会の解体の一端を読みとることができる。

参考文献　関民子『江戸後期の女性たち』、一九八〇、亜紀書房。鈴木ゆり子「結婚と離婚」(総合女性史研究会編『日本女性の歴史―性・愛・家族―』一九九二、角川書店)。

（関　民子）

なんしょく　男色　〔古代・中世〕男性の同性愛。大人を対象とする場合と少年の場合とがあり、文献史料に数多くみられるようになるのは院政期からで、大別して貴族社会におけるものと寺院社会におけるものとがあった。貴族社会における男色の実態を記した史料として著名なのは藤原頼長《ふじわらのよりなが》の『台記《たいき》』である。それによれば頼長の男色は、一つは姻戚《いんせき》関係にある若い貴族を相手とした比較的対等な関係で、その勢力を取り込もうとする政治的意図をもつものであり、もう一つは随身《ずいじん》や雑色《ぞうしき》、舞人(まいうど・まいびと)などを相手とする一方的な上下関係で、中には源為義《みなもとのためよし》の子義賢《よしかた》をはじめとする武力集団を含むなど、性の力によって武力を取り込もうとするものであった。院もまた男色の世界の主人公であり、鳥羽院《とばいん》が舞人狛光時《こまのみつとき》の子童(則康《のりやす》)を寵愛《ちょうあい》し、北面《ほくめん》の武士源則遠《みなもとののりとお》の養子として院の北面で元服させたように、院の北面の武士の子が童の時は寵童《ちょうどう》として仕え、元服の後も北面に祗《し》候《こう》して院の近習《きんじゅう》となるなど、その対象は近習や童が主であった。一方寺院における男色は、僧侶が寺院の児《ちご》や童を相手としたものであり、女性を忌避することを原則とした寺院社会では、少年への讃美が独自の世界を作っていた。中でも鎌倉時代の醍醐《だいご》寺の桜会《さくらえ》は寺中の童たちが舞うあでやかな童舞(わらわまい・どうぶ)で名を知られており、見物の僧たちが童を見初《みそ》め、歌を詠みかけて求愛するハレの場であったことが、『*古今著聞集《ここんちょもんじゅう》』などの説話集や『続門葉和歌集《しょくもんようわかしゅう》』から知られる。僧の寵愛を受けた童は寵童として特別な処遇と特権を得る一方で、僧との関係は師弟というよりは主従に近く、絶対的な服従を強いられる関係であった。寵童は寝所に奉仕し、飾り立てられた容姿とその芸能をハレの場で披露することが身に課された役割であり、のちに『秋夜長物語《あきのよのながものがたり》』をはじめとする児物語《ちごものがたり》にみられるように、僧たちの児賞翫《ちごしょうがん》は、少年の身体に性的なものと聖なるものの化身としてのイメージを重ね合わせたものでもあった。

参考文献　東野治之「日記にみる藤原頼長の男色関係」(『ヒストリア』八四)、一九七九。五味文彦「院政期政治史断章」(『院政期社会の研究』一九八四、山川出版社)。『文学』六ノ一(特集男色の領分―性差・歴史・表象―)、一九九五。岩田準一『本朝男色考・男色文献書志(合本)』、二〇〇二、原書房。

（土谷　恵）

〔近世〕江戸時代の初め、俗言として陰間《かげま》という。若衆《わかしゅ》・美少年のことをいい、長じて男色と称した。井原西鶴《いはらさいかく》は、文学的視点から男色は性風俗の一つの姿。男の美学・美意識によるものと男色を讃美《さんび》し、『*好色一代男』では、「浮世の事を外になして色道ふたつに」と書き、「(生涯に)たはふれし女三千七百四十二人、少人のもてあそび七百二十五人」と、少人(若衆)と交渉を持った小説の主人公の世之介《よのすけ》の言動が描写されている。井原西鶴の好色をテーマにしたゲイの美は読者を魅了したが、江戸時代後期から末期になると男色文化といわれた風潮は次第に低調になっていく。一つには、幕府や藩が風紀《ふうき》紊乱《びんらん》を政策的に禁止したこと、幕府政治の動揺の引きしめ、改革を実施したことによる。

参考文献　喜田川守貞『守貞謾稿』三、一九九二、東京堂出版。白倉敬彦『江戸の男色』(新書y)、二〇〇五、洋泉社。

（宇佐美ミサ子）

〔近現代〕かつてホモ(ホモセクシュアル)と呼ばれたが、現在ではゲイと自称したり、また他称されたりすることが多い。男性間の同性愛を一般に指すが、近代社会以前より存続している、年齢階梯《かいてい》制にもとづく同性愛、「男」という*ジェンダーにもとづく同性愛に分類できる。明治期には、森鷗外《もりおうがい》の『ヰタ・セクスアリス』に記されているように、薩摩《さつま》藩の年長と年少の男子のペアによる訓育制度である兵児《へこ》二才《にせ》制《せい》のような同性関係が学生間に広まっていった。年齢階梯制から「男」というジェンダーの同性愛への移行期だったといえるが、次第に年齢階梯制の要素を残しながら、ジェンダーの同性愛へと推移していった。一九一〇年代以降、西洋性科学によって、異性愛を自然で正常な性愛とし、同性愛は不自然で転倒した性愛だとして、変態性欲と名づけられて異常視され、病理学的な対象とされた。近年では、性愛の多様性を認めて異常視する傾向は少なくなっている。

参考文献　古川誠「同性愛の比較社会学―レズビアン/ゲイ・スタディーズの展開と男色概念―」(『(岩波講座)現代社会学』一〇、一九九六、岩波書店)。羽太鋭治・澤田順次郎『変態性慾論』(『性と生殖の人権問題資料集成』二九、二〇〇〇、不二出版)。

（川村　邦光）

なんちょうほうき　男重宝記　元禄期以降に盛行した重宝記の代表格で、『*女《おんな》重宝記』と対をなす男性生活百科。苗村丈伯《なむらじょうはく》作。五巻。元禄六年(一六九三)刊。一巻「致知《ちち》之部」は男子の一生や士農工商、公家・武家全般について。二・三巻「格物《かくぶつ》之部」は筆道・詩歌・連俳・謡《うたい》・茶道・歌道・盤上《ばんじょう》等の諸芸能。四巻「翰礼《かんれい》之巻」は弔状《とむらいじょう》・祝言《しゅうげん》状ほか書札礼《しょさつれい》および各種字尽、菓子全般。五巻は唐人世話詞・日本諸国詞・片言直《かたことなお》し等の語彙《ごい》集および「当流躾方《しつけかた》五十一箇条」。テキストは『近世文学資料類従』参考文献編一七(近世文学書誌研究会編、一九八一年、勉誠社)、『女重宝記・男重宝記』(長友千代治校注、現代教養文庫、一九九三年、社会思想社)。

（小泉　吉永）

なんどがみ　納戸神　民家の中のもっとも私的な空間である納戸にまつられる屋内神。納戸は、ヘヤ・オク・ネマとも呼ばれ、主人夫婦の寝室や産室に使われるほか、穀物など家の大切な財産を保管する場所であり、外光のほとんど入らないうす暗い密室で、オモテやザシキとは対照的な裏側の部屋で一種の内なる異界《いかい》的空間とみることもできる。納戸神は、ほぼ兵庫県から長崎県にかけての地域にみられ、特に鳥取県東伯郡《とうはくぐん》や西伯郡の一部、島根県八束郡《やつかぐん》中海《なかうみ》の周辺、隠岐《おき》島一帯に濃い密度で分布している。祭祀《さいし》形態は多様だが、一般には納戸の一隅に小さな神棚を吊ってまつり、隠岐島の島前《とうぜん》では米櫃《こめびつ》に榊《さかき》をたててお神酒《みき》を供えて、毎月一日・十五日・二十八日のほか、正月や苗田・田植・穂掛《ほかけ》け・刈祝い・亥《い》の子などの農作業の節目ごとにまつる。この納戸神はトシトコサンすなわち正月の年神《としがみ》とよばれ、正月にはどこよりも納戸のトシトコ棚をもっとも大きく立派に飾りつける。兵庫県宍粟郡《しそうぐん》千種《ちぐさ》村(宍粟市)では、年桶《としおけ》に鏡餅《かがみもち》一重・小餅十二個・搗栗《かちぐり》・串柿《くしがき》・榧《かや》の実・黒豆二つ・一文銭十二枚などを入れ納戸の一番奥に置いて年神をまつったという。このように、納戸神は年神と同時に農作神としてまつられ、隠岐島の島前では正月十一日の鍬初《くわぞ》めの日に家から田へ行き、十月の亥の子に田から家に戻るという去来伝《きょらいでん》承《しょう》がみられ、主人が田の水口を止めて神を迎え納戸に紅葉を供えてまつったという。納戸神が春秋に家と田とを去来する伝承は各地にみられるが、冬の農閑《のうかん》期に稲籾《いねもみ》を神体として盛大にまつられることから、稲を守り育てる穀霊神《こくれいしん》としての性格をもつのではないかと指摘されている。納戸神は、恥ずかしがりやの*女神で暗い場所を好み、産の忌《いみ》はいとわないが穀物が減るのは嫌いな神とも伝承されている。納戸は、いわば人の生命が生まれ穀霊の増殖する産屋《うぶや》なのであり、そこにまつられる納戸神も産む性である女性と深い関わりのある裏側の神といえる。

参考文献 石塚尊俊「納戸神をめぐる問題」(『日本民俗学』二ノ二)、一九五四。坪井洋文「家の祭祀的構造(上)」(『国学院大学日本文化研究所紀要』三七)、一九七六。鈴木正崇「後戸論」(『神と仏の民俗』二〇〇一、吉川弘文館)。

(飯島　吉晴)

なんぼくちょうぶんすいれいせつ　南北朝分水嶺説　二千年に近い日本の歴史のなかに、それを前後二期に分ける分水嶺というべきものを設けるとしたら、それをどこに見いだせばよいかという歴史認識法の一つ。分水嶺の候補として上げられるものには、古代の大化の改新、中世の鎌倉幕府の成立や応仁の乱、近世の徳川幕府の成立、近代の明治維新の実現、現代の第二次世界大戦の敗戦などいろいろあるが、これらは概して政治史的レベルの場合であり、民族史的次元の場合には、南北朝時代をもって分水嶺とする認識にほぼまとまっているといって過言でない。このことは、現代に生きるわれわれが特に「日本的」と考える民族的特性が生み出されたのが、みな南北朝時代以降のことであるという事実に基づくものである。たとえば、日本人の倫理思想の中核をなしている「主従道徳」が後世のような、主君に対する従者側の一方的献身《けんしん》(片務的《へんむてき》という)的なものとして完成したのは、まさにこの時期以降のことであり、日本文化の代表というべき茶道・華道・*歌舞伎・能・*狂言などが本格的に完成してくるのも、この時代以降のことである。また、最近でこそ変わってきているが、部屋一面に畳を敷きつめ、床《とこ》の間《ま》などをおく書院造《しょいんづく》りが生活空間の基本になったのもこの時期以降のことであった。そればかりではなく、南北朝時代以後の日本には、職業上の差別、つまり貴賤意識が著しく発達するが、それ以前の時代では、それらのものが、職業というより「生業」(芸能)としてさしたる差別をうけることなくいきいきと活動していた。このことは、南北朝時代が日本史上、職業的差別が本格化してくる分水嶺でもあったことを物語る。そのほか、家族関係の問題でいえば、南北朝時代以前には、親の財産処分が、男女を問わず諸子《しょし》全員を対象として行われるのが通例であったが、南北朝時代に入る前後のころから、特に女子たちへの*財産相続に制限が現われる事実が重要である。つまり、女子への処分所領は、その女子の生存期間に限られ、死後には生家の*嫡子《ちゃくし》に返還する「女子一期分《いちごぶん》」が一般化し、以後女子への処分所領は長女のみに限るという方向に進むのである。このことは、ほぼ南北朝時代ころを境として、家族内における女性の法的地位が低下し始め、女性差別が本格化し始めたことを物語るものである。また、男子についても、いわゆる嫡子単独相続の傾向が現われ、*庶子《しょし》たちは、嫡子によって扶養される「冷や飯食い」に転落し始めるのもこの時期以降の現象であったから、これらのことは、全体として、日本における*家父長制《かふちょうせい》家族の完成を意味するものにほかならなかった。だから、後世の「日本文化」のかたちは、この南北朝時代を境として、歴史上に登場したといえるのである。こうした事実への着目は、すでに戦前からあったが、一九七〇年代から盛んになった社会史的研究の中で、特に網野善彦《あみのよしひこ》の研究を中心として新しい日本史研究の地平を切り開きつつある。

参考文献 鈴木国弘「中世前期親族論序説」(『日本史研究』二四七)、一九八三。網野善彦『「日本」とは何か』(日本の歴史〇)、二〇〇〇、講談社。同『日本論の視座—列島の社会と国家—(新装版)』、二〇〇四、小学館。

(鈴木　国弘)

に

にいがん　根神　沖縄の女性神人《かみんちゅ》のこと。「にがみ」ともいう。沖縄諸島の村落で最も古い草分けの家を根家《にいや》と呼ぶ。その家の当主が根人《にいちゅ》、その姉妹が根神である。村落の祭祀《さいし》組織の頂点に立ち、村落祭祀における指導的役割を果たしていた。根神は根人の*おなり神であるが、村落全体としてみれば象徴的に男性すべてのおなり神としての性格を持つことになる。琉球王国の第二尚氏《しょうし》時代に*聞得大君《きこえおおきみ》を頂点とする国家的な祭祀組織が形成されると、各地にノロが任命され、根神たちはノロの管轄《かんかつ》下におかれることになった。国王と聞得大君の関係は、古くから存在した村落単位の根人と根神の関係を基礎に、それが拡大、延長されて形成されたというのが従来の考えである。しかし、首里《しゅり》王府によって編纂《へんさん》された古歌謡集『*おもろさうし』などをみる限り、国王が霊力ある鷲《わし》にたとえられるなど、男性にも霊力が備わっていたことを示す資料があり、姉妹にのみ霊力を認めるおなり神信仰が、本当に古くから存在した信仰なのか、再考する必要がある。

参考文献　仲松弥秀『神と村』、一九九〇、梟社。吉成直樹・福寛美「琉球王権の性格と『おもろさうし』」(『沖縄文化研究』三〇)、二〇〇四。　（吉成　直樹）

にいじまやえ　新島八重　一八四五－一九三二　幕末から大正時代に活躍した教育者。新島襄《じょう》の妻。会津藩士山本権八《やまもとごんぱち》の娘に生まれる。川崎尚之助《かわさきしょうのすけ》と結婚。明治元年（一八六八）会津戦争で籠城《ろうじょう》に加わった。離婚後の一八七一年、京都府顧問であった兄の山本覚馬《かくま》の許へ転居。外国人から英語と聖書を学び、一八七二年から*女紅場《じょこうば》の権舎長《ごんしゃちょう》兼教導試補《きょうどうしほ》を務める。兄を訪ねて来た新島襄と一八七五年婚約し、女紅場を辞職。翌年洗礼を受け、結婚。外国人宣教師とともに女私塾を開く。また同志社女学校の寄宿舎で母（山本さく）とともに生徒の指導にあたった。一八九〇年襄が亡くなった後は日本赤十字社に関わり、日清・日露の両戦争では篤志《とくし》看護婦として活躍。また一八九〇年の第一回帝国議会を傍聴した六名の女性の一人であった。徳富蘇峰《とくとみそほう》からはその風采《ふうさい》が日本とも西洋ともつかない「鵺《ぬえ》」のようなものと評されたが、晩年は「同志社のおばあ様」と慕われた。

参考文献　永沢嘉巳男編『新島八重子回想録』（伝記叢書）、一九九六、大空社。　（友野　清文）

にいづまイト　新妻イト　一八九〇－一九六三　大正・昭和時代の社会運動家、政治家。伊都・伊都子ともいう。横浜市の錺《かざり》職人鈴木栄次郎とクマの次女として生まれる。横浜紅蘭《こうらん》女学校在学中家業後継のために職人の菊次郎《きくじろう》と結婚したが、まもなく離婚。一九一六年（大正五）渡米し、サンフランシスコ＝ビジネス＝カレッジに入学、タイプライターと速記術を習得。一九一九年、在米中に結婚した新聞記者の新妻莞《ひろし》と帰国、東京で相互タイピスト女塾を開き*職業婦人の養成に力を注いだ。一九二三年には妹の鈴木余志子《すずきよしこ》らと相互職業婦人会を設立。関東大震災後は女性政治運動にも力を入れ、*東京連合婦人会政治部、政治研究会の婦人部でも活躍、一九二七年（昭和二）には労働農民党系の関東婦人同盟の結成にもかかわった。同盟の解散後一九二八年に相互職業婦人協会を再出発させ職業婦人運動を進めた。一九三六年『家庭と婦人』（翌年『家庭新聞』と改題、四三年廃刊）を刊行、世界女性史エンサイクロペディアの日本編編纂《へんさん》にも従事した。戦後第一回衆議院総選挙の際、北海道一区から日本社会党公認で当選、一期を勤めた後、一九四七年*労働省婦人少年局婦人課長に就任。五〇年以後は家の光協会・全国農業協同組合連合会の講師として農村青年婦人問題に取り組む。緑十字社理事長も務めた。著書に『女性の職業』（一九四九年、三元社）などがある。

参考文献　江刺昭子「横浜ベル・エポックの女北林余志子」（『史の会研究誌』三）、一九九六。三井礼子編『現代婦人運動史年表』（日本現代史年表）、一九七四、三一書房。　（加藤千香子）

にかいどうトクヨ　二階堂トクヨ　一八八〇－一九四一　明治から昭和時代にかけての教育者。宮城県三本木村（大崎市）生まれ。父二階堂保治・母キンの長女。一八九九年（明治三十二）福島県師範《しはん》学校卒。一九〇四年東京女子高等師範学校（女高師）文科卒。同年石川県立高等女学校教諭となり体操《たいそう》科を担当する。一九〇七年高知県師範学校教諭。一九一一年十一月より母校女高師助手、助教授。英国留学でスエーデン人の校長に「スエーデン式体操」を学ぶ。一九一五年（大正四）に帰国後女高師教授、留学推薦《すいせん》者と対立し、一九二二年三月に退職。同年四月に二階堂体操塾を設立、一九二六年三月日本女子体操専門学校へ昇格。「女子体育の母」と呼ばれた（『日本女子体育基本文献集』七）。著書は一九一七・一八年に出版された『足掛《あしかけ》四年』『模擬体操《もぎたいそう》の実際《じっさい》』『体操通俗講話《たいそうつうぞくこうわ》』の三冊。『体操通俗講話』では、女子体操は「良妻賢母《りょうさいけんぼ》」の育成を目的とし、体操教師論にも言及。婦人の啓蒙《けいもう》活動を

二階堂トクヨ

行なった。

参考文献 西村絢子『体育に生涯をかけた女性—二階堂トクヨ—』、一九八三、杏林書院。穴水恒雄『人として女として—二階堂トクヨの生き方—』、二〇〇一、不昧堂出版。

（新井　淑子）

にぐるまのうた　荷車の歌　一九五五年（昭和三十）・五六年に発表された山代巴《やましろともえ》（一九一二—二〇〇四）の小説。農村文化運動の中で出会った老女の体験談への共鳴が、創作の契機となった。明治後半から昭和の中国山地の農村を舞台に、親の反対を押して貧家に嫁ぎ、厳しい姑《しゅうとめ》に仕え、七人の子を育てながら、荷車を引いて働き続けた主人公セキの多難な人生をつづる。夫の理解をいちずに求めるセキの苦悩と努力を縦糸に、助け合い、傷つけ合いながら生きる家族、隣人など、貧しく虐《しいた》げられた人々の人間模様を織り込む。近代産業の発展につれて変化する山村の生業と労働、衣食住のありさま、村社会内の差別、底辺女性の境遇と出稼ぎ、戦争による悲劇をも写実的に描く。一九五九年、山本薩夫《やまもとさつお》監督、*望月優子《もちづきゆうこ》・三《み》國連太郎《くにれんたろう》らの配役で映画化され、大きな反響を呼んだ。当時三百二十万人の農協婦人部員が、一人十円ずつ、または卵一個や米などを出し合う運動を展開して映画制作資金を集めた。『山代巴文庫』の一冊として一九九〇年（平成二）に径書房より刊行されている。

（板垣　邦子）

ニコヨン　ニコヨン　失業対策事業日雇《ひやとい》労働者の俗称。戦中・戦後の経済的・社会的混乱、その後の合理化によって、通常の職に就けない人や、戦争で夫が死に、あるいは働けなくなったために女性が日雇労働者として一家の生活費を稼がなければならなくなった。一九四九年（昭和二十四）六月、東京都が失業対策事業の軽作業日当を二百四十円に決定、日雇労働者に対して、百円を一個として二個と四の意味で「ニコヨン」の呼び方が始まり続いた。

参考文献 全日自労建設一般労働組合編『おふくろたちの労働運動』、一九八六、労働旬報社。降矢憲一「ニコヨン」（高梨昌・花見忠監修『事典・労働の世界』二〇〇〇、日本労働研究機構）。

（伊藤　康子）

にしかわふみこ　西川文子　一八八二—一九六〇　明治・大正時代の女性運動家。一八八二年（明治十五）四月二日、岐阜《ぎふ》県安八《あんぱち》郡南杭瀬《みなみくいせ》村外野（大垣市）に志知《しち》伊左衛門《いざえもん》・愛の次女として生まれる。京都府女学校国漢専攻科に進み、一九〇二年、足尾鉱毒問題の演説会で詩人松岡荒村《まつおかこうそん》を知り大恋愛の末結婚するが、〇四年に死別。荒村の遺志を継ぎ平民社《へいみんしゃ》の賄《まかな》い方となり、『荒村遺稿《こうそんいこう》』を編集刊行する。〇五年に平民社の西川光二郎《みつじろう》と再婚、その活動を助けた。一九一三年（大正二）三月、宮崎光子《みやざきみつこ》・木村駒子《きむらこまこ》と新真婦《しんしんふ》人会《じんかい》を結成し、合著『新しき女の行く可《べ》き道』を刊行。五月には『*新真婦人』を創刊し、女性がみずからの力を自覚し社会的活動を行うことを主張した。二四年には基《キリ》督《スト》教の婦人参政権協会と合同し婦人参政権同盟を結成、同年末結成された*市川房枝《いちかわふさえ》らの参政権獲得同盟と提携して、婦選運動を展開した。その後『子供の道話』の発刊、「ハイハイ日曜学校」の開設など幼児教育にも力を注ぎ、第二次世界大戦後は著述活動に専念して一九六〇年（昭和三十五）一月二十三日、七十七歳で没した。著書はほかに『平民社の女—西川文子自伝—』（一九八四年、青山館）などがある。

参考文献 鈴木裕子編『資料平民社の女たち』、一九八六、不二出版。

（岡野　幸江）

にしきよこ　西清子　一九〇七—九五　昭和時代のジャーナリスト、評論家。旧姓石原。神戸市生まれ。神戸女子商業学校、大阪古屋《ふるや》女子英学塾を経て一九二八年（昭和三）早稲田大学政経学部聴講生となる。一九三一年東洋経済新報社記者となり、婦人経済研究会の場で*市川房枝《いちかわふさえ》と出会う。三八年設立の婦人時局研究会に幹事として参加。三九年新報社を退社、満鉄調査部の西雅雄《まさお》と結婚、上海に渡り上海日本商工会議所に勤めるが、雅雄が満州国治安維持法違反容疑で検挙・獄死したため四四年に帰国。戦後一九四六年には読売新聞社入社、五二年まで在職。退社後は労働省の婦人少年問題審議会や総理府の婦人問題企画推進会議など婦人行政の場で活躍した。著書は『職業婦人の五十年』（一九五五年、日本評論新社）、『占領下の日本婦人政策』（一九八五年、ドメス出版）、『追憶』（一九八八年、ドメス出版）など。

（加藤千香子）

にしごりのかわち　錦部河内　生没年不詳　奈良時代、聖武《しょうむ》朝から光仁《こうにん》朝までの*女官。錦部連《むらじ》、川内《かわち》・河内売《め》、錦部内侍《ないし》・錦部命婦《みょうぶ》ともみえる。天平勝宝《てんぴょうしょうほう》三年（七五一）に女孺《にょじゅ》で、*踏歌《とうか》の節会《せちえ》に奉仕して外従五位下《げじゅごいのげ》、天平宝字《てんぴょうほうじ》五年（七六一）に光明《こうみょう》皇太后の一周忌御斎会《ごさいえ》に供奉《くぶ》して従五位下、天平神護《てんぴょうじんご》元年（七六五）の改元の際に従五位上に叙《じょ》された。宝亀《ほうき》二年（七七一）に本位《ほんい》従五位上に復《ふく》すとみえるので、称徳《しょうとく》朝に何らかの理由で位を剥奪《はくだつ》されたと思われる（『続日本紀』）。天平八年（七三六）に内侍司牒《ちょう》に署名、天平勝宝四年にはその宣《せん》により『花厳経疏《けごんきょうそ》』三十巻を内裏《だいり》に奉請《ぶしょう》、五年以降は錦部内侍・錦部命婦として宣を下す。五年の宣で『楞伽経《りょうがきょう》』『宝星陁羅尼経《ほうせいだらにきょう》』を書写せしめ、また宣を受けて造東大寺司《ぞうとうだいじし》は『楞伽経』四巻を岡本院へ返経、天平宝字七年には奉写御執経所《ほうしゃみしゅうぎょうしょ》は『提違経《だいいきょう》』を東大寺等へ奉請し（『大日本古文書』二・三・五・一二・一三）。錦部連は錦織連とも。錦を織る錦部を管掌《かんしょう》する百《く》済《だら》系渡来氏族《とらいしぞく》。天平勝宝のころの女官に稲敷《いなしき》・広敷《ひろしき》の名もみえる。

参考文献 須田春子『律令制女性史研究』、一九七八、千代田書房。

（西　洋子）

にしたにさく　西谷さく　一八四二—六二　江戸時代後期の女性。『サク日記』の著者。名はサク、作とも書く。河内《かわち》国の在郷町古市《ふるいち》（大阪府羽曳野《はびきの》市）の商家西谷家の長女。天保十三年（一八四二）二月三日、西谷平右衛門《へいえもん》・あいの長女として出生。西谷家は、肥料と塩・米・雑穀を扱う新興商家として天明年間(一七八一—八九)以降に成長し、父の代には古市を代表する商家・地主として、村《むら》年寄《どしより》を勤めた。恵まれた環境の下で成長したさくは、三歳のとき疱瘡《ほうそう》を煩《わずら》い快癒《かいゆ》、少女期には*寺子屋に通い、妹たづとともに七夕の手跡を残す。十二歳の年には、父親から預けられた金銭の出納簿《すいとうぼ》を付け始め、師匠《ししょう》を招いて*三味線《しゃみせん》を習う。安政三年(一八五六)、和泉《いずみ》国踞尾《つくのお》村(同府堺市)格之介(のち平三郎と改名)を*婿養子に迎えるが、父の闘病中、平三郎が偽の実印を作り、借金するという謀印《ぼういん》事件を起こしたため離縁。その最中の万延《まんえん》元年(一八六〇)二月七日から家政日記を付け始め、十月十二日に及ぶ。当時十九歳。文久二年(一八六二)再婚するが、六月二十三日、流行していた麻疹《ましん》に罹《かか》り死去。二十一歳。戒名は釈貞祥。

参考文献　藪田貫『男と女の近世史』(Aoki library)、一九九八、青木書店。『羽曳野市史』五、一九八三、羽曳野市。

（藪田　貫）

にしだハル　西田ハル　一九〇五—四五　大正・昭和時代初期の女性水平《すいへい》運動家。福岡県筑紫《ちくし》郡《ぐん》豊平《とよひら》町《ちょう》金平《かなひら》(福岡市)に生まれる。高等小学校卒業後、専売局の*女工となる。一九二四年(大正十三)福岡で開かれた全国水平社第三回大会に参加、以後同年の金平婦人水平社、翌一九二五年の福岡県婦人水平社の創立に尽力し、九州地方の婦人水平運動を担う。労働農民党・共産党系の活動にも従事し、四・一六事件などで二度検挙、投獄された。一九三一年三月下獄するが、その後健康を害し、敗戦前に脳《のう》溢血《いっけつ》で死去。

参考文献　黒川美富子「婦人水平社研究試論」(『部落問題研究』二八)、一九七〇。鈴木裕子『水平線をめざす女たち—婦人水平運動史—(増補新版)』、二〇〇二、ドメス出版。同「西田ハル—風を切って進む「九州のローザ」—」(水平社博物館編『全国水平社を支えた人びと』二〇〇二、解放出版社)。

（黒川みどり）

にしはちじょうぜんに　西八条禅尼　一一九三—一二七四　鎌倉幕府三代将軍源実朝《みなもとのさねとも》の妻。坊門信清《ぼうもんのぶきよ》の娘。父信清の姉は後鳥羽院《ごとばいん》の生母*七条院殖子《しちじょういんしょくし》であり、さらに彼女の姉妹二人が後鳥羽院の*後宮に、二人が順徳《じゅんとく》天皇の後宮に入っている。このように後鳥羽院と何重もの姻戚《いんせき》関係で結ばれた彼女は、元久《げんきゅう》元年(一二〇四)十二月、十二歳で一つ年上の将軍実朝の*御台所《みだいどころ》として鎌倉に下った。将軍家と後鳥羽院を結ぶかすがいとしての役割を期待されてのことである。鎌倉では、夫実朝や姑《しゅうと》*北条政子《ほうじょうまさこ》と同道して鶴岡八幡宮《つるがおかはちまんぐう》や永福寺《ようふくじ》など鎌倉近辺の寺社に参詣《さんけい》している。実朝との間に子供はできなかったが、建保《けんぽう》五年(一二一七)三月十日、実朝は桜花を見るために妻と同車して出かけ、礼仏ののち花林の下を夫婦で逍遥《しょうよう》するなど、穏やかで円満な夫婦仲をうかがわせる記事もある。承久《じょうきゅう》元年(一二一九)正月二十七日、実朝が鶴岡八幡宮で甥《おい》の公暁《くぎょう》に暗殺されたため、翌二十八日に寿福寺《じゅふくじ》の行勇《ぎょうゆう》を戒師《かいし》として出家し、実朝の一周忌までの間に京都に帰った。京都で実朝が所有していた西八条第に住んで、西八条禅尼と呼ばれた彼女は、承久三年の承久の乱に際して、後鳥羽院方となった兄の坊門忠信《ただのぶ》の助命を政子に嘆《たん》願《がん》し、処刑を免れさせている。そして、西八条禅尼は、この西八条第を実朝の菩提《ぼだい》を弔《とぶら》う寺、遍照心院《へんじょうしんいん》とし、寛《かん》喜《き》三年(一二三一)正月二十二日に堂供養が行われた。遍照心院は廻心房真空《えしんぼうしんくう》を開山とする唐招提寺《とうしょうだいじ》末寺の律宗《りっしゅう》寺院であり、政子の計らいによって寺領として伊予《いよ》国新居《にいの》荘《しょう》が寄進された。文永《ぶんえい》九年(一二七二)八月と十二月、八十歳で置文《おきぶみ》を残したが、夫実朝の横死も回顧してのことであろう。その中で「人間の無常いくばくか眼ニさへ(遮)ぎる、おりにふ(触)るゝあハ(哀)れごとに身をかへり(顧)ミるおも(思)ひふか(深)し」との感慨を漏らした彼女は、その二年後の文永十一年九月十日に死去した。晩年の彼女は安達泰盛《あだちやすもり》とも親交があった。

参考文献　角田文衛『王朝の残映—平安時代史の研究—』、一九九二、東京堂出版。細川涼一『中世寺院の風景—中世民衆の生活と心性—』、一九九七、新曜社。

（細川　涼一）

にしむらおとよ　西村桜東洋　一九〇五—八三　昭和時代の農民運動家。一九〇五年(明治三十八)四月十日、佐賀県鳥栖《とす》市大字儀徳《ぎとく》生まれ。久留米《くるめ》高等女学校卒業後、一九二三年(大正十二)*日本女子大学校社会事業学部に入学。在学中、寺尾《てらお》としとともに社会科学研究会をつくる。一九二七年(昭和二)同大卒業後、労働農民党中央書記局に入る。一九二九年共産党浜松町車掌細胞責任者として活動中に検挙。拷問《ごうもん》がもとで十五年間の療養生活を余儀なくされる。一九四五年敗戦後は福岡で農民運動に参加する。一九四六年日本農民組合福岡県連書記となり、土地取り上げ、強権供出、重税などに反対する農民運動を指導する。一九五三年板付飛行場に土地を借りていた小《こ》作農《さくのう》のために、板付飛行場の耕作権補償闘争に取り組み、席田《むしろだ》耕作者組合を組織し、事務局の中心となり、調達庁、地主組合と交渉を重ね、裁判闘争では敗訴を重ねながらも十八年にわたって闘い、諫早博《いさはやひろし》弁護士などの援助を得ながら、一九七二年小作権の補償を勝ち取った。肺臓は普通の人の半分以下、腎臓は片方という体で繁雑な仕事を果たした。一九八三年八月二十四日死去。著書に『怒りの席田—板付飛行場物語—』(一九七四年、九州文庫)がある。

（岩井サチコ）

にしむらみす　西村美須　?—一八七四　幕末・維新期の文人。伯耆《ほうき》国日吉津《ひえづ》村(鳥取県西伯郡《さいはくぐん》)の大庄屋石原連兵衛の娘。出雲《いずも》国母里《もり》(島根県安来《やすき》市)の庄屋西村黒右衛門の妻。俳諧《はいかい》・*和歌を嗜《たしな》む。父・夫・三人の子供に先立たれたため、万延《まんえん》元年(一八六〇)、西国三十三札所《さいごくさんじゅうさんふだしょ》や善光寺参詣《さんけい》など霊場めぐりに旅立つ。日光・江戸や横浜異人見物などの百五十八日間の旅日記『多比能実知久佐《たびのみちくさ》』五巻は、参詣した寺社の縁起、各地の伝説、奇談《きだん》、*女人《にょにん》禁制《きんぜい》や関所の苦労などを記した内容豊かな旅日記である。

参考文献 『日吉津村誌』下、一九六六、日吉津村。

（柴 桂子）

にじゅうしのひとみ 二十四の瞳 一九五二年（昭和二十七）に*壺井栄《つぼいさかえ》によって書かれた児童文学の傑作《けっさく》。一九五二年二月から十一月まで『ニューエイジ』連載。同年十二月光文社刊。一九二八年、瀬戸内海に浮かぶ小豆島《しょうどしま》の岬の分教場に大石久子《おおいしひさこ》という若い教師が赴任、十二人の新入生を受け持つ。洋服を着て自転車で通う久子は村人から好奇と非難の眼を浴びるが、いつのまにか子供たちは先生を慕うようになっていた。結婚で本校に転勤、六年生になった子供たちと再会するが、彼らの境遇はさまざまだった。戦争中、夫と母と娘を失った久子は、戦後再び分教場の教師となる。かつての教え子たちは歓迎会を開くが、三人が戦死し、一人が病死、一人が失明していた。一九五四年、木下恵介監督、高峰秀子《たかみねひでこ》主演で映画化、一九八七年には浅間義隆《あさまよしたか》監督、田中裕子《たなかゆうこ》主演により松竹で映画化された。ともに、変わることない美しい自然を背景に、戦争の惨《むご》さが静かに浮かび上がる作品となった。

参考文献 鷺只雄編『壺井栄』（人物書誌大系二六）、一九九二、内外アソシエーツ。

（尾形 明子）

にじょう 二条 ⇩後深草院二条《ごふかくさいんのにじょう》

にじょういんのさぬき 二条院讃岐 一一四一？—一二一七？ 平安時代後期院政期の歌人。源三位頼政女《げんざんみよりまさのむすめ》。兄に仲綱《なかつな》、従姉妹に*宜秋門院丹後《ぎしゅうもんいんのたんご》がある。摂津《せっつ》源氏の棟梁《とうりょう》の家にあって、*和歌に造型が深い環境であった。『百人一首』で名高い「わが袖は潮干《しおひ》に見えぬ沖の石の人こそ知らね乾《かわ》く間ぞなき」によって、「沖の石の讃岐」と呼ばれた。二条院に出仕した後、藤原重頼《しげより》と結婚し、しばらく宮中より遠ざかったが、治承《じしょう》・寿永《じゅえい》の内乱後は、宜秋門院（後鳥羽院《ごとばいん》*中宮）に再出仕し、後鳥羽院歌壇で活躍した。『千載《せんざい》和歌集』以下の勅撰集に七十一首入集。私家集に『二条院讃岐集』がある。

参考文献 糸賀きみ江『中世の抒情』（笠間叢書）、一九七九、笠間書院。森本元子『二条院讃岐とその周辺』（笠間叢書）、一九六四、笠間書院。

（清水 眞澄）

にじょうひめぎみ 二条姫君 一四六七—八七 室町時代の公家一条冬良《いちじょうふゆよし》の妻。二条政嗣女《まさつぐのむすめ》。文明十七年（一四八五）一条兼良《かねよし》の子冬良と結婚した。冬良二十二歳、姫君十九歳であった。冬良の兄の興福寺大乗院門跡尋尊《だいじょういんもんぜきじんそん》の後継者は、姫君の叔父政覚《せいがく》であった。応仁・文明の乱の間、兼良以下一条家の人々は、尋尊を頼って奈良に滞在し、政覚とも交流があった。文明十年春日若宮祭《かすがわかみやまつり》に二条持通《もちみち》と一条兼良・冬良が大和を訪れ、翌年一条家の家司《けいし》松殿《まつどの》忠顕《ただあき》を使者として交渉し、結婚の約束が整ったと思われる。この縁組みの背景には、兼良自身が高齢であり、政覚の後継者に一条家の子弟を入れたいという一条家側の思惑と、当時摂関家の女子はふさわしい相手がいないため*尼寺に入り、結婚する者はほとんどいないという状況下での良縁と考える二条家側の事情があったと思われる。応仁・文明の乱後一条家の人々は帰京したが、家の再建もできぬまま、文明十三年兼良は没した。家領の摂津《せっつ》国福原荘《ふくはらのしょう》（神戸市）の年貢が納入されず、家計が逼迫《ひっぱく》したため、文明十五年冬良は、回復しようと福原荘に下向した。福原荘を立て直した冬良は、一時期一条家の福原移住も意図したが、結婚のため京に戻った。結婚後も一条家の家計は欠如し、尋尊に援助を仰いだ。尋尊の裁定で、一条家の家政について、家計の管理者・収入の配分（借金の返済や使用人の給分）・食料の支給対象を定め、当座の費用が援助された。大乗院尋尊・政覚の後ろ盾を得て、一条家の家妻《いえづま》の座は、姫君となったと思われる。翌文明十八年十月姫君は男子を出産したが、長享《ちょうきょう》元年（一四八七）十月九日に死去している。姫君の子は、政覚の後継者として、明応《めいおう》四年（一四九五）十歳で大乗院に入室し、明応七年二月得度《とくど》し慈尋《じじん》となったが、その年四月没している。なお冬良は長享二年十二月に九条政基《くじょうまさもと》の女《むすめ》を妻としているが、のちに尋尊はこの姫君を害女《がいじょ》と評しているので、おそらく離縁したと思われる。

参考文献 海老澤美基「中世後期の一条家の妻たち—「家」の妻、その存立基盤と継承—」（前近代女性史研究会編『家・社会・女性—古代から中世へ—』一九九七、吉川弘文館）。

（海老澤美基）

にせむらさきいなかげんじ 偐紫田舎源氏 柳亭種彦《りゅうていたねひこ》作、歌川国貞《くにさだ》画の合巻《ごうかん》（草双紙《くさぞうし》数冊を合わせて一冊としたもの）。板元は江戸鶴屋喜右衛門《つるやきえもん》。三十八編。三十九・四十編は未刊。文政十二年（一八二九）より天保十三年（一八四二）まで連年刊行された。『*源氏物語』を時代を移して翻案、種彦は*歌舞伎・繰り・物語の三つを一つにした絵双紙を目論《もくろ》んだとする。主人公は足利光氏《あしかがみつうじ》。十一代将軍徳川家《とくがわいえ》斉《なり》の*大奥の生活を擬したと話題になったという。特に女性の間で大変な人気を博した。天保の改革の風俗取締りで絶版、間もなく種彦は発病、死去した。のち『其由縁《そのゆかり》鄙廼俤《ひなのおもかげ》』などの類書が出された。『新日本古典文学大系』八八・八九（鈴木重三校注、一九九五年、岩波書店）に所収。

『偐紫田舎源氏』初編上表紙

（椙山 聖子）

にちおうぶんかひかく 日欧文化比較 十六世紀日本に長く滞在していた宣教師*フロイスが、日本とヨーロッパの風習の違いを六百十一ヵ条にわたり覚書《おぼえかき》風にまとめた記録。『日欧文化比較』は、原本に付けられていた題名ではなく、はじめてドイツ語に翻訳した人物によって称せられたことによる。よって、「日欧風習対照覚書」と名付ける方がふさわしいとする説もある。原本はマドリードの王立歴史学士院図書館にあり、和紙五枚を重ねて二つ折にしたものに三十三枚目表まで個条書がある。日本での生活が長かったフロイスは、みずからが感じたヨーロッパとの風習の差異を、来日してきた宣教師たちの参考になるようにと、たびたび内容を書き加えていった。安土桃山時代の日本人の風習を研究する上で貴重な史料となっている。『大航海時代叢書』一一(岡田章雄訳、一九六五年、岩波書店)に所収。

参考文献 松田毅一・E・ヨリッセン『フロイスの日本覚書―日本とヨーロッパの風習の違い―』(中公新書)、一九八三、中央公論社。 (谷合 伸介)

にちれん 日蓮 一二二二―八二 鎌倉時代の僧。日蓮宗の開祖。法華経《ほけきょう》至上主義の立場から諸宗を激しく批判。内乱・侵略を防ぐために法華信仰の必要性を説き、『立正《りっしょう》安国論《あんこくろん》』を北条時頼《ときより》に進呈《しんてい》した。しかし鎌倉幕府の弾圧をうけて弘長《こうちょう》元年(一二六一)には伊豆に、文永《ぶんえい》八年(一二七一)には佐渡に流罪《るざい》となった。赦免《しゃめん》後は身延山《みのぶさん》で著作活動に専念。日蓮は女性に五障《ごしょう》の罪障《ざいしょう》があることを認めるが、*変成男子《へんじょうなんし》説のみえないのが特徴。女人の五障は『法華経』の信心によって消滅し、変成男子なしに往生《おうじょう》・成《じょう》仏《ぶつ》できると考えたようである。

参考文献 中尾尭「日蓮と女性」(笠原一男編『日本女性史』三、一九七三、評論社)。佐藤弘夫『日蓮―われ日本の柱とならむ―』(ミネルヴァ日本評伝選)、二〇〇三、ミネルヴァ書房。 (平 雅行)

にちろく 日知録 ⇩沼野《ぬまの》みね

にっぱちとうそう 二・八闘争 戦後の労働運動のなかで*看護師が全国的な連帯をもって闘い、結果として看護改善を進めた代表的な闘争の一つ。一九六〇年(昭和三十五)の「病院スト」の後、病院経営改善の動きもでてきたが、看護婦不足は解消しなかった。一九六三年、全日本国立医療労働組合は看護師の夜勤制限を人事院に提訴し、月に十日から十五日に及ぶ夜勤の制限を求めた。二年に及ぶ調査が行われ、六五年「夜勤は二人以上で月八日以内」などの人事院勧告が出された。その実現が進まなかったため一九六八年には、新潟県職員労働組合がその実現を県当局に要求して決起集会、白衣デモを行なった。県立病院では、人事院勧告どおりの夜勤体制を実力行使で実施した。この闘争は何よりも「良い看護」を実現するための労働条件改善闘争だった。新聞も好意的に「ニッパチ闘争」と称して報道し世の関心を集めたので、全国的に闘争が広がり、新潟では要求がとおって妥結《だけつ》した。ニッパチ闘争の名称は「二人制月八日」の二と八から、マスコミによりこう呼ばれた。

参考文献 看護史研究会『看護学生のための日本看護史』、一九八九、医学書院。 (平尾真智子)

にっぽじしょ 日葡辞書 ポルトガル語で説明した日本語の辞書。イエズス会宣教師編。慶長八年(一六〇三)本編、翌九年補遺、ともに長崎コレジョ刊。宣教師は布教のために日本語の学習を必要とした。ローマ字綴《つづ》りで表記した日本語をABC順に配列、当時の口語を中心に文書語・詩歌語・仏教語・婦人語(*女房詞《にょうぼうことば》)・方言・卑語《ひご》などまで約三万二千語を収録した。『(邦訳)日葡辞書』(土井忠生・森田武・長岡実編訳、一九八〇年、岩波書店)がある。 (村井 早苗)

にのみやふみ 二宮ふみ 一八二四―五三 江戸時代後期の農政家二宮尊徳《そんとく》の事業協力者。画家、書家。父尊徳の農村復興事業地下野《しもつけ》国桜町陣屋《さくらまちじんや》(栃木県芳賀《はが》郡《ぐん》)に生まれ、幼児期から父の事業を兄尊行《たかゆき》や弟子たちとともに学ぶ。書や絵を能《よ》くし、松鄰《しょうりん》・奇峯《きほう》の雅号《がごう》を持つ。桜町陣屋で父の事業に協力し、尊徳留守中の日々の日記、金銭出入帳、書類の清書、陣屋の管理、桜町領の村々の動向の通知、書類の整理・保管、報徳田《ほうとくでん》の管理などを母波《なみ》と行う。尊徳が尊行はじめ弟子たちを引き連れて江戸で「日光仕法雛形《しほうひながた》」を作成中であった、ふみ二十五歳のころ、桜町を出て自立のための勉学を希望し、再三尊行を通して尊徳に伺《うかが》いを立てたが、返答は得られなかった。「日光仕法雛形」が完成すると、尊徳は東郷《ひがしごう》陣屋(真岡《もおか》市)所属となり、一家も移住。ふみ二十九歳のとき、尊徳の高弟相馬《そうま》藩士富田高慶《とみたたかよし》と結婚し、相馬へ移る。身ごもったので、東郷陣屋に帰る。死産の一ヵ月後、ふみも病死し、三十歳の生涯を終える。

参考文献 柴桂子『二宮文―父尊徳の事業に尽した生涯―』(江戸期ひと文庫)、二〇〇〇、桂文庫。 (柴 桂子)

にひまなび 邇飛麻那微 江戸時代中期の国学者・歌人賀茂真淵《かものまぶち》の、歌論を中心とした国学の入門書、新学《にいまなび》の意。明和二年(一七六五)六十九歳の成立。真淵は明和六年死去、寛政十二年(一八〇〇)門人の荒木田久老《あらきだひさおゆ》によって刊行された。版本は「邇比麻奈微」とある。学問は古代を学ぶのがよいと主張。神代《かみよ》の昔から心に男女の差はなく、その心は「高き直きやまと魂」、その心を『*万葉集《まんようしゅう》』から学び、艶《にお》える姿を『古今《こきん》和歌集』から学んで詠《よ》むと女《おんな》歌《うた》はよいと説く。真淵には女性門人も多く、*油谷倭文子《ゆやしずこ》・鵜殿余野子《うどのよのこ》・土岐筑波子《ときつくばこ》は県門《あがたもん》三才女といわれた。『近世神道論・前期国学』(平重道・阿部秋生校注、日本思想大系三九、一九七二年、岩波書店)『加茂真淵全集』、一九八〇年、続群書類完成会、井上豊解説)所収。

参考文献 脇田晴子・林玲子・永原和子編『日本女性史』、一九七七、吉川弘文館。 (小川 幸代)

にほんがたふくししゃかいろん 日本型福祉社会論 一九七〇年代なかばに登場した福祉政策モデル。一九七三年(昭和四十八)の第一次石油危機を契機に、一九七〇年代なかばに始まった政府による福祉抑制を求める「福祉見直し論」は、その後「日本型福祉社会論」へと展開した。「日本型福祉社会」の用語は一九七九年、自由民主党の政策研修叢書『日本型福祉社会』および同年八月、経済運営の基本方針を定める閣議決定「新経済社会七ヵ年計画」のなかで使われて以来、一九八〇年代以降の臨調＝行政改革路線の基盤となった。政府による「日本型福祉社会」とは、個人の自立・自助を基本とし、*家庭・近隣・地域社会の連帯を基礎とし、適正な公的福祉を重点的に保障するという構想である。「日本型福祉社会」論に対しては、家族、ことに女性を「福祉の含み資産」とみなし、「家庭機能の見直しと強化」をはかり、「社会福祉に対する公的責任範囲を圧縮」する意図をもった「安上がり福祉」「国家責任の曖昧化《あいまいか》」「家族主義的イデオロギーの強化」であるとの批判が高まった。

参考文献　東京大学社会科学研究所編『転換期の福祉国家』、一九八八、東京大学出版会。　（大友　昌子）

にほんきゅうせいぐん　日本救世軍　⇩救世軍《きゅうせいぐん》

にほんキリストきょうふじんきょうふうかい　日本基督教婦人矯風会　日本で最初の自発的な、社会改革を目的とする、キリスト教を信仰する女性たちの団体。本部が米国にある世界キリスト教婦人矯風会(World Woman's Christian Temperance Union)の、東洋への宣教活動によって生まれた、本部ならびに欧米諸国の矯風会、その他の団体と連携するインターナショナルな女性団体である。略称矯風会。一八八六年(明治十九)東京婦人矯風会として発足、一八九三年に全国組織になる。初代会長*矢島楫子《やじまかじこ》。機関誌『東京婦人矯風会雑誌』(のち『婦人矯風雑誌』、『婦人新報』)を発行。矯風会設立の目的は第一に女性をとりまく社会の弊風を取り除くことであり、次に世界婦人矯風会が掲げる禁酒・禁煙をあげている。矯風会がとりくんだ最初の社会改革は、妻にのみではなく、夫に対しても姦通《かんつう》(罪)を適用することを求めた刑法・民法改正による*一夫一婦制の確立と公娼《こうしょう》制の廃止、海外醜《しゅう》業婦《ぎょうふ》取締りであり、社会改革の照準を男性の性にあてた。また女性の言論の自由を要求して、帝国憲法施行時に女性に禁止された国会傍聴を請願運動によって実現している。一九一〇年代から*廃娼運動に本格的にとりくみ、秋田支部のように諸団体と共同した焼失*遊廓の再建阻止、*娼妓《しょうぎ》救出のための*慈愛館の運営、参政権および公娼制廃止の議会請願運動などを行なっている。公娼制廃止運動はのちに純潔教育の推進に変わり、戦後の純潔教育を担う。一方矯風会は植民地に多くの支部をもつとともに、日清《にっしん》戦争時からアジア・太平洋戦争に至るまで戦争協力を続けてきた。戦後、*ガントレット恒子《つねこ》が個人として、また『日本キリスト教婦人矯風会百年史』において会として戦争協力に対する責任が自覚されている。戦後の矯風会活動の中心は靖国神社国家護持法案に対する反対やベトナム反戦・沖縄問題などの平和運動と、アジア諸国の女性の*人身売買と*買売春問題への人権の視野による取組である。　➡女性の家《じょせいのいえ》HELP《ヘルプ》

廃娼を要求して議会に押し掛けた日本基督教婦人矯風会代表(1923年)

参考文献　『日本キリスト教婦人矯風会百年史』、一九八六、ドメス出版。早川紀代「帝国意識の生成と展開―日本基督教婦人矯風会の場合―」(富坂キリスト教センター編『女性キリスト者と戦争』二〇〇二、行路社)。　（早川　紀代）

にほんぐん「いあんふ」　日本軍「慰安婦」　十五年戦争期に、戦地・占領地で日本軍の監督・統制下に置かれ、軍人・軍属《ぐんぞく》の性の相手をさせられた女性。戦後は「従軍慰安婦」ともよばれた。本質は軍性奴隷《どれい》である。総数は五万とも二十万ともいわれる。その存在は周知の事実だったが、人権侵害・性犯罪だとする認識が広まるのは、一九九一年(平成三)に韓国人サバイバー、*金学順《キムハクスン》が名乗り出てからである。軍慰安所は一九三二年(昭和七)初めに上海に作られたのが最初で、日中戦争が長期化する一九三七年末以降中国各地に設置された。一九四二年初めからは東南アジア・太平洋の占領地に設置され、末期には沖縄や千葉県などにも作られた。設置の理由は、将兵への慰安の提供、日本軍将兵による*強姦《ごうかん》の防止、性病蔓《まん》延《えん》防止、スパイ防止とされ、軍慰安所と女性の監督・統制が必要とされた。しかし、強姦事件はなくならなかったし、軍慰安所を介して性病が蔓延した。日本での徴募《ちょうぼ》は、原則として二十一歳以上の「売春婦」(*娼妓《しょうぎ》・*酌婦《しゃくふ》など)に限定された。朝鮮・台湾では、総督府《そうとくふ》(のちには軍)により選定された業者が「売春婦」以外の女性や未成年者をも*人身売買や誘拐(詐欺《さぎ》)により連行するケースが多く、一部に略取《りゃくしゅ》(暴力的拉致《らち》)もあった。占領地では、中国人・フィリピン人・インドネシア人・マレー人・ビルマ人・ヴェトナム人など地元女性やインドネシアにいたオランダ人女性が徴募された。徴募は日本軍が直接行う場合も多く、軍による略取のケースも少なくなかった。総じて軍慰安所では、内地の公娼《こうしょう》制で*性奴隷制であることを隠すために形式的に認められていた拒否する自由、廃業の自由、外出の自由すらも認められず、本人の意思は無視され、強制的に使役された。この問題は、女性に対する性暴力、人種差別(民族差別)、貧しい者に対する差別が重なった日本国家による重大な人権侵害であった。当時日本が加入していた婦人・児童の売買禁止に関する国際条約、強制労働に関する条約や、国際慣習法(奴隷条約はそれを明文化したもの)に違反していたと国際法律家委員会(一九九四年)、国連人権委員会のラディカ＝クマラスワミ特別報告者(一九九六年)、同小委員会のゲイ・J・マクドゥーガル報告者(一九九八年)による報告書や、女性国際戦犯法廷判決(二〇〇一年)などで指摘された。

一九九五年に日本政府の呼びかけでつくられた女性のためのアジア平和国民基金は民間からの償《つぐな》い金や政府の医療福祉金を三百六十五名のサバイバーに支払ったが、韓国と台湾では、法的責任を認めない措置《そち》が厳しく批判され、基金の活動は中止された。中国・北朝鮮・ビルマ・マレーシア・日本などは除外された。国会では、一九九七年から戦争責任問題に関する真相究明をめざす法案と戦時性的強制被害者問題解決促進法案が提出されているが、未だ成立していない。→韓国挺身隊問題対策協議《かんこくていしんたいもんだいたいさくきょうぎ》会《かい》 →ヘンソン、マリア＝ロサ＝ルナ

参考文献 吉見義明編『従軍慰安婦資料集』、一九九二、大月書店。川田文子『皇軍慰安所の女たち』、一九九三、筑摩書房。吉見義明『従軍慰安婦』(岩波新書)、一九九五、岩波書店。吉見義明・川田文子編『「従軍慰安婦」をめぐる30のウソと真実』、一九九七、大月書店。VAWW-NET Japan編『二〇〇〇年女性国際戦犯法廷の記録』、二〇〇〇-〇二、緑風出版。石田米子・内田知行編『黄土の村の性暴力』、二〇〇四、創土社。

(吉見　義明)

にほんこくけんぽう　日本国憲法　大日本帝国憲法に代わって、一九四六年(昭和二十一)十一月三日公布、一九四七年五月三日施行された憲法典。前文、十一章、百三条で構成されている。一九四五年十月マッカーサー連合国最高司令官は日本政府に憲法改正を指示したが、日本政府は帝国憲法の部分改正しか考えなかったので、総司令部は拒否、世界各国の憲法、日本の民間草案《そうあん》等を参考にして、民政局が憲法案を起草した。民政局員の一人ベアテ＝シロタ＝ゴードンは「日本の女性と子どもが幸せになるには、何が一番大事か」を考え、妻の権利と母子の保護を規定しようとしたが、第二四条以外はすべて削除された。帝国憲法の規定により改訂手続きは進められ、戦後最初の総選挙後、女性議員がいる衆議院ほかで審議され、決定された。日本国憲法は㈠国民主権(政治的実権を持たない象徴天皇制、法治《ほうち》主義)、㈡基本的人権の尊重(生命・自由・幸福の追求権、法の下の平等、思想・良心・表現・学問・集会・結社の自由、信教の自由と政教分離《せいきょうぶんり》、人身・居住・職業選択の自由、生存権、教育・社会保障・裁判を受ける権利、財産権、勤労権、労働者の団結権、参政権等)、㈢平和主義(侵略戦争への反省のもとに戦争放棄・戦力不保持・交戦権否認)を基本原則とし、三権分立(内閣に行政権、国会に立法権、裁判所に司法権)、議会制民主主義、地方自治、憲法改正には国民投票が必要などの内容を持っている。*男女平等明示条項は第一四条で、法のもとで政治的、経済的、社会的関係での差別を禁止、さらに具体的に第二四条で*婚姻と家族生活は個人の尊厳と両性の平等、協力によること、第四四条で議員・選挙人の資格に性による差別はないことが定められている。衆議院の審議で、女性議員は生活力のない妻・母・*庶子《しょし》の保護、一夫一婦《いっぷいっぷ》の原則等を憲法規定で保障させようとした。しかし政府側意見は両性の本質的平等原則に終始し、法律で具体化すると説明している。新憲法草案への毎日新聞社世論調査《よろんちょうさ》(一九四六年五月二十七日発表)では政府草案の天皇制支持八五％・反対一三％、戦争放棄条項を必要とする七〇％・不要二八％、国民の権利・義務・自由について草案の修正必要なし六五％・必要三三％その他で、憲法草案は全体として支持されていた。しかし講和条約発効に伴い保守派から占領軍の押し付け憲法無効等の改憲論《かいけんろん》が台頭し、天皇の元首化、軍事力の明文化、人権規定の見直し、家族制度復活が主張された。一九五〇年代半ばの衆参両院議員選挙で、改憲派の保守政党が改憲発議に必要な議席を確保できなかったため、運用で改憲主張に接近する「解釈改憲《かいしゃくかいけん》」「なしくずし改憲」が進められ、他方小選挙区制導入が図られた。その焦点は他国民からも未来に誇れると評価される第九条にあり、軍事力によらない平和を選択した日本国憲法から、他国と戦争できる国、それを支える体制・国民(人権の制限や家族共同体強化を含む)への改憲といわれる。

参考文献 清水幾太郎編『資料・戦後二十年史』五、一九六六、日本評論社。市川房枝編『日本婦人問題資料集成』二、一九七七、ドメス出版。ベアテ＝シロタ＝ゴードン『1945年のクリスマス―日本国憲法に「男女平等」を書いた女性の自伝―』(平岡磨紀子訳)、一九九五、柏書房。浜林正夫・森英樹編『歴史のなかの日本国憲法』、一九九六、地歴社。植野妙実子『憲法の基本―人権・平和・男女共生―』、二〇〇〇、学陽書房。芦部信喜『憲法(第三版)』、二〇〇二、岩波書店。

(伊藤　康子)

にほんこどもをまもるかい　日本子どもを守る会　児童憲章、子どもの権利条約の完全実施をめざす団体。一九五〇年(昭和二十五)からの朝鮮戦争のもとで、戦争や基地の悪影響から子どもを守る運動が各地でおこり、横須賀ではタマラン節が市民女性の厳しい抗議をよんだ。五二年四月のウィーン第一回子どもを守る国際会議をうけて、五月の児童憲章記念日に日教組児童文学者協会・*婦人民主クラブなど十団体で日本子どもを守る会を結成。会長長田新《おさだあらた》、副会長*羽仁説子《はにせつこ》・神崎清《かんざききよし》。基本目標は児童憲章の完全実施、戦争から子どもを守る、悪い環境や条件を取り除くなどで、「花には太陽を、子どもには平和を」をスローガンに掲げ、全国に組織をつくり九月には百余に達した。月刊誌『子どものしあわせ』は*いわさきちひろの表紙絵もあって全国の母親たちに愛読された。二〇〇七年八月号で通巻六七八号。毎年開催している子どもを守る文化会議は二〇〇七年二月で第五十二回となっている。『子ども白書』も刊行、現在の役員は会長代行正木《まさき》健雄《たけお》、事務局長は高柴光男《たかしばみつお》(二〇〇七年現在)。

(折井美耶子)

にほんさんいくしゅうぞくしりょうしゅうせい　日本産育習俗資料集成　皇太子誕生を記念して一九三四年(昭和九)に設立された恩賜《おんし》財団愛育会《あいいくかい》(現在は恩賜財団母子愛育会)によって、全国各地の妊娠・*出産・育児に関する行事・伝説・習俗を聞き取って母子愛護の指導に役立て

るために行われた調査を刊行したもの。一九三五年、地域の郷土史研究者たちから調査者を推薦《すいせん》で募り、民俗学者*柳田国男《やなぎたくにお》が調査を指導した。資料の整理は橋浦泰雄《はしうらやすお》により、一九三八年十一月に完成。この調査はその規模と内容において類例がなく、戦前の常民《じょうみん》の産育習俗や言い伝えを数多く収集しており、歴史(特に*女性史)史料として、民俗資料として貴重な資料であったが、一般に知られることは少なかった。一九七五年になって当時の調査者の橋浦と大藤《おおとう》ゆきによって再度資料の整理がなされ、出版された。収集された習俗のなかには今日では迷信とされる事柄もあるが、当時の人々の生活の視点にたち、また当時の社会状況の中での共同体のあり方を考えて評価する必要がある。

参考文献 五十嵐世津子・森圭子「『日本産育習俗資料集成』の分析からみた妊娠するための方策—〝あやかり〟と〝とりこみ〟—」(『母性衛生』四五ノ二)、二〇〇四。 (酒井 順子)

にほんさんじちょうせつひゃくねんし　日本産児調節百年史　近代日本百年間の産児調節運動の歴史が著者が集めた避妊《ひにん》器具の資料紹介とともに叙述されている書。著者は太田典礼《おおたてんれい》。一九七六年(昭和五十一)に出版科学総合研究所より刊行。リプロダクティブ＝ライツ(性と生殖の権利)が世界的に議論されている今日、この問題の基礎文献。著者は戦前から産児調節運動に参加し、避妊リングの普及に貢献した産婦人科医。一九六九年にそれまで不明であった産児調節運動の記録を残すべく日本家族計画協会から『日本産児調節史』を刊行し、本書はそれに「戦後十年」を加えて百年史としたものである。

参考文献 石崎昇子「近代日本の産児調節と国家政策」(『総合女性史研究』一五)、一九九八。 (石崎 昇子)

にほんさんばかい　日本産婆会　免許産婆が多数をしめることになった一九二七年(昭和二)に、東京府産婆会と大阪産婆連合会(会長山本柳)らが中心となり、開業免許産婆の職業上の地位向上をめざして各都道府県ごとの産婆会を結集して創立された組織。成立時会員約五万人、初代会長は*柘植《つげ》アイ、事務所を東京府麴町《こうじまち》区富士見町の東京府産婆会館内におき、翌一九二八年から三五年まで各地で全国大会を開催、*産婆を産師《さんし》と改称し、*高等女学校卒業後の三年の専門教育、産師に簡単な応急投薬注射を容認するなどの産師法成立をめざした。しかし、産婆のいない地域も多く全国的には産婆人数は足りないと政府が判断したため法案は成立しなかった。戦後は、GHQの方針により一九四七年五月からは日本助産婦看護婦保健婦協会に統合されて一時解散したが、一九五五年に社団法人日本助産婦会として分離独立し、開業助産婦の職能団体として再建された。一九五五年当時会員約三万人。機関誌『助産婦』を発行している。

参考文献 日本助産婦会60年史編纂委員会編『60年のあゆみ』、一九八八、日本助産婦会。石崎昇子「日本産婆会初代会長柘植アイ」(折井美耶子・新宿女性史研究会編『新宿歴史に生きた女性一〇〇人』二〇〇五、ドメス出版)。 (石崎 昇子)

にほんし　日本史　フランシスコ＝ザビエル来日から文禄元年(一五九二)ころまでの約四十年間の日本イエズス会の布教史。天正十一年(一五八三)、イエズス会司祭*ルイス＝フロイスが上長から布教の編年史の執筆を命ぜられ著述した。フロイスは、この執筆に心血を注ぎ、十数年をかけて完成させた。彼は内容を詳細に記したが、その反面、厖大《ぼうだい》な量となってしまったため、その原稿のヨーロッパへの送付は見送られた。原稿は、マカオの学院の倉庫に残されていたが、一八三五年の火災で焼失した。幸い、ポルトガル学士院がマカオで謄写した写本が、各地に転々としながらも残っており、それをもとに一九二六年第一部だけがドイツ語に訳された。日本語の全訳は、一九七七年(昭和五十二)—八〇年(『日本史』、松田毅一・川崎桃太訳、中央公論社)。本書は、布教に関する内容だけでなく、庶民の生活の様子や自然災害、織田信長や豊臣秀吉をはじめとする諸侯の動静なども記されており、近世初期の社会や政治を研究する上では第一級史料である。

参考文献 松田毅一『近世初期日本関係南蛮史料の研究』、一九六七、風間書房。 (谷合 伸介)

にほんじょしだいがく　日本女子大学　近代日本の最初の組織的な女子高等教育機関。一九〇一年(明治三十四)、*成瀬仁蔵《なるせじんぞう》により日本女子大学校として東京に設立された。女子高等教育に批判の渦巻く中で、女子を人として*婦人として国民として教育する方針を明らかにし、まず*家政学・国文学・英文学の三専攻をおいた。*幼稚園から専門課程までの一貫教育と、生涯教育を視野に入れ、創立者の人格教育を基本とする信念徹底・自発創生・共同奉仕の三綱領《こうりょう》を教育理念として、自学自習・体育の重視・学生自治・通信教育など各種の先駆《せんく》的な多彩な活動を展開し、同窓会(桜楓会《おうふうかい》)の社会的な実践を導いた。大正期に

日本女子大学　創立当時の正門

は社会事業学部や高等学部・大学部などを設置したが、時に利《り》あらず、一九四八年(昭和二十三)ようやく念願の大学となった。現在東京目白台と神奈川の西生田《にしいくた》の両キャンパスに家政学部(通信教育を含む)・文学部・人間社会学部・理学部の四学部、附属校・園・附属研究所などがある。

参考文献　中村政雄編『日本女子大学校四拾年史』、一九四二、日本女子大学校。『日本女子大学学園事典―創立100年の軌跡―』、二〇〇一、日本女子大学。『写真が語る日本女子大学の100年―そして21世紀をひらく―』、二〇〇四、日本女子大学。（中嶌　邦）

にほんじょせいし　日本女性史　敗戦直後井上清《いのうえきよし》が執筆し、三一書房から出版された日本女性史の通史。一九四九年(昭和二十四)一月初版(毎日出版文化賞)、一九五三年改訂版、一九六七年新版。続編は『現代日本女性史』(一九六二年)。敗戦後の女性解放の時代潮流《ちようりゆう》のなか、第一期女性史ブームを起こした中心の書。「すべての日本女性の実生活、その苦しみとよろこび、そのしいたげられたすがたとその解放のたたかい」解明の意図のもとに、「どうすれば女性の解放はじっさいに実現されるだろうか」と問いながら、日本女性の社会発展史をたどっている。科学的な女性の歴史を学びたい、そして生きる励ましを得たいという知的要求から本書は広く読まれ、また学習会のテキストとして使用され、版を重ねた。井上清の処女論文「近世農民社会の女性」(一九三七年)、「明治維新と女性の生活」(一九三九年)を基礎研究として、内容は原始共産制社会―奴隷制《どれいせい》社会―封建制《ほうけんせい》社会―近代―戦後と展望から構成されており、幕藩制《ばくはんせい》社会と明治期の比重が高い。本書は、第一に反封建、反天皇制、反*家父長制《かふちようせい》、反軍国主義、第二に歴史を動かすのは人民の解放闘争という民主主義的主張に貫かれている。封建制社会でも農民が自主的な結婚を行い、被支配者が支配者を越える生活意識を持っていたという人民中心の観点、女性の地位・生活と解放の問題を広く全社会的・法則的に捉えようとした叙述が、若い男女の感銘《かんめい》を呼んだといわれる。しかし高度経済成長後の一九七〇年代、その女性解放史方法論への批判が*村上信彦《むらかみのぶひこ》ほかから出され、*女性史論争となった。井上清(一九一三―二〇〇一)は高知県出身、東京帝国大学国史学科卒業、羽仁五郎《はにごろう》に師事《しじ》し、人民のための歴史学を主張した歴史家。明治維新・天皇制・軍国主義・戦争責任・民衆運動など日本近現代史を多面的に研究叙述した。京都大学名誉教授、北京《ペキン》大学名誉教授、中国社会科学院名誉博士。

参考文献　古庄ゆき子編『資料・女性史論争』(論争シリーズ三)、一九六七、ドメス出版。西村汎子編『女性史』(歴史科学大系一六)、一九六八、校倉書房。『井上清史論集』(岩波現代文庫)、二〇〇三―〇四、岩波書店。（伊藤　康子）

にほんたんこうしゅふきょうぎかい　日本炭鉱主婦協議会　日本炭鉱労働組合(炭労)の外郭団体で、同組合員の妻たちを会員とする。略称炭婦協。「日本炭鉱労働組合と緊密なる連携のもとに共同の利益を確保し、主婦の経済的社会的地位の向上をはかることを目的とする」(規約第二条)。一九五二年(昭和二十七)九月十一日結成。敗戦後から、全国各地の炭鉱で、*主婦の生活要求を掲げる抗議行動がしばしば行われていた。一九五〇年三月には北海道炭鉱主婦連絡会(炭婦連)が結成された。一九五二年二月、炭労が組合員主婦の全国組織化にのり出した。再軍備、労働法規の改悪、スト規制法成立等急速に逆行する状況に、炭労は組合員の家族を含めた「強い闘い」で対抗しようとしたのである。直接には組合財政の確立を必要とした。そのためには組合員の妻が「階級的にめざめ」、組合活動を理解することが「第一条件」だとしていた。炭婦協は戦後の労働運動に家族ぐるみ参加をつくり出し、平和・*婦人運動の推進力ともなった。一九九五年(平成七)七月二十九日解散。　↓三池主婦会《みいけしゆふかい》

参考文献　島津千利世「炭婦協のあゆみ」(日本炭鉱労働組合編『炭労十年史』一九五四、労働旬報社)。大宮みゆき「「ぐるみ」闘争と女たち」(女たちの現在を問う会編『銃後史ノート戦後篇』三、一九六七、インパクト出版社)。（古庄ゆき子）

にほんのうそんふじんもんだい　日本農村婦人問題　昭和戦前期の農村女性問題についてはじめて本格的に論じた著作。*丸岡秀子《まるおかひでこ》著。一巻。初版は副題「主婦・母性篇」、一九三七年(昭和十二)刊(高陽《こうよう》書院)。第二版は一九四八年刊(八雲《やくも》書店)、「戦時・戦後の農村女性」を加筆し、副題を「新しき出発」と改める。第三版は一九八〇年刊。近代日本女性の社会的地位の低さは農村女性のそれに由来するという視点に立ち、昭和恐慌《きようこう》の影響下にある農村の実地調査と統計資料にもとづいて執筆された。自身の体験が随所《ずいしよ》に反映されている。農村・農業問題は社会的政治的な注目を集めていたが、農村女性に対する関心は低く、また、女性問題研究の対象は都市勤労女性が中心であった。これに対し本書は、農村女性問題を体系化してその重要性を訴え、一般女性問題の分野に押し出すことを課題とした。農村女性の状態を、農業労働従事者、都市勤労女性の給源、*主婦ならびに母の三形態に整理した上で、主婦や母としての側面は農村女性問題の出発点であると位置づけている。初版は、中小貧農《ひんのう》としての婦人、主婦としての農村婦人、*母性としての農村婦人、農村婦人と文化、農村主婦の諸団体の五章からなり、次のような生活実態を明らかにした。零細《れいさい》な経営と高額な小作料のもとで家計は恒常的に赤字であること、農作業と*家事育児の過重な労働、不十分な「産児調節」や母子衛生の不備が母の不健康や死産、高い乳幼児死亡率をもたらしたこと、*欠食児童や子女の*身売りは貧困が原因であること、農村女性は文化や娯楽に恵まれず、社会的公共的な施設も貧弱なため、みずからを向上させる機会に乏しいことなどである。さらに、農村の伝統的因習《いんしゆう》的差

別意識を地主制や家族制度との関係において論じ、農村女性の苦難は個人の境遇によるものではなく、社会構造に根ざしていることを示した。巻末に参考文献資料を付す。テキストは『日本農村婦人問題―主婦、母性篇―(第三版)』(一九八〇年、ドメス出版)、『日本農村婦人問題―主婦・母性篇―(初版復刻版)』(叢書女性論三六、一九九七年、大空社)。

参考文献 猪俣津南雄『窮乏の農村―踏査報告―』(岩波文庫)、一九八二、岩波書店。板垣邦子『昭和戦前・戦中期の農村生活―雑誌『家の光』にみる―』、一九九二、三嶺書房。井出ふさえ・永原和子編『農村婦人問題文献目録』(社会科学書誌書目集成五七)、一九八六、日本図書センター。光岡浩二『日本農村の女性たち―抑圧と差別の歴史―』、二〇〇一、日本経済評論社。 (奥田　和美)

にほんのうみんくみあいふじんぶ　日本農民組合婦人部

⇩農民組合婦人部《のうみんくみあいふじんぶ》

にほんのかそうしゃかい　日本の下層社会　産業革命期の貧困者・労働者・小作農民の生活と労働の実態を各種調査報告書と現地視察にもとづいて著わしたもの。横山《よこやま》源之助《げんのすけ》著。一巻。一八九九年(明治三十二)刊。東京貧民の状態、職人社会、手工業の現状、機械工場の労働者、小作人生活事情の五編から成り、巻末に日本の社会運動を付す。本書の背景となる明治三十年前後は、貧富の格差や労働者保護などの社会問題が注目され、労働運動が本格的に始まる時期であった。著者の客観的で広い視野は女性労働にも及び、特に桐生《きりゅう》・足利地方の織物工場や各地の製糸工場の工女の実態、紡績女工《ぼうせきじょこう》の風俗や境遇、「*下女《げじょ》」不足に関する要因分析などの記述が優れている。また、工場における労働者の男女別統計を駆使《くし》して日本の工業化の特色を明らかにしていることは、*ジェンダーの視点からも注目され、今日的意義も大きい。テキストは『日本の下層社会』(岩波文庫、一九四九年、岩波書店)。

参考文献 西田長寿「横山源之助著「日本之下層社会」の成立」(『歴史学研究』一六一)、一九五三。 (奥田　和美)

『にほんのはなよめ』じけん　『日本の花嫁』事件　日本基督《キリスト》教会牧師田村直臣《たむらなおおみ》が、一八九三年(明治二十六)夏にハーパー&ブラザーズ社(ニューヨーク)から出版したThe Japanese Brideの内容が、日本女性の惨《みじ》めな実態を外国に暴露し日本の美徳を汚したと攻撃され宗教裁判にまで発展し、彼が教職を剥奪《はくだつ》された事件。同書は「なぜ結婚するのか」から「母と祖母」に至る全八章より成り日本人の結婚観や日本の結婚制度を通して日本女性の抑圧された状況を描いた。内容は当時の家族主義的呪縛《じゅばく》からの日本女性の解放を目指す啓蒙《けいもう》書であるが、英文出版直後にジャーナリズムが糾弾《きゅうだん》、しかもキリスト教誌までもが批判し、さらに女性からの攻撃もあった。結果日本語版は発禁処分を受けた。田村は自身の留学体験をもとに『米国の婦人』(一八八九年)とThe Japanese Brideの二書を著わし日米女性の立場を比較したが、前者は欧化主義の絶頂期に出版されたため歓迎され、他方、後者は日清戦争中のナショナリズムの高揚《こうよう》の中で国辱《こくじょく》と非難された。

参考文献 武田清子「田村直臣に見る家族主義道徳の批判―『日本の花嫁』事件をめぐって―」(『人間観の相剋』一九五九、弘文堂)。田村直臣『田村直臣日本の花嫁米国の婦人資料集』、二〇〇三、大空社。 (影山　礼子)

にほんはいしょううんどうし　日本廃娼運動史　廃娼連盟の伊藤秀吉《いとうひできち》の執筆により、一九三一年(昭和六)発行された。日本の*廃娼運動は、一九二〇年代に盛り上がりをみせるが、にもかかわらず、「未だ『廃娼論』として権威ある大著述が更に行はれていない」というのが、本書執筆のきっかけであったという。本書はもともと*公娼《こうしょう》制度下の*娼妓《しょうぎ》たちの「悲惨な奴隷《どれい》の姿」を明らかにすると同時に廃娼論を展開することを目的として執筆され、第四篇として廃娼運動史が執筆された。その原稿を分割して二冊の本とし、一方を『紅燈下《こうとうか》の彼女の生活』、他方をこの『日本廃娼運動史』として出版の運びとなったという。『紅燈下の彼女の生活』は、第二編「公娼制度の現状」において娼妓に関する各種の調査を明らかにした上で、人道面、風紀《ふうき》政策面、衛生面、国際面などにおける公娼廃止論を展開している。また、『日本廃娼運動史』では、一九三〇年前後の時期に至るまでの廃娼運動の通史が記されており、廃娼運動を知る上で不可欠な著作である。

参考文献 伊藤秀吉『日本廃娼運動史(復刻版)』、一九八二、不二出版。 (小野沢あかね)

にほんふじんかいぎ　日本婦人会議　一九六〇年(昭和三十五)安保闘争後に設立された個人加盟の女性による全国組織の運動体。六二年に社会党の提唱で発足したので初代議長のうち*高田なほ子・*田中寿美子は社会党議員である。会員の政党支持は個人の自由だが、社会党支持者が多い。「日本婦人会議」は発足時の名称で、二〇〇三年(平成十五)「I《アイ》女性会議」と改名。同じような活動目標「憲法改悪反対、非核、反戦、世界の女性との連帯」などを持つ「*新日本婦人の会」が共産党支持者が多いことと対照的である。教育運動・消費者問題などもそれぞれ別々に活動しており、協同行動をとることはごく少ない。しかし、対抗し合って活動の活性化と独創性がみられるのはプラスであろうか。日本婦人会議は南北朝鮮にそれぞれ人脈があって、南北朝鮮の国交回復に熱心に取り組み、東京で南北の女性の友好と親睦の会が開催される機会もある。機関誌は『I女のしんぶん』の名で、月二回発行されている。 (駒野　陽子)

にほんふじんさんせいけんきょうかい　日本婦人参政権協会　*日本基督《キリスト》教婦人矯風会《きょうふうかい》内に設置された婦人参政権を目的とする団体。万国婦人参政権協会大会に出席した*ガントレット恒子《つねこ》が国内組織の設立を提案。一九二一年(大正十)、*久布白落実《くぶしろおちみ》を代表として設立される。公娼《こうしょう》廃止・少年禁酒・万国平和などのために参政権が必要だと主張した。一九二四年婦人参政権獲得期成同盟会(翌年

*婦選獲得同盟と改称)が創立、久布白落実が総務理事に就任、他の会員も個人として参加するなかで、解散も議論された。しかしキリスト教に基づく運動の必要から存続を決定。一九三〇年(昭和五)*婦人参政権運動の高揚《こうよう》の中で、久布白落実は婦選獲得同盟役員を辞任、キリスト教的立場からの運動を活発化するため参政権協会の活動に専念することとなった。これを機に日本基督《キリスト》教婦人参政権協会と改称。この後も婦選獲得同盟とは共同運動を展開した。戦時中は日本婦人団体連盟に参加し、国策に協力した。

参考文献 児玉勝子『婦人参政権運動小史』、一九八一、ドメス出版。日本キリスト教婦人矯風会編『日本キリスト教婦人矯風会百年史』、一九八六、ドメス出版。鈴木裕子編『日本女性運動資料集成』一・二、一九九六、不二出版。
(国武 雅子)

にほんふじんだんたいれんごうかい 日本婦人団体連合会 平和と国際連帯を掲げた民主的*婦人団体の連合組織。旅券を持たずに社会主義国ソ連入りし平和を訴えた参議院議員の*高良《こうら》とみの帰国を歓迎する婦人集会が開かれた際、婦人団体の連携を望む*平塚らいてうの提唱によって一九五三年(昭和二十八)四月結成された。初代会長平塚らいてう、副会長高良とみ。「平和憲法を守り、軍国主義の復活と反民主主義の逆コースをくいとめましょう」をスローガンに掲げた。参加団体は日本民主婦人協議会・*婦人民主クラブなど三十余団体で全日本婦人団体連合会としてスタート、五八年に日本婦人団体連合会(婦団連)となる。五三年の世界婦人大会に代表を送るため第一回日本婦人大会を開催。国際民主婦人連盟に加盟。五四年のビキニ被災をきっかけに「原水爆禁止のための訴え」を発表、日本母親大会開催の原動力となった。女性の権利、平和と平等のために国内外の連帯を強めることを目的に活動を続けている。二〇〇七年(平成十九)八月現在、*新日本婦人の会など二十一加盟団体九十万人、月刊誌『婦人通信』は通巻五九〇号、毎年『女性白書』(一九九九年までは『婦人白書』)を出している。
(折井美耶子)

にほんふじんもんだいこんわかい 日本婦人問題懇話会 ⇨婦人問題懇話会《ふじんもんだいこんわかい》

にほんふじんゆうけんしゃどうめい 日本婦人有権者同盟 女性の政治教育団体。敗戦直後の一九四五年(昭和二十)八月二十五日に結成された*戦後対策婦人委員会の中の政治小委員会が母体となり、同年十一月三日、戦後初の自主的婦人団体、新日本婦人同盟が創立された(初代会長*市川房枝《いちかわふさえ》、一九五〇年十一月日本婦人有権者同盟と改称)。戦前の婦人参政権獲得運動の後継団体として、婦人参政権の有効な行使を目指し、政党に中立の立場で政治教育と選挙啓発《けいはつ》運動に取り組む。一九五一年対日講和条約締結後の逆コースの中で家族制度復活や*公娼《こうしょう》制度復活などの反対運動を展開。また議員定数不均衡是正《ふきんこうぜせい》訴訟(一九八五年最高裁違憲判決)や企業・団体の政治献金禁止を提唱し、公職選挙法および政治資金規正法の改正、汚職議員追放など、選挙と政治を浄化し、議会制民主主義を守る運動、女性の政治参加を進め、平和憲法を守る運動など、女性・市民団体と幅広い共同運動も行う。一九六七年には、「黒い霧」解散後、全国で開催した青空演説会の活動で、朝日新聞社の「明るい社会賞」を受賞。二〇〇六年(平成十八)現在、支部五一、会員数約五〇〇〇。

参考文献 『日本婦人有権者同盟年表—参政権と歩んだ四〇年 一九四五年—一九八五年—』、一九八五、日本婦人有権者同盟。市川房枝記念会出版部編『全国組織女性団体名簿(二〇〇六年版)』、二〇〇六。
(久保 公子)

にほんふじんろん・にほんふじんろんこうへん 日本婦人論・日本婦人論後編 *福沢諭吉《ふくざわゆきち》の著作で、日本女性の心を活発にし身体を壮健《そうけん》にするための人種改良論に始まり、財産の有無が権利の有無に関係することを主張し、女性に責任と財産を与えるべきであると説いたもの。「日本婦人論」は一八八五年(明治十八)六月四日から十二日までの八回にわたり、『時事新報』社説として発表された。「日本婦人論後編」は同年七月七日から十七日まで十回にわたり、同様に社説として発表された。後編とあるが続編ではなく、「日本婦人論」を「平たき文」で説きなおしたもので「男子の口にも婦人の口にも芥子《からし》は辛くして砂糖は甘し」といったわかりやすい表現を用いて男女の同等を説き、また夫婦間は相互に親愛尊敬し、相手の気持ちになって許し合う恕《じょ》の気持ちを持つべきと主張している。後編のみ一八八五年八月に単行本化された。単行本の表紙には「福沢諭吉立案 中上川彦次郎筆記」とあり、中上川による序言も付されているが、これは『時事新報』社説の単行本化に際しよく使われた表現で、「日本婦人論」『日本婦人論後編』とも自筆原稿が残されている。『福沢諭吉著作集』一〇(二〇〇三年、慶應義塾大学出版会)に所収。

参考文献 進藤咲子「福沢諭吉の「日本婦人論」と「日本婦人論後編」との文章」(『福沢諭吉年鑑』一一、一九八四)。慶応義塾福沢研究センター編『福沢関係文書』(マイクロフィルム版)、一九九一、雄松堂出版。
(西澤 直子)

にほんめんぎょうはったつし 日本綿業発達史 *三瓶《さんぺい》孝子《こうこ》の著書。一九四一年(昭和十六)、慶応書房刊。A五判五一四頁に及ぶ大著で構成は次のとおりである。第一篇日本綿業の発展過程(章立ては㈠棉種の伝来と棉作綿業の発達、㈡在来棉を基礎とする綿糸紡績業の移植、㈢在来棉の放棄と日清戦争を転機とする綿糸紡績業の発展、㈣日露戦争を転機とする綿糸紡、織業の発展、㈤欧州大戦を契機とする我綿業の発展、㈥金再禁止後に於ける日本綿布の世界的躍進と日英の角逐《かくちく》、㈦本邦綿業の産業上に於ける地位の変遷、㈧綿織物に於ける中小機業、㈨綿業非常管理下に於ける綿業再編成、㈩在華紡並《ざいかぼう》に在満紡)、第二篇機械、原料、労働、資本(章立ては㈠紡・織物業、

(二)棉花、(三)紡績労働、(四)紡績業に於ける資本の集中集積)、第三篇人造繊維業の発達。「我国産業の王者たりし綿糸紡織績業の誕生から成人になるまでの歴史を研究、あはせて日本綿布とランカシャー・グーツとの印度《インド》市場をめぐる角逐を通して我国産業の世界的舞台への発展を顧《かえり》みることが本書の目的」と書いている。徳川中期以降、東北・北陸地方を除いては棉の栽培が普及した。棉を紡ぎ*木綿織物をつくる、綿布が庶民の日常衣料となり、木綿手織は農閑期《のうかんき》の女性の仕事となった。綿花から綿布になるまで多くの工程がある。幕末の開港以来、先進資本主義国の廉価《れんか》な綿糸布が輸入され、一八七七年(明治十)以降政府の保護のもとに綿糸紡績が急激な興隆をとげてからは、農家副業としての綿糸紡出が農業から離脱し、農家の自家消費としての綿糸が商品として農村に侵入した。一八九三年ボンベイ(ムンバイ)航路の開拓とともに紡績の原料は外棉に依存するようになった。原料と資本、労働の視点から、日本の綿紡績業の生成発展衰亡の過程を描いているが、とりわけ女性労働に支えられていることを叙述している。幼年工使用、*女工募集、女工の教育程度、賃金、女工の疾病、勤続年数、道徳的廃頽などその実情を歴史的に詳しく叙述している。女性による最初の日本経済史研究である。

(岩井サチコ)

にほんりょういき　日本霊異記　平安時代初期に編纂《へんさん》された日本最初の仏教説話集。正式な書名は『日本国現報善悪霊異記』。全三巻。薬師寺僧景戒《きょうかい》編。成立については諸説あるが、延暦《えんりゃく》年間(七八二―八〇六)以降、数次の増補を経て弘仁《こうにん》年間(八一〇―二四)に成立したとみる点で諸説ほぼ一致する。唐の『冥報記《みょうほうき》』や『金剛般若経集験記《こんごうはんにゃきょうしゅうげんき》』の影響を受けつつ、日本の諸地域に伝わる話を採集し、仏教的な善悪の因果応報譚《いんがおうほうたん》でまとめあげている。作者景戒は紀伊国《きいのくに》の地方豪族の出身と見られ、国家不認可の私度僧《しどそう》の時期を経た後、得度《とくど》を受け薬師寺の官僧となった。同時期に記された『東大寺諷誦文稿《ふうじゅもんこう》』からうかがえるように、在地の寺・堂での布教のために都鄙《とひ》を往来する官僧・私度僧との交流を通じて、正史には記録されない奈良時代末から平安時代初期の村落の情報が採集されたとみられ、そこから仏教説話のフィルターの下に当時の地域社会の様相が理解できる。本書から富豪層の「家」の経営・祭祀《さいし》の様相やそこに占める女性(「*刀自《とじ》」)の位置・役割が解明されるなど、古代地域社会における*女性史研究をすすめる上でも基本史料となっている。

参考文献　八木毅『日本霊異記の研究』、一九七六、風間書房。原田行造『日本霊異記の新研究』、一九八四、桜楓社。鈴木景二「都鄙間交通と在地秩序」(『日本史研究』三七九、一九九四)。義江明子『日本古代の祭祀と女性』(古代史研究選書)、一九九六、吉川弘文館。小峯和明・篠川賢編『日本霊異記を読む』、二〇〇四、吉川弘文館。

(田中　禎昭)

にほんろうどうくみあいひょうぎかいふじんぶ　日本労働組合評議会婦人部　⇨労働組合婦人部設置論争《ろうどうくみあいふじんぶせっちろんそう》

にょいん　女院　〔古代〕天皇の母后、母后ではないが后位もしくは准后《じゅごう》である*内親王、母后ではないが后位にある者、天皇生母であるが准后の者が、女院号を宣下《せんげ》された場合を女院という。正暦《しょうりゃく》二年(九九一)九月十六日、一条天皇の母后である*皇太后藤原詮子《せんし》が病気のため出家した際に、*東三条院の院号を宣下して太上天皇に准ずる待遇を与えたことに始まる。東三条院の院号は居所が東三条殿であったことに由来する。院司《いんじ》が設けられ、皇太后宮亮《ぐうのすけ》・権亮《ごんのすけ》・大進《だいじん》が別当、進《しん》・属《さかん》等が判官代《ほうがんだい》・主典代《さかんだい》に補任《ぶにん》された。院分受領が与えられ、経済的な特権も有した。つづいて後一条天皇・後朱雀《ごすざく》天皇の母后である*上東門院彰子《じょうとうもんいんしょうし》の場合も、万寿《まんじゅ》三年(一〇二六)出家によって太皇太后を去り、上東門院の院号を宣下された。院号は居所である上東門第(土御門殿《つちみかどどの》)による。太皇太后宮大夫《だいぶ》以下が別当などの院司となった。院分受領も賜わっている。後三条天皇の母后である*陽明門院禎子《ようめいもんいんていし》内親王の場合は出家とは関係なく院号宣下がなされた。院号宣下の後に、後三条天皇*中宮馨子《しょうし》内親王の立后《りつごう》があり、*皇后寛子《かんし》が皇太后へ、皇太后章子内親王が太皇太后へ異動していることから、后位に空席を設けるために、太皇太后であった禎子内親王の院号宣下が行われたと考えられる。院号は居所枇杷殿《びわどの》が陽明門大路にあたることによる。陽明門院にも院分受領が与えられている。以上、初期の女院は母后に対する優遇策であったと規定できる。そのため、女院となっても、東三条院や上東門院は、后位にあった時と同じように政治に関与し、*摂関政治の一翼を担った。つづく二条院章子内親王の院号宣下において、女院の性格が異なってくる。太皇太后章子内親王は後冷泉《ごれいぜい》天皇の后であったが、天皇の母后ではない。二条院の院号宣下は、直後に行われる白河《しらかわ》天皇中宮*藤原賢子《けんし》の立后のために、后位に空席を設ける必要があったことから行われた。院号は居所の名称による。母后ではないため院分受領には預からなかった。院政期以降、内親王で妻后でない皇后もしくは*准三宮《じゅさんぐう》を経て女院となる例が開かれるが、二条院をその先駆けと捉えることもできよう。

参考文献　龍粛「女院制の成立」(『平安時代』一九六二、春秋社)。橋本義彦「女院の意義と沿革」(『平安貴族』一九八六、平凡社)。宮内庁書陵部編『皇室制度史料』后妃五、一九九一、吉川弘文館。

(古瀬奈津子)

〔中世〕后位《こうい》にあること、天皇の母であることが古代における院号宣下《せんげ》対象者の原則であったが、中世においては、その原則をふまえつつも、天皇家のあり方の変貌《へんぼう》に伴ってさまざまな資格の女性へと宣下対象が広げられていった。寛治《かんじ》七年(一〇九三)、白河院《しらかわいん》の最愛の第一皇女媞子《ていし》内親王は、未婚のまま、弟堀河《ほりかわ》天皇の准母《じゅんぼ》として中宮に冊立《さくりつ》され、院号宣下をうけて*郁芳門院《いくほうもんいん》となった。天皇の姉・オバにあたる内親王を天皇の准母として立后《りっこう》するという中世前期の天皇家に特徴的にみられた現象に相即したものであり、媞子内親王の立后以降、天皇の准母として立后した内親王が女院となる事例が数多くみられるようになった。さらに、准母ではあるが立后を経ずに院号宣下を受ける内親王、准母でもなく立后もされずに女院となる内親王も現われた。一方、院政期以降、后《きさき》・*女御《にょうご》など正式な身位を持たない女性たちが天皇の生母となることも多くなるが、彼女らの多くは、元*女房という身分ゆえに立后されることなく、准三后《じゅさんごう》の身位のまま院号宣下を受けた。上皇の妃として入侍《にゅうじ》した女性へも院号宣下が行われ、天皇の正妃として*入内した女性も立后の後に院号宣下されたので、同時代に多くの女院が存在するのが中世前期の特徴である。中世前期は「女院の時代」とよばれるほど女院たちが宮廷社会において政治経済的・文化的に重要な役割を担った時代であった。*美福門院《びふくもんいん》・*建春門院《けんしゅんもんいん》などの*国母《こくも》の女院は夫である治天《ちてん》の君《きみ》とともに(夫の死後は*後家として)政治的に大きな影響力をもち、また内親王の女院たちはしばしば父母から大規模な天皇家領荘園群(*女院領)を譲与《じょうよ》され、天皇家領の保持に重要な役割を担った。当該期の歌人には女院女房が少なくないように、女院御所は*和歌を中心とする当該期文化を育むサロン的な場でもあった。しかし、中世後期になると内親王に対する院号宣下はなくなって天皇生母のみとなり、女院の数は激減。一方で天皇家領の領有形態も変化して、大規模な女院領も姿を消した。ただし后位の中絶期に入った中世後期においても院号宣下は引き続き行われ、女院が*後宮において后位に替わる尊貴《そんき》な地位としての位置づけを維持したことがうかがえる。中世の女院については、女院領の伝領過程を中心に第二次世界大戦前から研究が進められていたが、女院自体については長く「所領の番人」と位置づけられるにとどまっていた。その後、女院制の制度史的研究や個別女院の人物史的研究の進展をふまえ、*女性史・*家族史的観点から女院が再び注目され、女院領経営や女院の存在形態に関する実証研究が進められ、さらに女院制の本質そのものへと研究関心が向けられた。近年では中世の女院を中世王権の成立・維持に不可欠の存在ととらえ、中世王家論・中世王権論を視野に入れた研究が進められている。

参考文献　五味文彦「女院と女房・侍」(『院政期社会の研究』一九八四、山川出版社)。橋本義彦「女院の意義と沿革」(『平安貴族』一九八六、平凡社)。野村育世「女院研究の現状」(『家族史としての女院論』二〇〇六、校倉書房)。

(伴瀬　明美)

〔近世〕天皇の近親女性に付与される地位。「にょういん」とも読む。近世では*新上東門院《しんじょうとうもんいん》から新待賢門院《しんたいけんもんいん》までの二十一人がいる。後光明天皇の皇女孝子《たかこ》内親王(礼成門院《れいせいもんいん》)以外は天皇の嫡妻《ちゃくさい》か生母に限られた。嫡妻か否かで待遇に差異があり、女院御料三千石(はじめ二千石)は嫡妻の女院に与えられた。通常「女院」と称せられるのも嫡妻の女院である。女院号宣下《せんげ》の条件は、后位もしくはそれに准じる地位(准三宮《じゅさんぐう》)にあることであったが、桃園《ももぞの》天皇の生母定子《さだこ》は准三宮宣下なくして開明門院《かいめいもんいん》号を宣下された。これは桃園天皇が父桜町天皇の女御舎子《にょうごいえこ》(のち皇太后、青綺門院《せいきもんいん》)の実子とされていたために、きわめて異例の処置であった。また近世の女院は、政務に関わらないことを原則としていたが、上皇(院)不在の際には、時として政治上の重要な役割を担った。近代天皇制には採用されなかったので、安政三年(一八五六)孝明天皇生母の雅子《なおこ》(新待賢門院)の死去により女院制度は終った。

参考文献　宮内庁書陵部編『皇室制度史料』后妃五、一九九二、吉川弘文館。久保貴子「近世の女院に関する基礎的考察—女院の要件にみる政治的背景—」(『早稲田大学教育学部学術研究』四二、一九九三)。

(久保　貴子)

にょいんのちょうくだしぶみ　女院庁下文《くだしぶみ》　*女院の*家政機関である女院庁より出された下文様式の文書。たとえば「八条院庁下《はちじょういんのちょうくだす》　丹後国大内郷吉囲庄」のように、「〇〇院(女院号)庁下　〇〇(宛所)」という書き出しで始まり、「故下《ことさらにくだす》」で本文が終る。ついで、日付と女院司《にょいんし》(別当・判官代《ほうがんだい》・主典代《しゅてんだい》)の位署が記される。こうした様式は、上皇・法皇の家政機関である院庁《いんのちょう》より出された院《いんの》庁下文《ちょうくだしぶみ》と同様で、文体は漢文体で、書体は真書体《しんしょたい》で書かれる。内容はみずから領有する*女院領に関する案件《あんけん》で、立荘《りっしょう》・所職《しょしき》の安堵《あんど》・所役《しょやく》の免除・所領の寄進《きしん》や安堵《あんど》・相論の裁許《さいきょ》などについて、この文書を用いて決定や命令が下された。こうした文書を出せた女院は、荘園領主としてみずからの所領に対し権限をふるうことができた。

参考文献　総合女性史研究会編『史料に見る日本女性のあゆみ』、二〇〇〇、吉川弘文館。佐藤進一『(新版)古文書学入門』、二〇〇三、法政大学出版局。

(白根　靖大)

にょいんりょう　女院領　*女院によって伝領された莫大な天皇家領荘園群。院政期から鎌倉時代中期にかけて特

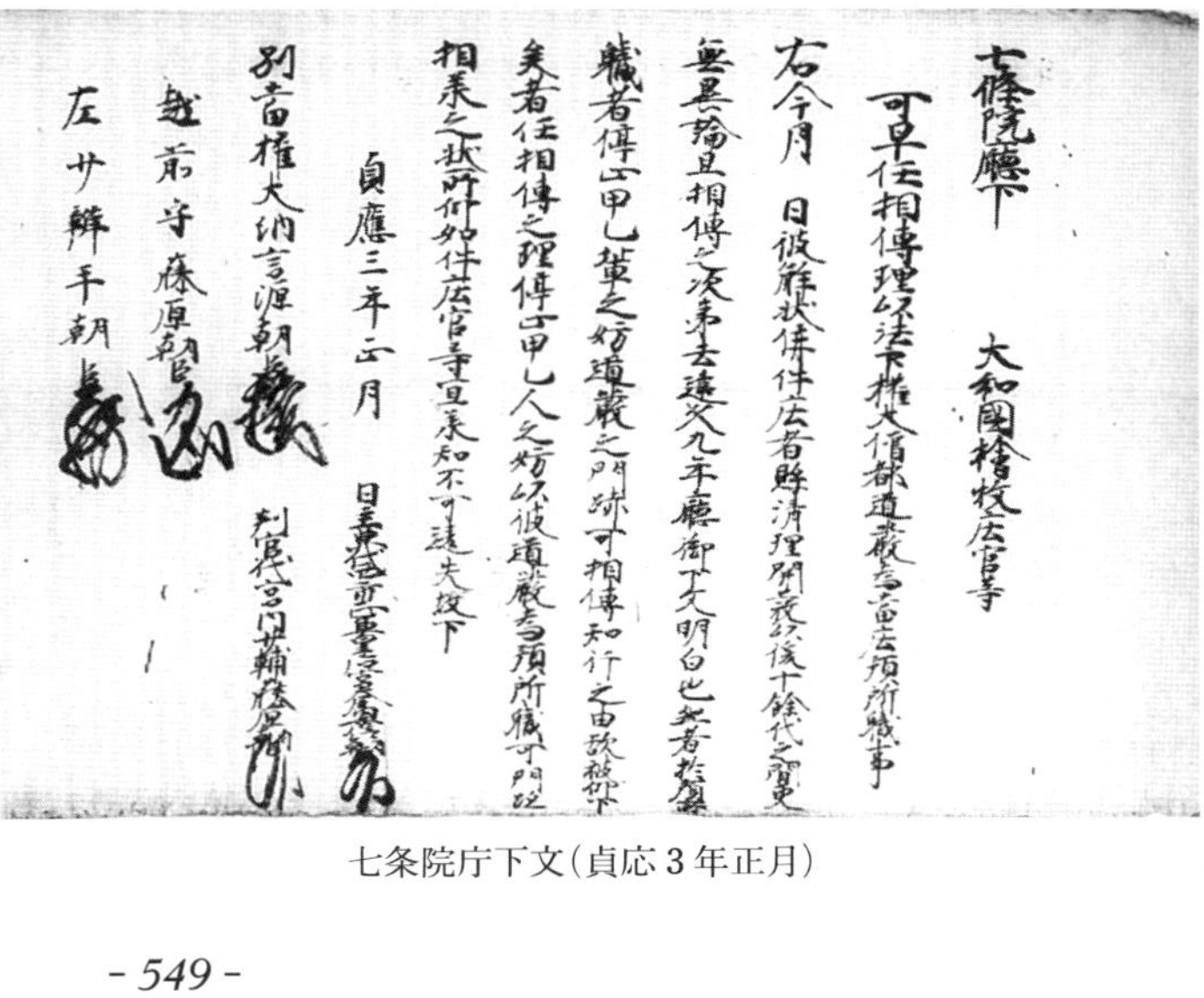

七条院庁下文(貞応3年正月)

徴的にみられた。「にょういんりょう」とも読む。二百三十ヵ所に及ぶ荘園群からなる*八条院領《はちじょういんりょう》、百八十ヵ所余りの荘園群からなる*宣陽門院領《せんようもんいんりょう》(その中核をなす*長講堂領《ちょうこうどうりょう》が著名)などが代表的なものであり、ほかに*七条院領《しちじょういんりょう》、室町院領《むろまちいんりょう》などがある。女院領の主となった女院には未婚の*内親王が多い。女院領はその女院が父母等から譲与《じょうよ》された所領を中核としているが、女院みずからも所領を設定して所領を拡大していった。女院領は「庁分《ちょうぶん》」とされる部分と御願寺領《ごがんじりょう》に大別される。御願寺領は女院の父母等および女院みずからが建立した寺院の所領として設定されたもので、その収納物は主に各御願寺の担う仏事用途に充《あ》てられた。庁分については史料に乏しく研究が進んでいないが、女院中の恒常的諸経費に充てられた所領群と思われる。女院は*女院庁下文《にょいんのちょうくだしぶみ》等の発給文書によって治天《ちてん》の君《きみ》とは相対的に独立して所領支配を行い、女院司《にょいんじ》等として仕える貴族たちや*女房たち・侍らを*預所《あずかりどころ》等の下級領主に補任《ぶにん》して、彼らとの間に所領の給与を通じた主従関係を結んでいた。女院領の主が独身の内親王である場合、その相続は猶子《ゆうし》という擬制的な親子関係を通じて行われた。猶子とされるのは女院の近親者や当時の治天の君の皇子女たちで、女院は相続人をみずからの意思で選ぶことができたが、当該期の治天の君の意向も考慮された。女院領は鎌倉時代中期以降、宣陽門院領が後深草《ごふかくさ》天皇(当時)に、*安嘉門院領《あんかもんいんりょう》(八条院領を受け継ぐ)が亀山《かめやま》上皇に伝領され、室町院領が持明院統《じみょういんとう》と大覚寺統《だいかくじとう》の間で長年にわたって争われた末に両統の院で折半《せっぱん》して伝領され、両統の根本所領となっていった。以後は特定の女院に大量の所領群が譲られることはなくなり、「女院領」は姿を消す。

参考文献　五味文彦「女院と女房・侍」(『院政期社会の研究』一九八四、山川出版社)。

(伴瀬　明美)

にょうかん　女官　*女官《にょかん》は朝廷に奉仕する宮人《くにん》を指して八世紀末以降使用された語。平安時代以降は男性官人に対する女性官人の総称として用いられたが、十世紀以降、*後宮十二司《こうきゅうじゅうにし》が次第に解体するに伴い、天皇・*皇后・皇太子・上皇などに仕える女性は、*女房《にょうぼう》と呼ばれる上級女官と、それ以外の下級女官に分かれ、平安時代中期には、女性官人全体を指す広義《こうぎ》の「女官」と、下級女官のみを指す狭義《きょうぎ》の「女官」の二つの意味が生じた。『小右記《しょうゆうき》』には、男性官人に対して「女官」と書かれる場合と、*尚侍《ないしのかみ》や*御匣殿別当《みくしげどののべっとう》、または*乳母《めのと》・*典侍《ないしのすけ》・掌侍《ないしのじょう》・*命婦《みょうぶ》・*女蔵人《にょくろうど》と区別して「女官」と書き分けられる場合がある。この時、狭義の女官は、掃部寮《かもんりょう》や主殿寮《とのもりょう》などに仕える「女官」を指していたものと考えられる。その後女官は、次第に*上臈《じょうろう》は典侍・掌侍・命婦、*中臈《ちゅうろう》は*女史《じょし》・女蔵人・*女孺《にょじゅ》、*下臈《げろう》は樋洗女《ひすましめ》(長女)・*刀自《とじ》・雑仕《ぞうし》等に区別されたらしい。安土桃山時代末葉の『岷江入楚《みんごうにっそ》』は、「女官」を「にょかん」と「にょうかん」に訓《くん》を分け、「にょうかん」を下級女官の称と説くが、歴史的に生じた広義の意味と、狭義の意味を説明するために便宜《べんぎ》的に考え出されたものといえ、実際に「女官」を二通りに訓《よ》んだ根拠はない。

参考文献　『小右記』長和三年五月十六日条・寛治五年十一月七日条。角田文衛『日本の後宮』、一九七三、学燈社。加納重文「『にょくわん』と『にょうくわん』」(『古代文化』二六ノ一二)、一九七四。浅井虎夫『(新訂)女官通解』(講談社学術文庫)、一九八五、講談社。吉川真司「平安時代における女房の存在形態」(『律令官僚制の研究』一九九八、塙書房)。東海林亜矢子「女房女官饗禄―後宮の中の皇后―」(服藤早苗編『女と子どもの王朝史』二〇〇七、森話社)。

(鈴木　織恵)

にょうご　女御　前近代の天皇の妻の身位の一つ。中国では古くから天子の*後宮の身位の一つとされていた。日本の令には女御は規定されず、桓武《かんむ》天皇に女御があったことが『続日本後紀《しょくにほんこうき》』等にみえることから、女御の始置《しち》は一般に平安時代初期の桓武朝とされる。だが、それ以前に奈良時代末の光仁《こうにん》朝ころからすでにあったとみるべきとする説もある。いずれにしても、平安時代前期の嵯峨《さが》朝以降鎌倉時代までは、成人以前に没した等の特殊な事情のある天皇を除き、歴代に女御が存した。南北朝時代には途絶したが戦国時代末の後陽成《ごようぜい》朝に復活し、その後は明治初年まで置かれている。明治元年(一八六八)に藤原美子《はるこ》(*昭憲《しょうけん》皇太后)が立后《りっこう》当日に、一時的に女御となったのが最後の例である。その地位は『弘仁式《こうにんしき》』中務省《なかつかさしょう》には「妃《ひ》・*夫人《ぶにん》・嬪《ひん》・女御・*更衣《こうい》」とあり、平安時代前期には天皇の妻のうち劣位《れつい》とされたが、妃・夫人・嬪などの令制の后妃が平安時代中期までに途絶し、さらに仁明《にんみょう》朝から宇多《うだ》朝までは*皇后が冊立《さくりつ》されなかったこともあって、平安時代中期には皇后に次ぐ后妃の中心的地位となった。女御の出自は当初は多岐《たき》にわたったが、そうした地位の確立を背景にしてか、次第に藤原氏など有力者の女子が多数を占めるようになり、後期摂関《せっかん》期には一部の上流貴族の子女だけが就《つ》く身位となった。それにつれ帯《おび》る位階も上昇し、平安時代前期には五位四位相当であったものが、後期摂関期には従二位、従一位となる女御も現われた。近世には源《みなもと》(徳川)和子《まさこ》のように武家の出身で女御となった例もあるが、多くは摂家《せっけ》の子女であった。女御制の最盛期はやはり平安時代前・中期、仁明朝から村上朝ころで、この時期には一人の天皇に同時に数人から十数人の女御があり、そうした女御やそこに仕える*女房によって種々の文芸活動が行われたりもした。上流貴族と中下級貴族の差が広がり、天皇の妻室を出せる層が限定された後期摂関期には多くて二、三人となり、後宮の制が大きく変容した院政《いんせい》期以降は同時に複数の女御が置かれることはほとんどなくなった。また、醍醐《だいご》朝に*藤原穏子《おんし》が女御から皇后に冊立されて以来、女御から皇后・*中宮が冊立されることが通例化したが、それと院政期の後宮制の変容によって、女御は平安時代後期以降から途絶までは、立后予定者が冊立前に一時的に就く形だけの地位となった。実態とは別に女御の語は平安時代中期以降も、天皇や上皇・東宮などの后以外の妻一般の通称として使われていた。女御は宣旨《せんじ》によって任じられるが、そうした女御宣下を受けていない院の寵姫《ちょうき》が*祇園《ぎおん》女御《にょうご》(後白河院《ごしらかわいん》寵姫)や賀茂《かも》女御(同)、瑠璃《るり》女御(小一条院《こいちじょういん》寵姫)などとよばれたり、やはり正式には女御ではないはずの東宮の妻が堀河《ほりかわ》女御(敦明《あつあきら》親王妃*藤原延子《えんし》)や淑景舎《しげいさ》女御(居貞《いやさだ》親王妃藤原原子《げんし》)と記されているのも、そうした例といえよう。なお、『日本書紀』雄略《ゆうりゃく》天皇七年是歳《このとし》条に女御の語がみえるが、これはのちの女御とは異なるものと考えられている。

参考文献　玉井力「女御・更衣制度の成立」(『名古屋大学文学部研究論集』史学一九、一九七三。宮内庁書陵部編『皇室制度史料』后妃四、一九九〇、吉川弘文館。滝浪貞子「女御・中宮・女院—後宮の再編成—」(『論集平安文学』三)、一九九五。山本一也「日本古代の皇后とキサキの序列—皇位継承に関連して—」(『日本史研究』四七〇)、二〇〇一。増田繁夫「女御・更衣・御息所の呼称」(『源氏物語と貴族社会』二〇〇三、吉川弘文館)。（並木　和子）

にょうごだい　女御代　*大嘗祭御禊行幸《だいじょうさいごけいぎょうこう》に際して置かれた役の一つ。または、その役を務める女性。大嘗祭は天皇の代替わりに行われるが、それに先立ち天皇は内裏《だいり》外の河原に行幸《ぎょうこう》して禊を行なった。この大嘗祭御禊には*女御も同道するが、女御がいない時、代わりを務めるのが本来の女御代であったという。平安時代前期には女御がなくとも任じられなかったこともあったようであり、また女御のない幼帝でも母后が供奉《ぐぶ》する場合は女御代は置かないとする見解もあったが、平安時代中期に御禊行幸が定式化するにつれ、女御や母后《ぼこう》の有無に関わらず大嘗祭御禊には必ず置かれる一種の臨時職となった。現任《げんにん》の女御が御禊に奉仕する場合も「奉ニ仕女御代一」(『小右記《しょうゆうき》』寛弘《かんこう》八年(一〇一一)九月九日条)、「為ニ女御一」(『本朝世紀《ほんちょうせいき》』治暦《ちりゃく》四年(一〇六七)十月二十八日条)等と記されるのはこのためだろう。有力貴族の女子から選ばれ、多くはのちに天皇や東宮の后妃《こうひ》となった。その点で、后妃候補者の貴族社会への登場の場としての意味もあったといえよう。

参考文献　浅井虎夫『女官通解(新訂)』(講談社学術文庫)、一九九五、講談社。伊藤亜樹子「女御代の成立と展開」(『日本歴史』七〇一)、二〇〇六。（並木　和子）

にょうぼう　女房　〔古代〕宮中に仕えた上級*女官。清《せい》涼殿南廂殿上《りょうでんなんそうてんじょう》の間《ま》に仕候する*蔵人《くろうど》を「男房《なんぼう》」と呼んだのに対し、清涼殿西廂の*台盤所《だいばんどころ》に侍候した内侍《ないし》・*命婦《みょうぶ》・*女蔵人《にょくろうど》を「女房」と総称した。ただ、女房は、院・*女《にょ》院《いん》・*皇后・*中宮・*内親王家・*斎宮《さいぐう》・*斎院《さいいん》などに仕えた女性もいう。宮中では供膳《くぜん》・供燈《くとう》・掃除などの雑事を掌っている。順徳《じゅんとく》天皇の『禁秘抄《きんぴしょう》』などによれば、身分や出身によって*上臈《じょうろう》・*中臈《ちゅうろう》・*下臈《げろう》の三等に分けられる。このほかに大《おお》上臈・小《こ》上臈などもいた。上臈とは*御匣殿《みくしげどの》の別当《べっとう》、二位・三位の*典侍《ないしのすけ》で、大臣の女《むすめ》ないし孫女《まごむすめ》である。*尚蔵《くらのかみ》・*尚侍《ないしのかみ》、および摂関家出身の女房などは大上臈と呼ばれた。また小上臈とは、掌侍《ないしのじょう》の格で、公卿《くげ》の女《むすめ》が多く四位・五位の殿上人の女《むすめ》も含まれる。なお、散官で三位以上の女《むすめ》、および僧侶の女《むすめ》もこれに入る。上臈は、禁色(赤か青色の衣)をゆるされ、陪膳《ばいぜん》(朝餉《あさがれい》)や夜《よん》の御殿《おとど》に候した。中臈は、主に外命婦《げみょうぶ》で、すなわち四位・五位の殿上人・諸大夫《しょだいぶ》(摂関家・大臣家などの家司《けいし》)の女《むすめ》、さらに医官(和気《わけ》・丹波《たんば》氏)の女《むすめ》、陰陽道《おんみょうどう》官(賀茂《かも》・安倍《あべ》氏)の女《むすめ》、八幡別当《はちまんべっとう》の女《むすめ》などである。下臈は女蔵人の格で、賀茂・日吉社《ひよししゃ》の社司の女《むすめ》などが多い。いずれも宮廷内外の儀式・宴会などで楽・舞を演じ*和歌を詠んだことなどが、平安時代の日記や物語などにみえる。女房は本名を用いず、官名《かんめい》(召名《めしな》)・方名《かたな》・むき名・国名《くにな》・殿名《とのな》・候名《さぶらいな》などで呼ばれた。たとえば、上臈の場合、官名として、大納言・中納言・衛門督《えもんのかみ》・帥《そつ》・按察使《あぜち》・宮内卿《くないきょう》など、方名・殿名として東御方・南御方・廊御方《ろうのおんかた》・対御方《たいのおんかた》、一条殿・二条殿・近衛殿《このえどの》・高倉殿《たかくらどの》・春日殿《かすがどの》などがあった。中臈の場合、官名として中将・小宰相《こさいしょう》・少納言・大弐《だいに》・兵衛佐《ひょうえのすけ》・侍従《じじゅう》・大輔《たいふ》・大進《だいしん》などがあり、下臈の場合は国名として伊予《いよ》・伊勢《いせ》・越前《えちぜん》・丹後《たんご》・美濃《みの》・尾張《おわり》・相模《さがみ》などがあった。著名な実例をみれば、*上東門院彰子《じょうとうもんいんしょうし》に仕えた*紫式部(藤原為時《ためとき》の女《むすめ》)、皇后定子《ていし》に仕えた*清少納言(清原元輔《もとすけ》の女)はともに下臈の官名で呼ばれた。このほか、立后《りつごう》の宣旨をとり伝えて「宮の宣旨」、賀茂斎院の宣旨をとり伝えて「みあれの宣旨」と呼称された女房もある。これら女房の位階は女叙位《にょじょい》によった。

参考文献　和田英松『(新訂)官職要解』(講談社学術文庫)、一九八三、講談社。浅井虎夫『(新訂)女官通解』(講談社学術文庫)、一九八五、講談社。吉川真司『律令官僚制の研究』、一九九八、塙書房。（所　京子）

〔中世〕公家や武家に仕える女性の中で部屋(局《つぼね》)を与えられたもの。代表的な女房の存在形態は宮廷の*内侍所《ないしどころ》に仕える上位の女官である。鎌倉時代初期の『禁秘抄《きんぴしょう》』によると、女房の筆頭は上臈《じょうろう》で二・三位の典侍《すけ》として赤・青色の衣装を着し陪膳《ばいぜん》を務め、大臣の娘・孫娘がなった。次の小上臈《こじょうろう》は公卿の娘で掌侍《じょう》と呼ばれ、中臈《ちゅうろう》は侍臣や諸大夫《だいぶ》良家の娘、下臈《げろう》は諸侍や賀茂《かも》・日吉社《ひえしゃ》司の娘がなった。身分や出身により衣装・役目が区別されていた。公家の女房には、天皇や院の寵愛《ちょうあい》の対象となり権勢を振るった後白河院の女房*丹後局《たんごのつぼね》(高階栄子《たかしなえいし》)や後醍醐《ごだいご》天皇の女房*阿野廉子《あのれんし》のタイプや、申次役《もうしつぎやく》として*女房奉書を発給したり所領を預かり知行するなど政務に卓越した能力を発揮した*卿二位《きょうにい》藤原兼子《けんし》のタイプがあった。北朝天皇以降正妻が立てられなくなった宮廷では、天皇家の家政責任者として天皇の身の回りの世話を担当した*大納言典侍《だいなごんすけの》局《つぼね》や天皇家の執事役として女房奉書の発行から儀礼・人事・財政までを担当した*勾当内侍《こうとうのないし》が活躍。女房の内の何人かは妾《しょう》的存在であったが、おのおの独立の世帯を営んだ。天皇家が衰微し朝廷の機構が形骸化した戦国時代には、女房の職責が重要性を増し、天皇家を支える実質的な役割を果たした。武家の女房についても近年研究が進み、それまで将軍の*乳母に対象が限定される傾向にあったが、鎌倉・室町幕府の女房の全体像が明らかにされつつある。さらに武家社会の展開の中で、有力武士層の家でも将軍家の女房秩序が持ち込まれ、武士階級の妻をさす言葉として女房の使用が指摘されている。鎌倉幕府の女房は「御所女房」と呼ばれた。上﨟・中﨟・下﨟があり、幕府法で衣装などが規定された。*出産介助や乳母として将軍家子女の養育担当、幕府行事への参加、将軍家構成員の食事や衣類の調整を役目とし、将軍家への申次役を副次的に務めた。室町幕府の女房の役割は、前代を継承しつつも将軍や*御台所《みだいどころ》への*取次、女房奉書の発給が最も重視された。幕府年中行事や将軍の諸家・寺社への御成《おなり》に供奉《ぐぶ》し、挨拶や給仕など将軍家の家外交推進の実務を担当。女房は将軍家の成員別に勤仕《ごんし》した。年俸《ねんぽう》と月給で支給された手当面では上﨟・中﨟・下﨟に大きな格差は見られないが、呼称の階層性は整然と形成されていた。戦国時代に至っても、人数や構成に変化はあるものの、幕府女房の奉仕体制は存続。諸家女房も幕府法の適用対象であるが、宮家の事例以外専論は乏しい。中世社会で各階層に家が成立すると、公私に及ぶ社会的単位としての家の経営には、公家・武家の別なく男女の家臣を必要とした。その結果、主人との愛妾《あいしょう》関係を結ぶもの以外に、政務を掌握《しょうあく》して家を支える職責の女性が出現し、主人に近侍《きんじ》する本来的な立場から生じる取次の職務とそれに伴う権限も成立した。女房奉書の発給は朝廷女房にも幕府女房にも共通した中核的な役割である。中世社会における朝廷・幕府・諸家の女房は、いずれも主人に奉仕する家臣であり、上級職業婦人の生業であった。↓大奥女中《おおおくじょちゅう》 ↓御年寄《おとしより》

参考文献 『禁秘抄』(群書類従二六)。五味文彦「聖・媒・縁―女の力―」(女性史総合研究会編『日本女性生活史』二、一九九〇、東京大学出版会)。脇田晴子「宮廷女房と天皇」(『日本中世女性史の研究』一九九二、東京大学出版会)。同『中世に生きる女たち』(岩波新書)、一九九五、岩波書店。桑山浩然「室町時代における公家女房の呼称」(『女性史学』六)、一九九六。田端泰子『女人政治の中世』(講談社現代新書)、一九九六、講談社。同「鎌倉期の武士の女房」(『日本中世の社会と女性』一九九八、吉川弘文館)。同「室町幕府の女房」(同)。

(志賀 節子)

にょうぼういっき　女房一揆　安政五年(一八五八)七月からの加賀《かが》・越中《えっちゅう》・能登《のと》国金沢藩領打ちこわし(加越能大一揆)において、女性が参加した状況をさす(『新湊市史』の命名)。銀札増発によるインフレ、大地震・洪水・長雨のための凶作、米の買占めなどによって米価が高騰《こうとう》、打ちこわしが起きるなか、金沢では七月初めから女性たちが御救い願いの行動を開始。十一日夜には老若男女約二千人が卯辰山に登り、城に向かって「ひだるい」(ひもじい)と泣き叫んだ。高岡では十五日「難渋人体之者共後家《なんじゅうにんていのものどもごけ》孀《やもめ》子供等引連《ひきつれ》口々合セ」百五十人余りが町方の富裕の者の所へ「袖乞《そでごい》」に押しかけた。氷見《ひみ》では十六日女子ども五、六十人が会所《かいしょ》の前で空腹を訴え、米が高いなどと騒ぎ、終夜の打ちこわしにも大勢の女性が参加。さらに放《ほう》生津《じょうづ》においても三十人余りの女性が寄り集まって泣いた。なお高岡では縄手中町鍛冶屋五右衛門の母さのが入牢となった(万延元年(一八六〇)出牢)。児童文学作品かつおきんや『安政五年七月十一日』は金沢の卯辰山騒動を描いたものである。↓米騒動《こめそうどう》

参考文献 保坂智「一揆・騒動と女性」(総合女性史研究会編『日本女性史論集』一〇、一九九八、吉川弘文館)。深谷克己監修『百姓一揆事典』、二〇〇四、民衆社。

(椙山 聖子)

にょうぼうことば　女房詞　通常、中世・近世の宮廷女官の話し書く言葉を指すが、時には天皇も使っていることから、「御所言葉《ごしょことば》」とする意見もある。よくないこと、下品にみえるなど、憚《はばか》りある言葉を別の言葉で言い換えて婉曲《えんきょく》に表現する場合が多く、火事を「あかごと」、不浄が「さしあい」、酒が「くこん」「ささ」、鍋・釜が「くろもの」、とどこおりなくが「御するすると」などである。この「女房詞」で朝廷の*女房(天皇に奉仕する典侍《すけ》・内侍《ないし》(掌侍《しょうじ》))によって書かれた宮廷の当番日記である『*御《お》湯殿《ゆどの》の上の日記』は、室町時代の文明九年(一四七七)から幕末の文政九年(一八二六)まで残存するが、鎌倉時代にはすでに*女官の公用日記らしきものが見られる。これらの日記が公用日記であれば、それに使われた言葉は公用語であり、女房詞は朝廷の公用語であるといえる。その言葉は男性語と比べて差別的な意味を以て陰語《いんご》として解釈されたことがあったが、最近では、防衛的機能よりも卓越する誇《ほこ》り、権威に満ちた言葉として解釈されている。冷笑される場合もあるが、それは権威に対する付加的マイナス価値として位置づけられる。

参考文献 是沢恭三「御湯殿上日記の研究」(『日本学士院紀要』一五ノ二・三・一六ノ一―三・一七ノ一)、一九五七―六〇。寿岳章子「女性語の性格とその構造」(女性史総合研究会編『日本女性史』二、一九八二、東京大学出版会)。脇田晴子『日本中世女性史の研究―性別役割分担と母性・家政・性愛―』、一九九二、東京大学出版会。

(脇田 晴子)

にょうぼうざ　女房座　⇨宮座《みやざ》

にょうぼうしょうぞく　女房装束　平安時代中ごろの十世紀以降、皇・貴族の女子の正装。男子着用の束帯《そくたい》に比定される。*肌着(下着)としての単《ひとえ》の上に間着《あいぎ》の五衣《いつつぎぬ》(もしくは衣)、表着《うわぎ》、袴《はかま》、襪《しとうず》に、唐衣《からぎぬ》・張袴《はりばかま》・裳《も》の三種類を着て、これを女房装束という。さらに*領巾《ひれ》・裙帯《くたい》を加え髪をあげ額をつけて釵子《さいし》を挿すと*礼服の代用として礼装の扱いをうけた。なお「*十二単《じゅうにひとえ》」は近世以降の呼称だが必ずしも実態を伝えるものではない。

参考文献 井筒雅風『日本女性服飾史』、一九八六、光琳社出版。鈴木敬三『有識故実図典』、一九九五、吉川弘文館。

仙石宗久『カラー判十二単のはなし―現代の皇室の装い―』、一九九五、婦女会出版社。

(佐多　芳彦)

にょうぼうほうしょ　女房奉書　奉書とは上位の者の意を奉って発給する書状で、女房奉書の場合は天皇の命を受け、近侍《きんじ》する*女房が発給する。奈良時代、*後宮《こうきゅう》女性が奉勅《ほうちょく》の旨を記し、発給した書状を*内侍宣《ないしせん》と呼び、平安時代中期に形式が整った。鎌倉時代に入り、後鳥羽《ごとば》院政は女房囲繞《いにょう》の政権といわれるほど、院の女房藤原兼子《けんし》を中心にした女房が勢力を高め女房を媒介とする政治的文書が増えた。内侍宣の系統を引く奉書で「女房書状」「掌《ないし》侍《のじょう》奉書」「内侍《ないし》奉書」の名で発給され、やがて「女房奉書」へと発展する。その背景には禁裏《きんり》女房の活動がさまざまな政治的領域に及び、文書化が必要となって女房奉書の要求が高まったことにある。女房奉書が内侍宣と異なるところは、仮名書き、散らし書きの体裁を採ったところにある。主に掌侍の筆頭である*勾当内侍《こうとうのないし》が認《したた》め、天皇のご覧に入れ、本紙と礼紙《らいし》を合わせ送付する。送付に際しては端裏《はしうら》に伝奏《てんそう》が「仰 月 年日」と銘《めい》を記した。伝奏とは朝廷と武家・南都・神宮等の間に立って各種の交渉に携わる公家側の役職である。伝奏を経ないで直接当事者に渡されるときには銘は記さなかった。現存の女房奉書でもっとも古いものは、『上賀茂神社文書』として残る鎌倉時代中期の弘長《こうちょう》三年(一二六三)七月三十日の奉書である。女房奉書は戦国時代に多く発給されるようになる。その内容には、朝廷が幕府へ各種の助成を要請する文面の女房奉書があるが、要請された幕府はそれに応じているところを見ると天皇の命令を実効させる力があったことがわかる。また、天文期に活躍する連歌《れんが》師の宗牧《そうぼく》の紀行文『東国紀行《とうごくきこう》』には、天文十三年(一五四四)宗牧は東国へ向かう途中、後奈良《ごなら》天皇から託された女房奉書と『古今集《こきんしゅう》』を尾張国の織田信秀《のぶひで》に渡したことが記されている。信秀は美濃国の斎藤利政《としまさ》を攻めていたが、越前の朝倉教景《のりかげ》が利政に加勢したことで、敗れて尾張へ退いたところであった。信秀は女房奉書を請取り宗牧に、「戦いに敗れたが、命をながらえることができたのは、女房奉書と古今集を拝領するためで、織田家にとっては過分のことである。思いもよらない敗北であったが、また禁裏で御修理の必要があればご用命下さい」と応えた。信秀が前年に禁裏の築地《ついじ》修理を奏請《そうせい》し、必要経費四千貫を献上したことによる返礼の女房奉書であった。天文十九年には、醍醐三宝院厳助《だいごさんぼういんげんじょ》が信濃《しなの》国へ下向したとき、後奈良天皇の女房奉書が伊那《いな》の知久頼元《ともひさよりもと》に渡された。厳助は頼元が家の重宝とするため所望したので渡したするが、これらの例は地方武士にとって女房奉書は名誉なことであり、天皇志向を強め、また天皇の権威を支える役割を持っていたものといえる。なお、戦国時代の女房奉書の中には宸筆《しんぴつ》とされるものもある。武家伝奏広橋守光《もりみつ》の日記『守光公記』には多数の女房奉書が書写されているが、女房奉書の授受を説明する前後の記事に「御奉書」と記す記事があり、敬意を示す「御」を付したのは、その女房奉書が宸筆だからであろう。

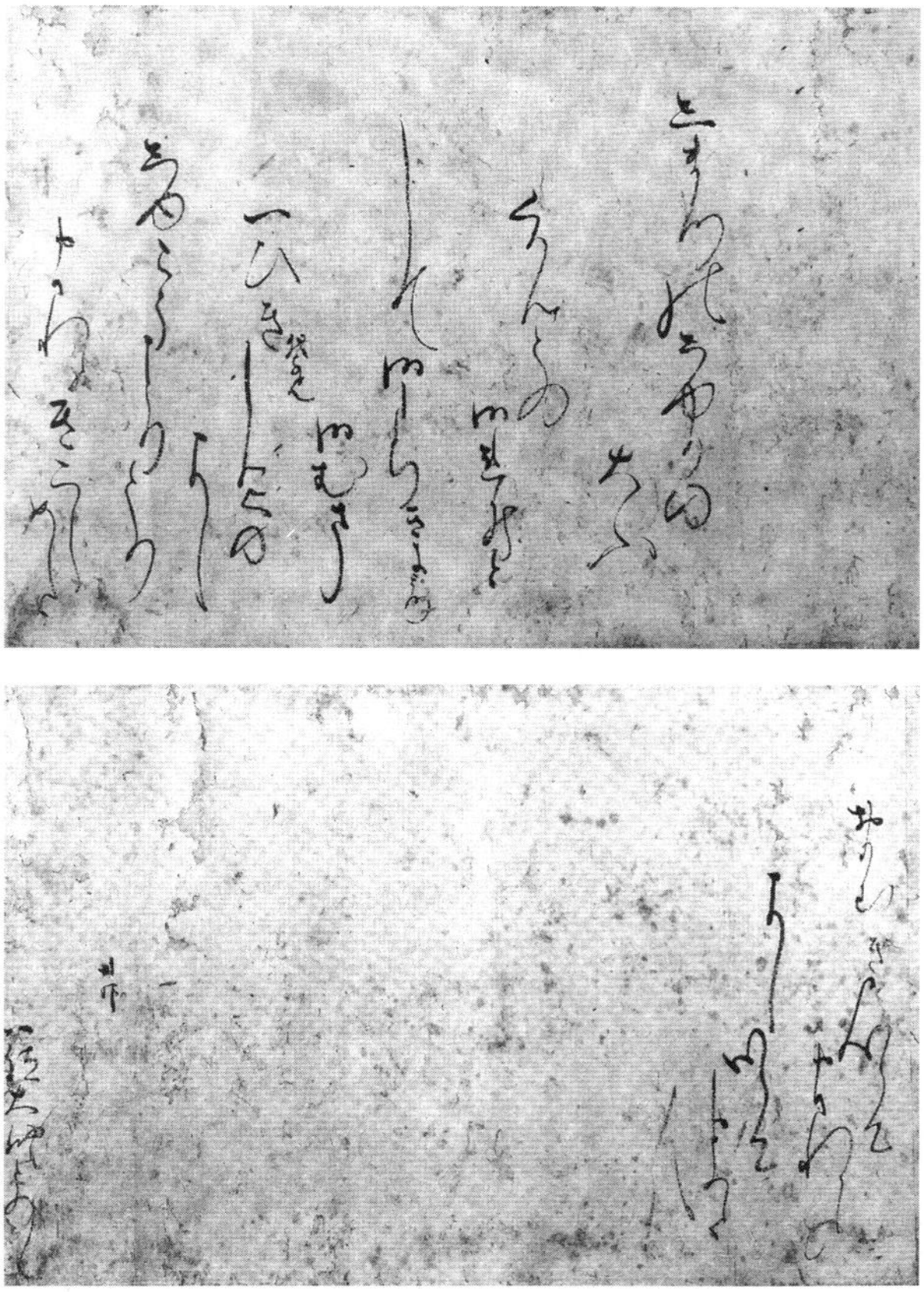

後奈良天皇女房奉書(天文21年6月14日)

参考文献　五味文彦「聖・媒・円―女の力―」(女性史総合研究会編『日本女性生活史』二、一九九〇、東京大学出版会)。土田直鎮『奈良平安時代史研究』(日本史学研究叢書)、一九九二、吉川弘文館。井原今朝男『日本中世の国政と家政』、一九九五、校倉書房。湯川敏治「『守光公記』掲載の女房奉書の意義―「義尹甲賀逐電事件」・「横北郷事」について―」(『古文書研究』六二)、二〇〇六。

(湯川　敏治)

にょおんに　如音尼　生没年不詳　室町時代のやや伝承的な女性。信濃国《しなののくに》出身。『高野春秋編年輯録《こうやしゅんじゅうへんねんしゅうろく》』によると文明十年(一四七八)、紀伊国《きいのくに》高野山麓の紀ノ川の河原にあった慈尊院《じそんいん》が洪水の被害を受けることを予知し、土地を買得して現在地に移転させたとある。慈尊院は*女人高野《にょにんこうや》と呼ばれたように、高野山に登れない女性宗教者が集住して、空海《くうかい》の母や刈萱道心《かるかやどうしん》の伝承を唱導《しょうどう》しながら勧進《かんじん》活動に従事していたことが知られるが、そうした尼たちの一人であろう。

参考文献　山崎一昭「高野山麓慈尊院の弥勒信仰―慈尊院弥勒縁起の形成を中心として―」(『国学院雑誌』一〇三ノ一一、二〇〇二)。　(牛山　佳幸)

にょかい　女誡　⇨じょかい

にょかん　女官　〔古代〕宮廷ならびに院宮《いんぐう》(*斎宮《さいぐう》・*斎院《さいいん》も)に仕える女性官吏の総称。*律令制では宮人《くにん》という。『令義解《りょうのぎげ》』後宮職員令《こうきゅうしきいんりょう》では、この宮人を「婦人仕官者の惣号《そうごう》なり」(原漢文)と注している。令制下での女官は*後《こう》宮十二司《きゅうじゅうにし》、すなわち内侍司《ないしのつかさ》・蔵司《くらのつかさ》・書司《ふみのつかさ》・薬司《くすりのつかさ》・兵司《つわもののつかさ》・闈司《みかどのつかさ》・殿司《とのもりのつかさ》・掃司《かにもりのつかさ》・水司《もいとりのつかさ》・膳司《かしわでのつかさ》・酒司《さけのつかさ》・縫司《ぬいのつかさ》に勤仕する女性をいう。たとえば、内侍司に*尚侍《ないしのかみ》・*典侍《ないしのすけ》・掌侍《ないしのじょう》・*女孺《にょじゅ》、蔵司に*尚蔵《くらのかみ》・典蔵《くらのすけ》・掌蔵《くらのじょう》・女孺がいた。平安時代に入ると、*御匣殿別当《みくしげどののべっとう》・*命婦《みょうぶ》・*女蔵人《にょくろうど》・*采《うね》女《め》・*得選《とくせん》・*女史《じょし》などの女官もみえ、その下に樋洗《ひすまし》・長《おさ》女《め》・上雑仕《うえぞうし》・雑仕・下仕《しもつかえ》・御厠人《みかわやうど》・童女などの下級女官が現われる。さらに十世紀の宮廷儀式書『西宮記《さいきゅうき》』には、守油《しゅゆ》女官・主水《もいとり》司女官・掃部《かにもり》女官・主殿《とのも》女官・主殿女孺・御匣殿女官・糸所《いとどころ》女官・糸所女孺・書《ふみ》女官・薬《くすり》女官・神《じん》祇《ぎ》女官・縫殿《ぬいどの》女官などもみえる。しかも尚侍・尚蔵や御匣殿別当などは、天皇の侍妾《じしょう》と化していき、おのずと典侍・典蔵などが上級女官としての役割を果たすこととなる。平安時代中期ころからは、*台盤所《だいばんどころ》(清涼殿西廂《せいりょうでんさいそう》)に候した内侍・命婦・女蔵人などを*女房《にょうぼう》と総称し、*上臈《じょうろう》・*中臈《ちゅうろう》・*下臈《げろう》に区別した。この女房とは清涼殿南廂に仕候した*蔵人を男房《なんぼう》と呼んだのに対応したものという。一方、伊勢の斎宮は都の朝廷になぞらえて「神の朝廷《みかど》」と称され、寮官としておかれた斎宮十二司も後宮十二司にならったものであろう。すでに『続日本紀《しょくにほんぎ》』慶雲《けいうん》二年(七〇五)十二月には「斎宮宮人」がみえる。『政事要略《せいじようりゃく》』所引の『官曹事類《かんそうじるい》』の逸文《いつぶん》によると、養老五年(七二一)九月、斎王井上王《いのうえおう》(のち*内親王)の女官として、内侍二人、女孺数十人、*乳母二人、小女子《わらわご》十余人などが随行したとある。平安時代前期の斎宮女官は、『延喜式《えんぎしき》』斎宮によれば、命婦(または内侍)一人、乳母二〜三人、上等女孺・中等女孺・下等女孺三十九人、御厠人二人、御洗《みすまし》二人、このほか女丁《じょちょう》(「にょちょう」とも読む)十〜十六人、今良《こんりょう》女《め》、火炬小女《ほたきわらわ》、雑色《ぞうしき》・仕女《しじょ》などがあり、また殿守《とのもり》、女蔵人六人、采女四人、掃部二人などもみえる。さらに『朝《ちょう》野群載《やぐんさい》』四所収の寛治《かんじ》三年(一〇八九)九月十五日の宣旨《せんじ》により、斎宮内侍・斎宮宣旨・斎宮女別当の三人が補任《ぶにん》されている。なお、賀茂《かも》の斎院にも斎院別当・斎院内侍・斎院宣旨があり、斎宮にならった女官制がしかれていたものと思われる。

参考文献　須田春子『平安時代後宮及び女司の研究』、一九八二、千代田書房。和田英松『(新訂)官職要解』(講談社学術文庫)、一九八三、講談社。浅井虎夫『(新訂)女官通解』(講談社学術文庫)、一九八五、講談社。所京子「平安時代の斎宮女官」(『斎王和歌文学の史的研究』一九八九、国書刊行会)。吉川真司『律令官僚制の研究』、一九九八、塙書房。　(所　京子)

〔中世〕一般的に宮廷に奉仕する女性官人を指す語で、言葉は八世紀後期ごろに成立した。律令制における呼称は宮人《きゅうじん》(「くにん」とも読む)であったが、十世紀初頭、蔵人《くろうど》所《どころ》の主導性が定まったことで、宮人が属する後宮十二司《こうきゅうじゅうにし》は十世紀中期には解体した。女官制再編により女房《にょうぼう》の語が生まれ、格は上臈《じょうろう》・中臈《ちゅうろう》・下臈《げろう》からなり、その下に令以後新設された得選《とくせん》・*陪膳采女《はいぜんうねめ》・*刀自《とじ》・女孺《にょじゅ》の雑女官がいた。上臈は官は典侍《ないしのすけ》、位は三位《さんみ》に相当し、大臣や大納言の娘から選ばれ、中臈は四・五位の殿上人《てんじょうびと》、諸《しょ》大《だ》夫《ゆう》、名家、医家などの家の娘が選ばれ、下臈は諸侍、賀《か》茂《も》・日吉《ひえ》等の社司の娘がなった。女房の構成は、四等官制における長官・次官・判官・主典に相当するのが尚侍《ないしのかみ》・典侍・掌侍《ないしのじょう》・女孺であった。しかし十世紀後半の円融《えんゆう》天皇のとき尚侍の職務は実体を失い、朝廷への奉仕は典侍が筆頭となって以降、掌侍・女孺の体制で中世へ受け継がれた。天皇に近侍《きんじ》する職務だけに公的には上奏を取り次ぎ、勅命を伝え、奉書を発給し、朝儀に供奉《ぐぶ》することが主な職務であったが、私的には天皇個人の衣食住に緊密に携わったことから、天皇との間に親王《しんのう》が生まれ、*国母《こくも》となる女房も出た。生活費は典侍・掌侍の場合、諸国正税《しょうぜい》から位禄《いろく》を受け取ることとなっていたが保証されたものではなかった。料所《りょうしょ》が与えられている場合もあり、そこからの収入が想像されるが、戦国時代には有名無実の料所も出ている。ただ、掌侍の長である*勾当内侍《こうとうのないし》は、右の職務のほかに朝廷の財政を担当する立場にあったことから、禁裏《きんり》料所からの納入分の一部を得分《とくぶん》とする収入や、官途《かんと》の取次などにおける礼銭などが収入源となっていた。このため、職務上雑掌《ざっしょう》を雇うことができ、子女を育成する余裕があった。女房の補任《ぶにん》は前任者の推薦で天皇が任命した。就任したときや昇進したときには、「名ヒラキ」「つほねかわり」の名目で、宴が催され天皇をはじめ、他の女房や男衆らを交え酒食でもてなす習慣があった。

参考文献　奥野高廣『皇室御経済史の研究』、一九八二、国書刊行会。浅井虎夫『(新訂)女官通解』(講談社学術文庫)、一九八五、講談社。吉川真司「平安時代における女房の存在形態」(脇田晴子・S・B・ハンレー編『ジェンダーの日本史』下、一九九五、東京大学出版会)。湯川敏治『戦国期公家社会と荘園経済』、二〇〇五、続群書類従完成会。　(湯川　敏治)

〔近現代〕明治新政府は明治二年(一八六九)宮内省を設置、女官制改正に取り組み、女官の名称・定員・位階などを整えた。同四年、五年旧来の女官を罷免《ひめん》、女官を*皇后の主宰下においた。女官は未婚・単身者で、上位女官の出身は華族《かぞく》に限られた。士族出身では才媛と知られた*税所《さいしょ》敦子《あつこ》・*下田歌子《しもだうたこ》が出仕している。後宮は*男子禁制で約二百名の女官が住み、天皇皇后の寝衣食の世話にあたり、宮廷内の出来事は守秘を旨とした。女官は*源氏名《げんじな》(*高倉《たかくら》寿子《かずこ》「新樹《しんじゅ》」、*柳原愛子《やなぎわらなるこ》「早蕨《さわらび》」)を持ち、天皇の権典侍《ごんてんじ》(*側室)として仕える者もいた。皇后との間に実子のなかった明治天皇は五人の権典侍の間に十五子をもうけた(うち十人は夭折《ようせつ》)。柳原愛子を生母とした大正天皇は一夫一婦を実践。次代の昭和天皇は洋行で西欧の皇室制度を知り、みずから女官制の改革を実施した。側室制度を廃止、女官を減員、源氏名を廃して名前で呼び、軍人官僚出身者や既婚者も可とし通勤制を採用した。だが*貞明《ていめい》皇太后は旧制度に執着、彼女の死没まで新・旧二制度が並立した。一九四五年(昭和二十)女官は侍従職《じじゅうしょく》の管轄下に置かれ、人員削減と簡素化が推し進められた。

参考文献 山川三千子『女官』、一九六〇、実業之日本社。角田文衛「後宮の歴史」(『国文学解釈と教材の研究』二五ノ一三)、一九八〇。高橋紘「解説昭和天皇の女官改革」(同編『昭和初期の天皇と宮中』二、一九九三、岩波書店)。片野真佐子『皇后の近代』(講談社選書メチエ)、二〇〇三、講談社。小田部雄次『ミカドと女官—菊のカーテンの向う側—』(扶桑社文庫)、二〇〇五、扶桑社。

(金子　幸子)

にょかんじもく　女官除目　*律令制の*後宮十二司《こうきゅうじゅうにし》の職《しき》事《じ》女官、すなわち尚《かみ》・典《すけ》・掌《じょう》の三等官を任命するもの。勅旨《ちょくし》をもって任命された。『内裏式《だいりしき》』『儀式《ぎしき》』によると、中務卿《なかつかさきょう》が補任帳《ぶにんちょう》を天皇に奉覧、天皇はみずから御筆をもって任命すべき者を点定し、卿に賜う。卿は本座にて除目(下名)を書き、奉覧した後、大輔に授ける。大輔は名簿を書き、内侍《ないし》に授けて点定させる。その後、任命者は内侍に率いられて紫宸殿南廂《ししんでんみなみびさし》に列座する。輔は簀子敷《すのこじき》上に昇り、任命者を唱名して任命する。九世紀までのこのような任命方式に対し、十世紀以降は『西宮記《さいきゅうき》』等によると、上卿《しょうけい》が勅を奉って陣座《じんのざ》に着き、任命者を決定して、参議《さんぎ》に除目を作成させる。御所で奏聞《そうもん》した後にそれを中《なか》務丞《つかさのじょう》に下給する、という方式に変化した。『新儀式』には「南殿の儀、近代は行わず」(原漢文)とあり、紫宸殿での儀もみられなくなった。

参考文献 『古事類苑』政治部一。

(岡村　幸子)

にょき　女騎　騎乗《きじょう》して貴人に供奉《ぐぶ》した女性のこと。『延喜式《えんぎしき》』左右馬寮《さゆうめりょう》には、*賀茂祭《かものまつり》・斎王《さいおう》の*野宮遷《ののみやうつ》り・巡幸《じゅんこう》に女騎の規定がある。賀茂祭の前、宮中において女騎御《ご》覧《らん》が行われ、女騎料の馬が定められる。女騎の対象となるのは、内侍《ないし》・*命婦《みょうぶ》・*蔵人《くろうど》・闈司《みかどのつかさ》などの中下層の*女官である。寛治七年(一〇九三)白河上皇・*郁芳門院《いくほうもんいん》の日《ひ》吉社御幸《えしゃごこう》などにも女騎は供奉している。女騎は公的な行事・組織の中に組み込まれたものであって、馬に乗る女性、馬に乗ってお供する女性が皆女騎と呼ばれたわけではない。鎌倉時代になると、建仁三年(一二〇三)源頼家の伊豆修善寺《しゅぜんじ》行きにも女騎十五騎が供奉したし、正応《しょうおう》二年(一二八九)久明《ひさあき》親王の鎌倉下向に同行する騎馬女房たちのために、「女騎狩装束用途」一貫五百文が紀伊《きい》国田殿《たどのの》荘《しょう》(和歌山県有田川町)に課されている。将軍への供奉も女騎と呼ばれていた。正安《しょうあん》二年(一三〇〇)の「備後大田《びんごおおたの》荘々官百姓等解《しょうしょうかんひゃくしょうらげ》」(『*鎌倉遺文』二七、二〇四二九号)では、預所淵信《あずかりどころえんしん》の非法を挙げた中に、淵信が女騎数十騎を従え尾道《おのみち》を往還したと記されている。これは淵信の振る舞いが貴人のようであったことを、女騎の語を使うことで強調したと思われる。南北朝時代になると、女騎＝女騎馬《おんなきば》武者《むしゃ》の意で用いられる。文和《ぶんな》二年(一三五三)六月山名勢七、八百騎の中に女騎が多かったと『園太暦《えんたいりゃく》』には記されている。『難太平記《なんたいへいき》』には九州で「女騎あまた」の夢を見、それが吉兆《きっちょう》であったとあり、『看聞日記《かんもんにっき》』にも大将のごとき「女騎之武者」を瑞相《ずいそう》として記している。女騎武者を奇瑞《きずい》とする風潮が見られる。戦国時代には、天正十三年(一五八五)の「北条氏政《うじまさ》朱印状《しゅいんじょう》」によると、輿入《こしい》れ行列の中に女騎として女房衆が同行している。意味に異同はあるが、中世を通じて女騎の語は用いられていた。

参考文献 安井久善「「女騎あまた」の記事」(『季刊ぐんしょ』三ノ四)、一九九〇。細川涼一「女性・家族・生活」(歴史学研究会・日本史研究会編『日本史講座』四、二〇〇四、東京大学出版会)。

(海老澤美基)

にょくろうど　女蔵人　男蔵人に対応する*女房で、内侍《ないし》や*命婦《みょうぶ》らの下知《げち》に従い、あるいは彼女らの補助として殿上の雑役に奉仕した。『西宮記《さいきゅうき》』八「所々事条」には「御櫛笥殿、在貞観殿中、以上臈女房為別当、有女蔵人」とあり、貞観殿《じょうがんでん》にも出仕していたらしい。殿司《とのもづかさ》らによる殿上の御燈や払拭などを検校《けんぎょう》し、朝夕の御膳を*采女《うねめ》から受け取り、それを天皇に進める*更衣《こうい》に取り次ぐといった日課のほかに、元旦の御薬《みくすり》・屠蘇御膳《とそのごぜん》の供進や内宴《ないえん》での供膳を行う。天皇の紫宸殿出御《ししんでんしゅつぎょ》や行幸等の折に、内侍が神《しん》璽宝剣《じほうけん》を持って侍候《しこう》するのに、女蔵人も従う。白馬節会《あおうまのせちえ》の叙位では、位記筥《いきのはこ》を持って天皇に従う。また、親王元服の加冠人や源氏皇子元服の理髪人へ禄を賜い、五月五日の節会では王卿以下に続命縷《くすだま》を賜う。また、正月二日の*皇后宮群臣朝賀《こうごうぐうぐんしんちょうが》では禄の櫃《ひつ》を持って内侍に従い、参議《さんぎ》以上には女蔵人が禄を賜わった。正月十四日の*踏歌《とうか》でも被綿《かづけわた》を内侍が分かつ時にその匣《はこ》を持って従い、正月十六日の女踏歌《おんなとうか》では舞妓の中に内裏女蔵人が加わった。また、六・十二月晦日の大祓《おおはらえ》の夜には、竹で天皇の寸法を測る*節折《よおり》に奉仕する*中臣女《なかとみめ》が節折蔵人とよばれていた。六月と十二月を除く毎月毎晦日の御贖物《みあがもの》では、人像や御輿《みこし》形《がた》などの贖《あがもの》が*御巫《みかんなぎ》から女蔵人に対して奉られ、終れば女蔵人から贖が御巫に返された。また、*賀茂祭《かものまつり》では内侍・命婦らとともに女使《によし》となり、荷前《のさき》や伊勢奉幣《いせほうへい》に先だっては内侍らとともに幣物を調備するなど、神事にもかかわった。女蔵人の料として、日に米一斗三升と上飯二斗が充てられていたことが『延喜式《えんぎしき》』にみえる。

参考文献 須田春子『平安時代後宮及び女司の研究』、一九八二、千代田書房。浅井虎夫『(新訂)女官通解』(講談社学術文庫)、一九八五、講談社。

(岡村　幸子)

にょじゅ　女孺　*後宮に仕える下級*女官。「めのわらわ」「にょうじゅ」とも訓み、「女嬬」「女豎」とも書く。史料上の早い例として、『扶桑略記《ふそうりゃっき》』敏達《びたつ》天皇即位前紀に、厩《うま》舎《や》の下で誕生した聖徳太子の母妃を「女嬬」が驚き抱いて寝殿に入れ奉ったという。また、『日本書紀』舒明《じょめい》天皇即位前紀にも「女孺鮪女《めのわらわしびめ》等八人、并《あわせ》て数十人、天皇の側に侍りき」(原漢文)とみえる。*律令制では、*後宮十二司《こうきゅうじゅうにし》の内侍司《ないじし》に百人、蔵司《くらのつかさ》に十人、書司《ふみのつかさ》に六人、掃司《かにもりのつかさ》に十人、薬司《くすりのつかさ》に四人、兵司《つわもののつかさ》に六人、闈司《みかどのつかさ》に十人、殿司《とのもりつかさ》に六人の計百五十二人、ほかに『延喜式《えんぎしき》』によると、縫司《ぬいのつかさ》に百人、*中宮に九十人置かれていた。諸氏・地方豪族より貢進された*氏女《うじめ》や*采女《うねめ》が諸司に女孺として配された。職掌《しょくしょう》は掃除・燈油などの雑務とともに天皇即位式や元正朝賀式《ちょうがしき》では「執翳《しつえい》の女嬬」として翳《かざし》を執り龍顔《りゅうがん》を掩《おお》う役に奉仕している(『内裏式《だいりしき》』)。女孺は*尚侍《ないしのかみ》の検校《けんぎょう》を受け、なかには*内侍所の「*女史《じょし》」など、後宮十二司の上級官職についた者もある。ちなみに、*和気広虫《わけのひろむし》(清麻呂《きよまろ》姉)も女孺から従四位、*典侍《ないしのすけ》にまで昇進した。

参考文献　浅井虎夫『(新訂)女官通解』(講談社学術文庫)、一九八五、講談社。所京子「平安時代の内侍所」(『平安朝「所・後院・俗別当」の研究』二〇〇四、勉誠出版)。

(所　京子)

にょしゅく　女祝　祝は「はふり」と読み、禰宜《ねぎ》とともに神社に奉仕し、祭祀《さいし》に従事する神職の一つ。祝部《はふりべ》もしくは祝子《はふりこ》ともいい、祝女《はふりめ》ともいう。「諸寺の僧尼、諸神社の祝部」と称され、祝だけの神社が多く、男女を問わずその神社に最も縁深い者が代々任じられた。『日本書紀』の伊賀彦《いがひこ》・小竹祝《しののはふり》・天野祝《あまのはふり》らは男性であるが、天平二十年(七四八)東大寺大仏造営に功があった宇佐八幡《うさはちまん》の祝部*大神杜女《おおがのもりめ》と宅女《やかめ》は従八位上から従五位下に昇り、翌年に杜女は禰宜従四位下という同社の最高の神職になった。宇佐八幡では平安時代も禰宜・祝とも女性であったが、奈良時代の末、男性の大小の宮司《ぐうじ》が置かれ、禰宜と祝の地位は低くなった。平安時代初期には諸国の神社の祭祀を女祝が一人で行なっている実態がある一方で、禰宜・祝並置の神社では男性進出が著しくなり、国家は、祝は男性とし、任務の実質がない禰宜は女性を任じるよう指導している。形骸化している禰宜に女性をというのは、祭祀における女性軽視である。同じ時期に甲斐国八代郡《かいのくにやつしろぐん》擬大領伴直真貞《ぎたいりょうとものあたいまさだ》はみずから造った浅間神社《あさまじんじゃ》の祝になることを強く要望し承認されている。新興郡司《ぐんじ》にとって祝は在地支配に多大の意味をもっていたのであろう。一方で祝が男性の神職となっていく現実があり、一方で従来通り女性の祝が一人で神社祭祀を行なっている実態もある。これが平安時代初期の地方祭祀の状況だったのであろう。奈良時代には単に祝(部)某・禰宜某といい、男女を問わなかったのに、平安時代には女祝・女禰宜などと女を冠《かん》するようになったのは祝・禰宜職に男性の進出が著しくなったことによるのであろう。　→女性《じょせい》の神職《しんしょく》

参考文献　『続日本紀』霊亀元年九月条・天平二十年八月条・天平勝宝元年十一月条・同年十二月条。『類聚三代格』貞観十年六月二十八日太政官符。義江明子「祭祀と経営」(『日本古代の祭祀と女性』一九九六、吉川弘文館)。

(菅原　征子)

にょしょうのもののとう　女性の物の頭　中世の村の女性がつとめた村落祭祀《さいし》の役割および責任者。中世は南北朝時代、正平《しょうへい》二十年(一三六五)に定められた紀伊国《きいのくに》の粉《こ》河寺領東村《かわじりょうひがしむら》(和歌山県紀の川市)の、片仮名文で書かれた村掟《むらおきて》(村法)にみえる。東村は中世後期の自治的性格を持つ村落、惣村《そうそん》である。溜池《ためいけ》を造り、詳細な帳簿を作成して用水を村が管理・運用したことで知られる。他の惣村同様に村掟を作成して村を運営したが、その掟の一つに、「東村のムスメ」が「タソノニ候ハムニ」という状況の場合、「物の頭」に任命してはならないと定めたものがあった。同掟の端裏《はしうら》で「ムスメ」は「女シャウ」(「女性」)と言い換えられていて、「ムスメ」は必ずしも未婚女性に限定してはいないようにもみえる。「タソノニ候ハムニ」の解釈は難解でいまだ未解決だが、「物の頭」の「物」は神仏を意味し、「頭」は祭祀の任務や責任者を意味することから、東村の女性が「頭」(責任者)に任命されて村落祭祀の一端《いったん》を担っていたことは明らかである。具体的神事内容は不詳だが、神に奉仕する神子《みこ》としての役割であったにちがいない。

参考文献　加藤美恵子「「女」の座から女房座へ―中世村落と母性―」(脇田晴子編『母性を問う―歴史的変遷―』上、一九八五、人文書院)。黒田弘子「「女性の物の頭」と「女房座」」(『女性からみた中世社会と法』二〇〇三、校倉書房)。

(黒田　弘子)

にょたいしゃ　女体社　*女神を祭神とした神社。「女体」とは女形や女身と同義だが、語源的には男体《なんたい》(俗体《ぞくたい》ともいう)・法体《ほったい》などに対する用語で、神仏習合《しんぶつしゅうごう》の影響で神像彫刻のような造形表現が現われてから、その女神像を指称する言葉として生まれたものである。女体社は、熊野女《くまのにょ》体神社《たいじんじゃ》のような複合社号の事例を含めると、現存するのは全国に二十数社あり、その分布状況は関東地方に集中し、点々とではあるが、東海から四国・九州にまで及んでいる。おのおのの成立した事情や時期は異なるとみられるが、埼玉県内を中心に神奈川県・千葉県・東京都にまたがる関東地方に所在する女体社群は、ある時期に同一の背景のもとに成立したと考えられる。すなわち、これらの鎮座《ちんざ》地はいずれも旧武蔵《むさし》国内に含まれ、近世の享保十二年(一七二七)まであった旧足立郡の見沼《みぬま》の周縁部、およびこの沼と芝川《しばかわ》で結ばれた、かつての利根川の本支流に沿って分布していたという著しい特徴があり、その数も『新編武蔵国風土記稿《しんぺんむさしのくにふどきこう》』などによれば、明治以前には少なくとも四十社以上あったことが確認される。これらの女体社はいずれも小社といってよいが、この信仰の発信源となった神社は、見沼に面した舌状台地《ぜつじょうだいち》に鎮座していた三室《みむろ》の女体社(現さいたま市宮本の氷川女体神《ひかわにょたいじん》

社《じゃ》)で、当地域では有数の古社であり、その起源は、この湖沼で漁業や舟運《しゅううん》に携わる人々が、その航行の安全を祈願するために、本来は船上にまつられていた船霊神《ふなだましん》(女神)を岸辺に勧請《かんじょう》し、船霊祭を執行させたことにある。この三室の女体社への信仰が最も高揚《こうよう》し、周辺に流布して女体社群の勧請をもたらしたのは、残された棟札銘文《むなふだめいぶん》の写しなどから、戦国時代の天正年間(一五七三―九二)のことであったと推定される。その背景には、当該時期に武蔵国のほぼ全域を支配下に置いた後北条氏《ごほうじょう》が、当社を保護するとともに、社家の武笠《むかさ》氏を被官《ひかん》化したという政治的要因があり、それとともに、現在の東京湾に注いでいた利根川の本支流は、武蔵国内や武蔵・相模《さがみ》両国間を結ぶ、年貢米《ねんぐまい》・兵糧《ひょうろう》等の物資輸送の大動脈として機能していたという経済的な事情があった。つまり、後北条氏の領国経営のもとで、この水系における船舶の航行は最高潮に達し、三室の女体社に対する船霊信仰も飛躍的に流布することになって、船乗りや船主などの水運業者たちによって、見沼とここを繋《つな》ぐ利根川本支流の河岸に続々と勧請されていったのが、関東地方の女体社群と推定されるのである。したがって、これは戦国時代に各地で見られた、富と福を求める流行神《りゅうこうしん》現象の一形態とみることができるが、この小社の歴史的意義は単に宗教史のみではなく、当時の水運の発達や経済発展の度合いを知るための手がかりになる点にある。それとともに、古代の女性の地位と役割を象徴する女神が、戦国時代においてもなお、船霊信仰の形をとって男性の信仰対象として息づいていた点も看過できないだろう。

参考文献　牛山佳幸「女人上位の系譜―関東地方の女体社の起源と性格―」(『〈小さき社〉の列島史』二〇〇〇、平凡社)。 (牛山　佳幸)

にょちょう　女丁　古代の*律令制下、宮中の雑務に従事した公民女性。仕女丁《しにょちょう》・仕女《しじょ》ともいう。国ごとに一～四名が徴発され(賦役令《ふやくりょう》)、計約百名が*後宮を中心に諸官司に配属されて、料理・脱穀・造酒等に従事した。中国の*力役《りきえき》制度にならったとされ、古くは*采女《うねめ》の従女だったとの説もある。名称から見て仕丁《しちょう》の女性版だが、仕丁が五十戸ごとに二人、総計七～八千人になるのに対し、女丁の数は僅少《きんしょう》であり、雑務労働力としては雇女《こじょ》も多数いた。女丁には、国単位で公民女性の労働と貢納を代表するという、象徴的意味があったらしい。時服《じふく》からみると宮人《くにん》との共通性ももつ。大炊寮《おおいりょう》配属の女丁は、神今食《かむいまけ》・新嘗《にいなめ》等の神饌《しんせん》のほか、天皇・*皇后・皇太子の毎日の食膳用の稲・粟《あわ》の脱穀作業に従事した。践祚大嘗祭《せんそだいじょうさい》では、神饌・供御《くご》の脱穀・造酒は造酒童女《さかっこ》の役目だが、女丁は補佐の実務労働を行なった。日本の律令国家が男子人頭税《じんとうぜい》の原則のもとで公民女性の労働力をどのように組織したかを考える上で重要である。

参考文献　曾我部静雄「仕丁と采女と女丁の源流」(『律令を中心とした日中関係史の研究』一九六八、吉川弘文館)。寺内浩「女丁について」(『続日本紀研究』二七〇)、一九九〇。義江明子「女丁の意義」(阿部猛編『日本社会における王権と封建』一九九七、東京堂出版)。同「女性史からみた日本古代の村と後宮」(『唐代史研究』六)、二〇〇三。 (義江　明子)

にょにんおうじょう・にょにんじょうぶつ　女人往生・女人成仏　罪業《ざいごう》を背負った女性が*変成男子《へんじょうなんし》によって往生・成仏すること。*五障三従《ごしょうさんしょう》など女性の罪障《ざいしょう》を強調したうえで、その救済を説く差別的救済論。仏教には女人の往生・成仏を否定した経論があるが、他方ではそれを認めたものも数多い。『法華経《ほけきょう》』は提婆達多品《だいばだったほん》で変成男子による龍《りゅう》女《にょ》成仏を説き、薬王品《やくおうほん》でも如説修行した女人の極楽往生を説いている。また『大無量寿経《だいむりょうじゅきょう》』は阿弥陀仏《あみだぶつ》の第三十五願で女性の変成男子を説いているし、『転女成仏経《てんにょじょうぶつきょう》』『薬《やく》師如来本願経《しにょらいほんがんきょう》』や光明真言《こうみょうしんごん》信仰でも変成男子による救済を説いている。日本の場合、奈良時代には女性の往生・成仏をことさらに取りあげる議論はみえないが、摂関期に五障観などの女性罪障観が貴族社会に流布《るふ》・定着するようになると、それに対応して女人往生・成仏論が発達するようになり、貴族社会から民衆的世界にまで広まっていった。さらに南北朝時代になると、罪深い女性を救済の正機《しょうき》(中心)とする*女人正機説も登場する。ただしこれらは女性の罪障をことさらに強調するうえ、変成男子による往生・成仏を説いている点で、女性差別を前提とした救済論といえる。結局、日本ではインド・中国とは異なり、女性の往生・成仏を否定する思想は登場しなかった。他方、鎌倉時代には、*道元《どうげん》のように女性の罪障を否定する思想家も登場したし、信心・修行によって現世で五障を消滅できるという主張も登場した。

参考文献　大隅和雄・西口順子編『シリーズ・女性と仏教』四、一九八九、平凡社。平雅行「中世仏教と女性」(女性史総合研究会編『日本女性生活史』二、一九九〇、東京大学出版会)。 (平　雅行)

にょにんきゅうさい　女人救済　女性を宗教的に救済すること。一般に*女人往生論《にょにんおうじょう》や女人成仏論《にょにんじょうぶつ》を指していう。女性は罪深いため、数多くの経典や仏菩薩《ぼさつ》から救済を拒絶されてきたが、○○だけは女性を救済するという言説。その「○○だけは」に、「法華経《ほけきょう》だけは」「阿弥陀仏《あみだぶつ》だけは」「光明真言《こうみょうしんごん》だけは」等の語が入る。*五障三従《ごしょうさんしょう》といった女性の罪業《ざいごう》をあからさまに強調するとともに、往生・成仏においても男性に生まれ変わっての救済(*変成男子《へんじょうなんし》)を説いている。そのため、近年では救済論的性格よりも、その女性差別的要素に注意が向けられるようになっている。

参考文献　平雅行「顕密仏教と女性」(『日本中世の社会と仏教』一九九二、塙書房)。 (平　雅行)

にょにんきんせい・にょにんけっかい　女人禁制・女人結界　〔古代・中世〕女人禁制(結界)とは寺院や宗教をめぐる場で、女性の入山を拒否したり、排除したりする規制もしくは慣行のことで、時代が下るとともに拡大解釈されて、相撲の土俵やトンネル工事の現場への立ち入りを拒むことなども含むようになった。わが国における女人禁制の成立事情やその時期については、従来多分に誤解されており、その最大の理由はこの用語の無頓着《むとんちゃく》な使用にある。すなわち、法令に由来する「禁制」の語も、経典に典拠のある「結界」の語も、ともに古代から用いられていたが、「女人禁制(結界)」という四字熟語が史料上に現われるのは中世後期になってからであり、一般にこれが始まったとされる平安時代には所見がない。したがって、「女人禁制」という用語を古代に遡及《そきゅう》して使用している論者は、必然的にこれを最初から女性差別的事象であるとの前提に立っていたことを意味している。しかし、古代の寺院社会で実際に存在した女性排除は、僧寺への女性(尼を含む)の立ち入りや宿泊の禁止規定に求められ、これは*尼寺への男性(僧を含む)の立ち入り・宿泊の禁止条項に対応するものであった。すなわち、実態としての女人禁制の起源は仏教の戒律《かいりつ》(不邪淫戒《ふじゃいんかい》)に求められ、そのことは中国・朝鮮など東アジア圏に共通して見られたことで、わが国には仏教教団が成立した当初から存在していたのである。また、重要なことは当初は*男子禁制も同時に存在していた事実であるが、奈良時代までのわが国の仏教界は僧と尼によって支えられていた点からすれば、むしろ当然のことであった。それでは何故に日本史において女人禁制の現象のみが突出していたのかという点だが、これは平安時代初期を境に女性への出家制限が始まり、尼寺が一時的に消滅したことに起因する。一方で、僧の破戒行為が横行すると、一部の持律僧《じりつそう》は語気を強めて女性の排撃を主張するようになり、従来はこうした史料上の文言をもって、女人禁制の成立と考えてきたのであるが、実はこれは、戒律遵守《じゅんしゅ》の立場からすれば、女人禁制が蔑《ないがし》ろにされつつあったことに対する危機感の表明にすぎなかった。女人禁制が差別的事象に転化する時期は、寺院や山岳霊場などで女性排除の理由を血の*穢《けが》れで説明づけるようになる中世後期とみるべきであろう。

参考文献 牛山佳幸「「女人禁制」再論」(『山岳修験』一七)、一九九六。同「鎌倉時代の「女人禁制文書」について」(『鎌倉遺文研究』九)、二〇〇二。鈴木正崇『女人禁制』(歴史文化ライブラリー)、二〇〇二、吉川弘文館。(牛山　佳幸)

〔近世〕中世に引き続き近世も山岳や寺院における女人禁制は続けられた。用語としての女人禁制の使用例が頻出するのは近世初頭の*仮名草子『醒睡笑《せいすいしょう》』や『恨之介《うらみのすけ》』であるという。女人禁制が厳格になったのは近世に入ってであるかもしれない。京都の祇園祭《ぎおんまつり》の女人禁制や大相撲の土俵の女人禁制も近世に入って以降のある時期に作られたものと考えられている。古来女人禁制であった高野《こうや》山《さん》の七つの登拝口《とうはいぐち》の女人結界のそれぞれに*女人堂《にょにんどう》が作られ、相互を結ぶ線上の女人道をたどって周囲から諸堂を遥拝《ようはい》する形式が成立したのも近世になってからである。九州の英彦山《ひこさん》の規制は近世では緩やかで、宝満山《ほうまんざん》には女人結界はなかった。富士山では江戸時代後期には六十年ごと、庚申《こうしん》の年に限って女性の登拝を許していた。後期の女性たちの旅日記には女人禁制で参拝できなかった記録が残る。

参考文献 鈴木正崇『女人禁制』(歴史文化ライブラリー)、二〇〇二、吉川弘文館。(牧田りゑ子)

〔近現代〕一定の地域や活動から女性を排除する習俗や制度。近代では「女人禁制」が一般に用いられる。女性を不浄とする宗教的見地によって神域や神事などから女性を排除してきた女人禁制は、明治維新後太政官布告《だじょうかんふこく》などによってかなり解除されるようになった。一八七二年(明治五)に神社仏閣地への女人禁制廃止、女性の富士登山許可、大相撲の見物許可、七八年に日光男体山《なんたいさん》登山許可が出され、一九〇四年、高野山の女人禁制が解除されている。しかし修験道の聖地とされる奈良県大峯山《おおみねさん》は現在も「ここより奥、女人入るべからず」との制札《せいさつ》を掲げて女性の入山を拒んでいる。また大相撲の土俵は「伝統的に男が技を磨く神聖な場所だ」との大相撲協会の見解で、女性が土俵に入るのを認めていない。またトンネル工事現場は「*山の神は女だから女を入れると嫉妬《しっと》する」という不合理な理由で、坑内立ち入りを禁止している。広義には大日本帝国憲法のもとで、政治の世界、高等教育、特定の職業などで女性を排除してきたが、第二次世界大戦後基本的には女性にも開かれるようになった。

参考文献 牧田茂『神と女の民俗学』(講談社現代新書)、一九八一、講談社。(折井美耶子)

にょにんげいじゅつ　女人芸術　昭和初年代の女性文芸誌。一九二八年(昭和三)七月劇作家*長谷川時雨《はせがわしぐれ》によって「新人女性作家・評論家の発掘育成」「全女性の連携」を目的に創刊された。同時に『*青鞜《せいとう》』賛助員《さんじょいん》だった時雨は*生田花世《いくたはなよ》・*平塚らいてう・*神近市子《かみちかいちこ》・*富本一枝《とみもとかずえ》・岡《おか》田八千代《だやちよ》ら『青鞜』の人々をブレーンに迎え、『青鞜』の後継誌を意図した。円本ブームで多額な収入を得ていた夫の三上於菟吉《みかみおときち》が出資した。新進画家植原久和代《うえはらくわよ》のグリーンの果物が爽やかな表紙絵を使った創刊号には、*山川《やまかわ》菊栄《きくえ》「フェミニズムの検討」、神近市子「婦人と無産政党」、*望月百合子「婦人解放の道」の巻頭論文が並び、岡田八千代・生田花世らの随筆《ずいひつ》、*岡本かの子・*柳原白蓮《やなぎはらびゃくれん》・今《いま》

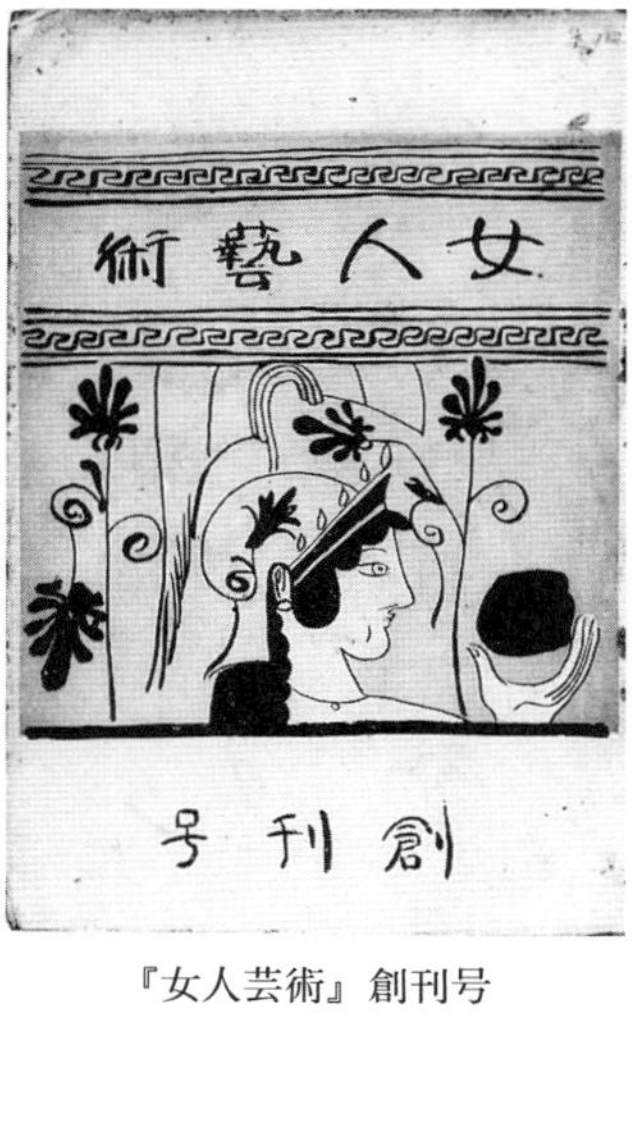

『女人芸術』創刊号

井邦子《いくにこ》の*和歌、*深尾須磨子《ふかおすまこ》の詩、ささきふさ・*平林たい子・真杉静枝《ますぎしずえ》らの小説、長谷川時雨の戯曲《ぎきょく》、松村みね子(片山広子)の翻訳、巻頭写真には秋田雨雀《あきたうじゃく》・*湯浅芳子《ゆあさよしこ》とともにモスクワでの*宮本百合子《ゆりこ》の近影を載せ、当時の女性文壇を総動員した感があった。その後*円地《えんち》(上田)文《ふみ》子《こ》は『晩春騒夜《ばんしゅんそうや》』で劇作家としてデビュー、*林芙美子《はやしふみこ》は三上於菟吉の命名により「*放浪記」を二十回連載して時代の寵児《ちょうじ》となり、中本たか子・松田解子《ときこ》・*尾崎翠《おざきみどり》・*大田洋子・矢田津世子《つせこ》等々多くの女性作家を輩出したが、新人のみならず、*与謝野晶子《よさのあきこ》・*佐多稲子《さたいねこ》・平林たい子・宮本百合子ら大家・中堅作家も含めて全女性作家結集の場となった。昭和の女性文学は『女人芸術』から花開いていったといっても過言ではない。しかしながらプロレタリア運動全盛の中でやがて左傾《さけい》の道を歩み、表紙からも内容からも初期の芸術性、娯楽性が消える。プロレタリア文学が中心となり、評論もフェミニズムからマルキシズムへと移り、ソビエト紹介、賛歌が雑誌の半分を占めるようになり、三回の発禁処分を受けた。世界恐慌《きょうこう》のあおりを受けた不況に読者数が激変し、時雨の発病もあって一九三二年六月、五巻六号全四十八冊をもって廃刊となった。

参考文献　尾形明子『女人芸術の世界—長谷川時雨とその周辺—』、一九八〇、ドメス出版。同『女人芸術の人々』、一九八一、ドメス出版。
（尾形　明子）

にょにんこう　女人講　構成員が女性だけの講。講の組織を指す場合と講の行事を指す場合とがある。子授《こさず》かり・安産・子育ての祈念がその基盤となっている。女人講には子安《こやす》講・安産講・十九夜《じゅうくや》講・*観音《かんのん》講・*地蔵講・二十三夜講などとよばれるものがあり、さらには尼講・念仏講などがある。名称は各地によりさまざまであるが、大別すると嫁の講・中高年の講・高齢者の講となる。同一家族の異世代が同じ女人講に同時に入っていることはない。これらの講は個別に存在する場合とそれぞれの講が連動している場合とがある。後者の場合は前の代の女性がその講から抜けると次の代の女性が前の講を離れてそれに入る。講は講員が順番に勤める講宿《こうやど》に参集し、対象となる神仏を描いた掛け軸を出して祈願礼拝し、飲食・歓談をしたが、集会所などができるとそこを会場とするようになる。女人講は祈念の大儀はあるが、実際には寄合いであり、嫁・姑の双方が緊張から開放される日としての機能も果たしている。

参考文献　桜井徳太郎『講集団の研究』(桜井徳太郎著作集一)、一九八八、吉川弘文館。
（上村　正名）

にょにんこうや　女人高野　奈良県宇陀《うだ》市室生区室生にある室生寺《むろうじ》のこと。古くから水神《すいじん》信仰のあった地に興福《こうふく》寺《じ》僧賢璟《けんけい》が室生山寺《むろうさんじ》を創建したことに始まる。その後、真言密教《しんごんみっきょう》の流入も盛んとなり、江戸時代初期に当寺をめぐって興福寺と真言宗が争うこととなった。寺社奉行《じしゃぶぎょう》での裁許《さいきょ》は興福寺に帰すこととなったが、室生寺の実状は真言密教化していたため、元禄《げんろく》七年(一六九四)護持院隆光《ごじいんりゅうこう》が拝領し、翌年に*桂昌院《けいしょういん》の寄進《きしん》によって堂塔を修理し、同十一年には、新義真言宗豊山派《しんぎしんごんしゅうぶざんは》の一本寺として独立した。中世後期から広まった、女性を「不浄《ふじょう》」で罪深いものとする思想が一般化した江戸時代においては、女性は聖域から遠ざけられ、宗教活動の場から排除される傾向が強かったが、室生寺は女性を排除しなかったので、*女人禁制《にょにんきんせい》であった高野山に比して「女人高野」と呼ばれるようになり、江戸時代における女性の限られた宗教活動の場となった。

参考文献　近畿日本鉄道創立五十周年記念出版編集所編『室生寺』(近畿日本叢書一〇)、一九六二、近畿日本鉄道。逵日出典『室生寺史の研究』、一九七九、巌南堂書店。
（桑原　恵）

にょにんじゅがん　女人入眼　女性によって日本国の政治(王法《おうほう》)が補完・成就《じょうじゅ》されるという思想。「にょにんじゅげん」とも読む。入眼とは、成就・完成という意味。鎌倉時代前期に天台座主慈円《てんだいざすじえん》が、歴史書『*愚管抄《ぐかんしょう》』で主張した。慈円は、桓武《かんむ》天皇以前は*女帝が出現したが、その後、女帝は出現せず、藤原氏摂関家の女性が*国母《こくも》となって国が治まったと述べ、そうした事実を女人入眼の思想で説明する。聖徳太子などの「ヨキ臣下」が政治をとる時には、女帝が出現して王法が完成された。だが、末代では女帝はよろしくないので、藤原氏から出た妻后《さいこう》・母《ぼ》后《こう》の父が内覧《ないらん》に用いられるようになったのであり、これは女人入眼の道理にかなっているという。摂関家出身の慈円にとって、理想的な政治は*摂関政治であり、それを正当化するために、女人入眼の思想が主張されたのである。そして、慈円と同時代に、鎌倉では*北条政子が、京では後鳥羽院の*女房の*卿二位《きょうのにい》が権力を握っていることについて、女人入眼という視点から評価している。

参考文献　五味文彦「卿二位と尼二位—女人入眼—」(総合女性史研究会編『日本女性史論集』二、一九九七、吉川弘文館)。
（秋山喜代子）

にょにんしょうきせつ　女人正機説　特定の神仏の中心的な救済対象(正機)を女性とする思想。南北朝・室町時代の浄土宗や浄土真宗で主唱《しゅしょう》された。「女性は男性より罪深いため阿弥陀仏《あみだぶつ》はまず女性を中心に救済しようとした」という考え。『安心決定鈔《あんじんけつじょうしょう》』には弥陀が「五濁《ごじょく》の凡夫《ぼんぶ》、穢《え》悪《あく》の女人を正機とする」とみえ、*法然《ほうねん》伝『九巻伝《くかんでん》』や本願寺存覚《ぞんかく》の『女人往生聞書《にょにんおうじょうききがき》』、浄土宗鎮西《ちんぜい》派聖聡《しょうそう》の『当麻《たいま》曼陀羅疏《まんだらしょ》』などに登場する。女性の罪業《ざいごう》を強調した上での救済を唱えており、顕密《けんみつ》仏教が展開した差別的救済論の帰結といえる。

参考文献　平雅行「中世仏教と女性」(女性史総合研究会編『日本女性生活史』二、一九九〇、東京大学出版会)。
（平　雅行）

にょにんどう　女人堂　*女人禁制《にょにんきんせい》を堅持した僧寺、特に修験《しゅげん》系の山岳霊場で、結界内への立ち入りや山頂への登《とう》攀《はん》を禁じられた女性たちのために、参籠《さんろう》や遥拝《ようはい》の便をは

不動坂口女人堂(『紀伊国名所図会』三編四より)

かって山麓《さんろく》や中腹に設けられた仏堂のこと。姥堂《うばどう》などとも呼ばれ、比丘尼石《びくにいし》とともに女人禁制の象徴として機能した。史料的には文正元年(一四六六)に所見される越中立山《たてやま》の「祖母堂《うばどう》」が最も古い。多くは明治初年に撤去されたが、高野山《こうやさん》では七ヵ所のうち、不動坂口《ふどうさかぐち》に設置されたものが現存する。

参考文献 柳田国男「巫女考」(『柳田国男全集』二四、一九九九、筑摩書房)。 (牛山 佳幸)

にょにんふじょうかん　女人不浄観　女性を不浄な存在とみなす差別的思潮。『法華経《ほけきょう》』提婆達多品《だいばだったほん》に「女身垢穢《くえ》」とみえるが、日本での成立・展開過程は不明な点が多い。摂関時代に貴族社会で五障《ごしょう》など女人罪業観《ざいごう》が定着する一方、他方ではケガレ観の肥大化のなかで月水《げっすい》・産穢《さんえ》など女性固有のケガレが意識され始めた。この両者の接点で女人不浄観が成立し、それが女人結界《けっかい》の思想的背景になったと考えられる。室町時代中期から近世にかけて広まった*血盆経《けつぼんきょう》信仰では、産血《さんけつ》・経水《けいすい》が大地を穢《けが》した罪で*血の池地獄に堕《お》ちると説いており、女性の不浄の罪を強調している。

参考文献 平雅行「顕密仏教と女性」(『日本中世の社会と仏教』一九九二、塙書房)。 (平 雅行)

にょにんようし　女人養子　女性を養親《ようしん》とする養子縁組。将軍家および大名家の*奥女中《おくじょちゅう》にみられる。奥女中の奉公《ほうこう》は一代限りが原則であり、引退後に家族や養子に俸禄《ほうろく》を相続させることは基本的に認められていなかったが、家の存続に特別に貢献した限りで*親族を中心に養子を擁立《ようりつ》し、家を創設することが許される場合があった。*乳母《めのと》、*老女、*側室として長く奥に仕えた女性がその対象となり、生前養子が擁立されたケースもある。新庄藩《しんじょうはん》戸沢家《とざわけ》では二代藩主正誠《まさのぶ》の側室であった貞鏡院《ていきょういん》が寛保《かんぽう》三年(一七四三)の没後、甥《おい》の角屋《かどや》族が養子となり、十五人扶持《ぶち》・古金五両を「新知百石」に替えて御奥役御目付格《おんおくやくおめつけかく》に召抱えられた。また万延《まんえん》元年(一八六〇)には九代藩主正胤《まさたね》の側室であった菊《きく》の江《え》・花枝《はなえ》が、ともに正胤の没後、城下に宿下がりをした後、生前養子を希望したところ、年来「御奉公実体」であることを理由にこれを認められ、養子はともに七人扶持の俸禄を相続して御中小姓《おちゅうこしょう》に召抱えられている。

参考文献 長野ひろ子『日本近世ジェンダー論—「家」経営体・身分・国家—』、二〇〇三、吉川弘文館。柳谷慶子『近世の女性相続と介護』、二〇〇七、吉川弘文館。 (柳谷 慶子)

にょひつしなん　女筆指南　女筆を教えること。女筆とは女性に好まれた書の形態で散らし書きなど個性的な書体で書かれたもの。近世元禄期ころから中期にかけて女性による教養と文字への関心が高まるにつれて文字稽古《けいこ》が都市を中心に盛んになり、風雅な趣《おもむき》と芸術性の薫り《かお》高い独特の個性的な書体の散らし書きの文章が好まれた。その稽古手本が女筆手本であり、京都出身の女性書家長谷川妙体《はせがわみょうてい》の妙体流が著名である。同時代に*居初津奈《いぞめつな》など女性書家が書いた女筆手本が流布《るふ》し、その手本をもとに女性や女児に文字教授が行われたことを女筆指南という。長谷川妙体による女筆は書を柔和《にゅうわ》さ、美しさのみならず変化に富む生きた字、芸術性に高められた書流とする主張であり、女性の自己表現としての個性的な書の意義を明らかにした。近世中期以後は風雅より実用文章への関心が強まり、男筆による用文章手本が多く流布し、女筆手本の指南は衰退した。

参考文献 小泉吉永編『女筆手本解題』(日本書誌学大系八〇)、一九九八、青裳堂。同「女筆手本類の筆者としての津奈と妙躰」(『日本の教育史学』四二)、一九九九。 (梅村 佳代)

にょぼんげ　女犯偈　*親鸞《しんらん》が建仁《けんにん》元年(一二〇一)二十九歳の時に京都六角堂《ろっかくどう》に参籠《さんろう》して救世観音《くぜ》(聖徳太子)から得た夢告《むこく》。この夢告を契機に親鸞は比叡山《ひえいざん》を離れて*法然《ほうねん》の弟子となった。親鸞の弟子の真仏《しんぶつ》が書写した『親鸞夢記』(三重県専修寺《せんじゅじ》蔵)に伝え、その解釈をめぐっては性欲の悩み説など、多様な意見がでている。「行者、宿報《しゅくほう》にて設《たと》い女犯すとも、我、玉女《ぎょくじょ》の身となりて犯せられん、一生の間、能《よ》く荘厳《しょうごん》して臨終に引導《いんどう》して極楽に生ぜしめん」との偈を救世観音が唱え、この誓願《せいがん》を一切群生《いっさいぐんじょう》に説き聞かせるよう親鸞に命じ、親鸞もその伝道《でんどう》に生きることを決意するという内容。ところが、平安時代末・鎌倉時代初期に成立した『覚禅鈔《かくぜんしょう》』如意輪《にょいりん》の項に「本尊、王の玉女に変ずる事」と題して、『女犯偈』と酷似《こくじ》した次の記事がみえる。「もし邪見《じゃけん》の心を発《おこ》し、婬欲熾盛《いんよくしじょう》にして世に堕《だ》落《らく》すべきに、如意輪、われ王の玉女となりて、その人の親しき妻妾《さいしょう》となり、共に愛を生じて一期生《いちごしょう》の間、荘厳すること福貴《ふうき》を以てせん、無辺《むへん》の善事を造らしめて、西方の極楽浄土に仏道を成《じょう》ぜしめん」。僧侶が女犯を犯すのなら、観音が美しい妻となって極楽へと導くという点で、二つの記事は内容的に酷似しており、「玉女」「荘厳」の語も一致する。『女犯偈』は『覚禅鈔』の濃厚な影響下で成立しており、親鸞が夢告前に『覚禅鈔』の記事を知っていたことになる。しかし親鸞は『覚禅鈔』を知ったときに行動を起こしていない。親鸞を突き動かしたのは、『覚禅鈔』との類似点ではなく相違点にある。そこで違いに着目すると、『覚禅鈔』では女犯は本人の意志の弱さが原因とされているが、『女犯偈』では女犯は「宿報」とされており、女犯は本人の意志を越えた、普遍的で絶対的な罪業《ざいごう》の象徴表現と化している。その結果、意志《いし》薄弱《はくじゃく》な男に対する女犯の許可という『覚禅鈔』の記事は、普遍的人間における罪と救済のドラマへと昇華《しょうか》された。『女犯偈』によって親鸞が法然の弟子となったのは、『女犯偈』独自のこうした思想性に原因がある。

参考文献 名畑崇「親鸞聖人の六角夢想の偈について」(『親鸞』一九八三、吉川弘文館)。平松令三『親鸞』(歴史文化ライブラリー)、一九九八、吉川弘文館。平雅行「親鸞と女犯偈」(『親鸞とその時代』二〇〇一、法蔵館)。

(平　雅行)

にょらいきょうきょうそきの　如来教教祖喜之　一七五六―一八二六　江戸時代後期の教祖。法名媹姾《りゅうぜん》または一《いっ》尊《そん》。尾張《おわり》国熱田旗屋《あつたはたや》(名古屋市熱田区)生まれ。「社家修験のような信心者」長四郎《ちょうしろう》・いぬの娘。八歳で孤児となり叔父に養われ、十三歳で海東《かいとう》郡蟹江《かにえ》村(愛知県蟹江町)の庄次郎《しょうじろう》と結婚、夫はまもなく家出、やむなく医師橋本大《はしもとたい》晋《しん》、ついで石河主水家《いしこもんどけ》に奉公した。隠居の邦命《くになが》を親切に介抱して、幾許《いくばく》かの金を貰った後、子息にも仕え、四十歳の時奉公を辞した。熱田に家を買い戻し、一文菓子屋《いちもんがしや》を開いたが、夫が訪れて病死、借金を返すため木綿糸紡《もめんいとつむ》ぎもした。法華行者覚善《ほっけぎょうじゃかくぜん》が子連れで押し掛け同居、徒食《としょく》した。二人の世話に追われ働けず、覚善に抗議するが、居坐《いすわ》られる。享和《きょうわ》二年(一八〇二)八月と九月に喜之に神が憑《つ》き、覚善は暴力で神を叩き出そうとしたが「金毘羅《こんぴら》大権現《だいごんげん》」と神名を名乗った。覚善は金毘羅の取次《とりつぎ》となり、知多《ちた》郡緒川《おがわ》村(同県東浦町)、熱田、名古屋の武家、町民に喜之の教えは広まった。当時「此度《このたび》の利益《りやく》」、今日「如来教」と呼ばれる。教祖伝『御由緒《ごゆいしょ》』、説教記録『お経様《きょうさま》』がある。

参考文献 神田秀雄『如来教の思想と信仰―教祖在世時代から幕末期における―』(伝道参考シリーズ二三)、一九九〇、天理大学おやさと研究所。浅野美和子『女教祖の誕生―「如来教」の祖媹姾如来喜之―』、二〇〇一、藤原書店。神田秀雄・浅野美和子編『如来教・一尊教団関係史料集成』(清文堂史料叢書)、二〇〇三、清文堂。

(浅野美和子)

にわたつぎこ　庭田嗣子　一八二〇―六七　江戸時代末期の*女官。権大納言《ごんだいなごん》庭田重能《しげよし》の娘で、仁孝《にんこう》・孝明《こうめい》両帝に仕え、宰相典侍《さいしょうのすけ》と称す。*和宮《かずのみや》の将軍徳川家茂《とくがわいえもち》への降嫁《こうか》が決まると、その補導を命じられ、文久元年(一八六一)御付女官として宮とともに江戸城*大奥に入る。家茂没後の和宮帰京の準備を進める最中に死去するまで宮に仕えた。補導の命を受けてから死去する数日前まで、和宮やその周辺の動向を記した『*静寛院宮御側日記《せいかんいんのみやおそばにっき》』を残す。

参考文献 正親町公和『静寛院宮御日記』(続日本史籍協会叢書)。辻ミチ子『女たちの幕末京都』(中公新書)、二〇〇三、中央公論新社。

(長谷川良子)

にんぎょうじょうるり　人形浄瑠璃　⇨浄瑠璃《じょうるり》

にんぎょうのいえ　人形の家　ノルウェーの劇作家ヘンリック＝イプセン(一八二八―一九〇六)の代表作。一八七九年出版。主人公ノラの生き方は当時の社会に衝撃を与えた。戯曲《ぎきょく》は爆発的に売れ、ヨーロッパ・アメリカでつぎつぎに上演される。夫に人形のように扱われていた女主人公ノラがある事件をきっかけに、自分は妻・母である前にまず人間であると目覚め、真の自分を知るために、三人の子どもを置いて家を出る。既成《きせい》の社会道徳を破り、結婚生活の基盤を揺るがす決断をしたノラの選択は多くの女性に問題を提起した。日本では一九一〇年(明治四十三)、坪内逍遥《つぼうちしょうよう》が講演でノラを「*新しい女」の一人として論じた。一九一一年、島村抱月《しまむらほうげつ》の文芸協会が*松井須磨子《まついすまこ》主演で『人形の家』を初演し、社会的に大評判となる。同年に*平塚らいてうたちの『*青鞜《せいとう》』が発刊され、イプセン劇を論じたため、青鞜社員は「和製ノラ集団」と呼ばれる。戯曲は『イプセン戯曲全集』四(原千代海訳、一九八九年、未来社)所収。

参考文献 原千代海『イプセン―生涯と作品―(新版)』、一九九八、三一書房。

(山本　博子)

にんさんぷてちょう　妊産婦手帳　太平洋戦争中、死産防止のため妊婦に定期的な検診を義務づけ、市町村役場に届け出を済ますと発行された手帳。食料・衛生用品などの配給を優先的に受けることができた(妊産婦特別配給)。一九四一年(昭和十六)一月、日中全面戦争の大量動員を契機に人的資源確保の必要性と優生思想に基づく「内地《ないち》人口一億」を目標に「*人口政策確立要綱《ようこう》」を閣議決定。一九四二年五月に国民体力法を改正、二歳未満乳幼児に体力手帳を交付し、幼児・妊婦にパン切符配給制開始。同年七月、健康児育成・母体管理・*衛生思想普及を掲げて、「妊産婦手帳規定」を作成配布。「内地人」の死産防止と生殖機能の損傷を避けるために性病予防を重視して検診を義務化した。これは、*厚生省人口局母子課嘱託《しょくたく》産婦人科医瀬木三雄《せぎみつお》が、ナチスドイツの民族差別と女性差別に貫かれた母子保健政策から考案。妊娠・*出産・育児は女性が担う国家的役割であると、「*母性」が強調された。

参考文献 東京歴史科学研究会婦人運動史部会編『女と戦争』(昭和史叢書)、一九九一、昭和出版。総合女性史研究会編『日本女性の歴史―性・愛・家族―』(角川選書)、

一九六二、角川書店。　（山村　淑子）

にんじょうぼん　人情本　江戸時代後期から明治初年にかけて流行した近世小説の形式。その源は洒落本《しゃれぼん》や滑稽本《こっけいぼん》に求められ、人情本の名称は為永春水《ためながしゅんすい》が「人情本の元祖《もの》」と称したのに始まる。男女の恋愛模様と当時の風俗を会話文を効果的に用いた文体で表現して、女性を中心とする青年層の支持を得る。代表的作品は為永春水『*春色梅児誉美《しゅんしょくうめごよみ》』など。天保改革で春水が処罰されてのち、人情本は質量ともに衰退するが、明治初年の硯友社《けんゆうしゃ》の風俗小説に影響を与えた。

参考文献　山口剛「人情本について」（『山口剛著作集』四、一九七二、中央公論社）。中村幸彦「人情本と中本型読本」（『中村幸彦著述集』五、一九八二、中央公論社）。　（鈴木　則子）

にんしんとどけ　妊娠届　⇩懐胎届《かいたいとどけ》

にんぷ　人夫　〔古代〕労役従事者。古代においては公民として国家に労働で奉仕する者との意味があり、男女の総称である。「〇〇郡人夫」として男女名を列記する東大寺《とうだい》奴婢帳《じぬひちょう》「天平勝宝三年茨田久比麻呂解《まんだのくひまろげ》」（『大日本古文書』三、四九一頁）は、「（奴婢ではなく）郡郷に所属する公民」をさし、奈良時代半ばの村の行事では、神事としての耕作作業を行う男女が「人夫」である（『*令集解《りょうのしゅうげ》』*儀制令《ぎせいりょう》春時祭田条《しゅんじさいでんじょう》「古記《こき》」）。大嘗《おおなめ》の実作業に奉仕する「百姓男女《ひゃくせいなんにょ》」も「人夫」といわれる（『日本書紀』天武天皇二年（六七三）十二月条・持統天皇五年（六九一）十一月条、古訓はオホミタカラ）。天武天皇元年の壬申《じんしん》の乱においては、近江朝廷側が天智天皇の山陵造営のために動員した「人夫」に武器を持たせたとの情報が乱勃発《ぼつぱつ》のきっかけとなった（同天武天皇元年五月条）。山陵造営には「百姓男女」が動員されている（同持統天皇元年十月条）ので、壬申の乱の「人夫」も男女を含む可能性がある。*律令制下の女性の*力役《りきえき》徴収の実態、および武力と女性の関係を考える上でも重要である。

参考文献　明石一紀「調庸の人身別輸納と合成輸納」（竹内理三編『伊場木簡の研究』一九八一、東京堂出版）。義江明子「古代の家族と女性」（『（岩波講座）日本通史』六、一九九五、岩波書店）。同「戦う女と兵士」（西村汎子編『戦争・暴力と女性』一、二〇〇四、吉川弘文館）。　（義江　明子）

〔中世〕人夫には、㈠労働課役としての人夫役と㈡職業としての人夫がある。㈠荘園制下、荘園領主は、領民に名《みょう》田段別《でんたんべつ》あるいは人数を定めて、夫役《ぶやく》（人夫役）を課した。佃《つくだ》（直営田）の耕作や堤や池の整備、道造りなどの土木事業、年貢などの物品の輸送、また荘園領主の私的な用事などをその目的とした。荘園領主だけでなく、在地領主・*地頭・名主《みょうしゅ》も同様にさまざまな理由で夫役を課した。期間は、近距離の夫役である近夫《ちかふ》のほかに、京上夫・鎌倉夫などという期間の長い長日夫《ちょうじつふ》もあり、農民にとって耐え難い負担となった。農民たちはその削減を要求して闘った。夫役は次第に米や銭で納める代銭納《だいせんのう》とされるようになった。室町・戦国時代になると、守護大名・戦国大名は、守護夫・陣夫《じんぶ》と称して夫役を課した。地侍《じざむらい》・土豪《どごう》によるものもあった。人夫が戦争に動員されるようになったのである。文明十七年（一四八五）大和《やまと》の国人古市澄胤《ふるいちちょういん》は山城国《やましろ》に出陣し、十月十四日から十一月一日まで、昼夜にわたって人夫を動員し、楯《たて》を持たせたという。人夫は戦闘員ではないが、戦地に動員される以上、戦闘にまきこまれて、死傷する場合もあった。㈡交通の要所には人夫がいた。職業としての人夫に女性がついている事例がある。弘治《こうじ》二年（一五五六）九月、中流公家である山科言継《やましなときつぐ》が、近江《おうみ》から伊勢《いせ》へ千種《ちぐさ》越えの難所を通った時、その荷物を運んだ人夫の大半が女性であったことに驚いている。このことは女性が重労働に耐えうる体力があり、肉体労働に携わることが不思議でないと認知されていたことを示している。女性が人夫を職業としていることから、㈠の夫役としての人夫役を女性がつとめる場合、ひいては人夫として、女性が戦場に動員される場合も想定される。

参考文献　永原慶二『日本中世社会構造の研究』一九七三、岩波書店。大山喬平『日本中世農村史の研究』一九七八、岩波書店。脇田晴子『中世に生きる女たち』一九九五、岩波書店。　（海老澤美基）

ぬ

ぬいめ　縫女　令制下、大蔵省《おおくらしょう》縫部司《ぬいべし》に所属した縫女部《ぬいめべ》の構成員。*後宮十二司縫司《ぬいのつかさ》の*女孺《にょじゅ》とは異なり、もとは令制品部《しなべ》縫女部の一員であった。雅楽寮《ががくりょう》*歌女《うため》と同様、長上《ちょうじょう》考を得、校定は大蔵省記定の後、中務省《なかつかさしょう》へ送られた。歌女のように定員を規定されることはなく、『*令集解《りょうのしゅうげ》』古記云には「十戸」とあり、『大宝令《たいほうりょう》』では「縫女部十戸」と戸数が規定されていたのであろう。その後、『養老令《ようろうりょう》』では戸数が省かれ、雑女《ざつじょ》と解釈され、「京内婦女」があてられた。営繕令須女功条《えいぜんりょうによこうもちいるのじょう》で女功の担い手が縫部司管下にあり、不足の時には「京内婦女」を集めたことから考えても養老令制ではもはや品部としての性格を失っていたといえよう。縫女の仕事は衛士《えじ》等に支給する衣服の*裁縫と幄幔《あくまん》の縫製であった。大同《だいどう》三年(八〇八)正月二十日、縫部司は中務省縫殿寮《ぬいどのりょう》に併合されたが、弘仁《こうにん》二年(八一一)二月十日の太政官符《だじょうかんぷ》により、縫殿寮は宮人《きゅうじん》三十人を割いて大蔵省に配することになった。これは併合によって幄幔の修繕ができなくなったことによるが、この「宮人三十人」が『延喜式《えんぎしき》』に載る「大蔵縫女三十人」にあたると考えられ、月料および裁縫功程なども記されている。他方、縫殿寮にも大蔵省に「三十人」を割いた残りの「縫女」が裁縫に従事していたであろうが、いずれも男性官司に属してその職務を果たしていたのである。

参考文献　須田春子『律令制女性史研究』、一九七八、千代田書房。文珠正子「令制宮人の一特質について―與男官共預知の宮人たち―」(関西大学博物館学課程編著『阡陵―関西大学博物館学課程創設三十周年記念特集―』一九九二、関西大学考古学等資料室)。

(文珠　正子)

ぬいものし　縫物師　縫い物や刺繡《ししゅう》をする*職人。戦国時代初期に成立した『*七十一番職人歌合《しちじゅういちばんしょくにんうたあわせ》』に、多くの職人の一人として描かれている。その絵の縫物師は、女性で布に刺繡をしている。この歌合絵では*振売《ふりうり》型の小売商人はみな女性が描かれている。これに対して手工業職人はほとんど男性であるが、縫物師など繊維工業関係は女性が描かれている。このことは、いかに女性の従事者が多かったかを示している。しかし中世社会の方向としては、女性が主導する繊維工業関係の業種も、戸主を代表とする「家職《かしょく》」として把握されるようになっていく。

縫物師(『七十一番職人歌合』より)

参考文献　永原慶二「女性史における南北朝・室町期」(女性史総合研究会編『日本女性史』二、一九八二、東京大学出版会)。脇田晴子「町における女の一生」(『日本中世女性史の研究―性別役割分担と母性・家政・性愛―』一九九二、東京大学出版会)。

(後藤みち子)

ぬかたのおおきみ　額田王　生没年不詳　『*万葉集《まんようしゅう》』にみえる女性歌人。舒明《じょめい》―持統《じとう》朝ごろ(七世紀)の人。額田姫王(『日本書紀《にほんしょき》』)、額田部姫王(『薬師寺縁起《やくしじえんぎ》』)とも記す。父は鏡王《かがみのおおきみ》。父の出自は未詳。天武《てんむ》天皇との間に*十市皇女《とおちのひめみこ》(大友皇子《おおとものみこ》の妃、葛野王《かどののおおきみ》の母)がいる。同じく『万葉集』歌人である*鏡王女《かがみのおおきみ》(藤原鎌足《ふじわらのかまたり》の正妻)を、額田王の姉と考える*本居宣長《もとおりのりなが》以来の説は、今日不審が持たれている。孫の葛野王の生年等推定から、額田王の生年を推定する説によれば、舒明朝(六三〇年代)ごろの誕生で、『万葉集』により持統朝初期(六九〇年代前半)ごろまでの生存が確認できる。額田王がはじめ大海人皇子《おおあまのみこ》(天武天皇)の妻となり、のちに大海人皇子の兄、天智《てんじ》天皇の寵愛《ちょうあい》を受けた、とする説も、近年は疑問視される。『万葉集』に長歌三首、短歌九首で、内訳《うちわけ》は雑歌《ぞうか》七首、挽歌《ばんか》二首、相聞《そうもん》三首。行幸《ぎょうこう》・詩宴《しえん》・遷都《せんと》・遊猟《ゆうりょう》・葬儀など、公的場面でのすぐれた詠作《えいさく》が多い。作者に関する異伝《いでん》が付随《ふずい》することも、額田王歌の特色の一つで、『万葉集』題詞《だいし》に額田王の作としながら、左注で引用された『類聚歌林《るいじゅうかりん》』に、天皇(または執政《しっせい》皇太子)の作とする例が目立つ。額田王は実作者、天皇は形式作者なのであって、このことと、額田王歌が公的な場を背景とすることが多いこととから、額田王は天皇の代作をする宮廷《きゅうてい》歌人、との見方もなされてきた。ただ天武朝以降、公的な場で公的な歌をうたう歌人が男性になることを考えれば、彼らを「宮廷歌人」と呼ぶのと同概念《がいねん》で、額田王を捉《とら》えるわけにはいかず、女性天皇である斉明《さいめい》天皇を中心とした、親しい集団の中にあって詠作する存在を考えさせる。時代を抜きん出る際《きわ》だった個性を見せる秀歌が多く、従来いわれるような、女性と呪性《じゅせい》の伝統からだけでなく、漢籍《かんせき》の素養《そよう》や文字記載との交渉の側面から、額田王を考える必要がある。

参考文献　伊藤博『万葉集の歌人と作品』上、一九七五、塙書房。阿蘇瑞枝『万葉和歌史論考』、一九九二、笠間書院。

(荻原　千鶴)

ぬなかわひめ　沼河比売　高志国《こしのくに》(北陸)の*女神。八千矛神《やちほこのかみ》(大国主命《おおくにぬしのみこと》の別名か)の「ヨバヒ」(求愛)をうけて、歌を詠み交わしたのち「*御合《みあい》」した。『*古事記』神代の求婚譚《たん》からは、古代の「妻問《つまどい》」の求婚《きゅうこん》作法が具体的にうかがえる。『出雲国風土記《いずものくにふどき》』島根郡美保郷《みほごう》にも奴奈宜波比売命《ぬながはひめのみこと》がみえ、同神かと思われる。『延喜式《えんぎしき》』神名下では越後国頸城《くびき》郡に奴奈川《ぬなかわ》神社があり、現在の祭神は沼河比売を含む三神である。ヌナカワは「瓊」(玉＝ヒスイ)を産出する川の意という。この話の背景には、出雲と高志の海上交通の重要性が指摘されている。

参考文献 米沢康「沼河比売神婚伝承の史的背景」(『日本古代の神話と歴史』一九九二、吉川弘文館)。義江明子「性愛＝結婚だった時代—『古事記』八千矛神の求婚—」(『古代女性史への招待』二〇〇四、吉川弘文館)。

(義江　明子)

ぬなきいりひめ 渟名城入姫 ⇩豊鍬入姫《とよすきいりひめ》

ぬひ 奴婢 ⇩婢《ひ》

ぬまたこうせつ 沼田香雪 一八一七—一九〇五 幕末・明治時代の漢詩人。名はうの。秋田藩士沼田孤松《こしょう》の娘。出羽《でわ》国横手《よこて》(秋田県横手市)に生まれる。父は横手の藩校教授で漢学者。自宅にも天工洞塾《てんこうどうじゅく》を開設。香雪も父の教えを受け、少女期から詩作をする。五十二歳のとき、戊《ぼ》辰《しん》戦争に遭遇、奥羽列藩同盟《おううれっぱんどうめい》の攻撃を受け、横手城は陥落。夫と長男は戦死。家族を避難させ、次男の持ち帰った夫の首を風呂敷に包み、埋葬場所を探し回るなど戦争体験を『後凋園徒然草《こうちょうえんつれづれぐさ》』に綴《つづ》る。漢詩・*和歌の遺稿もあり、『香雪遺稿』(沼田宇源太編、一九〇七年)にまとめられている。

(柴　桂子)

ぬまのみね 沼野みね 一七七一—一八二八 江戸時代後期の紀州和歌山の*町家女性。峯とも書く。『日知録《にちろく》』という日記二冊が残されている。紀州藩の城下町和歌山で町大年寄《ちょうおおどしより》を勤め、質商森屋を営んだ橋丁沼野六兵衛《ろくべえ》(九代目、棠円《とうえん》)の妻。父八代目六兵衛(国幹)と母孝《たか》との間の一人娘として生まれる。母孝は安永三年(一七七四)峯四歳の時に病死。父も安永七年に病死、隣にある父の実家(沼野伊右衛門《いえもん》家)の世話で成長。天明五年(一七八五)峯十五歳の時、本町六丁目湯川太郎右衛門《ゆかわたろうえもん》から*婿養子(九代六兵衛)を迎え、翌年長男を生む。三男あり。寛政三年(一七九一)の『日知録』は峯二十一歳、長男六歳の時の日記。夫は文化十四年(一八一七)に死去。文政八年(一八二五)の『日知録』は峯五十五歳、十代六兵衛を継いだ長男、その妻・孫娘との生活、嫡孫《ちゃくそん》の誕生などを書き綴《つづ》っている。文政十一年八月十二日、五十八歳で死去。

参考文献 『和歌山市史』五、一九七五。

(牧田りゑ子)

ぬりごめ 塗籠 周囲の壁を塗り込め厳重な戸をつけた納戸《なんど》。『*春日権現験記絵《かすがごんげんげんきえ》』などの絵巻物でもその様子を知ることができる。本来は、*寝殿造《しんでんづくり》において、その中央部に盗難や火災から家財を守るために作られた密室状の蔵を意味し、平安時代の王朝文学に頻出《ひんしゅつ》するが、すでに平安京の住民の住宅にも存在したことが知られ、室町時代でも「塗籠、土民言ふ処」(『下学集《かがくしゅう》』)とあるように庶民の住居の呼称として使用されている。この塗籠の管理者は女性であったが、その理由は、そこが夫婦の寝所であったことにあり、家財に対する*主婦の所有権が強固であったことの理由もそこにあった。なお、塗籠には「守宮《しゅくう》神《しん》」と称する霊威《れいい》が宿るという宗教的観念は内裏《だいり》の守宮神から庶民家庭の「座敷童子《ざしきわらし》」まで、きわめて根強い。それが小童《こわらべ》の姿をとっているのも、以上のように塗籠が主婦権の下に置かれた領域であったことと関係していると思われる。

塗籠(『慕帰絵詞』巻八より)

参考文献 保立道久『中世の愛と従属—絵巻の中の肉体—』(イメージ・リーディング叢書)、一九八六、平凡社。

(保立　道久)

ね

ねぎに 禰宜尼 ⇨大神杜女《おおがのもりめ》

ねやどかんこう 寝宿慣行 若者たちが村落内の家の一室・公民館などを提供してもらい起居をともにする民俗事象。村落内の若者すべてが一つの寝宿に泊まる場合と、一村落に複数の寝宿が存在する場合とがある。海岸部を中心に分布し、近世後期からその存在が認められる。若者は、寝宿で漁業技術の習得、祭の準備、警防活動などを行うほか、娘への性的関係をもつ足がかりとしていた。娘にも寝宿慣行があったかのように指摘されてきたが、現実には、娘のそれはほとんど存在しない。

参考文献 瀬川清子『若者と娘をめぐる民俗』、一九七二、未来社。 (岩田 重則)

ねんきんとじょせい 年金と女性 日本の年金制度は一九八五年(昭和六十)の法改正前まで、主たる家計維持者である夫の長期間就労を前提に、夫への年金で夫婦二人の老後生活を保障するという考え方で設計されていた。したがって、給付額は夫婦二人世帯をカバーする水準に設定され、被用者の無業の妻は年金制度の強制加入対象とせず、自営業者等を対象とする国民年金に任意加入できる制度となっていた。一九八六年新制度の実施により国民年金を基礎とする基礎年金が創設され、年金制度が一元化された。被用者の無業の妻も、第三号被保険者として新国民年金の強制加入者となった。これにより、被用者である夫とは独立に、妻自身も年金受給権者となることが可能になり、この改正は女性の年金権確立として評価された。しかし、その後二十年近くを経て、女性を取り巻く環境は変化している。女性の社会進出が進み、*家族形態や就業形態が変化し、女性のライフスタイルも多様化している。こうしたことから、年金制度全体にわたる検討が必要となってきた。このような観点から二〇〇〇年(平成十二)七月「女性と年金検討会」が設置され、性別役割分業を前提としたモデル年金の考え方、短時間労働者等に対する厚生年金の適用の是非、育児期間等の配慮措置、*離婚時の夫婦の年金分割、遺族年金制度、第三号被保険者制度など女性と年金をめぐるさまざまな論点について議論を重ねた。特に、被用者の無業の配偶者が保険料負担なしに基礎年金を受給できる第三号被保険者制度は、*配偶者控除など税制上の優遇措置とも相まって、さまざまなライフスタイルを選択する女性の間での不公平感をもたらしており、改革が必要であると指摘された。同検討会の報告以後、二〇〇四年に決定された年金制度改正案では、離婚時の厚生年金の分割、遺族年金の見直し、第三号被保険者期間についての厚生年金の分割が決められた。短時間労働者への厚生年金適用拡大と、不公平と批判が強かった第三号被保険者制度の抜本的改革は先送りされた。

参考文献 塩田咲子『これでいいの?女性と年金』(かもがわブックレット)、一九九七、かもがわ出版。『女性のライフスタイルの変化等に対応した年金の在り方に関する検討会報告書—女性自身の貢献がみのる年金制度—』、二〇〇一。横山文野『戦後日本の女性政策』、二〇〇三、勁草書房。 (横山 文野)

ねんじぶつ 念持仏 個人が身近に安置または携帯し、常に帰依《きえ》礼拝《らいはい》する仏像。持仏《じぶつ》・内仏《ないぶつ》・枕本尊《まくらほんぞん》ともいう。県犬養三千代《あがたいぬかいのみちよ》(?—七三三)のものと伝える橘夫人《たちばなふじん》念持仏(法隆寺《ほうりゅうじ》蔵)は阿弥陀三尊像《あみださんぞんぞう》で、厨子《ずし》に安置されている。天皇の「持仏」は観音像《かんのんぞう》で、仁寿殿《じじゅうでん》(のち清涼殿《せいりょうでん》の二間《ふたま》)に安置され、毎月十八日に僧侶による観音供《かんのんぐ》が行われていた。小金銅仏《しょうこんどうぶつ》が多く、同一の仏像が一族の間で祈願の対象とされた場合もある。平安時代後期以降は、貴族や武士の家に堂(持仏堂・念誦堂《ねんじゅどう》)が建立され、そこに安置された。江戸時代には、各*家庭にも念持仏の安置が一般化し、仏壇《ぶつだん》が成立した。

念持仏　阿弥陀三尊像(法隆寺蔵)

参考文献 三橋正『平安時代の信仰と宗教儀礼』、二〇〇〇、続群書類従完成会。 (三橋 正)

ねんちゅうぎょうじえまき 年中行事絵巻 宮廷や貴族の邸宅で催される儀礼や法会、庶民が混じり京の都で繰り広げられる神事や遊楽などの様相を描く絵巻。原本は、平安時代後期の成立と推測される。模本は、宮内庁や東京国立博物館など各所に所蔵されているが、寛永三年(一六二六)、後水尾《ごみずのお》天皇の命で住吉如慶《すみよしじょけい》・具慶《ぐけい》らが写した田中家蔵の十六巻は、丁寧に原本を写した痕跡《こんせき》が見え重要である。同家には別本の白描《はくびょう》模本三巻も伝来している。建長六年(一二五四)成立の『*古今著聞集《ここんちょもんじゅう》』一一の記事によれば、後白河法皇によって制作された年中行事の絵は、摂政藤原基房《もとふさ》によってその誤りが注記された紙が貼られたまま蓮華王院《れんげおういん》宝蔵に納められたという。この記事と現存模本とを結ぶ確たる史料には欠けるが、後白河院時代に制作されたと推測される他の絵巻の表現との共通性、衆庶へと向けられた眼差しから、都の時空を視覚的に掌握しようとの王権の欲望を読み取ることができる。

参考文献　福山敏男『住宅建築の研究』(福山敏男著作集五)、一九八四、中央公論美術出版。　(池田　忍)

ねんぶつばあさん　念仏婆さん　*安産祈願の念仏講や葬送儀礼において念仏や和讃《わさん》を唱える老女。栃木県佐野市一帯では十九夜講(安産講)を行う。*出産前にオタノミ(お頼み)、出産後一ヵ月ごろにオレイ(お礼)をする。唱える和讃は「四方固め」「おいさめ」「十九夜様お礼」など十種類ほどである。そのうち十九夜系のものは「洗濯場」という長い和讃に収斂《しゅうれん》する。内容は、冒頭は安産を祈願し守護仏などを並べ唱えるが、以降は*「血の池」地獄の描写が続き、血不浄《ちふじょう》、出産の汚れを取り除くためのものと考えられている。愛知県南知多町篠島では、念仏婆さんは老女の集団をいい葬送儀礼で重要な役割をになう。枕経《まくらぎょう》・トギ(通夜)念仏・葬式の日の朝念仏に続き、初七日まで毎日、四十九日までは七日目ごと、さらに年忌供養のたびに念仏を唱えに集まる。念仏婆さんの先達《せんだつ》は鉦叩《かねたた》きと呼ばれ、湯灌《ゆかん》から納棺まで取り仕切る(「世話焼き」)。また死者が老人の時には葬列で「善《ぜん》の綱《つな》」(棺につないで引く綱)を引いた。ここでは死者が成仏するには念仏婆さんの念仏が必要と考えられ、島の女性がいずれは必ず加入するものと意識されているという。

参考文献　坂本要「民間念仏和讃と安産祈願―利根川流域について―」(藤井正雄編『浄土宗の諸問題』一九七八、雄山閣)。服部誠「カヨイ婚と念仏婆さん」(愛知県史編さん専門委員会民俗部会他編『愛知県史民俗調査報告書』一、一九九八、愛知県総務部県史編さん室)。　(椙山　聖子)

の

のう　能　日本の代表的な歌舞劇《かぶげき》。猿楽《さるがく》・能楽ともいう。平安時代の即興的な滑稽芸《こっけいげい》である猿楽を母体とし、鎌倉時代後期から南北朝時代にかけて祝禱《しゅくとう》性や歌舞劇の性格を強め、能と呼ばれるようになった。南北朝時代から室町時代、春日社興福寺《かすがしゃこうふくじ》に奉仕する芸能者集団の一つ結崎《ゆうざき》座《ざ》(のちの観世《かんぜ》座)の観阿弥《かんあみ》・世阿弥《ぜあみ》父子が、室町幕府将軍足利義満《あしかがよしみつ》の保護を受けて能界の中心に立ち、能を繊細華麗な歌舞劇として大成した。江戸時代には観世《かんぜ》・宝生《ほうしょう》・金春《こんぱる》・金剛《こんごう》・喜多《きた》の五座(現在の五流)が幕府のお抱《かか》えとなり、能役者の地位が安定した。このため作品の創作は減ったが、芸の洗練が進んだ。能は、能面をつけることの多い主人公のシテ、その相手役で劇の進行を掌《つかさど》るワキ、セリフと滑稽な演技で劇にかかわるアイ狂言、合唱を担当する地謡《じうたい》、笛・小鼓《こつづみ》・大鼓《おおつづみ》・太鼓の囃子《はやし》の諸役によって上演される。シテが亡霊である能を夢幻能《むげんのう》といい、登場人物がすべて現実の人間である能を現在能《げんざいのう》という。また、脇能物《わきのうもの》(初番目物)・修羅物《しゅらもの》(二番目物)・*鬘物《かずらもの》(三番目物)・雑物《ぞうもの》(四番目物)・切能物《きりのうもの》(五番目物)に分類することもある。鬘物は優美な女性をシテとする能で、著名な物語を典拠とした『井筒《いづつ》』『野宮《ののみや》』のような作品が多い。一方、雑物の中には狂女物《きょうじょもの》と呼ばれる作品群がある。これは『三井寺《みいでら》』『隅田川《すみだがわ》』のように、子供を人商人《ひとあきんど》に奪われ悲しみのあまり狂女となった女性をシテとする能である。背景には*人身売買の横行《おうこう》という中世の厳しい現実があった。また、巷説《こうせつ》をもとに作られた『*籠太鼓《ろうだいこ》』のように、狂乱の態を見せながら健気《けなげ》に領主と交渉する女性をシテとした異色の狂女物もある。このように能において女性の果たす役割は決して小さくない。さらに、演ずる側にも女性は参画していた。室町時代には女性だけで構成された座もあった。→松浦佐用姫伝説《まつらさよひめでんせつ》

参考文献　能勢朝次『能楽源流考』、一九三八、岩波書店。表章・天野文雄『(岩波講座)能・狂言』一、一九八七、岩波書店。　(坂井　孝一)

のうかじょせい　農家女性　近世における農家女性を労働の側面から捉えた場合、おおよそ三つの画期でその特徴を示すことができる。第一期は織豊《しょくほう》政権期から十七世紀前期ごろである。名田《みょうでん》地主経営を基本とした呪術《じゅじゅつ》的要素を帯びた粗放《そほう》農業の段階で、男性が農業の主体であり、女性は麻布・絹織りなど作業工程に多くの時間を要する衣料生産を中心に、土俗信仰に根ざした*田植え、収穫期の脱穀調製、庭場仕事や炊事などに専念した。第二期は十七世紀末から十八世紀前期をめやすに、小農《しょうのう》を中心とする近世村落の成立期を想定する。この時期は前期農書《のうしょ》が出版のピークを迎え、夫婦を中核とした家族労働による経験科学的農業への転換が模索された。同時に、近世的労働編成に即した農業の集約化により男女の労働区分が不明瞭となるなか、*木綿《もめん》栽培の普及・定着によって生じた女性の衣料生産従事の大幅な時間的短縮も手伝って、農業部門への女性の進出が可能となった。第三期は、天保飢饉《てんぽうききん》後の男性労働の都市への流入を補完する雇用女性労働の展開期である。性別役割が緩やかな中下層女性の労働経験に基づいた豪農・地主経営内での男性労働領域への農作業従事が実現し、*日雇《ひやと》い・日割奉公《ひわりぼうこう》の男女給金差が同等ないしは縮小傾向をみせる。他方、家事雇いを主とする年季奉公《ねんきぼうこう》では農事雇いに比べた給金格差が増大した。家事雇いの低廉化《ていれんか》の促進は、近代に向けての単線的ではない女性の歴史的過程を推測させる。こうした近世後期の男性労働を含む労働領域への女性の進出は、雇

用主たる豪農層に旧来の村落秩序を動揺させるにたる危機感として強く認識された。家訓的農書《かくんてきのうしょ》に顕著な男女の別をことさら強調し、女性不浄観《ふじょうかん》を根拠に女性を劣位に置くような言説が豪農層によって語られ、奉公人や家人《かじん》にその厳守履行が求められた。しかし、固定的性別役割が曖昧《あいまい》な中下層農にとって、それは実態にそぐわない事柄であり影響力は希薄《きはく》であったと思われる。一方、豪農家の女性は、奉公人を十分に確保できるため農業従事の機会は必然的に少なくなった。この傾向は公務や文化活動に奔走《ほんそう》する村役人としての夫も同様であるが、妻は家内の衣料調整や家事を中心とした*下女の差配などに重きを置くことになる。また、このクラスの女性は持参金や小遣い、路銀《ろぎん》を元手に個人的な融資を行うなど、*夫婦別財布の事例も報告されている。また、幼少期から娘に琴《こと》・*三味線《しゃみせん》などの習い事をさせ、十代半ばからは花嫁修業的要素の強い武家奉公《ぶけぼうこう》に出すなど、高額な教育費用を惜しまない豪農家もあった。こうした農家女性と対極をなすのが、*遊女《ゆうじょ》や*飯盛女《めしもりおんな》など*売女《ばいじょ》奉公の女性である。多くは貧農層出身の娘や妻たちであったが、劣悪な労働環境のなか前借金《ぜんしゃくきん》の返済も儘《まま》ならず、病死や自殺、また転売で身を持ち崩す者など、十代での死亡は稀《まれ》ではなかった。ひとくちに農家女性といっても時代・階層・地域の差によってさまざまな存在形態があり、多角的なアプローチが可能な分野である。

参考文献 河野淳一郎「『公私日記』にみる幕末期名主の妻」(『多摩のあゆみ』三七)、一九八四。長野ひろ子「近世後期女子労働の変遷と特質—常州下江戸村那珂家女子奉公人の分析を中心に—」(近世女性史研究会編『論集近世女性史』一九八六、吉川弘文館)。大口勇次郎『女性のいる近世』、一九九五、勁草書房。宇佐美ミサ子『宿場と飯盛女』(同成社江戸時代叢書)、二〇〇〇、同成社。青木美智子「近世後期・北関東における女性労働の特質とジェンダー—武州入間郡赤尾村林家の奉公人の分析を中心に—」(大口勇次郎編『女の社会史17—20世紀—「家」とジェンダーを考える—』二〇〇一、山川出版社)。長島淳子『幕藩制社会のジェンダー構造』、二〇〇六、校倉書房。

(長島 淳子)

のうかのよめぶそく 農家の嫁不足 高度経済成長期、農家の娘たちも農業以外の仕事を選択することができるようになり、農家の嫁としての地位の低い生活と労働を嫌って農家に嫁ごうとせず、農家の跡取りの男性にとって結婚相手をさがすことが困難になった状態。当時農業後継者の息子をもつ母親は「自分の娘は農家に嫁がせたくない。しかし、息子には嫁をもらいたい」という矛盾した気持ちをもっていた。格差が拡大しつつあった生活水準、際限ない農業労働と休日のない労働条件、農業労働に加えて*家事労働、農業労働報酬《ほうしゅう》がないだけでなく小遣いさえ無くて、隠れて実家からもらってこなければならない屈辱《くつじょく》的な生活、プライバシーの無い生活、多人数家族と複雑な家族関係、姑《しゅうとめ》さんの支配下にお嫁さんがあるという立場、女性が押さえ込まれてしまう地域慣習、農家の惨《みじ》めさや問題が誇張《こちょう》されてテレビやラジオで映し出されることによる屈辱感等々、母親からすれば「自分のしてきた苦労は娘に繰り返させたくなかった」のである。農家の跡継ぎに結婚相手がいないことは、単にその家族の問題にとどまらず、その地域の農業の盛衰《せいすい》に関わる問題であることから市町村では集団見合いを計画するなど、結婚相手さがしの対策を講じた。しかし根本的原因である農業収入の低さや女性の地位の低さ、家族関係の複雑さや生活習慣などの問題解決が図られず、現在まで「農家の嫁不足」問題は解決していない。一九八〇年代半ば、アジアの国々から「花嫁」を迎えることが意図的に行われ、成功したケースもあるが、日本の女性たちが拒《こば》んだ「生活習慣を改善することなく」、経済格差を前提として「理解できない生活」を外国からの花嫁に強制することとなり、さらに「花嫁の国の生活習慣や親戚の思惑」が絡み合って不成功に終るケースも多かった。一般的な意味での*国際結婚は増加しているが、「農家の嫁不足を解消する」目的の国際結婚が増え続けているわけではない。

参考文献 宿谷京子『アジアから来た花嫁—迎える側の論理—』、一九八八、明石書店。大金義昭『風のなかのアリア—戦後農村女性史—』、二〇〇五、ドメス出版。

(天野 寛子)

のうかんとせい 農間渡世 江戸時代の農民が農耕のあい間に行なったさまざまな稼《かせ》ぎ・副業のこと。農間稼《のうかんかせぎ》・作間稼《さくまかせぎ》・作間渡世あるいは農間余業《のうかんよぎょう》・農閑余業ともいう。地域や時期によって違いはあるが、男は縄《なわ》ない・筵《むしろ》づくりなど農作業用具の製作や薪《たきぎ》取り、女は糸とり・*機織《はたお》り・麻《あさ》木綿稼《もめんかせぎ》など衣料生産にかかわるものが一般的で、製品は多く自家用にあてられた。山村や畑作地帯では代銭納《だいせんのう》(金納年貢)への対応として早くから現金収入が求められ、*養蚕《ようさん》・絹織り・紙漉《かみす》き・木綿織り・苧機《おはた》などが行われた。江戸時代中期以降商品経済が活発化すると、それらは販売用商品として生産されるようになり、女稼《おんなかせ》ぎ(女性労働)が生計維持の主力になる地域もあった。また、商品経済の進展は農村を大きく変質させ、たびたびの制限・禁令にもかかわらず農間商《のうかんあきない》渡世《とせい》が増加する。幕末になると女性のなかにも仕立稼《したてかせぎ》・髪結《かみゆ》い・洗濯稼《せんたくかせぎ》・煮売屋《にうりや》・居酒屋など多様な商《あきな》いに従事する者が現われた。

参考文献 総合女性史研究会編『日本女性の歴史—女のはたらき—』(角川選書)、一九九三、角川書店。

(青木美智子)

のうぎょうずえ 農業図絵 加賀藩十村《とむら》役の土屋又三郎《つちやまたさぶろう》によって享保《きょうほう》二年(一七一七)に著わされた彩色農書《のうしょ》。全三巻、絵図百七十八枚。同著の『耕稼春秋《こうかしゅんじゅう》』(宝永四年(一七〇七))を絵図化して藩に献上したもの。原本は発見されておらず写本・異本を残すのみだが、桜井健太郎所蔵の桜井本が原本にもっとも近いと推定されている。金沢近郊農村の一年を月ごとに、農作業・農家年中行事・祝祭の様相を四季の変化を背景に美しく描き、文字史料からは把握できない近世中期の女性や*子どもの姿、服装、遊び、建築、習俗などを知ることのできる*絵画史料である。農作業には男女協業と*性別分業との両者が描かれるが、耕起《こうき》作業後の砕土《さいど》や*田植え、脱穀調製など大方は家族労働を主体とする協業である。しかし休日《やすみび》や祝日《いわいび》の場面では、いずれも酒食に興《きょう》じる男たちと調理・給仕に徹する女たちとが対照的に描かれ、また年貢《ねんぐ》納入や用排水管理など公的領域からの女性の排除、女性の喫煙や飲酒場面が描かれないなど興味深い点が多い。『日本農書全集』二六(一九八三年、農山漁村文化協会)に所収。

参考文献 清水隆久『近世北陸農業史―加賀藩農書の研究―』、一九八七、農山漁村文化協会。長島淳子『幕藩制社会のジェンダー構造』、二〇〇六、校倉書房。

(長島　淳子)

のうぎょさんそんにおけるせいかつこんきゅうがいきょう　農漁山村に於ける生活困窮概況　一九三二年(昭和七)八月、内務省社会局社会部が全国の地方長官らの報告にもとづいて作成した政策立案のための内部資料。謄写《とうしゃ》印刷。農業恐慌《きょうこう》の影響下にある、北海道から沖縄に至る全国の農山漁村の生活状況が詳細に記述されている。内容は、農漁山村の疲弊《ひへい》、疲弊の原因、県税市町村税の滞納とその影響、住民の生活困窮の実情、金融、救護、公益質屋、農村更生《こうせい》計画の八項目について概観した「総説」と、具体的な事例を挙げた「地方別状況」に大別される。食生活の質的な低下は全国的な傾向であり、「生活困窮による女子の前借被傭《ぜんしゃくひよう》」いわゆる*身売りも東北地方をはじめ、各地で行われている様子などが述べられている。付録に、教員給料の不払い状況や農村社会施設の実施状況、小学校児童の欠食状況などの道府県別統計がある。『農山漁村経済更生運動史資料集成』一(武田勉・楠本雅弘編、一九八五年、柏書房)に所収。

参考文献 丸岡秀子『日本農村婦人問題―主婦、母性篇―(第三版)』、一九八〇、ドメス出版。森武麿「ファシズム下の農村と女性」(東京歴史科学研究会婦人運動史部会編『女と戦争』一九九一、昭和出版)。

(奥田　和美)

のうはんきたくじしょ　農繁期託児所　春秋の農作業の繁忙《はんぼう》期、寺院や部落公民館・小学校などに開設された保育施設。昭和初期から行政の奨励《しょうれい》もあって次第に普及していくが、急増するのは戦時下である。戦時下農村では農業労働力不足と食料生産確保という困難な課題への対応を迫られており、*農家女性の労働強化を招いていた。農繁期託児所や*共同炊事は、母子保護も意図されていたが、何より労働力不足対策という性格が強かった。保育対象は主として三、四歳から学齢前の幼児であり、農事実行組合(農家小組合)や農会などの農業団体、*婦人会や*女子青年団そして町村や寺院などが経営にあたっている。保育には、村内の女子青年団員や非農家の女性のほか、勤労奉仕に動員された都市部の女性たちも携わった。なお、戦後に至っても高度経済成長期ころまでは開設されており、保育園の前身が農繁期託児所であるといった事例も見受けられる。

参考文献 板垣邦子「戦中期」(『昭和戦前・戦中期の農村生活―雑誌『家の光』にみる―』一九九二、三嶺書房)。

(野本　京子)

のうふきょう　農婦協　⇩全国農協婦人団体連絡協議会《ぜんこくのうきょうふじんだんたいれんらくきょうぎかい》

のうみんあいし　農民哀史　埼玉県入間郡南畑村《いるまぐんなんばたむら》(富士見市)の農家に生まれ、戦前は農民自治会運動や農民組合運動などで活躍した渋谷定輔《しぶやていすけ》(一九〇五―八九)が、若き日に綴《つづ》った日々の記録ノートを整理して一九七〇年(昭和四十五)に勁草《けいそう》書房より刊行したもの。サブタイトルとして「野の魂と行動の記録」と銘《めい》打たれている本書は、一九二五年(大正十四)五月から翌年十二月(ただし一九二六年一月十四日から二月は記載なし)までの「日記」と「日記以後」および登場人物略歴などの資料から構成されている。『農民哀史』の刊行は、『*女工哀史《じょこうあいし》』執筆前の*細井和喜蔵《ほそいわきぞう》との出会いのなかでの両者の約束に基づくとされる。本書からは大正デモクラシー期、都市近郊農村で農業労働に従事し、父に象徴される「家」との葛藤《かっとう》に悩みつつ、社会変革へのつよい意志をもって行動する青年の意識と行動が浮かびあがってくる。同時に農作業や近所付き合いなどの地域の日常生活の描写も興味深い。なお富士見市立中央図書館には渋谷定輔文庫がある。

参考文献 安田常雄『出会いの思想史＝渋谷定輔論』、一九八二、勁草書房。坂本昇「もう一つの『農民哀史』」(『近代農村社会運動の群像―在野ヒューマニストの思想―』二〇〇一、日本経済評論社)。

(野本　京子)

のうみんくみあいふじんぶ　農民組合婦人部　農民組合婦人部は小作争議が頻発するなかで、農村女性が家族と生活を守り、みずからの人権を求めてつくられた。一九二三年(大正十二)一月、岡山藤田農場争議で奮起した「婦人連」は、争議を打開する不可欠な部隊として日本農民組合(日農)本部から評価され、日農第二回大会で「組合婦人会」の設置が可決された。翌一九二四年第三回大会は、規約改正のうえ、婦人部設置を決定し、婦人部員五名を任命、大会に婦人代議員選出・婦人の組合加入促進を可決。第四回大会には婦人代議員五名が参加し、婦人部独自の産児制限公認を提案するが見送られる。婦人部づくりは、編物講習会(新潟)、入隊青年への慰問《いもん》調査(北海道)、婦人部講演会(香川)など工夫され、運動が分立し困難を極めつつも続行された。婦人の自覚に着目する「農民組合自治婦人部」は、のちに婦人非政党同盟を提唱。農民組合婦人部は総数六十七支部、千八百八十三名(『昭和二年中ニ於ケル農民運動ノ状況』)、「微々たる」(『産業労働時報』)組織状態であったが、メーデーでは「婦人隊」、争議には「女房団」などと呼ばれて一翼を担い、その言動が新聞にも報道され顕在化した。日農婦人部は日本労働組合評議会婦人部に三年先だち設置されている。

参考文献　「農村婦人の現状」(『産業労働時報』一九)、一九三三。三井礼子編『現代婦人運動史年表』、一九六三、三一書房。鈴木裕子編『日本女性運動資料集成』七、一九七五、不二出版。　（岸　伸子）

のがみやえこ　野上弥生子　一八八五―一九八五　明治から昭和時代にかけての作家。一八八五年(明治十八)五月六日、大分県北海部《きたかいべ》郡臼杵《うすき》町(臼杵市)の酒造業小手川《こてがわ》角三郎《かくさぶろう》・マサの長女に生まれる。＊明治女学校卒業後、在学中から英語の家庭教師だった東京帝大生野上豊一郎《とよいちろう》と結婚。夏目漱石の弟子豊一郎が詳細に語る漱石山房《さんぼう》の熱気に触発されて書いた小説「明暗《めいあん》」を豊一郎が漱石に見せて指導を依頼した。一九〇七年の写生文「縁《えにし》」以降、すべて豊一郎経由で漱石の懇切《こんせつ》な指導、発表誌推挽《すいばん》で作家としての市民権を得る。終生書斎派《しゅうせいしょさいは》を通した弥生子の行動半径は狭く、博識《はくしき》の知見はもっぱら読書と家族および漱石に関わる知識人の知友から得たもので、これが創作の源泉となっている。当初の作品世界は子ども中心の家族ものだが、『＊青鞜《せいとう》』に「ソニヤ・コヴァレフスキィの自伝」を連載し、少女小説『人形《にんぎょう》の望《のぞみ》』で人間は美より知恵が大事という信念を固める。郷里の弟から聞いた話が素材の遭難船を舞台とした人肉食問題を扱った「海《かい》神丸《じんまる》」(一九二二年(大正十一))が飛躍作となり、昭和初期の思想的疾風怒濤《しっぷうどとう》の時節を生きる若い女性の誠実な悩みを描いた『＊真知子《まちこ》』(一九二八年(昭和三)―三〇年)は時代の記念碑的作と位置づけられ、プロレタリア文学全盛期における同伴者文学作家の代表者の一人となる。大正期教養派作家として、人道主義の立場に立つ。ファシズムの跳梁《ちょうりょう》に抗して階級運動に挺身《ていしん》する青年たちの姿を座視できず「若い息子」(一九三二年)を書き、その後日譚《ごじつたん》的作の、弾圧に負けて転向者となった青年の良心の彷徨《ほうこう》を二十年かけて描いた戦後の代表作「迷路」(一九三六―五六年)は、昭和文学の代表作の一つに数えられる。時に七十一歳。権力(政治)と芸術の問題を自由の剝奪《はくだつ》された戦時下を忍ばせて描いた弥生子生涯の最高傑作『秀吉と利休』刊行は一九六四年七十九歳の時である。文化勲章受章後も明治女学校時代を日本近代文化史として描いた長編を断続発表。結びを思案中の百歳の誕生日一ヵ月前に永眠した。エリートであり続けることに執した努力の人である。作品は『野上弥生子全集』全二十三巻・別巻三巻(一九八〇―八二年、岩波書店)、同第二期全二十九巻(一九八六―九一年、岩波書店)に収められている。

参考文献　渡辺澄子『野上弥生子研究』(近代文学研究双書)、一九六九、八木書店。同『野上弥生子の文学』(近代の文学)、一九八四、桜楓社。逆井尚子『野上弥生子』、一九九二、未来社。渡邊澄子『野上弥生子』、二〇〇七、勉誠出版。　（渡邊　澄子）

野上弥生子

のぎしずこ　乃木静子　一八五九―一九一二　明治時代の女性。乃木希典《まれすけ》(明治時代の陸軍軍人)の妻。鹿児島藩医湯地定之《ゆちさだゆき》の四女として現在の鹿児島県鹿児島市に生まれる。幼名お七。明治五年(一八七二)に一家で上京し、麴町《こうじまち》の女学校を卒業。一八七八年に乃木と結婚し名を静子と改める。四子を生むが二人は早世。一時、乃木の母寿子《ひさこ》との不和から別居するものちに和解し乃木家に戻る。日露戦争では夫とともに勝典《かつすけ》・保典《やすすけ》の二子も出征したが二人とも戦死した。明治天皇の大葬当日の夜に赤坂の自宅で乃木とともに殉死《じゅんし》し、青山墓地に葬られた。

参考文献　佐々木英昭『乃木希典―予は諸君の子弟を殺したり―』(ミネルヴァ日本評伝選)、二〇〇五、ミネルヴァ書房。　（河原　彩）

のぐちゆか　野口幽香　一八六六―一九五〇　明治から昭和時代の幼児教育家、社会事業家。慶応二年(一八六六)二月一日、姫路藩の下級武士野口野《いやし》の長女として生まれる。姫路中学校に紅一点として入学したが、一年で退学、満十九歳で東京女子師範学校へ入学し第一回生として卒業した。在学中に相ついで両親を亡くし級友に誘われて本郷森川町の聖書講義所へ行って、その年のうちに入信。卒業後、母校の附属幼稚園の保母となり、四年後、＊華族女学校(女子学習院)幼稚部に転じる。「貴族の子弟」とは対蹠的《たいしょてき》な「道端に捨てられている子ども」への思いが募って一九〇〇年(明治三十三)、同僚の森島美根《もりしまみね》と二葉《ふたば》幼稚園《ちえん》を設立した。二葉幼稚園を経営しながら華族女学校幼稚園の教職も一九二二年(大正十一)まで続けた。新宿分園や母の家(＊母子寮)を開設するなど社会事業家として足跡を残した。一九三一年(昭和六)に園長を＊徳永恕《とくながゆき》に譲り、一九五〇年一月二十七日、上落合の幽香庵《ゆかあん》で死去。八十四歳。

参考文献　上笙一郎・山崎朋子『光ほのかなれども―二葉保育園と徳永恕―』、一九八〇、朝日新聞社。　（川崎　愛）

のさかりょう　野坂竜　一八九六―一九七一　大正・昭和時代の社会運動家。兵庫県に生まれる。旧姓葛野《くずの》。十一歳のときに、両親を亡くした野坂参三《さんぞう》が竜の家に引き取られ兄のように慕う。東京女子高等師範学校卒業後、一年間教師を勤め、一九一九年(大正八)野坂と結婚。一年のヨーロッパ滞在を経て二二年より労働総同盟の婦人部員として、二三年からは日本共産党に入り婦人組織の結成・拡大などに奔走《ほんそう》。一九三一年(昭和六)夫とともに「満州」にわたるが、やがて夫とも離れてソ連で過ごし四七年帰国。戦後も共産党中央委員などを務めるが、健康を害して第一線を退いた。

参考文献 広井暢子『女性革命家たちの生涯』、一九八九、新日本出版社。 （黒川みどり）

のなかえん 野中婉 一六六〇―一七二五 江戸時代中期の*女医。土佐藩家老《かろう》野中兼山《のなかけんざん》の四女として高知に生まれた。父が失脚《しっきゃく》急死した翌年の寛文《かんぶん》四年（一六六四）冤罪《えんざい》に連座して幡多郡宿毛《はたぐんすくも》（高知県宿毛市桜町）に幽閉《ゆうへい》された。その間も谷秦山《たにじんざん》と文通して儒学・詩歌・書を学び、医術も習得した。元禄《げんろく》十六年（一七〇三）赦免《しゃめん》されて帰郷し、朝倉村に住んで医を業とした。藩から八人扶持《ぶち》を給された。医術は巧みであったといわれ、仕官している患者の診察に際しては、手首の橈骨動脈《とうこつどうみゃく》から糸を伝って脈をとる糸脈《いとみゃく》を行なったという。名医として評判が高かった。宝永《ほうえい》五年（一七〇八）陶村《すえ》の高見山に「お婉堂《えんどう》」を建立して亡き父らの墓を建て、一族の鎮魂《ちんこん》に努めた。終生独身を通し、享保《きょうほう》十年（一七二五）六十六歳で病死した。

参考文献 平尾道雄『安履亭文書―野中婉の手紙―』、一九七三、高知市民図書館。土佐教学会『土佐先哲遺文録（復刻版）』、一九九五。 （桑原　恵）

ののみや 野宮 新たな伊勢《いせ》の*斎宮《さいぐう》や賀茂《かも》の*斎院《さいいん》に交替したときに彼女らが入る仮宮《かりみや》のこと。伊勢の斎宮は卜《ぼく》定《じょう》されると、宮城《きゅうじょう》内の初斎院《しょさいいん》を行い、続けて宮城外の清浄なところに野宮を設けて一年間の潔斎《けっさい》に入った。場所は嵯峨野《さがの》を中心としたところで、小倉山《おぐらやま》の野宮神社、嵯峨野宮ノ元町や有栖川《ありすがわ》沿いにある斎宮神社などに比定されている。近年は西京商業高校敷地内の発掘調査で「斎□所」と書かれた*墨書土器《ぼくしょどき》も見つかっており、その比定地に問題を投げかけている。野宮の構造としては、『*源氏物語』賢木《さかき》などに小柴垣《こしばがき》で囲われ、黒木の鳥居《とりい》があったと記されている。賀茂の斎院もほぼ同じであるが、初斎院の後の居所を野宮と呼んでおり、仮宮とは違って斎院御所そのものを指しているようにもみえる。場所は「紫野院《むらさきの》」とも「有栖川院」とも呼ばれた。伊勢斎宮の野宮設置は斎宮制度の確立期で、天武朝の*大伯皇女《おおくのひめみこ》が入ったとされる「泊瀬斎宮《はつせ》」が最初期のそれではないかとされている。用語としての初見は、『類聚国史《るいじゅうこくし》』延暦十六年（七九七）八月二十一日条である。

参考文献 稲本紀昭「斎宮寮とその経済」（『三重大学教育学部研究紀要』二九ノ三）、一九七八。榎村寛之『律令天皇制祭祀の研究』、一九九六、塙書房。 （土橋　誠）

のぶこ 伸子 一九二八年（昭和三）、改造社より刊行された中条《ちゅうじょう》（のちに*宮本《みやもと》）百合子《ゆりこ》の小説。一九二四年（大正十三）から二六年にかけて『改造』に断続的に掲載された。これは百合子自身が「泥沼時代」とした最初の結婚生活を描いたもので、主人公の佐々伸子《ささのぶこ》は百合子、夫の佃《つくだ》が荒木茂《あらきしげる》、伸子の友人吉見素子《よしみもとこ》がロシア文学者の*湯浅芳子《ゆあさよしこ》と、特定のモデルが想定できる。百合子は、一九一八年にニューヨークに留学した際に知り合った荒木茂と翌年に結婚し、一九二五年に正式に離婚した。『伸子』では、その出会いから別れに至るまでの思いを主人公伸子に託して辿《たど》っている。結婚が二人をより豊かな人格に導くものと信じていた伸子だが、帰国して一時伸子の実家に同居していたときの母親と佃の気まずい関係、その後夫婦二人で住んでからわかった佃の閉鎖的で人生を味わう能力の乏《とぼ》しい性格などにより、夫といることで、常に生き生きと成長してゆこうとする自分の志向がさまたげられていると感じる。息苦しくなると、福島にいる祖母のもとを訪ねて自然の中に身を置いたり、弟妹たちの屈託《くったく》のない若さに触れたりして心を休めていたが、自身の勉学意欲を満たしながら伸びやかに一人で暮らしている素子を知ってからは、新しい生活をしたいという思いが一層強まって佃との*離婚を進める。『伸子』には、百合子自身が抱えていた母親との葛藤《かっとう》も描かれていた。娘を自分の分身のように愛していた母は、十七歳で『貧しき人々の群』が認められた百合子の才能に大きな期待を寄せており、身分や地位が百合子にふさわしくないとして荒木との結婚には最初から反対していた。母親の独占欲に気づいていた百合子が、親からの自立を求めて結婚を急いだという側面もあった。百合子は家族、とりわけ母への愛着も深かったから、母娘の結びつきは複雑で愛憎も深かったのである。『伸子』が単行本になる前年に、百合子は人生の転機となるソビエト旅行に湯浅芳子と出発している。佐々伸子のその後を描いた『二つの庭』（一九四八年）、『道標《どうひょう》』（一九四八―五一年）が時を隔てて書き継がれた。

参考文献 平林たい子『宮本百合子』、一九七二、文芸春秋。沼沢和子『宮本百合子論』、一九九三、武蔵野書房。岩淵宏子『宮本百合子』、一九九六、翰林書房。 （宮内　淳子）

のむらぼうとうに 野村望東尼 一八〇六―六七 幕末の歌人、勤王家《きんのうか》。「もとに」ともいう。福岡藩士の娘。名前はもと。初婚に破れ、二十四歳で同藩藩士で三人の子をもつ三十六歳の野村貞貫《さだつら》と再婚。二十七歳で夫とともに歌人大隈言道《おおくまことみち》に入門。言道は置かれた境遇の中で自己の心情を歌うことを主張し、それを吸収した彼女の歌には、自己をかかしになぞらえるなど、みずからの意思で生きられない*武家女性の疎外《そがい》意識を表現したものが多い。*和歌は彼女の内省《ないせい》を深め、そこに見える自己の姿に苦悩した彼女は、一層和歌の修練を積むことでその克服を目指した。その過程で彼女は強靱《きょうじん》な精神を築いていく。四十歳の時夫とともに山荘に隠棲《いんせい》し、歌仲間と交際しながら和歌の道を追求した。五十四歳の時、夫貞貫没。剃髪《ていはつ》して望東尼と号した。文久元年（一八六一）五十六歳の時、歌集の出版を目的に上京。もともと時勢に関心をもっていた望東尼は、宿泊した筑前藩《ちくぜんはん》御用達の家でその親類馬《ば》場文英《ふみひで》に出会い、尊王攘夷《そんのうじょうい》運動を目撃して共感する。帰郷後平野国臣《ひらのくにおみ》をはじめ筑前藩尊攘派と交わり、京都と筑前との情報交換や志士の紹介などの仲介役を担う。この間京都において公武合体派が権力を握り、危機的状況に陥って逃亡してきた高杉晋作《たかすぎしんさく》をはじめ志士たちを彼女は山荘にかくまった。翌慶応元年（一八六五）、薩摩《さつま》・長州《ちょうしゅう》両藩で討幕派が台頭し、両者の接近が進行。望東尼もこの間に、討幕による統一国家の実現を構想するまでになる。この年、筑前藩では抗争の結果権力を握った佐幕《さばく》派が尊攘派の弾圧を開始。望東尼も捕らえられ、姫島《ひめしま》に流罪となる。女の身の政治参加自体が咎《とが》められたのである。彼女は古典に依拠《いきょ》して日本人ならば勤王でないはずがないと反駁《はんばく》し、その正当性を確信している。流罪一年後、彼女は高杉の部下により救出されて長州に滞在、倒幕を図る薩長連合《さっちょうれんごう》の成立を見届けて客死した。和歌による自己確立を通して疎外状況の克服を図った彼女は、そこから進んで女の政治参加の道を切り開いていったといえる。

参考文献 関民子『江戸後期の女性たち』、一九八〇、亜紀書房。小野則秋・磯辺実『野村望東尼伝—伝記・野村望東尼—』(伝記叢書)、一九九四、大空社。　(関　民子)

ノロ(神女)の図

ノロさいし　ノロ祭祀　沖縄における女性祭祀のこと。琉球《りゅうきゅう》王国の第二尚氏《しょうし》の第三代尚真《しょうしん》王の時代に*聞得大君《きこえおおきみ》を頂点に三十三君、大阿母《おおあも》、そして末端のノロに至るまでの壮大な神女《しんじょ》組織が確立した。これ以降、ノロは個人の資質などとは関係なく、国王によって任命され、ノロクモイ地(ノロの役地)を授かって生活する、いわば官僚制度の末端に位置づけられることになる。国王が任命したことを示す、尚真王時代以降のノロの辞令書が残されている。この神女組織の基礎には、国王と聞得大君の関係にみられるように、姉妹が霊的な力によって兄弟を守護するという*オナリ神信仰があった。また、高級神女である三十三君のなかには、聞得大君以前の最高神女職であった今帰仁《なきじん》煽りやへ《あお》のほか、久米《くめ》島の君南風《きみはえ》などが存在していた。君南風は三十三君のなかで唯一、王族との血縁にない神女である。琉球王府が編纂《へんさん》した古歌謡集『*おもろさうし』のなかの「久米島おもろ」の位置づけの難しさもあり、久米島の祭祀世界に関してはいまだ解明されていない部分が多い。ゑけり(兄弟)である国王とおなり(姉妹)である聞得大君で一対の完結した関係を形成していると考えられがちであるが、実際の祭祀では国王を取り巻く高級神女群、すなわち、一人のゑけりに多くのおなりという構成になっていたと考えられる。そこでは、おなりは姉妹である必然性はない。ノロは、農耕儀礼などを中心とする村落祭祀などにおいて、神人《かみんちゅ》たちを率いて、指導的な役割を果たすことになったが、明治期に神女制度自体が崩れたのちも、ノロは近現代を通じて村落祭祀において大きな役割を果たし続けた。村落の草分けの家である根家《にいや》には当主である根人《にいちゅ》とそのオナリ神である*根神《にいがん》がおり、村落同士の敵対・統合を経て、いくつかの村落を統括する按司《あじ》(豪族)という政治権力者が出現し、その按司の姉妹が宗教的権力者であるノロとして登場したと考えられてきた。この考えに従えば、聞得大君を頂点に神女組織が確立する段階で土着のノロが再編成されたことになる。しかし、その土着のノロについては明確に語れる史資料はほとんどない。『おもろさうし』には国王を霊力を持つ鷲《わし》と重ね合わせて謡《うた》うものがあり、また男性おもろ歌人を「しまのよた(ゆた)」と呼ぶなど、男性にも霊力を認めていたと考えることのできる資料がある。こうした資料の存在は、オナリ神信仰自体、本当に古いものであったかを再考してみる必要があることを示《し》唆《さ》している。それは、近年まで存続していた琉球・沖縄の民俗についてもいえることであり、漁撈《ぎょろう》儀礼を中心に男性だけで儀礼を行う事例が散見されるのである。オナリ神信仰が徹底しているなら、男性のみの祭祀などは成立する余地はないはずである。聞得大君を頂点とする神女組織が確立する以前の琉球の信仰世界については、改めて見直す必要がある。

参考文献 高良倉吉『琉球王国の構造』(中世史研究選書)、一九八七、吉川弘文館。吉成直樹『琉球民俗の底流—古歌謡は何を語るか—』、二〇〇三、古今書院。吉成直樹・福寛美『琉球王国と倭寇』、二〇〇六、森話社。　(吉成　直樹)

は

バークシャーじょせいしかいぎ　バークシャー女性史会議　米国で一九七三年から三年ごとに開催されている女性史会議(Berkshire Conference of Women Historians)。一九三〇年からアメリカ歴史学会のインフォーマルな会合から疎外されている女性歴史研究者がマサチューセッツ州バークシャー地方のストックブリッジなどに集まり、交流をはかった。この集会をのちにバークシャー会議とよんだことに起源をもつ。一九九〇年代以後、世界各国から学生・アマチュアをふくめ*女性史研究者が集まる大きな女性史会議になった。会議の実行委員会はもちまわりで結成され、会議独自の出版賞などを設けている。

参考文献　木下智子「境界を越えて―米バークシャー女性史会議参加記―」(『総合女性史研究』一七)、二〇〇〇。

(早川　紀代)

パートタイマー　パートタイマー　一般に短時間労働者を指す。女性が*家庭と両立しながら就業する雇用形態と見なされてきた。英語表記は part timer である。パートタイム労働法(「短時間労働者の雇用管理の改善等に関する法律」)は、「短時間労働者」を、「一週間の所定労働時間が同一の事業所に雇用される通常の労働者の一週間の所定労働時間に比し短い労働者」と定義しているが、実態としては、「フルパート」「疑似パート」と呼ばれるフルタイマー並みに就業するパートタイマーも相当数にのぼる。女性パートタイマーの登場は高度経済成長期にさかのぼる。進学率の上昇による若年《じゃくねん》労働力不足を補うために企業は中高年の*主婦に着目し、一九六〇年代半ば以降、景気変動に応じて雇用調整の容易な低賃金労働力として、積極的に導入し始めた。他方、大量生産・大量消費に伴う消費生活様式の変化のなかで、サラリーマン世帯の既婚女性は、家計補助を目的に*家事・育児と両立可能なパート就労を選好した。その意味で、パートタイマーは、性別役割分業を基礎とした雇用であり、中高年パートの増加によって女性の就業カーブはM字型を描くこととなった。パートタイマーの指標とされる週間就業時間が三十五時間未満の短時間雇用者(非農林業)でその動向をみると、一九六五年(昭和四十)に八十二万人(女性雇用者中に占める割合九・六%)であった女性パートは、高度経済成長とサービス経済化の進展、さらに九〇年代の雇用流動化を背景に二〇〇三年(平成十五)には八百六十一万人(同四〇・七%)に増大し、短時間雇用者全体の約六八%を占めている(総務省統計局「労働力調査」)。二〇〇一年の「パートタイム労働者総合実態調査」(厚生労働省)によれば、パート等労働者(千百十八万人)のうち女性は八百二十二万人で、その約一二%にあたる九十七万人が正社員並みに就業する長時間パートである。一方、二〇〇二年の女性パートの平均時給は八百九十一円で、女性正規の六五%、男性正規の四四%と低く(厚生労働省「賃金構造基本統計調査」)、正規労働者との均等待遇の実現が大きな課題となっている。

参考文献　労働省婦人局編『働く女性の実情』、一九九三‐九六、21世紀職業財団。労働省女性局編『働く女性の実情』、一九九七・九八、21世紀職業財団。労働省女性局編『女性労働白書―働く女性の実情―』、一九九九、21世紀職業財団。厚生労働省雇用均等・児童家庭局編『女性労働白書―働く女性の実情―』、二〇〇〇‐〇五、21世紀職業財団。厚生労働省雇用均等・児童家庭局編『女性労働の分析』、二〇〇六‐、21世紀職業財団。

(森　ます美)

バード＝ビショップ、イザベラ＝ルーシー　Isabella Lucy Bird Bishop　一八三一―一九〇四　英国の旅行家、旅行作家。英国地理学会特別会員。スコットランド地理学会員。女性の活動が制限されていた十九世紀に生涯のほとんどを危険と冒険にみちた旅で暮らす。病弱だったが、旅が健康回復のための特効薬だった。医者ジョン＝ビショップと結婚。四十代になってからオーストラリア・ハワイ・アメリカ・日本・朝鮮・中国・マレー半島などを旅する。現地の人々の生活を正確に観察し記録した旅行記は好評で、講演者としても人気を博す。一八七八年(明治十一)、来日。通訳兼案内人の男性と二人で、東京から函館まで三ヵ月間、日本奥地を旅する。このときの旅行記は明治時代初期の農村の生活・習慣を客観的に描写し、史料的価値が高い。特に、アイヌの習俗の記述は貴重である。その後、数回、来日。著書に『日本奥地紀行』(高梨健吉訳、平凡社ライブラリー、二〇〇〇年、平凡社)がある。

参考文献　オリーヴ＝チェックランド『イザベラ・バード旅の生涯』(川勝貴美訳)、一九九五、日本経済評論社。

(山本　博子)

パーマネント　パーマネント　髪をカールさせる技術。日本ではヘア＝アイロンを使ったマルセル＝ウエーブ法が行われていたが、一九二三年(大正十二)に電熱機と用剤を使用するパーマネント＝ウエーブ法が導入されて一般に広まった。当初は大卒初任給に等しいほどの高価なものであったが、*洋装の進展とともに普及した。一九三九年(昭和十四)には東京でパーマ機を備える美容院が八百五十軒を数えた。第二次世界大戦期にはぜいたくと見なされ警官にとがめられる時代になった。

参考文献　広沢栄『黒髪と化粧の昭和史』、一九九三、岩波書店。

(島川　雅史)

ばいえんじけん　煤煙事件　一九〇八年(明治四十一)三月、二十二歳の*平塚らいてう(本名明《はる》)が閨秀《けいしゅう》文学会で知り合った森田草平《もりたそうへい》とともに那須塩原温泉奥の尾頭峠《おかしらとうげ》に向かい、死のうとした事件。のちに森田がこのことを題材に小説『煤煙』を書いたため「煤煙事件」と呼ばれ、また「塩原事件」ともいう。当時「心中未遂」とさわがれたが、らいてうの真意は「わが生涯の体系を貫徹《かんてつ》す」という遺書にみられるとおり、「死」を見据えつつ自己のアイデンティティを問う意思があったと思われる。

参考文献 森田草平『煤煙』(岩波文庫)、一九四〇、岩波書店。平塚らいてう『元始、女性は太陽であった』一、一九七一、大月書店。 (米田佐代子)

はいぐうしゃこうじょ 配偶者控除 所得控除の一つ。一定納税者に所得税法上の控除対象配偶者がいる場合、一定額を控除できる。配偶者控除は、サラリーマン世帯の妻の「*内助の功」を評価するという趣旨のもと一九六一年(昭和三十六)に創設された。被扶養配偶者が働いていない場合または被扶養配偶者のパート収入が一定金額を越えないときは、配偶者の課税前の所得から一定額を控除できる。この制度のもとでは、妻の収入が一定額以上になると、収入は増加しても逆に税金が増え、税引き後の世帯全体の手取額が減少するという「逆転現象」が生じるようになった。この問題を解消することを目的の一つとして一九八七年に設けられたのが配偶者特別控除である。これらの制度は次のような問題点が指摘されている。第一に「公平性」に疑問がある。配偶者控除が評価する「内助の功」は*共働き世帯の配偶者を視野に入れていない。控除を受けられるのは、片働き世帯か妻がパートで働いている世帯である。そのような世帯に対しては、税法上の特典が二重に与えられており、片働き世帯と共働き世帯の間に不平等を生み出している。また、自営業者の妻で夫から専従者給与をもらっている場合は、収入が少なくても配偶者控除の対象にはならない。第二に「中立性」の観点からみても問題がある。配偶者控除の規定は、一見、性に中立的な表現であるが、結果として女性の生き方や世帯のあり方について影響を及ぼすようになっている。これらの控除による「内助の功」の評価は夫と妻の性別役割分業を前提としており、そのような世帯の形態をとる限りにおいて税制上の恩恵が受けられるようになっているからである。この制度は、妻本人の社会保険、夫の会社からの配偶者手当などと組み合わさって、妻の就業意欲を喪失させたり、収入を一定以下におさえさせたりする効果をもっていることはしばしば指摘されることである。以上のような批判を背景に、配偶者特別控除については二〇〇四年(平成十六)度以降廃止となった。

参考文献 全国婦人税理士連盟編『配偶者控除なんかいらない!?—税制を考える、働き方を変える—』、一九九四、日本評論社。神野直彦「結婚にかかわる税金」(吉川弘之他『結婚』一九九五、東京大学出版会)。 (横山 文野)

ばいしにっき 梅颸日記 ⇩頼静子《らいしずこ》

ばいしゅん 売春 ⇩買売春《ばいばいしゅん》

ばいしゅん 買春 ⇩買売春《ばいばいしゅん》

ばいしゅんぼうしほう 売春防止法 *管理売春業者を取り締まり、管理売春下の女性の補導《ほどう》と保護更正《こうせい》による売春防止を目的とする法律。一九五六年(昭和三十一)五月成立、一九五七年四月一部(保護規定)施行、刑事処分規定を含めた全面施行は一九五八年四月。「婦人相談所」「婦人相談員」「婦人補導院」は売防法の三本柱といわれた。連綿と続いた*公娼《こうしょう》制度に決別するため、*廃娼《はいしょう》運動団体・女性団体・女性議員らが結束し、業者団体との攻防の末、世論の勢いもあって成立した。その背景には、敗戦による米軍駐留《ちゅうりゅう》による*基地売春や生活苦による少女・女性の*人身売買の蔓延《まんえん》、独立国・民主国家としての体面があった。しかし、買春側の野放しなど成立当初からザル法といわれ、法の抜け穴をくぐる性的サービスを売りものとした売春形態が今日まで続出している。女性のみ処罰の不平等性をはじめとする女性蔑視《べっし》の視点、今や全国に一ヵ所となった「婦人補導院」もほとんど入所者がいないなど、今日の複雑な*買売春形態に対する限界がある。

参考文献 『日本キリスト教婦人矯風会百年史』、一九八六、ドメス出版。 (ゆのまえ知子)

ばいじょ 売女 女性が対価を得るために、売春をすること。「ばいた」ともいう。公認・未公認を含め、広義には売女と総称。ただし、公認の売女は、売女というより*遊女と呼称され、*吉原のように特定の地域に集住した。未公認の売女は、茶屋女《ちゃやおんな》・地獄《じごく》・*比丘尼《びくに》・舟慢《ふなまん》・*夜鷹《よたか》などと呼ばれ、密淫売女《みついんばいた》として港、社寺の門外・周辺、街道などに散在し遊客をとるので*隠売女《かくしばいた》とも称した。『本所起立書』には、べんてん・入浜町・田町などの町名がみえ、これらの町は「繁昌《はんじょう》ノ地也」とあり、「きゃくもどこやら人めをしのぶ頭巾《ずきん》」をかぶって*私娼《ししょう》を買うという情景も、しばしばみられる。本所吉田町あたりの夜鷹は有名で「本所夜鷹」などという別名も存在していたといわれている。正徳《しょうとく》元年(一七一一)、享保七年(一七二二)、元文《げんぶん》五年(一七四〇)と、続いて厳しい取り締まりが示達されてはいるものの、効果があったとはいい難く、隠売女は、増加していく傾向にあった。

参考文献 豊芥子『岡場遊廓考』(三田村鳶魚編『未刊随筆百種』一、一九七六、中央公論社)。宮川曼魚『江戸売笑記』(青蛙選書)、一九八二、青蛙房。 (宇佐美ミサ子)

はいしょううんどう 廃娼運動 売買春の国家公認である*公娼《こうしょう》制度の廃止を求める運動をいう。近代日本における廃娼運動の主な担い手は、*日本基督《キリスト》教婦人矯風会《きょうふうかい》をはじめとするキリスト教徒の人々であった。彼らは一夫一婦の堅持《けんじ》を重視する立場から、男子の「不道徳」を促進し、女子の*人身売買を国家公認しているに等しい公娼制度に対して強い反発を持った。公娼制度の廃止により、人身売買根絶に一歩近づくことを目的としたのである。一八八〇年代には、自由民権運動と連動しながら、各地の県会でキリスト教徒の青年会や廃娼会が公娼廃止の要求を県会に対して行い、群馬県では、一八九一年(明治二十四)に公娼廃止が発令されるに至った。一八九〇年代以降には、海外に人身売買されてゆく日本人女性(いわゆる「*からゆきさん」)が急増していったことに対して、その保護・取締を要求した。一方、一九〇〇年前後の時期には*救世軍などによる自由廃業運動が行われ、一九〇〇年には*娼妓《しょうぎ》の*自由廃業の権利や娼妓の許可年齢を十八歳とすることなどを明記した全国統一的な娼妓取締規則が制定されている。一九一一年には、火災による*吉原遊廓《よしわらゆうかく》の全焼をきっかけとして、その再建反対を唱える*廓清会《かくせいかい》が発足し、機関誌『廓清』は自由廃業の法律知識、多様な立場からの廃娼論、各地での廃娼運動の進展などを掲載した。以後、この廓清会と日本基督教婦人矯風会が中心となって廃娼運動を担ったが、第一次世界大戦後になると廃娼運動は最高潮に達した。日本が「一等国」になったという意識は、にもかかわらず維持されている公娼制度という「奴隷《どれい》制度」への批判を後押ししたのである。また、国際連盟では、一九二一年に二十一歳未満の女性を売春に関与させることなどを禁じた「婦人及児童の売買禁止に関する国際条約」が締結されたが、日本は国内の公娼制度が十八歳以上の女性に娼妓になることを許可している関係上、その保護年齢を二十一歳から十八歳へ引き下げ、さらに植民地を適用外とする留保《りゅうほ》条件をつけて批准《ひじゅん》した。こうした日本政府の対応に憤慨《ふんがい》した廃娼運動側は勢いづき、一九二六年には廓清会と日本基督教婦人矯風会が合同して廃娼連盟を結成した。以後、同連盟は㈠帝国議会への公娼制度廃止建議《けんぎ》案の提出、㈡地方に廃娼運動の支部をつくり、県会で廃娼決議をあげるなどの活動を行なった。この時期には、各地方都市に教会・知識人を中心とした廃娼運動団体が結成され、各地で青年会、婦人会、禁酒会などから多数の廃娼請願《せいがん》署名が集まっていることからもわかるように、キリスト教徒以外の人々の間にも公娼制度批判が高まった。また、昭和恐《きょう》慌《こう》や、東北農村の凶作に際して娘の*身売りが増大したことに対して、身売り防止運動を展開した。こうした運動の結果、一九三五年(昭和十)までに十四県が廃娼決議を行なっており、一九三四年には、内務省が近い将来の公娼制度廃止を検討していることが報道された。そして一九三五年には、公娼廃止後の売買春対策「公娼制度対策」が作成され、公娼廃止の可能性が最も高まった。しかし*貸座敷業者の反対も根強く、公娼廃止はついに実現されずに日中戦争へ突入、そして敗戦をむかえた。一九四六年、公娼制度は廃止されたが、その後も運動は続き、一九五六年、*売春防止法が制定された。

参考文献 市川房枝編『日本婦人問題資料集成』一、一九七八、ドメス出版。伊藤秀吉『日本廃娼運動史(復刻版)』、一九八二、不二出版。久布白落実『廃娼ひとすじ』(中公文庫)、一九八二、中央公論社。竹村民郎『廃娼運動』(中公新書)、一九八二、中央公論社。小野沢あかね「戦間期日本における公娼制度廃止問題の歴史的位置―地域と国際関係の視点から―」(歴史学研究会編『性と権力関係の歴史』二〇〇四、青木書店)。

(小野沢あかね)

救世軍の廃娼運動(1900年 9 月、横浜)

はいしょうろんそう 廃娼論争 『*青鞜《せいとう》』後期に*伊藤《いとう》野枝《え》と青山《あおやま》(のち*山川《やまかわ》)菊栄《きくえ》の間で繰り広げられた廃娼に関する論争。一九一五年(大正四)の春婦人矯風会《きょうふうかい》はその秋行われる大正天皇御大典《ごたいてん》記念行事に芸妓《げいぎ》を呼ばない芸妓排除運動をはじめ、六年間で公娼《こうしょう》廃止を実現させると公表した。一九一五年十二月、野枝は『青鞜』の「傲慢《ごうまん》狭《きょう》量《りょう》にして不徹底なる日本婦人の公共事業に就《つい》て」(『青鞜』五ノ一二)の中で売春を教育も芸能もない女性がやむなく就く職業とし、これを卑賤《ひせん》とする矯風会に対抗した。矯風会の*廃娼運動を余裕ある婦人たちの慈善的運動とみなし、*公娼制度を廃止することは結局*私娼《ししょう》を増やすことになるのではと述べた。これに対して菊栄は『青鞜』の「日本婦人の社会事業に就て伊藤野枝氏に与ふ」(同六ノ一)の中で、「日本の公娼制度は日本の封建《ほうけん》制度が産出した特殊なもの」であるから壊すことが可能で廃娼運動は価値のあるものだと述べた。この論争は野枝が菊栄に降伏し終ったが、現代の*フェミニズムに通底する論点を提起した。

参考文献 折井美耶子編『資料性と愛をめぐる論争』(論争シリーズ五)、一九九一、ドメス出版。

(富田 裕子)

ばいぜんのうねめ 陪膳采女 天皇の食事に供奉《ぐぶ》することは古来より*采女の本務であるが、平安時代以降、特に節会《せちえ》や神事において膳を奉仕する采女を陪膳采女という。『西宮記《さいきゅうき》』によれば、采女は元日・白馬節会《あおうまのせちえ》や十月旬《じゅうがつのしゅん》、新嘗会《しんじょうえ》(豊明節会《とよあかりのせちえ》)等での供膳、および神今食《じんごんじき》・新嘗祭《しんじょうさい》・*大嘗祭《だいじょうさい》といった神事での神膳供奉を務めるが、「陪膳古跡以采女為奉仕之」としながらも「節会、陪膳采女奉仕、内宴、更衣若典侍奉仕」とあるように、内侍《ないし》にとってかわられるものもあった。節会では、紫宸殿《ししんでん》の御帳台《みちょうだい》の南に陪膳采女座を設ける。他の采女が身を折り曲げて立っている間、陪膳采女は御帳台で陪膳し、供し終れば座に戻る。三節御酒《さんせちのみき》を供すのも陪膳采女の役目であった。

この陪膳采女を務めるのは「第一采女」であり、この座を采女同士で争ったことが『春記《しゅんき》』長暦《ちょうりゃく》三年(一〇三九)十一月七日条にみえる。『*枕草子』にも、*清少納言の皮肉のこもった視線ではあるが、「えせ者の所得るをり」として節会の陪膳采女をあげており、采女にとっては晴れの舞台であった。大嘗祭での陪膳采女は最姫《もひめ》ともよばれ、後取采女《しどりのうねめ》(=次姫《つぎひめ》)から受け取った神膳を、陪膳采女が一人とどまって、天皇の前で供進した。

参考文献　門脇禎二『采女—献上された豪族の娘たち—』(中公新書)、一九六五、中央公論社。須田春子『平安時代後宮及び女司の研究』、一九八二、千代田書房。
(岡村　幸子)

ばいどく　梅毒　スピロヘータによって起る性病の一つ。患者の陰部・口腔粘膜から感染し、的確な治療をしないと、第一—四期まで、潜伏期間をおいて再発をくりかえしつつ悪化し、やがて死に至る。梅毒は、十五世紀末の大航海時代のはじまりとともに世界的に蔓延《まんえん》したが、日本の記録で最古のものは永正《えいしょう》九年(一五一二)に京都の竹田秀慶の書いた『月海録』とされる。当時は、唐瘡《とうそう》・琉球瘡《りゅうきゅうそう》などと呼ばれたが、その後近世を通じて瘡毒《そうどく》といわれた。近世社会において梅毒は「諸国ニ流伝スルコト大方ナラズ、在在津々浦々至ラヌ所ナク」といわれるほどの広がりを見せ、特に下層庶民や*隠売女《かくしばいた》などの間では著しく蔓延した。*夜鷹《よたか》・*惣嫁《そうか》の中には梅毒に冒《おか》され身体障害を抱えながら性を売っていた女性たちもおり、*遊女や*飯盛女《めしもりおんな》の中にも梅毒や梅毒性の疾患《しっかん》で若くして死ぬ女性たちが多かった。治療には主として山帰来《さんきらい》(土茯苓《どぶくりょう》)や軽粉《けいふん》(水銀)が用いられたが、山帰来は高価であり貧しい人々には手が届かず、水銀は激しい副作用を伴うことがあるため頑健な人にしか投与できなかった。そのため、効果的な治療が確立していたとはいえない状況であった。

参考文献　富士川游『日本疾病史』(東洋文庫)、一九六九、平凡社。土井慶蔵『世界黴毒史』、一九七三、形成社。酒井シヅ『日本の医療史』、一九八二、東京書籍。曾根ひろみ『娼婦と近世社会』、二〇〇三、吉川弘文館。
(曾根ひろみ)

ばいばいしゅん　買売春　〔古代〕性を商品として売り(売春)買い(買春)し、代価を得て性行為を行うこと。身分や*ジェンダーによる経済的弱者の性が売り買いされ男女を問わないが、通常男性が女性の性を買う例が多い。買売春は「最も古い職業」とされるが、実際は古代日本において買売春は例外的であった。その背景には、*性の商品化の前提としての都市と商品経済の発展の不十分さ、人々の多くは地域・共同体の規制の中で生活しており、そこではジェンダーによる格差はまだ副次的《ふくじてき》であったこと、*対偶婚《たいぐうこん》的な*婚姻形態のもとで情交と婚姻の境界が曖昧《あいまい》であり、地域・共同体の範囲内での性関係が比較的自由であったことがある。たとえば八世紀の「常陸国風土記《ひたちのくにふどき》」にみえる筑波山《つくばやま》での嬥歌《かがい》の場合、春秋の神祭の時に筑波山に集った男女が既婚・未婚を問わず自由な性関係を結び、女性が妻問《つまど》いの財を得るが、これは在地における一種の神事であり婚姻の相手を見つける*歌垣《うたがき》の一種でもあった。主人が婢《ひ》など従属する女性に性的関係を強制することはこの時期にも見られ、宮人《みやびと》(*女官)を母とする皇子の存在はそれを示している。しかしこれはまだ性が売買の対象となっておらず、買売春とはいえない。史料上買売春が現われるのは、*遊女が出現する摂関期から院政期にかけての時代である。遊女は女性の長者に率いられて山崎《やまざき》・*江口《えぐち》・神崎《かんざき》など都周辺の津や交通の要所に住み、旅人に歌・舞などの芸を見せて収入を得ていたが、一方で報酬《ほうしゅう》と引き換えに客と性的な関係を結んだ。買売春が出現する背景には、都を中心とする都市と商品経済の発展、氏や共同体の支えを失い孤立し破片化する不安定な*家族の存在、*家父長制《かふちょうせい》的な家の確立による女性の従属の強化などがある。貴族女性が保護者を失い遊女になる話は、その実態を反映している。高名な遊女の中にはその芸によって貴族社会に交わり貴族の妾《しょう》となったものもいるが、『*新猿楽記《しんさるがくき》』が記すように容色の衰えとともに生活の糧《かて》を失い悲惨な末路を辿《たど》った遊女も多くいた。

参考文献　関口裕子『日本古代婚姻史の研究』下、一九九三、塙書房。服藤早苗「遊行女婦から遊女へ」(『王朝貴族社会のジェンダー—家・王権・性愛—』二〇〇五、校倉書房)。
(西野悠紀子)

〔中世〕遊女・*白拍子《しらびょうし》・*傀儡《くぐつ》などの芸能民は本来は歌舞を主体とする芸能を職としていたが、次第に買売春を行う者と区別がつかなくなっていた。平安時代中期には夜を待って性を売る者が*夜発《やほち》と呼ばれ、遊女とは区別されていたが、十一世紀半ば成立の『新猿楽記《しんさるがくき》』では遊女と夜発が混同されていた。室町時代の京では*立君《たちぎみ》と辻君《ずしぎみ》が売春を行う女性の代表となり、立君は五条通りで夜間に路上に立ち、客を引いていて、夜発と同様の存在であった。一方、辻君は昼に営業を行う点で立君とは対照的であり、『*七十一番職人歌合』によれば年配の女性が仲介者となり、家に客を招き入れていて、常設的な営業場所を設けていて、*地獄《じごく》ガ辻子《ずし》・加世《かせ》ガ辻子が辻君の営業場所として有名であり、ほかにも各所に存在した。戦国時代には久我《こが》家が京中で買売春を行う家から傾城局公事《けいせいのつぼねくじ》という営業税を徴収していたが、傾城屋はすでに「仲人方《なこうどがた》」「出合《であい》方」に分化していて、近世の*遊廓《ゆうかく》・*揚屋《あげや》・出合屋につながっていく。売春を仲介する女性は鎌倉時代の京では中媒《ちゅうばい》と呼ばれ、貴族の娘や美人がいると称して、客を引き売春を行わせていた。この行為は建暦《けんりゃく》二年(一二一二)の新制で禁止されたが、鎌倉などにも中媒が存在し、専業的な売春を行わせるのみならず、人妻や娘を誘って男性と*密会させていた。密会行為も一歩進めば売春と区別が困難であり、京・鎌倉はもちろん他の都市的場にも買売春や密会を行わせる家が存在していたと思われる。室町時代には本来は売買の仲介者を意味する牙儈《すあい》(牙僧《すあい》)が現われ、主に古物を売買していたが、同時に買売春の仲介や自身が売春を行うこともあった。また、本来は各地を遍歴して社寺信仰を広めていた*比丘尼《びくに》や神の託宣《たくせん》を口述した*巫女の一部も遊女と同様に売春を行うようになっていた。戦国時代の宣教師*フロイスが比丘尼の寺が買売春の巣窟《そうくつ》と述べているのは、こうした状況を端的に表現している。

参考文献 佐竹昭広編『七十一番職人歌合・新撰狂歌集・古今夷曲集』(新日本古典文学大系六一)、一九九三、岩波書店。後藤紀彦「遊女と朝廷・貴族」(『(朝日百科)日本の歴史(新訂増補)』四、二〇〇五、朝日新聞社)。

(盛本 昌広)

〔近世〕近世は、大量の*娼婦《しょうふ》が登場し、娼婦を商品として客に売り利潤《りじゅん》獲得をめざす営業行為が大規模に出現した時代である。同時に、売春は元手もいらず最も手っ取り早く貨幣を獲得できる手段であったため、娼婦以外の女性たちも、商いを有利にしたり稼ぎを補ったりするために性を売ることがあった。また、男児が役者奉公の名目で売られたり、舞台に出ない役者=陰間《かげま》が*男色《だんしょく》の相手として性を売ったりすることもあった。このように近世社会は、性そのものが利潤・利益を生む商品としての価値を明確に顕《あら》わすに至った歴史段階であるといえる。近世社会における買売春は、商品経済・貨幣経済の発展と、それに伴う農村・都市双方における階層分化を前提に進展した。売春の主体は、貨幣なしには一日として食べていけない下層都市民や、農民とはいえ米を買うために貨幣を必要とする貧農の娘や妻たちであり、こうした女性たちは、労働市場の狭さに規定されて、否応なく娼婦として買売春市場に引き入れられることになった。一方、買春主体は、初期の遊廓《ゆうかく》に通った大名・武士や富裕な町人から、*飯盛女《めしもりおんな》を買う近隣農村の若者や旅人、*岡場所《おかばしょ》通いの商家の手代《てだい》、*夜鷹《よたか》を買う貧困単身者に至るまであらゆる階級・階層に及んだ。その意味で、近世の買売春は、いかなる階級・階層の者でも、貨幣さえ持てば、その貨幣の高に応じて女性を買うことができるほどに社会全体を巻き込んで展開したというべきであろう。幕府は当初、公認遊廓の外で行われる*隠売女《かくしばいた》稼業の者たちに対して、磔《はりつけ》・獄門《ごくもん》を含む厳罰をもって臨んだ。しかし享保《きょうほう》期以降、隠売女稼業に対する処罰は全体的に緩和の方向にすすむ。その第一は、磔・獄門といった極刑を廃し過《か》料《りょう》を中心とする財産刑へ転換したことであり、第二は、売春が「飢渇之者《きかつのもの》」のやむを得ざる渡世《とせい》であることを黙認したことである。こうした隠売女稼業の者たちに対する緩刑化《かんけいか》は、近世の買売春が一層盛行をきわめる契機となった。

参考文献 曾根ひろみ『娼婦と近世社会』、二〇〇三、吉川弘文館。

(曾根ひろみ)

〔近現代〕明治以降の*貸座敷《かしざしき》制度による*公娼《こうしょう》制度は、GHQの「公娼廃止に関する覚書《おぼえがき》」「勅令《ちょくれい》九号」などにより形式的には終りを告げたかに見えたが、国が*RAAや*赤線地区を公認したことで実質に変化はなかった。占領終了後も日米安保条約による米軍基地が全国に存在し、基地買売春による生活・教育環境の悪化、社会道徳の退廃は深刻な社会問題となったうえ、特殊飲食店への児童を含む*人身売買が横行した。公娼制に終止符を打つべく制定された*売春防止法施行前後から、法の抜け穴をくぐって種々の買売春形態が生まれた。中でも個室付浴場(トルコ風呂、のちにソープランド)は*管理売春にもかかわらず公衆浴場法や風俗営業法で営業が保障されたため「現代の公娼制度」といわれた。一九八〇年代以降は派遣型売春が盛んになり、*主婦・女子学生・少女にも広がり、売春は一般化、多様化、低年齢化した。携帯電話の普及などで一九九〇年代にはより軽い語感の「*援助交際《えんじょこうさい》」が流行した。一九六四年(昭和三十九)海外旅行が自由化され、高度経済成長とともに*観光買春ツアーが盛んになった。その反対運動の中から「買春」という用語が生まれた。「売春」(戦前までは「売淫《ばいいん》」「売笑《ばいしょう》」「売娼《ばいしょう》」などが使用され、「売春」は戦後の用語)は売る側の女性のみを焦点化し、売る側の問題(女性の人格や性的意識、生活経済や家族との関係)が指摘されてきたことに対し、「買春」は買う側の存在とその行動や意識の浮上を可能にし、普及した。現在「買売春」「売買春」の両方が使用されている。一九九九年(平成十一)五月「児童買春、児童ポルノに係わる行為等の処罰及び児童の保護等に関する法律」が制定され、「買春」は法律名に採用された。「援助交際」は買春する成人男性の問題であるとともに、日本人男性の海外での*児童買春や日本が児童ポルノの最大の輸出国という国際的批判が背景にあった。また観光買春ツアーが国際的に非難され目立たなくなると、日本の経済繁栄は一九八〇年代以降はフィリピン・タイなどからの来日女性労働者を呼び寄せたが、その多くは送り出し業者や受け入れ業者が関与し、管理売春に女性を提供した。特に冷戦終結後、経済のグローバル化により国境を越えた人身売買が隆盛をきわめ、コロンビア・東欧など広範囲の国々から未成年を含む女性が送り出されるようになり、日本は受入大国の一つといわれた。その批判をかわし国連「人身売買禁止議定書」を批准《ひじゅん》するため、二〇〇四年十二月「人身取引対策行動計画」を策定《さくてい》し、二〇〇五年六月、刑法に人身売買罪を新設した。

参考文献 ゆのまえ知子「売春防止法の成立とその後」(総合女性史研究会編『史料にみる日本女性のあゆみ』、二〇〇〇、吉川弘文館)。高橋喜久江『売買春問題にとりくむ―性搾取と日本社会―』、二〇〇四、明石書店。JNATIP編『人身売買をなくすために―受入大国日本の課題―』、二〇〇四、明石書店。

(ゆのまえ知子)

バイラテラル バイラテラル ⇩双系制《そうけいせい》

ハウスキーパーもんだい ハウスキーパー問題 戦前と、戦後の一時期GHQ(連合国軍総司令部)によって非合法化され、激しい弾圧にさらされた共産党が厳しい監視の目をかいくぐり、カムフラージュするためと称してとった制度ないし慣習に関する問題。戦前期においてハウスキーパーがもっとも盛んだったのは一九二八年(昭和三)の三・一五、翌年の四・一六共産党大弾圧事件後、共産党が地下への潜行《せんこう》を余儀なくされ、以後、党が壊滅《かいめつ》されるに至るまでである。ハウスキーパー制度ではふつう党上層男性幹部に若い女性党員が配せられ、彼女らはレポ(連絡員)やアジトの維持、文書の管理など世間から隔絶した生活を強いられる。「レポと飯炊《めした》き仕事」の「真実のつらさ」は、精神的な孤独さと無内容(*福永操《ふくながみさお》)であり、そのうえ党への「忠誠心」を悪用されて「性的奉仕」さえ強要される場合もある。一九二〇年代から三〇年代前半にかけて資本主義分析に明快なメスを入れたマルクス主義理論は、日本の社会運動理論の最高権威となり、マルクス主義を奉じ、ただ一つの前衛政党を自認する共産党の入党者、シンパも急増。社会の矛盾にめざめ、階級社会が生み出す悪や不平等、不公正に憤《いきどお》り、またその志が純情一途《じゅんじょういっと》であるほど共産党は魅力ある存在となる。共産党は「国法《こくほう》」に触れ、世間から隔離、恐れられる存在とされる半面、「神秘」化され、「忠誠」や「殉教《じゅんきょう》」の対象とさえなる。一方、日本の社会主義運動や革命運動には、女性解放は革命が達成されれば成就《じょうじゅ》するという類《たぐ》いの「階級闘争一元論」が主流で、威力を発揮していた。この論は女性差別の「現実」を直視するのを妨《さまた》げる。男《だん》権家父長制《けんかふちょうせい》下で性差別意識に浸《つ》かって育った男性活動家たちが「女性差別」を自分たちには無縁な「特殊問題」視したのはこのゆえである。革命運動の内部に根強く潜《ひそ》んでいた*家父長制・性差別主義が現実の運動のなかでもっともあらわに表われたのが、この「ハウスキーパー問題」であった。女性をモノと見、非主体的な存在に閉じ込め、女性の自立権を蹂躙《じゅうりん》することと、女性の側の革命党への絶対的忠誠・献身が重なって、悲惨《ひさん》きわまりないハウスキーパー問題が引き起こされた。

参考文献 福永操他「座談会・ハウスキーパーの虚像と実像」(『運動史研究』四)、一九八〇。福永操『あるおんな共産主義者の回想』、一九八二、れんが書房新社。鈴木裕子編『日本女性運動資料集成』三、一九九七、不二出版。

(鈴木 裕子)

はか 墓

〔古代〕大化改新後、従来の古墳築造は著しく簡素化され、身分に応じて新たに墳墓の規模が制度化されたが、庶民は即日土葬と定められただけで墓は立てない。平安時代初期に国家に表彰された*節婦や孝子が夫や父母の墓を立てた例はあるが、民間では遺体は村の葬送地に葬られるだけで墓はなく、墓参も行われていない。平安時代後期になると都の貴族たちは一族門流ごとに所定の葬送地に寺や墓堂を立てるようになるが、妻が異氏族の場合、その葬送などは妻方でなされ夫婦別墓が普通であった。また信仰で結ばれた人々が死後は墓所をともにすることもあった。

参考文献 『日本書紀』大化二年条。田中久夫「文献にあらわれた墓地」(森浩一編『墓地』一九七五、社会思想社)。服藤早苗「墓地祭祀と女性」(『家成立史の研究』一九九一、校倉書房)。菅原征子「節婦孝子の表彰と庶民の女性像—古代を中心に—」(総合女性史研究会編『日本女性史論集』八、一九九八、吉川弘文館)。

(菅原 征子)

〔中世〕平安時代の貴族の女性は摂関家《せっかんけ》の*木幡《こばた》や村上源氏の丸山など、実家の墓地に葬られることが多いが、十二世紀後半には夫婦が墓を並べる例が散見される。また高野山への納骨《のうこつ》は十二世紀に始まるが、*女人禁制《にょにんきんせい》の高野でも死後は女性の納骨に支障はなく、中山忠親《なかやまただちか》の母や*美福門院《びふくもんいん》などの遺骨が運ばれた。美福門院は鳥羽《とば》法皇が自分の墓と並べるつもりだったのを、*女院《にょいん》の遺言で納骨された(『山槐記《さんかいき》』永暦《えいりゃく》元年(一一六〇)十二月六日条)。中世には貴族の家が成立して、家ごとの墓域が設けられるが、十五世紀になっても中山定親《さだちか》の家の墓地には代々の当主の石塔だけがあり(『薩戒記《さつかいき》』応永《おうえい》三十三年(一四二六)七月十四日条)、浄蓮華院《じょうれんげいん》の万里小路《までのこうじ》家の墓地では当主時《とき》房《ふさ》の母は別の寺院に墓があったが、この墓地の惣塔《そうとう》にも分骨してある(『建内記《けんないき》』永享《えいきょう》元年(一四二九)七月十三日条)など、夫婦別墓のこともあった。十六世紀になると貴族でも夫婦の墓を同じ墓域に造ることが一般化する。武士や庶民の女性の墓については不明な点が多いが、畿内農村部にみられる屋敷墓《やしきばか》では、十二—十三世紀には家のそばに最初に女性の墓が造られ、一世代ほど後に男性の墓が造られて二基の屋敷墓が並ぶことが多い。この時代の庶民の家にとっての女性の重要性を示すものかもしれない。中世の大共同墓地として知られる静岡県磐田市の一《いち》の谷中世墳墓群遺跡《たにちゅうせいふんぼぐんいせき》では、集石墓《しゅうせきぼ》の火葬骨の分析から墓の規模・構造と男女差は関係なく、平等に葬られたとされる。戦国大名朝倉氏の城下町として知られる越前一《えちぜんいち》乗谷《じょうだに》(福井市)から発見された石塔および石仏型墓標のうち、禅尼《ぜんに》・禅定尼《ぜんじょうに》・童女《どうじょ》・大姉《だいし》・比丘尼《びくに》など女性の戒名を持つものは総数の四四%を占め、石塔を造立しうる階層の間では女性のための造塔が男性とほぼ同様に行われていたことを示す。十五—十六世紀の近畿地方では石仏型の墓で仏体を二つ並べて一つの屋根の下に刻んだものが多いが、地蔵《じぞう》と観音《かんのん》が並ぶものもあり、観音が女性と思われる。これは夫婦の逆修墓《ぎゃくしゅぼ》であろう。

参考文献 水藤真『絵画・木札・石造物に中世を読む』、一九九四、吉川弘文館。橘田正徳「地下に眠る歴史一」(『文化財ニュース豊中』二九)、二〇〇二。勝田至『死者たちの中世』、二〇〇三、吉川弘文館。

(勝田 至)

〔近世〕近世は土葬《どそう》と石塔《せきとう》建立を中心とする墓制が一般化する。近世以前の土葬・火葬《かそう》人骨埋葬のみで済まされていた墓制に対して、近世は戒名《かいみょう》を記した石塔建立が徐々に浸透する。しかし、遺体埋葬地点と石塔建立地点は空間的にずらされ、石塔下には遺体が埋葬されていないのがふつうである。石塔建立時期も七回忌・十三回忌などの年忌供養《ねんきくよう》に際してがふつうであり、遺体埋葬と石塔建立には時間的にもずれがあった。近畿地方を中心に分布するいわゆる両墓制《りょうぼせい》も、遺体埋葬地点と石塔建立のずれという点から考えて、近世に発展したものと考えることができる。近世の石塔は現在一般化しつつある、火葬骨を石塔の下部に納めるカロウト形式の先祖代々墓ではなく、一般的に個人墓であるが、石塔建立がなされず遺体埋葬のみで終る場合も多かった。一方、浄土真宗地帯および日本海側では近世には火葬が一般的となり、また、江戸など都市では早桶《はやおけ》による投げ込みとでもいうべき簡易な埋葬、火葬も普及していた。

参考文献　竹田聴洲『民俗仏教と祖先信仰』(竹田聴洲著作集一—三)、一九九三—九五、国書刊行会。岩田重則『墓の民俗学』、二〇〇三、吉川弘文館。　(岩田　重則)

〔近現代〕前近代の日本人の墓には多様な習俗がみられたが、一八八四年(明治十七)の「墓地及埋葬取締規則」によって墓は国家の管理下に置かれ、「埋める」という葬法《そうほう》に画一化された。さらに*明治民法のもとで墳墓《ふんぼ》の承継等は「家督《かとく》相続ノ特権ニ属ス」(第九八七条)とされた。その後、天皇制と*家制度を基礎とした*家族国家観などの道徳政策の浸透や火葬《かそう》の普及に伴って次第に「家墓《いえばか》」が一般化した。このような墓における家的システムは、家制度が廃止された第二次世界大戦後も色濃く残ったが、一九八〇年代後半以降、継承問題が浮上するに至った。特に父系男子による継承制は女性差別を引き起こした。戦前の家では妻は夫の家に帰属《きぞく》したため、現代でも夫方の家の墓に入るのが当然という意識が残存し、妻の葬送や信教の自由を奪うケースがある。戦争のために独身を余儀なくされた女性たちの「女の碑《ひ》の会」が設立した共同墓の存在は、家族を形成しなかった女性がいかに墓で差別されたかを物語っている。また、子どもが「娘だけ」のケースでも継承困難が生じている。一九九〇年代以降は、家系の存続を強く求めて後継子《こうけいし》を養子で補充することも一般的ではなくなり、父子継承ラインは弱体化して夫方妻方の双方の死者を祭祀《さいし》の対象として想定するケースさえ見受けられるようになった。また妻が、夫や夫方の家の墓に入ることを拒絶し、自分一人の墓を買って「死後の離婚」をとげるケースがあるなど、旧習に立ち向かう女性の行動が目立つようになった。家族が個人化し、生き方が多様化するなかで、墓にも脱「家」現象が生じている。それには、妻方夫方の双方をまつる両家墓、継承を前提としない墓、好きな言葉を刻んだ墓、自然にかえる散骨《さんこつ》や樹木葬《じゅもくそう》、桜葬《さくらそう》など一九九〇年代以降に誕生した新しい葬法があげられる。「女の碑の会」や「エンディングセンター」(前身は二十一世紀の結縁《けつえん》と葬送を考える会)など女性を中心とした市民活動がこれらに果たした役割は大きい。

参考文献　森謙二『墓と葬送の現在—祖先祭祀から葬送の自由へ—』、二〇〇〇、東京堂出版。井上治代『墓をめぐる家族論—誰と入るか、誰が守るか—』(平凡社新書)、二〇〇〇、平凡社。同『墓と家族の変容』、二〇〇三、岩波書店。　(井上　治代)

〔琉球・沖縄〕沖縄の墓は「ハカ」と称するが、「シンジュ」「ムトゥ」「チカジュ」「ハルヤー」「フカヤー」「ムージュ」「バー」などともいう。構造上、岩洞利用型と平地造成型に大別できる。岩洞利用型は平地造成型に先行して普及したもので、これも二大別できる。第一は自然洞《どう》窟《くつ》利用の墓で、洞窟に遺体や洗骨《せんこつ》後の遺骨を安置してきた。第二は掘込み《ふぃんちゃー》墓で、崖を削り墓室を設けた墓である。入口だけを造成した囲い込み型から、岩洞を削るが構造的には平地造成型に近い壁龕《へきがん》墓・亀甲《かめこう》墓・破風《はふう》墓・平葺《ひらふき》墓などまである。平地造成墓は工法や構造によりヌーヤ墓、土饅頭《どまんじゅう》墓、破風墓を含む家形《やがた》墓、ミャーカ墓、石積《いしづみ》墓、箱形墓、石塔《せきとう》墓などに細分できる。一人だけを納めた墓は特殊で、一般に複数の遺体を安置する。同じ墓にどんな関係者を納めるかにより、地縁単位か縁故者を同葬した模合《むえー》墓(寄合《ゆーれー》墓)、父系一族関係者を納めた門中《むんちゅう》墓、そして家族墓の三種に分けられる。

参考文献　名嘉真宜勝・恵原義盛『沖縄・奄美の葬送・墓制』、一九七九、明玄書房。沖縄県地域史協議会編『(シンポジウム)南島の墓—沖縄の葬制・墓制—』、一九八九、沖縄出版。平敷令治『沖縄の祖先祭祀』、一九九五、第一書房。　(渡邊　欣雄)

はかせのみょうぶ　博士命婦　*内侍所《ないしどころ》で記録を掌る令外《りょうげの》官《かん》。『朝野群載《ちょうやぐんさい》』永承《えいしょう》二年(一〇四七)十一月五日「内侍所月奏」に「女史《じょし》これを博士命婦と謂ふ」(原漢文)とあるから「女史」の別称といえる。この女史は後宮職員令《こうきゅうしきいんりょう》にみえないが、『令義解《りょうのぎげ》』に「此司(内侍司)以下、女史無くば、皆、女孺《にょじゅ》の任に堪える者を取る」(原漢文)とあり、*女孺の中から選ばれた。大同《だいどう》元年(八〇六)八月二日の「太政官奏《だじょうかんそう》」によると、内侍の移文《いぶん》を女史が作り、その位姓名を署すことの聴許《ちょうきょ》を請うている。また『内裏式《だいりしき》』『儀式《ぎしき》』によれば、正月十六日*踏歌《とうか》儀に、内侍が女史をして踏歌の者に禄《ろく》を賜わらしめたとある。さらに『醍醐天皇《だいごてんのう》御記《ぎょき》』延喜《えんぎ》二十一年(九二一)十一月二十一日条に、内侍《ないし》*蔵人《くろうど》が皆参内したので女史命婦安部静子《あべのしずこ》が内侍代を務めたとある。『小右記《しょうゆうき》』天元《てんげん》五年(九八二)六月二十九日条にも、大祓所《おおはらいどころ》へ公卿《くぎょう》も内侍らも不参のため、中宮御装束の儀で女史が内侍代を務めたという。『*紫式部日記』寛弘《かんこう》七年(一〇一〇)正月元日には、内侍所の女史として「文《ぶん》屋《や》の博士」(時子《ときこ》)がみえ、『*更級《さらしな》日記』にも、菅原孝標女《たかすえのむすめ》が知人に「博士命婦」が内侍所にいたと記している。また『*栄花《えいが》物語』根あはせによれば、章子《あきこ》内親王立后《りつごう》の際「博士の命婦参りて、人々御簡《みふだ》につけ」とみえる。なお、『中右記《ちゅうゆうき》』嘉保《かほ》元年(一〇九四)十月二十四日条によれば、内裏(堀河院《ほりかわいん》)焼亡に関連して内侍所の鈴が大いに鳴る夢を博士命婦がみたという。

参考文献　浅井虎夫『(新訂)女官通解』(講談社学術文庫)、一九八五、講談社。所京子「平安時代の内侍所」(『平安朝「所・後院・俗別当」の研究』二〇〇四、勉誠出版)。　(所　京子)

はかま 袴 下半身にまとうズボン型の衣服。男女ともに身につける。袴を着用した男性の埴輪《はにわ》人物像が示すように、まずは古墳時代、乗馬の風習とともに上層階級に導入された。朱鳥《あかみとり》元年(六八六)には、袴が朝廷出仕の際に着用する正装として位置づけられると、慶雲《けいうん》三年(七〇六)十二月には、天下に対して白袴《しろきばかま》の着用が命じられた。ここで、理念的には袴の着用が社会の全階層にわたって義務化されるに至った。しかしながら、袴の着用は公的次元における正式な装いとして認識され、社会の最下層の人々にまで袴の着用が常態となるには至らなかった。平安時代になると、衣服が複雑化するにしたがって、袴の種類も増え(表袴《うえのはかま》・大口袴《おおくちのはかま》・小口袴《こぐちのはかま》・指貫《さしぬき》・長袴《ながばかま》・半袴《はんばかま》・小袴《こばかま》・緋袴《ひのはかま》)、時と場や、用途・性別・年齢・階級・身分によっても、地質や色目に違いが設けられた。また、袴の製作は過差を競って華美寛大になる傾向があり、制度がそのつど改変され、禁止規定も設けられた。 (永島 朋子)

はぎわらタケ 萩原タケ 一八七三―一九三六 日本赤十字社第四代看護婦監督。日本帝国看護婦協会初代会長。一八九六年(明治二十九)日赤《にっせき》看護婦養成所を卒業。日清戦争・北清事変《ほくしんじへん》で救護活動を行う。一九〇九年国際看護師協会(ICN)大会に出席、一九一〇年日赤病院第四代看護婦監督に就任する。その後二度日本代表としてICN大会に参加した。一九二九年(昭和四)日本看護婦協会を設立。三年後日本帝国看護婦協会と改称されたのに伴い、初代会長となる。一九二〇年(大正九)第一回ナイチンゲール記章を受章。

参考文献 森禮子『献身―萩原タケの生涯―』、一九九五、白水社。 (平尾真智子)

はけんしゃいん 派遣社員 雇用契約を結んだ会社(派遣元)から派遣先会社に派遣され、派遣先の作業指揮や配置、出退勤管理や機械・設備の提供のもとで働く社員。戦後の職業安定法では、戦前期の強制就労や中間搾取《さくしゅ》の弊害《へいがい》に鑑《かんが》みて、労働者供給を業として行うことを禁止していた。一九七〇年代のME(メカトロエレクトロニクス)化の進展および「減量経営」による業務の外部委託《いたく》化のもとで派遣会社に対する需要が高まりをみせてくるなか、一九八五年(昭和六十)に成立した労働者派遣法は、「対事業所サービス業」として事務処理サービス業・情報処理サービス業・ビルメンテナンス業などを合法化した。その後数次にわたる派遣法の見直しや改正を通じて、派遣的行為が可能な業務に対する制限がつぎつぎに緩和《かんわ》されてきたため、バブル経済崩壊後の非正規社員の増大の一翼を、*パートタイマーとともに派遣社員が担うようになった。派遣社員の女性比率は六九・七%であり(厚生労働省『労働者派遣事業実態調査結果報告』、二〇〇一年(平成十三))、しかも事務用機器操作と一般事務が六割を占めており、女性労働問題として注目する必要がある。

参考文献 『女性労働研究』四〇(特集派遣労働とジェンダー)、二〇〇一。 (木本喜美子)

はしじょろう 端女郎 近世前期の*遊廓《ゆうかく》で最も格の低い*遊女。端局《はしつぼね》・端傾城《はしけいせい》などとも呼ばれた。天正十七年(一五八九)に秀吉の許可を得て開設された二条柳町《やなぎまち》の遊廓には当初、*太夫《たゆう》と端女郎との二種類の遊女しかいなかった。元和《げんな》三年(一六一七)に成立した*吉原遊廓でも、端女郎は、太夫・格子《こうし》・*局女郎《つぼねじょろう》の下に位置する最下級の遊女として格付けされており、*揚代《あげだい》も太夫の七分の一に過ぎなかった。端女郎という呼称は、十八世紀以降、ほとんど使われなくなった。

参考文献 小林雅子「公娼制の成立と展開」(女性史総合研究会編『日本女性史』三、一九八二、東京大学出版会)。西山松之助編『遊女(新装版)』(日本史小百科)、一九九四、東京堂出版。 (曾根ひろみ)

はしため 婢女 ⇩下女《げじょ》

はしのないかわ 橋のない川 *住井《すみい》すゑによって書かれ、一九六一年(昭和三十六)から一九九二年(平成四)まで新潮社より七部にわたり刊行された、原稿用紙五千枚を超える大長編の小説。夫の死から二年後の一九五九年に五十二歳で第一部を発表し、同年雑誌『部落』に連載された。明治末期から大正時代までの部落問題を主題とした作品。奈良県の農村に位置する小森《こもり》という被差別部落を舞台に、そこで生まれ育った主人公畑中誠太郎《はたなかせいたろう》やその家族たちが、部落差別に抗《あらが》いながらたくましく生きぬき、全国水平社《すいへいしゃ》の運動にも立ち上がっていく様が描かれる。作者住井は、天皇制と被差別部落を対極にあるものと捉え、その両者を撃つという問題意識のもとにこの作品を書いたという。小説は第七部まで合わせると八百万部以上が読まれ、二度にわたる映画化もなされた。監督今井《いまい》正《ただし》が第一部(一九六九年)・第二部(一九七〇年)を制作、一九九二年には監督東陽一《ひがしよういち》による作品が上映された。 (黒川みどり)

はしはかこふん 箸墓古墳 奈良《なら》県三輪山《みわやま》の麓《ふもと》、桜井《さくらい》市箸中《はしなか》に所在する最古式《さいこしき》の巨大前方後円墳《きょだいぜんぽうこうえんふん》。箸中山《はしなかやま》古墳ともいう。全長二九〇メートル、後円部径一六五メートル、同高さ二二メートル、前方部長一三五メートル、同高さ一三メートル。現在宮内庁《くないちょう》により*倭迹迹日百襲姫命《やまとととひももそひめのみこと》の大市墓《おおいちぼ》に治定《じじょう》されている。墳丘《ふんきゅう》への立ち入りは制限されているが、これまで宮内庁書陵部《しょりょうぶ》・奈良県立橿原《かしはら》考古学研究所・桜井市教育委員会によって数次にわたり墳丘周辺の発掘調査が実施されている。その結果墳丘は葺石《ふきいし》に覆《おお》われ、後円部五段・前方部四段に築かれており、周囲は二重の周濠《しゅうごう》と馬蹄形《ばていけい》の堤《つつみ》がめぐると推定され、堤と後円部を結ぶ渡《わた》り土手《どて》の存在が確認されている。遺物《いぶつ》は後円部墳頂《ふんちょう》付近から特殊器台形埴輪《とくしゅきだいがたはにわ》と壺形埴輪《つぼがたはにわ》、また前方部墳頂付近から底部穿孔《ていぶせんこう》された壺形土器が採集されているほか、堤の盛土《もりつち》から布留《ふる》0式《ゼロしき》古相《こそう》期の土師器《はじき》が出土しており、出土土器から古墳の築造は三世紀後半と考えられる。また周濠上層《じょうそう》から日本最古の馬具《ばぐ》となる四世紀前半の木製輪鐙《わあぶみ》も出土している。この古墳について『日本書紀《にほんしょき》』崇神《すじん》天皇十年九月条は、夫の

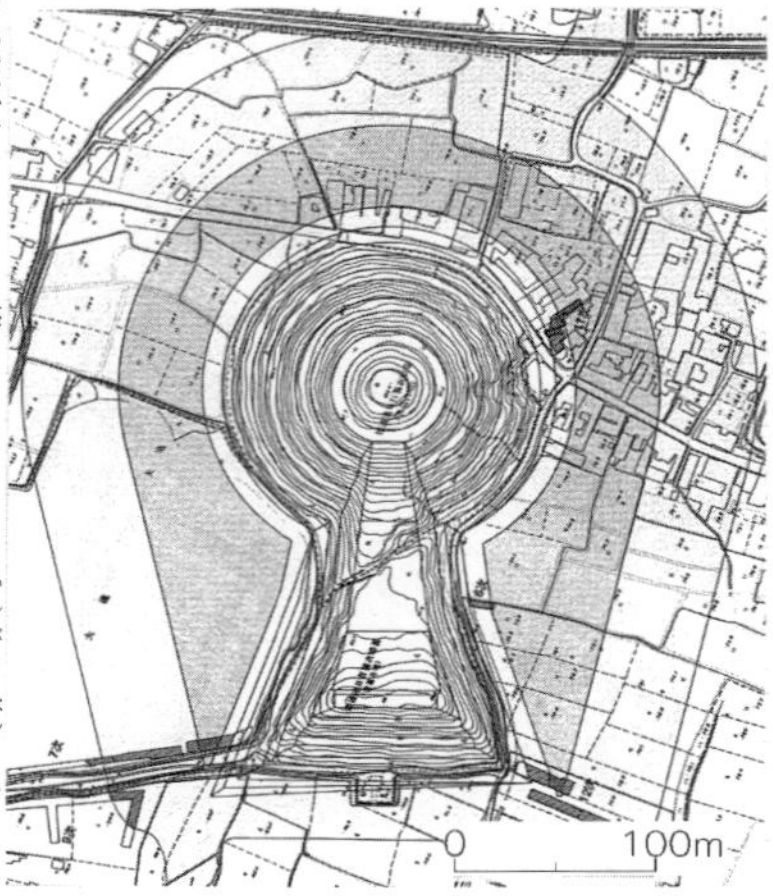

箸墓古墳と中堤・周濠想定図

大物主神《おおものぬしのかみ》の正体を蛇《へび》と知って驚き陰部《いんぶ》に箸《はし》を刺《さ》して亡くなった百襲姫の墓と述べ、昼は人が夜は神が造り、大坂山の石を手送りで運んで古墳を築いたと説く。葺石の石材は付近を流れる巻向川《まきむくがわ》のものであり伝承《でんしょう》と異《こと》なるが、墳丘外から採集《さいしゅう》された板石《いたいし》は大阪《おおさか》府柏原《かしわら》市芝山《しばやま》産であり、埋葬施設《まいそうしせつ》の部材の可能性が高い。本古墳の被葬者《ひそうしゃ》をめぐっては古くより*『魏志《ぎし》』倭人伝《わじんでん》に記載のある女王*卑弥《ひみ》呼《こ》や壱与《いよ》と関係づける学説がある。

参考文献 中村一郎・笠野毅「大市墓の出土品」(『書陵部紀要』二七)、一九七五。白石太一郎・春成秀爾・杉山晋作・奥田尚「箸墓古墳の再検討」(『国立歴史民俗博物館研究報告』三)、一九八四。奈良県立橿原考古学研究所編『箸墓古墳周辺の調査』(奈良県文化財調査報告)、二〇〇二。

(塚田 良道)

はしひとのひめみこ 間人皇女 ?—六六五 舒明《じょめい》天皇の娘。母は*皇極《こうぎょく》天皇(斉明《さいめい》天皇)。同母兄弟に、天智《てんち》天皇・天武《てんむ》天皇がいる。孝徳《こうとく》天皇元年にあたる大化《たいか》元年(六四五)七月に孝徳の*皇后に立てられる。子供はない。白雉《はくち》四年(六五三)に孝徳が皇太子(のちの天智)と不和となった折には、間人は皇祖母尊《すめみおやのみこと》(皇極)とともに皇太子に奉じられて倭京《やまとのみやこ》に遷《かえ》った。翌年十月に孝徳が病を得て崩《ほう》ずるに及んで間人・皇祖母らは難波宮《なにわのみや》に赴《おもむ》くとあることから、この間、間人は孝徳と離れて倭京にあったと思われる。埋葬終了後皇祖母は倭京に遷るが、この時の間人の動向は不明である。天智天皇四年(六六五)に死去し、天智天皇六年二月に皇極とともに小市岡上陵《おいちのおかがみ》に合葬された。『大安《だいあん》寺伽藍縁起幷流記資財帳《じがらんえんぎならびにるきしざいちょう》』にみえる「仲天皇《なかつすめらみこと》」、『*万葉集』一の詞書の「中皇命《なかつすめらみこと》」、野中寺弥勒菩薩造像銘《のなかでらみろくぼさつぞうぞうめい》の「中《ちゅう》宮天皇《ぐうてんのう》」が間人に比定されている。ほかに、孝徳死後に間人が即位したとの説、天智の即位が遅れた理由に間人との同母兄妹婚をあげる説などがある。

参考文献 吉永登「間人皇女」(『万葉—文学と歴史のあいだ—』一九六七、創元社)。八木充「乙巳の変後の政権構成」(『日本古代政治組織の研究』一九八六、塙書房)。

(黒瀬 之恵)

はじめ 土師女 土師女の土師は土師器《はじき》を示し、土師器の製作にあたった女性工人を土師女と称したと考えられる。この解釈が確定できたのは、平城京左京三条二坊に存在した長屋王家《ながやおうけ》から、「土師女三人瓮造女二人雇人二」「土師女三人奈閉作一人米八升受」(『平城宮発掘調査概報』二一)と記された*木簡が出土したことによる。すなわち、長屋王家には土師女とともに、「瓮造女」と「奈閉作」と記される女性が存在し、前者の「瓮」は、「ベ」または「へ」と読む土師製の煮沸《しゃふつ》用具で、瓮造女は瓮の製作にあたった女性工人と考えられる。後者の「奈閉作」は、『和名類聚抄《わみょうるいじゅしょう》』に「佐之奈閉俗云佐須奈倍」とみえ「奈閉」を「ナベ」と読むことが知られ、副食用の野菜を煮たり、汁を作ったりする土師製調理具である「奈閉」を作製した女性工人と考えられる。さらに、平城宮から「土師女六人米二石七斗人別四斗五升」(『平城宮木簡』一、一七六号)と記された木簡が出土し、土師器を製作する六人の女性が平城宮内に存在したことが確認され、かつ、かかる土師女に人別四斗五升の米が支給されていたことが知られる。人別四斗《と》五升《しょう》の米は天平《てんぴょう》十七年(七四五)度の月料《げつりょう》請求文書にみえる*采女《うねめ》や宮人《きゅうじん》の月料請求額と同じであることより、同木簡に記された米は土師女への月料と考えられる。以上より、土師女とは一般的な土師器の器形を作ることに従事した女性工人のことで、平城宮内のいずれかの組織(*皇后宮職《こうごうぐうしき》の可能性が最も高い)に所属していたことが知られる。また、長屋王家跡からは四点の土師女に関する木簡が出土しており、四点とも「土師女三人」「土師女三口」と記され、長屋王家に三人の土師女という土師器作りの女性工人がいたことが知られる。土師女の具体的な作業内容は、浄清所解《じょうせいじょげ》(『大日本古文書』一一、三五〇頁)にみられる*借馬秋庭女《かりまのあきばめ》と同様に「作手《さくで》」と記される土師器の器形を作成することであったと考えられる。

参考文献 奈良国立文化財研究所編『平城宮木簡』一、一九六九。

(松原 弘宣)

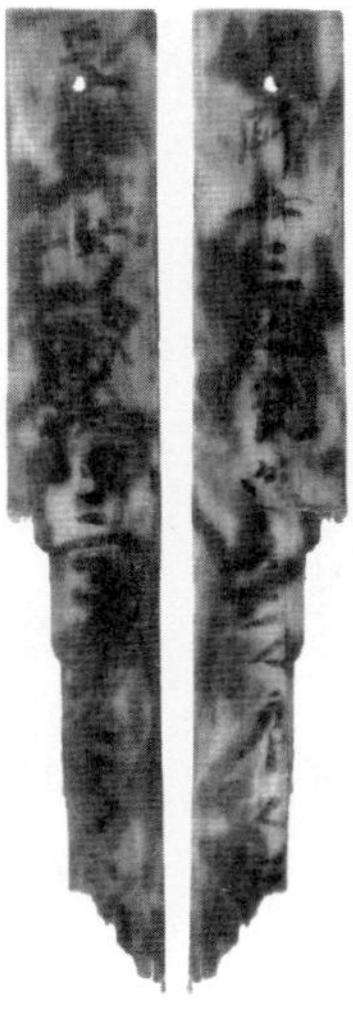
長屋王家木簡「土師女三人瓮造女二人雇人二」

はしもとテクラ 橋本テクラ ?—一六一九 江戸時代前期のキリシタン殉教者《じゅんきょうしゃ》。京都一条油小路《あぶらのこうじ》付近の商家の主で元武士の橋本太兵衛《たひょうえ》の妻。氏名不詳。信徒の娘で洗礼名テクラ。六児の母。夫は京都教会の長老格。厳しい禁教令により元和《げんな》五年(一六一九)七月、外出中の長男を除いて一家捕縛、身重だったテクラは全員の晴れ着を整えたのち入牢《にゅうろう》。一家を惜しむ役人から棄教《ききょう》を勧められたが太兵衛は断り、テクラは、信徒かと問われて勇み立ってその旨答えたという。一家を含め五十余人が同年八月二十九日、六条河原で火刑に処せられた。

参考文献 『元和五・六年度の耶蘇会年報』(浦川和三郎訳)、一九四四、東洋堂。片岡弥吉『日本キリシタン殉教

史』、一九七九、時事通信社。（松村　洋）

はしゅつふ　派出婦　主に個人の*家庭に出向いて、家政一般の仕事（炊事・掃除・*洗濯・買い物など）や病者等の身の回りの世話に従事する臨時雇いの女性。一九一八年（大正七）、東京四谷の婦人共同会が、臨時雇いの*女中《じょちゅう》のシステムとして派遣を始めたのが最初といわれる。派出婦は、労働の期間や勤務時間、仕事の内容が契約によりあらかじめ定められ、住み込みのみならず通勤の形態も認めるという点で、従来の女中とは大きく異なった。第一次世界大戦後の生活難と女中払底《ふってい》を背景に、家庭の手不足を補う労働力として都市部を中心に急速に広まったという。

参考文献　清水美知子『〈女中〉イメージの家庭文化史』、二〇〇四、世界思想社。（清水美知子）

ばしょうふ　芭蕉布　イトバショウの繊維で織った布。沖縄の代表的な織物で、かつて沖縄ではどの階層の男女も着けていた。バサアジン（芭蕉衣）といわれ夏に適して風通しのよい布である。各家の屋敷の一角に芭蕉の畑があって、家々からは機《はた》の音が響き女性たちの仕事であった。*木綿や絹が贅沢品であった時代、夏衣で麻の織物であった芭蕉布は、重ね着をして庶民は冬の寒さをしのいだ。芭蕉布は、中国への貢ぎ物として紋様や地色にさまざまな工夫が加わり、高度な技術で織られていた。また、江戸幕府にも芭蕉布は献上されていた。沖縄でいつごろから織られていたのかはわかっていないが、『中山世鑑《ちゅうざんせいかん》』所載の十四世紀の書物に「生熟夏布」と記載されている布が、芭蕉布の最も古い記録といわれている。『李朝実録《りちょうじつろく》』所載の朝鮮漂流民の見聞録（十六世紀）には、芭蕉布を織る工程が記されていて、現代につながっている。中国への貢ぎ物として織物には、苧麻《からむし》を原料とした上布《じょうふ》（宮古《みやこ》上布・八重山《やえやま》上布）もあった。薩摩《さつま》侵攻（一六〇九年）後、人頭税としての苛酷な税制度は貢布にまつわる悲話として、伝えられている。上布は「薩摩上布」の銘柄で売られ薩摩藩の財政収入となった。細かな糸を紡ぐ技術は精巧を極め、厳しい検査と貢布の苛酷な取り立ては、歌などに唄われ女性たちの悲話として語られている。一九〇三年（明治三十六）に人頭税は廃止になり、島人たちの自主生産となった。近代化の波で衰退していったが、大宜味《おおぎみ》村で芭蕉布を再興させ、宮古・八重山上布とともに国指定重要無形文化財となっており、技術保存につとめている。（深沢　惠子）

バスガール　バスガール　バスの女車掌《しゃしょう》に対する俗称。日本でのバスの誕生は大正に入ってからであるが、女車掌の採用は一九二〇年（大正九）東京市街自動車会社のバス（通称青バス）に始まる。さらに関東大震災後、焼失した電車の代替としてバスの導入を図った東京市は、市バスの車掌として大量の女子の採用を行なった。市バスの女車掌は、紺サージのワンピースに真紅の襟《えり》の制服姿から「赤襟嬢《あかえりじょう》」と呼ばれ、青バスの「白襟嬢」とともに話題になり、その後バス普及のなかで車掌への女子採用は増えることとなる。仕事内容はバスに乗車し切符を切ることであったが、当時はモダンで華やかな印象を与え、制服が支給されたうえ、収入は歩合給など含めて月収四、五十円になったので、若い女性にとって魅力のある職業の一つであった。ただし会社の慣行として、切符売り上げ不足金弁納《べんのう》制度や、代金の着服がないかを調べる服装検査等があり、これらは戦後労働運動において、労働条件の悪化のなかで問題とされることとなる。→職業婦《しょくぎょうふ》人《じん》

参考文献　西清子『職業婦人の五十年』、一九五五、日本評論新社。村上信彦『大正期の職業婦人』、一九八三、ドメス出版。（加藤千香子）

はせがわしぐれ　長谷川時雨　一八七九―一九四一　明治から昭和時代にかけての劇作家。雑誌『*女人芸術《にょにんげいじゅつ》』『*輝ク』主宰者。一八七九年（明治十二）十月一日、東京日本橋に生まれる。父は日本で最初の弁護士、母は御家人の娘。女に学問は要《い》らないという母親の方針で、*寺子屋式小学校秋山源泉学校《あきやまげんせんがっこう》に学び、同時に長唄《ながうた》・舞踊・二弦琴《にげんきん》・生花と教養を身につける。芝居の好きな祖母に連れられ、幼い時から*歌舞伎に親しむ。十四歳で旧岡山藩主池田侯《いけだこう》の邸に行儀見習いに出されるが、肋膜《ろくまく》を病み三年で帰宅。竹柏園《ちくはくえん》に入門し佐佐木信綱《ささきのぶつな》のもとで『*万葉集』や『*源氏物語』を学ぶ。一八九七年十九歳で鉄成金《てつなりきん》の次男に嫁ぐ。夫の道楽が止まず岩手県釜石《かまいし》鉱山に追われるが、はじめての地方暮らしに小説を書き「うづみ火」が『*女学《じょがく》世界《せかい》』（一九〇一年十一月増刊号）に載る。上京後は劇作に取り組み、「海潮音《かいちょうおん》」が一九〇五年『読売新聞』の懸賞で特賞となり、新富座《しんとみざ》で上演された。一九一一年、歌舞伎座で上演された『さくら吹雪』で劇作家としての地位を得る。演劇青年中谷徳太郎《なかたにとくたろう》とともに演劇雑誌『シバヰ《い》』を発刊、六代目尾上菊五郎《おのえきくごろう》らと「舞踊研究会」を設立、一九一三年（大正二）十二月には森鷗外《もりおうがい》・夏目漱石《なつめそうせき》・信綱・坪内逍遙《つぼうちしょうよう》を顧問に「狂言座」を結成。明治末から大正初年にかけて歌舞伎改革に尽くした功績は大きい。同時に*女性史の先駆ともいえる『美人伝』『近代美人伝』等七冊の美人伝を書いた。一九一八年、父の死後十二歳年下の三上於菟吉《みかみおときち》と同棲し、三上を世に出す。一九二三年、岡田八千代《おかだやちよ》とともに『女人芸術』を創刊するが大震災のために二号で終った。一九二八年（昭和三）新たに『女人芸術』を創刊。多くの女性作家を輩出した。同誌は時代

長谷川時雨

とともに左傾《さけい》し、相つぐ発禁に経営が行き詰まり一九三二年廃刊、一年後に『輝ク』創刊。戦時下の国策に沿って「知識女性」の銃後《じゅうご》運動の拠点となったが、一九四一年八月二十二日、時雨の急逝に一〇二号をもって廃刊となった。時雨の生涯とその仕事を貫くのは理不尽な生を強いられる同性に対する深い思いであり、底辺で苦しむ人たちへの同情だった。それが時雨を左傾させ、『女人芸術』を左傾にまかせ、さらに戦争協力に駆り立てていくことにもなった。

参考文献 長谷川仁・紅野敏郎編『長谷川時雨―人と生涯―』、一九六二、ドメス出版。岩橋邦枝『評伝長谷川時雨』、一九九三、筑摩書房。尾形明子「時雨の恋文」(『別冊文芸春秋』二〇九)、一九九四。 (尾形　明子)

はせがわテル　長谷川テル　一九一二―四七　昭和時代前期のエスペランティスト、反戦運動家。筆名緑川英子・ベルダ＝マーヨ。山梨県生まれ。一九二九年(昭和四)、東京の府立第三高等女学校卒業後、奈良女子高等師範《しはん》に入学。在学中に姉の影響でエスペラントを学ぶ。一九三二年九月、共産党のシンパとして拘引《こういん》され、卒業を半年後に控えながら退学となった。帰京後にタイプを習得し、日本エスペラント学会に*タイピストとして奉仕しながら、エスペラント雑誌へ寄稿。中国人留学生劉砥芳《リウディファン》(劉仁《リウレン》)とエスペラント運動を通して知り合い結婚し、一九三七年四月夫とともに上海へ密出国した。日中戦争勃発後に敵国人として投獄されたが、夫や友人に助けられ中国解放運動へ参加。漢口《ハンコウ》で対日反戦放送に従事し、またエスペラントで中国の現状を世界各国へ紹介するなど、抗日活動を続けた。戦中の活動はエスペラントの単行本『嵐の中のささやき』『戦う中国にて』に記録されている。

参考文献 高杉一郎『中国の緑の星―長谷川テル反戦の生涯―』(朝日選書)、一九八〇、朝日新聞社。宮本正男編『長谷川テル作品集』(日本平和論大系一七)、一九九四、日本図書センター。 (内藤　寿子)

はせがわまちこ　長谷川町子　一九二〇―九二　昭和時代後期の女性マンガ家。戦後日本の*家庭と社会を画いて国民的人気を集めた。佐賀県の教育熱心な鉱山技師の三姉妹の次女に生まれ、十五歳で上京、山脇《やまわき》高女に学ぶとともに、田河水泡《たがわすいほう》の内弟子として修業。『少女倶楽部』に女学生生活を画いた「なかよし手帖《てちょう》」を連載、天才少女漫画家と呼ばれた。戦火を避けて戻った福岡で、地元『夕刊フクニチ』にはじめて「*サザエさん」連載を開始。たちまち好評を得て上京、『朝日新聞』に途中病気休載をはさみながら一九四九年(昭和二十四)から七四年まで二十五年にわたって「サザエさん」を連載。当時若い女性が日刊紙連載マンガの主人公となることも、画家が若い女性であることもはじめての異例のことであり、まさに「戦後」の所産であった。ほかに「いじわるばあさん」(『サンデー毎日』、一九六六―七一年)、『エプロンおばさん』(一九五一年)など。どの作品にも庶民の楽天的なバイタリティ、女性のしたたかさが肯定的に画かれている。死去に際しては、入院しない、手術しない、などの意思を全うしたことが広くショックを与えた。没後、国民栄誉賞受賞。

参考文献 樋口恵子『サザエさんからいじわるばあさんへ』、一九九三、ドメス出版。鶴見俊輔・斎藤愼爾編『サザエさんの〈昭和〉』、二〇〇六、柏書房。 (樋口　恵子)

はたおり　機織り　〔古代〕七夕《たなばた》(棚機)の織姫にみられるように機織りは女性の重要な仕事であった。『日本書紀』継体紀《けいたいき》の「帝王躬耕《みずからたつく》りて農業を勧め、皇妃親ら蚕《こがい》して桑序《くわのとき》を勉めたまふ」(原漢文)の一文から*養蚕の仕事も女性が中心であったことがうかがえる。『日本書紀』神代においても*天照大神《あまてらすおおみかみ》が「口の裏に璽《かいこ》を含みて、便ち糸抽《ひく》ことを得たり」(原漢文)と女性神に糸抽出の起源を付している。そして「肥前国風土記《ひぜんのくにふどき》」基肆郡《きいぐん》条にみえる*女神が「臥機《くつびき》」と「絡垜《たたり》」を操り舞うという神話は女性と機織りの関連性の強さを物語っている。機織りは古くから秘密の作業であったらしく、「常陸国《ひたちのくに》風土記」久慈郡《くじぐん》条の長幡部《ながはたべ》伝承からは機織る女性の別棟建物(機殿《はたどの》)が確認され、各家の独自の機織り技法の存在も想定される。地域に今も伝えられている「*鶴女房《つるにょうぼう》」伝承(『夕鶴《ゆうづる》』など)の「みるな」も本来はその機織り技法の守秘にかかわるものである。

参考文献 関和彦『日本古代社会生活史の研究』(歴史科学叢書)、一九九四、校倉書房。 (関　和彦)

〔中世〕織機を使って布を織ることまたは布を織る人。鎌倉時代中期の『当麻曼荼羅縁起《たいままんだらえんぎ》』には蓮糸《はすいと》で曼荼羅を織る女性が描かれており、『*七十一番職人歌合』の機織も女性である。両者ともに機は*居坐り機《いざりばた》に描かれている。また『教言卿記《のりときぎょうき》』にも、柿木尼妙善《かきのきのあまみょうぜん》という高級衣服を織る織手の名前がみえ、中世を通して機織りには多くの女性が従事していたと考えられる。しかし、「内蔵寮御綾《くらりょうおんあや》織手《おりて》」や「大舎人座《おおとねりざ》」の座人交名《きょうみょう》は、すべて男性名である。織手は女性であっても、公的な登録は戸主等の男性名で行われていたと考えられる。

機織り(『七十一番職人歌合』より)

参考文献 脇田晴子「中世女性の役割り分担—勾当内侍・販女・勧進比丘尼—」(『日本中世女性史の研究』一九九二、東京大学出版会)。

(加藤美恵子)

〔近世〕 江戸時代の全期間に渡って、女性の*農間渡世《のうかんとせい》としてひろく行われた。後期になると農村女性は奉公人《ほうこうにん》も含めて次第に農作業全般に進出するが、それでも機織りは一貫して女性固有の労働であり続けた。布(麻・綿織物)や絹(平織《ひらお》りの絹織物)一反《いったん》(着物一枚分=約一一メートル)を織り出すには約三日かかるという。織り始めるまでの準備作業にも多大な労力が必要で、織り手には相応の熟練《じゅくれん》が求められ、*主婦だけでなく姑《しゅうと》や娘・*下女《げじょ》もかかわって家族の衣料を整えた。織物の余剰分は市《いち》で販売され、現金収入の一つとなった(武州秩父絹《ちちぶぎぬ》・河内木綿《かわちもめん》など)。中期以降、桐生《きりゅう》や尾張《おわり》その他の地方機業地が発展すると、機屋《はたや》で働く*織女工《おりじょこう》のほか、織元《おりもと》から機を貸り糸を前渡しされ*賃仕事として機を織る(賃機《ちんばた》)女性も現われた。機織りの給金は作奉公《さくぼうこう》(農業奉公人)に比して高く、幕府はたびたび触書《ふれがき》を出して規制したが、商品経済や農村工業の進展のなかで、女性労働や女性の位置は次第に変質していく。

参考文献 脇田晴子・林玲子・永原和子編『日本女性史』、一九八七、吉川弘文館。青木美智子「近世後期・北関東における女性労働の特質とジェンダー—武州入間郡赤尾村林家の奉公人の分析を中心に—」(大口勇次郎編『女の社会史 一七—二〇世紀—「家」とジェンダーを考える—』二〇〇一、山川出版社)。

(青木美智子)

はだぎ 肌着 じかに肌に接する前提で着る衣服のこと。これが転じて下着や汗取りを指す。現在でいうアンダーウェアのこと。「膚着《はだぎ》」「肌衣《はだごろも》」ともいう。(一)*女房装束や束帯《そくたい》・直衣《のうし》姿などにおける単《ひとえ》(単衣)、(二)*小袖重《こそでがさね》における肌小袖、(三)汗取りの帷子《かたびら》(片枚)、(四)近世以後の和服で用いる*襦袢《じゅばん》(肌襦袢・半襦袢・長襦袢)、は肌着である。(一)(二)は文献資料において単に「衣」「ころも」「きぬ」などと表記されることが多いので注意を要する。

参考文献 北村哲郎『日本服飾小辞典』、一九八八、源流社。

(佐多 芳彦)

はたのあきこ 波多野秋子 一八九四—一九二三 大正時代の『*婦人公論』記者。東京生まれ。実践女学校卒。結婚後、青山学院に学ぶ。一九一八年(大正七)中央公論社に入社、『婦人公論』の記者となる。その才気と美貌《びぼう》が、作家たちの間で評判となり、原稿のとれる記者として認められる。一九二三年作家の有島武郎《ありしまたけお》と、軽井沢で*心中。

参考文献 永畑道子「蛇の指輪を愛した『婦人公論』記者」(『花を投げた女たち』一九九〇、文芸春秋)。

(岩田ななつ)

はたのいそこ 波多野勤子 一九〇五—七八 昭和時代の児童心理学者。東京の万葉学者の子。日本女子大卒。日本女子大のキリスト教主義暁星寮《ぎょうせいりょう》で生活した。結婚後に東京文理大を卒業。心理学初の女性文学博士となる。東洋大学ほかで教授しつつ、ファミリースクールなどを設立。みずからも四児を育て*家庭生活の実証的な観察に基づく心理学を展開した。『少年期』ほか多くの著書がベストセラーとなる。審議会委員を多数務める。『波多野勤子著作集』全九巻(一九八二・八三年、小学館)がある。

参考文献 波多野完治『波多野勤子—三役女房一代記—』、一九九〇、小学館。

(影山 礼子)

はたらくははのかい 働く母の会 一九五四年(昭和二十九)十二月、既婚未婚を問わず、子どもの幸福と健康と働く母の権利を守り、さらに働く女性の問題を考えあうことを目的に結成された会。法律上は*男女平等とはいえ家族関係は戦前とかわりなく、充分な*母性保護も託児《たくじ》施設もない中で仕事と*家庭、育児の両立を希望した岩波書店勤務の小林静江《こばやししずえ》が職場をこえて同志を求め共同保育を呼びかけたのがはじまり。当初七十八名であった会員数は急増し十年後には八百名を超えた。各地で*保育所・*学童保育の設立に奔走《ほんそう》したほか、子育て問題や労働問題の学習も重ね、さらに地域や職場グループごとに出し合った問題点や悩みを会発行の『ニュース』を通じて共有し励ましあった。高度成長末期になると職場の合理化や労務管理の強化、それに呼応した社会における性別役割意識の強調に押されて会員数は半減するが、刻々と変化する女性の労働・家庭環境を取り巻く問題を学習し、解決への道を模索し続けた。しかし、二〇〇五年(平成十七)十月の「働く母の会五〇周年のつどい」を最後に活動を閉じた。

参考文献 働く母の会編『働きつつ育てつつ』、一九九〇、ドメス出版。同編『働いて輝いて—次世代へつなぐ働く母たちの50年—』、二〇〇五、ドメス出版。

(大門 泰子)

バチェラーやえこ バチェラー八重子 一八八四—一九六二 明治から昭和時代にかけてのキリスト教伝道者。アイヌ民族出身で、歌人としても知られる。北海道有珠《うす》で父向井富蔵《むかいとみぞう》(モコッチャロ)と母フッチセの次女として生まれる。一八九一年(明治二十四)、当時北海道で伝道とアイヌ研究を行なっていたイギリス人宣教師ジョン＝バチェラーより洗礼を受ける。札幌のバチェラー邸に設けられたアイヌ＝ガールズ＝ホームに入ったのち、東京の香蘭《こうらん》女学校で学び、一九〇六年にバチェラー夫妻の養女となる。一九〇八年、養父母の一時帰国に伴い渡英し、約一年滞在。帰国後は日本聖公会《せいこうかい》の伝道師として北海道平取《びらとり》や幌別《ほろべつ》などで教会に勤務し、とりわけ同族への伝道に尽力した。一九三一年(昭和六)、それまで折々に詠んだ短歌をまとめた歌集『若きウタリに』が、竹柏会《ちくはくかい》の『心《こころ》の華叢書《はなそうしょ》』の一冊として、新村出《しんむらいずる》・佐佐木信綱《ささきのぶつな》・金田一京助《きんだいちきょうすけ》による序を付して東京堂から刊行された(二〇〇三年(平成十五)岩波書店より再版)。一九四〇年にバチェラーが離日した後は有珠に居住。旅行中に京都で死去。

参考文献 仁多見巌訳編『ジョン・バチェラーの手紙』、一九六五、山本書店。掛川源一郎『バチラー八重子の

生涯』、一九六八、北海道出版企画センター。（木名瀬高嗣）

はちかつぎ 鉢かつぎ　室町時代に原型が成立したと考えられる*御伽草子《おとぎぞうし》の物語の一つ。類話に「姥皮《うばかわ》」「花世《はなよ》の姫《ひめ》」などがあり、その系譜をひく民話として「糠福《ぬかふく》・米福《こめふく》」などがある。粗筋《あらすじ》を紹介しておくと、長谷《はせ》観音《かんのん》の申《もう》し子《ご》として生まれた娘が、死去直前の母親によって頭に鉢を載せられる。そして、その鉢が頭から取れなくなったために父親と*継母《ままはは》にうとまれ、屋敷を出て放浪した末に、山陰中将《やまかげちゆうじよう》の家の湯殿《ゆどの》の火炊きとなって住み込むという運命になる。ところが、その家の息子と結ばれた後に、鉢が頭から取れて、その中から母親の思いのこもった宝物や*女房装束《にようぼうしようぞく》がこぼれでて幸せな結婚をしたという。この「鉢かつぎ」のイメージには多様な意味が込められているが、まず「かづく」とは頭にものを載せることを意味するから、「鉢かづき」という言葉の意味は、頭に鉢を載せた女性ということになる。鎌倉時代から「鉢」は乞食《こつじき》の象徴であったから、その含意《がんい》は放浪する女の乞食＝「非人《ひにん》」の物語であるという点にあったということができる。そして、山陰中将が「人のもとには不思議なる者のあるもよきもの」といって、鉢かつぎを邸宅に迎え入れたことからすると、一寸法師《いつすんぼうし》などと同様に一種の道《フリ》化《ーク》として雇入れられたということになる。しかし、この物語の理解は、女性の貴族性が被衣《かつぎ》などによる秘面《ひめん》によって象徴されていた時代の雰囲気を抜きにしては成り立たない。つまり、別の側面からいえば母親が愛娘の頭に鉢を載せたのは、娘に完全な秘面と処女性を保証しようとしたものと解釈することができる。この物語は、その母親の思いの成就《じようじゆ》を長谷観音の霊験譚《れいげんたん》として語ったものであったのである。なお、山陰中将は王家の湯殿に奉仕する家柄と観念されていたから、鉢かつぎの湯殿への奉仕は、間接的には王家の湯殿への奉仕というニュアンスを含んで語られていたということもできる。『御伽草子』（日本古典文学大系三八、岩波書店）所収。

参考文献　柳田国男「桃太郎の誕生」（『柳田国男全集』六、一九九八、筑摩書房）。保立道久『物語の中世』、一九九八、東京大学出版会。（保立　道久）

はちじょういん 八条院　一一三七－一二一一　鳥羽院《とばいん》の皇女。名は暲子《しようし》内親王。母は*美福門院《びふくもんいん》藤原得子《とくし》。二人の間の第二皇女。保延《ほうえん》三年（一一三七）四月八日に誕生し、鳥羽上皇の手もとで愛育された。翌年に親王宣下《せんげ》。久安《きゆうあん》二年（一一四六）に准后《じゆごう》宣下された。美福門院所生の唯一の男子である近衛《このえ》天皇が久寿《きゆうじゆ》二年（一一五五）に早世した際には、同母姉である暲子が鳥羽院によって*女帝候補とされたという。しかし実際には異母兄の雅仁《まさひと》親王が即位し（後白河《ごしらかわ》天皇）、皇太子にはその王子であり美福門院の養子であった守仁《もりひと》（のちの二条天皇）が立てられ、暲子は守仁の准母《じゆんぼ》とされた。保元元年（一一五六）に鳥羽院が、永暦《えいりやく》元年（一一六〇）に美福門院が没すると、その遺領の多くを相続した。保元二年、二十一歳にして出家。法名は金剛観《こんごうかん》。母美福門院の勧めによるという。応保《おうほ》元年（一一六一）十二月、二条天皇の准母として院号宣下された。后位《こうい》にあらずして院号宣下をされたのはこれが初例である。暲子のもとには鳥羽院の寵臣《ちようしん》の子・孫たちが縁を頼って大勢仕えていたが、彼らは一方で膨大な*八条院領の知行《ちぎよう》に預かっていた。後白河院政期の激動の中でも鳥羽院の正統を引く血筋と莫大な経済力を背景に比較的安泰《あんたい》な地位を保っていた暲子に源平戦乱期におけるアジール的役割をみる見解もある。八条院御所では以仁王《もちひとおう》の子女が養育されており、ほかにも守覚《しゆかく》法親王、藤原兼実《かねざね》の息良輔《よしすけ》、後白河院皇女*式子《しきし》内親王、後鳥羽院の第一皇女昇子《しようし》内親王（*春華門院《しゆんかもんいん》）などが暲子の猶子《ゆうし》となっていた。晩年、重病を患った八条院は以仁王王女への所領譲与をふまえて後鳥羽天皇に彼女への親王宣下を求めた。天皇は容《い》れなかったが、八条院は以仁王王女を一期《いちご》領主《りようしゆ》に指定した上で八条院領の多くを春華門院に譲与《じようよ》した。八条院のおっとりとした人となり、その御所での世俗離れした暮らしぶりについては、彼女に仕えた*女房中納言局《ちゆうなごんのつぼね》による『*たまきはる』に詳述されている。建暦《けんりやく》元年（一二一一）六月二十六日、八条殿にて没す。七十五歳。

参考文献　五味文彦「聖・媒・縁－女の力－」（女性史総合研究会編『日本女性生活史』二、一九九〇、東京大学出版会）。（伴瀬　明美）

はちじょういんのさんみのつぼね 八条院三位局　？－一二一八　鎌倉時代初期の朝廷の*女房。高階盛章《たかしなのもりあきら》の娘。*八条院の側近の女房で、「無双《むそう》の寵臣《ちようしん》」といわれ、八条院の院中をとりしきった。八条院の猶子《ゆうし》となっていた以《もち》仁王《ひとおう》（後白河院の皇子）との間に道尊《どうそん》や三条姫宮《さんじようのひめみや》らを儲《もう》けたため、平氏の追及にあったが、八条院に庇護《ひご》された。その後、八条院に接近した摂関九条兼実《くじようかねざね》との間に良輔《よしすけ》を生んだ。

参考文献　五味文彦『平家物語、史と説話』（平凡社選書）、一九八七、平凡社。（秋山喜代子）

はちじょういんのたかくら 八条院高倉　生没年不詳　平安・鎌倉時代前期の*女房、歌人。唱導《しようどう》で有名な安居院《あぐい》澄憲《ちようけん》の娘。母は*高松院《たかまついん》（二条天皇后）姝子《しゆし》内親王とされる。高松院の姉*八条院に女房として仕えた。女房三十六歌仙《にようぼうさんじゆうろつかせん》の一人。建保《けんぽう》四年（一二一六）・同五年の*内裏歌合《だいりうたあわせ》に出詠、『新古今和歌集』以下の勅撰集《ちよくせんしゆう》に四十首が入集。嘉禎《かてい》三年（一二三七）に出家、空如《くうによ》と称し、奈良の*法華寺《ほつけじ》に隠居した。叡尊《えいそん》の『法華寺舎利縁起《しやりえんぎ》』には、東寺の舎利を感得所持し、法華寺舎利分散の発端となった人物として描かれる。

参考文献　大塚実忠「法華滅罪寺中興聖恵房慈善」（『日本仏教』二八）、一九六八。田中貴子「八条院高倉の出生と生家－来迎寺文書の資料など－」（『国文学攷』一一八）、一九八八。（伴瀬　明美）

はちじょういんりょう 八条院領　*八条院暲子《しようし》内親王が領有した所領群。父鳥羽院《とばいん》、母*美福門院《びふくもんいん》から譲与《じようよ》された遺領を中核として成立。安元《あんげん》二年(一一七六)の八条院領の目録には、庁分《ちょうぶん》と安楽寿院領《あんらくじゅいんりょう》(鳥羽院建立)・歓喜光院《かんきこういん》領《りょう》(美福門院建立)・蓮華心院領《れんげしんいんりょう》(八条院建立)等の御願寺《ごがんじ》領、合わせて百ヵ所の所領がみえる。建暦《けんりゃく》元年(一二一一)に暲子が没すると、遺領は猶子《ゆうし》の*春華門院昇子《しゅんかもんいんしょうし》内親王が伝領したが、昇子も程なく没したため、その父後鳥羽院が管領した。そのため承久の乱の際に八条院領は幕府によって没収され、新たに治天《ちてん》の君《きみ》となった後高倉院《ごたかくらいん》に返された。この承久三年(一二二一)に作成された『八条院御遺跡御願寺庄々等目録《ごゆいせきごがんじしょうしょうとうもくろく》』によれば、八条院領は庁分・御願寺領合わせて二百二十ヵ所以上に増加している。後高倉院はこれを娘の*安嘉門院邦子《あんかもんいんほうし》内親王に譲与。安嘉門院は姪《めい》の室町院暉子《むろまちいんきし》内親王を一期領主《いちごりょうしゅ》として亀山院《かめやまいん》に譲与したが、安嘉門院が没すると、亀山院は幕府に訴え、室町院の一期を待たずに管領した。以後、八条院領は大覚寺統《だいかくじとう》の所領として伝領されることとなった。→女院《にょいん》領《りょう》

参考文献　野口華世「安嘉門院領と女院領荘園―平安末・鎌倉期の女院領の特質―」(『日本史研究』四五六)、二〇〇〇。

(伴瀬　明美)

はちすかのうじょうそうぎ　蜂須賀農場争議　⇨小作争《こさくそう》議《ぎ》と女性《じょせい》たち

はついり　初入　*婚姻儀礼で嫁入《よめい》りのあと嫁の両親がはじめて婿《むこ》の家へ行くこと。また、婿の両親がはじめて嫁の家に行くこともいう。この民俗語彙《ごい》は熊本県地方を中心に分布。日本の婚姻儀礼では、最初嫁宅で婿入り儀礼、そのあと婿宅で嫁入り儀礼が行われるが、前者には婿の両親は出席せず、後者では嫁の両親は出席していない。したがって、初入において、はじめて嫁方と婿方の両親が相互に訪問しあい姻戚《いんせき》づきあいが開始されることになる。

参考文献　大間知篤三・柳田国男『婚姻習俗語彙』、一九五五、国書刊行会。

(岩田　重則)

ばっし　抜歯　人の健康な歯を意図的に抜去《ばっきょ》する習俗。男女ともに認められ、成年式・*婚姻儀礼・葬送儀礼などを理由に抜歯するものが多い。日本では後期旧石器時代の沖縄湊川《みなとがわ》人骨に抜歯の痕跡があるが、特に縄文時代中期から晩期に盛行した。縄文時代晩期の成人のほとんどに抜歯がみられ、東北から関東・中部地方では、上顎犬《じょうがくけん》歯《し》だけを抜くO型と、上・下顎犬歯を抜く2C型があり、O型は男性に2C型は女性に多い。東海西部から九州地方では、上顎犬歯二本と下顎切歯《せっし》四本を抜く4I型と上顎・下顎左右犬歯を抜く2C型が出現・盛行《せいこう》する。上顎犬歯の抜歯は普遍的で成年式の抜歯であったとみられる。東海・近畿地方では4I型と2C型はほぼ男女同数であるが、中国・九州では4I型は女に多く2C型は男に多い。墓地内では二つの型が地点を別にして埋葬され、4I型抜歯の人に腰飾《こしかざり》・貝輪《かいわ》着装例が多いことなどから、その優位性が指摘されている。二種の抜歯の存在は、構成員を二分するためのもので、婚姻儀礼の際にその土地の出身者と他からの婚入者との識別のため抜き分けたともみられている。この解釈によって*婚姻後の居住規定を想定し、東日本では縄文時代中期から後期には選択居住婚、晩期には夫方居住婚が行われ、晩期の東海から近畿では選択居住婚、中国・九州では妻方居住婚であったという仮説もある。抜歯は弥生時代中期には消滅するとみられているが、古墳時代の中小古墳被葬者の一部に残存する例があり、埋葬状態から*家長権相続の儀礼に伴うものかと見られている。その男女比は前期はほぼ同数であったものが、後期には男性のほうが多い傾向があるようで、古墳時代において次第に父系原理が顕在《けんざい》化する*親族構造の変遷を傍証《ぼうしょう》する儀礼とみることもできよう。なお、長崎・大分の家船《いえふね》(水上)生活者には近代まで*成女式に伴う女性のみの抜歯風習が残存していたという。

参考文献　春成秀爾「縄文社会論」(加藤晋平・小林達雄・藤本強編『縄文文化の研究』八、一九八二、雄山閣出版)。土肥直美・田中良之「古墳時代抜歯風習」(九州大学永井昌文教授退官記念論文集刊行会編『日本民族・文化の生成』一、一九八八、六興出版)。春成秀爾「哀悼抜歯―アジア・アメリカ・ポリネシアをつなぐ習俗―」(『国立歴史民俗学博物館研究報告』八三)、二〇〇〇。

(寺沢　知子)

はつせもうで　長谷詣で　奈良県桜井市にある長谷寺《はせでら》への参詣。初瀬詣でとも書く。長谷寺は天武朝ごろに川原《かわら》寺《でら》の僧であった道明《どうみょう》が西岡に三重塔を建立し、奈良時代になり養老《ようろう》から神亀《じんき》ごろに徳道が東岡に観音堂を建立したのがはじまりと千仏多宝塔銅板銘《せんぶつたほうとうどうばんめい》にはある。ただ、現在では初瀬山信仰を核に十一面観音像が作られた養老―神亀年間(七一七―二九)に建立されたとする説が有力。正暦《しょうりゃく》元年(九九〇)に興福寺の末寺になってからも参詣が盛んで、平安時代から鎌倉時代にかけては貴族たちが参詣するようになった。『*蜻蛉《かげろう》日記』や『*更級《さらしな》日記』にも参詣の様子が書かれており、『*源氏物語』の中でも小説のモチーフとして一つの場面に描かれている。十世紀の紀貫之《きのつらゆき》も長谷寺参詣の途中に立ち寄った家で*和歌を詠んでいる。十世紀以降にかなり貴族の女性たちの間では石《いし》山寺《やまでら》詣でとともに、初瀬詣でが盛んに行われたことがこれらの史料から窺《うかが》える。観音信仰の高まりとともに盛んになったといわれている。のちの時代には長谷寺は子授けの意味を持つようになった。参詣のルートは、平安京を出て、大和大路から*木幡《こばた》、六地蔵《ろくじぞう》を経て、奈良阪を越え、山辺《やまのべ》の道《みち》沿いに海石榴市《つばきいち》から初瀬川に沿って長谷寺塀と達したようである。

参考文献　櫛田良洪「鎌倉時代の初瀬寺と初瀬詣」(『豊山学報』二)、一九五五。逵日出典『長谷寺史の研究』、一九七九、巌南堂。

(土橋　誠)

はつはな・ういで　初花・初出　娘が初潮《しょちょう》を迎えた際に行われる儀礼を指す。ハツハナは「初花」、すなわち初潮を花が咲いたことに例えた表現であり、ウイデは「初

出」、すなわち娘がはじめて月経小屋へ籠《こも》りに出ることを意味していると考えられる。同様の表現としてはハツタビ・ハツヨゴレ・ハツカドなどという語彙《ごい》も各地で聞かれる。月経は一種のケガレであると見なされたが、一方で一人前の娘になったことの証《あかし》として、家や村をあげて祝福される対象でもあった。たとえば千葉県館山《たてやま》市では娘が初潮を迎えることを「ハナサイタ」と称し、小豆飯《あずきめし》を炊いて祝った。また静岡県浜松市では娘が初潮を迎えると、近隣の家々から祝いとして米が届けられ、「初花が咲いておめでとうございます」と挨拶した。娘はそれ以後、月経のたびに別小屋に籠らなければなかったという。娘が初潮を迎えることを特に盛大に祝う風習があったのは伊豆諸島南部の島々である。伊豆諸島最南端に位置する青ヶ島《あおがしま》では、かつては娘が初潮を迎えるとウイデあるいはハツタビ(初他火)と称して、タビゴヤ(他火小屋)とよばれる月経小屋へ籠りに出た。青ヶ島は伊豆諸島の中でももっとも遅くまでタビゴヤの習俗が残っていた島で、昭和四十年代初めころまで実際に使用されていた。ウイデがあると島の若者たちがお祝としてゴミと称される薪《たきぎ》を持ってきた。これをゴミヲツケルといい、各自の名を記して娘の家の前やタビゴヤの前に積んだ。やがて籠りを終えて娘が帰宅すると、アビイワイという盛大な祝いが催された。娘の家ではこの日のために数年も前から餅《もち》や酒を準備して村人たちに振る舞い、またゴミのお返しとして若者たちに*草履《ぞうり》や手拭《てぬぐ》いなどを贈ったという。このアビイワイを経て娘は一人前の女性、すなわちメナラベの仲間入りをした。また八丈島《はちじょうじま》でもかつては青ヶ島と同様の他火小屋があり、娘たちは初潮を見るとこの小屋に籠った。八丈島では初潮のことをウイデ・ハツデなどといい、これは婚礼に勝るとも劣らないほど、娘にとっては一世一代の祝いであったという。

参考文献　大間知篤三『大間知篤三著作集』三、一九七六、未来社。瀬川清子『女の民俗誌』(東書選書)、一九八〇、東京書籍。八木透編『日本の通過儀礼』(仏教大学応陵文化叢書)、二〇〇一、思文閣出版。
（八木　透）

はとやまかおる　鳩山薫　一八八八―一九八二　大正・昭和時代の女子教育家。横浜に生まれ、旧姓は寺田。母は鳩山春子《はるこ》の姪《めい》にあたり、十八歳で鳩山家の養女となる。一九〇八年(明治四十一)、春子の息子であり、のちに首相となる鳩山一郎《いちろう》と結婚。一九三八年(昭和十三)には、春子の死去に伴って、後継者として共立《きょうりつ》女子学園長に就任し、同職業学校・専門学校・高等女学校の校長を兼ねる。戦後も学園長、*共立女子大学長などの職に就き、一九八二年に九十三歳で死去するまで在職した。

参考文献　『共立女子学園百年史』、一九八六、共立女子学園。
（小山　静子）

はとやまはるこ　鳩山春子　一八六一―一九三八　明治から昭和時代前期にかけての女子教育家。文久元年(一八六一)三月二十三日に、信州松本に松本藩士渡辺幸右衛門《わたなべこうえもん》(明治初年に多賀努《たがつとむ》と改名)の五女として生まれる。一八七四年(明治七)に上京して官立東京女学校に入学し、英語を学ぶ。東京女学校が廃校のため、東京女子師範《しはん》学校に移り、特別英語科および師範本科を一八八一年に卒業した。母校の教員となるが、同年、米国留学帰りの法学者鳩山和夫《かずお》と結婚。長男一郎《いちろう》、次男秀夫《ひでお》を出産後、一八八四年、旧職に復帰した。良妻賢母《りょうさいけんぼ》の育成、女性の生活能力の形成をめざして、一八八六年には共立《きょうりつ》女子職業学校(現在の*共立女子大学)を創立した。一八九五年には大日本女学会を設立して、*高等女学校のない地方に住む女子に通信教育を行い、女子教育の普及に尽力した。また、一八九八年には婦人技芸慈善会《ぎげいじぜんかい》を組織し、一九〇一年には夫とともに欧米を視察している。夫の死後、一九一二年に共立女子職業学校の監督となり、一九二二年(大正十一)には校長に就任している。また一九二八年(昭和三)には共立女子専門学校を設立し、校長となるとともに、一九三五年には学校の名称変更に伴い共立女子学園長となった。さらに一九三六年には共立高等女学校を設立し、同校の校長を兼任している。政界入りして衆議院議長などを務めた和夫の妻として、政界や社交界ともつながりが深く、*愛国婦人会・戊申《ぼしん》婦人倶楽部《ふじんクラブ》(婦人修養《しゅうよう》倶楽部の前身)の発起人など、多くの婦人団体に名を連ねている。『婦人の修養』(一九〇七年)、『模範家庭』(一九一三年)、『*我が子の教育』(一九一九年)など、数多くの女子教育論や家庭教育書の著作がある。また現実生活においても家庭教育に熱心だったことで知られ、長男一郎を首相、次男秀夫を東京帝大教授に育て上げるなど、近代的良妻賢母の典型と見られた。一九三八年七月十二日死去。著書に『我が自叙伝』(一九二九年、復刻版、一九九七年、日本図書センター)がある。

鳩山春子

参考文献　『共立女子学園百年史』、一九八六、共立女子学園。
（小山　静子）

はとりいっこう　羽鳥一紅　一七二四―九五　江戸時代中期の俳人。上野《こうずけ》国下仁田《しもにた》(群馬県甘楽《かんら》郡)の石井治兵衛の娘。高崎の絹問屋羽鳥勘右衛門(麦舟《ばくしゅう》)の妻。結婚後は夫婦で俳諧《はいかい》を涼岱《りょうたい》(建部綾足《たけべあやたり》)に学び、地元俳壇の中心となる。一紅三十五歳のとき、涼岱は妻紫苑《しえん》を伴い麦舟の雪蹄舎に滞在したのを機に、紫苑の描いた十余図を加え、女性句集『あやにしき』を刊行。これを*加賀千代《かがちよ》(素園《そえん》)に贈り批評を乞うたことから、十一歳年長の千代との書信での交流が始まる。四十三歳のときには、姉柳旨《りゅうし》や女友達と父追善供養《ついぜんくよう》の善光寺参詣《さんけい》に出かけ、吟行集《ぎんこうしゅう》『草まくら』を上梓《じょうし》。天明三年(一七八三)、一紅六十歳のとき、千数百人の死者を出した浅間山噴火に遭遇し、噴火前後のようすや人々の生死の状況などの見聞を生々しく描写した名文『文月浅間記《ふみづきあさまき》』は、随筆文学・記録文学・災害文学として秀逸《しゅういつ》な作品で、人々の評判を生む。刊行年は不明であるが、没後二十年目に刊行されたものもあり、ロングセラーか。ほかに『孝子小伝《こうししょうでん》』がある。

参考文献 徳田進『新考文月浅間記』、一九六五、芦書房。同『羽鳥一紅の人と文学』、一九六九、芦書房。

(柴　桂子)

はなおかかえ　華岡加恵 一七六二―一八二九　江戸時代後期の医師華岡青洲《せいしゅう》の妻。紀伊《きい》国上那賀《かみなが》郡名手荘市場《なてしょういちば》村《むら》(和歌山県紀の川市)の郷士妹背佐次兵衛《ごうしいもせさじべえ》の娘。青洲は近隣の平山村《ひらやまむら》(和歌山県紀の川市)出身で、京都に遊学して古医方とカスパル流外科学を学んだ後、天明五年(一七八五)に帰郷して家業の医業を継ぐ。加恵が青洲に嫁いだのもこのころと推測されている。青洲は診療の傍《かたわ》らで、マンダラゲを主成分とする全身麻酔薬《ますいやく》「通仙散《つうせんさん》」(麻沸湯《まふつとう》)を開発し、文化元年(一八〇四)これを用いて乳癌《にゅうがん》摘出手術に成功。世界初の全身麻酔下での手術例とされている。この通仙散開発過程で、加恵と青洲の母於継《おつぎ》はみずから実験台となってこれを何度も試服し、加恵はその副作用で両眼の視力を失う。後に青洲は深い感謝の念をもって、加恵のために新居を構えたり、阿波《あわ》国から人形芝居の名手小林六太夫《こばやしろくだゆう》を呼んで人形浄瑠璃《じょうるり》を語らせるなどして慰労したという。

参考文献 森慶三他編『医聖華岡青洲』、一九六四、医聖華岡青洲先生顕彰会。呉秀三『華岡青洲先生及其外科』(伝記叢書)、一九九四、大空社。

(長谷川良子)

はながたちおんなしょくにんかがみ　花容女職人鑑 前半部に多彩な女性職業図を掲げた狂歌《きょうか》集。『美人職人尽《びじんしょくにんづくし》』『狂歌美人職人尽』ともいう。蓬莱山人《ほうらいさんじん》(烏亭焉馬《うていえんば》)他編。歌川国直《うたがわくになお》画。一巻。文化・文政ころ刊。春・夏・秋・冬・恋の五部に分けて、芍薬亭長根《しゃくやくていながね》・浅草庵守舎《あさくさあんもりや》・西来居未《さいらいきょみ》仏《ぶつ》・東夷庵古渡《とういあんこわたり》など十五名の編者が選んだ狂歌二百七十五首を収録。前半に、*女絵師・地紙折《じがみおり》・大原女《おおはらめ》・茶屋妻・*傾城《けいせい》・新造《しんぞう》・かぶろ・早少女《さおとめ》・織女・養蚕女など働く女性の姿を多数描き、各編者が選んだ秀歌を添える。テキストはなし。

(小泉　吉永)

はなきチサヲ　花木チサヲ 一八九四―一九四八　大正・昭和時代前期の女子教育者。一九一七年(大正六)、広島県三原女子師範附属小学校訓導《くんどう》として第一回*全国小学校女教員大会に出席。*新婦人協会広島支部を結成後に上京。全国小学校連合女教員会の幹事として機関誌で*家事教授論を展開、女性教員の研鑽《けんさん》を説く。また満蒙開拓《まんもうかいたく》青少年義勇軍《ぎゆうぐん》の内原《うちはら》訓練所での拓務《たくむ》訓練、大陸視察団の引率、中央協力会議への出席などで、女性の総動員に尽力した。

参考文献 今中保子「大正期ブルジョア婦人運動と女性教師」(『歴史評論』二二七)、一九六八。『全国小学校連合女教員会雑誌(復製版)』、一九六七・六八、大空社。鈴木裕子『フェミニズムと戦争(新版)』、一九九七、マルジュ社。

(渡邊　洋子)

はなだい　花代 *遊女の稼ぎ代のこと。「玉代《ぎょくだい》」「*揚代《あげだい》」「玉代《たまだい》」などと呼称する。関東では玉代、関西では花代が通称。なかには「線香代」などの異称もある。『*吉原細見《よしわらさいけん》』には、遊女の花代が表示されているので、遊客は安易に表示された金額によって遊女を求めることができる。江戸では、*太夫《たゆう》がもっとも高価で、こうし、さんちゃと続く。ちなみに、享保二十年(一七三五)の太夫の花代は八十二匁である。花代の分配は、表向きは遊女が六割、楼主四割としているが、これは形式的で、実際は経費として差し引かれるので、遊女の手取りは少ない。

参考文献 原田伴彦・百瀬明治・遠藤武・曾根妙子編『近世女性生活絵典』、一九八三、柏書房。西山松之助編『遊女(新装版)』(日本史小百科)、一九九四、東京堂出版。

(宇佐美ミサ子)

はなむこがっこう　花婿学校 日本最初の結婚問題を中心とした*男性学講座。樋口恵子《ひぐちけいこ》・斎藤茂男《さいとうしげお》・板本洋子《いたもとようこ》の三人が主宰し、日本青年館結婚相談所を事務局として、一九八九年(平成元)に創始された日本ではじめての結婚に関する男性専用講座である。樋口校長、斎藤副校長、板本事務局長の体制で始まった。結婚に対する女性の意識の変容に対応することができずに、従来の男性優位の結婚観を持つ男性の意識改革をめざし、対等平等な男女関係を築くことを目的とした自主教育の場であった。三年間は男性専用であったが、四年目からは*男女共学となった。一九九八年から文部省委嘱《いしょく》事業としてジェンダーフリーの助成金を得て開催、名称を「東京２１世紀カレッジ」と変更、日本青年館結婚相談所が主催し、代表樋口恵子となったが、二〇〇一年に終了した。名古屋にはＮＰＯ法人花婿学校が、二〇〇三年に理事長大橋清朗でスタートしている。

参考文献 樋口恵子・斎藤茂男・板本洋子編『花婿学校―いい男になるための１０章―』、一九九〇、三省堂。

(折井美耶子)

はなものがたり　花物語 *吉屋信子《よしやのぶこ》作の少女小説。『少女画報』に一九一六年(大正五)から一九二四年まで連載され、一九二〇年から順次単行本として刊行、五巻五十二話からなる短編連作集。雑誌の投稿家から出発した吉屋が寄稿《きこう》した「鈴蘭《すずらん》」が編集者和田古江の目にとまり、以後、一人前の作家扱いで執筆。読者の熱烈な支持を受け、少女小説の古典として戦中から戦後の長期にわたり読み継がれた。美しい少女たちが洋館の一室で順次、月《つき》見草《みそう》・白萩《しらはぎ》・野菊《のぎく》など花の名にちなんだ物語をするという趣向で、女同士の友情やセンチメンタリズムが奔放華《ほんぽうか》麗《れい》な文章で綴《つづ》られ、独特の少女文化を確立した。にもかかわらず、少女小説という括《くく》りで文学史では無視され続けたが、一九八〇年代以降のフェミニズム文学批評は、男優位の社会で女から女に向けて書かれたメッセージ小説と評価している。ルイザ＝オルコットの『花物語』にヒントを得て書かれ、同様の趣向の花物語は*壺井栄《つぼいさかえ》『私の花物語』(一九五三年(昭和二十八)刊)、横山美智子『花物語』(一九五六年刊)などがある。

参考文献 上笙一郎『日本児童文学の思想』、一九七六、国土社。駒尺喜美『吉屋信子—隠れフェミニスト—』(シリーズ民間日本学者)、一九九四、リブロポート。

(江刺 昭子)

はなをたらしたかみ 洟をたらした神 農民作家吉野《よしの》せい(一八九九—一九七七)の著書。一九七五年(昭和五十)、弥生書房。吉野せいは福島県石城郡小名浜町《いわきぐんおなはままち》(いわき市)の網元若松力太郎《あみもとわかまつりきたろう》・ミエの次女として生まれる。一九一四年(大正三)高等小学校卒、小学校準教員検定試験合格、代用教員となるが一九一七年教員をやめる。牧師で詩人の山村暮鳥《やまむらぼちょう》と知り合う。一九二一年詩人の吉野義也(筆名三野混沌《みつのこんとん》)と結婚。福島県下阿武隈《あぶくま》山系の菊竹山《きくたけやま》に入り一町歩の梨畑と自給用の穀物を作る。一九二二年から四〇年まで七人の子を生み育てる。混沌の死後七十歳を超えてからのはじめての作品集『洟をたらした神』には、同名の作品のほか、八ヵ月で急死した梨花《りか》の死を書いた「梨花」など十五編が収められている。「洟をたらした神」は小刀・鉈《なた》・鋸《のこぎり》・錐《きり》などで独楽《こま》やヨーヨーを創り出す六歳の男の子の創造力を、神とまで讃《たた》える。激しい労働の中で十分に子に気配りをしてやれない自分を責め、恥じながら、子らの動きを鋭くとらえる。五十年余りの激しい農作業と、子どもを抱えて生きる中で、混沌のもとに来る友人との交流、雑誌や本などから吸収しながら己の思想を培《つちか》ってきた。その結晶がこの作品集である。文春文庫で再刊されている。

参考文献 『よしのせい作品集』、一九九四、弥生書房。

(岩井サチコ)

はにせつこ 羽仁説子 一九〇三—八七 昭和時代の教育運動家。一九〇三年(明治三十六)四月二日東京生まれ。羽仁吉一《よしかず》・もと子の長女。自由学園卒業後、雑誌『*婦人之友』記者。農村セツルメントの託児所、幼児生活展覧会(一九三八年(昭和十三))を経て、幼児生活団を開始。幼児を中心に生活教育に取り組む。*日本子どもを守る会(一九五二年結成)副会長兼事務局長(一九六一年会長)。全国幼年教育研究協議会会長(一九六三年)。著書に『羽仁説子の本』全五巻(一九八〇年、草土文化)、『私の受けた家庭教育』(一九六三年、婦人之友社)、『幼年教育五十年』(一九七五年、草土文化)、『妻のこころ』(岩波新書、一九七九年)などがある。

(中嶋みさき)

はにもとこ 羽仁もと子 一八七三—一九五七 明治から昭和時代にかけてのジャーナリスト、教育運動家。一八七三年(明治六)九月八日青森県八戸市長横町《はちのへしながよこまち》生まれ。父は弁護士松岡登太郎《まつおかとたろう》、母は美和《みわ》。婿《むこ》養子の父は、もと子十一歳の時離縁。祖父松岡忠隆《ただたか》の薫陶《くんとう》のもとに育つ。東京府立第一高等女学校卒業。在学中にキリスト教の洗礼をうけ、*明治女学校高等科に進学。*巌本善治《いわもとよしはる》・植村《うえむら》正久《まさひさ》らの影響を受ける。卒業後郷里で教員をし、結婚。半年後に離婚し、一八九八年には、『報知新聞』記者となる。同僚記者の羽仁吉一《よしかず》と*恋愛結婚、説子《せつこ》・恵子《けいこ》の二女を育てた。社内結婚を許されず退社後、吉一と協力して創刊した『*家庭之友』(一九〇三年)、のちの『*婦人之友』(一九〇八年)を通じ、キリスト教的精神をもとに「生活合理化」による社会改良を訴えた。一九〇四年*家計簿発行。一九二一年(大正十)次女恵子の小学校卒業を機に自由学園女学校および高等科(制度上は各種学校)を創設。一九二七年(昭和二)には『婦人之友』読者組合を解散し、「*友の会」とする。吉一との二人三脚で、㈠雑誌の編集・発行、㈡自由学園における教育、㈢「友の会」の活動、を主として、「思想しつつ、生活しつつ、祈りつつ」の精神で学びと実践と信仰を軸に活動、家庭生活合理化展・東北農村セツルメント・北京生活学校など幅広い啓蒙《けいもう》・教育運動を展開した。自由学園では「雇人なし」で、子どもの自労自治により学校運営を行なった。卒業生は消費生活組合・工芸研究所・農村セツルメントなどを設立して活躍。のちに初等部、男子部を加え、戦後に最高学部を創設、総合的な一貫教育機関となった。もと子の主張は、人格の独立を基盤とし、その個人の必要性に即した合理的生活を求め、協力にもとづく家族関係や生活を通じ、社会の変革を志向するもので、*「家」制度下の権利保障に欠ける女性、特に都市新中間層に共感を呼んだ。しかし日中戦争後の国家への協力姿勢は、雑誌・友の会・学園を守り抜いた反面、戦後、ファシズムへの批判精神を問われることになった。一九五七年四月七日、死去。著書に『羽仁もと子著作集』全二十一巻(一九二七—八三年、婦人之友社)がある。

羽仁もと子

参考文献 秋永芳郎『(評伝)羽仁もと子—自由教育の母—』、一九六九、新人物往来社。武田清子「羽仁もと子の思想と生活〝合理化〟—「自由」の意味は—」(『婦人解放の道標—日本思想史にみるその系譜—』一九八五、ドメス出版)。自由学園女子部卒業生会編『自由学園の歴史』、一九八五・九一、婦人之友社。斉藤道子『羽仁もと子—生涯と思想—』、一九八八、ドメス出版。『自由学園80年小史』、二〇〇二、自由学園出版局。中嶋みさき「自由学園・「自労自治」の教育とジェンダー—羽仁もと子の「生活」概念をてがかりに—」(橋本紀子・逸見勝亮編『ジェンダーと教育の歴史』二〇〇三、川島書店)。羽仁恵子『自由学園の教育(改版)』、二〇〇五、自由学園。

(中嶋みさき)

はねせん　刎銭　⇩飯盛女《めしもりおんな》刎銭《はねせん》

ははおやうんどう　母親運動　女性の権利、子供の幸福、平和のために世界の母親と連帯して展開された運動。一九五四年(昭和二十九)十一月フランスの物理学者コットン夫人のよびかけにより、五五年七月世界母親大会がスイスのローザンヌで開かれることになった。これに先立って日本でも母親大会を開き世界大会に代表を送ることが婦人団体連合会(婦団連)などの女性団体によって話し合われ、五五年第一回日本母親大会が持たれた。この背景に五三年、婦団連を中心とする女性代表の国際民主婦人連盟主催の世界婦人大会への参加、日本婦人大会の開催という国際的な連帯の運動があったことと、五四年の原水爆禁止署名運動での日本女性の平和運動の高揚《こうよう》、日本教職員組合の女性教師によって全国的に組織された母と女教師の会の存在があった。日本母親大会は*日本婦人団体連合会・*日本子どもを守る会・*婦人民主クラブ・*生活協同組合・日教組婦人部・炭鉱主婦協議会をはじめ六十余団体が実行委員会に参加、事務局長に*河崎なつ、実行委員には高田なお子・*羽仁説子《はにせつこ》・*丸岡秀子《まるおかひでこ》・鶴見《つるみ》和子《かずこ》ら十八人が選ばれた。第一回大会は五五年六月に開かれ全国から二千余人の母親が参加し、生活・子育て・教育・平和の問題などを語り合った。「母親」という共通項で女性たちが結集した最初の集まりであった。そして十四人の代表を世界大会に送り、その報告会が全国二千ヵ所で開かれた。母親大会は規約を持った固定的な組織を作らず、連絡機関として全国母親連絡会と大会の実行委員会、各都道府県・市区町村段階の連絡会を設け、毎年の大会開催地や分科会のテーマは下部の組織からの要望を積み上げて決めるという独自の形を取った。第二回大会では「生命を生み出す母親は、生命を育て、生命を守ることをのぞみます」という世界大会のスローガンを掲げて、「母である人だけでなく母となる若い人もお年寄りも含めた運動」をめざし、また「話し合いから行動へ」を目標に「母親運動」という言葉を用いるようになった。母親運動のひろがりに対し、文部省は一九五九年社会教育法の改正、婦人教育振興費の増額により地域女性政策の強化を図り、その一方では母親大会の地方開催に際しての補助金打ち切りの措置《そち》を取るなど運動への締め付けを強めた。母親運動は安保反対・基地反対原水爆禁止などの全国的な平和運動の一翼《いちよく》を担うとともに、*高校全入運動・小児マヒ生ワクチン要求運動・ベトナム母と子の支援運動・*保育所づくり・物価問題・*内職問題など*主婦と働く女性、子供の問題で幅広くまた独自の活動を展開し、現在も運動を継続している。

参考文献　伊藤康子『戦後日本女性史』、一九七四、大月書店。日本母親運動三十年史編集委員会『母親がかわれば社会がかわる―母親運動三十年史―』、一九八七、母親大会連絡会。永原和子・米田佐代子『おんなの昭和史(増補版)』(有斐閣選書)、一九九六、有斐閣。

(永原　和子)

ははつび　母開　母親との性交を意味する中世の悪口。「開《つび》」は女性の性交・性器を意味する。建長年間(一二四九―五六)の二つの史料中に確認される。そのうち、建長元年七月二十三日付関東下知状《げちじょう》(『尊経閣《そんけいかく》所蔵宝菩提院《ほうぼだいいん》文書』)では、駿河国《するがのくに》で小次郎入道《こじろうにゅうどう》が紀藤次《きとうじ》に対して「母開に及び」「放言」したと記されており、これにより小次郎入道には科料二貫文《かりょうにかんもん》が科せられている。また、もう一方の建長三年十月日付安芸国厳島神社楽頭佐伯道清申状《あきのくにいつくしまじんじゃがくとうさえきみちきよもうしじょう》(『厳島野坂文書』)では、佐伯道清が左近将監久成《さこんしょうげんひさなり》から楽頭職を侵害されていることを厳島神社に訴えるなかで、久成が自分に対して「時々剋々に悪口を吐き、母開に懸《かか》りて放言を致す」(原漢文)と述べられている。特に、前者の史料では発言者が「科料」の対象になっているうえ、後者の史料では、もし若い息子がそれを聞いて復讐《ふくしゅう》に走れば「狼藉《ろうぜき》」が起きるだろう、とも述べられており、被害者側にとって許しがたい悪口であったことがわかる。母子相姦《そうかん》は日本では古代より国津罪《くにつつみ》の一つであり、重大な性的なタブーであった。しかし、母子相姦を意味する悪口は世界中で確認されており、日本中世の「母開」もそうした人類普遍の性的な悪口文化の一環をなしていたものと考えられる。ただし、そうした性的な悪口も江戸時代以降、日本では急速に見られなくなってゆくことから、「母開」の消長は日本社会の性倫理の来歴を考えるうえでも、一つの興味深い素材といえる。なお、類義語に「おやまき」「ははまき」(「親(母)をま(婚・枕)く」の連用形)がある(池辺本『御成敗式目注《ごせいばいしきもくちゅう》』、『*古今著聞集《ここんちょもんじゅう》』一ノ六)。

参考文献　笠松宏至「お前の母さん…」(網野善彦・石井進・笠松宏至・勝俣鎮夫『中世の罪と罰』一九八三、東京大学出版会)。同「悪口」(『中世人との対話』一九九七、東京大学出版会)。

(清水　克行)

はははのひ　母の日　母に感謝する日。一九〇七年アメリカのウエストヴァージニア州でアンナ＝ジャービス(Anna Jarvis)が母の愛情を称え命日に白いカーネーションを飾り追悼した。それが瞬く間に広がり、一九一四年アメリカ議会は五月第二日曜を母の日と定めた。日本では一九一二年(大正元)キリスト教牧師により紹介され、教会を中心に広まった。昭和前期には*皇后誕生日(*地久節《ちきゅうせつ》)を母の日として祝うようになり、十五年戦争下に*母性重視の国家政策の一環として利用される側面もあった。戦後は一九四九年(昭和二十四)より実施、消費生活が進みデパートでも宣伝され、五月第二日曜に子どもから母親に花やプレゼントを贈ることが普及した。他方、父の日(六月第三日曜)も一九一〇年アメリカで始まり、五三年日本に導入された。二〇〇五年(平成十七)のアンケートでは三千八十三人のうち、母の日に約五〇％、父の日に約三〇％が贈物をすると答えている。ただし*離婚やシン

グルマザーの増加など家族の多様化に伴い、「親の日」にした方がいい、という声も上がっている。↓銃後《じゅうご》の母《はは》

【参考文献】「女と男の時空」編纂委員会編『年表女と男の日本史』(女と男の時空別巻)、一九九八、藤原書店。「一九一〇年母の日が祝日となる」(L・ブレイクマン編『世界女性史大事典』(田中かず子他訳)、一九九六、日外アソシエーツ)。「一九一五年母の日、アメリカの祝日として制定」(同)。「母の日・父の日」(『朝日新聞』(土曜版)、二〇〇五年五月十四日)。　(金子　幸子)

はふり　祝　⇨女祝《にょしゅく》

はまいと　浜糸　安政六年(一八五九)の横浜開港以降、国内で生産された輸出のための*生糸《きいと》。糸商人が横浜に糸を売る浜出しには、他所から仕入れた糸を販売する場合とみずから繭《まゆ》を農家に貸し与えて賃挽《ちんび》きさせた手糸《ていと》を販売する場合がある。糸商人にとって利益の大きい賃挽き製糸に従事していたのは、周辺農家の妻や娘たちであった。飛躍的に増大した海外需要と海外市場における糸質の改良要求に応える浜糸生産を支えていたのは農村女性たちであったといえる。

【参考文献】『八王子市史』下、一九六七、八王子市。脇田晴子・林玲子・永原和子編『日本女性史』、一九八七、吉川弘文館。　(高橋菜奈子)

はやしうたこ　林歌子　一八六四―一九四六　明治から昭和時代にかけての社会事業家、女性運動家。*日本基督《キリスト》教婦人矯風会《ふじんきょうふうかい》第五代会頭《かいとう》。慶応《けいおう》元年(一八六五)十二月十四日、越前国《えちぜん》大野藩《おおの》(福井県大野市)の下級武士林長蔵《ちょうぞう》の長女に生まれる。一八八〇年(明治十三)福井県立女子師《し》範《はん》学校を卒業後、大野町の小学校に勤務した。二十歳でいとこの阪本大円《さかもとだいえん》と結ばれるが、両家の事情で*家督相続《かとくそうぞく》人《にん》と目される二人の結婚は許されず、出産した男児は阪本家に引き取られ死亡。*家制度と乳児死亡という問題に直面し、長女として家族の生活を支えることを選択した歌子は、収入の多い仕事を求めて一八八五年十二月上京。

林　歌　子

キリスト教に出会い、築地《つきじ》立教女学校に勤務、日本基督教婦人矯風会会員となり、一八八七年に洗礼《せんれい》を受ける。一八九二年小橋勝之助《こばしかつのすけ》・実之助《じつのすけ》兄弟が兵庫県赤穂《あこう》に設立した孤児救済施設博愛社《はくあいしゃ》の運営に協力。一八九九年大阪市淀川区十三の現在地に博愛社を移転した。同年大阪婦人矯風会を設立、女性の保護と職業紹介事業のため一九〇七年大阪市北区中之島に大阪婦人ホームを開設、矯風会事務所も置き、歌子は同所に住み矯風会大阪支部長として運動に専念した。矯風会は一九〇九年大阪曾根崎新《そねざきしん》地《ち》焼失、一二年難波新地《なんばしんち》焼失後の*遊廓《ゆうかく》再建反対運動に成功した。一九一六年(大正五)の飛田《とびた》遊廓設置反対運動は高揚《こうよう》をみるが失敗に終り、一八年に大阪で開催された矯風会大会から女性参政権獲得を会の活動に加えた。一九三〇年(昭和五)のロンドン海軍軍縮会議に*ガントレット恒子《つねこ》とともに軍縮請願書を携《たずさ》え赴《おもむ》き、欧米の平和運動家と交流するなど国際的活動にまで視野を広げた。中国での活動にも意欲的で北京で医療セツルメント愛隣館《あいりんかん》の建設に助力。一九三八年第五代矯風会会頭に就任。興亜《こうあ》女子指導者講習会を開催するなど戦時下、時局に迎合《げいごう》することで矯風会を存続させた。敗戦後、女性参政権の実現、GHQの公娼《こうしょう》廃止に関する覚書《おぼえがき》を歓迎するも、一九四六年三月二十四日八十一歳で死去。

【参考文献】大谷リツ子『林歌子』(五味百合子編著『社会事業に生きた女性たち―その生涯としごと―』一九七三、ドメス出版)。高見沢潤子『涙とともに蒔くものは―林歌子の生涯―』、一九八一、主婦の友社。石月静恵「廃娼運動と林歌子の生涯」(右田紀久恵・井上和子編著『福祉に生きたなにわの女性たち』一九八八、編集工房ノア)。久布白落実『貴女は誰れ?―伝記・林歌子―』(伝記叢書)、一九八八、大空社。　(石月　静恵)

はやしふみこ　林芙美子　一九〇三―五一　昭和時代の小説家。一九〇三年(明治三十六)十二月三十一日(五月五日説もある)、福岡県門司市《もじ》(山口県下関市《しものせき》説もある)に、行商人宮田麻太郎《みやたあさたろう》・キクの長女として生まれる。一九一〇年に母が沢井喜三郎《さわいきさぶろう》とともに芙美子を連れて家を出る。以後、行商して歩く養父とともに芙美子は各地を転々とした。一九一六年(大正五)から広島県尾道《おのみち》市立高等女学校を卒業するまで、尾道で過ごす。一九二二年、卒業すると間もなく因島《いんのしま》出身の恋人を追って上京するが、翌年別れる。東京で詩と童話を書きながら、工員・*女給《じょきゅう》などさまざまな仕事に就き、俳優・学生・詩人といった男性たちと同棲と別れを繰り返した。一九二六年、終生の伴侶《はんりょ》となる手塚緑敏《てづかりょくびん》との、『清貧《せいひん》の書』(一九三一年)に描かれたような心の通いあった静かな生活を得る。上京後に転々としていた時期のことを書いた『*放浪記《ほうろうき》』(一九三〇年)が好評で、同じ年に『続放浪記』も刊行。一躍人気作家となる。日記形式であるが、芙美子自身の記憶違

林芙美子

いもあり小説上のフィクションや詩も織りまぜてある。一九三一年(昭和六)末から翌年六月まで欧州、主としてパリに滞在。芙美子は転地、旅行を好んだ。一九三三年に養父が亡くなり、母を引き取る。それまでは自伝的内容を叙情性をもって描く作風であったが、不遇の袋物職人とその妻を描いた『牡蠣《かき》』(一九三五年)はリアリズム小説として評価され、この時期から庶民生活の諸相を客観的に描き出す作家へと変わってゆく。戦争中は内閣情報部のペン部隊として漢口《かんこう》一番乗りをしたり、報道班員として南方に派遣されたりする。一九四三年、生後間もない男児を引き取って泰《たい》と命名し、翌年には養子とする。戦後は復興するジャーナリズムに求められるまま旺盛《おうせい》な執筆活動を展開した。戦争中に仏印で出会って愛しあい、敗戦後の日本で虚無に悩む男女を描いた『浮雲《うきぐも》』(一九五一年)は代表作となった。連載小説やルポルタージュ、エッセイなどの執筆も多く抱え、過労から健康を害し、一九五一年六月二十八日に心臓麻痺《まひ》で死去。『めし』ほか、三編の長編が中断された。

参考文献　板垣直子『林芙美子の生涯―うず潮の人生―』、一九六五、大和書房。平林たい子『林芙美子』、一九六九、新潮社。川本三郎『林芙美子の昭和』、二〇〇三、新書館。

(宮内　淳子)

はやつひめ　速津媛　「豊後国風土記《ぶんごのくにふどき》」速見郡《はやみぐん》条にみえる伝承上の*女性首長。「処の長《ところおさ》」として景行《けいこう》天皇を出迎え、五人の「*土蜘蛛《つちぐも》」(在地抵抗勢力)の所在を密告した。よってその地を「速津媛国《はやつひめのくに》」といい、のち速見郡と改めたという。速津媛とは「ハヤのヒメ」の意味。地名起源説話の形で、一国(*律令制下の郡規模)の地名を名に負う女性統率者の姿を伝える。『日本書紀』景行天皇十二年条にも、「速見邑《はやみのむら》の一処の長」として同様の話がある。

参考文献　義江明子『つくられた卑弥呼』(ちくま新書)、二〇〇五、筑摩書房。

(義江　明子)

はらあさお　原阿佐緒　一八八八―一九六九　大正・昭和時代の歌人。本名あさを。宮城県黒川《くろかわ》郡宮床《みやどこ》(大和町)の原幸松《ゆきまつ》・しげの長女。日本女子美術学校日本画科に十七歳で入学したが教師と恋愛し中退して長男出産。『*女子文壇《じょしぶんだん》』で*与謝野晶子《よさのあきこ》に認められ、新詩社《しんししゃ》・青鞜社《せいとうしゃ》に所属。傷心の歌集『涙痕《るいこん》』を出版。宮城学院女学校美術教師となる。再婚し次男出産後離婚。「アララギ」に入会し、物理学者で歌人の石原純《いしはらあつし》と恋愛同棲し除名される。室戸《むろと》台風で全歌稿を消失し以後歌作をやめた。歌集に『白木《しろむ》槿《くげ》』『死をみつめて』『原阿佐緒全歌集』がある。

参考文献　小野勝美『原阿佐緒の生涯―その恋と歌―』(古川叢書)、一九七四、古川書房。大原富枝『原阿佐緒』、一九六六、講談社。

(村岡　嘉子)

はらおび　腹帯　妊婦が腹に巻く布。晒木綿《さらしもめん》が多い。ハラオビ・フクタイ・イワタオビなどという。白色が多いが、紅白あるいは白でも部分的に赤く色づけする事例もある。古くは魔よけの意味で赤を使い、白色は新しいとする説がある。長さは一丈・七尺五寸三分・三尺三寸などさまざまである。夫の褌《ふんどし》を使うと安産するという事例もあるが、妊婦の実家から贈られることが多い。はじめて腹帯を巻く帯祝《おびいわ》いは五ヵ月目の戌《いぬ》の日が一般的だが、三ヵ月目・七ヵ月目という地域もある。犬は安産という考え方により戌の日に着帯するが、腹帯に戌の字や絵を書いて安産の守りにもする。しかし江戸時代前期には卯《う》・子《ね》の日などに着帯した例もあり、戌の日に限定したのは新しいという説もある。着帯の意義は、強く巻いて胎児を大きくせずに安産させる、腹を冷やさないなどと語られるが、その是非は医学的に明確な根拠はない。帯祝いには、紅白の餅《もち》や赤飯などを近所に配って妊娠を公表する意味もある。着帯はきわめて文化的な民俗といえる。現在でも帯祝いが行われ、腹帯と妊婦用コルセットを併用する例もあり、社会的、信仰的側面を維持しながら着帯の民俗は残っている。

(浅野　久枝)

はらさいひん　原采蘋　一七九八―一八五九　江戸時代後期の女性漢詩人。代々福岡藩支藩秋月藩《しはんあきづき》儒者を勤める原古処《こしょ》の娘。名は猷《みち》。采蘋は号、別号に霞窓《かそう》がある。古処は江戸滞在中本藩の争いの影響で罷免《ひめん》され、のち天城《あまぎ》詩社《ししゃ》、秋月家塾を開く。采蘋には兄も弟もいたが、古処は采蘋の才能を見込んで幼い時から詩作を指導し、成人してからは詩遊《しゆう》の旅に同道、各地の著名詩人と交歓《こうかん》した。父の夢を託された采蘋は文政《ぶんせい》八年(一八二五)、久留米《くるめ》藩士の娘として上京、父の病により一旦帰郷、父の死後再度出郷、父の著作の刊行を胸に、沿道の詩人と交流しながら江戸をめざした。困窮《こんきゅう》に耐え、江戸詩壇《しだん》において高い評価を受ける。この間、仕官を願い、藩政への献言《けんげん》を行うが入れられず、「女儒《じょじゅ》を以って発跡(立身)」する願いはかなわなかった。嘉永《かえい》元年(一八四八)母の看病のため帰郷、母の死後詩作の旅をし、再度の江戸行きに備えたが、その途路萩《はぎ》城下で没す。六十二歳。遺作の多くは秋月郷土館(福岡県朝倉市秋月野鳥)に所蔵されている。『続々日本儒林叢書』三詩文部に『采蘋詩集』が収録されている。『日本唯一閨秀詩人原采蘋女史』が謄写版刷りで一九五八年に刊行されている。

参考文献　志村緑「江戸末期知識人女性における自立と葛藤」(『芸林』四〇ノ二)、一九九一。前田淑『江戸時代女流文芸史―俳諧和歌漢詩編―』、一九九八、笠間書院

(片倉比佐子)

はらださつき　原田皐月　⇨堕胎論争《だたいろんそう》

はるのつるこ　春野鶴子　一九一五―八一　昭和時代後期の消費者運動家。長崎市で生誕。長崎女子師範学校卒後教員などを経て兄の戦死後一九三八年(昭和十三)上海に移る。陸軍報道部の仕事に携わり、中日女性の友好を期して東亜《とうあ》婦女会創設。『婦人大陸』発行。帰国後記者・新日本婦人同盟役員を経て一九四八年創立の*主婦連合会の目的に共鳴して参加。一九五五年政治部長、一九五七年から副会長。物価値下げなどの運動の先頭にたつと同時に米価審議委員会など政府の各種委員につき、消費者

の権利を擁護《ようご》する立場を貫いた。著書に『私は中国の兵隊だつた』(一九五八年、学風書院)などがある。

参考文献 『主婦連合会三〇年史』、一九八〇、主婦連。

(早川 紀代)

バレンタイン＝チョコレート バレンタイン＝チョコレート バレンタインデーに女性が意中の男性に贈るチョコレート。もともと欧米では二月十四日の聖バレンタイン記念日に愛する人へ贈り物をする習慣がある。一九五八年(昭和三十三)メリーチョコレートは東京新宿で女性から男性に贈ることを発案し発売したが、この時売れたのは三枚だけだった。しかしその後宣伝による販売促進戦略が奏功《そうこう》し、中学・高校生たちの間で流行し始め、昭和三十年代後半から売行きが急増し、一般化した。現在では職場の男性たちへの「義理チョコレート」も出現するほど習俗化し、年中行事として定着している。

参考文献 近藤雅樹『おんな紋―血縁のフォークロア―』、一九九五、河出書房新社。「女と男の時空」編纂委員会編『年表・女と男の日本史』、一九九八、藤原書店。

(小和田美智子)

はんがく 板額 生没年不詳 鎌倉時代の越後国《えちごのくに》の女武者。城資盛《じょうすけもり》の叔母《おば》。坂額とも。建仁《けんにん》元年(一二〇一)五月十四日、かつて平家方であった城資盛が、鎌倉幕府から失脚した梶原景時《かじわらかげとき》に呼応して越後中条《ちゅうじょう》の鳥坂城《とっさかじょう》で反乱を起こした際、資盛の叔母として幕府勢の佐々木盛綱《ささきもりつな》に抵抗。合戦の日、板額は童形《どうぎょう》のごとく髪を上げ、鎧《よろい》は腹巻《はらまき》だけを着、矢倉《やぐら》の上から矢を射たので、彼女の百発百中の矢に当たる者はことごとく死んだ。そこで信濃《しなの》の御家《ごけ》人藤沢清親《にんふじさわきよちか》が背後の山に登り、高所から矢を発したので、矢は板額の左右の股《また》に射通り、転倒したところを清親に生捕りになった。板額が疵《きず》を被ってのち、城氏は敗北した。六月二十八日には鎌倉に護送されたが、将軍源頼家《みなもとのよりいえ》をはじめとして、この勇婦の姿を見ようとする*御家人は少なくなかった。翌二十九日、甲斐《かい》国の阿佐利義遠《あさりよしとお》は板額が配流と決まっているなら、自分が預かって妻に迎え、逞《たくま》しい男子を産ませたいと頼家に頼んで許された。甲斐国に下向以後の消息は不明であるが、板額の墓、坂額にちなむ坂額という坂名などが伝承として残る。

参考文献 細川涼一『女の中世』、一九八九、日本エディタースクール出版部。

(細川 涼一)

はんぎょく 半玉 少女の*芸者。まだ一人前として扱われない芸者のこと。「雛妓《ひなぎ》」とも呼称。芸者としての遊芸を身につけていないので、玉代が半分であることから半玉といわれた。宴席に出ることは少なく先輩芸者の身のまわりの世話、遊客への伝言・連絡などの雑用をし、芸者の使い走りの役割を果たしていた。

参考文献 西山松之助編『遊女(新装版)』(日本史小百科)、一九九四、東京堂出版。

(宇佐美ミサ子)

はんしじょおう 班子女王 八三三―九〇〇 光孝《こうこう》天皇女御《にょご》。宇多《うだ》天皇・是忠《これただ》親王・是貞《これさだ》親王・忠子《ちゅうし》内親王・簡《かん》子《し》内親王・綏子《すいし》内親王・為子《いし》内親王の母。父は桓武《かんむ》天皇皇子である仲野《なかの》親王、母は当宗《たぎま》某女。天長《てんちょう》十年(八三三)に生まれる。元慶《がんぎょう》八年(八八四)二月、従三位《じゅさんみ》叙位《じょい》。同四月光孝天皇即位により*女御となり、仁和《にんな》三年(八八七)正月、従二位《じゅにい》叙位《じょい》。同十一月十七日、宇多天皇即位により皇太夫人《こうたいぶにん》、寛平《かんぴょう》九年(八九七)七月二十六日、孫である醍《だい》醐《ご》天皇即位に伴い*皇太后《こうたいごう》となった。宇多天皇は常寧殿《じょうねいでん》において寛平四年三月十三日班子女王六十の御算を行なった。(『日本紀略』では四十とする)同年十二月二十一日忠子・簡子・綏子・為子の四内親王によって母のために仏経供養が行われた。そのときの願文《がんもん》は菅原道真《すがわらのみちざね》によって作られ、『菅家文草《かんけぶんそう》』に収められている。願文から仏殿を作り、宝像《ほうぞう》を安置し、豪華に荘厳《しょうごん》され、紺紙金銀泥《こんしきんぎんでい》による豪華な経典が書写されたとする。翌五年十一月(『本朝文集』では十二月)二十一日には班子女王が忠子内親王のために四十の賀《が》と息災延命《そくさいえんめい》を祈って仏経供養を行なった。道真が作った願文では、白檀《びゃくだん》の釈迦《しゃか》仏像、脇侍《わきじ》菩薩《ぼさつ》二体を造り、金字《きんじ》孔雀経《くじゃくきょう》一部、墨書寿命経《ぼくしょじゅみょうきょう》四十巻が書写されたことがわかる。また寛平年中には班子女王主催の百番歌合わせ「寛平御時后歌合《かんぴょうおんときのきさきうたあわせ》」が行われた。班子女王は*後宮文芸サロンの中心であったことがわかる。寛平九年三月二日付「太政官符《だじょうかんぷ》」で班子女王の発願《ほつがん》によって浄福《じょうふく》寺《じ》が建立されたことがわかる。同年八月九日宇多上皇とともに東三条院《ひがしさんじょういん》に移るまで内裏《だいり》常寧殿に住まいした。幼帝でなくても天皇が在位中に生母が内裏に住まいするという例として知られる。昌泰《しょうたい》元年(八九八)二月十三日朱《す》雀院《ざくいん》に移る宇多上皇のために餞別《せんべつ》の宴を催した。昌泰三年四月一日死去。六十八歳(『日本紀略』では四十八である が『大日本史料』の注に従うべきか)。山城《やましろ》国葛野《かどの》郡頭《ず》陀《だ》寺《じ》付近に葬られる。「洞院《とういん》皇后」と称される。

参考文献 『日本紀略』。西野悠紀子「母后と皇后―九世紀を中心に―」(前近代女性史研究会編『家・社会・女性―古代から中世へ―』一九九七、吉川弘文館)。

(内田 順子)

はんじょ 班女 謡曲。四番目物で狂女物《きょうじょもの》。世阿弥《ぜあみ》作。室町時代成立。「班女」は前漢成帝《せいてい》の寵妃班婕妤《ちょうひはんしょうよ》のことで、班女が寵愛《ちょうあい》を失った悲しみを扇に譬《たと》えて詩を作った故事を踏まえている。美濃国野上《みののくにのがみ》の宿の遊女花子《はなこ》(前シテ)は、東へ下る吉田少将《よしだしょうしょう》と契り扇を交わして以来、閨《ねや》より外に出ないために宿の長に追い出される。都に帰る少将は野上の宿でそれを知り、京の糺《ただす》の森に参詣《さんけい》する。そこでは花子が狂女(後シテ)となって班女と呼ばれており、少将と花子は扇を見せ合って再会する。テキストには『謡曲集』上(日本古典文学大系)、『謡曲百番』(新日本古典文学大系)などがある。

(菅原 正子)

はんたいへいようふじんかいぎ 汎太平洋婦人会議 太平洋沿岸諸国の女性代表による国際会議。一九二八年(昭和三)八月、ハワイのホノルルで第一回汎太平洋婦人会議(Pan-Pacific Women's Conference)が開催される。太平洋地域の友好と平和の促進を目的とした民間団体、汎太平洋同盟(会長ハワイ州知事、日本支部長徳川家達《いえさと》)の主催であった。意見交換と交流を通して女性問題解決の方策を模索し、世界平和への流れをつくりだすことなどを目的とした。議長をジェーン＝アダムズがつとめ、アメリカ・カナダ・オーストラリア・フィリピン・中国など十三の国と地域の女性代表が参加。日本からは保健・衛生部門に*吉岡弥生《よしおかやよい》、教育部門に*井上秀子《いのうえひでこ》・*木内《きうち》キヤウ、婦人労働部門に正田淑子《しょうだよしこ》、婦人と政治部門に井出菊江《いできくえ》・*市川房枝《いちかわふさえ》、社会事業部門に*藤田《ふじた》たき・*ガントレット恒子《つねこ》などが出席。一九三〇年ホノルルで第二回会議が開かれ、汎太平洋同盟から独立して「汎太平洋婦人協会」(Pan-Pacific Women's Association)が結成された。協会は一九五五年「汎太平洋東南アジア婦人協会」と改称。一九三四年第三回会議はホノルルで、一九三七年第四回会議はバンクーバーで開催されるが、一九四〇年は国際情勢悪化のため中止。一九四九年に再開した。

参考文献　児玉勝子『十六年の春秋―婦選獲得同盟の歩み―』、一九九〇、ドメス出版。日本汎太平洋東南アジア婦人協会『汎太平洋東南アジア婦人協会六十年史』、一九九三、ドメス出版。杉森長子『アメリカの女性平和運動史』、一九九六、ドメス出版。

(国武　雅子)

はんでんしゅうじゅ　班田収授　中国唐の均田制に倣《なら》い日本古代に実施された、『大宝律令《たいほうりつりょう》』『養老律令《ようろうりつりょう》』の田令《でんれい》による口分田《くぶんでん》などの班給と収納の制度をいう。古代の人民はすべて良《りょう》と賤《せん》の身分に大別されたが、六年に一回造られる*戸籍に登載《とうさい》された良民・賤民の六歳以上の男女に田地を次の基準でその戸主に給して終身の用益を認めた。基準額は、良民と賤民の官戸の男子には二段《たん》、女子に三分二の一段百二十歩、賤民の陵戸《りょうこ》・公奴婢《くぬひ》・家人《けにん》・私奴婢《しぬひ》には良民男女のそれぞれ三分の一とされた。しかし田地不足の国では減額基準を設けて班給した。年齢は満年齢か数え年か説が分かれるが、『養老令』田令の規定では五年(歳ではない)以下には給さないとあり、班給時に六歳から十一歳のものが新規に班給された。しかし大宝二年(七〇二)の『西海道戸籍《さいかいどうこせき》』の給田《きゅうでん》の書き込みでは一歳児にも班給されたことが論証され、時間的に先行する『飛鳥浄御原令《あすかきよみはら》』田令の基準によるというが、『大宝令』戸令《これい》戸籍によるとする見解や、『大宝令』田令以降でも五年以下規定が班給年の間隔期間を指し、一歳児から班給したとする見解もある。中国で租庸調《そようちょう》負担の成年男子班給が、日本では長幼・男女・良賤の別なく班給したのは、各戸保有田数を激変させない結果とする理解が有力である。実施では、(一)『飛鳥浄御原令』田令実施の持統《じとう》天皇六年(六九二)―天平《てんぴょう》十四年(七四二)、(二)天平十五年―延暦《えんりゃく》十九年(八〇〇)、(三)延暦二十年―延喜《えんぎ》二年(九〇二)の三つの時期がある。(二)は墾田永年私財法《こんでんえいねんしざいほう》発布により未墾地の開発を身分で面積制限しての許可があり、従来の熟《じゅく》田《でん》だけを班給した日本班田制を中国限田制《げんでんせい》と同じ原理に脱皮させたとする見解も含まれる。(三)は六～八年で実施した班田を十二年に一度とした一紀一行令《いっきいっこうれい》が起点で、調庸不課の女子を多く登録する偽籍の進行で班給を次第に男子の課丁《かてい》に、また課税を人身から田数に転換して田地の納税請負《うけおい》単位の名《みょう》に再編していく過程が地域ごとに進行していき、廃絶したとされる。

参考文献　虎尾俊哉『班田収授法の研究』(日本史学研究叢書)、一九六一、吉川弘文館。同『日本古代土地法史論』、一九八一、吉川弘文館。

(小林　昌二)

パンパン　パンパン　日本を占領した連合国軍兵士を相手に売春を行なった女性の通称。発生の直接の要因には、*RAA(Recreation and Amusement Association、特殊慰安《いあん》施設協会)や各地に設置された「進駐軍用慰安施設」が性病の蔓延《まんえん》を理由に閉鎖されたことにより、女性たちが街頭へ放出されたという、政府の行為がある。「街娼《がいしょう》」「闇《やみ》の女」とも称され、朝鮮戦争時には基地周辺に集まり、パンパン＝性病感染源とみなした占領軍によって常に「狩《か》り込《こ》み」という強制連行・検診の暴力にさらされた。

参考文献　神崎清『戦後日本の売春問題』(現代新書)、一九五四、社会書房。平井和子「米軍基地と「買売春」―御殿場の場合―」(『女性学』五)、一九九七。恵泉女学園大学平和文化研究所編『占領と性』、二〇〇七、インパクト出版会。

(平井　和子)

ばんぽうひじき　万宝鄙事記　衣食住など生活全般に有益な事柄を和漢諸書などから集録した生活百科事典。*貝原益軒《かいばらえきけん》編。八巻。宝永二年(一七〇五)刊。衣服・営作・器財・硯墨筆紙・文字・刀脇差・収種法《しゅうしゅほう》・花・香・火・紙細工・染物・去虫鼠《むしねずみをさる》・雑・占天気・月令・養気・食禁・用薬・灸治《きゅうじ》の全二十門に分け、多くは本草書・医書・家事関連書・俳諧《はいかい》書・歌書など諸書による知識で典拠も明記するが、たとえば「胎内の子男女を占ふ法」(雑部)のような俗説も多分に含まれる。テキストは『江戸時代女性文庫』二五(一九九五年、大空社)。

(小泉　吉永)

ばんりょう　盤領　まるえり。朝廷の朝服の流れを汲む男性の服装に用いられる襟元《えりもと》の様式。*垂領《すいりょう》の衣服に対する名称。身頃《みごろ》の下前から上前にかけて丸く調製した服の総称。蜻蛉《とんぼ》や受緒《うけお》、あるいは紐で襟元を結び止める。元来は中国北部の胡人《こじん》の服装に用いられていたという。日本では古墳時代の埴輪《はにわ》に類似する襟元が確認され、その後、『大宝令《たいほうりょう》』『養老令《ようろうりょう》』の衣服令《えぶくりょう》でこの形式の襟が官人の正装に採用された。八・九世紀までは女性の官人や夫人たちも正装では盤領の最上衣を着ていたとみられ、さらに、*中宮寺「天寿国繡帳《てんじゅこくしゅうちょう》」や高松塚古墳壁画の女性像などにも見出せる(官人の場合はみずからの位を、無位ながらも有位の官人の夫人たちは夫の位の色をその生地の色とした)。ところが何らかの理由で宮廷の女性は盤領の衣服を身に着けなくなった。盤領の衣服は平安時代の中期ごろには下級官人の正装にも反映され狩衣《かりぎぬ》や水干《すいかん》といった服装を生み出す。また、この水干・狩衣は富裕な庶民や武士の正装としても用いられた。垂領の服は*肌着から間着《あいぎ》、最上衣である上着に至るまで用いられたのに対し、盤領はあくまでも最上衣であったことが特徴的である。

参考文献　佐多芳彦「服装の表象性と記号性—盤領と垂領—」(永原慶二編『日本歴史大事典』三、二〇〇一、小学館)。

(佐多　芳彦)

ひ

ひ　妃　⇩きさき

ひ　婢　良賤《りょうせん》に二分された古代身分制における、女性の賤民《せんみん》。『養老律令《ようろうりつりょう》』では賤民には陵戸《りょうこ》・官戸《かんこ》・家人《けにん》・官奴婢《かんぬひ》・私奴婢《しぬひ》の五種があり(五色《ごしき》の賤《せん》)、他の身分との*婚姻を禁じられていた。国家に属する官戸・官奴婢に対し、家人・私奴婢は個人の所有物であり、また官奴婢・私奴婢は*家族結合を法的に認められず、所有者が個人を単位に売買しえた。しかし陵墓《りょうぼ》の守備にあたり良民との中間に位置する陵戸、良民と同量の口分田を支給される官戸を除く他の三者は、家人も*戸籍上は奴婢と記載されるなどともに奴婢と呼ばれ、その実態に差がなかった。令制では婢の生んだ子は賤とされたが、逃亡による抵抗もあり、しばしば身分をめぐる問題が発生した。良賤の判断の根拠には『庚午年籍《こうごねんじゃく》』が使用されたが、政権の交代により判断が変化した例もある。奴婢は基本的に家内奴隷《どれい》であり、婢の場合農事や運搬など肉体労働のほか、出産医療や芸能、秘書的雑務など専門的労働を含むさまざまな労働に従事している。

参考文献　神野清一『日本古代奴婢の研究』、一九九三、名古屋大学出版会。西野悠紀子「「長屋王家」木簡と女性労働」(門脇禎二編『日本古代国家の展開』下、一九九五、思文閣出版)。

(西野悠紀子)

ひあわせ　火合わせ　平安時代の*婚姻儀式の中で、婿《むこ》方が自分の家から持参した火(脂燭《しそく》・松明《たいまつ》)を妻方に来て妻の家の火と取り合わせる儀式のこと。小一条院《こいちじょういん》が藤原道長娘寛子《かんし》と結婚した時の『*御堂関白記《みどうかんぱくき》』寛仁《かんにん》元年(一〇一七)十一月二十二日条によれば「左大将・左衛門督採脂燭」とあり、小一条院の持参した火を道長方の教通《のりみち》と頼宗《よりむね》が迎え入れている。『江家次第《ごうけしだい》』二〇には「執聟事、近代例」に「脂燭一人留戸外、一人親本家之人、取合両脂燭到帳前、火移付燈楼」とあり、火合わせの儀式の様子が理解される。妻方で合体された火は廊《ろう》や燈楼《とうろう》や炭などにうつされ三日の間消さないように細かな配慮《はいりょ》がなされた。火合わせの儀式の由来については、婿を妻族の一員とするために用いられる日本古来の呪法《じゅほう》であるとか、古代の中国に結婚の時三日間火を消さない習俗があることからして中国の影響であるとする見解がある。いずれにしても、現段階ではこの分野は十分な研究の蓄積《ちくせき》が行われていない。

参考文献　中村義雄『王朝の風俗と文学』(塙選書)、一九六二、塙書房。高群逸枝『招婿婚の研究』(高群逸枝全集)、一九六六、理論社。

(栗原　弘)

ピー＝ティー＝エー　PTA　第二次世界大戦後、アメリカの指導にもとづき、文部省の主導により全国的にきわめて短い期間で結成された自主的な父母と先生の会。文部省により一九四七年(昭和二十二)三月三日付で「父母と先生の会—教育民主化の手引き—」が全国都道府県知事宛に送付され、これ以降、急速にPTAが結成された。本来自主的であるべき集団が天下り的に作られたことは、PTA内部のボス支配や戦前から続く財政後援会的体質を許したが、そのような体質をなくそうとする動きが一九五〇年代に登場する。それは、教育環境を整えるための奉仕活動や民主主義の学習活動を経て、特に女性たちが社会的な行動力を身につけたことによる。さらにPTA活動がきっかけとなり、母親大会運動の源流になった「母と女教師の会」や「*日本子どもを守る会」も誕生した。しかし現在、*家庭と学校と社会とが、子どもの教育の責任を分け合い、力をあわせて子どもたちの幸福実現のために活動できているかと問われれば、残念ながら過去ほどの勢いはない。

参考文献 もろさわようこ『おんなの戦後史』、一九七一、未来社。PTA史研究会編『日本PTA史』(学術叢書)、二〇〇四、日本図書センター。 (渡辺 典子)

ひえだのあれ 稗田阿礼 生没年不詳 『*古事記《こじき》』序文によれば、天武天皇は、当時二十八歳の「舎人《とねり》」であり、人柄も「聡明《そうめい》」で、「目に度《わた》れば口に誦《よ》み、耳に払《ふ》るれば心に勒《しる》す」阿礼に「帝皇日継《ていおうひつぎ》と先代旧辞《せんだいきゅうじ》」を誦習《しょうしゅう》させたが筆録にまで至らず、その後、大安麻呂《おおのやすまろ》(多安麻呂)が和《わ》銅《どう》四年(七一一)九月十八日の*元明《げんめい》天皇の詔《みことのり》をうけ、約四ヵ月かけて「撰び録し」て、和銅五年正月二十八日に献上したとする。稗田氏は、天鈿命《あめのうずめ》の後裔《こうえい》の*猿女君《さるめのきみ》(公)の一族と考えられ(『西宮記《さいきゅうき》』裏書)、奈良県大和郡山市稗田町の地を本貫《ほんがん》とする。阿礼の実像は史料が少ないため、類推に頼る部分が多く、阿礼を女性とする説もある。しかし、序文には「舎人」とあり、「*女孺《にょじゅ》」と記されていないことから、その説の成立は困難であり、大王―王権に近侍した舎人とみるのが素直な解釈と考えられる。

参考文献 西郷信綱「稗田阿礼」(『古事記研究』一九七三、未来社)。藤井貞和『物語文学成立史―フルコト・カタリ・モノガタリ―』、一九八七、東京大学出版会。柳田国男「稗田阿礼」(『柳田国男全集』一一、一九九八、筑摩書房)。 (荒木 敏夫)

ひおくにこ 日尾邦子 一八一五―八五 幕末・維新期の歌人。号花月園。くに子とも書く。石井氏。出羽庄内《でわしょうない》藩酒井家の奥に勤め、日尾荊山《けいざん》(直麿《なおまろ》)に*和歌・書を学ぶ。天保《てんぽう》十二年(一八四一)荊山の後妻となり、直子《なおこ》を育てる。荊山の死後、直子とともに塾を継承。会津藩主松平容保《まつだいらかたもり》の姉照子《てるこ》をはじめ、大名家の奥で和歌を教える。古今の歌を論評した『花月園《かげつえん》謾筆』(国立国会図書館)は和歌の造《ぞう》詣《けい》が深かったことを示す。書をよくし、歌集『竹の下風』(静嘉堂《せいかどう》文庫)には和歌七百余首、漢詩十二首を収める。

参考文献 柴桂子『会津藩の女たち』、一九九四、恒文社。片倉比佐子「日尾直子とその周辺」(『江戸期おんな考』一一)、二〇〇〇。 (片倉比佐子)

ひおなおこ 日尾直子 一八二九―九七 幕末から明治時代前期の教育者、歌人。直とも。号竹陰。漢学・国学に精通《せいつう》した日尾荊山《けいざん》(直麿《なおまろ》)の娘。荊山は大名家に出入するとともに、江戸の名主、多摩の豪農《ごうのう》などの子弟の教育にあたった。荊山は後継者に恵まれず、その死後、直子が継母邦子《けいぼくにこ》とともに塾を継承した。慶応《けいおう》三年(一八六七)湯島《ゆしま》から下谷御徒町《したやおかちまち》に転居、剣術道場もかねた男塾も開いた。維新後、改めて至誠堂《しせいどう》(塾)を開学、漢学・国学・古典を教える中等教育機関となり、公私立小学校の教師を育てた。多摩とのつながりも続き、民権運動家、地方名望家となった父の弟子たちの子弟が入学してきた。のち北村透谷《きたむらとうこく》の妻になる*石阪美那《いしざかみな》、妹登志子《としこ》、吉野りうなどもここで学んだ。石阪美那は一度結んだ日尾家との養子縁組を断り、ミッション系の学校へ飛び立ち、登志子・りうもあとに続いた。維新後も旧大名家との交流があり、久松《ひさまつ》松平家から入った養女があとを継いだ。墓所は台東区谷中本通寺。日尾家の遺品は荊山の出身地埼玉県小鹿《おが》野《の》町に寄贈されている。

参考文献 片倉比佐子「日尾直子とその周辺」(『江戸期おんな考』一一)、二〇〇〇。同「日尾家女三代の作品」(『江戸期おんな考』一五)、二〇〇四。 (片倉比佐子)

ひがきのおうな 檜垣嫗 伝説上の人物で、歌才のある*遊女として知られる。『後撰和歌集《ごせんわかしゅう》』一七(雑三)に、筑《つく》紫《し》の白川に住んでいた檜垣嫗の家の前を、大宰大弐《だざいのだいに》の藤原興範《おきのり》が通りすがりに水を求めたのに対して、嫗が詠んだ歌として、「年経ればわが黒髪も白川の水はくむまで老いにけるかな」の一首を載せる。ただし、『後拾遺《ごしゅうい》和歌集』一九(雑五)に類歌があるが、そこでは詠者は檜垣嫗ではなく、源重之《しげゆき》となっている。『*大和物語《やまとものがたり》』百二十六段には、『後撰和歌集』の類歌がみられる。話の筋は異なり、「筑紫にありける檜垣の御といひけるは、いとらうあり、をかしくて世を経たる者になむありける」と、風流で優雅に暮らしていた檜垣嫗が、純友《すみとも》の乱で家が焼け没落したことを語る。小野好古《おののよしはる》が檜垣嫗に会いたくて、わざわざ尋ねあてたところ、「かしら白きおうなの、水くめるなむ、前よりあやしきやうなる家に入りける」嫗の落ちぶれた姿をみる。好古がその嫗に呼びかけたのに対して、恥じて詠んだ歌がそれだとする。百二十七・百二十八段にも連続して、檜垣嫗のことがみえる。百二十八段では、「この檜垣の御、歌をなむよむといひて、すき者ども集まりて、よみがたかるべき末をつけさせむとて」と、難解な連歌の末の句を巧《たく》みに付けた逸話《いつわ》が載る。これらにおいて風流な歌才豊かな一面と、老いの落魄《らくはく》のイメージとが重ねあわされていった結果、『袋草紙《ふくろぞうし》』に「肥後国遊君檜垣嫗、老後落剝者也」とあるように、老いた「遊君《ゆうくん》」という女性像が定着する。平安時代の歌集として『檜垣嫗集』があるが、檜垣嫗の家集ではないとされる。檜垣という女性に仮託《かたく》された歌が残されるのは、大宰府《だざいふ》周辺の官人たちと交わりを持った、歌を詠む女性たちの存在が背景にあると見られる。『二中歴《にちゅうれき》』に檜垣を「歌人、女房」とするように、準女官的な遊行女婦《うかれめ》のような性格の女性像が本来の姿であったかとされる。

参考文献 服藤早苗「遊行女婦から遊女へ」(女性史総合研究会編『日本女性生活史』一、一九九〇、東京大学出版会)。 (小嶋菜温子)

ひかげちゃやじけん 日蔭茶屋事件 一九一六年(大正五)十一月九日、神奈川県葉山《はやま》にある旅館日蔭茶屋において、*神近市子《かみちかいちこ》が、大杉栄《おおすぎさかえ》の咽喉《のど》を短刀で刺した事件。大杉栄には、「妻」*堀保子《ほりやすこ》が存在しながらも、「愛人」として神近市子・*伊藤野枝《いとうのえ》がいた。大杉は「*自由恋愛」と称して、三つの条件を掲げた。経済上の独立、同棲なしの別居生活、互いの自由の尊重である。堀保子は、*一夫一婦制を主張し、自由恋愛に異を唱えた。神近は、先の三条件を受け入れていた。なぜならば、大杉とは思想上対等な関係で結ばれていたことや、経済的に独立した女性は婦人の*娼婦《しょうふ》化を救うとのちに述べているからである。伊藤野枝は、辻潤《つじじゅん》と築いた「家」にしばられていたが、大杉との出会いの中に、新しい自分を見出そうとしていた。大杉こうしてみると彼女たちは、「*新しい女」として、大杉の前に存在したが、互いに「相剋《そうこく》」の呈《てい》をなした。結果としてこの多角的*恋愛は、神近が大杉を刺傷する形で終結した。

参考文献 黒澤亜里子「近代文学における《両性の相剋》問題―田村俊子の「生血」に即して―」(脇田晴子・S・B・ハンレー編『ジェンダーの日本史』下、一九九五、東京大学出版会)。河原彩「堀保子小論」(『総合女性史研究』一七、二〇〇〇。

(加賀山亜希)

ひがさ　日傘　晴天のときに日除けとしてさす蛇《じゃ》の目《め》日傘。江戸時代に入ると傘が民間にも普及する。元禄の初めまでは雨傘・日傘ともに長柄だった。古来傘は青紙張りだったが、女性や子どもの間で絵日傘が流行し、元禄のころから柄の短い傘が使われるようになった。江戸では宝暦年間(一七五一―六四)に日傘が現われて管笠がすたれ、女性が外出時に頭に直接つけた帽子なども着用されなくなる。髪型をそこねず暑を避けることができたが、幕府は寛延二年(一七四九)以来、再三にわたり日傘の使用を禁止した。

参考文献 安国良一「近世京都の庶民女性」(女性史総合研究会編『日本女性生活史』三、一九九〇、東京大学出版会)。宮本馨太郎『かぶりもの・きもの・はきもの(新装版)』(民俗民芸双書)、一九九五、岩崎美術社。

(小和田美智子)

ひがしさんじょういん　東三条院　九六二―一〇〇一　円融天皇の*女御《にょうご》。一条天皇の母。摂政藤原兼家《かねいえ》の次女。母は摂津守中正女時姫《せっつのかみなかまさのむすめときひめ》。名は詮子《せんし》。史上初の*女院《にょいん》となり、院号を東三条院という。天元《てんげん》元年(九七八)八月円融天皇*後宮に*入内《じゅだい》、十一月女御となる。在所から梅壺《うめつぼ》女御と呼ばれた。この時後宮には、すでに藤原兼通女《かねみちのむすめ》の媓子《こうし》が*中宮、関白藤原頼忠女《よりただのむすめ》の遵子《じゅんし》が女御としていたが、翌年媓子は病死する。その後、詮子が懐妊し、天元三年六月、兼家の東三条第において男子(懐仁《かねひと》親王)を出産したことから、詮子の立后に期待が高まった。しかし、実際に立后宣旨を受けたのは、子のいない遵子で、これ以後、円融天皇と兼家・詮子父子の間柄は冷ややかなものとなる。懐仁親王*着袴《ちゃっこ》の儀式が宮中で行われても、詮子は三日で退出し、不満をあらわにした。しかし円融にはほかに子供が生まれず、永観《えいかん》二年(九八四)八月、円融譲位《じょうい》に伴い懐仁が皇太子となる。そして寛和《かんな》二年(九八六)三月、詮子は正三位とされ、同年七月、懐仁の即位(一条天皇)に合わせて*皇太后となる。ここで詮子の地位は*皇后遵子に逆転した。正暦《しょうりゃく》二年(九九一)二月に円融上皇が没し、九月十六日には病を理由に落飾《らくしょく》するが、この日をもって后位を降り、居所にちなんで東三条院の院号が宣下された。史上初の女院が誕生したのである。以後女院は後宮において恒常的に設置され、江戸時代末期まで百八例(百七名)続いた。そもそも落飾により后位を降りる先例などないため、女院という地位が詮子のために設置されたのは、当時の政治状況によるものと考えられる。正暦二年当時三后位は満員で、さらに太皇太后(昌子《しょうし》内親王)と皇后(遵子)は摂関家出身后でなかったため、摂関家にとっては後宮政策の行き詰まり状態だった。そこで、新たに女院という位を設けて皇太后位を空け、后位の空席を作ることによって、摂関家の娘の入内・立后の可能性を用意しようとしたのであろう。成立段階での女院の待遇には不明確な点もある。「譲位《おりい》のみかどに準《なぞら》へて(退位した天皇、つまり上皇に準じて)」(『*栄花物語《えいがものがたり》』)と院政期に認識されていた摂関期女院の栄光は、むしろ詮子たちの王権内における*国母《こくも》としての権威によって築き上げられたといえる。詮子が宮廷においていかに勢力を持っていたかは、(一)「母后又専朝事(天皇の母である詮子が、政治をおもうままにしている)」(『小右記《しょうゆうき》』長徳《ちょうとく》三年(九九七)七月五日条)という当時の貴族日記の記事や、(二)一条天皇の寝所に参入し、涙ながらの説得で、伊周《これちか》を抑えて道長(詮子の弟)を内覧《ないらん》に推挙させたエピソード(『*大鏡《おおかがみ》』)、(三)伊周が大宰府に配流《はいる》された理由の一つが、自分の立身の邪魔者である詮子を抹殺しようと呪詛《じゅそ》に及び、それが明らかとなったこと(『小右記』長徳二年四月二十四日条)、など多くの例証が挙げられる。詮子は兄弟や一族の中でも、特に道長をかわいがり、彼が政治の表舞台に立てたのは彼女の計らいによるところが大きい。長保《ちょうほ》三年(一〇〇一)閏《うるう》十二月、藤原行成《ゆきなり》の邸宅で死去。四十歳。その人生は、特に夫の死後に大きく花開いたといえ、国母として息子の天皇を補佐し、また実家である摂関家内部の調停役として重要な存在であった。この役割は、同じく摂関家出身の国母にして二人目の女院、*上東門院彰子《じょうとうもんいんしょうし》に引き継がれることとなる。

参考文献 龍粛「女院制の成立」(『平安時代―爛熟期の文化の様相と治世の動向―』一九六二、春秋社)。橋本義彦「女院の意義と沿革」(『平安貴族』一九八六、平凡社)。高松百香「女院の成立―その要因と地位をめぐって―」(『総合女性史研究』一五)、一九九八。服藤早苗「王権と国母―王朝国家の政治と性―」(『平安王朝社会のジェンダー―家・王権・性愛―』二〇〇五、校倉書房)。伴瀬明美「東三条院藤原詮子」(元木泰雄編『古代の人物』六、二〇〇五、清文堂出版)。

(高松　百香)

ひがしのおんかた　東御方　一四〇五―七三　室町時代の公家一条兼良《いちじょうかねよし》の妻。中御門宣俊女《なかみかどのぶとしのむすめ》。兼良の嫡子《ちゃくし》教房《のりふさ》や大乗院門跡尋尊《だいじょういんもんぜきじんそん》以下十男五女の母である。出自が不十分なため、兼良の正妻とはいえず、実名も残されていない。しかし実質的には、正妻とみなされていたと考えられる。一条家の多くの子弟の養育、家計の管理、仏事・法事の沙汰《さた》、使用人の監督、諸寺に入室した子弟との交流など、一条家の家妻《いえづま》としての役割を果たしていたと推測される。兼良には中年以降に子をなした女性がほかに三人(*南御方など)いた。東御方は寛正《かんしょう》元年(一四六〇)までは、廊御《ひさし》方と呼ばれていた。応仁元年(一四六七)応仁・文明の乱が勃発し、京が戦いにまきこまれると、五月に実家の中御門家に移り、六月に四女がいた梅津是心院《うめづぜしんいん》を経て、八月四男の尋尊がいる大和興福寺大乗院へ避難した。九月一条邸が焼失し、一条家の人々もつぎつぎと大和へ避難してきた。応仁二年九月長男の教房夫妻が一条家領幡多《はた》荘《しょう》(高知県)のある土佐へ移り、文明元年(一四六九)教房の長男で一条家の後継者である政房《まさふさ》が摂津福原荘《せっつふくはらのしょう》(神戸市)へ下向した。十一月政房が山名・赤松軍に殺害されると、翌年兼良は南御方が産んだ七歳の子(のちの冬良《ふゆよし》)を教房の養子とし、一条家の後継者とすることに決めた。文明四年南御方が女児を産み、冬良が元服した。この年十月東御方は奈良を後にし、京を経て、翌年娘是心院了高《りょうこう》がいた美濃《みの》国加賀島《かがしま》(岐阜市)に移った。この東御方の美濃行きで、一条家の家妻の地位は、冬良の母である南御方に受け継がれたこととなる。この年五月兼良も経済的援助を受けていた美濃国守護代斎藤妙椿《さいとうみょうちん》への礼もかねて美濃に下向し、帰った後に出家している。十月東御方は病となり、十一月十八日に死去した。六十八歳であった。兼良や尋尊などが、六千疋《ひき》の費用を出して、小林寺《しょうりんじ》で葬儀が盛大に行われた。諡《おくりな》は小林寺殿。法名は浄貞《じょうてい》、道号は松室《しょうしつ》という。

参考文献 永島福太郎『一条兼良』(人物叢書)、一九六八、吉川弘文館。海老澤美基「中世後期の一条家の妻たち—「家」の妻、その存立基盤と継承—」(前近代女性史研究会編『家・社会・女性—古代から中世へ—』一九九七、吉川弘文館)。

(海老澤美基)

ひがしやまちえこ 東山千栄子 一八九〇—一九八〇 昭和時代の俳優。本名河野千《こうのせん》。貴族院議員の子として千葉県に生まれる。学習院女子部卒業後に結婚。夫の任地モスクワで舞台に魅了され、帰国後の一九二四年(大正十三)築地小劇場研究生となる。一九二七年(昭和二)初演の『桜の園』で演じたラネフスカヤ夫人は生涯の当り役となった。小津安二郎《おづやすじろう》監督「東京物語」(一九五三年)をはじめとし映画にも出演。一九五八年日本新劇俳優協会初代会長、六六年文化功労者。著書に『新劇女優』(伝記叢書、一九九九年、大空社)がある。

東山千栄子

参考文献 日本経済新聞社編『私の履歴書—文化人１１—』、一九八四。

(内藤 寿子)

ひがしやまにょうぼう 東山女房 ?—一二九〇? 鎌倉時代後期の若狭国太良荘《わかさのくにたらのしょう》の*預所《あずかりしょ》。やはり太良荘預所(当初は預所代)で荘の経営に力を発揮した僧定宴《じょうえん》の娘。藤原氏女《ふじわらうじのにょ》または阿古《あこ》と称し、法名を浄妙《じょうみょう》といった。兄弟姉妹に北山《きたやま》女房・大蔵丞盛光《おおくらのじょうもりみつ》・阿性房静俊《あしょうぼうじょうしゅん》らがおり、それぞれ父の代官として、あるいは正員の雑掌《ざっしょう》として東寺領荘園の荘務を請け負っていた。東山女房は文永九年(一二七二)八月、老齢の父の希望により、その跡を継ぐ形で東寺供僧《くそう》から太良荘預所職《あずかりしょしき》に補任《ぶにん》されたが、預所としての所務の実質はなお父定宴が握っており、定宴の死去する弘安二年(一二七九)の二月に再度の預所職譲状《ゆずりじょう》が出されている。その後は大蔵入道(盛光)を代官として荘務を行い、地頭若狭忠兼《ただかね》との間で、百姓に対する非法や名田畠《みょうでんぱく》・免田の下地進止《したじしんし》などをめぐって面《おもて》に立って訴訟を行なったが、幕府の裁許《さいきょ》が下らないまま、正応《しょうおう》三年(一二九〇)六月に娘藤原氏女が、新たな太良荘預所職に補任された。

参考文献 網野善彦『中世荘園の様相』(塙選書)、一九六六、塙書房。同『海の国の中世』(平凡社ライブラリー)、一九九七、平凡社。

(髙橋 敏子)

ひかりあがた 干刈あがた 一九四三—九二 昭和時代後期の作家。一九四三年(昭和十八)一月二十五日、東京生まれ。本名浅井和枝《あさいかずえ》。早稲田大学政経学部新聞学科中退後コピーライターなどを経て一九八二年、二人の男の子を持つ妻の座にあって応募した「樹下《じゅげ》の家族」が『海燕《かいえん》』新人文学賞を受賞して作家的出発を果たす。本作品の応募直後に離婚。作者と等身大の「私」の青春は六〇年安保闘争から高度経済成長期で*ウーマン=リブから*フェミニズムへの時代だった。「家庭と仕事」といったジョン・F・ケネディ、育児の喜びを語ったジョン=レノン、そして安保闘争の犠牲になった*樺美智子《かんばみちこ》に、私は何処《どこ》へ行けばいいのか問いかける。「セッセ・セッセ」と「セッセリズム」で努力する妻のもとに帰らぬほかに女性をもつ夫。知的で良質のユーモアが効いている。続く『ウホッホ探検隊』『ゆっくり東京女子マラソン』『しずかにわたすこがねのゆびわ』等々「ママパパ」兼務の女の生を描き、新しい離婚小説開拓を果たした作家。子どもの描写も巧みである。胃癌《いがん》で早世した。

参考文献 橋詰静子「「干刈あがた」論」(長谷川泉編『女性作家の新流』一九九一、至文堂)。コスモス会編『干刈あがたの文学世界』、二〇〇四、鼎書房。

(渡邊 澄子)

ひかるげんじ 光源氏 『*源氏物語』の主人公。桐壺帝《きりつぼてい》の第二皇子で、母は大納言《だいなごん》家出身の桐壺の更衣《こうい》。大臣家出身の弘徽殿《こきでん》の女御《にょうご》所生の第一皇子(朱雀帝《すざくてい》)方との対立を発端として、賜姓《しせい》源氏として臣下に下ったのちも、その抜きん出た資質《ししつ》ゆえに、敵方から警戒され、一時は失脚する。白楽天《はくらくてん》の『長恨歌《ちょうこんか》』にある玄宗皇帝《げんそうこうてい》と楊貴妃《ようきひ》や、菅原道真《すがわらのみちざね》や源高明《みなもとのたかあきら》などをめぐる歴史上のさまざまな悲劇を素材としつつ、光源氏の試練と栄華《えいが》の物語は語られる。発端で描かれる母の悲劇は、その後の光源氏の成長過程に大きな影響を与える。母を幼くして失った光源氏は、亡き母似の義母藤壺女御《ふじつぼのにょうご》に心を寄せ、やがて*密通のはてに皇子(冷泉《れいぜい》帝)をなすに至り、光源氏の血統は秘密裏に皇統譜《こうとうふ》に紛れ込むことになる。須磨《すま》・明石《あかし》への失脚を経て、復帰した後の光源氏は政治家として順調に昇進し、女性たちを集めた六条院の主として栄華を極め、最終的には太上天皇《だいじょうてんのう》に準じる位にまで登り詰める。一方で光源氏は「女にて見たてまつらまほし」という表現で讃《たた》えられるなど、女性性をも付与されて描かれる。その両性具有的な様式において権力と美の支配であろうとするが、反面では罪と悪の体現者でもある。周辺に配される女性たちの苦悩と平行して、光源氏自身も、晩年において孤独と無常観に苛《さいな》まれることになる。最愛の*紫の上の死、若い正妻女三の宮の密通と不義の子薫《かおる》の誕生。若菜《わかな》巻の四十賀《しじゅうのが》以降、光源氏には「老い」の影がつきまとう。幻《まぼろし》巻に「光」に満ちた外見の華やかさは変わらないが、至るまで出家願望を抱きながらの「まどふ」心を隠し切れない。最後の光源氏は、きたるべき新年のための采配《さいはい》を振る姿で締め括られる。出家ののち死去したということは、宇治十帖《うじじゅうじょう》における後日譚《ごじつたん》の形で簡略にしか語られない。

参考文献 河添房江『性と文化の源氏物語』、一九九八、筑摩書房。小嶋菜温子『源氏物語の性と生誕―王朝文化史論―』、二〇〇四、立教大学出版会。 (小嶋菜温子)

ひきたべのあかいこ 引田部赤猪子 『*古事記《こじき》』に登場する伝説上の女性。美しい「童女《おとめ》」であったころ、美和《みわ》川で*洗濯していたのを、雄略《ゆうりゃく》天皇に見初《みそ》められ、結婚せずに召しを待つようにいわれた。八十年間待ったが、天皇から音沙汰《おとさた》がないため、宮中に赴《おもむ》いて訴え出たところ、先の約束をすっかり忘れていた天皇はたいへん驚き、残念に思い、歌を贈った。赤猪子も涙ながらに歌を返し、天皇はたくさんの物を授けて、老女赤猪子を帰したという。三輪山《みわやま》の神と*巫女《みこ》の神婚《しんこん》説話が、雄略天皇賛美《さんび》の話へと変化したものと考えられる。

参考文献 青木周平『古事記研究―歌と神話の文学的表現―』、一九九四、おうふう。 (荻原千鶴)

ひきのあま 比企尼 生没年不詳 平安時代末期から鎌倉時代初期の人で、源頼朝の*乳母《めのと》として有名である。源義朝《よしとも》が平治の乱で敗れ、それに連座して、息子の頼朝が永暦《えいりゃく》元年(一一六〇)伊豆に配流されると、夫の比企遠宗《とおむね》とともに所領の武蔵国比企郡に下り、二十年にわたって、頼朝を物心両面で支えた。比企尼が、平治の乱後壊滅《かいめつ》状態の源氏の御曹司《おんぞうし》頼朝を支え続けた理由は、おそらく秩父《ちちぶ》重隆《しげたか》とその養子源義賢《みなもとのよしたか》を、頼朝の兄の源義平《よしひら》が襲撃して(大倉館《おおくらやかた》襲撃事件)、比企氏の脅威を取り除いたからであろう。頼朝もよほど信頼していたと見えて、比企尼の娘は、頼朝の息子頼家《よりいえ》の誕生儀礼で「*乳付《ちづけ》」の役を勤め、娘婿たちは、乳母の夫として、頼家の側近中の側近として、鎌倉幕府内で大きな力をもった。

参考文献 米谷豊之祐「武士団の成長と乳母」(『大坂城南女子短期大学研究紀要』七)、一九七三。後藤みち子「武家の乳母と乳母夫」(『鎌倉』八五)、一九九七。秋池洋美「武家の「めのと」に関する覚書」(『総合女性史研究』一八)、二〇〇一。 (秋池洋美)

ひぐちいちよう 樋口一葉 一八七二―九六 明治時代中期の小説家、歌人。東京府の小官吏《かんり》の次女として東京に生まれる。小学高等科第四級修了後、*中島歌子《なかじまうたこ》の歌塾萩《はぎ》の舎《や》に入門。歌のほか古典や書を学ぶ。のち『東京朝日新聞』小説記者、半井桃水《なからいとうすい》に入門。一八九二年(明治二十五)にデビュー作「闇桜《やみざくら》」をはじめ、「たま襷《だすき》」「五月雨《さみだれ》」の三作を『武蔵野《むさしの》』に発表。桃水と離別後、「萩の舎」の姉弟子田辺花圃《たなべかほ》の紹介で商業文芸誌『都の花』に「うもれ木」「暁月夜《あかつきづくよ》」を載せ、一部で注目されるようになる。一八九三年、創刊まもない『文学界』に「雪の日」「琴の音」、翌年には「花ごもり」「暗夜《やみよ》」などを寄稿。十二月、同誌掲載の「大つごもり」では*下女をヒロインに、日清戦争期に博文館《はくぶんかん》から創刊された『文芸倶楽部《くらぶ》』では下層の*酌婦《しゃくふ》を描いた「にごりえ」を発表、その小説世界が広がると一躍注目されるようになる。特に「*たけくらべ」は辛口批評で著名だった『めさまし草』誌上で森鷗外《もりおうがい》・幸田露伴《こうだろはん》・斎藤緑雨《さいとうりょくう》から絶賛され、一葉は文壇《ぶんだん》的地位を確立する。このほか家婦《かふ》の哀《かな》しみを描いた「*十三夜」、裁縫師から妾《めかけ》への道を選ぶ「わかれ道」などの小説にくわえ、女性のための手紙文例集『通俗書簡文《つうぞくしょかんぶん》』を執筆するが、肺結核を発病し満二十四歳で死去。約四千首の歌、書簡、九年間の日記がある。

樋口一葉

参考文献 塩田良平『樋口一葉研究(増補改訂版)』、一九六八、中央公論社。和田芳恵『樋口一葉』(講談社現代新書)、一九七二、講談社。前田愛『樋口一葉の世界』(平凡社ライブラリー)、一九九三、平凡社。 (関 礼子)

びくに 比丘尼 中世には小乗仏教《しょうじょうぶっきょう》の比丘尼戒《びくにかい》(三百四十八戒)を守り、正式に出家した*尼寺《あまでら》に住む尼と、夫の死後尼姿となり、小乗仏教の八斎戒《はっさいかい》(在家の信者が守る戒律《かいりつ》)または大乗《だいじょう》仏教(天台)の大乗菩薩戒《ぼさつかい》のみを保って、出家後も多くは家政を見る*後家尼《ごけあま》(在家尼《ざいけあま》)の二種類の尼があった。前者は完全剃髪《ていはつ》をして比丘尼と呼ばれたのに対して、後者は額の髪を形式的に剃る*尼削《あまそ》ぎを行うだけで、在家の尼として禅尼《ぜんに》と呼ばれた。平清盛の妻二位尼時子《にいのあまときこ》、尼将軍*北条政子《ほうじょうまさこ》、源実朝《さねとも》の妻*西八条禅尼《にしはちじょうぜんに》、北条時頼《ときより》の母*松下禅尼《まつしたぜんに》などはみな在家尼(禅尼)の事例である。中世に小乗仏教の戒律を守り、正式に出家した比丘尼を誕生させたのは、律宗《りつしゅう》と禅宗《ぜんしゅう》であったので、正式に出家した尼という意味での比丘尼は具体的には禅律の尼を指す。事実、『*七十一番職人歌合《しちじゅういちばんしょくにんうたあわせ》』では、比丘尼を禅宗の尼、尼衆《にしゅう》を律宗の尼として説明している。実際には比丘尼と尼衆に禅・律による区別があったのではなく、禅律の尼はともに比丘尼と呼ばれ、その集団が尼衆と呼ばれた。この意味での中世における比丘尼は、確かな記録に残るものとしては、建長《けんちょう》元年(一二四九)二月六日、西大寺叡尊《さいだいじえいそん》が*慈善《じぜん》ら*法華寺《ほっけじ》の尼十二人に比丘尼戒を授けたことによって誕生した。慈善ら法華寺の尼は、寛元《かんげん》元年(一二四三)にすでに*法然《ほうねん》弟子の湛空《たんくう》から天台の円頓戒《えんどんかい》を受けていたが、建長元年に叡尊から小乗の比丘尼戒を受けたことで正式な比丘尼として社会的に認知されたのである。法華寺が西大寺派律宗における尼衆の拠点であったのに対して、唐招提寺《とうしょうだいじ》派律宗における尼衆の拠点となる*中宮寺《ちゅうぐうじ》を復興した*信如《しんにょ》は、師の唐招提寺覚盛《かくじょう》から、寛元年間(一二四三—四七)に比丘尼戒を受けている。一方、禅宗の比丘尼は、北条時宗《ときむね》の妻(安達義景《あだちよしかげ》の娘)が弘安《こうあん》七年(一二八四)の夫時宗の死と、翌一二八五年の兄安達泰盛《やすもり》の滅亡を契機として無学祖元《むがくそげん》を師として正式に出家し、出家名を覚山志道《かくざんしどう》と名乗って*東慶寺《とうけいじ》を開いたことに始まる。

比丘尼(『七十一番職人歌合』より)

参考文献 井上禅定『駈込寺東慶寺史』、一九八〇、春秋社。細川涼一『中世の律宗寺院と民衆』(中世史研究選書)、一九八七、吉川弘文館。田端泰子・細川涼一『女人、老人、子ども』(日本の中世四)、二〇〇二、中央公論新社。

(細川 涼一)

びくにごしょ 比丘尼御所 天皇・将軍・摂関家など貴種の家の娘が住持《じゅうじ》となった*尼寺、またその住持のことをいう。南北朝時代ころから用いられる。中世前期には*女院《にょいん》としてすごした*内親王が、中世後期に尼となり比丘尼御所としてすごしたとする指摘があり、また経済的に困窮化した天皇・貴族たちが*嫡子《ちゃくし》以外の子女を寺院に入れたとも考えられている。比丘尼御所には、皇女や女院などの御所がそのまま寺名となった岡殿《おかどの》(大慈光院《だいじこういん》)・入江殿《いりえどの》(三時知恩寺《さんじちおんじ》)・柳殿《やなぎどの》・野宮殿《ののみやどの》(摂取院《せっしゅいん》)・今林殿《いまばやしどの》(蓮《れん》華清浄寺《げせいじょうじ》)・鳴滝殿《なるたきどの》(十地院《じっちいん》)・南御所《みなみごしょ》(大慈院《だいじいん》)などがあり、皇女や貴女がすでに存在している寺に入った寺や新しく開いた寺には、*法華寺《ほっけじ》・*中宮寺《ちゅうぐうじ》・*景愛寺《けいあいじ》・大聖寺《だいしょうじ》・*宝鏡寺《ほうきょうじ》・真乗寺《しんじょうじ》・保安寺《ほうあんじ》・安禅寺《あんぜんじ》・通玄寺《つうげんじ》・曇華院《どんげいん》・光《こう》照院《しょういん》・宝慈院《ほうじいん》・慈受院《じじゅいん》・総持院《そうじいん》などがある。これら比丘尼御所の住持の任命は将軍足利家が決定して行なった。それぞれの比丘尼御所の住持職は特定の家の女子に占有される傾向があった。中世後期に皇女が多く入った寺は大聖寺と安禅寺で、将軍足利家の娘は宝鏡寺・大慈院・入江殿に多い。安禅寺の場合、将軍足利義満の姪宗峰《めいそうほう》が住持を務めてのち、芳苑恵春《ほうえんえしゅん》(後花園《ごはなぞの》天皇皇女)・寿岳恵《じゅがくえ》仙《せん》(後土御門《ごつちみかど》天皇皇女)・智円《ちえん》(同天皇皇女)・恵彭《えほう》(伏見宮《ふしみのみや》貞敦《さだあつ》親王王女)・普光《ふこう》(後奈良天皇皇女)・梧中《ごちゅう》□彭《ほう》(伏見宮邦輔《くにすけ》親王王女)が入寺しており、後花園天皇の父伏見宮貞成《さだふさ》親王(後崇光院《ごすこういん》)の子孫である天皇・伏見宮家の女子に継がれている。安禅寺では後花園天皇の百ヵ日・正忌《しょうき》日《にち》(命日)・十三回忌・三十三回忌の法事を高僧を招いて行い、毎月の忌日にも法事を行なっており、比丘尼御所は特定の家の女子に継がれることでその家の亡き人を弔《とむら》う菩提寺《ぼだいじ》としての役割を果たしていたと考えられる。これらの女子は比丘尼御所に幼児のころに(禅宗寺院では喝《かっ》食《しき》として)入寺し、十五歳ころに得度し剃髪《ていはつ》して尼になり、二十歳代で住持になった。比丘尼御所の住持の性格はさまざまで、大慈院の光山聖俊《こうざんしょうしゅん》(足利義政《よしまさ》・*日野富子《ひのとみこ》の娘)のように人柄にすぐれ勤行《ごんぎょう》を怠《おこた》りなく勤めた尼もいれば、公家たちを伴い郊外で遊興・酒宴を催した同寺の*渓山《けいざん》(後土御門天皇皇女)や、逃げて来た細川高国《ほそかわたかくに》をかくまい兄足利義稙《よしたね》と仲たがいした曇華院住持もおり、その生活は決して制限されたものではなく、かなり自由であった。比丘尼御所の運営に関しては、俗人男性の雑掌《ざっしょう》が所領経営などを担当し、番衆が御所を警固した。尼たちも会計や金融業に携わっており、比丘尼御所は一つの独立した経営体であった。また、上流階級の女子の教育機関的役割も果たしていたと考えられる。

参考文献 井之口有一・堀井令以知・中井和子『尼門跡の言語生活の調査研究』、一九六五、風間書房。大塚実忠編「比丘尼御所歴代」(『日本仏教』二六—二八・三一・三二)、一九六七—七〇。荒川玲子「景愛寺の沿革—尼五山研究の一齣—」(『書陵部紀要』二八)、一九七六。大隅和雄・西口順子編『尼と尼寺』(シリーズ女性と仏教一)、一九八九、平凡社。大石雅章「比丘尼御所と室町幕府—尼五山通玄寺を中心に—」(『日本史研究』三三五)、一九九〇。西口順子編『(中世を考える)仏と女』、一九九七、吉川弘文館。湯之上隆『日本中世の政治権力と仏教』(思文閣史学叢書)、二〇〇一、思文閣出版。服藤早苗編著『歴史のなかの皇女たち』、二〇〇二、小学館。菅原正子『中世の武家と公家の「家」』、二〇〇七、吉川弘文館。

(菅原 正子)

ひこほほでみのみことえまき 彦火々出見尊絵巻 『*古事記』『日本書紀』に記される彦火々出見尊と兄火闌降命《ほのすそりのみこと》の幸替えと鸕鶿草葺不合尊《うがやふきあえずのみこと》の誕生を描いた絵巻。兄から借りた釣針を大きな魚に喰いちぎられてしまった尊は、兄に責められ海辺をさまよっていたところ、翁に誘われ竜宮に赴く。尊は、竜王の姫と結婚し、竜王からもらった潮満の玉と潮干の玉を使って兄を服従させる。一方、尊の子を身籠もった姫は尊の国に向かい*出産する。物語では尊が姫の願いをきかず*産屋《うぶや》を覗き見ると、姫が鰐《わに》または竜に変じていたとあるが、絵巻では変化の様子は描かれず、さらに、産まれた子の末子が神武天皇になったというところは、尊が帝になり兄は贄《にえ》を奉るようになったと改変されている。原本は失われ、福井の明通寺《みょうつうじ》、京都の曇華院《どんげいん》、宮内庁書陵《しょりょう》部、東京国立博物館、田中家に模本が現存する。明通寺に伝来する『遠敷上下宮神影三軸伝記《おにゅうかみしものみやしんえいさんじくのでんき》』によれば、明通寺本は、小浜藩主酒井忠勝《さかいただかつ》が、同寺に伝わる絵巻を将軍徳川家光《とくがわいえみつ》に献上する時に作らせた模本であり、その際、三巻を六巻に改めたという。絵は狩野種泰《かのうたねやす》、詞書《ことばがき》は足立勝興《あだちかつおき》の作。『看聞日記《かんもんにっき》』嘉吉元年(一四四一)四月二十六日条の記事から、絵巻の原本は、後崇光院《ごすこういん》が若狭国松永庄新八幡《わかさのくにまつながのしょうしんはちまん》より「伴大納言絵」「吉備大臣絵」とともに借り出した二巻の「彦火々出見尊絵」に相当し、これらの絵巻は、後白河院《ごしらかわいん》のサロンでほぼ同時期に制作されたと考えられているが確証はない。しかし、人物や動物、樹木や建物などのモチーフや円環的な構図が『伴大納言絵巻《ばんだいなごんえまき》』に近似し、モチーフの繰り返しと唐風にあらわされた竜宮の表現が『吉備大臣入唐絵巻《きびだいじんにっとうえまき》』に似ているところから、原本の制作は、これらの絵巻と同時期と考えられる。また、高楼と宮殿を六回反復させ、日本と中国の対立関係をあらわす『吉備大臣入唐絵巻』の構成は、陸地—竜宮—陸地という構造を二回反復させ、日本と竜宮の関係をあらわす『彦火々出見尊絵巻』の構成に近く、吉備真備《きびのまきび》が唐人との知恵比べに勝ち、異国の宝物を獲得する『吉備大臣入唐絵巻』の主題は、尊が竜王から竜王の姫と潮満の玉と潮干の玉という異界の宝物を獲得する『彦火々出見尊絵巻』の主題に通じ、二つの絵巻は、物語を空間的に把握し、異国あるいは異界の征服を絵画化している点で相似する。絵巻のなかで、尊は、異界から与えられた力によって兄を服従させ、陸地と竜宮の長い道程を自由に行き来する存在として描かれているが、竜王の姫は、尊の訪れを待ち、尊のために装い、尊の子を身籠もり、尊の国で出産する存在として描かれている。兄を征服する尊の姿に、兄崇徳院《すとくいん》を倒した後白河院のイメージが重ね合わせられ、尊の子を出産する姫の特異な表象に、治承二年(一一七八)十一月十二日の平《たいらの》徳子《とくこ》の出産が重ね合わせられているとすれば、異界の征服と皇統の視覚化を目的として制作された『彦火々出見尊絵巻』は、平家一門に対抗する後白河院の周辺で制作されたと考えられる。『日本絵巻大成』二二(一九七九年、中央公論社)所収。

『彦火々出見尊絵巻』巻六第一段　竜王の姫の出産

参考文献　小松茂美『彦火々出見尊絵巻の研究』、一九七四、東京美術。同「『彦火々出見尊絵巻』の制作と背景」(同編『日本絵巻大成』二二、一九七九、中央公論社)。永井久美子「弟の王権—『彦火々出見尊絵巻』制作背景論おぼえがき—」(『比較文学・文化論集』一八)、二〇〇一。稲本万里子「描かれた出産—「彦火々出見尊絵巻」の制作意図を読み解く—」(服藤早苗・小嶋菜温子編『生育儀礼の歴史と文化—子どもとジェンダー—』二〇〇三、森話社)。高橋昌明「後白河院と平清盛—王権をめぐる葛藤—」(『歴史評論』六四九)、二〇〇四。

(稲本万里子)

ひこんのはは　非婚の母　⇨シングル＝マザー

ひさぎめ　販女　交易を行う女性。カベリ・オタタサン・イタダキ・ササゲなどと呼ばれた。かつては農地を持たない人々にとって食料となる穀物をはじめとする農作物を確保するためにカエコトと呼んだ物々交換は欠かせないものであり、魚介類や海草などの漁獲物や薪《まき》・炭・花など山の産物がカエコトされた。カエコトは農作物を必要とする側から出向くものであり、その担い手の多くは女性であった。販女は各人が得意先と呼ぶ取引先をもっており、娘が嫁に行くときには得意先を婚家に持参したという。夫が獲得した漁獲物を妻や娘が近隣の農家へ運び穀物とカエコトするという形にみられるように、家内における男性と女性の分業の一つの姿を示しているが、販女が家内労働に従事した女性と異なるのは得意先という財産ともいうべきものをもち、カエコトを通して外の世界との交流をもったことであろう。しかし、次第に物と物の交換ではなく魚の売上金で穀物を購入するという現金が介在する形となり、必ずしも夫の獲得したものに限らず、さらには漁獲物に限らず必要とされるものを商品として仕入れての販売となった。ここにカエコトから行商《ぎょうしょう》への変化がみてとれる。販路《はんろ》も日帰りできる近隣の農村からより広く遠くへと拡大が図られ、仲間を組んでの長期にわたる組織的行商へ発展した例もみられるなど、漁村や山村と農村との間にみられたカエコトは農山漁村から都市への行商へ姿を変えた。運搬法もイタダキ・ササゲと呼ばれた頭上運搬が多くみられたが、多くの商品を遠隔地に効率よく運ぶためにリヤカー・自転車・自動車・船などさまざまな方法が取られるようになり、担い手として男性が登場する。このように販女の姿からは物々交換から行商へという交易の発展過程を跡付けることができようが、それは交易の場からその担い手であった女性が後退していくことでもあった。

参考文献 瀬川清子『販女』、一九七一、未来社。北見俊夫『市と行商の民俗』(民俗民芸双書)、一九八〇、岩崎美術社。中村ひろ子「販女―行商の発展―」(『講座日本の民俗』五、一九八〇、有精堂)。 (中村ひろ子)

ひさまつきよこ 久松喜世子 一八八六―一九七七 大正・昭和時代の舞台俳優。本名岩本光《いわもとみつ》。東京品川に生まれ、幼時芝の職人岩本三五郎の養女となる。一九一七年(大正六)沢田正二郎《さわだしょうじろう》が結成した新国劇の創立とともに参加。一九一九年『月形半平太《つきがたはんぺいた》』から沢田の相手役として出演し、『宮本武蔵《みやもとむさし》』『一本刀土俵入《いっぽんがたなどひょういり》』『大菩薩峠《だいぼさつとうげ》』『箕輪《みのわ》の心中《しんじゅう》』などで活躍した。沢田の死後は後進の育成にも尽力し、「新国劇の母」と呼ばれ、『瞼《まぶた》の母』のおはま役は千回以上演ずる当り役となった。勲《くん》四等宝冠章《ほうかんしょう》、第七回長谷川伸《はせがわしん》賞など受賞。

参考文献 戸板康二『物語近代日本女優史』(中公文庫)、一九八三、中央公論社。 (坂本佳鶴恵)

ひじかたうめこ 土方梅子 一九〇二―七三 昭和時代の舞台衣装家。祖父は三島通庸《みしまみちつね》。経済的自立をめざし、結婚後洋裁を習得。「赤い伯爵《はくしゃく》」と呼ばれた演出家の夫土方与志《よし》が私財を投じた築地小劇場創立を手伝い、舞台衣装制作で活躍する。一九三三年(昭和八)より一家でモスクワで生活。フランス亡命を経て一九四一年帰国。治安維持法違反で夫が獄中にある間も洋裁で生活を支える。戦後、桑沢洋子《くわさわようこ》らと服装文化クラブをつくり、洋裁の指導にあたるとともに、女性の自立を支援した。著書に『土方梅子自伝』(ハヤカワ文庫、一九八六年、早川書房)がある。

参考文献 桑沢洋子『ふだん着のデザイナー』(桑沢文庫)、二〇〇四、桑沢学園。 (吉松 幸子)

ひしだぬいこ 菱田縫子 一七五〇―一八〇二 江戸時代中期の歌人。江戸生まれ。旧姓河合《かわい》。*荷田蒼生子《かだのたみこ》に学び、国学・詩歌を修める。蒼生子の遺歌集『杉のしづ枝』を編集。若くして夫に死別、浅草の蒼生子の家塾で助手を務め、衣鉢《いはつ》を継いで書を講じた。師弟関係を超えた二人の手紙や贈答歌が残る。村田春海《はるみ》・橘千蔭《たちばなのちかげ》らとも交流があった。

参考文献 長沢美津『女人和歌大系』三、一九六八、風間書房。 (浅野美和子)

びじょ 美女 平安時代以来、宮廷貴族社会の*女房《にょうぼう》身分の周縁《しゅうえん》に位置した女性身分。容色により組織されたという点では七・八世紀の*采女《うねめ》の後身といえる。たとえば源《みなもとの》義経《よしつね》の母常磐《ときわ》は*九条院雑仕《くじょういんぞうし》=美女という身分にあった。鎌倉幕府の*女官組織には明瞭《めいりょう》に身分としての美女が存在し、室町幕府の職制を記した『*武家名目抄《ぶけみょうもくしょう》』職名部付録二四下も、「*上臈・*中臈・*下臈」の女房の下に「美女」という身分をあげている。

参考文献 保立道久『中世の女の一生』、一九九九、洋泉社。田端泰子「女房役割と妻役割」(脇田晴子・S・B・ハンレー編『ジェンダーの日本史』下、一九九五、東京大学出版会)。 (保立 道久)

びじょごぜん 美女御前 能の『満仲《まんじゅう》』の登場人物。『満仲』は、観世《かんぜ》(曲名『仲光《なかみつ》』)・宝生《ほうしょう》・金剛《こんごう》・喜多《きた》流で演じられており、世阿弥《ぜあみ》の作といわれている(『能本作者注文』)。多田満仲《ただみつなか》は寺入りさせていた子の美女御前が、学問をせずに武芸ばかり励んでいるのを怒り、家臣の藤原仲光《なかみつ》に殺すように命じる。仲光はやむなく子の幸寿丸《こうじゅまる》を身代わりにした。美女御前は比叡山慧心僧都《ひえいざんけいしんそうず》のとりなしによって父に許された。なお、この美女御前の性別についてであるが、能の配役を記したものをみると「子役、美女丸」とあり、服装も白の大口袴《おおぐちばかま》をはいていて、明らかに男子である。中世では武芸の好きな男の子が「美女御前」という幼名で呼ばれることがあったことを示している。

参考文献 佐成謙太郎『謡曲大観(復刻版)』四、一九八三、明治書院。 (西村 汎子)

ひすましのわらわ 樋洗童 平安時代、貴人の使用した便器や宮中の便所の清掃を担っていた御厠人《みかわやうど》の類で、宮仕の中でも最下級の者とされる。「樋」は持ち運びする便器のこと。大便用の樋箱《ひばこ》と小便用の虎子《こし》とがあり、室内で使用した後、別の場所で洗浄した。『*源氏物語』玉鬘《たまかずら》の巻に「ひすましめくもの」とみえ、高貴な女性の外出に随従していたことがわかる。単に「ひすまし」「すまし」ともいう。

参考文献 『古事類苑』官位部一。和田英松『(新訂)官職要解』(講談社学術文庫)、一九八三、講談社。 (谷岡 理恵)

ひそミルクじけん ヒ素ミルク事件 一九五五年(昭和三十)、森永粉ミルクを飲用した子どもが奇病となり、親たちが運動し、医師・保健婦の告発で十八年後裁判に勝利、企業から患者の救済をさせた、初の食品公害事件。一九五五年六月ごろから西日本一帯に原因不明の乳幼児患者が続出、八月に岡山大学で病理解剖した死亡児・森永粉乳から砒素《ひそ》が検出され、「砒素中毒」が判明するが、公表が遅れ被害はひろがり、九月、被害者家族は「森永ミルク被災者同盟」(一九五六年「森永ミルク中毒の子供を守る会」、七二年「森永ミルク中毒被害者の会」と改称)を発足し、責任追及・完全治癒《ちゆ》・後遺症《こういしょう》に対する保障措置《ほしょうそち》を要求した。*厚生省・森永乳業は委員会をつくり仲裁《ちゅうさい》で少額の補償《ほしょう》などして収拾《しゅうしゅう》し、裁判で六三年森永側は無罪(控訴で差し戻しとなり七三年有罪の判決)、患者は放置された。その後、関西で後遺症に悩む「被災児」を訪問した保健婦の間から不審・疑問が出され、大阪大学公衆衛生専門の丸山博《まるやまひろし》教授を中心に保健婦たちは、岡山などまで広く被災児を調査(「十四年目の訪問」)、一九六九年、公衆衛生学会で報告。以後、各地で自主的調査活動が始まり、被害者は政府・森永乳業を民事訴訟で訴え、一九七四年森永が陳謝《ちんしゃ》し、被害者の恒久《こうきゅう》的救済を目的に財団法人「ひかり協会」を設立することで和解した。同会の調査では一九九七年(平成九)現在被害児(者)は一万三四一九人、死亡者総数八〇三人。

参考文献 田中昌人他編『森永ヒ素ミルク中毒事件―京都からの報告―』、一九七三、ミネルヴァ書房。丸山博『食生活の基本を問う』(丸山博著作集三)、一九九〇、農山漁村文化協会。小栗史朗他『保健婦の歩みと公衆衛生の歴史(増補版)』(公衆衛生実践シリーズ二)、一九九二、医学書院。 (橋本 宏子)

ひちゃくしゅつし　非嫡出子 ⇩婚外子《こんがいし》

ひとえ　単 (一)裏地の付いていない、袷《あわせ》の仕立てではない衣服のこと。「単衣」の略称。(二)本来は、皇・貴族の正装である束帯《そくたい》姿、*女房装束姿等の*肌着。(三)転じて、公武にかかわらず正装時の肌着をさすこともある。また、特に肌《はだ》小袖《こそで》などの上に着る裏地のない間着《あいぎ》の*小袖をいうこともある。用例の理解には注意を要する。

参考文献 井筒雅風『日本女性服飾史』、一九八六、光琳社出版。 (佐多 芳彦)

ひとがた　人形 土・石・木・金属などで作成された人を象《かたど》った祭祀具《さいしぐ》。罪・*穢《けが》れ・病などを負わせて川や溝に祓《はら》い流したり、敵対する相手の呪詛《じゅそ》などにも使用された。広く縄文時代の*土偶や古墳時代の土製小型手捏《てこ》ねの人偶を範疇《はんちゅう》に入れる場合もあるが、一般的には宮都や地方官衙《が》遺跡、国家的な祭祀に関わる遺跡から出土する七世紀末―九世紀に主流となる木製・金属製の扁平《へんぺい》な人形を指す。『延喜式』には天皇・*中宮・東宮の祓いに用いるものとして、金箔・銀箔を押した鉄製の人形が規定されている。実際、平城京跡などからは金銅製・鉄製の人形が

人形(前橋市元総社寺田遺跡出土)

出土しており、使用者の階級差が材質に反映している。大多数の出土例は木製のもので、大きさは約二〇センチ程度のものが主流であるが、長さ約五センチ程度のものから約二メートル近い等身大のものまである。これら扁平タイプの人形は、中国では墳墓《ふんぼ》への副葬や道教の祭祀儀礼の場で前漢代から使用されており、かの地で宗教儀礼に際して使用される人形が、わが国の祭祀の中に翻案《ほんあん》・摂取された可能性が高いと考えられている。また、出土状況や祭祀史料から、祓いにおいては大きさの異なる複数の人形を組み合わせる場合があり、人形単独ではなく、馬形・舟形《ふながた》・鳥形・刀形などの形代《かたしろ》類や斎串《いぐし》などの祭祀具と併用されたとみられる。祓いに使用された人形の中には、大きな髷《まげ》を結い乳房が露《あら》わに描かれたもの(京都市平安京右京八条二坊出土)や、頭部が*振り分け髪風に表現され体部に女性名が記されたもの(前橋市元総社《もとそうじゃ》寺田遺跡出土)などがあり、祓いの主体者・願主《がんしゅ》が女性であることが判明する例が往々にしてある。

参考文献 泉武「人形祭祀の基礎的考察」(『奈良県立橿原考古学研究所紀要考古学論攷』八)、一九八二。金子裕之「平城京と祭場」(『国立歴史民俗博物館研究報告』七)、一九八五。同「日本における人形の起源」(福永光司編『道教と東アジア―中国・朝鮮・日本―』一九八九、人文書院)。同「律令期祭祀遺物集成」(菊池康明編『律令制祭祀論考』一九九一、塙書房)。 (高島 英之)

ひとじち　人質 債権などの担保、または政治的な反抗を予防し忠誠を誓わせるために人間を質にとること。証人ともいう。後者の場合、妻子や家臣の子弟を質に取る例が多く、戦国時代には、大名間や大名と家臣の間で盛んに行われるようになった。豊臣秀吉は、天正十四年(一五八六)生母大政所《おおまんどころ》を人質として徳川家康に送り上洛を勧めるなど、全国統一の過程で人質政策を積極的に利用した。江戸幕府も、家老などの大名家臣の子息を質として江戸に出させる証人制度を整え、諸大名の妻子には江戸居住を義務づけて人質としての役割を負わせた。大名側も、薩摩《さつま》藩主島津家久《いえひさ》の妹とその娘が人質として江戸に赴いたことに対して、慶長十九年(一六一四)、家への忠誠を賞して家久が知行を与えたように、人質政策は政治戦略の一環として婚姻政策とならんで重視された。証人制度は寛文五年(一六六五)に廃されたが、大名妻子の江戸居住強制は、文久二年(一八六二)まで行われた。

参考文献『徳川実紀』二―四(新訂増補国史大系)。長野ひろ子「幕藩制成立期の「家」と女性知行」(『日本近世ジェンダー論―「家」経営体・身分・国家―』二〇〇三、吉川弘文館)。 (横山百合子)

ひとときらん　ひととき欄 一九五一年(昭和二十六)に『朝日新聞』に創設された女性専用の投稿欄。当初は評論家の随筆を掲載していたが、五二年から*主婦など一般女性からの投書が採用された。無名の女性たちの数少ない発言の場として歓迎され、投稿は増加した。投稿者が集まり、社会や政治のありかたを考え発表する「*草の実会」も生まれた。本欄をきっかけに五四年ごろから他の新聞、雑誌、ラジオなどに女性向けの投稿欄が急増する。投書に励む女性をからかう「投書夫人」「ひととき夫人」などの言葉が登場した。投稿集として、草の実会他編『女にとっての戦争』(一九八二年)、奥田暁子編著『女たちは書いてきた』(一九八六年)のほか、朝日新聞社から数冊が出ている。社会と女性の接点、女性の自己表現の場として評価されるほか、日常からの発言録、女性の生活史としての意義は大きい。編集への批評として、政治・社会的発言が少ない、専業主婦より有職の女性が増加している状況が反映されていないとの指摘がある。

参考文献　「私の名は投書夫人」（『週刊朝日』一九五六年一月二十九日）。むらき数子「奥田暁子編著『女たちは書いてきた』」（『図書新聞』一九八六年十月二十五日）。

（古河　史江）

ひとみおんな　人見女　関所の通関時、女性を検査する女性。男女とも取り調べを受けるが、特に女性は厳しく検査され、身体・髪が証文と合致するかを改める役割を担っていた女性をいう。「改め女」とも呼称する。東海道箱根関所には、貞享《じょうきょう》三年（一六八六）、小田原宿の町人の女房が小田原藩より、二人扶持《ぶち》・銀一枚を給せられて改め役として存在していた。改め役は女性の通関に限り、見改めるということで、人見女と通称された。厳しい取り調べを強行するので大変恐れられていた。通関する女性は人見女のことを「むくつけなる女」という。人見女は、比較的加齢した女性がその役割を果たしていた。取り調べは別室にて行い、身分・禅尼・尼・*比丘尼《びくに》・小女・乱心の女・頭髪については徹底していた。小田原藩では、人見女を、関所役人・定番人《じょうばんにん》として男性と同等に勤務させ、藩より扶持を給与していたが、はるかに低額であった。

参考文献　小暮紀久子「箱根関所における人見女」（小田原近世史研究会編『交流の社会史』二〇〇五、岩田書院）。

（宇佐美ミサ子）

ひとみきぬえ　人見絹枝　一九〇七―三一　大正・昭和時代の陸上選手。岡山県生まれ。岡山高等女学校在学中の一九二三年（大正十二）、走幅跳《はしりはばとび》で日本新記録、二四年には、三段跳で世界記録を出す。東京の二階堂《にかいどう》女子体操塾を卒業後教壇に立つが、ほどなくして大阪毎日新聞記者に転職。一九二六年スウェーデンで行われた第二回女子オリンピックに単身参加、十五種目に出場。世界新での走幅跳優勝をはじめとし優秀な成績を収め、個人総合優勝も果たす。日本女性初の国際大会出場・優勝であった。一九二八年（昭和三）第九回アムステルダムオリンピックで女性の参加がはじめて認められ、日本女性は絹枝一人が出場。一〇〇メートルでは敗れたが八〇〇メートルで二位、日本女性初のメダリストとなる。帰国後は新聞記者の仕事や自身の練習をしながら、女子スポーツ進展のための啓《けい》蒙《もう》活動を行う。一九三〇年第三回女子オリンピック（プラハ）では日本選手団団長として参加。競技でも走幅跳優勝等の成績を収めたが、帰国後過労のため病死。著書に『スパイクの跡・ゴールに入る』（伝記叢書、一九九四年、大空社）、『炎のスプリンター―人見絹枝自伝―』（一九九七年、日本図書センター）がある。

（内藤　寿子）

ひとりかんがえ　独考　⇩只野真葛《ただのまくず》

ひとりぐらしのせんごし―せんちゅうせだいのふじんたち―　ひとり暮しの戦後史―戦中世代の婦人たち―　塩《しお》沢美代子《ざわみよこ》・島田《しまだ》とみ子共著の岩波新書。一九七五年（昭和五十）刊。一九七二年東京都民生局婦人部が独身中高年婦人の実態調査を企画し、塩沢・島田も調査員としてこれに参加した。約百人の面接調査で、これまで顧みられることのなかった戦中世代の女性たちの自立へのひたむきな歩みと、抱えている問題の深刻さを知り、広く世間に知らせたいと考え、その後約六十人の面接を行なった。対象者は友人・労働組合関係者・*独身婦人連盟などで、その生活問題を労働と社会保障の両面から検討することを意図した。十五年戦争によって失われた多くの若い男性の生命、その結果としてこの世代の男性と結ばれるはずであった多くの女性が、結婚相手にめぐり合えずに一人で戦後の厳しい時代を生きぬかなければならなかった。この人々が高齢期を迎える時代の問題提起であり、「Ⅰ統計は語る」「Ⅱひとり暮しの戦後史…個別具体例」「Ⅲ現実のなかで」「Ⅳ若い世代へ」から成っている。

（折井美耶子）

ひなまつり　ひな祭　狭義《きょうぎ》には雛《ひな》人形を飾りまつること、広義《こうぎ》には三月節句。雛人形は祓《はら》いの形代《かたしろ》として*穢《けが》れや禍《わざわい》を移し川や海に流した*人形《ひとがた》がその原型である。宮中で巳《み》の日の祓いとして年中行事化され三月三日に行われるようになると、公家や武家、民間でも日にちの固定化がみられる。もともと民間では三月三日ころは磯《いそ》遊び・山遊びなどといって本格的な農作業にさきがけ海や野山に祓いに出て共同飲食をする風習があり、それと習合したと考えられる。形代である雛は木偶《もくぐう》や紙製の簡素なものであったが、次第に装飾的で精巧なものになり愛蔵され毎年取り出して飾られるようになった。江戸時代中期以降の都市では雛壇《ひなだん》に毛氈《もうせん》を敷き華美な雛飾りをすることが流行り、女児の祭へと定着する。壇飾りが農村で普及するのは戦後の高度経済成長期と重なる。一般的には雛人形は嫁の実家が贈る。今も残る流し雛の風習や古い雛を道の辻《つじ》・祠《ほこら》などに納める習俗は雛人形の原意を伝えるものである。

参考文献　柳田国男「神送りと人形」（『柳田国男全集』二九、二〇〇二、筑摩書房）。

（上村　正名）

ヒヌカン　ヒヌカン　沖縄で、家庭の台所にまつられる神。名称としては、ヒヌカン（火の神）系・ウカマ（竈）系・ミチムン（三つ物）系に大別される。火の神の出自をニライカナイに求める説や、火の神の原初的神格を太陽の化身とする説などがある。火の神の前で神籤《かみくじ》によって新生児の名前を決める習俗は広く分布し、屋外の特定の神への遙拝《ようはい》の機能を果たすこともある。家族員の死に際して火の神を更新する、次・三男の分家に際して本家の火の神を香炉《こうろ》の灰を移すなどして分家へ分ける、*婚姻儀礼で火の神を拝むなどの習俗や、ノロや地頭など役職に関わる火の神の存在などが注目されてきた。

参考文献　仲原善忠「太陽崇拝と火の神」（大間知篤三他編『日本民俗学大系』一二、一九五九、平凡社）。伊波普猷「火の神考」（『をなり神の島』二、一九七三、平凡社）。

（赤嶺　政信）

ひのえうま　丙午　十干十二支《じっかんじゅうにし》の組み合わせ（干支《えと》）の第四十三番目。中国の五行説《ごぎょうせつ》にはこの年は内憂外患《ないゆうがいかん》が起るとあり、日本に入ると大火があるというように変化した。さらに天和《てんな》三年（一六八三）に放火の罪で処刑された*八百屋《やおや》お七《しち》がこの干支の生まれであったことから、やがて丙午に生まれた女性は気性が荒く、夫を食い殺すという迷信に変わったといわれ、次第に江戸から周辺に丙午信仰として伝播《でんぱ》していったと考えられる。それを裏付けるように享保《きょうほう》十一年（一七二六）・天明《てんめい》六年（一七八六）の丙午にその迷信の影響がみられるようになり、特に江戸時代最後の丙午、弘化《こうか》三年（一八四六）になると江戸以外の地にも影響が拡がっていく。出生減少率は関東から東海・関西で著しく、主要街道や海路を伝わっていったことが考えられ、当時の情報網の発達との関係がうかがえる。具体的には、*間引《まび》きや*堕胎《だたい》により出生を減少させる形がとられたと思われ、一八八六年（明治十九）十二月の『日本帝国民籍戸口表《にほんていこくみんせきここうひょう》』により出生数に影響があったことが明らかになる。すなわち同表に記載される府県別・男女別の各歳ごとの人口一覧により弘化三年生まれをみると、減少率は特に女性に著しく、また地域差も大きいことがわかる。次に一九〇六年と一九六六年（昭和四十一）の両年が丙午にあたり、いずれも出生数に特異な現象がみられた。数字を挙げると、前者では前年に比して五万八千人減少の百三十九万四千人に留まり、後者はさらに著しく百三十五万四千人の出生を数えるのみで、実に前年より二五・四%も下回った。明治期では特徴として子供の出生した年をずらせる形で丙午の*出産を避けて登録したことが考えられ、そのため翌一九〇七年の出生は増大している。一方昭和の場合は普及した受胎調節《じゅたい》により同年の出産を忌避《きひ》したことが考えられる。いずれも地域差が減少しており、江戸時代の場合と異なり、文化伝播の差はほとんどみられない。

参考文献　黒須里美「弘化三年ヒノエウマ―文化と人口の地域性―」（『日本研究』六）、一九九二。

（成松佐恵子）

ひのかみ　火の神　⇩アペフチカムイ　⇩ヒヌカン

ひのしげこ　日野重子　一四一一―六三　室町幕府六代将軍足利義教《よしのり》の*側室。七代義勝《よしかつ》・八代義政《よしまさ》の生母。父は裏松《うらまつ》（日野）重光《しげみつ》。義教*正室が姉宗子《むねこ》から*三条尹子《さんじょうただこ》に替わる永享《えいきょう》三年（一四三一）から史料上に登場するため、最初から姉とともに義教の後房に入っていたのか、姉の替わりに後房に入ったのか不明。永享六年二月には嫡男《ちゃくなん》義勝を生んだものの、義教は裏松家を斥《しりぞ》け正親町三条家《おおぎまちさんじょう》を重用したため、義勝は正室尹子の猶子《ゆうし》とされた。しかし、嘉吉《かきつ》元年（一四四一）六月の義教の横死後は、義勝・義政の生母として積極的に幕府政治に関与してゆく。同三年二月には、加賀《かが》守護富樫《とがし》家の*家督《かとく》紛争の調停にみずから乗り出し、宿老会議を主催している。このほか、同年七月には興福寺《こうふくじ》別当の人事に口入し、同年十月には管領《かんれい》を辞めようとする畠山持国《はたけやまもちくに》を慰留《いりゅう》し翻意《ほんい》させている。宝徳《ほうとく》三年（一四五一）十月には、尾張守護代の人事についての義政*乳母*今参局《いままいりのつぼね》の干渉を排除し、長禄《ちょうろく》三年（一四五九）には対立する今参局を自害に追い込んでいる。

参考文献　高橋修「日野（裏松）重子に関する一考察」（『国史学』一三七）、一九八九。羽下徳彦「義教とその室」（『中世日本の政治と史料』一九九五、吉川弘文館）。

（清水　克行）

ひのとみこ　日野富子　一四四〇―九六　室町幕府八代将軍足利義政《よしまさ》*正室。九代将軍義尚《よしひさ》母。日野政光《まさみつ》の娘。兄は権勢を振るった日野勝光《かつみつ》。康正《こうしょう》元年（一四五五）十六歳で結婚。長禄《ちょうろく》三年（一四五九）第一子を産んだが、すぐに死去。義政の*乳母・妾《しょう》として幕政に口入した*今参局《いままいりのつぼね》の呪詛《じゅそ》がその原因とする讒言《ざんげん》により、局は近江沖島《おきしま》へ流刑となり切腹とされる。寛正《かんしょう》六年（一四六五）義尚を出産。すでに還俗《げんぞく》して義政の養子となっていた弟の義視《よしみ》が元服した三日後であった。応仁の乱発生の原因について、この二人の将軍後継者争いに求める通説が見直されて、義視の後見人であった管領《かんれい》細川勝元《かつもと》と義政との対立を元凶とする見解、義尚を養育した政所執事《まんどころしつじ》の伊勢貞親《いせさだちか》と義視との対立を重視する見解に基づいて、複雑な戦乱の展開に新たな解釈が加えられた。富子の戦乱への関与についても、義視排斥《はいせき》を謀《はか》ったとする勃発の原因ではなく、東西両軍の講和後、西方の義視と大内氏へ働きかけて実現した大乱終結への功績を評価する。文明五年（一四七三）義尚は将軍となったが、幼少のため日野勝光が後見し実権を掌握。同八年兄の没後は、富子が幕府政治の舞台へ登場し権限を行使した。近年富子の執政については、将軍家の*御台所《みだいどころ》、家政の責任者の立場から解釈され、基本的には公家の正妻とも義政の母*日野重子《しげこ》のあり方にも共通する。ただ、政治能力に欠けた室町殿義政と年少の将軍義尚と御台所富子からなる将軍家において、富子が実質的に担った権限は大きかった。武家伝奏《ぶけてんそう》の日記『兼顕卿記《かねあききょうき》』などにより、公家・寺社問題に関する義政への*取次やその問題の処理方法をめぐる決裁など、富子の幕政関与の実態が明らかにされつつある。また、経済に明るい日野家の出身である富子の能力と政治的な立場によって、御台の「家」には富が集積した。その富は内裏の

日野富子像

修理をはじめ諸行事や諸手当への資金援助や諸寺社への寄進などに投入され、拝金的な時代風潮の中で将軍家の政治や外交の維持に寄与した。文明十年から十三年に富子はたびたび京都七口《ななくち》に幕府関を設け、関所撤廃・徳政を求める土一揆《つちいっき》と対立した。尋尊《じんそん》は『*大乗院寺社雑事記《だいじょういんじしゃぞうじき》』で、関銭《せきせん》収入の私物化が富子の意図だったと批判したが、債権者擁護《ようご》の立場から徳政禁制を貫いた姿勢と経済感覚にこそ富子らしさが見出される。延徳《えんとく》元年(一四八九)義尚が近江鈎《おうみまがり》の陣で病没すると葬儀を主催し、妹と義視との子で義尚猶子《ゆうし》となっていた義材《よしき》(義稙《よしたね》)を次の将軍に推挙。翌年義政も病没したため、富子は剃髪《ていはつ》して一位の尼となる。明応《めいおう》二年(一四九三)義材父子と対立すると、管領細川政元《まさもと》と組んで堀越公方《ほりごえくぼう》足利政知《まさとも》の子義遐《よしとお》(義澄《よしずみ》)を猶子として十一代将軍に立てた。晩年まで将軍人事へ尼御台としての権限を発揮した富子は、同五年に五十七歳で死去。近年の*女性史研究の進展によって、悪評の高かった富子のイメージが一新され、室町・戦国時代を代表する公家出身の*武家女性としての実像が結ばれつつある。

参考文献　脇田晴子「日野富子の人物像」(日本放送出版協会編『歴史への招待』三一、一九八四)。田端泰子「中世女性の栄光と実像」(『日本中世の女性』一九八七、吉川弘文館)。同「日野富子と将軍「家」」(『日本中世女性史論』一九九四、塙書房)。同「戦国期女性の役割分担」(同)。田中淳子「室町殿御台の権限に関する一考察」(『女性史学』四)、一九九四。脇田晴子『中世に生きる女たち』(岩波新書)、一九九五、岩波書店。田端泰子『女人政治の中世』(講談社現代新書)、一九九六、講談社。同「御台の執政と関所問題」(『日本中世の社会と女性』一九九八、吉川弘文館)。

(志賀　節子)

ひののぶこ　日野宣子　一三二六―八二　室町時代、後《ご》光厳《こうごん》・後円融《ごえんゆう》・後小松《ごこまつ》の三代の天皇に仕え、朝幕間の政治交渉に尽力した女性。父は日野資名《すけな》。西園寺実俊《さいおんじさねとし》の*側室。通称、岡松一品《おかまついっぽん》。『竹向《たけむき》が記《き》』の著者日野名子《めいし》の妹。最初、*典侍《ないしのすけ》として後光厳に仕えるが、彼女の娘が後光厳の寵愛《ちょうあい》をうけたことで朝廷内で重用された。延文《えんぶん》三年(一三五八)従三位、応安三年(一三七〇)従二位に叙せられるが、同七年の後光厳の死去により出家。永和二年(一三七六)には姪《めい》の日野業子《なりこ》を足利義満の*正室にすることに奔走《ほんそう》し、その後、代々日野(裏松《うらまつ》)家が足利将軍家の外戚となる伝統を築いた。また、彼女の人脈を介して鎌倉時代以来の武家執奏《ぶけしっそう》であった西園寺家の役割が、中級貴族である室町殿家司《けいし》層に継承されることにもなった。永徳元年(一三八一)従一位となり、同年の後円融の譲位問題では、後小松擁立を義満に働きかけ、翌年、崇光院《すこういん》流の栄仁《よしひと》親王を斥《しりぞ》け、後小松践祚《せんそ》を実現している。

参考文献　三浦周行「日野富子」(『歴史と人物』一九一六、東亜堂書房)。家永遵嗣「足利義満の公家支配の展開と「室町殿家司」」(『室町幕府将軍権力の研究』一九九五、東京大学日本史研究室)。大塚実忠「岡松一品の事」(『禅文化研究所紀要』二六)、二〇〇三。

(清水　克行)

ひのはかま　緋の袴　平安時代の宮廷女性の*女房装束で用いられた袴の通称。「緋」は「朱」でアケとも読み、朱色味の強い赤のこと。本来は*下袴《したばかま》であったものを屋内での使用を原則に身丈をはるかにあまる丈で仕立てた。正装では糊張《こば》りして砧《きぬた》で打ち、光沢と張りをもたせた張袴《はりばかま》、日常では生絹《すずし》とよばれる精錬《せいれん》していない絹糸で織った生地製の生袴《きのはかま》を用いた。なお、天皇は男性であるにもかかわらず日常の冠直衣《かんむりのうし》姿でこの袴を用いる。前近代の天皇の*ジェンダーを考える上で非常に興味深い。

参考文献　鈴木敬三『有識故実図典』、一九九五、吉川弘文館。

(佐多　芳彦)

ひのめいし　日野名子　⇨竹《たけ》むきが記《き》

ひのやすこ　日野康子　一三六九―一四一九　室町幕府第三代将軍足利義満《よしみつ》の*正室。父は権大納言《ごんだいなごん》日野資康《すけやす》。母は足利義量《よしかず》の娘。義満の正室には日野業子《なりこ》がいたが、年長であったためか、応永初年ころから、姪《めい》の康子が義満の室に入る。義満が将軍職を譲り、出家して、北山第《きたやまだい》に住むと、康子も北山第南御所に住した。応永九年(一四〇二)より、二位殿《にいどの》と称せられる。応永十三年後小松《ごこまつ》天皇の生母通陽門院《つうようもんいん》が死去すると、康子を*国母《こくも》に准《じゅん》ずるようにという義満の意向をうけて、准三后《じゅさんごう》に准ぜられ、翌年院《いん》号宣下《ごうせんげ》により北山院と称する。天皇の近親でないものが院号宣下をうけた唯一の例である。実子はなく、足利義嗣《よしつぐ》と大慈院聖久《だいじいんせいきゅう》を猶子《ゆうし》とした。義満の死後、北山第に住すが四代将軍足利義持《よしもち》に厚遇されなかった。死後、嵯峨《さが》真浄院《しんじょういん》に葬られるが、葬儀も簡略であった。康子没後は、北山第も処分された。法号は、北山院殿雲岳真高禅定尼《うんがくしんこうぜんじょうに》。

参考文献　臼井信義『足利義満』(人物叢書)、一九六〇、吉川弘文館。

(錦　昭江)

びふくもんいん　美福門院　一一一七―六〇　鳥羽院后。近衛《このえ》天皇母。名は藤原得子《とくし》。父は藤原長実《ながざね》、母は源俊《みなもとのとし》房女方子《ふさのむすめほうし》。長承三年(一一三四)以降鳥羽院の寵があり、保延《ほうえん》元年(一一三五)十二月皇女叡子《えいし》を出産。この皇女は藤原忠実《ただざね》とその女《むすめ》で鳥羽院后の泰子《たいし》(*高陽院《かやのいん》)の養子となった。同二年四月従三位。同三年四月次女暲子《しょうし》(*八条院)を出産。同五年五月皇子体仁《なりひと》(近衛天皇)を出産、八月体仁が立太子すると*女御《にょうご》となる。鳥羽院は体仁を崇徳天皇と皇后聖子《せいし》(*皇嘉門院《こうかもんいん》)夫妻の養子として、崇徳から体仁への皇位継承を図った。永治《えいじ》元年(一一四一)三月准三后《じゅさんごう》、十一月三女姝子《しゅし》(*高松院《たかまついん》)を出産、十二月近衛天皇の即位と同日その母として*皇后となる。得子は所生子のほか崇徳天皇皇子重仁《しげひと》や雅仁《まさひと》親王(後白河天皇)皇子守仁《もりひと》(二条天皇)を養子とした。久安《きゅうあん》五年(一一四九)八月院号宣下(美福門院)。得子を「諸大夫の女《むすめ》」と蔑視する藤原頼長《よりなが》に抗して、藤原忠通《ただみち》と結んで近衛天皇に呈子《ていし》(*九条院《くじょういん》)を*入《じゅ》内《だい》させるも、久寿二年(一一五五)七月近衛が皇嗣なく没すると、養子としていた守仁への継承を前提に後白河天皇即位を実現させ、守仁には所生子の姝子を配した。保元元年(一一五六)六月鳥羽の病勢悪化の中で出家、法名真性空《しんせいくう》。鳥羽没後勃発した保元の乱以後も王家(天皇家)を代表し、「仏と仏の評定」と称された信西《しんぜい》との協議により、後白河から二条への譲位を決定した。また、鳥羽院遺領を管理し、その多くは暲子へ伝えられて、のち*八条院領の基幹となった。晩年は仏道に精進し、永暦《えいりゃく》元年(一一六〇)十二月没。鳥羽院は生前鳥羽東殿に塔二基を建て、自身と得子の遺骨を納めるよう遺言したが、得子の遺詔によりその遺骨は高野山に納められた。

参考文献 橋本義彦「美福門院藤原得子」(『平安の宮廷と貴族』一九九六、吉川弘文館)。 (栗山 圭子)

ひぶそうこくにほんじょせいのこうわもんだいについてのきぼうようこう 非武装国日本女性の講和問題についての希望要項 全面講和を希望する声明書。*平塚らいてうが起草し、*上代《じょうだい》たの・*野上弥生子《のがみやえこ》・*植村環《うえむらたまき》・*ガントレット恒子《つねこ》の五人の連名で、対日講和担当のアメリカ国務省顧問として来日したダレス特使に手渡した一九五〇年(昭和二十五)六月二十六日付の文書。八項目からなり、その最初には「一、われわれは日本国憲法に定められた非武装、非交戦をあくまで守りぬく決意である」と記し、内外に大きな反響を呼んだ。『平塚らいてう著作集』七(一九八四年、大月書店)に所収。 (折井美耶子)

ひみこ 卑弥呼 ?―二四七? 古代の倭《わ》の女王。*『魏《ぎ》志《し》』倭人伝《わじんでん》によれば、倭国で争いが続いたのちに共立されて王となった。倭国はクニグニの連合体で、女王は邪《や》馬台国《またいこく》に都をおいた。「*鬼道《きどう》」(*シャーマン的能力か)にすぐれ、夫はなく、男弟が国を佐《たす》け治めた。めったに人に姿を見せず、婢《ひ》千人が側に仕え、男子一人が出入りして飲食を給し言葉を伝えたという。二三九年に中国の魏《ぎ》に使者を派遣し、「親魏倭王《しんぎわおう》」の称号と金印紫綬《きんいんしじゅ》を得た。狗奴国《くなこく》の男王卑弥弓呼《ひみくこ》とかねてより対立関係にあり、二四七年に魏の帯方郡太守《たいほうぐんたいしゅ》の使者が督励《とくれい》の詔書《しょうしょ》と黄幢《おうとう》をもって倭国に至ったが、卑弥呼はそれに先だって死去した。径百余歩の大きな冢《つか》に葬り、奴婢《ぬひ》百余人を殉葬した。その後男王を立てたが国内がおさまらず、卑弥呼の宗女(一族の女性)である壱与《いよ》が王となった。国内向けの呪術《じゅじゅつ》的な未開の王と、機敏な外交を展開する開明的な王の二つの側面をあわせ持つと指摘される一方で、世俗の政治を弟にゆだねた、男女の聖俗二重王権ないし*ヒメ・ヒコ制の原型との見方も根強い。卑弥呼の段階の王権は世襲《せしゅう》ではなく、邪馬台国の所在地、のちの大和王権とのつながりも不明だが、奈良県南部の*箸墓《はしはか》古墳を卑弥呼の墓にあてる説がある。『日本書紀』は神功《じんぐう》皇后紀に『魏志』倭人伝の女王関係記事を掲げており、卑弥呼と重ね合わせることで伝承上の神功皇后の年代設定を行う意図がうかがえる。卑弥呼＝神功皇后説は中世から近世にも継続するが、近世後期の*本居宣長《もとおりのりなが》は、古代の天皇が中国王朝へ朝貢したことを否定する立場から、卑弥呼は九州地方の「女酋《じょしゅう》」の一人が神功の名をかたったとした。近代天皇制が確立し、近代歴史学が展開し始める一九一〇年代になって、卑弥呼は「神事を専らにした」巫女《ふじょ》王で、軍事・行政の世俗政治は男が行なったとする説が登場し、定着した。近年、*女性首長や古代*女帝についての研究の進展をふまえ、女性統治者像の近代における転換をも視野に含めた、聖俗二重王権説の是非、卑弥呼＝巫女説の見直しがすすんでいる。

参考文献 本居宣長『馭戎慨言』(『本居宣長全集』八)。白鳥庫吉「倭女王卑弥呼考」(佐伯有清編『邪馬台国基本論文集』一、一九八一、創元社)。内藤虎次郎「卑弥呼考」(同)。佐伯有清『魏志倭人伝を読む』(歴史文化ライブラリー)、二〇〇〇、吉川弘文館。義江明子『つくられた卑弥呼』(ちくま新書)、二〇〇五、筑摩書房。 (義江 明子)

ひめかがみ 比売鑑 『小学《しょうがく》』の教えを敷衍《ふえん》した絵入りの*女訓書《じょくんしょ》。中村惕斎《なかむらてきさい》著。三十一巻(述言編十二巻・紀行編十九巻)。貞享《じょうきょう》四年(一六八七)序。述言編宝永六年(一七〇九)刊。紀行編正徳《しょうとく》二年(一七一二)刊。述言編巻之一は「立教《りっきょう》」による子育て、巻之二―六は「明倫《めいりん》」の父子・夫婦・長幼・君臣・朋友《ほうゆう》の人倫、巻之七―十二は「敬身《けいしん》」すなわち学問による修身、また神道・仏教等について述べる。紀行編は、述言編の教えを和漢人物伝によって例証したもの。テキストは『江戸時代女性文庫』七一―七四(一九九七年、大空社)。 (小泉 吉永)

ヒメトネ ヒメトネ ⇨刀禰《とね》 ⇨命婦《みょうぶ》

ヒメ・ヒコせい ヒメ・ヒコ制 古代の王権が男女一対からなるとする学説。姫彦制・複式首長制・男女二重主権・聖俗二重王権ともいう。女＝ヒメが宗教的機能、男＝ヒコが世俗的機能をもったとみる。*高群逸枝《たかむれいつえ》は古代母系制社会論を基礎に、族母《ぞくぼ》(*御祖《みおや》)としての姫を兄弟の彦が補佐する姫中心の姫彦(兄弟姉妹の複式首長制)から、彦が主に行政を担い姫は神事専門で彦の配偶者化する古墳時代の彦中心の姫彦へ、そして天皇制初期の姫彦交替の君主制(*女帝の出現)という道筋を考えた。洞富雄《ほらとみお》は、古墳時代に*母権・母系から父権・父系への転換を想定し、ヒメが祭祀《さいし》、ヒコが政治・軍事を司る男女二重主権(例として天皇と*斎宮《さいぐう》)が、母系時代のヒメ＝姉妹から父系時代のヒメ＝娘へと変化し、男性支配が確立したとみる。この学説は、*皇后や女帝を筆頭とする古代女性の政治的役割を理解する上で大きな影響力をもった。井上光貞《いのうえみつさだ》は賀茂《かも》神社の女性神職(斎祝子《いみはふりこ》)を賀茂斎院《かもさいいん》の原始形態とみて、豪族(賀茂県主《かものあがたぬし》)の族長権における男女の二重王権を想定し、*律令制以前の家父長権《かふちょうけん》の弱さを説いた。*関口《せきぐち》裕子《ひろこ》は、古墳時代前期までは男女がともにあるいは単独で軍事・生産をも担ったとする考古学の今井堯《いまいたかし》の説をふまえ、聖俗分担ではなく役割の相互移行的な男女対《つい》のヒメ・ヒコ制を想定し、女帝や斎宮にその伝統を残しつつ、次第にヒコ主体に変化していったとした。ヒメ・ヒコ制の根拠とされるのは、伝承のなかに狭穂《さほ》ヒメ・狭穂ヒコ(『*古事記』垂仁《すいにん》天皇段・『日本書紀』垂仁紀)、怒賀《ぬが》ヒメ・怒賀ヒコ(「常陸国風土記《ひたちのくにふどき》」)、玉依《たまより》ヒメ・玉依ヒコ(「山城《やましろの》国風土記《くにふどき》」)など対の名称の兄妹がみえること、三世紀の邪馬台国《やまたいこく》の*卑弥呼《ひみこ》と男弟の関係、歴史時代の斎宮・*斎院の制度等である。しかし近年では、女性名接尾辞としての「ヒメ」名称の成立の新しさ、卑弥呼＝巫女《ふじょ》説の見直し、斎宮・斎院に女性の宗教的権威の高さを見ることへの疑問などから、ヒメ・ヒコの男女対の構造に男女の対等性を読み取ることを疑問視する説も出されている。

参考文献 高群逸枝『女性の歴史』(講談社文庫)、一九七二、講談社。洞富雄『天皇不親政の起源』(校倉歴史選書)、一九七九、校倉書房。井上光貞「カモ県主の研究」(『日本古代国家の研究』一九六五、岩波書店)。小林敏男『古代女帝の時代』、一九六七、校倉書房。関口裕子「古代女性の地位と相続法」(武光誠編『古代女帝のすべて』一九九一、新人物往来社)。義江明子『日本古代の祭祀と女性』(古代史研究選書)、一九九六、吉川弘文館。今井堯「古墳時代前期における女性の地位」(総合女性史研究会編『日本女性史論集』二、一九九七、吉川弘文館)。義江明子『つくられた卑弥呼』(ちくま新書)、二〇〇五、筑摩書房。

(義江 明子)

ひめゆりがくとたい ひめゆり学徒隊《とたい》 ⇨沖縄戦女子学徒隊《おきなわせんじょしがくとたい》

ひめゆりのとう ひめゆりの塔 太平洋戦争末期の沖縄戦下(一九四五年(昭和二十)四—六月)におけるひめゆり学徒の悲哀《ひあい》、学校長含む戦争指導者への憎しみ、憤《いきどお》りを、沖縄県立女子師範学校在学中の伊差川《いさがわ》カナという女性を主人公に描いた小説。石野径一郎《いしのけいいちろう》著。一九四九年に『令女界《れいじょかい》』に連載。翌年、山雅房《せんがぼう》より、そして一九五一年には河出文庫、一九五六年には青木文庫、一九七七年には講談社文庫より刊行。一九五三年に、東横映画(のち東映)で製作・上映された映画「ひめゆりの塔」(監督今井正《いまいただし》)は、この小説と、当時ひめゆり学徒を戦地に引率した沖縄県第一高等女学校教師仲宗根政善《なかそねせいぜん》の編著書『沖縄の悲劇—ひめゆりの塔をめぐる人々の手記—』等をもとに作られた。ちなみに映画製作にあたっては、今井監督がレッドパージされた経験をもつという理由で、在京の沖縄県人の一部から「赤ゆりの塔」と揶揄《やゆ》され、反発があった。しかし、在本土沖縄県学生会を中心に沖縄出身者の団体、組織によって上映の実現にこぎつけたといういきさつがある。

参考文献 国場幸太郎「「沖縄県学生会」草創の頃」(外間政彰追悼文集刊行委員会編『爽風一過—外間政彰追悼文集—』一九九七)。

(宮城 晴美)

ひも 紐 物品類を結んだり束ねたり、あるいは縛ったりすることに用いるもの。文字の原義は糸をひねって曲げる意で、柔軟なものというニュアンスが含まれる。糸よりは太く、綱・縄よりは細く長い形状の布帛《ふはく》などの繊維製やなめし皮を含む皮革製などさまざまな種類がある。ただし原則的には、布帛を折りたたんだり皮革を切り抜いて作る、扁平《へんぺい》な断面を持つ「帯」に比べると、糸をよりあわせて作る丸い断面をもつようなものが紐に該当するのだろう。「帯」との本来的な相違は、帯を用いて物品類を結ぶという行為が、人が物を「帯びる」ことに起因しているのに対して、紐は必ずしもそうではなく、人間以外のすべての物品類を結び束ねることに用いるものであった。しかし現実的にはかなり古い時代から両者の用例は混同されており、しかも類似する「緒《お》」など(の概念)もあり、使用の区分はきわめて曖昧《あいまい》で重複する場合が多く、現代においては混乱を呈《てい》している。

参考文献 藤田昌三郎『組紐を設計する』、一九八二、美術出版社。額田巌『ひも』(ものと人間の文化史五七)、一九八六、法政大学出版局。

(佐多 芳彦)

ひもとき 紐とき 女児の七歳の祝い。いわゆる*七五三、年祝いの一つ。天保年間(一八三〇—四四)に桑名《くわな》藩士の記した『柏崎日記』にみえる。しかし、紐とき・紐おとしの民俗語彙《ごい》による民俗事象は七歳にかぎらず、兵庫県では四歳の正月に四つ身の着物を贈られ帯を用いはじめる祝いを紐おとし、岡山県では男女三歳の十月十五日に母方の実家から贈られた晴れ着を着て氏神《うじがみ》参りをすることを紐おとしという。熊本県では四歳の十一月十五日を紐とき祝いといった。

参考文献 真下道子「出産・育児における近世」(女性史総合研究会編『日本女性生活史』三、一九九〇、東京大学出版会)。

(岩田 重則)

ひゃくしょうでんき 百姓伝記 延宝《えんぽう》八年(一六八〇)—天和《てんな》二年(一六八二)ごろ成立した、三河の武士か武士経験をもつ上層農の著作とされる農書《のうしょ》。全十五巻。広範に成立する*小農経営《しょうのう》に対応した各種農作物・土壌《どじょう》・農具・肥料・治水《ちすい》・日常の心得など農事全般について記述する。稲作における性別分担では、男女の手先の機能面の相違から*早乙女《さおとめ》女性適性論を展開する。また、男女、子どもに即した農具使用法を示すが、全体では性別による書き分けは少なく概論に徹している。『日本農書全集』一六・一七(一九七九年、農山漁村文化協会)に所収。

参考文献 長島淳子『幕藩制社会のジェンダー構造』、二〇〇六、校倉書房。

(長島 淳子)

ひゃくたゆう 百太夫 *遊女・*傀儡子《くぐつ》の守り神。百大夫とも。「ひゃくだゆう」とも読む。大江匡房《おおえのまさふさ》の『*遊女記』は、「百大夫」を男女の性愛を司《つかさど》る*道祖神《どうそじん》と同じ神とする。また、同じく匡房の『*傀儡子記』は、漂泊《ひょうはく》の民である傀儡子が、夜に「百神」をまつり、芸能を披露《ひろう》し福を祈ったとする。『*梁塵秘抄《りょうじんひしょう》』三七五番に客を引き留められなかった傀儡子が「如何《いか》に祭れば百大夫」と嘆く様が、また三八〇番に「遊女の好むもの」として「男の愛祈る百大夫」がみえる。平安時代に、摂津国《せっつのくに》*江口《えぐち》・神崎《かんざき》など淀《よど》川・瀬戸内水運の要所には芸能民が集住し、中でも売春を行う*女性芸能者が百太夫を信仰したものと考えられる。現在、兵庫県西宮《にしのみや》市の西宮夷《えびす》神社にある百太夫神社にまつられている。百太夫神社は人形芝居を行なっていた摂津国西宮産所《さんしょ》町西安寺《さいあんじ》にもとはあったが、天保十年(一八三九)ころに西宮神社に移されたという。

参考文献 脇田晴子『女性芸能の源流—傀儡子・曲舞・白拍子—』(角川選書)、二〇〇一、角川書店。

(京樂真帆子)

ひゃくにんじょろうしなさだめ 百人女郎品定 女性の身分・諸職種全般を述べた書。享保十七年(一七三二)、京八文字屋八左衛門《はちもんじやはちざえもん》刊。女性の身分・諸職について「見ぬ雲の上のやんごとなき」高貴の女性から「傾国遊女《けいこくゆうじょ》・女郎《じょろう》」に至るまでの百種をとりあげ、西川祐信の絵と説明が加えられたもので五十ずつに分別、上下二巻から成る。内容も豊富で、皇族・*女官・公家・大名の妻・芸能・町人・*遊女・奉公人・農山村の女性などにわたる。

参考文献 脇田晴子・S・B・ハンレー編『ジェンダーの日本史』下、一九九五、東京大学出版会。

(宇佐美ミサ子)

ひゃくまん 百万 生没年不詳 鎌倉時代後期の曲舞《くせまい》の舞手。世阿弥《ぜあみ》作の謡曲《ようきょく》『百万』は観阿弥《かんあみ》の『嵯峨物狂《さがぶっきょう》』を改作したもので、曲舞の名手百万が生き別れた子と嵯峨清凉寺《せいりょうじ》の融通大念仏会《ゆうづうだいねんぶつえ》で再会した話だが、これは融通大念仏会を始めた導御《どうご》が*拾子であったことをもとにしている。一方、世阿弥の『五音《ごいん》』には*賀歌女《かがにょ》は南都の*女曲舞百万の末で、この系統のみが曲舞の舞手として残っているとあり、当時存在していた曲舞の祖と認識されていた。曲舞は卑賤《ひせん》視されていた奈良の声聞師《しょうもんし》の一種であることから、百万も奈良の声聞師出身とする説もある。

参考文献 細川涼一「導御・嵯峨清凉寺融通大念仏会・「百万」」(『女の中世』一九八九、日本エディタースクール出版部)。『世阿弥・禅竹』(日本思想大系新装版)、一九九五、岩波書店。柳田国男「女性と民間伝承」(『柳田国男全集』六、一九九八、筑摩書房)。

(盛本 昌広)

ひやとい 日雇 一日単位の雇用労働の形態。日用《ひよう》・日傭《ひよう》ともいう。都市江戸においては公私ともに運輸・土木・建築の分野や町人足役《まちにんそくやく》など当初より労働市場の不可欠の構成要素であった。鳶口《とびくち》・てこのもの・車力《しゃりき》・米搗《こめつ》き・軽子《かるこ》など、絶えず流入する都市民を吸収し、都市下層を形成した。次第に武家奉公も町方《まちかた》奉公も年季《ねんき》奉公から短期の形態になり、女性の日雇もみられるが、労働の内容からいって男性の労働分野であった。都市一般の傾向でもあろう。農業においても次第に雇用労働に依存する割合が大きくなり、短期の雇用形態に変化していった。農業の場合は女子労働の進出が著しい。常陸《ひたち》国下江戸村(茨城県那珂《なか》市)那珂家では、日雇奉公の四分の三が女性労働であった。武蔵《むさし》国小野路《おのじ》村(東京都町田市)小島家でも日雇の女性が麦刈り・麦こき、*田植え・稲刈り、茶摘《ちゃつみ》、まゆかきなど多様な農作業に従事している。賃金は男子の最低賃金に同じ、男子のほぼ四分の三という数字があるが、男女格差は縮小する傾向にあった。

参考文献 長野ひろ子「農村における女性の役割と諸相」(女性史総合研究会編『日本女性生活史』三、一九九〇、東京大学出版会)。吉田伸之『近世都市社会の身分構造』、一九九八、東京大学出版会。

(片倉比佐子)

ひょうごまげ 兵庫髷 *遊女の間で好まれた髪型。天正のころから結われていた唐輪髷《からわまげ》は、男髷からの模倣らしく、女性の*結髪の初期のものとみられる。文禄《ぶんろく》の役《えき》で肥前名護屋《ひぜんなごや》城の周りに多くの「遊女」らしき女性が集まり、中国文化の影響を受けて女らしさを加えた立兵庫という大きな髷を結い、大長小袖を着た上に、細帯のかわりに丸打ちの縄帯をぐるぐる巻きにして右斜め前で結んだらしい。*出雲《いずも》の阿国《おくに》もこれを模倣。元禄以後、結髪技術が発達し横兵庫などが現われ出る。江戸時代後期の*花魁《おいらん》の兵庫髷は、横に張った技巧の目立った髪型に変化した。

兵　庫　髷

参考文献 樋口清之『日本の風俗の謎』、一九八八、大和書房。

(小和田美智子)

ひらおかはつえ 平岡初枝 一八九一—一九七八 昭和時代の女性運動家。富山県生まれ。一九〇九年(明治四十二)富山県立高等女学校を卒業、上新川郡《かみにいかわ》(富山市)の小学校に勤務。辞職後、*全関西婦人連合会で活躍。無産《むさん》婦人同盟大阪支部の創立に参加、社会主義者として活動。一九四一年(昭和十六)病気となり、生長《せいちょう》の家《いえ》に入信《にゅうしん》。第二次世界大戦後平和建設婦人同盟を富山に設立。生長の家本部講師をつとめ、全国白鳩会《しろはとかい》副会長として全国遊説した。著書に『しあわせを見つめて』(一九六七年、日本教文社)などがある。

参考文献 高井進編『富山県女性史—鬼と女は人に見えぬぞよき、か—』、一九八八、桂書房。

(石月 静恵)

ひらがな 平仮名 ⇩女手《おんなで》

ひらたあつたねのじょせいかん 平田篤胤の女性観 十九世紀の国学者で尊王《そんのう》運動に強い影響を持つ篤胤には、生前の門人五百五十三人の中に四人の女性がいた。親愛な妻の死後、「よみ」の所在について*本居宣長《もとおりのりなが》と意見を異にし、幽界《ゆうかい》の説『霊能真柱《たまのみはしら》』を書く。欲情を拒否する仏教を批判し、神代・西世の聖書・儒学・民俗の習慣から着想を得た篤胤は、性欲・生殖・色欲を否定しない。『古史伝《こしでん》』に記されている伊邪那岐《いざなき》と伊邪那美《いざなみ》の性的交渉のあり方に女性観を見ることができる。足で立てない蛭《ひる》子《こ》を生んだ理由は、女の神である伊邪那美が先に誘いの言葉をかけたこと、すなわち女が男に従うという原則を破ったからであるというもの。『玉襷《たまだすき》』では女性の汚れ(月経・*出産の血)は忌むべきだが、女は男に尽くし、子供を産むのが「神ながらの道」という神代から伝わってきた日本の固有の道であるとする。また、天岩屋戸《あまのいわやと》の前で踊って、神々を笑わせるように陰部を見せる*天鈿女命《あめのうずめのみこと》を称えることを記した『宮比神御伝記《みやびのかみごでんき》』では、女の道は男の道と異なっても、女も主君に真面目に仕えれば、男と同様に「侍《さぶらい》」という召使として誉められるとする。

参考文献 『(新修)平田篤胤全集』一・二・六・七、一九七七、名著出版。

(アン＝ウォルソール)

ひらたノブ 平田ノブ 一八九五―一九五八 大正・昭和時代の教育者。広島県甲山町(世羅町)生まれ。父篠木完治郎・母ヒチの第四子。一九一五年(大正四)広島県三原女子師範《しはん》学校卒、同県師範学校附属小学校訓導。一九一七年十二月三原小学校へ転出。この間全国小学校女教員会議への県代表派遣や*新婦人協会支部創設活動が服務規程に抵触、いわゆる筆禍《ひっか》事件で退職。師範女教師平田の養女となる。淡路島や児童の村小学校(東京池袋、一九二四年)で児童中心主義の教育を実践し、雑誌『教育の世紀』に発表。一九二五年に退職し未婚の母となる。その後、雑誌編集、*農繁期託児所《のうはんきたくじしょ》、婦人消費組合協会発起人《ほっきにん》を経て、一九三一年(昭和六)東京深川に子供の村保育園を開設。母様《かあさま》学校・自治《じち》学校(現*学童保育)・父様《とうさま》学校等地域ぐるみの教育を展開。母様学校は日常生活の改善、婦人問題等を学ぶことを通して、自治会や*婦選獲得同盟(平田は一九三一年より中央委員)に参加していった。婦選・*母性・男女差別撤廃等について講演・執筆活動を行なった。

参考文献 新井淑子「平田ノブ、その生涯と教育思想」(『埼玉大学紀要教育学部教育科学』二四ノ二・二五ノ二・二七・三二ノ一)、一九七五・七六・七八・八三。

(新井 淑子)

ひらつからいちょう 平塚らいてう 一八八六―一九七一 明治から昭和時代にかけての思想家、平和・女性運動家。本名奥村明《おくむらはる》。「らいてう」は雷鳥にちなんだペンネーム。一八八六年(明治十九)二月十日、東京に生まれる。父平塚定二郎《さだじろう》は和歌山出身で苦学して明治政府に出仕、のち会計検査院次長となった。母光沢《つや》は東京出身で医師飯島芳庵《いいじまほうあん》の娘。一八九八年東京女子高等師範学校付属高等女学校(お茶の水高女)に入学、良妻賢母《りょうさいけんぼ》教育に反発して級友と「海賊組」を結成した。一九〇三年創立間もない*日本女子大学校家政科に入学。在学中禅《ぜん》に出会い、卒業後の一九〇六年七月見性《けんしょう》(悟りを得ること)。一九〇八年三月*家出して森田草平《もりたそうへい》と那須塩原の尾頭峠《おかしらとうげ》に赴《おもむ》き「心中未遂」とさわがれる。このときスキャンダル攻撃を逃れて信州の高原に滞在、自然のなかで生活したことがその後の生き方に影響を与えた。やがて*生田長江《いくたちょうこう》のすすめをきっかけに、日本女子大卒業生を中心に一九一一年九月、女性による雑誌『*青鞜《せいとう》』を発刊、「*元始《げんし》女性は太陽であつた」を書いた。「女流文芸雑誌」として出発したが、らいてう自身は後年文学よりも女性がみずからの「潜《ひそ》める天才」を自覚し、自己の内面的解放を実現することを期待した、と書いている。『青鞜』は「*家制度」や女性の*セクシュアリティなどの問題を積極的にとりあげてマスコミから「*新しい女」と非難され、またしばしば発売禁止の処分を受けた。一九一四年(大正三)、五歳年下の青年奥村博《ひろし》(のち博史と改名)を愛し同棲、家制度に抵抗して婚姻届を出さず生まれた子を自分の戸籍に入れたため、一九四一年(昭和十六)入籍して奥村姓となるまで差別的な「私生」の扱いを受ける。この経験から一九一八年を中心に*与謝野晶子《よさのあきこ》らと「*母性保護論争」を展開。子どもの権利を守るためには女性の母性が公的に保障されなければならないという主張は、らいてうの母性主義の原点となった。第一次世界大戦後の一九二〇年、*市川《いちかわ》房枝《ふさえ》らとともに*新婦人協会を結成して*婦人参政権運動を起すが、ここでも法律上の*男女同権だけではなく、母性を持つ女性による社会改造をよびかけた。同じころ「世界民」の立場から国家を超えた平和世界を構想、戦後も一貫する平和思想の原型を形成する。やがてクロポトキンの「相互扶助《ふじょ》論」に共鳴、一九三〇年代には居住地の東京成城に女性が中心になって「協同自治社会」を築こうと消費組合「我等《われら》の家」を設立、統制経済で運営困難になる一九三八年まで続けた。戦時下には「アジア解放」を口実にした日本のアジア支配政策に共感するなどの錯誤《さくご》もあったが、戦後は*日本国憲法第九条の非武装・非交戦を理想として世界連邦建設運動に参加した。一九五四年世界母親大会を呼びかけ、日本の*母親運動を育てた。また湯川秀樹《ゆかわひでき》・*上代《じょうだい》たのらとともに世界平和アピール七人委員会にも加わった。晩年ベトナム反戦運動の先頭に立ち、一九七〇年六月には「安保をなくして平和な日本を」と訴えて自宅の周辺をデモ行進した。一九七一年五月二十四日八十五歳で死去。自伝『元始、女性は太陽であった』全四巻(一九七一―七三年、大月書店)がある。

平塚らいてう

参考文献 米田佐代子『平塚らいてう―近代日本のデモクラシーとジェンダー―』、二〇〇二、吉川弘文館。

(米田佐代子)

ひらばやしたいこ 平林たい子 一九〇五―七二 大正・昭和時代に活躍した小説家。一九〇五年(明治三十八)十月三日、長野県諏訪《すわ》郡に生まれる。祖父の代まで名主だったが没落し父は朝鮮に渡り、農業と雑貨屋で母が家計を支えていた。県立諏訪高等女学校に入学し校長の土屋《つちや》

平林たい子

文明《ぶんめい》に学び、文学への関心を深めるが、同時に社会主義思想にも目覚める。一九二二年(大正十一)、卒業式当日に上京、東京中央電話局の交換手見習いになるが、堺利彦《さかいとしひこ》への通話により解雇される。日独商会に勤めて出会ったアナーキストの山本虎三《とらぞう》と同棲。一九二三年関東大震災後の戒厳下、山本とともに検挙、東京退出を条件に釈放され、満州に渡る。夜盲症《やもうしょう》と脚気《かっけ》に苦しみながら施療病院で女児を産むが、間もなく死亡、獄中の山本を残して帰国。アナーキスト芸術家グループに参加、飯田徳太郎《いいだとくたろう》との同棲に入る。*林芙美子《はやしふみこ》と親しくなり、一緒に*女給をしながら原稿を売り歩く。一九二七年(昭和二)、労働者出身の小堀甚二《こぼりじんじ》と見合いし結婚。前年応募した『喪章《もしょう》を売る』(「嘲《あざけ》る」に改題)が大阪朝日新聞懸賞に入選、九月「施療室にて」(『文芸戦線』)発表。苛烈《かれつ》でアナーキーな生を描き注目される。労農芸術家連盟に属し「夜風」『殴る』『非幹部派の日記』『敷設列車』『耕地』などの初期傑作を発表。一九三七年、人民戦線事件に関与した小堀を逃がしたとして八ヵ月拘留《こうりゅう》、その間に肋膜炎《ろくまくえん》に腹膜炎《ふくまくえん》を併発、瀕死《ひんし》の状態をさまよう。凄《すさ》まじく濃密な生への執着は「鬼子母神《きしぼじん》」(『新生』一九四六年十月号)、「かういふ女」(『展望』一九四六年十月号)、「私は生きる」(『日本小説』一九四七年十一月号)などにつぶさに描かれる。敗戦を生家に疎開して迎えるが、十月上京。『盲中国兵《もうちゅうごくへい》』から堰《せき》を切ったように書き続け、*宮本百合子《ゆりこ》「知」の文学、林芙美子「情」の文学に対し「意志」の文学と称された。小堀の裏切りによる*離婚までを「砂漠の花」(『*主婦の友』、一九五五―五六年)にほとんど自虐的なまでに赤裸々に描いた。ほかにやくざものといわれる「黒札」「地底の歌」(『朝日新聞』、一九四八年)などがあるが、本能に根ざしたような逞《たくま》しさ、現実に対する反逆精神は、平林たい子自身の生のありようと一つになって、その文学を貫いている。生涯のライバルだった林芙美子・宮本百合子の伝記を残し一九七二年二月十七日没した。作品は『平林たい子全集』全十二巻(一九七六―七九年、潮出版社)にまとめられている。

参考文献 阿部浪子『平林たい子―花に実を―』、一九八六、武蔵野書房。中山和子『評伝平林たい子』、一九九九、新典社。

(尾形 明子)

ピル ピル 合成ホルモンを使った錠剤《じょうざい》型の女性用経口避妊薬。一九六〇年アメリカで認可され、飲むだけで望まない妊娠の不安から解放される「夢の避妊薬」として先進国の女性を中心に爆発的に広まった。だが日本では戦後の早い時期に*コンドームと*中絶に依存した出生抑制体制ができ上がっており、*家族計画関係者の間にピル慎重論が強かった。サリドマイドやキノホルムなどの薬害事件の発生も、副作用の恐れを理由に認可を遅らせる結果となった。一九七〇年代の*ウーマン＝リブ運動の中でも「中ピ連(*中絶禁止法に反対しピル解禁を要求する女性解放連合)」を除いて、多くの女たちはピルは避妊の負担を女だけに負わせるとして解禁に積極的でなかった。ホルモン量の少ない低容量ピルが普及した後も、日本ではエイズ流行や環境ホルモン問題を理由に何度も認可が延期され、一九九九年(平成十一)に至りようやく正式認可された。だが現在も日本でのピル利用率は低いままである。

参考文献 女のためのクリニック準備会編『ピル―私たちは選ばない―』、一九八七、溝口明代・佐伯洋子・三木草子編『資料日本ウーマン・リブ史』二、一九九四、松香堂書店。松本彩子『ピルはなぜ歓迎されないのか』、二〇〇五、勁草書房。

(荻野 美穂)

ひるめ 日女 ⇩天照大神《あまてらすおおみかみ》

ひれ 領巾 古代衣服の一つ。肩巾・比礼とも書かれる。八世紀初頭の古辞書である『楊氏漢語抄《ようしかんごしょう》』は婦人の頂上の飾りと説明する。紗《しゃ》や羅《ら》などの薄物《うすもの》の織物を用い、長さがあるものを貴しとした。『延喜式《えんぎしき》』縫殿寮《ぬいどのりょう》は領巾四条の料を「紗三丈六尺(別《じょうごと》に九尺)」とし、ほか「絹の比礼八条(長さ五尺、広さ二幅)」(『延喜式』伊勢大神宮)や「領巾の紗七尺」(『延喜式』四時祭下)等の規定があった。領巾の着装方法は、首から肩にかけめぐらし、左右に垂らした。『*年中行事絵巻』の内宴《ないえん》の舞姫の物具《もののぐ》姿にその

領巾(『年中行事絵巻』より　内宴の舞姫の物具姿)

様子を認めることができる。*采女の食料などを供給《きょうきゅう》することを肩巾田《ひれのた》と称し(『続日本紀《しょくにほんぎ》』慶雲二年(七〇五)夏四月十七日条)、『西宮記《さいきゅうき》』や『北山抄《ほくざんしょう》』でも*女蔵人《にょくろうど》や陪膳の*女房、*五節《ごせち》の舞姫らの正装として規定されていることから、天皇に奉仕する宮廷*女官らが着装していたものと考えられる。なお、領巾の着用は天武天皇十一年(六八二)に一度廃止され、『養老令《ようろうりょう》』衣服令《いふくりょう》にも規定はされなかったが、その後復活された。（永島　朋子）

ひろうえん　披露宴　*婚姻成立儀礼後に婚儀のなったことを*親族や村人に披露する宴。婿入り婚のような村内成人男女の交遊による一時的訪婚《ほうこん》では婚姻成立の前後相当期間妻訪《つまど》いに代表されるように訪問による夫婦生活が行われるので、村人に婚姻成立時に披露をする必要はなく、のちに嫁の婿方への引き移りの際などに行われる。婚姻の主体が家にある嫁入り婚では結婚と同時に嫁は家の成員になるため、村外婚でも村内婚でも披露宴は共同飲食を通して婚姻の社会的承認を得る手続き儀礼として重視される。

参考文献　江守五夫『婚姻の民俗―東アジアの視点から―』(歴史文化ライブラリー)、一九九八、吉川弘文館。（上村　正名）

ひろおかあさこ　広岡浅子　一八四九―一九一九　明治・大正時代の実業家。女子高等教育の支援者。京都の豪商油小路三井《あぶらのこうじみつい》家の子。大阪の両替商加島屋《かじまや》広岡信五郎《しんごろう》と結婚。明治維新の動乱で傾いた家業を浅子の努力と手腕で挽回、夫とともに銀行や大同生命を設立した。その勇気と豪胆《ごうたん》さを備えた男勝りの性格で大阪実業界の女傑《じょけつ》として有名。一方、日本の*女子教育の実情を憂《うれ》えその改善の必要性を痛感していた彼女は、一八九六年(明治二十九)*成瀬仁蔵《なるせじんぞう》著『女子教育』に感銘、*日本女子大学校創立発起人となり、同校を弟三井三郎助《さぶろうすけ》とともに生涯物心両面から強力に支援した。『*婦女新聞』『婦人新報』などの女性誌に論説を多数掲載、御殿場《ごてんば》の別荘で講習会を開催するなど若い女性の社会参加を応援した。一九一一年宮川経輝《みやがわつねてる》牧師より受洗。日本YWCA中央委員、大阪YWCA創立準備委員長を務めた。著書に『一週一信』(一九一八年、婦人週報社)がある。宮川経輝『心霊の覚醒』(一九一〇年)を出版した。

参考文献　古川智映子『土佐堀川―女性実業家・広岡浅子の生涯―』、一九八八、潮出版社。影山礼子『成瀬仁蔵の教育思想―成瀬的プラグマティズムと日本女子大学校における教育―』、一九九四、風間書房。（影山　礼子）

ひろせあきこ　広瀬秋子　一七八四―一八〇五　江戸時代後期の儒学者広瀬淡窓《たんそう》の妹。幼名安利《あり》。豊後《ぶんご》国日田《ひた》(大分県日田市)の豪商広瀬貞恒《さだつね》の娘。儒学者として有名な兄淡窓は、幼いころから学問に秀でており、筑前《ちくぜん》の亀《かめ》井南冥《いなんめい》・昭陽《しょうよう》の二人に師事《しじ》し学問に励んでいたが、寛政《かんせい》十一年(一七九九)冬、十八歳の時に肺結核にかかり帰郷して三年間療養した。その時十六歳であった妹の秋子は、兄のために懸命の看護をし、自分の命に代えて兄の命を救ってもらうように神仏に祈願した。三年後兄の病が癒《い》えたときに出家しようとしたが、叶わず、豪潮律師《ごうちょうりっし》の勧《すす》めで、享和《きょうわ》三年(一八〇三)に上京して後桜町《ごさくらまち》上皇の*女房であった兵衛佐局《ひょうえのすけのつぼね》(風早局《かざはやのつぼね》)に仕え、名も秋子と改めた。しかし、局が文化二年(一八〇五)に腸チフスにかかり亡くなる。秋子は直後に出家して慈等《じとう》と称したが、看護中に秋子自身も感染していたため後を追うように亡くなった。兄の淡窓は、秋子の死を悼《いた》んでその墓に「孝弟烈女広瀬秋子」と題した碑文を捧げた。秋子の*和歌に「春雨のはれまによもをみわたせば雪と見まかふ花のしら雪」がある。妹として兄に献身し、また、従者として主人に献身した秋子の生き様《ざま》は、兄淡窓が「孝弟」「烈女」と評したように、江戸時代の*儒教道徳において称えられる生き方であった。

参考文献　女子学習院編『女流著作解題(復刻)』(辞書叢書二一)、一九九七、東出版。（桑原　恵）

ひろせおつね　広瀬阿常　一八五五―一九〇〇?　明治時代の女性。*森有礼《もりありのり》の最初の妻。幕臣広瀬秀雄の娘。明治五年(一八七二)開拓使女学校に入学。一八七五年二月外務大丞《だいじょう》森有礼と結婚。*福沢諭吉《ふくざわゆきち》を証人に婚姻契約を交わし、話題となる。夫の公使赴任に伴い一八七七年八月―翌年五月は清国、一八七九年十一月―八四年二月は英国で過ごし、ビクトリア女王にも謁見《えっけん》。帰国後は経験を生かし*鹿鳴館《ろくめいかん》で活躍したが、一八八六年に離婚。常の不貞が原因ともいわれる。

参考文献　近藤富枝『鹿鳴館貴婦人考』(講談社文庫)、一九八三、講談社。犬塚孝明『若き森有礼―東と西の狭間で―』、一九八三、星雲社。（西澤　直子）

ひろせきょくそう　広瀬旭荘　一八〇七―六三　江戸時代後期の儒学者。豊後《ぶんご》国日田郡《ひたぐん》(大分県日田市)に生まれる。広瀬淡窓《たんそう》の弟。幼少のころから兄淡窓の指導を受け、亀井昭陽《かめいしょうよう》に師事《しじ》し、菅茶山《かんちゃざん》にも師事する。豊後高田(大分県高田市)で塾を開いた後、帰郷して兄の咸宜園《かんぎえん》を管理する。その後諸国を遊歴し、和泉《いずみ》国堺《さかい》(大阪府堺市)で開塾、江戸に出府したり、大坂に戻った後、弘化《こうか》元年(一八四四)肥前《ひぜん》大村藩主に招かれて江戸に四年間滞在した。その後、諸国を遊歴し、日田に帰郷して雪来館《せつらいかん》を創設するが、すぐに摂津《せっつ》池田(大阪府池田市)に移り、ここで没した。弘化元年に江戸に滞在したころ、後から江戸に来た妻松子《まつこ》がほぼ半年後に病没し、その悲しみや松子との夫婦愛を素直に書き記した哀悼記《あいとうき》が『*追思録《ついしろく》』である。儒学者・詩文家として有名な旭荘の自省的な内容も記され、妻に一方的に献身を強いていなかった旭荘の心情を知ることができる。作品は『広瀬旭荘全集』(一九八二年、思文閣出版)に収められている。

参考文献　大谷篤蔵「広瀬旭荘の『追思録』」(『文学』三四ノ三)、一九六六。総合女性史研究会編『日本女性の歴史―性・愛・家族―』(角川選書)、一九九二、角川書店。
（桑原　恵）

ひろはしけのじょせいたち　広橋家の女性たち　鎌倉時代中期に日野家から分家した武家伝奏《ぶけてんそう》広橋家は、近世初期にかけて天皇の母や乳母《うば》・*大納言典侍《だいなごんのすけ》などを輩出した。後鳥羽院按察使典侍《あぜちのすけ》をはじめ、典侍経子《ないしのすけつねこ》、兼子《かねこ》、室町時代中期には後光厳《ごこうごん》天皇后・後円融《ごえんゆう》天皇母の*崇賢門院仲子《すうけんもんいんちゅうし》がいる。その後『*尊卑分脈《そんぴぶんみゃく》』によれば、後花園院の乳母で大納言典侍広橋綱子《つなこ》から後陽成院の広橋みつまで、母系や傍系をはさみながらも伯叔母姪相続で大納言典侍を出してきた。乳母の最後は後柏原院の守子《もりこ》で、それも教育係的な乳母である。宮廷女官の宿直日誌『お湯殿の上の日記』の現存部分の最初の執筆者の一人が後土御門院《ごつちみかどいん》の乳母で大納言典侍の広橋顕子《あきこ》である。この日記は後花園院大納言典侍の伯母綱子から引き継いだものが、文明八年(一四七六)の御所の火災によって焼失し、その翌年から書き始められた可能性が高い。その後二百年以上にわたって、広橋家をはじめ宮中の*女官たちに連綿と書き継がれている。　→大納言典侍《だいなごんのすけ》・広橋家《ひろはしけ》

参考文献　吉野芳恵「室町時代の禁裏の女房―勾当内侍を中心として―」(『国学院大学大学院紀要』一三)、一九八二。桑山浩然「室町時代における公家女房の呼称」(『女性史学』六)、一九九六。
（木村　洋子）

ひわりほうこうにん　日割り奉公人　近世後期、経営の集約化が進む農村で広汎《こうはん》に現われた一年季奉公人の変型。地域によって日分け奉公人・廻《まわ》り奉公人ともいう。契約期間は一年であるが、労働日数は月に八日あるいは二十日など任意に定められ、従来の住み込み・丸抱えの奉公とは異なって雇傭主《こようぬし》のもとへ通勤する奉公形態をとる。奉公人の多くは、村内または近村の小農・小作やその妻・娘たちで、家計補助的な意味あいが強かった。しかし給金は労働の対価と考えられ、労働条件に関しても奉公人の主体性が強まるなど、奉公人がみずからの地位を高め成長していく過程をうかがわせる。化政《かせい》期以降になると女性の進出が顕著《けんちょ》となり、日雇《ひよう》奉公人と同様、女性が耕起や山下刈りなどの重労働を除くさまざまな農作業に従事するなど、男女の労働内容に差がなくなる。年季《ねんき》奉公人と比べると女性労働への評価は高く、給金の男女較差《こうさ》は幕末になるほど縮小する傾向を示した。

参考文献　長野ひろ子「近世後期女子労働の変遷と特質―常州下江戸村那珂家女子奉公人の分析を中心に―」(近世女性史研究会編『論集近世女性史』一九八六、吉川弘文館)。
（青木美智子）

びん　鬢　頭の左右側面の髪。江戸時代、寛永のころまでは髪型も簡素で上層の女性は鬢髪を深そぎし、その*垂髪《すいはつ》を衣《きぬ》の下に着こみ上を袿衣《うちぎ》で覆っていた。庶民は前髪を眉のあたりで切り揃えて垂らし、鬢髪は襟《えり》足で丸く束ねて襟の後ろに置く程度。正保・慶安のころ、伽羅《きゃら》の油とよばれた鬢付油が出現し髪型が斬新化。労働に忙しい女性たちは*女髪結《おんなかみゆい》を利用するようになった。*日傘が現われ出ると髪型も変化し、髱《たぼ》が短小化し、鬢が張り出し、鬢刺・鬢張などの*結髪用具が現われた。

鬢と髱(おまた返し)

参考文献　久下司『化粧』(ものと人間の文化史)、一九七〇、法政大学出版局。
（小和田美智子）

ひんこうろん　品行論　*福沢諭吉《ふくざわゆきち》の著作。一国の重きは一個人の重きに成り、故にプライベートモラルが問題であると、蓄妾《ちくしょう》や芸娼妓《げいしょうぎ》遊びなどの男子の不品行に反省を促したもの。一八八五年(明治十八)十一月二十日から十二月一日まで十回にわたって『時事新報』社説として発表され、連載終了後すぐに単行本となった。その表紙には「福沢諭吉立案　中上川彦次郎筆記」とあるが、これは『時事新報』社説を単行本化する際よく使われた表現で、福沢が生前に編んだ『福沢全集』にも収められている。一八八五年十一月十日付で米国留学中の長男一太郎《いちたろう》に宛てた書簡には「品行論とて百ページはかり之ものを綴り、本日出版願差出置候。是ハ日本男子之不品行を咎《とが》メ、頂門《ちょうもん》之一針と存し、二週日之筆を労したるものなり」(『福沢諭吉書簡集』四、二〇〇一年、岩波書店)と書かれている。『福沢諭吉全集(再版)』五(一九七〇年、岩波書店)、『福沢諭吉選集』九(一九八一年、岩波書店)に所収。
（西澤　直子）

びんそぎ　鬢批　平安時代以後の女子の成人儀礼。男子の元服に該当する。鬢の先の毛を削ぎそろえる儀式。「鬢除」「鬢曾木」とも表記する。近世では十六歳の六月十六日に行われた(十四歳とする説もある)。鬢を切る役割の者を「鬢親《びんおや》」とよび、許婚《きょこん》の夫がつとめる。いない場合は父親や兄が代わった。なお、類似の儀礼の髪上《かみあげ》は*垂髪《すいはつ》が当時の女性の髪形の主流となる以前の*結髪《けっぱつ》における習俗であり、鬢批は垂髪での習俗である。

参考文献　中村義雄『王朝の風俗と文学』(塙選書)、一九六二、塙書房。
（佐多　芳彦）

ひんにょのいっとう　貧女の一燈　「長者の万燈より貧女(貧者)の一燈」といい、貧しい者が出した乏《とぼ》しい志《こころざし》は、富者の多くの布施《ふせ》よりも心がこもっていて尊いという意味の諺《ことわざ》。もとは『賢愚経《けんぐきょう》』『阿闍世《あじゃせ》王受決経《おうじゅけつきょう》』にみえる

説話で、仏陀《ぶっだ》が舎衛国《しゃえいこく》に行った時、難陀《なんだ》という貧しく孤独な女性が乞食《こつじき》をして生活していたが、人々が仏や弟子たちに供養のものを出すのを見て、貧しい己れの身を歎《なげ》き、乞食をして手に入れた一銭の銭で燈油《とうゆ》を買い、一燈をともして供えたところ、その火は朝が来てほかの火が消えてもともり続け、あおいで消えそうとしても消えなかったので、仏陀は難陀に、来世は仏となるだろうと約束した。*変成男子《へんじょうなんし》説を含まない女人成仏《にょにんじょうぶつ》説話で、平安時代以来、よく知られ、鎌倉時代には貧女の一燈になぞらえて東大寺などの寺に少分の燈油料などを寄進《きしん》する人々があり、その半数は女性であった。中世には、「貧女」というのが一般的であったが、近代では「貧者」という方が一般的になった。

参考文献　野村育世『仏教と女の精神史』、二〇〇四、吉川弘文館。

（野村　育世）

ふ

ファンシンドク　黄信徳　Hwang Shin-dok　一八九八―一九八三　朝鮮近代の女性運動家、教育者。平安南道平壌生まれ。医家の六女で姉は黄愛施徳。キリスト教信者として育つ。崇義女学校卒業後、一九一八年(大正七)東京に留学し*日本女子大学などに学ぶ。社会主義思想にめざめ、*山川菊栄《やまかわきくえ》に出会う。一九二五年帰国し新聞記者として働く一方、一九二七年(昭和二)女性運動の統一戦線「槿友会」幹部として活躍。一九四〇年京城家政女塾設立。戦時下に対日協力。一九四五年解放後の韓国で、女性問題研究会を創立、家族法改正運動などに取り組む。

（金　富子）

ふうぞくさんぎょう　風俗産業　⇩性風俗産業《せいふうぞくさんぎょう》

ふうふかけむかい　夫婦かけむかい　夫婦を中核とする*小農《しょうのう》経営の*家族形態を表わす歴史的用語。近世農民の家族構成は、夫婦とその子、夫方の両親を含む男系直系家族が一般的であるが、家族の基本単位は一対の夫婦にある。小農経営はこの夫婦労働を中心に家族員全体が性別・年齢に応じた労働や役割に従事することで成立する。したがって、*家父長制《かふちょうせい》的編成をもつ豪農や地主《じぬし》など上層農の大経営では「夫婦かけむかい」的性格は必然的に弱まる。この用語は法令、村方《むらかた》文書、農書《のうしょ》、地方書《じかたしょ》などに散見できるが、農民統制令として名高い『慶安《けいあん》の触書《ふれがき》』(『徳川禁令考』前集五など)にある「夫婦かけむかいのものニ而、馬をも持事《もっこと》ならす、こへため申候もならさるもののハ(下略)」「夫婦かけむかいの百姓にて身上《しんじょう》も不成《ならず》、郷《ごう》中友百姓《ちゅうともひゃくしょう》に日ころいやしめられ候ても、身上を持、上米金をたくさんに持候得ハ(下略)」などの例がよく知られている。いずれも小農経営の不安定性や生産手段の不備を前提としているが、続けて悪条件下での対処法や夫婦の勤勉・努力・正直などの道徳規範の履行《りこう》で、経営の安定や地位の上昇が可能であることを示唆《しさ》する。同史料に「男ハ作をかせき、女房ハおはたをかせき、夕なへを仕、夫婦ともにかせき可申《もうすべし》」とあるように、夫婦共働きを原則に、偶然かつ自然発生的な「不慮成《ふりょな》ル稼《かせ》ぎ」に精通し、油断なく働かなければ経営維持できない近世前期の小農民の再生産構造が窺《うかが》われる。この動向は近世後期にも踏襲《とうしゅう》され、「相応の稼ぎ」「余《よ》稼ぎ」「*農間渡世《のうかんとせい》」などの積極的な仕馴《しな》れた仕事へと質的変化を遂げながらも、近世を通じた夫婦(男女)の稼ぎ仕事によって小農経営が補完・維持された。また、近年では従来の研究史で通説化している「夫婦かけむかい」に込められた*男女平等性・対等性に疑問を呈《てい》し、所有・経営主体が男性*家長に独占されていることを根拠に、家族・経営内における女性の劣位や性差別の存在も指摘されている。今後の階層別の事例研究の深化が望まれる。

参考文献　深谷克己『百姓成立』(塙選書)、一九九三、塙書房。長野ひろ子『日本近世ジェンダー論―「家」経営体・身分・国家―』、二〇〇三、吉川弘文館。長島淳子『幕藩制社会のジェンダー構造』、二〇〇六、校倉書房。

（長島　淳子）

ふうふのいんねん　夫婦の因縁　昔話の話型の一つ。「夫婦の運」「夫婦の縁」ともいう。運定め話の一種で、誕生時に将来の結婚相手が定められ、人間にはそれを変えられないことを主題とする。昔話では、若い男が神社(堂)に宿ると、夜になって神々の会話が聞え、今晩村で生まれた女の子はここに宿っている男の妻になると定められる。男は結婚が先になるのを嫌い(または女の身分が低いのを嫌い)、その家を訪ねて赤子《あかご》を刀で刺して逃げる。年月が経ち、男は気に入った女と結婚するが、妻には傷跡がある。生まれたばかりのころに傷つけられたと聞いて、男は運命は逃れられないものと悟る。日本でも数十例が採集されているが、中国からトルコ、ギリシアに至る広範囲にほとんど同じ形で分布しており、トムソンの民間説話タイプインデックスでは九三〇A「定められた女房」(The Predestined Wife)に相当する。日本では主人公を僧とし、堕落《だらく》を嫌って女児を害したという形態が院政《いんせい》期から記録され、『*今昔物語集《こんじゃくものがたりしゅう》』三一第三話や『玉葉《ぎょくよう》』仁《にん》安《あん》三年(一一六八)三月十四日条では、九世紀の官人高向《たかむこの》公輔《きんすけ》の僧侶時代のことだとする。また修験者《しゅげんじゃ》として著名な浄蔵《じょうぞう》を主人公とする同話は『*とはずがたり』三(梗概《こうがい》のみ)、『三国伝記』六第九話、中世後期の『修験名称原義《しゅげんめいしょうげんぎ》』などに収録され、*増穂残口《ますほざんこう》『艶道通鑑《えんどうつがん》』は浄蔵が平将門《たいらのまさかど》を調伏《ちょうぶく》した恩賞《おんしょう》として、かつて害した女を天皇から与えられたのが修験者の妻帯《さいたい》の起源だと説く。賢学《けんがく》という僧を主人公とし、道成寺《どうじょうじ》説話と結合した形も根津美術館蔵『賢学草子絵巻《けんがくぞうしえまき》』などにみえるが、中世には山伏《やまぶし》が妻帯の正当化にこの説話を用いていたらしい。

参考文献　石原綏代「運定め話の一型」(『説話文学研究』四)、一九七〇。勝田至「修験者の妻帯起源伝承をめぐって―昔話「夫婦の因縁」の中世的展開―」(『日本民俗学』一四三)、一九八二。ブレードニヒ『運命の女神―その説話と民間信仰―』(竹原威滋訳)、一九八九、白水社。

(勝田　至)

ふうふべつざい　夫婦別財　公家社会では妻の財産は夫の財産の一部と見なされた(夫婦同財《ふうふどうざい》)のに対して、武家社会では妻の財産は夫の財産とは区別され、その権利が保障されていた。そのため、たとえ夫が罪過《ざいか》を犯して所領没収などの罰則を受けても、それが妻の所領に及ぶことはなかった。また、妻の死後、その財産は子どもに相続されるか、妻の実家に戻されることになっており、妻の財産が夫によって自由に処分されることはなかった。さらに武家社会では、公家社会と違って、女性も養子を迎えることが可能であったが、これも女性が夫とは別に独自に財産権を持っており、その権利を自分の判断で継承させることができたからである。実態としては妻方財産も夫婦による共同知行《ちぎょう》が行われ、妻の財産処分に際して夫が保障を加えるなど、夫による妻方財産の管理が進行したが、中世後期になっても建前上は夫婦別財が認められていた。

参考文献　五味文彦「女性所領と家」(女性史総合研究会編『日本女性史』二)、一九八二、東京大学出版会。田端泰子『日本中世の社会と女性』、一九九八、吉川弘文館。

(髙橋　典幸)

ふうふべっせい　夫婦別姓　〔古代―近世〕夫と妻が結婚後も異なる姓(*氏名《うじな》)を名のり続けること。夫婦別姓といえば、今日のそれが思い浮かぶが、近年の夫婦別姓は正確には夫婦別名字であって、別姓ではない。なぜならば、私たちが用いているものは、歴史的に見ると姓ではなく*名字にあたるからである。名字は家に固有の名＝*家名《かめい》であり、原則として家のメンバーは妻も含めて同一の名字を用いることが求められた。これに対し源・平・藤原・橘《たちばな》(いわゆる「源平藤橘《げんぺいとうきつ》」)に代表される姓は、本来的には古代貴族が形成した氏《うじ》と呼ばれる族集団のメンバー(氏人《うじびと》)が名のった名前＝氏名であって、それは家名ではなかった。男性のみならず女性も氏人とみなされたため、女性も藤原氏女《ふじわらのうじのにょ》・源氏女《みなもとのうじのにょ》といった形で姓を用いた。姓は家の名前ではないことから、鎌倉時代以前においては、結婚後も夫と妻は、同一の氏の氏人どうしでない限り、別々の姓を名のり続けたが、これこそ真の意味での夫婦別姓にほかならない。夫婦別姓は貴族や武士のみならず、庶民の習俗でもあったが、それは在地の世界において、貴族の氏を模した疑似《ぎじ》的な氏が存在したことを示唆《しさ》している。室町時代に至り、氏に代わって父系直系の線で先祖代々継承される家が登場すると、この家のシンボルとして名字に代表される家名が一般化し、姓はあまり用いられなくなる。ここに夫婦別姓は消滅して、以後妻は基本的に夫と同一の家名を用いることになった。さらに、戦国時代には公的な場で女性がみずからの名を名のることは稀《まれ》となり、某の妻・某の娘といった具合に、*家長である男性の名のあとに、妻・娘・母などをつけて呼ばれるケースも増えてくる。夫婦同姓(正確には同一名字)を古代以来の日本の伝統とみなす一部の保守的論者の意図的な見解を批判するため、江戸時代には夫婦別姓が一般的だったと考える説も間々見うけられるが、ごく稀に女性が公的に名のる場合には、生来の姓(氏名)を用いたものの、夫婦別姓はあくまでも鎌倉時代以前の習俗だったのである。

参考文献　坂田聡『苗字と名前の歴史』(歴史文化ライブラリー)、二〇〇六、吉川弘文館。

(坂田　聡)

〔近現代〕姓氏制度を持つ国において、夫妻ともに結婚後も生来の姓氏を維持し、夫婦が別姓を名乗ることをいう(法律用語は「氏《うじ》」)。国際社会には名のみの国、名と併《あわ》せて父称を名乗る国もある。日本以外の姓氏制度を持つ国々では、個人が生まれて最初に親との関係で取得する姓氏が「出生氏《しゅっせいし》Geburtsname」であり、名づけられた固有の名とともに出生証書(Birth Certificate)に記載され、生涯それは維持される。諸外国においては、仮に結婚後に妻が「夫の姓氏を名乗る」としても、それは法律上「夫の姓氏に変わる」帰結としてでなく、「出生氏」を保有しつつ日常生活で夫の姓氏を使用する権利をもつ(使用権)という国もある(フランス)。他方、個人を主体とする個人単位の身分証書ではなく、世界に稀《まれ》な*戸籍制度を採用する日本においては「出生氏」という概念それ自体がないに等しい。現行の日本民法では、夫婦になろうとする二人のどちらか一方が改氏し、夫婦同氏にしない限り*婚姻の届出はできず、現実的にはおよそ九八%の確率で夫の氏が婚氏とされている。しかし日本において、妻の名の頭に夫の氏ないし夫の「家」の氏が冠《かん》せられるようになってからの歴史は浅い。明治維新後、一八七六年(明治九)太政官指令に見るように妻の法律上の氏は婚姻後も「所生ノ氏」とされた(ただし、夫の家を相続したときに限り、「夫ノ氏」を称す)。他方、近代的民法典の編《へん》纂《さん》作業において、夫婦同姓の原則が示された時期もあった。一八九〇年初めごろといわれる民法草案再調査案で、はじめて「其家ノ氏」が登場し、再調査案を修正した一八九〇年の旧民法(ボアソナード民法)も、戸主や家族の妻は他の家族とともに「婚家ノ氏」を称することとした。法典調査会の審議を経て、一八九八年公布・施行された「家」制度を根幹《こんかん》とする民法(親族・相続編)により、妻は婚家の家籍《かせき》に入籍して、その「家」の象徴である婚家の氏を名乗るに至り、ここに夫婦同氏義務が法制度の上で確立した。一九四七年(昭和二十二)、改正された現行民法で、「夫婦は、婚姻の際に定めるところに従い、夫又は妻の氏を称する」(七五〇条)と改められた。従来の夫主導型から夫婦というユニットを主語とした条文に改正されたが、夫婦同氏義務の原則は踏襲《とうしゅう》された。姓氏は名と相まって人の同一性を確定し、特定個人を社会的に表現する機能を持つ。日本でも社会的に活動する女性が多くなるに従い、結婚改姓に伴う不利益や矛盾が顕在化《けんざいか》し、国際社会における女性差別撤廃に向けての大きなうねりに勢いを得て、夫婦別姓を選択できるよう法改正を求める声が高まってきた。一九九一年(平成三)から法制審議会の民法部会身分法小委員会で、民法の婚姻・*離婚に関する制度の見直しのための検討作業が開始され、「婚姻制度等に関する民法改正要綱《ようこう》試案」が九四年七月に、ついで別氏夫婦間の子の氏をめぐる問題など、特に意見の分かれていた事項についての中間報告が九五年九月にそれぞれ公表され、九六年二月*民法改正要綱が法務大臣に答申された。しかし「夫婦別姓は家族の一体感を損う」という心情的な反対論を克服できないままにこの答申は店晒《たなざら》しされ、いまだ陽の目を見てはいない。

参考文献 星野澄子『夫婦別姓時代—氏名とわたしの自然な関係—(増補版)』、一九九四、青木書店。諌山陽太郎『〈別姓〉から問う〈家族〉』、一九九七、勁草書房。星野澄子「現代社会の夫婦別姓と名前」(『歴史評論』六三六)、二〇〇三。久武綾子『夫婦別姓—その歴史と背景—』、二〇〇三、世界思想社。

(星野　澄子)

ふうふべつぼ 夫婦別墓 ⇩墓《はか》

フェミニズム フェミニズム 女性がその性ゆえに被ってきた差別と呪縛《じゅばく》に対して、女性の解放を求める思想と運動。原語は feminism で女性解放論と訳される。近代における女性解放論は十八世紀後半ヨーロッパに始まる。フランス革命の時にオランプ=ド=グージュ(Olympe de Gouges)が女権《じょけん》宣言を出し、イギリスではメアリ=ウルストンクラフト(Mary Wollstonecraft)が教育・職業面での*男女平等と女性の政治参加を説いた。十九世紀後半イギリス下院ではじめてジョン=スチュアート=ミル(John Stuart Mill)が女性参政権を要求、参政権運動も始まる。フェミニズムの歴史は大きく二つの時期に分けられ、第一期(派)はこのような動き、すなわち十九世紀末から二十世紀初頭における欧米の政治的権利獲得の運動に代表される。日本では明治初期に西欧の女性論が紹介され、啓蒙《けいもう》思想家たちによる*男女同等論争が始まり、自由民権運動には女性たちも参加した。明治末から大正期に女性論はさらに広がりを見せ、社会主義女性論やアナキズム女性論が紹介され、女性たちの自我の覚醒《かくせい》を促した『*青《せい》鞜《とう》』も創刊。*母性保護論争では*エレン=ケイ(Ellen Key)の母性尊重思想に影響を受けた*平塚《ひらつか》らいてうの論が歓迎され、母性主義フェミニズムと表現されるようになる。大正末から昭和初期には*マーガレット=サンガー(Margaret Sanger)の*産児制限運動が導入され、*婦人参政権運動が全国的規模で展開、*高群逸枝《たかむれいつえ》らにより*アナボル論争も起った。だが戦時下に女性解放運動は閉塞《へいそく》の時代に入る。戦後は高度経済成長期を目前に一九五五年(昭和三十)女性の自立をめぐり*主婦論争が起る。この論争は第一期に属すとはいえ、*主婦層の問題を取り上げた点では次の時期を先取りしたともいえる。第二期(派)は一九六〇年代にアメリカで起った*ウーマン=リブ運動に触発され、「ラディカル=フェミニズム」が男性による女性の抑圧からの解放を訴え、性別役割分業に依拠《いきょ》する男性支配体制(*家父長制《かふちょうせい》)を厳しく批判した。これをもとに一九七〇—八〇年代には、エコロジー(環境保護)運動の影響を受けて自然と融和し平和を指向する「女性原理」を中心とした「エコロジカル=フェミニズム」や、有償の生産労働と女性の担う無償家事労働との関係について解明を試みた「マルクス主義フェミニズム」、女性抑圧の根源に男根(ファロス)と言葉(ロゴス)があると見て、男・女の二項対立的考え方を排撃《はいげき》し男女の差異を認める「ポストモダン=フェミニズム」などの女性論が生まれた。日本でも一九七〇年代初めにウーマン=リブ運動が起り、*国際婦人年には「*行動する女たちの会」が発足し性別役割分業を批判。一九八〇年代後半にはエコロジカル=フェミニズムを標榜《ひょうぼう》する青木《あおき》やよいとマルクス主義フェミニズムを唱える上野千鶴子《うえのちづこ》との間にエコフェミ論争が起っている。一九九〇年代になると「従軍慰安婦《じゅうぐんいあんふ》」問題が提起され、この問題をはじめ、民族・少数者・障害者・同性愛者差別を看過《かんか》してきた日本のフェミニズムが批判され、その再構築が求められた。最近ではこのような差別の重層性に着目した動きを取り上げて、第三期フェミニズムと呼ぶ説もある。↓ジェンダー ↓セクシュアリティ ↓第二《だいに》の性《せい》 ↓婦人論《ふじんろん》 ↓リプロダクティブ=ヘルツ/ライツ

参考文献 水田珠枝『女性解放思想史』(ちくま学芸文庫)、一九九四、筑摩書房。井上輝子他編『日本のフェミニズム』、一九九四・九五、岩波書店。大越愛子『フェミニズム入門』(ちくま新書)、一九九六、筑摩書房。江原由美子・金

井淑子編『フェミニズム』(ワードマップ)、一九九七、新曜社。 (金子　幸子)

ふかいのじょうてん　不改常典　天皇の即位・譲位《じょうい》宣命《せんみょう》中にみられる、天智《てんち》天皇の定めた「法」。「あらたむまじきつねののり」「かわるまじきつねののり」とも読む。慶《けい》雲《うん》四年(七〇七)、二十五歳で病没した文武《もんむ》天皇の後継として即位した、母*元明《げんめい》天皇の即位宣命中に「近江大津宮《おうみおおつのみや》に御　宇《あめのしたしろしめし》し大倭根子天皇《おおやまとねこのすめらみこと》(天智)の、天地《あめつち》と共に長く日月《ひつき》と共に遠く不改常典《かわるまじきつねののり》と立て賜い敷き賜える法」(原漢字)とあるのが初見。このように、本来「不改常典」の四文字は「天智の定めた法」を修飾する語句であるが、現在では慣用的に「法」自体を指す語として用いられている。初見史料における「法」は、「*持統《じとう》天皇が皇太子であった草壁皇子《くさかべのみこ》の嫡子《ちゃくし》文武に譲位し、(太上天皇として)ともに天下を治めてきたのは、天智が不改常典として定めた法に基づいた行為であると群臣は承知して仕えてきた」という文脈で用いられている。不改常典の字句は聖武《しょうむ》天皇即位宣命と聖武から*孝謙《こうけん》天皇への譲位宣命にもみられ、初見史料とほぼ同じ文脈で用いられている。一方、桓武《かんむ》天皇以降の歴代天皇の即位宣命には、不改常典という修飾語句を伴わない「天智がはじめ定めた法に従って皇位を継承し天下を治めよ」という意味の文言が常套句《じょうとうく》のように用いられている。この「法」を元明即位宣命の「法」と同じと見るか否かで、その解釈は異なってくる。不改常典の問題は律令国家成立期における皇位継承や国家統治の理念と密接に関わっており、膨大な研究の蓄積があるが、いまだ定説をみない。まず、「法」の内容については三種に分けられる。㈠嫡系《ちゃっけい》、または直系の皇位継承法、㈡皇位に関する規定(譲位による継承・皇統君臨《こうとうくんりん》の原則・皇太子制・諸説の複合ないし折衷《せっちゅう》など)、㈢その他(律令法典・天皇家と藤原氏の共治体制・専制君主としての天皇のあり方の規定など)。「法」の成立については、天智が実際に制定したとする説と、元明即位時に創出され天智に仮託《かたく》されたとする説に分かれ、さらに形式面でも成文法説と非成文法説に分かれる。最近は、孝謙即位宣命までとそれ以降を区別した上で、前者は嫡系または直系継承法、あるいは譲位による皇位継承を定めたもので、元明により天智に仮託された非成文法とする説が、後者は律令法典ないしそれを含む国家統治理念とみる説が有力である。そしていずれも「法」が天智の名によって権威づけられていることは、古代の支配層にとって天智が律令国家の起点と認識されていたことを示すものであろう。

参考文献　田中卓「天智天皇の不改常典」(『律令制の諸問題』一九八六、国書刊行会)。藤堂かほる「天智の定めた「法」について―宣命からみた「不改常典」―」(『ヒストリア』一六九)、二〇〇〇。義江明子「古代女帝論の過去と現在」(網野善彦他編『(岩波講座)天皇と王権を考える』七、二〇〇二、岩波書店)。 (藤堂かほる)

ふかおすまこ　深尾須磨子　一八八八―一九七四　大正・昭和時代の詩人。兵庫県氷上郡大路《ひがみぐんおおじ》村(丹波市)の荻野小《おぎのこ》次郎《じろう》・きしゑの末子。幼名志《し》げの。四歳で父が死去し叔父の養女となるが戻され母と京都の長兄のもとで暮らす。京都女子師範を退学し京都菊花《きくか》高等女学校卒業。小学校教師を二年つとめ一九一二年深尾贇之丞《ひろのすけ》と結婚し音楽・語学に開眼する。三十一歳で夫と死別し遺稿詩集に自作の詩を収載し『天《てん》の鍵《かぎ》』を刊行。*与謝野晶子《よさのあきこ》に師事し第二次『明星《みょうじょう》』に参加する。第一詩集『真紅《しんく》の溜息《ためいき》』に亡夫への想いを大胆に表現し話題となる。『斑猫《はんみょう》』『呪詛《じゅそ》』『焦躁《しょうそう》』を出版後渡欧しパリでコレットに学び帰国後翻訳を刊行。一九三〇年(昭和五)『牝鶏《めんどり》の視野《しや》』を出すが情熱的叙情から社会や人生を風刺的に表現するようになる。二度目の渡欧では性科学協会で生物学を学びルソーの自然復帰思想に共鳴する。三度目の渡欧は日独親善協会の使節であり、戦時中戦意高揚の詩も書いた。その反省から戦後は平和運動や*婦人運動に情熱を注いだ。女性詩人の先駆《せんく》者的存在である。晶子の評伝『君死に給ふことなかれ』のほか著作多数。作品は『深尾須磨子選集』全三巻(一九七〇年、新樹社)に収められている。

参考文献　武田隆子『深尾須磨子の世界』、一九八六、宝文館出版。 (村岡　嘉子)

深尾須磨子

ふくこん　複婚　⇩単婚《たんこん》

ふくざわゆきち　福沢諭吉　一八三五―一九〇一　明治時代の啓蒙《けいもう》思想家、教育者、ジャーナリスト。慶応義塾創立者。中津《なかつ》藩の下級武士の子として生まれ、長崎・大坂で蘭学を学んだ後、江戸の中津藩中屋敷内蘭学塾の教師となる(慶応義塾のはじまり)。万延《まんえん》元年(一八六〇)軍艦奉行木村摂津守《きむらせっつのかみ》の従者として咸臨丸《かんりんまる》に乗り込み渡米、文久《ぶんきゅう》二年(一八六二)には幕府の遣欧使節《けんおうしせつ》に随行して約八ヵ月間ヨーロッパ各国をまわる。また慶応三年(一八六七)には再度渡米した。こうした体験から西洋諸国の文明を紹介する『西洋事情』を著わし、偽版も含め二十五万部ともいわれるベストセラーになった。福沢の著作といえば『学問のすゝめ』や『文明論之概略』が代表的なものとして挙げられるが、女性論や家族論も数多く著わしている。最も古いものは、欧米社会における家族に触れた『西洋事情外編』を除けば、明治三年(一八七〇)十一月二十七日執筆の「中津留別之書《なかつりゅうべつのしょ》」で、「人倫の大本は夫婦なり」「男といい女といい、等しく天地間の一人にて軽重の別あるべき理なし」と、一夫一婦や男女の同等が説かれている。『学問のすゝめ』においても「男も人なり女も人なり」(八編)、「人の心の性は男子も女子も異なるの理なし」(十三編)など同様の主張が繰り返され、以後生涯を通じ男女の同等と*一夫一婦制の確立を主張した。代表的な著作として「*日本婦人論」『日本婦人論後編』(一八八五年)、『男女交際論』(一八八六年)、『女大学評論・新女大学』(一八九九年)があげられる。福沢の女性論への関心は、J・S・ミルをはじめとする西洋の思想家やみずからの欧米体験の影響、さらに父兄を早くに亡くし母と三人の姉と過ごした生活環境から生まれている。福沢の女性論の特徴の一つは、女性の地位の向上は男性の意識改革なくしてはあり得ないことを説いた点で、『*品行論《ひんこうろん》』(一八八五年)、『日本男子論』(一八八八年)などの男性論をも展開した。作品は『福沢諭吉全集(再版)』全二十一巻・別巻(一九六九—七一年、岩波書店)、『福沢諭吉著作集』全十二巻(二〇〇二—〇三年、慶応義塾大学出版会)に収められ、『福沢諭吉書簡集』全九巻(二〇〇一—〇三年、岩波書店)が刊行されている。

参考文献 富田正文『考証福沢諭吉』、一九九二、岩波書店。中村敏子『福沢諭吉文明と社会構想』(現代自由学芸叢書)、二〇〇〇、創文社。安西敏三『福沢諭吉と自由主義—個人・自治・国体—』、二〇〇七、慶応義塾大学出版会。　（西澤　直子）

ふくしがんねん　福祉元年　一九七三年(昭和四十八)度の社会保障費は前年度の約三割増など政府が福祉優先の予算をとったことからマスコミが命名した。この年の改正で五万円年金が実現し、物価スライド制が導入された。七十歳以上の老人医療費の無料化、医療保険でも家族の給付率が五割から七割に引き上げられ、高額療養費支給制度が新設された。しかし十月のオイルショックを契機に翌年にはマイナス成長に転落し、「福祉見直し」となった。

参考文献 事典刊行委員会編『社会保障・社会福祉大事典』、二〇〇四、旬報社。　（川崎　愛）

ふくしましろう　福島四郎　一八七四—一九四五　明治から昭和時代戦前期にかけてのジャーナリスト。『*婦女《ふじょ》新聞《しんぶん》』の発行者。兵庫県生まれ。小学校中等科卒業後家塾で漢学を学ぶ。一八九四年(明治二十七)上京、国民英学会入学。一八九六年早稲田専門学校英語学部第二年級修了。小学校訓導を経て一八九九年埼玉県第一中学校助教諭となるが一年で退職、一九〇〇年五月『婦女新聞』を創刊する。*福沢諭吉《ふくざわゆきち》の『女大学評論《おんなだいがくひょうろん》』を読み、不幸な結婚の中で命を落とした姉のような女性をなくすことをみずからの使命と考えたことがその動機であった。一九〇一年蜂屋貞子《はちやさだこ》と結婚。その後一九四二年(昭和十七)二月まで独力で『婦女新聞』の発行を続けた。*女子教育・*廃娼《はいしょう》運動・生活改善・婦人参政権・母性保護等多くの方面での論陣を張り、社説のほとんどをはじめ千本以上の原稿を書いている。廃刊後は小田原に疎開、一九四五年死去。著書に『婦人界三十五年』(一九三五年)、『正史忠臣蔵』(一九三九年)がある。

参考文献 『婦女新聞』を読む会編『『婦女新聞』と女性の近代』、一九九七、不二出版。　（友野　清文）

福田英子

ふくだひでこ　福田英子　一八六五—一九二七　明治・大正時代の女性民権家、社会主義者。旧姓景山《かげやま》。慶応元年(一八六五)備前《びぜん》国岡山(岡山市)に出生。母も教師として働く貧しい士族の家庭で、小学校卒業後助教となる。一八八二年(明治十五)岡山で*岸田俊子《きしだとしこ》の演説を聞き感銘、*岡山女子懇親会《おかやまじょしこんしんかい》に加わり演壇にも立つ。翌八三年母や女子懇親会員の協力を得て私塾*蒸紅学舎《じょうこうがくしゃ》を設立。八四年八月蒸紅学舎の生徒を連れ自由党納涼会に参加し演説したため、九月に閉鎖命令を受ける。翌月*家出して上京、坂《さか》崎斌《ざききかん》宅に寄寓《きぐう》して新栄《しんさかえ》女学校に通う。間もなく起きた朝鮮の甲申《こうしん》事変とそれをめぐる天津《てんしん》条約に「国辱」をそそぐべきと退学、坂崎宅も出て自由党左派の大井憲太郎《おおいけんたろう》や婚約者小林樟雄《こばやしくすお》らによる大阪事件に資金集めや実行隊として加わり長崎で捕縛される。大阪事件の紅一点として喧伝され一躍有名となる。軽禁固一年半監視十ヵ月の判決を受け下獄。憲法発布の恩赦《おんしゃ》で釈放。小林との婚約解消後、大井と内縁関係に入り、九〇年に男児を出産、子の入籍に苦労する。親友*清水豊子《しみずとよこ》も大井の子を産んだことを知り、豊子と絶交、大井とも離別した。岡山から呼び寄せた家族と実業学校を開くが父や兄の死で経営できなくなり生活に窮《きゅう》する。九三年ころ福田友作と結婚、男児三人を産むが、一九〇〇年に夫が死去する。〇一年角《つの》筈《はず》女子工芸学校・日本女子恒産会を設立。隣人となった堺利彦《さかいとしひこ》と知り合う。〇三年堺が幸徳秋水《こうとくしゅうすい》と平民社《へいみんしゃ》を設立後は平民社との往来が始まり社会主義者を自負した。〇四年『*妾《わらわ》の半生涯《はんせいがい》』出版、翌年『わらはの思ひ出』出版。〇一九〇六年以降田中正造《たなかしょうぞう》の谷中村《やなかむら》救済の訴えに応え、たびたび谷中村を慰問《いもん》する。〇七年雑誌『*世界婦人』創刊、誌上で*治安警察法第五条改正請願運動を呼びかける。二年半後発売禁止・罰金が相つぎ発行不能となる。一三年「婦人問題の解決」を『*青鞜《せいとう》』に寄稿。夫の死後、夫の書生だった石川三四郎《いしかわさんしろう》に全面的に頼り内縁関係も結んだ。石川の渡欧後は反物《たんもの》行商で生計を立て、一九二七年(昭和二)五月二日貧窮《ひんきゅう》のうちに没した。作品は『福田英子集』(村田静子・大木基子編、一九九八年、不二出版)に収められている。

参考文献 村田静子『福田英子』(岩波新書)、一九五九、岩

波書店。山田洸『女性解放の思想家たち』、一九八七、青木書店。大木基子『自由民権運動と女性』、二〇〇三、ドメス出版。
（大木　基子）

ふくだんか　複檀家　複数の寺院と寺檀《じだん》関係を結んでいる家。一家複数寺的寺檀関係ともいう。いずれも学術用語であり、各地で用いられている民俗語彙《ごい》では半檀家《はんだんか》と呼ばれることが多い。現在も関東地方を中心に、一軒の家が二軒の寺と寺檀関係を維持する例がみられる。それらは家内の男性全員が属する寺と女性全員が属する寺の二つの寺院との寺檀関係があるもので、男寺《おとこでら》・女寺《おんなでら》として固定していることが原則である。婚入してきた者はそれまでの寺檀関係を解消して、性によってその家のいずれかの寺院に属する。家としては二ヵ寺の檀家であるが、男の葬儀に際しては男寺の住職が、女の葬儀に際しては女寺の住職が導師《どうし》になることで顕在化《けんざいか》する。それに対して、近世中期まで見られた複檀家は多様で、三ヵ寺以上との寺檀関係も珍しくなかった。十七世紀後半から十八世紀にかけての＊宗門人別改帳《しゅうもんにんべつあらためちょう》には多くの複檀家記載がみられるが、それらの多くは子供全員が父親の寺檀関係を継承し、それを婚出・婚入などによって家の帰属変更があっても変更せず生涯維持する結果、あるいは男子は父親の寺、女子は母親の寺を継承し、それを生涯維持する結果、一軒の家に複数の寺檀関係が存在するものである。いずれも、婚出・婚入などによって家の帰属が変更になっても、寺檀関係を変更せず、それまでの関係を維持することによって、複檀家が出現するものであった。このような複檀家は近世後期には次第に解消し、家として固定した二ヵ寺との複檀家となり、また大部分は一家一寺の関係に収斂《しゅうれん》した。複檀家は基本的には一家一寺の寺檀関係が確立するまでの過渡的な姿と理解できるが、そこには男は父親、女は母親に属するという親子並行帰属の観念が示されており、日本における親子関係の歴史的展開を考察する重要な材料となる。なお、近年は二ヵ寺との寺檀関係維持が経済的に負担が大きいため、どちらか一ヵ寺との関係を解消する傾向が見られる。

参考文献　大桑斉『寺檀の思想』（教育社歴史新書）、一九七九、教育社。福田アジオ『寺・墓・先祖の民俗学』、二〇〇四、大河書房。朴澤直秀『幕藩権力と寺檀制度』、二〇〇四、吉川弘文館。
（福田アジオ）

ふくとみぞうし　福富草紙　貧乏であったが放屁《ほうひ》の芸を会得《えとく》したことによって金持ちになった高向秀武《たかむこのひでたけ》と、それをまねて大失敗を演じ、散々な目に遭う隣人の福富の話を滑稽《こっけい》に描いた室町時代（十五世紀）の＊御伽草子《おとぎぞうし》絵巻。二巻。重要文化財。京都の春浦院《しゅんぽういん》蔵。また、春浦院本の下巻に相当する一巻が、クリーブランド美術館に所蔵されている。詞書《ことばがき》はなく、会話体の画中詞《がちゅうし》によって物語が展開していく。大柄に描かれる人物は、いずれも表情豊かで躍動的《やくどう》である。貧富の対比を絵としてどう表現するかといった問題のほかに、襖絵《ふすまえ》・衝立《ついたて》・屛風絵《びょうぶえ》などの画中《がちゅう》画《が》、竈《かまど》や井戸、店棚《みせだな》の様子、衣桁《いこう》・火鉢・茶碗・団扇《うちわ》・枡《ます》・桶《おけ》・薬研《やげん》などさまざまな生活用具の描写は注目される。そのほか、頭上運搬する女性や、竪杵《たてぎね》で穀物を搗《つ》く女性などが活写されており、福富の妻の立ち振る舞いとあわせて、庶民の女性の生活の様子を知るうえでも有益な絵巻である。テキストは、『男衾三郎絵巻・長谷雄雙紙・絵師草紙・十二類合戦絵巻・福富草紙・道成寺縁起絵巻』（梅津次郎・岡見正雄編、新修日本絵巻物全集一八、一九七九年、角川書店）、『能恵法師絵詞・福富草紙・百鬼夜行絵巻』（小松茂美編、続日本の絵巻二七、一九九三年、中央公論社）。
（斉藤　研一）

『福富草紙』下巻　竪杵で穀物を搗く女性

ふくながみさお　福永操　一九〇七－九一　昭和時代の共産党活動家。旧姓波多野《はたの》。神戸で誕生。父は判事。一九二四年（大正十三）＊東京女子大学校入学、＊渡辺多恵子《わたなべたえこ》らと社会問題研究会を設立し、学連（学生社会科学連合会）との連絡を受け持つ。一九二七年（昭和二）共産党に入党、学生運動を指導する。翌年三・一五事件で検挙。釈放後、党中央情報部・アジプロ（アジテーションとプロパカンダの略、煽動と宣伝）の部署に属し、非合法地下活動に入る。一九四〇年「非転向」のため再収監。敗戦後、共産党再入党。『資本論』研究に取り組む。＊ハウスキーパー問題など運動史上の発言も多い。著書に『共産党員の転向と天皇制』（一九七八年、三一書房）、『あるおんな共産主義者の回想』（一九八二年、れんが書房新社）、『「源氏物語」の女たちと作者』（一九九〇年、れんが書房新社）がある。

参考文献　鈴木裕子編『日本女性運動資料集成』三、一九九七、不二出版。
（鈴木　裕子）

ふけいせい・ぼけいせい　父系制・母系制　〔古代〕出自集団の成員権が父から子へ、または母から子へ、と単系血縁にそって帰属が決まる制度。集団内の権利・義務や社会的地位・財産が世代間に継承・相続される。父系制は夫方居住婚《おっとかたきょじゅうこん》と密接不可分の関係にある。母系制は定住生活が前提であり、妻方居住婚にかかわらず、二重居住婚（＊妻問婚《つまどいこん》）や母方ォジ方居住婚もあって多彩である。父系の場合、ほとんどの権利は父から息子へと継がれる男系継承だが、女性特有の地位は父の姉妹（オバ）から兄弟の女子（メイ）へと父系にそって女系継承される。母系の場合、母から女子へという女系継承は当然として、*家長のような地位は母の兄弟(オジ)から姉妹の男子(オイ)へと母系にそって男系継承されている。父系でも母系でも純粋な出自集団を形成するには、集団内の*婚姻《こんいん》を排して族外婚《ぞくがいこん》の規制を採用するのが好都合だが、*外婚制をとらない出自集団もある。また、父系といっても男子がいない時は、父系血縁者を養子にするだけとは限らず、女子に婿《むこ》を迎えたり、非血縁者を養子にしたりして擬制《ぎせい》父系とする場合もある。十九世紀には、人類社会は母系制から父系制へと発展した、という説が有力であった。日本の原始社会にも母系制があったとする研究は、立場は異なるが渡部義通《わたなべよしみち》・洞富雄《ほらとみお》・*高群逸枝《たかむれいつえ》によって進められ、多くの母系的な現象を見いだしながらも、しかし証明はできなかった。二十世紀に入って、外婚制もなければ出自(血縁)集団をつくらず、相続・継承が父方・母方どちらか一方を排除するのではなくて(非単系)、双方からの可能性・選択肢を残す単系規制の弱い、双系・双方的な*親族関係を基本とする社会も多数知られることになった。問題は、父系か母系かではなくて、両者は同じ単系制で同質の社会で、単系か双方・非単系かということが重要なテーマとなった。

参考文献 W・H・R・リバーズ『親族と社会組織』(小川正恭訳)、一九七八、弘文堂。村武精一編『家族と親族―社会人類学論集―』(小川正恭他訳)、一九八一、未来社。ロジャー＝エム＝キージング『親族集団と社会構造』(小川正恭他訳)、一九八二、未来社。

(明石　一紀)

[アイヌ]　一九五〇年代に実施された「アイヌ民族綜合調査」では、アイヌの親族体系や地域組織についての社会人類学的な再構成が目指された。このとき親族の研究を担った杉浦健一《すぎうらけんいち》は、男子のみが父系の系統(エカシイキリ)を、女子のみが母系の系統(フチイキリ)をたどるという事実について、出自集団の理論から検討した。それによれば、エカシイキリに基づく外婚規制がないのに対し、母同士が同じフチイキリに属する男女は結婚禁忌の対象となる(イトコ婚規制の形式からみれば、母方平行イトコ婚が忌避《きひ》されることになる)。ここから杉浦は、フチイキリに母系リネージとしての機能的側面を見出した。しかし、この二系統は男女別々に排他的に構成されるという点で、男女両性を含んで成り立つ(氏族組織のような)単系出自集団であるとはいいがたい。また、アイヌがそのような社会集団を形成したか否かは明らかでない。→系譜《けいふ》　→双系制《そうけいせい》　→フチイキリ・エカシイキリ

参考文献 杉浦健一「沙流アイヌの親族組織」(『民族学研究』一六ノ三・四)、一九五二。瀬川清子『アイヌの婚姻(新装版)』、一九九八、未来社。

(木名瀬高嗣)

ふげき　巫覡　大化前後から奈良時代を中心に史書に登場する男女の*シャーマン。巫は女かんなぎ、覡は男かんなぎの意。巫の本質は神降《かみおろ》し・神懸《かみが》かりで、中国では紀元前にその地位は凋落《ちょうらく》し、価値の低い女性宗教者の所業とみなされていたが、古代日本では男女ともに存在し、神や死霊が乗り移って、託宣《たくせん》をし、治病を行い、予言をしたり、善悪いずれかの場合にも関わり、政治や社会に多大な影響力を持っていた。とりわけ正史の中で、巫覡という字が使われる場合には、集団で厭魅呪詛《えんみじゅそ》や巫蠱《ふこ》といった巫術《ふじゅつ》によって、朝廷を傾け国家を乱すなど脅威を与える存在としてその活動が警戒され禁断されていた。

参考文献 西宮秀紀「日本古代「巫覡」論―その実態を中心に―」(直木孝次郎先生古稀記念会編『古代史論集』下、一九八九、塙書房)。菅原征子「奈良時代の巫覡の活動」(『日本古代の民間宗教』二〇〇三、吉川弘文館)。

(菅原　征子)

ぶけじょせい　武家女性　江戸時代の武士の家は性別による「表」と「奥」の居住空間、役割領域の区分があり、女性は奥空間に居住し、奥の領域を担う存在とされていた。奥の女性たちの最大の役割は、家の継続のために跡継ぎを生み、養育することであり、当主の*正室・*側室、およびこれに仕える*奥女中《おくじょちゅう》によって、その任務が遂行されていた。女性が表の政治向きに関わることは否定されていたが、家自体が権力機構・政治機構として存在していた将軍家、大名家、旗本《はたもと》、および大身の大名家臣の家では、女性に対して側面から家の支配を支える力量が期待され、女性は政治と無縁ではなかった。特に当主の死亡、幼君の擁立《ようりつ》という家の緊急時には、妻や側室、母である女性たちが、生母や*後家の立場で幕政や藩政に隠然《いんぜん》たる力を発揮していた例が少なくない。一方、仙台藩伊達家《だてけ》では、家臣の*家督《かとく》相続や初御目見《はつおめみえ》、年頭祝儀《ねんとうしゅうぎ》や歳暮《せいぼ》祝儀などの年中行事に際して、正室に対し家臣から礼や挨拶《あいさつ》などがなされており、正室は表の公式行儀に間接的ながら参加し、当主やその世子と同様に、家臣との間に主従の紐帯《ちゅうたい》が結ばれていたことになる。佐賀《さが》藩鍋島家《なべしまけ》の上級家臣である多久《たく》氏は、知行地《ちぎょうち》に入部の際、家臣(陪臣《ばいしん》)との間で主従儀礼として執り行う「入部御祝」に、当主の正室と*嫡子《ちゃくし》を同伴させており、この場には陪臣の妻たちの参列もみられた。同じく鍋島氏の家臣である神代《こうじろ》鍋島氏は、年頭祝儀に参列した当主に代わり、正室をはじめ家族の女性たちが知行地の館に集まった家臣(陪臣)から年頭の祝儀を受けることがあった。その後、家老など上層家臣の妻たちが、正室に対し年頭の挨拶をし、正室から家臣の妻たちへの答礼《とうれい》があり、女性同士の主従関係の確認がなされている。これらは地方知行制が採用されていた藩において、上級家臣家にみられる事例であるが、武家の支配が家政原理を内包《ないほう》していたゆえんであり、女性たちは家を中心とする家臣団結合において、一定の公的役割を果たしていたことになる。武家のネットワークの構築においても、当主の妻を中心に奥の女性たちの交際の役割は重要であった。高田《たかだ》藩榊原《さかきばら》家で家老職を務めていた原田家では、妻や母の立場の女性たちが、姻戚家や同じ階層の家臣家同士で相互に式日に招待しあい、贈答の互酬《ごしゅう》を行い、日常的に通行することで、家同士の緊

密な関係を築き上げていた。武家の娘は結婚することで家の姻戚関係を形成し、家の安定化に寄与していたのである。

参考文献 高野信治『近世大名家臣団と領主制』、一九七七、吉川弘文館。浅倉有子「上級家臣の家と交際」(大口勇次郎編『女の社会史』二〇〇一、山川出版社)。長野ひろ子『日本近世ジェンダー論―「家」経営体・身分・国家―』、二〇〇三、吉川弘文館。柳谷慶子「武家社会と女性」(大石学編『日本の時代史』一六、二〇〇三、吉川弘文館)。

(柳谷　慶子)

ぶけみょうもくしょう　武家名目抄　鎌倉時代以降の武家の制度や故実について、古書・旧記から本文を採録して集成し、案文を付した書。徳川幕府の命によって、塙《はなわ》保己一《ほきいち》によって編纂《へんさん》に着手され、その没後は曲折《きょくせつ》を経ながらも和学講談所の所員などによって編纂が継続され、幕末に至り完成した。全三百八十一冊。内容は、職名・称呼・居処・衣服・公事《くじ》・文書・歳時・儀式・弓箭《ゆみや》・甲《かっ》冑《ちゅう》・刀剣・旗幟《はたのぼり》・輿馬《こしうま》・術芸・軍陣・雑《ざっ》の十六に大別され、かつ本編・附録に分けられている。『(改訂増補)故実叢書』一一―一八(一九九三年、明治図書出版)に所収。

(浅倉　有子)

ふけん　夫権　⇩家父長制《かふちょうせい》

ふけん　父権　⇩家父長制《かふちょうせい》

ふげん　婦言　⇩四行《しこう》

ふこう　婦功　⇩四行《しこう》

ふこんろんそう　不婚論争　一九〇〇年(明治三十三)・〇一年に『*婦女《ふじょ》新聞』で起った結婚の是非をめぐる論争。一九〇〇年読者欄「はがきよせ」に某女学校教師枯葉女史(創刊者*福島四郎の仮名)が「わが婚せざる理由」(二八号)を寄稿する。西欧思想を学び日本の夫婦が主従のような関係であることに疑問をもち、不幸な*家庭をつくるくらいなら結婚しない、こういう自分は倫理上の罪人かと問うた。これに対して読者欄に、倫道《りんどう》を乱す、国民が絶滅する恐れがある、と批判が寄せられた。枯葉女史は子を産むことが結婚の唯一の目的かと反論、愛情に基づく一夫一婦の家庭観を示す。「不婚論」一―四(五四―五六・五八号)では結婚せずとも教育・慈善などに貢献して毅然《きぜん》たる生き方をすべしと、女性に自覚を促す。これに宮崎《みやざき》まことが女は男の分身であることは神の摂理と反撃。毎号のように男女から賛否両論が出された。女性は結婚すべしという当時の社会通念に衝撃を与え反響を呼び、「無二《むに》の論戦」(戸井田盛蔵)と評された。

参考文献 戸井田盛蔵「婚礼の席上「殴れ」の祝辞」(『婦女新聞』八〇七)、一九二五。金子幸子「「不婚論」の登場―『婦女新聞』読者欄を手がかりに―」(『近代日本女性論の系譜』一九九八、不二出版)。

(金子　幸子)

ふじガスぼうせきじょこうそうぎ　富士瓦斯紡績女工争議　東京江東地区で友愛会所属の紡織労働組合が結成された直後、富士紡は組合幹部五名を解雇。富士瓦斯紡績押上工場男女二千余人(女子千六百人)は、一九二〇年(大正九)七月十四日、「組合権の確認」を要求してストライキに突入、これを認めさせ勝利宣言をしたが、同日、会社側は有力女工多数を解雇、組合側の敗北に終わった。しかし、組合権確認要求のみで闘った最初の争議として、高く評価された。

参考文献 帯刀貞代『日本の婦人』(岩波新書)、一九五七、岩波書店。鈴木裕子『女性と労働組合』上、一九九一、れんが書房新社。

(堀　サチ子)

ふしかてい　父子家庭　配偶者のいない父と養育が必要な子によって構成されている*家庭。*厚生省児童家庭局(当時)がほぼ五年ごとに実施する「全国母子世帯等調査」に父子家庭も対象とされるようになったのは、一九八三年(昭和五十八)度からである。しかし、すでに一九七七年には全国社会福祉協議会と全国民生児童委員協議会が全国父子家庭実態調査を実施、「父子家庭対策要綱《ようこう》」を策定しているように、一九七〇年代に社会問題化したといえよう。それは、*母子家庭の生成要因が、配偶者の死別から*離婚を主とした生別へと逆転した時期に重なっている。『(平成十五年度)全国母子世帯等調査結果報告』(二〇〇五年、厚生労働省)によると、父子家庭は十七万三千八百世帯、前回の五年前に比べて、六・四%の増、八割が生別、その中で七四・二%が離婚を理由としている。「困っていること」は、*家事を第一に、家計、仕事と続き、必ずしも経済的に安定しているとはいえない。ひとり親家庭ホームヘルプサービスなどがあるが、対応策はまだ少ない。

参考文献 春日キスヨ『父子家庭を生きる』、一九八九、勁草書房。池田英雄『父子家庭のお父さん奮戦記』、一九九六、新風舎。

(林　千代)

ふじきいち　藤木いち　一六八六―一七一九　江戸時代前期の少女歌人。陸奥《むつ》国会津藩家老保科正興《ほしなまさおき》の娘。生後一ヵ月で父の配流に従い小川庄《おがわのしょう》(新潟県東蒲原郡《ひがしかんばらぐん》)で過ごす。三歳のとき、嘆願して母子は母の実家京都上賀茂《かみがも》神社社家藤木家の祖父母のもとで暮らす。十四歳で筑後《ちくご》国久留米藩《くるめはん》家老岸《きし》家の嫡子正知《ちゃくしまさとも》に嫁ぐ。京都から久留米までの二十六日間の花嫁道中記ともいうべき旅日記『庚辰《こうしん》乃紀行《のきこう》』を著わす。都の人々への思慕、瀬戸内海・長崎街道のようすが歌とともに綴《つづ》られている。『庚辰乃紀行』は『近世福岡地方女流文芸集』(前田淑編、二〇〇一年、葦書房)に所収。

参考文献 柴桂子『会津藩の女たち―武家社会を生きた十人の女性像―』、一九九四、恒文社。

(柴　桂子)

ふじこう　富士講　近世から近代にかけて都市や農村の庶民社会に数多く成立した富士山を崇拝する俗人の信仰集団。登山口の御師《おし》と師檀関係《しだんかんけい》を持ちながらも、教義・儀礼・組織の面で独自性を保った。複数の系統があるが、最も優勢を誇ったのは*食行身禄《じきぎょうみろく》(一六七一―一七三三)を元祖として十八世紀中期に成立した身禄派富士講で、江戸とその周辺の地域社会を基盤として数百講が組織された。この中からは十九世紀初期に禄行三志《ろくぎょうさんし》(一七六五—一八四一)を指導者とする不二道《ふじどう》が派出した。急成長した民間の宗教集団であるため幕府から厳しい取り締まりを受けたが、十九世紀末まで勢力は衰えなかった。富士講や不二道では集団登山や毎月の定期的な礼拝を行なった。富士講の一部では加持祈禱《かじきとう》も行われた。食行身禄の教義に含まれていた*男尊女卑《だんそんじょひ》や女性のけがれの否定は不二道に継承され、日常生活における男女の役割分担の見直しや、富士山などの聖地における*女人禁制《にょにんきんせい》への反対などの運動として具体化された。

参考文献 岩科小一郎『富士講の歴史—江戸庶民の山岳信仰—』、一九八三、名著出版。宮崎ふみ子「近世末の民衆宗教—不二道の思想と行動—」(羽賀祥二編『幕末維新の文化』二〇〇一、吉川弘文館)。宮崎ふみ子「富士山における女人禁制とその終焉」(『環』一二)、二〇〇三。 (宮崎ふみ子)

ふじしげこ 冨士茂子 ⇩徳島《とくしま》ラジオ商事件《しょうじけん》

ふじたたき 藤田たき 一八九八—一九九三 昭和時代の教育者、国際的フェミニスト。一九二〇年(大正九)女子英学塾(現*津田塾大学)卒業。*津田梅子《つだうめこ》が創設した「日本婦人米国奨学金」で米国に留学し、一九二五年ブリンマー大学卒業。帰国後は女子英学塾の教員となる。一九二八年(昭和三)日本YWCA代表として第一回*汎《はん》太平洋婦人会議に*市川房枝《いちかわふさえ》・*吉岡弥生《よしおかやよい》らと参加。市川との出会いを契機に女性参政権運動に参画、*婦選獲得同盟では中央委員に。*山川菊栄《やまかわきくえ》の後一九五一年から五五年まで第二代の*労働省婦人少年局長の任に就く。一九五七年から五九年にかけ国連総会に女性初の日本政府代表(初年、代理)として出席。一九六二年から七三年の津田塾大学学長在任中、国際関係学科と大学院の増設に尽力した。一九七五年メキシコでの国際女性年世界会議に日本代表団首席代表として出席。*大学婦人協会初代会長・*日本婦人有権者同盟会長・労働省婦人少年問題審議会会長を歴任。晩年、*男女雇用機会均等法の実現には心血を注ぎ協力。世界の女性運動のうねりに日本女性の地位向上の問題を連結させ、内外の人びとと連なりながら、九十歳まで現役で活動を続けた。著書に『わが道—こころの出会い—』(一九七九年、ドメス出版)、『続わが道—こころの出会い—』(一九八八年、ドメス出版)、『東中野日記』全五巻(一九八九—九三年、ドメス出版)がある。

藤田たき

参考文献 川本静子「藤田たき—ライフワークは「婦人の地位向上」—」(川本静子・亀田帛子・高桑美子『津田梅子の娘たち—ひと粒の種子から—』二〇〇一、ドメス出版)。 (髙橋 裕子)

ふじどう 不二道 ⇩富士講《ふじこう》

ふじみさんいんじけん 富士見産院事件 一九七八年(昭和五十三)から七九年にかけて埼玉県所沢市富士見産婦人科病院の理事長北野早苗《きたのさなえ》が無資格で超音波検査を行い、手術の必要のない患者にも子宮や卵巣の摘出手術を施行した事件。多くの被害を出した(被害届九百人)。女性の人権を無視した乱診乱療が判明。最高裁で判決。当事者たちは有罪判決を受けたが刑事上の罪は問われていない。捏造《ねつぞう》された事件ともいわれる。当事者はその後別の所で診療活動を継続していたが、二〇〇五年(平成十七)医師免許の取り消しなどの行政処分が決定された。

参考文献 富士見産婦人科病院被害者同盟編『わすれない富士見産婦人科病院事件』、一九九〇、晩声社。神津康雄「特別寄稿捏造された「富士見産婦人科病院事件」の顚末」(『Clinic Magazine』三七(三))、二〇〇一。 (中村 節子)

ふじやまハル 藤山ハル 一九〇〇—七四 樺太《からふと》アイヌ口承文芸《こうしょうぶんげい》の最大の伝承者。ライチシカ方言の完璧な話者で*シャーマンでもあった。樺太西海岸の恵須取《エストリ》に生まれ、十九歳のとき山田万次郎と結婚して来知志《ライチシ》に住み、夫の死後藤山博太郎と再婚して真岡《マオカ》に住む。終戦後一九四八年(昭和二十三)に北海道に引き揚げ、以後はオホーツク沿岸の常呂《トコロ》町に定住。あらゆるジャンルの演目に堪能《たんのう》なだけでなく日常会話語や言語学的研究の情報提供者としても第一級の語りべであった。七四年にハルが亡くなったとき話者が絶えたと思われたが、八三年B・ピウスツキ蠟管《ろうかん》再生によって優れた盲目の話者、浅井タケとの出会いがあり、タケが亡くなる九四年までたった一人の語りべによる伝承が続いた。

参考文献 服部四郎他編『アイヌ語方言辞典』、一九六四、岩波書店。村崎恭子『カラフトアイヌ語』、一九七六、国書刊行会。 (村崎 恭子)

ふじょ 巫女 ⇩みこ

ふじょ 婦女 女性をさす一般名称。漢字の語源では、婦は息子の妻をさし、女は未婚の女性に限定される親族名称である。しかし、古くから婦・女はそれぞれに、また「婦女」の熟語として女性一般を指し示すことばとしても用いられる。しかし、律令《りつりょう》用語としての「婦女」の使い方は、どちらかといえば語源に近い。唐律では女性を示す用語として、「婦」「女」「婦女」「婦人」を用いる。「婦」は唐律本文ではヨメ、疏議《そぎ》(注釈)の一部で*ツマの意で用いられ、「婦女」は未婚・既婚、有夫・*寡婦《かふ》を含めた女性の総称、「女」は未婚のムスメに用いる。「婦人」については婦人の総称とする解釈が有力であるが、ツマに代表される成人女性をさすとの考えも捨てがたい。いずれにしても、唐の法概念では、結婚をして生家から出て夫方の家で暮らす女性(ツマ・ヨメ・寡婦)と、まだ生家で暮らす一人前でない未婚の女性(ムスメ)とに女を分類した。一方、日本で改訂された『大宝律令《たいほうりつりょう》』『養老律令《ようろう》』においては、女性名称の用法は唐の律令とは異なる。たとえば、有名な公地公民制に基づく班田《はんでん》支給の田令《でんりょう》の条文は、「凡《およ》そ口分田《くぶんでん》給はむことは、男に二段(女は三分が一減ぜよ)(下略)」(原漢文)と記す。口分田は未婚女性のみではなく、もちろん既婚女性にも与えられるが、その注では「女」を用いている。また、女性高位者へのさまざまな特典を規定した条々でも注で「女」と記している。女性に対する班田支給は、唐では(寡妻妾《かさいしょう》を例外として)行われておらず、日本で新たに付け加えられた規定であった。このことは、日本が律令法制定時期において、女性を既婚と未婚とで分類し得ない社会であったことを示している。日本では中国のような*婚姻儀礼が発達せず、女性が夫方へ嫁入りその所属する集団を変えることがない社会であった。このため、法文改訂作業において追加された女性に対する権利条項では、本来、未婚の女性を示す「女」を一般的な女性名称として使用することになったと考えられる。

参考文献 律令研究会編『訳註日本律令』二、一九七五、東京堂出版。梅村恵子「律令における女性名称」(総合女性史研究会編『日本女性史論集』三、一九九七、吉川弘文館)。

(梅村　恵子)

ふじょうかん　不浄観　近世の女性に対して性差別の一環として、汚ないとか血のケガレにより*穢《けが》れと見なす観方。中世仏教で、霊山に女人登拝禁止などが広まった。*鎌倉新仏教教祖の*法然《ほうねん》・*親鸞《しんらん》・*道元《どうげん》・日蓮《にちれん》は*女人不浄観を否定した。しかし江戸幕府は、人別宗旨改め等の戸長を中心とした家単位の政策の中で儒教をもとにした*男尊女卑を広めてゆく。庶民は*寺子屋の往来物《おうらいもの》の中でそれを学ぶ。十八世紀に安藤昌益《あんどうしょうえき》の男女差別否定観があり、*富士講の食行《じきぎょう》・参行《さんぎょう》による平等論で、霊山登拝の*女人禁制《にょにんきんせい》もゆるやかになる。十九世紀前半の如来教喜之《きの》は底辺の視点での批判をし、それは天理教・大本教に続いてゆく。

参考文献 妻鹿淳子「女性と宗教」(脇田晴子・林玲子・永原和子編『日本女性史』一九八七、吉川弘文館)。

(増田　淑美)

ふじょかがみ　婦女鑑　西村茂樹《にしむらしげき》編集による女性向けの書。一八八七年(明治二十)六月刊。一八八二年勅命により元田永孚《もとだえいふ》編纂の『幼学綱要《ようがくこうよう》』が文部省を通じ各学校へ下付されたが、その補遺として西村茂樹が時の*皇后の内旨に基づき編纂した。内容は「家」に関する徳目が最も多い。親に「孝行」、家に「婦道」、子に「母道」があげられている。ほかに「友愛」「勤倹《きんけん》」など『論語《ろんご》』や儒教書からの引用が多い。ほかに社会・国家・個人に関することも広く採用し「友愛」「慈善」「母道」「愛国」では西洋の訓言を引用している。思想の基調は儒学を基礎として、西洋思想を理解しようとした明治初期の西洋文化受容の形を残す。西村は政府の欧化傾向に対し国民道徳の回復を志向し、皇室を道徳の中心に置こうとする考えであった。欧米化の影響を受けた*女子教育の広がりを快《こころよ》しとしない動向は西村茂樹・佐々木高行《ささきたかゆき》らによる徳育論争として活発となり、「教育ニ関スル勅語《ちょくご》」の発布を導いた。本書は西村茂樹が校長をしていた*華族《かぞく》女学校に下賜《かし》、ついで全国女学校に配布、修身の教材として用いられた。一八八八年東京書林から一般に発売され一九三五年(昭和十)にも吉川弘文館から全三巻にて発売されている。

参考文献 伊藤明子「啓蒙学にみられる女子教育観―福沢諭吉と西村茂樹―」(日本女子大学女子教育研究所編『明治の女子教育』一九六七、国土社)。浅川純子「「婦女鑑」の成立事情と徳目構成―編纂稿本と刊本の検討を中心に―」(『お茶の水女子大学人文科学紀要』四六八)、一九七三。

(吉沢千恵子)

ふじょかげん　婦女嘉言　日本古代・中世の名君・忠臣・賢女《けんじょ》等の金言《きんげん》・名句を集めた教訓書『日本宝訓《にほんほうくん》』の一編。編者未詳。江戸時代中期刊か。『日本宝訓』は「日本宝訓」「日本忠訓」「婦女嘉言」の三部からなり、順に天智《てんじ》天皇以下八人、藤原鎌足以下十六人、輝子《きし》以下十人(輝子・*二条院讃岐《にじょういんのさぬき》・*相模《さがみ》・*赤染衛門《あかぞめえもん》・*永福門院《えいふくもんいん》・民部卿局・*小督局《こごうのつぼね》・幸子・明子・経子)の名言を列挙する。巻末「忠臣譜略」には、鎌足以下二十六人(「日本忠訓」「婦女嘉言」に所収の全員)の小伝を付す。テキストは『日本教育文庫』女訓篇(黒川真道編、一九七七年、日本図書センター)。

(小泉　吉永)

ふじょしんぶん　婦女新聞　*福島四郎《ふくしましろう》により一九〇〇年(明治三十三)から一九四二年(昭和十七)の間刊行された週刊新聞。編集・出版・販売のほとんどすべてを福島が行なった。中学校教師であった福島は、不幸な結婚で若くして亡くなった姉のような女性をなくそうと、女性の地位向上と自立を目的として本紙を発刊した。全二千百七十五号、判型は、四六四倍判・菊判・菊二倍判・B五判と変遷、当初は八頁であったが、その後二〇頁前後となる。発行部数は三千部程度であり、読者層は主に中産階層であった。創刊号で「本紙の目的」として、*女子教育・*女子大学についての研究、女子体育の奨励、*家事経済の知識の普及、慈善事業、女性諸団体の連絡等が謳《うた》われている。一九二三年(大正十二)には「教育・職業・政治経済上の男女の機会均等、妻母の転職を果たすため

『婦女新聞』第一号

の家庭の改善、男女の協力による愛と平和の社会の実現」の三綱領《さんこうりょう》が打ち出された。時代により論調は変化するが、女性解放を目指し幅広いテーマについて多彩な議論の場を提供し世論をリードした点で多大な功績を持っている。復刻版が不二出版から刊行されている(一九八二―八五年)。

参考文献 『婦女新聞』を読む会編『『婦女新聞』と女性の近代』、一九九七、不二出版。 (友野 清文)

ふじょのかがみ 婦女の鑑 *木村曙《きむらあけぼの》(曙女史)の小説。初出は一八八九年(明治二十二)一月から二月にかけて『読売新聞』に連載。女性作家最初の新聞連載小説の可能性が高い。曙没後(一八九六年)に単行本『婦女乃鑑《ふじょのかがみ》』が出ている。吉川秀子《よしかわひでこ》という少女が、冤罪《えんざい》によって父の勘気《かんき》をこうむり、単身渡英してケンブリッジ大学女子部で優秀な成績を収め、ニューヨークの工場に移って技芸を習得した後日本に戻り、輸出を展望した織維工場を設立するというストーリイを軸に、友情・報恩《ほうおん》・出生の秘密などが絡み合って物語が展開する。馬琴《ばきん》風の文語文体で書かれており、内容の新しさと文体の古さの矛盾が指摘されることが多いが、父や兄の影がきわめて薄く、物語の主導権を一貫して少女たちが握るという奔放《ほんぽう》な展開を文体が支えているという見方もできる。また大団円《だいだんえん》の構図からヒロインの結婚という定型が排除されている点も注目される。現在『女性作家集』(高田知波校注、新日本古典文学大系明治編二三、二〇〇二年、岩波書店)で読むことができる。

参考文献 北田幸恵「女性文学における〈少女性〉の表現」(水田宗子編『女性の自己表現と文化』一九九三、田畑書店)。 (高田 知波)

ふじわらきたのふじん 藤原北夫人 ?―七六〇 奈良時代の聖武《しょうむ》天皇の*夫人。名は不詳。藤原北家《ほっけ》の祖房前《ふささき》の娘であることから、藤原北夫人と称された。母は*牟漏《むろ》女王。所生の皇子女は知られない。天平《てんぴょう》九年(七三七)二月、夫人として無位から正三位に叙された。天平十二年三月付けの『阿難四事経《あなんしじきょう》』の奥書《おくがき》に亡考贈左大臣府君(房前)と見在内親郡主(牟漏女王)のために一切経律論《いっさいきょうりつろん》を写し荘《しょう》厳《ごん》を終えた旨が記されている(『大日本古文書』二、二五三頁)。『興福寺流記《こうふくじるき》』(『山階流記』、『奈良六大寺大観』七所収)によると、天平十八年に、亡父母のために不空羂索《ふくうけんじゃく》観自在《かんじざい》一軀《いっく》を造立した。『正倉院文書』(『大日本古文書』四、三六頁)には、天平勝宝《しょうほう》六年(七五四)か七歳ごろに、造東大寺司から藤原夫人家務所《けむしょ》宛に出された経典の貸借についての牒《ちょう》が残されている。天平宝字《ほうじ》四年(七六〇)正月、従二位で没した。外祖母県犬養《あがたいぬかいのたちばなの》橘三千代《みちよ》の邸宅が牟漏女王を経て藤原北夫人に継承され、その過程で邸宅は嶋院《しまのいん》から阿弥陀浄土院《あみだじょうどいん》へとなったとし、『正倉院文書』(『大日本古文書』九、三四〇頁)にみられる堂院という人物を藤原北夫人に比定する説がある。

参考文献 福山敏男「興福寺の建立」(『日本建築史研究』一九六八、墨水書房)。鷺森浩幸「八世紀の法華寺とそれをめぐる人びと」(『正倉院文書研究』四)、一九九六。 (吉川 敏子)

ふじわらのあきらけいこ 藤原明子 八二八―九〇〇 文徳《もんとく》天皇*女御《にょご》。清和《せいわ》天皇・儀子《ぎし》内親王の母。父は太政大臣《だじょうだいじん》藤原良房《ふじわらよしふさ》、母は*源潔姫《みなもときよひめ》。天長《てんちょう》五年(八二八)に生まれる。「染殿后《そめどののきさき》」とも呼ばれた。嘉祥《かしょう》三年(八五〇)惟仁《これひと》親王(のちの清和天皇)を生み、惟仁はその年生後九ヵ月で立太子。仁寿《にんじゅ》三年(八五三)従三位叙位《じゅさんみじょい》。天安《てんあん》二年(八五八)従一位叙位、同十一月皇太夫人《こうたいぶにん》。これは清和天皇即位による。天皇は九歳で即位したため良房が摂政《せっしょう》となった。幼帝即位のはじめてであった。文徳天皇は紀静子《きのせいし》所生の惟《これ》喬《たか》親王の立太子を望んだが、良房の権勢により実行できなかったという説がある。貞観《じょうがん》元年(八五九)十月五日には明子所生の儀子内親王が卜定《ぼくじょう》により賀茂斎院《かもさいいん》となる。同六年正月朔日《さくじつ》清和天皇元服《げんぷく》により*皇太后。元慶《がんぎょう》六年(八八二)正月陽成《ようぜい》天皇元服により太皇太后《たいこうたいごう》。昌泰《しょうたい》三年(九〇〇)五月二十三日死去。七十三歳。白河陵《しらかわりょう》に葬られた。『今昔物語《こんじゃくものがたり》』二〇第七の説話に、染殿后に狐・鬼が取り付き、常ならぬ行動を行なったという話がある。

参考文献 『文徳実録』。『三代実録』。『日本紀略』。西野悠紀子「母后と皇后―九世紀を中心に―」(前近代女性史研究会編『家・社会・女性―古代から中世へ―』一九九七、吉川弘文館)。 (内田 順子)

ふじわらのあすかべのひめ 藤原安宿媛 ⇩光明皇后《こうみょうこうごう》

ふじわらのあんし 藤原安子 九二七―六四 村上天皇の*皇后。冷泉《れいぜい》・円融《えんゆう》両天皇、為平《ためひら》親王、承子《しょうし》・輔子《ゆうし》・資子《し》・*選子《せんし》内親王の母。右大臣藤原師輔《もろすけ》の女《むすめ》、母は出羽守《でわのかみ》藤原経国《つねくに》の女《むすめ》贈正一位藤原盛子《せいし》。延長《えんちょう》五年(九二七)生まれ。天慶《てんぎょう》三年(九四〇)四月十七日着裳《ちゃくも》し、十九日に飛香《ひぎょう》舎《しゃ》において成明《なりあきら》親王(村上天皇)の室となる。同八年正月に皇太弟妃として従五位上を授けられる。同九年四月の村上天皇即位に伴い、五月二十七日*女御《にょうご》となる。また、従四位下を授けられる。天暦《てんりゃく》四年(九五〇)五月、憲平《のりひら》親王(冷泉天皇)を産み、天徳《てんとく》二年(九五八)十月二十七日、女御従三位から皇后となる。同三年三月守平《もりひら》親王(円融天皇)を産む。康保《こうほう》元年(九六四)四月二十四日選子内親王を出産後の二十九日、主殿寮《とのもりょう》で崩御。三十八歳。同四年十一月に*皇太后追贈、安和《あんな》二年(九六九)八月に太皇太后追贈。陵は山城国宇治郡木幡《こわた》(京都府宇治市木幡)の中宇治《なかのうじの》陵《みささぎ》。梨壺女御《なしつぼのにょうご》・藤壺女御《ふじつぼのにょうご》ともよばれた。同母の兄弟に伊《これ》尹《ただ》・兼通《かねみち》・兼家《かねいえ》などがおり、二代の天皇の母として藤原氏の繁栄を支えた。『*大鏡』は、村上天皇が「よろづの政《まつりごと》をば聞えさせ合せて、せさせたまひける」と、天皇の信任が厚かったことや、安子が他の女御への*嫉妬《しっと》を見せながらも「おほかたの御心はいとひろく、人のためなどにも思ひやりおはしまし」た人柄であったことを描く。 (岡村 幸子)

ふじわらのいし 藤原為子 (一)生没年不詳 南北朝時代の歌人。京極為教《きょうごくためのり》と三善雅衡女《みよしまさひらのむすめ》との間に生まれる。大宮《おおみや》院権中納言《いんのごんちゅうなごん》、藤大納言三位《とうだいなごんさんみ》、藤大納言典侍《とうだいなごんのすけ》と称する。花《はな》園院《そのいん》の*乳母《めのと》を務め、大宮院姞子《きっし》、伏見院、*永福門院《えいふくもんいん》に出仕して従二位《じゅにい》に至る。弟の為兼《ためかね》とともに古今伝授《こきんでんじゅ》を受けて、家学を継承した。歌合《うたあわせ》の判者を務め(『花園院宸記《しんき》』正和《しょうわ》二年(一三一三)四月二十八日条)、『玉葉《ぎょくよう》和歌集』の選集に関与するなど、指導的立場から京極派の確立に貢献した。『続拾遺《しょくしゅうい》和歌集』以下に百八十首入集。私家集に『藤大納言典侍集』がある。

参考文献 小原幹雄「藤原為子年譜小考」(『島大国文』九)、一九七九。岩佐美代子「大宮院権中納言—若き日の従二位為子—」(森本元子編『和歌文学新論』一九八二、明治書院)。井上宗雄『中世歌壇史の研究—南北朝期—(改訂新報)』、一九八七、明治書院。

(二)?—一三一一? 南北朝時代の歌人。二条為世女《にじょうためよのむすめ》。遊《ゆう》義《ぎ》門院権大納言《ごんだいなごん》、後二条院権大納言ともいう。没後、従《じゅ》三位《さんみ》を追贈《ついぞう》され、贈《ぞう》従三位為子と呼ばれた。正安《しょうあん》四年六月歌合《うたあわせ》、乾元《けんげん》二年七月歌合などに参加した。のちに尊治《たかはる》親王(のちの後醍醐《ごだいご》帝)の寵愛《ちょうあい》を受け、尊良《たかよし》・宗良《むねよし》の二皇子、瓊子《けいし》内親王ら三皇女を生んだ。『新後撰《しんごせん》和歌集』以下に、七十一首入集。

参考文献 井上宗雄『中世歌壇史の研究—南北朝期—(改訂新版)』、一九八七、明治書院。（清水 眞澄）

ふじわらのいんし 藤原胤子 ?—八九六 宇多《うだ》天皇の*女御《にょうご》。醍醐《だいご》天皇、敦慶《あつよし》・敦固《あつもと》・敦実《あつざね》親王、均子《きんし》・柔子《じゅうし》内親王の母。内大臣《ないだいじん》藤原高藤《たかふじ》の女《むすめ》、母は山城国宇治郡大領《うじぐんだいりょう》宮道弥益《みやじのいやます》の女列子《むすめれっし》。源定省《みなもとのさだみ》(のちの宇多天皇)の室となり、仁和《にんな》元年(八八五)正月、維城《これなり》(敦仁《あつひと》親王、のちの醍醐天皇)を産む。同三年八月の宇多天皇即位後の四年九月二十二日、橘義子《たちばなのぎし》とともに*更衣《こうい》となり、禁色を許される。寛平《かんぴょう》五年(八九三)正月、従五位下で女御となる。同八年六月三十日没す。時に従四位下。同九年七月の醍醐天皇即位の後、十九日に贈皇太后。『延喜式《えんぎしき》』に「小野陵、贈皇太后藤原氏、在山城国宇治郡小野郷、陵戸五烟、四至、東限百姓口分幷勧修院山、南限小栗栖寺山幷道、西限楹尾山岑、北限松尾山尾幷百姓口分」とある。『*今昔物語集』二二に載せる説話によれば、高藤が十五、六歳のころ、山城国南山科《みなみやましな》で鷹狩《たかがり》をし、雨宿りのため宮道弥益の家に一夜泊まったときに童女と契った。数年を経て高藤が再訪すると、童女は立派に成人し、五、六歳ばかりの美しい女子が生まれていた。高藤は母子を引き取ったが、その女子が胤子であるという。宮道氏の宅跡に建立されたのが勧修寺《かんしゅじ》である。（岡村 幸子）

ふじわらのえんし 藤原延子 (一)?—一〇一九 小一条《こいちじょう》院《いん》の*女御《にょうご》。藤原顕光《あきみつ》の次女。母は村上《むらかみ》天皇皇女の盛子《せいし》内親王。寛弘《かんこう》七年(一〇一〇)ごろ、東宮居貞《とうぐうおきさだ》親王(のちの三条天皇)の子である敦明《あつあきら》王の*御息所《みやすどころ》となり、敦明王とともに顕光の堀河第《ほりかわてい》に住した。長和《ちょうわ》三年(一〇一四)の敦貞《あつさだ》親王をはじめとして、栄子《えいし》内親王、敦昌《あつまさ》親王を産んだ。長和五年に三条天皇の退位に伴って敦明親王が東宮となると、延子は堀河女御と呼ばれたが、東宮は母后《ぼこう》藤原娍《じょう》子《し》の小一条第に移ってしまった。寛仁《かんにん》元年(一〇一七)、三条院の崩御の後、敦明親王は藤原道長の権勢に圧されて東宮を辞し小一条院と称し、道長女《むすめ》の寛子《かんし》と結婚して高松殿《たかまつどの》に移った。延子は病を発し、寛仁三年四月九日夜、喀血《かっけつ》して頓死《とんし》した。時に三十五、六歳。のちには父顕光とともに怨霊《おんりょう》となり、道長家に祟《たた》りをなしたとされた。

参考文献 『大日本史料』二ノ一四、寛仁三年四月十日条。角田文衛『承香殿の女御—復元された源氏物語の世界—』(中公新書)、一九六三、中央公論社。

(二)一〇一六—九五 後朱雀《ごすざく》天皇女御《にょうご》。父は藤原頼宗《よりむね》、母は藤原伊周《これちか》の娘。母のいとこにあたる修子《しゅうし》内親王の*養女となり、三条宮《さんじょうのみや》で育つ。容姿端麗《ようしたんれい》で、箏《そう》の名手として知られる。長久三年(一〇四二)三月二十六日、養母の後見を受けて*入内《じゅだい》。後朱雀天皇には、すでに第一皇子で東宮の親仁《ちかひと》親王(後冷泉《ごれいぜい》天皇)、第二皇子尊仁《たかひと》親王(後三条天皇)がいたため、頼宗に外戚《がいせき》としての地位を期待させるものではなかった。同年十月九日、女御に。麗景殿女御《れいけいでんのにょうご》と呼ばれる。三条宮が高倉《たかくら》にあったことから、高倉女御とも。寛徳《かんとく》二年(一〇四五)に後朱雀天皇は譲位《じょうい》後死去。延子が正子《しょうし》内親王(押小路斎院《おしこうじのさいいん》)を産んだのはその三ヵ月後のことであった。その後、父頼宗は延子の妹を新天皇後宮に入れようと画策し始める。康平《こうへい》三年(一〇六〇)に頼宗は自分の封戸《ふこ》の一部を延子に分け与え、経済的な支援を行なった。延子が*後宮を去った後、詠《よ》んだ歌が『後拾遺《ごしゅうい》和歌集』に収められている。延久《えんきゅう》五年(一〇七三)、病を得て出家。寛治《かんじ》七年(一〇九三)、三井寺《みいでら》の堂を供養している。嘉保《かほう》二年(一〇九五)、霍乱《かくらん》のために八十歳で死去。

参考文献 角田文衛『日本の後宮』、一九七三、学燈社。（倉本 一宏）

ふじわらのおとむろ 藤原乙牟漏 七六〇—九〇 桓武《かんむ》天皇の*皇后。平城《へいぜい》・嵯峨《さが》両天皇の生母。藤原式家《しきけ》の良継《よしつぐ》の娘で、母親は*尚侍《ないしのかみ》の*阿倍古美奈《あべのこみな》。天平宝字四年(七六〇)に生まれ、桓武天皇が皇太子時代に妃となり、宝亀《ほうき》五年(七七四)に安殿《あて》親王(平城天皇)を生む。桓武天皇即位後の延暦二年(七八三)二月に無位から正三位《しょうさんみ》となり、同年四月に立后《りっこう》し、翌五年には神野《かみの》親王(嵯峨天皇)、同八年には高志《こし》内親王を生んだが、同九年閏《うるう》三月十日に三十一歳で崩御した。諡号《しごう》は天之高藤《あめのたかふじ》広宗照姫尊《ひろむねてるひめのみこと》。閏三月二十八日に長岡山陵《ながおかのみささぎ》(高畠山陵)に葬られた。この前年には桓武天皇の母親の*高野新笠《たかののにいがさ》が崩御《ほうぎょ》しており、長岡京の造営に暗い影を落とすことになった。これも平安京遷都の原因の一つといわれており、乙牟漏皇后の死が桓武の朝廷に何らかの影響を与えたことは間違いない。大同《だいどう》元年(八〇六)五月に平城天皇の即位に伴って*皇太后が追贈された。『続日本紀《しょくにほんぎ》』の崩伝《ほうでん》には、「性《せい》柔婉《じゅうえん》にして美姿、儀は女則《じょそく》に閑《なら》ひて母儀の徳あり」(原漢文)と評された。

参考文献 林陸朗「桓武天皇の後宮」(『国学院雑誌』七七ノ三)、一九七六。（土橋 誠）

ふじわらのおひらこ　**藤原宇比良古**　?―七六二　奈良時代の*女官。藤原仲麻呂《なかまろ》の妻。袁比良売、袁比良女などとも記す。仲麻呂との間に訓儒麻呂《くずまろ》・真先《まさき》を生む。父は藤原房前《ふささき》。母は不詳。天平勝宝《しょうほう》元年(七四九)四月、従五位上から正五位下に叙《じょ》され、その後も昇進を重ね、天平宝字《ほうじ》四年(七六〇)正月、*孝謙《こうけん》上皇・淳仁《じゅんにん》天皇の仲麻呂邸行幸に際して正三位に叙される。即位以前に仲麻呂邸で扶養《ふよう》されていた淳仁天皇は、同三年六月に仲麻呂を父、宇比良古を母と思うと述べた。*後宮に出仕して夫の権勢を支えたが、同六年六月、*尚蔵《くらのかみ》兼*尚侍《ないしのかみ》、正三位で没した。正倉院中倉献物牌《しょうそういんちゅうそうけんもつはい》に「藤原朝臣袁比良売献舎那仏《しゃなぶつ》」と記したものがある。

参考文献　角田文衛「藤原袁比良」(『角田文衛著作集』三、一九八五、法蔵館)。岸俊男『藤原仲麻呂』(人物叢書)、一九八七、吉川弘文館。

（吉川　敏子）

ふじわらのおんし　**藤原温子**　八七二―九〇七　宇多《うだ》天皇*女御《にょうご》。醍醐《だいご》天皇養母。七条皇后(中宮)・東七条院などと称す。父藤原基経《もとつね》、母操子《そうし》女王。仁和《にんな》四年(八八八)*入《じゅ》内《だい》、女御となる。寛平《かんぴょう》二年(八九〇)均子《きんし》内親王を生み、同五年正三位。同九年、醍醐天皇の即位により養母として皇太夫人《こうたいぶにん》となる。のち東五条堀川院《ほりかわいん》、東七条宮に移御。延喜《えんぎ》五年(九〇五)落飾《らくしょく》、同七年六月、三十六歳で没す。*和歌に優れ、『後撰和歌集《ごせんわかしゅう》』一五に「事の葉に絶えせぬ露は置くらんや昔おぼゆる円居《まどい》したれば」が収められている。

（所　京子）

ふじわらのおんし　**藤原穏子**　八八五―九五四　平安時代中期の醍醐《だいご》天皇の*中宮で、朱雀《すざく》天皇・村上天皇の母。藤原基経《もとつね》の娘で(母は人康《さねやす》親王娘)、同母兄に時平《ときひら》・仲平《なかひら》・忠平《ただひら》がいる。はじめ母后*班子《はんし》女王の命を受けた宇多《うだ》上皇により醍醐天皇*後宮への*入内《じゅだい》を停められたが、その後入内し、延喜《えんぎ》元年(九〇一)*女御《にょうご》となる。延喜三年、崇象親王(その後保明《やすあきら》と改名)を生み、翌年に親王は皇太子となった。延喜九年には兄時平が没し、忠平が氏長者となる。延長元年(九二三)皇太子保明親王が死去してしまう。この年穏子は中宮に冊立《さくりつ》され、保明親王の子慶頼《よしより》王が皇《こう》太孫《たいそん》に立てられた。天皇の*きさきが*皇后に立てられたのは淳和《じゅんな》天皇の皇后正子《せいし》内親王以来、約百年ぶりのことであった。これは不安定な皇位継承を補強するためと考えられている。同年穏子は寛明《ひろあきら》親王(のちの朱雀天皇)を生む。延長三年には皇太孫慶頼王が亡くなり、寛明親王が皇太子となったが、皇太子は幼少であるので中宮と同殿するようにという勅《ちょく》が下された。天皇の子どもが幼少時から内裏《だいり》に住めるようになったのはこれが初例である。延長四年には成明《しげあきら》親王(のちの村上天皇)を生む。延長八年醍醐天皇が亡くなり、朱雀天皇が即位し、忠平は摂政となった。承平《じょうへい》元年(九三一)穏子は*皇太后となるが、内裏に居住し、天皇元服前には行幸などに同輿《どうよ》して天皇を擁護《ようご》していることがみえる。承平七年朱雀天皇は元服するが、天慶《てんぎょう》七年(九四四)成明親王が皇太弟に立てられた。天慶九年に成明親王が村上天皇として即位すると、忠平は関白に補《ぶ》せられ、穏子は太皇太后となった。穏子は譲《じょう》位《い》した朱雀上皇と行動をともにし、朱雀院へ遷《うつ》っている。天暦《てんりゃく》六年(九五二)朱雀上皇が崩御《ほうぎょ》すると、穏子は内裏へ移った。天暦八年内裏の昭陽舎《しょうようしゃ》において七十歳で崩御し、鳥《とり》戸山《べやま》で火葬され、宇治木幡《うじこはた》に葬られた。母后としての穏子の発言力の大きさについては、穏子の示唆《しさ》によって朱雀天皇が村上天皇へ譲位したとされる話(『*大鏡』六)に象徴される。朱雀・村上天皇のきさきの選定や村上天皇皇子の憲平《のりひら》親王(のちの冷泉《れいぜい》天皇)立太子にも大きな影響力をおよぼした。朱雀天皇元服前にみえる内《うち》の仰《おお》せや宣《せん》旨《じ》は穏子の命令と考えられ、その後も「但女子事令啓中宮」(『貞信公記《ていしんこうき》』天慶八年九月二日条)とみえるほか、宮廷の事全般に対して「中宮御消息《みしょうそく》」などによって指示を与えていたことが、『貞信公記』や『九暦《きゅうれき》』にみえる。また、公卿《くぎょう》の後宮直盧《じきろ》の例や、天皇即位の儀式で、摂政が大極殿《だいごくでん》内の北廂東幔《きたびさしひがしまく》内に座をしめるようになるのは、朱雀天皇即位時の摂政忠平からである。これらは母后との関係によって成立したと考えられる。穏子の時期に摂関と母后の関係はさらに緊密になり、*摂関政治最盛期の基礎を築いたと評価できる。

参考文献　角田文衛「太皇太后穏子」(『平安人物志』下、一九八五、法蔵館)。同「太皇太后穏子年譜」(同)。藤木邦彦「藤原穏子とその時代」(『平安王朝の政治と制度』一九九一、吉川弘文館)。東海林亜矢子「母后の内裏居住と王権」(『お茶の水史学』四八、二〇〇四)。服藤早苗「王権と国母」(『平安王朝社会のジェンダー』二〇〇五、校倉書房)。

（古瀬奈津子）

ふじわらのかたいこ　**藤原賢子**　⇨大弐三位《だいにのさんみ》

ふじわらのかんし　**藤原寛子**　一〇三六―一一二七　後《ご》冷泉《れいぜい》天皇*皇后。四条后《しじょうのきさき》と呼ばれる。父は藤原頼通《よりみち》、母は因幡守《いなばのかみ》藤原頼成《よりなり》の娘祇子《ぎし》。祇子は*源倫子《みなもとのりんし》の*女房で頼通の妾《しょう》となり、頼通の唯一の娘を産んだ。関白藤原師《もろ》実《ざね》は同母弟。永承《えいしょう》五年(一〇五〇)に*入内《じゅだい》。*女御《にょうご》となる。*後宮には先に藤原教通《のりみち》娘の歓子《かんし》が女御としており、頼通・教通兄弟間の外戚《がいせき》争いが背景にあった。翌年、皇后。後冷泉天皇にはすでに中宮章子《しょうし》内親王がおり、*中宮と皇后とが並び立つことになった。*和歌のよき後援者ともなり、天喜《てんぎ》四年(一〇五六)に春秋歌合《しゅんじゅうたあわせ》を主催した。治暦《じりゃく》四年(一〇六八)後冷泉天皇の死去に際して、出家。延久元年(一〇六九)に*皇太后、承保《じょうほう》元年(一〇七四)に太皇太后となり、「后の位にあること七十七年、古今未だ此《かく》の如《ごと》き例あらず」(原漢文、『中右記』大治二年(一一二七)八月十四日条)とされる。十六歳の若さで、また先に入内していた歓子を越えて皇后の地位を得たのは、ひとえに父関白頼通の力によるものと考えられる。しかし、寛子は子を産まず、頼通に外戚としての地位をもたらすことができなかった。そして、藤原氏とは血縁関係のない後三条天皇が即位することで、*摂関政治に幕が下ろされた。九十二歳と当時としては驚異的な長寿を保った寛子は、天皇家の后《きさき》として、摂関政治の終焉《しゅうえん》と白河院政の展開まで時代の転換期を目の当たりにしたことになる。

参考文献 角田文衛『王朝の明暗』、一九七七、東京堂出版。山田彩起子「四条宮藤原寛子の摂関家における位置」(『駿台史学』一二六、二〇〇五)。

(京樂真帆子)

ふじわらのきし 藤原貴子 生没年不詳 平安時代、円《えん》融《ゆう》朝(九六九—九八四)の*典侍《ないしのすけ》。従《じゅ》四位下藤原守義の女《むすめ》。天延《てんえん》三年(九七五)二月二十五日付「別当宣《べっとうせん》」(『政事要略』七〇)には「典侍従四位下藤原朝臣貴子」とみえるほか、『天祚礼祀職掌録《てんそれいしょくしょうろく》』によれば、円融天皇および一条天皇の即位の際、褰帳《けんちょう》の命婦《みょうぶ》を務めたとある。応和《おうわ》元年(九六一)八月十五日の「三条令解《さんじょうれいげ》」(『朝野群載《ちょうやぐんさい》』二一)によると、左京三条四坊《ぼう》四町西一行《ぎょう》の家地を延喜銭《えんぎせん》百九十貫文で買得した。本売券によればこの家地は、もと従五位下藤原朝臣尚範《なおのり》の女皐子《むすめふし》の所有であったものが、正六位上海直《あまのあたい》延根《のぶね》の*後家《ごけ》海恵奴子《えなこ》を経て、貴子の手にわたったことになる。『*栄花物語《えいが》』二によると、天元《てんげん》年間(九七八—九八三)ごろ、藤原兼家が娘超子《ちょうし》の*女房であった「大輔典侍《たゆうのないしのすけ》」を寵愛し、「権《かり》の北の方」と呼ばれたとあるが、この女性を貴子とする説がある。

参考文献 角田文衛『王朝の映像』、一九七〇、東京堂出版。

(三上 喜孝)

ふじわらのきし 藤原嬉子 一〇〇七—二五 東宮敦成《とうぐうあつひら》親王(後朱雀《ごすざく》天皇)妃。後冷泉天皇母。寛弘《かんこう》四年(一〇〇七)正月五日生まれ。父は藤原道長、母は*源倫子《みなもとのりんし》。彰子《しょうし》・頼通《よりみち》・妍子《けんし》・教通《のりみち》・威子《いし》の同母妹。嬉子誕生後の七夜《しちや》の産養《うぶやしない》は*中宮彰子が行う。幼名は小君《こぎみ》、または小姫君《こひめぎみ》。寛仁《かんにん》二年(一〇一八)十一月には十二歳で従三位《じゅさんみ》*尚侍《ないしのかみ》となり、実資《さねすけ》が「未着裳、極奇事也」と非難している。翌寛仁三年二月着裳《もぎ》。治安《ちあん》元年(一〇二一)二月、嬉子は頼通の養子となり、彰子所生の東宮敦成親王(後朱雀天皇)に入侍《にゅうじ》した。『*栄花物語《えいが》』によれば東宮御所は凝華舎《ぎょうかしゃ》(梅壺《うめつぼ》)で、嬉子は登華殿《とうかでん》を在所とした。万寿《まんじゅ》二年(一〇二五)三月、懐妊して宮中より退出するが、七月に赤斑瘡《あかもがさ》を煩《わずら》い、八月三日難産の末に上東門院第《じょうとうもんいんだい》で親仁《ちかひと》(後冷泉《ごれいぜい》天皇)を生んだ。同月五日に死去し、十五日に船岡《ふなおか》西野にて火葬ののちに宇治木幡《うじこはた》に葬られ、二十九日に正一位が追贈《ついぞう》された。十一月には悲嘆に暮れる道長が嬉子供養のために法《ほう》成寺《じょうじ》の北に三昧堂《ざんまいどう》を建立した。寛徳《かんとく》二年(一〇四五)に後冷泉天皇の即位により*皇太后が追贈された。

参考文献 『大日本史料』二ノ二一、万寿二年八月五日条。『小右記』寛仁二年十一月十五日条。服藤早苗「平安王朝社会の成女式—加笄から着裳へ—」(『平安王朝の子どもたち—王権と家・童—』二〇〇四、吉川弘文館)。

(鈴木 織恵)

ふじわらのきし 藤原禧子 ⇩礼成門院《れいせいもんいん》

ふじわらのきっし 藤原吉子 ?—八〇七 桓武《かんむ》天皇夫人。父は藤原南家《なんけ》の右大臣是公《これきみ》。桓武天皇に入侍《にゅうじ》し、宝《ほう》亀《き》年間(七七〇—八一)ころに伊予《いよ》親王を生み、延暦《えんりゃく》二年(七八三)に従三位《じゅさんみ》に叙《じょ》され*夫人となった。大同《だいどう》元年(八〇六)桓武天皇の崩御《ほうぎょ》により平城《へいぜい》天皇が即位すると、翌年十月には先帝の鐘愛《しょうあい》を受けた伊予親王が謀反《むへん》の嫌疑《けんぎ》を受け、十一月に吉子は伊予親王とともに大和国川原寺《かわはらでら》に幽閉され服毒《ふくどく》自殺に追い込まれた。その後疫病《えきびょう》の流行を背景に、承和《じょうわ》六年(八三九)九月には従三位が贈られ、十月には鎮魂《ちんこん》のため従二位が追贈《ついぞう》された。さらに御霊《ごりょう》六座《ろくざ》の一座となり、貞観《じょうがん》五年(八六三)の神泉苑御霊会《しんせんえんごりょうえ》にまつられ、昌泰《しょうたい》元年(八九八)には墓に守戸《しゅこ》が置かれた。

参考文献 『続日本紀』大同二年十一月六日条・十二日条。『三代実録』貞観五年五月二十日条。林陸朗「桓武朝後宮の構成とその特徴」(『桓武朝論』一九九四、雄山閣)。

(鈴木 織恵)

ふじわらのきよひらのつま 藤原清衡の妻 奥州藤原氏清衡には、少なくとも五人の妻がいた。一人目は、後三《ごさん》年合戦《ねんかっせん》の際に、夫清衡の異父弟家衡《いえひら》に殺害された妻。『康富記《やすとみき》』文安《ぶんあん》元年(一四四四)閏六月二十三日条所引『奥《おう》州後三年記《しゅうごさんねんき》』の逸文《いつぶん》「後三年絵詞《えことば》」に「清衡妻子」とある。清衡と結婚したのは、前九年合戦《ぜんくねんかっせん》後、*藤原清衡の母(安倍頼時《あべのよりとき》娘、経清《つねきよ》妻)が、清原武貞《きよはらのたけさだ》と再婚した後であるから、この「清衡妻」は、清原氏一族関係者の女性であろう。清原武貞の娘の可能性もある。二人目は、基衡の兄にあたる家清《いえきよ》(小館(こだち・こだて)、惟常《これつね》)の母。『長秋記《しゅうき》』大治《だいじ》五年(一一三〇)六月八日条に「清衡長男」として小館がいたことから類推される。小館は、『*尊卑分脈《みゃく》』二(三八七頁)にみえる「家清」、『長秋記』大治四年八月二十一日条では「惟常」とも呼ばれた。『長秋記』大治五年六月八日条には「父子共切首去」とあるので、清衡の孫がいた。息子が小館という通称名であったことから、多賀国府在庁官人家の出身と推定される。三人目は、信夫佐藤氏《しのぶさとうし》の女性。基衡の母と推定される。『十訓抄』(じっくんしょう・じっきんしょう)下第十篇に、基衡代のこととして、信夫郡司《ぐんじ》・大庄司《だいしょうじ》佐藤季春《すえはる》が「代々伝ハレル後見ナルウヘ、乳母子也」と書きとめられ、信夫佐藤氏は、代々、奥州藤原氏の後見人として外戚《がいせき》関係をもってきたうえに、季春は、基衡の*乳母《めのと》(*乳父)子《ご》であったと説明している。信夫佐藤氏は、秀衡《ひでひら》妻＝国衡《くにひら》母も輩出している。四人目は、正妻北方平氏《きたのかたへいし》。父は、常陸《ひたち》住人平(吉田)清幹《きよもと》。紺紙金銀字交書一切経《こんしきんぎんじこうしょいっさいきょう》・同経蔵《きょうぞう》・金色堂《こんじきどう》の供養・建立に際して、清衡とともに費用を共同負担した。『長秋記』大治五年(一一三〇)六月八日条に登場する「清衡妻」である。夫清衡死後、基衡への代替わりを上京して正式に報告し、白河院の死を弔い、鳥羽院の院政開始を祝するため大量の陸奥産の珍宝・貢物を院や所々に捧げた。そのころ、源義業《みなもとのよしなり》(義成《よしなり》)と再婚し、佐竹氏の祖昌義《まさよし》を生む。五人目は、清衡四男清綱《きよつな》の母と推定される。奥州藤原氏の一族の樋爪《ひづめ》(比爪)氏出身。『尊卑分脈』前田家所蔵脇坂氏本・前田家所蔵一本・国立国会図書館支部内内閣文庫本には、清衡の四番目の子として、清綱を置き、清綱の子として樋爪俊衡《としひら》・季衡《すえひら》・女子(信夫佐藤継信《つぐのぶ》・忠信《ただのぶ》の母)へと続く。なお、清綱は、『尊卑分脈』前田家所蔵訂正本には、清衡兄弟としている。

参考文献　川島茂裕「藤原清衡の妻たち」(入間田宣夫・本澤慎輔編『平泉の世界』二〇〇二、高志書院)。　(川島　茂裕)

ふじわらのきよひらのはは　藤原清衡の母　生没年不詳　奥州《おうしゅう》藤原氏清衡の母。父は安倍頼時《あべのよりとき》(頼義《よりよし》)。母は陸奥《むつ》国亘理《わたり》郡に本拠地をもつ多賀国府在庁官人家出身。兄弟には、井殿盲目《いどののもうもく》・厨河次郎貞任《くりやがわのじろうさだとう》・鳥海三郎宗任《とのみのさぶろうむねとう》・堤講師卞照《つつみのこうじべんしょう》・黒沢尻五郎正任《くろさわじりのごろうまさとう》・白鳥八郎行任《しらとりのはちろうゆきとう》がおり、二人の姉妹がいた(吉川本『*吾妻鏡《あずまかがみ》』文治《ぶんじ》五年(一一八九)九月二十七日条)。前九年合戦《ぜんくねんかっせん》の最中に夫経清《つねきよ》と結婚し、清衡を生む(天喜《てんぎ》四年(一〇五六))。経清が敗北して殺されると、敵方の清原武貞《きよはらのたけさだ》と再婚し、家衡《いえひら》を生む。金色堂棟木銘《こんじきどうむなぎめい》の「安倍氏」の可能性もある。

参考文献　川島茂裕「藤原清衡の妻たち」(入間田宣夫・本澤慎輔編『平泉の世界』二〇〇二、高志書院)。　(川島　茂裕)

ふじわらのけんし　藤原妍子　九九四―一〇二七　三条天皇*皇后。枇杷殿《びわ》・枇杷皇太后と称す。父藤原道長、母*源倫子《みなもとのりんし》。妍子は次女で、同母兄弟に頼通《よりみち》・教通《のりみち》・彰子《しょうし》・威子《いし》・嬉子《きし》がいる。寛弘《かんこう》元年(一〇〇四)*尚侍《ないしのかみ》、従三位。同七年従二位、皇太子居貞《いやさだ》親王(三条天皇)に*入内《じゅだい》、翌年即位により*女御《にょうご》、長和《ちょうわ》元年(一〇一二)*中宮となり、同二年禎子《ていし》内親王(のち後朱雀《ごすざく》天皇皇后)を生む。万寿《まんじゅ》四年(一〇二七)九月、病のため落飾《らくしょく》し、即日三十四歳で崩御《ほうぎょ》。*上東門院《じょうとうもんいん》彰子『新古今和歌集』以下勅撰集《ちょくせんしゅう》に八首入る。出家後、梅の枝につけて詠んだ和歌「かはるらむ衣の色を思ひやる涙やうらのたまにまがはむ」が『新古今和歌集』一八にみえる。　(所　京子)

ふじわらのけんし　藤原兼子　⇩卿二位《きょうのにい》

ふじわらのけんし　藤原賢子　一〇五七―八四　白河《しらかわ》天皇の*中宮。父は源顕房《みなもとのあきふさ》。母は源隆俊《たかとし》の娘隆子《りゅうし》。藤原師実《もろざね》の*養女として延久《えんきゅう》三年(一〇七一)東宮妃となる。翌年、白河が即位、同五年*女御《にょうご》、従四位下。承保《じょうほ》元年(一〇七四)中宮。敦文《あつぶみ》親王(四歳で夭折《ようせつ》)・堀河《ほりかわ》天皇・善仁《よしひと》親王・*郁芳門院媞子《いくほうもんいんていし》・令子《れいし》内親王・禎子《ていし》内親王を産む。二十八歳で*里内裏《さとだいり》にて病死。白河天皇は病中でも里内裏から退出させず、死後は遺骸《いがい》を抱いて離さなかったという。醍醐寺円光院《だいごじえんこういん》に納骨。

参考文献　『今鏡』上(講談社学術文庫)、一九八四、講談社。野村育世「王権の中の女性」(峰岸純夫編『(中世を考える)家族と女性』一九九二、吉川弘文館)。　(野村　育世)

ふじわらのげんし　藤原元子　生没年不詳　一条天皇*女御《にょうご》。父は右大臣藤原顕光《あきみつ》、母は村上天皇女《むすめ》の盛子《せいし》内親王。小一条院《こいちじょういん》(敦明《あつあきら》親王)女御延子《えんし》の同母姉。天元《てんげん》二年(九七九)ころの誕生か。長徳《ちょうとく》二年(九九六)十一月、藤原道長女《むすめ》の彰子《しょうし》に先立って一条天皇に*入内《じゅだい》し、承香殿《じょうきょうでん》を在所とした。十二月に女御宣下《せんげ》、長保《ちょうほう》二年(一〇〇〇)八月に従三位《じゅさんみ》、寛弘《かんこう》元年(一〇〇四)正月従二位に叙《じょ》された。『*栄花物語《えいが》』には長徳四年(九九八)ころ、懐妊したとして宮中を退出した後、参詣《さんけい》中の広隆寺《こうりゅうじ》で突然腹痛に見舞われ産事に臨むが生まれたのは水ばかりであった、という話がある。寛弘八年(一〇一一)の一条院崩御《ほうぎょ》後、源頼定《みなもとのよりさだ》との*密通が発覚し、翌年閏《うるう》十月十一日には父顕光に髪を切られ出家させられた。当時の出家は性関係の解消を意味しており、父に娘の性が掌握《しょうあく》され始めたことを示す事例である。しかしながら数日後、元子は*乳母子《めのとご》の家に逃れて頼定との*婚姻関係を続け二女を儲《もう》けた。寛仁《かんにん》四年(一〇二〇)六月に源頼定が死去すると、元子は八月にみずから出家した。

参考文献　『大日本史料』二ノ七、長和元年閏十月十一日条。同二ノ一六、寛仁四年八月十八日条。角田文衛『承香殿の女御』(中公文庫)、一九六三、中央公論社。勝浦令子「既婚女性の出家と婚姻関係―摂関期を中心に―」(前近代女性史研究会編『家族と女性の歴史―古代・中世―』一九八九、吉川弘文館)。服藤早苗「性愛の変容―中世成立期を中心に―」(伊東聖子・河野信子編『女と男の時空』二、一九九六、藤原書店)。　(鈴木　織恵)

ふじわらのこうし　藤原光子　一〇六〇―一一二一　平安時代後期の*女房。堀河《ほりかわ》・鳥羽《とば》両天皇の*乳母《めのと》。左中弁《さちゅうべん》藤原隆方《たかかた》の娘。権大納言《ごんだいなごん》藤原公実《きんざね》の妻。公実との間に、*待賢門院《たいけんもんいん》(鳥羽天皇の*皇后)、権中納言通季《みちすえ》(西園寺《さいおんじ》家の祖)、左大臣実能《さねよし》(徳大寺家の祖)、鳥羽天皇の乳母の従三位実子《じつし》らを生んだ。兄の参議藤原為房《ためふさ》は、才能と事務能力によって白河院に重用された近臣であった。夫の公実も、伯母茂子《もし》が白河院の母であったことからその近臣となっていた。そうした白河との密接な関係から、光子は、承暦《じょうりゃく》三年(一〇七九)に白河の皇子善仁《たるひと》(のちの堀河天皇)が誕生すると、その乳母となった。寛治元年(一〇八七)十二月には、堀河天皇の乳母として*典侍《ないしのすけ》となり、康和《こうわ》四年(一一〇二)正月に従三位に叙され、弁三位《べんのさんみ》と呼ばれるようになった。光子が乳母となったことで、公実と天皇家の関係が深まった。公実の妹の苡子《いし》が、堀河天皇の*女御《にょうご》となり、苡子が皇子宗仁《むねひと》(のちの鳥羽天皇)を生むと、光子がその乳母となったが、光子の娘の実子も同じく乳母となった。こうして公実の一家は宮中に時めいた。公実は、鳥羽天皇の即位の際には、外戚《がいせき》としてみずから摂政になることを希望し、白河院もそれを受け入れるかどうか悩んだという。また、娘の璋子《しょうし》(のちの待賢門院)は、はじめ白河院の寵姫《ちょうき》*祇園女御《ぎおんのにょうご》の*養女となり、のちに白河院のもとで養育され、永久五年(一一一七)に鳥羽天皇の*後宮に*入内《じゅだい》して*中宮に立てられた。公実は嘉承《かじょう》二年(一一〇七)に亡くなったが、光子は夫亡き後の天仁元年(一一〇八)十二月に正三位となり、天永三年(一一一二)三月、白河院の六十の御賀《おんが》の際に、従二位に叙された。『中右記《ちゅうゆうき》』には、従二位となったころの光子について、「近代乱(ママ)幸之女」という評がみえる。また『*讃岐典《さぬきのす》侍日記』には、鳥羽天皇の女房たちに対する院の指図を、光子が伝えている様子や、鳥羽天皇に出仕するようにという院の意向を記主に伝えてきた光子の書状が記されているが、これは、光子が天皇の乳母として、内裏の女房を統括する立場にあったということだけでなく、光子が白河院の側近として活動していたことを示している。天皇の乳母は、従三位に叙されるのが通例であったが、光子がそれを超えて従二位にまで至ったのも、二代の天皇の乳母ということだけでなく、白河院の側近の女房であったということが寄与したとみられる。

参考文献 角田文衛『待賢門院璋子の生涯—椒庭秘抄—』(朝日選書)、一九六五、朝日新聞社。 (秋山喜代子)

ふじわらのざいし　藤原在子 ⇨承明門院《しょうめいもんいん》

ふじわらのさりのむすめ　藤原佐理の娘 生没年不詳 平安時代中期の能書家《のうしょか》。三蹟《さんせき》の一人佐理の娘として誕生し、中納言《ちゅうなごん》藤原懐平《かねひら》の妻となり経任《つねとう》を三十四歳ころ出産する。『*大鏡《おおかがみ》』には、「大弐《だいに》(佐理)におとらず、女手《おんなで》かき」と記されており、父から能筆を伝授され、女性の能筆家として著名だった。『*栄花物語《えいが》』によると、長和二年(一〇一三)藤原斉信《なりのぶ》は、村上天皇時代の年中行事の絵を冊子四帖《じょう》に描かせ、詞書《ことばがき》を佐理娘と源延幹《みなもとのえんかん》に書かせ、懐妊中の*中宮妍子《けんし》に贈っており、長元六年(一〇三三)十一月に行われた道長正妻*源倫子《みなもとのりんし》の七十賀算でも屏風歌《びょうぶうた》を清書する。天喜《てんき》四年(一〇五六)四月に開催された皇后宮寛子春秋歌合《しししゅんじゅううたあわせ》を記した箇所には、「経任の中納言権大夫《ごんのたいふ》の母北の方書き給へり、九十余の人の、さばかりに塗りかためかきたる絵に、つゆも墨がれせず書きかため給へる、あさましうめでたし」と記されている。どの史料にも*女房勤めをした記述がないので、懐平妻、経任母としての生涯だったと思われるが、*皇后主催の歌合や関白主催の倫子七十歳の祝いなどに清書を依頼されていることからして、貴族社会の中で能書家として著名だったことが推察される。また、九十歳以上の長寿を生き、なおかつ高齢でも書を公的に依頼され、期待に違わない見事な書を仕上げたことなどがうかがわれる。

参考文献 服藤早苗『平安朝女性のライフサイクル』(歴史文化ライブラリー)、一九九八、吉川弘文館。 (服藤 早苗)

ふじわらのじゅうし　藤原重子 ⇨修明門院《しゅめいもんいん》

ふじわらのしょうし　藤原彰子 ⇨上東門院《じょうとうもんいん》

ふじわらのしょくし　藤原殖子 ⇨七条院《しちじょういん》

ふじわらのすいし　藤原綏子 九七四—一〇〇四 平安時代中期の*尚侍《ないしのかみ》。麗景殿《れいけいでん》尚侍と呼ばれる。父は藤原兼家《かねいえ》。母は藤原国章《くにあき》の娘。異母兄に道隆《みちたか》、道長らがいる。寛和《かんな》二年(九八六)十一月、一条天皇の*大嘗祭御禊《だいじょうさいごけい》に*女御代《にょうごだい》を務め、永延元年(九八七)九月尚侍となる。永祚《えいそ》元年(九八九)十二月、東宮居貞《いやさだ》親王(三条天皇)の妃となった。当初は寵があったものの程なく衰えたという。正暦元年(九九〇)に父兼家が死去した後は、道隆の娘原子《げんし》など有力者の子女たちが居貞親王に*入内《じゅだい》したためもあってか里居《さとい》を続けたが、長徳《ちょうとく》年中(九九五—九九)に源頼定《みなもとのよりさだ》と恋愛関係となったという。頼定の子息でのちの大僧都頼賢《だいそうずらいけん》の母は綏子と伝える。長保元年(九九九)正一位。寛弘元年(一〇〇四)二月没。最後まで尚侍であったが、これは当初は后妃《こうひ》予定者ついで東宮妃《とうぐうひ》としての地位であって、実務を執ることはなかったようである。綏子以後、道長の子女たちが同じ尚侍、東宮妃のコースをたどり、本来の職事官《しきじかん》であった内侍《ないし》の名目化が進んだ。

参考文献 野口孝子「麗景殿の尚侍藤原綏子について」(『古代文化史論攷』四)、一九八三。 (並木 和子)

ふじわらのすけひめ　藤原祐姫 生没年不詳 村上天皇*更衣《こうい》。父は大納言《だいなごん》藤原元方《もとかた》。『*尊卑分脈《そんぴぶんみゃく》』では名を「元子」とする。村上天皇の更衣となり、天暦《てんりゃく》四年(九五〇)に第一皇子広平《ひろひら》親王を生んだため、父元方は立太子を期待するが、同年に誕生した藤原師輔女安子《もろすけのむすめあんし》所生の憲平《のりひら》親王(冷泉《れいぜい》天皇)が東宮となり悲嘆《ひたん》した。元方は天暦七年三月に死去するが、祐姫はその後第八皇女緝子《しゅうし》内親王を生んだ。康保《こうほう》四年(九六七)五月の村上天皇の崩御《ほうぎょ》に伴い七月に出家した。その後、緝子内親王が天禄《てんろく》元年(九七〇)八月に、広平親王が翌年九月に没している(『日本紀略』)。『*栄花物語《えいが》』では元方・広平親王・祐姫が相ついで亡くなったとし、『*大鏡』では祐姫の父元方が広平親王の立太子に望みをかけるがそれが叶《かな》わなかったため祐姫や広平親王とともに怨霊《おんりょう》となって、師輔や冷泉天皇に祟《たた》りをなしたとする説話があるが、史実では広平親王・祐姫は、元方没後十数年在世している。

参考文献 『大日本史料』一ノ一二、康保四年七月十五日条。保立道久「「狂乱の君」=冷泉がもたらした暗雲」(『平安王朝』一九九六、岩波書店)。 (鈴木 織恵)

ふじわらのせいし　藤原娍子 九七二—一〇二五 三条天皇の*皇后。父は大納言《だいなごん》藤原済時《なりとき》、母は源延光女《みなもとのぶみつのむすめ》。正暦《しょうりゃく》二年(九九一)、東宮居貞《とうぐうおきさだ》親王(三条天皇)に入侍《にゅうじ》。宣耀殿《せんようでん》を在所とし、敦明《あつあきら》・敦儀《あつよし》・敦平《あつひら》・当子《とうし》・禔子《ていし》・師明《もろあきら》を生む。夫の践祚《せんそ》ののち寛弘《かんこう》八年(一〇一一)八月に*女御《にょうご》となり、翌年四月に立后《りっこう》して皇后宮職《こうごうぐうしき》が置かれた。同年二月には左大臣藤原道長女《むすめ》の妍子《けんし》が三条天皇の*中宮として立后しており、娍子立后に際して道長がさまざまな嫌がらせをしたことが『小右記《しょうゆうき》』にみえる。立后後の初入内《じゅだい》は翌長和《ちょうわ》二年(一〇一三)三月で承香殿《じょうきょうでん》を在所とした。長和五年正月には三条天皇の譲位《じょうい》により、所生の敦明親王が後一条天皇の東宮となるが、翌寛仁元年(一〇一七)五月の三条院崩御《ほうぎょ》後、八月に敦明親王は東宮を辞退した。寛仁三年三月に出家、五月に病によって剃髪《ていはつ》。万寿《まんじゅ》二年(一〇二五)三月に藤原通任《みちとう》の陽明門家《ようめいもんけ》で崩御。五十四歳。雲林院《うりんいん》西院の西北に埋葬された。

参考文献 『大日本史料』二ノ二二、万寿二年三月二十五日条。中込律子「三条天皇—藤原道長との対立—」(元木泰雄編『王朝の変容と武者』二〇〇五、清文堂出版)。服部一隆「娍子立后に対する藤原道長の論理」(『日本歴史』六九五）、二〇〇六。東海林亜矢子「女房女官饗禄―後宮の中の皇后―」（服藤早苗編『女と子どもの王朝史』二〇〇七、森話社）。　（鈴木　織恵）

ふじわらのせいし　藤原聖子　⇩皇嘉門院《こうかもんいん》

ふじわらのせんし　藤原詮子　⇩東三条院《ひがしさんじょういん》

ふじわらのたかいこ　藤原高子　八四二―九一〇　平安時代中期の母后《ぼこう》。二条后《にじょうのきさき》と呼ばれる。父は権中納言《ごんちゅうなごん》藤原《ふじわらの》長良《ながら》。母は藤原総継《ふさつぐ》の娘乙春《たかはる》。同母兄に摂政藤原基経《もとつね》がいる。貞観《じょうがん》八年（八六六）、清和《せいわ》天皇の*女御《にょうご》となり二男一女を生む。長子貞明《さだあきら》親王（陽成《ようぜい》天皇）は生後まもなく皇太子となり元慶《がんぎょう》元年（八七七）年に九歳で即位。高子はこれにより皇太夫人に、元慶六年に陽成の元服に伴い*皇太后となった。元慶八年の陽成の退位は廃位であったとみられるが、この時は高子の后位の変動はない。だが、寛平《かんぴょう》八年（八九六）に至り皇太后を剝奪《はくだつ》された。自身が建立した東光寺の僧善祐《ぜんゆう》との関係によるというが、善祐との醜《しゅう》聞《ぶん》はすでに八年前に流布《るふ》している。廃后《はいこう》後も乱行があったとする伝えもある。延暦《えんりゃく》十年（九一〇）に六十九歳で死去。没後の天慶《てんぎょう》六年（九四三）に皇太后に復位。『*伊勢物語』は、*入内前に*在原業平《ありわらのなりひら》との恋愛があったと伝える。廃后や醜聞については政治的背景があった可能性があろう。

参考文献　角田文衛『二条の后藤原高子―業平との恋―』、二〇〇三、幻戯書房。谷澤明子「排除された国母藤原高子―『大鏡』「大臣列伝」后妃考―」（『愛知淑徳大学国語国文』二七、二〇〇四。　（並木　和子）

ふじわらのたかふじのつま　藤原高藤の妻　⇩宮道列子《みやじのれっし》

ふじわらのたし　藤原多子　一一四〇―一二〇一　近衛《このえ》天皇の*皇后。「まさるこ」ともいう。父は右大臣藤原公能《ふじわらのきんよし》、母は中納言藤原俊忠《としただ》の女豪子《むすめごうし》。左大臣藤原頼長《よりなが》の妻が叔母《おば》にあたる。早くより頼長の*養女となり、久安《きゅうあん》四年（一一四八）に従三位に叙せられ、同六年近衛天皇に*入内《じゅだい》、養女呈《てい》子《し》を入内させ対抗した。久寿《きゅうじゅ》二年（一一五五）近衛天皇が死去、養父頼長も保元《ほうげん》の乱《らん》で死去し、多子は近衛河原に隠棲《いんせい》したが、保元元年（一一五六）十月*皇太后、同三年には太皇太后《たいこうたいごう》となった。永暦《えいりゃく》元年（一一六〇）二条天皇の強い要請により再び*後宮に入った。『*平家物語』には「二代后」として登場し、また容姿端麗《ようしたんれい》、琵琶《びわ》・箏《そう》・書画にも優れていたという。二条天皇崩御後は、院号宣下《いんごうせんげ》もなく、出家し、建仁《けんにん》元年（一二〇一）六十二歳で没した。

参考文献　『台記』（増補史料大成二三―二五）。『延慶本平家物語』、一九九九、勉誠出版。　（林　薫）

ふじわらのたみこ　藤原多美子　?―八八六　清和《せいわ》天皇の*女御《にょうご》。藤原良相《ふじわらのよしみ》の娘。貞観《じょうがん》五年（八六三）に従四位下《じゅしいげ》。貞観六年正月、天皇が元服《げんぷく》の日に*後宮《こうきゅう》に入り、寵愛《ちょうあい》厚く同月に女御となる。同年に従三位を授けられ、元慶《がんぎょう》七年（八八三）には正二位《しょうにい》にまで上った。薨伝《こうでん》には、落ち着いた性格で容色が美しいとある。元慶三年清和天皇入道の日に出家して尼となり、清和没後には生前に贈られた文書を集め、紙をすき返して『法華経《ほけきょう》』を書写した。仁和《にんな》二年（八八六）十月二十九日には大斎会《だいさいえ》を設けてその『法華経』を供養し、同日に大乗戒《だいじょうかい》を受けたが、熱を発して急逝《きゅうせい》したという。　（井山　温子）

ふじわらのちふる　藤原千古　生没年不詳　平安時代中期の貴族藤原実資《さねすけ》の娘。生年は寛弘《かんこう》八年（一〇一一）とされる。『*大鏡《おおかがみ》』二実頼伝に「さぶらひける女房をめしつかひ給けるほどに、をのづからむまれ給へりける女君、かくや姫とぞ申しける」とあることから、千古は「かぐや姫」と呼ばれていたことがわかる。『大鏡』は続けて、千古の母を「頼忠（定）の宰相《さいしょう》の乳母子《めのとご》」と載せる。頼定とは、実資の正妻であった婉子《えんし》女王の弟である。千古の母はこの縁故を頼りに、まず婉子女王の*女房として仕え、女王が亡くなった後実資と通じ、千古を儲《もう》けたらしい。実資は寛仁《かんにん》三年（一〇一九）に、小野宮家《おののみやけ》の邸宅・荘園以下の財産を残らず千古に譲渡《じょうと》する旨の処分状を書いた。そこには「道俗子一切不レ可二口入一」（『小右記』同年十二月九日条）という一文があり、千古への鍾愛《しょうあい》が明らかである。結婚は千古十九歳の時で、相手は道長の孫、兼頼《かねより》であった。長元《ちょうげん》九年（一〇三六）、のちに小野宮邸を伝領する娘を産む。没年は長暦《ちょうりゃく》二年（一〇三八）ころと考えられており、三十歳に満たない人生であった。

参考文献　吉田早苗「藤原実資の家族」（『日本歴史』三三〇）、一九七五。　（高松　百香）

ふじわらのちゅうし　藤原忠子　⇩談天門院《だってんもんいん》

ふじわらのちょうし　藤原超子　?―九八二　冷泉天皇*女御《にょうご》。三条天皇母。父は藤原兼家《かねいえ》、母は藤原中正女時姫《なかまさのむすめときひめ》。道隆《みちたか》・道兼《みちかね》・道長《みちなが》・*東三条院詮子《ひがしさんじょういんせんし》は同母。安和《あんな》元年（九六八）十月、すでに前年に藤原伊尹女懐子《これまさのむすめかいし》を容れていた冷泉天皇に*入内《じゅだい》、同十二月女御、従四位下に叙される。天《てん》延《えん》元年（九七三）には皇女光子《こうし》、貞元元年（九七六）正月皇子居貞《これさだ》（三条天皇）、貞元二年・天元《てんげん》四年（九八一）には*和《い》泉式部《ずみしきぶ》との恋愛で名高い為尊《ためたか》・敦道《あつみち》両親王を生む。天元五年正月没。『*栄花物語《えいがものがたり》』によれば、超子は庚申《こうしん》の夜に頓死し、それは外孫の登位《とうい》を阻まれ恨みを呑《の》んで死去した藤原元方《もとかた》の怨霊によるものと考えられたという。所生の三条天皇が即位すると、寛弘《かんこう》八年（一〇一一）十二月*皇太后を追贈《ついぞう》される。超子は三条の即位以前に死去していたため、両者を取り持つべき*国母《こくも》超子を欠いた三条と道長は外戚関係にあったものの疎遠であり、道長は陽に陰に三条の退位を迫ることになった。

参考文献　山中裕「藤原兼家」（『平安人物志』一九七四、東京大学出版会）。　（栗山　圭子）

ふじわらのていし　藤原定子　九七六―一〇〇〇　平安時代中期、一条天皇の*中宮《ちゅうぐう》、のちに*皇后《こうごう》。貞元《じょうげん》元年（九七六）、生まれる（貞元二年生まれとの説もある）。父は藤原道隆《みちたか》、母は高階成忠《たかしなのなりただ》の娘の貴子《きし》。一条天皇が十一歳で元服《げんぷく》した正暦《しょうりゃく》元年（九九〇）正月、*入内《じゅだい》し、翌月、*女御《にょうご》となり、十月、立后《りっごう》する。時に十五歳。当時は、太皇太《たいこうたい》后昌子《ごうしょうし》内親王・皇太后藤原詮子《せんし》・円融《えんゆう》天皇の皇后藤原遵子《じゅんし》がいずれも存命していたため、定子は中宮と称した。これが皇后と中宮の称号を別個に用いた初例となった。藤原実資《さねすけ》は「皇后四人例、往古不聞事也」と批判している。一条のただ一人の后として、その寵愛《ちょうあい》を一身に集めていた。しかし、長徳《ちょうとく》元年(九九五)四月、父である関白道隆が死去した後、兄伊周《これちか》と叔父道長の対立が深まる中で懐妊し、同二年三月、二条邸に退出した。四月、花山《かざん》院狙撃《いんそげき》事件を起こした伊周・隆家《たかいえ》の左遷《させん》が決し(長徳《ちょうとく》の変《へん》)、定子は落飾《らくしょく》した。この後、内大臣藤原公季《きんすえ》の娘の義子《ぎし》、右大臣藤原顕光《あきみつ》の娘の元子《がんし》が、相ついで一条天皇の*後宮に入った(翌年には藤原道兼《みちかね》の娘の尊子《そんし》も入内)。十二月、脩子《しゅうし》内親王を生み、同三年六月、世の不評の中、一条天皇の希望により、出家はしていないと称して、再び内裏に参入した。長保《ちょうほう》元年(九九九)十一月、第一皇子敦康《あつやす》親王を産んだ。しかし、道長政権下の当時、同時期に道長の娘の彰子《しょうし》が入内し、翌二年二月、彰子が立后して中宮となり、定子は皇后と称を改められた。これが一帝二后《いっていにこう》並立《へいりつ》の初例である。同月、再び内裏に参入し、物議をかもしている。同年十二月十五日、平生昌第《たいらのなりまさてい》において媄子《びし》内親王を出産したが、翌十六日、崩御《ほうぎょ》し、六波羅蜜寺《ろくはらみつじ》に葬送された。時に二十五歳。宮内庁治定の陵は鳥戸野陵《とりべののりょう》であるが、定子との関係は不明である。定子に*女房として仕えた*清少納言《せいしょうなごん》の『*枕草子《まくらのそうし》』の日記的章段には、中《なかの》関白家《かんぱくけ》全盛期の定子の後宮サロンの有様が活写されている。特に正暦五年二月の積善寺《しゃくぜんじ》供養(二百七十八段関白殿、二月廿一日に)や、妹原子《げんし》が東宮に入侍した長徳元年正月の登華殿《とうかでん》の団欒《だんらん》(百四段淑景舎、東宮にまゐり給ふほどのことなど)などが有名である。定子に仕えた女房には、清少納言・中納言・宰相《さいしょう》の君《きみ》などがいたが、『枕草子』においては、定子は才知と美貌《びぼう》に溢れた女性として描かれている。定子は歌人としても秀で、『後拾遺和歌集《ごしゅういわかしゅう》』『金葉《きんよう》和歌集』『詞花《しいか》和歌集』『千載《せんざい》和歌集』『新古今《しんこきん》和歌集』『続古今和歌集』といった勅撰集《ちょくせんしゅう》に七首入集している。また、『*栄花《えいが》物語』『*大鏡《おおかがみ》』をはじめ、『*今昔物語集《こんじゃくものがたりしゅう》』『十訓抄《じっきんしょう》』『発心集《ほっしんしゅう》』『*無名草子《むみょうぞうし》』『古来風体抄《こらいふうていしょう》』『悦目抄《えつもくしょう》』などに説話がみえる。なお、定子の産んだ媄子内親王は早世し、敦康親王は一条天皇の退位、三条天皇の退位、敦明《あつあきら》親王の東宮辞退といういずれの時期にも東宮に立つことができずに終った。

参考文献 『大日本史料』二ノ四、長保二年十二月十六日条。土田直鎮「中関白家の栄光と没落」(『奈良平安時代史研究』、一九九二、吉川弘文館)。倉本一宏『一条天皇』(人物叢書)、二〇〇三、吉川弘文館。 (倉本 一宏)

ふじわらのとうし　藤原登子　?―九七五　平安時代中期の*尚侍《ないしのかみ》。貞観殿《じょうがんでん》尚侍と呼ばれる。父は右大臣藤原師輔《もろすけ》。母は武蔵守《むさしのかみ》藤原経邦《つねくに》の娘盛子《せいし》。同母兄弟に伊尹《これまさ》・兼通《かねみち》・兼家《かねいえ》らがいる。醍醐《だいご》天皇皇子重明《しげあきら》親王の*後室となったが、親王および姉の村上天皇中宮安子《あんし》の没後は村上天皇の寵を受けた。安子所生の円融《えんゆう》天皇の養育にあたり、村上没後の安和二年(九六九)に尚侍、のちに従二位に至る。村上後宮への参入は兄弟の勧めによるともいわれ、その後半生は摂関家の後宮政策に関わるものといえよう。

参考文献 西丸妙子「尚侍藤原登子について―斎宮女御徽子との関連において―」(『福岡国際大学紀要』二)、一九九九。 (並木 和子)

ふじわらのときひめ　藤原時姫　?―九八〇　平安時代中期の摂政《せっしょう》藤原兼家《かねいえ》の正妻。贈正一位。中関白道隆《なかのかんぱくみちたか》・二条関白通兼《みちかね》・御堂関白道長《みどうかんぱくみちなが》、冷泉《れいぜい》天皇女御《にょうご》(三条天皇母)超子《ちょうし》・*東三条院(円融《えんゆう》天皇女御・一条天皇母)詮子《せんし》らの母。時姫の系譜については、北家魚名流《うおなりゅう》の従四位上右京大夫《じゅしいのじょううきょうのだいぶ》摂津守《せっつのかみ》藤原中正《なかまさ》の娘とする史料と中正の三男で参議《さんぎ》正四位上安親《しょうしいのじょうやすちか》の娘とする史料があるが、安親・兼家・道隆の年齢を考えると、通説通り中正の娘で安親の妹とするのが適当であろう。なお、安親の母は伊勢守源友時《いせのかみみなもとのともとき》(貞)の娘。兼家との結婚の経緯などは不詳。天暦《てんりゃく》七年(九五三)に長男道隆を、これに前後して長女超子、応和《おうわ》元年(九六一)に通兼、応和二年に詮子、康保三年(九六六)に道長と、ほぼ十三年間に五人の男女を設けた。この間、兼家は『*蜻蛉日記《かげろうにっき》』の作者道綱母《みちつなのはは》をはじめ多くの女性と関係をもつ。『蜻蛉日記』には「子どももあまたありと聞くところ」など時姫を指すと思われる記述が何ヵ所かにみられ、道綱母は時姫と自分とがあたかも対等のように振る舞い、歌の贈答《ぞうとう》をしたこともあった。しかし、『*源氏物語』の*葵上《あおいのうえ》と六条御息所《ろくじょうのみやすどころ》を髣髴《ほうふつ》とさせる車争いや*下人同士の争いが生じ、結果的に道綱母が敗北するのは、二人の兼家の妻としての立場の違いである。時姫の生んだ超子・詮子の*入内《じゅだい》と皇子の誕生によって、兼家は兄兼通《かねみち》や従兄《いと》弟頼忠《よりただ》らとの権力争いを制することができた。当時、天皇の*女御《にょうご》として入内できる資格をもつのは正妻の生んだ娘に限られていた。時姫は天元三年(九八〇)正月十五日に没した。同年三月、夫の右大臣兼家によって法住寺《ほうじゅうじ》で七七忌《しちしちき》の法事が催《もよう》され、永延《えいえん》元年(九八七)二月には正一位を追贈された。長徳三年(九九七)十月、東三条院詮子は、円融《えんゆう》天皇・三人の兄と並んで、兼家と時姫を先考《せんこう》・先妣《せんぴ》として供養の対象とした。『*大鏡』には時姫がまだ若いころ、二条大路で夕占《ゆうけ》をしたところ、白髪の老女が思うことはすべてかなう、二条大路よりも広く永い栄えを告げて立ち去ったという逸話《いつわ》が残る。

参考文献 『大日本史料』一ノ一七、天元三年正月十五日条。同二ノ一、永延元年二月十六日条。『小右記』長徳三年十月十八日条。『日本紀略』天元三年三月九日条。『尊卑分脈』関係者尻付。『公卿補任』関係者尻付。 (梅村 恵子)

ふじわらのとくし　藤原得子　⇩美福門院《びふくもんいん》

ふじわらのにんし　藤原任子　⇩宜秋門院《ぎしゅうもんいん》

ふじわらのひでひらのつま　藤原秀衡の妻　奥州《おうしゅう》藤原氏秀衡の妻は、少なくとも五人いた。一人目の妻は陸奥《むつ》国信夫《しのぶ》郡の佐藤氏の出身。『*尊卑分脈《そんぴぶんみゃく》』二(三八七頁)には、

「国衡《くにひら》（西城戸太郎《にしきどたろう》）」「泰衡《やすひら》（母民部少甫基成女《みんぶのしょうもとなりのむすめ》）」「忠衡《ただひら》（泉冠者《いずみかじゃ》）」「高衡《たかひら》（本吉《もとよし》冠者）」「通衡《みちひら》（泉三《いずみさぶ》（ママ）郎《ろう》）」「頼《より》衡《ひら》（錦戸《にしきど》太（ママ）郎）」とあり、国衡と頼衡が、同じ西木戸を名乗っていたことから、藤原国衡・頼衡の母と推定される。『*吾妻鏡《あずまかがみ》』文治《ぶんじ》五年（一一八九）八月九日条に、「佐藤三・秀員父子（国衡近親郎等）」、文治二年九月二十二日条に、信夫佐藤忠信《ただのぶ》に関して「鎮守府将軍秀衡近親」とある。信夫佐藤氏一族は奥州藤原氏との関係において「代々後見」でもあった（『十訓抄』（じっくんしょう・じっきんしょう）下第十篇）。二人目の妻は、父は藤原基成《もとひら》。母は陸奥国名取郡熊野社別当家出身と推定される。藤原泰衡の母。のち、夫秀衡の嫡男国衡と再婚する。文治六年二月の大河（おおかわ・おおが）兼任《かねとう》の乱《らん》の最中に鎌倉に連行される。奥州藤原氏を相続して、*後家となる（『吾妻鏡』建久《けんきゅう》六年（一一九五）九月二十九日条）。同文治五年十月二日条には、「名取郡司・熊野別当」とみえ、「泰衡一方後見熊野別当」とも記され（同九月十八日条）、「一方」とあることから、基成の舅《しゅうと》は名取熊野社別当であった。三人目の妻は、『尊卑分脈』二（三八七頁）に忠衡（泉冠者）「通衡（泉三（ママ）郎）」とあり、忠衡と通衡が同じ泉を名乗っていたことから、藤原忠衡・通衡の母方にちなむ*名字とみなし、出羽《でわ》国田河《たがわ》郡大泉《おおいずみ》荘、または越後《えちご》国小泉《こいずみ》荘の有力家出身者と推定。前者の場合、『吾妻鏡』文治五年八月十三日条に「泰衡郎従田河太郎行文《ゆきぶみ》」とあり、忠衡・通衡の母は、田河氏関係者の可能性がある。後者の場合、越後城氏《じょうし》と秀衡の婚姻関係を想定できる。小泉荘は、奥羽両国の摂関家領荘園からの年貢輸送の中継地として重要視されていた。その地域を支配していたのが、城氏であった。四人目の妻は、『尊卑分脈』に、「高衡（本吉冠者）」二（三八七）とあり、隆衡《たかひら》（高衡）が、本吉冠者を名乗っていたことから、陸奥国本吉郡の有力氏族出身と推定される。『吾妻鏡』文治五年九月十八日条に、「秀衡四男本吉冠者高衡」「本吉冠者高衡（秀衡法師四男）」、『源《げん》平盛衰記《へいじょうすいき》』三四に「秀衡ガ子ニ、元能冠者《もとよし》」とある。基衡代の『台記《たいき》』仁平《にんぴょう》三年（一一五三）九月十四日条に本吉荘がはじめて登場し、基衡《もとひら》と本吉荘司との間に接触が生まれ、基衡子の秀衡と本吉荘司家の女性との間に婚姻関係が生まれたと推定される。五人目の妻。後白河院と九条官人との間に生まれた平泉姫宮《ひらいずみのひめみや》が、秀衡に賞翫《しょうがん》（かわいがること）された（『吾妻鏡』建久元年六月二十三日条）という記事から推定。

参考文献 池田寿「史料紹介「文治六年日次記」について」（『古文書研究』五七）、二〇〇三。川島茂裕「藤原基衡と秀衡の妻たち—阿倍宗任の娘と藤原基成の娘を中心に—」（『歴史』一〇一）、二〇〇三。同「奥羽合戦における藤原泰衡の布陣と藤原基成の娘—藤原基衡と秀衡の妻たち・補論—」（『宮城歴史科学研究』五四・五五）、二〇〇三。同「藤原秀衡の「嫡男」西木戸太郎国衡について」（『六軒丁中世史研究』一〇）、二〇〇四。同「藤原基成娘の鎌倉強制連行について」（『論集（中尊寺仏教文化研究所）』二）、二〇〇四。保立道久『義経の登場』、二〇〇四、日本放送出版協会。

（川島　茂裕）

ふじわらのほうし　藤原芳子　？—九六七　平安時代中期の村上天皇の*女御《にょうご》。父は左大臣藤原師尹《もろまさ》。母は藤原定方《さだかた》の娘。才色兼備《さいしょくけんび》で天皇の寵愛が篤《あつ》く、二皇子を儲《もう》けた。天徳二年（九五八）、藤原師輔《もろすけ》の娘安子《あんし》の立后《りっこう》の翌日に女御に立てられる。大将御息所《たいしょうのみやすどころ》、小一条女御、宣耀殿《せんようでん》女御などとよばれる。*入内《じゅだい》前、父にいわれ手習い・琴の習得、『古今和歌集』の暗唱を心がけ、それらに長じていたというが、この習字・音楽・和歌は当時の貴族一般の女子教育の基本とされる科目であった。

参考文献 池田亀鑑『平安朝の生活と文学』（角川文庫）、一九六四、角川書店。

（並木　和子）

ふじわらのぼくし　藤原穆子　九三一—一〇一六　平安時代中期の貴族。父は中納言藤原朝忠《あさただ》。宇多源氏の源《みなもとの》雅信《まさのぶ》の室。三男二女を生む。長女倫子《りんし》は藤原道長室。次女は道長の異母兄道綱《みちつな》の室。雅信に先立たれ晩年は尼となり八十六歳の長寿をたもった。長女倫子と藤原道長の*婚姻に際して反対する雅信を説得し、また道長の栄達後も婿としての待遇を続けたと伝えられるが、そうした行為は娘の婚姻が父の権限下にあった当時においてはやや古い形のものであったという。

参考文献 菅野美恵子「王朝貴族の母性観—文学の語る諸相—」（脇田晴子編『母性を問う—歴史的変遷—』上、一九八五、人文書院）。

（並木　和子）

ふじわらのみちつなのはは　藤原道綱母　？—九九五　平安時代中期の歌人。『*蜻蛉日記《かげろうにっき》』の作者。摂政《せっしょう》藤原兼《かね》家《いえ》の妾妻《めかけつま》、大納言道綱の母。父は伊勢守《いせのかみ》正四位下《しょうしいのげ》藤原倫《とも》寧《やす》、母は刑部大輔《ぎょうぶだいすけ》源認女《みなもとのみとめのむすめ》とも主殿頭《とのものかみ》春道女《はるみちのむすめ》ともいう。道綱母は父母、歌人の兄長能《ながよし》、*清少納言の姉の夫で同腹の兄理能《まさよし》、藤原為雅《ためまさ》の妻となった姉、おばらと、父の母方祖父源経基《つねもと》から譲られた、一条大路の北辺で左近馬場《さこんのばば》の隣の屋敷で育つ。道綱母は、のちに「本朝第一の美人三人の内」「きはめたる和歌の上手」と称された女性であったため、天暦《てんりゃく》八年（九五四）の秋、藤原師輔《もろすけ》の三男で右《う》兵衛佐《ひょうえのすけ》従五位下の兼家から父倫寧を通して求婚される。同年十月、父は陸奥守《むつのかみ》として任地に赴任《ふにん》、翌年八月、道綱を出産した。これ以前から兼家には*藤原時姫《ときひめ》という正妻がおり、道隆《みちたか》（超子《ちょうし》もか）が生れていた。兼家は親王の娘である町の小路《こうじ》の女、宰相《さいしょう》源兼忠《かねただ》の女《むすめ》、藤原忠幹女《ただみきのむすめ》などとの間にも子を儲《もう》け道綱母の嘆きは増すばかりであった。またこの間、父は任国赴任が続き、兄姉は家を出、母が亡くなった。康保《こうほう》四年（九六七）、兼家は左近衛中将《さこのえのちゅうじょう》に就任、多忙を理由に道綱母を自宅近くの屋敷に転居させた。しかし、安和《あんな》二年（九六九）、道綱母は時姫邸の*下人同士の争いが起り転居、さらに一条大路北の旧宅に戻った。兼家との仲は次第に冷却していき、道綱母は初《はっ》瀬《せ》詣《もうで》、石山詣《いしやまもうで》、唐崎祓《からさきはらえ》などに出かけ、ついに天禄《てんろく》二年（九七一）鳴滝《なるたき》の山寺へ籠《こも》り、半月後に兼家に連れ戻されることになった。天延《てんえん》元年(九七三)、兼家との仲を断念した道綱母は、生家を売却して、京の東郊、広幡中川《ひろはたなかがわ》にある父倫寧の別荘に移る。翌年末、『蜻蛉日記』の記述は終る。兼家は、その後も、従三位近江守《おうみのかみ》藤原国章《くにあき》の娘近《おう》江《み》、実頼《さねより》の*召人《めしうど》であった対《たい》の御方《おんかた》、村上天皇皇女の保子《ほうし》内親王、超子の*女房でのちに権北方《ごんのきたのかた》と呼ばれた大輔《だいすけ》、円《えん》融《ゆう》天皇の*更衣《こうい》であった中将御息所《ちゅうじょうのみやすどころ》などとつぎつぎに関係をもつ。しかし、道綱母は兼家と会うこともなく生涯を過ごし、長徳《ちょうとく》元年(九九五)五月二日、六十歳ほどで没した。道綱母は本名も女房名も伝わっていない。これは彼女が生涯公の場に出ることのなかった「家の女」であることを示している。彼女の代表作『蜻蛉日記』は兼家との安定した愛情関係を築けない不幸を描くことに終始し、それに付随して息子道綱の養育や家族関係に触れるものの、最高権力者の傍《かたわ》らにいながら、貴族社会の動向、政治問題、経済関係はほとんど語られない。これは道綱母の個性のみならず文学作品としての日記の主題によるものである。すでに時姫という正妻をもつ兼家との結婚は、道綱母に次妻《じさい》・副妻《ふくさい》、あえていえば妾妻という状況を選ばせた。兼家の地位が高くないときは目立たなかったその立場も、兼家が権力を奪取《だつしゅ》していく過程で、正妻と妾妻の違いが明らかにされていく。道綱は兼家の屋敷に日参し、兼家の指導で貴族の一員として成長していき、道綱母が*養女にとった娘も、*入内《じゅだい》はできず、超子の女房にしかなれなかった。

参考文献 増田繁夫『右大将道綱母―蜻蛉日記作者―』(日本の作家九)、一九八三、新典社。梅村恵子「藤原道綱母子と兼家の生活」(人間文化研究会編『女性と文化』三、一九八四、JCA出版)。(梅村 恵子)

ふじわらのみやこ　藤原宮子　?―七五四　文武《もんむ》天皇の*夫人。藤原不比等《ふひと》の娘。母は賀茂朝臣比売女《かもあそんひめめ》。大宝《たいほう》元年(七〇一)首《おびと》皇子(聖武《しょうむ》天皇)を生む。和銅《わどう》六年(七一三)石川・紀二嬪《ひん》の号を貶《おと》すとあり、文武天皇の他の嬪を排除し、首皇子立太子を確実にした。神亀《じんき》元年(七二四)聖武天皇即位時に夫人を尊び大夫人《だいふじん》の号を授けられたが、群臣の議で文には皇太夫人、語には大御祖《おおみおや》と改められた。天皇誕生後、久しく幽憂《ゆうゆう》に沈み、人事を廃し、天皇と相見しなかったが、天平九年(七三七)に玄昉《げんぼう》の看護により開悟《かいご》し、天皇と相見した。二条大路木簡中の「中宮職《ちゅうぐう》移兵部卿宅政所」木簡(天平八年八月二日)によると、中宮舎人《とねり》らが藤原麻呂《まろ》の*家政機関で勤務しており、藤原氏内部での融通《ゆうずう》が知られる。のちに*皇太后、太皇太后と称した。天平勝宝《てんぴょうしょうほう》五年(七五三)四月ころから体調を崩し、翌年七月中宮で崩じた。千尋葛藤高知天宮姫之尊《ちひろのふちたかしらすあめみやひめのみこと》と諡され、佐保山西陵《さほやまのにしのみささぎ》に火葬された。

参考文献 角田文衛「首皇子の立太子」(『律令国家の展開』一九六五、法蔵館)。渡辺晃宏「二条大路木簡と皇后宮」(奈良国立文化財研究所編『平城京長屋王邸跡』一九九六、吉川弘文館)。寛敏生「藤原宮子の大夫人号について」(『古代王権と律令国家』二〇〇二、校倉書房)。(森 公章)

ふじわらのめいし　藤原明子　生没年不詳　平安時代中期の*女官。藤原仲平女《なかひらのむすめ》。藤原敦忠《あつただ》の妻となり、佐時《すけとき》・佐《すけ》理《まさ》・延暦寺僧明照《めいしょう》(昭)ら三子を儲《もう》けた。天慶《てんぎょう》年間(九三八―四七)ころより朱雀《すざく》・村上・冷泉《れいぜい》・円融《えんゆう》天皇らに三十年余り仕え、従四位上《じゅしいじょう》*御匣殿別当《みくしげどののべっとう》となる。(天慶六)年七月に夫の敦忠が中納言従三位で死去するが、『朝野群載《ちょうやぐんさい》』『本《ほん》朝文粋《ちょうもんずい》』には、貞元《じょうげん》元年(九七六)正月の叙位《じょい》に先立ち、明子自身の位階を留めて、長子の右少弁《うしょうべん》佐時に一階を加えんことを円融天皇に願い出た申文《もうしぶみ》がある。『*尊卑分脈《そんぴぶんみゃく》』によれば佐時は没時に正五位下左少弁であった。また佐時の子元尊は園城寺阿闍梨《おんじょうじあじゃり》となり、佐理の子文慶《もんきょう》は大雲《だいうん》寺別当《じべっとう》となって大雲寺を創建したらしく、『大雲寺縁起《えんぎ》』には円融天皇御願《ごがん》で園城寺《おんじょうじ》別院となった大雲寺の本尊が明子の持仏堂の尊像であったことを伝える。

参考文献 『大日本史料』一ノ一五、貞元元年正月六日条。服藤早苗「女房・女官たちの老い」(『平安朝に老いを学ぶ』二〇〇一、朝日新聞社)。(鈴木 織恵)

ふじわらのもとひらのつま　藤原基衡の妻　奥州《おうしゅう》藤原氏基衡の妻には、安倍宗任《あべのむねとう》娘があり、またもう一人いた可能性がある。一人目は、父は安倍宗任。母は父の配流地《はいるち》大宰府《だざいふ》周辺に居住する有力氏族出身と推定。藤原秀衡《ひでひら》の母。『*吾妻鏡《あずまかがみ》』文治《ぶんじ》五年(一一八九)九月十七日条所載の寺塔已下注文《じとういかちゅうもん》の毛越寺事《もうつうじのこと》条に、「観自在王院《かんじざいおういん》(阿弥陀堂と号すなり)、基衡妻(宗任が女《むすめ》)建立なり、四壁《しかべ》に洛陽《らくよう》の霊地・名所を図絵す、仏壇は銀なり、高欄《こうらん》は磨金《まきん》なり、次に小阿弥陀堂、同人の建立なり、障子《しょうじ》の色紙形は、参議教長卿《のりながきょう》、筆を染めるところなり」(原漢文)と登場する。観自在王院(阿弥陀堂)と小阿弥陀堂をともに「基衡妻」＝安倍宗任娘が建立した。基衡との世代差から、安倍宗任娘が基衡妻であることを否認する見解もみられるが、基衡より十歳から、広がっていても二十歳前後の範囲内に収まる年上女房ということになる。『如意輪講式《にょいりんこうしき》』に「陸奥秀衡之母」が、延暦寺《えんりゃくじ》澄憲僧都《ちょうけんそうず》に金一両と馬を贖《あがな》って誂《あつら》えてもらったとある。『古事談《こじだん》』四の勇士(季春)に、基衡の「妻女」が陸奥国守藤原師綱《もろつな》に多量の砂金を献上したとあり、『十訓抄』(じっくんしょう・じっきんしょう)下第十篇には、「良き馬」「多くの金・鷲《わし》の羽・絹布」などの「財物」を持参し、基衡の正式の代理人として「妻女」が国司(目代《もくだい》)と交渉したとある。金色堂棟木銘《こんじきどうむなぎめい》の「安倍氏」の可能性もある。二人目の可能性として、陸奥国紫波《しわ》郡に本拠地を有する樋爪《ひづめ》(比爪)氏出身の妻として樋爪季衡《すえひら》の母がいる。ただし、『*尊卑分脈《そんぴぶんみゃく》』写本の採用によって、この女性は、*藤原清衡《きよひら》の妻の可能性もある。『尊卑分脈』或本には、基衡の子として藤原秀衡の次に樋爪俊衡《としひら》を示している。

参考文献 佐々木邦世「よみがえる「信の風光」―秀衡の母請託『如意論講式』を読む―」(『論集(中尊寺仏教文化研究所)』二)、一九九七。川島茂裕「藤原基衡と秀

衡の妻たち」(『歴史』一〇二)、二〇〇三。（川島　茂裕）

ふじわらのもろくそ　**藤原諸久曾**　生没年不詳　鎌倉時代末期から南北朝時代初期の武雄《たけお》神社(佐賀県武雄市)の女大宮司《だいぐうじ》。藤原頼門《よりかど》の娘で、国門《くにかど》の妹(『武雄社本紀』)。『武雄神社文書』によれば、武雄神社の神主は少なくとも天暦《てんりゃく》五年(九五一)には伴氏《ともし》が務めており、伴行貞《ゆきさだ》の*嫡女《ちゃくじょ》伴太子《おおいこ》が一一四〇年代に同神社の本司職《ほんじしき》を嫡男《ちゃくなん》藤原貞門《さだかど》に譲った。鎌倉時代に本司(大宮司)の藤原氏は武士化し、鎌倉幕府の*御家人であった。大宮司職は、貞門の後は守《もり》門《かど》・家門《いえかど》・能門《よしかど》・基門《もとかど》・頼門に伝えられ、頼門の娘諸久曾は徳治《とくじ》二年(一三〇七)五月十三日、さいしんの養子として肥前《ひぜん》国宇野御厨《うののみくりや》さんたうへの島内の地頭職を譲られている。正中《しょうちゅう》元年(一三二四)十月二十日には頼門が病気のため弟の康門《やすかど》が代わりに鎌倉幕府の軍勢催促に応じて着到しており、同年十一月二十日武雄社領田検注注進状《でんけんちゅうちゅうしんじょう》では「本司藤原氏女《うじにょ》」すなわち諸久曾が差出人となっているので、病没したと思われる頼門のあとの大宮司職を諸久曾が継いだことになる。軍役については、元弘三年(一三三三)五月に少弐《しょうに》貞経《さだつね》らが鎮西探題《ちんぜいたんだい》赤橋英時《あかはしひでとき》を滅ぼしたときには、諸久曾代として小太郎幸門《こたろうゆきかど》が務めた。建武三年(一三三六)三月には諸久曾代として弥三郎数門《やさぶろうかずかど》が足利尊氏方に属して菊池《きくち》武敏《たけとし》の筑後国《ちくごのくに》黒木城《くろきじょう》を攻め、五月には員門《かずかど》(数門)が諸久曾代として聖福寺《しょうふくじ》惣門《そうもん》の宿直を務めた。『武雄社本紀』では幸門と数門(員門)を同一人物で康門の息子とし、諸久曾の夫としている。同年八月には小三郎通幸《こさぶろうみちゆき》が諸久曾代として筑後国豊福原《とよふくはら》の合戦に加わっている。鎌倉幕府滅亡・室町幕府樹立という動乱期において、諸久曾は武雄神社の大宮司として祈禱《きとう》を行い、巻数《かんじゅ》を少弐貞経や、尊氏方の一色範氏《いっしきのりうじ》に送った。諸久曾が大宮司として確認できるのは、暦応《りゃくおう》三年(一三四〇)十月十九日藤原通幸着到状が最後で、貞和《じょうわ》四年(一三四八)には諸久曾の子と思われる亀石丸《かめいしまる》が大宮司であった。

参考文献　『佐賀県史料集成』古文書編二、一九五六、佐賀県立図書館。『武雄市史』上、一九七三。菅原正子『中世の武家と公家の「家」』、二〇〇七、吉川弘文館。

（菅原　正子）

ふじわらみちこ　**藤原道子**　一九〇〇—八三　昭和時代後期の政治家、婦人運動家。貧困のため小学校を中退。働きながら看護婦試験に合格。クリスチャンとなって貧民への奉仕活動中、大正末に日本労農党の山崎剱二《やまざきけんじ》と結婚。夫は太平洋戦争中南方施政官に派遣されたが、敗戦後現地女性と一児を連れて帰国。道子は一九四六年(昭和二十一)戦後初の総選挙に社会党から出馬して衆議院議員に当選。夫とは離婚する。以後衆参議員六期の間、医療・福祉・売春防止問題に尽力した。一九七二年自伝『ひとすじの道に生きる』を刊行した(一九九八年日本図書センター『人間の記録』に加えられた)。（駒野　陽子）

ふじわらみなみのふじん　**藤原南夫人**　?—七四八　奈良時代の聖武《しょうむ》天皇の*夫人。名は不詳。藤原南家《なんけ》の祖武智《むち》麻呂《まろ》の娘であることから、藤原南夫人と称された。母は不詳。所生の皇子女は知られない。天平《てんぴょう》九年(七三七)二月、夫人として無位から正三位に叙された。この後、天平二十年六月に正三位で没するまで、正史には現れないが、『正倉院文書』には天平十九年二月に経師《きょうじ》神門諸上《かんどのもろがみ》を三十日間借りることを要請した解《げ》が残されており、夫人が写経事業を行なっていたことがわかる。また、『東南院文書』によると、天平十七年十一月山背《やましろ》国宇治郡加美郷《かみごう》の人宇治宿禰大国《うじのすくねおおくに》より同郷堤田《つつみだ》村の家・地・山を貢進され、没後の二十年八月にはその*家政機関である「旧正三位藤原南夫人家」が大国より同村の地・屋を買ったが、それらは夫人の生前に東大寺への施入が約束されていた。これらの史料より、仏教信仰が篤《あつ》かったことが推測される。（吉川　敏子）

ふじん　**婦人**　『大辞林(第三版)』(二〇〇六年、三省堂)には「①成人した女性。女性。おんな。(中略)②古く、特に結婚した女性のこと。」と記されるが、「女性」と同義ではない。「女性」は、「男性」に対する性の人として、生物的に女性の機能を持つ人全体を指すが、「婦人」は、成人している人、また、結婚している人を指している。一九八〇年代後半から、この「婦人」が避けられるようになり、福岡市が「婦人対策課」を「女性企画課」に改める(一九八九年(平成元)四月一日)など、「婦人」のつく公共の施設や部署の名称を「女性」に改称したり、「婦人教師」を「女性教師」に、「婦人週間」を「女性週間」のように、言い換えたりすることが盛んになってきた。忌《き》避《ひ》される理由は主に次の点にある。すなわち、㈠漢字の「婦」が、女偏《へん》に「帚《ほうき》」を旁《つくり》として作られていることから、「掃除する女」の意味であること。㈡「婦人」に対する男性側の語はないこと。男性側と女性側に対になる語がある場合は、男と女が対等に扱われる可能性があるが、一方しかない場合は、ある方は有標《ゆうひょう》(言語学で、ある特徴を積極的に示すという意味)になり、何らかの価値観が付加される。その価値観は無標である男性を標準として、特殊化される。㈢成人して*家庭にいる女性を指すことが多く、女性全般を指す語ではないから、という三点である。「婦人」が避けられるのは、対象となるのは、成人して家庭に収まっている人だけはないし、ましてや、掃除ばかりしている女ではない、また、男性より一段低く見られるのはいやだ、などと女性が考えるようになった結果である。

参考文献　漆田和代「『婦人』『女』『女性』…—女の一般呼称考—」(れいのるず＝秋葉かつえ編『おんなと日本語』一九九三、有信堂高文社)。中村桃子『ことばとフェミニズム』、一九九五、勁草書房。

（遠藤　織枝）

ふじんうんどう　**婦人運動**　女性が中心となって、女性であるために受ける社会的不平等・不自由・不利益や、女性の現実の諸困難・諸要求を解消解決するための、自覚的社会的行動。近代資本主義経済の成長は、*女子教育・女子労働を発展させ、婦人運動の基盤を形成した。大正デモクラシーの中で、各階級・階層・社会集団の女性は、それぞれの要求解決のため組織をつくり行動し始めた。一九二〇年代には市民的婦人運動は立場・思想をこえて連帯し、婦人参政権獲得、廃娼《はいしょう》、消費者防衛、汚職議員追放等の共同行動を広げ、女子労働者は夜業禁止など無権利状態改善に活躍した。政府は女性を利用するために譲歩《じょうほ》はしたが、一九四〇年代には自主的組織的活動を封殺した。敗戦直後、民主化運動の中で婦人運動・婦人団体は再建され、*労働組合婦人部は母性保護、差別撤廃を要求、共同して家族制度復活・再軍備反対の声をあげた。一九五〇年代半ば原水爆反対をきっかけに*母親運動が開始され、話しあいから行動へ、子どものために政治も変えようという動きが広がり、女性も安保改訂反対のような政治闘争の一翼をになうようになり、一九六〇年代には新たに全国的日常的に活動する女性の組織が結成されるに至った。高度経済成長の中で、*保育所づくり、結婚退職・若年定年《じゃくねんていねん》や賃金・昇格差別撤廃など労働権を確立させる闘いがあり、公害・不安な食品への住民運動があり、地域変革活動は地方自治体革新へ女性の眼を向けさせた。一九七五年(昭和五十)*国際婦人年のテーマ、平等・開発・平和をどう現実にするかが次の課題となる。協力を強めた団体・個人の働きかけで、全女性のための行政機関・行動計画が作られ、一九八五年国連の*女子差別撤廃条約が批准《ひじゅん》され、一九九九年(平成十一)*男女共同参画《だんじょきょうどうさんかく》社会基本法制定に至った。最高時五十二団体参加の国際婦人年連絡会を軸に、力をつけた日本女性は、主権者として、核廃絶も胎児《たいじ》から老後までの安心も確立しようと活動している。

参考文献　日本婦人団体連合会編『婦人白書』、一九七五-九九。伊藤康子『新日本の女性史』、一九六八、学習の友社。日本婦人団体連合会編『女性白書』二〇〇〇-。伊藤康子『草の根の女性解放運動史』、二〇〇五、吉川弘文館。

（伊藤　康子）

ふじんえいせいかい　婦人衛生会　女性への*衛生思想の普及を目的とした組織。近代以降、衛生会は、大日本私立衛生会(一八八三年(明治十六))など半官半民団体が結成され、地域にも区町村を単位とした団体がみられた。女性を対象とする団体も少なくないが、早い段階に結成されたものの一つとして、私立大日本婦人衛生会は活発な活動を行なった。同会は、一八八七年に*荻野吟子《おぎのぎんこ》らを発起人として発会し、翌一八八八年一月から機関誌『婦人衛生会雑誌』を刊行した(一八九三年三月、第四〇号まで)。同誌は、一八九三年四月より『婦人衛生雑誌』と改題し、一九二六年(大正十五)十二月まで発行されたが、女性の髪形・服装の清潔さを説き風俗改良を図るほか、女性の身体のしくみ、特に月経や*出産、育児などに伴う諸注意が医学者によって語られ、身体の運動の必要性が説かれた。また伝染病の予防にも力を入れ、講演会なども開催している。「御婦人方の協力」により、女性自身のみならず、個人衛生の普及を図ることを目的としていた。

（成田　龍一）

ふじんおよびじどうばいばいきんしにかんするこくさいじょうやく　婦人及児童売買禁止に関する国際条約　一九二一年(大正十)、国際連盟により制定された国際条約。二十一歳未満の未成年女性に対して、本人の同意あるなしにかかわらず、売春に従事させることを禁止し、成年であっても詐欺《さぎ》や強制的手段で売春をさせてはならないことが決められた。日本は一九二五年、未成年を十八歳未満とし、植民地、朝鮮・台湾、関東州《かんとうしゅう》、樺太《からふと》、委任統治領を適応除外としてこの条約に批准《ひじゅん》した(年齢留保は一九二七年(昭和二)に撤回)。

参考文献　小野沢あかね「国際連盟における婦人及び児童売買禁止問題と日本の売春問題—一九二〇年代を中心として—」(津田塾大学国際関係研究所編『総合研究—２０周年記念論集—』三、一九九五)。

（平井　和子）

ふじんかい　婦人会　成人女性の修養・趣味・社会活動等を目的に結成された団体。また市町村など居住地域の女性を網羅《もうら》的に組織し政治活動・社会活動・宗教活動などをする会もある。前者としては明治中期に都市の中流女性を対象に家政・育児・衛生など生活の改良を掲げたキリスト教主義の婦人会、保守的な婦人道徳の涵養《かんよう》を目的とした仏教系婦人会が多く生まれている。一九〇一年(明治三十四)軍事援護を目的とする*愛国婦人会が結成された。明治末期には地方改良運動の一環として内務省や地方行政の主導で勤倹節約《きんけんせつやく》・生活改善を標榜《ひょうぼう》して都市、農村を問わず全国的に婦人会が組織された。その組織者・指導者は学校長などであった。大正期には婦人解放運動の高揚《こうよう》に対抗して文部省が思想善導を目的に*地域婦人会の育成をすすめる。昭和に入ると都市・農村の生活窮乏《きゅうぼう》や思想問題の克服のため、文部省主導の*大日本連合婦人会が組織され、満州事変後には陸・海軍の後援で国防婦人会が生まれた。太平洋戦争開始直後、一九四二年(昭和十七)すべての婦人会は*大日本婦人会に統合される。

参考文献　千野陽一『近代日本婦人教育史—体制内婦人団体の形成過程を中心に—』、一九七九、ドメス出版。

（永原　和子）

ふじんがっきゅう　婦人学級　社会教育のなかで婦人(女性)を対象とした集団的な教育・学習。戦後、婦人を対象とする学級講座は「母親学級」として始まり、一九五三年(昭和二十八)に文部省婦人教育予算が実現し、翌年社会教育法が施行されて全国的に婦人学級が広がった。この年の文部省実験社会学級としての稲取《いなとり》婦人学級は小集団による「話し合い学習」という方法で成果をあげ、五六年から文部省委嘱《いしょく》婦人学級が大幅に予算化され全国的に普及した。六〇年代からは婦人の主体的な学習としての役割が大きくなり、「婦人の学習」から「*婦人問題の学習」へと移行していった。七五年の*国際婦人年を契機に、国内行動計画や差別撤廃《てっぱい》条約に基づく女性政策の一環として、婦人問題の学習は各種セミナー、フォーラム、女性大学など多彩な事業として展開し、男性もともに学ぶことの必要性を提起した。一九九九年(平成十一)制定の*男女共同参画社会基本法のもと、二〇〇一年から婦人教育は女性教育と称されるようになった。

参考文献 日本女子大学女子教育研究所編『婦人と社会教育』(女子教育研究双書)、一九八三、国土社。婦人教育のあゆみ研究会編『自分史としての婦人教育』、一九九一、ドメス出版。 (折井美耶子)

ふじんがほう 婦人画報 一九〇五年(明治三十八)七月国木田独歩《くにきだどっぽ》により近時画報社から創刊され、現在まで続いている最も古い歴史をもつ月刊女性雑誌。日露戦争後盛況になった「女界の活動、教育、好尚、流行等」を視覚に訴える画報で伝え「善美なる傾向を助長」することを目的とした。そのためグラビアが全体の三分の一を占め、女学校の授業、皇族妃の肖像、婦人界の活動、名画等を紹介、本文には著名な教育家、文学者の文章や短歌等が掲載され、全体で八〇頁余、定価二十五銭で他誌より高めであった。売れ行きは不振のため独歩は責任をとってみずから独歩社を興して発行を続けたが失敗し、独歩社にいた島田義三《しまだぎぞう》・鷹見久太郎《たかみきゅうたろう》が廃刊を惜しみ一九〇七年東京社から再刊した。昭和に入って戦時期『戦時女性』と称したこともあったが、戦後『婦人画報』に戻る。現在カラーによるグラフィック化もすすみ、服飾・インテリア・料理・旅行と人々の目を楽しませる女性誌として独自の地位を築いている。

『婦人画報』第一巻第一号

参考文献 中井良子「婦人画報」(中嶌邦監修『日本の婦人雑誌』解説、一九八六、大空社)。 (中井 良子)

ふじんクラブ 婦人倶楽部 大正・昭和時代の女性雑誌。一九二〇年(大正九)十月—一九八八年(昭和六十三)四月。八百四冊。大日本雄弁会発行、途中社名が大日本雄弁会講談社さらに講談社に変わった。三号まで『婦人くらぶ』。初期教養路線から*主婦を対象とした実用性と娯楽性を重視するようになり、読物と実用記事、体験実話、告白記事などが紙面を占めた。派手な宣伝と大量販売で『*主婦之友』に次ぐ。戦争末期には合併号や一時休刊(一九四五年四・五・六月号)したが、敗戦後へ継続出版ができた数少ない女性雑誌である。その後昭和三十—四十年代には女性雑誌最高の部数を出したが、高度経済成長期以降の主婦向け雑誌は不調となり、一九八八年終刊となった。

『婦人くらぶ』創刊号

参考文献 『講談社の歩んだ五十年』、一九五九、講談社。日本近代文学館編『複刻日本の雑誌』、一九八二、講談社。 (吉沢千恵子)

ふじんこうじょうかんとくかんのきろく 婦人工場監督官の記録 一九一一年(明治四十四)に制定され一九一六年(大正五)に施行された*工場法によって設置が定められた婦人工場監督官(補)に一九二八年(昭和三)女性ではじめて就任した*谷野《たにの》せつが戦前監督官(一九四五年戦時体制のなかで厚生省労働局労務官に改称)として調査した記録を、未公刊のものをふくめて雇用機会均等法施行を前にして集成・刊行したもの。ドメス出版より一九八五年に刊行。上・下二巻。なお谷野の工場監督官就任については当時女性労働者からも女性の工場監督官が要求されていた。本書に収録された調査や論文は二十六本、附録として厚生省勤労局管理課編「女子勤労管理講習会資料」が収められている。特に年少者・女性労働者を保護する目的で、十五人以上の工場に適用された工場法の規定(十二歳未満の就業禁止、十五歳未満と女性の就業時間は一日十二時間以下、深夜業禁止(実施は十五年後とされたが、実現は一九二九年)、病者・産婦の就業制限など)が、遵守《じゅんしゅ》されているかどうか、工場を臨検《りんけん》し、女性労働者の実態を調査することが、工場監督官の仕事である。谷野の調査の特徴は、㈠零細工場で働く女性たちに特に留意した調査が多いこと、㈡紡績《ぼうせき》工場の深夜業をみずから体験し、深夜業の廃止が女性労働者に与えた影響(人格の変化など)を観察したこと、㈢アンケートを利用して戦時女子労働を調査するなど調査が非常に具体的であること、㈣未婚労働者の労働条件のみではなく既婚女性労働者による家庭生活との両立のための提案や乳幼児保護などをとりあげていること、㈤母性保護が女性の就業を制限すると指摘する英国人の理論を是認しながら、日本では保護が社会政策として必要であると指摘し、多様な社会福利に着目していること、㈥一九三〇年代の女性就業の急増によって男女の労働配置は変化しなかったことなどを実証していることである。谷野らがまとめた女性労働にかんする包括的《ほうかつてき》な指針である「女子勤労管理講習会資料」は、戦後の「*労働基準法」に継承された。 (早川 紀代)

ふじんこうろん 婦人公論 中央公論社の嶋中雄作《しまなかゆうさく》により、一九一六年(大正五)に創刊された、『*婦人画報』『*婦人之友』について、継続する最も古い女性雑誌の一つ。女性の解放と自我の確立を求める思潮に刺激をうけた嶋中が発行を社に献言《けんげん》、初代編集長を務めた(のちに中央公論社社長)。創刊後は、女性の職業問題、経済的自立、*恋愛、性などについて特集を組み、*高等女学校などの中等教育以上の女学生、およびその学歴をもつ有職女性を購買層の中心にもった。戦争へ傾斜する一九三〇年代は時局との歩調あわせを行いつつも、従来の自由主義・個人主義的編集路線を保とうとした。しかし戦局の厳しさと統制の強化に伴う出版事業の整備統合の対象となり、一九四四年(昭和十九)三月号をもって廃刊。中央公論社自体も同年七月に解散を余儀なくされた。戦後は女性雑誌のトップをきって四六年四月に復刊。従来の恋愛、職業に関する記事に加え、平和問題にも多くの誌面を割いている。五〇年代中ごろまでは、著名な識者による硬派な記事が多く、教養派雑誌と呼ばれた。一九一八年の「*母性保護論争」、五五年の「*主婦論争」など、*女性史における主要な論争の舞台ともなった。近代的な自我確立の軌跡や女性解放思想の展開を知る上で重要な雑誌となっている。その後五七年に編集長となった嶋中鵬二《ほうじ》(雄作の息子、のち同社社長)からは大衆化路線を進む。芸能人のインタビュー掲載や、六〇年代以降には読者による性の手記を多く取り上げ、一時は性の告白雑誌とも呼ばれた。一九九八年(平成十)にはビジュアルな大判誌を好む世代を意識して従来のA五判サイズからA四判変形に大型化。培ってきた人脈を活かして、有名人へのインタビューなどから女の生き方についての記事を提供し続けている。戦前の目次録が『戦前期四大婦人雑誌目次集成』(ゆまに書房)に収録されている。なお、九九年に中央公論社は出版権などを読売新聞グループに営業譲渡《じょうと》、同グループ傘下《さんか》の中央公論新社となった。

『婦人公論』第一巻第一号

[参考文献] 帯刀貞代「『婦人公論』の四十年」(中央公論社編『中央公論社七十年史』一九五五)。松田ふみ子『婦人公論の五十年』、一九六五、中央公論社。
(古河 史江)

ふじんことぶきぐさ　婦人寿草　⇨香月啓益《かつきけいえき》

ふじんざっし　婦人雑誌　女性を読者の対象として刊行された近代にはじまるマス＝メディアの一つ。欧米からの印刷技術の導入により急速に新聞とともに雑誌の発刊もはじまる。婦人雑誌も含まれるが、文字を媒介《ばいかい》とするので一定の知識層に限定され、女性を扱っても読者は男性を含む(例『*女学雑誌《じょがくざっし》』)。しかし男女の性別役割分業や教育の別学が政策としても社会的にも明らかになるにつれ、雑誌も性別が生じる。女性団体(例『婦人衛生会雑誌』『東京婦人矯風会《きょうふうかい》雑誌』)や学校(例『つぼ美《み》』)などの発行する機関誌的なもののほかに一般向けの雑誌が生まれてくる。実状に応じながら欧米的な啓蒙《けいもう》を志す雑誌(例『淑女之友《しゅくじょのとも》』『日本之女学』『女教師《じょきょうし》』)がある一方で、それに危機感をもった国粋《こくすい》的な雑誌(例『*女鑑《じょかん》』)も発刊される。明治期には百五十ほどの婦人雑誌の創刊がみられるが、次第に利潤《りじゅん》追求型の商業誌が増加し、文字ばかりの雑誌から口絵・挿絵《さしえ》が入り、口語体となり、ルビがつき、内容的には日常的な実用記事が多く、以後の一般婦人雑誌の原型をつくり始めた(例『*女学世界』『婦人界《ふじんかい》』『*婦人画報《がほう》』『婦女界《ふじょかい》』)。明治末期に小学校の就学率が一〇〇%近くなり、第一次世界大戦後には*高等女学校への進学率が高まるなどを反映して購読者層が厚くなり、婦人雑誌の隆盛時代に入る。資本主義経済の発達は近代消費文化を伴って、人口の増加をみる都市の*主婦層を主な読者とした。家庭生活を見つめ直す日常的な実用記事や合理性ばかりでなく、最新の流行や新製品の紹介、外出を楽しくする繁華街《はんかがい》の宣伝などを知る媒体であり、同時に*身《み》の上相談欄《うえそうだんらん》にみられるように「家」の制約の中にある悩みをはき出す場でもある(例『*主婦之友』)。商業誌は次第に頁数を増加するが現状対応のタイプのまま発行され続ける。一方、女性の地位向上に刺激を与える雑誌も生まれる。その嚆矢《こうし》が『*青鞜《せいとう》』であり、女性執筆者による各方面から問題を提起し、総合雑誌の*婦人問題の特集を導き『*婦人公論』の創刊となる。*母性保護論争など女性論争が注目をあびる。*職業婦人の増加や*婦人運動がひろがり、各種各様の婦人誌が登場する。しかし総力戦体制期に入るとすべての面で統制が厳しくなり、統合・廃刊においこまれた。第二次世界大戦後の占領軍の*五大改革指令の一つとして婦人解放があり、婦人雑誌も復刊・創刊が相つぐ。三年間で百四十誌が出るが多くは続かず、結局は日常生活誌が幅をきかせた(『主婦の友』『*婦人倶《ク》楽部《ラブ》』『主婦と生活』『婦人生活』)。だが一九七〇年(昭和四十五)をピークに急激に下降する。進学率の上昇・職業進出、生活の変貌《へんぼう》などで読者は分厚い婦人雑誌をはなれ、*女性週刊誌(一九五七年の『週刊女性』が最初)の登場をみる。多様・多種に分化し、名称も内容もカタカナの氾濫《はんらん》となり、読者は固定しない。一九七五年の国際女性年を機にますます女性の活動は世界の動きに連動し大きく変化しているが、女性雑誌の大方は、相変わらずおしゃれ・生活情報・ゴシップの記事で占められている。

[参考文献] 中嶌邦監修『日本の婦人雑誌』解説、一九八六、大空社。近代女性文化史研究会編『婦人雑誌の夜明け』、一九八九、大空社。同『大正期の女性雑誌』、一九九六、大空社。金子幸子『近代日本女性論の系譜』、一九九九、不二出版。近代女性文化史研究会『戦争と女性雑誌』、二〇〇一、ドメス出版。井上輝子他編『女性のデータブック―性・からだから政治参加まで―(第四版)』、二〇〇五、有斐閣。
(中嶌 邦)

ふじんさんせいけんうんどう　婦人参政権運動　第二次世界大戦前に女性の政治的権利の獲得をめざした運動。特に、参政権(衆議院議員選挙法改正を要求)、公民権《こうみんけん》(市制・町村制などの改正を要求)、結社権《けっしゃけん》(*治安警察法《ちあんけいさつほう》改正を要求)の獲得をめざした運動を指し、婦選運動《ふせんうんどう》ともいう。自由民権運動の中で、*岸田俊子《きしだとしこ》や景山《かげやま》(*福田《ふくだ》)英子《ひでこ》が政治運動に参加したが、弾圧が強まり、一八九〇年(明治二十三)の*集会及政社法、一九〇〇年の治安警察法(治警法)で女性の政治参加が禁止された。改正を求める運動が*堺為子《さかいためこ》・*今井歌子《いまいうたこ》ら*平民社《へいみんしゃ》の女性たちによる請願《せいがん》運動として展開されたが、大逆事件《たいぎゃくじけん》により頓挫《とんざ》した。一九二〇年(大正九)三月、*平塚《ひらつか》らいてう・*市川房枝《いちかわふさえ》・*奥《おく》むめおらにより*新婦人協会が発会式を挙行、前年から着手していた治安警察法の改正請願運動を展開、第一次世界大戦後のデモクラシーの高揚《こうよう》と世界各国で女性参政権が実現する中、一九二二年三月、第四十五議会で治警法第五条第二項の修正に成功、女性の政治集会参加の自由を獲得した。新婦人協会は、結社権・参政権も要求したが、同年十二月に解散。*日本基督《キリスト》教婦人矯風会《きょうふうかい》は、*廃娼《はいしょう》運動の経験から女性の権利の必要を痛感、一九二一年七月*日本婦人参政権協会を設置した。二三年二月、婦人連盟・新真婦人会《しんしんふじんかい》・婦人禁酒会・革新倶楽部《かくしんくらぶ》有志らにより*婦人参政同盟が結成され、対議会運動、共同運動を展開、婦人弁護士法制定(一九三三年三月実現)に成功した。一九二四年婦人参政権獲得期成同盟会《かくとくきせいどうめいかい》が結成され、*久布白落実《くぶしろおちみ》・市川房枝らと並んで、*与謝野晶子《よさのあきこ》、社会主義者の*山川菊栄《やまかわきくえ》らも加わり、幅広い女性層を結集した。二五年男子普選の実現を受け、同会は*婦選獲得同盟と改称し、その後の婦選運動の中心的役割を担った。一九二八年(昭和三)三月対特別議会への働きかけを行う婦選獲得共同委員会が組織され、*無産《むさん》婦人団体と既存の婦選団体との共同行動が実現した。三〇年四月には第一回婦選大会が開催され、三〇年・三一年の二回衆議院では婦人公民権案が可決され、婦選運動は最も高揚した。この時期、*吉岡弥生《よしおかやよい》・*井上秀《いのうえひで》らにより穏健《おんけん》派を名乗る婦選団体の*婦人同志会が結成された。満州事変《まんしゅうじへん》以後、政府が婦選を取り上げることはなかったが、一九三二年の第三回婦選大会ではファシズム反対が決議されるなど運動の継続がはかられた。非常時体制のなかで、婦選要求は後退、市政浄化、塵芥《じんかい》処理問題、母子保護問題など現実的な要求運動への転換がみられた。地方政治への発言は、女性の力を示す一方、政府・行政への接近を生み、総動員体制に巻き込まれ、利用される結果となり、婦選獲得同盟は四〇年九月解散した。敗戦直後の一九四五年八月二十五日、市川房枝らは*戦後対策婦人委員会を組織、婦人参政権を要求した。同年十月十日幣原《しではら》内閣の初閣議で婦人参政権を決定、翌日GHQは*五大改革指令で選挙権付与による女性の解放を指示。十一月二十一日には治安警察法が廃止され、女性の政治的活動が可能になった。翌四六年年四月の戦後第一回総選挙で女性は参政権を行使《こうし》、三十九人の女性議員が誕生した。

婦人参政権運動　東京市政浄デーに参加した婦選獲得同盟(1929年３月15日)

参考文献　市川房枝『市川房枝自伝』戦前編、一九七四、ドメス出版。児玉勝子『婦人参政権運動小史』、一九八一、ドメス出版。菅原和子『市川房枝と婦人参政権獲得運動―模索と葛藤の政治史―』、二〇〇二、世織書房。

(石月　静恵)

ふじんさんせいけんかくとくきせいどうめいかい　婦人参政権獲得期成同盟会　⇩婦選獲得同盟《ふせんかくとくどうめい》

ふじんさんせいどうめい　婦人参政同盟　一九二三年(大正十二)二月、婦人連盟・新真《しんしん》婦人会・婦人禁酒会などが婦人参政権獲得を目的に団結して結成した女性団体。*高橋千代《たかはしちよ》・高木富代《たかぎふよ》らが中心になって対議会運動、他団体との共同運動などを展開した。独自の運動として婦人弁護士法制定運動がある。一九二四―二六年には女性法律講座を開催、女性法律家の養成につとめた。弁護士法は一九三三年(昭和八)に改正。同盟は一九四〇年九月に解散した。

参考文献　海野福寿「婦人参政同盟と明大女子部」(『明治大学史紀要』五)、一九八五。

(国武　雅子)

ふじんしょくぎょうせんせんのてんぼう　婦人職業戦線の展望　東京市内の使用職工数三十人以上の工場および資本金五十万円以上の会社に勤務する約二万人の女性たちを対象として、一万六千有余の調査票を回収・分析し、一九三二年(昭和七)に東京市統計課が発行した調査報告書。*職業婦人を「報酬《ほうしゅう》を得るために、自家を離れて、一定の雇用関係の下に労務を提供する婦人」と規定し、雇用・被雇用の双方について調査した質・量ともに最大の報告書といわれる。職業婦人を知能的・技術的・肉体的労働の三業務に分けて、女子の職業進出を、「社会の進歩・文化の発達より観て必然的な結果であり、慶賀《けいが》すべき現象」と捉えている反面、その低賃金と雇用の不安定さを指摘している。

参考文献　中嶌邦『近代日本における女と職業』(近代女性文献資料叢書女と職業別冊)、一九八四、大空社。総合

女性史研究会編『史料にみる日本女性のあゆみ』、二〇〇〇、吉川弘文館。 （広瀬　玲子）

ふじんすいへいしゃ　婦人水平社　大正から昭和の初めに展開された被差別部落女性の解放運動団体。主要な活動家に、岡部《おかべ》よし子・中西千代子《なかにしちよこ》・糸若柳子《いとわかりゅうこ》・*高橋《たかはし》くら子・*西田《にしだ》ハル・菊竹《きくたけ》トリらがいる。被差別部落女性も全国水平社創立時から運動に参加していたが、一九二三年(大正十二)に開かれた全国水平社第二回大会で、「全国婦人水平社設立の件」が可決され、婦人水平社が誕生した。一九二四年の第三回水平社大会で「婦人水平社の発展を期するの件」が満場一致で可決されて以後、関東婦人水平社・埼玉県児玉郡《こだまぐん》婦人水平社・福岡県婦人水平社など各地に婦人水平社が生まれた。全国水平社もそれ以後積極的に女性問題に取り組むようになり、機関紙『水平新聞』にも「婦人欄」が設けられる。全国水平社につどう男性たちが婦人水平社設立を支持したのは、女性をめざめさせないと男性が水平社の活動をするのにブレーキをかけるなどの障害になりうることと、女性を動員することによって水平運動の戦力を拡大する必要があること、の理由からであった。しかし、運動に立ち上がった女性たちは、男性たちの思惑を超えて果敢《かかん》に主張を展開し、部落女性の受けている「二重三重の差別と圧迫」を訴えた。彼女たちは、外からは部落差別を受け家庭内でも夫に従属を強いられていることの不合理にめざめ、それを告発していった。また一九二七年(昭和二)には労働農民党傘下《さんか》の関東婦人同盟が結成されると、運動家の多くはそれにも参加していった。婦人水平社の活動は、一九二〇年代末に治安維持法による弾圧で水平運動が打撃を受けるまで続けられたが、婦人水平社も西田ハルら中心活動家が検挙されてしだいに沈滞していった。

参考文献　『部落解放』三七一(特集婦人水平社の時代)、一九九四。鈴木裕子『水平線をめざす女たち―婦人水平運動史―(増補新版)』、二〇〇二、ドメス出版。黒川みどり「被差別部落と性差別」(秋定嘉和・朝治武編著『近代日本と水平社』二〇〇二、解放出版社)。 （黒川みどり）

ふじんせんき　婦人戦旗　昭和初期のプロレタリア文化運動のなかで生まれた「労働婦人」のための雑誌。一九三一年(昭和六)五月から同年十二月までに戦旗社より不定期で四号刊行。中条百合子《ちゅうじょうゆりこ》・窪川《くぼかわ》いね子らが執筆。日本無産者芸術団体協議会(ナップ)機関誌『戦旗』が一九二九年から婦人欄を組み、その臨時増刊号として発刊されたのが発端であったが、まもなくみずから終刊を宣言し、一九三二年創刊の日本プロレアリア文化連盟婦人協議会編集による月刊誌『働く婦人』に引き継がれた。

『婦人戦旗』1932年8月号

参考文献　『『婦人戦旗』・『働く婦人』(復製版)』別巻(日本社会主義文化運動資料八)、一九八〇、戦旗復刻版刊行会。 （黒川みどり）

ふじんせんせん　婦人戦線　*アナボル論争を契機として、アナーキスト側を結集した無産婦人芸術連盟の機関誌という形で一九三〇年(昭和五)から一九三一年六月まで月刊で計十六号発行された。「家庭否定」などのテーマで特集号形式をとった。編集責任者は*高群逸枝《たかむれいつえ》。『*女人芸術《にょにんげいじゅつ》』誌上でくりひろげられたアナボル論争にアナーキストとして参加した*八木秋子《やぎあきこ》・松本正枝《まつもとまさえ》・*望月百合子《もちづきゆりこ》が参加、それに*住井《すみい》するゑ・伊福部敬子《いふくべとしこ》・城夏子《じょうなつこ》・竹内てるよおよび*平塚《ひらつか》らいてうほか、それぞれ強い個性をもつ執筆者たちを擁した。誌上でくりひろげられたさまざまな討論は、

『婦人戦線』第一号

一周年記念号に「生産者本位説及び労働全収権説にたいする婦人の抗議」と「生殖の自然に対する婦人の主張」、つまり生産本位ではなく生命の再生産本位または生存本位の社会を目指すという主張にまとめられた。『婦人戦線』の人々は、労働力として農村から都市へ引き出されながら都市プロレタリアートとして都市に定住することのできぬまま、昭和大恐慌《だいきょうこう》の時代に都市と農村のあいだを循環する流民に女性の立場を重ねていた。『婦人戦線』後の高群逸枝は女性史研究に転じ、同人たちも十五年戦争の時代をそれぞれに生きた。

参考文献　西川祐子「自立と孤独―雑誌『婦人戦線』の人びとをたずねて―」(『(岩波講座)老いの発見』四、一九八七、岩波書店)。同『高群逸枝―森の家の巫女―』(レグルス文庫)、一九九〇、第三文明社。 （西川　祐子）

ふじんだいぎし　婦人代議士　⇨女性政治家《じょせいせいじか》

ふじんどうしかい　婦人同志会　婦人参政権を目的とした昭和期の女性団体。婦人公民権実現の可能性が高まるなか、一九三〇年(昭和五)五月十二日、*吉岡弥生《よしおかやよい》・*井《いの》上秀子《うえひでこ》・*山脇房子《やまわきふさこ》などを発起人として創立。閣僚夫人、女子教育界の有力者などが会員となり、*婦選獲得同盟に比べ「穏健派《おんけんは》」と称された。研究会・講演会などを開催し、特に民法改正運動、家庭紛議調停《ふんぎちょうてい》裁判所の設置運動に力を入れた。

参考文献　児玉勝子『婦人参政権運動小史』、一九八一、ド

メス出版。鈴木裕子編『日本女性運動資料集成』二、一九九六、不二出版。

（国武　雅子）

ふじんのとも　婦人之友　*羽仁《はに》もと子編集の啓蒙《けいもう》的女性雑誌として一九〇八年（明治四十一）一月から創刊され、二〇〇六年（平成十八）十二月現在一〇〇巻一二号を数える。夫吉一《よしかず》（婦人之友社社長）と『家庭女学講義』（一九〇六年四月—〇七年十二月）を改題し創刊。一九〇八年十二月『家庭之友』（一九〇三年四月創刊）の編集を辞した後、平民的家庭の建設という理念を継承し、新中間層の女性、*主婦を対象に幅広い教養と生活改良を体系的に伝達する。もと子の巻頭言《かんとうげん》、多彩な識者《しきしゃ》との座談会（*安部磯雄《あべいそお》・*奥むめお・尾崎行雄《おざきゆきお》・津田左右吉《つだそうきち》・長谷川如是閑《はせがわにょぜかん》・矢内原《やないはら》忠雄《ただお》・*吉岡弥生《よしおかやよい》など）を特色とする。平福百穂《ひらふくひゃくすい》など著名画家が表紙を担当した。戦時出版統制下、一九四三年（昭和十八）より生活雑誌として存続し、戦後は、再び総合的な女性誌として歩む。一九七三年に中高年の生活と健康を考える雑誌として、『明日の友』を創刊。『子供之友』（一九一四年（大正三）—四三年）は婦人之友社発行の児童文化雑誌。北沢楽天《きたざわらくてん》・*竹久夢二《たけひさゆめじ》・村山知義《むらやまともよし》・武井武雄《たけいたけお》らが活躍した。

『婦人之友』第一号

参考文献　『羽仁もと子著作集』、一九二七-八二、婦人之友社。羽仁吉一『我が愛する生活』、一九八五、婦人之友社。斉藤道子『羽仁もと子—生涯と思想—』、一九八八、ドメス出版。近代女性文化史研究会編『婦人雑誌の夜明け』、一九八九、大空社。婦人之友社建業百周年記念刊行委員会編『真理によって歩む道—羽仁吉一・もと子と語る座談集—』、二〇〇三、婦人之友社。『読者と歩んだ一世紀展』、二〇〇三、婦人之友社。田中穣『田中穣が見た羽仁吉一・もと子と婦人之友社１００年』、二〇〇三、婦人之友社。

（中嶋みさき）

ふじんぶんげい　婦人文芸　一九三四年（昭和九）七月に創刊され、一九三七年八月まで刊行された文芸雑誌。主《しゅ》宰《さい》は*神近市子《かみちかいちこ》、編集兼発行人は夫の鈴木厚《すずきあつし》。一九三四年日本プロレタリア作家同盟解体後の文芸復興期に刊行された雑誌の一つである。神近の文学への憧れ、作家になりたいという思いは、『*青鞜《せいとう》』『番紅花《さふらん》』そして『*女人《にょにん》芸術《げいじゅつ》』に参加した経緯からもうかがうことができる。さらに、昭和初期からプロレタリア文学運動に関わり、左翼評論家としての才能が『女人芸術』を通じて発揮される。同誌終刊後、当初『婦人文芸』は、尾竹紅吉《おたけこうきち》ら『青鞜』からの流れをくみ、「婦人の文芸愛好家」育成の役割も担っていた。だが神近が唯物論《ゆいぶつろん》研究会に入会するなど反ファシズム運動に関わると同時に、『婦人文芸』も「社会文芸総合雑誌」として、女性の文化向上と社会体制へ目を向けさせる内容となる。しかし戦争の気運が高まると同時に、資金繰りに行き詰まり終刊に至った。

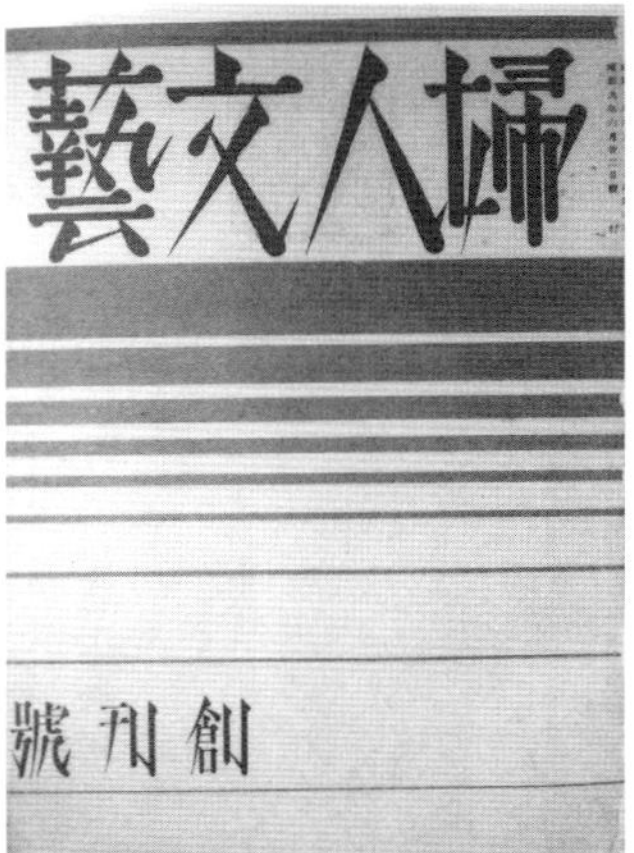

『婦人文芸』創刊号

参考文献　神近市子『神近市子自伝—わが愛わが闘い—』、一九七二、講談社。加賀山亜希「戦時期『婦人文芸』にみる抵抗の一形態」（『歴史評論』五六八）、一九九七。

（加賀山亜希）

ふじんほうこくうんどう　婦人報国運動　満州事変後に*愛国婦人会が取り組んだ運動。一九三二年（昭和七）十月、愛国婦人会は、政府の自力更正運動に呼応して婦人報国運動に着手し、時局の認識と国防精神の徹底、天皇を中心とする国体観念の発揚、家庭経済の合理化などを具体的な実践項目に掲げた。東京、仙台、福岡、岡山、名古屋の大都市から各府県に運動を拡げ、各地で講演会や「愛国の母」「美しき愛」などの映画上映会を開催した。三三年、愛国婦人会創立記念日の三月二日、祝祭日などにおける国旗掲揚を督励する運動をラジオ放送で全国に宣伝し、国旗掲揚運動を通じて愛国心を高めようとした。三月六日の皇后誕生日には、第一回地久節《ちきゅうせつ》奉祝婦人報国祭を開催し、以後毎年女学校生徒や女性一般に呼びかけてこの運動を実施した。また、十二月の皇太子誕生を期に各地で皇太子誕生祝賀の運動も推進する。三五年、政府による選挙粛正《しゅくせい》運動を支持し、他の婦人団体とともに各地でビラまきなどを積極的に行なった。

参考文献　鈴木裕子編『日本女性運動資料集成』一〇、一九九五、不二出版。『愛国婦人会四十年史（復刻版）』（愛国・国防婦人運動資料集二）、一九九六、日本図書センター。

（宇野　勝子）

ふじんみんしゅクラブ　婦人民主クラブ　敗戦直後の一九四六年（昭和二十一）三月十六日、女性が民主的に育ちあう場として創立され、学習・活動を重ねて現在に至る組織。ＧＨＱ*ウィード中尉《ちゅうい》の「日本の女性はどうして戦争に協力したか」の問いをきっかけとして、*加藤シヅエ・*羽仁説子《はにせつこ》・*宮本百合子《みやもとゆりこ》・*佐多稲子《さたいねこ》・山本杉《やまもとすぎ》・*赤松常子《あかまつつねこ》・*山室民子《やまむろたみこ》・*松岡洋子《まつおかようこ》が発起人となり、反封建、職場・地域・家庭での自主的生活展開、女性の能力発揮で日本の民主化達成を目的として組織された。八月、『婦人民主新聞』を創刊（一九九〇年（平成二）まで全八冊の縮刷《しゅくさつ》版がある)。占領軍の民主化・女性解放という時代潮流《ちょうりゅう》の中で、一九四八年会員四千人、機関紙七万部と飛躍的に発展し、翌年会員六千、五十二支部に達した。当初発起人には「有職《ゆうしょく》婦人の勉強しあう会」と考えられたクラブであったが、*主婦の期待も集まり、平和を「体質的根性」と自他ともに認める活動を進めた。しかし一九五〇年共産党の内部対立から干渉があり、クラブは拒否したが、会員・読者は激減した。一九五〇年代以降、ストックホルム＝アピール署名、原水爆禁止署名、子どもを小児マヒから守る運動、安保闘争と活動を重ねた。安保闘争後、日常不断に活動する女性の新組織が求められ、婦人民主クラブへの期待は強かったが、政党・党派・思想・国内外の諸潮流をめぐる討論で一致点を見出せず分立し、現在は三団体となり、それぞれに機関紙を発行し活動を続けている。

参考文献　永原和子「戦後婦人運動史の一齣—婦人民主クラブを中心として—」(『歴史評論』一九五)、一九六六。婦人民主クラブ編『しなやかに女たち—婦人民主クラブ50年の歩み—』、一九九六。婦人民主クラブ(再建)編『明日を展く—通史・婦人民主クラブの50年—』、二〇〇〇。

(伊藤　康子)

ふじんもんだい　婦人問題　女性の法的権利・教育・職業・政治参加などの社会的問題。『明六《めいろく》雑誌』において*森有礼《もりありのり》・*福沢諭吉《ふくざわゆきち》・加藤弘之《かとうひろゆき》・*津田真道《つだまみち》などが天賦《てんぷ》人権思想にもとづき*男女平等、一夫一婦、廃娼《はいしょう》・廃妾《はいしょう》を論じた。これは日本社会の近代化の課題として婦人問題が論じられた最初である。この思想は自由民権家の*岸田俊子《きしだとしこ》・景山英子《かげやまひでこ》・*植木枝盛《うえきえもり》に引き継がれた。なかでも植木は最も徹底した男女平等を構想し、その実現を目指した。また同じころ*矢島楫子《やじまかじこ》ら*日本基督《キリスト》教婦人矯風会《きょうふうかい》の女性はキリスト教主義の立場から*一夫一婦制の請願や*廃娼運動を始めた。一九〇四年(明治三十七)幸徳秋水《こうとくしゅうすい》・堺利彦《さかいとしひこ》はアウグスト＝ベーベルの「婦人と社会主義」を「婦人問題の解決」と題して翻訳し、社会主義の立場からの婦人解放を説いた。一九〇七年に堺利彦『婦人問題』、一〇年に上杉慎吉《うえすぎしんきち》・河田嗣郎《かわたしろう》の同名の著書が出版された。これらはいずれも男性の社会運動家・学者による問題提起の書である。女性自身によって婦人問題が叫ばれるのは一一年*平塚らいてうによる青鞜社《せいとうしゃ》の結成、雑誌『*青鞜』の発刊を嚆矢《こうし》とする。女性の自我の発見のための文学運動として出発した『青鞜』はただちに世の批判を浴び婦人問題に直面させられた。『青鞜』は*家制度の桎梏《しっこく》を問い、貞操《ていそう》問題、堕胎《だたい》問題、売春・公娼《こうしょう》問題などを論じて婦人問題の核心に迫った。一九一三年(大正二)には雑誌『太陽』『中央公論』『六合《りくごう》雑誌』でいっせいに婦人問題の特集が組まれ、男性の学者・評論家のみでなく女性の教育家・運動家などが登壇した。その主要なテーマは家制度問題、女性の職業・労働問題、女子高等教育問題、婦人参政権問題などであった。さらに一六年には雑誌『*婦人公論』が発刊され婦人問題をより広く取り上げる場が提供された。その誌上での*与謝野晶子《よさのあきこ》・平塚らいてう・*山川菊栄《やまかわきくえ》・*山田わからによる*母性保護論争では女性の経済的自立か*母性の国家的保護かをめぐって激しい論議が展開された。その背景には第一次世界大戦期の女性の職業・労働への進出と母性としての役割の相克という新たな問題があった。この論争は女性解放における女権《じょけん》主義か母性主義かという現代にも通ずる問題を投げかけた。この論争を経て婦人問題は婦人参政権獲得運動や*職業婦人・労働婦人の組織化、*母子保護法制定運動、廃娼運動などの具体的な運動として取り組まれ、一九二〇年から一九四〇年(昭和十五)ころまではこれらの運動がもっとも高揚《こうよう》した時期であった。戦後、*日本国憲法の施行により、*婚姻《こんいん》の平等・婦人参政権・教育の男女平等など明治以来の婦人問題の課題は制度としては達成された。しかし現実の社会生活、家庭生活の中での女性差別や不平等は多く残された。とりわけ高度成長期の女性の社会進出、*家族の変容などは新たな問題を生み出した。第一次・第二次の*主婦論争はこれまで天職とされてきた主婦という存在に懐疑《かいぎ》の目を開かせ、七〇年の*ウーマン＝リブの運動は生む性であることの抑圧に対する女性自身の叫びであった。これを広汎《こうはん》なおんなの問題としてとらえたのが*フェミニズムの運動である。七五年からの「*国際婦人年」「国連婦人の十年」の運動はあらゆる差別の撤《てっ》廃《ぱい》に向けての世界的な運動であり、日本でも性別役割の見直し、雇用における男女平等への取り組みが行われ、八五年*男女雇用機会均等法が成立し、さらに*男女共同《きょうどう》参画《さんかく》社会実現への努力がなされている。*ジェンダー理念の導入によりいまや「婦人問題」「女性問題」はジェンダー問題として見直され深められている。

参考文献　脇田晴子・林玲子・永原和子編『日本女性史』、一九八七、吉川弘文館。総合女性史研究会編『日本女性の歴史—性・愛・家族—』(角川選書)、一九九二、角川書店。同編『日本女性の歴史—女のはたらき—』(角川選書)、一九九三、角川書店。同編『日本女性の歴史—文化と思想—』(角川選書)、一九九三、角川書店。鹿野政直『現代日本女性史—フェミニズムを軸として—』、二〇〇四、有斐閣。

(永原　和子)

ふじんもんだい　婦人問題　㈠河田嗣郎《かわたしろう》の著書。一九一〇年(明治四十三)刊行。河田は一八八三年生まれ、一九四二年(昭和十七)没。社会経済学者。京都大学で社会政策を教える。本書は第一編婦人問題の理由、第二編婦人問題の各方面、第三編諸国の婦人運動より成り、いまや女性の職業進出などによりこれまでの家族制度は崩壊の危機に瀕している、*婦人問題の発生は拒み難き時勢の要求と述べたことが問題となり、文部省の指示をうけみずから絶版とした。一九二四年(大正十三)、これを『家族制度と婦人問題』の書名で改めて改造社より刊行した。ここでは「婦人問題とは婦人の人権に関する問題」とし、女性がその性を主張することは男性とその社会的役割をみずから区分し、男性に対抗する相対的なもので、女権《じょけん》よりはさらに進んで人権を主張すべきと述べ、婦人問題としての女性の教育・参政権・職業・労働問題などを論じている。『「家族・*婚姻」研究文献選集』五(湯沢康彦監修、一九八九年、クレス出版)に所収。

(二)一九一〇年(明治四十三)上杉慎吉《うえすぎしんきち》により書かれた書。上杉慎吉は一八七八年生まれ、一九二九年(昭和四)没。東京大学教授、憲法学者。穂積八束《ほづみやつか》の影響を受けた保守的な法学者。ベーベルの『婦人及び社会主義』、イプセン『ノラ』、英国の婦人運動の紹介から説き起こし、日本の婦人問題の問題点に及ぶ。上杉は「女子の本性は男子に帰依《きえ》すること」「男女老幼のあるのは人類の秩序」という根本的考えから婦人問題を論じている。たとえば今日の婦人問題の盛行は家婦《かふ》が自由になり暇になったため、夫婦同等を唱えるのは自然の服従を曲解するもの、女性の労働は身体への弊害である、選挙権の要求は実際的でないなど、いち早く婦人問題の諸テーマを取り上げているが、ベーベルやイプセンを批判することに終始していて、同年に書かれた河田嗣郎《かわたしろう》の『*婦人問題』とは反対に男女の役割の相違、女性の男性への従属を説いている。

(永原 和子)

(三)婦人問題研究会の機関誌として発行された、月刊の学術雑誌。編集人は宮田修《みやたおさむ》。一九一八年(大正七)十月から一九二〇年四月まで発行され、途中、一九一九年十二月に一度休刊している。婦人問題研究会とは、一九一六年一月に結成された、会員百二十名ほどの研究会(幹事は麻生正蔵《あそうしょうぞう》・下田次郎《しもだじろう》・高野重三《たかのじゅうぞう》・宮田修)であり、会員は女性を含みつつも、教育界・言論界・政界などで活躍するそうそうたる顔ぶれの男性が中心であった。彼らは、第一次世界大戦における欧米女性の活動に触発《しょくはつ》されて婦人問題への関心を抱き、「時代遅れ」の狭義《きょうぎ》の*良妻賢母《りょうさいけんぼ》主義ではない、新しい女性規範を模索していった。そして婦人問題の研究成果を発表する場として『婦人問題』が発行された。誌面は「論説」「思潮紹介《しちょう》」「雑録」「新刊書」「彙報《いほう》(女子教育界・社会事情・海外通信)」「新聞雑誌婦人問題一覧」などから構成されている。日本図書センターから復刻され、解説・総目次として『婦人問題』別冊が出ている。

参考文献 小山静子『良妻賢母という規範』、一九九一、勁草書房。

(小山 静子)

ふじんもんだいこんわかい　婦人問題懇話会　党派や主義にこだわらず、女性問題を広く研究する団体として誕生した。一九六〇年(昭和三十五)安保闘争以後、運動の多党化と系列化が進み、党や組織の支配が強くなったが、女性問題研究者の間では女性共通の問題を自由に討議し、研究・調査などを行う場が切望されていた。そこで労働省初代女性局長の*山川菊栄《やまかわきくえ》をはじめ、労働省の女性官僚、大学や民間の女性問題研究者、労働組合の女性活動家などが自主的に集まって、研究・懇談・調査などの活動を闊達《かったつ》に展開。はじめはガリ版刷りのパンフレットからスタートし「婦人問題懇話会」と名付けて活動を続けた。やがて随時活版の会報へと発展した。ほかにこうした自由な論壇《ろんだん》がなかったので入会者も増え、年に二、三度は公開の例会も開かれた。七五年の*国際婦人年がその活動を一層促進し、やがて*女性学発祥《はっしょう》の基盤となったといえよう。このころから会名も「日本婦人問題懇話会」となった。二〇〇〇年(平成十二)閉会。全会報五十九巻は八冊に合本し、東京ウィメンズプラザに保存されている。『社会変革をめざした女たち—日本婦人問題懇話会報アンソロジー—』(二〇〇〇年、ドメス出版)として、全会報五十九巻の論文中、特に優れたもの、話題となったもの約六十篇を精選し、閉会を期に刊行した。

(駒野 陽子)

ふじんもんだいとふじんうんどう　婦人問題と婦人運動　社会主義の立場から論じた女性論・女性運動論。*山川菊栄《やまかわきくえ》著。一巻。一九二五年(大正十四)文化学会出版部より『社会問題叢書《そうしょ》』の一巻として刊行。旧著『婦人の勝利』を一部修正し、加筆したもので、「はしがき」と「緒論《しょろん》」「男性中心説と女性中心説」「原始女性の地位」「文明社会の男女関係」「婦人解放論と其《その》批評」「婦人の地位の改善」「二つの指導的精神」の七章からなる。原始から近代に至る各国女性の地位の変化と女性問題の発生、欧米諸国・ロシア・中国・日本の女性運動の現状が紹介されている。著者はすでに『現代生活と婦人』『女の立場から』『女性の反逆』などの著作や、カーペンター、ウォード、ベーベルなどの翻訳をとおして社会主義の理論と方法による広範な女性論を展開していた。その到達点を踏まえ、*赤瀾会《せきらんかい》や女性参政権運動、増大する「*職業婦人」など女性労働者の動向を視野に入れて体系的にまとめあげたものである。欧米では*男女同権・機会均等の要求はもっぱら中上層の社会階層(「ブルジョア」)によったが、急激な資本主義化が進む日本ではそれらを求める本来の担い手である階層が未成熟なため、全女性共通の要求として「無産階級」である女性労働者や農民が代わりにその歴史的使命を果たさざるをえないとして、社会主義運動・労働運動が女性問題の解決を課題に掲げる必要性を主張した。同時に、女性運動全体の潮流には思想的脈絡があり、考察の対象を特定の個人や団体に限定することの誤りを説いている。将来の女性運動の方向性については、階級を超越した「婦人党」による運動と社会主義の実現の二つの道を提示し、判断を読者にゆだねている。刊行直後には無産政党の行動綱領《こうりょう》の欠陥《けっかん》を突いた「『婦人の特殊要求』について」や日本労働組合評議会婦人部テーゼの草案を執筆するなど、自身の理論を実践に活かすことに意欲的であった。テキストは『婦人問題と婦人運動』(安部磯雄・山川均・堺利彦編『社会問題叢書』八、一九二五年、文化学会出版部)。復刻版が『叢書『青鞜』の女たち』一一(一九八六年、不二出版)、安部磯雄・山川均・堺利彦編『社会問題叢書(復刻版)』八(二〇〇二年、日本図書センター)に所収。
参考文献 折井美耶子「山川菊栄研究ノート—マルクス主義の確立過程—」(『歴史評論』三三五)、一九七六。 (奥田　和美)

ふじんやしないぐさ　婦人養草　加賀藩士村上迸門(武右衛門・梅塢散人《ばいうさんじん》)作・序による女子教訓書。五巻十冊からなる。貞享《じょうきょう》三年(一六八六)作、元禄二年(一六八九)刊。『婦人養草』は巻頭と序に記された書名であり、題箋《だいせん》や巻末などには『和漢婦人養草』『やしない草』とも記される。妊娠・*出産から育児・衛生・家政全般等まで、二百二十八項目もの婦人にかかわる多種多様な事柄について、和漢の文学・歴史・仏教書・随筆・詩歌《しいか》・逸話《いつわ》など百二十九書にわたる文献をおりこみ、教訓を述べる。『江戸時代女性文庫』五〇(一九九六年、大空社)に所収。
参考文献 田中ちた子・田中初夫編『家政学文献集成』続編四、一九七二、渡辺書店。石川松太郎監修『女子用往来』(往来物大系八九)、一九九四、大空社。 (長田　直子)

ふじんろん　婦人論　一八七九年刊行されたアウグスト＝ベーベル(August Bebel、一八四〇—一九一三)の著作。代表的マルクス主義女性論として知られる。原題はDie Frau und der Sozialismus(女性と社会主義)。ベーベルはドイツ社会民主党指導者で第二インターナショナルの創立者。本書ははじめチューリヒで密かに出版、一八八三年『女性の過去・現在・未来』と改題、九一年第九版で『女性と社会主義』に戻され、増補改訂が続き一九一〇年第五十版を最終版とする。本書の主眼は社会主義社会になってはじめて女性解放が実現するという点にある。私有財産制の成立とともに女性は男性に従属し、現行の資本主義社会において女子労働者は賃金奴隷《どれい》となり、結婚は生活の手段と化して妻の存在は売春と表裏をなしている。理想の未来社会では女性は社会的経済的に独立し共同調理場などによって*家事からも解放される。最後に「未来は社会主義のものである。(中略)何よりもまず労働者と婦人のものである」と力強く結ばれる。一八八五年英語、デンマーク語に訳されて以来多くの国で訳出、日本では一九〇五年(明治三十八)堺利彦《さかいとしひこ》の「婦人問題概観」(『直言《ちょくげん》』一二)にその影響が見られ、英語版からの抄訳(『社会主義と婦人』「過去」の部分のみ)が一九一九年(大正八)村上正雄《むらかみまさお》により出された。これに序を寄せた*山川《やまかわ》菊栄《きくえ》は、*婦人問題の徹底的理解と解決にはまず労働問題の解決を得るべしとしてベーベルの『婦人論』を高く評価、一九二三年みずから『婦人論』を完訳した。ドイツ語からの初訳『婦人と社会主義』(一九二二—二四年)は牧《まき》山正彦《やままさひこ》による(のちに岩波文庫版、訳者草間平作は彼の別名)。戦後に言論の自由・共産党合法化など民主化の下で復刊、改訳、新訳(伊東勉・土屋保男訳『婦人論』、一九五八年、大月書店)が相ついだ。社会主義思想とその女性論の普及に大きな貢献をなした古典的著作である。
参考文献 犬丸義一「日本におけるマルクス主義婦人解放思想の歩み—明治期を中心に—」(藤原彰編『論集現代史』一九七六、筑摩書房)。同「ベーベル「婦人論」刊行百年によせて—日本への翻訳ノート—」(『歴史評論』三五七)、一九八〇。西川正雄「「婦人論」とアギグスト・ベーベル—発刊(一八七九)百周年に寄せて—」(『歴史評論』三五九)、一九八〇。 (金子　幸子)

ふじんろんろんそう　婦人論論争　一九七〇年代にシンポジウム「婦人運動と婦人問題」(日本共産党理論政治誌『前衛《ぜんえい》』一九七一年五月号)をきっかけに起ったマルクス主義女性解放論に関わる論争。これまで社会主義社会になれば女性は解放されると考えられていた前提に疑問が呈《てい》された。高度経済成長下に女子労働者の数は増え*保育所もつぎつぎと開設されたが、働く女性たちはいまだ仕事と*家事育児の両立に苦しんでいた。一方、*家庭の*主婦たちは*母親運動、平和運動、消費者・住民運動など暮らしと命を守る運動に広範に参加、これをどう評価するかが問われたのである。この論争を通して、女性が働き続けることの意味を確認したうえで育児休暇を母親役割を維持させるとして否定するのではなく、その意義を認め、他方、戦後*婦人運動の民主主義的性格を明らかにし主婦層の統一戦線に占める積極的な位置を認めることとなった。マルクス主義女性解放の原則論に対して、一九五〇年代後半以降の現実を受けて検討が加えられ社会変革と理論に関して認識が前進したといわれる。
参考文献 犬丸義一「最近の婦人論の〝争点〟」(『労働運動』一一二・一一三)、一九七五。同「婦人労働者の歴史的国民的地位」(黒川俊雄編『講座現代の婦人労働』四、一九七六、労働旬報社)。 (金子　幸子)

ふせないしんのう　布勢内親王　?—八一二　桓武《かんむ》天皇の皇女。母は『日本後紀』では丸朝臣氏《わにのあそんし》とあり、『本朝皇《ほんちょうこう》胤紹運録《いんじょううんろく》』では中臣朝臣大魚《なかとみのあそんおおうお》の娘豊子《とよこ》とある。布施とも書く。延暦《えんりゃく》十六年(七九七)四月、伊勢斎宮《さいぐう》に卜定《ぼくじょう》され、同年八月葛野川《かどのがわ》で禊し*野宮《ののみや》に入り、九月伊勢群行。父桓武の崩御によって大同《だいどう》元年(八〇六)四月退下《たいげ》。弘仁三年(八一二)八月没し、四品《しほん》を賜わった。薨伝《こうでん》によれば「資《し》性婉順《せいえんじゅん》にして貞操殊《ていそうこと》に励む」(原漢文)とある。同年十一月、その遺言によって、その墾田《こんでん》七百七十二町を東西二寺に施入《せにゅう》した。また翌弘仁四年九月には親王家の直銭《じきせん》一万貫《がん》を諸寺修理の費用にあてた。 (佐藤　直子)
参考文献 服藤早苗編『歴史のなかの皇女たち』、二〇〇二、小学館。

ふせんかいかん　婦選会館　一九四六年(昭和二十一)十二月、東京都渋谷区の現在地に、婦人参政権実現を記念して建てられた民間の女性会館。一九六二年十一月改築を機に自治省(現総務省)認可の財団法人婦選会館となり、政治教育や調査出版、国際交流など、女性の地位向上のための諸事業に取り組む。創設者の*市川房枝《いちかわふさえ》(一八九六—一九八一)没後、一九八三年に財団名を市川房枝記念会に改称し、婦選会館は建物名として残った。館内には常設の市川展示室や、婦人参政関係史資料などを所蔵する図書室がある。女性団体活動の拠点的役割も果たしてきた。しかし二〇〇六年(平成十八)、老朽化した会館建物の改修に備えて耐震診断の結果、耐震性に問題があることが判明。常時不特定多数の人々が出入りする公共的建物として人命保護を最優先し、同年七月より耐震補強工事を含む改修工事終了まで会館を一時使用禁止とした。二〇〇七年九月現在、会館に隣接するビルの仮事務所で出版、図書に特化した事業に取り組んでいる。

参考文献 『創立四〇周年記念財団法人市川房枝記念会事業報告』、二〇〇三、市川房枝記念会。 (久保 公子)

ふせんかくとくどうめい 婦選獲得同盟 大正・昭和期の*婦人参政権運動の中心となった女性団体。一九二四年(大正十三)男子普通選挙法の成立を目前に、婦人参政権運動の統一と拡充《かくじゅう》が求められ、同年十二月十三日、思想や党派を超えた女性の「大同団結」の団体として婦人参政権獲得期成同盟会が創立された。婦人参政権獲得に目的をしぼり、政党・政派に対する絶対中立を方針とした。総務理事に*久布白落実《くぶしろおちみ》、会務理事に*市川房枝《いちかわふさえ》、会計理事に中沢美代《なかざわみよ》が就任し、中央委員に金子《かねこ》しげり・*河崎《かわさき》なつ・*ガントレット恒子《つねこ》などが選任された。一九二五年四月「婦選なくして普選なし」の意をこめて婦選獲得同盟と改称。婦選法案の提出を議員に働きかける対議会運動、世論喚起《かんき》のための政治教育などを展開した。一九二七年(昭和二)から機関誌『婦選』(のち『女性展望』)を発行、会員の拡大と支部の設置に努めた。一九二八年には*日本婦人参政権協会・*婦人参政同盟・関東婦人同盟・社会婦人同盟などと婦選獲得共同委員会を結成、一九三〇年から七回にわたり全日本婦選大会を開催するなど、他団体との共同運動をすすめた。一九三〇年には婦人公民権案が衆議院本会議で可決されるなど運動は盛り上がりを見せた。同年、久布白落実が総務理事を辞任すると市川房枝が後任となり、金子しげりとともに運動の中心を担っていく。一九三一年に「満州事変」が勃発《ぼっぱつ》すると市川らは軍部を批判し、平和のための婦人参政権を主張したが、議会では婦人参政権は顧みられなくなり、地方自治政治に関する運動、母子保護運動、選挙粛正《しゅくせい》運動などに活動の力点は移った。一九三七年日中戦争が始まると、非常時に対応するため日本婦人団体連盟を組織、国民精神総動員運動に参加するなかで次第に戦時体制に協力していくこととなる。一九四〇年九月、婦選獲得同盟は解散、会員は戦時下の女性政策の提言を目的として結成されていた婦人時局研究会へ合流した。

参考文献 市川房枝『市川房枝自伝戦前編』、一九七四、新宿書房。児玉勝子『婦人参政権運動小史』、一九八一、ドメス出版。『婦選(復刻版)』、一九九二-九四、不二出版。菅原和子『市川房枝と婦人参政権獲得運動—模索と葛藤の政治史—』、二〇〇二、世織書房。 (国武 雅子)

ぶそくてん 武則天 六二三—七〇五 中国史上ただ一人の女性皇帝。生年については異説がある。名は照《しょう》。貞《じょう》観《がん》十年(六三六)のころ、太宗《たいそう》の「才人《さいじん》」として後宮に入り、太宗死後、永徽《えいき》三年(六五二)ころ、高宗《こうそう》の後宮に入り「昭儀《しょうぎ》」となり、長子の李弘《りこう》を生む。永徽六年十月十九日に皇后となり、国政に関与した。それは「二聖」(高宗・武后《ぶこう》)政治とも呼ばれ、麟徳《りんとく》元年(六六四)ころからは、上《じょう》元《げん》元年(六七四)八月、皇帝の称号が「天皇」と換わると、病弱の高宗に代わって本格的な「垂簾《すいれん》の政」を始め、先例のない「天后《てんこう》」の称号を受ける。弘道《こうどう》元年(六八三)十二月、高宗が五十六歳で死去すると、太子李顕《りけん》(中宗)を即位させるが、皇太后として力をふるい、嗣聖《しせい》元年(六八四)二月には中宗を廃帝とし、中宗の弟李輪《りりん》(李旦《りたん》)を睿宗《えいそう》として即位させている。さらに、天授《てんじゅ》元年(六九〇)九月九日には睿宗を退位させ、中国史上、最初で最後の女性皇帝となり、周《しゅう》王朝の成立(「武周革命《ぶしゅうかくめい》」)を宣言する。その統治は十五年に及んだが、神龍《しんりゅう》元年(七〇五)正月、張柬之《ちょういんし》らのクーデターで退位し、李哲《りてつ》(中宗)が皇帝に復し、国号も周から唐に戻り、十一月二十六日に死去。死後、武照は中宗から則天大聖皇后《そくてんたいせいこうごう》の諡号《しごう》を贈られ、夫の高宗の眠る乾陵《けんりょう》に合葬されている。その事績は、天后時代に『烈女伝《れつじょでん》』『臣規《しんき》』『百僚新誡《ひゃくりょうしんかい》』などの編纂《へんさん》事業を行い、時代の変化に対応した人材の評価を内外に示し、また、則天文字の創作やみずからが弥勒《みろく》の生まれ変わりであるとする偽の経典《きょうてん》を作り、即位後も門閥《もんばつ》氏族を斥《しりぞ》け、人材登用の機会を広げた点が後世において評価されている。しかし、『旧唐書《くとうじょ》』や『新唐書《しんとうじょ》』は皇帝本紀ではなく、「則天皇后本紀」として編纂し、皇帝即位を認めていない。後者の評価は、*家父長《かふちょう》制イデオロギーを擁護《ようご》する警語《けいご》の「牝鶏司晨《ひんけいししん》」(めんどりが時を知らせる=女性が家を取り仕切るようになると、その家は滅びる)の典型例であるが、その実像は、男性優位の思想と制度の社会に果敢《かかん》に挑み、皇帝位に登り詰めた生涯といえる。

参考文献 外山軍治『則天武后—女性と権力—』(中公新書)、一九六六、中央公論社。氣賀澤保規『則天武后』(中国歴史人物選)、一九九五、白帝社。荒木敏夫『可能性としての女帝—女帝と王権・国家—』(Aoki library)、一九九九、青木書店。 (荒木 敏夫)

ふたつのぶんかのはざまから—たいしょうデモクラシーをいきたおんな— ふたつの文化のはざまから—大正デモクラシーを生きた女— 一九三五年(昭和十)、ニューヨークで刊行された*加藤シヅエ(執筆当時、バロネス石本静枝「男爵夫人《だんしゃく》」)の英文の半生記。原題Facing Two Ways。半世紀を経て日本語訳が世にでる。著者は、十七歳で大正デモクラシーの洗礼を受けたヒューマニストの男爵と結婚。家族制度、儒教による差別的な嫁の生活、貧困とであった三池炭鉱《みいけたんこう》、一九二〇年代初めのアメリカ、第一次世界大戦後の疲弊《ひへい》した欧州や植民地韓国での自分の目に映った人々の暮らしの描写、と同時に日本の植民地政策とともに右傾化していく夫との離反の苦悩のなかで考察する日本の妻と夫の関係、さらには軍事化、戦争への道を進む岐路《きろ》に立ち平和への希求《ききゅう》を描きだした。当時、無知と偏見から、「ジャップ」と軽蔑《けいべつ》されていた日本の現状を知るための有効な書、また「平和に貢献する良書」として評価され、敗戦後、GHQが日本の民主化のための参考文献として、さらには著者が女性政策の非公式顧問として抜擢《ばってき》される力となった。初版は、一九八五年に青山館より刊行。改訂版が一九九四年に不二出版より刊行されている。（船橋　邦子）

参考文献　加藤シヅエ『最愛のひと勘十へ—加藤シヅエ日記—』、一九八八、新曜社。

ふたなり　二形　身体的な両性具有《ぐゆう》者。『*病草子《やまいのそうし》』に男女の両性器をもつ二形の男の寝室を描いた絵があるが、彼は鼓打《つづみうち》と占いを生業《なりわい》としていた。彼のように長数珠《ながじゅつ》を懸けて女装していた占者は持者《じしゃ》と呼ばれていた（持者と*白拍子《しらびょうし》は異性装において共通する）。*職人歌合《しょくにんうたあわせ》の持者の歌に二所《にしょ》・三島《みしま》とでることからすると、東国に多かったという男覡《おとこかんなぎ》（『*梁塵秘抄《りょうじんひしょう》』）もふくめて、両性具有の人々の生業として占者を想定できることになる。

二形（『病草子』より）

参考文献　柳田国男「巫女考」（『柳田国男全集』一一四、一九九八、筑摩書房）。細川涼一『逸脱の日本中世—狂気・倒錯・魔の世界—』（ちくま学芸文庫）、二〇〇〇、筑摩書房。（保立　道久）

ふたばほいくえん　二葉保育園　一九〇〇年（明治三十三）一月、東京麹町《こうじまち》区下六番町に設立された貧困児童のための先駆《せんく》的な保育園。設立当初は二葉幼稚園と称し、父母貧困のため幼稚園保育を受けることができない満三歳から就学までの児童を対象とした。創立者は*野口幽香・森島美根。一九〇六年に四谷鮫河橋に移転し、保育を通じてスラム地域住民の生活改善に取り組み、貯蓄教育・入浴・理髪を行うなどした。一九一六年（大正五）、名称を私立二葉保育園と改称、卒園児のために小学校、スラム地区となった新宿南町に分園を設立し、廉売《れんばい》事業・夜間治療部などの隣保《りんぽ》事業活動を行なった。また一九二二年、*母子家庭保護のための「母の家」、一九二四年には新宿分園で保育部・図書室・裁縫《さいほう》部・少年少女クラブ（学童保育）を開始した。一九三一年（昭和六）に*徳永恕が園長に就任。現在は二葉乳児院・児童養護施設二葉学園・保育園二施設を運営している。

参考文献　二葉保育園編『二葉保育園八十五年史』、一九八五。上笙一郎・山崎朋子『光ほのかなれども—二葉保育園と徳永恕—』（現代教養文庫）、一九六五、社会思想社。（大友　昌子）

ふだんれん　婦団連　⇩日本婦人団体連合会《にほんふじんだんたいれんごうかい》

フチ　フチ　アイヌ語で祖母の意。アイヌ老女の尊称。*親族名称であり「おばあちゃん」という呼びかけにも使うが、他人である老女にも使われる。フチには祖母というだけでなく祖先の女性という意味が込められており、双系的な親族構造における母系紐帯《ちゅうたい》の象徴となっている。対する祖父・祖先男性はエカシという。現在では、尊称としてのフチには、歳を重ねたことによる知恵者というほかに近代をアイヌ女性として生きてきたことへの尊敬が込められている。（児島　恭子）

フチイキリ・エカシイキリ　フチイキリ・エカシイキリ　アイヌ語で「祖母《フチ》の系統」「祖父《エカシ》の系統」を意味し、女によってたどられる母系系統、男によってたどられる父系系統をそれぞれ指す。前者を通じてウプソロ（下紐）が継承され、ときに*トゥス（巫術《ふじゅつ》）やイコインカラ（助産）など女性の特殊な能力も伝えられる。これに対し後者はイトクパ（祖印）を受け継ぎ共通のパセオンカミ（重要な神や祖先への祭祀《さいし》）を行う単位となる。→系譜《けいふ》　→双系制《そうけいせい》　→取《と》り上《あ》げ婆《ばば》　→父系制《ふけいせい》・母系制《ぼけいせい》（木名瀬高嗣）

ふちざわのえ　淵沢能恵　一八五〇—一九三六　明治から昭和時代にかけて、韓国で活動した女子教育家。岩手の下級武士の家に生まれる。生後九ヵ月で養女となり、養母と各地を転々とする。二十九歳の時、外国人技師一家の*家政婦として渡米、洗礼を受ける。三十二歳で帰国し、同志社女学校に入学。中退後、東洋英和女学校など各地の女学校で教師、舎監を勤めた。一九〇五年（明治三十八）、岡部長職《おかべながもと》夫妻とともに渡韓。翌年五月、京城学堂《けいじょうがくどう》の関係者らとともに朝鮮の上流層女子を対象とする明新《ミョンシン》女学校（後の淑明《スクミョン》女学校）の設立に関与し、学監を勤めた。矯風会京城支部長、*愛国婦人会本部評議員などを歴任。

参考文献　村上淑子『淵沢能恵の生涯—海を越えた明治の女性—』、二〇〇五、柏書房。（山下　英愛）

ぶっきょうてきさべつもんごん　仏教的差別文言　仏教の経典には女性に対する差別的な言辞《げんじ》が多い。それは仏教が成立した古代インド以来の女性の社会的地位の反映であり、さらに男の僧侶が自身の性的欲望をかきたて出家修行の妨《さまた》げになると女性嫌悪《けんお》をあおったのである。研究者は、経典に書かれた女性の劣等性を示す言葉を総称し、仏教的差別文言という。まず、女性は「五障《ごしょう》」の身であり、梵天《ぼんてん》・帝釈天《たいしゃくてん》・魔王・転輪聖王《てんりんじょうおう》・仏になれないという。すなわち、女性は悟《さと》りに達してブッダになることができない（『法華経《ほけきょう》』など）。また、女性は「三従《さんじゅう》」の身であり、幼時は父に、結婚したら夫に、老いては息子に従わねばならないとされた。これはインドの『*マヌ法典』にみられ経典にも採られたものである。中国の儒教にもあるが、仏教では道徳律というより罪業《ざいごう》であり、五障とセットにされた。そして女人成仏《によにんじょうぶつ》を説く経は「*五障三従の身を転じて」男になることが必要だとする。これを「*変成男子《へんじょうなんし》」「転女成男《てんにょじょうなん》」という。『法華経』には、竜女《りゅうにょ》が女身を転じて男になって成仏するという「竜女成仏《りゅうにょじょうぶつ》」の話がみられる。また『転女身経《てんにょしんきょう》』では、母の胎内の無垢光女《むくこうにょ》が仏陀《ぶつだ》の説法を聞いて男に転じたと説かれている。日本では、以上のような女性差別文言は、元来差別のなかった古代にはみられず、平安時代の九世紀後半から文献にみえるようになり、摂関期には貴族社会に広まり、王朝文学に影響を与えた。また、九世紀半ばごろから、月経や*出産を「*穢《けがれ》」とする観念が仏教と結びつき、「女身垢穢《にょしんくえ》」といわれた。そして、やはり九世紀半ばごろから、比叡山《ひえいざん》や金峯山《きんぷせん》などの山岳寺院が「女人結界《にょにんけっかい》」とされた。さらに、女は「嫉妬深《しっと》い」「愛欲深い」「愚鈍《ぐどん》」などという人格的な女性嫌悪が書かれていく。こうした変化は*家父長制《かふちょうせい》の形成と関わりがあるが、当初はおおむね貴族社会の内部にとどまり、鎌倉時代の古文書に仏教的差別文言を含むものは少ない。地方の在地への普及は室町時代末期の十六世紀ごろからで、中世から近世へ*ジェンダーの在り方が変化する時期である。

参考文献 大隅和雄・西口順子編『救いと教え』(シリーズ女性と仏教二)、一九八九、平凡社。平雅行「中世仏教と女性」(女性史総合研究会編『日本女性生活史』二、一九九〇、東京大学出版会)。野村育世『仏教と女の精神史』、二〇〇四、吉川弘文館。

(野村 育世)

ぶっきりょう 服忌令 近親の死に際して喪《も》に服すべき日数を定め、加えて産穢《さんえ》・死穢《しえ》など触穢《しょくえ》の日数をも規定した江戸幕府の法令。平安時代、*穢《けが》れ意識が肥大化する中で、各神社では『養老令《ようろうりょう》』喪葬令《そうそうりょう》・仮寧令《けにょうりょう》や『延喜式《えんぎしき》』などの規定をもとに、それぞれ独自に服忌令と称するものを定め、近親の死や、人・動物の産・死などの穢れに遭遇したものには、一定の期間神社参拝等を禁止するようになった。これが服忌令の起源である。江戸幕府は、

江戸幕府服忌令(元禄六年改正)服忌日数

服	忌	名称	付記 ( )内は筆者注
一三ヵ月	五〇日	父母	(離別の母を含む)
	三〇日	夫	
一五〇日	三〇日	祖父母	離別の祖母を含む
		養父母	遺跡相続・分地配当の養子の場合 養方親類……相互に実の如き服忌 実方親類…{父母……定式の服忌 / 祖父母・伯叔父姑……半減の服忌 / 兄弟姉妹……相互に半減の服忌 / その他の親類……服忌なし} 遺跡相続・分地配当でない養子の場合 養方親類…{養父母……定式の服忌 / 兄弟姉妹……相互に半減の服忌 / その他の親類……服忌なし} 実方親類……相互に定式の服忌
		夫の父母	
九〇日	二〇日	母方祖父母	離別の祖母を含む
		曾祖父母	母方は服忌なし、一日遠慮
		伯叔父姑	父母種替兄弟姉妹は半減
		妻	
		兄弟姉妹	別腹差別なし
		嫡子	家督と定められていない時は末子の服忌 女子は最初に生まれても末子
三〇日	一〇日	高祖父母	母方は服忌なし、遠慮一日
		母方伯叔父姑	父母種替兄弟姉妹は半減
		嫡母	対面・通路なければ服忌なし 改嫁・離別は服忌なし 嫡母の親類服忌なし
		継父母	同居でなければ服忌なし 改嫁・離別は服忌なし 継父母の親類服忌なし
		異父兄弟姉妹	
		末子	養子につかわしても服忌差別なし 家督と定める時は嫡子の服忌
		養子	家督と定める時は嫡子の服忌
		嫡孫	嫡孫承祖たる時は嫡子の服忌
七日	三日	末孫	女子は最初に生まれても末孫 娘方孫も含む
		従父兄弟姉妹	父の姉妹の子および母方も含む
		甥姪	姉妹の子も含む 異父兄弟姉妹の子は半減
		曾孫玄孫	娘方は服忌なし

江戸幕府服忌令(元禄六年改正)穢れ日数

事項	穢れ日数	備考
産穢	夫七日婦三五日	妾の産穢も同じ
血荒	夫七日婦一〇日	形体のないもの
流産	夫五日婦一〇日	形体のあるもの
死穢	一日	家の内で人が死んだ時、一間に居合せた者の穢れ
踏合	行水次第	死骸のある所へ来合せた者の穢れ
改葬	遠慮一日	

これを幕藩制秩序の維持・強化に利用しようとして貞享《じょうきょう》元年(一六八四)『服忌令』と称する法を制定公布、その条文は数次の改正を経て元文《げんぶん》元年(一七三六)に確定した。服《ぶく》(本来は喪服を着るべき期間で、武士は出仕しない)と忌《いみ》(特に重い喪の期間で、神社に参拝できない)については、令や中世服忌令の規定を若干変更して封建社会にふさわしいものに改め、儒教的家族・親族秩序の維持・強化に役立てようとした。父方・男子方親族を母方・娘方親族よりも重視するなど、*男尊女卑《だんそんじょひ》の観念がみられるものの、母のための服忌日数は父のためのそれと同等であるなど、女性も母としてはその地位を父同様に評価されている。なお、婚出した女子にとって、実父母のための服忌が夫の父母のためのものよりも重いのは、結婚しても妻は婚家に完全に帰属することにはならないという、当時の婚姻実態の反映であったと考えられる。一方、触穢の規定は中世よりも大幅に簡略化され、穢れが伝染するという観念も否定されたが、産穢は相変わらず残され、夫も出仕等を遠慮すべきものとされた。『服忌令』施行によって、下位の者が上位の者に穢れを及ぼしてはならないという原則が確立し、最も穢れが及ぼされてはならない東照大権現《とうしょうだいごんげん》を頂点に、将軍、大名・旗本、家臣と下る穢れのヒエラルヒーと称すべきものが構築され、幕藩制秩序を補強する役割を担わされたのである。

参考文献 林由紀子『近世服忌令の研究』、一九九八、清文堂出版。 (林 由紀子)

ふどき 風土記 和銅《わどう》六年(七一三)の官命によって編纂《へんさん》された奈良時代の地誌。現存するのは、常陸《ひたち》・出雲《いずも》・播《はり》磨《ま》・肥前《ひぜん》・豊後《ぶんご》の五ヵ国。このうち、ほぼ完全な形で残るのは出雲。ほかには、二十数ヵ国の『風土記』が別の史料に引用されて逸文《いつぶん》の形で残る。『風土記』には、国内の産物や地勢、地名の由来、古老の伝承などが採録されているが、「播磨国風土記」揖保《いぼ》郡萩原里条《はぎわらのさとじょう》によれば、稲を舂《つ》く舂女《つきめ》の姿が描かれ、「常陸国風土記」行方郡《なめかたぐん》条では板来《いたく》の南の洲において貝を拾う男女の姿が描かれるなど、女性の生業に関わる記述が多い。また、「常陸国風土記」では、筑波《つくば》郡条にみえる筑波岳条をはじめとして男女の*歌垣《うたがき》や宴に関わる記述が散見する。さらに、「播磨国風土記」託賀《たか》郡都麻里《つまのさと》条によれば、播磨国と丹波《たんば》国との境界を播磨刀売《とめ》と丹波刀女《とめ》が定めたことを記す。こうした*女性首長に関わる記載は、「豊後国風土記」「肥前国風土記」「常陸国風土記」「陸奥《むつ》国風土記」逸文などにみえる。このように『風土記』は、古代女性の生業や生活、社会的位置づけをさぐる上で貴重な史料として活用できる。

参考文献 関和彦「嬥歌会と春時祭田」(『風土記と古代社会』一九八四、塙書房)。溝口睦子「『風土記』の女性首長伝承」(前近代女性史研究会編『家・社会・女性—古代から中世へ—』一九九七、吉川弘文館)。 (森田喜久男)

ふとく 婦徳 ⇩四行《しこう》

ふなだま 船魂 航海安全や大漁祈願のため、漁民や船乗りの間で信仰されている神霊。船霊・舟玉とも書く。船魂は、男神・男女の神とされることもあるが、通常は*女神である場合が多い。船おろし(進水式)の前に船大工が密かに船の帆柱《ほばしら》の下や船の中央部にまつった。御神体は、賽子《さいころ》・銭十二文・男女の人形・女性の毛髪・五穀などで、紅白粉《べにおしろい》など女性の化粧道具を入れ、蓋《ふた》に紅白粉をぬるところもある。

参考文献 牧田茂『海の民俗学』(民俗民芸双書一一)、一九六六。神野善治「船霊と樹霊」(『沼津市博物館紀要』一〇)、一九八六。 (岩田みゆき)

ふなやど 船宿 江戸の山谷堀《さんやぼり》・*柳橋《やなぎばし》・日本橋・江戸橋に多くあった船を出す料理屋。*吉原案内の茶屋でもある。船宿は廓《くるわ》へ通うために舟を出すことが主たる商売ではあるが、客の求めに応じて釣舟の手配、納涼を楽しむ客へのサービス、遊客の着がえ場所の提供も行なった。二階もあり、小ぎれいな小部屋は男女の「潜伏するに甚《はなは》だ妙なり」(『東京妓情《とうきょうぎじょう》』)といわれるように*密会の場所であった。出格子《でごうし》、掛行燈《かけあんどん》、屋号などがある造りから待合茶屋でもあった。風流人が好んだ場所である。

参考文献 酔多道士『東京妓情』(蘇武緑郎・今関良雄編『未刊珍本集成』一、一九三三、古典保存研究会)。三谷一馬『江戸吉原図聚』、一九七七、立風書房。喜田川守貞『守貞謾稿』、一九九二、東京堂出版。 (宇佐美ミサ子)

ぶにん 夫人 貴族・豪族女性の尊称。和訓はオオトジ(大刀自)。*律令制后妃《こうひ》制度では、*皇后と妃《ひ》は皇族出身、夫人と嬪《ひん》が臣下出身である。豪族女性が氏族内での財産や宅を保持したまま天皇の妻(御妻＝ミメ)となり、大刀自と称された律令制以前からの伝統が和訓の背景にあろう。天武天皇の夫人で大原里《おおはらのさと》にいた藤原*五百重娘《いおえのいらつめ》は「藤《ふじ》原夫人《わらのぶにん》」であり、「大原大刀自《おおはらのおおとじ》」と呼ばれた(『*万葉集』二・八、一〇三・一〇四・一四六五)。所生子が天皇になると「大夫人《だいぶにん》」(おおみおや)と称し(『続日本紀《しょくにほんぎ》』神亀《じんき》元年(七二四)三月辛巳《しんし》条)、淳仁《じゅんにん》天皇の母の*当麻山背《たいまのやましろ》のように、皇妃制度上の夫人の地位になくとも同様の尊称を得た(同天平宝字三年(七五九)六月庚戌《こうじゅつ》条)。*光明《こうみょう》皇后の母である*県犬養橘宿禰《あがたいぬかいのたちばなのすくね》三千代《みちよ》も、「大夫人」号を追贈されている(同天平宝字四年八月甲子《かっし》条)。「妃某姓邑刀自《おおとじ》」の称は、平安時代前期には出身氏族名を示す「某姓」を除いて「妃邑刀自」と称することとされ(『類聚符宣抄《るいじゅうふせんしょう》』六、弘仁八年六月廿三日勅)、やがて后妃のランクとしての夫人号は姿を消す。

参考文献　三﨑裕子「キサキの宮の存在形態について」(総合女性史研究会編『日本女性史論集』二、一九九七、吉川弘文館)。義江明子「刀自神考―生産・祭祀・女性―」(『日本古代女性史論』二〇〇七、吉川弘文館)。

(義江　明子)

ふみづかい　文使ひ　平安時代の婚姻儀式の一つで懸想《けそう》文《ぶみ》が儀礼化したもの。通常平安時代では男が女の方へ手紙(懸想文)を何度か贈り、女方が返事を書き、ついに承《しょう》諾《だく》した旨《むね》を送ると結婚が内定する形式であった。これがいつしか*婚姻儀礼に取り入れられ、結婚が決まると、婿《むこ》方から女の方へ形式的に求婚がなされる。これが文使いである。書使《ふみづかい》ともいわれた。初期には結婚式の数日前から二、三度の往復が行われたようであるが、のちには婚礼の日の当日に往還《おうかん》するようになった。当日、婿が手紙(多くの場合*和歌が書かれてある)を使いに渡し、使いはそれを女の方へ届け、その返事を得てから帰ってくる。その後、婿は女の家に向かい婚礼が挙行《きょこう》される手順となる。『江家次第《ごうけしだい》』二〇に「執聟事、近代例」として「当日初有消息、以親本家之者為使、或無返事無録」とあり、女の側からの返事を省略する例もあったようである。

参考文献　中村義雄『王朝の風俗と文学』(塙選書)、一九六二、塙書房。高群逸枝『招婿婚の研究』(高群逸枝全集)、一九六六、理論社。

(栗原　弘)

ふみづきあさまき　文月浅間記　⇨羽鳥一紅《はとりいっこう》

ふゆのソナタ　冬のソナタ　韓国のテレビドラマ。二〇〇二年放映。日本では二〇〇三年(平成十五)NHK衛星放送で放映され人気を呼び、二〇〇四年地上波でも高視聴率を獲得。若い男女の純愛は感動を呼び、愛する女性の心を受けとめる主人公、ペ＝ヨンジュン演じる優しい男性像は日本女性の、特に中高年層の心をつかんだ。関連グッズの販売、韓国旅行の増加、語学学習への関心など一連の「冬ソナ」現象を生み、韓国テレビドラマもつぎつぎと紹介され、「シュリ」「JSA」など映画のヒットとも相まって韓流ブームを巻き起こした。

参考文献　高野悦子・山登義明『冬のソナタから考える』(岩波ブックレット)、二〇〇四、岩波書店。高柳美知子・岩本正光編著『「冬のソナタ」から見えてくるもの』、二〇〇六、かもがわ出版。

(金子　幸子)

ふよう　婦容　⇨四行《しこう》

フライト＝アテンダント　フライト＝アテンダント　旅客機の客室乗務員を指す。乗務員の多くを女性が占めたことから、スチュワーデスと呼ばれてきたが、一九九九年(平成十一)に施行された改正*男女雇用機会均等法の「指針」により第五条(募集・採用)に違反する措置《そち》として、「募集又は採用に当たって、女性を表す職種の名称を用いること」が明記されたことから、性に中立な呼称であるフライト＝アテンダント flight attendant が使用されるようになった。スチュワーデスの採用は一九三〇年代にさかのぼるが(一九三一年(昭和六)に東京航空輸送会社がエアガール三名を採用、三八年に大日本航空がスチュワーデスを採用)、今日に至るまで客室乗務員は典型的な女性職である。九〇年代前半まで正社員としての採用が通常であったが、九四年に航空各社は、人件費削減策として、雇用契約一年、時間給による「アルバイト＝スチュワーデス」の導入を発表した。安全性と労働条件、雇用保障の側面から反対運動が盛り上がったが、その後の採用は短期雇用契約制度となった。

参考文献　松田良一「スチュワーデス」(『近代日本職業事典』一九九三、柏書房)。鎌田慧編『スチュワーデスはアルバイトでよいのか』(岩波ブックレット)、一九九五、岩波書店。

(森　ます美)

ふりうり　振売　中世から近世にかけて、店棚《みせだな》を構えず商品を売り歩く商いまたはそれを行う人をいう。その多くは都市近郊の村里の居住者であった。『三十二番職人歌合』や『*七十一番職人歌合』に描かれた肩に担いだ棒に商品を下げて売り歩く者をいうが、*桂女《かつらめ》や*大原女《おはらめ》のように商品を頭上に載せて売り歩く者も振売商人といえる。康永《こうえい》二年(一三四三)の京都祇園《ぎおん》社《しゃ》の棉座《わたざ》相論(棉座新座の振売商人には女性が多かった)がその典型を示すように、振売商人と店売商人の間にはしばしば相論が見られ、対抗上、振売商人は独自の座を組織したり、供御人《くごにん》・神人《じにん》などになりその営業権の保持を図る者もいた。

参考文献　豊田武『座の研究』(豊田武著作集一)、一九八二、吉川弘文館。

(加藤美恵子)

ふりかわり　ふりかわり　⇨お振《ふ》り替《か》わり

ふりそで　振袖　近世、*小袖《こそで》に対して袖丈を長く腋《わき》の下を縫い合わせずに仕立てた袖、またはこうした袖の服。十五、六歳までの元服前の男女が着用した。転じて若い娘、嫁入り前の娘や*歌舞伎の少年の役者や男色《だんしょく》関係の少年を指すこともある。寛文《かんぶん》年間(一六六一―七三)ころまでは一尺五寸の袖丈のものを六尺袖・大振袖と呼んだが(両袖の前後左右の丈を合計した寸法)、長大化の一途をたどり、寛延《かんえん》・宝暦《ほうれき》年間(一七四八―六四)のころには二尺八、九寸になった。現在では未婚女性の礼装で、*留袖《とめそで》・*江戸褄《えどづま》に対する呼称。

参考文献　北村哲郎『日本服飾小辞典』、一九八八、源流社。

(佐多　芳彦)

ふりそでかじ　振袖火事　明暦《めいれき》三年(一六五七)におきた江戸の大火のこと。数多い江戸の大火の中でも、とりわけ大規模なもので、正月十八日の出火から二十日に鎮火するまでに、江戸市中の大部分が焼け、十万人余の死者を出した。江戸城の天守閣も焼失、以後再建されなかった。本郷丸山本妙寺《ほんみょうじ》で行われた施餓鬼《せがき》に焼いた*振袖が、強風により舞い上がり火災の原因となったと伝えられ、俗称となる。火災後、本所《ほんじょ》に回向院《えこういん》が建てられ、死者が弔《とむら》われた。

(椙山　聖子)

ふりょうマッチたいじしゅふたいかい　不良マッチ退治主婦大会　一九四八年(昭和二十三)九月三日、*主婦たちが配給の不良マッチへの抗議をした主婦大会。集会のオルガナイザーは*奥《おく》むめおで、今こそ生活難を強いられている主婦たちの不満の声を政府に届けて消費者としての権利を守り、そのために各種婦人団体が連帯することの必要を強く望んだ。その場で役人や業者に謝罪させて良品マッチへ交換させただけでなく、生活全般を改善すべく七項目の決議文も作成され、*主婦連合会結成の契機ともなった。

[参考文献] 奥むめお『野火あかあかと』、一九八八、ドメス出版。　（大門　泰子）

ふりわけがみ　**振り分け髪**　平安時代以降の男女幼童の髪型。「髪振」「はなちがみ」「はなち」ともいう。*垂髪《すいはつ》で、髪の端を肩程度の長さで切りそろえ、頭頂部から左右に分けて垂らした。おもに八歳ごろまでの髪型。概して、この年齢の幼童は衣服の構成や髪形など、ほとんど外見上の男女の差異はなかった。

[参考文献] 中村義雄『王朝の風俗と文学』（塙選書）、一九六二、塙書房。　（佐多　芳彦）

ふりん　**不倫**　配偶者のある者が配偶者以外の者ともつ性関係。不貞《ふてい》ともいう。大日本帝国憲法のもとで、刑法第一八三条には「有夫の婦姦通《かんつう》したる時には二年以下の懲役《ちょうえき》に処す、其相姦したる者亦《また》同じ」とあり、*明治民法第八一三条の離婚原因は「妻が姦通を為したるとき」「夫が姦淫罪《かんいんざい》に因りて刑に処せられたるとき」とされた。婚姻後の女性の不貞は厳しく咎《とが》められたが、男性は不問に付される*家父長制《かふちょうせい》的性の二重規範のもとにあった。しかし戦後新憲法の「法の下の平等」の理念に照らして、刑法第一八三条は削除され、民法では不貞行為は男女等しく離婚原因の一つと規定された。既婚者の婚外性関係は不貞と呼ばれ反道徳的な意味が強かったが、次第に*一夫一婦制の羈絆《きはん》が弱まるとともに、不倫と呼ばれるようになり、かつての背徳的意味合いは弱くなったといえる。　（折井美耶子）

ふるあめりかにそではぬらさじ　ふるあめりかにそではぬらさじ　幕末、横浜岩亀楼の*遊女喜遊《きゆう》（一八四六—六二、六三とも）の辞世の句とされるもの。喜遊は江戸の町医の娘として生まれたが、貧窮のため*身売りした。文久二年（一八六二）アメリカ人の枕席《ちんせき》に侍するのを拒んで自殺した。遺書に「（上略）無念の歯がみを露《あら》はせし我死骸を、今宵の客に見せ下され、かゝる卑しき浮れ女さへ、日の本志は恁《か》くぞと知らしめ給はるべく候、露《つゆ》をだにいとふ倭《やまと》の女郎花《おみなえし》ふるあめりかに袖はぬらさじ」とあったという。喜遊の来歴、没年等諸説あり、当時攘夷《じょうい》派の志気を高めるための偽作ともいわれる。　（椙山　聖子）

フロイス、ルイス　**Luis Frois**　一五三二—九七　ポルトガル人のイエズス会宣教師。永禄六年（一五六三）七月、来日。同八年正月、入京。その後、天正四年（一五七六）までの十二年間、京に滞在。永禄十二年三月、織田信長と会い、活動の保護を受ける。天正四年、豊後《ぶんご》へ転任し大友宗麟《おおともそうりん》との親交を深める。天正十五年、準管区長コエリョに同行し、大坂城内で豊臣秀吉と会見。長年、日本に滞在しその事情に明るかった彼は、天正十一年『*日本史』の編纂に着手し、十年余りでこれを完成させた。

[参考文献] 松田毅一『近世初期日本関係南蛮史料の研究』、一九六七、風間書房。　（谷合　伸介）

ふわないしんのう　**不破内親王**　生没年不詳　聖武《しょうむ》天皇の皇女。母は県犬養宿禰広刀自《あがたいぬかいのすくねひろとじ》。同母の姉弟に*井上《いのうえ》内親王・安積《あさか》親王がいる。天武天皇の皇子新田部《にいたべ》親王の子塩《しお》焼王《やきおう》（氷上真人《ひかみのまひと》塩焼）の妃となり、氷上志計志麻呂《しけしまろ》、川継《かわつぐ》らを生む。天平十四年（七四二）十月、塩焼王は*女孺《にょじゅ》らとともに平城《へいじょう》の獄《ごく》に下り、伊豆三島に配流《はいる》された。塩焼王は三年後に赦されて帰京し、天平宝字《てんぴょうほうじ》元年（七五七）四月、道祖王《ふなどおう》廃太子後の*孝謙《こうけん》天皇の皇嗣《こうし》選定の際には、藤原豊成《ふじわらのとよなり》、永手《ながて》らに推されて候補の一人にあげられたが、退けられた。同年七月の橘奈良麻呂《たちばなのならまろ》の変でも、天皇に擁立《ようりつ》されようとしたが、父新田部親王の功により特に免《ゆる》され、氷上真人の姓を賜わった。こうした夫塩焼王の動きのためか、聖武天皇により、不破内親王は*内親王の称号を削られたこともあり、無品《むほん》から四品に叙《じょ》されたのは天平宝字七年正月になってからである。その後氷上塩焼は藤原仲麻呂《なかまろ》に接近し、天平宝字八年九月の仲麻呂の乱に際し、天皇に偽立されたが誅《ちゅう》された。神護景雲《じんごけいうん》三年（七六九）五月、母方の同族県犬養宿禰姉女《あがたいぬかいのすくねあねめ》が中心となって、密かに不破内親王の子氷上志計志麻呂を皇嗣に立てることを企て、佐保《さほ》川から拾ってきた髑髏《どくろ》に称徳《しょうとく》天皇の髪を盗み入れ、厭魅《えんみ》したとされ、本来なら八虐《はちぎゃく》の罪にあたるところを特に免され、厨真人厨女《くりやのまひとくりやめ》の氏姓で臣籍《しんせき》に降され、封四十戸と田十町を与えられて京外へ追放となった。称徳天皇崩後、この厭魅事件は誣告《ぶこく》であったとして、宝亀《ほうき》三年（七七二）十二月内親王の属籍を復された。同年に姉の井上内親王が廃后とされているが、この事件の影響は受けなかったらしく、翌宝亀四年正月、本位四品を授けられ、さらに同年五月、三品に昇叙《しょうじょ》された。桓武《かんむ》天皇が即位した天応《てんおう》元年（七八一）、二品に叙せられたが、翌延暦《えんりゃく》元年（七八二）川継の謀反《むほん》が発覚し、川継は伊豆三島に流された。この事件は不破内親王にも罪が及び、川継の姉妹らとともに淡路に流され、延暦十四年和泉《いずみ》に移された。

[参考文献] 林陸朗「奈良朝後期宮廷の暗雲—県犬養家の姉妹を中心として—」（『上代政治社会の研究』一九六九、吉川弘文館）。服藤早苗編『歴史のなかの皇女たち』、二〇〇二、小学館。　（佐藤　直子）

ぶんかがくいん　**文化学院**　一九二一年（大正十）、東京都神田駿河台《かんだするがだい》に西村伊作《にしむらいさく》が創設した女子中等教育機関の各種学校。彼の長女アヤが女学校進学を控えていたことをきっかけに、私財を投入して創立。人格による自然な感化のみ存在する「ユートピア」を構想し、その理想を実現するために、生徒を、中流以上の芸術を理解する文化的家庭の子女に絞った。詩人*与謝野晶子《よさのあきこ》・寛《ひろし》夫妻や洋画家石井柏亭《いしいはくてい》らがスタッフとして就任、当時の画一的、強制的教育を排し、子どもの個性や自発性を重視した教育を行うというわゆる大正新教育をリードした学校となる。創立三年目、彼の長男久二《きゅうじ》の入学の年に、中等教育としては日本ではじめて*男女共学とした。中学部第一回の卒業を迎え一九二五年には大学部を設置したが、一九四三年(昭和十八)には教育方針が日本の国是《こくぜ》にあわないとされ強制閉鎖となる。一九四六年に再開され、現在では高等課程、専門課程、および付帯教育の三構成となっている。

参考文献　加藤百合『大正の夢の設計家―西村伊作と文化学院―』(朝日選書)、一九九〇、朝日新聞社。

(渡辺　典子)

ぶんかつそうぞく　分割相続　⇩財産相続《ざいさんそうぞく》

ぶんかふくそうがくいん　文化服装学院　一九二三年(大正十二)に文化裁縫女学校として創立されたわが国最初の服装教育の各種学校。一九一九年に創設された並木伊三郎《なみきいさぶろう》の並木婦人子供服装裁縫教授所をその前身とする。一九三五年(昭和十)、財団法人並木学園を設置し、日本で最初の法人認可の服装教育専門学校となり、翌一九三六年には日本最初の服装研究雑誌『装苑《そうえん》』を創刊する。同年には校名を文化服装学院と改称する。高度経済成長期、それまで自活の手段としての機能を持っていた洋裁が、安い既製服が出回るとともにその機能を変質させ、洋裁学校もファッション業界を支える人材を育成する場へと変質した。一九五七年には、開校以来初の男子学生二十三名が入学し、のちに高田堅三《たかだけんぞう》・松田光広《まつだみつひろ》・山本耀司《やまもとようじ》らを輩出することとなる。東京都渋谷区代々木に校舎を構える以外に、二〇〇三年(平成十五)には中国上海《シャンハイ》の東華《とうか》大学内に「日本文化服装学院」を開校している。

参考文献　総合女性史研究会編『日本女性の歴史―女のはたらき―』(角川選書)、一九九三、角川書店。

(渡辺　典子)

ぶんこくほう　分国法　戦国大名が領国支配のために定めた基本法典。戦国家法とも称される。戦国大名は、みずからの力量でもってのみ、領国の支配を行うことで、大名家と領国とを維持することができた。領国支配にあたっては、自力救済《じりょくきゅうさい》を抑止し、法による支配が標榜《ひょうぼう》され、それによって領国は、領国内諸階層に共通する平和領域としての性格を帯びた。同時に、大名家と領国との一体化観念が生まれ、両者あわせて「国家」と認識された。分国法は、戦国大名の「国家」支配における、公的側面を最もよく示すものと評価されている。代表的なものに、奥羽伊達《おううだて》氏『*塵芥集《じんかいしゅう》』、甲斐武田《かいたけだ》氏『甲州法度之次第《こうしゅうはっとのしだい》』、駿河今川《するがいまがわ》氏『*今川仮名目録《いまがわかなもくろく》』、近江六角《おうみろっかく》氏『六角氏式目《ろっかくししきもく》』などがある。女性に関わる条項は、家臣層に関わるものが圧倒的に多く、なかでも*婚姻・相続・縁坐《えんざ》など、家臣同士の紛争に関わるものが多い。特徴的なのは*密懐法《みっかいほう》で、前代よりも現場における姦夫《かんぶ》・姦婦《かんぷ》両人殺害を規定する傾向が強い。ここにも私的紛争における親類らの合力禁止という、戦国法の特徴が強く反映されている。

参考文献　勝俣鎮夫『戦国法成立史論』、一九七九、東京大学出版会。田端泰子『日本中世の女性』(中世史研究選書)、一九八七、吉川弘文館。『中世政治社会思想』上(日本思想大系新装版)、一九九四、岩波書店。

(黒田　基樹)

ぶんめいろんおんなだいがく　文明論女大学　当時*貝原《かいばら》益軒《えきけん》の著作と考えられていた『*女大学』に対し、「男女ハ同権夫婦ハ一体と云ふ事を解さぬ人の話にて取に足らざるなり」と批判したもの。土居光華《どいこうか》著。一八七六年(明治九)七月刊。「人ハ男女の差別なく皆一人一己の力にて身を立て業を興すべき筈の者」「夫婦ハ一体男女同等のもの」「我が日本帝国の婦人女子は男子と同じく日本帝国の人民の権利を有するものにして日本帝国に報ずる義務を存するものなり」と主張している。土居光華は弘化《こうか》四年(一八四七)淡路《あわじ》国三原《みはら》郡土居《どい》村(兵庫県南あわじ市)に生まれ、維新後明治五年左院に出仕したが、薩長による藩閥《はんばつ》政治に抵抗して辞職。自由民権運動に参加する。『東海暁鐘新報《とうかいぎょうしょうしんぽう》』を創刊、のちに『自由新聞』の記者も務める。三重県で郡長を務めた後、同県第四区から第三・四回衆議院議員選挙に当選。一八九七年松方《まつかた》内閣との提携工作によって自由党を除名され、以後引退。一九一八年(大正七)没。

参考文献　梅川文男「土居光華伝」(『明治文化』一一ノ六―八)、一九三八。長谷川権一「民権運動家と地域啓蒙―土居光華の思想と行動―」(鹿野政直・高木俊輔編『維新変革における在村的諸潮流』一九七二、三一書房)。

(西澤　直子)

へ

へいあんいぶん　平安遺文　歴史家竹内理三《たけうちりぞう》が一九四六年(昭和二十一)—一九八〇年にかけて編纂《へんさん》した、平安時代の古文書《こもんじょ》を網羅《もうら》的に集める編年史料集。全十五巻。東京堂出版。ただし編纂物に収められた古文書は原則として収録されていないので、『朝野群載《ちょうやぐんさい》』『類聚三代格《るいじゅうさんだいきゃく》』などの文献も見る必要がある。平安時代の*女性史、*家族史を知る貴重な史料集であり、女性の相続、経営、家族関係、女性名などに関する多くの研究が生み出されている。

参考文献　西岡芳文「日本中世史—史料の手引—」(佐藤和彦他編『日本中世史研究事典』一九九五、東京堂出版)。服藤早苗『家成立史の研究—祖先祭祀・女・子ども—』(歴史科学叢書)、一九九一、校倉書房。　(野村　育世)

ペイ＝エクイティ　ペイ＝エクイティ　⇩京《きょう》ガス裁判《さいばん》

へいけものがたり　平家物語　中世の軍記物語。原型は鎌倉時代に、平清盛《たいらのきよもり》の一代記を主に『治承《じしょう》物語』として成立し、六巻→八巻→十二巻と段階的に増補改変されて多様な伝本(諸本)が生成されたと考えられている。この意味で、常に変容し成長する『平家物語』は、「動体の文学」であった。現存諸本は、平家一門の興亡《こうぼう》を主軸として、治承・寿永《じゅえい》の内乱を描く。末尾を嫡家《ちゃくけ》であった小松家の末、六代《ろくだい》の死で結ぶものと、*建礼門院徳子《けんれいもんいんとくこ》による安《あん》徳帝《とくてい》および平家一門への鎮魂供養《ちんこんくよう》で結ぶものに大別される。一般には、文書《もんじょ》や故事《こじ》など大量の記事を含み、寺社との関係が深い系統を「読み本系」、八坂《やさか》流や覚一《かくいち》流など琵琶法師《びわほうし》の伝承と繋《つな》がるものを「語り本系」と呼ぶ。覚一は、当道座《とうどうざ》と呼ばれた琵琶法師の座の始祖《しそ》といわれ、久我《こが》家(村上源氏の一流)の出身とされる。『平家物語』の生成伝承は、南北朝時代の『徒然草《つれづれぐさ》』二百二十六段が名高く、天台座主慈円《てんだいざすじえん》の後援を得ていた信濃前司行長《しなののぜんじゆきなが》が文を著わし、東国出身の盲僧生仏《もうそうしょうぶつ》が合戦の次第を伝えたとされる。儒教に基づく礼楽《れいがく》思想では、君主は、民の声を聞き知ることで、治乱《ちらん》を悟り政治に反映することができるという。その声を聞いて記録し、王を教戒《きょうかい》するのが、盲人音楽家と史官《しかん》の役目である。故に物語は、「史書」と見なされてきた。源氏将軍という新たな統治者の誕生の「歴史」を述べる『平家物語』に、怨霊《おんりょう》への鎮魂供養《ちんこんくよう》は必《ひっ》務《む》であった。だが主に死者の供養を担《にな》って来たのは、遺児を養育する妻や*乳母《めのと》であり、*親族や朋輩《ほうばい》の運命に涙した平家の縁者たちであった。したがって『平家物語』は、女性の物語でもあった。登場する女性たちは、時代の制約の中にあって能動的である。小督《こごう》や*祇王《ぎおう》、仏ら芸能の女たちは愛を全うし、あるいは往生《おうじょう》を遂げ、精神的な勝利を得ている。だが、巴《ともえ》は武芸に優れ、一軍の大将を務めながら、最期の場面で主君の木曾義仲《きそよしなか》によって、武者から戦没者の供養を担うべき女への変換を促される。*小宰相《こざいしょう》は、戦死した夫の通盛《みちもり》を追って、懐妊《かいにん》中の身でありながら入水《じゅすい》自殺を遂げる。すなわち小宰相は、夫への愛から*母性を放棄し、死者の追善《ついぜん》供養をも拒絶する。平清盛の北方《きたのかた》であった*平時子《たいらのときこ》は、壇之浦合戦《だんのうらかっせん》で、三種の神器《じんぎ》を帯して安徳帝と入水を遂げる。『平家物語』は、女性の人格を優位に置き、時代の抑圧の中で女性に科せられた規範からの解放をも描いたが、それは出家や自害という消極的な自己選択であった。安徳帝の母徳子は生捕《いけど》りとなるが、語り本系の末尾、灌頂巻《かんじょうのまき》は、朝敵・仏敵として滅亡した平家一門を、*国母《こくも》の建礼門院が語り、鎮魂供養する姿を描く。そして、その女院《にょいん》を大納言典侍《だいなごんのすけ》、*阿波内侍《あわのないし》の二人が看取り、往生を遂げて結ばれる。こうして「語り」の生む大きな円環の中で全ての亡魂《ぼうこん》が鎮《しず》められ、国土の平安を得た時、『平家物語』は達成されたといえよう。テキストは、『(全訳注)平家物語』(杉本圭三郎校注、講談社学術文庫、一九七九—九一年、講談社)、『平家物語』(水原一校注、新潮日本古典集成、一九七九—八一年、新潮社)、『平家物語』(梶原正昭・山下宏明校注、新日本古典文学大系四四・四五、一九九一—九三年、岩波書店)、『平家物語』(市古貞次注・訳、新編日本古典文学全集四五・四六、一九九四年、小学館)。

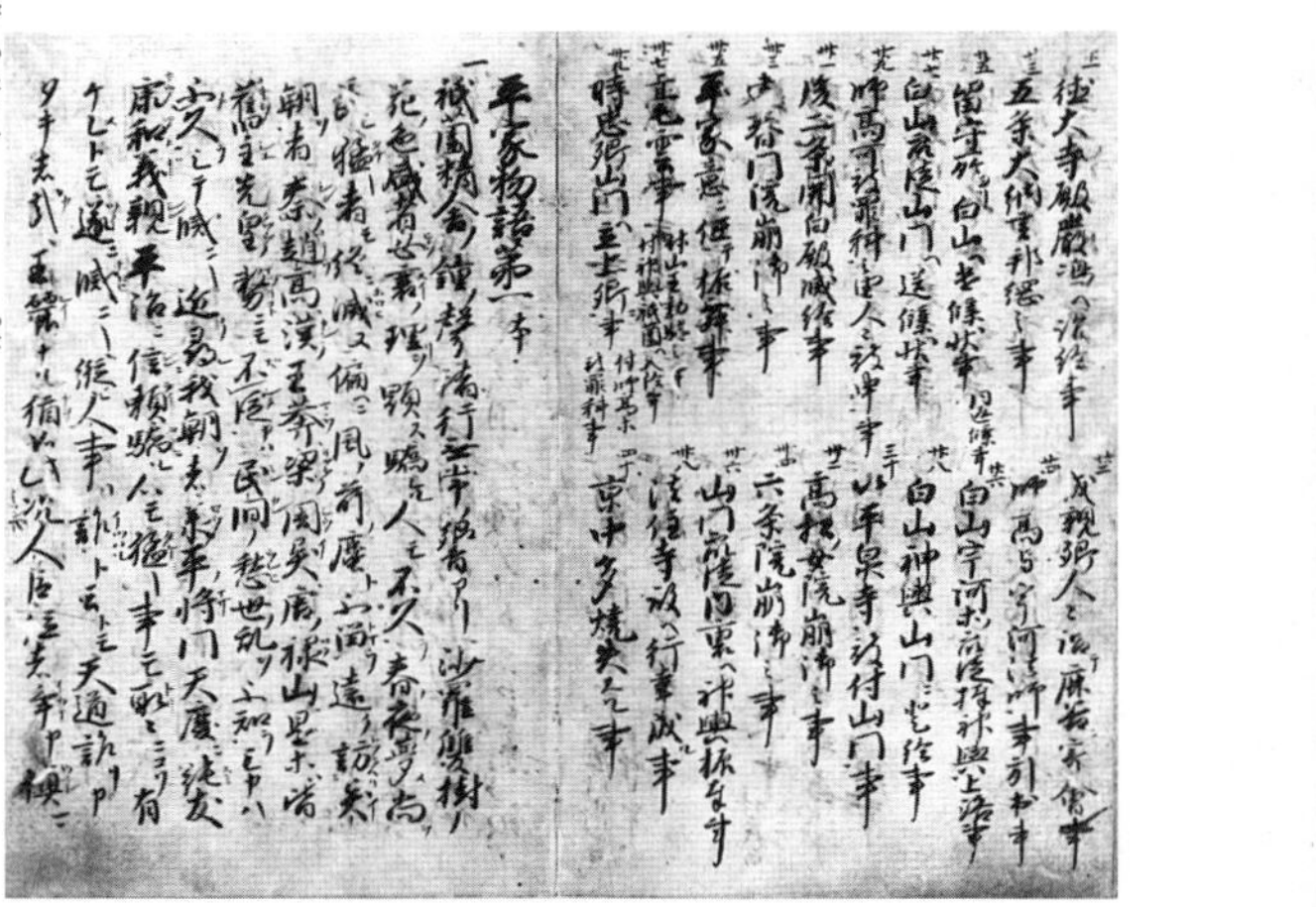

『平家物語』(延慶本)巻一

参考文献　細川涼一『中世寺院の風景—中世民衆の生活と心性—』、一九九七、新曜社。山下宏明編『平家物語の生成』(軍記文学研究叢書五)、一九九七、汲古書院。同編『平家物語—批評と文化史—』(軍記物語研究叢書七)、一九九八、汲古書院。兵藤裕己『平家物語の歴史と芸能』、二〇〇〇、吉川弘文館。　(清水　眞澄)

へいじものがたりえまき　平治物語絵巻　鎌倉時代中期の絵巻。合戦絵類中最古の作例の一つ。後白河院の寵臣《ちょうしん》藤原通憲《ふじわらみちのり》(信西《しんぜい》)を排除しようと、藤原信頼《のぶより》・源義朝《みなもとのよしとも》が起したクーデター、平治の乱(平治元年(一一五九))を題材とする鎌倉時代の軍記物語『平治物語』を絵画化したもの。「三条殿夜討巻《さんじょうでんようちのまき》」(ボストン美術館蔵)、「信西巻《しんぜいのまき》」(静嘉堂文庫美術館蔵、重要文化財)、「六波羅行幸巻《ろくはらぎょうこうのまき》」(東京国立博物館蔵、国宝)の三巻とそれぞれの模本、「待賢門《たいけんもん》合戦巻《かっせんのまき》」模本、「六波羅合戦巻《ろくはらかっせんのまき》」断簡《だんかん》および模本が現存。『平治物語』の現存する諸写本には相当の異同があるが、絵巻の詞書《ことばがき》は「古態本《こたいぼん》」に近いものの、成立年代から見て現存最古の本文であり、絵巻の内容に合わせて編集された独自の内容を持つことで知られる。絵の特色としては、従来、横長の絵巻画面を利用した巧みな群像表現が挙げられてきた。菱形《ひしがた》、あるいは逆三角形を押しつぶしたような形状に、武士たちが群れとしてまとめて描かれる。画中に反復して出現するこの形状については、絵巻の注文者、観賞者であった上位の貴族男性の眼差しと深くかかわって描かれたとする新たな解釈が近年行われた。すなわち、集団で行動し、院や天皇を頂点とする貴族に奉仕する存在としての武士をかたまりとして描くことにより、観賞者は画面を見下ろし、両手で絵巻を操作する行為を通じて、武士そのものをコントロールすることが可能になる仕組であったと想定される。また、「三条殿夜討巻」に描かれた武士の襲撃に傷つく*女房たちの身体は、注文者であった上級貴族の観賞を前提とし、武士の「他者性」を強調する意味を帯びて描かれていたと指摘されている。制作時期に関しては、文字史料は欠くものの主として書風の分析により十三世紀半ばころとの説が提唱されている。すなわち、詞書の書風は法性寺流《ほっしょうじりゅう》であるが、文字特徴である極端な震えに着目し、弘誓院《ぐぜいいん》(九条)教家《のりいえ》(一一九四―一二五五)の筆とする説である。また出家後の教家は、比叡山飯室《ひえいざんいいむろ》に住んでいたことが史料によって知られるが、比叡山は、平治の乱の経緯にかかわる逸話《いつわ》を多数提供したと推測される信西の子孫たちが僧として活躍した場所でもあった。また後世の文献ではあるが、室町時代の永享《えいきょう》八年(一四三六)から九年ころ、比叡山には「保元絵」十五巻と「平治絵」(巻数不明)が保管されていたことが、伏見宮貞成親王《ふしみのみやさだふさしんのう》の『看聞日記《かんもんにっき》』に記されている。現存絵巻の成立に比叡山が何らかのかたちで関与したとするならば、絵巻には王権、王朝の秩序を祈念する意味が込められていたと考えることが許されよう。なおこのセットとは別系統の『平治物語絵巻』で、「常盤巻《ときわのまき》」と呼ばれる零《れい》巻(個人蔵、鎌倉時代)が現存し、十四世紀前半ころの制作と推測される。

『平治物語絵巻』三条殿夜討巻

参考文献　松原茂「『平治物語絵詞』の伝来と成立」(小松茂美編『日本絵巻大成』一三、一九七七、中央公論社)。池田忍「『平治物語絵巻』に見る理想の武士像」(『美術史』一三八)、一九九五。日下力「『平治物語』諸テクストの作者像」(栃木孝惟編『平治物語の成立』一九九八、汲古書院)。池田忍「合戦絵の中の女性像―「性」を刻印された身体―」(伊東聖子・河野信子編『おんなとおとこの誕生―古代から中世へ―』二〇〇〇、藤原書店)。

(池田　忍)

へいぜいじょうこうのへん　平城上皇の変　弘仁《こうにん》元年(八一〇)におきた政変。薬子《くすこ》の変(乱)ともいう。大同《だいどう》四年(八〇九)四月に病を理由に皇太弟神野親王《こうたいていかみののしんのう》(嵯峨《さが》天皇)に譲位《じょうい》した平城上皇は、平安京を離れ旧都平城宮に落ち着いた。しかし、その後も政治的介入を繰り返し、平安京にいる嵯峨天皇と平城宮に移った平城上皇の「二所朝廷」状況に陥《おちい》り、政治的混迷を深めた。九月に入り、大和国の田租地子稲《でんそのじしとう》が平城宮雑用料《ぞうようりょう》に充《あ》てられ、平城宮のための造宮使が任命されるなど平城上皇による平城遷都《せんと》が明らかになると、「人心騒動」を理由に嵯峨天皇は伊勢・近《お》江《うみ》・美濃三関《みののさんげん》を固関《こげん》し、宇治・山崎両橋と淀津《よどのつ》などに頓《とん》兵《べい》を派遣するなど軍事的緊張は極限に達した。十一日早朝に平城上皇が川口道《かわぐちのみち》からの東国入りを目指している情報が達するや、嵯峨天皇は坂上田村麻呂《さかのうえのたむらまろ》らを美濃道に発進させ阻止した。一方で上皇の腹心であった藤原仲成《なかなり》は、天皇側の紀朝臣清成《きのあそんきよなり》や住吉朝臣豊継《すみよしのあそんとよつぐ》らによって射殺された。十二日に大和国添上郡越田村《そうのかみぐんこしだむら》にて事態を察した上皇は平城宮に戻り剃髪《ていはつ》して入道した。仲成の妹で上皇が寵《ちょう》愛《あい》した薬子は服毒自殺した。二日にわたる騒動は軍事衝突なしに収拾されたが、その後、皇太子であった平城皇子高丘《たかおか》親王が廃太子されるなど上皇側は厳しく処罰され、分裂した政局は嵯峨天皇の元に収斂《しゅうれん》・強化されるに至った。また、この遷都騒動をきっかけに父桓武《かんむ》天皇が作った平安京は「万代宮《よろずよのみや》」として定着することになる。以上の事件の推移からは上皇と天皇同存による政治矛盾・対立の構図が浮き彫りにされる。すなわち、この事件は平城上皇による遷都・復位をふくむ政治主導権争いが大きな要因・契機であり、その愛人藤原薬子や仲成による主体的な陰謀《いんぼう》はきわめて少ないと考えられる。「悪行之首」という薬子の毒婦《どくふ》像は嵯峨天皇の詔《みことのり》から生み出されたものであるが、平城上皇の東国入りを「伊勢行幸」というなど天皇側が上皇という権威を傷つけないための施策の一つであったと考えることもできる。この事件によって平城・嵯峨による両統迭立《りょうとうてつりつ》構想は頓挫《とんざ》し、皇太弟に大《おお》伴《とも》親王(淳和《じゅんな》天皇)がおかれた。

参考文献　黛弘道「藤原薬子」(笠原一男編『日本女性史』一、一九七三、評論社)。橋本義彦「「薬子の変」私考」(『平安貴族』一九八六、平凡社)。佐々木恵介「薬子の変」(『歴史と地理』五一四)、一九九八。仁藤智子「古代における王権の空間認識—平安京の形成と固関の展開—」(『平安初期の王権と官僚制』二〇〇〇、吉川弘文館)。

(仁藤　智子)

へいみんしゃのじょせいたち　平民社の女性たち　明治末期の社会主義結社である平民社は、はじめ一九〇三年(明治三十六)十一月堺利彦《さかいとしひこ》と幸徳秋水《こうとくしゅうすい》が発行した週刊『平民新聞』の発行所として届けられたが、多くの社会主義者が協力し事実上の結社となる。〇五年一月の週刊『平民新聞』廃刊後を引き継いだ『直言《ちょくげん》』も、同年九月に発行停止処分を受け廃刊したため解散。その後〇七年一月に再建され日刊『平民新聞』を出したが四月に廃刊、残務整理の幸徳らが平民社の看板を掲げ続け、一〇年三月に消滅した。この平民社で社員として働いた女性は*西川《にしかわ》(当初松岡)文子《ふみこ》と*堺(当初延岡)為子《ためこ》である。彼女らは平民社で賄方《まかないかた》となり、時には『直言』等を販売し、文子は経理も一時担当した。彼女らのほか平民社に出入りし運動に関わった女性として『二十世紀の婦人』記者の*今井《いまい》歌子《うたこ》・川村春子《かわむらはるこ》、「平民社のしゅうとめ」といわれた*福《ふく》田《だ》英子《ひでこ》らがいる。彼女らは文子や為子とともに一九〇五年一月から四年にわたり*治安警察法第五条改正請願運動を組織した。平民社は社会主義婦人講演を〇四年一月から一年半にわたってほぼ毎月一回開いた。弁士も聴衆も男性が多かったが、社会主義の立場から女性問題を取りあげた。〇四年十月からは女性も弁士に加わり、菅谷いわ子(木下尚江《きのしたなおえ》の妹)・寺本(のち*小口《おぐち》)みち子・西川文子などが演壇に立った。この婦人講演を聞いたのがきっかけで平民社にも出入りし社会主義運動に加わった女性もいた。寺本みち子は雑誌取材のため何回か講演会に来ており、神川《かみかわ》(のち西川)松子《まつこ》は当時青山学院の生徒で、菅谷・寺本・西川の三女性が演壇に立ったのを聞いて運動に加わった。その他女性問題について発言していた堺利彦を訪ねて運動に加わるようになった女性として*管野《かんの》すがや赤旗事件でつかまった木暮れい子などがいる。平民社の女性たちには社会主義者やそれに親近感を持っていた男性の身内が多かったが、神川松子などそうではない女性もいた。

参考文献　西川文子『平民社の女—西川文子自伝—』、一九八四、青山館。鈴木裕子『広島県女性運動史』、一九八五、ドメス出版。同編『資料平民社の女たち』、一九八六、不二出版。

(大木　基子)

ベーコン、アリス＝メイブル　Alice Mabel Bacon　一八五八—一九一八　米国の教育者、社会改革者。コネティカット州ニューヘイブンで組合派の牧師レナード＝ベーコンとキャサリン＝ベーコンの間に生まれる。父は著名な奴隷制《どれいせい》廃止論者。地元の公立高校を卒業後、独学でハーバード大学検定試験に合格。一八八〇年代からバージニア州にあるハンプトン師範・農業学校(現ハンプトン大学)で黒人学生を教える教員となりディクシー病院・看護学校の設立にも貢献(一八九一年)。一八七二年最初の*女子留学生の一人*大山捨松《おおやますてまつ》がベーコン家に託され、*津《つ》田《だ》梅子《うめこ》や*瓜生繁子《うりゅうしげこ》との友情の輪の中に入る。津田が*華《か》族《ぞく》女学校の教授時代の一八八八年(明治二十一)、初来日。華族女学校で教え津田と居をともにし、一年間の日本見聞を家族に書き綴《つづ》った書簡は、A Japanese Interior として一八九三年に出版。津田がブリンマー大学留学中の一八九〇年夏にはハンプトンに招き、日本女性についての本の執筆協力を依頼。Japanese Girls and Women は、英語圏で出版された日本女性についての最初の著書(一八九一年)。津田が女子英学塾(現*津田塾大学)を創立する前には米国での募金活動に協力。開学半年前に来日し、時事問題等を教え二年間塾の基盤作りに尽力。この間、*女子高等師範学校でも教鞭《きょうべん》をとる。一九〇五年にも三度目の来日を果たし講演活動を行う。滞日期間計三年八ヵ月、明治期の女子高等教育の三機関に関与、日本関連の三冊の著作を上梓《じょうし》した。著書の日本語訳に『華族女学校教師の見た明治日本の内側』(久野明子訳、一九九四年、中央公論社)、『明治日本の女たち』(矢口祐人・砂田恵理加訳、二〇〇三年、みすず書房)がある。

ベーコン

参考文献　髙橋裕子「アリス・ベーコンと大山捨松—梅子を支援したベーコン家の〈娘〉たち—」(飯野正子・亀田帛子・髙橋裕子編『津田梅子を支えた人びと』二〇〇〇、有斐閣)。

(髙橋　裕子)

ペキンあいりんかん　北京愛隣館　一九三九年(昭和十四)北京に創設された医療*セツルメント。事業母体は日本基《キリ》督《スト》教連盟時局奉仕部婦人会、委員長は*久布白落実《くぶしろおちみ》、現地顧問に清水安三・(小泉《こいずみ》)郁子《いくこ》。戦時下に貧しい中国人を対象に無料の医療活動、教育・授産活動を行い、中国大陸で活動する日本の主要な社会事業団体の一つと見なされた。だが、日本政府・軍部の政策は米国キリスト教勢力の排除を目指しており、この奉仕活動は日本の大陸政策の一端を支えることともなった。

参考文献　出岡学「大陸政策の中の北京愛隣館」(富坂キリスト教センター編『女性キリスト者と戦争』二〇〇二、行路社)。

(金子　幸子)

へコいわい　へコ祝い　男女十三歳になると、親戚あるいは有力者などを頼み、男子は褌《ふんどし》を、女子は*腰巻《こしまき》をもらい、この時点から一人前の若者・娘として認められる民俗事象。ヘコ祝いでは両親が褌・腰巻を用意することはなかった。九州地方北部と中国地方西部に分布。これによって若者と娘は成人とみなされ、*婚姻の前提条件とされた。若者と娘は、彼らに褌・腰巻を用意した者と擬《ぎ》制《せい》的親子関係をむすんだ。

参考文献　瀬川清子『若者と娘をめぐる民俗』、一九七二、未来社。　(岩田　重則)

へそくり　へそくり　家族員、特に女性の私貯または内密の蓄え。糸紡《いとつむ》ぎの余禄を蓄えたことに由来する語で、「綜麻苧《へそお》(紡いだ麻糸を巻いたもの)繰《く》り」の意とされる。シンガイ・ホマチなどと同じく、個々の家族員が共同の家計の枠外で個人的に取得し個人的な使途《しと》にあてる財産(私財)を意味する。私財には、*家長公認の財の給付から内密の蓄えまでさまざまな形態が含まれるが、開墾《かいこん》地を意味するシンガイ(新開)が私財の意味に転化したように、家業の余暇や*家産の余禄を家族員個人の私財にあてることは家長公認の一種の給付であった。*苧績《おう》み・糸紡ぎ・*機織《はたお》りなどの家内仕事の余禄を女性の私財とするのもその一つで、女性の私的蓄えを意味するハリバコギン・オコゲゼニもこれに由来する。こうした私財給付が衰退するとともに、家長が管理する家計の抜け道として、*主婦が自家用の穀物などを密かに売りさばいたり、支出を節約して工面した隠し金を意味するようになり、他人には見せぬ内密の蓄え(臍繰《へそく》り)の意へと変化したと考えられている。今日、家計を管理する主婦に対して、夫が不時の収入を内密に蓄えるへそくりはこの意味である。

参考文献　瀬川清子「主婦権と私金」(『民間伝承』一一ノ三)、一九四六。柳田国男『族制語彙』、一九七五、国書刊行会。中込睦子「家族と私財―私財の諸形態―」(『比較家族史研究』六)、一九九二。江馬三枝子『飛驒白川村(新装版)』、一九九六、未来社。　(中込　睦子)

べっか　別火　同じ火で煮炊きする意味の「同火《どうか》」に対して、それを別にすること。平安時代以降、産や月経の血への*不浄観が増長するのに伴い、*穢《けが》れに触れた人とは炊事を別にする必要が生じたことに由来し、その具体的な規定は諸社の*服忌令《ぶっきりょう》などにみることができる。のちには、妊婦や月経中の女性は平時の住居から隔離され、別棟の*産屋《うぶや》・忌屋《いみや》に居住する風習が各地で定着するが、こうした際の別居を意味する用語としても使われた。

参考文献　瀬川清子『女の民俗誌―そのけがれと神秘―』(東書選書)、一九八〇、東京書籍。　(牛山　佳幸)

ベツヤ　ベツヤ　⇨産屋《うぶや》　⇨月小屋《つきごや》

ベビーブーム　ベビーブーム　ある特定の時期に出生数が急激に増大すること。第二次世界大戦直後、海外からの引き上げによる若年人口の増大や戦時中繰り延べられていた結婚と出産の集中により、一九四七年(昭和二十二)から四九年の三年間にわたって毎年約二百七十万人が生まれた(「第一次ベビーブーム」)。この結果日本の人口は急激に増大し、「過剰人口対策」が急務となり、これを背景として一九四八年に*優生保護法が成立した。この時期に生まれた人々は、小学時代には「すし詰め学級」、中学・高校時代には「受験戦争」、大学時代には「大学紛争」と、成長するごとに新たな社会問題をうみだし、堺屋《さかいや》太一《たいち》の小説のタイトルから「団塊《だんかい》の世代」と呼ばれた。この世代が結婚期を迎えた一九七一―七四年には毎年二百万人が生まれ、「第二次ベビーブーム」がおきた。彼らは、文字通り日本の戦後史を生きた世代である。二〇〇七年(平成十九)、この世代が定年を迎え高齢期に突入しようとしており、年金・雇用・介護などの問題に新たな局面を投げかけている(「二〇〇七年問題」)。

参考文献　上野輝将「出産をめぐる意識変化と女性の権利」(女性史総合研究会編『日本女性生活史』五、一九九〇、東京大学出版会)。　(浅野富美枝)

ベビーホテル　ベビーホテル　無認可保育施設の一種で、夜間保育・宿泊保育・一時保育を実施する保育施設のこと。一九七〇年代ころから大都市を中心に増大した。一九八〇年代初め、無認可保育所での死亡事故多発をきっかけに、劣悪な無認可保育所がベビーホテルと名づけられ、社会問題化した。二〇〇二年(平成十四)、*厚生省(当時)は初の全国調査を行い、以降、立ち入り調査・指導を実施しているが、貧困な保育政策のなかで、問題の本質的解決はみられていない。

参考文献　桜井慶一『ベビーホテル』(現代のエスプリ別冊)、二〇〇一、至文堂。　(浅野富美枝)

ヘラワタシ　ヘラワタシ　⇨シャモジワタシ

ベルサイユのばら　ベルサイユのばら　『週刊マーガレット』に一九七二年(昭和四十七)二一号から七三年五二号まで連載された、池田理代子の人気*少女マンガ。フランス革命を背景に、男装の麗人オスカルと、その乳母の孫アンドレ、それに王妃マリー＝アントワネットとスウェーデン貴族フェルゼンの恋愛模様を描いてたいへんな人気を博した。その後、宝塚歌劇で一九七四年に「フェルゼンとアントワネット編」が、七五年に「オスカルとアンドレ編」が上演され、今でも宝塚を代表する演目となっている。　(藤本由香里)

へんじょうなんし　変成男子　〔古代〕大乗《だいじょう》仏教の用語、概念。女が男に変身すること。「へんにょうなんし」とも読む。複数の大乗経典で説かれるが、有名なのは『法華《ほけ》経《きょう》』や『仏説転女身経《ぶっせつてんにょしんぎょう》』の教え。また阿弥陀《あみだ》信仰(浄土教《じょうどきょう》)の『大無量寿経《だいむりょうじゅきょう》』の教えも一般に変成男子の教えと理解されている。『法華経』提婆達多品《だいばだったぼん》には、八歳の竜の娘(竜女《りゅうにょ》)が登場する。文殊菩薩《もんじゅぼさつ》が彼女は必ずや『法華経』の力によってすみやかに仏の覚《さと》りに達するだろうと述べると、長老の舎利弗《しゃりほつ》(シャーリープトラ)が女の身は垢穢《くえ》であり、また「五障《ごしょう》」があって、梵天王《ぼんてんおう》・帝釈天《たいしゃくてん》・魔王・転輪成王《てんりんじょうおう》・仏の五つになることはできないはずだと反論した。すると竜女はたちまち男に変身し、覚りをひらいて仏となってみせたという。女であっても、八歳という年少者であっても、また竜という畜生《ちくしょう》であっても、『法華経』に帰依すれば成仏《じょうぶつ》を遂げることができると主張する説話となっている。女が男に変身して成仏することを説く、女性差別的な*女人救済《にょにんきゅうさい》思想である。日本では、八世紀中ごろに、称徳孝謙《しょうとくこうけん》天皇が変成男子を説く『宝星陀羅《ほうしょうだら》尼《に》経《きょう》』を重視したのが早い例。平安時代になると、最澄《さいちょう》の『法華秀句《ほっけしゅうく》』、空海《くうかい》の『三教指帰《さんごうしいき》』をはじめとして学僧の著作や、菅原道真《すがわらのみちざね》・大江朝綱《おおえのあさつな》・慶滋保胤《よししげのやすたね》など文人貴族の願文《がんもん》にみられるようになり、日本社会に次第に受容されていったことが知られる。さらに平安時代後期になると、*選子《せんし》内親王・*赤染衛門《あかぞめえもん》・藤原公任《きんとう》などの*和歌(釈《しゃっ》教歌《きょうか》)に詠まれ、大江匡房《まさふさ》の願文に数多く登場する。さらに*今様《いまよう》を集めた『*梁塵秘抄《りょうじんひしょう》』には、「竜女が仏に成ることは、文殊の誘《こしら》へとこそ聞け、さぞ申す、娑竭羅王《しゃがらおう》の宮を出でて、変成男子として終には成仏道《じょうぶつどう》」など、変成男子や竜女成仏を歌ったものがいくつか収められている。このようにこの思想は知識人層にはすでに平安時代に浸透していたが、民衆層へは中世後期に流布していったと考えられている。

参考文献 岩本裕『仏教と女性』(レグルス文庫)、一九八〇、第三文明社。西口順子『女の力』(平凡社選書)、一九八七、平凡社。勝浦令子『日本古代の僧尼と社会』、二〇〇〇、吉川弘文館。野村育世『仏教と女の精神史』、二〇〇四、吉川弘文館。西口順子『中世の女性と仏教』、二〇〇六、法蔵館。吉田一彦『古代仏教をよみなおす』、二〇〇六、吉川弘文館。

(吉田　一彦)

〔中世〕仏教で、女性は男に変身してはじめて成仏《じょうぶつ》が叶うという、女性差別を前提とした女人成仏《にょにんじょうぶつ》説。インドにおける仏教成立当時の女性の地位を反映し、多くの経典に、女性には梵天《ぼんてん》・帝釈天《たいしゃくてん》・魔王・転輪聖王《てんりんじょうおう》・仏の五つの存在になることはできないという五障《ごしょう》や、父・夫・息子に従う三従《さんじゅう》があり、女性は往生《おうじょう》・成仏しにくい存在であると説かれている。その中で、女人成仏説を説く『法華経《ほけきょう》』提婆達多品《だいばだったぼん》は、昔、サーガラ竜王の娘で八歳の知恵に優れた竜女《りゅうにょ》が、たちどころに五障の女身を転じて男子に変身し悟《さと》りを開いて成仏したという話を載せ、変成男子説を説く。また、『転女成仏経《てんにょじょうぶつきょう》』『転女身経《てんにょしんきょう》』では、母親の胎内にいた無垢光女《むくこうにょ》が仏陀《ぶつだ》の説法を聞いて問答した結果、胎内で男子になって生まれてきたとし、変成男子を説いた。女性が差別されていなかった古代日本では変成男子説は受容されなかったが、平安時代の九世紀後半に受容が始まり、摂関期には貴族社会に普及したが、おおむね貴族社会にとどまっていた。鎌倉時代には、*法華寺《ほっけじ》の尼たちが『転女身経』を開版するなどの活動を行なった例がある。その一方で、より広い地域や階層の女性による寄進状《きしんじょう》・願文《がんもん》等の中に、積極的に変成男子を祈願したものは少なく、特に女性が竜女にみずからを重ねて成仏を祈ったものはほとんどみられない。鎌倉時代の在地で変成男子説はいまだ理解されず受容されていなかったのであるが、新旧仏教の僧侶らによって説かれたために、さまざまな解釈を生んだ。たとえば、*親鸞《しんらん》は変成男子説を唱えたが、妻の*恵信尼《えしんに》は死後も生前のままの姿で肉親に会えると考えていた。*日蓮《にちれん》は、竜女成仏をしばしば話題にしたが、「変成男子」といわず「即身成仏《そくしんじょうぶつ》」といっていた。在地の尼覚照《かくしょう》なる人物は、女身を転じて男子になって、来世は男に生まれ変わり高僧になりたいと述べた。室町時代末の十六世紀になると、地方寺院でも五障や三従を前提として変成男子を祈ることが始まり、中世から近世への社会変化の中で在地に浸透したことがわかる。

参考文献 大隅和雄・西口順子編『救いと教え』(シリーズ女性と仏教二)、一九八九、平凡社。平雅行「中世仏教と女性」(女性史総合研究会編『日本女性生活史』二、一九九〇、東京大学出版会)。西口順子「『恵信尼書状』私論」(『史窓』四八)、一九九一。野村育世『仏教と女の精神史』、二〇〇四、吉川弘文館。

(野村　育世)

ヘンソン、マリア＝ロサ＝ルナ Maria Rosa Luna Henson　一九二七―九七　アジア・太平洋戦争時の日本軍による戦時性暴力の被害者の一人として、フィリピンで最初に名乗り出た女性。一九四二年(昭和十七)二月、日本軍人にレイプされその後、抗日人民軍フクバラハップ(Hukubalahap)に参加する。一九四三年、十五歳のとき日本軍に捕らえられ「慰安婦」として、九ヵ月間にわたって監禁・性暴力を受ける。瀕死《ひんし》の状態でゲリラによって救出されるが、意識が戻るまで二ヵ月を要した。一九四六年、フクバラハップはHMBと改称し、対政府武装抵抗を開始した。夫はこのHMBに参加し、三人の子どもを残して戦死した。一九九二年(平成四)六月、ラジオで新民族主義者同盟の呼びかけを聞き、九月、TFFCW(Task Force on Filipino Comfort Women、フィリピン人軍隊慰安婦問題対策委員会)に連絡をとりカム＝アウト。同年十二月、日本で開かれた国際公聴会で証言、一九九三年にはフィリピンの元「慰安婦」十七名とともに、謝罪と補償を求めて東京地裁へ提訴(一九九八年棄却)した。これは当時、その存在に懐疑《かいぎ》的だったフィリピン政府に対して、決定的な意味を持った。著書に『ある日本軍「慰安婦」の回想』(藤目ゆき訳、一九九五年、岩波書店)がある。

参考文献 西野瑠美子・林博史編『「慰安婦」・戦時性暴力の実態』二(日本軍性奴隷制を裁く四)、二〇〇〇、緑風出版。

(平井　和子)

べんのないし　弁内侍　⇨後深草院弁内侍《ごふかくさいんのべんのないし》

べんのないしにっき　弁内侍日記　鎌倉時代の宮廷女房日記文学。*後深草院《ごふかくさいん》弁内侍作。二巻。別称に『後深草院弁内侍家集』『弁内侍寛元記《かんげんき》』『後深草院弁内侍日記』などがある。寛元四年(一二四六)正月後深草天皇の践祚《せんそ》から建長《けんちょう》四年(一二五二)十月まで、七年間、幼帝に近侍《きんじ》した*女房の仮名日記。成立年次は未詳。天皇の在位中に書き留めた備忘録《びぼうろく》を基に、正元《しょうげん》元年(一二五九)の宮廷退出後、構成上の統一意識をもって執筆した回想録である。現存諸本はいずれも完本ではなく(豊原統秋《むねあき》『體源鈔《たいげんしょう》』が補足可能な箇所もある)、天皇在位十四年間の前半部分の記録にとどまる。折々の行事や出来事を、多くは一日一件簡潔に記し、作者詠または妹少将内侍《しょうしょうのないし》詠の*和歌で締《し》め括《くく》る家集的な形態をとるが(すべての和歌に作者名を記すのも特徴)、私生活にはほとんど言及しない。「内の女房」(天皇付の女房)としての強い職掌《しょくしょう》意識から公的な色彩が濃く君臣相和す宮廷讃美《さんび》の文学意識を保持するが、時代的な危機感も漂う。反面、「をかし」「おもしろし」といった明るく肯定的な感情表現が多く、作者の無邪気で純真な性格が推《お》し量《はか》られる。日記中の和歌三百余首の内作者詠約二百首(内三首『増鏡《ますかがみ》』と重複)、連句《れんく》六句の内作者詠一句、ほかに少将内侍詠約六十首を含む。しばしば『*中務内侍《なかつかさのないし》日記』と対比されることがある。『(校注)弁内侍日記』(今関敏子編、一九八九年、和泉書院)に収められている。

参考文献 玉井幸助『弁内侍日記新注(増訂版)』、一九六六、大修館書店。岩佐美代子「弁内侍日記」(長崎健他校注・訳『中世日記紀行集』、一九九四、小学館)。

(久保　貴子)

ほ

ほあしみゆき　帆足みゆき　一八八一―一九六五　明治から昭和時代にかけての評論家。新潟県生まれ。日本女子大卒業後、一九一一年(明治四十四)から一九一五年(大正四)までホノルル市ハワイ女学校に勤める。一九一九年、南カリフォルニア大学にて学位取得後に帰国。同じくキリスト教の信仰を持つ宗教哲学者帆足理一郎《りいちろう》と結婚する。婦人平和協会・*婦選獲得同盟・国民禁酒同盟などで活躍し、一九三九年(昭和十四)には人事調停法による初の家庭裁判所調停委員となった。著書に『婦人解放と家庭の聖化』(帆足理一郎と共著、一九二六年、博文館)、『主婦の経済学』(一九四二年、新生堂)がある。

(内藤　寿子)

ほいくし　保育士　一九四七年(昭和二十二)の学校教育法が制定されて教諭と改称されるまで*幼稚園で保育をするものは保母と呼ばれており、保母免許の規定は一九二六年(大正十五)の幼稚園令施行規則で明文化された。託児所保母の資格については特別な規定はなく、幼稚園の保母資格を持つものがこれにあたったり、無資格者が従事していた。一九四八年の児童福祉法施行令によって、保母は、「児童福祉施設において児童の保育を担当する女子」であると規定され、厚生大臣の指定する保母を養成する学校を卒業するか、保母試験に合格するかのいずれかの方法によって保母資格を取得したものでなくてはならないとなった。その後、女子のみに限定されていた保育の仕事に男性が携わるようになり、保母の呼称にそぐわないことから、一九九九年(平成十一)より男女共通の呼称として保育士が用いられるようになった。二〇〇一年の児童福祉法の一部改正により、保育士資格が国家資格となり、保育士の定義、都道府県知事による試験・登録の実施などに関する規定が整備され、保育士でないものが保育士を称することが禁止された(名称独占という)。また、保育士の信用失墜行為の禁止や罰則を伴う秘密保持義務の規定が設けられた。保育士の定義については「専門的知識及び技術をもって、児童の保育及び児童の保護者に対する保育に関する指導を行うことを業とするものをいう」と規定された。これにより、保育士の職場は児童福祉施設に限定されることなく、また、児童の保育のみであった業務内容は、児童の保護者に対して保育に関する指導を行うことが加わり拡大した。圧倒的多数を占める*保育所に勤務する保育士については、相談・助言に関する知識・技術の修得に関する努力義務も法定化され(児童福祉法第四八条の三第二項)、その資質の教化が図られることになった。今後、保護者、地域住民を対象とした保育に関する相談や子育て支援の担い手として期待される。

(山田美津子)

ほいくじょ　保育所　一九四七年(昭和二十二)の児童福祉法の制定によって保育所という名称が使用されるまで、乳幼児を昼間預かる施設は託児所とよばれていた。わが国で最も古い託児所は、一八九〇年(明治二十三)に新潟市で赤沢鍾美・仲子夫妻によって始められた私塾「新潟静修学校」に附設された託児所であるとされている。その後、母親就労の増加した紡績工場や炭坑などに職場託児所が、さらに*農繁期託児所や出征軍人遺族のための戦時託児所が創設された。一九四八年には児童福祉施設最低基準が制定され、保育所の設備・職員・保育時間・保育内容等に関する最低基準が示された。一九五〇年には*厚生省から保育所運営要領が、また一九五二年には保育指針が刊行され、一九五〇年代前半に保育所制度の基礎が築かれた。その後高度経済成長期には既婚女性の社会進出、都市への人口集中、*核家族化の進行が影響して保育需要が急速に増大し、保育所は量的に拡大した。保育需要は、単に数の増加だけでなく多様化し始め、乳児保育が一九六九年に制度化され、障害児保育も一九七四年に開始された。一九八〇年に*ベビーホテル問題が社会的反響を呼んだことがきっかけとなって、就労形態の多様化に対応して一九八一年に夜間保育と延長保育が制度化された。第二次*ベビーブーム以降出生数が減少し、一九九〇年(平成二)にはいわゆる「一・五七」ショックとして社会問題化した。エンゼルプラン以降の*少子化対策のなかで、保育所は低年齢児保育、延長保育、一時保育など多様な保育ニーズに対応する保育サービスの量的拡大が求められている。一九九五年以降入所児童数が急増し、都市部を中心に保育所に入所できない待機児童が生み出され、二〇〇六年四月一日現在一万九千七百九十四人の待機児童がいる。最近は、育児不安、育児困難、*児童虐待など乳幼児をめぐる問題が深刻化している。こうした状況の中で、保育所は、従来の保育機能に加え、地域の一般家庭の子育て支援の拠点施設としての役割を担うことを求められている。

参考文献 全国保育協議会編『保育年報―一九九六―』、一九九六、全国社会福祉協議会。

(山田美津子)

ほいくじょぞうせつうんどう　保育所増設運動　職場や地域に働く女性の子どもを預かる*保育所を新・増設させる保育者・父母による運動。戦後の保育所づくり運動は一九四六年(昭和二十一)十月十九日に発足した「民主保育連盟」(会長*羽仁説子《はにせつこ》)による自主的保育所づくりに始まるが、働く女性の増設運動は一九五一年に失業対策事業労働者の組織の女性たちが行政当局に要求し東京・川崎で「日雇《ひやとい》労務者簡易保育所」をつくらせ、他府県と地域に波及し保育所を新設させたことから始まる(一九五三年)。女性労働者の多い全国組織の労働組合の婦人部は、「働きつづけるために」乳幼児からあずける保育所を職場内に要求し(専売公社には戦前から託児施設がありそれを婦人部の要求で全工場に設置)、全電通(全国電気通信労働組合)は一九五五年、職場内保育所を設置獲得、他の職場(貯金局・国立病院・大学など)にもひろがった。「*働く母の会」(一九五四年発足)の役割も大きい。また、一九五五年から毎年開催された日本母親大会には生活のために「保育所がほしい」との声が出され、一九五九年第五回大会から「保育所づくり分科会」が特設され、行政に対する要求運動・保育実践などの経験交流がなされ、専門家による助言で、「保育所の意義」「集団保育のよさ」などを学び、運動は各地で展開された。特に一九五五年から建設された大型団地には若い*共働き夫婦が入居し、保育所要求はまとまった声となり、公団・公社・行政を動かす力になって、各地に多様な保育施設(共同・無認可・公社・公団保育園)がつくられた。一九五九年には公団住宅保育所連絡協議会が発足(毎月交流会)、経験交流は全国規模になった。「地域に保育所を」との要求は日本労働組合総評議会婦人協議会もとりあげ、他団体と一九六一年に保育所づくり推進協議会を発足、「保育所要求婦人大会」を開催し、以後一九六七年までほぼ毎年行なった。一九六二年発足した「*新日本婦人の会」も地域で「ポストの数ほど保育所を」の運動をひろげた。東京都では、公立保育所は一九五五年から一九七五年までに八倍に増加した。

参考文献 日本労働組合総評議会婦人対策部編『総評婦人二十五年の歴史』、一九七六、日本労働組合総評議会。橋本宏子「婦人労働者と保育問題」(黒川俊雄他編『(講座)現代の婦人労働』三、一九七八、労働旬報社)。働く母の会編『働きつつ育てつつ』、一九九〇、ドメス出版。橋本宏子『女性労働と保育』、一九九二、ドメス出版。同『戦後保育所づくり運動史』、二〇〇六、ひとなる書房。

(橋本　宏子)

ほうあみだぶつ　法阿弥陀仏　生没年不詳　鎌倉時代の肥前《ひぜん》国御家人《ごけにん》宇野御厨《うののみくりや》内小値賀《おじか》島住人山代三郎固《やましろさぶろうかたし》の*後家。夫である固の死後、後妻法阿弥陀仏と固の女子源氏との間で、相続争いがおきる。暦仁《りゃくにん》元年(一二三八)の裁定では、娘が父から義絶《ぎぜつ》されていることから、後家法阿弥陀仏が勝訴している。さらに、延応《えんおう》元年(一二三九)は、再度、娘が、法阿弥陀仏の再婚を理由に訴訟をおこすが、再婚は否定され、後家の死後は連れ子と推定される猶子《ゆうし》源広《みなもとのひろし》に所領が相続されることを幕府が裁定している。実娘よりも継母《けいぼ》・継子《けいし》が勝訴していることから、夫から妻への所領譲与が、文書がある場合、優先された相続例として知られる。

参考文献 田端泰子『日本中世の女性』(中世史研究選書)、一九八七、吉川弘文館。

(錦　昭江)

ほうかん　宝冠　(一)宝石や玉で飾った冠。(二)女性の*礼服着用時の冠のこと。*孝謙《こうけん》天皇以降の所用。令制下において臣下が礼服を着なくなって以降、*皇后のみの使用するところとなったが実例はきわめて少ない。具体的な形状・仕様については、近世の後桜町《ごさくらまち》天皇所用のものが古様な造作で好例であり、唯一といえるだろう。

参考文献 橋本澄子「結髪と髪飾」(『日本の美術』一二三)、一九七六。

(佐多　芳彦)

ほうきょうじ　宝鏡寺　京都市上京区百々町《どどちょう》にある*比丘《びく》尼御所《にごしょ》であった*尼寺。もと相国寺《しょうこくじ》臨済宗《りんざいしゅう》派で、現在は単立寺院。山号は西山《せいざん》。百々御所と号し、近年は人形寺と呼ばれる。*無外如大《むがいにょだい》が創建した建福尼寺《けんふくにじ》を華林恵厳《けりんえごん》が再興したことに始まるという。住持《じゅうじ》は、室町時代では将軍足利家の娘が多く、江戸時代では皇女が務めた。江戸時代の所領は三百八十七余石。明治時代に隣の大慈院《だいじいん》を併合。『宝鏡寺文書』には中世・近世の文書が千点以上ある。

参考文献 京都府教育委員会編『尼門跡寺院大聖寺・宝鏡寺・霊鑑寺古文書目録』(京都府古文書等緊急調査報告書)、一九六四。岡佳子「近世の比丘尼御所―宝鏡寺を中心に―」(『仏教史学研究』四二ノ二・四四ノ二)、二〇〇〇・〇三。服藤早苗編著『歴史のなかの皇女たち』、二〇〇二、小学館。

(菅原　正子)

ほうきん　法均　⇩和気広虫《わけのひろむし》

ほうけい　宝髻　『養老令《ようろうりょう》』衣服令《いふくりょう》内親王・女王・内命婦《ないみょうぶ》礼服《らいふく》条に規定された古代貴族女性の頭部装飾。*礼服とは、大祀《たいし》・大嘗《だいじょう》・元日の国家的大儀《たいぎ》に着用するべきものと規定された衣服とその付属品のことで、宝髻の着用者は*内親王・*女王などの女性皇族と内命婦などの五位以上の*女官であった。隋唐貴族女性の頭飾規定に倣《なら》い、日本に導入された。玉《ぎょく》で飾った男性の礼冠《らいかん》に相当する。その様態は、高々と結い上げた髻《もとどり》の根本に、金玉で装飾された釵子《さいし》と呼ばれる二本足の金属製の簪《かんざし》を飾り、装飾した。国宝である薬師寺の吉祥天《きちじょうてん》画像がその様子をよく伝えている。『令義解《りょうのぎげ》』には金玉で髻の緒を飾ることから宝髻というとある。また、『*令集解《りょうのしゅうげ》』によると、装飾する玉の数や簪の数に位階や身分によって差異規定が設けられていたことがうかがえる。朝廷出仕の際の衣服である朝《ちょう》服《ふく》着用時には取り去る規定であったため、礼服着用規定がない六位以下の下級女官は、装飾できない規定であった。

(永島　朋子)

宝髻(吉祥天像より)

ほうこん　訪婚　夫が夜に妻の家に泊まりに行き、朝は自宅に帰ることを生涯続ける*婚姻《こんいん》形態。*妻問婚《つまどいこん》(妻訪婚)ともいう。人類学の婚後居住規制の概念では、夫婦が別居したままで同居することがないから、二重居住婚ともいう。夫婦が婚後もそれぞれ自分の所属する*親族集団の経済活動に従属している状態で、婚姻結合よりも血縁結合の方が強力な社会に見られ、子供は妻方で養育するので、母系制社会を生み出すことになる。古代にもよく「妻訪い」が見られるが、貴族のような*一夫多妻婚の習俗にあって、正妻とは同居しているが副妻のもとに通っている、という場合もあれば、民俗慣行に広く残っていた、婚初は妻訪いするが子供の生誕などを機に、(夫方《おっとかた》に)新居を構えて同居する、という場合も少なくなかったはずである。特に、一時的訪婚は二重―独立居住婚あるいは二重―夫方居住婚と呼ばれ、(生涯的)訪婚とは本質的に異なっている。

参考文献 江守五夫『母権と父権』、一九七三、弘文堂。

(明石　一紀)

ほうしゅんいん　芳春院　一五四七―一六一七　戦国から江戸時代初期にかけての女性。前田利家《まえだとしいえ》の*正室。おまつの方ともいう。父は織田信長の被官篠原主計《しのはらかずえ》。父の死後、伯母が嫁いでいた前田家に預けられ、永禄元年(一五五八)利家と結婚。子女十一人を儲ける。豊臣秀吉の正室*高台院《こうだいいん》とは幼馴染《おさななじみ》で昵懇《じっこん》の仲。慶長四年(一五九九)夫利家と死別、剃髪《ていはつ》し芳春院と号する。同年、嫡子《ちゃくし》利長《としなが》が徳川家康に謀反《むほん》の疑いがかけられた際、みずから*人質として江戸に赴く。慶長十九年、利長の死を機に金沢へ戻る。元和《げんな》三年(一六一七)七十一歳で没す。

参考文献 国学院大学石川県文化講演会実行委員会編『前田家三代の女性たち』、二〇〇〇、北国新聞社。

(谷合　伸介)

ほうしゅんいんでん　芳春院殿　?―一五六一　戦国大名で小田原を本拠とした北条氏綱《ほうじょううじつな》の娘。氏康《うじやす》の妹。古河《こが》公方《くぼう》足利晴氏《はるうじ》の*正室。天文《てんぶん》八年(一五三九)に嫁ぎ、以後「御台様《みだいさま》」と称された。同十二年に子義氏《よしうじ》を生む。同二十一年の義氏の*家督《かとく》継承後、晴氏派との内部対立では、宿老簗田《やなだ》氏らを味方に付け義氏の地位保全に努めた。同二十三年の晴氏隠遁《いんとん》後は、生母として公方家家政を主導、実家北条氏との仲介役を務めた。永禄《えいろく》四年(一五六一)七月九日死去。法名は芳春院殿雲岫宗怡大禅定尼《うんしゅうそういだいぜんじょうに》。

参考文献 佐藤博信『古河公方足利氏の研究』(歴史科学叢書)、一九八九、校倉書房。

(黒田　基樹)

ほうじょううじつなのむすめ　北条氏綱の娘　⇩芳春院殿《ほうしゅんいんでん》

ほうじょううじやすのむすめ　北条氏康の娘　⇩浄光院殿《じょうこういんでん》

ほうじょうげんあんおぼえがき　北条幻庵覚書　戦国大名で小田原を本拠とした北条氏の一族北条宗哲《そうてつ》が、娘鶴《かく》松院殿《しょういんでん》に嫁入りの際の心得として授けた文書。全二十四ヵ条で、大名家の奥向きや女性の教養を知ることができる。幻庵は宗哲の庵号。鶴松院殿は、北条氏配下の世田《せた》谷《が》吉良《やきら》氏朝《うじとも》(母は北条氏綱《うじつな》の娘*山木大方《やまきおおかた》)に嫁いだ。従来は北条氏康《うじやす》の娘とされていたが、宗哲の実の娘。婚姻時期については永禄《えいろく》五年(一五六二)とする説があるが、氏康の娘を前提にした推測であり、同三年から同九年までの間という以上は不明。

参考文献 荻野三七彦『吉良氏の研究』(関東武士研究叢書)、一九七五、名著出版。黒田基樹『戦国大名領国の支配構造』、一九九七、岩田書院。

(黒田　基樹)

ほうじょうしげときかくん　北条重時家訓　北条義時《よしとき》の三男で、六波羅探題《ろくはらたんだい》・連署《れんしょ》なども勤めた重時が子供たちに書き残したとされる家訓。『六波羅探題殿御家訓』『極《ご》楽寺殿御消息《くらくじどののみしょうそく》』の二種類がある。ただし、後者については、本当に重時のものか確証はないが、一応前者との内容上の対比から、重時作と見てよいとの前提にたって研究が進められている。『御家訓』が成立したのは、重時の壮年《そうねん》期である嘉禎《かてい》—宝治《ほうじ》年間(一二三五—四九)であり、『御消息』が成立したのは、重時が出家し、鎌倉極楽寺谷に隠棲《いんせい》した晩年のことと思われる。そして、重時がこの二つの家訓を与える対象として意識していたのは、『御家訓』の場合が*嫡子《ちゃくし》の長時《ながとき》、『御消息』の場合が、長時はじめ時茂《ときしげ》・業時《なりとき》・義政《よしまさ》らの子供たちおよび孫たちであったといわれる。こうした解釈が行われるのは、二つの家訓の間にはっきりした内容上の違いがあるためである。『御家訓』は四十三条からなるが、その内容は、いわゆる教訓臭を極力排除した現実的性格に満ちており、処世上の問題万般にわたって細かい注意を書き残しているところに特徴がある。この特徴は、これがやがて六波羅探題を継ごうとする嫡子長時にむけ、なお壮年期にある重時が与えた訓戒であることを示すであろう。他方、『御消息』は九十九ヵ条からなるが、その内容は、仏教的・儒教的な教訓臭の強いものであり、重時晩年の作品と見るのに相応しい。ちなみにいえば、この二つの家訓の存在は、重時の女性観を知る参考にもなる。実は、重時が女性に対し家父長《かふちょう》らしい慈しみをみせているのは、教訓臭のつよい『御消息』のうちにおいてであり、現実的性格の強い『御家訓』の中には女性に言及した個所がほんんどみられない。だから、『御消息』における重時の態度が彼のホンネであったかが問題になるわけである。これは重時だけの特殊性ではないであろう。だから、この二つの家訓の研究は、鎌倉武士一般の女性観を知る手懸《てが》かりともなる。

参考文献 桃裕行『武家家訓の研究』(桃裕行著作集三)、一九八八、思文閣。鈴木国弘「武家の家訓と女性」(峰岸純夫編『(中世を考える)家族と女性』一九九二、吉川弘文館)。

(鈴木 国弘)

ほうじょうまさこ 北条政子 一一五六—一二二五 鎌倉幕府の尼将軍《あましょうぐん》。正式には平政子。源頼朝《みなもとのよりとも》の妻。北条時政《ときまさ》の長女。伊豆《いず》に生まれ、早く母を亡くす。流人《るにん》の源頼朝と知り合って恋をしたが、平氏を恐れて反対する父が伊豆の豪族山木兼高《やまきかねたか》と結婚させようとしたのを、夜陰に乗じ、風雨をしのいで頼朝のもとに走ったと伝えられる。治承《じしょう》元年(一一七七)に頼朝と結婚。治承四年、頼朝が挙兵して石橋山《いしばしやま》で敗北した時には伊豆走湯山《そうとうざん》に身を寄せたが、同年十月、頼朝が鎌倉に入ると、鎌倉に迎えられ、幕府*御台所《みだいどころ》となった。以後、頼朝が死ぬまでの間は、夫婦で仏事神事など幕府の行事に参列し、また親族の女性や弱い立場の人間を保護する仕事を積極的に行なった。治承元年から建久《けんきゅう》三年(一一九二)までの間に、*大姫《おおひめ》・頼《より》家《いえ》・乙姫《おとひめ》・実朝《さねとも》の四人の子を出産した。このうち大姫は、幼年期に婚約者の源義高《よしたか》(木曾義仲《きそよしなか》の子)を父に殺害されて以来、心身症であったが、この娘を後鳥羽《ごとば》天皇に*入内《じゅだい》させようと家族で上洛《じょうらく》し、政子が*丹後局《たんごのつぼね》と会見したが、大姫は頼朝の死の二年前に死去した。正治《しょうじ》元年(一一九九)、頼朝の死に伴って出家。次の将軍には長男の頼家を立て、政子は頼朝の*後家で頼家の母として幕府政治を動かす立場になり、父北条時政、弟義時《よしとき》と連携して政治にあたった。しかし、頼家は妻の実家比企《ひき》氏と結んで北条氏と対立、政子は頼家が訴訟を直接裁決する権限を奪い、十三人の宿老《しゅくろう》による合議制に変えた。建仁三年(一二〇三)に頼家が病に倒れると、幕府の所領を頼家の子の一幡《いちまん》と、弟実朝に分割し、これに異を唱えた比企氏を滅ぼし、頼家を伊豆修善寺《しゅぜんじ》に幽閉《ゆうへい》した。翌年、頼家は刺客《しかく》に暗殺された。政子が関与したという説と、知らなかったという説があるが、真犯人は不明である。頼家の後、実朝を将軍とした。元久《げんきゅう》二年(一二〇五)、父時政が後妻*牧《まき》の方《かた》の陰謀《いんぼう》によって実朝暗殺を企《くわだ》てていると知ると、時政夫妻を伊豆に幽閉した。実朝に子がないため、次期将軍に皇子を迎えようと画策、建保《けんぽ》六年(一二一八)、上洛して*卿《きょうの》二位《にい》藤原兼子《かねこ》と会見。同年、従二位《じゅにい》に叙《じょ》せられ、以後、二位殿、二位家などと呼ばれる。翌承久《じょうきゅう》元年(一二一九)、実朝が頼家遺児公暁《くぎょう》に暗殺された。皇族将軍の下向を望むが後鳥羽上皇に拒否され、九条家から二歳の三寅《みとら》(のち頼経《よりつね》)を迎えて次期将軍とし、政子が将軍の役を果たすことになった。鎌倉時代の文献は、四代目の将軍として政子を数えており、その執政期間は実朝死から政子の死までの間である。この時期は「二位殿御時」と呼ばれ、名実ともに政子が将軍であった。承久三年、後鳥羽上皇が北条義時追討の宣旨《せんじ》を発し承久の乱を起こすと、政子は軍事大権を握り、*御家人《ごけにん》らに、頼朝の恩を説いて激励し、勝利に導いた。元仁《げんにん》元年(一二二四)、義時が死ぬと、その妻*伊賀《いが》氏《し》の一族の反乱を抑えて、義時の子の泰時《やすとき》を執《しっ》権《けん》とした。嘉禄《かろく》元年(一二二五)、日照りと疫病《えきびょう》に対し、写経と読経を行うさなかに発病し、死去した。

北条政子像

参考文献 渡辺保『北条政子』(人物叢書)、一九六一、吉川弘文館。野村育世『北条政子—尼将軍の時代—』(歴史文化ライブラリー)、二〇〇〇、吉川弘文館。

(野村 育世)

ほうじょうまさことおんみょうどう 北条政子と陰陽道 *北条政子は鎌倉幕府政権の主体として鎌倉陰陽師を動員している。鎌倉では三代将軍源実朝《みなもとのさねとも》の時に本格的に陰陽道を受容し、承久元年(一二一九)に九条頼経《くじょうよりつね》が下向すると、幕府の陰陽師として小侍所《こさむらいどころ》に組み込まれる。陰陽師の職掌《しょくしょう》は主に東国の安全の確保と鎌倉殿の護持である。前者では承久合戦の際、北条義時《ほうじょうよしとき》は関東勝利のための祈《き》禱《とう》を陰陽師に命じているが、元仁元年(一二二四)に義時が死去し、鎌倉に不穏な空気が流れると政子は国土安全のための祭祀を陰陽師に沙汰《さた》している(『*吾妻鏡《あずまかがみ》』同年七月十一日、閏《うるう》七月二十八日条)。個人のために行われる陰陽師祭は鎌倉殿が大半で、執権北条氏や大江広元《おおえのひろもと》らに対してもみられるが、政子に対しても手厚い祈禱が行われ、幕府における政子の位置付けを如実に示している。彼女が、病気になった際は平癒《へいゆ》のための祭祀が執行され、特に嘉禄元年(一二二五)に危篤状態に陥ると連日にわたって陰陽道祭が執り行われた(『吾妻鏡』同年六月二日、五日、十二日条など)。さらに注目すべきは、反閇《へんばい》(貴人の外出などの際に邪気を祓うため陰陽師が行う呪法)を政子に対して行なっている点である。反閇は鎌倉では将軍以外に行われないが、政子が新邸へ移徙《いし》する際に行われている(『吾妻鏡』貞応二年(一二二三)七月二十六日条)。

参考文献 村山修一『日本陰陽道史総説』、一九八一、塙書房。赤澤春彦「陰陽師と鎌倉幕府」(『日本史研究』四九六)、二〇〇三。

(赤澤 春彦)

ほうねん 法然 一一三三―一二一二 平安・鎌倉時代前期の僧。浄土宗の開祖。諱《いみな》は源空《げんくう》。比叡山《ひえいざん》に登って修学したが、遁世《とんせい》して黒谷別所《くろだにべっしょ》の叡空《えいくう》に師事。安元《あんげん》元年(一一七五)浄土宗を開き、称名念仏《しょうみょうねんぶつ》が弥陀《みだ》に選ばれた唯一の往生行《おうじょうぎょう》である、との選択本願《せんちゃくほんがん》念仏説を樹立して、専《せん》修《じゅ》念仏を主唱《しゅしょう》した。旧仏教の弾圧要請もあって建永《けんえい》二年(承元《じょうげん》元、一二〇七)二月に専修念仏が禁止され、弟子四名が死刑、法然も流罪《るざい》となった。建暦《けんりゃく》元年(一二一一)赦《しゃ》免《めん》され帰洛《きらく》を許された。*女人往生《にょにんおうじょう》論を主唱したとの見解もあるが、それがみえるのは『無量寿経釈《むりょうじゅきょうしゃく》』だけで、教義の確立過程のなかで放棄されており妥当とはいえない。主著は『選択本願念仏集』。

参考文献 平雅行「顕密仏教と女性」(『日本中世の社会と仏教』一九九二、塙書房)。

(平 雅行)

摂津国経の島で説法する法然(『法然上人絵伝』巻三十四より)

ほうねんしょうにんえでん 法然上人絵伝 浄土宗開祖*法然の行状と、弟子や帰依《きえ》者の往生を描いた絵巻。法然伝の絵巻としては嘉禎《かてい》三年(一二三七)に制作された『法然上人伝法絵』(願主・執筆は耽空《たんくう》、絵は観空《かんくう》)が最初で、のちに絵巻や掛幅《かけふく》のものが数多く制作された。国宝『法然上人絵伝』四十八巻(別称『勅修御伝《ちょくしゅごでん》』、知恩院蔵)は、徳治《とくち》二年(一三〇七)後伏見《ごふしみ》上皇の勅命により、比叡山功《く》徳院《どくいん》の舜昌《しゅんしょう》法印が編集し、絵は土佐吉光《とさよしみつ》など多くの絵師によって制作された。室《むろ》の遊女をはじめ、多くの女性たちの姿が描かれている。『続日本絵巻大成』一―三、小松茂美編、一九八一年、中央公論社)に所収。

参考文献 真保亨編「法然上人絵伝」(『日本の美術』九五)、一九七四。

(川崎 智之)

ほうろうき 放浪記 一九三〇年(昭和五)、改造社から刊行された*林芙美子《はやしふみこ》の小説。芙美子は女学校卒業後、恋人を追って尾道《おのみち》から上京したものの恋人は去り、露天商・工員・事務員・*女給《じょきゅう》など職を転々とし、頻繁《ひんぱん》な転居・帰郷・旅行と住所も定まらなかった。この間に「歌日記」として書きためた詩や日記をもとに、一九二八年から『*女人芸術《にょにんげいじゅつ》』に「放浪記」を連載し、一九三〇年に単行本となる。当時、単身上京して働く女性が増えていたが、女性自身がそれを描く小説はまだ珍しく、働く女性同士が励まし合い助け合う様子など、従来の男性作家の目では捉《とら》えられないものが描かれていた。貧窮《ひんきゅう》や男性との離別で時にひどく落ち込むものの、そのつど明るく立ち上がって歩き出す主人公の生き方は、共感をもって迎えられた。同じ年に『続放浪記』が出て、改造文庫(一九三三年)にもなり、あわせて六十万部が売れた。ただし現在流通しているテキストは一九三九年の新潮社版刊行にあたり大幅に手直しされており、文体の清新さが失われたという意見もある。一九四九年に第三部が刊行され、現在はこれも含めて『放浪記』とされている。

参考文献 竹西寛子『日本文学全集』二〇解説、一九六六、河出書房新社。今川英子監修『林芙美子放浪記アルバム』、一九九六、芳賀書店。

(宮内 淳子)

ボーヴォワール、シモーヌ＝ド Simone de Beauvoir 一九〇八―八六 フランスの作家。一九〇八年一月九日、パリで生まれる。ソルボンヌ大学でジャン＝ポール＝サルトルと出会い、二十一歳で契約結婚をする。一九四三年に最初の小説『招かれた女』を出版し、すでに作家として認められていたサルトルとともに反ナチス抵抗運動に加わる。戦後は旺盛《おうせい》に執筆活動をし、一九四九年に『*第二の性』刊行後、『レ＝マンダラン』でゴンクール賞受賞、一連の自伝的作品『娘時代』『女ざかり』『老い』

のほか、サルトルの晩年を描いた『別れの儀式』などがあり、各国語に訳された。日本にも一九六六年(昭和四十一)にサルトルと来日した。一九六八年フランスの五月革命に出会い、七〇年女性解放運動に加わり、妊娠中絶の合法化を求める運動にも参加した。制度婚を拒否し互いの意思だけでその関係を貫いたサルトルとの関係性は実存主義思想の実践であり、自立した女の生き方モデルを示したといえる。一九八六年四月十四日死去。

参考文献 セルジュ＝ジュリエンヌ＝カフィエ『ボーヴォワール』(岩崎力訳、人文選書)、一九六七、人文書院。クローディーヌ＝セール『晩年のボーヴォワール』(門田眞知子訳)、一九九六、藤原書店。　(江刺　昭子)

ホーシアンニン　何香凝　He Xiang-ning　一八七八―一九七二　近現代中国の政治家。日本語の読みは「かこうぎょう」。香港の豪商の娘。纏足《てんそく》でない嫁をとの舅《しゅうと》の命で廖仲愷《リアオヂョンカイ》と結婚。一九〇三年(明治三十六)夫と来日、女子美術学校高等科日本画科に学び、留学生誌で女性の解放と国への責務を説く。〇五年東京で中国同盟会入会、孫文《スンウエン》と夫の革命運動を支える。二四年国民党第一回全国代表大会宣言に*男女平等を盛らせ、会後に婦女部長となり、初の*国際婦人デー大会を実施する。翌年孫と夫の死で国民党左派中枢に入る。第二回大会では女性の国民革命参加を主張、共産党女性と協力し「女性運動決議案」で婚姻自由や女性財産継承権を提起した。国共合作《こっきょうがっさく》崩壊後は共産党批判もしつつ蔣介石《ジアンジエシー》の反共・独裁を非難、一九二九年出国し画業に専念する。満州事変《まんしゅうじへん》で帰国、国民党に抗日と憲政《けんせい》を迫り全国各界救国連合会に参加、国共再合作を促し女性の救国を組織する。戦後は内戦に反対し、蔣打倒を掲げ国民党革命委員会結成。共和国成立後、会は民主党派となるが反右派闘争で独立性を失い今に至る。何は政治協商会議全国委員会副主席・全国婦女連合会名誉主席等を歴任。息子廖承志《リアオチョンヂー》は中日友好協会長を務めた。

参考文献 竹内理樺「何香凝―家と政治に生きた女性指導者―」(関西中国女性史研究会編『ジェンダーからみた中国の家と女』二〇〇四、東方書店)。　(江上　幸子)

ホーヂェン　何震　He Zhen　一八八五―?　中国清末の女性解放を唱えた女性アナーキスト。「かしん」とも読む。本名は何班《ホーバン》、字は志剣《ヂージエン》。江蘇《ジアンスー》省揚州《ヤンヂョウ》で育つ。幼年時は厳しく家の中で躾《しつ》けられ、見知らぬ人とは会わなかった。一九〇四年従兄妹の劉師培《リウシーペイ》と結婚。上海《シャンハイ》で革命派の章炳麟《ヂャンビンリン》や蔡元培《ツァイユワンペイ》と知り合い、愛国《アイグオ》女学校で学ぶ。革命派が清政府に弾圧され、一九〇七年(明治四十)二月夫と東京へ亡命。幸徳秋水《こうとくしゅうすい》など日本のアナーキストと交わる。劉とともに女子復権会、社会主義講習会(のちに斉民社《チーミンショー》)を作り、雑誌『天義《ティエンイー》』を刊行。何殷震《ホーインヂエン》や震述《ヂエンシュー》の名で「女子解放問題」「女子革命と経済革命」などを掲載し、固有の社会の破壊、人類の平等、女界革命などを提唱した。劉が革命派から離反し帰国。何震は山西《シャンシー》の閻錫山《イエンシーシャン》の家庭教師となり、劉は袁世凱《ユワンシーカイ》などに重用されたが、蔡元培に経学者として認められ北京大学で教鞭《きょうべん》をとる。結核を患《わずら》いながらも精力的に執筆する夫を何震は献身的に支え、劉の死後は精神に異常をきたし出家する。のち行方不明となった。「女子解放問題」(丸山松幸訳)が『原典中国近代思想史』三(一九七七年、岩波書店)に収められている。

参考文献 小野和子『中国女性史―太平天国から現代まで―』、一九七八、平凡社。中国女性史研究会編『中国女性の一〇〇年―史料にみる歩み―』、二〇〇四、青木書店。　(前山加奈子)

ホームドラマ　ホームドラマ　*家庭をテーマとした劇。最初は、一九五一年(昭和二十六)、大映が女性・家族連れの集客のために考案した映画のジャンルだったが、その後テレビ番組の人気ジャンルとして知られるようになった。テレビにおいては、日本映画の伝統のほか、アメリカのテレビドラマ「パパは何でも知っている」などの影響も大きい。一九六〇年代から七〇年代にかけてもっとも人気を集め、「肝っ玉かあさん」「時間ですよ」「ありがとう」など多くのホームドラマが視聴率の上位を占めた。一般庶民の家族の日常生活における、親子の情愛、近所づきあい、子供の恋愛・結婚などを描き、平凡な生活のなかのささやかな事件とその解決を通じての家族愛がテーマとされた。しかし、一九七〇年代半ばの「*岸辺のアルバム」などを境にして、こうした家族の暖かさよりも、むしろ家族が抱える問題や、関係の崩壊に焦点があてられるようになり、ホームドラマの全盛期は終焉《しゅうえん》を迎えた。

参考文献 坂本佳鶴恵『〈家族〉イメージの誕生―日本映画にみる〈ホームドラマ〉の形成―』、一九九七、新曜社。　(坂本佳鶴恵)

ホームヘルパー　ホームヘルパー　在宅の障害者や高齢者の生活援助ならびに介護を担う人。各都道府県が一級から三級課程の研修を指定している。一九九〇年(平成二)の関連法改正以前は家庭奉仕員、二〇〇〇年の介護保険制度では訪問介護員と呼ばれる。*家事・介護は女の仕事という*ジェンダー規範のもとで、その圧倒的多数が女性。そこでの雇用形態は自治体の公務員、社会福祉協議会の職員、事業団・福祉公社の職員(非正社員を含む)、時間給制の登録ヘルパーなど必ずしも安定していない。給与水準も低い。在宅ケア重視の介護保険のもとで社会的需要の大幅増にかかわらず、人材確保が困難であり、労働条件の改善とヘルパーという職業の社会的評価を高めるための専門性の確立が課題となっている。

参考文献 新村拓『ホスピスと老人介護の歴史』、一九九二、法政大学出版。山崎摩耶『日本で老いるということ―在宅ケアからの出発―』、一九九三、中央法規出版。　(天野　正子)

ぼきえことば　慕帰絵詞　本願寺第三世覚如《かくにょ》の事績を描いた伝記絵巻。十巻。覚如の没年である観応《かんのう》二年(一三五一)の成立。第一・七巻は文明十四年(一四八二)の補写。重要文化財。西本願寺蔵。覚如の次子慈俊《じしゅん》が、父の帰寂《きじゃく》(入寂《にゅうじゃく》)を慕って詞書《ことばがき》を起草し「慕帰絵」と名付けたもので、いわゆる宗教的な高僧伝絵とは異なる。絵はきわめて精緻《せいち》に描かれており、南北朝時代の人々の生活の様子を知るうえで格好の*絵画史料である。テキストは、『慕帰絵・絵系図・源誓上人絵伝』(信仰の造形的表現研究委員会編、真宗重宝聚英一〇、一九八八年、同朋舎出版)、『慕帰絵詞』(小松茂美編、続日本の絵巻九、一九九〇年、中央公論社)。 (斉藤 研一)

ぼくしょどき　墨書土器　土器の体部や底部などに墨や朱で文字や記号や絵画が記されたもの。鋭利《えいり》な工具で器面に文字を刻みつけたものを「刻書土器《こくしょどき》」、土器焼成前の粘土未乾燥状態の器面に文字・記号が施印《せいん》されたものを「刻印土器《こくいんどき》」と称して墨書・朱書《しゅしょ》されたものと区別するが、それらを含めて広く「墨書土器」と称することが多い。ただ、数量では刻書・刻印土器は墨書土器の全体量の約一割以下であり、墨書・刻書土器の使い分けも現在のところ明確ではない。わが国では、ごく少量ながら古墳時代前期から見られるが、本格的になるのは七世紀後半以降であり、特に地方の集落《しゅうらく》遺跡《いせき》では九世紀代に爆発的に増加し、十世紀以降急速に減少する。宮殿・官衙《かんが》遺跡出土の墨書土器は、官衙内における食器の保管や管理に伴って、食器を管理・使用する場所や人の名前、器の名前、器の使用目的、数量などが記されたものなど、具体的な内容が記されたものが多い。宮殿・官衙の遺跡から出土する女性名が記された墨書土器により、厨房《ちゅうぼう》施設での各種作業や食器管理に関わる女性の役割や労働の実態を知ることが可能になる。一方、集落遺跡出土のものは、一文字だけ記されたものが圧倒的多数であり、記された文字の意味をいかようにでも解釈可能で、文字の意味を特定することが困難な事例が多い。集落遺跡出土の墨書土器は、集落内における何らかの祭祀《さいし》・儀礼に伴って使われたものであり、器に非日常の標識としての文字を記し、祭祀に用いる土器を日常の食器と区別し、疫神《えきしん》・祟《たた》り神《がみ》・悪霊・鬼等を含んだ意味においての「神仏」に属する器であることを明記したものと考えられる。集落遺跡出土の墨書土器には、祭祀の司祭者や主体者として女性の名が記されたものがあり、古代の在地村落社会の祭祀・信仰における女性の立場や役割、関わり方などを具体的に知ることができる。

参考文献　『月刊文化財』三六二・三六三(特集墨書土器の世界)、一九九三。高島英之『古代出土文字資料の研究』、二〇〇〇、東京堂出版。平川南『墨書土器の研究』、二〇〇〇、吉川弘文館。 (高島 英之)

ぼけいせい　母系制　⇩父系制《ふけいせい》・母系制《ぼけいせい》

ぼけいせいのけんきゅう　母系制の研究　*高群逸枝《たかむれいつえ》による古代女性史研究書。一巻。『大日本女性史』の第一巻として一九三八年(昭和十三)厚生閣《こうせいかく》刊、のち『高群逸枝全集』(一九六六年、理論社)所収。独力で*女性史研究に取り組んだ高群が、一九三一年から七年間を費やしてまとめた最初の研究書である。九世紀初め成立の『新撰姓氏《しんせんしょうじ》録《ろく》』を中心に古代氏族の*系譜・始祖《しそ》伝承から母系的要素を検出し、母系制社会の存在を実証しようとした。奈良時代初期の父系的観念導入後も母系的構造は強固に残り、それが古代女性の社会的経済的地位の高さや*婚姻形態の特色の背後にあるとみたのである。高群が注目した「女性始祖伝承」「一氏多祖《たそ》現象」「複姓《ふくせい》」「冒母姓《ぼうぼせい》」などは、現在では、政治組織としての氏《うじ》の構造の変化、双方《そうほう》的親族原理と系譜観念から説明され、古代母系制社会説は否定されている。しかし、高群が提示した非父系的要素、古代女性の地位の見直しは、一九七〇年代以降に盛んになる古代女性史研究・*家族史研究にうけつがれた。

参考文献　関口裕子「高群逸枝の古代女性史研究の意義について」(『女性史研究と現代社会』一)、一九八二。義江明子「氏族系譜の形成—高群逸枝『母系制の研究』批判—」(『日本古代の氏の構造』一九八六、吉川弘文館)。 (義江 明子)

ぼけん　母権　父権《ふけん》に対抗した語で、女性の権威・権利が社会的に優越的である状態。十九世紀の、*家父長制《かふちょうせい》・父権論隆盛に反発して生まれた「母権制」に由来する。一八六一年のヨハン＝ヤコブ＝バッハオーフェン『母権制』において、ギリシャ神話の女神を素材にしながら、I娼婦《しょうふ》(乱婚《らんこん》)制、II女人政治《にょにんせいじ》(一夫一妻婚《いっぷいっさいこん》のもと)制、III父権制、の三段階に分け、IとIIの原始社会に母権制を想定した。*ルイス＝ヘンリー＝モルガン『古代社会』に母系制と重ねて受け継がれ、その後、民族学的証明が試みられた。当初、(一)母系による相続・継承、(二)妻方居住《つまかたきょじゅう》婚《こん》の慣行《かんこう》・規制、(三)家庭・社会での女性の優越的地位、の包括的な概念として主張された。しかし、母系制社会であっても酋長《しゅうちょう》は男性が務めており、財産管理権も男性が持っていて母の兄弟(オジ)から娘の兄弟(オイ)へと母系的に継承される、ということも明らかにされてきた。その後、母権の基礎を乱婚・集団婚にではなく、原始的な農耕(穀物栽培)に求める説も出てきたが、一般化に十分なほどの論拠ではなかった。父権制に先行する原始の母権制社会の存在はもはや否定されている。母権制はもはや母系制の意味合いで使われることがあるくらいだ。なお、母権を原始的な共同体的人間関係(平等・友愛の原理)と置き換えて理解する意見もある。しかし、母権制社会の存在が否定されても、家父長制や父権制ではない社会・家族は存在しているわけだし、完全な父権制だって存在してはいない。女性が国王・族長・家長につくケースもあれば、女性が宗教的権威や祭祀《さいし》権を持つ社会もある。女性の所有権・相続権・*夫婦別財制の有無、*親権における父・母の権限、離婚の権利など、きめ細かに諸権限・権威を具体的に分別して、全面的な「母権」に代わって、各時代の女性の権利・地位を検討する研究に移っているといえる。

参考文献　江守五夫『母権と父権』、一九七三、弘文堂。洞富雄『日本母権制社会の成立(訂正増補)』(「家族・婚姻」研究文献選集戦後篇一九)、一九九一、クレス出版。J・J・バッハオーフェン『母権論』(岡道夫・河上倫逸監訳)、一九九一-九五、みすず書房。同『母権制』(吉原達也他訳)、一九九二・九三、白水社。市川茂孝『母権と父権の文化史』、一九九三、農山漁村文化協会。　(明石　一紀)

ほけんし　保健師　保健師助産師看護師法(保助看法)によると厚生労働大臣の免許を受け「保健師の名称を用いて、保健指導に従事することを業とする者」で、住民の主体的な健康の指向能力を高め健康を支える地域看護専門職。活動の萌芽《ほうが》は、明治中期の看護婦や婦人伝道師による貧困病家巡回事業である。資本主義経済発展の陰に、貧困や劣悪な労働環境による*女工たちの結核の蔓延《まんえん》や高い乳児死亡率があり、大正以降は、戦争や大震災後に急増した貧困層への巡回産婆《さんば》・乳幼児保護・医療需要に応じ社会事業としての巡回看護事業を形成する。これらは当時地位が低い看護婦ではなく、社会的信用があり地位の高い女子大出身者が実践し、大正デモクラシーに基づき社会事業が確立し、英米から帰国保健婦が活躍し発展する。このころ保健婦養成が始まり*女子教育として水準は高かったが、名称も五十種以上あり、資質は統一されないまま全国に広がる。昭和に入ると恐慌《きょうこう》と凶作で農村は疲弊《ひへい》し、保健婦は最も過酷な暮らしの女性や子どもを守ることを第一義に生活改善活動を展開する。社会は戦時体制に傾斜、富国強兵《ふこくきょうへい》の健兵健民政策に保健婦も巻き込まれ、乳幼児死亡率の低下や結核対策、国民の体力向上を担う。一九四一年(昭和十六)保健婦規則が制定され保健婦は法的資格を得たが、技術提供者として行政組織に組み込まれ、保健所長の指示に従い活動することが規定される。一九四八年「保助看法」が制定、看護制度・教育が改革され、「保健婦に雑用をさせる『べからず集』」も提示される。保健婦は再教育され、全国に蔓延する伝染病・結核予防、母子・精神保健活動を積極的に展開し、母子保健の向上を目指した。現在は少子高齢化・疾病《しっぺい》構造の変化・住民ニーズの多様化複雑化・グローバリゼーションによる新たな健康課題や子育て支援が重要視されている。一九九三年(平成五)法改正により男性も保健士資格取得が可能となり、保健婦・保健士と男女が異なる名称は、二〇〇四年「保健師」に統一された。

参考文献　大国美智子『保健婦の歴史』、一九七三、医学書院。厚生省健康政策局計画課『ふみしめて五十年―保健婦活動の歴史―』、一九九三、日本公衆衛生協会。日本看護協会編『保健婦(士)業務要覧』、一九九八、日本看護協会出版会。　(佐々木裕子)

ほけんふ　保健婦　⇩保健師《ほけんし》

ほさんみちしるべ　保産道志類辺　卑近な大和言葉と例話をもって、懐妊中の心得から新生児の看護までを説く書。播州《ばんしゅう》の医師、児島尚善《こじましょうぜん》(頤斎《いさい》)著、天明二年(一七八二)刊行。寛政八年(一七九六)刊行の刊本『(産科)母子草』(改題、改版)も同じ内容で数度再版されている。後藤艮《ごとうこん》山《ざん》に私淑《ししゅく》している著者は、日常的な生活習慣を重視して自然な*出産を強調する。医師や*産婆《さんば》が患者の歓心を買おうと不要な投薬や施術に走り、かえって産を重くする傾向を批判し、腹帯《ふくたい》の習俗を批判している。『日本産科叢書(復刻)』(増田知正他校訂、一九七一年、思文閣)所収。

参考文献　新村拓『出産と生殖観の歴史』、一九九六、法政大学出版局。沢山美果子『出産と身体の近世』、一九九八、勁草書房。　(太田　素子)

ぼしあいいくかい　母子愛育会　⇩日本産育習俗資料集《にほんさんいくしゅうぞくしりょうしゅう》成《せい》

ぼしおよびかふふくしほう　母子及び寡婦福祉法　*母子家庭等および*寡婦の福祉を図ることを目的として制定。一九八一年(昭和五十六)に母子福祉法を題名改正し、寡婦も対象に加えた法律。母子福祉法は、*全国未亡人団体協議会の運動により一九五二年に制定された母子福祉資金の貸付等に関する法律を吸収し、一九六四年に制定。その後、法の対象を母子家庭から寡婦に拡大し、さらに、二〇〇三年(平成十五)改正で、子育て等日常生活支援についても*父子家庭をも対象に加えた。母子福祉資金の貸し付け、子育て等日常生活支援策、就業支援策、養育費確保等について明記されている。

参考文献　林千代編『母子福祉を拓く』、二〇〇〇、ドメス出版。山高しげり『母子福祉四十年』(人間の記録)、二〇〇一、日本図書センター。　(廣瀬志芽子)

ぼしかてい　母子家庭　配偶者のいない母と養育が必要な子によって構成されている家庭。母子家庭は洋の東西を問わず、社会福祉の歴史上保護救済の対象であった。五人組制度の役割の一つ「救貧《きゅうひん》」において、*後家《ごけ》という記録が時たまみられる。後家は、夫のいない女や子連れの女を意味していたと考えられる。英国でも中世には*寡婦《かふ》が救済対象として記されており、ウェッブ夫妻は、貧困原因の一つに家計保持者の夫を失い子を抱えている寡婦をあげている。日本では家族制度を美徳として*親族に責任を負わせたが、親族のない者は無告の窮民《きゅうみん》として対象とした。厳しい詮議《せんぎ》が伴ったのはもちろんである。母子家庭対策が大きな課題となったのは、第二次世界大戦後である。いわゆる*戦争未亡人とその子たちの住居の確保と生活保障は、日本政府にとってさしせまった問題となった。一九四五年(昭和二十)政府の出した「生活困窮者緊急援護要綱《ようこう》」によれば、母子家庭は戦前の二百五十万人から三百五十万人に増加したとされている。*厚生省は一九四九年はじめて「全国母子世帯調査」を実施、以来ほぼ五年おきに行われ現在に至っている。『(平成十五年度)全国母子世帯等調査結果報告』によると、母子世帯数は、ついに百万を超え百二十二万五千四百世帯となり、五年前より二八・三%もの増加を示した。配偶者との死別は急減(一二%)、生別では八割が*離婚による。ちなみに死別が生別に逆転したのは一九七八年度調査からである。平均年収は二百十二万円、五年前より十七万円の減少、ちなみに平均就労収入は百六十二万円である。困っていることのトップはいぜんとして「家計」で、生活の貧困化が進行していると予測される。前回調査以後、主要な生別母子家庭対策である*児童扶養《ふよう》手当の改定が行われた。所得制限を低くし、養育費も所得に加えるなどである。就労促進の推進をといっても八割強は働いている。男性中心の社会構造では、母子家庭に性差別状況が凝縮して現われる。

参考文献 林千代編著『女性福祉とは何か』(Minerva福祉ライブラリー)、二〇〇四、ミネルヴァ書房。 (林　千代)

ぼしけんこうてちょう　母子健康手帳　妊娠の届け出をした際に市町村から交付される冊子。*厚生省が一九四二年(昭和十七)から始めた*妊産婦手帳を前身とする。これは戦時下の人口政策の一環として妊婦届出制度を設ける中で、妊産婦の保護と管理を目的としたものであった。戦後は一九四八年から児童福祉法に基づき母子手帳が交付され、一九六五年に*母子保健法による母子健康手帳となった。妊娠・*出産・乳幼児期にわたる母子の記録であるが、この名称が育児の担い手がもっぱら母親であるという意識を支えているという批判もある。近年では父子健康手帳を交付する自治体もある。

参考文献 友野清文「産むことへの国家的眼差しの成立―戦争が産み落とした「母子手帳」―」(『日本婦人問題懇話会会報』五二、一九九二。品田知美『〝子育て法〟革命―親の主体性をとりもどす―』、二〇〇四、中央公論新社。 (友野　清文)

ぼしんしんじゅう　母子心中　昭和初年に社会問題となった、母親が手を下した親子心中。母子自他殺のこと。親による子殺しと親自身の自殺を、通常は当事者合意の上の集団自殺である「心中」と称するのは、子は親の所有物であるという社会通念を反映しており、日本独特の現象といわれている。母子一体を美風とする母性観の影響もあって、母子心中は社会的な注目と同情をあつめた。一九二七年(昭和二)七月から一九三五年六月までの新聞報道で確認できる親子心中は千七百三十五件、このうち母親が関わった事件は七割を占め、全体の四分の一は生活困難を理由とし、二千七百人の子どもが犠牲となった。母親の年齢は二十歳代後半から三十歳代、地域では*核家族化が進んだ都市部で多かった。背景としては次の点が挙げられる。昭和恐慌《きょうこう》による失業や就職難が生活困難な家庭を多数生み出し、特に*母子家庭において地域社会や親戚などから援助を受ける機会が乏しい場合、一層深刻な状況に陥ったこと、救済措置《そち》としての救護法が、労働能力があれば失業者は対象にせず、また、十三歳以下の幼者は救護したが、母については子が一歳未満の場合のみを対象とするなど、貧困な母子家庭にはきわめて不十分な制度であったことなどである。母子心中の多発は家族主義による救済が困難なことを示しており、*「家」制度の崩壊にもつながる現象であった。母に次代を担う子の健全な養育にあたらせるという国家的な見地からも母子を一体とした救済制度が必要とされ、より充実した公的保護と人権擁護《ようご》を求めた女性団体などの運動もあって、生活・養育・生業・医療を扶助《ふじょ》し、救護施設の設置を認める*母子保護法が一九三七年三月に制定された。同法は銃後《じゅうご》の国民生活の安定という戦時体制に即応する制度でもあった。戦後、母子自他殺は減少の傾向にあるが、経済的な要因よりも、本人や子どもの病気、家族関係の不和を動機とする割合が増加している。

参考文献 小峰茂之「明治大正昭和年間に於ける親子心中の医学的考察」(『近代婦人問題名著選集』社会問題編九、一九八三、日本図書センター)。高橋重宏『母子心中の実態と家族関係の健康化』、一九八七、川島書店。 (奥田　和美)

昭和初年の親子心中

調査件数		原因・動機	
総件数	1,735 件	生活困難	460 件
親の数(計)	2,008 人	家庭不和	322
(女)	1,368	精神障害	298
(男)	612	病弱	188
子の数	2,700	その他	467

(1)1927年(昭和2)7月から1935年6月まで、東京朝日、東京日日、大阪朝日、大阪毎日の4紙を調査したもの。

(2)親の数には性別不詳が含まれている。

(3)中央社会事業協会・全日本方面委員連盟「新聞に現れた親子心中に関する調査」(一番ヶ瀬康子編集・解説『保健・福祉』、1978、ドメス出版)より作成。

ぼしそうかん　母子相姦　⇩母開《ははつび》

ほしのあい　星野あい　一八八四―一九七二　大正・昭和時代の教育者。群馬県で生糸の製糸工場を営んだ星野宗七《そうしち》・るいの末女。星野光多《みつた》の妹。一家全員がキリスト教徒という環境のなか、一八九七年(明治三十)受洗。一八九九年横浜のフェリス和英女学校(現フェリス女学院)に入学し、一九〇四年卒業。さらに、女子英学塾に進み、一九〇六年卒業。同年、ブリンマー大学の奨学生となり、一九一二年に卒業後、女子英学塾の教員となる。一九一九年(大正八)、コロンビア大学より、教育学修士号を取得。一九二九年(昭和四)塾長に就任。新制*津田塾大学となった後も、一九五二年まで学長を務める。一九五五年、藍綬褒章・女性文化賞を受ける。著書に『小伝』(一九六〇年、中央公論事業出版)がある。 (小檜山ルイ)

ぼしふくしほう　母子福祉法　⇩母子《ぼし》及《およ》び寡婦《かふ》福祉法《ふくしほう》

ぼしほけんほう　母子保健法　一九六五年(昭和四十)に*母性の尊重・保護と乳幼児の健康増進を図るために制定された法律。それまでの児童福祉法(一九四七年制定)の母子保健施策では対象外だった未婚女性など妊産婦以外の女性も対象として、母子保健施策を体系的に整備した。*母子健康手帳の交付、妊産婦・乳幼児の健康診査・保健指導・訪問指導等を行う。一九九七年(平成九)改正では実施主体を都道府県から市町村に委譲《いじょう》し、また保健指導の対象に配偶者を加えた。

参考文献 母子保健推進研究会監修『母子保健法の解釈と運用(五訂)』、二〇〇三、中央法規出版。

(廣瀬志芽子)

ぼしほごほう　母子保護法　生活に窮《きゅう》した母子への経済的扶助《ふじょ》を目的とした戦前の法律。一九三七年(昭和十二)三月三十一日公布、翌年一月一日施行。背景には頻発《ひんぱつ》した*母子心中と制定運動の高揚《こうよう》がある。対象は「十三歳以下ノ子ヲ擁《よう》スル母」(祖母含む)で、貧困のため生活、子の養育ができないものとされた。配偶者(事実上も含む)がいないか、それに準ずる場合に限られ、原則として民法に定められた扶養《ふよう》義務者の扶養が優先された。法律制定の理由は「児童の健全なる発育は一に其の母の力」によるから「貧困な母をして安んじて子女教養の任を完う」させるためであり、母親の養育資格を問う欠格条項を規定した。執行機関は居住地の市長村長、補助機関には方面委員があてられた。扶助の種類には生活・養育・生業扶助、医療があり、扶助は「母ノ生活及子ノ養育ニ必要ナル限度」において、母子を一体として保護し原則として居宅で行われた。同法は戦後、*生活保護法へ吸収、保護施設として運用された母子ホームは児童福祉法に引き継がれた。同法には、戦時下の人的資源政策の一面もあった。

参考文献 社会局社会部編『母子保護法等の説明』、一九三七。今井小の実『社会福祉思想としての母性保護論争』、二〇〇五、ドメス出版。

(今井小の実)

ぼしほごほうせいていうんどう　母子保護法制定運動　母性保護の法の制定をめざして母性保護連盟が一九三四年(昭和九)から三九年にかけて行なった女性運動。一九一〇年代後半、まだ自立できない子を養育する貧困母子世帯については母たる女性の経済的自立とともに母子に対する社会保障の施策を行えとの主張が出された。一九二〇年代には施策をつくるために女性の政治参加要求運動も始まった。一九三〇・三一年には無産者の立場から社会大衆婦人同盟などが十四歳以下の子を持つ貧困な母子への扶助《ふじょ》法制定運動を行なった。だが、国家は母子の生活は家族制度の美風で支えられるべきとして施策をとらなかった。昭和恐慌《しょうわきょうこう》下の困窮《こんきゅう》と母子一体観のイデオロギーの重圧とにより*母子心中や娘の*身売りが急増した。これに対し、*婦選獲得同盟を中心とする婦選団体連合委員会や社会事業家たちは一九三四年七月母子扶助法制定運動準備委員会を結成。準備委員会は協議の結果、母子生活の扶助のみならず、母の*親権を認める民法改正、*離婚など家庭に関することを裁く家事調停法、母子ホーム建築など総合的な母性保護の政策を実現させるために、一九三四年九月二十九日に*山田わかを委員長に母性保護法制定促進婦人連盟(一九三五年四月母性保護連盟と改称)を結成し、国会請願などの運動を展開した。公のための子の養育というイデオロギーを強めていた戦時下の議会は、淳風美俗《じゅんぷうびぞく》の家族制度を守るための救済制度として生活扶助に限定した*母子保護法(母子ホーム建築も含む)を一九三七年三月に成立させた。運動はつづき一九三九年三月には家事調停法を成立させたが、民法上の母の親権は認められなかった。母性保護連盟の運動は参政権獲得運動が困難となった戦時下での市民的女性運動の最後の統一的運動として一定の成果をあげたが、運動する女性の側にも「第二国民を産み養育する母性の保護」との主張があり、母子保障は母たる国民の当然の権利という主張は希薄《きはく》で法は妥協的なものとなり、女性たちには不満と批判の声が残った。

参考文献 一番ケ瀬康子「母子保護法制定促進運動の社会的性格について」(『日本女子大学社会福祉学科紀要社会福祉』一四)、一九六八。永原和子「女性統合と母性」(脇田晴子編『母性を問う』下、一九八五、人文書院)。山高しげり『母子福祉四十年』(人間の記録)、二〇〇一、日本図書センター。今井小の実『社会福祉思想としての母性保護論争―差異をめぐる運動史―』、二〇〇五、ドメス出版。

(石崎　昇子)

ほしゅんいん　保春院　一五四八―一六二三　戦国から江戸時代初期にかけての大名家の女性。名は義姫《よしひめ》とも伝わるが詳細は不明。父は山形城主最上義守《もがみよしもり》。永禄《えいろく》七年(一五六四)米沢《よねざわ》城主伊達輝宗《だててるむね》に嫁《か》し、お東《ひがし》と呼ばれる。政宗《まさむね》や小次郎《こじろう》をはじめ、二男二女を儲《もう》けた。天正十三年(一五八五)の輝宗死後、保春院と号す。同十六年の伊達氏と最上氏を中核とする戦争では、みずから最上領へ出向き、伊達・最上両氏と、両氏を頼む周辺諸国の和睦交《わぼくこう》渉《しょう》に働いた。和平成立後もその維持に努めている。この時、保春院が仲介役に立つことになったのは、最上氏への取次留守《とりつぎるす》伊達政景《まさかげ》が戦争の軍事統率者であり、取次役を担えなかったという政治的事情があったこと、そして自身が女性であり、かつ僧体であるという、第三者的立場にあったこと、また伊達家当主である子政宗の代理人的立場に立って、伊達・最上両家の間に交渉可能性としてのさまざまな回路をもつ人物であったからだと思われる。同十八年には、伊達氏の豊臣氏への従属に際して、政宗の毒殺を謀《はか》ったとも伝わる。だが、朝鮮侵略時の文禄元年(一五九二)―三年、保春院に宛《あ》てた政宗書状が『伊達家文書』に伝来し、伊達氏の居城岩出山《いわでやま》から実家山形へと移った時期が、文禄三年であることから、事件の信《しん》憑性《ぴょうせい》は疑わしいといえる。その後、慶長《けいちょう》五年(一六〇〇)に関ヶ原の戦いと連動して生じた、最上氏と上杉氏との戦争では、最上氏の領国平和のために、伊達氏の援軍派遣を繰り返し求め、その獲得に成功している。これにより、最上氏は最前線にあった村や町の支持を得て勝利し、家とその領国を維持することができた。またこの時、伊達氏の援軍を指揮していたのは、保春院の義弟伊達政景であり、ここでも親戚としての関係性、さらに当主の母としての立場を活かした要請を行なっている。元和《げんな》八年(一六二二)の最上氏改易《かいえき》後は、伊達氏の居城仙台に迎えられ、翌年に七十六歳で死去。仙台市の覚範寺《かくはんじ》に葬られた。

参考文献 佐藤憲一「伊達政宗の母・義姫の出奔の時期について—新出の虎哉和尚の手紙から—」(『仙台市博物館調査研究報告』一五)、一九九五。遠藤ゆり子「戦国期奥羽における保春院のはたらき—戦国時代の平和維持と女性—」(『日本史研究』四八六)、二〇〇三。同「慶長五年の最上氏にみる大名の合力と村町—大名家の有縁性と無縁性—」(藤木久志・蔵持重裕編『荘園と村を歩く』二、二〇〇四、校倉書房)。

(遠藤ゆり子)

ぼしりょう 母子寮 一九四七年(昭和二十二)制定の児童福祉法に規定された児童福祉施設の一つ。一九九八年(平成十)には母子生活支援施設と名称変更した。*母子保護法(一九三七年)では、九条で扶助《ふじょ》を受ける母子に必要な場合に施設を設置するとされ、軍事救護法(一九三七年軍事扶助法となる)でも軍人遺家族のために施設をつくったが、一九四七年の*生活保護法ですべてこれらを一括し、宿所を提供する事業とした。しかし児童福祉法を検討する議論において、女性議員有志は、母子一体の原則と生活保護を受ける前に自活し得る施設としての母子寮を主張した。最も多い時で六百ヵ所を超えたが徐々に減少傾向にある。利用者は母子世帯の中でもさらに深い社会的矛盾を抱え、生活上の問題は複雑化・重層化し、自立援助は難しくなっている。近年、ショートステイとかトワイライトステイなど父子世帯も対象とした支援や、いわゆるDV法(二〇〇一年(平成十三)「配偶者からの暴力の防止及び被害者の保護に関する法律」)によって暴力から逃げてきた母子(単身も)の緊急一時保護を行なっている所もある。

参考文献 林千代『母子寮の戦後史』、一九九二、ドメス出版。福島三恵子『母子生活支援施設のあゆみ』、二〇〇〇、せせらぎ出版。

(林　千代)

ポストモダン=フェミニズム ポストモダン=フェミニズム ⇩フェミニズム

ぼせい 母性 〔近代〕一般的には「女性が母として持っている性質。また母たるもの」(『広辞苑』)とされる。この定義は、女性であれば誰でもが持つ本性として母性を捉える捉え方や、「女性は自然に母親となる」とする捉え方が現代社会の根強い常識となっていることをうかがわせる。しかし「母性」の語の歴史は浅い。翻訳語として「母性」の語が登場したのは、それまでの女・女子・*婦人に混じって女性の語が使われるようになる明治四十年代のことである。「母たるべき機能」と「本性」が結びついて「母性」の語が作られたという経緯《けいい》が示すように、「母性」論では、女性の身体は、子どもを産む生殖器官を持つ産む身体として捉えられ、産むことが女性の本性とされる。*優生学・性科学・教育学・心理学など、身体をめぐる知を動員して母性が「本能」であることを証明する「母性」論は、女性の*セクシュアリティ・性役割・*ライフサイクルを規範化していくこととなる。その意味で母性は、近代化の過程で創られた*ジェンダーをめぐる一つの規範であった。*母性保護論争(一九一八年(大正七)・一九年)をはじめ、近代の女性たちの自立への模索が、母性をめぐって行われねばならなかったのは、そのためである。この「母性」論の担い手は、性別役割分業家族を形成する新中間層の母親たちであった。新中間層家族の母親たちにとって性別役割分業を前提に母役割を説く「母性」論は母性愛の保持者・育児担当者としてみずからの権威を高める点で、またわが子意識の高まりにも、よく適合するものであった。しかし、近世社会の子育て書の多くは、男性が男性読者に向けて書いたものであり、『*女大学《おんなだいがく》』をはじめとする、多くの女性向け*女訓書《じょくんしょ》では、「家」の秩序を重視する観点から、子に対する母の愛は「家」の秩序を脅かす愚かなものとして否定的に評価されていた。その意味で「母性」の強調は、近代社会に固有のものであり、私たちの「母性」をめぐる常識は、せいぜい八十年ほどの歴史しか持たないことをもまた明らかとなる。

参考文献 原ひろ子・舘かおる編『母性から次世代育成力へ—産み育てる社会のために—』、一九九一、新曜社。井上輝子他編『母性』(日本のフェミニズム五)、一九九五、岩波書店。沢山美果子「女性は自然に母親になる?—母性愛の神話と「母親業」—」(天野正子・木村涼子編『ジェンダーで学ぶ教育』二〇〇三、世界思想社)。

(沢山美果子)

〔現代〕「母親らしさ」の意味で一般的に使われているが、広義には妊娠《にんしん》・分娩《ぶんべん》・哺乳《ほにゅう》にかかわる女性特有の生理的特性や身体的特徴を指す場合から、わが子に対する母親としての養育あるいは慈愛《じあい》や献身的態度までを意味し、用いる領域や人によって多様である。内容は多義的でありながら、「子を産む女性は生来的に母性を備えており、したがって母が育児に専念するのは古今東西を問わず子育ての真理だ」という考え方として広く普及している。この母性観は、*近代家族の誕生とともに登場した理念である。日本では大正期に資本主義が導入される時期と軌《き》を一にして、*性別役割分担を支持する理論的根拠として導入され、その後の高度経済成長期以降を通じて広く定着するに至った。従来の母性観は、母親が子どもを愛する大切さを強調し、女性に一定の役割を与えるなど評価されるべき面もある。しかし、育児をもっぱら母親の手に委《ゆだ》ねて育児負担を荷《にな》わせ、他方で母親以外の人、とりわけ父親の育児参加の必要性を等閑《とうかん》に付してきた弊害《へいがい》は大きい。産業構造の変化や女性の高学歴化に伴って、就労等の社会参加に対する女性の意欲が高まりをみせている。母性の名のもとに母親が育児に専念する必要性が強調される限り、「仕事か家庭か」という選択を女性に迫る状況は変わらない。従来の母性観は近年の女性の意識との乖離《かいり》が大きくなっており、晩婚化・未婚化・*少子化を招来する一因となっている。仮に育児の意義を認めて、育児に専念する生活に入れば社会との接点が少なく、一日中、育児に携わる心身の負担に加えて、世の中から取り残される焦燥感《しょうそうかん》や孤独感に苛《さいな》まれて、中には虐待に近い対応をとる母親もいる。子育ては時代の要請や社会の変動とともに変わりうる側面が大きい。母の子に対する関係も、生理的・生物学的側面に加えて社会的・感情的な側面を統合して考察する必要があり、*男女共同参画社会にふさわしい子育ての理念を再構築する必要がある。

参考文献 大日向雅美『母性の研究』、一九八八、川島書店。エリザベート＝バダンテール『母性という神話』(鈴木晶訳、ちくま学芸文庫)、一九九八、筑摩書房。ダイアン・E・アイヤー『母性愛神話のまぼろし』(大日向雅美・大日向史子訳)、二〇〇〇、大修館書店。

(大日向雅美)

ぼせいそんちょうしそう 母性尊重思想　天台宗の高僧で説教に名を得ていた澄憲僧都《ちょうけんそうづ》(信西子)は、九条家において説教して、「一切の女人《にょにん》は三世諸仏真実の母なり、一切の男子は諸仏真実の父にあらず、(中略)身体髪膚《はっぷ》、その父に受けず、よって父子の道理なきの故なり、これによってこれをいうに、女は男に勝さるものか」(原漢文、『玉葉《ぎょくよう》』寿永《じゅえい》元年(一一八二)十一月二十八日条)といった。のちこれを天台座主《ざす》の慈円《じえん》は『*愚管抄《ぐかんしょう》』(承久二年(一二二〇))で展開して、人間が生まれてくることは母の恩であり、母によって善人も悪人も生まれるとしている。*母性の故に母は尊敬されるとして、*女帝の存在も母性の故であるとする。孝謙《こうけん》・称徳《しょうとく》女帝など事実は違うが、母性尊重の鎌倉時代初期の動向を見ることができる。それとともに善悪ともに女人の入眼《じゅがん》になると考えていた。いわば一種の「母原説」であり、当時流布していた「日本国は*女人入眼の地」という説も援用している。ところがその反面で、女人堕地獄《にょにんだじごく》思想も、無住《むじゅう》の『*沙石集《しゃせきしゅう》』などで見られる。しかしそれも、堕地獄の罪を省《かえり》みず、子を育てる母の愛ということにおいて、母性尊重思想は表裏を伴って強化されるのである。

参考文献 脇田晴子編『母性を問う―歴史的変遷―』、一九八五、人文書院。脇田晴子『日本中世女性史の研究―性別役割分担と母性・家政・性愛―』、一九九二、東京大学出版会。

(脇田　晴子)

ぼせいほごほうせいていそくしんふじんれんめい 母性保護法制定促進婦人連盟　⇨母子保護法《ぼしほごほう》制定運動《せいていうんどう》

ぼせいほごれんめい 母性保護連盟　⇨母子保護法《ぼしほごほう》制定《せいてい》運動《うんどう》

ぼせいほごろんそう 母性保護論争　主に一九一八年(大正七)から一九年にかけて『*婦人公論』『太陽』などの誌上で*与謝野晶子《よさのあきこ》・*平塚らいてう・*山川菊栄《やまかわきくえ》・*山田わかの間で展開された母の育児に対する国家給付などを含む、近代日本女性史の代表的論争。この発端は与謝野晶子が『婦人公論』一九一八年三月号の「女性の徹底した独立」の中で、*エレン＝ケイの唱えた女性は国家に対して経済上の母性保護を要求すべきという主張に対し、これを「老衰者《ろうすいしゃ》や廃人が養育院の世話になるのと同じ」依頼主義と批判し、生殖や子育ては夫婦の責任とし女性の経済的・精神的な徹底した独立を説いた。これに対して、ケイの母性思想に共鳴した平塚らいてうは同年五月号『婦人公論』の「母性保護の主張は依頼主義か」の中で「元来母は生命の源泉であって、婦人は母たることによって個人的存在の域を脱して社会的な、国家的な存在者となる」と述べ、子育ては社会的国家的な重要な事業であるので母性保護は女性の当然な社会的権利であると与謝野に反論した。これを機に母性保護論争が始まった。二人の間に反論につぐ反論が繰り返された。この二人の論争をずっと観察してきた山川菊栄は一九一八年九月、『婦人公論』の「母性保護と経済的独立―与謝野、平塚二氏の論争―」で論争に加わった。欧米の婦人問題に精通していた山川は国際的視点に立って、まず二人の主張を巧《うま》く整理し、与謝野を旧来のヨーロッパの女権運動の伝統を継承しているものとし、平塚をその女権運動に対抗した母権運動の系統を引いているものと分析した。山川は婦人の経済的独立と母性保護の必要をともに認め、「両者は然《しか》く両立すべからざる性質のものではない」としながら、ともに根本的解決にはならないと述べた。山川は子供を育てながら働く母親の保障は*母性を破壊し子供を不幸にする資本主義そのものの変革なしには達しえられないものとし、母性たる女性の根本的解放は社会主義社会においてのみ可能となると説いた。ケイの影響を受けていた山田わかは平塚の母性保護に同調し、同年同月の『太陽』の「母性保護問題―与謝野氏と平塚氏の所論に就《つい》て―」で与謝野の主張(女子の独立)は「空想」であると反論し、育児は社会的・国家的事業であるから母としての婦人が夫から国家からその生活費を得ることは当然の権利であるとドイツの母性保護同盟会にも触れながら、平塚以上に母性保護の必要性を主張した。家庭と仕事の両立を女性の解放とみなし、その実現をめざしていた点、また現実にある資本主義社会を否定し、差別のない社会を構想していた点において、与謝野・平塚・山川の三人の意見は一致していたが、社会観・国家観は異なっていた。論争当時の日本において女性の経済的自立は現実的に困難であり、社会主義女性論も普及しなかったが、平塚の母性尊重思想は人々に受け入れられていった。論争後、平塚は*新婦人協会、与謝野は*文化学院、山川は*赤瀾会《せきらんかい》の創設に携わることとなるが、論争への参加は彼女らのその後の女性運動の基盤となったことは確かである。

参考文献 香内信子編『資料母性保護論争』(論争シリーズ一)、一九八四、ドメス出版。同「「母性保護論争」の歴史的意義―「論争」から「運動」へのつながり―」(総合女性史研究会編『日本女性史論集』八、一九九八、吉川弘文館)。

(富田　裕子)

ほそいへいしゅうのつま　細井平洲の妻　生没年不詳　江戸時代中期の儒学者細井平洲の妻。夫の平洲は、実践性を重視する折衷学《せっちゅうがく》で、多くの諸侯《しょこう》から藩政上の諮問《しもん》を受け、尾張《おわり》藩に出仕して藩校の開設や領民の教育に大きな成果をあげた。平洲の妻が賢女《けんじょ》として称えられるのは、そのような交際の広い夫をよく支えたからとされる。その例は、小河某《なにがし》と飛鳥某という平洲の友人が妻子を伴って平洲の家に居候《いそうろう》していたが、妻は嫌な顔を見せることは一切なく、平洲の父にもよく仕え、他人から見ると三家族が兄弟のように見えたということに由来している。ある人が平洲の父に対して「あなたは、三人の賢い子供を持ち、三人の良い息子の妻を持ち、三人の良い孫をもって、この上なく幸せだ」というほどであったという。夫に仕える良妻賢母《りょうさいけんぼ》の鑑《かがみ》とされた。

参考文献　山崎彦八編『日本賢女百人伝』、一八九四、八尾書店。　（桑原　恵）

ほそいわきぞう　細井和喜蔵　一八九七—一九二五　大正時代の労働運動家、作家。『*女工哀史《じょこうあいし》』の著者。一八九七年（明治三十）京都府に生まれる。不幸な家庭環境と貧困のため、細井は尋常《じんじょう》五年生で退校を余儀なくされ、さまざまな仕事に就いた。一九一六年（大正五）ごろ大阪に移り、紡績工場で機械工として働く。このころ労働組合運動と出会い、友愛会《ゆうあいかい》に入会したようである。一九二〇年上京、東京モスリン紡績亀戸《かめいど》工場に入る。同社の紡績女工であった堀《ほり》としと結婚したころから文筆活動を始めた。作家の藤森成吉《ふじもりせいきち》らの指導をあおぎながら書かれたいくつかの小説や戯曲《ぎきょく》は細井の死後出版されている。しかし細井を最も有名にしたのは一九二五年改造社から出版された『女工哀史』であろう。大阪・東京で紡績女工の日常生活をまのあたりにした細井は『女工哀史』の中で女工の労働条件のみならずその心理にせまるのである。しかし彼女らの労働環境をともに経験した細井は『女工哀史』出版の一ヵ月後に結核で他界する。『女工哀史』の成功を見届けたのは彼の妻、堀としだけであった。　（玉野井麻利子）

ほそかわガラシャ　細川ガラシャ　一五六三—一六〇〇　戦国時代の代表的なキリシタン女性。本名玉子《たまこ》。明智光秀《あけちみつひで》の次女。細川忠興《ただおき》の*正室。天正六年（一五七八）、忠興に輿入《こしい》れし、織田信長の命により*婚姻を結んだことから、*主命婚《しゅめいこん》という婚姻形態をとった女性としても知られる。天正十年、本能寺の変により、忠興に味土野《みとの》（京都府京丹後市弥栄《やさか》町味土野）へ幽閉される。天正十二年、豊臣秀吉によって味土野の幽閉先から大坂玉造《たまつくり》の細川家に戻ることを許された。天正十五年、特別にセスペデス神父の許可を得てガラシャは侍女頭《じじょがしら》*清原マリアから受洗した。忠興の父細川幽斎《ゆうさい》の禅宗信心がガラシャに影響を及ぼしてはいたが、高山右近《たかやまうこん》が話すキリスト教に関心を抱いたという。忠興が島津征伐《しまづせいばつ》出陣中に、侍女たちとともに教会を訪れ、教理を聴いた。その後、忠興によって外出を禁止されていたガラシャに代わりマリアを教会に赴かせ、『コンテムツス＝ムンジ』を用いて教理の理解を深め、受洗に至る。慶長五年（一六〇〇）、忠興が上杉征討出陣中に、石田三成《いしだみつなり》に大坂城へ*人質として入城するよう命じられ、細川邸が包囲されたとき、家老小笠原少斎《おがさわらしょうさい》に胸を突かせて没する。ガラシャの墓は大阪市の崇禅寺《そうぜんじ》に、廟所《びょうしょ》は熊本市の泰勝寺《たいしょうじ》跡にある。このように家臣の手によって最期を遂げたことは、徳川方に利益をもたらしたとして高く評価されている。しかしその一方で、自殺を禁止する教えとの狭間《はざま》に立たされたガラシャの苦渋の選択であったとも考えられる。西欧には宣教師の書簡によって伝えられ、ハプスブルク家では、東洋の信仰篤《あつ》い、貴婦人の鏡として賛美された。当時においてガラシャのように教理を理解し、改宗することはまれであったとされる。芥川竜之介《あくたがわりゅうのすけ》が、小説の題材にするなど注目される女性であり、現代においても、主体性のある自立した女性として重視すべき人物である。

参考文献　女性史総合研究会編『日本女性生活史』二、一九九〇、東京大学出版会。「女と男の時空」編纂委員会編『年表女と男の日本史』（女と男の時空別巻）、一九九八、藤原書店。田端泰子・細川涼一『女人、老人、子ども』（日本の中世四）、二〇〇二、中央公論社。　（佐野ちひろ）

ぼたいほごほう　母体保護法　一九九六年（平成八）、*優生保護法の一部改正により成立した不妊手術と*中絶に関する法律。優生保護法にあった遺伝性疾患《しっかん》患者や障害者、ハンセン病患者に関する条項はすべて削除され、中絶を実施しうる医師も優生保護法指定医から母体保護法指定医に変更。だがこれとは別に中絶を禁じた刑法*堕胎《だたい》罪は存続しており、特定の要件を満たしている場合に限り、医師の認定と配偶者の同意のもとに許可されるという中絶認可の基本構造は変わっていない。そのため女性運動の中には、中絶の選択を女性の身体的自己決定権として明文化した法律の制定を求める声がある。また日本母性保護産婦人科医会からも二〇〇〇年、妊娠十二週未満の中絶を女性の意思のみで行えるようにする一方、不妊治療の結果生じた多胎《たたい》妊娠に対する減数中絶を容認する条項を加えた改正案が提言されたが、その後改正に向けての議論は進んでいない。

参考文献　丸本百合子・山本勝美『産む／産まないを悩むとき—母体保護法時代のいのち・からだ—』（岩波ブックレット）、一九九七、岩波書店。斎藤有紀子編著『母体保護法とわたしたち』、二〇〇二、明石書店。　（荻野　美穂）

ほっけじ　法華寺　奈良市法華寺町にある。法華滅罪之《めつざいの》寺。現在は真言律宗《しんごんりっしゅう》の*尼寺。門跡《もんぜき》寺院、氷室御所《ひむろごしょ》。天平《てんぴょう》十三年（七四一）に国分寺建立の詔が出され、国ごとに僧寺と尼寺が建立された。法華寺は大和の*国分尼寺であり、全国の総国分尼寺であった。平城宮の東隣、平城京左京一条二坊、二条二坊の藤原不比等《ふひと》の邸宅が没後光明子《こうみょうし》に伝えられ、天平十七年に宮寺となり、さらに法華寺となったものである(法華寺の名称は同十九年初見)。天平十七年以降、この地に皇后宮が置かれ、皇后は亡くなるまで住まいし、天平宝字《てんぴょうほうじ》六年(七六二)から二年間、娘の孝《こう》謙《けん》上皇もこの地を住まいとした。造法華寺司《ぞうほっけじし》が伽藍《がらん》を造営(同司は延暦元年(七八二)に廃止)、西南隅には阿弥陀《あみだ》浄土院《じょうどいん》が造営された。千町の墾田《こんでん》の占定《せんてい》が認められ、五百五十戸の封戸《ふこ》が施入《せにゅう》され、天皇家・藤原氏に直結する鎮護《ちんご》国家のための有力官尼寺として、写経《しゃきょう》で著名な善光《ぜんこう》尼《に》など有能な尼たちの活動の拠点となった。平安時代には次第に衰退し、十世紀の終りには「破壊、殊《こと》に甚《はなは》だし」という有様で、藤原頼通《よりみち》が修復にあたった。鎌倉時代に入ると、まず東大寺大勧進《だいかんじん》重源《ちょうげん》が堂塔を再建、仏像を造立した。ついで西大寺僧叡尊《えいそん》が、寛元《かんげん》三年(一二四五)には法華寺の尼に比丘尼戒《びくにかい》を授けるなど、新しい法華寺尼衆を誕生させ、また金堂等を復興し、寺を西大寺の末寺《まつじ》とした。法華寺中興第一世長老は*慈善《じぜん》、第二世長老は如《にょ》円《えん》。慈善は*春華門院《しゅんかもんいん》(後鳥羽《ごとば》天皇皇女)の*女房《にょうぼう》春華門院新右衛門督《しんうえもんのかみ》で、春華門院の死後に入寺、如円は夫の東大寺学侶厳寛《げんかん》の死後に入寺した。なお如円には厳寛との間に東大寺僧として著名な聖守《しょうしゅ》・円照《えんしょう》と娘円性《えんしょう》がいたが、円性は母に従ってその娘尊如《そんにょ》を連れて法華寺に入寺している。このころ法華寺には宮中・院の女房、公家の妻妾《さいしょう》はじめ、多様な尼が集まるようになっていた。室町時代には興福寺の末寺になり、上流階層の子女が代々相伝する*比丘尼御所《びくにごしょ》へと変化。永禄十年(一五六七)松永久秀と三好三人衆の兵乱で破却《はきゃく》され、慶長六年(一六〇一)豊臣秀頼・*淀殿が本堂(重要文化財)等を再興。江戸時代にも尼衆は戒律《かいりつ》を守り、現在に至るまでその格式を保っている。現本尊の十一面観音像(国宝)は、平安時代、九世紀前半に製作されたもので、*光明皇后の姿を写したものといわれる。

法華寺　十一面観音像

参考文献　『大和古寺大観』五、一九七六、岩波書店。池田源太「法華寺の沿革」(角田文衛編『(新修)国分寺の研究』一、一九八六、吉川弘文館)。栄原永遠男「光明皇太后と法華寺」(『奈良時代の写経と内裏』二〇〇〇、塙書房)。田端泰子・細川涼一『女人・老人・子ども』(日本の中世四)、二〇〇二、中央公論新社。奈良文化財研究所編『奈良の寺—世界遺産を歩く—』(岩波新書)、二〇〇三、岩波書店。

(西　洋子)

ほづみのぶしげとそのかぞく　穂積陳重とその家族　穂積陳重(一八五六—一九二六)は、明治・大正時代の法学者。宇和島《うわじま》出身で、イギリス・ドイツ留学後、東京帝国大学法科大学教授として法理学などを担当するとともに、一八九三年(明治二十六)からは法典調査会起草委員として民法等の編纂《へんさん》に携わった。一九一九年(大正八)設置の臨時法制審議会では総裁を務める。多数の著書があるが、代表的なものは『法律進化論』『隠居論《いんきょろん》』『五人組制度論』『実名敬避俗研究《じつめいけいひぞくけんきゅう》』『法窓夜話《ほうそうやわ》』などである。弟の八束《やつか》(一八六〇—一九一二)は、明治時代の法学者。東京帝国大学で憲法講座を担当した。*民法典論争の折には「*民法出《い》デヽ忠孝亡《ちゅうこうほろ》ブ」を執筆し、旧民法施行延期に大きな影響を与えた。著書には『憲政大意』『憲法提要』などの憲法学書のほかに『国民道徳の要旨』がある。妻の歌子《うたこ》(一八六三—一九三二)は、明治時代の実業家渋沢栄一《しぶさわえいいち》の娘で、当時の女性としては珍しく女学校へ進み、*和歌に秀でて歌集も残している。一八八二年に陳重と結婚、三男三女をもうける。子どもには洋服を着させるなど、合理的な育児を実践。その長男が重遠《しげとお》(一八八三—一九五一)で、大正・昭和時代の法学者、東京帝国大学教授。家族法学の父と呼ばれた。代表的な著書は『離婚制度の研究』『親族法』、ほかにも多数ある。啓蒙《けいもう》書も多く、明治民法下で権利が認められていなかった妻や子(特に私生子《しせいし》)の保護を主張し、『*婦人の友』『*婦人公論』などにも寄稿した。一九一〇年には早くも「フェミニズム」という論文を執筆。一九二〇年結成の*新婦人協会をはじめ多くの婦人団体の講演会で講師を務めた。一九一九年からの臨時法制審議会の委員も務め、*民法改正要綱《ようこう》が、*明治民法よりも妻・女性の権利を強化するものになるための役割を果たした。一九二四年東大セツルメント創立に参加。戦後は最高裁判所裁判官となり、一九五〇年(昭和二十五)には尊属傷害致死罪《そんぞくしょうがいちしざい》重罰規定が違憲《いけん》かどうかをめぐった裁判では、真野毅《まのつよし》裁判官とともに、ただ二人違憲を主張した。

参考文献　潮見俊隆・利谷信義編『日本の法学者』、一九七五、日本評論社。長尾龍一『日本法思想史研究』、一九八一、創文社。穂積重行『明治一法学者の出発—穂積陳重をめぐって—』、一九八八、岩波書店。蘆谷重常『穂積歌子』(伝記叢書)、一九九五、大空社。

(白石　玲子)

ほていのいらつめ　法提郎媛　生没年不詳　舒明《じょめい》天皇の*キサキ。父は蘇我馬子《そがのうまこ》。法提郎媛は最も早く舒明天皇のキサキとなったと見られ、天皇との間に古人大兄皇子《ふるひとのおおえのおうじ》を儲《もう》けた。舒明天皇は、蘇我氏とは婚姻関係を持たない息《おき》長《なが》氏系の天皇で、この婚姻関係の背景には蘇我本宗家と山背大兄王《やましろのおおえのおう》の上宮王家《じょうぐうおうけ》との対立があるともされる。所生の古人大兄皇子は、*皇極《こうぎょく》天皇の有力な皇位継承者の一人であったが、蘇我蝦夷《えみし》・入鹿《いるか》の失脚により皇位に就くことなく出家した。法提郎媛は『本朝皇胤紹運録《ほんちょうこういんじょううんろく》』にもみえる。

参考文献　加藤謙吉『蘇我氏と大和王権』(古代史研究選書)、一九八三、吉川弘文館。

(三崎　裕子)

ほていやげんりょうに　布袋屋玄了尼　生没年不詳　十六世紀の初め、京中四条富小路《しじょうとみのこうじ》に店を構え、扇を製造・販売する座権利を持っていた女性。当時は扇の製造販売が未分化な状態にあり、玄了尼は扇の折手《おりて》であると当時に経営者でもあった。彼女は本座の販売権の半分と脇座《わきざ》を持ち、脇座は娘夫婦に営業させるとともに、本座には少なくとも三人の折手の女性を抱えていた。また、本座の一軒である鶴屋《つるや》には永禄二年(一五五九)奈良商人の娘が折手になっていたことが『多聞院日記《たもんいんにっき》』から確認できる。

参考文献　鈴木敦子「女商人の活動と女性の地位」(岡野治子編『女と男の時空』三、一九九六、藤原書店)。

(加藤美恵子)

ホト　ホト　女性の性器を意味する古語。陰とも書く。ホ(秀)ト(処)の意で身体の大切なところという意味でそう呼んだといわれている。天地開闢《てんちかいびゃく》の時万物を生んだ創造神イザナミは、最後に火神を生んだためミホトが焼けて死んだとされ、穀物起源神話では食物女神オオゲツヒメのホトに麦が生《な》った(『*古事記』)とあるなど神話にはこの語が身体の重要な箇所としてしばしば出てくる。美和《みわ》の大物主神《おおものぬしのかみ》は丹塗矢《にぬりや》になって「美人之富登《おとめのほと》」を突いたとあり、*箸墓《はしばか》古墳(奈良県桜井市)の被葬者とされる倭迹迹《やまとと》日百襲姫《ひももそひめ》は箸でホトを突いて死んだ(『日本書紀』)とされるなど伝説にも多い。神に捧げる賀詞《よごと》である祝詞《のりと》にも「美保止《みほと》」の語が明記され(鎮火祭)、安寧《あんねい》天皇の墓について、御陵は「畝火山之美富登《うねびやまのみほと》」＝畝火山の窪地の聖地にあると記されている(『古事記』『日本書紀』)。これらの例をみるとこの語が古代には忌避《きひ》すべき語ではなく、むしろ神聖な語とされていたことがわかる。

参考文献　関口裕子「女の強さと美しさ」(総合女性史研究会編『日本女性の歴史―文化と思想―』一九九三、角川書店)。同『日本古代婚姻史の研究』上、一九九三、塙書房。

(溝口　睦子)

ほとけごぜん　仏御前　生没年不詳　『*平家物語』に登場する*白拍子《しらびょうし》。石川県小松の出といわれている。平清盛の寵愛《ちょうあい》を受ける*祇王《ぎおう》・祇女《ぎじょ》の名声を聞き、清盛の西八条《にしはちじょう》邸に推参。追いかえされるところを祇王の取りなしで舞ったことから、清盛は祇王を追い出し代りに仏を寵愛した。仏はいずれ祇王と同じ運命になるであろうと、祇王母子が庵《いおり》を結んだ嵯峨《さが》野の奥に髪を下ろした仏も加わり、四人一緒に往生を願ったということである。

参考文献　細川涼一「祇王・仏・静―白拍子の廻国―」(『平家物語の女たち―大力・尼・白拍子―』一九九八、講談社)。脇田晴子『女性芸能の源流―傀儡子・曲舞・白拍子―』(角川選書)、二〇〇一、角川書店。

(星　倭文子)

ほととぎす　不如帰　徳冨蘆花《とくとみろか》の長編小説。一八九八年(明治三十一)から翌年にかけて『国民新聞』に連載され、一九〇〇年に民友社《みんゆうしゃ》から刊行、ベストセラーとなった。陸軍中将子爵片岡毅《ししゃくかたおかき》の長女の浪子《なみこ》は、父の勧めに従って海軍少尉《しょうい》(男爵《だんしゃく》)の川島武男《かわしまたけお》と結婚する。夫婦仲はむつまじかったが、やがて浪子が肺結核を発病し、伝染によって「家」が絶えることをおそれた姑《しゅうとめ》のお慶《けい》は、武男不在中に浪子の離縁を断行する。武男は怒りのエネルギーを日清戦争での戦闘意欲に転化する。浪子は療養むなしく、「ああつらい！つらい！もう――婦人《おんな》なんぞに――生まれはしませんよ」という言葉を残して死ぬ。「善玉」の毅も「悪玉」のお慶も、「華族」の「家」を最優先する価値観では共通しており、武男もこれを否定する論理を持たない。浪子も父への敬愛と、「男まさりの上に西洋風」の継母《けいぼ》への反発から、「古風の嗜味《しみ》」を大切にしてきた女性であり、だからこそ悲劇の背景の考察を通してさまざまな社会問題が見えてくる小説である。岩波文庫版が入手しやすい。

参考文献　藤井淑禎『不如帰の時代』、一九九〇、名古屋大学出版会。高田知波「「戦前」文学としての「戦後」文学―徳冨蘆花『不如帰』への一視点―」(『社会文学』九、一九九五)。

(高田　知波)

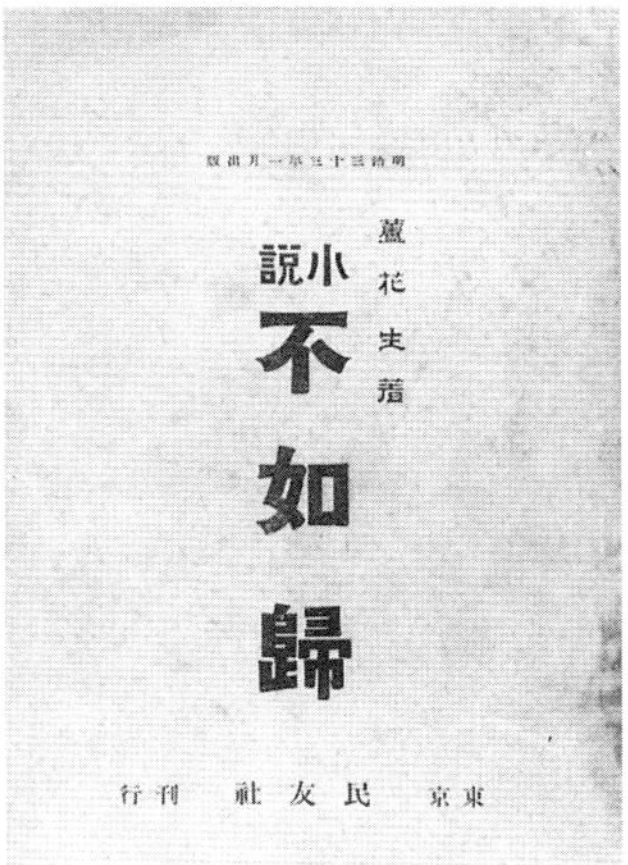

『不如帰』民友社刊本

ほぼ・ほふ　保母・保父　⇩保育士《ほいくし》

ほらせき　保良せき　一八九三―一九八〇　昭和時代の社会事業家、保健事業の母。長野生まれ。看護婦教育所卒業後一九二一年(大正十)渡米、日本人初の米登録看護婦となる。コロンビア大学師範科を卒業し、ニューヨーク市スラム街の*セツルメントで修練する。一九三〇年(昭和五)、乳児死亡率の高い大阪に公衆衛生訪問婦協会を設立。国際看護協会加入条件や保健婦制度の整備に尽力し、看護教育の統一、職業的独立と社会的地位と看護活動の向上を主張し、一九四〇年社会保健婦大会を開催、現看護協会の礎《いしずえ》となる。一九四八年初代厚生省医務局看護課長に就任。退官後は幼児教育に生涯を捧げた。保健文化賞、黄綬褒章《おうじゅほうしょう》、勲四等瑞宝章《くんよんとうずいほうしょう》など受賞。

参考文献　大国美智子『保健婦の歴史』、一九七三、医学書院。べっしょちえこ『生まれしながらの―わが国保健事業の母保良せき伝―』、一九八〇、日本看護協会出版会。相澤譲治『保良せき』(シリーズ福祉に生きる)、二〇〇一、大空社。

(佐々木裕子)

ボランティア　ボランティア　何らかの問題に対してよりよい社会を目指し、自発的に、金銭的な報酬を主目的とせずに行動する人たちのことを指している。またその活動自体を指すこともある。ボランティア(volunteer)という言葉の語源はラテン語のvoloで、その意味は英語のwillにあたる。「みずから進んで行動する」などの意味を持っている。ボランティア活動の四原則として「自主性・主体性」「社会性・連帯性」「無償性・無給性」「創造性・開拓性・先駆《せんく》性」が挙げられる。日本でボランティア活動への関心が高まったのは阪神・淡路大震災(一九九五年(平成七))であった。それをきっかけに一九九八年三月に「特定非営利活動促進法」(通称NPO法、NPO＝Nonprofit organization)が制定され、同年十二月に施行された。これによりボランティア活動グループやボランティア団体が法人格を取得することができるようになった。NPO法には改正すべき問題点もあるが、法人格が取得できるようになり、活動がしやすくなった面もある。NPO法人格の認証数(一九九八年十二月一日―二〇〇七年五月三十一日)は三万千五百八十一団体となっている。活動分野は十七分野(二〇〇三年五月一日にNPO法が改正されるまでは十二分野)と幅広いが、その中で現在最も多いのは「保健・医療又は福祉の増進を図る活動」である。女性のボランティア活動は一九六〇年代後半以降、活発化し始めた。一九七〇年(昭和四十五)には文部省が「婦人ボランティア活動促進事業」などの育成策を行なったことで、さらに*主婦層の参加者を増加させた。こうした傾向に対して性別役割分業のもとに女性のボランティア活動への参加が確保されているとの批判がされてきたが、これには既婚女性が労働市場から排除されていたという背景があることを忘れてはならないだろう。今後はさまざまな領域で多くの年代の参加が期待されている。

参考文献　藤原千賀『事例にみる女性の市民活動と生活』、一九九八、弘学出版。中村陽一・日本NPOセンター編『日本のNPO／2000』、一九九九、日本評論社。

（倉田あゆ子）

ほりかわもとこ　堀河紀子　一八三七―一九一〇　幕末の宮中の*女房。権中納言《ごんちゅうなごん》堀河康親《やすちか》の娘。岩倉具視《ともみ》の異母妹。嘉永《かえい》五年(一八五二)孝明天皇の*後宮に掌侍《ないしのじょう》として出仕。衛門内侍《えもんのないし》(右衛門掌侍《えもんのないしのじょう》)と称された。安政六年(一八五九)・文久元年(一八六一)に皇女を生むが、ともに夭《よう》折《せつ》。この間、*和宮《かずのみや》の降嫁《こうか》問題に関わり、尊攘《そんじょう》派から降嫁を画策した四奸二嬪《しかんにひん》の一人として糾弾《きゅうだん》され、文久二年宮中を退き、掌侍を辞して藤式部《とうのしきぶ》と称した。翌年束髪し霊《れい》鑑《かん》寺《じ》へ移居。明治元年(一八六八)七月掌侍隠居に復した。

参考文献　大久保利謙『岩倉具視』(中公新書)、一九九〇、中央公論社。

（久保　貴子）

ほりきそしょう　堀木訴訟　全盲《ぜんもう》の視力障害者であり、母子世帯の母親である堀木フミ子が障害者福祉年金と*児童扶養《ふよう》手当の併給禁止規定は*日本国憲法一四条(法の下の平等)・二五条(生存権)に違反するとして行政を訴えた訴訟。年金と手当ての併給禁止規定(旧児童扶養手当法四条三項)が違憲であるかが争点となった。堀木は夫と離別後、貧困と障害という生活困窮のなか、障害者福祉年金を受給しながら二人の子どもを養育していた。一九七〇年(昭和四十五)に児童扶養手当の受給資格認定を申請したところ、併給禁止規定により、却下された。続く異議申し立ても兵庫県知事によって同様に却下されたため、堀木はこれを不服として一九七〇年七月に訴訟を提起《ていき》した。堀木は、「母が障害者福祉年金を受給している児童を児童扶養手当支給の対象外とする併給禁止規定は、その児童を不当に差別し個人として尊重しない」とし、また、重度視力障害がありながら児童を育てる困難な実態を立証し、併給の正当性を主張した。一審の神戸地裁は、堀木の重度障害とひとり親という二重の生活困難を認め、併給禁止規定は憲法一四条・二五条・一三条に違反するとして却下処分の取り消しを命ずる判決を下した(一九七二年)。二審の大阪高裁は、憲法二五条の分断的解釈を採り、憲法二五条二項に基づく保障は、立法府の立法裁量に委《ゆだ》ねるとし、併給禁止規定を合憲とした(一九七五年)。最高裁は、同一人に事故が複数重なったとしても稼働《かどう》能力の喪失《そうしつ》や低下の程度が必ずしも事故の数に比例して増加するとは限らず、その場合は公的年金相互間における併給調整の裁量は立法府の広い判断の範囲に属するとして二審を支持し、上告を棄却《ききゃく》した(一九八二年)。したがって、最高裁は、併給禁止規定は合憲であるとの判断を下した。

参考文献　倉岡小夜「堀木訴訟における生活権」(藤本武編『日本の生活問題と社会福祉』一九八一、ドメス出版)。堀木訴訟運動史編集委員会『堀木訴訟運動史』、一九八七、法律文化社。

（谷口由希子）

ほりやすこ　堀保子　一八八三?―一九二四　明治・大正時代の女性。アナキスト大杉栄《おおすぎさかえ》の妻。茨城県下館《しもだて》に生まれる。兄は堀紫山《しざん》、姉は堺利彦《さかいとしひこ》の妻美知《みち》。一九〇〇年(明治三十三)、堺の友人小林助市《こばやしすけいち》と結婚するが、一九〇五年ころ離婚。その後堺を助けて『*家庭雑誌』の経営に関わるなど、平民社《へいみんしゃ》と関わりを持つ。一九〇六年大杉栄と入籍をせずに結婚。大杉の相つぐ入獄中は、大杉の弟妹を引き取るなど獄中の大杉を支え、大杉が出獄後に創刊した『近代思想』の経営にも関わる。一九一三年(大正二)『*青鞜《せいとう》』に「私は古い女です」を掲載。一九一六年、大杉が*神近市子《かみちかいちこ》・*伊藤野枝《いとうのえ》と恋愛関係に入ると保子は大杉と別居し、葉山《はやま》*日蔭茶屋《ひかげちゃや》事件後の一九一七年一月に『新社会』に大杉との関係解消の広告を出す。その後あざみ社を作り、婦人雑誌『あざみ』を発行。一九二一年の第二回メーデーには*赤瀾会《せきらんかい》の「年寄組」として沿道から参加。一九二三年大杉の虐殺後、「小児のやうな男」という追想を残している。

参考文献　鈴木裕子編『資料平民社の女たち』、一九八六、不二出版。河原彩「堀保子小論」(『総合女性史研究』一七)、二〇〇〇。らいてう研究会編『『青鞜』人物事典』、二〇〇一、大修館書店。

（河原　彩）

ほんいんのじじゅう　本院侍従　生没年不詳　平安時代中期の歌人。歌物語風の家集『本院侍従集』には、本院侍従と従兄弟《いとこ》で天慶《てんぎょう》五年(九四二)に十八歳となった藤原兼通《かねみち》との恋歌の贈答が、詞書《ことばがき》とともにまとめられている。実名・父母名は不明であるが、『本院侍従集』には、村上天皇皇后の*藤原安子《あんし》の従姉妹《いとこ》とある。はじめ「本院女御」と呼ばれる実頼《さねより》娘で朱雀《すざく》天皇女御《にょうご》の藤原慶子《けいし》に仕えていたらしく、「本院侍従」と呼ばれた。また「本院」は、『本院侍従集』詞書によれば宮仕え先を退出した侍従が滞在する里邸《りてい》でもあった。侍従は天慶五年ころに、成明《なりあきら》親王(村上天皇)の*女御となり藤壺《ふじつぼ》を在所とした藤原安子に仕えたらしい。また天徳四年(九六〇)の*内裏歌合《だいりうたあわせ》に恋歌を出詠し*中務《なかつかさ》と番《つが》えられている。天徳二年十月に村上天皇の*皇后となった安子は、康保《こうほう》元年(九六四)四月に崩御《ほうぎょ》し、その後は承香殿《じょうきょうでん》女御徽子《きし》女王に仕えたことが『拾遺《しゅうい》和歌集』から確認できる。『一条摂政集《いちじょうせっしょうしゅう》』には本院女御没後に藤原伊尹《これただ》と恋の歌を贈答したことがみえるほか、『本院侍従集』には藤原兼通と、『朝忠集《あつただしゅう》』には藤原朝忠との恋の贈答歌がみえる。『*尊卑分脈《そんぴぶんみゃく》』によれば藤原魚《うお》名流《なりゅう》の従四位下《じゅしいげ》美作守《みまさかのかみ》為昭《ためあき》の妻となり則友《のりとも》を生んでいる。また『*今昔物語集《こんじゃくものがたりしゅう》』の説話には、侍従は本院左大臣時平《ときひら》に仕えていたとされ、『*栄花《えいが》物語』でも侍従と元良《もとなが》親王との関係を示す説話があるが、天慶六年に五十四歳で没した元良親王が侍従と関係があったとは考えにくく、『後撰《ごせん》和歌集』一一(七一〇詞書)や『*大和物語』の説話から勘案《かんあん》して、時平の妻である在原棟梁女《ありわらのむねやなのむすめ》と混同された可能性がある。勅撰集《ちょくせんしゅう》入集歌は、『後撰和歌集』『拾遺和歌集』に各二首、『新古今和歌集』『玉葉《ぎょくよう》和歌集』に各二首、『新勅撰和歌集』に四首など、計十七首ある。

参考文献　『大日本史料』一ノ一六、貞元二年十一月八日条。伊藤一男「『本院侍従集』注釈」一・二(『東京学芸大学紀要第2部門人文科学』三七・三八)、一九八六・八七。『後撰和歌集』(新日本古典文学大系六)、一九九〇、岩波書店。『平安私家集』(新日本古典文学大系二八)、一九九四、岩波書店。稲賀敬二「本院侍従―その生涯と集―」(『広島大学文学部紀要』三六八)、一九七六。（鈴木　織恵）

ほんちょうおんなにじゅうしこう　本朝女二十四孝　日本の孝女・貞女《ていじょ》二十四人を紹介したもの。高井蘭山《たかいらんざん》作か。天保三年(一八三二)作、嘉永《かえい》五年(一八五二)刊『女式目《おんなしきもく》鏡草《かがみぐさ》』(高井蘭山作、一巻)の頭書に所収。吉備兄媛《きびのえひめ》、芹摘《せりつみの》妃《きさき》、蘇我造媛《そがのみやつこひめ》、波自采女《はじのうねめ》、難波部安良売《なにわべのすらめ》、橘氏妙仲尼《たちばなうじみょうちゅうに》、忌寸果安妻《いんきはたやすがつま》、越後松山孝女《えちごまつやまのこうじょ》、薩摩福依売《さつまのふくよめ》、松風《まつかぜ》・村雨《むらさめ》、*大弐三位《だいにのさんみ》、堀川院宮女中務《ほりかわいんのきゅうじょなかつかさ》、石見才女《いわみのさいじょ》、孤婦武子《こふたけこ》、袈裟《けさ》御前《ごぜん》、*常盤御前《ときわごぜん》、池田湯谷《いけだのゆや》、源義経妾静《みなもとのよしつねのしょうしずか》、幸田満行女《ゆきたみつゆきのむすめ》、佐々木巌流女《ささきがんりゅうのむすめ》、竹氏孝女《たけうじのこうじょ》、因幡岡田氏姉妹《いなばおかだうじしまい》の小伝を集録。テキストは『近世女子教育思想』二(日本教育思想大系一六、一九八〇年、日本図書センター)。（小泉　吉永）

ほんちょうじょかん　本朝女鑑　後世の類書に多大な影響を与えた日本の「列女伝」の嚆矢《こうし》。浅井了意《あさいりょうい》著。十二巻。寛文元年(一六六一)刊。一―十巻は『劉向列女伝《りゅうきょうれつじょでん》』にならった賢明《けいめい》・仁智《じんち》・節義《せつぎ》・貞行・弁通の五分類で日本古今の名女八十五人の略伝を集録する。十一・十二巻は「女式《じょしき》」と題して「初て生する女子の式」「女工ををしゆべき式」「女に三従の道ある式」など十の「式」を説く。『名女物語』『日本名女咄《ばなし》』『本朝貞女《ていじょ》物語』『和国新女鑑』『本朝名女物語』など改題本が多い。テキストは『近世文学資料類従』仮名草子編六(近世文学書誌研究会編、一九七二年、勉誠社)、『江戸時代女性文庫』一一・一二(一九九四年、大空社)。（小泉　吉永）

ほんちょうれつじょでん　本朝列女伝　日本古来の賢女《けんじょ》・貞婦《ていふ》・*烈女《れつじょ》の伝記を集めた*女訓書《じょくんしょ》。安部弘忠著。十巻。『全像本朝古今列女伝』ともいう。明暦《めいれき》元年(一六五五)自序。明暦三年・寛文八年(一六六八)序。寛文八年刊。承応《じょうおう》二年(一六五三)刊の『劉向《りゅうきょう》列女伝』の影響を受け、その編集形式を忠実に踏襲《とうしゅう》するのが特徴。巻之一「后妃伝」(狭穂姫《さおひめ》以下二十一人)、巻之二「夫人伝」(振媛《ふるひめ》以下十一人)、巻之三「孺人《じゅじん》伝」(田道《でんどう》孺人以下三十五人)、巻之四「婦人伝」(置目《おきめ》以下五十三人)、巻之五「妻女伝」(車持氏女以下二十六人)、巻之六「妾女《しょうじょ》伝」(弟橘姫《おとたちばなひめ》以下十一人)、巻之七「妓女《ぎじょ》伝」(陸奥前采女《むつのさきのうねめ》以下十三人)、巻之八「処女伝」(美濃弟媛《みののおとひめ》以下二十九人)、巻之九「奇女伝」(都藍尼《とらんに》以下二十九人)、巻之十「神女《みこ》伝」(倭迹迹姫《やまとととひめ》以下十一人)の十巻に分けて、合計二百十七人の小伝を載せる。尊卑《そんぴ》上下から有名・無名の女性を選ぶ。各巻とも略伝を漢文で記して所々割注を加え、それぞれ四言八句の頌詩《しょうし》と挿絵を施す。テキストは『江戸時代女性文庫』八四・八五(一九九八年、大空社)。（小泉　吉永）

ポンマチ　ポンマチ　アイヌ語で、直訳すると「小妻」。ポンマッともいう。江戸時代の和人の記録には妾と書かれるが、アイヌ社会では正式な結婚であった。しかし*一夫多妻は一般的ではなかった。小妻となるにはいくつかの場合がある。ポロマチ(大妻)のある遠隔地の富裕な男性に女性とその家族が養われる場合は、夫は一年のうち何ヵ月かをそこで過ごすか何度か訪れるだけである。ポンマチが永続的な結婚であったかどうかは不明。子孫は老後の扶養と祖先供養のために不可欠なのであるが、妻に子供ができないためポンマチをもつということは、養子が珍しくなかったので一般的ではないと思われる。また、夫が亡くなって実家に戻らないで妻のいる亡夫の兄弟と再婚する場合もあった。ポンマチとなるにはそうならざるをえない事情があったものであろう。基本的には、ポンマチは権力による*婚姻の制度であると考えるべきである。（児島　恭子）

ほんまひさお　本間久雄　一八八六―一九八一　明治から昭和時代にかけての評論家、英文学・日本文学研究者。山形県米沢生まれ。早稲田大学英文科で坪内逍遙《つぼうちしょうよう》・島村《しまむら》抱月《ほうげつ》に師事。一九〇九年(明治四十二)の卒業直後から『早稲田文学』の編集に携わり、抱月死後の一九一八年(大正七)からは主幹を務めた。本間は、文学評論などを発表する一方で、婦人論および民衆芸術論の側面から、いちはやく*エレン＝ケイを翻訳し、紹介した。三十年にわたるライフワーク『明治文学史』でも、『*青鞜《せいとう》』等の歴史的評価に取り組んだ。著書に『エレンケイ思想の真髄《しんずい》』(一九一五年、大同館書店)、『現代の婦人問題』(一九一九年、天佑社)がある。

参考文献 平田耀子編著『本間久雄日記』、二〇〇五、松柏社。

(内藤 寿子)

ま

まいこ 舞妓 *芸子(京阪での称、江戸では*芸者)修業中の十一歳から十六歳くらいの少女のこと。特に京阪の花柳界《かりゅうかい》でこう呼ぶ。東京などの雛妓《おしゃく》と同じ。宴席に出て舞を舞ったり、芸子のひく*三味線《しゃみせん》に鼓・太鼓などで伴奏を受け持ったりする。元禄期以前から江戸では踊子《おどりこ》、京阪では舞妓(舞子)と呼ばれ舞(おどり)を表芸とし、望まれれば枕席《ちんせき》へも侍る女たちがいた。これがのちに芸者・芸子に変わったが、年少の*振袖《ふりそで》姿の舞子に舞妓の名が残ったようだ。衣装は振袖に裾をひき、帯はだらりに結ぶ。一九四七年(昭和二十二)に女子年少者労働基準規則で十八歳未満の女子が酒席で接待することが禁じられたため、現在では中学を卒業し修業を終え舞妓に出てから十八歳になるまでは酒席で舞を舞っても接待はしない。*祇園《ぎおん》ではかんざしによって十八歳以上の舞妓と区別している。京都の舞妓は、現在では観光の対象とされ、全国各地へ出張もしている。

(牧田りゑ子)

マイホームしゅぎ マイホーム主義 一九六〇年代日本の高度成長期に台頭した私生活主義(privatism)を表現する当時の用語。私生活を公的生活より優先する志向をさす私生活主義は、公私の分離と公共領域の衰退を経験した近代社会に共通して見られる志向である。戦後日本のマイホーム主義は、戦前の「家」と対比して、*核家族化した近代的友愛的家族に関係づけられる。戦前の「滅私《めっし》奉公《ほうこう》」に替わる「滅公奉私」の価値観であり、それが評価されることもあるが、揶揄《やゆ》されることもある。戦後の住宅政策により都市の持ち家率が上がり、地方出身者のつくった核家族は、家電を備えたマイホームで高度化した消費生活を謳歌《おうか》した。夫はサラリーマン、妻は*主婦という*性別分業も定着した。一九七〇年代の「ニューファミリー」はマイホーム主義を受け継ぎながら、さらなる消費生活の高度化と欧風化、および夫婦の平等化を標榜《ひょうぼう》するものだった。その後、個室化が進み、私生活主義は個人を単位としたものに変貌《へんぼう》していく。

参考文献 落合恵美子『21世紀家族へ(第三版)』(有斐閣選書)、二〇〇四、有斐閣。

(落合恵美子)

まえかけ・まえだれ 前掛け・前垂れ 腰まわりやひざが、汚れたり水に濡れたりしないようにするための服飾品。江戸時代中期ころ以前は「前垂れ」と呼ばれた。平安時代、貴紳《きしん》家の下使《したづかい》の女性たちや内裏《だいり》の御湯殿《おゆどの》奉仕の*女房たちが水廻りの仕事で着衣が濡れるのを防ぐために用いた今木《いまき》(湯巻《ゆまき》)や、同類の着衣である褶《しびら》を淵源《えんげん》とする。古代末の『*信貴山縁起絵巻《しぎさんえんぎえまき》』や『伴大納言絵巻《ばんだいなごんえまき》』には富裕層の家の下使の女性が腰の前後に巻く短裳《たんも》の形式の衣服が描かれ、これが今木や褶と考えられる。これらは基本的に四幅(一幅は約三六センチ)の仕立てだが、中世以降、三幅以下の仕立てのものも作られたらしい。たとえば手《て》甲脚半《こうきゃはん》姿の*大原女《おはらめ》の三幅の前掛けがある(現在は二幅半)。また当該期、黒地のものであったことが「*洛中洛外図屏風」などから確認されるが、近世期、接客業の茶屋女《ちゃやおんな》が赤地のものを使うなどある種の職能の標識性も帯びてく

前掛け・前垂れ(『信貴山縁起絵巻』より)

るようになる。近世期では庶民女性を中心に、紺や茶色の絣《かすり》や縞《しま》のものが主流だが、元禄ころ以降は紬《つむぎ》製などのものを使うようになり装飾性を備えるようになる。また、商家の丁稚《でっち》や手代《てだい》の男性も使用した。現在の西欧型のエプロンは調理や水廻りでの実用性を高めつつ、素材や仕立てなどに装飾性をもりこんだものである。

参考文献　井筒雅風『日本女性服飾史』、一九六六、光琳社出版。北村哲郎『日本服飾小辞典』、一九六八、源流社。（佐多　芳彦）

まえだとしいえのつま　前田利家の妻　⇩芳春院《ほうしゅんいん》

まえはたひでこ　前畑秀子　一九一四—九五　昭和時代の水泳選手・コーチ。和歌山県生まれ。結婚後の姓は兵藤《ひょうどう》。幼いころから古式泳法に親しみ、スカウトされて名古屋の椙山《すぎやま》女子専門学校へ進学。西洋式水泳の訓練を受ける。一九三二年（昭和七）のロサンゼルスオリンピックでは二〇〇メートル平泳ぎに出場、〇・一秒差で銀メダル。一九三六年のベルリンオリンピックでは世界新で優勝。日本女性初の金メダリストとなる。日本初の「ママさん水泳教室」を開くなど、指導者としても活躍した。著書に『勇気、涙そして愛』（一九九〇年、ごま書房）がある。

参考文献　文芸春秋編『昭和スポーツ列伝』（文春文庫ビジュアル版）、一九九二。（内藤　寿子）

まがたま　勾玉　C字形に湾曲《わんきょく》し、丸く膨《ふく》らむ一端に紐《ちゅう》孔《こう》を穿《うが》った玉。動物の牙に穿孔《せんこう》した垂飾《すいしょく》（牙玉《きばだま》）を祖形とし、縄文時代前期に出現した。後・晩期には動物のような形態をした獣形勾玉や、紐孔を横と縦の二方向に貫通させた緒締《おじめ》形勾玉など多様な形態もみられる。多種の石材が用いられ、土製もあるが、晩期にはヒスイ（硬玉《こうぎょく》）が盛行《せいこう》する。これら縄文時代の牙玉や勾玉は性差を伴わない装身具であり、着装者の生命をまもる呪物であった。弥生時代になると、縄文系勾玉が段階的に変化して、弥生勾玉（頭部が球形に近く屈曲が明瞭《めいりょう》）が生まれ古墳時代に繋《つな》がる。弥生時代以降の墓に副葬された勾玉は、石材

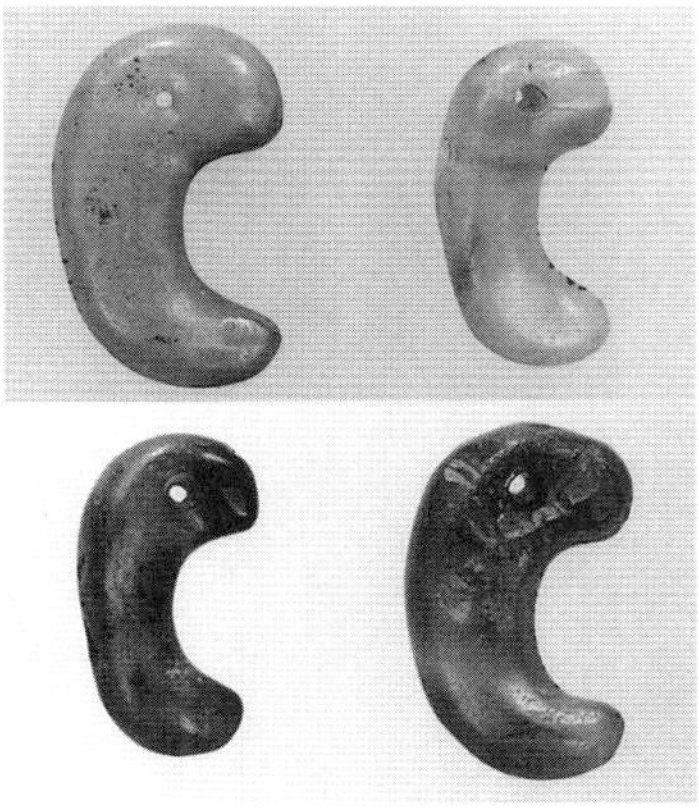

瑪瑙製勾玉（群馬県若田原遺跡出土）

や形態に階層差がみられ、古墳時代になるとさらに権威の序列を表示する装身具としての機能が強まったが、性差は認められない。なお、古墳時代後期になると、*巫女《みこ》などの特定職種や下位の階層の装身具としても用いられていくことが*人物埴輪の表現から窺《うかが》える。

参考文献　藤田富士夫『玉』（考古学ライブラリー）、一九八九、ニューサイエンス社。春成秀爾『古代の装い』（歴史発掘四）、一九九七、講談社。木下尚子「装身具と権力・男女」（都出比呂志・佐原真編『古代史の論点』二、二〇〇〇、小学館）。（寺沢　知子）

まきせきくえ　牧瀬菊枝　一九一一—九七　昭和時代の*女性史研究者。一九一一年（明治四十四）九月三日静岡県富士市生まれ。旧姓島崎。一九三二年（昭和七）に実践女子専門学校を卒業して岩波書店に就職、*野上弥生子《のがみやえこ》や*宮本百合子《みやもとゆりこ》を知り暗い時代を生きる支えとなる。プロレタリア＝エスペラントやロシア語を学び、一九三六年、東大滝川事件を闘った牧瀬恒二《つねじ》が治安維持法違反で下獄する直前に結婚。一九三九年、出獄後の夫と所帯を持ったが、二年後再び検挙され、子どもを抱えて校正の*内職で生き延びる。戦後、思想の科学研究会に所属。鶴見和子《つるみかずこ》と母たちの戦争体験の記録『ひき裂かれて—母の戦争体験—』をまとめた。また戦前の無産者解放運動に活躍した女たちの証言を記録し後世に伝える仕事に力を注いだ。当事者からの*聞き書きに関係者の証言も組み合わせ、非合法ゆえ見え難い活動のひだに迫った。著書等に『丹野セツ』（一九六九年、勁草書房）、『九津見房子の暦』（一九七五年、思想の科学社）、『一九三〇年代を生きる』（一九八三年、思想の科学社）などがある。（江刺　昭子）

まきのかた　牧の方　生没年不詳　鎌倉時代前期の女性。鎌倉幕府執権北条時政《しっけんほうじょうときまさ》の後妻。父は平頼盛《たいらのよりもり》が領家職《りょうけしき》を持つ駿河《するが》国大岡牧《おおおかのまき》（静岡県沼津市）の公文牧宗親《くもんまきむねちか》、母は未詳。北条政範《まさのり》・時綱《ときつな》・平賀朝雅《ひらがともまさ》妻（のち源国通《みなもとのくにみち》妻）・三条実宣《さんじょうさねのぶ》妻・宇都宮頼綱《うつのみやよりつな》妻（のち藤原師家《ふじわらもろいえ》妻）の母。源頼朝《みなもとのよりとも》の妾《しょう》*亀前《かめのまえ》の所在を義理の娘*北条政子《まさこ》へ通報し、政子は宗親に亀前の住宅を破却させた。その後政子と対峙し、婿朝雅の将軍擁立を計画するも発覚、夫時政とともに伊豆《いず》国へ移される。時政死後出家、上洛したと考えられ、京都の娘たちと行動をともにしている。

参考文献　杉橋隆夫「牧の方の出身と政治的位置」（井上満郎・杉橋隆夫編『古代・中世の政治と文化』一九九四、思文閣出版）。永井晋『鎌倉幕府の転換点—吾妻鏡を読みなおす—』（NHKブックス）、二〇〇〇、日本放送出版協会。（七海　雅人）

まぐはひ　目合　⇩ミトノマグハヒ

まくらがたな　枕刀　寝床の枕のそばに置く刀。枕それ

枕元の枕刀（『春日権現験記絵』模本より）

自身と同様に夫婦の性愛を象徴する意味をもった。『*万葉集』の東国防人《さきもり》の妻の歌に「枕刀腰に取り佩《は》きま愛しき」(原万葉仮名)とみえる。平安時代の一通の文書には「枕筥《まくらばこ》・雄頭打出大刀《おすがしらうちでのたち》(雄鶏《おんどり》の柄頭の大刀)」が妻の進退するところとしてみえるから、枕刀は寝室を差配《さはい》する女性の財物の一部と考えられることもあったようである。枕刀の画像は絵巻物でも確認することができるが、庶民の場合はそこに「腰刀《こしがたな》」が置かれている。

参考文献　保立道久『中世の愛と従属—絵巻の中の肉体—』(イメージ・リーディング叢書)、一九八六、平凡社。

(保立　道久)

まくらのそうし　**枕草子**　平安時代の随筆《ずいひつ》。作者は*清少《せいしょう》納言《なごん》。約三百の章段から成る。執筆時期は長保《ちょうほう》二年(一〇〇〇)前後の数年間にわたるとされる。跋文《ばつぶん》には、その契機として、作者が*女房として仕えた一条天皇の*皇后定《てい》子《し》から紙を下賜《かし》されたことを記している。各章段は形式・内容により三種に大別され、「物語は」「山は」「うつくしきもの」「にくきもの」などとして該当する事物を列挙した類聚《るいじゅう》的章段、定子に仕えた当時の宮廷生活を綴《つづ》った回想的章段、自然や人事に関する感想・批評等を記した随想的章段がある。回想的章段には、*和歌のほか当時男性の教養とされていた漢詩文にも造詣《ぞうけい》深い定子のもと、作者もまた自身の資質・素養を存分に発揮し、*後宮サロンを訪れる殿上人《てんじょうびと》の応対等に活躍した様子などが記されている。主家の全盛期だけでなく、父道隆《みちたか》の死による定子不遇の時期に取材した記事も多く含まれるが、明朗闊達《めいろうかったつ》な後宮の雰囲気は一貫しており、これらの記事が単なる事実の記録ではなく、主従の強い精神的絆をもとに作者の意志的に選び取った執筆姿勢によるものであることがわかる。このほか、回想的章段の記事には、女房の日常的な職掌《しょくしょう》や暮らしぶりなどが随所に書き込まれ、そうした種類の知識を得るにも有用である。類聚的章段・随想的章段には、作者の女性観・職業観等を示すものが多数

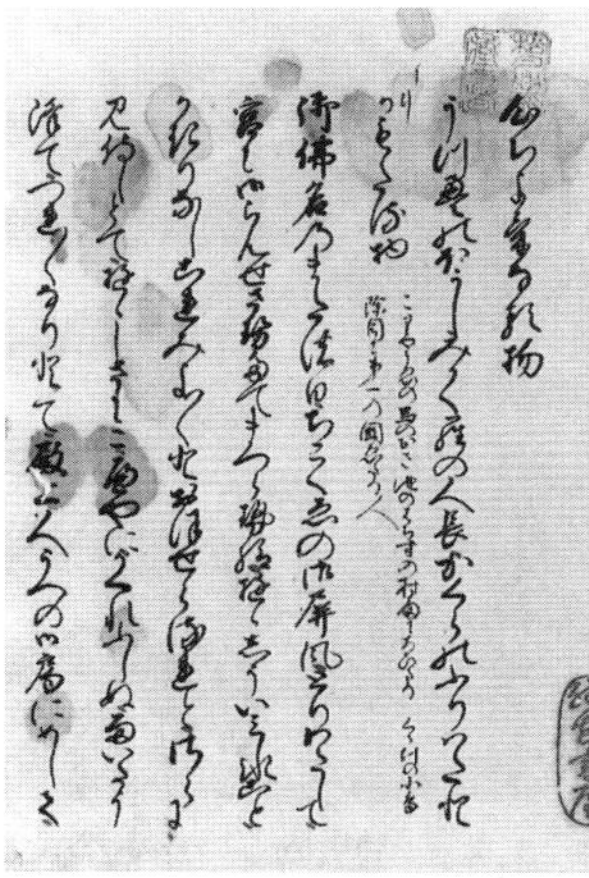

『枕草子』(三巻本　第一類本)

みられ、時には当時の社会通念と対比させつつ作者の意見が述べられることもある。女性の*宮仕えについては、天皇や上流貴族の生活空間に立ち交じって自己の資質を磨《みが》き世間を広げる生き方として、しばしば高い評価を与えているが、一方では、男性が自身の運や努力次第で出世可能であるのに対し、一般に女性の社会的活動には限界があるという悲観的な感想などもみられる。このほか、子供の生態に関する細やかな観察、種々の様態を取って表われる親心についての共感に満ちた述懐《じゅっかい》などは、作者の関心が、宮廷生活にとどまらず、広く人の生きる姿そのものに向けられていたことを示している。テキストに『新日本古典文学大系』(岩波書店)、『新編日本古典文学全集』(小学館)などがある。

参考文献　田中重太郎『校本枕冊子』(平安文学叢刊)、一九五三―五六、古典文庫。三田村雅子『枕草子—表現の論理—』、一九九五、有精堂出版。小森潔『枕草子—逸脱のまなざし—』、一九九八、笠間書院。

(佐藤　厚子)

まくらのそうしえまき　**枕草子絵巻**　十世紀末に*清少納言が執筆した『*枕草子』のうち、著者が仕えた一条天皇の*中宮定子《ちゅうぐうていし》のもとでの出来事を回想的に記す日記的章段を選んで絵画化した鎌倉時代後期の絵巻。詞《ことば》と絵、各七段からなる一巻が現存する。東京浅野家蔵。絵画化された章段は、東宮妃となり*入内《じゅだい》した関白道隆《みちたか》の次女原子《げんし》が、姉の定子を訪問し、父母が同席する栄華の場面(第一段)、

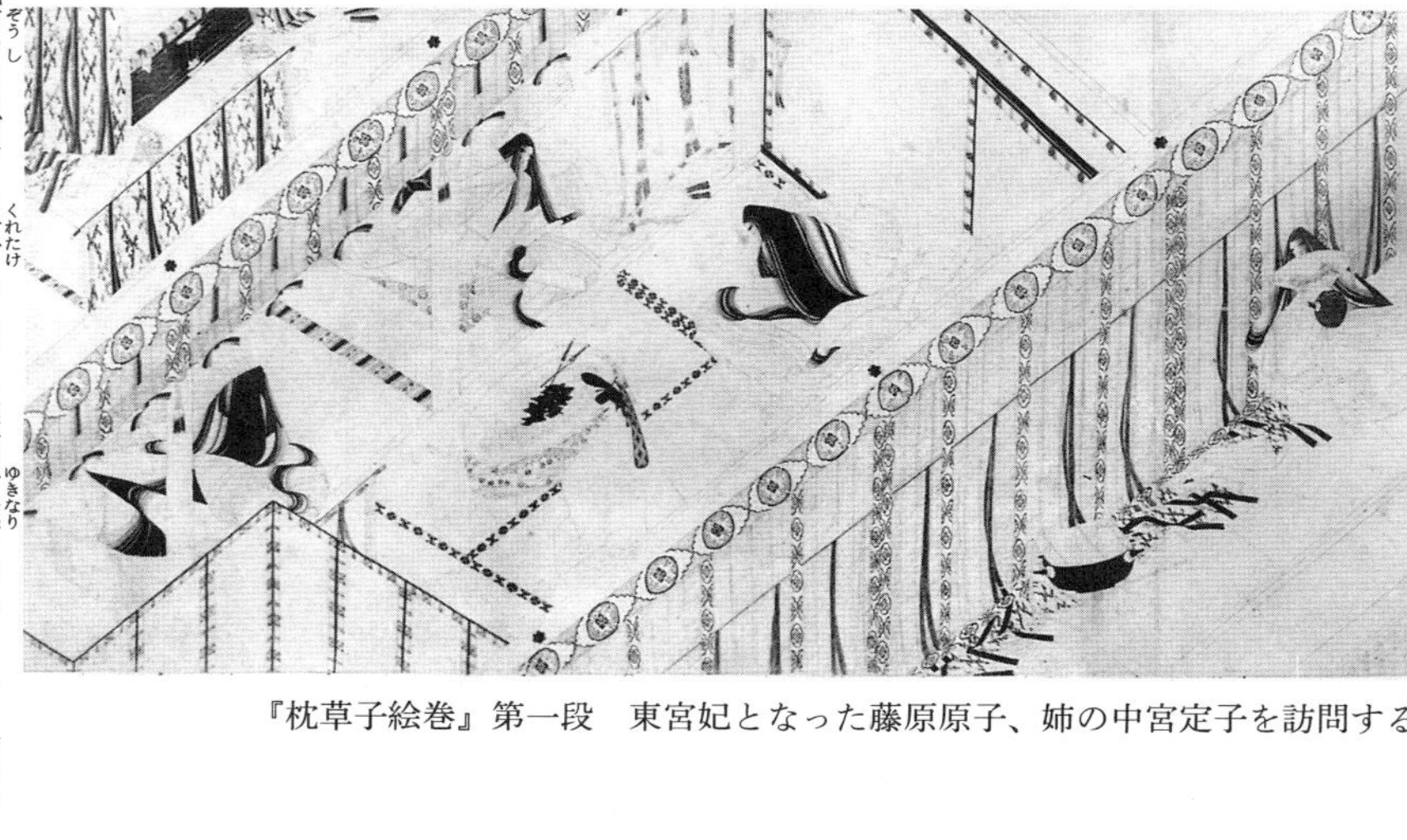

『枕草子絵巻』第一段　東宮妃となった藤原原子、姉の中宮定子を訪問する

職曹司《みぞうし》における呉竹《くれたけ》をめぐる藤原行成《ゆきなり》とのやりとり(第二段)、定子主催の関白道隆忌日《きにち》の法要における藤原斉信《ただのぶ》との詩をめぐるやりとり(第三段)、無名《むみょう》という琵琶《びわ》をめぐる一条天皇と定子とのやりとり(第四段)、師走《しはす》の日の雪山作り(第五段)、正月に*斎院《さいいん》(*選子《せんし》内親王)から美しく

飾った卯槌《うづち》が届き中宮が返書をしたためる場面(第六段)、一条天皇の石清水八幡《いわしみずはちまん》行幸からの還御《かんぎょ》の行列とそれを見る母*東三条院詮子《とうさんじょういんせんし》の桟敷《さじき》の様子(第七段)からなる。いずれも本文の自省的な章句などは省いて絵巻のための詞書を編集し、絵と併せて天皇と中宮、そして才知溢《さいちあふ》れる*女房や臣下からなる優雅で調和に満ちた*後宮の在り方を提示している。彩色を施さず線描のみで完成する白描《はくびょう》画《が》の手法は、平安時代後期には和文の物語を題材とする絵巻制作に用いられたと想定されるが、鎌倉時代に入り、細密描写、濃墨《のうぼく》や僅《わず》かな朱をアクセントとして用いる表現技法が洗練されていった。書風や絵の様式から、制作時期と環境は十三世紀末から十四世紀初頭にかけて、伏《ふし》見院《みいん》の周辺と推測されている。また錯簡《さっかん》や二種の書体が用いられていることから、この作品が、『看聞日記《かんもんにっき》』永享《えいきょう》十年(一四三八)十二月三日の条にみえる「伏見院宸筆《しんぴつ》」の伝承のある「墨絵」の「枕双紙絵二巻」に該当するとの指摘がある。王朝盛期を代表する『枕草子』に取材し、文芸や琵琶、書などにかかわる後宮の営みを、有職故実を踏まえ描くこの絵巻には、「伝統」の創造への意志が認められよう。『日本絵巻大成』一〇(一九七八年、中央公論社)に所収。

参考文献 真保亨「白描絵巻」(『日本の美術』四八)、一九七〇。佐野みどり「枕草子絵巻の原形とその性格」(森暢編『紫式部日記絵巻・枕草子絵巻』一九七六、角川書店)。

(池田　忍)

まげ　髷　髪を頂に束《つか》ね、髻《もとどり》を結った上部を後方へ折り曲げ、さらに前へ折った部分。七、八世紀ごろは隋《ずい》・唐《とう》の影響を受け、女性は頭上に高い髷を結い上げるか、左右二つの髷をのせた。平安時代の女性は唐様式から脱皮し*垂髪となる。中世の庶民女性は労働に適したように背中のあたりで短く切り、一、二ヵ所まとめて結んだ。室町から桃山時代にかけて*結髪がみられ、頭上に一束に集めて髪を結んで髷をつくる唐輪髷《からわまげ》からやがて前髪が独立し、髱《たぼ》が強調される*兵庫髷《ひょうごまげ》が現われる。鬢《びん》付油が現われてから女性の髪型が発達し、前髪・髷・両鬢・髱の五つに分髪して結う日本髪の型式が生まれた。元禄になると*島田髷《しまだまげ》・勝山髷《かつやままげ》などが現われ、一般に流行。*日傘の発達も加え、十八世紀半ば以降髱が短小化、鬢が張り出して髪型は複雑化する。上層の女性は自身で結い、中下層の女性は労働で忙しかったため*女髪結《おんなかみゆい》に結ってもらった。*処女は島田髷に、既婚女性は丸髷《まるまげ》に、*遊女は兵庫髷に結う。上方《かみがた》風・江戸風がそれぞれあり、武家は品格を、町人は華やかさを表現し、衣装とともに封建社会の暗黙の規制があった。

参考文献 喜田川守貞『類聚近世風俗志』上、一九七九、名著刊行会。橋本澄子「結髪の歴史をふり返って」(南ちゑ『日本の髪型』一九八一、紫紅社)。

(小和田美智子)

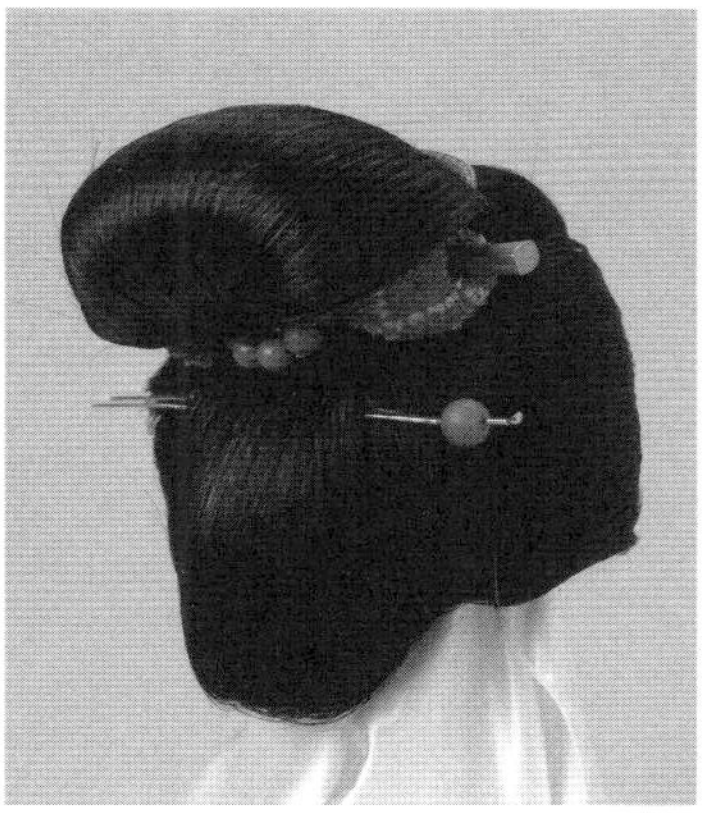

丸　髷

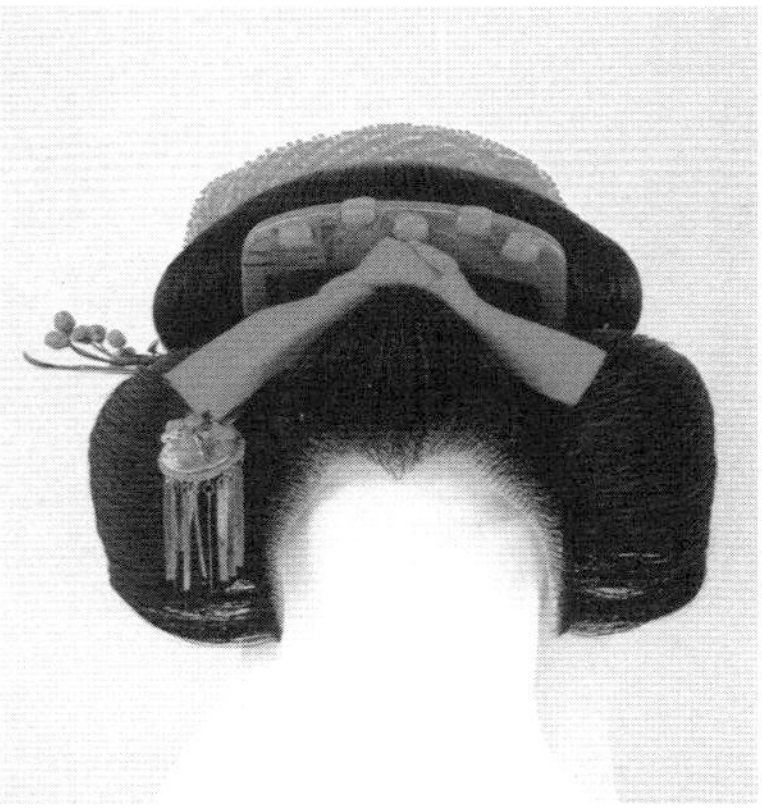

つぶし島田

まじょのろんり　魔女の論理　日本近代文学研究者の駒《こま》尺喜美《しゃくきみ》が一九七八年(昭和五十八)に刊行した*フェミニズム批評の先駆《せんく》的著作。初版本の副題には「エロスへの渇《かつ》望《ぼう》」とあるように、*ウーマン＝リブ運動に共鳴した著者が男と女の人間的交流を求めて近代文学作品を読み解いたものだが、そこにあぶり出された作家の男権《だんけん》思想と作品の限界は定説的評価を覆《くつがえ》す。近代の作家の中でエロスの不在に悩み、問題に真剣に取り組んだのが夏目漱石で、『*行人《こうじん》』などの作品群が読み直される。そして、男性原理を否定して生きようとした漱石の思想的系譜が洗い出されるのだが、著者は同時代の「青鞜《せいとう》」運動の影響を指摘する。対照的に、男社会の既得権《きとくけん》に鈍感だったり、現実に妥協《だきょう》した例として批判の俎上《そじょう》にのせられるのが森鷗《もりおう》外《がい》・島崎藤村《しまざきとうそん》・高村光太郎《たかむらこうたろう》などである。表題「魔女の論理」には、法政大学教授の職にあった著者が、アカデミズム的批評に揺さぶりをかけようとする熱い思いがこめられている。テキストは駒尺喜美『魔女の論理』(女性文庫、一九九六年、学陽書房)。

(三宅　義子)

ますほざんこう　増穂残口　一六五五―一七四二　江戸時代中期の神道家。はじめは日蓮宗不受不施派《にちれんしゅうふじゅふせは》の僧であったが、不受不施派の弾圧に連坐《れんざ》してのち、東北地方で活動し、京都で神道の著作を多数刊行すると同時に教えを神道講釈《こうしゃく》して絶大な人気を博した。彼の教えの特徴としては、儒学の道徳を批判し、男女の対等性を主張したことにあり、儒学的な*男尊女卑《だんそんじょひ》の考えを否定した。また、日本の伝統として、「和《わ》」が重要であることを説き、男女も対等の立場で和合《ごう》することが重要であり、夫婦においても親和が重要であるとした。このような考えから男女の性的な結合についても日本固有の神道観念であるとして評価した。彼によれば、江戸時代の夫婦関係は、*儒教道徳である「礼」ばかりにこだわって「和」を重んじていないために問題が多いのだとされる。彼の著作は民衆に支持され、文体も平易《へいい》であったことから、のちの*浄瑠《じょう》璃《る》本《りぼん》や戯作《げさく》などにも影響を与えた。

参考文献　家永三郎『日本近代思想史研究(増訂新版)』、一九八〇、東京大学出版会。倉地克直「生活思想における性意識」(女性史総合研究会編『日本女性生活史』三、一九九〇、東京大学出版会)。　(桑原　恵)

まちこ　真知子　*野上弥生子《のがみやえこ》の小説。「若い息子」『迷路』と三部作的構成の初作。一九二八年(昭和三)八月から三〇年十二月まで『改造』(最終章は『中央公論』)に分載。一九三一年四月鉄塔《てっとう》書院刊。プロレタリア文学最盛期の作だがこの陣営が無視し、対するいわゆるブルジョア文学は関心をもたなかった問題を、青年知識人がまさに当面していた苦悩として描いた、時代の記念碑的作である。女子大卒後東京帝大の聴講生として社会学を学ぶ真知子は、自己の属するブルジョア階層の「退屈と滑稽《こっけい》と醜陋《しゅうろう》」を厳しく批判し、聴講生仲間の米子《よねこ》に紹介された革命家関《せき》に惹《ひ》かれ、家を捨て、刑務所も治安維持法にも屈しない覚悟を固めて革命運動に挺身《ていしん》するために関と結婚を約束する。約束履行《りこう》の当日、大阪で労働運動に参加していた米子が関の子を妊娠していることを知らされる。一人の女性を不幸にするような人間に社会変革者の資格なしと激怒して関から去るが、結局、以前から求婚されていた資本家河井《かわい》の求めに応ずる幕切れとなる小説。同伴者文学の代表作の一つである。

参考文献　渡辺澄子「『真知子』の〈読み〉」(安川定男先生古稀記念論文集編集委員会編『近代日本文学の諸相』一九九〇、明治書院)。逆井尚子『野上弥生子』、一九九三、未来社。渡邊澄子『野上弥生子』、二〇〇七、勉誠出版。　(渡邊　澄子)

まついすまこ　松井須磨子　一八八六―一九一九　明治・大正時代の俳優。本名小林正子《こばやしまさこ》。長野県松代《まつしろ》に士族の五女として生まれ、幼くして養女に出される。養父の死後生家に戻るが実父にも死別。一九〇二年(明治三十五)姉を頼って上京し、戸板裁縫《といたさいほう》女学校に通う。この年の暮れ結婚するがすぐに離婚。*女優を志し東京俳優養成所に入学し、同校講師前沢誠助《まえざわせいすけ》と再婚する。一九〇九年文芸協会付属演劇研究所第一期生となり、坪内逍遙《つぼうちしょうよう》・島村抱月《しまむらほうげつ》たちから指導を受ける。その後、前沢と別れ女優に専念し、一九一一年の文芸協会第一回公演『ハムレット』オフェリア役で初舞台。続いて『*人形の家』のノラ、『故《こ》郷《きょう》』のマグダなどを演じ、好評を博す。この間に抱月との*恋愛問題が表面化し、ともに文芸協会脱退、一九一三年(大正二)芸術座を結成。『復活』が大当りとなり全国を巡業する。劇中歌「カチューシャの唄」は一世を風靡《ふうび》した。一九一八年十一月『カルメン』公演中に抱月が急逝、その二ヵ月後に須磨子も自殺した。著書に『牡丹刷毛《ぼたんはけ》』(一九一四年、新潮社)がある。

松井須磨子

参考文献　戸板康二『物語近代日本女優史』(中公文庫)、一九八三、中央公論社。　(内藤　寿子)

まついやより　松井やより　一九三四―二〇〇二　昭和・平成時代のジャーナリスト。京都で牧師を目指す両親のもと、六人きょうだいの第一子として誕生。重い結核による四年間の闘病生活ののち、大学入学資格検定試験を経て東京外国語大学英米科入学、交換留学生として渡米、のちフランスのソルボンヌ大学にも留学。さまざまな差別抑圧に直面した体験は、「社会を変えたい」「いと小さきものの傍《かたわ》らに」と行動するその後の礎石となった。一九六一年(昭和三十六)、朝日新聞社に入社。社会部記者として、サリドマイド、水俣病《みなまたびょう》やアジアへの公害輸出、キーセン観光・戦時性暴力(「慰安婦《いあんふ》」問題)などの女性の人権問題にも鋭く迫った。「知らぬということの責任を女性記者は怒りもつごとき語気に語れり」(『朝日歌壇1987』)と詠《うた》う読者の声に励まされつつ立場を積極的に生かし、歩き続け書き続けた。同時にNGO活動を大切に「二足のわらじ」をはき続け「アジアの女たちの会―アジア女性資料センター―」代表として発信を続けた。定年後は草の根のフェミニスト国際ジャーナリストとして活動。二〇〇〇年(平成十二)には「日本軍性奴隷制を裁く女性国際戦犯法廷」を国内外の女性たちとともに実現させた。その二年後、肝臓ガンの告知を受け、残された日々を「女たちの戦争と平和資料館」(二〇〇五年八月開館)実現のために全力で疾走し、四ヵ月後の二〇〇二年十二月二十七日死去した。主著は『女たちがつくるアジア』(岩波新書、一九九六年)、『グローバル化と女性への暴力』(二〇〇〇年、インパクト出版会)、『愛と怒り闘う勇気』(二〇〇三年、岩波書店)。

参考文献　女性ジャーナリスト・ペン検証と研究の会編『女性記者の記事にみる戦後50年―参政権から北京会議まで―』、一九九六。アクティブ・ミュージアム「女たちの戦争と平和資料館」編『松井やより全仕事』(特別展カタログ)、二〇〇六。　(丹羽　雅代)

まつおかようこ　松岡洋子　一九一六―七九　昭和時代の評論家。父は新聞社社長を歴任した松岡正男《まさお》。母久子《ひさこ》も雑誌記者。東京生まれ。小学校の高学年を京城で過ごし、伯母*羽仁《はに》もと子の自由学園へ進む。一九三二年(昭和七)渡米。三九年スワルモワ大学政治学科を卒業し、帰国。四九年再渡米。国際法を学び、五三年帰国。少女時代は植民地朝鮮で日本人名士の娘としての生活を送り、反日感情高まる米国へ留学、さらに戦中から敗戦後の四〇年代を日本で過ごし、再渡米時にはサンフランシスコ講和会議を礼賛《らいさん》する世論に接するなど、この間の経験はその後の社会批評精神の大きな糧《かて》となった。四六年創立の*婦人民主クラブ初代委員長や『婦人民主新聞』編集長を務める。六二年には*日本婦人会議の議長団に加わる。五六年から生涯を通して*男女平等と反戦平和を訴えた。日本ペンクラブ事務局長。七〇年に言論統制下の韓国・台北での同国際大会参加に反対して脱会。ベトナム問題や日中友好に尽力した。エドガー=スノーの紹介者として『中国の赤い星』など訳著多数。著書に『我ら大正っ子』三(共著、一九六一年、徳間書店)、『ベトナム・アメリカ・安保』(一九七〇年、田畑書店)がある。

(古河 史江)

まつおたせこ　松尾多勢子　一八一一―九四　幕末・明治時代の勤王家《きんのう》、歌人。文化八年(一八一一)五月二十五日、信濃《しなの》国《くに》伊那《いな》郡《ぐん》の山本村(長野県飯田市)の豪農竹村常盈《たけむらつねみつ》(婿養子)・さちの長女に生まれる。*家事・*養蚕業・*和歌などの教育を座光寺《ざこうじ》村(同市)の父の実家北原家で受ける。文政十二年(一八二九)、天竜川対岸の伴野《ともの》村(豊丘村)の松尾元治《もとはる》と結婚。十人の子供を産み、七人を成人に育てあげた。結婚生活中、地方の歌会に参加したり、夫と旅行もしている。文久元年(一八六一)平田門人(篤胤《あつたね》没後の最初の女性門人)となる。文久二年、上洛して、門人・志士・公家と出会い、尊王攘夷《そんのうじょうい》運動に賛同した和歌を詠し、「歌詠み婆さん」として知られるようになる。文久三年二月二十二日、平田門人が起こした足利三代将軍梟首《きょうしゅ》事件に巻き込まれ、長州藩屋敷に六週間ほど隠れていたが、その間久坂玄瑞《くさかげんずい》・品川弥二郎《しながわやじろう》らに出会う。京都滞在中、岩倉具視《いわくらともみ》の命を救ったという説があるが、確証はない。長州屋敷から伊那谷にもどり、「役に立たない弱い女の体」を嘆く長歌を詠した。明治維新直後、長男と再び上洛した。岩倉具視ら新政府の政治家と接触して、平田派のために活動した。平田学派の伝道者として門人を派に紹介したり、新政府の就職に門人を推薦したりしている。具視が明治天皇とともに東京へ出向いた時、多勢子は客分として岩倉屋敷に泊まり、岩倉家の妻子と懇意《こんい》となる。明治二年(一八六九)東京へ行き、木曾谷・伊那谷の旗本の新華族入りの運動に加わるが成功しなかった。一八九四年六月十日に八十四歳で没するまで岩倉家、*三輪田真佐子《みわたまさこ》との文通を楽しみ、和歌を詠み続けた。和歌集・日記・書簡は『下伊那郡誌資料』に所収。また、島崎藤村《しまざきとうそん》が『夜明け前』で多勢子に言及するなど、戦前には良妻賢母《りょうさいけんぼ》、愛国者の手本とされた。↓平田篤胤《ひらたあつたね》の女性観《じょせいかん》

松尾多勢子

参考文献　羽賀登『幕末国学の展開』、一九六三、塙書房。市村咸人『松尾多勢子』(伝記叢書)、一九八九、大空社。アン=ウォルソール『たをやめと明治維新』(菅原和子他訳)、二〇〇五、ぺりかん社。

(アン=ウォルソール)

まつかげにっき　松蔭日記　五代将軍徳川綱吉《つなよし》の側用人《そばようにん》柳沢吉保《やなぎさわよしやす》の*側室*正親町町子《おおぎまちまちこ》(?―一七二四)が側用人から老中にまで出世した夫吉保の栄華《えいが》の軌跡《きせき》を、古典文学の素養《そよう》を基礎に柳沢家の記録類も参照して描いた日記形式の歌物語。町子は、権大納言《ごんだいなごん》正親町実豊《さねとよ》の娘。宝永七年(一七一〇)―正徳四年(一七一四)ころ成立。元禄期の*和歌文学の代表的作品。三十巻。『常憲院殿御実紀《じょうけんいんでんごじっき》』にもしばしば引用される。テキストは『松蔭日記』(上野洋三校注、岩波文庫、二〇〇四年、岩波書店)。

参考文献　上野洋三「柳沢吉保と『松蔭日記』―元禄の政治と文学―」(井上敏幸・上野洋三・西田耕三編『元禄文学を学ぶ人のために』二〇〇一、世界思想社)。

(横山百合子)

まっくら―おんなこうふからのききがき―　まっくら―女坑夫からの聞き書き―　森崎和江《もりさきかずえ》が、*女坑夫の特質を代表的に語っているとする十人の老女の話を集めた書。各話に森崎の評論がつき、女坑夫像を鮮明にする。森崎は一九五〇年代末から六〇年代初めにかけて、筑豊《ちくほう》の炭鉱町で谷川雁《たにがわがん》・上野英信《うえのひでのぶ》らと交流誌『サークル村』により、「文化創造運動」を展開。また「女性意識の発掘作業」を目標とする『無名通信』を刊行、*フェミニズム運動の先駆《せんく》となる。『サークル村』休刊後、谷川とともに大正炭坑合理化反対闘争にかかわる。運動に敗北して、谷川が東京へ去った後も筑豊へとどまり、明治・大正・昭和前期に坑内労働で生きてきた多くの老女たちと対話し、その気質の中に「組織されなかった無産階級婦人の抵抗」を発見、全女性史のなかに位置付けた。一九六一年(昭和三十六)、理論社刊。一九七〇年、現代思潮社版、一九七七年、三一書房版もある。

参考文献　森崎和江『非所有の所有』、一九六三、現代思潮社。同『闘いとエロス』、一九七〇、三一書房。

(古庄ゆき子)

まつざきてんじんえんぎ　松崎天神縁起　山口県防府《ほうふ》天満宮に伝わる六巻の絵巻。『北野天神縁起』を典拠とし、防府天満宮の前身松崎神社の草創縁起をあらわす「聖廟《せいびょう》絵《え》」(外題)として制作された。弘安本『北野天神縁起』系の縁起であるが、巻五の巻末に新しく二話の利生譚《りしょうたん》を加え、巻六の一巻に松崎神社の草創縁起をあらわした天神縁起の一異本である。女性の説話としては、『天神縁起』諸本と同様、*多治比綾子《たじひのあやこ》の託宣《たくせん》による北野社の草創譚、

銅細工師の娘姉妹の*継子《ままこ》いじめとその利生譚を語り、女房盗衣・仁俊《にんしゅん》潔白の場面における狂態の女を描く。一方、新たに加えられた巻六第四段では、図らずも懐妊してしまった高貴の*女房が、北野社参詣の帰途、賊《ぞく》に襲われるものの、『観音経』を誦持《じゅじ》して難を逃れ、無事に*出産を果たしたという女性の利生譚を語る。第六巻末尾の詞書《ことばがき》と奥書から、本絵巻が土師信定《はにしののぶさだ》の発願《ほつがん》・勧進により制作、応長元年(一三一一)に松崎社に奉納されたことがわかる。『松崎天神縁起』(小松茂美編、続日本絵巻大成一六、一九八三年、中央公論社)に所収。

参考文献 松原茂「『松崎天神縁起』小考」(小松茂美編『続日本絵巻大成』一六、一九八三、中央公論社)。真保亨「松崎天神縁起―その構成と弘安本との関係―」(『北野聖廟絵の研究』一九九四、中央公論美術出版)。

(水野 僚子)

まっしそうぞく 末子相続 複数の子女《しじょ》のうち、いちばん最後に生まれた子ども(通例では末男子)に家を継がせる相続方式。「ばっしそうぞく」とも読む。典型的な末子相続では、長男以下年長の子どもから順に分家・独立させ、最後に残った子どもに本家を相続させて両親の扶養と祖先祭祀《そせんさいし》にあたらせた。財産は男子の間で均分的に分割相続される傾向が強く、分家する際に各自の分割分が順次分与される。家の周辺に開墾《かいこん》の可能な土地がある、小型の漁船による小規模な漁業をなりわいとするなど、*家産《かさん》の分割を妨げない経済条件が背景にあると考えられている。また財産の相続と*家督《かとく》相続が別個のものとされたことで、兄弟間に財産争いが生じる余地はなかったとみられている。主として中部以西の西日本に分布し、長野県の中信以南、和歌山県の海岸部、瀬戸内海沿岸、佐賀・長崎・熊本・宮崎・鹿児島の各県に慣行が確認される。一八九八年(明治三十一)に施行された*明治民法が長男子を最優先する相続原則をとったため、明治後半から徐々に衰退していった。

参考文献 竹田亘『「家」をめぐる民俗研究』、一九七〇、弘文堂。内藤莞爾『末子相続の研究』、一九七三、弘文堂。

(柳谷 慶子)

まつしたぜんに 松下禅尼 生没年不詳 鎌倉時代中期の女性。父は安達景盛《あだちかげもり》、母は未詳。六波羅探題北条時氏《ろくはらたんだいほうじょうときうじ》の妻。北条経時《つねとき》・時頼《ときより》・時定《ときさだ》(為時《ためとき》)・北条時房《ときふさ》の子息時《とき》定《さだ》妻・檜皮姫公《ひわだのひめきみ》(将軍九条頼嗣《くじょうよりつぐ》正室)の母。一二二〇年代後半、夫とともに在京した。寛喜《かんぎ》二年(一二三〇)夫が没すると出家し、実家の鎌倉甘縄《あまなわ》邸に住した。同邸では、建長《けんちょう》三年(一二五一)孫北条時宗《ときむね》が誕生する。*上東門院《じょうとうもんいん》(藤原彰子《ふじわらのしょうし》)を敬慕し、また子息時頼に対して手ずから障子《しょうじ》の破れを補修して見せ、倹約《けんやく》の徳《とく》を教えたという。弘安《こうあん》八年(一二八五)、甥にあたる安達泰盛《あだちやすもり》が主催した高野山の町石《ちょういし》完成の法会《ほうえ》において、供養の対象の一人とされた。

参考文献 福島金治『安達泰盛と鎌倉幕府』(有隣新書)、二〇〇六、有隣堂。

(七海 雅人)

まつのとみさこ 松の門三艸子 一八三二―一九一四 幕末・明治時代の歌人。江戸下谷《したや》(東京都台東区)の名主小川宗兵衛の娘。母は寿賀《すが》。家業は大名旗本へ貸金などして栄えた。十三歳で深川の商家辻川長之助と結婚するが、十七歳で死別したので実家へ復籍。井上文雄《いのうえふみお》に歌道を学び、同門の大野貞子《おおのさだこ》とともに才色兼備《さいしょくけんび》を桃桜と称えられる。二十歳のとき、実家が没落し深川の名妓《めいぎ》となり、馬術や剣道も学び侠妓《きょうぎ》として逸話を残す。のち芸妓《げいぎ》となり明治の元勲《げんくん》の殊遇《しゅぐう》を得る。晩年は日本橋で歌塾を営む。作品は『明治女流文学集』一(明治文学全集、一九六六年、筑摩書房)に収められている。

(柴 桂子)

まつのまるどの 松の丸殿 ?―一六三四 豊臣秀吉の*側室。父は京極高吉《きょうごくたかよし》で、母は浅井久政《あざいひさまさ》の娘。名は竜子《たつこ》という。はじめ若狭《わかさ》の武田元明《たけだもとあき》に嫁いだが、元明が秀吉に滅ぼされ、のち、秀吉の側室となった。大坂城の西の丸にいたときは西の丸殿とよばれ、伏見城《ふしみじょう》の松の丸に住んだので松の丸殿とよばれた。側室の中では、*淀殿《よどどの》につぐ地位を占め、秀吉死後、剃髪《ていはつ》して尼となり、京都の誓願《せいがん》寺《じ》に閑居《かんきょ》し、寛永十一年(一六三四)九月一日没した。

参考文献 桑田忠親『桃山時代の女性』(日本歴史叢書新装版)、一九九六、吉川弘文館。

(小和田哲男)

松の丸殿画像

まつのやまかがみ 松山鏡 (中世) 天正《てんしょう》六年(一五七八)の年号を持つ最古の台本、いわゆる天正狂言本《てんしょうきょうげんぼん》にみえる狂言の演目。ものを写す鏡というものを知らないことから生まれるおかしさを笑った曲である。内容は、越後《えちご》の松の山に住む田舎者の男が、京の都で詐欺師《さぎし》にだまされ、鏡に写った自分の姿を*下人《げにん》だと思って買って帰り、同じく鏡を知らない妻や祖父《おおじ》らとともに、互いに、下人だ、女だ、老人だとどなりあう、いわば一種のドタバタ劇である。これを継承して『鏡男《かがみおとこ》』と改題した近世狂言は、京の都で訴訟《そしょう》に勝った越後の松の山の男が、鏡を妻のみやげに買って帰ったものの、鏡を知らない妻が*嫉妬《しっと》して男を追い回す、という話になっている。鏡・越後松の山、は共通してはいるが、笑いの対象が、まぬけな男やその家族らから、嫉妬深い無知な女(妻)へと絞りこまれ、笑いの質も哄笑《こうしょう》から嘲笑《ちょうしょう》へと大きく変化している。そうした近世狂言『鏡男』とくらべると、中世狂言『松山鏡』の持つ、素朴な楽しい笑いが、浮き彫りになってくる。

参考文献　金井清光『天正狂言本全釈』、一九六九、風間書房。黒田弘子「女たちの実像—狂言を読む—」(『女性からみた中世社会と法』二〇〇二、校倉書房)。　　（黒田　弘子）

〔近世〕話のもとは、中国の民話ともインドの民話であるともいわれる。中世狂言《きょうげん》・近世狂言を経て近世後期には、ひろく「*落語」の一環に組み入れられて語り継がれる。落語では、鏡がない山里である「越後国《えちごのくに》松山村」を舞台として話が展開する。狂言との違いは、身分制が導入されていること、「孝」観念が組み込まれていること、「鏡」に近世特有の価値をもたせていること、夫婦の喧嘩《けんか》に仲裁者が登場していることなどが大きな違いとなっている。あらすじは、孝行者の百姓(孝子庄助《こうししょうすけ》)を領主が表彰するところから始まる。領主が庄助に褒美《ほうび》に何が欲しいかと問うと、死んだ父親に会わせて欲しいという。領主は禁裏《きんり》から預かっている「鏡」を与える。「鏡」を知らない庄助は、鏡に映った自分の姿を父親と思い、大喜び。領主からいわれた他言無用を守り、妻にも内緒にして毎日のように対面する。夫の行動を怪しんだ妻は、夫の留守に鏡をみつけ、そこに映る自分の姿を夫の隠し女と思い、夫婦喧嘩となる。そこに通りかかった尼僧が仲裁にはいる。二階へ上がって鏡をのぞいた尼僧は夫婦に向かっていわく「女は、面目ないと坊主になって詫《わ》びている」というもの。ともかく領主のみが鏡を知っており、他者は知らないということが前提にある。近世の*身分制社会の状況を見事に反映する。その上で、これを、*女性史の観点からいうと、庶民間では、一夫一婦が社会通念として貫徹していたこと、それ故にそれを破った場合には制裁を受けなければならなかったこと、しかも、制裁を受けるのが女性であり、「*不倫《ふりん》」を行なった男性の行為は不問に付されていることなど、近世に語られた本演目にみる女性は、身分制と、*男尊女卑《だんそんじょひ》との二つの側面で劣位におかれているのがわかる。

参考文献　江国滋編『古典落語大系』(三一新書)、一九七三・七四、三一書房。菅野則子「落語にみる女と男」(『帝京史学』一九、二〇〇四。　　（菅野　則子）

まつまえピリカ　松前ピリカ　一九一三—八八　昭和時代の民謡歌手。主に昭和前半期に活動した。本名平村花《ひらむらはな》子《こ》。北海道平取《びらとり》でアイヌの母と和人《わじん》の父との間に生まれる。一九二八年(昭和三)、アイヌ民族芸能の興行に加わったのを機に、そのときの興行師とともに旅芸人の一座で活動しながら、そこで日本民謡の研鑽《けんさん》を積む。一九三二年からは、みずからを看板歌手としたバンド付きの芸能一座を座長として率い、全国各地を興行した。死去後、平取に顕彰碑《けんしょうひ》が建立された。

参考文献　川嶋康男『聞きがたり北の大衆芸』、一九八〇、みやま書房。同『漫芸—福居天童の世界—』、一九八一、みやま書房。　　（木名瀬高嗣）

まつむらきょうこ　松村喬子　?—一九九三　昭和時代の社会運動家。家庭の事情から高等女学校を中退し、名古屋の中村遊廓の*娼妓《しょうぎ》となる。一九二六年(大正十五)遊廓を脱出、独自の立場から娼妓解放運動を行なっていた岩内善作《いわうちぜんさく》・とみゑ夫妻を頼る。以後岩内とみゑがリーダーの中間派無産女性運動の闘士として一貫して活躍。みずからの体験を踏まえ、男性本位の*家父長制《かふちょうせい》性道徳を糾《きゅう》弾《だん》、廃娼《はいしょう》を強く訴えた。のち医師と結婚し、運動から離れた。

参考文献　「製糸工女から中間派無産婦人運動の闘士へ—岩内とみゑさんの手記と話—」(渡辺悦次・鈴木裕子編『たたかいに生きて』一九八〇、ドメス出版)。鈴木裕子編著『日本女性運動資料集成』別巻、一九九八、不二出版。　　（鈴木　裕子）

まつもとえいこ　松本英子　一八六六—一九二八　明治・大正時代の新聞記者、評論家、詩人。本名永井《ながい》ゑい子。千葉県木更津《きさらづ》市茅野《かやの》に松本貞樹《さだき》・ふさの一人娘として出生。父は家塾を開いており、英子には幼少より英才教育をなした。一八八三年(明治十六)ごろ救世学校に学びキリスト教に入信、英語を身につける。一八九〇年東京女子高等師範学校を卒業、一八九二年ごろ外務省翻訳官家《いえ》永豊吉《ながとよきち》と結婚、一八九五年三月勝之助《かつのすけ》を出産するが離婚、この間『改正基督《キリスト》教歌集』を翻訳した。一八九八年*津田《つだ》梅子《うめこ》の紹介で*華族《かぞく》女学校で英語と家政を教える。一九〇一年毎日新聞社に入社し足尾鉱毒《あしおこうどく》事件を取材、紙上に五十九回にわたり「鉱毒地の惨状《さんじょう》」を連載し真相を訴えた。また婦人矯風会《きょうふうかい》発起の鉱毒地救援婦人会に参加、救援の推進力となった。しかしこのことで圧力を受け辞職、一九〇二年渡米、当初は井出《いで》たまと名乗った。一九〇六年サンフランシスコで群馬県出身の保険代理業永井元《げん》と再婚、一九一二年パシフィック大学を卒業した。数多くの評論や記事を『日米』『新世界』『在米婦人新報』などの日本語新聞に寄稿し、日系移民社会のメディアで活躍した。『永井ゑい子詩文』(永井元編、一九二九年)がある。

参考文献　府馬清『松本英子の生涯』、一九八一、昭和図書出版。　　（間宮　尚子）

まつもとかずえ　松本員枝　一八九九—一九九四　昭和時代の女性運動家。和歌山県海草郡に誕生。父は村会議員。滋賀県女子師範卒業後、小学校教員となる。学問への情熱から一九一九年(大正八)東京女子高等師範学校に進学するが、病気中退。女学校数学教師ののち大阪の弘《こう》済会《さいかい》に就職。*岩崎盈子《いわさきえいこ》らを知り、共産党へ資金カンパを行い二度検挙される。敗戦後すぐ建設婦人会を結成し、同会を出発点に「まるごと婦人解放運動」を行なった。一九四八年(昭和二十三)関西婦人クラブ(のち*婦人民主クラブ関西支部)を結成。一九八七年まで『婦人民主新聞』大阪支局長をつとめる。レッドパージ救援・*原水爆禁止運動・日中友好運動や農薬裁判闘争など、戦後の大阪の女性運動を支えた。

参考文献　『自由と解放へのあゆみ—松本員枝聞き書き—』、一九八〇、ドメス出版。鈴木裕子編著『日本女性運動資料集成』別巻、一九八八、不二出版。
（鈴木 裕子）

まつやま 松山　生没年不詳　江戸時代前期の*大奥女中《じょちゅう》。子の森川長左衛門《もりかわちょうざえもん》を銀座年寄《ぎんざとしより》にすることを図って、大奥表使《おもてづかい》の荒木《あらき》（荒木村重《むらしげ》の娘）に依頼。「内々《ないない》の上意《じょうい》」といつわり、目的を達した。しかし長左衛門に反発した銀座人たちが奉行所に訴え出たことにより、不正が発覚し、正《しょう》保《ほう》元年（一六四四）五月、母子ともに断罪された。荒木は出羽国上山城主土岐家《でわのくにかみのやまじょうしゅときけ》に、養子の荒木村常《むらつね》（実は甥）も肥後細川家に預けられた（『徳川実紀《じっき》』）。松山の女中としての身分は不明である。
（松尾美恵子）

まつらさよひめでんせつ 松浦佐用姫伝説　『*万葉集』五・「肥前国風土記《ひぜんのくにふどき》」松浦郡の条にみえる領巾振《ひれふ》り哀話《あいわ》を中心にさまざまな形で語られた伝説。宣化《せんか》天皇の時代、百済《くだら》救援のため肥前国松浦（佐賀県唐津《からつ》市・伊万里《いまり》市・東松浦郡玄海町《げんかいちょう》一帯）に下ってきた大伴狭手彦《おおとものさでひこ》は、松浦佐用姫（『*風土記』では弟日姫子《おとひひめこ》）と契りを結ぶ。狭手彦が軍船を率いて出征《しゅっせい》する時、別れを悲しんだ佐用姫は山の頂に上り*領巾を振って夫の名を叫び続けた。以来その山を領巾振《ひれふり》の峯《みね》と呼ぶようになったという。『風土記』は弟日姫子が沼の神である蛇に魅入《みい》られ、沼に引き込まれて死んだという後日譚《ごじつたん》を記す。歌論書《かろんしょ》・説話集など諸書に引かれ、佐用姫が水神の生贄《いけにえ》・人柱《ひとばしら》に供される物語や悲しみのあまり石になる望夫石《ぼうふせき》伝説が生まれた。能・*お伽草《とぎぞう》子《し》・説教節《せっきょうぶし》にも作られた。生贄伝説・入水《じゅすい》伝説は佐用姫の*巫女《みこ》性を示すものと考えられる。

参考文献　柳田国男「人柱と松浦佐用媛」（『柳田国男全集』一一、一九九八、筑摩書房）。
（坂井 孝一）

まつろう 末臈　鎌倉時代以後の職制を記した『*武家名目抄《ぶけみょうもくしょう》』や、室町幕府八代将軍足利義政期の故実を記した『大上臈御名之事《おおじょうろうおんなのこと》』の記載によると、室町幕府女房の階層の一つ。*上臈《じょうろう》・*中臈《ちゅうろう》・*下臈《げろう》の下に属する末者《まつのもの》（末人）を指す。雑用を務め、「ちゃちゃ」「あちゃ」等のおさな名（幼名）で呼ばれる。その出自は、雇用主が武士の場合、上臈には一族の娘を登用するのに対し、末者はそのイエに仕える若党《わかとう》の娘などから登用する。*女房の上下の身分序列は、呼称・出自等に厳密に示されている。

参考文献　田端泰子「室町将軍家の御台と女房」（『女人政治の中世―北条政子と日野富子―』一九九六、講談社）。保立道久『中世の女の一生』一九九九、洋泉社。
（神田 裕理）

まどぎわのトットちゃん 窓ぎわのトットちゃん　黒柳《くろやなぎ》徹子《てつこ》が少女期を綴《つづ》った書。講談社より、一九八一年（昭和五十六）に刊行された。大正自由教育運動を背景に一九三七年東京自由ヶ丘に創立された私立トモエ学園での体験が中心に描かれる。中古の電車を教室に、各自が好きな教科から自由に学ぶ全校五十人ほどのユニークな小学校であった。黒柳の両親も少々無鉄砲な作者のよき理解者であって、この環境で作者がのびのびと育った姿が生き生きと綴られる。教育や親と子の関わりを考えさせる書として言及されることは多い。作者が偏見とは無縁に、障害のあるクラスメイトと全力で接する姿や、学外で広がる民族差別への違和感も描かれ、また子どもの眼から見た軍国主義の体験記ともなっている。トモエ学園は一九四五年の空襲で焼失した。児童書にも分類されるが、多方面で高い支持を得、七百万部を超える大ベストセラーとなる。三十ヵ国以上で翻訳され、読みつがれている。作者はこの印税で社会福祉法人を設立、八四年からユニセフ親善大使を務める。また、ラジオ、舞台、テレビ番組での活躍で知られる。

参考文献　小中陽太郎「自由主義の力」（『思想の科学』三二一）、一九八三。
（古河 史江）

まな 真名　「ま」は「本来」、「な」は「文字」の意で、本来の用法による漢字をいう。「真字」とも書く。撥音《はつおん》が介入して「まんな」ともいう。「かな」に対立して用いられた。「かな」は「かり（仮）な（字）」の音便《おんびん》「かんな」の略で、漢字の発音だけを借り用いた文字の意。古くから、漢字の意味を無視して発音だけを使って日本語を表記する「万葉仮名」が発達したが、その草書体《そうしょたい》を簡約した「平仮名」、その字画の一部だけを使った「片仮名」が生じた。広義《こうぎ》にはこれらを総称して「かな」というが、狭《きょう》義《ぎ》には「平仮名」「片仮名」を、さらに時には「平仮名」のみを指した。「平仮名」は多く女性中心の文字で、女性男性相互に交わされる書簡、女性のための読み物などに多く使われたため、「*女手《おんなで》」と呼ばれた。これに対して「まな」は男性中心に使われたので「男手《おとこで》」ともいわれた。平安時代以降、女流作家等により、平仮名の物語などが多く作られたが、中世になると、平仮名を漢字に直して漢文の形とした本が現れた。これを「真名本」という。『真名本伊勢物語』は代表的な例であり、真名本『*三宝《さんぼう》絵詞《えことば》』なども、平仮名本を漢字に改めたものと思われるが、のちには『*平家物語』『明恵上人行状《みょうえしょうにんぎょうじょう》』など、もと漢字片仮名交じり文であったものからも真名本が作られた。これは、漢字・漢文を正規のものとする意識に基づいた産物と見られる。平安時代末からは、『*伊勢物語』など、平仮名書きの物語も、古典として男性の学問研究の対象になり、漢文の形が相応しいと感じられたのであろう。また『三宝絵詞』の真名本などは、内容上、学僧が他の多くの仏教書の漢文の体裁に併せるために作られたのであろう。なお、「まな」は漢字の草書体「さう（草）」に対して、漢字の楷書体《かいしょたい》を指した場合もあったらしい。古くは普通の場合には、漢字は行書《ぎょうしょ》や草書を用い（築島裕）、楷書は特に改まった写経や文書などに使われた。

参考文献　山田俊雄「真名本」（国語学会編『国語学大辞典』一九八〇、東京堂出版）。
（築島 裕）

マヌのほうてん マヌの法典　古代インド最古の法典。千三百四十二のシュローカと呼ばれる二行詩《にぎょうし》で叙述されたサンスクリット文学作品。全十二章。紀元前二〇〇年から紀元二〇〇年の間に成立したか。当時の支配者層の生涯にわたる行動・生活の在り方を説く百科全書的作品で、冒頭に宇宙創造神話を置き、以下、人生の通過儀礼、王の行動規定、カースト、犯罪と贖罪《しょくざい》、最後に輪廻《りんね》について説く。「幼いときは父の、若いときは夫の、夫が死んだときは息子の支配下に入るべし、女は独立を享受《きょうじゅ》してはならない」(五章一四八)、この一文こそ、のち仏経と融合し仏典の「三従《さんじゅう》」の教理となり、中国では『儀礼《ぎらい》』喪服などの所説にも取り入れられ、女性の生き方を拘束することになった思想源である。日本では『*今昔物語集《こんじゃくものがたりしゅう》』など文学にも一般に浸透し、「女人成仏《にょにんじょうぶつ》」思想との拮抗《きっこう》を生むなど、この思想は一段と強調された。テキストは『マヌの法典』(田辺繁子訳、岩波文庫、一九五三年、岩波書店)。

参考文献　G. Bühler. The Laws of Manu: translated with extracts from seven commentaries. Sacred Books of the East 25. Oxford, 1886. 渡瀬信之『マヌ法典』(中公新書)、一九九〇、中央公論社。　(稲川やよい)

まびき　間引き　〔近世〕近世農村には、生まれ落ちると同時にひそかに産所において赤児を殺害する習俗が伝承され、この習俗を同時代の知識人や近代の人口史家が間引きと呼んだ。民俗語彙《ごい》では*嬰児《えいじ》殺しは、コガエシ・オス・モドス・ヨモギツミなど地域によって呼称が異なり、また胎内の子を*中絶する*堕胎《だたい》や、赤子を川や辻《つじ》に捨てる棄児《すてご》との境界が曖昧《あいまい》な場合がある。マビキは主に北関東地方の民俗語彙で、野菜などの苗の間隔をあけるために余計な苗を捨てるという原義から、多すぎる*子どもを減らすという意味で嬰児殺しをさす言葉となった。近世を通じて「*子返し」ということばの方が一般的だが、「間引き」は言葉の衝撃性ゆえに明和《めいわ》年間(一七六四―七二)以降流布した。近世前期の日記にはみずからの子返しを記したものがあり郷村《ごうそん》では罪の意識はまだ希薄《きはく》だが、近世中後期の人口停滞以降、領主は人口問題として、また道義上の問題として盛んに間引堕胎禁止策を採った。

間引き　「角谷戸薬師堂天井図」

その中で「懐胎書上帳《かいたいかきあげちょう》」「死胎披露書《したいひろうしょ》」「養育料支給願」などの村落文書が遺されている。

参考文献　高橋梵仙『日本人口史之研究』、一九五五・六二・七一、日本学術振興会。太田素子編『近世日本マビキ慣行史料集成』、一九九七、刀水書房。沢山美果子『出産と身体の近世』、一九九八、勁草書房。同『性と生殖の近世』、二〇〇五、勁草書房。太田素子『子宝と子返し―近世農村の家族生活と子育て―』、二〇〇七、藤原書店。　(太田　素子)

〔民俗〕出生直後に嬰児《えいじ》を殺すこと。妊娠後期の人工死産(堕胎)を含むこともある。本来は作物の良苗を大成するために矮小《わいしょう》な苗を引抜く作業をいうが、人間の出生を調整する行為をそれにあてはめ、マビクあるいはオロヌクなどといった。平安時代の*和歌などに堕胎《だたい》の記述がみえ、十六世紀、渡来したヨーロッパ人宣教師の記録にも堕胎・嬰児殺しの記載があることから、間引きの歴史は古いことがわかる。堕胎はホオズキの根、尖らせた竹や木などを膣《ちつ》から子宮に挿入して死産させるなどの方法が伝わっている。嬰児殺しは臼《うす》や膝、尻で押しつぶしたり、濡れ紙を顔に貼付けて窒息死させたり、山に捨てたり、俵《たわら》に入れて川に流すなどの方法があった。江戸時代でも全国的に盛んであった。原因は貧困もあったが、双生児などの多胎児を忌《い》んで一方の子を間引くこともあった。農村では小さな耕地で家族農耕による生産をせねばならず、それに適した労働力に調整する必要性もあった。間引きを意味する民俗語彙にはコガエシ・オッカエス・モドスなどの語も各地にある。これらの語の背景には、間引いた霊魂は一時的にあの世に返しただけで、すぐにこの世に戻って来られるとする霊魂《れいこん》観があったと考えられる。このほかにはヤマイモホリニヤルなどの遺棄の場所を暗示したり、ツブスなどの直接的表現の語もある。　(浅野　久枝)

ままこいじめ　継子いじめ　*継母《ままはは》が継子をいじめる物語。東西に例があるが、現実にいつも継母が子を虐待《ぎゃくたい》し、継父や実父母が虐待しないとは限らないので、ある時代の*家族関係の中で生成されたモチーフといえよう。日本では平安時代の十世紀後半に成立した『*落窪《おちくぼ》物語』『住吉《すみよし》物語』が早い作品で、ともに、父親が*北の方以外の高貴な女性に通って設けた姫が、母の死によって北の方の家に引き取られ、虐待されるが、恋人に助けられ、継母に報復《ほうふく》して大団円《だいだんえん》となる話で、背景にある*婚姻形態は婿取《むことり》婚《こん》である。継母の虐待は、夫が通った高貴な女に*嫉妬《しっと》し、わが子より貴種で美貌《びぼう》の継子を妬《ねた》みつつ、その世話を家《か》婦《ふ》として務める中で発生し、性的虐待が含まれる。中世以降、*嫁入婚《よめいりこん》による一夫一婦の安定的な家が基本になると、継子いじめ譚《たん》は、死んだ先妻の子を後妻がいじめる話となる。継子は、実子が家を継承し、良い結婚や出世をする妨《さまた》げになるからである。室町物語や説経節《せっきょうぶし》に多くみられ、『*信徳丸《しんとくまる》』のように継子が男子の場合もあった。

参考文献　荒木繁・山本吉左右編『説経節―山椒大夫・小栗判官他―』(東洋文庫)、一九七三、平凡社。保立道久『中世の愛と従属―絵巻の中の肉体―』(イメージリーディング叢書)、一九八六、平凡社。『落窪物語・住吉物語』

(新日本古典文学大系一八)、一九八九、岩波書店。田中貴子『聖なる女—斎宮・女神・中将姫—』、一九九六、人文書院。（野村　育世）

ままに　摩々尼　生没年不詳　平安時代末期から鎌倉時代初期の人で、源義朝《よしとも》の*乳母《めのと》。摩々尼の所領の相模国早《さがみのくにはや》河荘《かわのしょう》の相伝関係を見ると、中村氏出身(中村宗平《むねひら》の姉妹か)と考えられる。文治《ぶんち》三年(一一八七)六月十三日に、義朝の息子頼朝に会いに鎌倉へ来て、義朝が平治の乱で敗れ、死亡した後、京都から所領の相模国早河荘に下って生活をしていたことを語った。頼朝はその所領の安堵《あんど》を命じた。摩々尼は、義朝にも非常に信頼を寄せられていたらしく、息子頼朝の「*乳付《ちづけ》」の役を任されている。その功もあって、所領を安堵したのであろう。

参考文献　米谷豊之祐「武士団の成長と乳母」(『大坂城南女子短期大学研究紀要』七)、一九七二。後藤みち子「武家の乳母と乳母夫」(『鎌倉』八五)、一九九七。秋池洋美「武家の「めのと」に関する覚書」(『総合女性史研究』一八)、二〇〇一。（秋池　洋美）

ままのてこな　真間手児名　『*万葉集』の中で山部赤人《やまべのあかひと》・高橋虫麻呂によって詠まれた下総国《しもうさ》真間(千葉県市川市真間)地域の伝説上の乙女。手児名は娘の愛称。歌によると手児名は粗末な身なりではあったが、高貴な娘よりもはるかに美しく、男たちがつぎつぎと求婚し、後を絶たなかった。しかし、手児名はわが身を思い、誰の心も選べず、真間の入江に入水《じゅすい》したという。彼女の墓は木々に埋もれ、所在不明となった。真間手児名に巫女《ふじょ》の面影をみる向きもあるが、美しい乙女が多くの男から求婚され、自殺するという処女伝説と考えられる。近世において手児名の死は上田秋成《うえだあきなり》の『雨月物語《うげつものがたり》』などで取り上げられ、彼女を慕う手児名伝説として広がりをみせた。現在、市川の真間の弘法寺《ぐほうじ》付近に彼女をまつる手児名堂、彼女が水を汲んだという亀井院《かめいいん》境内の真間の井、男たちが通ったという真間の継橋《つぎはし》があり、昔を偲《しの》ばせる。

参考文献　関和彦『古代農民忍羽を訪ねて』(中公新書)、一九九八、中央公論社。（関　和彦）

ままはは　継母　〔古代〕令《りょう》にみえる*親族名称で、前妻の子からみた父の後妻のこと。儀制《ぎせい》令五等《ごとう》条では二等親とされるが、喪《も》に服する期間では四番目に序列される(喪葬《そうそう》令服紀《ぶくき》条)。本来は前近代中国の親族名称である「継《けい》母《ぼ》」(財産は分与されなかった)を受容したものだが、『養《よう》老令《ろうりょう》』では「*嫡母《ちゃくぼ》」と並んで、被相続人の配偶者として遺産の相続権が認められた(『大宝令』では認めない)。前近代中国とは異なり、配偶者の経済的な自立性を示していたといえる。ところが十世紀以降になると、「継母」は『和名類聚抄《わみょうるいじゅうしょう》』(日本最古の百科事典)では「万々波々《ままはは》」と記されたり、まま子いじめ物語の主体として『宇津保物語《うつほものがたり》』や『*今昔物語集《こんじゃくものがたりしゅう》』などにも登場したりする。この段階では後妻が夫の住居に同居する形が定着していたようで、嫁取り婚的な様相がうかがえる。また、八世紀の前半に「ママハハ」という古訓《こくん》が確認できた「嫡母」はこのころになると、ほとんどの史料から姿を消してしまう。

参考文献　滋賀秀三『中国家族法の原理』、一九六七、創文社。『律令』(日本思想大系新装版)、一九九四、岩波書店。（成清　弘和）

〔中世〕後妻として家に入った女性が前妻の子の養母となった場合の呼称。中世の社会では、「*うわなり打ち」という、「こなみ」(前妻)が「うわなり」(後妻)を襲撃し、家財を奪い、破壊する習俗にも見られるように、女性が結婚・*離婚を繰り返すことは珍しくない。また、妻がお産や病気で死去するケースも多く、男の再婚も多い。そのため、継母と継子《ままこ》の関係がしばしば問題となり、「*継子いじめ譚《たん》」が物語や伝承のモチーフとなった。『*松崎天神縁起《まつざきてんじんえんぎ》』にある京七条の銅細工師の一家の話はその典型である。一家で囲炉裏《いろり》を囲むシーンにおいて、家の上座《かみざ》としての北の座に座る継母を描き、継母が*主婦の座を得たことを示す一方で、その団欒《だんらん》の空間からはずされた娘二人の疎外感、悲劇を強調する。近世以降、*家族の問題は、*嫁《よめ》と姑《しゅうとめ》問題に収斂《しゅうれん》するが、中世社会の家族問題は継母と継子の関係がその中心にあったのである。

参考文献　保立道久『中世の愛と従属』(イメージ・リーディング叢書)、一九八六、平凡社。飯沼賢司「中世前期の女性の生涯」(女性史総合研究会編『日本女性生活史』二、一九九〇、東京大学出版会)。（飯沼　賢司）

〔近世〕生母でなくて子を養育する母を指す。公的には父の嫡妻《ちゃくさい》でなければならない。継母による継子《ままこ》いじめの図式は中国からの移入もあり小瀬甫庵《おぜほあん》は『太閤記《たいこうき》』(寛永年間刊)で古代中国の説話を引用して「異母《いぼ》の讒《ざん》悲しるかな、後妻《こうさい》を持《もち》し人、此事《このこと》を能《よく》思ふべし」と教戒している。近世の*女訓書《じょくんしょ》では、女性は妻としては厳しく要求されるが、母としてはほとんど求められる条件はない。その例外が継子に対する態度である。『女今川《おんないまがわ》』の自戒《じかい》の制詞《せいし》には「継子に疎《おろそ》かにして他人の嘲《あざけ》りを恥じざること」が挙げられ『増益女教文章《ぞうえきじょきょうぶんしょう》』中には「我子ならぬ子そだて」や「親ならぬ親に孝行の事」の項目が入っており血縁のない母子関係には特別な配慮が求められている。また継子の側からは継母への孝養《こうよう》は美徳であった。近世社会でもまだ人は死にやすく、また*婚姻の破綻《はたん》も容易であったため、継母の存在は珍しくはなかった。血縁のない母子関係が円滑であることがことさらに求められる社会であったということであろう。

参考文献　『古事類苑』人部二。寛久美子「江戸初期三儒者の女訓思想にみる母と女」(脇田晴子編『母性を問う—歴史的変遷—』下、一九八五、人文書院)。江森一郎監修『江戸時代女性生活絵図大事典』、一九九三・九四、大空社。（桜井　由幾）

まもりがたな　守刀　身の守りとして常に身に着けている小刀。男性の「腰刀《こしがたな》」に対して、女性の守り刀は「提《さげ》鞘《さや》」といわれるように、首から紐《ひも》で胸に提《さ》げる「肌守《はだまもり》」であった。多くは「鯉口《こいぐち》」でなく鞘《さや》の抜けにくい「呑口《のみくち》」

守刀を夫にさしだす女(『地蔵菩薩霊験記』より)

の小刀であったろう。『*地蔵菩薩霊験記《じぞうぼさつれいげんき》』によればその紐は紅かったようで、その色はもう一つの女性の象徴財である紅袴《くれないのはかま》に照応する。古く彦火々出見尊《ひこほほでみのみこと》が竜宮に帰る*豊玉姫《とよたまひめ》に贈った「紐小刀《ひもこがたな》」も夫婦関係の誓いという意味をもっていた。

参考文献　保立道久『中世の愛と従属—絵巻の中の肉体—』(イメージ・リーディング叢書)、一九八六、平凡社。

(保立　道久)

マリアしんこう　マリア信仰　聖寵《せいちょう》により神の子キリストを生んだ聖母マリアへの崇敬《すうけい》。聖母マリアに対する崇敬は二世紀ころから始まり、七世紀ころから多くのマリア祝日が教会暦に指定され、アヴェ゠マリアの賛歌などが典礼に採り入れられるようになった。日本にキリスト教を伝えたザビエルは日本教会を聖母に奉献することを念願していたが、たまたま天文十八年(一五四九)八月十五日の聖母被昇天《ひしょうてん》の祝日に鹿児島に上陸している。キリシタン時代にはマリア信仰が盛んで、文禄四年(一五九五)ころには迫害時に備えて殉教《じゅんきょう》の覚悟と準備のために有馬《ありま》でサンタ゠マリアの御組《おんくみ》が組織されている。また慶応元年(一八六五)三月十七日のキリシタンの発見は大浦天主堂《おおうらてんしゅどう》の聖母像が機縁《きえん》となっている。マリア信仰の遺物は多く存在するが、隠れキリシタンがまつったマリア観音は中国で多く作られた白磁《はくじ》の*子安観音《こやすかんのん》や白衣《びゃくえ》観音で、仏教の観音にサンタ゠マリアのイメージを見出したものであり、来歴の明らかでないものはマリア観音ではなく、近代に入ってからの偽物も多い。

参考文献　Joseph Scнütte S. J.「二つの古文書に現はれたる日本初期キリシタン時代に於ける「さんたまりやの御組」の組織に就いて」(柳谷武夫訳、キリシタン文化研究所編『キリシタン研究』二、一九七六、吉川弘文館)。

(村井　早苗)

まるおかひでこ　丸岡秀子　一九〇三—九〇　昭和時代の評論家。本名石井ひで。一九〇三年(明治三十六)五月五日長野県南佐久郡臼田町《みなみさくぐんうすだまち》(佐久市臼田)の酒造業井出《いで》今朝平《さへい》・つぎの長女として生まれる。政治家の井出一太郎《いちたろう》、作家の井出孫六《まごろく》は実弟。乳児期に生母に死別し、同郡中込村《なかごみむら》(佐久市中込)の農家である母方の祖父母に養育される。そこでの生活体験が農村女性問題に関心を抱く原点となる。一九二〇年(大正九)県立長野高等女学校を卒業、県知事の推薦で奈良女子高等師範学校に入学。在学中奈良県安堵村《あんど》(生駒郡《いこまぐん》安堵町)在住の富本憲吉《とみもとけんきち》・一枝《かずえ》夫妻を訪ね、対等な夫婦の関係に感銘を受ける。一九二四年卒業、三重県亀山《かめやま》女子師範学校の教師に赴任。翌年退職し、東洋経済新報社記者の丸岡重堯《しげたか》と結婚。一九二六年川村女学院教諭。一九二七年(昭和二)長女明子《めいこ》誕生。翌年夫が急逝《きゅうせい》し、みずから求めて産業組合中央会調査部に勤務。消費組合運動や生活改善の啓蒙《けいもう》活動にたずさわる。在職中に行なった全国農村女性の実態調査は『*日本農村婦人問題』にまとめられた。一九三六年より北京時代を除き東京世田谷の千歳船橋《ちとせふなばし》に住む。成城《せいじょう》の富本夫妻宅で*平塚らいてうや*田村俊子《たむらとしこ》と出会い、交流を結ぶ。一九三七年国民精神総動員中央連盟の調査委員に任ぜられるが辞任、産業組合中央会を退職して同僚の石井東一《とういち》と再婚。のちに北京商工会議所理事となる夫とともに北京に渡る。一九四〇年長男龍一《りゅういち》誕生。一九四六年帰国。戦後は*消費者運動や日本母親大会の開催などに尽力し、日教組教研集会の講師をつとめた。日本農村婦人協会理事長、*新日本婦人の会代表委員、全国農協婦人組織協議会顧問などを歴任する。執筆や講演のかたわら、『日本婦人問題資料集成』の刊行にも参画、一貫して農村女性の立場にたち、その地位の向上に貢献した。一九九〇年(平成二)五月二十五日没。八十七歳。佐久市臼田の稲荷山《いなりやま》に記念碑がある。著書はほかに、『ある戦後精神』(一九六九年、一ツ橋書房)、『ひとすじの道』全三巻(一九七一—七七年、偕成社)、『田村俊子とわたし』(一九七三年、中央公論社)、『婦人思想形成史ノート』全

丸岡秀子

二巻(一九七五・八二年、ドメス出版)、『丸岡秀子評論集』全十巻(一九七九—九一年、未来社)、『声は無けれど』(一九八七年、岩波書店)、『いのち、韻あり』(一九八九年、岩波書店)など。

参考文献 「歴史評論」編集部編『近代日本女性史への証言—山川菊栄・市川房枝・丸岡秀子・帯刀貞代—』、一九七九、ドメス出版。丸岡秀子追悼文集編集委員会編『いのちと命を結ぶ—回想の丸岡秀子—』、一九九二、信濃毎日新聞社。稲垣信子『丸岡秀子の贈り物』、一九九四、岩波書店。寺澤正『三代の男たちと丸岡秀子』、一九九九、同時代社。成澤むつ子『自立の開拓者丸岡秀子—わたしの女性史学習ノート—』、一九九九、創風社。丸岡秀子写真集編集員会編『ひとすじの道を生きる—写真集丸岡秀子の仕事—』、二〇〇〇、ドメス出版。金子幸子「丸岡秀子と〝農村婦人問題〟—「ツノのない牛」の問うたもの—」(『名古屋短期大学研究紀要』四五、二〇〇七)。
(奥田 和美)

まるきとし 丸木俊 一九一二—二〇〇〇 昭和時代の戦争・原爆・環境問題を告発した洋画家、絵本作家。絵本などで旧姓赤松も併用した。北海道雨竜《うりゅう》生まれ。一九四五年(昭和二十)八月、夫(伊里《いり》、日本画家、広島出身、一九四一年結婚)とともに原爆投下直後の広島に行き惨状《さんじょう》を目撃。一九四八年、「原爆の図」の共同制作を開始する。当時日本は米軍占領下で、原爆投下とその被害実態は軍事機密とされていたが、二人は自分の眼で見た凄惨《せいさん》な実態を絵筆で記録。その作業は、俊が巧みなデッサン力で下絵を描き、その上に伊里が墨を重ねて、一九八二年に全十五部を完成。作品収蔵館として一九六七年、「原爆の図丸木美術館」(埼玉県松山市)が開館。その後も夫婦の共同制作は続けられ、一九七五年「南京《ナンキン》虐殺の図」、一九七七年「アウシュビッツの図」、一九八〇年に「水俣《みなまた》の図」、一九八四年には「沖縄戦の図」(宜野湾《ぎのわん》市佐喜真《さきま》美術館に常設)などの作品が、数々の絵本とともに創作された。著書に『言いたいことがありすぎて』(一九八七年、筑摩書房)、『丸木俊』(人間の記録一九、一九九七年、日本図書センター)がある。
(山村 淑子)

まるまげ 丸髷 ⇩髷《まげ》

まるやまきょうのじょせいかん 丸山教の女性観 丸山教は富士山を神体とする*富士講を背景に、明治三年(一八七〇)伊藤六郎兵衛《いとうろくろべえ》によって創唱された。江戸時代中期に開かれた富士講は、富士山の神、仙元大菩薩《せんげんだいぼさつ》・元のはははちち(母を先にいう)＝*木花咲耶姫《このはなさくやひめ》を崇《あが》め、「女綱男綱《めづなおづな》のつなぎ替え」など両性具有《りょうせいぐゆう》、*陰陽和合《いんようわごう》、*男女平等の志向を持っていた。こうした思想は六郎兵衛にそのまま受け継がれた。明治四年二十一日間の断食《だんじき》の後、神から「政事《せいじ》は夫役で、行者(宗教者)は妻役である。お前は爪立《つまだち》(妻立)で天下泰平《たいへい》の根源を固めよ」と命じられた。この天啓《てんけい》は現代の丸山教事務局長佐々木千代松《ちよまつ》によって「抑圧された女人の解放、女性尊重」と解かれている。一八七五年、人間が母の胎内《たいない》に籠《こも》り、この世に誕生する様を演じて、「丸山の子として生まれる」儀式とした。家族を作り、親に孝行し、労働する正しい生活の中に救いがあるとし、徴兵《ちょうへい》制度、文明開化に反対した。

参考文献 佐々木千代松『民衆宗教の源流—丸山教・富士講の歴史と教義—』、一九八三、白石書店。浅野美和子「民衆宗教の中の両性具有」(『ジェンダーの形成と越境—女と男の近世・近代—』二〇〇三、桂文庫)。同「女性の救済と両性具有」(同)。
(浅野美和子)

まるやまちよ 丸山千代 一八八七—一九六七 大正・昭和時代の社会事業家。幼児教育や聾唖者《ろうあしゃ》の職業教育に尽力した。山形県の実業家・政治家の子。*日本女子大学教育学部卒。一九一三年(大正二)桜楓会《おうふうかい》(女子大の生涯教育機関)託児所主任保母。一九二八年(昭和三)独立し西窓《せいそう》学園と改称、*セツルメント(託児部・夜間部・聾唖部)事業を推進。貧困家庭救済事業であった当時の託児所にモンテッソリ教育法を導入し改良した。「ろうあ婦人の家」も併設。東京府救済委員を務めた。

参考文献 五味百合子編著『社会事業に生きた女性たち—その生涯としごと—』、一九七三、ドメス出版。遠藤寛子『天使はひそやかに—丸山ちよの愛と献身の日々—』(PHPこころのノンフィクション)、一九八二、PHP研究所。
(影山 礼子)

まるやまちょうよりあいまちゆうかく 丸山町寄合町遊廓 長崎で*遊女町として有名な丸山町・寄合町の両町のこと。両町を総称して丸山と呼称する。略称は山、あるいは円山《まるやま》。元禄の初め、長崎に来国したケンペルは丸山を花の街といった。両町は*遊廓が散在していることから、女郎町《じょろうまち》・上臈町《じょうろうまち》・二丁町《にちょうまち》とも称した。両町の創始は享保十九年(一七三四)の『丸山町・寄合町両町由緒書《ゆいしょがき》』には慶長十一年(一六〇六)という説をとっているが、享保以前の両町に関する由緒書が不明のため、はっきりしない。享保十九年の由緒書には、当初、丸山町には、太郎兵衛・妙助・藤十郎という三人が、遊女屋を経営、現丸山にいたと記されている。ところが失火により焼失。その跡へ博多町《はかたまち》の遊女屋が移転し、再び丸山町と命名された。また、新紙屋町《しんかみやまち》・新高麗町《しんこうらいまち》・大井手町《おおいでまち》・今石灰町《いましっくいまち》が、寄合町と改められ、両町ともに、遊女を抱える町として繁栄をきわめるようになったといわれる。しかし、前出由緒書には「九十三年前」とあることから考えると、丸山・寄合両町は寛永年間(一六二四—四四)に傾城町《けいせいまち》として成立したとみてよいだろう。

参考文献 古賀十二郎『(新訂)丸山遊女と唐紅毛人』前編、一九九五、長崎文献社。
(宇佐美ミサ子)

まんしゅうじんのしょうじょ 満州人の少女 著者は小泉菊枝《きくえ》(一九〇四—九二)。一九三六年(昭和十一)末満州奉天《ほうてん》(今の瀋陽《しんよう》)の著者の家にお手伝いとして雇われた十四歳の満州人少女李桂玉《りけいぎょく》(実名蔣桂芳《しょうけいほう》)に、試行錯誤《しこうさくご》しながら満州建国の理想や日本の生活習慣などを教育し、親日満州人に育て上げた*主婦の体験談。著者は熱心な日蓮宗信者でのちに東亜連盟《とうあれんめい》の女性理論家となる。王道楽土《おうどうらくど》の満州建設のため、日常生活のなかで日満親善に尽くそうと、排日教育を受け強い民族性をもつ少女に対して、わが子同様愛情と信頼で接し根気よく指導した結果、強い精神的絆《きずな》が生じるまでの過程を赤裸々につづった。一九三六年以来、著者が所属していたまこと会(日蓮宗の思想団体精華会《せいかかい》女性組織)機関誌連載の生活レポート「満州少女」を東亜連盟創立者石原完爾《いしはらかんじ》の推薦で一九三七年から『月刊満州』に「満州人の少女」として転載(ペンネーム泉掬子《いずみきくこ》)。転載中に満州読書界で同書の評価をめぐる論争が起ったが、すぐ一九三八年同社から単行本として刊行され版を重ねる。のちには満映により映画化された。一九四二年、大阪の全国書房から刊行された『満州少女』には、前著の再録とともに桂玉の後日談も掲載された。さらに一九四五年一月にも精華会から再刊され、満州と日本国内で一大ブームを起こす。卑近《ひきん》な家庭の些事《さじ》を通じて満州国の国是《こくぜ》たる民族協和の具体策が語られている「日本民族満支大陸発展の教科書」という石原巌徹《がんてつ》(完爾)の序文の言葉が本書の性格をよく表わしている。

参考文献 早川紀代「女性の対抗するアイディンティティー帝国日本と傀儡国家満洲国―」(『ジェンダー研究』五)、二〇〇三。永島広紀「小泉菊枝作『満州人の少女』と雑誌『月刊満州』」(『佐賀大学国際協働プロジェクト二〇〇四活動報告書』)、二〇〇五。

(井上 和枝)

まんとくじ 満徳寺 上野国《こうずけ》勢多《せた》郡新田《にった》庄徳川《とくがわ》郷(群馬県太田市徳川町)に所在した時宗《じしゅう》の*尼寺。寺号・山号はなく、徳川満徳寺という。新田《にった》(徳川)義季《よしすえ》の開基、その娘浄念尼《じょうねんに》が開山、その孫浄院尼《じょういんに》が二世。鎌倉時代の創建と伝えられるが、新田氏と衰亡をともにする。江戸時代になると、徳川家康は満徳寺の所在する徳川郷を先祖ゆかりの地として、天正十九年(一五九一)、四百五十石の朱《しゅ》印地《いんち》を与え庇護《ひご》した(満徳寺は百石)。家康の孫娘*千姫《せんひめ》は大坂夏の陣で救助され満徳寺へ入寺し、豊臣秀頼と離婚の上、本多忠刻《ほんだただとき》に再嫁した。このとき千姫の身代わりとして住職になったのが中興《ちゅうこう》開山俊澄尼《しゅんちょうに》で、それ以来再婚が認められる*縁切り寺になったという。寺法《じほう》手続き上、*東慶寺《とうけいじ》と異なる点は、内済《ないさい》(示談《じだん》)成立のために、必ず夫を呼び出し、その呼状(掛合差紙《かけあいさしがみ》)を妻方に渡して交渉させたこと、寺法離縁では在寺中でも夫が離縁状を差出せば妻も離婚し再婚できたこと(年季《ねんき》中内済離縁《ちゅうないさいりえん》)、また女に特殊事情(本妻同様の妾《めかけ》・*結納《ゆいのう》後挙式前の駆け込み)があれば在寺二十五ヵ月の半分で離婚が成立したことがあげられる(半限抱え《はんげんかかえ》)。内済が成立せず、夫が頑強に離婚を拒絶するとき、寺では寺社奉行所《じしゃぶぎょうしょ》に訴え、奉行所はその威光《いこう》により、夫を仮牢《かりろう》に入れてでも離縁状を出させた(お声掛り離縁)。満徳寺では、内済・寺法いずれのときも「深厚之宿縁浅薄之事私にあらず、後日他へ嫁すと雖も一言違乱これなし、依て如件」という内容の満徳寺離縁状であった。縁が薄かったから離婚した旨の文言が離縁状にふさわしいと考えられ、周辺にこの書式が流布《るふ》している。文化六年(一八〇九)満徳寺は、類焼によって文書類をすべて失い、これまで知られる駆け入り件数は百二十一件だけである。なお、徳川家の位牌所《いはいじょ》として、その庇護のみに依存し、無壇家《むだんか》であったため、明治維新後の明治五年(一八七二)に廃寺した。一九九二年(平成四)に縁切り寺満徳寺資料館が建設され、かつ本堂・門塀等も復元・整備されている。

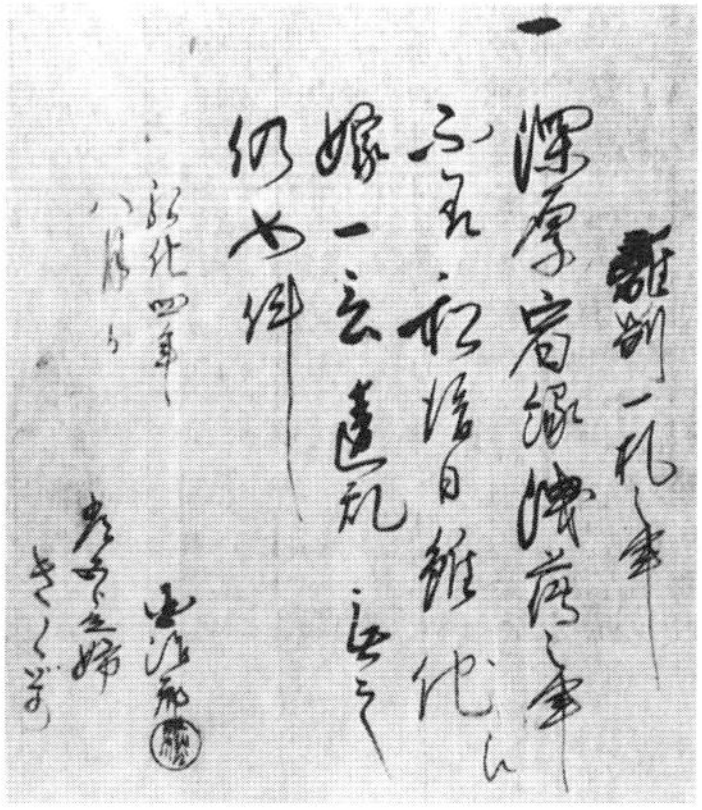

満徳寺離縁状(弘化4年8月)

参考文献 穂積重遠『離縁状と縁切寺』(法学叢書一)、一九四二、日本評論社。五十嵐富夫『縁切寺』、一九七二、柏書房。髙木侃『縁切寺満徳寺の研究』、一九九〇、成文堂。同『三くだり半と縁切寺』(現代新書)、一九九二、講談社。同「縁切寺満徳寺の内済離縁―新史料の紹介をかねて―」(見城幸雄先生頌寿記念事業会編『法制と文化』一九九九、愛知大学文芸会)。

(髙木 侃)

まんようしゅう 万葉集 古代の歌集。編纂《へんさん》者未詳。二十巻。成立年未詳。およそ舒明《じょめい》天皇の時代から天平宝字《てんぴょうほうじ》三年(七五九)まで、百三十年にわたる、約四千五百首の歌を収める。巻により部立《ぶだて》や収載歌《しゅうさいか》の年代、漢字表記がまちまちで、統一的編纂方針は見受けらず、数次の編纂過程を経ていると推測される。巻一前半部が文武《もんむ》朝(六九七―七〇七)ころに成立し、その後増補《ぞうほ》を重ね、巻十六までが天平末年ころまでに成立、巻十七―十九、巻二十が加わり、延暦《えんりゃく》初年ころまでに二十巻の形が成立したと考えられている。多くの人手を経ているが、大伴家持《おおとものやかもち》が全般的な編纂に深く関与している。口誦歌謡《こうしょうかよう》との関わりの深い歌から、文字記載化の営みを経て、個人の創作抒情《じょじょう》歌《か》へと変容するさまざまな過程の歌を収め、*和歌文学史上の最初期の姿が見られる。皇族歌人を中心とする第一期(六七二年まで)、柿本人麻呂《かきのもとのひとまろ》の活躍する第二期(七一〇年まで)、大伴旅人《おおとものたびと》・山上憶良《やまのうえのおくら》・山部赤人《やまべのあかひと》ら、歌の個性化の進む第三期(七三三年まで)、大伴家持ら歌の繊細《せんさい》化・社交化の顕著《けんちょ》な第四期(七五九年まで)と、歌風は時代による変遷をみせる。巻二冒頭に磐姫《いわのひめ》(仁徳《にんとく》天皇皇后)の歌を載せるのは、実作ではないが、編纂者が磐姫皇后を古代の代表的女性と見なしていた証であり、巻一冒頭に雄《ゆう》略《りゃく》天皇歌を据《す》えたことと呼応する。公的な場での顕著な作歌活動と時代に抜きん出た質を誇る*額田王《ぬかたのおおきみ》(第一期)、挽歌《ばんか》や相聞《そうもん》に深い自己凝視《ぎょうし》を残す*大伯皇女《おおくのひめみこ》や*但馬皇女《たじまのひめみこ》(第二期)、八十四首もの歌を残し、『万葉集』編纂との関わりも指摘される*大伴坂上郎女《おおとものさかのうえのいらつめ》(第三・四期)、斬新《ざんしん》な発想・情熱的詠風《えいふう》が際《きわ》だつ狭野茅上娘子《さののちがみのおとめ》や笠女郎《かさのいらつめ》(第四期)ほか、多彩な*相聞歌を繰り広げる多くの作者未詳の女性たち、あるいは防人《さきもり》の妻・母など、古代にあっての、女性の積極的作歌活動をうかがうことができる。編纂時期の節目《ふしめ》に、持統《じとう》上皇・*元明《げんめい》天皇・*元正《げんしょう》天皇・*孝謙《こうけん》天皇といった女性天皇が多いことも見逃せない。テキストは、『新編日本古典文学全集』(小島憲之・木下正俊・東野治之校注・訳、一九九四—九六年、小学館)、『新日本古典文学大系』(佐竹昭広・山田英雄・工藤力男・大谷雅夫・山崎福之校注、一九九九—二〇〇三年、岩波書店)などがある。

参考文献　伊藤博『万葉集の構造と成立』(古代和歌史研究)、一九七四、塙書房。稲岡耕二『万葉表記論』、一九七六、塙書房。神野志隆光・坂本信幸編『(セミナー)万葉の歌人と作品』、一九九九-二〇〇五、和泉書院。　(荻原　千鶴)

み

みあい　御合　古代の婚姻語。『*古事記』神代では、八《や》千矛神《ちほこのかみ》と*沼河比売《ぬなかわひめ》は「その夜は合《あ》わずて明日の夜、御合《みあい》したまいき」(原漢字)、また、イザナギとイザナミは「良い女よ」「良い男よ」と呼びあったのち「御合して生む子」、として島々からなる国土を創生する。「将婚」の訓も「美阿巴只西牟《みあはしせむ》」(私記乙本)である。「娶生子」という古系譜の婚姻語は、「めとりて」ではなく「みあいて生む子」と読むと考えられる。男女の呼びかけ(問い)ではじめる*妻問婚《つまどいこん》に対応する用法である。

参考文献　義江明子「日本古代の婚姻—「ツマトヒ」と「ミアヒテウム」の背景—」(『文明のクロスロードMuseum Kyushu』一五ノ四)、一九九七。　(義江　明子)

みあいけっこん　見合い結婚　配偶者を選択する場合の一つの方式。男女が仲介人の仲立ちのもとに会い、合意があった場合に結婚に至る。近世には武士や地方の豪家の間で行われていた。庶民の間で行われるようになったのは明治中期といわれる。遠隔地間の通婚が広まったこと、結婚を家の繁栄・永続のためとする考えから、家柄・家格の釣り合いが重視されたことが見合いの一般化をもたらした。多くは事前に身上書(釣書《つりがき》)と写真を交換する。またすでに双方の親や*親族の間で合意があり、見合いは形式的なものに過ぎない場合もあって、当事者、特に女性にとっては自由な意思による結婚の選択は難しかった。明治後期には大都市に見合いの機能をはたす結婚媒介所もいくつか作られた。現代では見合いは結婚を決定するものではなく男女の出会いの機会として行われている。

参考文献　神島二郎『日本人の結婚観』(講談社学術文庫)、一九七七、講談社。柳田国男『明治大正史世相篇』(『柳田国男全集』五、一九九八、筑摩書房)。　(永原　和子)

みいけしゅふかい　三池主婦会　三池炭鉱労働組合の外郭団体で、組合員の妻・家族が会員。正確には三池炭鉱主婦会(三鉱主婦会)。会結成の目的は*日本炭鉱主婦協議会(炭婦協)と同じく、組合と緊密に連携をとりながら、共同の利益を確保し、主婦の経済的・社会的地位の向上をはかることである。一九五三年(昭和二十八)七月二十日、会社・既成婦人会、家族会の執拗《しつよう》な妨害と戦いながら、三池炭鉱主婦協議会(三池炭婦協)結成。その直後始まった三井炭鉱労働組合連合会(三池労組も加盟)による「英雄なき一一三日のたたかい」に参加。家族ぐるみ運動の先駆《せんく》となる。一九五五年五月二十日、三池炭鉱主婦会と改称。「総資本対総労働の対決」といわれた一九五九年—六〇年の「三池闘争」では会員は一世帯月一万円で家計を切り盛りし、膨大なオルグを受け入れ、抗議行動にも参加した。一九六三年十一月九日、三池三川《みかわ》鉱で炭じん爆発事故が起き、多くの死者とCO(一酸化炭素)中毒患者が出た。遺族・患者・家族を守るたたかい、責任追及、CO特別法制定・実施に主婦会の果たした役割も大きい。一九九七年(平成九)三月解散。

参考文献　三池炭鉱主婦会編『三池主婦会20年』、一九七三、労働大学。河野信子「炭婦協」(朝日ジャーナル編『女の戦後史』二、一九八五、朝日新聞社)。　(古庄ゆき子)

みうけ　身請け　年季明けによって、馴染みの客に請け出されること。*遊女が*苦界《くがい》から自由になる方法の一つ。身請けをする場合は、抱主《かかえぬし》と客とが請け出す条件を話しあって双方の意思が合致することで遊女の籍を離れることができ、これを落籍《らくせき》と称する。身請けには、身請証文が必要で、書かれる内容も、樽代金《たるだいきん》、抱主への借金の皆済、抱主から貸与された衣類・夜具《やぐ》・化粧品・手道具などの調度品の返却について記載されることが多い。なお身請けの条件として、今後、抱主には一切迷惑をかけない。「為後日《ごじつのため》世話人《せわにん》立会《たちあい》之上《のうえ》、証文《しょうもん》差《さし》出《だ》し候《そうろう》」とある。「身請にいたりては、客の心しだい」ではあるが、「乗物で華やかに大門を出る」遊女もあれば、ひっそりと廓《くるわ》をあとにする遊女もあった。いずれにせよ、強制された「籠《かご》の鳥」から、年季をつとめあげ自由な身になったということでは、遊女には、身請けは、最大の幸せというべきことなのかも知れない。

参考文献 酔郷散人『吉原大全』(山本春雄編『北街漫録』一九二七、一星社)。総合女性史研究会編『日本女性の歴史―性・愛・家族―』(角川選書)、一九九二、角川書店。宇佐美ミサ子『宿場と飯盛女』(同成社江戸時代史叢書)、二〇〇〇、同成社。

(宇佐美ミサ子)

みうらあやこ　三浦綾子　一九二二―九九　昭和時代の小説家。北海道旭川《あさひかわ》市生まれ。七年間の小学校教員退職後肺疾《はいしつ》発病。以後、脊髄《せきずい》カリエス・癌《がん》・パーキンソン病と闘病の生涯を過ごすが、その間に出会ったキリスト教を縁として三浦光世《みつよ》と結婚。建てた小家の借金返済にあてるため応募した『朝日新聞』一千万円懸賞小説に一位入選した「氷点《ひょうてん》」(一九六四年(昭和三十九)―六五年)が大衆を魅了し、『続氷点』『積木の箱』ほか、自伝小説などで爆発的人気作家となった。夫と二人三脚でなされた三浦文学を貫く主題は「罪と神による許し」である。作品は『三浦綾子作品集』全十八巻(一九八三・八四年、朝日新聞社)に収められている。

参考文献 黒古一夫『三浦綾子論―「愛」と「生きること」の意味―』、一九九四、小学館。

(渡邊　澄子)

みうらげんちゅうのつま　三浦玄忠の妻　?―一六五八　江戸時代前期の三浦絞《しぼり》の伝授者。豊後《ぶんご》国竹中氏の侍医三浦玄忠の妻で、名古屋城築城工事のために夫とともに有松(名古屋市緑区)に移住。すでに慶長年間(一五九六―一六一五)に竹田庄九郎により創始されていた有松絞《ありまつしぼり》を指導、三浦絞を伝えたという。三浦絞は豊後絞・鳴海《なるみ》絞・ヒヨコ絞ともいう。以前は手拭《てぬぐい》や手綱《たづな》を染めたが、以後広く衣服地を染めるようになったといわれる。*木綿の絞染として発達、鳴海宿で売られ東海道筋の名産となった。鳴海瑞泉寺《ずいせんじ》に墓、「玄忠妻」との過去帳があるも詳細は不明。

参考文献 『愛知県史(復刻版)』二、一九八〇、愛知県郷土資料刊行会。

(椙山　聖子)

みうらたまき　三浦環　一八八四―一九四六　明治から昭和時代前期にかけてのオペラ歌手。日本初の公証人《こうしょうにん》柴田孟甫の子として、東京に生まれる。一九〇〇年(明治三十三)東京音楽学校入学、声楽を学ぶ。在学中の一九〇三年には日本初のオペラ公演『オルフェオとエウリディーチェ』に参加し、卒業後の一九〇七年には声楽科助教授。一九一一年の帝国劇場開場後は専属の主席歌手となった。一九一四年(大正三)夫とともに渡欧、『蝶々夫人』のヒロインは当り役となり欧米各地で公演。一九三五年(昭和十)の帰国後は教育者としても活躍した。著書に『三浦環・お蝶夫人』(人間の記録二七、一九九七年、日本図書センター)がある。

参考文献 平間文寿『歌の渚』、一九七七、栄光出版社。

(内藤　寿子)

みうらやすむらのいもうと　三浦泰村の妹　生没年不詳　鎌倉時代の御家人《ごけにん》三浦義村《よしむら》の娘。毛利入道西阿《もうりにゅうどうせいあ》の妻。宝治元年(一二四七)、北条時頼《ときより》が三浦一族を討伐しようと謀《はか》った際、兄泰村の館を訪ねて激励して蜂起《ほうき》を決意させる。また、夫西阿が北条方に味方しようとするのを、西阿の鎧《よろい》の袖を取って、時頼に味方をするは武士の致すところか、と説得したことでも知られる。また、同じく三浦泰村に味方して戦死した関政泰《せきまさやす》については、関政泰が泰村の妹に嫁《か》しているためと『*吾妻鏡《あずまかがみ》』では記しており、*嫁すという語が男女共通に使用された例としても知られる。

参考文献 田端泰子『日本中世の女性』(中世史研究選書)、一九六七、吉川弘文館。

(錦　昭江)

みうり　身売り　*公娼《こうしょう》制度下において前借金返済のため、*貸座敷《かしざしき》業者と契約を結んで*娼妓《しょうぎ》の営業をなすこと。契約は女性本人の自由意思によることがたてまえであったが、多くは女性の親兄弟や夫などが貸座敷業者から金を借り、貸座敷での売春によって前借金を返済するという仕組みをとっていた。衣類などの支度金や周旋料《しゅうせんりょう》などが差し引かれるため、実際に女性の側に残る金額はわずかであった。また、契約時は全額渡されず、娼妓として一人前になってから残額が支払われることも多かった。さらに、病気で命を落とすこともあり、借金を返済して娼妓営業を廃業することは困難をきわめた。貸座敷の実態は業者が女性を寄留《きりゅう》同居させる遊女屋であり、身体的拘束も強かったため、娼妓営業の契約は*人身売買と同じように受け止められた。出稼ぎの一形態として従来より行われていたが、娘身売りとも呼ばれて社会問題となったのは昭和初年である。恐慌《きょうこう》や凶作による農業への被害が大きかった東北地方では、娘を娼妓にして負債を整理する農家が激増した。娘の身売りが唯一最後の現金収入である場合が多かったのである。一九三五年(昭和十)の調査では、全国の娼妓約五万人のうち、東北六県(青森・秋田・岩手・山形・宮城・福島)の出身者が二割を占めており、経済的な打撃の深刻さを物語っている。役場では身売りを防止するための相談窓口を設けたり、*救世軍《きゅうせいぐん》が*自由廃業を援助するなどの社会的な対策が講じられたが、公娼制度の下では限界があった。娼妓のほかに、芸妓《げいぎ》・*酌婦《しゃくふ》・*女給《じょきゅう》・*女工《じょこう》・*女中・*子守りなどへの就業も前借金のために行われることもあり、これらも含めて身売りといわれた。女性が家の犠牲になっているという点では娼妓と共通しているが、売買春と関係のない職業まで一括《ひとくく》りに身売りと称されたことは、前借金と雇用の関係について社会的な関心を呼び起こした一方で、こうした職業に対する偏見を助長させることにもなった。

参考文献　丸岡秀子『日本農村婦人問題―主婦、母性篇―(第三版)』、一九八〇、ドメス出版。山下文男『昭和東北大凶作―娘身売りと欠食児童―』、二〇〇一、無明舎出版。

（奥田　和美）

みうりほうこう　身売り奉公　身代金を取るかわりに一定期間奉公すること。通常は、*遊女奉公・*飯盛女《めしもりおんな》奉公など*娼婦《しょうふ》となることを意味する。奉公にあたっては、奉公する女性の人主と雇い主の間で契約が結ばれる。近世前期には、契約時の奉公人請状《うけじょう》に奉公に出された女性を「質物」と記すものが多く、契約期間が終了したのちに身代金を返済してはじめて奉公が終ることとされたが、現実には、返済できないことを前提とする事実上の*人身売買である場合がほとんどであった。時代が下るにつれて、請状の文面では「年季奉公」の形式をとるものが増え、奉公契約時に雇い主が前払いの給金として一定の金額を人主に支払い(前借金)、年季が明ければ契約関係が終了するとされた。しかし、過酷な生活から年季明け以前に心身を害したり、「住み替え」や「貰《もら》い請け」などの名目で転売されたりする場合が多く、事実上の*身売り＝人身売買という実態は変わらなかった。

参考文献　牧英正『近世日本の人身売買の系譜』、一九七〇、創文社。宇佐美ミサ子『宿場と飯盛女』(同成社江戸時代史叢書)、二〇〇〇、同成社。

（横山百合子）

みおや　御祖　親・先祖のこと。「御」は尊敬の接頭語。「天祖彦火瓊瓊杵尊《あまつみおやひこほのににぎのみこと》」(『日本書紀』神武《じんむ》天皇即位前紀)、「神祖命《かみおやのみこと》」(「常陸国風土記《ひたちのくにふどき》」筑波郡《つくばぐん》)のように父祖にも用いるが、母をいう場合が多い。大穴牟遅神《おおなむちのかみ》の母をさす「御祖命《みおやのみこと》」(『*古事記』神代)、本牟智和気王《ほむちわけのみこと》の母をさす「御祖《みおや》」(同垂仁《すいにん》天皇段)などがある。*本居宣長《もとおりのりなが》が「子は母の許《もと》に生長《おいたち》しなれば、父よりも親睦《むつまし》く同家に在故《あるゆえ》」というように、*婚姻形態や母尊重と関連づける説が一般だが、異論もある。皇統上の女性尊長《そんちょう》に対する称号としては、「吉備嶋皇祖母命《きびのしまのすめみおやのみこと》」(*皇極《こうぎょく》天皇の母、『日本書紀』皇極天皇二年(六四三)九月条)、譲位《じょうい》した皇極天皇に奉呈《ほうてい》された尊号「皇祖母尊《すめみおやのみこと》」(同孝徳《こうとく》天皇即位前紀)、聖武天皇の母*藤原宮子《ふじわらのみやこ》に対する「大御祖《おおみおや》」(『続日本紀《しょくにほんぎ》』神亀《じんき》元年(七二四)三月条)などがある。賀茂御祖《かものみおや》神社(下鴨《しもがも》社)の祭神は、上賀茂《かみかも》社の別雷神《わけいかづちのかみ》の母である玉依姫命《たまよりひめのみこと》と外祖父賀茂建角身命《かものたけつのみのみこと》で、同社の前身とされる三井社《みいしゃ》の祭神はそれに玉依姫の母を加えた三神である(「山城国風土記《やましろのくにふどき》」逸文《いつぶん》)。

参考文献　本居宣長『古事記伝』一〇・二〇(本居宣長全集九・一〇)。毛利正守「古事記における「御祖」と「祖」について」(『芸林』一九ノ一)、一九六八。川副武胤「神と人。男神と女神」(中村啓信他編『梅沢伊勢三先生追悼)記紀論集』一九九二、続群書類従完成会)。

（義江　明子）

みかじまよしこ　三ヶ島葭子　一八八六―一九二七　明治から昭和時代にかけての歌人。埼玉県入間郡《いるまぐん》三ヶ島村(所沢市)の三ヶ島寛太郎《かんたろう》・さわの長女。本名よし。埼玉女子師範を結核で退学し療養後小学校代用教員となる。*与謝野晶子《よさのあきこ》に嘱望《しょくもう》され新詩社《しんししゃ》・青鞜社《せいとうしゃ》で活躍し情感に満ちた恋の歌を『*青鞜』に千余首発表。倉片寛一《くらかたかんいち》と結婚したが貧苦から結核が再発。「アララギ」に入会し『吾木香《われもこう》』を刊行するが、親友*原阿佐緒《はらあさお》の*恋愛を擁護《ようご》したため破門となり、古泉千樫《こいずみちかし》に師事。一人娘と離れ夫の愛人との同居の悲苦や独居の寂寥《せきりょう》を虚飾《きょしょく》なく歌った。『三ヶ島葭子全歌集』および『三ヶ島葭子日記』全二巻(倉片みなみ編、一九八一年、至芸出版社)がある。

参考文献　三ヶ島葭子の会編『三ヶ島葭子』、一九七四、所沢市教育委員会。

（村岡　嘉子）

みかのもちひ　三日餅　平安時代の結婚の儀式である*露顕《ところあらわし》の時に妻方が男(婿《むこ》)に供する餅。三日夜の餅《みかよのもちひ》ともいう。古代の*婚姻では若い男女は親の承認を得ることなく私的に性関係を結び、やがて男は女の家に内密に通ってくるようになる。そして、女の親は、二人の寝所《しんじょ》に踏み込み、二人の関係を公然《こうぜん》とした。その際男に女方の火で調理された餅を食べさせた。これが平安時代に儀式化され、男が女方へ通ってくる期間を「三日」という数字で象徴《しょうちょう》し、通い始めてから三日目の夜に男に食べさせたのが三日餅である。餅のことは『吏部王記《りほうおうき》』『*落窪《おちくぼ》物語』『*源氏《げんじ》物語』など平安時代の婚姻史料に多くみられ、婚儀には必要欠くべからざる物であった。餅は女方の火で調理された食物を象徴的に表わすもので、それを他家(他族)の男に食べさせることによって、観念的に自家(自族)の人間とし、それによって男を安全に迎え入れることができるという古代的な考え方が背景に存在していたと考えられる。

三日餅を用意する女房と燈明の火を守る女房

参考文献　中村義雄『王朝の風俗と文学』(塙選書)、一九六二、塙書房。高群逸枝『招婿婚の研究』(高群逸枝全集)、一九六六、理論社。

（栗原　弘）

みかわのないし　三河内侍　？―一一四七　平安時代後

期の*女官。本名源盛子《みなもとのせいし》。承保《じょうほう》元年(一〇七四)ころの生まれか。父は摂津源氏多田流《せっつげんじただりゅう》源頼綱《よりつな》。多田流は代々*和歌や学問に秀でた人が多く、当時の宮廷文化を支えていた。堀河《ほりかわ》天皇女御篤子《にょうごとくし》に掌侍《ないしのじょう》として出仕、三河内侍と呼ばれた。のちに藤原盛実《もりざね》の妻となり、その娘の一人が関白藤原忠実《ただざね》の子、頼長《よりなが》を生む。頼長は博学多才で知られ、のちに保元の乱で失脚死亡するが、最後まで頼長を支えたのが母方縁者であった。盛子は頼長の外祖母にあたり、頼長は盛子を再三訪問している。

参考文献 角田文衛「左大臣頼長の外祖母」(『王朝の映像』一九七〇、東京堂出版)。井上宗雄「源頼綱」(『平安後期歌人伝の研究(増補版)』一九八七、笠間書院)。

(和田 律子)

みかんなぎ 御巫 〔古代〕古代の*巫女《みこ》のうち特に神祇《じんぎ》官《かん》に属して朝廷の神事に関与したり、伊勢《いせ》の神宮に属して祭祀《さいし》に従事したものをいう。このうち、神祇官の御巫については、『大宝令《たいほうりょう》』の注釈書である「官員令別記《かんいんりょうべっき》」に、御巫は倭国《やまとのくに》の御巫二人・生島《いくしま》の御巫一人・座摩《いかすり》の御巫一人・御門《みかど》の御巫一人の四種類五人がいて、それぞれに廬《いお》守《もり》一人が与えられ、その出身の戸《こ》の調役《ちょうやく》は免除されたとあることから、少なくとも八世紀初頭には制度として確立していたことがわかる。そして、その制度的に最も整備された状況を示すのが、十世紀前半に編集された『延喜式《えんぎしき》』である。ここでは、㈠天皇の御巫・*皇后の御巫・皇太子の御巫・生島の御巫・座摩の御巫・御門の御巫が各一人いたこと、㈡座摩の御巫以外は庶女《しょじょ》の中から適切な者が選ばれ、その既婚・未婚は問われないこと、㈢座摩の御巫は都下国造《つげのくにのみやつこ》の一族の中から七歳以上で未婚の者が選ばれること、㈣新任の御巫にはそれぞれに住まいと一町の不輸租田《ふゆそでん》が与えられること、㈤御巫は神祇官の西院《さいいん》にそれぞれが奉斎《ほうさい》する神の殿舎《みあらか》を持ち、次の御巫に交替する際にはそれらの殿舎の立替がなされることなどが記されている。こうした御巫たちは祈年祭《きねんさい》・園并韓神祭《そのならびにからかんのまつり》・四面御門祭《よものみかどのまつり》・御川水祭《みかわみずのまつり》・御贖祭《みあがもののまつり》・月次祭《つきなみのまつり》・神今食《かむいまけ》・鎮《たま》魂祭《しずめのまつり》・新嘗祭《にいなめのまつり》・毎月晦日《みそか》の御贖などの恒例祭祀や*大嘗《だいじょう》祭《さい》・*八十島祭《やそじまのまつり》などの臨時祭祀に従事して、祝詞奉宣《のりとほうせん》・直《なお》会《らい》の歌舞《うたまい》・舂米《しょうまい》・散米《さんまい》・宇気槽《うけふね》撞《つ》きなどに従事した。また、九月には神祇官西院で御巫の奉斎する神二十三座の祭が行われるが、ここに*天照大神《あまてらすおおみかみ》はまつられておらず、高御産日神《たかみむすひのかみ》などムスヒ系の神がまつられていることから、古い時代の祭祀形態を留めているとする見解もある。一方、延暦《えんりゃく》年間(七八二―八〇六)に成立した『*皇太神宮儀式帳《こうたいじんぐうぎしきちょう》』や平安時代中期の『延喜式《えんぎしき》』伊勢太神宮には、山口《やまのくち》の神の祭や杣山《そまやま》の木本《このもと》の祭・三節祭《さんせつさい》などで御巫の内人《うちひと》が祓《はら》いや祝詞奉読を行なっていることが記されている。なお、明治の初めに東京に神祇官が復興した際には御巫も復活しており、これはその後に内掌典《ないしょうてん》と改称された。

参考文献 岡田精司「宮廷巫女の実態」(女性史総合研究会編『日本女性史』一、一九八二、東京大学出版会)。野口剛「御巫考」(『古代文化』四四ノ八)、一九九二。

(野口 剛)

〔近代〕明治期、神祇省《じんぎしょう》の管轄にあった賢所《かしこどころ》(旧*内侍所《ないしどころ》)祭祀《さいし》をもっぱらとする女性。明治初期、古代にならい神祇官が復興するなか、宮中二十三座の神々をまつっていた古代神祇官における女性祭祀者「御巫」の職名が復活した。明治四年(一八七一)、賢所の管轄は宮内省から神祇官に移管される。この神祇官が太政官被官の神祇省に改まる直前の同年八月、賢所祭祀を専業とする職として新たに「掌典職《しょうてんしょく》」がおかれ、これに白川《しらかわ》氏・吉田氏が任じられた。「八神《はっしん》」「天神地祇《てんじんちぎ》」とともに明治神祇官神殿にまつられていた神武《じんむ》天皇以下歴代天皇の「皇霊《こうれい》」が賢所に遷座《せんざ》する前日の同年九月二十九日に至り、神祇省に御巫が設置される。この御巫に任じられたのは、内侍所で祭祀を掌《つかさど》っていた元「*刀自《とじ》」たちであった。同年十月十七日、御巫は「内掌典《ないしょうてん》」と改められ男性の「掌典」とともに「掌典職」の一部をなし、のちに宮内省管轄となった賢所祭祀を主として掌る内廷《ないてい》の職員として現在に至っている。

参考文献 小平美香「明治国家における神祇祭祀の意義―明治神祇官の「御巫」設置をめぐって―」(『日本思想史学』三八)、二〇〇六。

(小平 美香)

みぎしせつこ 三岸節子 一九〇五―九九 大正から平成時代にかけての洋画家。愛知県生まれ。名古屋の淑徳《しゅくとく》高等女学校卒業後上京、洋画家岡田三郎助《おかださぶろうすけ》に指導を受け、一九二二年(大正十一)女子美術学校に編入学。一九二四年首席で卒業し、洋画家三岸好太郎《みぎしこうたろう》と結婚。一九二五年春陽会《しゅんようかい》第三回展に「自画像」など四点を初出品、初入選。同年女子美出身者とともに婦人洋画協会を結成。一九三四年(昭和九)の好太郎急逝後は三児を育てながら創作活動を行う。一九三五年初の個展、その画業は六十年余に及び、終生女性画壇の向上に努めた。

参考文献 吉武輝子『炎の画家三岸節子』、一九九九、文芸春秋。澤地久枝『好太郎と節子―宿縁のふたり―』、二〇〇五、日本放送出版協会。

(内藤 寿子)

みきたつこ 三木達子 一八九五―一九七五 大正・昭和時代の民間社会福祉事業家。和歌山県生まれ。東京女子師範《しはん》学校卒業後小学校教員になる。教員三木正一《しょういち》と結婚、酒田、大阪に転居。夫が在阪朝鮮人の生活課題に取り組む内鮮協和会《ないせんきょうわかい》主事として社会事業に入り、達子も積極的に協力。また地域に*婦人会を組織し地域住民の生活改善活動を展開。夫が治安維持法違反で検挙された後、一九三四年(昭和九)に*保育所二園、一九四三年に戦時保育所「今川学園」を開設。戦後今川学園を再開し、大阪府保育行政の指導的役割を果たす。一九五九年に知的障害児通園施設を開設、さらに地域福祉センターとして「老人いこいの家」を設置。常に先駆《せんく》的・実践的視点で保育・社会福祉事業を推進した。著書に『働き蜂』(一九六九年、南窓社)がある。

参考文献 五味百合子編『(続続)社会事業に生きた女

性たち』、一九六五、ドメス出版。　（大島　道子）

みくしげどののべっとう　御匣殿別当　貞観殿《じょうがんでん》の中にあって、御服を*裁縫する令《りょう》制外の「所」の一つである御匣殿の*女官の長。御櫛笥殿《みくしげどの》とも書く。平城京大膳職《だいぜんしき》の井戸から「御匣殿」と書かれた*木簡《もっかん》が発掘されている。その女官としては、『小野宮《おののみや》年中行事』所引の『弘仁式《こうにんしき》』神祇《じんぎ》に「御匣殿蔵人」とあり、御匣殿が*女蔵人《にょくろうど》の候所であったとみられる。やがて縫殿寮《ぬいどのりょう》にとってかわり、別当・預《あずかり》らが任じられた。御匣殿別当には*上臈《じょうろう》女房が立てられている（『西宮記《さいきゅうき》』巻八所々事）。『禁秘抄《きんぴしょう》』には「是れ女御《にょうご》更衣《こうい》の儀に非ず、只、御所中の沙汰人《さたにん》なり」（原漢文）とあるので*女御や*更衣などのように天皇の寝席に侍るものではなく、宮廷内の実務を取り扱う女官であった。ただ『改元部類《かいげんぶるい》』所引『吏部王記《りほうおうき》』承平《しょうへい》元年（九三一）四月二十六日条にみえる御匣殿別当藤原貴子《ふじわらのたかこ》（忠平女《ただひらのむすめ》）は尚侍《しょうじ》も兼任している。この別当から女御になった初例は冷泉《れいぜい》天皇に*入内《じゅだい》した*藤原超子《ちょうし》（兼家女《かねいえのむすめ》）で、これ以後、御匣殿別当は女御・*中宮になる前段階の地位となる。後朱雀《ごすざく》天皇以降、*女院《にょいん》などの御匣殿になる例も多くなる。

参考文献　浅井虎夫『（新訂）女官通解』（講談社学術文庫）、一九八五、講談社。所京子「「所」の成立と展開」（『平安朝「所・後院・俗別当」の研究』二〇〇四、勉誠出版）。同「御匣殿の別当」（同）。　（所　京子）

みくすりのどうじょ　御薬童女　正月元日から三日間、天皇に御薬＝屠蘇《とそ》を供進する「供御薬」儀に奉仕する童女。薬子《くすこ》という。嵯峨《さが》天皇の弘仁《こうにん》年間（八一〇—二四）に始まった。御薬は、十二月晦日の夕方から緋色《ひいろ》の絹袋に封じこめて井戸に漬けおき、元日に典薬寮《てんやくりょう》の官人が取り出して温め、薬子になめさせる。『公事根源《くじこんげん》』には「薬子とて、小女の未だ嫁せざるを求めて、是を用ふる事あり、屠蘇は、小児よりのむといふ本文あれば、其の為に小女選びて、まづのましむるべし」（原漢文）とある。この未婚の小女が「御薬童女」で「元三《がんさん》の薬子」（『*枕草子』百五十六段えせものの所得るをり）とも称される。

参考文献　山中裕『平安朝の年中行事』（塙選書）、一九七二、塙書房。　（所　京子）

みくだりはん　三下り半　江戸時代において庶民が*離婚するとき、嫁《よめ》入り・婿《むこ》入りを問わず、必ず夫から妻へ交付することを要した文書。その本文を三行半に書いたことから三くだり半（三行り半とも書く）と俗称された離縁《りえん》状《じょう》のこと。もっとも必ず三行半に書かなければならなかったというわけではなく、実例には一行半から十六行半まである。離縁状はほかに離別状《りべつじょう》、*去状《さりじょう》、暇状《いとまじょう》、隙状《ひまじょう》、手間状《てまじょう》、縁切状《えんきりじょう》とも呼び、離縁状の授受によって夫婦ともに再婚することができた。離縁状なくして再婚した場合、男は所払《ところばら》いの刑に処せられ、女は髪を剃《そ》り親元へ帰された。夫にも離婚の確証が必要で、ときに妻から受取書（離縁状返り一札）を受け取った。これは幕府法のことで、各藩もしくは地方によっては、仲人《なこうど》等の証人あるいは人別送《にんべつおく》りの交換によって離婚が周囲に承認され、離縁状の授受を必要としない地域もあった。離縁状の内容は、事書《ことがき》（標題）、本文、作成年月日、差出人・押印、名宛人からなっている。離縁状の文言は「其方事、我等勝手ニ付、此度離縁致し候、然ル上は何方え縁付候共、差構無之候、仍如件」のように、夫が妻を離婚するという離婚文言と以後だれと再婚してもさしつかえない旨の再婚許可文言とからなるのが普通である。離婚文言には抽象的な表現で離婚事由（理由）が記載されることが多い。代表的離婚事由とされる「勝手に付」は、夫が勝手気ままに妻を離婚できたと解釈されていたが、むしろ離婚に至ったのは夫の都合によったこと、いいかえれば妻の所為《せい》（責任）ではないことを夫から表明したものなのである。つまり離婚実態は夫専権離婚ではなく、夫婦（ときに両家）間の協議を伴う熟談《じゅくだん》離婚といえる。実例で最古の離縁状は元禄九年（一六九六）、最も新しいのは一九一七年（大正六）である。なお、婿入りのとき、婿の離縁権は義父（妻の父）にあったから、妻の父から差し出した離縁状は数点散見されるが、妻本人から差し出したものはない。また、武士の離婚は、正式には夫婦両家の当主から各別に「双方熟談の上」なされた旨の離縁届を要したが、庶民の場合同様、夫から妻へ離縁状を交付することもあった。

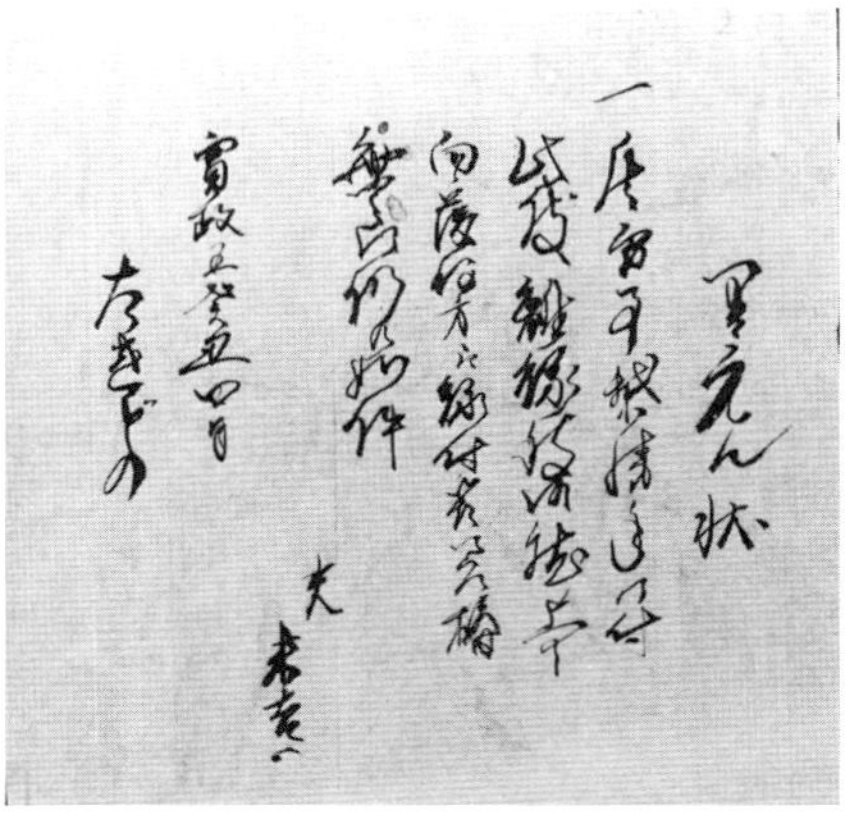
三下り半　離縁状（寛政５年４月）

参考文献　穂積重遠『離縁状と縁切寺』（法学叢書一）、一九四二、日本評論社。石井良助『江戸の離婚』（江戸時代漫筆七）、一九九一、明石書店。髙木侃『（増補）三くだり半—江戸の離婚と女性たち—』（平凡社ライブラリー）、一九九九、平凡社。同『泣いて笑って三くだり半—女と男の縁切り作法—』（江戸東京ライブラリー）、二〇〇一、教育出版。　（髙木　侃）

みこ　巫女　〔古代〕神懸《かみがか》りして神の意志を託宣《たくせん》する女性の呪術《じゅじゅつ》的宗教的職能者。古くは女性が神まつりをするといわれてきたが、『日本書紀』神功《じんぐう》皇后摂政前紀《せっしょうぜんき》に、神功皇后が神主になり、武内宿禰《たけうちのすくね》を琴弾《ことひ》き、中臣烏賊津使主《なかとみのいかつのおみ》を審神者《さにわ》にして神の託宣を得たとあるように、皇后の神懸りの場には二人の男性が一緒に神事を行なっていたことがわかる。このように男女がペアでまつりを実施するという例はほかにも少なくない。たとえば、*伊勢神宮の神職では禰宜《ねぎ》・内人《うちんど》が男性、*物忌《ものいみ》が女性という原則があった。また、山城国《やましろ》の賀茂社でも禰宜・祝《はふり》と斎祝子《さいいご》(*忌《い》子《ご》)という男女の神職がミアレ神事を行なっていた。「山《やま》城国《しろのくに》風土記《ふどき》」逸文《いつぶん》の賀茂社の由来伝承にタマヨリヒメと兄のタマヨリヒコが登場するが、その対《つい》の名称からも神をよりつかせる役割は本来、男女双方が担ったとみられよう。かかる男女ペアのまつりのあり方は、男女の自然的*性別分業に基づいて、男性は狩猟・漁労《ぎょろう》の収穫物、女性は農耕・採集の収穫物を神に供えて、共同体の豊穰《ほうじょう》を祈願することに由来するのであろう。したがって、古代天皇祭祀《さいし》を支える伊勢や賀茂の斎王《さいおう》は右の共同体の豊穰を祈った祖まつりのあり方から遠く隔《へだ》たった特殊な巫女《みこ》であったといえる。ところで、*律令制下では宮廷祭祀の世界で男女の神職の地位に差異が生じ、神祇官《じんぎかん》の四等《しとう》官は男性官人であり、男性神職の神部《かんべ》・卜部《うらべ》は職員令《しきいんりょう》に定員が定められて官人化されたのに対して、女性の*御巫《みかんなぎ》は官人体系に組み込まれることがなかった。一方、地方では各地の官社(式内社《しきないしゃ》)の神職は国家によって男女ペアの中から一人が祝部《はふりべ》として選出されて国家支配の末端に位置づけられるようになる。しかしながら、これによって地域社会の祭祀において女性の役割が消滅したわけでない。貞観《じょうがん》十年(八六八)六月二十八日太政官符《だじょうかんぷ》によれば、禰宜・祝が並置されるような諸国の神社では女禰宜が任命されている(『類聚三代格《るいじゅうさんだいきゃく》』)からである。

参考文献　岡田精司「宮廷巫女の実態」(女性史総合研究会編『日本女性史』一、一九八二、東京大学出版会)。大関邦男「律令制と神職」(林陸朗・鈴木靖民編『日本古代の国家と祭儀』一九九六、雄山閣出版)。義江明子『日本古代の祭祀と女性』(古代史研究選書)、一九九六、吉川弘文館。　(三宅　和朗)

〔中世〕神に仕えて神事や祈禱《きとう》、神楽《かぐら》などを行なった女性。神と人間の仲立ちをし、憑依《ひょうい》状態となって託宣《たくせん》を事とする、未開社会に広く見られた*シャーマンの系統に属する宗教者。「かんなぎ」「かみんこ(みかんこ)」、また地方によっては「いちこ」などとも呼ばれ、「御子」「神子」とも表記された。律令制下では神祇官《じんぎかん》に統轄《とうかつ》され、宮中神事や天皇護持に関わる呪術儀礼に奉仕したが、中世になると各地の神社に所属した巫女の活躍が目立つようになる。安芸厳島《あきいつくしま》神社の内侍《ないし》、出雲美保《いずもみほ》神社の市《いち》、常陸鹿島《ひたちかしま》神社の物忌《ものいみ》などがそれであり、また伊勢神宮《いせじんぐう》の*斎宮《さいぐう》や賀《か》茂《も》神社の*斎院《さいいん》なども、巫女の系譜を引く女性とされている。さまざまな存在形態と行動様式をとる者が現われたのも中世の特徴で、たとえば、祇園社《ぎおんしゃ》では本社の神楽所《かぐらしょ》神子座《みこざ》に属した巫女のほかに、御旅所《おたびしょ》や散所《さんじょ》に居住した者もおり、職務としては神楽(巫女舞《みこまい》)だけでなく、産児の命名や治病祈禱などにも携わっていた。このほか各地の巫女の中には踏歌神事《とうかしんじ》や歌占《うたうら》など種々の雑芸を行う者もおり、「*白拍子《しらびょうし》」を舞う*遊女との共通性も指摘できるが、それとともに、こうした神社の巫女には次第に託宣の能力が失われていく傾向にあった。その一方で、中世後期になると、神社の統轄から離れて諸国を遍歴する「歩き巫女」が多く活動するようになる。これは人々の求めに応じて先祖や死霊を呼び出して語ることを生業としたため、「口寄《くちよ》せ巫女」とも呼ばれており、神憑《かみがか》りして託宣を行なった本来の霊能者《れいのうしゃ》としての特性は、こうした巫女たちによって継承されていったとみることができるだろう。今日も青森県の恐山《おそれざん》などで活動している盲目の*イタコはその伝統を引くものである。なお、熊野を本拠にして諸国を遍歴した*熊野比丘尼《くまのびくに》をこうした歩き巫女の一形態とする見解もあるが、熊野比丘尼は少なくとも中世には袈裟《けさ》を着用し、尼形をとっていたことが知られるから、両者は区別すべきである。

参考文献　萩原龍夫『巫女と仏教史』、一九八三、吉川弘文館。中山太郎『(増補)日本巫女史』、一九八四、パルトス社。脇田晴子『女性芸能の源流』(角川選書)、二〇〇一、角川書店。黒田日出男『(増補)姿としぐさの中世史』(平凡社ライブラリー)、二〇〇二、平凡社。　(牛山　佳幸)

〔近世〕中世後期から江戸時代初期にかけて、京都の吉田神道の浸透で巫女は清浄なる祭祀《さいし》の場から不浄として排除されていき、神社に付属する巫女は神楽《かぐら》巫女が主体となってくる。しかも明和年間(一七六四―七二)ころには人寄せのため美女を雇い、神楽を舞わすことが流行し始めた。大田南畝《おおたなんぽ》は『街談録《がいだんろく》』でこれを批判的に記している。一方、梓弓《あずさゆみ》をつがえ東西に向けて弦弾きし、神の名を唱え吉凶《きっきょう》を判じたり、霊を招いてその意を伝えたりする梓《あずさ》巫女などの歩き巫女は、街や村を流し歩いていた。大坂天王寺村《てんのうじむら》には巫女の多く住む巫女町があり、紀州にも賤視《せんし》され同婚をしない巫村《みこむら》(散所村《さんじょむら》)が数ヵ村あった。京の北野等持院《とうじいん》付近、江戸の亀井戸村《かめいどむら》などにも巫女が集住していたという。信濃《しなの》の県《あがた》巫女、紀伊《きい》の田辺《たなべ》巫女も歩き巫女と同系統のものである。紀伊田辺の隠坊《おんぼう》の妻は梓巫女を業とする者が多かったし、上州高崎の神事舞太夫《しんじまいだゆう》の妻の多くも梓巫女であった。修験《しゅげん》と巫女の夫婦もある。

参考文献　渡辺広『未解放部落の史的研究』、一九六三、吉川弘文館。柳田国男「巫女考」(『柳田国男全集』二四、一九九九、筑摩書房)。　(牧田りゑ子)

みこざ　神子座　(一)中世において神社に付属する神子で構成された座、(二)村落の祭祀《さいし》に関わる女性を構成員とする座をいう。(一)京都祇園社《ぎおんしゃ》には「神楽所《かぐらどころ》神子座」の存在

巫女(『東北院職人歌合』より)

が確認できる。座は男女共同の組織で平等な臈次順《ろうじじゅん》構成で形成され、女性が神楽を舞い、男性が囃子《はやし》を行なったと思われる。しかし、中世末にはこの構成は崩れ男神子が主導権を握る。㈡畿内およびその周辺の自治村落・自治都市には、共同体の一定階層以上の男性を構成員とする*宮座《みやざ》があり、祭祀はこれら宮座構成員を中心に執り行われた。その祭祀には副次的な役割ながら、構成員の「女《むすめ》」や妻が携わる「神子座」や「女房座」が存在した。京都府乙訓郡大山崎《おとくにぐんおおやまざき》の地主神《じしゅしん》である天神八王子社《てんじんはちおうじしゃ》の祭礼記録『童使出銭日記《どうししゅつせんにっき》』には、大永《だいえい》年間(一五二一―二八)に宮座構成員の「女」が神子として祭祀に参加していたこと、神子座が形成されていたことが記されている。この座は中世の前期的な形態が戦国時代まで続いていたものと考えられるが、現在では残っていない。

参考文献 加藤美恵子「「女」の座から女房座へ―中世村落と母性―」(脇田晴子編『母性を問う』上、一九八五、人文書院)。脇田晴子「中世祇園会の「神子」について」(『京都市歴史資料館紀要』一〇)、一九九二。 (加藤美恵子)

みこんのはは 未婚の母 ⇨シングル＝マザー

みさわはつこ 三沢初子 一六三九―八六 江戸時代前期の仙台藩主伊達綱宗《だてつなむね》の妻。鳥取藩士三沢清長《きよなが》の娘。清長の妹紀伊《きい》は江戸城*大奥の振姫《ふりひめ》(家康の孫)に仕え、振姫が伊達忠宗《ただむね》の妻となると、初子を伴い仙台に来た。初子は世嗣綱宗《せいしつなむね》と結婚、万治《まんじ》二年(一六五九)亀千代《かめちよ》を生む。綱宗は不行跡《ふぎょうせき》の廉《かど》で*隠居、亀千代《かめちよ》が襲封《しゅうほう》、その後見人伊達宗勝《むねかつ》は家老原田甲斐《はらだかい》と組んで亀千代の毒殺を謀《はか》る。寛文十一年(一六七一)幕府により宗勝は流罪、甲斐は死罪となった。その後初子は綱宗との間に二男一女を儲《もう》けた。 (浅野美和子)

みずくみ 水汲み 井戸や川から水を汲むこと。中世の絵巻物にも水汲みの光景がしばしば描かれ、最も基本的な労働であった。水汲み自体は男女ともに行うが、井戸の近くでは*洗濯《せんたく》が行われ、洗濯は女性の仕事であり、同時に水汲み労働も伴っていた。井戸から水が入った釣瓶《つるべ》を縄でたぐりよせ、曲物《まげもの》桶に水を入れる作業で重労働であった。また、炊事に使う水は台所まで運ぶ必要があった。『扇面古写経《せんめんこしゃきょう》』には女性が子供を手を引いて、水が入った曲物を頭上に頂いて運ぶ姿が描かれている。こうした頭上運搬は女性が行う運搬方法として日本のみでなく、世界各地の民俗に見られる。

参考文献 渋沢敬三・神奈川大学日本常民文化研究所編『(新版)絵巻物による日本常民生活絵引』、一九八四、平凡社。 (盛本 昌広)

ミズ＝クレヨンハウス ミズ＝クレヨンハウス 作家落合恵子《おちあいけいこ》が主宰《しゅさい》している女性の本の専門店。文化放送のディスクジョッキーとして人気を博していた落合恵子は、著書『スプーン一杯の幸せ』の印税を投じて、一九七六年(昭和五十一)東京表参道に子どもの本の専門店「クレヨンハウス」を開店した(一九八六年北青山に地下一階地上三階の店舗ビルが完成)。「女・子ども」の声を社会に向けてあげていく必要性を感じていた落合は、同書店を女性のためのスペースとしても機能させることも意図していた。女性の本のコーナーが、子どもの本のコーナーから独立し店舗の三階にオープンしたのは、一九八六年三月八日国際女性デーの日であった。これがミズ＝クレヨンハウスである。当時は、大学などで女性学や女性問題の講座が設けられたり、地方自治体に女性会館などが作られたりする動きが進みつつあったが、まだ女性の本のコーナーや専門書店などがごく少ないなかで、先駆《せんく》的な試みであった。

参考文献 落合恵子『クレヨンハウス物語』(ちくま文庫)、一九九七、筑摩書房。 (加藤千香子)

みずこくよう 水子供養 〔近世〕水子《みずこ》という言葉が、おもに流産や*堕胎《だたい》した胎児を意味するようになったのは比較的新しい。古代から「みどりご」や「うぶこ」と同じように、生まれて間のない子という意味でこの言葉が使われており(『*今昔物語集』二六では若子《みずこ》と表記)、生後一年くらいまで乳児の生命がきわめて不安定な状態にあるという観念と結びついていた。天保期の『高関堂日記《たかせきどうにっき》』では、生後一日の亡児に水子だからと河原で簡易な葬礼を営んでおり、そこには乳児死亡という不幸を忌《い》み清める心理はみられるが、水子が祟《たた》るという観念はない。一方、元禄時代、西鶴《さいかく》文学には『好色一代女《こうしょくいちだいおんな》』の主人公が九十数体の水子霊に悩まされる様子が描かれ、将軍徳川綱吉の母*桂昌院《けいしょういん》の篤《あつ》い帰依《きえ》を受けた祐天上人《ゆうてんしょうにん》は、水子霊の浄化が得意だったとされる(『祐天大僧正利益記《ゆうてんだいそうじょうりやくき》』、一八〇八年)。さらに近世後期、浄土宗と組んで*嬰児《えいじ》殺しの防止に努めた松平定信は、両国回向院《えこういん》に水子供養塔を建立した。水子が祟るという観念と堕胎の罪障《ざいしょう》感は、殺生《せっしょう》の罪の規範化とともに強化された。

参考文献 千葉徳爾・大津忠男『間引きと水子―子育てのフォークロアー』、一九八三、農山漁村文化協会。ウィリアム・R・ラフルーア『水子―〈中絶〉をめぐる日本文化の底流』(森下直貴他訳)、二〇〇六、青木書店。 (太田 素子)

〔近現代〕「水子」とは本来、出生間もない赤子を指し、現在のように中絶胎児《たいじ》のみを意味する語ではなかった。堕胎《だたい》を繰り返すとたたりがあるという話は井原西鶴《いはらさいかく》『好色一代女』など江戸時代にも散見されるが、水子供養という形で定着したのは一九七〇年代以降で、*女性週刊誌などによって水子供養ブームが作られた。背景には*優生保護法成立以後、大量の*中絶経験者が存在するようになったことがあり、その人々の家庭や健康上の悩みは中絶した子の供養をしていないことに原因があるとする言説が生まれた。仏教では教義上水子霊の存在やたたりを認めていなかったが、多くの寺が新しいニーズに応じて水子供養に参入し、地蔵や卒塔婆《そとば》を奉納するスタイルが定着した。一九八〇年代末ごろまでは脅迫《きょうはく》まがいの宣伝が目立ったため、女性の不安や弱みにつけ込む悪徳商法と批判されることが多かったが、中絶女性にとってはセラピー効果があると評価する見方もある。

参考文献 森栗茂一『不思議谷の子供たち』、一九九五、新人物往来社。高橋三郎編『水子供養—現代社会の不安と癒し—』、一九九九、行路社。ウィリアム・R・ラフルーア『水子—〈中絶〉をめぐる日本文化の底流—』(森下直貴他訳)、二〇〇六、青木書店。 (荻野 美穂)

〔民俗〕「水子」とは生まれたばかりの赤子を指したが、一九七〇年(昭和四十五)以降は、死産・流産・中絶などによって生命を失った胎児《たいじ》や新生児を指すようになった。水子供養とは水子地蔵《みずこじぞう》を建立したり*絵馬や風車を奉納して水子の霊をまつることをいう。一九三五年に恩賜《おんし》財団母子愛育会《あいいくかい》に寄せられた明治中期ころまでの産育習俗の報告では、死亡した胎児や乳幼児の処理の方法は地域差がある。しかし、多くは大人とは違う簡便な葬法が施され、正式な死者供養の対象とはされていない。千葉徳爾《ちばとくじ》によれば、前近代の日本の社会では乳幼児の霊魂《れいこん》はすぐに生まれ変わってくるものとされ、*間引《まび》きは近代人の考えるような「罪悪」とは捉えられていなかったという。このような生命観のもとでは「水子供養」という発想は生まれてこないといえる。水子供養は一九七〇年代に生まれた新たな習俗である。一九七〇年代に一九四八年に公布された「優生《ゆうせい》保護法」の見直しが国会で審議された。その際に議論されたのは、中絶の要件から「経済的理由」を外すというものであった。審議未了で廃案となったが、一九七〇年代から八〇年代にかけて中絶を罪悪とするイデオロギーのもとに「水子の祟《たた》り」が宗教団体や民間宗教者、週刊誌などによって喧伝《けんでん》された。一九七一年には水子供養専門の寺、紫雲山地蔵寺《しうんざんじぞうじ》が埼玉県秩父《ちちぶ》市に開かれた。既存寺院でも新たに水子地蔵を建立する動きが盛んになった。しかし浄土真宗《じょうどしんしゅう》や曹洞宗《そうとうしゅう》の関係者からは水子供養は女性にのみ罪悪感を負わせるものという批判があがっている。水子供養は、妊娠中絶や流産をした若い世代だけではなく、過去に中絶・流産・死産を経験した中高年の女性をも巻き込んで広がった。近年では、インターネットによる水子供養の受付が一部寺院で行なわれている。また、盆の施餓鬼《せがき》供養の際に「水子」を「無縁《むえん》仏《ぼとけ》」として扱うなど、伝統的な習俗の中に埋め込む動きも見られる。

参考文献 母子愛育会編『日本産育習俗資料集成』、一九七五、第一法規出版。千葉徳爾・大津忠男『間引きと水子』(人間選書)、一九八三、農山漁村文化協会。森栗茂一『不思議谷の子供たち』、一九九五、新人物往来社。 (山田 厳子)

みずたにやえこ 水谷八重子 一九〇五—七九 大正・昭和時代の俳優。一九〇五年(明治三十八)八月一日東京生まれ。義兄水谷竹紫《ちくし》の勧めで一九一三年(大正二)芸術座の舞台を踏み水谷八重子を名乗る。草創期《そうそうき》の新劇・映画を振り出しに、戦後も幅広いジャンルに出演して、一九七九年(昭和五十四)十月一日に亡くなるまでの七十四年の生涯の六十六年を俳優として生き、六十年間主役を演じた。その一生は日本の近代芸能・近代演劇の歩みと重なる。特に花柳章太郎《はなやぎしょうたろう》没後の新派で女形《おやま》芸の伝統を守りつつ女である自分の芸を再生したのは特筆に価する。著書に『女優一代』(一九六六年、読売新聞社)がある。 (江刺 昭子)

みずちゃや 水茶屋 江戸の神社仏閣の門前にあった茶菓子を提供する店。近世、街道の宿場で昼食や茶菓子を提供する場所を茶屋といい、鎌倉時代から存在した。茶屋の種類はさまざまで、*遊廓《ゆうかく》の茶屋・引手《ひきて》茶屋・かげま茶屋・出会茶屋などがあった。これらに対して神社や仏閣の門前や広小路《ひろこうじ》などの繁華な場所で、お茶や菓子などを提供する茶屋を水茶屋と呼んだ。水茶屋では接待する女性を置いたが、その女性を目当てに客が集まり繁昌《はんじょう》した。笠森稲荷《かさもりいなり》のお仙《せん》などはその代表で、お仙は*浮世絵に描かれ、人気を博した。そのほか、江戸浅草奥山の水茶屋も有名であった。

参考文献 『江戸名所図会』(角川文庫)。 (中村 文)

みずのせんこ 水野仙子 一八八八—一九一九 明治・大正時代の小説家。福島県生まれ。本名服部《はっとり》テイ。『*女子文壇《じょしぶんだん》』等の投稿家として頭角《とうかく》を現わす。一九〇九年(明治四十二)、田山花袋《たやまかたい》に師事、「四十余日」等自然主義的手法による創作活動を展開した。一一年に川浪《かわなみ》道三と結婚後は、一体化を希求しつつも実現し得ない夫婦間の相剋を描いた「神楽坂《かぐらざか》の半襟《はんえり》」「脱殼《ぬけがら》」等を発表。一九一六年(大正五)に肋膜炎《ろくまくえん》を発病した後は、死と生を見つめ人間への愛着と深い洞察《どうさつ》に満ちた佳作《かさく》を残した。作品は『水野仙子集(復刻版)』(叢書『青鞜』の女たち一〇、一九八六年、不二出版)に収められている。

参考文献 武田房子『水野仙子—理智の母親なる私の心—』、一九九五、ドメス出版。 (坂井 博美)

みすみすずこ 三角錫子 一八七二—一九二一 明治・大正時代の教育者。県庁に勤め測量家でもあった三角風蔵の子として金沢に生まれる。一八九二年(明治二十五)の東京女子高等師範卒業後、札幌女子小学校や東京高等女学校などで教職に就くが健康を害し、鎌倉で十年間療養生活を送る。この間の一九一〇年、逗子《ずし》開成中学学生の溺死《できし》事件に遭遇、歌い継がれることになる鎮魂歌《ちんこんか》「七里ヶ浜の哀歌(真白き富士の嶺《ね》)」を作詞する。一九一六年(大正五)渋谷に常盤松《ときわまつ》女学校を創立。夜間部を設け、*女子教育の進展に寄与した。著書に『婦人生活の創造』(一九二一年、実業之日本社)がある。

参考文献 村上尋『真白き富士の嶺—三角錫子の生涯—』、一九九二、ドメス出版。 (内藤 寿子)

みせじょろう 見世女郎 公認の*遊女が格子のある店頭に並び遊客待ちをすること。見世は店の意で、商品を並べ客を待つことからいう。見世女郎には等級があり、太《た》夫見世《ゆうみせ》・格子見世《こうしみせ》・局見世《つぼねみせ》・切見世《きりみせ》などと呼称された。『異本洞房語園《いほんどうぼうごえん》』には、遊客が、「遊女町を往来し、出格《でごう》子籬《しまがき》をのぞき、傾城《けいせい》共を見物する」とあり、上は*太夫から下級*女郎に至るまで、見世の間、あるいは道路で遊客を招きいれたのである。

参考文献　庄司勝富『異本洞房語園』(日本随筆大成三ノ二)。西山松之助編『遊女(新装版)』(日本史小百科)、一九九四、東京堂出版。　(宇佐美ミサ子)

みぞうえやすこ　溝上泰子　一九〇三—九〇　昭和時代の哲学者、教育者。広島県生まれ。三原女子師範学校、奈良女子高等師範学校卒業。木下竹次《きのしたたけじ》の自由主義教育の影響を受け、母校で教員になった時も*家庭科を*男女平等の視点から実践した。一九三四年(昭和九)「世界における女性の地位」という課題を携《たずさ》えて東京文理科大学教育学科に入学し、篠原助市《しのはらすけいち》らに師事。研究成果は、『国家的母性の構造』(一九四五年七月)として出版された。これは「男性性」「女性性」そして「家族」の意味を哲学的に追究した先駆《せんく》的な著作だが、家族共同体の女性の役割を国家目的との関連で賞賛したため侵略戦争肯定の書になってしまった。敗戦、離婚と公私の変動を体験する中で仏教学者久松真一《ひさまつしんいち》と出会い、京都大学大学院に籍を置く。一九五一年島根大学教授に招聘され、県下の農村を訪ね歩き、「家」に埋没《まいぼつ》しない生活者としての女たちの営みに注目する。一九五八年刊行の『日本の底辺』は、彼女らの生活者の思想と可能性を探ったもの。著作は『人類生活者・溝上泰子著作集』全十五巻(一九八六—八九年)にまとめられている。　(三宅　義子)

みそかおとこ　密男　既婚女性が夫以外の男性と性的関係を持つこと。または、*密通した男性・人妻のもとに通う男性を指す。『*今昔物語集《こんじゃくものがたりしゅう》』には、同義語として「密《みそか》夫《おとこ》」や「間男《まおとこ》」の記載がみられる。古代における男女の婚外交渉は、比較的自由であった。しかし、平安時代中期になると、*家長(夫や父親)を中心とする*家父長制《かふちょうせい》家族が成立。人妻と性的関係を持つ密男の存在は、次第に夫婦関係にも重大な影響を及ぼすようになる。説話集『*宇治拾遺物語《うじしゅういものがたり》』の中に「その密男、今宵《こよい》なん逢はんと構ふると告ぐる人ありければ、来んを構へて殺さんと思ひて」と、妻に男がいると聞かされた夫は、密男が来るところを待ち構えて殺そうと企む記述がみられる。こうした『宇治拾遺物語』が成立する十二世紀には、夫による姦夫《かんぷ》(密男)の刺殺行為が慣習化し、社会的に容認されていく。やがて、この刺殺行為は*妻敵《めがたき》討ちと称して、戦国家法・江戸幕府法に継承、夫に対する性的従属がより強固なものとなっていった　→密懐《みっかい》・密懐法《みっかいほう》

参考文献　服藤早苗『平安朝の女と男—貴族と庶民の性と愛—』(中公新書)、一九九五、中央公論社。星野志津子「中世前期における密懐の再検討—『今昔物語』を中心として—」(総合女性史研究会編『日本女性史論集』九、一九九八、吉川弘文館)。西村汎子『古代・中世の家族と女性』、二〇〇二、吉川弘文館。　(大島志津子)

みそらひばり　美空ひばり　一九三七—八九　昭和時代の戦後日本を代表する歌手。一九三七年(昭和十二)五月二十九日、横浜市に生まれる。本名加藤和枝《かとうかずえ》。敗戦直後の一九四六年三月、父の作った青空楽団の豆歌手として地元の劇場で歌ったのが初舞台。歌唱力はあるが大人の歌のものまねをする「ゲテモノ」という非難をはねのけ持ち歌をレコードに吹き込み、一九四九年に「悲しき口笛」が大ヒット。映画に歌に引っ張りだこになり、たちまち全国区のアイドルになる。小林旭《こばやしあきら》との結婚生活は短期間で破綻《はたん》したが、「哀愁波止場《あいしゅうはとば》」「柔《やわら》」「川の流れのように」など、戦後復興期から高度成長期を生きた人びとの喜びと悲しみに寄り添い、励まして、歌謡界の女王の名をほしいままにした。一九七四年の広島平和音楽祭では反戦歌「一本の鉛筆」も歌っている。大病のあとの復活公演も語り草になった。著書は『川の流れのように』、『ひばり自伝—わたしと影—』(一九七一年、草思社)ほか。一九八九年(平成元)六月二十四日、歌い尽きて逝く。死後、国民栄誉賞受賞。

参考文献　竹中労『(完本)美空ひばり』(ちくま文庫)、二〇〇五、筑摩書房。　(江刺　昭子)

みだいどころ　御台所　太政大臣《だじょうだいじん》・左右大臣・将軍などの妻をいう。「御台盤所《みだいばんどころ》」の略。台は食事を調理し膳(台盤)を調え供給し、ないしはその場を所管することである(『*貞丈雑記《ていじょうざつき》』)。これが妻の仕事とされるという家中での夫婦の性的分業にもとづくことから発生した。幕府将軍の妻のみでなく、鎌倉公方《かまくらくぼう》や古河《こが》公方の妻、足利晴氏《はるうじ》妻(芳春院《ほうしゅんいん》)、義氏《よしうじ》妻(浄光院《じょうこういん》)も御台所と称されている。　(峰岸　純夫)

みたつねこ　三田庸子　一九〇四—八九　大正・昭和時代の社会事業家。日本初の女性刑務所長。横浜の裁判官の子。*日本女子大学家政学部卒。女子大のキリスト教主義暁星寮《ぎょうせいりょう》出身のキリスト者。東京市児童保護課勤務後、聖公会《せいこうかい》孤児院、香蘭《こうらん》女学校舎監を務める。一九四七年(昭和二十二)和歌山女子刑務所所長となる。犯罪を社会の罪と捉え、女囚《じょしゅう》の情操・職業教育を重視し、女囚の立場に立った処遇改善に努力した。著書に『女囚とともに—伝記・三田庸子—』(伝記叢書、一九九〇年、大空社)ほか。

参考文献　太田由加里『女囚とともに—伝記・三田庸子—』解説(伝記叢書)、一九九〇、大空社。影山礼子「社会事業学部の創設—卒業生の社会福祉への取り組み：三田庸子(女性刑務所長)—」(『成瀬仁蔵の教育思想』一九九四、風間書房)。　(影山　礼子)

みだれがみ　みだれ髪　*与謝野晶子《よさのあきこ》の代表的歌集。一九〇一年(明治三十四)、東京新詩社。署名、鳳《ほう》晶子。表紙・挿画藤島武二《ふじしまたけじ》。総歌数三百九十九首。臙脂紫《えんじむらさき》・蓮《はす》の花船《はなぶね》・白百合《しらゆり》・はたち妻・舞姫・春思《しゅんし》の六章から成る。新詩社主宰《しゅさい》で夫となる与謝野鉄幹《てっかん》との情熱的な*恋愛体験に裏打ちされた歌の数々は、少女の矜持《きょうじ》や自我の目覚め、官能

の覚醒《かくせい》などを大胆に表現し、それ以前の伝統的な*和歌はもちろん、以後の近代短歌のなかでも突出する女歌となった。歌集発表時には毀誉褒貶《きよほうへん》があったが、鉄幹と詩誌『明星《みょうじょう》』を母胎として活躍をつづけ、近代女性歌人の第一人者となる。テキストは『女性作家集』(中山和子他校注、新日本古典文学大系明治編二三、二〇〇二年、岩波書店)。

参考文献 佐藤亮雄編著『みだれ髪攷』、一九九六、修道社。江種満子「『みだれ髪』—女性の身体表象とジェンダー—」(『わたしの身体、わたしの言葉—ジェンダーで読む日本近代文学—』二〇〇四、翰林書房)。 (関 礼子)

みちつなのははのしゅう　道綱母集　右大将藤原道綱の母の歌集。一巻、五十首を収録する。現存の『*蜻蛉日記《かげろうにっき》』写本の巻末に附録《ふろく》として伝わるほか、宮内庁書陵部所蔵《くないちょうしょりょうぶしょぞう》桂宮本《かつらのみやぼん》に『傅大納言殿母上集《ふのだいなごんどののははうえのしゅう》』(甲本)と『道綱母集』(乙本)の二本が独立の歌集として残り、三者のいずれが原型に近いかは説の分かれるところである。成立については、道綱を「傅《ふ》の殿」と呼ぶことから、道綱が東宮傅《とうぐうのかみ》となった寛弘《かんこう》四年(一〇〇七)七月から同八年六月までと考えられる。編者は未詳だが、作者ゆかりの人物、歌人の兄長能《ながよし》を充《あ》てる説が有力。藤原兼家《かねいえ》との贈答歌のほか、兼家・道綱の代作歌、藤原倫寧《ともやす》・尚侍登子《ないしのかみとうし》・姉婿《あねむこ》藤原為雅《ためまさ》との贈答歌、寛和二年(九八六)の*内裏歌合《だいりうたあわせ》・正暦《しょうりゃく》四年(九九三)の東宮歌合の歌など、『蜻蛉日記』に収録されていない作品がまとめられている。『蜻蛉日記』が作者の私的生活に終始するのに対して、この歌集は作者の公的な交際関係、作歌活動を知る材料となる。テキストは『蜻蛉日記』(新潮日本古典集成、一九八二年、新潮社)。

参考文献 上村悦子『蜻蛉日記の研究』、一九七二、明治書院。 (梅村 恵子)

みついじゅさん　三井寿讃　一六三六—九六　江戸時代前期の商家越後屋《えちごや》三井家の初代高利《たかとし》の妻。名はかね。伊勢松阪出身で江戸に本両替《ほんりょうがえ》の店を持つ中川《なかがわ》氏の娘。江戸で生まれ、十三歳で上方へ上り、十五歳の時に高利と結婚した。当時高利は長兄俊次《としつぐ》に疎《うと》まれ、江戸店を持つことを諦《あきら》め、老母の面倒をみるため伊勢松阪へ帰っていた。高利との間に十男五女を生む。長男高平《たかひら》の著わした『家伝記《かでんき》』や三男高治《たかはる》の『商売記《しょうばいき》』によれば、「千人に勝《すぐ》れはけしきしうとめ」の殊法《しゅほう》、「元来こまか成人」である夫高利に仕え、*家事に励み、夜明け前に早立ちする奉公人を起こし食事をさせて送り出す、訪れて来た奉公人の*親族に一人残らず会う、主人の機嫌を損ねた奉公人に代わって詫びてやるなど、夫を陰から助けることにより家業に貢献したとされる。彼女の行動は豪商三井家の繁栄に大きく寄与したと子孫に評価され、商家主婦の理想像として息子たちによって描かれている。

参考文献 『三井事業史』資料編一、一九七三、三井文庫。林玲子「町家女性の存在形態」(女性史総合研究会編『日本女性史』三、一九八二、東京大学出版会)。 (牧田りゑ子)

みついしゅほう　三井殊法　一五九〇—一六七六　江戸時代前期の豪商三井家の創始者高利《たかとし》の母。伊勢国《いせのくに》飯高郡丹生村(三重県多気郡多気町)の商家永井《ながい》氏の出で、同国松阪に定着した武家出身の三井高俊のもとに十三歳で嫁し、四男四女をもうける。高俊は家業として質屋および酒・味噌商売を営むが、みずからは連歌《れんが》・俳諧《はいかい》・遊芸などにふけり、商売にあまり関心を示さなかったため、殊法が家業の中心となった。四人の男子のうち他家の養子となった次男を除く三人を少年期から江戸に下して自立させた。老年に及び、三男重俊《しげとし》、その没後四男高利《たかとし》が伊勢へ帰るが、高利の帰郷は殊法の望みというより、弟の商才を恐れた長兄の意志が働いていたという。高利の三男高治《たかはる》が著わした『商売記《しょうばいき》』に「三井家商《あきない》の元祖は此珠宝也」とあるように、三井家の事業を実質的に始めた人といえる。商人の妻としてではなく、商人そのものの亀鑑《きかん》として孫の高治は殊法の創業期における活躍をたたえている。

参考文献 『三井事業史』資料編一、一九七三、三井文庫。林玲子「町家女性の存在形態」(女性史総合研究会編『日本女性史』三、一九八二、東京大学出版会)。 (牧田りゑ子)

みついぞうせんじけん　三井造船事件　⇨出産退職制《しゅっさんたいしょくせい》

みついれいこ　三井礼子　一九〇五—八九　昭和時代の*女性史研究家。東京都出身。財閥の三井北家、三井八郎衛門高棟《みついはちろうえもんたかみね》の四女。女子学習院高等科卒。結婚、海外生活ののち一九三六年(昭和十一)*加藤シヅエ・*長谷川時雨《はせがわしぐれ》と「世界女性史エンサイクロペディア」の企画に参加、これを契機に女性史に関心を持ち、古代史研究者で母系制の研究でも知られていた渡部義通《わたなべよしみち》の指導を受ける。戦時下は渡部や石母田正《いしもだしょう》らマルクス主義歴史家の研究を支援した。戦後この人々の設立した民主主義科学者協会にいち早く参加し、その歴史部会の中に婦人問題研究会を設け、ひろく歴史学・経済学・法学などを学ぶ女性を組織して女性史と女性労働問題の共同研究の道を拓く。三井が中心となって編纂《へんさん》した書に『近代日本の女性』や『*現代婦人運動史年表』などがある。戦後夫と離婚し渡部義通と共同生活をするなど、家の重圧に抗して女性史研究への信念を貫いた。

参考文献 「対談私の歴史研究—揺籃期の女性史研究—」(『歴史評論』四四三)、一九八七。三井礼子「女性史研究会の二〇年」(総合女性史研究会編『日本女性史論集』一、一九九七、吉川弘文館)。三井文庫編『三井家文化人名録』、二〇〇三、三井文庫。 (永原 和子)

みっかい　密会　男女がひそかに会うこと。「あいびき」のこと。『*好色一代男』によれば、「ひそかに会う」ことでは、もっともふさわしい密会の場所は茶屋であるという。「出会う」ということで*出合茶屋《であいちゃや》・出合宿《であいやど》などとも通称された。江戸時代における密会の典型的な例として有名なのは、正徳《しょうとく》四年(一七一四)に起きた*大奥の*女中筆頭である*絵島《えじま》と、*歌舞伎役者の生島新五郎《いくしましんごろう》の事件がある。二人は、御法度《ごはっと》を犯したことで流罪になっている。密会の場所は、江戸の場合、上野・湯島界隈《ゆしまかいわい》・不忍池《しのばずのいけ》あたりが多い。*密通した男女は見つかれば重罪を科せられた。寛保《かんぽ》二年(一七四二)『*公事方御定書《くじかたおさだめがき》』によれば、密通の男女は死罪か流罪のいずれかである。しかし、密会は男女の自由恋愛・性愛の場としてむしろ人間的に生きた証を示す場でもある。『誹風末摘花』の池の茶屋の密会の情景は、人間らしい自由な男女の笑顔が描写されている。

参考文献 総合女性史研究会編『日本女性の歴史―性・愛・家族―』(角川選書)、一九九二、角川書店。

（宇佐美ミサ子）

みっかい・みっかいほう 密懐・密懐法 中世において密懐は主に既婚女性と性的関係をもつことをさし、密懐法はそれによって生じたトラブルを解決するために制定された法である。密懐は「びっかい」とも読む。列島にはじめて誕生した武家政権の鎌倉幕府《かまくらばくふ》によって制定され、やがて重罰化して戦国時代の*分国法《ぶんこくほう》へと継承されていく。まず法成立以前の社会や成立要因をみよう。平安時代後期や鎌倉時代に作られたいくつかの説話集《せつわしゅう》には、人妻と性的関係を持つ男が間男《まおとこ》や*密男《みそかおとこ》と称されて登場するようになる。そこでは夫は、それら間男に対して殺害を含む制裁権を発動していた。だがこうした制裁権は一方的なものではなく、妻もまた夫との性関係を持つ女性になんらかの実力行使をして報復をした。これを「うわなりうち」(*後妻打)という。平安時代後期ごろには、このように互いの性的関係を侵害する第三者にそれぞれが反撃するという社会的慣行が成立していたのである。すなわち、それまでにはなかった、かなり強い一夫一婦的男女の結びつきが成立していたということになろう。だが鎌倉時代になると、幕府によって夫の制裁発動に対してのみ法が制定される。男の権利のみが法的に整備されるに至るのである。『*御成敗式目《ごせいばいしきもく》』第三十四条がそれで、密懐の男女はともに所領没収《しょりょうぼっしゅう》もしくは流罪《るざい》と定めた。同法については、説話集などからうかがえる姦夫《かんぷ》殺害という社会慣行からあまりにかけ離れていて、現実味がないと指摘する見解もあるが、同法はあくまで幕府法廷に訴えてきた場合の解決法であり、間男と関係を持った妻についてほとんど問題としない慣行にくらべて、女性もまた同罪として処罰される点が一大特色として重視されねばならない。戦国大名によって制定された分国法では、密懐の男女はともに死罪とする厳しい処罰になってくる。そうした分国法は、戦国前夜の文明年間(一四六九―八七)に室町幕府《むろまちばくふ》のお膝下《ひざもと》の京都でおきた、一つの*妻敵討《めがたきうち》事件を契機に生まれた。妻との密懐を聞きつけた夫による白昼《はくちゅう》路上での間男殺害が、有力大名を巻き込んだ天下を揺るがす大事件となってしまったからだ。殺人罪か、妻敵討か、その適用をめぐって悩んだ末に室町幕府の下した判決は、妻をも殺害するというものだった。妻も殺すとする法理はたしかにきわめて残酷だが、寝所《しんじょ》=現場以外に持ち出された密懐事件の場合、妻も同罪とみる基本方針は、すでに鎌倉幕府法に芽生えていたことに注意しなければならない。

参考文献 勝俣鎮夫「中世武家密懐法の展開」(『戦国法成立史論』一九七九、東京大学出版会)。星野志津子「中世前期における密懐の再検討―『今昔物語』を中心として―」(『総合女性史研究』七)、一九九〇。辻本裕成「密通と権力関係―ノート―」(『国文学研究資料館紀要』二三)、一九九七。辻垣晃一「鎌倉時代における密懐」(上横手雅敬編『中世公武権力の構造と展開』二〇〇一、吉川弘文館)。

（黒田　弘子）

ミッション=スクール ミッション=スクール ⇩キリスト教女子教育《きょうじょしきょういく》

ミッチーブーム ミッチーブーム 一九五八年(昭和三十三)、当時の皇太子明仁《あきひと》と正田美智子《しょうだみちこ》との婚約が発表され、巻き起ったブーム。はじめて「平民」出身の女性が選ばれ、マスコミは*女性週刊誌を中心にテニスコートの恋と喧伝。人々は美智子妃の美しさに魅了され、婚約会見での「ご清潔で」「ご誠実で」は流行語となり、皇室はより身近な存在として受け止められた。一九五九年四月十日の結婚パレードはテレビ中継され千五百万人が視聴したという。以後、皇室報道が一般化する。

参考文献 加納実紀代『天皇制とジェンダー』、二〇〇二、インパクト出版会。原武史・吉田裕編『(岩波)天皇・皇室辞典』、二〇〇五、岩波書店。

（金子　幸子）

みっつう 密通 近世社会において、妻が、夫以外の男性と性関係をもつこと。社会通念としては、おおむね、そのように理解されていたが、『*公事方御定書《くじかたおさだめがき》』第四十八条「密通仕置之事《しおきのこと》」によれば、「密通」概念は、はるかに広い内容を含んでいる。第一は、姉妹伯母姪との「密通」、夫のいない女との「密通」、下男下女の「密通」といった例もみられることから、法制上は、正式に結婚していない、いわば「婚姻外の性関係」全体を指していたと考えられることである。第二は、たびたび「艶書《えんしょ》」を取り交わしただけで*密会はしなかった妻が「中追放」と定められており、現実には性関係がない場合でも密通と見なされて刑罰が科されたということである。『公事方御定書』では、密通の妻と相手(密夫《みっぷ》)は死罪、また紛れなく密通であることが立証されれば、本来の夫(本夫)が、妻と密夫を殺害しても無罪と定められており、結婚している妻の密通が最も重く罰せられることになっていた。これに対して、姉妹伯母姪との密通は「男女共遠国非人手下」、下男下女の密通は「主人へ引渡」、夫のいない女との密通は、女を誘い出した場合に限って男は「手鎖」などと定められており、相対的には軽く扱われた。以上は、『公事方御定書』に規定された密通仕置であり、夫側が訴えた場合に限って、このように裁かれるということである。現実には、密通の男女が死罪になることを不憫《ふびん》に思い、本夫が妻を離縁して済ます、*親族が詫《わ》びたり賠償的な金を払ったりして内々に済ますということも多く、農村では、近隣の者たちが、密通の男女を一緒にしてやるよう、本夫を説き伏せる場合さえあった。また『*好色五人女』など、文学に描かれる密通も、一般的には「非なるもの」として記述されるが、全体を通じて厳しい断罪の基調に貫かれているわけではない。その意味で、密通に対する公権力の法と庶民の規範意識・心情との間には、大きな乖離《かいり》があったとみられる。

参考文献　山中至「幕藩体制における密通仕置の研究」(『九大法学』四〇・四三)、一九八〇・八二。妻鹿淳子「岡山藩の不義密通について」(『岡山地方史研究』六五)、一九九一。　(曾根ひろみ)

みどうかんぱくき　御堂関白記　藤原道長の日記。はじめは『法成寺摂政記《ほうじょうじせっしょうき》』『法成寺入道《にゅうどう》左大臣記』『御堂御記《ぎょき》』『入道殿御日記』『御堂御暦《ぎょりゃく》』などとも呼ばれたが、江戸時代の新写本に用いられた『御堂関白記』の称が広く流布した。ただし道長は関白にはなっていない。長徳《ちょうとく》四年(九九八)から治安《じあん》元年(一〇二一)に至る道長三十三歳より五十六歳までの記事を収める。自筆本は、元は具注暦《ぐちゅうれき》に記した半年分一巻のものが三十六巻あった。藤原師実《もろざね》(または忠実《ただざね》)の時に、一年分一巻からなる古写本十六巻が写されたが、現在では自筆本十四巻・古写本十二巻が陽明文庫《ようめいぶんこ》に所蔵されているほか、転写本・『御堂御記抄』もある。*摂関政治全盛期をリードした道長による政治・社会・文化に関する簡明な記述が残されている。『大日本古記録』(岩波書店)のほか、『陽明叢書』(思文閣出版)が刊行されている。

参考文献　『御堂関白記』下解題(大日本古記録)。『御堂関白記』五解説(陽明叢書)。　(倉本一宏)

ミトノマグハヒ　ミトノマグハヒ　男女の交合、結婚を意味する古語。ミは尊敬の接頭語、トは男女の陰部、マグハヒは性交の意。マグハヒは「目合」ともあり一説に「目を見合せて情《こころ》を通じる意」ともいわれている。古典によると創造神イザナキ・イザナミは、はじめて結婚して大八嶋《おおやしま》を生む時イザナキがイザナミに「あなたと私と天《あめ》の御柱《みはしら》を廻り出会ったらミトノマグハヒをしよう」といったという。古代の日本にはこのほかにも結婚を意味する語が多く、ミトアタハス・トツグ・クナグ・クナカフ・マク・アフなどある。これらはいずれも性行為を具体的に表現した語で、家と家の縁組《えんぐみ》を意味する漢語の「*婚姻」とは性格が異《こと》なる。またこれらは男女双方を主体にした語で、トツグ＝嫁《とつ》ぐも本来性器を結合する意であり、「妹妋《いもせ》二柱《ふたはしら》嫁《と》継給《つぎたまい》て」(鎮火祭祝詞《のりと》)、「聟トツク」(『類聚名《るいじゅうみょう》義抄《ぎしょう》』)のように男女双方から使われている。古代ではこれらの語はけっして卑語《ひご》ではなく、むしろ神聖な語とされていた。

参考文献　小林茂文「性愛と結婚」(総合女性史研究会編『日本女性の歴史―性・愛・家族―』一九九二、角川書店)。関口裕子『日本古代婚姻史の研究』上、一九九三、塙書房。　(溝口睦子)

みなべのひめみこ　御名部皇女　生没年不詳　天智《てんじ》天皇の皇女。蘇我姪娘《そがのめいのいらつめ》所生で、阿陪《あべ》皇女(*元明《げんめい》天皇)の姉。高市《たけち》皇子に嫁し、長屋王《ながやおう》などを生んだ。慶雲《けいうん》元年(七〇四)正月封百戸《ふうひゃっこ》を増益。和銅《わどう》元年(七〇八)元明天皇即位時に「我が大君、物な思ほしそ、皇神の、副《そ》へて賜へる、我がなけなくに」(原万葉仮名、『*万葉集』一、七七)と和し、妹を鼓舞《こぶ》して皇位を支える姿勢を示している。大宝《たいほう》元年(七〇一)ころの藤原京左京七条一坊西南坪出土木簡に「御名部内親王宮」がみえ、独立した宮を有したことがわかるが、高市皇子宮(香具山宮《かぐやまのみや》)との関係は不明である。長屋王家木簡にみえる「北宮」を彼女の宮に比定し、母子による*家産運営を想定する説もあり、持統《じとう》天皇十年(六九六)高市皇子死後の家政組織、夫死後の妻の居住形態を考える論点となる。神亀《じんき》五年(七二八)長屋王願経《がんきょう》に「奉資登仙二尊神霊」とあり、この時点で死去していたことはわかるが、生没年ともに不詳である。

参考文献　八木充「再び長屋王家木簡と皇親家令について」(『木簡研究』二〇)、一九九八。森公章『長屋王家木簡の基礎的研究』、二〇〇〇、吉川弘文館。　(森公章)

みなみのおんかた　南御方　一四四三―九〇　室町時代の公家一条兼良《いちじょうかねよし》の妻。一条家家司《けいし》町顕郷女《まちあきさとのむすめ》であり、一条冬良《ふゆよし》以下二男二女の母である。兼良には、嫡子《ちゃくし》教房《のりふさ》や大《だい》乗院門跡尋尊《じょういんもんぜきじんそん》以下十男五女のいた正妻格の*東御方とほかに子をなした三人の女性がいた。その中でも南御方は、兼良の晩年に寵愛《ちょうあい》された女性である。南御方が没した時、三条西実隆《さんじょうにしさねたか》は「故禅閤老後愛物也」(『*実隆公記』)と日記に記している。応仁・文明の乱が起ると、京の一条邸は焼け、応仁二年(一四六八)兼良と前後して、兼良の四男尋尊を頼り、奈良の興福寺大乗院に避難した。文明元年(一四六九)教房の子で一条家の後継者であった兼良の孫政房《まさふさ》が摂津福原荘《せっつふくはらしょう》(神戸市)で横死すると、文明二年兼良は南御方との男子(のちの冬良)を教房の養子とし、一条家の後継者とすることに決めた。文明四年東御方が美濃《みの》に去った後、一条家の家妻《いえづま》の座は、冬良の母である南御方が受け継いだ。文明九年兼良、南御方以下一条家の人々は、京都に戻った。兼良は冬良のために、資金の調達に奔走《ほんそう》したが、一条邸の再建はできないまま、文明十三年死去した。一条家領福原荘からの年貢が滞《とどお》ったため、文明十五年冬良は再建しようと福原荘に下向した。家も整わず、財政的にもきびしいので、一家で福原移住も考えた。しかし兼良生存中に決めてあった二条政嗣女《にじょうまさつぐのむすめ》との結婚を実現するために、南御方は大乗院尋尊への援助をもとめている。結局冬良は京に戻り、文明十七年*二条姫君と結婚した。その後も一条家の家計は逼迫《ひっぱく》し、大乗院尋尊や姫君の叔父《おじ》で尋尊の後継者である政覚《せいがく》らの援助や助言で、一条家は運営された。文明十九年(長享元、一四八七)尋尊以下冬良の兄弟の援助で、三十坪ほどの一条邸が再建された。南御方は、史料上には、権中納言局《ごんちゅうなごんのつぼね》・中納言局・三条局として表われ、南御方という呼称は、文明十二年の一条家の女性の呼称変更以後のものである。延徳《えんとく》二年(一四九〇)十月死去した。四十八歳であった。

参考文献 永島福太郎『一条兼良』(人物叢書)、一九六八、吉川弘文館。海老澤美基「中世後期の一条家の妻たち—「家」の妻、その存立基盤と継承—」(前近代女性史研究会編『家・社会・女性—古代から中世へ—』一九九七、吉川弘文館)。

(海老澤美基)

みなもとのきよひめ　源潔姫　八〇九—五六　嵯峨《さが》天皇皇女。母は当麻真人治田麻呂女《たいまのまひとのはりたまろのむすめ》。尚侍《ないしのかみ》源全姫《またひめ》は同母妹。弘仁六年(八一五)、信《まこと》・全姫ら七名とともに臣籍降下《しんせきこうか》し源姓を賜《たま》わった。長じて藤原良房《よしふさ》に嫁し、天長六年(八二九)に明子《めいし》を生み、承和《じょうわ》八年(八四一)十一月に従四位下《じゅしいげ》に叙《じょ》された。その後娘明子は東宮道康《みちやす》親王(文徳天皇)に入《にゅう》侍《じ》し、文徳天皇の践祚《せんそ》した嘉祥《かしょう》三年(八五〇)三月には惟仁親王(清和《せいわ》天皇)を生んだ。その後潔姫は、仁寿《にんじゅ》元年(八五一)十一月には「家夫人」として従三位に、仁寿三年三月には正三位に叙された。家夫人への叙位は源潔姫が初例である。斉衡《さいこう》三年(八五六)年六月に死去し、賀楽岡白《かぐらおかしら》川《かわ》の地に葬られた。薨伝《こうでん》には嵯峨天皇が潔姫の婿《むこ》選びに腐心し、勅《ちょく》によって若き良房に潔姫を嫁したことや、潔姫が琵琶《びわ》に巧みであったことが記される。天安二年(八五八)十一月には、外祖母潔姫の愛宕墓《あたごのはか》に清和天皇の即位が告げられ、正一位が追贈された。同年十二月には十陵四墓に定められ、翌貞観《じょうがん》元年(八五九)山城《やましろ》国に下知《げち》して墓守一戸が充てられた。

参考文献『日本後紀』弘仁六年六月十九日条。『文徳実録』斉衡三年六月二十五日条。野口孝子「摂関の妻と位階—従一位源倫子を中心に—」(『女性史学』五)、一九九五。服藤早苗「平安前期の貴族の家と女性—北政所の成立の前提—」(『平安朝の家と女性—北政所の成立—』一九九七、平凡社)。

(鈴木　織恵)

みなもとのさねとものつま　源実朝の妻　⇨西八条禅尼《にしはちじょうぜんに》

みなもとのしげゆきのむすめ　源重之の娘　生没年不詳　平安時代中期の歌人。父源重之は相模権守《さがみごんのかみ》、肥後《ひご》・筑前《ちくぜん》などの守を歴任し、最古の百首歌を詠んだ歌人で、三十《さんじゅう》六歌仙《ろっかせん》の一人。父の影響を受けて、女性ではじめて春夏秋冬恋の部立《ぶだて》をもつ百首歌を作った。現在は九十首が残る。*和泉式部《いずみしきぶ》の百首はこれを意識し、答える内容を含む百首となっている。『重之集』に「京よりくだるにたごのうらにてむすめ」とあるので、父とともに東海道から陸奥《みちのく》へ行ったらしい。出家した兄弟がいる。歌集『重之女《しげゆきじょ》集《しゅう》』がある。

参考文献 目加田さくを『源重之集・子の僧の集・重之女集全釈』(私家集全釈叢書)、一九六八、風間書房。

(林　マリヤ)

みなもとのしし　源師子　一〇七〇—一一四八　平安時代末期の摂関室。右大臣源顕房《あきふさ》の次女。母は権中納言《ごんちゅうなごん》源隆俊《たかとし》娘の隆子《りゅうし》。はじめ白河《しらかわ》天皇に召され、寛治《かんじ》五年(一〇九一)皇子(のちの仁和寺覚法法親王《にんなじかくほうほっしんのう》)を出産するが、その後藤原忠実《ただざね》に嫁す。嘉保《かほう》二年(一〇九五)に女子を、承徳《じょうとく》元年(一〇九七)に男子を産む。のちの*高陽院泰子《かやのいんたいし》と関白忠通《ただみち》である。そのころすでに忠実は源俊房《としふさ》娘任子《にんし》と結婚しており三人の子をもうけていたが、それらがみな夭折《ようせつ》したことなどから、任子とは離縁し師子が正妻として扱われるようになる。師子はもと従《じゅ》五位下だったが、右大臣・摂政忠実室として天皇や法皇の行幸・御幸賞《ごこうしょう》により康和《こうわ》四年(一一〇二)従三位、天仁《てんにん》元年(一一〇八)正三位、同二年従二位に至り、大治《だいじ》五年(一一三〇)中宮聖子《せいし》の立后後初入内《じゅだい》賞により関白忠通母として従一位に叙される。従二位ののち北政所《きたのまんどころ》を開設。長承《ちょうしょう》三年(一一三四)出家し、康治《こうじ》元年(一一四二)には仁和寺に堂舎を建立する。久安《きゅうあん》四年(一一四八)十二月十四日、病により七十九歳にて死去。

参考文献 高群逸枝「藤原忠実」(『平安鎌倉室町家族の研究』一九八五、国書刊行会)。元木泰雄『藤原忠実』(人物叢書)、二〇〇〇、吉川弘文館。佐藤健治「摂関家における「公的家」の基本構造」(『中世権門の成立と家政』二〇〇〇、吉川弘文館)。

(佐藤　健治)

みなもとのたかひめ　源隆姫　九九五—一〇八七　平安時代中期の女性。隆姫女王・隆子《りゅうし》女王ともいう。村上《むらかみ》天皇皇子である具平《ともひら》親王の王女。母は源高明《みなもとのたかあきら》の娘。寛弘《かんこう》六年(一〇〇九)ごろ、当時権中納言《ごんのちゅうなごん》で十八歳であった藤原頼通《よりみち》と結婚。寛弘八年、従四位上《じゅしいのじょう》に叙《じょ》され、のちには従一位にのぼった。結婚に際して、頼通の父道長が「男は妻がらなり」といって喜んだと伝えられるように、摂関家頼通の権威を高めるのに寄与したものの、*摂関政治の継承に必要な子女には恵まれなかった。そのため、敦《あつ》康《やす》親王王女(母は隆姫の妹)の嫄子《げんし》女王(後朱雀《ごすざく》天皇中宮)や、頼通の娘(母は藤原祇子《しし》)である寛子《かんし》(後冷泉《ごれいぜい》天皇皇后)の養母となった。頼通との夫婦仲はよく、*和歌も能《よ》くし、仏信も篤《あつ》かった。「高倉殿北政所《たかくらどのきたのまんどころ》」と称された。康平《こうへい》七年(一〇六四)、落飾《らくしょく》して尼となり、寛治《かんじ》元年(一〇八七)十一月二十二日未《ひつじ》時、死去した。九十三歳。

参考文献『大日本史料』三ノ一、寛治元年十一月二十二日条。

(倉本　一宏)

みなもとのつねすけのつま　源経相の妻　生没年不詳　平安時代中期の女性。為平親王《ためひらしんのう》男子源頼定女《よりさだのむすめ》で、宇多天皇曾孫時中《そうそんときなか》の七男経相の後妻になり、三河守《みかわのかみ》在任中に死去した経相没後の財産管理等を行なった。経相の最初の妻藤原為盛女《ためもりのむすめ》は、経宗《つねむね》・経季《つねすえ》・藤原資房《すけふさ》妻を儲《もう》けて死去し、頼定女《むすめ》が後妻に入った。長暦《ちょうれき》三年(一〇三九)十月七日、経相が没すると、遺言状を書き置かなかったため、葬送や遺財をめぐり、後妻である北方《きたのかた》と経宗・経季や婿資房との間で遺産争いが展開されたことが、資房の日記『春記《しゅんき》』にきわめて詳細に記されている。経相と北方は富《とみ》の小路《こうじ》にある邸宅の寝殿に、娘と婿資房とその子どもたちは東の対《たい》に住んでいたが、資房は蔵人頭《くろうどのとう》という要職にあったので、死穢《しえ》を避けるために、経相死の直前に実父宅に移った。関白藤原頼通《よりみち》は北方のイトコを*側室にしており、「関白因縁」の北方は、前妻実子の経宗・経季・資房妻たちには介入させないで、葬送や遺財処分を行なった。北方は、経相の遺財や三河国の公的収納物を保管している京納所《きょうなっしょ》の倉の鍵を管理していた。また、三河国にある納所遺物を京上するために、関白下部が三河国に携帯したのは「北方御下文《くだしふみ》」であり、葬送料として絹二、三百疋《ひき》を運京している。本来なら実子や恩顧《おんこ》を受けた従者などに遺財を分与する慣行があったと記されているが、北方は馬鞍《うまくら》などの経相常用品を息子たちに分与したものの、他の遺財は独占した。そのため、資房妻は、生前譲与《じょうよ》された荘園や富小路の邸宅を相続できたが、経宗と同様にほかにはまったく分与されなかった。一方、後妻に歩み寄った経季には相応の分与が行われたと推測される。十一世紀中ごろの貴族層の家では、所有・経営の経済単位としての家は夫妻であり、妻は家政全般を熟知していたゆえに公的鍵を代行管理し、遺財処分を行なったことがうかがえる。

参考文献 服藤早苗「摂関期における受領の家と家族形態—三河守源経相の場合—」(『家成立史の研究—祖先祭祀・女・子ども—』一九九一、校倉書房)。

(服藤 早苗)

みなもとのめいし 源明子 九六五—一〇四九 平安時代中期の女性。源高明女《たかあきらのむすめ》、藤原道長の次妻。母は藤原師《もろ》輔女《すけのむすめ》愛宮。安和《あんな》二年(九六九)父高明が失脚し大宰府《だざいふ》に左《さ》遷《せん》されると叔父盛明《もりあき》親王の*養女になった。永観《えいかん》二年(九八四)の花山《かざん》天皇即位には帳を上げる役目である褰帳《けんちょう》を勤めている。『*大鏡《おおかがみ》』には、親王没後は道長姉の詮子《せんし》(*東《ひがし》三条院《さんじょういん》)が*里第東三条院東対《ひがしのたい》に迎え家司《けいし》等を分けるなど後見したので、詮子の兄弟たちが求婚したとある。詮子が好意的だった末弟道長と寛和《かんな》二年(九八六)以前に結婚しており、最初の妻であった。正暦《しょうりゃく》四年(九九三)頼宗《よりむね》、その後顕信《あきのぶ》・能信《よしのぶ》・長家《ながいえ》・寛子《かんし》・尊子《そんし》らを出産する。道長は倫子《りんし》と同居し、明子は高松第に居住し夫を迎えた。同居妻が正妻だったため、明子所生男子は元服叙爵《じょしゃく》も従五位であり、女子たちは天皇には*入内《じゅだい》できず、廃太子された小一条院《こいちじょういん》や源師房《もろふさ》と結婚した。道長出家後、出家する。顕信の出家や死去、寛子の死去などの逆縁に耐え、八十五歳の長寿だった。

参考文献 増田繁夫「摂関家の子弟の結婚」(『源氏物語と貴族社会』二〇〇二、吉川弘文館)。

(服藤 早苗)

みなもとのりんし 源倫子 九六四—一〇五三 平安時代中期の女性。関白藤原道長の正妻、*上東門院彰子《じょうとうもんいんしょうし》・頼《より》通《みち》・妍子《けんし》・教通《のりみち》・威子《いし》・嬉子《きし》らの母。父は左大臣源雅信《まさのぶ》、母は*藤原穆子《ぼくし》。邸宅にちなんで鷹司殿《たかつかさどの》とも呼ばれた。母が反対の父を説得して決定した二歳年下の道長と永延《えいえん》元年(九八七)に結婚する。道長には妻明子《めいし》がいたが、翌年長女彰子を出産したことや、賢明な気配りができたことなどから、正妻として終生道長と同居し、寺社や行幸見物などに同行している。そのため正暦《しょうりゃく》三年(九九二)誕生の頼通は十二歳で元服した際、正五位下に叙爵《じょしゃく》され、明子所生の頼宗《よりむね》が十三歳で従五位上との差になった。教通も同様である。長徳四年(九九八)*東三条院詮子《ひがしさんじょういんせんし》に土御門《つちみかど》第《てい》などを提供したことから従三位に叙される。長保元年(九九九)十一月、彰子が一条天皇に*入内《じゅだい》すると輦車《てぐるま》を聴《ゆる》され、翌年彰子が*中宮になると従二位に昇叙《しょうじょ》される。寛弘四年(一〇〇七)四十四歳で嬉子を出産する。当時の貴族女性は四十歳で床去《とこさ》りの認識さえ流布していたから、高齢出産であった。寛弘五年に彰子が待望の敦成《あつひら》親王(のちの後一条天皇)を出産すると、従一位に叙された。朝廷に出仕していない臣下女性でははじめてである。独自に*家政機関が設置され家司《けいし》らが位禄《いろく》等の財産管理を行なっている。さらに、妍子は三条天皇、威子は後一条天皇、嬉子は彰子所生の東宮敦良《あつよし》親王の妃と、所生の四女がすべて天皇や皇太子に入内するという幸運に恵まれた。娘たちの入内には同様な装束や髪型で付き添い、後見をし、出産には立ち会い臍《へそ》の緒《お》を切るなどこまごまとした世話をしている。また明子所生の長家《ながいえ》を養子にしたり、*親族の祝事には衣裳や道具を贈るなどの史料が散見される。長和五年(一〇一六)六月、*准三宮《じゅさんぐう》になり年官・年爵《ねんしゃく》・封戸《ふこ》三百戸を賜与《しよ》される。道長出家後、治安元年(一〇二一)出家する。その後、嬉子・妍子・道長・威子を亡くすが、彰子や孫たちを庇護《ひご》しつつ、九十歳の長寿を全うした。*和歌も『新勅撰集《しんちょくせんしゅう》』などに入首している。

参考文献 岩井隆次「従一位源倫子」(『古代文化』三七ノ一一)、一九八五。野口孝子「摂関の妻と位階—従一位源倫子を中心に—」(『女性史学』五)、一九九五。

(服藤 早苗)

みのうえそうだん 身の上相談 新聞・雑誌などマスメディアに一身上の悩みを公開して有識者に回答を求めるもの。身の上相談の原型は一八八六年(明治十九)『*女学《じょがく》雑誌《ざっし》』に設けられた「いへのとも」欄(第三五—四二号、九—十一月)とされる。病気や料理から結婚問題まで多種の相談が寄せられたが、わずか三ヵ月で閉設。普及し始めるのは明治末期からで、日刊新聞では一九〇六年はじめて『都新聞《みやこしんぶん》』が開設。若い娘が結婚の約束をしたが、*明治民法の下で戸主《こしゅ》の同意を得られず苦悶《くもん》する訴えが現われる。主な相談は『男女の煩悶《ぼんのう》—相談の相談・都新聞連載—』(一九一二年、求光閣書店)にまとめられており、好評だったことがうかがわれる。大正期には*女子教育の普及と出版ジャーナリズムの隆盛に伴い、新聞に婦人欄が設けられ、*婦人雑誌の創刊も相ついだ。『読売新聞』は一九一四年(大正三)四月「よみうり婦人附録」を開設、相談欄を翌月併設すると、*家庭の不和・就職・美容など多岐にわたる相談が女性ばかりか男性からも寄せられた。まもなく『*主婦之友』『*婦人倶楽部《クラブ》』なども相談欄を付設。家庭内の私的な煩悶が綴《つづ》られた身の上相談は、読者からの共感を得て婦人雑誌の紙面に不可欠の要素となった。昭和初期には生活不安の中で女性たちの声が高まり、一九三三年(昭和八)大流行をする。回答者では『読売新聞』の*河崎《かわさき》なつと『朝日新聞』の*山田《やまだ》わかとが人気を二分し、公的世界から排除された女性たちをターゲットにした身の上相談は彼女たちの圧倒的な支持を受けた。既婚女性では夫の放蕩《ほうとう》や嫁姑《よめしゅうとめ》問題、未婚女性では*恋愛・結婚・性暴力に関するものが多く、庶民の暮らしの内実を明らかにしている。また相談の内容そのものが明治民法の*家制度が十分に機能せずに揺らいでいたことをも示唆《しさ》している。知識人からは女性の愚《おろ》かしさを示すものと批判されたが、一般の女性たちが沈黙を破りみずから声を上げたことは評価されてよい。戦後は人々の暮らしが落ち着き、価値の混乱に悩むようになったころに再開され(『読売新聞』「人生案内」一九四九年—)、その後ラジオやテレビ番組にもしばしば登場している。

参考文献 思想の科学研究会編『身上相談』(河出新書)、一九五六、河出書房。読売新聞社婦人部編著『女・きのうからあすへ—人生相談60年—』(三省堂新書)、一九七四、三省堂。金子幸子「昭和戦前期の身の上相談—『読売新聞』相談欄と河崎なつの思想—」(『近代日本女性論の系譜』一九九九、不二出版)。 (金子 幸子)

みのかたみ 身のかたみ 室町時代の*女訓書《じょくんしょ》。一冊。作者不詳。群書類従本の奥書に一条兼良《いちじょうかねよし》の作とあるが疑わしい。六十歳を過ぎ病がちの人が姫君のために記したもの。成立は応永年間(一三九四—一四二八)からさほど降らない時期である。うきもつらきも心の中におさめてやわらかに過ごすようにとの心の持ち方、*化粧や身のこなし、書道、古典をよく読み、作歌・*音曲《おんぎょく》に心を入れ、仏神を信じ、慈悲《じひ》をもって人を召し使うことなどの教えは、『*乳母《めのと》のふみ』『めのとのさうし』と同じである。しかし、この二書および本書とほぼ同時代の『*小夜《さよ》のねざめ』と比べても、女性差別的言辞がより明白に記述されている。「女は大(正しくは「第」)六天の魔王の眷属《けんぞく》で、男の仏道を妨げるために生まれてきたものである」「自分よりいやしいものに見えても、男は三世の諸仏の化現《けげん》であって賞《しょう》罰《ばつ》正しく慈悲の心がある。愚かに思わず菩薩《ぼさつ》に添い奉ると思え」とある。「姑《しゅうとめ》を大切にし、礼儀正しくせよ」との教えも新たに加わっている。『群書類従』二七所収。

参考文献 『群書解題』一九。 (西村 汎子)

みののきつね 三野狐 奈良時代の聖武《しょうむ》天皇のころに三野国片県《かたかた》郡小川市《おがわのいち》に住んでいたと伝えられる力持ちの女性。三野狐と称された理由は、この女性の四代先の祖が三野国の狐を母として生まれたことによる。すなわち、『*日本霊異記《にほんりょういき》』上巻第二縁によると、欽明《きんめい》天皇の世に三《み》乃《の》国大乃《おおの》郡に狐を妻とした人がいた。その子孫は狐直《きつねのあたい》の姓を持ち、力持ちで鳥が飛ぶように走ったという。その子孫である三野狐は、『日本霊異記』中巻第四縁によれば、百人力でその力をたのみに往還の商人を威圧して打ち負かし物を奪っていたが、尾張《おわり》国愛智《あゆち》郡片輪里《かたわのさと》の力女《ちからおみな》に熊葛《くまつづら》の練鞭《ねりむち》で打ち据えられ追放されたという。この伝承の意味するところについては、小川市の交易権をめぐる美濃《みの》国と尾張国の豪族の抗争として理解しようとする見解が有力だが、それだけではなく、境界領域としての市に*律令制や首長制的秩序とは異なる習慣や規範が存在していたことに注意を払うべきであろう。一見すると「無法地帯」のような市を女性が仕切っていたこと、さらに「力持ち」であることが女性の価値規準を決める重要なファクターであったことなどを示唆《しさ》する重要な史料である。

参考文献 松原弘宣「地方市と水上交通」(『日本古代水上交通史の研究』一九八五、吉川弘文館)。 (森田喜久男)

みののくにこせき 御野国戸籍 ⇨戸籍《こせき》・計帳《けいちょう》

みののつぼね 美濃局 生没年不詳 鎌倉時代、初代豊《ぶん》後守護《ごしゅご》大友能直《おおともよしなお》の娘。仁治《にんじ》元年(一二四〇)に能直の*後家尼*深妙《しんみょう》が所領を配分した時、豊後国大野荘《おおののしょう》内上村半分(田数二十五町五反)の*地頭職《じとうしき》が美濃局に譲与《じょうよ》された。能直は、源頼朝に近侍《きんじ》した*御家人で、京都で卒《そつ》しており、嫡男親秀《ちゃくなんちかひで》も京都での活動が伝えられるところから、美濃局もある時期、在京していた可能性がある。すでに仁治元年には幕府*女房であったが、建長四年(一二五二)から康元《こうげん》元年(一二五六)にかけて六代将軍宗尊親王《むなたかしんのう》に仕えていたことが知られる。

参考文献 渡辺澄夫『豊後大友氏の研究(増訂)』、一九八二、第一法規出版。田端泰子『日本中世の社会と女性』、一九九八、吉川弘文館。 (海老澤 衷)

みぶのこやかぬし 壬生小家主 生没年不詳 奈良時代の常陸《ひたち》国筑波《つくば》郡出身の*采女《うねめ》。名は子家主女《こやかぬしめ》・小家主女とも書く。天平宝字《てんぴょうほうじ》五年(七六一)正月、正七位上より外従《げじゅ》五位下に昇叙《しょうじょ》。天平宝字七、八年ころ書かれた平城宮跡出土木簡《もっかん》に、*法華寺《ほっけじ》から小豆《あずき》・醤《ひしお》・酢・末醤《みそ》を請求したものがあるが、これに「竹波命婦《つくばのみょうぶ》」とみえる人物は小家主であると考えられている。このころ、*孝謙《こうけん》上皇は淳仁《じゅんにん》天皇と対立して保良宮《ほらのみや》から法華寺に入っており、小家主はその傍《かたわ》らに仕えて食膳《しょくぜん》に奉仕していたのであろう。天《てん》平神護《ぴょうじんご》元年(七六五)正月、外従五位上より従五位下に叙せられ、ついで勲五等《くんごとう》を賜わった。これは藤原仲麻呂《なかまろ》の乱の鎮定《ちんてい》、孝謙上皇擁立《ようりつ》に深く関わったためであろう。このころ、直《あたえ》姓から連《むらじ》に改姓したものとみられる。神護《じんご》景雲《けいうん》元年(七六七)三月に宿禰《すくね》の姓を賜わり、翌神護景雲二年六月には常陸国造《くにのみやつこ》に任ぜられた。時に掌膳《かしわでのまつりごとひと》。この時期の*国造は祭祀《さいし》に関わる栄誉的なものであったが、国内においての権威は大きく、小家主が宿禰姓を賜わり常陸国造に就任したことで、在地での壬生宿禰氏の地位がより向上したであろう。宝亀《ほうき》七年(七七六)四月従五位上から正五位下に昇叙。

参考文献 門脇禎二『采女—献上された豪族の娘たち—』(中公新書)、一九六五、中央公論社。野村忠夫『後宮と女官』(教育社歴史新書)、一九七八、教育社。磯貝正義『郡司及び采女制度の研究』、一九七八、吉川弘文館。 (佐藤 直子)

みぶんせいしゃかい　身分制社会　近世社会は、身分によって秩序づけられた社会である。近世の身分のとらえ方には諸説があるが、政治的につくられた固定的な身分として士農工商賤民《せんみん》などの諸身分を捉える見方が批判され、一九七〇年代以降、身分成立の社会的根拠を解明しきた。代表的見解としては、身分の基礎を社会的分業の展開に求め、中世末期の惣村《そうそん》から分出してくる「地縁的・職業的身分共同体」としての村・町《ちょう》を百姓・町人身分の母体とみて、身分形成における集団の意義を重視する説(朝尾直弘《あさおなおひろ》)、身分集団を個人と国家を関係づける不可欠な媒介物として位置づけ、身分の集団的な性格と役による国家的編成を包括的にとらえる見地から、身分を「前近代社会における人間の存在様式」とする説(塚田孝《つかだたかし》)、身分を所有関係と分業関係に基づく「特権づけられた地位の体系」としてとらえる説(峯岸賢太郎《みねぎしけんたろう》)などがある。これらの研究により身分研究は大きく進んだが、性差と身分の関係については本格的に論じられていない。その理由として、無意識のうちに人間＝男性とみるジェンダーバイアスに加えて、女性の身分はその親や夫の身分に準ずるという漠然とした理解があったこと、また、労働集約的な*夫婦かけ向かいの*家族による小経営では、男女間に大きな地位の差はないという見方が強かったこと、などの事情があげられる。一方、同時期の近世女性史研究においては、女性知行の存在や、*姉家督《あねかとく》のような、必ずしも中継ぎ的とはいえない女性相続の実態が明らかにされ(大口勇次郎・柳谷慶子)、身分制社会においてそれらがどのような意味をもったのかを問う研究が生まれてきた。大藤修《おおとうおさむ》は、それらの現象について、近世社会が男性優位であることは事実だが、近世の家においては必ずしも男性優位原則が貫徹《かんてつ》されるとは限らないという、家の特質論に基づく見解を示している。これに対して、長野ひろ子は、女性が家を相続しても、村・町の正式な構成員として認められず百姓身分・町人身分の主体たりえないのはなぜかという問いを発し、中世以来の大経営において維持されていた*家長とその妻の水平的ジェンダーは、十七世紀末以降一般化する*小農経営において、所有と経営からの女性排除という垂直的ジェンダーに転換するとしたうえで、女性は百姓身分主体から排除され身分的に客体化されたうえで百姓身分集団に包含されたのであり、近世社会において女性は家・共同体・国家のどのレベルにおいても身分主体たりえなかったと主張した。一方、近世社会の*ジェンダーは家・身分集団・国家の各レベルによって異なるとの見解も示され(横山百合子)、また身分によってジェンダーが変わる事実も指摘されており(柳谷)、見解の一致をみるに至ってはいない。身分と性差に関する研究は、理論的にも実証的にも緒に就いた段階にあるといえよう。

参考文献　塚田孝『近世日本身分制の研究』、一九八七、兵庫部落問題研究所。峯岸賢太郎『近世身分論』、一九八九、校倉書房。大口勇次郎『女性のいる近世』、一九九五、勁草書房。大藤修『近世農民と家・村・国家』、一九九六、吉川弘文館。菊池慶子「仙台藩領における姉家督慣行」(総合女性史研究会編『日本女性史論集』三、一九九七、吉川弘文館)。柳谷慶子「「表」と「奥」―武士の家と家族―」(歴史教育者協議会編『学びあう女と男の日本史』二〇〇一、青木書店)。長野ひろ子『日本近世ジェンダー論』、二〇〇三、吉川弘文館。朝尾直弘『身分制社会論』(朝尾直弘著作集七)、二〇〇四、岩波書店。横山百合子『明治維新と近世身分制の解体』、二〇〇五、山川出版社。

(横山百合子)

みぼうじん　未亡人　結婚して、夫が死んだ後も再婚していない妻。『大言海《だいげんかい》』(四十五版)によれば中国の古い熟語で、「(夫ト共ニ死スベキニ、未ダ死ナズシテアル意)、(中略)夫死して後に遺れる妻。(中略)元来、自称なるべし、今、誤りて、多くは、他より敬称の如くに用いらる」とある。自称が他称として定着し普及された経緯を鹿野《かの》政直《まさなお》は、日本産で庶民的な「*後家《ごけ》」から、語感として一段高いところにまつりあげるとともに、その「素行《そこう》」に対する規制力あるいは看視を強めようとする社会意識がはたらいていたと述べる。未亡人という語は歴史的には、一八八六年(明治十九)の『朝野新聞《ちょうやしんぶん》』に「木戸孝允《きどたかよし》公の未亡人」と*寡婦の尊称《そんしょう》として現れ、その後日清・日露戦争の戦死軍人の妻を「未亡人」と称したことから一般化した。未亡人に関する論述は、*恋愛・結婚・*離婚・*母性が多様に論じらるに比してあまり多くはない。未亡人の問題は『*青鞜《せいとう》』時代にわずか書かれ、大正期には*三宅やす子がみずからの体験から男女の不平等や未亡人への社会的偏見を論じたが、*家父長制《かふちょうせい》の「家」で夫亡き嫁《よめ》の権利はなきに等しく、それ以降も未亡人問題は長い間看過《かんか》される。戦後の一時期、戦争による多くの未亡人の存在が社会的に注目された。未亡人は*民法改正で再婚の自由や財産権などを得たが当時の経済状況から自立は困難なため、*戦争未亡人を中心に一九五〇年(昭和二十五)「*全国未亡人団体協議会」を設立、未亡人福祉の推進とともに、性的好奇心の対象にされる未亡人は報道機関に対し「未亡人問題に関する取扱の慎重公正《しんちょうこうせい》」を要望した。「未亡人」の名称も問題視するが、名称協議よりも困窮《こんきゅう》した事態の解決を優先した。*フェミニズム期に未亡人論は見あたらず、今日も未亡人が抱える諸問題は置きざりにされている。「未亡人」と対になる男性の用語はなく、封《ほう》建的《けんてき》語感の強い「未亡人」に代わる適切な用語を見出さぬまま使用されることに、*婚姻《こんいん》における男性優位が存続する様相がうかがえる。

参考文献　山高しげり『母子福祉四十年』、一九七七、翔文社。一番ケ瀬康子編『日本婦人問題資料集成』六、一九七六、ドメス出版。鹿野政直「戦争未亡人」(朝日ジャーナル編『女の戦後史』一、一九八四、朝日新聞社)。

(川口恵美子)

みますあいこ　三益愛子　一九一〇―八二　昭和時代の俳優。映画・演劇で活躍した。本名川口愛子。大阪市南区南炭屋町のガラスビン商の長女として生まれる。一九二七年(昭和二)大阪府立阿倍《あべ》野高等女学校中途退学、十二月に初舞台。一九二九年上京、エノケンやロッパの相手役を演じ、喜劇で活躍。一九四八年映画「山猫令嬢《やまねこれいじょう》」に主演してから三十本以上の母もの映画の母役を演じ、当時の母ものブームの人気とともに、そのシンボル的存在となった。一九五九年演劇『がめつい奴』に主演。三百七十回におよぶ演劇史上のロングラン記録をつくる。紫綬褒章《しじゅほうしょう》など受章。夫は作家の川口松太郎《まつたろう》。役者の川口浩《ひろし》は息子。

参考文献　『日本映画俳優全集』女優編、一九八〇、キネマ旬報社。川口松太郎『愛子いとしや』(講談社文庫)、一九六五、講談社。
(坂本佳鶴恵)

みみはなそぎけい　耳鼻削ぎ刑　耳か鼻を削ぎ落とす中世社会の刑罰の一種。受刑者の大半が女性であることから、中世社会においては女性に対する刑罰であったと考えられる。古くは『*大鏡』(十二世紀初頭成立)のなかで、語り手の大宅世継《おおやけのよつぎ》が、夫を捨ててほかの男に走った妻に対して、もしそれが自分の妻だったならば「白髪がみをも剃り、鼻をも欠き落とし」てやる、と発言している。また、建治《けんじ》元年(一二七五)十月の紀伊国阿弖河荘百姓申状《きいのくにあてがわのしょうひゃくしょうもうしじょう》のなかで、*地頭が百姓を脅して「をれらがこの麦蒔《ま》かぬものならば、妻子共《めこども》を追い籠《こ》め、耳を切り、鼻を削ぎ、髪を切りて尼になして、縄絆《なわほだし》を打ちて苛《さえな》まん」と述べたとされるのは有名。このほか平安時代後期から戦国時代にかけて、妻に対する夫の制裁、*下女に対する主人の制裁、村落共同体内部での村民への制裁、荘園領主による刑罰、鎌倉・室町両幕府の刑罰、禁裏《きんり》での*女房に対する刑罰として、耳鼻削ぎは日本中世のほとんどの社会集団で行われており、いずれの事例も女性に対して執行されようとしている。これらのことから、中世社会においては刑罰のなかにも明確な*ジェンダーが存在したことがうかがえる。そもそも耳鼻削ぎを含む中世の肉刑には、犯罪者の外貌《がいぼう》を変えることにより「異形《いぎょう》」にしてしまうことに刑の本質があったが、耳鼻削ぎの場合、特に女性であることを理由にして死一等を減じるという宥免措置《ゆうめんそち》としての意味合いが強い。また同じころ、一方で戦場においては討ち取った敵の首級のかわりに殺害の証拠に耳や鼻を削ぐという慣習も広く存在しており、中世社会においては耳や鼻はその者の人格を象徴する部位とされていた。ここから、処刑のかわりに耳や鼻を削ぐという行為も、そうした耳や鼻のもつ象徴性や、女性を殺害することを忌避する観念に基づくものと考えられる。ただし、戦国時代に入ると、戦場での耳鼻削ぎが盛んに行われた影響から、刑罰としての耳鼻削ぎも頻繁《ひんぱん》に行われるようになってゆく。その結果、耳鼻削ぎ刑には宥免措置としての性格が希薄《きはく》になり、性別のうえでも、次第に男女を問わず執行されるようになってゆく。近世以降、耳鼻削ぎ刑は十八世紀までは行われるが、そこではもはや女性に対する宥免措置としての意味を見出すことはできない。

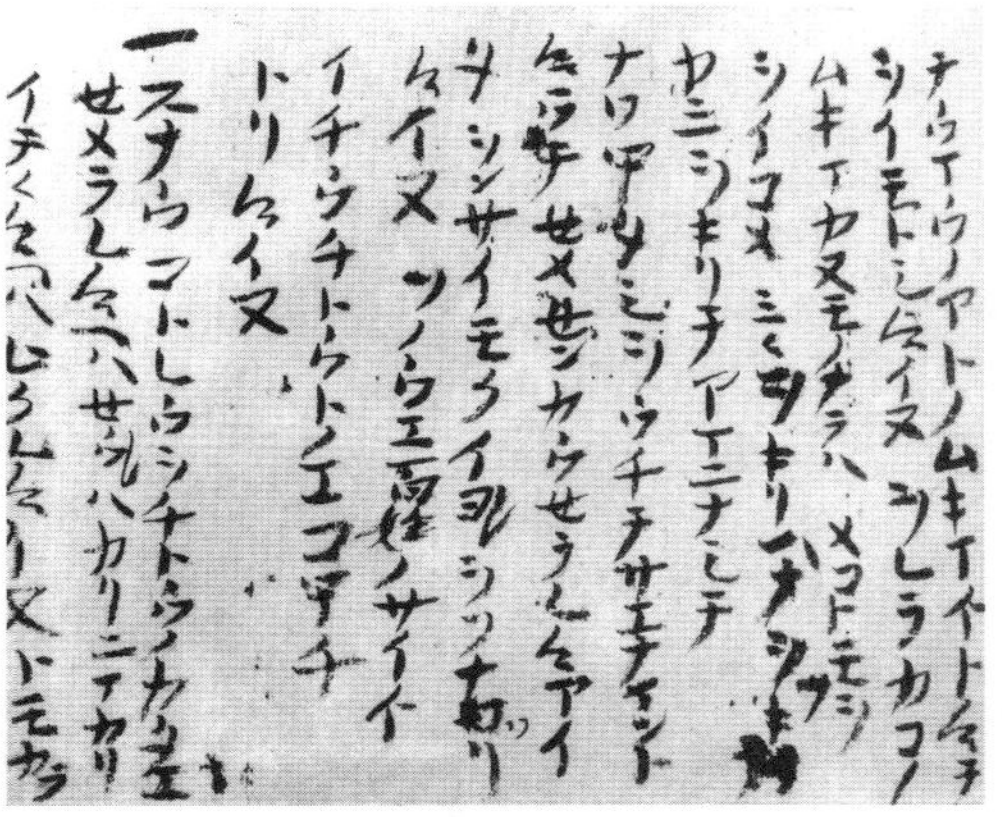

耳鼻削ぎ刑　紀伊国阿弖河荘百姓申状

なお、耳鼻削ぎが女性に対する刑罰であるという傾向は世界史上にも広く確認できることから、日本中世に行われた耳鼻削ぎ刑も、広くユーラシア大陸に拡がる法文化の一環であった可能性がある。

参考文献　勝俣鎮夫「ミミヲキリ、ハナヲソグ」(網野善彦・石井進・笠松宏至・勝俣鎮夫『中世の罪と罰』一九八三、東京大学出版会)。黒田弘子『ミミヲキリハナヲソギ―片仮名書百姓申状論―』、一九九五、吉川弘文館。清水克行「「耳鼻削ぎ」の中世と近世」(『室町社会の騒擾と秩序』二〇〇四、吉川弘文館)。
(清水　克行)

みやき　宮姫　平安時代中期の美濃《みの》*青墓《あおばか》宿の長者、*今様《いまよう》の始祖。永和元年(一三七五)成立の『郢曲相承次第《えいきょくそうしょうしだい》』には村上天皇(九四六―六七在位)の第十姫君が宮姫と名乗り、青墓宿の長者となり、今様の堪能者であったとする。永正年間(一五〇四―二一)ころ筆写の『今様相承系図』は宮姫に始まり、後白河《ごしらかわ》法皇などに及ぶ今様の相承が記され、宮姫が今様の始祖と信じられていた。『吉野吉《よしのきっ》水楽書《すいがくしょ》』では今様「足柄《あしがら》」などの大曲《だいきょく》を伝えたとする。光孝《こうこう》天皇を始祖とする*遊女の伝承同様、天皇を始祖とする点は注目される。

参考文献　後藤紀彦「遊女と朝廷・貴族」(『(朝日百科)日本の歴史(新訂増補)』四、二〇〇五、朝日新聞社)。
(盛本　昌広)

みやぎタマヨ　宮城タマヨ　一八九二―一九六〇　大正・昭和時代の社会福祉実践家、政治家。山口県に生まれ、旧姓は植田。奈良女子高等師範学校卒業後、教職につくが、そこでの経験により子どもたちの問題は*家庭・社会の問題であるとの問題意識をもつ。そして大原社会問題研究所の社会事業研究部に入所、児童保護問題を中心に研究活動を行なった。一九二二年(大正十一)少年法制定、その施行に伴い司法省、文部省より米国に派遣される。帰国後、女性では日本初の東京少年審判所の保護司となる。のち、少年法の生みの親ともいわれた宮城長五郎《ちょうごろう》と結婚、夫の協力もあり犯罪少年の保護、矯正《きょうせい》事業に従事した。戦時下、戦争協力を行なったと、のちに批難される一面もあった。一九四七年参議院議員に当選、緑風会《りょくふうかい》に属し、在任中(二期十二年)も、*売春防止法成立(一九五六年)に貢献、また全国の少年院・婦人補導所に「母の鐘」を寄贈するなど少年保護・婦人保護に尽力した。そのほか、*二葉《ふたば》保育園・日本女子社会教育会の各理事も務めた。一九六〇年、六十八歳で死去。生涯を社会福祉、特に司法・児童福祉の分野に捧げた人生であった。著書に『私の歩み―続台所の心―』(一九五二年、主婦の友社)、『問題の子らと四十年』(一九五七年、大日本雄弁会講談社)がある。 (今井小の実)

みやけかほ 三宅花圃 一八六八―一九四三 明治から昭和時代にかけての小説家、歌人、随筆《ずいひつ》家。本名竜子《たつこ》。東京本所に元幕臣で維新後は元老院議官《げんろういんぎかん》となった田辺《たなべ》太一《いち》の長女として生まれる。太一は蓮舟《れんしゅう》と号し、漢詩・漢文をよくした。*跡見花蹊《あとみかけい》の塾を経て伊東祐命《いとうすけのぶ》の縁で一八七七年(明治十)ころ*中島歌子《なかじまうたこ》主宰《しゅさい》の萩《はぎ》の舎《や》に入塾。周辺の歌人たちの歌を集めた私家版『三十六家撰《さんじゅうろっかせん》』を作成する。一八八六年には*樋口一葉《ひぐちいちよう》が入門し、花圃を目標に鎬《しのぎ》を削った。その後*明治女学校を経て東京高等女学校専修科に在籍中の一八八八年、坪内逍遙《つぼうちしょうよう》の校閲を得て女性による初の小説『*藪《やぶ》の鶯《うぐいす》』を出版。本格的な執筆活動に入る。翌年同校を卒業してからは、『*女学雑誌《じょがくざっし》』に数多くの作品を発表する一方、一八九〇年には『都の花』に「八重桜《やえざくら》」を掲載。一八九二年に『日本人』主宰の哲学者三宅雪嶺《みやけせつれい》と結婚。その後『女学雑誌』を母胎として『文学界』が創刊されると先輩作家として樋口一葉を推薦した。一八九四年には桜園《おうえん》の号で*和歌の家門を開く。翌年の『文芸倶楽部《くらぶ》』閨秀《けいしゅう》小説特集号には巻頭に小説「萩桔梗《はぎききょう》」が、グラビアには真筆の和歌が載った。その後種々の雑誌に随筆等を寄稿。一九〇八年には五年前に没した師中島歌子のために和歌・随筆集『萩のしづく』を編む。一九二〇年(大正九)以後は、『*女性日本人』を中心に随筆などを執筆した。

参考文献 塩田良平『明治女流作家論』、一九六五、寧楽書房。福谷幸子編「年譜」(塩田良平編『明治女流文学集』一、一九六六、筑摩書房)。 (関 礼子)

みやけやすこ 三宅やす子 一八九〇―一九三二 大正・昭和時代の評論家、小説家。一八九〇年(明治二十三)京都市に生まれ、一九三二年(昭和七)四十二歳で死去する。京都師範学校校長加藤正矩の娘。九歳で東京に転居し、東京女子師範学校附属高等女学校を卒業する。十四歳のときに、当時唯一の*少女雑誌『少女界《しょうじょかい》』に投書して賞を得て以来、『*女学世界《じょがくせかい》』『*女子文壇《じょしぶんだん》』等、さまざまな雑誌に投稿する。一九一〇年、十歳年上の昆虫学者、三宅恒方と結婚、三男一女を産むが、そのうち長男・次男を幼くしてなくす。さらに一九二一年(大正十)、やす子三十二歳のときに、夫、恒方はチフスで死亡し、二人の子どもを育てるため文筆による自立を決意する。その下地は、夫の薦《すす》めで夏目漱石《なつめそうせき》、漱石没後は小宮豊隆《こみやとよたか》に師事したことにあった。やす子の「自叙伝《じじょでん》の一節」や『母の教育』『我子の性教育』には、*主婦役割や*母性愛が強調される近代社会の中で生きる女流作家としての、また*家庭の担い手である主婦として抱え込んだ矛盾を垣間《かいま》みることができる。没後『三宅やす子全集』全五巻が刊行された。

参考文献 山崎朋子監修『日本のフェミニズム―日本女性の発言の歴史―』(叢書女性論別巻)、一九七七、大空社。岩見照代編『アンソロジー〈新しい〉女たち』、二〇〇二、ゆまに書房。沢山美果子「家庭という生活世界」(大門正克・安田常雄・天野正子編『近代社会を生きる』二〇〇三、吉川弘文館)。 (沢山美果子)

ミヤコちょうちょう ミヤコ蝶々 一九二〇―二〇〇〇 昭和・平成時代の漫才師、タレント。一九二〇年(大正九)七月九日、東京小伝馬町《こでんまちょう》生まれ。本名日向鈴子《ひゅうがすずこ》。芸の好きな父と義母が旅回りの一座を持ち、七歳の鈴子を座長にすえた。学校には行かず、両親から洋日舞・*三味線・漫才などを厳しく仕込まれる。吉本興行から声がかかり、二十二歳で都会の檜舞台《ひのきぶたい》を踏む。漫才界の先輩の三遊亭《さんゆうてい》柳枝《りゅうし》と結ばれ、柳枝劇団を結成し旅回りをしたのち別れる。ヒロポン中毒になるが、親身につきそってくれた弟子の鈴夫《すずお》と蝶々・トンボのコンビを組む。やがてトンボから改名した南都雄二《なんとゆうじ》と結婚。民間放送時代になり、一九五五年(昭和三十)から雄二と「夫婦善哉《めおとぜんざい》」に出演。実在の夫婦相手に大阪弁を生かしたトークで悩みや怒りを巧みに引き出し、二十一年間の人気長寿番組になる。テレビ、映画へと仕事も広がり大衆に好まれる漫才の味を生かした喜劇に新生面を開いた。二〇〇〇年(平成十二)十月十二日死去。著書に『蝶々女のらくがき』(一九七四年、海潮社)、『泣き笑い放浪星』(女の自叙伝、一九八五年、婦人画報社)がある。 (江刺 昭子)

みやこふうぞくかがみ 都風俗鑑 *仮名草子《かなぞうし》時代最後の作品。近世初期風俗本。序文に「花洛《からく》の遊民何之何氏拙《ゆうみんなんのなにうじせつ》者《しゃ》書」とあるが作者未詳。四巻四冊。天和元年(一六八一)三月刊。内題「都色欲大全《みやこしきよくたいぜん》」、柱《はしら》記「笑大全」とあり。改題本に『好色《こうしょく》はつむめ』(元禄十六年(一七〇三)刊)がある。島原《しまばら》など都の遊所の大略《たいりゃく》より始め、買手の側の諸分《しょわけ》・職業を持った女性の風俗・*男色・風呂屋女・茶屋女《ちゃやおんな》など遊里とは違った性風俗を描く。井原西鶴《いはらさいかく》の諸作品に影響を与える。 (牧田りゑ子)

みやこふうぞくけわいでん 都風俗化粧伝 佐山半七丸《さやまはんしちまる》著、文化十年(一八一三)板行の、日本ではじめて庶民女性を対象とした化粧書。構成は上・中・下の全三巻本。従来、*化粧情報は公家や*武家女性を対象とする有職故《ゆうそくこ》実《じつ》に基づいた化粧書を除けば、女性向け教養書である女《おんな》用物《ようもつ》中の一事項にすぎず、それも分相応の嗜《たしな》みとしての薄化粧を諭《さと》し、具体的化粧技術の記述はほとんどなかった。これに対して本書は「心と容儀《ようぎ》はもと一体」と精神

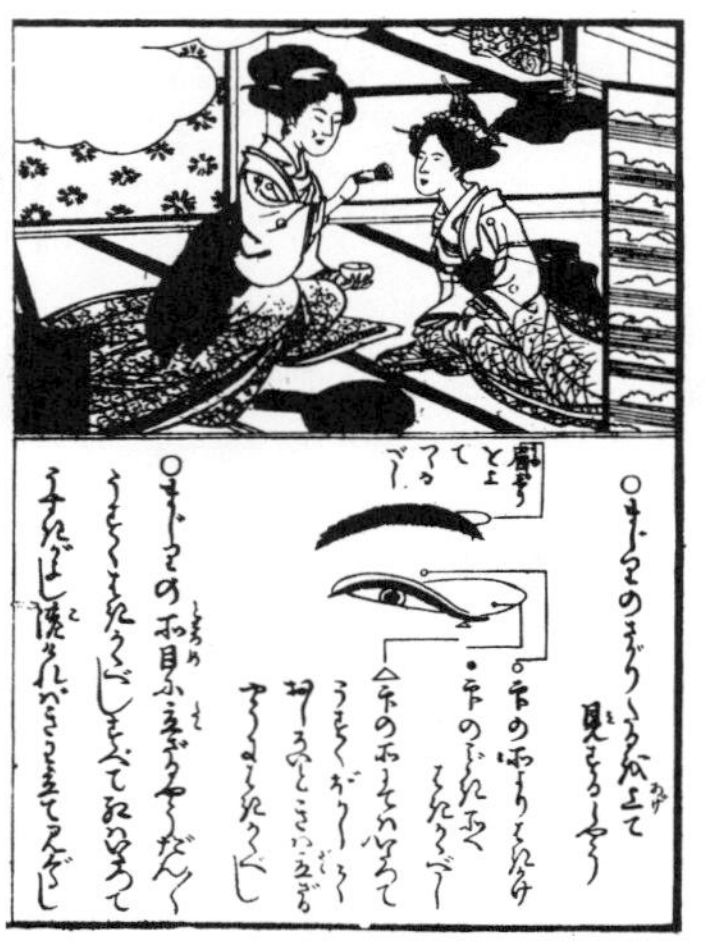

『都風俗化粧伝』顔面之部

の美と美貌《びぼう》を結びつけるとともに、化粧の工夫次第でどのような女性も美しくなれ、美人は玉の輿《こし》に乗ることも可能だと教えた。内容は肌や手足、髪の手入れ法、化粧による顔立ちの欠点補正法、着装による体型補正法、按《あん》摩《ま》により手足を細くする法など幅広い。本書がいかに女性たちに歓迎されたかは、一九二二年(大正十一)まで五回板を重ね、本書を引用する女用物も種々出回ったことがよく示す。文政《ぶんせい》二年(一八一九)には、同様に庶民女性を対象とする化粧書『容顔美艶考《ようがんびえんこう》』(並木正三著、浅野高造補)も板行される。『都風俗化粧伝』(高橋雅夫校注、東洋文庫、一九八二年、平凡社)に翻刻《ほんこく》されている。

参考文献 鈴木則子「江戸時代の化粧と美容意識」(『女性史学』一三、二〇〇三。

(鈴木 則子)

みやざ　宮座　〔中世〕主に明治以後の村落祭祀《さいし》の研究から生まれた学術用語。村の特権的な男性のみが着座して祭祀を行うという特徴を持つ。ただし祭祀に必要な供物《くもつ》などの物質的準備や具体的に祭祀を執行する責任者、これを頭《とう》や頭人《とうにん》などと呼ぶが、それは夫婦でなければならなかった。女性排除の原則は徹底していない。ところによっては男が女装して妻役を演じた事例もあるが、宮座の原則は、座は男、頭は夫婦、であったとみてよい。ではこのような形はいつからなのか、まず古代八世紀ごろをみよう。このころ村ごとに社《やしろ》があり、そこで行われる春秋の二度の大祭においては、ある一定の年齢以上の男女が着座し、彼らの前には年少者らによって準備された飲食の膳《ぜん》が備えられたという。すでにここに祭の座が重要な位置を占めて登場してくるが、着座する人々が一定年齢以上の男女であった点が、近代宮座との決定的な相違である。家や家を代表する家父長《かふちょう》(男)が成立していないことのあらわれであろう。では家成立後の中世ではどうかといえば、惣村《そうそん》の年頭の重要な神事において、村人の「座」と「女房座《にょうぼうざ》」とが確認され、女房座にも酒が提供されていた。男女別であったようだが、一定身分以上の女性たちの座が設けられていて、ここでも排除とはなっていない。中世では「童頭《わらわのとう》」や「*女性の物の頭《にょしょうのもののとう》」など、多彩な頭がみえる。「童頭」は民俗《みんぞく》学のいうヒトツモノ的な幼い子供、「女性の物の頭」は村人から選ばれた女性が神子《みこ》として御神体《ごしんたい》を動かしたり、湯立《ゆた》てなどの役割を演じた頭である。残念ながら夫婦の頭を直接示す中世史料はないが、男子結社《けっしゃ》を原則とする近代宮座においてもなお重要な神事執行者として夫婦の頭が存在しつづけたのをみれば、そしてまた近世ではこれら頭人夫婦が共同して神事執行している史料がみられることからも、中世では村人から選ばれた夫婦の頭を中心に、童の頭や女性の頭などが役割分担しながら村の祭祀を行なっていたといえよう。なお今も*女座《おんなざ》などと称される女性だけの神事を行う民俗事例があるが、それは*出産祈願《きがん》などに限定され、共同体の主要な祭とは別日である。惣村の要《かなめ》の神事に同座する女房座とは、まったく性格を異にするといえよう。

参考文献 関口裕子「日本古代の家族形態と女性の地位」(『家族史研究』二、一九八〇。河音能平「中世前期における女性の地位」(女性史総合研究会編『日本女性史』二、一九八二、東京大学出版会)。加藤美恵子「「女」の座から女房座へ―中世村落と母性―」(脇田晴子編『母性を問う』上、一九八五、人文書院)。義江明子『日本古代の祭祀と女性』(古代史研究選書)、一九九六、吉川弘文館。黒田弘子「中世前期の村落祭祀と女性」(『女性からみた中世社会と法』二〇〇二、校倉書房)。同「中世後期の村の女たち」(同)。

(黒田 弘子)

〔近世〕中世の宮座は惣村《そうそん》や荘《しょう》・郷《ごう》を単位に組織されていたが、近世には荘・郷の宮座も一部残りながらも、検地《けんち》の際の村切《むらぎり》により村域を画定され支配単位となった村にも鎮守《ちんじゅ》が設けられるに伴い、村宮座が数多く分立していった。村宮座の主導者と村役人は別の場合が多くなり、中世のように宮座が行政機能を担うことは少なくなった。中世の侍《さむらい》や名主《みょうしゅ》あるいは村を開発した草分百姓《くさわけびゃくしょう》の系譜《けいふ》を引く家が特権的な身分階層を形成し、近世を通じて宮座の構成員を独占していた例もみられるが、多くは一般百姓の成長に伴い、彼らも宮座に加わるようになっている。その場合でも、新参者《しんざんもの》は新座《しんざ》に組織され、本座の下位に位置づけられた例もある。中世には女性が座衆《ざしゅう》の家を継いだ場合には入座して、祭祀を主宰する頭役《とうやく》を勤めた例もみられるが、近世には女性当主は宮座から排除されるのが趨勢《すうせい》となった。中世・近世を通じ、女房座《にょうぼうざ》とか女座《おんなざ》と呼ばれる女性独自の座が組織され、男座《おとこざ》に付属していた例も存在する。

参考文献 安藤精一『近世宮座の史的研究』、一九六〇、吉川弘文館。高牧實『宮座と村落の史的研究』、一九八六、吉川弘文館。

(大藤 修)

みやじのれっし　宮道列子　?―九〇七　醍醐《だいご》天皇の外祖母。山城国宇治郡大領宮道弥益《うじぐんだいりょうみやじいやます》の女《むすめ》。藤原高藤《ふじわらのたかふじ》の室となり、宇多《うだ》天皇の*女御胤子《にょうごいんし》と定国《さだくに》・定方《さだかた》を産む。『*今昔物語集』二二に載せる説話によれば、列子は、鷹狩《たかがり》の折に雨宿りのため弥益の家に一夜泊まった高藤と出会う。数年を経て高藤が再訪した際に、列子が胤子を産んでいたことを知り、高藤は列子と胤子を引き取ったという。延喜《えんぎ》七年(九〇七)十月十七日死去。従三位。『延喜式』に「後小野墓、贈正一位宮道氏、在山城国宇治郡小野郷」とある。宮道氏の宅跡に建立されたのが勧修寺《かんしゅじ》である。

（岡村　幸子）

みやすどころ　御息所　天皇・上皇・皇太子の妻に対する呼称。「みやすんどころ」ともいう。早い時期の用例としては『広隆寺《こうりゅうじ》資財交替実録帳』の「深草(仁明)天皇女御従四位下藤原朝臣息子奉納(大使御息所)」や、『東大寺要録』所引の『恵運僧都記文《えうんそうずきぶん》』に「貞観三年四月廿五日、皇太后(仁明天皇女御・文徳天皇生母藤原順子)竝北御息所(文徳天皇女御藤原古子)剃レ頭出家」などがあり、平安時代前期にすでに御息所の称が使われていたことがわかる。御息所については、令《りょう》はもとより式《しき》その他にもこれに関わる規定があるわけではなく、そのためもあってか、古来その示すところについて多くの説がある。「更衣《こうい》を御息所と称する歟《か》」(『河海抄《かかいしょう》』)と*更衣の別称とする説や、更衣で皇子女を生んだ者をいうとする説、更衣および更衣以外で天皇の皇子女を生んだ女性をいうとする説、漢語である*女御・更衣に対する和語であるとする説等々である。実際の例をみると、村上天皇の更衣 源 計子《みなもとのけいし》が広《ひろ》幡《はた》御息所と呼ばれるなど更衣が御息所とされたことは多いが、先の用例をはじめとして女御で御息所と呼ばれた例も多い。皇子女のある女御・更衣が御息所と称された例も多数あるが、皇子女を生むことのなかった円融天皇の女御藤原遵子《じゅんし》なども弘徽殿《こきでん》息所と記されている。女御・更衣以外の高級*女官や*女房で御息所と呼ばれた女性もいるし、上皇や皇太子の配偶者の立場にある女性に対して使った例も多い。このようにみると、御息所は天皇や上皇・皇太子などとある程度の継続した*婚姻関係にある女性一般に対する汎称《はんしょう》であったということができるだろう。醍醐《だいご》天皇養母の皇太夫人*藤原温子《おんし》が大御息所と呼ばれているが、東宮の生母である女御が東宮女御と呼ばれたのと同じ用例とみられる。後期摂関期以降は、天皇の妻たちについていうことはほとんどなくなり、もっぱら皇太子や親王の妻、それも嫡妻《ちゃくさい》・正妻格の配偶者に対して使うようになった。

参考文献　宮内庁書陵部編『皇室制度史料』后妃四、一九九〇、吉川弘文館。増田繁夫「女御・更衣・御息所の呼称」(『源氏物語と貴族社会』二〇〇二、吉川弘文館)。

（並木　和子）

みやずひめ　宮簀媛　日本武尊《やまとたけるのみこと》の御妻《みめ》。美夜受比売《みやずひめ》とも記す。尾張氏《おわりし》の女《むすめ》。『*古事記』では、尾張国造《おわりのくにのみやつこ》の祖《みおや》とある。尊《みこと》は、尾張国で媛を娶《めと》り、そこで滞在したが、伊吹《いぶき》山《やま》(近江と美濃の境)の荒ぶる山神を鎮めにいくとき、媛の家に剣(『古事記』では草那芸剣《くさなぎのつるぎ》)を置いて出かけた。「尾張国風土記《ふどき》」逸文《いつぶん》には、この剣が神《あや》しき気があるのでそれを奉斎して社《やしろ》としたのが熱田社《あつたのやしろ》(『延喜式《えんぎしき》』神名上の熱田神社)であるとみえる。

参考文献　川副武胤『日本古典の研究』、一九八三、吉川弘文館。中西進『大和の大王たち』(古事記をよむ三)、一九八六、角川書店。

（小林　敏男）

みやづかえ　宮仕え　内裏《だいり》や貴族の家に出仕すること。国家支配システムとしての*律令制《りつりょうせい》には*女官《にょかん》制度があり、女性はその出身階層に応じてさまざまな労働の場を持っていた。宮仕えをする女性の中で、主として中級貴族出身で自分の局《つぼね》(部屋)が与えられた者を*女房《にょうぼう》という。中でも天皇の*乳母《めのと》に仕える女房を「内《うち》の女房」という。内裏は、権勢をふるった。しかしながら、男性官人とは昇進ルートも給与システムも別であり、男女が対等に働く場ではなかった。*中宮など天皇の后《きさき》に仕えるものを宮の女房と呼び、一条天皇中宮*藤原定子《ていし》、藤原彰子《しょうし》に仕えた*清少納言や*紫式部もその一人であった。摂関家をはじめとする貴族の家にも働く女性たちが多数おり、その身分にふさわしい労働、たとえば、食事への奉仕や*裁縫《さいほう》など生活を支える労働や、子女の教育や歌の代作など文化的労働に従事した。物語作者としてすでに名声を得ていた紫式部をスカウトするような例もあるが、女房勤めはその父や母あるいは夫が奉仕する家に採用されることが多い。紫式部らの華やかな宮廷生活が注目されるが、その一方で、女房は主人から性的関係を求められたり、自分の部屋に勝手に入られるなどプライバシーも守られず、女房同士のつきあいにも気を遣わねばならず、常に緊張を強いられるストレスの多い職場であった。『*枕草子』第二十四段おひさきなくに「宮仕えする人を、軽々しい人だと非難する男性は憎らしい」とあるように、男性に顔を見せねばならない宮仕えは貴族女性にとってつらいものでもあった。宮仕えの報酬《ほうしゅう》は定期ではなく、時々の禄《ろく》として絹や綿などが支給されたことが、記録にみえる。こうした禄以上に機能したのは、主人を核とする人脈を得ることで、宮仕えをする女性の夫や息子、娘の昇進や出世をもたらすことになった。

参考文献　服藤早苗『平安朝女性のライフサイクル』(歴史文化ライブラリー)、一九九八、吉川弘文館。京樂真帆子『平安京都市社会史の研究』、二〇〇七、塙書房。

（京樂真帆子）

みやべまん　宮部万　？―一七八八　江戸時代中期の歌人。上野《こうずけ》国高崎藩士浅井権右衛門の娘。同藩上級武士宮部義正《よしまさ》妻。歌人でもあった義正のすすめで冷泉《れいぜい》家に入門し、多くの歌を詠み、冷泉家に献納。また義正の蔵書を読み古典の造詣を深める。冷泉為村《ためむら》の依頼で『*源氏物語』を浄書《じょうしょ》し納める。上京七回を数える義正の留守中、家を守り、子義直《よしなお》の歌の指導につとめ、みずからも歌道に精進する。歌人としてだけでなく、古典の教養や堂上方《どうじょうがた》との交流の影響で、王朝文化への憧憬《しょうけい》が深まり、自分の歌を交えた王朝物語『木草物語《きぐさ》』春夏秋冬四巻を著わし、江戸時代の数少ない女性物語作者でもある。歌集は三種の『万女詠草《まんじょえいそう》』があり、いずれも自然の景観風物を詠んだものが大部分で、枕詞や掛詞、縁語を駆使した智巧《ちこう》的、作技的なものが多い。随想的な長い詞書《ことばがき》があるのも特徴。義正・万・義直の共詠集『三藻類聚《さんそうるいじゅう》』三巻や、万、晩年の十七年間の宮部家の日記ともいうべき『三藻日記』にも万の歌が多くみえる。

参考文献　徳田進『宮部万女の人と文学』、一九五四、高文堂出版。　（柴　桂子）

みやもとゆりこ　宮本百合子　一八九九―一九五一　大正・昭和時代の小説家。本名ユリ。東京生まれ。父は建築家中条精一郎《ちゅうじょうせいいちろう》、母は葭江《よしえ》。*日本女子大学校中退。十七歳のとき「貧しき人々の群」が坪内逍遙《つぼうちしょうよう》の推薦で『中央公論』に掲載され、これを機に作家としてスタート。一九一八年(大正七)父とともに渡米、コロンビア大学の聴講生となり、荒木茂《あらきしげる》と知り合い結婚。帰国後、荒木との結婚生活の軋轢《あつれき》そして離婚を描いた『*伸子《のぶこ》』を発表(一九二四―二六年『改造』に連載、二八年刊)。ロシア文学者*湯浅芳子《ゆあさよしこ》と共同生活をはじめ、一九二七年(昭和二)からともにソ連、ヨーロッパ諸国を旅行し、未来は社会主義にあると信じるようになり三〇年に帰国。ソ連紹介の文章を積極的に書いてプロレタリア作家同盟に加入し、さらに三一年には非合法の日本共産党に入党した。三二年宮本顕治《けんじ》と結婚したが、新婚二ヵ月で顕治は地下活動に入った。戦争中は厳しい弾圧と執筆禁止が続くなかで、『冬を越す蕾《つぼみ》』などの批判精神に満ちた評論を発表。顕治は三三年の検挙以後獄中にあり、百合子も度重なる検挙の合間を縫って顕治を支え、この間二人の間に交わされた書簡は、のちに『十二年の手紙』として刊行された。四一年十二月の五回目の検挙でも非転向を貫いたが、翌年夏巣鴨拘置所《すがもこうちしょ》内で熱射病のため人事不省となり執行停止で出獄した。戦後は民主的な文学運動の先頭に立ち、新日本文学会の創立メンバーとして『新日本文学』の創刊準備号に「*歌声よ、おこれ」を発表し、その後精力的に『播州《ばんしゅう》平野』『風知草《ふうちそう》』などを書いた。また日本共産党の再建や、*婦人民主クラブの創立など*婦人運動にも積極的に関わったが、四七年夏ころから体調を崩し、『道標《どうひょう》』を書きつづけながら、平和への発言も強めていった。一九五一年一月二十一日、誕生日を前にして、獄中の後遺症による髄膜炎菌敗血症《ずいまくえんきんはいけつしょう》のため急逝した。小説のほか、文学、社会、婦人、平和などのすぐれた評論を数多く残した。著作は『宮本百合子全集(新版)』全三十巻(二〇〇〇―〇四年、新日本出版社)にまとめられている。

参考文献　中村智子『宮本百合子』、一九七三、筑摩書房。多喜二・百合子研究会編『宮本百合子―作品と生涯―』、一九七六、新日本出版社。大森寿恵子『早春の巣立ち―若き日の宮本百合子―』、一九七七、新日本出版社。宮本顕治『宮本百合子の世界』、一九八〇、新日本出版社。　（折井美耶子）

宮本百合子

みや・やけ　宮・宅　古代における王族・豪族の*家産と*家政機関の経営単位。六世紀以降、有力な王族・豪族の男女は、それぞれが王権から承認された経営拠点たる宮・宅を経営し、主人と人格的な関係を取り結んだ中央・地方の中下級豪族らが貢納《こうのう》・奉仕関係により経営に参加した。そこでは、個々の王族・豪族の王権内部の地位・役職に応じて、貢納物資の集積・配分や王権と豪族をつなぐ人格的関係の再生産の場でもあり、国政機能を分担した。大王宮《だいおうきゅう》は「仕奉」と「貢納」の場として当時のヤマト王権の支配の中心であったが、それをとりまく王子宮《みこのみや》・妃宮《きさきのみや》といった王族の宮および豪族の宅《やけ》も、当時の支配構造において重要な役割を担っていた。大王宮への権力の集中度が弱い段階においては、有力な王族の宮および大夫《まえつぎみ》と称されるような有力豪族の居宅には未熟ながら家産と家政機関が存在し、中小伴造《ばんぞう》や部曲《かきべ》、名代《なしろ》・子代《こしろ》、奴《やっこ》などが貢納・奉仕をしていた。これらの拠点は王権のさまざまな機能を分担し、大王の全国支配体制の一翼を担っていたと考えられる。例示的に示すならば、炊屋姫大后《かしきやひめおおきさき》の別業《べつぎょう》であった「後宮(海石榴市宮《つばいちのみや》)」(『日本書紀』用明《ようめい》紀)、次期大王を議論し、蝦夷《えみし》を接待した蘇我蝦夷の「大臣家」(舒明《じょめい》紀・皇極《こうぎょく》紀)などがみえる。こうした分散的な権力構造に対応し、王子宮や豪族宅など「ツカサ」を経営する主体により構成された群臣会議により王権への結集を維持する構造になっていた。大王以外に王子や大臣が各自で新嘗《にいなめ》を行なったとあるのは(皇極紀)、支配機構が統一されていない状況に対応した儀礼である。王族や豪族のこうした政治的・経済的な支配拠点は一ヵ所にとどまらず、のちの畿内地域に複数ヵ所に維持経営されていたことは上宮王家《じょうぐうおうけ》や蘇我氏・物部《もののべ》氏・大伴《おおとも》氏などの例から確認される。しかしながら、土地と人の競合的な分有状態は部民・屯倉《みやけ》の量的な拡大を可能にしたが、大王への権力集中は間接的なものとならざるをえなくなる。大王宮への有力王族・豪族への朝参《ちょうさん》の強制がなされるようになることとも無関係ではない。一方、官僚制原理が卓越する*律令制下においても、上級の王族・貴族の家産と家政機関は位階秩序のもとで合法的に認められていた。ただし、宮号は天皇以外では天皇の代理で*伊勢神宮へ赴く*斎宮《さいくう》を除けば、正妻たる*皇后(および*皇太后・太皇太后)、唯一の皇位継承予定者たる皇太子に限定される。それに伴い旧来からの王子宮・妃宮の二極分解が進行する。つまり、天皇以外で宮経営を許されたのは皇太子と皇后に限定され、王子宮は内裏《だいり》内の東宮と京内の親王家・王家・王宅などに階層分解する。たとえば、長屋王家《ながやおうけ》は、法制上、職事三位《しきじさんみ》以上の位階官職を持つ二世以下の諸王家として位置付けられる。あくまで*木簡にみえる有名な「長屋親王宮」の称号は「長屋王家」家産機構内部の尊称であり、法制上の位置とは異なっている(長屋王家木簡)。

参考文献 仁藤敦史『古代王権と都城』、一九九八、吉川弘文館。同「「長屋王家」の家産と家政機関について」(『国立歴史民俗博物館研究報告』一一三)、二〇〇四。

(仁藤 敦史)

みょうかいに 妙海尼 一六八六?―一七七八 江戸時代中期の尼僧。赤穂義士《あこうぎし》堀部弥兵衛《ほりべやへえ》の娘、堀部安兵衛《やすべえ》の許嫁と自称し、浅野家主従の冥福を祈った。元禄十四年(一七〇一)に赤穂から出、十九歳の時長崎で尼となり妙海と号した。諸国を廻り、のち江戸に出て泉岳寺《せんがくじ》門前清浄庵に住む。主家再興の駕籠訴《かごそ》をくり返したという。年齢などから詐称していたと思われるが、尼の話を聞きにくる者は多く、諸侯に招かれることもあった。佐治為綱《さじためつな》『妙海語』(安永三年(一七七四))は妙海から聞いた話をまとめたものである。養子をとって堀部弥兵衛(弥惣次)と称させた。墓は泉岳寺にある。

参考文献 田口章子『おんな忠臣蔵』(ちくま新書)、一九九八、筑摩書房。

(椙山 聖子)

みょうきゅう 妙玖 一四九九―一五四五 戦国時代の*武家女性。吉川国経《きっかわくにつね》の娘。毛利元就《もうりもとなり》の妻となる。毛利隆《もうりたか》元《もと》・吉川元春《きっかわもとはる》・小早川隆景《こばやかわたかかげ》の三人の男子と、宍戸隆家《ししどたかいえ》室となった女子しんの母。三十年近くも早く元就に先立っているが、晩年に至るまで元就は折《おり》に触《ふ》れ妙玖を追慕《ついぼ》し、妙玖庵を作って菩提《ぼだい》を弔《とむら》っている。特に元就が子らに対して互いの結束を求める教戒《きょうかい》として、早くに亡くなったこの妻のことをしばしば引き合いに出していることは有名である。隆元・元春・隆景の三人の男子に宛《あ》てた書状では、元就は毛利氏を中心とした三人の結束の重要性を繰り返し説き、「妙玖ゑのミなの御とふらいも、御届《おとどけ》も、是《これ》ニしくましく候《そうろう》」と、死んだ母への供養もそれに勝《まさ》るものはないと述べている。それに対し、三人の子の側も連署《れんしょ》して、母妙玖の名を出し自分たちの結束を誓っている。また、宍戸氏に嫁いだ娘と元春の間柄についても、両者の仲の調停《ちょうてい》の大切さを説いて「妙玖草のかけの事も我等《われら》同前《どうぜん》たるへく候《そうろう》」と述べており、草葉《くさば》の陰《かげ》すなわち死んだ妙玖も自分と同じ思いであると訴えている。隆元と、吉川氏、小早川氏、宍戸氏という*婚姻と養子によって結ばれた兄弟の家は、現実には相互にさまざまな対立関係をはらんでおり、それに対し元就は心を砕いて兄弟に毛利氏を中心とする結束を訴え、その精神的紐帯《ちゅうたい》として子どもらの亡き母妙玖の存在を象徴的に利用していたことがうかがえる。その背景には、戦国時代武士の家において夫、父と並んで重要であった妻、母の役割があった。三人の男子や宍戸氏に嫁いだ娘にまで意見をしなければならないことに疲れたと訴える元就は、「内《うち》をは母親を以而《もって》おさめ、外《そと》をは父親を以而治候と申金言《もうすきんげん》、すこしもたかハす候《そうろう》までにて候《そうろう》」と述べている。内を母親、外を父親が治めるという金言は少しもたがわないというのである。家内を統括・管理し、家の次代を担う子どもの教育者として妻、母を位置づけており、戦国時代武家の*性別役割分担と女性役割の重要性についての認識が知られよう。

参考文献 三卿伝編纂所編『毛利元就卿伝』、一九八四、マツノ書店。田端泰子『日本中世の女性』(中世史研究選書)、一九八七、吉川弘文館。同「戦国期女性の役割分担」(女性史総合研究会編『日本女性生活史』二、一九九〇、東京大学出版会)。

(西尾 和美)

みょうじ 名字 〔古代―近現代〕 先祖代々継承される家の名前。苗字とも書く。鎌倉時代以前においては氏《うじ》と呼ばれる族集団の名、すなわち源・平・藤原・橘《たちばな》といった*氏名《うじな》(姓)が広範に用いられていたが、これに対し鎌倉時代から室町時代にかけて、次第に一般化する名字は、氏名ではなく*家名《かめい》としての役割を果たした。氏名としての姓の語と、家名としての名字の語は、今日では混用されているが、両者の混用は、氏名の使用が法的に禁じられた明治時代前期以降ははなはだしくなった(実際には江戸時代にも混用されることがあった)。では、姓と苗字の違いはどのあたりにあるか。第一に、姓は国家が上から制定したものであるのに対し、名字は下から自然発生的に成立したものだといえる。第二に、姓は天皇から与えられる公的な名なのに対し、名字は本来的には私称する名だとみなせる。第三に、姓は氏の名(氏名)なのに対し、名字は家の名(家名)である。一般に、名字は㈠居住地名や官職名を冠した通称の使用→㈡その通称の父子継承→㈢名字としての定着、といった過程を経て成立するといわれているが、加藤晃《あきら》によると、㈡から㈢へ移行するに際しては、*財産相続の形態が分割相続より嫡男《ちゃくなん》単独相続へと変化し、その財産(*家産《かさん》)を基礎として、世代を超えて永続する家が確立していなければならないとのことである。つまり、㈠と㈡の段階は、いまだ個人レベルの名にとどまっており、一方㈢はあくまでも家という集団の名だといえる。こうした家が成立した時期を、加藤は十四世紀の南北朝時代に求めるが、実際のところ鎌倉時代の武士の場合、北条氏にしてみても、北条なる名を代々継承した形跡はなく、北条をもって名字とはみなしえないと加藤は断言する。ところで、庶民の場合、江戸時代は「名字・帯刀」禁止であり、明治時代以降になって、ようやく名字を名のれるようになったとする説が流布しているが、その点はどうだろうか。それについては洞富雄《ほらとみお》・豊田武らの研究によって、近世の庶民は公的な書類や武士の面前で名字を用いることはできなかったものの、一部の下層民や新興の住民を除くと、村の中では名字を私称していた事実が明らかになった。さらにさかのぼって室町時代においても、たとえば京都の北方に位置する丹《たん》波国山国荘《ばのくにやまぐにのしょう》の場合、多くの村人が名字を使っており、そのうちのかなりの部分は、今日に至るまで継承されているが、この事実はこれらの名字を名のる家々が、五百年以上の長きにわたって永続していることを意味する。中世史料に庶民の名字が記されている実例は、他の地域ではそれほど多くは見あたらないが、おそらく、大なり小なり山国荘のケースと同様のことがいえるのではなかろうか。もちろん、武士にあっては遅くとも南北朝時代の段階には、名字の使用が一般化した。また、貴族の場合も鎌倉・室町時代を通じて藤原氏といった氏名のほかに、京中の地名や官職名をもとにした家名を用いるようになった。

参考文献　洞富雄『庶民家族の歴史像』、一九六六、校倉書房。豊田武『苗字の歴史』(中公新書)、一九七一、中央公論社。加藤晃「日本の姓氏」(井上光貞他編『東アジアにおける社会と習俗』一九八四、学生社)。井戸田博史『「家」に探る苗字となまえ』、一九六六、雄山閣出版。坂田聡『苗字と名前の歴史』(歴史文化ライブラリー)、二〇〇六、吉川弘文館。
(坂田　聡)

〔アイヌ〕もともとアイヌは個人名のみをもち、家系をあらわす名はなかったが、明治四年(一八七一)の戸籍法により日本人として登録されることになって名字が創出された。戸籍作成のときにどのように名字がつけられていったかについて詳細はわからないが、地方官吏《かんり》の裁量によるらしい。集落全体が地名にちなんだ同一の名字になったり、縁のある和人の名字をつけたり、決まりはなかった。その過程で、親子や兄弟姉妹で名字が異なる場合もあった。
(児島　恭子)

みょうしょう　妙性　?―一三五一?　鎌倉時代末から南北朝時代初めの若狭国《わかさのくに》太良荘《たらのしょう》の*預所《あずかりしょ》。藤原氏女《ふじわらのうじのにょ》と称した。祖父は同じく太良荘預所であった定宴《じょうえん》、その跡を継いだ母浄妙《じょうみょう》(*東山女房)から正応《しょうおう》三年(一二九〇)に預《あずかり》所職《しょしき》を譲与され、領主東寺から補任状《ぶにんじょう》を得ている。陰陽《おんみょう》師《じ》家の賀茂《かも》氏と婚姻して京都に拠点を置いていた。正安元年(一二九九)秋、年貢公事《くじ》収納のためみずから現地に下向した際には、百姓らから新儀の非法として、未進催促の間の長期間の雑事役、輿舁《こしかつぎ》役、預所田地の耕作役などの賦課を訴えられたのに対して、祖父の代の荘家安堵《あんど》の事績をあげて百姓の不忠を非難している。南北朝時代の太良荘預所職は、荘内に預所が保有してきた田畠《でんばく》からの収納や交分《きょうぶん》などを合わせた得分権となり、実際の荘務の遂行とは乖離《かいり》していたと考えられる。妙性はこの預所職を嫡子《ちゃくし》賀茂定有《かものさだあり》に譲与し、観応《かんのう》元年(一三五〇)の定有死去後はその猶子《ゆうし》定夏《さだなつ》が継いだ。同二年四月、妙性は領主の承諾を得てその中から米・魚等の得分を割き分け、娘むめ(大進局《だいしんのつぼね》)に譲り渡している。ところが七月になって、孫定夏の祖母に対する孝養《きょうよう》がおろそかであるとして預所職を悔い返し、新たにむめに譲与した後まもなく死去した。母浄妙・妙性・娘むめと太良荘預所職は「代々女々相伝の所」(『東寺百合文書《とうじひゃくごうもんじょ》』ツ函)といわれた。

参考文献　網野善彦『中世荘園の様相』(塙選書)、一九六六、塙書房。松浦義則「南北朝期の若狭太良荘と守護支配」(『福井県史研究』四)、一九八六。網野善彦『海の国の中世』(平凡社ライブラリー)、一九九七、平凡社。
(髙橋　敏子)

みょうぶ　命婦　*女官の一つ。「ひめとね」とも読む。『日本書紀』仁徳《にんとく》天皇四十年是歳条に「新嘗《にいなめ》の月に当りて、宴会《とよのあかり》の日を以て、酒《おほみき》を内外命婦《ひめとね》等《たち》に賜ふ」(原漢文)とみえる。『令義解《りょうのぎげ》』職員令中務省条《しきいんりょうなかつかさのしょうじょう》に、婦人でみずから五位以上を帯びる者を内命婦《ないみょうぶ》といい、五位以上の官人の妻を外命婦《げみょうぶ》というとあり、後者も朝参を許されている。この制は古代の中国に由来するが、『周礼《しゅうらい》』天官の注に「内命婦は九嬪《きゅうひん》、世婦《せいふ》、女御《にょうご》を謂《い》ふなり、外命婦は卿大夫《けいだいぶ》の妻を謂ふなり」(原漢文)とみえ、内命婦が后妃《こうひ》として扱われている点は、それを女官として定める日本の令制とは異なる。ちなみに『令義解』後宮職員令宮人《くにん》条によれば、宮人とは「婦人仕官の惣号《そうごう》なり」(原漢文)とあり、十二司所属の女官はすべて宮人であるから、命婦を含む女官の総称が宮人であったことになる。しかし『*令集解』禄令《ろくりょう》宮人給禄条の問答によれば、「六位以下を宮人と称し、五位以上は命婦と称す」(原漢文)と区別されている。また『令義解』衣服令《いぶくりょう》をみても、内命婦条に、内命婦の*礼服として、「一位は礼服の宝髻《ほうけい》、深き紫衣《しい》、蘇芳《すほう》深き紫の紕《ひの》帯《おび》(中略)三位以上は(中略)四位は(中略)五位は(下略)」「外命婦は夫の服色より以下任《まま》に服せよ」(原漢文)とあり、同じく制服条《せいふくじょう》に「宮人は深き緑より以下兼ねて服することを得よ(中略)もし五位以上の女は(下略)」(原漢文)と明確に命婦と宮人を区別している。さらに『延喜式《えんぎしき》』宮内省神今食小斎条《じんこんじきしょうさい》にも「命婦已下宮人已上卅人(命婦十人、宮人廿人)」、同じく供奉新嘗小斎条《ぐぶにいなめしょうさい》にも「命婦已下宮人已上卌四人」とある。古くは、命婦を含む全女官を宮人といったのであろうが、平安時代には命婦が宮人より上の女官として区別されている。命婦は官名で呼ぶもの、*氏名で呼ぶものいろいろある。醍醐《だいご》天皇の『延喜御記《ぎょき》』延喜十五年(九一五)逸文《いつぶん》によれば、神今食の際、内侍《ないし》に障があるので命婦をその代としている。毎年の朝賀《ちょうが》や代始の即位式など、天皇に近侍《きんじ》して奉仕する褰帳《けんちょう》命婦・威《い》儀《ぎ》命婦、また春日祭《かすがさい》の*博士《はかせ》命婦や、五節《ごせち》・立春などの五節命婦・水取《もいとり》命婦など、神事や年中行事に奉仕することが多い。みずからの官職や父・夫にちなむ官職から、中《ちゅう》将《じょう》命婦・中務《なかつかさ》命婦・侍従《じじゅう》の命婦・衛門《えもん》の命婦・少弐《しょうに》命婦などと称され、やがて固有名詞化していく。なお『禁秘《きんぴ》抄《しょう》』には、命婦を*中臈女房《ちゅうろうにょうぼう》と称している。

参考文献　和田英松『(新訂)官職要解』(講談社学術文庫)、一九八三、講談社。浅井虎夫『(新訂)女官通解』(講談社学術文庫)、一九八五、講談社。
(所　京子)

みょうりんに　妙鱗尼　生没年不詳　戦国時代の武家の女性。豊後《ぶんご》大友《おおとも》氏の家臣で義鎮《よししげ》、義統《よしむね》に仕えた吉岡鑑興《よしおかあきおき》の妻。林左京亮《はやしさきょうのすけ》の娘。天正《てんしょう》六年(一五七八)、日向高城《ひゅうがたかじょう》の合戦で夫らが戦死すると、落飾《らくしょく》して妙鱗尼と称し、*後家《ごけ》として孫の*家督相続《かとくそうぞく》を後見《こうけん》した。天正十四年には同女が留守を預かる鶴崎城《つるさきじょう》を島津《しまづ》軍に囲まれ、中心になって籠《ろう》城《じょう》した。一旦《いったん》は和議《わぎ》を結ぶが、翌年豊臣秀吉の九州出陣を知ると、策謀《さくぼう》を巡らし薩摩《さつま》に撤退する島津軍を急襲《きゅうしゅう》して大きな功績をあげた。

参考文献 芥川竜男編『大友宗麟のすべて』、一九八六、新人物往来社。 （西尾 和美）

ミル、ジョン＝スチュアート John Stuart Mill ⇩女《じょ》性《せい》の解放《かいほう》

みわたまさこ 三輪田真佐子 一八四三―一九二七 明治・大正時代の教育者。「国家主義的」な*良妻賢母《りょうさいけんぼ》主義思想（儒教的倫理観、性別役割分業観に国家的価値を付与した思想）の代表的論客。京都の儒学者の子。*梁川星巌《やながわせいがん》に漢学詩文を師事。息子のない両親の嘆きを聞き、女性でも努力すれば学者になれると勉学に励み、幼時より漢学の才を発揮した。岩倉具視《いわくらともみ》の内殿侍講《ないでんじこう》を務め、三輪田元綱《もとつな》と結婚。夫と死別後、松山に明倫学舎《めいりんがくしゃ》設立。一八八七年（明治二十）東京神田に翠松《すいしょう》学舎を開設、その傍ら東京音楽学校・*日本女子大学校・東京女子高等師範学校などで教鞭《きょうべん》を執《と》る。一九〇二年東京麹町《こうじまち》に三輪田女学校を創立し、良妻賢母の育成を目指した。*愛国婦人会・日本弘道会・大日本婦人教育会などの団体にても活躍。著書に『女子の本分』『女子教育要言』（『近代日本女子教育文献集』四所収、一九八三年、日本図書センター）ほかがある。雑誌『*女鑑』（一八九一―九八年、全百五十号、国光社）に多数の論文を発表している。

三輪田真佐子

参考文献 三輪田真佐子先生五十年祭記念出版会編『梅花の賦―三輪田真佐子伝―』、一九七。影山礼子「『女鑑』に見られる「良妻賢母」―三輪田真佐子の女子教育思想―」（『成瀬仁蔵の教育思想』一九九四、風間書房）。 （影山 礼子）

みんかどうもうかい 民家童蒙解 江戸時代中期の俳人常磐《ときわ》貞尚《さだなお》（潭北《たんぼく》）の著作。巻上二冊・巻下二冊・巻三附録から成り、貞尚が関東各地を巡講した庶民教化の数々を、享保《きょうほう》十九年（一七三四）輯録《しゅうろく》し、元文《げんぶん》二年（一七三七）京都の西村市郎右衛門・江戸の西村源六の書林から刊行された。また、天明《てんめい》元年（一七八一）には京都の書林勝村治右衛門・梅村三郎兵衛から再板されたが、この書の後刷りに『民家分量記続篇《みんかぶんりょうきぞくへん》』の書名が付された。農家を念頭にした修身・斉家《せいか》・道徳的訓戒を説く。婦人の項では、妻の役目として子孫相続、家の保守、舅姑《しゅうとしゅうとめ》への奉仕、日々の給仕などのほか、淫乱《いんらん》を遠ざける幼少期の*女子教育、貞女《ていじょ》の道、夫への従順など儒教的徳目を細かに教導する。『栃木県史』史料編近世八（一九七七年）、『近世庶民教育思想』処世・教訓下（日本教育思想大系七、一九七九年、日本図書センター）に所収、また『子育ての書』二（山住正己・中江和恵編注、東洋文庫、一九七六年、平凡社）に一部抜粋。 （長島 淳子）

みんかんせいよう 民間省要 江戸時代中期、東海道にあった川崎宿の名主・本陣・問屋役を勤めた田中休愚《たなかきゅうぐ》が自身の経験をもとにまとめた経世論《けいせいろん》。全十七巻から成り、乾《けん》之部七巻・坤《こん》之部八巻・目録一巻、口伝《くでん》巻一巻に分かれ、その内容は、宿駅の損益や*飢饉《ききん》、凶作対策、賦税《ふぜい》、治水、農民の負担、鷹場《たかば》、普請《ふしん》、地主と小作・用水・信仰・交通など、広範囲にわたって独自の経世論が展開されている。しかも、休愚自身、民間人としての立場から、経済の主導は民間からという方針に基づいて執筆している。在野を貫いた民衆の気迫が感じられる名著である。地方役人の不正を糾弾《きゅうだん》し、地方政策を積極的に推進するなど幕府政治への意見書ともいうべき性格のものである。かつて『日本経済叢書』『日本経済大典』に活字化されたが、現在入手困難である。底本としては、平川《ひらかわ》家に伝わるものと本家のものが現存するが、もっとも新しいものとしては、平川家本を底本とした『（新訂）民間省要』（村上直校訂、一九九六年、有隣堂）が刊行されている。 （宇佐美ミサ子）

ミンビあんさつ 閔妃暗殺 一八九五年（明治二十八）十月八日、朝鮮王朝第二十六代高宗《コジョン》の皇后閔妃が、日本人武装グループに殺害された事件。乙未《いつび》の変ともいう。朝鮮は、三国干渉を契機に、日清戦争以来朝鮮の内政に深く関与してきた日本を排除し、独自的な改革路線を模索するためにロシアと結託した。日本公使三浦梧楼《みうらごろう》はこの反日気運の中心人物である閔妃を暗殺するために、岡本《おかもと》柳之介《りゅうのすけ》の指揮のもと安達謙蔵《あだちけんぞう》ら日本軍人・浪人たちを景《キョン》福宮《ポックン》に乱入させた。彼らは閔妃を惨殺し、死体を陵辱《りょうじょく》した上石油をかけて焼いた。三浦は朝鮮軍隊の内紛を装ったが、宮内にいたアメリカ人とロシア人に目撃され列国の強い非難を受ける。日本政府は三浦公使らを召還して、広島で軍法会議と裁判などに付されたが、いずれも証拠不十分で全員無罪か免訴になった。日本のこうした凶行で朝鮮全国では反日義兵隊が結成され闘争が巻き起った。景福宮の奥深く遭難碑が建っている。

参考文献 山辺健太郎『日本の韓国併合（改装版）』、一九七〇、太平出版社。朴宗根『日清戦争と朝鮮』（歴史学研究叢書）、一九八二、青木書店。角田房子『閔妃暗殺』（新潮文庫）、一九九三、新潮社。 （金 眞琡）

みんぽういでてちゅうこうほろぶ 民法出デヽ忠孝亡ブ 一八九〇年（明治二十三）公布の旧民法施行の延期をめぐって行われた*民法典論争で、延期を主張する穂積八束《ほづみやつか》が、一八九一年に『法学新報』に発表した論文。そのセンセーショナルな表題は、人々に訴えかけ、延期派の勝利を導いた。憲法学者であった彼は「私法家ハ個人平等ノ極端ニ渉《わた》リテ社会ノ秩序ヲ害」しやすい、とまず述べ「一男一女情愛ニ由《よ》リテ其居ヲ同フス」のが「耶蘇教《やそきょう》以後」の家で、民法はこの主義によるものであり、祖先教の

「我国固有」の家制ではない、と民法を非難した。またこの民法が定めている家は「一男一女ノ自由契約(婚姻)」という「冷淡ナル思想」であるが、「婚姻ニ由リテ始メテ家ヲ起スニアラス家祠《かし》ヲ永続センカ為ニ婚姻ノ礼ヲ行フナリ」などとの激しい言葉を述べた。しかし、これらは旧民法第一草案にはある程度当てはまるものではあったが、旧民法では、*家制度が強化されていたのである。（白石　玲子）

参考文献　潮見俊孝・利谷信義編『日本の法学者』、一九五五、日本評論社。

みんぽうかいせい　民法改正　*日本国憲法施行に伴い、民法親族編・相続編が憲法一三条・一四条・二四条に抵触《ていしょく》するため全面的に改正、一九四七年(昭和二十二)十二月二十二日改正民法(法律二二二号)公布、一九四八年一月一日施行。憲法の国会審議中家族生活規定は保守派の反発非難を浴びたが、政府は新憲法と家族制度は矛盾《むじゅん》しない、民法で不都合はないようにするからと説明して逃げ切った。一九四七年七月民法の一部を改正する法律案が新憲法下の第一回国会に提出された。中心は家族制度の廃止にあった。保守派は執拗頑強《しつようがんきょう》に反対した。進歩派の起草委員側は、*明治民法が現実の家族生活とずれているので、法律上の家族制度は廃止するが道徳上の家族制度を廃止するのではない、家族紛争解決に家事審判所(一九四九年*家庭裁判所)を新設する、と説明して成立の運びとなった。この間、一九四七年四月公布の「日本国憲法の施行に伴う民法の応急措置に関する法律」(法律七五号)が、新民法施行までの間隙《かんげき》を埋めた。民法の改正によって、「家」、戸主、*家督《かとく》相続、親族会議は廃止され、成人の結婚は両性の合意のみで成立し、姓は夫婦のどちらのものでもよく、住居も夫婦協議で決めることができ、*戸籍は夫婦単位で新設されることになった。妻の無能力規定は廃止され、夫と対等になり、*離婚も自由、離婚理由も平等になった。離婚に伴う子の扱いは子の利益が優先され、父母の協議で決められ、離婚にあたっては財産分与請求規定ができ、*財産相続は*均分相続で*男女平等になった。民法改正に伴い、戸籍法も全面改正され、刑法一八三条*姦通罪《かんつうざい》条項も両性の平等原則と矛盾するため削除された。これ以後国連婦人の十年の間に、離婚しても*婚姻中の氏を使える改正、配偶者の相続分を三分の一から二分の一への改正、両系主義へ*国籍法・戸籍法の改正が成立した。さらに一九九一年(平成三)法制審議会で民法改正審議を開始、一九九六年総会で民法一部改正法案要綱を決定、婚姻最低年齢、再婚禁止期間、夫婦の氏を同姓・別姓選択できる、*婚外子《こんがいし》の相続分を婚内子《こんないし》と同等に等が主要な問題点だが、二〇〇六年現在懸案《けんあん》事項のままである。

参考文献　我妻栄編『戦後における民法改正の経過』、一九五六、日本評論新社。湯沢雍彦編『日本婦人問題資料集成』五、一九七六、ドメス出版。市川房枝監修『戦後婦人界の動向―婦人の民主化を中心として―(再版)』、一九八四、不二出版。（伊藤　康子）

みんぽうかいせいとうしん　民法改正答申　一九九一年(平成三)一月の着手以来、五年の歳月をかけて審議され、一九九六年二月に法務大臣に答申されながら棚上げ状態となった*民法改正要綱《ようこう》をいう。*日本国憲法第二四条に基づいて一九四七年(昭和二十二)全面的に改正された現行民法には、日本国憲法の人権条項や女性差別撤廃《てっぱい》条約の理念にてらし、明らかに抵触《ていしょく》する条文が散見される。それらは、男女間の婚姻適齢において二歳の年齢差を設ける第七三一条、女性にのみ六ヵ月の再婚禁止期間を課す第七三三条一項、夫婦に同氏を義務づける第七五〇条などである。一九八〇年代後半にはいわゆる「*夫婦別姓」選択制を導入する民法改正の要求も高まってきた。国連の女子差別撤廃委員会からも日本民法に残る性差別を指摘する勧告を受けた。こうした国内外からの要請を背景とし、法制審議会民法部会の身分法小委員会が、大規模な民法改正作業に着手し、一九九二年十二月に発表した「中間報告(論点整理)」について、全国の裁判所、法曹《ほうそう》関係団体、研究者などから寄せられた意見集約が翌年十一月に公表され、そこでは夫婦別氏を認める意見が多数を占めた。九四年七月、審議結果の大綱《たいこう》が、「婚姻制度等に関する民法改正要綱試案」として公表された。この段階で、*婚外子《こんがいし》の相続分(民法九〇〇条四号但書)の変更が、東京高裁違憲決定(九三年六月二十三日)を受けて追加され、要綱試案における主な懸案《けんあん》事項は、次の五つの柱とされた。㈠女性の婚姻最低年齢の引上げ(十六歳を十八歳に引き上げ、*男女平等に)、㈡女性の再婚禁止期間の短縮(六ヵ月を百日に)、㈢選択的夫婦別氏制の導入、㈣裁判離婚において*離婚を認める場合の原因の追加(「五年別居(共同生活の不存在)」で離婚を認める)、㈤婚外子の相続分の変更(婚外子の相続分(二分の一)を婚内子と同等に)である。一九九五年、要綱試案「中間報告」のあと、九六年に法制審議会民法部会が「民法の一部を改正する法律案要綱」を取りまとめ、民事行政審議会が、別氏夫婦も戸籍編製は夫婦・親子単位とする答申を提出した。続いて、法制審議会が民法改正要綱を法務大臣に答申した。ところが、国会議員の中にも保守系議員を中心に「夫婦別姓は家族の一体感を損う」として民法改正に真っ向から反対しそれを阻止《そし》しようとする動きがあり、片や党派を超えて議員立法の形で民法改正を実現したいという一部議員の動きが数回試みられたが、それも実現しなかった。こうして、民法改正答申は法案提出もなされないまま、店晒《たなざら》し状態で現在に至っている。（星野　澄子）

参考文献　利谷信義『家族の法(第二版)』、二〇〇五、有斐閣。

みんぽうかいせいようこう　民法改正要綱　*明治民法改正のための要綱。一九一九年(大正八)の*臨時教育会議建議中「我国固有ノ淳風美俗《じゅんぷうびぞく》ヲ維持シ法律制度ノ之ニ副《そ》ハサルモノヲ改正スルコト」を受け、同年臨時法制審議会が設置され、「現行民法中我国古来ノ淳風美俗ニ副ハサルモノアリト認ム之カ改正ノ要領如何《いかん》」との諮問《しもん》がなされた。このように*「家」制度の強化を求めるところから出発したが、他方、当時の現実の家族関係の変化に対応しようという側面もある「民法親族編中改正ノ要綱」(一九二五年)、「民法相続編中改正ノ要綱」(一九二七年(昭和二))が決議され、そのなかで、妻・女性の地位も改善。具体的には、㈠*庶子《しょし》の入家に妻の同意を要件、㈡妻の無能力に関する規定を廃止し、能力を適当に拡張、㈢夫婦財産について夫による管理共通制を廃止し、現行民法と同様の夫婦財産別産制を採用し、妻の財産権を向上、㈣裁判上の離婚原因について、「妻カ姦通《かんつう》ヲ為シタルトキ」に対して「夫カ姦淫罪《かんいんざい》ニ因《よ》リテ刑ニ処セラレタルトキ」と著しく不平等であったのを「夫ガ著シク不行跡《ふぎょうせき》ナルトキ」と緩和《かんわ》、㈤離婚後の扶養《ふよう》義務、㈥母の*親権行使についての制限を緩和、㈦*女戸主《こしゅ》が入夫婚姻をすると*家督《かとく》相続が行われ、入夫が戸主となるとしていたのを、「反対ノ意思表示ナキ限リ」家督相続はされず、妻が戸主に留まること、㈧遺産相続(戸主以外の家族が死亡したときに行われる相続)において、直系卑属《ひぞく》がいない場合のみ配偶者は相続人になれるとしていたのを、配偶者は直系卑属と同一順位の相続人としたこと、㈨家督相続において、嫡出《ちゃくしゅつ》女子よりも庶男子を先順位としていたのを、嫡出女子を優先、などが挙げられる。㈠については激論となり、採決は可否同数で、議長平沼《ひらぬま》騏《き》一郎《いちろう》の賛成でかろうじて成立。㈦は一九一四年戸籍法で既成事実であったのを民法上も規定しようとするものであった。また、分家を容易にしたことで、「家を小さくして固くする」ものと評価されている。

参考文献 我妻栄『家の制度―その倫理と法理―』、一九四八、酣燈社。磯野誠一「民法改正」(鵜飼信成他編『講座日本近代法発達史』二、一九五八、勁草書房)。

(白石 玲子)

みんぽうてんろんそう 民法典論争 一八九〇年(明治二十三)公布の旧民法の施行をめぐって行われた論争。一八八八年の民法第一草案は、*家族に関する人事編、獲得編第二部(相続・夫婦財産制)については日本の慣習を取り入れるため、他の編にはお雇い外国人が草案作製に関わったのに対して、日本人の熊野敏三《くまのびんぞう》などが草案を作製したが、フランス民法の影響により、ある程度個人主義的な性格をもった。それを司法関係者などに諮問《しもん》し、その意見に基づき作られた法律取調委員会による再調査案は、個人主義を排し*家制度に戻るものであった。その後編纂《へんさん》された旧民法は、相続を「財産取得編」に規定したことが批判された。しかし、その規定する内容は、戸主《こしゅ》の地位と財産を単独相続する*家督《かとく》相続と、戸主以外の家族の死亡による遺産相続の二制度に分け、家督相続においては第一順位は長男であり、嫡出《ちゃくしゅつ》女子よりも庶男子が優先されていて、女性の地位という点ではのちの*明治民法と共通するものであった。むしろ、遺産相続において、明治民法が直系卑属間の*均分相続としたのに対して、旧民法は家督相続と同一の順位としていた点では、女子に不利であった。一八八九年の法学士会の「法典編纂ニ関スル意見書」がきっかけとなり、断行派と延期派の法学者の間で大論戦が行われ、帝国議会で採り上げられることとなって、政界でも大激論が闘わされ、一八九二年五月二十八日に貴族院で、衆議院でも六月十日に施行延期案が可決された。大きな影響を与えたのは一八九一年の穂《ほ》積八束《づみやつか》の「*民法出《い》デヽ忠孝亡《ちゅうこうほろ》ブ」というセンセーショナルな表題の論文であったが、彼の意見は第一草案にはあたっていても旧民法にはあたるものではなかった。女性の権利に関しては、第一草案から旧民法に至るなかですでに大きく後退していた。今日でも問題とされている女性の再婚禁止期間については、第一草案は四ヵ月であったのが旧民法では六ヵ月とされ、それは明治民法から現行民法にまで引き継がれている。父母の婚姻同意権についても、第一草案が未成年者にのみ求めたのを、旧民法は年齢にかかわらず要件とし、明治民法は男子三十歳、女子二十五歳まで要するものとした。また、第一草案は婚姻の効果として「夫婦ハ互ニ信実ヲ守」ることを規定し、その義務違反である「姦通《かんつう》又ハ太甚《はなはだ》シキ不行跡《ふぎょうせき》」を裁判離婚の離婚原因とした。これは夫婦平等なものであった。しかし、旧民法は「夫ノ姦通ハ刑ニ処セラレタル場合ニ限ル」と夫婦間の不平等を規定し、この不平等は明治民法に「妻カ姦通ヲ為シタルトキ」「夫カ姦淫罪《かんいんざい》ニ因《よ》リテ刑ニ処セラレタルトキ」と引き継がれた。このように、激しい大論争が行われた民法典論争であったが、女性の地位に影響は与えなかった。ただ、「戸主及ヒ家族」章が旧民法では第十三章と後であったのが、明治民法では親族編第二章におかれたことは「家」を強化するものであった。

参考文献 星野通編著『民法典論争資料集』、一九六九、日本評論社。熊谷開作『日本の近代化と「家」制度』、一九八七、法律文化社。

(白石 玲子)

む

むえんのげんり　無縁の原理　網野善彦《あみのよしひこ》が提唱した人類史の基本原理。網野は中世に広範に見うけられた無縁の場（寺院・道路・市場・河原・山林など）、あるいは無縁の人々（遍歴する商人・*職人・芸能民など）の特質として、主従関係や*親族関係をはじめとする世俗の私的な縁と切れている点をあげ、このような状況を身寄りのない惨《みじ》めな境遇として消極的に位置づけるのではなく、むしろ無縁の場をもって、有主（私的所有）・有縁の世界の私的隷《れい》属《ぞく》から解放された、自由で平和なアジールの場（避難所）として積極的にとらえ返そうとする。さらに、網野は従来の歴史学が重視してきた有主・有縁の世界の対極に、こうした無主（無所有）・無縁の共同体的な世界を位置づけ、原始社会においてはあまりに自明すぎて無縁の原理は自覚されえなかったが（「原無縁」の状態）、時代の進展とともに有主・有縁の原理と無主・無縁の原理とのせめぎ合いが強まり、中世、特に室町時代には無主・無縁の原理の自覚化が進むこと、江戸時代以降、無主・無縁の原理は有主・有縁の原理に圧倒されて衰退の一途をたどり、*縁切り寺等にその強靭《きょうじん》な生命力の面影を残しつつも、貧《ひん》・賤《せん》といった負の側面を強めていったことなどを指摘した。つまり、網野にあっては、有主・有縁の世界の進歩・発展に視点を据えた常識的な歴史理解とはまったく正反対に、原始の「原無縁」（共同体）の衰退過程として、人類の歴史をとらえるのである。網野によれば、女性はその性の本質として無縁性を有しており、商人・職人や芸能民、あるいは金融業者として無縁の世界に身を置く女性もまた、かなりの数に及んだとのことだが、天皇との公的な結びつきを根拠に活動していた無縁の人々の多くが、室町時代には次第に差別されていったように、女性に対する差別も室町時代には強まると網野はみなし、南北朝時代に女性の社会的地位が低下したと考える*高群《たかむれ》逸枝《いつえ》の見解を支持した。

参考文献　網野善彦『（増補）無縁・公界・楽』（平凡社ライブラリー）、一九九六、平凡社。小路田泰直編『網野史学の越え方』、二〇〇三、ゆまに書房。

（坂田　聡）

むがいにょだい　無外如大　一二二三—九八　鎌倉時代後期の禅宗の尼僧。鎌倉に円覚寺《えんがくじ》を開いた宋僧の無学祖《むがくそ》元《げん》の弟子で、*景愛寺《けいあいじ》の開山《かいざん》として知られる。近世に成立した伝記によれば、安達泰盛《あだちやすもり》の娘で金沢顕時《かねさわあきとき》に嫁ぎ、その娘は足利貞氏《あしかがさだうじ》室と伝える。如大は夫を失った後、無学祖元の門に入り、上洛して資寿院《しじゅいん》を営み、景愛寺を創建し、弘安九年（一二八六）には無学祖元が入滅《にゅうめつ》に先立って如大を後継者と認め、自身の「無」の一字を与えて「無外」と名づけたこと、永仁六年（一二九八）十一月二十八日、七十六歳で没したことなどが伝わる。しかしこの伝記には父や夫の生年との間に矛盾があるなど不明な部分が多く、如大の生涯については南北朝時代末期にすでにその伝記に混乱を生じていたことが指摘されている。一方で景愛寺と関係が深かった大聖寺《だいしょうじ》には如大の書状が伝わり、宝慈院《ほうじいん》には鎌倉時代後期に作られた如大の頂相彫《ちんぞう》刻が伝わる。後者は尼僧の彫像として希有《けう》な例であり、如大が正式に禅僧の資格を得た最初の女性であり、理想の尼僧像として禅僧たちに受け入れられていたことを示すものである。南北朝から室町時代初期にかけて、無学祖元を祖とする夢窓疎石《むそうそせき》・春屋妙葩《しゅんおくみょうは》らの禅僧は、いくつかの*尼寺を建立し、尼の参禅や育成に積極的に努めたことも明らかにされている。五山の禅僧たちは積極的に女性を受け入れたのであり、そうした中で如大の姿が理想化され、その伝記がさまざまに語られていったのである。そして如大が無学祖元から付与された法衣《ほうえ》と自賛《じさん》を記した無学の頂相が伝法《でんぽう》の証《あかし》として弟子の尼たちに相伝《そうでん》されて行く。それははじめ景愛寺の住持職《じゅうじしき》と合わせて継承されたが、のちに両者は別々に相伝されるに至り、如大の法を継ぐ尼たちの正統性を示すよりどころとなった。

参考文献　バーバラ＝ルーシュ「もう一つの中世像を求めて」（『もう一つの中世像—比丘尼・御伽草子・来世—』一九九一、思文閣出版）。山家浩樹「無外如大の創建寺院」（『三浦古文化』五三）、一九九三。原田正俊「女人と禅宗」（西口順子編『（中世を考える）仏と女』一九九七、吉川弘文館）。

（土谷　恵）

むかしばなし　むかしばなし　文化九年（一八一二）成立。全六巻。著者は*只野真葛《ただのまくず》。翻刻《ほんこく》に『むかしばなし—天明前後の江戸の思い出—』（中山栄子校注、東洋文庫四三三、一九八四年、平凡社）、「むかしばなし」（『只野真葛集』所収、鈴木よね子校訂、一九九四年、国書刊行会）その他がある。年が離れた妹たちが、亡くなった母の思い出が少ないと嘆き合ったことを聞き、母のことを伝えようと思い立って、真葛四十九歳の冬から翌年にかけて妹の一人に書き送ったもの。内容は、次第に母自身のことから離れ、母の実家桑原家《くわばらけ》の人々、父工藤平助《くどうへいすけ》の実父母および養父母、そして平助と彼をめぐる人々、さらに彼女自身の体験や見聞した人・出来事へと話題が広がっていく。特に父に関する話題は豊富である。文体は、当時の女性の書き方としては珍しい俗文体で、人物や出来事が生き生きと描写されている。この文体の獲得が、のちに『独《ひとり》考《かんがえ》』で独自の思想を展開したことにつながると考えられる。

参考文献　鈴木よね子『只野真葛集』解説、一九九四、国書刊行会。

（関　民子）

むこ　聟　娘の配偶者のことで、娘の親である舅《しゅうと》に対する語。婿・壻とも書く。中世においては一族と呼ばれた父系親族集団と、母方親族・*姻族を含む双方的な*親族関係である親類が家を取り巻いていたが、その親類の中心的な関係が舅―聟間の関係であった。親類と認識されていた範囲を示していると見られる鎌倉幕府法の退座規定では、父祖・子孫の直系親族、兄弟姉妹の次に聟・舅が記されており、オジ－オイやイトコなどの傍系《ぼうけい》血縁者よりも密接な関係を有していたことがわかる。ただし、実子が父祖の財産に対する相続権をもつ一方でその*親権に服していたのとは異なり、そうした法的な権利・義務関係に拘束されない関係であった。年長者であり、妻の父である舅に対して孝養を果たすことは求められたが、原則として両者の関係は「好《よしみ》」に基づくほぼ対等なもので、一方的な奉仕関係ではなかった。具体的には、宿所・物品の貸借など日常的な相互扶助はもちろんのこと、聟が舅の軍事指揮下に入って軍事的な活動をともにすることも多く、男子がいない場合は聟が代官として諸役を勤《きん》仕《し》することもある一方で、舅は聟に装束などを提供したり、昇進のために奔走することもあった。舅のそうした行為は「聟かしづき」「聟いたわり」と称された。こうした相互に独立した連帯的な関係を利用して、罪人となった舅の身柄が聟に預けられることもあった。舅―聟関係が形成される契機である*婚姻に際して夫が妻方の邸宅を訪れ、そこで婚姻開始の儀礼を行うことを「聟とりの儀」と呼んだ。儀礼が終ると、夫婦は夫方が提供する邸宅に移って生活を開始するのが平安時代後期には一般的であったが、鎌倉時代以降は婚姻の最初から妻が夫提供の邸宅に入ることもあった。この場合にも甲が乙を「聟とった」と表現されることがあった。婚姻居住する邸宅が夫方提供か妻方提供であるかにかかわらず、婚姻が「聟取り」と称されたのは、最終的な婚姻の決定権が女の父である舅にあったからである。幼少時から親族の子を養子として養育し、成人後に実の娘と結婚させることは見られるが、婚姻と養子縁組とが同時に行われる、いわゆる*聟養子は中世においては未成立であった。室町時代の*狂言の作品群の一つのジャンルを成す*聟狂言は、聟になろうとする者が舅に取り入ろうとする「聟選びもの」、間違った聟とり(*聟入り)儀礼の作法を教えられて舅の前で失敗を演じる「聟入りもの」、すでに舅―聟関係を築いて久しい者が争って妻が板挟みになるという「聟と舅が争うもの」の三つに分けられる。これらの狂言は、舅による聟とり、*婚姻儀礼、舅の家に包摂《ほうせつ》されない聟など、中世における舅―聟関係の実態をふまえて、それを笑いに昇華《しょうか》しているといえよう。

参考文献 『狂言集』上(日本古典文学大系)、一九六〇、岩波書店。高群逸枝『招婿婚の研究』(高群逸枝全集二・三)、一九六六、理論社。高橋秀樹『日本中世の家と親族』、一九九六、吉川弘文館。同「越後和田氏の動向と中世家族の諸問題」(『三浦一族研究』一)、一九九七。野村育世『家族史としての女院論』(歴史科学叢書)、二〇〇六、校倉書房。

(高橋　秀樹)

むこいり　聟入　*狂言《きょうげん》にみえる庶民の*結婚式。儀式の中心は聟と舅《しゅうと》(妻の父)の対面にある。時にはめでたく、時に聟や舅の失敗を明るく笑い、楽しむ劇に仕立てられている。狂言の聟入儀式は、娘と聟との同居という*事実《じじつ》婚《こん》の後に行われるのが大きな特徴である。さらに姑《しゅうとめ》のほうは娘の結婚をすでに認可済だが、聟と舅は互いに知らないことがたてまえであって、ここではじめて聟は舅に対面し、結婚の許しを得る、という形態をとる。昔話でもひろく語られており、かつての聟取婚《むことりこん》の儀礼《ぎれい》を継承したものとも考えられる。

参考文献 池田廣司「聟入狂言の形成をめぐって」(『芸能史研究』九)、一九六五。黒田弘子「聟入りの儀式と女性の地位」(西村汎子他編『文学にみる日本女性の歴史』二〇〇〇、吉川弘文館)。

(黒田　弘子)

むこいりこん　婿入婚　妻方で*婚姻儀礼を行い、その後、妻が嫁として夫方に移り住むまでの期間、妻方に居住する*婚姻形態。一般的に室町時代には*嫁入婚《よめいりこん》に推移し、江戸時代にはほとんどみられなくなった。江戸時代は嫁入婚が主流となったことで、妻が夫方の家父長《かふちょう》への従属を強いられ、女性の地位の低下がもたらされたと考えられている。ただし、東北地方には、婿が三年ないし五年の定められた年限を嫁方に住み込みで働き、その年限をつとめあげた後、嫁を連れ出る「年期婿《ねんきむこ》」の婚姻習俗が分布しており、江戸時代後期にさかのぼってその慣行が確認される。菅江真澄《すがえますみ》は寛政《かんせい》四年(一七九二)の紀行文『牧《まき》の冬枯《ふゆがれ》』のなかで、南部藩田名部《たなぶ》における三年婿・五年婿の習俗を紹介し、これを後見《こうけん》の習俗としてみている。*柳田国男《やなぎたくにお》は年期婿について、婿入婚から嫁入婚への推移のなかで婿入婚の名残としてとらえ、大間知篤三《おおまちとくぞう》は、住み込み式の一時的婿入婚として、そこに労役的性格を指摘する。年期婿は妻家方の労働力の調達と婚姻とが結びついた習俗であるが、婚姻史の流れのなかにどのように位置づけられるものか、なお検討を要している。

参考文献 大間知篤三「日本結婚風俗史」(『大間知篤三著作集』二、一九七五、未来社)。牧田勲「帰り婿慣行について」(大竹秀男他編『擬制された親子―養子―』一九八八、三省堂)。森謙二「カエリムコ(年季婿)習俗について」(同)。

(柳谷　慶子)

むこうだくにこ　向田邦子　一九二九―八一　昭和時代の放送作家、エッセイスト、小説家。東京生まれ。現在の実践女子大国文科卒。テレビ脚本で「*ホームドラマの旗手《きしゅ》」と謳《うた》われ、昭和前半期の中流家庭の姿を映像的手法で描いた『父の詫《わ》び状』はじめ、絶妙な音を奏でるエッセイも注目されるが、さらに放送作家として磨かれた技量は、連作短編『思い出トランプ』(編中の「花の名前」「かわうそ」「犬小屋」で直木賞)その他、脚本を改稿した長編小説『寺内貫太郎一家《てらうちかんたろういっか》』『あ・うん』などにも発揮され、小説家としても活躍した。台湾旅行中に飛行機事故で死去。作品は『向田邦子全集』(一九八七年、文芸春秋)に収められている。

参考文献 『向田邦子全集自立語索引』、一九八八、実践女子学園。井上謙・神谷忠孝編『向田邦子鑑賞事典』、二〇〇〇、翰林書房。

(渡邊　澄子)

むこうのだこふん　向野田古墳　⇨女性首長《じょせいしゅちょう》

むこ・おんなきょうげん　聟・女狂言　聟取《むことり》や*聟入《むこいり》、聟の失敗談を描いたコミカルな*狂言を聟狂言、妻求めや夫婦物など女性が主要人物として登場するものを女狂言と称する。能の五番立てと同じく近世以降の分類である。聟狂言の多さは、狂言が成立した室町・戦国時代の*婚姻が、基本的に「*婿入り婚」であり、花婿が吉日を選んで妻の実家を訪れ、舅《しゅうと》と対面して盃事《さかずきごと》をする儀式が、婚姻後最も重要で晴れがましい儀式であったことが背景となっている。

参考文献 小山弘志他『狂言の世界』(岩波講座能・狂言五)、一九八七、岩波書店。

(藤野　泰子)

むことりぎしき　婿取儀式　平安時代から中世前期の*婚姻儀礼。十世紀の貴族層では*女房などの媒介人《ばいかいにん》が*婚姻の打診をするが、最終的には女の父親が決定をする。新婦方では陰陽師の勘申《かんしん》をもとに婚姻日時を決定し、装束や調度を用意するが、母親が大きな役割を果たした。数日前か当日に新郎から消息文《しょうそくぶみ》が送られる。夜になると新郎は威儀《いぎ》行列で新婦側に向かう。到着すると両家の脂燭《しそく》の*火合わせ、婿の沓《くつ》を新婦の両親が抱くための沓取《くつとり》、夜具を二人にかける衾覆《ふすまおおい》などが行われる。翌朝、新郎は自家に帰ると*後朝使《きぬぎぬのつかい》が消息を新婦側に持参する。二日目夜も同様に行う。三日目の夜に、寝所の二人に餅を供する三日夜餅《みかよのもちい》があり、妻側*親族や婿行列同行者等に酒肴《しゅこう》を出す*露顕《ところあらわし》がある。三日夜餅・露顕は、次第に三日目以外の吉日や当日夜になる。新婦側が主催し新郎の両親は参加しないが、十一世紀中ごろから新婚夫婦が夫の両親に会いに行く儀式が始まる。中世前期は公家層では行われたが、次第に嫁取《よめとり》(嫁迎《よめむかえ》・嫁入《よめいり》)儀式に変容する。

参考文献 中村義雄『王朝の風俗と文学』(塙選書)、一九六二、塙書房。高群逸枝『招婿婚の研究』(高群逸枝全集二・三)、一九六六、理論社。服藤早苗「平安中期の婚姻と家・家族」(伊井春樹編『講座源氏物語研究』二、二〇〇六、おうふう)。

(服藤　早苗)

むことりこん　婿取婚　⇨招婿婚《しょうせいこん》

むこようし　婿養子　養子縁組と同時に養親《ようしん》の実娘や*養女と*婚姻する男子。実子の男子がいない場合や、第一子の女子を家に残す*姉家督《あねかとく》の場合を含めて、家の継承者として迎えられた。一方、養家の長男が幼少のために将来の分家を条件にその長姉と婚姻し、養家に労働力を提供する、*中継相続人としての役割で迎えられる場合もあった。婿養子による家の継承は男系相続を貫徹《かんてつ》しているようにみえる。だが不縁となった場合、婿養子である夫が実家に戻るか他家に出ることになり、実質的には家付き娘である妻が家を継いだことになる。娘に対して跡取りという語が使われているケースもあり、妻の夫に対する立場は*嫁入り婚に比べて相対的に高かったと考えられている。

参考文献 江守五夫『家族の歴史民族学』、一九九〇、弘文堂。

(柳谷　慶子)

むさんふじんげいじゅつれんめい　無産婦人芸術連盟　⇨婦人戦線《ふじんせんせん》

むさんふじんだんたい　無産婦人団体　昭和戦前期に労働者・無産階級の立場で活動した女性団体。一九二六年(昭和元)十二月日本労働組合評議会が大衆的単一婦人同盟の構想を提起、翌年二月*奥《おく》むめお・*坂本真琴《さかもとまこと》・*永島《ながしま》暢子《ようこ》が発起人となり婦人同盟創立準備会が創られ、評議会の女性たちを中心に準備が進められた。しかし、無産政党の分立に対応する形で、一九二七年(昭和二)七月に関東婦人同盟(労働農民党系)、十月に全国婦人同盟(日本労農党系)、十一月に社会婦人同盟(社会民衆党系)が結成された。日本労働総同盟婦人部も同年七月労働婦人連盟を結成した。*婦人参政権運動の高揚を受けて、一九二八年三月無産婦人団体と既成婦選《きせいふせん》団体の七団体が婦選獲得共同委員会を結成し、婦選獲得大演説会を開催、対議会運動のための共同行動が実現した。しかし、関東婦人同盟(*田島ひで・*山内みな・柳《やなぎ》つる)らは、二八年の三・一五事件で打撃を受け、労農党中央委員会から性別団体を認めない旨勧告《かんこく》され三月末に解散した。一九二八年九月には、無産大衆党の影響下に無産婦人連盟が結成され、十二月に日本大衆党が結成されると、全国婦人同盟と無産婦人連盟が合同して無産婦人同盟(岩内《いわうち》とみえ・織本貞《おりもとさだ》代《よ》・*平林たい子ら)となった。社会婦人同盟は、一九二八年七月に社会民衆婦人同盟(*赤松明子《あかまつあきこ》・阿部静枝《あべしずえ》・西尾フサノら)と改称し、三二年五月には労働婦人連盟が合同した。無産政党がさらに合同し、社会大衆党が成立すると、無産婦人同盟と社会民衆婦人同盟も合同して一九三二年八月社会大衆婦人同盟(*赤松常子《つねこ》・堺真柄《さかいまがら》・岩内とみえら)が結成された。このように、無産政党の離合集《りごうしゅう》散《さん》の影響を無産婦人団体は受けた。しかし、女性の政治的権利の獲得を掲げ、全日本婦選大会の後援団体となるなど共同行動を推進した。労働争議を支援し、母性保護要求を掲げ、*女給組合や*娼妓《しょうぎ》のストライキを支援するなど多面的な活動を展開、託児所の開設、無料産院の設置を要求するなど無産婦人団体は一九三〇年代の生活擁《よう》護《ご》の闘いを展開した。運動の足跡は、『労働婦人』『民衆婦人』や労働組合・政党機関紙などで見ることができる。

参考文献 『労働婦人(復刻版)』、一九七八-八五、法政大学出版局。鈴木裕子編『日本女性運動資料集成』五・六、一九九三・九四、不二出版。

(石月　静恵)

むさんふじんどうめい　無産婦人同盟　⇩無産婦人団体《むさんふじんだんたい》

むしのたれぎぬ　虫垂衣　平安時代の貴族家とその子女らの外出姿である*被衣《かずき》や*壺装束《つぼしょうぞく》に用いた装身具。枲垂衣とも書く。*市女笠《いちめがさ》などのような広つばの笠の縁にめぐらした薄地の布帛《ふはく》。向こう側がうっすら透けるほどの布帛で、これをつけることにより顔や身体にたかる虫を防いだり、外部から顔が直視できないようにする役割もあったとみられる。本来、虫(枲《むし》)は「苧《からむし》」の繊維で織った布地のこと。

参考文献　井筒雅風『日本女性服飾史』、一九六六、光琳社出版。

(佐多　芳彦)

むしめずるひめぎみ　虫めづる姫君　平安時代末期から鎌倉時代にかけて成立した短編物語集『*堤中納言《つつみちゅうなごん》物語』の中の一篇で、虫を愛する少女を主人公とした話。その文体と内容から、鎌倉時代の成立と考える説を支持した

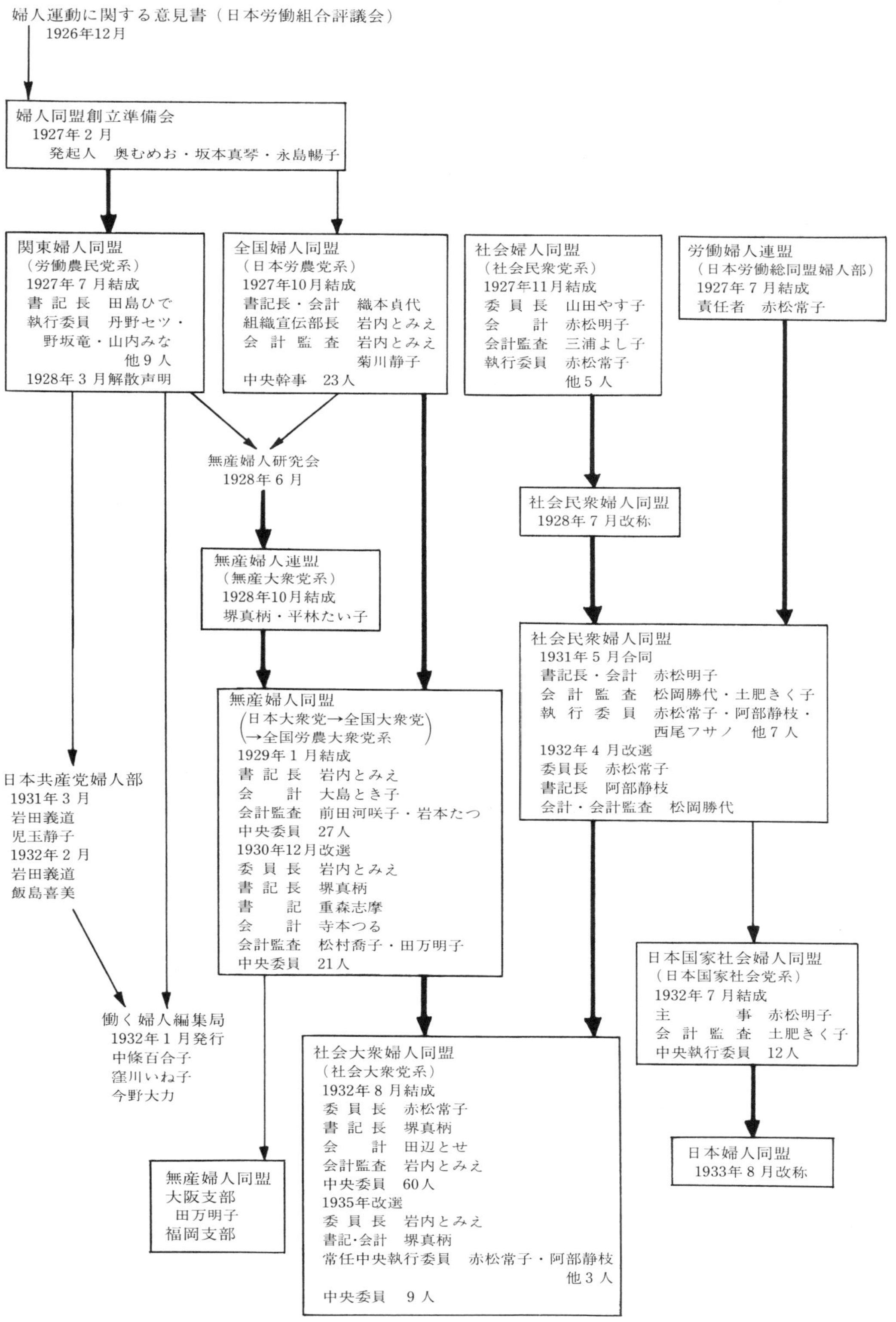

無産婦人団体系統図(石月静恵『戦間期の女性運動』1996、東方書店より)

い。按察使《あぜち》の大納言の姫は、男童《おのわらわ》とともに庭で多くの虫、特に毛虫を集めては小箱で飼い、成長の様子を見ていた。*女房たちは恐れ、嫌がっている。親から叱られても、姫は、美しい蝶《ちょう》より、これから蝶になる毛虫をこそ愛するべきだと堂々と主張する。当時の女性らしい服装をせず、*緋《ひ》の袴《はかま》でなく白袴《しろばかま》を着用し、眉《まゆ》を剃《そ》らず、*化粧もしないが、美しい。噂を聞いた男性貴族が、作り物の蛇《へび》を送ると、「これぞ前世の親」などといって念仏を唱えるが、やはり蛇は怖いらしく、蝶のように袖をばたつかせた。そのような事件があっても、姫の虫好きは止まず、男性に興味はないらしい。さて、この物語の解釈はさまざまであるが、虫めづる姫を異常性格とするものが多く、極端なものでは姫を病気と断定するものもある。しかし、それは偏見である。虫を愛するか嫌うかは、個人の好みであり、社会全体の文化の問題である。現代の社会は虫嫌いが主流で、特に女性は男性よりも虫を嫌うものとされているので、このような解釈が生まれるのである。一方、宮崎駿《はやお》はこの姫から『風の谷のナウシカ』を着想し、瀬戸内晴美は姫を旧来の女らしさに反発する女性として高く評価している。古代では『*万葉集』以下の歌集に昆虫や小動物の歌がみられ、「虫」のつく人名があるなど、男女ともに虫嫌いではなかった。平安時代でも*清少納言は『*枕草子』に「虫は」の段を設け、蟻《あり》や蚤《のみ》を観察している。だが中世になると、虫を生類中《しょうるい》で下位の存在として成仏《じょうぶつ》を祈るようになり、一方で虫を厭《いと》う風潮も起った。それらはこの物語にも色濃く反映されている。この物語の描く社会は、全体的に虫嫌いで、特に女性は虫嫌いなものという通念があり、男童だけが虫好きであるのは、現代と同様であり、注目に値する。

参考文献 土岐武治『堤中納言物語の注釈的研究』、一九七六、風間書房。大槻修他校注『堤中納言物語・とりかへばや物語』(新日本古典文学大系二六)、一九九二、岩波書店。野村育世「『虫めづる姫君』を読み直す」(『女子美術大学付属高等学校中学校紀要』二〇)、二〇〇〇。

(野村 育世)

むしゃのこうじふさこ 武者小路房子 一八九二―一九八九 明治から昭和時代の女性。武者小路実篤《さねあつ》の最初の妻、「新しき村」居住者。福井県の政界有力者竹尾茂《たけおしげる》の*婚外子として生まれる。一九一二年(明治四十五)、青鞜《せいとう》社《しゃ》に入社。この時期は当時の夫の姓、宮城《みやぎ》を名乗っていた。実篤と結婚後、「新しき村」創設に際し宮崎に移住。のち、双方に*恋愛問題が発生、実篤は新恋人と二児を伴い奈良に移住。一九二九年(昭和四)離婚成立。「新しき村」の拠点が埼玉に移った後も、再婚相手の杉山正雄《すぎやままさお》とともに、「村」誕生の地に生涯とどまり住み続けた。離婚後も複雑な法的手続きをふみ、正雄とともに武者小路姓を名乗った。著作に「砕かれたる小さき魂」(『改造』二ノ一一、一九二〇年)などがある。

参考文献 阪田寛夫『武者小路房子の場合』、一九八一、新潮社。

(坂井 博美)

むしゅくおんな 無宿女 非公認の*遊女。いわゆる*岡《おか》場所《ばしょ》の女たちのことをいう。「無宿」とは人別帳《にんべつちょう》からはずれた「帳外」の者の意である。*夜鷹《よたか》・地獄《じごく》・船饅頭《ふなまんじゅう》など定住していない底辺の遊女を指す。広い意味では宿場の*飯盛女《めしもりおんな》も含む。幕府は所在のはっきりしない*私娼《ししょう》の取り締まりをしたものの、集団的で各地域を移動したりするので容易には把握できなかった。享保期(十八世紀初頭)から、私娼は急に増加する傾向にあった。

参考文献 西山松之助編『遊女(新装版)』(日本史小百科)、一九九四、東京堂出版。

(宇佐美ミサ子)

むすめぎだゆう 娘義太夫 女流の義太夫演者で、特に江戸時代後期と明治後期から大正に流行した若い女性の演者をいう。女浄瑠璃《おんなじょうるり》のはじめとしては、寛永十六年(一六三九)正本『やしま』を刊行した六字南無右衛門《ろくじなむえもん》が知られている。十八世紀半ばには座敷浄瑠璃として義太《ぎだ》夫《ゆう》を語る女芸人があり、やがて寄席《よせ》で出語りを行う者が現われて一大ブームとなった。これに素人の町娘も参入し、たびたび禁令が出されたが、文政年間(一八一八―三〇)に人気は加熱し、天保八年(一八三七)刊行の『娘浄瑠璃芸品定《げいしなさだめ》』なる評判記に載った人数は、百九十名に上る。天保改革で三十余名の逮捕者を出し、大打撃を受けたが、一八七七年(明治十)女芸人が公認されると、人気が復活した。定席が設けられ、肩衣《かたぎぬ》・袴《はかま》姿のボーイッシュな出で立ちで真摯《しんし》な芸を披露《ひろう》する彼女たちに、堂摺《ドースル》連などと称して、書生《しょせい》など青年層が熱狂し物議をかもした。文政期の娘浄瑠璃にも送り連と称するファンクラブが林立し、武士の子弟が熱中したことが、天保改革の厳しい処遇に至った一因であった。

参考文献 水野悠子『江戸・東京娘義太夫の歴史』、二〇〇三、法政大学出版局。

(藤野 泰子)

むすめなかま 娘仲間 成人儀礼を終えた未婚女子の仲間を意味する。一般に娘組《むすめぐみ》とも称する。娘仲間は男子の若衆《わかいしゅう》などと比べると明確な組織化がなされない場合が多く、組織への加入儀礼や内部の役員や規則などを欠くことも多い。寝宿《ねやど》が存在した地域では、一つの寝宿でともに寝泊まりする娘たちが単位となって仲間を構成することもあり、そのような場合は一村落の中に複数の娘仲間が存在することになる。娘仲間は村落内において公的な機能を持たないケースがほとんどであったため、若者仲間と比べて早くに消滅していった。具体的な娘仲間の事例を紹介すると、たとえば南九州の屋久島では、かつては娘が数え十六歳になると、正月に家のおばあさんに頼んで筆を作ってもらう。この筆を大切にとっておいて翌年の十月十七日に同年齢の娘たちが集まってお互いにおばあさんからもらった筆で鉄漿《かね》を付け合った。そして皆が歯を黒く染めて同日にお寺で行われている女性だけのオコウ(お講)に列席した。この儀礼をカネツケという。この時に鉄漿を付け合った仲間をドシといい、以後はお互いの家を順番に廻りながらいっしょに寝たという。また伊豆諸島の利島《としま》では、数え十五歳の成女儀礼を済ませた娘たちは、あらかじめ依頼しておいたネド(寝宿)へ泊まりに出るようになる。ネドで寝泊まりする娘たちは一般にネドッコとよばれるが、同じネドの仲間は特にネドホウバイといい生涯親しく付き合ったという。また山形県西田川郡温海町浜中《あつみちょうはまなか》(鶴岡市)では、ケヤキキョウダイ(契約姉妹)という娘の組が存在した。数え十二歳と十三歳になった娘たちが一つの組を構成し、その中で年末のある日に藁《わら》のくじを引き、同じ藁を引き合った者同士がキョウダイの契りを結ぶ。組の娘たちは大晦日《おおみそか》の夜にあらかじめ決めておいた宿へ集まり、大晦日の深夜〇時から元旦の正午まで、火を用いた食物を食べない、ダンジキ(断食《がんたん》)と称するギョウ(行)を行う。また大晦日の夜は寝る前に、ケヤキキョウダイごとにお互いが持参した餅《もち》を交換して食べたという。

参考文献 有賀喜左衛門『有賀喜左衛門著作集』六、一九六八、未来社。瀬川清子『若者と娘をめぐる民俗』、一九七二、未来社。八木透編『日本の通過儀礼』(仏教大学応陵文化叢書)、二〇〇一、思文閣出版。

(八木 透)

むすめみうり 娘身売り ⇩身売《みう》り

むすめやど 娘宿 成人した未婚の娘たちが*夜なべ仕事に集まり、一緒に泊る宿。ムスメヤドのほか、ネヤ、ネヤド、ネド、オンナヤド、メラシヤド、コメヤベヤド、イトヤド、など地域によって呼称が異なる。この娘たちの集まりを娘組《むすめぐみ》と民俗学では呼んでいるが、男子の*若者《わかもの》組《ぐみ》と比べ年齢階梯《ねんれいかいてい》集団としての組織性は弱い。特に西南日本に多く見られたが、現在は残存していない。若者宿(若衆宿《わかしゅうやど》)と別々のことが多く、若者が娘宿を訪ね一緒に作業し語り合う。宿の主人が世話をし、夫婦の約束をする*婚姻の機会ともなった。『婚姻習俗語彙《こんいんしゅうぞくごい》』によると、出雲《いずも》の例では、男女別々に宿があり、宿の主人になるのは世間的に信用されている年配の人で、女の宿を娘宿といい、そこでの娘の手仕事の収入は娘の小遣となった。

また、菅江真澄《すがえますみ》は、下北半島で、若い娘たちが日が暮れると宿に集まってきて、麻糸をつくる作業をともにし、そこに若者たちが来て同じ筵《むしろ》で藁沓《わらぐつ》を作ったり縄をない、稗酒《ひえざけ》など飲食をし、そこに泊まるという寝屋《ねや》の習慣を記している。

参考文献 柳田国男・大間知篤三『婚姻習俗語彙』、一九七五、国書刊行会。

(柳谷 慶子)

ムックリ ムックリ ⇩トンコリ・ムックリ

むつのくにのさきのうねめ 陸奥国前采女 生没年不詳『*万葉集』一六の三八〇七番歌を詠んだと伝えられる女性。詞書《ことばがき》によると、陸奥国に遣わされた葛城王《かつらぎおう》が国司の接待の無礼に怒った時、彼女が風流なもてなしで歌を詠み王の心をなごませたという。地方豪族の娘を*後宮の下級*女官として出仕させる*采女の制度が、都と地方を結ぶ文化的・政治的な回路としての意味を持ち、退任後の采女が郷里にあって一定の公的役割を果たしたことを推測させる。

参考文献 義江明子「古代の村の女、都へ行った女」(『古代女性史への招待』二〇〇四、吉川弘文館)。

(義江 明子)

むとうのぶこ 武藤能婦子 一八八二―一九四八 昭和時代前期の婦人運動家。*大日本国防婦人会会長。本名信子。一九〇六年(明治三十九)陸軍軍人武藤信義《のぶよし》と結婚。一九三四年(昭和九)大日本国防婦人会長に就任し、会の活動を広めるべく全国各地を講演して歩く。一九四二年*大日本婦人会副会長に就任。ほかに全満婦人団体連合会会長、日本赤十字社篤志《とくし》看護婦人会会長、日満《にちまん》帝国婦人会会長などの役職に就き活動する。

参考文献 新宿地域女性史編纂委員会編『新宿ゆかりの女性たち』二、一九九五。大日本国防婦人会総本部編『大日本国防婦人会十年史』(千野陽一監修『愛国・国防婦人運動資料集』五、一九九六、日本図書センター)。

(広瀬 玲子)

むなかたさんにょしん 宗像三女神 アマテラスとスサノヲの「うけひ」によって生成した神。胸形《むなかた》の奥津宮《おきつみや》に鎮座するタキリビメ、中津宮《なかつみや》のイチキシマヒメ、辺津宮《へつみや》のタキツヒメなどと呼称され、『*古事記』ではスサノヲの御子《みこ》とされている(『日本書紀』では所伝により帰属が異なっている)。「此の三柱の神は、胸形君等が以ちいつく三前の大神ぞ」(原漢字)と記述されるように、地方豪族である宗像氏の沖《おき》ノ島祭祀《しまさいし》への関わりが伝えられる。沖ノ島は大陸交通の要衝《ようしょう》に位置し、交易・漁業等の守り神として宗像三女神は崇敬《すうけい》された。紀の一書に「天孫を助け奉りて、天孫の為に祭られよ」(原漢文)と伝えられているとおり、宗像三女神は大和王権の手厚いまつりを受けて、大王家を守る神となった。沖ノ島の祭祀遺跡はこれらの神話を再現するかのように配置されている。スサノヲの御子とされる宗像三女神は出雲《いずも》との関わりも深く、スサノヲの子孫のオオクニヌシはタキリビメと結婚したと記の系譜は伝える。またイチキシマヒメの名義は神を斎《いつ》く島の女性であるが、イチという音が市を連想して市の神となり、ついに宗像三女神が市神《いちがみ》であるということになってしまった。

参考文献 小田富士雄編『(古代を考える)沖ノ島と古代祭祀』、一九八八、吉川弘文館。上田正昭編『住吉と宗像の神―海神の軌跡―』、一九八八、筑摩書房。

(川上 順子)

むみょうぞうし 無名草子 鎌倉時代に成立した、物語的構成による物語・和歌集の評論書。一冊。伝本によっては『建久物語《けんきゅうものがたり》』『無名物語』と題するものもあり、現代でいう「評論」を意識して書かれたかどうかは不明である。作者には従来諸説あり、藤原俊成《ふじわらのとしなり》、藤原俊成卿女《ふじわらのしゅんぜいきょうのむすめ》、上覚《じょうかく》、*式子内親王《しきしないしんのう》、藤原隆信《たかのぶ》、慈円《じえん》などがあげられているが、男性作者説の根拠は薄弱であり、俊成卿女説が有力で、後述するように内部徴証《ちょうしょう》から作者は女性である可能性が非常に高いと見られる。成立は建久《けんきゅう》九年(一一九八)

以降、建仁《けんにん》二年(一二〇二)までの間が妥当とされてきたが、近年の研究により正治元年(一二〇〇)以降、建仁二年までと推定されるようになった。試みにこの年代を作者の最有力候補である*俊成卿女の履歴《りれき》と重ねてみると、だいたい三十歳の彼女が夫である土御門通具《つちみかどみちとも》と離婚し、はじめての出仕と宮廷生活を送りながら後鳥羽院歌壇《ごとばいんかだん》へ参加しつつある時期に相当する。『無名草子』には、「いでや、いみじけれども、女ばかり口惜しきものなし、昔より色を好み、道を習ふ輩《やから》多かれども、女のいまだ集など撰《えら》ぶことなきこそ、いと口惜しけれ」といった女性の文化的地位の低さに言及する言説がしばしば見受けられるが、これも、勅撰集《ちょくせんしゅう》選者の多い歌人の家に生まれ、みずからも作歌活動を通して認められたという作者像を彷《ほう》彿《ふつ》とさせ、その点でも俊成卿女を作者に擬《ぎ》することに大きな問題はないといえよう。内容は、出家して八十三年たつ老尼が最勝光院《さいしょうこういん》に参詣《さんけい》した帰り、近くの屋敷に泊まり、そこでの*女房たちの話を聞いて記した、という「枠物語」の構成をとっている。これは、歴史物語『*大鏡《おおかがみ》』や仏教説話集『宝物集《ほうぶつしゅう》』の構成と類似している。はじめに「捨てがたきふしある」ものとして月、文、夢、涙、仏がとりあげられ、『法華経《ほけきょう》』の話題から*紫式部へと話が移り、物語評論へ及んでゆく。その大部分は『*源氏物語』に対する評であり、各巻々の論や登場人物、場面論に分けて詳細に女房たちの対話が交わされる。おおむねは平安時代の美意識を引き継いだものである。しかし、たとえば登場人物論では「好もしき人」の一人に玉鬘《たまかずら》があげられるが、これは玉鬘が髭黒大将《ひげくろのたいしょう》との平凡な結婚生活を選んだことを評価していると読むことができ、女性が結婚後どのように生活してゆくかということに興味を示す作者の姿をあらわしていると考えられる。物語論は作り物語から歌物語へ、そして歌集の評論へと移ってゆく。そして過去の名のある女性たちの評論に転じ、*小野《おのの》小町《こまち》をはじめとして*上東門院《じょうとうもんいん》や小野の皇太后宮まで、各人の芸術的才能や教養を論じている。注目すべきは中世に落魄《らくはく》説話が伝えられるようになった小野小町について他書にはみられない歌徳《かとく》説話を示している点で、これは作者の女性擁護《ようご》の姿勢ととらえてよかろう。最後には、本文では語られないが男性論の可能性も示唆《しさ》され、女性が文芸世界では活躍しにくくなった中世においては珍しく、女性の視点から文学作品を切り取ってみせた主張の明確なテキストとなっている。『完訳日本の古典』二七(小学館)、『新編日本古典文学全集』四〇(同)に所収。

参考文献 久松潜一「無名草子作者考」(『史学文学』一ノ二)、一九五八。桑原博史「無名草子の女性論」(『中古文学』八)、一九七一。森正人「無名草子の構造」(『国語と国文学』五五ノ一〇)、一九七八。樋口芳麻呂「袋草子・無名草子の成立時期について―付・藤原範永の没年―」(『平安・鎌倉時代散逸物語の研究』一九八二、ひたく書房)。

(田中　貴子)

むらおか　村岡　⇩津崎矩子《つざきのりこ》

むらおかこと　村岡箏　一八一五?―一八七〇　幕末の勤王家《きんのうか》。讃岐《さぬき》国香川郡円座《えんざ》村(高松市)に生まれる。兄は小橋安蔵(早くより政治活動に関わり、天誅組《てんちゅうぐみ》の乱に参加しようとした)。丸亀《まるがめ》の越後屋藤兵衛と結婚。嘉永《かえい》四年(一八五一)夫の死後、越後屋を経営、醤油醸造《しょうゆじょうぞう》業を営む一方で、この地に来た長州の高杉晋作《たかすぎしんさく》らの志士をかくまう。家の土蔵には地下室があったという。実子宗四郎は慶応二年(一八六六)尊王攘夷運動《そんのうじょういうんどう》との関わりから嫌疑をうけ幽閉され、翌年正月獄死。一族の多くが尊王攘夷運動に奔走、箏は主に資金面で活動を援けたとされる。

参考文献 田尻佐編『贈位諸賢伝(増補版)』下、一九七五、近藤出版社。高木俊輔「草奔の女性」(女性史総合研究会編『日本女性史』三、一九八二、東京大学出版会)。

(椙山　聖子)

むらおかはなこ　村岡花子　一八九三―一九六八　昭和時代の翻訳家、児童文学者、評論家。山梨県甲府生まれ。旧姓安中。東洋英和女学校卒。在学中から宣教師について英語力を磨く。山梨英和女学校の英語教師を経て結婚後、一九二七年(昭和二)マーク＝トウェインの『王子と乞食《こじき》』翻訳から文筆活動開始。一九三二年から四一年まで、JOAK(NHKの前身)の「コドモ新聞」の放送を担当し「ラジオのおばさん」と親しまれた。童話創作は一九二六年刊行の『紅い薔薇《ばら》』以後、『お山の雪―童話集―』『四季のおくりもの』ほか多数あるが、本領は英米児童文学の翻訳で、この領域での児童文学に果たした功績は大きい。早くから「少女のための文学」に深く関心を持ち、モンゴメリーの『赤毛のアン』の翻訳は一九五二年の刊行後、アン＝シリーズ全十巻と自伝的作品エミリー三部作として今なお読み継がれている。パール＝バックの『母の肖像』、ディケンズの『クリスマス・カロル』ほか、多数を誇る。『女性の生き甲斐《がい》』『若き母に語る』などの評論のほか、日本ユネスコ国内委員、日本児童文芸家協会理事や政府の各種委員など社会的活躍も目覚ましい。文庫本解説は訳者村岡花子自身で付ける場合が多い。東京都大田区にある赤毛のアン記念館・村岡花子文庫で不定期にオープンハウスが行われている。

参考文献 内田健三他編『言論は日本を動かす』五、一九八六、講談社。

(渡邊　澄子)

むらかみのぶひこ　村上信彦　一九〇九―八三　昭和時代の作家、風俗史・女性史研究家。東京下谷に生まれる。新聞・雑誌の編集者をへて一九四三年(昭和十八)より著述生活に入る。戦後は創作活動の一方で服装史・風俗史・*女性史に関する多くの著作を著わす。『服装の歴史』全五巻(一九五五―七五年、理論社)、『紺の制服―バス女子車掌たち―』(一九五九年、三一書房)などは服装の変化を男女の労働・職業との関係で考察したもの。村上は井上《いのうえ》清《きよし》『*日本女性史』に代表される女性史は女性解放の理論を図式化したもので庶民女性の具体的な姿を描いていないと厳しく批判し、これに代わる生活史としての女性史を提唱、『*明治女性史』全四巻(一九六九―七二年、理論社)、『日本の婦人問題』(岩波新書、一九七八年、岩波書店)を著わした。村上は*主婦権を評価する*柳田国男の女性史・婚姻史にも批判的であった。ほかに『市民生活』(大正女性史上、一九八二年、理論社)、『大正期の職業婦人』(一九八三年、ドメス出版)などがある。

参考文献 古庄ゆき子編『資料女性史論争』(論争シリーズ三)、一九六七、ドメス出版。鹿野政直『婦人・女性・おんな―女性史の問い―』(岩波新書)、一九八九、岩波書店。

(永原 和子)

むらさきしきぶ 紫式部 生没年不詳 平安時代中期の物語作家、歌人。『*源氏物語』の作者。紫式部の生年について確証はない。推定による天延元年(九七三)説と天禄元年(九七〇)説が有力だが、『*紫式部日記』の緻密な分析に基づく今井源衛の九七〇年説をとる。紫式部が生きた年代は藤原兼家《ふじわらのかねいえ》から藤原道長の*摂関政治全盛期にあたる。父藤原為時《ためとき》は道長と同じ藤原北家に属したが、受《ず》領《りょう》階層の流れで正五位下の越後守《えちごのかみ》である。夫の藤原宣孝《のぶたか》も同じ階層でともに道長の庇護《ひご》下にあった。二十八歳のころ、四十五、六歳の宣孝と結婚したが、夫にはすでに数人の妻がおり、年輩の子らもいた。睦《むつ》まじさを示す歌ものこっているが、一年後女子賢子《かたいこ》を生んでから夜離《よがれ》を怨むようになり、満三年足らずで夫と死別する。さびしさから一転して無常観を歌うようになった(『紫式部集』)。紫式部自身*一夫多妻妾《いっぷたさいしょう》制下の*婚姻の犠牲者であり、作品への影響が考えられる。紫式部は父の漢籍の講義を兄よりも先に覚えて「男であったらよかったのに」と父を嘆かせたといわれるように幼時から聡明であった上に、学問的環境の中で高度の和漢の教養を身につけて育った。彼女は夫の死後、道長に学識を買われてその娘中宮彰子《しょうし》に出仕した。『紫式部日記』によると、自分を貴族の中でも中流出身の*未亡人で、年齢も盛りを過ぎていると卑下《ひげ》し、*宮仕え生活に満たされぬ思いをつづっているが、それは一面に過ぎない。中宮の行啓《ぎょうけい》の際の供奉《ぐぶ》女房の乗車順を見ても、四十余人中八番目の序列におり、ずばぬけた学識と彰子の侍読《じどく》をつとめたことから、彰子に仕える女房の中でも身分以上に高く遇されていた。藤原実資《さねすけ》の『小右記《しょうゆうき》』によれば、紫式部は実資のような貴族が、中宮に子弟の任官の推薦を依頼するときの「取り次ぎ」の役も果たしていたらしい。有能な実務家の一面もあった。紫式部は同時代および前近代の世界全体を見ても比類《ひるい》のない、壮大なスケールを持ち高い文学性を具えた長編小説『源氏物語』を著わした。そこには高い教養と、中流貴族の女性としての不幸な体験、宮仕え生活における皇族から下層身分に至る各層の男女についての見聞と、皮《ひ》相《そう》な観察眼が凝縮されていた。彼女が著わそうとしたのは主として皇族・貴族社会であり、中でも身分差別と*ジェンダーによる差別との複合した、上流貴族男性と下級貴族女性との矛盾に満ちた婚姻生活と、その中にあって苦闘する女性たちの自我の姿であった。寛仁《かんにん》三年(一〇一九)以後の没と考えられる。

参考文献 清水好子「紫式部論」(『日本文学』九ノ七)、一九六〇。南波浩『紫式部集全評釈』(笠間注釈叢刊)、一九八三、笠間書院。萩谷朴編『校注紫式部日記』(新典社校注叢書)、一九八五、新典社。西村汎子「源氏物語の女たちの自我」(『歴史評論』四九一)、一九九一。駒尺喜美『紫式部のメッセージ』(朝日選書)、一九九一、朝日新聞社。石母田正「紫式部」(総合女性史研究会編『日本女性史論集』七、一九九八、吉川弘文館)。西村汎子『古代・中世の家族と女性』、二〇〇二、吉川弘文館。

(西村 汎子)

むらさきしきぶにっき 紫式部日記 『*源氏物語』の作者*紫式部が、藤原道長の娘中宮彰子《しょうし》に出仕していた寛弘《かんこう》五年(一〇〇八)七月から同七年正月までの一年半のことを記した日記。一冊。紫式部が三十八歳から三十九歳ごろにあたる。彰子第一皇子お産の前後から第二皇子出生後の五十日《いか》の祝宴に至る記録的部分と、随想的部分から成っている。日記では、土御門《つちみかど》邸での大勢の僧侶たちによる大音声の加持祈禱《かじきとう》と寄り集まった高級貴族、内裏の女房宮の*女房たちの期待、*出産の喜び、さまざまの産《うぶ》養《やしな》いの儀式、天皇の行幸《ぎょうこう》、中宮の内裏への還啓《かんけい》とその後の儀式まで、その盛大さをこと細かに讃嘆《さんたん》を込めて記し、道長の手放しの喜びも人間的なものとして好意をよせている。式部は中宮の女房の中で身分は高くないものの、その高い学識と『源氏物語』執筆などにより、彰子・道長とその妻倫子《りんし》などから大切にされ、上級の女房たちの中に心を許す友も持っていた。しかし、彼女は常に周囲の浮き立っている華々しさに同化できない、孤独と憂鬱《ゆううつ》をかかえていた。中流貴族出の、夫に死に別れたよるべのない、年かさの女であることを意識し、学識を認められてもそのための周囲の目を気にしている。出家願望もあるが、迷いは捨てきれない。その一方で、自分につら

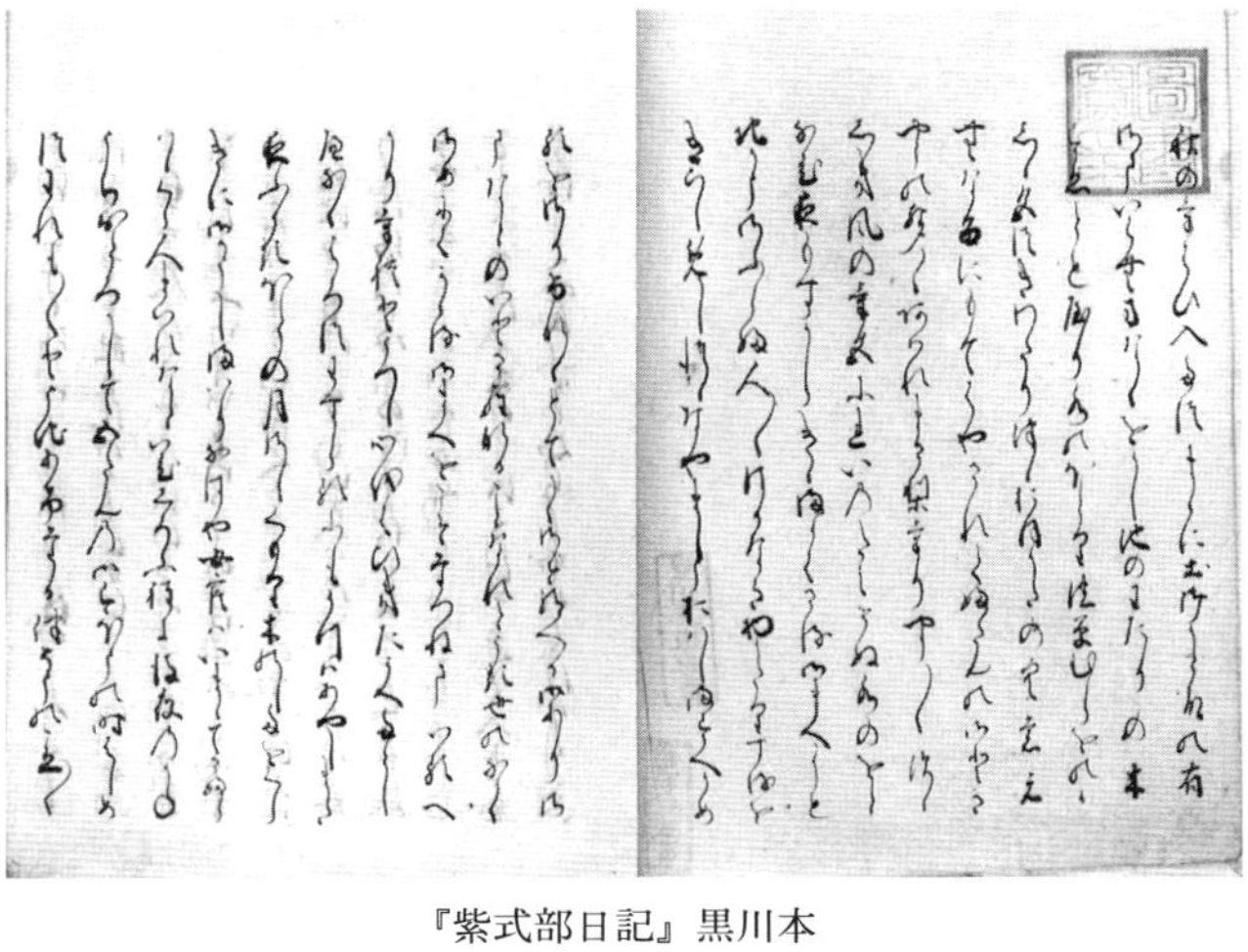

『紫式部日記』黒川本

く当たる人にはこちらからもつらく当たるのが当然である、またどんなに寂しくても、心すさんで自棄《じき》的な振舞いはするまいとの強烈な自我を持っている。日記の中途から、心ある友へ思いをぶつけた手紙の形をとり、大勢の女房一人一人について、美しい人は多いが気だてとなると、思慮《しりょ》深さ・才覚・趣き・信頼度などそろっている人は少ないとして、遠慮ない批評を加えている。なかでも、*和泉式部《いずみしきぶ》、*赤染衛門《あかぞめえもん》、とりわけ*清少納言への批判の辛辣《しんらつ》さはきわだっている。日記からは緻密《ちみつ》で鋭い周囲の人々への観察力と批判精神、自身への厳しい内省といった彼女の精神構造がうかがえ、それが『源氏物語』大成への原動力になったものと思われる。写本に宮内庁書陵部《しょりょうぶ》蔵黒川真道《くろかわまさみち》旧蔵本(江戸時代中期の書写)があり、絵画化したものに『*紫式部日記絵巻』(絵藤原信実《ふじわらののぶざね》、詞書後京極良経《ごきょうごくよしつね》、鎌倉時代初期成立、五島美術館・藤田美術館蔵)がある。テキストは、『紫式部日記』(池田亀鑑・秋山虔校注、日本古典文学大系一九、一九五八年、岩波書店)、『紫式部日記』(中野幸一校注、日本古典文学全集一八、一九七一年、小学館)。

参考文献　萩谷朴『紫式部日記全注釈』(日本古典評釈全注釈叢書)、一九七一・七三、角川書店。西村汎子「『源氏物語』の女たちの自我」(『古代・中世の家族と女性』二〇〇二、吉川弘文館)。

(西村　汎子)

むらさきしきぶにっきえまき　紫式部日記絵巻　『*紫式部日記』を絵画化した絵巻。現在、詞書《ことばがき》二十三段、絵二十四段が残されるのみであるが、もとは六十段から七十段を十巻程度にまとめた絵巻であったと考えられている。絵は、『*源氏物語絵巻《げんじものがたりえまき》』の系譜を引くつくり絵の技法によって描かれているが、屋台引きに斜線を多用するなど、鎌倉時代の新しい感覚を加え、斬新な画面を作り出している。特に、人物の描写は、女性の面貌が伝統的な引目《ひきめ》鉤鼻《かぎはな》の表現を踏襲《とうしゅう》する一方で、大きくあらわされた男性の面貌は、上瞼《うわまぶた》と下瞼を描き分け、その間に瞳を点じるなど、似絵《にせえ》の描法に近い、新しい表現がなされている。

『紫式部日記絵巻』(五島美術館本)絵第二段　敦成親王の五十日儀

これらのことから、この絵巻は、男性貴族が、平安時代から宮廷で続けられてきた物語絵制作を反復することで、宮廷文化の揺るぎない伝統を創造することと、物語絵という過去に起源を持つジャンルのなかで、宮廷文化の担い手としての新しい自画像を創造することという二つの願望を視覚的にあらわすために制作された作品であり、それは、絵には描かれない、不在の武士への対抗意識のあらわれであったと解釈されている。制作背景については、現存する二十四段のうち十四段に一条天皇と中宮彰子《しょうし》の子敦成《あつひら》親王と敦良《あつなが》親王の産養《うぶやしない》と五十日儀《いかのぎ》が描かれているところから、藤原道長《ふじわらのみちなが》の栄華を夢見る九条道家《くじょうみちいえ》が、姉中宮立子《りっし》の建保六年(一二一八)十月十日懐成《かねなり》親王出産か、娘中宮竴子《しゅんし》の寛喜三年(一二三一)二月十二日秀仁《みつひと》親王出産を契機に作らせたものと考えられる。特に、道家は秀仁親王出産を敦成親王出産による寛弘の佳例の再来であると強く認識していたことから、この絵巻は、道家が、『紫式部日記』の枠組みを借りて、みずからを道長に準え、竴子の出産を彰子の出産に見立てあらわした輝かしい栄光の記録であったと解釈することができる。大阪の藤田美術館、東京の五島美術館、東京国立博物館、蜂須賀家、日野原家などに分蔵。『日本絵巻物全集』一三(一九七六年、角川書店)、『日本絵巻大成』九(一九七八年、中央公論社)所収。

参考文献　池田忍「ジェンダーの視点から見る王朝物語絵」(鈴木杜幾子・千野香織・馬渕明子編著『美術とジェンダー―非対称の視線―』一九九七、ブリュッケ)。秋山光和『日本絵巻物の研究』上、二〇〇〇、中央公論美術出版。鵜澤麻里子「紫式部日記絵巻について―描かれた産養と五十日の儀―」(『恵泉アカデミア』五)、二〇〇〇。

(稲本万里子)

むらさきのうえ　紫の上　『*源氏物語』のヒロイン。式《し》部卿《ぶきょう》の宮の娘であるが、幼くして母と死別し、*継母《ままはは》との折り合いが悪く祖母の尼君《あまぎみ》に養育される。北山で*光源氏に見出され、やがて祖母が死去するとともに光源氏の私邸に匿《かこ》われる。美しく性格も素直な少女若紫《わかむらさき》を光源氏は寵愛し、やがて妻とする。紫の上は光源氏の子を生まないが、明石《あかし》の君《きみ》の生んだ姫君の養母となり慈《いつく》しむ。*一夫多妻の時代背景のもとで、式部卿宮家から疎外される継《まま》子譚《こたん》の主人公から、光源氏の六条院においては子を生まない女性として、なさぬなかのはずの姫君の養母として愛情を注ぐという、複雑な役割を与えられている。光源氏のさまざまな女性関係にも寛容《かんよう》を示していた紫の上だが、晩年には、光源氏の正妻として皇女女三の宮が六条院に降嫁《こうか》するに至り、孤独に苛《さい》まれる。出家の願いは光源氏に退けられ、失意のうちにこの世を去る。

参考文献　小嶋菜温子『源氏物語の性と生誕―王朝文化史論―』、二〇〇四、立教大学出版会。

(小嶋菜温子)

むらたしずこ　村田静子　一九二三―二〇〇三　昭和・

平成時代の*女性史研究者。戸籍名山口静子。一九二三年(大正十二)兵庫県明石《あかし》市に出生。一九四三年(昭和十八)九月実践女子専門学校をくり上げ卒業、翌月東京帝国大学文学部史料編纂所《しりょうへんさんじょ》に入所、以後配属部署は変わるものの八四年三月の定年退職まで働き通す。四六年『*妾《わらわ》の半《はん》生涯《せいがい》』を読み、本務の傍ら*福田英子《ふくだひでこ》研究を志すきっかけとなる。四八年山口啓二と結婚、二人の間に三人の子どもが生まれる。四九年「福田英子の後半生」を発表、五二年第二子の産休中から『福田英子』の準備を始め、五九年四月『福田英子』を出版。可能な限りの資料調査に基づく『福田英子』は、概説が多かった日本の女性史研究に画期を作る。六一年から六六年にかけて「福田英子を記念する会」を作り、東京と岡山に記念碑を建立。七四—七六年『小梅日記《こうめにっき》』全三巻(東洋文庫、平凡社)の校訂と解説を行う。一九九八年(平成十)『福田英子集』刊行。文字通り福田英子研究がライフワークとなる。二〇〇三年没。

参考文献 村田静子「『福田英子』研究をめぐって」(『歴史評論』四一九)、一九八五。
(大木　基子)

むらたたきこ　村田滝子　一八〇七—八九　吉田松陰《よしだしょういん》の母。杉滝子ともいう。長州萩の毛利《もうり》志摩家の臣村田右中の娘で、児玉太兵衛の養女となる。文政九年(一八二六)杉百合之助と結婚、下級武士の夫とともに「野に耕し、山に樵《きこ》り」といった生活を営む。梅太郎、寅次郎(松陰)・千代子・敏三郎・寿子・文子ら三男四女を生んだ。寅次郎は叔父吉田大助の養子となったが杉家で成長。滝子は松下村塾《しょうかそんじゅく》をたすけ、獄中で絶食、自殺しようとした松陰に「たんりょ(短慮)御やめ、御ながらえのほどいのり参らせ候」との手紙を送り、松陰刑死の際は「常に異ならざる」態度であったという。娘文子は久坂玄瑞《くさかげんずい》の妻である。

参考文献 下程勇吉『吉田松陰の人間学的研究』、一九八八、広池学園出版部。
(椙山　聖子)

むらはちぶじけん　村八分事件　一九五二年(昭和二十七)、静岡県富士郡上野《うえの》村(富士宮市)に住む女子高校生が選挙違反を告発したことにより村八分にされた事件。県立富士宮高校二年生であった石川皐月《さつき》(一九三五—)は五月の参議院補欠選挙で組織的な替え玉投票が行われたことを朝日新聞社静岡支局に実名で告発した。村では選挙違反は恒常的に行われており、彼女は中学生時代にも学校新聞に「選挙の感想」という文章で選挙の不正を訴えたが、その時は学校により新聞が回収・焼却処分とされていた。今回の告発で村の慣習は事件となり、関係者が警察に出頭を命じられた。その直後から村では彼女と家族に対して、挨拶をしない、田植えの手伝いをしない、奨学金を停止させようとする、「アカ・スパイ」と罵《ののし》るといった「村八分」が行われた。「子どものくせに村に平和を乱した」という内部告発を許さない村の論理が通用したのである。しかし問題が全国的に知られるようになると支援の声が高まり、翌年には映画化され、戦後に残る封建性を問い直す契機となった。

参考文献 石川さつき『村八分の記—少女と真実—』、一九五三、理論社。もろさわようこ『解放の光と影』、一九八三、ドメス出版。澤地久枝『一九四五年の少女—私の「昭和」—』、一九八九、文芸春秋。
(友野　清文)

むらまつかくん　村松家訓　能登《のと》の豪農村松標左衛門《ひょうざえもん》が、寛政十一年(一七九九)から天保十二年(一八四一)まで著わした家訓的農書《かくんてきのうしょ》。上本二冊・下本二冊。村松家は持高《もちだか》二百石の多数の奉公人《ほうこうにん》を抱える手作《てづく》り地主《じぬし》で、農事暦《のうじれき》に沿った農作業や、*家族と使用人の別などを子細に記す。なかでも男女奉公人に対する使役内容には*ジェンダーが確認できる。たとえば、女性は男性に対し敬称使用を強制され、男性への給仕・奉仕を担当する。正月・休日《やすみび》であっても炊事・片付けは休めず、また、奉公人男女の接触を厳しく制限するなどがあげられる。『日本農書全集』二七(一九八一年、農山漁村文化協会)に所収。

参考文献 長島淳子「近世の農業労働とジェンダー」(黒田弘子・長野ひろ子編『エスニシティ・ジェンダーからみる日本の歴史』二〇〇二、吉川弘文館)。同『幕藩制社会のジェンダー構造』、二〇〇六、校倉書房。
(長島　淳子)

むらやまかずえ　村山可寿江　一八一〇—七六　幕末・明治時代前期の女性。別名たか。近江《おうみ》国多賀《たが》神社に生まれる。京都金閣寺寺侍《てらざむらい》多田源左衛門《ただげんざえもん》と結婚する。子は帯《たて》刀《わき》。その後離縁。才知ある美貌《びぼう》の女性といわれ、多賀神社社僧慈尊《しゃそうじそん》の縁から、当時彦根藩の部屋住みだった井伊《いい》直弼《なおすけ》の埋木舎《うもれぎのや》に出入りするようになり、直弼と恋愛関係をもつ。その後、国学者・歌人の長野義言《ながのよしとき》(安政四年(一八五七)以降、主膳《しゅぜん》)の門人となる。直弼が大老となると、直弼の国学の師であった義言は腹心として辣腕《らつわん》をふるうが、安政の大獄による反幕府派弾圧により恨みをかい、万延元年(一八六〇)桜田門外の変による直弼失脚後は力を失い、文久二年(一八六二)、彦根藩において斬首された。義言とつながりのあった可寿江は、「長野主膳妾《しょう》」として義言を助け諜報《ちょうほう》活動などを行なったという理由で、同年十一月長州・土佐両藩の激派に襲われ、京都三条大橋で生晒《いきざら》しにされた。尼として、京都金福寺《こんぷくじ》で生涯を終える。

参考文献 吉田常吉「井伊直弼をめぐる謎の人物—長野主膳と村山たか女—」(『日本歴史』一一七)、一九五九。同『井伊直弼』(人物叢書)、一九六三、吉川弘文館。
(横山百合子)

むろのじょおう　牟漏女王　?—七四六　奈良時代の女性。藤原北家《ほっけ》の祖房前《ふささき》の妻。無漏女王とも記す。美努《みぬ》王の娘。母は県犬養橘三千代《あがたいぬかいのたちばなのみちよ》。母の再婚相手である藤原不比等《ふひと》の次男房前と結婚して、永手《ながて》・真楯《またて》・御楯《みたて》・*藤原北夫人を生む。また、*藤原宇比良古《おひらこ》も牟漏女王所生の可能性がある。同父母兄の葛木《かずらき》王(橘諸兄《たちばなのもろえ》)・佐為《さい》王(橘佐為)は母姓により橘宿禰《たちばなのすくね》姓を賜姓《しせい》されたが、牟漏女王は賜姓を受けなかった。天平《てんぴょう》九年(七三七)に房前が没するが、その後も昇進し、十一年正月に従四位下より従三位に叙《じょ》せられ、十八年正月に没した時には正三位の高位にあった。県犬養橘三千代の邸宅が牟漏女王を経て藤原北夫人へと継承され、その過程で邸宅は嶋院《しまのいん》となり阿弥陀《あみだ》浄土院《じょうどいん》となったとし、『正倉院文書』(『大日本古文書』九、四三八頁)にみられる嶋宮を牟漏女王に比定する説がある。『法隆寺伽藍縁起幷流記資財帳《ほうりゅうじがらんえんぎならびにるきしざいちょう》』には、天平八年二月に同寺丈六仏《じょうろくぶつ》に鏡を献納したことがみえる。

参考文献　義江明子「橘氏の成立と氏神の形成」(『日本古代の氏の構造』一九八六、吉川弘文館)。鷺森浩幸「八世紀の法華寺とそれをめぐる人びと」(『正倉院文書研究』四)、一九九六。（吉川　敏子）

むろのとまりのゆうじょきょうかたん　室の泊の遊女教化譚　建永《けんえい》二年(承元《じょうげん》元、一二〇七)専修念仏《せんじゅねんぶつ》の弾圧で流《る》罪《ざい》となった*法然《ほうねん》が、配所に赴《おもむ》く途中、室の泊で*遊女を教化したという説話。『*法然上人絵伝』三四など法然諸伝にみえる。初期伝記では遊女の法然への結縁譚《けちえん》であったのが、やがて遊女の罪障消滅《ざいしょう》や*女人正機説《にょにんしょうきせつ》が盛り込まれるようになる。女人正機の考えは法然にはなく、また遊女の罪業視《ざいごう》も鎌倉時代後期以降に登場するため、取り扱いに注意を要する。

参考文献　今堀太逸「法然の絵巻と遊女」(『神祇信仰の展開と仏教』一九九〇、吉川弘文館)。（平　雅行）

め

めいくさ　女軍　『日本書紀』神武《じんむ》天皇即位前紀の、女坂《めさか》に「女軍」を、男坂《おさか》に「男軍」を配置したという記載から、一般兵士としての女性をいう。また、神功紀で田油《たぶら》津媛《つひめ》とその兄夏羽《なつは》の男女の首長が神功《じんぐう》皇后と闘って敗れたという記載や、「肥前国風土記」で海松橿媛《みるかし》が景行天皇の軍に滅ぼされている場合などの記載から、軍事面での指揮者としての*女性首長の存在を想定する説もある。しかし、弥生時代の女性人骨に鉄製武器の副葬がないこと、戦死者とみられる出土人骨は男性であること、古墳時代前期の女性被葬者も刀以外の武器副葬はなく、その葬送儀礼にも軍事色は乏しいこと、中期以降も甲冑《かっちゅう》を副葬していないこと、武人埴輪は男性であることなどから、従軍巫女《みこ》的存在は別にして、女性が戦場で実戦に参加していた可能性は考古学的には乏《とぼ》しいといえよう。女性首長は古墳時代当初からの軍事への非関与ゆえ、畿内主導の軍事的編成のシステムに直接加わることはなく、中期以降は女性が首長墳級の古墳に埋葬される例も減少していくようである。

参考文献　関口裕子「日本古代の戦争と女性」(前近代女性史研究会編『家・社会・女性―古代から中世へ―』一九九七、吉川弘文館)。清家章「女性首長と軍事権」(『待兼山論叢』三二)、一九九八。寺沢知子「権力と女性」(都出比呂志・佐原真編『古代史の論点』二、二〇〇〇、小学館)。（寺沢　知子）

めいげつき　明月記　鎌倉時代前期の歌人藤原定家《ふじわらのさだいえ》の日記。この名は定家が付けたのではなく、南北朝時代に呼ばれ出したのが近世に定着したものである。『照光記《しょうこうき》』という別名もある。この日記は治承《じしょう》から仁治《にんじ》まで記されたようだが、現存するのは、治承四年(一一八〇)二月から嘉禎《かてい》元年(一二三五)十二月までで、途中欠落部分がある。当時の貴族は、子孫のため家のために必要な記録を残すことを目的に日記を書いており、定家もまた、父俊成《としなり》を継いで歌の家を確立させるためにこの日記を著わした。*和歌の道に関する記載が豊富なのは無論のこと、当時の政治・社会・文化を探るのに不可欠な史料として貴重である。中には、定家が日ごろ接していた女性たちの話題も散見でき、たとえば『*たまきはる』(『建春門院中納言《けんしゅんもんいんちゅうなごん》日記』『健寿御前《けんじゅごぜん》日記』)を著わした姉の健御前(健寿御前)、定家が「権門女房《けんもんのにょうぼう》」と評した高倉兼子《たかくらけんし》(*卿二位《きょうのにい》)などが有名である。活字本としては、『明月記』(全三巻、国書刊行会)と『明月記』一(史料纂集、続群書類従完成会)が、影印本としては、定家自筆本の『明月記』(冷泉家時雨亭叢書、全五巻、朝日新聞社)と近世の写本の『明月記―徳大寺家本―』(全八巻、ゆまに書房)が刊行されている。

参考文献　辻彦三郎『藤原定家明月記の研究』、一九七七、吉川弘文館。『明月記研究』、一九九六-。五味文彦『明月記の史料学』、二〇〇〇、青史出版。（白根　靖大）

めいじいちだいおんな　明治一代女　川口松太郎《かわぐちまつたろう》の新派戯曲。原作は『オール読物』一九三五年(昭和十)九月号から連載、第一回直木賞を受賞した川口の同名小説。川口みずから小説を脚色して、同年十一月明治座で初演。花柳章太郎《はなやぎしょうたろう》のお梅《うめ》、大矢市次郎《おおやいちじろう》の巳之吉《みのきち》の主役二人に情を解す恋仲という人間性を与え、歌舞伎俳優も登場させて好評を博し、以後、新派の代表的名作となる。この作品のモデルになった事件を起こしたお梅は江戸時代末期の元治元年(一八六四)、武士の娘に生まれたが、父は廃藩置県で武士の身分を失い車夫となる。九歳で養女に出され、十五歳で*芸者になり、超売れっ子となって早く独立し、浜町で待合経営をしていた。こつこつ貯えた金でこの待合を開いたが、父親名義の店にしたため金銭争いとなり、箱屋以来の使用人であった峯吉《みねきち》も父親に加担し峯吉を殺し無期刑となる。一八八七年(明治二十)六月九日の事件を『読売新聞』は大きく報道し、高橋《たかはし》お伝《でん》と並ぶ「明治の毒婦《どくふ》」と称された。

参考文献 尾崎秀樹他『大衆文学大系』別巻、一九八〇、講談社。 (小和田美智子)

めいじじょがっこう 明治女学校 明治中期の女子中等教育機関。米国に留学した*木村熊二《きむらくまじ》が日本の女性教育の必要性を痛感し、夫人鐙子《とうこ》とともに東京府麴町《こうじまち》区飯田町(東京都千代田区)に設立したキリスト教思想による女学校。一八八五年(明治十八)創立。発起人は木村熊二・田《た》口卯吉《ぐちうきち》・植村正久《うえむらまさひさ》・島田三郎《しまださぶろう》・*巌本善治《いわもとぜんじ》。日本人の経営による私立女学校の橋頭堡《きょうとうほ》的な存在。木村熊二が校長、鐙子が教頭になったが、翌年鐙子の病死により巌本善治が教頭の座につく。一八九二年木村が校長を辞任して巌本が二代校長となる。巌本は一八八五年七月以来『*女学雑誌』を刊行し、女性の地位向上のために「女学」なるものを主唱していたが、明治女学校でこれを実践する。巌本は明治女学校の目標を、宣教師の経営するミッションスクールとも異なり、「婚姻の準備のため」の教育をする女学校とも異なる「孤立の学校」として起つことにあるとした。教壇には*津田梅子《つだうめこ》・島崎藤村《しまざきとうそん》・星野天知・北《きた》村透谷《むらとうこく》らが立ち、良妻賢母《りょうさいけんぼ》に限定されない広い教養を備えた日本女性の育成をめざした。当初の入学資格は小学中等以上で修業年限五年、学科目は英語・地理・歴史・動物・食物・鉱物・生理・物理・化学・数学・漢文・修身などの普通のみであった。一八八七年専修科を設置、一八九一年ころより速記自由科、職業科(裁縫《さいほう》・縫箔《ぬいはく》・図画)、主計科(簿記・速記)、校外有志者のための武道科、幼年科(尋常小学科《じんじょう》)を設置した。卒業生には*大塚楠緒子《おおつかくすおこ》・*羽仁《はに》もと子・*山室機恵子《やまむろきえこ》・*相馬黒光《そうまこっこう》・*野上弥生子《のがみやえこ》などがいる。野上弥生子の『森』は明治女学校を舞台にした小説である。一八九六年校舎全焼で翌年巣鴨《すがも》に移るが、一九〇八年に廃校となる。

参考文献 青山なを『明治女学校の研究』、一九七〇、慶応通信。藤田美実『明治女学校の世界―明治女学校と「女学雑誌」をめぐる人間群像とその思想―』、一九八四、青英舎。 (金 眞琡)

めいじじょせいし 明治女性史 *村上信彦《むらかみのぶひこ》の著書。一九六九年(昭和四十四)―七二年刊行。上巻「文明開化」、中巻前編「女権と家」、中巻後編「女の職業」、下巻「愛と解放の胎動」の四巻よりなる。村上はこれまでの*女性史が女性解放の概念の歴史であって解放運動に無縁な庶民女性が切り捨てられていること、無名で平凡な生活に生きた女性の内部に立ち入りそのエネルギーを掘り起こすのが女性史であるとして、*聞き書きなどを駆使《くし》して生活史としての明治女性史を描いた。これを契機に解放史か生活史かをめぐって、いわゆる*女性史論争が展開され、女性史研究は新しい段階をむかえることになった。

参考文献 村上信彦『日本の婦人問題』(岩波新書)、一九七六、岩波書店。古庄ゆき子編『資料女性史論争』(論争シリーズ三)、一九六七、ドメス出版。 (永原 和子)

めいじどくふもの 明治毒婦物 明治十年代に出現した、実在もしくは架空の女性犯罪者を主人公とする実録風読物の一群。江戸時代は写本として秘かに実録体小説は流布していたが、明治になり活版印刷技術の導入や*識字層《げ》の拡大によって、圧倒的な量と速度で広まった。花形戯作者《さくしゃ》、仮名垣魯文《かながきろぶん》によって、毒婦の代表的存在である高橋お伝の処刑から三ヵ月後に絵草子『高橋阿伝夜叉譚《たかはしおでんやしゃものがたり》』が刊行され大評判となり、さらに作者によって完全な小説に書きかえられた。新聞は違式詿違《いしきかいい》条例などを平易な文で解説し、忠義・貞婦・孝行息子などを説いたが、それよりはるかに*毒婦物は読者の興味を引いた。*娼妓《しょうぎ》へは温情的な余地はなく、その悪事のみが強調された。明治毒婦物は近代日本の*家父長制・男性を優位にする文化の所産である。

参考文献 脇田晴子・S・B・ハンレー編『ジェンダーの日本史』下、一九九五、東京大学出版会。平田由美「物語の社会空間―近代メディアと「毒婦」言説―」(岩波書店文学編集部編『明治文学の雅と俗』二〇〇一、岩波書店)。 (小和田美智子)

めいじみんぽう 明治民法 一八九八年(明治三十一)七月施行された民法。明治政府は明治三年より民法編纂事業を開始、一八八八年の第一草案、九〇年の旧民法、その後これをめぐる論争いわゆる*民法典論争を経て九六年に財産法、九八年に家族法(親族編・相続編)が成立した。民法の施行までに長年月を要したのは近代的市民法の原理と*家制度をいかに整合させるかという点についての法学者・政治家の意見の対立にあった。明治民法は*戸籍制度を基礎とし戸主権と*家督《かとく》相続によって家の一系性を保障したが、*家産を認めず個人財産とし、親子間に権利義務関係を設けるなど家制度の弊害を最小限にし、資本主義の形成を可能にすることが図られた。しかし*男女同権・夫婦同権については㈠妻は夫の家の姓を名のること㈡妻の姦通《かんつう》は直ちに*離婚原因となるが夫の場合は刑法に触れた場合に限られる㈢妻の同居の義務㈣妻の財産行為には夫の許可を必要とするなど*男尊女卑《だんそんじょひ》の理念が貫かれていた。

参考文献 有地亨「明治民法と「家」の再編成」(青山道夫他編『講座家族』八、一九七四、弘文堂)。井ヶ田良治「明治民法と女性の権利」(女性史総合研究会編『日本女性史』四、一九八二、東京大学出版会)。利谷信義「戸籍の思想」(『家族と国家―家族を動かす法・政策・思想―』一九八七、筑摩書房)。 (永原 和子)

めいしょうてんのう 明正天皇 一六二三―九六 一六二九―四三在位 江戸時代前期の*女帝。後水尾《ごみずのお》天皇の第二皇女。母は二代将軍徳川秀忠《ひでただ》の五女和子《まさこ》(*東福門院《とうふくもんいん》)。

女一宮。名は興子《おきこ》。寛永六年(一六二九)十一月、後水尾天皇の譲位により践祚《せんそ》。九世紀ぶりの女帝誕生となる。在位中は後水尾上皇が院政を敷いた。寛永二十年異母弟後光明天皇に譲位。幕府は将軍の姪《めい》である明正天皇に対して、譲位後の生活を細かく規定した。

参考文献 久保貴子「江戸時代—武家社会のはざまに生きた皇女—」(服藤早苗編『歴史のなかの皇女たち』二〇〇二、小学館)。 (久保 貴子)

めいぼくせんだいはぎ 伽羅先代萩 伊達騒動《だてそうどう》を脚色した*歌舞伎《かぶき》脚本・*浄瑠璃《じょうるり》。奈河亀輔《ながわかめすけ》作の歌舞伎脚本は、安永《あんえい》六年(一七七七)、大坂中の芝居で初演された。この脚本と翌年上演の歌舞伎脚本桜田治助《さくらだじすけ》作『伊達競阿国戯場《だてくらべおくにかぶき》』との二作をあわせた人形浄瑠璃の同名作品が、松貫四《まつかんし》・高橋武兵衛《たかはしぶへえ》・吉田角丸《よしだかどまる》らの合作で、天明《てんめい》五年(一七八五)、江戸結城座《ゆうきざ》で初演された。それがさらに歌舞伎に移されて上演され現在に至っている。乳人《めのと》の政岡《まさおか》がわが子千松《せんまつ》に毒味させて幼君鶴千代《つるちよ》を救う忠義が見せ場となっている。『日本古典文学大系』五二(一九五九年、岩波書店)に収められている。 (柳谷 慶子)

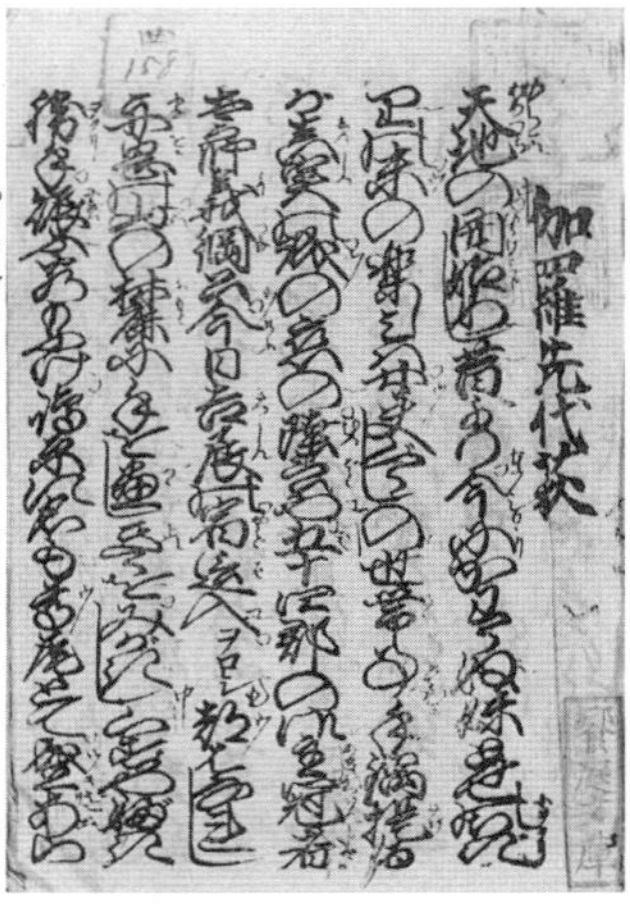
義太夫節丸本『伽羅先代萩』

めいめいけん 命名権 「名付け親」は誰かということ。古代の一般民衆の人名には自身が名乗る実名、字名、そして他から呼ばれる綽名《あだな》があった。その中で最も古代の人名の特色を表わすのは女性の実名である。古代の女性の名前は*戸籍・計帳に多くを載せるが、特色としては原型名の「売《め》」(今でいえば「子」など)があり、上乗せの刀自売《とじめ》・都売《つめ》・若売《わかめ》などがあり、さらに「若刀自売《わかとじめ》」「小刀自売《ことじめ》」として他者と識別する名が完成する。『*古事記』垂仁《すいにん》天皇段に「凡《およ》そ、子の名は必ず母名《なづ》けむ」(原漢字)とみえ、『日本書紀』神代の山幸《やまさち》・海幸《うみさち》神話においては、山幸が出産した妻の*豊玉姫《とよたまひめ》に「児の名を何に称《なづ》けば可《よ》けむ」(原漢文)と尋ね、妻が「彦波瀲武鸕鷀草葺不合尊《ひこなぎさたけうがやふきあえずのみこと》と号《なづ》く」(原漢文)と答えたとあるのは、記紀成立期のころ、古代の名前の命名権が女性、母親にあったことを物語っている。『*万葉集』一二の「たらちねの母が呼ぶ名を申さめど路行く人を誰と知りてか」(原万葉仮名)の「母が呼ぶ名」も根底的には「母が付けた呼び名」の意であろう。古代においては言霊《ことだま》思想の影響により実名忌避《きひ》のしきたりがあり、実名が記録として残りにくいという制約下で、戸籍に付され、大量の女性名が残された事実に注目する必要がある。この戸籍に載る名前の多くは機械的であり、実名であるかどうかは未だ定かではない。また『*日本霊異記《にほんりょういき》』下にみえる「一の女在り(字を多夜須子《たやすこ》と曰《い》ふ)」(原漢文)にみえる字は誰が命名したかのかは不明である。ただし、字を通称と考えれば自然発生的な形で呼ばれるようになったとも考えられる。

参考文献 関和彦『日本古代社会生活史の研究』(歴史科学叢書)、一九九四、校倉書房。 (関 和彦)

めいろくざっし 明六雑誌 ⇩男女同等論争《だんじょどうとうろんそう》

めかけ 妾 〔古代〕正妻のほか、夫と恒常的に性関係をもち、夫に養われる女性。*召人《めしうど》・侍妾《じしょう》・*側室《そくしつ》・そばめ・御部屋《おへや》・てかけ・権妻《ごんさい》などと、時代・階級によって呼び方が異なる。中国では、正妻のほかに妾をもつことは許容されていた。妾は*家族の一人として認められ、正妻の支配下に置かれ、時により金銭で売買される対象でもあった。九世紀以前の日本では*婚姻規制が明確ではなかったため、正妻と妾との区別があいまいで、むしろコナミ(古妻)とウワナリ(新妻)との別が一般的である。『大宝律令《たいほうりつりょう》』『養老律令《ようろうりつりょう》』にも妾規定はある(*戸令応分条《こりょうおうぶんじょう》・先姦《せんかん》条、儀制令五等親条《ぎせいりょうごとうしんじょう》など)ものの、妾概念が明確でなかったため、それらの条文は矛盾《むじゅん》が多い。*正妻制が確立する九世紀以降の貴族層では、正妻と出自に大きな違いのない妾(妾妻《めかけづま》(「しょうさい」とも読む)・次妻《じさい》・副妻《ふくさい》)と夫や家族の*女房など従者的身分の妾とが存在した。妾妻は正妻とは同居せず、その子供たちの待遇は正妻と比較して若干劣る。従者的妾は、正妻の屋敷で従者として仕え、その子供たちの待遇は大きく劣る。

参考文献 石井良助『日本婚姻法史』(法制史論集二)、一九七七、創文社。 (梅村 恵子)

〔中世〕*一夫多妻制《いっぷたさいせい》のもとで嫡妻《ちゃくさい》以外の妻の呼称。「しょう」ともいう。中世では、近世以降のように「日陰者《ひかげもの》」という存在ではなかったが、所領の相続や子供の地位などにおいて差があった。「文保《ぶんぽう》の服忌令《ぶっきりょう》」においては、夫死亡の際における妻の假《いとま》は三十日、服(喪《も》に服す)は十三ヵ月とされており、この規定は三妻まで同等の扱いとして適用されており、それ以外の妻(妾)は適用外で服忌は必要ないとなっている。 (峰岸 純夫)

〔近世〕近世には、幕法によって武家も庶民も妻は一人と定められ、重婚が禁じられていた。配偶者である妻と妾の区別は厳しいもので、特に武家の場合は厳格であった。これは家の相続にあたって、嫡系《ちゃくけい》が優先されたためで、妾が妻に先立って子を産んでも次男として扱われた。また享保十八年(一七三三)には、妾を妻に直すことが幕府によって禁じられた。幕法上、妾は奉公人であり、主人の「家」の構成員とはされず、妾は妻に対して君臣の礼をとるものとされた。そのため武家の場合、妾は『*服忌令《ぶっきりょう》』の対象に含まれなかった。しかし、貞享《じょうきょう》三年(一六八六)の改正によって、子を産んだ妾に限って服忌が適用されるようになった。庶民の場合、妾は妾奉公契約によって抱えるのが一般的であった。また妾の*密通は、当初妻の密通に比べて軽罪であったが、『*公事方御定書《くじかたおさだめがき》』によって妻と差別なく罰せられるようになり、密通の現場で主人が妾を殺害しても、主人は無罪とされた。近世においては、家の相続人を得るため、妻以外に妾を置くことが正当と考えられていた。徳川将軍は例外なく妾を置いたが、参勤交代の制度により、江戸藩邸に妻子を留め置かれた大名の場合、国許に妾を置くのが一般的であった。庶民の場合、近世中期以降、富裕な階層のみではなく、妾を置く階層が広がり、妾を囲う形態も多様になった。当初は別宅を構えて妾を置き、主人が通う「囲妾」が一般的であったが、十八世紀後半には妾宅を構えずに妾の実家に通う「半囲」が現われ、十九世紀前半には数人の男が妾を共有する「安囲」など、売春同様の妾が現われるようになった。

参考文献 大竹秀男『「家」と女性の歴史』、一九七七、弘文堂。同「江戸時代の妾」(同他編『幕藩国家の法と支配』一九八四、有斐閣)。

(浅倉 有子)

〔近現代〕 男性が長期間金銭授受によって、性関係をもつ妻以外の女性の呼称。明治三年(一八七〇)の*新律綱領《しんりつこうりょう》による妻妾《さいしょう》二等親規定の影響もあり、維新以後妾をもつ男性が急増し、明治五年には*戸籍への妾記載が規定された。近代社会の一夫一婦原則に反する妾の存在をめぐって、民間や元老院で賛否両論の議論が展開した。「妾」の名称を削除した(「*庶子《しょし》」は存続)刑法草案が一八八〇年元老院で成立し、刑法から「妾」の名称はなくなった。しかし戸籍には一八九八年の戸籍法改正まで残存し、さらに刑法草案審議時に民法作成時に再検討するとした政府の意図どおり、一八九八年成立・施行の民法親族編八二七条・八二九条は夫と妻以外の女性との間に誕生した子は妻と女性の承諾なく夫が認知入籍することを規定し、相続編九七〇条はこの庶子に嫡出《ちゃくしゅつ》女子に優先する*家督相続権を与えている。妾の実質的存続は日本社会における男性本位の性の土壌《どじょう》を培《つちか》った。

参考文献 中川善之助『妻妾論』、一九三六、中央公論社。熊谷開作『日本の近代化と「家」制度』、一九八七、法律文化社。早川紀代『近代天皇制国家とジェンダー』、一九九八、青木書店。

(早川 紀代)

〔アイヌ〕 ⇩ポンマチ

めがたきうち 妻敵《めがたき》討ち 中世、男性が自分の妻と性愛関係をもった男を敵として討つことをいう。中世では、*単婚《たんこん》と家の成立に伴って、夫妻の結びつきは古代の*対偶婚《たいぐうこん》の時代に比べて安定的に強まり、夫の家内において家政を仕切り、夫の子を産んだ妻・母の地位は大きかった。しかし、*婚姻外の性愛については、夫妻相互に規制的であった面はあるが、夫一人に固定されることを求められたのは妻の性愛であったといえよう。中世では、他人の妻との性愛関係は*密懐《みっかい》と称され規制の対象となった。鎌倉幕府法《かまくらばくふほう》では、他人の妻を懐抱《かいほう》した場合、所領《しょりょう》の半分を没収か遠流《おんる》と定められており、女性にも同種の処分の適用が定められている。説話などによれば、妻の間男《まおとこ》を夫が寝所《しんじょ》において討つ例があり、民間の慣習の存在が知られる。姦夫《かんぷ》側がさらに本夫《ほんぷ》を殺害し、姦夫・本夫双方の被害が相殺《そうさい》されるという考え方もあった。このような法的、あるいは慣習的規制のあり方に変化が現れたのが、室町時代である。文明《ぶんめい》十一年(一四七九)、京都で密懐と妻敵討ちをめぐる対立が、本夫が山名《やまな》氏、討たれた姦夫が赤松《あかまつ》氏のそれぞれ関係者だったことから、両勢力の争いに発展する事件が起った。この事件に際して、室町幕府《むろまちばくふ》は姦夫・本夫ではなく、姦夫・姦婦《かんぷ》を殺害するという新たな解決策によって事態を収めた。この事件では、本夫は他人を語らって密懐の宿所に押し寄せようとしており、すでに妻敵討ちが家内部の空間において夫によって果たされる段階にとどまらなくなっていることが知られる。さらに、中世前期の説話に知られる例と異なり、妻の密懐場所は妻と夫の寝所ではなく、家の外の空間になってきていることも知られる。*家父長制《かふちょうせい》の進展に伴う密懐をめぐる諸事情の変化が、文明十一年の事件に際して妻敵討ちが街中の騒動となり町人が侍所《さむらいどころ》に注進したように、当事者間の相殺の論理を超えて、公権力《こうけんりょく》による新たな相殺の論理の介入をもたらしたものであろう。この新たな相殺の論理が、戦国時代の*分国法《ぶんこくほう》に受け継がれる。しかし、分国法の関係条文には「女を助くること法にあらず」「閨《ねや》において討つの時女房討《うち》ちはずし候《そうろう》わば、討手越度《ておちど》有べからざるなり」(『*塵芥集《じんかいしゅう》』)、「虚名《きょめい》の女契約停止《ちょうじ》之事」(『長宗我部氏掟書《ちょうそかべしおきてがき》』)などの文言がみえる。そのことから考えれば、公権力による新たな相殺の論理の導入が、必ずしも当時の密懐と妻敵討ちをめぐる当事者間の心情とそぐわない現実をもっていたことをうかがわせる。公権力による厳罰化が進む一方、妻を助けようとする現実の存在したことも注意される。

参考文献 勝俣鎮夫「中世武家密懐法の展開」(『戦国法成立史論』一九七九、東京大学出版会)。田端泰子『日本中世の女性』(中世史研究選書)、一九八七、吉川弘文館。西尾和美「ジェンダー化される性愛―『今昔物語集』の分析を中心に―」(『松山東雲女子大学人文学部紀要』一二)、二〇〇三。

(西尾 和美)

めがみ 女神 女の神。多くは〇〇女神《めのかみ》・〇〇比売神《ひめのかみ》・〇〇刀自神《とじのかみ》など、女性であることを示す接尾辞をもち、固有名詞部分のない「比売神」「刀自神」も少なくない。*天照大神《あまてらすおおみかみ》が誓約によって生んだとされる*宗像三女神《むなかたさんじょしん》(田心姫《たごりひめ》・湍津姫《たぎつひめ》・市杵島姫《いつきしまひめ》)は、朝鮮半島との海上交通の要衝《ようしょう》にまつられる著名な女神である。天照の神格は太陽神だが、その皇祖神《こうそしん》および*伊勢神宮祭神としての成立時期をめぐっては諸説がある。神話には多くの女神が活躍するが、「播磨国風土記《はりまのくにふどき》」の女神には*女性首長の面影が濃いとされる。「斎服殿《いみはたどの》で神御衣《かむみそ》を織る」若日女尊《わかひるめのみこと》、御子神《みこがみ》を生み「御祖神《みおやがみ》」となった*玉依日売《たまよりひめ》などから、女神は神に仕える*巫女《みこ》の神格化であり、母子神信仰が基本にあるとする説が従来は有力である。しかし、神社で「比売神」をまつり添える動きは比較的新しく奈良時代ころから顕著にみられ、三島社《みしましゃ》の「后神《きさきがみ》」の託宣《たくせん》例(『続日本後紀《しょくにほんこうき》』承和《じょうわ》七年(八四〇)九月条)など、女神の併祀《へいし》には社会的男女秩序の反映が濃厚である。刀自神は、類型としては比売神よりも古く、単独でまつられ、生産活動に密着した女神である。

参考文献 中塩清臣「女神考」(久松潜一他編『古事記大成』五、一九五六、平凡社)。倉塚曄子「女神に関する覚書―播磨風土記の世界―」(『都大論究』二)、一九六三。山折哲雄「女神の誕生」(同編『日本の神』二、一九九五、平凡社)。菅原征子「平安初期の地方祭祀と女性」(『日本古代の民間宗教』二〇〇三、吉川弘文館)。義江明子「刀自神考」(『日本古代女性史論』二〇〇七、吉川弘文館)。

(義江　明子)

めぐりがゆ　巡粥　⇩出産《しゅっさん》儀礼《ぎれい》

めこ　妻子　妻と子らの*家族(「さいし」)、あるいは妻(「子」は接尾語)のこと。両者は区別がつきがたいことが多い。鎌倉時代後期の紀伊国阿弖河庄《あてがわのしょう》(和歌山県有田川町)の片仮名で書かれた百姓申状《もうしじょう》にみえる、耳きり、鼻削《そ》ぎなどの地頭威嚇《いかく》の対象、「メコトモ」(妻子共《めこども》)は、内容的に見て妻である。これは*地頭が百姓の役負担拒否に対して彼らの妻をとらえ、耳切りなどの処刑をするぞと脅したものであるが、このように百姓の妻や子(家族)は、かなりしばしば年貢《ねんぐ》・公事《くじ》(中世の税)未納の際の*人質《ひとじち》として史料上に登場する。すなわち百姓=夫の未納の罪を妻子が背負うのである。また犯罪を犯して夫が逃亡した場合も、その罪は、残されたあるいは残った妻子が、夫の身代《みが》わりとして償《つぐな》わなければならなかった。中世では、このように妻子は夫と一体化したものとみなされた。それは夫権《ふけん》や父権《ふけん》の成立とともに、家というものが、中世社会の基礎単位となっていたことによるといえよう。ただし犯罪を犯した夫が逃げることなく罪を償い、処罰されれば、その跡職《あとしき》を妻子が継承することができたことは見落とせない。家数の確保を意図してであろうが、鎌倉幕府は、夫が処罰されたその跡に、妻子が元のように安堵《あんど》できるよう命じる法を、いくどとなく出している。こうした妻子による跡職継承の社会ルールは、戦国時代に至るまで、中世を通じて生き続けた。

参考文献 黒田弘子『ミミヲキリハナヲソギ―片仮名書百姓申状論―』(中世史研究選書)、一九九五、吉川弘文館。同「中世法を読む」(『女性からみた中世社会と法』二〇〇二、校倉書房)。

(黒田　弘子)

めごひめ　愛姫　一五六八?―一六五三　戦国時代の三春《みはる》城主田村清顕《たむらきよあき》の娘。母は相馬《そうま》氏。天正七年(一五七九)、周辺諸国と対立していた田村氏は、米沢《よねざわ》城主伊達輝宗《だててるむね》を頼むことで領国の平和維持を図る。それに伴い、愛姫は輝宗の息政宗《まさむね》に嫁し、嫡子忠宗《ちゃくしただむね》、宗綱《むねつな》、竹松丸《たけまつまる》、五郎八《いろは》姫《ひめ》(松平忠輝《まつだいらただてる》妻)を生んだ。同十八年、伊達氏は豊臣氏に従属し、愛姫は*人質として京へ上る。寛永十三年(一六三六)には政宗と死別。出家して陽徳院《ようとくいん》と号した。

参考文献 『三春町史』一、一九八二、三春町。

(遠藤ゆり子)

めしうど　召人　平安時代の妻妾《さいしょう》の呼称の一つ。「めしゅうど」とも読む。主家やその近親者に奉仕する*女房《にょうぼう》の中で、主人と性的関係を持つものを指す。中世以降は、「家女房《いえのにょうぼう》」と呼ばれる。男性の方が身分が高く、女性との対等な恋愛関係は想定しにくい。社会的に認知されさまざまな権利を持つ妻とは違い、たとえ子を産んでも地位は低かった。藤原兼家《かねいえ》は正妻時姫《ときひめ》の亡き後、娘超子《ちょうし》に仕える女房であった大輔《たいふ》を召人として寵愛《ちょうあい》し、「権《かり》の北方《きたのかた》」と人々が認識したというのは例外であろう。また、*和泉《いずみ》式部《しきぶ》は敦道《あつみち》親王と恋愛関係になったが、身分差が大きかったため妻として扱われず、召人として親王の宮で同居することになった。妻方《つまかた》居住から*婚姻《こんいん》が始まる当時においては、夫方《おっとかた》で同居することは召人であることの表象であった。この変則的な同居で始まった婚姻ゆえに、『*源氏物語』の*紫の上は正妻格であろうとも苦悩し続けることになる。

→妾《めかけ》

参考文献 西村汎子『古代・中世の家族と女性』、二〇〇二、吉川弘文館。

(京樂真帆子)

めしうりおんな　食売女　⇩飯盛女《めしもりおんな》

めしもりおんな　飯盛女　街道の宿場で、旅行者の宿泊・食事の賄《まかな》いをする女性のこと。食売女(めしうりおんな・しょくばいじょ)とも表記する。江戸時代における飯盛女の労働の実態は、「枕辺《まくらべ》に侍《はべ》る女」といわれ、売春婦であった。江戸時代には、飯盛女のことを一般の通用語として、庶民の間では、「おじゃれ」「*茶立女《ちゃたておんな》」「*留女《とめおんな》」「*出《で》女《おんな》」「客引女」「引っぱり女」「*宿場女郎《しゅくばじょろう》」などと、さまざまな侮蔑的なことばで呼ばれ、「道中記」や「狂歌」「*川《せん》柳《りゅう》」「民謡」などに嘲弄《ちょうろう》された対象として描かれた。本来、飯盛女は、厨房《ちゅうぼう》の賄い婦、泊客の給仕として雇用されたにもかかわらず、公然と売春が行われたということで、

飯盛女(歌川広重「東海道五拾三次」)

幕府は宿場の遊里化を懸念し、享保三年(一七一八)に「覚《おぼえ》」を下知《げち》し、旅籠屋《はたごや》一軒につき、飯盛女の設置人数を二名と限定した。*吉原の*遊女の公認に対し、飯盛女は準公認というものであった。しかしながら、参勤交代制の実施に伴い交通量も増加し、宿場の整備もされると、宿泊客も急激に増加。それにつれて、旅籠屋も旅客へのサービスと称し、二人という制限下におかれた飯盛女を*下女という名目で増やし、次第に宿場は遊里化していった。元文五年(一七四〇)、寛政二年(一七九〇)、寛政六年、文化十年(一八一四)に、幕府は、飯盛女人数制限を遵守《じゅんしゅ》するよう厳しい取り締まりを布達したが、宿場繁栄という名分のもとに、増加する一方であった。それというのも、宿駅財政の窮乏《きゅうぼう》しつつあるなかで、飯盛女の*揚代《あげだい》の一部が上納金として宿財政に繰り入れられていたことで、宿駅維持助成の側面があったからである。このような理由から幕府もある程度黙認という形はとったものの、飯盛女の雇用は前借金ということから考えると、多分に*人身売買の要素を内包していることで、幕府の政治理念とは乖離《かいり》するものであり、宿駅制度の矛盾が露呈《ろてい》されているといわざるを得ないのである。

参考文献 牧英正『人身売買』(岩波新書)、一九七一、岩波書店。宇佐美ミサ子『宿場と飯盛女』(同成社江戸時代史叢書)、二〇〇〇、同成社。 (宇佐美ミサ子)

めしもりおんなつきはたごや　飯盛女付旅籠屋　江戸時代の宿泊施設で*飯盛女を抱えている旅籠屋のこと。街道の宿場の旅籠屋は、平旅籠屋《ひらはたごや》と飯盛女付旅籠屋に大別されていた。飯盛女付旅籠屋は、*下女奉公人のほかに飯盛下女奉公人として二人までを雇用し、営業することを認められていた(享保三年(一七一八)「覚《おぼえ》」)。飯盛女付旅籠屋と一般の平旅籠屋を区別する唯一の指標は、旅籠屋に奉公人として登録されている「奉公人書上」による。それには、「下女」と記されているか、「飯盛下女」と登録されているかによってわかる。しかし、これはたてまえで、旅籠屋の奉公人登録名簿には「下女」とあっても、実態は「飯盛下女」として使役される。飯盛女付旅籠屋の特色は、格子造りの表座敷、客引きの張り見世《はりみせ》部屋が備え付けられ、二階建の家屋が多い。「出入口には、大看板を掛け、火袋式行燈造《あんどんづく》りの建築」という華美な建物が旅人の目を引いた。

参考文献 岩井伝重『軽井沢三宿と食売女』(千曲川文庫)、一九六八、櫟。菅野則子「食売旅籠屋と食売女」(『村と改革』一九九二、三省堂)。宇佐美ミサ子『宿場と飯盛女』(同成社江戸時代史叢書)、二〇〇〇、同成社。 (宇佐美ミサ子)

めしもりおんなはねせん　飯盛女刎銭　*飯盛女の*揚代《あげだい》の一部を上納する冥加金《みょうがきん》。いわば現代の租税のようなもの。本来、刎銭とは「ぴんはね」「上前をはねる」の意である。飯盛女の刎銭は、宿によっては、宿駅財政の収入源として重要な位置を占めている。たとえば、東海道小田原宿では、安政六年(一八五九)の宿駅財政収入が千九百十七両余であった。収入費目の中で飯盛女刎銭という項目があり、収入百四十両余と計上されており、これは総収入の約七%を占める。そのほかの項目の人馬賃銭・貸付金利子・拝借金などの割合からみると、必ずしも突出しているとはいえないが、飯盛女刎銭が、宿財政の赤字補塡《ほてん》の一部を支えていることは否めない。交通量の少ない宿場にとっては、飯盛女の刎銭が、宿財政の重要な助成となっているのである。

参考文献 菅野則子「食売旅籠屋と食売女」(『村と改革』一九九二、三省堂)。宇佐美ミサ子『宿場と飯盛女』(同成社江戸時代史叢書)、二〇〇〇、同成社。 (宇佐美ミサ子)

めぞうしき　女雑色　本来雑色とはさまざまな種類という意味の言葉で、八世紀には多くこの意味で使用された。そこから転じて、中央地方の官司で雑務に随《したが》う品部《しなべ》、下級役人や貴族の家の家事使用人を「基準からはずれた雑多な人」(『国史大辞典』「雑色」野村忠夫)という意味の雑《ぞう》色人《しきにん》または雑色と呼ぶようになった。史料上にみえる雑色の多くは男性であるが、女性使用人も雑色の名で呼ばれた。天暦《てんりゃく》四年(九五〇)十一月二十日付の「東大寺封戸荘園並寺用帳《とうだいじふこしょうえんならびにじようちょう》」(『東南院文書』、『*平安遺文』一、二五七号)には東大寺に属する四十人の女雑色がみえるが、その実態は寺刀自《てらとじ》・醤刀自《ひしほとじ》・酢刀自《すとじ》・女長《めのおさ》・厨女《くりやめ》・羹女《あつものめ》等のほか雑役に従事する女性であった。ここにみえる女性たちは主に寺家の食事を賄《まかな》う仕事の従事者であるが、醤刀自・酢刀自など醸造《じょうぞう》に携《たずさ》わる技術者とおぼしい者もみえ、この時期の*性別分業の実態を考える上でも重要である。

参考文献 義江明子「「寺刀自」ノート―女性の労働指揮権をめぐって―」(前近代女性史研究会編『家・社会・女性―古代から中世へ―』一九九七、吉川弘文館)。 (西野悠紀子)

めとり　女捕　⇩辻取《つじどり》

めどりのひめみこ　雌鳥皇女　応神《おうじん》天皇の皇女とされる伝説的女性。『日本書紀《にほんしょき》』によれば、仁徳《にんとく》天皇に求婚されたが媒《なかだち》の隼別皇子《はやぶさわけのみこ》に奪われ、謀反《むほん》の意をおこした隼別皇子とともに天皇軍に殺された。『*古事記《こじき》』には「女鳥《めどりの》王《おおきみ》」とあり、天皇の求婚を伝えた速総別王《はやぶさわけのおおきみ》を、みずから選び取って結婚し、夫に謀反を教唆《きょうさ》した結果、夫とともに天皇軍に殺されたといい、『日本書紀』とは描出《びょうしゅつ》のしかたが異なって、主導的である。

参考文献 荻原千鶴『日本古代の神話と文学』、一九九八、塙書房。 (荻原千鶴)

めとる　娶　⇩御合《みあい》

めのと　乳父　中世において、*乳母《めのと》とともに*子どもの養育や後見にあたった男性。天皇家にも貴族・武士の家にも存在した。通常は乳母の夫であったが、乳母の父や兄弟、*子息の場合もあった。公家の日記には、鎌倉時代中期までは、女性の乳母と同じく「乳母」と記されることが普通であったが、鎌倉時代後期には「乳父」と記されることが多くなった。鎌倉幕府の歴史書である『*吾妻《あずま》鏡《かがみ》』には、「乳母夫」の表記が多い。乳父は、「乳母の夫」が子どもの養育という乳母との役割の同一性から「めのと」と称されるようになったと推測されるが、そうした呼称が定着し、乳父が一つの役職として成立したのは院政期である。それによって、夫以外の乳母の近親者もしばしば乳父と称されるようになったとみられる。乳父は、乳母とともに被養育者の養育に携わったが、それだけではなく、被養育者の家政をとりしきり経済を握る執事《しつじ》的存在であり、経済的奉仕者、後見者といった側面を有していた。乳父は被養育者にとってきわめて重要な存在であったので、被養育者の父が、みずからの従者、とくに近臣の中から選ぶことが多かった。被養育者に後見者を付ける目的で乳父を選定することも多く、乳父を選ぶのに、その妻が授乳できるかどうかということは、必要条件ではなかった。むしろ、平安時代末期以降は、乳父と対になる乳母は、授乳者ではないことが多かったとみられる。天皇家でも貴族・武士の家でも、通常、乳母は複数付けられたので、乳父と対になる乳母は授乳できなくてもよかったのであり、また、必ずしも新生児のうちに乳父・乳母を付けるわけでもなかった。乳父と被養育者は親密な主従関係で結ばれ、それは被養育者の成人後も継続することが普通であり、乳父の＊一家が、被養育者の近臣中の近臣に位置づけられることが多かった。通常、乳父は主人の家に通って、被養育者の世話をしたが、院政期に、正妻ではない母から生まれた子や、出家予定の子など家の継承から排除された子は、父母のもとで育てず、乳父・乳母に預けて養育させる慣行が定着した。そうした場合、乳母・乳父は、貴族・武士の家では、被養育者の親代わり、天皇家では外戚《がいせき》の代わりのような立場に位置付けられた。乳父に預けられて養育された男子は、元服《げんぷく》の年齢のころ、出家させられて僧侶になることが多かった。後鳥羽《ごとば》天皇や後嵯峨《ごさが》天皇など、乳父に預けられて養育され、出家させられる予定であったにもかかわらず、政変や天皇の急死により、皇位継承者に推戴《すいたい》され即位が実現した天皇がいるが、そうした場合には、天皇の即位後、乳母・乳父の一家の権勢は大きなものになった。

参考文献 秋山喜代子「乳父について」(『史学雑誌』九九ノ七)、一九九〇。後藤みち子「武家の乳母と乳母夫—『吾妻鏡』にみる—」(『鎌倉』八五)、一九九七。秋山喜代子「養君にみる子どもの養育と後見」(片倉比佐子編『日本家族史論集』一〇、二〇〇三、吉川弘文館)。

(秋山喜代子)

めのと 乳母 〔古代〕生母に代わって授乳し、幼児の養育にあたる人物。乳母の訓は八世紀成立の『日本書紀』や『＊万葉集』ではチオモ・オモ(母)であるが、九三〇年代成立の『和名類聚抄《わみょうるいじゅしょう》』ではメノトと呼んでいる。国家が多産の女性に乳母を支給した例があるように、乳母を必要としたのは貴人に限らない。しかし乳母の大半は生母が育てる習慣を持たない王・貴族に仕え、その役割は授乳に留まらず、養君に対する教育までふくむ養育一切に及んでいた。六—七世紀ころの大王子女の場合、＊子どもの養育を経済的に支える名代《なしろ》・子代《こしろ》や乳部《みぶべ》(壬生部《みぶべ》)が設定され、養育にあたる氏が指定された。皇子女の多くは乳母の＊氏名をそのまま個人名とし、その風習は桓武《かんむ》朝ころまで続いている。『養老律令《ようろうりつりょう》』では親王に三人、その子に二人の乳母を付けるという規定があり、少なくとも十三歳までは必ず乳母を付けられた。養育一切を行う乳母と養君の結びつきは深く、天皇の即位時にその乳母たちの位階や姓を引きあげた例があるように、中小氏族にとって養君が権力を得ることは自己の栄達にもつながった。その一方乳母が政変に巻き込まれることもあり、＊孝謙《こうけん》天皇の乳母山田三井宿禰比売嶋《やまだのみいのすくねひめしま》(山田御母《みおも》)は橘奈《たちばなのな》良麻呂《らまろ》の乱に連座し、御母(ミオモ)の称と宿禰姓を奪われている。九世紀に従五位クラスであった天皇乳母の地位は摂関期に上昇し、＊女官としてほぼ最高の三位が通例となった。後冷泉《ごれいぜい》天皇の乳母で＊大弐三位《だいにのさんみ》と呼ばれた、＊紫式部の娘藤原賢子《けんし》はその例である。天皇から貴族まで、乳母と養君の結合の強さは乳母の夫(乳夫《めのと》)や＊乳母子《めのとご》との関係にも及び、＊一家を挙げて養君の栄達に期待し奉仕した。『＊源氏物語』や『＊落窪物語《おちくぼものがたり》』などの物語にみられる零落《れいらく》した姫君を支える乳母や乳母子の姿はその例であり、院政期になると院の乳母子が近臣《きんしん》として権力の一角に食い込むなど政治への影響も生じるようになった。

参考文献 吉海直人『平安朝の乳母達—源氏物語への階梯—』、一九九五、世界思想社。秋山喜代子「養君にみる子どもの養育と後見」(片倉比佐子編『教育と扶養』二〇〇三、吉川弘文館)。

(西野悠紀子)

〔中世〕乳母とは、「実母に代わって、子供に乳を飲ませ、養育する女性」(『大辞林』(第二版)、三省堂)と、国語の辞書などでは解説をされている。しかし近年の研究成果からすると、中世における乳母とは、そうした辞書的な意味とは大きく異なる実態を持っていることが、明らかになってきた。まず「めのと」は、女性だけではない。乳母の兄弟や夫などが、「＊乳父《めのと》(乳母夫・傅《めのと》)」と呼ばれ、乳母とペアになって、幼君の養育から教育全般に責任を持つ。授乳期だけでなく、幼君の一生に深く関わる存在が、「めのと(乳母・乳父)」なのである。また、たとえば源頼朝の庶子《しょし》貞暁《ていぎょう》のように、七歳になってようやく乳父が選ばれる(『＊吾妻鏡《あずまかがみ》』)こともあるので、必ずしも、その漢字から連想されるような、授乳を目的としてばかり「めのと」が選出されるわけではない。授乳を目的としなければ、当然性別も、問われなくなる。ゆえに、ここでは「めのと」と、表記していくことにする。中世の「めのと」という存在は、どういうものかまとめると、主君の子供(養君)を養育し、その子供が成人してからも、第一の側近として政治的影響力を持つ存在であり、養君の教育係も勤めたので、養君の人格形成や、その人生に多大な影響を与えた存在でもある。よって、その選出には、多大な注意が払われ、慎重になされたと考えられる。このように養君にとって、実父母に勝るとも劣らない重要な存在である「めのと」は、中世という長い時代の中で、どのような変遷《へんせん》をとげたのであろうか。院政期の天皇家では、皇太子の場合、乳母の選定が、皇位継承のための重要な要素であった。だからこそ、一族の女性が乳母になったり、一族の男性が乳母と*婚姻関係を結ぶことが、権力を握る近道でもあった。この傾向は、鎌倉将軍家(源頼朝・頼家親子と比企《ひき》氏の関係)にも見られる。南北朝・室町時代の武士階級では、養君が死亡すると、乳母の役割は終焉《しゅうえん》を迎え、養君に殉死《じゅんし》すべき存在との社会通念が存在していた。養君の養育には、乳母やその夫など、「家」ぐるみであたっていた。戦国時代の武士階級(毛利氏)では、当主後継者には、乳母選出より先に、男性家臣団の「傅」役が正式な役職として設定され、近世初期には完成を見た。近世初期の武士階級(徳川家光)では、数人の小姓《こしょう》と競い合いながら、傅役に監督されるようになるので、乳母は、養君の憩《いこ》いの場を提供する存在へと変質を遂げた。ここに、養君の養育全般に責任を負っていた、中世の「めのと」の役割は、終焉を迎えた。

参考文献 米谷豊之祐「武士団の成長と乳母」(『大坂城南女子短期大学研究紀要』七)、一九七三。橋本義彦「乳父管見」(『平安貴族社会の研究』一九七六、吉川弘文館)。女性史総合研究会編『日本女性史』二、一九八二、東京大学出版会。同編『日本女性生活史』二、一九九〇、東京大学出版会。秋山喜代子「皇子女の養育と「めのと」」(『遥かなる中世』一〇)、一九八九。同「乳父について」(『史学雑誌』九九ノ七)、一九九〇。秋山喜代子「養君にみる子どもの養育と後見」(『史学雑誌』一〇二ノ一)、一九九三。脇田晴子・S・B・ハンレー編『ジェンダーの日本史』、一九九四・九五、東京大学出版会。吉海直人『平安朝の乳母達』、一九九五、世界思想社。後藤みち子「武家の乳母と乳母夫」(『鎌倉』八五)、一九九七。秋池洋美「武家の「めのと」に関する覚書」(『総合女性史研究』一八)、二〇〇一。田端泰子『乳母の力』(歴史文化ライブラリー)、二〇〇五、吉川弘文館。

(秋池 洋美)

めのとご　乳母子　わかりやすそうで、わかりにくいのが、乳母子である。漢字で書くと、意味が簡単にわかりそうに見えるが、じつはその読み方からして、確定を見てはいない。「乳母の子」と読めば、特別な存在ではなくなる。単に*乳母である女性が生んだ子供という意味になるからである。しかし「めのとご」と読んだ場合は、いささか雰囲気が変わってくる。国文学では、乳母にさえいえない、「隠《かくろ》へこと」にタッチしている存在で、乳母子は、幼君の信頼の置ける腹心の部下というプラスの意味だけでなく、その存在明記そのものが、危うい事件の発展を暗示するという、研究成果がある。歴史学の分野では、この点については、考察されていない。今後の研究の進展に期待する。

参考文献 『吾妻鏡』養和元年閏二月二十三日条・承久元年正月二十七日条。吉海直人『平安朝の乳母達』、一九九五、世界思想社。保立道久『中世の女の一生』、一九九九、洋泉社。秋池洋美「武家の「めのと」に関する覚書」(『総合女性史研究』一八)、二〇〇一。

(秋池 洋美)

めのとのそうし　めのとのそうし　室町時代の女子教訓書。一冊。書名は*乳母《めのと》が自分の育てた姫君(*女房)に宛てて書いた書の意。作者不詳。成立時期は南北朝ないし室町時代初期とされる(花見朔巳《はなみさくみ》)。女性の心得として心の持ち方を強調して、上下によらずのどやかに思うことを忍び、望みたいことも我慢し、憂《う》きことも嬉しいことも深くわきまえながら表には出さず、折々に目立たないように表わして人から忘れられぬようにせよ、としている点や、人に情けをかけること、諸芸能の勧めなどは『*乳母のふみ』を踏襲《とうしゅう》している。ただし、その叙述は着物の着方・姿勢・*化粧の仕方、調度の整え方、日常の作法に至るまでより詳細である。また、前者に見られなかった点として、*嫉妬《しっと》の戒《いまし》めを女の一番の大事とし、腹を立てずつらさをほのめかすにとどめる、心ならず身分の低い夫に添っても家の中にいる限りは力がないので二心なく思いを交わせよ、と戒めていること、*宮仕えした場合は主のために命も捨てる覚悟で仕えよと女にも主従道徳を説いていること、*裁縫《さいほう》の腕を磨き、ことに武士の女は馬の鞍《くら》を置く暇に裃《かみしも》一枚縫う力が必要だと裁縫を重視していることなどが挙げられる。控えめな身の処し方を教えているが、女が男より劣った存在だとの主張は見られない。『群書類従』二七所収。

参考文献 『群書解題』一九。花見朔巳「めのとさうし」解題(名著普及会研究開発部編『新校群書類従解題集』一九八三、名著普及会)。

(西村 汎子)

めのとのふみ　乳母のふみ　鎌倉時代の女子向けの教訓書。一冊。作者は*阿仏尼《あぶつに》(?―一二八三)。*安嘉門院《あんかもんいん》に仕え、その*乳母であったことによる書名という(伴嵩蹊《ばんこうけい》『庭《にわ》の訓抄《おしえしょう》』)。成立は弘長《こうちょう》三年(一二六三)から文永元年(一二六四)ごろ。宮中に奉仕して姫宮(後深草院《ごふかくさいん》の女《むすめ》か)を生んだ十代の娘、紀内侍《きのないし》に宛てたもの。その内容では、まず心の持ち方として、望むこと憂《う》きことつらきこと嬉しいことも心の中にとどめて、みだりに人を信用してこころの中を語ったりしない、あまりにつらいときは言葉少なに憂さを表わしてもよい、穏やかに美しく身を持し、人には情けをかけよ、公私につけて急ぐべき用事は期限内に処理せよ、と述べる。教養としては、歌道の心得について詳しく述べ、書道に精進し、女が好むべきでない漢字も歌の題を書くのに必要である。薫《た》き物・絵・琴・琵琶《びわ》・和琴《わごん》・笙《しょう》などをたしなみ、『*源氏物語』『古今和歌集』『新古今和歌集』などは暗記するようにせよ、召使いの扱い方、仏道についてなど細やかに説いている。総じて女は男より劣っているという主張はみられない。『群書類従』二七、『(校註)阿仏尼全集』(梁瀬一雄編、一九八一年、風間書房)所収。

参考文献 『群書解題』一九。岩佐美代子「『乳母のふ

み』考」(『国文鶴見』二六)、一九九一。　（西村　汎子）

めのわらわ　女童　「少女」または「そば近くで召し使う少女」「奉公する若い女」の意。「童《わらわ》」とは「子供」のことであり、まだ「男」でも「女」でもない存在であったのだが、特に「女」をつけて「少女」であることが強調された言い方である。年齢的には七歳からで、十七、八歳(『*今昔物語集《こんじゃくものがたりしゅう》』三〇第一話)の例もある。袙《あこめ》姿の場合が多い。売買された者もあり、身分的には*下人・従者に近い。その労働内容は*水汲み・供といった見習い・手伝いの要素が強い。

参考文献　保立道久『中世の女の一生』、一九九九、洋泉社。　（大山由美子）

も

も　裳　腰から下に身につける下半身衣。元来は男女ともに身につけたが、主に女性が身につけるようになり、平安時代には女性の式服《しきふく》の一具となる。古墳時代以来、上層階級に着用され、腰に巻きつけるようにして身にまとう。古代の下半身衣には袴《はかま》・褶《ひらみ》・裙《くん》・裳とあるが、袴がズボン型の下半身衣であるのに対して、褶・裙・裳とも腰回りに巻き付ける巻スカート型である。古代の服飾規定の上では、褶・裙・裳ともそれぞれ区別されていたようである。褶は『養老令《ようろうりょう》』衣服令《いふくりょう》に、五位以上の貴族層の男女が即位や践祚大嘗祭《せんそだいじょうさい》、元日朝賀《ちょうが》などの国家的大《たい》儀《ぎ》の場で着用する正装(*礼服《らいふく》)として規定されている。しかし、男性が身につけた男褶《ひらみ》は白袴《しろきはかま》の上に着用する上裳《うわも》であり、女性が身につけた女褶《ひきさげのも》は裙の下に用いる下裳《したも》というような、男女で着用の仕方に違いがあった。『大宝令《たいほうりょう》』の注釈書である古記は、男性が着用した男褶を「枚帯《ひらおび》」(「ひらみ」とも読む)と称し、女性が着用した女褶を「引《ひき》下裙《きげのも》」と称し、区別する。ただし、男褶・女褶ともに朝《ちょう》服《ふく》着用時の通常勤務時には取り去る規定であったことから、褶は儀式の威儀《いぎ》を整えるための威儀服との位置づけも可能であろう。裙は、男女に規定された褶と異なり、女性の下半身衣として『養老令』衣服令に規定される。奈良時代の裙は「纈裙《ゆはたのも》」と称された数色を混ぜ合わせ一つの裳としたしぼり染めの裳で、身分や地位により色目に違いはあったが、貴族から庶民の各階層の女性に着用が定められた。平安時代になるとこれらが変化し、今にいう裳となる。裳は天皇・*皇后らに奉仕する女性が表着《うわぎ》の上に身につけた正装である。唐衣《からぎぬ》とセットで用いられ、*女房必須の服となる。天皇の御前以外では唐衣の省略が許されるのに対し、宮中にあるときは裳を脱ぐことが許されなかったように、裳を身につけることが女子公服の最低条件でもあった。裙が腰を一周させる長い巻きスカートであったのに対し、裳は背後にのみまとい、腰に結びつけ長く引くものとなった。　（永島　朋子）

もうしつぎ　申次　⇩取次《とりつぎ》

モウㇽ　モウㇽ　かつてのアイヌ女性の部屋着。来客や外出の際は、これに上着をはおった。十九世紀初頭の文献には水豹《アザラシ》製のものが描かれており、古くは獣皮で作られたようだが、*アットゥシを素材とする記録もある。*木綿《もめん》の入手が容易になると木綿製が主流となり、近代以降も着用していた女性は少なくない。多くはワンピース型で、広く開いた胸元を紐で閉じ合わせた。口承文芸では、「モウㇽの胸紐を高く緊《し》める」という表現で、少女から大人の女性への成長が常套《じょうとう》的に示される。

参考文献　萩中美枝「ユーカㇻと女」(『口承文芸研究』五)、一九八二。児島恭子「アイヌ女性の生活」(菊池勇夫編『蝦夷島と北方世界』二〇〇三、吉川弘文館)。　（本田　優子）

もえてつきたし　燃えて尽きたし　一九八四年(昭和五十九)に共同通信社から出版され、ベストセラーとなった斎《さい》藤茂男《とうしげお》編著のルポルタージュ。一九八二年から八三年に全国の新聞にその一部を連載。『*妻たちの思秋期《ししゅうき》』の続編とされる。第一章「老いの道・女の道」は*家族に認知症(痴呆《ちほう》症)高齢者を抱え、その介護に明け暮れる女性を、第二章「燃えて尽きたし…」は高齢の女性とその愛人をとおして性とは何かを、第三章「現代姥捨《うばす》て伝説」は老人の自殺をとりあげた。介護・性・自殺という老いのさまざまな姿をとおして、人間らしく生きることを考えようとした。『燃えて尽きたし』という題名は取材で出会った七十二歳の女性の歌「命ある限りにおもう一度でも燃えて尽きたし女なりせば」に由来する。女性に厳しい性規範のもとに生き、老いを迎えた普通の女性がみずからの人生を、そして性を語る言葉に耳を傾け、老いと性の実像を探ろうとした作品として注目された。一九九四年(平成六)『日本の情景』二として岩波書店から刊行された。

参考文献 樋口恵子「作中の人々が読者の人生と重なり合う」(『ルポタージュ日本の情景』二、一九九四、岩波書店)。 (廣瀬志芽子)

モーアシビ モーアシビ 沖縄で行われていた若い男女の交際。「マクタアシビ」「ユウマルアシビ」「アシビ」「ミヤラアシビ」「十字路《じゅうじろ》アシビ」「アジマーアシビ」などともいう。「毛遊び」と書くが、「毛(モー)」は交際場所が原野(毛)だったので、そう称された。多くは仕事や祭の後、原野に限らず畑、浜、家畜小屋や母屋《もや》の裏座《うらざ》、「トンガラヤー」と称する泊り宿などで、数人から百人ほどの男女が交際していた。「ユー(夜)アシビ(遊び)」ともいい、主に夜に行われていた。多くは同村内の交際であり、モーアシビを契機に結婚をする例や、逆に結婚とは無関係の例もあった。士族の家では配偶者選択権は親が持っており、モーアシビは許されなかった。このように思春期から結婚前期までの男女交際だったが、婚礼をしない例もあり、モーアシビから同棲生活に入り一戸を構えた例も多い。琉球《りゅうきゅう》国時代から明治期には風紀の取締りを理由に禁止され、衰退していった。

参考文献 瀬川清子『沖縄の婚姻』(民俗民芸双書)、一九六九、岩崎美術社。崎原恒新・恵原義盛『沖縄・奄美の祝事』、一九七七、明玄書房。渡邊欣雄『世界のなかの沖縄文化』、一九九三、沖縄タイムス社。 (渡邊 欣雄)

もからぎぬ 裳唐衣 ⇩十二単《じゅうにひとえ》・裳唐衣《もからぎぬ》

もがり 殯 日本古代の葬礼の一つ。埋葬までの一定期間、宅の南庭や西殿などに設けられた喪屋《もや》に遺骸を安置し、生死の認定を行う。すでに*『魏志《ぎし》』倭人伝《わじんでん》に、「始め死するや停喪十余日、時に当りて肉を食わず、喪主哭《こっ》泣《きゅう》し、他人就きて歌舞飲食す」(原漢文)という習俗が記されている。六世紀以後には、中国の殯《ひん》礼の影響を受けて儀礼化が進み、『日本書紀』にみえる敏達《びだつ》天皇・斉明《さいめい》天皇の殯など五年以上に及ぶ事例や『隋書《ずいしょ》』倭国伝《わこくでん》の「貴人は三年外に殯し、庶人は日を卜《ぼく》してうずむ」(原漢文)といった記事が示すように、殯儀礼の過度の長期化が見られるようになる。これは殯に、政治的地位の継承における新たな君臣関係の確認期間という役割が付与されるようになったからであって、その間殯庭では誄《しのびごと》の奏上、和《わ》風諡号《ふうしごう》の献呈《けんてい》などの諸儀礼が行われた。一方、殯宮内には肉親の女性が籠《こも》り、酒食を献じた。大化《たいか》二年(六四六)の旧俗廃止詔《きゅうぞくはいししょう》により、天皇を除く王臣以下の殯が禁止される。喪葬令《そうそうりょう》では五日から一日程度の発喪日の制度がそれに替わることになるが、民間の習俗としてはのちのちまで残り続けた。

参考文献 『古事類苑』礼式部二。和田萃「殯の基礎的考察」(『日本古代の儀礼と祭祀・信仰』上、一九九五、塙書房)。 (北 康宏)

もぎ 裳着 平安貴族社会における女子の成人儀礼。成人の表象として、はじめて*女房装束でいう裳をつける儀式。「着裳」ともいう。十二歳から十四歳ころ、夜間に行われることが多い。社会的に一人前の女性であり、結婚する資格のあることを示す儀礼といえる。平安時代中期以前の*結髪《けつぱつ》全盛時には髪上《かみあげ》とともに裳着が一括して行われたものの、女子の髪型が*垂髪《すいはつ》に移行するに伴い髪上儀は衰退し、裳着は独立した儀礼となった。

参考文献 中村義雄『王朝の風俗と文学』(塙選書)、一九六二、塙書房。 (佐多 芳彦)

モダンガール モダンガール 一九二〇、三〇年代に世界各地の都市に出現した断髪、着丈の短いスカートなどの最新モードを共有する新世代の女性たちの、日本における呼称。アメリカではフラッパー、フランスではギャルソンヌ、ドイツではユング＝フラウ、中国では摩登《モーダンクー》姑娘《ニャン》などと呼ばれる。映画・広告などの媒体を通じての、トランスナショナルなファッションおよび女性表象の共有現象や、モダニティが単に西欧という「中心」に発し、一方的に「周縁」に伝達されるのではなく、両者の間の相互浸透性のうちに形成されることなどを示す存在。モードのほか、喫煙や*自由恋愛といった行動パターンで、旧来の道徳観念への反逆や強烈な自我意識を表現したが、言論を用い、団結して政治運動を展開することはなかった。その意味で、個人主義的、消費主義的な社会風俗ととらえられることが多い。日本では、元来、*洋装は、西洋との近接性を示す権力の記号として採択された。この文脈で、モダンガールは、勃興《ぼっこう》しつつあった中産階級がこの記号へのアクセスを果たしたことを、銀座というハレの舞台での消費行動において示した現象と理解された。しかし、一方で、新しいタイプの洋服は、手軽で、比較的安価なことから、カフェの*女給《じょきゅう》をはじめ、労働者階級の女性の一部にも広まった。なお、「モガ」という呼称は、このような階級横断的なモダニティの浸透を背景に、模《も》倣《ほう》的な服装、*セクシュアリティを売り物とする蠱惑《こわく》性《せい》・奢侈《しゃし》・反抗・退廃などに対する敵意を含意し、他者として新世代の女性を意識したとき用いられた。谷崎潤一郎《たにざきじゅんいちろう》『痴人《ちじん》の愛』(一九二―五年)に登場するナオミは、モガの文学的表象の代表とされる。

参考文献 舘かおる他『東アジアにおける植民地的近代とモダンガール』(科学研究費補助金研究成果報告書)、二〇〇五。 (小檜山ルイ)

もちづきゆうこ 望月優子 一九一六―七七 昭和時代の俳優、国会議員。横浜市に生まれ東京で育つ。浅草レビューなどを経て戦後、民芸の結成に参加。その後退団し映画界に入る。木下恵介《きのしたけいすけ》監督「日本の悲劇」(一九五三年)で*戦争未亡人を熱演し地位を確立した。一九六〇年には北朝鮮《きたちょうせん》への帰国問題をテーマにした教育映画「海を渡る友情」を演出。一九七一年から七七年まで日本社会党所属の参議院議員。著書に『母として女として』(一九七二年、日本文芸社)などがある。

参考文献 大武正人『人間・その愛と真実―望月優子小伝―』、一九七九、八月一日出版。 (池川 玲子)

もちづきゆりこ 望月百合子 一九〇〇―二〇〇一 昭和・平成時代の評論家、翻訳家。山梨県に生まれ、成女高等女学校卒業後、読売新聞社に入社。時代の先端をいく断髪洋装の記者生活だった。一九二一年(大正十)から三年間、ソルボンヌ大学に国費留学。滞在中にアナトール=フランスの『タイース』を翻訳する。帰国後はアナーキズム系の論客として評論等を発表。『都新聞《みやこ》』での*アナボル論争では蔵原惟人《くらはらこれひと》と論争、注目される。『*女人芸術《にょにんげいじゅつ》』『*婦人戦線《ふじんせんせん》』には創刊から参加。また「父」と慕い生活をともにしていた社会主義思想家石川三四郎《いしかわさんしろう》の個人紙『ディナミック』を共同で編集。しかし戦時下の厳しい思想弾圧を逃れるために、一九三八年(昭和十三)旧満州に渡り、『満州新聞』の記者として活躍、女性教育にも力をいれる。一九四八年に引き揚げ。戦後は評論、翻訳をはじめ、読書サークルの主宰《しゅさい》や山梨文学館開設など文化興隆《こうりゅう》に尽力。その平和への遺志を継いでNPO現代女性文化研究所が設立されている。著書に『大陸に生きる』(一九四一年)、『幻のくに』(一九六四年)など。著作集『限りない自由を生きて―望月百合子集―』(岡田孝子編、一九八八年、ドメス出版)がある。

参考文献 望月百合子写真集編集委員会編『二〇世紀を自由に生きて―写真集望月百合子一〇〇歳のあゆみ―』、二〇〇〇、ドメス出版。 (岡田 孝子)

もっかん 木簡 木の札に文字を記したもの。中国ではこれを「簡牘《かんとく》」と称し、竹製のものを「簡」、木製のものを「牘」といった。もともとかの地では紙が発明される以前、簡牘を紐《ひも》で綴じ合わせて冊書《さくしょ》となし、そこに文字を記していた。わが国で最も古い木簡は、今のところ七世紀中葉ごろのものであり、出現当初から紙と併用されていたところにその特質がある。いずれも一枚の木札の中で内容が完結しており、紙の文書とは異なる木簡ならではの用途と機能が存在したと考えられる。わが国における古代の木簡は、記された内容から、(一)官衙《かんが》・官人間の伝達文書、(二)帳簿《ちょうぼ》・記録類、(三)貢進物荷札《こうしんぶつにふだ》、(四)物品付札《ぶっぴんつけふだ》、(五)習書・落書、(六)呪符《じゅふ》などに大別できる。わが国の木簡は、早く第二次世界大戦前から出土していたが、大きな脚光《きゃっこう》を浴びるようになったのは、一九六一年(昭和三十六)、奈良の平城宮ではじめて多数の木簡が出土してからである。以来、今日までに古代の木簡は全国およそ五百余の遺跡から二十万点を越える量が出土しており、中近世のものを合わせると約三十万点が出土している。宮殿・官衙などにおける女性の勤務に関する命令・報告などの文書木簡、労務管理に関わる帳簿・記録簡、付札など各種木簡の記載内容から、既存《きぞん》の文献史料からうかがい知ることが困難な、女性の勤務・就労《しゅうろう》の実態や、「*里刀自《さととじ》」(福島県いわき市荒田目条里遺跡出土木簡)など在地社会における女性の立場や役割、あるいは女性労働の実態、さらには女性名などを解明する上での史料として重要である。

参考文献 宮川伴子「木簡にあらわれた女性たち」(『女性史研究』五)、一九七七。鬼頭清明『古代木簡の基礎的研究』、一九九三、塙書房。西野悠紀子「『長屋王家木簡』と女性労働」(門脇禎二編『日本古代国家の展開』下、一九九五、思文閣出版)。佐藤信『日本古代の宮都と木簡』、一九九七、吉川弘文館。今泉隆雄『古代木簡の研究』、一九九八、吉川弘文館。平川南『古代地方木簡の研究』、二〇〇三、吉川弘文館。 (高島 英之)

もとおりのりなが 本居宣長 一七三〇―一八〇一 江戸時代中・後期の国学者、漢方医。伊勢国飯高郡松坂《いせのくにいいだかぐん》(三重県松阪市)の木綿商小津定利《おづさだとし》と後妻勝《かつ》(松坂の旧家村《むら》田孫兵衛《たまごべえ》の四女)の長男。小津家は義兄が相続するため、十九歳の時同国山田の紙商今井田《いまいだ》氏の養子となるが、読書や*和歌を好み商売に身が入らず、二十一歳で離縁。十一歳で父を亡くし、二十二歳で義兄を亡くしたので小津家を相続したが、*家産は傾いており、宣長の資質を考えた母の計らいで、二十三歳の宝暦二年(一七五二)医師になるため京へ遊学する。京では小津家の祖先の姓本居を名乗る。堀景山《ほりけいざん》に儒学を、堀元厚《ほりげんこう》・武川幸順《たけかわこうじゅん》に医学を学び、荻生徂徠《おぎゅうそらい》の古文辞学《こぶんじがく》を理解し、契沖《けいちゅう》の古典学によって国学に開眼した。宝暦七年二十八歳で松坂に帰り、医師を開業。国学の研究にも励み、翌八年から生涯にわたって門人を教導。宝暦十年村田氏の女《むすめ》みかを娶ったが同年離縁、同十二年に津の草深氏の女《むすめ》たみを娶った。『*源氏物語』の研究から「*物の哀れ論」を説き、三十四歳で賀茂真淵《かものまぶち》に入門後、生涯の大著『*古事記伝《こじきでん》』を完成させた。*只野真葛《ただのまくず》らに影響を与えた。

参考文献 『図説本居宣長』、一九八二、本居宣長記念館。 (小川 幸代)

もとおりみの 本居美濃 一七七三―一八三八 江戸時代後期の女性。*本居宣長《のりなが》の次女で、宣長の長男春庭《はるにわ》が失明後は代筆をつとめ、春庭の大著『詞八衢《ことばのやちまた》』の草稿や、宣長の『*古事記伝《こじきでん》』巻二十五から二十九までの版下も書いた。母勝子(草深氏の女《むすめ》たみ)は堀景山《ほりけいざん》門の草深母立(玄光)の妹。美濃は寛政三年(一七九一)十九歳で松坂の長井《ながい》嘉右衛門《かえもん》(のち小津勘蔵《おづかんぞう》)と結婚。二男一女を産む。二十二歳のころ、十歳上の春庭が失明する。春庭が六十六歳で死去した後は、鈴屋《すずのや》で講義もした。*和歌も詠み、門人も多数いた。六十六歳で死去。

参考文献 浜松市立賀茂真淵記念館編『(館蔵名品選)賀茂真淵と本居宣長』、一九九四、浜松市教育委員会。 (小川 幸代)

もとよしわら 元吉原 幕府公認の遊女町。元和《げんな》三年(一六一七)から明暦《めいれき》三年(一六五七)までの旧傾城町《けいせいまち》。慶長十七年(一六一二)、遊女屋を営業していた庄司甚右衛門《しょうじじんえもん》が江戸府内に散在する遊女屋を、風紀上の理由から、一ヵ所に集め、傾城町を設立することを幕府に陳情。願書提出から六年後の元和三年三月許可され、葺屋《ふきや》町に二町四方の土地を下付され、同四年の十月には、早くも商売を開始した。当地は、もとはといえば、『異本洞房語園《どうぼうごえん》』にみるように「葭茅生茂りたる」土地であったので、葭茅を刈り、地形をならすのに大変な労力であったとある。当初「葭原《よしはら》」と称したが、のち「*吉原」と改名。傾城町の繁昌《はんじょう》を願い、江戸町から始まり、京町、新町、角《すみ》町、賢蔵寺町を江戸五丁町と称し、廓《くるわ》内には百六十軒の*揚屋《あげや》と妓楼《ぎろう》があり、*遊女は、*太夫《たゆう》・格子《こうし》・端《はし》の三階級に分かれ、遊女の数は千人を超えたという。明暦二年十月、奉行所に移転を命じられ、翌年正月の大火により六月に、日本堤《にほんづつみ》に移る。これ以後の吉原は*新吉原といい、当初設立した傾城町を元吉原という。

参考文献 庄司勝富『異本洞房語園』(日本随筆大成三ノ二)。酔郷散人『吉原大全』(山本春雄編『北街漫録』一九二七、一星社)。西山松之助編『遊女(新装版)』(日本史小百科)、一九九四、東京堂出版。

(宇佐美ミサ子)

ものいみ 物忌 本来、平安時代の貴族が陰陽寮に所属する陰陽師の六壬式占によって出す物忌日に、屋敷の前に「物忌」と書いた札(物忌札)を立て謹慎する行為をいう。それ以外にも毎年の祭にあたって神を迎えるときに、祭祀の執行者がけがれたものに接触したり、またはその使用を禁止して清浄な状態を保つこと、あるいは心身を清浄な状態に保つこともいう。これ以外に、大きな神社で祭祀に従事する女性祭祀者を指す。物忌と称する女性祭祀者が著名なのは、鹿島神宮の鹿島物忌、*伊勢神宮の大物忌や多くの物忌、また上賀茂神社・下鴨神社の斎祝子があげられる。まず、鹿島物忌であるが、これは明治に廃止されたが、それまでは存在した。神の妻として未婚の処女がこれにあたった。江戸時代の例では、童女が占いによって選定され、物忌館で精進潔斎の生活を送ることになる。童女自身は神主家から出され、その職は終身職であった。祭祀の時には本殿に幣帛を出し入れしたり、内陣に参入できる重要な職掌であった。ただ、重要な祭祀にあたっては、物忌父役の神主がいて、その執行にあたっていた。伊勢の大物忌や諸々の物忌たちもこの鹿島物忌と大変よく似ている。伊勢神宮の物忌は、すでに延暦年間(七八二—八〇六)に作られたといわれる『*皇太神宮儀式帳』『止由気宮儀式帳』などにみえている。内宮には、大物忌、宮守物忌、地祭物忌、酒作物忌、清酒作物忌、瀧祭物忌、御塩焼物忌、土師器作物忌、山向物忌と、荒祭宮・月読宮・伊雑宮・瀧原宮四宮の物忌などがいる。この十三名の物忌とそれぞれの物忌父が祭祀にあたる。そのうち、宮守物忌と山向物忌だけが童男であり、あとは全員が童女である。外宮では、大物忌、御炊物忌、御塩焼物忌、菅裁物忌、根倉物忌と、高宮物忌の六名およびその父が祭祀にあたっている。この物忌父は実際の父親というよりは、一族のもので、祭祀の時に童女である物忌の介添えの役をするものである。外宮の方の物忌は全員が童女である。十七歳くらいで月のものがあるようになると別の童女と交替した。これらの物忌の筆頭の大物忌は『皇太神宮儀式帳』では、*斎宮の代わりに*天照大神の側近くで昼夜奉仕してきたとされ、物忌たちはいわば伊勢斎宮の代理として捉えられてきた。しかし、近年は物忌たちが農作物を調理し、飯・酒を神前に捧げる役目をしていることから、海の幸を捕獲してみずから捧げる男性神職との役割分担を考える説も出てきている。中世になると、物忌たちは「子良」、物忌父が「母良」とそれぞれ呼ばれるようになる。ただ、母良は元来は物忌母という女性であったとする意見もある。最後の上賀茂神社の斎祝子(『下鴨系図』)であるが、『延喜式』斎院司では「忌子」と出てくる。近世まで存続し、両賀茂社で一人ずつ置かれた女性神職である。物忌の名称ではないものの、「忌」という点が共通していて、これも物忌と見てよかろう。井上光貞は賀茂斎院の原初的形態としたが、近年は男性神職と独自に交替していること、妻や母となっている記述もあり、生涯を神に捧げる存在ではなかったことが明らかになってきた。現状では、以上の三つの例を挙げうるが、いずれも「物忌」の名を女性神職が持っていることが共通する。女性と忌む行為がどう関係するかが今後解明されなければならない課題であろう。

参考文献 柳田国男『定本柳田国男集』九、一九六二、筑摩書房。岡田精司「伊勢神宮の起源」(『古代王権の祭祀と神話』一九七〇、塙書房)。丸山輝子「鹿島神宮物忌について—女性祀職の一考察—」(『信濃』三二ノ一)、一九八〇。岡田精司「宮廷巫女の実態」(女性史総合研究会編『日本女性史』一、一九八二、東京大学出版会)。義江明子『日本古代の祭祀と女性』(古代史研究選書)、一九九六、吉川弘文館。森本ちづる「神社祭祀における童子女—上賀茂社忌子についての一考察—」(『明治聖徳記念学会紀要』復刊二一)、一九九七。

(土橋 誠)

ものがたりぶんがく 物語文学 物語文学とは、基本的にフィクションでありその中心として栄えたのは「作り物語」と呼ばれるものである。歴史物語や、史実をモデルとするものもあるが、単数、あるいは複数の作者によって書かれ、文学の一ジャンルとして認知されている。中世に入っても物語文学は依然として多く制作されたが、制作の中心層である公家《くげ》の衰退《すいたい》にしたがって次第に衰えを見せ、南北朝時代に至ると新作はほとんど作られることはなくなった。中世における物語文学は、いわゆる擬《ぎ》古《こ》物語と*御伽草子《おとぎぞうし》の二つに大別される。擬古物語とは、中世以前の物語を模倣《もほう》して鎌倉時代から南北朝時代に作られたものをいい、この用語が用いられるようになったのは明治時代以降のことである。擬古物語には平安王朝追慕《ついぼ》の傾向がみられ、その多くは『*源氏物語』や『狭衣《さごろも》物語』の著《いちじる》しい影響を受けて成立している。特に『源氏物語』では、「宇治十帖《うじじゅうじょう》」の人物設定を踏襲したものが多く見受けられる。それらはすでに散逸《さんいつ》した作品も多く、実態を把握することは難しいが、建久《けんきゅう》元年(一一九〇)から建仁《けんにん》四年(一二〇四)に成立したとされる『*無名草子《むみょうぞうし》』には、鎌倉時代初期に成った物語として『今とりかへばや』以下『松浦宮《まつらのみや》物語』まで十四編の物語名をあげ、また、文永八年(一二七一)成立の物語和歌集である『風葉《ふうよう》和歌集』には約二百編の作品名がみられるので、当時は相当数の物語が流通していたことがわかる。また、南北朝時代から室町時代にかけては、それまで公家層が中心となって制作していた物語とは異なり、僧侶《そうりょ》や武家、あるいは一部の都市民の手になる新しい物語文学が生み出されるようになった。その活動は中世から近世にかけて続き、そうした作品類を総称して御伽草子とか室町時代物語、あるいは中世小説という。これらは擬古物語より広い読者層を意識して書かれ、長大な時間の流れを描くことの多い擬古物語とは違って短時間で手軽に楽しめるように工夫がなされた。御伽草子は現存するもので約五百編を数え、成立年代や作者を特定することは非常に難しい。内容もさまざまであり、おおむね公家物、宗教物、武家物、庶民物、外国物、そして異類物の六つに分類することが一般的である。

参考文献　市古貞次『中世小説の研究』、一九五五、東京大学出版会。今井源衛「王朝物語の終焉」(『王朝文学の研究』、一九七〇、角川書店)。小木喬『鎌倉時代物語の研究』、一九六四、有精堂出版。　（田中　貴子）

もののあわれろん　物の哀れ論　*本居宣長《もとおりのりなが》の文学論。宝暦十三年(一七六三)三十四歳のころに成った『紫文要領《しぶんようりょう》』と『石上私淑言《いそのかみささめごと》』、七十歳の寛政十一年(一七九九)に刊行された『源氏物語玉の小櫛《たまのおぐし》』一・二にその論がある。『石上私淑言』は巻一と二が没後十五年の文化十三年(一八一六)に刊行され、巻三は昭和に至って活字になった。『紫文要領』は昭和初年に活字になるまで写本で伝わってきた、「物の哀れ論」の初稿である。「紫文」とは*紫式部《むらさきしきぶ》の『*源氏物語』のことである。この物語は作者が物の哀れを知り、読者にも物の哀れを知らせようと書いたものだと説く。物の哀れを知るとは、ものごとの味を知ることで、儒教や仏教の善悪の判断とは別のもの、好色のことを多く書いているのは、淫乱《いんらん》を良しとしているのではない、色欲はことに情が深くかかわるので物の哀れを知る、その心を良しとしていると説く。中世以来の教戒的文学観から解放された説は、*只野真葛《ただのまくず》などにも影響を与えた。

参考文献　本居宣長『紫文要領』(本居宣長全集四)。総合女性史研究会編『日本女性の歴史―性・愛・家族―』(角川選書)、一九九二、角川書店。　（小川　幸代）

もめん　木綿　木綿の種子のまわりに生える綿毛を利用した衣料。わた・きわたともいう。蚕《かいこ》の繭《まゆ》を開いて伸ばしたものも綿《わた》(真綿《まわた》)というので注意を要し、室町時代以前の史料にみえる綿は真綿を指す。室町時代には朝鮮からの輸入品であったが、戦国時代には各地で栽培が始まり、三河《みかわ》木綿・三浦《みうら》木綿などの名が知られ、関東・東海・甲斐《かい》・三河・伊勢・畿内・中国・四国・九州などで、戦国時代から近世初期には生産が開始されていた。衣服・兵衣・船の帆・幕・旗・馬衣・鉄砲の火縄などに使用され、衣料や備品での革命をもたらした。衣服としては袴《はかま》・肩衣《かたぎぬ》・*小袖《こそで》、兵衣としては防寒用衣服・羽織・ももひき・弓籠手《ゆごて》に用いられた。草や莚《むしろ》の帆に比べて、木綿の帆は風力を効率的に使えるため、船のスピードアップをもたらした。こうした面から、戦国大名にとって木綿は軍需用として重要であり、木綿を扱う領国内の商人に特権を与えたり、流通統制を行わせて、木綿の確保を図っていた。木綿導入以前の基本的な衣料は苧麻《ちょま》であり、苧麻糸の紡ぎや苧麻布の生産は女性が行なっていたが、それには膨大な時間がかかり、女性が費やす労働時間のかなりの比重を占めていた。木綿の生産は苧麻に比較すると労働時間が短くてすむため、衣料生産にかける労働時間がある程度軽減された。また、木綿は絹と同様に染色が容易であり、この点でも苧麻より有利であった。木綿生産には木綿の栽培、実綿《みわた》の収穫、実綿から実を除いて繰綿《くりわた》にし、さらに繰綿から綿糸・綿布・綿織物を作る作業が必要であり、そのかなりの部分を女性が行なっていたと見られるが、中世史料にはこのことを直接裏付ける史料はない。*柳田国男《やなぎたくにお》は木綿は絹に比べて肌触りが温かく、軽やかなため女性の身のこなしや体の輪郭・肌に影響を与えたと述べている。木綿は絹に比べて安価であり、民衆の女性でも容易に入手できたため、戦国時代以降には女性の衣服としても広まり、女性の身体感覚をも変化させていったと考えられる。

参考文献　柳田国男「木綿以前の事」(『柳田国男全集』九、一九九八、筑摩書房)。永原慶二『苧麻・絹・木綿の社会史』、二〇〇四、吉川弘文館。　（盛本　昌広）

もめんおりや　木綿織屋　商品として、*木綿織物を生産する家を「木綿織屋」と呼んだ。十八世紀中ごろから、各地に木綿産地が発達したが、尾張《おわり》西部もその一つ。家内工業で働く少女たちは近村から年季《ねんき》を決めて雇われた。娘の保護者は雇主《やといぬし》に契約書を納めた。その内容は、㈠年貢上納に困り娘某《むすめなにがし》を年季(一～十年)奉公に出す、㈡契約金二分(半両)～二両を受け取り年貢を納めた、㈢給金は毎年の仕着せと食事にあてる、㈣国の法度《はっと》や家の作法、織屋仲間の規則を守る、㈤年季中に奉公ができなくなったら、使った糸と、給金に五割の利息をつけて返し、食費は一日銀五分の割合で返す、㈥半月以上病気で働けなかったら、その分年季が延びる、㈦本人が逃亡した場合、持ち逃げした物とともに尋ね出し雇主に返す、などである。きわめて厳しい条件のため、時に奉公破りが起り、訴訟となった。織屋側の言い分としては、初心者は食費と糸の浪費ばかりで雇主の損となるため、技術を習得してからは数年働いて貰わねばコストが消却できない、ということである。

参考文献 浅野美和子「木綿機織の女性たち」(総合女性史研究会編『史料にみる日本女性のあゆみ』二〇〇〇、吉川弘文館)。

（浅野美和子）

ももわれ 桃割 江戸時代の末から昭和の初めごろまで十六、七歳の若い娘が用いた髪の結い方。髪を分け根かもじを入れて根をとり、髱《たぼ》・鬢《びん》・前髪をつくり根で一つにまとめたあと、根から少し上をもう一度元結《もとゆい》で括《くく》る。髪を二つに分けて左右に丸く形を作り、毛先は根に括る。丈長《たけなが》や鹿《か》の子《こ》(和紙の名)を用い華やぎを出す。髷《まげ》の形が桃の実を二つに割った状態に似ていることからこの名前がつけられた。

参考文献 南ちゑ『日本の髪型』、一九八一、紫紅社。

（小和田美智子）

もらいぢ 貰い乳 母親の病気や死亡等により母乳による出生児の養育ができない場合に、近隣の経産婦から授乳を受けること。母乳を貰うの意。『柏崎《かしわざき》日記』や『西鶴《さいかく》織留《おりとめ》』等に、貰い乳して子供を養育している例がみられる。

（松本　純子）

もりありのり 森有礼 一八四七—八九 明治時代の思想家、政治家。初代の文部大臣。弘化《こうか》四年(一八四七)七月十三日、鹿児島城下(鹿児島市春日町)で藩士森喜右衛《もりきえ》門《もん》有恕と阿理の五男に生まれる。童名は助五郎《すけごろう》でのち金《きん》之丞《のすけ》と称す。藩校造士館《ぞうしかん》、藩洋学校開成所《かいせいじょ》に学ぶ。慶応元年(一八六五)藩の留学生として渡英し、海軍測量術の研究をしたが、「末技《まつぎ》」よりも国の基となる学問を学ぶことの重要性を感じて、ロンドンユニバーシティ＝カレッジに入学し、法律学を学んだ。慶応三年には米国に渡ってキリスト教の信仰にふれ、強い影響を受ける。明治元年(一八六八)に帰国し、新政府では徴士外国官権判事・議事体裁取締御用・公議所議長心得・制度寮副総裁心得など重職につき、国制改革事案を上議した。「廃刀論」を主張したために、一時離職した。明治三年米国在勤少弁《しょうべん》務使《むし》に、翌年には代理公使となった。この間、外交活動のかたわらReligious Freedom in Japan(『日本における宗教の自由』)、Education in Japan(『日本における教育』)などの英文著作を発表した。一八七三年帰国、*福沢諭吉《ふくざわゆきち》・西周《にしあまね》・西村茂樹《にしむらしげき》らの啓蒙《けいもう》的知識人を結集して欧米式学術結社である「明六社《めいろくしゃ》」を結成し、翌年に機関紙『明六雑誌』を発刊し、「妻妾論《さいしょうろん》」そのほかを発表して啓蒙運動につとめた。「妻妾論」では一夫一婦を主張、*男女同等論争のはじまりとなった。一八七五年私財により商法講習所(一橋大学の前身)を設立、広瀬常《ひろせつね》と契約結婚。そののち、外務少輔・清国公使・外務大輔・駐英公使を歴任し、一八八五年第一次伊藤内閣の初代文部大臣となり、*学制の改革を行い、国家主義的教育制度の確立に最もつとめた。女性教育政策に関しては「良妻賢母教育」こそ基本的な方針であると声明し、翌年にはそれに基づく「生徒教導方要項」を全国の女学校と*高等女学校に配る。広瀬常との離婚後、一八八七年に岩倉具視《いわくらともみ》の娘寛子《ひろこ》と結婚。一八八九年二月十一日の大日本帝国憲法発布式典の日、*伊勢神宮参拝に際し不敬の行動があったとして保守派・国粋派の非難を受け、暗殺された。

参考文献 原田実『森有礼』(世界思想家全書)、一九六六、牧書店。犬塚孝明『森有礼』(人物叢書)、一九八六、吉川弘文館。林竹二『森有礼—悲劇への序章—』(林竹二著作集二)、一九八六、筑摩書房。

（金　眞瑗）

もりおつね 森お常 ⇩広瀬阿常《ひろせおつね》

もりさだまんこう 守貞謾稿 幕末に成立した喜多川《きたがわ》(喜田川)守貞《もりさだ》著の風俗考証随筆《ずいひつ》。前集三十巻、後集四巻、追補一巻からなり、国立国会図書館蔵本が前集巻二と巻十七を欠くものの、最もよく揃《そろ》っている。書名は『守貞漫稿』『近世風俗志《きんせいふうぞくし》』などさまざまな呼称があるが、守貞自身は『守貞謾稿』と記す。守貞は文化七年(一八一〇)大坂に生まれ、天保《てんぽう》十一年(一八四〇)に商家北川家の養子となり江戸へ移住。本書の執筆は天保八年から慶応《けいおう》三年(一八六七)にかけて行われた。扱う項目は多岐にわたり、時勢・地理(欠本)・家宅・人事・生業・雑業・貨幣・男《だん》扮《ふん》・女扮《じょふん》・男服・女服(一部欠)・雑服付雑事・織染・妓《ぎ》扮《ふん》・娼家《しょうか》・音曲・雑劇・沐浴《もくよく》・春時・夏冬・遊戯・笠・傘履《かさはきもの》・食類・駕車《かしゃ》・雑器《ざっき》及嚢《およびふくろ》に分類されている。同時代の幕末江戸風俗を中心に記し、江戸移住後もしばしば商用で滞在した京坂との比較や、文献に基づく時代をさかのぼった歴史考証も付す貴重な風俗史料である。『類聚近世風俗志』上下二巻(室松岩雄編輯、一九七九年、名著刊行会)、『近世風俗志』全五巻(宇佐美英機校訂、岩波文庫、一九九六—二〇〇二年、岩波書店)に翻刻されている。

（鈴木　則子）

もりたむげん 森田無絃 一八二六—九六 幕末・明治時代の漢詩人。摂津《せっつ》国高槻《たかつき》藩士小倉《おぐら》某の娘。名は琴子《きんこ》。九歳のころから大坂の徂徠《そらい》学派の藤原東畡《とうがい》に学び、学問に励む。詩文や*和歌、俳諧《はいかい》を能《よ》くし、女学者と評判になる。傍ら*裁縫を教えながら母と病弱の兄を養う。二十九歳のとき、大和五条の儒者森田節斎《せっさい》と結婚。節斎と西国各地を放浪しながら塾を開く。節斎没後は塾を経営しながら一子司馬太郎を育てる。漢詩のほか和文『地震物語』『呉竹一夜語《くれたけいちやがたり》』を著す。

参考文献 田村吉永編『森田節斎全集』、一九六七、五条市。柴桂子「近世女たちの災害見聞録」(『江戸期おんな考』一一)、一九九〇。

（柴　桂子）

もりもとつづこ 森本都々子 一七八九—一八五七 江戸時代後期の歌人。遠江《とおとうみ》国浜松(静岡県浜松市)の豪商川《かわ》上助九郎《かみすけくろう》の娘。信濃《しなの》国伊那郡《いなぐん》島田《しまだ》村(長野県飯田《いいだ》市)の庄屋森本甚三郎《じんざぶろう》真弓《まゆみ》の妻。*和歌を内山真竜《うちやままたつ》に学び、結婚後は夫とともに服部菅雄《はっとりすがお》らに学ぶ。真弓の母海寿《かいじゅ》や妹笑《えみ》も歌を能《よ》くし、森本家はその地の文化サロンを呈す。都々子は詠草《えいそう》のほか夫婦で実家浜松へ里帰りした四十日間の日記『遠江夢路《ゆめじ》日記』や息子雅久《まさひさ》の足の治療で下諏訪《しもすわ》温泉に湯治《とうじ》した折の日記『*諏訪日記』を著わす。自筆本『遠江夢路日記』『諏訪日記』『都々子和歌集』が飯田市森本信正家に所蔵されている。（柴　桂子）

もりやあずま　守屋東　一八八四―一九七五　明治から昭和時代の社会事業家。福岡県に生まれる。一九〇〇年(明治三十三)東京府立第一高女卒業。東京下谷《したや》区万年小学校教師を経て、一九〇八年*日本基督《キリスト》教婦人矯風会《きょうふうかい》に就職、少年禁酒軍事長となる。全国を講演して回ったり、学生排酒連盟の育成などに尽力する。一九一七年(大正六)東京婦人ホームを設立、婦人救済保護事業に従事。一九二四年婦人参政権獲得期成同盟会の設立に関わる。一九三五年(昭和十)*東京連合婦人会副会長・選挙粛正婦人連合会常任委員を歴任。一九三七年国民精神総動員東京府実行委員会に専門委員の一人として関わる。一九三八年日本最初の肢体《したい》不自由児施設クリュッペルハイムを設立。一九四二年キリスト教主義に基づく大東高等女学校(大東学園)を設立し、一九六九年まで理事長・校長に就任。敗戦後は日本青少年問題協議会・家裁調停委員・日本更生保護協会などで活躍した。*久布白落実《くぶしろおちみ》・*ガントレット恒《つね》とともに矯風会の三羽烏《さんばがらす》といわれた。

参考文献　久布白落実『廃娼ひとすじ』(中公文庫)、一九八二、中央公論社。『日本キリスト教婦人矯風会百年史』、一九八六、ドメス出版。（奥田　暁子）

もりりつこ　森律子　一八九〇―一九六一　明治から昭和時代にかけての俳優。東京出身。父は弁護士・代議士の森肇《はじめ》。跡見《あとみ》高等女学校を経て帝国劇場付属女優養成所入所。一九一三年(大正二)渡欧し演劇事情を視察。益田《ますだ》太郎冠者《たろうかじゃ》作の喜劇、男女が合同で演じる歌舞伎等に出演し、帝劇の看板*女優となる。昭和期は新派で活躍した。一九四四年(昭和十九)引退。五六年桐家女舞《きりやおんなまい》を継ぎ桐大《きりおお》内蔵《くら》を襲名した。養女に女優森赫子《かくこ》。著書に『女優生活廿年』(一九三〇年、実業之日本社)などがある。

参考文献　土岐迪子「女優の系譜」(円地文子監修『人物日本の女性史』九、一九七七、集英社)。三枝和子「森律子」(円地文子監修『近代日本の女性史』一一、一九八一、集英社)。（池川　玲子）

モルガンゆき　モルガン雪　一八八一―一九六三　明治時代にアメリカの大富豪と結婚した日本人。*祇園《ぎおん》の芸妓《げいぎ》であった加藤雪はお座敷でジョージ＝デニソン＝モルガンに見初《みそ》められ四年越しの熱烈な求愛を受けて一九〇四年(明治三十七)に結婚。ニューヨークに渡り、その後パリの社交界で活躍した。夫と死別後マルセイユに移り、フランス陸軍士官サンデュルク＝タンダールと同棲《どうせい》。彼の死後、遺著《いちょ》『カンボジア＝フランス語辞典』の出版に尽力《じんりょく》した。一九三八年(昭和十三)に帰国しカトリックの深い信仰生活を送った。

参考文献　小坂井澄『モルガンお雪―愛に生き信に死す―』、一九七五、講談社。安西篤子「モルガン雪」(瀬戸内晴美編『黎明の国際結婚』一九八〇、講談社)。（竹下　修子）

モルガン、ルイス＝ヘンリー　Lewis Henry Morgan　一八一八―八一　十九世紀の民族学者。一八一八年に米国ニューヨーク州の農家に生まれる。一八四〇年ユニオン＝カレッジを卒業し、一八四四年にニューヨークで弁護士を始め、イロクォイ＝セネカ部族と交流し、土地問題を有利に解決して、イロクォイ族から歓迎され、有名な酋《しゅう》長《ちょう》の甥《おい》として養取《ようしゅ》された(名誉部族員)。一八五七年に『イロクォイ族の出自の諸基準』を発表する。一八五九年弁護士をやめて民族学者としてインディアン諸族の親族名称を調査し始めた。一八七〇年(一説に一八七一年)に出版された『人類の血族と姻族《いんぞく》の諸名称体系』で*親族名称体系の類型化に道をひらいた。これをもとにして、一八七七年*婚姻《こんいん》形態を中心に人類史の社会進化論をまとめた『古代社会』が刊行され、マルクスも読み、エンゲルス『*家族・私有財産・国家の起源』の土台となる。一八八一年に六十三歳で死去。その後の民族学・社会人類学に大きな影響を与え続けた。

参考文献　馬淵東一「モルガン『古代社会』の内幕」(『馬淵東一著作集』一、一九七四、社会思想社)。布村一夫『原始共同体研究』、一九八〇、未来社。（明石　一紀）

もんちゅう・ぞくふ　門中・族譜　始祖を共有し、父系出自原理に基づき編成される沖縄の*親族集団。十七世紀ころから琉球《りゅうきゅう》王国の支配層である「士族」階級を中心に形成・整備されたが、のちに平民層にも広く受容された。こうした歴史的経緯もあって、実態としての門中《むんちゅう》は階層・時代・地域による偏差が著しい。理念型としての門中の特徴を以下に概観する。北東アジアの儒教文化圏では古くから父系イデオロギーが強く、集団帰属、*家名・地位の継承、*財産相続などを父系原理に則り処理してきた。琉球・沖縄も例外ではないが、沖縄の門中制度には次のような特徴が認められる。㈠中国・韓国と同様、沖縄の門中は厳格な父系出自の原理により編成され、他系養子や*婿《むこ》養子は許容されない。しかし一方で沖縄の門中は外婚規制を欠く。㈡個人は特定の家の成員であることにより特定の門中に属し、家はその直系先祖を通して門中の始祖につながる。門中は内部的には本家―分家関係の連鎖による分節構造をなし、その*系譜関係はしばしば(士族層では必ず)族譜または系図として記録されてきた。始祖直系の宗家は門中の「元」「根」とみなされ尊崇《そんすう》されるが、宗家とそれ以外の家との関係は日本の同族団におけるように階層的ではない。村落草創の「歴史」における始祖の位置づけにより、門中の祭祀《さいし》的地位が決まり、それは村全体の祭の際の役割に反映する。㈢門中の主たる機能は門中先祖をまつる祭祀で、「くでぃ」と呼ばれる宗家所生(＝始祖の父系直系女性子孫)の女性神役により主《しゅ》宰《さい》される。㈣地域的・階層的変異にもかかわらず、理念系としての門中が驚くべき画一性を示すのは、*ゆた(*シャーマン)の関与により、ことあるごとに「筋正《しじただ》し」が行われているためと思われる。㈤門中は今日実質的機能をほとんど失ったかに見えるが、その祖先祭祀を通して沖縄人《うちなーんちゅ》としてのアイデンティティの保持と文化的統合に深く関わっている。→性別役割分担《せいべつやくわりぶんたん》

参考文献　比嘉政夫『沖縄の門中と村落祭祀』、一九八三、三一書房。渡邊欣雄『沖縄の社会組織と世界観』、一九八五、神泉社。安達義弘『沖縄の祖先崇拝と自己アイデンティティ』、二〇〇一、九州大学出版会。北原淳・安和守茂『沖縄の家・門中・村落』、二〇〇一、第一書房。

（田中真砂子）

もんび　紋日　*吉原年中行事の一つ。*小袖《こそで》に紋が五ヵ所あることで、五節句を小袖の紋に準じ節句祝いの日としたと『洞房語園《どうぼうごえん》』にはある。語源は「もんひ」「もの日」が紋日となったという。「丸の日」ともいい、正月は七日までの松の内と十一・十四・十五・十六・十七・十八・二十・二十八日の十五日間。紋日は、正月から十二月までの各月にあった。大紋日《おおもんび》には、*揚屋《あげや》は大変な繁盛ぶりであった。

参考文献　庄司勝富『異本洞房語園』（日本随筆大成三ノ二）。西山松之助編『遊女（新装版）』（日本史小百科）、一九七四、東京堂出版。

（宇佐美ミサ子）

モンペ　モンペ　山袴《やまばかま》の一種。農漁村女性の労働着。ズボン状で余裕のある形態のため屈伸《くっしん》等の動作がしやすく、麻の布地の場合濡れても乾くのが早い。着物の上に履き、野外作業用にとどまらず日常着としても着用された。第二次世界大戦期には男性の国民服に対応する婦人標準服も数種類定められたが、スカート状のものは普及せず避難行動に適したモンペに事実上統一された。都会の女性には不評であったが、戦後に女性がズボンを着用する契機となった。

参考文献　福井貞子『野良着』、二〇〇〇、法政大学出版局。

（島川　雅史）

や

やえひめ　八重姫　一六八九—一七四六　江戸幕府五代将軍徳川綱吉の養女。御台所信子《みだいどころのぶこ》（浄光院《じょうこういん》）の兄鷹司房輔《たかつかさふさすけ》の養女で、房輔の子輔信《すけのぶ》の娘。元禄四年（一六九一）綱吉の養女になるため江戸に下向。同十一年、水戸藩主徳川綱条《つなえだ》の世子吉孚《よしざね》と婚姻。美代姫《みよひめ》を生む。宝永《ほうえい》六年（一七〇九）吉孚が没し、髪をおろして養仙院《ようせんいん》と号す。幕府から拝領の関口邸（東京都文京区）に移居し、幕府から五千両が与えられた。晩年、八代将軍徳川吉宗の四男一橋宗尹《むねただ》の縁組みに関わる。法名は随性院《ずいしょういん》。

参考文献　久保貴子「武家社会に生きた公家女性」（林玲子編『日本の近世』一五、一九九三、中央公論社）。

（久保　貴子）

やおとめ　八乙女　*大嘗祭《だいじょうさい》・新嘗祭《しんじょうさい》・神今食《じんこんじき》など、天皇が神に飯を供してみずからも食する神事に、八男《やおとこ》とともに奉仕した八人の*采女《うねめ》。八少女・八社女・八女・八姫とも書く。『高橋氏文《たかはしうじふみ》』逸文《いつぶん》（『本朝月令《ほんちょうがつりょう》』所引）によれば、景行《けいこう》天皇の御代に「大八洲《おおやしま》に像《かたどり》て八乎止古《やをとこ》・八乎止咩《やをとめ》定《さだめ》て、神嘗《かんなめ》・大嘗《おおなめ》等に奉仕始《はじめ》き」（原漢字）とあることに由来するという。また、神社で神楽《かぐら》などを奉仕する巫女《ふじょ》のこともいう。春日社《かすがしゃ》や厳島社《いつくしましゃ》の巫女神楽などは八人の八乙女であったが、必ずしも八人とは限らず、複数の少女を総称したようである。風俗歌の曲名にもある。

参考文献　岡田精司「宮廷巫女の実態」（女性史総合研究会編『日本女性史』一、一九八二、東京大学出版会）。

（三橋　正）

やおやおしち　八百屋お七　一六六六？—八三？　江戸時代前期の放火の罪で火刑に処せられた女性。父は江戸本郷森川宿の八百屋市左衛門。また加賀前田家の足軽《あしがる》山瀬三郎兵衛が名をかえた江戸本郷丸山本妙寺《ほんみょうじ》前の青物店太郎兵衛などともいわれる。天和二年（一六八二）十二月お七が十六歳の時家が類焼、正仙院に避難した。そこで寺小姓生田庄之介と出会い恋仲となった。翌年新築された家に戻ったお七は、また正仙院に行きたいと自宅に放火、その罪で処刑された（『天和笑委集《てんなしょういしゅう》』）。避難した寺を小石川の円乗寺、相手の小姓を山田佐兵衛とし、吉祥寺門前に住む吉三郎なる人物が二人の仲をとりもち、お七に放火をすすめたとする説もある（『近世江都著聞集《きんせいえどちょもんしゅう》』）。お七は町内引き廻しの上、千住小塚原《こづかっぱら》で処刑された。この事件を題材に井原西鶴《いはらさいかく》『*好色五人女《こうしょくごにんおんな》』四「恋草からげし八百屋物語」が書かれた。その後、歌祭文《うたざいもん》や*歌舞伎・*浄瑠璃《じょうるり》でも取り上げられ有名となった。

参考文献　井原西鶴『好色五人女』（角川文庫）。

（椙山　聖子）

やかんちゅうがく　夜間中学　戦後義務教育を修了できなかった人のために設けられた中学校の夜学部。戦後の生活苦で長期欠席生徒が多く見られ、彼らに教育機会を提供する目的で設置された。学校教育法施行令に根拠を持つ中学校の二部に相当するものと、法的根拠を持たない自主夜間中学がある。一九四七年（昭和二十二）に長欠生徒の多かった大阪市立生野《いくの》第二中学校（当時生徒は全員女子）に「夕間学級」が設けられたのが最初であるが三年後に閉鎖。一九四九年神戸市立駒ヶ林《こまがばやし》中学校に「長期欠席・不就学児童生徒救済学級」が設けられ、一九五一年には東京足立区第四中学校に夜学部が置かれた。文部省は否定的であったが、一九五〇年代半ばのピーク時には全国で八十七校、生徒数五千名余りに達した。公立夜間中学は二〇〇七年（平成十九）現在三十五校、二千五百十五名が在籍している。中国などからの帰国者、在日外国

人、被差別部落出身者、不登校であった人などさまざまな生徒が在学しているが、女性の占める割合が高い。なお戦前にも旧制中学校に準じる教育を行う各種学校が夜間中学と呼ばれた。そして一九四三年の中等学校令で中学校と*高等女学校に夜間課程が認められたが、これは戦後の定時制高校の前身であり、戦後の夜間中学とは性格を異にする。

参考文献 尾形利雄・長田三男『夜間中学・定時制高校の研究』、一九六七、校倉書房。松崎運之助『夜間中学—その歴史と現在—』、一九七九、白石書店。

（友野　清文）

やぎあきこ　八木秋子　一八九五—一九八三　昭和時代の思想家。生涯アナーキズムを生きた。一八九五年（明治二十八）九月六日長野県木曾福島《きそふくしま》（木曾町）に生まれる。少女時代にはキリスト教にふれ、文学に傾倒した。松本女子職業学校を卒業。結婚、出産、*家出を経て離婚。小川《おがわ》未明《みめい》・有島武郎《ありしまたけお》に師事しつつ東京で自活の道をさぐり、雑誌社・新聞社に勤務し、同時に*東京連合婦人会ほかで女性運動に加わり、労働運動をとおしてアナーキズムを知り、『*女人芸術《にょにんげいじゅつ》』誌上における*アナボル論争の口火を切り、ひきつづき、雑誌『*婦人戦線《ふじんせんせん》』にも参加した。しかしまもなく思想運動から実践運動へと転じ、一九三一年（昭和六）に農村青年社を結成、昭和大恐慌《だいきょうこう》のもとに疲《ひ》弊《へい》した農村に自治の運動を展開しようとして挫折。一九三五年に治安維持法のもと、逮捕、投獄された。一九三八年に出獄後は満州へ渡り、新京の満鉄の留守宅相談所に勤務した。敗戦で引揚げ後は*母子寮に勤務。退職後、特に晩年は生活保護をうけながら思索の生活をおくり、日記を書きつづけた。一九七六年都立養育院へ収容され、翌年から相京範昭の編集で通信『あるはなく』（一九七七—八三年）により堰《せき》を切ったかのように最晩年の発言を行なった。相京範昭が編集した『八木秋子著作集』全三巻（一九七八—八一年、JCA出版）がある。

八木秋子

参考文献 西川祐子「自立と孤独—雑誌『婦人戦線』の人びとをたずねて—」（『（岩波講座）老いの発見』四、一九八七、岩波書店）。

（西川　祐子）

やくちのうねめしびめ　八口采女鮪女　生没年不詳　七世紀前半の*女孺《にょじゅ》。『日本書紀』舒明《じょめい》天皇即位前紀には、舒明の即位をめぐって大臣《おおおみ》の蘇我蝦夷《そがのえみし》と斑鳩《いかるが》宮の山背大《やましろのおお》兄《え》王との間で使者を往来させての応答があったとするが、鮪女の名は、その時に山背大兄王が蝦夷の遣わした群臣らに告げた言葉のなかにみえる。それによれば、推古《すいこ》天皇三十六年（六二八）、*推古天皇臨終の病床に侍っていた*栗下《くりもと》女王を首《しゅ》とする八人の近習者《きんじゅうしゃ》の一人である。また、皇位継承にかかわる推古の詔《みことのり》を山背大兄王に伝えたとある。

（篠川　賢）

やじまかじこ　矢島楫子　一八三三—一九二五　明治・大正時代の廃娼《はいしょう》運動家・教育者。肥後藩（熊本県）藩士矢島忠左衛門《ちゅうざえもん》と鶴子《つるこ》の六女として生まれる。安政五年（一八五八）横井小楠《よこいしょうなん》門下の林七郎《はやししちろう》と結婚。夫の飲酒癖に苦しみ、十年後に離婚。一男二女を置いて上京。教員伝習所に学び、小学校教師になる。一八七八年（明治十一）アメリカ人宣教師で新栄《しんえい》女学校校長の*メアリ＝ツルーと出会い、同校教師になる。一八八六年アメリカから世界キリスト教禁酒同盟（WCTU）のレビット夫人が来日し、各地で禁酒演説会が開催される。レビットの呼びかけに応えて

矢島楫子

*浅井柞《あさいさく》・*佐々城豊寿《ささきとよじゅ》らと東京婦人矯風会《きょうふうかい》を設立し、会頭に就任。一八八九年新栄女学校と桜井女学校が合併してできた女子学院院長に就任（一九一四年（大正三）まで）。一八九三年全国的な組織、*日本基督《キリスト》教婦人矯風会会頭になる。一九〇六年ボストンで開催されたWCTU第七回大会に出席。一九一一年*吉原遊廓《よしわらゆうかく》全焼を機に、島田三郎《しまださぶろう》・*安部磯雄《あべいそお》らとともに*廃娼運動の全国組織、*廓清会《かくせいかい》を設立し、副会長に就任（会長は島田）。一九二〇年八十七歳でロンドンで開催されたWCTU第十回大会に出席。矯風会の会頭を辞任した一九二一年には日本の女性一万人の署名を手渡すためにワシントン軍縮会議に出席した。矢島をリーダーとする矯風会は一八九〇年から*姦通罪《かんつうざい》を夫にも適用させる刑法および民法改正の請願運動（一夫一婦制建白運動）に、一八九二年からは在外国売淫婦《いんばいふ》取締法制定の請願運動に取り組む。一方で日清・日露戦争では政府の行動を支持し、天皇や皇室を崇敬する愛国者でもあった。そのため、生涯をかけて取り組んだ廃娼運動に対しても、階級支配とアジア侵略が国内外における日本人女性の売春の根本原因であるという事実に目を向けず、*娼婦を蔑視《べっし》する社会倫理を普及させる一方で、大日本帝国の植民地政策に協力する活動であったとする批判もある。死の二年前にはじめてみずからの*不倫の事実を告白したが、生前に公表されることはなかった。徳富蘇峰《とくとみそほう》・徳富蘆花《ろか》は甥、教育者の*竹崎順子《たけざきじゅんこ》は姉である。

参考文献　久布白落実編『矢島楫子伝』(伝記叢書)、一九八八、大空社。金子幸子『近代日本女性論の系譜』、一九九九、不二出版。三浦綾子『われ弱ければ—矢島楫子伝—』(小学館文庫)、一九九九、小学館。　(奥田　暁子)

やじませいこ　矢島せい子　一九〇三—八八　昭和時代後期の女性運動家。東京都台東区浅草生まれ。弟と妹は、俳優加東大介《かとうだいすけ》、*沢村貞子《さわむらさだこ》として演劇・映画界で活躍したが、せい子は長女だったので大学を出て物理学者の矢島祐利と結婚。夫は理科大学の創設に関わり、同大学の教授を務め、科学史の研究家として世界的に活躍。せい子は大学で学んだ民俗学の研究をしながら、*主婦としてスタート。しかし意欲的で社会的関心の強かった彼女は、夫の出身地栃木県の農村でまず農家の主婦の生活や意識を調査。*婦人問題懇話会《こんわかい》に入会して調査報告をしたり、論文を書いたりし始めた。また占領下の一九五〇年代は各地で基地問題が起き、そのなかで子どもたちが受ける影響に心を痛め反基地運動にも参加。国連の「子どもの権利条約」を国内にも拡げよう、と一九五二年(昭和二十七)には「*日本子どもを守る会」に参加した(会長長田新《おさだあらた》、副会長*羽仁説子《はにせつこ》)。またこの運動のなかで障害を持つ子どもの教育に強い関心を持ち「障害者の生活と権利を守る全国連絡会」(略称障全協)を立ち上げ、みずから会長を引き受けて全国を廻ってこの運動を拡げた。のちにこの活動が認められヘレン＝ケラー賞を受賞している。ほかに教育問題では、戦後も「*家庭科」が中高ともに女子のみの教科であることに怒り、市民やマスコミを巻きこんだ「*家庭科の男女共修をすすめる会」や日教組の家庭科教師が組織した家庭科研究会ともタイアップして、男女ともに家庭科を学ぶ教育課程の実現を文部省に要求する家庭科教育連絡会(略称家教連)の会長も引き受けた。七五年の*国際婦人年には間に合わなかったが、次の教育課程の改訂では、家庭科は中高ともに男女の必修科目となった。「日本子どもを守る会」も最後まで副会長の役割を引き受けた。戦後の問題の多い時代に、主婦という立場を超えて、子ども・障害者・女性たちの抱える多岐な課題に常に積極的に関わり、まとめ役を引き受け、最後まで力いっぱい生ききった稀有《けう》な運動家である。著書に『家事と雑用』全二巻(矢島祐利と共著、岩波婦人叢書、一九五三年)、『くらしの文化史—家庭科教育おぼえ書—』(家教連ブックレット一、一九八七年)がある。ほかに「日本子どもを守る会」出版の『子ども白書』(年刊)に運動の記録やエッセイを執筆している。　(駒野　陽子)

やしまみつ　八島光　一九〇八—八八　昭和時代の絵本作家。本名岩松智江《いわまつともえ》。広島県因島《いんのしま》に造船技師笹子謹《ささこひとし》・愛《あい》子《こ》の次女として出生。神戸女学院を経て*文化学院油絵科に在学中*女子学連に参加、新井光子《あらいみつこ》の名でプロレタリア美術展に出品、このころプロレタリア美術同盟研究所で岩松淳《じゅん》を知り結婚、一九三一年正《しょう》を出産したが急死、一九三三年二人目を妊娠中に淳とともに検挙され拷問《ごうもん》を受ける。九ヵ月の身重となり転向書を書いて出所、信《まこと》を生む。一九三九年、信を智江の両親に託して貨物船で渡米。一九四一年日米開戦後、八島太郎《やしまたろう》・光《みつ》として米情報局で夫は絵入りの反戦ビラを作り、妻は放送に携わった。一九四八年桃《もも》が誕生し、信を日本から迎えた。太郎は一九四三年『あたらしい太陽』を出版、これは軍国主義に抗した芸術家夫妻の自伝的絵物語である。その後日本の村の子どもを描いた連作を発表、作品に八島太郎・光文・絵『道草いっぱい』(マコ岩松訳、一九九八年、創風社、Plenty to Watch. 1954)がある。息子のマコ(岩松信)はハリウッドおよびニューヨーク演劇界で活躍する日系人俳優として著名である。義理の息子伊佐千尋《いさちひろ》は一九七八年『逆転』で大宅壮一ノンフィクション賞をうけ、作家活動に入った。

参考文献　宇佐美承『さよなら日本—絵本作家・八島太郎と光子の亡命—』(日本平和論大系二〇)、一九九四、日本図書センター。　(間宮　尚子)

やすいコノ　保井コノ　一八八〇—一九七一　明治から昭和時代にかけての生物学者。香川県に生まれ、*女子高等師範学校、同研究科卒業。一九〇七年(明治四十)女高師助教授、一九一九年(大正八)同教授。発生学に取り組み、女性初の学術論文を発表。一九一四年米国に留学して学んだ手法による成果「日本産石炭の植物学的研究」により一九二七年(昭和二)日本女性初の理学博士となる。細胞学・遺伝学に業績を挙げ、後進の育成にも尽力、女性科学者に道を拓いた。一九二九年創刊の細胞学雑誌『キトロギア』の編集や庶務会計にも取り組んだ。

参考文献　保井コノ「初の女性博士となるまで」(『自然』一九六三年九月号)。お茶の水女子大学ジェンダー研究センター編『保井コノ資料目録』、二〇〇四。　(山崎美和恵)

やすいてつ　安井てつ　一八七〇—一九四五　明治から昭和時代にかけての教育者。明治三年二月二十三日(一八七〇年三月二十四日)、槍指南《やりしなん》として総州古川《そうしゅうふるかわ》藩主土《ど》井《い》家に仕えた家の長女として、東京駒込曙《こまごめあけぼの》町で生まれる。一八九〇年*女子高等師範学校を卒業。母校・岩手県尋常《じんじょう》師範学校などで教鞭《きょうべん》を執った後、一八九七年官費留学生として渡英。教育学・心理学などを学ぶ。一九〇〇年帰国後、母校教授兼舎監《しゃかん》となる。同年、海老名弾正《えびなだんじょう》より受洗。一九〇四年、シャム国バンコック府皇后女学校(現ラーチーニー女学校)教育主任に任ぜられ、出国。一九〇七年、

安井てつ

任期満了の後、自費で一年間渡英。帰国後、学習院女子部・女子英学塾で教えるとともに、『*新女界《しんじょかい》』の主筆となる。一九一〇年、母校に復帰。一九一八年(大正七)*東京女子大学創設に際し、学監《がっかん》に就任。一九二四年、新渡戸稲造《にといなぞう》の後を受け、二代目学長に就任、一九四〇年(昭和十五)まで務める。一九四五年十二月、荻窪で死去。女性に対し、職業教育・*主婦教育とは異なる、男子高等教育で与えられるものと同等の一般教養教育を与えることを理想として掲げ、これをキリスト教の人格主義教育と結びつけることで、女性に「サムシング」を獲得させることを期し、草創期の東京女子大学をリードした。

参考文献　青山なを『安井てつ伝』(伝記叢書)、一九九〇、大空社。　(小檜山ルイ)

やすだせい　安田せい　一八八七―一九五二　昭和時代前期の婦人運動家。大阪国防婦人会創立者。日蓮《にちれん》信者。満州事変が勃発《ぼっぱつ》すると、「兵隊さん」のための奉仕活動を思い立ち、一九三二年(昭和七)三谷英子《みたにえいこ》らと大阪国防婦人会を結成し、軍部の指導・援助を願い出る。同年*大日本国防婦人会が創立されると、大阪国防婦人会を大日本国防婦人会関西本部へと改称・発展させた。

参考文献　藤井忠俊『国防婦人会』(岩波新書)、一九八五、岩波書店。大日本国防婦人会総本部編『大日本国防婦人会十年史』(千野陽一監修『愛国・国防婦人運動資料集』五、一九九六、日本図書センター)。　(広瀬　玲子)

やすだりきこ　安田理貴子　一九〇九―八七　大正・昭和時代の社会事業家。本名安田里キ《りき》。三重県宇治山田市《うじやまだ》(伊勢市)に生まれる。賀川豊彦《かがわとよひこ》の門下として活動するが、十六歳のときに思想犯として投獄され、青春期を獄中で過ごす。戦後は、キリスト者として、一九五四年(昭和二十九)全国麻薬防止協会を設立したり、全国の教護院に児童福祉文庫を設けるなどの奉仕活動を行う。一九六三年厚生大臣賞・日本奉仕会賞を受ける。私財を投じて教護院の子供や障害児のための施設青雲荘《せいうんそう》をつくり、みずからもそこで生活をともにした。　(黒川みどり)

やすみこ　安見児　『*万葉集《まんようしゅう》』二の藤原鎌足《ふじわらのかまたり》の歌(九五)に登場する女性。『万葉集』の題詞《だいし》によれば、鎌足が*采女であった安見児と結婚するときに、「我はもや安見児得たり皆人《みなひと》の得難《えかて》にすといふ安見児得たり」(原万葉仮名)とうたったという。采女と天皇以外の男性との結婚は、禁忌とされていたから、この場合は天智《てんじ》天皇から鎌足への、格別の恩賞として采女が下賜《かし》されたものと考えられる。鎌足の大仰《おおぎょう》な喜びの表現も、天皇への謝意を表わしたものとして理解される。

参考文献　門脇禎二『采女』(中公新書)、一九六五、中央公論社。関口裕子『日本古代婚姻史の研究』、一九九三、塙書房。　(荻原　千鶴)

やそしままつり　八十嶋祭　平安・鎌倉時代に、*大嘗祭《だいじょうさい》の翌年、難波津《なにわのつ》で行われた即位儀礼の一つ。八十嶋神を主祭神とし、ほかに住吉《すみよし》神や大依羅神などをまつる。天皇一代に一度だけ行われ、東宮や*中宮の祭も存在する。天皇側近の*女官である*典侍《ないしのすけ》(内侍司次官《ないしのつかさ》)が八十嶋祭使に任命され、宮主《みやじ》によって新天皇の御麻を献じての御禊《ごけい》が行われたのち、八十嶋祭使は御衣《おんぞ》を持って、神祇官《じんぎかん》の宮主・*御巫《みかんなぎ》・神琴師、さらに*蔵人《くろうど》や内蔵寮《くらりょう》官人を率いて難波津に向かった。そこで宮主が祭壇を築いて、祭使の典侍が天皇の御衣の筥《はこ》を琴の音に合わせて振り、宮主は御麻を捧げて御禊を修し、祭物を海に投げてから帰京する。帰京してから、再び御衣は八十嶋祭使から新天皇に返されて、この祭のすべてが終了する。祭祀《さいし》の性格については、国土を生成し発展を願い、新天皇に国土の霊を付着させるとする説と、禊祓とする説が対立する。また、祭神についても生島《いくしま》・足島《たるしま》神としての大八洲之霊《おおやしまのれい》とする説と、住吉神とする説が対立する。この祭の起源については、五世紀の古い王朝の時代を想定する説と、初見の文徳《もんとく》朝に陰陽道《おんみょうどう》の影響を受けて成立したとする説が鋭く対立している状態であるが、近年は古い時代の王権祭祀を引き継ぐもので、祭神も大八洲之霊とする説が有力である。

参考文献　田中卓「八十嶋祭の研究」(『神道史研究』四ノ五)、一九五六。岡田精司「即位儀礼としての八十島祭」(『古代王権の祭祀と神話』一九七〇、塙書房)。田中卓「再び八十嶋祭について―岡田精司氏説の批判―」(『神道史研究』二五ノ三)、一九七七。滝川政次郎「八十島祭と陰陽道」(『律令と大嘗祭』一九八八、国書刊行会)。上井義久「八十嶋祭の成立」(『日本古代の親族と祭祀』一九八八、人文書院)。岡田精司「八十島祭の機能と本質」(『古代祭祀の史的研究』一九九二、塙書房)。同「奈良時代の難波行幸と八十島祭」(同)。藤原享和『古代宮廷儀礼と歌謡』、二〇〇七、おうふう。　(土橋　誠)

やたじぞうえんぎえ　矢田地蔵縁起絵　奈良県大和郡山市にある矢田山金剛山寺《こんごうさんじ》の本尊の由来と月詣《つきもうで》の結縁《けちえん》による利生記《りしょうき》を描く。同寺の掛幅《かけふく》(室町時代)のほかに京都矢田寺の絵巻(二巻、鎌倉時代)があり、ともに重要文化財に指定されている。満米上人《まんべいしょうにん》が閻魔《えんま》王庁で冥官《めいかん》に菩薩戒《ぼさつかい》を授けた礼に地獄を案内され地蔵菩薩と会い、その姿を彫らせたものを寺に安置した。後世、地獄に無死のまま冥官に負われて往復することから、満米上人自身が地蔵菩薩とする解釈の別本も生まれた。月詣が強調され、それにより救われる地獄を細かく記したものもある。『(新修)日本絵巻物全集』二九(梅津次郎編、一九八〇年、角川書店)に所収。　(大山由美子)

やっこじょろう　奴女郎　当初は武家を含めて不義があった女性をいましめのため*吉原に預け*女郎としたもの。のち、寛文年間(一六六一―七三)に至り、*隠売女《かくしばいた》として取り締まりの対象となり検挙され吉原に送られた女郎の呼称となった。寛政七年(一七九五)、府内における*私娼《ししょう》取り締まりで検挙された*売女は、三ヵ年あるいは五ヵ年間、吉原に預けられたので「預り女」を「奴」といった。女郎の等級の中でも最下級のものである。

参考文献　酔郷散人『吉原大全』(山本春雄編『北街漫録』一九二七、一星社)。西山松之助編『遊女(新装版)』(日本史小百科)、一九九四、東京堂出版。　(宇佐美ミサ子)

やどさがり　宿下がり　*奥女中《おくじょちゅう》が宿元《やどもと》に休暇で帰ること。宿元とは、奥女中が奉公《ほうこう》に上るための身元保証人のことで、必ずしも親とイコールではなかった。明治期の*聞き書きによると、宿下がりは御次《おつぎ》以下の者に許されており、奉公に出てから三年目で六日、六年目で十二日、九年目で十六日もらえる規定になっているが、例外も多く*中臈《ちゅうろう》で宿下がりしている者もいる。奉公人が出替わる三月に宿下がりをすることが多かった。宿下がりをするにはまず*御年寄《おとしより》の許可を得る必要がある。奥女中の通行が許されているのは江戸城の北側で三ノ丸の近くに位置する平《ひら》河門《かわもん》だけである。商家や農家の出自の者も駕籠《かご》でそこから宿元に帰った。奥女中はステータスであり実家でも敬われた。また、自分の家から奥女中、特に江戸城に勤務するものを出すのは名誉なことであった。奥女中は容易には外出できなかったので、宿下がり中に芝居見物や遊興をする者もいた。宿下がりの制度は商家や農家に*下女《げじょ》奉公に出た者にもあった。また、ごくまれに永《なが》の暇《いとま》の意味で用いることもあった。

参考文献　旧事諮問会編『旧事諮問録—江戸幕府役人の証言—』上(岩波文庫)、一九八六、岩波書店。畑尚子『江戸奥女中物語』(講談社現代新書)、二〇〇一、講談社。　(畑　尚子)

やながわこうらん　梁川紅蘭　一八〇四—七九　江戸時代後期の漢詩人。詩集に『紅蘭小集《けいえん》』『紅蘭遺稿』がある。美濃《みの》に生まれる。名は景《けい》・景婉《けいえん》、字は道華《どうか》、紅蘭と号する。十七歳で、師であり再従兄《またいとこ》である漢詩人*梁川星巌《せいがん》と結婚。結婚三年目から夫と旅をともにし、夫の内面を理解する賢妻《けんさい》であることを志して詩や学問に励んだ。不安定な生活を送る中で、天保の飢饉《ききん》を詩材とするなど社会的関心を深め、アヘン戦争における中国の敗北を知ると、英国の女王を例に出して、女性が国家や政治に対する関心をもつことを正当化する詩を作った。江戸に出て詩壇《しだん》を掌握《しょうあく》した星巌は、その後京都に移る。そこで友人頼山《らいさん》陽《よう》の息子三樹三郎《みきさぶろう》ら尊攘《そんじょう》派の志士と交わって危険視された星巌は、安政《あんせい》の大獄《たいごく》で捕縛《ほばく》される直前に急死、代わって紅蘭が尋問《じんもん》を受け、半年ほど拘禁《こうきん》されたが屈しなかったことは有名である。男性の領域とされた漢詩という世界を夫と共有しようとする中で自己を確立し、強靱《きょうじん》さを身につけていったといえよう。

参考文献　伊藤信『細香と紅蘭』、一九六九、矢橋龍吉。関民子『江戸後期の女性たち』、一九八〇、亜紀書房。　(関　民子)

やながわせいがん　梁川星巌　一七八九—一八五八　江戸時代後期の漢詩人。美濃《みの》国出身。江戸に出て山本北山《やまもとほくざん》の奚疑《けいぎ》塾に学び、詩才を現わす。文政《ぶんせい》三年(一八二〇)遠縁で弟子の景《けい》(紅蘭《こうらん》)と結婚。紅蘭とともに五年にわたる西遊の旅に出、詩作の研鑽《けんさん》を続けた。天保《てんぽう》年間(一八三〇—四四)江戸神田に玉池吟社《ぎょくちぎんしゃ》を開き、詩壇《しだん》の中心的存在となる。国事への関心を深め、勤皇《きんのう》の志士と交わる。安政《あんせい》大獄《たいごく》の直前コレラにかかり死去、紅蘭が捕らえられ尋問を受けたことは有名。

参考文献　富士川英郎『江戸後期の詩人たち』(筑摩叢書)、一九七三、筑摩書房。門玲子『江戸女流文学の発見』、一九九八、藤原書店。　(片倉比佐子)

やなぎかねこ　柳兼子　一八九二—一九八四　大正・昭和時代の声楽家。東京本所生まれ。旧姓中島。旧名かね。東京音楽学校卒。音楽学校ではハンカ＝ペツォルドに師事。一九一三年(大正二)白樺《しらかば》主催の音楽会でデビュー。イタリア・ドイツに留学し、ドイツ歌曲の研究において開拓者的な存在となる。柳宗悦《むねよし》と結婚。日本音楽学校・国立音楽大学の教授。一九五〇年(昭和二十五)毎日音楽賞を、一九六五年には女性ではじめて芸術院恩賜賞《おんししょう》を受賞。八十二歳で初の本格的ＬＰを録音した。

参考文献　笠原一男編『近代女性の栄光と悲劇』(日本女性史六)、一九七三、評論社。松橋桂子編『柳兼子音楽活動年譜』、一九八七、日本民芸協会。小池静子『柳兼子の生涯—歌に生きて—』、一九八九、勁草書房。　(金　眞琡)

やなぎさわとさこ　柳沢土佐子　⇩黒田土佐子《くろだとさこ》

やなぎたくにお　柳田国男　一八七五—一九六二　明治から昭和時代にかけての日本における民俗学の開拓者。民俗学の研究を行なったのは一九一〇年(明治四十三)前後からで、それ以前は農政官僚・農政学者、さらに学生時代は新体詩をつくる文学青年であった。一八七五年に兵庫県神東郡辻川村《じんとうぐんつじかわむら》(兵庫県神崎郡福崎《ふくさき》町辻川)で生まれた。小学校卒業後、長兄が開業医として住み着いた利根《とね》川《がわ》縁の茨城県布川《ふかわ》(茨城県北相馬郡《きたそうまぐん》利根町布川)に移り住み、さらに東京に出て、第一高等中学校(のちに旧制一高)を経て、東京帝国大学法科大学を一九〇〇年に卒業し、明治政府の官僚となった(一九一九年(大正八)まで)。一九〇八年に九州への旅行で山間奥地で行われている狩猟と焼畑耕作を知り感動し、民俗学に開眼《かいげん》した。初期の民俗学は、非定住民としての狩人・木地屋《きじや》や*巫女《みこ》・毛坊主《けぼうず》などの漂泊《ひょうはく》の宗教者の研究であった。一九三〇年代に「何故に農民は貧なりや」が最大課題と彼自身が表現したように、農民・農村の窮状《きゅうじょう》の歴史的背景を明らかにすることに変わった。水田稲作農耕民を「常民《じょうみん》」と表現し、家の永続を中核において研究を展開させ、民俗学を確立した。第二次世界大戦中から次第に日本人の自覚と団結を促す研究へと進み、戦後に引き継がれ、日本人の自己認識に資する問題を研究課題とした。最終的には、大陸南部から沖縄に移住し、そこからさらに列島各地に広がったという「海上《かいじょう》の道」を主張して、沖縄を含めて日本は一つであることを強調した。柳田国男の民俗学は基本的に歴史研究として行われた。歴史のなかでの女性の役割にも着目し、信仰を担う女性宗教者、日常生活における*主婦の重要性を明らかにした。また、女性独自の役割があることを強調して、女性研究者を励ました。しかし、女性が男性と対等・平等な存在とする考えは弱く、あくまでも男性の補助者としての女性という位置付けであった点に注意しなければならない。著作は現在刊行中の『柳田国男全集』全三十六巻(筑摩書房)にまとめられている。

参考文献　柳田国男研究会編『柳田国男伝』、一九八八、三一書房。福田アジオ『柳田国男の民俗学』、一九九二、吉川弘文館。倉石あつ子『柳田国男と女性観―主婦権を中心として―』、一九九五、三一書房。　(福田アジオ)

やなぎばし　柳橋　江戸時代、色街《いろまち》・花街《はなまち》として繁栄した町。明治に至り、江戸が東京になってからは、政治家・官僚・経済人の談合の場所となる。現在の東京都港区にあった。明治以降は新橋と並び称された。『東京妓情《とうきょうぎじょう》』によると柳橋に住む人びとの人情について「淡白にして宵越しの銭は持たず」とあり、「江戸っ子」らしさを強調している。これは、深川《ふかがわ》・柳橋の*芸者にも通じることできっぷのよさを表現する。通人酔客《つうじんすいきゃく》は、柳橋芸者のことを東京一の芸者と賞讃する。

参考文献　酔多道士『東京妓情』(蘇武緑郎・今関良雄編『未刊珍本集成』一、一九三三、古典保存研究会)。西山松之助編『遊女(新装版)』(日本史小百科)、一九九四、東京堂出版。　(宇佐美ミサ子)

やなぎはらびゃくれん　柳原白蓮　一八八五―一九六七　明治から昭和時代にかけての歌人。伯爵《はくしゃく》柳原前光《さきみつ》の次女として東京に生まれる。大正天皇の生母*柳原愛子《なるこ》は父の妹。一九〇〇年(明治三十三)、十六歳で*華族女学校《かぞくじょがっこう》退学、北小路資武《きたこうじすけたけ》と結婚し長男を産むが、五年後に離婚。一九〇八年、東洋英和女学校に入学、在学中に佐佐木信綱《ささきのぶつな》に師事して『心の花』に短歌を発表。卒業後九州の炭坑王伊藤伝右衛門《いとうでんえもん》と再婚するが、東京帝国大学新人会の宮崎《みやざき》竜介《りゅうすけ》と*恋愛結婚。彼の労働運動などを援助した。歌集『踏絵《ふみえ》』(一九一五年(大正四))・『幻《まぼろし》の華《はな》』(一九一九年)・『紫の梅』(一九二五年)・『流転《るてん》』(一九二八年(昭和三))、詩集『几帳《きちょう》のかげ』、自伝的小説『荆棘《いばら》の実』などがある。戦後は平和運動も行なった。

柳原白蓮

参考文献　長谷川時雨『(新編)近代美人伝』下(岩波文庫)、一九八五、岩波書店。永畑道子『恋の華・白蓮事件』(文春文庫)、一九九〇、文芸春秋。　(関　礼子)

やなぎわらなるこ　柳原愛子　一八五九―一九四三　大正天皇の生母。安政六年(一八五九)五月従一位柳原光愛《みつなる》の次女に生まれる。明治三年(一八七〇)*皇太后付き*女官として出仕、翌年早蕨内侍《さわらびのすけ》と称す。一八七三年権典侍《ごんてんじ》(*側室)。七五年薫子《しげこ》、七七年敬仁《ゆきひと》を生むが、ともに早世。七九年嘉仁《よしひと》(大正天皇)を生み、のちに妃節子《さだこ》(*貞明《ていめい》皇后)の後見役を務める。一九〇二年典侍に昇進。一九一九年(大正八)正二位、「二位の局《つぼね》」と呼ばれた。知的で*和歌に優れ信望もあり、宮内大臣牧野伸顕《まきののぶあき》の相談役を果たした。一九四三年(昭和十八)一月十六日没。柳原白蓮は姪にあたる。

参考文献　山川三千子『女官』、一九六〇、実業之日本社。小田部雄次『ミカドと女官―菊のカーテンの向う側―』、二〇〇一、恒文社。　(金子　幸子)

やぶのうぐいす　藪の鶯　*三宅花圃《みやけかほ》の代表作。一八八八年(明治二十一)刊。*鹿鳴館《ろくめいかん》期を背景に、若い女性たちの種々の結婚観と生態が活写された。舞踏好きの西洋崇拝者で浮薄《ふはく》な篠原浜子《しのはらはまこ》は自分の意志で結婚相手を選ぶが、失敗。他方、毛糸編みの*内職などをして家計を助ける松《まつ》島秀子《しまひでこ》は、*和歌が機縁《きえん》となって浜子の婚約者で、留学先の英国で「技芸士」の称号を得た勤《つとむ》と結ばれる。一方女学生の寄宿舎にいる卒業間近の服部浪子《はっとりなみこ》は、堅実な共稼ぎ結婚をめざすというもの。近代初の女性による刊行本として注目され、花圃の後進*樋口一葉《ひぐちいちよう》を刺激し作家となる契機となった。原本が国立国会図書館近代デジタルライブラリーにて公開されている。テキストは『明治女流文学集』一(一九六六年、筑摩書房)。

参考文献　塩田良平『明治女流作家論』、一九六五、寧楽書房。関礼子『語る女たちの時代―一葉と明治女性表現―』、一九九七、新曜社。　(関　礼子)

やべまさこ　矢部正子　一七四五―七三　江戸時代中期の歌人。美濃《みの》国北方《きたがた》(岐阜県神戸《ごうど》町)に生まれる。父は矢部佳政《よしまさ》、母は国枝《くにえだ》氏。十六歳で結《むすぶ》(同県安八《あんぱち》町)の大平光二《おおひらみつじ》と結婚、一女を挙げたが、夫の浮気を怒り、娘を連れて帰家。京都に移り、小沢蘆庵《おざわろあん》に*和歌を学び、茶道・*薙刀《なぎなた》などを修行。伴蒿蹊《ばんこうけい》らと交わる。二十六歳で細川家に請われ江戸に出、姫に和歌・書・薙刀などを教えた。主家の知遇が高いため嫉妬《しっと》を買い、気苦労で耳が不自由となる。治った後宮仕えを止め、和歌を教えて暮す。歌集『矢部正子小集』がある。

参考文献　長沢美津『女人和歌大系』三、一九六八、風間書房。スインク推進協議会編『西濃ゆかりの女性群像』、一九六九、スインク８９西濃事業推進本部。　(浅野美和子)

やほち　夜発　夜に売春を行う女性。承平《じょうへい》年間(九三一―九三八)成立と推定されている『和名類聚抄《わみょうるいじゅしょう》』では白昼ふらふら出歩く者を*遊女、夜を待って性を売る者が夜発と定義され、遊女とは区別されていたが、十一世紀半ば成立の『*新猿楽記《しんさるがくき》』では「遊女・夜発の長者、江口・河尻の好色なり」(原漢文)とあり、このころには遊女と混同されていた。遊女は本来は性を売る者ではないが、この時期には性を売ることも行われていた。『輔仁本草《すいにんほんぞう》』には螢《けい》火《が》の別名として「夜光」「夜行遊女」が記され、夜発の名は夜に活動し怪しく光ることから生まれたことが窺える。*御伽草子《おとぎぞうし》『猿源氏草紙《さるげんじぞうし》』には、五条の東の洞院《とういん》に大名高家以外には出向かない螢火という*上臈《じょうろう》の遊君《ゆうくん》がいた話があり、上客を相手とする遊女も存在したが、これは近世の大名や商人を相手とする上級遊女につながるものである。この螢火は下級な客に性を売る夜発とはレベルが異なるが、夜発から連想されて、用いられた*源氏名であったと考えられる。

参考文献 総合女性史研究会編『日本女性の歴史—性・愛・家族—』(角川選書)、一九九二、角川書店。後藤紀彦「立君・辻子君」(『(朝日百科)日本の歴史(新訂増補)』四、二〇〇五、朝日新聞社)。 (盛本 昌広)

やまいちはやしぐみそうぎ 山一林組争議 昭和初期の製糸労働者の争議。一九二七年(昭和二)八月三十日、長野県内の労働組合運動の高まりと、深刻な経済不況を背景に、諏訪《すわ》郡平野《ひらの》村(岡谷《おかや》市)にあった山一林組工場の労働者千三百人余が、組合員を理由とする転勤・解雇反対等の嘆願《たんがん》を拒否した会社の回答を不満としてストライキに入り、十九日間の凄惨《せいさん》な闘いののちに敗北した。争議団の九割近くが平均年齢十七歳の*女工たちだったが、賃金算出の基になる糸の計量器の不正による搾取《さくしゅ》など、劣悪な労働条件に対する怒りが高まっていた。会社側は、政治家や地元警察、消防組などを巻き込んで弾圧した。ストライキ十四日目の工場閉鎖で行き場を失った女工たちは、争議団本部と「母の家」(高浜竹世《たかはまたけよ》が製糸女工の自殺防止等のために設立した施設)に分宿。やがて組合幹部の裏切りによる切り崩しなどで、ついに九月十七日争議団は解散し、最後までとどまった女工四十七人も帰郷した。その後会社は操業を再開するが、三年後に倒産した。

参考文献 楫西光速他『製糸労働者の歴史』(岩波新書)、一九五五、岩波書店。松本衛士『製糸労働争議の研究—岡谷・山一林組争議の一考察—』、一九八一、柏書房。 (早田リツ子)

やまいのそうし 病草子 十二世紀後半成立の絵巻物。紙本着色。各段には、当時の奇病、身体異状および奇妙な医療行為等が短い詞書《ことばがき》とともに描かれている。難病に苦しむ女性の姿も多く、太りすぎて両脇を抱えられた女土倉《どそう》の姿をはじめ、「不眠の女」「鳥目の女」など数種が伝わる。また『地獄草紙《じごくぞうし》』『餓鬼草紙《がきぞうし》』等と形式が類似することから、これらの絵巻とともに、六道絵《りくどうえ》を構成していたとする説もある。『日本絵巻大成』七(小松茂美編、一九七七年、中央公論社)に所収。

『病草子』肥満の女

参考文献 佐野みどり「病草紙研究」(『国華』一〇三九・一〇四〇)、一九八一。田端泰子『日本中世の社会と女性』、一九九八、吉川弘文館。 (西 光三)

やまうちのあま 山内尼 生没年不詳 平安時代末期から鎌倉時代初期の人。源頼朝の*乳母《めのと》を勤めた。彼女の夫は、山内首藤《やまのうちすどう》家の出身で、源氏三代(為義《ためよし》・義朝・頼朝《よしとも》)に仕えており、夫の俊通《としみち》自身、平家勢を防いで命を落としてまで、義朝を助けた。そういった一族と縁戚《えんせき》関係にある山内尼は、乳母の中でも、かなり有力な乳母であったと考えられる。しかし、彼女の息子経俊《つねとし》は、治承《じしょう》四年(一一八〇)石橋合戦で、頼朝に弓を引き、処罰をされそうになった。母として山内尼は、先祖の源家への忠誠から恩赦《おんしゃ》に預かりたいと訴えたが、息子の名前入りの矢が刺さった鎧袖《よろいそで》を見せられて、それ以上の弁明もできずに引き下がっている。こうして、源家三代にわたって仕えた山内首藤家も、昔日の勢いを失い、源頼朝の乳母としての勢いは、*比企尼とその娘や婿たちに、その座を奪われていく。

参考文献 『吾妻鏡』治承四年十一月二十六日条。 (秋池 洋美)

やまうば 山姥 山に棲《す》むとされる霊的な女性。やまんば・山姫《やまひめ》・山女郎《やまじょろう》・山女《やまおんな》ともいう。*柳田国男《やなぎたくにお》によれば「姥」とは尊い女性を意味し、年齢とは関係がないという。山姥は、醜《みにく》い老婆とも若い美女とも、美女から老婆へと変化するものとも伝えている。『牛方山姥《うしかた》』や『瓜子姫《うりこひめ》』などの昔話では主人公に危害を加える恐ろしい存在であるが、伝説や世間話では季節を定めて里を訪れ、人々に富をもたらす存在とされることが多い。また、人間に騙《だま》される愚《おろ》かな面も持っている。山姥の伝承は早くから芸能や文芸に取り入れられ、もてはやされた。世阿弥《ぜあみ》作と伝える謡曲《ようきょく》『山姥』では山姥は「鬼女」であるが、*御伽《おとぎ》草子《ぞうし》の継子《ままこ》物では主人公を助ける観音の化身である。万《まん》治《じ》・寛文《かんぶん》年間(一六五八—七三)ごろ流行した「金平浄瑠《きんぴらじょう》璃《る》」では坂田金時《さかたのきんとき》の母を山姥とし、正徳《しょうとく》二年(一七一二)に興行された*近松門左衛門《ちかまつもんざえもん》作の人形浄瑠璃『嫗山姥《こもちやまんば》』以降、山姥は金太郎の母として広く知られるようになった。柳田国男は山の*女神の信仰が零落《れいらく》して山姥となったと捉えた。折口信夫《おりくちしのぶ》は山姥を*山の神に仕える*巫女《みこ》とし、最初は神を養育し、のちには神の妻となると考えた。長野《ながの》晃子《あきこ》は水辺の女や雪女《ゆきおんな》などの伝承と山姥・山女の伝承の関連性を示すことで山野の精霊としての姿を浮かび上がらせようとした。川村邦光《かわむらくにみつ》は、山姥—姥神《うばがみ》—奪衣婆《だつえば》の伝承の類縁性に着目し、その背後に人の誕生・成長・死を支配する女神の姿を読み取っている。また山姥・姥神・奪衣婆のイメージの差異について*母性イデオロギーとの関わりに留意すべきであると指摘している。

参考文献 長野晃子「フランスの妖精と日本の山姥の比較試論」(『法政人類学』二四—二六・二八)、一九八五・八六。

川村邦光「奪衣婆/姥神考」(岡田重精編『日本宗教への視角』一九九四、東方出版)。折口信夫「翁の発生」(『折口信夫全集』二、一九九五、中央公論社)。柳田国男「耳の文学」(『柳田国男全集』一六、一九九九、筑摩書房)。川村邦光「金太郎の母と女神―女神論へ向けて―」(『説話・伝承学』一〇、二〇〇二)。 (山田 厳子)

やまがみきみえ　山上喜美恵　一八九九―一九七六　大正・昭和時代の助産婦、農民運動家。旧姓清水。岡山県上道《じょうとう》郡古都《こず》村(岡山市)の農家に生まれ、一九二三年(大正十二)三月、親が勧めた夫と協議離婚。大阪で*産婆《さんば》学などを学び、キリスト教会に通う。同年十月岡山農民運動の指導者山上武雄《たけお》と結婚(一九二四年説もある)。彼女について日本農民組合(日農)機関紙『土地と自由』は、組合式結婚式の前例となる救世軍式会費制結婚式の挙行、一九二四年一月旭東《きょくとう》四郡連合婦人部主催演説会の初演説での声量・論旨の見事さ、産婆試験合格を詳報。日農第三回大会で婦人部員に選出され、県内外の婦人部確立に尽力。一九二五年日農第四回大会にて初の女性副議長となり、「婦人代議員」の河本小夏《こうもとこなつ》・田尻岡代《たじりおかよ》(岡山)、*杉《すぎ》谷《たに》つも(熊本)、山本佐多《やまもとさだ》(千葉)とともに各紙で注目された。香川県連婦人部講演会で婦人の自覚と組織化を講演、婦人参政権獲得を掲げて*重井《しげい》しげ子・田尻とともに岡山県下を「婦人部巡回講演」した。「農村婦人と家族制度」(『未来』三、一九二六年)では農村女性の無権利を告発。のちに助産婦として武雄の没後も生計をたてた。

参考文献　鈴木裕子「たたかう岡山県の女性群像〈覚書〉」(『高梁川』三九、一九八二)。「農民運動とともに―山上喜美恵―」(岡山女性史研究会編『近代岡山の女たち』一九八七、三省堂)。 (岸 伸子)

やまかわきくえ　山川菊栄　一八九〇―一九八〇　大正・昭和時代の女性運動家、評論家。一八九〇年(明治二十三)十一月三日、東京麴町《こうじまち》で森田竜之助《もりたりゅうのすけ》・千世《ちせ》の次女に生まれる。父は千葉県立食肉製造所主事、のち陸軍技師。母

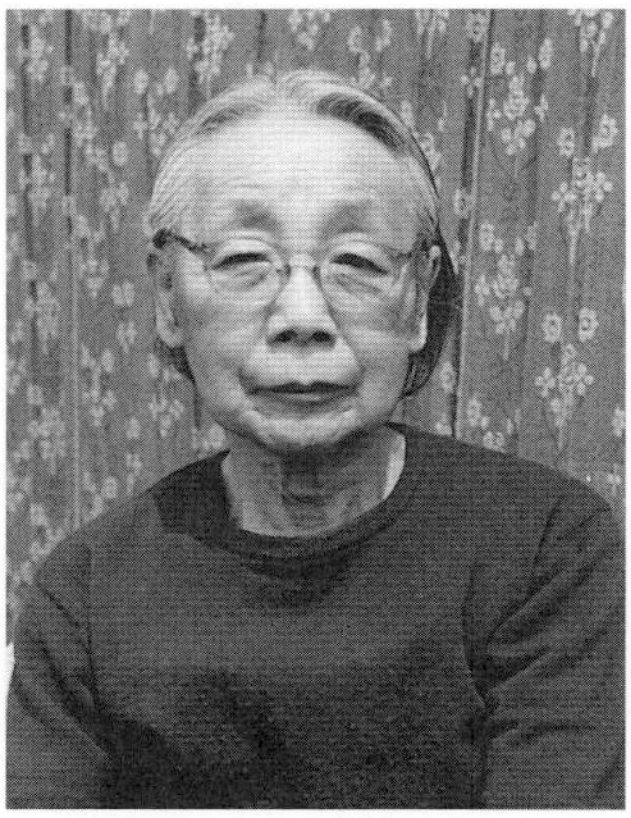

山川菊栄

方の青山家は代々水戸藩士で儒学者。千世は東京女子師範学校(現*お茶の水女子大学)の第一回卒業生である。番《ばん》町《ちょう》小学校、東京府立第二高等女学校(現東京都立竹早《たけはや》高等学校)、国語伝習所を経て、一九一二年女子英学塾(現*津田塾大学)を卒業。一九〇六年祖父青山延寿《えんじゅ》の死去に伴い青山家を継ぎ、戸主となる。国語伝習所通学のかたわら、「閨秀《けいしゅう》文学会」に参加。*平塚らいてう主宰の回覧雑誌に家が競売にあった様子を発表した。女子英学塾在学中に女性解放を志し、卒業後は雑誌『近代思想』や『新社会』、海外から取り寄せた文献などから自由主義や社会主義を学んだ。一九一六年(大正五)*伊藤野枝《いとうのえ》の*廃娼《はいしょう》運動批判に対する論評が『*青鞜《せいとう》』に掲載される。同年「平民講演会」で出会った社会主義者山川均《ひとし》と結婚、東京大森に住む。翌年、結核を患いながらも長男振作《しんさく》を出産する。一九一八年には*与謝野晶子《よさのあきこ》と平塚らいてうの*母性保護論争に加わり、鋭い論点整理と文章力で評論家としての地歩を固める。一九二一年社会主義女性団体「*赤瀾会《せきらんかい》」を結成するが、発展はしなかった。関東大震災で被災し、*東京連合婦人会に参加して救援活動に協力。均はたびたび逮捕、投獄、禁固に処せられ、経済的にも困難な中、雑誌『社会主義研究』や『前衛《ぜんえい》』を共同で刊行した。共著も多い。語学力を活かしてベーベルの『*婦人論』をはじめ外国の文献を多数翻訳紹介している。また、著作の一部は中国語にも翻訳されている。この間、兵庫県垂水《たるみ》(神戸市)、のち御影《みかげ》(神戸市)に転居。一九二五年『婦人問題と婦人運動』で社会主義女性論を確立。労働組合や無産政党に対しても女性問題について積極的に発言し、「婦人部論争」に影響を与えた。昭和時代は『*婦人公論』『読売新聞』などでの評論活動が中心となる。神戸から鎌倉へ転居の後、一九三六年(昭和十一)より、疎開《そかい》の一時期を除き、神奈川県村岡《むらおか》村(藤沢市)に永住する。均が人民戦線事件の起訴で不在中「湘南《しょうなん》うずら園」の経営や野菜づくりに励む。『女性五十講』が発禁処分になり、『武家の女性』『わが住む村』が収入源となった。一九四七年*神近市子《かみちかいちこ》らと「民主婦人連盟」結成。日本社会党に入党する。同年九月から一九五一年六月まで新設の*労働省婦人少年局長を勤め、女性労働行政の確立に尽くした。退官後は『婦人のこえ』「*婦人問題懇話会《こんわかい》」などで社会党員として活動した。一九五八年均死去。翌年、中華人民共和国の招きにより訪中。『*女二代の記』『覚書幕末の水戸藩』など歴史書の執筆にも力をいれた。一九八〇年十一月二日死去。八十九歳。収集資料は「山川菊栄文庫」として神奈川県立かながわ女性センターに収蔵されている。著作集として、『山川菊栄集』全十巻・別巻一巻(田中寿美子・山川振作編、一九八一―八二年、岩波書店)、『山川菊栄女性解放論集』全三巻(鈴木裕子編、一九八四年、岩波書店)、『山川菊栄評論集』(鈴木裕子編、岩波文庫、一九九〇年、岩波書店)がある。

参考文献　外崎光広・岡部雅子編『山川菊栄の航跡―「私の運動史」と著作目録―』、一九七九、ドメス出版。「歴史評論」編集部編『近代日本女性史への証言―山川菊栄・市川房枝・丸岡秀子・帯刀貞代―』、一九七九、ドメス出版。菅谷直子『不屈の女性―山川菊栄の後半生―』、一九八八、海燕書房。山川菊栄生誕百年を記念する会編『現代フェミニズムと山川菊栄―連続講座「山川菊栄と現代」の記録―』、一九九〇、大和書房。 (奥田 和美)

やまかわきくえしょう 山川菊栄賞 正式名称は「山川菊栄記念婦人問題研究奨励金」という。戦前戦後を通し女性問題解決のために貢献した山川菊栄の*業績を記念するため没後の一九八一年(昭和五十六)、*田中寿美子《たなかすみこ》・石井雪枝《いしいゆきえ》・菅谷直子《すがやなおこ》の発起で山川菊栄記念会が設立された。主な事業として女性問題の研究・調査などに実績をあげた個人・グループに研究奨励金を贈呈。一九八一年度から毎年、奨励金を贈呈している(ただし一九九〇年(平成二)度は該当者なし)。また山川生誕百年・百十年を記念する事業を一九九〇年・二〇〇〇年に実施した。

参考文献 山川菊栄生誕百年を記念する会編『現代フェミニズムと山川菊栄』、一九九〇、大和書房。山川菊栄記念会編『たたかう女性学へ―山川菊栄賞の歩み一九八一―二〇〇〇―』、二〇〇〇、インパクト出版会。

(鈴木 裕子)

やまかわとみこ 山川登美子 一八七九―一九〇九 明治時代の歌人。福井県小浜町に生まれる。一八九七年(明治三十)、梅花《ばいか》女学校卒業。一九〇〇年、与謝野鉄幹《よさのてっかん》の新詩社《しんししゃ》に入り『明星《みょうじょう》』に短歌を寄稿。白百合《しらゆり》の雅号《がごう》で白萩《しらはぎ》の*与謝野晶子《あきこ》と並び称されたが、結婚および夫の結核発病によって帰郷。夫の死後、*日本女子大に入学し『明星』にも復帰。翌年明星派女性歌人の記念碑的合著《ごうちょ》『恋衣《こいごろも》』を晶子・増田《ますだ》(茅野《ちの》)雅子《まさこ》の三人で刊行。登美子は百三十一首を載せた。「筆あらひ硯《すずり》きよめる星の子のくだりきますと人へ書くふみ」など清新かつ静謐《せいひつ》なその作風は晶子とは異なる個性を見せている。一九〇九年、肺結核により二十九歳で死去。作品は『山川登美子全集』全二巻(一九九四年、文泉堂出版)に収められている。

山川登美子

参考文献 遠藤祐編「年譜」(野田宇太郎編『与謝野鉄幹・与謝野晶子集―付明星派文学集―』一九六六、筑摩書房)。竹西寛子『山川登美子』(講談社学芸文庫)、一九九二、講談社。

(関 礼子)

やまきおおかた 山木大方 ?―一五八六 戦国大名で小田原を本拠とした北条氏綱《ほうじょううじつな》の娘。氏康《うじやす》の妹。名は崎姫《さきひめ》と伝えるものもある。遠江見付《とおとうみみつけ》(静岡県磐田《いわた》市)堀越六郎《ほりこしろくろう》の妻。天文《てんぶん》十三年(一五四四)以降に堀越氏が没落した後、夫妻は北条氏を頼った。伊豆山木郷(同伊豆の国市)等を堪忍料《かんにんりょう》として与えられ、同地に居住、六郎死後は山木大方と称された。印文「軍勝」の朱印を使用。晩年は小田原谷津《やつ》に居住したらしい。天正十四年(一五八六)八月十二日に死去。法名は高源院殿長流泉香大姉《こうげんいんでんちょうりゅうせんこうだいし》。

参考文献 荻野三七彦編『吉良氏の研究』(関東武士研究叢書)、一九七五、名著出版。黒田基樹『戦国大名領国の支配構造』、一九九七、岩田書院。

(黒田 基樹)

やまぐちこしず 山口小静 一九〇〇―二三 大正時代の社会運動家。台湾に誕生。父は台湾神社の宮司《ぐうじ》となる皇室崇拝《すうはい》主義者。東京女子高等師範学校在学中の一九二〇年(大正九)*山川菊栄《やまかわきくえ》を知り、水曜会に参加。ハンガリーの労農革命など社会主義の研究を深めた。翌年、病気で女高師を中退し、療養のため台湾に戻る。台湾の文化協会の連温卿《れんおんきょう》らとエスペラント研究会を組織、一九二二年夏、同志を動かしてロシア飢饉《ききん》救済運動を全島に起こす。再度の東京行きを夢みたが、台北《タイペイ》で病没。遺著にパンフレット『匈牙利《ハンガリー》の労農革命』(一九二三年、水曜会出版部)がある。

参考文献 田中寿美子・山川振作編『山川菊栄集』八、一九八二、岩波書店。大島義夫・宮本正男『反体制エスペラント運動史(新版)』、一九八七、三省堂。

(鈴木 裕子)

やまざきたけ 山崎竹 ⇩自由民権運動《じゆうみんけんうんどう》と女性《じょせい》

やまざきりゅうじょ 山崎竜女 生没年不詳 江戸時代中期の浮世絵師。お竜・女竜ともいう。同心山崎文右衛門《ぶんえもん》の娘。幼少から才能を示し、菱川師宣《ひしかわもろのぶ》や英一蝶《はなぶさいっちょう》の影響を受けた。*遊女や若衆《わかしゅう》を描いた肉筆画が多いが、*在原業平《ありわらのなりひら》を釈迦《しゃか》に見立てた「業平涅槃図《ねはんず》」は、多数の女性が業平の死を悲しむ図で、山東京伝《さんとうきょうでん》(一七六一―一八一六)に絶賛された。柔らかな線と色彩に特長がある。

参考文献 『江戸の閨秀画家』(特別展図録)、一九九一、板橋区立美術館。パトリシア゠フィスター『近世の女性画家たち―美術とジェンダー―』、一九九四、思文閣。

(浅野美和子)

やましたりん 山下りん 一八五七―一九三九 明治・大正時代のイコン画家。洗礼名イリーナ。茨城県笠間生まれ。明治五年(一八七二)画家を志して*家出し上京、連れもどされるも翌年に再上京し、歌川国周《うたがわくにちか》・中丸精十郎《なかまるせいじゅうろう》らに師事。一八七七年工部美術学校入学(第一期生)、イタリア人フォンタネージに学ぶ。在学中にハリストス正教に入信し、神父の推薦で一八八〇年ロシア留学。一八八三年の帰国後は三十年にわたり聖画を書き続けた。東京の救世主復活大聖堂の内部絵画は関東大震災で焼失したが、北海道等に作品が残る。

参考文献 川又一英『われら生涯の決意―大主教ニコライと山下りん―』、一九八一、新潮社。大下智一『山下りん―明治を生きたイコン画家―』(ミュージアム新書)、二〇〇四、北海道新聞社。

(内藤 寿子)

やましなけらいき 山科家礼記 山科家の家司《けいし》大沢久守《おおさわひさもり》・重胤《しげたね》らの日記。応永十九年(一四一二)記は記者不明で、大沢久守記は長禄《ちょうろく》元年(一四五七)―明応《めいおう》元年(一四九二)で途中欠けている年次があり、重胤記は応仁二年(一四六八)・文明二年(一四七〇)・同三年である。原本の大部分は宮内庁書陵部《しょりょうぶ》に所蔵され、一部が国立歴史民俗博物館所蔵『田中穣氏旧蔵典籍古文書』にある。公家の山科家は内蔵頭《くらのかみ》を世襲して天皇の御服調進《ごふくちょうしん》を家職とし、家領山《やま》城国山科東荘《しろのくにやましなひがしのしょう》等と内蔵寮領を領有した。大沢久守は内蔵寮目代《もくだい》も兼ね、山科東荘代官職・内蔵寮領御倉町《みくらちょう》、供御《くご》人《にん》・商人公事銭《くじせん》等を給分として知行した。久守記は山科家の家政、山科東荘民、朝廷・幕府の動向などに詳しく、特に応仁の乱における山科七郷民《しちごうみん》の参戦、七郷の自治組織に関する記事は貴重である。また久守の妹あや、子の重致《しげむね》・阿茶々《あちゃちゃ》、男女の孫たちに関する記事もみえる。『山科家礼記』(史料纂集)に翻刻。

参考文献 飯倉晴武『日本中世の政治と史料』、二〇〇三、吉川弘文館。永原慶二『室町戦国の社会』(歴史文化セレクション)、二〇〇六、吉川弘文館。菅原正子『中世の武家と公家の「家」』、二〇〇七、吉川弘文館。

(菅原　正子)

やましろともえ　山代巴　⇩荷車《にぐるま》の歌《うた》

やまだいくこ　山田郁子　⇩瀬沼夏葉《せぬまかよう》

やまだうたこ　山田歌子　一八一〇―六〇　江戸時代後期の歌人。山城国《やましろ》淀《よど》(京都市伏見区)の吉田氏の娘。近衛《このえ》家に仕えたのち、薩摩《さつま》藩士山田清安《きよやす》の後妻となる。清安は香川景樹《かがわかげき》門下の歌人であったが、藩の内紛に敗れ、嘉《か》永《えい》二年(一八四九)自刃を命じられた。歌子は「ことわりを知らぬ涙の雨なればわが身にはるる時なかりけり」と詠み、生家に帰ろうとしたが許されず、種子島に流された。この時四十一歳。種子島家の大夫人*松寿院《しょうじゅいん》は歌子を憐れみ、家臣柳田休助《やなぎだきゅうすけ》を養子にとらせ、休助の姉まつに歌子の世話をさせた。

参考文献 森敬三『近世女流歌人の研究』、一九三五、素人社書屋。

(浅野美和子)

やまだおとわこ　山田音羽子　一七九五―一八七七　江戸時代後期の歌人、画家。出羽《でわ》国山形藩士岡谷《おかや》五左衛門の娘。母は喜津《きつ》。名はとわ。同藩士山田喜太夫《きだいふ》の妻となり八人の子女に恵まれる。*和歌・狂歌・絵画を能《よ》くする。弘化二年(一八四五)、秋元《あきもと》家は上野《こうずけ》国館林《たてばやし》(群馬県館林市)へ八十年ぶりの国替となる。引越しの準備や城の明け渡しなどで城下は大騒ぎとなる。先祖の墓参、送別の宴、家の清めなどを済ませ町屋への仮住いのあと出発、十一日間の旅が始まる。五十二歳の音羽子は、通過した羽州《うしゅう》街道・奥州街道の風景ばかりでなく、旅先で出会った茶屋女や*遊女たちの髪型・衣類・立ち居振舞いにも興味を抱き、細かな観察で描く。随所に狂歌を交え、六十余枚の墨絵を含む「道中記」は鋭い観察と好奇心に満ちあふれたユーモラスな文章で綴《つづ》られ、江戸時代女性の秀逸《しゅういつ》な旅日記である。晩年、音羽子は絵に親しみ軸物の人物画などを描き、八十三歳で世を去るまで絵筆を離さなかったという。

参考文献 佃與次郎編著『山田音羽子お国替絵巻(複製)』、一九九〇、音羽会。

(柴　桂子)

やまだかきち　山田嘉吉　一八六五―一九三四　明治から昭和時代にかけての教育者。語学塾経営。海外の女性論や運動団体の紹介を通じて大正期の女性解放思想形成に影響を与えた。慶応元年(一八六五)十二月十日神奈川県相模伊勢原町生まれ。十九歳のころ米国へ移民し独学で英・独・スペイン語など習得。サンフランシスコで語学塾を経営している時、浅葉わか(のち*山田わか)と結婚。一九〇六年(明治三十九)帰国し東京の四谷区で語学塾を経営しながらこれからの社会問題は*婦人問題であると考えて妻わかを世に出すことをめざし、*エレン＝ケイ・レスター＝ウォード・エマ＝ゴルドマンなどの原著の講読会を行なった。*平塚らいてう・*伊藤野枝《いとうのえ》・*市川房枝《いちかわふさえ》・*岩野清子《いわのきよこ》らがここで海外の女性論を学んだ。一九一六年(大正五)に雑誌『女王』に掲載した「母性保護同盟に就いて」はドイツの女性運動を紹介したもので、いわゆる*母性保護論争の発端となった。社会学者として一九二一年には専修大学で講義も行い、妻のわかに母性保護こそ使命と言い残して一九三四年(昭和九)七月二十一日死去。著書に『社会学概論』がある。

参考文献 五味百合子「山田わか」(同編『社会事業に生きた女たち』一九七三、ドメス出版)。石崎昇子「山田嘉吉」(らいてう研究会編『『青鞜』人物事典』二〇〇一、大修館書店)。

(石崎　昇子)

やまたかしげり　山高しげり　一八九九―一九七七　大正・昭和時代の女性運動家、母子福祉の先覚《せんかく》者。一八九九年(明治三十二)一月五日、三重県津市に山高幾之丞《いくのじょう》・とみの次女に生まれる。一九一八年(大正七)東京女子高等師範学校中退、翌年金子従次と結婚。一九二〇年長男出産、同年国民新聞社記者となり、その後主婦之友社に移る。一九二三年*東京連合婦人会結成に参加、翌年婦人参政権獲得期成同盟会(*婦選獲得同盟と改称)の創立に参加。*東京婦人市政浄化連盟を結成し、塵芥《じんかい》処理問題、中央卸売市場《おろしうりいちば》問題に取り組み、三五年東京市初の女性嘱託《しょくたく》となるなど婦選獲得同盟の自治体行政への関与、方向転換に影響を及ぼす。一九三三年(昭和八)離婚。三四年母性保護法制定促進《そくしん》婦人連盟(母性保護連盟と改称、委員長*山田わか)の結成に参加、母子保護法の成立に尽力した。一九三九年国民精神総動員令による厚生省軍事援護部出征遺家族中央指導員となり、一九四二年*大日本婦人会理事、翌年大日本言論報国会会員として各地で講演するなど戦時体制の中で女性の動員を促す役割を担った。敗戦

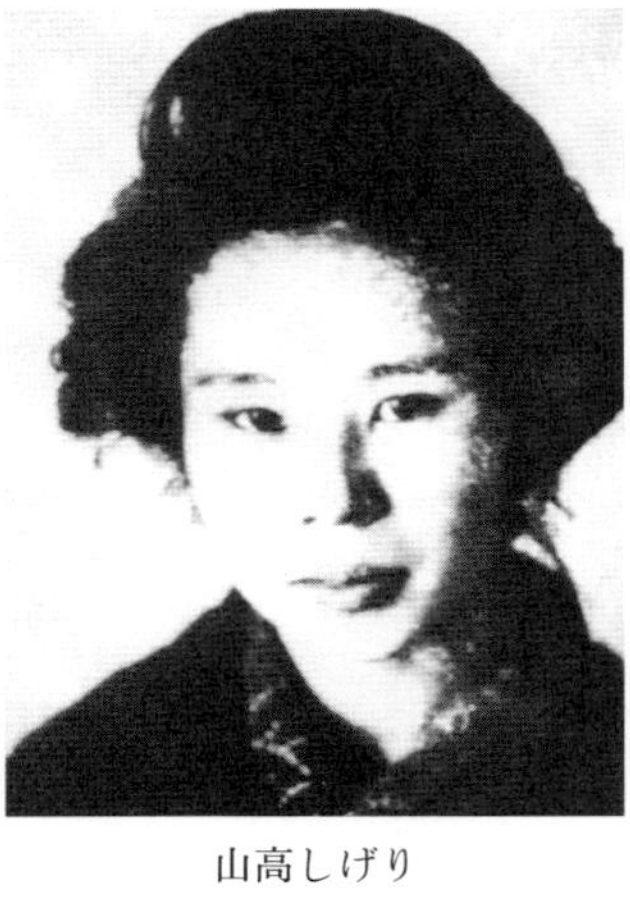

山高しげり

後の一九四五年十一月*市川房枝《いちかわふさえ》、*河崎《かわさき》なつらと新日本婦人同盟(婦人有権者同盟と改称)を組織してただちに女性参政権運動を展開した。*未亡人問題に取り組み、一九五〇年*全国未亡人団体協議会を設立し、事務局長を務める。五二年*全国地域婦人団体連絡協議会(地婦連)を組織、初代会長となる。五五年第一回原水爆禁止世界大会に参加、その後も原水禁運動の統一を訴えるなどの平和運動につとめた。一九六二年地婦連をバックに参議院選挙全国区に出馬、繰り上げ当選し、七一年まで参議院議員として、母子福祉法の成立、寡婦《かふ》福祉貸付制度の実現などに尽力。地域からの草の根の女性運動を重視、*消費者運動、原水禁運動、売春問題など幅広く取り組んだ。七七年十一月一三日に七十八歳で死去するまで、母子福祉を願い、平和を希求《ききゅう》した。著書に『婦人問題の知識』(一九三四年、万有知識文庫)、『母子福祉四十年』(一九七七年、翔文社)、『わが幸はわが手で』(一九八二年、ドメス出版)などがある。

参考文献 山高東編『溶岩流―若き日の山高しげり―』一九八三、ドメス出版。『全地婦連30年のあゆみ』、一九八六、全国地域婦人団体連絡協議会。

(石月 静恵)

やまだのひめしま 山田女島 生没年不詳 *孝謙《こうけん》天皇の*乳母《めのと》。女島は日女嶋・姫嶋・比売嶋とも書き、山田御母《やまだのみおも》とも呼ばれる。天平勝宝《てんぴょうしょうほう》元年(七四九)七月、孝謙即位の翌日、孝謙の乳母として阿倍朝臣石井《あべのあそんいわい》・竹首乙女《たけのおびとおとめ》とともに従《じゅ》五位下に昇叙《しょうじょ》された。天平勝宝七年正月、同族七人とともに山田御井宿禰《みいのすくね》の氏姓を賜わった。「御井」の二字が加えられたのは乳母の役割を評価されたことによるのであろう。天皇の乳母たちは、「御母」と呼ばれ、貴族の末席に連なり、本人だけでなく、その一族の地位をも向上させたのである。『*万葉集』二〇には、天平勝宝六年三月「左大臣橘卿(諸兄)、山田御母の宅に宴せる歌一首」として、大伴家持《おおとものやかもち》が詠んだ歌が残っており(四三〇四)、橘諸兄《たちばなのもろえ》らと親交があったことがうかがえる。天平宝字《てんぴょうほうじ》元年(七五七)八月すでに故人であったが、橘奈良麻呂《たちばなのならまろ》の謀反《むほん》をききながら、隠蔽《いんぺい》して奏《そう》しなかったことを責められ、御母の名を除き、宿禰の姓を奪われ、旧姓の山田《やまだの》史《ふひと》にもどされた。

参考文献 野村忠夫『後宮と女官』(教育社歴史新書)、一九七八、教育社。

(佐藤 直子)

やまだめ 山田女 生没年不詳 九世紀初頭の佃請負《つくだうけおい》経営者。一九八三年(昭和五十八)藤原宮跡発掘で、井戸の中から見つかった初期荘園「宮所庄《みやどころのしょう》」の弘仁元年(八一〇)十月から翌年二月にかけての決算報告書と目される*木簡《もっかん》に載る女性。宮所庄の庄田《しょうでん》三町六反余の内、山田女は二町六反分の直営地全般の稲を収納している記載があり、佃経営を行なっている。佃とは領主直営地であるから、本来の治田主《ちでんしゅ》であり、庄官に準ずる役割を持った富豪女性だったことがうかがわれる。佃は何人かの男性に割り当て耕作させ、*出挙《すいこ》も出している。木簡には、ほかにも、運搬労働をし夫とは別に独自に出挙を受給する妻、女性の舂米《しょうまい》労働、男女労働に対する雇役料、租《そ》の納入、庄内の神社や祭祀《さいし》など、当該期の男女の農業労働分担や共同体社会を窺知《きち》できる貴重な史料である。平安時代初期には、女性も「力田《りきでん》の輩《ともがら》」として把握されており、夫とは別に独自財を持ち、請負経営も行うような富豪女性が多くいたことが確認される。

参考文献 服藤早苗『家成立史の研究―祖先祭祀・女・子ども―』(歴史科学叢書)、一九九一、校倉書房。義江明子「古代の村の生活と女性」(『日本古代女性史論』二〇〇七、吉川弘文館)。

(服藤 早苗)

やまだわか 山田わか 一八七九―一九五七 大正・昭和時代の婦人問題評論家、運動家。一八七九年(明治十二)十二月一日神奈川県三浦郡《みうらぐん》の農家に生まれる。小学校卒業後、十七歳で結婚。実家の困窮《こんきゅう》を救うため離婚してシアトルに渡り娼館《しょうかん》での生活を経験した。数年後娼館を出奔《しゅっぽん》、サンフランシスコのキャメロン経営の*セツルメントに暮らしキリスト教を信仰、語学塾教師*山田嘉吉《かきち》と一九〇五年に結婚した。翌一九〇六年のサンフランシスコ大地震にあい、半ば強制送還の形で帰国、東京四谷区(新宿区)に居を定め、嘉吉の語学塾を手伝いながら勉学を始めた。一九一三年(大正二)秋に『*青鞜《せいとう》』に参加、同誌に*エレン＝ケイ著『児童の世紀』の翻訳などを掲載、また同誌上の*堕胎《だたい》論争ではキリスト教の立場から堕胎はもちろん避妊《ひにん》にも反対する論を展開して終生その主張を通した。一九一八年の*母性保護論争にも参加、母の労働を呪詛《じゅそ》したケイの思想に立脚し欧米で議論されていた産期保険や母子年金制、家族賃金制などを紹介した。わかの主張は女性労働を否定し*家庭の*性別分業を固定するものだが欧米の当時の動向であった母性保障と児童福祉を紹介した功績はある。一九二〇年から個人雑誌『婦人と新社会』を発刊。一九三一年(昭和六)から『東京朝日新聞』女性相談欄を担当し、三二年三月三十日には*強姦《ごうかん》による妊娠にも堕胎反対を回答したが、これはかえって堕胎の合法化をめざす堕胎法改正期成連盟の結成を促した。一九三四年九月に結成された母性保護法制定促進婦人連盟(のち母性保護連盟)の委員長に選任され、一九三七年公布の*母子保護法の成立に力を尽くした。一九三八年国民精神総動員中央連盟の非常時国民生活様式改善委員となり、母子保護の実践として一九三九年から渋谷区に母子ホームを経営した。一九四一年ドイツ・イタリアを訪問した。戦後は生活困難な女性のための幡ヶ谷《はたがや》女子学園を養子家族の経営にまかせ、『*主婦の友』誌上で*身の上相談にあたって読者に親しまれながら一九五七年九月六日死去。著書は『女・人・母』(一九一九年、森江書店)、『恋愛の社会的意義』(一九二〇年、東洋出版社、『女性のみた近代』一、二〇〇〇年、ゆまに書房に所収)等多数。

参考文献 五味百合子「山田わか」(同編『社会事業に生きた女たち』一九七三、ドメス出版)。山崎朋子『あめゆきさんの歌—山田わかの数奇なる生涯—』(文春文庫)、一九六二、文芸春秋。石崎昇子「山田わか」(らいてう研究会編『『青鞜』人物事典』二〇〇一、大修館書店)。

(石崎　昇子)

やまとととひももそひめのみこと　倭迹迹日百襲姫命《やまとととももそひめのみこと》　*箸墓《はし》古墳に葬られた女性。倭迹迹姫命・夜麻登登母母曾毘売命《めのみこと》ともいう。孝霊《こうれい》天皇の娘で崇神《すじん》天皇のおば。大物主《おおものぬしの》神《かみ》の妻となったが、小蛇の姿の神をみて驚き、「陰《ほと》」(性器)を箸で突いて死んでしまう。彼女のために巨大な墓が作られたという(『日本書紀』崇神天皇十年九月条)。大物主の神託《しんたく》をうけ(同七年二月条・八月条)、武埴安彦《たけはにやすひこ》の謀反《むほん》を予知する(同十年九月条)など、偉大な*巫女《みこ》的女性として描かれている。神の通いを受けたヒメが子神を生んで一族の繁栄をもたらす*神婚《しんこん》伝承の一般的パターンとは異なる「巫女の死」を、王権神話の形成過程にどう位置づけるかは解釈が分かれる。三輪《みわ》山麓の箸墓古墳が大和王権成立初期の巨大古墳であることを重視すれば、単なる巫女ではなく始祖的女王とみる余地もあろう。近年の大型前方後円墳出現時期の年代的見直しによって、箸墓を*卑弥呼《ひみこ》の墓とする古くからの説があらためて注目を集めている。

倭迹迹日百襲姫命　箸墓古墳

参考文献　笠井新也「卑弥呼の冢墓と箸墓」(『考古学雑誌』三二ノ七)、一九四二。白石太一郎『古墳とヤマト政権』(文春新書)、一九九九、文芸春秋。義江明子『つくられた卑弥呼』(ちくま新書)、二〇〇五、筑摩書房。同「神話・系譜と歴史」(上原真人他編『列島の古代史—ひと・もの・こと—』六、二〇〇六、岩波書店)。

(義江　明子)

やまとのしんし　大和真子　平安時代十世紀前半に宮廷に奉仕した*采女《うねめ》。天慶《てんぎょう》九年(九四六)、四十四年間勤め、八十歳になるに及び、同姓の姪大和安子《めいやまとのあんし》が采女輩出の譜《ふ》第《だい》であり、もっとも采女職に適しているとして、安子に采女職を譲与《じょうよ》することを願い出て認められた。古く、地方有力者から貢進《こうしん》された采女は令制下でも*後宮を支える下級宮人《きゅうじん》として活躍したが、時下り寛平《かんぴょう》九年(八九七)に国別の定員が定められてからは采女の貢進は国を単位とするものへ変化し、その数も奈良時代に比べて激減した。采女の任期は原則終身制であるが、病・老による辞職の際に、真子のように采女自身が後任者を選任する現象は采女の宮廷での存在の希薄《きはく》化《か》に伴ったものと考えられる。同姓の血縁女子へ采女職を譲ることを願い出る例はこの大和真子だけではない。正暦《しょうりゃく》元年(九九〇)には丹後《たんご》国采女丹波直勝子《たんばのあたいかつこ》から同姓の姪徳子《とくこ》への采女職辞譲《じじょう》が丹後国司から上申《じょうしん》されているが、その解文《げぶみ》には他の二例が示された上で、「譜第之業」である采女職を徳子を以て替え補することが記されている。采女丹波直勝子は当時三十五年の勤めを果たして従五位下にまで昇った采女である。長い歴史を有する采女たちが「譜第之業」としての采女職を同姓の血縁女子に譲ることは、藤原氏による*摂関政《せっかんせい》治《じ》の時代、多数の貴族出身の*女官が働く後宮にあって、もはや形骸《けいがい》化した「貢進制」に依存しない、采女たちの自衛手段であったといえよう。

参考文献　門脇禎二『采女—献上された豪族の娘たち—』(中公新書)、一九六五、中央公論社。磯貝正義『郡司及び采女制度の研究』、一九七八、吉川弘文館。

(文珠　正子)

やまとひめのおおきみ　倭姫王《やまとのおおきさき》　生没年不詳　天智《てんち》天皇の*皇后。万葉歌人。倭大后ともいう。古人大兄皇子《ふるひとのおおえのみこ》の女《むすめ》。母は不詳。古人大兄皇子は舒明《じょめい》天皇の子で天智の異母兄。大化元年(六四五)、謀反《むほん》の疑いにより中大兄皇子《なかのおおえ》(天智)に殺された。天智天皇七年(六六八)二月、天智の即位に伴い皇后となる。天智との間に子はないが、天智の妻の中で唯一王族出身であるため大后とされたと考えられる。天智天皇十年十月、大海人皇子《おおあまのみこ》は死期の迫った天智に譲位《じょうい》の意思を示された際、病と称して固辞《こじ》、大后倭姫王の即位と大友《おおとも》皇子の立太子または輔政《ほせい》を薦《すす》めたという。そのためかつて倭姫即位説や称制《しょうせい》説が唱えられたが、史料的裏付けはない。しかし、当時大后が政治的に重要視されたであろうことは認められる。壬申《じんしん》の乱後の消息は不明だが、『*万葉集』には天智危篤《きとく》の際の作歌二首、挽歌《ばんか》二首が採録されている。しかしその死や埋葬、墓についての記録が皆無であることは、この段階の大后としてはきわめて異例である。

参考文献　西野悠紀子「母后と皇后—九世紀を中心に—」(前近代女性史研究会編『家・社会・女性—古代から中世へ—』一九九七、吉川弘文館)。義江明子「古代女帝論の過去と現在」(網野善彦他編『(岩波講座)天皇と王権を考える』七、二〇〇二、岩波書店)。

(藤堂かほる)

やまとひめのみこと　倭姫命《やまとひめのみこと》　垂仁《すいにん》天皇の皇女と伝えられる女性。垂仁天皇の時、大和国《やまとのくに》の笠縫邑《かさぬいのむら》で*豊鍬入姫《とよすきいりひめ》が*天照大神《あまてらすおおみかみ》をまつっていたのを引き継ぎ、近江《おうみ》・美濃《みの》などを巡行《じゅんこう》した後、天照大神の託宣《たくせん》に従って伊勢《いせ》の五十鈴川《いすずがわ》の川上に鎮座《ちんざ》させたと伝えられる。『日本書紀《にほんしょき》』の一云は、倭姫命を天照大神の御杖代《みつえしろ》と表現している。つまり、伝承上、*伊勢神宮《いせじんぐう》を創始し、皇女が天照大神に奉仕する初代の*斎宮《さいぐう》となった女性である。『*古事記《こじき》』『日本書紀』によると、この後も伊勢に滞在したとされ、景行《けいこう》天皇の時、蝦夷《えみし》征伐《せいばつ》に赴《おもむ》く途中で伊勢神宮を参拝した倭健命《やまとたける》（日本武尊）に草薙剣《くさなぎのつるぎ》を与えている。一方、神宮側の伝承にもとづく『＊皇太神宮儀式帳《こうたいじんぐうぎしきちょう》』によると、天照大神を川上に鎮座させると、伊勢の豪族である荒木田《あらきだ》氏の祖先が大神に対する奉仕を行うよう定め、朝廷《ちょうてい》に帰ってしまったという。この異伝は、神宮祭祀における斎宮の役割が新しく、表面的に過ぎなかったことを物語っている。

参考文献　岡田精司「伊勢神宮の成立をめぐる問題点」（『古代祭祀の史的研究』一九九二、塙書房）。

（大関　邦男）

やまとものがたり　大和物語　平安時代の歌物語。作者・成立年代ともに未詳。十世紀中ごろに原形が成立し、十一世紀初頭のころに増補がなされたか。貴族社会に行われた「歌語《うたがた》り」（歌にまつわる談話）を記録・集成したもので、＊女房《にょうぼう》らの交流圏が成立基盤になったと考えられる。

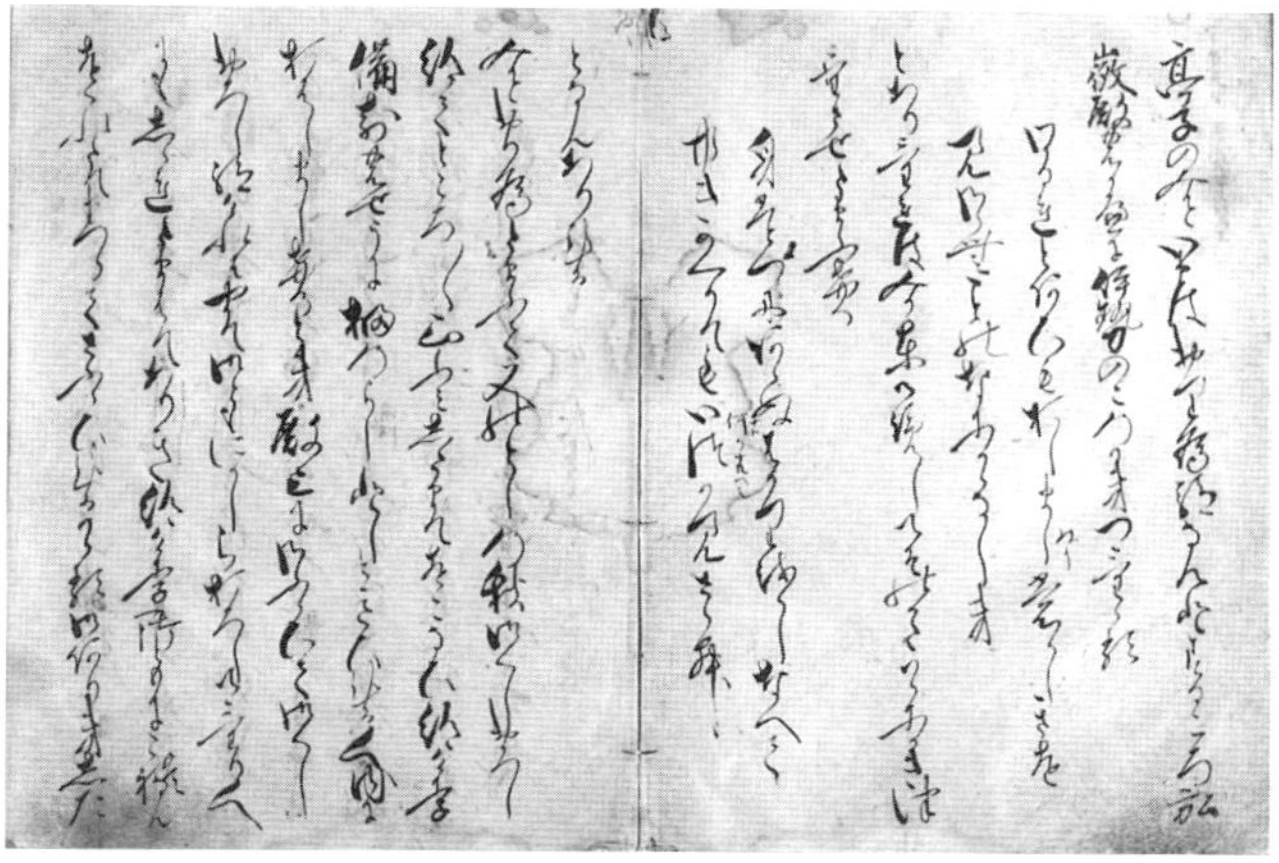
『大和物語』久曾神昇蔵本

＊和歌をめぐる小編の連鎖から成り、各話は登場人物などの共通性により連想的に繋がる。通常百七十三の章段に分けるのは、後世の区分によるものである。前半は、宇《う》多《だ》天皇周辺の社交集団に関わりのある人々の詠歌と逸話《いつわ》を中心とする。各話の形式は、近い過去や同時代の人物、帝《みかど》・妃《きさき》・皇子女・貴族や女房などの実名を挙げ、主に恋歌を題材としてその背景を語るというもの。内容は、夫婦・恋人の別離に伴う哀話《あいわ》、女房の才気を伝える歌の贈答などが多いが、中には、継父娘・異母兄妹の＊婚姻、「うなゐ」（成人前の少女）を相手とする恋愛、貴族の娘と祈禱《きとう》の験者《げんじゃ》を務める僧侶との＊密通など、醜聞《しゅうぶん》に類するような話もみられる。色好みとして知られた平中《へいちゅう》（平貞文《たいらのさだぶみ》）に関する伝承としては、妻の家に置いた愛人が追い出されるのを制止できなかった話、市《いち》で見初《みそ》めた女房と契るが成り行きで尼にしてしまう話などがある。このほか、歌に関連して、男女間での扇の贈答を忌《い》む、三途《さんず》の川を男に負われて渡る、七夕星《たなばたぼし》に衣を貸すなど、当代に流通した俗信・風習も散見《さんけん》される。後半は、古くから伝わる歌説話や歌を伴う民間伝承の記録が中心となる。著名な＊遊女をめぐる話、＊在原業平《ありわらのなりひら》や遍照《へんじょう》の説話のほか、京近郊や地方を舞台に無名の男女を主人公とする古伝承が多数含まれる。主要な民間伝承として、二人の男から求婚された娘が投身する「生田川《いくたがわ》」、貴人の妻に出世した女が落魄《らくはく》した元の夫と再会する「蘆刈《あしかり》」、帝の寵を失った＊采《うね》女《め》が投身する「猿沢池《さるさわのいけ》」、仕え人に盗み出された貴族の娘が容貌《ようぼう》の衰えを恥じて死ぬ「安積山《あさかやま》」、妻の讒言《ざんげん》に惑わされた男が老《お》いた養母を山中に捨てようとする「姥捨《おばすて》」などがある。女房らの日常とともにあった「歌語り」の世界を今に伝える貴重な資料である。テキストに『新編日本古典文学全集』（小学館）などがある。

参考文献　阿部俊子『校本大和物語とその研究（増補版）』、一九七〇、三省堂。雨海博洋『歌語りと歌物語』、一九七六、桜楓社。

（佐藤　厚子）

やまなししがこ　山梨志賀子　一七三八―一八一四　江戸時代中期の歌人。駿河《するが》国庵原《いはら》（静岡市清水区）の商家山梨治重の娘。母は富《とみ》。父母ともに文学を好む。志賀子は佐助（海翁）を婿《むこ》に迎え家を継ぐ。漢学者稲川《とうせん》（東平《とうへい》）ら七人の子供に恵まれる。山梨家には画家司馬江漢《しばこうかん》ら多くの文人墨客《ぶんじんぼっかく》が訪れた。五十五歳のとき、四男東平とともに西国の旅に出て伊勢《いせ》・京都・奈良・吉野・金毘羅《こんぴら》・宮島などをめぐり、旅日記『春埜道久佐《はるのみちくさ》』を著わす。ほかに『山梨志賀子歌集』がある。『春埜道久佐』は『近世女人の旅日記集』（前田淑編、二〇〇一年、葦書房）に所収。

参考文献　前田淑「山梨志賀子と『春埜道久佐』」（『江戸時代女流文芸史―地方を中心に―』旅日記編、一九九八、笠間書院）。

（柴　桂子）

やまのあいこ　山野愛子　一九〇九―九五　昭和・平成時代の美容家、美容系企業・美容学校経営者。男に頼らずに生きていきたいという夢を実践し、美容学校を卒業後一九二五年（大正十四）に最初の美容院を開業。その後支店のチェーン展開を開始し、一九三四年（昭和九）には講習所（のちの山野美容専門学校）を開設。夫の治一は経営を担当するとともに国産パーマネント機の製造に成功し、美容関連業を中心とする複合企業体である山野グループの基礎を築いた。著書に『山野愛子―愛チャンはいつも本日誕生―』（二〇〇四年、日本図書センター）がある。

参考文献　広沢栄『黒髪と化粧の昭和史』、一九九三、岩波書店。

（島川　雅史）

やまのうえひ　山ノ上碑　群馬県高崎市にある石碑。国特別史跡。傍《かたわ》らの山上《やまうえ》古墳との関係が想定されるが、本

山ノ上碑拓本

来の設置箇所は不明。「佐野三家《さぬのみやけ》の管掌者健守命《たけもりのみこと》の子孫である黒売刀自《くろめのとじ》が、新川臣《にいかわのおみ》の子孫である大児臣《おおこのおみ》に娶《みあ》いて生む児長利僧《ちょうりのほうし》が、母の為に記した」として、長利の母方父方双方の*系譜と辛巳《しんし》歳(天武天皇十年(六八一))の年紀を記す。地方豪族社会における双方的系譜の実例、母方重視の*親族関係、女が男に「娶いて生む」形式などが注目される。

参考文献 篠川賢「山上碑を読む」(あたらしい古代史の会編『東国石文の古代史』一九九九、吉川弘文館)。義江明子「系譜に刻まれた父母」(『古代女性史への招待』二〇〇四、吉川弘文館)。

(義江 明子)

やまのうごくひきたる 山の動く日来る *与謝野晶子《よさのあきこ》作の、一九一一年(明治四十四)九月に創刊した『*青鞜《せいとう》』誌上に発表された、「そぞろごと」と題する十二篇の短詩の冒頭の詩。「山の動く日来る」に始まり「すべて眠りし女今ぞ目覚めて動くなる」で終るこの短詩は、同号に掲載された*平塚らいてうの「*元始女性は太陽であつた」の文章とともに、女性による女性たちの新しい出発を飾った。晶子の山のイメージは、特定できないが女性の内発性を意味し、普通には動くことのない、しかし「火山」の噴く「火」のように、女性たちが目覚めればその「山」さえ動くのだといった比喩《ひゆ》は、女性の解放を暗示している。すでに晶子は精神的にも経済的にも自立しており、多くの女性たちに、信じられないかもしれないが信じて進んでくださいという強いメッセージを込めている。この詩は*国際婦人年(一九七五年(昭和五十))国際会議に森《もり》山真弓《やままゆみ》によって世界に紹介され、以後、女性解放の象徴詩として広く普及している。

(香内 信子)

やまのうちさちこ 山内禎子 一八八五—一九六六 昭和時代前期の婦人運動家。*大日本婦人会会長。父は伏見《ふしみの》宮貞愛《みやさだなる》、夫は公爵《こうしゃく》山内豊景《とよかげ》。一時*愛国婦人会理事を務める。一九四二年(昭和十七)、愛国婦人会・*大日本国防婦人会・*大日本連合婦人会の三官製女性団体が合同し、新たに結成された大日本婦人会の会長に推《お》されて就任する。*薙刀《なぎなた》の名手としても知られる。敗戦後一九四七年公職追放となる。

参考文献 翼賛運動史刊行会編『翼賛国民運動史』(シリーズ平和への検証)、一九九八、ゆまに書房。

(広瀬 玲子)

やまのうちつねゆきのつま 山内経之の妻 生没年不詳 南北朝時代東国武士の妻。相模《さがみ》出身の武士と考えられる山内経之は南北朝時代に武蔵《むさし》国土渕郷《つちぶちごう》(東京都日野市)に所領を与えられていた。暦応《りゃくおう》元年(一三三八)常陸《ひたち》国小田《おだ》城を中心に南朝方の北畠親房《きたばたけちかふさ》が勢力を拡大すると、その追討のために足利方の武将高師冬《こうのもろふゆ》が派遣された。その軍事動員に応じて常陸国駒城《こまじょう》(駒館)の攻防戦に参陣した。この戦場から、故郷の妻と子に充てて大量の書状を書き送っており、その書状群が日野市高幡金剛寺《たかはたこんごうじ》の不動明王胎内文書《たいないもんじょ》として発見・調査された。おそらくこの合戦で討死した経之の供養のためにその妻が、康永《こうえい》元年(一三四二)に高幡地頭高麗助綱《こますけつな》によって修造されたこの仏像胎内に納入したものと考えられる。この点から山内経之の妻は、高麗氏の出身と思われる。この胎内文書の内容によって、夫不在の家を守る妻の働きが垣間《かいま》見られる。すなわち幼い子息を励まし、百姓の年貢対捍《たいかん》への対応などの所領の管理や周辺領主との紛争の処理などを行う。武士の軍事動員は自弁原則であったので、破損した武具の調達、死んだ馬の補充などの資金調達に奔走《ほんそう》する。逃亡帰郷した兵士の送り返しなど、夫の指示に従って妻の奮闘する姿が夫の書状によって復元できる。妻の所へ帰りたいという夫の心情も書き連ねられている。その挙句に夫は討死にしたのであるから、妻の悲嘆は察するに余りあるものがある。

参考文献 『日野市史史料集』高幡不動胎内文書編、一九九三。

(峰岸 純夫)

やまのうちみな 山内みな 一九〇〇—九〇 大正・昭和時代の紡績女工出身の女性労働運動家。一九〇〇年(明治三十三)十一月八日宮城県本吉郡《もとよしぐん》の農家に生まれる。小学校卒業後上京し十二歳で東京モスリン吾嬬《あづま》工場の*女工となる。一九一四年(大正三)の工場ストを機に労働組合友愛会《ゆうあいかい》に入り、一九一八年には婦人部代議員になる。一九一九年婦人部大会での演説が話題となり第一回ＩＬＯ会議代表団に選ばれるも、みずからが理事となっていた友愛会の反対で辞退。会社も解雇され、*市川房枝《いちかわふさえ》を手伝う形で*新婦人協会にかかわる。のち大阪に移り一九二三年*無産婦人団体醒光《せいこう》婦人会を結成。一九二六年東洋紡績三軒家《さんげんや》工場争議で逮捕状が出され東京に戻る。一九二七年(昭和二)関東婦人同盟結成に参加。翌年運動家橘《たちばな》直一と結婚し、一男一女を産む。大阪心斎橋《しんさいばし》で洋裁店も営む。疎開先宮城で終戦をむかえ、一九四六・四七年の総選挙に共産党から立候補するも落選。離婚決意後一九五〇年から東京荻窪に洋裁店を開き、*婦人民主クラブ、原水禁運動、*母親運動など地域から発する運動に多くかかわり活動を続けた。著書に『山内みな自伝—十二歳の紡績女工からの生涯—』(一九七五年、新宿書房)がある。

参考文献 「〈座談会〉労働運動のなかの先駆的女性たち」(『運動史研究』一二)、一九八三。和田明子「紡績女工から労働運動へ—山内みなの生き方—」(楠瀬佳子・三木草子編『「わたし」を生きる女たち—伝記で読むその生涯—』二〇〇四、世界思想社)。戦後女性史研究和の会編『女性と地域の活動—杉並母親運動の史料から—』、二〇〇七。

(金澤七友実)

やまのかみ・じゅうにサマ 山の神・十二サマ あらゆる生命や霊魂《れいこん》の根源の一つである山を支配し領する存在を神格化したもの。山自体を神聖な神として崇《あが》めることもある。山の神信仰は、生業《なりわい》や山の活動領域によってその内容が多様である。神社の祭神としては、一般に大山《おおやま》祇命《つみのみこと》や*木花開耶姫《このはなさくやひめ》とされているが、その性格や名称は地域や職業によって異なる。山の神は、十二サマ・十二山の神・サガミサマ・オサトサマ・サンジンなどともよばれている。このうち、十二サマは新潟・群馬・長野・福島の各県に分布し、十二山の神の呼称はさらに広く秋田・岩手・青森の東北諸県にみられる。十二は、山の神の祭日や一年の月数と関連した呼称と考えられるが、山の神は一年に十二人の子供を産むとか、十二という数を忌《い》んでマタギは山小屋に十二人で泊まるのを嫌う伝承もある。山の神は一般に女性とされ、しかも醜《みにく》い*女神なので自分より醜い怪魚《かいぎょ》オコゼが好物だといわれ、マタギなどは猟に携えていく。また山の神をまつったり祈願する際にはしばしば男性器やそれを模した奉納物を供えた。一方、樵《きこり》木地師《きじし》は夫婦神として木像の山の神をまつっており、は鉞《まさかり》をもった山の神の画像を男神としている。農民は、山の神は春には田の神になり、秋には山に戻って山の神になるという去来伝承《きょらいでんしょう》を保持し、豊作が山の神霊に支えられていると信じている。猟師など山民の山の神信仰は厳しい禁忌が特色で、特に生命や女性とかかわる産忌《さんいみ》や血忌は強く忌む。しかし、その一方で、最も神聖な狩猟の巻物『山立根元記《やまたてこんげんき》』では、盤次盤三郎《ばんじばんざぶろう》の兄弟猟師のうちあえて禁忌を侵して山の神の*出産を助けた猟師が謝礼にどこの山で猟をしてもよいという許可をえたと伝えている。産む性としての女性の自然の霊力をいかにコントロールし文化や秩序を構築していくのかが問題になっているのである。山と海とは里の農民にとっては一種の異《い》界《かい》であり生命や富の原郷とみなされていたため、海幸山《うみさちやま》幸《さち》神話のように対立させられることもあるが、山の神信仰には海の竜宮《りゅうぐう》信仰と共通する点が少なくない。女房を俗に山の神というが、一説ではいろは歌で「おく」の次が「やま」であるからだとしている。なお、寺の奥方は大黒《だいこく》さんと称されている。家族を霊的レベルで守っている根本的な存在とみなしたのであろう。

参考文献 堀田吉雄『山の神信仰の研究(増補改訂版)』、一九八〇、光書房。千葉徳爾『女房と山の神』、一九八三、堺屋図書。ネリー=ナウマン『山の神』(野村伸一・檜枝陽一郎訳)、一九九四、言叢社。 (飯島 吉晴)

やまむらのあねのこ 山村姉子 生没年不詳 平安時代末期、山城《やましろ》国相楽郡賀茂《かも》郷に私領を所有していた女性。『*平安遺文』四(一三四二号)によれば、同地に所在する田畠《でんはた》五町は先祖相伝《そうでん》の地であり、姉子は、別符を請申し公事《くじ》を勤仕《きんし》していたという。姉子の「私貯《しちょ》」田畠は、永《えい》保《ほう》年中(一〇八一―八四)に姉子が死去した後、*後家が伝領したが、嘉保《かほう》二年(一〇九五)に東大寺領として立券されている。女性が、自身の*財産相続をもとに名の官物《かんもつ》公《く》事請負《じうけおい》を行なっていた例として知られる。

参考文献 「古代の女性」(脇田晴子・林玲子・永原和子編『日本女性史』一、一九八二、吉川弘文館)。 (錦 昭江)

やまむろきえこ 山室機恵子 一八七四―一九一六 明治・大正時代の社会事業家。日本救世軍《きゅうせいぐん》初の女性士官。一八七四年(明治七)岩手県花巻川口町(現花巻市)に佐藤庄五郎、安子の長女として生まれる。*明治女学校に学び、植村正久《うえむらまさひさ》牧師の一番町教会(現富士見町教会)で洗礼を受ける。卒業後、大日本婦人教育会設立の女紅《じょこう》学校で教える傍《かたわ》ら、*日本基督《キリスト》教婦人矯風会《きょうふうかい》書記を務め、軍人慰藉《いしゃ》事業の促進に尽力、松本荻江とともに*救世軍の集会に出席するようになり、一八九九年(明治三十二)山室軍平《ぐんぺい》と結婚。翌年八月に活発化した*娼妓《しょうぎ》の*自由廃業運動に伴い、救済のため単身*吉原に行くなど献身的に活動。婦人救済所(のち東京婦人ホーム)主任となり、救護を求める女性たちに衣服・食物・宿舎を提供し更生保護に努め、凶作地子女の保護、人事相談婦人会の組織と運営、結核療養所の建設に尽力した。清貧《せいひん》に耐え七人の子供を育てた(次男は七ヵ月で死去)。*津田梅子《つだうめこ》や*安井《やすい》てつ、*河井道《かわいみち》ほか多数の後援を受け、一九一六年(大正五)十一月に救世軍結核療養所は開所したが、同年七月、男子出産から八日後に死去した。

参考文献 山室武甫『山室軍平にふさわしき妻機恵子』、一九六五、玉川大学出版部。山室軍平『山室機恵子』(伝記叢書)、一九八九、大空社。 (知野 愛)

山室機恵子

やまむろぐんぺい 山室軍平 ⇩救世軍《きゅうせいぐん》

やまむろたみこ 山室民子 一九〇〇―八一 昭和時代の社会教育者、社会事業家。一九〇〇年(明治三十三)、山室軍平《ぐんぺい》・機恵子《きえこ》の長女として東京都に生まれる。*東京女子大学・カリフォルニア大学・*救世軍《きゅうせいぐん》万国士官学校(英国)を卒業。帰国後、日本救世軍本営に所属し士官学校教官、婦人および児童社会事業主任等を歴任。日本基督《キリスト》教団本部厚生局および婦人局主事兼務。一九四六年(昭和二十一)、戦後初の女性の文部省視学官となり、社会教育局施設課長を務め五二年三月辞職、同年日本救世軍本営に戻り機関紙『*ときのこゑ』編集や家庭団長を務めたほか、東京地方裁判所人事調停委員・司法保護委員・

山室民子

東京女子大学理事・*YWCA中央委員等を歴任。*婦人民主クラブ発起人の一人でもあった。『読売新聞』の「人生案内」欄や『女学生の友』で*身の上相談の回答を担当し、東京都社会教育委員・東京都家庭相談担当を務めるなど幅広く活躍した。一九八一年死去。主著に『女性と生活と宗教』(一九四六年、若狭書房)、『聖地に咲いた花』(一九七九年、日本基督教団出版局)などがある。

参考文献 五味百合子編『続社会事業に生きた女性たち―その生涯としごと―』、一九八〇、ドメス出版。山本和代「山室民子―追悼・社会教育実践者としての生涯―」(『社会教育』三七ノ二)、一九八二。 (知野 愛)

やまもとせんじ 山本宣治 一八八九―一九二九 大正・昭和時代の生物学者、性科学研究者、無産者産児調節運動家、労農党代議士。一八八九年(明治二十二)五月二十八日京都市生まれ。第三高等学校を経て一九二〇年(大正九)東大動物学科卒。京大大学院在学中に主に青年男子への科学的性教育の啓蒙《けいもう》活動を始める。一九二二年三月アメリカの産児制限活動家*サンガー来日時の通訳担当を契機に、サンガー著『家族制限』を『(山峨《サンガー》女史)家族制限法批判』として出版、労働総同盟の*九津見房子《くつみふさこ》らと大阪産児制限研究会をつくり、労働組合や小作農民運動、水《すい》平社《へいしゃ》を支援する立場から*産児制限運動にかかわった。会合で*性教育・産児制限の講演を行い女性たちを含む多くの聴衆を集め、一九二五年二月からは『産児調節評論』(同年十月より『性と社会』と改題)を発行。一九二五年日農岡山県支部の*山上喜美恵《やまがみきみえ》が日農大会に産児制限公認案を提出するのを後援した。一九二八年(昭和三)、国会議員となり、*安部磯雄《あべいそお》らと*堕胎《だたい》罪の改正などを予定したが、治安維持法拡大に反対したため一九二九年三月五日に右翼《うよく》青年に刺され死去した。

参考文献 佐々木敏二・小田切明徳編『山本宣治全集』六、一九七九、汐文社。石崎昇子「生殖の自由と産児調節運動―平塚らいてうと山本宣治―」(総合女性史研究会編『日本女性史論集』九、一九九八、吉川弘文館)。 (石崎 昇子)

やまもとどうきにゅうどうひゃくもくろくききがき 山本道鬼入道百目録聞書 戦国時代、甲斐《かい》国の戦国大名武田晴信《はるのぶ》(信玄)の家臣山本勘助晴幸《かんすけはるゆき》の編による教訓書。後書きによれば永禄《えいろく》元年(一五五八)の成立。全百二条にわたって生活全般における倫理・法制などが説かれており、第二十二・二十三条に女性だけの商家で買物する時や夜道で見知らぬ女性に同道を求められた際の心得、九十―九十三条には*婚姻《こんいん》と*離婚に関しての細部にわたる教訓などがみえる。『甲斐志料集成』七(一九三三年、甲斐志料刊行会)に所収。

参考文献 林貞夫編『新修甲州法制史』一、一九七五、中央大学出版部。 (阿部 浩一)

やまもとやえこ 山本八重子 ⇨新島八重《にいじまやえ》

やまもとやすえ 山本安英 一九〇二―九三 大正・昭和時代の現代演劇に貢献甚大《じんだい》な*女優。東京神田の生まれ。本名小柳千代《こやなぎちよ》。実母は小柳トメで養母は山本サダ。神奈川高等女学校卒業後の一九二一年(大正十)、市川左団次《いちかわさだんじ》の現代劇女優養成所に入り『第一の世界』が初舞台。一九二四年、小山内薫《おさないかおる》・土方与志《ひじかたよし》らの築地小劇場創立に参加、その活躍ぶりで「築地の娘」と呼ばれた。一九二九年(昭和四)、薄田研二《すすきだけんじ》・丸山定夫《まるやまさだお》らと新築地劇団結成、一九四〇年に強制解散させられ、戦中は仲間と演劇の基礎を追求した。一九四七年結成のぶどうの会で岡倉士朗《おかくらしろう》・木下順二《きのしたじゅんじ》らと活動開始。『夕鶴《ゆうづる》』のつうの演技で芸術選奨文部大臣賞(一九五一年)・放送文化賞(一九五二年)ほか受賞。『おんにょろ盛衰記《せいすいき》』で毎日演劇賞ほか受賞。一九六四年、ぶどうの会解散。翌年、山本安英の会を発足。一九七九年初演の『子午線《しごせん》の祀《まつ》り』の実験的上演に対して毎日芸術賞ほか受賞。一九八六年、『夕鶴』千回達成特別公演後、「群読《ぐんどく》」の創造方法、能や*狂言などの語りの勉強会をもつなど、たゆみない努力で新劇史の体現者として生涯を全うした。その活動により一九七四年度朝日賞(文化賞部門)受賞。随筆集『歩いてきた道(新版)』(一九八七年、未来社)など著述も多く、写真集も刊行されている。

参考文献 未来社編集部編『文学芸術への道』(著者にきく三)、一九七二、未来社。菅井幸雄『歩いてきた道』解説・年譜(中公文庫)、一九八四、中央公論社。 (渡邊 澄子)

やまわきげん 山脇玄 一八四九―一九二五 明治・大正時代の法学者。嘉永《かえい》二年(一八四九)三月三日越前福井の藩医山脇玄樹《げんじゅ》の長男として誕生。蘭学《らんがく》を修めた後、明治三年(一八七〇)ドイツに留学、法学・経済学を学び、一八七七年帰国。行政裁判官長官などを勤め、一八九一年貴族院議員。議会で*女子教育・*男女共学について演説。一九一九年(大正八)「女子参政」をはじめて貴族院で質問演説(床次竹二郎国務大臣が時期尚早と答弁)したことで知られ、「わが国におけるジョン＝スチュアート＝ミル」と評された。一九二五年(大正十四)十月七日没。妻は*山脇房子《ふさこ》。

参考文献 丸岡秀子『婦人思想形成史ノート』上、一九七五、ドメス出版。福島四郎「我国のミル、山脇玄博士」(『婦人界三十五年(復刻版)』一九八四、不二出版)。 (金子 幸子)

やまわきふさこ 山脇房子 一八六七―一九三五 明治から昭和時代の教育者。松江藩士の子。松江女子師範学校卒業。上京後、女子教育奨励会教師の英国人C・カークスより作法などを学ぶ。一九〇三年(明治三十六)東京牛込《うしごめ》の実修《じつしゅう》女学校(のち赤坂の山脇高等女学校)初代校長となる。家庭管理能力養成を目的に、堅実な*良妻賢母《りょうさいけんぼ》主義教育を行なった。*愛国婦人会理事などを務める。著書に『無駄なき生活』(近代女性文献資料叢書、一九九七年、大空社)ほかがある。

参考文献 山脇秀輔編『創立五十周年記念―学園のあ

ゆみ―』、一九三三、山脇学園。 (影山 礼子)

やもめ 寡 配偶者のいない、あるいは、配偶者を亡くした男女。すでに律令の*戸令《こりょう》に鰥寡条《かんかのじょう》があり、老いて独身のやもめは*親族・村落に養われるべき存在としてみえる。*後家とは異なり、財産や子をもたない孤独な存在のようである。中世後期の村掟《むらおきて》でも後家とやもめは、役負担の点で明瞭《めいりょう》に区分され、家の経営者、*家長に準じる位置を与えられたのは後家であり、やもめは役免除、共同体の扶養の対象であった。

参考文献 久留島典子「後家とやもめ」(網野善彦他編『ことばの文学史』三、一九六九、平凡社)。 (飯沼 賢司)

やりて 遣手 娼家《しょうか》の雑事万端を預かる女性。「*女郎《じょろう》の付添《つきそい》」「*太夫格子《たゆうこうし》の*揚屋《あげや》入り」「もらいうけの相談」「縺《もつ》れた争いの仲裁」「禿《かむろ》の行儀・躾《しつけ》」「初会客への気配り」など、内外のことに至るまで、雑用など「おやかたにかはりて」(『*吉原大全』)とあるように、楼主にかわって、*遊女の監督を含むすべてを仕切った。特に、主人に反抗する女郎については厳しく折檻《せっかん》した。折檻は暴力的であったゆえ、遣手婆《やりてばばあ》などといわれ加齢した女性がその遣手になることが多かった。

参考文献 山本春雄編『北街漫録』、一九二七、一星社。 (宇佐美ミサ子)

やんべかずこ 山家和子 一九一五―九三 昭和時代の女性活動家。母親大会事務局長、豊島区議員、平和活動家。父は厚生大臣、軍需大臣、戦後首相をつとめた吉田《よしだ》茂《しげる》。大正デモクラシーで高まった自由主義教育を実践する私立帝国小学校を経て一九二七年(昭和二)府立第五高等女学校入学。三八年結婚。五人の子どもを生み育てながら、戦後発足したばかりの草創期の*PTA活動に参加。五五年豊島子どもを守る会結成。同年居住区の豊島公会堂で開催された第一回日本母親大会を訪れ深い感動を覚える。以後*母親運動に参加し、要職を務める。教員の勤務評定問題、安保闘争、小児マヒ生ワクチン輸入、高校の「全員入学」などに取り組む。六六年母親大会第十二回は分裂の危機にあったが事務局長として尽力し、参加団体をとりまとめた。五九年から豊島区議を四期にわたってつとめ、*保育所や*学童保育の問題にとりくんだ。一貫して子どもや地域そして平和に関する具体的問題に働き、「戦犯記念碑問題」や家永訴訟(教科書裁判)にも関わった。著書に『母さんに花を―山家和子と母親運動―』(一九八一年、ドメス出版)がある。 (古河 史江)

ゆ

ゆあさとしこ 湯浅年子 一九〇九―八〇 昭和時代の海外で活躍した物理学者。東京に生まれ、東京文理科大学卒業後一九四〇年(昭和十五)渡仏。F・ジョリオ＝キュリーに師事して原子核実験に取り組む。β崩壊の研究により一九四三年フランス国家理学博士。大戦のため一九四五年帰国、母校東京女子高等師範学校教授として後進の育成に努める。一九四九年再渡仏、以降フランスの原子核研究所で、放射性崩壊・原子核反応・少数核子系等に多くの業績を挙げた。日仏学術文化の交流に貢献、また多くの優れた随筆を遺した。著書に『パリ随想』全三巻(一九七三―八〇年、みすず書房)がある。

参考文献 山崎美和恵『パリに生きた科学者湯浅年子』(岩波ジュニア新書)、二〇〇三、岩波書店。 (山崎美和恵)

ゆあさのあま 湯浅尼 ?―一二五九? 鎌倉時代、紀《き》伊国《いのくに》(和歌山県)中北部一帯に勢力を持った武士団《ぶしだん》湯浅党《ゆあさとう》の中核的存在であった女性。法名《ほうみょう》は住心(「ちゅしん」か)。武士やその集団である武士団研究は中世史の最重要課題だが、これまで*ジェンダーの視点で解析されることはほとんどなかった。武力を行使する武士は男がなりうる身分、武士団がその男たちの集団であることは、問うまでもない、あまりに自明のことのようにみえたからだ。わずかに武士団の場合、女性が*婚姻によって武士団結集の契機となることや武士団同士を結びつける役割を果たしたことが指摘されてきたぐらいである。むろん婚姻を通しての結集は、建保《けんぽ》元年(一二一三)におきた和田《わだ》の乱における戦死者の数が、当の和田氏よりも姻戚《いんせき》の横山党《よこやまとう》のほうがはるかに多かったことをみれば、きわめて重視されなければならないことではある。だがこうした婚姻関係からは女性独自の姿がみえにくい。女性を掘り起こし、武士団のジェンダー構造を、湯浅党においてみていこう。武士団は惣領《そうりょう》によって統率されたものであるが、湯浅党の場合、この惣領をさしおいて、祖《そ》である宗重《むねしげ》の七男宗《むね》光《みつ》が盟主《めいしゅ》的地位を占めて発展し、守護をもしのぐ勢いを持つようになったといわれる。宗光を盟主に押し上げ、以後、宗光流がその地位を確保しえたのは、実は、宗光の妻(法名住心)の同国阿弖河庄《あてがわのしょう》(有田川町)支配の獲得であったという事実が明らかとなった。同庄の本所《ほんじょ》は園城《おんじょう》寺《じ》(滋賀県)を構成する門跡《もんぜき》寺院の平等院《びょうどういん》(のちに円満院《えんまんいん》)であったが、院主《いんしゅ》が嵯峨宮《さがのみや》であったとき、宗光の妻住心は諸寺院を修造したり仏事を執り行なったりなどの大きな功績を積んで本所嵯峨宮に近づき、阿弖河庄の*預所《あずかりどころ》職《しき》を獲得したのだった。しかも一代限りというのではなく、子々孫々《ししそんそん》に至るまでという条件付きであった。この預所職をめぐって本所・領家《りょうけ》と*地頭《じとう》湯浅氏は幕府法廷でたびたび対決するが、のちの建治相論《けんじそうろん》(一二七五—七六年)の際に地頭湯浅宗親《むねちか》が証拠としてかかげたのはこの住心の預所職任命の文書だったし、またこれより少し前に湯浅宗業《むねなり》のおこした京都堀河《ほりかわ》の屋敷地をめぐる相論においても同様だった。宗光流一族にとって、本所による尼住心への預所職任命は実に大きく、住心は宗光流一族のよりどころ、祖的存在だったといえる。住心はこの預所職の職権をふるって、同庄の下村で長年、公文《くもん》という役職についていた紀光澄《きのみつずみ》なる者の持つ、先祖相伝《そうでん》の大切な土地をとりあげたりした。公文によって「ゆあさのあまごせん(湯浅の尼御前)」と称された彼女は、預所の名義的地位にあったのではなく、このように専権をふるい、実質的支配を同庄において行使していたのである。焼失のために預所職任命の再発行を受けたのは嘉禎《かてい》元年(一二三五)、夫の宗光はといえば、暦仁《りゃくにん》元年(一二三八)の時点で京都八条辻固《つじかため》の御家人《ごけにん》役をつとめていたことが明らかだから、このとき彼女が*後家でなかったことは明白である。夫は*御家人として、彼女は阿弖河庄預所としてともにはたらき、湯浅党における盟主の地位を確保していったといえるだろう。

参考文献 高橋修『中世武士団と地域社会』、二〇〇〇、清文堂出版。黒田弘子「湯浅尼—武士団と阿弖河庄—」(峰岸純夫編『日本中世史の再発見』二〇〇三、吉川弘文館)。黒田弘子「中世史とジェンダー」(『宮城歴史科学研究』五七・五八、二〇〇五。
(黒田 弘子)

ゆあさはつ 湯浅初 一八六〇—一九三五 明治時代の社会運動家。肥後国水俣《ひごのくにみなまた》の郷士、徳富一敬《とくとみいっけい》・久子《ひさこ》の二男四女の四女。徳富蘇峰《そほう》・徳富蘆花《ろか》の姉。横井小楠《よこいしょうなん》の家塾・熊本洋学校で学ぶ。一八七六年(明治九)、猪一郎(蘇峰)とともに東京、ついで、京都に寄留、同志社などで学ぶ。一八八四年に再び上京、叔母*矢島楫子《かじこ》のもとに身を寄せ、桜井女学校を手伝う。同年受洗。一八八五年、群馬県安《あん》中《なか》の実業家でキリスト教徒の湯浅治郎《じろう》の後妻となる。一八八六年、東京婦人矯風会《きょうふうかい》の設立に参加。一八八九年、元老院に提出した一夫一婦確立の建白《けんぱく》の起草等に関わり、*廃娼《はいしょう》運動をライフワークとする。一八九一年から一九一〇年まで、夫が同志社の経営を委託《いたく》されたため、京都に在住。十二人の子供を擁《よう》する大家族の要《かなめ》でもあった。

参考文献 『日本キリスト教婦人矯風会百年史』、一九八六、ドメス出版。湯浅三郎『湯浅治郎』(伝記叢書)、一九九二、大空社。半田喜作編著『湯浅治郎と妻初』、一九九四、あさを社。
(小檜山ルイ)

ゆあさよしこ 湯浅芳子 一八九六—一九九〇 昭和時代のロシア文学者、翻訳家。本名ヨシ。京都出身。日本女子大中退後、早稲田大学露文科に聴講生として通う。一九二四年(大正十三)中條《ちゅうじょう》(*宮本)百合子《ゆりこ》と出会い、以後七年間にわたり共同生活をし、影響しあう。一九二七年(昭和二)から三年間、二人でソビエトに遊学。帰国後『戦旗』などに執筆、チェーホフやゴーリキーなど数多く翻訳し岩波書店から出版。戦後は翻訳はもとより、婦人民主新聞編集長としても活躍した。エッセイ集『狼いまだ老いず』(一九七三年)などがある。

参考文献 沢部ひとみ『百合子、ダスヴィダーニヤ』(女性文庫)、一九九六、学陽書房。瀬戸内寂聴『孤高の人』、一九九七、筑摩書房。
(岡田 孝子)

ゆい ゆい 等量の交換労働を指す言葉。短期間に集約的な労働力を必要とする場合に家々の間で手間を貸しあう労働慣行である。テマッカワリ・テマガリ・テマモドシ・エエ・イイ・ユイコ・ヨイ・カタミ・カタメなどと地方により呼び方はさまざまである。*田植え・稲刈り・脱穀《だっこく》・麦刈りなど農作業のほか、*養蚕の上簇《じょうぞく》・繭《まゆ》かき、餅つき・味噌炊きなどでも行われる。ゆいは集団でゆい仲間を組織して家々の作業を順次終えていく形と個人的に組む場合があるが、後者の場合には近所・講仲間・友人・親類などの中で気の合う者同士で任意に組むことが多く、固定された関係ではない。ゆいは「貸す」「借りる」「返す」と表現されるが、借りたゆいはその季節内に等量の同一労働で返すのが原則である。経営形態や規模の差などにより不可能な場合は、当事者の合意のもとで等価交換とみなされる他の労働で返すか品物で礼をする。家普請や屋根替えで借りた労働力は長い期間のなかで返すゆいである。

参考文献 有賀喜左衛門『村の生活組織』(有賀喜左衛門著作集五)、一九六八、未来社。橋浦泰雄「協同労働と相互扶助」(柳田国男編『山村生活の研究』、一九七五、国書刊行会)。
(上村 正名)

ゆいのう 結納 婚約確定の儀礼あるいはその時に婿《むこ》方が嫁方に贈る金品。語源については伊勢貞丈《いせさだたけ》の「言入《いいいれ》」(申し込み)の変化した「ゆいいれ」が「結入」「結納」となったものとする説(『*貞丈雑記《ていじょうざつき》』)と*柳田国男《やなぎたくにお》の一時的訪婚《ほうこん》に際し家と家との新しく姻戚関係を結ぶために、共同飲食する目的で婿が持参するもの(酒と肴《さかな》)を意味する「ユヒノモノ」説がある。嫁入り婚の民俗慣習では、縁談が整いかけると日柄を選び仲人《なこうど》が酒を携えて奇数人数で女方に行き、娘とその親と酒を酌《く》み交わす。これをキメザケ・サケイレ・ヤクジョウシュ・イッショウノミなどという。これで婚約が成立したことになる。村外婚ではさらに確約を求めて男方から女方へ金品が帯料として仲人により届けられ、女方が受け取ると婚約が確定する。女方からは袴料としてその半額くらいの結納返しをする。今日では一段目の儀礼は婚約の内諾《ないだく》のようにみなされ、二段目の儀礼が結納と認識されて村内婚でも行われているようになる。農村社会では結納として特別な物品や金銭を贈るようになるのは第二次世界大戦以降であるところも多い。結納をクチギメ・サケスマシなどともいう。

参考文献　江守五夫『家族の歴史民族学―東アジアと日本―』(日本基層文化の民族学的研究三)、一九九〇、弘文堂。柳田国男「常民婚姻史料」(『柳田国男全集』一二、一九九〇、筑摩書房)。

(上村　正名)

ゆうあいかいふじんぶ　友愛会婦人部　大正時代に活動した日本で最初の*労働組合婦人部。一九一六年(大正五)六月創立。機関誌として『友愛婦人』を発刊。一九一二年に結成された日本初の労働組合である友愛会は、当初は女性労働者組織化の要求に対して、良き*家庭の*主婦となるための修養を説くにとどまっていた。その後次第に会員数も増加し、本格的労働組合化への芽が萌《きざ》し始めるなかで、女性の組織化が具体的日程にのぼり婦人部創立に至る。初期はなお女性修養の性格が強かったが、女性会員のいる支部が急速に増え、一九一七年には第一回婦人部大会を開催、女性代議員も三名選出されて、次第に労働組合としての性格をもち始める。『友愛婦人』は一時の中断を経て、一九一八年七月に『労働及産業』婦人版に取って代わられるまで発刊された。婦人部もそれ以後独自の活動を展開できなくなるが、一九一九年以後、労働運動の高揚《こうよう》のなかで女性会員は増加した。

参考文献　棚井洌子「友愛会婦人部の活動について」(『歴史評論』二八〇・二八一)、一九七三。

(黒川みどり)

ゆうかく　遊廓　多数の*遊女が一ヵ所に集住している特定の地域。「いろまち」「いろさと」「遊里」「くるわ」「傾《けい》城町《せいまち》」「花町」「*悪所」など、さまざまに呼ばれている。慶長十年(一六〇五)の江戸城本丸の修復に際し、柳町が御用地となるのを契機に、同町の住人庄司甚右衛門《しょうじじんえもん》が同業者と相談し、散在している遊女を一ヵ所に集め、「遊女町」をつくり、廓《くるわ》の許可を申請したが許可されず同十七年、再度申請。数年後の元和《げんな》二年(一六一六)に、*吉原開設五ヵ条の「覚《おぼえ》」が許可された。遊廓設置となり、同四年から営業を開始した。遊廓は「くるわ」といわれるように周囲を土塀で囲繞《いにょう》し、さらにそのまわりに濠《ほり》をめぐらし、一種独特の町を形成していた。『*色道大鏡《しきどうおおかがみ》』によれば、遊廓は全国に二十五ヵ所もあったという。京島原《しまばら》・江戸吉原《よしわら》・大坂新地《しんち》・*長崎丸山町《まるやまちょう》をはじめ、各地方の都市には、それぞれ、遊女町が形成され繁忙《はんぼう》をきわめていた。遊廓では、楼主に抱えられた遊女たちが遊客を相手に慰労《いろう》することを生業とした。ここは、一種独特の別世界で、遊客も身分に関係なく誰もが「金さえあれば」自由に出入りできる場であった。「制外《せいがい》」ともいわれた。遊廓には、比較的町人の出入りが多いが、これは厳しい身分制の中で最下位と称せられる町人層にとって、遊廓こそが、唯一、身分のない自由の場として謳歌《おうか》できる場所で、社交場でもあった。『*吉原細見《よしわらさいけん》』によると、吉原には享保十八年(一七三三)には二千百四十七人、天明二年(一七八二)には二千九百十二人、後期から幕末にかけては五千人以上の遊女がいたという。後期から激増したのは、寛政・天保の改革によって、*岡場所《おかばしょ》が取り締まられたのを機に*私娼《ししょう》が大量に吉原に送りこまれたからだといわれる。明治五年(一八七二)、娼妓解放令《しょうぎかいほうれい》によって遊廓は廃止されたが、それは幻想にすぎず新たな*公娼制度《こうしょうせいど》のもとに再成し、明治・大正・昭和にわたり繁盛した。昭和初期から戦時中は、全国で五百ヵ所以上もあった。特に太平洋戦争下、地方都市の遊廓は軍隊の慰安所《いあんじょ》の役割を有し、神奈川県西部に位置する小田原の遊廓に登楼《とろう》するのは、大半が、壮丁《そうてい》であった。一九五八年(昭和三十三)、*売春防止法の成立によって、公娼制度は廃止され遊廓は閉鎖された。

参考文献　山室軍平『社会廓清論』(中公文庫)、一九七七、中央公論社。喜多川守貞『守貞謾稿』、一九八二、東京堂出版。総合女性史研究会編『日本女性の歴史―性・愛・家族―』(角川選書)、一九八二、角川書店。吉見周子『売娼の社会史(増補改訂版)』、一九八二、雄山閣出版。西山松之助編『遊女(新装版)』(日本史小百科)、一九八四、東京堂出版。『西さがみ庶民史録』四八(特集西さがみの女性たち)、二〇〇二。

(宇佐美ミサ子)

ユーカラ　ユーカラ　⇨アイヌ口承文芸《こうしょうぶんげい》

ゆうぎもんいん　遊義門院　一二七〇―一三〇七　鎌倉時代後期、両統迭立期《りょうとうてつりつ》の皇女。姈子《れいし》内親王。文永七年(一二七〇)九月十八日生まれ。父は持明院統《じみょういんとう》の後深草《ごふかくさ》上皇。母は上皇の最初の妃であり実家西園寺家《さいおんじけ》の後ろ盾も強く最も重んじられた東二条院《ひがしにじょういん》藤原公子《こうし》。翌年正月七日、親王宣下《せんげ》。弘安八年(一二八五)八月十九日、未婚のまま*皇后に立てられた。十六歳。院政期以降、未婚の*内親王をその甥《おい》や弟にあたる天皇の准母《じゅんぼ》とし、立后《りっこう》することがしばしば行われたが、姈子の場合には史料の残存状況も相まって立后の資格ないし理由がはっきりしない。立后当時の天皇が大覚寺統《だいかくじとう》の後宇多《ごうだ》天皇であったことも考えると、両統迭立期の政治情勢に関連していたことも推測できる。正応《しょうおう》四年(一二九一)八月十二日に院号宣下を受ける。姈子は誕生以来、父院御所冷泉富小路殿《れいぜいとみのこうじどの》で父母とともに暮らしていたが、永仁二年(一二九四)から翌年一月の間に大覚寺統の後宇多上皇の御所に移り、その妃となった。『増鏡《ますかがみ》』は、姈子の姿を*垣間見《かいまみ》た後宇多上皇が恋心をつのらせ、ついには後深草院御所から盗み出したと記しているが、同時代の史料はなく、事の真相は定かではない。しかし姈子は後宇多院から深く寵愛《ちょうあい》され、多くの妃たちの中にも姈子に比肩《ひけん》する存在はなかったとされる。後深草院の*女房であり寵姫《ちょうき》であった二条(久我《こが》雅忠《まさただ》娘)が記した『*とはずがたり』には、徳治《とくじ》元年(一三〇六)ごろ、石清水八幡宮《いわしみずはちまんぐう》の摂社《せっしゃ》にお忍びで参詣《さんけい》していた姈子と二条が偶然参り合わせる場面が描かれている。尼姿の二条にそれとは知らず親しく話しかけた姈子は、二条の素性《すじょう》を知り、御所への出入りを許すが、この翌年七月二十四日、急な病によって三十八歳で没した。その二日後、後宇多院は彼女の死を悼んで出家した。

参考文献 伴瀬明美「二つの王家に愛された皇女―姈子内親王―」(服藤早苗編著『歴史のなかの皇女たち』二〇〇二、小学館)。 (伴瀬 明美)

ゆうぎり　夕霧　?―一六七八　江戸時代前期の*遊女。本名照《てる》。京都に生まれ島原の扇屋四郎兵衛《おうぎやしろべえ》の抱え遊女になる。寛文十二年(一六七二)扇屋が大坂新町廓《しんまちくるわ》に移り、以後、浪速《なにわ》を代表する名妓《めいぎ》として知られた。高い教養と気品があり、情が深く、客を身分で分け隔《へだ》てせず、物惜しみをしなかったという。盛名のさなかに延宝六年(一六七八)正月六日病没。二十五歳とも二十七歳ともいわれる。早くも翌月、道頓堀《どうとんぼり》で*歌舞伎狂言『夕霧名残正月《なごりのしょうがつ》』が上演され、以後も外題《げだい》や筋書を変えて追善《ついぜん》興行が繰り返された。*浄瑠璃《じょうるり》では*近松門左衛門の『夕霧阿波鳴渡《あわのなると》』がある。

参考文献 野間光辰「夕霧追善夕霧二百六十年忌に因みて」(『上方』七四)、一九三七。 (松村 洋)

ゆうじょ　遊女　〔中世〕歌舞によって宴席などに興をそえ、時には枕席《ちんせき》に侍《はべ》る女性。「あそびめ」とも読む。平安時代中期の大江匡房《おおえのまさふさ》の『*遊女記』には、遊女の所在地として、淀川《よどがわ》の*江口《えぐち》、神崎川の神崎、蟹島《かしま》の船遊女《ふなゆうじょ》を指しており、『傀儡子記《かいらいしのき》』の美濃・東海の山あるいは街道に住む*傀儡子《くぐつ》とは区別しているようである。しかし、中世になると芸娼妓《げいしょうぎ》の総称として遊女の名が使われる。一方で傀儡子女《くぐつめ》は多く*白拍子《しらびょうし》となり、その後身として曲舞女《くせまいめ》らが出るが、両者の境界は明らかではない。『*更級日記《さらしなにっき》』では足柄山《あしがらやま》の女、おそらくは傀儡子女を「あそび」と表現する。しかし、船遊女を遊女ということが多かったことは、『*梁塵秘抄《りょうじんひしょう》』に「遊女の好むもの、雑芸《ぞうげい》鼓小端舟、簦翳艫取女《おおがさかざしともとりめ》、男の愛祈る百太夫《ひゃくたゆう》」と歌われており、遊女が傀儡子女と同じく、*今様《いまよう》を芸としたことは『梁塵秘抄口伝集《くでんしゅう》』にも、神崎のかねが、*青墓《あおばか》の傀儡子女とともに後白河院の御所に参入していることからわかる。勅撰集《ちょくせんしゅう》に入集した遊女も多いことは西行《さいぎょう》法師と江口の君《きみ》、妙《たえ》の歌の諧謔的《かいぎゃくてき》なやり取りは有名であるが、それはのちには西行をさえ窘《たしな》めるという宗教説話的な要素が加わり、ついには江口の遊女の長者は普賢菩薩《ふげんぼさつ》の化身という説話にまでなる。また書写《しょしゃ》山の性空上人が正真《しょうしん》の普賢菩薩を拝みたいと祈念したところ、室津《むろつ》の長者を拝めという託宣があり、普賢菩薩と化したという(『選集抄《せんしゅうしょう》』)。その説話はまた、『十訓抄《じっきんしょう》』『古事談《こじだん》』では摂津神崎の遊女となっている。これらは男性たちの都合のよい憧憬《どうけい》がつくった、遊女の「癒《いや》し」の機能の説話化とみられる。平安時代末期・鎌倉時代には遊女を母に持つ親王・*内親王も数多く生まれた。以上は長者になるような、高度の教養を持つ、貴顕《きけん》の弄《もてあそ》び者としての遊女の話であるが、全国津々浦々、都市化に比例して遊女は増加した。街道の宿駅の近くには、遊女宿があった。駿河宇都宮《するがうつのみや》の傀儡子の宿のように、遊女の自治的な組織やその長者もあった。一方で遊女から営業の得分(営業税)を取る権限を持つものもでき、遊女は自前から抱えの遊女になり、より一層*人身売買も盛んになった。京都では、久我《こが》家が本所として洛中洛外の傾城局公事《けいせいのつぼねくじ》(営業税)の取得権を持っていた。天文ごろ加《か》地丹後《じたんご》入道宗三《にゅうどうそうぞう》というものが代官職に任命されて、「所々亭主中」に触れている。もはや遊女は亭主に抱えられるものとなった。戦国時代には下京の五条東洞院界隈《ごじょうひがしのとういんかいわい》が傾城町であった。天正十七年(一五八九)には豊臣秀吉の認可で二条柳町《にじょうやなぎまち》ができたが、二条城造営によって六条三筋町《ろくじょうみすじまち》の*遊廓《ゆうかく》に移転し、廓町《くるわまち》として統制された。

播磨国室津の遊女(『法然上人絵伝』巻三十四より)

参考文献 脇田晴子『女性芸能の源流』(角川選書)、二〇〇一、角川書店。 (脇田 晴子)

〔近世〕近世初頭の遊女は、*傾城《けいせい》・歌舞伎女《かぶきおんな》・歌舞伎太夫《た ゆう》とも呼ばれ、歌舞を演じる芸能者としての性格を色濃く持っていた。慶長十年(一六〇五)代から元和《げんな》年間(一六一五―二四)には、京の四条河原や駿府《すんぷ》、尾張などで遊女による*歌舞伎興行が行われたり、遊女が宮中に参入して能を披露したりしている。一方、一六一七年の『コックス日記』には「カボキ(歌舞伎)即ち日本俳優又は娼婦《しょうふ》」とあり、遊女＝歌舞伎女＝*娼婦という認識は、当時かなり一般的なものであったことがわかる。しかしその後、女性の芸能活動は幕府によって次第に禁圧され、遊女らは、十七世紀半ばころまでに成立した三都の遊廓《ゆうかく》内に囲い込まれる。それでも初期の遊廓には、いわゆる名妓《めいぎ》といわれ諸芸に秀で高い教養を身につけた遊女が少なからず存在していた。天和元年(一六八一)に刊行され、婦道《ふどう》を説く教訓書の性格をもつ*仮名草子『名女情比《めいじょなさけくらべ》』には「恋しり分《わけ》しり情しり、人の人たる道にして世の手本にせまほしき」女性として、当時実在した遊女六人が取上げられ、その聡明《そうめい》さと真情の深さが讃《たた》えられている。遊廓の公認・成立は、遊廓外での売春営業を厳しく取り締まることになったが、そうした取り締まり策は現実には効

江戸新吉原の遊女(「三浦屋図絵馬」より)

を奏《そう》さず、遊廓外に新たな*私娼《ししょう》街が発展することを押し止めることはできなかった。私娼街の発展は、芸能や教養を身につけない大量の娼婦を生み出す契機となった。またそれに伴って既成遊廓の遊女たちも次第に芸能者としての性格を喪失し、もっぱら性を売る娼婦としての性格を強めていった。遊女には、容姿、身につけた諸芸や教養などに応じて、*太夫《たゆう》、格子《こうし》・天神《てんじん》、*鹿子位《かこい》・散茶《さんちゃ》など、地域や時期によって異なるもののさまざまな等級があり、*揚代《あげだい》にも大きな格差があった。宝暦《ほうれき》—天明期(十八世紀後半)の*吉原で、最上級の太夫とそれに次ぐ格子が相ついで消滅したことは、教養・諸芸に秀でた遊女の衰退を象徴的に示している。こうして娼婦としての性格を強めた遊女に代わって、十八世紀後半以降、遊芸の担い手として台頭してくるのが*芸者である。幕府・諸藩は、遊女と芸者を差異化して掌握《しょうあく》し、これが近代以降の*娼妓《しょうぎ》・芸妓《げいぎ》の別鑑札《べつかんさつ》制度につながっていった。

参考文献　滝川政次郎『遊女の歴史』、一九六五、至文堂。芸能史研究会編『日本芸能史』四、一九八五、法政大学出版局。西山松之助編『遊女(新装版)』(日本史小百科)、一九九四、東京堂出版。中野栄三『遊女の生活(増補)』(生活史叢書)、一九九六、雄山閣出版。

(曾根ひろみ)

ゆうじょかぶき　遊女歌舞伎　*遊女によって演じられた*女歌舞伎。慶長年間(一五九六—一六一五)、*出雲阿国《いずものおくに》が始めたかぶき踊りが大流行となり、技芸を売り物の一つとしていた遊女たちもこれに参入した。六条三筋町《みすじちょう》の遊女屋が四条河原に大舞台を設け、二十名以上の出演者が登場し、虎や豹《ひょう》の毛皮を敷いた床几《しょうぎ》に腰かけて外来の*三味線《しゃみせん》を奏するなど、規模と豪華さで群を抜いた。はっきりと色を売る目的なので容色も粒揃《つぶぞろ》いであり、スター級の遊女に佐渡島庄吾《さどしましょうご》・幾嶋丹後守《いくしまたんごのかみ》など男名前を名乗らせ、*太夫《たゆう》・和尚《おしょう》と称し、佐渡島歌舞伎などと喧伝した。遊女歌舞伎は、興行主(遊女屋)と芸能者(遊女)が別であること、巡業ではなく地域に定着していることが、それまでの芸能と異なっている。たびたびの禁令にもかかわらず、各地で上演されていたが、寛永六年(一六二九)、一切の女芸が禁止され、そのころ「和尚」たちが*吉原を追放されるという事態も起き、遊女が河原など一般の芸能の場から「廓《くるわ》」に囲い込まれる状況がうかがえる。

参考文献　小笠原恭子『出雲のおくに—その時代と芸能—』(中公新書)、一九八四、中央公論社。白倉敬彦『江戸の吉原—廓遊び—』二〇〇二、学習研究社。

(藤野　泰子)

ゆうじょき　遊女記　大江匡房《おおえまさふさ》(一〇四一—一一一一)著。『遊女記』の成立は不詳だが、匡房の晩年に書かれたと思われる。漢文で書かれており、*遊女を知る根本史料である。摂津《せっつ》国*江口・神崎・蟹島《かしま》などの遊女の様子や彼女たちに接する人々の様子を、「山城淀《よど》の津から西に一日下って行くと河陽《かや》の地に着く、山陽・南海・西海の三道は、水陸交通の要所である。江口・神崎・蟹島など民家が連なり、倡女《うため》が群れをなして小舟で旅船に近づき、水面が見えないほどの賑《にぎ》わいで天下一の楽天地である」と記している。「江口は観音《かんのん》という遊女がはじまりであり、中君《なかのきみ》・小馬《こま》・白女《しろめ》・主殿《とのも》などがいる。蟹島は宮城を宗として如《にょ》意《い》・高炉《こうろ》・孔雀《くじゃく》・立枚がいる。神崎には河菰《かこ》の姫が長者で弧蘇《こそ》・宮子・小児などがいる」と遊女独特な*源氏名をあげている。容姿については「声の美しさは倶戸羅《くしら》、姿の美しさは衣通姫《そとおりひめ》の再来のようである」とある。「上は卿相《けいしょう》より下は一般の庶民に至るまで寝室に導き滋愛《じあい》を施した。なかには貴族の妻妾《さいしょう》となり一生そいとげた者もいた。南は住吉社、西は広田社に繁栄を祈願し、道祖神《さえのかみ》を守り神としている」と信仰についても記している。「淀川を京都から河陽へ下るときは、江口の遊女を、西国から京都に上るときは神崎の遊女を愛した。また藤原道長は東三条院の住吉・天王寺参詣に随行して、小観音を愛し、上東門院の御幸に随行した頼通は中君を寵愛《ちょうあい》した。後三条院の行幸の時も狛犬《こまいぬ》、犢《こうし》などが小舟を並べて歓迎

した」と貴族たちにも触れている。報酬の分配についても、与えられた絹布や米を均等に分配し合っていたが、正当に行われない場合の口論はすさまじいという内容である。道長などの高位の公卿たちとのつき合いの深い遊女たちは、長者といわれた遊女たちで、遊女集団のリーダーとして遊女の共同体をまとめていたスター的な存在と思われる。『遊女記』は*傀儡《くぐつ》子のことを記している『*傀儡子記』と一対として書かれたものと思われる。『朝野群載』(新訂増補国史大系)、『古代政治社会思想』(大曾根章介校注、日本思想大系新装版、一九九四年、岩波書店)に所収。

参考文献 脇田晴子『女性芸能の源流—傀儡子・曲舞・白拍子—』(角川選書)、二〇〇二、角川書店。

(星 倭文子)

ゆうじょぼうこう 遊女奉公 江戸*吉原《よしわら》・京都島原《しまばら》・長崎丸山《まるやま》・大坂新町《しんまち》など全国の官許された二十五ヵ所の*遊廓《ゆうかく》に公娼《こうしょう》として奉公する女性のこと。女性が*遊女として奉公するには一般の女奉公とは異なり、かなりの制約規定があった。奉公をするについては、遊女奉公証文が必要とされた。その証文は一般に「請状《うけじょう》」といわれ、奉公契約書のことである。「請状」には奉公期間、給金、年齢、奉公の条件、宗旨、年季明け後のこと、病気、死亡、住替など、細部にわたり書き記され、末尾に楼主である遊女屋経営者宛と、人主、口入人《くちいれにん》、本人の署名捺印《なついん》がある。石井良助《いしいりょうすけ》によれば、宿場の*飯盛女《めしもりおんな》の請状は、かなり残されているが、吉原の遊女のそれは、きわめて少ないという。年季は、*下女奉公に比べ、長期にわたることが多く、平均二十年である。給金は、身代金《みのしろきん》と表現される。ということは「性の売買」の対価と解釈される。つまり「しち奉公」である。宗旨はキリシタンでないことを証明する。奉公の条件には厳しい拘束がある。遊廓は、大尽《だいじん》といわれる上層町人や、大名、武家などの談合の場で、一種の社交場でもあったことから、遊女もまた、それに対応するために、身だしなみ、ことばづかい、それなりの教養、たとえば、芸事、歌を詠むなどに気を配った。遊廓は、都市空間の別世界であり、そこに働く遊女たちは遊ぶ対象としてみずからの性を売り、奉公という厳しい現実に対峙《たいじ》しつつ「くるわ」の中での奉公を強いられていたのである。

参考文献 大阪人権歴史資料館編『産む性・遊ぶ性・女という性—江戸を生き抜いた女たち—』(特別展図録)、一九九三。西山松之助編『遊女(新装版)』(日本史小百科)、一九九四、東京堂出版。

(宇佐美ミサ子)

ゆうじょるざい 遊女流罪 *遊女に科せられた島流しの刑。江戸時代、流罪は死罪につぐ重刑であった。女流人《おんなるにん》の中でも遊女の流罪は町の女について多く、文化年間(一八〇四—一八)以降、幕末にかけて、『三宅島流人帳《みやけじまるにんちょう》』控《ひかえ》によると、伊豆諸島に島流しとなった遊女は約三〇%である。流罪の要因は、放火がもっとも多く、不義密通と続く。拘束された遊女にとって、自由になれる手段は放火であった。たとえば、嘉永《かえい》二年(一八四九)八月五日、京町一丁目で小見世《こみせ》を開業していた佐吉《さきち》という男が遊女の接待が悪いと、折檻《せっかん》し死亡させたという事件があった。この非道な仕打に十六人の遊女が抵抗し、結束して放火した。いうまでもなく主人佐吉は*遠島。放火した遊女四人も流罪となった。また東海道保土ヶ谷《ほどがや》宿でも、十五歳に満たない遊女が放火し、流罪の刑に処せられたが、十五歳未満のため、抱主の厳重な戒告《かいこく》と預かりの身となった。

参考文献 宮本由紀子「吉原遊女のゆくえ—流罪になった吉原遊女—」(『駒沢大学史学論集』一〇)、一九八〇。西山松之助編『遊女(新装版)』(日本史小百科)、一九九四、東京堂出版。関民子『恋愛かわらばん』、一九九六、はまの出版。宇佐美ミサ子『宿場と飯盛女』(同成社江戸時代史叢書)、二〇〇〇、同成社。

(宇佐美ミサ子)

ゆうせいがく 優生学 イギリスのF・ゴルトンが一八八三年に提案した人間の遺伝的資質の改良にかかわる要因の研究ユーゼニクス(ギリシャ語で良きうまれのものという意味)の訳語。優良とされる遺伝的資質を増大させようとする促進的優生学と劣悪とされる遺伝的資質を減少させようとする抑止的優生学の主張があり、二十世紀初頭から新興分野として世界的に受容されていった。日本の女性にかかわる分野では、大正・昭和前期、男性のみに性的放縦《ほうじゅう》を許す因習的結婚からの解放、避妊《ひにん》と妊娠中絶の自由、妊産婦保護や乳児死亡減少への母子保健などを推進する根拠として援用された。一方、国家の側からは、第二次世界大戦中の一九四〇年(昭和十五)に優生学を根拠として国家が劣悪とみなす遺伝的資質を減少させる断種施術を含む*国民優生法を成立させ、戦後は「不良な子孫の出生を防止」する*優生保護法を一九四八年に成立させた。優生保護法は女性運動の指摘で一九九六年(平成八)に優生の文言が削除され*母体保護法となった。

参考文献 鈴木善次『日本の優生学』、一九八三、三共出版。松原洋子「優生問題・人口政策編解説」(『性と生殖の人権問題資料集成(編集復刻版)』解説・総目次・索引、二〇〇〇、不二出版)。

(石崎 昇子)

ゆうせいほごほう 優生保護法 優生(不妊)手術と*中絶に関する法律。一九四八年(昭和二十三)制定。一九四七年、産児制限運動家の太田典礼《おおたてんれい》・*加藤シヅエ・福田昌子《ふくだまさこ》が提出した第一次法案は審議未了となる。その後医師谷《たに》口弥三郎《ぐちやさぶろう》による修正を経て可決成立。第一条目的に「優生上の見地から不良な子孫の出生を防止するとともに、母性の生命健康を保護する」とあるごとく、当初は遺伝性疾患《しっかん》やハンセン病の患者とその配偶者に対する優生政策が法の主眼で、戦中に作られた*国民優生法よりも内容的に強化された。だが、翌一九四九年の改定で中絶の適応条件として経済的理由が加えられ、さらに一九五二年改定で地方審査会による事前審査制を廃して医師会指定医師による認定のみで実施可能としたことにより、刑法

*堕胎罪《だたい》は残しつつ事実上中絶自由化への道が開かれた。戦後日本の急激な*出生率低下と*少子化を実現する上で、同法の果たした役割は大きい。だが一九六〇年前後からメディアによる「堕胎天国」非難報道が増え、一九七〇年代から一九八〇年代にかけて、宗教団体の支援を受けた「生命尊重」をうたう議員により改定案が国会に提出された。改定の主な目的は経済的理由の削除による規制強化であったが、日本家族計画連盟、産婦人科医、女性たちによる反対運動が展開され、世論の支持も得られなかったため、改定は実現しなかった。他方、一九七〇年ころより脳性麻痺《のうせいまひ》者団体の青い芝の会を中心に同法の体現する優生思想に対する批判が提起され、同法の廃止を求める障害者運動と中絶の選択権を守ろうとする女性運動の利害とが対立する局面もあった。しかしこの対立は女性運動が優生思想と障害者差別の問題に目覚め、女と障害者の共生の道を求めて連携する契機ともなった。一九九四年(平成六)、カイロでの国際人口開発会議における女性障害者安積遊歩《あさかゆうほ》による優生保護法告発は国際的注目を浴び、一九九六年、同法は優生条項を削除して*母体保護法へと全面改定された。

参考文献　谷合規子『なみだの選択—ドキュメント優生保護法—』、一九八三、潮出版社。溝口明代・佐伯洋子・三木草子編『資料日本ウーマン・リブ史』、一九九二—九五、松香堂書店。優生手術に対する謝罪を求める会編『優生保護法が犯した罪—子どもをもつことを奪われた人々の証言—』、二〇〇三、現代書館。

(荻野　美穂)

ゆうりょうたしかていひょうしょう　優良多子家庭表彰　同父母のもとに生まれ、正式認知された満六歳以上の子女十人以上を育て、死亡した子がなく、親子ともに性行善良な家庭を厚生大臣が表彰したこと。戦時下の多産報国思想の啓発《けいはつ》を意図して立案され、一九四〇年(昭和十五)十一月三日、優良多子家庭一万六百二十二戸を表彰(以後毎年実施)。一九三二年以降、政府の「*生めよ殖《ふ》やせよ」政策で上昇していた*出生率がこの年低下。原因は、出征《しゅっせい》兵員の増加と高い乳児死亡率(人口一〇〇〇人に付き一〇・六人)であった。同年九月、*厚生省体力審議会は「母性・乳幼児の体力向上について」を答申《とうしん》、多産報国思想の指導と多子家庭の経済的保護を唱《とな》え多子家庭子女奨学金制度などを設置。政府は一九四一年一月「*人口政策確立要綱《ようこう》」を閣議決定し人口増加策を強化促進。六月「*国民優生法」を成立、八月に厚生省内に人口局母子課を設置、一九四二年七月に「*妊産婦手帳」を作成交付した。

参考文献　東京歴史科学研究会婦人運動史部会編『女と戦争』(昭和史叢書)、一九八一、昭和出版。総合女性史研究会編『史料にみる日本女性のあゆみ』、二〇〇〇、吉川弘文館。

(山村　淑子)

ゆかた　浴衣　湯帷子《ゆかたびら》の略で入浴のときや後に着る単衣《ひとえ》。白地の晒《さら》し木綿や真岡《もうか》木綿を用い、浴後の着用に加えて下層の庶民は単衣や帷子《かたびら》に代えて用いた。江戸時代、庶民生活に風呂屋が普及して、いわゆる浴衣染が発達し、浴後に着用する着物を浴衣というようになった。その後盆踊りの祭礼着物として使用されるようにもなり、元禄ごろには温泉場浴衣が作られ、*伊勢参りで講中の揃《そろい》浴衣を合羽《かっぱ》代わりにもした。

参考文献　江馬務他監修『近世風俗事典』、一九六七、人物往来社。

(小和田美智子)

ゆきそめ　行始　平安時代の*婚姻儀式の一つで、妻の家で*露顕《ところあらわし》が行われた後、妻方からはじめて外出すること。初出行・初出仕・始出行とも表記される。妻方での結婚式が終ると、婿《むこ》は公然と妻の家での同居生活を始めるが、『江家次第《こうけしだい》』二〇に「執聟事、近代例」として「択吉日、聟公出仕」とあるように、婿は数日間妻方で過ごした後吉日を選び、妻の家から初の外出が行われる。これは、通常の外出ではなく、*文使《ふみづか》ひから始まる婚姻儀式の最期の儀式として観念されており、行始が終ると一連の婚姻儀式はすべて終了することになる。平安時代の婚姻はムコトリと表現されるように、男が結婚すると妻方へ取られると観念され、生活全般を妻方が賄《まかな》うため、行始の牛車《ぎっしゃ》や服装等すべてを妻方が新調して婿に提供し、外出には妻方の家族成員が随従《ずいじゅう》した。婿の行き先は婿の父親の家の場合が多くみられるから、婿の実家への*里帰りの意味があったと考えられる。

参考文献　『古事類苑』礼式部。高群逸枝『招婿婚の研究』(高群逸枝全集)、一九六六、理論社。

(栗原　弘)

ユグァンスン　柳寛順　Yu Guang-sun　一九〇二—二〇　植民地期朝鮮の独立運動家。忠清南道天安に、儒者出身でキリスト者になった父柳重権と母李氏の長女に生まれる。一九一六年(大正五)ソウルの梨花学堂普通科三学年に入学。同校はキリスト教系私立女学校で朝鮮初の近代的女子教育機関である。一九一九年十六歳の時に三・一独立運動を体験、すぐに帰郷して示威《じい》運動を計画。四月一日並川の定期市に集まった群衆に太極旗を配り「独立を勝ちとろう」と演説、先頭にたってデモ行進を敢行。日本軍警による無差別の発砲や銃剣により、両親を含む二十余人の惨殺者がでた。逮捕され兄とともに裁判にかけられるが、「日本人に処罰する権利はない」と裁判を拒否。一審で首謀者として懲役三年宣告。上告しソウルの法院に移管、獄中でも不屈の闘いを続ける。翌一九二〇年十月拷問《ごうもん》による衰弱により十七歳で獄死。韓国では現在でも「朝鮮のジャンヌ＝ダルク」と称えられ、柳寛順烈士記念館や独立記念館(天安市)や、獄死した西大門刑務所跡の歴史館(ソウル)で足跡を辿《たど》ることができる。

参考文献　姜徳相『朝鮮独立運動の群像(新装版)』、一九九八、青木書店。

(金　富子)

ユタ　ユタ　神がかりや霊感により神霊《しんれい》などと直接交信・交流し、託宣《たくせん》・卜占《ぼくせん》・予言・口寄せ・病気治療などを行う霊的職能者・*シャーマンのこと。このようなシャーマンを奄美《あまみ》・沖縄地方では他称「ユタ」と称するが、自称としては「サーダカウマリ」「ウマリ」などがあり、同様に宮古《みやこ》の「カンカカリャー」、八重山《やえやま》の「カンピトゥ」「ムヌチ」「ニガイビー」などがある。琉球《りゅうきゅう》国時代に王府は「トキ」(男の巫者《ふしゃ》)、「ユタ」(女の巫者)を区別していたが、いまは男のシャーマンをも含めて「ユタ」と呼んでいる。ただし圧倒的に女性が多い。ユタになる多くの者は、それ以前肉体的・心理的危機や不安・苦痛・苦悩を経験している。肉体的苦痛は体調の不調や病気で、病院ではなかなか治らず、ユタや占い師に原因をつきとめるべく相談している。心理的不安は家族の不和や死、災害や生活苦などから生じており、ユタなどに原因の追求と解消を求めるのである。苦痛や不安の原因がユタのハンジ(判断)により「カミダーリ」(巫病《ふびょう》、神霊が与えた病)であるとされたとき、ユタに従い神霊が自分に何を求めているのか、聖地を巡回してその声を聞こうとする。それにより苦痛や不安が徐々に解消され、神霊との交信技術を習得し、かつ自分の霊能により顧客が得られれば、ここにユタが誕生する。ユタは自分の守護神を持ち、その啓示に従って顧客に神霊の声を伝える。顧客の求めに応じてユタが判断する内容は、主として顧客の運勢・相性・事業の成否・風水判断・病気や不安の原因や解消法などである。ユタが不幸・不安の原因として語ってきた内容に、これまで祖先祭祀《さいし》に関する異常・違反の指摘が多かったことから、位牌《いはい》祭祀のあり方が社会問題の一つとされてきた。ユタはシャーマニズム研究の好対象として、これまで幾《いく》多《た》の世界的かつ学際的な研究がなされてきた。なかでも中国の女性シャーマンである「巫婆《ウーポー》」との類似性は、今後比較検討されてしかるべきだろう。

参考文献 桜井徳太郎『沖縄のシャマニズム―民間巫女の生態と機能―』、一九七三、弘文堂。山下欣一『奄美のシャーマニズム』(日本民俗学研究叢書)、一九七七、弘文堂。佐々木宏幹『シャーマニズムの人類学』、一九八四、弘文堂。大橋英寿『沖縄シャーマニズムの社会心理学的研究』、一九九八、弘文堂。

(渡邊 欣雄)

ゆな　湯女 風呂屋にいた接客婦・*私娼《ししょう》。起源は温泉宿の垢《あか》すり女で、江戸時代のはじめ、京・江戸などの風呂屋の湯女が大流行した。三浦浄心《じょうしん》『慶長見聞集《けいちょうけんぶんしゅう》』では、江戸の町ごとに風呂があり、それぞれ湯女が二十～三十人いたという。湯女風呂は蒸し風呂で、火の用心のため、風呂営業は日中に限られていた。夕方には風呂の上がり場に金屏風《きんびょうぶ》を引き回し、座敷に仕立て、垢すり女が着替えて唄《うた》・*三味線で接客した。寛永《かんえい》九年(一六三二)以降、公許の*吉原《よしわら》は夜間営業を禁じられていたため、麴町《こうじまち》や下《した》谷《や》町・神田などの湯女風呂が繁盛、売春も行うようになる。寛永十四年、一風呂の湯女は三人に制限されたが、神田の堀丹後守直寄《ほりたんごのかみなおより》の屋敷前にあった風呂屋は丹前《たんぜん》風呂と呼ばれ人気を集め、この風呂屋の湯女勝山《かつやま》の髪型が流《は》行《や》ったりもした。慶安《けいあん》元年(一六四八)湯女禁止令、明暦《めいれき》三年(一六五七)*新吉原《しんよしわら》移転を機とする湯女風呂取りつぶし策でも根絶できなかったが、新吉原での夜間営業許可と、検挙された湯女の新吉原送致によってようやく消滅し、湯船のある入浴のみの湯屋《ゆや》(銭湯)が一般化する。

湯　女　図

参考文献 比留間尚「湯女と髪床」(『日本生活風俗史』江戸風俗四、一九六一、雄山閣)。

(下重 清)

ゆひ　ゆひ ⇨ゆい

ゆまきます　湯槇ます 一九〇四―九一 日本看護界の先駆者《せんくしゃ》。岡山生まれ。聖路加《せいろか》高等看護婦学校卒業後、ボストン看護学校、コロンビア大学師範科で学び、聖路加国際病院看護監督と学校主事を務める。トロント大学看護教育学科留学後、一九五四年東京大学医学部衛生看護学科助教授に就任。初の国立大学教育研究者となった*看護師が、医師の補助的な扱いであった看護を学問とするには多大な困難があったが、看護の学問性・看護の本質を「看護道」として追及する。日本看護協会会長として、実践の質の向上を目指す教育の体系化等に取り組む。V・ヘンダーソン『看護の基本となるもの』を紹介し、『ナイチンゲール著作集』をまとめ、看護の真髄を日本看護界にもたらした。著書『グロウイング・ペイン』(一九八八年、日本看護協会出版会)ほか編著書・訳書など多数。ナイチンゲール記章受賞。

参考文献 大森文子『大森文子が見聞した看護の歴史』、二〇〇三、日本看護協会出版会。

(佐々木裕子)

ゆめかぞえ　夢かぞへ 幕末の歌人・勤王家《きんのうか》*野村望東尼《のむらぼうとうに》の日記。自筆原本は四巻、四冊。慶応元年(一八六五)望東尼六十歳の時に書かれた。望東尼は福岡にあって尊攘《そんじょう》派の志士を援助してきたが、この年弾圧を受け、六月二十四日より謹慎となった。八月十八日に生家の浦野家へ移され、十一月十四日玄界灘《げんかいなだ》の姫島へ流罪。冒頭、肌寒い六月に白梅の花の夢を見たことから始まり、十一月三十日紙がつきるまで、監視下の不自由な日々のなかで見聞したことを歌をまじえながら、かなで綴っている。続きは『姫島日記』。望東尼は翌年九月十六日、高杉晋作《たかすぎしんさく》の命によって救出され、下関にかくまわれた。テキストは

『野村望東尼・獄中記—夢かぞへ—』(小河扶希子編、一九九七年、葦書房)。 (椙山　聖子)

ユモジいわい・カネツケいわい　ユモジ祝い・カネツケ祝い　女子の成人儀礼、すなわち成女儀礼を指す。ユモジとは女子の*腰巻《こしまき》を意味する語であり、地域によってはヘコともいう。またカネツケは鉄漿《かね》で歯を黒く染める化粧法を意味し、いずれも一人前の女性になるための儀礼を象徴する民俗語彙《ごい》である。千葉県でユモジ祝いという表現が聞かれるが、一般的にカネツケ祝い・*ヘコ祝いとよばれている地域のほうが多い。たとえば長崎県五島《ごとう》列島では女子のヘコ祝いを特に盛大に行う風があり、たとえば福江《ふくえ》市(五島市)では女子は十三歳になると婚礼衣裳を準備して氏神《うじがみ》に参るが、その費用を調達するために身代をつぶす親さえあったという。また久賀島《ひさかじま》ではこの祝いを「十三皿割」ともいい、この年には*処女を失ってもよいという伝承があった。ヘコとは本来褌《ふんどし》を意味する語であるが、この地域ではヘコは褌とともに腰巻も意味したのである。一方カネツケ祝いの機会に擬制《ぎせい》的親子関係を結ぶ例もある。たとえば鳥取県日野郡日南町《ひのぐんにちなんちょう》では、男女とも十三歳の時に地域の中で地位財産のある者と親子関係を結ぶ。この親をカナオヤ、子はカナムスメとよぶ。男子もカナコと称して擬制的親子関係を結ぶこともあったが、女子はほとんどの者がカナムスメに行くのに対して、男子がカナコにゆくケースは少ない。この擬制的親子関係は親の家に奉公する代わりに将来後見人として何かと援助をしてもらうことが目的であるという。また伊豆諸島の利島《としま》では、大正末ごろまで正月二日にカネツケ祝いが行われていた。十五歳になった娘たちは夕刻から晴着《はれぎ》を身にまとい、*化粧をして頭を銀杏返《いちょうがえ》しに結う。そこへ仮装した男性たちが現われて娘たちに水や濁《にご》り酒をかける真似をする。この儀礼が終ると娘たちはそれぞれ家へ帰り、親戚を大勢招いて盛大な祝いの宴が開かれる。また娘はこの時にはじめて腰巻をつけてもらったという。このように利島の成女儀礼は、性的に一人前の女性になったことを露骨な方法で披露《ひろう》する意味を持っていた。

参考文献　大間知篤三『大間知篤三著作集』三、一九七六、未来社。瀬川清子『女の民俗誌』(東書選書)、一九八〇、東京書籍。八木透編『日本の通過儀礼』(仏教大学応陵文化叢書)、二〇〇一、思文閣出版。 (八木　透)

ゆや　熊野　生没年不詳　平安時代末期・鎌倉時代初期の遠江国池田宿《とおとうみのくにいけだじゅく》(静岡県磐田《いわた》市)の長者。『*平家物語』には平宗盛《たいらのむねもり》が遠江守であった際、熊野の娘侍従《じじゅう》は京に召し出され、寵愛《ちょうあい》を受けたが、優れた*和歌を読んでようやく帰郷を許された話がある。また、侍従は鎌倉に護送される途中の平重衡《しげひら》に和歌を捧げて慰めていて、和歌の素養が深かった。*御伽草子《おとぎぞうし》『唐糸《からいと》そうし』では源頼朝の前で*今様《いまよう》を歌った*白拍子《しらびょうし》の一人とされ、雅楽「太平楽《たいへいらく》」を舞っている。源範頼《のりより》の母は池田宿の*遊女であり、熊野はこうした遊女を統括する存在であった。 (盛本　昌広)

ゆやしずこ　油谷倭文子　一七三三—五二　江戸時代中期の歌人、文人。江戸京橋《きょうばし》の富裕な商家伊勢屋平右衛門《いせやへいえもん》の娘。幼いころから文才があり、倭文子の望みで賀茂真《かものま》淵《ぶち》に入門し、*和歌・文章を学ぶ。師からもその才能を認められ、鵜殿餘野子《うどのよのこ》・進藤筑波子《しんどうつはこ》とともに縣門《あがたいもん》の三才女と称された。二十歳の若さで亡くなったため、著作などは少ないが、真淵はじめ多くの歌人・国学者が彼女の死を悼《いた》み、追悼歌《ついとうか》を遺している。十八歳の時に母とともに伊香保《いかほ》(群馬県北群馬郡伊香保町)の温泉へ旅した時の紀行文が『伊香保の道ゆきぶり』で、死後宝暦《ほうれき》八年(一七五八)に刊行された歌文集が『文布《あやぬの》』である。『文布』という題は、倭文子が真淵に入門し、和歌などを短期間に習得したことを、古代の織物の織り方の習得になぞらえて、彼女の和歌が古代に織られた美しい帯地に匹敵《ひってき》するほどのものであるとの比喩《ひゆ》からくる。『伊香保の道ゆきぶり』、追悼歌も『文布』に収められている。

参考文献　大川茂雄他編『国学者伝記集成(復刻)』(辞典叢書二七—二九)、一九九七、東出版。 (桑原　恵)

よ

よあらしおきぬ　夜嵐おきぬ　一八四〇―六九　本名原田きぬ。浅草の*水茶屋勤めから、金貸し小林金兵衛の妾《めかけ》となった。役者の嵐璃鶴《あらしりかく》と*密通し、子供を妊《みごも》ったため、旦那金兵衛を毒殺したがすぐ発覚、牢内で男児を出産したのち、小塚原《こづかっぱら》で斬首された。草双紙《くさぞうし》『夜《よ》嵐《あらし》阿衣《おきぬ》花《はな》廼《の》仇《あだ》夢《ゆめ》』で一躍有名になった。おきぬが子供の行く末を思い、この事件との関与を否定した璃鶴は、佃島《つくだじま》で数年の刑を終えたのち、市川権十郎《ごんじゅうろう》と名を改め、長く役者を勤めた。

参考文献　橋本勝三郎『江戸の百女事典』(新潮選書)、一九九七、新潮社。　(藤野　泰子)

ようかかい　八日会　女性社会主義研究グループで、一九二三年(大正十二)第一回*国際婦人デー開催への原動力となった研究会。一九二一年第二回メーデーで勇名を馳《は》せた「*赤瀾会《せきらんかい》」の後、あまり目立つ運動をしない社会主義グループとして、女性たちが、山川均《やまかわひとし》・菊栄《きくえ》夫妻の水《すい》曜会《ようかい》に参加し、はじめは「七日会」と称し、のちに一九二二年の国際婦人デーにむけて、「八日会」と改称、菊栄の指導を受けていた。一九二三年の日本における「第一回国際婦人デー」を開催する原動力となった。集会は講演会の形式で、神田青年会館で開かれた。雑誌『種蒔《ま》く人』の同人たちが宣伝、資金などの援助に奔走《ほんそう》し、やっと開催にこぎつけた。参加者は約三千名、女性は三分の一を占めたと記録されているが、実数はもっと少ないと思われる。講演者はすべて女性(八名)で、開会後わずか四十分で、赤化防止団や警察の介入で騒然となり解散させられた。この行事は日本女性が国際的連帯の集会がもてたことの意義は大きい。ほかに「露国飢饉《ろこくききん》救済婦人有志会」に広範囲の婦人有識者を参加させ多額の募金が集められた。

参考文献　小山伊基子「「赤瀾会」から「八日会」へ」(総合女性史研究会編『日本女性史論集』一〇、一九九八、吉川弘文館)。　(小山伊基子)

ようさん　養蚕　〔古代〕日本でも原始時代以来、天蚕《やままゆ》や野生の桑蚕《くわこ》から得た蚕糸《さんし》による織物生産が行われていたようであるが、弥生時代から連綿《れんめん》と続いた渡来人の移住により、日本古代の家蚕《かさん》を用いた養蚕は徐々に本格的なものになっていったとみられている。律令国家の成立とともに蚕糸それ自体や、蚕糸を織成した絹や絁《あしぎぬ》が税として徴収されることになり(『養老令《ようろうりょう》』賦役令《ぶやくりょう》調絹絁条)、国内各地で家内労働としての養蚕が盛んになっていったようである。そして、中央の大蔵省《おおくらしょう》・織部司《おりべのつかさ》では専業の丁《てい》匠《しょう》(男性織手)が(同職員令《しきいんりょう》織部司条)、また諸国の国衙《こくが》工房でも上番した徭丁《ようてい》(織手)が(天平六年(七三四)『尾張国《おわりのくに》正税帳《しょうぜいちょう》』ほか)、それぞれに蚕糸を用いた錦《にしき》(複数の色糸で絵柄を織り出したもの)や綾《あや》(単色糸で柄を織り出したもの)といった高級絹織物の織成を行なっていたようである。ところで、家内労働としての養蚕の中で大きな位置を占めるのが、蚕が孵化《ふか》してから繭《まゆ》を作るまでの約二ヵ月の間、蚕に与える桑の葉を摘む作業である。八世紀の在地社会の実態を伝える貴重な史料である『*日本霊異記《にほんりょういき》』中の「女人の大きなる蛇に婚《くながい》せられ、薬の力に頼りて、命を全くすること得し縁第四十一」には、河内《かわち》国更荒《さらら》郡馬甘《うまかい》里の富める家の女子が天平宝字《てんぴょうほうじ》三年(七五九)の夏四月に桑の木に登ってその葉を摘んでいたとの記述がある。また、『日本後紀』延暦《えんりゃく》十五年(七九六)十一月乙未《いつみ》条には「遣伊勢、三河、相模、近江、丹波、但馬等国婦女各々二人於陸奥国、教習養蚕限以二年」との記事があり、陸奥《むつ》国へ養蚕の技術を伝える教官として各国の「婦女」二名が派遣されたことがうかがわれる。このことはこの時期の養蚕労働の担い手が主に女性であったことを雄弁《ゆうべん》に物語っている。続く平安時代の史料としては『*今昔物語集』の中に興味深い史料が散見する。巻二十第四十九話は前掲の『日本霊異記』中第四十一話の類話であり、平安時代にも同様の状況が存在したことが確認できる。また、巻二十六「三河国に犬頭糸《いぬかしらのいと》を始めし語第十一」には、三河国の郡司の妻二名が養蚕に勤《いそ》しむ様子が具体的に描かれている。周知のとおり、後世の養蚕は老若男女を問わず家族全員の手で行われるが、以上のように日本古代の養蚕の実態に関しては、その全貌《ぜんぼう》は明らかにはされていないものの、断片的に遺された史料から垣間見る限り、基本的に女性労働であったとみてよいであろう。

参考文献　鋳方貞亮『日本古代桑作史』、一九四八、大八洲出版。遠藤元男『織物の日本史』(NHKブックス)、一九七一、日本放送出版協会。服藤早苗「古代の女性労働」(女性史総合研究会編『日本女性史』一、一九八二、東京大学出版会)。西野悠紀子「村と都の生活」(総合女性史研究会編『日本女性の歴史―女のはたらき―』一九九三、角川書店)。　(宮瀧　交二)

〔中世〕鎌倉時代の史料には*地頭が「蚕養《さんよう》」の際に百姓を徴発する事例がみられる(『*吾妻鏡《あずまかがみ》』寿永元年(一一八二)五月二十六日条など)。文保《ぶんぽ》二年(一三一八)九月の若《わか》狭国倉見庄《さのくにくらみのしょう》御賀尾浦《みかおうら》百姓申状《ひゃくしょうもうしじょう》には桑を差し押えられた上に、「被入養女《かいめ》」と述べているが、これは百姓の女性を蚕の世話のため徴発するという意味であり、他の事例の場合も女性の徴発が行われたことを示している。また、文永五年(一二六八)八月の駿河国《するがのくに》賀島庄《かじまのしょう》実相寺《じっしょうじ》衆徒《しゅうと》申状では院主代が遊君を寺内に迎え、「蚕養」を行わせていることを非難している。さらに、正安《しょうあん》二年(一三〇〇)三月の備後国大田庄《びんごのくにおおたのしょう》百姓申状では、預所淵信《あずかりどころえんしん》が女性を連れて来て「蚕養」をしていることを非難している。こうした事例から百姓以外の女性にも養蚕の知識があり、養蚕が主として女性により行われたことが推測される。さらに、繭《まゆ》からの*生糸や綿《わた》、絹布・絹織物の生産も女性の役割であり、地頭や*預所などは多数の女性を使用して、大規模な養蚕を行い、大量に絹関係製品を生産して富の獲得を図っていた。百姓各家ごとでも養蚕は行われていたが、小規模なもので、織機を必要とする絹布・絹織物生産は困難であり、こうした生産手段は領主層が独占していた。特に高級絹織物生産は各地から集中する絹布を材料にして、京の官司《かんし》を源泉とする織手(主に男性)に担われていたと考えられる。一般に養蚕は絹布が貨幣として使用されなくなり、中国から生糸や絹織物の輸入が盛んになったため、衰退したと考えられているが、室町・戦国時代には加賀・越前など北陸地方、「仁田山絹《にたやま》」などの絹製品の名が史料にみられ、特定地域に限定されて生産が行われていた。仁田山は群馬県桐生市《きりゅうし》付近の地名であり、近世に絹織物生産地として有名な桐生など上野国《こうずけのくに》との連続性が窺われ、室町・戦国時代には養蚕は新たな展開を迎えていた。

参考文献 網野善彦『女性の社会的地位再考』(神奈川大学評論ブックレット)、一九九九、御茶の水書房。同『中世民衆の生業と技術』、二〇〇一、東京大学出版会。永原慶二『苧麻・絹・木綿の社会史』、二〇〇四、吉川弘文館。

(盛本 昌広)

〔近世〕蚕《かいこ》を飼育し、製糸原料の繭《まゆ》を生産すること。古代から行われていたが、本格化するのは中国産の輸入白糸《しらいと》が制限された十七世紀末以降である。近世には農家の副業として盛んになり、奥州《おうしゅう》や上州《じょうしゅう》など養蚕の盛んな地域では、羽化《うか》・交配させて蚕種《さんしゅ》をとる蚕種生産、繭から糸をとる製糸生産、生糸《きいと》から絹織物を織る織物生産とに次第に分化していくとともに、大規模な養蚕経営も出現する。蚕を飼い、繭をとるまでの約一ヵ月程度に集中する養蚕労働には女性が従事することが多く、小規模な家族経営で妻や娘たちが従事したのはもちろんのこと、大規模な経営に奉公人《ほうこうにん》として雇われる女性も数多く見られた。近世中後期に多数著述された養蚕書の中でも「養蚕は農村女性の仕事である」ということが強調され、挿図にも女性の姿が描かれている。ただし養蚕書の著者は男性であることからも養蚕経営や技術的指導の中心は主に男性が担っていたことがわかる。

参考文献 長野ひろ子「近世後期農村の「家」経営体におけるジェンダー分業」(『日本近世ジェンダー論—「家」経営体・身分・国家—』二〇〇三、吉川弘文館)。同「日本近世の衣料生産とジェンダー言説」(同)。高橋菜奈子「近世東北農村における女性雇用労働—養蚕経営の結金帳分析から—」(『総合女性史研究』二一)、二〇〇四。

(高橋菜奈子)

〔近現代〕蚕《かいこ》を育てて、蔟《まぶし》という枠に入れ、蚕の吐く糸で繭《まゆ》を作らせる、これが養蚕である。繭から生糸《きいと》ができる。蚕を飼うには、蚕種《さんしゅ》を購入し、孵化《ふか》させる。飼料には桑《くわ》がいる。桑は自家で栽培、不足分は購入する。桑の栽培、桑とり、施桑《せそう》、残り滓《かす》、蚕の糞の始末、蚕が成長するにつれて蚕座(かご)の拡大、交換、蔟つくり、蚕の蔟への移し替え、繭かきと、期間は春・夏・秋の四十五日～二十日と限定されているが、*田植え、麦収穫などの時期と重なるため、重労働である。地域によっては幕末から盛んになる所もあるが、埼玉県比企郡《ひきぐん》の農村の場合、村で養蚕を行う農家が増えたのは、明治二十年代である。より速く収益の上がる養蚕を広めた人々は蚕業者と村の有力者であった。養蚕の記録をみると、家族全部の労働力が投入されている。上蔟《じょうぞく》・糸取り・*機織《はたお》りには女性の手が必要である。生糸は近代国家の利益に関わるもので、地方の農会が中心となって、稚蚕飼育《ちさんしいく》・繭の共同乾燥・共同出荷などに力を入れている。一九二四年(大正十三)当時は、養蚕農家が約二百万戸、日本の花形産業だったが、一九九五年(平成七)には養蚕農家が約一万九千戸、生糸生産量も昭和初期の約一〇%となり、農林水産省の繭糸《けんし》課も廃止された。

参考文献 埼玉県蚕糸業協会編『埼玉県蚕糸業史』、一九六〇。手打明敏「明治二〇年代埼玉県下における養蚕農民の教育・学習活動についての考察」(『埼玉県史研究』一〇)、一九七六。『朝日新聞』一九九五年一月二十八日。

(岩井サチコ)

ようじょ　養女　擬制《ぎせい》的な親子関係を結んだ女子。後見に恵まれない*親族の女子を保護したり、子どもに恵まれない女性が親しい関係にある女子を養育することが多いが、十一世紀後半に藤原頼通の養女媄子《げんし》が*入内《じゅだい》したことを契機に、有力貴族が将来入内させるという政治的意図をもって親族の女子を養女とすることが見られるようになり、十二世紀には実際の養育を伴わない名目的な養女や、改姓を伴う養女の例も登場する。

参考文献 高橋秀樹『日本中世の家と親族』、一九九六、吉川弘文館。倉田実『王朝摂関期の養女たち』、二〇〇四、翰林書房。

(高橋 秀樹)

ようじょうくん　養生訓　⇩貝原益軒《かいばらえきけん》

ようじょしょうもん　養女証文　養子縁組によって他人の子を貰い自分の子として育てる際、契約をかわす証書を養子証文という。女子の場合には特に*養女と呼ぶことが多い。ふつうの養子とは違って実質的には*人身売買と変わらない養女もみられた。たとえば、京都の*祇園《ぎおん》では実の親にこれまでの養育料という名目で金銭を支払い、その養女証文には、一生不通養子として実の親との関係を断絶させる文言や、どのような賤《いや》しい奉公に使われてもよいとする文言が加えられた。

参考文献 小林雅子「公娼制の成立と展開」(女性史総合研究会編『日本女性史』三、一九八二、東京大学出版会)。

(柳谷 慶子)

ようぜいいん　瑶泉院　一六七四—一七一四　江戸時代中期の播磨《はりま》国赤穂《あこう》藩主浅野長矩《ながのり》の*正室。備後《びんご》国三次《みよし》藩主浅野長治《ながはる》の三女。名は栗または阿久里《あぐり》。元禄《げんろく》十四年(一七〇一)長矩が江戸城中で高家吉良義央《こうけきらよしなか》に斬りつけて切腹となり除封。生家の三次藩主浅野長照《ながてる》が幕府に願い出て、赤坂の下屋敷に移居。髪をおろし、はじめ寿昌院《じゅしょういん》と号すが、瑶泉院に改めた。家臣の信望が厚く、事件の報に接した際も取り乱さなかったといわれる。

参考文献 田中章子『おんな忠臣蔵』(ちくま新書)、一九九八、筑摩書房。

(久保 貴子)

ようそう 洋装 西洋風の服装。明治期に欧化政策が進められ、衣服の面でも洋服着用が奨励され、軍人や官吏《かんり》・教員をはじめとして男性の公的生活の衣服として普及した。女性の場合は、夜会用のドレスなどが輸入されたが皇族・華族など上流階層の特殊な風俗にとどまり、一般社会では優美・従順という封建的女性像に適合する衣服としての和服の着用が当然視され、第二次世界大戦期まで和装が主流であった。一般女性の洋服着用は看護婦服やバス車掌服など機能性を求める職業的制服から始まり、「*職業婦人」の増加とともに公的生活の衣服として浸透していった。また関東大震災の影響として、行動に自由な洋服が見直されることになる。大正後期からは女学生制服として*セーラー服が用いられ、洋装の全国化が進む契機となった。昭和初期には断髪にスカートの*モダンガールが現われ、ワンピースの簡易服アッパッパも家庭婦人に広まったが、大戦期には*モンペに統一されていくことになる。

参考文献 村上信彦『服装の歴史』、一九五五-七五、理論社。家永三郎『日本人の洋服観の変遷』、一九七六、ドメス出版。柳洋子『ファッション化社会史―ハイカラからモダンまで―』、一九八二、ぎょうせい。島川雅史「男は洋服・女は和服―近代服装文化の思想―」(歴史教育者協議会編『学びあう女と男の日本史』二〇〇一、青木書店)。

(島川 雅史)

ようちえん 幼稚園 世界で最初の幼稚園は、一八四〇年フレーベルによってドイツに創設された。わが国においては一八七六年(明治九)に東京女子師範学校附属幼稚園がはじめて開設された。この幼稚園は、海外の幼児教育事情に明るかった関信三を監事として、フレーベルの流れをくむドイツ人松野クララを主任保母として保育が始められた。草創期の幼稚園は高い保育料を払える裕福な家庭の幼児に限られ、その普及は遅々としていた。その当時、学齢未満の幼児が小学校へ多数入学し、幼児の心身の発育を害することが懸念されたこともあって、文部省は、一八八二年、一般大衆子女のための簡易幼稚園の設置を奨励したが、財政上の問題からその設置は難しかった。その後、社会経済状況の好転を機に幼稚園は普及していった。一九二六年(大正十五)の「幼稚園令」および「幼稚園令施行規則」は幼稚園制度の基本法となった。第二次世界大戦後の一九四七年(昭和二十二)には学校教育法が制定され、幼稚園は学校体系の一環として位置づけられ、幼稚園の新しい目的・目標が示された。また、保母の名称が教諭と改められた。一九六一年ごろから「人づくり論」が活発になり、幼児教育の重要性についての認識が高まってきた。文部省は増大する保育需要に応じるために、一九六四年に幼稚園教育振興七ヵ年計画を、一九七二年には幼稚園教育振興十ヵ年計画を実施し、その充実に努めた。その結果、一九八三年では幼稚園数が史上最高の一万五一八九(国立四八、公立六二二六、私立八九一五)までとなった。しかし、第二次ベビーブーム以降出生数は減少したため、一九八五年から廃園に追い込まれる幼稚園が出始めた。この状況に対して多くの幼稚園では生き残りをかけて経営戦略にしのぎを削り、バス通園、給食、長時間保育を実施したり、三歳児就園率のアップに取り組んでいる。保育園化する幼稚園の実態に対して、文部省は、幼稚園運営の弾力化を強調し、一九九八年(平成十)、幼稚園教育要領のなかで「預かり保育」を正式に位置づけた。最近は、教育の場としての幼稚園が、幼児期における生活の場として重要なものとなり、また、保護者への子育て支援機能と地域幼児教育センターとしての役割も求められている。

参考文献 中谷彪『幼稚園の制度と歴史』、一九八二、家政教育社。

(山田美津子)

ようひめ 溶姫 一八一三―六八 江戸時代後期、加賀藩主前田斉泰《なりやす》の*正室。十一代将軍徳川家斉《いえなり》の娘。母は*お美代《みよ》の方。文化十四年(一八一七)十三代将軍家定《いえさだ》の*御台所《みだいどころ》敬子《すみこ》(天璋院《てんしょういん》)の*養女並となる。文政十年(一八二七)前田斉泰と婚姻。三男を生む。天保元年(一八三〇)生まれの長男慶寧《よしやす》はのち藩主となる。天保十二年生母お美代の方を藩邸に引き取る。明治元年(一八六八)大名の妻子は国元に移ることとなり、溶姫も金沢に移居するが、ほどなく没す。法名は景徳院《けいとくいん》。

参考文献 『加賀藩史料』一三―一五・藩末篇上下、一九四〇-五八、前田家編輯部・前田育徳会。

(久保 貴子)

ようめいもんいん 陽明門院 一〇一三―九四 後朱雀《ごすざく》天皇皇后。後三条天皇母。三条天皇の第三皇女。母は中宮*藤原妍子《けんし》。名は禎子《ていし》。妍子は道長の次女で、姉の彰子《しょうし》に次ぐ皇子の出産を期待されていた。よって禎子出産の折、道長は露骨に不満の色を見せたという(『小右記』長和《ちょうわ》二年(一〇一三)七月七日条)。万寿《まんじゅ》四年(一〇二七)、東宮敦良《あつなが》親王の妃となり、長元《ちょうげん》七年(一〇三四)には尊仁《たかひと》親王を出産。同九年七月の夫の敦良親王の即位(後朱雀天皇)に伴い翌年二月に*中宮、しかしその翌月には*皇后となる。この移動は、藤原頼通の*養女嫄子《げんし》を中宮にするためであった。以後禎子は内裏と距離を置いたが、良子《りょうし》・娟子《けんし》内親王が生まれている。寛徳《かんとく》二年(一〇四五)後冷泉《ごれいぜい》天皇即位に伴い、尊仁親王が立太子するが、このとき頼通は東宮の象徴的宝物「壺切剣《つぼきりのたち》」を渡さなかったという伝承がある(『江談抄《ごうだんしょう》』)。永承六年(一〇五一)*皇太后、治暦《ちりゃく》四年(一〇六八)には、尊仁親王即位(後三条天皇)に伴い太皇太后となる。さらに翌年、史上三人目の院号宣下を受け、陽明門院となる。頼通との確執を経て、禎子は王家の重鎮《じゅうちん》となり、子の後三条が院政を目指したことも含め、摂関期から院政期への架橋となった女性といえる。寛治《かんじ》八年(一〇九四)、鴨院《かもいん》にて死去。鳥部野《とりべの》で火葬の後、遺骨は円乗寺《えんじょうじ》東の円墳に葬られた。

参考文献 金子和夫「陽明門院院号宣下の意義と背景」(竹内理三先生喜寿記念論文集刊行会編『律令制と古代社会』一九八四、東京堂出版)。槇道雄「陽明門院の政治的立場とその役割―院政成立過程の一考察―」(『院政時代史論集』一九九三、続群書類従完成会)。 (高松 百香)

よおり 節折 古代の内裏《だいり》および近代以降の宮中《きゅうちゅう》で行われる祓《はら》いの儀式の一つ。毎年六月・十二月晦日《みそか》に天皇・*皇后・皇太子に対して行われる。奈良時代初期に成立した神祇令《じんぎりょう》では六月・十二月の大祓《おおはらえ》とされているが、次第にその儀式の前半部分が独立性を強め、貞観《じょうがん》年間(八五九―七七)に作られたとされる『儀式《ぎしき》』では、二季晦日御贖《にきみそかみあがもの》の儀と記されており、平安時代後期に記された『江家次第《ごうけしだい》』などでは、節折と呼ばれるようになっている。「節《よ》」とは竹の節と節の間をさすと同時に「世《よ》」にかけて一定の期間を意味し、その間の*穢《けが》れを*中臣女《なかとみめ》や侍従《じじゅう》らが御服《みそ》・横刀《たち》・壺などを用いて祓い清める儀式である。その際に特徴的な事は、天皇らの身体の九ヵ所を篠竹《しのだけ》で測った後に、その篠竹を音を立てて折るという所作《しょさ》を繰り返すところにある。そこから、儀式の名称ともなったと考えられる。この儀は室町時代後期に中断したが、明治初期に復興された。

参考文献 安江和宣「節折に於ける御衣と禊祓」(『皇学館大学紀要』二一、一九八三。小松馨「『清涼記』と『西宮記』の節折条について」(『大倉山論集』二四)、一九八八。野口剛「節折の儀とその起源」(虎尾俊哉編『律令国家の政務と儀礼』一九九五、吉川弘文館)。沼部春友「節折考」(『国学院雑誌』一〇四ノ一一)、二〇〇三。 (野口 剛)

よがれ 夜離れ 平安時代において夫が妻のもとに通わなくなること。夫の来訪が一時的に止まる状態から、*婚姻関係の長期的な破綻《はたん》状態まで幅広い意味があった。古代の*離婚では、一方の当事者が他方の当事者へ、婚姻の解消を明示する習慣が存在しなかった。夫婦関係が破綻し、回復の見込みがない場合でも、当事者である夫婦は、夫婦関係を終了させるための意志表示の方法がなかった。そのために、破綻した夫婦はいつまでも破綻状態のまま(別居したまま)年月を送り、ついにはいつの間にか婚姻関係が消滅するという非常に曖昧《あいまい》な「自然消滅式の離婚」を特色としていた。そのため、結婚の終結を意味する言葉は発達せず、夫婦関係の破綻状態を意味する語が多様化した。夜離れは「離れにけり」「いとど疎くなる」「年ごろ訪れざりけり」「すまずなりにけり」などと同様に夫婦関係が破綻した状態を意味する語の一つである。

参考文献 高群逸枝『招婿婚の研究』(高群逸枝全集)、一九六六、理論社。栗原弘『平安時代の離婚の研究』、一九九九、弘文堂。 (栗原 弘)

よこいたまこ 横井玉子 一八五四―一九〇三 明治時代の教育者。女子美術教育の先覚者《せんかくしゃ》。熊本藩家老の子として江戸(東京)に出生。熊本洋学校に学んだキリスト者。横井小楠《しょうなん》の甥(のち養子)横井時治《ときはる》と結婚。洋画を浅井忠《あさいちゅう》らに師事。叔母*矢島楫子《やじまかじこ》に招かれ新栄《しんえい》女学校や女子学院で洋画・洋裁などを教授。*日本基督《キリスト》教婦人矯風会《きょうふうかい》会員。一九〇〇年(明治三十三)芸術による女性の自立を目指す女子美術学校創立。著書に『家庭料理法』(一九〇三年、冨山房)がある。

参考文献 佐藤善一「女子高等美術教育の先駆者横井玉子研究」一(『女子美術大学紀要』二九)、一九九九。 (影山 礼子)

よこえのおみなりとじめ 横江臣成刀自女 奈良時代に越前《えちぜん》国加賀《かが》郡に住んでいた女性。『*日本霊異記《にほんりょういき》』下第十六縁によれば、生まれつきみだらな性格で、みだりに嫁いで幼い子を捨て情交を重ねることにより、乳も与えず子どもたちを飢えさせたため、その報いを受け、死後の世界で乳房が腫れて苦しんでいた。寂林《じゃくりん》法師がその苦しむさまを夢で知り、越前国加賀郡大野《おおの》郷畝田《うねだ》村の地に成刀自女の子、成人をさがしあて、供養させたという。以上のようなストーリー展開の後で、『日本霊異記』の作者である景戒《けいかい》は、母親の乳は恵み深いものではあるが、惜しんで与えないと罪になる旨を述べて話を締めくくっている。ただし、これはあくまでも『日本霊異記』の価値観である点に注意する必要がある。むしろ説話成立の歴史的条件こそが問題とされなければならない。説話の舞台となった加賀郡大野郷は、湊《みなと》が存在するなど水上交通の要衝であり、各地から多くの人々が集まる場所であった。また、大野郷は加賀地方における開発の拠点であり、畝田村は「計画村落」として位置づけられる。そのような歴史的環境にある場所では、流動的*婚姻形態が展開した可能性は十分あり得る。横江臣成刀自女が多くの男性と関係を持ったという説話は、このような歴史的条件のもとに成立したと考えられる。

参考文献 守屋俊彦「母の甜き乳―日本霊異記の女性―」(『日本霊異記の研究』一九七四、三弥井書店)。三浦佑之『万葉びとの「家族」誌―律令国家成立の衝撃―』(講談社選書メチエ)、一九九六、講談社。永藤靖「引き裂かれる〈性〉―『風土記』から『日本霊異記』へ―」(『日本霊異記の新研究』一九九六、新典社)。森田喜久男「大野郷畝田村と横江臣成刀自女―『日本霊異記』説話成立の歴史的条件―」(『市史かなざわ』九)、二〇〇三。 (森田喜久男)

ヨコザ ヨコザ イロリのある間で炉《ろ》の正面の場所。ふつうその家の*家長が座る。ヨコザの名称は、そこだけに横に延べた畳・莫蓙《ござ》などが敷かれてあることに由来するとされる。新潟県・長野県・壱岐《いき》・鹿児島県には、居間・台所などイロリのある間のことをヨコザという地域もあった。また、ヨコザではなくオヤザシキ・テイシュザ・

ダンナイドという地域もあった。ヨコザに対して、*カカザには*主婦、キャクザには外来客、ヨメザには嫁、というように家族構成員のすわる位置が厳密に決められていた地域もあり、さらに、末席をスエザ・キジリなどと呼び、オジ・オバ・下男・*下女がすわる地域もあった。このようなイロリを中心とする家族の位置には、家族の秩序が反映していると考えられ、たとえば、ヨコザは家長権の象徴と理解されている。

参考文献 郷田洋文「いろりと火」(『日本民俗学大系』六、一九五八、平凡社)。

(岩田 重則)

よこぶえ 横笛 『*平家物語』に逸話《いつわ》がみえる*建礼門院《けんれいもんいん》の雑仕《ぞうし》。滝口《たきぐち》の武士斎藤時頼《さいとうときより》が横笛に恋慕《れんぼ》したが、父にたしなめられ、恋愛と父の命の板挟みになり、嵯峨《さが》の往生院《おうじょういん》に出家隠棲《いんせい》した。そこを訪ねた横笛は会うのを拒否されたため無情を感じ出家した。それを聞いた時頼は*和歌を送り、横笛は返歌をし、その後奈良の*法華寺で没した。この法華寺は*尼寺で出家した単身者が集まる寺として知られる。『源平盛衰記《げんぺいじょうすいき》』では神崎《かんざき》(兵庫県尼崎市)の長者の娘で、*今様《いまよう》・朗詠《ろうえい》・琵琶《びわ》に優れたとする。室町時代には*御伽草子《おとぎぞうし》・謡曲《ようきょく》となり、物語が変容していく。なお、『古記《きっき》』には理由は不明だが、時頼が遁世《とんせい》したとある。

(盛本 昌広)

よさのあきこ 与謝野晶子 一八七八—一九四二 明治から昭和時代にかけての歌人、社会評論家、国文学研究者、教育者。一八七八年(明治十一)十二月七日、大阪府堺市甲斐町《かいのちょう》の老舗菓子商駿河屋《するがや》鳳宗七《ほうそうしち》・津禰《つね》の三女として生まれる。本名志《し》よう。堺市立堺女学校卒業後、家業の手伝いをしながら読書に励む。一九〇一年八月、第一歌集『*みだれ髪』を刊行、その年の秋、与謝野寛《ひろし》(鉄幹《てっかん》)と結婚、その後は『明星《みょうじょう》』の編集を手助けしながら大量の短歌を創出する。生涯の業績は、歌集だけで二十冊、共著四冊、社会評論集十五冊、童話三冊、古典の現代語訳『*源氏物語』ほか、膨大な著作物を残した。子供を十一人生み育てたことも文学者には例を見ない。通常歌人として位置づけられているが、ここでは主として女性解放に力を注いだ側面に重点をおくことにする。日露戦争時に「*君死にたまうことなかれ」の長詩を発表。大町桂月《おおまちけいげつ》の非難に対して反論として書かれた「ひらきぶみ」(一九〇四年十一月)が一つの契機となって、その後、執筆のジャンルを広げ、特に女性問題に目を向け「些《いささ》か大勢に先立つて発言」したと自負する内容をもって第一評論集『一隅《いちぐう》より』(一九一一年)を刊行する。一九一二年五月から十月まで、巴里《パリ》を中心にヨーロッパ各地を歴訪、社会・女性・教育問題への言論活動の輪はさらに増大してゆく。女性の自立の思想は、体験と独自の学習によって理論づけられてゆく。一九一五年(大正四)三月大正政変ともいわれた第十二回衆議院選に立候補した夫寛の選挙運動に協力した体験は、理想と現実の矛盾をもろに身に受けて、政治への目が開かれ、政治批判論が加速度的に広がってゆく。一九一八・一九年、大正期女性史の一つのエポックと称されるいわゆる*母性保護論争時には国家からの依頼主義を排し、女性の経済的独立を主張した。一九二一年四月、西村伊作《にしむらいさく》・石井柏亭《いしいはくてい》らと*文化学院を創設、年来の「愛は平等、教育は個別的」の教育理念の実践の場とし、晩年まで続けられた。と同時に*市川房枝《いちかわふさえ》らの*婦選獲得同盟の運動に協同して普通選挙法から婦人参政権獲得のために独自に言論活動を続け、一九三〇年(昭和五)「婦選の歌」(山田耕筰《やまだこうさく》作曲)を作詞、第一回日本婦選大会を飾った。「人類の半分は女性、その半分の男性にのみ選挙権があるのはおかしい」という立場を堅持《けんじ》した。一九二八年五—六月、満鉄の招待で満州・蒙古《もうこ》(モンゴル)に旅行、各地を見学し、これが一つの機縁となって満州国独立を容認、日中戦争勃発後は時局の歌もうたうようになる。不自由になった表現活動のなかで「泣いている自由の女神像」(「自由の復活」)と表現し、心情を託していた。女性史上、さまざまな活動をしたが、常に人類的視点から「人間の平等」を基底にした発言であった。作品は、『定本与謝野晶子全集』全二十巻(一九七九—八一年、講談社)、『与謝野晶子評論著作集』全二十二巻(内山秀夫・香内信子編、二〇〇一—〇三年、龍溪書舎)に収められている。

与謝野晶子

参考文献 山本藤枝『黄金の釘を打ったひと』、一九八五、講談社。香内信子『与謝野晶子』、一九九三、ドメス出版。平子恭子編『与謝野晶子』(年表作家読本)、一九九五、河出書房新社。

(香内 信子)

よしおかやよい 吉岡弥生 一八七一—一九五九 明治から昭和時代にかけての医師。*東京女子医科大学の創立者、同校校長。明治四年(一八七一)三月十日静岡県掛川市上土方生まれ。父は漢方医鷲山養斎《わしやまようさい》。小学校卒後は嫁入り修行をさせられるが自由民権運動で活躍する景山英子《かげやまひでこ》の活動に感動するような子であった。一八八九年上京、医術試験塾の済生学舎《さいせいがくしゃ》に入り三年半の猛勉強で一八九二年に二十七番目の*女医となり、本郷で開業した。吉岡荒太《あらた》と恋愛、結婚は弥生の父親が反対したため入籍できなかったが意志を貫いて共同生活に入る。一九〇〇年専門学校への昇格をめざす済生学舎が女子学生を追い出したのに憤慨《ふんがい》し、自分の医院の一室に私塾東京女医学校を創設、数人の生徒を相手に女医養成に踏み出した。女性は地位向上のためには経済力を持つこと、医師は女性向き

吉岡弥生

という信念があり、国内では認められない女医の活路がアジアにあると考え、以後、領土拡大の国策に添うことになった。鷲山弥生として有名になっていたが、出産を期に入籍、一九〇二年から吉岡姓となった。日露戦争後は女子職業熱がおこり女医学校に生徒が殺到した。女医養成は日本将来の発展と主張して文部省と交渉を重ね、一九一二年に東京女子医学専門学校を創立し校長に就任。一九一八年(大正七)の*処女会(のちの*女子青年団)の中央部理事就任を皮切りに*愛国婦人会などの官制団体の役員や地域の*婦人会などに関与、診察や校長の仕事に忙殺されながらもどんな団体の役員要請も断らなかったといわれる。一九二〇年より日本女医会会長。女性参政権運動にもかかわり、これらの活動をバックに教育審議会委員となって女子高等教育機関の必要性を訴えた。女性は独立自営の能力を持ち、国家危急《ききゅう》時には進んで内政を補佐せよが持論で一九四〇年(昭和十五)に国民精神総動員中央連盟理事となり、総力戦の銃後《じゅうご》を支えた。戦後一九四七年に教職・公職追放を受けて一時失意の時を過ごすが、一九五一年には長年の念願だった東京女子医科大学を実現させ、一九五九年五月二十二日死去。

参考文献 西川祐子「戦争への傾斜と翼賛の婦人」(女性史総合研究会編『日本女性史』五、一九八二、東京大学出版会)。神崎清『吉岡弥生伝』(伝記叢書)、一九八九、大空社。日本女医会編『日本女医史(追補)』、一九九一。東京女子医科大学史料室編『吉岡弥生略年譜』、一九六四。

(石崎 昇子)

よしかわかまこしんじゅうじけん 芳川鎌子心中事件 伯《はく》爵《しゃく》芳川顕正《あきまさ》の四女鎌子(一八九一―一九二一)が一九一七年(大正六)三月六日に芳川邸付運転手倉持陸助と駆け落ちし、七日夜千葉駅付近で鉄道心中を図った事件。学習院女学部を卒業した鎌子は男児のいない芳川家を相続することになり、一九一二年(明治四十五)子爵《ししゃく》曾禰《そね》荒助《あらすけ》の次男寛治《かんじ》を*婿養子に迎え翌年長女を生む。*恋愛は罪悪とされていた時代に出版された*与謝野晶子《よさのあきこ》の『*みだれ髪』(一九〇一年)によって人妻の恋が頻発《ひんぱつ》。夫の放蕩《ほうとう》の中で鎌子は押しつけられた良妻賢母の生き方に疑問を感じた。鎌子は重傷を負い、陸助はつまずいて失敗し短刀で自殺。退院後芳川邸へ帰り寛治と離婚。これを皮切りに有島武郎《ありしまたけお》と夫ある*波多野秋子《はたのあきこ》との*心中、妻妾《さいしょう》同居の夫に絶縁状を出し若い恋人のもとに走った*柳原白蓮《やなぎはらびゃくれん》などの事件がおき、上流階級の恋愛事件はジャーナリズムを騒がせ、親が決めた結婚相手が嫌で*家出をする娘も出現した。

参考文献 総合女性史研究会編『日本女性の歴史―性・愛・家族―』(角川選書)、一九九二、角川書店。

(小和田美智子)

よしだいと 吉田いと 一八二四―八三 上野《こうずけ》国桐生新町《きりゅうしんちょう》(群馬県桐生市)の絹買次商《きぬかいつぎしょう》、機屋《はたや》吉田《よしだ》清助《せいすけ》・さとの長女。文政七年(一八二四)に生まれる。天保二年(一八三一)八歳で*田村梶子《たむらかじこ》が経営する*松声堂《しょうせいどう》に入門し、天保九年十五歳まで読み、書き、礼儀作法、*和歌を習った。天保九年三月ころより二年間、耳の治療と行儀作法の修得、教養形成のため、父親清助により国学と和歌の師匠《ししょう》である江戸浅草の橘守部《たちばなもりべ》に預けられた。守部宅で教諭《きょうゆ》本『墨縄《すみなわ》』をもとに行儀作法、言葉づかいなど薫陶《くんとう》をうけた。また源氏講釈聴聞《こうしゃくちょうもん》に出席し、茶の湯、華道《かどう》、針仕事、琴、*三味線《しゃみせん》など習い事に励み、守部の家族と物見遊山《ものみゆさん》や芝居見物など見聞《けんぶん》をひろめ江戸文化に馴染《なじ》んだ。守部はいとの成長を清助に伝え、門弟清助は経済的に師匠を支えた。桐生に帰郷後、天保十四年守部の門人で桐生新町の加藤家から婿安兵衛《やすべえ》(吉田錦所《きんしょ》)を迎え分家した。一八八三年(明治十六)没。

参考文献 高井浩『天保期、少年少女の教養形成過程の研究』、一九九一、河出書房新社。「明日へ伝えたい桐生の人と心」編集委員会編『明日へ伝えたい桐生の人と心』(桐生人物誌下)、二〇〇四、桐生市教育史編さん委員会。

(梅村 佳代)

よしの 吉野 一六〇六―四三 江戸時代前期の*遊女。俗に吉野《よしの》太夫《だゆう》という。本名松田徳子《まつだとくこ》。慶長十一年(一六〇六)、京都東山に生まれる。七歳で六条三筋町の林与次兵衛《はやしよじべえ》方に抱えられ遊女となる。才智すぐれ、諸芸をきわめ、絶世の美女であったと伝えられる。天和《てんな》二年(一六八二)、井原西鶴《いはらさいかく》は『*好色一代男』で、吉野をモデルにし、名妓《めいぎ》として吉野を絶讃する。当時吉野と名乗る遊女は十人もいたといわれるほどに、*太夫の象徴的存在であった。

参考文献 『講座日本文学』七、一九六八、三省堂。西山松之助編『遊女(新装版)』(日本史小百科)、一九九四、東京堂出版。

(宇佐美ミサ子)

よしのせい 吉野せい ⇨洟《はな》をたらした神《かみ》

よしのみち 吉野みち 一八〇八―八三 江戸時代後期の女性。はじめ*奥女中《おくじょちゅう》奉公をし、のちに奥医師の妻として家存続に貢献した。武蔵《むさし》国多摩郡下師岡《たまぐんしももろおか》村(東京都青梅《おうめ》市)の名主吉野千右衛門・きのの長女。五歳で生母と死別、継母《けいぼ》そのが養育。文化十年(一八二七)二十歳で行儀見習のため領主田安家奥女中となる。奉公中に主家が一橋家養子四代目斉礼《なるのり》から斉位《なるくら》に交替になる。みちは御使番・呉服の間・御次と昇進。実家に残る百七通の書状の内四十一通が奉公先より出されている。二十九通は無心《むしん》状、金品の礼状である。天保十年(一八三九)三十二歳で退職し、本郷に住む医学館素読教授田村元長(富徳、一八四六年没)の後妻となって、先妻の遺児元理とみちの産んだつるを養育。夫が病死した後、嫡男元理(徳則、一八四八年没)は病弱だったため、みちが奔走《ほんそう》し、幕府医官の木村長俊(元雄、一八六一年没)を養子とした。しかしその後元理が病死し、長俊も病弱だったので、長俊の弟長叔充民(一八九〇年没)を後継者に迎えた。長叔夫妻に息子盛太郎が誕生したことで田村家存続が安泰《あんたい》となった。家存続は*家督《かとく》・家禄《かろく》・家業の継続だけでなく、家族全員の生活がかかる問題であった。田村家墓碑にみちの功績が刻まれている。

参考文献 増田淑美「吉野みちの生涯」(近世女性史研究会編『江戸時代の女性たち』一九九〇、吉川弘文館)。青梅市郷土博物館編『御殿女中・吉野みちの手紙』(青梅市史史料集)、一九九一、青梅市教育委員会。

(増田 淑美)

よしみのあま 吉見尼 生没年不詳 鎌倉時代前期の文《ぶん》暦《りゃく》二年(一二三五)七月六日付けの鎌倉幕府の裁許状《さいきょじょう》にみえる女性。このころ、武蔵国熊谷郷《むさしのくにくまがいごう》(埼玉県熊谷《くまがや》市)を本拠とする熊谷直実《なおざね》の曾孫《そうそん》二人が所領の分配をめぐって争った。その相論《そうろん》に対する判決状のなかに、二人の母方の父=外祖父の継母《けいぼ》として吉見尼が登場する。かなりの高齢ではなかったかと思われる。幕府は被告側(兄)の言い分を認めつつも、結局、それとは異なる吉見尼の判断に従う判決を下した。吉見氏は、同じ武蔵国の吉見庄(埼玉県比企郡《ひきぐん》吉見町)を本領とし、将軍源頼朝の弟範頼《のりより》と頼朝の*乳母《めのと》比企氏《ひきし》の孫娘との*婚姻によって生まれた者の流れをくむ武士である。この裁許状は、吉見氏と熊谷氏とのあいだにこうした*親族関係があったことや、吉見尼が熊谷家に介入していただけでなく、幕府裁判をも動かす大きな力を持った存在であったことを伝えている。

参考文献 瀬野精一郎編『(増訂)鎌倉幕府裁許状集』上、一九六七、吉川弘文館。佐藤進一『(新版)古文書学入門(新装版)』、二〇〇三、法政大学出版会。

(黒田 弘子)

よしもとせい 吉本せい 一八八九—一九五〇 大正・昭和時代の興行師。一八八九年(明治二十二)十二月五日、兵庫県明石《あかし》生まれ。大阪船場《せんば》の荒物問屋《あらものどんや》に嫁ぐが夫吉本吉兵衛《きちべえ》の芸道楽で倒産。一九一三年(大正二)に吉本興業部の看板で夫と寄席《よせ》経営を始め、せいの才覚でつぎつぎに新しい寄席を入手。一九二四年の夫没後は実弟林正之《はやししょうの》助《すけ》の助力で事業拡大。寄席のシステムを近代化し、卓抜《たくばつ》なアイディアと裏社会にも顔のきく女興行師として名をはせる。一九五〇年(昭和二十五)三月十四日死去。山崎豊子の小説『花のれん』のモデル。

参考文献 矢野誠一『女興行師吉本せい—浪花演芸史譚—』(ちくま文庫)、二〇〇五、筑摩書房。

(江刺 昭子)

よしやのぶこ 吉屋信子 一八九六—一九七三 大正・昭和時代の大衆人気作家。新潟市生まれ。八人兄弟中ただ一人の女の子は物心のついたころから性差別の不当性に気づく。栃木高等女学校入学後*少女雑誌に投稿開始。小学三年時に書いた童話が『少女界《しょうじょかい》』に一等当選した。小学校代用教員を経て一九一五年(大正四)東京へ出る。『*青《せい》鞜《とう》』の*山田わかに出会い夫の嘉吉《かきち》に英語を習うが同時に*フェミニズム思想の洗礼をうける。『少女画報《がほう》』連載の「*花物語《はなものがたり》」は少女たちに熱狂的に読まれ少女小説作家として地歩《ちほ》を築いたものの将来の展望が持てずにいたころ、『大阪朝日新聞』の懸賞小説応募作「地の果《はて》まで」が一等当選。次作「海の極《きわ》みまで」も連載されて新聞小説作家を誕生させた。これらには結婚制度批判が内包されているがその前に書かれた『屋根裏《やねうら》の二処女《にしょじょ》』(一九二〇年)こそ、女性抑圧の男性社会批判と女同士の愛を描いた吉屋文学の精髄《せいずい》が発揮された作品である。それは一九二三年以後門馬千代《もんまちよ》を生涯の伴侶《はんりょ》としたことで実践する。この時すでに、「らしさ」を捨てたシンボルスタイルの「おかっぱ頭」姿になっていた。一九二五年、心機一転《しんきいってん》をはかって個人雑誌『黒薔薇《くろしょうび》』を創刊するが八号で廃刊。一九二八年(昭和三)、千代と一年間の欧米旅行後、『女の友情』『良人《おっと》の貞操《ていそう》』など女性大衆雑誌や新聞を媒体に、女性大衆小説作家として喝采《かっさい》を博《はく》す存在となる。ずば抜けた人気が徒《あだ》となって早々と戦争に呑《の》み込まれ、戦争協力先導者の役割を*与謝野晶子《よさのあきこ》や*林芙美子《はやしふみこ》とともに積極的に果たし、一九三七年から、勇姿の写真で飾った主婦之友皇《こう》軍慰問《ぐんいもん》特派員報告「戦禍《せんか》の北支現地《ほくしげんち》を行く」をはじめとして、『*主婦之友』に毎号、華々しい従軍記を載せ、平行して戦争プロパガンダの連載小説も掲載した。「月から来た男」を代表とするこの期の作品は評価しがたいが、一転した戦後の活躍は目覚ましい。ガス代も払えぬ貧《ひん》に喘《あえ》ぎ夫の死後に縊死《いし》する女性を描いた「鬼火《おにび》」(女流文学者賞)、男権否定の名作「安宅家《あたかけ》の人々」、*廃娼《はいしょう》運動を描いた「ときの声」、晩年を飾る『徳川の夫人たち』(菊池寛《きくちかん》賞)、『女人平家《にょにんへいけ》』など、吉屋文学に貫通するのは「女が女をいとおしむ眼」といえる。

吉屋信子

参考文献 吉屋えい子『風を見ていたひと—回想の吉屋信子—』、一九九二、朝日新聞社。駒尺喜美『吉屋信子—隠れフェミニスト—』、一九九四、リブロポート。田辺聖子『ゆめはるか吉屋信子』(朝日文庫)、二〇〇〇、朝日新聞社。

(渡邊 澄子)

よしわら 吉原 江戸幕府公認の*遊廓《ゆうかく》。全町面積三万坪、*遊女数三千人。不夜城《ふやじょう》と称せられた別世界であった。元《げん》和《な》四年(一六一八)、現在の中央区日本橋人形町周辺に創設された遊里。吉原創設は、前年に、庄司甚左衛門《しょうじじんざえもん》を代表とする遊女屋の経営者が、江戸の各地に散在する遊女を、風紀上の理由から一ヵ所に集め遊女町を形成するため、遊廓の設置を幕府へ陳情。五項目の条件が付され許可され遊女の町として作られた。吉原という名称は『異《い》本洞房語園《ほんどうぼうごえん》』によると、土地が湿地帯で芦《あし》・葭《よし》が生い茂っていたことから、「葭原《よしはら》」が「吉原」となったといわれる。吉原は明暦《めいれき》三年(一六五七)、幕命により浅草日本堤に移転。翌年の明暦の大火により焼失し、浅草千束村《せんぞくむら》に新しい遊女屋を形成、営業を始める。移転後の遊女町を*新吉原というのに対し、移転前の吉原を*元吉原と命名した。明治・大正・昭和に至るまで、「色里」として繁盛した。一九五八年(昭和三十三)、*売春防止法の実施により廃業した。

参考文献 庄司勝富『異本洞房語園』(日本随筆大成三ノ二)。酔郷散人『吉原大全』(山本春雄編『北街漫録』一九二七、一星社)。福田利子『吉原はこんな所でございました』(現代教養文庫)、一九九三、社会思想社。西山松之助編『遊女(新装版)』(日本史小百科)、一九九四、東京堂出版。

(宇佐美ミサ子)

よしわらさいけん 吉原細見 *吉原遊廓《ゆうかく》の案内書。時代によっては、詳細に、廓内の茶屋、*遊女の名前、格付けなど解説されているので、遊客には大変重宝された。細見は、元禄年間(一六八八―一七〇四)ごろ刊行されつつあったが、享保年間(一七一六―三六)に本格化した。天明期には蔦屋重三郎《つたやじゅうさぶろう》という有名な版元がいた。ここでは、写楽《しゃらく》の役者絵、歌麿《うたまろ》の*浮世絵なども出版している。竪本《たてほん》、横本ともに独特の内容となっている。『吉原細見』は、細見売りが売い捌《さば》いていていた。

参考文献 三谷一馬『江戸吉原図聚』、一九七七、立風書房。西山松之助編『遊女(新装版)』(日本史小百科)、一九九四、東京堂出版。

(宇佐美ミサ子)

よたか 夜鷹 近世の最底辺に位置する街娼《がいしょう》で、主として江戸での呼称。京・大坂の*惣嫁《そうか》に相当する。「客二つ潰して夜鷹三つ食い」という*川柳《せんりゅう》にあるように、十六文の二八《にはち》そば三杯のために二人の客をとらねばならないほどの安値(一回二十四文)で性を売った。*遊廓《ゆうかく》・遊里で勤めができなくなった年嵩《としかさ》の女性や*梅毒《ばいどく》におかされた女性なども少なくなかった。『*守貞漫稿《もりさだまんこう》』によれば、幕末の江戸では、本所吉田町あたりに多くの夜鷹屋が存在していたことが知られる。

参考文献 曾根ひろみ「「売女」考―近世の売春―」(女性史総合研究会編『日本女性生活史』三、一九九〇、東京大学出版会)。

(曾根ひろみ)

よどの 淀殿 一五六九―一六一五 豊臣秀吉の*側室。茶《ちゃ》々《ちゃ》とよばれた。浅井長政《あざいながまさ》と*お市の方との間に生まれた三姉妹の長女。淀君《よどぎみ》というのは俗称。二の丸殿ともいう。誕生年については永禄《えいろく》十年(一五六七)とする異説もある。天正元年(一五七三)九月一日に父長政が自刃したあと、信長の弟信包《のぶかね》の伊勢上野城《うえのじょう》(三重県津市上野)で成長し、同十年の本能寺の変後、母の再婚先である柴田勝家《しばたかついえ》の居城越前北ノ庄城《きたのしょうじょう》に移った。しかし、翌年の賤ヶ岳《しずがたけ》の戦い後、城は秀吉軍に攻められ、母と義父勝家が自刃し、秀吉の庇護《ひご》を受けることになり、同十五年ないし翌年、秀吉の側室となった。同十七年、淀城《よどじょう》を与えられ、淀之女房とか淀殿とかよばれ、鶴松《つるまつ》を出産する。文禄《ぶんろく》二年(一五九三)には大坂城で秀頼《ひでより》を生み、次第に権勢をふるうようになった。秀吉の死後、秀頼を後見する形で政治に関与したが、元和《げんな》元年(一六一五)五月八日、大坂夏の陣のとき、秀頼とともに自刃して果てた。

(伝)淀殿画像

参考文献 桑田忠親『淀君』(人物叢書)、一九八五、吉川弘文館。小和田哲男『戦国三姉妹物語』(角川選書)、一九九七、角川書店。

(小和田哲男)

よなべ 夜なべ 夜間に行う仕事のこと。夜業・夜鍋ともいう。庶民家族内での夜なべが常態となったのは、近世初期と推定される。『慶安の触書《けいあんのふれがき》』の一条に「男ハ作をかせき、女房ハおはたをかせき、夕なへを仕、夫婦ともにかせき可申《もうすべし》」とあるように、夜なべは農民生活に不可欠の作業であった。女は穀物の脱穀調製や*苧《お》績みなどの衣料調製、男は草鞋《わらじ》作りや筵《むしろ》・俵《たわら》編《あ》み、縄綯《なわな》いなどの藁《わら》仕事を主としたが、商品経済の進展に伴い織物、畳表《たたみおもて》、各種工芸品作りなども夜なべ仕事となった。享保《きょうほう》期成立の『*民間省要《みんかんせいよう》』には、「昼夜舂《つ》き麦に従事する女たちの歌う、杵《きね》つきの辛さを紛らわす歌を聴くとき涙がこぼれる」や、「*田植えの繁忙期にあっても女は翌日の糧《かて》の麦舂きは欠かせず、毎夜午前零時までかかる」などの記述がみえ、過重な女性労働の実態が想定される。他方、夜間女たちが苧績みや糸取りに集う*ユイの場は、相互交流や情報交換など女性の社会化に効果があったとする積極的な評価もある。

参考文献 菅野則子「農村女性の労働と生活」(女性史総合研究会編『日本女性史』三、一九八二、東京大学出版会)。総合女性史研究会編『史料にみる日本女性のあゆみ』、二〇〇〇、吉川弘文館。長島淳子『幕藩制社会のジェ

ンダー構造』、二〇〇六、校倉書房。　（長島　淳子）

よばい・なじみ　よばい・なじみ　〔古代〕相手の名を呼び続ける意味から求婚の意とされる。「よばふ」の名詞形。古代では「ヨバヒ」という。「妻問《つまど》ひ」と同義異語とされるが、ツマドヒにはツマドヒノタカラという相手に贈る物があり、婚約の合意を求めて男女双方がする。これに対しヨバヒは女がする例がない。このように両者は相違しており、ヨバヒは求愛の意で使われていたと考えられる。ただし、求愛が求婚に直結することもあり境界は曖昧でもある。『*日本霊異記《りょういき》』中巻第三十三話の「佷儷《よば》ふに」は贈物をして求婚を申し込んだ例である。求愛では、名前を呼び続けることから女の母に知られることを男女とも恐れていた。戸外で逢《あ》うこともあったが、「奥山の真《ま》木《き》の板戸をとどとしてわが開かむに入り来て寝まさね」（原万葉仮名、『*万葉集』一四、三四六七）のように、二人で合図を決めておき、男が板戸をどんどん押すと女が開《あ》けて入れることもあった。「面隠《おもかく》しする」（原万葉仮名）ヨバヒもあり（同一二、二九一六）、この被《かぶ》り物《もの》は神の資格で求愛するための異装と考えられる。↓婚姻儀礼《こんいんぎれい》　↓ツマ

参考文献　小林茂文「古代婚姻儀礼の周辺」（『周縁の古代史―王権と性・子ども・境界―』一九九四、有精堂出版）。　（小林　茂文）

〔民俗〕男が夜間、女のもとに通うこと。「夜這い・馴染み」とも書く。仲介者がたったり、供《とも》の若者を連れていく場合もあった。性的な関係がある場合を「よばい」といい、単なる男女交際、会話による交流は、「あそび」と区別する場合もある。「よばい」は、男女の呼び会う*歌《うた》垣《がき》の名残と考え、男が求婚しまたはそれ以後も女のもとに通うことを意味し、正当な求婚手段・*婚姻生活の一つの形態と考えられる。「夜這い」は性的な部分のみを強調した当て字であり妥当ではない。女のほうから通う「よばい」もある。「よばい」「あそび」で、特定の男女が、*若者組の承認のもと、もしくは「あそび」の寝宿を提供している宿親の承認のもと、馴染みとして認められる場合、披露目《ひろめ》はなくとも、*事実婚状態であった。いずれにしろ、親から若者組にあいさつし、「よばい」や「あそび」の対象に娘がならなければ、一人前になれず恥ずかしいと考えた。*柳田国男《やなぎたくにお》は、「よばい」を中世以降、嫁入《よめい》り婚が入る前の通《かよ》い婚・妻問《つまど》い婚の残存の一つと考えた。これをうけて、日本民俗学では、「よばい」は乱脈な関係でなく、若者組の管理による、結婚にむけての村の娘の管理と理解した。頻繁《ひんぱん》に相手を変えてはいけない、友人の馴染みとは交際してはいけない、同時複数の相手と交際してはいけない、村内で交際せねばならないなど、厳しい規制の上での、婚姻にむけての習俗であるとした。これに対して赤松啓介《あかまつけいすけ》は、「よばい」は婚姻を前提としたものではなく、村の共同体における娘管理のあり方の一つであり、生産生活活動の共同管理や相互扶助のシステムの一環として、性の共同管理があるにすぎないと考え、必ずしも結婚というシステムを前提とするものでないと主張している。大正から昭和初期にかけての青年会運動や官憲《かんけん》の取り締まりで制限された。昭和三十年ころの公民館運動で宿がなくなったこともあり、また、集団就職で若者が都市に出て行くようになって消滅した。

参考文献　瀬川清子『若者と娘をめぐる民俗』、一九七二、未来社。中山太郎『日本若者史（増補）』、一九八三、パルトス社。森栗茂一『夜這いと近代買春』、一九九五、明石書店。赤松啓介『夜這いの民俗学・夜這いの性愛論』（ちくま学芸文庫）、二〇〇四、筑摩書房。　（森栗　茂一）

よみかき　よみかき　〔古代〕文字を読んだり書いたりすること。古代には、読み書きのできる人々は、知識階級、文書を扱う職業の人々などに限られており、文字とは無縁の人々が多かったと推測される。古くから大陸から漢字が伝来し、八世紀には『*古事記』『日本書紀』『*万葉集』などが作られ、漢字の意味を無視してその発音だけを用いて日本語を表記する「万葉仮名」が発達したが、九世紀に入ると、その字画を極度に崩した「平仮名」や、字画の一部分だけを採った「片仮名」が発達した。最初はいずれも男性中心に使われたと思われるが、十世紀の初めに勅撰《ちょくせん》の和歌集『古今和歌集』が平仮名によって書かれて以来、平仮名の社会的地位が向上した。*和歌は古くは口唱が多かったようだが、男女の交流の大きな手段であり、多分この時期から平仮名の和歌の読み書きが普及したと思われる。当時、知識階級の男性は、漢文が教養の基礎であったが、女性への和歌や手紙の類は平仮名を用いたようであり、また、女性は平仮名の読み書きが中心であって、男性への和歌や手紙も平仮名書きが常であったらしい。ただし、例外的に女性の中にも漢文の読み書きに巧みな*有智子《うちこ》内親王（嵯峨《さが》天皇の皇女、八〇七―四七）などがいたし、*清少納言・*紫式部・菅原孝標《すがわらのたかすえ》の女《むすめ》（それぞれ『*枕草子』『*源氏物語』『*更級日記《さらしなにっき》』の作者）など、平安時代の代表的な女流作家の多くは、いずれも漢文の学者の家（博士家）に生まれた女性で、漢文の読み書きの能力も相当に高かったらしいことは、それらの作品の中にみられる漢文関係の記事からも容易に推量される。ただ、当時は、それを表面に出すことは慎しまれており、女性は平仮名を中心にすることが嗜《たしな》みであったらしい。一条天皇（九八〇―一〇一一）の*皇后定子《ていし》は『古今和歌集』を全部諳《そら》んじていることが、賞賛《しょうさん》の的となったというのもその一面を示すものであろう。源為憲《みなもとのためのり》の『三宝絵詞《さんぼうえことば》』（永観《えいかん》二年（九八四））は、冷泉《れいぜい》天皇の皇女尊子《そんし》内親王のために書かれた仏教説話集であるが、原形はおそらく平仮名書きであったと推定される。*選子《せんし》内親王の『発心《ほっしん》和歌集』（長和元年（一〇一二））などは、漢文の経典をよく読みこなした上で、平仮名で書かれた和歌集である。中世以後も、この流れは変わらず、女性の文字の世界は平仮名であったと思われ、室町時代の*女官の日記『*御湯殿《おゆどの》の上の日記』なども、平仮名書きであり、女性

の手紙などは、後世まで平仮名で記されるのが通例となった。また、*女房詞《にょうぼうことば》といわれる「すもじ」(寿司)、「かもじ」(髪)なども、平仮名書きの最初の一文字から生まれたことばである。

参考文献　築島裕『平安時代の漢文訓読語につきての研究』、一九六三、東京大学出版会。国田百合子『女房詞の研究』、一九六四、風間書房。

(築島　裕)

〔中世〕中世末期における日本人の読み書き能力について、イエズス会宣教師*ルイス＝フロイスは「この地(島原)の男子ならびに女子はほとんど皆読み書きを知り」(一五六四年(永禄七)十一月十五日付書簡《しょかん》)と記し、さらに女性については「われわれの間では女性が文字を書くことはあまり普及していない。日本の高貴の女性は、それを知らなければ価値が下がると考えている」(『*日欧文化比較』)と書いており、日本では男性に限らず女性も読み書きができた。女性は平仮名を多く使用したが、鎌倉時代の教訓書『*乳母《めのと》のふみ』には、漢字は女性が好んで書くものではないが、和歌の題などが読めないとみっともないので覚えて暇な時に書きなさいとあり、少なくとも貴族の女性は漢字も学習していた。男性でも漢字を読み書きできた身分階級は主に貴族・僧侶であった。貞永《じょうえい》元年(一二三二)制定の『*御成敗式目《ごせいばいしきもく》』は、同年九月十一日北条泰時《ほうじょうやすとき》書状によれば、平仮名しか知らない武士が多いために平仮名文で書かれた法典であった。鎌倉時代の譲状《ゆずりじょう》を分析すると、平仮名混じり文書の数は次第に増加し、それらの差出人の多くは男性である。男性の譲状のなかには、漢文の部分は他筆で平仮名の部分は自筆であることを明記したものがあり、漢文の譲状の多くは文書作成に熟練した僧侶などが代筆したと推定される。また、紀伊国阿弖河荘《きいのくにあてがわのしょう》の史料では有力百姓は片仮名、公文《くもん》・*地頭層は平仮名を使用しており、使用する文字の種類は性差よりも身分階級に左右されたと考えられる。読み書きの教育は、天皇・将軍・貴族の男性の場合は読書始《どくしょはじめ》の儀式が行われて紀伝・明経道《みょうぎょうどう》の師から『御注孝経《ごちゅうこうきょう》』などの読みを習い、さらに四書・五経などを学んだ。武士・庶民の場合、中世末期の教訓書『*世鏡抄《せきょうしょう》』に、親の教えることの一つに文字があげられ、また、*子どもは七〜十歳で寺に入って看経《かんぎょう》・手習・読書・諸芸を身に付け、十三歳で下山するとし、九・十歳までは手当たり次第に読ませ書かせようとある。子どもたちが寺に預けられて読み書きなどを学んだことは中世の諸史料にみえる。中世末期、興福寺多聞院《こうふくじたもんいん》の英俊《えいしゅん》のもとには奈良の商人の子どもたちが手習のために預けられ、天正十五年(一五八七)には今市加賀《いまいちかが》の娘(十四歳)も弟子として入っている(『多聞院日記』)。女子の教育機関としては*尼寺も重要な役割を果たしていた。*比丘尼御所《びくにごしょ》の大慈院《だいじいん》(南御所《みなみごしょ》)は将軍足利氏の娘が住持《じゅうじ》を務めた尼寺で、*日野富子《ひのとみこ》の親戚である「しょうせい」という女性は、五歳で喝食《かつしき》として入寺して経の読み方を教わり、*宮仕えをする年ごろに富子の死去により寺を出て在家になっており(『宝鏡寺《ほうきょうじ》文書』)、比丘尼御所は上流階級の女子の教育機関でもあった。読み書きの教科書には『庭訓往来《ていきんおうらい》』などの往来物がある。また、公家の山科言国《やましなときくに》は娘の茶子《ちゃこ》(十八歳)に頼まれて『文正草子《ぶんしょうそうし》』を書写しており(『言国卿記《ときくにきょうき》』)、平仮名文が多い*御伽草子《おとぎ》は子どもたちの読本として文字教育に役立った。

参考文献　結城睦郎「中世日本の寺院学校と民衆教育の発達」(多賀秋五郎編『中世アジア教育史研究』一九八〇、国書刊行会)。網野善彦「日本の文字社会の特質」(『日本論の視座—列島の社会と国家—』一九九三、小学館)。黒田弘子『ミミヲキリハナヲソギ—片仮名書百姓申状論—』、一九九五、吉川弘文館。菅原正子『中世の武家と公家の「家」』、二〇〇七、吉川弘文館。

(菅原　正子)

〔近世〕近世社会で平仮名・片仮名・漢字を書け、それらで構成される文章を読み解く能力をいう。それに計算力を加えた「読み書きそろばん」が生活上の基礎的能力とされた。近世初期、村で読み書きできる能力を持つ者は仏教の僧侶などに限られていた。僧侶は、寺請《てらうけ》制下で檀家《だんか》の村民の子女を寺子《てらこ》として読み書きを教えたので、寺内の施設を*寺子屋《てらこや》という。それは兵農分離《へいのうぶんり》後、村請制《むらうけせい》で行政を委任された村民と城下の領主との意思疎通が文書で行われたため、村民にとって読み書き能力が不可欠となり、村政への参加や小経営の自立にも必要な能力だったので、文字教育への関心を高めた村民の要望に寺院が応えた行為だった。手本には、「往来物《おうらいもの》」と呼ばれる手紙の文章が使われるなど実利主義の教材が使用された。学ぶ書体や文体は男女で異なり、女子には「女筆《にょひつ》」「*女手《おんなで》」と呼ばれる繊細で流麗《りゅうれい》な書体と、平仮名多用の和文が主に教えられた。学習方法は読み書き重視で、字を覚えながら生活に必要な熟語を学んだ。また書体と文体は全国一律で、話し言葉の異なる地域の人々との交流を可能にした。江戸時代中期以降、身分秩序の乱れが表面化すると、幕藩領主《ばくはんりょうしゅ》が文字学習に道徳的要素を加味することを求めたので教訓的手本が増え、女性用として「*女大学《おんなだいがく》」や「女今川《おんないまがわ》」の名を冠《かん》した手本が多数刊行されて利用されるようになった。近世後期、社会経済の発展で女子の社会的進出が著しくなり、読み書き能力を活用する場面が広がると、その効用を知った母親がわが子に読み書きを学ばせるようになったので、寺子屋や医者・農民・浪人らが師匠となる手習所《てならいじょ》で学ぶ女子が増えた。そこで教え子を確保するためにお針の師匠が読み書きも教えたり、女性師匠による女子だけの手習所も生まれた。しかし貧しさのため修業年限が短い子どもが大半で、多くは平仮名をマスターするだけで退学してしまったが、庶民向けの書籍などは平仮名が多用されたり、漢字にはふり仮名がふってあるので、「いろは」を学ぶだけで文芸など知的世界を知る機会が増えた。そのため幕末には女子への教育熱も高まり、通俗小説などを読む光景が普通に見られるようになった。

参考文献　高橋敏『日本民衆教育史研究』、一九七八、未来

社。梅村佳代『日本近世民衆教育史研究』、一九九一、梓出版社。中野節子『考える女たち―仮名草子から「女大学」―』、一九九七、大空社。

（青木美智男）

よめいびり　嫁いびり　一家に*主婦は一人だけで、主婦になる以前の主婦予備軍ともいえる嫁は主婦見習いとして、主婦である姑《しゅうとめ》の細かな指示に従って*家事をこなさねばならなかった。家にはそれぞれ家風といわれるさまざまなしきたりがあり、姑は家風を伝達継承することも自分の務めと考えていたので、嫁に家風に従うことを強要した。たとえば、食事の準備をするのにも、米を何合洗うか、味噌《みそ》汁の実は何にするか、おかずはどうするかなどこまごましたことまでそのつど姑の指図に従わねばならず、怠《おこた》った場合には姑の機嫌を損ねることとなった。婚家では、何一つ自由にはできなかった嫁にとって、姑の機嫌を損ねることは生活のさまざまな場面で事がスムースに運ばないことに繋《つな》がった。こうした状態は、傍《かたわら》から見れば姑が嫁をいじめているように見え、嫁いびりなどと総称された。長野県伊那《いな》地方では「嫁住み十年」などといい、その期間は十年あるいはそれ以上に及ぶと考えられていた。

（倉石あつ子）

よめいりき　娵入記　室町時代後期幕府政所執事《まんどころしつじ》であった伊勢貞陸《いせさだみち》が著わした書。成立年不詳。一巻。室町時代の将軍家や上級武家の嫁入りに関する故実を記したもの。内容は嫁の衣裳、御輿《おこし》の様相、御輿迎えなどの儀式次第や持参する道具、*女房衆の役割に至るまで詳細に及ぶ。著者には関連した故実書として『よめむかへの事』や『簾中旧記《れんちゅうきゅうき》』などがある。伊勢氏はその立場上、武家の儀式や女房衆に関する知識に明るかったが、故実を家職《かしょく》とする家としての成立は戦国時代である。『群書類従』二三所収。

参考文献　『群書解題』一六上。二木謙一「伊勢流故実の形成と展開」（『中世武家儀礼の研究』一九八五、吉川弘文館）。田端泰子「中世の家と教育―伊勢氏、蜷川氏の家、家職と教育―」（『日本中世の社会と女性』一九九八、吉川弘文館）。

（志賀　節子）

よめいりこん　嫁入婚　〔古代〕妻が夫の家へ移動し、そこで同居して開始される*婚姻の一形態。社会人類学でいう夫方居住婚《おっとがたきょじゅうこん》に一致する。男性優位の*父系制社会であった前近代中国での婚姻などは、嫁取り婚といったほうがより正確か。これまで古代日本では、支配階層においてこのような婚姻が行われていたと一応は推定されてきた。特に、記紀《きき》などでは前近代中国流の嫁取り婚に伴う*婚姻儀礼も行われたかのように記される。しかしながら、天皇の后妃すら天皇とは同居していなかった可能性が高く、その同居が始まるのはようやく八世紀末になってからと推定されている。また、八世紀前後では夫婦の合葬《がっそう》例が一般的ではなかった。こうしたことをふまえると、古代日本の支配階層においてさえ、嫁入婚は厳密な意味ではいまだひろく受け入れられる状況ではなかったと考えられ、おそらく九世紀以降になり、徐々に広まっていったのではないかと推測できる。

参考文献　関口裕子『日本古代婚姻史の研究』、一九九三、塙書房。同『日本古代家族史の研究』、二〇〇四、塙書房。

（成清　弘和）

〔中世〕婚姻研究の意義は、女性の社会的地位を導く点にある。もっとも有効な方法は、嫁取婚《よめとりこん》（以下、筆者は嫁入ではなく嫁取婚と表記するが）の成立時期を明らかにすることである。明らかになれば、中世の社会像をより立体的に復元できる糸口を見つけられるのである。このような問題意識を提示したのが、*高群逸枝《たかむれいつえ》である。高群は、中世後期嫁取婚成立説を唱え、前期女性の性の解放や売春の未発達を指摘するなどその地位の高さを強調した。高群を継承したのが、田端泰子《たばたやすこ》である。田端によると、将軍や執権《しっけん》北条氏などで嫁取婚を挙行《きょこう》している例もあるが、史料に「嫁入り」という言葉が登場していないことなどを根拠に嫁取婚の不成立を説いた。不成立であるがゆえに、鎌倉時代の婚姻の主流は、儀礼を伴わない男女が居所《きょしょ》を移すだけの「*嫁《か》す」形式であったと見なした。高群・田端を批判したのが、高橋秀樹《たかはしひでき》・辻垣晃一《つじがきこういち》である。高橋は、田端の提示した婚姻形式「嫁す」は婚姻の開始を示し居住形態まで表現していないことを指摘し、武家における嫁取婚の成立を説いた。辻垣は、高群以来取り上げられなかった貴族の婚姻形態に触れ、嘉禎《かてい》三年（一二三七）の近衛兼経《このえかねつね》と九条道家女仁子《くじょうみちいえのむすめじんし》との婚姻を契機《けいき》に婿取婚《こん》から嫁取婚へ移行することを確認した。また、辻垣は、従来の婿取婚から嫁取婚へという発展図式そのものに対しても疑問を投げかけた。つまり、武家における嫁取婚の蓋然性《がいぜんせい》を論じ、婿取婚が認められたとしても特殊事例に限定されていると見なした。武家は、軍事経営を行うアジール的な家を形成していることから、男性が女性宅へ忍び通う妻訪《つまど》いなどは困難であり、夫が妻を迎える嫁取婚を実行していたと考えるのが妥当である。辻垣の議論は、身分に伴う婚姻形態の相違、すなわち*家族結合の差異を指摘したものである。「嫁取婚の成立」と一口にいっても、成立の背景にある各身分階層の倫理観や慣習などといったさまざまな要因を考慮《こうりょ》する必要がある。

参考文献　高群逸枝『招婿婚の研究』（高群逸枝全集二・三）、一九六六、理論社。田端泰子『日本中世の女性』（中世史研究叢書）、一九八七、吉川弘文館。高橋秀樹『日本中世の家と親族』、一九九六、吉川弘文館。辻垣晃一「嫁取婚の成立時期について―公家の場合―」（『比較家族史研究』一五）、二〇〇〇。同「嫁取婚の成立時期について―武家の場合―」（『龍谷史壇』一一七）、二〇〇一。同「日本婚姻史の一視角―摂関家の特異性を考える―」（笠谷和比古編『公家と武家』三、二〇〇六、思文閣出版）。

（辻垣　晃一）

〔近世〕近世になると、儒教倫理の下層への広がりと広範な階層における「家」の成立と相まって、武家層のみではなく庶民上層から中下層へも次第に嫁入婚が普及していった。特に十八世紀後半以降中下層の庶民においても「家」意識が成立し、「家」の永続的な継承が第一義とされるにつれ、*家長の権威・権限が強化され、婚姻についても家長の意向が強く働くようになり、婚姻形態や男女の関係に変化が見られるようになった。それまで近世の村社会では嫁入婚と*婿《むこ》入婚が併存していたが、上層農民から嫁入婚の浸透が始まり、中下層農民についても婿入婚から嫁入婚へのゆるやかな転換が進んでいった。婿入婚は、配偶者の選定が自主的で(そのため仲人は形式的)、婚前交渉も認められているのに対し、嫁入婚では仲人の役割が大きく、逆に配偶者選定における本人の自主性が弱く、婚前交渉についても否定的であるなど、際だった対照を示した。婿入婚を支えたのは、村の年齢階梯《かいてい》秩序を代表する*若者組や*寝宿慣行であり、当人同士の関係が若者仲間に公認され、それを親が追認するといった婚姻のルールの上に婿入婚が存在した。しかし、親の権限強化によって従来のルールが否定され、娘が「家」に囲い込まれるようになると、既得権を失う若者組との間に対立や摩擦が生じた。婚姻儀礼についても、嫁入婚が一般化するにつれて武家の婚姻儀礼の影響を受け、婿入式中心から嫁入式中心へと変化した。婿入式が嫁入式より相当期間先立って行われ、婿入式が婚姻の成立を意味した段階から、嫁入式の当日に嫁入式に先立って婿入式が行われる段階へと移行し、さらに嫁入式の後に婿入式が行われる形態へと転化するとされる。畿内の農村では、十八世紀半ばにその画期が認められるという。しかし、幕末の武士の日記には、嫁入式に先立って婿入式が行われている事例がみえ(『柏崎日記《かしわざきにっき》』(『日本庶民生活史料集成』一五所収)ほか)、実質的な意味を失いつつも婿入式が存続する意味については、さらに検討が必要であろう。

参考文献 大竹秀男『「家」と女性の歴史』(弘文堂法学選書)、一九七七、弘文堂。宮川満・宮下美智子「婚姻制度と家」(『歴史公論』六ノ一)、一九八〇。宮下美智子「農村における家族と婚姻」(女性史総合研究会編『日本女性史』三、一九八二、東京大学出版会)。妻鹿淳子『犯科帳のなかの女たち—岡山藩の記録から—』(平凡社選書)、一九九五、平凡社。藪田貫『女性史としての近世』、一九九六、校倉書房。大藤修『近世農民の家・村・国家—生活史・社会史の視座から—』、一九九六、吉川弘文館。倉地克直『性と身体の近世史』、一九九八、東京大学出版会。

(浅倉 有子)

よめとしゅうとめ 嫁と姑 〔古代〕『*枕草子』第七十五段に「ありがたきもの」(めったにないもの)として「舅《しゅうと》にほめらるる婿《むこ》、また、姑に思はるる嫁の君」と出てくる。婿と嫁とが対照的に並べられているが、古代の記録類には夫の*親族から妻を呼ぶ「嫁」という表現はほとんどみられない。夫が妻の家へ通う*妻問婚《つまどいこん》、妻の家で同居する妻方居住婚《つまかたきょじゅうこん》が一般的である古代において、妻と夫の母(姑)とが同居することはなかった。古代においては、夫(婿)と妻方親族(舅・姑など)との関係が密接であり、生活の援助や政治的地位の継承などが婿と舅との間で行われた。

参考文献 服藤早苗『平安朝の母と子—貴族と庶民の家族生活史—』(中公新書)、一九九一、中央公論社。

(京樂真帆子)

〔中世〕嫁と姑の対立はさまざまな問題があるが、経済面や「*主婦権」をめぐる争いも重要である。しかし中世においては嫁と姑の対立構図はあまりみられない。中世前期においては「主婦権」は*後家が死去するまで委譲《いじょう》は行われないようである。女性は基本的には実家側から所領を相続し、その女性の所領は実家の惣領《そうりょう》の管領下にあった。妻は経済的には実家と深く結びついていると同時に「主婦権」を確立した妻は、「家」内の支配権も握るという両属的存在であった。このために嫁と姑は「主婦権」に執着せず、対立しなくてもすんだ。中世後期の公家の「家」では、姑の生存中に嫁に「主婦権」の委譲が行われている。姑は委譲に対しては不満もあったようであるが、最後には納得し、その後も嫁姑の対立にはなっていない。姑も嫁もそれぞれ別々の財産を持っていたことや、父と子は同一屋敷ではあるが、別棟居住だったことなどがその要因であろう。

参考文献 飯沼賢司「中世前期の女性の生涯—人生の諸段階の検討を通じて—」(女性史総合研究会編『日本女性生活史』二、一九九〇、東京大学出版会)。後藤みち子「家業と「主婦権」—三条西家の場合—」(『中世公家の家と女性』二〇〇二、吉川弘文館)。

(後藤みち子)

〔近世〕江戸時代は、女性も男性も結婚して子供を設けることが、「一人前」の条件と認識されていた。結婚は、女性が男性の家に入る嫁取婚《よめとりこん》形式が一般的となっており、妻が夫の両親と竈《かまど》をともにし、直系家族を形成した。江戸時代に武家から庶民まで広く読まれたといわれる女性向け教訓書である『*女大学』の冒頭は、「夫《そ》れ女子は成長して他人の家へ行き、舅 姑《しゅうとしゅうとめ》に仕ゆるものなれば」で始まり、女性は結婚して舅姑に仕えることが前提とされている。そして、結婚した女性は、実家の親よりも舅姑を大切にし孝行を尽くすことが肝要であり、もし嫁が舅姑に従わない場合は、離縁されてもしかたないとし、女性が離縁される七つの事由《じゆう》(「七去《しちきょ》」)の筆頭にこれを挙げるほど、嫁と舅姑との関係を重んじている。逆にいえば、*女訓書《じょくんしょ》では、嫁と舅姑との摩擦はどの家庭にも普遍的な問題であるからこそ、嫁が舅姑に孝を尽くして仕えることにより、仲良く暮らしていくことができると教えているのである。このような摩擦が生じやすかったのは、竈を分けることのない居住形式が一つの要因とみられる。そのため、*隠居《いんきょ》慣行のある地方では、舅姑が隠居屋へ移住することにより、嫁と姑の確執は和らげられることになった。なお、姑が嫁に家庭を切り盛りする「主婦」の役割を委譲《いじょう》することを、「杓子渡《しゃもじわた》し」「へら渡し」と呼ぶ地方もある。これによって、主婦の座を離れた姑は、旅行などに出る機会が増した。

参考文献　石川松太郎編『女大学集』(東洋文庫)、一九七七、平凡社。長島淳子「幕末農村女性の行動の自由と家事労働」(『幕藩制社会のジェンダー構造』二〇〇六、校倉書房)。

(吉田ゆり子)

〔近現代〕明治になり世襲《せしゅうせい》制の原理は崩れたが、家族の原理は家本位から個人本位には変わらなかった。一八九八年(明治三十一)公布の民法は「家」を基本としており、家族のなかでの嫁は「嫁と藁《わら》は叩いて使え」「嫁はツノのない牛」とされる存在だった。その嫁としばしば隠微《いんび》な対立をしたのが姑で、家を守るというたてまえのもと*嫁いびりをした。家と個人の葛藤《かっとう》が意識化され始めた明治末期から大正期には徳冨蘆花『*不如帰《ほととぎす》』、田山花袋《たやまかたい》『生《せい》』などの文学作品にも嫁いびりが描かれ、女性誌や新聞の*身の上相談欄には嫁の嘆きが多く寄せられた。そこには不甲斐《ふがい》ない夫の姿も透けて見える。戦後の高度経済成長期ころから、核家族の増大により嫁姑の同居が減り、むしろ嫁との折り合いに迷う姑が増えた。しかし、高齢社会に入り男より平均寿命の長い女を介護するのは嫁が最も多く、新たな嫁姑問題が発生した。嫁姑問題を扱ったテレビドラマは今も視聴率が高い。

参考文献　『夫婦・家庭』(講座現代・女の一生四)、一九六五、岩波書店。

(江刺　昭子)

よめとりこん　嫁取婚　⇩嫁入婚《よめいりこん》

よめぬすみ　嫁盗み　若者が仲間の意中の娘を盗み、親の了解を強いて夫婦となる*婚姻形態。ヨメカタギ・カツギなどとも呼ばれる。略奪婚《りゃくだつこん》ではなく、駆《か》け落《お》ち婚の一種である。*家長を通じた「村の*家制度による縦の規制」と、若者による、娘に対する「村の協和的な共有感覚」とが、均衡《きんこう》対立するときに発生する民俗である。家長の力が強い東日本では、ほとんど存在しない。逆に、村の協和的感覚のなかでのアソビ(恋愛)が優位にある沖縄でも、嫁盗みは必要ない。嫁盗みには、㈠娘の意思がある程度反映し、反対する親に婚姻を強いる場合と、㈡娘も親も合意しているが、社会関係的・経済的(義理)障害要因を越えるために仕組まれる場合とがある。いずれにせよ、娘の意思は、村内の男性中心の*若者組の協和において、ある程度保障された。近代に入ると、階層分化、華美な消費が展開する村中で、親・娘の自由な意思をとげさせる機能㈡が多くなる。

参考文献　大間知篤三『婚姻の民俗』(大間知篤三著作集二)、一九七五、未来社。柳田国男「嫁盗み」(『柳田国男全集』一七、一九九九、筑摩書房)。

(森栗　茂一)

よるのつる　夜の鶴　鎌倉時代の歌人*阿仏尼《あぶつに》の歌論書。弘安二年(一二七九)―六年の間に成るか。この書はもと相当な身分の人のために書かれたものであるが、のちにほとんどそのまま、わが子(為相《ためすけ》たち)への指導に転用した。初心者むけに作歌についての心得を、実例をあげ、具体的に述べている。執筆は鎌倉滞在中、『*十六夜日記《いざよいにっき》』が書きあげられたあとだろうとされている。阿仏尼は、『十六夜日記』でわが子たちの*和歌の批評をし、『夜の鶴』で作歌の心得を指導することにより、「家」の歌学をわが子に継承させようとした。刊本に『十六夜日記・夜の鶴』(森本元子全訳注、講談社学術文庫、一九七九年、講談社)がある。

参考文献　細谷直樹「『夜の鶴』再吟味」(『中世歌論の研究』一九七六、笠間書院)。

(後藤みち子)

よるのねざめ　夜の寝覚　平安時代後期の物語。藤原定家《ふじわらのさだいえ》筆『*更級日記《さらしな》』の奥書《おくがき》に「よはのねざめ(中略)はこの日記の人のつくられたるとぞ」とある。これによれば作者は菅原孝標《すがわらのたかすえ》の娘だが確かなことは不明である。五巻本と三巻本の二系統が伝存するが、両本とも欠巻をもつ。成立は後冷泉《ごれいぜい》朝(一〇四五―六八)と推定されている。女主人公は十四歳の時、天人より「悩み多い宿命」と予言され、その言葉どおり思わぬ偶然から悩み多い恋に陥り生涯寝覚めがちの夜をすごすという物語。テキストは『夜の寝覚』(阪倉篤義校注、日本古典文学大系、一九六四年、岩波書店)、『(増訂)寝覚物語全釈』(関根慶子・小松登美注釈、一九七二年、学燈社)。

(林　マリヤ)

ら

らいしずこ　頼静子　一七六〇―一八四三　江戸時代後期の女性。号は梅颸《ばいし》。頼山陽《さんよう》の母。大坂の儒医飯岡義斎《いのおかぎさい》の次女。安永八年(一七七九)に二十歳で三十四歳の儒学者頼春水《しゅんすい》と結婚し、翌年長男久太郎《ひさたろう》(山陽)を生んだ。頼春水は、延享《えんきょう》三年(一七四六)に安芸国加茂郡《あきのくにかもぐん》竹原下市村《しもいち》(広島県竹原市)の紺屋《こうや》に生まれ、明和三年(一七六六)に大坂の混沌社《こんとんしゃ》に入り片山北海に師事した。二十八歳で家塾青山社を開き、「頼」と名乗った。静子は、天明元年(一七八一)に春水が広島藩に儒者として召し抱えられた後、広島城下で生活を始めた天明五年から、八十四歳で亡くなる天保十四年(一八四三)までの五十八年間、日記を書き残している(『梅颸日記』)。そこには、来訪者、*下女・下男の仕事、静子はもとより夫と子供の行動・体調の変化、そして静子自身の*家事仕事など、家内での出来事がこまごまと書き留められている。感想めいた表現はきわめてまれであり、静子自身が後年の参考にするために、事実が淡々と記されている。春水の死後は、*和歌や紀行文も記されるようになる。一方、春水は広島藩に仕官した天明元年から七十一歳で没する前年の文化十二年(一八一五)まで三十四年間日記をつけているが、内容は春水の学問所勤務・御前講《ごぜんこう》・『芸備孝義伝《げいびこうぎでん》』の編纂《へんさん》など勤務に関わる記録が中心である。二人の日記を比べることで、当時の夫と妻にとっての公的世界の違いを知ることが可能となり、興味深い。

参考文献　『山陽全集』。吉田ゆり子「儒家女性の生活」(林玲子編『日本の近世』一五、一九九三、中央公論社)。皆川美恵子『頼静子の主婦生活』、一九九七、雲母書房。大口勇次郎編『頼梅颸日記の研究』、二〇〇一、お茶の水女子大学ジェンダー研究センター。

(吉田ゆり子)

らいふく　礼服　奈良時代に規定された律令国家の五位以上の男女官人と皇族の礼装。いわゆる「大儀《だいぎ》」に用いた。唐と朝貢関係にあり律令を継受した国々では礼装にこの服装を用いる傾向がある。しかし、調進に費用がかかるため、最終的には天皇が即位儀に際して着用するのみとなった。なお、最上衣の大袖《おおそで》と呼ばれる衣服には竜の絵が描かれているが、中国の皇帝は竜の指が五本で、それ以外の国々の王らが着る場合は指が四本である。

参考文献　鈴木敬三『有識故実図典』、一九九五、吉川弘文館。

(佐多　芳彦)

ライフサイクル　ライフサイクル　もともとは生物の一生という生命現象における規則的推移《すいい》を意味したが、それを人間の一生に適用し、個人が社会と関わりながら時系列的に辿《たど》る生活現象のパターンという意味で使われる。生活周期と訳される。類似の概念であるライフコースが個人の生涯の推移を歴史的文脈に位置づけるのに対し、ライフサイクルは人生経験の周期性に着目する点で若干異なるが重なる部分も大きい。女性のライフサイクルに大きな変化がみられたのは、高度経済成長期の一九六〇年(昭和三十五)ころである。この時期をはさんで一九四〇年と一九七七年の二時点をとってみよう。平均出生児数の減少(四・二七人→二・一九人)と長寿化(四九・六歳→七八・〇歳)は、一方で長子《ちょうし》出産から末子《まっし》就学までのもっとも多忙な子育て期間の短縮(一八・八年→八・六年)と、他方で末子が就学した後のポスト子育て期(中年期)、さ

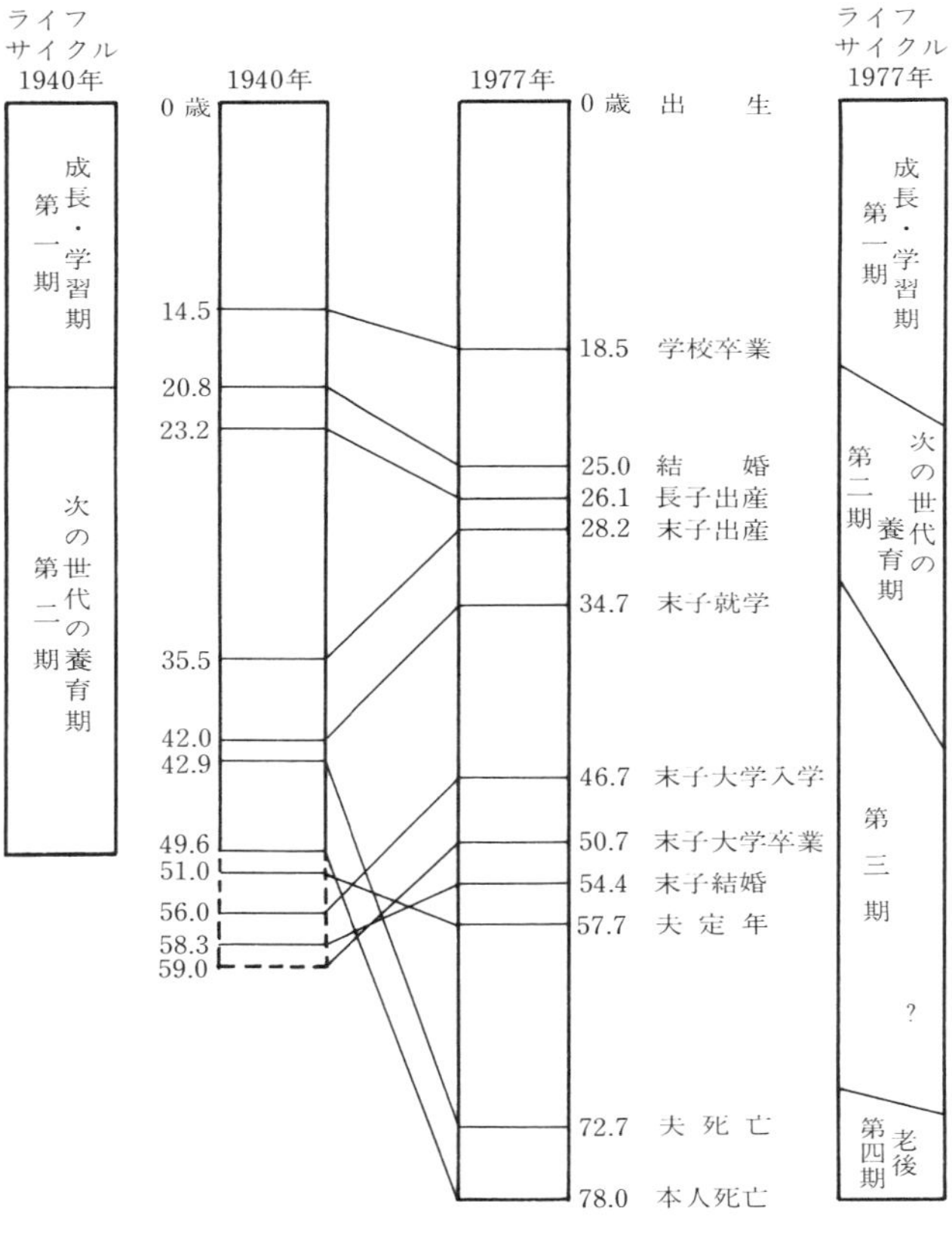

(1)末子結婚は男女平均の数字
(2)厚生省『厚生白書』1976年および『朝日新聞』1979年1月3日「21世紀への接近」より作成

女性のライフサイクルの変化

らにその後につづく老年期の長期化(七・六年→四三・三年)という変化を女性に及ぼした(厚生省《こうせいしょう》編『人口動態統計』『簡易生命表』、国立社会保障・人口問題研究所編『出生動向基本調査』各年度)。こうした女性のライフサイクルの変化は、広い意味で人々の意識や社会制度、政策に潜む*ジェンダー規範の変更という新たな課題をもたらす。第一に、女性たちは後半の人生にむけて母・妻・*主婦役割にとどまらない新たな自己像の形成が求められる。第二に女性の後半の人生は、当然ながら男性のそれと深く関わっており、男性みずからが他者(特に女性)との関係の再調整、さらには「会社人間」から「社会人間」への価値観の変更を迫られる。第三に、正社員として再就職しようと望んでも中年女性だけに年齢制限をおく企業慣行や、夫の扶養《ふよう》家族の枠内で社会参加する妻の座を税制・年金上の優遇により評価する一連の社会政策など、女性の人生後半の生き方を一定の方向に誘導する慣行や政策の見直しが求められる。第四に若い女性世代を中心に、「個人」としての生き方を選びとる女性がふえ、それが家族の形や関係の多様性を押し進めているいま、世帯単位にたつ現行の諸制度を個人単位のそれへの移行をすすめるための具体的な方策が必要となっている。

参考文献 天野正子『第三期の女性―ライフサイクルと学習―』(現代選書)、一九七九、学文社。D・W・プラース『日本人の生き方―現代における成熟のドラマ―』(井上俊・杉野目康子訳)、一九八五、岩波書店。青木やよい『シングル感覚―新しい女たちの選択―』、一九八八、廣済堂。天野正子『フェミニズムのイズムを超えて―女たちの時代経験―』、一九九七、岩波書店。干刈あがた『樹下の家族』(朝日文庫)、二〇〇〇、朝日新聞社。 (天野 正子)

ラグーザたま ラグーザ玉 一八六一―一九三九 明治から昭和時代にかけての洋画家。東京芝の差配《さはい》、清原《きよはら》定《さだ》吉《きち》の次女。明治五年(一八七二)から日本画を学ぶ。工部《こうぶ》美術学校《びじゅつがっこう》彫刻科教師ビンツェンツォ＝ラグーザと知り合ってからは西洋写生の指導を受け、彫刻のモデルもつとめた。一八八二年ラグーザとともにイタリアに渡り、彼がパレルモに開いた工芸美術学校の教授になった。一八八九年にイタリアで結婚式を挙げエレオノラ＝ラグーザに改名。イタリア国内外の展覧会で受賞。夫の死後、一九三三年(昭和八)に帰国した。

ラグーザ玉像(ラグーザ作)

参考文献 木村毅編『ラグーザお玉自叙伝』、一九八〇、恒文社。加地悦子『ラグーザ・玉―女流洋画家第一号の生涯―』(NHKブックス)、一九八四、日本放送出版協会。 (竹下 修子)

らくご 落語 寄席《よせ》演芸の一。話芸としての落語は、一つの素材を軸にして、語り手、語られる時代によってその内容は多様である。同じ演目でも語り手の価値判断が加わるので、きちんとは活字化されにくい。そのため史料検討は困難ではあるが、現段階で知られる作品群から考察すると、女と男の描かれ方について、夫婦の場合には、賢い妻と間抜けな夫という構図のものが多い。*遊廓《ゆうかく》を舞台とする場合には、男は自惚《うぬぼ》れが強く、女はずる賢しこく描かれる場合が多い一方で、一途《いちず》な男に対しては、徹底して男に尽くす女を対置させている点も見落とすことはできない。「本妻と妾《めかけ》」と男の三角関係を扱った演目も少なくない。その場合には、男の自惚れと優柔不断《ゆうじゅうふだん》が揶揄《やゆ》される体のものが多いが、このような演目が多いということは、このような関係がありふれたものとして存在していたことを示す。落語では、こうした関係を可《お》笑《か》しく描いているが、一人の男をめぐる本妻と妾の双方にきわめて屈折した複雑な心理が潜められている。身分違いの男女を扱った演目の場合は、男は武士、女は庶民という設定が多く、そこでの女性は、身分の高低と、*男尊女卑《だんそんじょひ》との二重の抑圧の下におかれるものとなっている。語り手と受容者とのやりとりの中で、抑圧された苦しみや悲しみを、ほんの一瞬「可笑しさ」に変えて語られる話芸、それが、人びとの救いでもあり、長く語り伝えられてきたものであるが、その「可笑しさ」の背後にある心情を見過ごしてはならないだろう。*狂言《きょうげん》との違いは、狂言の場合には風刺《ふうし》・笑いに終始するものが多いように思われるが、落語には、単なる風刺《ふうし》や笑いにとどまらず、もう一つ教訓めいたものが盛り込まれていることである。それは、仏教の説話活動から出発展開した話に、*心学《しんがく》の教えが付加されていくという歴史のなせるわざであろう。したがって、女性に限らず社会的弱者一般には、そこはかとない情感が向けられ、逆に社会的強者に対する批判は厳しい。

参考文献 横山達三『日本近世教育史』、一九七三、臨川書店。江国滋編『古典落語大系』(三一新書)、一九七三・七四、三一書房。野村雅昭「落語の女性とことば」(『国文学解釈と鑑賞』五六ノ七)、一九九一。菅野則子「男尊女卑と妾」(安在邦夫他編『法廷に立つ歴史学』一九九三、大月書店)。延広真治編『落語の鑑賞２０１』、二〇〇二、新書館。菅野則子「落語にみる女と男」(『帝京史学』一九)、二〇〇四。 (菅野 則子)

らくちゅうらくがいずびょうぶ 洛中洛外図屏風 中世末から近世まで制作された京都の諸相を多角的な視点から描いた都市図。「洛中洛外図」ともいう。「洛中」とは京都の都市部、「洛外」は郊外を意味する。六曲《ろっきょく》一双《いっそう》の屏風仕立てを基本とする風俗画の一形式。本図には人、装い、道具・持ち物といったものから、寺社、政庁、邸宅、町屋といった建築物、町並みや賀茂川とこれを取り囲む遠景としての山並みなどの景観が一覧的に配置もしくは布置され、人間とその生活・風俗・習慣、政治権力の中枢を示す施設、歳事、植栽《しょくさい》に表現される四季の表現なども描かれている。また中・近世の都市京都の町屋や街路の景観復元、文献史料の乏しい中世末期の京洛の都市民の衣食住、物品・行為・風俗・習慣なども知りえるのでその歴史資料としての価値は計り知れない。美術史はもとより、都市史・建築史・社会史・芸能史・宗教史・国文学史など、多様な分野から研究対象とされている。観る者の視点によってさまざまな情報を抽出・生成可能な巨大画像データベースと理解してもよい。しかし、「洛中洛外図屛風」の画面を読み込んでいくには注意するべき点がある。本図の初期の作例(歴博甲本・東京国立博物館所蔵模本・上杉本など)では、実際の京都の地理を踏まえて景観が描かれる。その後の作例では変化が生じ、林原美術館所蔵本を例にとると、基本的な遠景は実際の地理を作画するが、中・近景は名所・寺社などのモチーフを実際の地理を無視して布置されることもあり、京都の心象風景のような画面構成と理解される。またその初期より、御所・室町将軍邸・室町幕府管領《かんれい》邸・方広寺《ほうこうじ》・豊国《ほうこく》神社・二条城・北野社などの建築とその敷地は、政治情勢や時期、世情を反映して描かれる大きさが変わる。こうした点からみて本図は都市図であり地図ではありえない。制作依頼者の要望や制作した絵師の主観が、どのように画面構成等に反映しているかに留意する必要がある。今後、研究分野を超えた対話のなされることによりさらなる成果が期待できる*絵画史料といえるだろう。なお、著名な同図の諸本は『標注洛中洛外屛風』(岡見正雄・佐竹昭広、一九八三年、岩波書店)、『近世風俗図譜』三・四(一九八三年、小学館)、『洛中洛外図大観』(石田尚豊・内藤昌・森谷尅久監修、一九八七年、小学館)、『洛中洛外図』(京都国立博物館編、一九九七年、淡交社)などにより観ることが可能だが、これらに収載されないものの方が多い。

参考文献 辻惟雄編「洛中洛外図」(『日本の美術』一二一)、一九七六。今谷明『京都・一五四七年—描かれた中世都市—』(イメージ・リーディング叢書)、一九八八、平凡社。高橋康夫『洛中洛外』(イメージ・リーディング叢書)、一九八八、平凡社。黒田日出男『謎解き洛中洛外図』(岩波新書)、一九九六、岩波書店。奥平俊六『洛中洛外図舟木本』(アートセレクション)、二〇〇一、小学館。狩野博幸『新発見洛中洛外図屛風』(大江戸カルチャーブックス)、二〇〇七、青幻舎。

(佐多　芳彦)

らせつにょ　羅刹女　羅刹は古代インド神話・伝説に現われる男女の鬼神の一種、山林・海浜に住む人を喰う鬼のこと。「羅刹」はサンスクリット語の音写。特に南海には女鬼《にょき》の羅刹女の島があり、漂着した商人などを夫としては喰い殺す話が『大唐西域記《だいとうさいいきき》』一一、『*今昔物語集《こんじゃくものがたりしゅう》』五第一話「僧迦羅五百商人《そうがらごひゃくのあきびと》、共至羅刹国語《ともにらせつこくにいたれること》」など説話に登場する。別面、仏教に取り込まれ仏法外護《ぶっぽうげご》の鬼神に、法華経《ほけきょう》受持者、特に女人《にょにん》を守護する美しい十羅刹女《じゅうらせつにょ》にもなっている。

参考文献『法華経』陀羅尼品。『法華十羅刹法』。百橋明穂「廬山寺普賢十羅刹女図」(『仏教美術史論』二〇〇〇、中央公論美術出版)。

(稲川やよい)

ラマーズほう　ラマーズ法　精神予防性無痛分娩法《むつうぶんべんほう》の変法。フランスの医師ラマーズにより提唱された。起源は一九五〇年代、ソ連邦でパブロフの条件反射理論にもとづき考案されたものをラマーズ医師が学び、それに呼吸法やリラックス法を加え一般に普及させた。日本では一九七〇年代の女性解放、*消費者運動のなかで、米国経由で八〇年代に全国に普及。自然分娩への復帰で、特に開業助産師の取り組みが大きく広がっていった。

参考文献 全国助産婦学校協議会編『ラマーズ法の基礎と実際』、一九八一、医学書院。川上武編著『戦後日本病人史』、二〇〇二、農山村文化協会。

(中村　節子)

り

りえん　理延　一四二三—?　室町時代前期の尼。伏見《ふしみの》宮貞成《みやさだふさ》親王(後崇光院《ごすこういん》)の第三女。母は庭田幸子《にわたこうし》。後花園《ごはなぞの》天皇の同母の妹。真乗寺住持《しんじょうじじゅうじ》。幼名はかかこ。貞成の日記『看聞《かんもん》日記』によれば、応永三十年(一四二三)十二月十四日に生まれる。永享《えいきょう》六年(一四三四)に、一時期は入《いり》江殿《えどの》(三時知恩寺《さんじちおんじ》)にいたが、室町幕府将軍足利義教《よしのり》により真乗寺に入ることが決定、同年四月二十日に鹿苑院《ろくおんいん》で院主宝山乾珍《ほうざんけんちん》の弟子として喝食《かっしき》となり、理延と命名される。理延は将軍義教の後援を得て、将軍家の輿《こし》で真乗寺に入寺した。同七年八月二十七日に同寺で乾珍によって得度して尼になり、同九年四月二十二日に衣に袈裟《けさ》をかける。『看聞日記』には理延が伏見宮家に里帰りしたときのことがたびたびみえる。嘉吉《かきつ》三年(一四四三)三月二十六日に真乗寺住持が退いたため、四月十三日に理延が住持を継いだ。以後の詳細なことは不明。

参考文献 横井清『看聞御記』(日記・記録による日本歴史叢書)、一九七九、そしえて。菅原正子「中世後期—天皇家と比丘尼御所—」(服藤早苗編著『歴史のなかの皇女たち』二〇〇二、小学館)。

(菅原　正子)

りえんじょう　離縁状　⇩去状《さりじょう》　⇩三下り半《みくだりはん》

りがん　理願　?—七三五　奈良時代、統一新羅《しらぎ》からの渡来尼。*大伴坂上郎女《さかのうえのいらつめ》がその死を悼《いた》む挽歌《ばんか》を『*万葉集』に残したことで知られる。平城京佐保《さほ》の大伴氏の本宗《ほんそう》大《だい》納言《なごん》安麻呂《やすまろ》宅に、家を与えられ寄住《きじゅう》、安麻呂やその妻石《いし》川命婦《かわのみょうぶ》、その子坂上郎女らの帰依《きえ》と庇護《ひご》を受けた。寄住することと数十年、天平七年(七三五)に病没。すでに老齢であったと思われる。時に大家《おおとじ》の石川命婦は有間温泉《ありまおんせん》(兵庫県神戸市)に出かけて留守であったため、留守を預かっていた家刀自《いえとじ》坂上郎女が葬儀を一人で執《と》り行い、そのことを歌にして、有間にいる石川命婦に贈り届けた(『万葉集』三、四六〇・四六一)。歌は渡来尼の寂しさを思い、その死を悲しむ心に溢《あふ》れており、理願と坂上郎女はじめ大伴家の人々との深い繋《つな》がりが感じられる。八世紀、*僧尼は寺に属するのみでなく、皇族の宮や貴族の邸宅に寄住し仏教を家人に伝授《でんじゅ》したといわれる。その中に朝鮮三国からの渡来の僧尼もいたことが知られるが、理願もその一例となる。

参考文献 北山茂夫「新羅尼理願への挽歌」(『万葉集とその世紀』下、一九八五、新潮社)。勝浦令子「古代の尼と尼寺」(光華女子大学・光華女子短期大学真宗文化研究所編『日本史の中の女性と仏教』一九九九、法蔵館)。

(西　洋子)

りきえき　力役　労働により支払われる人頭税。日本古代においては、庸《よう》・雑徭《ぞうよう》・兵役《へいえき》などで、原則男性のみに課せられたが、庸は実際には布・塩・米などで代納され、その貢納《こうのう》こそ男性名義で行われたが、貢納物である布の織成や製塩、稲作には女性も従事していた。また、例外的な女性の力役として*女丁《にょちょう》(仕女丁《しじょてい》・仕女、また*膂力婦《りょりょくふ》女・力婦《りきふ》も含むとする説もある)がある。賦役《ぶやく》令によれば、女丁は大国四人、上国三人、中国二人、下国一人徴発《ちょうはつ》され、宮内省の管理のもと*後宮十二司《こうきゅうじゅうにし》のほか縫殿寮《ぬいとのりょう》・大炊《おおい》寮《りょう》・大膳司《だいぜんし》・内膳司《ないぜんし》・造酒司《ぞうしゅし》や*斎宮《さいぐう》に配されたが、『延《えん》喜式《ぎしき》』では全国で九十人未満で、下国や辺遠《へんえん》国・大宰府管内からは指定されないことになっている。任期は仕丁《しちょう》と同じく三年で、年齢層は正丁《せいてい》女子であったらしい。なお、女丁の仕事は、単に諸司《しょし》の下働きということではなく、その舂米《しょうまい》・造酒・調理・縫製などの作業が天皇の供《く》御《ご》や新嘗祭《にいなめさい》・*大嘗祭《だいじょうさい》の神事に儀礼的に求められていたのであり、数少ない女丁が力役の男性名義貢納に隠された諸国の女性の力役従事の実態を代表していると指摘されている。

参考文献 服藤早苗「古代の女性労働」(女性史総合研究会編『日本女性史』一、一九八二、東京大学出版会)。義江明子「女丁の意義」(阿部猛編『日本社会における王権と封建』一九九七、東京堂出版)。

(荒井　秀規)

りきでん　力田　⇩久米舎人妹女《くめのとねりいもめ》

りげんしゅうらん　俚言集覧　近世に成立した国語辞典。二十六巻。太田全斎《おおたぜんさい》編。寛政九年(一七九七)から文政十二年(一八二九)の間に成立したといわれる。『雅言集覧《がげんしゅうらん》』『倭訓栞《わくんしおり》』と並び称される近世を代表する国語辞典である。太田作の『諺苑《げんえん》』をもととして大幅に俗語を増補したもので、当時の民間の一般的言葉について知ることができる。あいうえおの五集に分けられている。一八九九年(明治三十二)『(増補)俚言集覧』が活字によって刊行され、従来写本のまま伝えられたものが、一般に知られるようになった。

参考文献 『諺苑』(古典覆刻)、一九四四、養徳社。山田忠雄『春風館本諺苑』(日本生活風俗史)、一九六一、雄山閣。頼惟勤『(春風館本)諺苑』解説(古辞書叢刊)、一九六六、新生社。富永牧太『諺苑』、一九六六、研生社。

(中村　文)

りこうらん　李香蘭　一九二〇―　昭和時代の俳優、国会議員。満鉄顧問山口文雄《やまぐちふみお》の長女として旧満州に生まれる。十代の時、父の友人の養女になり李香蘭を名乗る。歌手活動を経て満州映画協会に入社、「白蘭《びゃくらん》の歌」などの「大陸三部作」で、流暢《りゅうちょう》な日本語と中国語を話す親日派中国人を演じ、大人気を博す。朝鮮の志願兵制度がテーマの「君と僕」、台湾高砂《たかさご》族の忠誠ぶりを描いた「サヨンの鐘」などの植民地動員政策と歩調を合わせた映画に出る一方では、上海の抗日映画「萬世流芳《ばんせいりゅうほう》」にも出演するなど戦時下の歩みは曲折《きょくせつ》している。敗戦後、漢奸罪《かんかんざい》を免れ帰国、本名の山口淑子《よしこ》名で芸能界に復帰。五〇年代には再び李香蘭名で香港映画に出演した。ハリウッドデビューも果たすが引退。七〇年代からは参議院議員として中東問題などを担当した。九〇年代には「*女性のためのアジア平和国民基金」理事を勤めた。著書に『李香蘭私の半生』(藤原作弥《ふじわらさくや》と共著、一九八七年、新潮社)などがある。

参考文献 四方田犬彦『日本の女優』(日本の50年日本の200年)、二〇〇〇、岩波書店。同編『李香蘭と東アジア』、二〇〇一、東京大学出版会。

(池川　玲子)

りこん　離婚　〔古代〕古代日本の離婚については不明な点が多いが、夫の専権離婚だけではなく、妻側からの離婚もなんらかの形で認められていたと推定できる。律令(*戸令七出《こりょうしちしゅつ》条など)の規定は唐制《とうせい》をほとんどそのまま受け入れたもので、夫の専権離婚について定める。もっとも、唐のように離婚状が作成された形跡はなく、それに署名する人々の規定にも相違がある。日本令を詳しくみると、妻の*持参財産は離婚時には常に返還されるなど、妻側に有利な規定も確認できる。また、『日本書紀《にほんしょき》』大化二年(六四六)三月甲申《こうしん》(二十二日)条の大化の旧俗改廃《きゅうぞくかいはい》の詔《みことのり》をみると、妻側からの離婚もあり得たように読める。さらに、『*万葉集《まんようしゅう》』の左注などによれば、やはり妻側からの離婚もあったようである。いずれにせよ、*婚姻そのものが曖昧《あいまい》であった古代日本において、離婚も曖昧であった可能性が高い。したがって、古代日本の離婚状などはいまだにその存在が確認されていないが、今後もその発見は期待できないだろう。

参考文献 関口裕子『日本古代婚姻史の研究』、一九九三、塙書房。成清弘和『日本古代の家族・親族―中国との比較を中心にして―』、二〇〇一、岩田書院。

(成清　弘和)

〔中世〕離婚のあり方は、婚姻や*家族形態と不可分の関係にあり、中世ではすべての階層で離婚権が夫側に認められていた。離婚の主な原因としては妻の重科《じゅうか》や淫泆《いんいつ》、無子があり、律令戸令《こりょう》の棄妻《きさい》条件が現実化する傾向にある。『*沙石集《しゃせきしゅう》』によると百姓の妻の場合、家出や裁判などの非常手段に訴える方法しか離婚を実現する方法はなかった。ただ家を出る際に、家中のものを「しるし」として持ち出す習慣は中世末までみられる。これは、婚姻後に形成された財産に対する夫婦共同の所有権を示すとともに、離婚後の妻の生活を支える意味を本来持っていたが、それも戦国時代には「何の咎《とが》もない」場合に限定され、「しるし」も形式化していく。鎌倉時代武家社会では次第に嫁取婚《よめとりこん》が一般化し、夫方居住の*一夫一婦制が基本となる。家の中における妻の地位は夫に次ぐ第二の位置で妻と夫はほぼ同等であった。次第に家と家との結び付きを意味する婚姻の長期化安定化が望まれるようになり、離婚も自然な無宣告の別れから公然化した宣告離婚の形態へと移行する。庶民社会でも婚姻は「*嫁《か》す」と表現され、男女両方の移動が混在しながら夫婦同居の家父《かふ》長《ちょう》的家族が成立する。室町時代にはすべての階層で夫と妻との間に主従という地位の差が確立する。妻の再婚を非法とし*貞節を要求する思想が生まれ、女子の*相続財産も制限されるようになる。そして戦国時代になると、すべての階層で「暇を得たる支証」である*去状《さりじょう》=離縁状が一般化する。家が所領知行や公役《くやく》負担の単位である社会では、家父長の離婚を公にする必要が生じ、離婚に公的な性格を付与するものとして、離縁状の作成が求められたからである。中世社会の離婚は自然に離れていく形から、去状によって法的に認定された離婚のみが戦国大名によって正式とみなされるようになっていく。ただこの変化は、家・夫婦・家族の社会制度的な安定化とも関係しており、必ずしも全面的な女性の劣位の深まりにのみ帰せられるものではない。

参考文献 田端泰子「中世社会の離婚」(『日本中世の女性』一九八七、吉川弘文館)。同「日本中世社会の離婚」(『日本中世女性史論』一九九四、塙書房)。

（志賀　節子）

〔近世〕近世における離婚は、武士と庶民の場合では、手続きを異にしていた。武士の離婚は、双方の家の当主から主君や頭支配に届け出るという手続きが必要とされた。離婚率は一般に高かったと考えられ、大名では一〇%以上に上るというデータが出されている。また再婚率も六〇%以上と高く、「貞女《ていじょ》二夫にまみえず」という*貞操観とは乖離《かいり》している。庶民の場合は、「三くだり半」とも称される離縁状が幕法上必要とされた。従来は離縁状の形式や文言などから、夫の恣《し》意的な意志による離婚(夫専権離婚)と理解されてきたが、近年は実質的には協議離婚であったことが明らかにされ、通説の修正がはかられた。ただし幕末の慣行に関する研究では、離縁状の交付は離婚成立の要件ではなく、都市部での事例や金銭のトラブルなどが予想される場合など、特に事情がある離婚に限られるという見解も出されている。宗門人別帳《しゅうもんにんべつちょう》の分析などから、庶民の場合も、離婚率・再婚率ともに一般に高かったと考えられる。また離婚の成立や調停に、*東慶寺《とうけいじ》や*満徳寺《まんとくじ》のいわゆる*縁切り寺などが関わる場合もあった。

参考文献 高木侃『三くだり半―江戸の離婚と女性たち―』、一九八七、平凡社。浅倉有子「武家女性の婚姻に関する統計的研究・試論―『寛政重修諸家譜』を素材として―」(近世女性史研究会編『江戸時代の女性たち』一九九〇、吉川弘文館)。島津良子「幕末期の婚姻と離婚―『全国民事慣例類集』の陳述より―」(福田光子編『女と男の時空』四、一九九五、藤原書店)。

（浅倉　有子）

〔近代〕一八七三年(明治六)、妻からの裁判離婚の出訴を認める布告が出された。当時は、夫の家と妻の実家との協議による離婚が多かったが、出訴に妻の「父兄弟或ハ親戚」の付き添いが求められたのも、「家」が離婚の背景に存在したことを示す。また、明治前期は離婚が非常に多かった。減っていくのは*明治民法制定後である。明治民法は協議離婚と裁判離婚の二制度をおいたが、九九%が協議離婚であった。裁判離婚の離婚原因は妻の姦通《かんつう》に対して、夫は姦淫罪《かんいんざい》で刑に処せられたときと不平等であったし、配偶者の直系尊属《そんぞく》との間の虐待・重大な侮辱《ぶじょく》も相互に原因とされた。妻からの提訴による離婚の方が多かったが、これは夫婦間の不平等な力関係により、夫側の離婚意思が協議離婚で実現されやすかったためで、協議離婚は妻の追い出し離婚にも利用された。*民法改正要《よう》綱《こう》は離婚原因の夫婦間不平等を緩和《かんわ》しようとした。一九三九年(昭和十四)人事調停《ちょうてい》実施後は、妻から多くの離婚調停が申し立てられた。

参考文献 青山道夫他編『婚姻の解消』(講座家族四)、一九七四、弘文堂。有地亨・老川寛編『離婚の比較社会史』、一九九二、三省堂。

（白石　玲子）

〔現代〕結婚生活の途上で、双方または一方の意思に基づき結婚を法的に解消すること。二組に一組の夫婦が離婚するアメリカ合衆国を筆頭に、諸外国でも日本でも離婚は多発、日本では近年、熟年離婚とよばれる中高年の離婚も増加している。国際社会で離婚は、原則として裁判所の判決に基づいて行われるが、日本では夫妻二人の名前で作成した離婚の届書を戸籍係に提出するだけで成立する協議離婚がおよそ九〇%を占める。協議離婚は、かつては「家」に不適合な嫁の追出し離婚として機能し、現代では経済的強者(多くは夫)が、経済的自立度の低い子どもや長年月にわたり専業主婦をしてきた妻に、養育費や生活のめどが立たない状態でも一方的に離婚を押し付けるというマイナスの側面もある。しかし今では、別居中の生活費および離婚後の子の養育費について履行《りこう》確保が可能となるなど改善もされている。主な離婚理由として、「性格が合わない」「異性関係」など夫婦の内面や関係性にかかわる問題が上位を占め、また、夫の暴力や金銭問題も少なくない。離婚が成立すると、結婚に伴って発生していた身分的効果・財産的効果はすべて消滅し、

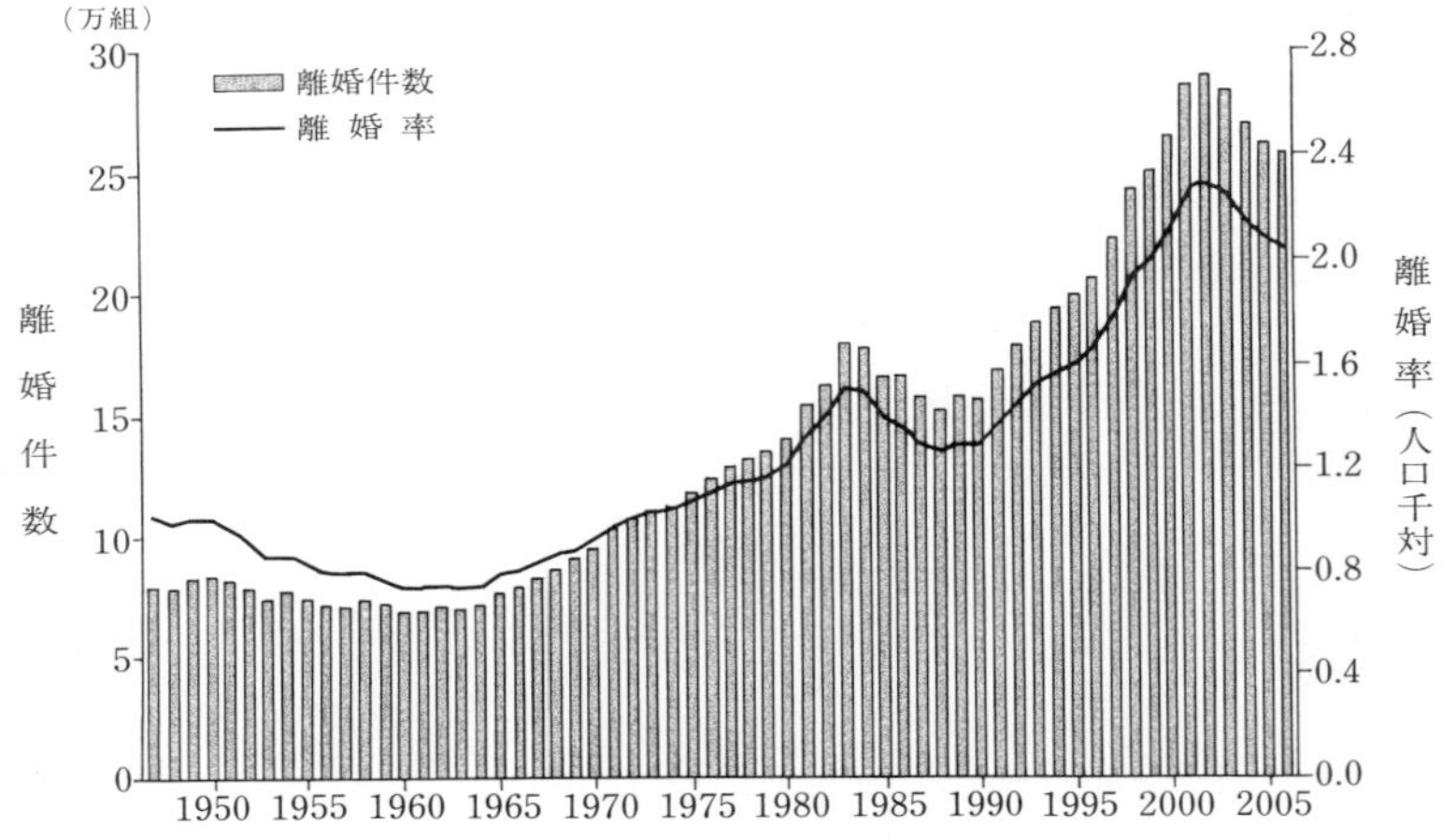

離婚件数および離婚率の年次推移(厚生労働省「平成18年人口動態統計月報年計(概数)」より)

再独身となる。その他、年金受給権の消滅などもあるが、これについては、二〇〇七年(平成十九)四月から第二号(共済・厚生年金)被保険者の年金分割が、二〇〇九年四月からは第三号被保険者(第二号被保険者の配偶者)の婚姻期間に応じた年金分割が、それぞれスタートする。

参考文献 利谷信義・江守五夫・稲本洋之助編『離婚の法社会学—欧米と日本—』、一九八八、東京大学出版会。二宮周平・榊原富士子『離婚判例ガイド(第二版)』、二〇〇五、有斐閣。 (星野 澄子)

りっこうのぎ 立后儀 *皇后《こうごう》(大后《おおきさき》)冊立《さくりつ》の時に行われた儀式。*倭姫王《やまとひめのおおきみ》以前の具体的な儀式内容については不詳。鸕野讃良皇女《うののさららのひめみこ》については、天武《てんむ》天皇八年(六八〇)五月八日に天武と鸕野讃良皇女、六人の皇子との間で結ばれた吉野盟約《よしののめいやく》を立后儀とみる見解もある。天平《てんぴょう》元年(七二九)藤原夫人(光明)の立后の時は、五位以上および諸司長官が内裏《だいり》に参入し、知太政官事《ちだいじょうかんじ》が宣命《せんみょう》を読み上げた。「天下の政《まつりごと》におきて独り知るべき物ならず、必ずもしりへの政有るべし」の宣命の文言《もんごん》は、以後の立后宣命に継承された。『儀式《ぎしき》』『冊命皇后式《さくめいこうごうしき》』等の儀式書に立后儀の儀式次第があり、(一)立后告示、(二)前日の儀(諸氏の招集)、(三)当日の儀(宣命宣制《せんみょうせんせい》・宴《うたげ》)、(四)後日の儀(宣命宣制)という儀式構造をもっていた。日本の場合、唐《とう》の立后儀式を継受する部分もあるが、璽綬《じじゅ》が付与《ふよ》される儀はない。寛弘《かんこう》九年(一〇一二)四月二十七日の娍子《せいし》立后儀は、*中宮妍子《けんし》の内裏入りと同日に行われている。『*御堂関白記《みどうかんぱくき》』『小右記《しょうゆうき》』にその記録が残っており、儀式をめぐる周辺の人間模様が興味深い。

参考文献 寺西貞弘「鸕野皇女と吉野盟約—皇位継承と天武朝の皇室—」(『古代天皇制史論』一九八八、創元社)。山中裕「古記録を中心とした立后の儀について」(平安文学論究会編『講座平安文学論究』一一、一九九六、風間書房)。田村葉子「『儀式』からみた立后儀式の構造」(『国学院雑誌』九九ノ六)、一九九八。 (井山 温子)

りつりょうせい 律令制 律は刑罰について定めた法典、令は行政機構や土地・人民の支配・教化について定めた法典で、両者に基づく七世紀後半以後の政治体制を律令制という。日本の律・令には、存在が疑問視されてもいる『近江令《おうみりょう》』をはじめとして『浄御原令《きよみはらりょう》』『大宝律令《たいほうりつりょう》』『養《よう》老律令《ろうりつりょう》』があり、いずれも散逸《さんいつ》しているが、『令義解《りょうのぎげ》』『*令集解《りょうのしゅうげ》』の引用により『養老令』はその全容が復原されている。『養老令』で特に女性のみを対象とするのは後《こう》宮職員令《きゅうしきいんりょう》で、妃《ひ》・*夫人《ぶにん》・嬪《ひん》の号名と定員・品位、*後宮十二司《じゅうにし》の宮人《くにん》の職名・定員・職掌《しょくしょう》と朝儀《ちょうぎ》での行列次第、*采女貢進《うねめこうしん》などの規定があるが、このことは律令官制で女性が*後宮以外からは締め出されていることを示してもいる。日本の律令法は基本的に唐の律令法に倣《なら》うもので、たとえば、*戸令《こりょう》が認める婚姻認可年齢の男十五歳、女十三歳は唐令《とうれい》の引き写しに過ぎない。その一方で、日本の実情に合わせて内容を改めた点も多く、そこから当時の女性の社会的位置を確認することも可能である。たとえば、給田は唐田令では原則男子で女子へは寡妻妾《かさいしょう》と女冠《にょかん》・尼に限られたが、『養老令』田令《でんりょう》では男女を問わず六歳以上(年齢制限がないとする説もある)に口分田《くぶんでん》(男子二段・女子はその三分の二)が班給《はんきゅう》されている。また、唐戸令は原則として女子の財産所有を認めないが、『養老令』戸令《こりょう》応分条《おうぶんじょう》では女性の相続を認めている。この背景には当時の日本では未だ*家父長制が未成熟であったことがあると指摘されてもいる。なお、『養老令』継嗣令《けいしりょう》は「凡《およ》そ皇兄弟皇子は皆親王となす」(原漢文)と親王号を規定する際に「女帝の子も亦《ま》た同じ」(同)の注文があって、日本令が*女帝の存在を認めていることが、近時注目されている。これは、女帝の子の即位を想定したものではなく、女帝と親王・諸王との間の子の称号は父系によらず、親王となすという内容に留まるものであるが、大宝令文にもこの注文があったらしいので、「女帝」とは*持統天皇を意識したものとなる。日本令での女性の地位が唐令に比べて高い背景の一つには、『大宝令』『養老令』の編纂《へんさん》が持統、元正の女帝の時代になされたこともあろう。

参考文献 浅井虎夫『(新訂)女官通解』(講談社学術文庫)、一九八五、講談社。『律令』(日本思想大系新装版)、一九九四、岩波書店。仁井田陞『唐令拾遺補』、一九九七、東京大学出版会。 (荒井 秀規)

リデル、ハンナ Hanna Riddell 一八五五—一九三二 イギリス人宣教師。北ロンドンのバーネットで、父ダニエル＝リデルと母ハンナ＝ライトの間に生まれる。一八九一年(明治二十四)イギリス教会宣教会(CMS)の宣教師として来日。赴任先の熊本本妙寺《ほんみょうじ》で、物乞いをする悲惨なハンセン病患者を見たのがきっかけとなり、九五年回春《かいしゅん》病院を開設。以後、日本のハンセン病患者の救援に生涯をかける。また、*福沢諭吉《ふくざわゆきち》、大隈重信《おおくましげのぶ》、渋沢栄一《しぶさわえいいち》、徳富蘇峰《とくとみそほう》ら当時の政・財・言論界の人物を動かし、宮内《くない》省とも接触を計りつつ、わが国最初の「癩《らい》予防法」制定(一九〇七年)にも影響を与えた。一九〇二年に行なった講演「癩者の救護」の中で、「軍艦を一艘《そう》維持するだけの費用でもつて、五十年の内に一人も日本に癩病人をなくする事が出来やうと思ひます」と訴えたのは有名な話。リデルは徹底した性分離論者であり、院内では男女の患者は別々に住まわせ、結婚を許さず、修道院的生活を求めた。一九〇六年藍綬褒章《らんじゅほうしょう》、一九二四年(大正十三)瑞宝《ずいほう》章《しょう》を受ける。

参考文献 内田守編『ユーカリの実るを待ちて―リデルとライトの生涯―』、一九七六、リデル・ライト記念老人ホーム。ジュリア＝ボイド『ハンナ・リデル―ハンセン病救済に捧げた一生―』、一九九五、日本経済新聞社。

(荒井 英子)

リブしんじゅくセンター リブ新宿センター 「*ぐるーぷ・闘うおんな」が一九七二年(昭和四十七)九月に開設した女たちの共同生活の場。ここには他グループからの合流も含めて常時十人ほどの女性たちが、生きることと活動を結びつけて生活を営んでいた。この「リブセン」は、同時に外にも開かれており、解放を求める女たちの意識変革の場、情報センターとしても機能していた。*優生保護法改悪《かいあく》阻止《そし》闘争を闘ったのち、同センターは一九七七年に閉鎖された。

参考文献 溝口明代・佐伯洋子・三木草子編『資料日本ウーマン・リブ史』一、一九九二、松香堂書店。

(三宅 義子)

リプロダクティブ＝ヘルス／ライツ リプロダクティブ＝ヘルス／ライツ 性と生殖に関する健康・権利(Reproductive Health/Rights)。一九九四年(平成六)にカイロで開催された国連の国際人口開発会議(カイロ会議)において、この概念を含む「カイロ行動計画」が採択されて以来、国際的な共通認識となったキーワード。子どもをいつ何人、どのような間隔で産むか産まないかということと性に関する事柄を、生涯を通して、特に女性の健康と権利という視点からとらえる考え方。女性の身体を人口政策の対象とするのではなく、女性の教育・健康・地位向上をはかることが、人口・貧困問題の解決に不可欠であるという認識に基づいている。カイロ会議では人口妊娠中絶の是非《ぜひ》をめぐって、バチカン市国をはじめとするカトリック保守派やイスラム保守派の国々が、この概念の明記に大反対した。また会議において、日本の優生思想にもとづく*優生保護法や、当時国連加盟国では唯一という*ピル(経口《けいこう》避妊薬)未認可が批判された影響により、優生保護法は*母体保護法に改正され(一九九六年)、ピルも認可された(一九九九年)。しかし、日本においては刑法において*堕胎罪《だたいざい》が存在する。堕胎罪は産むことの強制であり、母体保護法における「経済的理由」による中絶許可によってこれを免罪にしている。また、十代を中心とする若年層《じゃくねんそう》の*中絶と性感染症増加、HIV(エイズ)も先進国中唯一増加しているという現状は、日本女性の性と生殖に関する健康・権利が保障されているとはいえない。カイロ会議において、この概念採用に積極的に動いたアメリカは、キリスト教保守派を選挙基盤とする二〇〇〇年の共和党ブッシュ政権の誕生以来、バックラッシュ(一九八〇年代の共和党レーガン政権時代にアメリカで*男女平等思想・政策が後退した反動の動き)派の勢力が増大し、この概念つぶしの影響が国際的に強くなった。日本においてもバックラッシュの動きがあり、*性教育やこの用語への攻撃がある。

参考文献 ヤンソン柳沢由美子『リプロダクティブ・ヘルス／ライツ―からだと性、私を生きる―』、一九九七、国土社。北村邦夫編著『リプロダクティブ・ヘルス／ライツ』、一九九八、メディカ出版。江原由美子『自己決定権とジェンダー』(岩波セミナーブックス)、二〇〇二、岩波書店。

(ゆのまえ知子)

りまさこ 李方子 ⇩イパンジャ

りゅうか 琉歌 *和歌に対して、奄美《あまみ》・琉球《りゅうきゅう》諸島に伝承される「短詩形歌謡」の総称。一般的には、八・八・八・六の三十音からなる四句体の定形の歌を「琉歌」といい、奄美では「しまうた」と称している。沖縄・奄美の村むら・島じまでは共同体の繁栄や穀物の豊穣《ほうじょう》祈願、神や自然、支配者への讃美など祝詞《のりと》として、神事・祭祀《さいし》儀礼で謡われていた歌謡(古歌謡、『*おもろそうし』一、一五三二年編)があった。古謡《こよう》は琉歌へと発展し、国王から*遊女に至るまで私的な「おもい(うむい)」を情緒豊かに謡い、恋・旅・教訓・自然などさまざまな場面へと展開していった。*相聞歌にあたる「かけうた」は戦後も謡われていた。「恩納岳あがた、里が生まれ島、もりもおしのけて、こがたなさな」(恩納岳のむこうに、恋しい人の村がある、山を押し退けて、こちらにひきよせたい)と謡ったのは、恩納ナベ(ナビー)と呼ばれる女性であった。

(深沢 惠子)

りゅうじょじょうぶつ 竜女成仏 ⇩変成男子《へんじょうなんし》

りゅうぜんきの 媹姪喜之 ⇩如来教教祖《にょらいきょうきょうそ》喜之《きの》

りゅうそう 琉装 琉球《りゅうきゅう》王府時代の成人男女の装束。ウチナースガイ。当時は位階制度があり、階級によって着装は違っていた。貴族は*結髪(カタカシラ)に金のかんざしを挿《さ》し、紫や黄の冠(ハチマキ)を頭に戴《いただ》き、絹の上衣は色彩も豊かに染められ、錦織《にしきお》りの大帯を締め太刀を帯び、*草履《ぞうり》をはいていた。士族は、赤や緑、青の冠に銀のかんざし、履物も認められていた。平民は黒の八巻に芭《ば》蕉《しょう》、苧麻の衣装で履物は認められなかった。衣服の模様も貴士族は大柄で平民は小柄と決められていた。十六世紀初め、身分制度が設けられ、紫・黄・赤・緑・青・黒の六色で身分の区別をしていた。身分に応じて、かんざしの色や形、着物の模様や色合いを決め、平民の礼服は青帽に芭蕉の上衣を着けていた。婦人の着衣も階級によって決められていた。髪型はカンプーといってかんざし一本で頭頂でまとめた。身分の高い婦人の上衣(ウシンチー)は腰にはさみ、平民は兵児帯《へこおび》を前結びにした。

「王子婦人図」より(右側が礼服、左側が通常服)

「首里士族図」より

「琉球国奇観」より

琉装

(深沢 惠子)

りょうさいけんぼしゅぎ　良妻賢母主義　近代天皇制国家における女子中等普通教育の教育理念。臣民《しんみん》としての女子の役割は、独立することになく妻として母としての仕事を行うことにあるとし、女子には学問修得の必要はないとする考え方。通説では、一九〇二年(明治三十五)五月高等女学校長会議において、*高等女学校の目的を「良妻賢母」とするという、菊池大麓《きくちだいろく》文相の発言にもとづく。文部行政としては、樺山資紀《かばやますけのり》・井上毅《いのうえこわし》にまでさかのぼることができる。「良妻賢母」の理念の由来は、儒教における「賢母」観と、西洋近代に成立したパートナーとしてホームを主催する「良妻」観とに求められてきた。大日本帝国憲法の制定(一八八九年)と*教育勅語《ちょくご》の渙発《かんぱつ》(一八九〇年)のもと、女性の政治的権利が制限され、天皇に従属する臣民としての女性像として両者が融合され形成された。その背景には近代的国民の創出をめぐる、自由民権運動と天皇制国家との対抗関係が存在し、それを象徴するのが、民法をめぐる法典論争であった。旧民法(一八九八年施行)にもとづく*「家」制度は、個人としての男性戸主のもとに家族関係を再編し、妻の法的無能力、妾《めかけ》の容認、母の*親権の制限を定め、刑法(一八八二年施行)による*姦通罪《かんつうざい》・*堕胎罪《だたいざい》は女性の性的自由を抑圧し、公娼制《こうしょうせい》が事実上残ったことを背景に、性的関係においても、女性の男性への従属を決定づけた。「家」制度は、近代的な人権を制限的に採用し、個人間の契約関係を認めているため、*男尊女卑《だんそんじょひ》の観念も個人としての女性に集約されることとなった。臣民としての女性像の普及には、教育の果たした役割が大きい。教育勅語の「夫婦相和《あいわ》シ」は国民教育制度を通じて浸透した。また複線形学校体系の中等教育では、高等女学校で差別的な教育が行われた。そのカリキュラムにおいては、外国語・数学の修得が制限され、家事裁縫が課され、全教科にしめる修身・国語などの時間数の割合が男性に比肩するほどに高く道徳的な教育になっていた。しかし道徳的教化は近代的個の目覚めを抑制できず、日露戦争後の社会の変化を背景に「*新しい女」たちが生まれてきた。教育における*男女平等の原則は、戦後改革により、*教育基本法(一九四七年(昭和二十二))で*男女共学が規定されてからはじめて成立した。良妻賢母主義のイデオロギー的機能については、臣民形成に焦点をあてた説(深谷昌志《ふかやまさし》・中嶌邦《なかじまくに》)と、*近代家族を前提とした規範意識の形成に焦点をあてた説(小山《こやま》静子《しずこ》)とがある。後者は戦後一九八〇年代末まで継続した*家庭科必修などを例に、性支配としての*家父長制《かふちょうせい》(上野《うえの》千鶴子《ちずこ》)の戦前からの連続に重点をおき、性別役割分業にもとづく性差別と国民国家形成との関連性を問題にして、良妻賢母主義をとらえようとするところに特色がある。近年の研究動向として、戦前の社会教育における「働妻《どうさい》健母《けんぼ》」という理念が存在したことも指摘されており、そこでの労働観と臣民像との関係がとわれている。また現代については、高度経済成長期以降の性別役割分業の固定化、「家族賃金制」等一九七〇年代以降の企業社会の成立に焦点があてられ、近代家族の戦前と戦後の連続性に関する検討が進められている。

参考文献　女性史総合研究会編『日本女性史』四、一九八二、東京大学出版会。中嶌邦「女子教育の体制化—良妻賢母主義の成立とその評価—」(『講座日本教育史』編集委員会編『講座日本教育史』三、一九八四、第一法規出版)。小山静子『良妻賢母という規範』、一九九一、勁草書房。橋本紀子『男女共学制の史的研究』、一九九二、大月書店。渡辺洋子『近代日本女子社会教育成立史—処女会の全国組織化と指導思想—』、一九九七、明石書店。深谷昌志『良妻賢母主義の教育』(教育名著選集二)、一九九八、黎明書房。梅村佳代「高等女学校令成立の思想的基盤—女子教育論分析を中心として—」(総合女性史研究会編『日本女性史論集』八、一九九八、吉川弘文館)。金子幸子『近

代日本女性論の系譜』、一九九八、不二出版。関口すみ子『御一新とジェンダー—荻生徂徠から教育勅語まで—』、二〇〇五、東京大学出版会。 （中嶋みさき）

りょうじんのじはく　良人の自白　木下尚江《きのしたなおえ》の新聞連載小説。『毎日新聞』一九〇四年（明治三十七）八月十五日から〇六年六月九日まで断続的に発表。単行本は『良人の自白』上篇（〇四年十二月、平民社）、中篇（〇五年七月、同）、下篇（同年十一月、由分社）、続篇（〇六年七月、金《かな》尾文淵堂《おぶんえんどう》）。著者は明治三、四十年代を中心に活躍したジャーナリスト・社会運動家・作家で、反戦思想団体の平民社を支えた初期社会主義者の一人。この小説は明治三十年代初頭から日露開戦直後までを背景にした長編である。帝国大学卒業後、家のために従妹《いとこ》と愛のない結婚をし家庭を崩壊させた白井俊三《しらいしゅんぞう》は、農地を解放し欧米漫遊に旅立つ。共同農場経営を任された野間与三郎《のまよさぶろう》はお玉や権作《ごんさく》夫婦らと「奇態な家族」をつくり戦争への抵抗を示すが、折しもロシアで平和運動に挺身《ていしん》しようとした俊三は凶弾に倒れる。戦争・天皇制・家族制度・裁判制度・土地問題など明治国家のさまざまな矛盾を描き出し、制度や規範《きはん》に対する抵抗を試みながら、新しい女性像や家族像、共同体像を提示している。『木下尚江全集』二・三（一九九〇年、教文館）に収録。

［参考文献］後神俊文「『良人の自白』を読む㈠—女性像をてがかりとして—」（『岡山朝日研究紀要』一九、一九九八）、岡野幸江「木下尚江『良人の自白』の構造—逸脱と解体の軌跡—」（『日本文学誌要』六五、二〇〇二）。 （岡野　幸江）

りょうじんひしょう　梁塵秘抄　平安時代後期に編纂《へんさん》された歌謡集。編者は後白河院《ごしらかわいん》。*今様《いまよう》という当世風の流行歌謡の集大成である『梁塵秘抄』十巻と音楽的自叙伝『梁塵秘抄口伝集《くでんしゅう》』十巻があったといわれている。神仏を題材としたものが一番多く、流行のものをあつかった歌や人々の日常をテーマにしたものが多い。後白河院は今様の伝統的な歌い方を保存するために*遊女や*傀儡子《くぐつ》から多く収録していることから、当時の民衆の日常生活を知る上で価値が高い。テキストは『梁塵秘抄』（佐佐木信綱校訂、岩波文庫）。

［参考文献］棚橋光男『後白河法皇』（講談社選書メチエ）、一九九五、講談社。五味文彦「『梁塵秘抄』の歌を聴く」（同編『日本列島に生きた人たち』六、二〇〇〇、岩波書店）。 （星　倭文子）

りょうねんに　了然尼　一六四六—一七一一　江戸時代の黄檗宗《おうばくしゅう》の尼。元総尼《げんそうに》ともいう。葛山為久《くずやまためひさ》の娘。俗名はふさ、字は了然、法諱《ほうき》は元総。京都生まれ。二十七歳で出家。江戸に下り黄檗宗の僧白翁道泰《はくおうどうたい》に入門。入門を得るため美貌《びぼう》の顔を焼いたという。元禄六年（一六九三）落合（東京都新宿区）の蓮乗院《れんじょういん》を泰雲寺《たいうんじ》と改め、師の白翁を勧請《かんじょう》開山とし、みずからは二世となる。明治期に泰雲寺が廃寺となったため、墓は芝の瑞聖寺《ずいしょうじ》（東京都港区）に移された。

［参考文献］新宿区教育委員会編『新宿の伝説と口碑』、一九九六。 （久保　貴子）

りょうのしゅうげ　令集解　明法博士《みょうぼうはかせ》惟宗直本《これむねのなおもと》が編纂《へんさん》した『養老令《ようろうりょう》』の注釈書。九世紀半ばに官撰《かんせん》の注釈書である『令義解《りょうのぎげ》』をはじめとする諸注釈を集成したもので、『令義解』とともに散逸した『養老令』の全容や『大宝令』の部分を伝えるとともに、注釈から令条運用の理念あるいは実態を窺い知ることができる。たとえば、『養老令』の戸令《こりょう》結婚条は「結婚すでに定まって、故《ゆえ》無くして三月まで（結婚式が）成らざる」（原漢文）ときは女の方から*離婚できるとするが、これは唐令《とうれい》に倣《なら》った理念に過ぎず、日本では『令義解』や『令集解』が三ヵ月間男女の往来（情交）がない場合は離婚とみなすと註釈《ちゅうしゃく》するのが、当時の実態であろう。また、諸注釈が六国史《りっこくし》ほか他の史料にみえない法令を引用することも多く、たとえば養老五年（七二一）の下総国戸籍《しもふさのくにこせき》が依拠《いきょ》する養老五年籍式の内容は、『令集解』の*戸令応分条《おうぶんじょう》の古記説が引く一説によって庶人にも*嫡子《ちゃくし》を立てることを認めたものであったとわかる。

［参考文献］律令研究会編『訳註日本律令』、一九七五—九九、東京堂出版。『律令』（日本思想大系新装版）、一九九四、岩波書店。 （荒井　秀規）

りょうりちゃや　料理茶屋　江戸時代後期の*遊廓《ゆうかく》で客の注文に応じて料理を出し、*芸者をそこに呼んだり、客を*揚屋《あげや》や遊女屋に案内する業者。料理屋と芸者置屋《おきや》を兼ねている場合もあった。この構造は明治以降も引き継がれ、明治期以降遊客を酒肴《しゅこう》料理でもてなし*貸座敷《かしざしき》に案内する業者は引き手茶屋といった。

［参考文献］江東区女性史編集委員会編『江東に生きた女性たち』、一九九九、ドメス出版。曾根ひろみ「芸者の世界」（『娼婦と近世社会』二〇〇三、吉川弘文館）。 （石崎　昇子）

りょりょくふ　膂力婦　古代、律令国家《りつりょうこっか》が注目した力の強い女性。律令国家は諸国に「膂力婦女田《りょりょくふじょでん》」という田地を置いている。膂力の婦女すなわち*大力《だいりき》の女性のための田地らしいが、意味はよくわからない。力女の顕彰《けんしょう》とか褒賞《ほうしょう》のための費用をまかなう田地だったのではないかと思われる。男性の場合、膂力人を調査して相撲人《すまいびと》とするのは、単なる娯楽《ごらく》ではなく強兵をつくることと考えられているので、大力の女性に目をつけるのも強い兵士を生むという期待からではないかと考えられる。

［参考文献］戸田芳実「力女の説話」（総合女性史研究会編『日本女性史論集』八、一九九八、吉川弘文館）。 （西尾　和美）

りんじきょういくかいぎ　臨時教育会議　一九一七年（大正六）、教育政策の重視を反映して、文部省ではなく、はじめて内閣直属の会議として設置された。メンバーは三十六名。主として貴族院・枢密院《すうみついん》の議員・官僚・官立の学長・陸海軍将官などで構成された。九つの諮問《しもん》が審議されたが、その中に「女子教育ニ関スル件」があり、江《え》木《ぎ》千之《かずゆき》が長となり九名の委員が担当した。特に*日本女子大学校長*成瀬仁蔵《なるせじんぞう》は『女子教育改善意見』を配布し、*女子教育の向上を求めた。若干の委員は理解を示したが、一九一八年十月の答申《とうしん》は「女子教育ニ於テハ、教育ニ関スル勅語ノ聖旨ヲ十分ニ体得セシメ、殊《こと》ニ国体ノ観念ヲ強固ニシ、淑徳節操《しゅくとくせっそう》ヲ重ンスルノ精神ヲ涵養《かんよう》シ、一層体育ヲ励ミ、勤労ヲ尚《たっと》フノ気風ヲ振作シ、虚栄ヲ戒《いまし》メ奢侈《しゃし》ヲ慎《つつし》ミ、以テ我家族制度ニ適スルノ素養ヲ与フルニ主力ヲ注クコト」とした。体育・理科などを若干強化し、*高等女学校に高等科を設置することを認めるにとどまり、女子教育の改革にはつながらなかった。

参考文献 海後宗臣『臨時教育会議の研究』、一九六〇、東京大学出版会。三井須美子「江木千之と臨時教育会議㈢―女子教育改革論議の実情―」(『都留文科大学研究紀要』四四)、一九九六。湯川次義『近代日本の女性と大学教育―教育機会開放をめぐる歴史―』、二〇〇三、不二出版。

(中嶌　邦)

れ

れいせいもんいん　礼成門院　一三〇三―三三　後醍醐《ごだいご》天皇の妃。名は西園寺禧子《さいおんじきし》。父は太政大臣《だじょうだいじん》西園寺実兼《さねかね》。母は若狭守《わかさのかみ》藤原孝泰《たかやす》の娘従二位《じゅにい》隆子《りゅうし》。正和二年(一三一三)秋ごろ、東宮尊治《たかはる》親王に盗み取られその寵愛《ちょうあい》を受けるところとなる。文保《ぶんぽう》二年(一三一八)、親王の即位(後醍醐天皇)により*女御《にょうご》となり、翌元応《げんおう》元年八月、*中宮となった。嘉暦《かりゃく》元年(一三二六)から四年にわたり禧子のために行われた御産祈禱《きとう》は、内実は後醍醐天皇による関東調伏《かんとうちょうぶく》祈禱であったとされる。元弘《げんこう》の変で後醍醐天皇が隠岐《おき》に流された後、正慶《しょうけい》元年(元弘二、一三三二)五月、光厳《こうごん》天皇により院号宣下《せんげ》。翌年六月、隠岐から脱出して帰京した後醍醐天皇により*女院《にょいん》から中宮に復され、翌月、*皇太后となるが、十月十二日に病没。三十一歳。同日、後京極《ごきょうごく》院《いん》の院号を贈られた。所生には懽子《かんし》内親王がある。『続千《しょくせん》載集《ざいしゅう》』『新葉集《しんようしゅう》』に入集。

参考文献 百瀬今朝雄「元徳元年の「中宮御懐妊」」(『金沢文庫研究』二七四)、一九八五。

(伴瀬　明美)

レイプ　レイプ　⇩強姦《ごうかん》

れきしきょうかしょにみるじょせいぞう　歴史教科書に見る女性像　戦前の小学校教科書(国定)で最初に登場する「女性」は、神話上の*天照大神《あまてらすおおみかみ》であり、ついで神功皇《じんぐうこう》后《ごう》であった。他の女性は、天皇中心・権力中心・エピソード中心の叙述のなかで、もっぱら妻・母・娘として描かれてきた。たとえば第四期『尋常《じんじょう》小学国史』(一九三四年(昭和九)・三五年)の場合、聖武天皇の*皇后(*光明皇《こうみょう》后)、和気清麻呂《わけのきよまろ》の姉広虫《ひろむし》、藤原氏の女《むすめ》、平清盛の妻二位《にいの》尼《あま》(安徳《あんとく》天皇の祖母)、豊臣秀頼《ひでより》の生母淀君《よどぎみ》、徳川秀忠《ひでただ》の女《むすめ》*東福門院《とうふくもんいん》(後水尾《ごみずのお》天皇の*中宮)、後水尾天皇の皇女(*明《めい》正《しょう》天皇)、明治天皇の皇后(*昭憲皇太后《しょうけんこうたいごう》)などが登場し、特に皇后についてはその恵み深さが強調されていた。これに対し戦後の小学校教科書では、文化史・生活史とかかわって女性が登場するようになった。*紫式部・*清少納言は『くにのあゆみ』(一九四六年)ではじめて登場し、のちに*卑弥呼《ひみこ》が加わった。現行(一九九八年(平成十)告示)の学習指導要領は取り上げるべき人物として四十二人を列挙するが、これに含まれる女性もこの三人である。一方、現行の中学校教科書(二〇〇二年四月から使用)の場合、特異な存在の扶桑社《ふそうしゃ》版をのぞく七点では、おおそ共通する女性像が描かれている。原始・古代については、政治の場面で卑弥呼・*推古《すいこ》天皇が、平安朝の文化とかかわって紫式部・清少納言が登場し、藤原氏の外戚政策に言及される。中世では*北条政子《ほうじょうまさこ》が政治史の叙述のなかで、近世では文化面で*出雲阿国《いずものおくに》の歌舞伎踊りが共通して取り上げられる。また、近世における家制度の確立と女性の地位の転落が叙述される。近現代では、小学校教育における女性の就学状況、*女子留学生、産業革命と女性労働、*米騒動と女性、女性運動の本格的展開、女性の職業進出、戦争への動員、戦後の政治参加と*男女平等への動きという流れの中で女性像を追うことができる。個人としては、*津田梅子《つだうめこ》・*与謝野晶子《よさのあきこ》・*平塚《ひらつか》らいてう・*市川房枝《いちかわふさえ》らが取り上げられる。*女性史に関する記述が最も詳しく具体的なのは大正デモクラシー期である。高校教科書も中学校とほぼ共通している。「日本史B」の教科書十九点に登場する女性人名に特徴的なのは、前近代の場合、*女帝関係と天皇・権力者との姻戚関係が多いこと、近現代では運動を担った女性たちが登場することである。政治関係では、卑弥呼が全教科書、北条政子が十八点、*日野富子《ひのとみこ》が十四点に登場する(『日本史B用語集

(改訂新版)』、二〇〇〇年、山川出版社)。運動史では、まず、*岸田俊子《きしだとしこ》(八回、以下、回を省略)、景山《かげやま》(*福田)英子《ひでこ》(十三)、*管野《かんの》スガ(三)らが取り上げられ、つづいて平塚らいてう(十九)以下、市川房枝(十八)、*山川菊栄《やまかわきくえ》(七)、*伊藤野枝《いとうのえ》(六)、*奥《おく》むめお(四)らが登場する。文化史では、紫式部・清少納言・出雲阿国・*樋口一葉《ひぐちいちよう》が全教科書に登場し、与謝野晶子(十七)、津田梅子(十五)、*中山みき(十一)、*松井須磨子《まついすまこ》(十一)がこれについでいる。

参考文献 大日方純夫「教科書から立ち現れる女性たちの姿—中学校新歴史教科書八点の分析—」(『総合女性史研究』二〇、二〇〇三)。 (大日方純夫)

レズビアン レズビアン 女性の同性愛者。英語表記では lesbian で古代ギリシャのレスボス島に女性の同性愛者がいたと伝えられたことに由来する。若い女性同士の濃密な友愛関係にその傾向は見られ、*吉屋信子《よしやのぶこ》の『*花《はな》物語《ものがたり》』、*田村俊子《たむらとしこ》の『春《はる》の晩《ばん》』に描かれた。だが女性同性愛は男性同性愛と同様に変態性欲の一種と見なされ、彼女たちは長く深い沈黙を強いられた。*湯浅芳子《ゆあさよしこ》と中条《ちゆうじよう》百合子《ゆりこ》など顕在化《けんざいか》したカップルは数少ない。吉屋信子と生涯をともにした門馬千代《もんまちよ》は抑圧的な家父長《かふちよう》的支配から解放されて生きることを望んだという。戦後は一九七〇年代初頭*ウーマン＝リブ運動が起り、このころから女性たちはサークルを誕生させ、孤立から連帯へと動きだす。一九七一年(昭和四十六)女同士の親睦を目指して「若草の会」が発足、七六年日本ではじめてのレズビアンフェミニストの雑誌『すばらしい女たち』が創刊、七八年「ザ・ダイク」、八四年「れ組のごまめ」結成と続いた。一九八〇年代後半からはリブから離れ独立するグループも生まれ、交流イベント「ウィークエンド」が開催され、レズビアンであるとみずから名乗り出る(カミングアウトする)女性も現われた。掛札悠子《かけふだひろこ》は「人がこうむっている差別や、人がおいこまれている状況に関心を払うこと。その声を聞こうとすること。同性愛者が求めているのは、理解されることでも優遇されることでもなく、差別されることなく自分自身を生きられる社会を手にすることなのだから」と訴えた。一九九四年(平成六)東京で男性同性愛者たちとともに日本初のレズビアン＆ゲイ＝パレードを開催、千名以上の人々が参加した。日本では同性愛者同士が家族をつくる場合養子縁組の形をとるが、一九九〇年代以降欧米諸国では同性婚を容認する動きがあり、二〇〇〇年代初めにオランダ・スペインなどで法律で認められ、米国では二〇〇四年大統領選で是非をめぐり争点の一つとなった。 ↓男色《なんしょく》

参考文献 『女を愛する女たちの物語』(別冊宝島)、一九八七、JICC出版局。堀場清子『青鞜の時代』(岩波新書)、一九八八、岩波書店。渡辺みえこ「日本における女性同性愛の流れ—あとがきにかえて—」(シカゴ大学出版局編『ウーマンラヴィング』、渡辺みえこ他訳、一九九〇、現代書館)。掛札悠子『「レズビアン」である、ということ』、一九九二、河出書房新社。沢部ひとみ『百合子、ダスヴィダーニャ—湯浅芳子の青春—』(女性文庫)、一九九六、学陽書房。富岡明美「訳者解説」(リリアン＝フェダマン『レズビアンの歴史』、富岡明美・原美奈子訳、一九九六、筑摩書房)。 (金子　幸子)

れつじょ 烈女 中国では、古くは節義を重んじ、死をも恐れぬ気性の激しい女性を指す場合もあったが、一般的には特に、堅く貞操《ていそう》を守り、夫に殉《じゆん》じたり、死を以て純潔を全うしたりする女性を指していう。節に殉ずることを女性の優れた行為として、烈女や*節婦《せつぷ》・貞女《ていじよ》を褒揚《ほうよう》したため、多くの女性がその規範の犠牲となった。日本でも主として後者の意で用いられるが、幕末・維新期には、政治活動に関わり、志士を支援した女性を「烈女」「烈婦」と称した場合もある。

参考文献 女性史総合研究会編『日本女性史』三、一九八二、東京大学出版会。山崎純一『女四書・新婦譜三部書全釈』、二〇〇二、明治書院。 (林　香奈)

レディースコミック レディースコミック *少女マンガを卒業した大人の女性向けの読み物が必要だとの認識から一九八〇年代初頭に相ついで創刊された『フォアレディ』(小学館、一九八一年)、『ビーラブ』(Be in love, Be love、講談社、一九八二年)をそのはしりとする。少女マンガにはあった性描写のタブーがはずれたことが最大の特徴で、一九八〇年代後半、女性週刊誌系の『(微笑)フィール』や官能系の『コミックアムール』などがつぎつぎと創刊されたあたりから劇画調の大胆な性描写が前面に打ち出され、一九九〇年代初頭には社会現象としてメディアの注目を集めた。しかしこのころには、先行の大手の(一般)レディース誌からはほとんど官能色は消えており、「官能レディース」誌自体も一九九一年(平成三)・九二年をピークとして急速に勢いが衰えた。現在ではむしろ「嫁 vs. 姑」など、ワンテーマコミックが登場し、雑誌の性格はより細分化される傾向にある。一方、大手のレディース誌は、ヤングレディース誌(高年齢層向けの少女マンガ)との境をなくしていく傾向にあり、今ではむしろ「女性コミック」と呼ぶ方がふさわしい状況になってきている。 (藤本由香里)

れんあい 恋愛 明治期に使われ始めた主に異性間の愛情や思慕《しぼ》を表わす言葉。辞書初出は一八八七年(明治二十)刊行『仏和辞林』で、amour の訳語として登場。用例の最初は*中村正直《なかむらまさなお》訳『西国立志編《さいごくりつしへん》』。それまでは恋・愛・色恋などと表現されていた感情を「恋愛」として高い価値を与えたのは、北村透谷《きたむらとうこく》の「*厭世詩家《えんせいしか》と女性」である。大正期に入り、『*青鞜《せいとう》』同人の恋愛実践、恋愛の果ての*情死や*自由恋愛事件が多発《たはつ》し、*「家」制度に揺さぶりをかけた。恋愛論がブームになり一九二一年(大正十)には恋愛至上主義をうたった厨川白村《くりやがわはくそん》『*近代の恋愛観』がベストセラーになった。恋愛が一定の市民権を得た一九

三〇年代に*山川菊栄《やまかわきくえ》・*高群逸枝《たかむれいつえ》ら女性論客のあいだで恋愛論争が再燃。高群は大正恋愛の反社会性、反逆性を意味付けた。戦後、恋愛を経た結婚は大衆的になったが、第二波*フェミニズムは、恋愛結婚イデオロギーは女を結婚という抑圧された生活に囲いこむ文化装置であると批判している。

参考文献 佐伯順子『「色」と「愛」の比較文化史』、一九九八、岩波書店。菅野聡美『消費される恋愛論—大正知識人と性—』(青弓社ライブラリー)、二〇〇一、青弓社。

(江刺　昭子)

れんあいけっこん　恋愛結婚　近代に生まれた結婚観。恋愛結婚は純粋な愛情と自主性にもとづく理想的結婚という考え方はすでに明治初期の庶民の間にもあったという。これを近代の新しい家族(ホーム)のあり方として実践したのは*巌本善治《いわもとよしはる》である。女性の側から積極的に恋愛結婚をかち取ったのは*与謝野晶子《よさのあきこ》であり、大正デモクラシー期になると*平塚らいてうをはじめ青鞜社《せいとうしゃ》の女性たちが自己解放の一歩として恋愛結婚を行なった。これにつづいて社会的活動や職業をもつ女性をはじめ、上層の女性にも*家制度に反逆して恋愛結婚を決行するものが多くなったが、社会的な批判を浴びることもあった。戦後、結婚は両性の合意によることが憲法に明記され、恋愛結婚は当然のこととなり、一九六〇年代半ばには*見合い結婚をしのぎ、九〇年代には全国平均でも八〇%を超えている。そのなかには見合いののち交際を重ね結婚に至った見合い結婚と恋愛結婚の中間的結婚も恋愛結婚としてふくまれている。

参考文献 神島二郎『日本人の結婚観』(講談社学術文庫)、一九七七、講談社。井上輝子「恋愛観と結婚観の系譜」(総合女性史研究会編『日本女性史論集』四、一九九八、吉川弘文館)。

(永原　和子)

れんあいとけっこん　恋愛と結婚　スウェーデンの女性解放論者*エレン＝ケイの著書で、一九〇三年に出版された三部作『生命線《せいめいせん》』の第一部が英・独語に訳された際に用いられた書名。性道徳の発達過程・恋愛の進化・恋愛の自由・恋愛の選択・母となる権利・母性からの解放・社会における母性の役割・自由離婚・新結婚法の一提案の九章に分かれている恋愛思想史である。この本の中でケイは霊肉一致の*恋愛を説き、キリスト教的結婚観を批判し、*自由恋愛による結婚と自由離婚の正当性を主張し、婦人の母性的使命を重視した。出版当初スウェーデン国内では攻撃されたが、海外では絶賛され、ケイの母性至上主義は*婦人運動の思想的支柱の一つとなり、わが国でも*山田わかや『*青鞜《せいとう》』で『恋愛と結婚』を和訳した*平塚らいてうらの婦人運動家に大きな影響を与えた。ケイの母性保護の主張をめぐり、一九一八年(大正七)から平塚・山田・*与謝野晶子《よさのあきこ》・*山川菊栄《やまかわきくえ》の間で*母性保護論争が繰り広げられた。テキストに、『恋愛と結婚』(原田実訳、岩波文庫、一九三〇—三一年、岩波書店)、『恋愛と結婚』(平井潔訳、一九五八年、社会思想研究会出版部)。『恋愛と結婚(改訂版)』(小野寺信・小野寺百合子訳、一九九七年、新評論)などがある。

参考文献 本間久雄『エレンケイ思想の真髄』、一九二五、大同館書店。

(富田　裕子)

ろ

ろうじょ　老女　近世、大名家等の奥向きに仕えた*女中《じょちゅう》たちの頭《かしら》。御局《おつぼね》ともいう。幕府では女中職の*御年寄《おとしより》のことを表側から老女と称した。仙台藩伊達《だて》家には、江戸上屋敷の奥方と仙台城中奥の女中職制に「老女中」があり、奥向きの仕事を差配した。待遇は時代・家により差異があるが、高田藩榊原《さかきばら》家の文久二年(一八六二)『江戸役禄《やくろく》帳』によれば、女中の内、老女の菊枝《きくえ》が一番高給で、年俸金十両のほか、月ごとに中白米・菜銀《さいぎん》・膳椀代などが与えられている。

参考文献 『史料集・高田の家臣団』(上越市史叢書)、二〇〇〇、上越市。柳谷慶子「仙台藩伊達家の「奥方」—七代重村の時代を中心に—」(大口勇次郎編『女の社会史』二〇〇一、山川出版社)。

(松尾美恵子)

ろうしょうどうにほんこうろく　老松堂日本行録　朝鮮王朝初期の日本紀行詩文集。宋希璟《そうきけい》(老松堂と号す)著。応永の外寇《がいこう》後の応永二十七年(一四二〇)、朝鮮王朝の文官である宋希璟が日本回礼使《かいれいし》として漢城《かんじょう》(ソウル)から京都までを往復した際の見聞・感慨を、漢詩と散文の序に記録した。復命後、これらを一書にまとめたものが、本書である。井上周一郎所蔵の古写本を底本とした訳注本が、岩波文庫に収められている(村井章介校注、一九八七年)。日朝関係史だけではなく、海賊・寺院・農耕など、十五世紀前半における日本社会の多様な姿を知ることができる。瀬戸内海の海賊による上乗《うわのり》や三毛作《さんもうさく》に関する記述は、著名である。希璟は往路、対馬《つしま》の*尼寺で尼と会う。

尼は、希璟が回礼使であることを知り、「太平の使」であると喜んでいる。本書には性風俗に関する記述がみられる。京都に関しては、日本国王(将軍足利義持《よしもち》)が、家臣の屋敷や寺社を訪れる御成《おなり》について述べている。接待側の家臣らの妻が、国王のために建てた堂で国王を接待し、国王は酔った後入浴し、妻が国王の垢《あか》を取る。そのまま国王と性的関係を持ち、妃《きさき》となった僧侶の妻がいるという。また「日本の奇事《きじ》」と題して*遊女と男色《だんしょく》に関して述べる。日本では「女は男に倍す」として往来に女性が目立つことを述べ、各宿駅で遊女が、往来の人の衣をとって激しい客引きを行い、銭を出せば昼でも客に従うとある。江・海の気をはらむため、遊女たちは艶《つや》っぽいとしている。男色については、寺で学習する二十歳以下の男子(稚児《ちご》)の眉毛を剃り、墨で眉を額の上に描き、朱粉を顔に塗り、がらのある衣服を被らせて女形《おんながた》とした。そして王(将軍)は、宮妾《きゅうしょう》よりも少年を酷愛《こくあい》し、「国人」もそれにならって少年を好むという。希璟は、復路、瀬戸内海の港にある全念寺《ぜんねんじ》に関する話を、同寺の門前に住む朝鮮人の三甫羅《さぶろう》(三郎)から聞いている。若い僧尼が仏殿のなかで一緒に念仏を唱え、夜は同じ仏殿の中で経函《きょうばこ》を境として寝ている。尼が赤ん坊をはらんだ場合、父母の家に帰り、産後に寺へ帰るという。希璟は、念仏寺・阿弥陀寺は、僧尼が仏殿のうちに同宿するものだと結論づけている。

参考文献 村井章介『アジアのなかの中世日本』(歴史科学叢書)、一九八八、校倉書房。高橋公明「外国人の見た中世日本」(村井章介・佐藤信・吉田伸之編『境界の日本史』一九九七、山川出版社)。井原今朝男『中世寺院と民衆』、二〇〇四、臨川書店。 (関 周一)

ろうじんもんだい 老人問題 ⇩高齢者問題《こうれいしやもんだい》

ろうだいこ 籠太鼓 能の作品名。観世《かんぜ》・宝生《ほうしょう》・金春《こんぱる》・金剛《こんごう》・喜多《きた》五流の現行曲。肥前国《ひぜんのくに》の松浦《まつら》地方(佐賀県唐津《からつ》市・伊万里《いまり》市・東松浦郡玄海町《げんかいちょう》一帯)を舞台とした一場物《いちばもの》の現在能《げんざいのう》。典拠《てんきょ》となった文献は不明。曲名の初見は『飯《いの》尾宅御成記《おたくおなりき》』の寛正《かんしょう》七年(文正《ぶんしょう》元、一四六六)二月二十五日条。大永《たいえい》四年(一五二四)の奥書《おくがき》を持つ二種類の作者付《さくしゃづけ》『能本作者註文《ちゅうもん》』『自家伝抄《じかでんしょう》』は世阿弥《ぜあみ》作とするが、確たる証拠はなく作者不詳としてよい。金春禅鳳《こんぱるぜんぽう》の芸談を弟子が書きとめた『禅鳳雑談《ぜんぽうぞうだん》』に「此能、よき能とて、いつも褒め被申候《もうされそうろう》、是は虚物狂《そらものぐるい》なり」と記され、演能記録も多く、人気曲であったといえる。ただ、現在の上演頻度はさほど高くない。シテは「関《せき》の清次《せいじ》の妻」、ワキ「九州松浦の某」、アイ狂言「松浦の従者」。舞台に籠《ろう》(牢)の作り物が置かれる。松浦の領主であるワキは、他郷の者を口論のすえ殺害した関の清次を籠に入れるが、清次は籠を破って逃亡する。この間、清次は舞台に登場せず、アイが無人の籠に向かって演技する演出がとられる。ワキは清次の妻であるシテを尋問し、籠に押込める。夫への思いゆえに物狂《ものぐるい》となったシテは、見張り用にアイが籠にくくりつけた鼓《つづみ》を打って狂乱の舞を舞う。これを憐れんだワキは夫婦の赦免《しゃめん》を誓い、シテは夫の居所を告げて旅立つ。思いゆえに物狂いする狂女物《きょうじょもの》の一種であるが、シテの狂気は夫への単なる恋慕《れんぼ》ではなく、居所を知りつつそれを必死に隠そうとする思いゆえの物狂であり、まさに虚物狂《そらものぐるい》といえる。こうした健気《けなげ》で芯の強い女性がシテである点、領主の敷地内にあった籠が再現され、詞章《ししょう》に領主検断の苛烈《かれつ》さが表現される点など、異色な性格を持った能である。松浦地方に伝わった巷説《こうせつ》をもとに、*松浦佐用姫《さよひめ》伝説や松浦党の存在を加味して作られた作品だからであろう。

籠 太 鼓

参考文献 三宅晶子「作品研究『籠太鼓』」(『観世』五二ノ一一)、一九九五。坂井孝一「能「籠太鼓」と中世—歴史学的視角による作品研究の試み—」(五味文彦編『芸能の中世』二〇〇〇、吉川弘文館)。 (坂井 孝一)

ろうどうきじゅんほう 労働基準法 賃金、労働時間、休日など労働条件の最低基準を罰則つきで規制する最も基本的な法律。一九四七年(昭和二十二)に制定されて以来、何度も改正が行われている。同法三条は、国籍・信条・社会的身分を理由とする労働条件差別を禁止し(均等《きんとう》待遇原則《たいぐうげんそく》)、四条は、女性であることを理由とする賃金差別を禁止する(男女同一賃金原則《だんじょどういつちんぎんげんそく》)。女性保護規定としては、一般女性を対象とする保護規定、妊娠・出産に関わる母性保護規定があったが、一九八五年の*男女雇用機会《だんじょこようきかい》均等法《きんとうほう》の制定にあたり、*男女平等原則に照らしたこれら保護規定の見直しが行われた。そして九七年の均等法改正において、一般女性保護規定としての時間外・休日労働の制限、深夜業の禁止規定が廃止され、二〇〇六年(平成十八)の均等法改正時には、一部を除いて、女性も坑内労働に従事できるようになった。しかし現在でも、母性保護規定(*産前産後休暇、妊産婦の労働時間・深夜業の規制と危険有害業務の禁止など)と並んで、女性一般に特有の身体・生理機能を理由とする保護(生理日の休暇、危険有害業務制限)は残っている。

参考文献 中島通子・山田省三・中下裕子『男女同一賃金』、一九九四、有斐閣。姫岡とし子「女性保護法におけ る「かよわき女性」の構築」(同他編『労働のジェンダー化―ゆらぐ労働とアイデンティティー―』二〇〇五、平凡社)。 (浅倉むつ子)

ろうどうくみあいふじんぶ 労働組合婦人部 自分たちの生活と権利を守り向上させるための階級的大衆的組織である労働組合の中の女性のための部局。最初の労働組合婦人部は、一九一六年(大正五)六月誕生した*友愛会《ゆうあいかい》婦人部で、同年八月機関紙『友愛婦人』を発行した。一九二〇年代まで女子労働者は男子より多く、繊維《せんい》系工場で未婚期短期間未熟練労働に偏在《へんざい》したため、この多数を組織しなければ組合が強くなれない面と、隷属《れいぞく》的地位にいて社会的慣習に縛られ組織が困難という面があり、一九二六年組合婦人部設置の可否が日本労働組合評議会大会で真剣に討論され(婦人部論争)、設置に動く。敗戦後マッカーサーが労働組合の助長を含む*五大改革指令を出したため、労働組合は急激に増加し、戦前の推定組織率最高一九三二年七・八%に対し、一九四九年(昭和二十四)には五五・八%になった。比較的早く婦人部をつくった東京都教員の場合、男子教員の約半分の賃金への怒りが強く、待遇の男女差撤廃と母性擁護《ようご》が中心的要求であった。女性・年少者中心の解雇に対する国鉄労働者の闘争意志も強く、全国的ストライキで撤回させた。強い労働組合は*労働基準法制定以前に出産休暇・*生理休暇を労働協約でとり、全女性に及ぼすため法律制定闘争に取り組んだ。独自の切実な要求を民主的に出しあって結集し、その解決のために団結し、行動し、影響を広める大衆運動の原則がここに見られる。一九四八年占領軍と労働省は青年部・婦人部は役員の二重選挙権を持つので廃止すべきと通達、行動力ある組織の解体を図った。婦人部のある組合は一九四八年二四・七%から一九五〇年一〇・九%に激減した。一九五〇年誕生した日本労働組合総評議会は、二年後婦人協議会(のち婦人対策部)の設置で対応(日教組《にっきょうそ》や国鉄は婦人部堅持《けんじ》)、賃金の男女差撤廃・合理化反対・母性保護・職業病対策・*保育所づくり・平和要求など、女性の労働権確立中心の運動を展開、成果を挙げた。

参考文献 日本労働組合総評議会婦人対策部編『総評婦人二十五年の歴史』、一九七六、日本労働組合総評議会。日本教職員組合婦人部編『日教組婦人部三十年史』、一九七七、労働教育センター。藤井治枝『日本型企業社会と女性労働』、一九九五、ミネルヴァ書房。 (伊藤 康子)

ろうどうくみあいふじんぶせっちろんそう 労働組合婦人部設置論争 一九二〇年代に行われた労働組合の内部機関として婦人部設置可否をめぐる論争。一九一二年(大正元)発足の友愛会は一九一六年に婦人部を設置し、翌年女性労働者を組合の正式会員として承認した。一九二一年に友愛会は日本労働総同盟と改称。総同盟以後女性労働者による具体的要求を掲げた争議が多発して関東・関西同盟に婦人部が設置され、一九二四年には本部に婦人部設置の要求が出された。翌年総同盟は分裂し、婦人部設置問題は婦人部活動が盛んであった左派系の組合でつくる日本労働組合評議会に移された。同年評議会本部に全国婦人部協議会が発足し、*山川菊栄《やまかわきくえ》による協議会テーゼ(六時間労働制、夜業・残業・有害作業禁止、寄宿制の撤廃および組合の自主管理、性による賃金差別撤廃、産前産後各八週間の産休など)が提案された。翌一九二六年の第二回評議会大会に東京合同労組から「総本部婦人部設置並に婦人部統一に関する決議案」が「婦人組合員の特殊的要求を正しく組合に反映」し、男子との共同行動を行い「婦人組合員の闘争水準を高める」ために、提起された。この決議案をめぐる激論、この大会前後に『労働新聞』『改造』などに掲載された賛否両論、ここから発展した無産婦人運動組織をめぐる論争を「婦人部論争」とよび、前者を「評議会婦人部設置論争」という。*梅津《うめづ》はぎらの組合運動家、山川均《ひとし》・菊栄は、婦人には隷属《れいぞく》的地位から生じる男子と異なる特別な要求があり、婦人を組織するために特別の注意と親切、教育が必要であること、そのために婦人部をつくり、組合活動に要求を反映させることの必要を、山川夫妻はさらに婦人の組合活動の自由を説いた。反対派の意見は、婦人の教育と組織は教育部・組織部で可能である、婦人部は独立組合に発展して性別による対立を促す、政治問題に関係する婦人の要求は経済闘争を行う労働組合の課題ではなく、組合の外部の組織が行うなどであった。第三回大会で婦人同盟を発展させる観点から婦人部設置が決定された。婦人部作成の当面の任務はさきのテーゼに*生理休暇などを加えることで、戦前の女性労働運動の基礎になった。 →友愛会婦人部《ゆうあいかいふじんぶ》

参考文献 桜井絹江「評議会婦人部の活動について」(『歴史評論』三一一・三二三・三三〇、一九七六・七七。早川紀代「大正期婦人解放思想の画期点をさぐる」(『人民の歴史学』六一)、一九七九。 (早川 紀代)

ろうどうしょうふじんしょうねんきょく 労働省婦人少年局 一九四七年(昭和二十二)に労働省が設置されたとき、五局の内局の中の一つとして新設された。アメリカの労働省にあるウイメンズ＝ビューローを模範とする女性の解放と経済的自立を促《うなが》す機関として、占領軍の強い後押しがあって実現した。初代局長は*山川菊栄《やまかわきくえ》。女性の地位向上、女性および年少労働者の保護と啓発《けいはつ》、実態調査、統計資料の作成などを中心に施策を展開し、画期的な存在であったが、局が独自に所管する法律がなく、基盤が脆弱《ぜいじゃく》であったせいもあって、政府部局の削減があるつど、存廃《そんぱい》の危機に見舞われてきた。しかし省の内外の存続を支持する声は強く、廃止を免れてきた。その後、年少労働問題を分離して一九八四年には婦人局、一九九

七年(平成九)には女性局へと名称を変更し、男女雇用機会均等施策、職業と家庭の両立施策、パート労働対策などの施策を所管するようになった。二〇〇一年中央省庁の再編整備に伴い、厚生省《こうせいしょう》児童家庭局《じどうかていきょく》と統合されて、厚生労働省雇用均等《こようきんとう》・児童家庭局となった。

参考文献 山川菊栄生誕百年を記念する会編『現代フェミニズムと山川菊栄』、一九九〇、大和書房。

(浅倉むつ子)

ろうどうじょじゅく　労働女塾　一九二九年(昭和四)七月婦人運動家の*帯刀貞代《たてわきさだよ》が女子労働者の教育のために開設した塾。東京市本所区亀戸《かめいど》(東京都江東区)の工場街にあった。この年*工場法の改正により深夜業から解放された紡績労働者に*裁縫《さいほう》・手芸・料理・一般教養などと同時に労働組合の意義や女性解放の理論などを教えた。生徒は三十名位。*河崎なつ・*長谷川時雨《はせがわしぐれ》・*生田花世《いくたはなよ》・堺利《さかいとし》彦《ひこ》などが維持会員となって支援した。一九三〇年末閉鎖。

参考文献 帯刀貞代『ある遍歴の自叙伝』、一九八〇、草土文化。永原和子・米田佐代子『おんなの昭和史(増補版)』(有斐閣選書)、一九九六、有斐閣。

(永原　和子)

ろうどうふじんれんめい　労働婦人連盟　⇨無産婦人団《むさんふじんだん》体《たい》

ろくぎょうさんし　禄行三志　⇨食行身禄《じきぎょうみろく》

ろくはらたんだいどのごかくん　六波羅探題殿御家訓　⇨北条重時家訓《ほうじょうしげときかくん》

ろくめいかん　鹿鳴館　明治政府が設けた内外人交歓のための社交場。当初は「外国人接待所」と呼ばれた。イギリス人コンドルの設計した赤煉瓦《あかれんが》の洋風二階建て、一八八〇年(明治十三)着工、八三年東京麴町区内山下町(東京都千代田区内幸町)に完成。十一月に開館し、『詩経《しきょう》』の小雅《しょうが》「鹿鳴」に基づいて名付けられた。政府要人・華族や外国使臣により夜会・舞踏会などが行われ、欧化主義の象徴的存在となる。九〇年以降は華族会館として使用され、上流社会の社交場となる。外国貴賓《きひん》を接待し、

鹿鳴館貴夫人慈善会図(楊洲周延筆)

園遊会などが催された条約改正促進のための欧化主義は、鹿鳴館時代を生む。上流の女性たちは*束髪に*洋装のファッションで身を固めて出席し、皇族などの洋礼装の規定も発表された。しかし民権論者や国粋主義者の批判が高まり、条約改正にも失敗し、外務卿井上馨《いのうえかおる》が退陣するとともに、鹿鳴館も役割を終えた。

参考文献 『風俗・性』(日本近代思想大系二三)、一九九〇、岩波書店。

(小和田美智子)

ロダンはなこ　ロダン花子　一八六八―一九四五　明治・大正時代の俳優。ロダンの彫刻のモデル。愛知県中島生まれ。本姓太田《おおた》、旧名ヒサ。生家は機織《はたおり》業等を営む旧家。養家に恵まれず*芸者に売られ、*身請けされた後の結婚生活も離婚に終る。一九〇一年(明治三十四)コペンハーゲン博覧会の踊り子に応募して渡航。一九〇六年マルセイユ博覧会出演中にロダンの目にとまりモデルとなる。その後欧州各地の舞台で活躍し、一九一七年(大正六)引退。一九二一年みずからがモデルとなったロダンの二作を持ち帰国。

参考文献 沢田助太郎『ロダンと花子』、一九九六、中日出版社。

(内藤　寿子)

わ

ワイ＝ダブリュー＝シー＝エー　YWCA　国際的な超教派のキリスト教女性団体。Young Womens Christian Association(キリスト教女子青年会)の略称。発祥は十九世紀、産業革命時の英国である。過酷な労働条件のもとで工場労働者として働く若い女性たちの精神的支えとなるための祈禱会《きとうかい》が一八五五年に始められた。一方、働く女性のための宿舎と教育プログラムの提供などの活動もあり、これらが合流して一八八四年に英国YWCAが組織された。各国に広がり、一八九四年世界YWCA創立。日本においては、一九〇〇年(明治三十三)以前に徳島、函館、岐阜、福岡、熊本、福山などにYWCA活動のあることが世界YWCAの記録にある。一九〇〇年初代世界YWCA総幹事A・M・レイノルズが視察のため来日し、ミッションスクールにおける学校YWCA創設、同卒業生らの家庭婦人や女子工場労働者などを活動の対象とすることを示唆《しさ》した。一九〇〇年外国人幹事・宣教師たちと*津田梅子《つだうめこ》、河合道子《かわいみちこ》(恵泉《けいせん》女学園創立者)らによって創立準備委員会が発足し、一九〇四年機関誌『明治の女子』を創刊(一九一二―四四年『女子青年界』、一九四六―五〇年『女性新聞』、一九五一年以降『YWCA』と変遷)、一九〇五年十月日本YWCA中央委員会が発足し、これが日本YWCAの創立となった。同年十一月に東京YWCA発足。初代会長は津田梅子。一九一〇年井深花子《いぶかはなこ》が日本YWCA会長に、一九一二年(大正元)河合道子が総幹事に就任した後は日本人中心の運営となる。市YWCAは横浜・大阪・京都・神戸・名古屋(戦後)などにも創設された。戦前・戦後を通じ、女子学生や働く女性のための宿舎・ホステル事業、家庭婦人や働く女性のための教育プログラムなど、先進的な事業を展開した。第二次世界大戦時には国策協力的になった。敗戦後は平和教育・運動、護憲や反核運動が活動の中心で、小規模の市YWも増えた。会館や職員(幹事)を擁《よう》する市YWが、地域に男女共同参画センターなどが設置されるようになるまでに女性のリーダーシップ養成・社会教育に果たした役割は大きく、その後も民間女性センターならではの活動を行なっている。日本YWCAは二十七市YWの調整、世界YWCAとの窓口の役割がある。

YWCA　最初の東京YWCA会館

参考文献　『日本YWCA100年史―女性の自立を求めて1905―2005―』、二〇〇五、日本キリスト教女子青年会。

(ゆのまえ知子)

わか　**和歌**　日本の韻文を代表する表現形式で、五七五七七の韻律《いんりつ》をもつものをいう。奈良時代に成立した『*万葉集』を嚆矢《こうし》として、日本の和歌は始まった。漢詩の影響を受けながら、徐々に五七五の韻律の形式が整えられ、平安時代には『古今和歌集《こきんわかしゅう》』『後撰《ごせん》和歌集』『拾遺《しゅうい》和歌集』の勅撰《ちょくせん》三代集から『新古今和歌集』に至る八代集が編纂《へんさん》され、伝統的な規範が形成された。漢詩文が主に男性貴族の教養であったのに対して、和歌は貴族女性にとっても大事な教養の一つであった。『万葉集』では*額田王《ぬかたのおおきみ》などの宮廷女性歌人が知られており、平安時代の女性歌人では、六歌仙《ろっかせん》の一人である*小野小町《おののこまち》、*伊勢《いせ》、*和泉式部《いずみしきぶ》、*相模《さがみ》、*式子内親王《しきしないしんのう》などが有名である。かつて折口信夫《おりくちしのぶ》が「女歌」という区分を提唱《ていしょう》し、女性の和歌の本質を、男性に対する受身の切り返しにあるとした。それに対して、「女歌」「男歌」はともに、和歌の表現の様式の問題であり、男性・女性の本質的な差異とは切り離して考えるべきだという考えが今日では主流になっている。*ジェンダーの規範が強化される九世紀から十世紀にかけて、和歌表現におけるジェンダー形成も促進《そくしん》されたとされる。たとえば『万葉集』の女性歌人たちが「恋」を歌に詠んだことは、「君待つと我が恋おれば我がやどの簾《すだれ》うごかし秋の風吹く」(原万葉仮名、巻四、額田王)、「直にあひて見てばのみこそたまきはる命に向かふ我が恋止まめ」(原万葉仮名、同巻、中臣女郎《なかとみのいらつめ》)などで知られ、六歌仙では小野小町の「うたたねに恋しき人を見てしより夢てふものは頼みそめてき」(『古今和歌集』一二、恋二)、「いとせめて恋しき時はむばたまの夜の衣を返してぞきる」(同)がある。ところが、『古今和歌集』以降でみれば、「恋・恋す・恋し」などの「恋」の主体となるのは男性という設定が定型となっていく。男性の詠作主体に偏《かたよ》るのは、ほかに「知る」「見る」などの知覚に関する語彙《ごい》や、「思ふ」などの思惟《しゆい》に関する語彙、「通ふ」「渡る」などの行動に関する語彙とされる。逆に、女性が主体となるのは、「飽かれやせぬ」「かれ(離れ)ゆく」「言はましものを」などの、受動的・内向的な表現とされる。比喩表現では、「夏虫」が女性によって身を滅ぼす男性自身の恋を喩える場合に用いられる例がある。また「女郎花《おみなえし》」「藤袴《ふじばかま》」などの花の名前が、女性性というセクシャリティを付与され、男性主体の視点から用いられるようになることも、『古今和歌集』以後には顕著であるという。そうしたなかで、和泉式部の和歌などは男性中心の表現を自在に詠みこなす特異さが注目されている。また男性主体の和歌でありながら、女性性の強い表現を用いる例に、「悔しくぞ後に会はむと契りける今日をかぎりと言はましものを」(『*大和物語』百一段、『新古今和歌集』一六(哀傷《あいしょう》)、藤原季縄《すえなわ》)が、臨終《りんじゅう》の床で会えない友人に贈った女性の恋歌のような表現形式において、男性同士の友愛を歌うものとなっている。

参考文献 後藤祥子「女流による男歌—式子内親王歌への一視点—」(関根慶子博士頌賀会編『平安文学論集』一九九二、風間書房)。近藤みゆき「和歌とジェンダー」(『国文学—解釈と教材の研究—』六五四)、二〇〇〇。

(小嶋菜温子)

わがこのきょういく 我が子の教育 一九一九年(大正八)十一月に初版が出た、*鳩山春子《はとやまはるこ》著の家庭教育書。母親みずからが自分の経験を語り、子どもの教育のあり方を論じた本として、当時の、新中間層を中心とした、教育熱心な親たちによく読まれた。この著書の根底にある教育観は、子どもは教育によって操作可能な客体であり、子どもの一生の幸・不幸は親の教育次第であるという考え方である。このような観点から、鳩山は子どもの教育の重要性・親の教育責任を重視し、このことを多くの人々に知らしめるために本書を執筆した。本書は前編と後編とからなっているが、前編は「家庭教育の研究」として、家庭教育の重要性やそのあるべきあり方、母として・父としてのあるべき姿などが一般論として論じられている。後編は「二子を育てし二十年間の苦心」であり、鳩山春子自身の結婚から子どもの結婚に至るまでの経験、たとえば、子どもの躾《しつけ》や教育のあり方、親子や兄弟の関係性などが具体的に述べられていた。

参考文献 沢山美果子「子育てにおける男と女」(女性史総合研究会編『日本女性生活史』四、一九九〇、東京大学出版会)。

(小山 静子)

わかさのつぼね 若狭局 生没年不詳 鎌倉幕府第二代将軍源頼家《みなもとのよりいえ》の妻。元は幕府御所*女房か。父は比企能員《ひきよしかず》、母は未詳。一幡《いちまん》・公暁《くぎょう》の母(公暁の母は賀茂重長《かものしげなが》女子とする説もある)。また第四代将軍九条頼経《くじょうよりつね》正室*竹御所《たけのごしょ》の母とも推測される。建仁《けんにん》三年(一二〇三)、頼家が病に倒れ弟実朝《さねとも》と子息一幡への分割相続を決定すると、これに反対する能員は、彼女を通して北条時政《ほうじょうときまさ》の追討を頼家へ進言した。しかし逆に時政に攻められ、一幡と比企氏一族は滅亡する。

(七海 雅人)

わかまつしずこ 若松賤子 一八六四—九六 明治時代の翻訳家。英米児童文学の紹介者、言文一致体の初期の実践者として知られる。本名甲子《かし》、のちに、嘉志子《かしこ》。会津藩士松川《まつかわ》(島田《しまだ》)勝次郎《かつじろう》の長女。父は、京都守護職を任ぜられた藩主松平容保《まつだいらかたもり》に従い、京都で「諜報の役」についていたという。戊辰《ぼしん》戦争で生家は離散。陸軍御用達貿易商、山城屋《やましろや》の番頭大川甚兵衛《おおかわじんべえ》の養女となり、明治四年(一八七一)ころ、横浜に移り、在米オランダ改革派日本ミッション所属の宣教師*メアリ・E・キダーの学校に学ぶ。一八七二年、山城屋の倒産により、養父母とともに一時東京で暮らすが、一八七四年ころより再びキダーのもとに戻り、以後、フェリス＝セミナリー(キダーの学校が発展したもの)を唯一の家庭として成長。一八七六年五月に受洗。一八八二年六月、フェリス＝セミナリーの後課(高等科)を第一回生として卒業、母校の和文教師となる。一八八五年、実父の戸籍に復籍。一八八六年以降、『*女学雑誌』に論説・紀行文・英詩・随筆・翻訳などを発表。『女学雑誌』編集人(一八八六年六月より)で、*明治女学校教員(一八九二年校長となる)の*巌本善治《いわもとよしはる》と親交を深め、一八八九年に結婚、東京に移転。以後、執筆活動を続けながら、二女一男を出産。一八九二年から翌年にかけて『女学雑誌』にフランシス＝バーネットの著作を『小公子《しょうこうし》』として訳出、名声を博す。一八八七年ごろより結核に悩まされていたが、一八九六年二月、明治女学校の火災焼失直後、心臓麻痺《まひ》により死去。フェリス＝セミナリーの校長ユージーン＝ブースに「アングロ＝サクソンのものの見方」ができると評された、ミッション＝スクール生え抜きの優等生でありながら、日本人キリスト教徒が宣教師への批判の観点に立って追求した、明治女学校、『女学雑誌』などの事業に共感。西洋と日本の接点にあって、双方に対して異文化の紹介者・翻訳者であった。「賤子」というペンネームを採択し、ミッション＝スクールで育まれた道徳的枠組みからみずからの文学を解放するには至らなかったが、独特の個性と自己主張、異文化横断的な視野を活動の随所に認めることができる。

若松賤子

参考文献 山口玲子『とくと我を見たまえ』、一九八〇、新潮社。尾崎るみ『若松賤子』、二〇〇七、港の人。

(小檜山ルイ)

わがみにたどるひめぎみ 我が身にたどる姫君 中世の物語。八巻。作者および成立未詳。『風葉《ふうよう》和歌集』所収の物語和歌から、鎌倉時代中期、後嵯峨《ごさが》朝《ちょう》の成立と見られる。内容は、七代の帝、四世代、四十五年に及ぶ王朝世界に、前半はヒロイン「我が身にたどる姫君」が、その出生の秘密から、度重なる苦難を経て東宮妃《とうぐうひ》となるまで、後半は、ヒロインを背景に退けて、その子孫のさまざまな人生を辿《たど》る。物語の主眼は、皇統《こうとう》と摂関家《せっかんけ》とのもつれを、「宿世《すくせ》」として描くところにあり、*密通が「世界」の融和《ゆうわ》のための一つの装置となっている。したがって個人は、『*源氏物語』『狭衣《さごろも》物語』などをもとに捨象《しゃしょう》される。これに対して、女帝の栄光と、その妹の前斎宮《さきのさいぐう》の狂乱と

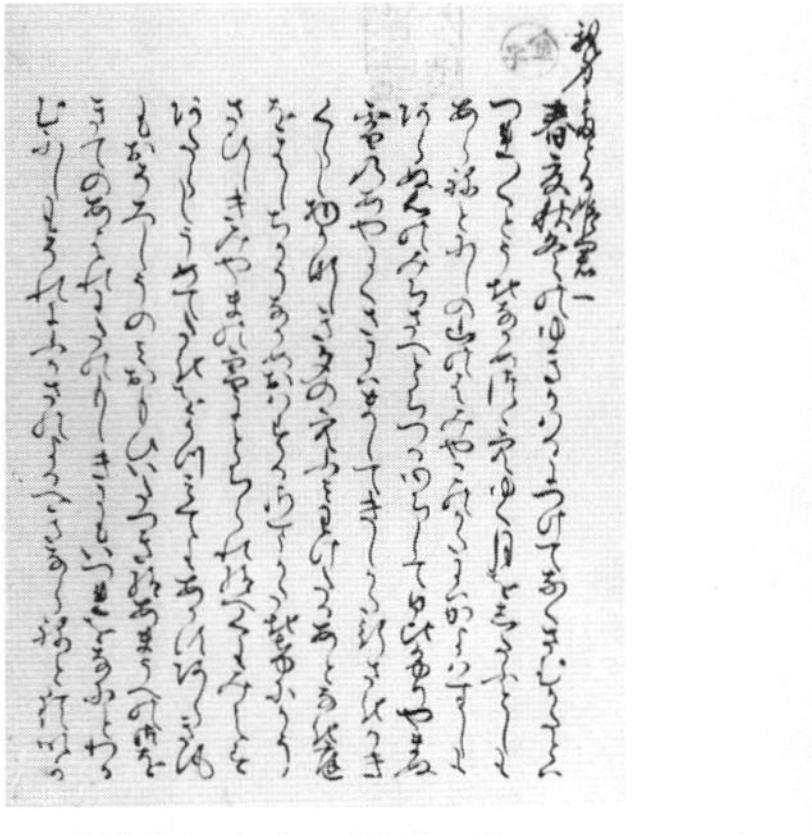

『我身にたどる姫君』巻一

同性愛(巻六)など影の対比が具体的に織り込まれている。この物語を特異と見るだけでなく、皇后の世界について、当時の法華経《ほけきょう》信仰から読み解く試みもなされている。夢《む》告《こく》や物《もの》の怪《け》、呪詛《じゅそ》など、鎌倉時代の精神世界を示し、さらに、語彙《ごい》など国語学研究の上でも貴重である。テキストは、『我身にたどる姫君物語全註解』(徳満澄雄、一九八〇年、有精堂出版)、『我身にたどる姫君』(今井源衛・春秋会、一九八三年、桜楓社)、『鎌倉時代物語集成』七(市古貞次・三角洋一編、一九九四年、笠間書院)。

参考文献　外山敦子「我身にたどる姫君」(神田龍身・西沢正史編『中世王朝物語・御伽草子事典』二〇〇二、勉誠出版)。木村朗子「女帝の生まれるとき—『我身にたどる姫君』における往生をめぐる構想力—」(『言語情報科学』二(二)、二〇〇四)。（清水　眞澄）

わかものぐみ　若者組　青年男子により構成される年齢集団。江戸時代を中心に「若者中《わかものちゅう》」「若衆組《わかしゅうぐみ》」「若連中《わかれんちゅう》」などとも称し、村ごとに組織化された。成年式《せいねんしき》に連動して加入するのが通例であるが、加入資格や脱退時期についてはバリエーションがあった。構造的には二類型があり、一つはすべての男子が加入し結婚によって脱退するタイプ、他の一つは一軒から一人、一般には長男が加入し脱退は結婚とは無関係に年齢によって定めるタイプであり、前者は西日本に比較的多く、後者は東日本に多くみられた。若者組は、村の氏神祭礼《うじがみさいれい》や村仕事さらに*婚姻などに深く関与するなど村社会で重要な役割を果たし、若者はそれによって一人前の男すなわち男性性《だんせいせい》を構築していくことになった。若者たちの場合、組織化・集団化による社会的・公的実践活動がライフコースに組み込まれていたのに対し、若い女性のライフコースには、若者組のような厳格なかたちでの組織化・集団化の過程は存在しなかった。若者組は、明治中期ごろから青年会・青年団として次第に改組改称され変容していった。

参考文献　平山和彦『合本青年集団史研究序説』、一九八八、新泉社。長野ひろ子「日本近世農村におけるマスキュリニティの構築とジェンダー—集団化・組織化と権力作用をめぐって—」(桜井由幾・菅野則子・長野ひろ子編『ジェンダーで読み解く江戸時代』二〇〇一、三省堂)。（長野ひろ子）

わかやまきしこ　若山喜志子　一八八八—一九六八　明治から昭和時代にかけての歌人。長野県筑摩郡《ちくまぐん》吉田村(塩尻市《しおじりし》)の太田清人《おおたきよと》・ことの四女。本名喜志。広丘農工補習学校を卒業。小学校の裁縫教師をしながら文学を志す。『*女子文壇《じょしぶんだん》』などで認められ上京。若山牧水《ぼくすい》と結婚し牧水主宰の『創作《そうさく》』で活躍。経済的に苦難の連続の中で二男二女を育成し、牧水没後十七年間『創作』主宰をつとめ、一時共産党に入党した。歌集『筑摩野《ちくまの》』で地歩を得、晩年の『眺望《ちょうぼう》』では厳しく深い歌境を示した。ほかに『無花果《いちじく》』『芽《め》ぶき柳《やなぎ》』などがあり、一九八一年(昭和五十六)『若山喜志子全歌集』が刊行された。

参考文献　樋口昌訓『若山喜志子私論』、一九八八・八九・九三・九六、短歌新聞社・日本ハイコム。（村岡　嘉子）

わかれのおぐし　別れの御櫛　*伊勢神宮に仕える斎王《さいおう》が伊勢に旅立つ日に、大極殿《だいごくでん》で天皇から受ける黄楊《つげ》の小櫛《こぐし》の通称。旅立ちの儀式には天皇は「神事御服」を着して臨《のぞ》み、高御座《たかみくら》は使わず平座《ひらざ》で、斎王の額《ひたい》に櫛を挿《さ》して「都の方におもむき給ふな」と告げる。すなわちこの儀礼は、祭祀《さいし》として行われ、その席では天皇と斎王は同等に近いという意識が見られる。「別れの御櫛」という語の初見は『*大鏡《おおかがみ》』長和《ちょうわ》三年(一〇一四)だが、額に櫛を挿すことの初出は天慶《てんぎょう》元年(九三八)で、斎王旅立ちの日に大極殿で天皇に会うことは『延喜式《えんぎしき》』斎宮寮に詳細な規定があり、延暦《えんりゃく》四年(七八五)には、桓武《かんむ》天皇が、斎王発遣に合わせて長岡京《ながおかきょう》から平城京《へいじょうきょう》に行幸した例から見て、すでに八世紀には行われていたことは間違いない。しかし櫛の儀礼は記録されるべきではない秘儀《ひぎ》と認識されていたようである。櫛の民俗から縁切りの儀式と見る説や、斎王が髪上げして櫛を受けることから、擬制《ぎせい》的な成人儀礼で、天皇の祭祀権の分与を象徴するものではないかという説などがある。

参考文献　榎村寛之『律令天皇制祭祀の研究』、一九九六、塙書房。所功「斎王群行発遣次第の成立」(『古代文化』五一ノ二)、一九九九。（榎村　寛之）

わけのひろむし　和気広虫　七三〇—九九　奈良時代後期の後宮*女官。贈正三位。出自は、吉備《きび》地方東部の豪族磐梨別公《いわなすのわけのきみ》で、女孺《じょじゅ》(*采女《うねめ》か)として*後宮に出仕し、十五歳で中宮職《ちゅうぐうしき》勤務の葛木連戸主《かづらぎのむらじへぬし》と結婚。結婚後も後宮に出仕、孝謙上皇《こうけんじょうこう》の厚い信頼を受け、藤原仲麻呂《ふじわらのなかまろ》の乱後、一躍従五位下に昇進、乱に連座した人々の助命を「切諫《せっかん》」、乱で生じた孤児を養子とした。これ以前に弟清麻呂《きよまろ》を兵《ひょう》衛《え》に推挙《すいきょ》、天平神護《てんぴょうじんご》元年(七六五)にはともに藤野和気真《ふじののわけのま》人《ひと》を賜姓《しせい》。その後、出家して大尼法均《だいにほうきん》と号した。神護景《じんごけい》雲《うん》三年(七六九)宇佐八幡神《うさはちまんしん》の神託《しんたく》事件がおきる。称徳《しょうとく》女帝に使者に指名されたが清麻呂が代行、清麻呂の報告は女帝と道鏡《どうきょう》の逆鱗《げきりん》に触れ、法均も還俗《げんぞく》の上、名を堕《おと》され流罪《るざい》にされた。称徳崩御の後、姉弟は帰京を許され本位本姓に復し、宝亀《ほうき》五年(七七四)に和気朝臣《わけのあそん》を賜わった。広虫は変質する桓武《かんむ》天皇の後宮でも重用されて典蔵《くらのすけ》・*典侍《ないしのすけ》を歴任した。伝は『日本後紀』の広虫薨伝《こうでん》(延暦十八年(七九九)正月二十日条)および清麻呂薨伝(延暦十八年二月二十一日条)に詳しい。

参考文献 梅村恵子「和気広虫—そのヒメ的生涯—」（人間文化研究会編『女性と文化』二、一九八二、JCA出版）。平野邦雄『和気清麻呂』（人物叢書）、一九八六、吉川弘文館。 （梅村 恵子）

わこくひゃくじょ 和国百女 主に働く庶民女性の諸相を描いた絵本。菱川師宣《ひしかわもろのぶ》画。三巻。元禄八年（一六九五）刊。巻頭には公家女性を描くものの、ほかは中流以下の女性風俗で、弾琴・*三味線・読書・花見・手紙・日待・留守見舞・*裁縫《さいほう》・染物・*洗濯・機織《はたおり》・紡績・砧打《きぬたうち》・点茶・盲人女性・田舎の嫁入・塩焼・*苧績・屋形船の夕涼《ゆうすずみ》・*化粧・舞踊・町人女性・妾《めかけ》・*遊女・参詣・百姓夫婦・田植・愛宕《あたご》参り・*比丘尼《びくに》など三十一図（「百女」と称するが百図ではない）を描き、頭書に若干の説明を添える。テキストは『日本風俗図絵』（黒川真道編、一九八三年、柏書房、日本風俗図絵刊行会版の複製）、『日本風俗図絵（CD-ROM版）』（二〇〇一年、大空社、日本風俗図絵刊行会版の複製）。 （小泉 吉永）

わざきハル 和崎ハル 一八八五—一九五二 大正・昭和時代の秋田県を中心に活躍した女性運動家。栗谷信幸・リツの三女として秋田市に生まれる。一九〇四年（明治三十七）秋田高等女学校卒業、受洗。〇七年陸軍将校《しょうこう》和崎豊之と結婚、夫と死別後秋田県初の美容師となる。一九二二年（大正十一）*日本基督《キリスト》教婦人矯風会《ふじんきょうふうかい》秋田支部を設立、*廃娼《はいしょう》運動に取り組む。一九三〇年（昭和五）*婦選獲得同盟秋田支部を結成。『秋田魁《さきがけ》新報』で女性相談を担当。一九四六年第二次世界大戦後初の衆議院選挙に無所属で当選。著書に『私の歩んだ道』（一九四五年）。

参考文献 グレゴリー・M・フルーグフェルダー『政治と台所—秋田県女子参政権運動史—』、一九八六、ドメス出版。 （石月 静恵）

わぞくどうじくん 和俗童子訓 ⇨貝原益軒《かいばらえきけん》

わだえい 和田英 ⇨富岡日記《とみおかにっき》

わたしの「じょこうあいし」 わたしの「女工哀史」 *細《ほそ》井和喜蔵《いわきぞう》の妻、『*女工哀史』の共作者として知られる高《たか》井《い》としをが一九八〇年（昭和五十五）、七十八歳の時に出版した自伝。十歳五ヵ月で*女工になって以来の工場労働や、細井との出会いと死別、高井信太郎との再婚（「『女工哀史』日記」）、組合活動家の夫と子どもたちとの極貧生活と、敗戦一年後の夫の死（「ヤミ屋日記」）、一九五一年に始めた失対事業生活と日雇労働者の組合づくりに奔走《ほんそう》した日々（「ニコヨン日記」）の三章から成る。早くから貧困や差別を社会的にとらえる視点と旺盛《おうせい》な知識欲、行動力をもち、それらが細井や労働運動との出会いを通して思想化され、彼女の人生を支えたことがわかる。『女工哀史』の成立に深く関わる一方、みずからは「哀史」的状況に対して果敢《かかん》に異議を唱え、仲間とともに闘いつづけた。一九七三年、岐阜市内の紡績工場で働く女性たちがつくった「現代女性史研究会」が、としをの「自伝的語り」を小冊子にまとめて反響をよび、これが出版の契機になったと思われる。

参考文献 現代女性史研究会編『ある女の歴史』一、一九七三。 （早田 リツ子）

わたつみ 綿摘 近世前期の*私娼《ししょう》の一種。元禄末年から宝永《ほうえい》期にかけて（十八世紀初め）、綿摘の売色行為を禁ずる触《ふれ》が集中的に出されていることから、このころがピークであったとみられる。触の文言には「奉公人となそらへ、又は綿摘抔《など》と名付遊女差置」「遊ひ女を綿つミと名付隠置」などとあり、実際には性を売る*娼婦《しょうふ》でありながら、表向きは、綿摘（帽子や*小袖の綿を作る奉公人）と名付けたり、そのように装ったりしていたことがわかる。

参考文献 高柳真三・石井良助編『御触書寛保集成（第三刷）』、一九七六、岩波書店。 （曾根 ひろみ）

わたなべかずこ 渡辺和子 一九四四—二〇〇〇 昭和・平成時代の*女性学・アメリカ文学研究者、女性運動家。一九四四年（昭和十九）七月二十九日山口市に生まれる。一九六七年山口大学卒、結婚。六九年大阪大学文学部修士課程修了、八二年夫による*ドメスティックバイオレンスに苦しみ離婚。八六年京都産業大学助教授、一九九四年（平成六）教授、アメリカ女性作家論を研究。一九九〇年代に矢野暢《やのとおる》元京大教授セクハラ事件を契機に可視化した教育の場におけるセクハラ問題に取り組み、九七年「キャンパス・セクシャル・ハラスメント全国ネットワーク」を結成（事務局代表）、被害者救済・訴訟支援に行動力を発揮した。大学非常勤女性教員の地位向上にも尽力。研究と運動との間で女たちのネットワークを築き上げた。二〇〇〇年十二月二十五日癌《がん》のため死去。著書に『フェミニズム小説論—女性作家の自分探し—』（一九九三年、柘植書房）、編著書に『アメリカ研究とジェンダー』（一九九七年、世界思潮社）、『女性学教育の挑戦—理論と実践—』（二〇〇〇年、明石書店）などがある。

参考文献 『女性学年報』二三（渡辺和子追悼集）、二〇〇二。 （金子 幸子）

わたなべきみえ 渡辺喜美江 一九〇六—二〇〇三 昭和時代後期の住民運動指導者。北富士演習場の入会権《いりあいけん》闘争を展開し、「忍草《しぼくさ》母の会」を創立した。一九〇六年（明治三十九）六月二十五日山梨県の農家に生まれ、高等小学校中退、一九二五年（大正十四）同地の牛馬商に嫁ぐ。一九五〇年代半ばより忍草農民の入会地奪還実力闘争が起る。喜美江は一九六〇年（昭和三十五）六月安保反対国会デモに行き参加女性の多さに刺激を受け、翌月忍草母の会を結成、会長となる。富士山麓の米軍・自衛隊演習場の返還と平和利用を訴え、デモや座り込みなど抗議行動を続けた。二〇〇三年（平成十五）七月二十八日九十七歳で死去。

参考文献 忍草母の会事務局『北富士入会の闘い—忍草母の会の42年—』、二〇〇三、御茶の水書房。 （金子 幸子）

わたなべたえこ 渡辺多恵子 一九〇五—一九五 昭和時代の社会運動家。埼玉県浦和に誕生。父は判事。東京女子大在学中多くの学友を誘いマルクス主義研究を行う。日本女子大の清家《せいけ》とし・*西村桜東洋《にしむらおとよ》らの社会科学研究グループと提携し、女子学生の社研組織拡大に手腕を発揮する。一九二七年(昭和二)卒業と同時に志賀義雄《しがよしお》と結婚、共産党に入党する。翌年三・一五事件で検挙。一九三三年再検挙。「理論研究に専念」の誓約で保釈され、大原社研・理研調査部・国家資力研究所と転じる。敗戦後共産党に再入党し、志賀と復縁する。一九六四年「日本のこえ」に参加し、離党する。

参考文献　「聞き書き私の学生時代—渡辺多恵子—」(『総合女性史研究』九)、一九九二。鈴木裕子編著『日本女性運動資料集成』別巻、一九九六、不二出版。　(鈴木　裕子)

わたなべちえこ　渡辺千恵子　一九二八—九三　昭和時代の平和運動家。核兵器廃絶を訴え続けた。長崎市生まれ。一九四五年(昭和二十)八月九日、十六歳で学徒動員先で被爆。脊髄《せきずい》損傷。被爆者の絶望から脱皮する契機は一九五五年七月の長崎県母親大会。同年「長崎原爆乙女《げんばくおとめ》の会」を組織。翌年八月、第二回原水爆禁止世界大会(長崎)で、母スガに抱きかかえられ、平和アピールを読み上げた。スガ没後も車椅子で被爆実態と核廃絶とを内外で訴えた。著書に『長崎に生きる』(一九七三年、新日本出版社)がある。

参考文献　日比野正巳『渡辺千恵子』(シリーズ福祉に生きる七)、一九六八、大空社。　(山村　淑子)

わらわのはんせいがい　妾の半生涯　*福田英子《ふくだひでこ》の前半生の自叙伝。一九〇四年(明治三十七)刊。大阪事件の紅一点として有名になった福田英子は、隣人の堺利彦《さかいとしひこ》が前半生をまとめた『半生の墓』に触発され、自分の体験を描いた。「はしがき」で自分自身を「罪深き人」「愚鈍なる人」と述べ、自分の半生は「蹉跌《さてつ》の上の蹉跌」だがそれらを率直に書くのは世間と自分に対し「戦いを宣言せんがため」であり、「妾が天職は戦い」だと述べた。この本で英子は、当時すでに知られていた自由民権運動との出会いや大阪事件への連座などのほか、大井憲太郎《おおいけんたろう》の言葉を信じて私生児の母となったことや同じ大井の子を産んだ親友への怒りを赤裸々に書き、タブー視されていた秘密を明るみに出した。また夫福田友作との死別後の生活の苦闘を通じ、堺の影響で民権期の専制政府に対する憤《いきどお》りから「資本の独占」に抗する社会主義の立場を取るようになったと述べている。岩波文庫所収。

『妾の半生涯』

参考文献　村田静子『福田英子』(岩波新書)、一九七九、岩波書店。　(大木　基子)

わわしいおんな　わわしい女　*狂言《きょうげん》に登場する女性たち。もろさわようこによって提言された狂言の女性像で、夫《ふ》権《けん》支配が開始、展開する室町・戦国時代にあっても、男のいいなりにならず、さまざまな異議申し立てをする活力ある女性をいう。だがこれは近世的表現で、中世的女性像にはふさわしくないとの批判もある。「わわしい」の語自体は近世前期の古台本《こだいほん》にみえ、そこで語られる女性は、中世狂言の女性たちとは、一線を画するものが多くある。

参考文献　もろさわようこ『わわしい女たち』(三省堂ブックス)、一九七二、三省堂。橋本朝生「狂言の女をめぐって」(『芸能史研究』一四四)、一九九九。　(黒田　弘子)

を

をとめ　をとめ　古代における性愛可能な女性の若年年齢層を示す年齢階梯《ねんれいかいてい》呼称。美人・嬢子・嬢女・娘子・媛女・童女・稚女・少女と表記。律令法上の年齢区分とは別に存在した、*婚姻や社会的分業に関わる古代社会の実態的年齢区分の一つ。八・九世紀、男性はワラハ(子)—ヲトコ(青)—ヲトコ(壮)—オキナ(老)、女性はワラハ(メノワラハ、子)—ヲトメ(青)—ヲミナ(壮)—オウナ(老)という男女おのおのの年齢層を区分する呼称が存在し、ヲトメはワラハとヲミナの間の年齢層を示す。ヲトメの下限年齢は、主に『*万葉集』の歌句の解釈の違いから、八歳ごろとする説、十三歳ごろとする説に分かれる。一方、上限となるヲミナとの境界年齢については定見をみない。ワラハが肩で切りそろえる切髪型を可視的表象《かしてきひょうしょう》とし、ヲトメは日常的には長髪を垂らす放髪で過ごし、男性との性愛関係をもつと髪を結い上げた。また『万葉集』や『*風土記』を根拠に、「ヲトメドモ(ヲトメラ)」という集団単位で漁業労働や農業労働に従事し、「ワラワドモ」とともに「ヨチ」(『万葉集』)と呼ばれる性別世代別分業機能を有する年齢集団を構成した、という説がある。しかし、日本古代の社会制度としての年齢階梯制や年齢集団の存否については議論が分かれ、ヲトメの社会的性格の解明は今後の課題である。

参考文献　関口裕子『日本古代婚姻史の研究』、一九九三、塙書房。田中禎昭「「ヨチ」について—日本古代の年齢集団—」(『古代史研究』一三)、一九九五。同「日本古代における在地社会の「集団」と秩序」(『歴史学研究』六七七)、一九九五。関口裕子『処女墓伝説歌考』、一九九六、吉川弘文館。服藤早苗「古代社会の男女と老童」(歴史学研究会・日本史研究会編『日本史講座』二、二〇〇四、東京大学出版会)。同「古代女性の髪型と成人式」(吉村武彦編『律令制国家と古代社会』二〇〇五、塙書房)。吉村武彦「ライフサイクル」(吉村武彦他編『列島の古代史』二、二〇〇五、岩波書店)。

(田中　禎昭)

製版印刷　株式会社　東京印書館
本文用紙　三菱製紙株式会社
表紙クロス　株式会社　八光装幀社
製　　本　誠製本株式会社
製　　函　株式会社光陽紙器製作所

装　　幀　山　崎　登

日本女性史大辞典

二〇〇七年(平成十九)十二月十日　第一版第一刷印刷
二〇〇八年(平成二十)一月十日　第一版第一刷発行

編集　金子幸子　黒田弘子
　　　菅野則子　義江明子

発行者　前田求恭

発行所　株式会社 吉川弘文館
〒一一三―〇〇三三
東京都文京区本郷七丁目二番八号
☎(〇三)三八一三―九一五一(代表)
振替口座〇〇一〇〇―五―二四四

落丁・乱丁本はお取替えいたします

ISBN978―4―642―01440―3

索　　引

〈凡　例〉

＊本索引は，『日本女性史大辞典』所収の見出し語と，本文より抽出した主要な語句を採取し，配列は現代仮名遣いの五十音順とした．

＊文献等を示す索引語には，『　』「　」を付した．

＊同じ表記で異なる内容・人物を示すものには，（　）内に注記した．

＊近現代の著作・絵画作品等には，（　）内に著者・作者名を入れた．

＊索引語の別表記，人物の諱・通称・号などは〘　〙内に適宜まとめ，同じ表記については－を用いて省略した．

＊索引項目のうち，行頭の・印は見出し語を示し，数字は頁を，*a b c*はそれぞれ上段・中段・下段を示す．見出し語の頁は太字とした．

＊見出し語・カラ見出し語には読みを示した．

あ

「ああ井上中尉夫人」　59*a*
•『あゝ野麦峠―ある製糸工女哀史―』(山本茂実)《ああのむぎとうげ―あるせいしこうじょあいし―》　**1*a*** 245*c* 358*c* 359*a*
•RAA《アールエーエー》　**1*b*** 576*b* 593*b*
RAA閉鎖　6*c*
愛　785*c*
愛育会　543*c*　→母子愛育会
アイヴァ＝イクコ＝トグリ＝ダキノ　505*b*
相売　437*a*
ILO会議　465*a*
ILO一二三号勧告　38*c*
愛王　263*b*
『I女のしんぶん』　546*c*
間着　140*b*
相京範昭　738*b*
愛敬守　151*c*
愛国献金　179*c*
•愛国貯蓄運動《あいこくちょちくうんどう》　**1*c***
「愛国の母」　639*c*
『愛国婦人』　2*a*
•愛国婦人会《あいこくふじんかい》　**1*c*** 1*c* 65*a* 66*b* 109*a* 114*a* 241*c* 324*a* 343*b* 356*b* 445*c* 446*a* 446*c* 449*c* 477*c* 586*c* 634*c* 639*c* 750*a* 767*a*
•愛護若《あいごのわか》　**2*b***
•愛妻田《あいさいでん》　**2*b***
「愛妻物語」　121*c*
間酒　293*c*
愛児協会　113*c*
「哀愁波止場」　694*b*
愛妾　552*a*
愛情　785*c*
『愛情の記録』(清水慶子)　323*a*
愛情表現　143*a*
I女性会議　546*c*
愛新覚羅慧生　2*b*
愛新覚羅顕玗　182*c*
愛新覚羅嫮生　2*b*
•愛新覚羅浩《あいしんかくらひろ》　**2*b*** 129*b*
愛新覚羅溥儀　2*b*
愛新覚羅溥傑　2*b*
•「愛染かつら」《あいぜんかつら》　**2*c*** 464*b*
「愛染かつら完結編」　2*c*
藍染　440*a*
•相対死《あいたいじに》　**2*c***
会田お百　457*a*
アイチチ　479*c*
•『会津農書』・『会津歌農書』《あいづのうしょ・あいづうたのうしょ》　**3*a***
•『会津風土記・風俗帳』《あいづふどき・ふうぞくちょう》　**3*b***
『愛と怒り闘う勇気』(松井やより)　676*c*
『愛と希望の星みつめて』(櫛田ふき)　210*c*
愛と平和の緊急の家　378*b*
アイヌ　4*b* 20*b* 522*c*
「北の同胞」　291*a*
アイヌ語　4*b* 382*a*
•アイヌ口承文芸《アイヌこうしょうぶんげい》　**3*b*** 128*b* 186*c* 404*c* 407*b* 489*a* 621*c*　→口承文芸
『アイヌ叙事詩ユーカラ集』　187*a*
アイヌ女性　63*c* 82*c* 644*b* 730*c*
『アイヌ神謡集』《アイヌしんようしゅう》　⇨知里幸恵(**489*a***)
•アイヌの衣服・服飾《アイヌのいふく・ふくしょく》　**3*c***
『アイヌの婚姻』　420*a*
•アイヌの女性《アイヌのじょせい》　**4*b***
アイヌ文化　4*b*
アイヌ文化振興法　4*c*
アイヌ民族　4*c*
「愛のコリーダ」　20*b*
「愛の黙示録」　451*c*
あいびき　695*c*
曖昧茶屋　324*c*
愛宮　699*a*
相舅《あいやけ》　⇨舅(**328*c***)　68*c* 329*a*
愛隣館　590*b*
「アウシュビッツの図」(丸木伊里・俊)　684*a*
青海郎女　33*c*
『あ・うん』(向田邦子)　713*c*
「敢て同胞兄弟に望む」(清水豊子)　323*b*
•『青い山脈』(石坂洋次郎)《あおいさんみゃく》　**5*a***
•葵の上《あおいのうえ》　**5*a*** 288*c* 433*c*
•青い目の人形《あおいめのにんぎょう》　**5*b***
白馬節会　42*b* 555*c*
青苧　98*c* 497*a*
青木やよい　615*c*
青線地区《あおせんちく》　⇨赤線地区(**6*c***)　7*a*
青空楽団　694*b*
青玉比売命神社　467*c*
•青墓《あおばか》　**5*c*** 121*b* 369*c* 702*c*
青バス　581*b*
•青海夫人勾子《あおみのおおとじまがりこ》　**5*c***
青柳有美　352*c*
青山菊栄　574*c*　→山川菊栄
『青山女学院史』　405*c*
•青山なを《あおやまなを》　**6*a*** 371*c*
『青山なを著作集』　6*a*
•『赤い恋』(コロンタイ)《あかいこい》　**6*a***
「赤いざくろ」(田中澄江)　464*b*
•赤井尼《あかいのあま》　**6*b***
『紅い薔薇』(村岡花子)　718*c*
赤襟嬢　581*b*
阿嘉加　80*c*
『赤毛のアン』(モンゴメリー)　718*c*
赤毛のアン記念館　718*c*
赤子　82*c* 306*b* 693*a*
•赤子養育制度《あかごよういくせいど》　**6*b***
赤沢鍾美　655*c*
赤沢仲子　655*c*
赤沢文治　279*b*
明石一紀　160*c* 390*b* 434*b*
明石静栄《あかししずえ》　⇨燈台社の女性たち(**509*a***)
明石順三　509*a*
明石の君　228*c*
明石の姫君　229*a*

あかすり

垢すり女　760*b*
赤線　314*b*　394*c*　395*a*
赤線従業婦　7*a*
・赤線地区〈あかせんちく〉　6*c*　576*b*
赤線地帯　6*c*
・赤染衛門〈あかぞめえもん〉　7*a*　45*b*　86*c*　622*c*　720*a*
『赤染衛門集』　7*a*
赤染時用　7*a*
県犬養東人　7*b*
・県犬養姉女〈あがたいぬかいのあねめ〉　7*b*　648*c*
県犬養五百依　7*c*
県犬養内麻呂　7*b*
県犬養大伴　7*c*
・県犬養橘宿禰三千代〈あがたいぬかいのたちばなのすくねみちよ〉
　250*c*　565*b*　623*c*　646*c*　721*c*　→橘三千代
県犬養広刀自〈あがたいぬかいのひろとじ〉　8*a*　59*b*　648*b*
県犬養甘命婦　8*b*
県犬養唐　8*a*
県犬養八重〈あがたいぬかいのやえ〉　8*b*
県門三才女　541*c*　761*b*
県主　80*b*
県造奈爾毛売〈あがたのみやつこなにもめ〉　8*b*
県造紫　8*b*
県巫女　691*c*
「暁月夜」(樋口一葉)　598*b*
我妻栄　161*b*
アカデミック゠ハラスメント　422*a*
赤橋英時　633*a*
赤旗事件　104*a*　187*b*
赤不浄〔アカフジョウ〕　8*b*　83*b*　185*b*
アカマタ・クロマタ　85*b*
・赤松明子〈あかまつあきこ〉　8*c*　714*c*
赤松うばの局　506*c*
赤松克麿　8*c*
赤松啓介　770*b*
・赤松常子〈あかまつつねこ〉　9*a*　8*c*　417*c*　427*c*　639*c*　714*c*
赤松俊〔俊子〕　684*a*　→丸木俊
赤松政則　506*b*
赤松政則の妻〈あかまつまさのりのつま〉　⇒洞松院尼(506*b*)
赤松義村　506*b*
赤見皇女　156*c*
安貴王　58*b*
・『秋かぜの記』〈あきかぜのき〉　9*a*　27*a*
安芸家　300*c*
顕子女王　240*a*
秋好中宮　285*a*
秋田雨雀　559*b*
秋月家塾　591*c*
秋月静枝　421*b*
・商いと女〈あきないとおんな〉　9*b*
秋野〔桂昌院〕　220*c*
『秋夜長物語』　535*b*
明仁親王　244*a*　696*b*
・『あきみち』〈あきみち〉　10*c*　120*b*
・秋元松代〈あきもとまつよ〉　11*a*
秋山信友　117*c*

「あきらめ」(田村俊子)　468*b*
安居院流　423*b*
・悪所〈あくしょ〉　11*b*　73*c*　755*b*
・悪女〈あくじょ〉　11*b*　514*b*
「悪女と眼と壁」(田中澄江)　464*b*
芥川竜之介　110*b*　667*b*
・飽田女〈あくためのいらつめ〉　11*c*
アグネス゠チャン　268*c*
アグネス論争〈アグネスろんそう〉　⇒子連れ出勤論争(268*c*)
悪婆　11*c*
・胡坐〔胡座, 跌坐〕〈あぐら〉　11*c*　12*a*　463*c*
・揚代〈あげだい〉　12*c*　219*a*　587*b*　727*c*
明智光秀　667*c*
緋宮　260*c*
『曙』　12*b*
・あけぼの会〈あけぼのかい〉　12*b*
『あけぼの集』(香淳皇后)　244*a*
曙女史　198*c*　623*a*
・揚巻〔遊女〕〈あげまき〉　12*c*
揚げ巻〔髪型〕　439*b*
・揚屋〈あげや〉　12*c*　112*c*　139*c*　304*c*　575*c*　733*a*　783*c*
朱楽菅江　385*c*
『朱を奪ふもの』(円地文子)　94*c*
阿古　597*b*
赤穂義士　707*a*
祖　78*c*
衵姿　730*a*
・『あごら』〈あごら〉　12*c*
麻〈あさ〉　⇒苧績(98*c*)　140*c*
浅井和枝　597*c*
浅井佐一郎　13*a*
・浅井栲〈あさいたえ〉　13*a*　738*c*
浅井タケ〈あさいたけ〉　⇒樺太アイヌの女性(179*b*)　⇒藤山ハル(621*c*)
浅井忠　765*c*
浅井長政　96*b*　99*c*　110*c*　124*c*　432*c*　509*c*　769*b*
浅井久政　678*b*
浅井達子　99*c*
浅井了意　671*b*
朝尾直弘　701*a*
『浅香市集』　52*a*
安積親王　8*a*　59*b*　648*b*
・浅賀ふさ〈あさがふさ〉　13*b*
安座上あや　115*c*
浅香光代　132*b*
「安積山」　749*b*
安積遊歩　759*a*
朝餉間　447*a*
朝川善庵　95*c*　110*c*
「あさき夢みし」　522*b*
浅草庵守舎　587*b*
浅草紙　419*a*
朝倉重吉　453*c*
朝倉義景　263*b*
「嘲る」(平林たい子)　610*a*

浅茅生　385*c*
『あさつゆ』　191*a*
字名　724*a*
浅野栗〔阿久里〕　763*c*
浅野高尾　451*c*
浅野長勝　247*b*
浅野長照　764*a*
浅野長矩　763*c*
浅野長治　763*c*
浅野斉粛　126*c*
麻の葉模様　82*c*
浅宮　240*a*
麻機　42*a*
朝原内親王〈あさはらないしんのう〉　⇒酒人内親王(291*a*)　291*b*
朝日〔高台院母〕　247*b*
朝日カルチャーセンター　180*c*
『朝日ジャーナル』　339*a*
『朝日新聞』　700*a*
朝比奈泰能　332*a*
朝比奈義秀　518*c*
・旭姫〔旭, 朝日姫〕〈あさひひめ〉　13*b*　340*c*
浅間義隆　540*a*
『あざみ』　670*b*
あざみ社　670*b*
朝婿入り　296*c*
麻木綿稼　567*c*
朝山新一　410*c*
阿佐利義遠　592*a*
按司　126*c*　571*c*
・『アジアから来た花嫁―迎える側の論理―』(宿谷京子)〈アジアからきたはなよめ―むかえるがわのろんり―〉　13*b*
アジア観光における子ども買春根絶国際キャンペーン　318*c*
アジア女性基金〈アジアじょせいききん〉　⇒女性のためのアジア平和国民基金(380*c*)
アジア女性史国際シンポジウム〈アジアじょせいしこくさいシンポジウム〉　13*c*　435*c*
アジア太平洋戦争韓国人犠牲者補償請求事件　198*c*
アジア地域女性史　13*c*
アジアの女たちの会―アジア女性資料センター―　676*b*
・アジア婦人会議〈アジアふじんかいぎ〉　14*a*
アジール　487*a*　712*a*
・アシㇼレㇷ゚〈アシㇼレㇷ゚〉　14*a*　327*c*　496*c*
足尾鉱毒事件　130*c*　679*c*
足尾鉱毒事件と女性たち〈あしおこうどくじけんとじょせいたち〉　⇒女押し出し(130*c*)
足尾銅山　250*a*
足尾銅山鉱毒事件　353*c*
足利国朝　14*b*
足利家　599*b*　656*c*
足利貞氏　379*b*　712*b*
足利三代将軍梟首事件　677*a*
足利尊氏　633*a*
足利晴氏　657*c*
足利政知　605*a*

足利義昭　220a 507b
足利義詮　237b
足利義氏　343b 657c
• 足利義氏の娘《あしかがよしうじのむすめ》　**14b**
足利義量　605b
足利義勝　604b
足利義材　605a
足利義澄　605a
足利義稙　599c 605a
足利義嗣　605c
足利義輝　220a
足利義遐　605a
足利義教　134a 303b 604b 777c
足利義教の妻《あしかがよしのりのつま》　⇨三条尹子(**303b**)
足利義晴　220a 294a
足利義晴の妻《あしかがよしはるのつま》　⇨慶寿院(**220a**)
足利義尚　298a 604b
足利義政　62b 134a 219a 294a 599c 604b
足利義視　604b
足利義満　23c 221a 379b 403a 566b 599b 605b
足利義持　787a
足利頼氏　14b
葦垣宮　483a
『足掛四年』(二階堂トクヨ)　537c
足柄　15c 62c
「蘆刈」　749b
足軽　129b
絁　762b
葦田宿禰　34a
『明日の友』　639a
『朝のひかり』　512a
足半　437c
足投げ出し　12a
『芦の花』(秋元松代)　11b
味の素　68c
アシビ　731a
『葦笛のうた』　476a
足踏み洗い　431a
アジマーアシビ　731a
阿性房静俊　597b
飛鳥井　352a
飛鳥井雅道　44c
飛鳥井雅康　316a
• 『飛鳥川』《あすかがわ》　**14b**
『飛鳥浄御原令』　319c
飛鳥寺　23b 429c
• 預所・預所職《あずかりどころ・あずかりどころしき》　**14c**
預所職　14c 754a
預かり保育　764b
梓巫女《あずさみこ》　⇨巫女(**690c**)　691c
• 東歌《あずまうた》　**15b**
• 『吾妻鏡』《あずまかがみ》　**15b**
『東路の日記』(沓掛なか子)　212a
『東路日記』(小田宅子)　116c
吾妻徳穂　27b
安曇外命婦　43c
按察使典侍(官職)　104a
按察典侍(高倉天皇女房)　226a
• 按察使局(後西天皇女房)《あぜちのつぼね》　**15c**
麻生正蔵　641a
阿曾尼　88b
あそび　770a
遊び絵　73c
遊部　15c
• 遊女〔あそびめ, 遊行女婦〕《あそびめ》　**15c** 386a 756a
直　212b
「安宅家の人々」(吉屋信子)　768c
吾田子　126b
愛宕参り　793a
安達景盛　678b
安達謙蔵　709c
安達泰盛　23c 539b 678b 712b
安達義景　23c 599a
綽名　724a
• 吾田媛《あたひめ》　**16a**
アダムズ、ジェーン　348c 438a 593a
• 新しい女《あたらしいおんな》　**16a** 67b 340b 412c 561c 596a 609b 782c
『新しい家庭の創造』(田中寿美子)　464c
• 『新しい女性の創造』(フリーダン)《あたらしいじょせいのそうぞう》　**16c** 70c
『あたらしい太陽』(八島太郎)　739b
『新しい綴方教室』(国分一太郎)　409b
『新しき女の行く可き道』　538b
『新しき出発―わたしの戦後日記抄―』(大友よふ)　107a
新しき村　716b
アダルト映像送信サービス　414a
アダルトショップ　414a
アダルトビデオ通信販売　414a
阿知使主　91b
あちゃ(末臈)　680a
阿茶(御末)　80c
• 阿茶局(徳川家康側室)《あちゃのつぼね》　**17a** 509c
阿茶局(新上東門院)　393a
敦明親王　628c
厚岸婆《あっけしばば》　⇨オッケニ(**119a**)
敦貞親王　624b
敦実親王　624a
熱田神社　705b
• アットゥシ《アットゥシ》　**17a** 4b 730c
「アットホーム・ダッド」　336b
アッパッパ　764a
篤姫　502b
敦平親王　628c
敦文親王　627b
「アップルパイの午後」(尾崎翠)　115b
『アップルパイの午後―尾崎翠作品集―』　115b
敦昌親王　624b
敦道親王　45b 45c 629c 726b
厚見荘　291b
敦固親王　624a
襲女　727c
敦康親王　349a 630a
敦良親王　699b
敦儀親王　628c
敦慶親王　46b 529a 624a
阿弖河荘　15a 487a 754a 771a
阿弖河荘百姓申状　702a
「あどけない話」(高村光太郎)　477a
後産〔アトザン〕《あとざん》　⇨埋甕(**84b**)　⇨えな(**90c**)　91a 333c 335a　→のちざん
跡職継承　726b
• 跡式相続《あとしきそうぞく》　**17b**
阿都磨　223c
• 跡見花蹊〔瀧野〕《あとみかけい》　**17b** 353c 366a 703a
跡見女学校〔-学校〕　17b
跡見庄　106b
後山　133a
臘嘴鳥皇子　438b
アナーキズム　17c
アナキズム女性論　615b
• 穴穂部間人皇女《あなほべのはしひとのひめみこ》　**17c** 483a
穴穂部皇子　235c
• アナボル論争《アナボルろんそう》　**17c** 455c 615b 732a 738a
兄　18a
• 姉《あね》　**18a**
姉小路　352a
• 姉家督《あねかとく》　**18b** 286b 487b 701a 714b
姉子　481c
阿野公廉　18c
阿野全成　29a
阿野隆元　29a
阿野時元　29a
• 『あの人は帰ってこなかった』《あのひとはかえってこなかった》　**18c**
• 阿野廉子《あのれんし》　**18c** 29b 345b 551c
アビイワイ　586a
『非戦を生きる―高良とみ自伝―』　252a
アフ　697b
アファーマティブ＝アクション　504c
『阿仏仮名諷誦』　19c
• 阿仏尼《あぶつに》　**19a** 41c 78a 291c 357a 729c 774b
虻と手斧　82b
『アフリカ農場物語』(シュライナー)　340b
アブンマ　85b
• 安部磯雄《あべいそお》　**19c** 150a 166c 302a 395b 419c 485a 639a 738c 752a
阿部家　418c
阿部定　20a
• 阿部定事件《あべさだじけん》　**20a**
阿部静枝　714c
阿倍内親王〔安倍-〕《あべないしんのう》　⇨孝謙天皇(**240b**)　265c
阿倍朝臣石井　747a

あべのお

安倍大刀自　197c
阿閉臣事代　324a
• 阿倍古美奈〔あべの こみな〕　20b 624c
安倍貞任　627a
阿倍志斐連　307a
安部静子　578a
阿倍粳虫　20b
阿閇皇女〔阿陪-，-内親王〕　232a 242b
安倍正任　627a
安倍虫満　43c
安倍宗任　627a 632c
安倍行任　627a
安倍頼時〔頼義〕　627a
安部弘忠　671b
• アペフチカムイ〔アペフチ カムイ〕　20b
阿部正弘　128a
阿保親王　27c 57a
尼〔あま〕　20c 23a 34c 174a 436c 450b 598c
海女〔潜女，海人女子〕〔あま〕　21c 22a 309b
海人〔蜑，海子，蜑人〕　21c 22a 22b
海士〔蜑夫，白水郎〕　21c 22a 22b
「海女」（大田洋子）　105a
甘粕正彦　56b
『海女記』（瀬川清子）　420a
天城山心中　2c
天城詩社　591c
尼公　35a
尼講　559a
尼五山〔あま ござん〕　22c 21b 23c 218b
尼将軍　658b
尼削ぎ〔あま そぎ〕　23a 598c
天津麻羅　44a
天祖彦火瓊瓊杵尊　688a
尼寺〔あま でら〕　23a 21b 21c 22c 25a 598c
　599b 771b
天照大日孁尊　24b
• 天照大神〔アマテラス おおみかみ〕　24b 25b
　32b 41b 46c 197a 284a 298a 455a
　515c 519b 717c 725c 748c 784c
天照日女之命　24b
天照大神（天照皇太神宮教）　195b
海直延根　626a
海恵奴子　626a
天野景村　23c
『海人の刈藻』　104c
天の川　465a
• 天野藤男〔あまの ふじお〕　24c 366a
海部　21c
尼物語　120a
• 尼門跡〔あま もんぜき〕　25a 24a
編笠　520b
阿弥号　21a
阿弥陀浄土院　623b 668a 722a
『阿弥陀胸割』　263b
網野善彦　536c 712a
網漁　22b
天豊財重日足姫尊　239c
天石窟　25b

天岩戸隠れ　369b
• 天岩屋戸神話〔天岩戸-〕〔あめのいわ やどしんわ〕　25b 24c
　43c 489b
• 天鈿女命〔アメノウズメ，天宇受売命〕〔あめのうずめの みこと〕
　25b 299b 369b 489b
天目一箇神　44a
雨森儀右衛門　96a
雨宮製糸工女同盟罷業　304a
雨宮製糸場　367a
• 雨宮製糸女工争議〔あめみやせいしじょこうそうぎ〕　25c
• あめゆきさん〔あめゆきさん〕　26a 26a 325c
•『あめゆきさんの歌―山田わかの数奇なる生涯―』（山崎朋子）〔あめゆきさんのうた－やまだわかのすうきなるしょうがい〕
　26a
天万栲幡千幡ヒメ　467b
• アメラジアン〔アメラジアン〕　26a
アメラジアン・スクール・イン・オキナワ
　26b
『アメリカ研究とジェンダー』　793c
『米国の婦人』（田村直臣）　546b
綾　762a
• アヤツコ〔アヤツコ〕　26b
操浄瑠璃　351c
操人形劇　263b
『あやにしき』　586c
『文布』　761b
『綾の鼓』（有吉佐和子）　27b
漢奴加己利　462b
漢皇子　239c
漢織　91b
洗い晒し　532c
洗い張り　431b
新井光子　739b
新垣美登子　122a
荒木（大奥女中）　680a
鹿寸　11c
• 荒木郁〔郁子〕〔あらき いく〕　26c 412c
荒木茂　570b 706c
荒木田氏　46c 248c
荒木田武遠　26c
荒木田武遇　26c
荒木田久老　541c
• 荒木田麗〔麗女，隆〕〔あらき たけ〕　26c
糠君娘　156a
荒木村重　516a 680a
荒木村常　680a
荒事　171c
『嵐の中のささやき』（長谷川テル）　582c
嵐璃鶴　762a
荒代掻き　451b
不改常典　616a
改め女　65c 138a 603a
荒田目条里遺跡　296c
アラチチ　479c
荒畑寒村　187b
荒祭物忌　63a
アララギ会　493c
あらればしり　503b

『在明の月』　520c
アリアン＝セム＝ウラル式　396a
• 有井諸九〔なみ〕〔ありい しょきゅう〕　27a 9a
有井浮風　27a
「ありがとう」　660c
有島武郎　28b 186b 331a 583b 738c
　767c
有栖川院　570a
『有田川』（有吉佐和子）　27b
蟻の会　27a
蟻の街　27a
蟻の街のマリア〔ありのまちの マリア〕　27a
有馬新七　501c
有松絞　687a
有馬元家　62b
• 有吉佐和子〔ありよし さわこ〕　27b 242c 252b
『有吉佐和子』　27c
『有吉佐和子の中国レポート』　27c
• 在原業平〔ありわらの なりひら〕　27c 48a 57a 283c 629c
在原棟梁女　671a
在原行平　27c
ありんす言葉〔ありんす ことば〕　28a
『歩いてきた道』（山本安英）　752c
『或る女』（有島武郎）〔あるおんな〕　28b
『あるおんな共産主義者の回想』（渡辺多恵子）
　618c
『ある女の半生』（三瓶孝子）　306b
有賀喜左衛門　161a
歩き巫女〔-神子〕〔あるき みこ〕　⇒巫女（**690c**）
　213b 351b 369b 691b 691c
あるじ　332c
『ある戦後精神』（丸岡秀子）　683c
『ある日本軍「慰安婦」の回想』（マリア＝
　ロサ＝ルナ＝ヘンソン）　654c
アルバイト＝スチュワーデス　647b
『あるはなく』　738b
『ある遍歴の自叙伝』（帯刀貞代）　464b
アレヲトコ　40b 80c
アレヲトメ　40b 80a 281c
• 粟〔あわ〕　28b
淡島寒月　189a
合鏡　148a
アワセチカ　479c
粟田口隆光　44c
• 粟田諸姉〔あわたの もろね〕　28b
阿波采女　29a
• 粟凡若子〔あわの おおのわくご〕　28c
• 阿波局〔あわの つぼね〕　29a
• 阿波内侍〔あわの ないし〕　29b 650c
泡盛　293c
粟屋元子　393a
• 淡谷のり子〔あわや のりこ〕　29c
•『an・an』〔アンアン〕　30a
• 安嘉門院〔あんかもんいん〕　30b 19a 30c 30c 31b
　225a 585a
• 安嘉門院左衛門督局〔あんかもんいんの さえもんのかみのつぼね〕　30c
安嘉門院四条　78a →阿仏尼
• 安嘉門院宣旨局〔あんかもんいんの せんじのつぼね〕　30c

• 安嘉門院内侍局《あんかもんいんのないしのつぼね》　31a
安嘉門院領　30c 550a
安閑天皇　156a
• 安喜門院《あんきもんいん》　31a
安産　270a 315a 559a
• 安産祈願《あんざんきがん》　31a 187c 335a 566a
安産祈禱　164c
安産講　559a 566a
『安産と育児のしをり』(柘植アイ)　491c
安産の神　192c 532c
案主　157c
• 安寿と厨子王《あんじゅとずしおう》　31b
『安女戦話』　95c
• 安祥院《あんしょういん》　31c
『安政五年七月十一日』(かつおきんや)　552b
安政の大獄　181a
安禅寺　32a 526b 599b
• 安禅寺宮芳苑恵春《あんぜんじのみやほうえんえしゅん》　32a →芳苑恵春
安藤画一　410b
安藤幸　248c
安藤昌益　32a 69b 83c 622a
• 安藤昌益の女性観《あんどうしょうえきのじょせいかん》　32a
• 安藤照《あんどうてる》　32b
安徳天皇　69a 232b 448a
行燈袴　141b
アンネ　419a
アンネナプキン《アンネナプキン》　⇨生理用品(419a)
アンノン族《アンノンぞく》　⇨『an・an』(30a)
アン＝ペイドワーク　154b
安保闘争　253a 367b 640a
アンマー　408b
安養尼《あんように》　⇨願証尼(185a)
安養尼公　185a
安楽寿院領　585a

い

イアン、ジャニス　192c
慰安所　755c
「慰安所」制度　413b
慰安婦《いあんふ》　⇨日本軍「慰安婦」(542b)　198b 281a 394c 654c
「慰安婦」問題　505a 676c
慰安旅行　183c
イイ　754c
言入　754c
井伊家　418c
飯島敏宏　206a
• 井伊次郎法師直虎《いいじろうほうしなおとら》　33a
『言いたいことがありすぎて』(丸木俊)　684b
飯高内親王　230b
飯高君笠目　33b
• 飯高宿禰諸高《いいたかのすくねもろたか》　33b 80b
飯高内侍　33c
飯高命婦　33c
飯田直政　17a
飯豊王　33c
飯豊天皇　34a
• 飯豊青〔-尊〕《いいとよのあお》　33c 383c
飯豊皇女　443c
井伊直弼　526c 721c
井伊直親　33a
井伊直中　526c
井伊直平　33a
井伊直政　33b
井伊直満　33a
井伊直盛　33a
許婚　278b
飯沼賢司　172c
飯盛大刀自　516a
イーヤー　335b
李垠　60c 526c
• 家〔イエ〕《いえ》　34a 11b 13c 35b 36a 54b 64b 74c 153b 153c 154a 159a 159b 160c 163a 168c 172a 172c 176b 234a 257c 276c 285c 286b 296a 297b 299a 313b 336b 336c 337a 350a 351a 360a 361b 390b 392b 414c 416a 418a 418b 438c 446b 474c 480c 498c 508a 511b 530b 548b 614b 619b 701a 707b 710a 711c 724c 726a 772c 773b 774a 779a 779b
「家」(田中澄江)　464c
• 家尼《いえあま》　34c 20c
家意識　176b
• 家長《いえぎみ》　35a 465a
家共同体　153c 381b
家経営者　259a
家継承　258a
家継承者　168c
家継続　258c
イエ支配論　160c
家筋　286b
イエズス会　648b
• イエスの方舟《イエスのはこぶね》　35b
• 家制度《いえせいど》　35b 36a 136c 140a 161b 173b 246c 279a 302a 303a 330c 331a 390c 421b 472c 499b 578a 615a 640b 700a 710a 711a 711b 723c 782b 785c 786a
家制度廃止　166a
家成立史　160c
家相続　168c
家付き女性　286b
家妻《いえつま》　⇨主婦・主婦権(336b)　297b 303c 336c 540b 597a 697c
• 家出《いえで》　36a
家刀自《いえとじ》　⇨刀自(515a)　106b 169b 296c
家永三郎　161a
家室　35b 109b 296c 336b 465a 515b
「いへのとも」欄　699c
家女房《いえのにょうぼう》　⇨召人(726b)　392b
• 『家の光』《いえのひかり》　36b
家の光協会　36b 537c
家夫人　698a
家墓　578a
家普請　754c
家持　486a
家屋敷　154a
閻錫山　660b
• 五百井女王《いおいのじょおう》　36c
• 五百重娘《いおえのいらつめ》　37a 646c
五百枝王　36c
伊福部臣氏　37b
• 伊福吉部徳足比売《いおきべのとこたりひめ》　37a
位階　135b
• 猪飼華子《いかいはなこ》　37b
伊可古夜日売　467b
• 伊賀氏《いがし》　37b 658c
座摩の御巫　689a
伊賀朝光　37b
五十日儀　261a
伊賀局　176c 387a
『伊香保の道ゆきぶり』　761b
伊賀光季　37b
伊賀光宗　37b
五十嵐梅夫〔伝兵衛〕　37c
• 五十嵐波間藻〔浜藻，もよ〕《いがらしはまも》　37c
『怒りの席田—板付飛行場物語—』(西村桜東洋)　539c
斑鳩寺　23b
鵤尼寺　483a
斑鳩宮　483a
威儀行列　714a
「生血」(田村俊子)　468b
「生きているユーカラ展」　404c
『生きて行く私』(宇野千代)　81a
威儀命婦《いぎのみょうぶ》　⇨御前命婦・威儀命婦・褰帳命婦(266b)　708c
異形　702b
英吉利結び　439b
李玖　60c
• 生江家道女《いくえのいえみちめ》　37c 81a
生江大田女　37c
井草とり　76c
井草よし　76b
育児　38b 38c 154b 167c 315a 336b 337b 414b 415b 416b 543c 663a 666b
• 育児・介護休業法《いくじ・かいごきゅうぎょうほう》　38a
育児期間　565b
育児休暇　642c
• 育児休業《いくじきゅうぎょう》　38b 206b
育児休業制度　452c
育児休業法　38a 38c
育児休職　38b
育児書　39a
育児担当者　665b
• 育児日記《いくじにっき》　38c

生島新五郎　89c 695c
幾嶋丹後守　757b
生島神　740b
生島の御巫　689a
育児問答　87c
育児用品　167c
「生田川」　749b
生田庄之介　737c
• 生田長江《いくたちょうこう》　**39a** 412b 609b
• 生田花世《いくたはなよ》　**39a** 365a 499a 558c 789a
活玉依ヒメ　391b 467b
生野ふみ子　323a
的臣吉野　527c
• 郁芳門院《いくほうもんいん》　**39b** 403c 548c 627b
幾松　197a 386a
池子の森米軍住宅建設反対運動　196b
池後寺　23b
池田宿　761b
池田善次郎　137a
池田騒動　96a
池田太宰　386a
池田輝政　87b
池田湯谷　671b
池田政明　113b
池田光政　432b
池田義信　216a
井ヶ田良治　161a
池田理代子　456c 653c
• 池津媛《いけつひめ》　**39c**
• 池玉瀾〔町，遊可〕《いけのぎょくらん》　**39c**
• 池禅尼《いけのぜんに》　**40a**
池大雅　39c
池大納言家領　30c
池の茶屋　498a
『池の藻屑』　26c
• 池袋買春男性死亡事件《いけぶくろかいしゅんだんせいしぼうじけん》　**40a**
池袋買春男性死亡事件を考える会　40a
池袋事件　40a
池宮正治　126c
• 忌子《いこ》　**40b** 281c 691a 733b
イコインカラ　520a 644c
イコトイ　119a
生駒家宗　514b
生駒騒動　96a
遺財処分　699a
• イザイホー《イザイホー》　**40b**
居酒屋　567c
伊佐千尋　739b
イザナギ　24c 312c 686b 697b
• 伊佐奈伎命・伊佐奈美命《いざなぎのみこと・いざなみのみこと》　**41b**
イザナミ　24c 312c 669a 686b 697b
以茶宮　260c
諫早博　539c
イサム＝ノグチ　43a
• 『十六夜日記』《いざよいにっき》　**41c** 19b 484b 774b
• 居座機〔いざり-，居坐り-〕《いざりばた》　**41c** 216b 582c
伊沢修二　465b
井沢柏軒　180b
井沢蘭軒　180b
遺産　206a 258a 275a
遺産相続　171b 286c 287a 711a 711b
遺産分配　481b
石（舞女）　387a
医師　341a 355a 414a
• 闈司《いし》　**42b** 238b 459b 554a 555b
石井雨考　52a
石井十次　406b 407c
石井柏亭　648c 766b
• 石井花子《いしいはなこ》　**42c**
石井ひで　683b
石井雪枝　745a
石井良助　758a
• 石垣綾子《いしがきあやこ》　**42c** 167b 323a 339a
石垣栄太郎　43a
石川謙　501a
石川皐月　721b
石川三四郎　166c 419c 617c 732a
• 石川たき《いしかわたき》　**43a**
• 石川武美《いしかわたけよし》　**43b** 36a 338a
『石川武美全集』　43b
石川朝臣　43c
石川朝臣色子　523c
• 石川郎女《いしかわのいらつめ》　**43b** 43c 106b
• 石川邑婆《いしかわのおおば》　**43c** 43c
石川楯　39c
石川内命婦　43c
石川命婦　106b 777c
石川夫人　197c
石河政朝　210a
石川道彦　75b
石川ミユキ　269c
石川屋六兵衛　45a
違式詿違条例　475b
石釧　63c
石黒忠悳　112a
石蹴り　158c
石居信章　117b
• 石凝姥〔-戸辺，伊斯許理度売〕《いしこりどめ》　**43c** 25b 373c
石阪登志子　595b
石阪昌孝　44a
• 石阪美那子〔美那〕《いしざかみなこ》　**44a** 595b →北村美那
石坂洋次郎　5a
• 石崎ナカ《いしざきナカ》　**44b**
いしだあゆみ　206a
石田吉蔵　20a
石田梅岩　309c 331b 388b 500b
石田瑞穂　299a
石田三成　96a 667b
石束毎好　100a
石作庄　30c
石積墓　578b
為子内親王　433c 592b
惟子内親王　18c 345b
『石なとり』　233c
石野径一郎　607a
闈司奏《いしのそう》　⇨闈司（**42b**）　216b
「石の庭」（有吉佐和子）　27b
石橋忍月　353a
石原修《いしはらおさむ》　⇨『女工と結核』（**359b**） 358c
石原完爾　685a
• 『石原記』《いしはらき》　**44b** 217a
石原清子　538b
石原純　331a 591b
• 石姫皇女〔石比売命，伊斯比女命〕《いしひめのひめみこ》　**44b** 44c
石丸うめ　243a
石牟礼道子　207c
石女　429c
石母田正　172b 420a 695c
石本恵吉　20a 168a
石本静枝　643c →加藤シヅエ
石山寺　44c
• 『石山寺縁起絵巻』《いしやまでらえんぎえまき》　**44c**
石山寺詣で　585c
「夷酋列像」　119a
医術開業試験　341b
衣裳競べ　45a
衣装研究所　215a
• 石六の妻《いしろくのつま》　**45a**
「いじわるばあさん」（長谷川町子）　582b
『遺穂集』　190c
• 和泉式部《いずみしきぶ》　**45a** 7a 45c 261c 349a 698b 720a 726b 790c
『和泉式部集』　45b
• 『和泉式部日記』《いずみしきぶにっき》　**45c** 45b 98a
『和泉式部物語』　45c
『和泉日記』　494b
出雲路道祖神社　508c
出雲大社　389c
• 出雲阿国《いずものおくに》　**45c** 131a 132b 171c 370a 385a 757b 784c
「出雲国風土記」　646b
• 伊勢《いせ》　**46b** 529a 790c
医制　305c 306a
異性愛　535c
• 井関隆子《いせきたかこ》　**46c**
『井関隆子日記』　46c
井関親興　46c
井関親経　46c
伊勢講　47b
伊勢斎王　283b
伊勢斎宮《いせさいぐう》　⇨斎宮（**283a**）　103a 345b 352b 379c
伊勢貞丈　498b 754c
伊勢貞親　48c 604c
伊勢貞衡　48c
伊勢貞陸　772a
伊勢貞宗　48c
伊勢参宮　47b
『伊勢参宮細見大全』　47c

伊勢氏　772a
『伊勢集』《いせしゅう》　⇨伊勢(**46b**)
• 伊勢神宮《いせじんぐう》　**46c** 24b 40b 47b 88b 103a 176a 185b 218c 248b 283a 284c 379c 403c 689a 690c 691b 733a 748c
伊勢神宮祭神　725c
伊勢信仰　47b
『伊勢日記』　46b
伊勢大神　66a
• 伊勢大輔《いせのおおすけ》　**47b** 349a
『伊勢大輔集』　47b
伊勢御　28a
伊勢ばば　520a
伊勢比丘尼　185b
• 伊勢参り《いせまいり》　**47b** 759b
伊勢詣　47b
『伊勢詣の日記』　47c 531b
• 『伊勢物語』《いせものがたり》　**47c** 27c 48b 529c
• 『伊勢物語絵巻』《いせものがたりえまき》　**48b**
伊勢盛定　194b
伊勢屋平右衛門　761b
• 伊勢流《いせりゅう》　**48c**
磯遊び　603c
遺族年金制度　565b
『磯崎』〔いそざき〕《いそざき》　⇨御伽草子(**119c**) 120a 282c
• 石上露子《いそのかみつゆこ》　**48c**
石上朝臣乙麻呂　215a
石上朝臣麻呂　215a
『石上私淑言』　734a
『石上露子集』　49a
石上部皇子　438b
• 磯禅師《いそのぜんじ》　**49a** 314c 386c
磯野富士子　166b 339b
• 磯村春子《いそむらはるこ》　**49a**
• 居初津奈《いそめつな》　**49b** 131c 135b 560c
板扇　97c
いたか　355c
板垣退助　71a
イタコ　691c
• イタコ・口寄せ《イタコ・くちよせ》　**49b**
イタコマチ　49c
板坂釣閑　49c
板坂氏　49c
板坂大膳助　49c
• 板坂流〔板阪流〕《いたさかりゅう》　**49c**
『板坂流産前後秘伝集』　49c
『キタ・セクスアリス』(森鷗外)　535c
イタダキ　600c
板野采女国造粟直若子　28c
板野命婦　28c
• 板碑と女性《いたびとじょせい》　**50a**
伊丹屋太郎右衛門　137a
板本洋子　587c
市　415a 700b
市(美保神社巫女)　691b
市神　52a 717c
市川久女八　385a
• 市川源三《いちかわげんぞう》　**50b** 410a
市川権十郎　762a
市川左団次　752b
市河重房　531a
• 市川房枝《いちかわふさえ》　**50c** 1c 51b 70a 113c 165c 189c 213a 217c 249b 285b 292b 376b 398b 427b 455c 457c 460a 513b 538b 538b 547b 593a 609c 621a 637a 642c 643a 746b 747a 750c 766b 784c
• 市川房枝基金《いちかわふさえききん》　**51b**
市川房枝記念会　51b 642c
『市川房枝自伝戦前編』　51b
『市川房枝集』　51b
市河盛房　531a
市杵島姫〔イチキシマヒメ，-命〕　52a 717c 725c
『一隅より』(与謝野晶子)　766b
いちこ　691b
一后一職司制　248a
• 一期相続《いちごそうぞく》　**51b** 286a 318a
市古貞次　10c 120a
一期分　224c 259a 286b 363c 381b 390b 421a
『無花果』(若山喜志子)　792b
一時的妻訪婚　496c
一時的訪婚　611a 657b 755a
一汁一菜　328b
一条院(里内裏)　296c
一条兼良　298a 357a 444a 540b 596c 697c 700a
一条兼良の妻《いちじょうかねよしのつま》　⇨東御方(**596c**) ⇨南御方(**697c**)
一条家　444a
一条実雅　37b
一条高能　108a
一条忠香　343a
一条天皇　349a 596a 626a 627b 629c 699b
一条教房　596c 697c
一条美子〔勝子〕　241b 343a →昭憲皇太后 →美子皇后
一条冬忠　522b
一条冬良　444a 540b 597a 697c
一条冬良の妻《いちじょうふゆよしのつま》　⇨二条姫君(**540b**)
一条政房　597a 697c
一族　53a 68c 168c 390b 713a
「一太郎やあい」　218a
一・五七ショック　38c
一井伊忠　51c
• 一井倭文子《いちのいしずこ》　**51c**
一対局　294a
一の谷中世墳墓群遺跡　577c
一宮鈴太郎　183a
市原王　36c
• 市原多代〔晴霞庵〕《いちはらたよ》　**52a**
• 市姫(女神)《いちひめ》　**52a**
市姫(徳川家康娘)　87b
市比売神社　52a
市兵衛　532b
市辺押磐皇子　34a
一幡　658c 791b
市村羽左衛門　32b
• 市女《いちめ》　**52b** 9c
• 市女笠《いちめがさ》　**52c** 495b 715a
一門　34b 53a 168c
一領具足　418c
• 一家《いっか》　**52c** 159b
五日帰　277a
一家団欒　167c 446c 482b
一家複数寺的寺檀関係　618a
斎内親王　283a
厳島神社〔-社〕　53a 691b 737b
• 厳島内侍《いつくしまのないし》　**53a**
一向一揆　231b
一妻多妾　54a
一妻多夫婚　54b
一色範氏　633a
一糸文守　94a
『一週一信』(広岡浅子)　611b
イッショウノミ　755a
『一寸法師』　120a
一尊　561a
一中節　351c
『井筒』　566b
五衣　79a 329c 552c
五辻忠継　463b
五辻斎院　346a
一帝二后　630a
一刀流　268a
一般事務　414a 579b
一般職　100c 369a 435b 471b
乙未の変　709c
• 厳媛《いつひめ》　**53b**
一夫一妻制　470a
一夫一妻多妾制　54b 194c
一夫一婦　140b 241c 278b 617a 679a 696a 725a
一夫一婦婚　441b 470a
• 一夫一婦制《いっぷいっぷせい》　**53b** 54b 55a 55a 278a 472c 640a 779a
一夫一婦制建白運動　738c
一夫一婦制の確立　542b
一夫一婦多妾制　54c 241c
一夫一婦の建白《いっぷいっぷのけんぱく》　⇨日本基督教婦人矯風会(**542a**)　754b
• 一夫多妻《いっぷたさい》　**54b** 278b 671c
一夫多妻婚　172a 657b
• 一夫多妻妾《いっぷたさいしょう》　**55a**
一夫多妻制　86a 194c 277b 724c
一夫多妻制家族　470a
一遍　21b 55b 121b 174a
『一遍上人絵伝』　55b 77b 121c
• 『一遍聖絵』《いっぺんひじりえ》　**55b**
『一本刀土俵入』　601a
「一本の鉛筆」　694b
井出医院　457c

井出一太郎　683b
『夷狄』　464b
井出菊江　593a
井出たま　679c
• 井手文子《いでふみこ》　**55c**
井出孫六　683b
出谷高尾　451c
遺伝性疾患　342a
遺伝的資質　758c
遺伝病児予防法　256c
• 伊藤朝子〔あさ〕《いとうあさこ》　**55c** 395b
伊藤伊兵衛　309c
伊藤証信　55c
伊東祐命　703a
伊藤常足　116c
伊藤伝右衛門　742a
伊藤東涯　146a
伊東友賢　294c
伊藤智二郎　350b
• 伊藤野枝〔ノヱ〕《いとうのえ》　**56a** 36a 56b 174c 280c 330c 412c 421a 461b 485a 499b 574c 595c 670c 744b 746b 785a
『伊藤野枝全集』　55c
伊藤秀吉　546b
伊藤博文　109a 162a 181c 243b 493a
伊藤雅子　270c 340a
伊藤幹治　122b
伊藤康子　374a
• 伊藤ルイ〔ルイズ〕《いとうルイ》　**56b**
伊藤六郎兵衛　684b
• 糸稼《いとかせぎ》　**56c**
威徳寺　189c
イトゥパ　222b 644c
李徳恵　60c 526c
イトコ婚　205a
イトコ名称　396b
糸所女官　554a
糸所女孺　554a
糸取り　567c 763b
• 伊都内親王〔伊豆-，伊登-〕《いとないしんのう》　**57a** 27c
「伊都内親王願文」　57a
ゐとの〔井殿，井戸殿〕　529b
井殿盲目　627a
糸ひき唄　358c
• 糸ひき女《いとひきおんな》　**57b**
暇状　690b
イトヤド　717a
糸若柳子　638a
稲植え　451a
イナウル　4b
• 稲垣つる女〔千齢〕《いながきつるじょ》　**57c**
田舎の嫁入　793a
• 稲置丁女《いなきをみな》　**57c**
• いなぐやななばち《いなぐやななばち》　**57c**
『イナグヤナナバチ—沖縄女性史を探る—』（堀場清子）　58a
『いなご草』　441b
稲作　290b
稲春女丁　58b
• 稲春女《いなつきめ》　**58a**
稲積み　386b
稲取婦人学級　634c
稲実公　290c
因幡岡田氏姉妹　671b
因八麻命婦　153a
『因幡国伊福部臣古志』　37b
稲葉国造気豆之女　58c
• 因幡国造浄成女《いなばのくにのみやつこきよなりめ》　**58b**
• 因幡八上采女《いなばのやがみのうねめ》　**58b**
稲葉正勝　155c
稲葉正定　155c
稲葉正利　155c
稲葉正成　155c
稲葉正通　179b 534b
稲葉通明　155c
伊奈部橘王　462b
稲村隆一　260b
犬養智子　217c
犬養夫人　8b
犬甘命婦　8b
犬甘八重　8b
• 犬頭糸《いぬがしらのいと》　**58c**
犬上三田耜　402b
犬頭明神　58c
「犬小屋」（向田邦子）　713c
犬田卯　407b
戌姫　99b
犬部姉女　7b
犬丸義一　374a
• 犬女《いぬめ》　**58c**
稲　209c
稲刈り《いねかり》　⇨落穂拾い　754c
井上清《いのうえきよし》　⇨『日本女性史』（**545a**） 161b 374a 718c
井上敬助　59c
井上毅　243b 384c 782b
井上清一　58c
• 井上中尉夫人自刃事件《いのうえちゅういふじんじじんじけん》　**58c**
井上千代子　58c
• 井上通女《いのうえつうじょ》　**59a**
井上哲次郎　160a
井上輝子　374a
• 井上伝《いのうえでん》　**59a** 157b 216b
• 井上内親王《いのうえないしんのう》　**59b** 8a 291a 648b
井上播磨掾　263c
• 井上秀〔秀子〕《いのうえひで》　**59c** 593a 637b 638c
井上文雄　678b
井上光貞　606c 733c
井上本固　59a
• 井上八千代〔サト〕《いのうえやちよ》　**59c**
井上流　59c
稲生恒軒　300c
飯岡義斎　775a
猪熊事件　393a
『いのち、韻あり』（丸岡秀子）　684a
• 『いのちの女たちへ—とり乱しウーマン・リブ論—』（田中美津）《いのちのおんなたちへーとりみだしウーマン・リブろんー》　**60a**
位牌　60a 287b 511a
位牌祭祀　760a
位牌相続　511b
• 位牌分け《いはいわけ》　**60a**
イハナガヒメ　271b
• 伊波普猷《いはふゆう》　**60b** 64c 110c 121c 122b 466c
井原西鶴　151b 169b 245c 246a 246b 344c 535b 703c 737c 767c
『荆棘の実』（柳原白蓮）　742b
• 李方子《イパンジャ》　**60c**
イビ　77a
医婦　305b 520a
イブ　204a
井深花子　790b
• 井深八重《いぶかやえ》　**61a**
衣服　289a 377a 430c
伊福部敬子　638b
イプセン、ヘンリック　16b 561b
飯振伊蔵　532c
『異邦人』　164b
異母兄妹婚　205a
廬　61b
• 廬守《いほりもり》　**61b**
• 今井歌子《いまいうたこ》　**61b** 637a 652a
今井邦子　36a 365a 558c
今井堯　606c
今井正　5a 579c 607a
今市加賀の娘　771b
• 『今鏡』《いまかがみ》　**61b**
今川氏真　33a
今川氏親　61c 194b 331c 343b
今川氏親の妻《いまがわうじちかのつま》　⇨寿桂尼（**331b**）
今川氏輝　331c
• 『今川大双紙』《いまがわおおぞうし》　**61c**
今川学園　689c
• 『今川仮名目録』《いまがわかなもくろく》　**61c** 331c 649b
今川氏　61c
今川仲秋　357c
今川義忠　194b
今川義元　61c 331c 491b
今川了俊〔貞世〕　61c 357c
今木　320c 672c
今来漢人　39c
• 今出絣《いまでがすり》　**62a** 149a
今出川院　62a
• 今出川院近衛《いまでがわいんのこのえ》　**62a**
『今とりかへばや』　734a
「今の女」（磯村春子）　49b
今林准后　108b
今林准后御領　108c
今林殿　599b
新肥前　442b
今参（官職）　104a
• 今参局《いままいりのつぼね》　**62b** 604b

• 今様《いまよう》　62c 16a 121b 208b 221a 387a 702c 756b 783a
今様歌　62c
『今様相承系図』　702c
忌み　222c
斎子　40b
忌籠もり　139a
• 斎館《いみだち》　62c
斎祝子《いみはふりこ》　⇨忌子(40b)　379c 733a
忌火《いみび》　⇨斎館(62c)
忌屋　653b
「移民学園」(清水豊子)　323b
移民社会　26a
• 移民女性《いみんじょせい》　63a
• イム《イム》　63c
イメージ&ジェンダー研究会　480a
イメカヌ　186c
夢皇女　66a
イモ〔妹〕　64a
いもうと　18a
• イモガイ《イモガイ》　63c
• イモ・セ《イモセ》　63c
• 妹の力《いものちから》　64b
『妹の力』(柳田国男)　64b 122b 467c
• 慰問袋《いもんぶくろ》　65a 328b
伊予(官職)　238b
壱与　580a 606b
伊予織物改良組合　149a
伊予絣《いよがすり》　⇨今出絣(62a)　149a 157b 279b
伊予縞　62a 149a
伊予親王　103c 626b
伊与局(嘉楽門院)　32a
貸稲　401c
入江殿　599b 777c
入澤達吉　12a
• 入鉄砲出女《いりでっぽうでおんな》　65b 137c
医療扶助　409c
医療保険　617a
衣類　289a
異類婚　391c
異類婚姻譚　497b
衣類製作　414b
いれがみ　177c
イレスフチ　20c
• 入れ墨《いれずみ》　65c
入墨(刑罰)　139b
イロクォイ型　396b
『イロクォイ族の出自の諸基準』(モルガン)　736b
色恋　785c
いろさと　755b
『色ざんげ』(宇野千代)　81a
色直(出産儀礼)　335a
色直し(婚姻儀礼)　90c 276c
五郎八姫　726b
色街〔いろまち〕　742a 755b
囲炉裏　147a
• 祝緒《いわいお》　66a
斎主　53b
岩内善作　679b
岩内とみゑ　302a 679b 714c
石国庄　88a
• 磐隈皇女《いわくまのひめみこ》　66a 438b
岩倉使節団　108c 366a 492c
岩倉具定　66b
岩倉具視　66b 157a 366a 670a 677a 709a 735b
• 岩倉久子《いわくらひさこ》　66b 1c
• 岩崎盈子《いわさきえいこ》　66b 679c
• いわさきちひろ《いわさきちひろ》　66c 543c
いわさきちひろ美術館　66c
岩崎直子　491c
岩崎弥太郎　299c
• 岩佐由子〔久，由衛〕《いわさよしこ》　67a
岩瀬よね　217b
イワタオビ　591b
石田女王　7b
石竜比古命　67a
• 石竜比売命《いわたつひめのみこと》　67a
磐梨別公　792c
• 岩野清子《いわのきよこ》　67b 746b
• 磐之媛〔磐姫，石之日売〕《いわのひめ》　67b 208a 685c
岩野泡鳴　67b 365b
岩松氏　50b
岩松淳　739b
岩松智江　739b
岩松信　739b
石見才女　671b
厳本嘉志　75a　→若松賤子
• 巌本善治《いわもとぜんじ》　67c 68a 192b 198c 199a 352c 379a 588b 723a 786a 791c
• 巌本真理〔メリーエステル〕《いわもとまり》　68a
岩本光　601a
巌谷小波　365a
院　14c 257b
因果応報譚　548a
忌寸果安妻　671b
隠居　81b 81c 337b
• 隠居・隠居分《いんきょ・いんきょぶん》　68a
允恭天皇　115c 439b
隠居慣行　68b 773c
隠居制　172c 390b
隠居分　378a
隠居分家　68b
隠居屋　68b 159a
隠居料　68b
『隠居論』(穂積陳重)　668b
院号宣下　548c
印西　514c
院司　548b
因習結婚　521a 758c
• インスタント食品《インスタントしょくひん》　68b
院政　257b
姻戚関係　755a
インセストタブー《インセストタブー》　⇨近親婚(205a)　144c 205b 508a
• 姻族《いんぞく》　68c 34b 52c 395c 713a
姻族関係　313c
International Federation for Reseach in Women's History　372a
インタビュー　190a
陰徳講　6c
院の宣旨　428a
院庁下文　549c
印判　379b
• 殷富門院《いんぷもんいん》　69a　→亮子内親王
• 殷富門院大輔《いんぷもんいんのおおすけ》　69a
『殷富門院大輔集』　69b
院分受領　548b
• 陰陽和合《いんようわごう》　69b 684b

う

『ヴァシリーサ＝マルイギナ』(コロンタイ)　6a
ウィークエンド　785a
• ウィード、エセル＝ビー　Ethel B. Weed　70a 639c
初出〔ウイデ〕　585c
women's studies　368b
ウイメンズ＝ビューロー　788c
『ウィメンズブックス』　70b
• ウィメンズブックストア松香堂《ウィメンズブックストアしょうかどう》　70a
ウィメンズブックストア友の会　70b
ウィメンズブックストアゆう　70b
ウイメンズプラザ　505a
「ウィル＝ユー＝ダンス」　192c
呉芝瑛　476c
巫婆　760a
• ウーマン＝リブ《ウーマンリブ》　70b 16c 216b 294b 328a 485b 640c
ウーマン＝リブ運動　445b 615c 785a
ウェーバー、マックス　153b 172b
上河淇水　388b
• 植木枝盛《うえきえもり》　71a 323b 327a 379a 510b 640a
『植木枝盛集』　71b
上杉清子　379b
上杉謙信　520a　→長尾景虎
上杉謙信の母《うえすぎけんしんのはは》　⇨虎御前(520a)
上杉慎吉　640b 641a
上雑仕　554a
上田秋成　71b 682a
• 上田甲斐子《うえだかいこ》　71b
上田万年　94c
上田喜三郎　500a
• 上田琴風〔菊子，瓊芝〕《うえだきんぷう》　71b
• 上田瑚璉〔たま〕《うえだこれん》　71b
植田タマヨ　702c

上田貞子《うえだていこ》　⇨女子留学生(**366a**)
上田堂山〔光陳〕　71b
上田文子　559a　→円地文子
• 上野高等女学校ストライキ《うえのこうとうじょがっこうストライキ》　**71c**
上野千鶴子　268c 374a 615c 782c
表袴　579a
上野英信　677c
植原久和代　558c
上原謙　2c
植松明石　122b
• 上村松園〔津禰〕《うえむらしょうえん》　**71c**
• 植村季野〔秋華〕《うえむらすえの》　**72a**
• 植村環《うえむらたまき》　**72a** 285b 606a
『植村環著作集』　72c
植村正久　72a 104b 198c 588b 723a 751b
殖女《うえめ》　⇨早乙女(**289b**)　290a
上童　478b
ウォード、レスター　746b
• 鵜飼《うかい》　**72c**
ウカマ　603c
鸕鷀草葺不合尊〔ウガヤフキアエズ〕　519c 599c
遊行女婦〔うかれめ，遊女〕《うかれめ》　⇨遊女(**15c**)　177b 297c 386a 387c 467b 491b 595c
ウガン　77a
『浮雲』(林芙美子)　591a
• 浮舟《うきふね》　**72c** 229a 298b
盞結〔ウキユヒ〕　276b
• 右京大夫《うきょうのだいぶ》　**73a**
• 浮世絵《うきよえ》　**73b** 22a 130b
浮世草子　11b 169b 221b 245c 246a 246b
『浮世床』　74b
• 『浮世の有様』《うきよのありさま》　**74a**
• 『浮世風呂』《うきよぶろ》　**74a**
誓約神話　24c
請状　758a
『雨月物語』　682a
うけひ　717c
保食神　28b
右近　429a
鬱金染　82c
「うさぎ」(豊田正子)　494c
宇佐八幡宮　102a 380a 467b
• 氏《うじ》　**74b** 34b 75c 76a 176b 265b 279a 614b 614c 707b
氏院　74c
• 潮田千勢子《うしおだちせこ》　**75a** 250a 307c
牛飼童　270a
宇治加賀掾　263b
『牛方山姥』　743c
氏神　74c
牛窪宗吉　75b
• 牛窪ふみ子《うしくぼふみこ》　**75b**
氏社　74c
• 『宇治拾遺物語』《うじしゅういものがたり》　**75b** 310a
宇治十帖　72c 229a
氏寺　74c
• 氏名《うじな》　**75c** 76a 614b 707b
氏長　75c
菟道貝鮹皇女　402a
• 氏上《うじのかみ》　**75c** 7c
宇治宿禰大国　633b
氏長者　76a
• 氏女《うじのにょ》　**76a**
氏人　614b
氏姫　343b　→古河氏姫
• 氏女《うじめ》　**76a** 7c 556a
ウシンチー　782a
うずくまり　12a
薄雲　228b 386b 468c
うそつきカンヅメ追放運動　350b
歌合　355c 448c
『歌う自画像』(笠置シヅ子)　153a
歌占　691b
• 歌垣〔嬥歌会〕《うたがき》　**76b** 80a 437b 575b 646b 770a
歌川国貞　540c
歌川国周　745c
歌川国直　341a 587b
歌川国芳　76b 76c
宇田川潤四郎　166a
歌川豊国　22a
宇田川文海　187a
• 歌川芳女〔一勇斎，朝桜楼〕《うたがわよしじょ》　**76b**
• 歌川芳玉〔一耀斎〕《うたがわよしたま》　**76c**
• 歌川芳鳥〔一燕斎〕《うたがわよしとり》　**76c**
• 御嶽《うたき》　**76c**
• 宴《うたげ》　**77b** 15c
• うたごえ運動《うたごえうんどう》　**77c**
• 「歌声よ、おこれ」(宮本百合子)《うたごえよおこれ》　**78a** 706b
歌大工　451b
• 『うたたね』《うたたね》　**78a** 19a
卯辰山騒動　552b
宇多天皇　46b 592b 624a 625a 704c
歌司　429a
• 歌比丘尼《うたびくに》　**78a** 21b
歌膝　463c
ウタフの妻　119a
• 歌女《うため》　**78b** 489c
唄物　129a
歌詠み婆さん　677a
うち　332c
内　112c
内位牌　60a
内伺　313a
• 打掛《うちかけ》　**78c** 262a 267a
「裲襠」(壺井栄)　495b
打掛腰巻姿　78c 262a
内ヶ崎作三郎　395b
• 袿《うちき》　**78c** 156b 329b
袿姿　78c
打衣　329b
• 有智子内親王《うちこないしんのう》　**79a** 162c 281c 770c
• 内田こてる《うちだこてる》　**79b**
ウチツミヤ　191c
「打出の小槌」(金子みすゞ)　170b
ウチナースガイ　781c
内の女房　705b
内北面　113a
打紐　214b
散米　335a
内山真竜　735c
宇宙絶対神　195b
団扇　97a
内人　690c
『美しい暮しの手帖』　215b
『美しい町』(金子みすゞ)　170c
「美しき愛」　639c
『美しき出会い―回想の十八人―』(石垣綾子)　43a
顕斎　53b
空蟬　228c
宇都宮頼綱　673c
• 『うつほ物語』《うつほものがたり》　**79b**
「うづみ火」(長谷川時雨)　581c
器司　450b
烏亭焉馬　587b
鵜殿余野子　541c 761b
うない〔ウナイ〕　121c 122b
菟原壮士　79c
• 菟原処女《うないおとめ》　**79c**
菟原処女伝説　79c
うないフェスティバル　122a
童子女松原伝承　80a
• 海上安是之嬢子《うなかみのあぜのいらつめ》　**80a**
ウナリ　122b
畝田村　765c
• 采女《うねめ》　**80a** 76a 80c 183b 208a 212c 238b 266a 513c 523c 554a 555c 556a 557b 574c 601b 611a 717b 737b 740b
采女司　80b 80c
采女田　80b
采女臣　80b 80c
• 采女竹良塋域碑《うねめのちくらえいいきひ》　**80c**
• 宇野千代《うのちよ》　**80c**
菟野讃良皇女〔鸕野-〕《うののさららのひめみこ》　⇨持統天皇(**319b**)　443b 780b
乳母《うば》　⇨めのと(**728b**)　82a
姥　81c
• 優婆夷《うばい》　**81a** 35a 430c
• 姥石《うばいし》　**81b**
姥神　743c
「姥皮」　584a
• 姥捨《うばすて》　**81b**
• 姥捨山伝説《うばすてやまでんせつ》　**81c**
優婆塞　81a
姥堂　560a
祖母堂　560a

• 乳母奉公《うばぼうこう》　82a
ウブアケ　83b
産髪　335a
• 産神《うぶがみ》　82b 83a 335b
「産神問答」　82b
産着〔産衣〕　82c 335a
• 産着祝《うぶぎいわい》　82c
産着貰受帳　334c
産小屋　490c →さんごや
ウブサマ　82b
産七夜《うぶしちや》　⇨出産儀礼(334c)　335a
産土神　31a 82b
産剃　335a
• ウプソロクッ〔ウプソロ〕《ウプソロクッ》　82c 222b 644c
産殿　83a
ウブノカミ　82b
産見舞　334c
• 産屋《うぶや》　83a 83b 333a 334c 386b 653b
産屋明祝儀　126b
• ウブヤアケ・ウブアケ《ウブヤアケ・ウブアケ》　83b
産養《うぶやしない》　⇨出産儀礼(334c)　261a 335a 377a
産湯　127c 306b 334c
『ウホッホ探検隊』(干刈あがた)　597c
•「生ましめんかな」(栗原貞子)《うましめんかな》　83b
• 石女《うまずめ》　83c
• 石女地獄〔不産女-〕《うまずめじごく》　84a 185b
• 馬内侍《うまのないし》　84a 429a
『馬内侍集』　84a
厩　157c
茨城皇子　66a
ウマリ　760a
海幸・山幸　90b
「海と空のあいだに」(石牟礼道子)　208a
ウミナイ　122b
『海の歌う日』(伊藤ルイ)　56c
「海の極みまで」(吉屋信子)　768b
『海を翔ける』(伊藤ルイ)　56c
「海を渡る友情」　732a
績む　497a
産む身体　665b
• 梅枝《うめがえ》　84b
• 埋甕《うめがめ》　84b
• 梅川《うめがわ》　84c
梅謙次郎　440b
「梅ごよみ拾遺列伝」　341a
梅棹忠夫　339b
梅田雲浜　84c
• 梅田千代《うめだちよ》　84c
梅溪　352a
梅茶女郎　495c
梅千代王丸　343b
• 梅津《うめづ》　84c
• 梅津萩子〔はぎ〕《うめづはぎこ》　85a 36a 788c
梅壺女御　596b
梅本梅所〔修〕　181a
梅屋庄吉　434c
梅谷方良　178b
梅谷真滋　178b
生めよ育てよ国の為　85b
• 生めよ殖やせよ〔産めよ殖やせよ〕《うめよふやせよ》　85a 168a 256c 391a 759b
産めよ殖やせよ
「うもれ木」(樋口一葉)　598b
埋木舎　721c
• 祖神《うやがん》　85b
浦井友義　10a
浦上村宗　506c
『浦島太郎』　120a
うらなし　126a
卜部　691a
卜部正親　185a
裏松家　605b
裏松重光　604b
『瓜子姫』　743c
売場　154a
売比丘尼　214a
• 瓜生岩《うりゅういわ》　85c
• 瓜生繁子《うりゅうしげこ》　85c 652b →永井繁子
瓜生外吉　86a
羽林家　104b
漆絵　73c
ウルストンクラフト、メアリ　615b
うれしき　66a
上着　140b
表着　78c 329b 552c
うわなり〔ウワナリ〕　86a 410c 682b 724b
• 後妻打〔うわなり-〕《うわなりうち》　86a 682b 696a
上裳　730b
雲華　71b
雲光院　17a
運定め話　613c
運動服　141c
海野幸徳　526c
温明殿　524a 525b

え

ヱ　64a
エアーガール〔エアガール〕　355b 647b
『永遠なる青春—ある保健婦の昭和史—』(桟敷よし子)　302a
映画　370a 660b
映画会圧死事件　99a
英学教育　493b
『英学新報』　493b
『映画ひとすじに』(川喜多かしこ)　182a
「映画漫想」(尾崎翠)　115b
•『栄花物語』《えいがものがたり》　86c 7b
永久不妊手術　256c
『郢曲相承次第』　702c
英語教育　493a 493b
栄西　174a
• 嬰児殺し《えいじごろし》　87a 253a 681a 681b
栄子内親王　624b
叡子内親王　605c
英俊　771b
• 英勝院《えいしょういん》　87b
英勝寺　87b
永邵女王　393a
エイズ　781b
エイズ問題を含む性に関する指導推進事業　410b
エイズ予防具　281a
衛生園　110a
「衛生学上ヨリ見タル女工之現況」(石原修)　358c 359b
• 衛生思想《えいせいしそう》　87b
衛生問答　87c
睿宗(唐)　643b
叡尊　21a 23b 174a 256b 315a 599a 668a
永代下人　227b
HIV　781b
栄長　154c
• 永長の大田楽《えいちょうのおおでんがく》　87c
穎稲出挙　401c
叡福寺北古墳　17c
• 永福門院《えいふくもんいん》　88a 622c 624a
『英文新誌』　493b
英雄なき一一三日のたたかい　686c
栄養改善指導事業　202a
栄養学　148b
『栄養学と私の半生記』(香川綾)　148b
『栄養と料理』　148b
• 栄耀尼《えいように》　88a
『ゑ入女重宝記』　137a
英霊の妻　430b
永牢　139b
『絵因果経』　152c
兄宇迦斯・弟宇迦斯　90b
エエ　754c
Aサイン飲食店街　195c
• ええじゃないか《ええじゃないか》　88b 47c
柄鏡　148a
絵描き　158c
エカシ　644b
エカシイキㇼ《エカシイキㇼ》　⇨フチイキㇼ・エカシイキㇼ(644b)　619a
• 江上トミ《えがみトミ》　88c
江上料理学院　88c
江木千之　783c
『益軒十訓』　145c
掖庭　191c
恵慶法師　529b
江口　15c 221a 756b 757c
• 江口・神崎《えぐち・かんざき》　89a 575b
殖栗皇子　17c
絵系図　221c
えけり　122b

回向院　647c
エコフェミ論争　615c
エコロジカル＝フェミニズム　308c 615c
ゑさおもろ　126c
江崎広道　146a
•『絵師草紙』《えしのそうし》　89a
•絵島〔江島〕《えじま》　89b 695c
江島其磧　221b 246b 422b
絵島事件　89c
•恵信尼《えしんに》　89c 149c 654b
『恵信尼文書』　400c
廻心房真空　539b
エスキモー型　396b
エスペラント　582a
エスペラント研究会　745b
恵善尼　429c
蝦夷地　4b
•江田かつ《えだかつ》　90a
エチコ　49b
越後の弁　445a
「越後烈女」　511a
越後松山孝女　671b
越後屋　695a
越年資金　427a
エデン女給争議　354b
『江戸案内』　52a
•兄と弟《えとおと》　90b
•絵解き《えとき》　90b 78a 185b 213c 214a 423b
絵解比丘尼　90b
絵解法師　31c 90b
『江戸現在広益諸家人名録』　234c
江戸小唄　247a
•『江戸参府旅行日記』《えどさんぷりょこうにっき》　90c
江戸っ子　742a
•江戸褄《えどづま》　90c
『江戸日記』　59a
『江戸町触集成』　432c
•えな〔胞衣〕《えな》　90c 91a 334a 335a
胞衣納め　91a
胞衣蔵　335a
胞衣壺〔エナ－〕　84b 91a
エナワライ　91a
「縁」(野上弥生子)　569a
NPO法　670a
榎美沙子　485b
エノケン　702a
『江の嶋の記』　190c
•榎本星布〔芝紅，糸明窓〕《えのもとせいふ》　91b
江原素六　150a
江原由美子　268c
絵日傘　596a
葡萄葛　177c
海老名弾正　309c 393b
海老名みや子　393b
兄比売・弟比売　90b
•兄媛・弟媛・呉織・穴織《えひめ・おとひめ・くれはとり・あやはとり》　91b
エプロン　673a
『エプロンおばさん』(長谷川町子)　582b
恵便　429c
恵彭　599b
烏帽子　463c
エホバの証人　509a
•絵馬《えま》　91c 253b
絵巻　144b
絵巻物　398b
•江馬細香〔湘夢，多保〕《えまさいこう》　91c
江馬修　92a
•江馬三枝子〔ミサホ〕《えまみえこ》　92a
江馬蘭斎　91c
恵美押勝の乱　7b 240c 447b
M字型雇用　469b
M字型就業　519a
•M字型就労《エムじがたしゅうろう》　92a 337c
M字型ライフサイクル　417a
江守五夫　347c 496c
•右衛門佐局《えもんのすけのつぼね》　92c 84c 102c
衛門内侍　670b
右衛門掌侍　670b
襟　403a 593c
彫櫛　210b
エリザベス＝サンダース＝ホーム《エリザベスサンダースホーム》　⇨沢田美喜(299c)
•江利チエミ《えりチエミ》　92c
恵林寺　22c
エレベーターガール　355a
『エレンケイ思想の真髄』(本間久雄)　672a
エログロナンセンス　132b
エロシェンコ　437b
円伊　55b
宴会　77b 193c 377a
縁切状　690b
•縁切り寺《えんきりでら》　92c 24a 505c 685b 712a 779b
縁組　313b 697b
縁組願　278a 313a
演劇　171c 369b
エンゲルス、フリードリヒ　⇨『家族・私有財産・国家の起源』(161b)　172a 172b 420a 441b 736b
•円光院《えんこういん》　94a
縁故疎開　150b
縁妻　95a
閻錫山　660b
婉子女王　629b
縁者《えんじゃ》　⇨親族(395c)　53a
延寿　5c 121b
円性　668a
円照　668a
円照寺　25a
•援助交際《えんじょこうさい》　94a 413c 576b
円成　512a
袁世凱　660b
•「厭世詩家と女性」(北村透谷)《えんせいしかとじょせい》　94b 785c
延政門　42b
縁戚関係　418b
円智　23c
•円地文子《えんちふみこ》　94c 148b 559a
『円地文子訳源氏物語』　94c
円地与四松　94c
円通寺　94a
エンディングセンター　578b
『婉という女』(大原富枝)　107c
•遠島《えんとう》　95a 139b
遠藤清子《えんどうきよこ》　⇨岩野清子(67b)
遠藤達之助　67b
遠藤盛遠　223c
•縁友〔縁共〕《えんとも》　95a 95b
•縁共女〔縁友女〕《えんとものにょ》　95b 95a
『エンピツをにぎる主婦』　409c
艶本　151b
円満院　754a
縁結びの神　508c
円融天皇　429a 452a 596a 623c 626a 630b 632b
『延暦儀式帳』　248b

お

緒　607b
•お愛の方《おあいのかた》　95c
小姉君　→蘇我小姉君
御新下り　191b
•『おあん物語』〔於安女咄，－女咄，－女物語，御庵－〕《おあんものがたり》　95c
老い　730c
『老い』(ボーヴォワール)　659c
•お家騒動《おいえそうどう》　96a
追い出し離婚　779c
•お市の方《おいちのかた》　96b 124a 769b
お逸の方　32a
お糸　386c
お伊根　126b
老いの坂図　213c
御祈始　335a
•お伊万の方《おいまのかた》　96c
•花魁〔おいらん〕《おいらん》　97a 176b 221a
花魁道中　97a
『奥羽紀行』　91b
『鷗外の思い出』(小金井喜美子)　253c
欧化政策　475b 764a
•扇《おうぎ》　97a 97c 669a
•扇売り《おうぎうり》　97b 316a
•扇折《おうぎおり》　97c
扇拍子　263b
扇本座　9c
王系　191b
王家領　14c
王権祭祀　740b

王権守護神　24b
王権神話　748a
王御前　149c
「逢坂越えぬ権中納言」　494c
『往事集』　59a
『王子と乞食』(トウェイン)　718c
奥州藤原氏《おうしゅうふじわらし》　⇨藤原清衡の妻(626b)　⇨藤原清衡の母(627a)　⇨藤原秀衡の妻(630c)　⇨藤原基衡の妻(632c)
王相　134c
『往生要集』　185a
応神天皇　115c 175b 727c
汪精衛　367b
殴打堕胎　461a
• 王朝女流文学《おうちょうじょりゅうぶんがく》　97c
• 媼〔オウナ，嫗〕《おうな》　98b 794c
応仁の乱　604b
椀飯　77b
桜美林学園　323a
桜楓会　534c 544c
御厩　158a
王丸和吉　56c
近江　632a
• 苧績《おうみ》　98c 793a
近江絹糸　367a
• 近江絹糸争議《おうみけんしそうぎ》　99a
近江絹糸紡績株式会社　99a
近江の大井子《おうみのおおいこ》　⇨大力の女性(449a)
近江のお兼　136a
近江屋源右衛門　500b
『近江令』　780b
お梅　722c
鷗友学園　50c
『応用家事教科書』(大江スミ)　100b
往来手形　137c
往来物　317a 771c
大浦為則　99b
• 阿保良姫《おうらひめ》　99b
• お栄《おえい》　99b
• お江与の方《おえよのかた》　99c 432b 509c　→小督　→崇源院
大阿母　571a
大炊　5c
大君(源氏物語)　229a
大井憲太郎　323b 517b 617c 794b
太子　481c
大石内蔵助良雄　100a
• 大石順教〔よね〕《おおいしじゅんきょう》　100a
大石主税良金　100a
大石久子　540a
• 大石りく《おおいしりく》　100a
大磯の虎　228a 438c 519c
大市比売命　52a
大市墓　579c
大炊御門信宗　32a
大井光遠　449b
大姫君　47b
大袿　78c
大内義興　220a
大内義隆　115a
大枝山陵　453b
• 大江スミ《おおえスミ》　100a 1c 118c
大江公資　291c
大江挙周　7a
大江玉淵女　387c
大江広元　470a
大枝真妹　453b
大江匡衡　7a 45b
大江匡房　88a 89a 208c 369c 403c 607c 756b 757c
大江雅致　45a
大兄皇子　438b
大絵馬　91c
大江美智子　132b
• OL《オーエル》　100b
• 大奥《おおおく》　100c 101b 470a
• 大奥女中《おおおくじょちゅう》　101b
『大奥女中分限帳』　142c
• 大奥法度《おおおくはっと》　101b
大奥老女《おおおくろうじょ》　⇨御年寄(121a)
大御乳人　238b
大神氏　102b
• 『大鏡』《おおかがみ》　101c 61b 86c
大頭舞　132b 253a
オーガズム　412b
• 大方様《おおかたさま》　102a
大神田麻呂　102b
• 大神杜女《おおがのもりめ》　102a 556a
大神宅女　102b 556a
『狼いまだ老いず』(湯浅芳子)　754c
大神島　85b
大木顕一郎　494c
大后　156a 191b 237c 240c 257a 387b 443a 780a
正親町公通　102c
正親町実豊　102b 677b
正親町三条実望　194b
• 正親町町子〔弁子〕《おおぎまちまちこ》　102b 677b
大王　24b
大木基子　374a
• 大木よね《おおきよね》　102c
『大木よね―三里塚の婆の記憶―』　103a
大日下王　175b
大口　315c
大口袴　579a
大口勇次郎　701a
大国隆正　107b 190c
大国主命〔オオクニヌシ〕　107b 405b 563c 717c
• 大伯皇女〔大来-〕《おおくのひめみこ》　103a 104c 283a 570a 685c
大首絵　185c
大久保さわ子　513b
大隈言道　570c
大隈重信　150b 781a
• 大蔵卿局《おおくらきょうのつぼね》　103a 341c
大蔵省織部司　440a
大蔵省国民貯蓄委員会　1c
大蔵丞盛光　597b
オークレイ、アン　308c
• 大宜都比売〔オオゲツヒメ，大気津比売，大気都比売，大気都比売神，大宜都比売神〕《おおげつひめ》　103b 28b 669a
大胡欽一　122b
大児臣　750a
大阪共産党大検挙　66b
大阪国防婦人会　445c 740a
大阪産児制限研究会　752a
大阪産婆連合会　544a
大阪事件　617c
大阪BC研究会　302a
大阪婦人矯風会　590b
大阪婦人ホーム　590b
大阪YWCA　611b
• 大崎《おおさき》　103b 121a
大沢重胤　745c
• 大沢豊子《おおさわとよこ》　103b
大沢久守　745c
• 凡貞刀自〔宮子〕《おおしのさだとじ》　103c
大島田　321b
大島渚　20b
大島弓子　346c
大上臈　351c 551b
• 大城カメ《おおしろカメ》　103c
• 大須賀さと子《おおすがさとこ》　104a
大杉栄　56a 56b 166c 174c 330c 595c 670c
• 大典侍《おおすけ》　104a 238a 238b
• 大関和《おおぜきちか》　104b
大袖　775b
『大空に飛ぶ』(北村兼子)　195a
大田植え　451a 451b
大田垣光古　104c
• 大田垣蓮月〔太田垣，誠〕《おおたがきれんげつ》　104c 454b
大高坂維佐子　→成瀬維佐子
大高坂芝山　179a 534b
大田錦城　105b
大竹秀男　68b
太田全斎　778b
大田田根子　391b
大館氏　294a
大館常興　294b
大館教氏　294a
大館満冬　62b
大館持房　294a
『大館持房行状』　294a
太田典礼　544a 758c
太田朋子　299a
大店　416c
大田南畝　153b 691c
大谷光瑞　210c
大谷光尊　210c
大谷斎宮　226b

• 大田皇女〔-姫皇女〕《おおたのひめみこ》 **104c** 103a 438b
太田花子〔ヒサ〕 789c
大田房江 375c
太田康資 87b
• 大田洋子〔初子〕《おおたようこ》 **105a** 559a
• 大田蘭香〔景昭, 晋〕《おおたらんこう》 **105b**
• 大塚楠緒子《おおつかくすおこ》 **105b** 125a 353c 723a
• 大塚女子アパートメントハウス《おおつかじょしアパートメントハウス》 **105c**
大塚正心 186c
大塚有章 182a
• 大月源《おおつきげん》 **106a**
大槻玄沢 461c
大月伝十郎 106a
大月伴七 106a
「大つごもり」(樋口一葉) 598c
大津皇子 43b 103a 105a
大妻学院 106a
大妻技芸学校 106a
• 大妻コタカ《おおつまコタカ》 **106a** 1c
大妻良馬 106a
大藤修 701a
大藤ゆき 189c 544a
夫人〔大刀自, 邑刀自〕《おおとじ》 ⇨ぶにん(**646c**) 515a
大家石川命婦 43c
大刀自神社 516a
邑刀自神〔邑刀自〕 293b 516a
大舎人座 124c
大宿織手 124c
大伴氏 706c
大友宗麟 648b
大友親秀 399c 700c
大伴稲公 106b 107a
• 大伴小手子《おおとものおてこ》 **106a**
大伴金村 5c 460b
大伴古氏古郎女 106a
大伴狛 429c
• 大伴坂上郎女《おおとものさかのうえのいらつめ》 **106b** 43c 106c 437c 686a 777c
• 大伴坂上大嬢《おおとものさかのうえのおおいらつめ》 **106c** 106b
大伴狭手彦 429c 680a
大伴二嬢〔弟嬢〕 106b 106c
大伴宿奈麻呂 43c 106b 106c
大伴田主 43c
大伴旅人 106b 491c 685c
• 大伴田村大嬢《おおとものたむらのおおいらつめ》 **106c**
大伴奴加之古連 106a
大伴皇女 438b
大友皇子 511a 563b
大伴道臣命 53b
大伴虫万呂 516c
大伴連糠手 106a
大伴連狭手彦 126b
大伴家持 106b 106c 292c 297c 685c
大伴安麻呂 43c 43c 106b 777c
大友義鎮 708c
大友能直 399c 700b
大友義統 708c
• 大友よふ《おおともよふ》 **107a**
大直神 489c
大中姫《おおなかつひめ》 ⇨忍坂大中姫(**115c**)
大中姫(仲哀天皇妃) 115c
大中姫(垂仁皇女) 115c
大中臣氏 380b
大中臣輔親 47b 86b
大名児 43c
• 大汝《おおなむじ》 **107a**
大己貴命〔大穴牟遅神〕 107b 688a
大嘗祭 →だいじょうさい
大沼枕山 234a
大野郷 765c
大野貞子 678b
大野傘狂 454c
大野東人 107b
大野荘 399c 700b
大野内侍 107b
• 大野仲仟《おおののなかち》 **107b**
大野治長 103a
太安万侶 261a
大橋鎮子 215a
大橋淡雅〔知良〕 107b 190c
大橋訥庵 107b 386a
大橋教中 107b
• 大橋巻子《おおはしまきこ》 **107b** 386a
大庭秀雄 198b
• 大場美佐《おおばみさ》 **107c**
『大場美佐の日記』 107c
大祓 25b 765a
『大原御幸』 165a 233a
• 大原富枝《おおはらとみえ》 **107c**
『大原富枝全集』 107c
大原富枝文学館 107c
大原大刀自 37a 646c
大原野神社 287b
• 大原幽学《おおはらゆうがく》 **107c** 331b
『大原幽学全集』 108a
• 大姫(源頼朝娘)《おおひめ》 **108a** 307a 314c 470a 658b
大姫(女子排行名) 481c
大平光二 742c
オオヒルメ 24b
大日霎貴 24b
オーファン=アン〔アニー〕 505b
「O婦人坐像」(小倉遊亀) 115a
大振袖 647c
大町桂月 125b 198a 766b
大間知篤三 161a 713c
大政所(豊臣秀吉母) 13b 602c
大夫人 646c
大御祖 688b
大峯山 81b 558c
• 大宮院《おおみやいん》 **108b** 225a 522a 624a
大宮院御領 108c
大宮院権中納言 623c
大御息所 705a
• 大宮局〔大宮殿〕《おおみやのつぼね》 **108c**
大神基政 233a
大牟羅良 18c
大本教 369b 499c
大物忌《おおものいみ》 ⇨物忌(**733a**) 47a 62c 379c
大物主神 391b 467b 580a 669a 748a
大森元吉 490c
大紋日 737a
大矢市次郎 722c
大宅内親王(桓武皇女) 291b
大宅皇女(欽明皇女) 438b
大八洲之霊 740b
大山郁夫 42c
大山巌 109a 215c
• 大山捨松《おおやますてまつ》 **108c** 86a 353c 652b →山川捨松
大山祇命 750c
『大倭二十四孝』 10c
大依羅神 740b
オーラル=ヒストリー《オーラルヒストリー》 ⇨聞き書き(**189c**) 304b 496b
大和田庄 30c 31a
『お母さんが読んで聞かせるお話』(富本一枝) 517c
岡倉士朗 752b
お蔭参り《おかげまいり》 ⇨伊勢参り(**47b**) 47c
御影祭 88b
岡崎しげ子 311c
岡崎殿 514b
小笠原少斎 667b
小笠原秀政 514b
• 小笠原流《おがさわらりゅう》 **109a** 317a
お梶(池玉潤母) 39c
於梶(英勝院) 87b
緒方サダヨ 528a
岡田三郎助 66c 689c
御方様方 100c
岡田清助恕 145b
• 岡田姑女〔岡田村主姑女〕《おかだのおばめ》 **109b** 465a
岡田光大 498b
岡田八千代 558c 581c
• 岡田嘉子《おかだよしこ》 **109c** 385a
於勝 87b
岡殿 599b
• 岡場所《おかばしょ》 **109c** 219a 463c 576a 716b 755b
岡部定信 178b
岡部長職 644c
岡部よし子 638a
オカマサマ 82b
岡松一品 605a
男神 67a
• 岡見京子《おかみけいこ》 **110a** 457c
オガミサマ 49b
オガミ山 77a

オカミン　49b
岡村千秋　353a
岡本一平　110b
岡本栄子　198c
• 岡本かの子《おかもとかのこ》　110a 148b 558c
岡本綺堂　464b
岡本太郎　110b
岡本宮　483a
岡本文弥　263c
岡本柳之介　709c
岡山県婦人同盟　311c
岡山孤児院　406b 407c
• 岡山女子懇親会《おかやまじょしこんしんかい》　110b 343c 617c
岡山婦人矯風会　407c
小川顕道　488c
小川幸三　110c
小川知子　206a
• 小川直子〔昌〕《おがわなおこ》　110c 353c
小川市　700b
小川正子　262b
小川未明　738a
おきく　110c
• 『おきく物語』《おきくものがたり》　110c
興子内親王　724a　→明正天皇
奥津宮　717c
オキナ　794c
翁　98b
息長帯比売命〔気長足姫尊〕　388c
息長真若中比売　115c
沖縄学の父　60b
沖縄組合教会　60b
• 『沖縄女性史』(伊波普猷)《おきなわじょせいし》　110c 60c
沖縄戦　607a
• 沖縄戦女子学徒隊《おきなわせんじょしがくとたい》　111a
「沖縄戦の図」(丸木伊里・俊)　684a
『沖縄の婚姻』(瀬川清子)　420a
• 沖縄の女性《おきなわのじょせい》　111b
『沖縄の悲劇—ひめゆりの塔をめぐる人々の手記—』　607a
「沖縄の婦人性」(真境名安興)　110c
沖縄密約暴露事件《おきなわみつやくばくろじけん》　⇨外務省機密漏洩事件(146b)
沖の石の讃岐　540a
荻野久作　112b
• 荻野吟子《おぎのぎんこ》　112a 118c 341b 353a 634b
• オギノ式避妊法《オギノしきひにんほう》　112b
沖ノ島《おきのしま》　⇨宗像三女神(717c)
沖ノ島祭祀　717c
• 置き眉《おきまゆ》　112b 412a
置目《おきめ》　⇨志斐嫗(307c)
置目老嫗　307c
• 置屋《おきや》　112c 218c 219b 219c
御客応答　101b
御客人衆之間方　100c
おきゃん　119c
荻生徂徠　732c
『お経様』　561b
荻原守衛　437b
オク　535c
• 奥《おく》　112c 10b 34c 100c 619b
奥方　100c
奥方法度　101b
奥様　411b
おくさん　337c
• 奥女中《おくじょちゅう》　113a 123c 352a 560b 619c 741a
奥平信昌　177a
奥田松柏軒　385a
• 小口みち子《おぐちみちこ》　113a 395b 652a
阿国歌舞伎《おくにかぶき》　⇨出雲阿国(45c)　46a
『阿国歌舞伎図』　46b
奥野信太郎　360b
• 奥原晴湖〔節〕《おくはらせいこ》　113b
奥奉公《おくぼうこう》　⇨奥女中(113a)　116b
• 奥むめお〔梅尾〕《おくむめお》　113b 43a 338b 355a 355b 376c 398b 424c 453a 637a 639a 648a 714b 785a
• 奥村五百子《おくむらいおこ》　114a 1c 66b 324a
• 奥村喜三郎《おくむらきさぶろう》　114b 353b
• 奥村つね《おくむらつね》　114b
奥村永福　114b
奥村明　609a
奥村博〔博史〕　36a 609b
奥村政信　73c
奥村ます　498c
奥山親朝女　33b
小倉清三郎　114c
• 小倉ミチヨ《おぐらミチヨ》　114c
• 小倉遊亀〔ゆき〕《おぐらゆき》　115a
『小倉遊亀画室のうちそと』(小倉遊亀)　115a
お庫裏　315b
• 小栗《おぐり》　115a
『小栗判官』　5c 115a 423b
小栗判官伝説　174a
小栗風葉　365a
送り連　716c
御黒木　332a
小黒女房　89c
お薫　37b
『阿薫和歌集』　37b
桶川事件　406c
御化粧之間　100c
お鯉《おこい》　⇨安藤照(32b)　32b
『お鯉物語』(安藤照)　32c
お江　99c　→お江与の方
小督　96b 99c　→お江与の方
オコゲゼニ　653a
オコナイサマ　116a
「お魚」(金子みすゞ)　170b
尾崎紅葉　279c 424c
尾崎士郎　81a
尾崎恒子　395b
• 尾崎局《おざきのつぼね》　115a
尾崎秀実　42c
• 尾崎翠《おざきみどり》　115b 559a
『尾崎翠全集』　115b
尾崎有善　386c
尾崎行雄　199b 639a
御差　238b
長田新　543c 739a
長田正平　48c
長田忠致　174b
他田君目頬刀自　169b
『御定書百箇条』　139b 209c
オサトサマ　751a
小山内薫　752b
おさな名〔幼名〕　351c 680a
他戸親王　59b 291b
長女　550b 554a
納殿　158a
おさめの方　102c
小沢蘆庵　742c
お産　→出産
御三之間　101b
御三之間頭　101b
御師　47b 213c
おじ　123c
御仕置　139b
オジ・オバ名称　396b
御直願　69b
• 押小路甫子〔満子〕《おしこうじなみこ》　115c
『押小路甫子日記』　115c
押小路斎院　624c
押小路師武　115c
忍坂女王　7b
• 忍坂大中姫〔践坂大中比弥王，忍坂之大中津比売命〕《おしさかのおおなかつひめ》　115c
押坂彦人大兄皇子　239c 408a
刑部　115c
押し出し　130c
忍海伊太須　523c
御締り　470b
忍海飯豊青尊　34a
忍海部女王　33c
オジ・メイ婚〔叔父—姪婚〕　44c 205a
緒締形勾玉　673a
御下　227c 238b
雛妓　672b
おじゃれ《おじゃれ》　⇨出女(499c)　⇨飯盛女(726c)
和尚　757b
御錠口(江戸城)　470b
御錠口(大奥女中)　101b
御錠口介　101b
おしょさん〔お師匠さん〕　131b
お職　221a
オシラ遊ばせ〔-アソバセ〕　49b 116a
オシラ祭文　116a
• オシラサマ《オシラサマ》　115c
• 「おしん」《おしん》　116a

オシンメイサマ　116a
オス　681a
• お末〔御末〕《おすえ》　**116b** 80c 123c 238b
御末頭　101b 123c
御鈴廊下　101a 470b
お仙　693b →笠森お仙
オセンダク　116a
恐山　691c
• おたあジュリア《おたあジュリア》　**116b**
• 小田宅子《おだいえこ》　**116c**
御台所法度　101b
おたいね浦　116c
• 於大の方《おだいのかた》　**116c** 227c
御田植え　469b
御田植神事　451a
織田勝長　117a
小田切豊次　480b
• オタクサ《オタクサ》　**117a**
尾竹紅吉《おたけべによし》　⇨富本一枝(**517c**)　174c
織田氏貞逸母　117b
オタタサン　600c
小谷の方《おだにのかた》　⇨お市の方(**96b**)　99c
織田信雄　514b 516a
織田信包　516a
織田信定　117a
織田信孝　96c
織田信忠　117a 514b
織田信長　96b 99c 221a 247b 514a
516a 648b 657b
• 織田信長の叔母《おだのぶながのおば》　**117a**
織田信長の母《おだのぶながのはは》　⇨土田御前(**516a**)
織田信長の娘《おだのぶながのむすめ》　⇨徳姫(**514a**)
織田信秀　96b 516a
織田信房　117a
織田信行　516a
御旅所　691b
• 織田瑟々《おだひつひつ》　**117b**
お玉の方　220c
小田原女子短大　59c
落合恵子　692b
落合争議　260a
• 越智家栄の妻《おちいえひでのつま》　**117b**
越智家全　117c
• 『落窪物語』《おちくぼものがたり》　**117c** 681c 728c
遠智娘　→蘇我遠智娘
「落葉のくに」(石上露子)　49a
• 落穂拾い《おちぼひろい》　**118a**
• お茶くみ《おちゃくみ》　**118b**
• お茶の水女子大学《おちゃのみずじょしだいがく》　**118b** 202c
362b 364a
御茶の水図書館　43b
御中臈《おちゅうろう》　⇨中臈(**485c**)　101b
お通流　123a
オッカエス　253a 681c
御次　101b 485c
御次頭　101b
• 小槻山君広虫《おつきのやまのきみひろむし》　**118c**
• オッケニ《オッケニ》　**119a**
夫〔良人，良夫〕　54a 167c 265b 332b
332c 472c 614b 778c 779b
夫方居住《おっとかたきょじゅう》　⇨婚姻居住形態(**275c**)
159a 276c 779a
夫方居住婚　313a 347c 585b 618c 772b
夫専権離婚　779b
夫に仕ふる道　140a
『夫の始末』(田中澄江)　464c
• 夫のつわり《おっとのつわり》　**119b**
『良人の貞操』(吉屋信子)　768c
男綱・女綱　126a
御局　238b 786c
小津安二郎　597b
おつやの方　117a
お手玉　158c
おてつく　119c
お手伝いさん《おてつだいさん》　⇨女中(**382b**)　382c
お伝絣　59b
• お伝の方《おでんのかた》　**119b**
• 御転婆《おてんば》　**119c**
弟〔オト〕《おと》　⇨兄と弟(**90b**)　64a
『おとうと』(幸田文)　247b
• 御伽草子《おとぎぞうし》　**119c** 10c 163a 169b 179a
282b 534b 584a 733c 771b
御伽草子絵巻　119c
『御伽文庫』　119c 282b
御伽坊主　101b
男歌　790c
男絵　130a
男覡　644a
男公事　132a
オトコザ　133c
• 男伊達《おとこだて》　**120c**
男手　137b 680c
男寺　618a
男踏歌　503c
男のクセヤミ　119b
男の講　479b
• 「男のつとめと女のつとめ」《おとこのつとめとおんなのつとめ》
120c
男奉公人　142a
男舞　386c
男髷　321b
男勝り　136a
男らしさ　308c 474b
乙侍従　291c
• 御年寄《おとしより》　**121a** 101b 142c 786c
乙竹岩造　501a
• 弟橘媛〔-比売，-比売命〕《おとたちばなひめ》　**121b**
90b
おとちとのもいかね　191a
乙鶴《おとつる》　⇨賀歌女(**147b**)　132b 370a
弟日姫子　90b 680a
乙姫(女子排行名)　90b 481c
乙姫(源頼朝娘)　307a 658b →三幡
弟姫(衣通郎姫)　439b
弟媛(女子排行名)　90b
弟媛(衣縫)　91b
弟日売真若比売命　115c
• 乙前《おとまえ》　**121b** 5c 62c 208b
於富の方　227c
「おとむらひ」(金子みすゞ)　170b
おとめ〔処女〕《おとめ》　⇨処女・オトメ(**365b**)
⇨をとめ(**794c**)
オトメチック　365c
乙女ちっくマンガ　346c
処女墓　79c
『処女墓伝説歌考』(関口裕子)　420b
オトメ文化　365c
踊り　129a
踊子　672b
• 踊り念仏《おどりねんぶつ》　**121b**
踊る神様　195b
踊る宗教　195b
• 乙羽信子《おとわのぶこ》　**121c**
御仲居　101b
オナカマ　49b
おなつ・清十郎　246a
おなり〔オナリ〕　64c 121c
• おなり神〔オナリ-〕《おなりがみ》　**121c** 41a 64a
537a
「をなり神考」(伊波普猷)　64c
おなり神信仰〔オナリ-〕　64b 64c 191a
417b 571b
『をなり神の島』(伊波普猷)　60c 121c
122b
オナリド　451a
「鬼火」(吉屋信子)　768c
オニビシ　119a
オニビシの姉《オニビシのあね》　⇨オッケニ(**119a**)
小野アンナ　68a
尾上菊五郎(六代目)　581c
小野宗鑑尼　122c
• 小野通《おのつう》　**122c**
小野寺信　123a
• 小野寺百合子《おのでらゆりこ》　**123a**
小野妹子　402b
• 小野小町《おののこまち》　**123a** 28a 718a 790c
小野宮禅念　149c
小野好古　595c
小野政秀　122c
尾道処女会　320b
尾道婦女会　320b
• おば〔姑，姨，伯母，叔母，従母〕《おば》　**123c**
81c
叔母一甥婚　205a
お歯黒〔鉄漿〕《おはぐろ》　⇨鉄漿付(**170c**)　145c
412a
おはじき　158c
• 御端下〔御半下〕《おはした》　**123c** 101b
「姥捨」　749b
姨捨山　81c
小長谷造福成　527c
苧機　567c
於八　87b
• お初(浅井長政娘)《おはつ》　**124a** 96b

お初(遊女)　439c
伯母―姪相続〔叔母-〕　104a
• 大原女《おはらめ》　124a 10a 587b 647c 672c
小原女　316a
お針(裁縫)　289a
御針(針妙)　399c
お針子　490a
小墾田皇女　402a
『おはん』(宇野千代)　81a
• 帯《おび》　124b 124c 125a 140c 267a 607b
帯祝い　591b
帯売　316a 355c 415a
お東　664c
帯公事　124c
帯座　9c
• 帯座・帯座々頭職《おびざ・おびざざとうしき》　124c
帯添の太刀　268a
帯とき〔帯解き〕　125a 315c
• 帯とき・紐とき〔帯解き・紐解き〕《おびとき・ひもとき》　124c
帯留め　124c 141a
• 帯直し〔帯ナオシ〕《おびなおし》　125a
小尾範治　366a
帯結び〔帯ムスビ〕　125a
• 「お百度詣」(大塚楠緒子)《おひゃくどもうで》　125a
御広座敷(大奥女中)　101b
御広敷(江戸城)　100c 470b
オフィス＝レディ　100b
オフィス＝ワイフ　100b
お福　155c
• 御袋《おふくろ》　125b
• 『男衾三郎絵巻』《おぶすまさぶろうえまき》　125b 312c
お札降り　47c
御札祭　88b
『おふでさき』(中山みき)　532c
「お筆先」(出口なお)　500a
• 緒太《おぶと》　126a 437c 495b
オブノカミ　82b
• お振り替わり《おふりかわり》　126a 69b
御部屋様〔御部屋〕　438c 724b
大糠娘　156a
『覚書幕末の水戸藩』(山川菊栄)　744c
苧桶　98c
オボツ山　77a
オホミタカラ　562a
朧月夜　228c
『朧夜物語』　212a
おまつの方　657b
オマハ型　396b
おまん・源五兵衛　246a
臣　212b
麻績氏　176a
おみな　98b
• 美女媛《おみなひめ》　126b
• お宮参り《おみやまいり》　126b →初宮参り
• お美代の方《おみよのかた》　126b 764c
おむな　98b
オモ　728b
『思い出トランプ』(向田邦子)　713c
『思い出の記』(小泉節子)　234b
表　10b 34c 112c
表使　101b
御物師　399c
御膳宿　515b
• 『おもろ双紙』〔-さうし，-そうし〕《おもろそうし》　126c 191a 781c
おもろ主取　127a
「思わぬ方にとまりする中将」　494c
親　38c 390a 390c 688a
親子　270a 390b
親子盃　327c
親子心中《おやこしんじゅう》　⇨母子心中(663a)
父娘相姦伝承　509a
親子同氏　74c
オヤザシキ　765c
親捨て伝説　81c
おやまき　589c
小山朝政　298a
『お山の雪―童話集―』(村岡花子)　718c
小山政光　297c
お遊の方　32a
御湯殿上　238a
• 『御湯殿上日記』《おゆどののうえのにっき》　127b 552c 612a 770c
• 御湯殿儀〔御浴殿儀〕《おゆどののぎ》　127c 335a
• お由羅騒動《おゆらそうどう》　127c 96a
お由羅の方〔お由良-，お遊羅-〕　128a
お葉　247a
お楽の方　119b
折井正利　217a
折烏帽子　463c
織替　216b
折口信夫　743c 790c
• 織女工《おりじょこう》　128a 583a
• 織田ステ〔ステノ〕《おりたステ》　128b
織手　763a
織部司　762b
織女　587b
織本貞代　714c
織物　414c
織物工女　245c
織物生産　415b
織屋《おりや》　⇨木綿織屋(734c)
お寮　185c
お竜　→坂本竜
オリンピック　603a 673a
オルガンティノ　527a
オルコット、ルイザ　588a
御留守居証文　138a
『オルフェオとエウリディーチェ』　687b
オレンジハウス　504a
おろす《おろす》　⇨堕胎(460b)
オロヌク　253a 681b
『於和武物語』　95c
尾張(官職)　80c
尾治王　491a
尾張少咋　297c
尾張国女　449a
尾張国造　705b
尾張皇子　402a 462b
オン　77a
蔭位　480c
• 蔭位制《おんいせい》　128b
音楽　128c 369b
音楽家　355a
音楽教育　86a
音楽センター会館　77c
• 音曲《おんぎょく》　128c 325c
園城寺　754a
温泉場浴衣　759b
御田　451a
• 恩田和子《おんだかずこ》　129a 425a
• 恩地トミ〔登美〕《おんちトミ》　129a
音頭　451b
• 女足軽《おんなあしがる》　129b
女主　132a
• 女医師《おんないし》　129b 460c
• 女一座《おんないちざ》　129c
女一宮　724a
女一揆　273a
女今川　136b 357c 361a
『女今川』　130a 501b
『女今川教草』　136b
『女今川梅花文庫』　136b
• 『女今川操鑑』《おんないまがわみさおかがみ》　129c 148a
『女今川和歌緑』　136b
『(女誡絵入)女実語教』　135b
『(女誡絵入)女童子教』　135b
女歌　233b 790c
• 女絵《おんなえ》　130a
• 女絵師《おんなえし》　130a 587b
• 女押し出し《おんなおしだし》　130c
女踊子　219b
• 『女鏡秘伝書』《おんなかがみひでんしょ》　130c
• 『女家訓』《おんなかくん》　131a
• 女冠者《おんなかじゃ》　131a
女稼ぎ　567c
女形　151b 171c 385a 787a
女家長　138c
• 女歌舞伎《おんなかぶき》　131a 129c 171c 757b
• 女髪結《おんなかみゆい》　131b 14c 675b
女軽業　129c
女騎馬武者　555b
• 『女教訓文章』《おんなきょうくんぶんしょう》　131c
女狂言《おんなきょうげん》　⇨聟・女狂言(714a)　142c
女教師　452c
• 女公事《おんなくじ》　132a
• 女曲舞《おんなくせまい》　132b 134a 147b 370a 608a
女国重　106a
女芸人　129c 171c 520b 716b
女芸能者　129c 131a
• 女剣劇〔-戟〕《おんなけんげき》　132b
女孝経　136b
• 『女孝経』《おんなこうきょう》　132c 134c 357c

女講釈　129c
• 女坑夫《おんなこうふ》　132c 677c
• 女戸主《おんなこしゅ》　133a 265b 711a
女戸主の選挙権　71a
• 『女五常訓』《おんなごじょうくん》　133b
• 『女殺油地獄』《おんなごろしあぶらのじごく》　133c
• 女座《おんなざ》　133c 704b 704c
『女坂』(円地文子)　94c
『女ざかり』(ボーヴォワール)　659c
• 女猿楽《おんなさるがく》　134a 139b
『女三従の道』　263b
• 『おんな三代』(小林初枝)《おんなさんだい》　134b
女三の宮　228c 598a
• 『女式目』《おんなしきもく》　134c
『女式目鏡草』　148a 671b
• 女四書《おんなししょ》　134c 132c 136b
『女四書』(辻原元甫)　132c 134c 352b
• 女師匠《おんなししょう》　135a
『女四書集注』　134c
• 『女実語教』《おんなじつごきょう》　135a
『女実語教・女童子教』　49b
女地頭《おんなじとう》　⇨地頭(317c)　33a 58c 258c 298a 318a
女車掌　581b
• 女叙位《おんなじょい》　135b 551c
女小学　136b 357c
『女小学』　312a
『女消息往来』　501b
女商人　9c 52b
• 『女商売往来』《おんなしょうばいおうらい》　135c
女浄瑠璃《おんなじょうるり》　⇨浄瑠璃(351b)　351c 716b
『女書札百花香』　385b
• 『女仁義物語』《おんなじんぎものがたり》　136a
• 女相撲《おんなずもう》　136a
• 『女大学』《おんなだいがく》　136b 146a 331b 649b 773c
女大学　357c 361a 395b
• 『女大学教艸』《おんなだいがくおしえぐさ》　137a
『女大学宝箱』　136b 137a 357c 395b
『女大学宝文庫』　136b
『女大学錦子宝』　136b
『女大学姫文庫』　136b
『女大学評論』(福沢諭吉)　526a 617b
『女大学評論・新女大学』(福沢諭吉)　617a
『女大学操鏡』　136b 148a
女大宮司　633a
『女たちがつくるアジア』(松井やより)　676c
女たちの現在を問う会　328a
女たちの戦争と平和資料館　370b 676c
『女たちは書いてきた』　602c
女伊達　136a
女太夫　263b 520b
女中庸　136b 357c
• 『女重宝記』《おんなちょうほうき》　137a 99c 535c
• 女手《おんなで》　137b 680c 771c
女庭訓　357c
• 女手形《おんなてがた》　137c
女手形可書載覚　65c
女寺　618a
女踏歌　503c 555c
女当主　376b 447a
• 『女と刀』(中村きい子)《おんなとかたな》　138a
女土倉　743b
「女と文明」(梅棹忠夫)　339b
女名請人《おんななうけにん》　⇨女性名請人(378a)
• 恩納なべ〘ナベ, ナビー〙《おんななべ》　138a 781c
• 女名前人《おんななまえにん》　138b
『おんな二代の記』(山川菊栄)　138c
• 『女二代の記』(山川菊栄)《おんなにだいのき》　138c 744c
『女にとっての戦争』　602c
女禰宜　380a 556b 691a
女禰宜・女祝《おんなねぎ・おんなはふり》　⇨女性の神職(379c)
• 女念仏講《おんなねんぶつこう》　138c
• 女の家・嫁節供《おんなのいえ・よめせっく》　139a
『女の意識・男の世界』(ローバトム)　70c
『女の一生』　404c
• 女能《おんなのう》　139b
• 女の御仕置《おんなのおしおき》　139b
女の会　420a
『女の現在―育児から老後へ―』(伊藤雅子)　271a
女の講　479b
『おんなの戦後史』(もろさわようこ)　141b
『女の立場から』(山川菊栄)　641c
• 女の旅日記《おんなのたびにっき》　139c
女の力　64b
女の碑　513b
女の碑の会　578a
女の葺き籠もり　139a
• 女の道《おんなのみち》　140a 499a
『女の民俗誌―そのけがれと神秘―』(瀬川清子)　420a
女の宿　139a
『女の友情』(吉屋信子)　768c
• 女の装い《おんなのよそおい》　140b
女の夜　139a
女の霊力《おんなのれいりょく》　⇨妹の力(64b)
• 『おんなの歴史』(もろさわようこ)《おんなのれきし》　141a
オンナバ　133c
• 女袴《おんなばかま》　141b 419b
『女は下着でつくられる』(鴨居羊子)　177b
『女のはたらき―衣生活の歴史―』(瀬川清子)　420a
女祝　380a 556b
『女・人・母』(山田わか)　747c
『女百人一首』　49b
『おんな・部落・沖縄』(もろさわようこ)　141b
『女文章鏡』　49b
• 『女文章稽古』《おんなぶんしょうけいこ》　141c
『女文書大成』　385b
『女文通華苑』　385b
• 女奉公人《おんなほうこうにん》　142a 399c
女ボーイ　354a
『女万葉稽古さうし』　141c
『女道叢話』(棚橋絢子)　465b
女武者《おんなむしゃ》　⇨女騎(555b)
女盲　316a 355c
• 女物狂《おんなものぐるい》　142b
• 女紋《おんなもん》　142b
女役者　385a
オンナヤド　717a
• 女右筆《おんなゆうひつ》　142c
• 『女楽阿弥』《おんならくあみ》　142c
女らしさ　308c 355b
『女らしさの神話』(フリーダン)　16c
→『新しい女性の創造』
『おんなの歴史―愛のすがたと家庭のかたち―』(もろさわようこ)　141a
『女論語』　132c 134c 357c
『おんなろん序説』(もろさわようこ)　141b
女を泣き寝入りさせない会　485b
『おんにょろ盛衰記』　752b
オンバ　142a
穏婆〘隠婆〙　260c 305b 306a 334a 460b 520a
おんば日傘　82a
• オンブ《オンブ》　143a 201c
隠坊　691c
陰陽師　658c 714a
陰陽道　658c
遠流　95a

か

カークス、C　752c
母様学校　609a
『母さんに花を―山家和子と母親運動―』(山家和子)　753b
ガイア　41b
「貝合」　494c
海恵　454c
改易　96b
• 改嫁《かいか》　143c 264b
海外移住　325a
海外醜業婦　324b
海外売春女性　179b 304b
海外売春婦　26a
海外婦人協会　449c
• 絵画史料《かいがしりょう》　144a 568a 777a
絵画史料研究　398b
懐義　21b
外舅　423a
階級社会　161c
階級闘争一元論　577a

開業産婆　300b
開業助産婦　300b 305c 544b
開業免許産婆　305c 544a
海軍看護婦　327c
蚕　188b 763b
介護　38a 154b 242c 287c 416b 660c 730c 774a
蚕女　147a
介護休暇　288a
介護休業《かいごきゅうぎょう》　⇨育児・介護休業法(38a)
外国人接待所　789a
外国人配偶者　255c
解雇反対闘争　367a
介護扶助　409c
介護保険　288a
介護保険制度　252a 252c 660c
蚕養《かいこやしない》　⇨養蚕(762b)
外婚規制　736c
• 外婚制《がいこんせい》　144c 619a
改氏　614c
• 愷子内親王《がいしないしんのう》　145a
会社員　190a
会社人間　190a 776a
買春《かいしゅん》　⇨買売春(575b)　→ばいしゅん
買春案内　413c
買春者　423c
回春病院　781a
街娼　6c 314a 314b 351a 382a 433c 492c 593b 769a
海上の道　741c
「海神丸」(野上弥生子)　569a
『改正基督教歌集』　679c
回生術　148c 307b
改正DV防止法　308b
改正民法　710a
外戚　257a 423a
『改造』　368a
改造社　368a
『回想のスメドレー』(石垣綾子)　43a
海賊組　609b
外祖父　423a
「懐胎書上帳」　681b
• 懐胎届《かいたいとどけ》　145b
開拓移民　449c
開拓使　366a
開拓女塾　449c
「開拓の花嫁」　291a
貝谷芸術学院　145b
• 貝谷八百子《かいたにやおこ》　145b
貝谷八百子バレエ団　145b
『街談録』　691c
懐中鏡　148a
「海潮音」(長谷川時雨)　581c
『怪貞操』(北村兼子)　195a
改定律例　400c
• 『海東諸国紀』《かいとうしょこくき》　145c
• 貝原益軒《かいばらえきけん》　145c 133b 136b 146a 154a 164a 317a 357c 500c 593c
• 貝原東軒〔初，得生〕《かいばらとうけん》　146a 136b 145c
• 甲斐姫《かいひめ》　146b
懐抱　333b
解放運動犠牲者救援会　528a
解放された女　16b
解放史　374a
• 垣間見《かいまみ》　146b
戒名　577c
• 外務省機密漏洩事件《がいむしょうきみつろうえいじけん》　146b
開明門院　549b
「買物ブギ」　153a
『傀儡子記』　→くぐつき
カイロ会議　781b
カイロ行動計画　781b
貝輪《かいわ》　⇨イモガイ(63c)
何殷震　660b
嘉永朋党崩れ　127c
換子教育　108a
カエコト　600c
嘉悦学園　146c
• 嘉悦孝子《かえつたかこ》　146c 353c 366a
加越能大一揆　552b
楓の内侍　287c
花押　379a
薫　72c 229a
• かかあ天下《かかあでんか》　147a
かかァ連　260a
嬥歌会〔嬥歌〕《かがい》　⇨歌垣(76b)　80a 575b
抱女　314a 482a
家格　34b 168c
科学的事務管理思想　100b
科学的性教育　752a
科学的料理法　148b
雅楽寮　78b
加賀郡牓示札　502a
• カカザ《カカザ》　147a 766a
加賀騒動　96a
• 賀歌女〔加賀女〕(曲舞)《かがにょ》　147b 132b 608a
加賀掾　477b
• 加賀千代〔素園〕《かがのちよ》　147b 586c
• 鏡〔鑑〕《かがみ》　147c 210b 678c 679a
『鏡男』　201b 678c
『鑑草』　131a 131c 441b
各務支考　147c
鏡作氏　44a
加々美遠光　445c
• 鏡王女〔-女王，-姫王〕《かがみのおうじょ》　148a 563b
鏡王　148a 563b
加賀女(紺灰座商人)　10a 235a
• 『輝ク』《かがやく》　148a 581b
輝ク会　148b
輝ク部隊　148b
• 香川綾《かがわあや》　148b
香川景樹　304a 454b 746a
賀川玄悦《かがわげんえつ》　⇨賀川流(148c)　300c 305b 307a 334a　→賀川子玄
賀川玄迪　148c 307b
賀川子玄《かがわしげん》　⇨賀川流(148c)　295b 307a 334a　→賀川玄悦
賀川子達　307b
香川昇三　148b
香川素琴　148c
賀川豊彦　9a 272c 740a
• 香川氷仙女〔園蔡，苑葵，不淑，秋草〕《かがわひょうせんじょ》　148c
• 賀川流《かがわりゅう》　148c 50a 300c 307a
『牡蠣』(林芙美子)　591a
書きことば　310c
蠣崎波響　119a
『餓鬼草紙』　83a 333b 743b
鍵っ子　150c
「カキツバタ群落」(田中澄江)　464c
柿木尼妙善　582c
柿本人麻呂　685c
部曲　706c
• 鍵谷カナ《かぎやカナ》　149a 62a 157b
家業　34c 176b 286b 416b
『家業考』　451c
家教連　739a
『限りない自由を生きて―望月百合子集―』　732a
請進鎰奏〔-鑰奏〕　42b
覚恵　149c
覚円　155a
核家族　149a 159c 349c 672c 774a
• 核家族化《かくかぞくか》　149a 200b
覚山志道　23c 505c 599b
画指　379b
学事奨励に関する被仰出書　150a
『核時代の童話』(栗原貞子)　83c
額仕立　336a
• 隠売女《かくしばいた》　149b 351a 573c 575a 576b
隠売女禁令《かくしばいたきんれい》　⇨隠売女(149b)
隠売女取締り　304c
学習院女子部〔-女学部〕　162a 323c
学習権宣言　341c
隠遊女　149c
覚証　318a
覚照　654b
覚盛　23b 398a 599a
鶴松院殿　657c　→北条氏康女
覚性法親王　442a
革新倶楽部　637b
• 覚信尼《かくしんに》　149c 89c
角頭巾　405a
『廓清』　150a 574a
• 学制《がくせい》　150a 310c 735b
学生運動　360c
• 廓清会《かくせいかい》　150a 20a 213a 440b 574a 738c
学制改革　364a 469a
廓清会婦人矯風会連合　470b

学生社会科学連合会　360c
学制布告書　150a
覚善　561a
『覚禅鈔』　560c
拡大家族　470a
学徒　111b
学童集団疎開強化要綱　150b
• 学童疎開《がくどうそかい》　**150b**
学童疎開促進要綱　150b
• 学童保育《がくどうほいく》　**150b** 583b
学徒勤労令　428c
覚如　660c
覚仁法親王　387a
学農社　352c
学法女　20c 23a 326a
覚法法親王　698b
『学問のすゝめ』(福沢諭吉)　379a 472c 616c
かぐや姫　458b
覚誉　387a
神楽　369b 691a
「神楽坂の半襟」(水野仙子)　693c
神楽所神子座　691b 691c
神楽巫女《かぐらみこ》　⇨巫女(**690c**)　691c
隠れキリシタン　683b
• 郭をとみ〔安娜〕《かくをとみ》　**150c**
家系　365c
覓克彦　499c
家系図　221c 222a
• 家計簿《かけいぼ》　**151a** 588c
家計補助　355b
家計補助的低賃金　472a
家計補助的労働　358b
駆け入り寺　92c
• 欠落《かけおち》　**151a**
駆け落ち婚　774a
• 懸帯〔掛-〕《かけおび》　**151b**
駆け込み寺〔駈込寺〕《かけこみでら》　⇨縁切り寺(**92c**)　24a
駆け込みルーム　378b
掛衣　262a
掛け軸　423c
『花月園謾筆』　595a
影願　69b
掛幅画　144b
掛札悠子　785a
陰間　470c 535b 576a
• 陰間茶屋《かげまちゃや》　**151b**
• 懸守《かけまもり》　**151c**
景山英子《かげやまひでこ》　⇨福田英子(**617b**)　110b 517b 637a 640a 766c 785a
• 『蜻蛉日記』《かげろうにっき》　**152a** 98a 298b 631c 695a
『雅言集覧』　778b
• 鹿子位〔囲，鹿恋，十五女郎〕《かこい》　**152b** 757b
囲妾　725a
何香凝《かこうぎょう》　⇨ホーシアンニン(**660a**)
• 『過去現在因果経』《かこげんざいいんがきょう》　**152b**
かこ結び　171a
笠　52c
家妻　337b
寡妻　171b
寡妻戸　234a
寡妻妾　275a
笠井彦乃　459b
• 笠置シヅ子《かさぎしづこ》　**153a**
笠縫皇女　44c
重ね袿姿　78c 329b
笠朝臣豊主　103c
笠朝臣宮子　103c
笠女郎〔-郎女〕　437c 686a
• 笠命婦《かさのみょうぶ》　**153a**
『風花』　517c 531c
風早実秋　190c
風早局　611b
『かさぶた式部考』(秋元松代)　11b
• 笠森お仙〔笠森稲荷のお仙〕《かさもりおせん》　**153b** 693b
笠屋三勝　132b
飾り紐　214b
• 家産《かさん》　**153b** 34b 34c 51c 160c 168c 176b 286a 286b 296c 416b 447b 706b 707c
花山院師継　463b
家産管理者　109b
家産機構　416a
家産制　172b
花山天皇　699a
下賜　377a
嫁資《かし》　⇨持参財(**313a**)
• 家事《かじ》　**154a** 167c 194b 249a 249b 336b 337b 361b 415b 660c
• 借上《かしあげ》　**154b**
梶梅太郎　215c
家事科　157c 165b 409a
カジカトリニヤル　253a
家事観　167a
炊屋姫〔-媛皇女〕　191c 235c 443b 706c →推古天皇
何志剣　660b
賢所　515c 524b 689b
家事サービス公共職業補導所　158b
• 貸座敷《かしざしき》　**154c** 6c 244b 330a 342c 783c
貸座敷業者　1b 440b
貸座敷娼妓取締規則　314b 394c
貸座敷制度　576b
貸座敷渡世規則　394c
貸座敷取締規則　154c
家事事件　166b
餓死事件　295c
家事指南書　154a
鍛冶集団　44a
家事審判所　166a
家事審判部　166a
家事調停法　664b
家室《かしつ》　⇨刀自(**515a**)　34c
『画室の中から』(小倉遊亀)　115a
『家事読本全』(塚本ハマ)　490c
『家事と雑用』(矢島祐利・せい子)　739b
檝媛娘　→穴人臣檝媛娘
蟹島　756b 757c
鹿島神宮〔-社，-神社〕　40b 379c 380a 733a 691b
鹿島物忌　733a
冠者　131a
歌手　370a
『家集』(沓掛なか子)　212a
勧修寺　→かんしゅじ
勧修寺家　104a
勧修寺教秀女　303b
勧修寺晴子《かじゅうじはれこ》　⇨新上東門院(**393a**)
勧修寺晴豊　393a
勧修寺晴右　393a
勧修寺房子　219a
家女　286c
寡妾　171b
家職　7b
家事労働　167a 288a 446c
「家事労働は主婦の天職ではない」(嶋津千利世)　339b
家事労働論争《かじろうどうろんそう》　⇨主婦論争(**339a**)
柏木　228c
膳夫王　197b
膳部加多夫古臣　491a
膳司　238b 554a
柏原正覚　154c
柏原光忠　154c
• 柏原りよ《かしわばらりよ》　**154c**
柏屋　154c
梶原景時　29a
何震《かしん》　⇨ホーヂェン(**660b**)
家臣　153c
震述　660b
• 嫁す《かす》　**155a** 687b 772c 779a
可寿江《かずえ》　⇨村山可寿江(**721c**)
春日王　457b
• 『春日権現験記絵』《かすがごんげんげんきえ》　**155a** 26c
春日神社〔-社〕　287b 737b
春日大郎女皇女　460b
• 春日局(徳川家光乳母)《かすがのつぼね》　**155c** 379b 495c
春日局(頌子内親王母)　345c
春日姫宮　346a
• 春日山田皇女《かすがのやまだのひめみこ》　**156a** 443b
春日和珥臣深目　460b
春日明神　155a
• 被衣《かずき》　**156b** 52c 151b 715a
潜女《かずきめ》　⇨海女(**21c**)
• 被物《かずけもの》　**156c** 78c
上総大輔　298b
• 和宮《かずのみや》　**156c** 410a 467a 561b 670b →親子内親王

「和宮御側日記」　410a
和宮降嫁　157a 181a
『和宮上臈玉島日記』　467b
• 蔓《かずら》　**157b**
絣〔綛，絣，加寿利〕　59b 62a 216b 267b 279b
• 絣織《かすりおり》　**157b**
カズンズ、ノーマン　231c
家政　89a 154a 157c 249a 249b 336b 336c 416b 416c 699a
家政運営　194c
• 家政学《かせいがく》　**157b** 100a 364a 409a
家政学部　157c
家政学会　157c
家政管理　414c
家政管理権　337b
• 家政機関《かせいきかん》　**157c** 216c 232a 242a 440a 549b 706b
家政研究所　100a
家政権限　337b
『家政講話』(嘉悦孝子)　146c
家政職員　34b
綛糸　497a
• 家政婦《かせいふ》　**158b**
家政婦養成事業　158b
加世ガ辻子　312b 575c
『風に紅葉』　520c
『風の音』(宇野千代)　81a
『風の谷のナウシカ』(宮崎駿)　716a
火葬　427c 577c
家僧　35a
火葬場設置運動　58a 427c
• 数え歌《かぞえうた》　**158c**
• 家族《かぞく》　**158c** 147a 149a 160a 160b 161a 161c 165a 165c 167c 172a 172b 205b 265a 319b 374c 415b 434b 438c 711b 726a 766a 774a 776a ⇨核家族化(**149a**) ⇨家族史(**160b**) ⇨近代家族(**205b**) ⇨父子家庭(**620b**) ⇨母子家庭(**662c**)
家族愛　198a 660c
華族会館　162a 789a
家族介護　242c
家族共同体　437a
家族ぐるみ運動　686c
• 家族計画《かぞくけいかく》　**159c** 281a
家族形態　169a 264b 778c
家族研究　172b
• 家族国家観《かぞくこっかかん》　**160a** 35c 173b
• 家族史《かぞくし》　**160b** 330c
• 『家族・私有財産・国家の起源』(エンゲルス)《かぞく・しゆうざいさん・こっかのきげん》　**161b** 441b 736b
家族主義　546b
家族主義的国家観　162b
• 華族女学校《かぞくじょがっこう》　**162a** 109a 141c 323c
『華族女学校教師の見た明治日本の内側』(アリス＝メイブル＝ベーコン)　652c
家族成員　172a
家族生活　163a 190a
『家族制限』(サンガー)　752a
家族制度《かぞくせいど》　⇨家制度(**35b**)　150b 160c 163a 475a 505a 664b 710a
『家族制度と婦人問題』(河田嗣郎)　640c
家族制度復活　543b
• 家族制度復活反対運動《かぞくせいどふっかつはんたいうんどう》　**162a** 547b 634a
家族制度復活反対連絡協議会　162b 465c
家族像　165c
家族賃金制　747c 782c
• 家族手当《かぞくてあて》　**162b**
家族内役割意識　288a
『家族の起源』(エンゲルス)　161b
家族墓　578b
家族法　173a 265b
家族法改正運動　613b
家族法学　668c
家族離散　150b
華族令　133b
家族労働　172c 290a
家族論　616c
過疎対策　13c
ガソリンガール　355b
過怠牢　139c
片岡重助　446c
カタカシラ　781c
片仮名　680c 770c 771a 771b
肩衣　267a
気質物　422b
片桐佐太郎　446c
形代　602b 603b
方名　551b
荷田春満　162c 178b
荷田在満　162c
荷田高惟　162c
• 荷田蒼生子〔ふり，楓里〕《かだのたみこ》　**162c** 601b
• 交野女王《かたののじょおう》　**162c** 79a
肩野皇女　438b
片働き　416c 519a
片働き世帯　573a
片膝立て　12a
帷子〔片枚〕　583a 759b
カタミ　754c
カタメ　754c
片山潜　43a 424c
片山広子　559a
片山北海　775a
語り物　129a
「カチューシャの唄」　676b
• 家中成敗権《かちゅうせいばいけん》　**162c**
• 家長《かちょう》　**163a** 8b 35a 68a 109b 133c 138b 147a 153c 154a 159b 162b 168c 172a 172c 258a 259a 276c 330c 336b 336c 390b 416a 416b 447a 474c 480c 614c 661c 701b 753a 765c
花鳥画　73c
家長権　68b 172c 287b 390b 390c
• 『花鳥風月』《かちょうふうげつ》　**163a** 403c
勝海舟　215c
学館院　462c
カツギ　774a
• 香月啓益〔則真，牛山，貞庵，被髪翁〕《かつきけいえき》　**164a** 38c 83c 300c
潜女《かづきめ》　⇨海女(**21c**)
学区制　150a
学校　310c
学校教育制度　150a 310c
学校教育法　764b
学校教育法施行令　737c
学校YWCA　790a
葛飾応為《かつしかおうい》　⇨お栄(**99b**)
葛飾北斎　99b
喝食　599c
合戦絵　650c
活動専業主婦　337c
合羽　759b
• 割烹着《かっぽうぎ》　**164b**
• 勝目テル《かつめテル》　**164b** 397c
勝山　760b
勝山髷　675b
桂川甫周　461c
葛城王〔葛木-〕　7b 296c 717b 721c →橘諸兄
葛城直磐村　403c
葛城直広子　403c
葛城襲津彦　67b
葛城当麻倉首伊比古郎女　403c
葛城当麻倉首比里古　403c
葛木連戸主　792c
桂供御人　72c 164c
桂小五郎　197a
桂太郎　32c
• 桂包《かつらづつみ》　**164b** 164c 355c
桂巻　164c
• 桂女《かつらめ》　**164c** 10a 72c 77b 164c 377a 647c
• 鬘物《かづらもの》　**165a** 566b
• 家庭《かてい》　**165a** 154b 167c 194b 337a 337b 660b
『家庭』　271c 446c
家庭一般の男女双方への選択必修化　470c
• 家庭科《かていか》　**165b** 165c 199c 361b 469a
家庭会　409b
家庭改良論　353a
家庭科男女共修　361c
家庭科の男女共学・必修化　362c
• 家庭科の男女共修をすすめる会《かていかのだんじょきょうしゅうをすすめるかい》　**165c** 739a
家庭科の男女共修を求める運動　165c
家庭科必修　782c
家庭管理　59c
家庭管理能力　752c

『家庭管理法』(井上秀)　59c
家庭教育　39a 446b 791a
家庭教育学級　342a 361b
家庭教育振興　478a
家庭教育振興ニ関スル件　476c
家庭教育ニ関スル要綱　428b
家庭科教育連絡会　739a
家庭経営　43b
• 家庭裁判所《かていさいばんしょ》　166a 710a
• 『家庭雑誌』(徳富蘇峰)《かていざっし》　166b
• 『家庭雑誌』(堺利彦)《かていざっし》　166c 670c
『家庭週報』　271c
家庭小説　165b
『家庭女学講義』　639a
家庭食養研究会　148b
『家庭新聞』　537b
家庭生活改善　518c
家庭生活更新運動　446c
家庭生活合理化展　588c
家庭相談所　446c
家庭団　199c
『家庭団コータリー』　199c
• 家庭電化《かていでんか》　167a 200b
家庭電化元年　167a
『家庭と婦人』　537b
家庭内暴力《かていないぼうりょく》　⇨ドメスティック＝バイオレンス(518a)
『家庭の新風味』(堺利彦)　482b
• 『家庭之友』〔家庭の友〕《かていのとも》　167b 588b 639a
家庭班　409b
• 家庭文化《かていぶんか》　167c
家庭紛議調停裁判所設置運動　638c
家庭報国運動　446c
家庭報国三綱領・実践十四項目　328b
家庭奉仕員《かていほうしいん》　⇨ホームヘルパー(660c)
家庭寮　446c
『家庭料理法』(横井玉子)　765b
『家伝記』　695b
『家伝小児方』　49c
加藤晃　707c
加藤和枝　694b
加藤籌子　412b
加藤勘十　168a
『家道訓』　154a
• 加藤シヅエ《かとうシヅエ》　168a 300c 302a 344b 457c 639c 643c 695c 758c
下等小学　150a
加藤大介　300a 739a
加藤千蔭　190b
加藤千浪　527c
加藤弘之　473a 640a
河東節　351c
加藤正矩　703b
• 加藤みどり《かとうみどり》　168b
加藤雪　736b
• 家督《かとく》　168c 17b 68a 153c 286b 487b
家督権　259b
家督制　168c
家督相続　133a 286c 287a 578a 710a 711a 711b
家督相続権　54b 725a
家督相続制度　475a
家督相続人　138b 360a
門付け　520b
葛野王　511a 563b
門屋　159a
香取社　40b 380a
拘引売　394b
かな　680b
家内隠居　68b
家内管理　416a
• 金井沢碑《かないざわひ》　169a
家内従属民　172a
家内統括権　416a
カナオヤ　761a
仮名書き　553a
仮名垣魯文　723b
カナコ　761a
「悲しき口笛」　694b
• 仮名草子《かなぞうし》　169b 703c
カナムスメ　761a
仮名文字　97c
金森通倫　407c
金谷栄二郎　179b
金屋子神　65a
金谷フサ　179b
『仮名列女伝』　169b 195b
蟹江ぎん《かにえぎん》　⇨きんさん・ぎんさん(204c)
• かにた婦人の村《かにたふじんのむら》　169c
掃司　238b 554a
掃部女官　554a
金貸し　154b
• 鐘ヶ淵紡績ストライキ《かねがふちぼうせきストライキ》　169c
金子佐平　166b
金子しげり《かねこしげり》　⇨山高しげり(746c) 643a
金子直吉　405a
• 金子文子《かねこふみこ》　170a 356b
• 金子みすゞ〔テル〕《かねこみすず》　170b
『金子みすゞ全集』　170c
金沢顕時　712b
かね坏　170c
• 鉄漿付〔カネツケ〕《かねつけ》　170c 716c
カネツケ祝い《カネツケいわい》　⇨ユモジ祝い・カネツケ祝い(761a)
かね付け筆　170c
• 『鉄漿訓』《かねのおしえ》　171a
金平婦人水平社　539a
かね沸し　170c
加納御前　177b
狩野探幽　203a
加納御方　177b
狩野介茂光　438a
狩野介宗茂　429b
狩野派　130b
加納実紀代　328a
鹿子　171b
• 鹿子結び《かのこむすび》　171a
鹿野政直　374a 701c
姓　707b
樺山資紀　782b
何班　660b
家婢的妻　192b
家婦　337b
家譜　222a
• 寡婦《かふ》　171b 118b 132a 258a 365b 424b 662b 662c 701c
家風　327c
カフェー＝プランタン　354a
甲可王　491a
• 歌舞伎《かぶき》　171c 128c 325c 385a 477a
歌舞伎踊〔かぶき踊り〕《かぶきおどり》　⇨出雲阿国(45c)　131a 171c 370a 757a 757b
歌舞伎女　756c
歌舞伎太夫　756c
歌舞伎役者　470c
寡婦戸　234a
家父長　446b
家父長権　161c 172c 299a 390b 529c
家父長婚　316c
• 家父長制《かふちょうせい》　172a 34a 86b 109b 139c 153b 159a 161a 163a 196c 276c 304b 331a 365c 415b 416a 420a 434b 536c 575b 577a 615c 661c 694a 782c
家父長制家族　34a 160c 172a 194a 348b 441c
家父長制家族観　249b
家父長制家族制度　123c
家父長制大家族　159a
家父長制的一夫多妻制　347c
家父長制的家内奴隷制家族　159a
家父長制的世帯共同体　159a 172a
家父長制的単婚　347c
家父長制的農奴制小家族　159a
家父長制複合家族　159a
家父長的家族　779a
家父長的大経営　451b
禿〔かぶろ〕　176b 587b
カベリ　600c
家母　337b
• 『鎌倉遺文』《かまくらいぶん》　173b
鎌倉遺文研究会　173c
• 『鎌倉大草紙』《かまくらおおぞうし》　174a
• 鎌倉新仏教《かまくらしんぶっきょう》　174a
鎌倉幕府法　143c 696b
鎌倉比丘尼御所　24a
鎌倉夫　562b
鎌田敏夫　206a
鎌田正清　174b
• 鎌田正清の母・娘《かまたまさきよのはは・むすめ》　174b
鎌田通清　174b
尚　238b 555a
神　690c 691a 725c

髪　209b 572c
髪上(髪型)　329a
髪上げ(成人儀礼)　210b 227a 412a 612c 731b
神歌　62c
紙扇　97b
• 髪置き《かみおき》　174b 315c
神祖命　688a
神おろし　507c 619b
神がかり　619b 690c 691b 759c
髪飾り　209b
髪型〔髪形〕　140c 321b 402c 434a 439a 475b 608b 648a
上桂供御人　72c
上賀茂神社〔-社〕　467b 688b 733a
『上賀茂神社文書』　553b
神川松子《かみかわまつこ》　⇨平民社の女性たち(652a) 652b
裃　267a
上條宏之　517c
上女中　142a
紙漉き　567c
カミダーリ　760a
髪立て　174b
• 神近市子《かみちかいちこ》　174c 18a 56a 328a 330c 437b 517c 558c 595c 639b 670c 744c
『神近市子自伝—わが愛わが闘い—』　175a
神憑け　49c
• 上野佐位朝臣老刀自《かみつけぬのさいのあそんおいとじ》　175a
• 上毛野君形名の妻《かみつけののきみかたなのつま》　175b
上宮大娘姫王　491a
• 髪長媛《かみながひめ》　175b
神の妻　369b
加味之乎止古　80a
加味之乎止売　80a
紙雛　423c
「紙ひなと絵団扇」(高村智恵子)　455b
髪振　648a
神まつり　690c
神山　77a
神山茂夫　175c
• 神山ハナ《かみやまハナ》　175c
• 神谷美恵子《かみやみえこ》　175c
『神谷美恵子著作集』　175c
髪結　355a 567c
髪結さん　131b
かみんこ　691a
神人《かみんちゅ》　⇨ノロ祭祀(571a)　537a 571b
神阿多都比売　271b
神今食　→じんこんじき
家務所　157c
• 神夏磯媛《かむなつそひめ》　176a 494a
• 神衣祭《かむみそさい》　176a
• 禿《かむろ》　176b
亀(稲葉正通娘)　534b
• 家名《かめい》　176b 34b 34c 75c 76a 160c 168c 614b 707b
亀井静子　153a
• 亀井少琹〔友〕《かめいしょうきん》　176c
亀井昭陽　176c
• 亀菊《かめぎく》　176c 387a
亀甲墓　578b
『がめつい奴』　702a
• 亀前《かめのまえ》　177a 86b 673c
• 亀姫《かめひめ》　177a 491b
• 亀屋五位女《かめやごいめ》　177b 9c 124c
亀屋忠兵衛　84c
亀山天皇　30b 108b 225a 272b 343a 463b 521c 585a
• 鴨居羊子《かもいようこ》　177b
• 蒲生娘子〔蒲生〕《がもうのおとめ》　177b 297c
蒲生義雄　440b
• 髢《かもじ》　177c
賀茂重助　66a
賀茂神社〔-社〕　40b 281c 379c 467b 691a 691b
賀茂伝承　391b
賀茂県主　40b 467b
賀茂朝臣　178a
賀茂朝臣比売女　632a
賀茂姉子　481b 481c
• 鴨君粳売《かものきみぬかめ》　178a
賀茂斎院《かものさいいん》　⇨斎院(281c)　79a 379c
賀茂斎王　281c 283b 352b
賀茂定有　708b
賀茂定夏　708b
賀茂季鷹　52a
賀茂建角身〔-命〕　467b 688b
賀茂女御　66a 551a
• 賀茂祭《かものまつり》　178a 281c 555b
賀茂真淵　541c 732c 761b
• 賀茂真淵の妻《かものまぶちのつま》　178b
賀茂御祖神社　178a 688b
賀茂別雷神社　178a
家紋　142b
加舎白雄　91b
• 高陽院《かやのいん》　178c 698b
高陽院領　178c
通い〔カヨヒ〕《かよい》　⇨訪婚(657b)　277b 408a
「通小町」　123b
通い婚〔カヨヒ-〕　316c 770b
カラーテレビ一年間買い控え運動　350c
柄井川柳　433a
• 『唐糸草子』〔-そうし〕《からいとそうし》　179a 120b 761b
唐衣《からぎぬ》　⇨十二単・裳唐衣(329a)　78c 174c 552c 730c
唐櫛匣〔唐匣〕　210b
嘉楽門院　32a
烏丸資任　62b
『からだ・私たち自身』　70b
• 『唐錦』《からにしき》　179a 534b
唐橋通時　37b
樺太アイヌ　4b
• 樺太アイヌの女性《からふとアイヌのじょせい》　179b
苧麻　581a　→ちょま
• からゆきさん《からゆきさん》　179b 26a 189c 304b 325c 574a
唐輪髷　608b 675a
狩衣　593c
仮皇居　296c
狩り込み　382b 593b
仮祝言　14a
• 仮宅営業《かりたくえいぎょう》　179c
訶利帝母　192c
権の北の方　626a 632a 726b
借り腹　450a
• カリフォルニアおけい《カリフォルニアおけい》　179c
• 借馬秋庭女《かりまのあきばめ》　180a 580c
カリヤ《カリヤ》　⇨産屋(83a)　⇨月小屋(490c)
狩谷棭斎　180a
狩谷矩之　180b
• 狩谷たか女〔俊〕《かりやたかじょ》　180a
花柳病　180b
花柳病男子の結婚制限法　398c
• 花柳病予防法《かりゅうびょうよぼうほう》　180b
珈凉　147c
• 『苅萱』《かるかや》　180c
• カルチャーセンター《カルチャーセンター》　180c 342a
軽大郎女《かるのおおいらつめ》　⇨衣通郎姫(439b)
軽太子　439b
『カルメン』　676b
家令　34b 157c
家令職員令　157c
過労死　496a
『かろきねたみ』(岡本かの子)　110b
カロザース、ジュリア　203c
川合鼎　181a
• 川合小梅《かわいこうめ》　181a
河合左左衛門　181b
河合酔茗　322c 365a
• 河合智月〔川井〕《かわいちげつ》　181b 233b
河合縫子　601b
• 河井道〔道子〕《かわいみち》　181b 751c 790b
川合義虎　475a
「かわうそ」(向田邦子)　713c
川上音二郎　181c
川上貫一　66b
川上座劇場　181c
• 川上貞奴〔さだ〕《かわかみさだやっこ》　181c 385a
川上正劇運動　182a
河上忌寸妙観　296a
河上肇　164b 182a 526c
• 河上芳子《かわかみよしこ》　182a
• 川喜多かしこ《かわきたかしこ》　182a
川喜多長政　182a
川口愛子　702a
川口浩　702a
川口松太郎　2c 702a 722c
川崎尚之助　537a
川崎直衛　353c
• 河崎なつ《かわさきなつ》　182b 118c 260b 589a

かわしま

643a 700a 747a 789a
川島武宜　161a
川島浪速　182c 183a
・川島芳子〔かわしまよしこ〕　**182c**
川施餓鬼　532c
川瀬太宰　386a
川瀬幸　386a
川副勝重　247a
河田嗣郎　640b 640c
川田芳子　385a
河内道明寺　23c
河津祐通〔祐泰〕　438a
河鍋暁斎　312c
川浪道三　693c
「川の流れのように」　694b
『川の流れのように』（美空ひばり）　694b
川原寺　23b 462b
・河原操子〔かわはらみさこ〕　183a
川村邦光　743c
川村春子〔かわむらはるこ〕　⇨平民社の女性たち（652a）
　61b
川村孫兵衛　376a
厠神　82b
土器生産〔かわらけせいさん〕　⇨どきせいさん（511b）
不改常典　616a
・姦〔奸, 姧〕〔かん〕　183a 66b 215a 235b 236a
鰥　171b
観阿弥　132b 142b 147b 370a 566b
　608a
官位継承　480c
冠位十二階　402b
簡易幼稚園　764b
姦淫罪〔かんいんざい〕　⇨姦通罪（186a）648a 779c
『寛永諸家系図伝』　186a 222a
官営模範製糸場　517b
神尾一位局　17a
棺桶に片足を入れて産む　334b
神尾忠重　17a
願海　251c
カンカカリャー　760a
鰥寡孤独　171b
歓喜光院領　585a
観行院　157a
寒玉　328c
観空　659b
官戸　594b
・観光買春ツアー〔かんこうかいしゅんツアー〕　183b 576b
『元興寺伽藍縁起幷流記資材帳』　519b
「観光と子ども買春─現代奴隷制の中の子どもたち─」　318b
菅紅嶺　71b
看護改善　541a
看護教育　497b 504b
看護協会　669c
韓国キリスト教会女性連合会　184b
韓国女性団体連合　184c
・韓国挺身隊問題対策協議会〔かんこくていしんたいもんだいたいさくきょうぎかい〕

　184b
韓国併合　288b
・看護師〔かんごし〕　184b 414a 474a 541a
看護師の夜勤制限　541b
看護職　371c
『看護の基本となるもの』（V・ヘンダーソン）　760c
看護婦〔かんごふ〕　⇨看護師（184b）104b 184c
　203c 327a 355a 359c 414a 456b
看護婦規則　184c
看護婦試験　184c
・看護婦出産制限事件〔かんごふしゅっさんせいげんじけん〕　184c
看護婦服　764c
看護婦不足　541a
看護婦免許　184c
願西尼　185a
関西婦人クラブ　679c
神崎　⇨江口・神崎（89a）　15c 221a
　756b 757c 766a
神崎清　543c
寒酒　293c
・簪〔かんざし〕　185a 209b
元三の薬子　690a
漢字　680c 770b 771a 771b
観自在王院　632c
元日節会　42b
筒子内親王　592b
懽子内親王　784c
漢詩文　790a
勧修寺　100a 624b 705a
カンジュルジャップ　182c
・願証尼〔がんしょうに〕　185a
寛正の飢饉　190b
官職　153c
観心　32a
勧進　21a 78a 214a 218a
鑑真　240b 251b
「感心な母」　218a
・勧進比丘尼〔かんじんびくに〕　185a 21b
看生　305b 520a
・寛政三美人〔かんせいさんびじん〕　185c
姦生子　278c
『寛政重修諸家譜』〔かんせいちょうしゅうしょかふ〕　186a 222a
観世音寺　23c
観世音菩薩　44b 187b 274b
間接差別禁止規定　471c
観世元雅　142a
官撰家譜　186a
官僧体制　20c
甘草湯　335a
姦通　⇨密懐・密懐法（696a）　183b
　317c 441a 648c 779c
・姦通罪〔かんつうざい〕　186a 421b 470b 710b
姦通親告権　173b
寒造り　293c
・貫頭衣〔かんとうい〕　186b 140b
『関東下向道中日記』　492b
関東政治史　174a

『竿頭の蛇』（北村兼子）　195a
関東婦人水平社　638a
関東婦人同盟〔かんとうふじんどうめい〕　⇨無産婦人団体（714b）　460a 528a 537b 638a 643a
　714c 750c
関東俸給生活者同盟　528a
簡牘　732a
監督権　390a
・ガントレット恒〔恒子〕〔ガントレットつねこ〕　186b 285b
　354a 542b 546c 590b 593a 606a 643a
巫〔かんなぎ, 覡女〕　316c 355c 392b
　691a
神嘗祭　47a
・金成マツ〔かんなりマツ〕　186c 489a
官尼　20c 35a
神主　380a
官奴婢　594b
感応寺　126c
官能レディース誌　785c
尚侍　524c
・管野すが〔スガ, 須賀子, 幽月〕〔かんのすが〕　187a
　652a 785a
『管野須賀子全集』　187b
・菅内侍〔かんのないし〕　187b
観音　31b 743c
・観音講〔かんのんこう〕　187b 559a
観音信仰　187b 585c
関白　191b 422b
関白家丹後　193b
・樺美智子〔かんばみちこ〕　187c
「がんばろう」　77c
看板娘　153b 482a
カンピトゥ　760a
寛平御時后歌合　592c
姦夫　183b 317c 694b
姦婦　317c
カンプー　782a
姦夫殺害　696b
漢文　770c
寛文小袖　140c
「寛文風土記」　3b
寛文模様　267c
神戸　264c
神部　691a
『カンボジア＝フランス語辞典』（タンダール）　736c
寒前酒　293c
桓武天皇　20b 27c 57a 58b 211c 291a
　453a 453b 459b 624c 626b 642c 792c
冠　226c 463c 656c
官名　551b
官物公事請負　751b
管理権　390b
管理職　414a
・管理売春〔かんりばいしゅん〕　188a 314b 395a 414c
　573b 576b
咸臨丸　616c

還暦　81b 81c
関露　367b
甘露寺元長女　303b

き

紀伊(三沢初子叔母)　692a
妓生　305b
キーセン観光《キーセンかんこう》　⇨観光買春ツアー(183b)　676c
キーセン＝パーティ〔妓生-〕　183b
• 生糸《きいと》　188b 56c 57b 497a 590a 763b
『生糸職工事情・織物職工事情』　383b
• 紀伊局(後白河天皇乳母)《きいのつぼね》　188c →紀二位 →藤原朝子
紀伊二位　188c
• キイパンチャー《キイパンチャー》　188c
• 木内キヤウ《きうちきょう》　189a 593a
木内錠子　412b
祇王　650b
• 祇王・祇女《ぎおう・ぎじょ》　189b 387a 669b
祇王寺　452a
『祇王寺日記』(高岡智照)　452a
• 祇園《ぎおん》　189b 314a 322b 672b
祇園社　189b 691b 691c
• 祇園女御《ぎおんのにょうご》　189c 66a 441c 551a
祇園町子　39c
帰化　255c
器械製糸　517b
『機械のなかの青春』　409c
其角　233c 320b →宝井其角
『帰家日記』　59a
機関誌　636b
• 聞き書き《ききがき》　189c 476a
聞き取り　496b
桔梗ヶ原女子拓務訓練所　364b 449c
企業社会　496a 782c
• 企業戦士《きぎょうせんし》　190a 337c 416c 496a
企業中心社会　190b
企業忠誠心　190a
企業別組合　190a
戯曲研究会　11a
• 飢饉《ききん》　190b
『木草物語』　705c
「菊図」　463b
菊園　221b
『菊園集』　190c
菊田一夫　198a
菊竹トリ　638a
菊潭文英　94a
菊池敬一　18c
菊池孝古　190c
• 菊池袖子〔菊園〕《きくちそでこ》　190b
菊池大麓　782b
菊池武敏　633a
菊池武教　190b
• 菊池民子〔菊地〕《きくちたみこ》　190c 10b 107b
菊鶴　520a
菊の江　560b
『菊の塵』　233c 320b
菊屋　97b
• 『義経記』《ぎけいき》　190c
喜劇　201a
危険有害業務制限　788a
寄口　172a
• 希交会《きこうかい》　190c
乞巧奠　465c
起耕労働　415c
• 聞得大君《きこえおおきみ》　191a 64c 122b 127a 537a 571a
疑獄事件　505a
擬古物語　733c
既婚者　209b
既婚女性　170c 337b
既婚巫女　40b
棄妻七出之状　316c
后町　237c
• きさき〔キサキ，后，妃〕《きさき》　191b 191c 237b 296b 443b 525a
• 后がね《きさきがね》　191c
后神　726a
• きさきの宮〔キサキ-，妃-〕《きさきのみや》　191c 191b 242a 706b
木崎村争議《きざきむらそうぎ》　⇨小作争議と女性たち(260a)
木沢鶴子　509b
『義残後覚』　11a
棄児　406b
『岸うつ波』(壺井栄)　495b
岸恵子　198b
徽子女王　285a 671a
岸田数遠　117c
岸田辰弥　456b
• 岸田俊子〔湘烟，湘煙〕《きしだとしこ》　192a 110b 329c 330b 510a 510b 517b 617c 637a 640a 785a →中島俊子
規子内親王　285a
暉子内親王　585a →室町院
熈子内親王　387a
禧子内親王　442a
儀子内親王　623b
疑似パート　572a
• 「岸辺のアルバム」《きしべのアルバム》　192c 660c
• 鬼子母神《きしぼじん》　192c 274c
「鬼子母神」(平林たい子)　610a
岸正知　620c
記者　355a
雉屋　97b
• 宜秋門院《ぎしゅうもんいん》　193a 340b 540a
• 宜秋門院丹後《ぎしゅうもんいんのたんご》　193a 540a
技術・家庭科　165b 165c
技術・家庭科の共学　470c
鬼女　743c
祇女　→祇王・祇女
棄児養育米規則　406b
棄妾戸　234a
木尻〔キジリ〕　147a 766a
• 魏志倭人伝《ぎしわじんでん》　193b
岸和田市連合婦人会　193c
岸和田母の会　193c
• 岸和田婦人会《きしわだふじんかい》　193b
岸和田紡績　288b
寄進地系荘園　14c
『傷ある翼』(円地文子)　94c
擬制的親子関係　270a 390b 479c 550a 761a 763c
擬制父系　619a
擬制婿取婚　159a 347c 348b
• 儀制令春時祭田条《ぎせいりょうしゅんじさいでんのじょう》　193c
帰属　296a 473b 618c
基礎年金　565a
着衣始　335a
木曾義高　108a →源義高
木曾義仲　108a 179a 518b →源義仲
『キダー書簡集』　194a
• キダー、メアリー＝エディ　Mary Eddy Kidder　194a 203c 294c 791b
• 『期待される人間像』《きたいされるにんげんぞう》　194a 337c
喜多川歌麿　22a 185c
• 北川殿《きたがわどの》　194b
喜多川守貞〔喜田川〕　735b
北小路資武　742a
北沢楽天　639a
堅塩媛　→蘇我堅塩媛
北白河院　30b 31a
北朝鮮帰還事業　288c
喜谷実母散　480b
北御方(寿桂尼)　331c
北御方(正室)　411a
• 北の方《きたのかた》　194c 410c 411a 411b
北野早苗　621b
北の対　194c
『北野天神縁起』〔-絵，-絵巻〕　83b 333b 677c
北野天満宮　459c
北政所(家政機関)　157c
北政所(摂関正妻)　194c 411a 411b
北政所(高台院)　247c
北畠親房　750b
北原怜子《きたはらさとこ》　⇨蟻の街のマリア(27a)　27a
北原武夫　81a
北富士演習場入会権闘争　793c
• 北村兼子《きたむらかねこ》　195a
• 北村季吟〔静厚，久助，慮庵，七松子，拾穂〕《きたむらきぎん》　195a 92c 502c
北村湖春　502c
• 北村サヨ《きたむらサヨ》　195b
北村透谷　44a 94b 353a 595b 723a 785c
北村美那《きたむらみな》　⇨石阪美那子(44a)　354c
北山院　605c

北山准后　→四条貞子
北山女房　597b
義太夫　716b
義太夫狂言　171c
義太夫節　263b 351c
基地・軍隊を許さない行動する女たちの会　196b
• 基地売春〔-買売春〕《きちばいしゅん》　195b 573b 576b
• 基地反対闘争《きちはんたいとうそう》　195c
『几帳のかげ』(柳原白蓮)　742b
喫煙規制　196c
喫煙タブー規範　196c
• 喫煙と女性《きつえんとじょせい》　196b
喫煙率　196c
吉川国経　707a
吉川氏　326c 491a
吉川元春　707a
吉祥天　503a
キッチンドリンカー　337c 496a
切手書　101b
祈禱　261a 335a 508a 691a
• 鬼道《きどう》　196c
儀同三司の母《ぎどうさんしのはは》　⇨高階貴子(452a)　→高内侍
城戸四郎　2c
木戸孝允　197a
• 木戸松子《きどまつこ》　197a 386a
『キトロギア』　739c
『キナラブック・ユーカラ集』(杉村キナラブック)　404c
きぬ　583a
絹　140c 762b
絹糸　58c
絹織り　567c
絹織物　128a 763a
被衣　156b
• 後朝使〔衣衣使〕《きぬぎぬのつかい》　197a 714a
『砧』　142b
砧打　793a
衣縫金継の娘《きぬぬいのかなつぐのむすめ》　⇨節婦(424a)　424b
衣縫部　91b
縫工女　91b
祈年祭　689a　→としごいのまつり
喜之　281a　→如来教教祖喜之
紀海音　389b
『紀ノ川』(有吉佐和子)　27b
紀清成　651c
木下クニ　304b
木下恵介　540a 731c
「木下恵介アワー―女と刀―」　138a
木下順二　752b
木下竹次　694a
木下尚江《きのしたなおえ》　⇨『良人の自白』(783a)　20a 166c 187a 250a 365b 437b 652a
木下操子　250a
紀通清　403a
紀貫之　98a 529b
紀藤次　88a
紀内侍　357a 729c
紀二位　29b 188c
生袴　605b
木登り採集　414b
紀光清　262a 267c
紀光澄　754a
紀良子　379b 403a
牙玉　673a
騎馬女房　555b
吉備嶋皇祖母命　197b 408a 688a
• 吉備姫王《きびつひめのおおきみ》　197b 239c 408a
• 吉備内親王《きびないしんのう》　197b 230b 232a
吉備海部直　67b
吉備兄媛　671b
吉備臣弟君　91b
吉備真備　197c 240b
吉備命婦　197c
• 吉備由利《きびのゆり》　197c
『貴船の本地』　120a
帰本　176c
基本的人権　162b
基本的人権の尊重　543a
君　127a 191a 212b
「君いとしき人よ」　198b
• 「君死にたまうことなかれ」(与謝野晶子)《きみしにたもうことなかれ》　198a 125b 766b
『君死に給ふことなかれ』(深尾須磨子)　616c
君手擦百果報事　191a
「君と僕」　778b
• 「君の名は」《きみのなは》　198a
君南風《きみはえ》　⇨ノロ祭祀(571a)　571b
君仁親王　442a
義務教育〔-制度〕　274a 310c 737c
金賛汀　487c
• 金学順　Kim Hak-sun《キムハクスン》　198b 370b 542c
金マリア　305a
金龍成　220b
• 木村曙〔栄子〕《きむらあけぼの》　198c 623a
• 木村熊二《きむらくまじ》　198c 67c 199a 723a
• 木村五位女《きむらごいめ》　199a 9c
木村駒子　395a 538b
木村荘八　198c
木村荘太　56a 198c
木村荘十二　198c
• 木村鐙〔鐙子〕《きむらとう》　199a 723a　→田口鐙子
木村直信　199a
木村長俊〔元雄〕　768a
木村長叔〔充民〕　768a
• 木村松代《きむらまつよ》　199a
『木村文書分類目録』　6a
キメザケ　755a
「肝っ玉かあさん」　660c
きもの〔着物〕《きもの》　⇨小袖(266c)　140b 267a 253c 518b
客座〔キャクザ〕　147a 766a
客室乗務員　647b
逆修　259b
逆修墓　577c
虐待防止法　252b
『逆転』(伊佐千尋)　739b
客引女　726c
伽羅の油　612b
「キャラメル工場から」(佐多稲子)　295b
キャンパス・セクシャル・ハラスメント全国ネットワーク　793c
キャンパスセクハラ　422a
喜遊　648b
旧刑法親属例　265b
救護課　246c
旧国造　212c
救護法　406b 663b
求婚　223c
求婚出世譚　492b
給仕　485c
給仕女　482a
九州征討伝承　176a
給食　226c
宮人　→くにん
• 救世軍《きゅうせいぐん》　199b 324b 330a 512a 574a 687c 751b 751c　→日本救世軍
旧制女子専門学校　469a
救世団　199c 512a
旧俗廃止詔　731b
宮中祭祀　175b
宮中二十三座　689b
宮中某重大事件　244a
宮廷歌人　563c
宮廷女官　552b
宮廷文化　98b
旧民法　360a 390c 668b 709c 711b
ギューリック　5c
キュリー、F・ジョリオ　753c
教育　416b
『教育一路』(木内キヤウ)　189a
教育運動　166a
教育学　665b
教育機関　771b
• 教育基本法《きょういくきほんほう》　199c 194a 267c 364a 470c 782c
教育刷新委員会　181c 469a
教育政策　194a
教育制度　361c
• 教育勅語《きょういくちょくご》　200a 35c 622b 782b
教育的宣撫事業　403b
教育の機会均等　475a
教育扶助　409c
• 教育ママ《きょういくママ》　200b
教育令　150a 248c 310c
教育練成運動　446b
教育論争　194b
教員　354b 355a

教円　88a
行円房円智　23c
狂歌　587a
景戒　→けいかい
共学　361b　→男女共学
教学大旨　243a
仰臥産　306a 334b
凝華舎　237c
• 京ガス裁判《きょうガスさいばん》　**200b**
『狂歌美人職人尽』　587b
経木　259b
行基　23b 200c
協議会テーゼ　788b
• 行基集団《ぎょうきしゅうだん》　**200c**
行儀見習　142a
『教行信証』　400c
協議離婚　391a 779b 779c
• 狂言《きょうげん》　**201a** 678c 713b 776c 794b
狂言座　581c
狂言師　46b
『京極大双紙』　61c
京極高次　124a
京極高吉　678b
京極忠高　94a
京極竜子　678b
京極為兼　530a 624a
京極為教　623c
共産主義　17c
共産主義社会　161c
『共産党員の転向と天皇制』(渡辺多恵子)　618c
教師　414a
経師屋おさん　246a
• 教勝《きょうしょう》　**201c**
行商　600c
喬松院　534b
京上夫　562b
狂女物《きょうじょもの》　⇨女物狂(**142b**)　566b 592c 787c
経尋　444a
行信　102b
共生園　451c
強制隔離政策　262b
強制コタン　159c
強制的結婚　36a
強制売春　188a
強制わいせつ罪　477b
饗膳　276c
教祖　369b 532b 561a
兄弟　63c
兄妹神　41b
兄弟盃　327c
兄妹始祖神話　77a
兄妹相姦伝承　509a
経筒　95a
共同飲食　77c 611a 755a
共同祈願　95a
共同購入運動　350b
共働社グループ　409b
共同処分者　437a
• 共同炊事《きょうどうすいじ》　**202a** 2b 428c 568b
共同炊事組合　202a
共同生産　161c
共同統治者　415c
共同墓　578a
共同墓地　577c
京都学連事件　360c
京都御所　296c
堯然入道親王　323c
卿三位　202a
• 卿二位《きょうのにい》　**202a** 208b 340a 551c 559c 658c 722c
矯風会《きょうふうかい》　⇨日本基督教婦人矯風会(**542a**)
矯風会の三羽烏　736a
刑部卿三位　448b
暁民会　475a
凶夢　377c
業務堕胎　461a
教諭　764b
行勇　539b
教養講座　181a
共立高等女学校　202c 586c
共立女子学園　586b 586c
共立女子職業学校　202c 586c
共立女子専門学校　202c 586c
• 共立女子大学《きょうりつじょしだいがく》　**202c** 586b 586c
旭山戸田斎　484a
玉代　12b 587b
玉池吟社　741b
曲亭　457a　→滝沢馬琴
去家　390c
清酒作物忌　733b
虚実皮膜論　477b
居住規定　585b
魚酒型労働　502a
居宅助産院　300b
清原家衡　627a
清原枝賢　202c
清原武貞　626c 627a
清原平野伊兵衛守清　203a
清原元輔　411b 529b
• 清原マリア〔イト〕《きよはらマリア》　**202c** 667b
• 清原雪信〔雪，匠貴〕《きよはらゆきのぶ》　**203a**
魚皮衣　4a
『浄御原令』　780b
漁民　144b
浄村女王　103c
清元　247a 512b
漁撈　22b 414b
漁撈具製作　414b
景福宮　709c
吉良氏朝　657c
桐大内蔵　132b 370a 736a
『キリクビ』(有吉佐和子)　27b
キリシタン　116b 683b
キリシタン禁令　330b
• 『キリシタン考』《キリシタンこう》　**203b**
キリシタン布教史　301b
霧島のぶ子　29c
桐島洋子　217c
キリスト教　683b
• キリスト教女子教育《キリストきょうじょしきょういく》　**203b**
キリスト教女子青年会《キリストきょうじょしせいねんかい》　⇨YWCA(**790a**)　425a
『基督教新聞』　67c
キリスト教的結婚観　218b 786b
• キリスト教の女性観《キリストきょうのじょせいかん》　**204a** 218b
基督教婦人矯風会　→日本基督教婦人矯風会
桐長桐　132b 370a
義理チョコレート　592a
桐壺帝　228c 597c
桐壺の更衣　228c 597c
きりづみ島田　321b
切能物　566b
切袴　495b
切見世　694a
切見世女郎　386b 495c
桐屋大蔵　132b
寄留法　265b
キルヒホフ、パウル　396b
• ギルマン、シャーロット＝パーキンズ Sharlotte Perkins Gilman　**204b**
棄老　81c
妓楼　733a
木脇その子　250a
きわた　734b
禁煙運動　196c
禁煙キャンペーン　196c
金学順《きんがくじゅん》　⇨キムハクスン(**198b**)
緊急国民勤労動員方策要綱　428c
『キング』　36b
「謹具意見」(井上毅)　384c
キングスレー館　424c
『銀行員の詩集』　409c
• きんさん・ぎんさん《きんさん・ぎんさん》　**204c**
禁色　351c
均子内親王(宇多皇女)　625a
均子内親王(醍醐皇女)　624a
観子内親王　432c 442a
近習者　216a
禁酒運動　199b
金春秋　431c
金城学院　419b
金城芳子　122a
近臣　728c
近親外婚制　144c
• 近親姦《きんしんかん》　**205a**
• 近親婚《きんしんこん》　**205a** 508a
近親婚忌避　205b
近親婚禁忌　144c
近親相姦《きんしんそうかん》　⇨近親姦(**205a**)　⇨母開(**589b**)　509a

『近世江都著聞集』　737c
近世狂言　201b 678c 679a
「近世劇に見えたる新しい女」(坪内逍遙)　16b
近世女性史　330c
「近世農民社会の女性」(井上清)　545a
『近世風俗志』　735b
近世武家社会　163a
金属加工　414c
• 近代家族《きんだいかぞく》　**205b** 154b 165a 167c 279b 456a 665c 782c
近代家族論　161b
近代学校制度　38c
近代公教育制度　470c
近代公娼制度　314b 394c
近代産婆　306a
『近代思想』　670c
「近代女性の自覚」　365b
金田一京助　186c 489a 583c
近代的国民　782b
近代的農民運動　260a
近代的恋愛　94b
近代的労働運動　25c
『近代日本の女性』　695c
『近代日本婦人文芸女流作家群像』(生田花世)　39b
• 『近代の恋愛観』(厨川白村)《きんだいのれんあいかん》　**205c** 785c
『近代美人伝』(長谷川時雨)　581c
近代宮座　704b
金太郎　743c
近長谷寺　285a
「金妻」　206b
均田制　593a
均等待遇原則　787c
キンドレッド　69a 395c
勤王芸妓　386a
『銀のしずく―知里幸恵遺稿―』　489a
『禁秘抄』　551c
金平浄瑠璃　263b
金峯山　81b 645a
• 均分相続《きんぶんそうぞく》　**206a** 287a 710b 711b
金璧輝　182c
勤勉　474c
欽明天皇　5c 17c 44b 66a 156a 197b 402a 438b
槿友会　356b 613b
• 「金曜日の妻たちへ」《きんようびのつまたちへ》　**206a**
禁裏小番衆　241b
近隣親族集団　159b
『金鈴』(九条武子)　210c
• 勤労婦人福祉法《きんろうふじんふくしほう》　**206b** 38b 471b
勤労婦人福祉法案反対　401a
勤労奉仕　202a 568b

く

公庵　24a
クイア＝スタディーズ　368c
クイア理論　309a
• 悔返権《くいかえしけん》　**207a** 259a 264a 390b
『悔いなき命を』(岡田嘉子)　109c
空港反対同盟　102c
宮司　380a 556a
グージュ、オランプ＝ド　615b
空性法親王　393a
クーデンホフ＝カレルギー、ハインリッヒ　207b
クーデンホフ＝カレルギー、リヒャルト　207b
• クーデンホフ光子《クーデンホフみつこ》　**207b**
空如　454c 584c
空也　121b
郭安娜　150c
郭沫若　150c
• 苦界〔公界，苦海〕《くがい》　**207b**
• 『苦海浄土―わが水俣病―』(石牟礼道子)《くがいじょうどーわがみなまたびょうー》　**207c**
• 玖賀媛《くがひめ》　**208a**　→桑田玖賀媛
• 『愚管抄』《ぐかんしょう》　**208a** 559c 666a
公暁　658c 791b
• 傀儡〔傀儡子〕《くぐつ》　**208b** 5c 62c 77b 88a 121b 208c 228b 369b 575c 607c 756b 783b
• 『傀儡記』〔傀儡子記〕《くぐつき》　**208c** 369c 607c 756b 758a
傀儡女　369c 385a 387a
供御　778a
久坂玄瑞　677a 721a
草壁皇子　43b 197b 230b 232a 319b
草萱次郎　88a
艸田寸木子　137a
草取り　414c
草薙剣〔草那芸剣〕　705b 749a
草野心平　367b 477a
『草の実』　209a
• 草の実会《くさのみかい》　**209a** 409b 602c
『草の実・五〇年記録集』　209a
草の実十五日デモ　209a
『草まくら』　587a
• 櫛《くし》　**209a** 210a 792b
公事　132a 726a
• 奇稲田姫〔櫛名田比売〕《くしいなだひめ》　**209c**
櫛置き　174b
• 『公事方御定書』《くじかたおさだめがき》　**209c** 139b 236b 351a 724c
• 櫛笥《くしげ》　**210a**
櫛田民蔵　210b
• 櫛田ふき〔フキ〕《くしだふき》　**210b** 14a 397c
櫛巾　210b
櫛掃　210b
• 九条院《くじょういん》　**210c** 512a 605c　→藤原呈子
九条兼実　193a 208b 235b 340b 584c
九条節子《くじょうさだこ》　⇨貞明皇后(**499c**)
九条仁子　772c
• 九条武子《くじょうたけこ》　**210c**
九条忠教　31a
九条殖通　122c
九条教家　651b
九条政基の女　540b
九条道家　193a 437a 459a 720b 772c
九条道孝　499c
九条良致　210c
九条頼嗣　108c 678b
九条頼経　108c 459a 658c 791b
国栖　494a
葛　140c
公出挙　401c
『クスクップオルシペ―私の一代の話―』(砂沢クラ)　407b
薬子の変〔-乱〕《くすこのへん》　⇨平城上皇の変(**651b**)　651c
「葛のうら葉」(清水豊子)　323b
• 楠瀬喜多《くすのせきた》　**211a** 330b
葛野竜　569c
楠葉牧　511c
久隅守景　203a
• 楠本イネ〔いね〕《くすもとイネ》　**211a** 211b 341b
楠本甚五郎　211b
• 楠本たき《くすもとたき》　**211b** 117a 211a
葛山為久　783b
葛山ふさ　783b
薬子　690a
薬司　238b 554a
薬女官　554a
『崩れ』(幸田文)　247b
弘誓院教家　651b
『久世条教』　6c
曲舞《くせまい》　⇨女曲舞(**132b**)　131a 147b 253a 370a 608a
曲舞々　316a
曲舞女　756b
具足戒　20c 23a
裙帯　552c
久高島《くだかじま》　⇨イザイホー(**40b**)　191a
「砕かれたる小さき魂」(武者小路房子)　716b
百済　39c
百済王教俊　211b
百済王敬福　211b
• 百済王慶命《くだらのこにきしきょうみょう》　**211b** 525a
• 百済王明信《くだらのこにきしみょうしん》　**211b**
百済王理伯　211b
• 口入れ屋〔-業者〕《くちいれや》　**211c** 422a
口嚙の酒　293a
クチギメ　755a
口寄せ《くちよせ》　⇨イタコ・口寄せ(**49b**)　759c

口寄せ巫女　691b
• 沓掛なか子《くつかけなかこ》　**211c**
沓冠歌　291c
朽木よし子　250a
グッドイナフ　434b
沓取　714a
• 九津見房子《くつみふさこ》　**212a** 280c 302a 421a 752a
『九津見房子の暦』　673c
くでぃ　736c
工藤綾子《くどうあやこ》　⇨只野真葛(**461b**)　461c
工藤祐経　429b 438a 438c
工藤平助　203b 461c 712c
宮内省　689b
宮内省内染司　440a
宮内判官家長　519c
クナカフ　697b
クナグ　697b
クナシリ・メナシのアイヌ蜂起　119a
求那跋陀羅　152b
久仁　514b
国木田独歩　28b 295a 635a
国木田治子　412b
• 国島勢以〔清子〕《くにしませい》　**212b**
邦輔親王　599b
国津罪　589c
国名　551b
久邇宮邦彦王　244a
• 国造《くにのみやつこ》　**212b** 80b 379c
国広富之　192c
国祭　178a
『国女歌舞妓絵詞』　46a
国吉康夫　43a
宮人《くにん》　⇨女官(**554a**)　76a 237b 238a 241a 550a 554b 708b
槿友会　→きんゆうかい
久場ツル　111c
「虞美人草」　216a
弘福寺　23b
• 久布白落実《くぶしろおちみ》　**213a** 546c 637b 643a 652c
口分田　234a 264c 593a
久保角太郎　268a
窪川稲子〔いね子〕　495a 638b　→佐多稲子
窪川鶴次郎　295b
窪田静太郎　383b
久保智恵美　92c
久保益雄　92c
久保山愛吉　213b
• 久保山すず《くぼやますず》　**213b**
熊谷氏　768a
熊谷直実　768a
熊沢蕃山　362a
熊野　21b
熊野御師　214a
• 熊野観心十界曼荼羅〔-図〕《くまのかんしんじっかいまんだら》　**213c** 78a 84a 90b 185b 479c
熊野信仰　213c
熊野先達　214a
熊野那智参詣曼陀羅　78a
『熊野の本地』　120a
• 熊野比丘尼《くまのびくに》　**213c** 31c 78a 90b 185b 213c 479c 691c
熊野敏三　711b
熊淵神社　516a
クマラスワミ報告書　370b
クマラスワミ、ラディカ　542c
組　508b
組合権確認要求　620b
• 組師《くみし》　**214b** 316a 415a
組紐　214b
組紐師　214b
久売　373c
• 久米愛《くめあい》　**214b**
久米禅師　43b
久米寺　452a
• 久米舎人妹女《くめのとねりいもめ》　**214c**
来目皇子　17c
久米連奈保麻呂　215a
• 久米若売〔若女〕《くめのわかめ》　**215a**
公文職　153c
• 『暮しの手帖』《くらしのてちょう》　**215a** 517c
暮しの手帖社　215a
『くらしの文化史―家庭科教育おぼえ書―』(矢島せい子)　739b
• 倉塚曄子《くらつかあきこ》　**215b** 122b
鞍造司馬多須奈　429c
鞍作鳥〔鞍部止利〕　402c 429c
椋部秦久麻　462c
尚蔵　238c 524c 525a 551b 554a
• 尚蔵・典蔵《くらのかみ・くらのすけ》　**215b**
掌蔵　215c 554a
典蔵　554a
蔵司　215b 238b 524c 554a
内蔵縄麻呂　177c
蔵原惟人　732a
クラブ化粧品本舗中山太陽堂　367c
クラブコスメチックス　367c
倉持陸助　767b
• 『クララの明治日記』(クララ＝ホイットニー)《クララのめいじにっき》　**215c**
グラント、セアラ　16b
栗島狭衣　216a
• 栗島すみ子《くりしますみこ》　**216a** 385a
『クリスマス・カロル』(ディケンズ)　718c
• 栗原イネ《くりはらイネ》　**216a**
栗原稲工場　216a
栗原貞子　83b
栗原弘　347c
栗拾い　414c
• 栗下女王《くりもとのじょおう》　**216a** 738b
厨川蝶子　206a
厨川白村　205c 785c
厨真人厨女《くりやのまひとくりやめ》　⇨不破内親王(**648b**)　648c
厨女　727c
クリュッペルハイム　736a
繰綿　497a
グルー　5c
• ぐるーぷ・闘うおんな《ぐるーぷ・たたかうおんな》　**216b** 70c 781a
来島通康　313c
• 久留米絣《くるめがすり》　**216b** 59b 149a 157b 279b
廓《くるわ》　⇨遊廓(**755b**)　179c 755b 757c
廓言葉〔-ことば〕　28a 176b
廓町　756c
呉秀三　50a
『呉竹一夜語』　735c
「くれない」(佐多稲子)　295b
呉織　91b
哺時臥山伝承　391b
「暮ゆく秋」(大塚楠緒子)　105c
クレヨンハウス　692b
『黒い卵』(栗原貞子)　83c
『黒い肌と白い心』(沢田美喜)　299c
『グロウイング・ペイン』(湯槇ます)　760c
クロウ型　396b
• 蔵人《くろうど》　**216c** 447a 524a 555b
蔵人伝奏　216c
蔵人所　157c 216c
蔵人命婦　86a
『グローバル化と女性への暴力』(松井やより)　676c
黒川俊雄　339c
• 黒沢登幾〔止幾, 止幾子, 時子〕《くろさわとき》　**216c** 386a
『黒薔薇』(吉屋信子)　768b
黒田清隆　366a
黒田騒動　96a
• 黒田チカ《くろだチカ》　**217a** 118c
• 黒田土佐子《くろだとさこ》　**217a** 44b
黒田直邦　217a
黒田直純　217a
黒田日出男　12a
黒戸　113a
• 黒鳶式部《くろとびしきぶ》　**217b**
黒鳥子　62c
黒日売(吉備海部直娘)　67b
黒媛(飯豊青母)　34a
黒不浄　8c
「黒札」(平林たい子)　610b
クロポトキン　609c
• 黒御子《くろみこ》　**217b**
黒売刀自《くろめのとじ》　⇨山ノ上碑(**749c**)　750a
黒柳徹子　680b
「黒百合の歌」　198b
• 『クロワッサン』《クロワッサン》　**217b**
桑沢洋子　601a
桑島ふみ子　75b
桑田玖賀媛　67b 208a
桑原久子　116c
関露　367b
裙　730b

軍慰安所　542c
軍国の妻　218a
• 軍国の母《ぐんこくのはは》　**217c**
群婚　277b 348a 441b
軍事援護事業　446a
軍事基地反対　401a
軍事救護法　246c
軍事指揮権　168c
軍事大権　175b
軍神の母　428b
軍人未亡人　432c
『薫染』(九条武子)　211a
軍属　327c
軍隊　371c
軍隊衛生部　327a
軍隊赤化事件　421a 528b
郡築小作争議　404a
君命婚　340a
郡領　80b

け

ゲイ　535b
• 景愛寺《けいあいじ》　**218b** 22c 23c 599b 712b
経営　416c
経営所婿取婚　347b 348a
• ケイ、エレン　Ellen Key　**218b** 123a 205c 615b 666b 672a 746b 747c 786a
桂園派　454b
慶応義塾　616c
蛍火　743a
景戒　548a 765c
『閨閣女四書集注』　134c
計画出産　344b
芸妓　324b 687c 757b
芸妓排除運動　574c
倪桂珍　435a
経血　223b
• 芸子《げいこ》　**218c** 219a 672b
• 慶光院《けいこういん》　**218c** 21b 47a 185b
『慶光院文書』　218c
景行天皇　176a 591a
経口避妊薬《けいこうひにんやく》　⇨ピル(**610b**)　781b
稽古事　180c
渓斎英泉　137a
経済格差　13c 183c 254b 423c
経済的独立　355b
経済的暴力　518b
• 渓山《けいざん》　**219a** 599c
家司　158a
継嗣　480c
継嗣争い　96b
瓊子内親王　624a
• 芸者《げいしゃ》　**219a** 12c 112c 218c 219c 370a 394b 463c 592b 672b 742a 757b 783c
芸者置屋　783c
• 『芸者―苦闘の半生涯―』(増田小夜)《げいしゃーくとうのはんしょうがいー》　**219c**
• 芸者検番《げいしゃけんばん》　**219c**
「芸者ワルツ」　321b
• 慶寿院《けいじゅいん》　**220a**
閨秀《けいしゅう》　⇨女流(**385b**)
• 慶州ナザレ園《けいしゅうナザレえん》　**220b** 526c
景受寺　24a
芸術座　676b
継承　618c
• 桂昌院《けいしょういん》　**220b** 119b 559b
京城家政女塾　613b
芸娼妓　756b
芸娼妓遊び　612c
• 芸娼妓解放令《げいしょうぎかいほうれい》　**220c** 244c
継承者　480c
景徐周麟　294a
継嗣令　780c
継嗣令継嗣条　480c
『軽塵』(秋元松代)　11a
系図　221c 222a 440c
• 傾城《けいせい》　**220c** 145c 587b 756c
• 『傾城買四十八手』《けいせいかいしじゅうはって》　**221b**
• 『傾城禁短気』《けいせいきんたんき》　**221b**
『傾城鱅』　28a
『傾城恋飛脚』　84c
傾城座　221a
『傾城三度笠』　84c
傾城局公事　221a 575c 756c
傾城町　221a 468b 684c 732c 755b 756c
傾城屋　221a 575c
経世論　709b
恵泉女学園　181b
継体天皇　460b
軽たたき　139c
契沖　732c
計帳《けいちょう》　⇨戸籍・計帳(**264b**)　264c 274c
慶長小袖　140c
慶徳家雅　26c
景徳院　764c
芸能　221a
芸能者　756c 757b
芸能民　575c 712a
刑罰　702a
• 系譜《けいふ》　**221b** 169a 186a 750a
継母《けいぼ》　⇨ままはは(**682b**)　275a 482a
閨房　496c
『刑法読本』(滝川幸辰)　186b
• 慶宝尼《けいほうに》　**222b**
啓蒙雑誌　376c
計量カップ　148b
ゲイ＝レズビアン＝スタディーズ　368c
頸腕症候群　189a
外科　341a
• 穢れ〔ケガレ〕《けがれ》　**222b** 284c 333a 334c 405c 560b 603b 621a 645a 645a 653b
外宮　46c 248b
• 毛沓《けぐつ》　**223b**
『華厳宗祖師絵伝』　507b
• 袈裟《けさ》　**223c** 671b
下司　14c
けしきだち　224a
• けしきばみ《けしきばみ》　**223c**
下司職　153c
• 下女《げじょ》　**224a** 314a 431b 727a
• 化粧《けしょう》　**224b** 112b 703c 793a
化粧田　224c
化粧道具　209c
化粧用具　210b
• 化粧料《けしょうりょう》　**224c** 51c 313b 375c 421a 523b
「下女の式目」　224b
下女奉公　224a
下女奉公人　337b
懸想文　647a
下駄　126a
結縁灌頂　21a
結縁女　95a
血穢《けつえ》　⇨赤不浄(**8b**)　⇨穢れ(**222b**)　8c 223a
月穢《げつえ》　⇨穢れ(**222b**)
血液　8c
血縁　34a 52c 158c
血縁家族　161c 172b
血縁共同体　161c
血縁結合　657b
血縁集団　144c
結界《けっかい》　⇨女人禁制・女人結界(**557c**)
結核　359b
結核対策　662a
結核予防事業　301c
• 月華門院《げっかもんいん》　**225a**
『月刊満州』　528a
月給生活家族　302a
月給生活者層　344b
月経　222b 223b 417b 419a 490c
月経小屋　586a
月経帯　419a
月光院　89b
結婚《けっこん》　⇨婚姻儀礼(**276b**)　⇨婚姻・婚姻形態(**277b**)　94b 313b 327c 611a 614b 682b 697a 773c 779c 786a
結婚改姓　615a
結婚観　521a 546b
結婚儀式　327c
• 結婚式《けっこんしき》　**225a** 276c 713b
結婚十訓　85b
『結婚社会学』(木村松代)　199b
結婚・出生奨励策　85a
結婚条件　365c
結婚生活　412b
結婚制度　546b
結婚相談所　85b 465a
• 結婚退職制《けっこんたいしょくせい》　**225b** 184c 335c

370c 474a 634a
結婚退職手当闘争　366c
結婚難　13c 254b
• 結婚年齢《けっこんねんれい》　**225c**
『結婚のすすめ』　85a
結婚媒介所　686b
結婚率　85b
• 潔子内親王《けっしないしんのう》　**226a** 448b
• 欠食児童《けっしょくじどう》　**226b**
月水　357b 420c 560b
決戦非常措置要綱　364b 428c
血族　52c 68c 395c
血族相続人　287a
血統　365c
血統主義国籍法　255c
• 結髪《けっぱつ》　**226c** 140c 185a 209b 402c 434a 495a 612c 675a
結髪令　226c 402c
『血盆経』　185b 223a 259b 333c 479c 533a
• 血盆経・血盆経信仰《けつぼんきょう・けつぼんきょうしんこう》　**227a**
血盆経信仰　560b
月明夫人　431c
下男　224a
家人　594b
• 下人《げにん》　**227b** 172b 224a 730a
褻の装束　329b
下婢　142a
気比社　389a
下僕　172a
外命婦　524b 551b 708b
獣調理　414c
ケヤキ姉妹〘ケヤキキョウダイ，契約姉妹〙《ケヤキきょうだい》　⇨娘仲間(**716c**)　717a
• 華陽院《けよういん》　**227c**
ケラー、ヘレン　531c
華林恵厳　656c
• 下臈《げろう》　**227c** 238a 238b 351c 485c 550b 551b 551c 554a 554b
• 化粧坂少将《けわいざかのしょうしょう》　**228a**
建永の法難　176c
嫌煙　196c
『諺苑』　778b
遣欧使節　616c
蒹葭《けんか》　⇨慈音尼蒹葭(**309b**)
玄海　88b
『賢学草子』　507a
厳寛　668a
牽牛星　465b
『建久物語』　717c
検校　325c
兼業主婦　337c
賢璟　559b
玄広恵探　331c
現行狂言　201b
建興寺　23b 519a
健康保険　426c
健御前《けんごぜん》　⇨建春門院中納言(**230a**)
⇨『たまきはる』(**466c**)　722c
『健御前日記』　466c
『健御前の記』　466c
賢斎　219a
源三位頼政　→源頼政
原子核研究所　753c
原始共産社会　161c
嫄子女王　698c　→藤原嫄子
• 「元始女性は太陽であつた」(平塚らいてう)《げんしじょせいはたいようであった》　**228a** 412b 609b 750a
『元始、女性は太陽であった』(平塚らいてう)　609c
原始的宗教　197a
原始的呪術　196c
原始的農耕　414b
• 源氏名《げんじな》　**228b** 451c 757c
娟子内親王　764c
「原子爆弾秘話」(栗原貞子)　83c
• 『源氏物語』《げんじものがたり》　**228c** 5a 72c 98a 163c 229a 285a 298b 403b 429a 540c 597c 718a 719a 719b 720c 728c 732c 734b
• 『源氏物語絵巻』《げんじものがたりえまき》　**229a** 130a
『源氏物語玉の小櫛』　734a
『「源氏物語」の女たちと作者』(渡辺多恵子)　618c
『現社会』　170a
『幻住庵記』　181b
建寿御前　722c　→建御前　→建春門院中納言
『建寿御前日記』《けんじゅごぜんにっき》　⇨『たまきはる』(**466c**)　722c
• 建春門院《けんしゅんもんいん》　**229c** 230a 344a 448a 454c 466c 549a
• 建春門院中納言《けんしゅんもんいんのちゅうなごん》　**230a** 584c　→建御前
『建春門院中納言記』　466c
『建春門院中納言日記』　230a 466c 484a 722c
献上　377a
腱鞘炎　189a
• 元正天皇《げんしょうてんのう》　**230b** 197b 232a 296a 384b 686a
検診　382b 593b
源信　185a
原水禁　230c
• 原水爆禁止運動《げんすいばくきんしうんどう》　**230c** 404b 426b
原水爆禁止署名運動　213b 640a
原水爆禁止世界大会　209a 210b 213b 230c
原水爆禁止日本協議会　230c
原水爆禁止日本国民会議　230c
「原水爆禁止のための訴え」　547a
『憲政大意』(穂積八束)　668b
原生的労働関係　245b
建設婦人会　679c
現世利益　187c 251c 315a
顕宗天皇　34a 307c 460b
元総尼　783b
元尊　632b
現代女性史研究会　793b
『現代女性読本』(市川源三)　50c
現代女性文化研究所　732a
『現代生活と婦人』(山川菊栄)　641c
『現代日本女性史』(井上清)　545a
『現代の婦人問題』(本間久雄)　672a
• 『現代婦人運動史年表』《げんだいふじんうんどうしねんぴょう》　**231a** 55c 695c
「現代婦人の自覚」(宋慶齢)　435a
現地妻　466b
褰帳命婦《けんちょうのみょうぶ》　⇨御前命婦・威儀命婦・褰帳命婦(**266b**)　626a 708c
• 玄任の妻《げんにんのつま》　**231b**
源応尼　227c
• 検梅制度《けんばいせいど》　**231c** 244c
原爆医療法　232a
• 原爆乙女《げんばくおとめ》　**231c**
原爆乙女渡米治療運動　231c
原爆詩　83b
原爆の子像　294c
「原爆の図」(丸木伊里・俊)　684a
原爆の図丸木美術館　684a
原爆被害者の会　231c
「原爆を許すまじ」　77c
見番　112c
絹布　763a
元服　170c 269c 433c
建福尼寺　656c
健兵健民政策　662a
『源平盛衰記』　514c
ケンペル、エンゲルベルト　90c 684c
賢母　782b
憲法　543a
玄昉　632b
『憲法提要』(穂積八束)　668b
賢母良婦教育　162a
賢母論　366a
• 元明天皇《げんみょうてんのう》　**232a** 7c 197b 230b 232a 261b 384b 511a 616a 686a 697b
健民運動　446b
健民健兵策　247a
原無縁　712a
監物　263b
玄了尼　9c 669a　→布袋屋玄了尼
• 建礼門院《けんれいもんいん》　**232b** 29b 233a 325b 650a 766a
• 建礼門院右京大夫《けんれいもんいんのうきょうのだいぶ》　**233a** 233b
• 『建礼門院右京大夫集』《けんれいもんいんのうきょうのだいぶしゅう》　**233b**
元禄小袖　140c
• 元禄四俳女《げんろくよんはいじょ》　**233b** 328c

こ

子　315b 390a 726a

こ

• 戸《こ》　**234a** 158c 163a 264c 265a 274c
姑　275b
孤　171b
小朝熊神社　516a
恋　785c
恋歌　437c
「恋草からげし八百屋物語」　737c
• 小池池旭〔紫雪，水琴〕《こいけちきょく》　**234a**
『恋衣』　745a
小泉郁子《こいずみいくこ》　⇨清水郁子(**322c**)　403b 652c
• 小泉節子《こいずみせつこ》　**234b**
古泉千樫　688b
小泉春子　49a
小泉八雲　234b
「小板橋」(石上露子)　48c
小一条院　624b 699b
後一条天皇　349a 699b
小一条女御　631b
「恋におちて」　206b
鯉幟　423c
「恋文」　464b
『五音』　147b 608a　→ごおん
講　187c 315a 479b 508b 559a
興亜奉公日　328b
后位　248a 257a 548b
• 更衣《こうい》　**234b** 237c 555c 705a
「かういふ女」(平林たい子)　610a
皇位継承資格　54b 415c
皇位継承法　616a
興意入道親王　393a
『庚寅年籍』〔-戸籍〕　264c 319c
公営アパート　446c
• 公営住宅《こうえいじゅうたく》　**234c**
公営住宅法　234c 446c
交易　414b
• 『広益諸家人名録』《うえきしょかじんめいろく》　**234c**
降嫁　313b
笄〔髪搔〕　210b 226c
航海活動　22b
航海のおもろ　126c
公害輸出　676c
• 紺搔《こうかき》　**235a** 281b 316a 355c 415a 431b
光格天皇　260c
高額療養費支給制度　617a
『耕稼春秋』　567c
• 皇嘉門院《こうかもんいん》　**235b**
• 皇嘉門院別当《こうかもんいんのべっとう》　**235b**
• 強姦《ごうかん》　**235b** 205a 407a 461b
• 強姦救援センター《ごうかんきゅうえんセンター》　**237a**
強姦罪　236b
交換手　355b
強姦神話　236c
強姦被害者　237a
強姦防止　237a
強姦理解　237a
交換労働　754c
「後期中等教育拡充整備について」　242c
孝義伝　140a 183c
• 広義門院《こうぎもんいん》　**237a** 383c
• 後宮《こうきゅう》　**237b** 100c 191c 238b 550b 748b
後宮官員令　238b
後宮職員令　238b 780b
後宮職員令氏女采女条　80b
後宮直廬　625b
• 後宮十二司《こうきゅうじゅうにし》　**238b** 42b 135b 215b 238a 416a 524c 525a 550b 554a 554b 555a 556a　→十二女司
皇居　296c
『孝経』　132c
「興業意見」　245a
工業化　245a 383b
公共生活訓練運動　363b
光玉　149c
• 皇極天皇《こうぎょくてんのう》　**239c** 197b 384a 408a 580a 668c 688a　→斉明天皇
『孝義録』《こうぎろく》　⇨『官刻孝義録』(**183c**)
口琴　522c
『香華』(有吉佐和子)　27b
後継者対策　13c
『江家次第』　276c
后権　443a
• 高厳院《こうげんいん》　**240a**
広厳寺　519a
• 孝謙天皇《こうけんてんのう》　**240b** 153a 250c 384b 503c 616a 668a 686a 700c 747a 792c →称徳天皇
郷戸　158c 160b 172a 234a 265a
孝行　184a 474c 773c
• 皇后《こうごう》　**240c** 158a 191b 191c 192a 237c 238a 242a 248a 257a 296b 387b 410c 411a 415c 477c 482c 550c 554c 706c 780a
皇后宮　192a 387b
• 皇后宮職《こうごうぐうしき》　**242a** 192a 237c 238c 241a 251a 387b 482c
皇后宮摂津　424a
皇后権　443a
高校全員入学問題全国協議会　242c
• 高校全入運動《こうこうぜんにゅううんどう》　**242b** 589b 753b
皇后誕生日　478a
光孝天皇　592b
『鉱工満州』　528a
郷戸擬制説　160c
郷戸実態説　160b
郷戸主　234a
• 『恍惚の人』(有吉佐和子)《こうこつのひと》　**242c** 27c 252b
『庚午年籍』　264c 594b
光厳天皇　237b 459c
交際官的妻　192b
光山聖俊　219a 599c
口脂　210b
鉸子　210b
麹　293a 293c
麹売　316a 355c
皇子女　296b
『孝子小伝』　587a
• 格子女郎〔格子〕《こうしじょろう》　**243a** 12c 304c 386a 495c 579b 587b 733a 757b
• 孝子節婦の表彰《こうしせっぷのひょうしょう》　**243a**
• 後室《こうしつ》　**243b**
皇室　24b 696c
• 皇室典範《こうしつてんぱん》　**243b** 54b 384c
皇室報道　373a 696c
光子内親王　629c
康子内親王　529b
格子見世　694a
杲守　44c
公衆衛生訪問婦協会　669c
• 光州学生運動《こうしゅうがくせいうんどう》　**243c**
『甲州法度之次第』　649b
• 香淳皇后《こうじゅんこうごう》　**244a** 241c
工女　1a 25c 358a 502b 517b
皇女　599b 656c　→内親王
公娼　6c 149b 314a 350c 758a
光照院　25a 599b
『工場衛生調査資料』　359b
『工場及職工ニ関スル通弊一斑』　245a
工場監督官　635c
孔祥熙　434c
• 公娼制度《こうしょうせいど》　**244a** 12b 150a 231c 314b 342c 394c 413b 421b 440a 499b 546b 573b 573c 574c 576b 687c 755c
「公娼制度対策」　245a 574b
『公娼制度の批判』(山室軍平)　324b
公娼制度廃止　20a 324b
公娼制度復活反対運動　547b
公娼制度擁護論《こうしょうせいどようごろん》　⇨存娼論(**440a**)
公娼全廃運動　271c
『公娼全廃論』(山室軍平)　324b
工場調査掛　245a 383b
公娼廃止　150a 353a 505b 574c
公娼廃止令《こうしょうはいしれい》　⇨公娼制度(**244a**) 1b 6c
口承文芸　179b　→アイヌ口承文芸
• 工場法《こうじょうほう》　**245a** 245c 311a 359a 359b 383b 635b
公娼問題　640b
工場労働　245a 383b
工女管理　502b
工女寄宿所規則　502b
工女虐待　383c
• 工女虐待事件《こうじょぎゃくたいじけん》　**245b**
• 『好色一代男』《こうしょくいちだいおとこ》　**245c** 246b 344c 535b 767c
『好色一代女』　246b
『好色栄花物語』　246b
• 『好色五人女』《こうしょくごにんおんな》　**246a** 246b 737c
『好色はつむめ』　703c
• 好色本《こうしょくぼん》　**246b**
好色物　221b

貢進　80a
工人　180a 580b
•『行人』(夏目漱石)《こうじん》　246c 675c
黄信徳《こうしんとく》　⇨ファンシンドク(613b)
『庚辰乃紀行』　620c
上野三碑　169a
上野国下賛郷碑　169a
上野国六刀自碑　169a
上野国山名村碑　169a
公生子　360a
更正指導機関　359c
•厚生省《こうせいしょう》　246c
厚生省児童家庭局　789a
厚生省人口問題研究所　302c
厚生省労働局労務官　635b
厚生年金　565b
厚生労働省《こうせいろうどうしょう》　⇨厚生省(246c)　247a
厚生労働省雇用均等・児童家庭局　789a
『香雪遺稿』　564a
光宣　117b
皇祖　408a
高宗(唐)　643b
高宗(朝鮮王朝)　709c
『紅叢紫録』　385c
•幸蔵主《こうぞうす》　247a
豪族　212b
皇祖神　24b 725c
•小唄《こうた》　247a
•幸田文《こうだあや》　247b
•高台院〔於禰，寧子，吉子〕《こうだいいん》　247b 247a 657b
•皇太后《こうたいごう》　248a 191b 241a 241c 242a 257a 311b 387b 482c
皇太后宮職　248a 311c
皇太子　240b
高台寺　247a 247c
皇大神　195b
皇太神宮　46c 248b
•『皇太神宮儀式帳』《こうたいじんぐうぎしきちょう》　248b
皇太妃宮職　232a 242b
皇太夫人《こうたいぶにん》　⇨皇太后(248a)　241a 242b 257a 482c
後宇多天皇　463b 755c
•幸田延《こうだのぶ》　248c
幸田露伴　247b 248c 468a 598c
公団住宅保育所連絡協議会　656b
『耕地』(平林たい子)　610a
『高知新聞』　71a
豪潮　611b
『後凋園徒然草』　564a
後庭　237c
『校訂おもろさうし』(伊波普猷)　60c
公的家　34b
功田　275b
後殿　237c
合同家族　159a
『紅燈下の彼女の生活』(伊藤秀吉)　546b
高等教育　414a
口頭系譜　221c
高等師範学校女子部　118c 362b
•高等女学校《こうとうじょがっこう》　248c 200a 317a 361b 361c 738a 782b 784a
高等女学校規程　248c
•高等女学校令《こうとうじょがっこうれい》　249a 248c 317a
•行動する女たちの会《こうどうするおんなたちのかい》　249b 615c
口頭伝承　189c
•勾当内侍(官職)《こうとうのないし》　249c 104b 238a 238b 351c 377b 416b 525a 551c 553a 554c
•勾当内侍(新田義貞妾)《こうとうのないし》　249c
幸徳秋水　20a 187b 250b 290b 640a 652a 660b
鉱毒地救援婦人会　679c
•鉱毒地救済婦人会《こうどくちきゅうさいふじんかい》　250a 75a
「鉱毒地の惨状」(松本英子)　679c
•幸徳千代子《こうとくちよこ》　250b
孝徳天皇　197b 239c 482c 580a
高度経済成長　190a 194b
坑内労働　132c
講仲間　754c
光仁天皇　8a 36c 59b 291a 453b
公認遊廓　149b
•更年期《こうねんき》　250b
更年期障害　250c 480a
『更年期を生きる』　250c
河野氏　326c
江侍従　7a
河野千　597a
高内侍　102a 452b　→高階貴子
幸野楳嶺　71c
河野通直　313c
河野通宣　313c
高師冬　750b
購買組合　350b 409b
功封　275b
公武合体　157a
興福寺　8a 57a 148a 155a 251a 443c 444a 479a 668b
鉱夫労役扶助規則　133a
神戸購買組合　409b
神戸女学院大学　441b
神戸野田奨学会事件　225c
神戸婦人同情会　350b
合法的堕胎　461a
合法的妊娠中絶　302b
「傲慢狭量にして不徹底なる日本婦人の公共事業に就て」(伊藤野枝)　574c
•光明皇后《こうみょうこうごう》　250c 7b 240b 256a 387b 780b 784b　→藤原光明子
光明寺　447c
光明子沙弥　250c
•『光明真言功徳絵巻』《こうみょうしんごんくどくえまき》　251b
光明天皇　237b
皇民化政策　436a
公務員　372a
孝明天皇　115c 157a 532a 670b
『小梅日記』《こうめにっき》　⇨川合小梅(181a)　721a
「小梅村嘱目」　105b
河本小夏　744a
河本大作　528c
蝙蝠扇　97a
閤門　42b
紺屋　281b
香薬寺　251a
高野山　253c 314a 558b 560a
講宿　187c 315a 559b
高野納骨　577b
高野聖　31c
『高野物語』　282c
孝養　430c 713a
•高良とみ《こうらとみ》　251c 547a
『高良とみの生と著作』　252a
『紅蘭遺稿』《こうらんいこう》　⇨梁川紅蘭(741a)
光蘭院　287c
『紅蘭小集』　741a
公立産院　300b
公立無料産院　300b
公領　317c
香林院　100a
皇霊　689b
高齢化社会　252b
高齢化社会をよくする女性の会　252a
高齢産婦　334b
高齢者　660c 730c
高齢社会　252c 774a
高齢者介護　242c
•高齢社会をよくする女性の会《こうれいしゃかいをよくするじょせいのかい》　252a
•高齢者問題《こうれいしゃもんだい》　252b
孝霊天皇　748a
幸若大夫　253a
•幸若舞《こうわかまい》　253a 132b
•声なき声の会《こえなきこえのかい》　253a 272a
『声なき声のたより』　253a 272a
『「声なき声」をきけ—反戦市民運動の原点—』(小林トミ)　272b
『声は無けれど』(丸岡秀子)　684a
小絵馬　91c
後円融天皇　403a 605a 612a
牛黄　335a
『牛王の姫』　263b
牛玉宝印〔牛王-〕　185b 214a
故小倉清三郎研究報告顕彰会　114c
コース別雇用管理制度　100b 369a 435a 471b 472a
郡山騒動　96a
ゴールドマン、エマ　56a 746b
子おろし　460c
子卸婆　260c
『五音』　132b 370a　→ごいん
五戒　317c 421a
古河氏姫　14b　→氏姫
•子返し〔コガエシ〕《こがえし》　253a 87a 681a

681c
子返しの絵図　253b
古河公方　14b 343b 657b
久我家　30c 221a 575c 756c
後柏原天皇　104b 612a
五月節句〔-節供〕　139a 423c
五月一日御願経　251a
• 小金井喜美子《こがねいきみこ》　253b 412b
小金井良精　253b
久我の姫君　190c
久我雅忠　272b
久我通忠　30c
粉河寺　253c
• 『粉河寺縁起絵巻』《こかわでらえんぎえまき》　253c
御願寺領　15a 550a
弘徽殿　237c
弘徽殿息所　705a
御給　135c
『故郷』(ズーデルマン)　16b 676b
後京極院　784b
• 小衣《こぎん》　253c 295b 494b
『古今和歌集』　790b
後宮　→こうきゅう
刻印土器　661a
国王　661c
国恩寺　22c
国学　732c
国際家族計画連盟　300c
国際看護師協会　579a
• 国際結婚《こくさいけっこん》　254a 13c 567c
国際結婚斡旋業者　13c
国際産児制限運動　302b
国際児　26b
国際女性学会　368b
国際女性学会東京会議　368b
国際女性デー　254c
国際女性年　255a 257c 471b
国際女性年世界会議　621b
国際人口開発会議　781b
国際組織犯罪防止条約人身売買議定書　394c
国際大学婦人連盟　441b
• 国際婦人デー《こくさいふじんデー》　254b 762a
• 国際婦人年《こくさいふじんねん》　255a 474a 634a 640c
国際婦人年世界会議　255a
国際婦人年日本大会　51a
国際婦人年連絡会　634a
国際婦人年をきっかけとして行動を起こす女たちの会《こくさいふじんねんをきっかけとしてこうどうをおこすおんなたちのかい》　⇨行動する女たちの会(249b)
国際婦人労働会議　271c
国際法律家委員会　542c
国際民主婦人連盟　14a
国産パーマネント機　749c
刻字の碑　232b
国守　7a
刻書土器　661a
国籍　254a
国籍選択制度　256a
• 国籍法《こくせきほう》　255c 26b 362c 710b
国籍法違憲訴訟　256a
小口袴　579a
「獄中の女より男に」(原田皐月)　461b
『黒濤』　170a
国飯　431c
国府種徳　366a
国分一太郎　409b
国分寺建立の詔　667c
国分二寺　251a
• 国分尼寺《こくぶんにじ》　256a 20c 23b 667c
国母　241c 257a 343b
国防は台所から　446a
国防婦人会《こくぼうふじんかい》　⇨大日本国防婦人会(445c)　164b 356b 634c
国民医療法　305c
国民皆学　311a
国民義勇隊　446b
国民教育制度　782b
国民教化　200a
国民勤労報国協力令　362a
国民健康保険法　247a
国民国家形成　782c
国民主権　543a
• 国民純潔同盟《こくみんじゅんけつどうめい》　256b
国民職業能力申告　428b
『国民新聞』　458a
国民精神総動員運動　328a 328b 643b
国民精神総動員中央連盟　328b 767a
国民体力法　561c
国民徴用令　428c
国民党革命委員会　660a
国民道徳　150a
『国民道徳の要旨』(穂積八束)　668b
国民年金　565a
国民年金法　320a
『国民之友』　166b
国民服　737a
• 国民優生法《こくみんゆうせいほう》　256c 85b 247a 342a 758c 759b
• 国母《こくも》　257a 387c 549a 554c
穀物　414c
獄門　139b
『極楽寺殿御消息』《ごくらくじどのみしょうそく》　⇨『北条重時家訓』(657c)　357a
極楽女志燕尼智海　489a
• 国立女性教育会館《こくりつじょせいきょういくかいかん》　257b 368c
国立ハンセン病療養所長島愛生園　262b
国立フィルムセンター　182a
国立婦人教育会館　257c 368c
穀霊神　536a
木暮れい子　652b
国連カイロ人口会議　461a
国連女性の一〇年　255a 257c 362b
国連人権委員会　542c
国連世界女性会議　454a 461a
国連婦人の一〇年《こくれんふじんのじゅうねん》　⇨国際婦人年(255a)　189c 640c 710b
• 後家《ごけ》　257c 19c 143c 159b 173a 286b 318a 336b 376b 390b 447a 662c 701c 753a
• 後家尼《ごけあま》　258b 35a 598c
後家相続《ごけそうぞく》　⇨後家分(259a)
• 御家人《ごけにん》　258c
御家人役　153c
• 後家分《ごけぶん》　259a 376a 378a
• 柿経《こけらきょう》　259b
『小督』　259c
後光厳天皇　237b 403b 605a 612a
• 小督局〔小督〕《こごうのつぼね》　259b 622c 650b
後光明天皇　509c 724a
五穀起源神話　103b
護国寺　220c
護国神社合祀　308a
小御所　113a
後小松天皇　507b 605a 605c
「心得書」(田捨女)　502c
子殺し　406a
「心の鬼」(清水豊子)　323b
『心の月』　32a
『こころの手足』(中村久子)　531c
『心の花』　298c
心太売　10a 316a 355c
• 『古今著聞集』《ここんちょもんじゅう》　259c
戸婚律　275a 316c
後妻《ごさい》　⇨継母(682b)　86a
古在紫琴〔豊子〕《こざいしきん》　⇨清水豊子(323a)
• 小宰相(平通盛室)《こざいしょう》　259c 650c
小宰相局(朝倉義景側室)　263b
後西天皇　15c 509c
古在由直　323b
後嵯峨天皇　108b 145a 225a 728a
小崎弘道　150b
小作争議　260a 475c
• 小作争議と女性たち《こさくそうぎとじょせいたち》　260a
小作人　260a
• 後桜町天皇《ごさくらまちてんのう》　260c 384b 526b 611b
• 子刺しばば《こさしばば》　260c
コザ女子ホーム　322b
子授かり　559a
子授け　187c
御産　261a
後三条天皇　403c 764c
五山禅林　21b
• 『御産部類記』《ごさんぶるいき》　260c 335a
虎子　601c
孤児　406b
輿入れ　276c
孤児院　406b
五・四運動　356b
呉芝瑛　476c
腰抱　333b 335a
腰掛　12a
• 『古事記』《こじき》　261a 41b 232b 261c 595a
甑落とし　333c 335a

• 『古事記伝』《こじきでん》　261c 732c
五色の酒事件　16b 412c 517c
五色の賤　594b
『乞食の名誉』(伊藤野枝・大杉栄)　56b
小式部(禖子内親王女房)　494c
• 小式部内侍(橘道貞娘)《こしきぶのないし》　261c 45b
• 小侍従(紀光清娘)《こじじゅう》　261c 267c
『小侍従集』　262a
小侍従局《こじじゅうのつぼね》　⇨尾崎局(115a)　115b
小泉菊枝　684c
腰抱き　306a
故実　772a
故実家　48c
個室付浴場　413c 576b
『古史伝』　608c
高志内親王　291b 624c
越優婆夷《こしのうばい》　⇨生江家道女(37c)　81a
『小柴垣草子』　283c
腰機　42a
越部禅尼　341a
『越部禅尼消息』　341a
• 腰巻《こしまき》　262a 653a 761a
腰巻姿　262a
児島尚善〔頤斎〕　662b
児島娘子〔児島〕《こじまのおとめ》　⇨筑紫娘子(491b)　15c 297c
• 『小島の春』(小川正子)《こじまのはる》　262b
• 腰元《こしもと》　262c 142a
戸主《こしゅ》　⇨戸(234a)　35c 133b 163a 264c 265a 275a 286c 330c 360a 376b 479b 710a 711a 711b
小舅　68c
腰湯慣行　306a
戸主権《こしゅけん》　⇨家制度(35b)　173a
御守殿方　100c
雇女　430c 557b
五障　174a 201a 506b 541a 560a 644c 653c 654a
五条　121b
五常　331a
『五常訓』　133b
• 五障三従《ごしょうさんしょう》　262c 557b 557c
• 小少将(斎藤兵部少輔娘)《こしょうしょう》　263b
五条道祖神社　508c
五条東洞院　221a
五条夜叉女　387a
• 古浄瑠璃《こじょうるり》　263b 534b
小上﨟　101b 238a 351c 352a 485c 551b 551c
御所言葉　552b
御所女房　552a
小女郎　386b
高宗(朝鮮王朝)　709c
後白河院安芸　269b
後白河院阿波内侍　29b
後白河天皇　5c 29b 53b 62c 69a 121b 188c 208b 229c 232c 311b 343c 369c 432c 442a 469c 486c 565c 631b 650c 783a
子代　706c 728b
小次郎入道　88a
個人産　153b
個人主義　711b
御陣女郎《ごじんじょろう》　⇨桂女(164c)
• 御新造《ごしんぞう》　263c
御新造様　263c
「「個人」としての生活と「性」としての生活との間の争闘について」(平塚らいてう)　461b
個人墓　578a
後崇光院　599b 777c
後朱雀天皇　349a 624b 626a 627a 764c
『COSMOPOLITAN』　217c
• 瞽女《ごぜ》　263c 369c
呉清源　312b
後世派　164a
• 『御成敗式目』《ごせいばいしきもく》　264a 207a 236a 317c 486c 492b 696a 771a　→貞永式目
戸籍　74c 75a 264b 264c 265a 274c 279a 313b 360a 710a
個籍　265b
• 戸籍・計帳《こせき・けいちょう》　264b 158c 160b
• 戸籍制度《こせきせいど》　264c 35c 75a 278a 279a 614c 723c
戸籍台帳　330c
戸籍筆頭者　265b
戸籍法　173a 176b 265a 330c 708a 710b 711a
ごぜ箏　264a
五節舞　89a 240b
• 五節舞姫《ごせちのまいひめ》　265c 611a
五節命婦　708c
五節句　737a
「五節句の内三節の見立」　76b
瞽女仲間　263c
御前様　411b
御前命婦　266b
• 御前命婦・威儀命婦・褰帳命婦《ごぜんのみょうぶ・いぎのみょうぶ・けんちょうのみょうぶ》　266b
『後撰和歌集』　790b
子育て　38c 200b 559a
子育観音　274b
子育て期間　775c
子育て支援　662b 764c
• 子育て地蔵《こそだてじぞう》　266c 31b
子育て書　665b
子育の神　192c
• 小袖《こそで》　266c 3c 78c 124c 140b 262a 403a 602a 737a
小袖腰巻姿　262a
小袖雛形　140c
小袖綿　267a
• 五大改革指令《ごだいかいかくしれい》　267b 637b 788a
古代家族　172b
古代家族史　160c
後醍醐天皇　18c 249c 345b 463b 624a 784b
古代婚姻史研究　456a
『古代社会』(モルガン)　161c 441b 661c 736b
• 小大進(菅原在良娘)《こだいじん》　267c 262a
小大進(今様相承者)　121b
古代村落祭祀　415c
古代奴隷制家族　172a
古代奴隷制社会　172a
『古代の女』(倉塚曄子)　215b
御体御卜奏　42b
『古代文化史論攷』　405c
古台本　143a 201b
• 小平事件《こだいらじけん》　267c
小平義雄事件　267c
後高倉院　30b 316c 448a 585a
• 小太刀《こだち》　268a
小太刀術　268a
• 小谷喜美《こたにきみ》　268a
小谷三志　456a
小谷安吉　268a
梧中□彭　599b
• 胡蝶《こちょう》　268b
国家　161c
国家医学会　359b
国家主義的教育制度　735b
国家総動員法　428b
国家的土地所有　153b
『国家的母性の構造』(溝上泰子)　694a
国家仏教　319c
国旗掲揚運動　639c
『国境警備』　528c
『コックス日記』　757a
木造庄　30c
後土御門天皇　32a 219a 599b 612a
古津松　80a
• 子連れ出勤論争《こづれしゅっきんろんそう》　268c
古典学　732c
御殿女中　113a
御殿向　100c 470b
• 琴(楽器)《こと》　269a
• 琴(習いごと)《こと》　269b 129a
五島茂　269b
五等親　265a
• 五島美代子〔美代〕《ごとうみよこ》　269b
言霊思想　724b
小舎人所　158a
小舎人童　270a
「琴の音」(樋口一葉)　598c
『言の葉草』　217a
後鳥羽院按察使典侍　612a
• 後鳥羽院宮内卿《ごとばいんのくないきょう》　269b
後鳥羽天皇　69a 108b 176c 193a 202a 208b 233a 269c 307a 316c 340a 340b 341a 351b 387a 448a 467a 469c 539b 585a 658b 728a
『詞八衢』　732c

• 寿産院事件《ことぶきさんいんじけん》　269c
• 子ども《こども》　269c 38c 125a 144b 167c 288c 315c 318b 473b 478b 665b 773c
子ども絵　73c
•『子どもからの自立』(伊藤雅子)《こどもからのじりつ》　270c
子ども観　200b
子ども・子育て応援プラン　150c
「コドモ新聞」　718c
「子供たちは七つの海を越えた」　299c
子どもの権利条約　318c
『子どものしあわせ』　543c
子どもの商業的性搾取に反対する世界会議　318b
子どもの人権　278c
『子供の道話』　538b
『子供之友』　639a
子供の村保育園　609a
『子ども白書』　543c 739b
子どもを小児マヒから守る運動　640a
子どもを小児マヒから守る中央協議会　349c
子どもを守る文化会議　543c
子とり　334a
『ことりのくるひ』(いわさきちひろ)　66c
子とりばば〘子取り婆〙　305b 306a 520a
御内証の御方　439a
• 子無きは去る《こなきはさる》　271a 83c
こなみ〘コナミ〙　86a 410c 682b 724b
後奈良天皇　104b 599b
小西ジュスタ　116b
小西行長　116b
後二条院権大納言　624a
『御入部伽羅女』　84c
『五人組制度論』(穂積陳重)　668b
護念寺　22c
五年婿　713c
近衛篤磨　1c 66b 114a
近衛兼経　772c
近衛前久　220a
近衛忠熙　492a 502b
近衛忠房　287c
近衛稙家　220a 513c
近衛稙家女　263b
近衛天皇　210c 235b 584b 605c 629a
『近衛殿の申状』　201b
近衛尚通　220a 513c
近衛尚通の妻《このえひさみちのつま》　⇨徳大寺維子(513c)
近衛熙子　411b
近衛基実　178c 448b
『この風の音を聞かないか』(渋谷黎子)　321a
氏上　18b
姉　18a
此度の利益　561b
「このついで」　494c
• 木花開耶姫〘-咲耶姫〙《このはなさくやひめ》　271b 684b
750c
木本の祭　689b
小袴　579a
小橋勝之助　590b
小橋実之助　590b
• 小橋三四〘三四子〙《こばしみよ》　271b 376c
小橋安蔵　718b
粉走　290c
• 木幡《こはた》　271c 577b
後花園天皇　32a 134b 599b 612a 777c
小早川氏　326c
小早川茂平　58c
小早川隆景　313c 707a
小林明子　206b
小林旭　694b
小林一三　456b
小林一茶　37c
小林きち　134b
小林樟雄　617c
小林静江　583b
小林助市　670c
• 小林トミ《こばやしとみ》　272a 253a
小林初枝　134b
小林正子　676a
小林三木　134b
コバレフスキー、マキシム〘マクシム〙　161c 172a
護符　31b
後深草院少将内侍　272c 655a
• 後深草院二条《ごふかくさいんのにじょう》　272b 521b 756a
• 後深草院弁内侍《ごふかくさいんのべんのないし》　272c 654c
『後深草院弁内侍家集』　654c
『後深草院弁内侍日記』　654c
後深草天皇　108b 145a 225a 272b 272c 486c 521b 654c 755c
御服所　158a 238b
呉服之間　101b
呉服之間頭　101b
後伏見天皇　237a 459c 486c 659b
孤婦武子　671b
古墳　577b
古文辞学　732c
個別家族　161c 441c
個別経営　172a
個別生産　161c
少弁殿　229c
五保　516b
護法寺　22c
後北条氏　557a
後堀河天皇　30b 31a 437a
小堀甚二　610a
『古本説話集』　310a
小牧・長久手合戦　514b
駒尺喜美　675c
高麗助綱　750b
『小町集』　123b
小松ストア　181a
高麗加西溢　462b
狛則康　535a
小馬命婦　411c
駒姫　96c
五味川純平　496b
ゴミ処理問題　505a
後水尾天皇　92c 94a 155c 509c 565c 723c
『コミックアムール』　785c
小宮豊隆　703b
• 小見山富恵《こみやまとみえ》　272c
ゴミヲツケル　586a
後村上天皇　18c 345b
濃紫　228b
米売　316a 415a
• 米騒動《こめそうどう》　273a
コメヤベヤド　717a
米よこせ運動　164b
米よこせ世田谷区民大会　85a 356c
『嫗山姥』　743c
後桃園天皇　260c
• 子守《こもり》　273c 274b 687c
子守唄　273c
子守学級　311a
• 子守学校《こもりがっこう》　274a
子守地蔵　31b
• 隠妻《こもりづま》　274a 496a
• 子守奉公《こもりぼうこう》　274b 273c
小諸義塾　198c
• 子安観音《こやすかんのん》　274b
子安講　274c 559a
子安地蔵　31b 274c
子安綱　295a 334a
子安明神　274c
古柳　62c
小柳千代　752b
小谷正元　119b
小山静子　782c
『御由緒』　561b
御右筆　101b 142c
雇用契約　579a
後陽成天皇　323c 393a
雇用の分野における男女の均等な機会及び待遇の確保等女子労働の福祉の増進に関する法律　206b
雇用の分野における男女の均等な機会及び待遇の確保等に関する法律　206c 471b
雇用保険　38a
雇用労働　414a
「暦」(壺井栄)　495b
子良　47a 380a 733b
コリャード、ディエゴ Diego Collado ⇨『懺悔録』(301b)
御暦奏　42b
古琉球　126c
「古琉球に於ける女子の位地」(伊波普猷)　110c
• 戸令《こりょう》　274c 264c

御霊会　626b
• 戸令応分条《こりょうおうぶんじょう》　**275a** 285c 480c 482a 780c
戸令鰥寡条　171b 753a
戸令棄妻条　779a
戸令七出条　778c
御霊信仰　189b
• 御料人《ごりょうにん》　**275b**
御霊六座　626b
ゴルトン、F　758b
コルネリア　324c
後冷泉天皇　349b 403c 445a 625c 626a
是貞親王　592b
是忠親王　592b
コレット　616c
惟宗直本　783b
惟康親王　522a
衣〔ころも〕　583a
衣更　377a 491b
衣川殿　223c
コロンタイ、アレクサンドラ　6a
• 『こわれ指輪』(清水豊子)《こわれゆびわ》　**275b** 323b
婚姻　14a 54a 55a 158c 274c 296a 299a 312c 313b 326c 332c 410c 418b 470a 485b 492a 528b 611a 686b 688b 697b 713a 714b 770a 772b 773a 778c
『婚姻覚書』(瀬川清子)　420a
婚姻外の性関係　696c
婚姻関係　155a 183b
婚姻儀式　515a 594b 647a 759b
婚姻規制　144c 278b
婚姻居住規制　347c
• 婚姻居住形態《こんいんきょじゅうけいたい》　**275c** 347c 438c
• 婚姻儀礼《こんいんぎれい》　**276b** 197a 585a 585b 603c 647a 714a 773a
婚姻形態　53b 54a 54b 160b 169a 347b 348a 410c 441b 496b 657b 688a 713c 772b 772c 773a 774a
婚姻結合　657b
• 婚姻・婚姻形態《こんいん・こんいんけいたい》　**277b**
婚姻最低年齢　710b 710c
婚姻制度　54a 279a 456a
婚姻適齢　710b
婚姻同意権　711b
婚姻登録　313b
婚姻届　313b
婚姻年齢　173b
「婚姻論」(植木枝盛)　510b
• コンウォール＝リー、メアリ＝ヘレナ Mary Helena Cornwall Leigh　**278c**
婚家　418b
婚外交渉　694a
• 婚外子《こんがいし》　**278c** 287a 390a 710b 710c
婚外子差別　278c 313c
紺掻　281b
• 紺飛白《こんがすり》　**279b**
坤宮官　248a 251b
婚家　296a 327c
混血児　26b
金剛　126a
金剛観　584b
• 金光教の女性観《こんこうきょうのじょせいかん》　**279b**
『混効験集』　126c
金剛山寺　740c
金剛寺　750b
『金光大神覚』　279b
『金光大神理解』　279b
紺座　235a
権妻　724b
勤策女　326a
婚氏　614c
孔祥熙　434c
• 『金色夜叉』(尾崎紅葉)《こんじきやしゃ》　**279c**
婚舎　327c
• 『今昔物語集』《こんじゃくものがたりしゅう》　**280a** 81c 306c 507a 529b
婚主　348a
婚出　296a
権大納言(今出川院近衛)　62a
権大納言典侍(官職)　445a
権中納言典侍(官職)　104a
権中納言局(南御方)　697c
『コンテムツス＝ムンジ』　203a 667b
権典侍　555a
近藤賢三　67c 352c
• 近藤真柄《こんどうまがら》　**280b** 290b 421a →堺真柄
近藤隆左衛門　128a
• コンドーム《コンドーム》　**280c** 112b
コンドル　789a
婚内子　279a 287a 710b 710c
『こんなこと』(幸田文)　247b
「今日ハ務メテ婦人ノ能力ヲ発用セシムベキ時ニハアラザル乎」(植木枝盛)　71a
権北方　626a 632a
『紺の制服—バス女子車掌たち—』(村上信彦)　718c
権典侍　525a
紺灰座　10a 235a
• 金毘羅信仰《こんぴらしんこう》　**281a**
金毘羅大権現　281a 561b
金福寺　721c
• 紺屋《こんや》　**281b** 235a
婚約　329a 754c
• 混浴《こんよく》　**281b**
今良女　554b
近流　95a
婚礼　225a 329a
『婚礼略式次第』　277a

さ

『サークル村』　207c 677c
サークル村運動　138a
サーダカウマリ　760a
斎　515c
『最愛のひと勘十へ—加藤シヅエ日記—』(加藤シヅエ)　168b
西安寺　607c
• 斎院《さいいん》　**281c** 40b 79a 283b 287b 570a 691b
斎院御所　570a
斎院司　282a
斎院摂津　424a
斎院宣旨　554b
斎院中将　429a
斎院内侍　554b
斎院中務　429a
斎院別当　554b
菜園　414c
佐為王　7b 721c →橘佐為
斎王　46c 178a 281c 283a 526a 691a 792b
斎王代　178b
斎王の野宮遷り　555b
• 在沖縄米軍強姦事件《ざいおきなわべいぐんごうかんじけん》　**282a**
西園寺禧子　784b
西園寺姞子　108b
西園寺公経　437a
西園寺公衡　155a 237a 260c
西園寺公宗　237b 459c
西園寺実有　37b
西園寺実氏　108b 218b
西園寺実兼　88a 272b 343a 521c 784b
西園寺実兼の娘《さいおんじさねかねのむすめ》　⇨昭訓門院(**343a**)
西園寺実俊　459c 605a
西園寺寧子　237a 383c
西園寺綸子　437a
「西鶴一代女」　464b
「歳寒三友図」　234b
在韓日本人女性　220b
• 『さいき』《さいき》　**282b** 120b
西行　121b 344a 442b 442c
『最近の小説家』(生田長江)　39a
• 斎宮《さいぐう》　**283a** 64c 66a 122c 284a 284c 287b 403c 570a 606c 691b 733b 748c →伊勢斎宮
• 斎宮跡《さいぐうあと》　**284a**
• 斎宮忌詞《さいぐういみことば》　**284c**
斎宮十二司　554a
斎宮采女　265c
斎宮宮人　554a
斎宮宣旨　428a 554b
斎宮内侍　554b
• 斎宮女御《さいぐうのにょうご》　**285a** →徽子女王
『斎宮女御集』　285a
斎宮女別当　554b
斎宮寮　283a
• 三枝斐子《さいぐさあやこ》　**285b**
再軍備反対　634a
• 再軍備反対婦人委員会《さいぐんびはんたいふじんいいんかい》　**285b**

348c
在家尼《ざいけあま》　⇨尼(**20c**)　21a 598c
妻家所得奴婢《さいけしょとくぬひ》　⇨戸令応分条(**275a**)
債権　602b
細見売り　769a
蔡元培　660b
斎祝子　281c 691a　→いみはふりこ
在五　27c
妻后　548c
最高神　24b
西郷局　17a
『西国道の記』　67a
『西国立志編』　532a 785c
在五中将　27c
再婚《さいこん》　⇨改嫁(**143c**)　54c 258b 278a 278b 357b 420c 498b 682b 690c 779a
再婚禁止期間　710b 711b
再婚率　779b
財産　17b 153c 206a 207a 224c 259a 614a
財産管理権　390c 472c
財産権　142b 481c
財産譲与　390b
財産所有　109b
• 財産相続《ざいさんそうぞく》　**285c** 51b 160b 363c 421a 475a 480c 481b 707c 710b
財産分与請求規定　710a
妻子《さいし》　⇨めこ(**726a**)
釵子　329b 552c 657a
祭祀権　287b 661c
済子女王　283c
再就職　776a
採集労働　414c
• 斎女《さいじょ》　**287b**
• 税所敦子《さいしょあつこ》　**287c** 554c
妻妾　726b
宰相(選子内親王女房)　429a
罪障観　474c
最勝光院　229c
妻妾制　55a 421b
西条高尾　451c
妻妾二等親　54a 265a 725a
宰相の君(藤原定子女房)　630a
宰相君(承明門院)　351b
宰相典侍(官職)　104a
宰相典侍(庭田嗣子)　561b
西条八十　170b 502a
「妻妾論」(森有礼)《さいしょうろん》　⇨男女同等論争(**472c**)　⇨森有礼(**735b**)
済生学舎　341b 454b
再生願望　81b
済生病院　85c
妻帯　21b
臍帯　90c
西大寺　198a 668a
• 在宅介護《ざいたくかいご》　**287c**
在宅ケア　660c
埼玉県児玉郡婦人水平社　638a
済治院　345b
最鎮　459c
斎藤茂男　496a 587c 730c
斎藤全門　388b
斎藤武弥　288a
斉藤千代　12c
斎藤時頼　766a
斎藤利三　155c
斎藤兵部少輔　263b
斎藤妙椿　597a
• 斎藤百合《さいとうゆり》　**288a**
斎藤与里　455b
斎藤緑雨　598c
再独身　780a
• 在日コリアン女性《ざいにちコリアンじょせい》　**288b**
在日朝鮮人　288c 480b
在日米軍基地　195b
佐以の阿古麻呂　5c
道祖神　508c
塞の神　508b
• 賽の河原《さいのかわら》　**288c**
『西院河原地蔵和讃』　288c
催馬楽　386c
裁判所　166a
『裁判至要抄』　207a
裁判離婚　391a 710c 711c 779b
『采蘋詩集』《さいひんししゅう》　⇨原采蘋(**591b**)　591c
• 裁縫《さいほう》　**289a** 142a 154a 249a 249b 317a 359b 489c 690a 729c 793a
裁縫科　165b
裁縫教育　150a 311a 359c 498a
裁縫塾　135a
斉明天皇《さいめいてんのう》　⇨皇極天皇(**239c**)　384a 482c 563c 580a
財物出挙　401c
西来居未仏　587b
祭礼着物　759b
佐伯　494a
佐伯景弘　53a
佐伯氏長　449a
佐伯理一郎　300b
三枝守保　494b
道祖神　508c
左衛門尉仲成　438a
• 早乙女〔さをとめ〕《さおとめ》　**289b** 64c 139a 414c 418c 450b 450c 451a 451b
早少女　587b
• 堺為子《さかいためこ》　**290b** 280c 637a 652a
堺利彦　104a 166c 187a 280b 290b 482b 528b 617c 640a 652a 670c 789a 794a
坂井フタ　330a
堺真柄《さかいまがら》　⇨近藤真柄(**280b**)　212a 528b 714c
堺美知　670c
榊纓　174c
榊原高尾　451c
坂崎斌〔紫瀾〕　192b 329c 517b 617c
嵯峨実勝　2b
坂田聡　277c
坂田寺　23b 393b
坂田藤十郎　477b
坂田金時　743c
坂田山心中《さかたやましんじゅう》　⇨天国に結ぶ恋(**501c**)　502a
• 造酒児〔造酒童女〕《さかつこ》　**290b** 444b
嵯峨天皇　79a 162c 211b 340a 345b 453a 462c 624c 651c 698a
酒作物忌　733b
魚売　9b 9c 316a 355c 415a
魚調理　414c
酒波　290c
• 坂西志保《さかにししほ》　**290c** 339b
坂根清一　291a
• 坂根田鶴子《さかねたづこ》　**290c**
坂上郎女《さかのうえのいらつめ》　⇨大伴坂上郎女(**106b**)
坂上大嬢《さかのうえのおおいらつめ》　⇨大伴坂上大嬢(**106c**)
坂上大宿禰苅田麻呂　453a
坂上大宿禰全子〔又子〕　453a
坂上田村麻呂　651c
嵯峨禅尼　341a
嵯峨宮　754a
• 酒人内親王《さかひとないしんのう》　**291a**
嵯峨浩　2b
『嵯峨物狂』　608a
• 相模《さがみ》　**291c** 622c 790c
サガミサマ　751a
『相模集』　291c
『坂道』(壺井栄)　495b
坂迎　77c
• 坂本乙女〔とめ〕《さかもとおとめ》　**292a** 480b
坂本源兵衛　133b
坂本朱拙　320a
• 坂本真琴〔まこ〕《さかもとまこと》　**292a** 398c 714b
• 坂本竜〔お竜〕《さかもとりょう》　**292b** 292a 501c
坂本竜馬　292a 292b 386b 480b 501c
• 裂織《さきおり》　**292c**
前斎院摂津　424a
前斎院六条　442c
崎姫　745b
佐喜真興英　122a
• 防人歌《さきもりうた》　**292c** 15b
先山　133a
作神　479b
作職　153c
作手　580c
『サク日記』　538c
作間稼　567c
作間渡世　567c
作物所　158a
桜井女学校　293a 497b
桜井女塾　293a
桜井忠温　328a
桜井丹波掾　263c
• 桜井ちか《さくらいちか》　**293a**
桜井寺　23a 429c 519b

桜井局　187b
桜井道場　429c 519b
桜井皇子　197b 438b
桜井松之助　180a
『桜川』　142b
桜葬　578b
桜田治助　724a
桜大娘《さくらのおおいらつめ》　⇨岡田姑女(**109b**)　465a
桜大刀自　516a
「桜の国」(大田洋子)　105a
『桜の園』(チェーホフ)　424c 597b
『さくら吹雪』(長谷川時雨)　581c
桜町天皇　260c
座繰法　188c
さげ尼　23a
サケイレ　755a
提鞘　682c
• 提重《さげじゅう》　**293a**
サケスマシ　755a
酒作　316a 355c 415a
• 酒造り《さけづくり》　**293a** 9c 109b
酒司　238b 554a
下げ巻　439b
鎖国　324b 324c
• 佐子局《さこのつぼね》　**294a**
• 『サザエさん』(長谷川町子)《サザエさん》　**294b** 582b
小砂丘忠義　409b
佐々木巌流女　671b
• 佐々木禎子《ささきさだこ》　**294c**
佐々木高行　622b
佐々木千代松　684b
佐々木導誉　237b
• 佐々城豊寿〔艶〕《ささきとよじゅ》　**294c** 75a 510b 738c
佐々城信子　28b 294c
佐佐木信綱　105b 210c 365a 581c 583c 742a
佐佐木弘綱　105b
ささきふさ　559a
佐々城本支　294c
佐々木盛綱　592a
佐佐木幸綱　298c
ササゲ　600c
佐々女王　491a
The Subjection of Women　378c
笹山梅庵　500c
• 座産〔坐産〕《ざさん》　**295a** 306a 333a 333b 334a 334b 335a
佐治一成　99c
座敷浄瑠璃　716b
座敷童子　564b
差櫛　210b
サシコ　253c
• 刺子《さしこ》　**295b** 253c
佐治為綱　707a
指貫　223c 495b 579a
佐治日向守　13b
The Japanese Bride　546b
左俊芝　367b →田村俊子
『刺す』(宇野千代)　81a
佐須岐山君夜麻等久々売　373c
佐瀬与次右衛門　3a
座組織　316a
貞敦親王　599b
ザ・ダイク　785a
• 佐多稲子《さたいねこ》　**295b** 148b 559a 639c →窪川稲子
『佐多稲子全集』　295c
貞清親王　240a
佐田啓二　198b
サダコ《サダコ》　⇨佐々木禎子(**294c**)
貞愛親王　750a
貞姫　287c
貞成親王　599b 777c
『沙汰未練書』　492b
定められた女房　614a
『ざ・ちぇんじ!』(氷室冴子)　520c
五月乙女〔-少女〕　289b 290a
五月支度　290a
サック　281a
サックリ　253c 292c
雑戸　264c
サッコリ　253c 292c
佐々成政　114c
雑誌　636b
雑掌　554c
『雑草のごとく』(高田なほ子)　453a
『雑宝蔵経』　81c
• 札幌市母親飢餓事件《さっぽろしははおやきがじけん》　**295c**
薩摩絣　157b 279b
薩摩浄雲　263b
薩摩上布　581a
薩摩比売　373c
薩摩福依売　671b
薩摩ばば　520a
• 薩妙観《さつみょうかん》　**295c**
佐藤志津　365a
佐藤忠信　190c 631a
佐藤継信　190c
佐藤とし　468a
里帰り　329a 759c
• 里帰り・三日帰り《さとがえり・みっかがえり》　**296a**
里言葉　28a
佐渡島歌舞伎　757b
佐渡島庄吉　757b
• 里第《さとだい》　**296b**
• 里内裏《さとだいり》　**296b** 397c
• 里刀自《さとじ》　**296c** 515a
里訛　28a
里の紋　142b
郷家　193c
里開　277a
左内　263b
早苗　290a
早苗植え　290a
早苗乙女《さなえおとめ》　⇨早乙女(**289b**)　290a
真田信之　122c
讃岐石前　180a
讃岐典侍　403c
• 『讃岐典侍日記』《さぬきのすけにっき》　**297a**
• 『実隆公記』《さねたかこうき》　**297b** 303b
人康親王　625a
佐野重隆　10a
佐野紹益　10a
• 狭野弟上娘子《さののおとがみのおとめ》　**297b**
狭野茅上娘子　297b 686a
坐婆　305b 334a 520a
「砂漠の花」(平林たい子)　610b
ザビエル、フランシスコ　544b
The Feminine Mystique　16c
候名　551b
『番紅花』　174c 517c
• 左夫流児《さぶるこ》　**297c**
差別賃金　367a
差別定年制　370c
作法　144b
坐法　11c
佐富女王　17c
佐保山西陵　632b
佐保山東陵　251b
『さみしい王女』(金子みすゞ)　170c
「五月雨」(樋口一葉)　598b
佐味命婦　175a
• 寒河尼〔寒川-〕《さむかわのあま》　**297c** 317c
寒田郎子《さむたのいらつこ》　⇨海上安是之嬢子(**80a**)
侍烏帽子　463c
侍所　157c
狭屋寺　23b
狭山闘争　320b
佐山半七丸　703c
• 『小夜のねざめ』《さよのねざめ》　**298a** 357a 700a
「サヨンの鐘」　778b
• 『更級日記』《さらしなにっき》　**298b** 16a 98a 369c
• 『サラダ記念日』(俵万智)《サラダきねんび》　**298c**
サラリーマン　167c
サラリーマン家族　337b
サラリーマン家庭　482b
サラリーマン世帯　573a
• 去状《さりじょう》　**299a** 690b 779a
蓑笠漁隠　457a
サリドマイド　676c
猿楽《さるがく》　⇨女猿楽(**134a**)　201a 370a 478c 566b
猿楽能　134a
「猿沢池」　749b
猿田彦神〔-大神〕　25c 299b
サルトル、ジャン＝ポール　659c
猿橋勝子　299a
• 猿橋賞《さるはししょう》　**299a**
サルベーション＝アーミー　199b
『猿蓑』　181b
• 猿女《さるめ》　**299b** 489c
猿女君氏　299b

猿若　46b
『サロメ』　343a
沢田正二郎　601a
• 沢田美喜《さわだみき》　**299c**
沢為量　66b
沢田廉三　299c
沢地久枝　496b
さはのあこ丸　208b
沢村国太郎　300a
• 沢村貞子《さわむらさだこ》　**300a**　739a
• 沢柳政太郎《さわやなぎまさたろう》　**300a**
『沢柳政太郎全集』　300a
早良親王　453b
早蕨内侍　742b
産椅《さんい》　⇨座産(**295a**)　148c　301a　307b
賛育会産院　300b
賛育会病院　300b
産育習俗　31b　544a　693a
三・一五事件　360c
• 産院《さんいん》　**300a**
産穢《さんえ》　⇨穢れ(**222b**)　8c　83a　333a　333c　334a　560b　645a
産科　49c　148c　300c　484a
『(山峨女史)家族制限法批判』(サンガー)　752a
• サンガー、マーガレット　Margaret Sanger　**300c**　168a　302a　615b　752a
• 産科医《さんかい》　**300c**　306a　334b
産科医院　334b
『三箇院家抄』　444b
• 産籠《さんかご》　**301a**　295a
• 三勝〔さん〕《さんかつ》　**301a**
三月節句　423c　603b
『(産科)母子草』　662b
産科病院　305c
三韓征伐　389a　389b
産期保険　747c
産休《さんきゅう》　⇨産前産後休暇(**303c**)　788b
産業活動　415b
産業組合中央会　36b
参行六王　126a
「三曲合奏図」　99c
山帰来　575a
三宮　332b
参詣　793a
産経学園　180c
• 『懺悔録』《ざんげろく》　**301b**
三后　158a　191b　242a　482c
三鉱主婦会　686c
三国干渉　709c
『三国志』　193b
散骨　578b
産小屋　334a　→うぶごや
• 三歳児神話《さんさいじしんわ》　**301b**
燦々会　148b
三三九度　77c
産師　544b
• 桟敷よし子〔ジョセフィン〕《さんじきよしこ》　**301c**
産児制限　85a　112b　160a　184c　199b　256c　281a　302a　302c　344b　485a
• 産児制限運動《さんじせいげんうんどう》　**302a**　344b　615b　752a
産児制限研究会　212a
• 『産児制限実態調査報告』《さんじせいげんじったいちょうさほうこく》　**302c**
産児制限相談所　168a
産児制限論　20a
『産児制限論―避妊の研究―』　302a　344b
三時知恩寺　25a　599b　777c
産児調節《さんじちょうせつ》　⇨家族計画(**159c**)　⇨産児制限運動(**302a**)　⇨少産少子化(**344a**)
産児調節運動　168a　300c　320b　410a　461a　485a　544a
産児調節公認案　302b
『産児調節評論』　752a
産児調節連盟　182b
『産児調節論』(サンガー)　300c
産室　333b
産師法　491c　544b
三従　262c　263a　303a　331b　644c　654a　681a
三十三君　571a
三十三歳定年制　363a
• 三従七去《さんじゅうしちきょ》　**303a**　83c　→七去三従
『三十二番職人歌合』　356a
三従の教え《さんじゅうのおしえ》　⇨五障三従(**262c**)　⇨三従七去(**303a**)
三従の訓　465c
三従の道　303a　499a
三十六歌仙　27c　529a　698b
『三十六家撰』　703a
三種の神器《さんしゅのじんぎ》　⇨家庭電化(**167a**)
三種の神器　147c
産所　333a
散所　691b
三従　→さんじゅう
三条公房　31a
三条公雅　303b
三条実宣　673c
三条季成　311b
• 三条尹子《さんじょうただこ》　**303b**　604b
『さんせう太夫』　31b
『山椒太夫』《さんしょうだゆう》　⇨安寿と厨子王(**31b**)
三条天皇　624b　627a　628b　628c　629c　699b　764c
三条西公条　303b
三条西家　73a　84b
• 三条西家の家妻たち《さんじょうにしけのいえづまたち》　**303b**
三条西実隆　32a　297b　303b　336c
三条局　697c
三条姫宮　584c
産褥熱　334b
散所村　691c
サンジン　751a
参政権　473a　473c　475a
三節祭　47a　689b
参禅　21b
• 産前産後休暇《さんぜんさんごきゅうか》　**303c**　426a　787c　→出産休暇
産前産後休業　471c
『三藻日記』　705c
『三藻類聚』　705c
• 三田花朝〔みを，三保子〕《さんだかちょう》　**304a**
『サンダカンの墓』(山崎朋子)　26a
• 『サンダカン八番娼館』(山崎朋子)《サンダカンはちばんしょうかん》　**304b**　26a
「サンダカン八番娼館―望郷―」　464b
三田定雄〔平之丞〕　304a
三田礼本〔喜六〕　304a
サンタ＝マリアの御組　683b
産地直売　338c
• 散茶女郎《さんちゃじょろう》　**304c**　97a　386a　495c　587b　757b
• 三ちゃん農業《さんちゃんのうぎょう》　**304c**
三・一独立運動　170a　356b　759c
• 三・一独立運動と女子留学生《さんてんいちどくりつうんどうとじょしりゅうがくせい》　**305a**
山東京伝　28a　217b　221b　457a　745c
三年婿　713c
産の忌　83b
産の穢れ　223a
三子　481c
• 産婆《さんば》　**305b**　165a　260c　300b　300c　302a　355a　359c　461a　491c　520a　520b　544b　662b
新産婆　355a
さんばい　451b
産婆会　544b
産婆規則　305c　306a
産婆試験規則　305c
産婆取締方　306a
産婆名簿登録規則　305c
ざんばら髪　226c
三番目もの　165a
産婦　306b　335a
三不去　316c
サンフランシスコ講和条約　285b
• 三瓶孝子〔コウ〕《さんぺいたかこ》　**306b**　371b　547c
• 『三宝絵』〔三宝絵詞〕《さんぽうえ》　**306c**　770c
『三ぼう主義』(大江スミ)　100b
三法主義　100a
三魔　62b
• 三幡《さんまん》　**307a**　108b　531b　→乙姫(源頼朝娘)
三位局　18c
三遊亭柳枝　703c
参籠通夜　377c
• 『産論』《さんろん》　**307a**　148c　305b　307b
• 『産論翼』《さんろんよく》　**307b**

し

• 慈愛館《じあいかん》　307c 542b
慈愛寮　307c
「しあわせの歌」　77c
『しあわせを見つめて』(平岡初枝)　608c
私庵　24a
蔣介石　435a 660a
自衛官　371c
GHQ　1b 168a 644a
CO 特別法　686c
強語　307c
• 志斐嫗《しいのおみな》　307c
• ジーパン論争《ジーパンろんそう》　308a
シーボルト　117a 211a 211b 341b
寺院　24a
寺院諸法度　24a
資蔭制　128c
璽宇　312b
地唄　129a
「地唄」(有吉佐和子)　27b
紫雲山地蔵寺　693a
死穢　222b 223a 223b 645a
「JSA」　647b
JNATIP　378c
自衛官　308a
自衛官合祀拒否訴訟　308a
• 自衛官合祀問題《じえいかんごうしもんだい》　308a
自衛隊　371c
JA 全国女性組織協議会　426c
• シェルター《シェルター》　308b 378b
紫苑　586c
慈円　208a 559c 666a 717c
• ジェンダー《ジェンダー》　308b 309a 368b 421b 445b 535c 665b
ジエンダー学際研究専攻　118c
ジェンダー規範　660c 776a
ジェンダー研究　118c 368c
ジェンダー史　144b 372a 476b
ジェンダー政策　371c
『ジェンダー・トラブル』(バトラー)　309a
• 『ジェンダーと歴史学』(スコット)《ジェンダーとれきしがく》　309a
ジェンダーバッシング　505a
ジェンダー平等　474a
ジェンダーフリー教育　504c
「志燕尼四季の詠」　489a
塩釜様　31a
塩川志摩守　122c
塩座　9c 199a
塩沢富美子　360c
塩沢美代子　603b
潮谷義子　375c
塩原事件《しおばらじけん》　⇨煤煙事件(572c)　573a
塩焼　793a
• 塩焼き《しおやき》　309b 21c
塩焼王　8a 648b
• 慈音尼兼葭《じおんにけんか》　309b 388b 509b
• 志賀暁子《しがあきこ》　309c 485a
慈覚院宮　483a
四ヶ所垣外　520b
志賀穂子　363a
「自画像」(三岸節子)　689c
志方之善　112b
『屍の街』(大田洋子)　105b
地紙折　587b
志賀義雄　794a
地借　486a
シガレット　196c
「時間ですよ」　660c
四奸二嬪　670b
職　34b 153c 438c
『四季女文章』　123a
「四季花卉図」(跡見花蹊)　17c
• 食行身禄《じきぎょうみろく》　309c 69b 126a 620c
式乾門院　30b
• 『信貴山縁起絵巻』《しぎさんえんぎえまき》　310a
式三献　77c 276c
職事　216c
• 識字《しきじ》　310b
• 式子内親王《しきしないしんのう》　311b 69a 282a 584b 717c 790c
『式子内親王集』　311b
式叉尼　326a
式叉尼戒《しきしゃにかい》　⇨沙弥尼(326a)
式叉摩那〔-尼〕　20c 23a 326a
識字率　310c
識字力　310b 310c 466b
仕着せ　289a
式亭三馬　74a
• 『色道大鏡』《しきどうおおかがみ》　311b 755b
「色道大全」　221b
式年遷宮　218c
『四季のおくりもの』(村岡花子)　718c
志貴皇子　457b
職御曹司　311c
「四季美人図」(上村松園)　71c
式服　730b
『式部蓮月二女和歌集』　454b
『詩経』　362a
事業　157c
• 直廬《じきろ》　311b
『紫琴全集』(清水豊子)　323b
しぐさ　144b
重明親王　285a 630b
淑景舎女御　551a
重井鹿治　311c
• 重井しげ子〔シゲル〕《しげいしげこ》　311c 744a
淑景舎　237c
重仁親王　40a 605c
『重之集』　698b
『重之女集』　698b
試験婚　14a
『子玄子産論』　307a
• 四行《しこう》　311c 331b
至高神　455a
• 璽光尊《じこうそん》　312a
地獄　78a 84a 213c 288c 315a 479c 740c
地獄(遊女)　573c 716b
地獄絵　479c
• 地獄ガ辻子《じごくがずし》　312b 575c
地獄極楽図　185b
• 『地獄極楽巡りの図』(河鍋暁斎)《じごくごくらくめぐりのず》　312c
『地獄草紙』　743b
『子午線の祀り』　752b
仕事着　164b 292c
死後の離婚　578b
• 醜女《しこめ》　312c
• 私婚《しこん》　312c
私財　653a
次妻　632a 724c
持衰　197a
自在会　100a
自殺　730c
死産　693a
持参金　418c
• 持参財《じさんざい》　313a 224c
持参財産　778c
志士　785b
『枝氏家訓』　494b
筋正し　736c
• 事実婚《じじつこん》　313b 278c 713b
地子所　157c
宍戸隆家　707a
• 宍戸隆家の嫡女《ししどたかいえのちゃくじょ》　313c
資子内親王　623c
完人朝臣貞刀自　523c
穴人臣大麻呂　457b
穴人臣欘媛娘　457b
持者　644a
死者供養　693a
師主　21a
資寿院　712b
慈受院　25a 599b
刺繡　359b
時宗　21b 121c 174a
時衆　121b
侍従(熊野娘)　761b
思秋期　496a
侍従具定母　341a
「四十余日」(水野仙子)　693c
師主尼　393b
自主夜間中学　737c
慈俊　661a
仕女　554b 557a 778a
侍女　262c
• 私娼《ししょう》　314a 7a 149b 180b 244a 293a 324c 331b 386a 440b 463c 482b 573c 574c 716b 755c 757b 760b 793b

侍妾　724b
四条院（里内裏）　296c
私娼街　109c 314a
私娼狩り　314a
四条隆親　272b
四条隆衡　108b
四条貞子　108b 218b
四条天皇　437a
四条后　625c
• 四条宮下野《しじょうのみやのしもつけ》　**314b**
『四条宮下野集』　314c
『治承物語』　650a
『思女集』　291c
仕女丁　→しにょちょう
「自叙伝の一節」（三宅やす子）　703b
慈尋　540b
「私信―野上弥生様へ―」（伊藤野枝）　461b
『地震物語』　735c
私出挙　192a 402a
• 静御前〔静〕《しずかごぜん》　**314c** 49a 190c 387a 498b 671b
静伝説　314c
『しずかにわたすこがねのゆびわ』（干刈あがた）　597c
『倭文舎集』　190c
鎮折　97b
氏姓　264c
私生活主義　672b
氏姓国造　212c
私生子　54a 279a 360a 390c
私生児《しせいじ》　⇨庶子（**360a**）
至誠堂　595b
新斎都媛　39c
施設分娩　305c
施設分娩推進政策　305c
• 慈善《じぜん》　**314c** 21a 23b 599a 668a
自然コタン　159c
『自然真営道』《しぜんしんえいどう》　⇨安藤昌益の女性観（**32a**）
始祖　34b 736c
氏宗　75c
『思想』　339a
• 地蔵講《じぞうこう》　**315a** 559a
地蔵信仰　315a
地蔵菩薩　187c 266c 289a 315a 740c
• 『地蔵菩薩霊験記』《じぞうぼさつれいげんき》　**315a** 266c
• 子息《しそく》　**315b** 90b
氏族《しぞく》　⇨氏（**74b**）　161c 172b
• 寺族《じぞく》　**315b**
氏族外婚制　144c
寺族規定　315b
氏族共同体　441c
氏族系譜　221c
寺族保護規定　315b
始祖的女王　748a
子孫　257c 395c
慈尊　721c
慈尊院　553c
「死胎披露書」　681b
時代物　477b
下帯　419a
下着　177b 262b 583a
『下着ぶんか論』（鴨居羊子）　177b
自宅出産　305c
シタザ　133c
仕立て　289a 489c
仕立稼　567c
仕立職　489c
仕立職人　289a
仕立屋　289a
• 下袴〔褌〕《したばかま》　**315c** 605b
下裳　730b
「したゆく水」（清水豊子）　323b
寺檀制度　330c
質　602b
七月七日節　465c
七去《しちきょ》　⇨三従七去（**303a**）　316c 331b 773c
七去三従　271a　→三従七去
• 七五三《しちごさん》　**315c** 125a 607b
七三　439b
• 『七十一番職人歌合』《しちじゅういちばんしょくにんうたあわせ》　**316a** 356a 462a 563b 575c
• 七出《しちしゅつ》　**316c** 132c
• 七条院《しちじょういん》　**316c** 202b 233a 340a 539b
七条院領　550a
七条皇后〔-中宮〕　625a
『七人比丘尼―みいけ殿の事―』　282c
『七人みさき』（秋元松代）　11b
質人下人　227b
七姫　523b
質物　688a
七夜祝い　306b
侍中　216c
市中女紅場　359c
仕丁　473b 557b
「七里ヶ浜の哀歌（真白き富士の嶺）」（三角錫子）　693c
実阿弥陀仏　318a
実睿　315a
執翳女孺《しつえいのにょじゅ》　⇨女孺（**556a**）
実家　313b 329a 418b 603c 773c 779b
十戒　20c
• 実科高等女学校《じっかこうとうじょがっこう》　**317a** 249a 249b
実家の紋　142b
地搗き歌　158c
実業学校　317a
失業対策事業日雇労働者　538a
実業補修学校　317a
• 躾《しつけ》　**317a**
実修女学校　752c
• 『執政所抄』《しっせいしょしょう》　**317b**
『実践家政学講義』（塚本ハマ）　490c
実践女学校　324a 498a
実践女子大学　324a 498b
実相覚　454c
実態的年齢区分　794c
十地院　599b
『実地看護法』（大関和）　104b
• 嫉妬《しっと》　**317c** 86a 357b 420c 507b 729b
実母　275a
実名　724a
実名忌避　724b
『実名敬避俗研究』（穂積陳重）　668b
『実用和洋惣菜料理』（桜井ちか）　293a
実労働　416b
指定看護婦学校　184c
寺庭婦人　315b
私的財産　153c
幣原喜重郎　267b
私稲　192a
• 地頭《じとう》　**317c** 14c
慈等　611b
児童　38c
児童委員　166a
• 児童買春《じどうかいしゅん》　**318b** 94b 318c 576c
児童買春・児童ポルノ禁止法　94b
• 児童買春・児童ポルノ処罰法《じどうかいしゅん・じどうポルノしょばつほう》　**318c**
児童買春、児童ポルノに係わる行為等の処罰及び児童の保護等に関する法律　576c
• 児童虐待《じどうぎゃくたい》　**319a** 205a
児童虐待防止運動　199b
児童虐待防止法　319a
地頭裁判権　318a
地頭職　153c
襪　552c
• 児童手当《じどうてあて》　**319b** 162b
児童手当法　319b
• 持統天皇《じとうてんのう》　**319b** 104c 307c 384a 387b 438a 482c 686a　→菟野讃良皇女
児童の権利に関する条約　38c
児童の商業的性搾取に反対する世界会議　319a
『児童の世紀』（エレン＝ケイ）　123a 218b 747c
児童福祉　320a 747c
児童福祉施設最低基準　655c
児童福祉文庫　740a
児童福祉法　150b 334b 406b 655c 663a 663c 664a 665a
児童福祉法施行令　655b
• 児童扶養手当《じどうふようてあて》　**320a** 390a 532b 663a 670b
児童保護　702c
児童ポルノ　318c 319a 576c
「児童養育日誌」　39a
四徳　311c
後取采女　575a
「品川の巨女」　511a

品川弥二郎　677a
「支那における女権主義と女性改造運動」（ドラ＝ラッセル）　368a
『信濃のおんな』（もろさわようこ）　141b
品部　78b 727b
仕女丁　557a 778a
シヌイェ　65c
私奴婢　594b
シネイトクパ　222b
シネウプソロ　82c 222b
士農工商賤民　701a
篠木の筆禍事件　354c
篠木のぶ　354c →平田ノブ
篠崎信男　302c
「死の餞別」　59a
篠原主計　657b
篠原助市　694a
誄　731b
「しのび音」（大塚楠緒子）　105c
『しのぶぐさ』　110c
篠巻綿　497a
芝居　11b
『シバキ』　581c
支配権　390a
芝居小屋　73c
斯波一有　320b
芝居町　11b
• 紫白女《しはくじょ》　**320a**
司馬嶋〔島，斯末賣〕　23a 429c
市バス　581b
• 斯波園女《しばそのめ》　**320b** 233b
地機　42a
柴田勝家　96b 769b
柴田是真　76c
司馬達等　429c
• 柴田道子《しばたみちこ》　**320b**
柴田道子部落解放文学賞　320b
柴野栗山　184a
• 柴原浦子《しばはらうらこ》　**320b** 302b
芝実生子　337c
柴村盛方　14b
斯波義将　478a
支払われない労働　154b
持幡童　478b
侍妃制　54b
紫微中台　238c 248a 251a 387b
『自筆句集』（田捨女）　502c
• 褶《しびら》　**320c** 289c 672c
渋川清右衛門　119c
渋沢栄一　465a 668b 781a
渋沢敬三　398b
• ジプシー＝ローズ《ジプシーローズ》　**320c**
持仏　565b
持仏堂　565c
• 渋谷重員の妻《しぶやしげかずのつま》　**320c**
渋谷為重　320c
渋谷定輔　321a 568b
• 渋谷黎子〔ムメ〕《しぶやれいこ》　**321a**
『脂粉の顔』（宇野千代）　81a
『紫文要領』　734a
死別母子世帯　320a
思慕　785c
慈母　482a
襲芳舎　237c
司法法制審議会　182c
寺法離縁　93c
慈母観音　274b
忍草母の会《しぼくさははのかい》　⇨渡辺喜美江（**793c**）196a
絞り　171b
姉妹　63c
しまうた　781c
島岡こてる　79b
島岡二三男　79b
島崎菊枝　673b
島崎藤村　94b 353a 675c 677b 723a
島田勝次郎　791b
島田義三　635a
島田三郎　150a 250a 723a 738c
島建て神　77a
島田とみ子　603b
島田信子　250a
• 島田髷《しまだまげ》　**321b** 365b 675b
島津家久　602c
島津忠剛　502b
• 嶋津千利世《しまづちとせ》　**321b** 339b 339c
『嶋津千利世著作選集』　321c
島津斉彬　128a 287c 346a 502b
島津斉興　128a
島津斉宣　346a
• 島津治子《しまづはるこ》　**321c** 446c
島津久光　128a 287c 501c
島津久基　119c
島津義久　376a
島流し　95a 758b
嶋中鵬二　636a
嶋中雄作　635c
島貫兵太夫　150b
嶋院　623b 722a
嶋皇祖母命　408a
島の千載　386c
嶋宮　197b
• 島の山古墳《しまのやまこふん》　**321c**
• 島原遊廓〔島原〕《しまばらゆうかく》　**322a** 152b 189b 468b 703c 755b 758a
• 島マス《しまマス》　**322b**
島村抱月　330c 561c 671c 676b
島本隼太　386c
• 島本久恵《しまもとひさえ》　**322b** 365a
• 清水郁子《しみずいくこ》　**322c** 652c →小泉郁子
清水幾太郎　323a
清水喜美恵　744a
清水玉露　395b
• 清水慶子《しみずけいこ》　**323a** 339b
清水重好　32a
清水玉　76c
志水トシ子　320c
• 清水豊子〔とよ，トヨ，とよ子，つゆ子，紫琴，秋玉〕《しみずとよこ》　**323a** 275b 327a 330b 617c
清水美穂　403b
清水安三　323a 403b 652c
持明院統　108c 433a 550a
• 持明院基子〔孝子〕《じみょういんもとこ》　**323b**
持明院基孝　323c
『市民生活』（村上信彦）　719a
「四民の文」　147c
事務員　355b
「寺務方諸廻請」　444a
事務職　414a
示野吉三郎　164b
下桂供御人　72c
下鴨神社〔-社〕　40b 467b 688b 733a
下女中　142a
• 下田歌子〔鉐，香雪〕《しもだうたこ》　**323c** 1c 162a 183a 225b 353c 366a 465b 476c 493a 498a 499c 554c
下田次郎　322c 641a
下田猛雄　323c
下仕　554a
下中弥三郎　355b
下ノ女　142a
下部　227b
指紋押捺反対運動　288c
シモンセン、シモン　324c
ジャービス、アンナ　589c
シャーマニズム　196c
• シャーマン《シャーマン》　**324a** 619b 691a 759c
社会医学研究　359b
社会医療政策　359b
社会運動　189c
「社会改造に対する婦人の使命」（平塚らいてう）　376c
社会科学研究会　306b 360c 539c
『社会学概論』（山田嘉吉）　746c
• 『社会廓清論』（山室軍平）《しゃかいかくせいろん》　**324b**
社会教育ニ関スル件　428b
社会教育法　634c
『社会構造』（マードック）　396b
社会史　190a
社会主義　17c 360c
社会主義協会　20a
『社会主義研究』　744b
社会主義研究会　20a
社会主義講習会　660b
社会主義女性論　615b
『社会主義と婦人』（ベーベル）　642b
社会進化論　736b
社会人類学　736b
社会大衆婦人同盟　280c 505a 664b 714c
社会的性差　309a
社会的暴力　518b
社会党　452c 464c

社会人間　776a
社会福祉協議会　660c
社会福祉士　438a
社会福祉事業　199b
社会婦人同盟　8c 9a 643a 714c
『社会変革をめざした女たち―日本婦人問題懇話会報アンソロジー―』　641b
社会保健婦大会　669c
社会保険料　38b
社会保障　162b
社会保障費　617a
社会民衆婦人同盟　8c 302b 714c
社会民主党　20a
社会問題研究会　618c
• ジャガタラお春《ジャガタラおはる》　**324b**
• じゃがたら文〘ジャガタラ-〙《じゃがたらぶみ》　**324c**
寂阿〘釈阿〙　531a
寂庵性阿　331c
寂円房　522b
寂西　272c
シャクシャイン　119a
寂超　61b
酌取女《しゃくとりおんな》　⇨芸者(**219a**)　218c 482a
若年定年制　363a
• 酌婦《しゃくふ》　**324c** 542c 687c
芍薬亭長根　587b
謝国権　412a
社日　479b
車掌　355a 581b
写真結婚　26a
「写真帖」(チェーホフ)　424c
• 写真花嫁《しゃしんはなよめ》　**325a** 63a
• 『沙石集』《しゃせきしゅう》　**325a** 666a
借金支払猶予同盟　260b
• 寂光院《じゃっこういん》　**325b** 233a
社首　193c
蛇の目傘　596a
• ジャパゆきさん《ジャパゆきさん》　**325c** 63b 394c
蛇皮線　325c
沙弥　81a 436b
• 三味線《しゃみせん》　**325c** 129a 263b 263c 269b 351b 520b 793a
三味線組歌　325c
• 沙弥尼《しゃみに》　**326a** 20c 81a 436b
シャモジガミサマ　82b
• シャモジワタシ〘しゃもじ渡し，杓子渡し〙《シャモジワタシ》　**326b** 337b 773c
洒落本　221b
上海務本女学堂　183a
従　157c
『拾遺和歌集』　790b
• 重縁《じゅうえん》　**326c**
「終焉記」　489a
一〇円牛乳運動　338c
周縁的身分・階層　144b
• 集会及政社法《しゅうかいおよびせいしゃほう》　**326c** 330b 472b 475c 637a
集会及政社法改正　71a
集会条例　327a
自由学園　588c
就学率　150a 274a 310c 359c
娶嫁婚　347b 348a
『週刊女性』　372c 636c
祝儀　77b 158c 377a
衆議院議員　457c
宗教的権威　661c
秋瑾《しゅうきん》　⇨チウヂン(**476c**)
十九夜講　138c 274c 559a 566a
十九夜念仏　138c
従軍慰安所　281a
従軍慰安婦　370a 421b 542b
従軍慰安婦の碑　169c
「従軍慰安婦」問題　615c
• 従軍看護婦《じゅうぐんかんごふ》　**327a** 65a 111b
獣形勾玉　673a
• 祝言《しゅうげん》　**327c** 225a
銃後　328a
『銃後』(桜井忠温)　328a
銃後慰問事業　66b
秀高　444a
銃後活動　505b
重国籍　256a
銃後三大協力運動　367a
• 『銃後史ノート』《じゅうごしノート》　**327c**
十五年戦争　327c
• 銃後の母《じゅうごのはは》　**328a**
『銃後の母』(坪田譲治)　328a
• 銃後の守り《じゅうごのまもり》　**328b**
重婚　54a 55a 724c
重婚禁止条項　54b
私有財産　441c
私有財産制　161c 286c
十三皿割　761a
衆参婦人議員団　51a
• 『十三夜』(樋口一葉)《じゅうさんや》　**328b** 598c
• 秋色女〘おあき，菊后亭〙《しゅうしきじょ》　**328c** 233c
『自由思想』　187b
脩子内親王　291c 624b 630a
緝子内親王　628c
柔子内親王　624a
従者　730a
従順　474c
醜女　312c
集娼政策　6c
集娼地域　6c
集娼地区　394c
住職　21c
住職の妻　315b
十字路アシビ　731a
修身　200a 249a 249b
終身雇用　190a
修身職業英和女学校　75a
修身斉家　446a
『自由新聞』　329c
周嵩　220a
収生　305b 520a
住宅扶助　409c
重たたき　139c
集団買春　183c
集団婚《しゅうだんこん》　⇨対偶婚(**441b**)　161c 661c
集団疎開　150b
集団的参拝　47c
集団見合い　567b
集団見合いツアー　13c
「執着」(加藤みどり)　168b
• 舅《しゅうと》　**328c** 68c 276c 337b 712c 713b 773b 773c
• 舅入り《しゅうといり》　**329a** 277a
自由党　329c
衆道好み　171c
舅姑　276c
姑　81c 163a 187c 296a 301b 315a 326b 337b 431b 713b 772a 773b 773c 774a
シュウトヨビ　329a
シュウトレイ　329a
十二サマ《じゅうにサマ》　⇨山の神・十二サマ(**750c**)
十二女司　237c 238b　→後宮十二司
『十二年の手紙』(宮本顕治・百合子)　706a
十二単　329b 552c
• 十二単・裳唐衣《じゅうにひとえ・もからぎぬ》　**329a**
十二山の神　750c
『自由之理』　532a
• 『自由燈』《じゆうのともしび》　**329c** 510a
収婆　305b 520a
• 自由廃業《じゆうはいぎょう》　**330a** 244c 324b 394c 440b 574a
自由廃業運動　199b 330a 574a 751b
自由売春　94b 188a
獣皮　730c
獣皮衣　4a
醜婦　312c
住民運動　634a
自由民権運動　110b 327a 615b
• 自由民権運動と女性《じゆうみんけんうんどうとじょせい》　**330a**
住民票続柄裁判　279a
襲名　176b
宗門改め　330b
• 宗門人別改帳〘宗門改帳，宗門人別帳，人別帳〙《しゅうもんにんべつあらためちょう》　**330b** 138b 159b 225c 265a 336a 382a
周養　218c
十四年目の訪問　602a
従来産婆　305c
十羅刹女　777b
自由離婚　786b
• 自由恋愛《じゆうれんあい》　**330c** 205c 595c 696a 731c 786b
自由恋愛事件　785c
「自由恋愛の可否」　166c
修練農場　449c
『樹影』(佐多稲子)　295c

守悦　218c
酒宴　77b
寿岳恵仙　599b
守覚法親王　584b
娶嫁婚　316c
儒教思想　200a
儒教主義　136b
• 儒教道徳《じゅきょうどうとく》　**331**a
守宮神　564b
宿所　311b
『淑女之友』　636b
粛親王　182c
熟談離婚　690c
熟年離婚《じゅくねんりこん》　⇨離婚(**778**c)　496a 779c
• 宿場女郎《しゅくばじょろう》　**331**b 726c
宿谷京子　13b
手芸　359b
手芸学校　359c
• 寿桂尼〔じゅけい〕《じゅけいに》　**331**b 379b
「樹下の家族」(干刈あがた)　597c
修験　691c
准后　548b
守護夫　562b
主婚　528b
寿讃《じゅさん》　⇨三井寿讃(**695**a)
• 准三宮《じゅさんぐう》　**332**b 548c 549b
准三后　158a 332b 549a
守子女王　346a
姝子内親王　343c 454c
寿子内親王　454c
『守舎日記』　176c
主従関係　712a
寿昌院　764a
衆生済度　315a
• 主人《しゅじん》　**332**b
主人権　172a 172c 173a
『呪詛』(深尾須磨子)　616c
• 入内《じゅだい》　**332**c 266a 763c
受胎期　112b
入内定　332c
受胎促進法　112b
受胎調節　302c
受胎調節実地指導員　305c
首長　75c 168c
首長位　34b
出家　20c 258b 326a
出血　8c
「出家とその弟子」　109c
• 出産《しゅっさん》　**333**a 8b 31a 82b 83a 84b 222b 223b 295a 296b 300b 300c 303c 305b 306a 334c 341a 386b 414b 520a 543c 663a
• 出産祝い《しゅっさんいわい》　**334**c 377a
出産介助　306b 334b
出産介助者　305c
出産祈願　704b
出産休暇　788a　→産前産後休暇
• 出産儀礼《しゅっさんぎれい》　**334**c
出産奨励政策　305c
出産制限　184c
• 出産退職制《しゅっさんたいしょくせい》　**335**c
出産届　6c
出産扶助　409c
出産抑制　344b
出仕　705b
出自　434a
出自集団　144c 618c
出生氏　313c
出生奨励政策　256c 302c
出生数　344a
出生地主義国籍法　255c
出生前診断　342b
• 出生率《しゅっしょうりつ》　**336**a 85a 225c 344c
出生率増加　256c
出征遺家族中央指導委員　182b
出征軍人家族慰問婦人会　65a
出生氏　614c
出生届　145b
出征兵士家族の慰問　328b
『酒呑童子』　119c
首都圏男女平等条例市民ネットワーク　474a
『ジュニアそれいゆ』　346c 440a
従二位親子　403c
授乳　479c 728b
シュネル　180a
• 襦袢《じゅばん》　**336**a 583a
樹皮衣　4b
樹皮織物　415b
• 主夫《しゅふ》　**336**b 337c
主婦　43b 133c 142a 147a 154b 161a 164b 166a 167c 181a 270c 296c 323a 326b 336b 337a 337b 339a 367c 382c 415b 416c 446c 479b 486a 670a 672c 682b 741c 766a 772a 773c 776a
主婦会　367a
主婦会館　338c
「主婦解放論」(平塚らいてう)　339b
主婦権　297b 303c 326b 337a 337b 564b 773b
「主婦こそ解放された人間像」(武田京子)　339c
• 主婦・主婦権《しゅふ・しゅふけん》　**336**b
主婦像　167a
主婦第二職業論　323a
「「主婦第二職業論」の盲点」(坂西志保)　339b
『儒仏物語』　134c
「主婦という第二職業論」(石垣綾子)　339a
『主婦と生活』　636c
主婦年金制　339c
主婦農業　304c
主婦の会運動発起人会　338b
『主婦の経済学』(帆足みゆき)　655b
「主婦の時代は始まった」(清水慶子)　339b
• 『主婦之友』〔主婦の友〕《しゅふのとも》　**338**a 36b 43b 112b 337b 636c 699c 747c
主婦之友社　271c
主婦の店　338c
「主婦はまだ未解放である」(林郁)　340a
主婦役割　703b
主婦優遇政策　337c
「主婦よ「幸せ」になるのはやめよう」(伊藤雅子)　340a
主婦連　338b　→主婦連合会
• 主婦連合会《しゅふれんごうかい》　**338**b 114a 350b 453a 591c 648a
『主婦連たより』　338c
「主婦労働について」(黒川俊雄)　339c
「主婦労働には価値がないか？—無価値こそが正しい—」(嶋津千利世)　339c
「主婦労働の値段」(水田珠枝)　339c
• 主婦論争《しゅふろんそう》　**339**a 43a 167b 290c 321c 337c 615c 636a 640c
「主婦論争とアメリカの女性」(田中寿美子)　339b
• 主命婚《しゅめいこん》　**340**a 667b
• 修明門院《しゅめいもんいん》　**340**a 202b
樹木葬　578b
守油女官　554a
• シュライナー、オリーヴ〔シュライネル〕 Olive Schreiner　**340**b 395b
修羅物　566b
「シュリ」　647b
尾類《ジュリ》　⇨ズリ(**408**b)
ジュリア祭　116c
修理所　158a
「尾類の歴史」(伊波普猷)　110c
狩猟　414b 415b
春屋妙葩　712b
春画　151b
巡回看護事業　662a
• 春華門院《しゅんかもんいん》　**340**b 193a 230a 466c 584b 585a
春華門院新右衛門督　315a 668a　→慈善
准看護師　184c
『春記』　698c
純血　365c
純潔　365c 785b
純潔イデオロギー　502a
純潔教育　542b
純潔教育委員会　410b
純潔教育基本要綱　410b
純潔教育全国大会　410b
「純潔教育と性教育の関係について」　410b
純潔教育普及徹底に関する建議　410b
純潔教育分科審議会　410b
純潔同盟　256c
巡幸　555b

順孝院　95c
準公娼　314a
殉国烈婦井上千代子夫人之碑　59a
『春山集』　91b
恂子内親王　343c 442a →上西門院
珣子内親王　241a
志ゆん女　329c
舜昌　659b
「春抄媚景」　341a
• 『春色梅児誉美』《しゅんしょくうめごよみ》　340c 341a 562a
『春色梅美婦禰』　341a
• 『春色英対暖語』《しゅんしょくえいたいだんご》　341a
『春色辰巳園』　340c 341a
順心女学校　324a
• 俊成卿女《しゅんぜいきょうのむすめ》　341a 403c 717c
『春雪』(中村汀女)　531c
春暢家塾　113b
俊澄尼　685b
順徳天皇　69a 202b 340a
淳和院(邸宅)　345b
淳和天皇　345b 652a
淳仁天皇　28c 240c 447b 625a
淳風美俗　475a
准母　526b 548c
准母立后　39b
純婚取婚　223c 347b 348a 408a
順礼歌　185b
書《しょ》　⇨よみかき(770b)
女　621c
• 女医《じょい》　341a 129b 355a
叙位　135b
女医排斥論　341b
女医養成　766c
妾　275a 277b 278a 481b 575b 724c
　→めかけ
掌　238b 555a
掌侍　351c 551c →ないしのじょう
小阿弥陀堂　632c
譲位　239c
譲位宣命　616a
浄院尼　685a
『貞永式目』　143c →『御成敗式目』
• 正栄尼《しょうえいに》　341c
荘園　14c 153c 317c
璋円　398a
定円　423b
定宴　597b 708a
『湘煙選集』　192b
性円智　433a
娼家　753a
聖戒　55b
常会　516b
• 生涯学習《しょうがいがくしゅう》　341c 257c
生涯学習施設　180c
障害者　342a 660c
障害者差別　342b
障害者自立支援　531c
障害者の生活と権利を守る全国連絡会
　739a
• 障害者福祉と女性《しょうがいしゃふくしとじょせい》　342a
障害者福祉年金　670b
蔣介石　435a 660a
昇格　472a
小学　150a
『小学』　606b
上覚　717c
『小学雑誌』　67c
昇格差別　634a
正学女　326a
承覚法親王　463b
商家主婦　695b
商家女性　10b
小家族　279b 302a
小家族的家　172c
小家族論　161a
松下村塾　721a
小学校　150a 274a
小学校令　310c
彰化婦女共励会　356b
庄官　747b
• 浄閑寺《じょうかんじ》　342b
貞観殿　237c 690a
貞観殿尚侍　630b
• 娼妓《しょうぎ》　342c 6c 220c 231c 244b 330a
　386a 394c 408b 413b 542c 546b 574a
　687c 757b
娼妓解放令　394c 755c
娼妓規則　394c
娼妓救済　20a 150a
『娼妓存廃内外大家論集』　440b
娼妓取締規制　330a
娼妓取締規則《しょうぎとりしまりきそく》　⇨公娼制度(244a)
　⇨廃娼運動(573c)　179c 244c 342c
　440a 574a
聖久　23c
承久の乱　176c 658c
商業誌　636b
承香殿　237c
『上京日記』　217a
「貞享風俗帳」　3b
松旭斎天一　343a
• 松旭斎天勝《しょうきょくさいてんかつ》　342c
上宮王家　668c 706c
将軍家御台所　220a
• 昭訓門院《しょうくんもんいん》　343a 272b
貞慶　174a
小経営　154a 313b 416c 701a
蔣桂芳　684c
聖恵房　314c
笑劇　201a
『常憲院殿御実紀』　677b
『状元閣女四書』　134c
• 昭憲皇太后《しょうけんこうたいごう》　343a 241c 452a
　550c 784c →一条美子 →美子皇
　后
上皇　257b
浄光院(徳川綱吉正室)　737b
常高院　96b 124a
• 浄光院殿〔浄光院〕(北条氏康娘)《じょうこういんでん》
　343b 14b 694c
• 蒸紅学舎《じょうこうがくしゃ》　343c 617c
『照光記』　722c
『小公子』(バーネット)　353a 791c
承香殿女御　285a
常光明院　448a
相国寺　22c 345c
証拠主義　310c
浄金剛院領　108c
妾妻　152b 632a
• 上西門院《じょうさいもんいん》　343c 229c 259c 344a
　442a 454c
• 上西門院兵衛《じょうさいもんいんのひょうえ》　344a
消産　460b
• 少産少死化《しょうさんしょうしか》　344a
妾子《しょうし》　⇨嫡子(480c)
尚侍　→ないしのかみ
掌侍　→ないしのじょう
• 情死《じょうし》　344c 2c 392b 785c
鑷子　210b
• 少子化《しょうしか》　344c 38c
「少子化社会対策大綱に基づく重点施策
　の具体的実施計画について」　150c
少子化対策　162c
庄司吉之助　3b
• 娘子軍(会津藩)《じょうしぐん》　345a
娘子軍(からゆきさん)　179b
少子高齢化社会　252c
少子・高齢社会政策　38b
庄司氏　488b
庄司甚左衛門　769a
• 正子内親王(嵯峨皇女)《しょうしないしんのう》　345b 248a
　462c
正子内親王(後朱雀皇女)　624c
承子内親王　623c
昇子内親王　340b
昌子内親王　45b 248b 433c
• 祥子内親王《しょうしないしんのう》　345b 18c 284a
奨子内親王　463b
• 頌子内親王《しょうしないしんのう》　345c
暲子内親王　383c 584b →八条院
常寂光寺　513b
聖守　668a
• 松寿院《しょうじゅいん》　346a 746a
少女　176b 730a
妾女　480c
清浄恵　235b
少将内侍(伊勢大輔娘)　47b
少将内侍(後深草院弁内侍妹)　655a
『少女界』　346b
正如覚　30b
• 少女歌劇《しょうじょかげき》　346a
『少女倶楽部』　346c
• 少女雑誌《しょうじょざっし》　346b
少女小説　587c

『少女世界』　346b
『少女の友』　346c
少女文化　346c 587c
性助法親王　272b 521c
• 少女マンガ《しょうじょマンガ》　**346c** 785c
昇進　472a
仗身　157c
成尋　347a
成尋阿闍梨母　347a 487c
• 『成尋阿闍梨母集』《じょうじんあじゃりのははしゅう》　**347a**
尚真王　191a
昇進昇格差別　371a
城資盛　592a
称制　319b
正税　401c
• 招婿婚《しょうせいこん》　**347b** 316c 348a
• 『招婿婚の研究』(高群逸枝)《しょうせいこんのけんきゅう》　**348a** 223c 347b 456a 515a
浄清所　180a
• 松声堂《しょうせいどう》　**348b** 467c 767b
障全協　739a
『焦躁』(深尾須磨子)　616c
尚蔵《しょうぞう》　⇨尚蔵・典蔵(**215b**)　→くらのかみ
上奏　447a 554c
醸造　293c 727c
正倉院　462c
上蔵院　314a
松窓乙二　52a
肖像画　144b
装束　156c
上蔟〔上簇〕　754c 763b
消息文　714a
• 上代たの《じょうだいたの》　**348c** 285b 606a 609c
『上代たの文集』　348c
正田美智子　244a 696b　→美智子皇后
庄田安僚　46c
正田淑子　593a
『樵談治要』　298b
松竹歌劇団　346a
松竹少女歌劇団　348c 367a
• 松竹レビューガール事件《しょうちくレビューガールじけん》　**348c**
焼酎　293c
詔勅　523c
浄貞　597a
粧田《しょうでん》　⇨化粧料(**224c**)
『小伝』(星野あい)　663c
掌典職　689b
上童　478b
唱導　423b
上棟式　209c
上等小学　150a
• 上東門院《じょうとうもんいん》　**349a** 257b 261c 429a 548b 699b　→藤原彰子
聖徳宗　483a
聖徳太子　17c 402a 462b 483a 491a
聖徳太子信仰　462a
称徳天皇《しょうとくてんのう》　⇨孝謙天皇(**240b**)　7b 175a 197c 384b 444c 450b 503c
醬刀自　515b
浄土寺　31a
浄土思想　251c
浄土寺二位　469c
浄土宗　174a 559c 659a 659b
浄土真宗　21b 24a 174a 400b 436c 559c
城夏子　638b
妾男　480c
湘南うずら園　744c
少弐貞経　633a
小児性愛者　318c
「小児のやうな男」(堀保子)　670c
『小児必用養育草』　38c 164a
• 小児マヒから子どもを守る運動《しょうにマヒからこどもをまもるうんどう》　**349b**　→子どもを小児マヒから守る運動
小児マヒ生ワクチン輸入　753b
小児マヒ生ワクチン要求運動　589b
「小児養育草」　137a
承如法　311b
聖如房　311b
商人　695b 712a
証人　602b
証人制度　602c
承仁法親王　89a
常寧殿　237c
少年　171c 478b 535a 787a
少年愛　346c
少年院　703a
『少年期』(波多野勤子)　583b
松年塾　71c
少年審判所　166a
少年審判部　166a
『少年世界』　346b
浄念尼　685a
少年法　166a 702c
少年保護　703a
小農　566c
• 小農経営《しょうのうけいえい》　**349c** 290a 451b 613b 701b
小農生産　172c
小農民家族　161a
小農倫理　69b
• 城ノブ《じょうノブ》　**350b**
『商売記』　695b
上婢　142a
消費組合運動　164b 350b
消費組合活動　518c
• 消費者運動《しょうひしゃうんどう》　**350b** 338c 339c 426b 453a
消費者宣言　350c
消費者防衛　634a
消費生活協同組合法　409b
商品テスト　215b
• 娼婦《しょうふ》　**350c** 149b 314a 405a 431b 499c 518a 576a 688a 757a 793b
上布　581a
• 妾腹《しょうふく》　**351a**
浄福寺　592c
娼婦制　661c
章炳麟　660b
『正法眼蔵』　506b
商法講習所　735b
衝鋒隊　345a
舂米　778a
舂米労働《しょうまいろうどう》　⇨稲舂女(**58a**)　415c 747b
勝蔓　431c
浄妙　597b 708a
常民　544a 741c
『湘夢遺稿』　91c
聖武天皇　7c 8a 8b 59b 230b 240b 250c 256a 463a 616a 623a 632a 633b 648b 688b
承明門　42b
• 承明門院《しょうめいもんいん》　**351b**
定紋　142b
声聞師　608a
縄文土器　511b
『小右記』　719b
譲与　153c
昭陽舎　237c
将来設計　302a
• 浄瑠璃《じょうるり》　**351b** 129a 263b 325c 439c 477a 512b
『浄瑠璃御前物語』　122c 263b
浄瑠璃節　351b
「浄瑠璃物語」　351b
浄蓮　58c
• 上﨟《じょうろう》　**351c** 221a 227c 238a 238b 485c 521b 550b 551b 551c 554a 554b
上﨟御年寄　101b 121a
上﨟女房　690a
上﨟町　684c
『昭和史のおんな』(沢地久枝)　496b
昭和天皇　244a 499c 555a
承和の変　345b
• 女王《じょおう》　**352a** 266b
女王禄　352b
ショーツ　419a
ショートステイ　665a
• 『女誡』《じょかい》　**352b** 132c 134c 357c
女学　67c 352c 723a
女楽　523c
• 『女学雑誌』《じょがくざっし》　**352c** 67c 636b 699c 723a 791b
『女学雑誌諸索引』　6a
『女学新誌』　67c 352c
女学生　141c 367c 419b
女学生制服　764a
• 『女学世界』《じょがくせかい》　**353a** 346b 636b
女学校　353b 361a
女学校教員　141b

• 『女学校発起之趣意書』《じょがっこうほっきのしゅいしょ》 **353**b 114b
女官《じょかん》 ⇨にょかん(**554**a)
• 『女鑑』《じょかん》 **353**c 636b
初期荘園 747b
初期本百姓 349c
• 女給《じょきゅう》 **354**a 324c 355a 687c 731c
女給同盟 354a
『諸九尼句集』 27a
「女給の歌」 354a
• 女教員《じょきょういん》 **354**b 311a 355a 425c
女教員妊娠規定 304a
『女教師』 636b
• 『女教師の記録』(平野婦美子)《じょきょうしのきろく》 **354**c
『女教文章鑑』 141c
触穢 284c
職業安定法 579a
職業学校 317a
職業技能講座 181a
職業専門教育 363c
職業的制服 764a
職業と家庭の両立施策 789a
職業病対策 788b
• 職業婦人《しょくぎょうふじん》 **355**a 105c 363c 367a 367c 439b 537b 637c 764a
『職業婦人』 113c 355a 355b
• 職業婦人社《しょくぎょうふじんしゃ》 **355**b 113c 355a
『職業婦人の五十年』(西清子) 538c
『職業婦人を志す人のために』(河崎なつ) 182b
殖産興業 359c 469b 517b
食事 446c
式子内親王 311b
職住分離 167c
織女 465b
織女星 465b
食寝分離 446c
『食生活の歴史』(瀬川清子) 420a
食卓 482b
• 職人《しょくにん》 **355**c 153c 316a 415a 510a 712a
• 職人歌合《しょくにんうたあわせ》 **355**c 316a 510a
職人尽絵 355c
食売女 726c
職場託児所 655c
職場内保育所 656b
食品公害事件 601c
植物採集 414b
植物性食糧 415b
食文化 482b
植民地支配 189c
• 植民地の女性《しょくみんちのじょせい》 **356**a
食物加工 414b
食物神 103b
食料生産確保 568b
食料増産 202a
• 食糧メーデー《しょくりょうメーデー》 **356**c
• 女訓書《じょくんしょ》 **357**a 134c 136b 148a 303a 312a 331b 361a 474c
女系家族 294b
女系継承 618c
『女傑一代』(永田美那子) 528c
女権運動 666c
女権主義 640b
女権宣言 228a 329c 615b
女権論 510a
• 女工《じょこう》 **358**a 245b 355b 358c 359a 359b 383b 487c 687c 743a 793b
女紅〔女功〕 359b
• 『女工哀史』(細井和喜蔵)《じょこうあいし》 **358**c 245c 417c 568c 667a 793b
• 女工小唄《じょこうこうた》 **359**a 358c
• 『女工と結核』(石原修)《じょこうとけっかく》 **359**b 358c
• 女紅場《じょこうば》 **359**b
初婚年齢 226a
初婚年齢差 226a
初斎院 281c 570a
庶妻子 480c
所作事 171c
書札礼 130c
助産 520a
助産院 300b
助産教育 306a
• 助産師《じょさんし》 **359**c
助産婦《じょさんぷ》 ⇨産婆(**305**b) ⇨助産師(**359**c) 160a 300b 305c 306a
『助産婦』 544b
助産婦規則 305c
• 庶子《しょし》 **360**a 34b 51b 54b 128b 153c 279a 285c 286a 351a 481a 711a 725a
• 女史《じょし》 **360**b
女史(官職)《じょし》 ⇨博士命婦(**578**c) 515c 550b 554a 556a
女児 603c
女子医学教育 341b
女子医学研修所 341b
女子医学専門学校 341b
女子一期知行制 144a
女子一期分 536c
女子英学塾《じょしえいがくじゅく》 ⇨津田塾大学(**493**b) 109a 492c 621a 652c 663c
女子栄養学園 148b
女子栄養大学 148b
女子オリンピック 603a
『女子界』 305b
女子会館 446c
「女子解放問題」(何震) 660b
女子学院 203c
女子学習院 162a
女子学習舎 198c
• 女子学生亡国論《じょしがくせいぼうこくろん》 **360**b 361b
「女子学生世にはばかる」(暉峻康隆) 360b
「女子革命と経済革命」(何震) 660b
• 女子学連《じょしがくれん》 **360**c
所職 390b 481a
女子義勇隊 363b
• 女子教育《じょしきょういく》 **361**a 154b 157b 200a 324a 353a 497b 498a 617b 752c 784a
『女子教育』 50c
『女子教育改善意見』(成瀬仁蔵) 784a
女子教育機関 359b
• 女子教育刷新要綱《じょしきょういくさっしんようこう》 **361**c
女子教育ニ関スル件 783c
女子教育方針 361c
『女子教育要言』(三輪田真佐子) 709a
女子教育論 378b
「女子勤労管理講習会資料」 635c
女子勤労挺身隊 362a
• 女子勤労動員《じょしきんろうどういん》 **361**c
女子勤労動員学徒 428c
女子勤労動員促進に関する件 362a 428c
女子勤労奉仕隊 449c
• 『女子訓』《じょしくん》 **362**a
「女子訓或問」 362a
女子元服儀礼 171a
女子工芸学校 324a 498a
女子高等教育 300a 361b 364a
女子高等教育機関 363c 469a
女子高等教育推進運動 50c
• 女子高等師範学校《じょしこうとうしはんがっこう》 **362**b 118c 361b
女子興風会 71a
• 女子差別撤廃条約《じょしさべつてっぱいじょうやく》 **362**b 51a 165c 166a 206b 255a 256a 454a 471b 474a 634a 710b
女子三従観 298a
女子参政 752c
女子参政同盟会 356b
女子実業教育 324a
女子師範大学設置運動 323a
• 女子若年定年制《じょしじゃくねんていねんせい》 **362**c 335c 370c 634a
女児小学 150a
女子商業学校 146c
女子職業学校 202c
女子深夜業 38a
『女子青年界』 790b
女子青年学校 361c
女子青年技能修練制度 363b
• 女子青年団《じょしせいねんだん》 **363**a 428c 568b 767a
• 女子専門学校《じょしせんもんがっこう》 **363**c 364a
• 女子相続《じょしそうぞく》 **363**c
女子速記者 439b
女子体育の母 537c
• 女子大学《じょしだいがく》 **364**a 157c 361c 363c 470c
女子拓殖訓練所 364b 449c
女子拓殖講習会 449c
女子拓殖事業 449c
女子拓殖事業対策要綱 449c
女子拓殖指導者養成 449c
• 女子拓務訓練所《じょしたくむくんれんじょ》 **364**b

女子中等教育　248c 249a
女子中等教育機関　317a
女子中等普通教育　782b
女子中等夜学校　106a
女子挺身勤労令　364c 428c
• 女子挺身隊《じょしていしんたい》　**364b** 356b 362a
「女子に代るの演説」(植木枝盛)　71a
『女児ねぶりさまし』　500b
『女子の本分』(三輪田真佐子)　709a
女子排行名　481c
女子美術学校　365a 765b
女子美術専門学校　365a
• 女子美術大学《じょしびじゅつだいがく》　**365a**
女子必修家庭科　165c 166a
女子復権会　660b
女子分　313a 376a
• 『女子文壇』《じょしぶんだん》　**365a** 591b 693c
女子奉公人《じょしほうこうにん》　⇨女奉公人(**142a**)
　⇨下女(**224a**)
女孺　→にょじゅ
所従　172b 227b
『女囚とともに—伝記・三田庸子—』　694c
女子用往来　137b
• 処女・オトメ《しょじょ・オトメ》　**365b**　⇨ヲトメ(**794c**)
• 処女会《しょじょかい》　**365c** 361b 363a 767a
処女会中央部　24c 366a
『処女会の組織と其事業』(天野藤男)
　24c
処女性　365c
処女性重視　236b
処女性崇拝　502a
処女伝説　682a
『処女の友』　24c 366a
処女膜　365c
処女論争　499b
• 女子留学生《じょしりゅうがくせい》　**366a** 86a 109a 652b
• 女子労働運動《じょしろうどううんどう》　**366b**
女子労働者　245a 367a 634a 788a
『女子労働者』(嶋津千利世)　321b
女子労働問題研究会　321c
女子を教ゆる法《じょしをおしゆるほう》　⇨『女大学』(**136b**)
　145c 271a 357c
女性　144b 468c 633b 794c
• 『女声』《じょせい》　**367b** 468b
• 『女性』《じょせい》　**367c**
『女性&運動』　398a
女性運動　368a 666c
女性運動決議案　660a
女性絵師《じょせいえし》　⇨女絵師(**130a**)
• 『女性改造』《じょせいかいぞう》　**368a**
女性解放　228a 302a 455b 623a 750a
女性解放運動　50c 70b 168a 378a 475a
　615b
女性解放史　189c
女性解放思想　746b
『女性解放思想の歩み』(水田珠枝)　374a
『女性解放の思想と行動』　464c
女性解放論　615b
女性科学者　299a
女性科学者に明るい未来をの会　299a
• 女性学《じょせいがく》　**368b** 308c 474b 504c
『女性学教育の挑戦—理論と実践—』
　793c
女性学研究　118c
女性学研究会　368c
女性学研究所　504c
女性学講座　257c 342a 368c
女性学・ジェンダー研究フォーラム　257c
　368c
女性鍛冶師　44a
女性家長　8b
女性官人　550b 554b
• 女性管理職《じょせいかんりしょく》　**368c**
女性議員　70a
女性犠牲譚　209c
女性教育　635a
女性教員　452c
• 女性教祖《じょせいきょうそ》　**369a**
女性局　789a
女性芸術家　130b
• 女性芸能《じょせいげいのう》　**369b**
女性芸能者　131a 377a
• 女性国際戦犯法廷《じょせいこくさいせんぱんほうてい》　**370a** 542c
『女性五十講』(山川菊栄)　744c
女性コミック　785c
女性固有労働　290a
女性祭祀　175b
女性財団賞　504c
女性雑誌　636c
女性差別　8c 32b 536c 577a 640b
女性差別解体　401a
女性差別的言辞　700a
女性差別撤廃　615a
女性差別撤廃運動　257c
女性差別撤廃条約《じょせいさべつてっぱいじょうやく》　⇨女子差別
　撤廃条約(**362b**)　255a
• 女性差別労働裁判《じょせいさべつろうどうさいばん》　**370c**
女性参政権　70a 71a 615b　→婦人参
　政権
女性参政権運動　621b
女性参政権問題　378b
• 女性史《じょせいし》　**371a** 144b 160b 172b 189c
　231b 309a 372a 475c 718c
• 女性史青山なを賞《じょせいしあおやまなをしょう》　**371c**
• 女性自衛官《じょせいじえいかん》　**371c**
『女性史学』　372c
女性史研究　548b
女性史研究会　55c 231b
• 女性史研究国際連盟《じょせいしけんきゅうこくさいれんめい》　**372a**
女性史サークル　189c
• 『女性自身』《じょせいじしん》　**372b** 372c
• 女性史総合研究会《じょせいしそうごうけんきゅうかい》　**372c**
初生子相続　18b 286b 487b
『女性時代』　322c
女性史のつどい《じょせいしのつどい》　⇨全国女性史研
　究交流のつどい(**426a**)　475c
女性事務員　355a
女性ジャーナリスト　103c
• 女性週刊誌《じょせいしゅうかんし》　**372c** 372b 636c
女性宗教者　741c
女性住職　21c 24a
• 女性首長《じょせいしゅちょう》　**373a** 16a 18b 67a 176a
　494a 517a 591a 646b 722b 725c
女性職　371c 414a
• 女性史論争《じょせいしろんそう》　**374a** 545b 723b
『女性新聞』　790b
女性神役　736c
女性心理　322c
女性生活史　398b
女性政策　362c 368b
• 女性政治家《じょせいせいじか》　**374c**
『女性セブン』　372b 372c
女性像　782b
女性相続　286b 701a
女性相続規定　133b
女性相続人　447b
女性僧侶　21c
女性族長　7c
女性尊長　688a
女性尊重　279b
女性大学　635a
女性代議士　375c
女性大使　454a
• 女性知行《じょせいちぎょう》　**375c** 701a
女性貯蓄運動　446c
女性デー　254b
女性店員　355a
女性天皇　240b
『女性展望』　643a
女性党　485b
• 女性当主《じょせいとうしゅ》　**376b** 34c 704c
• 『女性同盟』《じょせいどうめい》　**376b** 398c
『女性と経済関係』(ギルマン)　204b
『女性と社会主義』(ベーベル)　642a
『女性と生活と宗教』(山室民子)　752a
• 女性と贈答《じょせいとぞうとう》　**376c**
女性と年金検討会　565b
『女性と法律』(田辺繁子)　465c
「女性と柳田民俗学」(瀬川清子)　420a
• 女性と夢《じょせいとゆめ》　**377b**
『女性と労働』(シュライナー)　340b
　395b
• 女性名請人《じょせいなうけにん》　**378a**
女性二〇〇〇年会議　255b
『女性二千六百年史』(高群逸枝)　455c
• 女性に対する暴力《じょせいにたいするぼうりょく》　**378a** 236c
　414a 477b
女性に対する暴力撤廃宣言　378a
• 『女性日本人』《じょせいにほんじん》　**378b**
女性による老人問題シンポジウム　252a
• 女性の家HELP《じょせいのいえヘルプ》　**378b**
『女性の生き甲斐』(村岡花子)　718c
女性農民運動研究　260b
• 『女性の解放』(ミル)《じょせいのかいほう》　**378c**

• 女性の花押・女性の印判《じょせいのかおう・じょせいのいんばん》 379a
『女性の過去・現在・未来』(ベーベル) 642a
女性の社会進出 68c
女性の従属 575b
『女性の職業』(新妻イト) 537c
女性の人権 255b
• 女性の神職《じょせいのしんしょく》 379c 40b
• 女性のためのアジア平和国民基金《じょせいのためのアジアへいわこくみんききん》 380c 198b 543a 778c
『女性のための新民法』(田辺繁子) 465c
女性の地位委員会 395a
「女性の徹底した独立」(与謝野晶子) 666b
• 女性の名前《じょせいのなまえ》 381a
『女性の反逆』(山川菊栄) 641c
女性の被選挙権 71a
『女性の隷従』(ミル)《じょせいのれいじゅう》 ⇨『女性の解放』(378c)
女性の霊力 417b
『女性の歴史』(高群逸枝) 456a
『女性白書』 547b
女性犯罪者 723b
女性文化研究センター 118c
女性文化資料館 118c
女性文人 130b 235a
女性蔑視 474c 513b 573b
女性保護 417c
女性保護規定 787c
女性民俗学 189c
女性名 268b 724b
女性問題 640c
女性問題研究会 613b
女性役割 308c
女性らしさ 308c 468c
女性労働 132a 290a 451a 451b 567c 583a 612b 762c 769c
女性労働研究 414a
女性労働者 99b 335c 417c 472a
女性労働問題 579b
女性労働問題研究会 321c
女性労働力活用政策 165c
女性論 71a 445b 473c 615b 616c
『女性論』(ミッチェル) 70c
女性論争 636c
• 女性を守る会《じょせいをまもるかい》 382a 254c
書体 310c
世帯の会 408c
庶男子 54b 286c 360a 711a 711b
• 女中《じょちゅう》 382b 116b 121a 190c 355b 383a 399c 485c 527b 581a 687c 786c
• 『女中帳』《じょちゅうちょう》 383a
• 女中法度《じょちゅうはっと》 383a 101b
『女中分限帳』 142c
初潮《しょちょう》 ⇨初花・初出(585c)
女丁 →にょちょう
織機 763a
職権 153c
職工 245a
• 『職工事情』《しょっこうじじょう》 383b 245a 245b 358a 358c
『職工事情付録一』 383b
『職工事情付録二』 383b
• 女帝《じょてい》 383c 298a 357b 373c 389a 432a 443b 526b 584b 606c 666a 780c
初等教育 414a
所得控除 573a
初乳 479c
序の舞 165a
「序の舞」(上村松園) 72a
『女範捷録』 132c 134c
処分権 153c 318a 399c
書方軒 393a
庶民史料 201b
庶民資料 330c
舒明天皇 148a 239c 580a 668c
• 女優《じょゆう》 384c 355a 369b
『女優一代』(水谷八重子) 693b
所有管理権 172a
所有権 661c
『女優生活廿年』(森律子) 736a
• 『女用訓蒙図彙』《じょようきんもうずい》 385a
• 『女用文章唐錦』《じょようぶんしょうからにしき》 385b
書吏 157c
• 女流《じょりゅう》 385b
女流画家《じょりゅうがか》 ⇨女絵師(130a)
• 女流狂歌人《じょりゅうきょうかじん》 385c
• 女流勤王家《じょりゅうきんのうか》 385c
女流日記文学 98a
所領 143c 153c 168c 317c 390b 551c
所領支配 160c
所領相続 438c
• 女郎《じょろう》 386a 221a 408b 753a
女郎町 684c
• シラ《シラ》 386b
白石加寿子 386c
白石正一郎 386b
• 白石艶子《しらいしつやこ》 386b
白石延子 386c
白石廉作 386c
白井鳥酔 91b
白井鉄造 456b
• 白糸《しらいと》 386c
白梅学徒隊 111b
白髪部王 462b
白川家 515c
白川氏 689b
白河天皇 39b 47b 66a 178c 189c 403c 442a 627a 627c 698b
白川殿(平盛子) 448b
白河殿(祇園女御) 189c
『白川村の大家族』(江馬三枝子) 92a
シラキン 386b
シラタムス 386b
シラの神 335b
シラハンマイ 386b
白比丘尼 185b
• 白拍子《しらびょうし》 386c 16a 49a 62c 77b 176c 189b 221a 228b 314c 316a 355c 356a 377a 575c 669b 691b 756b
白拍子奉行人 387a
白拍子舞 386c
白拍子女 369c 385a
シラフジョウ 386b
白百合 745a
白百合学園 204a
• 後の政《しりえのまつりごと》 387b
自力更正運動 639c
私立医学校 341b
私立学校 361b
私立大日本婦人衛生会《しりつだいにほんふじんえいせいかい》 ⇨婦人衛生会(634b)
私立病院・産院規定 300b
死霊 223b
死霊祭祀 197a
『資料日本ウーマン・リブ史』 70b
『史料にみる日本女性のあゆみ』 435c
標帯 124c
• 白《しろ》 387c
「白い扇」(有吉佐和子) 27b
白物売 316a
白襟嬢 581b
白袴 579a
『白孔雀』(九条武子) 211a
白黒テレビ 167a
シロタ=ゴードン、ベアテ 425b 543a
城田すず子 169c
シロタ、レオ 425b
白布売 316a
『白木槿』(原阿佐緒) 591b
白女〔しろめ〕 387c
市YWCA 790b
『死をみつめて』(原阿佐緒) 591b
しん 707a
新一世 63b
新英女学校 359b
新栄女学校 497b
新大典侍 104a 238a
新開〔シンガイ〕 653a
• 『塵芥集』《じんかいしゅう》 388a 299a 649b
深覚 429a
• 心学《しんがく》 388b 425c 500b 509b
臣下立后 67c
神祇官 689a 689b 691b
神祇組 120c
神祇省 689b
神祇女官 554a
神祇伯 515c
神亀碑 169a
針灸 341a
信教の自由 308a
親魏倭王 606a
神宮 46c
『神宮儀式帳』 248b

じんぐう

神功皇后　31a 197a 298a 324a 357b 443b 606b 690c 784a	身上監護権　390c	親族研究　160c
『神功皇后縁起』　389a	新嘗祭　28c 58b 265c 389a 444b 489c 689b 737b 778a	親族集団　34b 434b 736c
『神功皇后三韓責』　389b	新上西門院　92c	親族分家　508a
・神功皇后伝説　388c	真乗寺　599b 777c	『親族法』(穂積重遠)　668c
・神宮采女　389a	尋常小学　150a	親族名称　64a 123c
『真紅の溜息』(深尾須磨子)　616c	・新上東門院　393a 549b	・親族名称体系　396a 736b
シングル　217c	・信勝尼　393b	尋尊　443b 444a 540b 596c 697c
シングル＝マザー　389c 278c	神女おもろ　126c	「尋尊大僧正記」　444a
『新劇女優』(東山千栄子)　597b	・『新女界』　393b 271c 740a	身体異常　405c
・親権　390a 68c 172a 172c 173a 279a 661c 664b 711a 713a	新処居住　⇒婚姻居住形態(275c)	身体観　144b
	新処居住婚　347c	新待賢門院　⇒阿野廉子(18c) 19a 345c
真源　23c	新女性　288b 305b 356c	新待賢門院(藤原雅子)　549b
人権条項　425b	・『新女性』　393c	身体障害　342a
人権侵害行為　236c	新女性主義　455b	身体障害者相談所　100a
人権争議　367b	『新女性読本』(河崎なつ)　182c 260c	身体的暴力　518a
賑給　171b	『新人』　393c	新大納言典侍　445a
人口局母子課　759b	壬申戸籍　35c 265a	新地　322a 755b
人口史　330c	人身取引対策行動計画　576c	新中間層　167c 344b 639c 665c
親耕親蚕　⇒男耕女績(469b)	壬申の乱　319c	新中間層家族　665c
人口政策　342a 663a	・人身売買　394b 179a 185c 220c 244c 270a 318b 325c 342c 395a 440b 542c 573b 573c 576c 687c 688a 727c 756c	進駐軍用慰安施設　593b
・人口政策確立要綱　391a 85b 561c 759b		新中納言局　514c
		『新勅撰和歌集』　233b
人口増加政策　334b		新築地劇団　752b
人工妊娠中絶　⇒中絶(484c) 342a 781b →妊娠中絶	人身売買及び他人の売春からの搾取の禁止に関する条約　395a	真禎　232c
		心的外傷後ストレス障害　236c
仁孝文皇后　134c	人身売買禁止　260b	・寝殿造　396b 564b
人口問題研究会　160a	人身売買禁止議定書　325c 576c	新藤兼人　121c
人口抑制策　281a	人身売買禁止ネットワーク　378c	進藤筑波子　761b
『新古今和歌集』　790b	人身売買禁止の建白　⇒津田真道(493c)	真徳女王　⇒善徳女王・真徳女王(431c)
新国劇　601a	人身売買禁止令　⇒芸娼妓解放令(220c)	・信徳丸　397c
新国劇の母　601a	人身売買禁止令(近世)　394b	『信徳丸』　681c
新国造　212c	人身売買罪　325c 395c 576c	『新とはずがたり』(杉本苑子)　522b
清国留日学生取締規則　476c	・『新真婦人』　395a 16b 538b	新内　512b
神今食　689b 737b	新真婦人会　395a 538b 637b 637c	新内侍　238a
神婚説話　598b	進水式　209c	「新日本の少女よ大地に嫁げ」　449c
・神婚伝承　391b 748a	新典侍　104a 445a	新日本婦人協会　454a
・新婚旅行　391c 292b	真盛　398a	新日本婦人同盟　51a 427c 547b 591c 747a
・『新猿楽記』　392a 15c 336c 575c 742a	信西　28c 49a 188c 386c 606c 651c →藤原通憲	・新日本婦人の会　397c 164b 210b 321c 517c 546b 547a 656b
新産婆　87c 305c 306a	「人生案内」　700b	『新日本文学』　78a 706b
神事　691b	真性空　606c	新日本文学会　78a 706b
新詩社　48c 591b 745c	新生児　127c 306c 334b 335c 479c 693a	「新日本文学会の由来」　78a
人事相談婦人会　751c		・信如　398a 21a 23c 483c 522b 599c
伸子張りしあげ　431b	新生児死亡　334b	真如覚　233a
神事舞太夫　691b	『真盛上人往生記』　398a	真如観(殷富門院)　69c
神社巫女　40b	真聖女王　432a	真如観(承明門院)　351b
シンジュ　578b	親戚盃　327c	真如智　316c
・心中　392b 3a 344c 393a ⇒天に結ぶ恋(501b) ⇒母子心中(663a)	『新撰女倭大学』　395b	真如法　442b
	神前結婚　⇒結婚式(225a) 225b	真如理　343c
・『心中大鑑』　393a 344c	『新撰姓氏録』　186a	親王　157c 260c
『新輯母の歌集』(五島美代子)　269b	新造　⇒御新造(263c) 587b	親王勅別当　157c
心中もの　3a 392b	・親族　395c 52c 68c 172c 390b	陣羽織　3c
『心中宵庚申』(秋元松代)　11b	親族会議　710a	新派劇　181c
申叔舟　145c	親族関係　712c	新橋　742a
新宿中村屋　437a		・真範　398a
競雄鑑湖女侠　476c		『新版絵巻物による日本常民生活絵引』
神女　41a 126c 571a		

《えまきものによるにほんじょうみんせいかつえびき》 **398b**
『深秘決談抄』 311b
陣夫 562b
• 新婦人協会《しんふじんきょうかい》 **398b** 16b 50c 113c 182b 292a 376b 465a 475c 587b 609c 637a 666c 750c
『新婦人しんぶん』 398a
神仏習合 369b
• 人物埴輪《じんぶつはにわ》 **399a**
新聞連載小説 623a
真平王 431c
『新編纂図本朝尊卑分脈系譜雑類要集』 440c
親母 482a
新町 152b 468b 758a
• 針妙《しんみょう》 **399c** 289a 486b 489c
• 深妙《しんみょう》 **399c** 258a 318a 700b
「親民鑑月集」 418c
臣民形成 782c
神武天皇 467b
新村出 583c
人名 724a
神明講 47b
• 人面墨書土器《じんめんぼくしょどき》 **400a**
仁問 432a
新薬師寺 251a
新陽明門院中納言 272c
• 新吉原《しんよしわら》 **400a** 342b 733a 769a
• 親鸞《しんらん》 **400b** 21b 89c 149c 174a 560c 622a 654b
『親鸞夢記』 560c
心理学 665b
• 新律綱領《しんりつこうりょう》 **400c** 54a 265a 725a
心理的暴力 518a
• 侵略＝差別と斗うアジア婦人会議《しんりゃくさべつとたたかうアジアふじんかいぎ》 **401a** 14a
• 『人倫訓蒙図彙』《じんりんきんもうずい》 **401a** 289c
親類 713a
親類縁者 395c
『人類生活者・溝上泰子著作集』 694a
『人類における血縁および姻戚の諸体系』（モルガン） 396a
『人類の血族と姻族の諸名称体系』（モルガン） 736b
信蓮房 89c

す

牙儈〔牙會，牙僧〕 316a 415a 575c
「素足の娘」（佐多稲子） 295b
水干 593c
瑞渓院殿〔瑞渓院〕 331c 343b
• 出挙《すいこ》 **401c** 109b 193c 747b
• 推古天皇《すいこてんのう》 **402a** 216a 383c 438b 462b 519b 738b 784c →炊屋姫
炊事 154a
綏子内親王 592b
瑞春院 119b
随性院 737b
翠松学舎 709a
炊事用品 167c
随身所 157c
瑞泉学徒隊 111b
垂直的ジェンダー 701b
水天宮 31a
水稲耕作 414c
垂仁天皇 115c 748c
• 垂髪《すいはつ》 **402c** 140c 612c 648a
炊飯 167a
随筆 97c
水平運動 453c 539a 638a
水平社 302a 453c 539a 638a
水平社員 260a
『水平新聞』 638a
水平的ジェンダー 701b
「水兵の母」 218a
水兵服 419b
水曜会 182b 272c 460a 745b 762a
瑞龍寺 25a
• 垂領《すいりょう》 **403a** 140b 593c
垂簾の政 643b
スウェーデン社会研究所 123a
崇源院《すうげんいん》 ⇨お江与の方（**99c**） 96b
• 崇賢門院《すうけんもんいん》 **403a** 612a
スーダン型 396b
• 崇貞学園《すうていがくえん》 **403b** 323a
崇貞高等女学校 403b
崇貞日本女子中学校 403b
崇貞平民女子工読学校 403b
ズーデルマン 16b
須恵器 511c
スエザ 766a
陶津耳 467b
• 末摘花《すえつむはな》 **403b** 163b
末浪和美 335c
末人 680a
末姫 126c
末広 97b
素襖 267a
• 周防内侍《すおうのないし》 **403c**
左俊芝 367b →田村俊子
須賀 346a
スカート 764a
『すかゝさ日記』 52a
菅裁物忌 733b
姿見 148a
• 酢香手姫皇女《すかてひめのひめみこ》 **403c**
須賀野 492a
須加荘 37a
菅野則子 3b
菅谷いわ子 652a
菅谷直子 745a
菅原孝標 298b
菅原在良 69a 267c
菅原定義 267c 298b
菅原孝標の娘《すがわらのたかすえのむすめ》 ⇨『更級日記』（**298b**） 267c 770c 774b
菅原道真 459c 592b
杉浦健一 619a
杉浦止斎 388b
杉浦直樹 192c
杉興重 220a
梳櫛 209b
杉田宇内 404b
杉滝子 721a
• 杉谷つも《すぎたにつも》 **404a** 744a
• 杉田久女〔ひさ〕《すぎたひさじょ》 **404a**
『杉田久女句集』 404b
数寄道具 214b
『杉の子』 404b
• 杉の子会《すぎのこかい》 **404b**
『杉のしづ枝』 162c 601b
• 杉野芳子《すぎのよしこ》 **404b**
杉原定利 247b
杉原元助 219a
• 杉村キナラブック《すぎむらキナラブック》 **404c**
• 杉村春子《すぎむらはるこ》 **404c**
杉本美津女 320b
杉本良吉 109c
杉森信盛 477a
杉山孝子〔タカ〕 48c
杉山丹後掾 263b
杉山正雄 716b
杉山元治郎 404a
杉葉子 5a
スキン 281a
• 頭巾《ずきん》 **405a**
スク 77a
淑明女学校 644c
扶 157c
典 238b 555a
典侍 351c 551c →ないしのすけ
菅笠 520b
『助左衛門四代記』（有吉佐和子） 27b
『助六』 12c
崇光天皇 237b
スコット、ジョーン 309a
双六 31b
朱雀天皇 625a 632b
素戔嗚尊〔スサノヲ〕 24c 25b 41b 209c 405b 717c
鮓鮎売り 9b
厨子王 31c
• 辻子君〔図子君〕《ずしぎみ》 **405a** 221a 312b 316a 355c 356a 462a 492c 575c
筋立て 209b
崇峻天皇 106a 402b
頭上運搬 618b 692b
頭上二髻 434a
素浄瑠璃 351c
調所五郎 501c
調所広郷 128a

崇神天皇　519b 748a
鈴木厚　174c 639b
鈴木岩治郎　405a
鈴木国弘　160c 172b 437a
鈴木重蔵　182a
鈴木商店　405a
鈴木松年　71c
鈴木節子　225b
薄田研二　752b
鈴木つね　243a
鈴木伝内　386c
鈴木春信　73c 153b
鈴木雅　104b
鈴木三重吉　494c
鈴木道彦　37c 52a
鈴木茂三郎　42c
鈴木主水　386c
鈴木裕子　260b
鈴木余志子　537b
• 鈴木ヨネ《すずきヨネ》　**405a**
鈴屋　732c
「鈴蘭」(吉屋信子)　587c
啜粥　335a
• 須勢理毘売《すせりびめ》　**405b**
『スタイル』　81a
『スタイルブック』　215a
スタウト梅津和子　430a
• 須田春子《すだはるこ》　**405b**
スチュワーデス《スチュワーデス》　⇨フライト＝アテンダント(**647b**)
• 捨子《すてご》　**405c** 145b 270a 406c
• 捨子禁止令《すてごきんしれい》　**406c**
捨子養育所設立願　406c
• ストーカー《ストーカー》　**406c**
ストーカー規制法　407a
ストーキング行為　406c
ストーナ夫人　368a
ストーラー、ロバート　308c
崇徳天皇　40a 235b 343c 442a
酢刀自　515b 727c
• ストッキング《ストッキング》　**407a**
ストックホルム＝アピール署名　640a
『ストマイつんぼ』(大原富枝)　107c
ストライキ　25c 169c 367a 510c 620b
ストリッパー　320c
ストリップ劇場　413c
砂川ちよ《すなかわちよ》　⇨基地反対闘争(**195c**) 196a
砂川闘争　196a
• 砂沢クラ《すなざわクラ》　**407b**
スノー、エドガー　43a 677a
『スパイクの跡・ゴールに入る』(人見絹枝)　603b
『すばらしい女たち』　785a
『スプーン一杯の幸せ』(落合恵子)　692b
『スペインで戦った日本人』(石垣綾子)　43a
垂髪于背　226c
ズボン　737a
住まい作り　414b
スマイルズ、サミュエル　532a
すまし　601c
• 住井する《すみいすゑ》　**407b** 579b 638b
住み替え　688a
• スミス、サラ＝クララ　Sarah Clara Smith　**407c**
『隅田川』　142b 566b
隅田好枝　509a
鷲見等曜　347c
住友金属男女賃金差別事件　369a
住友セメント事件《すみともセメントじけん》　⇨結婚退職制(**225b**)
角倉宗忠　10a 177b
• 炭谷小梅《すみやこうめ》　**407c** 110b
住吉具慶　565c
住吉社　389a
住吉如慶　565c
住吉朝臣豊継　651c
住吉神　740b
『住吉物語』　681c
• 棲む〔住む〕《すむ》　**407c**
スメドレー、アグネス　43a
• 皇祖母命〔皇祖母, -尊〕《すめみおやのみこと》　**408a** 191b 239c 384a 688b
相撲　136a
角力絵　73c
『スライディング・ドア』(河井道)　181c
• 尾類《ズリ》　**408b**
摺師　316a
受領　7a
駿河御前　13b
須和　17a
• 『諏訪日記』《すわにっき》　**408b** 736a
座り方　11c
孫文　434c 660a

せ

セ〔背〕　64a
世阿弥　132b 134a 142b 147b 370a 566b 592c 601b 608a
姓　74c 75c 76a 176b 313c 614b
性　730c
『生』(田山花袋)　774a
西阿　687b
性愛　143a 151c 365c 535c 696a
生育儀礼　126b 270a
性意識　412b
成員権　618c
青雲荘　740a
製塩　22b
性円法親王　463b
生家　296a
制外　755b
性解放　413c
性科学　665b
聖覚　423b
声楽　370a
性学　108a
政覚　444a 444b 540b 697c
生活援助　660c
生活改善　518c 617b
• 生活改善運動《せいかつかいぜんうんどう》　**408c** 58a 427c
生活改善グループ　409a
生活改善事業　409a
生活改善同盟会　408c
生活改善普及事業　409a
生活改良　639a
• 生活改良普及員《せいかつかいりょうふきゅういん》　**409a** 151a
生活改良問題　378b
生活科学　157c
生活教育　518c 588b
• 生活協同組合《せいかつきょうどうくみあい》　**409b** 151a 547c 589a
• 生活記録運動《せいかつきろくうんどう》　**409b** 18c
生活記録研究会　409b
生活苦　461b
生活クラブ生協　350c
生活合理化　588b
生活合理化運動　408c
生活困窮者緊急援護要綱　662c
生活史　189c 330c 374a 718c
生活周期　775c
生活集団　158c
生活設計　344b
生活綴方運動　494c
生活的自立能力　165c
生活扶助　409c
生活保護　295c 390a 426c
• 生活保護法《せいかつほごほう》　**409c** 664a 665a
生活擁護活動　302c
生活をつづる会　409b
静寛院宮　157a 467a　→和宮　→親子内親王
• 『静寛院宮御側日記』《せいかんいんのみやおそばにっき》　**410a** 561b
性関係　8c
誓願寺　411c
『誓願寺縁起』　411c
性感染症　781b
性規範　40b 731a
青綺門院　260c 549b
聖久　605c
生協　→生活協同組合
• 性教育《せいきょういく》　**410a** 199b 505a 521a 752a 781b
『性教育』　410a
性教育元年　410b
『性教育のあり方』(安藤画一)　410b
性教育バッシング　410b
『生協運動はなぜ広がったか』(竹井二三子)　457c

政教社　378b
青共中央合唱団　77c
生業扶助　409c
政教分離原則　308a
性具　281a
生計　355a
清家とし　794a
性行為　236c 280c 412b 697b
清光院　294a
性交経験　365c
性交体位　412a
性交テクニック　412b
醒光婦人会　750c
性交類似行為　413c
聖婚　266a
性差　90b 286b 308c 415c 416b 445b 701a
正坐　12a
正妻　54b 194c 241a 336c 411a 411b 433c 480c 481c 657b 724b
静斎英一　341a
制裁権　696a
• 正妻制《せいさいせい》　410c
性差形成　504c
性差別　308c 374c 421c 472c 622a 710b 782c
性差別主義　577a
性差別撤廃　255b
性差別表現　413c
性産業　325c
青山社　775a
生産労働　154b
姓氏　75a 614c
製糸　147a 188b 288b
政治活動　475c
製糸技術史　517c
製糸業　358a 517b
政治結社　327a 475c
政治研究会婦人部　537b
製糸工女〔-女工〕　1a 25c 245c 358a 517b 743a
製糸工場労働　355a
姓氏制度　614c
『正史忠臣蔵』(福島四郎)　617b
• 正室《せいしつ》　411a 619b
盛子内親王　624b 627b
性支配　374b 421b 782c
政社　327a
清酒　293c
聖祝　187b
清順　185b 218c
清浄観　210c
成城小学校　300a
清浄智　193a
• 清少納言《せいしょうなごん》　411b 630a 631c 674a 674b 705b 720a 770c 784c
『清少納言集』　411c
清浄理　178c
成女儀礼　66a 761a
生殖　8c 256c
生殖器官　665b
生殖能力　64b
生殖の権利　461b
生殖の自由　302a 461b
• 成女式《せいじょしき》　412a 170c 262b
聖女社　430c
製糸労働者　743a
成人儀礼　612c 731b 761a
精神疾患　342a
精神障害　342a
聖心女子大学　441b
• 清心尼《せいしんに》　412a
『精神分析と女の解放』(ミッチェル)　70c
精神予防性無痛分娩法　777b
性心理研究　114c
聖ステパノ学園　299c
• 『性生活の知恵』(謝国権)《せいせいかつのちえ》　412a
性生理　412a
生前贈与　143c
正装　730b
西窓学園　684b
聖俗二重王権　606b 606c
聖祖皇姑　431c
生存権　409c
贅沢全廃運動　328b
政談集会　327a 475c
『聖地に咲いた花』(山室民子)　752a
「誠忠義臣名々鏡」　76c
性的慰安施設　1b
性的嫌がらせ　421c
性的勧誘　143a
性的虐待　205a
性的サービス　413c 423c 573b
性的従属　694b
性的奉仕　529c
性的暴力　518b
性的満足　412b
性的魅力　355b
性的役割分担　87c
• 『青鞜』《せいとう》　412b 16b 26c 39a 56a 67b 70c 168b 174c 228a 253c 292a 344b 365b 424c 461a 468b 558c 561c 574c 609b 615b 636c 639b 640b 672a 747c 750a
『青鞜』(井手文子)　55c
• 性同一性障害《せいどういつせいしょうがい》　413a
性同一性障害者の性別の取扱いの特例法　413a
政党活動　327a
青鞜社　455a 499a 517c 591b 640b 786a
性道徳　521a
『『青鞜』の女たち』(井手文子)　55c
「生徒教導方要項」　735b
盛徳院　177b
生得嫡子　481a
『性と社会』　752a
性と生殖に関する健康・権利　781a
性と生殖の権利　461a 544a
• 性奴隷《せいどれい》　413b 542b
清寧天皇　34a
青年会　792b
『青年歌集』　77c
成年式　170c
青年団　792b
「税納ノ儀ニ付御指令願ノ事」　211a
性の技巧化　412b
性の自由と自己決定権　236c
• 性の商品化《せいのしょうひんか》　413c 414a 421b 575b
『性の政治学』(ミレット)　70c
性の二重規範《せいのにじゅうきはん》　⇨貞操論争(499a) 236b 499b 648a
『性の弁証法』(ファイアストーン)　70c
性の防波堤　1b 195c
性の暴力化　421b
聖バルナバ医院　278c
聖バルナバミッション　278c
性犯罪　477b
性被害　236b
『青眉抄』(上村松園)　72a
性病感染　180b
性病検診　180c 314b 440b
性描写　785c
性病男子の結婚制限《せいびょうだんしのけっこんせいげん》　⇨新婦人協会(398b)
性病予防具　280c
性病予防法　180c
『清貧の書』(林芙美子)　590c
性風俗　535b 703c
性風俗関連特殊営業　413c
• 性風俗産業《せいふうぞくさんぎょう》　413c
性風俗特殊関連営業　188a
清風亭白銀伊佐子　385c
制服　141c 419b
清福寺　59a
「制服の処女」　182a
生物的性差　309a
『星布尼句集』　91b
性別教育　361b
• 性別職務分離《せいべつしょくむぶんり》　414a
性別世代別分業機能　794c
性別について公正な社会　471a
• 性別分業《せいべつぶんぎょう》　414b 44a 68c 167b 469b 672c 727c
性別分業型家族　68c
生別母子世帯　320a
性別役割意識　43b
性別役割分業《せいべつやくわりぶんぎょう》　⇨性別役割分担(415c)　16b 154b 165c 166a 246c 249b 301c 336b 337c 339b 362c 416c 469b 470c 474a 496a 505a 565b 572b 573b 615c 665b 670a 782c
性別役割分業家族　665b

性別役割分業構造　100b
• 性別役割分担《せいべつやくわりぶんたん》　**415c** 167c 288a 665c
性別労働分担　469b
生母　55a 335a 479c 728b
性暴力　236b 370b 423c 477b
性暴力事件　40a
性暴力を許さない女の会　237a
「聖母のゐる黄昏」(大田洋子)　105a
聖母マリア　683a
聖マーガレット館　278c
聖マリヤ館　278c
清宮正光　77c
斉民社　660b
生命賛歌　461b
『生命線』(エレン＝ケイ)　786b
性役割　368b 665b
性役割分業　270c
西洋産婆　305c
『西洋事情』(福沢諭吉)　616c
『西洋事情外編』(福沢諭吉)　616c
性欲　440b
性抑圧　173a
性理学　108a
• 生理休暇《せいりきゅうか》　**417b** 367a 370c 788a 788c
• 政略結婚《せいりゃくけっこん》　**418a** 340a
• 『清良記』《せいりょうき》　**418c**
• 生理用品《せいりようひん》　**419a**
性労働　423c
清和天皇　623b 629a 629b 698a
斎場御嶽　191b
• セーラー服《セーラーふく》　**419b** 764a
世界行動計画　255a
世界女性会議　236c 255b 378a 424a 471b
世界女性史エンサイクロペディア　537b
世界母親大会　213b 609c
• 『世界婦人』《せかいふじん》　**419b** 212a 617c
世界文化史グループ事件　55c
世界平和アピール七人委員会　72c 348c 609c
世界連邦婦人会　528c
世界YWCA　790a
施餓鬼供養　693b
• 瀬川清子〔キヨ〕《せがわきよこ》　**419c** 122b
セカンド＝レイプ　236c 237a
関鑑子　77c
関ヶ原の戦い　95c
関口氏経　33b
• 関口裕子《せきぐちひろこ》　**420a** 172a 347c 435c 441c 606c
関口義広〔親永〕　491b
『赤子養草』　6c
関所　65c 137c
赤色救援会　79b 272c 528a
関所通行女手形《せきしょつうこうおんなてがた》　⇨女手形(**137c**)
関所手形　137c
関思亮　457a
関信三　764b
節季候　520b
石帯　124c
籍帳　159a 160b 172a 264b
籍田親蚕儀礼　469b
石塔　577c
石塔墓　578b
積徳学徒隊　111b
• 石棒《せきぼう》　**420b**
関政泰　687b
瀬木三雄　561c
石門心学　388b
• 『世鏡抄』《せきょうしょう》　**420b** 357a 771b
• 赤瀾会《せきらんかい》　**421a** 56b 212a 280c 475a 528a 666c 670c 744b 762a
『赤瀾会とわたし』(近藤真柄)　280c
セクシャルアイデンティティ　309a
• セクシュアリティ《セクシュアリティ》　**421b** 236c 665b
• セクシュアル＝ハラスメント〔sexual harassment〕《セクシュアルハラスメント》　**421c** 236b 236c 370c 407a 421b 471c 474b
セクシュアル＝ライツ　421b
セクハラ　→セクシュアル＝ハラスメント
セクハラ問題　793c
• 女衒《ぜげん》　**422a** 179b
『世間子息気質』　422b
• 『世間娘気質』〔世間娘容気〕《せけんむすめかたぎ》　**422b**
宣旨　428a
• 『世事見聞録』《せじけんぶんろく》　**422b** 14b
世襲　286b
世襲的財産　153b
セスペデス　203a 667b
世尊寺伊行　233a
世帯　158c
世代型　396b
世帯共同体　159a 161c 172a
せち　191a
節会　42b
摂関　14c 257b 311c 447a 625c
摂関家　599b
摂関家家政　317b
摂関家家司　317b
摂関家政所　317b
摂関家領　14c
• 摂関政治《せっかんせいじ》　**422c** 248b 257b 548c 625c 697a
摂関妻　158a
石器製作　414b
• 説経《せっきょう》　**423a**
セツギョウ　296b
説経浄瑠璃　423b
説経節　31b 423b
• 節句祝《せっくいわい》　**423c** 737a
セックス　308c
『セックス・ジェンダー・家族』(オークレイ)　308c
セックスブーム　412a
セックスワーカー　424a
• セックスワーク論《セックスワークろん》　**423c** 413c
「絶交」(管野すが)　187a
雪斎　331c
摂取院　599b
『摂州合邦辻』　397c
摂政　257a 311b 422c
殺生禁断　253c
摂政家丹後　193a
摂政の宣旨　428a
雪駄　437c
接待　154a
• 摂津《せっつ》　**424a**
『摂津集』　424a
節刀　175b
• 節婦《せっぷ》　**424a** 785b
• セツルメント《セツルメント》　**424c**
セツルメント活動　359b
瀬戸内寂聴〔晴美〕　513b 716a
瀬戸方久　33a
瀬名姫　491b
瀬沼恪三郎　424c
• 瀬沼夏葉〔郁子〕《せぬまかよう》　**424c** 395b
ゼノ神父　27a
瀬野精一郎　173c
施薬院　251a 405c 406a
セヤダタラヒメ　391b
芹摘妃　671b
「施療室にて」(平林たい子)　610a
世話浄瑠璃《せわじょうるり》　⇨浄瑠璃(**351b**)　351c
世話物　439c 477b
賤　712a
膳　482b
繊維工業　359b
戦意高揚　59a
繊維生産労働　415c
『前衛』　744b
「山海愛度図会」　76c
泉岳寺　707a
宣化天皇　44b
『戦火のなかの子どもたち』(いわさきちひろ)　66c
「戦禍の北支現地を行く」(吉屋信子)　768c
• 全関西婦人連合会《ぜんかんさいふじんれんごうかい》　**425a** 129a 193c 476b
『戦旗』　638b
戦旗社　638b
『一九三〇年代を生きる』(牧瀬菊枝)　673c
• 『1945年のクリスマス―日本国憲法に「男女平等」を書いた女性の自伝―』(ベアテ＝シロタ＝ゴードン)《せんきゅうひゃくよんじゅうごねんのクリスマス―にほんこくけんぽうにだんじょびょうどうをかいたじょせいのじでん―》　**425b**
選挙違反　721b
全協　366c 528a　→日本労働組合全国協議会

専業主婦《せんぎょうしゅふ》　⇨主婦・主婦権(**336b**)　181a 190a 246c 270c 294b 337c 339a 417a
選挙権　472b
選挙粛正運動　639c 643b
• 『前訓』《ぜんくん》　**425c** 500b
宣下　216a
仙元大菩薩　684b
専権離婚　778c
善光寺　21b 477c
善行者　183c
線香代　587b
善光尼　393b 668a
善行者　209b
千石イエス　35b
全国各界救国連合会　660a
全国貸座敷連合会　440b
全国家族計画世論調査　112b
戦国家法　649b
全国小学校女教員会　300a
全国小学校女教員会議　425c
• 全国小学校女教員大会《ぜんこくしょうがっこうじょきょういんたいかい》　**425c** 304a 354c
全国小学校連合女教員会　189a 587b
全国消費者大会　350c
全国消費者団体連絡会　350c
全国女教員興亜教育研究会　425c
• 全国女性史研究交流のつどい《ぜんこくじょせいしけんきゅうこうりゅうのつどい》　**426a**
全国水平社　453c 579c 638a
全国生活と健康を守る連合会　79b
戦国大名　649a
千石剛賢　35b
• 全国地域婦人団体連絡協議会《ぜんこくちいきふじんだんたいれんらくきょうぎかい》　**426b** 107a 162b 350b 476c 747a
全国中等学校女教員大会　354c
全国電気通信労働組合　38b
全国友の会《ぜんこくとものかい》　⇨友の会(**518c**)
全国農業協同組合連合会　537c
全国農協婦人組織協議会　426c
• 全国農協婦人団体連絡協議会《ぜんこくのうきょうふじんだんたいれんらくきょうぎかい》　**426c** 2b
全国母親連絡会　589a
仙石久朝　52a
仙石久長　52a
• 全国日雇婦人大会《ぜんこくひやといふじんたいかい》　**426c**
全国婦人会館　426b
全国婦人水平社《ぜんこくふじんすいへいしゃ》　⇨婦人水平社(**638a**)
全国婦人同盟《ぜんこくふじんどうめい》　⇨無産婦人団体(**714b**)　714c
全国婦人部協議会　788b
全国母子寡婦福祉団体協議会《ぜんこくぼしかふふくしだんたいきょうぎかい》　⇨全国未亡人団体協議会(**427a**)
全国母子世帯調査　662c
全国麻薬防止協会　740a
• 全国未亡人団体協議会《ぜんこくみぼうじんだんたいきょうぎかい》　**427a** 162b 662b 701c 747a
全国幼年教育研究協議会　588b
全国労働組合同盟　510c
• 戦後対策婦人委員会《せんごたいさくふじんいいんかい》　**427b** 51a 182c 547b 637b
洗骨　58a 427b
• 洗骨廃止《せんこつはいし》　**427b**
『戦後婦人運動史』　55c
前妻　682b
• 戦災孤児《せんさいこじ》　**427c** 406b
戦災孤児等保護対策要綱　427c
賤視　691c
• 宣旨(官職)《せんじ》　**428a**
宣旨　523c
• 戦時家庭教育指導要項《せんじかていきょういくしどうようこう》　**428a**
戦時下の女性　328a
• 戦時下の女性労働《せんじかのじょせいろうどう》　**428b**
『戦時女性』　635a
戦時生活確立運動　446a
戦時性的強制被害者問題解決促進法案　543a
戦時性暴力　654c 676c
戦時託児所　655c
• 選子内親王《せんしないしんのう》　**429a** 84a 282a 623c →大斎院
前借　245c
前借金　142a 211c 688a 727a
前借金返済義務　394c
禅宗　22c
千手観音　253c
• 千手前《せんじゅのまえ》　**429b**
善叙　219a
千松閣女史　192a
仙沼子　334c
専称寺　97a
染色《せんしょく》　⇨染女・染所(**439c**)　171a
染色業　281b
全人主義　50c
• 善信尼《ぜんしんに》　**429b** 20c 23a 519b
扇子　97a
全成　512a
宣政門院　345c
『戦線と銃後』　328a
先祖　153c 395c 688a
戦争　414c
宣増　332a
全宗　247a
全総　366c
善聡　429c
禅僧　712b
戦争協力　65a 446b
戦争支援　328b
戦争体験　189c
『戦争と人間』(五味川純平)　496b
「戦争と敗戦」(井手文子)　55c
禅蔵尼　429c
• 戦争花嫁《せんそうはなよめ》　**430a** 63b 254a
『全像本朝古今列女伝』　671b
• 戦争未亡人《せんそうみぼうじん》　**430b** 18c 662c 701c
先祖株組合　108a
先祖供養　159c
先祖祭祀　197a
践祚大嘗祭　78c
先祖代々墓　578a
仙台高尾　451c
• 洗濯《せんたく》　**430c** 154a 167a 414c 416c 692b 793a
• 洗濯女《せんたくおんな》　**431b**
洗濯稼　567c
洗濯機　167a
選択居住婚　585b
選択的夫婦別氏制　710c
せんたく隙　431c
• センタクワタシ《センタクワタシ》　**431b** 337b
先達　214a
『尖端』　269b
禅智院　25a
全地婦連　426b
『全地婦連』　426b
『選択本願念仏集』　659b
仙朝　91b
仙桃院　99b
「船頭小唄」　216a
善統親王　340b
宣統帝溥儀　2b
善徳　429c
• 善徳女王・真徳女王《ぜんとくじょおう・しんとくじょおう》　**431c** 384b
膳所　157c
泉南婦徳会　193c
禅尼　599a
• 善日女〔禅-〕《ぜんにちにょ》　**432a**
全日本国立医療労働組合　541a
全日本自由労働組合　79b
全日本婦人団体連合会　547a
全日本婦選大会　643a
全日本労働総同盟　366c
• 千人針《せんにんばり》　**432b**
『千年集』　386c
洗婆　306a
• 千姫《せんひめ》　**432b** 225a 418b
前部宝公　214c
戦没者遺族　18c
• 戦没者寡婦教員養成《せんぼつしゃかふきょういんようせい》　**432c**
全満婦人団体連合会　717b
善妙　429c
禅明寺　22c
賤民　473b 594b
前婿取婚　347b 348a 408a
専門学校令　363c
善祐　629a
• 『撰要永久録』《せんようえいきゅうろく》　**432c**
宣耀殿　237c
宣耀殿女御　631b
• 宣陽門院《せんようもんいん》　**432c** 442a 469c 486c
宣陽門院領　550a

善鸞　89c
• 川柳《せんりゅう》　433a
『占領下の日本婦人政策』(西清子)　538c
占領軍　1b 382a
占領軍慰安所《せんりょうぐんいあんじょ》　⇨RAA(1b)
千両長橋　250a
「善良ナル母ヲ造ル説」(中村正直)　532a

そ

• 添臥〔副臥〕《そいぶし》　433c
添屋　159a
宗　144c
奏　216c 523c
僧　436b
箏　263c 269b
相愛会　526c
宋靄齢　434c
僧衣　430c
僧位　450b
造石山寺所　153a
『装苑』　649a
相応の稼ぎ　613c
• 惣嫁〔孀嫁〕《そうか》　433c 314a 351a 492c 575a 769b
総鹿子　171b
僧官　450b
相姦者　186a
葬儀　223b
宋希璟　786c
早期退職制　417a
双岐傍系型　396b
双岐融合型　396b
箏曲　269a
宗家　736c
象牙　209a
双系　619a
• 双髻《そうけい》　434a
• 双系制《そうけいせい》　434a 347c 496b 508a
双系制社会　276a
双系的　286b
双系的社会　123c 396b
双系的親族原理　221c
双系的親族組織　277b
宋慶齢　434c
• 宋家の三姉妹《そうけのさんしまい》　434c
僧綱　20c 450b
総合雑誌　636c
総合職　435a 471b
• 総合職の女性たち《そうごうしょくのじょせいたち》　435a
『総合女性史研究』　435c
• 総合女性史研究会《そうごうじょせいしけんきゅうかい》　435c 372c
総国分尼寺　667c
相互職業婦人会　537b
相互職業婦人協会　537b
相互タイピスト女塾　537b
「相互扶助論」(クロポトキン)　609c
早婚奨励　85a
葬祭扶助　409c
『創作』　792b
奏事　447a
掃除　167a
僧寺　24a
雑仕　550b 554a
総持院　25a 599b
• 創氏改名《そうしかいめい》　436a
雑色　554b 727b
双式板碑　50b
雑色所　157c
雑色人　727b
荘子女王　529b
操子女王　625a
綜子内親王　225a
総持尼院舜長老　294a
宋子文　435a
宋若昭　134c
宗十郎頭巾　405a
贈従三位為子　624a
造酒司　515b 516a
奏上　216a
装飾品加工　414b
装身具　673a
象頭山　281a
増税反対運動　505a
創造神　41b
喪葬令　731b
相続　34c 153c 206a 257c 259a 274c 275a 285c 286b 286c 287a 481b 487b 618c 710b 724c
相続権　482a 661c 682b 713a
相続財産　779a
相続差別　287a
相続順位　90b
相続人　287a 711a
相続法　287a
相続優位　162b
惣村　77b 701a
『相対』　114c
『相対会研究報告』　114c
曹大家　132c 352b　→班昭
『曹大家女誡図会』　352c
『曹大家女論語解』　285b
• 双体道祖神《そうたいどうそじん》　436a
宗武志　526c
『雑談集』　325b
相伝系図　221c
贈答　376c
総動員体制　328a
相当打ち　86b
騒動打ち　86b
贈答儀礼　156c
曹洞宗　21c 24a 174a 506a
瘡毒　575a
• 僧尼・僧尼令《そうに・そうにりょう》　436b 20c
雑人　227b
箏の琴　269a
• 僧の妻帯《そうのさいたい》　436c 315b
• 相売《そうばい》　436c
草皮衣　4b
宋美齢　434c
• 藻壁門院《そうへきもんいん》　437a
藻壁門院少将　272c
宗峰　599b
葬法　693a
双方制　434a 508a
双方的系譜　750a
双方的社会　123c 396b
双方的親族関係　34b
双方的親族原理　221c
双方的親族組織　277b
双方・非単系　619a
総本家　508b
総本部婦人部設置並に婦人部統一に関する決議案　788b
相馬愛蔵　437a
『相馬愛蔵・黒光著作集』　437b
相馬一郎　475a
• 相馬黒光〔良〕《そうまこっこう》　437a 723a
相馬又二郎　87c
素麵売〔索-〕　10a 316a 355c 415a
雑物　566b
• 相聞歌《そうもんか》　437b 15b
雑徭　264b 264c 778a
• 草履《ぞうり》　437c 126a 495b
• 総理府婦人問題担当室《そうりふふじんもんだいたんとうしつ》　437c
惣領　168c 754a
惣領制　153c 160c 168c 390b
巣林子　477a
葬礼　731a
そえがみ　177c
副田甚兵衛　13b
• ソーシャルワーカー《ソーシャルワーカー》　438a
ソープランド《ソープランド》　⇨性風俗産業(413c) 576b
疎開　150b
曾我五郎時致　228a 438a 438c
蘇我氏　519a 706c
曾我十郎祐成　228a 438a 438c 519c
• 曾我祐信の妻《そがすけのぶのつま》　438a
蘇我石寸名　17c
蘇我稲目　17c 66a 126b 402a 438b
蘇我入鹿　239c 491a 668c
蘇我馬子　402b 668c
蘇我蝦夷　239c 668c 706c 738b
蘇我小姉君　17c 66a 438b
• 蘇我遠智娘〔芽淳娘, 美濃津子娘, 造媛〕《そがのおちのいらつめ》　438a 104c 319b 671b
• 蘇我堅塩媛〔岐多斯比売〕《そがのきたしひめ》　438b 17c 66a 402a
蘇我倉山田石川麻呂　104c 232a 319b 438b
蘇我姪娘　232a 438b 697b

曾我比咩神社　467c
蘇我本宗家　668c
• 『曾我物語』《そがものがたり》　**438c**　228a 369c 519c
『続あゝ野麦峠』(山本茂実)　1b
「続愛染かつら」　2c
即位　444b
即位儀礼　740b
即位宣命　616a
『続お鯉物語』(安藤照)　32c
族外婚《ぞくがいこん》　⇨外婚制(**144c**)　84b 619a
• 側室《そくしつ》　**438c**　54a 555a 619b 724b
側室制度　241c
族集団　75c 614b 707b
側妾　104b
即身成仏　654b
促進的優生学　758c
速成看護婦　184c
即席食品　68b
族長　168c 661c
則天大聖皇后　643c
則天武后《そくてんぶこう》　⇨武則天(**643b**)
族内婚《ぞくないこん》　⇨外婚制(**144c**)
• 束髪《そくはつ》　**439a**　789b
『続氷点』(三浦綾子)　687a
族譜　736c
『続放浪記』(林芙美子)　590c 659c
『続わが道―こころの出会い―』(藤田たき)　621b
鼠蹊リンパ腫　180c
底抜け柄杓　31b
蘇人湯　480b
祖先供養　169a
祖先祭祀　34b 82c 760a
『塑像』(佐多稲子)　295c
「そぞろごと」(与謝野晶子)　412c 750a
『帥大納言母集』　495a
• 速記者《そっきしゃ》　**439b**　355a
袖頭巾　405a
袖細　267a
外　112c
卒塔婆　259b
• 衣通郎姫(忍坂大中姫妹)《そとおりのいらつめ》　**439b**　115c
衣通郎女(軽大郎女)　439b
衣通姫(和歌三神)　439b
「卒都婆小町」　123b
「磯馴松」(清水豊子)　323b
「ソニヤ・コヴァレフスキィの自伝」(野上弥生子)　569a
曾禰荒助　767b
曾禰寛治　767b
• 『曾根崎心中』《そねざきしんじゅう》　**439c**　351c 393a 477b
曾根崎新地　314a 482b
『その行脚』　27a
其扇　117a 211b
其駒　386c
園幷韓神祭　689a
園女《そのめ》　⇨斯波園女(**320b**)
園基顕　225a
園基任　94a
『其由縁鄙廼俤』　540c
そばめ　724b
祖母　81c 644b
染師　431b
染所　439c
染殿后　623b
染戸　440a
• 染女・染所《そめめ・そめどころ》　**439c**
染物　793a
染師　440a
「空薫」(大塚楠緒子)　105c
『空のかあさま』(金子みすゞ)　170c
ゾルゲ　42c
• 『それいゆ』《それいゆ》　**440a**
『ソレイユ』　440a
揃浴衣　759b
宋靄齢　434c
尊恵　454c
村外婚　755a
蹲踞　12a
尊子内親王　306c
尊秀　444a
• 存娼論《ぞんしょうろん》　**440a**
宋子文　435a
尊属　265a
尊属傷害致死罪重罰規定　668c
尊長　163a
宋慶齢　Song Qing-ling《ソンチンリン》　⇨宋家の三姉妹(**434c**)
村内婚　755a
尊如　668a
尊王攘夷運動　385c
• 『尊卑分脈』《そんぴぶんみゃく》　**440c**
孫文　434c 660a
宋美齢　Song Mei-ling《ソンメイリン》　⇨宋家の三姉妹(**434c**)
村落祭祀　704a

た

田遊び　451a
大通学校　477a
田主　289b 451a
『タイース』(アナトール＝フランス)　732a
第一次主婦論争　339a
第一次ベビーブーム　653b
『第一の世界』　752b
第一期女性史ブーム　545a
第一波フェミニズム　204c
泰雲寺　783b
大雲寺　632b
『大雲寺縁起』　632b
大王　24b 191b
大王位　415c
大王宮　706b
• 体外受精《たいがいじゅせい》　**441a**
大学　150a 469a
大覚寺　345b
大覚寺統　108c 316c 550a 585a
「大学は花嫁学校か―女子学生亡国論―」　360b
• 大学婦人協会《だいがくふじんきょうかい》　**441a**　621b
大家族　158c 159c
大化改新　473b
大雅風　39c
『台記』　535a
待機児童　656a
大逆事件　187b
• 胎教《たいきょう》　**441b**
• 対偶婚《たいぐうこん》　**441b**　64a 159a 161c 277b 277c 348a 410c 420a 465c 470a
『内訓』　→ないくん
大経営　313b 701b
太原崇孚　331c
• 待賢門院《たいけんもんいん》　**441c**　188c 189c 343c 344a 442b 442c 627c
• 待賢門院加賀《たいけんもんいんのかが》　**442b**
• 待賢門院中納言《たいけんもんいんのちゅうなごん》　**442b**
• 待賢門院土佐《たいけんもんいんのとさ》　**442b**
• 待賢門院堀河《たいけんもんいんのほりかわ》　**442c**　344a
『待賢門院堀河集』　442c
待賢門院領　442a
大后　→おおきさき
• 『大后御記』《たいこうぎょき》　**442c**
• 大后権《たいこうけん》　**443a**
太皇太后　191b 241a 242a 248a 257a 387b 482c
大黒　315b
大曲様　121b
大黒舞　520b
醍醐寺　511c
大鼓田　451a
醍醐天皇　592b 624a 625a 704c
第五福竜丸事件　213b
「大根の葉」(壺井栄)　495a
大斎院　282a 429a　→選子内親王
『大斎院御集』　429a
『大斎院前の御集』　429a
退座令　395c
第三期フェミニズム　615c
第三号被保険者　565a
第三次主婦論争　339c
胎児　90c 91a 461b 693a
大慈院　23c 219a 599b 656c 771b
大慈光院　599b
胎児法益論　461a
大衆演劇　132b
• 『大乗院寺社雑事記』《だいじょういんじしゃぞうじき》　**443c**
• 大乗院寺社雑事記紙背文書《だいじょういんじしゃぞうじきしはいもんじょ》　**444a**

大嘗会　444b
『大正期の職業婦人』(村上信彦)　719a
大嘗宮　444b
• 大嘗祭《だいじょうさい》　**444b** 265c 290b 299b 489c 530c 551a 574c 689b 737b 740b 778a
大嘗祭御禊行幸　444c
大聖寺　25a 218b 526b 599b 712b
大正自由教育運動　680b
大正新教育　300a 649a
大正デモクラシー　633c
大正天皇　343b 499c 742b
大将御息所　631b
退職勧奨　335c
退職金　472a
退職婦人教職員全国連絡協議会　452c
大臣　311b
大進(傀儡)　208b
大進(小大進母)　267c
大進局(妙性娘)　708b
大輔　→たいふ
大政翼賛会　251c 446a
代銭納　562b
『体操通俗講話』(二階堂トクヨ)　537c
体操服　419b
大地母神　41b
大帳　264b
大東学園　736a
大同学校　183a
大同毛織　216a
大東高等女学校　736a
大童子　478b
大同生命　611a
• 胎毒《たいどく》　**444c**
大徳寺　21b
台所　446c
台所改善　409a
大納言(男官)　311b
大納言(典侍)　351c
大納言の君(藤原伊尹娘)　529b
大納言典侍(官職)　416b 612a
大納言典侍(後深草院二条母)　272b
大納言典侍(建礼門院女房)　650c
大納言典侍局(官職)　551c
• 大納言典侍・広橋家《だいなごんのすけ・ひろはしけ》　**444c**
『第七官界彷徨』(尾崎翠)　115b
大尼　450b
第二次主婦論争　339b 383a
第二次ベビーブーム　653b
対日反戦放送　582a
• 大弐三位《だいにのさんみ》　**445a** 671b 728b　→ふじわらのかたいこ
『大弐三位集』　445a
• 『第二の性』(ボーヴォワール)《だいにのせい》　**445b** 308c 659c
• 大弐局《だいにのつぼね》　**445c**
第二波フェミニズム　70b 237a 255a 362c 368b 445b 786a
大日本看護婦人矯風会　104b
大日本言論報国会　51a
• 大日本国防婦人会《だいにほんこくぼうふじんかい》　**445c** 2a 218a 446a 446c 717b 740a　→国防婦人会
『大日本国法華験記』　507a
大日本産業報国会　9a
大日本産婆会　491c
大日本女学会　586c
『大日本女性史』(高群逸枝)　455c 661b
『大日本女性人名辞書』(高群逸枝)　455c
大日本私立衛生会　634b
大日本青少年団　59c 363b 449c
大日本帝国憲法　543a
大日本婦人衛生会《だいにほんふじんえいせいかい》　⇨婦人衛生会(**634b**)
• 大日本婦人会《だいにほんふじんかい》　**446a** 2a 51a 58a 182b 427b 428c 446a 446c 465b 476c 634c 717b 750a
大日本立正交成会　530c
大日本連合女子青年団《だいにほんれんごうじょしせいねんだん》　⇨女子青年団(**363a**)　366a 446c 449c
• 大日本連合婦人会《だいにほんれんごうふじんかい》　**446b** 321c 445c 446a 476c 478a 634c
• ダイニングキッチン《ダイニングキッチン》　**446c**
ダイニングテーブル　446c
対の御方　632a
胎盤　84b 90c 91a 335a
• 台盤所〘大-〙《だいばんどころ》　**447a** 113a 158a 513c 515b 551b 554a
• 代判人《だいはんにん》　**447a**
• タイピスト《タイピスト》　**447b** 355a
タイピスト養成所　447b
大輔　626a 632a 726b
大仏知足寺　23c
大夫人　8a 646c
タイプライター　447b
太平寺　22c
大弁司　450b
大方　102a
『大宝律令』　593a 622a 780b
『大宝令』　275a 285c 436b 780c 783b
『大菩薩峠』　601a
松明役　61c
当麻真人老　447b
当麻真人治田麻呂　698a
• 当麻山背《たいまのやましろ》　**447b** 646c
• 『当麻曼荼羅縁起絵巻』《たいままんだらえんぎえまき》　**447c**
大名家　96a
大名妻女　65b 137c
大紋　267a
「ダイヤモンドの恋」　250c
『太陽』　640b 666b
太陽神　725c
太陽信仰　455a
太陽女神　24b
平豊子　534b
平家盛　40a
平兼盛　7a
平清幹　626c
平清盛　40a 53a 189b 189c 229c 232b 259b 387a 448a 448b 512b 669b
平滋子《たいらのしげこ》　⇨建春門院(**229c**)
平重衡　232b 429b 448a 514c 761b
平重盛　232b
平資盛　233a
平高輔　463b
平忠盛　40a
平仲子《たいらのちゅうし》　⇨周防内侍(**403c**)
• 平時子《たいらのときこ》　**448a** 229c 232b 599a 650c
平時忠　229c 448a
平時信　229c 448a
平徳子《たいらのとくこ》　⇨建礼門院(**232b**)　230a 448a
平知盛　232b 448a
平業房　469c
平度繁　19a
平教成　469c
平政子　658b　→北条政子
平通盛　259c
平光盛　30c 31a
平宗清　5c
平棟仲　403c
平宗盛　230a 232b 448a 761b
• 平盛子《たいらのもりこ》　**448b**
平盛俊　53b
平保衡　45a
平頼盛　5c 30c 31a 40a
内裏　238a 296b 296c 334c
• 内裏歌合《だいりうたあわせ》　**448c**
• 大力の女性《だいりきのじょせい》　**449a** 136a 783c
『大陸に生きる』(望月百合子)　732a
• 大陸の花嫁《たいりくのはなよめ》　**449c** 363b
• 代理出産《だいりしゅっさん》　**450a**
• 内裏尼《だいりに》　**450a**
代理母　450a
「大漁」(金子みすゞ)　170c
体力手帳　561c
「第六感の芽ぐみと母性」(ストーナ夫人)　368a
大和宗　49c
• 田植え《たうえ》　**450b** 64c 139a 289b 289b 290a 290b 414c 491b 754c 793a
田植歌〘-唄〙　289c 451b
• 『田植草紙』《たうえぞうし》　**451b** 289c
田歌《たうた》　⇨田植え(**450b**)　121b 451b
• 田内千鶴子《たうちちずこ》　**451c**
田起こし　414c
『手折菊』《たおりぎく》　⇨田上菊舎(**454c**)　454c
高井信太郎　793b
高井としを《たかいとしを》　⇨『わたしの「女工哀史」』(**793a**)　36b 793b　→堀とし
高井蘭山　671b
• 高尾《たかお》　**451c** 386b 468c
高丘親王　651c
• 高岡智照《たかおかちしょう》　**452a**
「高雄観楓図」　12b

高木督夫　339*c*
高木神　455*a*
高木富代　637*c*
• 高倉寿子《たかくらかずこ》　**452***a*
高倉家　529*c*
高倉健　92*c*
高倉兼子　208*b*　→卿二位
高倉成子〔高倉三位〕　69*a*　311*b*
高倉天皇　226*a*　229*c*　232*b*　259*b*　262*a*　316*c*　448*b*　454*c*
高倉殿北政所　698*c*
高倉永胤　452*a*
高倉女御　624*c*
高倉範季　340*a*
多角恋愛論　330*c*
孝子内親王　549*b*
高崎崩れ　127*c*
高崎五郎右衛門〔温恭〕　128*a*
高崎正風　287*c*
高階隆兼　44*c*　155*b*
高階栄子《たかしなのえいし》　⇨丹後局(**469***c*)　432*c*
• 高階貴子《たかしなのきし》　**452***a*　411*c*　629*c*　→儀同三司の母　→高内侍
高階為家　445*a*
高階成章　445*a*
高階成忠　452*a*　629*c*
高階成順　47*b*
高階盛章　584*c*
高島おひさ　185*c*
高島田　321*b*
高島大井子　449*a*
多賀神社　721*c*
高杉晋作　386*b*　570*c*　718*b*
高須五郎左衛門　452*c*
• 高須久子《たかすひさこ》　**452***c*
高田堅三　649*a*
高田慈雨子　212*a*
高田集蔵　212*a*
• 高田なほ子《たかだなおこ》　**452***c*　546*c*　589*a*
高田一燈子　212*a*
• 高田ユリ《たかだユリ》　**453***a*　339*a*
高田里結知識碑　169*a*
鷹司院　433*a*
鷹司兼平　521*c*
鷹司伊平　62*a*
鷹司伊頼　62*a*
鷹司実伊　62*a*
鷹司輔信　737*b*
鷹司殿　699*b*
鷹司信子　92*c*　737*b*
鷹司房輔　737*b*
鷹司冬平　155*a*
鷹司冬基　155*a*
鷹司基忠　155*a*
高辻豊長　15*c*
高辻長量　187*b*
高津多代子　421*a*
• 高津内親王《たかつないしんのう》　**453***a*　291*b*
「誰が罪」(清水豊子)　323*b*
高梨孝子　465*a*
高野重三　395*b*　641*a*
• 竹野女王〔-王, -王子, -皇子〕《たかのじょおう》　**453***a*　197*c*
高野天皇　240*b*
高野直孝　432*c*
高野禅尼　90*a*
• 高野新笠《たかののにいがさ》　**453***b*
高宮　187*b*
高橋(御年寄)　121*a*
高橋幾造　454*a*
『高橋阿伝夜叉譚』(仮名垣魯文)　454*a*　723*b*
高橋亀吉　306*b*
高橋喜久江　183*b*
• 高橋くら子〔くらの〕《たかはしくらこ》　**453***c*　638*a*
高橋貞樹　272*c*
高橋寿恵　410*a*
• 高橋千代《たかはしちよ》　**453***c*　637*c*
• 高橋伝〔お伝〕《たかはしでん》　**454***a*　514*c*　723*a*　723*b*
高橋殿(足利義満側室)　221*a*
• 高橋展子《たかはしのぶこ》　**454***a*
高橋虫麻呂　467*b*　682*a*
高橋秀樹　772*c*
高橋武兵衛　724*a*
• 高橋瑞子《たかはしみずこ》　**454***b*
高機　128*a*
• 高畠式部〔とみ〕《たかばたけしきぶ》　**454***b*
高畠山陵　624*c*
高畠通敏　253*a*
高浜虚子　404*b*　531*c*
高浜竹世　743*a*
堯仁法親王　403*b*
隆姫女王　698*c*
• 高松院《たかまついん》　**454***c*　584*c*　605*c*
• 田上菊舎《たがみきくしゃ》　**454***c*
『田上菊舎全集』　454*c*
鷹見久太郎　635*a*
鷹見泉石　113*b*
高峰秀子　243*a*　540*a*
• 高御魂神〔タカミムスヒ, 高御産日神, 高御産巣日神, 高皇産霊尊〕《たかみむすひのかみ》　**455***a*　24*b*　53*b*　467*b*　689*b*
高宮物忌　733*b*
高向王　239*c*
高村光太郎　455*a*　477*a*　675*c*
• 高村智恵子《たかむらちえこ》　**455***a*　477*a*
• 高群逸枝《たかむれいつえ》　**455***b*　17*c*　159*a*　160*b*　172*a*　172*b*　175*a*　223*c*　277*c*　347*b*　348*a*　371*b*　407*c*　420*a*　496*b*　515*a*　606*c*　615*b*　619*a*　638*b*　661*b*　712*b*　772*b*　786*a*
『高群逸枝全集』　456*a*
高群逸枝著作後援会　455*c*
高本典太　145*b*
高安月郊　395*b*
高藪緑　299*a*
高山右近　667*b*
• 高山たつ《たかやまたつ》　**456***a*
• 高山盈《たかやまみつ》　**456***b*
尊良親王　624*a*
宝井其角　328*c*　→其角
宝塚音楽歌劇学校　456*b*
宝塚音楽学校　456*b*
宝塚歌劇　653*c*
• 宝塚歌劇団《たからづかかげきだん》　**456***b*　346*a*
宝塚唱歌隊　456*b*
宝塚少女歌劇　456*b*
• 財首三気女《たからのおびとみけめ》　**456***c*
宝皇女　239*c*　443*b*
田河水泡　582*b*
滝(舞女)　387*a*
滝川雄利　222*b*
滝川幸辰　186*a*
滝沢興義　457*a*
滝沢さき　457*a*
滝沢宗伯〔琴嶺〕　457*a*　457*b*　511*a*
• 滝沢馬琴〔興邦, 左七郎, 清右衛門, 解〕《たきざわばきん》　**457***a*　457*b*　461*c*　511*a*
• 滝沢路〔鉄〕《たきざわみち》　**457***b*　457*a*
『滝沢路女日記』　457*b*
湍津姫〔タキツヒメ〕　717*c*　725*c*
多岐大刀自　516*a*
• 託基皇女〔多紀-, 当耆-〕《たきのひめみこ》　**457***b*
瀧祭物忌　733*b*
当麻倉首飯女　403*c*
当麻倉首比呂　403*c*
薫物売　316*a*
タキリビメ　717*c*
田鎖綱紀　439*b*
『たくさんの足音』(櫛田ふき)　210*c*
託児所　655*c*
託宣　369*b*　507*c*　619*b*　690*c*　691*a*　759*c*
田口卯吉　198*c*　199*a*　723*a*
田口鐙子　198*c*　→木村鐙
武井武雄　639*a*
• 竹井二三子《たけいふみこ》　**457***c*
他系養子　736*c*
竹氏孝女　671*b*
竹内甲平　457*c*
• 竹内茂代《たけうちしげよ》　**457***c*
武内スミエ　427*a*
竹内栖鳳　71*c*
竹内てるよ　638*b*
竹内寿　110*b*
竹内理三　173*b*　650*a*
竹内良一　109*c*
竹尾茂　716*b*
武雄神社　633*a*
竹垣庄蔵直清　145*b*
武川幸順　732*c*
• 『たけくらべ』(樋口一葉)《たけくらべ》　**458***a*　598*c*
• 竹越竹代《たけこしたけよ》　**458***a*
竹越與三郎　458*a*
• 竹崎順子《たけさきじゅんこ》　**458***a*　738*c*
竹崎律次郎〔茶堂〕　458*b*

竹柴伝蔵　300a
武田京子　339c
竹田庄九郎　687a
武田信玄〔晴信〕　752b
竹田庄　106b
竹田皇子　402a
武田美由紀　504a
武田元明　678b
高市県主許梅　324a
高市皇子　197b 319c 460a 511a 697b
• 『竹取物語』《たけとりものがたり》　**458b**
• 竹中繁《たけなかしげ》　**458c**
竹首乙女　747a
• 竹御所《たけのごしょ》　**459a** 791b
『竹の下風』　595a
武埴安彦　16a 748a
• 竹久夢二《たけひさゆめじ》　**459b** 639a
建部綾足　586c
• 建部千継《たけべのちつぐ》　**459b**
竹宮惠子　346c
• 『竹むきが記』《たけむきがき》　**459b** 484a
竹村女史　458a
竹本義太夫　351c 477b
健守命　750a
建皇子〔-王〕　240a 438b
建部縄公　527c
田心姫　725c
多産　334b
多産多死　344a
多産報国思想　759a
多子家庭　759b
多子家庭子女奨学金制度　759b
• 多治比文子〔奇子，綾子〕《たじひのあやこ》　**459c** 677c
丹比乙女　7b
• 但馬皇女《たじまのひめみこ》　**460a** 685c
• 田島ひで《たじまひで》　**460a** 714c
太政官符　523c
太上天皇　257b 548b
• 手白香皇女〔手白髪命〕《たしらかのひめみこ》　**460b** 156a 443b
田尻岡代　744a
田鶴　492a
だぞめ高尾　451c
• 堕胎〔打胎，脱胎〕《だたい》　**460b** 129b 145b 253a 260c 270a 301b 302a 305b 306a 344b 460c 461a 484c 681b 692b 692c
堕胎医　484a
• 堕胎業禁止《だたいぎょうきんし》　**460c**
• 堕胎禁止令《だたいきんしれい》　**460c**
• 堕胎罪《だたいざい》　**461a** 342a 667c 752a 759a 781b
堕胎是非論争　485a
「堕胎について」(山田わか)　461b
堕胎法改正期成連盟　302b 461a 485a 747c
堕胎問題　640b
• 堕胎論争《だたいろんそう》　**461a** 412c 747c
『戦ふ女性—女も働かねばならぬ—』(奥むめお)　114a
『戦う中国にて』(長谷川テル)　582a
敲　139c
多田源左衛門　721c
多田帯刀　721c
只野伊賀　461c
• 只野真葛《ただのまくず》　**461b** 203b 261c 457b 712c 732c 734b
多田ミドリ　302a
太刀　268a
立人　451b
太刀掛秀子　346c
• 立君《たちぎみ》　**462a** 221a 228b 316a 355c 356a 405a 575c
立中修子　335c
裁縫　489c
橘氏妙仲尼　671b
橘氏　462c
橘寺　23b 462b
橘樹寺　462a
橘直一　750c
• 橘尼寺《たちばなのあまでら》　**462a**
橘入居　462c
橘氏公　462c
• 橘大郎女〔多至波奈大郎女〕《たちばなのおおいらつめ》　**462b** 402c 483a
• 橘嘉智子《たちばなのかちこ》　**462c** 248a 345b
橘義子　624a
橘清友　462c
• 橘古那可智《たちばなのこなかち》　**463a**
橘佐為　7c 463a 721c
橘嶋田麻呂　462c
橘少夫人　463a
橘田村子　462c
橘千蔭　601b
橘常子　462c
橘仲皇女　44b
橘奈良麻呂　250c 462c 463a
橘奈良麻呂の変〔-反乱〕　240c 447b
橘成季　259c
橘則長　411b
橘則光　411b
橘御井子　462c
橘道貞　7a 45b 261c
橘三千代《たちばなのみちよ》　⇨県犬養橘宿禰三千代(7b)　240b
橘本稚皇子　438b
橘諸兄　7c 250c 296a 721c 747b →葛城王
橘夫人念持仏　565b
橘夫人厨子　8a
橘守部　212a 348b 467c 767b
• 立原春沙〔栗，沙々，春〕《たちはらしゅんさ》　**463b**
立原甚太郎杏所　463b
奪衣婆　743c
脱穀　414c 754c
脱脂綿　419a
• 談天門院《だってんもんいん》　**463b**
• 辰巳芸者《たつみげいしゃ》　**463c**
• 立烏帽子《たてえぼし》　**463c**
伊達男　120c
伊達亀千代　692a
伊達謹子　95c
伊達競べ　45a
『伊達競阿国戯場』　724a
縦系図　221c
伊達小次郎　664c
伊達重村　95c
立島田　140c
伊達者　45a
伊達騒動　724a
伊達竹松丸　726b
伊達忠宗　692a 726b
伊達稙宗　388a
伊達綱宗　451c 692a
伊達輝宗　664c
伊達輝宗の妻《だててるむねのつま》　⇨保春院(**664c**)
• 立膝《たてひざ》　**463c** 89a
立兵庫　140c 608b
伊達政景　664c
伊達政宗　664c 726b
伊達宗勝　692a
伊達宗綱　726b
伊達村幸　95c
立山　560a
• 帯刀貞代《たてわきさだよ》　**464a** 182c 397c 510c 789a
畳紙売　316a
田中意徳　110c
田中王堂　465a
田中奏清　32a
• 田中絹代《たなかきぬよ》　**464b** 2c
田中休愚　709b
田中正造　250a 617c
• 田中澄江《たなかすみえ》　**464b**
• 田中寿美子《たなかすみこ》　**464c** 249b 339b 375c 546c 745a
• 田中孝子《たなかたかこ》　**465a**
田中隆吉　183a
田中千禾夫　464b
田中稔男　464c
• 田中真人広虫女《たなかのまひとひろむしめ》　**465a** 402a
田中半蔵　102c
田中正子　214b
田中美津　60a 216b
田中裕子　540a
店借　486a
タナサカシの娘《タナサカシのむすめ》　⇨オッケニ(**119a**)
• 棚橋絢子《たなはしあやこ》　**465b** 353c 366a
棚機女〔タナバタツメ〕　465b
• 七夕伝説《たなばたでんせつ》　**465b**
田辺花圃　598b →三宅花圃
• 田辺繁子《たなべしげこ》　**465c** 162b
田辺太一　703a
田辺貞之助　360b

田辺とみ　509b
田辺巫女　691c
谷垣守　95c
谷川雁　138a 207c 677c
谷口弥三郎　758c
谷崎歳子　92c
谷秦山　570a
谷干城　162a
• 谷野せつ《たにのせつ》　**466a** 417c 635b
谷文晁　44c
『谷間の底から』(柴田道子)　320b
田沼意次　103b
種子島久尚　346a
種子島久道　346a
種子島久珍　346a
種蒔き社　254c
『種蒔く人』　762a
田の神　139a 290a 290b 451a 451b 751a
攤の戯　335a
煙草〔タバコ〕　196b 196c
田端泰子　277c 772b
タビゴヤ　586a
田人　289b 451a
『旅の命毛』　285b 494b
旅の神　508c
『多比能実知久佐』　539c
「旅の夜風」　2c
多夫　79c
たぶさ　434a
田渕由美子　346c
田油津媛　722b
ダブルの教育　26b
多倍売　8b
「食べることと貞操と」(生田花世)　39a 499a
• 髱《たぼ》　**466a** 495a 675b
髱刺し　466a
玉御殿の碑文　191a
• たまがき《たまがき》　**466a**
たまがき書状　466a
• 玉城オト《たまきオト》　**466b**
• 『たまきはる』《たまきはる》　**466c** 230a 484a 584c 722c
タマサイ　4b
鎮魂祭　689b
玉島　467a
• 『玉島日記』《たましまにっき》　**467a**
玉梓　11c
玉代　12b 587b
「たま襻」(樋口一葉)　598b
『玉襻』(平田篤胤)　608c
『玉垂宮縁起』　389a
• 珠名娘子《たまなのおとめ》　**467b**
『たまのいさご』　385c
『霊能真柱』　608c
玉箒　469b
玉依ヒコ　391b 467b
• 玉依日売〔タマヨリヒメ, -ヒメ, -姫命〕《たまよりひめ》　**467b** 40b 178a 391b 688b 691a 725c
玉依日売伝承　64b
玉依比売命神社　467c
民伊美吉若麻呂　456c
手向山八幡宮　102b
• 田村梶子《たむらかじこ》　**467c** 348b 767b
田村清顕　726b
田村金兵衛　467c
田村元長〔富徳〕　767c
田村元理〔徳則〕　768a
田村貞太郎〔敬之〕　467c
田村松魚　468b
• 田村俊子《たむらとしこ》　**468a** 367b 395b 506a 683c 785a
『田村俊子作品集』　468b
『田村俊子とわたし』(丸岡秀子)　683c
田村直臣　250a 546b
田村大嬢《たむらのおおいらつめ》　⇨大伴田村大嬢(**106c**)
田村林兵衛　467c
多米王　17c
為尊親王　45b 629c
為藤五郎　376c
為永春水　340c 341a 562a
多米宿禰当刀自女　513c
為平親王　623c
多聞院　771b
タヤ　490c
田安亀之助　502c　→徳川家達
田安宗武　178b
田山花袋　693c 774a
• 太夫《たゆう》　**468b** 12c 139b 152b 221a 228b 243a 304c 386a 451c 495c 579b 587b 733a 757b 767c
大輔典侍　626a 632a
太夫見世　693c
『たよ女全集』　52a
太良荘　217b 432a 597b 708a
太良荘預所職　597b 708b
タリコナ　119a
足島神　740b
熾仁親王　157a
樽屋おせん　246a
垂尼　23a
ダレス　606a
誰デモ入れる声なき声の会　253a 272a
太郎冠者　201a
• 手弱女〔幼婦, 弱女, 手和也女〕《たわやめ》　**468c**
俵万智　298c
男逸女労　111a
丹絵　73c
団塊世代　206b 653b
男官　416a
耽奇会　457a
• 短期大学《たんきだいがく》　**469a** 470c
短期大学制度　181c
弾琴　793a
骶空　659b
湛空　599a
男系　286b
男系継承　618c
単系血縁　618c
単系社会　159a
単系出自集団　144c
単系制　619a
単系制社会　144c
男系相続　286b
男系長子相続　286b
男系直系相続　172c
男権支配　173a
炭鉱主婦協議会　589a
• 男耕女績《だんこうじょせき》　**469b**
• 団子茶屋《だんごちゃや》　**469c**
端午節供　139a
• 丹後局《たんごのつぼね》　**469c** 108b 551c 658b
• 単婚《たんこん》　**470a** 53b 54b 79c 161c 278b 441b
単婚家族　470a
短時間労働者　565b
• 男子禁制《だんしきんせい》　**470a** 558a
• 男子貞操義務判決《だんしていそうぎむはんけつ》　**470b** 499b
「男子の務と女子の務」　120c
男子分割相続　159a
断種施術　758c
男女入込湯停止令　281b
誕生　8c
• 男娼《だんしょう》　**470c**
「男女及夫婦論」(植木枝盛)　510b
男女格差　471c
男女教育機会均等　165b 166a
• 男女共学《だんじょきょうがく》　**470c** 189a 199c 267c 323a 361c 364a 473c 474b 649a 752c 782c
男女共学問題研究会　323a
『男女共学論』(清水郁子)　322c
男女協業　451a
• 男女共同参画《だんじょきょうどうさんかく》　**471a**
男女共同参画会議　255b
男女共同参画基本計画　255b
男女共同参画局　255b
男女共同参画施策　474a
男女共同参画室　437c
男女共同参画社会　471b 640c
• 男女共同参画社会基本法《だんじょきょうどうさんかくしゃかいきほんほう》　**471a** 255b 372a 634a 635a
男女共同参画推進本部　255b
男女共同参画センター　790b
男女共同参画二〇〇〇年プラン　255b
男女共同統括　416a
男女共同労働　415c
男色　→なんしょく
男女交際　731a
『男女交際論』(福沢諭吉)　617a
男女雇用機会均等施策　789a
• 男女雇用機会均等法《だんじょこようきかいきんとうほう》　**471b**

38a 206c 362c 367b 368c 371c 417c 421c 435a 472a 474a 621b 640c 787c
男女差　90b
男女差別　118b 225b 308c 471b 473c
男女差撤廃　788a
男女子息　315b
男女賃金格差　472a
• 男女賃金差別《だんじょちんぎんさべつ》　**472a** 200b 371a
男女同一賃金《だんじょどういつちんぎん》　⇨労働基準法(**787c**) 267c 370c
男女同一賃金原則　200c 787c
• 男女同権《だんじょどうけん》　**472b** 228a 294b 330b 353a 472c 510a 609c
「男女同権ニ就キテノ事」(植木枝盛)　71a
「男女同権ハ海南ノ某一隅ヨリ始ル」(植木枝盛)　71a
男女同権論　20a 329c
『男女同権論』(ミル)《だんじょどうけんろん》　⇨『女性の解放』(**378c**)　379a
「駁男女同権論」　473a
「男女同数論」(福沢諭吉)　473a
男女同等　547c 617a
• 男女同等論争《だんじょどうとうろんそう》　**472c** 615b 735b
男女二重王権〔-主権〕《だんじょにじゅうおうけん》　⇨ヒメ・ヒコ制(**606c**)
男女の福分　82b
• 男女の法《だんじょのほう》　**473b**
『男女の煩悶—相談の相談・都新聞連載—』　699c
• 男女平等《だんじょびょうどう》　**473c** 32a 71a 162b 166a 255a 257c 267c 308c 330a 370c 412b 425b 471a 543b 615b 640a 684b 710b 782c
男女平等化政策　417c
男女平等思想　475a
男女平等条例　474a
男女平等推進基金　504c
男女平等推進拠点　504c
男女平等政策　504c
男女平等に寄与する広告コンテスト　504c
男女分割相続　159a 313a
• 男女別学《だんじょべつがく》　**474a** 199c 248c 361b 361c 470c
男女別教育　165c
男女別枠定員制　471a
男女本質論　415c
男女和合　69b
男性皆兵制　173b
• 男性学《だんせいがく》　**474b** 308c 368c 587c
男性鍛冶神　44a
男性権威　474b
男性更年期　250c
男性史　308c
男性職　414a
男性助産師　360a
男性性　474b
男性統括　416a
『男性と女性』(ミード)　308c 464c
男性の家事参加　167a
男性普通選挙　173a
男性役割　308c
男性優位　13c 701a
男性らしさ　308c 468c
丹前風呂　760b
• 男装《だんそう》　**474b** 132b 386c
弾奏　42b
『男装従軍記』(永田美那子)　528c
男装の麗人　183a
• 男尊女卑《だんそんじょひ》　**474c** 32b 126a 136c 310a 621a 675c 679a 782b
タンダール、サンデュルク　736b
短大　→短期大学
単独親権　390c
単独相続《たんどくそうぞく》　⇨財産相続(**285c**)　68b 153c 172c 259a 286a 286c 287b 711b
だんな　332c
ダンナイド　766a
旦那寺　330b
『歎異抄』　400c
• 丹野セツ〔せつ〕《たんのセツ》　**475a** 788c
『丹野セツ』　673c
丹二品　469c
• 断髪《だんぱつ》　**475b** 764a
断髪令　475b
丹波刀女　646b
丹波直勝子　748b
丹波直徳子　748b
丹波局　89a
炭婦協《たんふきょう》　⇨日本炭鉱主婦協議会(**545b**)
炭婦連　545b
担保　602b
タンポン　419a
団欒遊び　167c
檀林皇后　462c
檀林寺　22c 462c

ち

治安維持法　638a 752a
• 治安警察法《ちあんけいさつほう》　**475c** 472c 637a
治安警察法第五条改正請願運動　50c 61b 290b 292a 398c 419a 652a
• 地域女性史《ちいきじょせいし》　**475c** 189c 426a
地域女性史交流研究集会　476a
• 地域婦人会《ちいきふじんかい》　**476b** 426b 446c 634c
地域幼児教育センター　764c
『小さき音』(キダー)　194a
チーブジョー　335b
チイミ　83b
斉民社　660b
• 秋瑾〔閨瑾〕 Qiu Jin《チウヂン》　**476c**
チェーホフ　424c
• 『智恵子抄』(高村光太郎)《ちえこしょう》　**477a** 455b
知恵内子　385c
智円　599b
地縁的・職業的身分共同体　701a
乳母　334c 728b
知恩院　659b
親子内親王　157a 526b →和宮 →静寛院宮
チカジュ　578b
近夫　562b
『近松心中物語』(秋元松代)　11b
• 近松門左衛門《ちかまつもんざえもん》　**477a** 3a 133c 344c 351c 392b 393a 439c 756a
力綱　295a 334a
• 痴漢《ちかん》　**477b** 421b
• 智観上人《ちかんしょうにん》　**477c**
「痴漢は犯罪！」　477b
• 地久節《ちきゅうせつ》　**477c** 446b 589c
地久節奉祝婦人報国祭　639c
智鏡〔-尼〕　233c 320b
知行　153c 286b 313b 551c
チキリアシカイ《チキリアシカイ》　⇨オッケニ(**119a**)
チキンラーメン　68c
千種有功　287c 454b
蓄妾　612c
蓄銭叙位令　232b
筑前乳母　47b
チクナシ　119a
チクナシの母《チクナシのはは》　⇨オッケニ(**119a**)
竹柏園　105b 581c
• 『竹馬抄』《ちくばしょう》　**478a** 357a
『筑摩野』(若山喜志子)　792b
知家事　157c
• 児〔稚児〕《ちご》　**478b** 120a 144b 535a 787a
『児今参り』　520c
• 『稚児観音縁起』《ちごかんのんえんぎ》　**479a**
児物語　478c 535b
千島アイヌ　4a
地神　479b
• 地神講《ちじんこう》　**479b**
『痴人の愛』(谷崎潤一郎)　731c
血筋　286b
チセコロカムイ　20c
智泉院　126b
知宅事　157c
父　34a 38c 172a 390c
乳親　479c
『父、堺利彦と同時代の人びと』(近藤真柄)　280c
父の日《ちちのひ》　⇨母の日(**589c**)
『父の詫び状』(向田邦子)　713c
• 乳付〔チツケ〕《ちつけ》　**479b** 335a 479c
「地底の歌」(平林たい子)　610b
治田主　747b
治天の君　549a
茅渟王　197b 239c
千沼壮士　79c
茅渟宮　191c

- 血の池地獄《ちのいけじごく》　**479c** 84a 185b 213c 223a 227a 259b 333c 533a 560b
- 千野香織《ちのかおり》　**480a**
千野君子　75b
血のけがれ　310a
地の塩賞　13a
千野虎三　75b
「地の果まで」(吉屋信子)　768b
茅野雅子　745a
- 血の道《ちのみち》　**480a**
千葉定吉　480b
- 千葉佐那《ちばさな》　**480b**
千葉周作　480b
千葉徳爾　693a
治病祈禱　691b
チフィジン　191a
ちふれ　426b
地婦連《ちふれん》　⇨全国地域婦人団体連絡協議会(**426b**)
地方おもろ　126c
地方豪族　175b 750a
地方裁判所　166a
痴呆症　242c 252c 730c
地方女性史　475c
チボク　83b
- チマ＝チョゴリ事件《チマチョゴリじけん》　**480b**
千村甲斐子　71b
嫡系　724c
嫡妻《ちゃくさい》　⇨嫡母(**481c**)　240c 241b 410c 480c 481b 549b 724c
嫡妻子　480c
嫡妻長子　480c
- 嫡子《ちゃくし》　**480c** 34a 128b 153c 163a 168c 275a 285c 286a 351b 481b
嫡子制　480c
嫡子孫　54b
嫡子単独相続　34b 481a 536c
嫡出子　279a 286c
嫡出女子　54b 286c 360a 711a 711b 725a
嫡出性付与　313c
嫡出でない子　279a
嫡庶　381b
- 嫡女《ちゃくじょ》　**481b** 18b 421a
着帯　261a 333a 334c
嫡弟　481b
嫡男　481b
嫡男単独相続　707c
- 嫡母《ちゃくぼ》　**481c** 275a 682b
嫡母庶子関係　360a
- 茶汲女〔茶酌-〕《ちゃくみおんな》　**482a**
着裳　269c 731b
- 茶立女《ちゃたておんな》　**482a** 189b 244b 350c 726c
ちゃちゃ(末臈)　680a
茶々(淀殿)　96b 769b
- 着袴《ちゃっこ》　**482b**
茶の間　168a 482b
- ちゃぶ台《ちゃぶだい》　**482b** 168a
茶振女　482a
慈恵学校　61a
茶屋《ちゃや》　⇨泊茶屋(**517a**)　⇨仲茶屋(**528c**)　112c 304c 314a 350c 469c 482a 482a 498a 646c 693b 695c
茶屋女　573c 703c
茶屋妻　587b
章炳麟　660b
仲哀天皇　115c
中央合唱団　77c
『中央公論』　640b
中学　150a
中学校　737c
忠義　184a
- 中宮《ちゅうぐう》　**482c** 241a 241b 248a 257a 550c 690a
- 中宮寺《ちゅうぐうじ》　**483a** 17c 21a 23b 23c 25a 398a 462c 599a 599b
中宮職《ちゅうぐうしき》　⇨皇后宮職(**242a**)　192a 241a 241b 248a 482c
中宮天皇　482c 580b
中宮の宣旨　428a
中啓　97b
中継相続　→なかつぎそうぞく
中国解放運動　582a
中国革命同盟会　476c
- 中国残留孤児《ちゅうごくざんりゅうこじ》　**483a**
- 中国残留婦人《ちゅうごくざんりゅうふじん》　**483c** 450a
『中国女報』　476c
中国同盟会　660a
中国友の会　43a
『中国の赤い星』(スノー)　677a
中古三十六歌仙　47b 84a 411c
忠子内親王　592b
中条精一郎　706a
中条帯刀　300c 484a
中将湯　480b
中将尼　7a
中将御息所　632a
中将姫伝説　448a
中条百合子　570b 638b 754b 785a →宮本百合子
- 中条流《ちゅうじょうりゅう》　**484a** 129c 300c
『中条流産科全書』《ちゅうじょうりゅうさんかぜんしょ》　⇨中条流(**484a**)
忠誠　602b
中世王家論　549b
中世王権論　549b
中世狂言　201b 678c 679a
中世小説　734a
- 中世女流日記《ちゅうせいじょりゅうにっき》　**484a**
中世史料　201b
中世武家社会　163a
- 中絶《ちゅうぜつ》　**484c** 460b 667c 692c 693a 758c 781b　→人工妊娠中絶　→妊娠中絶
- 中絶禁止法に反対しピル解禁を要求する女性解放連合《ちゅうぜつきんしほうにはんたいしピルかいきんをようきゅうするじょせいかいほうれんごう》　**485b** 610b
中宗(唐)　643b
中等学校令　317a 738a
中等教育　414a
中等教育機関　359c
中童子　478b
中納言(藤原定子女房)　630a
中納言局(南御方)　697c
- 仲人《ちゅうにん》　**485b**
中年期　775c
中媒　575c
中ピ連《ちゅうピれん》　⇨中絶禁止法に反対しピル解禁を要求する女性解放連合(**485b**)
中流　95a
- 中臈《ちゅうろう》　**485c** 113a 227c 238a 238b 351c 438c 550b 551b 551c 554a 554b
中臈女房　708c
中和門院　94a
住心　753c　→湯浅尼
チュニック　177b
町　701a
調　264b 264c 488a
鳥羽衣　4a
澄雲　469c
長栄女学校　13a
長栄女塾　13a
長歌　62c
- 町家女性《ちょうかじょせい》　**486a**
長期欠席・不就学児童生徒救済学級　737c
澄憲　423b 454c 584c 632c 666a
重源　668a
- 長講堂領《ちょうこうどうりょう》　**486c** 433a 442a 469c 550a
朝護孫子寺　310a
- 逃散《ちょうさん》　**486c**
長子　168c 480c
- 長子相続《ちょうしそうぞく》　**487b**
長子単独相続　163a 286b
長者の万燈より貧女の一燈　612c
長女　481b
長勝院　331c
朝鮮学校　480b
朝鮮金融連合会　167b
朝鮮女子留学生親睦会　305b
- 『朝鮮人女工のうた―一九三〇年・岸和田紡績争議』(金賛汀)―《ちょうせんじんじょこうのうたーせんきゅうひゃくさんじゅうねん・きしわだぼうせきそうぎー》　**487b**
朝鮮人女性　288b
朝鮮人紡績　288b
朝鮮同化政策　526b
朝鮮のジャンヌ＝ダルク　759c
長曾我部菊子　39a
長男子　480c
長男子相続　487b
『蝶々女のらくがき』(ミヤコ蝶々)　703c
『蝶々夫人』　687b
調停委員　166a
寵童　478c 535a

町内会　516b
長男　711b
町人　701a
町人社会　11b
町人女性　793a
町人文化　129a
• 奝然の母《ちょうねんのはは》　**487c**
チョウハイ　296b
調布　488a
朝服　657a 730b
庁分　550a
鳥文斎栄之　185c
徴兵　74c
『眺望』(若山喜志子)　792b
重宝記　535c
• 調庸布《ちょうようふ》　**488a**
長利　750a
調理　414c
『長流』(島本久恵)　322c
勅　216c 523c
直系尊属　779c
『直言』　652a
『勅修御伝』　659b
勅撰三代集　790b
勅命　554c
直廬　311b
著述家　355a
千代瀬　287c
貯蓄運動　328b
貯蓄組合　1c
貯蓄奨励運動　1c 446a
貯蓄報国運動　1c
貯蓄報国強調週間　1c
直系　265a
直系家族　773c
直系型　396b
直系親族　396a
直系先祖　736c
直系卑属　286c 711a 711b
• 千代鶴姫伝承《ちよつるひめでんしょう》　**488a**
『千代尼句集』《ちよにくしゅう》　⇨加賀千代(**147b**)
147c
千代葉　452a
苧麻　98c 140c 734b　→からむし
『中国女報』　476c
• 散書《ちらしがき》　**488c** 137c 553a
• 『塵塚談』《ちりづかはなし》　**488c**
知里真志保　186c
• 知里幸恵《ちりゆきえ》　**489a** 186c
• 『ちりゆく花』《ちりゆくはな》　**489a**
賃金　162b 472a
賃金差別　173a 474a 634a 787c 788b
賃金の男女同等化　426a
• 鎮魂祭《ちんこんさい》　**489b** 25b 299b
• 賃仕事《ちんしごと》　**489c** 416c
鎮守　704c
『椿説弓張月』　457a
賃縫　489c
賃機　583a
賃挽き製糸　56c 590a

つ

蔡元培　660b
『ツアラトウストラ』　39a
『追憶』(西清子)　538c
• 『追思録』《ついしろく》　**490b** 611c
追善　259b
追放　139c
通過儀礼　125a
通玄寺　22c 24a 599b
通婚圏　83a 278b 511c
通称　707c
通仙散　587a
『通俗書簡文』(樋口一葉)　598c
通名　176b
杖突伝説　488b
使番　101b
仕部　227b
塚越芳太郎　166b
塚田孝　701a
• 塚本ハマ《つかもとハマ》　**490b**
塚本道遠　490b
津軽騒動　96a
津軽為信　99b
月穢　→げつえ
月岡雪鼎　57c
『月形半平太』　601a
「月から来た男」(吉屋信子)　768c
• 月小屋《つきごや》　**490c**
築地小劇場　601a 752b
築地鉄砲洲茶屋町　482b
• 舂米女王《つきしねのじょおう》　**491a**
築地の娘　752b
「月と人」(チェーホフ)　424c
月次祭　47a 455a 689b
• 「月次風俗図屏風」《つきなみふうぞくずびょうぶ》　**491a** 289c
ツキノエ　119a
『月能登面垣』　76c
次姫　575a
糙女　58a
月詣　740c
月雇い　151b
• 築山殿〔-御前〕《つきやまどの》　**491b** 177a 514b
筑紫琴　269a
筑紫尼寺　23b
• 筑紫娘子《つくしのおとめ》　**491b**　→児島娘子
佃　747b
作手　511c
竹波命婦　700c
月読命　41b
繕い物　416c
• 柘植アイ〔あい，愛子〕《つげアイ》　**491c** 544b
付け帯　141a
都下国造　689a
• 津崎矩子〔梅子〕《つざきのりこ》　**492a** 386a
津崎元矩　492a
辻　603c
辻垣晃一　277c 772c
辻君　→辻子君
辻潤　56a
津下久米　110b
津地鎮祭違憲訴訟　308a
• 辻取〔-捕〕《つじとり》　**492a**
• 辻売女《つじばいじょ》　**492c**
辻原元甫　132c 134c 352b
対馬丸　150b
辻村澄江　464b
• 津田梅子《つだうめこ》　**492c** 86a 109a 162a 343b 366a 493b 621a 652b 679c 723a 751c 784c 790b
津田英学塾　363c
津田栄　393c
津田貞秀　117b
• 津田塾大学《つだじゅくだいがく》　**493b** 204a 364a 441b 492c 621a 663c
津田節子　393c
津田仙　67c 352c 492c
津田左右吉　639a
津田剛　393c
• 津田治子《つだはるこ》　**493c**
『津田治子歌集』　493c
• 津田真道〔真一郎〕《つだまみち》　**493c** 473a 640a
蔦屋重三郎　769a
• 土蜘蛛〔土雲〕《つちぐも》　**494a** 373b 591a
土蜘蛛八十女　494a
土田政久　516a
土御門内裏　238a 296c
土御門天皇　351b
土御門東洞院殿　296c
土御門通親　506a
土御門通具　341a
• 土屋斐子〔清風，茅淵〕《つちやあやこ》　**494a**
土屋廉直　285b 494b
土屋文明　493c 609c
土屋又三郎　567c
筒井順永　117b
続柄　279a
筒城宮　191c
『都々子和歌集』　736a
• 筒袖《つつそで》　**494b** 336a
筒袖小袖　267a
筒守　151c
• 『堤中納言物語』《つつみちゅうなごんものがたり》　**494b** 715c
堤等琳　99b
堤栄重　117c
『葛籠冊子』　71c
• 『綴方教室』(豊田正子)《つづりかたきょうしつ》　**494c** 409b
『綴方生活』　409b
ツヅレ　253c 292c
• 髱《つと》　**495a** 466a
恒明親王　272b 343a

恒貞親王　345b
常御所　112c
• 経信母《つねのぶのはは》　**495**a
恒姫　502c
恒統親王　345b
恒良親王　18c 345b
角筈女子工芸学校　617c
海石榴市宮　191c
「椿谷」(田中澄江)　464c
つぶし島田　321b
ツブス　253a 681c
• 壺井栄《つぼいさかえ》　**495**a 540a 588a
『壺井栄全集』　495b
壺井繁治　495a
坪内逍遙　16b 561c 581c 671c 676b 703a 706a
壺折姿　151b
• 壺装束《つぼしょうぞく》　**495**b 52c 715a
坪田譲治　328a
• 局《つぼね》　**495**b 551c 705b
つほねかわり　554c
• 局女郎《つぼねじょろう》　**495**c 243a 386a 579b
局見世　694a
『つぼ美』　636b
• ツマ《ツマ》　**495**c
夫　495c
妻　53c 54a 54c 55a 95a 167c 194c 234b 257c 258b 259a 263c 265a 275a 275b 277b 336b 337a 360a 416a 416b 472c 495c 550b 552a 573a 614b 694c 701b 705a 724c 725a 726a 726b 776a 779a 779b 782b
「妻」(田中澄江)　464c
妻方一夫方居住婚　496b
妻方居住《つまかたきょじゅう》　⇨婚姻居住形態(**275**c) 159a 276c 407c
妻方居住婚　347c 496b 585b 618c 661c 773b
妻方同居　347b 348a
妻方一独立居住婚　496c
• 『妻たちの思秋期』《つまたちのししゅうき》　**496**a 337c 730c
• 『妻たちの二・二六事件』(沢地久枝)《つまたちのに・にろくじけん》　**496**b
妻問〔-訪〕　14a 57c 275c 277a 437b 465c 563c 611a 770a 772c
• 妻問婚〔妻訪-〕《つまどいこん》　**496**b 159a 347b 348a 392a 408a 460a 618c 657b 686b 770b 773b
妻問いの財〔ツマドヒノタカラ〕　276b 575b 770a
ツマドヒ《ツマドヒ》　⇨婚姻儀礼(**276**b)　276c 770a
『妻のこころ』(羽仁説子)　588b
『妻の座』(壺井栄)　495b
婦の道　303a
妻の無能力制度　390c 472c 711a
妻求め　714a
• 妻屋〔嬬屋〕《つまや》　**496**c
妻役割　194c 392b
妻屋小家族　159a
『積木の箱』(三浦綾子)　687a
• 紡ぎ《つむぎ》　**497**a
紡ぐ　497a
都牟自売《つむじめ》　⇨県造奈爾毛売(**8**b)
『積恋雪関扉』　512b
艶本　151b
「露」(大塚楠緒子)　105c
• 露姫《つゆひめ》　**497**a
『露分衣』(上田琳璉)　71c
「露分衣」(田村俊子)　468b
釣書　686b
釣漁　22b
• ツルー、メアリ＝ティ〔マリア〕 Mary T. True　**497**b 110a 738b
『鶴岡放生会職人歌合』　356a
ツルゲーネフ　424c
鶴田ハルコ　493c
• 鶴女房《つるにょうぼう》　**497**b
鶴女房伝承　582c
『鶴は病みき』(岡本かの子)　110b
鶴原玄益　164a
鶴姫　119b
鶴松　247c 769c
鶴見和子　409b 589a 673b
鶴見俊輔　253a 272a
鶴見裕輔　168a
鶴屋　97b 669a
つれあい　332c
連れ込み宿　498a
津和野局　115b
兵司　238b 554a

て

出合方　575c
出会い系サイト　414a
• 出合茶屋《であいちゃや》　**498**a 469c 695c
出合屋　498a 575c
出合宿　498a 695c
貞　331b
TS　413a
DK　446c
TG　413a
DV　308b
DV法　665a
DV防止法　378b 518b
『天義』　660b
貞閑尼〔貞閑〕《ていかんに》　⇨田捨女(**502**c)　233c
出井菊太郎　75b
貞鏡院　560b
『庭訓往来』　771b
ディケンズ　718c
梯梧学徒隊　111b
帝国教育会　300a
帝国女子医学専門学校　341b
帝国女優養成所　182a
• 帝国婦人協会《ていこくふじんきょうかい》　**498**a 324a
定時制高校　738a
丁字帯　419a
媞子内親王《ていしないしんのう》　⇨郁芳門院(**39**b)
禎子内親王(三条皇女)《ていしないしんのう》　⇨陽明門院(**764**c)　627a
禎子内親王(白河皇女)　627b
禔子内親王　628c
亭主　332c
テイシュザ　765c
貞女　498b 520a 785b
出居女〔出女〕　499c
• 『貞丈雑記』《ていじょうざっき》　**498**b
『汀女自画像』(中村汀女)　531c
貞女二夫にまみえず　499a
• 貞心《ていしん》　**498**b
挺身隊《ていしんたい》　⇨女子挺身隊(**364**b)
• 貞心尼《ていしんに》　**498**c
定数歌　291c
• 貞節《ていせつ》　**498**c 140a 184a 258b 424a 474c 499a 779a
貞操　140a 785b
• 貞操観《ていそうかん》　**499**a 779b
貞操義務　470b 472c
貞操問題　640b
• 貞操論争《ていそうろんそう》　**499**a 39a 365c 412c
挺対協　184b
低賃金　367a
『ディナミック』　732a
定年制　474a
剃髪　23a 335a
デイビス、ナタリ　309a
Die Frau und der Sozialismus　642a
底辺女性　189c
底辺女性史　304c
『(定本)伊藤野枝全集』　56b
『定本五島美代子全歌集』　269b
『(定本)富岡日記』(和田英)　517c
『定本与謝野晶子全集』　766c
• 貞明皇后《ていめいこうごう》　**499**c 241c 262b 555a 742b
低容量ピル　610b
DINKS　519a
手織り機　41c
• 出女(遊女)《でおんな》　**499**c 726c
出女《でおんな》　⇨入鉄砲出女(**65**b)
てかけ　724b
出稼ぎ　325c
出稼型労働　358b
出稼ぎ女性　394c
手紙　793a
「手紙」(荒木郁)　26c 412c
手辛鋤　469b
敵性人形　5c
手鎖　139c

出口王仁三郎　500a
• 出口なお《でぐちなお》　499c 64c 369b
手子　133a
手児名　682a
手児名伝説　682a
手児名堂　682a
「手児奈と恋と」(田中澄江)　464b
手強い女　142c
手島女王　462b
• 手島堵庵〔嘉左衛門〕《てしまとあん》　500b 388b 425c
『手島堵庵心学集』　500b
手塚緑敏　590c
『鉄工その他を含む職工事情』　383b
『鉄漿訓』《てつしょうくん》　⇨かねのおしえ(171a)
鉄砲《てっぽう》　⇨入鉄砲出女(65b)
鉄砲改め　65c
鉄砲手形　65c
徹夜業　383b
• 手習い《てならい》　500b 135a 136b 501a
手習塾　500c
手習所　310c 361a 500c 771c
『手習仕様集』　500c
テニスコートの恋　696c
テニスブーム　181a
「テネシーワルツ」　92c
手本　147c
テマガリ　754c
手間早乙女　290a 451b
手間状　690b
テマッカワリ　754c
テマモドシ　754c
手鞠　158c
手揉み洗い　431a
寺　771b
『寺内貫太郎一家』(向田邦子)　713c
寺尾とし　539c
寺子　771c
• 寺子屋《てらこや》　500c 135a 310c 317a 348b 361a 771c
寺沢畔夫　501b
• 寺沢国子《てらさわくにこ》　501b
寺田薫　586b
寺田屋騒動　501c
• 寺田屋登勢《てらだやとせ》　501c 292b
寺刀自《てらとじ》　⇨刀自(515a)　727c
寺西重次郎封元　145b
寺本みち子　113a　→小口みち子
照　756a
暉峻義等　301c
暉峻康隆　360b
照手姫　5c
照葉　452a
テレビ　167a
テレビドラマ　660b
テレフォン＝クラブ　414a
出羽弁　86c
店員　355b
天英院　411b
天下一対馬守　45c
天下一同の法　237b
田楽　87c 289c 370a 450b 478c
電化製品　167a 167c
『天義』　660b
電気洗濯機　167a
電気冷蔵庫　167a
天后　643b
• 天国に結ぶ恋《てんごくにむすぶこい》　501c
• 田作人《でんさくにん》　502a
「天使」(田中澄江)　464c
典侍　→ないしのすけ
『点字倶楽部』　288a
伝七　119a
天智天皇　103a 104c 148a 232a 239c 319b 408a 438a 563c 580a 616a 697b 740b 748c
天樹院　432b
• 伝習工女《でんしゅうこうじょ》　502b 517b
天秀尼　93c 505c
天寿国繡帳　23c 398a 402c 462b 483a
• 天璋院〔篤姫, 一子, 敬子〕《てんしょういん》　502b 764c
天正狂言本　201b 678c
天照皇大神　195b
天照皇大神宮教　195b
殿上の間　447a
殿上人　447a
殿女中　151b
天神　152b 757b
天神地祇　689b
田季繁　502c
田季成　502c
• 田捨女〔ステ〕《でんすてじょ》　502c 233b
田租　264c
伝奏　521b 553b
天台宗　24a
天沢寺　156a
田地　313b
点茶　793a
天誅組　129a 718b
天長節　477c
天地和合　69b
伝通院　116c
天帝　24b
纏頭　377a
伝統的共同労働　415c
伝統的支配　153b 172b
天道流　268a
天徳内裏歌合　448c
『天和笑委集』　737c
• 天女《てんにょ》　503a
転女成男　645a
『転女成仏経』　557b 654b
『転女身経』《てんにょしんぎょう》　⇨変成男子(653c) 654b
『天の魚』(石牟礼道子)　208a
天皇　24c 34a 53b 191b 260c 383c
天皇位　415c
天皇宮　191c
天皇家領　549a 549c
天皇制　579c
天皇制国家　200a
天皇生母　248a 257a 548b 549a
天皇大権　257a
天皇誕生日　477c
天皇母儀　158a
天皇乳母　728b
『天の鍵』(深尾須磨子)　616c
田畑　153c
天平応真仁正皇太后　250c
天賦人権思想　150a
伝法堂　463b
『デンマーク日記—女性大使の覚え書—』(高橋展子)　454b
天武天皇　37a 103a 104c 148a 230b 239c 261b 319b 408a 457b 460a 511a 563b 580a 648b
天理教　279c 369b
『天暦母后御記』　442c
転輪王命　532b
電話交換手　355a

と

土居光華　649b
土肥実平　53b
土居水也　418c
土居清良　418c
土井たか子　375c 464c
土井荘　291b
頭　704a
東亜女子建設同志会　449c
東亜婦女会　591c
道伊　387a
東夷庵古渡　587b
同意堕胎　461a
同一価値労働同一賃金原則　200b
動員運動　446b
洞院公賢　18c
洞院公定　440c
洞院公伊　387a
洞院皇后　592c
トウェイン、マーク　718c
道縁　387a
『桃苑画集』(香淳皇后)　244a
• 踏歌〔蹋-, 蹹-〕《とうか》　503b 42b 76b 523c
『東海紀行』　59a
『東海暁鐘新報』　649c
東海晴湖　113b
同格　101b
等価交換　754c
踏歌神事　691b

同化政策　4c
統轄権　168c
登華殿　237c
踏歌節会　503b
東急機関工業事件《とうきゅうきかんこうぎょうじけん》　⇨女子若年定年制(**362**c)
道教　197a
• 道鏡《どうきょう》　**503**c 240c
『東京朝日新聞』女性相談欄　747c
東京医学校　341b
東京ウイメンズプラザ構想　504c
東京家政学院　100a
東京家政研究会　338a
東京家政大学　202c
東京看護婦会　104b
東京府看護婦規則　104b
東京技芸教授所　106a
『東京妓情』(酔多道士)　742a
東京・強姦救援センター　237a
東京高等女学校　465b
• 東京こむうぬ《とうきょうこむうぬ》　**504**a
東京市街自動車会社　581b
東京市政浄化運動　505b
東京市電値上げ反対市民大会　290b
東京師範学校　118c
東京女医学校　341b 504a 766c
東京女子医学専門学校　341b 504a 767a
• 東京女子医科大学《とうきょうじょしいかだいがく》　**504**a 341b 766c
東京女子高等師範学校　118c 141c 419b 441b
東京女子師範学校　118c 202c 248c 362b
東京女子師範学校附属幼稚園　764b
• 東京女子大学《とうきょうじょしだいがく》　**504**b 203c 360c 441b 740a
『東京女子大学三十年史』　6a
東京女子法学院　454a
• 東京女性財団《とうきょうじょせいざいだん》　**504**c
東京宣言　231a
東京都男女平等に向けた総合実施計画　504c
東京地下鉄　367a
東京帝国大学セツルメント　424c
東京都二十三区婦人議員団　162b
『東京都を中心とする産児制限の実態に関する資料』　302c
東京21世紀カレッジ　587c
『東京は熱病にかかっている』(高群逸枝)　455c
東京府看護婦連合　491c
「東京ブギウギ」　153a
東京府産婆会　491c 544a
東京婦人矯風会　13a 68a 75a 250a 294c 542a 738c 754b
『東京婦人矯風会雑誌』　542a 636b
• 東京婦人市政浄化連盟《とうきょうふじんしせいじょうかれんめい》　**505**a 350b 746c
東京婦人ホーム　736a 751c
「東京物語」　597b
• 東京連合婦人会《とうきょうれんごうふじんかい》　**505**a 528a 746c
東京連合婦人会政治部　537b
• 東京ローズ《とうきょうローズ》　**505**b
東京YWCA　493a 790b
同居義務　162b 472c
同居請求事件　67b
東宮　311b
春宮の宣旨　428a
• 東慶寺《とうけいじ》　**505**c 22c 23c 24a 93c 599b 779b
東慶寺文書　506a
東慶総持禅寺　505c
• 道元《どうげん》　**506**a 21b 174a 557c 622a
東光寺　629a
東郷青児　81a
東交大争議　175c
働妻健母　782c
盗撮　477b
動産　153b
藤三位　445a
杜氏《とうじ》　⇨酒造り(**293**a)　293c
東寺　466a
『東寺御舎利相伝次第』　176c
『童子教』　135b
『当時現在広益諸家人名録』　234c
同志社女学校　537b
同志社女子大学　441b
同志社病院　300b
童子姿　270a
当子内親王　283c 628c
統子内親王　343c 442a　→恂子内親王　→上西門院
堂島・安治川新地　482b
冬至祭　25b
当主　34c 138b 153c 286b 376b
同潤会　105c
童女　554a
• 洞松院尼《とうしょういんに》　**506**b
『道成寺絵詞』　507a
• 『道成寺縁起』《どうじょうじえんぎ》　**507**a
東条英機　528c
童女御覧　266a
『(童女専用)女寺子調法記』　135c
投書夫人　602c
燈心売　316a
• 唐人お吉《とうじんおきち》　**507**b
同人社　532a
• トウス《トウス》　**507**c 63c 520b 644c
トウスクル　507c
同姓　145a 710b
同棲　441c
同性愛《どうせいあい》　⇨男色(**535**a)　⇨レズビアン(**785**a)　535b
同性愛者　785a
同性婚　785b
• 同姓不婚《どうせいふこん》　**508**a
「当世二人娘」(清水豊子)　323b
東禅院　197b
唐瘡　575a
同族婚　508a
同族集団　168c
稲粟出挙　401c
• 同族組織《どうぞくそしき》　**508**a
同族団　508a
• 道祖神《どうそじん》　**508**b 436a 607c
道祖神講　509a
道祖神祭　509a
道尊　584c
道尊入道親王　15c
東大寺　37c 251a 393b
燈台社　509a
• 燈台社の女性たち《とうだいしゃのじょせいたち》　**509**a
東大セツルメント　668c
藤大納言三位　623c
藤大納言典侍　623c
『藤大納言典侍集』　624a
道中　12c
童貞性要求　521a
堂童子　270a
『統道真伝』　32b
道徳　194a
道徳的教化　782c
• 『道得問答』《どうとくもんどう》　**509**b 309c
道頓堀　314a
頭人　704a
当禰宜家　380b
藤式部　670b
堂司　450b
同伴者文学　569b 676a
「唐美人図」　148c
『道標』(宮本百合子)　570c 706b
童舞　478c 535a
豆腐売　10a 316a 355c
• 東福門院《とうふくもんいん》　**509**c 17a 155c 723c 784c　→徳川和子　→源和子
動物解体　414b
逃亡　486c
• 「同胞姉妹に告ぐ」(岸田俊子)《どうほうしまいにつぐ》　**510**a 192b 329c 330b
同母兄妹婚　580b
• 『東北院職人歌合』《とうほくいんしょくにんうたあわせ》　**510**a 355c
東北農村セツルメント　588c
藤間生大　172b
東宮鉄男　449c
同盟　418b
同盟休校　71c
堂本暁子　375c
遠山茂樹　161a
「動揺」(伊藤野枝)　56a
東洋英和女学校　162a
桃夭学校　323c
桃夭女塾　162a
東洋大日本国国憲案　71a

東洋のジャンヌ＝ダルク　528c
• 『東洋之婦女』(植木枝盛)《とうようのふじょ》　**510b** 323b
東洋のマタハリ　183a
東洋婦人教育会　449c
東洋紡績三軒家工場争議　750c
• 東洋モスリン争議《とうようモスリンそうぎ》　**510c** 464a
トゥラノ＝ガノワニアン式　396a
『動乱の中の王妃』(李方子)　61a
融の尼　81b
• 登楼禁止令《とうろうきんしれい》　**510c**
止宇呂の尼　81b
兎園会　457a 511a
• 『兎園小説』《とえんしょうせつ》　**511a** 457b
堂摺連　716c
• 十市皇女《とおちのひめみこ》　**511a** 563b
ドーデ　253b
『遠江夢路日記』　735c
トートーメー　511b
• トートーメーの継承《トートーメーのけいしょう》　**511a**
遠山景任　117a
遠山直景　87b
富樫広蔭　212b
• 戸叶里子《とかのさとこ》　**511b**
利苅の優婆夷　81b
トキ　760a
解洗い　431a
解櫛　209b
土器製塩　309b
土器製作　414b
• 土器生産《どきせいさん》　**511b**
『言継卿記』　332a
土岐筑波子　541c
土器造り　10a 414c
『時に佇つ』(佐多稲子)　295c
• 『ときのこゑ』《ときのこえ》　**512a** 199b 324b 751c
「ときの声」(吉屋信子)　512a 768c
『関聲』　512a
土岐村元立　457b
『ドキュメント女の百年』(もろさわようこ)　141b
• 常盤御前〔常盤，常磐-〕《ときわごぜん》　**512a** 601b 671b
常磐潭北〔貞尚〕　709b
• 常磐津《ときわづ》　**512b** 171c
常盤松女学校　693c
『常盤問答』　512b
独　171b
徳育論争　622b
得意先　154a
得意先接待　183c
得意場　520b
• 土偶《どぐう》　**512b**
徳川家定　502b 764c
徳川家達　502c 593a　→田安亀之助
徳川家重　32a
徳川家継　411b
徳川家綱　240a
徳川家斉　103b 126b 463b 540c 764c
徳川家光　87b 99c 155c 220b 432b 729a
徳川家茂　157a
徳川家康　13b 17a 33b 87b 93c 103a 116b 116c 155c 177a 227c 340a 341c 491b 514b 602c 657b 685a
徳川家慶　352a
徳川忠長　99c
徳川忠吉　17a
徳川綱条　737b
徳川綱重　432b
徳川綱吉　45a 92c 119b 220b 677b 737b
徳川斉昭　216c 386a
『徳川の夫人たち』(吉屋信子)　768c
徳川信康　491b　→松平信康
徳川秀忠　17a 87b 99c 247a 432b 509c 723c
徳川和子《とくがわまさこ》　⇨東福門院(**509c**)　241b 550c　→源和子
徳川満徳寺　685a
徳川宗春　37b
徳川吉孚　737b
徳川義季　685a
徳川慶喜　157a
徳川吉宗　210a 737b
徳川頼房　87b
徳源院殿　14b
徳斉　429c
篤子内親王　689a
• 徳島ラジオ商事件《とくしまラジオしょうじけん》　**513a**
読者欄　346c
特殊慰安施設協会《とくしゅいあんしせつきょうかい》　⇨RAA(**1b**)
特殊飲食店　576b
特殊飲食店街　6c 195c
特殊婦人　282b
読書　793a
読書始　771a
独身　217c
• 独身婦人連盟《どくしんふじんれんめい》　**513b**
特性教育論　165c 166a
• 得選《とくせん》　**513c** 554a 554b
徳大寺実淳　513c
徳大寺実基　387a
• 徳大寺維子《とくだいじふさこ》　**513c** 411a
特定非営利活動促進法　670a
徳富一敬　754b
徳富蘇峰　166b 213a 458a 458b 537b 738c 754b 781a
徳富久子　458b 754b
徳冨蘆花　213a 458b 669b 738c 754b 774a
• 徳永恕《とくながゆき》　**514a** 569c 644b
• 徳姫《とくひめ》　**514a**
毒婦　454a 723b
• 毒婦物《どくふもの》　**514b**
得分　153c
徳兵衛　439c
徳松　119b
徳曼　431c
徳目　184a
独立行政法人国立女性教育会館《どくりつぎょうせいほうじんこくりつじょせいきょういくかいかん》　⇨国立女性教育会館(**257b**)
独立居住　159a 348a
独立居住婚　313a 347c
髑髏尼　514c
• 髑髏比丘尼譚《どくろびくにたん》　**514c**
• 床さり《とこさり》　**514c**
床次竹二郎　752c
床はなれ　514c
地祭物忌　63a 733b
所　690a
• 露顕《ところあらわし》　**515a** 276b 276c 688b 714a
心太売　415a　→こころぶとうり
『土佐日記』　98a
土佐派　130b
外様　112c
土佐光重　507b
土佐光信　316a
土佐吉光　659b
戸沢正胤　560b
戸沢正誠　560b
• 刀自《とじ》　**515a** 293c 548b 550b 554b 689b
刀自(祇王母)　189b
ドシ　716c
年祝い　81b 125a 607b
都市家族　344b
年神　536a
• 刀自神《とじがみ》　**516a** 515b 725c
祈年祭　455a　→きねんさい
智子内親王　260c
都市新中間層　344b
都市中産階級　246c
都市中流家庭　496a
トシトコサン　536a
トシトコ棚　536a
智仁親王　393a
豊島子どもを守る会　753a
屠蘇　690a
土葬　577b 577c
• 土田御前《どたごぜん》　**516a**
戸田貞三　161a
戸田芳実　172b
トツグ　697b
嫁ぐ《とつぐ》　⇨嫁す(**155a**)
とっくり結び　171a
突撃一番　281a
『独考』　→ひとりかんがえ
『独考論』　457b 461c
独歩社　635a
百々御所　656c
唱え歌　158c
• 隣組《となりぐみ》　**516b**
隣組工場　428c
• 刀禰《とね》　**516b**

舎人　212c
舎人親王　79a 447b
舎人皇女　438b
宿直　311c
殿名　551b
殿の宣旨　428a
主殿頭春道女　631c
主殿女官　554a
主殿女孺　554a
殿守　554b
殿司　238b 554a
鳥羽天皇　26c 178c 343c 345c 442a 454c 535a 584b 584c 605c 627c
飛鹿子　171b
「どぶ」　121c
土茯苓　575a
• 戸畔《とべ》　516c
土木水利工事　414c
• 泊茶屋《とまりちゃや》　517a
土饅頭墓　578b
• 冨井於菟《とみいおと》　517a
富岡以直　388b
『富岡後記』(和田英)　517c
• 富岡製糸場〔-所〕《とみおかせいしじょう》　517b 343b 502b
富岡鐵斎　104c
• 『富岡日記』(和田英)《とみおかにっき》　517b
富田高慶　541c
富本　171c 512b
• 富本一枝《とみもとかずえ》　517c 558c 683b
富本憲吉　517c 683b
富本豊雛　185c
トメ　516c
• 留女《とめおんな》　518a 308b 499c 726c
ドメスティック＝コート　166a
• ドメスティック＝バイオレンス《ドメスティックバイオレンス》　518a 308b 319a 407a 474b
• 留袖《とめそで》　518b
トモエ学園　680b
• 巴御前〔巴〕《ともえごぜん》　518b 650c
共稼ぎ　519a
伴氏　633a
『燈新聞』　329c
共寝　197a
伴太子　633a
• 友の会《とものかい》　518c 588c
伴行貞　633a
• 共働き《ともばたらき》　519a 338a 367b 613c
共働き世帯　573a
具平親王　698c
鞆淵次郎範景　488b
鞆淵直景　488b
鞆淵庄　488a
鞆淵八幡宮　488a
『友へ―樺美智子の手紙―』(樺美智子)　187c
『止由気宮儀式帳』　248b
• 豊浦寺〔等由良-〕《とゆらでら》　519a 23b 429c
豊浦宮　519b 23b 429c
土用熊　318a
豊受太神宮　46c
豊受大神　46c
• 豊鍬入姫〔トヨスキイリヒメ，豊鉏比売命〕《とよすきいりひめ》　519b 283a 748c
豊田四郎　243a
豊田武　707c
豊田正子　409b 494c
• 豊玉姫〔-ヒメ〕《とよたまひめ》　519c 467b
豊臣秀勝　99c
豊臣秀次　96c
豊臣秀長　222b
豊臣秀吉　13b 14b 99c 110c 124a 146b 247a 247b 340a 514b 602c 648b 657b 678b 769b
豊臣秀頼　341c 418b 432b 668b 769c
豊明節会　42b 266a
豊御食炊屋姫　402a
豊女　429c
渡来尼　777c
• 虎御前(大磯の虎)《とらごぜん》　519c
• 虎御前(上杉謙信母)《とらごぜん》　520a
『捕れの文』　217a
トランスジェンダー　413a
トランス状態　369b 507c
トランスセクシュアル　413a
都藍尼　81b
登欖尼　81b
トリアゲバアサン　306a
• 取り上げ婆《とりあげばば》　520a 260c 300c 305b 334a 334b
鳥居清政　185c
鳥居清倍　73c
• 鳥追い《とりおい》　520b
鳥追女　370a
• 『とりかへばや』《とりかえばや》　520b
• 鳥潟静子結婚解消事件《とりがたしずこけっこんかいしょうじけん》　521a
取立嫡子　481a
• 取次《とりつぎ》　521b 377b 552a
鳥目の女　743b
トルコ風呂　576b
トルストイ　424c
奴隷　172a 594b
ドレス　764a
ドレスメーカー学院　404b
ドレスメーカースクール　404b
『泥海古記』(中山みき)　532c
『どろんこ半生記』(乙羽信子)　121c
トワイライトステイ　665a
• 『とはずがたり』《とわずがたり》　521b 272b 484b 756a
トンガラヤー　731a
曇華院　25a 599b
トンコリ　179b
• トンコリ・ムックリ《トンコリ・ムックリ》　522c
『どんたく』(竹久夢二)　459b
『鈍太郎』　142c 201b
トンプソン、ポール　190a
『ドンブラコ』　456b

な

名　74c 614c
ナーリィキ　41b
内縁　278b 313b
内縁の妻　513b
内宴の舞姫　610c
ナイエンローデ　324c
内外人間の婚姻　254a
内閣男女共同参画推進本部　437c
• 内儀方知行《ないぎがたちぎょう》　523b 224c 375c
内記氏　5c
内教坊　78c 503b 523b
• 内教坊妓女《ないきょうぼうのぎじょ》　523b
内宮　46c 248b
『内訓』　132c 134c 357c
内婚　144c
内済離縁　93c
内侍　127b 216c 238a 283b 351c 428a 515c 521b 524b 525b 551b 554a 555b 555c 574c 578c
内侍(厳島神社巫女)　691b →厳島内侍
• 内侍宣《ないしせん》　523c 216c 525b 553a
典侍宣　524a
内侍奏宣　216b
内侍代　578c
内侍伝奏　216c
• 内侍所《ないしどころ》　524a 215c 515b 515c 525b 551c 556a 578c 689b
内侍所刀自　80c
内侍尼　450b
• 尚侍《ないしのかみ》　524c 238c 523c 524b 525a 550b 551b 554a 554b 556a
掌侍　238b 351c 523c 524b 524c 525b 550b 551b 551c 554a 554b
掌侍奉書　553a
典侍　104a 127b 238a 238b 238c 250a 266b 351c 352a 445a 523c 524b 524c 550b 551b 551c 554a 554b 740b
• 典侍・内侍《ないしのすけ・ないし》　525a
内侍奏　525b
内侍司《ないしのつかさ》　⇨後宮十二司(238b)　⇨尚侍(524c)　215c 238a 249c 523c 524a 525a 554a
内侍奉書　553a
内掌典　515c 689b 689b
• 内職《ないしょく》　525c
• 内助の功《ないじょのこう》　526a 573a
• 内親王《ないしんのう》　526a 157c 241a 260c 266b 548b 550a 599b →皇女
内親王女院　15a
• 内鮮結婚《ないせんけっこん》　526b 254a
『ナイチンゲール著作集』　760c

内廷　689c
内藤興盛　115a
• 内藤充真院〔充，繁子〕《ないとうじゅうしんいん》　**526c**
• 内藤ジュリア《ないとうジュリア》　**526c**
内藤ジョアン　527a
• 内藤新宿《ないとうしんじゅく》　**527a**
内藤隆春　115b
内藤正順　526c
内々　112c
内仏　565b
内命婦　80c 238b 524b 708b
内務省令看護婦規則　184c
内務省令戸籍取扱手続　265b
内覧　257b 422c
名請人　172c 378a
苗渡し　451a
直江兼続　527a
• 『直江兼続四季農戒書』《なおえかねつぐしきのうかいしょ》　**527a**
直包後家名　511c
直会　77b
• 中居〔仲居〕《なかい》　**527b**
永井ゑい子《ながいえいこ》　⇨松本英子(**679b**)
『永井ゑい子詩文』　679c
中井かつ　343a
永井荷風　342c
永井繁子　109a 366a　→瓜生繁子
永井殊法《ながいしゅほう》　⇨三井殊法(**695b**)
永井直亮　477c
永井直次　477c
長唄　129a 325c
中江藤樹　131a 131c 441b
長尾顕長　6b
長尾景虎　220a　→上杉謙信
長岡貞子　157b
長岡良子　312b
長岡山陵　624c
長尾為景　520a
長尾半平　504b
中川乙由　147c
中川善之助　161a
中川良平　353c
長靴下　407a
良子女王　244a　→香淳皇后
長崎原爆乙女の会　231c 794a
『長崎に生きる』(渡辺千恵子)　794a
• 長崎丸山町《ながさきまるやままち》　**527b** 755b
中沢道二　388b
中沢光枝　292c
中沢美代　643a
長篠合戦　117a
流し雛〔ナガシヒナ〕　223b 603c
長島愛生園　175c 262b
• 中島歌子《なかじまうたこ》　**527c** 598b 703a
中島兼子　741b
中嶌邦　782c
中島湘煙　353a　→岸田俊子
中島つも　404a
中島とし　510b　→岸田俊子
中島俊子《なかじまとしこ》　⇨岸田俊子(**192a**)
中島信行　192b
• 中島連大刀自古〔大刀自女，大刀自咩〕《なかじまのむらじおおとじこ》　**527c**
中島連茂子　527c
• 永島暢子〔ヨネ〕《ながしまようこ》　**528a** 714b
長襦袢　336a 583a
仲条　484a
流す　460b
長袖禁止　328b
仲宗根源和　528b
• 仲宗根貞代《なかそねさだよ》　**528a** 421a
仲宗根政善　607a
• 媒人〔なかだち，中媒〕《なかだち》　**528b** 485b 529c
中谷徳太郎　581c
中田正子　214b
• 永田美那子《ながたみなこ》　**528c**
中田喜子　192c
• 仲茶屋《なかちゃや》　**528c**
• 中務《なかつかさ》　**529a** 46b 671a
『中務集』　529a
中務省縫殿寮　440a
• 中務大輔の娘《なかつかさのたいふのむすめ》　**529b**
• 『中務内侍日記』《なかつかさのないしにっき》　**529c** 484b 655a
中継ぎ　286b 701a
• 中継相続《なかつぎそうぞく》　**530b** 138c 172c 286b
中継相続人　376b 714b
中皇命　580b
仲天皇　580b
長局　100c 470b
中津宮　717c
「中津留別之書」(福沢諭吉)　472c 616c
中通　142a
中臣朝臣大魚　642c
中臣朝臣豊子　642c
中臣志斐連　307c
中臣宅守　297b
• 中臣女《なかとみめ》　**530b** 555c 765a
中西千代子　638a
中西豊子　70a
長沼智恵子《ながぬまちえこ》　⇨高村智恵子(**455a**)
• 長沼妙佼〔まさ〕《ながぬまみょうこう》　**530c**
長沼宗政　298a
長野晃子　743c
中宇治陵　623c
中関白家　411c 630a
中君(源氏物語)　229a
中野清茂〔碩翁〕　126c
• 中野袈裟《なかのけさ》　**530c**
中子　481c
中野孝子〔こう子〕　345a 531b
那賀寒田之郎子　80a
中野重治　295b
仲野親王　592b
• 中野竹子《なかのたけこ》　**531a** 345a
中野忠能　530c
中野為泰　531a
中野長能〔仲能〕　531a
中野初子　412b
中野弘子　132b
長野ひろ子　701a
中野平内　531b
中ノ舞　165a
中野翠　268c
中野元康　523b
中野康忠　523b
中野保次　523b
中野優子　345a
長野義言〔主膳〕　67a 721c
長袴　329b 579a
長橋局《ながはしのつぼね》　⇨勾当内侍(**249c**)　377b
長幡部伝承　582c
中原氏女《なかはらうじにょ》　⇨御家人(**258c**)　259a
永原和子　435c
中原兼遠　518b
中原淳一　346c 440a
中原親能　307a
• 中原親能の妻《なかはらちかよしのつま》　**531b**
中原光家　177a
仲姫　126c
中丸精十郎　745c
中御門宣胤　331c 379b
中御門宣綱　332a
中御門宣俊　596c
中御門宣秀　332a
『仲光』　601b
• 中村いと《なかむらいと》　**531b**
中村きい子《なかむらきいこ》　⇨『女と刀』(**138a**)
中村重喜　531c
中村竹代　458a
中村彝　437b
• 中村汀女〔破魔子〕《なかむらていじょ》　**531c** 517c
中村惕斎　441b 606b
中村敏雄　531c
• 中村久子《なかむらひさこ》　**531c**
中村不折　455a
• 中村正直〔敬宇〕《なかむらまさなお》　**531c** 67c 294c 379a 785c
中村宗平　682a
中村屋　437a
中本たか子　559a
長屋王　197b 201c 232a 250c 697b
長屋王家　453b 706c
• 中山績子〔美禰，愛子〕《なかやまいさこ》　**532a**
『中山績子日記』　532a
中山こかん　532c
長山七平　532a
• 長山宵子《ながやましょうこ》　**532a**
中山善兵衛　532b
中山忠道　532c
中山忠光　129a 386b
中山忠能　532c
中山南加〔仲子〕　129b
中山愛親　532a
• 中山マサ《なかやまマサ》　**532b**

• 中山みき《なかやまみき》 532b 64c 279c 369b 785a
• 中山三屋《なかやまみや》 532c
中谷康子 308a
「なかよし手帖」(長谷川町子) 582b
長与専斎 112a
半井桃水 598b
長嵐イソ 179b
• 流れ灌頂《ながれかんじょう》 532c
• 『流れる星は生きている』(藤原てい)《ながれるほしはいきている》 533a
奈河亀輔 724a
今帰仁煽りやへ 571b
• 薙刀〔長刀〕《なぎなた》 533b
梛の葉 185b 214a
『泣き笑い放浪星』(ミヤコ蝶々) 703c
名草戸畔〔-トベ〕 373c 517a
殴られた女性たちの運動 518a
『殴る』(平林たい子) 610a
投げ櫛 209b
投げ込み寺《なげこみでら》 ⇨浄閑寺(342b)
投島田 321b
投頭巾 405a
仲人〔ナコウド〕《なこうど》 ⇨ちゅうにん(485b) 327c 755a 773a
仲人方 575c
名古屋山三郎 46a
名古屋放送事件《なごやほうそうじけん》 ⇨女子若年定年制(362c)
なごらん学徒隊 111b
「ナザレの愛」 220b
梨壺五歌仙 47b
梨壺女御 623c
馴染み 770b
梨本宮伊都子 60c
梨本宮方子《なしもとのみやまさこ》 ⇨李方子(60c) 526c
梨本宮守正王 60c
名代 706c 728b
「何故に女子は政談集会に参聴することを許されざる乎」(清水豊子) 323b
灘購買組合 409b
名付け親 724a
「夏子の物思ひ」(清水豊子) 323b
なつとも 66a
夏中酒 293c
『夏野の露』 71c
夏羽 722b
ナップ 638b
菜摘み 414c
夏目成美 37c
夏目漱石《なつめそうせき》 ⇨『行人』(246c) 569a 581c 675c 703b
名取洋之助 367b
ナナクラオロシ 49c
『七十七年の想ひ出』(ガントレット恒) 186c
『ななとせの秋』 91b
『何が私をかうさせたか』(金子文子) 170b
• 『難波江』《なにおえ》 533b
難波麻呂古王 491a
難波部安良売 671b
『難波土産』 477b
難波屋 45a
難波屋おきた 185c
• ナヌムの家《ナヌムのいえ》 533b
七日会 762a
七日の祝 82c
那波祐英 154c
名ヒラキ 554c
ナプキン 419a
鍋島騒動 96a
奈保山西陵 230b
奈保山東陵 232b
奈保山陵 230b
名前 381a
名前人 138b
生絹 188b
『なまみこ物語』(円地文子) 94c
生ワクチン 349b
生ワクチン要求運動《なまワクチンようきゅううんどう》 ⇨小児マヒから子どもを守る運動(349b)
並木伊三郎 649a
並木学園 649a
並木婦人子供服装裁縫教授所 649a
奈美松 80a
南無天理王命 532b
苗村丈伯 535c
• 『奈与竹物語絵巻』《なよたけものがたりえまき》 533c
習い事 325c
• 奈良絵本《ならえほん》 534a 10c 119c
楢崎将作 292b
奈良女子高等師範学校 362b 441b
奈良女子大学 362b 364a
ナラティブ分析 190a
奈良・平安文化史研究会 405c
椎山陵 232b
業子内親王 453a
成田氏長 146b
成田きん《なりたきん》 ⇨きんさん・ぎんさん(204c)
成田三里塚飛行場反対闘争 102c
「業平涅槃図」 745c
成良親王 18c 345b
業良親王 453a
• 成瀬維佐子〔いち〕《なるせいさこ》 534b 179a
• 成瀬仁蔵《なるせじんぞう》 534b 271c 348c 364a 544c 611a 784a
『成瀬仁蔵著作集』 534c
成瀬忠重 534b
鳴滝殿 599b
「鳴門中将物語」 534a
鳴海絞 687b
• 馴合結婚《なれあいけっこん》 534c
馴合夫婦 534c
縄跳び 158c
男官 416a
「南京虐殺の図」(丸木伊里・俊) 684a
南渓 33a
男子変成 251c
• 男色《なんしょく》 535a 120a 151b 470c 478c 576a 703c 787a
『男色大鑑』 151b
軟性下疳 180b
『南総里見八犬伝』 11c 457a 457b 514b
男体 556c
男体山 558b
• 『男重宝記』《なんちょうほうき》 535c
納戸 535c
• 納戸神《なんどがみ》 535c
南都雄二 703c
南部千代子 412a
南部利直 412a 523b
南部直栄 412a
南部直政 412a
南部直義 412a
南部爾々 412a
南部信直 412a
男房 551b
• 南北朝分水嶺説《なんぼくちょうぶんすいれいせつ》 536b
南明院 13b
南女 10a 235a

に

尼位 450b
新潟県職員労働組合 541b
新潟女学校 534c
新潟静修学校 655c
新川臣 750a
• 根神《にいがん》 537a 122b 571b
新城トベ 517a
倪桂珍 435a
二位家 658c
新島襄 19c 537a
• 新島八重《にいじまやえ》 537a
新田部親王〔-皇子〕 37a 648b
根人 122b 537a 571b
• 新妻イト〔伊都, 伊都子〕《にいづまイト》 537b
新妻莞 537b
二位殿(大宮局) 108c
二位殿(平時子) 448a
二位殿(北条政子) 658c
新嘗祭 →しんじょうさい
二位尼 448a 599a 784c →平時子
新居荘 539b
二位の局 742b
新家内親王 230b
新畑民子 343b
根引き 277a
新見庄 466a
新村忠雄 187b
根家 537a 571b
煮売屋 567c

贄殿　158a
ニオ　386b
匂の宮　72c 229a
二階堂体操塾　537c
• 二階堂トクヨ《にかいどうトクヨ》　**537c** 118c
二階堂行藤　23c
二階堂行政　37b
ニガイビー　760a
根神　537a →にいがん
肉食妻帯蓄髪許可　315b
肉体関係　155a
肉体労働　562b
肉筆画　73b
• 『荷車の歌』(山代巴)《にぐるまのうた》　**538a**
尼五山　22c →あまござん
• ニコヨン《ニコヨン》　**538a**
「にごりえ」(樋口一葉)　598c
濁り酒　293c
西周　735b
西尾フサノ　714c
西川如見　324c
西川祐信　131a 141c 608a
• 西川文子《にしかわふみこ》　**538b** 16b 61b 344b 395a
652a
西川光二郎　395b 538b
錦　762b
錦絵　73c 482a
錦代皇女　106a
錦代王　106b
丹敷戸畔〔-トベ〕　373c 517a
• 西清子《にしきよこ》　**538b**
西湖学　162c
• 錦部河内〔錦部連，川内，河内売〕《にしごりのかわち》
538c 523c
錦織壺　429c
錦部内侍　538c
錦部命婦　538c
西坂衷　134c
西崎花世　39a
西沢正二　10c
西沢之介　353c
西宅　8a
西宅大刀自　8a
• 西谷さく〔サク，作〕《にしたにさく》　**538c**
西谷平右衛門　538c
西谷平三郎　539a
• 西田ハル《にしだハル》　**539a** 638a
二十ヵ年百万戸送出計画　449c
『虹と修羅』(円地文子)　94c
西御方　271c
西洞院家　247a
西の丸殿　678b
西宮夷神社　607c
• 西八条禅尼《にしはちじょうぜんに》　**539b** 243b 599a
西雅雄　538b
西村伊作　648c 766b
• 西村桜東洋《にしむらおとよ》　**539c** 794a
西村恵治郎　166c
西村茂樹　243a 343b 622b 735b
西村鶴　292c
西村尚明　95c
西村汎子　435c
• 西村美須《にしむらみす》　**539c**
西山太吉　146c
尼衆　316a 599a
二十一世紀の結縁と葬送を考える会
578b
二重一夫方居住婚　657b
二重居住婚　618c 657b
二十五歳定年制　363a
二十三夜講　274c 559a
• 『二十四の瞳』(壺井栄)《にじゅうしのひとみ》　**540a** 495b
二重一独立居住婚　657b
『二十世紀の婦人』　61b
二条《にじょう》　⇨後深草院二条(**272b**)
二条院　548c
• 二条院讃岐《にじょういんのさぬき》　**540a** 193a 622c
『二条院讃岐集』　540a
二条太皇太后宮摂津　424a
二条為重　251c
二条為世　624a
二条天皇　448a 454c 540a 584b 605c
629b
二条后　629a
• 二条姫君《にじょうひめぎみ》　**540b** 697c →二条政嗣女
二条政嗣　540b 697c
二条政嗣女　444a →二条姫君
二条持通　540b
二条吉忠　260c
『虹を翔ける』(伊藤ルイ)　56c
二星会合　465c
二聖政治　643b
• 『修紫田舎源氏』《にせむらさきいなかげんじ》　**540c**
二〇〇七年問題　653b
尼僧　21c 23c 24a 185b
二代后　629b
煮炊き　414c
仁田山絹　763a
「日欧風習対照覚書」　541a
• 『日欧文化比較』《にちおうぶんかひかく》　**540c** 771a
『日月の上に』(高群逸枝)　455c
日常着　737a
日常生活誌　636c
日米安保条約　195b 195c 285b
日米親善大使　5c
日満帝国婦人会　449c 717b
日用試験室　339a
日用品審査部　339a
二丁町　684c
• 日蓮《にちれん》　**541a** 174a 622a 654b
日蓮宗　24a 174a 541a
『日知録』《にちろく》　⇨沼野みね(**564a**)　289a
『日記』(菊池民子)　190c
『日記摘要』　477c
日記文学　97c
日給簡　447a
日教組　452c
日教組婦人部　38b 589a
日啓　126b
日系一世　325a
日系人社会　325a
日蝕神話　25b
日新堂　458b
日赤救護看護婦　184c
新田次郎　533a
新田義貞　249c
新田義季　685a
根人　→にいちゅ
• 二・八闘争《にっぱちとうそう》　**541a**
• 『日葡辞書』《にっぽじしょ》　**541b**
二・八独立宣言　305a
二棟御方　108c
新渡戸稲造　181b 348c 365b 395b 504b
蜷川家　485c
二・二六事件　496b
二子　481c
二の丸殿　769b
二宮尊徳　43b 331b 541b
二宮尊行　541b
二宮波　541b
• 二宮ふみ《にのみやふみ》〔奇峯，松鄰〕　**541b**
• 『邇飛麻那微』〔邇比麻奈微〕《にひまなび》　**541c**
二百三高地　439b
二品(大宮局)　108c
二品(平時子)　448a
日本イエズス会　544b
日本医学校　341b
日本エスペラント学会　582a
『日本絵巻物全集』　398b
『二本煙突のみた話』(牛窪ふみ子)　75b
『日本奥地紀行』(バード)　572c
日本女詩人会　198a
日本家族計画協会　160a
日本家族計画普及会　160a
日本家族計画連盟会　168a
日本型福祉社会　288a
• 日本型福祉社会論《にほんがたふくししゃかいろん》　**541c**
日本髪　466a 675b
日本看護協会　360a 760c
日本看護婦協会　579a
『日本機業史』(三瓶孝子)　306c
日本救世軍《にほんきゅうせいぐん》　⇨救世軍(**199b**)　751b
751c
『日本救世新聞』　512a
日本共産党　569c
日本教職員組合婦人部　38b 589a
日本キリスト教女子青年会　72b →
YWCA
日本基督教団　199c 751c
• 日本基督教婦人矯風会〔日本キリスト教-〕《にほんキリストきょうふじんきょうふうかい》
542a 65a 68a 112a
150b 186c 193c 199a 213a 307c 324b
327a 378b 425a 440b 458a 477c 546c

573c 574c 590a 637b 640a 736a 738c 751b 793a
日本基督教婦人参政権協会　505a 547a
• 日本軍「慰安婦」《にほんぐんいあんふ》　**542b** 179c 184b 198b 288c 356b 370b 380c 533b
日本軍慰安婦歴史館　533c
日本軍性奴隷制を裁く女性国際戦犯法廷　676c
日本軍性奴隷制を裁く二〇〇〇年女性国際戦犯法廷　370b
「日本芸術の印象」(アンナ＝パブロワ)　368a
日本原水協　230c
日本原水爆被害者団体協議会　232a
『日本現代史年表』　231a
『日本国見在書目録』　352b
• 日本国憲法《にほんこくけんぽう》　**543a** 425b 640b 710a
日本国憲法改正案要綱　162a
『日本国現報善悪霊異記』　548a
日本国籍　255c
『日本古代家族史の研究』(関口裕子)　420b
『日本古代婚姻史の研究』(関口裕子)　420b
日本国家社会婦人同盟　9a
• 日本子どもを守る会《にほんこどもをまもるかい》　**543c** 323a 349c 588b 589a 594c 739a
『日本婚姻史』(高群逸枝)　348a 456a
日本婚姻史体系　348a
•『日本産育習俗資料集成』《にほんさんいくしゅうぞくしりょうしゅうせい》　**543c**
日本産児制限協会　302b
日本産児調節研究会　20a
『日本産児調節史』(太田典礼)　544a
•『日本産児調節百年史』(太田典礼)《にほんさんじちょうせつひゃくねんし》　**544a**
日本産児調節婦人連盟　302c 344b
日本産児調節連盟　302b
「日本産石炭の植物学的研究」(保井コノ)　739c
• 日本産婆会《にほんさんばかい》　**544a**
•『日本史』(フロイス)《にほんし》　**544b** 648b
『日本誌』(ケンペル)　90c
日本社会主義同盟　421a
日本出版配給株式会社　43b
日本主婦の会　129a
日本女医会　341b 767a
日本消費者連盟　350c
『日本書紀』　41b 261b
『日本植物誌』　117a
日本助産師会　360a
日本助産婦会　360a 491c 544b
日本助産婦看護婦保健婦協会　544b
日本女子経済短期大学　146c
日本女子恒産会　617c
日本女子社会教育会　703a
• 日本女子大学《にほんじょしだいがく》　**544c** 59c 204a 360c 441b 534c 611a
日本女子大学校　363c
日本女子体操専門学校　537c
日本女性学研究会　368c
日本女性学会　368c
•『日本女性史』(井上清)《にほんじょせいし》　**545a** 161b 374a 718c
『日本女性史』(女性史総合研究会編)　371c 372c
「日本女性史」(高群逸枝)　455c
『日本女性史研究文献目録』　372c
『日本女性史論集』　435c
『日本女性生活史』　372c 374a
『日本女性の歴史』　435c
『日本庶民教育史』　501a
日本女流文学者会　148b
日本新劇俳優協会　597b
日本心臓血圧研究所　504b
日本神話　41b
日本生活協同組合連合会　350b 409b
日本晴湖　113b
日本赤十字社　327a 456b 579a
日本赤十字社乙種救護看護婦　327b
日本赤十字社甲種救護看護婦　327b
日本赤十字社篤志看護婦人会　109a 717b
日本赤十字社臨時救護看護婦　327b
日本赤色救援会　79b →赤色救援会
• 日本炭鉱主婦協議会《にほんたんこうしゅふきょうぎかい》　**545b** 686c
日本炭鉱労働組合　545b
「日本男子の品行を論ず」(清水豊子)　323b
『日本男子論』(福沢諭吉)　617a
日本帝国看護婦協会　579a
日本的経営　190a
『日本における教育』(森有礼)　735b
『日本における宗教の自由』(森有礼)　735b
•『日本農村婦人問題』(丸岡秀子)《にほんのうそんふじんもんだい》　**545c** 371b 683c
日本のうたごえ祭典　77c
日本農民組合　260a 404a 539c 568c
日本農民組合婦人部《にほんのうみんくみあいふじんぶ》　⇨農民組合婦人部(**568c**)　311c
•『日本の下層社会』(横山源之助)《にほんのかそうしゃかい》　**546a** 358c 383b
『日本のコンヘション』　301b
『日本之女学』　636b
『日本の底辺』(溝上泰子)　694a
•『日本の花嫁』事件《にほんのはなよめじけん》　**546b**
「日本の悲劇」　731c
『日本の婦人―婦人運動の発展をめぐって―』(帯刀貞代)　464b
『日本の婦人問題』(村上信彦)　719a
「日本の若き人に」(ロマン＝ロラン)　368a
•『日本廃娼運動史』(伊藤秀吉)《にほんはいしょううんどうし》　**546b**
日本母親大会　182c 209a 210b 213b 231a 321c 349c 547a 589a 656b 753a
日本美術院同人　115a
日本美術史研究　480a
「日本美術のジェンダー」(千野香織)　480a
『日本婦人』　498a
• 日本婦人会議《にほんふじんかいぎ》　**546c** 401a 452c 464c 677a
日本婦人教室の会　9a
日本婦人協力会　427b
• 日本婦人参政権協会《にほんふじんさんせいけんきょうかい》　**546c** 637b 643a
日本婦人大会　547a 589a
• 日本婦人団体連合会《にほんふじんだんたいれんごうかい》　**547a** 210b 589a
日本婦人団体連盟　51a 328b 547a 643b
「日本婦人の社会事業に就て伊藤野枝氏に与ふ」(山川菊栄)　574c
「日本婦人の体質に関する研究」(竹内茂代)　457c
日本婦人米国奨学金　493a 621a
日本婦人平和協会　348c
日本婦人法律家協会　214c
日本婦人問題懇話会《にほんふじんもんだいこんわかい》　⇨婦人問題懇話会(**641b**)
『日本婦人問題資料集成』　683c
• 日本婦人有権者同盟《にほんふじんゆうけんしゃどうめい》　**547b** 51a 280c 454a 621b
•「日本婦人論」・『日本婦人論後編』(福沢諭吉)《にほんふじんろん・にほんふじんろんこうへん》　**547b** 617a
日本プロレアリア文化連盟婦人協議会　638b
日本文化服装学院　649a
日本ペンクラブ　677a
『日本宝訓』　622c
二品奉書　202b
日本紡織労働組合　510c
日本髷　140c
日本民主婦人協議会　164b 547a
日本無産者芸術団体協議会　638b
『日本名女咄』　671b
•『日本綿業発達史』(三瓶孝子)《にほんめんぎょうはったつし》　**547c** 306b 371b
『日本唯一閨秀詩人原采蘋女史』　591c
•『日本霊異記』《にほんりょういき》　**548a** 81c 109b 306c 700b 765b
日本労働組合全国協議会　366c
日本労働組合総評議会　349c 788b
日本労働組合総評議会婦人協議会　656b 788b
日本労働組合総評議会婦人対策部　788b
日本労働組合評議会　272c 366c 788b
日本労働組合評議会大会　788a
日本労働組合評議会婦人部《にほんろうどうくみあいひょうぎかいふじんぶ》　⇨労働組合婦人部設置論争(**788b**)　417c
日本労働総同盟　272c 366c 788b

日本労働総同盟婦人部　9a
日本YWCA　181c 611b 621a 790b
荷物送り　277a
尼門跡　→あまもんぜき
ニュウ　386b
ニュー＝アートヒストリー　144b
乳がん　12b
乳がん体験者の集い　12b
入家　327c
乳児　335a
乳児死亡　758c
乳児死亡率　344b
入定　81c
『ニュースレター』　12c
入籍　313b
『入道殿御日記』　697a
入夫　711a
ニューファミリー　672c
入夫婚姻　265b 711a
乳幼児　663a 693a
乳幼児死亡率　662a
乳幼児の健康増進　663c
入浴　759b
女医博士　341b
• 女院《にょいん》　548b 14c 158a 248b 257b 526b 549b 599b 690a
女院御所　549a
女院司　15a 550a
女院司家　31a
女院の時代　549a
女院庁　549b
• 女院庁下文《にょいんのちょうくだしぶみ》　549b 550a
• 女院領《にょいんりょう》　549c 14c 526b 549a
• 女官《にょうかん》　550a
• 女御《にょうご》　550b 158a 234b 237c 248a 311b 332c 444c 690a 705a
女御宣下　158a
• 女御代《にょうごだい》　551a 444c
女孺　556a
• 女房《にょうぼう》　551b 77b 98b 104a 227c 238a 266a 351c 447a 485c 495b 550b 554a 554b 555c 601b 705b 714a 726b
• 女房一揆《にょうぼういっき》　552b
• 女房詞〘-言葉〙《にょうぼうことば》　552b 127b 771a
女房座《にょうぼうざ》　⇨宮座(704a)　77c 692a 704b 704c
女房三十六歌仙　584c
女房三役　428a
• 女房装束《にょうぼうしょうぞく》　552c 140b 151b 174c 329b
女房書状　553a
女房団　260a 568c
女房同盟　75b
女房日記　98a 443a 521c
女房能　139b
女房之書状　137c
女房文　137c
• 女房奉書《にょうぼうほうしょ》　553a 137c 238a 250a 351c 416b 485c 488c 521b 524a 551c
如円　23c 668a
女王　→じょおう
• 如音尼《にょおんに》　553c
『女誡』《にょかい》　⇨じょかい(352a)
• 女官《にょかん》　554a 15c 80a 80c 416a 428a 495b 515b 550a 551b 551c 555a 556a 705b 708b
• 女官除目《にょかんじもく》　555a
• 女騎《にょき》　555b
女騎御覧　555b
• 女蔵人《にょくろうど》　555c 216c 238b 550b 551b 554a 611a 690a
女紅場　359b
女使　555c
• 女孺〘-嬬，-豎〙《にょじゅ》　556a 42b 76a 80b 238a 238b 523c 524b 524c 550b 554a 554b 578c
• 女祝《にょしゅく》　556a 380a
女叙位　→おんなじょい
• 女性の物の頭《にょしょうのもののとう》　556b 704b
女身垢穢　560a 645a
女身成仏　506b
如大　712b
• 女体社《にょたいしゃ》　556c
• 女丁《にょちょう》　557a 58a 554b 778a
女人往生　400c 557c 659a
• 女人往生・女人成仏《にょにんおうじょう・にょにんじょうぶつ》　557b
• 女人救済《にょにんきゅうさい》　557c 315a 654a
女人禁制　81b 223a 253c 369b 559b 559c 621a 622b
• 女人禁制・女人結界《にょにんきんせい・にょにんけっかい》　557c
• 『女人芸術』《にょにんげいじゅつ》　558c 39b 115b 175a 517c 528a 581b 732a
女人結界　506b 560b 645a
• 女人講《にょにんこう》　559a 138c
• 女人高野(室生寺)《にょにんこうや》　559b
女人高野(慈尊院)　553c
• 女人入眼《にょにんじゅがん》　559b 208b
• 女人正機説《にょにんしょうきせつ》　559c 557c 722a
女人成仏　557c 613a 645a 654a
『女人成仏経』　227a
女人政治　298a 357b
『女人政治考』(佐喜真興英)　122b
女人政治制　661c
女人堕地獄思想　666a
女人短歌会　269b
• 女人堂《にょにんどう》　559c 558b
• 女人不浄観《にょにんふじょうかん》　560a
『女人平家』(吉屋信子)　768c
• 女人養子《にょにんようし》　560b
『女範捷録』　357c
女筆　560b 771c
• 女筆指南《にょひつしなん》　560b 14c
『女筆春の錦』　123a
• 『女犯偈』《にょぼんげ》　560c 400b
『如葉集千首』　102c
如来教　69c 281a 369b 561b
• 如来教教祖喜之《にょらいきょうきょうそきの》　561a 622b →喜之
『庭すずめ』　212b
庭田幸子　777c
庭田重能　561b
庭立奏　42b
• 庭田嗣子《にわたつぎこ》　561b 410a
『庭の訓』　19c
庭野日敬　530c
人形外交　5c
人形芝居　325c
人形浄瑠璃《にんぎょうじょうるり》　⇨浄瑠璃(351b)　171c 351c
人形寺　656c
• 『人形の家』(イプセン)《にんぎょうのいえ》　561b 16b 412c 676b
『人形の望』(野上弥生子)　569a
『人間ゾルゲ—愛人三宅華子の手記—』(石井花子)　42c
仁賢天皇　34a 44b 156a 460b
〝人間と性〞教育研究協議会　410b
『人間襤褸』(大田洋子)　105b
二合酒盛り　277a
仁孝天皇　157a 532a
妊産婦　334b 663c
妊産婦死亡　334b
• 妊産婦手帳《にんさんぷてちょう》　561c 663a 759b
妊産婦手帳規定　561c
妊産婦手帳制度　334b
妊産婦特別配給　561c
妊産婦の休養　305c
妊産婦保護　758c
妊産婦保護事業　300b
忍性　21a
• 人情本《にんじょうぼん》　562a 341a
妊娠　306a 543c 663a
妊娠制限　184c
妊娠中絶　85b 256c 302a 461a 693b 758c　→人工妊娠中絶　→中絶
妊娠中毒症　334b
妊娠調節公認期成会　302b
妊娠届《にんしんとどけ》　⇨懐胎届(145b)　6c
人相書き　138a
認知　279a 320a
認知症　242c 252b 730c
認知入籍　54b 725a
仁徳天皇　67b 91b 175b 208a 727c
仁和寺　189c 345c 698b
仁和寺御室　478b
• 人夫《にんぷ》　562a
妊婦　306a 333a 334b 334c
妊婦届出制度　663a
人夫役　562b
人別帳　→宗門人別改帳
仁明天皇　123a 345b

ぬ

奴　473b
縫殿女官　554a
縫殿寮　563a 690a
縫司　238b 554a
縫針　489c
縫部司　563a
• 縫女《ぬいめ》　**563a**
縫女部　563a
縫物　289a
• 縫物師《ぬいものし》　**563b** 316a 415a
縫物師匠　289a
ヌーヤ墓　578b
ヌエック　257c
• 額田王〔-女王，-姫王，額田部姫王〕《ぬかたのおおきみ》　**563b** 148a 511a 685c 790b
額田部皇女　402a →推古天皇
糠手姫　408a
怒賀ヒメ　391b
「糠福・米福」　584a
「脱殻」(水野仙子)　693c
奴奈川神社　564a
• 沼河比売〔奴奈宜波比売命〕《ぬなかわひめ》　**563c** 686b
渟名城入姫《ぬなきいりひめ》　⇨豊鍬入姫(**519b**)
布手　488a
布ナプキン　419b
奴婢《ぬひ》　⇨婢(**594b**)　264b 394a 473b
• 沼田香雪〔うの〕《ぬまたこうせつ》　**564a**
沼田孤松　564a
沼野国幹　564a
沼野棠円　564a
• 沼野みね〔峯〕《ぬまのみね》　**564a** 10b 289a
• 塗籠《ぬりごめ》　**564b** 377a 397c

ね

禰宜　40b 379c 556a 690c
禰宜尼《ねぎに》　⇨大神杜女(**102a**)　102b
根倉物忌　733b
ネグレクト　319a
寝たきり　252c
根津　109c
ネド　717a
ネドッコ　717a
ネドホウバイ　717a
ねね(紺灰座商人)　10a 235a
ネマ　535c
ネヤ　717a
閨　496c
ネヤド　717a
寝宿　716c 770b
• 寝宿慣行《ねやどかんこう》　**565a** 773a
年季　142a 734c 758a
年期　245c
年季明け　686c
年忌供養　577c
年季証文　128b
年季奉公　394b 688a
年季奉公人　394c 612b
年期婿　713c
年金　472a
年金受給権　780a
年金受給権者　565a
年金制度　565a
• 年金と女性《ねんきんとじょせい》　**565a**
年金分割　565b 780a
年貢　726a
年功序列　190a
• 念持仏《ねんじぶつ》　**565b**
念誦堂　565c
年少相続人　447b
• 『年中行事絵巻』《ねんちゅうぎょうじえまき》　**565c**
念仏　121b
念仏踊り　132b 370a
念仏講　138c 559a 566a
念仏信仰　121c
• 念仏婆さん《ねんぶつばあさん》　**566a**
年齢階梯　90b
年齢階梯呼称　794c
年齢階梯制　535b 794c
年齢差　416b
年齢集団　794c
年労　135c

の

• 能《のう》　**566b** 131a 139b 165a 201a 757a 787a
能円　351b 448a
農会　568b
『農家家内諸工業の変遷過程』(三瓶孝子)　306b
『農家貫行』　290a
能楽　46b 132b 142b 201a 370a 566b
『農学雑誌』　67c
農家組合　202a
農家小組合　568b
• 農家女性《のうかじょせい》　**566c** 409a 568b
• 農家の嫁不足《のうかのよめぶそく》　**567b**
農神　479b
農間商渡世　567c
農間稼　567c
• 農間渡世《のうかんとせい》　**567c** 583a 613c
農間余業〔農閑-〕　147a 567c
農業改良助長法　409a
農業改良普及員　409a
農業改良普及所　409a
• 『農業図絵』《のうぎょうずえ》　**567c** 290a
農協婦人部　151a 426c
農業労働力対策　202a
農業労働力不足　568b
• 『農漁山村に於ける生活困窮概況』《のうぎょさんそんにおけるせいかつこんきゅうがいきょう》　**568a**
農耕　415b 469b
農事改良組合　202a
農事実行組合　202a 568b
農書　290a
農村経済更生運動　409a
農村消費組合　260b
『農村処女会の組織及指導』(天野藤男)　24c
農村女性　36c 568c
農村生活　36c
農村青年社　738a
農村花嫁　254b
「農村婦人と家族制度」(山上喜美恵)　744a
農村保健婦　428c
能太夫　139b
• 農繁期託児所《のうはんきたくじしょ》　**568b** 2a 655c
農婦協《のうふきょう》　⇨全国農協婦人団体連絡協議会(**426c**)
農兵経営　418c
• 『農民哀史』(渋谷定輔)《のうみんあいし》　**568b**
農民運動　260a
農民組合　260a 302a
農民組合運動　568b
農民組合自治婦人部　568c
• 農民組合婦人部《のうみんくみあいふじんぶ》　**568c**
農民自治会運動　568b
ノーマン、ハーバート　43a
野上豊一郎　569a
• 野上弥生子《のがみやえこ》　**569a** 285b 506a 606a 673b 676a 723a
『野上弥生子全集』　569b
• 乃木静子《のぎしずこ》　**569b**
乃木希典　569b
野際白雪　181a
野口小つる　288a
野口精子　393b
野口竹次郎　365a
• 野口幽香《のぐちゆか》　**569c** 644b
野坂参三　569c
• 野坂竜《のさかりょう》　**569c**
「野路の菊」(清水豊子)　323b
望まない妊娠　302b
野田醤油争議　9a
野田弥兵衛　130c
後産〔ノチザン〕　91a 306b →あとざん
『後の為の記』　457a
能登内親王　36c 453b
• 野中婉《のなかえん》　**570a** 341b
野中兼山　570a
『野中の清水』　26c

• 野宮《ののみや》　570a
『野宮』　566b
野宮殿　599b
『野火あかあかと』(奥むめお)　114a
信国　106a
•『伸子』(宮本百合子)《のぶこ》　570b 706a
延岡為子　290b →堺為子
幟　423c
野間幾子　499c
野村貞貫　570c
野村浩将　2c
• 野村望東尼〔望東，もと〕《のむらぼうとうに》　570c 24a 386b 760c
ノラ　16b 561b
式子内親王　311b
乗杉嘉壽　366a
暖簾分け　508b
ノロ〔祝女〕　64c 122b 127a 191a 537a 571a 603c
• ノロ祭祀《ノロさいし》　571a
野呂辰之助　343a
『non-no』　30a

は

バー　578b
バークシャー会議　572a
Berkshire Conference of Women Historians　572a
• バークシャー女性史会議《バークシャーじょせいしかいぎ》　572a
バースコントロール相談会　260b
ハーツホン、アナ　493b
パート収入　573a
• パートタイマー《パートタイマー》　572a 367b 417a 579b
『パートタイマーQ&A』　249b
パートタイム就労　337c
• バード＝ビショップ、イザベラ＝ルーシー　Isabella Lucy Bird Bishop　572c
ハート美人　281a
パート労働対策　789a
ハーフ　26b
• パーマネント《パーマネント》　572c
パーマネント＝ウエーブ法　572c
パーマネント廃止　328b
ハーン、ラフカディオ　234b
梅蔭女史　234a
梅塢散人　642a
『煤煙』(森田草平)　573a
• 煤煙事件《ばいえんじけん》　572c
Violennce Against Women　378a
媒介人　714a
『俳諧松の声』　147c
梅花学園　203c
配偶者　64a 68c 95a 286c 711a 753a
配偶者からの暴力の防止及び被害者の保護に関する法律　378b 518b 665a
• 配偶者控除《はいぐうしゃこうじょ》　573a 313c 565b
配偶者相続権　287a 313c
配偶者相続人　287a
配偶者手当　573b
配偶者特別控除　573a
配偶者分　287a
売券　436c
禖子内親王　282a 428a 494c
『梅颸日記』《ばいしにっき》　⇨頼静子(775a)
売春《ばいしゅん》　⇨買売春(575b)　26a 149c 179b 221a 301b 314a 331b 350c 394c 413c 422b 423c 440b 462a 485b 576a 593b 634b 742c 757a 760b
買春《ばいしゅん》　⇨買売春(575b)　183b 318b 318c 573b 576a 576b
買春案内　413c
売春業　6c
売春禁止法制定促進委員会　213b
買春者　423c
売春女性　304b 314b 382b
売春対策協議会　213b
売春地区　195c
売春婦　542c 726c
売春防止　573b
売春防止運動　213b
• 売春防止法《ばいしゅんぼうしほう》　573b 51a 169c 175a 188a 213b 245a 395a 413c 574b 576b 755c
売春宿　24a
• 売女《ばいじょ》　573c
廃娼　634a
• 廃娼運動《はいしょううんどう》　573c 213a 324b 440b 512a 542b 546c 573b 574c 617b 640a 738c
『廃娼ひとすじ』(久布白落実)　213b
廃娼連盟　213a 256b 574b
廃娼論　150b 494a
「廃娼論」(植木枝盛)　71a
• 廃娼論争《はいしょうろんそう》　574c 413a
売色　21b 131b 185c 214a 470c
売女取締り　331b
売女奉公　567a
「はいずみ」　494c
梅盛院長空尼　15c
裴世清　402b
陪膳　351c 551c 611a
• 陪膳采女《ばいぜんのうねめ》　574c 554b
『馬医草紙』　107a
売女　573c
排他的同棲　441c
売女比丘尼　214a
• 梅毒《ばいどく》　575a 180b
梅毒検査規則　231c
排日運動　5c
• 買売春〔売買春〕《ばいばいしゅん》　575b 15c 195b 244a 312b 395a 413c 440b 576c
買売春形態　573c
ハイハイ日曜学校　538b
『誹風末摘花』　696a
『誹風柳多留』　433a
灰屋紹益　10a
バイラテラル《バイラテラル》　⇨双系制(434a)
排卵　112b
バイリネラル　434a
House in Emergency of Love and Peace　378b
ハウスキーパー　158b
• ハウスキーパー問題《ハウスキーパーもんだい》　576c 360c
パヴロバ、エリアナ　145b
羽織芸者　463c
• 墓《はか》　577b 287b
• 博士命婦《はかせのみょうぶ》　578c 708c
• 袴《はかま》　579a 141b 267a 315c 329b 482b 495b 552c 605b 730b
袴着　315c 482b
袴料　755a
萩尾望都　346c
「萩桔梗」(三宅花圃)　703a
『萩のしつく』(中島歌子)　527c 703a
萩の舎　527c 598b 703a
履物　223b 437c
• 萩原タケ《はぎわらタケ》　579a
『馬琴日記』　457b
博愛社　590b
白翁道泰　783b
麦舟　586c
白標倶楽部　75a
白布売　415a
『幕末御触書集成』　432c
朴烈　170a
葉栗尼寺　23b
『歯車』(佐多稲子)　295c
歯黒　224b 365b
歯黒筆　170c
派遣会社　579b
派遣型売春　576b
派遣型ファッション＝ヘルス　414a
派遣先会社　579a
• 派遣社員《はけんしゃいん》　579a
派遣元　579a
羽子板外交　5c
「函入娘・婚姻の不完全」(岸田俊子)　192b
箱形墓　578b
『箱館かへさ日記』　304b
『箱館日記』　304b
『羽衣』　503a
羽衣伝説　503a
バサアジン〔芭蕉衣〕　581a
鋏　210b
橋浦はる子　421a
橋浦泰雄　544a
土師器　180a 511c 580b
端傾城　579b
• 端女郎〔端〕《はしじょろう》　579b 243a 386a 495c

733a
橋田寿賀子　116a
婢女《はしため》　⇨下女(224a)
針突〘ハジチ〙　65c
ハジチャー　66a
土師器作物忌　733b
端局　579b
箸中山古墳　579c
波自采女　671b
•『橋のない川』(住井すゑ)《はしのないかわ》　579b 407b
土師真妹　453b
•箸墓古墳《はしはかこふん》　579c 606b 748a
箸墓伝承　391b
•間人皇女《はしひとのひめみこ》　580a 239c 443b
•土師女《はじめ》　580b
橋本憲三　455b
橋本実麗　157a
橋本実久　157a
橋本太兵衛　580c
橋本経子　157a
•橋本テクラ《はしもとテクラ》　580c
橋本八重　271c
派出看護　184c
派出看護婦　184c
派出看護婦会　491c
『派出看護婦心得』(大関和)　104b
•派出婦《はしゅつふ》　581a 158b 382c
馬嬢婚姻譚　116a
•芭蕉布《ばしょうふ》　581a
走湯権現　291c
波豆　373c
•バスガール《バスガール》　581b
バス車掌服　764a
蓮見喜久子　146c
蓮見さんのことを考える女性の会　146c
長谷川かつ　43b
•長谷川時雨《はせがわしぐれ》　581b 148b 412b 558c 695c 789a
•長谷川テル《はせがわテル》　582a
長谷川如是閑　376c 639a
•長谷川町子《はせがわまちこ》　582b 294b
長谷川妙体　49b 560c
長谷川泰　440b
長谷寺　479a 585c
長谷部王　106a
幡枝御所　94a
•機織り《はたおり》　582b 188b 316a 355c 415a 497b 567c 763b 793a
機織業　147a
機織り下女　128a 224a
裸潜水漁撈　22b
裸潜水漁撈者　22b
幡ヶ谷女子学園　747c
•肌着〘膚着〙《はだぎ》　583a 140b 262a 336a 602a
畠山箕山　311b
畠山持国　62b 604b
畠山義就　117b
肌小袖　78c 583a
旅籠屋　314a 331b 351a 431b 517a 727a
肌衣　583a
肌襦袢　583a
機殿　582c
•波多野秋子《はたのあきこ》　583b 186b 331a 767b
•波多野勤子《はたのいそこ》　583b
『波多野勤子著作集』　583b
秦継麿　527c
秦富麿　527c
波多野操　618c
秦有伍倍　527c
肌袴　315c
肌守　682c
秦師貞　320b
機屋　497c
『働き蜂』(三木達子)　689c
『働き蜂の恋』(コロンタイ)　6a
『働く女性の歴史』(三瓶孝子)　306b
•働く母の会《はたらくははのかい》　583b 656b
『働く婦人』　638b
働く婦人の家　206b
働く婦人の中央集会　321c
破綻主義　166b
バチェラー、ジョン　583c
•バチェラー八重子《バチェラーやえこ》　583c
•『鉢かつぎ』《はちかつぎ》　584a 120a
「八月の朝」(俵万智)　298c
•八条院《はちじょういん》　584b 230a 340b 383c 466c 584c 605c
八条院三条　341a
•八条院三位局《はちじょういんのさんみのつぼね》　584c
•八条院高倉《はちじょういんのたかくら》　584c 454c
•八条院領《はちじょういんりょう》　584c 30b 550a 584b 606a
八丈島　95a
蜂須賀農場争議《はちすかのうじょうそうぎ》　⇨小作争議と女性たち(260a)
『はちすの露』　498c
八代集　790b
蜂子皇子　106a
波知乃古王　106a
ハチマキ　781c
『八幡宇佐宮託宣集』　389a
『八幡愚童訓』　389a
八幡神　270a
八幡信仰　389a
八文字屋自笑　246b
ハツアルキ　296a
•初入《はついり》　585a 277a
『初午の日記』　26c
初外出　126b
ハツカド　586a
バック、パール　43a 718c
バックラッシュ　505a 781b
伐採　414b
•抜歯《ばっし》　585b
末子相続　678a
八神　689b
「初姿」　291a
初節句　423c
泊瀬斎宮　570b
•長谷詣で〘初瀬-〙《はつせもうで》　585c
ハツタビ　586a
八田宗綱　297c
ハツデ　586a
服部菅雄　735c
服部テイ　693c
服部良一　153a
バッハオーフェン、ヨハン＝ヤコブ　661c
•初花・初出〘ハツハナ・ウイデ〙《はつはな・ういで》　585c
初社参　126b
初宮参り　26b 83b　→お宮参り
初婿入　277a 329a
ハツヨゴレ　586a
『艶容女舞衣』　301b
鳩山一郎　458c 586b
•鳩山薫《はとやまかおる》　586b
鳩山和夫　586b
•鳩山春子《はとやまはるこ》　586b 366a 791a
鳩山秀夫　586b
バトラー、ジュディス　309a
•羽鳥一紅《はとりいっこう》　586c
服部氏　176a
服織女〘神服織織女，神麻績織女〙　176a
『花ある職場へ』(奥むめお)　114a
花枝　560b
華岡於継　587a
•華岡加恵《はなおかかえ》　587a
華岡青洲　587a
『華岡青洲の妻』(有吉佐和子)　27c
花帰り　277a
•『花容女職人鑑』《はながたちおんなしょくにんかがみ》　587a
•花木チサヲ《はなきチサヲ》　587b 354c
『花喰鳥』(高岡智照)　452a
花蔵の乱　331c
「花ごもり」(樋口一葉)　598c
『花衣』　404b
ハナサイタ　586a
「花ざかり」(上村松園)　72a
「花桜折る中将」　494c
花園天皇　237b 486c 623c
花園西陵　442a
•花代《はなだい》　587b 218c 219a 219c
花田植　451a 451b
「はなだの女御」　494c
はなち　648a
はなちがみ　648a
鼻取り　451a
花抜売り　112c
花の妹　192a
「花の名前」(向田邦子)　713c
花の二十四年組　346c

『花の百名山』(田中澄江)　464c
『花のれん』(山崎豊子)　768b
英一蝶　745c
花街〘-町〙　189b 742a 755b
花見　793a
• 花婿学校《はなむこがっこう》　**587**c
• 『花物語』(吉屋信子)《はなものがたり》　**587**c 768b 785a
『花物語』(オルコット)　588a
『花物語』(横山美智子)　588a
花森安治　215a
花柳章太郎　693b 722c
ハナヨセ　49c
「花世の姫」　584a
花嫁修業　180c
塙保己一　620a
• 『洟をたらした神』(吉野せい)《はなをたらしたかみ》　**588**a
羽仁恵子　588b
土師(遊行女婦)　297c
土師信定　678a
• 羽仁説子《はにせつこ》　**588**b 14a 70a 397c 543c 589a 639c 656a 739a
『羽仁説子の本』　588b
• 羽仁もと子《はにもとこ》　**588**b 1c 151a 518c 639a 676c 723a
『羽仁もと子著作集』　518c 588c
羽仁吉一　518c 588b 639a
埴輪　399a
羽地朝秀　408b
刎銭《はねせん》　⇨飯盛女刎銭(**727**b)
母　125b 286b 390c 482a 665b 666a 682c 688a 776a 782b
母親　39a 81c 163a 663a 665b
• 母親運動《ははおやうんどう》　**589**a 182c 609c 634a 753a
母親学級　634c
母親大会　242c 589a 753a
母親大会運動　594c
母方オジ方居住婚　618c
母尊重　688a
『母たちの昭和史』　426b
派閥　53a
• 母開《ははつび》　**589**b 88a
「母と子の医学」(竹内茂代)　457c
『母と子の絆』(沢田美喜)　299c
妣刀自　515a
『母として女として』(望月優子)　732a
母と女教師の会　589a 594c
母の家　743a
母の会　476b
母の鐘　703a
『母の教育』(三宅やす子)　703b
母の講座　428b
『母の書』(市川源三)　50c
『母の肖像』(パール＝バック)　718c
母の力　64b 325b
『母のない子と子のない母と』(壺井栄)　495b
• 母の日《ははのひ》　**589**c 446c 478a
母の道　303a
母の紋　142b
『母の歴史』　409c
「パパは何でも知っている」　660b
馬場文英　570c
ははまき　589c
母もの映画　702a
母役割　361c 665b
破風墓　578b
バプテスト玉城教会　103c
祝《はふり》　⇨女祝(**556**a)　40b 379c 691a
祝子〘はふりこ〙　40b 556a
祝部　379c 556a 691a
祝女　556a
パブロワ、アンナ　368a
• 浜糸《はまいと》　**590**a 188c
『浜松中納言物語』　298b
『ハムレット』　676b
林郁　340a
• 林歌子《はやしうたこ》　**590**a
囃子方　451b
林左京亮　708c
林述斎　186a
林正之助　768b
囃子田〘囃田〙　451a 451b
林忠左衛門　527c
• 林芙美子《はやしふみこ》　**590**c 148b 559a 610a 659c 768c
林真理子　268c
林蘭　141c
林玲子　13c 435c
• 速津媛《はやつひめ》　**591**a 494a
隼別皇子〘速総別王〙　727c
速待　67b 208a
• 原阿佐緒〘あさを〙《はらあさお》　**591**a 331a 688b
『原阿佐緒全歌集』　591b
祓い　223b 405c 603b 765a
• 腹帯〘ハラオビ〙《はらおび》　**591**b 31b 124c 148c 307b 334c 662b
原古処　591c
• 原采蘋〘猷，霞窓〙《はらさいひん》　**591**b 176c 474c
『パラシュートと母系制―回想のわが戦後史―』(田中寿美子)　464c
原女学校　497b
原節子　5a 355a
原田甲斐　692a
原田きぬ　762a
原田皐月《はらださつき》　⇨堕胎論争(**461**a)　485a 499b
原田二郎　374a
原田祖岳　458a
腹は借り物　55a
原文兵衛　380c
バラ、リディア　497b
バリア方法　112b
針仕事　289a 489c
ハリス　507b
『パリ随想』(湯浅年子)　753c
『パリ・ゼット』(白井鉄造)　456b
磔　139b
張袴　329b 552c 605b
針箱　209b
ハリバコギン　653a
播磨刀売　646b
「播磨国風土記」　67a 646b
張り見世部屋　727b
美子皇后　389b 477c　→一条美子　→昭憲皇太后
『バルト海のほとりにて―武官の妻の大東亜戦争―』(小野寺百合子)　123a
春名須磨　385b
• 春野鶴子《はるのつるこ》　**591**c
『春の晩』(田村俊子)　785a
『春埜道久佐』　749c
ハルヤー　578b
晴の装束　329b
• バレンタイン＝チョコレート《バレンタインチョコレート》　**592**a
ハワイ型　396b
版画　73b
• 板額〘坂額〙《はんがく》　**592**a
半囲　725a
『匈牙利の労農革命』(山口小静)　745b
半季奉公　142a
• 半玉《はんぎょく》　**592**b
盤珪　502c
半元服　412a
伴蒿蹊　742c
万国婦人クラブ連合大会　493a
万国婦人参政権協会　546c
晩婚化　85a 226a
反魂丹　444c
• 班子女王《はんしじょおう》　**592**b 248a
半七　301a
「晩秋」(上村松園)　72a
『播州平野』(宮本百合子)　706b
半襦袢　336a 583a
『晩春騒夜』(円地文子)　94c
• 『班女』《はんじょ》　**592**c 142b
班昭　132c 134c 352b
万松軒　220a
阪神・淡路大震災　670a
幡随院長兵衛　120c
パンスト　407a
『半生』(中村汀女)　531c
反性暴力運動　40b
「萬世流芳」　778b
伴膳　485c
反戦詩　198a
反戦青年委員会　401a
ハンセン病　175c 262b 278c
番奏　42b
伴造　706c
汎太平洋東南アジア婦人協会　593a
汎太平洋同盟　593a

• 汎太平洋婦人会議《はんたいへいようふじんかいぎ》　**592c** 621a
汎太平洋婦人協会　593a
半檀家　618a
パンチカードシステム　188c
パンティ＝ストッキング　407a
• 班田収授《はんでんしゅうじゅ》　**593a** 264b 265a
「反動期の社会事業における婦人の利用」（岩崎盈子）　66b
『半島の光』　167b
反日義兵隊　709c
『半人間』（大田洋子）　105b
万人平等　32b
半袴　579a
• パンパン《パンパン》　**593b** 6c 195c 314b
• 『万宝鄙事記』《ばんぽうひじき》　**593c** 154a
『斑猫』（深尾須磨子）　616c
韓流ブーム　647b
• 盤領《ばんりょう》　**593c** 403a

ひ

妃《ひ》　⇨きさき（**191b**）　237c 238a 241a 248b
• 婢《ひ》　**594b** 341b 473b
樋　601c
『ビアトリス』　39b 292a
• 火合わせ《ひあわせ》〔-会せ〕　**594b** 61c 714a
BL　346c
BG　100b
• PTA《ピーティーエー》　**594c**
PTSD　236c
『ビーラブ』　785c
稗　293c
比叡山　645a 651b
稗田氏　299c
• 稗田阿礼《ひえだのあれ》　**595a** 261b
檜扇　97a
妃邑刀自　646c
• 日尾邦子〔くに子，花月園〕《ひおくにこ》　**595a** 595b
日尾荆山〔直麿〕　595a 595b
• 日尾直子〔直，竹陰〕《ひおなおこ》　**595b** 595a
• 檜垣嫗《ひがきのおうな》　**595b**
『檜垣嫗集』　595c
比較家族史学会　172b
比較家族史研究会　172b
皮革処理　414b
比較文化研究所　504c
• 日蔭茶屋事件《ひかげちゃやじけん》　**595c** 56a 174c 670c
日蔭蔓　157b
• 日傘《ひがさ》　**596a**
• 東三条院《ひがしさんじょういん》　**596a** 257b 548b 629c 630b 699a 699b　→藤原詮子
東三条殿御蔵　158a
東七条院　625a
東チモールPKO派遣　372a
『東中野日記』（藤田たき）　621b
東二条院　522a 755c
• 東御方（一条兼良室）《ひがしのおんかた》　**596c** 697c
東の御方（祇園女御）　189c
東山浦遺跡　296c
• 東山千栄子《ひがしやまちえこ》　**597a**
東山天皇　187b
• 東山女房《ひがしやまにょうぼう》　**597b** 708a
東陽一　579c
氷上娘　37a 460a
氷上川継　648b
氷上志計志麻呂　7b 648b
氷上真人塩焼　648b　→塩焼王
• 干刈あがた《ひかりあがた》　**597c**
ひかり協会　602a
• 光源氏《ひかるげんじ》　**597c** 5a 163b 228c 403b 720c
氷川女体神社　556c
ヒガワルイ　83b
『非幹部派の日記』（平林たい子）　610a
『ひき裂かれて―母の戦争体験―』　673b
女褶　730b
比企氏　658b 729a 768a
• 引田部赤猪子《ひきたべのあかいこ》　**598a**
引き手茶屋　783c
比企遠宗　598b
比企朝宗　340a
• 比企尼《ひきのあま》　**598b**
引き眉　112b
引目鉤鼻　48b
飛香舎　237c 238a
比企能員　459a 791a
挽入売　316a
挽く　497a
比丘　81a 436b
• 樋口一葉《ひぐちいちよう》　**598b** 328b 458a 525c 527c 703a 742c 785a
樋口恵子　252a 474a 587c
ビクトリア　419a
ビクトリヤ　419a
• 比丘尼《びくに》　**598c** 20c 23c 81a 185b 214a 316a 326a 355c 436b 573c 576a 793a
比丘尼石　81b 560a
• 比丘尼御所《びくにごしょ》　**599b** 21b 23c 24a 25a 345c 526b 656c 668b 771b
『ひげ』（北村兼子）　195a
非血縁　34a
英彦山　558b
彦仁王　225a
彦星　465c
彦火々出見尊　599c
• 『彦火々出見尊絵巻』《ひこほほでみのみことえまき》　**599c** 83b 333b
非婚の母《ひこんのはは》　⇨シングル＝マザー（**389c**）
久明親王　522a
• 販女《ひさぎめ》　**600c** 9c
『販女』（瀬川清子）　420a
廊御方（常盤御前娘）　512b
廊御方（東御方）　597a
被差別部落　134b 320b 407b 453c 579c 638a
『被差別部落の伝承と生活』（柴田道子）　320b
• 久松喜世子《ひさまつきよこ》　**601a**
久松真一　694a
久松俊勝　117a
醬刀自　727c
• 土方梅子《ひじかたうめこ》　**601a**
『土方梅子自伝』　601b
土方与志　601a 752b
土方与平　77c
菱川師宣　73c 745c 793a
• 菱田縫子《ひしだぬいこ》　**601b**
媄子内親王　630a
ビジネス＝ガール　100b
美術史研究　144b
• 美女《びじょ》　**601b** 77b 227c
『微笑』　372b
非常時国民生活様式改善委員　747c
非常時女性訓練運動　446c
• 美女御前《びじょごぜん》　**601b**
美人　220c
美人画　73c
美人観　185c
「美人虚無僧人形を遣ふ図」　57c
『美人職人尽』　587a
『美人伝』（長谷川時雨）　581c
樋洗〔ひすまし〕　554a 601c
• 樋洗童《ひすましのわらわ》　**601c**
樋洗女　550b
非正規社員　579b
非正規労働者　472a
被選挙権　472b
「肥前国風土記」　646b
卑属　265a
• ヒ素ミルク事件《ひそミルクじけん》　**601c**
緋染　440a
『日高川』（有吉佐和子）　27c
『日高川草子』　507a
氷高内親王〔日高-〕　230b
『飛驒白川村』（江馬三枝子）　92a
ひだスカート　419b
直垂　267a 403a
「常陸国風土記」　646b
『常陸坊海尊』（秋元松代）　11b
敏達天皇　44c 402a 462b
『飛驒の女たち』（江馬三枝子）　92a
『ひだびと』　92a
非単系　160c 619a
非単系社会　441c
非嫡出子《ひちゃくしゅつし》　⇨婚外子（**278c**）　279a 286c
非中立的家族観　513b
密懐　696a
『必然の出会い』（伊藤ルイ）　56c

筆頭人　138b
引張り　492c
引っぱり女　726c
樋爪季衡　632c
樋爪俊衡　632c
非定住民　741c
『秀吉と利休』(野上弥生子)　569b
悲田院　251a 405c 406a
人商　394b 422a
人売り買い業　422a
• 単〘単衣〙《ひとえ》　602a 78c 329b 552c 583a 759b
単袴姿　329b
人置屋　211c
• 人形《ひとがた》　602a 603b
• 人質《ひとじち》　602b 65b 80b 137c 726a
人質政策　602c
『他不知思染井』　217b
『人しれず微笑まん―樺美智子遺稿集―』　187c
『ひとすじの光』(柴田道子)　320b
『ひとすじの道』(田島ひで)　460b
『ひとすじの道』(丸岡秀子)　683c
『ひとすじの道に生きる』(藤原道子)　633b
人づくり論　764b
一橋大学　735b
一橋宗尹　737b
ヒトツモノ　704b
ひととき夫人　602c
• ひととき欄《ひとときらん》　602c 190c 209a 409b
人主　688a
「人麻呂像」　122c
• 人見女《ひとみおんな》　603a 65c 138a
• 人見絹枝《ひとみきぬえ》　603a
一夜妻　496a
ひとり親家族　504c
『独考』《ひとりかんがえ》　⇨只野真葛(461b)　457b 461c
• 『ひとり暮しの戦後史―戦中世代の婦人たち―』《ひとりぐらしのせんごしーせんちゅうせだいのふじんたちー》　603b
「人ヲ売買スルコトヲ禁スベキ議」(津田真道)　493c
雛飾り　603c
雛妓　592b
日向きむ子　395b
雛人形　223b 423c 603b
• ひな祭《ひなまつり》　603b
非人　144b 520b
避妊　85b 280c 302a 461b 758c
避妊器具　112b 302a 544a
避妊具　280c 344b
避妊施術　256c
避妊法　412a
避妊方法　112b 302a
避妊リング　544a
• ヒヌカン《ヒヌカン》　603c
日根荘　190b
日野有範　400b
• 丙午《ひのえうま》　603c
丙午信仰　604a
日野勝光　604b
火の神《ひのかみ》　⇨アペフチカムイ(20b)　⇨ヒヌカン(603c)
火の神　417b
『火の国の女の日記』(高群逸枝)　456a
檜前君　175a
檜隈墓　197b
檜前部　175a
日野家　605b
• 日野重子《ひのしげこ》　604b 62b 604c
日野重光　604b
日野資実　62a
日野資名　459b 605a
日野資康　605b
氷様奏　42b
• 日野富子《ひのとみこ》　604b 62b 154c 219a 297b 298a 357a 444a 599c 784c
日野業子　605b
• 日野宣子《ひののぶこ》　605a
• 緋の袴《ひのはかま》　605b 141b 579a
火之番　101b
日野広綱　149c
日野政光　604b
日の丸弁当　328b
『火の娘』(荒木郁)　26c
日野宗子　604b
日野名子〘資子〙《ひのめいし》　⇨『竹むきが記』(459b)　605a
• 日野康子《ひのやすこ》　605b
樋箱　601c
被髪　226c
『ひばり自伝―わたしと影―』(美空ひばり)　694b
• 美福門院《びふくもんいん》　605c 178c 210c 442a 454c 549a 584b 584c
美福門院加賀　230a
• 「非武装国日本女性の講和問題についての希望要項」《ひぶそうこくにほんじょせいのこうわもんだいについてのきぼうようこう》　606a
被扶養配偶者　573a
隙状　690b
日待　793a
ヒマヤ　490c
『ひまわり』　346c 440a
卑弥弓呼　606a
• 卑弥呼《ひみこ》　606a 64c 122c 193b 197a 373c 389a 580a 748a 784c
氷室御所　667c
姫王　352b
• 『比売鑑』《ひめかがみ》　606b 441b
比売神　467b 725c
『姫島日記』　760c
ヒメトネ《ヒメトネ》　⇨刀禰(516b)　⇨命婦(708b)
姫前　340a
• ヒメ・ヒコ制〘姫彦制〙《ヒメ・ヒコせい》　606c 373b 606b
姫法師　387a
ひめゆり学徒　607a
ひめゆり学徒隊《ひめゆりがくとたい》　⇨沖縄戦女子学徒隊(111a)　111b
• 『ひめゆりの塔』(石野径一郎)《ひめゆりのとう》　607a
• 紐《ひも》　607b
紐落し〘ヒモオトシ，紐おとし〙　125a 607b
紐鏡　148a
『ひもじい月日』(円地文子)　94c
• 紐とき〘-解き〙《ひもとき》　607b 125a
百億貯蓄強調週間　1c
百首歌　698b
百首奉納歌　291c
百姓　416b 701a
• 『百姓伝記』《ひゃくしょうでんき》　607c
百姓の家　313b
百姓夫婦　793a
百神　607c
百姓男女　562a
• 百太夫《ひゃくだゆう》　607c
百太夫神社　607c
• 『百人女郎品定』《ひゃくにんじょろうしなさだめ》　608a
• 百万《ひゃくまん》　608a 132b 147b 370a
『百万』　132b 142b 370a 608a
「白蘭の歌」　778b
『百工比照』　214b
• 日雇《ひやとい》　608a 151b 486a
日雇労働者　367a 426c 538a 793b
日雇労務者簡易保育所　656a
日向鈴子　703b
日用〘日傭〙　608a
憑依　63c 369b 691a
美容院　572c
病院経営改善　541a
病院スト　541a
兵衛佐局　611b
病気隠居　68b
評議会婦人部設置論争　788c
• 兵庫髷《ひょうごまげ》　608b 466a 675b
表象　144b
「氷点」(三浦綾子)　687a
平等院　754a
平等教育　471a
兵藤秀子　673a
兵頭美代子　339a
漂泊女性　213c
漂泊の宗教者　741c
評判記　482a
屏風絵　144b
日雇奉公人　612b
病免　68b
『評論』　353a
比翼仇討　386c
比翼仕立　336a
比翼塚　301a
ヒヨコ絞　687b

平泉姫宮　631b
• 平岡初枝《ひらおかはつえ》　608c
平賀朝雅　673c
平仮名《ひらがな》　⇨女手(137b)　680c 770c 771a 771b
「ひらきぶみ」(与謝野晶子)　766b
平田篤胤　677a
• 平田篤胤の女性観《ひらたあつたねのじょせいかん》　608c
• 平田ノブ〔のぶ〕《ひらたノブ》　609a 354c
「平塚明子論」　365b
• 平塚らいてう〔明〕《ひらつからいちょう》　609a 16b 18a 36a 39a 43a 50c 56a 113c 148b 218b 228a 285b 302a 339b 348c 376b 397c 398b 412b 455c 461b 485a 499b 547a 558c 572c 606a 615b 637a 638b 640b 666b 683c 744b 746b 784c 786a 786b
『平塚らいてう―近代と神秘―』(井手文子)　55c
平塚らいてうを記念する会　210b
平出英夫　428b
平沼騏一郎　711a
平野国臣　570c
平野荘　247c
平野婦美子　354c
• 平林たい子《ひらばやしたいこ》　609c 559a 714c
『平林たい子全集』　610b
平葺墓　578b
平福百穂　639a
男褶　730b
褶　320c 730b
平村花子　679b
平山仁兵衛　6c
• ピル《ピル》　610b 300c 781b
蛭児　405c
昼間持ち　451a
日女〔ヒルメ〕《ひるめ》　⇨天照大神(24b)
• 領巾〔比礼，肩巾〕《ひれ》　610c 552c
肩巾田　611a
披露　327c
• 披露宴《ひろうえん》　611a 276c 327c
• 広岡浅子《ひろおかあさこ》　611a
広岡信五郎　611a
広岡朝臣古那可智　463a
広島市原爆障害者治療対策協議会　231c
広島女子高等師範学校　362b
『ヒロシマというとき』(栗原貞子)　83c
• 広瀬秋子〔安利〕《ひろせあきこ》　611b
• 広瀬阿常〔常〕《ひろせおつね》　611c 735b
広瀬絣　157b
• 広瀬旭荘《ひろせきょくそう》　611c 490b
広瀬貞恒　611b
広瀬淡窓　176c 611b 611c
広瀬秀雄　611c
広瀬松子　490b 611c
広袖　494b
広田理太郎　168a
ひろたまさき　374a
熙永親王　403b
広橋顕子　612a
広橋兼勝　445a
広橋兼子　612a
広橋兼綱　403b
広橋家　104a 444c
• 広橋家の女性たち《ひろはしけのじょせいたち》　612a
広橋綱子　444c 612a
広橋経子　612a
広橋みつ　444c 612a
広橋守子　612a
広幡御息所　705a
広平親王　628b
琵琶　221a
日分け奉公人　612a
枇杷皇太后　627a
檜皮姫公　678b
枇杷殿　627a
• 日割り奉公人《ひわりほうこうにん》　612a
貧　712a
嬪　191b 237c 241a
• 鬢《びん》　612b 675b
鬢親　612c
鬢鏡　148a
• 『品行論』(福沢諭吉)《ひんこうろん》　612c 617a
備後絣　279b
貧困病家巡回事業　662a
貧困母子世帯　664a
鬢刺　612b
便女　227c
• 鬢批〔-除，-曾木〕《びんそぎ》　612c
鬢出し　209b
鬢付油　612b
• 貧女の一燈《ひんにょのいっとう》　612c
鬢張　612b
閔妃　709c
『貧乏物語』(河上肇)　164b
殯礼　731b

ふ

婦　265a 621c
ファイアストーン、シュラミス　70c
ファッション雑誌　440a
ファッションショー　404b
ファッション＝ヘルス　413c
ファミリー＝コート　166a
黄愛施徳　305a 613b
• 黄信徳《ファンシンドク》　613b
『不案配即席料理』　217b
『(微笑)フィール』　785c
不移山人　477a
フィリピン人軍隊慰安婦問題対策委員会　654c
掘込み墓　578b
風景画　73c
ブース、ウィリアム　199b
ブース、キャサリン　199b
風葬　81b 81c 427c
風俗営業法　413c
風俗画　73b
風俗改良運動　322b
風俗産業《ふうぞくさんぎょう》　⇨性風俗産業(413c)
『風知草』(宮本百合子)　706b
夫婦　34a 64a 257c 265b 313b 337a 412b 469b 704a 710a
『風々雨々』(幸徳千代子)　250b
夫婦縁切り　209b
• 夫婦かけむかい〔-向かい〕《ふうふかけむかい》　613b 172c 701a
夫婦神　41b
夫婦間不平等　186a 779c
夫婦国籍同一主義　254a
夫婦国籍独立主義　254a
夫婦財産別産制　711a
夫婦同居　408a 779a
「夫婦同権ノ流弊論」(加藤弘之)　473a
「夫婦同権弁」(津田真道)　473a
夫婦同権論　473a
夫婦同財　207a 614a
夫婦同氏　74c 74c 614c
夫婦同氏義務　313c 710b
夫婦同姓　614c 615a
• 夫婦の因縁〔-運，-縁〕《ふうふのいんねん》　613c 82b
夫婦平等　711c
夫婦不同権　472c
夫婦別居　347b 407c
• 夫婦別財《ふうふべつざい》　614a 153b 207a 313a
夫婦別財制　172a 277b 661c
夫婦別産制　523b
夫婦別氏　74c
• 夫婦別姓《ふうふべっせい》　614b 75c 76a
夫婦別姓選択制　710b
夫婦別墓《ふうふべつぼ》　⇨墓(577b)
夫婦別名字　614b
夫婦和合　130c
Facing Two Ways　168a 643c
フェミニストグループ　12c
フェミニスト神学　204b
• フェミニズム〔feminism〕《フェミニズム》　615b 161b 474b 640c 675c
「フェミニズム」(穂積重遠)　668c
フェミニズム運動　368b 461b 677c
フェミニズム経済学　368b
フェミニズム社会学　368b
『フェミニズム小説論―女性作家の自分探し―』(渡辺和子)　793c
フェミニズム神学　368b
フェミニズム人類学　368b
「フェミニズムの検討」(山川菊栄)　558c
フェミニズム法学　368b
フェミニズム論争　18a
フェリス女学院　194a 203c
『フォアレディ』　785c
フォンタネージ　745c

• 不改常典《ふかいのじょうてん》 **616a**
深尾韶 166c
• 深尾須磨子〔志げの〕《ふかおすまこ》 **616b** 559a
『深尾須磨子選集』 616c
深尾贇之丞 616b
深川 109c 314a 463c 742a
深草少将 123b
不課口 265a
深曾木 315c
深津文雄 169c
深間内基 379a
フカヤー 578b
深谷昌志 782c
溥儀 2b
吹抜屋台 48b
不義密通 758b
福 514b
福岡県婦人水平社 539a 638a
福岡女学院 419b
福岡セクハラ事件 421c
副業 567c
『複合汚染』(有吉佐和子) 27c
複婚《ふくこん》 ⇨単婚(**470a**) 53b 54b
副妻 152b 632a 657b 724c
『福沢全集』(福沢諭吉) 612c
福沢桃介 182a
• 福沢諭吉《ふくざわゆきち》 **616c** 54a 71a 136c 215c 379a 472c 526a 547b 611c 612c 617b 640a 735b 781a
『福沢諭吉書簡集』 617a
『福沢諭吉全集』 617a
『福沢諭吉著作集』 617a
• 福祉元年《ふくしがんねん》 **617a**
複式首長制 606c
複式女系世帯 159a
福祉行政 295c
福祉公社 660c
• 福島四郎《ふくしましろう》 **617b** 366a 620a 622c
福島瑞穂 375c
福祉見直し論 541c
服従 474c
福勝 431c
『服装の歴史』(村上信彦) 718c
服装文化クラブ 601a
服属儀礼 176a
フクタイ〔腹帯〕 591b →はらおび
• 福田英子《ふくだひでこ》 **617b** 16b 212a 323b 330b 343c 419c 517b 637a 652a 721a 785a 794a →影山英子
『福田英子』(村田静子) 721a
『福田英子集』 617c 721a
「福田英子の後半生」(村田静子) 721a
福田英子を記念する会 721a
福田昌子 758c
福田友作 617c 794b
• 複檀家《ふくだんか》 **618a**
服藤早苗 347c 435c
• 『福富草紙』《ふくとみそうし》 **618b**
• 福永操《ふくながみさお》 **618c**
福満寺 33a
福本盛吉 466a
福利基金会 435a
父系 34a 144c 158c 160c 161c 222a 396a 434a 441c 508a 644b
父系近親婚 11c 205b
父系系譜 221c
父系血統主義 26b 362c
父系主義 473c
父系出自原理 736c
父系親族集団 713a
父系制 347b 508a 618c
父系制社会 396b
• 父系制・母系制《ふけいせい・ぼけいせい》 **618c**
父系的親族集団 34b
父系二世代同居 348b
父系優先血統主義 255c
父系リネージ 395c
• 巫覡《ふげき》 **619b**
• 武家女性《ぶけじょせい》 **619b**
『武家諸法度』 418b
『武家の女性』(山川菊栄) 744c
武家奉公 567a
• 『武家名目抄』《ぶけみょうもくしょう》 **620a**
武家礼法 48c 109b
夫権《ふけん》 ⇨家父長制(**172a**) 172c 173a 726a
父権《ふけん》 ⇨家父長制(**172a**) 172c 390b 661c 726a
婦言《ふげん》 ⇨四行(**311c**)
夫権原則 133b
父権制 161c 661c
父権論 661c
婦功《ふこう》 ⇨四行(**311c**)
普光 599b
『不幸女の救護』(山室軍平) 324b
普光寺 463a
夫耕婦績 469b
富国強兵 517b 662a
「不婚論」(福島四郎) 620b
• 不婚論争《ふこんろんそう》 **620a**
夫妻同姓 173b
夫妻別財 224c
葛井広成 8b
• 富士瓦斯紡績女工争議《ふじガスぼうせきじょこうそうぎ》 **620b** 366c
武士家族 438c
• 父子家庭《ふしかてい》 **620b** 662c
父子家庭対策要綱 620b
富士川游 410a
• 藤木いち《ふじきいち》 **620c**
父子健康手帳 663a
• 富士講《ふじこう》 **620c** 69b 456a 622a 684b
富士講身禄派 126a 309c
藤沢清親 592a
富士山 558b 620c
富士茂子《ふじしげこ》 ⇨徳島ラジオ商事件(**513a**) 513b
伏し柴の加賀 442b
藤島武二 694c
父子世帯 665a
• 藤田たき《ふじたたき》 **621a** 441b 493c 593a
藤田農場争議 311c 568c
藤田文蔵 365a
武士団 753c
節談説教 423b
藤壺女御(源氏物語) 228c 598a
藤壺女御(藤原安子) 623c
不二道《ふじどう》 ⇨富士講(**620c**) 126a 621a
『藤のいわ屋』 26c
父子別居 172a
節松嫁々 385c
伏見院中務内侍 529c
• 富士見産院事件《ふじみさんいんじけん》 **621b**
富士見産婦人科病院 621b
伏見天皇 88a 237a 486c 529c 624a 675a
『伏見常盤』 512b
伏見冠者広綱 177a
伏見宮家 599b 777c
武士身分 474c
藤本箕山 311b
藤本真澄 5a
藤森成吉 18a 667a
不邪淫戒 558a
• 藤山ハル《ふじやまハル》 **621c** 179b
不就学児童 311a
武周革命 643b
巫術 507c
「不恤緯会社設立趣意書」(冨井於菟) 517b
巫女《ふじょ》 ⇨みこ(**690c**)
• 婦女《ふじょ》 **621c**
父称 75a
• 不浄観《ふじょうかん》 **622a** 474c
不二洋子 132b
巫女王 16a 34a
『婦女界』 338a 636b
• 『婦女鑑』《ふじょかがみ》 **622b** 148a 243a 343b
• 『婦女嘉言』《ふじょかげん》 **622b**
• 『婦女新聞』《ふじょしんぶん》 **622c** 617b 620a
婦女薙刀隊 531b
• 『婦女の鑑』〔婦女乃鑑〕(木村曙)《ふじょのかがみ》 **623a**
『巫女の文化』(倉塚曄子) 215b
「婦女の道」(岸田俊子) 192b
扶助法制定運動 664b
• 藤原北夫人《ふじわらきたのふじん》 **623a** 721c
藤原京 319c
藤原氏 241a 287b
藤原氏北家 422c
藤原てい 533a
藤原東畡 735c
藤原顕隆 210c
藤原顕綱 297a

藤原顕信　699a
藤原明衡　392a
藤原顕光　624b 627b
藤原顕頼　229c
• 藤原明子(藤原良房娘)《ふじわらのあきらけいこ》　**623b** 248a 257a 311c 698a
藤原朝忠　631b 671a
藤原安宿媛《ふじわらのあすかべのひめ》　⇨光明皇后(**250c**)　→藤原光明子
藤原敦忠　632b
• 藤原安子《ふじわらのあんし》　**623c** 102a 271c 429a 433c 630b 671a
藤原家門　633a
藤原家清　626c
藤原舎子　260c 549b
藤原五百重娘　→五百重娘
藤原意佳子　287b
藤原苡子　627c
藤原威子　87a 626a 627a 699b
• 藤原為子(京極為教娘)《ふじわらのいし》　**623c**
• 藤原為子(二条為世娘)《ふじわらのいし》　**624a**
• 藤原胤子《ふじわらのいんし》　**624a** 704c
藤原氏長者直廬　311c
藤原氏女(宮河乗蓮娘)　259a
藤原氏女(東山女房)　597b
藤原氏女(妙性)　597c 708a
藤原宇合　215a 250c
藤原瑛子　343a
• 藤原延子(小一条院妃)《ふじわらのえんし》　**624b** 551a 627b
• 藤原延子(後朱雀天皇女御)《ふじわらのえんし》　**624b**
藤原興範　595b
• 藤原乙牟漏《ふじわらのおとむろ》　**624c** 20b
• 藤原宇比良古〖袁比良女，袁比良売〗《ふじわらのおひらこ》　**625a** 215c 525a 721c
• 藤原温子《ふじわらのおんし》　**625a** 46b 705a
• 藤原穏子《ふじわらのおんし》　**625a** 241a 248a 257a 271c 387c 442c 482c 550c
藤原懐子　271c
藤原楓麻呂　29a
藤原員門　633a
藤原数門　633a
藤原賢子《ふじわらのかたいこ》　⇨大弐三位(**445a**)　719a
藤原可多子　287b
藤原兼家　101c 152a 596a 623c 626a 628b 629c 630b 631c 695a 726b
藤原兼隆　445a
藤原兼永　188c
藤原懐平　628a
藤原懐平娘　271c
藤原兼通　429a 623c 630b 671a
藤原兼頼　629c
藤原鎌足　37a 148a 460a 563b 740b
藤原亀石丸　633a
• 藤原寛子(後冷泉天皇皇后)《ふじわらのかんし》　**625c** 314b 698c
藤原寛子(斎宮女御母)　285a
藤原寛子(小一条院妃)　699a
藤原祇子　→ふじわらのしし
• 藤原貴子(藤原守義娘)《ふじわらのきし》　**626a**
• 藤原嬉子(後冷泉天皇母)《ふじわらのきし》　**626a** 87a 271c 627a 699b
藤原嬉子(今出川院)　62a
藤原禧子《ふじわらのきし》　⇨礼成門院(**784b**)
• 藤原吉子《ふじわらのきっし》　**626b**
藤原休子　316c
藤原清綱　626c
藤原清衡　632c
• 藤原清衡の妻《ふじわらのきよひらのつま》　**626b**
• 藤原清衡の母《ふじわらのきよひらのはは》　**627a**
藤原公実　441c 627c
藤原公佐　29b
藤原公任女　194c
藤原公成　261c
藤原公能　629a
藤原薬子　525a 651c
藤原訓儒麻呂　625a
藤原国章　628b 632a
藤原国門　633a
藤原国衡　631a
藤原邦通　429b
藤原勲子　178c
藤原経子　529c
藤原慶子　671a
• 藤原妍子《ふじわらのけんし》　**627a** 87a 271c 626a 628a 699b 764c
藤原兼子《ふじわらのけんし》　⇨卿二位(**202a**)　658c
• 藤原賢子(白河天皇中宮)《ふじわらのけんし》　**627a** 39b
藤原賢子(大弐三位)　→ふじわらのかたいこ
• 藤原元子《ふじわらのげんし》　**627b**
藤原原子　551a 630a
藤原嫄子　763c 764c　→嫄子女王
藤原公子　755c
• 藤原光子(藤原隆方娘)《ふじわらのこうし》　**627c** 441c
藤原高子　→ふじわらのたかいこ
藤原媓子　429a 596b
藤原豪子　629a
藤原光明子　67c 192a 240b 241a 242a 248a 482c 667c　→光明皇后　→藤原安宿媛
藤原是公　626b
藤原伊尹　529b 623c 630b 671a
藤原伊周　102a 411c 452a 624b 630a
藤原伊通　210c
藤原在子《ふじわらのざいし》　⇨承明門院(**351b**)
藤原定家　19a 226b 230a 269c 272c 466c 722b
藤原定方　631b 704c
藤原貞門　633a
藤原定国　704c
藤原定子(開明門院)　549b
藤原定実　442b
藤原定頼　445a
藤原実方　347a
藤原実定　344a
藤原実資　629b 719b
藤原実宗　424a
藤原実能　345c 627c
藤原実頼　529a 632a
• 藤原佐理の娘《ふじわらのさりのむすめ》　**628a**
藤原成範　259b 514c
藤原重頼　540a
藤原祇子　625c 698c
藤原実子　627c
藤原重子《ふじわらのじゅうし》　⇨修明門院(**340a**)
藤原順子　248a 257a
藤原遵子　271c 596b 705a
藤原竴子　437a
藤原俊成卿女　→俊成卿女
藤原彰子《ふじわらのしょうし》　⇨上東門院(**349a**)　45b 47b 87a 248b 257b 387c 429a 445a 482c 626a 627a 719a 719b
藤原璋子　178c 441c 627c　→待賢門院
藤原鐘子　88a
藤原殖子《ふじわらのしょくし》　⇨七条院(**316c**)
藤原信子　32a
藤原仁善子　433c
• 藤原綏子《ふじわらのすいし》　**628b** 433c
藤原須恵子　287b
藤原季行　193a
藤原宿奈麻呂　43c
藤原輔公　7a
藤原資隆女　29b
藤原佐時　632b
• 藤原祐姫〖元子〗《ふじわらのすけひめ》　**628b**
藤原資房　698c
藤原佐理　632b
藤原資宗　424a
藤原佐世　352b
藤原成子　69a
• 藤原娍子《ふじわらのせいし》　**628c** 780b
藤原盛子　623c 630b
藤原聖子《ふじわらのせいし》　⇨皇嘉門院(**235b**)
藤原詮子《ふじわらのせんし》　⇨東三条院(**596a**)　102a 248b 257b 271c 630b
藤原宗子(藤原忠通室)　235b
藤原尊子　699a
藤原隆家　411c 452b 630a
• 藤原高子《ふじわらのたかいこ》　**629a** 28a 248a 257a
藤原隆方　627c
藤原貴子(藤原忠平娘)　690a
藤原隆重女　29b
藤原乙叡　57a 211c
藤原孝長　32a
藤原隆信　230a 233a 272c 344a 717c
藤原乙春　629a
藤原隆衡〖高衡〗　631a
藤原隆房　259b
藤原高藤　624a 704c
藤原高藤の妻《ふじわらのたかふじのつま》　⇨宮道列子(**704c**)
藤原孝泰　784b

藤原隆能　229b
• 藤原多子《ふじわらのたし》　**629a**
藤原忠実　178c 208b 317b 689a 698b
藤原忠平　266a 285a 311c 625a
藤原忠衡　631a
藤原忠幹女　631c
藤原忠通　178c 210c 235b 605c 629a 698b
藤原多比野　250c
藤原璋子　→ふじわらのしょうし
• 藤原多美子《ふじわらのたみこ》　**629b**
藤原為昭　671a
藤原為家　19a
藤原為氏　19b 272c
藤原為相　19a 41c　→冷泉為相
藤原為忠　66a
藤原為経　61b
藤原為時　445a 719a
藤原為房　627c
藤原為雅　631c 695a
藤原為守　19a 41c
藤原為盛女　698c
藤原親忠　230a
藤原親能　108c
• 藤原千古《ふじわらのちふる》　**629b**
藤原仲子　403a　→崇賢門院
藤原忠子《ふじわらのちゅうし》　⇨談天門院(**463b**)
藤原朝子　29b 188c
• 藤原超子《ふじわらのちょうし》　**629c** 271c 630b 690a
藤原陳子　30b 31a
藤原継蔭　46b 529a
藤原継縄　211c
藤原繋子　241b
藤原経清　627a
藤原経邦〔経国〕　623c 630b
藤原経尹　249c
藤原経任　628a
藤原呈子　210c 629a　→九条院
• 藤原定子(一条天皇皇后)《ふじわらのていし》　**629c** 411b 452b 482c 674a 674b
• 藤原登子《ふじわらのとうし》　**630b** 695a
• 藤原時姫《ふじわらのときひめ》　**630b** 102a 596a 629c 631c
藤原時平　625a 671a
藤原得子《ふじわらのとくし》　⇨美福門院(**605c**)　442a
藤原俊忠　629a
藤原俊成　230a 233b 311b 341a 442b 717c
藤原俊成女　→俊成卿女
藤原俊盛　145a
藤原倫寧　152a 298b 631c 695a
藤原雅子　549b
藤原尚範　626a
藤原長家　699a 699c
藤原長子　297a
藤原長娥子　250c
藤原長実　605c
藤原永経　529c
藤原永手　107b 721c
藤原仲成　651c
藤原長成　512b
藤原脩範　188c
藤原仲平　46b 625a 632b
藤原中正　596a 629c 630b
藤原仲麻呂　28c 240c 251b 625a
藤原長能　631c 695a
藤原長良　271c 629a
藤原済時　628c
藤原斉信　628a
藤原成範　53a 188c
藤原任子《ふじわらのにんし》　⇨宜秋門院(**193a**)　193b
藤原信実　272c
藤原信隆　316c
藤原宣孝　445a 719a
藤原信成　69a
藤原信頼　651a
藤原憲方　259c
藤原範兼　202a
藤原則友　671a
藤原教通　194c 261c 349b 626a 627a 699b
藤原浜成　58b
藤原美子　550c　→昭憲皇太后
藤原範子　202a 351b 448b
藤原秀衡　632c
• 藤原秀衡の妻《ふじわらのひでひらのつま》　**630c**
藤原房子　92c 241b
藤原房前　7c 250c 623a 625a 721c
藤原総継　629a
藤原阜子　626a
藤原夫人(五百重娘)　37a 646c
藤原夫人(光明皇后)　780b
藤原不比等　7b 37a 67c 201c 230b 232b 240b 250c 332b 632a 667c 721c
藤原冬嗣　52a 271c
藤原平子　57a
• 藤原芳子《ふじわらのほうし》　**631b**
• 藤原穆子《ふじわらのぼくし》　**631b** 699b
藤原真先　625a
藤原理能　631c
藤原真楯　721c
藤原真従　28c
藤原麻呂〔麿〕　37a 58b 106b 250c 632b
藤原御楯　721c
藤原道兼　629c 630b
藤原通季　627c
藤原道隆　84a 452b 628b 629c 630b
藤原道綱　152a 631c
• 藤原道綱母《ふじわらのみちつなのはは》　**631c** 98a 152a 298b 630c 695a
藤原通任　628c
藤原通俊　403c
藤原道長　7a 86c 101c 194c 349a 411a 411c 422c 596c 626a 627a 628b 629c 630b 631b 697a 699a 699b 719a 719b 764c
藤原通憲　29b 49a 188c 386c 514c 651a　→信西
藤原通衡　631a
藤原通基　316c
藤原通幸　633a
藤原光昭　529b
藤原美都子　271c
藤原光保　237a
• 藤原宮子《ふじわらのみやこ》　**632a** 7c 230b 241a 242b 250c 482c 688b
藤原武智麻呂　250c 453b 633b
藤原宗兼　40a
藤原宗子(池禅尼)　40a
藤原棟世　411c
藤原宗頼　202b
• 藤原明子(藤原仲平娘)《ふじわらのめいし》　**632b**
藤原明子(藤原良房娘)　→ふじわらのあきらけいこ
藤原茂子　627c
藤原元方　628b
藤原基門　633a
藤原基経　271c 422c 625a 625a 629a
藤原基成　519c 631a
• 藤原基衡の妻《ふじわらのもとひらのつま》　**632c**
藤原基房　565c
藤原百川　59b 215a
藤原守門　633a
藤原盛実　689a
藤原守義　626a
藤原盛頼　341a
藤原師家　673c
• 藤原諸久曾《ふじわらのもろくそ》　**633a**
藤原師実　39b 87a 625c 627b
藤原師輔　101c 429a 529a 623c 630b 699a
藤原師綱　632c
藤原師尹　631b
藤原師通　87a
藤原康門　633a
藤原泰子　178c　→高陽院
藤原安親　630b
藤原泰衡　631a
藤原保昌　45b
藤原有子　31a
藤原祐子　229c
藤原幸門　633a
藤原行房　249c
藤原能門　633a
藤原淑子　525a
藤原良輔　584b 584c
藤原良継　20b 43c 624c
藤原能成　512a
藤原能信　699a
藤原良房　287b 311c 332b 340a 422c 623b
藤原良相　629b
藤原頼門　633a
藤原頼実　202b

藤原頼輔　226a
藤原頼長　178c 535a 629a 689a
藤原頼成　625c
藤原頼衡　631a
藤原頼通　87a 298c 349b 422c 625c 626a 627a 668a 698c 699b 763c 764c
藤原頼宗　445a 624b 699a
藤原隆子　784b
• 藤原道子《ふじわらみちこ》　633b
• 藤原南夫人《ふじわらみなみのふじん》　633b
夫人　→ぶにん
• 婦人《ふじん》　633b 621c
『婦人』　425a
• 婦人運動《ふじんうんどう》　633c 189c 374b 642c
『婦人運動』(エレン＝ケイ)　218c
『婦人運動』(職業婦人社)　113c 355b
「婦人運動と婦人問題」　642b
• 婦人衛生会《ふじんえいせいかい》　634b
『婦人衛生会雑誌』　634b 636b
『婦人衛生雑誌』　634b
『婦人衛生の巻』(相馬又二郎)　87c
• 婦人及児童売買禁止に関する国際条約《ふじんおよびじどうばいばいきんしにかんするこくさいじょうやく》　634b 179c 394c 574a
• 婦人会《ふじんかい》　634b 365c 476b 568b
『婦人界』　636b
婦人会関西連合大会　129a 425a
『婦人界三十五年』(福島四郎)　617b
婦人解放　374b
『婦人解放と家庭の聖化』(帆足みゆき)　655b
『婦人解放の悲劇』(ゴールドマン)　56a
「婦人解放の道」(望月百合子)　558c
『婦人解放論』(赤松明子)　9a
「婦人解放論の混迷」(磯野富士子)　339b
• 婦人学級《ふじんがっきゅう》　634c 342a 361b
• 『婦人画報』《ふじんがほう》　635a 635c 636b
婦人議員クラブ　457c
婦人記音学会　439b
婦人技芸慈善会　586c
婦人記者倶楽部　271c 459a
『婦人記者廃業記』(北村兼子)　195a
婦人救済所　199b 512a 751b
婦人教育　635a
婦人矯風会　→日本基督教婦人矯風会
『婦人矯風雑誌』　542a
婦人局　788c
婦人禁酒会　637b 637c
『婦人くらぶ』　635b
• 『婦人倶楽部』《ふじんクラブ》　635b 636c 699c
婦人工場監督官　466a 635b
• 『婦人工場監督官の記録』(谷野せつ)《ふじんこうじょうかんとくかんのきろく》　635b 466a
• 『婦人公論』《ふじんこうろん》　635c 339a 517c 583b 636c 640b 666b
『婦人寿草』《ふじんことぶきぐさ》　⇨香月啓益(164a)
• 婦人雑誌《ふじんざっし》　636b 699c
婦人参政権　378c 427b 505b 546c 617b 637c 638c 640b　→女性参政権
• 婦人参政権運動《ふじんさんせいけんうんどう》　637a 50c 70a 609c 615b 643a
婦人参政権獲得　260b 634a
婦人参政権獲得運動　547b
婦人参政権獲得期成同盟会《ふじんさんせいけんかくとくきせいどうめいかい》　⇨婦選獲得同盟(643a)　50c 168a 182b 213a 292a 505b 546c 637b 736a 746c
婦人参政権協会　186c
婦人参政権同盟　538b
婦人参政権要求　398c
• 婦人参政同盟《ふじんさんせいどうめい》　637c 454a 505a 637b 643a
婦人自衛官制度　371c
婦人時局研究会　51a 538b 643b
「婦人慈善記章ノ制ヲ設ケラレ度請願」　85c
『婦人思想形成史ノート』(丸岡秀子)　683c
『婦人週報』　271c
婦人修養倶楽部　586c
婦人少年問題審議会　538c
婦人消費組合協会　113c 609a
• 『婦人職業戦線の展望』《ふじんしょくぎょうせんせんのてんぼう》　637c 355b
「婦人女子社会の交際」(植木枝盛)　510b
「婦人女子将来の天地」(植木枝盛)　510b
『婦人・女性・おんな』(鹿野政直)　374a
『婦人自立の道』　355a
婦人人権擁護同盟　162a
『婦人新報』　542b
婦人水平運動　539a
• 婦人水平社《ふじんすいへいしゃ》　638a
『婦人生活』　636c
『婦人生活の創造』(三角錫子)　693c
婦人セツルメント　113c 424c
• 『婦人戦旗』《ふじんせんき》　638b
『婦人宣教論』(キャサリン＝ブース)　199b
• 『婦人戦線』《ふじんせんせん》　638b 18a 455c 732a
婦人相談員　573b
婦人相談所　308b 573b
婦人束髪会　439a
婦人隊　568c
婦人代議士《ふじんだいぎし》　⇨女性政治家(374c)
『婦人大陸』　591c
婦人団体　634a
婦人団体連合会　589a
『婦人通信』　547b
「婦人と新しい社会」(山室民子)　199c
• 婦人同志会《ふじんどうしかい》　638c 637b
婦人同盟創立準備会　714b
『婦人と寄生』(シュライナー)　340b
『婦人と経済』(ギルマン)　204c
『婦人と児童の問題』(岩崎盈子)　66b
『婦人と社会主義』(ベーベル)　640a 642b
『婦人と新社会』　747c
「婦人と無産政党」(神近市子)　558c
『婦人と労働』(シュライナー)　340b
『婦人と労働』(職業婦人社)　113c 355b
『婦人年鑑』　505b
婦人の議会傍聴禁止反対運動　112a
『婦人の修養』(鳩山春子)　586c
『婦人の勝利』(山川菊栄)　641c
「『婦人の特殊要求』について」(山川菊栄)　641c
• 『婦人之友』《ふじんのとも》　639a 43b 338a 518c 588b 635c
婦人の道　140a
『婦人の理想』(安部磯雄)　20a
『婦人白書』　547b
婦人白標倶楽部　294c
婦人非政党同盟　568c
婦人標準服　737a
婦人部全国協議会　366c
「婦人部テーゼ」　366c
婦人部論争　366c 475b 788a 788b
• 『婦人文芸』《ふじんぶんげい》　639b 175a
婦人平和協会　348c
婦人弁護士法　637b
婦人弁護士法制定運動　454a 637c
婦人報国　2a
• 婦人報国運動《ふじんほうこくうんどう》　639c
婦人報国祭　244a 478a
婦人法律家協会　162a
『婦人法律講座』(田辺繁子)　465c
婦人保護　703a
婦人保護長期収容施設　169c
婦人補導院　573b
婦人補導所　703a
婦人ボランティア活動促進事業　670a
• 婦人民主クラブ《ふじんみんしゅクラブ》　639c 210b 338b 401a 543c 547a 589a 677a 706b 752a
『婦人民主新聞』　339a 639c 677a
• 婦人問題《ふじんもんだい》　640a 636c
• 『婦人問題』(河田嗣郎)《ふじんもんだい》　640c 640b
• 『婦人問題』(上杉慎吉)《ふじんもんだい》　641a 640b
• 『婦人問題』(婦人問題研究会)《ふじんもんだい》　641a
『婦人問題』(堺利彦)　640b
婦人問題企画推進会議　255b 538c
婦人問題企画推進本部　255b 437c
婦人問題研究会　55c 372c 641a 695c
婦人問題研究所　51a
• 婦人問題懇話会《ふじんもんだいこんわかい》　641b 464c
『婦人問題十六講』(奥むめお)　114a
婦人問題担当室　255b
• 『婦人問題と婦人運動』(山川菊栄)《ふじんもんだいとふじんうんどう》　641b 744c
「婦人問題の解決」(ベーベル)　640a
「婦人問題の解決」(福田英子)　617c
『婦人問題の知識』(山高しげり)　747a
• 『婦人養草』《ふじんやしないぐさ》　642a
婦人有権者同盟　747a
婦人洋画協会　689c
婦人欄　699c

『婦人立志篇』　458a
婦人連盟　637b 637c
婦人労働者大会　366c
婦人労働調査所　460a
『婦人労働の理論』(嶋津千利世)　321c
• 『婦人論』(ベーベル)《ふじんろん》　**642a** 744b
• 婦人論論争《ふじんろんろんそう》　**642b**
婦人を投票させるための情報プラン　70a
衾覆　714a
父性　474b
父称　614c
父姓継承原則　7c
布施辰治　376c
『敷設列車』(平林たい子)　610a
• 布勢内親王〔布施-〕《ふせないしんのう》　**642c**
『婦選』　643a
婦選運動　637a
• 婦選会館《ふせんかいかん》　**642c** 51b
婦選獲得共同委員会　637b 643a 714c
• 婦選獲得同盟《ふせんかくとくどうめい》　**643a** 50c 213a 292a 302b 425a 457c 505a 547a 609a 621b 637b 664b 746c 766b 793a
婦選団体連合委員会　664b
「婦選の歌」　766c
婦選論争　18a
父祖　688a
• 武則天〔照〕《ぶそくてん》　**643b** 384b
部族内婚　144c
簡　447a
譜代　224a
譜代下人　394b 508b
『舞台女優』(杉村春子)　404c
譜代大名　418c
双子　333a
二塚山遺跡　373b
『二つの庭』(宮本百合子)　570c
• 『ふたつの文化のはざまから—大正デモクラシーを生きた女—』(加藤シヅエ)《ふたつのぶんかのはざまから—たいしょうデモクラシーをいきたおんな—》　**643c** 168b
• 二形《ふたなり》　**644a**
二葉学園　644b
雙葉学園　204a
二葉乳児院　644b
• 二葉保育園《ふたばほいくえん》　**644b** 514a 703a
双葉山　312b
二葉幼稚園　514a 569c 644b
両婦地獄　185b
二人妻　282c
『二人の革命家』(伊藤野枝・大杉栄)　56b
婦団連《ふだんれん》　⇨日本婦人団体連合会(**547a**)
• フチ《フチ》　**644b**
フチイキㇼ　619a
• フチイキㇼ・エカシイキㇼ《フチイキㇼ・エカシイキㇼ》　**644b**
• 淵沢能恵《ふちざわのえ》　**644c**
普通選挙　472b
『復活』　676b
仏教　20c
仏教説話　548a
• 仏教的差別文言《ぶっきょうてきさべつもんごん》　**644c**
仏教婦人会　211a
服忌令　223a 653b
• 『服忌令』《ぶっきりょう》　**645a** 724c
仏光院　100a
『仏説大蔵正教血盆経』　227a
『仏説転女身経』　653c
仏像造立銘　95a
物々交換　600c
不貞　140a 470b 648a
不逞社　170a
筆印　379b
筆子所　500c
不徹庵　502c
『太い鮮人』　170a
舞童　478c
不同意堕胎　461a
不同意堕胎致死　461a
不当景品類及び不当表示防止法　453a
不動産　153b
ぶどうの会　752b
不当配転　335c
不動明王　187c
• 『風土記』《ふどき》　**646b** 232b
婦徳《ふとく》　⇨四行(**311c**)
懐抱　335a
文殿　157c
ブナイ　122b
• 船魂〔舟玉，船霊〕《ふなだま》　**646b** 8c 65a 209c
船霊神　557a
道祖王　240b
船鉾　389a
舟慢　573c
船饅頭　716b
船虫　11c 514b
• 船宿《ふなやど》　**646c** 431b 498a
船遊女　756b
ブナリ　122b
プナルア家族　161c
• 夫人《ぶにん》　**646c** 191b 237c 241a 248b
不妊手術　342a
船下ろし　209c
舟作り　414b
『傅大納言殿母上集』　695a
不罰論　186b
父母共同親権　313c 390c
「父母と先生の会—教育民主化の手引き—」　594c
父母名称　396b
父母両系主義　26b 362c
『踏絵』(柳原白蓮)　742a
• 文使ひ〔書使〕《ふみづかい》　**647a**
『文月浅間記』《ふみづきあさまき》　⇨羽鳥一紅(**586c**) 587a
書司　238b 554a
書女官　554a
不眠の女　743b
夫役　562b
冬ソナ現象　647a
• 「冬のソナタ」《ふゆのソナタ》　**647a**
『冬を越す蕾』(宮本百合子)　706a
扶養　390a 753a
婦容《ふよう》　⇨四行(**311c**)
舞踊　793a
芙蓉会　220b
扶養家族　162b 776a
扶養義務　162b 711a
舞踊研究会　581c
扶養手当　162b
• フライト＝アテンダント〔fligt attendant〕《フライトアテンダント》　**647b**
ブラウニング　205c
部落会　516b
部落会町内会等整備要綱　516b
部落差別　134b 579c 638a
部落問題　320b 579c
プラトン社　367c
フランス、アナトール　732a
フランス式器械製糸法　502b
フランス民法　711b
フリーダン、ベティ　16c 70c
• 振売《ふりうり》　**647b** 10a
ふりかわり《ふりかわり》　⇨お振り替わり(**126a**)
• 振袖《ふりそで》　**647c** 267b 365b 518b 672b
• 振袖火事《ふりそでかじ》　**647c** 179c
振姫　692a
• 不良マッチ退治主婦大会《ふりょうマッチたいじしゅふたいかい》　**647c** 338b
• 振り分け髪《ふりわけがみ》　**648a**
• 不倫《ふりん》　**648a** 140b 301b 679a
不倫ドラマ　206b
• 「ふるあめりかにそではぬらさじ」《ふるあめりかにそではぬらさじ》　**648b**
ブルースの女王　29c
古河力作　187b
フルパート　572a
古人大兄皇子　668c 748c
古谷一行　206a
フレーベル　764a
武烈王　431c
• フロイス、ルイス　Luis Frois　**648b** 540c 544b 771a
浮浪児根絶緊急対策要綱　428a
浮浪児その他の児童保護等の応急実施に関する件　427c
風呂屋　281b 350c 759b 760b
風呂屋女　703c
プロレタリア婦人運動　374b
• 不破内親王《ふわないしんのう》　**648b** 7b 8a 59b
不破三雄　253a
• 文化学院《ぶんかがくいん》　**648c** 666c 766b
『文学界』　353a
文化勲章　72a
文化裁縫女学校　649a
文化生活　167c

分割譲与　481b
分割相続《ぶんかつそうぞく》　⇨財産相続(**285**c)　153c 159a 286a 286c 376a 381b 481a 707c
文化的性差　309a
「文化風俗帳」　3b
• 文化服装学院《ぶんかふくそうがくいん》　**649**a
文亀の飢饉　190b
分業関係　190a 415b
文金島田　321b
文金高島田　321b
分家　68b 508a 711a
文芸協会　561c 676b
『文芸首都』　107c
• 分国法《ぶんこくほう》　**649**a 61c 236a 696a 725c
豊後絞　687b
「豊後国風土記」　646b
豊後節　351c 512b
豊後法橋　251c
豊後四派　512b
文章　310b
文章系譜　221c
『文正草子』　119c
文体　310c
分娩　306b 334b
分娩施設　300b
墳墓の承継　578a
『文明一統記』　298b
『文明の中枢』(サンガー)　300c
『文明批評』　56b
• 『文明論女大学』(土居光華)《ぶんめいろんおんなだいがく》　**649**b
『文明論之概略』(福沢諭吉)　616c
文屋時子　578c
文屋の博士　578c

へ

ヘア=アイロン　572c
ベアタス会　527a
• 『平安遺文』《へいあんいぶん》　**650**a
平安宮　192a
平安宮内裏　296b
『平安時代後宮及び女司の研究』(須田春子)　405c
平安堂　477a
兵役　234a 264c 778a
ペイ=エクイティ《ペイエクイティ》　⇨京ガス裁判(**200**b)
平均出生児数　775c
米軍基地　195c
• 『平家物語』《へいけものがたり》　**650**a 29b 189b 233a 259c 448b 669b 761b 766a
平行出自　434c
平氏　448b
平治の乱　651a
『平治物語』　5c 512b 651a
• 『平治物語絵巻』《へいじものがたりえまき》　**650**c
平城宮　192a
• 平城上皇の変《へいぜいじょうこうのへん》　**651**b
平城天皇　20b 27c 57a 291b 624c 651c
『平凡パンチ女性版』　30a
平民　696b
平民社　113b 187a 250b 290b 475c 538b 617c 652a 670c 783a
『平民社の女―西川文子自伝―』　538b
• 平民社の女性たち《へいみんしゃのじょせいたち》　**652**a
『平民新聞』　652a
平民的家庭　639a
平和建設婦人同盟　608c
平和主義　543b
• ベーコン、アリス=メイブル　Alice Mabel Bacon　**652**b 109a 162a 493b
ベーコン、レナード　109a 652b
ペーダ、フィリップ=カール　308a
ベーベル、アウグスト　640a 642a
壁龕墓　578b
• 北京愛隣館《ペキンあいりんかん》　**652**c
北京行動綱領　255b 378a
北京女性会議　308b
北京生活学校　588c
北京プラス十　255b
平群山寺　23b
ヘコ　761a
• ヘコ祝い《へこいわい》　**652**c 761a
兵児二才制　535c
• へそくり〖臍繰り〗《へそくり》　**653**a
ヘチレ　179b
ペツォルド、ハンカ　741b
• 別火《べっか》　**653**b 62c
別学　→男女別学
別学高校　470c
別鑑札制度　757b
別家　172a 508b
鼈甲　209a
別業　191c
別財　172a
ペッサリー　112b
別姓　614c 710b
ベッチ、アグネス　104b
別当　157c
辺津宮　717c
ベツヤ《ベツヤ》　⇨産屋(**83**a)　⇨月小屋(**490**c)
ベテスダ奉仕女母の家　169c
『ベトナム・アメリカ・安保』(松岡洋子)　677a
ベトナム母と子保健センター　210b
ベトナム反戦運動　609c
ペドファイル　318c
紅摺絵　73c
紅染　82c
紅粉解　316a
「紅花の色素カーサミンの構造決定」(黒田チカ)　217a
• ベビーブーム《ベビーブーム》　**653**b 242b
• ベビーホテル《ベビーホテル》　**653**b
ヘボン、クララ　194a
部民　191b 191c
ヘヤ　535c
部屋　495b
部屋方　124a
ヘラトリ　326b
ヘラワタシ〖へら渡し〗《ヘラワタシ》　⇨シャモジワタシ(**326**b)　773c
• 『ベルサイユのばら』(池田理代子)《ベルサイユのばら》　**653**c 456c
ベルダ=マーヨ　582a
便器　601c
弁慶　120a
編戸説　160c
弁財天　503a
便所　601c
卞照　627a
遍照心院　539b
• 変成男子《へんじょうなんし》　**653**c 23a 262c 263a 400c 541a 557b 557c 645a
「変生男子」　511a
『便所からの解放』　216b
• ヘンソン、マリア=ロサ=ルナ　Maria Rosa Luna Henson　**654**c
ヘンダーソン、V　760c
変態性欲　535c 785a
遍智覚　108c
変成男子　653c
弁三位　627c
弁内侍《べんのないし》　⇨後深草院弁内侍(**272**c)
『弁内侍寛元記』　654c
• 『弁内侍日記』《べんのないしにっき》　**654**c 484b 530a
弁乳母　403c

ほ

• 帆足みゆき《ほあしみゆき》　**655**b
帆足理一郎　655b
保安隊・再軍備反対　427a
保安庁　371c
保育　764b
保育園　568b 764b
保育科　469a
• 保育士《ほいくし》　**655**b 474a
保育指針　655c
保育施設　274a
• 保育所《ほいくじょ》　**655**c 426c 583b 655c 656a
保育所運営要領　655c
• 保育所増設運動《ほいくじょぞうせつうんどう》　**656**a
保育所づくり　634a 788b
保育所づくり運動　656a
保育所づくり推進協議会　656b
保育所要求婦人大会　656b
ホイットニー、クララ　215c
鳳晶子　694c　→与謝野晶子
• 法阿弥陀仏《ほうあみだぶつ》　**656**c
保安寺　345b 599b

防衛大学校　372a
防衛庁　371c
奉髻女嬬　266b
芳縁　95a
芳苑恵春　32a 599b
『法苑珠林』　81c
半靴　495b
放火　758b
『法学新報』　709c
放課後子ども教室　150c
放課後子どもプラン　150c
放課後児童クラブ　150c
放課後児童健全育成事業　150b
放課後児童指導員　150c
・宝冠（ほうかん）　656c
幇間　12c
法基　240c
箒神　31a 82b
俸給生活者組合　272c
・宝鏡寺（ほうきょうじ）　656c 25a 218b 599b
『宝鏡寺文書』　656c
法均（ほうきん）　⇨和気広虫（792c）
・宝髻（ほうけい）　657a
傍系　265a
傍系血縁者　713a
傍系親族　396a 508b
封建性　162b
封建的共同体秩序　290a
封建的男女関係　205c
封建道徳　136b
房戸　160c 234a 265a
奉公　142a 688c 758a
防閤　157c
法興寺　483a
奉公体制　153c
奉公人　262c 314a 361a 416b 612a 724c
奉公人請状　224b 688
奉公人分家　508a
奉公人別家　508b
奉公破り　734c
豊国産業事件　225c
房戸主　234a
・訪婚（ほうこん）　657b 348a 496b 515a
法金剛院　442a 442b
法金剛院領　343c
宝山乾珍　777c
宝慈院　25a 599b 712b
邦子内親王　30b →安嘉門院
保子内親王　632a
宝樹院　119b
放縦な女　16b
奉祝婦人報国祭　478a
・芳春院（前田利家室）（ほうしゅんいん）　657b
・芳春院殿（芳春院）（北条氏綱娘）（ほうしゅんいんでん）　657b 694b
奉書　553c 554c
北条氏綱　657b 745b

北条氏綱の娘（ほうじょうしうじのむすめ）　⇨芳春院殿（657b）
　⇨山木大方（745b）
北条氏直　6b
北条氏政　343b
北条氏康　14b 331c 343b 379c 657b 745b
北条氏康女　357c →鶴松院殿
北条氏康の娘（ほうじょうやすのむすめ）　⇨浄光院殿（343c）
豊穣儀礼　69b
北条幻庵　357a
・『北条幻庵覚書』（ほうじょうげんあんおぼえがき）　657c 357a
北条貞時　505c
北条実泰　37b
北条重時　357a
・『北条重時家訓』（ほうじょうじゅうじかくん）　657c
『法成寺摂政記』　697a
『法成寺入道左大臣記』　697a
北条早雲　194b
北条宗哲　657c
北条為時　678b
北条経時　678b
北条時氏　678b
北条時定（北条時氏息）　678b
北条時定（北条時房息）　678b
北条時綱　673c
北条時尚　37b
北条時政　29a 314c 658b 673c 791b
北条時宗　23c 505c 599a 678b
北条時頼　678b
・北条政子（ほうじょうまさこ）　658a 29a 37c 86b 108a 177a 202b 208b 258a 298a 307a 314c 357b 389a 429c 445c 459a 470a 498c 539b 559c 599a 673c 784c
・北条政子と陰陽道（ほうじょうまさことおんみょうどう）　658c
北条政範　673c
北条政村　37b
北条泰時　29b 658c
北条義時　37b 340a 658c
豊饒霊　209c
紡織労働組合　620b
帽子綿　405a
紡績　245b 288c 355a 414c 793c
紡績業　358c
紡績女工　128c 358a 358c 487c 750c
宝泉夫人　37b
『法窓夜話』（穂積陳重）　668b
宝台院　17a
坊長　516c
法定相続主義　287a
法定相続分　279c
法的無能力者規定　475a
法典調査会起草委員　668b
「法典編纂ニ関スル意見書」　711c
・法然（ほうねん）　659a 21b 174a 176c 311b 400b 560c 622c 659b 722c
・法然上人絵伝（ほうねんしょうにんえでん）　659c 333c 722c
『法然上人伝法絵』　659b
豊年予祝　158c

法敏　432a
望夫石伝説　680a
防府天満宮　677c
宝満山　558b
法名　21a
法明　429c
坊守　315b
坊門院　232c 259b
訪問介護員　660c
坊門忠信　539b
法文歌　62c
坊門信清　459a 539b
蓬萊山人　587b
『炮烙の刑』（田村俊子）　468b
法律婚　313b
法律婚家族　278c
『法律進化論』（穂積陳重）　668b
法律取調委員会　711b
法隆寺　8a 23b 462b 462c 483a
『法隆寺縁起白拍子』　369c
法隆寺若草伽藍　483a
方領　403c
暴力　518c
宝蓮〔法蓮〕　530c
・『放浪記』（林芙美子）（ほうろうき）　659c 559a 590c
『放浪者の詩』（高群逸枝）　455c
「望楼の決死隊」　5a
保衛中国同盟　435c
ボーイズラブ　346c
何殿震　660b
・ボーヴォワール、シモーヌ＝ド　Simone de Beauvoir　659c 308c 445b
何香凝　He Xiang-ning（ホーシャンニン）　660a
ボース、ラス＝ビハリ　437b
何志剣　660b
・何震　He Zhen〔班, 志剣, 殷震, 震述〕（ホーチェン）　660b
何震述　660b
ボードウィン　211a
何班　660b
ホーム　165a 167c
・ホームドラマ（ホームドラマ）　660b 192c
ホームドラマの旗手　713c
・ホームヘルパー（ホームヘルパー）　660c
母開　→ははつび
外腹　194c
・『慕帰絵詞』（ぼきことば）　660c
菩岐々美郎女　491a
『北越雪譜』　497c
・墨書土器（ぼくしょどき）　661a
北星学園　407c
卜占　197a 759c
朴烈　170a
母系　82c 144c 159a 160c 161c 396c 434a 441c 644b
母系制（ぼけい）　⇨父系制・母系制（618c）
347c 496b 661a

母系制社会　396b 657b 661b
母系制先行説　161c
•『母系制の研究』(高群逸枝)《ぼけいせいのけんきゅう》　**661b** 371b 455c
母系制論　160b
母系紐帯　644b
母系直系家族　159a
法華経信仰　507b
•母権《ぼけん》　**661c** 390b
母権運動　666c
保健士　662b
•保健師《ほけんし》　**662a**
保健事業　669c
保健師助産師看護師法　184b 662a
保健指導　305c 662a 663c
母権制　161c 661c
『母権制』(バッハオーフェン)　661c
保健婦《ほけんふ》　⇨保健師(**662a**)　160a 359c 669c
保健婦規則　662a
保健婦助産婦看護婦法　184c 306a 359c
母后　248a 257a 311c 548b 625a
『母后日記』　442c
母后令旨　257b
保護司　166a
祠　603c
•『保産道志類辺』《ほさんみちしるべ》　**662b**
「母子」(上村松園)　72a
母子愛育会《ぼしあいいくかい》　⇨『日本産育習俗資料集成』(**543c**)　693a
星合左衛門尉　222b
母子一体観　664b
•母子及び寡婦福祉法《ぼしおよびかふふくしほう》　**662b** 427a
•母子家庭《ぼしかてい》　**662c** 389c 662b 663b
•母子健康手帳《ぼしけんこうてちょう》　**663a** 334b 663c
母子自他殺　663a
『母子叙情』(岡本かの子)　110b
•母子心中《ぼししんじゅう》　**663a** 664a 664b
母子神信仰　725c
母子生活支援施設　308b 665a
母子相姦《ぼしそうかん》　⇨母開(**589b**)　589c
ポジティブ＝アクション　414b
母子手帳　663a
星亨　329c
保科正興　620c
母子年金制　747c
•星野あい《ほしのあい》　**663c**
星野宗七　663c
星野天知　723a
星野光多　663c
母子福祉資金　390a
母子福祉資金の貸付等に関する法律　662b
母子福祉対策中央協議会　427a
母子福祉法《ぼしふくしほう》　⇨母子及び寡婦福祉法(**662b**)　427a
『母子福祉四十年』(山高しげり)　747a
母子扶助法制定運動準備委員会　664b
母子ホーム　664a 664b 747c
母子保健　334b 758c
母子保健施策　663c
•母子保健法《ぼしほけんほう》　**663c** 334b 663a
母子保護　568b
母子保護運動　505b 643b
•母子保護法《ぼしほごほう》　**664a** 663c 664b 665a 747c
•母子保護法制定運動《ぼしほごほうせいていうんどう》　**664a** 640b
星祭　465b
母子問題懇話会　427a
星雄記　294c
•保春院《ほしゅんいん》　**664c**
•母子寮《ぼしりょう》　**665a**
戊申婦人倶楽部　586c
火闌降命〔ホスセリ〕　271b 599c
ホステス　354b
ポスト子育て期　775c
「ポストの数ほど保育所を」　656b
ポストモダニズム　308c
ポスト＝モダンフェミニスト　368c
ポストモダン＝フェミニズム《ポストモダンフェミニズム》　⇨フェミニズム(**615b**)　308c 615c
•母性《ぼせい》　**665b**
母性愛　665b 703b
母性イデオロギー　743c
母性至上主義　786b
母性主義　609c 640b
母性主義フェミニズム　615b
母性尊重　663c
•母性尊重思想《ぼせいそんちょうしそう》　**666a** 666c
母性・乳幼児の体力向上について　759b
母性保護　304a 334b 367a 617b 634a 663c 664a 788b
母性保護規定　787c
母性保護思想　417c
母性保護条項　132c
「母性保護同盟に就いて」(山田嘉吉)　746b
「母性保護と経済的独立―与謝野、平塚二氏の論争―」(山川菊栄)　666b
「母性保護の主張は依頼主義か」(平塚らいてう)　666b
母性保護法制定促進婦人連盟《ぼせいほごほうせいていそくしんふじんれんめい》　⇨母子保護法制定運動(**664a**)　182b 664b 746c 747c
「母性保護問題―与謝野氏と平塚氏の所論に就て―」(山田わか)　666c
母性保護連盟《ぼせいほごれんめい》　⇨母子保護法制定運動(**664a**)　746c 747c
•母性保護論争《ぼせいほごろんそう》　**666b** 16b 359a 368a 609c 615b 636a 636c 640b 665b 744b 746b 747c 766b 786b
母性保障　747c
母性擁護　788a
『母性を問う』　371c
•細井平洲の妻《ほそいへいしゅうのつま》　**667a**
•細井和喜蔵《ほそいわきぞう》　**667a** 245c 358c 417c 568c 793a
細川勝元　506b 604b
•細川ガラシャ〔玉子〕《ほそかわガラシャ》　**667b** 202c
細川潤次郎　54b 225b
細川高国　220a 506c 514a 599c
細川忠興　202c 667b
細川庄　19b
細川晴元女　263b
細川政元　117b 506b 605a
細川幽斎　667b
細田栄之　185c
臍の緒切り　334c
菩提院　479a
菩提寺　462a 599c
母体保護　256c 461b
•母体保護法《ぼたいほごほう》　**667c** 342b 758c 759a 781b
火炬小女　554b
保立道久　143a
「ほたるの歌」(田中澄江)　464b
『牡丹刷毛』(松井須磨子)　676b
墓地　223b
墓地及埋葬取締規則　578a
保長　516c
北海道　4b
北海道旧土人保護法　4c
北海道炭鉱主婦連絡会　545b
北海道婦人同志会　61b
•法華寺《ほっけじ》　**667c** 21a 23b 25a 240c 251a 314c 584c 599a 599b 654b
法華宗　174a
法華滅罪之寺　23b 256a 667c
法性寺雅平　272c
『発心和歌集』　429a 770c
『法曹至要抄』　207a 236a
法体　556c
堀田家　418c
堀田正敦　186a
「発端」　477b
『北方教育』　409b
穂積歌子　668b
穂積重遠　166b 376c 465c 668c
穂積氏忍山宿禰　121b
穂積陳重　668b
•穂積陳重とその家族《ほづみのぶしげとそのかぞく》　**668b**
穂積皇子　106b 460a
穂積八束　668b 709c 711b
•法提郎媛《ほていのいらつめ》　**668c**
布袋屋　97b
•布袋屋玄了尼《ほていやげんりょうに》　**669a** 97b　→玄了尼
ホテトル嬢の殺人事件　40a
棒手振　486a
ホデリ　271b
•ホト〔陰〕《ホト》　**669a**
•仏御前〔仏〕《ほとけごぜん》　**669b** 189b 387a 650b
「仏は女人の敵」　329c
•『不如帰』(徳冨蘆花)《ほととぎす》　**669b** 774a

保刀禰　516c
「ほどほどの懸想」　494c
哺乳　335a
母乳　479c 735a
火雷神　467b
『炎のごとく』(杉野若子)　404c
『炎のスプリンター—人見絹枝自伝—』　603b
火瓊瓊杵尊〔ホノニニギ〕　25b 271b
保母　655b 764b
保母・保父《ほぼ・ほふ》　⇨保育士(**655b**)
ホマチ　653a
本牟智和気王　688a
「ほむら」(有吉佐和子)　27b
ホモ　535b
ホモセクシュアル　535b
• 保良せき《ほらせき》　**669c**
洞富雄　606c 619a 707c
• ボランティア《ボランティア》　**669c** 342a
堀江新地　482b
ポリオ　349b
堀川院宮女中務　671b
堀河第　296c
堀河天皇　39b 297a 403c 627b 627c
堀川敦厚　192c
堀河女御　551a 624b
• 堀河紀子《ほりかわもとこ》　**670a**
堀河康親　670a
• 堀木訴訟《ほりきそしょう》　**670b**
堀木フミ子　670b
堀景山　732c
堀元厚　732c
堀越六郎　379c 745b
堀紫山　670c
堀辰雄　295b
堀とし　667a →高井としを
堀場清子　58a
堀部安兵衛　707a
堀部弥兵衛　707a
堀部弥兵衛〔弥惣次〕　707a
• 堀保子《ほりやすこ》　**670c** 56a 166c 174c 330c 595c
ボルシェビズム　17c
ポロマチ　671c
火遠理命〔ホヲリ〕　271b 519c
• 本院侍従《ほんいんのじじゅう》　**670c** 529b
『本院侍従集』　670c
盆踊り　759b
本願寺　149c 400c
本願所　21b
ポンクッ　82c
本家　14c 508a
本家職　153c
本元服　412a
本光院　25a
本郷光泰　220a
本妻　410c
梵妻　315b
本寿院　502c
本祝言　327c
本主権　259a
本所　14c 109c 314a
本庄光子　220b
本庄宗資　220c
本庄宗利　220b
本所夜鷹　573c
本籍　75a
本多勝子　432b
本多忠刻　432b
本多忠政　432b 514b
• 『本朝女二十四孝』《ほんちょうおんなにじゅうしこう》　**671b**
• 『本朝女鑑』《ほんちょうじょかん》　**671b** 169b
『本朝貞女物語』　671b
『本朝法華験記』　507a
『本朝名女物語』　671b
• 『本朝列女伝』《ほんちょうれつじょでん》　**671b**
梵天変成　251c
本人堕胎　461a
本百姓　349c
ポンペ　211a
「本邦女医の由来及其前途」(荻野吟子)　112b
雪洞　97b
• ポンマチ〔ポンマッ〕《ポンマチ》　**671c**
本末関係　24a
• 本間久雄《ほんまひさお》　**671c**
本屋　159a
盆屋　498a

ま

まがれいと　439b
マードック、ジョージ＝ピーター　396b 414b 434b
舞伎　386c
• 舞妓〔舞子〕《まいこ》　**672b**
舞太夫　139b
マイノリティー史　144b
• マイホーム主義《マイホームしゅぎ》　**672b**
舞々　370a
舞女　386c
舞童　478c
前掛け　164b 289c 320c
• 前掛け・前垂れ《まえかけ・まえだれ》　**672c**
前髪　675a
前沢誠助　676b
前田園子　341b
前田多門　175c
前田綱紀　85a
前田利家　6b 114b 657b
前田利家の妻《まえだとしいえのつま》　⇨芳春院(**657b**)
前田利長　657b
前田斉泰　126c 764c
真栄田忍冬〔冬子〕　60c 466c
前田吉徳　85a
前田慶寧　764c
前垂れ　289c 320c 672c
前野良沢　461c
• 前畑秀子《まえはたひでこ》　**673a**
間男　694a 696a 725b
間男殺害　696b
• 勾玉《まがたま》　**673a**
蒔絵　209a
• 牧瀬菊枝《まきせきくえ》　**673b**
牧瀬恒二　673b
• 牧の方〔牧方〕《まきのかた》　**673c** 29a 658c
牧野貞通　210a
牧野伸顕　742b
牧宗親　86b 673c
槇村正直　192b
牧山正彦　642b
マク　697b
「真葛のおうな」　511a
マグダ　16b
マクタアシビ　731a
マクドゥーガル、ゲイ・J　542c
目合〔マグハヒ〕《まぐはひ》　⇨ミトノマグハヒ(**697a**)
• 枕刀《まくらがたな》　**673c**
• 『枕草子』《まくらのそうし》　**674a** 411b 630a 674b
• 『枕草子絵巻』《まくらのそうしえまき》　**674b**
枕本尊　565b
• 髷《まげ》　**675a** 226c 475b 735a
マコ岩松　739b
まこと会　685a
正邦乙彦　320c
雅子皇太子妃　242a
雅成親王　433a
『匡衡集』　7a
真境名安興　110c
馬島僴　302b 485a
『魔術の女王一代記』(松旭斎天勝)　343a
• 『魔女の論理』(駒尺喜美)《まじょのろんり》　**675c**
益方入道　89c
真杉静枝　559a
「貧しき人々の群」(宮本百合子)　706a
増田小夜　219c
益田太郎冠者　736a
増田雅子　745a
益富政助　150b
• 増穂残口《ますほざんこう》　**675c** 69b 83c
真清田庄　30c
ますらを　468c
マズン　386b
マダム貞奴　181c →川上貞奴
又者　101b 124a
襠　141b
待合　498a
待合茶屋　646c
町顕郷　697c
• 『真知子』(野上弥生子)《まちこ》　**676a** 569a
真知子巻き　198b

街に無駄を拾う運動　328b
• 松井須磨子《まついすまこ》　**676a** 16b 330c 343a 385a 412c 561c 785a
• 松井やより《まついやより》　**676b** 183b
松岡荒村　538b
松岡文子　→西川文子
松岡正男　676c
• 松岡洋子《まつおかようこ》　**676c** 401a 639c
松尾四郎　6a
• 松尾多勢子《まつおたせこ》　**677a** 385c
松尾芭蕉　181b 233c 320b
マッカーサー　267b 357a
マッカーサー草案　425b
松ヶ岡御所　505c
• 『松蔭日記』《まつかげにっき》　**677b** 102c
松風　671b
松川勝次郎　791b
松貫四　724a
『松菊苑』　534b
• 『まっくら―女坑夫からの聞き書き―』(森崎和江)《まっくら―おんなこうふからのききがき―》　**677c**
末座　147a
• 『松崎天神縁起』《まつざきてんじんえんぎ》　**677c** 682b
• 末子相続《まっしそうぞく》　**678a**
• 松下禅尼《まつしたぜんに》　**678b** 599a
松島華子　439b
『まっしろけのけ』(有吉佐和子)　27b
松平容保　595a
松平清康　227c
松平定常〔冠山〕　497a
松平定信　103b 184a 281b 533b 692c
松平忠輝　726b
松平忠吉　514b
松平親春　32a
松平照子　531b 595a
松平信康　514b　→徳川信康
松平広忠　116c
松平峯子　533b
松田解子　559a
松田徳子　767c
松田光広　649a
松殿忠顕　540b
松永久秀　220a
松波氏　485c
松尾栄子〔シゲ〕　84c
松尾相氏　84c
松野クララ　764b
• 松の門三艸子《まつのとみさこ》　**678b**
• 松の丸殿《まつのまるどの》　**678b**
末者　680a
• 『松山鏡』《まつのやまかがみ》　**678c** 201b
松原庵　91b
松原岩五郎　353a
松姫　85a
末法思想　315a
• 松前ピリカ《まつまえピリカ》　**679b**
• 松村喬子《まつむらきょうこ》　**679b**
松村緑　49a
松村みね子　559a
• 松本英子《まつもとえいこ》　**679b** 250a
松本荻江　751b
• 松本員枝《まつもとかずえ》　**679c**
松本善明　66c
松本知弘　66c
松本正枝　18a 638b
松屋　181a
• 松山《まつやま》　**680a**
松山省三　354a
• 松浦佐用姫伝説《まつらさよひめでんせつ》　**680a** 787c
『松浦宮物語』　734a
祭　77b
• 末臈《まつろう》　**680a**
万里小路家　104a
• 『窓ぎわのトットちゃん』(黒柳徹子)《まどぎわのトットちゃん》　**680b**
• 真名〔真字〕《まな》　**680b**
魚味始〔真菜-〕　261a 335a
真名本　680c
• 『マヌの法典』〔マヌ法典〕《マヌのほうてん》　**680c** 263a 465c 644c
「マヌ法典研究序説」(田辺繁子)　465c
『マヌ法典の家族法』(田辺繁子)　465c
『招かれた女』(ボーヴォワール)　659c
マネキンガール　355b
真野毅　668c
• 間引き〔マビキ〕《まびき》　**681a** 87a 145b 253a 270a 334a 693a
間引き禁令　460c
マビク　681b
『瞼の母』　601a
馬淵東一　122b
麻沸湯　587a
『幻のくに』(望月百合子)　732a
『幻の華』(柳原白蓮)　742a
継子　681c 682b 682c
• 継子いじめ《ままこいじめ》　**681c** 117c 120a 405c 678a
継子いじめ譚　682b
まま子いじめ物語　682b
ママさん水泳教室　673a
• 摩々尼《ままに》　**682a**
真間の井　682a
真間の継橋　682a
• 真間手児名《ままのてこな》　**682a**
• 継母《ままはは》　**682b** 681c
嫡母　482a
豆売　316a 415a
• 守刀《まもりがたな》　**682c**
護り刀　335a
摩耶夫人(善徳女王母)　431c
繭かき　754c
茎袋　280c
マリア観音　683b
• マリア信仰《マリアしんこう》　**683a**
マリーンガール　355b
丸洗い　431a
• 丸岡秀子《まるおかひでこ》　**683b** 305a 371b 397c 545c 589a
『丸岡秀子評論集』　684a
丸木伊里　684a
• 丸木俊〔俊子〕《まるきとし》　**684a** 66c
『丸木俊』　684b
マルクス　736b
マルクス主義　17c 161b 172a 360c
マルクス主義女性解放論　642b
マルクス主義女性論　642a
マルクス主義フェミニズム　70c 308c 615c
まるごと婦人解放運動　679c
丸頭巾　405a
マルセル＝ウエーブ法　572c
丸の日　737a
丸本歌舞伎　171c
丸髷《まるまげ》　⇨髷(**675a**)　675b
『円窓より』(平塚らいてう)　16b
丸山(村上源氏墓地)　577b
丸山〔円山〕(遊廓)　322a 684c 758a
• 丸山教の女性観《まるやまきょうのじょせいかん》　**684b**
丸山定夫　752b
円山・四条派　130b
• 丸山千代《まるやまちよ》　**684b**
丸山町　684c
• 丸山町寄合町遊廓《まるやまちょうよりあいまちゆうかく》　**684c**
『丸山町・寄合町両町由緒書』　684c
丸山ハナ　36b
丸山博　602a
マレー式　396a
麻呂古王　491a
椀子皇子　438b
廻り奉公人　612a
マン　502c
『満仲』　601b
満州移住協会　449c
満州開拓政策基本要綱　449c
満州開拓民配偶者斡旋協議会　449c
満州国　356a
満州国国防婦女会　528c
満州国国防婦人会　356b
『満州少女』(小泉菊枝)　685a
• 『満州人の少女』(小泉菊枝)《まんしゅうじんのしょうじょ》　**684c**
満州農業移民　483b 483c
『万女詠草』　705c
茨田皇子　17c
曼荼羅　479c
• 満徳寺《まんとくじ》　**685a** 93c 779b
満徳寺離縁状　93c 685b
政所　157c
満米上人　740c
満蒙開拓青少年義勇軍　449c
万葉仮名　137b 680c 770c
• 『万葉集』《まんようしゅう》　**685c** 15b 81c 292c 437b 790b

み

• 御合《みあい》　**686b**
• 見合い結婚《みあいけっこん》　**686b** 786a
娶いて生む　750a
御贖　765a
御贖物　530b
御贖祭　689b
御阿礼神事　40b 80a
みあれの宣旨　428a 551c
御阿礼祭　178a 281c
• 三池主婦会《みいけしゅふかい》　**686c**
三池炭鉱主婦会　686c
三池炭鉱主婦協議会　686c
三池炭鉱労働組合　686c
三池炭婦協　686c
三池闘争　686c
三井社　467b 688b
三井寺　624c
『三井寺』　142b 566b
三井寺流　423b
ミード、マーガレット　308c 464c
『木乃伊の口紅』(田村俊子)　468b
• 身請け《みうけ》　**686c**
身請証文　686c
• 三浦綾子《みうらあやこ》　**687a**
『三浦綾子作品集』　687a
• 三浦玄忠の妻《みうらげんちゅうのつま》　**687a**
三浦梧楼　709c
三浦絞　687a
• 三浦環《みうらたまき》　**687b**
『三浦環・お蝶夫人』　687b
三浦徹　194a
三浦梅園〔安鼎〕　171a
三浦木綿　734b
三浦屋四郎左衛門　451c
• 三浦泰村の妹《みうらやすむらのいもうと》　**687b**
三浦義村　687b
三浦義如　32a
• 身売り《みうり》　**687c** 394c 422a 574b 664b
• 身売り奉公《みうりぼうこう》　**688a** 211c
御影堂　97c
三重合同労働組合　79b
御母　747a
• 御祖〔ミオヤ〕《みおや》　**688a** 408a
御祖神　725c
公事おもろ　126c
御祖命　688a
『御垣の下草』　287c
『みかぐらうた』(中山みき)　532c
御炊物忌　733b
• 三ヶ島葭子〔よし〕《みかじまよしこ》　**688b**
『三ヶ島葭子全歌集』　688b
『三ヶ島葭子日記』　688b
尚闈　42b
典闈　42b
闈司　→いし
御門の御巫　689a
• 三日餅《みかのもちひ》　**688b** 515a
三上於菟吉　558c 581c
三日夜餅　276c 688b 714a
• 三河内侍《みかわのないし》　**688c**
御川水祭　689b
三河木綿　734b
御厠人　554a 601c
みかんこ　691a
御巫子　380a
• 御巫《みかんなぎ》　**689a** 61b 379c 489c 515c 555c 691a
御巫の内人　689b
三岸好太郎　689c
• 三岸節子《みぎしせつこ》　**689c**
• 三木達子《みきたつこ》　**689c**
御匣殿〔御櫛笥殿〕　237c 690a
御匣殿女官　554a
• 御匣殿別当《みくしげどののべっとう》　**690a** 428a 550b 551b 554a
• 御薬童女《みくすりのどうじょ》　**690a**
• 三下り半《みくだりはん》　**690b** 779b
三國連太郎　538a
三熊露香　117b
ミコ　49b
• 巫女〔神子，御子〕《みこ》　**690c** 49b 53b 61b 64b 213c 325b 369b 379c 385a 467b 556c 576a 673b 689a 691b 691c 704b 725c 741c 743c 748a
巫女石　81b
巫女神楽　737b
御子神　725c
御子勾当職　380a
• 神子座《みこざ》　**691c**
王子宮　706b
巫女舞　691b
巫女町　691c
巫村　691c
未婚　320a
未婚女性　365b 663c
未婚の母《みこんのはは》　⇨シングル=マザー(**389c**)
御塩焼物忌　733b
三沢清長　692a
• 三沢初子《みさわはつこ》　**692a**
三島社　726a
三島女王　491a
三島通庸　601a
御正村小作争議　260a
• 水汲み《みずくみ》　**692a** 414b 414c 730a
• ミズ=クレヨンハウス《ミズクレヨンハウス》　**692b**
水子　692b 693a
• 水子供養《みずこくよう》　**692b** 485a
水子地蔵　693a
水垢離　223b
ミス=コンテスト反対運動　413c
水仕事　414c
御厨子所　513c
三筋の街　322b
水田珠枝　173a 339c 374a
水谷竹紫　693b
水谷不倒　169b
• 水谷八重子《みずたにやえこ》　**693b**
• 水茶屋《みずぢゃや》　**693b** 482a
水撫で　335b
水の江滝子　349a
水の神の寿命　82b
水野十郎左衛門　120c
• 水野仙子《みずのせんこ》　**693c** 365a
『水野仙子集』　693c
水野忠伸　210a
水野忠政　116c 227c
水野信元　117a
水谷勝宗　84c
「水辺」(島本久恵)　322c
水辺の女　743c
御洗　554b
• 三角錫子《みすみすずこ》　**693c**
三角風蔵　693c
美豆良　226c
見世　112c
店　112c
未成年喫煙禁止法　196c
• 見世女郎《みせじょろう》　**693c**
• 溝上泰子《みぞうえやすこ》　**694a**
溝上遊亀　115a
• 密男〔密夫〕《みそかおとこ》　**694a** 696a
禊祓　740b
溝口健二　291a
味噌炊き　754c
• 美空ひばり《みそらひばり》　**694b**
• 御台所《みだいどころ》　**694c** 411a 411b
御台盤所　694c
身だしなみ　209a
• 三田庸子《みたつねこ》　**694c**
三谷英子　445c 740a
三田村四郎　212a
御弓奏　42b
• 『みだれ髪』(与謝野晶子)《みだれがみ》　**694c** 766a
『道草』(夏目漱石)　246c
『道草いっぱい』(八島太郎・光)　739b
美智子皇后　241c 696c　→正田美智子
• 『道綱母集』《みちつなのははのしゅう》　**695a**
通仁親王　442a
ミチムン　603c
美津　502c
三井家　486b 695a 695b
三井呉服店　289a
三井三郎助　611a
三井重俊　695b
• 三井寿讃〔かね〕《みついじゅさん》　**695a**
• 三井殊法〔珠法〕《みついしゅほう》　**695b** 10b
三井造船事件《みついぞうせんじけん》　⇨出産退職制(**335c**) 225c

三井高利　695a 695b
三井高俊　695b
三井高治　695b
三井高平　695b
三井炭鉱労働組合連合会　686c
• 三井礼子《みついれいこ》　**695c** 55c 231b
御杖代　748c
• 密会《みっかい》　**695c** 151b 498a 575c 646c 696c
密懐　236a 696a 725b
密懐法　236a 492b 649b 696a
• 密懐・密懐法《みっかい・みっかいほう》　**696a**
三日帰　277a 296a
三日の祝　82c
蜜月旅行　391c
三つ子　333a
ミッション＝スクール《ミッションスクール》　⇨キリスト教女子教育(**203c**)　203c 790a
• ミッチーブーム《ミッチーブーム》　**696b**
ミッチェル、ジュリエット　70c
• 密通《みっつう》　**696c** 139c 236b 694a 696a 724c
密通御仕置之事　209c
密通仕置　696c
密通譚　66a
三野混沌　588a
密売淫　314b
密夫　696c
三淵晴員　294a
ミツメ　296a
ミトアタハス　697b
• 『御堂関白記』《みどうかんぱくき》　**697a**
『御堂御記』　697a
『御堂御記抄』　697a
『御堂御暦』　697a
• ミトノマグハヒ《ミトノマグハヒ》　**697a**
三虎御前　520a
みどり会　354b
緑川英子　582a
緑十字社　537c
三仲間　238b
皆川淇園　307a 307b
水無瀬氏信　92c
御名部内親王宮　697b
南部庄　346a
• 御名部皇女《みなべのひめみこ》　**697b** 232a
「水俣の図」(丸木伊里・俊)　684a
水俣病　207c 676c
南大路鶴江　59c
南御所　599b
南次郎　436a 526c
南殿　331c
• 南御方《みなみのおんかた》　**697c** 444b 597a
『源大家和歌集』　71b
源顕仲　344a 442c
源顕房　39b 178c 627b 698b
源有仁　267c 346a 442b
源兼忠女　152a 631c
源兼俊母　47b
源清経　121b
• 源潔姫《みなもとのきよひめ》　**698a** 340a 623b
源国通　673c
源国盛　495a
源計子　705a
源顕子　343a
源定　211b
源信明　495a 529a
源実朝　29a 445c 459a 539b 658b
源実朝の妻《みなもとのさねとものつま》　⇨西八条禅尼(**539b**)
源重之　595b
• 源重之の娘《みなもとのしげゆきのむすめ》　**698a**
• 源師子《みなもとのしし》　**698b** 178c
源鎮　211b
源順　529b
源相国　266a
源盛子　689a
源高明　698c 699a
源高明女　433c
源隆俊　627b 698b
• 源隆姫《みなもとのたかひめ》　**698c**
源為憲　306c
源為義　5c 174b 344a 743b
源経季　698c
源経相　258a
• 源経相の妻《みなもとのつねすけのつま》　**698c**
源経長　495a
源経信　495a
源経宗　698c
源経基　631c
源時明　84a
源俊賢　347a
源俊隆　235b
源俊房　605c
源具顕　530a
源朝任　445a
源朝長　5c
源仲国　259b
源仲綱　540a
源延光　628c
源範頼　761b 768a
源広　656c
源方子　605c
源信　698a
源和子　241b →東福門院 →徳川和子
源政隆　314c
源雅信　7a 631b 699b
源昌義　626c
源全姫　524c 525a 698a
源道方　495a
源通親　351b
源通成　343a
源認女　631c
• 源明子《みなもとのめいし》　**699a** 411a
源盛家　442b
源師房　699b
源師光　269b
源義賢　535a
源義高　658b →木曾義高
源義経　29a 49a 120a 190c 314c 387a 512a
源義朝　5c 174b 344a 512a 651a 682a 743b
源義仲　459a →木曾義仲
源義業〔義成〕　626c
源善姫　211b
源頼家　445c 459a 592a 598b 658b 729a 791a
源頼定　627b 628b 629b
源頼定女　698c
源頼綱　689a
源頼朝　5c 29a 40a 86b 108a 177a 179a 297c 307a 314c 340a 344a 445c 470a 531b 598b 658b 682a 729a 743b 761b 768a
源頼光　120a 291c
源頼行　193a
源悦　266a
源隆子　627b 698b
源頼政　193a 344a 540a
• 源倫子《みなもとのりんし》　**699b** 7a 194c 349a 411a 626a 627a 628a 631b 719c
源若姫　211b
源渡　223c
見習奉公　142a
ミニ＝スカート　407a
美努王　7b 721c
御麻奏　42b
水主内親王　43c
峯岸賢太郎　701a
峰村恭平　312b
• 身の上相談《みのうえそうだん》　**699c** 182b 236b 636c 747c 752a 774a
• 『身のかたみ』《みのかたみ》　**700a** 357a
身代金　688a 758a
• 三野狐《みののきつね》　**700b**
御野国戸籍《みののくにこせき》　⇨戸籍・計帳(**264b**)
• 美濃局《みののつぼね》　**700b**
巳の日の祓い　603b
『箕輪の心中』　601a
御剣　335a
三平等の大アムシラレ　191a
乳部　728b
壬生院　94a
三淵嘉子　214b
• 壬生小家主〔子家主女，小家主女〕《みぶのこやかぬし》　**700c**
壬生部　728b
壬生正路　115c
身分主体　701b
身分制　755b
• 身分制社会《みぶんせいしゃかい》　**701a** 679a
身分的虐待使用　245b
• 未亡人《みぼうじん》　**701b** 102a 158b 243b

美保神社　691b
美保止　669a
• 三益愛子《みますあいこ》　**702a**
耳抉　210b
• 耳鼻削ぎ刑《みみはなそぎけい》　**702a**
三村庄　30c
三室の女体社　556c
御妻〔ミメ〕　646c
ミャーカ墓　578b
宮川松堅　502c
宮河乗蓮　259a
宮川経輝　611b
宮川保全　202c
• 宮姫《みやき》　**702c**
宮城栄昌　122b
• 宮城タマヨ《みやぎタマヨ》　**702c**
宮城長五郎　702c
宮城房子　716b
宮城婦人矯風会　13a
宮城与徳　212a
• 三宅花圃《みやけかほ》〔竜子，桜園〕　**703a** 378b 527c 742b →田辺花圃
三家氏　169a
『三宅島流人帳』　758b
三宅雪嶺　378b 703a
三宅恒方　703b
三家加那刀自　169b
三宅華子　42c
• 三宅やす子《みやけやすこ》　**703b** 365a 701c
『三宅やす子全集』　703b
都をどり　189b
「都色欲大全」　703c
宮古島　85b
宮古上布　581a
『都新聞』　699c
• ミヤコ蝶々《ミヤコちょうちょう》　**703b**
• 『都風俗鑑』《みやこふうぞくかがみ》　**703c**
• 『都風俗化粧伝』《みやこふうぞくけわいでん》　**703c**
• 宮座《みやざ》　**704a** 133c 194a 692a
宮崎駿　716a
宮崎まこと　620b
宮崎光子　395a 538b
宮崎夢柳　192b
宮崎竜介　742a
宮道弥益　624a 704c
• 宮道列子《みやじのれっし》　**704c** 624a
• 御息所《みやすどころ》　**705a**
• 宮簀媛〔美夜受比売〕《みやずひめ》　**705b** 212c
宮薗節　351c
宮田修　641a
宮田脩　376c 395b
宮田登　122b
• 宮仕え《みやづかえ》　**705b**
宮の宣旨　551c
宮の女房　705b
宮原大方　314a
宮寿太夫　398a
宮人　→くにん
『宮比神御伝記』　609a
• 宮部万《みやべまん》　**705c**
宮部義正　705c
宮本顕治　706a
宮本常一　398b
『宮本武蔵』　601a
• 宮本百合子《みやもとゆりこ》　**706a** 78a 148b 495a 559a 570b 610a 638b 639c 673b 754b 785a
『宮本百合子全集』　706b
宮守物忌　62c 733b
• 宮・宅《みや・やけ》　**706b**
ミヤラアシビ　731a
名　159a
妙印尼　6b
明恵　174a
• 妙海尼《みょうかいに》　**707a**
『妙海語』　707a
• 妙玖《みょうきゅう》　**707a**
妙玖庵　707a
妙光　429c
• 名字〔苗字〕《みょうじ》　**707b** 74c 75c 76a 176b 508a 614b
名主職　153c
• 妙性《みょうしょう》　**708a**
『明星』　48c
妙心高尾　451c
妙善　582c
妙体流　560c
• 命婦《みょうぶ》　**708b** 238b 283b 523c 550b 551b 554a 555b 555c
「妙薬調法集」　137a
妙融〔-尼〕　233c 502c
• 妙鱗尼《みょうりんに》　**708c**
妙蓮(岩松氏)　50b
妙蓮(渋谷重員継母)　321a
命蓮　310a
三好十郎　11a
三善為教　89c
三好長慶　220a
三善雅衡女　623c
美代姫　737b
明新女学校　644c
明暉園　61a
『未来』　460a
『未来にかけた日日』(勝目テル)　164b
海松橿媛　722b
ミル、ジョン＝スチュアート　John Stuart Mill　⇨『女性の解放』(**378c**) 532a 615b 617a 752c
美留藻　113b
ミレット、ケート　70c 173a
みろくの世　310a
身禄派　620c
三輪型説話　391b
三輪田女学校　709a
• 三輪田真佐子《みわたまさこ》　**709a** 250a 353c 366a 677b
三輪田元綱　709a
神良種　459c
• 『民家童蒙解』《みんかどうもうかい》　**709b**
『民家分量記続篇』　709b
民間宗教　621a
民間情報教育局婦人課長　70a
• 『民間省要』《みんかんせいよう》　**709b**
民間伝承の会　419c
民間農耕祭祀　193c
民権婆さん　211a
民権保障同盟　435a
民衆　144b
民衆思想史　69b
民衆宗教　279b 369b
民主社会党　9a
民主主義運動　374b
民主主義科学者協会婦人問題部会　464a
民主婦人連盟　744c
民主保育連盟　656a
民俗学　189c 741c
民族学　736b
民族優生保護法案　256c
みんなうたう会　77c
閔妃　709c
• 閔妃暗殺《ミンビあんさつ》　**709c**
民部卿局　622c
民法　35c 173a 265b 475a 668b 711b 723c
• 「民法出デヽ忠孝亡ブ」(穂積八束)《みんぽういでてちゅうこうほろぶ》　**709c** 668b 711b
• 民法改正《みんぽうかいせい》　**710a** 360b 664b
民法改正運動　638c
• 民法改正答申《みんぽうかいせいとうしん》　**710b**
• 民法改正要綱《みんぽうかいせいようこう》　**710c** 36a 279a 287a 615a 668c 710b 779c
民法研究会　162a
民法親族編　265b
民法相続編　265b
民法第一草案　711b
• 民法典論争《みんぽうてんろんそう》　**711a** 35c 668b 709c 723c
民力涵養運動　408c

む

ムイ　77a
ムージュ　578b
『ムーミン』(ヤンソン)　123a
模合墓　578b
• 無縁の原理《むえんのげんり》　**712a**
無縁の場　712a
無縁の人々　712a
無縁仏　693b
無我愛　55c
『向い風』(住井すゑ)　407c
• 無外如大《むがいにょだい》　**712b** 218b 656c

嫡妻腹　194c
迎ふ　155a
無我苑　56a
無学祖元　23c 599b 712b
武笠氏　557a
昔男　27c
• 『むかしばなし』《むかしばなし》　**712c** 461c
『無我の愛』　55c
無我の歌　195b
無我の舞　195b
麦刈り　754c
むき名　551b
無垢　365c
向原家　519b
• 聟〔婿，壻〕《むこ》　**712c** 68c 276c 296a 327c 328c 329a 515a 688b 713b 714a 773b
聟いたわり　713a
• 聟入〔ムコイリ，婿入〕《むこいり》　**713b** 277a 496c 585a 714a
「婿入考」(柳田国男)　348b
• 婿入婚《むこいりこん》　**713c** 159c 296b 611a 773a
婿入式　773a
聟入りもの　713b
• 向田邦子《むこうだくにこ》　**713c** 217c
『向田邦子全集』　714a
向野田古墳《むこうのだこふん》　⇨女性首長(**373a**)
聟選びもの　713b
• 聟・女狂言《むこ・おんなきょうげん》　**714a**
聟かしづき　713a
聟狂言　713b 714a
夢告　377c
無国籍　256a
無国籍児　26b
聟取　713a 714a
• 婿取儀式《むことりぎしき》　**714a**
婿取婚〔聟-〕《むことりこん》　⇨招婿婚(**347b**)　34a 152b 159a 275c 276c 277c 348a 529c 681c 713b 772c
聟とりの儀　713a
聟執る　155a
• 婿養子〔聟-〕《むこようし》　**714b** 18b 277a 713b 736c
身狭村主青　91b
無産運動　260b
無産者解放運動　673b
無産者産児制限同盟　302b
無産者産児調節運動　752a
無産者託児所運動　182b
無産農民学校　260a
無産婦人芸術連盟《むさんふじんげいじゅつれんめい》　⇨『婦人戦線』(**638b**)　18a
無産婦人研究会　280c
• 無産婦人団体《むさんふじんだんたい》　**714b**
無産婦人同盟《むさんふじんどうめい》　⇨無産婦人団体(**714b**)　280c 608c 714c
無産婦人連盟　714c
• 虫垂衣〔枲-〕《むしのたれぎぬ》　**715a** 52c 495b
• 『虫めづる姫君』《むしめずるひめぎみ》　**715c** 494c
武者絵　73c
武者人形　423c
武者小路実篤　716b
• 武者小路房子《むしゃのこうじふさこ》　**716b**
無住　666a
無住一円　325a
• 無宿女《むしゅくおんな》　**716b**
『無手の法悦』(大石順教)　100a
無主・無縁の原理　712a
無常堂　406a
無償労働　288a
席田耕作者組合　539c
娘　712c
• 娘義太夫《むすめぎだゆう》　**716b**
娘金平　136a
娘組　716c 717a
『娘時代』(ボーヴォワール)　659c
「娘巡礼記」(高群逸枝)　455b
『娘浄瑠璃芸品定』　716c
• 娘仲間《むすめなかま》　**716c**
女の道　303a
娘評判記　153b
娘身売り《むすめみうり》　⇨身売り(**687c**)　226b
• 娘宿《むすめやど》　**717a**
無政府主義　17c
夢窓疎石　712b
『無駄なき生活』(山脇房子)　752c
無着成恭　409b
陸奥A子　346c
ムックリ《ムックリ》　⇨トンコリ・ムックリ(**522c**)
ムッソリーニ　435a
• 陸奥国前采女《むつのくにのさきのうねめ》　**717b**
「陸奥国風土記」　646b
ムトゥ　578b
• 武藤能婦子〔信子〕《むとうのぶこ》　**717b** 445c
武藤信義　717b
武藤嘉子　214b
• 宗像三女神《むなかたさんにょしん》　**717c** 52a 725c
宗像氏　717c
宗像大社〔-社〕　108c 389c
胸形大神　91b
棟札　95a
無認可保育所　653c
ムヌチ　760a
棟上げ　209c
宗尊親王　700c
宗良親王　624a
「無風帯から」(尾崎翠)　115b
• 『無名草子』《むみょうぞうし》　**717c** 341a 403c
『無名物語』　717c
『無名通信』　677c
『無憂華』(九条武子)　211a
ムラ　414c
村　701a
無癩県運動　262c
村岡〔-局〕《むらおか》　⇨津崎矩子(**492a**)　386a
『村岡伊平治伝』(秋元松代)　11b
• 村岡箏《むらおかこと》　**718b**
村岡宗四郎　718b
村岡典嗣　6a
• 村岡花子《むらおかはなこ》　**718b** 427b
村岡花子文庫　718c
村上逝門〔武右衛門〕　642a
村上忠順　454b
村上天皇　285a 429a 529b 623c 624b 625a 627b 628b 630b 631b 632b 698c
• 村上信彦《むらかみのぶひこ》　**718c** 189c 374a 545b 723b
村上正雄　642b
• 紫式部《むらさきしきぶ》　**719a** 45b 228c 349a 429a 445a 705b 719b 770c 784c
『紫式部集』　719a
• 『紫式部日記』《むらさきしきぶにっき》　**719b** 335b 719a 720a
• 『紫式部日記絵巻』《むらさきしきぶにっきえまき》　**720a**
紫野院　570a
• 紫の上《むらさきのうえ》　**720c** 228c 598a 726b
『紫の梅』(柳原白蓮)　742b
村雨　671b
連　212b
ムラ社会　13c
村田嘉久子　132b 370a
• 村田静子《むらたしずこ》　**720c**
• 村田滝子《むらたたきこ》　**721a**
村田春海　461c 601b
村刀禰　516c
『村の女たち』(瀬川清子)　420a
• 村八分事件《むらはちぶじけん》　**721b**
• 『村松家訓』《むらまつかくん》　**721b**
村松国　501b
村松標左衛門　721b
村宮座　704c
• 村山可寿江〔たか〕《むらやまかずえ》　**721c**
村山知義　639a
村山林益　484a
無量　387a
『無量寿経釈』　659a
無料分娩施設　300b
室　221a
室生山寺　559b
室生寺　559b
室津　15c
• 牟漏女王〔無漏-〕《むろのじょおう》　**721c** 7b 623a
• 室の泊の遊女教化譚《むろのとまりのゆうじょきょうかたん》　**722a**
室の遊女　659b
室町院　30b 585a
室町院領　550a
室町時代物語　734a
室町幕府女房　680a
門中　736c
門中墓　578b

め

女　496a
目井　5c 208b
「明暗」(野上弥生子)　569a
• 女軍《めいくさ》　722b
名家　104b
• 『明月記』《めいげつき》　722b
鳴弦　335a
「明治維新と女性の生活」(井上清)　545a
• 『明治一代女』(川口松太郎)《めいじいちだいおんな》　722c
• 明治女学校《めいじじょがっこう》　723a 68a 198c 199a 439b
『明治女学校の研究』(青山なを)　6a
『明治初期の三女性』(相馬黒光)　437b
明治女性史　517c
• 『明治女性史』(村上信彦)《めいじじょせいし》　723b 374a 719a
明治天皇　157a 343a 452a 555a
• 明治毒婦物《めいじどくふもの》　723b 20b
『明治日本の女たち』(アリス＝メイブル＝ベーコン)　652c
『明治の女子』　271c 790b
『明治の女性たち』(島本久恵)　322c
明治の毒婦　723a
『明治文学史』(本間久雄)　672a
• 明治民法《めいじみんぽう》　723c 74c 265b 279a 286c 360a 390c 699c 710c 711b 779b
明照〔明昭〕　632b
• 明正天皇《めいしょうてんのう》　723c 384b 509c 526b 784c
名所絵　73c
『名女情比』　757a
『名女物語』　671b
名女列伝　169b
名人おもろ　126c
明徳女学校　324a
『冥途飛脚』　84c
姪娘　→蘇我姪娘
• 『伽羅先代萩』《めいぼくせんだいはぎ》　724a
命名　691b
• 命名権《めいめいけん》　724a
明倫学舎　709a
明倫舎　388b 500b
『迷路』(野上弥生子)　569b 676a
『明六雑誌』《めいろくざっし》　⇨男女同等論争(472c) 493c 532a 640a 735b
明六社　493c 735b
迷惑防止条例　477b
夫婦神　508c
女夫盃　327c
「夫婦善哉」　703c
• 妾《めかけ》　724b 54a 54b 54c 55a 86b 265a 351a 360a 400c 410c 671c 793a →しょう
妾妻　724c
妾奉公契約　724c
妻敵　317c
• 妻敵討ち《めがたきうち》　725b 694b 696b
• 女神《めがみ》　725c 20c 25b 28b 41b 52a 67a 405b 503a 516a 519c 536a 556c 563c 646b 743c 751a
メキシコ世界行動計画　437c
巡粥〔廻粥〕《めぐりがゆ》　⇨出産儀礼(334c)　335a
• 妻子《めこ》　726a
• 愛姫《めごひめ》　726b
『めさまし新聞』　329c
『めし』(林芙美子)　591a
メシア期待　369b
喚上げ婚　235c
• 召人《めしうど》　726b 54c 724b
食売女《めしうりおんな》　⇨飯盛女(726c)　422a
食売旅籠屋　422a
飯炊き　142a
召名　551b
飯司　450b
• 飯盛女《めしもりおんな》　726c 244b 331b 350c 422a 499c 517a 518a 567a 575a 576a 716b 727a 727b 758a
• 飯盛女付旅籠屋《めしもりおんなつきはたごや》　727a 517a
• 飯盛女刎銭《めしもりおんなはねせん》　727b
飯盛女奉公　688a
飯盛下女　211c
飯盛下女奉公人　727a
めしゅうど　726b
• 女雑色《めぞうしき》　727b
女綱男綱のつなぎ替え　684b
女捕《めとり》　⇨辻取(492a)　492b
娶取　61c
• 雌鳥皇女〔女鳥王〕《めどりのひめみこ》　727c
娶《めとる》　⇨御合(686b)
メナラベ　586a
女長　727c
海藻司　450b
乳夫　728c
• 乳父〔傅，乳母夫〕《めのと》　727c 728c
• 乳母《めのと》　728b 142a 283b 335a 479b 521b 550b 552a 705b 727c
• 乳母子《めのとご》　729b 728c
『めのとのさうし』　357a 700a
• 『めのとのそうし』《めのとのそうし》　729b
• 『乳母のふみ』《めのとのふみ》　729c 357a 700a 729b 771a
メノポーズ　250b
メノワラハ　794c
• 女童《めのわらわ》　730a
女孺　→にょじゅ
『芽ぶき柳』(若山喜志子)　792b
目々典侍　238a
メラシヤド　717a
綿織物　128a
免許産婆　305c 334b 544a
面脂　210b
『綿糸紡績職工事情』　383b
メンズ＝リブ運動　474b
免田　14c
『牝鶏の視野』(深尾須磨子)　616c
綿布役銀　128a

も

• 裳《も》　730b 78c 151b 320c 329a 552c
『MORE』　217c
水司　238b 554a
主水司女官　554a
水取命婦　708c
蒙古合戦　389a
『蒙古土産』(河原操子)　183a
申次《もうしつぎ》　⇨取次(521b)
申次役　485c 551c
盲女子高等学園　288b
盲人女性　793a
盲僧　31c
『盲中国兵』(平林たい子)　610a
毛祓い　191a
盲巫女　49b
毛利氏　326c
毛利隆元　115a 707a
毛利輝元　115b 313c
毛利入道　687b
毛利元就　115b 313c 707a
• モウル《モウル》　730c 4b
• 『燃えて尽きたし』《もえてつきたし》　730c
• モーアシビ《モーアシビ》　731a
モーガン，トーマス　493a
モガ　475b 731c
モガ＝スタイル　29c
最上義光　96c
最上義守　664c
裳唐衣《もからぎぬ》　⇨十二単・裳唐衣(329a)
裳唐衣装束　329b
• 殯《もがり》　731a
• 裳着《もぎ》　731b 170c 269c 412a
『模擬体操の実際』(二階堂トクヨ)　537c
『黙移』(相馬黒光)　437b
木偶　423c 603c
「木犀」(尾崎翠)　115b
目連救母説話　213c
文字　310b 770b
『もしほ草』(一井倭文子)　52a
『もしほ草』(貞心尼)　498c
「もしほ草」(のぶ女)　329c
藻塩焼く　309b
文字教育　134c 771b
文字太夫　512b
『喪章を売る』(平林たい子)　610a
物集和子　412b
• モダンガール《モダンガール》　731b 16b 355b 367c 475b 764a

餅売　10a 316a
餅つき　754c
望月快三　348b
望月ふく　348b
• 望月優子《もちづきゆうこ》　**731c** 538a
• 望月百合子《もちづきゆりこ》　**732a** 18a 558c 638b
以仁王　69a 584b 584c
• 木簡《もっかん》　**732a**
最も古い職業　575b
モデル　355a
モデル年金　565b
本居大平　71b
• 本居宣長《もとおりのりなが》　**732b** 26c 261c 606b 688a 732c 734a
本居春庭　732c
• 本居美濃《もとおりみの》　**732c** 261c
基貞親王　345b
モドス　253a 681a 681c
元田永孚　160a 622b
髻　434a 675a
元良親王　671a
元長親王　529a
元のははちち　684b
元杢網　385c
• 元吉原《もとよしわら》　**732c** 400b 769a
• 物忌(神職)《ものいみ》　**733a** 40b 46c 290c 379c 380a 690c 691b
物忌み(触穢)　222c
物忌父　47a 290c 733b
『もの云わぬ女たち』(秋元松代)　11b
物売り　416b
物語　97c
物語絵　73c 130a
物語司　429a
• 物語文学《ものがたりぶんがく》　**733c**
『物くさ太郎』　119c 492a
物憑巫女　369b
• 物の哀れ論《もののあわれろん》　**734a** 732c
物の具姿　329b
『ものの種』　212a
物部氏　706c
物部君午足　169b
物部君乙駈刀自　169b
物部君駈刀自　169b
物様　121b
茂原市役所事件　225c
模範　147c
『模範家庭』(鳩山春子)　586c
最姫　575a
籾女　58a
• 木綿《もめん》　**734b** 57a
木綿糸　497a
木綿織り　567c
木綿織物　734c
• 木綿織屋《もめんおりや》　**734c**
木綿機　42a
百日儀　261a
百師木伊呂弁　115c
母々思己麻和加中比売　115c
桃園天皇　260c
百取机代物　276b
桃井幸若丸　253a
股引　262b
• 桃割《ももわれ》　**735a**
喪屋　731a
『燃ゆる頭』(生田花世)　39b
母良　733b
貰い請け　688a
• 貰い乳《もらいぢ》　**735a**
『森』(野上弥生子)　723b
盛明親王　699a
• 森有礼《もりありのり》　**735a** 54a 198c 215c 366a 379a 472c 493a 493c 611c 640a
森鷗外　31b 253b 535c 581c 598c 675c
『森鷗外の系族』(小金井喜美子)　253c
森お常《もりおつね》　⇨広瀬阿常(**611c**)
森槐南　212b
森赫子　736a
森川長左衛門　680a
守子石　81b
森崎和江　677c
森崎保佑　341b
• 『守貞謾稿』〔-漫稿〕《もりさだまんこう》　**735b**
森しげ　412b
森繁久弥　243a
森島美根　569c 644b
森春濤　212b
モリス、メアリ　493a
森田司馬太郎　735c
森田節斎　735c
森田草平　573a 609b
• 森田無絃〔琴子〕《もりたむげん》　**735c**
森竹窓　148c
モリッコ　273c
森永ミルク中毒の子供を守る会　601c
森永ミルク中毒被害者の会　601c
森永ミルク被災者同盟　601c
森の家　455c
森肇　736a
森寛子　735b
森広　28b
森本笑　735c
森本海寿　735c
• 森本都々子《もりもとつつこ》　**735c** 408b
森本雅久　408b 735c
森本真弓　408b 735c
• 守屋東《もりやあずま》　**736a** 213a
森山真弓　750a
護良親王　19a
• 森律子《もりりつこ》　**736a** 132b 370a 385a
モルガン、ジョージ=デニソン　736b
• モルガン雪《モルガンゆき》　**736b**
• モルガン、ルイス=ヘンリー　Lewis Henry Morgan　**736b** 161c 172a 172b 396a 441b 661c
モルフィ　199b 324b 330a
師明親王　628c
師岡綱治　532a
師岡正胤　250b
諸県君　175b
もろさわようこ　141a 794b
諸白酒　293c
門　159b
文覚　223c
文慶　632b
モンゴメリー　718c
紋章　142b
文書主義　310b
門跡寺院　483a
『問題の子らと四十年』(宮城タマヨ)　703a
門中　145a 511b
• 門中・族譜《もんちゅう・ぞくふ》　**736c**
モンテッソリ教育法　684b
文徳天皇　623b 698a
主水佑　33a
『モン・パリ』(岸田辰弥)　456b
• 紋日《もんび》　**737a**
• モンペ《モンペ》　**737a** 419b
門馬千代　768b 785a
文武天皇　7b 197b 230b 232a 250c 319c 632a

や

『八重垣縁結』　385c
「八重桜」(三宅花圃)　703a
• 八重姫《やえひめ》　**737b**
八重山上布　581a
『八重山吹』　37c
やおい　346c
• 八乙女〔-女、-姫、-少女、-社女〕《やおとめ》　**737b**
八百比丘尼　21b 185b
• 八百屋お七《やおやおしち》　**737c** 604a
八百屋お七・吉三郎　246a
夜会　764a
屋形船の夕涼　793a
家形墓　578b
屋嘉比ふみ子　200b
• 夜間中学《やかんちゅうがく》　**737c**
• 八木秋子《やぎあきこ》　**738a** 18a 528a 638b
『八木秋子著作集』　738b
八木造大庭麿　527c
八木米巽　148c
「野球ゲーム」(俵万智)　298c
夜業　769c
夜業禁止　634a
薬剤師　355a
薬師如来　187c
役者　151b
役者絵　73c

ヤクジョウシュ　755a
• 八口采女鮪女《やくちのうねめしびめ》　**738b**
厄年　81b
宅　706b
『焼野のひと草』　498c
夜光　743a
屋号　176b
家号　34c
野合　183b
夜行遊女　743a
八坂神社　189b
屋敷地　154a
屋敷地居住集団　159b
屋敷墓　577c
屋敷名　176b
養君　728b 728c
『やしない草』　642a
『やしま』　716b
• 矢島楫子《やじまかじこ》　**738b** 150a 213a 250a 353c 458b 458c 497b 542a 640a 754b 765b
矢島祐利　739a
• 矢島せい子《やじませいこ》　**739a** 300a
矢島製糸争議　25c
八島太郎　739b
矢島直明　458a
• 八島光《やしまみつ》　**739b**
夜叉王　520a
社神　193c
屋代弘賢　511a
保明親王　625a
安井郁　404b
• 保井コノ《やすいコノ》　**739c** 118c 217a
保井怒庵　131a
• 安井てつ〔哲子〕《やすいてつ》　**739c** 6a 353c 393b 504b 751c
『安井てつ伝』(青山なを)　6a
安囲　725a
靖国神社法案　308a
靖国の妻　430b
靖国問題　308a
康資王母　47b
安田皐月　499b　→原田皐月
• 安田せい《やすだせい》　**740a** 445c
安田靫彦　115a
• 安田理貴子〔里キ〕《やすだりきこ》　**740a**
安中花子　718c
• 安見児《やすみこ》　**740b**
保持研子　412b
• 八十嶋祭《やそしままつり》　**740b** 689b
八咫鏡　25b 43c
• 『矢田地蔵縁起絵』《やたじぞうえんぎえ》　**740c**
矢田津世子　559a
箭田珠勝大兄皇子　44c
八田皇女　67c
八千草薫　192c
八千矛神　563c 686b
奴　706c
• 奴女郎《やっこじょろう》　**740c** 386b
ヤッチョロ祭　88b
やど　332c
• 宿下がり《やどさがり》　**741a**
宿元　741a
矢内原忠雄　639a
• 梁川紅蘭〔景，景婉，道華〕《やながわこうらん》　**741a** 386a 741b
• 梁川星巌《やながわせいがん》　**741b** 386a 709a 741a
• 柳兼子〔かね〕《やなぎかねこ》　**741b**
柳沢淇園　39c
柳沢経隆　102c
柳沢時睦　102c
柳沢土佐子《やなぎさわとさこ》　⇨黒田土佐子(**217a**)
柳沢吉保　102b 217a 677b
柳田休助　746a
• 柳田国男《やなぎたくにお》　**741c** 64b 122b 139b 161a 189c 253b 337b 348b 419c 467c 544a 713c 719a 734c 743c 755a 770b
『柳田国男全集』　742a
柳田まつ　746a
柳つる　714c
柳殿　599b
• 柳橋《やなぎばし》　**742a**
柳原前光　742a
• 柳原白蓮《やなぎはらびゃくれん》　**742a** 558c 742b 767b
柳宗悦　741b
柳谷慶子　701a
• 柳原愛子《やなぎわらなるこ》　**742b** 742a
柳原光愛　742b
『屋根裏の二処女』(吉屋信子)　768b
屋根替え　754c
矢野笘山　71b
「八彦盗賊を討事」　11a
• 『藪の鶯』(三宅花圃)《やぶのうぐいす》　**742b** 703a
矢部初子　42c
• 矢部正子《やべまさこ》　**742c**
『矢部正子小集』　742c
矢部佳政　742c
夜菩　429c
「夜泛」　105b
• 夜発《やほち》　**742c** 15c 392b 462a 575c
山(遊廓)　684c
山遊び　603c
山一証券事件　225c
山一林組工場　743a
• 山一林組争議《やまいちはやしぐみそうぎ》　**743a** 1a 9a
• 『病草子』〔-草紙〕《やまいのそうし》　**743b** 154b 644a
ヤマイモホリニヤル　253a 681c
山上古墳　749c
山内豊擁　162c
• 山内尼《やまうちのあま》　**743b**
• 山姥《やまうば》　**743c**
山岡春　193c
山女　743c
山形女王　197c
• 山上喜美恵《やまがみきみえ》　**744a** 344b 752a
山上武雄　744a
• 山川菊栄《やまかわきくえ》　**744a** 6a 17c 138c 182b 189c 254c 272c 280c 302a 366c 417c 421a 460a 464c 493c 505a 558c 574c 613b 637b 640b 641b 642b 666b 745b 762a 785a 786a 786b 788b 788c
山川菊栄記念会　745a
山川菊栄記念婦人問題研究奨励金　745a
『山川菊栄集』　744c
• 山川菊栄賞《やまかわきくえしょう》　**745a**
『山川菊栄女性解放論集』　744c
『山川菊栄評論集』　744c
山川菊栄文庫　744c
山川サキ　304b
山川捨松　366a　→大山捨松
• 山川登美子《やまかわとみこ》　**745a**
『山川登美子全集』　745b
山川均　104a 212a 744b 762a 788c
山杵　11c
• 山木大方《やまきおおかた》　**745b** 379c
山木兼高　658b
「山口秋道」　10c
山口王　79a 162c
山口啓二　721a
山口孤剣　395b
• 山口小静《やまぐちこしず》　**745b**
山口静子　721a
山口文雄　778b
山口淑子　778c
山崎　15c 575b
山崎剱二　633b
山崎竹《やまざきたけ》　⇨自由民権運動と女性(**330a**) 330b
山崎朋子　26a 189c 304b
山崎豊子　768b
山前連広継　527c
山崎文右衛門　745c
山崎美成　457a 511a
• 山崎竜女〔お竜，女竜〕《やまざきりゅうじょ》　**745c**
山幸彦　519c
• 山下りん《やましたりん》　**745c**
山科氏　469c
• 『山科家礼記』《やましなけらいき》　**745c**
山科茶子　771b
山階寺　57a 148a
山科言国　771b
山科言継　332a
山科言綱　332a
山女郎　743c
山代三郎固　656c
山代巴《やましろともえ》　⇨『荷車の歌』(**538a**)
山背大兄王　491a 668c 738b
山背皇子　438b
山田郁子《やまだいくこ》　⇨瀬沼夏葉(**424c**)
邪馬台国　606a
• 山田歌子《やまだうたこ》　**746a**
• 山田音羽子〔とわ〕《やまだおとわこ》　**746a**
• 山田嘉吉《やまだかきち》　**746b** 747c 768b
• 山高しげり《やまたかしげり》　**746c** 426b 427a 427b

山田喜助　96a
山田清安　746a
山田去暦　96a
山田邦子　36a →今井邦子
山田耕筰　186c
山田清安　128a
山田太一　192c
山田常治　352c
山谷哲夫　325c
山田赤見皇女　156a
山田郎女　43c
山田大娘皇女　156a
• 山田女島〔姫島，日女嶋，比売嶋，三井宿禰比売嶋〕《やまだのひめしま》　747a 728b
山田御母　728b 747a
ヤマタノヲロチ　209c
山田美妙　353a
• 山田女《やまだめ》　747b
山田有幹　466c
• 山田わか《やまだわか》　747b 26a 218b 461b 485a 640b 664b 666b 700a 746b 768b 786b
大和絣　279b
日本武尊〔倭健命〕　121b 705b 749a
• 倭迹迹日百襲姫命〔ヤマトトトヒモモソヒメ，倭迹迹姫命，夜麻登登母母曾毘売命〕《やまとととひももそひめのみこと》　748a 197a 391b 579c 669a
日本根子高瑞浄足姫天皇　230b
東漢末賢　462b
大和安子　748b
倭大后　748c
倭大国魂神　519b
和乙継　453b
倭国の御巫　689a
• 大和真子《やまとのしんし》　748b
• 倭姫王《やまとひめのおおきみ》　748c 443b
• 倭姫命〔ヤマトヒメ〕《やまとひめのみこと》　748c 283a
『倭姫命世紀』　284a
• 『大和物語』《やまとものがたり》　749a 80a 81c
『大和物語抄』　195b
• 山梨志賀子《やまなししがこ》　749c
『山梨志賀子歌集』　749c
山梨稲川〔東平〕　749c
「山猫令嬢」　702a
山根勇蔵　353c
• 山野愛子《やまのあいこ》　749c
『山野愛子―愛チャンはいつも本日誕生―』(山野愛子)　749c
『山井』　195b
山上憶良　685c
• 山ノ上碑《やまのうえひ》　749c
• 「山の動く日来る」(与謝野晶子)《やまのうごくひきたる》　750a 412c
山内上杉氏　174a
山内一豊　526a
• 山内禎子《やまのうちさちこ》　750a 446a
山内首藤経俊　743b
山内首藤俊通　743b
• 山内経之の妻《やまのうちつねゆきのつま》　750b
山内豊景　750a
• 山内みな《やまのうちみな》　750b 714c
『山内みな自伝―十二歳の紡績女工からの生涯―』　750c
山の神　8c 82b 743c
• 山の神・十二サマ《やまのかみ・じゅうにサマ》　750c
山の木書店　517c
山口の神の祭　689b
山野グループ　749c
山野治一　749c
山野美容専門学校　749c
山の女神　743c
山袴　262b 737a
『山びこ学校』(無着成恭)　409b
山姫　743c
山伏　31c
山部親王　59b 291b →桓武天皇
山部赤人　682a 685c
山向物忌　733b
• 山村姉子《やまむらのあねのこ》　751b
山村暮鳥　588a
• 山室機恵子《やまむろきえこ》　751b 199b 512a 723a 751c
山室軍平《やまむろぐんぺい》　⇨救世軍(199b)　150b 324b 512a 751b 751c
• 山室民子《やまむろたみこ》　751c 199c 427b 512a 639c
山本丑　110b
山本覚馬　537b
山本勘助〔晴幸〕　752b
山本権八　537a
山本さく　537b
山本佐多　744a
山本薩夫　538a
山本茂実　1a 245c
山本杉　639c
• 山本宣治《やまもとせんじ》　752a 212a 302a 344b 410a
山本千代　454a
山本東瓦　489a
• 『山本道鬼入道百目録聞書』《やまもとどうきにゅうどうひゃくもくろくききがき》　752b
山本虎三　610a
山本直英　410b
山本北山　741b
山本八重子《やまもとやえこ》　⇨新島八重(537a)
• 山本安英《やまもとやすえ》　752b
山本安英の会　752b
山本耀司　649a
山本柳　544a
• 山脇玄《やまわきげん》　752c
山脇高等女学校　752c
• 山脇房子《やまわきふさこ》　752c 24c 250a 366a 638c
『山姥』　132b 743c
「闇桜」(樋口一葉)　598b
闇の女　6c 314b 593b
「暗夜」(樋口一葉)　598c
• 寡〔やもめ〕《やもめ》　753a 171b 258a 258b
家守　486a
ややこ躍り　46a
弥生土器　511b
• 遣手《やりて》　753a
遣手婆　753a
野郎歌舞伎　171c 370a
「柔」　694b
Young Womens Christian Association　790a
『ヤングレディ』　372c
ヤングレディース　347a
ヤングレディース誌　785c
ヤンソン　123a
• 山家和子《やんべかずこ》　753a

ゆ

湯浅明　299a
湯浅治郎　754b
湯浅党　753c
• 湯浅年子《ゆあさとしこ》　753c 118c
• 湯浅尼《ゆあさのあま》　753c 15a
• 湯浅初《ゆあさはつ》　754b
湯浅宗親　754a
湯浅宗業　754a
湯浅宗光　754a
• 湯浅芳子《ゆあさよしこ》　754b 559a 570b 706a 785a
• ゆい〔ユイ〕《ゆい》　754c 769c
結入　754c
ユイコ　754c
遺言　287a
唯善　149c
ゆい仲間　754c
• 結納《ゆいのう》　754c 277a 377b
結納返し　755a
『ユー』　785c
友愛会　620b 788b
• 友愛会婦人部《ゆうあいかいふじんぶ》　755a 366b 788a
友愛結婚　199b
『友愛婦人』　755a 788a
ユーアシビ〔夜遊び〕　731a
夕顔　228c
• 遊廓《ゆうかく》　755b 12c 28a 139b 149b 150a 152b 154c 219a 244a 244c 281a 314a 322a 330a 350c 400a 468c 510c 528c 575c 576a 579b 684c 756c 757a 758a 768c 783c
ユーカラ《ユーカラ》　⇨アイヌ口承文芸(3b)　3c 179b
夕間学級　737c
遊戯　158c
結城朝光　29a 298a
『勇気、涙そして愛』(前畑秀子)　673a

遊義門院　755c 522a
遊義門院権大納言　624a
夕霧(遊女)　756a 228b 386b 468c
夕霧(源氏物語)　5b
夕霧(大神基政娘)　233a
『夕霧阿波鳴渡』　756a
『夕霧名残正月』　756a
幽月　187a
幽玄　165a
有妻更娶律条ヲ設クルノ件　54b
輔子内親王　623c
有主・有縁の原理　712a
遊所　703c
遊女　756a 5c 12b 28a 62c 77b 78b
　97c 112c 131a 139b 152b 171c 176b
　207b 208b 211c 220c 221a 228b 228b
　243a 304c 311b 342b 342c 344c 350c
　351c 356a 369c 386a 387b 392b 394b
　408b 416b 422b 451b 468c 495c 567c
　573c 575a 575b 575c 579b 587b 607c
　686b 691b 693c 716b 727b 733c 742b
　753c 755b 757b 757c 758a 758b 769b
　783b 787a 793c
遊女歌舞伎　757b 325c 370a
『遊女記』　757c 15c 89a 208c 369c
　607c 756b
遊女奉公　758a 142a 688a
遊女奉公証文　758a
遊女町　189b 527b 684c 732c 755b
　769a
遊女屋　131b 154c 244a 422b 733c
　783b
遊女流罪　758b
遊人道　311b
融通念仏　55b 121b
『融通念仏縁起』　83a 333b
祐清　466b
優生学　758b 665b
優生結婚　465a
優生思想　342b 759a
優生手術　256c
優生政策　342a
優生保護法　758b 257c 342a 461a
　485b 653b 667c 693a 758c 781b
優生保護法改悪阻止　401a
ユーゼニクス　758c
雄宗王　103c
有識故実　498b
毓正女学堂　183a
『夕鶴』　752b
祐天上人　692c
ユートゥジ　335b
『夕凪の街と人と』(大田洋子)　105b
遊牧　414c
ユウマルアシビ　731a
遊里　11b 89a 109c 221b 311b 482c
　755b
于立群　150c

雄略天皇　39c 460b 598a
優良多子家庭表彰　759a
寄合墓　578a
湯母　334c
浴衣　759b
浴衣染　759b
湯帷子　759b
湯川秀樹　72c 609c
雪女　743c
幸子女王　241b
行始〔初出仕，初出行，始出行〕　759b
幸田満行女　671b
「雪の日」(高村智恵子)　455b
「雪の日」(樋口一葉)　598c
『雪狐々姿湖』(有吉佐和子)　27b
行始　261a 335a
雪ふり　59b
『雪ふる音』(津田治子)　493c
遊行　55b
柳寛順　759c 305b 356b
靫負　212c
弓削王　491a
弓削氏　503c
弓削田庄　30c 31a
譲状　95a 390b 771a
ユタ　759c 736c
『ユタ日報』　501b
『ゆっくり東京女子マラソン』(千刈あがた)　597c
湯殿始　127c
湯女　760b 350c
湯女風呂　760b
纈裙　730b
ゆひ　⇨ゆい(754c)
ユヒノモノ　755a
湯風呂　281b
湯巻　262a 320c 672c
湯槙ますゑ　760c
夢　377b
『夢』(シュライナー)　340b
『夢かぞへ』　760c
『夢二日記』(竹久夢二)　459b
『夢路日記』　107a
夢違え　377c
夢解き　377c
ゆもじ　262a
ユモジ祝い・カネツケ祝い　761a
湯屋　281b
熊野　761b
油谷倭文子　761b 541c
湯山八重子　502b
由良国繁　6b
由良成繁　6b
百合　39c
袁世凱　660b
尹致浩　451b
尹鶴子　451b

『夜あけ朝あけ』(住井すゑ)　407c
『夜明けの航跡—かながわ近代の女たち—』　476a
『夜明け前』(島崎藤村)　677b
夜嵐おきぬ　762a
『夜嵐阿衣花廼仇夢』　762a
ヨイ　754c
「宵待草」(竹久夢二)　459b
庸　264b 264c 488a 778a
養育　728b
養育費　779c
養育放棄　406b
八日会　762a 254c 280c 421a 475a
『幼学綱要』　622b
『容顔美艶考』　704a
陽気ぐらし　532c
謡曲　534b
陽光会　288b
陽光会ホーム　288b
陽光太上天皇　104c 393a
洋裁　404b
養蚕　762b 116a 147a 188b 414c
　469b 567c 582c
養蚕女　587b
養子　286b 390b 394b 560b 714c 763b
幼児　482b
養子縁組　313b 713b
洋式製糸場　517c
幼児教育　669c 764b
養子証文　763b
幼児生活団　588b
幼主　447b
陽春院　187b
養女　763b
『養生記』(高畠式部)　454b
『養生訓』　⇨貝原益軒(145c)
養生三部作　164a
養女証文　763c
養性院　59a
陽西院　294a
瑶泉院　763c
陽成天皇　629a
養仙院　737b
洋装　764b 475b 572c 731c 789b
幼稚園　764b 203c 655b
幼稚園教育振興十ヵ年計画　764b
幼稚園教育振興七ヵ年計画　764b
幼稚園教育要領　764b
幼稚園令　764b
幼稚園令施行規則　655b 764b
『窈窕稿乙亥』　176c
幼帝　257a
「幼童諸芸教草」　76c

用堂尼　505c
陽徳院　726b
『幼年教育五十年』(羽仁説子)　588b
幼年労働者　245a
• 溶姫《ようひめ》　764c 126c 463b
庸布　488a
洋服　404b 764a
永福門院　→えいふくもんいん
葉フミイ　509b
養母　482a 682b
用明天皇　17c 402a 403c 438b 483a
• 陽明門院《ようめいもんいん》　764c 548b　→禎子内親王(三条皇女)
羊毛資源愛護運動　446c
養老五年籍式　783b
『養老律令』　230b 593a 622a 780b
『養老令』　274c 275a 285c 436b 780b 783b
• 節折《よおり》　765a 530b
節折蔵人　530b 555c
よをりの命婦　530b
『夜風』(平林たい子)　610a
余稼ぎ　613c
• 夜離れ《よがれ》　765a 347c
吉川大刀自　516a
抑止的優生学　758c
『浴身』(岡本かの子)　110b
「浴泉記」(レールモントフ)　253c
『欲望という名の電車』　404c
予言　377c 759c
横井小楠　458b 754b 765b
• 横井玉子《よこいたまこ》　765b 365a
横井つせ子　458b
横井時治　765b
• 横江臣成刀自女《よこえのおみなりとじめ》　765b
横江荘　291b
横系図　221c
• ヨコザ〔横座〕《ヨコザ》　765c 133c 147a
横瀬夜雨　365a
横田英　517b
横田道子　320b
吉事　8b
横兵庫　608c
• 横笛《よこぶえ》　766a
横山源之助　358c 383b 546a
横山美智子　588a
横山百合子　701b
ヨゴレヤ　490c
「夜桜図」　99c
• 与謝野晶子〔志よう〕《よさのあきこ》　766a 125b 166c 198a 365a 395b 412b 473c 559a 591b 609c 616c 637b 640b 648c 666b 688b 694c 744b 745a 750a 768c 784c 786a 786b
『与謝野晶子評論著作集』　766c
与謝野鉄幹〔寛〕　166c 648c 694c 745a 766a
嘉彰親王　532a
義江明子　434b
吉岡鑑興　708c
吉岡荒太　504a 766c
• 吉岡弥生《よしおかやよい》　766c 366a 395b 504a 505b 593a 621a 637b 638c 639a
『吉岡弥生先生と私』(竹内茂代)　457c
芳川顕正　767b
芳川鎌子　330c 767b
• 芳川鎌子心中事件《よしかわかまこしんじゅうじけん》　767b
吉川甚七　451b
吉川民子　395b
欣子内親王　241b 526b
『吉崎紀行』　147c
慶滋保章　291c
慶滋保胤　487c
• 吉田いと《よしだいと》　767b
吉田角丸　724a
吉田錦所〔安兵衛〕　767c
吉田氏　689b
吉田茂　753a
吉田松陰　452c 721a
吉田神道　691c
吉田清助　767b
吉田隆子　198a
吉田孝　160c 172b 434b
吉田敏成　190c
吉田半兵衛　385a
吉田宗忠　10a 177b
義経伝説　190c
「よしなしごと」　494c
• 吉野《よしの》　767c 386b 468c 767c
吉野作造　8c
吉野せい《よしのせい》　⇨『洟をたらした神』(588a)
吉野盟約　780b
• 吉野みち《よしのみち》　767c
吉野屋次郎兵衛　137a
吉野りう　595b
能久親王　532a
善仁親王　627b
義姫　664c
吉益亮子　366a
吉見氏　768a
• 吉見尼《よしみのあま》　768a
吉見広頼　115b 313c
吉本吉兵衛　768b
吉本興業　703c 768b
• 吉本せい《よしもとせい》　768b
• 吉屋信子《よしやのぶこ》　768b 512a 587c 785a
予祝芸　520b
慶頼王　529a 625b
• 吉原《よしわら》　768c 28a 73c 150a 244b 304c 311b 322a 400a 463c 468b 482b 733a 755b 758a 769a
• 『吉原細見』《よしわらさいけん》　769a 12b 755b
吉原登楼事件　16b 412c 517c
吉原年中行事　737a
「吉原夜景図」　99c
寄席　716b
予想受胎期　112b
• 夜鷹《よたか》　769a 314a 351a 433c 492c 573c 575a 576a 716b
ヨチ　794c
予兆　377c
「世継草」　137a
四ツ木診療所　475b
『世継曾我』　477b
四辻親王家　316c
淀君　769b 784c
• 淀殿《よどどの》　769b 96b 99c 103a 110c 125b 247c 325b 668b
淀之女房　769c
夜泣石　81b
• 夜なべ〔夜鍋〕《よなべ》　769c
米沢富美子　299a
米田佐代子　374a 435c
米春女　58a
「四年後のヒロシマ」(ノーマン=カズンズ)　231c
「予の想望する自由恋愛」(大杉栄)　330c
ヨバイ〔ヨバヒ〕　276b 408a 496c 770a
• よばい・なじみ〔夜這い・馴染み〕《よばい・なじみ》　770a
呼屋　112c
『読売新聞』　699c
よみうり婦人付録版　271c 699c
• よみかき〔読み書き〕《よみかき》　770b 310b 361a
読み・書き・算盤　135a 771b
読み書き能力　310c
嫁　81c 147a 187c 242c 276c 287c 294b 296a 313c 315a 326b 327c 329a 337a 409a 431b 603c 766a 772a 773b 774a
• 嫁いびり《よめいびり》　772a 774a
嫁入り　61c 313b 585a 772a
• 『娵入記』《よめいりき》　772a
嫁入儀式　714b
• 嫁入婚《よめいりこん》　772b 159c 162c 277a 278a 278b 327c 329a 611a 681c 755a
嫁入式　773a
ヨメカタギ　774a
嫁行列　276c
ヨメザ　766a
嫁姑問題　774a
嫁節供　139a
嫁仕え　276c
• 嫁と姑《よめとしゅうとめ》　773b 682c
嫁取〔-執〕　61c 276a 714b
嫁取婚《よめとりこん》　⇨嫁入婚(772b)　34a 159a 172a 276c 277b 277c 348a 392b 773c 779a
嫁と藁は叩いて使え　774a
• 嫁盗み《よめぬすみ》　774a
嫁の節句　423c
嫁の紋　142b
嫁はツノのない牛　774a
嫁不足　254b 567b

嫁迎　　327c　714b
『よめむかへの事』　276c　772a
ヨモギツミ　　681a
黄泉醜女〔予母都志許女〕　　312c
四面御門祭　　689b
寄合婚　　348a
寄合町　　684c
頼仁親王　　202b
『夜の女界』(永井荷風)　342c
・『夜の鶴』　774b　19c
・『夜の寝覚』　774b
『喜の音』(キダー)　194a
万屋清兵衛　　137a
『弱法師』　　397c
四・一六事件　　360c　539a

ら

礼冠　　657a
頼賢　　628b
頼山陽　　71b　91c　176c　775a
・頼静子〔梅颸〕　775a
ライシャワー、A・K　　504b
頼春水　　775a
来世利益　　187a
・礼服　　775b　656c　657a　730b
ライフコース　　775c
・ライフサイクル　775c　665b
癩予防法　　781a
ラウンクッ　　82c
・ラグーザ玉〔エレオノラ〕　776a
ラグーザ、ビンツェンツォ　776a
落語　　776b　679b
落籍　　686c
・「洛中洛外図屏風」〔洛中洛外図〕
　　776c　12a　316c
洛東遺芳館　　155a
洛北唱子　　395b
『洛陽田楽記』　　88a
ラジオ常会　　516b
ラジオのおばさん　　718c
・羅刹女　777b
ラッセル、ドラ　　368a
ラディカル＝フェミニズム　70c　308c
　615b
『羅府新報』　　43a
ラマーズ　　777a
・ラマーズ法　777b
蘭学　　341b
ラングラン、ポール　　341c
『蘭香詩』　　105b
乱婚制　　661c
乱拍子　　369a
ランマン、チャールズ　　493a
乱倫子　　278c

り

廖仲愷　　660a
廖承志　　660a
『リー・ハント』(上代たの)　348c
劉師培　　660b
劉砥芳〔仁〕　582a
・理延　777c
離縁　　24a
離縁状　⇨去状(299a)　⇨三下り半
　(690b)　92c　779a　779b
「梨花」(吉野せい)　588a
理化学研究所　　217a
・理願　777c　35a　43c　106b
・力役　778a　212c　234b　562a
力役制度　　557b
力士　　136a
力田　⇨久米舎人妹女(214c)　469b
力田の輩　　747b
力婦　　778a
陸軍看護婦　　327b
『六合雑誌』　　20a　640b
六道　　78a
六道絵　　743b
李桂玉　　684b
李顕　　643b
・『俚言集覧』　778b
李弘　　643b
・李香蘭　778b
『李香蘭私の半生』　　778c
・離婚　778c　92c　166b　274c　278a　278b
　299a　303a　320a　390a　391a　410c　529b
　565b　682b　690b　710c　765b　783b
離婚権　　529c　778c
離婚原因　　470b　711a　711c　779c
離婚条件　　475a
離婚小説　　597c
『離婚制度の研究』(穂積重遠)　668c
離婚調停　　779a
離婚の権利　　661c
『離婚は怖くない』　　249b
離婚用語　　514c
離婚率　　779b
利子内親王　　30b
理性院　　102c
理心院　　534c
履中天皇　　33c
里長　　296c
律　　780b
立后　　241c　248b　548c
・立后儀　780c
立志社　　71a　211a
立志社建白　　71a
律宗　　21a
『立春』　　269b

立荘　　14c
『立正安国論』　　541a
立正佼成会　　530c
立太子　　261a
リッチモンド、メアリー　　438a
立嫡　　481a
律令国造　　212c
律令国家　　616b
「律令国家における嫡庶子制について」
　(関口裕子)　420a
律令婚　　316c
・律令制　780b
『律令制女性史研究』(須田春子)　405c
里邸　　334c
里第　　296c
・リデル、ハンナ　Hanna Riddell　780c
リニージ　　144c
理髪　　210a
リブ元年　　70c
・リブ新宿センター　781a　216b
リブセン　　781a
『リブニュース―この道ひとすじ―』
　216b
・リプロダクティブ＝ヘルス／ライツ
　781a　255b　421b　504c
リプロダクティブ＝ライツ　461a　461b
　544a
離別　　316c
離別状　　690b
リベラル＝フェミニズム　70c
李方子　⇨イパンジャ(60c)
略奪婚　　492b
・琉歌　781c
留学生　　492c
琉球　　126c
琉球王国　　191a
琉球絣　　157b
琉球瘡　　575a
隆光　　220c　559b
流行神　　557c
流産　　693c
柳旨　　587a
柳枝劇団　　703b
隆子女王　　698c
劉師培　　660b
竜女成仏　⇨変成男子(653c)　557b
　654c　654b
嬬蛭　　561a
嬬蛭喜之　⇨如来教教祖喜之(561a)
　369b
・琉装　781c
柳亭種彦　　540c
令　　274c　275a　780b
良寛　　498c
良観　　315a
領家　　14c
両敬関係　　418c
両系主義　　710b

領家職　153c
令外官　216c
両家墓　578b
亮賢　220c
陵戸　264c 594b
了高　597a
良妻　782b
良妻賢母　16b 249a 249b 474b 498a 532b 586b 667a 677b
良妻賢母教育　200a 324a
良妻賢母思想　346c
• 良妻賢母主義《りょうさいけんぼしゅぎ》　**782b** 196c 361b 641a 709a 752c
良妻賢母主義教育　465b
良妻賢母像　173b
『聊斎志異』　253b
猟師　144b 253c
良子内親王　764c
亮子内親王　69a 230a
良秀　303b
領主制理論　172b
良女　473b
了祥　23c
了性院　323c
廖承志　660a
良照房真源　23c
良信　155b
良真　331c
• 『良人の自白』(木下尚江)《りょうじんのじはく》　**783a**
• 『梁塵秘抄』《りょうじんひしょう》　**783a** 5c 62c 208b 369c 607c 756b
『梁塵秘抄口伝集』　62c 121b 369c 756b 783a
両性具有　644a 684b
良賤の通婚　473b
良賤身分　264c
良祚　345b
両属性　473c
涼岱　586c
竜潭寺　33a
廖仲愷　660a
両統迭立　108c
良男　473b
了然(道元弟子)　21b
• 了然尼(黄檗宗尼)《りょうねんに》　**783b**
『令義解』　780b 783b
• 『令集解』《りょうのしゅうげ》　**783b** 780b
良橋太郎入道　177a
両罰論　186b
両膝付　12a
両墓制　81b 578a
良民　473b
料理　154a 164b
• 料理茶屋《りょうりちゃや》　**783c** 219c 482a 528c
両立型共働き　519a
料理本　154a
『緑旗』　393c
緑旗連盟　393c
• 膂力婦〘-女〙《りょりょくふ》　**783c** 778a
膂力婦女田　783c
李輪　643b
林丘寺　25a
臨済宗　21b 174a
綸旨　250a 416b
• 臨時教育会議《りんじきょういくかいぎ》　**783c** 36a 710c
臨時法制審議会　36a 166a 668b 710c
麟祥院　156a
リンドール　340b
輪廻転生　69c
琳派　130b
淋病　180b

る

『類柑子』　233c 328c
『涙痕』(原阿佐緒)　591b
廬山婦女談話会　435a
ルーシュ、バーバラ　120b
ルーデサック　281a
流刑　95a
流罪　758b
流水灌頂　532c
留守見舞　793a
『流転』(柳原白蓮)　742b
『流転の王妃』(愛新覚羅浩)　2c
『「流転の王妃」の昭和史』(愛新覚羅浩)　2c
『流民の都』(石牟礼道子)　208a
瑠璃女御　551a
ルル＝ホームズ　441a

れ

霊鑑寺　25a
麗景殿　237c
麗景殿尚侍　628b
麗香殿女御　624c
霊元天皇　94a 509c
零歳児保育　38b
令子内親王　424a 442c 627b
礼子内親王　281c
姈子内親王　755c
冷泉為相　774b →藤原為相
冷泉為村　37b 705c
冷泉天皇　623c 629c 632b
冷泉門　39c
• 礼成門院(藤原禧子)《れいせいもんいん》　**784b** 18c
礼成門院(孝子内親王)　549b
冷蔵庫　167a
隷属者　172b
レイノルズ、A・M　790a
レイプ《レイプ》　⇨強姦(**235b**)　421b
『礼服』(秋元松代)　11b
レイプ＝クライシス＝センター　237a
レイプ神話　421b
霊友会　268a 530c
請進鈴奏　42b
レールモントフ　253c
歴史学　371a
• 歴史教科書に見る女性像《れきしきょうかしょにみるじょせいぞう》　**784b**
歴史をひらくはじめの家　141b
れ組のごまめ　785a
Recreation and Amusement Association 1b
• レズビアン〘lesbian〙《レズビアン》　**785a**
レズビアン＆ゲイ＝パレード　785b
レタラペ　4b
• 烈女《れつじょ》　**785b**
列女伝　671b
『列女伝』　357c
『列女伝拾遺』　494b
烈婦　785b
• レディースコミック《レディースコミック》　**785c** 347a
レディース誌　785c
レビット夫人　738b
レビレート婚　278b
レポと飯炊き仕事　577a
『レ＝マンダラン』(ボーヴォワール)　659c
「レモン哀歌」(高村光太郎)　477a
蓮阿　530c
• 恋愛《れんあい》　**785c** 94b 205c 330c
• 恋愛結婚《れんあいけっこん》　**786a** 534c
恋愛結婚イデオロギー　521a 786a
恋愛賛歌　94b
恋愛至上主義　94b 785c
恋愛思想史　786b
『恋愛創生』(高群逸枝)　455c
• 『恋愛と結婚』(エレン＝ケイ)《れんあいとけっこん》　**786a** 123a 218b
『恋愛の社会的意義』(山田わか)　747c
恋愛の自由　16b 419c
恋愛論　378b 785c
恋愛論争　17c 786a
連温卿　745b
恋歌　437c
蓮華乗院　346a
蓮華心院領　585a
蓮華清浄寺　599b
蓮華智　463b
蓮月焼　104c
連合国最高司令官総司令部　168a
連合国進駐軍　430a
『連合婦人』　505b
連合婦人会　425a
連署　437a
簾中　411b
『簾中旧記』　772a
連婦　476c
練沐　197a

ろ

ろうあ婦人の家　684*b*
ロウィ、ロバート　396*b*
朗詠　221*a*
『老妓抄』(岡本かの子)　110*b*
• 老女(奥女中)《ろうじょ》　**786*c*** 121*a* 352*a*
老女　81*c* 98*b* 644*b*
「老松双鶴図」　234*b*
• 『老松堂日本行録』《ろうしょうどうにほんこうろく》　**786*c***
老女中　786*c*
老人　81*b* 81*c* 144*b* 730*c*
老人いこいの家　689*c*
老人医療費　617*a*
『老人必用養草』　164*a*
老親扶養　287*c*
老人問題《ろうじんもんだい》　⇨高齢者問題(**252*b***)
老衰隠居　68*b*
蠟燭　31*b*
• 『籠太鼓』《ろうだいこ》　**787*a*** 566*b*
労働　415*b*
労働運動　367*a* 541*a*
『労働運動』　56*b*
労働運動総合研究所　321*c*
『労働及産業』　755*a*
労働環境　367*a* 417*c*
労働慣行　754*c*
労働着　292*c* 737*a*
• 労働基準法《ろうどうきじゅんほう》　**787*c*** 132*c* 245*a* 304*a* 335*c* 417*c* 635*c* 788*a*
労働協約　335*c* 788*a*
労働組合　302*a* 367*a*
労働組合期成会　366*b*
• 労働組合婦人部《ろうどうくみあいふじんぶ》　**788*a*** 634*a* 755*a*
• 労働組合婦人部設置論争《ろうどうくみあいふじんぶせっちろんそう》　**788*b***
労働市場　414*a* 670*a*
労働者教育協会　321*c*
労働者派遣法　579*b*
労働者保護　245*b*
労働者保護立法　245*b*
労働条件　367*a* 743*a*
労働条件改善闘争　541*b*
• 労働省婦人少年局《ろうどうしょうふじんしょうねんきょく》　**788*c*** 454*a* 466*a* 537*b* 621*b* 744*c*
労働省婦人少年問題審議会　290*c* 621*b*
• 労働女塾《ろうどうじょじゅく》　**789*a*** 464*a* 510*c*
労働争議　475*c*
労働総同盟　569*c*
労働農民党　638*a*
労働婦人連盟《ろうどうふじんれんめい》　⇨無産婦人団体(**714*b***)　9*a* 714*c*
老年期　776*a*
老婆　81*c*
労務管理　99*b*
労務緊急対策要綱　362*a*
老免　68*b*
ローバトム、シーラ　70*c*
禄　156*c*
鹿苑院　777*c*
録音史料　190*a*
禄行三志《ろくぎょうさんし》　⇨食行身禄(**309*c***)　126*a* 310*a* 621*a*
六字南無右衛門　263*b* 716*b*
六尺袖　647*c*
六条院領　39*c*
六条御息所　228*c* 285*a*
『六波羅探題殿御家訓』《ろくはらたんだいどのごかくん》　⇨『北条重時家訓』(**657*c***)
六波羅蜜寺　630*a*
禄米　153*c*
• 鹿鳴館《ろくめいかん》　**789*a***
鹿鳴館時代　789*b*
露国飢饉救済婦人有志会　762*b*
ロダン　789*c*
• ロダン花子〔ヒサ〕《ロダンはなこ》　**789*b***
『六角氏式目』　649*b*
六歌仙　27*c*
六工社製糸場　517*b*
ロッパ　702*a*
六法組　120*c*
ロラン、ロマン　368*a*

わ

倭　193*b*
ワー　77*a*
• YWCA《ワイダブリューシーエー》　**790*a*** 72*c*
『YWCA』　790*b*
『わいふ』　337*c* 409*c*
ワカ　49*b*
• 和歌《わか》　**790*b*** 97*c* 209*c* 448*c* 770*c*
『わが愛する家庭』(石川武美)　43*b*
『我が愛―流れと足跡―』(石垣綾子)　43*a*
「若い先生」　355*a*
若いミセスの講座　270*c*
「若い息子」(野上弥生子)　569*b* 676*a*
『和歌往時集』　123*a*
若御局　393*a*
『若きウタリに』(バチェラー八重子)　583*c*
『若き母に語る』(村岡花子)　718*c*
若日下部命　175*b*
若草の会　785*a*
若草の宮内卿　269*c*
• 『我が子の教育』(鳩山春子)《わがこのきょういく》　**791*a*** 586*c*
『我子の性教育』(三宅やす子)　703*b*
若狭一宮　380*a*
『わが幸はわが手で』(山高しげり)　747*a*
若狭二宮　380*a*
• 若狭局《わかさのつぼね》　**791*a*** 459*a*
和歌三神　439*b*
『我が自叙伝』(鳩山春子)　586*c*
若衆　151*b* 470*c* 535*b*
若衆組　792*a*
若衆宿　717*a*
若衆歌舞伎　171*c* 470*c*
『わが住む村』(山川菊栄)　744*c*
稚武彦　121*b*
若建王　121*b*
稚渟毛二岐皇子　115*c*
若の前　386*c*
若日女尊　725*c*
『わが町・浦安』(小林トミ)　272*a*
• 若松賤子〔甲子，嘉志子〕《わかまつしずこ》　**791*b*** 68*a* 353*a* →巌本嘉志
『わが道―こころの出会い―』(藤田たき)　621*b*
• 『我が身にたどる姫君』《わがみにたどるひめぎみ》　**791*c*** 283*c*
若紫　228*c* 720*c*
• 若者組《わかものぐみ》　**792*a*** 717*a* 773*a*
若者中　792*a*
『若者と娘をめぐる民俗』(瀬川清子)　420*a*
若者仲間　716*c*
若者宿　717*a*
• 若山喜志子〔喜志〕《わかやまきしこ》　**792*b***
『若山喜志子全歌集』　792*b*
若山セツコ　5*a*
若山牧水　792*b*
• 別れの御櫛《わかれのおぐし》　**792*b***
『別れの儀式』(ボーヴォワール)　660*a*
「別れのブルース」　29*c*
「わかれ道」(樋口一葉)　598*c*
若連中　792*a*
和奸　236*a*
『和漢婦人養草』　642*a*
脇差　268*a*
脇田晴子　98*a* 371*c* 372*c* 374*a*
脇能物　566*b*
『倭訓栞』　778*b*
別雷神　391*b* 467*b* 688*b*
和気郷成　32*a*
和気清麻呂　792*c*
• 和気広虫《わけのひろむし》　**792*c*** 784*c*
『和国新女鑑』　671*b*
• 『和国百女』《わこくひゃくじょ》　**793*a***
和事　171*c*
和琴　269*a*
• 和崎ハル《わざきハル》　**793*a***
鷲尾隆康　219*a*
鷲山養斎　766*c*
和州ばば　520*a*
倭人　193*b*
『早稲田文学』　671*c*
和装　764*a*

『和俗童子訓』《わぞくどうじくん》 ⇨貝原益軒(**145c**)
136b 317a 500c
わた 734b
綿売 316a 355c
和田英《わだえい》 ⇨『富岡日記』(**517b**)
「私戯曲」(田中澄江) 464c
和田古江 587c
「わたし作る人、ぼく食べる人」 68c
『私の浅草』(沢村貞子) 300a
『私の歩み―続台所の心―』(宮城タマヨ)
703a
『私の歩んだ道』(和崎ハル) 793a
『私のいいふりこき人生』(淡谷のり子)
29c
『私の一代の思い出―クスクップオルシベー』(砂沢クラ) 407b
『私の受けた家庭教育』(羽仁説子) 588b
『わたしの回想』(近藤真柄) 280c
『わたしの更年期事情』 250c
• 『わたしの「女工哀史」』(高井としを)《わたしのじょこうあいし》 **793a**
『私の爪あと』(石垣綾子) 43a
『私の東京地図』(佐多稲子) 295b
『私の花物語』(壺井栄) 588a
「私の半生」(幸田延) 248c
『わたしのランターン』(河井道) 181c
「私の履歴書」(田中絹代) 464b
「私は生きる」(平林たい子) 610a
『私は中国の兵隊だつた』(春野鶴子)
592a
「私は古い女です」(堀保子) 670c
渡瀬羽林 123a
• 綿摘《わたつみ》 **793b**
和田とみ 251c
渡辺華山 463b 468a
• 渡辺和子《わたなべかずこ》 **793b**
渡辺鼎 439a
• 渡辺喜美江《わたなべきみえ》 **793c**
• 渡辺多恵子《わたなべたえこ》 **793c** 306b 618c
渡辺紀 341c
渡辺辰五郎 202c
• 渡辺千恵子《わたなべちえこ》 **794a** 231c
渡辺登 341c
渡辺筆子 493a
渡辺政之輔 475a 788c
渡辺素一 353c
渡辺よし 260a
渡部義通 619a 695c
和田肇 29c
和田義盛 518c
度会氏 46c 248c
度会園 341b
ワット隆子 12b
和同開珎 232b
罠猟 415b
和珥臣日爪 156a
和珥臣日触 156a
和風諡号 731b
和服 140b 764a
和平 418b
和洋裁縫伝習所 202c
「笑大全」 703c
藁草履 437c
ワラハ 794c
童 253c 478b 535a
童女御覧 266a
『わらはの思ひ出』(福田英子) 617c
童頭 704b
• 『妾の半生涯』(福田英子)《わらわのはんせいがい》 **794a**
617c 721a
童舞 478c 535a
悪口 589b
『われ過ぎし日に―哀しき女優の告白―』
(志賀暁子) 309c
『吾木香』(三ヶ島葭子) 688b
『我ら大正っ子』 677a
我等の家 609c
• わわしい女《わわしいおんな》 **794b**
『わわしい女たち―狂言・御伽草子にみる庶民像―』(もろさわようこ) 141b
汪精衛 367b
ワンテーマコミック 785c
ワンピース 764a

を

をうな 98c
ヲトコ 468c 794c
• をとめ〘ヲトメ，少女，美人，娘子，媛女，童女，稚女，嬢子，嬢女〙《をとめ》
794c 469a
ヲトメドモ 794c
ヲトメラ 794c
をみな〘ヲミナ〙 98b 794c
童女君 460b
をんな 98c

分 類 項 目 表

〈凡　例〉

1．この項目表は，『日本女性史大辞典』の項目を，〔人名・神名〕〔書籍・史料〕〔事項〕の３分類に分けたものである．なお，〔書籍・史料〕については，内容により「前近代」と「近現代」の２つに，〔事項〕は「前近代」「近現代」「民俗」「アイヌ」「琉球・沖縄」の５つに分けた．ここでの近現代はおおむね明治以後とした．また，「アイヌ」「琉球・沖縄」には時代を超えた内容（民俗等）のものを収め，近現代にかかる当該項目は〔事項〕―近現代―に収めた．

2．分類のおおよその基準は，以下のとおりである．

人名・神名　実在人物・架空人物・家名，記紀神話・アイヌ・琉球などの神名

書籍・史料　典籍・文書・記録・金石文，絵巻・絵図・地図，教典，歌集，能・狂言・浄瑠璃，物語，小説，叢書，雑誌，論文，映画・テレビ番組，前近代の法律書など（条約，近現代の法令などは〔事項〕に分類）

事　　項　上記以外のもの，および人名・史料などの名数

3．配列は本文の項目に準じた．

4．カラ見出しは除いた．

5．記号「*」は各時代の共通項目を示し，同名の項目についてはその分野を括弧内に注記した．

6．併せて末尾に共通項目の一覧を掲載した．

〔人 名・神 名〕

愛護若《あいごのわか》
愛新覚羅浩《あいしんかくらひろ》
葵の上《あおいのうえ》
青海夫人勾子《あおみのおおとじまがりこ》
青山なを《あおやまなを》
赤井尼《あかいのあま》
赤染衛門《あかぞめえもん》
県犬養姉女《あがたいぬかいのあねめ》
県犬養橘宿禰三千代《あがたいぬかいのたちばなのすくねみちよ》
県犬養広刀自《あがたいぬかいのひろとじ》
県犬養八重《あがたいぬかいのやえ》
県造奈爾毛売《あがたのみやつこなにもめ》
赤松明子《あかまつあきこ》
赤松常子《あかまつつねこ》
秋元松代《あきもとまつよ》
飽田女《あくため》
揚巻《あげまき》
浅井作《あさいさく》
浅賀ふさ《あさかふさ》
旭姫《あさひひめ》
足利義氏の娘《あしかがよしうじのむすめ》
按察使局《あぜちのつぼね》
吾田媛《あたひめ》
阿茶局《あちゃのつぼね》
跡見花蹊《あとみかけい》
穴穂部間人皇女《あなほべのはしひとのひめみこ》
阿野廉子《あのれんし》
阿仏尼《あぶつに》
安部磯雄《あべいそお》
阿倍古美奈《あべのこみな》
アペフチカムイ《アペフチカムイ》
天照大神《あまてらすおおみかみ》
天野藤男《あまのふじお》
天鈿女命《あめのうずめのみこと》
荒木郁《あらきいく》
荒木田麗《あらきだれい》
有井諸九《ありいしょきゅう》
有吉佐和子《ありよしさわこ》
在原業平《ありわらのなりひら》
粟田諸姉《あわたのもろね》
粟凡若子《あわのおおしのわくご》
阿波局《あわのつぼね》
阿波内侍《あわのないし》
淡谷のり子《あわやのりこ》
安嘉門院《あんかもんいん》
安嘉門院左衛門督局《あんかもんいんのさえもんのかみのつぼね》
安嘉門院宣旨局《あんかもんいんのせんじのつぼね》
安嘉門院内侍局《あんかもんいんのないしのつぼね》
安喜門院《あんきもんいん》
安寿と厨子王《あんじゅとずしおう》
安祥院《あんしょういん》
安禅寺宮芳苑恵春《あんぜんじのみやほうえんえしゅん》
安藤照《あんどうてる》
井伊次郎法師直虎《いいじろうほっしなおとら》
飯高宿禰諸高《いいたかのすくねもろたか》
飯豊青《いいとよのあお》
五百井女王《いおいのじょおう》
五百重娘《いおえのいらつめ》
伊福吉部徳足比売《いおきべのとこたりひめ》
猪飼華子《いかいはなこ》
伊賀氏《いがし》
五十嵐波間藻《いがらしはまも》
生江家道女《いくえのいえみちめ》
生田長江《いくたちょうこう》
生田花世《いくたはなよ》
郁芳門院《いくほうもんいん》
池津媛《いけつひめ》
池玉瀾《いけのぎょくらん》
池禅尼《いけのぜんに》
伊佐奈伎命・伊佐奈美命《いざなぎのみこと・いざなみのみこと》
石井花子《いしいはなこ》
石垣綾子《いしがきあやこ》
石川たき《いしかわたき》
石川武美《いしかわたけよし》
石川郎女《いしかわのいらつめ》

分類項目表

石川邑婆《いしかわのおおば》
石凝姥《いしこりどめ》
石阪美那子《いしざかみなこ》
石崎ナカ《いしざきナカ》
石姫皇女《いしひめのひめみこ》
石六の妻《いしろくのつま》
和泉式部《いずみしきぶ》
出雲阿国《いずものおくに》
伊勢《いせ》
井関隆子《いせきたかこ》
伊勢大輔《いせのおおすけ》
石上露子《いそのかみつゆこ》
磯禅師《いそのぜんじ》
磯村春子《いそむらはるこ》
居初津奈《いそめつな》
市川源三《いちかわげんぞう》
市川房枝《いちかわふさえ》
一井倭文子《いちのいしずこ》
市原多代《いちはらたよ》
市姫《いちひめ》
井手文子《いでふみこ》
伊藤朝子《いとうあさこ》
伊藤野枝《いとうのえ》
伊藤ルイ《いとうルイ》
伊都内親王《いとないしんのう》
稲垣つる女《いながきつるじょ》
稲置丁女《いなきをみな》
因幡国造浄成女《いなばのくにのみやつこきよなりめ》
因幡八上采女《いなばのやがみのうねめ》
犬女《いぬめ》
井上通女《いのうえつうじょ》
井上伝《いのうえでん》
井上内親王《いのうえないしんのう》
井上秀《いのうえひで》
井上八千代《いのうえやちよ》
伊波普猷《いはふゆう》
李方子《イパンジャ》
井深八重《いぶかやえ》
今井歌子《いまいうたこ》
今出川院近衛《いまでがわいんのこのえ》
今参局《いままいりのつぼね》
祝緒《いわいお》
磐隈皇女《いわくまのひめみこ》
岩倉久子《いわくらひさこ》
岩崎盈子《いわさきえいこ》
いわさきちひろ《いわさきちひろ》
岩佐由子《いわさよしこ》
石竜比売命《いわたつひめのみこと》
岩野清子《いわのきよこ》
磐之媛《いわのひめ》
巌本善治《いわもとぜんじ》
巌本真理《いわもとまり》
殷富門院《いんぷもんいん》
殷富門院大輔《いんぷもんいんのおおすけ》
Ethel B. Weed《ウィード、エセル＝ビー》
植木枝盛《うえきえもり》
上田甲斐子《うえだかいこ》
上田琴風《うえだきんぷう》

上田瑚璉《うえだこれん》
上村松園《うえむらしょうえん》
植村季野《うえむらすえの》
植村環《うえむらたまき》
浮舟《うきふね》
右京大夫《うきょうのだいぶ》
潮田千勢子《うしおだちせこ》
牛窪ふみ子《うしくぼふみこ》
歌川芳女《うたがわよしじょ》
歌川芳玉《うたがわよしたま》
歌川芳鳥《うたがわよしとり》
有智子内親王《うちこないしんのう》
内田こてる《うちだこてる》
菟原処女《うないおとめ》
海上安是之嬢子《うなかみのあぜのいらつめ》
宇野千代《うのちよ》
馬内侍《うまのないし》
梅枝《うめがえ》
梅川《うめがわ》
梅田千代《うめだちよ》
梅津《うめづ》
梅津萩子《うめづはぎこ》
瓜生岩《うりゅういわ》
瓜生繁子《うりゅうしげこ》
英勝院《えいしょういん》
永福門院《えいふくもんいん》
栄耀尼《えいように》
江上トミ《えがみトミ》
絵島《えじま》
恵信尼《えしんに》
江田かつ《えだかつ》
榎本星布《えのもとせいふ》
兄媛・弟媛・呉織・穴織《えひめ・おとひめ・くれはとり・あやはとり》
江馬細香《えまさいこう》
江馬三枝子《えまみえこ》
右衛門佐局《えもんのすけのつぼね》
江利チエミ《えりチエミ》
円光院《えんこういん》
円地文子《えんちふみこ》
お愛の方《おあいのかた》
お市の方《おいちのかた》
お伊万の方《おいまのかた》
阿保良姫《おうらひめ》
お栄《おえい》
お江与の方《おえよのかた》
大石順教《おおいしじゅんきょう》
大石りく《おおいしりく》
大江スミ《おおえスミ》
大神杜女《おおがのもりめ》
正親町町子《おおぎまちまちこ》
大木よね《おおきよね》
大伯皇女《おおくのひめみこ》
大蔵卿局《おおくらきょうのつぼね》
大宜都比売《おおげつひめ》
大崎《おおさき》
大沢豊子《おおさわとよこ》
凡貞刀自《おおしのさだとじ》
大城カメ《おおしろカメ》

大須賀さと子《おおすがさとこ》
大関和《おおぜきちか》
大田垣蓮月《おおたがきれんげつ》
大田皇女《おおたのひめみこ》
大田洋子《おおたようこ》
大田蘭香《おおたらんこう》
大塚楠緒子《おおつかくすおこ》
大月源《おおつきげん》
大妻コタカ《おおつまコタカ》
大伴小手子《おおとものおてこ》
大伴坂上郎女《おおとものさかのうえのいらつめ》
大伴坂上大嬢《おおとものさかのうえのおおいらつめ》
大伴田村大嬢《おおとものたむらのおおいらつめ》
大友よふ《おおともよふ》
大汝《おおなむじ》
大野仲仟《おおののなかち》
大橋巻子《おおはしまきこ》
大場美佐《おおばみさ》
大原富枝《おおはらとみえ》
大原幽学《おおはらゆうがく》
大姫《おおひめ》
大宮院《おおみやいん》
大宮局《おおみやのつぼね》
大山捨松《おおやますてまつ》
岡田姑女《おかだのおばめ》
岡田嘉子《おかだよしこ》
岡見京子《おかみけいこ》
岡本かの子《おかもとかのこ》
小川直子《おがわなおこ》
荻野吟子《おぎのぎんこ》
小口みち子《おぐちみちこ》
奥原晴湖《おくはらせいこ》
奥むめお《おくむめお》
奥村五百子《おくむらいおこ》
奥村喜三郎《おくむらきさぶろう》
奥村つね《おくむらつね》
小倉ミチヨ《おぐらミチヨ》
小倉遊亀《おぐらゆき》
小栗《おぐり》
尾崎局《おざきのつぼね》
尾崎翠《おざきみどり》
押小路甫子《おしこうじなみこ》
忍坂大中姫《おしさかのおおなかつひめ》
おたあジュリア《おたあジュリア》
小田宅子《おだいえこ》
於大の方《おだいのかた》
織田信長の叔母《おだのぶながのおば》
織田瑟々《おだひつひつ》
越智家栄の妻《おちいえひでのつま》
小槻山君広虫《おつきのやまのきみひろむし》
オッケニ《オッケニ》
お伝の方《おでんのかた》
弟橘媛《おとたちばなひめ》
乙前《おとまえ》
乙羽信子《おとわのぶこ》
*おなり神《おなりがみ》
小野通《おのつう》
小野寺百合子《おのでらゆりこ》

小野小町《おののこまち》
お初《おはつ》
美女媛《おみなひめ》
お美代の方《おみよのかた》
織田ステ《おりたステ》
恩田和子《おんだかずこ》
恩地トミ《おんちトミ》
恩納なべ《おんななべ》
愷子内親王《がいしないしんのう》
貝谷八百子《かいたにやおこ》
貝原益軒《かいばらえきけん》
貝原東軒《かいばらとうけん》
甲斐姫《かいひめ》
嘉悦孝子《かえつたかこ》
加賀千代《かがのちよ》
鏡王女《かがみのおうじょ》
香川綾《かがわあや》
香川氷仙女《かがわひょうせんじょ》
鍵谷カナ《かぎやカナ》
覚信尼《かくしんに》
郭をとみ《かくをとみ》
笠置シヅ子《かさぎしづこ》
笠命婦《かさのみょうぶ》
笠森お仙《かさもりおせん》
柏原りよ《かしわばらりよ》
春日局《かすがのつぼね》
春日山田皇女《かすがのやまだのひめみこ》
和宮《かずのみや》
荷田蒼生子《かだのたみこ》
交野女王《かたののじょおう》
香月啓益《かつきけいえき》
勝目テル《かつめテル》
加藤シヅエ《かとうシヅエ》
加藤みどり《かとうみどり》
金子文子《かねこふみこ》
金子みすゞ《かねこみすず》
鎌田正清の母・娘《かまたまさきよのはは・むすめ》
神近市子《かみちかいちこ》
上野佐位朝臣老刀自《かみつけぬのさいのあそんおいとじ》
上毛野君形名の妻《かみつけののきみかたなのつま》
髪長媛《かみながひめ》
神山ハナ《かみやまハナ》
神谷美恵子《かみやみえこ》
神夏磯媛《かむなつそひめ》
亀井少栞《かめいしょうきん》
亀菊《かめぎく》
亀前《かめのまえ》
亀姫《かめひめ》
亀屋五位女《かめやごいめ》
鴨居羊子《かもいようこ》
蒲生娘子《がもうのおとめ》
鴨君粳売《かものきみぬかめ》
賀茂真淵の妻《かものまぶちのつま》
高陽院《かやのいん》
カリフォルニアおけい《カリフォルニアおけい》
借馬秋庭女《かりまのあきばめ》
狩谷たか女《かりやたかじょ》
川合小梅《かわいこうめ》

河合智月《かわいちげつ》
河井道《かわいみち》
川上貞奴《かわかみさだやっこ》
河上芳子《かわかみよしこ》
川喜多かしこ《かわきたかしこ》
河崎なつ《かわさきなつ》
川島芳子《かわしまよしこ》
河原操子《かわはらみさこ》
願証尼《がんしょうに》
ガントレット恒《ガントレットつね》
金成マツ《かんなりマツ》
管野すが《かんのすが》
菅内侍《かんのないし》
樺美智子《かんばみちこ》
紀伊局《きいのつぼね》
木内キヤウ《きうちきょう》
祇王・祇女《ぎおう・ぎじょ》
祇園女御《ぎおんのにょうご》
菊池袖子《きくちそでこ》
菊池民子《きくちたみこ》
岸田俊子《きしだとしこ》
宜秋門院《ぎしゅうもんいん》
宜秋門院丹後《ぎしゅうもんいんのたんご》
Mary Eddy Kidder《キダー、メアリー＝エディ》
北川殿《きたがわどの》
北村兼子《きたむらかねこ》
北村季吟《きたむらきぎん》
北村サヨ《きたむらサヨ》
木戸松子《きどまつこ》
吉備姫王《きびつひめのおおきみ》
吉備内親王《きびないしんのう》
吉備由利《きびのゆり》
金学順 Kim Hak-sun《キムハクスン》
木村曙《きむらあけぼの》
木村熊二《きむらくまじ》
木村五位女《きむらごいめ》
木村鐙《きむらとう》
木村松代《きむらまつよ》
教勝《きょうしょう》
卿二位《きょうのにい》
清原マリア《きよはらマリア》
清原雪信《きよはらゆきのぶ》
Sharlotte Perkins Gilman《ギルマン、シャーロット＝パーキンズ》
きんさん・ぎんさん《きんさん・ぎんさん》
クーデンホフ光子《クーデンホフみつこ》
玖賀媛《くがひめ》
奇稲田姫《くしいなだひめ》
櫛田ふき《くしだふき》
九条院《くじょういん》
九条武子《くじょうたけこ》
楠瀬喜多《くすのせきた》
楠本イネ《くすもとイネ》
楠本たき《くすもとたき》
百済王慶命《くだらのこにきしきょうみょう》
百済王明信《くだらのこにきしみょうしん》
沓掛なか子《くつかけなかこ》
九津見房子《くつみふさこ》
国島勢以《くにしませい》

久布白落実《くぶしろおちみ》
久保山すず《くぼやますず》
久米愛《くめあい》
久米舎人妹女《くめのとねりいもめ》
久米若売《くめのわかめ》
倉塚曄子《くらつかあきこ》
栗島すみ子《くりしますみこ》
栗原イネ《くりはらイネ》
栗下女王《くりもとのじょおう》
黒沢登幾《くろさわとき》
黒田チカ《くろだチカ》
黒田土佐子《くろだとさこ》
黒鳶式部《くろとびしきぶ》
黒御子《くろみこ》
Ellen Key《ケイ、エレン》
慶光院《けいこういん》
渓山《けいざん》
慶寿院《けいじゅいん》
桂昌院《けいしょういん》
慶宝尼《けいほうに》
袈裟《けさ》
月華門院《げっかもんいん》
潔子内親王《けっしないしんのう》
華陽院《けよういん》
化粧坂少将《けわいざかのしょうしょう》
建春門院《けんしゅんもんいん》
建春門院中納言《けんしゅんもんいんのちゅうなごん》
元正天皇《げんしょうてんのう》
玄任の妻《げんにんのつま》
元明天皇《げんみょうてんのう》
建礼門院《けんれいもんいん》
建礼門院右京大夫《けんれいもんいんのうきょうのだいぶ》
小池池旭《こいけちきょく》
小泉節子《こいずみせつこ》
皇嘉門院《こうかもんいん》
皇嘉門院別当《こうかもんいんのべっとう》
広義門院《こうぎもんいん》
皇極天皇《こうぎょくてんのう》
高厳院《こうげんいん》
孝謙天皇《こうけんてんのう》
香淳皇后《こうじゅんこうごう》
幸蔵主《こうぞうす》
幸田文《こうだあや》
高台院《こうだいいん》
幸田延《こうだのぶ》
勾当内侍《こうとうのないし》
幸徳千代子《こうとくちよこ》
光明皇后《こうみょうこうごう》
高良とみ《こうらとみ》
小金井喜美子《こがねいきみこ》
小督局《こごうのつぼね》
小宰相《こざいしょう》
後桜町天皇《ごさくらまちてんのう》
小式部内侍《こしきぶのないし》
小侍従《こじじゅう》
小少将《こしょうしょう》
小大進《こだいじん》
小谷喜美《こたにきみ》

五島美代子《ごとうみよこ》
後鳥羽院宮内卿《ごとばいんのくないきょう》
木花開耶姫《このはなさくやひめ》
小橋三四《こばしみよ》
小林トミ《こばやしトミ》
後深草院二条《ごふかくさいんのにじょう》
後深草院弁内侍《ごふかくさいんのべんのないし》
小見山富恵《こみやまとみえ》
Mary Helena Cornwall Leigh《コンウォール＝リー、メアリ＝ヘレナ》
近藤真柄《こんどうまがら》
斎宮女御《さいぐうのにょうご》
三枝斐子《さいぐさあやこ》
税所敦子《さいしょあつこ》
斎藤百合《さいとうゆり》
堺為子《さかいためこ》
坂西志保《さかにしほ》
坂根田鶴子《さかねたづこ》
酒人内親王《さかひとないしんのう》
相模《さがみ》
坂本乙女《さかもとおとめ》
坂本真琴《さかもとまこと》
坂本竜《さかもとりょう》
桜井ちか《さくらいちか》
佐子局《さこのつぼね》
佐々木禎子《ささきさだこ》
佐々城豊寿《ささきとよじゅ》
佐多稲子《さたいねこ》
薩妙観《さつみょうかん》
狭野弟上娘子《さののおとがみのおとめ》
左夫流児《さぶるこ》
寒河尼《さむかわのあま》
沢田美喜《さわだみき》
沢村貞子《さわむらさだこ》
沢柳政太郎《さわやなぎまさたろう》
Margaret Sanger《サンガー、マーガレット》
三勝《さんかつ》
桟敷よし子《さんじきよしこ》
三条尹子《さんじょうただこ》
三条西家の家妻たち《さんじょうにしけのいえづまたち》
三田花朝《さんだかちょう》
三瓶孝子《さんぺいたかこ》
三幡《さんまん》
志斐嫗《しいのおみな》
慈音尼兼葭《じおんにけんか》
志賀暁子《しがあきこ》
食行身禄《じきぎょうみろく》
式子内親王《しきしないしんのう》
重井しげ子《しげいしげこ》
璽光尊《じこうそん》
宍戸隆家の嫡女《ししどたかいえのちゃくじょ》
四条宮下野《しじょうのみやのしもつけ》
静御前《しずかごぜん》
慈善《じぜん》
七条院《しちじょういん》
持統天皇《じとうてんのう》
紫白女《しはくじょ》
斯波園女《しばそのめ》
柴田道子《しばたみちこ》
柴原浦子《しばはらうらこ》
ジプシー＝ローズ《ジプシー＝ローズ》
渋谷重員の妻《しぶやしげかずのつま》
渋谷黎子《しぶやれいこ》
嶋津千利世《しまづちとせ》
島津治子《しまづはるこ》
島マス《しまマス》
島本久恵《しまもとひさえ》
清水郁子《しみずいくこ》
清水慶子《しみずけいこ》
清水豊子《しみずとよこ》
持明院基子《じみょういんもとこ》
下田歌子《しもだうたこ》
ジャガタラお春《ジャガタラおはる》
秋色女《しゅうしきじょ》
寿桂尼《じゅけいに》
修明門院《しゅめいもんいん》
Olive Schreiner《シュライナー、オリーヴ》
春華門院《しゅんかもんいん》
俊成卿女《しゅんぜいきょうのむすめ》
正栄尼《しょうえいに》
松旭斎天勝《しょうきょくさいてんかつ》
昭訓門院《しょうくんもんいん》
昭憲皇太后《しょうけんこうたいごう》
浄光院殿《じょうこういんでん》
上西門院《じょうさいもんいん》
上西門院兵衛《じょうさいもんいんのひょうえ》
正子内親王《しょうしないしんのう》
祥子内親王《しょうしないしんのう》
頌子内親王《しょうしないしんのう》
松寿院《しょうじゅいん》
上代たの《じょうだいたの》
上東門院《じょうとうもんいん》
城ノブ《じょうノブ》
承明門院《しょうめいもんいん》
白石艶子《しらいしつやこ》
白糸《しらいと》
白《しろ》
新上東門院《しんじょうとうもんいん》
信勝尼《しんしょうに》
信徳丸《しんとくまる》
信如《しんにょ》
真範《しんぱん》
深妙《しんみょう》
親鸞《しんらん》
推古天皇《すいこてんのう》
崇賢門院《すうけんもんいん》
末摘花《すえつむはな》
周防内侍《すおうのないし》
酢香手姫皇女《すかてひめのひめみこ》
杉谷つも《すぎたにつも》
杉田久女《すぎたひさじょ》
杉野芳子《すぎのよしこ》
杉村キナラブック《すぎむらキナラブック》
杉村春子《すぎむらはるこ》
鈴木ヨネ《すずきヨネ》
須勢理毘売《すせりびめ》
須田春子《すだはるこ》
砂沢クラ《すなざわクラ》
住井すゑ《すみいすえ》
Sarah Clara Smith《スミス、サラ＝クララ》
炭谷小梅《すみやこうめ》
清少納言《せいしょうなごん》
清心尼《せいしんに》
瀬川清子《せがわきよこ》
関口裕子《せきぐちひろこ》
摂津《せっつ》
瀬沼夏葉《せぬまかよう》
選子内親王《せんしないしんのう》
千手前《せんじゅのまえ》
善信尼《ぜんしんに》
善徳女王・真徳女王《ぜんとくじょおう・しんとくじょおう》
善日女《ぜんにちにょ》
千姫《せんひめ》
宣陽門院《せんようもんいん》
宋家の三姉妹《そうけのさんしまい》
藻壁門院《そうへきもんいん》
相馬黒光《そうまこっこう》
曾我祐信の妻《そがすけのぶのつま》
蘇我遠智娘《そがのおちのいらつめ》
蘇我堅塩媛《そがのきたしひめ》
衣通郎姫《そとおりのいらつめ》
待賢門院《たいけんもんいん》
待賢門院加賀《たいけんもんいんのかが》
待賢門院中納言《たいけんもんいんのちゅうなごん》
待賢門院土佐《たいけんもんいんのとさ》
待賢門院堀河《たいけんもんいんのほりかわ》
大弐三位《だいにのさんみ》
大弐局《だいにのつぼね》
当麻山背《たいまのやましろ》
平時子《たいらのときこ》
平盛子《たいらのもりこ》
田内千鶴子《たうちちずこ》
高尾《たかお》
高岡智照《たかおかちしょう》
高倉寿子《たかくらかずこ》
高階貴子《たかしなのきし》
高須久子《たかすひさこ》
高田なほ子《たかだなおこ》
高田ユリ《たかだユリ》
高津内親王《たかつないしんのう》
竹野女王《たかのじょおう》
高野新笠《たかののにいがさ》
高橋くら子《たかはしくらこ》
高橋千代《たかはしちよ》
高橋伝《たかはしでん》
高橋展子《たかはしのぶこ》
高橋瑞子《たかはしみずこ》
高畠式部《たかばたけしきぶ》
高松院《たかまついん》
田上菊舎《たがみきくしゃ》
高御魂神《たかみむすひのかみ》
高村智恵子《たかむらちえこ》
高群逸枝《たかむれいつえ》
高山たつ《たかやまたつ》
高山盈《たかやまみつ》

財首三気女《たからのおびとみけめ》
滝沢馬琴《たきざわばきん》
滝沢路《たきざわみち》
託基皇女《たきのひめみこ》
竹井二三子《たけいふみこ》
竹内茂代《たけうちしげよ》
竹越竹代《たけこしたけよ》
竹崎順子《たけさきじゅんこ》
竹中繁《たけなかしげ》
竹御所《たけのごしょ》
竹久夢二《たけひさゆめじ》
建部千継《たけべのちつぐ》
多治比文子《たじひのあやこ》
但馬皇女《たじまのひめみこ》
田島ひで《たじまひで》
手白香皇女《たしらかのひめみこ》
只野真葛《ただのまくず》
橘大郎女《たちばなのおおいらつめ》
橘嘉智子《たちばなのかちこ》
橘古那可智《たちばなのこなかち》
立原春沙《たちはらしゅんさ》
談天門院《だってんもんいん》
帯刀貞代《たてわきさだよ》
田中絹代《たなかきぬよ》
田中澄江《たなかすみえ》
田中寿美子《たなかすみこ》
田中孝子《たなかたかこ》
田中真人広虫女《たなかのまひとひろむしめ》
棚橋絢子《たなはしあやこ》
田辺繁子《たなべしげこ》
谷野せつ《たにのせつ》
たまがき《たまがき》
玉城オト《たまきオト》
珠名娘子《たまなのおとめ》
玉依日売《たまよりひめ》
田村梶子《たむらかじこ》
田村俊子《たむらとしこ》
丹後局《たんごのつぼね》
丹野セツ《たんのセツ》
秋瑾 Qiu Jin《チウヂン》
近松門左衛門《ちかまつもんざえもん》
智観上人《ちかんしょうにん》
千野香織《ちのかおり》
千葉佐那《ちばさな》
奝然の母《ちょうねんのはは》
知里幸恵《ちりゆきえ》
塚本ハマ《つかもとハマ》
舂米女王《つきしねのじょおう》
築山殿《つきやまどの》
筑紫娘子《つくしのおとめ》
柘植アイ《つげアイ》
津崎矩子《つざきのりこ》
津田梅子《つだうめこ》
津田治子《つだはるこ》
津田真道《つだまみち》
土屋斐子《つちやあやこ》
経信母《つねのぶのはは》
壺井栄《つぼいさかえ》

露姫《つゆひめ》
Mary T. True《ツルー、メアリ＝ティ》
貞心尼《ていしんに》
貞明皇后《ていめいこうごう》
出口なお《でぐちなお》
手島堵庵《てしまとあん》
寺沢国子《てらさわくにこ》
寺田屋登勢《てらだやとせ》
天璋院《てんしょういん》
田捨女《でんすてじょ》
道鏡《どうきょう》
道元《どうげん》
洞松院尼《とうしょういんに》
唐人お吉《とうじんおきち》
東福門院《とうふくもんいん》
十市皇女《とおちのひめみこ》
戸叶里子《とかのさとこ》
常盤御前《ときわごぜん》
徳大寺維子《とくだいじふさこ》
徳永恕《とくながゆき》
徳姫《とくひめ》
土田御前《どたごぜん》
冨井於菟《とみいおと》
富本一枝《とみもとかずえ》
巴御前《ともえごぜん》
豊鍬入姫《とよすきいりひめ》
豊玉姫《とよたまひめ》
虎御前㈠《とらごぜん》
虎御前㈡《とらごぜん》
内藤充真院《ないとうじゅうしんいん》
内藤ジュリア《ないとうジュリア》
中島歌子《なかじまうたこ》
中島連大刀自古《なかじまのむらじおおとじこ》
永島暢子《ながしまようこ》
仲宗根貞代《なかそねさだよ》
永田美那子《ながたみなこ》
中務《なかつかさ》
中務大輔の娘《なかつかさのたいふのむすめ》
長沼妙佼《ながぬまみょうこう》
中野袈裟《なかのけさ》
中野竹子《なかのたけこ》
中原親能の妻《なかはらちかよしのつま》
中村いと《なかむらいと》
中村汀女《なかむらていじょ》
中村久子《なかむらひさこ》
中村正直《なかむらまさなお》
中山績子《なかやまいさこ》
長山宵子《ながやましょうこ》
中山マサ《なかやまマサ》
中山みき《なかやまみき》
中山三屋《なかやまみや》
成瀬維佐子《なるせいさこ》
成瀬仁蔵《なるせじんぞう》
根神《にいがん》
新島八重《にいじまやえ》
新妻イト《にいづまイト》
二階堂トクヨ《にかいどうトクヨ》
西川文子《にしかわふみこ》

西清子《にしきよこ》
錦部河内《にしごりのかわち》
西谷さく《にしたにさく》
西田ハル《にしだハル》
西八条禅尼《にしはちじょうぜんに》
西村桜東洋《にしむらおとよ》
西村美須《にしむらみす》
二条院讃岐《にじょういんのさぬき》
二条姫君《にじょうひめぎみ》
日蓮《にちれん》
二宮ふみ《にのみやふみ》
如音尼《にょおんに》
如来教教祖喜之《にょらいきょうきょうそきの》
庭田嗣子《にわたつぎこ》
額田王《ぬかたのおおきみ》
沼河比売《ぬなかわひめ》
沼田香雪《ぬまたこうせつ》
沼野みね《ぬまのみね》
野上弥生子《のがみやえこ》
乃木静子《のぎしずこ》
野口幽香《のぐちゆか》
野坂竜《のさかりょう》
野中婉《のなかえん》
野村望東尼《のむらぼうとうに》
Isabella Lucy Bird Bishop《バード＝ビショップ、イザベラ＝ルーシー》
萩原タケ《はぎわらタケ》
間人皇女《はしひとのひめみこ》
橋本テクラ《はしもとテクラ》
長谷川時雨《はせがわしぐれ》
長谷川テル《はせがわテル》
長谷川町子《はせがわまちこ》
波多野秋子《はたのあきこ》
波多野勤子《はたのいそこ》
バチェラー八重子《バチェラーやえこ》
八条院《はちじょういん》
八条院三位局《はちじょういんのさんみのつぼね》
八条院高倉《はちじょういんのたかくら》
鳩山薫《はとやまかおる》
鳩山春子《はとやまはるこ》
羽鳥一紅《はとりいっこう》
華岡加恵《はなおかかえ》
花木チサヲ《はなきチサヲ》
羽仁説子《はにせつこ》
羽仁もと子《はにもとこ》
林歌子《はやしうたこ》
林芙美子《はやしふみこ》
速津媛《はやつひめ》
原阿佐緒《はらあさお》
原采蘋《はらさいひん》
春野鶴子《はるのつるこ》
板額《はんがく》
班子女王《はんしじょおう》
稗田阿礼《ひえだのあれ》
日尾邦子《ひおくにこ》
日尾直子《ひおなおこ》
檜垣嫗《ひがきのおうな》
東三条院《ひがしさんじょういん》
東御方《ひがしのおんかた》

東山千栄子《ひがしやまちえこ》
東山女房《ひがしやまにょうぼう》
干刈あがた《ひかりあがた》
光源氏《ひかるげんじ》
引田部赤猪子《ひきたべのあかいこ》
比企尼《ひきのあま》
樋口一葉《ひぐちいちよう》
久松喜世子《ひさまつきよこ》
土方梅子《ひじかたうめこ》
菱田縫子《ひしだぬいこ》
美女御前《びじょごぜん》
人見絹枝《ひとみきぬえ》
ヒヌカン《ヒヌカン》
日野重子《ひのしげこ》
日野富子《ひのとみこ》
日野宣子《ひののぶこ》
日野康子《ひのやすこ》
美福門院《びふくもんいん》
卑弥呼《ひみこ》
百太夫《ひゃくたゆう》
百万《ひゃくまん》
平岡初枝《ひらおかはつえ》
平田ノブ《ひらたノブ》
平塚らいてう《ひらつからいちょう》
平林たい子《ひらばやしたいこ》
広岡浅子《ひろおかあさこ》
広瀬秋子《ひろせあきこ》
広瀬阿常《ひろせおつね》
広瀬旭荘《ひろせきょくそう》
黄信徳 Hwang Shin-dok《ファンシンドク》
深尾須磨子《ふかおすまこ》
福沢諭吉《ふくざわゆきち》
福島四郎《ふくしましろう》
福田英子《ふくだひでこ》
福永操《ふくながみさお》
藤木いち《ふじきいち》
藤田たき《ふじたたき》
藤山ハル《ふじやまハル》
藤原北夫人《ふじわらきたのふじん》
藤原明子《ふじわらのあきらけいこ》
藤原安子《ふじわらのあんし》
藤原為子㈠《ふじわらのいし》
藤原為子㈡《ふじわらのいし》
藤原胤子《ふじわらのいんし》
藤原延子㈠《ふじわらのえんし》
藤原延子㈡《ふじわらのえんし》
藤原乙牟漏《ふじわらのおとむろ》
藤原宇比良古《ふじわらのおひらこ》
藤原温子《ふじわらのおんし》
藤原穏子《ふじわらのおんし》
藤原寛子《ふじわらのかんし》
藤原貴子《ふじわらのきし》
藤原嬉子《ふじわらのきし》
藤原吉子《ふじわらのきっし》
藤原清衡の妻《ふじわらのきよひらのつま》
藤原清衡の母《ふじわらのきよひらのはは》
藤原妍子《ふじわらのけんし》
藤原賢子《ふじわらのけんし》
藤原元子《ふじわらのげんし》
藤原光子《ふじわらのこうし》
藤原佐理の娘《ふじわらのさりのむすめ》
藤原綏子《ふじわらのすいし》
藤原祐姫《ふじわらのすけひめ》
藤原娍子《ふじわらのせいし》
藤原高子《ふじわらのたかいこ》
藤原多子《ふじわらのたし》
藤原多美子《ふじわらのたみこ》
藤原千古《ふじわらのちふる》
藤原超子《ふじわらのちょうし》
藤原定子《ふじわらのていし》
藤原登子《ふじわらのとうし》
藤原時姫《ふじわらのときひめ》
藤原秀衡の妻《ふじわらのひでひらのつま》
藤原芳子《ふじわらのほうし》
藤原穆子《ふじわらのぼくし》
藤原道綱母《ふじわらのみちつなのはは》
藤原宮子《ふじわらのみやこ》
藤原明子《ふじわらのめいし》
藤原基衡の妻《ふじわらのもとひらのつま》
藤原諸久曾《ふじわらのもろくそ》
藤原道子《ふじわらみちこ》
藤原南夫人《ふじわらみなみのふじん》
布勢内親王《ふせないしんのう》
武則天《ぶそくてん》
淵沢能恵《ふちざわのえ》
Luis Frois《フロイス、ルイス》
不破内親王《ふわないしんのう》
Alice Mabel Bacon《ベーコン、アリス＝メイブル》
Maria Rosa Luna Henson《ヘンソン、マリア＝ロサ＝ルナ》
帆足みゆき《ほあしみゆき》
法阿弥陀仏《ほうあみだぶつ》
芳春院《ほうしゅんいん》
芳春院殿《ほうしゅんいんでん》
北条政子《ほうじょうまさこ》
法然《ほうねん》
Simone de Beauvoir《ボーヴォワール、シモーヌ＝ド》
何香凝 He Xiang-ning《ホーシアンニン》
何震 He Zhen《ホーヂェン》
星野あい《ほしのあい》
保春院《ほしゅんいん》
細井平洲の妻《ほそいへいしゅうのつま》
細井和喜蔵《ほそいわきぞう》
細川ガラシャ《ほそかわガラシャ》
穂積陳重とその家族《ほづみのぶしげとそのかぞく》
法提郎媛《ほていのいらつめ》
布袋屋玄了尼《ほていやげんりょうに》
仏御前《ほとけごぜん》
保良せき《ほらせき》
堀河紀子《ほりかわもとこ》
堀保子《ほりやすこ》
本院侍従《ほんいんのじじゅう》
本間久雄《ほんまひさお》
前畑秀子《まえはたひでこ》
牧瀬菊枝《まきせきくえ》
牧の方《まきのかた》
増穂残口《ますほざんこう》
松井須磨子《まついすまこ》
松井やより《まついやより》
松岡洋子《まつおかようこ》
松尾多勢子《まつおたせこ》
松下禅尼《まつしたぜんに》
松の門三艸子《まつのとみさこ》
松の丸殿《まつのまるどの》
松前ピリカ《まつまえピリカ》
松村喬子《まつむらきょうこ》
松本英子《まつもとえいこ》
松本員枝《まつもとかずえ》
松山《まつやま》
摩々尼《ままに》
真間手児名《ままのてこな》
丸岡秀子《まるおかひでこ》
丸木俊《まるきとし》
丸山千代《まるやまちよ》
三浦綾子《みうらあやこ》
三浦玄忠の妻《みうらげんちゅうのつま》
三浦環《みうらたまき》
三浦泰村の妹《みうらやすむらのいもうと》
三ヶ島葭子《みかじまよしこ》
三河内侍《みかわのないし》
三岸節子《みぎしせつこ》
三木達子《みきたつこ》
三沢初子《みさわはつこ》
水谷八重子《みずたにやえこ》
水野仙子《みずのせんこ》
三角錫子《みすみすずこ》
溝上泰子《みぞうえやすこ》
美空ひばり《みそらひばり》
三田庸子《みたつねこ》
三井寿讃《みついじゅさん》
三井殊法《みついしゅほう》
三井礼子《みついれいこ》
御名部皇女《みなべのひめみこ》
南御方《みなみのおんかた》
源潔姫《みなもとのきよひめ》
源重之の娘《みなもとのしげゆきのむすめ》
源師子《みなもとのしし》
源隆姫《みなもとのたかひめ》
源経相の妻《みなもとのつねすけのつま》
源明子《みなもとのめいし》
源倫子《みなもとのりんし》
三野狐《みののきつね》
美濃局《みののつぼね》
壬生小家主《みぶのこやかぬし》
三益愛子《みますあいこ》
宮姫《みやき》
宮城タマヨ《みやぎタマヨ》
三宅花圃《みやけかほ》
三宅やす子《みやけやすこ》
ミヤコ蝶々《ミヤコちょうちょう》
宮道列子《みやじのれっし》
宮簀媛《みやずひめ》
宮部万《みやべまん》
宮本百合子《みやもとゆりこ》
妙海尼《みょうかいに》

妙玖《みょうきゅう》
妙性《みょうしょう》
妙鱗尼《みょうりんに》
三輪田真佐子《みわたまさこ》
無外如大《むがいにょだい》
向田邦子《むこうだくにこ》
武者小路房子《むしゃのこうじふさこ》
陸奥国前采女《むつのくにのさきのうねめ》
武藤能婦子《むとうのぶこ》
宗像三女神《むなかたさんにょしん》
村岡箏《むらおかこと》
村岡花子《むらおかはなこ》
村上信彦《むらかみのぶひこ》
紫式部《むらさきしきぶ》
紫の上《むらさきのうえ》
村田静子《むらたしずこ》
村田滝子《むらたたきこ》
村山可寿江《むらやまかずえ》
牟漏女王《むろのじょおう》
明正天皇《めいしょうてんのう》
愛姫《めごひめ》
雌鳥皇女《めどりのひめみこ》
望月優子《もちづきゆうこ》
望月百合子《もちづきゆりこ》
本居宣長《もとおりのりなが》
本居美濃《もとおりみの》
森有礼《もりありのり》
森田無絃《もりたむげん》
森本都々子《もりもとつづこ》
守屋東《もりやあずま》
森律子《もりりつこ》
Lewis Henry Morgan《モルガン、ルイス＝ヘンリー》
モルガン雪《モルガンゆき》
八重姫《やえひめ》
八百屋お七《やおやおしち》
八木秋子《やぎあきこ》
八口采女鮪女《やくちのうねめしびめ》
矢島楫子《やじまかじこ》
矢島せい子《やじませいこ》
八島光《やしまみつ》
保井コノ《やすいコノ》
安井てつ《やすいてつ》
安田せい《やすだせい》
安田理貴子《やすだりきこ》
安見児《やすみこ》
梁川紅蘭《やながわこうらん》
梁川星巌《やながわせいがん》
柳兼子《やなぎかねこ》
柳田国男《やなぎたくにお》
柳原白蓮《やなぎはらびゃくれん》
柳原愛子《やなぎわらなるこ》
矢部正子《やべまさこ》
山内尼《やまうちのあま》
山上喜美恵《やまがみきみえ》
山川菊栄《やまかわきくえ》
山川登美子《やまかわとみこ》
山木大方《やまきおおかた》
山口小静《やまぐちこしず》
山崎竜女《やまざきりゅうじょ》
山下りん《やましたりん》
山田歌子《やまだうたこ》
山田音羽子《やまだおとわこ》
山田嘉吉《やまだかきち》
山高しげり《やまたかしげり》
山田女島《やまだのひめしま》
山田女《やまだめ》
山田わか《やまだわか》
倭迹迹日百襲姫命《やまとととひももそひめのみこと》
大和真子《やまとのしんし》
倭姫王《やまとひめのおおきみ》
倭姫命《やまとひめのみこと》
山梨志賀子《やまなししがこ》
山野愛子《やまのあいこ》
山内禎子《やまのうちさちこ》
山内経之の妻《やまのうちつねゆきのつま》
山内みな《やまのうちみな》
山村姉子《やまむらのあねのこ》
山室機恵子《やまむろきえこ》
山室民子《やまむろたみこ》
山本宣治《やまもとせんじ》
山本安英《やまもとやすえ》
山脇玄《やまわきげん》
山脇房子《やまわきふさこ》
山家和子《やんべかずこ》
湯浅年子《ゆあさとしこ》
湯浅尼《ゆあさのあま》
湯浅初《ゆあさはつ》
湯浅芳子《ゆあさよしこ》
遊義門院《ゆうぎもんいん》
夕霧《ゆうぎり》
柳寛順 Yu Guang-sun《ユグァンスン》
湯槇ます《ゆまきます》
熊野《ゆや》
油谷倭文子《ゆやしずこ》
夜嵐おきぬ《よあらしおきぬ》
瑶泉院《ようぜいいん》
溶姫《ようひめ》
陽明門院《ようめいもんいん》
横井玉子《よこいたまこ》
横江臣成刀自女《よこえのおみなりとじめ》
横笛《よこぶえ》
与謝野晶子《よさのあきこ》
吉岡弥生《よしおかやよい》
吉田いと《よしだいと》
吉野《よしの》
吉野みち《よしのみち》
吉見尼《よしみのあま》
吉本せい《よしもとせい》
吉屋信子《よしやのぶこ》
淀殿《よどどの》
頼静子《らいしずこ》
ラグーザ玉《ラグーザたま》
羅刹女《らせつにょ》
理延《りえん》
理願《りがん》
李香蘭《りこうらん》
Hanna Riddell《リデル、ハンナ》
了然尼《りょうねんに》
礼成門院《れいせいもんいん》
ロダン花子《ロダンはなこ》
若狭局《わかさのつぼね》
若松賤子《わかまつしずこ》
若山喜志子《わかやまきしこ》
和気広虫《わけのひろむし》
和崎ハル《わざきハル》
渡辺和子《わたなべかずこ》
渡辺喜美江《わたなべきみえ》
渡辺多恵子《わたなべたえこ》
渡辺千恵子《わたなべちえこ》

〔書籍・史料〕

—前近代—

会津農書・会津歌農書《あいづのうしょ・あいづうたのうしょ》
会津風土記・風俗帳《あいづふどき・ふうぞくちょう》
秋かぜの記《あきかぜのき》
あきみち《あきみち》
飛鳥川《あすかがわ》
吾妻鏡《あずまかがみ》
十六夜日記《いざよいにっき》
石原記《いしはらき》
石山寺縁起絵巻《いしやまでらえんぎえまき》
和泉式部日記《いずみしきぶにっき》
伊勢物語《いせものがたり》
伊勢物語絵巻《いせものがたりえまき》
一遍聖絵《いっぺんひじりえ》
今鏡《いまかがみ》
今川大双紙《いまがわおおぞうし》
今川仮名目録《いまがわかなもくろく》
浮世の有様《うきよのありさま》
浮世風呂《うきよぶろ》
宇治拾遺物語《うじしゅういものがたり》
うたたね《うたたね》
うつほ物語《うつほものがたり》
栄花物語《えいがものがたり》
絵師草紙《えしのそうし》
江戸参府旅行日記《えどさんぷりょこうにっき》

分類項目表

おあん物語《おあんものがたり》
大鏡《おおかがみ》
おきく物語《おきくものがたり》
落窪物語《おちくぼものがたり》
男衾三郎絵巻《おぶすまさぶろうえまき》
おもろ双紙《おもろそうし》
御湯殿上日記《おゆどののうえのにっき》
女今川操鑑《おんないまがわみさおかがみ》
女鏡秘伝書《おんなかがみひでんしょ》
女家訓《おんなかくん》
女教訓文章《おんなきょうくんぶんしょう》
女孝経《おんなこうきょう》
女五常訓《おんなごじょうくん》
女殺油地獄《おんなごろしあぶらのじごく》
女式目《おんなしきもく》
女四書《おんなししょ》
女実語教《おんなじつごきょう》
女商売往来《おんなしょうばいおうらい》
女仁義物語《おんなじんぎものがたり》
女大学《おんなだいがく》
女大学教艸《おんなだいがくおしえぐさ》
女重宝記《おんなちょうほうき》
女文章稽古《おんなぶんしょうけいこ》
女楽阿弥《おんならくあみ》
海東諸国紀《かいとうしょこくき》
蜻蛉日記《かげろうにっき》
過去現在因果経《かこげんざいいんがきょう》
春日権現験記絵《かすがごんげんげんきえ》
花鳥風月《かちょうふうげつ》
鉄漿訓《かねのおしえ》
鎌倉遺文《かまくらいぶん》
鎌倉大草紙《かまくらおおぞうし》
唐糸草子《からいとそうし》
唐錦《からにしき》
苅萱《かるかや》
官刻孝義録《かんこくこうぎろく》
寛政重修諸家譜《かんせいちょうしゅうしょかふ》
義経記《ぎけいき》
魏志倭人伝《ぎしわじんでん》
キリシタン考《キリシタンこう》
愚管抄《ぐかんしょう》
傀儡記《くぐつき》
公事方御定書《くじかたおさだめがき》
熊野観心十界曼荼羅《くまのかんしんじっかいまんだら》
傾城買四十八手《けいせいがいしじゅうはって》
傾城禁短気《けいせいきんたんき》
源氏物語《げんじものがたり》
源氏物語絵巻《げんじものがたりえまき》
建礼門院右京大夫集《けんれいもんいんのうきょうのだいぶしゅう》
広益諸家人名録《こうえきしょかじんめいろく》
好色一代男《こうしょくいちだいおとこ》
好色五人女《こうしょくごにんおんな》
皇太神宮儀式帳《こうたいじんぐうぎしきちょう》
光明真言功徳絵巻《こうみょうしんごんくどくえまき》
粉河寺縁起絵巻《こかわでらえんぎえまき》
古今著聞集《ここんちょもんじゅう》
御産部類記《ごさんぶるいき》
古事記《こじき》
古事記伝《こじきでん》
御成敗式目《ごせいばいしきもく》
今昔物語集《こんじゃくものがたりしゅう》
さいき《さいき》
讃岐典侍日記《さぬきのすけにっき》
実隆公記《さねたかこうき》
小夜のねざめ《さよのねざめ》
更級日記《さらしなにっき》
懺悔録《ざんげろく》
三宝絵《さんぼうえ》
産論《さんろん》
産論翼《さんろんよく》
信貴山縁起絵巻《しぎさんえんぎえまき》
色道大鏡《しきどうおおかがみ》
地獄極楽巡りの図《じごくごくらくめぐりのず》
地蔵菩薩霊験記《じぞうぼさつれいげんき》
七十一番職人歌合《しちじゅういちばんしょくにんうたあわせ》
執政所抄《しっせいしょしょう》
沙石集《しゃせきしゅう》
春色梅児誉美《しゅんしょくうめごよみ》
春色英対暖語《しゅんしょくえいたいだんご》
成尋阿闍梨母集《じょうじんあじゃりのははしゅう》
女誡《じょかい》
女学校発起之趣意書《じょがっこうほっきのしゅいしょ》
職人歌合《しょくにんうたあわせ》
女子訓《じょしくん》
女中帳《じょちゅうちょう》
女用訓蒙図彙《じょようきんもうずい》
女用文章唐錦《じょようぶんしょうからにしき》
塵芥集《じんかいしゅう》
新猿楽記《しんさるごうき》
心中大鑑《しんじゅうおおかがみ》
新撰女倭大学《しんせんおんなやまとだいがく》
新版絵巻物による日本常民生活絵引《しんばんえまきものによるにほんじょうみんせいかつえびき》
人倫訓蒙図彙《じんりんきんもうずい》
諏訪日記《すわにっき》
静寛院宮御側日記《せいかんいんのみやおそばにっき》
清良記《せいりょうき》
世鏡抄《せきょうしょう》
世間娘気質《せけんむすめかたぎ》
世事見聞録《せじけんぶんろく》
前訓《ぜんくん》
撰要永久録《せんようえいきゅうろく》
曾我物語《そがものがたり》
曾根崎心中《そねざきしんじゅう》
尊卑分脈《そんぴぶんみゃく》
大后御記《たいこうぎょき》
大乗院寺社雑事記《だいじょういんじしゃぞうじき》
大乗院寺社雑事記紙背文書《だいじょういんじしゃぞうじきしはいもんじょ》
当麻曼荼羅縁起絵巻《たいままんだらえんぎえまき》
田植草紙《たうえぞうし》
竹取物語《たけとりものがたり》
竹むきが記《たけむきがき》
たまきはる《たまきはる》
玉島日記《たましまにっき》
竹馬抄《ちくばしょう》
稚児観音縁起《ちごかんのんえんぎ》
塵塚談《ちりづかばなし》
ちりゆく花《ちりゆくはな》
追思録《ついしろく》
月次風俗図屏風《つきなみふうぞくずびょうぶ》
堤中納言物語《つつみちゅうなごんものがたり》
貞丈雑記《ていじょうざっき》
道成寺縁起《どうじょうじえんぎ》
道得問答《どうとくもんどう》
東北院職人歌合《とうほくいんしょくにんうたあわせ》
兎園小説《とえんしょうせつ》
とりかへばや《とりかえばや》
とはずがたり《とわずがたり》
直江兼続四季農戒書《なおえかねつぐしきのうかいしょ》
中務内侍日記《なかつかさのないしにっき》
難波江《なにわえ》
奈与竹物語絵巻《なよたけものがたりえまき》
男重宝記《なんちょうほうき》
偐紫田舎源氏《にせむらさきいなかげんじ》
日欧文化比較《にちおうぶんかひかく》
日葡辞書《にっぽじしょ》
邇飛麻那微《にひまなび》
日本史《にほんし》
日本霊異記《にほんりょういき》
女犯偈《にょぼんげ》
年中行事絵巻《ねんちゅうぎょうじえまき》
農業図絵《のうぎょうずえ》
鉢かつぎ《はちかつぎ》
花容女職人鑑《はながたちおんなしょくにんかがみ》
班女《はんじょ》
万宝鄙事記《ばんぽうひじき》
彦火々出見尊絵巻《ひこほほでみのみことえまき》
比売鑑《ひめかがみ》
百姓伝記《ひゃくしょうでんき》
百人女郎品定《ひゃくにんじょろうしなさだめ》
福富草紙《ふくとみぞうし》
武家名目抄《ぶけみょうもくしょう》
婦女嘉言《ふじょかげん》
婦人養草《ふじんやしないぐさ》
服忌令《ぶっきりょう》
風土記《ふどき》
ふるあめりかにそではぬらさじ《ふるあめりかにそではぬらさじ》
平安遺文《へいあんいぶん》
平家物語《へいけものがたり》
平治物語絵巻《へいじものがたりえまき》
弁内侍日記《べんのないしにっき》
北条幻庵覚書《ほうじょうげんあんおぼえがき》
北条重時家訓《ほうじょうしげときかくん》
法然上人絵伝《ほうねんしょうにんえでん》
慕帰絵詞《ぼきえことば》
保産道志類辺《ほさんみちしるべ》
本朝女二十四孝《ほんちょうおんなにじゅうしこう》
本朝女鑑《ほんちょうじょかん》
本朝列女伝《ほんちょうれつじょでん》
枕草子《まくらのそうし》
枕草子絵巻《まくらのそうしえまき》
松蔭日記《まつかげにっき》
松崎天神縁起《まつざきてんじんえんぎ》
*松山鏡《まつのやまかがみ》

マヌの法典《マヌのほうてん》
万葉集《まんようしゅう》
道綱母集《みちつなのははのしゅう》
御堂関白記《みどうかんぱくき》
身のかたみ《みのかたみ》
都風俗鑑《みやこふうぞくかがみ》
都風俗化粧伝《みやこふうぞくけわいでん》
民家童蒙解《みんかどうもうかい》
民間省要《みんかんせいよう》
むかしばなし《むかしばなし》
虫めづる姫君《むしめずるひめぎみ》
無名草子《むみょうぞうし》
紫式部日記《むらさきしきぶにっき》
紫式部日記絵巻《むらさきしきぶにっきえまき》
村松家訓《むらまつかくん》
明月記《めいげつき》
伽羅先代萩《めいぼくせんだいはぎ》
めのとのそうし《めのとのそうし》
乳母のふみ《めのとのふみ》
守貞謾稿《もりさだまんこう》
矢田地蔵縁起絵《やたじぞうえんぎえ》
病草子《やまいのそうし》
山科家礼記《やましなけらいき》
大和物語《やまとものがたり》
山本道鬼入道百目録聞書《やまもとどうきにゅうどうひゃくもくろくききがき》
遊女記《ゆうじょき》
夢かぞへ《ゆめかぞえ》
吉原細見《よしわらさいけん》
娵入記《よめいりき》
夜の鶴《よるのつる》
夜の寝覚《よるのねざめ》
洛中洛外図屏風《らくちゅうらくがいずびょうぶ》
俚言集覧《りげんしゅうらん》
梁塵秘抄《りょうじんひしょう》
令集解《りょうのしゅうげ》
老松堂日本行録《ろうしょうどうにほんこうろく》
籠太鼓《ろうだいこ》
我が身にたどる姫君《わがみにたどるひめぎみ》
和国百女《わこくひゃくじょ》

〔書 籍・史 料〕
—近現代—

あゝ野麦峠—ある製糸工女哀史—《ああのむぎとうげ—あるせいしこうじょあいし—》
愛染かつら《あいぜんかつら》
青い山脈《あおいさんみゃく》
赤い恋《あかいこい》
あごら《あごら》
アジアから来た花嫁—迎える側の論理—《アジアからきたはなよめ—むかえるがわのろんり—》
新しい女性の創造《あたらしいじょせいのそうぞう》
あの人は帰ってこなかった《あのひとはかえってこなかった》
あめゆきさんの歌—山田わかの数奇なる生涯—《あめゆきさんのうた—やまだわかのさっきなるしょうがい—》
或る女《あるおんな》
an・an《アンアン》
家の光《いえのひかり》
いのちの女たちへ—とり乱しウーマン・リブ論—《いのちのおんなたちへ—とりみだしウーマン・リブろん—》
歌声よ、おこれ《うたごえよ、おこれ》
生ましめんかな《うましめんかな》
厭世詩家と女性《えんせいしかとじょせい》
沖縄女性史《おきなわじょせいし》
おしん《おしん》
男のつとめと女のつとめ《おとこのつとめとおんなのつとめ》
お百度詣《おひゃくどもうで》
おんな三代《おんなさんだい》
女と刀《おんなとかたな》
女二代の記《おんなにだいのき》
おんなの歴史《おんなのれきし》
輝ク《かがやく》
家族・私有財産・国家の起源《かぞく・しゆうざいさん・こっかのきげん》
家庭雑誌㈠《かていざっし》
家庭雑誌㈡《かていざっし》
家庭之友《かていのとも》
岸辺のアルバム《きしべのアルバム》
君死にたまうことなかれ《きみしにたもうことなかれ》
君の名は《きみのなは》
近代の恋愛観《きんだいのれんあいかん》
金曜日の妻たちへ《きんようびのつまたちへ》
苦海浄土—わが水俣病—《くがいじょうど—わがみなまたびょう—》
暮しの手帖《くらしのてちょう》
クララの明治日記《クララのめいじにっき》
クロワッサン《クロワッサン》
芸者—苦闘の半生涯—《げいしゃ—くとうのはんしょうがい—》
元始女性は太陽であつた《げんしじょせいはたいようであった》
現代婦人運動史年表《げんだいふじんうんどうしねんぴょう》
恍惚の人《こうこつのひと》
行人《こうじん》
小島の春《こじまのはる》
子どもからの自立《こどもからのじりつ》
こわれ指輪《こわれゆびわ》
金色夜叉《こんじきやしゃ》
サザエさん《サザエさん》
サラダ記念日《サラダきねんび》
産児制限実態調査報告《さんじせいげんじったいちょうさほうこく》
サンダカン八番娼館《サンダカンはちばんしょうかん》
ジェンダーと歴史学《ジェンダーとれきしがく》
社会廓清論《しゃかいかくせいろん》
銃後史ノート《じゅうごしノート》
十三夜《じゅうさんや》
自由燈《じゆうのともしび》
主婦之友《しゅふのとも》
招婿婚の研究《しょうせいこんのけんきゅう》
女学雑誌《じょがくざっし》
女学世界《じょがくせかい》
女鑑《じょかん》
女教師の記録《じょきょうしのきろく》
女工哀史《じょこうあいし》
女工と結核《じょこうとけっかく》
女子文壇《じょしぶんだん》
女声《じょせい》
女性《じょせい》
女性改造《じょせいかいぞう》
女性自身《じょせいじしん》
女性同盟《じょせいどうめい》
女性日本人《じょせいにほんじん》
女性の解放《じょせいのかいほう》
職工事情《しょっこうじじょう》
新女界《しんじょかい》
新女性《しんじょせい》
新真婦人《しんしんふじん》
性生活の知恵《せいせいかつのちえ》
青鞜《せいとう》
世界婦人《せかいふじん》
1945年のクリスマス—日本国憲法に「男女平等」を書いた女性の自伝—《せんきゅうひゃくよんじゅうごねんのクリスマス—にほんこくけんぽうに「だんじょびょうどう」をかいたじょせいのじでん—》
それいゆ《それいゆ》
第二の性《だいにのせい》
たけくらべ《たけくらべ》
智恵子抄《ちえこしょう》
朝鮮人女工のうた—一九三〇年・岸和田紡績争議—《ちょうせんじんじょこうのうた—せんきゅうひゃくさんじゅうねん・きしわだぼうせきそうぎ—》
綴方教室《つづりかたきょうしつ》
妻たちの思秋期《つまたちのししゅうき》
妻たちの二・二六事件《つまたちのに・にろくじけん》
同胞姉妹に告ぐ《どうほうしまいにつぐ》
東洋之婦女《とうようのふじょ》
ときのこゑ《ときのこえ》
富岡日記《とみおかにっき》
流れる星は生きている《ながれるほしはいきている》
荷車の歌《にぐるまのうた》
二十四の瞳《にじゅうしのひとみ》
日本産育習俗資料集成《にほんさんいくしゅうぞくしりょうしゅうせい》
日本産児調節百年史《にほんさんじちょうせつひゃくねんし》
日本女性史《にほんじょせいし》
日本農村婦人問題《にほんのうそんふじんもんだい》
日本の下層社会《にほんのかそうしゃかい》
日本廃娼運動史《にほんはいしょううんどうし》
日本婦人論・日本婦人論後編《にほんふじんろん・にほんふじんろんこうへん》
日本綿業発達史《にほんめんぎょうはったつし》
女人芸術《にょにんげいじゅつ》
人形の家《にんぎょうのいえ》
農漁山村に於ける生活困窮概況《のうぎょさんそんにおけるせいかつこんきゅうがいきょう》

分類項目表

農民哀史《のうみんあいし》
伸子《のぶこ》
橋のない川《はしのないかわ》
花物語《はなものがたり》
洟をたらした神《はなをたらしたかみ》
ひとり暮しの戦後史―戦中世代の婦人たち―《ひとりぐらしのせんごし―せんちゅうせだいのふじんたち―》
ひめゆりの塔《ひめゆりのとう》
品行論《ひんこうろん》
婦女鑑《ふじょかがみ》
婦女新聞《ふじょしんぶん》
婦女の鑑《ふじょのかがみ》
婦人画報《ふじんがほう》
婦人倶楽部《ふじんクラブ》
婦人工場監督官の記録《ふじんこうじょうかんとくかんのきろく》
婦人公論《ふじんこうろん》
婦人職業戦線の展望《ふじんしょくぎょうせんせんのてんぼう》
婦人戦旗《ふじんせんき》
婦人戦線《ふじんせんせん》
婦人之友《ふじんのとも》
婦人文芸《ふじんぶんげい》
婦人問題(一)《ふじんもんだい》
婦人問題(二)《ふじんもんだい》
婦人問題(三)《ふじんもんだい》
婦人問題と婦人運動《ふじんもんだいとふじんうんどう》
婦人論《ふじんろん》
ふたつの文化のはざまから―大正デモクラシーを生きた女―《ふたつのぶんかのはざまから―たいしょうデモクラシーをいきたおんな―》
冬のソナタ《ふゆのソナタ》
文明論女大学《ぶんめいろんおんなだいがく》
ベルサイユのばら《ベルサイユのばら》
放浪記《ほうろうき》
母系制の研究《ぼけいせいのけんきゅう》
不如帰《ほととぎす》
魔女の論理《まじょのろんり》
真知子《まちこ》
まっくら―女坑夫からの聞き書き―《まっくら―おんなこうふからのききがき―》
窓ぎわのトットちゃん《まどぎわのトットちゃん》
満州人の少女《まんしゅうじんのしょうじょ》
みだれ髪《みだれがみ》
民法出デヽ忠孝亡ブ《みんぽういでてちゅうこうほろぶ》
明治一代女《めいじいちだいおんな》
明治女性史《めいじじょせいし》
燃えて尽きたし《もえてつきたし》
藪の鶯《やぶのうぐいす》
山の動く日来る《やまのうごくひきたる》
良人の自白《りょうじんのじはく》
恋愛と結婚《れんあいとけっこん》
我が子の教育《わがこのきょういく》
わたしの「女工哀史」《わたしの「じょこうあいし」》
妾の半生涯《わらわのはんせいがい》

〔事　　項〕

―前近代―

相対死《あいたいじに》
青墓《あおばか》
赤子養育制度《あかごよういくせいど》
*赤不浄《あかふじょう》
*商いと女《あきないとおんな》
悪所《あくしょ》
悪女《あくじょ》
胡坐《あぐら》
揚代《あげだい》
揚屋《あげや》
預所・預所職《あずかりどころ・あずかりどころしき》
東歌《あずまうた》
遊女《あそびめ》
跡式相続《あとしきそうぞく》
姉《あね》
姉家督《あねかとく》
*尼《あま》
*海女《あま》
尼五山《あまござん》
尼削ぎ《あまそぎ》
*尼寺《あまでら》
尼門跡《あまもんぜき》
天岩屋戸神話《あめのいわやどしんわ》
アヤツコ《アヤツコ》
ありんす言葉《ありんすことば》
粟《あわ》
*安産祈願《あんざんきがん》
安藤昌益の女性観《あんどうしょうえきのじょせいかん》
*家《いえ》
家尼《いえあま》
家長《いえぎみ》
忌子《いご》
居座機《いざりばた》
闈司《いし》
伊勢神宮《いせじんぐう》
伊勢参り《いせまいり》
伊勢流《いせりゅう》
板坂流《いたさかりゅう》
板碑と女性《いたびとじょせい》
一期相続《いちごそうぞく》
市女《いちめ》
市女笠《いちめがさ》
一家《いっか》
厳島内侍《いつくしまのないし》
厳媛《いつひめ》
*一夫一婦制《いっぷいっぷせい》
*一夫多妻《いっぷたさい》
一夫多妻妾《いっぷたさいしょう》
糸稼《いとかせぎ》
糸ひき女《いとひきおんな》
稲舂女《いなつきめ》
犬頭糸《いぬがしらのいと》
廬守《いほりもり》
今出絣《いまでがすり》
今様《いまよう》
斎館《いみだち》
イモガイ《イモガイ》
イモ・セ《イモ・セ》
*妹の力《いものちから》
入鉄砲出女《いりでっぽうでおんな》
隠居・隠居分《いんきょ・いんきょぶん》
姻族《いんぞく》
陰陽和合《いんようわごう》
鵜飼《うかい》
浮世絵《うきよえ》
*氏《うじ》
氏名《うじな》
氏上《うじのかみ》
氏女《うじのにょ》
氏女《うじめ》
歌垣《うたがき》
宴《うたげ》
歌比丘尼《うたびくに》
歌女《うため》
打掛《うちかけ》
袿《うちき》
*采女《うねめ》
采女竹良塋域碑《うねめのちくらえいいきひ》
優婆夷《うばい》
姥石《うばいし》
姥捨《うばすて》
姥捨山伝説《うばすてやまでんせつ》
乳母奉公《うばぼうこう》
産着祝《うぶぎいわい》
*産屋《うぶや》
石女《うまずめ》
石女地獄《うまずめじごく》
埋甕《うめがめ》
後妻打《うわなりうち》
嬰児殺し《えいじごろし》
永長の大田楽《えいちょうのおおでんがく》
ええじゃないか《ええじゃないか》
江口・神崎《えぐち・かんざき》
*兄と弟《えとおと》
絵解き《えとき》
江戸褄《えどづま》
*えな《えな》
絵馬《えま》
縁切り寺《えんきりでら》

遠島《えんとう》
縁友《えんとも》
縁共女《えんとものにょ》
お家騒動《おいえそうどう》
花魁《おいらん》
扇《おうぎ》
扇売り《おうぎうり》
扇折《おうぎおり》
王朝女流文学《おうちょうじょりゅうぶんがく》
嫗《おうな》
苧績《おうみ》
大奥《おおおく》
大奥女中《おおおくじょちゅう》
大奥法度《おおおくはっと》
大方様《おおかたさま》
大典侍《おおすけ》
小笠原流《おがさわらりゅう》
岡場所《おかばしょ》
置き眉《おきまゆ》
置屋《おきや》
奥《おく》
奥女中《おくじょちゅう》
お末《おすえ》
オタクサ《オタクサ》
落穂拾い《おちぼひろい》
御転婆《おてんば》
御伽草子《おとぎぞうし》
男伊達《おとこだて》
御年寄《おとしより》
踊り念仏《おどりねんぶつ》
おば《おば》
御端下《おはした》
大原女《おはらめ》
帯《おび》
帯座・帯座々頭職《おびざ・おびざざとうしき》
帯直し《おびなおし》
御袋《おふくろ》
緒太《おぶと》
お振り替わり《おふりかわり》
お宮参り《おみやまいり》
御湯殿儀《おゆどののぎ》
お由羅騒動《おゆらそうどう》
織女工《おりじょこう》
蔭位制《おんいせい》
音曲《おんぎょく》
女足軽《おんなあしがる》
女医師《おんないし》
女一座《おんないちざ》
女絵《おんなえ》
女絵師《おんなえし》
女冠者《おんなかじゃ》
女歌舞伎《おんなかぶき》
女髪結《おんなかみゆい》
女公事《おんなくじ》
女曲舞《おんなくせまい》
女座《おんなざ》
女猿楽《おんなさるがく》
女師匠《おんなししょう》
女叙位《おんなじょい》
女相撲《おんなずもう》
*女手《おんなで》
女手形《おんなてがた》
女名前人《おんななまえにん》
女念仏講《おんなねんぶつこう》
女能《おんなのう》
女の御仕置《おんなのおしおき》
女の旅日記《おんなのたびにっき》
女の道《おんなのみち》
女の装い《おんなのよそおい》
女奉公人《おんなほうこうにん》
女物狂《おんなものぐるい》
女紋《おんなもん》
女右筆《おんなゆうひつ》
オンプ《オンプ》
改嫁《かいか》
絵画史料《かいがしりょう》
外婚制《がいこんせい》
懐胎届《かいたいとどけ》
垣間見《かいまみ》
かかあ天下《かかあでんか》
賀歌女《かがにょ》
鏡《かがみ》
賀川流《かがわりゅう》
隠売女《かくしばいた》
欠落《かけおち》
懸帯《かけおび》
陰間茶屋《かげまちゃや》
懸守《かけまもり》
鹿子位《かこい》
*家産《かさん》
*家事《かじ》
借上《かしあげ》
嫁す《かす》
被衣《かずき》
被物《かずけもの》
蔓《かずら》
絣織《かすりおり》
家政機関《かせいきかん》
数え歌《かぞえうた》
*家族《かぞく》
*家族史《かぞくし》
家中成敗権《かちゅうせいばいけん》
家長《かちょう》
桂包《かつらづつみ》
桂女《かつらめ》
鬘物《かづらもの》
家督《かとく》
金井沢碑《かないざわひ》
仮名草子《かなぞうし》
鉄漿付《かねつけ》
鹿子結び《かのこむすび》
寡婦《かふ》
歌舞伎《かぶき》
*家父長制《かふちょうせい》
鎌倉新仏教《かまくらしんぶっきょう》
髪置き《かみおき》
神衣祭《かむみそさい》
禿《かむろ》
家名《かめい》
髢《かもじ》
賀茂祭《かものまつり》
仮宅営業《かりたくえいぎょう》
姦《かん》
簪《かんざし》
*勧進比丘尼《かんじんびくに》
寛政三美人《かんせいさんびじん》
貫頭衣《かんとうい》
観音講《かんのんこう》
生糸《きいと》
祇園《ぎおん》
飢饉《ききん》
聞得大君《きこえおおきみ》
きさき《きさき》
后がね《きさきがね》
きさきの宮《きさきのみや》
鬼子母神《きしぼじん》
儀制令春時祭田条《ぎせいりょうしゅんじさいでんのじょう》
北の方《きたのかた》
*喫煙と女性《きつえんとじょせい》
鬼道《きどう》
後朝使《きぬぎぬのつかい》
行基集団《ぎょうきしゅうだん》
狂言《きょうげん》
近親婚《きんしんこん》
均分相続《きんぶんそうぞく》
悔返権《くいかえしけん》
苦界《くがい》
傀儡《くぐつ》
*櫛《くし》
櫛笥《くしげ》
口入れ屋《くちいれや》
国造《くにのみやつこ》
熊野比丘尼《くまのびくに》
組師《くみし》
尚蔵・典蔵《くらのかみ・くらのすけ》
久留米絣《くるめがすり》
蔵人《くろうど》
景愛寺《けいあいじ》
芸子《げいこ》
芸者《げいしゃ》
芸者検番《げいしゃけんばん》
*傾城《けいせい》
*系譜《けいふ》
*穢れ《けがれ》
毛沓《けぐつ》
けしきばみ《けしきばみ》
下女《げじょ》
化粧《けしょう》
*化粧料《けしょうりょう》
*結婚年齢《けっこんねんれい》
結髪《けっぱつ》
*血盆経・血盆経信仰《けつぼんきょう・けつぼんきょうしんこう》
下人《げにん》
下臈《げろう》

分類項目表

*源氏名《げんじな》
元禄四俳女《げんろくよんはいじょ》
戸《こ》
更衣《こうい》
紺搔《こうかき》
*強姦《ごうかん》
*後宮《こうきゅう》
後宮十二司《こうきゅうじゅうにし》
*皇后《こうごう》
皇后宮職《こうごうぐうしき》
格子女郎《こうしじょろう》
後室《こうしつ》
*公娼制度《こうしょうせいど》
好色本《こうしょくぼん》
小唄《こうた》
皇太后《こうたいごう》
勾当内侍《こうとうのないし》
幸若舞《こうわかまい》
小衣《こぎん》
国分尼寺《こくぶんにじ》
国母《こくも》
*後家《ごけ》
後家尼《ごけあま》
御家人《ごけにん》
後家分《ごけぶん》
柿経《こけらきょう》
子刺しばば《こさしばば》
*腰巻《こしまき》
腰元《こしもと》
*五障三従《ごしょうさんしょう》
古浄瑠璃《こじょうるり》
御新造《ごしんぞう》
瞽女《ごぜ》
戸籍・計帳《こせき・けいちょう》
*戸籍制度《こせきせいど》
五節舞姫《ごせちのまいひめ》
御前命婦・威儀命婦・褰帳命婦《ごぜんのみょうぶ・いぎのみょうぶ・けんちょうのみょうぶ》
子育て地蔵《こそだてじぞう》
*小袖《こそで》
小太刀《こだち》
胡蝶《こちょう》
琴㈠《こと》
琴㈡《こと》
子ども《こども》
子無きは去る《こなきはさる》
木幡《こはた》
*子守《こもり》
隠妻《こもりづま》
子守奉公《こもりぼうこう》
子安観音《こやすかんのん》
戸令《こりょう》
戸令応分条《こりょうおうぶんじょう》
御料人《ごりょうにん》
婚姻居住形態《こんいんきょじゅうけいたい》
*婚姻儀礼《こんいんぎれい》
*婚姻・婚姻形態《こんいん・こんいんけいたい》
紺飛白《こんがすり》
金光教の女性観《こんこうきょうのじょせいかん》
金毘羅信仰《こんぴらしんこう》
紺屋《こんや》
混浴《こんよく》
斎院《さいいん》
*斎宮《さいぐう》
斎宮跡《さいぐうあと》
斎宮忌詞《さいぐういみことば》
*財産相続《ざいさんそうぞく》
斎女《さいじょ》
賽の河原《さいのかわら》
裁縫《さいほう》
*早乙女《さおとめ》
造酒児《さかつこ》
裂織《さきおり》
防人歌《さきもりうた》
提重《さげじゅう》
*酒造り《さけづくり》
座産《ざさん》
刺子《さしこ》
里第《さとだい》
里内裏《さとだいり》
里刀自《さととじ》
去状《さりじょう》
猿女《さるめ》
産科医《さんかい》
産籠《さんかご》
三従七去《さんじゅうしちきょ》
散茶女郎《さんちゃじょろう》
*産婆《さんば》
塩焼き《しおやき》
*識字《しきじ》
直盧《じきろ》
四行《しこう》
地獄ガ辻子《じごくがずし》
醜女《しこめ》
私婚《しこん》
*持参財《じさんざい》
*私娼《ししょう》
地蔵講《じぞうこう》
子息《しそく》
下袴《したばかま》
七五三《しちごさん》
七出《しちしゅつ》
躾《しつけ》
嫉妬《しっと》
地頭《じとう》
褶《しびら》
島田髷《しまだまげ》
島の山古墳《しまのやまこふん》
島原遊廓《しまばらゆうかく》
シャーマン《シャーマン》
じゃがたら文《じゃがたらぶみ》
寂光院《じゃっこういん》
三味線《しゃみせん》
沙弥尼《しゃみに》
重縁《じゅうえん》
祝言《しゅうげん》
舅《しゅうと》
舅入り《しゅうといり》
十二単・裳唐衣《じゅうにひとえ・もからぎぬ》
宗門人別改帳《しゅうもんにんべつあらためちょう》
儒教道徳《じゅきょうどうとく》
宿場女郎《しゅくばじょろう》
准三宮《じゅさんぐう》
入内《じゅだい》
*出産《しゅっさん》
出産祝い《しゅっさんいわい》
*出産儀礼《しゅっさんぎれい》
出生率《しゅっしょうりつ》
襦袢《じゅばん》
*主婦・主婦権《しゅふ・しゅふけん》
主命婚《しゅめいこん》
浄閑寺《じょうかんじ》
情死《じょうし》
娘子軍《じょうしぐん》
招婿婚《しょうせいこん》
松声堂《しょうせいどう》
小農経営《しょうのうけいえい》
娼婦《しょうふ》
妾腹《しょうふく》
浄瑠璃《じょうるり》
*上臈《じょうろう》
女王《じょおう》
職人《しょくにん》
*女訓書《じょくんしょ》
*女子教育《じょしきょういく》
女子相続《じょしそうぞく》
*処女・オトメ《しょじょ・オトメ》
女性教祖《じょせいきょうそ》
女性芸能《じょせいげいのう》
*女性首長《じょせいしゅちょう》
女性知行《じょせいちぎょう》
女性当主《じょせいとうしゅ》
女性と贈答《じょせいとぞうとう》
女性と夢《じょせいとゆめ》
女性名請人《じょせいなうけにん》
女性の花押・女性の印判《じょせいのかおう・じょせいのいんばん》
*女性の神職《じょせいのしんしょく》
*女性の名前《じょせいのなまえ》
女中法度《じょちゅうはっと》
*女帝《じょてい》
女流狂歌人《じょりゅうきょうかじん》
女流勤王家《じょりゅうきんのうか》
女郎《じょろう》
白拍子《しらびょうし》
後の政《しりえのまつりごと》
心学《しんがく》
*神功皇后伝説《じんぐうこうごうでんせつ》
神宮采女《じんぐうのうねめ》
*親権《しんけん》
神婚伝承《しんこんでんしょう》
心中《しんじゅう》
*人身売買《じんしんばいばい》
親族《しんぞく》
親族名称体系《しんぞくめいしょうたいけい》

寝殿造《しんでんづくり》
人物埴輪《じんぶつはにわ》
針妙《しんみょう》
人面墨書土器《じんめんぼくしょどき》
新吉原《しんよしわら》
出挙《すいこ》
垂髪《すいはつ》
垂領《すいりょう》
頭巾《ずきん》
辻子君《ずしぎみ》
*捨子《すてご》
捨子禁止令《すてごきんしれい》
棲む《すむ》
皇祖母命《すめみおやのみこと》
正妻制《せいさいせい》
*正室《せいしつ》
成女式《せいじょしき》
*性別分業《せいべつぶんぎょう》
*性別役割分担《せいべつやくわりぶんたん》
*政略結婚《せいりゃくけっこん》
石棒《せきぼう》
女衒《ぜげん》
摂関政治《せっかんせいじ》
説経《せっきょう》
節句祝《せっくいわい》
節婦《せっぷ》
宣旨《せんじ》
洗濯《せんたく》
洗濯女《せんたくおんな》
センタクワタシ《センタクワタシ》
川柳《せんりゅう》
添臥《そいぶし》
惣嫁《そうか》
双髻《そうけい》
*双系制《そうけいせい》
双体道祖神《そうたいどうそじん》
僧尼・僧尼令《そうに・そうにりょう》
僧の妻帯《そうのさいたい》
相売《そうばい》
相聞歌《そうもんか》
草履《ぞうり》
側室《そくしつ》
染女・染所《そめめ・そめどころ》
胎教《たいきょう》
対偶婚《たいぐうこん》
大后権《たいこうけん》
大嘗祭《だいじょうさい》
胎毒《たいどく》
大納言典侍・広橋家《だいなごんのすけ・ひろはしけ》
台盤所《だいばんどころ》
代判人《だいはんにん》
内裏歌合《だいりうたあわせ》
大力の女性《だいりきのじょせい》
内裏尼《だいりに》
*田植え《たうえ》
堕胎《だたい》
堕胎業禁止《だたいぎょうきんし》
立君《たちぎみ》

橘尼寺《たちばなのあまでら》
辰巳芸者《たつみげいしゃ》
立烏帽子《たてえぼし》
立膝《たてひざ》
七夕伝説《たなばたでんせつ》
髱《たぼ》
太夫《たゆう》
手弱女《たわやめ》
男耕女績《だんこうじょせき》
団子茶屋《だんごちゃや》
単婚《たんこん》
男子禁制《だんしきんせい》
男娼《だんしょう》
男女の法《だんじょのほう》
男装《だんそう》
児《ちご》
地神講《ちじんこう》
*乳付《ちつけ》
血の池地獄《ちのいけじごく》
血の道《ちのみち》
嫡子《ちゃくし》
*嫡女《ちゃくじょ》
嫡母《ちゃくぼ》
茶汲女《ちゃくみおんな》
茶立女《ちゃたておんな》
着袴《ちゃっこ》
中宮《ちゅうぐう》
中宮寺《ちゅうぐうじ》
中条流《ちゅうじょうりゅう》
中世女流日記《ちゅうせいじょりゅうにっき》
仲人《ちゅうにん》
*中臈《ちゅうろう》
町家女性《ちょうかじょせい》
長講堂領《ちょうこうどうりょう》
逃散《ちょうさん》
長子相続《ちょうしそうぞく》
調庸布《ちょうようふ》
千代鶴姫伝承《ちよつるひめでんしょう》
散書《ちらしがき》
鎮魂祭《ちんこんさい》
賃仕事《ちんしごと》
辻取《つじどり》
辻売女《つじばいじょ》
土蜘蛛《つちぐも》
筒袖《つつそで》
髱《つと》
壺装束《つぼしょうぞく》
局《つぼね》
局女郎《つぼねじょろう》
ツマ《ツマ》
妻問婚《つまどいこん》
妻屋《つまや》
紡ぎ《つむぎ》
鶴女房《つるにょうぼう》
出合茶屋《であいちゃや》
貞心《ていしん》
貞節《ていせつ》
貞操観《ていそうかん》

出女《でおんな》
手習い《てならい》
寺子屋《てらこや》
田作人《でんさくにん》
天女《てんにょ》
踏歌《とうか》
東慶寺《とうけいじ》
同姓不婚《どうせいふこん》
同族組織《どうぞくそしき》
登楼禁止令《とうろうきんしれい》
*土器生産《どきせいさん》
常磐津《ときわづ》
土偶《どぐう》
得選《とくせん》
毒婦物《どくふもの》
髑髏比丘尼譚《どくろびくにたん》
床さり《とこさり》
露顕《ところあらわし》
*刀自《とじ》
刀自神《とじがみ》
刀禰《とね》
戸畔《とべ》
泊茶屋《とまりちゃや》
留女《とめおんな》
留袖《とめそで》
豊浦寺《とゆらでら》
*取り上げ婆《とりあげばば》
鳥追い《とりおい》
取次《とりつぎ》
内儀方知行《ないぎがたちぎょう》
内教坊妓女《ないきょうぼうのぎじょ》
内侍宣《ないしせん》
内侍所《ないしどころ》
尚侍《ないしのかみ》
典侍・内侍《ないしのすけ・ないし》
内親王《ないしんのう》
内藤新宿《ないとうしんじゅく》
中居《なかい》
長崎丸山町《ながさきまるやままち》
媒人《なかだち》
仲茶屋《なかちゃや》
中継相続《なかつぎそうぞく》
中臣女《なかとみめ》
薙刀《なぎなた》
奈良絵本《ならえほん》
馴合結婚《なれあいけっこん》
*男色《なんしょく》
南北朝分水嶺説《なんぼくちょうぶんすいれいせつ》
*女院《にょいん》
女院庁下文《にょいんのちょうくだしぶみ》
女院領《にょいんりょう》
女官《にょうかん》
女御《にょうご》
女御代《にょうごだい》
*女房《にょうぼう》
女房一揆《にょうぼういっき》
女房詞《にょうぼうことば》
女房装束《にょうぼうしょうぞく》

女房奉書《にょうぼうほうしょ》
*女官《にょかん》
女官除目《にょかんじもく》
女騎《にょき》
女蔵人《にょくろうど》
女孺《にょじゅ》
女祝《にょしゅく》
女性の物の頭《にょしょうのもののとう》
女体社《にょたいしゃ》
女丁《にょちょう》
女人往生・女人成仏《にょにんおうじょう・にょにんじょうぶつ》
女人救済《にょにんきゅうさい》
*女人禁制・女人結界《にょにんきんせい・にょにんけっかい》
女人講《にょにんこう》
女人高野《にょにんこうや》
女人入眼《にょにんじゅがん》
女人正機説《にょにんしょうきせつ》
女人堂《にょにんどう》
女人不浄観《にょにんふじょうかん》
女人養子《にょにんようし》
女筆指南《にょひつしなん》
人情本《にんじょうぼん》
*人夫《にんぷ》
縫女《ぬいめ》
縫物師《ぬいものし》
塗籠《ぬりごめ》
寝宿慣行《ねやどかんこう》
念持仏《ねんじぶつ》
念仏婆さん《ねんぶつばあさん》
能《のう》
農家女性《のうかじょせい》
農間渡世《のうかんとせい》
野宮《ののみや》
売女《ばいじょ》
陪膳采女《ばいぜんのうねめ》
梅毒《ばいどく》
*買売春《ばいばいしゅん》
*墓《はか》
博士命婦《はかせのみょうぶ》
袴《はかま》
端女郎《はしじょろう》
箸墓古墳《はしはかこふん》
土師女《はじめ》
*機織り《はたおり》
肌着《はだぎ》
八条院領《はちじょういんりょう》
初入《はついり》
抜歯《ばっし》
長谷詣で《はつせもうで》
花代《はなだい》
母開《ははつび》
浜糸《はまいと》
半玉《はんぎょく》
班田収授《はんでんしゅうじゅ》
盤領《ばんりょう》
婢《ひ》
火合わせ《ひあわせ》
日傘《ひがさ》

比丘尼《びくに》
比丘尼御所《びくにごしょ》
美女《びじょ》
樋洗童《ひすましのわらわ》
単《ひとえ》
人形《ひとがた》
人質《ひとじち》
人見女《ひとみおんな》
ひな祭《ひなまつり》
丙午《ひのえうま》
緋の袴《ひのはかま》
ヒメ・ヒコ制《ヒメ・ヒコせい》
紐《ひも》
紐とき《ひもとき》
日雇《ひやとい》
兵庫髷《ひょうごまげ》
平田篤胤の女性観《ひらたあつたねのじょせいかん》
領巾《ひれ》
披露宴《ひろうえん》
広橋家の女性たち《ひろはしけのじょせいたち》
日割り奉公人《ひわりほうこうにん》
鬢《びん》
鬢批《びんそぎ》
貧女の一燈《ひんにょのいっとう》
夫婦かけむかい《ふうふかけむかい》
夫婦の因縁《ふうふのいんねん》
夫婦別財《ふうふべつざい》
*夫婦別姓《ふうふべっせい》
不改常典《ふかいのじょうてん》
*父系制・母系制《ふけいせい・ぼけいせい》
巫覡《ふげき》
武家女性《ぶけじょせい》
富士講《ふじこう》
婦女《ふじょ》
不浄観《ふじょうかん》
二形《ふたなり》
仏教的差別文言《ぶっきょうてきさべつもんごん》
船魂《ふなだま》
船宿《ふなやど》
夫人《ぶにん》
文使ひ《ふみづかい》
振売《ふりうり》
振袖《ふりそで》
振袖火事《ふりそでかじ》
振り分け髪《ふりわけがみ》
分国法《ぶんこくほう》
平城上皇の変《へいぜいじょうこうのへん》
ヘコ祝い《ヘコいわい》
別火《べっか》
*変成男子《へんじょうなんし》
宝冠《ほうかん》
宝鏡寺《ほうきょうじ》
宝髻《ほうけい》
訪婚《ほうこん》
北条政子と陰陽道《ほうじょうまさことおんみょうどう》
墨書土器《ぼくしょどき》
母権《ぼけん》
母性尊重思想《ぼせいそんちょうしそう》

法華寺《ほっけじ》
ホト《ホト》
舞妓《まいこ》
前掛け・前垂れ《まえかけ・まえだれ》
勾玉《まがたま》
枕刀《まくらがたな》
髷《まげ》
末子相続《まっしそうぞく》
松浦佐用姫伝説《まつらさよひめでんせつ》
末臈《まつろう》
真名《まな》
*間引き《まびき》
継子いじめ《ままこいじめ》
*継母《ままはは》
守刀《まもりがたな》
マリア信仰《マリアしんこう》
丸山教の女性観《まるやまきょうのじょせいかん》
丸山町寄合町遊廓《まるやまちょうよりあいまちゆうかく》
満徳寺《まんとくじ》
御合《みあい》
身請け《みうけ》
身売り奉公《みうりほうこう》
御祖《みおや》
三日餅《みかのもちひ》
*御巫《みかんなぎ》
御匣殿別当《みくしげどののべっとう》
御薬童女《みくすりのどうじょ》
三下り半《みくだりはん》
*巫女《みこ》
神子座《みこざ》
水汲み《みずくみ》
*水子供養《みずこくよう》
水茶屋《みずぢゃや》
見世女郎《みせじょろう》
密男《みそかおとこ》
御台所《みだいどころ》
密会《みっかい》
密懐・密懐法《みっかい・みっかいほう》
密通《みっつう》
ミトノマグハヒ《ミトノマグハヒ》
身分制社会《みぶんせいしゃかい》
耳鼻削ぎ刑《みみはなそぎけい》
*宮座《みやざ》
御息所《みやすどころ》
宮仕え《みやづかえ》
宮・宅《みや・やけ》
*名字《みょうじ》
命婦《みょうぶ》
無縁の原理《むえんのげんり》
聟《むこ》
聟入《むこいり》
婿入婚《むこいりこん》
聟・女狂言《むこ・おんなきょうげん》
婿取儀式《むことりぎしき》
婿養子《むこようし》
虫垂衣《むしのたれぎぬ》
無宿女《むしゅくおんな》
娘義太夫《むすめぎだゆう》

娘宿《むすめやど》
室の泊の遊女教化譚《むろのとまりのゆうじょきょうかたん》
女軍《めいくさ》
命名権《めいめいけん》
*妾《めかけ》
妻敵討ち《めがたきうち》
女神《めがみ》
妻子《めこ》
召人《めしうど》
飯盛女《めしもりおんな》
飯盛女付旅籠屋《めしもりおんなつきはたごや》
飯盛女刎銭《めしもりおんなはねせん》
女雑色《めぞうしき》
乳父《めのと》
*乳母《めのと》
乳母子《めのとご》
女童《めのわらわ》
裳《も》
殯《もがり》
裳着《もぎ》
木簡《もっかん》
元吉原《もとよしわら》
物忌《ものいみ》
物語文学《ものがたりぶんがく》
物の哀れ論《もののあわれろん》
木綿《もめん》
木綿織屋《もめんおりや》
桃割《ももわれ》
貰い乳《もらいぢ》
紋日《もんび》
八乙女《やおとめ》
八十嶋祭《やそしままつり》
奴女郎《やっこじょろう》
宿下がり《やどさがり》
柳橋《やなぎばし》
夜発《やはち》
山ノ上碑《やまのうえひ》
寡《やもめ》
遣手《やりて》
ゆい《ゆい》
結納《ゆいのう》
遊廓《ゆうかく》
*遊女《ゆうじょ》
遊女歌舞伎《ゆうじょかぶき》
遊女奉公《ゆうじょぼうこう》
遊女流罪《ゆうじょるざい》
浴衣《ゆかた》
行始《ゆきそめ》
湯女《ゆな》
*養蚕《ようさん》
養女《ようじょ》
養女証文《ようじょしょうもん》
節折《よおり》
夜離れ《よがれ》
ヨコザ《ヨコザ》
吉原《よしわら》
夜鷹《よたか》
夜なべ《よなべ》
*よばい・なじみ《よばい・なじみ》
*よみかき《よみかき》
*嫁入婚《よめいりこん》
*嫁と姑《よめとしゅうとめ》
礼服《らいふく》
落語《らくご》
力役《りきえき》
*離婚《りこん》
立后儀《りっこうのぎ》
律令制《りつりょうせい》
料理茶屋《りょうりちゃや》
膂力婦《りょりょくふ》
烈女《れつじょ》
老女《ろうじょ》
和歌《わか》
若者組《わかものぐみ》
別れの御櫛《わかれのおぐし》
綿摘《わたつみ》
わわしい女《わわしいおんな》
をとめ《をとめ》

〔事　　項〕

—近現代—

RAA《アール＝エー＝エー》
愛国貯蓄運動《あいこくちょちくうんどう》
愛国婦人会《あいこくふじんかい》
愛妻田《あいさいでん》
アイヌの女性《アイヌのじょせい》
青い目の人形《あおいめのにんぎょう》
赤線地区《あかせんちく》
あけぼの会《あけぼのかい》
アジア女性史国際シンポジウム《アジアじょせいしこくさいシンポジウム》
アジア婦人会議《アジアふじんかいぎ》
新しい女《あたらしいおんな》
アナボル論争《アナボルろんそう》
阿部定事件《あべさだじけん》
*尼《あま》
*尼寺《あまでら》
雨宮製糸女工争議《あめみやせいしじょこうそうぎ》
あめゆきさん《あめゆきさん》
アメラジアン《アメラジアン》
蟻の街のマリア《ありのまちのマリア》
イエスの方舟《イエスのはこぶね》
家制度《いえせいど》
家出《いえで》
育児・介護休業法《いくじ・かいごきゅうぎょうほう》
育児休業《いくじきゅうぎょう》
育児日記《いくじにっき》
池袋買春男性死亡事件《いけぶくろかいしゅんだんせいしぼうじけん》
市川房枝基金《いちかわふさえききん》
*一夫一婦制《いっぷいっぷせい》
いなぐやななばち《いなぐやななばち》
井上中尉夫人自刃事件《いのうえちゅういふじんじじんじけん》
移民女性《いみんじょせい》
慰問袋《いもんぶくろ》
インスタント食品《インスタントしょくひん》
ウィメンズブックストア松香堂《ウィメンズブックストアしょうかどう》
ウーマン＝リブ《ウーマン＝リブ》
上野高等女学校ストライキ《うえのこうとうじょがっこうストライキ》
*氏《うじ》
うたごえ運動《うたごえうんどう》
生めよ殖やせよ《うめよふやせよ》
衛生思想《えいせいしそう》
M字型就労《エムじがたしゅうろう》
援助交際《えんじょこうさい》
近江絹糸争議《おうみけんしそうぎ》
OL《オーエル》
大塚女子アパートメントハウス《おおつかじょしアパートメントハウス》
岡山女子懇親会《おかやまじょしこんしんかい》
沖縄戦女子学徒隊《おきなわせんじょしがくとたい》
沖縄の女性《おきなわのじょせい》
オギノ式避妊法《オギノしきひにんほう》
お茶くみ《おちゃくみ》
お茶の水女子大学《おちゃのみずじょしだいがく》
女押し出し《おんなおしだし》
女剣劇《おんなけんげき》
女坑夫《おんなこうふ》
女戸主《おんなこしゅ》
女袴《おんなばかま》
外務省機密漏洩事件《がいむしょうきみつろうえいじけん》
核家族化《かくかぞくか》
学制《がくせい》
廓清会《かくせいかい》
学童疎開《がくどうそかい》
学童保育《がくどうほいく》
家計簿《かけいぼ》
*家事《かじ》
貸座敷《かしざしき》
家政学《かせいがく》
家政婦《かせいふ》
家族計画《かぞくけいかく》
家族国家観《かぞくこっかかん》
*家族史《かぞくし》
華族女学校《かぞくじょがっこう》
家族制度復活反対運動《かぞくせいどふっかつはんたいうんどう》
家族手当《かぞくてあて》
割烹着《かっぽうぎ》
家庭《かてい》

分類項目表

家庭科《かていか》
家庭科の男女共修をすすめる会《かていかのだんじょきょうしゅうをすすめるかい》
家庭裁判所《かていさいばんしょ》
家庭電化《かていでんか》
家庭文化《かていぶんか》
かにた婦人の村《かにたふじんのむら》
鐘ヶ淵紡績ストライキ《かねがふちぼうせきストライキ》
*家父長制《かふちょうせい》
樺太アイヌの女性《からふとアイヌのじょせい》
からゆきさん《からゆきさん》
花柳病予防法《かりゅうびょうよぼうほう》
カルチャーセンター《カルチャーセンター》
観光買春ツアー《かんこうかいしゅんツアー》
韓国挺身隊問題対策協議会《かんこくていしんたいもんだいたいさくきょうぎかい》
看護師《かんごし》
看護婦出産制限事件《かんごふしゅっさんせいげんじけん》
姦通罪《かんつうざい》
管理売春《かんりばいしゅん》
キイパンチャー《キイパンチャー》
聞き書き《ききがき》
企業戦士《きぎょうせんし》
希交会《きこうかい》
岸和田婦人会《きしわだふじんかい》
期待される人間像《きたいされるにんげんぞう》
基地売春《きちばいしゅん》
基地反対闘争《きちはんたいとうそう》
*喫煙と女性《きつえんとじょせい》
救世軍《きゅうせいぐん》
教育基本法《きょういくきほんほう》
教育勅語《きょういくちょくご》
教育ママ《きょういくママ》
京ガス裁判《きょうガスさいばん》
共同炊事《きょうどうすいじ》
共立女子大学《きょうりつじょしだいがく》
キリスト教女子教育《キリストきょうじょしきょういく》
キリスト教の女性観《キリストきょうのじょせいかん》
近親姦《きんしんかん》
近代家族《きんだいかぞく》
勤労婦人福祉法《きんろうふじんふくしほう》
草の実会《くさのみかい》
ぐるーぷ・闘うおんな《ぐるーぷ・たたかうおんな》
軍国の母《ぐんこくのはは》
慶州ナザレ園《けいしゅうナザレえん》
芸娼妓解放令《げいしょうぎかいほうれい》
*系譜《けいふ》
結婚式《けっこんしき》
結婚退職制《けっこんたいしょくせい》
*結婚年齢《けっこんねんれい》
欠食児童《けっしょくじどう》
原水爆禁止運動《げんすいばくきんしうんどう》
検梅制度《けんばいせいど》
原爆乙女《げんばくおとめ》
公営住宅《こうえいじゅうたく》
*強姦《ごうかん》
強姦救援センター《ごうかんきゅうえんセンター》
*皇后《こうごう》
高校全入運動《こうこうぜんにゅううんどう》
孝子節婦の表彰《こうしせっぷのひょうしょう》
皇室典範《こうしつてんぱん》
光州学生運動《こうしゅうがくせいうんどう》
*公娼制度《こうしょうせいど》
工場法《こうじょうほう》
工女虐待事件《こうじょぎゃくたいじけん》
厚生省《こうせいしょう》
高等女学校《こうとうじょがっこう》
高等女学校令《こうとうじょがっこうれい》
行動する女たちの会《こうどうするおんなたちのかい》
鉱毒地救済婦人会《こうどくちきゅうさいふじんかい》
更年期《こうねんき》
高齢社会をよくする女性の会《こうれいしゃかいをよくするじょせいのかい》
高齢者問題《こうれいしゃもんだい》
声なき声の会《こえなきこえのかい》
国際結婚《こくさいけっこん》
国際婦人デー《こくさいふじんデー》
国際婦人年《こくさいふじんねん》
国籍法《こくせきほう》
国民純潔同盟《こくみんじゅんけつどうめい》
国民優生法《こくみんゆうせいほう》
国立女性教育会館《こくりつじょせいきょういくかいかん》
小作争議と女性たち《こさくそうぎとじょせいたち》
*戸籍制度《こせきせいど》
五大改革指令《ごだいかいかくしれい》
小平事件《こだいらじけん》
子連れ出勤論争《こづれしゅっきんろんそう》
寿産院事件《ことぶきさんいんじけん》
米騒動《こめそうどう》
子守学校《こもりがっこう》
*婚姻・婚姻形態《こんいん・こんいんけいたい》
婚外子《こんがいし》
コンドーム《コンドーム》
在沖縄米軍強姦事件《ざいおきなわべいぐんごうかんじけん》
再軍備反対婦人委員会《さいぐんびはんたいふじんいいんかい》
*財産相続《ざいさんそうぞく》
在宅介護《ざいたくかいご》
在日コリアン女性《ざいにちコリアンじょせい》
札幌市母親飢餓事件《さっぽろしははおやきがじけん》
猿橋賞《さるはししょう》
産院《さんいん》
三歳児神話《さんさいじしんわ》
産児制限運動《さんじせいげんうんどう》
産前産後休暇《さんぜんさんごきゅうか》
三ちゃん農業《さんちゃんのうぎょう》
三・一独立運動と女子留学生《さんてんいちどくりつうんどうとじょしりゅうがくせい》
*産婆《さんば》
慈愛館《じあいかん》
ジーパン論争《ジーパンろんそう》
自衛官合祀問題《じえいかんごうしもんだい》
シェルター《シェルター》
ジェンダー《ジェンダー》
*識字《しきじ》
事実婚《じじつこん》
*私娼《ししょう》
寺族《じぞく》
実科高等女学校《じっかこうとうじょがっこう》
児童買春《じどうかいしゅん》
児童買春・児童ポルノ処罰法《じどうかいしゅん・じどうポルノしょばつほう》
児童虐待《じどうぎゃくたい》
児童手当《じどうてあて》
児童扶養手当《じどうふようてあて》
酌婦《しゃくふ》
写真花嫁《しゃしんはなよめ》
ジャパゆきさん《ジャパゆきさん》
集会及政社法《しゅうかいおよびせいしゃほう》
従軍看護婦《じゅうぐんかんごふ》
銃後の母《じゅうごのはは》
銃後の守り《じゅうごのまもり》
自由廃業《じゆうはいぎょう》
自由民権運動と女性《じゆうみんけんうんどうとじょせい》
自由恋愛《じゆうれんあい》
主人《しゅじん》
*出産《しゅっさん》
出産退職制《しゅっさんたいしょくせい》
主夫《しゅふ》
*主婦・主婦権《しゅふ・しゅふけん》
主婦連合会《しゅふれんごうかい》
主婦論争㈠《しゅふろんそう》
主婦論争㈡《しゅふろんそう》
主婦論争㈢《しゅふろんそう》
女医《じょい》
生涯学習《しょうがいがくしゅう》
障害者福祉と女性《しょうがいしゃふくしとじょせい》
娼妓《しょうぎ》
蒸紅学舎《じょうこうがくしゃ》
少産少死化《しょうさんしょうしか》
少子化《しょうしか》
少女歌劇《しょうじょかげき》
少女雑誌《しょうじょざっし》
少女マンガ《しょうじょマンガ》
松竹レビューガール事件《しょうちくレビューガールじけん》
小児マヒから子どもを守る運動《しょうにマヒからこどもをまもるうんどう》
消費者運動《しょうひしゃうんどう》
女給《じょきゅう》
女教員《じょきょういん》
職業婦人《しょくぎょうふじん》
職業婦人社《しょくぎょうふじんしゃ》
植民地の女性《しょくみんちのじょせい》
食糧メーデー《しょくりょうメーデー》
女工《じょこう》
女工小唄《じょこうこうた》
女紅場《じょこうば》
助産師《じょさんし》
庶子《しょし》
女史《じょし》
女子学生亡国論《じょしがくせいぼうこくろん》
女子学連《じょしがくれん》
*女子教育《じょしきょういく》
女子教育刷新要綱《じょしきょういくさっしんようこう》
女子勤労動員《じょしきんろうどういん》
女子高等師範学校《じょしこうとうしはんがっこう》
女子差別撤廃条約《じょしさべつてっぱいじょうやく》
女子若年定年制《じょしじゃくねんていねんせい》
女子青年団《じょしせいねんだん》

女子専門学校《じょしせんもんがっこう》
女子大学《じょしだいがく》
女子拓務訓練所《じょしたくむくんれんじょ》
女子挺身隊《じょしていしんたい》
女子美術大学《じょしびじゅつだいがく》
*処女・オトメ《しょじょ・オトメ》
処女会《しょじょかい》
女子留学生《じょしりゅうがくせい》
*女子労働運動《じょしろうどううんどう》
女性学《じょせいがく》
女性管理職《じょせいかんりしょく》
女性国際戦犯法廷《じょせいこくさいせんぱんほうてい》
女性差別労働裁判《じょせいさべつろうどうさいばん》
女性史《じょせいし》
女性史青山なを賞《じょせいしあおやまなをしょう》
女性自衛官《じょせいじえいかん》
女性史研究国際連盟《じょせいしけんきゅうこくさいれんめい》
女性史総合研究会《じょせいしそうごうけんきゅうかい》
女性週刊誌《じょせいしゅうかんし》
女性史論争《じょせいしろんそう》
女性政治家《じょせいせいじか》
女性に対する暴力《じょせいにたいするぼうりょく》
女性の家HELP《じょせいのいえヘルプ》
女性のためのアジア平和国民基金《じょせいのためのアジアへいわこくみんききん》
*女性の名前《じょせいのなまえ》
女性を守る会《じょせいをまもるかい》
女中《じょちゅう》
*女帝《じょてい》
女優《じょゆう》
女流《じょりゅう》
*神功皇后伝説《じんぐうこうごうでんせつ》
シングル＝マザー《シングル＝マザー》
*親権《しんけん》
人口政策確立要綱《じんこうせいさくかくりつようこう》
新婚旅行《しんこんりょこう》
*人身売買《じんしんばいばい》
人身売買及び他人の売春からの搾取の禁止に関する条約《じんしんばいばいおよびたにんのばいしゅんからのさくしゅのきんしにかんするじょうやく》
新日本婦人の会《しんにほんふじんのかい》
新婦人協会《しんふじんきょうかい》
新律綱領《しんりつこうりょう》
侵略＝差別と斗うアジア婦人会議《しんりゃく＝さべつとたたかうアジアふじんかいぎ》
崇貞学園《すうていがくえん》
杉の子会《すぎのこかい》
*捨子《すてご》
ストーカー《ストーカー》
ストッキング《ストッキング》
生活改善運動《せいかつかいぜんうんどう》
生活改良普及員《せいかつかいりょうふきゅういん》
生活協同組合《せいかつきょうどうくみあい》
生活記録運動《せいかつきろくうんどう》
生活保護法《せいかつほごほう》
性教育《せいきょういく》
性同一性障害《せいどういつせいしょうがい》
性奴隷《せいどれい》
性の商品化《せいのしょうひんか》
性風俗産業《せいふうぞくさんぎょう》
性別職務分離《せいべつしょくむぶんり》
*性別分業《せいべつぶんぎょう》
*性別役割分担《せいべつやくわりぶんたん》
生理休暇《せいりきゅうか》
生理用品《せいりようひん》
セーラー服《セーラーふく》
赤瀾会《せきらんかい》
セクシュアリティ《セクシュアリティ》
セクシュアル＝ハラスメント《セクシュアル＝ハラスメント》
セックスワーク論《セックスワークろん》
セツルメント《セツルメント》
全関西婦人連合会《ぜんかんさいふじんれんごうかい》
全国小学校女教員大会《ぜんこくしょうがっこうじょきょういんたいかい》
全国女性史研究交流のつどい《ぜんこくじょせいしけんきゅうこうりゅうのつどい》
全国地域婦人団体連絡協議会《ぜんこくちいきふじんだんたいれんらくきょうぎかい》
全国農協婦人団体連絡協議会《ぜんこくのうきょうふじんだんたいれんらくきょうぎかい》
全国日雇婦人大会《ぜんこくひやといふじんたいかい》
全国未亡人団体協議会《ぜんこくみぼうじんだんたいきょうぎかい》
戦後対策婦人委員会《せんごたいさくふじんいいんかい》
洗骨廃止《せんこつはいし》
戦災孤児《せんさいこじ》
戦時家庭教育指導要項《せんじかていきょういくしどうようこう》
戦時下の女性労働《せんじかのじょせいろうどう》
戦争花嫁《せんそうはなよめ》
戦争未亡人《せんそうみぼうじん》
千人針《せんにんばり》
戦没者寡婦教員養成《せんぼつしゃかふきょういんようせい》
総合職の女性たち《そうごうしょくのじょせいたち》
総合女性史研究会《そうごうじょせいしけんきゅうかい》
創氏改名《そうしかいめい》
総理府婦人問題担当室《そうりふふじんもんだいたんとうしつ》
ソーシャルワーカー《ソーシャルワーカー》
束髪《そくはつ》
速記者《そっきしゃ》
存娼論《ぞんしょうろん》
体外受精《たいがいじゅせい》
大学婦人協会《だいがくふじんきょうかい》
大日本国防婦人会《だいにほんこくぼうふじんかい》
大日本婦人会《だいにほんふじんかい》
大日本連合婦人会《だいにほんれんごうふじんかい》
ダイニングキッチン《ダイニングキッチン》
タイピスト《タイピスト》
大陸の花嫁《たいりくのはなよめ》
代理出産《だいりしゅっさん》
宝塚歌劇団《たからづかかげきだん》
堕胎禁止令《だたいきんしれい》
堕胎罪《だたいざい》
堕胎論争《だたいろんそう》
短期大学《たんきだいがく》
男子貞操義務判決《だんしていそうぎむはんけつ》
男女共学《だんじょきょうがく》
男女共同参画《だんじょきょうどうさんかく》
男女共同参画社会基本法《だんじょきょうどうさんかくしゃかいきほんほう》
男女雇用機会均等法《だんじょこようきかいきんとうほう》
男女賃金差別《だんじょちんぎんさべつ》
男女同権《だんじょどうけん》
男女同等論争《だんじょどうとうろんそう》
男女平等《だんじょびょうどう》
男女別学《だんじょべつがく》
男性学《だんせいがく》
男尊女卑《だんそんじょひ》
断髪《だんぱつ》
治安警察法《ちあんけいさつほう》
地域女性史《ちいきじょせいし》
地域婦人会《ちいきふじんかい》
痴漢《ちかん》
地久節《ちきゅうせつ》
チマ＝チョゴリ事件《チマ＝チョゴリじけん》
ちゃぶ台《ちゃぶだい》
中国残留孤児《ちゅうごくざんりゅうこじ》
中国残留婦人《ちゅうごくざんりゅうふじん》
中絶《ちゅうぜつ》
中絶禁止法に反対しピル解禁を要求する女性解放連合《ちゅうぜつきんしほうにはんたいしピルかいきんをようきゅうするじょせいかいほうれんごう》
津田塾大学《つだじゅくだいがく》
帝国婦人協会《ていこくふじんきょうかい》
貞操論争《ていそうろんそう》
天国に結ぶ恋《てんごくにむすぶこい》
伝習工女《でんしゅうこうじょ》
東京こむうぬ《とうきょうこむうぬ》
東京女子医科大学《とうきょうじょしいかだいがく》
東京女子大学《とうきょうじょしだいがく》
東京女性財団《とうきょうじょせいざいだん》
東京婦人市政浄化連盟《とうきょうふじんしせいじょうかれんめい》
東京連合婦人会《とうきょうれんごうふじんかい》
東京ローズ《とうきょうローズ》
燈台社の女性たち《とうだいしゃのじょせいたち》
東洋モスリン争議《とうようモスリンそうぎ》
トートーメーの継承《トートーメーのけいしょう》
徳島ラジオ商事件《とくしまラジオしょうじけん》
独身婦人連盟《どくしんふじんれんめい》
*刀自《とじ》
隣組《となりぐみ》
富岡製糸場《とみおかせいしじょう》
ドメスティック＝バイオレンス《ドメスティック＝バイオレンス》
友の会《とものかい》
共働き《ともばたらき》
鳥潟静子結婚解消事件《とりがたしずこけっこんかいしょうじけん》
内職《ないしょく》
内助の功《ないじょのこう》
内鮮結婚《ないせんけっこん》
ナヌムの家《ナヌムのいえ》
*男色《なんしょく》
ニコヨン《ニコヨン》
二・八闘争《にっぱちとうそう》
日本型福祉社会論《にほんがたふくししゃかいろん》
日本基督教婦人矯風会《にほんキリストきょうふじんきょうふうかい》
日本軍「慰安婦」《にほんぐん「いあんふ」》
日本国憲法《にほんこくけんぽう》
日本子どもを守る会《にほんこどもをまもるかい》
日本産婆会《にほんさんばかい》
日本女子大学《にほんじょしだいがく》
日本炭鉱主婦協議会《にほんたんこうしゅふきょうぎかい》

分類項目表

『日本の花嫁』事件《『にほんのはなよめ』じけん》
日本婦人会議《にほんふじんかいぎ》
日本婦人参政権協会《にほんふじんさんせいけんきょうかい》
日本婦人団体連合会《にほんふじんだんたいれんごうかい》
日本婦人有権者同盟《にほんふじんゆうけんしゃどうめい》
*女官《にょかん》
*女人禁制・女人結界《にょにんきんせい・にょにんけっかい》
妊産婦手帳《にんさんぷてちょう》
年金と女性《ねんきんとじょせい》
農家の嫁不足《のうかのよめぶそく》
農繁期託児所《のうはんきたくじしょ》
農民組合婦人部《のうみんくみあいふじんぶ》
バークシャー女性史会議《バークシャーじょせいしかいぎ》
パートタイマー《パートタイマー》
パーマネント《パーマネント》
煤煙事件《ばいえんじけん》
配偶者控除《はいぐうしゃこうじょ》
売春防止法《ばいしゅんぼうしほう》
廃娼運動《はいしょううんどう》
廃娼論争《はいしょうろんそう》
*買売春《ばいばいしゅん》
ハウスキーパー問題《ハウスキーパーもんだい》
*墓《はか》
派遣社員《はけんしゃいん》
派出婦《はしゅつふ》
バスガール《バスガール》
働く母の会《はたらくははのかい》
花婿学校《はなむこがっこう》
母親運動《ははおやうんどう》
母の日《ははのひ》
バレンタイン＝チョコレート《バレンタイン＝チョコレート》
汎太平洋婦人会議《はんたいへいようふじんかいぎ》
パンパン《パンパン》
PTA《ピー＝ティー＝エー》
日蔭茶屋事件《ひかげちゃやじけん》
ヒ素ミルク事件《ひそミルクじけん》
ひととき欄《ひとときらん》
非武装国日本女性の講和問題についての希望要項《ひぶそうこくにほんじょせいのこうわもんだいについてのきぼうようこう》
ピル《ピル》
*夫婦別姓《ふうふべっせい》
フェミニズム《フェミニズム》
福祉元年《ふくしがんねん》
不婚論争《ふこんろんそう》
富士瓦斯紡績女工争議《ふじガスぼうせきじょこうそうぎ》
父子家庭《ふしかてい》
富士見産院事件《ふじみさんいんじけん》
婦人《ふじん》
婦人運動《ふじんうんどう》
婦人衛生会《ふじんえいせいかい》
婦人及児童売買禁止に関する国際条約《ふじんおよびじどうばいばいきんしにかんするこくさいじょうやく》
婦人会《ふじんかい》
婦人学級《ふじんがっきゅう》
婦人雑誌《ふじんざっし》
婦人参政権運動《ふじんさんせいけんうんどう》
婦人参政同盟《ふじんさんせいどうめい》
婦人水平社《ふじんすいへいしゃ》
婦人同志会《ふじんどうしかい》
婦人報国運動《ふじんほうこくうんどう》
婦人民主クラブ《ふじんみんしゅクラブ》
婦人問題《ふじんもんだい》
婦人問題懇話会《ふじんもんだいこんわかい》
婦人論論争《ふじんろんろんそう》
婦選会館《ふせんかいかん》
婦選獲得同盟《ふせんかくとくどうめい》
二葉保育園《ふたばほいくえん》
フライト＝アテンダント《フライト＝アテンダント》
不良マッチ退治主婦大会《ふりょうマッチたいじしゅふたいかい》
不倫《ふりん》
文化学院《ぶんかがくいん》
文化服装学院《ぶんかふくそうがくいん》
平民社の女性たち《へいみんしゃのじょせいたち》
北京愛隣館《ペキンあいりんかん》
ベビーブーム《ベビーブーム》
ベビーホテル《ベビーホテル》
保育士《ほいくし》
保育所《ほいくじょ》
保育所増設運動《ほいくじょぞうせつうんどう》
ホームドラマ《ホームドラマ》
ホームヘルパー《ホームヘルパー》
保健師《ほけんし》
母子及び寡婦福祉法《ぼしおよびかふふくしほう》
母子家庭《ぼしかてい》
母子健康手帳《ぼしけんこうてちょう》
母子心中《ぼしshinじゅう》
母子保健法《ぼしほけんほう》
母子保護法《ぼしほごほう》
母子保護法制定運動《ぼしほごほうせいていうんどう》
母子寮《ぼしりょう》
*母性《ぼせい》
母性保護論争《ぼせいほごろんそう》
母体保護法《ぼたいほごほう》
ボランティア《ボランティア》
堀木訴訟《ほりきそしょう》
マイホーム主義《マイホームしゅぎ》
見合い結婚《みあいけっこん》
三池主婦会《みいけしゅふかい》
身売り《みうり》
*御巫《みかんなぎ》
ミズ＝クレヨンハウス《ミズ＝クレヨンハウス》
*水子供養《みずこくよう》
ミッチーブーム《ミッチーブーム》
身の上相談《みのうえそうだん》
未亡人《みぼうじん》
*名字《みょうじ》
閔妃暗殺《ミンビあんさつ》
民法改正《みんぽうかいせい》
民法改正答申《みんぽうかいせいとうしん》
民法改正要綱《みんぽうかいせいようこう》
民法典論争《みんぽうてんろんそう》
無産婦人団体《むさんふじんだんたい》
村八分事件《むらはちぶじけん》
明治女学校《めいじじょがっこう》
明治毒婦物《めいじどくふもの》
明治民法《めいじみんぽう》
*妾《めかけ》
モダンガール《モダンガール》
モンペ《モンペ》
夜間中学《やかんちゅうがく》
山一林組争議《やまいちはやしぐみそうぎ》
山川菊栄賞《やまかわきくえしょう》
友愛会婦人部《ゆうあいかいふじんぶ》
優生学《ゆうせいがく》
優生保護法《ゆうせいほごほう》
優良多子家庭表彰《ゆうりょうたしかていひょうしょう》
八日会《ようかかい》
*養蚕《ようさん》
洋装《ようそう》
幼稚園《ようちえん》
芳川鎌子心中事件《よしかわかまこしんじゅうじけん》
*嫁と姑《よめとしゅうとめ》
ライフサイクル《ライフサイクル》
ラマーズ法《ラマーズほう》
*離婚《りこん》
リブ新宿センター《リブしんじゅくセンター》
リプロダクティブ＝ヘルス／ライツ《リプロダクティブ＝ヘルス／ライツ》
良妻賢母主義《りょうさいけんぼしゅぎ》
臨時教育会議《りんじきょういくかいぎ》
歴史教科書に見る女性像《れきしきょうかしょにみるじょせいぞう》
レズビアン《レズビアン》
レディースコミック《レディースコミック》
恋愛《れんあい》
恋愛結婚《れんあいけっこん》
労働基準法《ろうどうきじゅんほう》
労働組合婦人部《ろうどうくみあいふじんぶ》
労働組合婦人部設置論争《ろうどうくみあいふじんぶせっちろんそう》
労働省婦人少年局《ろうどうしょうふじんしょうねんきょく》
労働女塾《ろうどうじょじゅく》
鹿鳴館《ろくめいかん》
YWCA《ワイ＝ダブリュー＝シー＝エー》

〔事　　項〕
—民　俗—

*赤不浄《あかふじょう》
アシイレ《アシイレ》
*海女《あま》
イタコ・口寄せ《イタコ・くちよせ》
位牌分け《いはいわけ》
*妹の力《いものちから》
産神《うぶがみ》
ウブヤアケ・ウブアケ《ウブヤアケ・ウブアケ》
*えな《えな》
オシラサマ《オシラサマ》
夫のつわり《おっとのつわり》
帯とき・紐とき《おびとき・ひもとき》
女の家・嫁節供《おんなのいえ・よめせっく》
カカザ《カカザ》
*櫛《くし》
子返し《こがえし》
*腰巻《こしまき》
*早乙女《さおとめ》
里帰り・三日帰り《さとがえり・みっかがえり》
*産婆《さんば》
シャモジワタシ《シャモジワタシ》
シラ《シラ》
*乳付《ちつけ》
月小屋《つきごや》
道祖神《どうそじん》
流れ灌頂《ながれかんじょう》
納戸神《なんどがみ》
初花・初出《はつはな・ういで》
腹帯《はらおび》
販女《ひさぎめ》
複檀家《ふくだんか》
へそくり《へそくり》
*間引き《まびき》
*水子供養《みずこくよう》
娘仲間《むすめなかま》
モーアシビ《モーアシビ》
山姥《やまうば》
山の神・十二サマ《やまのかみ・じゅうにサマ》
ユタ《ユタ》
ユモジ祝い・カネツケ祝い《ユモジいわい・カネツケいわい》
*よばい・なじみ《よばい・なじみ》
嫁いびり《よめいびり》
嫁盗み《よめぬすみ》

〔事　　項〕
—アイヌ—

(—近現代—も参照)

アイヌ口承文芸《アイヌこうしょうぶんげい》
アイヌの衣服・服飾《アイヌのいふく・ふくしょく》
アットゥシ《アットゥシ》
イム《イム》
*入れ墨《いれずみ》
ウプソロクッ《ウプソロクッ》
*家族《かぞく》
*家父長制《かふちょうせい》
*系譜《けいふ》
*穢れ《けがれ》
*婚姻・婚姻形態《こんいん・こんいんけいたい》
*財産相続《ざいさんそうぞく》
*酒造り《さけづくり》
*女性の名前《じょせいのなまえ》
*性別分業《せいべつぶんぎょう》
*性別役割分担《せいべつやくわりぶんたん》
*双系制《そうけいせい》
トゥス《トゥス》
*取り上げ婆《とりあげばば》
トンコリ・ムックリ《トンコリ・ムックリ》
*父系制・母系制《ふけいせい・ぼけいせい》
フチ《フチ》
フチイキリ・エカシイキリ《フチイキリ・エカシイキリ》
ポンマチ《ポンマチ》
*名字《みょうじ》
モウル《モウル》

〔事　　項〕
—琉球・沖縄—

(—近現代—も参照)

イザイホー《イザイホー》
*入れ墨《いれずみ》
御嶽《うたき》
祖神《うやがん》
*婚姻儀礼《こんいんぎれい》
*婚姻・婚姻形態《こんいん・こんいんけいたい》
*財産相続《ざいさんそうぞく》
*出産儀礼《しゅっさんぎれい》
*女性の名前《じょせいのなまえ》
尾類《ズリ》
*性別分業《せいべつぶんぎょう》
*性別役割分担《せいべつやくわりぶんたん》
ノロ祭祀《ノロさいし》
*墓《はか》
芭蕉布《ばしょうふ》
門中・族譜《もんちゅう・ぞくふ》
琉歌《りゅうか》
琉装《りゅうそう》

共 通 項 目 一 覧

*赤不浄(近世)《あかふじょう》
赤不浄(民俗)
*商いと女(古代)《あきないとおんな》
商いと女(中世)
商いと女(近世)
*尼(古代)《あま》
尼(中世・近世)
尼(近現代)
*海女(古代)《あま》
海女(近世)
海女(民俗)
*尼寺(古代)《あまでら》
尼寺(中世)
尼寺(近世)
尼寺(近現代)
*安産祈願(中世)《あんざんきがん》
安産祈願(近世)
*家(古代・中世)《いえ》
家(近世)
*一夫一婦制(古代)《いっぷいっぷせい》
一夫一婦制(近世)
一夫一婦制(近現代)
*一夫多妻(古代)《いっぷたさい》
一夫多妻(近世)
*妹の力(古代)《いものちから》
妹の力(民俗)
*入れ墨(アイヌ)《いれずみ》
入れ墨(琉球・沖縄)
*氏(古代)《うじ》
氏(近代)
氏(現代)
*采女(古代)《うねめ》
采女(近世)
*産屋(古代)《うぶや》
産屋(中世)
*兄と弟(古代)《えとおと》
兄と弟(中世)
*えな(中世)《えな》
えな(近世)
えな(民俗)
*おなり神(近現代)《おなりがみ》
おなり神(琉球・沖縄)
*女手(古代)《おんなで》
女手(中世)
*家産(古代・中世)《かさん》
家産(近世)
*家事(近世)《かじ》
家事(近現代)
*家族(古代・中世)《かぞく》
家族(近世)
家族(アイヌ)
*家族史(古代・中世)《かぞくし》
家族史(近世)
家族史(近現代)
*家父長制(古代)《かふちょうせい》
家父長制(中世)
家父長制(近世)
家父長制(近現代)
家父長制(アイヌ)
*勧進比丘尼(中世)《かんじんびくに》
勧進比丘尼(近世)
*喫煙と女性(近世)《きつえんとじょせい》
喫煙と女性(近現代)
*櫛(近世)《くし》
櫛(民俗)
*傾城(中世)《けいせい》
傾城(近世)
*系譜(古代・中世)《けいふ》
系譜(近世)
系譜(近現代)
系譜(アイヌ)
*穢れ(古代)《けがれ》
穢れ(中世)
穢れ(近世)
穢れ(アイヌ)
*化粧料(中世)《けしょうりょう》
化粧料(近世)
*結婚年齢(近世)《けっこんねんれい》
結婚年齢(近現代)
*血盆経・血盆経信仰(中世)《けつぼんきょう・けつぼんきょうしんこう》
血盆経・血盆経信仰(近世)
*源氏名(中世)《げんじな》
源氏名(近世)
*強姦(古代)《ごうかん》
強姦(中世)
強姦(近世)
強姦(近代)
強姦(現代)
*後宮(古代)《こうきゅう》
後宮(中世)
後宮(近世)
*皇后(古代)《こうごう》
皇后(中世)
皇后(近世)
皇后(近現代)
*公娼制度(近世)《こうしょうせいど》
公娼制度(近現代)
*後家(中世)《ごけ》
後家(近世)
*腰巻(中世)《こしまき》
腰巻(民俗)
*五障三従(仏教教義)《ごしょうさんしょう》
五障三従(中世)
五障三従(近世)
*戸籍制度(古代)《こせきせいど》
戸籍制度(近現代)
*小袖(中世)《こそで》
小袖(近世)
*子守(中世)《こもり》
子守(近世)
*婚姻儀礼(古代)《こんいんぎれい》
婚姻儀礼(中世)
婚姻儀礼(近世)
婚姻儀礼(琉球・沖縄)
*婚姻・婚姻形態(古代)《こんいん・こんいんけいたい》
婚姻・婚姻形態(中世)
婚姻・婚姻形態(近世)
婚姻・婚姻形態(近現代)
婚姻・婚姻形態(アイヌ)
婚姻・婚姻形態(琉球・沖縄)
*斎宮(古代)《さいぐう》
斎宮(中世)
*財産相続(古代)《ざいさんそうぞく》
財産相続(中世)
財産相続(近世)
財産相続(近代)
財産相続(現代)
財産相続(アイヌ)
財産相続(琉球・沖縄)
*早乙女(古代)《さおとめ》
早乙女(中世)
早乙女(近世)
早乙女(民俗)
*酒造り(古代)《さけづくり》
酒造り(中世)
酒造り(近世)
酒造り(アイヌ)
*産婆(近世)《さんば》
産婆(近現代)
産婆(民俗)
*識字(近世)《しきじ》
識字(近現代)
*持参財(古代)《じさんざい》
持参財(近世)
*私娼(近世)《ししょう》
私娼(近現代)
*出産(古代)《しゅっさん》
出産(中世)
出産(近世)
出産(近現代)
*出産儀礼(古代)《しゅっさんぎれい》
出産儀礼(琉球・沖縄)
*主婦・主婦権(古代)《しゅふ・しゅふけん》
主婦・主婦権(中世)
主婦・主婦権(近世)
主婦・主婦権(近現代)

*上臈(中世)《じょうろう》
上臈(近世)
*女訓書(中世)《じょくんしょ》
女訓書(近世)
*女子教育(近世)《じょしきょういく》
女子教育(近現代)
*処女・オトメ(近世)《しょじょ・オトメ》
処女・オトメ(近現代)
*女子労働運動(近代)《じょしろうどううんどう》
女子労働運動(現代)
*女性首長(考古学)《じょせいしゅちょう》
女性首長(古代)
*女性の神職(古代)《じょせいのしんしょく》
女性の神職(中世)
*女性の名前(古代・中世)《じょせいのなまえ》
女性の名前(近世)
女性の名前(近現代)
女性の名前(アイヌ)
女性の名前(琉球・沖縄)
*女帝(古代・中世)《じょてい》
女帝(近世)
女帝(近現代)
*神功皇后伝説(古代)《じんぐうこうごうでんせつ》
神功皇后伝説(中世)
神功皇后伝説(近世)
神功皇后伝説(近現代)
*親権(中世)《しんけん》
親権(近世)
親権(近代)
親権(現代)
*人身売買(古代)《じんしんばいばい》
人身売買(中世)
人身売買(近世)
人身売買(近現代)
*捨子(古代)《すてご》
捨子(中世)
捨子(近世)
捨子(近現代)
*正室(中世)《せいしつ》
正室(近世)
*性別分業(古代)《せいべつぶんぎょう》
性別分業(中世)
性別分業(近世)
性別分業(近現代)
性別分業(アイヌ)
性別分業(琉球・沖縄)
*性別役割分担(古代)《せいべつやくわりぶんたん》
性別役割分担(中世)
性別役割分担(近世)
性別役割分担(近現代)
性別役割分担(アイヌ)
性別役割分担(琉球・沖縄)
*政略結婚(中世)《せいりゃくけっこん》
政略結婚(近世)
*双系制(古代)《そうけいせい》
双系制(アイヌ)
*田植え(古代)《たうえ》
田植え(中世)
田植え(近世)
*乳付(中世)《ちつけ》
乳付(民俗)
*嫡女(古代)《ちゃくじょ》
嫡女(中世)
*中臈(中世)《ちゅうろう》
中臈(近世)
*土器生産(古代)《どきせいさん》
土器生産(中世)
*刀自(古代)《とじ》
刀自(近世)
刀自(近現代)
刀自(官職)
*取り上げ婆(近世)《とりあげばば》
取り上げ婆(アイヌ)
*男色(古代・中世)《なんしょく》
男色(近世)
男色(近現代)
*女院(古代)《にょいん》
女院(中世)
女院(近世)
*女房(古代)《にょうぼう》
女房(中世)
*女官(古代)《にょかん》
女官(中世)
女官(近現代)
*女人禁制・女人結界(古代・中世)《にょにんきんせい・にょにんけっかい》
女人禁制・女人結界(近世)
女人禁制・女人結界(近現代)
*人夫(古代)《にんぷ》
人夫(中世)
*買売春(古代)《ばいばいしゅん》
買売春(中世)
買売春(近世)
買売春(近現代)
*墓(古代)《はか》
墓(中世)
墓(近世)
墓(近現代)
墓(琉球・沖縄)
*機織り(古代)《はたおり》
機織り(中世)
機織り(近世)
*夫婦別姓(古代―近世)《ふうふべっせい》
夫婦別姓(近現代)
*父系制・母系制(古代)《ふけいせい・ぼけいせい》
父系制・母系制(アイヌ)
*変成男子(古代)《へんじょうなんし》
変成男子(中世)
*母性(近代)《ぼせい》
母性(現代)
*松山鏡(中世)《まつのやまかがみ》
松山鏡(近世)
*間引き(近世)《まびき》
間引き(民俗)
*継母(古代)《ままはは》
継母(中世)
継母(近世)
*御巫(古代)《みかんなぎ》
御巫(近代)
*巫女(古代)《みこ》
巫女(中世)
巫女(近世)
*水子供養(近世)《みずこくよう》
水子供養(近現代)
水子供養(民俗)
*宮座(中世)《みやざ》
宮座(近世)
*名字(古代―近現代)《みょうじ》
名字(アイヌ)
*妾(古代)《めかけ》
妾(中世)
妾(近世)
妾(近現代)
*乳母(古代)《めのと》
乳母(中世)
*遊女(中世)《ゆうじょ》
遊女(近世)
*養蚕(古代)《ようさん》
養蚕(中世)
養蚕(近世)
養蚕(近現代)
*よばい・なじみ(古代)《よばい・なじみ》
よばい・なじみ(民俗)
*よみかき(古代)《よみかき》
よみかき(中世)
よみかき(近世)
*嫁入婚(古代)《よめいりこん》
嫁入婚(中世)
嫁入婚(近世)
*嫁と姑(古代)《よめとしゅうとめ》
嫁と姑(中世)
嫁と姑(近世)
嫁と姑(近現代)
*離婚(古代)《りこん》
離婚(中世)
離婚(近世)
離婚(近代)
離婚(現代)

図　版　目　録

凡　例

◉　国宝

◎　重要文化財

○　重要美術品

本　文　図　版　目　録

アットゥシ　東京国立博物館所蔵 …… 4

レタラペ　ベルリン国立民族学博物館所蔵 …… 4

魚売り　『七十一番職人歌合』より　東京国立博物館所蔵 …… 9

胡坐姿の女性　「高雄観楓図」◉より　同上所蔵 …… 12

旭姫画像　京都＝南明院所蔵 …… 13

阿仏尼画像○ …… 19

尼　『法然上人絵伝』◉より　京都＝知恩院所蔵 …… 21

海女　『人倫訓蒙図彙』より …… 22

アヤツコ　『春日権現験記絵』より　京都市立芸術大学芸術資料館所蔵 …… 26

有吉佐和子　永原和子監修『日本女性肖像大事典』、1995、日本図書センターより …… 27

『an•an』　東京＝マガジンハウス提供 …… 30

『家の光』　東京＝家の光協会提供 …… 36

イザイホー　沖縄＝知念村教育委員会提供 …… 40

居座機　『機織彙編』より …… 42

石垣綾子　加納実紀代編『写真・絵画集成日本の女たち』3、1996、日本図書センターより …… 42

『石山寺縁起絵巻』◎　滋賀＝石山寺所蔵 …… 44

出雲阿国　『国女歌舞妓絵詞』より　京都大学附属図書館所蔵 …… 46

『伊勢物語絵巻』◎　大阪＝和泉市久保惣記念美術館所蔵 …… 48

石上露子　松本和男『評伝石上露子』、2000、中央公論新社より …… 49

建武5年「伏願氏女五障雲散」銘逆修碑　宮城県松島町　大石直正・川崎利夫編『中世奥羽と板碑の世界』2001、高志書院より …… 50

市川房枝　『市川房枝集』2、1994、日本図書センターより …… 51

市女　『扇面法華経冊子』下絵より　東京国立博物館所蔵 …… 52

市女笠　『信貴山縁起絵巻』◉より　奈良＝朝護孫子寺所蔵 …… 52

『一遍聖絵』◉　京都＝歓喜光寺所蔵 …… 55

伊藤野枝　井手文子・堀切利高編『(定本)伊藤野枝全集』1、2000、学芸書林より …… 56

糸ひき女　『養蚕秘録』より …… 57

慰問袋　栃木＝明治・大正・昭和戦争博物館所蔵 …… 65

いわさきちひろ　『いわさきちひろ作品集』7、1977、岩崎書店より …… 66

上村松園　東京＝日本芸術院提供 …… 72

植村環　今村武雄『植村環』、1989、新教出版社より …… 72

鈴木春信「座敷八景　行燈の夕照」　東京＝平木浮世絵財団所蔵 …… 73

歌川国貞「紅毛油画名所尽錦帯橋」　同上所蔵 …… 73

『浮世風呂』　東京都立中央図書館所蔵 …… 74

歌比丘尼　『人倫訓蒙図彙』より …… 78

桂　和歌山＝熊野速玉大社所蔵 …… 79

石女地獄　「熊野観心十界曼荼羅」より　個人蔵 …… 84

瓜生岩像　福島県喜多方市・示現寺　福島＝瓜生秀吉提供 …… 85

瓜生繁子　東京＝津田塾大学提供 …… 86

『栄花物語』◉　東京＝梅沢記念館所蔵 …… 86

『絵師草紙』　御物 …… 89

絵馬　巡礼図(1882年)　静岡＝太平徳楽寺観音堂所蔵　静岡＝沼津市歴史民俗資料館提供 …… 91

M字型就労と逆U字型就労(2005年の年齢別女子労働力率) …… 93

満徳寺駈入りの図　『救療史料』より …… 93

円地文子　永原和子監修『日本女性肖像大事典』、1995、日本図書センターより …… 94

『おあん物語』　写本　名古屋市蓬左文庫所蔵 …… 95

お市の方画像◎　和歌山＝持明院所蔵 …… 96

扇売り　『七十一番職人歌合』より　東京国立博物館所蔵 …… 97

近江絹糸争議　東京＝共同通信社提供 …… 99

大田洋子　永原和子監修『日本女性肖像大事典』、1995、日本図書センターより …… 105

大塚楠緒子　永原和子監修『日本女性肖像大事典』、1995、日本図書センターより …… 105
大山捨松　東京＝津田塾大学提供 …… 109
岡本かの子　高留留美子『岡本かの子いのちの回帰』、2004、翰林書房より …… 110
奥むめお　奥むめお『野火あかあかと』、1988、ドメス出版より …… 113
奥村五百子　『奥村五百子』より …… 114
於大の方画像　愛知＝楞厳寺所蔵　愛知県教育委員会提供 …… 116
『鉢かづき』　東京＝国立国会図書館所蔵 …… 120
小野小町像　和歌山＝補陀洛寺所蔵 …… 123
お初画像　福井＝常高寺所蔵 …… 124
大原女　『東北院職人歌合』より　東京＝国立公文書館内閣文庫所蔵 …… 124
『男衾三郎絵巻』◎　東京＝文化庁所蔵 …… 125
『おもろ双紙』◎　沖縄県立博物館所蔵 …… 127
『御湯殿上日記』　正親町天皇宸筆　元亀３年正月条　御物 …… 127
女歌舞伎　「洛中洛外図屏風」舟木本◎より　東京国立博物館所蔵 …… 131
女髪結　鈴木春信筆 …… 131
『女大学』　東京＝謙堂文庫所蔵 …… 136
『女重宝記』　同上所蔵 …… 137
女の旅日記　『道中記』山田音羽子筆 …… 139
女袴　『風俗画報』より …… 141
カカザ　囲炉裏の坐名 …… 147
加賀千代　『肖像集』　東京＝国立国会図書館所蔵 …… 147
懸守◉　大阪＝四天王寺所蔵 …… 151
『絵因果経』◉　京都＝醍醐寺所蔵 …… 152
笠森おせん　一筆斎文調筆　東京都立中央図書館所蔵 …… 153
『春日権現験記絵』　東京＝宮内庁三の丸尚蔵館所蔵 …… 155
春日局画像　狩野探幽筆　東京＝麟祥院所蔵 …… 155
被衣　『扇面法華経冊子』下絵より　東京国立博物館所蔵 …… 156
和宮像　東京＝増上寺所蔵 …… 157
『花鳥風月』　東洋文庫蔵奈良絵本　東京＝東洋文庫所蔵 …… 163
桂包　『三十二番職人歌合』より　大阪＝幸節静彦所蔵 …… 164
『家庭雑誌』㈠　東京＝国立国会図書館所蔵 …… 166
『家庭雑誌』㈡　東京大学明治新聞雑誌文庫所蔵 …… 166
加藤シヅエ　加藤シヅエ『加藤シヅエ百歳』、1996、婦人画報社より …… 168
金井沢碑拓本 …… 169
金子文子　永原和子監修『日本女性肖像大事典』、1995、日本図書センターより …… 170
金子みすゞ　矢崎節夫『童謡詩人金子みすゞの生涯』、1993、JULA出版局より …… 170
鹿子結び　額田巌『結び方の研究』、1951、創元社より …… 171
神近市子　『神近市子自伝』、1972、講談社より …… 174
禿　『人倫訓蒙図彙』より …… 176
亀姫画像　京都＝大法院所蔵　埼玉県立博物館提供 …… 177
髢　『当世かもじ雛形』より …… 177
河井道　東京＝恵泉女学園提供 …… 181
川上貞奴　東京＝早稲田大学演劇博物館提供 …… 181
河崎なつ　林光『母親がかわれば社会がかわる』、1974、草土文化より …… 182
川島芳子　園本琴音『孤独の王女川島芳子』、2004、智書房より …… 182
『孝義録』　東京＝国立国会図書館所蔵 …… 183
「寛政三美人」　喜多川歌麿筆 …… 185
管野すが　東京＝塩田庄兵衛提供 …… 187
生糸　座繰法による製糸　長野＝上田市立博物館提供 …… 188
岸田俊子　『湘烟日記』より …… 192
鬼子母神　木造訶梨帝母坐像◎　奈良＝東大寺所蔵 …… 193
キダー　高橋楯雄編『日本バプテスト史略』上、1923、東京三崎会館より …… 194
基地反対闘争　2000年11月12日「在沖米軍本土移転演習阻止、山梨県による檜丸尾強奪粉砕・梨ヶ原奪還」闘争後の忍草母の会　忍草母の会事務局著『北富士入会の闘い』、2003、御茶の水書房より …… 196
喫煙する女性　『人倫訓蒙図彙』より …… 196
飾櫛　東京国立博物館所蔵 …… 209
櫛笥◉　和歌山＝熊野速玉大社所蔵 …… 210
九条武子　山中峯太郎『九条武子夫人』、1930、大日本雄弁会講談社より …… 210
九津見房子　牧瀬菊枝編『九津見房子の暦』、1975、思想の科学社より …… 212
久布白落実　東京＝日本基督教婦人矯風会提供 …… 213
熊野比丘尼　『近世奇跡考』より …… 213
組師　『七十一番職人歌合』より　東京国立博物館所蔵 …… 214
久米愛　永原和子監修『日本女性肖像大事典』、1995、日本図書センターより …… 214
『暮しの手帖』 …… 215
『クロワッサン』　東京＝マガジンハウス提供 …… 217
「品海遊宴図」○　鳥居清長筆 …… 219
毛沓　『武装図説』より …… 223
華陽院画像　愛知＝楞厳寺所蔵 …… 227
『源氏物語』河内本◎　名古屋市蓬左文庫所蔵 …… 228

図版目録

『源氏物語絵巻』◉　愛知＝徳川美術館所蔵 …… 229
第一回原水爆禁止世界大会　昭和30年8月　東京＝共同通信社提供 …… 231
建礼門院像　京都＝寂光院所蔵 …… 232
紺　搔　『七十一番職人歌合』より　東京国立博物館所蔵 …… 235
『好色一代男』　東京都立中央図書館所蔵 …… 246
『好色五人女』　同上所蔵 …… 246
高台院画像◎　京都＝高台寺所蔵 …… 247
高良とみ　永原和子監修『日本女性肖像大事典』、1995、日本図書センターより …… 251
国際婦人年世界会議（1975年、メキシコシティ）　WWP提供 …… 255
小督局画像　京都＝泉涌寺所蔵　大阪＝朝日新聞大阪本社提供 …… 259
『御産部類記』　東京＝宮内庁書陵部所蔵 …… 261
瞽　女　『百人女郎品定』より …… 264
五節舞姫　『舞楽図』より　東京＝宮内庁書陵部所蔵 …… 265
染分練緯地花鳥模様小袖◎　京都国立博物館所蔵 …… 266
染分綸子地松皮菱取模様小袖◎　京都国立博物館所蔵 …… 267
子ども　『石山寺縁起絵巻』◎より　京都＝石山寺所蔵 …… 270
木　幡　宇治陵遙拝所　京都＝宇治市歴史資料館提供 …… 272
米騒動　『東京朝日新聞』　東京大学明治新聞雑誌文庫所蔵 …… 273
戸　令　『令義解』第八　東京＝国立公文書館内閣文庫所蔵 …… 274
近藤真柄　大森かほる『捨石埋草を生きて』、1992、第一書林より …… 280
早乙女　『人倫訓蒙図彙』より …… 289
坂根田鶴子 …… 291
酒造り　『七十一番職人歌合』より　東京国立博物館所蔵 …… 293
佐々城豊寿　永原和子監修『日本女性肖像大事典』、1995、日本図書センターより …… 295
科学研究者に占める女性の割合 …… 299
産児制限運動　『東京朝日新聞』　東京大学明治新聞雑誌文庫所蔵 …… 302
産　婆　『百人女郎品定』より …… 305
『三宝絵詞』◉　東京国立博物館所蔵 …… 306
『産　論』　東京＝国立国会図書館所蔵 …… 307
『信貴山縁起絵巻』◉　奈良＝朝護孫子寺所蔵 …… 310
義務教育就学率の推移 …… 311
「当世遊里美人合土手華」　鳥居清長筆 …… 314
『七十一番職人歌合』　東京＝前田育徳会所蔵 …… 316
「婦女人相十品ビードロ吹き」　喜多川歌麿筆　東京国立博物館所蔵 …… 321
島の山古墳出土車輪石　奈良県立橿原考古学研究所編『島の山古墳調査概報』、1997、学生社より …… 322
下田歌子　東京＝実践女子大学図書館提供 …… 323
三味線　「松浦屛風」◉より　奈良＝大和文華館所蔵 …… 326
従軍看護婦　『絵入りロンドンニュース』より …… 327
秋色女○　栄松斎長喜筆　東京国立博物館所蔵 …… 328
裳唐衣　同上所蔵 …… 329
『自由燈』　東京大学明治新聞雑誌文庫所蔵 …… 329
寿桂尼画像　静岡県＝正林寺所蔵 …… 331
出　産　『北野天神縁起』◉より　京都＝北野天満宮所蔵 …… 333
主婦・主婦権　『松崎天神縁起』◎より　山口＝防府天満宮 …… 337
『主婦之友』　東京＝大塚文庫所蔵 …… 338
不良マッチ退治大会に集まった主婦　東京＝主婦連合会提供 …… 338
『春色梅児誉美』　東京＝国立国会図書館所蔵 …… 340
正栄尼画像　京都＝清凉寺所蔵 …… 341
松旭斎天勝　東京＝早稲田大学演劇博物館提供 …… 343
少女歌劇　モン＝パリ　同上提供 …… 346
『成尋阿闍梨母集』　藤原定家手沢本◎　大阪青山学園所蔵 …… 347
『女学雑誌』　東京大学明治新聞雑誌文庫所蔵 …… 352
『女学世界』　同上所蔵 …… 353
『女　鑑』　同上所蔵 …… 353
カフェー＝ライオンの女給（1935年頃）　日本近代史研究会編『画報近代百年史』10、1952、国際文化情報社より …… 354
食糧メーデー　宮城前広場での飯米獲得人民大会　東京＝共同通信社提供 …… 356
富岡製糸場の女工たち　日本近代史研究会編『画報日本近代の歴史』3、1979、三省堂より …… 358
工場で働く女子挺身隊　東京＝共同通信社提供 …… 364
『女子文壇』 …… 365
女子留学生　東京＝津田塾大学提供 …… 366
『女　性』　東京＝大宅壮一文庫所蔵 …… 367
『女性改造』 …… 368
白拍子　『鶴岡放生会歌合』◎より　個人蔵 …… 369
『女性自身』 …… 372
『女性同盟』　東京大学明治新聞雑誌文庫所蔵 …… 376
上杉清子花押 …… 379
春日局花押 …… 379
寿桂尼印「帰」 …… 379
山木大方印「軍勝」 …… 379
『職工事情』　東京＝国立国会図書館所蔵 …… 383

白 拍 子 『和国諸職絵尽』より …………………… 387
(伝)神功皇后像◉ 奈良＝薬師寺所蔵 …………… 388
神功皇后像を描いた切手 『日本切手の20世紀』、2000、郵政研究所附属資料館より ‥ 389
『新猿楽記』 弘安3年書写本◎ 東京＝前田育徳会所蔵 ………………………… 392
「江戸の花男女ノ川入」 東京大学史料編纂所所蔵 ………………………………… 392
『新女界』……………………………………… 393
『新真婦人』…………………………………… 395
寝 殿 造 東三条殿復元模型 千葉＝国立歴史民俗博物館所蔵 ……………………… 396
復元平面図 日本建築学会編『(新訂)日本建築史図集』、1988、彰国社より ……………………………… 397
新婦人協会会員 東京＝日本近代史研究会提供 ‥ 398
女性埴輪(福岡県飯塚市小正西古墳出土) 穂波町教育委員会『小正西古墳』、1997より ……………………………………… 399
人面墨書土器(静岡県浜松市伊場遺跡出土) 浜松市教育委員会編『伊場遺跡発掘調査報告書』4、1980より ………………… 400
『人倫訓蒙図彙』……………………………… 401
出挙銭解(天平勝宝2年5月15日) 『正倉院文書』奈良＝正倉院所蔵 …………………… 401
杉田久女 東京＝日本近代文学館提供 …………… 404
『青鞜』 東京＝大塚正基所蔵 ……………………… 412
『世界婦人』 東京大学明治新聞雑誌文庫所蔵 ‥… 419
『世鏡抄』 東京＝謙堂文庫所蔵 ……………………… 420
井戸端で洗濯する女性 『信貴山縁起絵巻』◉より奈良＝朝護孫子寺所蔵 ……………… 431
相馬黒光 東京＝株式会社中村屋提供 …………… 437
『洋式婦人束髪法』 東京＝国立国会図書館所蔵 ‥ 439
大日本婦人会 『朝日新聞』 東京大学明治新聞雑誌文庫所蔵 ………………………… 446
『当麻曼荼羅縁起絵巻』◉ 神奈川＝光明寺所蔵 ‥ 447
内裏歌合 『時代不同歌合絵巻』より 東京国立博物館所蔵 ……………………………… 448
田 植 え 「月次風俗図屛風」◎より 同上所蔵 ‥ 450
高橋くら子 永原和子監修『日本女性肖像大事典』、1995、日本図書センターより ……… 453
高村智恵子 品川区立品川歴史館『高村智恵子』、1995より ……………………………… 455
高群逸枝 河野信子『高群逸枝』、1990、リブロポートより ……………………………… 455
『竹取物語』 中院通勝重校本◎ 奈良＝天理大学附属天理図書館所蔵 ………………… 458
立 君 『七十一番職人歌合』より 東京国立博物館所蔵 ……………………………… 462
立 膝 (伝)順徳妙孝大姉像 山口＝光楽寺所蔵 ……………………………………… 464
田村梶子画像 群馬＝桐生市立図書館所蔵 ……… 468
田村俊子 福田はるか『田村俊子』、2003、図書新聞より …………………………………… 468
児 『春日権現験記絵』 東京＝宮内庁三の丸尚蔵館所蔵 ………………………… 478
『稚児観音縁起』◎ 兵庫＝香雪美術館所蔵 ……… 479
鎮 魂 祭 『年中行事絵巻』より …………………… 489
津田梅子 東京＝津田塾大学提供 ………………… 492
津田塾大学 最初の校舎(1901年3月撮影) 同上提供 ……………………………………… 493
壺 井 栄 永原和子監修『日本女性肖像大事典』、1995、日本図書センターより ……… 495
出口なお 京都＝大本教本部提供 ………………… 500
「文学万代の宝」 一寸子花里華 東京＝謙堂文庫所蔵 ……………………………………… 501
踏歌節会 『年中行事絵巻』より …………………… 503
東 慶 寺 元文5年寺法離縁状 神奈川＝東慶寺所蔵 ……………………………………… 505
『道成寺縁起』◎ 和歌山＝道成寺所蔵 ………… 507
唐人お吉 永原和子監修『日本女性肖像大事典』、1995、日本図書センターより ……… 507
道 祖 神 群馬県中之条町下沢渡(寛保3年) ‥… 508
長野県松本市南北条(文政9年) ……… 508
東福門院像 京都＝光雲寺所蔵 …………………… 509
『東北院職人歌合』 曼殊院本◎ 東京国立博物館所蔵 ……………………………………… 510
『閨 聲』……………………………………… 512
長野県茅野市棚畑遺跡出土土偶◉ 長野＝茅野市尖石縄文考古館所蔵 ………………… 512
山形県舟形町西ノ前遺跡出土土偶 山形県教育委員会所蔵 ……………………………… 512
青森県弘前市十腰内遺跡出土猪形土偶 青森＝弘前市立博物館所蔵 …………………… 512
『とりかへばや』 伊達家旧蔵本 東京＝吉田幸一所蔵 ……………………………………… 520
『とはずがたり』 東京＝宮内庁書陵部所蔵 ……… 521
トンコリ ベルリン国立民族学博物館所蔵 ……… 522
ムックリ 東京国立博物館所蔵 …………………… 522
中 務◎ 佐竹本「三十六歌仙切」 東京＝青山企業株式会社所蔵 ………………………… 529
『奈与竹物語絵巻』◎ 香川＝金刀比羅宮所蔵 ‥… 534
二階堂トクヨ 西村絢子『体育に生涯をかけた女性』、1983、杏林書院より ……………… 537
『偐紫田舎源氏』 東京＝吉田幸一所蔵 …………… 540
廃娼を要求して議会に押し掛けた日本基督教婦人矯風会代表 『写真時報』1924年2月号より ………………………………… 542
日本女子大学 創立当時の正門 『成瀬先生記念帖』、1936、桜楓会より ……………… 544

図版目録

七条院庁下文　貞応３年正月　東京大学文学部日本史学研究室所蔵 …… 549
後奈良天皇女房奉書　天文21年６月14日　東京大学所蔵 …… 553
『女人芸術』　東京大学明治新聞雑誌文庫所蔵 …… 558
不動坂口女人堂　『紀伊国名所図会』より …… 560
縫物師　『七十一番職人歌合』より　東京国立博物館所蔵 …… 563
塗籠　『慕帰絵詞』◎より　京都＝西本願寺所蔵 …… 564
念持仏　銅造阿弥陀如来及両脇侍像(伝橘夫人念持仏)◉　奈良＝法隆寺所蔵 …… 565
野上弥生子　『野上弥生子』、1986、新潮社より …… 569
ノロ(神女)の図　東京国立博物館所蔵 …… 571
救世軍の廃娼運動　日本近代史研究会編『画報日本近代の歴史』６、1979、三省堂より …… 574
箸墓古墳と中堤・周濠想定図　奈良県立橿原考古学研究所編『箸墓古墳周辺の調査』、2002より …… 580
長屋王家木簡「土師女三人瓮造女二人雇人二」　奈良文化財研究所所蔵 …… 580
長谷川時雨 …… 581
機織り　『七十一番職人歌合』より　東京国立博物館所蔵 …… 582
鳩山春子　東京＝鳩山邦夫提供 …… 586
羽仁もと子　『羽仁もと子半生を語る』、1974、婦人之友社より …… 588
林歌子　東京＝日本基督教婦人矯風会提供 …… 590
林芙美子　東京＝日本近代文学館提供 …… 590
東山千栄子　東京＝早稲田大学演劇博物館提供 …… 597
樋口一葉　東京＝日本近代文学館提供 …… 598
比丘尼　『七十一番職人歌合』より　東京国立博物館所蔵 …… 599
『彦火々出見尊絵巻』　福井＝明通寺所蔵 …… 600
人形　前橋市元総社寺田遺跡出土　群馬県埋蔵文化財調査事業団所蔵 …… 602
日野富子像　京都＝宝鏡寺所蔵 …… 604
兵庫髷　千葉＝国立歴史民俗博物館所蔵 …… 608
平塚らいてう …… 609
平林たい子 …… 610
領巾　『年中行事絵巻』より …… 610
鬢と髱(おまた返し) …… 612
深尾須磨子　逆井尚子『深尾須磨子』、2002、ドメス出版より …… 616
福田英子　『妾の半生涯』より …… 617
『福富草紙』◎　京都＝春浦院所蔵 …… 618
藤田たき　東京＝津田塾大学提供 …… 621
『婦女新聞』　東京大学明治新聞雑誌文庫所蔵 …… 622
『婦人画報』 …… 635
『婦人くらぶ』　東京＝日本近代文学館所蔵 …… 635
『婦人公論』　東京＝大塚正基所蔵 …… 636
婦人参政権運動　東京市政浄デーに参加した婦選獲得同盟(1929年３月15日)　日本近代史研究会編『画報日本近代の歴史』９、1980、三省堂より …… 637
『婦人戦旗』 …… 638
『婦人戦線』 …… 638
『婦人之友』 …… 639
『婦人文芸』 …… 639
二形　『病草子』◉より　京都国立博物館所蔵 …… 644
『平家物語』　延慶本　応永27年写　東京＝大東急記念文庫所蔵 …… 650
『平治物語絵巻』　ボストン美術館所蔵 …… 651
ベーコン　東京＝津田塾大学提供 …… 652
宝髻　吉祥天像◉より　奈良＝薬師寺所蔵 …… 657
北条政子像　神奈川＝安養院所蔵 …… 658
摂津国経の島で説法する法然　『法然上人絵伝』より　京都＝知恩院所蔵 …… 659
木造十一面観音立像◉　奈良＝法華寺所蔵 …… 668
『不如帰』　東京大学明治新聞雑誌文庫所蔵 …… 669
前掛け・前垂れ　『信貴山縁起絵巻』◉より　奈良＝朝護孫子寺所蔵 …… 672
瑪瑙製勾玉(群馬県若田原遺跡出土)　東京国立博物館所蔵 …… 673
枕元の枕刀　『春日権現験記絵』模本より　東京国立博物館 …… 673
『枕草子』　三巻本(第一類本)○　奈良＝天理大学天理図書館所蔵 …… 674
『枕草子絵巻』◎　東京＝浅野長愛所蔵 …… 674
丸髷　千葉＝国立歴史民俗博物館所蔵 …… 675
つぶし島田 …… 675
松井須磨子　東京＝早稲田大学演劇博物館提供 …… 676
松尾多勢子　永原和子監修『日本女性肖像大事典』、1995、日本図書センターより …… 677
松の丸殿画像　京都＝誓願寺所蔵 …… 678
間引き　「角谷戸薬師堂天井図」　群馬＝北橘歴史資料館所蔵 …… 681
守刀を夫にさしだす女　『地蔵菩薩霊験記』よりフーリア美術館所蔵 …… 683
丸岡秀子　丸岡秀子追悼文集編集委員会編『いのちと命を結ぶ』、1992、信濃毎日新聞社より …… 683
満徳寺離縁状(弘化４年８月)　群馬＝髙木侃所蔵 …… 685
三日餅を用意する女房と燈明の火を守る女房　京都＝風俗博物館提供 …… 688
三行り半　離縁状(寛政５年４月)　群馬＝髙木侃所蔵 …… 690

巫　　女　『東北院職人歌合』◎より　東京国立博物館所蔵 …… 691
耳鼻削ぎ刑　紀伊国阿弖河荘百姓申状　和歌山＝高野山金剛峯寺所蔵 …… 702
『都風俗化粧伝』 …… 704
宮本百合子　東京＝日本近代文学館提供 …… 706
三輪田真佐子　三輪田真佐子先生五十年祭記念出版会編『梅花の賦』、1977より …… 709
無産婦人団体系統図 …… 715
『紫式部日記』　黒川本　東京＝宮内庁書陵部所蔵 …… 719
『紫式部日記絵巻』◉　東京＝五島美術館所蔵 …… 720
『伽羅先代萩』　義太夫節丸本　東京＝早稲田大学演劇博物館提供 …… 724
飯 盛 女　「東海道五拾三次」歌川広重筆より …… 726
八木秋子　『八木秋子著作集』1、1978、JCA出版より …… 738
矢島楫子　久布白落実『矢島楫子伝』、1988、大空社より …… 738
安井てつ　青山なを編『若き日のあと』、1965、安井先生歿後二十年記念出版刊行会より …… 739
柳原白蓮　永原和子監修『日本女性肖像大事典』、1995、日本図書センターより …… 742
『病草子』◎　福岡市美術館所蔵 …… 743
山川菊栄　東京＝山川振作提供 …… 744
山川登美子　白崎昭一郎『山川登美子と明治花壇』、1996、吉川弘文館より …… 745
山高しげり　山高しげり『山高しげり』、2001、日本図書センターより …… 746
箸墓古墳　奈良県桜井市 …… 748
『大和物語』　愛知＝久曾神昇所蔵 …… 749
山ノ上碑拓本 …… 749
山室機恵子　東京＝救世軍提供 …… 751
山室民子　同上提供 …… 751
播磨国室津の遊女　『法然上人絵伝』◉より　京都＝知恩院所蔵 …… 756
江戸新吉原の遊女　「三浦屋図絵馬」より　長野＝常楽寺所蔵 …… 757
湯 女 図◎　静岡＝MOA美術館所蔵 …… 760
与謝野晶子　東京＝日本近代文学館所蔵 …… 766
吉岡弥生　東京女子医科大学史料室編『吉岡弥生略年譜』、1994より …… 767
吉屋信子　吉屋輝子『女人吉屋信子』、1982、文藝春秋より …… 768
(伝)淀殿画像　奈良県立美術館所蔵 …… 769
女性のライフサイクルの変化 …… 775
ラグーザ玉像　ラグーザ作　東京芸術大学所蔵 …… 776
離婚件数および離婚率の年次推移 …… 780
「王子婦人図」　東京国立博物館所蔵 …… 782
「首里士族図」　同上所蔵 …… 782
「琉球国奇観」　同上所蔵 …… 782
籠 太 鼓　小林保治・森田拾史郎編『能・狂言図典』、1999、小学館より …… 787
鹿鳴館貴夫人慈善会図　楊洲周延筆　東京都立中央図書館所蔵 …… 789
ＹＷＣＡ　最初の東京YWCA会館　日本近代史研究会編『画報日本近代の歴史』6、1979、三省堂より …… 790
若松賤子　尾崎るみ『若松賤子』、2007、港の人より …… 791
『我身にたどる姫君』　東京＝金子武雄所蔵 …… 792
『妾の半生涯』　日本近代史研究会編『画報日本近代の歴史』7、1979、三省堂より …… 794

口　絵　図　版　目　録

日本の女性は何を着てきたか
—日本女性の装い—

1　坏を持ち椅子に腰掛ける巫女◎　6世紀前半　群馬県太田市塚廻り3号墓出土　東京都千代田区＝文化庁所蔵　群馬県立歴史博物館提供

2　盛装する女性　6世紀前半　埼玉県ふじみ野市権現山古墳出土　東京国立博物館所蔵

3　琴を弾く男◎　6～7世紀　前橋市朝倉出土　群馬県伊勢崎市＝相川考古館所蔵

4　椅子にすわる男　5世紀後半　奈良県三宅町石見遺跡出土　奈良県立橿原考古学研究所附属博物館所蔵

5　推古朝の女性像・男性像　天寿国繡帳◉　7世紀　奈良県生駒郡斑鳩町＝中宮寺所蔵

6　奈良朝の女性朝服姿か　高松塚古墳壁画　西壁北側女子群像◉　7世紀末～8世紀初　東京都千代田区＝文化庁提供

7　奈良朝の男性朝服姿か　（伝）聖徳太子像　8世紀　御物

8　奈良朝の女性礼服姿か　吉祥天像◉　8世紀末　奈良市＝薬師寺所蔵　奈良国立博物館提供

9　女房装束姿（貴族女性の正装）『紫式部日記絵巻』断簡◎　13世紀　東京国立博物館所蔵

10　袿姿（貴族女性の家居のくつろいだ装い）『源氏物語絵巻』◉（竹河（二））　12世紀　名古屋市＝徳川美術館所蔵

11　束帯姿（貴族男性の正装）『伴大納言絵巻』◉（上巻）　12世紀　東京都千代田区＝出光美術館所蔵

12　冠直衣姿（貴族男性の準正装）『紫式部日記絵巻』◉（第一段）　13世紀　東京都世田谷区＝五島美術館所蔵

13　筒袖の小袖姿　『病草子』◎（肥満の女）　12世紀　福岡市美術館所蔵（松永コレクション）　山崎信一撮影

14　筒袖の小袖に褶（湯巻）姿　『春日権現験記絵』（巻六第三段）　14世紀初　東京都千代田区＝宮内庁三の丸尚蔵館所蔵

15　被衣姿　『一遍上人絵伝』◉（巻八第四段）　13世紀末　神奈川県藤沢市＝清浄光寺所蔵

16　筒袖の小袖の上に広袖の袿を加えた姿　『信貴山縁起絵巻』◉（巻一）　12世紀　奈良県生駒郡平群町＝朝護孫子寺所蔵

17　袖細の小袖を着流した姿　『粉河寺縁起絵巻』◉（第二段）　12～13世紀　和歌山県那智郡粉河町＝粉河寺所蔵

18　折烏帽子に直垂姿の武士　『一遍上人絵伝』◉（巻七）　13世紀末　東京国立博物館所蔵

19　小袖に前垂れ姿　洛中洛外図屛風（上杉本）◉（右隻第四扇）　16世紀後半　山形県＝米沢市立上杉博物館所蔵

20　小袖姿　東山遊楽図屛風（左隻第四扇）　17世紀初　京都市＝高津古文化会館所蔵

21　小袖襲ね姿の武家婦人　婦人像◎　17世紀　奈良市＝大和文華館所蔵

22　小袖被衣姿　花下遊楽図（左隻第二扇）　17世紀初　神戸市立博物館所蔵

23　塗笠を被り小袖の上に胴服を着た武士たち　洛中洛外図屛風（舟木本）◎（右隻第六扇）　17世紀前半　東京国立博物館所蔵

24　立烏帽子に直垂姿の武士　『足利将軍若宮八幡宮参詣絵巻』（第五紙）　16世紀中　京都市＝若宮八幡宮所蔵　京都市歴史資料館提供

25　小袖に肩衣上・下姿と胴服姿の男性　高雄観楓図屛風◉（第五扇）　16～17世紀　東京国立博物館所蔵

26　遊女の小袖姿　松浦屛風◉（左隻第一扇）　17世紀後半　奈良市＝大和文華館所蔵

27　初期振袖姿　見返り美人図　菱川師宣筆　17世紀後半　東京国立博物館所蔵

28　振袖姿　奥村一流むすめ風　奥村政信筆　18世紀前半　東京国立博物館所蔵

29　留袖姿　新板錦絵当世美人合　三光きどり　歌川国貞筆　19世紀前半　東京都世田谷区＝静嘉堂文庫所蔵

30　近世初期の農民女性のたすきをかけ、前垂れをつけた小袖姿四季耕作図◎（右隻第三扇）　17世紀後半　石川県立美術館所蔵

31　完成された武士の正装・裃姿　『徳川盛世録』　1889年　東京大学史料編纂所所蔵

32　近世初期の都市民男性　小袖の着流し姿　都鄙図　17世紀末～18世紀初　奈良市＝興福院所蔵　奈良国立博物館提供

33　明治時代初期の家族　加藤祐一『文明開化』1873年

34　昭憲皇太后　1872年・1877年　東京都千代田区＝宮内庁提供

35　欧化政策下の洋装　「貴顕舞踏の略図」　愛知県犬山市＝博物館明治村所蔵

36　割烹着　影山光洋撮影　影山智洋提供
37　セーラー服　横浜市＝フェリス女学院提供
38　モダンガール　1924年　東京都千代田区＝毎日新聞社提供
39　和服姿の職業婦人と背広姿のサラリーマン　1931年　影山光洋撮影　影山智洋提供
40　戦時下の普段着モンペ　1937年　東京都千代田区＝毎日新聞社提供
41　戦後の家族　1951年　東京都千代田区＝毎日新聞社提供
42　デパートのファッションショー　1952年　影山光洋撮影　影山智洋提供
43　ミニスカート　東京都千代田区＝毎日新聞社提供
44　服装の多様化　1974年　東京都港区＝共同通信社提供
45　ジーンズの普及と服装のユニセックス化　東京都千代田区＝毎日新聞社提供

木簡からみえてくる古代の女性

1　女性の「佃」請負を示す荘園決算簿(藤原宮跡出土木簡)部分　982×57×5㎜　奈良文化財研究所所蔵
2　「田作人」男女の通行許可証(平城宮跡出土木簡)　656×36×10㎜　奈良文化財研究所所蔵
3　女性名の「春米」荷札(平城宮跡出土木簡)　109×20×3㎜　奈良文化財研究所所蔵
4　「里刀自」宛の郡からの呼出命令書(荒田目条里遺跡出土木簡)　592×45×6㎜　福島＝いわき市教育委員会所蔵
5　「王母」字を記す断簡(難波宮跡出土木簡)　166×28×5㎜　大阪府文化財センター所蔵
6　「皇太妃」(のちの元明天皇)の宮の差出文書(藤原宮跡出土木簡)　(196)×(12)×4㎜　奈良文化財研究所所蔵
7　「大伯皇子」(天武皇女)の宮に関する断簡(飛鳥池遺跡出土木簡)　(145＋85)×18×4㎜　奈良文化財研究所所蔵
8　「御名部内親王」(天智皇女、長屋王母)の宮に関する断簡(藤原宮跡出土木簡)　(142)×(35)×5㎜　奈良文化財研究所所蔵
9　「皇后宮」(光明皇后のための役所)の差出文書(平城京跡出土木簡)　(122)×(33)×4㎜　奈良文化財研究所所蔵
10　「□(犬か)養宿禰道代」(県犬養三千代)への支給文書(藤原宮跡出土木簡)　(126)×(21)×3㎜　奈良文化財研究所所蔵
11　「竹波命婦」(壬生県小家主)による請求文書(平城宮跡出土木簡)　259×(19)×4㎜　奈良文化財研究所所蔵
12　「三千代」(県犬養三千代か)への支給文書(藤原宮跡出土木簡)　(131)×28×3㎜　奈良県立橿原考古学研究所所蔵
13　「飯高命婦」(飯高笠目＝諸高)の宣(正倉院伝世木簡)　290×41×3㎜　正倉院宝物
14　「吉備内親王」(長屋王妻)の命令を伝える文書(長屋王家木簡)　(266)×26×3㎜　奈良文化財研究所所蔵
15　「竹野王」(竹野女王)つき「女医」への支給文書(長屋王家木簡)　(107)×17×5㎜　奈良文化財研究所所蔵
16　「海上采女」に伝える文書(長屋王家木簡)　230×30×6㎜　奈良文化財研究所所蔵
17　「紀若翁」(紀女王)つきの「乳母」に関する文書(長屋王家木簡)　(242)×17×4㎜　奈良文化財研究所所蔵
18　「尼」への米支給文書(長屋王家木簡)　(199)×(13)×3㎜　奈良文化財研究所所蔵
19　「縫殿女」への支給文書(長屋王家木簡)　260×27×3㎜　奈良文化財研究所所蔵
20　「染女」への支給文書(長屋王家木簡)　182×28×2㎜　奈良文化財研究所所蔵
21　「土師女」「瓮造女」への支給文書(長屋王家木簡)　(161)×24×2㎜　奈良文化財研究所所蔵
22　「雇女」に支給する酒の請求文書(長屋王家木簡)　256×(23)×4㎜　奈良文化財研究所所蔵
23　「婢」による野菜運搬を伝える文書(長屋王家木簡)　340×28×4㎜　奈良文化財研究所所蔵
24　銅を運ぶ男女「馬丁」の名簿(長登銅山跡出土木簡)　903×70×8㎜　山口＝美東町教育委員会所蔵
25　銅山で働く女性への支給文書(長登銅山跡出土木簡)　150×32×5㎜　山口＝美東町教育委員会所蔵
26　「婢」(の絵姿)を捧げた呪符(藤原宮跡出土木簡)　467×83×7㎜　奈良＝橿原市教育委員会所蔵

中世の働く女性たち

1　水汲み・洗濯　『扇面法華経冊子』下絵　模本　小堀鞆音・寺崎広業模写　東京国立博物館所蔵
2　物干し　『扇面法華経冊子』下絵　模本　小堀鞆音・寺崎広業模写　東京国立博物館所蔵
3　栗拾い　『扇面法華経冊子』下絵　模本　小堀鞆音・寺崎広業模写　東京国立博物館所蔵
4　市女　『扇面法華経冊子』下絵　模本　小堀鞆音・

寺崎広業模写　東京国立博物館所蔵
5　田植え　月次風俗図屛風◎第三・四扇　東京国立博物館所蔵
6　頭上運搬　洛中洛外図屛風(歴博甲本)◎左隻第四扇　千葉県佐倉市＝国立歴史民俗博物館所蔵
7　水汲み　洛中洛外図屛風(歴博甲本)◎左隻第四扇　千葉県佐倉市＝国立歴史民俗博物館所蔵
8　トイレに向かう　洛中洛外図屛風(歴博甲本)◎左隻第四扇　千葉県佐倉市＝国立歴史民俗博物館所蔵
9　扇売り　洛中洛外図屛風(歴博甲本)◎左隻第四扇　千葉県佐倉市＝国立歴史民俗博物館所蔵
10　魚売り　洛中洛外図屛風(歴博甲本)◎左隻第四扇　千葉県佐倉市＝国立歴史民俗博物館所蔵
11　農作業　『洛中洛外図屛風』(歴博甲本)◎右隻第五扇　千葉県佐倉市＝国立歴史民俗博物館所蔵

女訓書にみる女性とその働く姿

1　公家　『(女四季用文章)女小学教草』　嘉永5年(1852)
2　武家　『(女四季用文章)女小学教草』　嘉永5年(1852)
3　民(百姓)　『(女四季用文章)女小学教草』　嘉永5年(1852)
4　工家(職人)　『(女四季用文章)女小学教草』　嘉永5年(1852)
5　商人　『(女四季用文章)女小学教草』　嘉永5年(1852)
6　妾　『(女四季用文章)女小学教草』　嘉永5年(1852)
7　契情(遊女)　『(女四季用文章)女小学教草』　嘉永5年(1852)
8　未通女(未婚者)　『(女四季用文章)女小学教草』　嘉永5年(1852)
9　農業　『(新板)女用文色紙染』　江戸時代
10　商業　『(童女専用)女寺子調宝記』　文化3年(1806)
11　海人　『(新板)女用文色紙染』　江戸時代
12　塩汲み　『女大学教草』　文化11年(1814)
13　塩焼き　『女大学教草』　文化11年(1814)
14　女師匠　『(女四季用文章)女小学教草』　嘉永5年(1852)
15　紙漉屋　『女大学教草』　文化11年(1814)
16　そうめん屋　『女大学教草』　文化11年(1814)
17　扇屋　『女大学教草』　文化11年(1814)
18　水引屋　『女大学教草』　文化11年(1814)
19　組み紐作り　『女大学教草』　文化11年(1814)
20　茶摘み　『女大学教草』　文化11年(1814)
21　茶もみ　『女大学教草』　文化11年(1814)
22　養蚕　『女大学教草』　文化11年(1814)
23　糸とり　『女大学教草』　文化11年(1814)
24　臼ひき　『娘教訓和哥百首』　天明8年(1788)
25　針仕事　『女庭訓躾種　全』　天保11年(1840)
26　火のし　『(嘉永訂正)女大学操鑑　全』　嘉永4年(1851)
27　洗濯・しみ落とし　『女大学教草』　文化11年(1814)
28　物干し　『女大学教草』　文化11年(1814)
29　機織り　『(嘉永訂正)女大学操鑑　全』　嘉永4年(1851)
30　薬研　『(女四季用文章)女小学教草』　嘉永5年(1852)
31　肩たたき　『(廿四孝入)女庭訓宝文庫』　江戸時代
32　灸　『女実語教操種　全』　嘉永4年(1851)
以上菅野則子所蔵

近現代の働く女性たち

1　炭坑で働く　明治時代中期の三井炭坑　西茂子提供
2　女教師と子守をしながら学ぶ娘たち　北海道岩見沢尋常小学校での授業　1906年　北海道立図書館所蔵
3　繊維産業の女工たち　1920年　東京都千代田区＝毎日新聞社提供
4　職業婦人　バスガール(車掌)　『歴史写真』1928年9月号より
5　職業婦人　タイピスト　1930年　東京都千代田区＝毎日新聞社提供
6　メーデーに参加した女性たち　1930年　『歴史写真』1930年6月号より
7　主婦と家事　1937年　名古屋市　東京都千代田区＝毎日新聞社提供
8　漁村の女性　1943年　静岡県御前崎村　『写真週報』274、1943年より
9　農村の女性　1944年　東京都千代田区＝毎日新聞社提供
10　女子挺身隊　東京都千代田区＝毎日新聞社提供
11　通勤する女性(OL)たち　東京都港区＝共同通信社提供
12　高度経済成長期のカラーテレビ工場で働く組立工　1966年　東京都千代田区＝毎日新聞社提供
13　キイパンチャー　1970年　北村玲子撮影　東京都文京区＝新日本婦人の会提供
14　保母と保父　東京都港区＝共同通信社提供

映像にみる女性たち―映画からテレビへ―

1　「愛染かつら」　監督／野村浩将　出演／田中絹代　1938年　東京都中央区＝松竹提供
2　「蘇州夜曲」　監督／伏水修　出演／李香蘭(山口

淑子） 1940年　東京都中央区＝東宝提供
3 「開拓の花嫁」 監督／坂根田鶴子 1943年 満州映画協会 青森市＝青森放送提供
4 「青い山脈」 監督／今井正 出演／原節子 1949年 東京都中央区＝東宝提供
5 「君の名は」 監督／大庭秀雄 出演／岸恵子 1953年 東京都中央区＝松竹提供
6 「二十四の瞳」 監督／木下恵介 出演／高峰秀子 1954年 東京都中央区＝松竹提供
7 「愛と死をみつめて」 監督／斎藤武市 出演／吉永小百合 1964年 東京都文京区＝日活提供
8 「肝っ玉母さん」 出演／京塚昌子 第一部1968年、第二部1969～70年、第三部1971～72年東京都港区＝TBS提供
9 「金曜日の妻たちへ」 出演／いしだあゆみ 1983年 東京都港区＝TBS提供
10 「おしん」 出演／小林綾子・田中裕子・乙羽信子 1983～84年 NHK 東京都港区＝共同通信社提供
11 「冬のソナタ」 出演／ペ＝ヨンジュン、チェ＝ジウ 2003年 NHK衛星 東京都港区＝共同通信社提供
12 「アットホーム・ダッド」 出演／阿部寛 2004年 大阪市＝関西テレビ提供